KLEINE TEXTE FÜR VORLESUNGEN UND ÜBUNGEN
HERAUSGEGEBEN VON HANS LIETZMANN
166

# AETNA

HERAUSGEGEBEN
VON
EDUARD SCHWARTZ

BERLIN
VERLAG VON WALTER DE GRUYTER & CO.
1933

Archiv-Nr. 33 32 33

Druck von Walter de Gruyter & Co., Berlin W 10

# Einleitung

Das unter Vergils Namen überlieferte Gedicht Aetna muß vor dem Ausbruch des Vesuv im Jahre 79 verfaßt sein. Anklänge an Ovid ergeben einen *terminus post quem*; er muß erheblich hinuntergeschoben werden wegen der Sprache, über die Buecheler [Rh. Mus. 54, 7 = Kleine Schriften III 259] urteilt *sermonis ... inhaerentis quidem priscis ac uetustis, desilientis tamen ad nouissima et licentissima.* Das führt auf neronische, wenn nicht vespasianische Zeit.

Der Verfasser hat sein Werk niemand dediziert, obgleich dies gerade bei Lehrgedichten die Regel war. Er war kein Berufspoet, der einen reichen Gönner und Beliebtheit beim Publikum für seine Existenz brauchte, sondern ein unabhängiger Mann, dem eine im Hochsommer [603] unternommene Besteigung des Aetna und ein möglicherweise erst dadurch veranlaßtes Studium der posidonianischen Theorien über das im Inneren der Erde tätige Pneuma hinreichend Schwung und Persönlichkeitsgefühl gaben, um sein von Natur nicht starkes Formtalent in Bewegung zu setzen. Es war innere Wahlverwandtschaft, die ihm gebot, sich an Lucrez und Manilius anzulehnen; Vergil als den Meister nachzuahmen und Ovids blendende Rhetorik zu benutzen, war längst ein unbedingtes Stilgesetz für jeden geworden, der lateinische Hexameter baute. Neue, originelle Formen zu finden, war auch für reichere und beweglichere Talente als der Aetnadichter war, damals eine Unmöglichkeit; was ihn auszeichnet, ist die ehrliche Begeisterung für seinen Stoff, für das, was ihm als Wissenschaft galt. Er dichtet zunächst für sich, und man möchte meinen, daß es ihm genügte, wenn er sein Werk im engsten Kreise seinen Freunden und Bekannten vortrug. Vor einem stadtrömischen Publikum würden die Verse [594—598] schwerlich haben rezitiert werden können, in denen Kunstwerke als Ziele weiter Reisen hingestellt werden, die längst nach Rom gebracht und dort täglich von jedem besichtigt werden konnten. Keine Spur führt darauf, daß das Gedicht gleich nach Vollendung in Rom bekannt wurde und einen Erfolg wie etwa der Culex hatte. Seneca weiß nichts von ihm; sonst hätte er es in ep. 79 erwähnen müssen. Freilich ist es möglich, daß es damals noch nicht erschienen war. Umgekehrt steht der Dichter zwar im Banne der Stilart, die die Klassizisten der nächsten Generation 'korrupt' nannten und deren glänzendster Vertreter Seneca war. So mag er um der Sprache willen Seneca gelesen haben; seine Kenntnisse und Theorien hat er nicht aus den Feuilletons entnommen, die jener über naturwissenschaftliche Fragen mit eleganter Lässigkeit hinwarf, sondern aus ernsthaften und wissenschaftlichen griechischen Schriftstellern, aller Wahrscheinlichkeit nach aus Posidonius selbst.

Irgendein Zufall, sicherlich nicht die Absicht des Verfassers, führte das Gedicht einem unternehmungslustigen römischen Buchhändler zu; durch den Erfolg des Culex und anderer Pseudovergiliana verlockt, brachte er es unter der Etikette Vergils an die Öffentlichkeit. Die Spekulation glückte; zwar wurden, wie Sueton bezeugt, Zweifel laut, drangen aber nicht durch; das große Publikum blieb dabei, das Gedicht für vergilisch zu halten. Es ist bezeichnend, daß Servius, wo er das aus der Vergilvita Donats übernommene Exzerpt aus Sueton wiedergibt, den Zweifel unterdrückt [vgl. Leo, Culex p. 18]. Dieser Pseudonymie ist es zu verdanken, daß das Gedicht aus dem Altertum ins Mittelalter hinübergerettet wurde.

Die dem echten Nachlaß Vergils nach und nach zugesellten Produkte, fast durchweg unechter Herkunft, sind nie von einem planmäßig arbeitenden Herausgeber zu einer Sammlung zusammengeordnet, doch wurden einzelne wenn nicht schon im ausgehenden Altertum, so sicherlich im frühen Mittelalter wegen ihres geringen Umfangs zu Gruppen vereinigt. So steht das Aetnagedicht in den mittelalterlichen Handschriften bald mit dem Culex zusammen, bald zwischen diesem und der Ciris oder wird mit der erst im Mittelalter entstandenen Sammlung vereinigt, die *septem ioca iuuenalia Vergilii* genannt wird, obgleich sie auch Stücke aus Ausonius enthält; vgl. Leo, Culex p. 19. Vollmer, Poetae Latt. minn. 1 p. 13.

Es ist ein vielleicht nur von denen, die sich noch mit den ungenügenden Apparaten von Sudhaus [1898] und Ellis [1901] haben herumschlagen müssen, in vollem Maße gewürdigtes Verdienst Vollmers, die für den Aufbau des Textes unentbehrlichen Handschriften mit musterhafter Akribie verglichen und im ersten Band der Poetae Latini minores [1909] einen Apparat zusammengestellt zu haben, der zwar schwerfällig, aber zuverlässig ist. Nur an einer Stelle [490] ist mir ein Versehen aufgestoßen, das auch in den von Morel besorgten Neudrucken von 1927 bis 1930 nicht berichtigt ist. Vollmer hat im Text *siluas*, ohne im Apparat etwas dazu zu notieren; nach dem Zeugnis von Sudhaus und Ellis haben die Handschriften *siluae*, *siluas* ist eine Konjektur Haupts.

Die von mir aus Vollmers Apparat übernommenen Handschriften, die das Gedicht als ein vergilisches überliefern, sind folgende:

*C* = Kk V. 34 nr. 2076 der Universitätsbibliothek von Cambridge, Pergamenthandschrift des 10. Jahrhunderts. Das Aetnagedicht folgt auf den Culex. Die Lesarten jenes wurden vollständig zuerst von Munro 1867 veröffentlicht.

*S*: einige als Einbanddeckel verwandte Blätter einer ehemals dem Kloster Stavelot gehörenden Pergamenthandschrift des 10./11. Jahrhunderts, die jetzt in den Cod. Parisin. 17177 eingeheftet sind. Nach Vollmer, der auf die Lesung dieser Reste alle nur denkbare Sorgfalt verwandt hat, sind vom Aetnagedicht mehr oder weniger gut lesbar und nicht oder nur mäßig beschädigt die Verse 1—170. 263—346; 171—258 sind fast abgerieben. Wo über die Hs. nichts ausdrücklich bemerkt ist, dürfen keine Schlüsse ex silentio gezogen werden. Das Aetnagedicht folgte auf die sog. *septem ioca iuuenalia Vergilii*.

*Z*: eine verlorene Handschrift, die das Gedicht zusammen mit der eben erwähnten Sammlung, den Elegien auf Maecenas, der Ciris, den Priapea und den Catalepton enthielt. Zu ihrer Rekonstruktion ist in erster Linie heranzuziehen die erste Hand des Helmstadiensis 332 (jetzt in Wolfenbüttel) s. XV; doch gibt es eine Anzahl von Stellen, in denen zwei ebenfalls junge Handschriften, eine, die aus der Bibliothek Wilibald Pirkheimers in die Arundeliana [133, im Britischen Museum] gelangt ist, und ein Rhedigeranus [Stadtbibliothek Breslau 125], nach dem Consensus mit *C* die Lesart von *Z* besser erhalten haben. Öfters allerdings interpolieren sie, meist verkehrt; doch kommen ebenso wie bei dem Korrektor der Helmstädter Hs. einzelne durch Vermutung gefundene Treffer vor, die nicht verschmäht werden dürfen. In solchen Fällen setze ich die Sigle $Z^2$, ohne weiter zu differenzieren. Wer damit nicht zufrieden ist, mag seine Neugierde durch Einsicht in den Vollmerschen Apparat stillen.

*E*: die in dem großen mittelalterlichen Dichterflorilegium des 12. Jahrhunderts enthaltenen Auszüge, die aus einer den Culex, Aetna und die Ciris enthaltenden Handschrift genommen sind. Vollmer hat sie, was besonders dankenswert ist, p. 8 ff. in ihrer überlieferten Form im Zusammenhang abgedruckt.

Die Überlieferung dieser Handschriften weicht wenig voneinander ab; die Annahme ist nicht zu umgehen, daß nur ein antikes

Exemplar des Aetnagedichts ins Mittelalter gelangt ist, auf das die Handschriften letzthin zurückgehen. In ihm muß Vergil als Verfasser unzweideutig bezeugt gewesen sein. Dem scheint freilich zu widersprechen, daß Lilius Gyraldus [1479—1552] in einer Claudianhandschrift auch das Gedicht *de Aetna monte* fand [vgl. die von Ellis p. LXV ausgehobene Stelle aus Gyraldus' Hist. Poet. 4, 372 der Basler Ausgabe von 1542]; er schrieb es deshalb, wenn auch zweifelnd, Claudian zu. Das setzt voraus, daß in der Handschrift Vergil als Autor nicht bezeugt war.

Weder die Handschrift selbst noch die Kopie, die Gyraldus nach seiner eigenen Aussage von dem Aetnastück anfertigte, haben sich erhalten. Aber in der Laurentiana befindet sich ein Exemplar einer 1482 in Vicenza erschienenen Ausgabe Claudians, in die eine Hand des ausgehenden Quattrocento Varianten, sei es aus einer, sei es aus zwei Claudianhandschriften eingetragen hat; dieselbe Hand hat auf Papierblättern, die jetzt dem Druck angeheftet sind [plut. XXXIII 9, vgl. Bandini, Catalog. codd. Latin. bibl. Laurent. 2 p. 96], Gedichte Claudians zusammengeschrieben, die offenbar aus der oder den kollationierten Handschriften entnommen sind und den Druck ergänzen sollten. Auf der ersten Seite stehen vor den auf derselben Seite beginnenden Claudianstücken die Verse Aetna 272—287 [von mir mit *Gf* bezeichnet] ohne jede Angabe des Autors oder des Werks, zu dem sie gehören. Das läßt sich nur so erklären, daß der Gelehrte, der die Vicentiner Claudianausgabe aus einer Claudianhs. ergänzte, in eben dieser Handschrift das Bruchstück des Aetna gefunden hatte. Damit ist ein Zusammenhang zwischen dieser Handschrift und der des Lilius Gyraldus gegeben; freilich ist das Bruchstück zu klein, als daß jener es einer ausführlichen Erwähnung gewürdigt haben könnte.

N. Heinsius hat jene der Hauptsache nach Claudianische Stücke enthaltenden Papierblätter des Laurent. XXXIII 9, die er *Schedae mediceae* nannte und für eine Abschrift aus der von Lilius Gyraldus gesehenen Handschrift hielt [vgl. Vollmer p. 23. 24], gesehen und eifrig, allerdings vergeblich nach der alten Handschrift gesucht, aus der sie kopiert sind. Er hat auch eine Kollation der 16 Verse aus dem Aetna in ein Exemplar von P. Pithous Epigrammata et Poematia [Paris 1590] eingetragen. Offenbar sah zu seiner Zeit der Laurent. 33, 9 nicht anders aus als jetzt; aber der kgl. dänische Rat Heinrich Ernst [vgl. über ihn Henning Witte, Diarium biographicum z. Jahr 1665, in dem er, 63 Jahre alt, starb], ein geborener Helmstedter, der längere Zeit in Florenz gelebt haben muß und es, wohl durch die Gunst der Königin Christine von Schweden, deren Agent ja auch Heinsius war, möglich machte, einen freilich dürftigen Katalog der Laurentiana herauszugeben, stellte ihm einen Codex Florentinus zur Verfügung, den, wenn ich den von dem jüngeren P. Burmann kopierten Eintrag des Heinsius in ein Exemplar der Pithouschen Epigrammata: *cod. Florentinum, quem inde habuit Ernstius* [Vollmer p. 20] richtig verstehe, Ernst in Florenz erworben hatte. Diese Handschrift enthielt nicht nur die 16 Verse des Aetna, die im Laur. 33, 9 vor den Claudianexzerpten stehen, sondern 138—287. Heinsius kollationierte sie und trug die Varianten in ein Exemplar der Pithouschen Epigrammata ein. Die Lesarten zu 272—287 sind dieselben wie die des Laurent. 33, 9; dieser und der codex Florentinus Ernsts gehen also auf dieselbe Handschrift zurück.

Aus diesen Tatsachen ergeben sich folgende Schlüsse. Ein paar Blätter einer Aetnahandschrift, auf denen die Verse 138—287 standen, waren durch einen Zufall in die Claudianhandschrift geraten, die Gyraldus um Claudians willen durchsah. Das Aetnabruchstück reichte aus, um ein Gedicht über den Aetna zu erschließen; mit dem Anfang und Ende des Ganzen waren die Zeugnisse über vergilischen Ursprung verlorengegangen. So schrieb der Entdecker das Gedicht, allerdings mit Vorbehalt, Claudian zu und kopierte das von ihm gefundene Stück. Daß er seinen Fund nicht dadurch verkleinerte, daß er ausdrücklich angab, das Gedicht sei nur unvollständig erhalten, ist verständlich. Sei es Gyraldus' Abschrift selbst, sei es eine davon genommene Kopie, sei es eine von Gyraldus unabhängige Abschrift der das Bruchstück enthaltenden Handschrift selbst wurde von Ernst in Florenz erworben und von Heinsius kollationiert. Eine zweite Abschrift fertigte der Gelehrte an, der die Hs., die Gyraldus sah, vor oder nach ihm mit der Vicentina Claudians verglich und diese aus ihr ergänzte; von den Ergänzungsblättern waren die ersten, die Aetna 138—271 enthielten, schon verlorengegangen, als sie in das in die Laurentiana übergegangene Exemplar eingeheftet wurden. Es ergibt sich also, daß der Zusammenhang des sog. Gyraldinus des Aetnagedichts mit der Claudianüberlieferung nur auf Zufall beruht und nicht ausschließt, daß die vollständige Aetnahandschrift, zu der jene in eine Claudianhandschrift hineingeratenen Blätter gehörten, das Gedicht ebenso wie die gesamte Überlieferung, Vergil zuschrieb.

Das Exemplar der Pithouschen Epigrammata et Poematia, in

das Heinsius seine Kollation des Codex Florentinus eingetragen hatte, ist verschollen. Im 18. Jahrhundert wurden zweimal, 1756 durch Joh. Christ. Cramer, 1797 durch Matthiae Varianten zu Aetna 138—287 veröffentlicht, die direkt oder mittelbar aus Heinsius' Kollation entnommen waren. Sie sind überflüssig geworden durch den Fund Alzingers, der 1899 in der Leidener Universitätsbibliothek [B 17. 754] ein Exemplar des 1619 in Genf erschienenen Nachdrucks von Pithous Epigrammata fand, in das der jüngere P. Burmann Heinsius' Kollation übertragen hatte. Vollmer hat diese Abschrift verglichen und sie mit Angabe des Textes, zu dem die Varianten angemerkt sind, p. 25 ff. abdrucken lassen. Aus diesem Abdruck habe ich die Lesarten des sog. Gyraldinus [*G*] zu Aetna 138—287 entnommen; daß nur die ausdrücklich notierten Varianten berücksichtigt werden dürfen und Schlüsse ex silentio unzulässig sind, versteht sich von selbst.

Unzweifelhaft entstammen die Lesarten von *G* zunächst einer, vielleicht mehreren Abschriften des 15. oder 16. Jahrhunderts; wie weit diese Abschriften die alte Hs. getreu wiedergeben, läßt sich nicht mehr nachprüfen, doch liegt kein greifbarer Anlaß zu übertriebener Skepsis vor.

Andrerseits kann der Wert der Varianten nur aus diesen selbst, nicht auf Grund der äußeren Bezeugung beurteilt werden. Daß eine ganze Anzahl den Text, wie ihn die übrigen Hss. bieten, entscheidend verbessern, ist evident. Ebenso evident aber ist oder sollte es sein, daß recht viele Lesarten Verschreibungen und, was schlimmer ist, Interpolationen darstellen, daß ferner nicht selten aus den Fehlern von *C* und seiner Sippe das Richtige leicht gefunden werden kann, während in *G* Schlimmbesserungen den Weg zur Emendation hoffnungslos versperren. Endlich fehlt es auch nicht an Versen, die sich ohne Gewaltsamkeiten herstellen lassen, wenn *CSZ* und *G* kombiniert werden. Das spricht dagegen, die Abschreiber der Humanistenzeit für die Fehler und Willkürlichkeiten von *G* verantwortlich zu machen; sie sehen vielmehr nach Versuchen aus, die ein die Technik des Hexameters und die lateinische Dichtersprache leidlich beherrschender Schreiber karolingischer Zeit unternahm, um an Stellen, mit denen er nicht zurechtkam, einen zur Not verständlichen oder von ihm dafür gehaltenen Text herzustellen. Hält man damit zusammen, daß er daneben auch Richtiges bewahrt hat, so liegt die Vermutung nahe, daß die von dem Schreiber des alten Codex, auf den *G* zurückgeht, benutzte Abschrift des antiken, an vielen Stellen beschädigten oder schwer lesbar gewordenen Exemplars, gelegentlich besser war als die, die *CSZ* zugrunde liegt, nicht selten aber als so mangelhaft erschien, daß der karolingische Schreiber glaubte eingreifen zu müssen. Durch eine solche Hypothese wird die Bahn frei für eklektische, vorurteilsfreie Kritik; es war nicht gut, daß die modernen Herausgeber meinten, sich mit radikaler Ausschließlichkeit entweder für *C* und seine Sippe oder für *G* entscheiden zu müssen.

Zu besonderem Dank bin ich meinem Kollegen Stroux verpflichtet, der auf meine Bitte das Manuskript durchgesehen hat; der Früchte, die diese Durchsicht gezeitigt hat, sind mehr als im Apparat in Erscheinung tritt.

München, im Oktober 1932

E. Schwartz

Aetna mihi ruptique cauis fornacibus ignes
et quae tam fortes uoluant incendia causae,
quid fremat imperium, quid raucos torqueat aestus,
carmen erit. dexter uenias mihi carminis auctor,
seu te Cynthos habet seu Delo gratior illa
quae tibi Dodona potior, tecumque fauentes
in noua Pierio properent a fonte sorores
uota: per insolitum Phoebo duce tutius itur.
aurea securi quis nescit saecula regis,
cum domitis nemo Cererem iactaret in aruis
uenturisque malas prohiberet fructibus herbas,
annua sed saturae complerent horrea messes,
ipse suo flueret Bacchus pede mellaque lentis
penderent foliis et pingui Pallas oliuae,
secretos amnis ageret cum gratia ruris?
non cessit cuiquam melius sua tempora nosse.
ultima quis tacuit iuuenum certamina Colchos?
quis non Argolico defleuit Pergamon igni
impositam et tristi natorum funere mensam
auersumue diem sparsumue in semina dentem?
quis non periurae doluit mendacia puppis
desertam uacuo Minoida litore questus?
quicquid et antiquum, iactata est fabula: carmen
fortius, ignotas molimur pectore curas.
qui tanto motus operi, quae causa perennis
explicet in densum flammas et trudat ab imo

---

**5. 6** illa — potior *significat Delphos*; *Stroux suppeditat Prop. 2, 21, 3* **15** *cf.* Φ 257—262; *in aureo saeculo non opus erat labore riuulos ducendi*

---

*CSZ*] **6. 5** *coll. Z* **5** cynthos *CS* cynthus *Z* / delos *CZ* dolos *S* Delost *Munro* / ila *C* **6** quae *scripsi* seu *CSZ* **9** quis *Itali* qui *CSZ* **10** iactaret *Z* lactaret *CS* **11** uenturis *C* / malas *Itali* malis *CSZ* / fructibus $Z^2$ fluctibus *CSZ* **13** melia-que *S* **15** cum *Itali* tum *CSZ* **16** non cessit *CZ* concessit *S* **19** mensam *scripsi* mentem *CSZ* matrem $Z^2$ *cf. Ovid. amor. 3, 12, 39 Manil. 3, 19* **20** aduersumue *Z* / semina *Scaliger* semine *CSZ* **23** et in *S* in, *superscr.* scilicet et *C* in *Z* / *post* fabula *distinxit Leo* **25** operit *Z* / causa perennis *Itali* tanta perenni *CSZ*

ingenti sonitu moles et proxima quaeque
ignibus irriguis urat, mens carminis haec est.

Principio ne quem capiat fallacia uatum
sedes esse dei tumidisque e faucibus ignem
Volcani ruere et clausis resonare cauernis
festinantis opus. non est tam sordida diuis
cura neque extremas ius est demittere in artes
sidera; subducto regnant sublimia caelo
illa neque artificum curant tractare laborem.
discrepat a prima facies haec altera uatum:
illis Cyclopas memorant fornacibus usos,
cum super incudem numerosa in uerbera fortes
horrendum magno quaterent sub pondere fulmen
armarentque Iouem. turpe et sine pignore carmen.
proxima uiuaces Aetnaei uerticis ignes
impia sollicitat Phlegraeis fabula castris.
temptauere, nefas, olim detrudere mundo
sidera captiuique Iouis transferre Gigantes
imperium et uicto leges imponere caelo.
his natura sua est aluo tenus, ima per orbes
squameus intortos sinuat uestigia serpens.
construitur magnis ad proelia montibus agger;
Pelion Ossa grauat, summus premit Ossan Olympus.
iam coaceruatas nituntur scandere moles,
impius et miles metuentia comminus astra
prouocat infestus cunctos ad proelia diuos
prouocat admotisque ⟨ad⟩ tertia sidera signis

**30—32** *cf. Philostrat. uit. Apollon. 5, 16* **53** *de caeli regione summa cui subiectae sunt regiones stellarum fixarum et errantium cf. Cic. de rep.* 6, *17. Manil. 1, 803. 804. 809.* [*Aristot.*] *de mundo 2* **53—55** *cf. Epimenidem frg. 8 Diels*

*CSZ*] **27** moles et *CS* mollescent *Z* **28** carminis — est *om. S* **30** tumidis *S* **33** extrema uis *Z* / demittere *Itali* dimittere *CSZ* **38** fortes *Itali* fontes *CSZ* **39** fulmen $Z^2$ flumen *CSZ* **40** armare *nihil amplius in versu vacuo S* / et *Itali* est *CZ* **42** sollicitet *Z* **46** sua est *CS* suae *Z* / ima *CS* una *Z* **47** intortos *Itali* intortas *CS* intortus *Z* **49** Peleon ossa *Z* Pelonossa *S* Peloniossa *C* / grauat *Jacob* creat *CSZ* **52** prouocat *corruptum* pulsat et *conieci* impetit *Stroux* **53** admotisque — signis] *spatium* admotis *spatium Z* / ad *addidi*

Iuppiter e caelo metuit dextramque corusca
armatus flamma remouet caligine mundum.
incursant uasto primum clamore Gigantes;
hinc magno tonat ore pater geminantque fauentes
undique discordes comitum simul agmine uenti,
densa per attonitas rumpuntur flumina nubes
atque in bellandum quae cuique potentia diuom
in commune uenit, iam patri dextera Pallas
et Mars seuuserat, iam cetera turba deorum
stant utrimque duci. ualidos tum Iuppiter ignis
increpat et iunctos proturbat fulmine montes.
illinc deuictae uerterunt terga ruina
infestae diuis acies atque impius hostis
praeceps cum castris agitur materque iacentes
impellens uictos. tum pax est reddita mundo,
tum liber cessata uenit per sidera, caelum
defensique decus mundi nunc redditur astris.
gurgite Trinacrio morientem Iuppiter Aetna
obruit Enceladon, uasto qui pondere montis
aestuat et petulans expirat faucibus ignem.

haec est mendosae uolgata licentia famae.
uatibus ingenium est, hinc audit nobile carmen.
plurima pars scaenae uatum est fallacia; uates
sub terris nigro uiderunt agmine manes
atque inter cineres Ditis pallentia regna
mentiti uates, Stygias undasque canentes

---

**67. 68** *cf. quae de Ambronum feminis narrat Plut. Mar. 19* **76** scaenae = *apparatus cf. Sueton. Gaius* 15. *Tac. ann. 14, 7*

---

*CSZ*] **54** dextraque *Z* / corusca *Jacob* coruscam *CSZ* **55** admotus *Z* / flammam *Z* **57** hinc *Scaliger* hic *CSZ* / fauentes] fragorem *Stroux* **59** fulmina *Z* **60** et que *Z* **60. 61** bellandum — Pallas *om. Z* **62** seuuserat *CSZ corrupte, conicio* occursant, laeuus erat *Bormans* **63** utrumque *Z* / duci *scripsi* deus *CZ* de . . (*duabus litteris in spatio omissis*) S **64** iunctos *Stroux cf. Verg. Georg. 1, 283* uinctos *Z*² uicto *CSZ* iacto *Itali* / fulmine *SZ* flumine *C* **65** deuinctae *S* / ruina *scripsi* ruinae *CSZ cf. 169* **66** infeste *Z* inferte *CS* **67** praeceptis *C* / mateque *S* **69** liber *scil.* mundus [= κόσμος] / cessata *Unger Hildebrandt Ellis* cessat *CS* cessa *Z* **71** curcite *CS* **72** uastoque *CS* uasti qui *Z* **73** petulans *Z* petula in se *CS* **76** scenea *Z* / uatum *Haupt* rerum *CSZ* **77** subternis *Z* / nigro — agmine *Haupt* nigros — carmine *CSZ*

hi Tityon poena strauere in iugera foedum,
sollicitant illi te circum, Tantale, poena
sollicitantque siti, Minos tuaque, Aeace, in umbris
iura canunt idemque rotant Ixionis orbem,
quicquid et interius falsi sibi conscius horret.
nec tu, terra, satis: speculantur numina diuum
nec metuunt oculos alieno admittere caelo.
norunt bella deum, norunt abscondita nobis
coniugia et falsa quotiens sub imagine peccent
taurus in Europen, in Ledam candidus ales,
Iuppiter ut Danaae pretiosus fluxerit imber.
debita carminibus libertas ista, sed omnis
in uero mihi cura: canam quo feruida motu
aestuet Aetna nouosque rapax sibi congerat ignis.

Quacumque immensus se terrae porrigit orbis
extremique maris curuis incingitur undis,
non totum ex solido densum. namque omnis hiatu
secta est intus humus penitusque cauata latebris
exiles suspensa uias agit utque animanti
per tota errantes percurrunt corpora uenae,
ad uitam sanguis omnis qua commeat, isdem
terra uoraginibus conceptas digerit auras.
scilicet aut olim diuiso corpore mundi
in maria ac terras et sidera sors data caelo
prima, secuta maris deseditque infima tellus,
sed tortis rimosa cauis et qualis aceruus
exilit imparibus iactis ex tempore saxis,
ut crebro introrsus spatio uacefacta charybdis
pendeat in sese, simili quoque terra figura

---

*CSZ*] **80** *in versu vacuo nihil nisi* H *scripsit S* **84** sibi *om. Z* / conscius horret *scripsi* conscia [consortia *Z*] terrent *CSZ* **85** tu *CS* ut *Z* **86** metunt *C* **91** omnis *CZ* iṣtnnis *S* **93** aestuat *Z* / congregat *S* **95** incingitur *CS* hic igitur *Z* **96** ex *Ellis* et *CSZ* / solido *CS* solidum *Z* / densum *Birt* densum est *Vollmer* desunt *CSZ* / hiatus *Z* **97** intus *Sudhaus* omnis *CSZ* **98** agit utque *Itali* agiturque *CS* agit inque *Z* **100** commeat *Z* cum meat *CZ* / isdem *Leclerc Schmid* idem *CSZ* **101** dirigit *Z* **105** totis *Z* / aceruans *Z* **106** exiit *Z* **107** crebro *Z* crebrer *C* crebor *S* / introssus *S* / *post* spatio *in hoc versu nihil perscripserunt Z* uacefacta *Bücheler* uacat acta *CS* uacuata *Itali* / carinis *corr. in* charims *S* **108** figura *Itali* futurae *CSZ*

in tenuis laxata uias non omnis in artum
nec stipata coit, siue illi causa uetusta est
nec nata est facies, sed liber spiritus intra
est fugiens molitus iter seu nympha perenni
edit humum limo furtimque obstantia mollit
aut etiam inclusi solidum uicere uapores
atque igni quaesita uia est siue omnia certis
pugnauere locis, non est hic causa docenda,
dum stet opus causae. quis enim non credit inanis
esse sinus penitus, tantos emergere fontes
cum uidet ac terras uno semergere hiatu?
nata ille ex tenui quocumque agat, apta necesse est
confluuio errantes arcessant undique uenas,
ut trahat ex pleno quod fortem congerat amnem.
flumina quin etiam latis currentia riuis
occasus habuere suos, aut illa uorago
derepta in praeceps fatali condidit ore
aut occulta fluunt tectis adoperta cauernis
atque inopinatos referunt procul edita cursus.
quod ni diuersos emittat terra canales
hospitium fluuium [aut] seu metam, nulla profecto
fontibus et riuis constet uia pigraque tellus
conferta in solidum segni sub pondere cesset.
quod si praecipiti conduntur flumina terra,

---

**118. 119** *de aquis quae ex terrae motu prorumpunt* [*cf. 133*] *cf. Athen. 8 p.* $332^f$ [*Arist.*] *de mundo p.* $396^a$ *4.* **120—122** *cf. Senec. NQ 3,* $15^8$

---

*CSZ*] **109** omnes *C* / arcum *Z* **111** nec *Z* haec *CS* / intrat *S* **112** est fugiens *scripsi* effugiens *CSZ* / inter *C* / seu *CS* sed *Z* / lympha *Z* **113** limum *Z* / mollis *uel* moli *Z* **114** haud *Z* / uicere *Sevin* uidere *CSZ* **116** docenda *Leclerc* dolendi *CSZ* docendi *Itali* **117** non (*om. S*) credit inanis *CS om. Z* **118. 119** fontes — semergere *om. S* **118** fontis *C* **119** terras *scripsi* torres *C* torrens $C^{corr}$ *Z* / semergere *corrupta, conicio* subuertere **120** nata *Bücheler* nam *CS* non *Z* / quocumque *Sudhaus* uocemque *CSZ* **121** cum fluuio *C* cum fluuia *S* confluuia *Z* / uenas *CS* et undas *Z* **122** ut *Munro* et *CSZ* / fortem $CS^{corr}$ fontem *S* fonte *Z* / congerat *Stroux* contrahat *CSZ* **125** derepta *Leclerc* direpta *Z* direptam *CS* **126** cauernis *Z* auernis *CS* **128** ni *Jacob* si *CSZ* **129** fluuium *CS* fluminum *Z* / aut *deleui* / seu metam *scripsi* semita *CS* semina *Z* **131** conferta *Itali* conserta *CSZ* / segnis *Z* **132** terrae *Z*

condita si redeunt, si quaedam incondita surgunt,
haud mirum, clausis etiam si libera uentis
spiramenta latent. certis tibi pignera rebus
atque oculis haesura tuis dabit ordine tellus.
immensos plerumque sinus et iugera pessum
intercepta licet densaeque abscondita nocti
prospectare; procul chaos ac sine fine ruinae
cernis et in siluis spatioque cubilia retro
antraque demissas penitus fodisse latebras.
incomperta uia est operum, tantum effugit intra.
argumenta dabunt ignoti uera profundi,
tu modo subtiles animo duce percipe curas
occultamque fidem manifestis abstrahe rebus.
nam quo liberior quoque est animosior ignis
semper in inclusis nec uenti segnius iras
sub terra penitusque mouent, hoc dura necesse est
uincla magis soluant, magis hoc obstantia pellant.
nec tamen in rigidos exit contenta canales
uis animae flammaeue: ruit qua proxima cedunt,
oblicumque secat qua uisa tenerrima causa est.
hinc terrae tremor, hinc motus, ubi densus hiantes
spiritus exagitat uenas cessantiaque urget.
quod si spissa foret, solido si staret in omni,
nulla daret miranda sui spectacula tellus
pigraque et in pondus conferta immobilis esset.
sed summis si forte putas concrescere causis

---

*CSZ*, *G* [*inde a* 138]] **133** quaedam *Bormans* qua etiam *CSZ* **134** clausis *Z* classis *CS* / etiam *CZ* et *S* **136** tuis *CS* uis *Z* **137** inmensum *Z* **138** intercepta *CS* inter cetera *Z* / licet *G* leget *CSZ* / densa — nocte *G* **139** procul *om. G* / ac *CSZ* et *G* / ruinas *G* **140** spatioque *CSZ*, *conicio* quandoque, spatiosa *Itali* **141** demissa *CSZ* demersas *G* / penitus *G* pedibus *CSZ* / latebras *G* latebris *CSZ* **142** operum *CSZ* aeri *G* / effugit *G* effluit *CSZ* / ultra *G* **147** uenti segnius *scripsi* uentis [uectus *Z*] segnior *CSZ G* / iras *scripsi* ira est *CSZ* **148** dura *scripsi* plura *CSZ* **150** rigidos *CSZ* riuos *G* / exit *CS* hesit *Z* **151** uis animae *CS* uisa nimie *Z* / flammaeue ruit *G* flamma uerrit *CS* flamma neurit *Z* / qua *Itali* quam *CSZ* **152** secant *G* / qua *CSZ* quae *G* / uisa *CSZ* caussa *G* / causa est *CSZ* claustra *Unger*, *sed cf.* 354; *latet uox Graeca* τὸ ὑποκείμενον *i. e. substantia* **153** hiantes *G* hiatu *CSZ* **155** solidos instaret *Z* / in omni *G* in amni *CS* inmani *Z* **157** conferta *G* confert *CSZ* **158** concrescere *G* concredere *CS* congredere *Z*

tantum opus et summis alimentum uiribus, ora
qua patula in promptu cernis ualidosque recessus,
falleris et nondum tibi lumine certaque retro.
namque illis quocumque uacant, hiat impetus omnis
et sese introitu soluunt adituque patenti
conceptae languent uires animosque remittunt.
quippe ubi quod teneat uentos acuatque morantis,
in uacuo defit, cessant tantumque profundi
explicat errantis et in ipso limine tardat:
angustis opus est turbanti faucibus, illo
feruet opus densaque premit premiturque ruina
nunc Euri Boreaeque Notus, nunc huius uterque.
hinc uenti rabies, hinc saeuo quassat hiatu
fundamenta soli, trepidant urbesque caducae
inde; neque est aliud, si fas est credere mundo
uenturam antiqui faciem, ueracius omen.
  haec imo cum sit species naturaque terrae
introrsus cessante solo trahat undique uenas,
Aetna sui manifesta fides et proxima uero est.
non illi duce me occultas scrutabere causas,
occurrent oculis ipsae cogentque fateri.
plurima namque patent illi miracula monti.
hinc uasti terrent aditus merguntque profundo,
porrigit hinc artus, penitus quos aestuat ultra.

*C*, *S* [*inde a* 171 *multa perierunt*], *ZG*] **159** subitis *G* / oris *CSZG* **160** qua *Ellis* quae *CSZ* / patula *G* ualida *CSZ* / ualidosque *CSZ* uastosque *G*, *conicio* patulosque **161** falleris et *G* fallere sed *CSZ* / tibi lumine certaque retro *CSZ* certo tibi lumine res est *G* **162** illis *G* illuc *CSZ* / quocumque *Z* quodcumque *CS* quaecumque *G* / uacant *G* uacat *CSZ* / hiat impetus *CS* hiatum pecus *Z* hiatibus *G* **163** sese *CSG* rosae *Z* **164** conceptae *G* conuersae *CSZ* **165** quod teneat *Haupt* contineat *CZ* continuat *S* qui teneat *G* / uentos acuatque *Munro* uentosa qua [qua *om. Z*] quaeque [quasque *G*] *CSZG* **166** defit *G* desint *CSZ* / cessa *Z* **167** limite *G* / tardat *Itali* tardant *CSZ* trudunt *G* **168** turbanti *G* turbant in *CSZ* / illo *G* illos *CSZ* **169** densaque premit *G* densique premunt *CSZ* / premiturque *CS* premita *Z* premitque *Z*[2] / ruinas *Z* **170** nunc euri *G* hinc furtim *CSZ* / notus *G* noto *CSZ* / uterque *Itali* uterque est *CSZG* **171** hinc[1] *Z*[2] hic *CZ* **172** soli *G* solo *CZ* **173** *post* inde *distinxit Ellis* **175** imo *Matthiae* immo *G* primo *CZ* imae *Schrader* / species *CZG* facies *S* / naturaue *G* **176** trahat *G* trahit *CSZ* **178** illi *G* illinc *CZ* **179** ipsae *Itali* ipsi *CSZ* **182** porrigit *G* corrigit *CZ* / hic *CZ* / quos *CS* - que *ZG* / aestuat *scripsi* exaestuat *G* exigit *CSZ*

hinc scissae rupes obstant discordiaque ingens
inter opus, nectunt uarie mediumque coercent
pars igni domitae, pars ignes ferre coactae
[ut maior species Aetnae succurrat inanis].
haec tibi tantarum sedes atque area rerum est,
haec operis uisenda sacri faciesque domusque.
  nunc opus artificem incendi causamque reposcit.
non illam paruo aut tenui discrimine signis
mille sub exiguo ponent tibi pignore, uera
res oculique docent, res ipsae credere cogunt.
quin etiam tactu moneant, contingere tuto
si liceat: prohibent flammae custodiaque ignis
illi operum est, arcent aditus diuinaque rerum,
ut maior species Aetnae succurrat inanis, 186
cura sine arbitrio est. eadem procul omnia cernes, 196
nec tamen est dubium, penitus quis torqueat Aetnam
aut quis mirandus tantae faber imperet arti.
pellitur exustae glomeratus nimbus harenae,
flagrantes properant moles, uoluuntur ab imo
fundamenta, fragor tota nunc rumpitur Aetna,
nunc fusca pallent incendia mixta ruina.
ipse procul magnos miratur Iuppiter ignes
neue sepulta noui surgant in bella Gigantes
neu Ditem regni pudeat neu Tartara caelo
uertat: in occulto tantum premit omniaque extra

---

*C*, *S* [*multa perierunt*], *ZG*] **183** spissae *CZ* **184** uarie *scripsi cf.* *398* uaries *CSZ* aliae *G* **186** *hoc loco del. Ellis* **187** tibi *scripsi* illi *G* illis *CSZ* / sedes atque *scripsi* sedesque *CSZ* / area rerum *Z* arearum *CS* **188** *G*, *om. CSZ* / operi *G* **189** incendii *G* incendia *SZ* / caussaque *G* / poposcit *G* **190** paruo aut tenui discrimine signis *G* parui aut tenuis discriminis ignes *CSZ* **191** exiguum *G* / ponent [*scil.* res oculique] tibi [ibi *S*] *SZ* ponentibus *C* uenient tibi *G* / pignore *scripsi* pignora *G* tempora *CSZ* tempore $Z^2$ / uera *CSZ* tempus *G* **192** oculique docent *CZ* oculos ducent *G* / cogent *G* **193** moneant $Z^2$ moneat *CSG* monet *Z* / tuto *G* toto *CSZ* **195** operum *C* opertum *Z* operi *G* / aditus *CG* adhitus *S* ditis *Z* / **186** *hoc loco om. G* **196** cernes *C* certes *S* cernis *Z* **197** quis *G* quin *CSZ* / torreat *G* / Aetnam *Scaliger* aethna *CSZ* **198** imperet *Itali* imperat *CSZG* **199** exustae *Itali* exutae *CZ* exhaustae *G* / glomeratus *Itali* glomeratur *CZ* glomerantur *S* glomeratim *G* **200** uoluntur *C* **203** magnos *CSZ* tantos *G* **204** ne *G* **206** uertat $Z^2$, uertant *C* uertunt *Z* / premit [*scil.* congeries] *CSZ* tremit *G* / omniaque extra *G* omnia dextra *CSZ*

congeries operit saxorum et putris harena.
quae nec sponte sua saliunt nec corporis ulli
sustentata cadunt robustis uiribus; omnes
exagitant uenti turbas. hac uertice saeuo
in densum collecta rotant uoluuntque profundum,
hac causa spectata ruunt incendia montis.
spiritus inflatis nomen, languentibus aer.
nam prope nequiquam semper uiolentia, semper
ingenium uelox igni motusque perennis,
uerum opus auxilium est ut pellat corpora. nullus
impetus est ipsi; qua spiritus imperat, audet.
hic princeps magnoque sub hoc duce militat ignis.

Nunc quoniam in promptu est operis natura solique,
unde ipsi uenti, quae res incendia pascit,
cum subito cohibentur, inest quae causa silenti,
subsequar. immensus labor est, sed fertilis idem;
digna laborantis respondent praemia curis.
non oculis solum pecudum miranda tueri
more nec effusos in humum graue pascere corpus,
nosse fidem rerum dubiasque exquirere causas,
sacrare ingenium caput adque attollere caelum,
scire quot et quae sint magno natalia mundo

**210—212** *incendia interna et externa* [spectata] *inter se opponuntur*

*C*, *S* [*multa perierunt*, *inde a 215 partim aegre legitur*], *ZG*, *E* [222 *inde a* inmensus. 223. 228. 229. 226 [principia et rerum — causas]] **207** operit *Itali* operis *CSZ* / xasorum *S* / arenae *G* **208** saliunt *Stroux* faciunt *CSZ* ueniunt *G* / ulli *CSZ* ullis *G* **209** robusti *G* **210** exagitant *G* exigitur *CZ* uenti turbas ac [a *C*] *CG* uertitur basa *Z* **211** collecta *G* coniecta *CZ* / profundum *scripsi* profundo *CZ* **212** hac $Z^2$ haec *CG* nec *Z* / causa *CZ* causae *G* / expectata *CSZ* expectanda *G* / ruunt *CZ* terunt *G* **214** prope nequiquam [nequicquam *G*] *CG* pro pena quicquam *Z* / semper *scripsi* par est *CZ* pars est *G* / semper *CZ* flammae *G* **215** igni *Leclerc* illi *CSZ* **217** ipsi *CZ* id si *S* / audet *G* audit *CSZ* **218** hic *Schrader* hinc *CSG* nunc *Z* / magnoque *Munro* magnosque *CSZ* magnus qui *G* **219** operi *Z* **220** unde *G* una *CSZ* **221** cur *G* / cohibentur *Matthiae* cohibetur *CSZ* cohibent *G* / inest *CSZ* iners *G* / silendi *G* **223** digna *CSZE* pigra *G* / laborantis *CSZE* laboratis *G* **224** tueri *G* fuere *CSZ* uidere *E* **225** effusos *Wernsdorf* effusis *CSZE* **226** nosce *Z* / rerum *GE* rebus *CSZ* **227** sacrare ingenium *scripsi* sacra per ingentem *CSZ* ingenium sacrare *G* / caput adque *scripsi* capitique *CSZ* caputque *G* / caelo *G* **228** natalia *CSE* talia *Z* fatalia *G*

principia, occasus metuunt an saecula pergunt
et firma aeterno religata est machina uinclo,
solis scire modum et quanto minor orbita lunae [est]
ac breuior cursu bis senos peruolet orbes,
annuus ille meet, quae certo sidera currant
ordine quaeue suos errent incondita cursus,
scire uices etiam signorum ⟨et⟩ tradita iura,
sex cum nocte rapi, totidem cum luce referri,
nubila cur iris caelo denuntiet imbres,
quo rubeat Phoebe, quo frater palleat igni,
tempora cur uarient anni primaque iuuenta
cur aestate perit, cur aestas ipsa senescit
autumnoque obrepit hiemps et in orbe recurrit,
axem scire Helices et tristem nosse cometen,
Lucifer unde micet quaue Hesperus, unde Bootes,
Saturni quae stella tenax, quae Martia pugnax,
quo rapiant nautae, quo sidere lintea tendant,
scire uias maris et caeli praediscere cursus,
quo uocet Orion, quo Sirius incubet index,
nec quaecumque iacent tanto miracula mundo,
non digesta pati nec aceruo condita rerum,
sed manifesta notis certa disponere sede
singula diuina est animi ac iucunda uoluptas.

**236** *cf. Gemin. isag.* 7

*C*, *S* [*partim aegre legitur*], *ZG*, *E* [231—233. 234 ordine *nihil amplius.* 235. 237—251. 224. 225]] **229** an *Leclerc* ad *CSZ* **230** uinclo *CG* mundo *SZ* **231** lunae *scripsi* lunae est $Z^2E$ luna est *CSZ* **232** ac *scripsi* haec $CSZ^2E$ hoc *G* ehaec *Z* / cursu bis senos *CSG* cur subisse *Z* cur bis senos cito *E* / peruolet *CSZE* peruolat *G* / orbis *Z* **233** meet *E* monet *CS* mouet *GZ* / sidera *E* sidere *CSZ* **234** suo errant *CSZ* suos seruent *G* / cursus *Munro* cura *CSZ* motus *G* **235** et *Itali om. CSZE* / iura *CSZ* cura est *E* **236** *om. CSZE* **237** iris caelo *Stroux cf. Arat* 940 *Verg. Georg.* 1, 380 *Ouid. met.* 1, 271 *Manil.* 1, 713 caelo terris *CSZE* panope caelo *G* **238** iubeat *E* / pelleat *S* / igne *GE* **239** uarient *CSG* uariant *ZE* / primaque *CSZE* uer prima *G* **240** cur *ZG* cura *CS* uer *E* / cur *SZE* cura *C* **242** nosce *Z* / cometem *ZE* **243** boetes *ZE* **244** mastia *C* **245** tendant *CSZE* pandant *G* **246** praedicere *ZE* **247** quo *CSZE* qua *G* / uocet *G* uolet *CSZE* / sirius *Itali* setius *CSZ om. spatio relicto E* / incubet *CSZE* excubet *G* **248** nec *scripsi* et *CSZE* **249** digesta *CSZE* congesta *G* **250** certa *ZE* cerata *CS* **251** uoluntas *E*

sed prior hac hominis cura est cognoscere terram
et quae illinc miranda tulit natura, notare,
haec nobis magis affinis caelestibus astris.
nam quae mortali spes quaeue amentia maius
in Iouis errantem regno perquirere uelle,
tantum opus ante pedes transire? hac pergere segnes
torquemur miseri in paruis premimurque labore.
scrutamur rimas et uertimus omne profundum,
quaeritur argenti semen, nunc aurea uena,
torquentur flamma terrae ferroque domantur,
dum sese pretio redimant uerumque professae
tum demum uiles taceant inopesque relictae.
noctes atque dies festinant arua coloni,
callent rure manus, glebarum expendimur usu.
fertilis haec segetique feracior, altera uiti,
haec plantis humus, haec herbis dignissima tellus,
haec dura et melior pecori siluisque fidelis,
aridiora tenent oleae, sucosior ulmis
grata. leues cruciant animos et corpora causae
horreaque ut saturent, tumeant et dolia musto
plenaque desecto surgant faenilia campo:
sic auidis semper quoduis est carius ipsis.
implendus sibi quisque bonis est artibus: illae

*CSZG*, *E* [258. 262. 263. 261. 259. 260. 264—272] *Gf* [*inde a* 272 *usque ad* 287]] **252** hac *Schrader* haec *CSZ* / hominis *S ut videtur*, *Z* dominis *C* omni *G* **253** et quae illinc *scripsi* et quae nunc *CSZ* quaeque in ea *G* **254** magis *G* magna *CSZ* **255** mortali *G* mortalis *CSZ* / spes quaeue *CSZ* cuiquam est *G* / amantia *Z* / maius *Z* maior *C* **256** uelle *CSZ* diuos *G* **257** hac *scripsi* ac *CSZG* / pergere *scripsi* perdere *CSZ* / segne est *G* **258** premimurque *CSZE* terimurque *G* / laborem *Z* **259—261** *hic habuisse uidetur G post 279 coll. CSZ* **261** torquentur *CSZE* torrentur *G* / domantur *CSE* domantis *Z* **262** *abscissus in S* / ut *E* / professae *CE* professa est *Z* **263** tum demum] turpe silent *E* / uiles taceant *CSZ* humilesque iacent *G* artes uiles *E* **264** festinant *EZ* festinent *CS* **265** rura *S* / expendimur usu *scripsi* expellimur usu *CSZE* expendimus usum *G* **266** segetique *CSZE* segetis *G* **267** plantis *G* platanis *CSZE* **268** dura et *E* duro *G* diuiti *CSZ* / sillisque *S* **269** ulmis *E* ulmus *CSZ* **271** horreaque ut *G* horrea uti *CSZE* / sature *G* / et *CSZE* ut *G* / dolea *CS* **272** planaque *Z* / fienilia *C* fenialia *S* **273** auidis *Matthiae* auidi *CSZG* / quoduis *Malzacher olim Seminarii Friburgensis sodalis* quouis *G* qua uisum *CSZ* / carius *CS* carnis *Z* carior *G* / ipsis *G* istis *CSZ* **274** illae *G* illis *CSZ*

sunt animi fruges, haec rerum maxima merces
scire quid occulto natura terra coercet,
nullum fallere opus, non stultum cernere sacros
Aetnaei montis fremitus animosque furentis,
non subito pallere sono, non credere supter
caelestis migrasse minas aut Tartara rumpi,
nosse quid intendat uentos, quid nutriat ignes,
unde repente quies et multo foedere pax sit.

Cum crescant animae penitus, seu forte cauernae
introitusque ipsi seruent seu terra minutis
rara foraminibus tenues in se abstrahat auras,
plenius hoc etiam, rigido quia uertice surgens
illinc infestis atque hinc obnoxia uentis
undique diuersas admittere cogitur auras
et coniuratis addit concordia uires,
siue introrsus agunt nubes et nubilus auster
seu fontes flexere caput tergoque feruntur,
praecipiti deiecta solo premit unda fugantque
torrentes auras pulsataque corpora densent.
nam ueluti sonituro horam Tritone canoro

---

**283** *postquam in protasi dictum est de spiritu in terra consistente, in apodosi inde ab us. 290 agitur de aquis subterraneis quae spiritum comprimunt*

---

*CSZ*, *GGf* [*usque ad* 287]] **275** haec *G* hae *CSZ* / maxima *CSZ* est optima *G* **276** occulto *ZG* exculto *CS* / terrae natura *G* **277** stultum *scripsi* mutum *Haupt* multos *CS* multo *Z* multum *G* **278** animisque *Z* **279** pallere *G* callere *CSZ* *post* **279** *secuntur in CSZ 259—261 non habet Gf* **280** celesti *Z* / rumpi *G* mundi *CSZ* **281** nosce *Z* / intendat *G* impediat *CSZ* / ignes *ZG* illos *C om. S* **282** repente *CSZ* reperta *G* / multo *CSZG*, *Stroux adfert Stat. Theb. 8, 160* / est *G* **283** cum crescant *Jacob* concrescant *CSZG* / animae *G* animi *CSZ* / forte *CSZ* porta *G* **284** feruent *S* **285** tenues *G* neue *CSZ* **286** uestice *C* / surgens *G* surgit *CSZ* **287** infestis *Jacob* infestus *CSZ* infessa est *G* / uentis *G* uitis *CSZ* **288** admittat *S* / cogitur *Schrader* cogitat *CSZ* **290** introssus *S* / agunt *sc. aquam cf. 293—300* **291** fontes *Stroux* forte *CSZ* / tergoque *corruptum* retroque *Friesemann*, *malim* circumque **292** deiecta *Scaliger* delecta *CSZ* / solo *scripsi* sono *CSZ* / unda *Scaliger* una *CSZ* / fugantque *scripsi* fugatque *CSZ* **293** densent *scripsi* denset *CSZ* **294** ora — canoro *in versu uacuo omisit S* / sonituro horam *scripsi* sonat ora duc [diu *Z*] *CZ* / canoro *Z* cancro *C*

pellit opus collectus aqua uictusque mouere 295
spiritus et longas emugit bucina uoces
carmineque irriguo magnis cortina theatris
imparibus numerosa modis canit arte regentis,
quae tenuem impellens animam subremigat unda,
haud aliter summota furens torrentibus aura 300
pugnat in angusto et magnum commurmurat Aetna.
credendum est etiam uentorum existere causas
sub terra similis harum quas cernimus extra,
ut, cum densa premant inter se corpora, turba
elisa in uacuum fugiant et proxima secum 305
momine tota trahant, tuta quae in sede resistant. 306
non dubium rupis aliquas penitusque cauernas 309
proruere ingenti sonitu casuque propinquas 310
diffugere impellique animas, hinc crescere uentos. 311
quod si forte mihi quaedam discordia tecum est, 307
principiis aliis credas consurgere uentos 308
aut umore etiam nebulas ⟨se⟩ effundere largo, 312
ut campis agrisque solent quos adluit amnis.
uallibus exoriens caligat nubilus aer,
flumina parua ferunt auras, uis proxima uento [est] 315
eminus adspirat, fortis si uerberat umor.
atque haec in uacuo si tanta potentia rorum est,
hoc plura efficiant infra clusique necesse est.
his agitur causis extra penitusque coactos
exagitant uentos, pugnans in faucibus arte 320
pugnantis suffocat iter. uelut unda profundo
terque quaterque exhausta grauis ubi perbibit euros,

---

*C*, *S* [*inde a 304–346 uersuum fines detruncati*], *Z*] **295** opus *Z* opes *CS* / aqua *Alzinger* aquae *CSZ* **297** irriguoque *S* **298** arte *Z* arta *C* asta *S* **300** aliter *om. S* **301** augusto *S* **302** causas *Z*² causam *CSZ* **303** *fere totus abscissus in S* / terra *Z* terras *CS* **304** premant *Baehrens* cremant *CSZ* / turba *Z* turbant *C* **306** momine *Gronov* nomina *CSZ* / trahant *Z*² trahunt *CSZ* **307. 308** *collocaui post 311* **310** proruere *Itali* prouehere *CSZ* **311** cernere *Z* **312** se *Haupt om. CSZ* **313** ut *Itali* aut *CSZ* / adluit *Haupt* abluit *C* obluit *Z* **315** uis *Z*² uix *CZ* / est *deleui* **316** eminus *C* et minus *SZ* / si *scripsi* et *CSZ* **317** uacuo *Z*² uacuos *CSZ* / rorum *Jacob* rerum *CZ* **318** efficiunt *Z* / infra *CSZ* intra *Scaliger* **319** agitur] *conicio* animae / coactos *Munro* coactus *CZ* **320** pugnans *scripsi* pugnant *CSZ* **321** inter *Z* **322** perbibit *Itali* perhibit *C* perbibere *Z*

ingeminant fluctus et primos ultimus urget,
haud secus adstrictus certamine tunditur ictu
spiritus inuoluensque suo sibi pondere uires
densa per ardentes exercet corpora uires
et quacunque iter est, properat transitque morantem,
donec confluuio ueluti siponibus actus
exilit atque furens tota uomit igneus Aetna.
quod si forte putas isdem decurrere uentos
faucibus atque isdem pulsos remeare, notandas
res oculis locus ipse dabit cogetque negare.
quamuis caeruleo siccus Ioue fulgeat aether
purpureoque rubens surgat iubar aureus ostro,
illinc obscura semper caligine nubes
pigraque diffuso circum stupet unica uoltu
prospectans sublimis opus uastosque recessus.
non illam bibit Aetna nec ullo intercipit aestu;
obsequitur quacumque iubet leuis aura, reditque.
placantis etiam caelestia numina ture
summo cerne iugo uel qua liberrimus Aetnae
introspectus hiat, tantarum semina rerum,
si nihil irritet flammas stupeatque profundum.
hinc igitur, credis, terrenus spiritus ille,
qui rupis terramque rotat, qui fulminat ignis,
cum rexit uires et praeceps flexit habenas,
praesertim ipsa suo declinia pondere numquam
corpora deripiat ualidoque absorbeat aestu?
quor, si fallor, abest species tantusque ruentis

*CZ*, *S inde ab 347 deficit*] **323** primos ult (*cet. absc.*) *S* primus ultimos [ultimus *Z*] *CZ* **324** tunditur *Stroux* tangitur *CZ* **325** inuouensque *S* **326** uires *CZ* *sensu postulatur* uentos **328** siponibus actus *CS* *om.* *Z* **330** decurre *C* **331** atque *Z* autque *CS* / isdem *Itali* idem *CSZ* / pulsos *Itali* pulsis *CSZ* / notandas *Itali* notanda *CZ* **333** fugiat *Z* **336** diffuso *scripsi* defuso *CSZ* / unica *scripsi* umida *CSZ* **337** prospectans *Munro* prospectant *CSZ* / uastusque *C* / recessus *Itali* receptus *CZ* **338** bibit *Haupt* uidet *CSZ* **341** aetnae $Z^2$ aetna *CZ* **342** introspectus *Schrader* inprospectus *CSZ* **343** irritet *Z* irridet *CS* **344** hinc *Haupt* huic *CSZ* / terrenus *scripsi* torrens ut *CSZ* / ille *Scaliger* illi *CZ* **345** rotat *Jacob* notat *CSZ* **346** cur exit *Z* **347** declinia *Ellis* decliuia *CZ* **348** deripiat *Leclerc* diripiant *CZ* / absorbeat *Baehrens* absolueret *CZ* / aestu *Wernsdorf* arcu *CZ* **349** quor *scripsi* quod *CZ* / abest *Schrader* adest *CZ* / ruentis *Baehrens* ruinis *CZ*

impetus attentos oculorum transfugit ictus?
nec leuiter tactos digitos fert aura mouetque,
sparsa liquore manus sacros ubi uentilat ignis,
uerberat aura tamen pulsataque corpora nostris
incursant: adeo in tenui uim causa repellit.
non cinerem stipulamue leuem, non arida sorbet
gramina, non tenuis plantis humus excita praeda est,
surgit adoratis sublimis fumus ab aris:
tanta quies illi est et pax innoxia rapti.
siue peregrinis igitur propriisue potentes
coniurant animae causis, ille impetus ignes
et montis partes atra subuectat harena
uastaque concursu trepidantia saxa fragores
ardentisque simul flammas ac fulmina rumpunt
haud aliter quam cum prono iacuere sub austro
aut aquilone, fremunt siluae, dant bracchia nodo
implicitae et serpunt iunctis incendia ramis.
nec te decipiant stolidi mendacia uulgi
exhaustos cessare sinus, dare tempora, rursus
ut rapiant uires repetantque in proelia uicti.
pelle nefas animis mendacemque exue famam.
non est diuinis tam sordida rebus egestas
nec paruas mendicat opes nec corrogat auras.
praesto sunt operae uentorum examina semper,
causa latet quae rumpat iter cogatque morari.
saepe premit fauces magnis exstructa ruinis
congeries clauditque uias luctamine ab imo
et scisso ueluti tecti sub pondere praestat
haud simili teneros cursu: tum frigida monti

---

*CZ*] **351** leuiter tactos *Baehrens* leuitas tantos *CZ* / digitos *Stroux* igitur *CZ* / fert *scripsi* ferit *CZ* **353** uerberat aura *Stroux* uerberat ora *C* uerberata *Z* / nostris *C* nostra *Z* **354** causa *C* causam *Z* **356** humus excita predas *C* exit humus apredas *Z* **358** illi *scil.* fumo **359** propriisue *Scaliger* propriisque *CZ* / potentis *CZ* **360** ignis *Z* **361** atra *C* atras *Z* **362** fragoris *CZ* **366** et *Vollmer* haec *CZ* ac *Wernsdorf* **369** ut *Itali* aut *CZ* **370** animis *scripsi* animi *CZ* animo *Itali* / flammam *Z* **371** diuinis *Itali* diuitiis *CZ* / tam *Itali* iam *CZ* **372** paruo *Z* **374** cause latent *Z* / quae rumpat iter *C* quaerunt pariter *Z* **376** luctamine $Z^2$ luctamen *Z* luctamur *C* luctatur $C^{corr}$ **377** et scisso *C* escisso *Z* / tecti *scripsi* tecto *CZ* **378** simili *scripsi* similis *CZ* / cursu tum *Jacob* cursu cum *C* cur secum *Z*

desidia est tutoque licet descendere fauces.
post, ubi concreuere mora, uelocius urgent,
pellunt oppositi moles ac uincula rumpunt.
quicquid in oblicum est, frangunt iter, acrior ictu
impetus exoritur, magnis operata rapinis
flamma micat latosque ruens exundat in agros.
sic cessata diu referunt spectacula uenti.

Nunc superant quaecumque regant incendia siluae,
quae flammas alimenta uocent, quid nutriat Aetnam.
incendi poterunt illis uernacula causis
materia appositumque igni genus utile terrae.
uritur assidue calidus nunc sulphuris umor,
nunc spissus crebro praebetur alumine sucus;
pingue bitumen adest, et quicquid comminus acris
irritat flammas, illius corporis Aetna est.
atque hanc materiam penitus discurrere fontes
infectae ructantur aquae radice sub ipsa;
pars oculis manifesta iacet, quae robore dura est,
at lapidum pingui feruent incendia suco;
quin etiam uarie quaedam sine nomine saxa
toto monte liquent. illis custodia flammae
uera tenaxque data est, sed maxima causa molaris
illius incendi lapis est, hic uindicat Aetnam.
quem si forte manu teneas ac robore cernas,
nec feruere putes, ignem nec spargere posse;
sed simul ac ferro quaeras, respondet et ictu
scintillat dolor. hunc multis circum inice flammis
et patere extorquere animos atque exue robur:
fundetur ferrum citius, non mobilis illi
et metuens natura mali est, uix uritur igni.

---

*CZ*] **379** descendere $Z^2$ discedere *CZ* / fauces *scripsi* montes *CZ* **380** concreuere *scripsi* conticuere *CZ* **385** sic *Maehly* si *CZ* / cessata diu referunt *C* cessat ad iure ferunt *Z* **387** aetna *Z* **389** terrae *Wernsdorf* terrent *CZ* **391** alumine *Jacob* numine *CZ* / siccus *Z* **395** ructantur *scripsi* eructantur *Sudhaus* eripiantur *CZ* / aquae *Z* atque *C* **397** at lapidum *scripsi* ac lapis in *CZ* **398** nomine $Z^2$ numine *CZ* **400** molaris *Z* mola acris *C* **401** incendia *Z* / est *om.* *Z* / hic *Jacob* sic *Z* si *C* **403** feruere *C* fruere *Z* / possem *Z* **405** inice *C* isse *Z* **407** ferrum *scripsi* ferro *CZ* / non *scripsi* nam *CZ* **408** natura mali *Z* naturam alii *C* / uix uritur *scripsi* ubi coritur [uritur $Z^2$] *CZ*

sed simul atque hausit flammas, non tutior hausti
ulla domus seruans aciem duratque tenaci
saepta fide. tanta est illi patientia uicto,
uix umquam redit in uires atque euomit ignem.
totus enim denso stipatus robore tarde
per tenuis admissa uias incendia nutrit
cunctanterque eadem et pigre concepta remittit.
nec tamen hoc uno quod montis plurima pars est,
uincit et incendi causam tenet ille, profecto
miranda est lapidis uiuax animosaque uirtus.
cetera materies, quaecumque est fertilis igni,
ut semel accensa est, moritur nec restat in illa
quod repetas, tantum cinis et sine semine terra est;
hic semel atque iterum patiens ac mille perhaustis
ignibus instaurat uires nec desinit ante
quam leuis excocto defectus robore pumex
in cinerem putrisque iacet dilapsus harenas.
cerne locis, etiam similis assiste cauernas:
illic materiae pascentis copia maior,
sed genus hoc lapidis, certissima signa coloris,
quod nullas adiunxit opes, elanguit ignis.
dicitur insidiis flagrans Aenaria quondam
nunc extincta super testisque Neapolin inter
et Cumas locus est multis iam frigidus annis,
quamuis aeterno pinguescens ubere sulphur
in mercem legitur; tanto est fecundius Aetna.
insula, cui nomen facies dedit ipsa rotunda,
sulphure non solum nec obesa bitumine terra est
et lapis adiutat generandis ignibus aptus,

---

**426** similis ἀπὸ κοινοῦ, *pertinet etiam ad* locis

---

*CZ*] **410** duratque *scripsi* duramque *CZ* duransque *Scaliger* **411** fides *Z* / tanta *Scaliger* tutum *CZ* **413** stipatus *Leclerc* stipatur *CZ* / tarde *Z* cardo *C* **415** pigra *Z* / concepta *Munro* coepta *CZ* **417** uincat *Z* **418** lapidis *de Rooy* lapidum *CZ* **422** hic *Itali* sic *CZ* **424** defectus *Haupt* defecit *CZ* **425** iacit *C* / dilapsus *Scaliger* delapsus *CZ* **426** adsisse *Z* **427** pascentis *Schrader* nascentis *CZ* **429** elanguit *Jacob* et languit *CZ* **430** insidiis *CZ*, *conicio* assidue / enarea *CZ* **431** tectisque *Z* / neapolis *Z* **432** est $Z^2$ et *C* sed *Z* **433** aeterno *Vollmer* aeternum *CZ* / pinguescens *scripsi* pinguescat et *CZ* **434** aetnae *Z* **436** bitumine *C* atimine *Z* **437** generandis *C* gerendis *Z*

sed raro fumat, quin uix, si accenditur, ardet,
in breue mortalis flammas quod copia nutrit.
in sola durat Volcani nomine sacra,
pars tamen incendi maior refrixit et alto
iactatas recipit classes portuque tuetur;
quae restat, minor et diues satis ubere terra est,
sed non Aetnaeae uires quae conferat illi.
atque haec ipsa tamen iam quondam exstincta fuisset,
ni furtim adgereret Siculi uicinia montis
materiam siluamque suam pressoue canali
huc illuc ageret uentos et pasceret ignes.
  sed melius res ipsa notis spectataque ueris
occurrit signis nec temptat fallere testem.
nam circa latera atque imis radicibus Aetnae
candentes efflant lapides disiectaque saxa
intersunt uenis, manifesto ut credere possis
pabula et ardendi causam lapidem esse molarem,
cuius defectus ieiunos conficit ignes.
ille ubi collegit flammas, iacit et simul ictu
materiam accendit cogitque liquescere secum.
haud equidem mirum, facie quae cernimus extra,
si lenitur opus restat; magis uritur illic
sollicitatque magis uicina incendia saxum
certaque uenturae praemittit pignora flammae.
nam simul atque mouet uiris turbamque minatum
diffugit exemploque solum trahit ictaque ramis,
et graue sub terra murmur demonstrat et ignes.
tum pauidum fugere et sacris concedere rebus

---

**460** saxum = *lapis molaris*  **463** icta *est neutr. plur.*

---

*CZ*] **438** quin *Itali* qui *CZ*  **440** in sola durat [*scil.* incendium] *scripsi* insula durata *CZ*  **441** maiore frixit *C*  **442** iactata *C*  **444** Aetnaeae *scripsi* aethnei *CZ*  **446** furtim $Z^2$ furtum *CZ* / adgereret *Itali* adgeneret *CZ* / siculi uicinia montis *C om. Z*  **448** pasceret *Itali* posceret *CZ*  **449** notis *C* nocte *Z* / ueris *Itali* uenis *Z* uentis *C*  **450** testem *Haupt* pestem *CZ*  **452** saxi *Z*  **453** intersunt *scripsi* intereunt *CZ*  **455** conficit *Maehly* colligit *CZ*  **456** iacit *Itali* iacet *CZ*  **458** facie *C* fate *Z*  **459** lenitur opus restat *CZ*, *coniecerim* nil inter opus praestant  **462** uiris *C* curis *Z* / minatum *scripsi* minatus *C* minutus *Z*  **463** extemploque *Z*  **465** concedere *CZ* confugere $Z^2$

par erit: e tuto speculaberis omnia collis.
nam subito efferuent onerosa incendia raptis,
accensae subeunt moles truncasque ruinae
prouoluunt atque atra sonant examina harenae.
illinc incertae facies hominumque figurae.
pars lapidum domita est, acri pars robore pugnat
nec recipit flammas; hinc ⟨iam⟩ defessus anhelat
atque aperit se hosti, decrescit spiritus illic,
haud aliter quam cum laeto deuicta tropaeo
prona iacet campis acies et castra sub ipsa.
tum si quis lapidum summo pertabuit igni,
asperior scabies et quaedam sordida faex est
qualem purgato cernas desidere ferro.
uerum ubi paulatim exiluit sublata caducis
congeries saxis, angusto uertice surgens,
sic ueluti in fornace lapis torretur et omnis
exustus penitus uenis subit altius umor,
amissis opibus leuis et sine pondere pumex
excutitur, liquor ille magis feruere magisque
fluminis in speciem mitis procedere tandem
incipit ac pronis demittit collibus undas.
illae paulatim bis sena in milia pergunt,
quippe nihil reuocat, certis nihil ignibus obstat,
nulla tenet moles, frustra simul omnia pugnant.
nunc siluae rupesque notant haec tela solumque
ipsum adiutat opus faciesque sibi induit amnis.
quod si forte cauis cunctatus uallibus haesit,
utpote inaequalis uoluens per pascitur agros,

---

*CZ*] **466** par erit *Scaliger* parere *CZ* / e *Scaliger* et *CS* / collis *CZ* colli *Itali* **468** truncasque *scripsi* truncaeque *CZ* **470. 471** *om. Z* **471** est acri *scripsi* stanti *C* est stantis *Munro* / robore pugnat *scripsi* robora pugnae *C* **472** recipit *Z* repit *C* / iam *add. Schenkl* defessus *Z*² desfessus *Z* defensus *C* **473** hosti *Scaliger* hostis *CZ* **477** scabies *scripsi* sopita es *CZ* scabres *Scaliger* / fax *Z* **478** cernas *Munro* cernes *CZ* **480** surgens *Jacob* surgunt *CZ* **484** feruere *C* seruare *Z* **486** pronis *Suringar* prunis *C* primis *Z* / demittit *Itali* dimittit *CZ* **488** certis *Wernsdorf* curtis *CZ* **489** moles frustra *scripsi* frustra moles *CZ* **490** nunc *CZ conicio* nec / notant haec tela *CZ conicio* uetant nec tecta **491** ipsum *Leclerc* ipsa *CZ* / opus *Haupt* opes *CZ* / faciesque *scripsi* facilesque *CZ* faciemque *Haupt* / annis *Z* **492** uasibus *Z*

ingeminat fluctus et stantibus increpat undis,
sicut cum rapido curuum mare cernitur aestu.
at primum tenuis si massa agit ulla rigores,
progrediens lente diffunditur et sua certis
flumina consistunt ripis ac frigore durant
paulatimque ignes coeunt ac flammea massis
exuitur facies. tum prima ut quaeque rigescit,
effumat moles atque ipso pondere tracta
uoluitur ingenti strepitu praecepsque sonanti
cum solido inflicta est, pulsati dissipat ictus
et quae disclusa est, candenti robore fulget.
emicat examen plagis, ardentia saxa
scintillae procul esse fides, procul ecce ruentes
incolumi feruore cadunt. uerum impetus ignes
Symaethi quondam ut ripas traiecerit amnis,
uix iunctas quisquam fixo dinouerit illas;
uicenos per saepe pedes iacet obruta moles.
  sed frustra certis disponere singula causis
temptamus, si firma manet tibi fabula mendax,
materiam ut credas aliam fluere igne, fauillae
flumina proprietate simul concrescere siue
commixtum lento flagrare bitumine sulphur;
nam posse exusto cretam quoque robore fundi
et figulos huic esse fidem, dein frigoris usu
duritiem reuocare suam et constringere uenas.
sed signum commune leue est atque irrita causa
quae trepidat: certo uerum tibi pignore constat.

---

*CZ*] **494** ingeminat *Itali* ingeminant *CZ* **495** rapido *scripsi* rapidum *CZ* / curuum *Z*[2] curuo *CZ* / cernitur *scripsi* cernulus *CZ* cernimus *Munro* **496** ad *Z*[2] ac *CZ* / si massa *scripsi* si mas *Z* imas *C* / ulla rigores *scripsi* ulteriores *CZ* **497** lente *scripsi* late *CZ* sua certis *scripsi* succernens *CZ* **499** massis *D'Orville* messis *CZ* **502** sonanti *CZ conicio* sedenti **503** inflexa *CZ* inflixa *Scaliger* pulsati *scripsi* pulsantis *CZ* **506** scintillae [*nom. pl., cf. 517*] *Haupt* scintillas *C* scintilla *Z* / fide *Z* / ecce *Scaliger* esse *CZ* / ruentis *C* ruentem *Z* **508** simethi *C* si uel fumanti et hii *Z* **509** iunctas *scripsi* iunctis *CZ* / dinouerit *scripsi* dimouerit *CZ* **510** uicenos *Itali* uicinos *CZ* / pedes *D'Orville* dies *CZ* **513** fruere *Z* / fauillae *Leclerc* fauilla *C* fauillam *Z* **514** flumina *C* plurima *Z* / propietate *Z* **516** posse . . . fundi *Wernsdorf* post . . . fundit *CZ* / exusto *Sudhaus* exustam *CZ* / robora *Z* **518** duritiem *C* iam *Z* **520** tripidat *C* / certo *Itali* certe *C om. Z* / tibi *C* ubi *Z*

nam uelut arguti natura est aeris, et igni
cum domitum est, constans eademque et robore saluo
ultroque ut possis aeris cognoscere portam,
haud aliter lapis ille tenet, seu forte madentes
effluit in flammas siue est securus ab illis,
conseruatque notas nec uultum perdidit ignis.
quin etiam externam multis color ipse refellit
non odor aut leuitas putris magis illa magisque;
una operis facies, eadem perque omnia terra est.
nec tamen infitior lapides ardescere certos,
interius furere accensos; haec propria uirtus.
quin ipsis quondam Siculi cognomina saxis
imposuere ryacas et ipso nomine signant
fusilis esse notae. numquam tamen illa liquescent,
quamuis materies foueat sucosior intus,
ni penitus uenae fuerint commixta molari.
quod si quis lapidis miratur fusile robur,
cogitet obscuri uerissima dicta libelli,
Heraclite, tui, nihil insuperabile gigni,
omniaque aeternum natura semina iacta.
sed minime hoc mirum. densissima corpora saepe
et solido uicina tamen compescimus igni.
non animos aeris flammis succumbere cernis?
lentitiem plumbi non exuit? ipsaque ferri
materies praedura tamen subuertitur igni
spissaque suspensis fornacibus aurea saxa

**544** exuit *scil.* ignis

*CZ*] **521** natura est *C* naturae *Z* / igni *Scaliger* ignis *CZ* **522** cum domitum *C* condomitum *Z* / constans *Haupt* constat *CZ* **523** ultroque *scripsi* ultraque *CZ* utramque $Z^2$ **526** uultu *Z* **527** externam multis *CZ*, *conicio* externo montis / refellit *C* resiliuit *Z* resoluit $Z^2$ **528** non odor *CZ*, *conicio* nigrore / illa *scripsi* ille *CZ* **531** interius *Z* interitus *C* / accenso *C* / propria *Itali* propala *CZ* **532** qui in *C* / quondam *Munro* quaedam *CZ* **533** ryacas *Kaibel* fridicas *C* phricas *Z* / et $Z^2$ etiam *CZ* / nomine signant *Z* omine significarit *C* **534** fusiles *Z* / notae *Maehly* notas *CZ* / liquescent *Haupt* liquescunt *CZ* **536** ni *Leclerc* nec *CZ* / commixta *Haupt* commissa *CZ* **537** lapidis *Itali* lapides *CZ* / fisile *Z* **539** Heraclite tui nihil *C* eradicet ubi nihil *Z* **540** aeternum *Stroux* rerum *CZ* **541** minime *Haupt* nimium *CZ* **543** non animos aeris *C* nam animo seruis *Z* **544** lenitiem *C*

exsudant pretium et quaedam fortasse profundo
incomperta iacent similique obnoxia sorti.
nec locus ingenio est, oculi te iudice uincent.
nam lapis ille riget praeclususque ignibus obstat,
si paruis torquere uelis caeloque patenti;
candenti pressoque agedum fornace coerce,
nec sufferre potest nec saeuum durat in hostem,
uincitur et soluit uires captusque liquescit.
quae maiora putas autem tormenta mouere
posse manu, quae tanta putas incendia nostris
sustentare opibus, quantis fornacibus Aetna
uritur ac sacro numquam non fertilis igni
et non qui nostro feruet moderatior usu,
sed caelo propior uel quali Iuppiter ipse
armatus flamma est? his uiribus additur ingens
spiritus adstrictis elisus faucibus, ut cum
fabriles operae rudibus contendere massis
festinant, ignes quatiunt follesque tumentes
exanimant pressoque instigant agmine uentum.
haec operis forma est, sic nobilis uritur Aetna;
terra foraminibus uires trahit, urget in artum,
spiritus incendit, uiuunt per maxima saxa.

Magnificas laudes operosaque uisere templa
diuitiis hominum aut siqua est memorare uetustas,
traducti maria et terras per proxima fatis
currimus atque auidi ueteris mendacia famae
eruimus cunctasque libet perquirere gentes.
nunc iuuat Ogygiis circumdata moenia Thebis

---

*CZ*] **548** sorti $Z^2$ sorte *CZ* **549** ingenio *Itali* ingenium *CZ* **550** nam *Z* nec *C* **551** torquere *Haupt* torrere *C* torre *Z* **552** pressosque *C* **555** moueri *Z* **556** posse manu quae *C* possu manuque *Z* **557** quantis *Itali* tantis *CZ* **558** ac *C* a *Z* / non *Itali* nec *CZ* **559** et *scripsi* sed *CZ* **561** additus *Z* **562** elisis *Z* **564** tumentes *Lindenbruch* trementes *CZ* **565** exanimant $Z^2$ examinant *CZ* / uentos *Z* **566** forma *Chr. Wolf* fama *CZ* / sic nobilis *Z* ignobilis *C* / uritur $Z^2$ utitur *CH* **567** artu *Z* **568** incendit *scripsi* incendi *CZ* / uiuunt *Vollmer* uiuit *CZ* **569** uiscere *C* **570** si qua est *Buecheler* sacras *C* sacra *Z* **571** maria *A. de Rooy* materia *CZ* / terras *A. de Rooy* terris *CZ* **573** perquirere *Baehrens* percurrere *CZ*

cernere, quae fratres ille impiger, ille canorus
condere, felicesque alieno intersumus aeuo
inuitata piis nunc carmine saxa lyraque,
nunc gemina ex uno fumantia sacra uapore
mirantes septemque duces raptumque profundo.
detinet Eurotas illic et Sparta Lycurgi
et sacer in bellum numerus, sua turba, trecenti;
nunc hic Cecropiae uariis spectantur Athenae
carminibus gaudentque soli uictrice Minerua;
excidit hic reduci quondam tibi, perfide Theseu,
candida sollicito praemittere uela parenti;
tu quoque Athenarum carmen, iam nobile sidus,
Erigone; sedes uestra est, Philomela, canoris
quae uocat in siluis et tu, soror, hospita tectis
acciperis, solis Tereus ferus exulat agris.
miramur Troiae cineres et flebile uictis
Pergamon exstinctosque suo Phrygas Hectore; paruum
conspicimus magni tumulum ducis, hic et Achilles
impiger et uictus magni iacet Hectoris ultor.
quin etiam Graiae fixos tenuere tabellae
signaue, nunc Paphiae rorantes arte capilli,
sub truce nunc parui ludentes Colchide nati,
nunc tristes circa subiecta altaria ceruae
uelatusque pater, nunc gloria uiua Myronis,
et iam mille manus operum turbaeque morantur.
haec uisenda putas terrae dubiusque marisque?
artificis naturae ingens opus aspice, nulla

---

**575. 576** *coniungas* impiger (fuit) condere

---

*CZ*] **576** intersumma *Z* **578** sacra *Scaliger* saxa *CZ* **579** mirantes *scripsi* miramur *CZ* **580** Sparta *Itali* sparsa *CZ* **581** trecenti *Sudhaus* recenti *CZ* **582** cecropiae $Z^2$ cycropiae *C* ceto parie *Z* / athenae $Z^2$ athenis *CZ* **583** soli *C* sui *Z* **585** permittere *Z* **586** iam *Itali* tam *CZ* / sidus *C* fidus *Z* **587** est phylomella *C* amphilonia *Z* **588** quae uocat *scripsi* euocat *CZ* **591** exstinctusque *C* / suos *Z* / hecton *Z* **592** tumultum *C* **593** uictum *Z* **594** fixos tenuere tabellae *Itali* fixas timuere tabellas *CZ* **595** paphiae *Itali* paflae *CZ* / rorantes *Itali* rorantia *CZ* / arte *Scaliger* parte *CZ* / capilli *Itali* camilli *CZ* **599** mille *Haupt* illa *CZ* / morantur *Itali* moranter *C* morantem *Z* **600** terrae $Z^2$ terra *CZ* **601** nature $Z^2$ natura *CZ*

cum tanta humanis rebus spectacula cernes,
praecipueque uigil, feruens ubi Sirius ardet.
insequitur miranda tamen sua fabula montem
nec minus ille pio quam qui sons, nobilis igni.
nam quondam ruptis excanduit Aetna cauernis
et uelut euersis penitus fornacibus ingens
euecta in longum lapidis feruoribus unda,
haud aliter quam cum saeuo Ioue fulgurat aether
et nitidum obscura caelum caligine torquet.
ardebant agris segetes et milia culta
iugera cum dominis, siluae collesque rubebant.
uix, dum castra putant hostem mouisse, tremebant,
et iam finitimae portas inuaserat urbis.
tum uero ut cuique est animus uiresque, rapina
tutari conantur opes, gemit ille sub auro,
colligit ille arma et stulta ceruice reponit,
defectum raptis illum sua sarcina tardat,
hic uelox minimo properat sub pondere pauper,
et quod cuique fuit cari, fugit ipse sub illo,
sed non incolumis dominum sua praeda secuta est.
cunctantis uorat ignis et undique torret auaros
consequiturque ratis fugisse et praemia captis
cum crepitu nullis parsura incendia pascunt
uel solis parsura piis. namque optima proles
Amphion fraterque pari sub munere sortis
cum iam uicinis streperent incendia tectis,
aspiciunt pigrumque patrem matremque senemque
eheu defessos posuisse in limine membra.

*CZ*] **602** rebus *Itali* phoebus *CZ* **603** ardens *Z* **605** quam qui sons *Sauppe* quamquam sors *CZ* quam quo sons *Baehrens* / igni est *Jacob* ignis *CZ* **606** quondam *C* quando *Z* **607** ingens *Scaliger* ignes *CZ* **608** et uecta *Z* **611** culta *scripsi* cultu *CZ* **612** rubebant *Munro* urebant *C* uirebant *Z* **613** nouisse *C* **614** inuaserat *Scaliger* euaserat *CZ* **615** animus — rapina *Itali* animus uirescera pinae *C* animis uiresque rapinis *Z* **616** opus *Z* **618** sarcina tardat *Jacob* carmina tardant *CZ* **619** minimo *Dorat* nimio *CZ* **622** cunctantis *C* cum tantos *Z* **623** consequitur *Z* / ratis fugisse *Buecheler* fugisse ratis *CZ* **624** cum crepitu *scripsi* concrepat ac *CZ* **625** parsura *Itali* sparsura *CZ* / piis *Itali* dees *CZ* **626** sortis $Z^2$ fontis *CZ* **627** uicinis *Z* incinis *C* **629** eheu *C* seu *Z* / defossos *C* / posuisse in *Scaliger* posuissent *CZ*

parcite, auara manus, dites attollere praedas,
illis diuitiae solae materque paterque.
hanc rapiunt praedam mediumque exire per ignem
ipso dante fidem properant. o maxima rerum
et merito pietas homini tutissima uirtus.
erubuere pios iuuenes attingere flammae
et quacumque ferunt illi uestigia, cedunt.
felix illa dies, illa est innoxia terra:
dextra saeua tenet laeuaque incendia. fertur
ille per obliquos ignis fraterque triumphans,
tutus uterque pio sub pondere. suspicit illa
et circa geminos auidus sibi temperat ignis.
incolumes abeunt tandem et sua numina secum
salua ferunt. illos mirantur carmina uatum,
illos seposuit claro sub nomine Ditis
nec sanctos iuuenes attingunt sordida fata,
sed curae cessere domus et rura Piorum.

*CZ*, *E* [633. 634 o—uirtus] **630** manus dites *Itali* manduces *C* manducens $C^{corr}$ manu dicens *Z* / attollite *Z* **631** diuitiae $Z^2$ diuinae *CZ* **632** rapiunt *Itali* rapies *CZ* **635** flammae $Z^2$ flamma *C* flammam *Z* **636** quacumque $Z^2$ quaecumque *CZ* **637** terrae *Z* **638** dextera *CZ* / fertur *Buecheler* ferunt *C* feruent $C^{corr}$ *Z* **639** fraterque *Itali* fratremque *CZ* **640** suspicit *scripsi* sufficit *CZ* / illam *Z* **641** gemines *C* / ignes *C* **644** illos seposuit *Scaliger* illo se posuit *CZ* **645** fata $Z^2$ facta *CZ* **646** curae *C* iure *Z* / rura *Heinsius cl. Conon 43* iura *CZ*

Kolibri 360 GmbH
Ferdinand-Jühlke-Straße 7
99095 Erfurt, Deutschland
produktsicherheit@kolibri360.de

# Bürgerliches Gesetzbuch

nebst

# Einführungsgesetz

erläutert

von


**Dr. G. Planck,**

Wirklicher Geheimer Rath und ordentlicher Honorarprofessor an der Universität Göttingen,

in Verbindung mit

**Dr. A. Achilles,**
Reichsgerichtsrath a. D. †,

**Dr. F. André,**
ordentlicher Professor,

**M. Greiff,**
Geheimer Justizrath,

**F. Ritgen,**
Amtsrichter,

**O. Strecker,**
Amtsrichter,

**Dr. K. Unzner,**
Regierungsrath.


## Vierter Band.

**Familienrecht.**

**Erste und zweite Auflage.**


Berlin 1901.

J. Guttentag, Verlagsbuchhandlung,
G. m. b. H.

# Inhaltsverzeichniß.

## Viertes Buch.

## Familienrecht.

Vierter Titel.

**Wiederverheirathung im Falle der Todeserklärung.**



Fünfter Titel.

**Wirkungen der Ehe im Allgemeinen.**



Sechster Titel.

**Eheliches Güterrecht.**



**I. Gesetzliches Güterrecht.**



1. Allgemeine Vorschriften.



2. Verwaltung und Nutznießung

3. Schuldenhaftung.



4. Beendigung der Verwaltung und Nutznießung.



5. Gütertrennung.



**II. Vertragsmäßiges Güterrecht.**



1. Allgemeine Vorschriften.



2. Allgemeine Gütergemeinschaft.

## 3. Errungenschaftsgemeinschaft.

## Dritter Titel.

### Unterhaltspflicht.



## Vierter Titel.

### Rechtliche Stellung der ehelichen Kinder.



### I. Rechtsverhältniß zwischen den Eltern und dem Kinde im Allgemeinen.



### II. Elterliche Gewalt.



#### 1. Elterliche Gewalt des Vaters.

2. Elterliche Gewalt der Mutter.



Fünfter Titel.

**Rechtliche Stellung der Kinder aus nichtigen Ehen.**



Sechster Titel.

**Rechtliche Stellung der unehelichen Kinder.**



Siebenter Titel.

**Legitimation unehelicher Kinder.**



### I. Legitimation durch nachfolgende Ehe.



### II. Ehelichkeitserklärung.

Achter Titel.

**Annahme an Kindesstatt.**



## Dritter Abschnitt.

## Vormundschaft.



Erster Titel.

**Vormundschaft über Minderjährige.**



### I. Anordnung der Vormundschaft.



### II. Führung der Vormundschaft.



### III. Fürsorge und Aufsicht des Vormundschaftsgerichts.

## IV. Mitwirkung des Gemeindewaisenraths.



## V. Befreite Vormundschaft.



## VI. Familienrath.



## VII. Beendigung der Vormundschaft.



## Zweiter Titel.

## Vormundschaft über Volljährige.

## Dritter Titel.

### Pflegschaft.

# Viertes Buch.

# Familienrecht.

# Vorbemerkungen.

I. Das vierte Buch behandelt das Familienrecht. Die Familie wird gebildet durch den Kreis der durch die Ehe und durch Abstammung von einander oder von gemeinschaftlichen Vorfahren verbundenen Personen. Aus dieser Begriffsbestimmung ergiebt sich von selbst die Aufgabe und die systematische Anordnung der das Familienrecht betreffenden Vorschriften. An die Spitze müssen die Vorschriften über die das Familienverhältniß begründende Rechtseinrichtung, die Ehe, treten; hieran schließen sich die Vorschriften über die durch Abstammung verbundenen Personen, die Verwandten. Diese Stoffeintheilung liegt auch dem vierten Buche des B.G.B. zu Grunde. Es regelt deshalb in dem ersten Abschnitte (§§ 1297—1588) die Ehe, in dem zweiten (§§ 1589—1772) die Verwandtschaft. Das vierte Buch des B.G.B. hat noch einen weiteren, dritten Abschnitt (§§ 1773—1921), welcher von der Vormundschaft handelt. Die Vormundschaft erzeugt keine Familienbeziehungen. Sie wird deshalb von manchen Rechtslehrern entweder überhaupt nicht, oder doch nur soweit sie dem Vormunde das Recht und die Pflicht giebt, für die Person des Mündels zu sorgen, oder soweit sie die fehlende elterliche Gewalt zu ersetzen bestimmt ist, zum Familienrechte gezählt. Streng systematisch würde die Vormundschaft in einem eigenen Buche nach dem Familienrechte zu behandeln sein. Ein dahingehender Antrag ist in der zweiten Kommission bei der Revisionslesung gestellt worden. Die Kommission hat sich indessen für die Aufnahme des Vormundschaftsrechts in das vierte Buch entschlossen, weil Familienrecht und Vormundschaftsrecht denselben gemeinsamen geschichtlichen Ursprung im Mundium des alten deutschen Rechtes haben und weil nach dem B.G.B. die Vormundschaft über Minderjährige, welche den wichtigsten Theil des Vormundschaftsrechts bildet, sich als Ergänzung der elterlichen Gewalt darstellt, indem dadurch für diejenigen Minderjährigen gesorgt wird, welchen der regelmäßige Schutz durch die Eltern fehlt. Diesem im Vordergrunde stehenden Gesichtspunkte gegenüber erscheint es nur von untergeordneter Bedeutung, daß das Vormundschaftsrecht — in dieser Beziehung nicht verschieden von den die vermögensrechtlichen Wirkungen der Ehe betreffenden Vorschriften — auch vermögensrechtliche Wirkungen erzeugt und daß im § 1914 eine mit dem Personenrecht überhaupt nicht im Zusammenhange stehende Vorschrift getroffen ist.

II. Die aus dem familienrechtlichen Verhältniß entspringenden Rechte sind sog. Zustandsrechte, die ihrer Natur nach absolute sind. Der Kreis, in dem die einzelne Person sich in Folge des Bandes der Ehe oder der Verwandtschaft befindet, und die sich daraus ergebenden Rechtsfolgen fordern Anerkennung und Unverletztheit nicht nur von denen, die demselben Kreise angehören, sondern auch von den außerhalb Stehenden. Das Gesetz gewährt ferner dem Einzelnen Schutz nicht nur gegen die Verletzung der aus der Zugehörigkeit zu einer Familie folgenden Rechtswirkungen, sondern schützt auch die Zugehörigkeit als solche, indem es die Möglichkeit gewährt, im Bestreitungsfalle das Vorhandensein oder das Nichtvorhandensein der Voraussetzungen, von denen die Zugehörigkeit abhängt, und damit die Zugehörigkeit oder die Nichtzugehörigkeit selbst feststellen zu lassen. Diesem Zwecke dienen die sog. Präjudizialklagen, z. B. die

Nichtigkeitsklage bei der Ehe, die Klage auf Feststellung des Bestehens eines Eltern= und Kindesverhältnisses.

Die aus dem familienrechtlichen Verhältniß entstehenden Rechte begründen aber, trotzdem sie absolute sind, zugleich Ansprüche gegen bestimmte Personen. Diese Ansprüche sind theils personenrechtliche, theils vermögensrechtliche. Die personenrechtlichen sind nur zum geringeren Theile rechtlich erzwingbar, überwiegend unterstehen sie den Sittengesetzen. Dem Gebiete des Rechtes gehören sie nur insoweit an, als an ihre Verletzung sich rechtliche Folgen knüpfen. Damit, daß die aus dem familienrechtlichen Verhältniß entspringenden Rechte auch gegen bestimmte Personen gerichtet sind, hängt zusammen, daß auf sie bis zu einem gewissen Grade auch die für Schuldverhältnisse im zweiten Buche enthaltenen Vorschriften Anwendung finden müssen. Das Nähere vergl. Bd. 2 S. 5 in den Vorbm. zum 2. Buche.

III. Die Vorschriften des vierten Buches haben zum Theile zwingende Natur; im öffentlichen Interesse ist den Betheiligten nur in gewissen Grenzen erlaubt, ihre rechtlichen Verhältnisse zu einander nach freiem Belieben zu gestalten. Praktisch von Bedeutung ist dies insbesondere bei den Vorschriften des ersten Abschnitts über die Ehe. Inwieweit die Vorschriften des vierten Buches zwingendes Recht schaffen, muß bei jeder Vorschrift für sich untersucht werden. Allgemein läßt sich nur angeben, daß die Vorschriften über die Bedingungen, von denen die Zugehörigkeit zu einem Familienkreis abhängt, z. B. bei der Ehe die Ehehindernisse, die Form der Eingehung der Ehe, die Ehescheidung, bei der elterlichen Gewalt die Ehelichkeit sowie in der Hauptsache auch die Vorschriften über das persönliche Verhältniß der zu einem Familienkreise gehörenden Personen zu einander, zwingender Natur sind.

IV. Wegen der Literatur wird auf die Angaben in den Vorbemerkungen zu den einzelnen Titeln verwiesen.

# Viertes Buch.
# Familienrecht.

## Erster Abschnitt.
### Bürgerliche Ehe.
## Erster Titel.
### Verlöbniß.

---

### Erster Abschnitt.

1. Der erste Abschnitt des Familienrechts hat die Ehe zum Gegenstand. Eine Bestimmung des Begriffs der Ehe ist im B.G.B. nicht aufgestellt. Grundlegende Einrichtungen wie die Ehe kann und soll der Gesetzgeber nicht definiren. In der Wissenschaft ist die der l. 1 D. de ritu nuptiarum 23,2 entlehnte Begriffsbestimmung der Ehe als der auf der Geschlechtsgemeinschaft beruhenden Vereinigung von Mann und Weib zur innigsten und vollständigen Gemeinschaft aller Verhältnisse des Lebens die gebräuchlichste.

Die durch die Eingehung der Ehe begründeten Rechte und Pflichten der Ehegatten gegen einander sind hauptsächlich sittlicher Natur und lassen sich größtentheils rechtlich nicht erzwingen. Die Ehe hat aber auch eine rechtliche Seite, welche in den äußeren Beziehungen liegt, in welche die Ehegatten durch die Ehe zu einander, zu den Kindern und zu Dritten treten. Vermöge dieser rechtlichen Seite ist die Ehe ein Rechtsverhältniß. Gleichwohl kann das Wesen der Ehe nicht durch die Annahme eines vertragsmäßigen Verhältnisses unter den Ehegatten erklärt werden. Damit ist indessen nicht unvereinbar, daß in der Eingehung der Ehe ein rechtsgeschäftlicher Akt, und zwar ein Vertrag, erblickt wird. Denn die Eingehung der Ehe setzt die Willensübereinstimmung zweier Personen voraus, und damit sind die zu einem Vertrage nothwendigen Elemente gegeben. Das B.G.B geht denn auch davon aus, daß der das Rechtsverhältniß der Ehe begründende Akt, d. h. die Eheschließung, sich rechtlich als ein Vertrag darstellt und wendet auf diesen Vertrag die allgemeinen Grundsätze über Rechtsgeschäfte, freilich mit sehr weitgehenden Abweichungen, an.

2. Vermöge ihrer sittlichen Seite steht die Ehe mit der Religion im Zusammenhange. Nach ihrer rechtlichen Seite gehört die Ehe dem Familienrecht und damit dem Privatrecht an. Ueber die Zuständigkeit zur Regelung der rechtlichen Seite der Ehe und über die Gerichtsbarkeit in Ehesachen besteht seit dem Mittelalter zwischen dem Staate und der Kirche Streit. Die katholische Kirche, welche der Ehe die Natur eines Sakraments beilegt, beansprucht mit Rücksicht hierauf ausschließliche Gesetzgebungsgewalt und Gerichtsbarkeit in Ehesachen. Die protestantische Kirche erkennt zwar an, daß die Ehe zunächst der bürgerlichen Ordnung angehört, und überläßt daher Ehegesetzgebung und Gerichtsbarkeit in Ehesachen grundsätzlich dem Staate, verlangt aber eine den kirchlichen Anschauungen entsprechende Ehegesetzgebung. Der Streit hat seinen vorläufigen Abschluß in dem Reichsgesetze vom 6. Februar 1875 über die Beurkundung des Personenstandes und die Eheschließung gefunden. Dieses Gesetz beruht auf dem Grundsatz einer einheitlichen staatlichen Ehegesetzgebung für die Angehörigen sämmtlicher Glaubensbekenntnisse und bezüglich der Form der Eheschließung auf dem Grundsatze der obligatorischen Civilehe. Es hat aber das persönliche Eherecht nur in einzelnen Theilen geregelt. Vom Eheschließungsrechte sind die Erfordernisse der Eheschließung in formeller und materieller Hinsicht geordnet, bezüglich der Folgen der Verletzung der Eheerfordernisse, insbesondere der Nichtigkeit und Anfechtbarkeit der Ehe wegen Willensmängel, aber ist, von einzelnen Ausnahmen abgesehen, auf das Landesrecht verwiesen und damit in der Haupt-

sache insoweit das konfessionelle Eherecht aufrechterhalten. Das Ehescheidungsrecht ist vom Personenstandsgesetz im Allgemeinen unberührt gelassen, doch hat auch auf diesem Gebiete der Gedanke der Loslösung der Ehegesetzgebung von den kirchlichen Konfessionen dadurch Ausdruck gefunden, daß, wenn nach dem bisherigen Rechte auf beständige Trennung der Ehegatten von Tisch und Bett zu erkennen sein würde, künftig die Lösung der Ehe dem Bande nach auszusprechen ist. In Ansehung der Ehegerichtsbarkeit ist durch die im § 15 des Gerichtsverfassungsgesetzes wiederholte Vorschrift, daß in streitigen Ehe- und Verlöbnißsachen die bürgerlichen Gerichte ausschließlich zuständig sind, der Gedanke der Emanzipation des Staates von der Kirche zur Verwirklichung gelangt. Daß das Personenstandsgesetz sich auf die Regelung der rechtlichen Seite der Ehe beschränkt, ist durch die Vorschrift des § 82 daselbst ausgedrückt, wonach die kirchlichen Verpflichtungen in Beziehung auf Taufe und Trauung durch dieses Gesetz nicht berührt werden.

Die Entwürfe zum B.G.B. (vergl. P. I S. 5847, P. II S. 4887—4898, Bd. 4 S. 11—16) gehen davon aus, daß die Ehe als Grundlage der Familie und damit des Staates zu dem Staate in naher Beziehung steht und daraus Recht und Pflicht des Staates folgen, die Bedingungen für die Eingehung und die Wiederaufhebung der Ehe festzusetzen und den rechtlichen Inhalt der durch die Ehe begründeten Beziehungen der Ehegatten zu einander, zu den Kindern und zu Dritten zu ordnen. Diese Aufgabe kann nach der Auffassung der Entwürfe vom Standpunkte des Staates aus, dessen Gesetzgebung auf dem Grundsatze der Gewissensfreiheit beruht, ferner im Interesse der Rechtseinheit und zur Vermeidung der sonst bei gemischten Ehen unausbleiblichen Streitigkeiten nicht nach konfessioneller Sonderung, sondern nur einheitlich für alle Staatsangehörigen ohne Unterschied der Konfession erfolgen. Die Entwürfe halten daher nicht nur an dem Standpunkte des Personenstandsgesetzes fest, sondern bringen dessen Gedanken auf dem ganzen Gebiete der Ehegesetzgebung, soweit es sich um das bürgerliche Recht handelt, zur Durchführung; daß die Entwürfe in das kirchliche Gebiet nicht eingegriffen haben und auch nicht eingreifen wollten, versteht sich von selbst und fand darin auch seine äußere Bestätigung, daß die Vorschrift des § 82 des Personenstandsgesetzes nach den Entwürfen des Einführungsgesetzes (E. I des E.G. Art 28, E. d. Komm. 2. Les. Art. 20) unberührt bleiben sollte.

Im Bundesrathe fand der Standpunkt der Entwürfe Billigung. Es wurde nur im § 82 des Personenstandsgesetzes (Art. 45 V des E.G. Entw. II) zum Ausdrucke gebracht, daß die kirchlichen Verpflichtungen nicht nur durch das Personenstandsgesetz, sondern auch durch das B.G.B. nicht berührt werden.

Dagegen wurde der Standpunkt der Entwürfe im Reichstage von verschiedenen Parteien angefochten (vergl. K.B.S. 2012—2031, 2036—2038, 2047—2050, St.B.S. 2870—2899) und der Versuch gemacht, konfessionell verschiedenes Eherecht einzuführen.

Bezüglich der Eingehung der Ehe wollte eine Partei die Form der Eheschließung ausschließlich konfessionell gestalten und nur eine Nothcivilehe zulassen. Von anderer Seite wurde beantragt, die fakultative Civilehe aufzunehmen. Ein dritter Antrag ging dahin, den Verlobten im Falle der Beibehaltung der obligatorischen Civilehe das Recht zu geben, zu verlangen, daß der Standesbeamte die Erklärung des Eheschließungswillens entgegennimmt, indem er anwesend ist, wenn die Verlobten bei der kirchlichen Trauung vor dem Geistlichen den Eheschließungswillen erklären. Ein vierter Antrag wollte verhindern, daß unter staatlicher Mitwirkung Ehen geschlossen werden, denen aus kirchlichen Gründen die kirchliche Trauung nicht folgen kann; bei Verlobten, die einer staatlich anerkannten Religionsgesellschaft angehören, sollte deshalb das Aufgebot nicht stattfinden und von Ehehindernissen nicht befreit werden, wenn nicht eine Bescheinigung der kirchlichen Behörden vorgelegt wird, daß ein trennendes, kirchliches Ehehinderniß nicht vorliegt. Die Mehrheit der R.T.K. beschloß die Beibehaltung der obligatorischen Civilehe in der vom Entwurfe vorgeschlagenen Form. Dagegen wurde eine wesentliche Aenderung der Eheschließungsform dahin beschlossen, daß die Ehe schon durch die Erklärung des Eheschließungswillens seitens der Verlobten vor dem zur Entgegennahme der Erklärung bereiten Standesbeamten geschlossen wird. Dadurch wurde die Eheschließungsform der dogmatischen Auffassung der katholischen Kirche näher gebracht. Ferner wurde beschlossen, die von den Entwürfen im Personenst.Ges. belassene Vorschrift, daß die kirchlichen Verpflichtungen in Ansehung der Ehe unberührt bleiben, in das B.G.B. selbst herüberzunehmen und in einem besonderen Titel (vergl. den 8. Titel § 1588) auszusprechen. Damit im Zusammenhange steht die Ersetzung der Worte „kraft des Gesetzes" im jetzigen § 1318 durch die Worte „kraft dieses Gesetzes". Endlich wurde die vom Entwurfe gewählte Ueberschrift des ersten Abschnitts „Ehe" in „Bürgerliche Ehe" umgewandelt. Im Plenum des Reichstags wurde lediglich der Antrag auf Einführung der fakultativen Civilehe eingebracht, jedoch ohne Erfolg.

Bei der Ehescheidung wurde, um den Anschauungen der katholischen Kirche über die Unauflösbarkeit des Ehebandes Rechnung zu tragen, beantragt, die Ehescheidungsgründe der §§ 1550—1552, jetzt 1567—1569, zu streichen, oder doch vorzuschreiben, daß „diese Gründe nicht geltend gemacht werden können von Personen, welche die Ehe auch in den Formen der

Religionsgesellschaft, welcher sie angehören, geschlossen haben". Der Antrag wurde in der R.T.K. in erster Lesung abgelehnt und in der zweiten Lesung sowie im Plenum nicht mehr eingebracht. Dagegen wurden in der R.T.K. die jetzigen §§ 1575, 1576, 1586, 1587 beschlossen, welche die dauernde Trennung von Tisch und Bett einführen und den Zweck haben, demjenigen, der aus Gewissensbedenken sich nicht scheiden lassen will, noch einen zweiten Weg zu eröffnen, um sich von einer unhaltbar gewordenen Ehe zu befreien, zugleich aber die Trennung so zu gestalten, daß sie für Andersdenkende keinen Zwang enthält und diesen die Möglichkeit der Scheidung freiläßt.

Das Eherecht des B.G.B. ist hiernach ein für die Angehörigen aller Konfessionen gleichmäßig geltendes staatliches Recht, welches aber, wie sowohl die Ueberschrift des ersten Abschnitts als auch der § 1588 zum Ausdrucke bringen, anerkennt, daß die Ehe nicht blos ein Gegenstand rein weltlicher, bürgerlich-rechtlicher Natur ist, sondern auch einen religiös-sittlichen Charakter hat und insoweit dem kirchlichen Einflusse verbleibt. Mit der Ueberschrift des ersten Abschnitts soll aber nicht gesagt werden, daß es zwei Ehen gebe, eine bürgerliche und eine kirchliche. Es giebt nur eine Ehe, die neben ihrer rechtlichen Natur auch eine kirchliche Seite hat.

3. Das B.G.B. gestaltet das Eherecht auch insofern einheitlich, als es der Landesgesetzgebung keinen Raum läßt. Dies gilt insbesondere vom ehelichen Güterrechte (vergl. Vorbm. zum 6. Titel). Nur beim Eheschließungsrechte sind zwei Ausnahmen zugelassen. Die eine ist im § 1315 enthalten und bezieht sich auf die Eheschließung von Beamten und von Ausländern; die zweite bildet das bayrische Reservatrecht in Bezug auf Heimath, Verehelichung und Aufenthalt (vergl. Vorbm. zum 2. Titel).

4. Das B.G.B. hat ferner das Institut der Ehe auch insofern einheitlich geregelt, als es nur eine Art der Ehe kennt (M. IV S. 106). Das Institut der Ehe zur linken Hand oder die Mißheirath, welches das Preußische Landrecht ausgebildet hat, ist in das B.G.B. nicht übergegangen; es ist lediglich beim hohen Adel nach Maßgabe der durch die Art. 57, 58 E.G. aufrecht erhaltenen Landesgesetze fernerhin noch möglich.

5. Der Inhalt der im ersten Abschnitte getroffenen Vorschriften ist in acht Titel zerlegt, von denen die ersten sieben das Verlöbniß (1. Titel §§ 1297—1302), die Eingehung (2. bis 4. Titel), die Wirkungen (5. u. 6. Titel) und die Scheidung (7. Titel §§ 1564—1587) der Ehe zum Gegenstande haben, während in dem achten Titel unter der Ueberschrift „kirchliche Verpflichtungen" (§ 1588) klargestellt ist, daß die kirchlichen Verpflichtungen in Ansehung der Ehe durch die Vorschriften des ersten Abschnitts nicht berührt werden. Die von der Eingehung der Ehe handelnden Vorschriften befassen sich zunächst (2. Titel §§ 1303—1322) mit den staatlichen Voraussetzungen der Eheschließung, den sogenannten Ehehindernissen, und mit der Form der Eheschließung, sodann (3. Titel §§ 1323—1347 unter der Ueberschrift „Nichtigkeit und Anfechtbarkeit der Ehe") mit den Folgen, welche an die Verletzung der im zweiten Titel aufgestellten Eheverbote geknüpft sind, sowie mit dem Einflusse der Mängel, mit welchen die Erklärung des Eheschließungswillens behaftet ist; im vierten Titel ist die Wiederverheirathung im Falle der Todeserklärung geregelt (§§ 1348—1352). Die Vorschriften über die Wirkungen der Ehe sind in der Weise geordnet, daß der fünfte Titel (§§ 1353—1362 unter der Ueberschrift „Wirkungen der Ehe im allgemeinen") die persönlichen Wirkungen und diejenigen, das Vermögen betreffenden Wirkungen der Ehe enthält, welche unabhängig von dem in der Ehe geltenden Güterstand eintreten, während der sechste Titel das eheliche Güterrecht in drei Unterabschnitten regelt. Der erste Unterabschnitt befaßt sich mit dem gesetzlichen Güterrecht und zerfällt in fünf Untertitel, von denen in den vier ersten (§§ 1363—1425) das regelmäßig eintretende gesetzliche Güterrecht, die Verwaltungsgemeinschaft, im 5. Untertitel (§§ 1426—1431) das ausnahmsweise eintretende gesetzliche Güterrecht, die Gütertrennung, behandelt ist. Der auf das vertragsmäßige Güterrecht bezügliche 2. Unterabschnitt enthält zunächst allgemeine, für alle vertragsmäßigen Güterstände geltende Vorschriften über Eingehung und Wirksamkeit der Eheverträge (§§ 1432—1436), sodann besondere Bestimmungen über die allgemeine Gütergemeinschaft und die sogenannte fortgesetzte Gütergemeinschaft (§§ 1437—1518), über die Errungenschaftsgemeinschaft (§§ 1519 bis 1548) und über die Fahrnißgemeinschaft (§§ 1549—1557). In dem 3. Unterabschnitt (§§ 1558 bis 1563) sind Bestimmungen über die Führung des Güterrechtsregisters getroffen, in welches gewisse Thatsachen, insbesondere Eheverträge, eingetragen werden müssen, um Dritten gegenüber Wirksamkeit zu erlangen.

## Erster Titel.

1. Der Natur der Sache nach geht jeder Eheschließung das Verlöbniß, d. h. das gegenseitige Versprechen der Ehe, voraus. Es ist dies die nothwendige Folge der für die Eheschließung vorgeschriebenen Form (vergl. §§ 1317, 1318, welche nur von den „Verlobten" sprechen). Das Verlöbniß hat in den meisten Fällen den Zweck, den Verlobten Gelegenheit zu geben, sich näher kennen zu lernen, um zu sehen, ob sie als Ehegatten zu einander passen. Aus diesem Zwecke würde sich ergeben, daß das Verlöbniß die Verlobten nicht bindet. In solchem Sinne

wird indeß das Verlöbniß von der deutschen Sitte nicht aufgefaßt. Man empfindet es vielmehr allgemein als ein Unrecht, wenn ein Theil grundlos von dem Verlöbnisse zurücktritt. Nach der deutschen Sitte verpflichtet das Verlöbniß zur Eheschließung. Die Gesetzgebung hat zu dieser Auffassung einen verschiedenen Standpunkt eingenommen; bald ist das Verlöbniß auch vom Rechte als ein vollverbindlicher Vertrag anerkannt worden, bald hat man dem Verlöbniß als solchem jede rechtliche Wirksamkeit versagt, bald ist zwar der Anspruch auf Eingehung der Ehe ausgeschlossen, im Falle ungerechtfertigten Verlöbnißbruchs aber ein Anspruch auf Schadensersatz, und zwar entweder nur auf Ersatz der erlittenen Vermögenseinbuße, oder auch auf Vergütung der Vortheile, welche dem unschuldigen Theile durch Nichterfüllung des Eheversprechens entgehen, gewährt worden (vergl. Stölzel im preuß. J.M.Bl. von 1877 S. 3). Die neuere Rechtsentwicklung geht dahin, die Freiheit der Willensbestimmung bei der Eheschließung zu gewährleisten. Deshalb hat das Personst.G. vom 6. Febr. 1875 dem Verlöbnisse die Wirkung eines aufschiebenden Ehehindernisses, das zum Einspruche gegen eine anderweitig beabsichtigte Eheschließung berechtigen würde, entzogen und die C.P.O. § 888 Abs. 2, § 894 Abs. 2 versagt dem Urtheile, welches auf Eingehung der Ehe lautet, die Vollstreckung. Der Rechtsentwicklung folgend, bestimmt das B.G.B., daß aus dem Verlöbnisse nicht auf Eingehung der Ehe geklagt werden kann (§ 1297) und daß das Verlöbniß ein Ehehinderniß nicht begründet. Im Falle ungerechtfertigten Verlöbnißbruchs oder schuldvoller Veranlassung der Aufhebung eines Verlöbnisses ist ferner dem unschuldigen Theile auch nicht ein Anspruch auf das Erfüllungsinteresse oder auf eine Abfindung, sondern nur auf das sog. negative Interesse gewährt. Der Anspruch steht neben dem Verlobten auch dessen Eltern und gewissen dritten Personen zu und beschränkt sich für die Regel auf den Ersatz des im § 1298 bestimmten Schadens (§§ 1298, 1299). Darüber hinaus ist der grundlos verlassenen Braut, wenn ihr Verlobter ihr beigewohnt hat, ein Anspruch auf eine billige Entschädigung in Geld auch für den Schaden, welcher nicht Vermögensschaden ist, eingeräumt worden (§ 1300). Das B.G.B. trifft ferner über die Rückgabe der Geschenke bei Aufhebung des Verlöbnisses Bestimmungen (§ 1301). Der an der Aufhebung schuldige Theil muß die ihm gegebenen Geschenke zurückgeben und verliert die von ihm gegebenen Geschenke. Besondere Rechte der in einem gültigen Verlöbniß erzeugten Kinder, der sog. Brautkinder, kennt das B.G.B. nicht. Eine Uebergangsbestimmung für die Brautkinder trifft E.G. Art. 208 Abs. 2.

Mit Rücksicht auf die Nichtklagbarkeit des Verlöbnisses hat das B.G.B. von der Aufstellung einer vollständigen Verlöbnißtheorie abgesehen; insbesondere enthält das B.G.B. keine Vorschriften darüber, wann ein Verlöbniß vorliegt. Aus dem B.G.B. geht nur soviel hervor, daß das Verlöbniß keine Form erfordert (vergl. P. II S. 4881, Bd. 4 S. 9, 10). Es ist — im Einklange mit den Vorschriften der Prozeßgesetze (C.P.O. § 383 Abs. Nr. 1, Str.P.O. § 51 Abs. 1 Nr. 1) und des St.G.B. § 52 Abs. 2 — auch nicht die Beobachtung der Förmlichkeiten geboten, welche die Sitte mit dem Verlöbnisse verknüpft, z. B. das Wechseln von Ringen, die Anzeige an Verwandte und Bekannte. Im Uebrigen kommt es auf die Umstände des Falles an. Bloße Liebschaften sind keine Verlöbnisse. Namentlich würde es den gesetzgeberischen Erwägungen, aus welchen der Deflorationsanspruch beseitigt ist, widersprechen, wollte man durch Erhebung einfacher Liebschaften zu Verlöbnissen den Anspruch aus § 1300 gewähren und dadurch den Deflorationsanspruch in erweiterter Gestalt auf einem Umwege wieder einführen. Das Verlöbniß setzt voraus, daß die Parteien sich nicht nur ihre Liebe gestanden haben, sondern auch darüber einig geworden sind, daß sie sich ehelichen wollen. Es braucht dies nicht ausdrücklich zu geschehen, es muß aber aus den Umständen hervorgehen, daß ein gegenseitiges Eheversprechen gegeben worden ist.

Die juristische Konstruktion der in den §§ 1298 ff. bestimmten Ansprüche überläßt das B.G.B. der Wissenschaft und Praxis. Verschiedene Auffassungen sind möglich. Man kann das Verlöbniß als einen Vertrag betrachten, aus dem zwar nicht auf Eingehung der Ehe geklagt werden kann, der aber doch die in den §§ 1298 ff. bestimmten schwächeren Wirkungen begründet. Man kann die gedachten Wirkungen auch aus dem Gesichtspunkt eines Garantieversprechens oder einer culpa in contrahendo erklären; man kann endlich die fraglichen Vorschriften als positive auf Billigkeitsgründen beruhende Bestimmungen betrachten. Je nachdem man die eine oder die andere Auffassung für die richtige hält, muß man dem Ausdrucke „Verlöbniß" eine verschiedene Bedeutung beilegen. Bei der ersten Auffassung ist darunter ein Vertrag zu verstehen, der nach den allgemeinen Grundsätzen über Verträge gültig ist, der also ohne die Vorschrift des § 1297 eine Klage auf Eheschließung begründen würde. Bei der zweiten Auffassung kann man unter „Verlöbniß" jedes thatsächliche Eheversprechen ohne Rücksicht darauf verstehen, ob dasselbe nach den allgemeinen Grundsätzen gültig ist. Von erheblicher praktischer Bedeutung dürfte diese Frage nicht sein. Bei der erstgedachten Annahme würden zwar die Vorschriften der §§ 1297—1302 überhaupt keine Anwendung finden, wenn das Eheversprechen schon nach allgemeinen Grundsätzen, z. B. auf Grund der Vorschriften der §§ 105, 116—118, nichtig oder wenn es auf Grund der §§ 119, 120, 123 anfechtbar und rechtzeitig angefochten wäre. Dasselbe müßte

## §. 1297.

**Aus einem Verlöbnisse kann nicht auf Eingehung der Ehe geklagt werden.**

**Das Versprechen einer Strafe für den Fall, daß die Eingehung der Ehe unterbleibt, ist nichtig.**

---

gelten, wenn das Eheversprechen von einer in der Geschäftsfähigkeit beschränkten Person ohne Einwilligung des gesetzlichen Vertreters gegeben wäre und der Vertreter die Genehmigung verweigert hätte (§ 108), oder wenn die versprochene Ehe gesetzlich verboten wäre (§§ 134, 309). Ein solches Verlöbniß würde gar keine rechtlichen Folgen, insbesondere auch nicht die Folge haben, daß der Verlobte durch einseitigen Rücktritt nach Maßgabe der §§ 1298 ff. verpflichtet würde. Da indessen das Gesetz diese Verpflichtung nicht eintreten läßt, wenn der Rücktritt aus wichtigen Gründen erfolgt, so gelangt man praktisch im Wesentlichen zu demselben Ergebniß auch dann, wenn man unter dem Ausdrucke „Verlöbniß" jedes thatsächliche Eheversprechen versteht. Denn in allen Fällen, in welchen ein Verlöbniß nach den allgemeinen Grundsätzen unwirksam ist, müßte man in denjenigen Thatsachen, aus welchen sich die Unwirksamkeit ergiebt, einen zum Rücktritte berechtigenden Grund finden. Dies ergiebt sich daraus, daß das Gesetz offenbar die Wirkungen eines Verlöbnisses abschwächen, nicht aber verschärfen will, daß es also nicht die Absicht haben kann, dem Rücktritte von einem Verlöbnisse, das nach den allgemeinen Grundsätzen rechtlich gar keine Wirkungen haben würde, die im § 1298 bestimmten Wirkungen beizulegen. Die Entstehungsgeschichte der fraglichen Vorschriften läßt nicht mit Sicherheit erkennen, von welcher der beiden Auffassungen das Gesetz ausgeht. Auch der Wortlaut läßt beide Auffassungen zu. Da indessen, wie bereits hervorgehoben ist, die Absicht des Gesetzes offenbar nicht dahin geht, die rechtlichen Wirkungen eines Verlöbnisses zu erhöhen, diese vielmehr abgeschwächt werden sollen, und da es doch höchst auffallend sein würde, wenn das Gesetz, um diesen Zweck zu erreichen, zunächst die Erfordernisse eines Verlöbnisses gegenüber den allgemeinen Grundsätzen abschwächte, dann aber die Konsequenzen dieser Erfordernisse mittelbar dadurch wieder zu erreichen suchte, daß es den Mangel jener Erfordernisse als einen wichtigen Grund für den Rücktritt betrachtete, so dürften die Gründe für die erstgedachte Auffassung überwiegend sein.

Das Verlöbniß wird aufgehoben durch gegenseitiges Einverständniß, durch Tod oder durch einseitigen Rücktritt eines der Verlobten, durch Eintritt der Resolutiv- oder durch Ausfall der Suspensivbedingung, unter welcher es geschlossen worden ist. Die Zulässigkeit des einseitigen Rücktritts von dem Verlöbnisse vorbehältlich der Vermögensfolgen, muß auch von denjenigen anerkannt werden, welche aus dem Verlöbnisse die rechtliche Verpflichtung zur Eheschließung ableiten.

2. Bezüglich des Verlöbnisses sind im internationalen Privatrechte Bestimmungen nicht vorgesehen. Auch Uebergangsbestimmungen sind hinsichtlich des Verlöbnisses nicht ausdrücklich getroffen. Das Nähere vergl. zu Art. 198 des E.G. (vergl. auch Erl. N. 1 zu § 1297).

### § 1297.

**E. I § 1227; II § 1203 rev. § 1282; III § 1280. P. I S. 5820—5834; M. IV S. 1—3. P. II S. 4863—4867, 4881 (Bd. 4 S. 1, 2, 9). D. S. 679. K.B. S. 2006.**

1. Der E. I hat zum Ausdrucke gebracht, daß aus dem Verlöbnisse nicht nur keine Klage, sondern überhaupt keine rechtliche Verpflichtung entspringt. Das B.G.B. hat zwar an der **Klaglosigkeit des Verlöbnisses** festgehalten, die Frage aber, ob das Verlöbniß nicht die rechtlich nicht erzwingbare Verpflichtung zur Eingehung der Ehe begründet, offen gelassen (vergl. Vorbm. Nr. 1 zu diesem Titel). Die C.P.O. § 888 (früher § 774) Abs. 2 schließt auch in der neuen Fassung die Zwangsvollstreckung im Falle der Verurtheilung zur Eingehung einer Ehe aus. Diese Bestimmung hat aber nur für das internationale Privatrecht sowie für die Uebergangszeit und für solche Fälle praktische Bedeutung, in welchen es sich um die Vollstreckung ausländischer Urtheile handelt (§ 328 Abs. 1. Nr. 2, § 723 der C.P.O.) oder in welchen entgegen der Vorschrift des § 1297 eine Verurtheilung zur Eingehung der Ehe erfolgt sein sollte (vergl. M. zum E.G. S. 102, D. z. C.P.O. S. 156).

2. Da das B.G.B. dem Verlöbnisse nicht jede rechtliche Wirksamkeit abspricht, sondern die Verpflichtung zum Ersatze des sog. negativen Interesses in den §§ 1298—1300 anerkennt, so stünde nach allgemeinen Grundsätzen (vergl. § 344 u. Erl. Nr. 1 Abs. 2 hierzu) der vorgängigen, vertragsmäßigen Festsetzung des negativen Interesses für den Fall, daß das Zustandekommen der Ehe durch das Verschulden eines Theiles unterbleiben sollte, nichts entgegen. Das B.G.B. verbietet jedoch im Interesse der Gewährleistung der freien Willensbestimmung bei der Eheschließung die **Festsetzung einer Vertragsstrafe** nicht nur für den Fall, daß dadurch ein indirekter Zwang zur Eingehung der Ehe auszuüben bezweckt wird, sondern auch für den Fall, daß die Strafe nur den Ersatz des negativen Interesses sichern soll.

## §. 1298.

Tritt ein Verlobter von dem Verlöbnisse zurück, so hat er dem anderen Verlobten und dessen Eltern sowie dritten Personen, welche an Stelle der Eltern gehandelt haben, den Schaden zu ersetzen, der daraus entstanden ist, daß sie in Erwartung der Ehe Aufwendungen gemacht haben oder Verbindlichkeiten eingegangen sind. Dem anderen Verlobten hat er auch den Schaden zu ersetzen, den dieser dadurch erleidet, daß er in Erwartung der Ehe sonstige sein Vermögen oder seine Erwerbsstellung berührende Maßnahmen getroffen hat.

Der Schaden ist nur insoweit zu ersetzen, als die Aufwendungen, die Eingehung der Verbindlichkeiten und die sonstigen Maßnahmen den Umständen nach angemessen waren.

Die Ersatzpflicht tritt nicht ein, wenn ein wichtiger Grund für den Rücktritt vorliegt.

---

## § 1298.

**E. I § 1228 Abs. 1; II § 1204 rev. § 1283; III § 1281. P. I S. 5829—5832, 5835—5840, 8628, 8643, 8793, 8806; M. IV S. 3—6. P. II 4867, 4876, 4878—4880 (Bd. 4 S. 3—7, 9, 10). D. S. 679, 680. K.B. S. 2006, 2007.**

Die §§ 1298—1300 betreffen die vermögensrechtlichen Folgen des Verlöbnißbruchs. Wie schon in Nr. 1 der Vorbm. zu diesem Titel dargelegt ist, entspringt aus dem Verlöbnißbruche keine Klage auf Eingehung der Ehe und auch kein Anspruch auf das Erfüllungsinteresse oder auf eine Abfindung, sondern nur ein Anspruch auf das sog. negative Interesse. Der § 1298 behandelt nun den Fall, daß dieser Anspruch sich gegen den zurücktretenden Verlobten, der § 1299 den Fall, daß der Anspruch sich gegen den Verlobten richtet, welcher zum Rücktritt Anlaß gab. Im § 1300 ist für einen besonderen Fall eine Erweiterung des Anspruchs vorgesehen.

1. Der im § 1298 bestimmte Anspruch umfaßt zunächst den Ersatz des Schadens, welcher daraus entstanden ist, daß in Erwartung der Ehe Aufwendungen gemacht oder Verbindlichkeiten eingegangen worden sind. Die Aufwendungen oder Verbindlichkeiten müssen in Erwartung der Ehe, wenn auch nicht gerade für die Zwecke der Ehe gemacht oder eingegangen worden sein. Entschädigung kann also z. B. nicht nur wegen der Aussteuer, sondern auch wegen eines aus Anlaß der Verlobung gegebenen Festmahls gefordert werden. Wie schon der Wortlaut ergiebt, kann aber nicht ohne Weiteres Ersatz der vollen Aufwendungen oder Befreiung von der ganzen Verbindlichkeit (vergl. §§ 256, 257), sondern nur der Schaden gefordert werden, welcher aus den Aufwendungen oder Verbindlichkeiten erwachsen ist. In diesem Umfange steht der Anspruch dem verlassenen Verlobten, dessen Eltern sowie dritten Personen, welche an Stelle der Eltern gehandelt haben, zu, jedem dieser Schadensersatzberechtigten natürlich nur insoweit, als er einen Schaden erleidet. Der verlassene Verlobte kann nicht ohne Weiteres den seinen Eltern zugefügten Schaden geltend machen. Daß der Anspruch den Eltern und sonstigen dritten Personen zustehen soll, ist eine positive Vorschrift, die darauf beruht, daß in vielen Fällen nicht der Verlobte, sondern dritte Personen die erforderlichen Aufwendungen machen und es der Billigkeit entspricht, daß auch sie entschädigt werden. Deshalb steht den Eltern der Anspruch zu ohne Rücksicht darauf, ob es ihrer Einwilligung zur Eheschließung bedarf, ob der Vater oder die Mutter die Aufwendungen gemacht haben, ob die Aufwendungen von dem unterhaltspflichtigen Elterntheile gemacht, insbesondere ob die Aussteuer von dem zur Aussteuerung verpflichteten (§ 1620) Elterntheil oder von dem andern Elterntheile gewährt worden ist. Die Voraussetzung des Anspruchs sonstiger dritter Personen, daß sie an Stelle der Eltern gehandelt haben, bezweckt, die für gewöhnliche Hochzeitsgeschenke gemachten Aufwendungen auszuschließen. Inwieweit die Voraussetzung zutrifft, ist Thatfrage. Zu denken ist vor Allem an Stiefeltern, Pflegeeltern oder an Verwandte, welche für den verwaisten Verlobten oder an Stelle der abwesenden oder verhinderten Eltern aus gleichen Gefühlen und sittlichen Rücksichten, wie bei diesen vorausgesetzt werden durfte, gehandelt haben. Nicht nothwendig ist, daß die leiblichen Eltern nicht sorgen konnten oder wollten. Der Anspruch kann gleichzeitig sowohl den Eltern, als auch dritten Personen zustehen.

Der im § 1298 bestimmte Anspruch umfaßt ferner den Ersatz des Schadens, welchen der verlassene Verlobte dadurch erleidet, daß er in Erwartung der Ehe sonstige, sein Vermögen oder seine Erwerbsstellung berührende Maßnahmen getroffen hat. Es handelt sich hierbei nicht blos um Ersatz des positiven Schadens, sondern auch des entgangenen Gewinns, letzteres freilich nur insoweit, als das Entgehen des Gewinns auf einer vermögensrechtlichen Verfügung beruht. Danach kann z. B. eine Braut, die als Lehrerin angestellt war und in Veranlassung der

Verlobung die Anstellung aufgegeben hat, den Schaden ersetzt verlangen, welcher ihr durch die Aufgabe der Anstellung erwächst. Sie ist aber auch dann schadensersatzberechtigt, wenn sie zur Zeit der Verlobung keine Stelle gehabt, während der Verlobung aber ein Angebot erhalten und mit Rücksicht auf die Verlobung ausgeschlagen hat. In diesem Umfange steht der Anspruch nur dem verlassenen Verlobten zu.

Wie sich von selbst versteht, übrigens im Abs. 2 des § 1298 ausdrücklich hervorgehoben ist, können bei der Ermittelung des Schadensbetrags nur solche Aufwendungen, Handlungen und Unterlassungen des zum Schadensersatze Berechtigten Berücksichtigung finden, welche in Veranlassung der Verlobung nach den Umständen des einzelnen Falles, insbesondere nach Sitte und Stand, gerechtfertigt waren.

2. **Voraussetzung des Anspruchs ist**, daß ein Verlobter ohne wichtigen Grund von dem Verlöbnisse zurücktritt. Ob ein wichtiger Grund für den Rücktritt vorliegt, ist dem richterlichen Ermessen des einzelnen Falles überlassen. Dabei werden folgende Gesichtspunkte maßgebend sein müssen:

a) Ist das Verlöbniß nach den allgemeinen Grundsätzen über Verträge unwirksam, so hat es nach der in den Vorbm. zu diesem Titel unter Nr. 1 dargelegten ersten Auffassung die in dem § 1298 bestimmten Wirkungen nicht. Der Rücktritt von dem ohnehin unwirksamen Verlöbnisse hat keine rechtliche Bedeutung. Geht man von der in den Vorbm. a. a. O. dargelegten zweiten Auffassung aus, so findet der § 1298 zwar Anwendung, aber die darin bestimmte Ersatzpflicht tritt wenigstens regelmäßig deshalb nicht ein, weil in denjenigen Thatsachen, welche nach allgemeinen Grundsätzen die Unwirksamkeit des Verlöbnisses begründen, ein wichtiger Grund für den Rücktritt zu finden sein wird. Im Einzelnen ist hierzu noch Folgendes zu bemerken:

α) Ist bei der Eingehung des Verlöbnisses einer der Verlobten geschäftsunfähig oder befindet er sich in einem Zustande der im § 105 Abs. 2 bezeichneten Art, so ist das Verlöbniß nach § 105 nichtig. Bei der oben gedachten zweiten Auffassung würde in den gedachten Thatsachen ein wichtiger Grund für den Rücktritt im Sinne des § 1298 Abs. 3 liegen. Das Künstliche der zweiten Auffassung tritt hier besonders scharf hervor.

Ist einer der Verlobten in der Geschäftsfähigkeit beschränkt, so finden die §§ 107—109 Anwendung. Die Wirksamkeit des Verlöbnisses hängt also von der Einwilligung oder späteren Genehmigung des gesetzlichen Vertreters des in der Geschäftsfähigkeit beschränkten Verlobten ab. Die besonderen Vorschriften der §§ 1304, 1331 über die Anfechtbarkeit einer ohne Einwilligung des gesetzlichen Vertreters eingegangenen Ehe finden auf das Verlöbniß keine Anwendung. Bei der oben gedachten zweiten Auffassung wird man einen wichtigen Grund für den Rücktritt von dem Verlöbnisse dann als vorliegend anzunehmen haben, wenn der gesetzliche Vertreter die Genehmigung des Verlöbnisses verweigert.

β) Macht der eine Theil auf Grund des § 118 die Nichtigkeit des Verlöbnisses geltend oder ficht er auf Grund der §§ 119, 120 das Verlöbniß an, so hat er nach § 122 das sog. negative Interesse dem anderen Theile zu ersetzen, sofern nicht dieser den Grund der Nichtigkeit oder der Anfechtbarkeit kannte oder kennen mußte. Der Ersatz braucht aber nach § 122 Abs. 1 nicht über den Betrag des Interesses hinaus zu erfolgen, welchen der andere Theil an der Gültigkeit der Erklärung, hier also des Verlöbnisses, hat. Im Falle der Gültigkeit des Verlöbnisses würde der andere Theil nur den Ersatz des im § 1298 bestimmten Schadens und auch diesen nur dann erlangen können, wenn nicht ein wichtiger Grund für den Rücktritt von dem Verlöbnisse vorliegt. Mehr als den Ersatz dieses Schadens kann daher der andere Theil auf Grund des § 122 nicht verlangen. Zweifelhaft kann sein, ob, wenn das Verlöbniß nicht auf Grund der §§ 118—120 ungültig wäre, die in diesen Paragraphen bezeichneten Thatsachen stets als wichtige Gründe für den Rücktritt anzusehen wären. Es hängt dies davon ab, wie man den Begriff eines wichtigen Grundes für den Rücktritt auffaßt, ob man es für genügend erachtet, daß der Rücktritt an sich sittlich gerechtfertigt ist, oder ob man das entscheidende Gewicht darauf legt, daß der Rücktritt ohne Ersatz des in dem § 1298 bestimmten Schadens gerechtfertigt ist. Man wird demjenigen, der eine nicht ernstlich gemeinte Verlöbnißerklärung in der Erwartung abgegeben hat, der Mangel der Ernstlichkeit werde nicht verkannt werden (§ 118), oder welcher über den Inhalt einer von ihm abgegebenen Verlöbnißerklärung nach Maßgabe des § 119 im Irrthume war, nie einen sittlichen Vorwurf daraus machen können, wenn er von einer solchen Verlöbnißerklärung zurücktritt. Das Gleiche gilt im Falle des § 120. Wenn den Erklärenden aber bei der Abgabe der Erklärung ein Verschulden trifft, so erfordert die Billigkeit, daß er dem anderen Theile den Schaden ersetzt, welchen dieser dadurch erleidet, daß er auf die Gültigkeit der Erklärung vertraut hat. Man kann daher sagen, daß in einem solchen Falle im Sinne des § 1298 Abs. 3 ein den Rücktritt, d. h. den Rücktritt ohne Ersatz, rechtfertigender wichtiger Grund nicht vorliegt. Für diese Auffassung dürfte der der Vorschrift des § 1298 zu Grunde liegende Gedanke sprechen. In dem vorausgesetzten Falle ist daher derjenige, welcher die Nichtigkeit der Anfechtbarkeit des Verlöbnisses auf Grund der §§ 118—120 geltend macht, dem anderen Theile das negative Interesse zu ersetzen nicht verpflichtet, wenn ihn bei der Abgabe der Verlöbnißerklärung kein Verschulden trifft.

Praktisch zu demselben Ergebnisse gelangt man, wenn man nach der oben dargelegten zweiten Auffassung den § 1298 auch im Falle eines nach allgemeinen Grundsätzen ungültigen Verlöbnisses für anwendbar hält. Man wird in diesem Falle aber, um den Rücktritt im Sinne des § 1298 Abs. 3 für gerechtfertigt zu erklären, noch erfordern müssen, daß der Verlobte unverzüglich, nachdem er von den in den §§ 118—120 bezeichneten, den Rücktritt rechtfertigenden Thatsachen Kenntniß erlangt hat, den Rücktritt erklärt. Thut er dies nicht, so muß er dem anderen Theile mindestens denjenigen Schaden ersetzen, welchen dieser durch die Verzögerung der Rücktrittserklärung erlitten hat. Andererseits muß der zurücktretende Verlobte bei der gedachten zweiten Auffassung nicht nur wie im Falle des § 122 dem anderen Theile, sondern auch den in dem § 1298 bezeichneten dritten Personen den dort bestimmten Schaden ersetzen. Insofern führt also die zweite Auffassung zu einem für den zurücktretenden Verlobten ungünstigeren Ergebnisse wie die erste Auffassung.

γ) Die Anfechtung wegen Irrthums findet nach § 1333 im weiteren Umfange statt wie nach § 119. Liegt bei einem Verlöbniß ein Irrthum vor, der nach § 1333 die Anfechtung der Ehe begründen würde, die Anfechtung des Verlöbnisses aber nach § 119 nicht begründet so wird in diesem Irrthum immer ein wichtiger Grund für den Rücktritt zu finden sein.

δ) Die Voraussetzungen, unter welchen eine Ehe wegen arglistiger Täuschung angefochten werden kann, sind nach dem § 1334 engere wie die allgemeinen, im § 123 bestimmten Voraussetzungen der Anfechtbarkeit eines Rechtsgeschäfts wegen arglistiger Täuschung. Zur Anfechtbarkeit eines Verlöbnisses genügen die letzteren. Sie werden nach der oben gedachten zweiten Auffassung auch für genügend erachtet werden müssen, um den Rücktritt von dem Verlöbniß als durch einen wichtigen Grund gerechtfertigt zu erklären. Die für die Anfechtung bestimmten Fristen (§ 124) kommen bei dieser Auffassung nicht direkt in Betracht. Man wird indessen auch bei ihr die Erklärung des Rücktritts binnen einer angemessenen Frist, nachdem der Verlobte von der Täuschung Kenntniß erhalten hat, fordern müssen, um den Rücktritt im Sinne des § 1298 Abs. 3 als durch einen wichtigen Grund gerechtfertigt zu erklären; mindestens wird der andere Theil im Falle einer schuldhaften Verzögerung der Rücktrittserklärung auch hier wie in dem Falle unter β denjenigen Schaden ersetzt verlangen können, welchen er durch die Verzögerung erlitten hat.

ε) Die Voraussetzungen, unter welchen eine Ehe wegen Drohung anfechtbar ist (§ 1335), stimmen mit den allgemeinen Vorschriften des § 123 überein. Liegen sie vor, so ist bei der oben gedachten zweiten Auffassung der Rücktritt von dem Verlöbniß im Sinne des § 1298 Abs. 3 immer gerechtfertigt. Wegen der Frist, innerhalb deren der Rücktritt zu erklären ist, gilt das unter δ Gesagte.

ζ) Ein Verlöbniß ist nach § 134 nichtig, wenn die Ehe zwischen den Verlobten gegen das Verbot des § 1310 verstoßen würde. Die im § 1327 bestimmte Beschränkung der Nichtigkeit der Ehe auf einen Verstoß gegen die Vorschrift des § 1310 Abs. 1 kommt für das Verlöbniß nicht in Betracht.

Nichtig ist ferner ein Verlöbniß, wenn die Ehe zwischen den Verlobten zur Zeit des Verlöbnisses gegen die Vorschriften der §§ 1309, 1311, 1312 verstoßen würde. Nach den §§ 308, 309 würde das Verlöbniß nicht nichtig sein, wenn es unter der Bedingung geschlossen wäre, daß der Grund des Verbots später wegfallen werde, daß also im Fall des § 1309 die Ehe, in welcher der Verlobte zur Zeit des Verlöbnisses stand, aufgelöst oder für nichtig erklärt, im Falle des § 1311 das durch die Annahme an Kindesstatt begründete Verhältniß aufgehoben oder im Falle des § 1312 von dem Verbote Befreiung bewilligt werde. Es fragt sich indessen, ob ein unter einer solchen Bedingung eingegangenes Verlöbniß nicht gegen die guten Sitten verstößt und deshalb nach § 138 nichtig ist. Für den Fall des § 1309 dürfte diese Frage zu bejahen, für die Fälle der §§ 1311, 1312 zu verneinen sein, sofern nicht die besonderen Umstände des einzelnen Falles eine andere Auffassung rechtfertigen.

Bei der oben gedachten zweiten Auffassung ist der Rücktritt in den Fällen der §§ 1309, 1310 immer, in den Fällen der §§ 1311, 1312 dann als durch einen wichtigen Grund gerechtfertigt anzusehen, wenn feststeht, daß der vorausgesetzte Wegfall des Ehehindernisses nicht eintritt.

η) Andere als die in dem Bisherigen erwähnten Ehehindernisse (§§ 1303, 1305, 1306, 1313—1315) begründen nach allgemeinen Grundsätzen die Nichtigkeit des Verlöbnisses nicht, weil sie sämmtlich beseitigt werden können und das Verlöbniß als unter der Voraussetzung geschlossen anzusehen ist, daß die Beseitigung erfolge, eine solche Voraussetzung auch den guten Sitten nicht widerspricht. In den Fällen dieser Art ist bei der oben gedachten zweiten Auffassung der Rücktritt von dem Verlöbniß im Sinne des § 1298 Abs. 3 nur dann als gerechtfertigt anzusehen, wenn der vorausgesetzte Wegfall des Ehehindernisses nicht eingetreten ist (s. unter b).

Für den Fall des § 1303 ist übrigens zu beachten, daß eine nicht ehemündige Person immer auch in der Geschäftsfähigkeit beschränkt ist und hier deshalb das oben unter α Gesagte zutrifft.

## §. 1299.

**Veranlaßt ein Verlobter den Rücktritt des anderen durch ein Verschulden, das einen wichtigen Grund für den Rücktritt bildet, so ist er nach Maßgabe des §. 1298 Abs. 1, 2 zum Schadensersatze verpflichtet.**

---

**b.** In anderen als den unter **a** erwähnten Fällen werden in erster Linie sittliche Rücksichten bei der Entscheidung der Frage maßgebend sein müssen, ob der Rücktritt von dem Verlöbnisse gerechtfertigt ist. Nach dem Vorgang anderer Gesetzgebungen wird man annehmen dürfen, daß zum einseitigen Rücktritte jedenfalls alle Gründe berechtigen, aus welchen die Scheidung einer Ehe verlangt werden kann. Der wichtigste Fall ist die Verletzung der Verlöbnißtreue. Die Verlöbnißtreue wird nicht nur durch anderweite Verheirathung oder durch Unzucht gebrochen, sondern auch dadurch, daß ein Verlobter die Eingehung der Ehe verweigert, obwohl die Weigerung durch die Verhältnisse nicht begründet ist. Hierher gehört ferner der Eintritt eines Ereignisses, welches die Eingehung der Ehe rechtlich unmöglich macht oder doch unter den obwaltenden Umständen verbietet; so wenn die nach den §§ 1305, 1306 erforderliche Zustimmung der Eltern verweigert oder zurückgezogen oder wenn die dienstliche Verehelichungsbewilligung verweigert wird. Als genügende Ursache des Rücktritts vom Verlöbniß ist es weiter anzusehen, wenn äußere Umstände eintreten oder zur Kenntniß eines Verlobten gelangen, welche bei objektiver Würdigung geeignet gewesen wären, ihn von dem Verlöbnisse zurückzuhalten, wenn sie bereits zur Zeit des Verlöbnisses vorgelegen hätten oder ihm bekannt gewesen wären. Ob diese Umstände in den Verhältnissen des zurücktretenden oder des anderen Theiles eintreten, macht keinen Unterschied. Beispiele bieten eine langwierige oder ansteckende Krankheit, Mängel im Charakter eines der Verlobten. Die Eigenschaft unbedingt zutreffender Rücktrittsgründe kann man freilich den angeführten Beispielen nicht für alle Verhältnisse beimessen. So lassen sich wohl Fälle denken, in welchen die Zurücknahme der elterlichen Einwilligung nicht als genügender Rücktrittsgrund erachtet werden kann, z. B. wenn die Eltern eine reichere Braut ausfindig machen und lediglich aus Geldgier die Zustimmung zurückziehen. Haben sich beide Theile ein Verhalten zu Schulden kommen lassen, welches einen gerechtfertigten Grund zum Rücktritte giebt, z. B. die Verlöbnißtreue gebrochen, so findet nicht etwa eine Kompensation in dem Sinne statt, daß der Rücktritt nicht zulässig ist. Selbstverständlich kann aber in einem solchen Falle von keiner Seite ein Schadensersatzanspruch geltend gemacht werden. Auf die Geltendmachung des Rücktrittsrechts kann im konkreten Falle verzichtet werden, d. h. es kann ein Verhalten, welches zum Rücktritte berechtigen würde, verziehen werden. Wie weit dann das betreffende Verhalten zur Rechtfertigung eines späteren Rücktritts herangezogen werden darf, ist Thatfrage und bemißt sich nach ähnlichen Gesichtspunkten wie die Vorschrift des § 1573.

**3.** Anlangend die Beweislast, so ist, wie die Fassung des Abs. 1 und des Abs. 3 des § 1298 zum Ausdrucke bringt, die Geltendmachung des im § 1298 bestimmten Anspruchs nur davon abhängig, daß der in Anspruch genommene Verlobte von dem Verlöbnisse zurückgetreten ist. Seine Sache ist es, zu beweisen, daß sein Rücktritt durch einen wichtigen Grund gerechtfertigt war.

4. Der im § 1298 bestimmte Anspruch ist im Gegensatze zu dem im § 1300 bestimmten übertragbar und daher auch pfändbar, er geht ferner auf die Erben des Berechtigten und des Verpflichteten über. Der Verzicht auf den Anspruch ist den gewöhnlichen Grundsätzen unterworfen, der minderjährige Verlobte bedarf also z. B. der Zustimmung des Vertreters.

5. Der § 1298 will nicht weitergehende Ansprüche aus allgemeinen Gründen ausschließen. Insbesondere werden durch den § 1298 nicht Ansprüche, welche dem verlassenen Verlobten und den andern im § 1298 genannten Personen aus unerlaubten Handlungen des anderen Verlobten zustehen, berührt. Auf Grund der Vorschriften über unerlaubte Handlungen kann ein Anspruch z. B. nach § 823 dadurch begründet sein, daß der eine Theil durch ein betrüglicherweise abgegebenes Eheversprechen in dem anderen Theile die Erwartung der Eheschließung erregt und ihn dadurch zu Vermögensaufwendungen veranlaßt hat. Möglicherweise kann der Bruch des Verlöbnisses den Thatbestand des § 826 erfüllen. In allen diesen Fällen kann nicht blos das negative Interesse, sondern voller Schadensersatz verlangt werden.

### § 1299.

**E. I § 1228 Abs. 2; II § 1205 rev. § 1284; III § 1282. P. I S. 5829—5832, 5835—5840; M. IV S. 5. P. II S. 4867, 4870, 4876—4878, 4881, 4883 (Bd. 4 S. 3, 4, 7). D.S. 679.**

Die Vorschrift des § 1299 verpflichtet den Verlobten, welcher durch ein schuldvolles Verhalten, das einen wichtigen Grund zum Rücktritte vom Verlöbnisse bildet, den andern Verlobten

## §. 1300.

Hat eine unbescholtene Verlobte ihrem Verlobten die Beiwohnung gestattet, so kann sie, wenn die Voraussetzungen des §. 1298 oder des §. 1299 vorliegen, auch wegen des Schadens, der nicht Vermögensschaden ist, eine billige Entschädigung in Geld verlangen.

Der Anspruch ist nicht übertragbar und geht nicht auf die Erben über, es sei denn, daß er durch Vertrag anerkannt oder daß er rechtshängig geworden ist.

---

zum Rücktritte veranlaßt, zum Ersatze des negativen Interesses im gleichen Umfang und gegenüber den gleichen Personen, als ob er selbst ohne genügende Ursache vom Verlöbnisse zurückgetreten wäre. Ohne diese Vorschrift könnte ein Verlobter, um den mit dem ungerechtfertigten Rücktritte verbundenen Nachtheilen zu entgehen, es darauf anlegen, durch sein Verhalten den andern Theil zum Rücktritte zu veranlassen. Der zurücktretende Verlobte muß beweisen, daß dem anderen Theile ein Verschulden zur Last fällt, welches einen wichtigen Grund zum Rücktritte bildet. Der Begriff des Verschuldens bestimmt sich nach den allgemeinen Grundsätzen (s. Bd. I S. 37). Die Absicht, den anderen Theil zum Rücktritte zu veranlassen, ist nicht erforderlich; vielmehr genügt jedes vorsätzliche oder fahrlässige Verhalten, welches von solcher Art ist, daß es den anderen Theil zum Rücktritte berechtigt. Dabei ist nur zu beachten, daß das Verhalten, welches ein Verlobter zu beobachten hat, sich wesentlich nach den sittlichen, durch das Verlöbniß gebotenen Rücksichten bestimmt.

### § 1300.

**E. II § 1206 rev. § 1285; III § 1283. M. IV S. 912—917. P. II S. 4879, 6237, 6240—6243 (Bd. 4 S. 7, 8, 695, 698). D. S. 679, 680. K.B. S. 2007, 2008.**

1. Dem B.G.B. ist ein allgemeiner Deflorationsanspruch fremd. Nur für einige besonders schwere Fälle ist in den §§ 823, 825, 1300 ein dem Deflorationsanspruche nachgebildeter Anspruch anerkannt. Die §§ 823, 825 behandeln die Fälle, daß in der Beiwohnung eine unerlaubte Handlung zu finden ist, sei es (§ 823), weil die Beiwohnung unter Umständen geschieht, die den Thatbestand einer strafbaren Handlung (z. B. Nothzucht § 176 Nr. 1, Vorspiegelung einer Trauung § 179, Verführung § 182 St.G.B.) bilden, oder sei es (§ 825), weil in den zur Herbeiführung der Beiwohnung angewendeten Mitteln oder benützten Umständen grobe Verstöße gegen die sittliche Ordnung liegen. Ueber den Umfang der Schadensersatzpflicht für solche Fälle trifft § 847 Abs. 2 Vorsorge. Der § 1300 befaßt sich mit dem Falle, daß während eines Verlöbnisses eine Beiwohnung stattgefunden hat und trotzdem der Bräutigam ohne wichtigen Grund vom Verlöbnisse zurücktritt oder durch sein schuldvolles Verhalten den Rücktritt der Braut verursacht. Diesen Fall des Rücktritts vom Verlöbnisse bezw. der Veranlassung dazu betrachtet das Gesetz als einen so schweren, daß es der Braut, gleich als wäre gegen sie durch die Beiwohnung eine unerlaubte Handlung begangen worden, neben den allgemeinen aus dem Rücktritt entstehenden vermögensrechtlichen Ansprüchen noch einen besonderen Anspruch auf Ersatz des sog. immateriellen Schadens zubilligt.

2. Voraussetzung des im § 1300 bestimmten Anspruchs ist, daß a) die Voraussetzungen des § 1298 oder des § 1299 gegeben sind, b) die Braut dem Bräutigam die Beiwohnung gestattet hat, wenn auch keine Schwängerung erfolgte. Es genügt Vereinigung der Geschlechtstheile. Nicht nothwendig ist, daß die Braut verführt oder zum Beischlafe bestimmt worden ist. War die Braut der verführende Theil, so wird dies freilich regelmäßig den Schluß zulassen, daß die Braut nicht unbescholten war; c) die Braut zur Zeit der Beiwohnung unbescholten war. Die Bescholtenheit ist wie im § 182 St.G.B. von der geschlechtlichen Ehre zu verstehen. Bescholtenheit in anderer Beziehung kommt für die Ausmessung der Entschädigung in Betracht. Wann die Braut als bescholten zu gelten habe, ist Thatfrage. Besondere Umstände, bei deren Vorhandensein die Bescholtenheit stets anzunehmen wäre, sind im B.G.B. nicht aufgeführt; auch darf nicht etwa die im preußischen Gesetze v. 24. April 1854 enthaltene Aufzählung zur Auslegung herangezogen werden. Insbesondere gilt dies von der Annahme von Geschenken für die Beiwohnung. Das B.G.B. fordert nicht, daß die Braut Jungfrau war. Auch eine Wittwe oder geschiedene Frau kann den Anspruch aus § 1300 erheben. Dagegen wird man, wenn ein außerehelicher Geschlechtsverkehr der Braut nachzuweisen ist, die Braut auch dann als bescholten anzusehen haben, wenn der Verkehr nicht bekannt war. In Betracht zu ziehen ist nur das Verhalten vor der Zeit, zu welcher der Bräutigam der Braut beiwohnte.

3. Der im § 1300 bestimmte Anspruch geht auf eine der Billigkeit entsprechende Entschädigung, auf den Schaden, welcher der Braut aus der Beiwohnung entsteht, aber kein Vermögensschaden ist, den sog. immateriellen Schaden am guten Ruf,

## §. 1301.

Unterbleibt die Eheschließung, so kann jeder Verlobte von dem anderen die Herausgabe desjenigen, was er ihm geschenkt oder zum Zeichen des Verlöbnisses gegeben hat, nach den Vorschriften über die Herausgabe einer ungerechtfertigten Bereicherung fordern. Im Zweifel ist anzunehmen, daß die Rückforderung ausgeschlossen sein soll, wenn das Verlöbniß durch den Tod eines der Verlobten aufgelöst wird.

---

an der gestörten oder verminderten Aussicht, eine andere Ehe einzugehen. Dabei sind sowohl die Verhältnisse des Mannes, als auch die der Braut, die gesellschaftliche Stellung, das Vermögen, die Einkünfte eines jeden Theiles zu berücksichtigen. Die Entschädigung umfaßt aber nicht eine Abfindung für den durch den Verlöbnißbruch entgangenen Gewinn; bei Bemessung der im § 1300 gewährten Entschädigung kommen die Vortheile nicht in Anschlag, welche der Braut durch Vereitelung der Heirath entgehen.

4. Wegen des § 1300 Abs. 2. kann auf die Erl. zu § 847 verwiesen werden (vergl. wegen der Aufrechnung § 394, wegen der Verpfändbarkeit § 1274, wegen der Pfändbarkeit C.P.O. § 851, wegen des Konkurses K.O. § 1 Abs. 1).

### § 1301.

**E. I § 1229; II § 1207 rev. § 1286; III § 1284. P. I S. 5840—5842; M. IV S. 6, 7. P. II S. 4882—4885 (Bd. 4 S. 10, 11). D. S. 680. K.B. S. 2008.**

1. Der § 1301 Satz 1 stellt nur eine dispositive Vorschrift auf, die darauf beruht, daß Schenkungen, die ein Verlobter dem anderen macht, regelmäßig unter der Voraussetzung gegeben sind, daß die Eheschließung erfolgen werde. Aus welchem Grunde die Eheschließung unterbleibt, ist unerheblich. Den Geschenken steht der sog. Mahlschatz, d. h. dasjenige gleich, was ein Verlobter dem anderen als Zeichen des Verlöbnisses gegeben hat, z. B. der Verlobungsring. Voraussetzung des Anspruchs ist zunächst, daß der Schenker zur Zeit der Schenkung mit dem Beschenkten verlobt war. Ueber den Begriff des Verlöbnisses s. Vorbm. zu diesem Titel unter Nr. 1. Man wird indessen, auch wenn man von den dort dargelegten beiden Auffassungen diejenige für die richtige hält, nach welcher zum Thatbestande des Verlöbnisses ein nach den allgemeinen Grundsätzen wirksamer Vertrag erforderlich ist, die Vorschrift des § 1301 nach deren Zwecke auch dann zur entsprechenden Anwendung bringen müssen, wenn das Eheversprechen zwar unwirksam, die Unwirksamkeit aber dem Schenker zur Zeit der Schenkung unbekannt war. Die zweite Voraussetzung des Anspruchs besteht darin, daß die Eheschließung unterbleibt. Dies ist nicht so zu verstehen, daß gewiß sein müßte, daß die Eheschließung nicht erfolgen werde. Eine solche Gewißheit würde nur vorliegen, wenn einer der beiden Verlobten gestorben ist. Als genügend muß vielmehr angesehen werden, daß das Verlöbniß aus irgend welchem Grunde (vergl. jedoch Satz 2) aufgehoben ist.

Zweifelhaft ist, ob und welche der besonderen Vorschriften zur Anwendung zu bringen sind, die in den §§ 812 ff. für einzelne Fälle der ungerechtfertigten Bereicherung gegeben sind. Durch die Fassung des E. I § 1229 war außer Zweifel gestellt, daß diejenigen Vorschriften zur Anwendung kommen sollten, welche der E. I in den §§ 742—744 über die Kondiktion wegen „Nichteintritts des bei einer Leistung vorausgesetzten künftigen Ereignisses oder rechtlichen Erfolges" traf. Die von der zweiten Kommission vorgenommene Aenderung der Vorschriften über die Herausgabe einer ungerechtfertigten Bereicherung machten eine Aenderung des E. I § 1229 nothwendig. In der zweiten Kommission waren die Ansichten darüber getheilt, ob es sich bei dem in dem § 1301 bestimmten Anspruch um eine condictio causa data causa non secuta oder um eine condictio ob causam finitam oder um einen eigenartigen Kondiktionsfall handelt. Man nahm an, daß Wissenschaft und Praxis bei der jetzigen allgemeinen Fassung des § 1301 die richtigen Grundsätze finden werden. In der That dürfte hier ein eigenartiger Kondiktionsfall vorliegen, indem man von einer Schenkung der hier fraglichen Art schwerlich sagen kann, daß der rechtliche Grund derselben später weggefallen oder daß der mit der Leistung nach dem Inhalte des Rechtsgeschäfts bezweckte Erfolg nicht eingetreten sei (§ 812 Abs. 1 Satz 2). Hierdurch wird aber nicht die entsprechende Anwendung der zu einer solchen geeigneten Vorschriften ausgeschlossen. Geeignet zu einer entsprechenden Anwendung erscheinen die Vorschriften über Zurückforderung wegen Nichteintritts des mit einer Leistung bezweckten rechtlichen Erfolges; denn wenn man auch nicht sagen kann, daß durch eine Schenkung der im § 1301 bezeichneten Art der

§. 1302.

**Die in den §§. 1298 bis 1301 bestimmten Ansprüche verjähren in zwei Jahren von der Auflösung des Verlöbnisses an.**

---

rechtliche Erfolg der Eheschließung bezweckt sei, so liegt doch der Grund der in dem § 1301 gegebenen Vorschrift, wie oben hervorgehoben ist, darin, daß die zur Zeit der Schenkung begründete Erwartung der Eheichließung sich nicht verwirklicht hat. Diese Erwartung wird durch den § 1301 in der hier fraglichen Beziehung einem bezweckten rechtlichen Erfolge gleichgestellt. Hiernach werden insbesondere die Vorschriften des § 815 über den Ausschluß der Rückforderung wegen Nichteintritts des mit einer Leistung bezweckten rechtlichen Erfolges entsprechend anzuwenden sein. Daraus ergiebt sich z. B., daß der Anspruch ausgeschlossen ist, wenn die Ehe wegen eines trennenden Ehehindernisses unmöglich ist und der Schenker dies bei der Schenkung gewußt hat; ebenso dann, wenn der Schenker von dem Verlöbnisse zurücktritt, ohne daß ein wichtiger, nach den Umständen des Falles den Rücktritt rechtfertigender Grund vorliegt, oder wenn er durch sein schuldvolles Verhalten den anderen Theil zum Rücktritte veranlaßte. Der Schenker verliert also in einem solchen Falle das von ihm Gegebene, während er die ihm gemachten Geschenke zurückgeben muß. Zur Begründung des Anspruchs auf Rückgabe des Geschenkten braucht der Schenker, wie sich aus der Fassung der fraglichen Vorschrift ergiebt, nur zu beweisen, daß das Verlöbniß aufgehoben sei, während dem anderen Theile der Beweis obliegt, daß einer der in dem § 815 bestimmten Ausschließungsgründe vorliege.

Der Umfang der dem Schenker nach § 1301 zustehenden Rechte bestimmt sich nach den Vorschriften der §§ 818, 819 Abs. 1, 821, 822. Die §§ 819 Abs. 2 und 820 finden keine Anwendung. Aus der Vorschrift des § 819 Abs. 1 in Verbindung mit den zur entsprechenden Anwendung zu bringenden Vorschriften über Rückforderung wegen Nichteintritts eines mit der Leistung bezweckten rechtlichen Erfolges dürfte insbesondere zu folgern sein, daß der Empfänger, welcher wußte, daß die Eheschließung rechtlich unmöglich sei, während dies dem Schenker bei der Schenkung unbekannt war, von dem Zeitpunkte seiner Wissenschaft an so haftet, wie wenn der Anspruch auf Rückgabe in diesem Zeitpunkte rechtshängig geworden wäre (§§ 291, 292), und daß er in gleicher Weise von dem Zeitpunkt an haftet, in welchem er ohne genügenden Grund von dem Verlöbnisse zurückgetreten ist oder erfahren hat, daß der andere Theil wegen eines ihm zur Last fallenden Verschuldens zurückgetreten sei.

Besonderen Vorschriften unterliegt der im § 1301 bestimmte Anspruch nur in Betreff der Verjährung (§ 1302). Im Uebrigen gelten die Grundsätze der Kondiktionenlehre, namentlich geht der Rückforderungsanspruch auf die Erben des Berechtigten wie des Verpflichteten unbeschränkt über und ist der vertragsmäßige Ausschluß des Rückforderungsrechts zulässig.

2. Der Satz 2 enthält eine Auslegungsregel (vergl. Schiffner, Pflichttheil, Erbenausgleichung und die sonstigen gesetzlichen Vermächtnisse nach dem B.G.B., S. 119—122) und findet sowohl auf den überlebenden Verlobten, als auf die Erben des Verstorbenen Anwendung. Der überlebende Verlobte muß also einerseits die ihm gemachten Geschenke nicht zurückgeben und kann andererseits die von ihm gegebenen nicht zurückverlangen.

3. Wegen des Einflusses der Auflösung des Verlöbnisses auf eine letztwillige Verfügung vergl. § 2077 Abs. 2, auf einen Erbvertrag vergl. § 2279 Abs. 2.

§ 1302.

**E. I § 1230; II § 1208 rev. § 1287; III § 1285. P. I S. 5842—5844; M. IV S. 7, 8. P. II S. 4885 (Bd. 4 S. 11). D. S. 680. R.B. S. 2008.**

Ist das Verlöbniß aufgehoben, so sollen die daraus möglicherweise hervorgehenden Streitigkeiten entweder bald abgethan werden oder auf immer ruhen. Der § 1302 setzt daher für die in § 1298—1301 bestimmten Ansprüche eine kurze Verjährungsfrist fest. Die Vorschrift gilt auch von den Ansprüchen der Eltern und der sonstigen nach den §§ 1298, 1299 berechtigten dritten Personen. Da der Anspruch dieser Personen ein selbstständiger ist, so wird er nicht dadurch berührt, daß der Anspruch des Verlobten selbst etwa verjährt sein sollte. Die Verjährungsfrist berechnet sich nach Maßgabe des § 187 Abs. 1, § 188 und beginnt mit dem Zeitpunkt, in welchem das Verlöbniß aufgelöst ist. Wann dies der Fall ist, ist Thatfrage (vergl. Vorbm. zu diesem Titel).

---

# Zweiter Titel.

## Eingehung der Ehe.

---

### Zweiter Titel.

1. Das B.G.B. ordnet das Eheschließungsrecht auf der Grundlage des Gesetzes v. 6. Februar 1875 über die Beurkundung des Personenstandes und die Eheschließung. Der Inhalt der §§ 28—43, 44 Abs. 1, 50—53 dieses Gesetzes ist in den vorliegenden Titel übergegangen. Art. 46 des E.G. hebt deshalb die §§ 28—40, 42, 43, 51—53 ersatzlos auf und giebt den §§ 41, 44, 50 neue Fassungen. Die neue Fassung des § 41 enthält den Hinweis auf das B.G.B. Das E.G. bestimmt ferner unter Art. 40 die Aenderungen, welche das Gesetz über die Eheschließung ꝛc. von Bundesangehörigen im Auslande v. 4. Mai 1870 in Folge des B.G.B. erleidet.

2. Der vorliegende Titel regelt zunächst die Ehehindernisse (§§ 1303—1315). Als Ehehindernisse sind aufgestellt: Mangel der Ehemündigkeit (§ 1303), Mangel der Einwilligung des gesetzlichen Vertreters (§ 1304) oder der Eltern (§§ 1305—1308), eine noch bestehende Ehe (§ 1309), Verwandtschaft und Schwägerschaft (§§ 1310, 1311), Ehebruch (§ 1312), Wartezeit (§ 1313), Auseinandersetzungspflicht (§ 1314), Mangel der dienstlichen oder obrigkeitlichen Bewilligung (§ 1315). Von den im Personst.G. §§ 28—40 enthaltenen Ehehindernissen sind demnach nur die Erfordernisse der Einwilligung der Eheschließenden (§ 28 Abs. 1) und des Verbots der Ehe zwischen dem Vormund oder dessen Abkömmlingen und dem Mündel (§ 37) in das B.G.B. nicht übernommen worden. Bezüglich des ersteren Ehehindernisses vergl. § 105 Abs. 1 des B.G.B. und Erl. zu § 1304 Nr. 1. Die Ehe zwischen dem Mündel und dem Vormund oder dessen Abkömmlingen aber ist nach dem B.G.B. nicht verboten, setzt jedoch mit Rücksicht auf die §§ 181, 1795 die Bestellung eines Pflegers voraus (vergl. Erl. zu § 1304 Nr. 3). Der zweite Titel enthält nicht alle Ehehindernisse; ein Ehehinderniß ist noch im § 1349 aufgestellt. Die Ehehindernisse des B.G.B. sind entweder aufschiebende, welche nur der Zulassung zur Eheschließung entgegenstehen, auf die Gültigkeit der gleichwohl geschlossenen Ehe aber keinen Einfluß haben, oder trennende, welche bewirken, daß die trotzdem abgeschlossene Ehe nichtig oder anfechtbar ist. Die Bezeichnung trennende und aufschiebende Ehehindernisse ist übrigens dem B.G.B. fremd. Nach den §§ 1323, 1330 tritt Nichtigkeit der Ehe in den Fällen der §§ 1324—1328, Anfechtbarkeit in den Fällen der §§ 1331—1335 ein. Die Eheverbote der §§ 1303, 1305, 1306, § 1309 Abs. 2, § 1310 Abs. 2, §§ 1311, 1313—1315, 1349 sind demnach aufschiebende Ehehindernisse; dem Eheverbote des § 1309 Abs. 1 Satz 1 kommt die Natur eines trennenden oder eines aufschiebenden Ehehindernisses zu, je nachdem die bisherige Ehe gültig oder nichtig ist. Die Regelung der Ehehindernisse ist eine ausschließliche. Die Landesgesetzgebung kann nicht neue Ehehindernisse schaffen. Eine Ausnahme macht das bayerische Reservatrecht; vergl. unten 5.

3. Die §§ 1316—1321 ordnen die Form der Eheschließung. Der § 1316 spricht die Nothwendigkeit des Aufgebots aus. Die Vorschriften über den Vollzug des Aufgebots sind in dem Personst.G. belassen (§§ 44—50 des Personst.G. in der Fassung des Art. 46 E.G.). Die §§ 1317—1319 behandeln den Eheschließungsakt selbst. § 1317 zählt die wesentlichen, § 1318 zählt die unwesentlichen Formerfordernisse des Eheschließungsakts auf. Im § 1319 ist eine Sondervorschrift für den Fall getroffen, daß jemand, ohne Standesbeamter zu sein, dessen Amt ausübt. Die §§ 1320, 1321 betreffen die Zuständigkeit des Standesbeamten. Den Schluß bildet eine Vorschrift (§ 1322), welche die Befugniß zur Dispensation von den Ehehindernissen regelt. Das B.G.B. hat sich auch in den §§ 1316—1322 das Personst.Ges. zum Vorbilde genommen. Dies gilt namentlich von dem Grundsatze der obligatorischen Civilehe (wegen der Bekämpfung dieses Standpunkts vergl. Vorbm. Nr. 2 zum gegenw. Abschnitt). Es sind jedoch die Erfordernisse der Eheschließungsform, von denen die Gültigkeit der Ehe abhängt, eingeschränkt (§ 1324 mit § 1317); auch wird die Ehe geschlossen durch die bloße Erklärung der Verlobten vor dem Standesbeamten, daß sie die Ehe miteinander eingehen wollen (§ 1317). Voraussetzung ist dabei, daß der Standesbeamte zur Entgegennahme der Erklärung bereit ist, so daß nur der Ausspruch (§ 1318), nicht aber die Mitwirkung (§ 1317) des Standesbeamten unwesentlich ist.

4. Wegen des internationalen Privatrechts siehe das E.G. Art. 13.

5. Durch den Versailler Bündnißvertrag v. 23. November 1870 Ziff. III § 1 und durch Ziff. 1 des Schlußprotokolls vom gleichen Tage ist die Regelung des Verehelichungswesens

Bayern reservatrechtlich vorbehalten worden. Das Sonderrecht Bayerns bezieht sich nur auf die polizeiliche Seite der Eheschließung. Die Reichsgesetzgebung, welche die bürgerlich-rechtliche Seite der Eheschließung regelt, nämlich das Gesetz v. 4. Mai 1870, betr. die Eheschließung ꝛc. von Bundesangehörigen im Auslande, das Gesetz v. 6. Februar 1875 über die Beurkundung des Personenstandes und die Eheschließung und das B.G.B. finden in Bayern Anwendung. Neben den Vorschriften dieser Gesetze behalten aber die Vorschriften des bayerischen Rechtes über die Eheschließung, soweit sie die polizeiliche Seite der Eheschließung regeln, nämlich das Gesetz v. 16. April 1868 über Heimath, Verehelichung und Aufenthalt mit den Novellen v. 23. Februar 1872, 21. April 1884, 17. März 1892, 17. Juni 1896 Geltung. Die Reichsgesetzgebung kann in diese Vorschriften ohne Zustimmung Bayerns überhaupt nicht eingreifen. Daß das bayerische Reservatrecht auch gegenüber dem B.G.B. unberührt bleibt, wurde bei der Berathung des B.G.B. wiederholt ausgesprochen (vergl. M. IV S. 34, M. zu Art. 28 des E. I des E.G. S. 140, K.B. S. 2011, St.B. S. 3051). Daraus folgt, daß die bayerische Gesetzgebung befugt ist, sowohl zur Sicherung der von ihr zur Regelung der polizeilichen Seite getroffenen Vorschriften polizeiliche Beschränkungen der Eheschließung aufzustellen, welche materiell wie Ehehindernisse wirken, als auch die Wirkungen zu bestimmen, welche sich an die Verletzung dieser Vorschriften knüpfen. Bestritten ist, ob an die Verletzung dieser Vorschriften auch die Nichtigkeit der Ehe geknüpft werden kann. Die preußische Regierung hat dies, gestützt auf ein Erkenntniß des Bundesamts für das Heimathwesen, verneint. Der Streit ist für das gegenwärtige bayerische Recht gegenstandslos, da der Mangel des durch die bayerischen Gesetze vorgeschriebenen Verehelichungszeugnisses nach der Novelle v. 17. März 1892 auf die Gültigkeit der Ehe ohne Einfluß ist (vergl. Sicherer, Personenstand und Eheschließung in Deutschland, S. 333 ff.; Seydel bayrisches Staatsrecht 2. Aufl. Bd. 3 S. 103 und dort Zitirte, Jacubezky, S. 298, Rehm im Archiv für öffentliches Recht Bd. 8 S. 47—95, Jastrow daselbst Bd. 12 S. 1—22).

Infolge des bayerischen Reservatrechts gilt ferner, wie im Schlußprotokolle Nr. 1. anerkannt ist, das Bundes- und Reichsgesetz v. 4. Mai 1868, die Aufhebung der polizeilichen Beschränkung der Eheschließung betreffend, in Bayern nicht. Daraus ergiebt sich, daß die im bayerischen Heimathsgesetze getroffenen polizeilichen Vorschriften den bayerischen Staatsangehörigen, mag er neben der bayerischen Staatsangehörigkeit auch etwa noch die Staatsangehörigkeit eines anderen deutschen Bundesstaats besitzen, auch dann binden, wenn er nicht in Bayern, sondern außerhalb Bayerns heirathet sowie daß auch der nichtbayerische Standesbeamte verpflichtet ist, diese Bestimmungen der bayerischen Gesetze zu beobachten, sofern ein bayerischer Staatsangehöriger vor ihm die Ehe schließen will. Sachlich kommt es in dieser Hinsicht auf dasselbe hinaus, wie wenn der bayerische Staatsangehörige in Ansehung der Eheschließung für den nicht bayerischen Standesbeamten ein Ausländer wäre und deshalb § 1315 Abs. 2 zutreffen würde.

Wenn Jastrow a. a. O. meint, daß das bayerische Reservatrecht eine Einschränkung durch das B.G.B. erlitten habe, und insbesondere leugnet, daß der nichtbayerische Standesbeamte auf das Ehehinderniß des bayerischen Rechtes Rücksicht nehmen müsse, so verkennt er, daß das B.G.B. am Gesetze v. 4. Mai 1868 nichts geändert hat und dieses Gesetz nicht blos nicht in Bayern, sondern auch nicht für Bayern, d. h., wenn ein Bayer außerhalb Bayerns heirathet, gilt.

Das bayerische Verehelichungsrecht ist für die im rechtsrheinischen Bayern Heimathberechtigten ein anderes als für die in der Pfalz Heimathberechtigten. Die Verehelichung eines im rechtsrheinischen Bayern heimathberechtigten Mannes darf nur auf Grund eines Verehelichungszeugnisses erfolgen, welches von der Verwaltungsbehörde (Bezirksamt, unmittelbarer Stadtmagistrat) ausgestellt wird und die Bestätigung enthält, daß gegen die beabsichtigte Eheschließung kein im Gesetze über Heimat, Verehelichung und Aufenthalt begründetes Hinderniß bestehe (Art. 33 Abs. 1 des erwähnten Gesetzes). Das Zeugniß ist auch dann nothwendig, wenn ein Angehöriger der Landestheile rechts des Rheines nicht im rechtsrheinischen Bayern heiratet (vergl. Art. 38 Abs. 1, Art. 41). Die Voraussetzungen, von welchen die Ertheilung des Zeugnisses abhängt, sind in den Art. 34, 35 bestimmt (vgl. auch Minist.-Entschl. v. 6. Dezember 1879 und 8. Januar 1891, Amtsbl. 1879 S. 600, 1891 S. 22).

Der in der Pfalz Heimathberechtigte bedarf eines Verehelichungszeugnisses nur, wenn er im rechtsrheinischen Bayern heirathen will; die Voraussetzungen der Ausstellung des Zeugnisses sind im Art. 38 bestimmt. Auf die Gültigkeit der Ehe hat der Mangel des Verehelichungszeugnisses, wie oben hervorgehoben ist, keinen Einfluß; er begründet nur ein aufschiebendes Ehehinderniß. Ueber die Aenderungen, welche die Vorschriften des Personst.G. und des B.G.B. in Betreff des Aufgebots durch die bayerischen Gesetze erleiden, s. § 74 Abs. 2 des Personst.G., welcher nach E.G. Art. 46 unberührt bleibt, und Erl. zu § 1316 Nr. 8.

Das bayerische Verehelichungsrecht wird übrigens voraussichtlich anläßlich der Einführung des B.G.B. einer Revision unterzogen. Die allenfallsigen Aenderungen werden in dem Nachtrage zum Familienrecht aufgeführt werden.

## §. 1303.

Ein Mann darf nicht vor dem Eintritte der Volljährigkeit, eine Frau darf nicht vor der Vollendung des sechzehnten Lebensjahrs eine Ehe eingehen.

Einer Frau kann Befreiung von dieser Vorschrift bewilligt werden.

## §. 1304.

Wer in der Geschäftsfähigkeit beschränkt ist, bedarf zur Eingehung einer Ehe der Einwilligung seines gesetzlichen Vertreters.

---

6. Aus der Literatur über das Personst.G., welche bei der Uebereinstimmung des B.G.B. mit dem Personst.G. für das B.G.B. verwerthet werden kann, sind hervorzuheben: die Kommentare von v. Sicherer, Erlangen 1879, und von Hinschius, Berlin, 3. Aufl. 1890, ferner von Fitting, Zweibrücken, 2. Aufl. 1877, Reger-Dames, Ansbach 1896, Seyfried, Mannheim und Straßburg 1876, Stiegele, Stuttgart 1876, Völk, Nördlingen, 3. Aufl. 1876, Wohlers, Berlin, 4. Aufl. 1890. Zu erwähnen sind noch v. Erichsen, Die Führung der Standesregister, 7. Aufl. Berlin 1890, und v. Erichsen, Erfordernisse, Form und Beurkundung der Eheschließung, Berlin, 2. Aufl. 1883; Stölzl, Das Eheschließungsrecht, Berlin, Heft 1 1875, Heft 2 1876, und die seit 1875 erscheinende Zeitschrift: Der Standesbeamte, Organ für die Interessen der Standesämter im Deutschen Reiche, Berlin.

### § 1303.

**E. I § 1233; II § 1209 rev. § 1288; III § 1286. P. I S. 5852—5858, 8794, 8808, 8822, 8838; M. IV S. 17, 18. P. II S. 4887, 4890—4898, 4904—4909 (Bd. 4 S. 19—22). D. S. 680. K.B. S. 2008, 2009. St.B. S. 2901—2904.**

1. Das Wesen der Ehe verlangt die Festsetzung einer Altersgrenze, vor deren Erreichung wegen mangelnder körperlicher und geistiger Reife eine Ehe nicht eingegangen werden darf (Ehemündigkeit). Für das männliche Geschlecht tritt die Ehemündigkeit — abweichend vom Personst.G. § 28 Abs. 2 — mit der Volljährigkeit ein. Nach dem B.G.B. ist daher nur mit Ehemännern zu rechnen, die volljährig sind. Die Volljährigkeit tritt mit der Vollendung des 21. Lebensjahres (§ 2) oder mit der Volljährigkeitserklärung (§ 3 Abs. 2) ein. Der E. I. wollte durch Volljährigkeitserklärung die Ehemündigkeit nicht begründen lassen. Werden Mitglieder der landesherrlichen oder der diesen gleichstehenden Familien nach den Hausgesetzen schon vor dem vollendeten 21. Lebensjahre großjährig, so erlangen sie mit der Volljährigkeit auch die Ehemündigkeit (E.G. Art. 57, Personst.G. § 72 Abs. 3). Dagegen begründet der Art. 58 E.G. — in Uebereinstimmung mit dem bisherigen Rechte — zu Gunsten der standesherrlichen Familien keine Ausnahme (M. z. Art. 34 des E. I. des E.G). Bezüglich des weiblichen Geschlechts ist es beim Personst.G. § 28 Abs. 2 geblieben. Ueber die Berechnung des für die Ehemündigkeit maßgebenden Lebensalters entscheidet der § 187 (s. Erl. Nr. 2 zu § 187). Die Ehemündigkeit muß übrigens vor Anordnung des Aufgebots eingetreten sein (Personst.G. § 45).

2. Eine Befreiung ist im Gegensatze zum Personst.G. § 28 Abs. 2 Satz 2 bei Männern ausgeschlossen. Deren Stelle vertritt die Volljährigkeitserklärung (§ 3). Da diese nicht vor dem vollendeten 18. Lebensjahr erfolgen kann, so ist vorher für Männer die Eingehung einer Ehe unmöglich. Bei Frauen ist Befreiung zulässig, die Befreiung ist hier insbesondere für solche Fälle von Bedeutung, in denen die Umstände es wünschenswerth erscheinen lassen, einen begangenen Fehltritt durch Eingehung der Ehe zu verdecken. Ueber die Zuständigkeit zur Bewilligung der Befreiung bestimmt § 1322. Beschränkungen, etwa dahin, daß unter ein gewisses Alter nicht heruntergegangen werden kann, ist die Befreiungsbefugniß nicht unterworfen.

3. Der Mangel der Ehemündigkeit bildet lediglich ein aufschiebendes Ehehinderniß (§§ 1323, 1330). Ist gleichzeitig die Einwilligung des gesetzlichen Vertreters (§ 1304) nicht erfolgt, so ist die Ehe anfechtbar (§§ 1330, 1331, 1336). Sollte, was freilich wohl nie vorkommen wird, einer der Eheschließenden das siebente Lebensjahr noch nicht vollendet haben, so tritt nach den §§ 104, 1325 Nichtigkeit der Ehe ein.

4. Hohes Alter ist kein Ehehinderniß, ebensowenig eine, wenn auch noch so bedeutende, Altersverschiedenheit der Eheschließenden.

Ist der gesetzliche Vertreter ein Vormund, so kann die Einwilligung, wenn sie von ihm verweigert wird, auf Antrag des Mündels durch das Vormundschaftsgericht ersetzt werden. Das Vormundschaftsgericht hat die Einwilligung zu ersetzen, wenn die Eingehung der Ehe im Interesse des Mündels liegt.

---

**§ 1304.**

**E. I § 1232 Abs. 1, 2; II § 1210 rev. § 1289; III § 1287. P. I S. 5858—5864, 5869, 5875—5882, 8628, 8635, 8644, 8793, 8808; M. IV S. 10—17. P. II S. 4900—4904 (Bd. 4 S. 17—19). D. S. 680.**

1. Der Geschäftsunfähige (§ 104) **kann eine Ehe nicht eingehen.** Dies ist im B.G.B. (anders E. I. § 1231) nicht besonders ausgesprochen, da es sich aus § 105 Abs. 1, § 1325 Abs. 1 ergiebt. Aus den gleichen Vorschriften folgt, daß Personen, welche wegen Geisteskrankheit entmündigt sind, so lange die Entmündigung besteht, auch nicht in sogenannten lichten Zeiträumen, eine Ehe schließen können. Ebenso ist selbstverständlich, daß die Willenserklärung des Geschäftsunfähigen nicht durch den gesetzlichen Vertreter ersetzt werden kann.

2. Wer in der Geschäftsfähigkeit nur beschränkt ist, kann eine Ehe eingehen, bedarf jedoch der Einwilligung seines gesetzlichen Vertreters. Das Erforderniß der Einwilligung des gesetzlichen Vertreters ist im Hinblick auf den rechtsgeschäftlichen Charakter der Eheschließung nur eine Folge aus dem allgemeinen Grundsatze des § 107. In der Geschäftsfähigkeit beschränkt sind Minderjährige (§ 106) — zufolge § 1303 kommen nur minderjährige Mädchen in Betracht — und die im § 114 bezeichneten Personen. Das Erforderniß der Einwilligung des gesetzlichen Vertreters gilt daher, abweichend vom Personst.G. § 29, auch für Volljährige. Die Einwilligung zur Eheschließung stellt sich als Ausfluß der Sorge für die Person des Kindes oder des Mündels dar. Erforderlich ist deshalb die Einwilligung desjenigen gesetzlichen Vertreters, welchem die Vertretung in den die Sorge für die Person betreffenden Angelegenheiten zusteht. Dabei kommt es auf die Einwilligung desjenigen gesetzlichen Vertreters an, welcher zur Zeit der Eheschließung die Vertretung in den persönlichen Angelegenheiten hat. Es kann dies der Vater (§§ 1626, 1630 Abs. 1), die Mutter (§§ 1684—1686), ein Vormund (§§ 1773, 1793, 1896) oder ein Pfleger (§§ 1909, 1628, 1666, 1794, 1915) sein. Wer es im einzelnen Falle ist, entscheidet sich nach den Grundsätzen der elterlichen Gewalt und des Vormundschaftsrechts. Nicht nothwendig ist, daß dem Vater, der Mutter, dem Vormund oder dem Pfleger die thatsächliche Fürsorge für die Person des Kindes oder Mündels zusteht; maßgebend ist nur, daß ihnen die gesetzliche Vertretung in den die Person betreffenden Angelegenheiten zukommt. Deshalb ist die Ehescheidung ohne Einfluß (§ 1635 Abs. 2). Gleiches gilt, wenn dem Vormunde wegen der Verschiedenheit des religiösen Bekenntnisses die Sorge für die Erziehung entzogen ist (§ 1801) oder wenn Maßregeln der Zwangserziehung (§§ 1666, 1838) angeordnet sind. Daß die Einwilligung in die Eheschließung Ausfluß der Sorge für die Person ist, erscheint namentlich für die Fälle einer Mehrheit von Vormündern (§ 1797) und für die Fälle des Zusammentreffens von elterlicher Gewalt oder Vormundschaft mit der Pflegschaft (§§ 1628, 1794) von Bedeutung. Daraus folgt auch, daß das Recht der Einwilligung dem Beistande, welcher der Mutter im Falle des § 1693 beigegeben ist, obgleich er gesetzlicher Vertreter des Kindes ist, nicht zusteht. Daß der Beistand der Mutter in den übrigen Fällen sowie der Gegenvormund nicht in Betracht kommen, ergiebt sich schon daraus, daß sie nicht gesetzliche Vertreter des Kindes oder Mündels sind. Der Genehmigung des Vormundschaftsgerichts oder des Familienraths bedarf die Einwilligung des gesetzlichen Vertreters nicht.

3. **Die Ehe zwischen dem Vormund oder einem seiner Verwandten in gerader Linie und dem** (in der Geschäftsfähigkeit nur beschränkten) **Mündel** ist nach dem B.G.B. (anders nach dem Personst.G. § 37) nicht verboten. Der Vormund kann aber zu einer solchen Eheschließung nach § 181, § 1795 N. 1, § 1897 die nach § 1304 erforderliche Einwilligung nicht ertheilen. Eine Verletzung dieser Vorschriften würde die Anfechtbarkeit der Ehe begründen (§ 1331 vgl. Erl. Nr. 3 zu § 1331). Zur Ertheilung der Einwilligung muß daher nach § 1909 Abs. 1 Satz 1 ein Pfleger bestellt werden. Wie der Vormund, so ist auch ein Pfleger, welchem die Sorge für die Person des Kindes oder des Mündels obliegt, die Einwilligung zur Eheschließung zu ertheilen behindert, wenn es sich um die Eheschließung zwischen dem Kinde oder dem Mündel und dem Pfleger oder einem seiner Verwandten in gerader Linie handelt (§ 1915). Dasselbe gilt nach dem § 1630 Abs. 2 Satz 1 von dem Vater oder der Mutter (§ 1686), soweit bei ihnen der hier fragliche Fall vorkommen kann. Es ist dies möglich, wenn es sich um die Ehe zwischen einem Kinde und einem Enkel des Inhabers der elterlichen Gewalt oder um die Ehe zwischen zwei Adoptivgeschwistern handelt.

4. Das B.G.B. hält im Gegensatze zum Personst.G. § 29 die Frage, inwieweit ein in der Geschäftsfähigkeit Beschränkter zur Eheschließung der elterlichen oder vormundschaftlichen Einwilligung bedarf, und die Frage, ob Kinder als solche, unabhängig von der Beschränkung der Geschäftsfähigkeit, an die Einwilligung der Eltern gebunden sind, scharf auseinander. Erstere Frage ist in § 1304, letztere ist in den §§ 1305—1308 beantwortet, und zwar verschieden sowohl bezüglich des Rechtsgrundes der Einwilligung, als auch bezüglich der Voraussetzungen und der Wirkung der Verletzung. Vergl. im Uebrigen Erl. zu § 1305.

5. **Die rechtliche Natur der Einwilligung** ergiebt sich aus den allgemeinen Vorschriften über Einwilligung und Genehmigung (§§ 182, 183). Die Einwilligung kann sowohl dem in der Geschäftsfähigkeit Beschränkten, als auch dessen Verlobten gegenüber erklärt werden. Mit Rücksicht auf § 45 Abs. 2 Nr. 2 des Personst.G. ist ausdrückliche Erklärung erforderlich; um die Anfechtbarkeit (§ 1331) auszuschließen, ist jedoch stillschweigende Einwilligung hinreichend (vergl. Erl. Nr. 1 zu § 182). Die Einwilligung kann, solange die Eheschließung noch nicht erfolgt ist, widerrufen werden; warum der Widerruf erfolgt, ist gleichgiltig. Der Widerruf ist zulässig, auch wenn er auf Grund von Thatsachen geschieht, die dem Vertreter schon vor der Einwilligung bekannt gewesen waren. Von der Versagung und dem Widerrufe der Einwilligung gilt dasselbe wie von der Ertheilung der Einwilligung. Tritt nach der Ertheilung der Einwilligung ein Wechsel in der Person des gesetzlichen Vertreters ein, so wird dadurch die ertheilte Einwilligung nicht unwirksam. Es bedarf also einer wiederholten Ertheilung der Einwilligung von Seiten des neuen Vertreters nicht; dieser kann aber die Einwilligung bis zur Eheschließung widerrufen. Gegen Mißbrauch des Einwilligungsrechts schützt der Satz 2 des § 1304 Abs. 2. Die Einwilligung muß, da die Ehe nur mit einer bestimmten Person geschlossen werden kann, zur Ehe mit einer bestimmten Person ertheilt werden. Hat der Vertreter die Einwilligung ertheilt und wird aus der beabsichtigten Heirath nichts, so muß, falls der in der Geschäftsfähigkeit Beschränkte mit einer anderen Person die Ehe schließen will, eine neue Einwilligung erholt werden. Auch die Frage, inwiefern die Einwilligung unter einer Bedingung oder Befristung ertheilt werden kann, ist nach den allgemeinen Grundsätzen zu beurtheilen. An sich steht der Beifügung einer Bedingung, z. B. vorherige Regelung des Güterrechts, oder einer Zeitbestimmung nichts entgegen. Nur kann, solange die Bedingung schwebt oder der Zeitpunkt noch nicht eingetreten ist, die Ehe nicht geschlossen werden und der Standesbeamte wird den im Personst.G. § 45 Abs. 2 Nr. 2 geforderten Nachweis als erbracht nur ansehen dürfen, wenn die Einwilligung unbedingt und unbefristet ertheilt oder die Erfüllung der Bedingung oder der Eintritt des Zeitpunkts nachgewiesen ist.

6. **Die Einwilligung** des gesetzlichen Vertreters **kann durch das Vormundschaftsgericht ersetzt werden.** Voraussetzung ist, a) daß der gesetzliche Vertreter ein Vormund oder (§ 1915 Abs. 1) ein Pfleger ist. Die Ersetzung ist ausgeschlossen, wenn der Vertreter die Vertretung kraft elterlicher Gewalt hat. Dies gilt selbst dann, wenn er nicht derjenige ist, dessen Einwilligung nach den §§ 1305, 1306 erforderlich ist; z. B. wenn die Mutter, während die elterliche Gewalt des Vaters ruht, ohne daß § 1305 Abs. 2 zutrifft, die elterliche Gewalt ausübt. Dagegen ist die Ersetzung möglich, wenn der Vater oder die Mutter zum Vormund oder Pfleger des Kindes bestellt sind. b) Der Mündel oder der Pflegling müssen die Ersetzung beantragen. Der Mündel sowie der Pflegling kann den Antrag für sich allein stellen, er gilt insoweit als voll geschäftsfähig. Den Antrag können aber nur der Mündel und der Pflegling selbst, nicht etwa der Vater oder die Mutter, wenn ihnen die gesetzliche Vertretung nicht zukommt, oder der andere Verlobte oder dessen Eltern stellen. c) Die Eingehung der Ehe muß im Interesse des Mündels liegen. Ob dies der Fall ist, hat das Vormundschaftsgericht unter Berücksichtigung aller Umstände nach freiem Ermessen zu entscheiden (anders bei der elterlichen Einwilligung nach § 1308). Die Fassung des Abs. 2 Satz 2 erklärt sich daraus, daß dem Vormundschaftsgerichte, welches nach den allgemeinen Grundsätzen des Vormundschaftsrechts (§ 1837) nicht selbst an Stelle des Vaters oder des Vormundes entscheiden kann, hier eine über die allgemeine Befugniß hinausgehende Macht eingeräumt ist. Die rechtliche Bedeutung der Ersetzung besteht darin, daß die ersetzte Einwilligung als Einwilligung des Vertreters erscheint. Die Ersetzung der Einwilligung erfolgt in den Formen der freiwilligen Gerichtsbarkeit, nicht im Wege der gerichtlichen Klage. Das Nähere regelt das freiw. G.G. Vergl. wegen der Zuständigkeit §§ 35, 36, 43; wegen des Beginns der Wirksamkeit der die Einwilligung ersetzenden Verfügung § 53; wegen des Beschwerderechts § 20 das. Vor der Entscheidung hat das V.G. Verwandte und Verschwägerte des Mündels nach Maßgabe des § 1847 zu hören. Unterlassung der Anhörung hat auf die Wirksamkeit der Ersetzung keinen Einfluß.

7. **Der Mangel der Einwilligung** des gesetzlichen Vertreters **bewirkt die Anfechtbarkeit der Ehe** (§§ 1330, 1331, 1336); hinsichtlich des Einflusses auf das Güterrecht vergl. §§ 1364, 1426.

### §. 1305.

Ein eheliches Kind bedarf bis zur Vollendung des einundzwanzigsten Lebensjahrs zur Eingehung einer Ehe der Einwilligung des Vaters, ein uneheliches Kind bedarf bis zum gleichen Lebensalter der Einwilligung der Mutter. An die Stelle des Vaters tritt die Mutter, wenn der Vater gestorben ist oder wenn ihm die sich aus der Vaterschaft ergebenden Rechte nach §. 1701 nicht zustehen. Ein für ehelich erklärtes Kind bedarf der Einwilligung der Mutter auch dann nicht, wenn der Vater gestorben ist.

Dem Tode des Vaters oder der Mutter steht es gleich, wenn sie zur Abgabe einer Erklärung dauernd außer Stande sind oder wenn ihr Aufenthalt dauernd unbekannt ist.

---

**§ 1305.**

**E. I § 1238 Abs. 1; II § 1211 rev. § 1290; III § 1288. P. I S. 5864—5869, 5872—5882, 5910, 8093—8095, 8671, 8677—8679, 8686, 8794, 8808; M. IV S. 25—27. P. II S. 4922—4925, 6275—6277 (Bd. 4 S. 30, 31, 715, 716). D. S. 681. K.B. S. 2009, 2010. St.B. S. 2904—2906, 3073—3082.**

**1.** Bei der Eheschließung des Kindes handelt es sich für die Eltern nicht nur um die Interessen der Kinder, sondern auch um persönliche Interessen, die namentlich aus der Unterhaltspflicht entspringen. *Deshalb gewährt das B.G.B. den Eltern das Recht der Einwilligung zur Eheschließung ihrer Kinder.* Der Einwilligung der Eltern bedürfen Kinder, und zwar nach den Beschlüssen des Reichstags im Gegensatze zum Personst.G., ohne Unterschied des Geschlechts bis zur Vollendung des 21. Lebensjahrs (s. Erl. Nr. 2 zu § 187). Die Erreichung der Volljährigkeit durch Volljährigkeitserklärung (§ 3) macht die elterliche Einwilligung nicht entbehrlich, weil diese nicht ein Ausfluß der Fürsorge für das Kind ist. Ebenso ist belanglos, ob das Kind schon verheirathet war. Bei ehelichen (§ 1591) Kindern kommt das Recht der Einwilligung nicht beiden Elterntheilen zu, sondern zunächst dem Vater und erst nach dessen Tode oder bei dessen dauernder Verhinderung der Mutter. Vorher braucht die Mutter auch nicht befragt oder gehört zu werden. Bei unehelichen Kindern steht das Recht der Einwilligung der Mutter zu. Kinder aus einer nichtigen Ehe (§§ 1699 ff.) werden in Bezug auf die elterliche Einwilligung zur Eheschließung insoweit als eheliche behandelt, als sie in Folge der Gutgläubigkeit wenigstens eines der Ehegatten nach den §§ 1699 ff. als eheliche gelten. Im Falle der Bösgläubigkeit des Vaters wird es daher so angesehen, als wäre er gestorben. Denn in diesem Falle gilt das Kind dem Vater gegenüber, was dessen Rechte gegen das Kind anlangt, nicht als ehelich (§ 1701). Ist nur die Mutter bösgläubig, so bedarf das Kind der Einwilligung des Vaters und der Mutter in derselben Weise wie ein eheliches (§§ 1699, 1702). Sind beide Eltern bösgläubig oder trifft Abs. 2 des § 1699 zu, so ist das Kind nach § 1699 unehelich und es bedarf demnach lediglich der Einwilligung der Mutter. Für die durch nachfolgende Ehe legitimirten Kinder gilt, insbesondere auch bezüglich des Einflusses der Nichtigkeit der Ehe (§ 1721), das Gleiche wie für eheliche Kinder. Ein für ehelich erklärtes Kind bedarf nur der Einwilligung des Vaters. Ist der Vater gestorben oder an der Abgabe einer Erklärung dauernd verhindert, so geht das Recht der Einwilligung nicht auf die Mutter über; die Nothwendigkeit der elterlichen Einwilligung entfällt vielmehr völlig, dies selbst dann, wenn die Mutter dem Kinde Unterhalt zu gewähren hat und ihr nach § 1738 die Sorge für das Kind im selben Umfange wieder zukommt wie vor der Ehelichkeitserklärung. Bezüglich der angenommenen Kinder sind im § 1306 Sonderbestimmungen getroffen. Den Stiefeltern oder den Pflegeeltern steht das Einwilligungsrecht nicht zu.

**2.** *Ist der Vater oder die Mutter zur Abgabe einer Erklärung dauernd außer Stande oder ist ihr Aufenthalt dauernd unbekannt,* so soll es so angesehen werden, als wenn der Vater oder die Mutter gestorben wären, mithin entweder an die Stelle des Vaters die Mutter treten, oder die Einwilligung des Vaters oder der Mutter nicht erforderlich sein. Wann diese Voraussetzungen vorliegen, ist Thatfrage. Sie werden im Falle einer Entmündigung wegen Geisteskrankheit stets, im Falle der Anordnung einer Abwesenheitspflegschaft regelmäßig zutreffen. Ein bloßes Verweilen in der Ferne genügt nicht (bayr. Verwalt.-Ger. H. Bd. 2 S. 427). Eine gerichtliche Feststellung der dauernden Verhinderung ist nicht nothwendig. Der Standesbeamte, bei erhobener Beschwerde (§ 11 Abs. 3 Personst.G.) der Richter, haben nach freiem Ermessen zu entscheiden. Dagegen fällt das Recht des Vaters, zur Eheschließung des Kindes die Einwilligung zu ertheilen, nicht deshalb weg, weil die Ehe geschieden oder die eheliche Gemeinschaft aufgehoben ist, mag er auch für den

## §. 1306.

Einem an Kindesstatt angenommenen Kinde gegenüber steht die Einwilligung zur Eingehung einer Ehe an Stelle der leiblichen Eltern demjenigen zu, welcher das Kind angenommen hat. Hat ein Ehepaar das Kind gemeinschaftlich oder hat ein Ehegatte das Kind des anderen Ehegatten angenommen, so finden die Vorschriften des §. 1305 Abs. 1 Satz 1, 2, Abs. 2 Anwendung.

Die leiblichen Eltern erlangen das Recht zur Einwilligung auch dann nicht wieder, wenn das durch die Annahme an Kindesstatt begründete Rechtsverhältniß aufgehoben wird.

---

allein schuldigen Theil erklärt worden sein und ihm deshalb vielleicht die Sorge für die Person des Kindes nicht mehr zustehen. Gleiches gilt von der Mutter. Ohne Einfluß ist es ferner, daß die elterliche Gewalt des Vaters oder der Mutter ruht, beendigt, ja selbst daß sie verwirkt ist. Wenn also z. B. der Vater wegen Verschwendung oder Trunksucht entmündigt ist, so liegt der im Abs. 1 Satz 2 vorgesehene Fall nicht vor, und das Einwilligungsrecht bleibt dem Vater gewahrt. Noch weniger von Belang ist, daß der Vater oder die Mutter sich wieder verheiratheten.

3. Da die Wirksamkeit der Ehe von der Ertheilung der elterlichen Einwilligung nicht abhängt, so finden die §§ 182, 183 an sich auf die elterliche Einwilligung keine Anwendung (s. Bd. I S. 233 Vorbm. zum 6. Titel Nr. 2). Sie werden indessen entsprechend anzuwenden sein, und es gelten die in der Erl. Nr. 5 zu § 1304 entwickelten Grundsätze auch hier. Auch hinsichtlich der Zulässigkeit von Bedingungen und Befristungen trifft das zu § 1304 Ausgeführte zu.

4. Wie im Falle des § 1304, bemißt sich auch bei der elterlichen Einwilligung die Frage, wem die Einwilligung zur Eheschließung zukommt, nach dem Zeitpunkte der Eheschließung. Dies ist von Bedeutung namentlich dann, wenn der Vater vor der Eheschließung verstirbt.

5. Neben der elterlichen Einwilligung steht, wie schon zu § 1304 hervorgehoben, die Einwilligung des gesetzlichen Vertreters. Beide sind von einander unabhängig. Es liegt jedoch, wenn der Vater oder die Mutter gleichzeitig gesetzliche Vertreter des Kindes sind, in der Ertheilung der einen Einwilligung die andere (s. Erl. zu § 1308).

6. Der Mangel der elterlichen Einwilligung hat nach den §§ 1323, 1330 auf die Gültigkeit der Ehe keinen Einfluß. Dem § 1305 kommt nur die Bedeutung eines aufschiebenden Ehehindernisses zu. Dagegen hat der Mangel der elterlichen Einwilligung auf dem vermögensrechtlichen Gebiete für das Kind gewisse Nachtheile zur Folge: nämlich bezüglich des Anspruchs auf Aussteuer (§ 1621 Abs. 1) und der Beendigung der elterlichen Nutznießung (§ 1661). Diese Nachtheile treten nur für Töchter ein. Auf den Pflichttheilsanspruch (§ 2333) und damit (§ 1611 Abs. 2) auf den Unterhaltsanspruch ist der Mangel der elterlichen Einwilligung ohne Einfluß (anders E. I § 1490 Abs. 2, § 2001 Nr. 7).

### § 1306.

**E. I § 1239; II § 1212 rev. § 1291; III § 1289. P I S. 5866, 5871, 8671, 8680; M. IV S. 30. P. II S. 4902, 4924, 4930, 4931, 6319 (Bd. 4 S. 24, 34). D. S. 680.**

Der § 1306 regelt in theilweiser Abweichung von § 31 des Personst.G. das elterliche Einwilligungsrecht in Ansehung der Eheschließung angenommener Kinder. In Uebereinstimmung mit § 1757 Abs. 1 wird das Einwilligungsrecht demjenigen zugesprochen, welcher das Kind angenommen hat. Ob der Annehmende ein Mann oder eine Frau ist, kommt entsprechend dem Standpunkte des B.G.B., welches zwischen der Annahme durch einen Mann und durch eine Frau nicht unterscheidet, nicht in Betracht. Gleichgültig ist auch, ob der Annehmende die elterliche Gewalt hat und ob das Kind ehelich oder unehelich ist. Wegen der eingekindschafteten Kinder vergl. Erl. zu Art. 203, 209 E.G. Die Vorschrift des § 1306 Abs. 1 Satz 2 erklärt sich daraus, daß das Kind nach § 1757 Abs. 2 die rechtliche Stellung eines gemeinschaftlichen Kindes beider Ehegatten erlangt. Daraus folgt namentlich, daß das elterliche Einwilligungsrecht in diesem Falle zunächst dem Vater zusteht, mag er auch nicht derjenige sein, welcher das Kind angenommen hat; nach seinem Tode oder bei seiner dauernden Verhinderung tritt die Mutter an seine Stelle. Das elterliche Einwilligungsrecht steht dem Annehmenden an Stelle der leiblichen Eltern zu. Diese sind mithin von dem Einwilligungsrecht ausgeschlossen.

§. 1307.

Die elterliche Einwilligung kann nicht durch einen Vertreter ertheilt werden. Ist der Vater oder die Mutter in der Geschäftsfähigkeit beschränkt, so ist die Zustimmung des gesetzlichen Vertreters nicht erforderlich.

§. 1308.

Wird die elterliche Einwilligung einem volljährigen Kinde verweigert, so kann sie auf dessen Antrag durch das Vormundschaftsgericht ersetzt werden. Das Vormundschaftsgericht hat die Einwilligung zu ersetzen, wenn sie ohne wichtigen Grund verweigert wird.

Vor der Entscheidung soll das Vormundschaftsgericht Verwandte oder Verschwägerte des Kindes hören, wenn es ohne erhebliche Verzögerung und ohne unverhältnißmäßige Kosten geschehen kann. Für den Ersatz der Auslagen gilt die Vorschrift des §. 1847 Abs. 2.

---

Aus der Vorschrift des § 1764 würde an sich folgen, daß die leiblichen Eltern das Einwilligungsrecht zurückerlangen, wenn der Annehmende gestorben oder an der Einwilligung dauernd verhindert oder wenn die Annahme wieder aufgehoben ist. Der Abs. 2 des § 1306 stellt klar, daß die leiblichen Eltern von dem Einwilligungsrecht unter allen Umständen ausgeschlossen bleiben, und zwar muß dies selbst dann gelten, wenn die leiblichen Eltern dem Kinde Unterhalt zu gewähren haben und deshalb nach § 1765 Abs. 2 die Fürsorge für die Person des Kindes wieder überkommen. Ist der Annehmende gestorben oder dauernd verhindert, die Einwilligung zu erklären, so entfällt — soweit nicht der Fall des § 1306 Abs. 1 Satz 2 vorliegt — die Nothwendigkeit der elterlichen Einwilligung vollständig. Die Frau oder der Ehemann und der überlebende oder geschiedene Ehegatte des Annehmenden erlangen das Einwilligungsrecht nicht.

Der Mangel der Einwilligung des Annehmenden bildet nur ein aufschiebendes Ehehinderniß. In vermögensrechtlicher Hinsicht sind an die Verletzung des § 1306 die gleichen Folgen geknüpft wie an die Nichtbeachtung des § 1305 (vergl. Erl. Nr. 6 zu § 1305).

**§ 1307.**

**E. I § 1238 Abs. 2; II § 1213 rev. § 1292; III § 1290. P. I S. 5873, 5909—5911; M. IV S. 27. P. II S. 4925 (Bd. 4 S. 31).**

1. Nach den allgemeinen Grundsätzen des Vormundschaftsrechts könnte der gesetzliche Vertreter eines Elterntheils, sofern ihm die Vertretung in den die Person betreffenden Angelegenheiten zusteht, die Einwilligung an Stelle des Elterntheils erklären. Eine derartige Vertretung wird durch § 1307 Satz 1 mit Rücksicht auf die persönliche Natur des Einwilligungsrechts der Eltern ausgeschlossen; sie ist auch nicht mit Genehmigung des Vormundschaftsgerichts zulässig. Der Satz 1 bezieht sich übrigens nicht allein auf den gesetzlichen Vertreter, sondern schließt auch die Vertretung durch einen Bevollmächtigten aus. Auf die Vertretung in der Erklärung des Willens bezieht sich das Verbot des § 1307 Satz 1 nach dem Sprachgebrauche des B.G.B. (vergl. Bd. I S. 210 Vorbm. Nr. 2) nicht.

2. Der Satz 2 des § 1307 schließt eine andere, aus den allgemeinen Grundsätzen sich ergebende Folge aus. Ist der Elterntheil, dessen Einwilligung nothwendig ist, in der Geschäftsfähigkeit beschränkt (§ 114) — ein geschäftsunfähiger Elterntheil kommt wegen § 1305 Abs. 2 nicht in Frage —, so würde er nach den allgemeinen Grundsätzen die Einwilligung ertheilen können, bedürfte jedoch der Zustimmung seines gesetzlichen Vertreters (§§ 104, 107). Diese Zustimmung soll entbehrlich sein. Der Elterntheil wird, was die Einwilligung zur Eheschließung angeht, als voll geschäftsfähig behandelt.

3. Daß der § 1307 sowohl auf die Fälle des § 1305, als des § 1306 Anwendung findet, versteht sich nach seiner Stellung von selbst.

**§ 1308.**

**E. I § 1238 Abs. 3; II § 1214 rev. § 1293; III § 1291. P. I S. 5875—5882; M. IV S. 28—30. P. II S. 4922—4930 (Bd. 4 S. 30—33). D. S. 680. K.B. S. 2010. St.B. S. 2906.**

1. Wie die Einwilligung des gesetzlichen Vertreters (§ 1304 Abs. 2), so kann auch die elterliche Einwilligung durch das Vormundschaftsgericht ersetzt werden. Hiervon handelt § 1308 im Anschluß an § 32 des Personst.G.

## §. 1309.

**Niemand darf eine Ehe eingehen, bevor seine frühere Ehe aufgelöst oder für nichtig erklärt worden ist. Wollen Ehegatten die Eheschließung wiederholen, so ist die vorgängige Nichtigkeitserklärung nicht erforderlich.**

---

2. **Voraussetzung ist zunächst, daß die Einwilligung einem volljährigen Kinde verweigert wird.** Da die elterliche Einwilligung nur bis zum vollendeten 21. Lebensjahr erfordert wird (§ 1305), mit diesem Zeitpunkt aber das Kind volljährig (§ 2) ist, so kann die Ersetzung der elterlichen Einwilligung nur bei für volljährig erklärten (vergl. Erl. zu § 1305) Söhnen oder Töchtern stattfinden. Weitere Voraussetzung ist ein Antrag des Kindes. Antragsberechtigt ist lediglich das Kind selbst, nicht etwa die Mutter, wenn der Vater die Einwilligung verweigert, auch nicht die Person, mit welcher das Kind die Ehe schließen will, oder deren Eltern oder Vormund. Endlich ist Voraussetzung, daß die Einwilligung von dem Elterntheil ohne wichtigen Grund verweigert wird. Das B.G.B. sieht von jeder näheren Bestimmung der Voraussetzungen ab, unter welchen die elterliche Einwilligung verweigert werden darf. Es entscheidet die freie richterliche Würdigung des einzelnen Falles. Eine allgemeine Regel läßt sich auch nicht aufstellen; nur darf nicht außer Acht gelassen werden, daß den Eltern das Einwilligungsrecht als ein eigenes Recht gegeben ist. Das Interesse des Kindes allein ist mithin nicht ausschlaggebend. Dies ist bei der Frage, ob die Einwilligung des gesetzlichen Vertreters mit Recht verweigert wird, maßgebend. Bei der elterlichen Einwilligung wird es nur insofern von Bedeutung sein, als ein die Verweigerung der elterlichen Einwilligung rechtfertigender Grund jedenfalls dann vorhanden ist, wenn die Ertheilung der Einwilligung nicht im Interesse des Kindes ist. Im Uebrigen wird es sich häufig um eine Abwägung des Interesses des Kindes und des Interesses der Eltern oder der Familie handeln. Hat der Elterntheil, dessen Einwilligung nach den §§ 1305, 1306 nothwendig ist, zugleich als der gesetzliche Vertreter die Einwilligung nach § 1304 zu ertheilen — der Fall ist denkbar, wenn ein für volljährig Erklärter vor Vollendung des 21. Lebensjahrs nach § 114 in der Geschäftsfähigkeit beschränkt ist und der Vater oder die Mutter zum Vormunde bestellt wird, — so wird das Vormundschaftsgericht die nach § 1304 erforderliche Ersetzung nur dann verfügen, wenn es gleichzeitig die nach §§ 1305, 1306 erforderliche Einwilligung auf Grund des § 1308 ersetzt. Die Voraussetzungen, unter welchen die Ersetzung zulässig ist, sind zwar, wie oben hervorgehoben, in dem § 1308 nicht dieselben wie im § 1304. Das Vormundschaftsgericht wird aber die in dem § 1304 bestimmte Voraussetzung, daß die Eingehung der Ehe im Interesse des Mündels liege, nicht als gegeben annehmen, wenn nicht gleichzeitig die nach §§ 1305, 1306 erforderliche Einwilligung auf Grund des § 1308 ersetzt werden kann. Daß die Ersetzung der elterlichen Einwilligung auf Grund des § 1308 nicht zulässig ist, wenn nicht auch die im § 1304 bestimmte Voraussetzung vorliegt, ergiebt sich unmittelbar aus dem Inhalte der im § 1308 bestimmten Voraussetzung. Man wird daher auch annehmen dürfen, daß, wenn das Vormundschaftsgericht die Einwilligung des Vaters oder der Mutter ersetzt, dadurch gleichzeitig sowohl die nach § 1304, als die nach § 1308 zulässige Ersetzung hat erfolgen sollen. Die dieser Auffassung entsprechende ausdrückliche Vorschrift des E. I § 1238 Abs. 4 (vergl. auch E. I § 1232 Abs. 3), ist zwar von der zweiten Kommission gestrichen, jedoch nur, weil der hier in Frage kommende Fall nur sehr selten vorkommen werde und weil sich, wenn er einträte, von selbst verstehe, daß die Ersetzung sich sowohl auf den § 1304, wie auf den § 1308 beziehe.

3. Die Ersetzung der Einwilligung geschieht nicht im Wege der Klage vor dem Prozeßrichter, sondern in den Formen der freiwilligen Gerichtsbarkeit. Wegen der Zuständigkeit des Gerichts vergl. §§ 35, 43, wegen des Beginns der Wirksamkeit der die Ersetzung aussprechenden Verfügung vergl. § 53, wegen des Beschwerderechts vergl. § 20 freiw. G.G. Das Verfahren der nichtstreitigen Gerichtsbarkeit bringt es mit sich, daß die im E. I zu Gunsten der Eltern entschiedene Frage der Beweislast nunmehr gegenstandslos ist.

4. Der Abs. 2 des § 1308 sieht die vorherige Anhörung von Verwandten oder Verschwägerten des Kindes in der gleichen Weise vor, wie § 1847 Abs. 1 bezüglich der Einwilligung des gesetzlichen Vertreters. Es handelt sich nur um eine Ordnungsvorschrift, deren Nichtbefolgung auf die Gültigkeit der Ersetzung der elterlichen Einwilligung keinen Einfluß hat. Bei einem angenommenen Kinde sind unter den Verwandten nur die leiblichen Verwandten (vergl. §§ 1763, 1764) zu verstehen. Gleiches gilt bei einem für ehelich erklärten Kinde (§ 1737).

5. Der § 1308 bezieht sich sowohl auf die Fälle des § 1305 als des § 1306.

## § 1309.

**E. I § 1234; II § 1215 Abs. 1 rev. § 1294; III § 1292. P. I S. 5882, 8671, 8677, 8679; M. IV S. 18. P. II S. 4909, 4910, 4985—4989, 8610, 8615, 8616 (Bd. 4 S. 22, 23, 60—62). D. S. 680, 681.**

1. Der Satz 1 des § 1309 Abs. 1 enthält im Anschluß an den § 34 des Personst.G.

Wird gegen ein Urtheil, durch das die frühere Ehe aufgelöst oder für nichtig erklärt worden ist, die Nichtigkeitsklage oder die Restitutionsklage erhoben, so dürfen die Ehegatten nicht vor der Erledigung des Rechtsstreits eine neue Ehe eingehen, es sei denn, daß die Klage erst nach dem Ablaufe der vorgeschriebenen fünfjährigen Frist erhoben worden ist.

---

das Verbot der Doppelehe. Die Fassung lehnt sich an den § 171 des St.G.B. (vgl. E.G. Art. 34 V) an. Das Ehehinderniß der Doppelehe fällt fort:

a) Wenn die frühere Ehe zur Zeit der Eingehung der neuen Ehe aufgelöst ist. Die Ehe wird aufgelöst durch Tod und durch Scheidung. Ist nur auf Aufhebung der ehelichen Gemeinschaft erkannt (§ 1575), so treten zwar die Wirkungen der Scheidung ein, die Eingehung einer neuen Ehe ist indessen nach § 1586 ausgeschlossen. Die durch die Todeserklärung begründete Vermuthung des Todes (§ 18 Abs. 1) wirkt auch in Ansehung der Ehe. Der zurückgebliebene Ehegatte des Verschollenen kann daher eine neue Ehe schließen, eine Folge, die im B.G.B., entgegen dem E. I § 1235 Abs. 1, nur indirekt ausgesprochen ist. Wegen des internationalen Privatrechts vgl. E.G. Art. 9 Abs. 3, Art. 13 Abs. 2; wegen der Uebergangszeit vergl. E.G. Art. 159. Eine andere in den §§ 1348—1352 beantwortete Frage ist, welchen Einfluß es auf die Gültigkeit der neuen Ehe hat, wenn der für todt erklärte Ehegatte zurückkehrt.

b) Das Ehehinderniß der Doppelehe fällt ferner fort, wenn die frühere Ehe zur Zeit der Eingehung der neuen Ehe für nichtig erklärt ist. Die Nichtigkeit der alten Ehe bewirkt für sich allein nicht, daß die in der nichtigen Ehe lebenden Ehegatten sich wieder verheirathen dürfen; die Ehe muß vorher für nichtig erklärt sein. Nur wenn die bisherige Ehe wegen eines Formfehlers nichtig und nicht in das Heirathsregister eingetragen worden ist, kann jeder der Ehegatten ohne Weiteres eine neue Ehe eingehen. In einem solchen Falle ist auch § 171 des St.G.B. nicht anwendbar.

2. Der Satz 2 des § 1309 Abs. 1 will den Ehegatten die Möglichkeit an die Hand geben, für den Fall, daß sie Zweifel an der Gültigkeit ihrer Ehe haben, diese durch Wiederholung der Eheschließung zu beseitigen. An sich würde es mit Rücksicht auf Satz 1 nothwendig sein, daß die Ehegatten die vorherige Nichtigkeitserklärung der Ehe herbeiführen. Diese soll nicht erforderlich sein. Darin liegt, daß auch das Verbot der Wartezeit (§ 1313) nicht Platz greift. Von Bedeutung ist die Vorschrift für die Fälle, daß bei der Eheschließung ein wesentliches Formerforderniß nicht beobachtet worden ist. Doch kann die Vorschrift auch im Falle der Doppelehe praktisch werden, wenn z. B. der Ehegatte der früheren Ehe gestorben ist. An sich findet die Vorschrift des § 1309 Abs. 1 Satz 2 Anwendung, mag die Nichtigkeit der bisherigen Ehe auf einem Nichtigkeitsgrund oder auf einem Anfechtungsgrunde beruhen. Mit Rücksicht auf § 1337 aber, wonach das Anfechtungsrecht durch Bestätigung der Ehe verloren geht, ist § 1309 Abs. 1 Satz 2 für anfechtbare Ehen gegenstandslos, da schon in dem Willen, die Eheschließung zu wiederholen, eine Bestätigung der Ehe liegt. Die Eheschließung muß in derselben Form wiederholt werden, wie wenn es sich um die erstmalige Eingehung der Ehe handelte. Es ist also insbesondere das Aufgebot nothwendig, sofern nicht, was freilich hier meist der Fall sein wird, Befreiung (§ 1316 Abs. 3) bewilligt wird. Auch ist die Eheschließung in das Heirathsregister einzutragen. Das B.G.B. knüpft die Befugniß der Ehegatten, die Eheschließung zu wiederholen, an keine Schranke. Dem Standesbeamten braucht nicht nachgewiesen oder nur glaubhaft gemacht zu werden, daß ein Grund, an der Gültigkeit der Ehe zu zweifeln, vorliege. Gerade hierin liegt der Vorzug und der Zweck der Vorschrift des Satz 2. Es fragt sich aber, ob der Standesbeamte gezwungen ist, wenn etwa ein Ehepaar, um die Ehe zu verhöhnen, sich mehrere Male trauen lassen wollte, dem Verlangen zu willfahren. Es wird dies nach den Umständen des Falles zu entscheiden sein. Ist der Standesbeamte überzeugt, daß die Ehegatten eine Verhöhnung der Ehe beabsichtigen, so weiß er, daß sie gar nicht den Willen haben, eine neue Ehe einzugehen. Er wird ohne Weiteres seine Mitwirkung versagen dürfen. Freilich wird dem Standesbeamten in dieser Beziehung große Vorsicht anzurathen sein. Machen die Ehegatten von der Befugniß des § 1309 Satz 2 Gebrauch und tritt in Folge der Wiederholung der Eheschließung Heilung der Nichtigkeit ein, so wirkt dies nur für die Zukunft. War freilich die bisherige Ehe in Wirklichkeit nicht nichtig, so kommt der Wiederholung der Eheschließung keine Bedeutung zu.

3. Das im Abs. 2 aufgestellte Eheverbot ist dem Personst.G. fremd. Es beruht darauf, daß das die Auflösung oder die Nichtigkeit der Ehe aussprechende Urtheil seine Kraft verliert, wenn es in Folge der Nichtigkeitsklage oder der Restitutionsklage aufgehoben wird, und daß daher die neue Ehe nichtig wäre. Das Eheverbot dauert nur bis zur Erledigung des Rechtsstreits über die Nichtigkeitsklage oder die Restitutionsklage. Erledigt wird dieser Rechtsstreit

## §. 1310.

**Eine Ehe darf nicht geschlossen werden zwischen Verwandten in gerader Linie, zwischen vollbürtigen oder halbbürtigen Geschwistern sowie zwischen Verschwägerten in gerader Linie.**

**Eine Ehe darf nicht geschlossen werden zwischen Personen, von denen die eine mit Eltern, Voreltern oder Abkömmlingen der anderen Geschlechtsgemeinschaft gepflogen hat.**

**Verwandtschaft im Sinne dieser Vorschriften besteht auch zwischen einem unehelichen Kinde und dessen Abkömmlingen einerseits und dem Vater und dessen Verwandten andererseits.**

---

durch rechtskräftiges Urtheil, durch Zurücknahme der Klage und durch den Tod eines Ehegatten; über letzteren Erledigungsgrund vergl. § 628 der C.P.O. Da die Nichtigkeitsklage und die Restitutionsklage nach § 586 Abs. 2 der C.P.O. nach dem Ablaufe von fünf Jahren nach dem Tage der Rechtskraft des Urtheils unstatthaft sind, so fällt das Eheverbot weg, wenn die Klagen erst nach dem Ablaufe dieser Frist erhoben worden sind.

**4.** Die Verletzung des Verbots der Doppelehe (Abs. 1 Satz 1) bewirkt nach § 1326 die Nichtigkeit der Ehe, falls die bisherige Ehe eine gültige war. Anderenfalls kommt dem Verbote nur die Wirkung eines aufschiebenden Ehehindernisses zu. Die Verletzung des Verbots des Abs. 2 hat auf die Gültigkeit der Ehe keinen Einfluß. Es ist nur ein aufschiebendes Ehehinderniß begründet. Hat freilich die Nichtigkeitsklage oder die Restitutionsklage Erfolg, so ist die neue Ehe nichtig, aber nur wegen Verletzung des § 1309 Abs. 1.

### § 1310.

**E. I § 1236; II § 1216 rev. § 1295; III § 1293. P. I S. 5882—5884, 8628, 8633, 8644, 8816; M. I S. 65—68, IV S. 21—24. P. II S. 4910—4918, 8693 (Bd. 4 S. 23—27). D. S. 681. K.B. S. 2010. St.B. S. 2906, 2907.**

Der § 1310 regelt im Anschluß an § 33 Nr. 1—3 des Personst.G. das Ehehinderniß der Blutsverwandtschaft und Schwägerschaft (vergl. St.G.B. § 173).

**1.** Zwischen Personen, die in gerader Linie mit einander verwandt sind, ist die Ehe ohne Rücksicht auf die Gradesnähe verboten. Verwandte in gerader Linie sind Personen, deren eine von der anderen abstammt (§ 1589 Abs. 1 Satz 1). In der Seitenlinie erstreckt sich das Ehehinderniß nur auf Geschwister, nicht auf Geschwisterkinder oder Geschwisterenkel, auch nicht auf Oheim und Nichte oder Neffe und Tante. Die Ehe zwischen Geschwistern ist verboten, mögen sie beide Eltern (vollbürtige G.) oder nur den Vater oder die Mutter (halbbürtige G.) gemeinsam haben. Kinder, welche beide Eltern in die Ehe mitgebracht haben, sog. zusammengebrachte Kinder, können sich heirathen, und zwar selbst dann, wenn ihnen aus der Ehe der Eltern ein halbbürtiger Bruder oder eine halbbürtige Schwester geboren worden ist.

**2.** Das Ehehinderniß der Schwägerschaft beschränkt sich auf die gerade Linie, hier wieder ohne Unterschied des Grades. Der Begriff der Schwägerschaft in gerader Linie ist im § 1590 Abs. 1 bestimmt. Sie umfaßt das Verhältniß des einen Ehegatten zu den einseitigen Abkömmlingen sowie den Ascendenten des anderen Ehegatten. Die Ehe ist also z. B. verboten zwischen einer Wittwe und dem Großvater ihres verstorbenen Mannes, zwischen dem Stiefvater und der Tochter seiner Stieftochter. Dagegen besteht keine Schwägerschaft zwischen dem einen Ehegatten und den Verschwägerten des anderen Ehegatten. Der Stiefvater kann die Wittwe des Stiefsohns, die Stiefmutter kann den Mann der verstorbenen Stieftochter heirathen. Die Schwägerschaft wird nach dem B.G.B. nur durch die Ehe begründet (vergl. Erl. zu § 1590); der uneheliche Beischlaf erzeugt zwischen dem Manne und den Verwandten der Frau, mit welcher der Mann den Beischlaf vollzogen hat, keine Schwägerschaft. Hiervon macht der Abs. 2 des § 1310 in Anlehnung an das kanonische Ehehinderniß der sog. affinitas illegitima und in Abweichung vom Personst G. für die gerade Linie eine Ausnahme. Im Sinne des Ehehindernisses der Schwägerschaft besteht eine Schwägerschaft auch zwischen dem einen Konkumbenten und den Abkömmlingen sowie den Ascendenten des anderen Konkumbenten. Ein Mann darf die Tochter seiner Beischläferin oder die Konkubine seines Vaters oder seines Sohnes, eine Wittwe darf den Mann, welcher mit ihrer Tochter Geschlechtsgemeinschaft gepflogen hat, nicht heirathen; dagegen genügt ein einfaches Verlöbniß zur Herstellung des Ehehindernisses der

Schwägerschaft nicht. Die quasi affinitas des kanonischen Rechtes ist nicht anerkannt. Der Vater kann die Braut seines Sohnes, die Tochter kann den Bräutigam der Mutter heirathen.

Die Schwägerschaft setzt ferner eine gültige Ehe voraus. Durch eine nichtige Ehe wird das Ehehinderniß der Schwägerschaft nicht begründet (anders der E. I § 1236 Abs. 3). Ob einer der Ehegatten im guten Glauben war oder nicht, ist gleichgültig; denn das B.G.B. hat keinen allgemeinen Rechtssatz, daß durch eine Putativehe in allen Beziehungen die Wirkungen einer Ehe erzeugt werden (vergl. Erl. zu den §§ 1344, 1699). Der gute Glaube hat Einfluß nur auf das Verhältniß der Ehegatten zu einander (§ 1345) und auf das Verhältniß der aus der nichtigen Ehe entsprossenen Kinder zu den Eltern und deren Verwandten (§§ 1699 ff.). Das Kind, welches der eine der Ehegatten der nichtigen Ehe in die Ehe mitbrachte, tritt dagegen zu dem anderen Ehegatten auch dann nicht in ein Schwägerschaftsverhältniß, wenn beide Ehegatten gutgläubig waren; das Gleiche gilt von den Eltern des einen der in der nichtigen Ehe lebenden Ehegatten im Verhältnisse zum anderen Ehegatten. Freilich wird im Falle einer nichtigen Ehe regelmäßig eine Geschlechtsgemeinschaft zwischen den Ehegatten stattgefunden haben und deshalb der Abs. 2 des § 1310 zutreffen. Soweit dies aber nicht der Fall ist, findet § 1310 keine Anwendung und auch, soweit es der Fall ist, greift nur Abs. 2, nicht Abs. 1 des § 1310 Platz, ein Unterschied, der für die Wirkung der Verletzung des Eheverbots von Bedeutung ist (§ 1327).

Die Schwägerschaft dauert fort, auch wenn die Ehe, durch die sie begründet wurde, aufgelöst ist (§ 1590 Abs. 2). Ob die Ehe durch Tod oder durch Scheidung aufgelöst wurde, ob dem Ehegatten die Wiederverheirathung in Folge der Todeserklärung des anderen Ehegatten ermöglicht worden ist, macht keinen Unterschied. Auf diejenigen Abkömmlinge des anderen Ehegatten, welche erst nach der Auflösung der Ehe erzeugt worden sind, erstreckt sich das Schwägerschaftsverhältniß nicht, da eine aufgelöste Ehe keine Ehe mehr ist (vergl. Erl. zu § 1590). Gleichwohl ist die Ehe auch zwischen solchen Abkömmlingen und dem anderen Ehegatten, z. B. zwischen dem Manne und der Tochter, welche seine geschiedene Frau in einer zweiten Ehe geboren hat, verboten, aber nur nach Abs. 2, nicht nach Abs. 1 des § 1310.

3. Die Verwandtschaft hat zur Grundlage eheliche Abstammung. Die Folgen der ehelichen Abstammung treten unter gewissen Voraussetzungen auch bei nichtigen Ehen (§ 1699 Abs. 1) und bei der Legitimation durch nachfolgende Ehe (§ 1719) und durch Ehelichkeitserklärung (§ 1737) ein. Soweit sie hierbei eintreten, ist auch eine Verwandtschaft und deshalb das Ehehinderniß der Verwandtschaft und Schwägerschaft nach § 1310 Abs. 1 begründet. Für die durch Annahme an Kindesstatt verbundenen Personen gilt, was das Ehehinderniß der Verwandtschaft anlangt, die Sondervorschrift des § 1311 (vergl. Erl. Nr. 1 zu § 1311). Das Ehehinderniß der Schwägerschaft aber greift bei der Annahme an Kindesstatt um deswillen nicht Platz, weil durch § 1763 Satz 2 das Bestehen eines Schwägerschaftsverhältnisses zwischen dem Ehegatten des Annehmenden und dem Kinde oder dessen Abkömmlingen und zwischen dem Ehegatten des Kindes oder eines Abkömmlinges desselben und dem Annehmenden ausdrücklich verneint wird. Die auf unehelicher Zeugung beruhende Abstammung begründet ein Verwandtschaftsverhältniß zwischen dem Kinde und der unehelichen Mutter sowie deren Verwandten (§ 1589 Abs. 2). Der Mann darf also ein von seiner Frau in die Ehe gebrachtes, von ihm nicht erzeugtes uneheliches Kind, weil es mit ihm in gerader Linie verschwägert ist, nicht heirathen. Dagegen begründet die uneheliche Abstammung kein Verwandtschaftsverhältniß zwischen dem unehelichen Kinde und dem unehelichen Erzeuger sowie dessen Verwandten. Der Abs. 3 des § 1310 macht hiervon eine positive Ausnahme. In Ansehung des Ehehindernisses der Verwandtschaft besteht eine Verwandtschaft auch zwischen einem unehelichen Kinde und dessen Abkömmlingen einerseits und dem Vater und dessen Verwandten andererseits. Unter den Abkömmlingen sind dabei uneheliche Abkömmlinge insoweit inbegriffen, als sie mit dem unehelichen Kinde nach § 1589 verwandt sind. Aus Abs. 3 folgt, daß in Ansehung des Ehehindernisses der Schwägerschaft eine Schwägerschaft auch zwischen dem einen Ehegatten und denjenigen Personen besteht, welche trotz der unehelichen Abstammung für das Ehehinderniß der Verwandtschaft nach Abs. 3 als Verwandte des anderen Ehegatten gelten. Die Ehe ist mithin nach § 1310 Abs. 1 zwischen Verwandten in auf- und absteigender Linie, zwischen Geschwistern und zwischen Verschwägerten in gerader Linie auch dann verboten, wenn das Verwandtschafts- oder Schwägerschaftsverhältniß auf außerehelicher Geburt beruht. Der Vater desjenigen, welcher ein außereheliches Mädchen erzeugt hat, darf das Mädchen nicht heirathen; uneheliche Kinder desselben Erzeugers dürfen sich auch dann nicht heirathen, wenn sie nicht von der gleichen Mutter geboren worden sind. Eine Frau darf einen von ihrem Stiefsohn unehelich erzeugten Mann nicht heirathen. Bezüglich der durch die Ehelichkeitserklärung legitimirten Kinder bedeutet der Abs. 3 des § 1310 eine Ausnahme von der im § 1737 Abs. 1 Satz 2 enthaltenen Bestimmung, daß durch die Ehelichkeitserklärung ein Schwägerschaftsverhältniß zwischen der Frau des Vaters und dem Kinde oder dessen Abkömmlingen und zwischen dem Ehegatten des Kindes oder eines Abkömmlings desselben und dem Vater nicht entsteht. Der Abs. 3 des § 1310 bezieht

## §. 1311.

**Wer einen Anderen an Kindesstatt angenommen hat, darf mit ihm oder dessen Abkömmlingen eine Ehe nicht eingehen, solange das durch die Annahme begründete Rechtsverhältniß besteht.**

---

sich nicht nur auf den Abs. 1, sondern, wie schon seine Stellung ergiebt, auch auf den Abs. 2. Ein Mann darf also die Konkubine seines außerehelichen Vaters, eine Frau darf den von einer anderen Frau geborenen außerehelichen Sohn ihres Beischläfers nicht heirathen. Der Abs. 3 des § 1310 begründet aber nicht ein selbstständiges Eheverbot, sondern stellt nur den Sinn klar, in welchem der Begriff der Verwandtschaft im Abs. 1 und im Abs. 2 zu nehmen ist.

4. Der § 1310 macht das Eheverbot wegen einer auf unehelicher Abstammung beruhenden Verwandtschaft oder Schwägerschaft nicht von der Anerkennung des unehelichen Kindes, insbesondere auch nicht von der Anerkennung des Kindes durch den Vater, abhängig. Es genügt jeder in überzeugender Weise erbrachte Nachweis der unehelichen Abstammung, unter Umständen also sogar ein in der Behandlung des Kindes liegendes stillschweigendes Anerkenntniß des Vaters. Es muß aber die uneheliche Abstammung wirklich erwiesen sein. Die für den Unterhaltsanspruch aufgestellte Rechtsvermuthung (§§ 1717, 1718) findet hierher keine Anwendung. Der Richter ist vielmehr hier so wenig wie auf dem Gebiete des Strafrechts (St.G.B. § 173, R.G. in Str. 1 S. 447, 2 S. 239) an Rechtsvermuthungen gebunden, sondern entscheidet nach freiem Ermessen. Anders liegt die Sache, wenn das Eheverbot des Abs. 1 darauf gestützt wird, daß der eine Theil mit dem andern in Folge einer Legitimation durch nachfolgende Ehe (§ 1719) verwandt oder verschwägert sei. Denn während die Anwendbarkeit des Abs. 3 den Nachweis der wirklichen unehelichen Abstammung voraussetzt, erlangt das uneheliche Kind in Folge der Legitimation durch nachfolgende Ehe die rechtliche Stellung eines ehelichen Kindes unter Umständen auch dann, wenn es in Wirklichkeit nicht von dem Manne abstammt (§§ 1720, 1722). Gleiches gilt von der Legitimation durch Ehelichkeitserklärung (§ 1735). Was das Eheverbot des Abs. 2 betrifft, so ist es selbstverständlich und liegt es, wie die Protokolle ergeben, im Sinne des Gesetzes, daß der Standesbeamte nicht von Amtswegen danach zu forschen hat, ob ein außerehelicher Geschlechtsverkehr zwischen einem der Verlobten und den Verwandten des anderen stattgefunden hat, sondern daß seine Prüfungspflicht erst eintritt, wenn der außereheliche Geschlechtsverkehr entweder amtsbekannt ist oder von dritten Personen behauptet wird.

5. Die Verletzung des § 1310 Abs. 1 begründet die Nichtigkeit der Ehe (§ 1327). Dem § 1310 Abs. 2 kommt nur die Bedeutung eines aufschiebenden Ehehindernisses zu.

### § 1311.

**E. I § 1240; II § 1217 rev. § 1296; III § 1294. P. I S. 5884, 8629, 8634, 8645; M. IV S. 31, 32, 978, 1001. P. II S. 4931 (Bd. 4 S. 34). D. S. 681.**

1. Durch die Annahme an Kindesstatt wird zwischen dem Annehmenden und dem Angenommenen sowie dessen Abkömmlingen, sofern diese nach der Annahme geboren worden sind oder den Annahmevertrag mitgeschlossen haben (§ 1757 Abs. 1, § 1762), das gleiche Verhältniß begründet, wie wenn der Angenommene ein eheliches Kind des Annehmenden wäre. Mithin entsteht zwischen diesen Personen ein Verwandtschaftsverhältniß, und es wäre für sie an sich die Ehe nach § 1310 Abs. 1 verboten. Im § 1311 ist aber für die Adoptivverwandtschaft im Anschluß an § 33 Nr. 4 des Personst.G. eine Sonderbestimmung aufgestellt, welche sich nach zweifacher Richtung als eine Ausnahme vom § 1310 Abs. 1 darstellt. Das Eheverbot beschränkt sich nicht auf die Abkömmlinge des Angenommenen, die mit dem Annehmenden verwandt werden, sondern erstreckt sich auf alle Abkömmlinge, gleichgültig, ob sich die Wirkungen der Annahme auf sie nach § 1762 erstrecken oder nicht. Die Wirkung des Eheverbots des § 1311 ist ferner eine andere als jene des im § 1310 Abs. 1 enthaltenen Verbots. Das Eheverbot besteht nur zwischen dem Annehmenden, bei der Annahme durch ein Ehepaar (§ 1749) zwischen den Annehmenden einerseits und dem Angenommenen sowie dessen Abkömmlingen andererseits. Ob der Annehmende ein Mann oder eine Frau ist, macht keinen Unterschied. Dagegen ist weder die Ehe zwischen dem Annehmenden und dem überlebenden oder geschiedenen Ehegatten des Angenommenen, noch die Ehe zwischen dem Angenommenen und dem überlebenden oder geschiedenen Ehegatten des Annehmenden oder zwischen dem Angenommenen und einem Verwandten des Annehmenden oder zwischen Adoptivgeschwistern verboten (vergl. § 1737). Unter den Abkömmlingen sind ferner dem allgemeinen Sprachgebrauche des B.G.B. entsprechend uneheliche Kinder des Angenommenen oder des Abkömmlinges

## §. 1312.

Eine Ehe darf nicht geschlossen werden zwischen einem wegen Ehebruchs geschiedenen Ehegatten und demjenigen, mit welchem der geschiedene Ehegatte den Ehebruch begangen hat, wenn dieser Ehebruch in dem Scheidungsurtheil als Grund der Scheidung festgestellt ist.

Von dieser Vorschrift kann Befreiung bewilligt werden.

---

desselben nur insoweit zu verstehen, als sie mit dem Angenommenen nach Maßgabe des § 1589 verwandt sind oder nach den §§ 1719, 1736, 1737 die rechtliche Stellung von ehelichen Kindern des Angenommenen erlangen, also beispielsweise bei einer angenommenen Frauensperson, deren uneheliche Kinder, dagegen nicht das für ehelich erklärte Kind eines Abkömmlinges des Angenommenen. Eine entsprechende Anwendung des § 1310 Abs. 3 ist ausgeschlossen. Das Eheverbot des § 1311 dauert nur, solange das durch die Annahme begründete Verhältniß besteht; es fällt weg, wenn die Annahme durch Vertrag aufgehoben wird (§ 1768).

2. Dem Verbote des § 1311 kommt nur die Bedeutung eines aufschiebenden Ehehindernisses zu (vergl. §§ 1323, 1330). Wird dem Verbote des § 1311 zuwider die Ehe geschlossen, so wird dadurch das durch die Annahme begründete Verhältniß, soweit es sich auf die Eheschließenden bezieht, aufgehoben (§ 1771).

### § 1312.

**E. I § 1237; II § 1218 rev. § 1297; III § 1295. P. I S. 5885, 5955, 6062; M. IV S. 24, 25. P. II S. 4889, 4918—4922, 8610 (Bd. 4 S. 27—30). D. S. 681. K.B. S. 2010, 2011.**

Der § 1312 ordnet das Ehehinderniß des Ehebruchs. Mit geringen Abweichungen hat dabei der § 33 Nr. 5 des Personst.G. als Vorbild gedient (vergl. St.G.B. § 172).

1. Voraussetzung ist:

a) daß die Ehe des zur neuen Ehe schreitenden Ehegatten wegen „Ehebruchs" (§ 1565) geschieden worden ist. Ehehinderniß ist der Ehebruch als solcher; besonders geeigenschaftet braucht der Ehebruch nicht zu sein. Versuch des Ehebruchs ist kein Ehehinderniß; wegen des Versuchs kann übrigens die Ehe nach dem B.G.B. nicht geschieden werden.

b) Der Ehebruch muß in dem Scheidungsurtheil als Grund der Scheidung festgestellt worden sein. Die bloße Thatsache des Ehebruchs, auch wenn sie voll nachweisbar wäre, wirkt als Ehehinderniß nicht, wenn sie nicht im Scheidungsurtheile festgestellt ist. Der Standesbeamte müßte die Eheschließung vornehmen, auch wenn der Ehebruch zugestanden ist und er hiervon Kenntniß erhielte (R.G. 30 S. 145). Ob die Feststellung im Urtheilssatz oder in den Entscheidungsgründen erfolgte, ob der Ehebruch erst in dem nicht die Scheidung aussprechenden, sondern nur die Berufung zurückweisenden Urtheile 2. Instanz als Ehescheidungsgrund festgestellt wurde (vergl. R.G. in Str. 21 S. 21), ist gleichgültig. Nur muß erhellen, daß wirklich eine Feststellung erfolgen sollte. Wie der Ehebruch, so muß auch die Person, mit welcher der Ehebruch begangen worden ist, festgestellt sein. Der Standesbeamte darf nicht etwa seinerseits Ermittelungen anstellen.

Nach § 624 der C.P.O. muß, wenn wegen Ehebruchs auf Scheidung erkannt wird und sich aus den Verhandlungen ergiebt, mit welcher Person der Ehebruch begangen worden ist, diese Person in dem Urtheile festgestellt werden. Durch diese Vorschrift soll der Richter nicht genöthigt werden, die Feststellung im Tenor selbst vorzunehmen (P. II S. 5735, K.B. zu § 581 b der C.P.O.). Vorausgesetzt wird eine wirkliche Feststellung. Solche in den Entscheidungsgründen enthaltene Ausführungen, welche nicht den Charakter der beabsichtigten Feststellung an sich tragen, genügen nicht, um das Ehehinderniß des Ehebruchs zu begründen. Ist die Feststellung erfolgt, so ist es gleichgültig, ob die Scheidung ausgesprochen wurde, weil der volle Beweis für die Verletzung der ehelichen Treue erbracht wurde, oder ob der Scheidungsrichter auf Grund dringender Verdachtsgründe den Beweis gemäß § 286 der C.P.O. für geliefert erachtete.

c) Auch der festgestellte Ehebruch wirkt nur, wenn die Ehe wegen „dieses" Ehebruchs geschieden worden ist. Das Ehehinderniß des Ehebruchs ist nicht begründet, wenn die Ehe aus einem anderen Grunde, z. B. wegen Mißhandlung, geschieden, vom Beklagten aber einredeweise, um die Verurtheilung zum allein schuldigen Theil abzuwenden, ein Ehebruch des Klägers behauptet und der Kläger deshalb gleichfalls für schuldig erklärt worden ist (§ 1574 Abs. 3). Anders liegt die Sache, wenn der Beklagte wegen Ehebruchs Widerklage erhoben hat nnd damit durchgedrungen ist (§ 1574 Abs. 2) oder wenn die Ehe aus verschiedenen Gründen, darunter wegen Ehebruchs, geschieden worden ist. Zweifelhaft ist, ob das Hinderniß

## §. 1313.

**Eine Frau darf erst zehn Monate nach der Auflösung oder Nichtigkeitserklärung ihrer früheren Ehe eine neue Ehe eingehen, es sei denn, daß sie inzwischen geboren hat.**

**Von dieser Vorschrift kann Befreiung bewilligt werden.**

---

des Ehebruchs auch dann besteht, wenn die wegen des Ehebruchs geschiedene Ehe nichtig war (so v. Sicherer S. 213). Eine anfechtbare Ehe kann nach § 1338 nach der Scheidung nicht mehr angefochten werden. Für eine solche Ehe kommt jene Frage also nicht in Betracht. Der Wortlaut des § 1312 spricht aber dafür, daß auch durch die materielle Nichtigkeit der wegen Ehebruchs geschiedenen Ehe das Hinderniß des Ehebruchs nicht ausgeschlossen wird. Anders, wenn die Ehe formell nichtig und auch nicht in das Heirathsregister eingetragen war (vergl. R.G.St.R. 8 S. 277).

d) Verboten ist nur die Ehe des ehebrecherischen Ehegatten mit demjenigen, mit welchem er die Ehe gebrochen hat. Dieser braucht, abweichend vom Personst.G., an dem Ehebruche nicht mitschuldig zu sein. Ein allgemeines Verbot der Wiederverheirathung ist nicht aufgestellt. Andererseits wird das Eheverbot des § 1312 weder durch Zeitablauf, noch durch den Tod oder die Wiederverheirathung desjenigen beseitigt, dessen Ehe mit dem ehebrecherischen Ehegatten durch die Scheidung aufgelöst ist; auch gilt es selbst dann, wenn der ehebrecherische Ehegatte oder derjenige, mit welchem dieser die Ehe gebrochen hat, sich inzwischen anderweitig verheirathet hatte und diese Ehe nun aufgelöst ist.

2. Von dem Ehehindernisse des Ehebruchs kann **Befreiung** ertheilt werden. Einer Einschränkung unterliegt das Recht der Befreiung nicht; sie ist auch in den schwersten Fällen zulässig. Die Zuständigkeit zur Befreiung regelt § 1322. Die Befreiung ist gemäß § 1328 Abs. 2 auch nach Eingehung der neuen verbotenen Ehe zulässig.

3. Die **Verletzung** des Ehehindernisses des Ehebruchs bewirkt die Nichtigkeit der Ehe (§ 1328 Abs. 1), doch ist Heilung der Nichtigkeit mit rückwirkender Kraft durch nachträgliche Befreiung möglich (§ 1328 Abs. 2).

### § 1313.

**E. I § 1241; II § 1219 rev. § 1298; III § 1296. P. I S. 5886, 5887, 8677, 8680; M. IV S. 32. P. II S. 4931 (Bd. 4 S. 34, 35).**

Der § 1313 stellt in sachlicher Uebereinstimmung mit dem § 35 des Personst.G. das Verbot der Ehe während der Wartezeit auf.

1. Das Ehehinderniß der Wartezeit bezweckt, bei ehelichen Kindern die Ungewißheit der Vaterschaft zu verhüten. Es gilt demnach nur für Frauen und nur für verheirathet gewesene Frauen; einer ledigen, geschwängerten Frauensperson oder einer Frau, die in einer formell nichtigen und nicht in das Heirathsregister eingetragenen Ehe (§ 1329) lebte, steht es nicht entgegen. Seinem Zwecke entsprechend gilt es ferner auch für Frauen nur nach der Auflösung ihrer früheren Ehe. Ob die Auflösung der Ehe durch Tod oder durch Scheidung erfolgte oder ob sie in Folge der Todeserklärung des Mannes vermuthet wird, ist gleichgültig. Der Auflösung der Ehe steht die Nichtigkeitserklärung gleich. Nach dem Sprachgebrauche des B.G.B. ist unter Nichtigkeitserklärung auch die siegreich durchgeführte Anfechtung zu verstehen. Ob die Ehegatten um die Nichtigkeit wußten oder nicht, macht keinen Unterschied. Das Ehehinderniß der Wartezeit fällt nach dem vom Bundesrathe beschlossenen Zusatze weg, wenn die Frau nach der Auflösung oder der Nichtigkeitserklärung der Ehe geboren hat. In diesem Falle trifft der Zweck des § 1313 nicht zu. Das Eheverbot steht einer Frau, deren Ehe geschieden oder für nichtig erklärt worden ist, auch dann entgegen, wenn sie sich mit dem früheren Manne wieder verheirathen will. Hier muß die Dispensation helfen. Nur wenn die Ehegatten während bestehender Ehe gemäß § 1309 Abs. 1 Satz 2 die Eheschließung wiederholen wollen, ist dem Zwecke und dem Wortlaute des § 1309 gemäß eine Wartezeit nicht vorgeschrieben.

2. **Die Dauer** der Wartezeit richtet sich nach der für die eheliche Abstammung maßgebenden Empfängnißzeit (§ 1592). Die Wartezeit ist um einige Tage mehr bemessen und auf zehn Monate festgesetzt. Für die Berechnung der Frist sind § 187 Abs. 1, § 188 entscheidend. Die Frist beginnt mit dem Tage, welcher auf den Tag des Todes oder der Rechtskraft des die Nichtigkeit oder die Scheidung der Ehe aussprechenden Urtheils folgt. Im Falle der Todeserklärung des Mannes beginnt die Frist mit dem Tage, welcher auf den im Todeserklärungsurtheil als Todestag festgesetzten Tage (§ 18) folgt; es ist also nicht der Tag der Rechtskraft des Todeserklärungsurtheils entscheidend.

## §. 1314.

Wer ein eheliches Kind hat, das minderjährig ist oder unter seiner Vormundschaft steht, darf eine Ehe erst eingehen, nachdem ihm das Vormundschaftsgericht ein Zeugniß darüber ertheilt hat, daß er die im §. 1669 bezeichneten Verpflichtungen erfüllt hat oder daß sie ihm nicht obliegen.

Ist im Falle der fortgesetzten Gütergemeinschaft ein antheilsberechtigter Abkömmling minderjährig oder bevormundet, so darf der überlebende Ehegatte eine Ehe erst eingehen, nachdem ihm das Vormundschaftsgericht ein Zeugniß darüber ertheilt hat, daß er die im §. 1493 Abs. 2 bezeichneten Verpflichtungen erfüllt hat oder daß sie ihm nicht obliegen.

---

3. Vom Eheverbote der Wartezeit kann Befreiung bewilligt werden. Die Befreiung ist unbeschränkt zugelassen. Ueber die Zuständigkeit zur Bewilligung vergl. § 1322.

4. Dem Eheverbote der Wartezeit kommt nur die Bedeutung eines aufschiebenden Ehehindernisses zu (§§ 1323, 1330). Ueber den Fall, daß die Wartezeit nicht eingehalten und von der Frau ein Kind geboren wurde, das sowohl ein eheliches Kind des ersten wie des zweiten Mannes sein kann, vergl. § 1600.

5. Eine Trauerzeit, d. h. das Gebot, daß im Falle der Auflösung der Ehe durch den Tod der überlebende Ehegatte aus Gründen des Anstandes und der guten Sitte nicht dem vor dem Ablauf einer bestimmten Zeit heirathen darf, ist dem B.G.B. unbekannt.

## § 1314.

**E. I § 1242; II § 1220 rev. § 1299; III § 1297. P. I S. 5897, 5898, 8629, 8646, 8672, 8677, 8680; M. IV S. 33. P. II S. 4932—4934 (Bd. 4 S. 35).**

Das im § 1314 bestimmte Ehehinderniß entspricht dem im § 38 Abs. 2 des Personst.G. aufgestellten Eheverbote.

1. Das B.G.B. enthält in einer Reihe von Vorschriften (§§ 1493, 1557, 1669, 1686, 1845, 1897, 1915) Bestimmungen, welche für den Fall der Wiederverheirathung eines Elterntheils das Interesse der Kinder aus der früheren Ehe in Ansehung ihres Vermögens zu wahren bezwecken. Das gleiche Ziel verfolgen die §§ 1740, 1761 zum Schutze der für ehelich erklärten und der angenommenen Kinder bezüglich der Verheirathung des Vaters oder des Annehmenden. Bei den §§ 1740, 1761 ist es unerheblich, ob der Heirathende ledig ist oder schon verheirathet war; er muß nur die elterliche Gewalt über das Kind haben. Diese Bestimmungen legen dem Elterntheile die Verpflichtung auf, dem Vormundschaftsgerichte die Absicht der Verheirathung anzuzeigen, das Vermögen des Kindes aufzuzeichnen, das Verzeichniß dem Vormundschaftsgericht einzureichen und die Auseinandersetzung mit dem Kinde herbeizuführen. Um die Durchführung dieser Bestimmungen zu sichern, stellt der § 1314 ein Ehehinderniß auf. Das Ehehinderniß besteht nach Abs. 1 regelmäßig darin, daß, wer ein eheliches Kind hat, das minderjährig ist oder unter seiner Vormundschaft oder (§ 1915) Pflegschaft steht, vor der Eingehung der Ehe dem Standesbeamten durch ein Zeugniß des Vormundschaftsgerichts nachweisen muß, daß ihm die in obigen Bestimmungen bezeichneten Verpflichtungen nicht obliegen oder daß sie von ihm erfüllt sind. Dadurch ist dem Standesbeamten die Prüfung abgenommen, ob die Voraussetzungen jener Bestimmungen gegeben sind. Der Standesbeamte hat nur festzustellen, ob der zur Ehe schreitende Elterntheil eheliche Kinder hat, die minderjährig sind oder unter seiner Vormundschaft oder Pflegschaft stehen. Es muß sich um „eheliche Kinder" (§§ 1591, 1593) handeln. Diesen stehen die durch nachfolgende Ehe (§ 1719) oder durch Ehelichkeitserklärung legitimirten (§ 1736) sowie die angenommenen Kinder (§ 1757) gleich. Stehen nur Enkel unter Vormundschaft oder handelt es sich um uneheliche Kinder einer Frau, z. B. um vor der Ehe geborene, nicht legitimirte Kinder, so greift das Ehehinderniß nicht Platz. Ist aber ein minderjähriges eheliches Kind vorhanden, so muß der Standesbeamte das im § 1314 geforderte Zeugniß verlangen, mag nun das Kind unter der elterlichen Gewalt des sich wiederverheirathenden Elterntheils stehen oder nicht. Das Zeugniß ist deshalb z. B. auch bei der Wiederverheirathung des leiblichen Vaters des angenommenen Kindes nothwendig. Im Abs. 2 des § 1314 ist das Ehehinderniß für die fortgesetzte allgemeine oder Fahrniß-G.G. mit Rücksicht auf §§ 1493, 1557 in weiterem Umfang aufgestellt. Es gilt nicht nur schlechthin für antheilsberechtigte (§ 1483 Abs. 1, §§ 1490, 1491, 1511) Abkömmlinge, also auch, wenn nur Enkel in Frage stehen, sondern auch dann, wenn der Abkömmling unter der Vormundschaft eines Dritten steht. Handelt es sich um einen nicht antheilsberechtigten Abkömmling, so findet nur der Abs. 1 des § 1314 Anwendung.

§. 1315.

Militärpersonen und solche Landesbeamte, für die nach den Landesgesetzen zur Eingehung einer Ehe eine besondere Erlaubniß erforderlich ist, dürfen nicht ohne die vorgeschriebene Erlaubniß eine Ehe eingehen.

Ausländer, für die nach den Landesgesetzen zur Eingehung einer Ehe eine Erlaubniß oder ein Zeugniß erforderlich ist, dürfen nicht ohne diese Erlaubniß oder ohne dieses Zeugniß eine Ehe eingehen.

---

2. Wegen der Zuständigkeit des Vormundschaftsgerichts vergl. § 43 freiw. G.G.

3. Die Verletzung der Vorschriften, zu deren Schutze das Ehehinderniß des § 1314 aufgestellt ist, hat in Ansehung der elterlichen Gewalt den Verlust der Vermögensverwaltung (§§ 1670, 1740, 1761) zur Folge und kann gegenüber dem zum Vormund oder Pfleger bestellten Elterntheil als Entlassungsgrund (§§ 1886, 1897, 1915) verwendet werden. Auf die Gültigkeit der Ehe ist die Verletzung des § 1314 ohne Einfluß. Dem § 1314 kommt nach den §§ 1323, 1330 lediglich die Bedeutung eines aufschiebenden Ehehindernisses zu.

4. Der § 1314 gilt auch für die Uebergangszeit, d. h. für die zur Zeit des Inkrafttretens des B.G.B. bereits bestehenden Ehen. Bezüglich des Abs. 1 ist dies um so weniger zweifelhaft, als nach Art. 203 E.G. das Rechtsverhältniß zwischen den Eltern und einem vor dem Inkrafttreten des B.G.B. geborenen ehelichen Kindes sich nach dem B.G.B. bestimmt. Der Abs. 2 dagegen versteht unter fortgesetzter Gütergemeinschaft lediglich die im B.G.B. geordnete, welche indessen nach Art. 200 E.G. für die zur Zeit des Inkrafttretens des B.G.B. bestehenden Ehen nicht gilt, sofern nicht landesgesetzlich gemäß Art. 218 E.G. eine Ueberleitung des Güterstandes vorgenommen wird. Der Abs. 2 muß jedoch auch dann Anwendung finden, wenn nach den durch Art. 200 E.G. aufrechterhaltenen bisherigen Gesetzen einem Elterntheil eine Pflicht auferlegt ist, welche der im § 1493 bezeichneten entsprechend ist und deren Erfüllung bisher durch § 38 Abs. 2 des Personst.G. geschützt war. Beispielsweise gewähren manche Gütergemeinschaftsrechte dem überlebenden Ehegatten den sog. Beisitz, z. B. bei der allgemeinen Gütergemeinschaft das Recht der Stadt Nürnberg, bei der partikulären Gütergemeinschaft das Mainzer und das Württemberger Landrecht. Der Ehegatte verliert den Beisitz und muß abtheilen, wenn er wieder heirathet. Der Abtheilungspflicht muß vor der Verheirathung genügt werden. Auch für diese Fälle muß der Standesbeamte ein Zeugniß des Vormundschaftsgerichts darüber verlangen, daß der zur Wiederverheirathung schreitende Elterntheil den ihm nach dem betreffenden Güterrecht obliegenden Verpflichtungen in Ansehung der Sicherstellung, Nachweisung oder Auseinandersetzung des Vermögens genügt hat oder daß ihm solche Verpflichtungen nicht obliegen. Zwar deckt der Wortlaut des § 1314 die hier vertretene Ansicht nicht, die Gesetzmaterialien ergeben aber, daß an dem Rechtszustande, wie ihn § 38 Abs. 2 des Personst.G. schaffen und schützen wollte, nichts geändert werden sollte. Eine eingehende Uebersicht der in Betracht kommenden Landesgesetze giebt v. Sicherer S. 435 ff.

**§ 1315.**

**E. I § 1243; II § 1221 rev. § 1300; III § 1298. P. I S. 5887—5897, 8072, 8794, 8809, 8822, 8839; M. IV S. 33, 34; P. II S. 4889, 4934—4937, 8616 (Bd. 4 S. 35—37). K.B. S. 2011. St.B. S. 2907—2909.**

Der § 1315 schließt sich an den § 38 Abs. 1 Satz 1 des Personst.G. an.

1. Von den Militärpersonen bedürfen zur Verehelichung der Genehmigung:

a) die Militärpersonen des Friedensstandes nach § 40 und

b) die vorläufig in die Heimath beurlaubten Rekruten und Freiwilligen nach § 60 Nr. 4, § 61 des Reichsmilitärgesetzes v. 2. Mai 1874. Wer zu den Militärpersonen des Friedensstandes gehört, ist im § 38 A daselbst bestimmt (vergl. Daude, die bürgerlichen Rechtsverhältnisse der Militärpersonen, Berlin 1887). Die §§ 40, 60 des Reichsmilitärgesetzes gelten auch in Bayern.

2. Reichsbeamte, soweit nicht auf sie § 40 des Reichsmilitärgesetzes Anwendung findet, bedürfen nach dem derzeitigen Stande des Reichsbeamtenrechts (Reichsgesetz, betr. die Rechtsverhältnisse der Reichsbeamten, v. 31. März 1873) keiner dienstlichen Verehelichungsbewilligung. Daß jedenfalls nach dem B.G.B. aus § 19 des Reichsbeamtengesetzes nicht gefolgert werden kann, die Reichsbeamten benöthigten eine Heirathsbewilligung, wenn eine solche nach dem Landesrecht ihres dienstlichen Wohnorts gefordert wird, ist zweifellos. (Wegen des

## §. 1316.

**Der Eheschließung soll ein Aufgebot vorhergehen. Das Aufgebot verliert seine Kraft, wenn die Ehe nicht binnen sechs Monaten nach der Vollziehung des Aufgebots geschlossen wird.**

**Das Aufgebot darf unterbleiben, wenn die lebensgefährliche Erkrankung eines der Verlobten den Aufschub der Eheschließung nicht gestattet.**

**Von dem Aufgebote kann Befreiung bewilligt werden.**

---

älteren Rechtes vergl. Laband, Deutsches Staatsrecht 3. Aufl. Bd. 1 S. 510, Pieper, Kommentar zu § 19 des Reichsbeamtengesetzes und dort Citirte.)

3. Landesbeamte bedürfen einer Heirathsbewilligung, wenn eine solche nach dem Landesrecht erforderlich ist. Unter Landesbeamten sind alle im öffentlichen Dienste (des Staates, der Gemeinden, der Kirchen, öffentlichen Stiftungen) angestellten Personen zu verstehen. Der Begriff richtet sich nach dem Landesrechte. Von einer Nachweisung des derzeitigen Rechtszustandes muß abgesehen werden, da sich voraussichtlich doch in Folge der Einführung des B.G.B. Aenderungen ergeben werden. Es wird auf die reichhaltige Nachweisung bei Hinschius Note 38 zu § 38 Bezug genommen.

4. Die Eheschließung von Ausländern ist in den meisten deutschen Bundesstaaten gewissen Beschränkungen unterworfen. Es wird entweder ein Zeugniß der auswärtigen Heimathbehörde meist des Inhalts gefordert, daß der beabsichtigten Eheschließung sowohl nach dem öffentlichen Rechte, insbesondere mit Rücksicht auf den Erwerb der Staatsangehörigkeit des Mannes durch die Frau, als auch nach dem bürgerlichen Rechte kein Hinderniß entgegenstehe, oder es wird die Erlaubniß der inländischen Obrigkeit gefordert. Vergl. Hinschius Note 39 bei § 38. Unter Ausländern versteht das B.G.B., wie schon § 38 des Personst.G., entsprechend dem Art. 3 der Reichsverfassung und dem Norddeutschen Bundes-, nun Reichsgesetze v. 4. Mai 1868, Nichtdeutsche. Nur in diesem Umfange sind die bezeichneten Landesgesetze aufrecht erhalten worden. Nach der Uebereinkunft des Deutschen Reichs mit Italien v. 31. Dezember 1874 (Centralblatt v. 1874 S. 155) mit Belgien v 8. Oktober 1875 (Centralbl. S. 719) und mit der Schweiz v. 4. Juni 1886 (Centralbl. S. 162, 241) sind Italiener, Belgier und Schweizer, welche mit Deutschen eine Ehe schließen wollen, nicht mehr verpflichtet, nachzuweisen, daß sie ihre Staatsangehörigkeit durch die Eheschließung auf Frau und Kinder übertragen. Diese Vertragsbestimmungen bleiben neben dem B.G.B. (Art. 32 E.G.) in Kraft und bedeuten eine Einschränkung der landesgesetzlichen Vorschriften.

5. Der § 1315 begründet lediglich ein aufschiebendes Ehehinderniß (§§ 1323, 1330); die Befolgung der für Militärpersonen vorgeschriebenen Einholung der dienstlichen Verehelichungsbewilligung ist strafrechtlich geschützt (§ 150 Abs. 1 des Militärstrafgesetzbuches v. 20. Juni 1872). Die Befolgung der durch § 1315 aufrecht erhaltenen Landesgesetze kann landesgesetzlich durch Strafvorschriften geschützt werden. In Bayern z. B. ist dies in der Weise geschehen, daß der Standesbeamte gestraft wird, wenn er eine Ehe für geschlossen erklärt, ehe das für den Abschluß der Ehe gesetzlich erforderliche distriktspolizeiliche Zeugniß beigebracht ist (Art. 15 des Ausführungsgesetzes zur St.P.O. v. 18. August 1879).

6. Wegen der Anwendbarkeit des § 1315 in Bayern vergl. Vorbm. zu diesem Titel.

### § 1316.

**E. II § 1225 rev. § 1301; III § 1299. M. IV S. 8, 9. P. II S. 4959, 4960, 6833 (Bd. 4 S. 48, 49, Bd. 5 S. 133). K.B. S. 2031, 2032.**

Der Abs. 1 Satz 1 ist dem § 44 Abs. 1, der Abs. 1 Satz 2 ist dem § 51 des Personst.G. entnommen. Der Abs. 2 schließt sich an den § 50 Abs. 2, der Abs. 3 schließt sich an den § 50 Abs. 1 Satz 1 das. an. Sachlich ist gegenüber dem Personst.G. nichts geändert.

1. Während der E. I die Vorschriften über das Aufgebot im Personst.G. belassen wollte, haben der E. II und das B.G. von den im Personst G. enthaltenen Vorschriften über das Aufgebot die im § 1316 getroffenen herübergenommen. Nach dem Personst.G. kommt dem Aufgebote nur die Bedeutung eines Formerfordernisses, nicht aber materiell rechtliche Natur zu. Dafür spricht schon die Stellung der vom Aufgebote handelnden Vorschriften im 4. Abschnitte des Personst.G., welcher „Form der Eheschließung" überschrieben ist. Das B.G.B. wollte durch die Aufnahme des das Aufgebot betreffenden § 1316 die Frage, ob die Vorschriften über das Aufgebot materiell rechtliche Bedeutung haben, nicht entscheiden. Die Frage wird aber auch nach dem B.G.B. dahin zu beantworten sein, daß das Aufgebot nicht Ehe-

hinderniß, sondern Formerforderniß ist. Für Nothwendigkeit und Vollzug des Aufgebots ist daher das Recht des Eheschließungsorts maßgebend, und die Vorschriften des Deutschen Rechtes über das Aufgebot finden nach Art. 13 Abs. 3 des E.G. Anwendung auf alle in Deutschland geschlossenen Ehen, auch wenn die Ehe nur von Ausländern unter einander eingegangen wird.

2. Das Aufgebot verfolgt den Zweck, Ehehindernisse zur Kenntniß des Standesbeamten zu bringen. Es ist aber nicht das einzige Mittel hierzu (vergl. § 45 Personst.G.). Dagegen hat das Aufgebot nicht die Bedeutung, die Geltendmachung von Ehehindernissen, welche nicht innerhalb der Aufgebotsfrist angezeigt werden, auszuschließen. Dem Standesbeamten kann jederzeit über das Vorhandensein eines Ehehindernisses Anzeige gemacht werden. Der Standesbeamte muß nach § 48 des Personst.G., falls er die Anzeige für begründet hält, die Eheschließung ablehnen. Ein trennendes Ehehinderniß ferner kann auch nach der Eheschließung geltend gemacht werden, selbst wenn derjenige, welcher zur Geltendmachung befugt ist und von der Befugniß Gebrauch macht, vom Vorliegen des Ehehindernisses schon während des Laufes der Aufgebotsfrist Kenntniß hatte.

3. Die im Abs. 1 Satz 2 bestimmte Frist beginnt mit der Vollziehung des Aufgebots. Das Aufgebot ist vollzogen, wenn die im § 46 Abs. 3 des Personst.G. festgesetzte Frist von zwei Wochen verflossen ist, nachdem das Aufgebot in den sämmtlichen Gemeinden, in denen es bewirkt werden muß, durch Aushang bekannt gemacht worden ist. (A. A. Fitting S. 175, welcher den ersten Aushang entscheiden läßt, dagegen mit zutreffenden Gründen v. Sicherer S. 377, Hinschius S. 174). Liegt eine der Gemeinden im Ausland und ist deshalb nach § 47 Abs. 1 des Personst.G. das Aufgebot durch Einrücken in einem Blatte zu veröffentlichen, so genügt nicht der Tag der Ausgabe der betreffenden Nummer (so Hinschius S. 175), sondern es müssen zwei Wochen seit der Ausgabe verstrichen sein (so v. Sicherer S. 377). Für die Berechnung der sechsmonatigen Frist geben § 187 Abs. 1, § 188 Maß. Soll die Ehe nach dem Ablaufe der im Abs. 1 Satz 2 bestimmten Frist geschlossen werden, so ist ein neues Aufgebot nöthig. Nach § 47 Abs. 2 des Personst.G. ersetzt die Bescheinigung der ausländischen Ortsbehörde das Aufgebot. Deshalb verliert auch sie durch Ablauf der im § 1316 Abs. 1 Satz 2 bestimmten Frist die Kraft.

4. Die im Abs. 2 ausgesprochene Befugniß, die Eheschließung ohne Aufgebot vorzunehmen, war in dem Personst.G., wie das dem bisherigen § 50 Abs. 2 beigefügte Citat des § 42 Abs. 1 zum Ausdrucke brachte, nur demjenigen Standesbeamten eingeräumt, vor dem nach § 1320 die Ehe geschlossen werden darf, nicht demjenigen, welcher nach § 43 Personst.G. (= § 1321 B.G.B.) zur Eheschließung ermächtigt ist. Der § 1316 Abs. 2 enthält keine derartige Andeutung. Die Entscheidung, welchem Standesbeamten die Befugniß zusteht, muß aber mit Rücksicht auf die §§ 44, 49 des Personst.G. die gleiche sein. Das Vorhandensein einer lebensgefährlichen Erkrankung soll sich der Standesbeamte nach § 50 Personst.G. (neue Fassung Art. 46 E.G.) durch ein ärztliches Zeugniß nachweisen lassen.

5. Die Befreiung vom Aufgebote kann in der Weise ertheilt werden, daß ein Aufgebot überhaupt unterbleibt, oder in der Weise, daß die Aufgebotsfrist abgekürzt wird. Die Befugniß zur Befreiung steht nach § 1322 Abs. 2 nur dem Staate zu, und zwar dem Staate, in welchem die Ehe geschlossen werden soll. Ueber die Ausübung der Befugniß haben nach § 1322 Abs. 3 die Landesregierungen zu bestimmen.

6. Mangel des Aufgebots ist auf die Giltigkeit der Ehe ohne Einfluß (§§ 1323, 1330, 1324 mit 1317).

7. Die näheren Vorschriften über die Anordnung und Vollziehung des Aufgebots sind im Personst.G. §§ 44—50 getroffen. Hiervon erhalten die §§ 44, 50 durch Art. 46 des E.G. eine neue Fassung.

8. Nach dem in der Vorbm. Nr. 5 Dargelegten findet der § 1316 keine Anwendung, wenn ein Angehöriger der rechtsrheinischen bayerischen Landestheile in Bayern oder in einem anderen deutschen Bundesstaat eine Ehe eingehen will.

In diesem Falle tritt an die Stelle des Aufgebots die im Art. 35 des bayer. Heimathgesetzes von 1868 angeordnete Bekanntmachung. Die Bekanntmachung geht dahin, daß Personen, welche gegen die Schließung der Ehe auf Grund civilrechtlicher Bestimmungen Einspruch erheben wollen, den Einspruch binnen zehn Tagen bei der Gemeindeverwaltung oder bei der Distriktsverwaltungsbehörde geltend zu machen haben. Die Bekanntmachung ist zu erlassen und während zehn Tagen öffentlich anzuheften

a) von der Verwaltung jener Gemeinde, in welcher beide Brautleute ihren Aufenthalt haben,

b) wenn die Brautleute sich nicht in derselben Gemeinde aufhalten, von der Verwaltung jeder der beiden Gemeinden, in welcher die Braut oder der Bräutigam ihren Aufenthalt haben. Die Gemeindeverwaltung hat auf der Bekanntmachungsurkunde zu bestätigen, daß die Urkunde

§. 1317.

Die Ehe wird dadurch geschlossen, daß die Verlobten vor einem Standesbeamten persönlich und bei gleichzeitiger Anwesenheit erklären, die Ehe mit einander eingehen zu wollen. Der Standesbeamte muß zur Entgegennahme der Erklärungen bereit sein.

Die Erklärungen können nicht unter einer Bedingung oder einer Zeitbestimmung abgegeben werden.

§. 1318.

Der Standesbeamte soll bei der Eheschließung in Gegenwart von zwei Zeugen an die Verlobten einzeln und nach einander die Frage richten, ob sie die Ehe mit einander eingehen wollen, und, nachdem die Verlobten die Frage bejaht haben, aussprechen, daß sie kraft dieses Gesetzes nunmehr rechtmäßig verbundene Eheleute seien.

Als Zeugen sollen Personen, die der bürgerlichen Ehrenrechte für verlustig erklärt sind, während der Zeit, für welche die Aberkennung der Ehrenrechte erfolgt ist, sowie Minderjährige nicht zugezogen werden. Personen, die mit einem der Verlobten, mit dem Standesbeamten oder mit einander verwandt oder verschwägert sind, dürfen als Zeugen zugezogen werden.

Der Standesbeamte soll die Eheschließung in das Heirathsregister eintragen.

---

während zehn Tagen in der Gemeinde öffentlich angeheftet war. Ist die Bekanntmachung in einer Gemeinde der Pfalz oder außerhalb Bayerns zu erlassen, so genügt die Beobachtung der dort für das Aufgebot geltenden Vorschriften. Das Ministerium des Innern hat angeordnet, daß man von dieser Vorschrift namentlich dann Gebrauch machen solle, wenn auswärtige Behörden die Proklamation in der im bayerischen Rechte geforderten Weise vorzunehmen sich weigern (vergl. Min. Entschl. v. 6. Dezember 1879 und 8. Januar 1891, Amtsblatt 1879 S. 600, 1891 S. 22).

Eine Besonderheit gegenüber dem § 1316 greift ferner insofern Platz, als die im Abs. 1 Satz 2 das. bestimmte Frist nicht gilt. Auch der § 1316 Abs. 2 findet keine Anwendung, statt dessen gilt der sachlich nicht abweichende Abs. 7 des Art. 35, wonach, wenn eine lebensgefährliche Krankheit, die einen Aufschub der Eheschließung nicht gestattet, ärztlich bescheinigt wird, die Distriktsverwaltungsbehörde auch ohne vorgängige Bekanntmachung das Verehelichungszeugniß ausstellen kann. In anderen Fällen läßt das bayerische Recht für die Angehörigen rechts des Rheins eine Befreiung vom Aufgebote nicht zu, so daß auch Abs. 3 des § 1316 entfällt.

Für die Angehörigen der bayerischen Pfalz gilt § 1316 unverändert.

Wegen der Wahrscheinlichkeit einer Revision des bayer. Rechtes vergl. Vorbm. Nr. 5 am Schlusse.

**§ 1317.**

**E. I § 1248; II § 1226 rev. § 1302; III § 1300. P. I S. 5898—5900, 5917—5924, 5960; M. IV S. 39—43. P. II S. 4939—4961, 4966—4968 (Bd. 4 S. 37—43, 49—53). D. S. 681. K.B. S. 2012—2030, 2032. St.B. S. 2870—2900.**

**§ 1318.**

**E. I § 1249; II § 1227 rev. § 1303; III § 1301. P. I S. 5917—5924; M. IV S. 39—43. P. II S. 4965, 8610, 8611 (Bd. 4 S. 51, 53). D. S. 681. K.B. S. 2032.**

Die §§ 1317, 1318 betreffen die Förmlichkeiten des Eheschließungsakts. Das B.G.B. unterscheidet dabei scharf zwischen den wesentlichen und den unwesentlichen Förmlichkeiten. Erstere sind im § 1317 enthalten. Nur ihre Verletzung macht die Ehe nichtig (§ 1324). Letztere sind im § 1318 aufgezählt. Das Personst.G. hat die zur Gültigkeit der Ehe wesentlichen Förmlichkeiten der Eheschließung im § 52, die unwesentlichen in den §§ 53, 54 vorgeschrieben. Der Inhalt der §§ 52, 53 ist in das B.G.B. jedoch mit erheblichen Abweichungen übergegangen; auf den § 54 ist durch die Ordnungsvorschrift des § 1318 Abs. 3 hingewiesen

**I.** Zu den wesentlichen Förmlichkeiten der Eheschließung gehört, daß

a) die Verlobten persönlich und bei gleichzeitiger Anwesenheit erklären, die Ehe mit einander eingehen zu wollen,

b) die Erklärung des Eheschließungswillens vor einem Standesbeamten erfolgt,

c) der Standesbeamte bereit ist, die Erklärung entgegenzunehmen.

1. Die Erklärung der Verlobten, die Ehe miteinander eingehen zu wollen, ist an eine bestimmte Form oder den Gebrauch gewisser Worte nicht gebunden. Insbesondere ist es nicht erforderlich, daß die Verlobten auf die Frage des Standesbeamten (§ 1318 Abs. 1) mit Ja antworten. Es genügt jedwede Handlung, durch die der Eheschließungswille zum unzweideutigen Ausdrucke kommt. Darum können Stumme, Taube, Taubstumme und Personen, die der deutschen Sprache nicht mächtig sind, eine Ehe eingehen, wenn sie sich nur mit dem anderen Verlobten und dem Standesbeamten verständigen können. Landesgesetzliche Verfahrensvorschriften, die für die Verhandlung derartiger Personen mit dem Standesbeamten erlassen sind, bleiben in Ermangelung reichsgesetzlicher Bestimmungen unberührt. Ihre Nichtbeachtung ist aber auf die Gültigkeit der Ehe einflußlos. Die Erklärung muß eine unbedingte sein; Bedingungen, Befristungen machen die Erklärung nichtig (§ 1317 Abs. 2). Welcher Art die Bedingung ist, ist gleichgültig. Die Beifügung sonstiger Nebenbestimmungen, insbesondere einer bloßen Voraussetzung, hat auf die Gültigkeit der Ehe keinen Einfluß. Die Erklärung muß ferner von den Verlobten persönlich und bei gleichzeitiger Anwesenheit abgegeben werden. Eine Stellvertretung im Willen oder in der Erklärung des Willens ist schlechthin ausgeschlossen. Nur für die Mitglieder der landesherrlichen und der ihnen gleichgestellten Familien kann die Eingehung einer Ehe durch Bevollmächtigte landesrechtlich nach Art. 57 des E.G. zugelassen werden (vergl. Personst.G. § 72).

2. Der Eheschließungswille muß vor einem Standesbeamten erklärt werden. Auch das B.G.B. steht auf dem Standpunkte der obligatorischen Civilehe. Die im § 75 Abs. 2 des Personst.G. für Grenzpfarreien bestimmte Ausnahme ist unberührt geblieben. Schon daraus, daß das Gesetz den unbestimmten Artikel gebraucht, ergiebt sich, daß die Eheschließungsform auch dann gewahrt ist, wenn der Standesbeamte, welchem der Eheschließungswille erklärt wird, nicht der zuständige im Sinne des § 1320 ist. Es geht dies ferner daraus hervor, daß die Zuständigkeit im § 1320 geregelt und die Nichtigkeit im § 1324 nur an die Verletzung des § 1317 geknüpft ist. Es genügt aber nicht, daß die Person, vor welcher der Eheschließungswille erklärt wird, irgendwo Standesbeamter ist; es muß vielmehr derjenige Standesbeamte sein, welcher für den Eheschließungsort als Standesbeamter bestellt ist (vergl. jedoch § 1319). Der Standesbeamte kann bei seiner eigenen Eheschließung nicht als solcher mitwirken (Petersen in der Zeitschrift für Reichs- und Landesrecht 3 S. 9), denn man kann nicht vor sich selbst eine Erklärung abgeben. Dagegen kann der Standesbeamte die Eheschließung von Verwandten vornehmen.

3. Eine wesentliche Förmlichkeit ist endlich die Mitwirkung des Standesbeamten. Zur Wahrung der Eheschließungsform braucht die Mitwirkung nur darin zu bestehen, daß der Standesbeamte die Erklärung des Eheschließungswillens entgegennimmt. Ein Entgegennehmen liegt aber nicht schon dann vor, wenn der Standesbeamte die Erklärungen anhört oder, soweit sie in Handlungen bestehen, wahrnimmt. Es ist vielmehr nothwendig, daß der Standesbeamte weiß, es handle sich um die Erklärung des Eheschließungswillens, und daß er die Abgabe der Erklärungen hören oder wahrnehmen will. Das B.G.B. (§ 1317 Abs. 1 Satz 2) verlangt, daß der Standesbeamte „zur Entgegennahme bereit ist". Eine Ehe kann also nicht vor einem Standesbeamten geschlossen werden, der die Mitwirkung ablehnt, z. B. weil die staatlichen Vorbedingungen der Eheschließung nicht erfüllt seien. Die Mitwirkung des Standesbeamten ist demnach eine aktive, nicht eine bloß passive Assistenz. Durch das Erforderniß der Mitwirkung ist dem Standesbeamten die Möglichkeit gegeben, dem durch das B.G.B. unberührt gebliebenen § 48 des Personst.G. gerecht zu werden, daß er die Eheschließung abzulehnen hat, wenn nachträglich Ehehindernisse zu seiner Kenntniß kommen. Die Bereitwilligkeit zur Entgegennahme der Erklärungen des Eheschließungswillens muß nicht ausdrücklich erklärt werden, sie kann auch stillschweigend durch Handlungen, z. B. durch den Eintrag ins Heirathsregister, zum Ausdrucke kommen, sie kann selbst dann vorhanden sein, wenn der Standesbeamte, nachdem die Verlobten vor ihm den Eheschließungswillen erklärt haben, selbst nicht mehr handeln konnte, z. B. wenn er unmittelbar nach der Erklärung stirbt oder geisteskrank wird.

**II.** Die nicht wesentlichen Förmlichkeiten sind im § 1318 in der Hauptsache im Anschluß an das Personst.G. §§ 52, 53 geordnet.

Hervorzuheben ist nur:

1. Es sollen zwei Zeugen anwesend sein. Die Zeugen sollen volljährig (§ 2) oder für volljährig erklärt (§ 3) sein. Um die Befolgung dieser Vorschrift sicher zu stellen, soll im Heirathsregister das Alter der Zeugen angegeben werden (§ 53 Personst.G.). Die Zeugen sollen sich ferner im Besitze der bürgerlichen Ehrenrechte (St.G.B. § 34) befinden, denn sie

### §. 1319.

Als Standesbeamter im Sinne des §. 1317 gilt auch derjenige, welcher, ohne Standesbeamter zu sein, das Amt eines Standesbeamten öffentlich ausübt, es sei denn, daß die Verlobten den Mangel der amtlichen Befugniß bei der Eheschließung kennen.

---

haben auch als Urkundszeugen bei dem Eintrag ins Heirathsregister mitzuwirken. Männliches Geschlecht wird nicht verlangt, auch nicht deutsche Staatsangehörigkeit. Da nicht einmal die Gegenwart der Zeugen überhaupt zu den wesentlichen Formvorschriften gehört, so ist dies noch weniger von den Eigenschaften der Zeugen der Fall. Damit ist der bisherige aus der Fassung des St.G.B. § 34 Nr. 5 entnommene Streit (vergl. v. Sicherer S. 380, 381, Ohlshausen, Kommentar zu § 34 St.G.B.) im Sinne der herrschenden Meinung entschieden. Die Zeugen müssen die Fähigkeit, überhaupt Wahrnehmungen zu machen, besitzen, sie dürfen nicht wahnsinnig, blind, taub oder vorübergehend der Geisteskräfte beraubt sein. Auf die Gültigkeit der Ehe hat aber auch ein solcher Mangel der Zeugen keinen Einfluß. Anders bezüglich der Beweiskraft des Eintrags in das Heirathsregister. Mit v. Sicherer, S. 380, ist anzunehmen, daß in dieser Beziehung das richterliche Ermessen nach § 15 Personst.G. entscheidet.

2. Der Ausspruch des Standesbeamten lautet nicht mehr: „daß er die Verlobten nunmehr kraft des Gesetzes für rechtmäßig verbundene Eheleute erkläre", sondern: „daß die Verlobten kraft des Gesetzes nunmehr rechtmäßig verbundene Eheleute sind". Die Aenderung ist nothwendige Folge davon, daß der Ausspruch nicht mehr wesentliche Förmlichkeit ist, die Ehe vielmehr durch die Erklärung der Verlobten geschlossen wird. Das B.G.B. sagt: „dieses" „Gesetzes" nicht „des Gesetzes". Daraus darf nicht gefolgert werden, daß der Standesbeamte künftig zu sagen hat: „kraft des B.G.B.". Da sich der vom B.G.B. beliebte Wortlaut „dieses" in der Praxis selbstverständlich nicht festhalten läßt, entscheidet die Natur der Sache. Das B.G.B. ist Gesetz, die kirchliche Norm ist nicht Gesetz. Der Standesbeamte darf also „kraft „des" Gesetzes" sagen. Da der Ausspruch des Standesbeamten lediglich die Bedeutung einer amtlichen Beglaubigung hat, ist die Ehe gültig geschlossen, auch wenn der Ausspruch überhaupt nicht erfolgt oder wenn einer der Ehegatten den Ausspruch nicht mehr erlebt.

3. Die Eintragung der Eheschließung in das Heirathsregister (§ 1318 Abs. 3) ist zwar für die Gültigkeit der Ehe nur unwesentlich, hat aber für die Geltendmachung der aus der Verletzung der wesentlichen Formerfordernisse entspringenden Nichtigkeit nach verschiedenen Richtungen erhebliche Tragweite (vergl. § 1329 Abs. 2, ferner § 1324 Abs. 2, § 1344 Abs. 2, § 1345 Abs. 2, § 1699 Abs. 2, § 1771 Abs. 2 Satz 2 und Erl. zu § 1329). Die näheren Vorschriften über die Eintragung trifft das Personst.G. § 54. Die Frau hat die Heirathsurkunde mit dem neuen Namen, dem Namen des Mannes, zu unterzeichnen.

4. Weitere Förmlichkeiten, als in den §§ 1317, 1318 vorgeschrieben ist, soll der Standesbeamte unterlassen. Dies gilt insbesondere vom Wechsel der Ringe.

**III.** Die Form, welche das B.G.B. für die Eheschließung vorgeschrieben hat, nähert sich dem katholischen, tridentinischen Rechte. Mit diesem hat sie gemein, daß die Verlobten selbst es sind, welche durch ihre Erklärung die Ehe schließen, und daß die Verlobten den Eheschließungswillen nur vor dem Repräsentanten der öffentlichen Gewalt erklären können. Von der tridentinischen Form unterscheidet sie sich, abgesehen von dem Erfordernisse des „parochus proprius" und der Nothwendigkeit der Zuziehung von zwei Zeugen, dadurch, daß nach der tridentinischen Form der Vertreter der öffentlichen Gewalt rein passive Assistenz leistet; auch wenn sich der Pfarrer die Ohren zuhält und mit Gewalt festgehalten wird, ist die Ehe gültig geschlossen, wenn nur der Pfarrer weiß, daß es sich um die Erklärung des Eheschließungswillens handle. Nach dem B.G.B. aber muß der Standesbeamte wenigstens insofern mitwirken, daß er zur Entgegennahme der Erklärung des Eheschließungswillens bereit ist. Von der im Personst.G. bestimmten Form unterscheidet sich die Form des B.G.B.

a) dadurch, daß der Standesbeamte die Verlobten nicht zusammenspricht, sondern die Verlobten selbst durch ihre Erklärung die Ehe schließen,

b) daß der Standesbeamte die Handlung nicht leitet, da seine Frage nicht mehr nothwendig ist,

c) daß die Gegenwart von Zeugen keine wesentliche Förmlichkeit ist.

### § 1319.

**E. I § 1245 Abs. 2; II § 1222 Abs. 2 rev. § 1304; III § 1302. P. I S. 5904—5906, 5956; M. IV S. 36, 37. P. II S. 4889, 4949—4958, 4973, 4974 (Bd. 4 S. 38, 43—47, 56, 57). D. S. 681.**

Zu den wesentlichen Erfordernissen der Eheschließungsform gehört nach § 1317, daß die Ehe vor einem Standesbeamten abgeschlossen wird. Wenn es auch nicht der zuständige sein muß

## §. 1320.

**Die Ehe soll vor dem zuständigen Standesbeamten geschlossen werden.**

**Zuständig ist der Standesbeamte, in dessen Bezirk einer der Verlobten seinen Wohnsitz oder seinen gewöhnlichen Aufenthalt hat.**

---

(§§ 1320, 1324), so muß derjenige, vor dem der Eheschließungswille erklärt wird, doch ein Standesbeamter, und zwar der Standesbeamte des Bezirks sein, in dem die Eheschließung erfolgt. Die Form ist also nicht gewahrt, die Ehe ist nichtig, wenn der Betreffende entweder überhaupt nicht, oder nicht für den Eheschließungsort Standesbeamter ist. Verstöße hiergegen sind, wie die Erfahrung zeigt (vergl. Fischer, Jahrb. für Dogmatik 29 S. 293, 321 ff., Jacubezky S. 298), nicht eben selten. Jemand, der zum Standesbeamten bestimmt, aber noch nicht hierzu bestellt ist, nimmt bereits Amtshandlungen vor; Jemand, der nicht mehr Standesbeamter ist, fährt mit der Vornahme der Amtshandlungen fort; derjenige, welcher Vertreter des Standesbeamten in einer anderen, dem Standesbeamten zukommenden Funktion, z. B. in der Bürgermeisterei ist, hält sich für den Vertreter auch bezüglich der standesamtlichen Funktion. Oder ein Standesbeamter wird außerhalb seines Amtsbezirks thätig, so im Falle eines Irrthums über die Grenzen des Bezirks oder bei irriger Annahme der Befugniß, bei der Eheschließung eines Angehörigen des eigenen Bezirks auch in einem fremden Bezirke mitwirken zu dürfen. Für alle diese Fälle läßt § 1319 eine Ausnahme zu. Die Ausnahme ist nicht so gefaßt, daß an dem Erfordernisse der Erklärung „vor dem Standesbeamten" etwas nachgelassen ist. An diesem Erforderniß ist vielmehr festgehalten und, um das zu ermöglichen, fingirt, daß der Betreffende Standesbeamter ist. Insofern enthält § 1319 eine Nachbildung des parochus putativus des kanonischen Rechtes. Die Ausnahme ist an eine doppelte Voraussetzung geknüpft.

a) Der angebliche Standesbeamte muß das Amt eines Standesbeamten öffentlich ausüben. Die Ausübung ist öffentlich, wenn sie in solcher Art erfolgt, wie das Amt des Standesbeamten ausgeübt zu werden pflegt. Die Umstände müssen den Schluß rechtfertigen, daß es sich um die Ausübung eines öffentlichen Amtes handelt, daß die Absicht einer Geheimhaltung ausgeschlossen erscheint, die Ausübung vielmehr in solcher Art erfolgt, daß sie für jeden Betheiligten, insbesondere auch für die Aufsichtsbehörde, erkennbar ist. Wann diese Voraussetzung vorliegt, ist Thatfrage, für deren Beurtheilung nicht nur der Vorgang bei der fraglichen Eheschließung, sondern auch das vorherige und nachfolgende Verhalten des Betreffenden, die öffentliche Meinung von Belang sein können. Dadurch z. B., daß die Eheschließung nicht im gewöhnlichen Amtslokale vorgenommen wurde, wird an sich das Moment der Oeffentlichkeit nicht ausgeschlossen. Wie oft der angebliche Standesbeamte das Amt öffentlich ausübte, bis die fragliche Eheschließung vor ihm stattfand, ist gleichgültig. Die fragliche Eheschließung kann möglicherweise seine erste, ja vielleicht zugleich seine letzte Amtshandlung sein, es genügt, wie im P. II S. 4952 gesagt wird, wenn Jemand die Verrichtungen eines Standesbeamten bei dem konkreten Eheschließungsakt unter Umständen wahrnimmt, welche den Schluß rechtfertigen, daß er das Amt im ganzen Umfang und für alle zur Thätigkeit eines Standesbeamten gehörenden Akte ausüben wolle. Die Voraussetzung ist eine objektive, d. h., es kommt nicht allein auf die Meinung der Verlobten über die öffentliche Ausübung, sondern darauf an, ob die Umstände diese Meinung rechtfertigen.

b) Die zweite Voraussetzung ist eine negative. Die fragliche Vorschrift findet keine Anwendung, wenn beide Verlobte den Mangel der amtlichen Befugniß kennen. Bloßes Kennenmüssen genügt nicht. Eine Erkundigungspflicht liegt den Verlobten nicht ob. Es genügt auch nicht, daß den Verlobten Thatsachen bekannt sind, aus denen sich der Mangel der Befugniß ergiebt. Der gute Glaube wird nur durch das positive Wissen vom Fehlen der amtlichen Befugniß ausgeschlossen. Beide Verlobte müssen den Mangel kennen. Die Kenntniß nur eines der Verlobten schadet nicht; ebensowenig die Kenntniß desjenigen, welcher das Amt des Standesbeamten ausübt.

Der Beweis der Voraussetzungen unter a liegt, wie die Fassung des § 1319 ergiebt, demjenigen ob, welcher sich auf die Gültigkeit der Ehe beruft, der Beweis, daß die Verlobten den Mangel der amtlichen Befugniß bei der Eheschließung gekannt haben, demjenigen, welcher die Gültigkeit der Ehe bestreitet.

## § 1320.

**E. I § 1246; II § 1223 rev. § 1305; III § 1303. P. I S. 5913—5916; M. IV S. 38. P. II S. 4958, 4959, 6832, 8643 (Bd. 4 S. 47, 48; Bd. 5 S. 132).**

Der § 1320 regelt die Zuständigkeit des Standesbeamten zur Eheschließung. Die Bestimmungen der Abs. 1, 2, 4 wiederholen den sachlichen Inhalt des § 42 Abs. 1 des Personst.G.

Hat keiner der Verlobten seinen Wohnsitz oder seinen gewöhnlichen Aufenthalt im Inland und ist auch nur einer von ihnen ein Deutscher, so wird der zuständige Standesbeamte von der obersten Aufsichtsbehörde des Bundesstaats, dem der Deutsche angehört, und, wenn dieser keinem Bundesstaat angehört, von dem Reichskanzler bestimmt.

Unter mehreren zuständigen Standesbeamten haben die Verlobten die Wahl.

§. 1321.

Auf Grund einer schriftlichen Ermächtigung des zuständigen Standesbeamten darf die Ehe auch vor dem Standesbeamten eines anderen Bezirkes geschlossen werden.

---

1. Bei der Bestimmung der Zuständigkeit des Standesbeamten ist das B.G.B. davon ausgegangen, daß „eine Ehe nur da geschlossen werden darf, wo die Verlobten bekannt sind, weil am ehesten an diesen Orten das Bekanntwerden etwaiger Hindernisse zu erwarten ist. Diese Orte sind der Ort des Wohnsitzes und der des gewöhnlichen Aufenthalts" (Motive zum § 25 des Entw. d. preuß. Personst.G., welcher dem § 1320 entspricht). Was unter Wohnsitz zu verstehen ist, bemißt sich nach den §§ 7—11. Hat ein Verlobter einen doppelten Wohnsitz, so ist der Standesbeamte eines jeden der beiden Wohnsitze zuständig. Der Begriff des gewöhnlichen Aufenthalts ist im B.G.B. nirgends näher bestimmt. Es ist darunter das rein thatsächliche Verhältniß des längeren Verweilens an einem bestimmten Orte gemeint, ohne daß der Verweilende die Absicht hat, diesen Ort zum Mittelpunkte seiner wirthschaftlichen Thätigkeit zu machen. Die Beschränkungen, welche die §§ 8—11 hinsichtlich geschäftsunfähiger oder in der Geschäftsfähigkeit beschränkter Personen, hinsichtlich der Kinder, der Ehefrauen aufstellen, gelten in Ansehung des Aufenthalts, eben weil es sich nur um ein thatsächliches Verhältniß handelt, nicht. Wie lange der Aufenthalt gedauert haben muß, damit er als ein gewöhnlicher im Gegensatze zum vorübergehenden angesehen werden kann, ist Thatfrage. Kunstreiter u. s. w. werden am Orte ihrer Vorstellungen regelmäßig nur vorübergehenden Aufenthalt haben (vergl. Standesb. 1887, S. 265). Die Frage, ob ein gewöhnlicher Aufenthalt vorhanden sei, ist dem Ermessen des Standesbeamten überlassen. Gegebenen Falls hat der Richter zu entscheiden (§ 11 Abs. 3 Personst.G.).

2. Der Abs. 3 des § 1320 enthält eine Ergänzung des Personst.G., welche hauptsächlich den Zweck verfolgt, solchen im Auslande wohnhaften Reichsangehörigen, welche im Inlande weder einen Wohnsitz, noch einen gewöhnlichen Aufenthaltsort haben, sondern sich im Inlande nur vorübergehend aufhalten, die Eheschließung im Inland in solchen Fällen zu ermöglichen, in welchen auch der andere Theil einen Wohnsitz oder gewöhnlichen Aufenthaltsort im Inlande nicht hat. Durch die Bestimmung des Abs. 3 sollen alle hier in Betracht kommenden Fälle gedeckt werden, insbesondere auch diejenigen, in welchen der im Auslande geborene Deutsche im Inlande niemals einen Wohnsitz oder einen gewöhnlichen Aufenthaltsort gehabt hat. Andererseits beschränkt sich die Vorschrift des Abs. 3 ihrem Wortlaut und Zwecke nach auf die Fälle, daß wenigstens einer der Verlobten ein Deutscher ist. Sind beide Verlobte Ausländer, so findet Abs. 3 auch dann keine Anwendung, wenn etwa die Braut Wittwe ist und vor ihrer früheren Verheirathung Deutsche war. Die oberste Aufsichtsbehörde ist das einschlägige Ministerium. Gehört ein Deutscher mehreren Bundesstaaten an, so entscheidet das Ministerium des zuerst angegangenen Staates. Das Weitere richtet sich nach dem Staatsrechte des Bundesstaats, dem der deutsche Verlobte angehört. Der Fall, daß ein Deutscher keinem Bundesstaat angehört, ist seit dem Reichsgesetze v. 19. März 1888 § 6 (über die Schutzgebiete) möglich.

3. Wie aus der Fassung des § 1320 und aus den §§ 1323, 1330 hervorgeht, hat die Bestimmung des Abs. 1 nur den Karakter einer Ordnungsvorschrift. Ihre Nichtbeachtung ist mithin auf die Gültigkeit der Ehe ohne Einfluß. Der Standesbeamte aber ist unter Umständen strafbar (Personst.G. § 69).

4. Für die Zuständigkeit des Standesbeamten zur Eheschließung ist der Zeitpunkt der Eheschließung, nicht der Anordnung des Aufgebots maßgebend. Ein Wechsel des Wohnsitzes oder des gewöhnlichen Aufenthalts in der Zeit zwischen der Anordnung des Aufgebots und der Eheschließung würde die Zuständigkeit des Standesbeamten für die Eheschließung ändern (v. Sicherer S. 332, Hinschius S. 160).

**§ 1321.**

**E. I § 1247; II § 1224 rev. § 1306; III § 1304. P. I S. 5916, 5917; M. IV S. 38. P. II S. 4959 (Bd. 4 S. 48).**

Der nach § 1320 zuständige Standesbeamte kann nach dem dem § 43 des Personst.G. entsprechenden § 1321 jeden Standesbeamten des deutschen Reichs — nicht aber einen diplomatischen

§. 1322.

Die Bewilligung einer nach den §§. 1303, 1313 zulässigen Befreiung steht dem Bundesstaate zu, dem die Frau, die Bewilligung einer nach §. 1312 zulässigen Befreiung steht dem Bundesstaate zu, dem der geschiedene Ehegatte angehört. Für Deutsche, die keinem Bundesstaat angehören, steht die Bewilligung dem Reichskanzler zu.

Die Bewilligung einer nach §. 1316 zulässigen Befreiung steht dem Bundesstaate zu, in dessen Gebiete die Ehe geschlossen werden soll.

Ueber die Ertheilung der einem Bundesstaate zustehenden Bewilligung hat die Landesregierung zu bestimmen.

---

## Dritter Titel.

### Nichtigkeit und Anfechtbarkeit der Ehe.

---

Vertreter oder Konsul (Standesb. 1877 S. 246) — zur Vornahme der Eheschließung ermächtigen. Die Ermächtigung bezieht sich nur auf den eigentlichen Eheschließungsakt, nicht auf die vorhergehenden Amtshandlungen, insbesondere nicht auf die Anordnung des Aufgebots. Dies ergiebt der im § 44 des Personst.G. (Art. 46 E.G.) enthaltene Hinweis auf den § 1320 und der Hinweis des § 45 des Personst.G. auf den § 44 das. (vergl. R.G. i. Str. 4 S. 256). Die Ermächtigung ist in schriftlicher Form zu ertheilen (vergl. das Formular F der Instruktion des Bundesraths v. 22. Juni 1875, dazu Standesb. 1877 S. 88, 129 und 1882 S. 87). Zur Eheschließung bedarf der ermächtigte Standesbeamte noch der im § 49 des Personst.G. vorgesehenen Bescheinigung. Der ermächtigte Standesbeamte ist nicht befugt, zur Vornahme der Eheschließung seinerseits einen anderen Standesbeamten zu ermächtigen, dies selbst dann nicht, wenn ihn der zuständige Standesbeamte hierzu ermächtigt hätte. Ein Standesbeamter, welcher nach § 1320 zuständig ist, das Aufgebot aber nicht angeordnet hat, bedarf, wenn er die Eheschließung vornehmen soll, nicht einer Ermächtigung, sondern nur der nach Maßgabe des § 49 Personst.G. auszustellenden Bescheinigung.

Auf die Gültigkeit der Ehe hat die Verletzung der Vorschrift des § 1321 keinen Einfluß, mag nun der Standesbeamte die Ehe ohne Ermächtigung oder mag er sie ohne die Ermächtigung des zuständigen Standesbeamten oder ohne formgerechte Ermächtigung geschlossen haben (§ 1324 mit § 1317).

§ 1322.

**E. I § 1244; II § 1228 rev. § 1307; III § 1305. P. I S. 5898, 8794, 8809; M. IV S. 34, 35. P. II S. 4937, 4959, 8276, 8277, 8611, 8612 (Bd. 4 S. 37, 48).**

Der § 1322 entspricht dem § 40 und dem § 50 Abs. 1 des Personst.G. unter Berücksichtigung des Reichsgesetzes vom 19. März 1888, wonach es auch Deutsche giebt, die einem Bundesstaate nicht angehören. Gehört ein Deutscher mehreren Bundesstaaten an, so hängt es von seinem Belieben ab, an welchen der Staaten er sich wendet. Eine Uebersicht der Behörden, welchen die Befugniß zur Bewilligung von Befreiungen in den Bundesstaaten übertragen worden ist, geben Stölzl S. 103 und Hinschius S. 157, 173.

---

## Dritter Titel.

**I.** Der 3. Titel handelt von der Nichtigkeit und der Anfechtbarkeit der Ehe und regelt einerseits die Folgen, welche sich an die Verletzung der im 2. Titel (§§ 1303—1322) enthaltenen Vorschriften über die Ehehindernisse und die Form der Eingehung der Ehe knüpfen, andrerseits trifft er besondere, die allgemeinen Vorschriften über Willenserklärungen (§§ 116 ff.), insbesondere die allgemeinen Grundsätze über Willensmängel und über Nichtigkeit und Anfechtbarkeit der Rechtsgeschäfte modifizirende Bestimmungen. Der Stoff ist in der Weise geordnet, daß die §§ 1323—1329 von den Nichtigkeitsgründen (§§ 1323—1328) und von der Geltendmachung der auf einem Nichtigkeitsgrunde beruhenden Nichtigkeit (§ 1329), die §§ 1330—1343 von den Anfechtungsgründen (§§ 1330—1335), von der Ausübung des Anfechtungsrechts durch einen Vertreter (§ 1336), von dem Verluste des Anfechtungsrechts (§§ 1337—1340), von der

Art und Weise, in welcher die Anfechtung erfolgt (§§ 1341, 1342), und von der Geltendmachung der auf einem Anfechtungsgrunde beruhenden Nichtigkeit (§ 1343) handeln. Die §§ 1344—1347 betreffen diejenigen Aenderungen, welche bei einer nichtigen Ehe — mag nun die Nichtigkeit auf einem Nichtigkeits- oder auf einem Anfechtungsgrunde beruhen — von den allgemeinen Grundsätzen über die Wirkungen der Nichtigkeit eintreten. § 1344 regelt diese Aenderungen im Verhältnisse der Ehegatten zu Dritten, die §§ 1345—1347 regeln sie im Verhältnisse der Ehegatten unter einander. Ueber das Verhältniß der in einer nichtigen Ehe lebenden Ehegatten zu den Kindern sind Bestimmungen in den §§ 1699—1704 getroffen.

**II.** Da die Eheschließung, rechtlich betrachtet, ein Rechtsgeschäft ist, so wendet das B.G.B. die allgemeinen Vorschriften über die Nichtigkeit und Anfechtbarkeit von Rechtsgeschäften (§§ 139 ff.) auch auf den Eheschließungsvertrag an und unterscheidet dementsprechend zwischen nichtigen und anfechtbaren Ehen. Die allgemeinen Grundsätze über die Nichtigkeit und die Anfechtbarkeit der Rechtsgeschäfte sind aber mit Rücksicht auf das Wesen der Ehe in verschiedenen Beziehungen durchbrochen. Im allgemeinen tritt Nichtigkeit der Ehe ein, wenn die Aufrechterhaltung der Ehe mit dem Wesen der Ehe und der öffentlichen Ordnung nicht vereinbar sein würde, Anfechtbarkeit, wenn es sich um einen Mangel handelt, bei welchem wesentlich das Interesse des verletzten Ehegatten darüber entscheiden muß, ob die Ehe bestehen bleiben soll oder nicht.

Nichtig ist eine Ehe ausschließlich in den im § 1323 aufgezählten Fällen. Nichtigkeitsgründe sind danach lediglich Verletzung der im § 1317 bestimmten Form (§ 1324), Geschäftsunfähigkeit, Bewußtlosigkeit oder vorübergehende Störung der geistigen Thätigkeit eines Ehegatten zur Zeit der Eheschließung (§ 1325) sowie Verstöße gegen das Eheverbot der Doppelehe (§ 1326), der Verwandschaft und Schwägerschaft (§ 1327) und gegen das Verbot des Ehebruchs (§ 1328). Der Begriff der Nichtigkeit ist bei der Ehe kein anderer wie sonst (vergl. Bd. 1 S. 145). Die nichtige Ehe wird also hinsichtlich der gewollten rechtlichen Wirkung so angesehen, als ob sie überhaupt nicht geschlossen worden wäre. Der E. I. § 1252 Abs. 2 hat diesen Grundsatz im Anschluß an E. I. § 108 ausdrücklich ausgesprochen. Das B.G.B. hat die Begriffsbestimmung nicht aufgenommen, geht aber von dem gleichen Grundsatz aus. Die Wirkung, daß die Ehe als nicht geschlossen anzusehen ist, tritt jedoch ohne Weiteres nur ein, wenn die Ehe nicht in der im § 1317 bestimmten Form geschlossen und zugleich nicht in das Heirathsregister eingetragen worden ist. Beruht dagegen die Nichtigkeit der Ehe nicht auf einem Formmangel oder ist die mit einem Formfehler behaftete Ehe in das Heirathsregister eingetragen worden, so kann die Nichtigkeit, solange nicht die Ehe durch Tod oder Scheidung aufgelöst worden ist, nicht incidenter, sondern nur im Wege einer besonderen Klage, der Nichtigkeitsklage, geltend gemacht werden (§ 1329). Bis dahin ist die Ehe mithin als eine gültige anzusehen, eine Folge, welche der E. I. § 1252 Abs. 1 gleichfalls ausdrücklich ausgesprochen, das B.G.B. aber als selbstverständlich nicht aufgenommen hat. Eine wahrhaft nichtige Ehe ist die Ehe übrigens auch in diesen Fällen. Dies zeigt sich nicht nur in den Vorschriften über die Legitimation zur Erhebung der Nichtigkeitsklage (vergl. unten III), sondern auch darin, daß dem die Nichtigkeit aussprechenden Urtheile nur deklaratorische Bedeutung zukommt sowie daß, wenn die scheinbare Ehe aufgelöst ist, die Nichtigkeit ohne Weiteres geltend gemacht werden kann. Nach dem Vorstehenden liegt dem B.G.B. die Unterscheidung zwischen matrimonium nullum (sog. materielle Nichtigkeit) und mat. non existens (sog. formelle Nichtigkeit) zu Grunde (vergl. Fischer Jahrb. für Dogmatik 29 S. 293). Ueber Anwendungsfälle dieses Unterschiedes vergl. die §§ 1324 Abs. 2, 1344 Abs. 2, 1345 Abs. 2, 1699 Abs. 2, 1771 Abs. 2. Für nichtige Rechtsgeschäfte gilt die Regel, daß sie niemals wirksam werden können. Daraus folgt insbesondere, daß die Bestätigung eines nichtigen Rechtsgeschäfts nicht die Wirkung hat, daß das Rechtsgeschäft gültig wird (vergl. § 141 Abs. 1). Bei der Ehe dagegen läßt das B.G.B. in drei Fällen eine objektiv und nach rückwärts wirkende Heilung der Nichtigkeit eintreten: bei einer wegen Formmangels nichtigen Ehe durch Zeitablauf (§ 1324 Abs. 2), bei einer wegen Geschäftsunfähigkeit 2c. nichtigen Ehe durch Bestätigung (§ 1325 Abs. 2) und bei einer wegen Verletzung des Eheverbots des Ehebruchs nichtigen Ehe durch nachträgliche Befreiung von dem Ehehindernisse (§ 1328 Abs. 2).

Die Gründe, aus denen eine Ehe anfechtbar ist, sind in den §§ 1331—1335 und im § 1350 bestimmt. Die Ehe kann angefochten werden wegen Mangels der Einwilligung des gesetzlichen Vertreters eines der Eheschließenden (§ 1331), wegen des auf Irrthum beruhenden Mangels der Uebereinstimmung des wirklichen Willens mit dem erklärten Willen (§ 1332), wegen Irrthums über die Person oder über gewisse persönliche Eigenschaften des anderen Theiles (§ 1333), wegen arglistiger Täuschung (§ 1334), wegen Drohung (§ 1335) und wegen Irrthums über das Leben des für todt erklärten Ehegatten (§ 1350).

Auch der Begriff der Anfechtbarkeit ist bei der Anfechtbarkeit der Ehe der gleiche wie sonst, vergl. Bd. 1 S. 145 Nr. 2. Das Wesen der Anfechtbarkeit der Ehe besteht sonach darin, daß die Ehe von Anfang an mit einem Mangel behaftet ist, dieser Mangel aber nur berücksichtigt wird, wenn er von demjenigen geltend gemacht ist, welchem das Gesetz das Recht dazu einräumt. Anfechtungsberechtigt ist der Ehegatte, in dessen Person der Grund der Anfechtung gegeben ist, mithin im Falle der Anfechtung wegen Mangels der Einwilligung des gesetzlichen Vertreters der Ehegatte, welcher zu dem maßgebenden Zeitpunkt in der Geschäftsfähigkeit beschränkt war, im Falle der Anfechtung wegen Mangels der Uebereinstimmung des wirklichen Willens mit dem erklärten und im Falle der Anfechtung wegen eines sonstigen Irrthums der Ehegatte, welcher sich geirrt hat, endlich im Falle der Anfechtung wegen arglistiger Täuschung oder wegen Drohung der durch die Täuschung oder die Drohung zur Eingehung der Ehe bestimmte Ehegatte (wegen des Falles des § 1350 vergl. Erl. zu diesem §). Ueber die Ausübung des Anfechtungsrechts durch einen Vertreter trifft der § 1336 besondere Vorschriften. Wird die Ehe angefochten, so ist sie als von Anfang an nichtig anzusehen (§ 1343 Abs. 1); das Urtheil, welches auf die siegreiche Anfechtungsklage ergeht, hat deshalb auch nicht etwa zu lauten, daß die Ehe für anfechtbar erklärt wird, sondern es hat die Nichtigkeit der Ehe auszusprechen. Bis zur erfolgten Anfechtung aber wird die Ehe als gültig behandelt, welche Folge das B.G.B. nicht ausdrücklich ausspricht (anders der E. I § 1260 Abs. 1 durch das Wörtchen „auch"). Von den allgemeinen Grundsätzen über die Anfechtbarkeit eines Rechtsgeschäfts weichen die Bestimmungen über die Anfechtbarkeit der Ehe zunächst darin ab, daß, solange nicht die Ehe durch Tod oder Scheidung aufgelöst ist, die Anfechtung nur durch Erhebung einer besonderen Klage, der Anfechtungsklage, von der C.P.O. früher Ungültigkeitsklage genannt, erfolgen kann (§ 1341 Abs. 1), und daß auch, wenn die Anfechtung in dieser Art erfolgt ist, die an sich nach § 142 Abs. 1 mit dem Anfechtungsakte verbundene Wirkung der Nichtigkeit der Ehe solange nicht incidenter in einem anderen Rechtsstreite geltend gemacht werden kann, bis die Ehe aufgelöst oder für nichtig erklärt ist, daß mithin bis dahin die anfechtbare Ehe trotz der erfolgten Anfechtung als gültig behandelt wird (§ 1343 Abs. 2). Im Zusammenhange damit steht die weitere Abweichung von den allgemeinen Grundsätzen, daß, wenn die Anfechtung der Ehe durch Erhebung der Anfechtungsklage erfolgt ist, die Wirkung der erfolgten Anfechtung nach Maßgabe des § 1341 Abs. 2 durch Zurücknahme der Klage oder durch Genehmigung oder Bestätigung (§ 1337) der Ehe in der Art rückgängig gemacht werden kann, daß die Anfechtung als nicht erfolgt gilt. Ist die Ehe durch den Tod des nicht anfechtungsberechtigten Ehegatten aufgelöst, so gilt gegenüber dem § 143 Abs. 1 die Besonderheit, daß die Anfechtung durch eine gegenüber dem Nachlaßgericht abzugebende Erklärung erfolgt (§ 1342). Ist die Auflösung der Ehe durch den Tod des zur Anfechtung berechtigten Ehegatten oder durch Scheidung erfolgt, so ist die Anfechtung der Ehe überhaupt ausgeschlossen (§ 1338). Außerdem wird die Anfechtbarkeit geheilt durch Bestätigung des anfechtungsberechtigten Ehegatten, im Falle des § 1331 durch Genehmigung des gesetzlichen Vertreters des anfechtungsberechtigten Ehegatten (§ 1337) und durch Zeitablauf (§§ 1339, 1340).

Anlangend den Sprachgebrauch des B.G.B., so redet das B.G.B. nicht von Nichtigkeit oder Anfechtbarkeit des Eheschließungsvertrags, sondern schlechthin von Nichtigkeit oder Anfechtbarkeit der Ehe. Wenn ferner das B.G.B. von nichtigen Ehen spricht, so meint es damit nicht nur Ehen, deren Nichtigkeit auf einem der Nichtigkeitsgründe des § 1323 beruht, sondern auch solche Ehen, welche aus den im § 1330 enthaltenen Gründen anfechtbar und angefochten sind (vergl. §§ 1309, 1313, 1344, 1345, 1721, 1771, 2077, 2268, 2279; E.G. Art. 34 V, Art. 198).

Das B.G.B. wendet, wie sich aus dem Vorstehenden ergiebt, die Kategorie der Anfechtbarkeit auch auf die Ehe an und erkennt damit die Möglichkeit eines Zwischenzustandes zwischen völlig gültigen und völlig nichtigen Ehen an. Das katholische und das protestantische Eherecht dagegen kennen nur völlig gültige und völlig ungültige Ehen. Indessen führt die von diesen Rechten gemachte Unterscheidung der trennenden Ehehindernisse in öffentliche und private Ehehindernisse zu ähnlichen Ergebnissen wie die von dem B.G.B. gemachte Unterscheidung zwischen Nichtigkeit und Anfechtbarkeit der Ehe.

**III.** Das B.G.B. trifft über die Nichtigkeitsklage und die Anfechtungsklage keine Vorschriften. Die Bestimmungen über diese Klagen sind von der zweiten Kommission in die C.P.O. verwiesen worden (vergl. E. I §§ 1253—1256, 1267, 1269, dazu M. IV S. 58—63, 97, 100; Anm. zu E. II § 1236, P. II S. 4994—4999, 5032, 5045—5049, 5061—5063, 5073, 5766, Bd. 4 S. 64, 67, 91, 92, 106, 451, D. z. C.P.O. S. 74—85). Die Vorschriften des B.G.B. über die Nichtigkeit und Anfechtbarkeit der Ehe finden daher ihre Ergänzung durch die Bestimmungen des sechsten Buches der C.P.O. Soweit diese Bestimmungen materiell rechtliche Bedeutung haben oder für das Verständniß des B.G.B. erforderlich sind, werden sie im Nachstehenden dargestellt.

**1.** Die Legitimation zur Erhebung der Nichtigkeitsklage ist im § 632 Abs. 1 der C.P.O. geregelt. Danach kann die Nichtigkeitsklage von jedem der Ehegatten, von dem Staatsanwalte sowie im Falle der Doppelehe von demjenigen, mit welchem die frühere Ehe geschlossen war, erhoben werden. Da durch den Grundsatz des § 1329 auch dritten Personen das Recht, die Nichtigkeit der Ehe incidenter geltend zu machen, entzogen ist, so ist das Recht, die Nichtigkeitsklage zu erheben, auch dritten Personen eingeräumt. Sie können die Nichtigkeitsklage aber nur erheben, wenn für sie von der Nichtigkeit der Ehe ein Recht oder von der Gültigkeit der Ehe eine Verpflichtung abhängt, z. B. Unterhaltsanspruch, Rechte aus dem ehelichen Güterverhältniß, aus der elterlichen Gewalt, Nachfolge in Lehen oder Fideikommisse, Rechte auf den Genuß einer Stiftung. Nach den Entw. der ersten und zweiten Kommission sollte nicht jedes rechtliche Interesse genügen, sondern erforderlich sein, daß für den Dritten von der Gültigkeit der Ehe ein Anspruch (über den Begriff vergl. Bd. 1 S. 48) oder von der Nichtigkeit eine Verbindlichkeit abhängt. Die Führung des Namens wäre mithin keine ausreichende Grundlage gewesen. Dritte können übrigens die Nichtigkeitsklage dann nicht erheben, wenn sie nur an der Gültigkeit der Ehe interessirt sind, wenn ihnen z. B. ein Anspruch im Falle der Gültigkeit der Ehe zukommt. Daß nach dem Tode eines Ehegatten die Nichtigkeitsklage nicht von dessen Erben erhoben werden kann, ergiebt sich schon daraus, daß in Folge der Auflösung der Ehe die Nichtigkeit nach § 1329 ohne Weiteres geltend gemacht werden darf. Auch im Falle der Doppelehe geht das Recht des verletzten Ehegatten, die Nichtigkeitsklage zu erheben, nicht auf seine Erben als solche, sondern nur dann über, wenn für sie von der Nichtigkeit der Ehe ein Recht oder von der Gültigkeit der Ehe eine Verpflichtung abhängt. Die von dem Staatsanwalt oder einem Dritten erhobene Klage ist gegen beide Ehegatten, die von einem Ehegatten erhobene Klage ist gegen den andern Ehegatten zu richten (§ 632 Abs. 2 C.P.O). Durch die Klageerhebung seitens des Staatsanwalts oder eines Dritten wird das selbständige Klagerecht des Ehegatten nicht berührt; es kann vielmehr in besonderer Klage geltend gemacht werden. Gleiches gilt von dem Rechte eines Dritten im Verhältnisse zur Klage des Staatsanwalts oder des Ehegatten. Der Staatsanwalt kann auch, wenn er die Klage nicht erhoben hat, den Rechtsstreit betreiben, insbesondere selbständig Anträge stellen und Rechtsmittel einlegen (§ 634 C.P.O.).

Die Legitimation zur Erhebung der Anfechtungsklage ergiebt sich aus den Bestimmungen des B.G.B. über die Person des Anfechtungsberechtigten. Der E. I hat im § 1261 die Personen, welchen das Anfechtungsrecht zukommt, einzeln aufgezählt. Im B.G.B. ist die Person des Anfechtungsberechtigten nur durch die Fassung der über den Anfechtungsgrund getroffenen Vorschriften zum Ausdrucke gebracht. Inwieweit das Anfechtungsrecht durch einen Vertreter, insbesondere den gesetzlichen Vertreter, ausgeübt werden kann, ist im § 1336 bestimmt. Der Staatsanwaltschaft ist in Rechtsstreitigkeiten über Anfechtungsklagen lediglich ein Mitwirkungsrecht eingeräumt, neue Thatsachen und Beweismittel kann sie nur zu Gunsten der Ehe vorbringen (§ 607 C.P.O.).

Die Bestimmungen des § 52 der C.P.O. über die Prozeßfähigkeit sind für die Nichtigkeits- und die Anfechtungsklage durch § 612 C.P.O. theilweise geändert. Danach ist in Rechtsstreitigkeiten, welche die Nichtigkeit oder die Anfechtung einer Ehe zum Gegenstande haben, ein in der Geschäftsfähigkeit beschränkter Ehegatte aktiv und passiv prozeßfähig. Aus § 51 C.P.O. folgt, daß sein gesetzlicher Vertreter weder die Klage stellen, noch verklagt werden kann. Eine Ausnahme ist nur für den Rechtsstreit gemacht, welcher die Anfechtung der Ehe auf Grund des § 1331 betrifft. Die Prozeßfähigkeit kommt in diesem Falle dem in der Geschäftsfähigkeit beschränkten Ehegatten insoweit nicht zu, als nach § 1336 Abs. 2 Satz 2 nur der gesetzliche Vertreter die Ehe anfechten kann; in dem Rechtsstreite, der die Anfechtung der Ehe auf Grund des § 1331 zum Gegenstande hat, ist also der in der Geschäftsfähigkeit beschränkte Ehegatte nicht prozeßfähig, dessen Beschränkung in der Geschäftsfähigkeit den Anfechtungsgrund bildet. Dagegen trifft die Ausnahme nicht zu für den zufällig gleichfalls in der Geschäftsfähigkeit beschränkten anderen Ehegatten und nicht für den anfechtungsberechtigten Ehegatten selbst, wenn er jetzt aus einem anderen als dem Grunde, auf welchem die Anfechtbarkeit beruht, in der Geschäftsfähigkeit beschränkt ist. Ist der Ehegatte geschäftsunfähig, so kommt die aktive wie die passive Prozeßlegitimation dem gesetzlichen Vertreter zu. Der gesetzliche Vertreter ist im Einklange mit § 1336 Abs. 1 Satz 1 insoweit beschränkt, als er zur Erhebung der Anfechtungsklage, nicht aber der Nichtigkeitsklage, der Genehmigung des Vormundschaftsgerichts bedarf. Entsprechend der höchst persönlichen Natur der Ehesachen ist im § 613 C.P.O. vorgeschrieben, daß der Bevollmächtigte des klagenden oder widerklagenden Ehegatten einer besonderen, auf den Rechtsstreit gerichteten Vollmacht benöthigt. Das Gericht hat den Mangel der Vollmacht von Amtswegen zu berücksichtigen.

2. Das Verfahren über die Nichtigkeits- und die Anfechtungsklage richtet sich im allgemeinen nach den Bestimmungen über das landgerichtliche Verfahren; der erste Abschnitt des 6. Buches der C.P.O. enthält jedoch verschiedene Abweichungen, welche theils auf dem Gedanken beruhen, daß in Ehesachen die Dispositionsbefugniß der Parteien über den Rechtsstreit durch das öffentliche Interesse beschränkt sein muß, theils die Fernhaltung von

fremden Streitfragen, die Vermeidung wiederholter Eheprozesse und die Begünstigung der materiellen Gerechtigkeit bezwecken. Die wichtigsten dieser Abweichungen betreffen die Zulässigkeit der Klageänderung (§ 614), die Beschränkungen der Klagenhäufung und der Widerklagen (§§ 615, 633), den Ausschluß versäumter Klagegründe (§ 616), die Nichtanwendbarkeit der Vorschriften, welche über die Wirkung eines Anerkenntnisses, über die Folgen der unterbliebenen oder verweigerten Erklärung über Thatsachen, über die Erlassung des Eides u. s. w. getroffen sind (§ 617), die Unzulässigkeit der Zurückweisung neuer Vertheidigungsmittel in der Berufungsinstanz (§ 626). Aus den Vorschriften über das Verfahren sind folgende wegen ihrer Rückwirkung auf das materielle Recht von Bedeutung.

a) Sowohl in dem Rechtsstreit über die Nichtigkeitsklage, als auch in dem über die Anfechtungsklage kann das Gericht durch eine einstweilige Verfügung für die Dauer des Rechtsstreits das Getrenntleben der Ehegatten gestatten, die gegenseitige Unterhaltspflicht der Ehegatten nach Maßgabe des § 1361 des B.G.B. ordnen, wegen der Sorge für die Person der gemeinschaftlichen minderjährigen Kinder, soweit es sich nicht um die gesetzliche Vertretung handelt, Anordnungen treffen und die Unterhaltspflicht der Ehegatten den Kindern gegenüber im Verhältnisse der Ehegatten zu einander regeln (§ 627 Abs. 1 der C.P.O., dazu E. I §§ 1255, 1267, 1462, 1463; M. IV S. 61, 97, 636—640; P. II S. 4998, 4999, 5045, 5046, 5766—5768 Bd. 4 S. 66, 67, 91, 451, 452, D. z. C.P.O. S. 81). Die Vorschrift des § 627 betrifft das sog. Interimistikum und ist ein Ausfluß des den §§ 1329, 1343 zu Grunde liegenden Gedankens, daß die Ehe, solange sie besteht, als gültig trotz der Erhebung der Nichtigkeitsklage und trotz der Anfechtung anzusehen ist. Durch die Erhebung der Nichtigkeits- oder der Anfechtungsklage wird also an sich kein Ehegatte befugt, einseitig die häusliche Gemeinschaft aufzugeben, sondern die Zulässigkeit des Getrenntlebens hängt von einer richterlichen Verfügung ab. Selbstverständlich bleiben daneben die allgemeinen Grundsätze über das Recht eines Ehegatten, sich der häuslichen Gemeinschaft zu entziehen, wenn das Verlangen des anderen Ehegatten einen Mißbrauch des Rechtes desselben darstellt oder, wenn er auf Scheidung zu klagen berechtigt ist (§ 1353 Abs. 2), unberührt. Was von der häuslichen Gemeinschaft gilt, trifft auch von den übrigen Folgen aus dem persönlichen Verhältnisse der Ehegatten zu einander zu. Das Interimistikum kann nur für die im § 627 bezeichneten rechtlichen Beziehungen der Ehegatten ergehen. In Ansehung des Verhältnisses der Ehegatten zu den Kindern ist daher eine einstweilige Verfügung ausgeschlossen, soweit es sich um das Recht der gesetzlichen Vertretung in den die Person oder in den das Vermögen betreffenden Angelegenheiten handelt. Die Vertretung steht lediglich dem Ehegatten zu, welchem sie unter Voraussetzung der Gültigkeit der Ehe nach den Grundsätzen über die elterliche Gewalt zukommt. Nicht Gegenstand des Interimistikum ist ferner die Unterhaltspflicht der Ehegatten gegenüber den Kindern im Verhältniß zu den Kindern und die Verpflichtung des Mannes zur Leistung eines Kostenvorschusses für den schwebenden Ehestreit. Für die Unterhaltspflicht entscheiden die §§ 1601 ff. Die Verpflichtung zur Leistung eines Kostenvorschusses bemißt sich nach den für den Güterstand geltenden Vorschriften. Nicht Gegenstand des Interimistikum ist weiter die Sicherstellung des Vermögens der Frau. In dieser Beziehung sind nur die allgemeinen Vorschriften der C.P.O. über einstweilige Verfügungen (§§ 935 ff.) maßgebend. Soweit das Interimistikum die rechtliche Stellung der Ehegatten zu ordnen hat, ist das Ermessen des Gerichts nur hinsichtlich der gegenseitigen Unterhaltspflicht durch Verweisung auf den § 1361 eingeschränkt, im übrigen sind nähere Anhaltspunkte nicht gegeben. Dies gilt insbesondere von der Sorge für die Personen der Kinder. Die Vorschriften der §§ 1635, 1700—1702 können nicht herangezogen werden, weil sie auf anderen oder auf noch nicht feststehenden Voraussetzungen beruhen. Die Befugnisse des Vormundschaftsgerichts in Ansehung der Sorge für die Person der Kinder erfahren übrigens weder durch die Erhebung der Nichtigkeits- oder der Anfechtungsklage, noch in Folge des Interimistikum eine Erweiterung. Das Interimistikum kann vom Gerichte nur auf Antrag eines Ehegatten, gleichviel, ob er Kläger oder Beklagter ist, angeordnet werden. Der Antrag muß nicht alle in § 584 als möglich bezeichneten Gegenstände der Regelung umfassen. Wenn sich der eine Ehegatte darauf beschränkt, es nur für einen Theil zu beantragen, so kann der andere Ehegatte eine weitergehende oder die vollständige Regelung verlangen. Das Interimistikum ist zulässig, sobald der Termin zur mündlichen Verhandlung bestimmt oder im Wege der Widerklage die Ehe angefochten ist (§ 627 Abs. 2 der C.P.O.). Von der einstweiligen Verfügung hat das Prozeßgericht, wenn ein gemeinschaftliches minderjähriges Kind der Ehegatten vorhanden ist, dem Vormundschaftsgerichte Mittheilung zu machen (§ 627 Abs. 3).

b) Die Klage im Eheprozesse wird von der C.P.O. als ein Akt angesehen, welcher alle zur Zeit der Entscheidung vorhandenen Klagegründe umfaßt. Der § 614 Abs. 1 der C.P.O. schließt deshalb das Verbot der Klageänderung aus. Der Kläger kann bis zum Schlusse der Verhandlung, auf welche das Urtheil ergeht, an die Stelle der bisherigen Klagegründe neue setzen oder mit den bisherigen neue Gründe verbinden. Er kann, wenn er die Anfechtungsklage z. B. auf § 1332 stützte, neue Thatsachen vorbringen und die Klage auf § 1333 gründen. Er kann auch von der Anfechtungsklage zur Scheidungsklage und umgekehrt übergehen. Ob dies in der Berufungsinstanz noch zulässig ist, ist bestritten, wird aber zu bejahen sein. Für die Nichtigkeitsklage gilt das Gesagte nur insoweit, als es sich um die Geltendmachung neuer Nichtigkeitsgründe oder um den Uebergang von der Nichtigkeitsklage zur Klage auf Feststellung des Bestehens oder Nichtbestehens einer Ehe unter den Parteien oder um die Verbindung dieser Klagen handelt (§ 633 C.P.O.).

c) Die Nichtigkeitsklage kann nur mit einer Klage auf Feststellung des Bestehens oder Nichtbestehens einer Ehe zwischen den Parteien, nicht aber mit einer anderen Klage, z. B. auf Herausgabe des Frauenvermögens, verbunden werden. Gegen die Nichtigkeitsklage kann nur eine Nichtigkeitsklage oder eine Klage auf Feststellung des Bestehens oder Nichtbestehens einer Ehe unter den Parteien als Widerklage erhoben werden (§ 633 C.P.O.).

Die Anfechtungsklage kann mit der Klage auf Herstellung des ehelichen Lebens oder mit einer Scheidungsklage, nicht aber mit anderen Klagen verbunden werden. Gegen die Anfechtungsklage kann nur eine Klage auf Herstellung des ehelichen Lebens oder eine Scheidungsklage als Widerklage erhoben werden (§ 615 C.P.O.). Die Klage auf Herstellung des ehelichen Lebens ist in Verbindung mit einer Anfechtungsklage nur als Widerklage denkbar oder als eine eventuelle für den Fall der Abweisung der in erster Linie gestellten Anfechtungsklage. Wird die Scheidungsklage mit der Anfechtungsklage verbunden oder gegenüber einer dieser Klagen die andere als Widerklage erhoben, so kommt die Scheidungsklage immer nur eventuell für den Fall in Betracht, daß die Anfechtungsklage abgewiesen wird.

d) Die Möglichkeit der Zurücknahme der Nichtigkeitsklage und der Anfechtungsklage richtet sich lediglich nach den allgemeinen Bestimmungen (§ 271 C.P.O). Für die Anfechtungsklage wollte der E. I (M. IV S. 97, 98 und M. zu E.G. I S. 80, P. II. S. 9309, 9310) vorschreiben, daß die Klage jederzeit ohne Einwilligung des Beklagten zurückgenommen werden dürfe. Wegen der Wirkung der Klagezurücknahme auf das Anfechtungsrecht vergl. § 1341 Abs. 2 Satz 1. Die Vorschrift des § 616 der C.P.O. (unten 3) gilt für den Fall der Zurücknahme nicht. Ein Verzicht des Nichtigkeitsklägers auf Fortführung der Nichtigkeitsklage unterliegt nicht dem § 306 der C.P.O., sondern gilt als Zurücknahme der Klage. Dies ist als selbstverständlich erachtet worden (P. II S. 9320).

e) Ein Versäumnißurtheil gegen den Beklagten oder den Widerbeklagten ist in erster Instanz unzulässig (618 der C.P.O.). Erscheint der Kläger im Prozeß über die Nichtigkeitsklage nicht, so ist Versäumnißurtheil dahin zu erlassen, daß die Klage als zurückgenommen gilt (§ 635 der C.P.O). Dadurch wird die Anwendbarkeit des § 330 der C P O. ausgeschlossen, um Kollusionen der Parteien zu verhüten. Freilich kann die Vorschrift des § 635 zu Unzuträglichkeiten führen, z. B. wenn der Kläger am Schlusse einer größeren Beweisverhandlung ausbleibt, hingegen muß sich der beklagte Ehegatte gegebenen Falles durch Erhebung einer Widerklage auf Feststellung, daß die Ehe nicht nichtig sei, helfen. Für den Fall der Versäumniß des Anfechtungsklägers oder Widerklägers finden die allgemeinen Vorschriften der §§ 330 ff. der C.P.O. Anwendung.

f) Das Urtheil im Prozeß über die Anfechtungsklage hat, wenn die Klage siegreich war, die Nichtigkeit der Ehe auszusprechen. Die Urtheile, durch welche die Ehe für nichtig erklärt wird, sind von Amtswegen zuzustellen (§ 625 der C.P.O.). Nach dem Eintritte der Rechtskraft des Urtheils hat das Prozeßgericht, wenn ein gemeinschaftliches minderjähriges Kind der Ehegatten vorhanden ist, dem Vormundschaftsgerichte Mittheilung zu machen (§ 630 der C.P.O.). Dies gilt auch in dem Falle, daß die Klage abgewiesen wird. Von der Nichtigkeitserklärung ist übrigens nach § 55 des Personst.G. (neue Fassung im Art. 46 E.G.) auch dem Standesbeamten Kenntniß zu geben, damit er die Nichtigkeitserklärung am Rande der über die Eheschließung bemerkten Eintragung vermerke. Wem die Mittheilung obliegt (dem Gericht oder der Staatsanwaltschaft), bestimmt sich nach den landesgesetzlichen Ausführungsvorschriften.

3. Das auf eine Nichtigkeitsklage oder Anfechtungsklage ergehende Urtheil wirkt, sofern es bei Lebzeiten beider Ehegatten rechtskräftig wird, für und gegen Alle; nur wenn die Nichtigkeitsklage wegen Doppelehe (§ 1326) erhoben worden ist, wirkt das Urtheil, durch das die Klage abgewiesen wird, gegen den Dritten, mit dem die frühere Ehe geschlossen war, nur dann, wenn er an dem Rechtsstreite theilgenommen hat (§ 629 Abs. 1 der C.P.O.). Die Voraussetzung, daß das Urtheil noch bei Lebzeiten beider Ehegatten rechtskräftig sein muß, ist eine Folge des im § 628 der C.P.O. enthaltenen Grundsatzes, daß, wenn einer der Ehegatten vor Erledigung des Rechtsstreits über die Nichtigkeits- oder die Anfechtungsklage stirbt, der Rechtsstreit in der Hauptsache als erledigt gilt. In Folge des Todes des Ehegatten kann die Nichtigkeit unbeschränkt geltend gemacht werden, da die in den §§ 1329, 1343 enthaltenen Schranken weggefallen sind. Die Frage der Nichtigkeit kann aber in diesem Falle nicht mehr einheitlich mit Wirkung für jeder-

mann festgestellt, sondern nur für die einzelnen Nachwirkungen der Ehe in besonderen Prozessen zum Austrage gebracht werden.

Nach § 616 der C.P.O. kann der Kläger, welcher mit der Scheidungsklage oder der Anfechtungsklage abgewiesen ist, das Recht, auf Scheidung zu klagen oder die Ehe anzufechten, nicht mehr auf Thatsachen gründen, welche er in dem früheren Rechtsstreite geltend gemacht hat oder welche er in dem früheren Rechtsstreit oder durch Verbindung der Klagen geltend machen konnte. Das Gleiche gilt im Falle der Abweisung der Scheidungsklage oder der Anfechtungsklage für den Beklagten in Ansehung der Thatsachen, auf welche er eine Widerklage zu gründen im Stande war. Die Vorschrift verbietet nur die Geltendmachung der betreffenden Thatsachen als selbständige Klagegründe, nicht aber deren Heranziehung zur Unterstützung eines zulässigen neuen Klagegrundes oder zur Begründung einer Einrede (vergl. § 1573).

**IV.** Die Nichtigkeitsklage ist, wie bemerkt, nur zulässig, wenn eine formell gültige, aber materiell nichtige oder eine zwar mit einem Formfehler behaftete, aber in das Heirathsregister eingetragene Ehe für nichtig erklärt werden soll. Die Anfechtungsklage ferner ist nur zulässig, wenn die Nichtigkeit der Ehe wegen eines der Anfechtungsgründe des § 1330 ausgesprochen werden soll. Die Feststellung der Frage, ob eine Ehe besteht oder nicht, kann indessen noch in anderen Fällen von Interesse sein, und mit Rücksicht darauf, daß von dem Bestand oder Nichtbestand einer Ehe die mannigfaltigsten rechtlichen Beziehungen zwischen den Ehegatten selbst und im Verhältnisse zu Dritten abhängen, ist das Bedürfniß anzuerkennen, daß auch noch in anderen Fällen die Möglichkeit vorhanden ist, das Bestehen oder Nichtbestehen einer Ehe einheitlich festzustellen. Das B.G.B. geht daher davon aus, daß eine Klage auf Feststellung des Bestehens oder Nichtbestehens einer Ehe unter den Parteien zulässig ist. Im B.G.B (anders E. I § 1271) selbst ist dieser Klage nicht gedacht. Dagegen ist sie jetzt in der C.P.O. § 606 geregelt.

Ueber die Zulässigkeit der Klage auf Feststellung des Bestehens oder Nichtbestehens einer Ehe unter den Parteien enthält auch die C.P.O. keine Bestimmung. Die Entscheidung soll nach den M. IV S. 103 der Wissenschaft überlassen sein. Maßgebend sind, da es sich einfach um eine Feststellungsklage nach Maßgabe des § 256 der C.P.O. handelt, die allgemeinen Grundsätze. Diese führen zu folgendem Ergebnisse: Soweit durch die Nichtigkeits- oder die Anfechtungsklage das Nichtbestehen einer Ehe unter den Parteien festgestellt werden kann, ist eine Feststellungsklage hierüber jedenfalls unzulässig, weil es an dem im § 256 der C.P.O. vorausgesetzten Interesse fehlt. Dagegen kann die Klage, daß die Ehe bestehe, gegenüber der Nichtigkeitsklage als Widerklage erhoben werden. Andrerseits ist eine Klage auf Feststellung des Bestehens oder Nichtbestehens einer Ehe unter den Parteien jedenfalls dann zulässig, wenn es sich darum handelt, festzustellen, ob zwischen den Parteien nach dem inländischen oder nach dem ausländischen Rechte überhaupt eine Ehe geschlossen worden ist oder ob eine zwischen ihnen geschlossene Ehe wieder aufgehoben oder für nichtig erklärt, insbesondere die Ehe eines für todt erklärten Ehegatten nach Maßgabe des § 1348 für aufgelöst anzusehen ist. Es wird aber auch eine solche Feststellungsklage, welche die Feststellung bezweckt, daß die Ehe nicht materiell nichtig ist, zulässig sein müssen, da einerseits Fälle denkbar sind, in welchen jeder Theil nur an der Gültigkeit, nicht aber der eine an der Gültigkeit, der andere an der Nichtigkeit interessirt ist, und andererseits auch in den Fällen der letzteren Art der an der Nichtigkeit interessirte Ehegatte vielleicht gegenwärtig keine Veranlassung findet, seinerseits vorzugehen, während der an der Gültigkeit interessirte Ehegatte ein rechtliches Interesse daran hat, daß die materielle Gültigkeit der Ehe alsbald festgestellt wird und ihm eine andere Klage zur Erreichung dieses Zieles nicht zur Verfügung steht. Beispielsweise kann ein Streit unter den Ehegatten bestehen, ob eine wegen Geschäftsunfähigkeit nichtige Ehe nicht durch Bestätigung nach § 1325 Abs. 2 oder eine an einem Formfehler leidende Ehe nicht durch Zeitablauf nach § 1324 Abs. 2 oder eine gegen das Eheverbot des Ehebruchs geschlossene Ehe nicht durch nachträgliche Befreiung nach § 1328 Abs. 2 gültig geworden ist. Wenn hier etwa der Mann die Nichtigkeit, die Frau die Gültigkeit der Ehe behauptet und der Mann, weil er im Besitze des Frauenvermögens ist, sich nicht bemüßigt sieht, die Nichtigkeitsklage zu erheben, so könnte die Frau nur im Wege der Feststellungsklage eine Lösung des Streites erreichen. Die Feststellungsklage wird in Fällen der erwähnten Art auch dann nothwendig sein, wenn beide Theile die Gültigkeit der Ehe behaupten, an der Gültigkeit aber Zweifel haben. Der Ausweg des § 1309 Abs. 1 Satz 2 hilft nicht durchgreifend.

Würde die Klage auf Feststellung des Bestehens oder Nichtbestehens einer Ehe unter den Parteien lediglich den gewöhnlichen Verfahrensvorschriften unterliegen, so hätten die Parteien die Möglichkeit, auf dem Wege der Feststellungsklage die Vorschriften über die formellen Erfordernisse und über die Aufhebung der Ehe illusorisch zu machen. Die C.P.O. rechnet daher die Streitigkeiten, welche die Feststellung des Bestehens oder Nichtbestehens einer Ehe unter den Parteien betreffen, zu den Ehesachen im Sinne des 1. Abschnitts des 6. Buches. In der Hauptsache ist die Feststellungsklage den gleichen Vorschriften unterworfen wie die Nichtigkeitsklage (§§ 606 Abs. 1, 612, 613, 617 Abs. 3, 622 Abs. 2, 629, 633, 635, 638 der C.P.O. Vergl. oben III). Dies gilt namentlich von den Vorschriften über die Prozeßfähigkeit, über die Wirkung der Rechtskraft und über die Zulässigkeit der Klagenhäufung und der Erhebung von Widerklagen.

Eine Klage auf Feststellung des Bestehens oder Nichtbestehens einer Ehe ist übrigens auch in der Weise denkbar, daß nicht das Bestehen oder Nichtbestehen einer Ehe zwischen den Parteien, sondern zwischen Dritten oder zwischen einer der Parteien und einem Dritten in Frage steht. Hier handelt es sich lediglich um gewöhnliche Feststellungsklagen, für welche besondere Vorschriften nicht bestehen und, da eine einheitliche Feststellung der Streitfrage mit Wirkung für und gegen Dritte nicht stattfindet, auch nicht nothwendig sind.

**V.** Wenn in einem Rechtsstreite die Frage auftaucht, ob eine noch bestehende Ehe nichtig ist, so darf die Nichtigkeit gemäß § 1329 nur geltend gemacht werden, sofern sie auf Verletzung einer wesentlichen Formvorschrift beruht und die Ehe auch nicht in das Heirathsregister eingetragen ist. Die materielle Gerechtigkeit verlangt indessen, daß die Berufung auf die Nichtigkeit nicht völlig abgeschnitten, sondern der Rechtsstreit ausgesetzt wird, bis die Frage der Nichtigkeit im Wege der Nichtigkeitsklage erledigt ist. Der § 148 der C.P.O. reicht hier aber nicht aus, da er dem Gerichte die Aussetzung nicht zur Pflicht macht und voraussetzt, daß die Nichtigkeitsklage bereits erhoben ist. Der § 151 Satz 1 der C.P.O. modifizirt deshalb für die hier in Frage stehenden Fälle den § 139 der C.P.O. dahin, daß das Gericht das Verfahren aussetzen und, sofern die Nichtigkeitsklage noch nicht erhoben ist, eine Frist zur Erhebung der Klage bestimmen muß. Die Aussetzung erfolgt nur auf Antrag einer Partei; regelmäßig wird den Antrag natürlich die Partei stellen, welche auf die Nichtigkeit der Ehe ein Angriffs- oder ein Vertheidigungsmittel gründet. Die Aufnahme des ausgesetzten Verfahrens ist nach § 151 Satz 2 C.P.O. zulässig, wenn die Nichtigkeitsklage durch Urtheil, Zurücknahme der Klage oder Tod eines Ehegatten erledigt ist oder wenn sie nicht vor dem Ablaufe der Frist erhoben wird. Hat in dem Falle, daß die Nichtigkeitsklage noch nicht erhoben ist, die Erhebung der Nichtigkeitsklage nicht innerhalb der bestimmten Frist stattgefunden und ist in Folge dessen das Verfahren aufgenommen worden, so bleibt die Einrede der Nichtigkeit in diesem Verfahren unberücksichtigt. Aehnlich liegt die Sache nach § 1341, wenn die Entscheidung eines Rechtsstreits davon abhängt, ob eine noch bestehende Ehe wegen Anfechtbarkeit nichtig ist. Selbstverständlich ist die Aussetzung hier nur möglich, wenn die Anfechtungsklage bereits erhoben ist, da die Anfechtung nur von bestimmten Personen erfolgen kann. Der § 152 der C.P.O. legt dem Gericht auch in diesem Falle die Verpflichtung auf, das Verfahren auf Antrag einer Partei auszusetzen, bis der Rechtsstreit über die Anfechtungsklage durch Urtheil, Zurücknahme der Klage oder Tod eines Ehegatten erledigt ist.

Die Aufnahme ist in den Fällen der §§ 151, 152 (nicht aber des § 154) nach § 155 der C.P.O. auch um deswillen zulässig, weil das Verfahren über die Nichtigkeits- oder die Anfechtungsklage verzögert wird. Die Partei, welcher in dem ausgesetzten Rechtsstreite die Nichtigkeit entgegengehalten wird, kann sich zwar auch damit helfen, daß sie dem Rechtsstreit über die Nichtigkeits- oder die Anfechtungsklage als Nebenintervenient gemäß § 66 der C.P.O. zur Unterstützung der Partei, welche die Gültigkeit der Ehe vertheidigt, beitritt. In Folge des § 629 finden dann die §§ 61, 69 der C.P.O. Anwendung. Wäre dies der einzige Ausweg, so würde dadurch Derjenige, welcher sich auf den als zu Recht bestehenden Zustand, die Gültigkeit der Ehe, stützt, genöthigt werden, in den Rechtsstreit über die Nichtigkeit oder die Anfechtbarkeit der Ehe einzugreifen, obgleich doch sein Interesse gerade darauf gerichtet ist, daß dieser Rechtsstreit nicht geführt wird. Diesem Uebelstande hilft die gedachte Vorschrift des § 155 ab.

Da nach § 629 Abs. 2 der C.P.O. ein Urtheil, durch welches das Bestehen oder Nichtbestehen einer Ehe unter den Parteien festgestellt worden, sofern es bei Lebzeiten beider Parteien rechtskräftig wird, für und gegen alle wirkt, so muß auch dann, wenn im Laufe eines Rechtsstreits streitig wird, ob zwischen den Parteien eine Ehe besteht oder nicht, und von der Entscheidung dieser Frage die Entscheidung des Rechtsstreits abhängt, das Gericht das Verfahren auf Antrag aussetzen, bis der Streit über das Bestehen oder Nichtbestehen im Wege der Feststellungsklage erledigt ist (§ 154 der C.P.O.). Andernfalls wäre die einheitliche Feststellung aller durch das Bestehen oder Nichtbestehen einer Ehe zwischen den Parteien bedingten Rechtsverhältnisse gefährdet und müßte sich der Ehegatte, der nur an der Gültigkeit der Ehe interessirt ist, gefallen lassen, daß über den Bestand der Ehe lediglich incidenter entschieden wird. Da die Feststellungsklage sowohl von der einen, als der anderen Partei erhoben werden kann, so braucht von dem die Aussetzung des Verfahrens anordnenden Gerichte zur Erhebung der Feststellungsklage eine Frist nicht bestimmt zu werden.

**VI.** Wegen des internationalen Privatrechts vergl. E.G. Art. 13. Uebergangsbestimmungen ebenda Art. 198.

§. 1323.

Eine Ehe ist nur in den Fällen der §§. 1324 bis 1328 nichtig.

§. 1324.

Eine Ehe ist nichtig, wenn bei der Eheschließung die im §. 1317 vorgeschriebene Form nicht beobachtet worden ist.

Ist die Ehe in das Heirathsregister eingetragen worden und haben die Ehegatten nach der Eheschließung zehn Jahre oder, falls einer von ihnen vorher gestorben ist, bis zu dessen Tode, jedoch mindestens drei Jahre, als Ehegatten mit einander gelebt, so ist die Ehe als von Anfang an gültig anzusehen. Diese Vorschrift findet keine Anwendung, wenn bei dem Ablaufe der zehn Jahre oder zur Zeit des Todes des einen Ehegatten die Nichtigkeitsklage erhoben ist.

---

§ 1323.

**E. I § 1250; II § 1229 rev. § 1308; III § 1306. P. I S. 5946—5058, 8672, 8680; M. I S. 192, 193, IV S. 47, 55. P. II S. 4974 (Bd. 4 S. 56). D. S. 682.**

Ueber die rechtliche Natur der Nichtigkeit und den Unterschied von der Anfechtbarkeit ist bereits in den Vorbm. zu diesem Titel gehandelt.

Der § 1323 bringt den Grundsatz zum Ausdrucke, daß ein Nichtigkeitsgrund nur in den Fällen der §§ 1324—1328 gegeben ist. Ehehindernisse, deren Verletzung weder im § 1323 noch im § 1330 als Nichtigkeits- oder Anfechtungsgrund bezeichnet ist, haben somit nur aufschiebende Wirkung. Da die Ehe ein Rechtsgeschäft ist, würden sich an sich noch weitere Nichtigkeitsgründe aus den §§ 116—118 ergeben. Diesem Ergebnisse tritt § 1323 entgegen. Eine Ehe ist nicht deshalb nichtig, weil die Ehegatten sich insgeheim vorbehalten, das Erklärte nicht zu wollen, und gegenseitig von ihrer Absicht Kenntniß haben (§ 116) oder weil sie die Erklärung des Eheschließungswillens nur zum Schein abgeben (§ 117) oder weil der eine der Ehegatten den Eheschließungswillen nicht im Ernste erklärt und erwartet, der andere Ehegatte werde die Nichternstlichkeit nicht verkennen (§ 118). Daß die Ehe nicht nichtig ist, weil der eine Ehegatte, ohne daß der andere darum wußte, sich insgeheim vorbehält, das Erklärte nicht zu wollen, folgt bereits aus § 116. Der § 1323 setzt übrigens als selbstverständlich voraus, daß es sich um ein Verhältniß handelt, welches nach dem natürlichen Begriffe der Ehe eine Ehe sein kann. Eine Ehe zwischen Personen desselben Geschlechts ist aber begrifflich unmöglich. Hieran ändert die erschöpfende Aufzählung des § 1323 nichts. Die Eheschließung zwischen Personen desselben Geschlechts begründet, auch wenn sie in der durch § 1317 vorgeschriebenen Form erfolgt und in das Heirathsregister eingetragen ist, keine Ehe. Einer Nichtigkeitsklage bedarf es trotz der Vorschrift des § 1329 nicht. Bei Zwittern ist es Thatfrage, ob von dem Vorherrschen eines Geschlechts gesprochen werden kann. Danach entscheidet sich auch, ob eine Ehe möglich ist.

§ 1324.

**E. I § 1250 Nr. 1; II § 1230 rev. § 1309; III § 1307. P. I S. 5956; M. IV S. 48. P. II S. 4969—4973, 4977, 4983—4985, 8616 (Bd. 4 S. 53—57, 62—64). D. S. 682. K.B. S. 2033.**

1. Der § 1324 regelt die an die Verletzung der Eheschließungsform geknüpften Folgen, und zwar im Abs. 1 die Voraussetzungen, unter denen die Verletzung auf die Gültigkeit der Ehe Einfluß hat. Hierüber vergl. die Erl. zu § 1317. Ueber die rechtliche Natur der im § 1324 ausgesprochenen Nichtigkeit vergl. die Erl. zu § 1329. Ueber die Befugniß zur Geltendmachung der Nichtigkeit vergl. Vorbm. Nr. III oben S. 44.

2. Bei der wegen Formfehlers nichtigen Ehe bietet sich zur Heilung der Nichtigkeit ein Mittel von selbst, das bei den anderen Nichtigkeitsgründen regelmäßig (vergl. Erl. zu § 1309) fehlt: die Wiederholung der Eheschließung. Die Nichtigkeit wird dadurch jedoch nur für die Zukunft geheilt. Die Benutzung dieses Mittels erleichtert das B.G.B. durch die Vorschrift des § 1309 Abs. 1 Satz 2, daß, wenn Ehegatten die Eheschließung wiederholen wollen, die vorgängige Nichtigkeitserklärung nicht nothwendig ist. Die Wirksamkeit der zweiten Eheschließung hängt dabei von der Rechtsbedingung ab, daß die Ehe nicht bereits durch die erste Eheschließung

§. 1325.

Eine Ehe ist nichtig, wenn einer der Ehegatten zur Zeit der Eheschließung geschäftsunfähig war oder sich im Zustande der Bewußtlosigkeit oder vorübergehender Störung der Geistesthätigkeit befand.

Die Ehe ist als von Anfang an gültig anzusehen, wenn der Ehegatte sie nach dem Wegfalle der Geschäftsunfähigkeit, der Bewußtlosigkeit oder der Störung der Geistesthätigkeit bestätigt, bevor sie für nichtig erklärt oder aufgelöst worden ist. Die Bestätigung bedarf nicht der für die Eheschließung vorgeschriebenen Form.

---

gültig zu Stande gekommen ist. Der § 1324 Abs. 2 eröffnet aber auch einen Weg zur Heilung der Nichtigkeit für die Vergangenheit, die Legalisirung durch Zeitablauf (vergl. namentlich Fischer in den Jahrb. für Dogmatik 29 S. 281, 317, 334).

Voraussetzung ist:

a) Daß die Ehe in das Heirathsregister eingetragen worden ist. Ueber diese Voraussetzung vergl. Erl. zu § 1329.

b) Daß die Ehegatten eine gewisse Zeit „als Ehegatten miteinander gelebt haben". Die Ehegatten müssen sich selbst als Ehegatten betrachtet und behandelt haben. Wann diese Voraussetzung vorliegt, ist Thatfrage des einzelnen Falles. Sie wird z. B. in der Führung eines gemeinsamen Namens, in der Benennung der Kinder nach dem Manne, regelmäßig zu finden sein Ob die Ehegatten um die Nichtigkeit wußten, ist gleichgültig. Das Erforderniß des „miteinanderleben" darf nicht zu wörtlich genommen werden. Bei einer lange dauernden Trennung wird es zwar zu verneinen sein. Wenn aber ein vorübergehender Zwist bewirkte, daß der eine Ehegatte den andern auf kürzere Zeit verließ, so wird nichtsdestoweniger anzunehmen sein, daß die Ehegatten miteinander lebten, wenn sie sich nur, z. B. in Ansehung der Namensführung, des Unterhalts, als Ehegatten auch während der Trennung betrachteten und behandelten.

c) Der Zeitraum, innerhalb dessen das Zusammenleben als Ehegatten stattgefunden haben muß, beträgt von der Eheschließung an gerechnet 10 Jahre; falls einer der Ehegatten vorher gestorben ist, genügen nach dem Beschlusse der R.T.K. 3 Jahre, das Zusammenleben muß jedoch im Augenblicke des Todes noch bestanden haben. Mit dem Ablaufe der 10jährigen Frist ist die Heilung von selbst eingetreten. Nachherige Trennung ist einflußlos. Für die Berechnung der 10- und der 3jährigen Frist entscheiden § 187 Abs. 1, § 188.

d) Bei dem Ablaufe der 10 Jahre oder, sofern ein Ehegatte vorher stirbt, zur Todeszeit des Ehegatten darf die Nichtigkeitsklage (§ 1329) nicht erhoben sein, und zwar entsprechend dem Zwecke des § 1324 Abs. 2 die auf einen Formmangel, nicht die auf einen anderen Nichtigkeitsgrund gestützte Nichtigkeitsklage. Wann die Nichtigkeitsklage als erhoben anzusehen ist, bestimmt die C.P.O. §§ 253, 281.

Die durch Zeitablauf eintretende Heilung der Nichtigkeit bewirkt, daß die Ehe als von Anfang an gültig anzusehen ist. Der Zeitablauf hat objektiv rückwirkende Kraft. Auf die Heilung kann sich jeder und in jedem Rechtsstreite berufen. Die Beweislast anlangend, so hat derjenige, welcher sich auf die Heilung beruft, die in dem Abs. 2 Satz 1 bezeichneten Voraussetzungen zu beweisen, während demjenigen, welcher die Heilung bestreitet, weil die Nichtigkeitsklage vor dem im Abs. 2 Satz 2 bezeichneten Zeitpunkt erhoben sei, der Beweis dieser Thatsache obliegt.

Die Vorschrift des § 1324 Abs. 2 gilt nach Maßgabe des Art. 198 des E.G. auch für die zur Zeit des Inkrafttretens des B.G.B. bereits bestehenden Ehen (vergl. Erl. zu Art. 198 E.G.).

## § 1325.

**E. I §§ 1250 Nr. 2, 1251; II § 1231 rev. § 1310; III § 1308. P. I S. 5949—5951, 5956—5958, 8672, 8681; M. IV S. 48—51. P. II S. 4969—4973, 4977, 4983—4985, 8616 (Bd. 4 S. 53—55, 57, 60). D. S. 682. St.B. S. 2033.**

1. Da die Eheschließung sich, rechtlich betrachtet, als ein Rechtsgeschäft darstellt, so entspricht es den allgemeinen Grundsätzen (§ 105 Abs. 1), daß die von einem Geschäftsunfähigen eingegangene Ehe nichtig ist. Dem Falle der Geschäftsunfähigkeit ist im § 1325 Abs. 1 nach dem Vorgange des § 105 Abs. 2 der Fall gleichgestellt, daß ein Ehegatte sich im Zustande der Bewußtlosigkeit oder vorübergehender Störung der Geistesthätigkeit befand (über die Begriffe

vergl. Erl. zu §§ 104, 105). Aus welchem Grunde der Ehegatte geschäftsunfähig ist, ist gleichgültig. Die Ehe ist nichtig, auch wenn ein wegen Geisteskrankheit Entmündigter zur Zeit der Eheschließung einen sog. lichten Augenblick hatte oder wenn er zu dieser Zeit wieder gesund geworden, die Entmündigung aber noch nicht aufgehoben ist, oder wenn ein Ehegatte an einer fixen Idee oder einer ähnlichen Geisteskrankheit (§ 104 Nr. 2) leidet, ohne daß man sagen kann, die Schließung der Ehe stehe unter ihrem Einflusse.

2. Im geltenden Rechte ist die Ehe eines Geschäftsunfähigen meist als anfechtbar behandelt. Den praktischen Gesichtspunkten, auf welchen diese Regelung beruht, trägt der § 1325 dadurch Rechnung, daß er im Abs. 2 eine Heilung der Nichtigkeit zuläßt. Die Heilung tritt ein, wenn der Ehegatte die Ehe nach dem Wegfalle der Geschäftsunfähigkeit, Bewußtlosigkeit oder Störung der Geistesthätigkeit bestätigt. Wann die Geschäftsunfähigkeit rc. weggefallen ist, ist, abgesehen vom Falle der Wiederaufhebung der Entmündigung, hinsichtlich deren die §§ 672, 678, 679 der C.P.O. den Zeitpunkt des Beginns der Wirksamkeit bestimmen, Thatfrage. Die Bestätigung ist ein einseitiges Rechtsgeschäft des Ehegatten, wegen dessen Geschäftsunfähigkeit die Ehe nichtig ist. Der E. I § 1251 verlangte, daß der betreffende Gatte „die Eheschließung gegenüber dem anderen Theile genehmigt". Die in der zweiten Kommission gestellten Anträge, in deren einem unter Weglassung der Worte „gegenüber dem anderen Theile" von der Genehmigung der Ehe gesprochen wurde, während der Andere den Ausdruck „Genehmigung" durch „Bestätigung" ersetzte, bezweckten, wie in P. II S. 4984 ausdrücklich hervorgehoben wird, keine sachliche Aenderung des Entwurfes und wurden der Redaktionskommission überwiesen. Der jetzt in dem § 1325 gebrauchte Ausdruck „Bestätigung der Ehe" schließt sich der Ausdrucksweise des § 141 an. Aus dem Begriffe der Bestätigung folgt, daß sie, weil es sich um Bestätigung der Eheschließungserklärung, also einer Vertragserklärung handelt, dem anderen Theile gegenüber vorzunehmen ist (s. Erl. zu § 141 Nr. 1). Dabei ist indessen zu beachten, daß es sich hier um einen Fall handelt, in welchem die Willensbethätigung unzweifelhaft als gleichwerthig mit der Willenserklärung zu betrachten, also eine sog. stillschweigende Willenserklärung zulässig ist (s. Bd. I S. 164, 165). Eine solche wird in jedem Verhalten des betreffenden Ehegatten zu finden sein, in welchem der Wille, die Ehe gültig sein zu lassen, unzweideutig zu Tage tritt. Dahin gehört z. B. immer die Leistung der ehelichen Pflicht. Bei anderen Handlungen, z. B. bei der Führung des Namens des Mannes von Seiten der Frau, bei der Gewährung des Unterhalts von Seiten des Mannes an die Frau rc., hängt es von den Umständen des Falles ab, ob darin eine Bestätigung zu finden ist. Begrifflich setzt die Bestätigung voraus, daß der Bestätigende weiß, daß er zur Zeit der Eheschließung sich in einem Zustande befand, aus welchem seine Geschäftsunfähigkeit folgte. Das Recht der Bestätigung der nach § 1325 Abs. 1 nichtigen Ehe steht nur dem geschäftsunfähigen Ehegatten selbst zu, eine Genehmigung des gesetzlichen Vertreters ist ausgeschlossen (anders bei der wegen Mangels der Einwilligung des gesetzlichen Vertreters anfechtbaren Ehe § 1337). Der Bestätigende darf zur Zeit der Bestätigung nicht wieder geschäftsunfähig sein oder sich im Zustande der Bewußtlosigkeit oder vorübergehender Störung der Geistesthätigkeit befinden, während bloße Beschränkung der Geschäftsfähigkeit nichts schadet. Zur Wirksamkeit der Bestätigung ist aber, falls der Bestätigende in der Geschäftsfähigkeit beschränkt ist, die Einwilligung des gesetzlichen Vertreters nothwendig. Mangel der Einwilligung macht die Bestätigung jedoch nicht nichtig, sondern in Abweichung von den allgemeinen Grundsätzen (§ 111 Satz 1, § 114) nur anfechtbar (§ 1331). Zuständig ist derjenige gesetzliche Vertreter, welchem die Sorge für die Person zusteht (vergl. Erl. zu § 1304). Die Bestätigung ist ausgeschlossen, wenn die Ehe zur Zeit der Bestätigung bereits durch Tod oder Scheidung aufgelöst oder wegen irgend eines Nichtigkeits- oder Anfechtungsgrundes für nichtig erklärt worden ist. Dagegen steht ein auf Aufhebung der ehelichen Gemeinschaft (§ 1575) lautendes Urtheil der Bestätigung nicht entgegen (vergl. § 1586). Auch ist die Bestätigung noch im Laufe des Nichtigkeitsprozesses möglich, jedoch nur bis zum Schlusse derjenigen mündlichen Verhandlung, in der nach den Grundsätzen der C.P.O. überhaupt Thatsachen noch geltend gemacht werden können (M. IV S. 50, 51); dies gilt selbst dann, wenn der nicht geschäftsunfähige Ehegatte die Nichtigkeitsklage erhoben hat und von der Aufrechterhaltung der Ehe nichts wissen will, ja selbst wenn er bei der Eheschließung von dem Zustande des anderen Ehegatten keine Kenntniß hatte (anders natürlich, wenn die Anfechtungsklage aus § 1333 erhoben ist). Nach allgemeinen Grundsätzen (§ 1410 Abs. 1) würde die Bestätigung als erneute Vornahme des Rechtsgeschäfts der Eheschließung zu beurtheilen sein, es müßte demnach die Eheschließungsform wiederholt werden. Der § 1325 Abs. 2 Satz 2 schließt diese Folge ausdrücklich aus; die Bestätigung ist an keine Form gebunden. Der Ablauf einer bestimmten Zeit ist, anders als im § 1339, der Bestätigung nicht gleichgestellt, wie auch die Geltendmachung des Nichtigkeitsgrundes des § 1325 nicht an eine Frist geknüpft ist. Die in Folge der Bestätigung der Ehe eintretende Heilung der Nichtigkeit hat in Abweichung von den allgemeinen Grundsätzen (§ 141 Abs. 2) objektiv rückwirkende Kraft. Die Ehe ist als von Anfang an gültig anzusehen. Die Heilung tritt für und gegen Jeden ein.

3. Zweifelhaft ist, ob auf die Bestätigung die allgemeinen Vorschriften der §§ 116 ff. über Nichtigkeit und Anfechtbarkeit der Rechtsgeschäfte Anwendung finden. Die Bestätigung ist unzweifelhaft ein Rechtsgeschäft. Die Anwendung der allgemeinen Grundsätze kann nicht deshalb als ausgeschlossen angesehen werden, weil in den §§ 1323, 1330 bestimmt ist, daß die Ehe nur in den dort bezeichneten Fällen nichtig oder anfechtbar sei. Es handelt sich hier nicht um die Nichtigkeit oder Anfechtbarkeit der Ehe, sondern um die Nichtigkeit oder Anfechtbarkeit eines Rechtsgeschäfts, welches zwar für die Nichtigkeit oder Anfechtbarkeit der Ehe von Bedeutung ist, aber doch nicht die Eheschließung selbst betrifft. Unmöglich ist, jeder äußerlich sich als Bestätigung darstellenden Erklärung des geschäftsunfähig gewesenen Ehegatten unbedingt die Wirkung einer Heilung der Nichtigkeit beizulegen. Hat z. B. der betreffende Ehegatte irrthümlich eine die Bestätigung aussprechende Urkunde, ohne deren Inhalt zu kennen, unterschrieben, oder ist er durch Drohung zu der Bestätigung bestimmt worden, so muß ihm ein Mittel gegeben sein, die Wirkung einer solchen Erklärung zu beseitigen. In Betreff der Art, in welcher die Beseitigung zu erfolgen hat, sind zwei Auffassungen möglich. Man wendet entweder die allgemeinen Vorschriften der §§ 116 ff. ohne Modifikation an, oder man schließt diese Anwendung zwar aus, bringt aber statt derselben die Vorschriften über Nichtigkeit und Anfechtbarkeit der Ehe zur entsprechenden Anwendung. Aus der ersten Auffassung würde folgen, daß die Bestätigung in den Fällen der §§ 116 Satz 2, 117, 118 nichtig, in den Fällen der §§ 119, 120, 123 anfechtbar ist, daß die Anfechtung nach Maßgabe des § 143 durch Erklärung gegenüber dem anderen Theile zu erfolgen hat und daß sie an die in den §§ 121, 124 bestimmten Fristen gebunden ist. Die Entscheidung über diese Frage würde in dem Prozeß über die Nichtigkeitsklage nach Maßgabe der hierfür geltenden Vorschriften erfolgen. Bei der zweiten Auffassung wird die Nichtigkeit der Ehe durch die Bestätigung geheilt. Die Ehe wird aber anfechtbar, wenn die Bestätigung an einem Mangel leidet, welcher, wenn er bei der Eheschließung vorläge, die Anfechtung nach den §§ 1331, 1335 begründen würde. Die Anfechtung muß nach Maßgabe der für die Anfechtung der Ehe geltenden Vorschriften der §§ 1336 ff. durch Erhebung der Anfechtungsklage innerhalb der durch § 1339 bestimmten Frist erfolgen. Für die erste Auffassung spricht der Wortlaut des Gesetzes. Die Anwendung der allgemeinen, für das Rechtsgeschäft der Bestätigung geltenden Grundsätze wird in drei Beziehungen durch das Gesetz modifizirt. Die Bestätigung soll nach § 1325 Abs. 2, abweichend von der Vorschrift des § 141, nicht der für die Eheschließung vorgeschriebenen Form bedürfen; sie soll ferner rückwirkende Kraft haben und sie soll endlich nach § 1331, wenn der Bestätigende in der Geschäftsfähigkeit beschränkt war, nicht nach Maßgabe der §§ 111, 114 nichtig sein, sondern die Wirkung haben, daß die nichtige Ehe in eine nur nach Maßgabe des § 1332 anfechtbare Ehe verwandelt wird. Andere Modifikationen der allgemeinen Grundsätze sind nicht bestimmt. Wäre das Gesetz von der oben dargelegten zweiten Auffassung ausgegangen, so würde es sehr nahe gelegen haben, die §§ 1332, 1335 im Anschluß an die Vorschrift des § 1331 dahin zu fassen, daß neben der Eheschließung für den Fall des § 1325 auch die Bestätigung erwähnt würde. Für einen ähnlichen Fall, nämlich den der Anfechtbarkeit der Anerkennung der Ehelichkeit eines Kindes, wird in dem § 1599 ausdrücklich die entsprechende Anwendung der für die Anfechtung der Ehelichkeit geltenden Vorschriften bestimmt; ähnlich bei der Annahme an Kindesstatt nach § 1755. Für die zweite Auffassung spricht dagegen, daß die Bestätigung der Ehe im Falle des § 1325 die Eheschließungserklärung ersetzt und daß die Konsequenz daher zu erfordern scheint, sie in Betreff der Nichtigkeit und Anfechtbarkeit ebenso zu behandeln wie die Eheschließungserklärung selbst. Dazu kommt, daß die Grundsätze, welche in der hier fraglichen Beziehung für die Bestätigung einer nach § 1325 nichtigen Ehe gelten, auch auf die Bestätigung einer anfechtbaren Ehe (§ 1337) Anwendung finden müssen. Diese Anwendung würde aber, wenn man die erstgedachte Auffassung zu Grunde legt, in mehrfacher Beziehung zu einem sehr unbefriedigenden Ergebnisse führen. Die Bestätigung einer anfechtbaren Ehe würde z. B., da auf sie die Vorschrift des § 1331 keine Anwendung findet, von einer in der Geschäftsfähigkeit beschränkten Person nur mit Einwilligung des gesetzlichen Vertreters erfolgen können und in Ermangelung dieser Einwilligung nichtig sein, obwohl zu der Bestätigung selbst die Einwilligung nach § 1337 Abs. 3 nicht erforderlich ist. Ebenso würde die Anfechtung durch den gesetzlichen Vertreter erfolgen können, obwohl die Bestätigung selbst durch diesen nicht erfolgen kann. Bei der oben gedachten zweiten Auffassung fallen diese Bedenken weg. Die Anfechtung ist nur aus den in den §§ 1332, 1335 bezeichneten Gründen zulässig; sie erfolgt nach Maßgabe der §§ 1336 ff. zugleich mit der Anfechtung der Ehe; sie kann daher von einem in der Geschäftsfähigkeit Beschränkten ohne Einwilligung des gesetzlichen Vertreters, nicht aber von diesem erfolgen. Bei der Abwägnng der für und gegen die beiden gedachten Auffassungen sprechenden Gründe dürften die für die zweite Auffassung sprechenden für überwiegend zu betrachten sein.

4. Wegen der Legitimation zur Erhebung der Nichtigkeitsklage auf Grund des § 1325 s. Vorbm. zu diesem Titel Nr. III.

§. 1326.

Eine Ehe ist nichtig, wenn einer der Ehegatten zur Zeit der Eheschließung mit einem Dritten in einer gültigen Ehe lebte.

§. 1327.

Eine Ehe ist nichtig, wenn sie zwischen Verwandten oder Verschwägerten dem Verbote des §. 1310 Abs. 1 zuwider geschlossen worden ist.

---

§ 1326.

**E. I § 1250 Nr. 3; II § 1232 rev. § 1311; III § 1309. P. I S. 5954, 5955; M. IV S. 51—53. P. II S. 4977—4981 (Bd. 4 S. 57—59). D. S. 682, 683.**

Der § 1326 regelt die Folgen, welche die Verletzung des Eheverbots der Bigamie (§ 1309) nach sich zieht. Nichtigkeit soll nur eintreten, wenn die alte Ehe eine gültige war. Lebte einer der Ehegatten zur Zeit der Eheschließung mit einem Dritten in einer nichtigen Ehe, so tritt die Nichtigkeit auch dann nicht ein, wenn die Nichtigkeitserklärung der alten Ehe zur Zeit der Eingehung der neuen Ehe noch nicht erfolgt ist, ja selbst dann nicht, wenn die Nichtigkeit der alten Ehe nur auf Anfechtbarkeit beruht und die Anfechtung nach Eingehung der neuen Ehe erfolgt. Die neue Ehe ist, falls die alte nichtig ist, von Anfang an gültig, sie wird nicht etwa erst mit der Nichtigkeitserklärung der alten Ehe durch Konvaleszenz gültig, ein Unterschied, der namentlich für die Fälle der Auflösung der neuen Ehe vor der Nichtigkeitserklärung der alten von Bedeutung ist. Die alte Ehe bildet, bis sie für nichtig erklärt ist, nur ein aufschiebendes Ehehinderniß. Einen anderen Standpunkt nimmt das St.G.B. § 171 (Fassung im E.G. Art. 34) ein. Für das Strafrecht kommt es darauf an, auch die Verletzung des aufschiebenden Ehehindernisses der Bigamie zu verhüten und zu sühnen. Dem bürgerlichen Rechte erscheint es unzweckmäßig, um der alten Ehe willen, die doch nicht aufrecht erhalten werden kann, auch die neue Ehe, wenn sie einmal eingegangen ist, nicht aufrecht zu erhalten. Ist die frühere Ehe vor der Eingehung der neuen Ehe rechtskräftig geschieden oder für nichtig erklärt, das Urtheil aber im Wege der Wiederaufnahme des Verfahrens beseitigt worden, so ist die neue Ehe nichtig, und zwar von Anfang an. Daraus erklärt sich das Eheverbot des § 1309 Abs. 2. Besteht die alte Ehe im Augenblicke der Eingehung der neuen Ehe zu Recht, so ist die Gutgläubigkeit der Ehegatten für die Frage der Gültigkeit der Ehe unerheblich. Von Belang ist dies namentlich für die Fälle, daß der Tod eines Ehegatten auf Grund eines falschen Todtenscheins angenommen worden ist. Eine Ausnahme erleidet dies nur für die Fälle der Todeserklärung (vergl. Erl. zu § 1348). Das B.G.B. ergreift hier, um den Widerstreit mit den §§ 1309, 1326 zu vermeiden, den Ausweg, die alte Ehe mit der Eingehung der neuen für aufgelöst zu erklären.

Eine Heilung der wegen Bigamie eintretenden Nichtigkeit ist dem B.G.B. unbekannt. Insbesondere tritt eine Heilung nicht deshalb ein, weil die alte Ehe nach der Eingehung der neuen durch Tod oder Scheidung aufgelöst wird. Dagegen ist solchen Falls bei der Bigamie eine Heilung wenigstens für die Zukunft dadurch möglich, daß die Ehegatten die Eheschließung wiederholen. Erleichtert wird ihnen dies durch die Vorschrift des § 1309 Abs. 1 Satz 2.

Wegen der Geltendmachung des Nichtigkeitsgrundes der Bigamie namentlich durch den Ehegatten der früheren Ehe, wegen der Einwirkung der Vorfrage der Gültigkeit der alten Ehe sowie wegen der Wirkung des in diesem Streite ergehenden Urtheils gegen den Ehegatten der früheren Ehe vergl. Vorbm. III zum gegenw. Titel (§ 629, § 632 Abs. 1 der C.P.O.).

§ 1327.

**E. I § 1250 Nr. 3; II § 1233 rev. § 1312; III § 1310. P. I S. 5954; M. IV S. 53, 54. P. II S. 4983 (Bd. 4 S. 23—27). D. S. 683.**

Im § 1327 sind die an die Verletzung des Eheverbots der Verwandtschaft und Schwägerschaft (§ 1310) geknüpften Folgen behandelt. Nichtigkeit tritt nur bei Verstoß gegen § 1310 Abs. 1, also nur bei der Nichtbeachtung des Eheverbots der Verwandtschaft und der durch eine Ehe vermittelten Schwägerschaft ein. Dem im § 1310 Abs. 2 ausgesprochenen Verbote der Ehe zwischen Personen, deren Schwägerschaft auf unehelicher Geschlechtsgemeinschaft beruht, kommt lediglich die Bedeutung eines aufschiebenden Ehehindernisses zu. Im § 1310 Abs. 3 ist ein Ehehinderniß überhaupt nicht aufgestellt, sondern nur der Sinn der in Abs. 1, 2 enthaltenen Verbote näher erläutert. Ob die Ehe zwischen Personen, die nur in Folge der Vorschrift des § 1310 Abs. 3 für verwandt oder verschwägert gelten, nichtig ist, bemißt sich deshalb danach, ob in Folge des Abs. 3 des § 1310 das Eheverbot des § 1310 Abs. 1 oder des Abs. 2 begründet ist. Im Uebrigen vergl. Erl. zu § 1310. Daß dem Ehehindernisse der Adoptivverwandtschaft nur aufschiebende Wirkung beigelegt ist, ist oben zu § 1311 schon erwähnt.

## §. 1328.

Eine Ehe ist nichtig, wenn sie wegen Ehebruchs nach §. 1312 verboten war.

Wird nachträglich Befreiung von der Vorschrift des §. 1312 bewilligt, so ist die Ehe als von Anfang an gültig anzusehen.

## §. 1329.

Die Nichtigkeit einer nach den §§. 1325 bis 1328 nichtigen Ehe kann, solange nicht die Ehe für nichtig erklärt oder aufgelöst ist, nur im Wege der Nichtigkeitsklage geltend gemacht werden. Das Gleiche gilt von einer nach §. 1324 nichtigen Ehe, wenn sie in das Heirathsregister eingetragen worden ist.

---

### § 1328.

**E. II § 1234 rev. § 1313; III § 1311. P. I S. 5955, 5956; M. IV S. 54, 55. P. II S. 4922, 4994 (Bd. 4 S. 29, 64). D. S. 683.**

Inwieweit eine Ehe wegen Ehebruchs verboten ist, ist in der Erl. zu § 1312 Nr. 1 ausgeführt. Die Verletzung des Verbots bewirkt die Nichtigkeit der Ehe. Vom E. I war dem Ehebruche nur die Bedeutung eines aufschiebenden Ehehindernisses beigelegt. In der Erl. zu § 1312 Nr. 2 ist von der Befreiung (§ 1312 Abs. 2) gehandelt. Von der durch die nachträgliche Befreiung eintretenden Heilung der Nichtigkeit gilt das zu § 1325 Abs. 2 (Erl. Nr. 2 das.) Erörterte. Wer die Befreiung erwirkte, ob sie mit Zustimmung der Ehegatten erfolgte, ist gleichgültig. Selbstverständlich hat die Befreiung heilende Wirkung nur, wenn im Augenblicke der Ertheilung der Befreiung die Ehe noch besteht. Dagegen schadet es nichts, daß bereits die Nichtigkeitsklage erhoben ist.

### § 1329.

**E. I § 1252; II § 1235 rev. § 1314; III § 1312. P. I S. 5959—5964, 5968, 8673, 8681, 8779, 8794, 8809, 8829, 8848; M. IV S. 56—58. P. II S. 4970—4977, 4994, 8616, 8617 (Bd. 4 S. 53—57, 64). D. S. 681.**

1. Nach allgemeinen Grundsätzen würde aus der Nichtigkeit folgen, daß jeder, auf dessen Rechtsverhältnisse die Ehe, wenn sie gültig wäre, von Einfluß sein würde, sich auf die Nichtigkeit der Ehe berufen könnte, sei es durch Geltendmachung eines Anspruchs, dessen Gültigkeit durch die Nichtigkeit der Ehe bedingt ist, sei es im Wege der Einrede durch Bestreiten eines Anspruchs, dessen Gültigkeit von der Rechtsbeständigkeit der Ehe abhängt. Nach dem § 1329 kann jedoch im Einklange mit dem bisherigen Rechte (§ 588 C.P.O., welcher durch § 1329 ersetzt wird,) *eine nichtige Ehe regelmäßig nicht ohne Weiteres als nichtig behandelt werden, es muß vielmehr* die Nichtigkeit in Folge der Nichtigkeitsklage durch Urtheil festgestellt, *die Ehe* mithin *erst als nichtig erklärt sein.* Hiervon giebt es eine doppelte Ausnahme. Die vorherige Nichtigkeitserklärung ist nicht nothwendig

a) wenn es sich um eine wegen eines Formfehlers nach § 1324 nichtige Ehe handelt, außer wenn die Ehe in das Heirathsregister eingetragen worden ist;

b) ohne Rücksicht auf den Nichtigkeitsgrund, wenn die Ehe durch Tod, Scheidung oder Wiederverheirathung im Falle der Todeserklärung aufgelöst oder in Folge durchgeführter Anfechtungsklage — bei Konkurrenz eines Anfechtungsgrundes — bereits als nichtig erklärt worden ist. Die erstere Ausnahme beruht darauf, daß nur die unter der Mitwirkung der staatlichen Autorität zu Stande gekommene Ehe solange als Ehe gelten muß, als nicht die Vermuthung der Gültigkeit in dem hierzu bestimmten Verfahren widerlegt ist. Die zweite Ausnahme hängt damit zusammen, daß nach der Auflösung der Ehe die Frage, ob die Ehe nichtig ist, nur noch für die einzelnen Nachwirkungen der Ehe in Betracht kommt. Bezüglich dieser besteht kein öffentliches Interesse, die Frage der Nichtigkeit einheitlich zu entscheiden.

2. Wie bemerkt, kann auch bei einer wegen Formfehlers nichtigen Ehe die Nichtigkeit dann nicht ohne Weiteres geltend gemacht werden, *wenn die Ehe in das Heirathsregister eingetragen worden ist.* Denn unter dieser Voraussetzung liegt auch bei einer wegen Formmangels nichtigen Ehe der äußere Schein einer Ehe vor und ist eine Vermuthung für die Gültigkeit der Ehe begründet. Erforderlich ist eine gültige, die Eheschließung in der durch § 1317 vorgeschriebenen Form beweisende Eintragung (§ 15 d. Personst. Ges.). Der Gegenbeweis gegen die Richtigkeit der Eintragung kann dann bei Lebzeiten beider Ehegatten nicht im gewöhnlichen Prozeßverfahren, sondern nur im Wege der Nichtigkeitsklage geführt werden.

§. 1330.

Eine Ehe kann nur in den Fällen der §§. 1331 bis 1335 und des §. 1350 angefochten werden.

§. 1331.

Eine Ehe kann von dem Ehegatten angefochten werden, der zur Zeit der Eheschließung oder im Falle des §. 1325 zur Zeit der Bestätigung in der Geschäfts-

3. Wie in der Vorbm. Nr. II zum gegenwärtigen Titel hervorgehoben ist, erkennt das B.G.B. durch den § 1329 die Unterscheidung von materiell nichtiger (matrimonium nullum) und formell nichtiger (matrimonium non existens) Ehe an. Ueber die Folgen des Unterschieds vergl. Vorbm. Nr. II a. a. O.

4. Daraus, daß die Nichtigkeit regelmäßig nur durch Erhebung der Nichtigkeitsklage geltend gemacht werden kann, ergiebt sich, daß die nur materiell nichtige Ehe bis zur Nichtigkeitserklärung bezw. bis zu dem Zeitpunkt, in welchem die Nichtigkeit ohne Weiteres geltend gemacht werden darf, als gültig anzusehen ist. Dieser Grundsatz ist im B.G.B. (anders der E. I § 1252 Abs. 1) nicht ausdrücklich ausgesprochen. Die Folgen dieses Grundsatzes zeigen sich auf den verschiedensten Rechtsgebieten. Der Mann muß z. B. der Frau nach Maßgabe der §§ 1360, 1361 Unterhalt gewähren, auch wenn er die Nichtigkeit der Ehe behauptet. Die Frau führt den Namen des Mannes, sie theilt den Wohnsitz des Mannes (vergl. Erl. Nr. 2 zu § 10). Die Ehegatten müssen sich in ihren güterrechtlichen Verhältnissen gegenseitig und im Verhältnisse zu Dritten so behandeln lassen, als wäre die Ehe gültig. Auch die rechtliche Stellung der Kinder, die elterliche Gewalt, die Unterhaltspflicht werden lediglich nach den allgemeinen Grundsätzen behandelt, welche für die Ehe unter der Voraussetzung ihrer Gültigkeit maßgebend sind. Der erwähnte Grundsatz äußert an sich seine Wirkungen selbst dann, wenn die Nichtigkeitsklage erhoben ist. Nach Maßgabe des § 627 der C.P.O. kann jedoch auf Antrag eines jeden Ehegatten das Prozeßgericht durch das im § 627 gestattete Interimistikum die Folgen des erwähnten Grundsatzes in gewissen Grenzen modifiziren. Das Nähere vergl. Vorbm. Nr. III, 2 zu diesem Titel. Unter den Folgen des erwähnten Grundsatzes darf aber das materielle Recht nicht leiden. Der § 151 der C.P.O. verpflichtet daher das Gericht, wenn die Entscheidung eines Rechtsstreits davon abhängt, ob eine Ehe nichtig ist und die Nichtigkeit nur im Wege der Nichtigkeitsklage geltend gemacht werden kann, auf Antrag das Verfahren auszusetzen und, sofern die Nichtigkeitsklage noch nicht erhoben ist, eine Frist zur Erhebung der Klage zu bestimmen. Das Nähere vergl. Vorbm. Nr. V zum gegenwärtigen Titel.

5. Aus dem Prinzipe der Nichtigkeit und der deklaratorischen Natur des Nichtigkeitsurtheils ergiebt sich, daß, wenn auf erhobene Nichtigkeitsklage die Nichtigkeitserklärung erfolgt, das Verhältniß so anzusehen ist, als habe die Ehe nie bestanden. Das Verhältniß ist in diesem Falle dasselbe, wie wenn es sich um ein matrimonium non existens handeln würde. Das B.G.B. (anders E. I § 1252 Abs. 2) spricht diese Folge nicht ausdrücklich aus, sondern enthält nur gewisse Vorschriften, welche eine Ausnahme davon bilden (vergl. §§ 1344, 1345, 1699). Wegen der Wirkungen im Einzelnen ist bezüglich des Verhältnisses der Ehegatten zu einander und zu Dritten auf die Erl. Nr. 1 zu § 1344 und Nr. 1 zu § 1345, bezüglich des Verhältnisses zu den Kindern auf die Erl. zu § 1699 zu verweisen.

**§ 1330.**

**E. I § 1259; II § 1238 rev. § 1315; III § 1313. P. I S. 5997; M. IV S. 71. P. II S. 5014 (Bd. 4 S. 74). D. S. 683.**

Mit § 1330 beginnen die von der Anfechtbarkeit der Ehe handelnden Vorschriften. Das Wesen der Anfechtbarkeit der Ehe ist in der Vorbemerkung zu gegenwärtigem Titel erörtert worden. Der § 1330 bringt zum Ausdrucke, daß nur in den von ihm bezeichneten Fällen die Ehe anfechtbar ist. Andere Gründe sind ausgeschlossen. Dies gilt (im Gegensatze zum E. I § 1259 Nr. 3, vergl. P. II S. 5022, Bd. 4 S. 79) insbesondere von der Verletzung der die Ehemündigkeit betreffenden Vorschrift des § 1303.

**§ 1331.**

**E. I § 1259 Nr. 4, § 1261 Nr. 4; II § 1239 rev. § 1316; III § 1314. P. I S. 5993—5997, 6008, 6009, 6012, 8074, 9923; M. IV S. 71, 80—84, 86, 87. P. II S. 5009—5013, 5023, 5027, 5044 (Bd. 4 S. 72—74, 79, 81, 90). D. S. 683. K.B. S. 2033, 2034.**

1. Nach dem Grundsatze, welchen der § 108 für die ohne die erforderliche Einwilligung des gesetzlichen Vertreters eingegangenen Verträge eines in der Geschäftsfähigkeit Beschränkten aufstellt,

fähigkeit beschränkt war, wenn die Eheschließung oder die Bestätigung ohne Einwilligung seines gesetzlichen Vertreters erfolgt ist.

§. 1332.

Eine Ehe kann von dem Ehegatten angefochten werden, der bei der Eheschließung nicht gewußt hat, daß es sich um eine Eheschließung handle, oder dies zwar gewußt hat, aber eine Erklärung, die Ehe eingehen zu wollen, nicht hat abgeben wollen.

---

würde die Wirksamkeit des Eheschließungsvertrags von der Genehmigung des Vertreters abhängen. Um den dadurch bedingten Schwebezustand zu vermeiden, kleidet das B.G.B. die nach § 108 eintretende Unwirksamkeit bei der Ehe in die Form der Anfechtbarkeit. Durch § 1331 wird dem im § 1304 aufgestellten Erfordernisse der Einwilligung des gesetzlichen Vertreters die Natur eines privaten, trennenden Ehehindernisses gegeben. Inwieweit die Einwilligung erforderlich ist, ist in der Erl. zu § 1304 dargelegt. Die Bestätigung einer Ehe, die nach § 1325 Abs. 1 nichtig ist, weil der Ehegatte zur Zeit der Eingehung der Ehe geschäftsunfähig oder bewußtlos oder geistesgestört war, ist ein einseitiges Rechtsgeschäft des bestätigenden Ehegatten. Nach § 111 ist ein ohne die Einwilligung des gesetzlichen Vertreters vorgenommenes einseitiges Rechtsgeschäft eines in der Geschäftsfähigkeit Beschränkten unwirksam. Abweichend hiervon erklärt der § 1331 die ohne die Einwilligung des gesetzlichen Vertreters vorgenommene Bestätigung nicht für unwirksam, die Ehe selbst aber für anfechtbar, weil in der Bestätigung der Ehekonsens liegt, die Bestätigung also insofern der Eingehung der Ehe gleichsteht. Im Uebrigen vergl. wegen der Bestätigung der nichtigen Ehe die Erl. Nr. 2 zu § 1325.

2. In den Fällen des § 1331 ist anfechtungsberechtigt der in der Geschäftsfähigkeit beschränkte Ehegatte, dessen gesetzliche Vertreter nicht eingewilligt hat. Der andere Ehegatte hat ein Anfechtungsrecht selbst dann nicht, wenn er von der Beschränkung der Geschäftsfähigkeit des anderen Theiles nichts gewußt hat. Der anfechtungsberechtigte Ehegatte kann, solange er in der Geschäftsfähigkeit beschränkt ist, weder die Ehe anfechten (§ 1336 Abs. 2 Satz 2), noch die Ehe durch Bestätigung unanfechtbar machen (§ 1337 Abs. 1). Anfechtung wie Genehmigung kommen vielmehr dem gesetzlichen Vertreter zu.

3. Der § 1331 findet auch dann Anwendung, wenn ein in der Geschäftsfähigkeit Beschränkter mit seinem gesetzlichen Vertreter oder einem Abkömmlinge des Vertreters die Ehe eingeht, ohne daß ein zu diesem Zwecke bestellter Pfleger seine Einwilligung ertheilt (vergl. Erl. Nr. 2 zu § 1304). Durch die Verehelichung werden weder die Vormundschaft oder die Pflegschaft als solche, noch das Amt des Vormundes oder des Pflegers von selbst beendet; es können nur der Vormund oder der Pfleger nach den §§ 1886, 1915 entlassen werden. Erhält das Vormundschaftsgericht von der verbotwidrig eingegangenen Ehe längere Zeit keine Kenntniß, so kann sich der Fall ereignen, daß die im § 1339 Abs. 1 bestimmte sechsmonatige Frist verstrichen ist, ehe das Gericht einen neuen Vormund oder Pfleger bestellt hat. Hier hilft die im § 1339 Abs. 3 vorgeschriebene Anwendbarkeit des § 206. Das Vorhandensein der Voraussetzungen des § 206 ergiebt sich daraus, daß der Mündel zwar nicht ohne gesetzlichen Vertreter ist, daß es aber gemäß §§ 181, 1795, 1915 an einem Vertreter fehlt, der die Ehe nach § 1336 Abs. 2 Satz 2 anfechten könnte.

§ 1332.

**E. I § 1259 Nr. 2, § 1261 Nr. 2; II § 1240 rev. § 1317; III § 1315. P. I S. 5993—6009; M. IV S. 78, 86. P. II S. 5009—5017, 5022, 5027 (Bd. 4 S. 72—74, 78, 81). D. S. 683.**

Der Eheschließungswille, welcher in den bei der Eheschließung von einem Verlobten gebrauchten Worten oder in den von ihm vorgenommenen Handlungen ausgedrückt erscheint, ist möglicherweise in Wirklichkeit nicht vorhanden. Er kann fehlen, weil der Erklärende absichtlich eine seinem Willen nicht entsprechende Erklärung abgiebt; hierher gehören die Fälle der Mentalreservation, der Erklärung zum Scheine und der nicht ernstlich gemeinten Erklärung, die in der Erwartung abgegeben ist, der Mangel der Ernstlichkeit werde nicht verkannt werden. Nach den allgemeinen Grundsätzen (§ 116 Satz 2, 117, 118) wäre die Ehe solchenfalls nichtig. Die §§ 116 Satz 1, 117, 118 gelten jedoch, wie sich aus den §§ 1323, 1330 ergiebt, nicht für die Eingehung der Ehe (vergl. Erl. zu §§ 1323, 1330). Der Eheschließungswille kann ferner deshalb fehlen, weil der Erklärende in Folge eines Irrthums nicht merkt, daß er den Eheschließungswillen erkläre, sei es, daß er nicht weiß, es handle sich um eine Eheschließung, oder daß er es

§. 1333.

**Eine Ehe kann von dem Ehegatten angefochten werden, der sich bei der Eheschließung in der Person des anderen Ehegatten oder über solche persönliche Eigenschaften des anderen Ehegatten geirrt hat, die ihn bei Kenntniß der Sachlage und bei verständiger Würdigung des Wesens der Ehe von der Eingehung der Ehe abgehalten haben würden.**

---

zwar weiß, aber eine Erklärung, die Ehe einzugehen, nicht abgeben will, also über den Sinn seiner Erklärung im Irrthum ist. Fälle dieser Art werden wohl nur bei der Eheschließung von Stummen, Tauben, Taubstummen oder von Personen, die der deutschen Sprache nicht mächtig sind, vorkommen. Eine derartige Nichtübereinstimmung des gewollten und des erklärten Willens wird auch bei der Ehe berücksichtigt und im § 1332 behandelt. Möglich ist, daß zwar die im § 1332 bestimmten Voraussetzungen nicht vorliegen, der Erklärende aber doch im Sinne des § 119 über den Inhalt seiner Willenserklärung im Irrthume war (s. Erl. Nr. 2 zu § 119). Inwieweit dieser Mangel des Willens auf die Gültigkeit der Ehe Einfluß hat, ist im § 1333 bestimmt. Nach dem Bemerkten liegt in den Fällen des § 1332 in Folge des Irrthums überhaupt nicht der Wille vor, eine Ehe zu schließen. In den bezeichneten Fällen ist die Ehe ohne weitere Voraussetzung anfechtbar. Es bedarf, abweichend von den allgemeinen Grundsätzen des § 119 Abs. 1, keiner konkreten Untersuchung, ob anzunehmen ist, daß der Ehegatte bei Kenntniß der Sachlage die Ehe nicht doch geschlossen haben würde. Es kommt ferner nicht darauf an, aus welchen Gründen sich der Ehegatte über den Abschluß irrte; auch ist es gleichgültig, ob den Ehegatten ein Verschulden trifft. Der Beweis, daß der Eheschließungswille nicht erklärt werden sollte, liegt dem anfechtenden Ehegatten ob. Anfechtungsberechtigt ist lediglich der irrende Ehegatte, nicht der andere Ehegatte, noch weniger ein Dritter.

§ 1333.

**E. I § 1259 Nr. 1, § 1261 Nr. 1; II § 1241 rev. § 1318; III § 1316. P. I S. 5993—6009, 8674, 8687, 8823; M. IV S. 73—78. P. II S. 5009—5017, 5027, 8618, 8619 (Bd. 4 S. 72—76, 78, 81). D. S. 683, 684. K.B. S. 2034, 2035.**

**1.** Wie in der Erl. zu § 1332 dargelegt ist, regelt der § 1333 den Einfluß, welchen der sog. Irrthum im Beweggrund auf die Gültigkeit der Ehe hat. Der E. I wollte grundsätzlich am kanonischen Rechte festhalten und ließ deshalb im § 1259 Nr. 2 den Irrthum als Anfechtungsgrund nur zu, wenn einer der Eheschließenden entweder den Willen, überhaupt eine Ehe zu schließen, oder den Willen, eine Ehe mit dem anderen Theile zu schließen, nicht gehabt hat. Um den realen Lebensverhältnissen gerecht zu werden, erweiterte er den im § 1259 Nr. 1 aufgestellten Anfechtungsgrund des Betrugs. Als Betrug sollte es „insbesondere anzusehen sein, wenn einem Eheschließenden solche persönlichen Eigenschaften oder Verhältnisse des anderen Theiles von diesem verhehlt worden sind, welche ihn bei verständiger Würdigung des Zweckes der Ehe von der Eheschließung abhalten mußten und von welchen zugleich vorauszusehen war, daß sie ihn, wenn er sie gekannt hätte, von der Eheschließung abgehalten haben würden". Dadurch war dem Eheschließenden die Pflicht auferlegt, von solchen Eigenschaften und Verhältnissen dem anderen Theile Mittheilung zu machen. Im E. II wurde dieser Standpunkt verlassen und unter Ausdehnung des Anfechtungsgrundes des Irrthums zwischen den beiden Fällen unterschieden, daß in Folge des Irrthums der Eheschließungswille fehlt (§ 1240) und daß der Wille nicht gefaßt worden wäre, wenn der Erklärende sich nicht geirrt hätte (§ 1241). Einen Anfechtungsgrund sollte nur der Irrthum über die Person des anderen Eheschließenden oder über solche persönlichen Eigenschaften oder solche persönlichen Verhältnisse des anderen Ehegatten bilden, die ihn bei Kenntniß der Sachlage und bei verständiger Würdigung des Zweckes der Ehe von der Eheschließung abgehalten haben würden. Bei der Schlußlesung des E. II wurden die Worte „des Zweckes der Ehe" in die Worte: „des Wesens der Ehe" geändert. Eine sachliche Aenderung war damit nicht beabsichtigt. In der Reichstagskommission wurden die Worte: „oder solche persönliche Verhältnisse" gestrichen.

2. Die Voraussetzungen, unter welchen nach § 1333 die Eheschließungserklärung anfechtbar ist, sind folgende:

**a)** Der Erklärende muß sich über die Person oder über persönliche Eigenschaften des anderen Ehegatten geirrt haben. Nur die letztere Alternative bedarf einer Erläuterung. Wenn der E. II neben den persönlichen Eigenschaften die persönlichen Verhältnisse genannt hat, so geschah dies insbesondere deshalb, weil es oft zweifelhaft ist, ob man einem Ehegatten einen

§. 1334.

Eine Ehe kann von dem Ehegatten angefochten werden, der zur Eingehung der Ehe durch arglistige Täuschung über solche Umstände bestimmt worden ist, die ihn bei Kenntniß der Sachlage und bei verständiger Würdigung des Wesens der Ehe von der Eingehung der Ehe abgehalten haben würden. Ist die Täuschung nicht von dem anderen Ehegatten verübt worden, so ist die Ehe nur dann anfechtbar, wenn dieser die Täuschung bei der Eheschließung gekannt hat.

Auf Grund einer Täuschung über Vermögensverhältnisse findet die Anfechtung nicht statt.

---

Umstand als Eigenschaft anrechnen kann. In den Protokollen ist auf die Fälle hingewiesen, daß ein Ehegatte verschwiegen hat, daß er geschieden ist oder daß er seine Religion gewechselt hat. Die R.K. hat die Worte hauptsächlich deshalb gestrichen, um zu verhüten, daß man darunter alle auf die Person sich beziehenden Umstände versteht. Zu den persönlichen Eigenschaften gehören in erster Linie alle Umstände, welche die sittliche Persönlichkeit beeinflussen, z. B. Lauterkeit des Charakters, geschlechtliche Unversehrtheit der Braut, ferner Umstände, welche sich auf die körperliche Beschaffenheit beziehen, z. B. ansteckende Krankheiten, Unfähigkeit zur Beiwohnung, Unfruchtbarkeit der Frau. Nicht hierher gehören selbstverständlich die Vermögensverhältnisse, die Standesverhältnisse. Freilich indirekt können auch sie von Bedeutung sein, insofern z. B. eine absichtliche Täuschung des anderen Ehegatten über sie auf Charakterlosigkeit schließen läßt und der getäuschte Ehegatte wohl Ehrenhaftigkeit des anderen Theiles vorausgesetzt haben wird. Aehnlich verhält es sich, wenn ein Ehegatte dem andern verheimlicht, daß er geschieden ist oder entehrende Strafen erlitten hat. Wegen der Frage, ob die Verweigerung der kirchlichen Trauung oder doch der vereinbarten kirchlichen Trauung einen Anfechtungsgrund bildet, vergl. Erl. zu § 1568.

b) Bezieht sich der Irrthum auf eine persönliche Eigenschaft des anderen Ehegatten, so wird weiter vorausgesetzt, daß der Erklärende bei Kenntniß der wahren Sachlage und bei verständiger Würdigung des Wesens der Ehe die Erklärung nicht abgegeben haben würde. Diese Voraussetzung entspricht der im § 119 für die Anfechtung gewöhnlicher Rechtsgeschäfte aufgestellten. Es kann deshalb auf die Erl. zu § 119 Nr. 2b verwiesen werden.

3. Der § 1333 weicht in der Regelung des Einflusses des Irrthums vom § 119 nur nach zwei Richtungen ab, indem einerseits der Umfang, in dem der Irrthum im Beweggrunde berücksichtigt wird, ein weiterer und andererseits die Ehe ohne Weiteres anfechtbar ist, wenn der Irrthum sich auf die Person des anderen Theiles bezieht. Im Uebrigen ist die Regelung die gleiche. Es ist also auch bei der Anfechtung der Ehe weder erforderlich, daß den Erklärenden kein Verschulden trifft, noch kommt darauf etwas an, ob der Irrthum dem anderen Theile erkennbar war oder nicht. Auch die Beweislast ist in der gleichen Weise geordnet (vergl. Erl. zu § 119 Nr. 3, 4). Anfechtungsberechtigt ist nur der irrende Ehegatte.

§ 1334.

**E. I § 1259 Nr. 1, § 1261 Nr. 1; II § 1242 rev. § 1319; III § 1317. P. I S. 5993—6009, 8674, 8684, 8823; M. IV S. 72—74. P. II S. 5009—5015, 5017—5021, 5026 (Bd. 4 S. 72—74, 76—78, 81). D. S. 683, 684. K.B. S. 2034, 2035.**

Der § 1334 bestimmt, unter welchen Voraussetzungen der im § 123 für die Rechtsgeschäfte überhaupt aufgestellte Anfechtungsgrund der Täuschung auf die Ehe anwendbar ist. Der § 1334 Abs. 1 Satz 1 entspricht dem § 123 Abs. 1, der § 1334 Abs. 1 Satz 2 dem § 123 Abs. 2. Die im § 123 getroffenen Vorschriften sind für die Anfechtung der Ehe nach zwei Richtungen modifizirt. Für die gewöhnliche Anfechtung der Rechtsgeschäfte ist es unerheblich, ob die Täuschung sich auf wesentliche oder nicht wesentliche Umstände bezieht; es ist nur nothwendig, daß zwischen der Täuschung und der Willenserklärung ein ursächlicher Zusammenhang besteht. Zur Anfechtung der Ehe ist erforderlich, daß die Täuschung über solche Umstände erfolgte, die den getäuschten Ehegatten bei Kenntniß der Sachlage und bei verständiger Würdigung des Wesens der Ehe von der Eingehung der Ehe abgehalten haben würden. Wie bei der Anfechtung der Ehe wegen Irrthums im Beweggrunde (§ 1333) genügt also nicht das subjektive Empfinden des getäuschten Ehegatten, sondern muß noch das objektive Moment hinzutreten, daß das Nichtwollen des getäuschten Ehegatten gerechtfertigt erscheint. Die E. II und III hatten nur verlangt, daß die Täuschung sich auf solche Umstände bezog, die den Ehegatten „bei verständiger Ueberlegung abgehalten haben würden". Danach hätten zur Beurtheilung der Frage, ob das Nichtwollen sich als gerechtfertigt darstellt, auch Thatsachen und Umstände herangezogen werden

§. 1335.

Eine Ehe kann von dem Ehegatten angefochten werden, der zur Eingehung der Ehe widerrechtlich durch Drohung bestimmt worden ist.

§. 1336.

Die Anfechtung der Ehe kann nicht durch einen Vertreter erfolgen. Ist der anfechtungsberechtigte Ehegatte in der Geschäftsfähigkeit beschränkt, so bedarf er nicht der Zustimmung seines gesetzlichen Vertreters.

Für einen geschäftsunfähigen Ehegatten kann sein gesetzlicher Vertreter mit Genehmigung des Vormundschaftsgerichts die Ehe anfechten. In den Fällen des §. 1331 kann, solange der anfechtungsberechtigte Ehegatte in der Geschäftsfähigkeit beschränkt ist, nur sein gesetzlicher Vertreter die Ehe anfechten.

---

dürfen, die mit dem Wesen der Ehe nichts zu thun haben, ihm vielleicht widersprechen. Nach der jetzigen, von der R.K. beschlossenen Fassung muß der objektive Maßstab, nach dem die erwähnte Frage zu beantworten ist, dem Wesen der Ehe entnommen sein. Die Anfechtung erscheint somit gegenüber dem E. II eingeengt. Die zweite Abweichung liegt darin, daß, wenn die Täuschung nicht von dem anderen Ehegatten, sondern von einem Dritten ausgeht, bloßes Kennenmüssen des anderen Ehegatten nicht genügt, sondern positive Kenntniß nothwendig ist. Daß der Ehegatte von der Täuschung Kenntniß hatte, muß ihm nachgewiesen werden. Im Uebrigen vergl. Erl. zu § 123 Nr. 1, 2.

Die arglistige Täuschung ist im § 1334 als selbständiger Anfechtungsgrund anerkannt. Mit Rücksicht auf die Gestaltung, welche die Voraussetzungen der Anfechtung wegen Irrthums nach § 1333 und wegen Täuschung nach § 1334 im B.G.B. schließlich gefunden haben, besteht die praktische Bedeutung der arglistigen Täuschung als eines selbständigen Anfechtungsgrundes lediglich darin, daß auch die Vorspiegelung solcher Umstände, die zwar für die Ehe als sittliches Verhältniß von Bedeutung sind, aber nicht zu den persönlichen Eigenschaften zu rechnen sind oder nicht die Person des anderen Eheschließenden betreffen, zur Anfechtung berechtigt, sofern die Kenntniß des Sachverhalts den hintergangenen Theil von der Eheschließung abgehalten haben würde. Aber auch von den hiernach noch in Betracht kommenden Umständen nimmt der Abs. 2 einen aus: die Täuschung über die Vermögensverhältnisse. Wegen der Täuschung über die nachfolgende kirchliche Trauung vergl. Erl. zu § 1568.

§ 1335.

**E. I § 1259 Nr. 1, § 1261 Nr. 1; II § 1243 rev. § 1320; III § 1318. P. I S. 5993—5997, 6009—6012, 8840; M. IV S. 71, 72, 86. P. II S. 5009—5014, 5027 (Bd. 4 S. 72—74, 81). D. S. 684. R.B. S. 2035.**

Der Anfechtungsgrund des § 1335 entspricht dem § 123 Abs. 1. Besondere Vorschriften über die Voraussetzungen, unter denen ein Ehegatte als durch Drohung zur Eingehung der Ehe bestimmt anzusehen ist, insbesondere über die Art und Größe des Zwanges und den erforderlichen Kausalzusammenhang, giebt das B.G.B. nicht. Im Einklange mit den allgemeinen Grundsätzen (vergl. Erl. Nr. 3 zu § 124) ist davon auszugehen, daß jede Drohung genügt, wenn sie nur für die Abgabe der Eheschließungserklärung bestimmend war. Die Art und Größe des angedrohten Uebels, die Möglichkeit der Verwirklichung, die Ernstlichkeit der Drohung sind gleichgültig. Das B.G.B. spricht von Drohung und nicht von Gewalt. Vis absoluta, die, weil die Eheschließungserklärung nicht blos wörtlich erfolgen kann, an sich denkbar ist, kommt nicht in Betracht, weil bei ihr eine Erklärung überhaupt nicht vorliegt. Andere Fälle der Gewalt kommen in demselben Umfang in Betracht wie bei sonstigen Rechtsgeschäften. Die Drohung muß widerrechtlich sein (s. Erl. zu § 123 Nr. 3). Von wem die Drohung ausgeht, ist ohne Belang. Die Ehe ist anfechtbar, auch wenn ein Dritter durch Drohung den Ehegatten zur Abgabe der Eheschließungserklärung bestimmt und der andere Ehegatte hiervon nichts weiß.

§ 1336.

**E. I § 1265 Satz 1, 3; II § 1246 Abs. 1, 2 rev. § 1321; III § 1319. P. I S. 6012—6016, 8675, 8678, 8686, 8776, 8786, 8790; M. IV S. 94, 95. P. II S. 5032—5043 (Bd. 4 S. 84—90). D. S. 684.**

**1.** Der § 1336 hat theils materiell-rechtliche, theils, soweit die Anfechtung durch Erhebung der Anfechtungsklage erfolgt, prozessuale Bedeutung und beruht auf der höchstpersönlichen Natur

§. 1337.

Die Anfechtung der Ehe ist in den Fällen des §. 1331 ausgeschlossen, wenn der gesetzliche Vertreter die Ehe genehmigt oder der anfechtungsberechtigte Ehegatte, nachdem er unbeschränkt geschäftsfähig geworden ist, die Ehe bestätigt. Ist der

---

des Anfechtungsrechts. Der Abs. 1 Satz 1 will nur die Vertretung im Willen, nicht aber in der Erklärung des Willens ausschließen, auch ist die Führung des Anfechtungsprozesses durch einen Bevollmächtigten, jedoch nur mit Spezialvollmacht, zugelassen (C.P.O. § 613). Der Abs. 1 Satz 2 ist eine Ausnahme von den allgemeinen Grundsätzen; der in der Geschäftsfähigkeit beschränkte (§§ 106, 114) Ehegatte wird in Ansehung der Anfechtung der Ehe als voll geschäftsfähig behandelt.

2. Der Abs. 2 Satz 1 des § 1336 giebt das Anfechtungsrecht bei einem geschäftsunfähigen (§ 104) Ehegatten dem gesetzlichen Vertreter. Zwischen den einzelnen Anfechtungsgründen ist dabei nicht unterschieden. Der gesetzliche Vertreter wird das Anfechtungsrecht nur ausüben dürfen, wenn er die Ueberzeugung hat, daß die Ausübung dem muthmaßlichen Willen des anfechtungsberechtigten Ehegatten entspricht. Um in dieser Beziehung größere Sicherheit zu gewähren, wird die Genehmigung des Vormundschaftsgerichts gefordert (vergl. D. z. C.P.O. S. 77). In den P. II S. 5037 wird die Ansicht vertreten, der gesetzliche Vertreter könne das Anfechtungsrecht überhaupt nicht gegen den muthmaßlichen Willen des anfechtungsberechtigten Ehegatten ausüben. Eine solche Beschränkung der Legitimation des gesetzlichen Vertreters läßt sich jedoch aus den allgemeinen Grundsätzen nicht ableiten, bedürfte also einer positiven Vorschrift. Zur Anfechtung berechtigt ist derjenige gesetzliche Vertreter, dem die Vertretung in den die Sorge für die Person betreffenden Angelegenheiten zusteht (vergl. Erl. Nr. 2 zu § 1304). Das Gericht kann nicht gegen den Willen des Vertreters die Anfechtung erzwingen; im Falle eines Widerstreits könnte das Gericht nur durch Entlassung (§ 1886) helfen. Der Mangel der Genehmigung des Gerichts macht die Anfechtung des gesetzlichen Vertreters unwirksam (§ 1381). Vor Ertheilung der Genehmigung wird das Vormundschaftsgericht nach § 1847 Verwandte und Verschwägerte des anfechtungsberechtigten Ehegatten zu hören haben. Doch kommt dem Gebote des § 1847 nur die Natur einer Ordnungsvorschrift zu. Die siegreiche wie die erfolglose Geltendmachung der Anfechtbarkeit durch den gesetzlichen Vertreter nützt und schadet dem Ehegatten. Die Versäumung der Frist des § 1339 aber ist dem Ehegatten nach § 1340 unschädlich. Wegen des Verlustes des Anfechtungsrechts durch Bestätigung seitens des Vertreters entscheidet § 1337 Abs. 3.

3. Im Abs. 2 Satz 2 ist die Befugniß zur Geltendmachung des Anfechtungsrechts dem gesetzlichen Vertreter für die Anfechtung auf Grund des § 1331 auch bei einem in der Geschäftsfähigkeit beschränkten Ehegatten eingeräumt. Dem Ehegatten selbst wird, solange er in der Geschäftsfähigkeit beschränkt ist, durch das Wort „nur" das Recht, die Ehe anzufechten, in Abweichung von der Regel des Abs. 1 Satz 2 entzogen. Der Vertreter ist zur Anfechtung auch gegen den Willen des anfechtungsberechtigten Ehegatten befugt. Der Genehmigung des Vormundschaftsgerichts bedarf der gesetzliche Vertreter nicht. Demnach ist der gesetzliche Vertreter bei der Anfechtung aus § 1331 sehr freigestellt. Den Vertreter wird übrigens billiger Weise nicht blos das Interesse seines Pflegebefohlenen, sondern auch die Rücksicht auf den anderen Ehegatten zu leiten haben. Sonst könnten sich arge Mißstände ergeben. Ein Beispiel bietet der Fall, daß die Anfechtung sich gegen die Frau richtet und diese schwanger ist. Wie im Abs. 2 Satz 2 hervorgehoben ist, steht dem gesetzlichen Vertreter die Befugniß zur Anfechtung nur solange zu, als der Ehegatte in der Geschäftsfähigkeit beschränkt ist. Die Ausnahme des Abs. 2 Satz 2 gilt ferner selbstverständlich nicht für den anfechtungsberechtigten Ehegatten, der jetzt aus einem anderen als dem Grunde, auf welchem die Anfechtbarkeit beruht, in der Geschäftsfähigkeit beschränkt ist.

4. Der § 1336 gilt sowohl bei der durch Erhebung der Anfechtungsklage (§ 1341), als auch bei der durch Erklärung gegenüber dem Nachlaßgericht (§ 1342) erfolgenden Anfechtung. Wird der anfechtungsberechtigte Ehegatte erst während des Rechtsstreits über die Anfechtungsklage geschäftsunfähig, so gilt § 1336 Abs. 1 gleichfalls. Das Verhältniß ist dasselbe, wie wenn während eines Rechtsstreits über ein Vermögensrecht eine Partei prozeßunfähig wird (vergl. C.P.O. § 241). Erlangt in den Fällen des § 1331 der anfechtungsberechtigte Ehegatte die volle Geschäftsfähigkeit während des Anfechtungsprozesses, so tritt weder Unterbrechung, noch Aussetzung des Verfahrens ein, sondern der Ehegatte tritt sofort in seine Rechte. Die Rückwirkung des § 1336 auf die Prozeßfähigkeit des anfechtungsberechtigten Ehegatten im Anfechtungsprozeß ergiebt sich aus § 612 der C.P.O. (vergl. Vorbm. III, 1 zu diesem Titel). Die Verletzung des § 1336 bezw. § 612 der C.P.O. ist, wenn es sich um die Anfechtung durch Erhebung der Anfechtungsklage handelt, nach § 56 der C.P.O. von Amtswegen zu berücksichtigen; es kann darauf die Nichtigkeitsklage (C.P.O. § 579 Nr. 4) gestützt werden. Bei der Anfechtung durch Erklärung gegenüber dem Nachlaßgerichte (§ 1342) gilt die Anfechtung als nicht erfolgt.

gesetzliche Vertreter ein Vormund, so kann die Genehmigung, wenn sie von ihm verweigert wird, auf Antrag des Ehegatten durch das Vormundschaftsgericht ersetzt werden; das Vormundschaftsgericht hat die Genehmigung zu ersetzen, wenn die Aufrechterhaltung der Ehe im Interesse des Ehegatten liegt.

In den Fällen der §§. 1332 bis 1335 ist die Anfechtung ausgeschlossen, wenn der anfechtungsberechtigte Ehegatte nach der Entdeckung des Irrthums oder der Täuschung oder nach dem Aufhören der Zwangslage die Ehe bestätigt.

Die Vorschriften des §. 1336 Abs. 1 gelten auch für die Bestätigung.

---

## § 1337.

**E. I § 1263 Abs. 1, 3; II § 1244, § 1246 Abs. 3 rev. § 1322; III § 1320. P. I S. 6016—6022, 8678, 8685, 8776, 8786; M. IV S. 90—93. P. II S. 5029—5032, 8619 (Bd. 4 S. 82—84).**

Die §§ 1337—1340 behandeln die Gründe, aus denen das Anfechtungsrecht verloren geht, und zwar der § 1337 den Verlust in Folge Verzichts. Im Anschluß an den Sprachgebrauch des allgemeinen Theiles nennt das B.G.B. den Verzicht des anfechtungsberechtigten Ehegatten Bestätigung und den Verzicht des Vertreters Genehmigung der Ehe. In Folge der Gestaltung, die das Verfahren in Ehesachen in der C.P.O. gefunden hat, hat auch die Unterlassung der Geltendmachung eines Anfechtungsgrundes im Verfahren über eine Anfechtungs- oder eine Scheidungsklage gemäß § 616 der C.P.O. die Wirkung eines Verzichts auf das Anfechtungsrecht.

**1.** Nach § 144 Abs. 1 ist die Anfechtung ausgeschlossen, wenn das anfechtbare Rechtsgeschäft von dem Anfechtungsberechtigten bestätigt wird. Diese Vorschrift ist im § 1337 auf die Anfechtung der Ehe übertragen, und zwar im Abs. 1 auf die Anfechtung aus § 1331, im Abs. 2 auf die Anfechtung aus einem der Gründe der §§ 1332—1335. Die Bestätigung ist ein einseitiges Rechtsgeschäft des anfechtungsberechtigten Ehegatten. Sie hat trotz der gleichen Bezeichnung juristisch einen anderen Charakter wie die Bestätigung im Falle des § 1325 (s. Bd. I S. 195, 196 Erl. zu § 144). Dies zeigt sich u. A. darin, daß die Bestätigung des § 1325, wenn der Bestätigende in der Geschäftsfähigkeit beschränkt ist, der Genehmigung des gesetzlichen Vertreters bedarf (§ 1331), während diese Genehmigung zu der Bestätigung einer anfechtbaren Ehe nicht erforderlich ist. Bei dieser wird daher auch die Frage, ob die Bestätigung dem anderen Theile gegenüber erfolgen muß, aus den in der Erl. zu § 144 angeführten Gründen abweichend von dem Falle des § 1235 (s. Erl. zu § 1325 Nr. 2) zu verneinen sein. Praktisch ist diese Frage übrigens deshalb ohne erhebliche Bedeutung, weil die Bestätigung sowohl in dem einen, wie in dem anderen Falle der für die Eheschließung vorgeschriebenen Form nicht bedarf und stillschweigend erfolgen kann. Eine stillschweigende Bestätigung der Ehe wird in jeder Handlung zu finden sein, durch die der Anfechtungsberechtigte zum Ausdrucke bringt, die Ehe trotz ihrer Anfechtbarkeit als gültig zu behandeln. Die geltenden Rechte erwähnen als Beispiel namentlich die freiwillige Leistung der ehelichen Pflicht. Der Abs. 2 hebt besonders hervor, daß eine Bestätigung der nach den §§ 1332 bis 1335 anfechtbaren Ehe erst nach Entdeckung des Irrthums oder der Täuschung oder nach Aufhören der Zwangslage möglich ist. Wann diese Voraussetzung als erfüllt anzusehen ist, ist Thatfrage. Man wird übrigens eine sichere Kunde von dem wahren Sachverhalte verlangen müssen und sich nicht mit Vermuthungen begnügen dürfen; das Aufhören der Zwangslage wird nur dann anzunehmen sein, wenn nicht nur objektiv der Zwang aufgehört hat, sondern wenn dies auch dem Gezwungenen zum Bewußtsein gekommen ist.

**2.** Hinsichtlich der Berechtigung zum Verzicht auf die Anfechtung ist zwischen den Fällen des § 1331 und den übrigen Anfechtungsfällen zu unterscheiden. In den letzteren Fällen steht das Verzichtsrecht, d. h. das Recht der Bestätigung, nur dem anfechtungsberechtigten Ehegatten selbst zu. Die Bestätigung kann, wie der § 1337 Abs. 3 durch Verweisung auf den § 1336 Abs. 1 zum Ausdrucke bringt, nicht durch einen Vertreter im Willen erfolgen, und der in der Geschäftsfähigkeit nur beschränkte Ehegatte gilt in Ansehung der Bestätigung als voll geschäftsfähig, ist also nicht an die Zustimmung des gesetzlichen Vertreters gebunden. Dagegen kann für einen geschäftsunfähigen Ehegatten auch nicht der gesetzliche Vertreter die Ehe bestätigen. Der § 1336 Abs. 2 Satz 1 findet keine Anwendung. In den Fällen des § 1331 kann, entsprechend der Art, in welcher der § 1336 Abs. 2 Satz 2 die Befugniß zur Geltendmachung der Anfechtung regelt, die Ehe, solange der anfechtungsberechtigte Ehegatte in der Geschäftsfähigkeit beschränkt ist, nur von dem gesetzlichen Vertreter, d. h. natürlich von demjenigen, dem die Anfechtungsbefugniß zusteht, genehmigt werden. Wird der anfechtungsberechtigte Ehegatte unbeschränkt geschäftsfähig, so kommt das Recht, die Ehe zu bestätigen, ihm zu. Dies gilt selbst dann, wenn er, nachdem er unbeschränkt geschäftsfähig geworden ist, später wieder in

§. 1338.

**Die Anfechtung ist nach der Auflösung der Ehe ausgeschlossen, es sei denn, daß die Auflösung durch den Tod des zur Anfechtung nicht berechtigten Ehegatten herbeigeführt worden ist.**

---

der Geschäftsfähigkeit beschränkt wird. In diesem Falle gilt dann nach Abs. 3 der § 1336 Abs. 1. Auch die Genehmigung des Vertreters kann stillschweigend erfolgen. Der Vertreter bedarf zur Genehmigung der Ehe nicht der Genehmigung des Vormundschaftsgerichts. Das Vormundschaftsgericht kann die vom gesetzlichen Vertreter verweigerte Genehmigung, wenn die Vertretung einem Vormund oder einem Pfleger (§ 1915) zusteht, ersetzen. Steht die Vertretung dem Vater oder der Mutter kraft der elterlichen Gewalt zu, so ist die Ersetzung ausgeschlossen. Anders, wenn zwar die elterliche Gewalt besteht, die Vertretung der persönlichen Angelegenheiten aber einem Pfleger zukommt. Im Uebrigen vergl. namentlich wegen des Verfahrens und des Beschwerderechts die Erl. Nr. 2 und 6 zu § 1304. Vor der Ersetzung sollen nach § 1847 Verwandte und Verschwägerte, wenn möglich, gehört werden. Die Nichtbeachtung des § 1847 hat aber auf die Gültigkeit der Ehe keinen Einfluß.

3. Die Bestätigung bewirkt den Verlust des Anfechtungsgrundes, auf welchen sie sich bezieht; nicht dadurch berührt wird ein Anfechtungsgrund, auf welchen der Bestätigende nach § 1337 Abs. 2 wirksam noch nicht verzichten konnte. Hat z. B. ein Ehegatte eine nach § 1331 anfechtbare Ehe, nachdem er unbeschränkt geschäftsfähig geworden ist, bestätigt, so wird dadurch sein Recht, die Ehe auf Grund der §§ 1333, 1334 anzufechten, nicht berührt, wenn er zur Zeit der Bestätigung den Irrthum oder die Täuschung nicht kannte. Selbstverständlich geht auch ein dem bestätigenden Ehegatten zur Zeit der Bestätigung überhaupt noch nicht zustehendes Anfechtungsrecht durch die Bestätigung nicht verloren. Wenn also z. B. der in der Geschäftsfähigkeit Beschränkte die nach § 1331 und gleichzeitig nach § 1333 anfechtbare Ehe in Kenntniß beider Anfechtungsgründe bestätigt, so geht dadurch sein Recht, die Ehe nach erlangter unbeschränkter Geschäftsfähigkeit auf Grund des § 1331 anzufechten, nicht verloren.

4. Für die Anfechtung der Bestätigung gilt das in der Erl. zu § 1325 Nr. 3 Gesagte.

5. Die Vorschriften des § 1337 beziehen sich lediglich auf den Fall, wenn die anfechtbare Ehe noch nicht angefochten ist. Aus dem Begriffe der Anfechtung ergiebt sich, daß eine erst nach erfolgter Anfechtung stattfindende Bestätigung oder Genehmigung der Ehe unwirksam ist. Nur wenn die Anfechtung durch Erhebung der Anfechtungsklage geschieht, kann die Ehe bis zu ihrer Auflösung oder Nichtigkeitserklärung gemäß § 1341 Abs. 2 Satz 2 noch von dem anfechtungsberechtigten Ehegatten bestätigt bezw. von dem gesetzlichen Vertreter genehmigt werden.

§ 1338.

**E. I § 1262; II § 1245 rev. § 1323; III § 1321. P. I S. 6009–6011, 6017, 6028–6031, 8675, 8823, 8841; M. IV S. 87–90. P. II S. 5027, 5028 (Bd. 4 S. 81, 82).**

1. Der § 1338 bestimmt die Wirkung, welche die Auflösung der Ehe auf das Anfechtungsrecht hat. Die Ehe wird aufgelöst durch den Tod eines Ehegatten, durch Scheidung der Ehe und durch Wiederverheirathung eines Ehegatten, nachdem der andere Ehegatte für todt erklärt ist (§ 1348 Abs. 2). Durch die Todeserklärung für sich allein wird die Ehe nicht aufgelöst, sondern nur die Vermuthung begründet, daß sie durch den Tod aufgelöst sei (§ 18). Die Aufhebung der ehelichen Gemeinschaft steht in der hier fraglichen Beziehung nach § 1586 Satz 2 der Scheidung nicht gleich. Durch die Auflösung der Ehe erlischt das Anfechtungsrecht. Nur wenn die Auflösung durch den Tod des nichtanfechtungsberechtigten Ehegatten herbeigeführt ist, tritt diese Wirkung nicht ein.

2. Der § 1338 schließt eine Vererbung des Anfechtungsrechts mit Rücksicht auf die höchstpersönliche Natur dieses Rechtes nur nach der aktiven Seite, also nur beim Tode des Berechtigten, aus. Der Ausschluß ist selbst für die Fälle aufgestellt, daß die Ehe durch Irrthum oder Zwang zu Stande kam und der Irrthum oder der Zwang zur Zeit des Todes des anfechtungsberechtigten Ehegatten noch fortdauerten. Anders liegt die Sache, wenn der anfechtungsberechtigte Ehegatte vor seinem Tode die Anfechtungsklage erhoben hatte, aber vor deren Erledigung gestorben war. In diesem Falle ist zwar der Rechtsstreit über die Anfechtungsklage in der Hauptsache als erledigt anzusehen (§ 628 der C.P.O.), nach § 1343 Abs. 2 kann jedoch die Nichtigkeit der Ehe auf Grund der in der Erhebung der Anfechtungsklage liegenden Anfechtung nunmehr von Jedem, der ein rechtliches Interesse daran hat, geltend gemacht werden. Dagegen entzieht der Tod des zur Anfechtung nicht berechtigten Ehegatten trotz der hierin liegenden Auflösung der

### §. 1339.

Die Anfechtung kann nur binnen sechs Monaten erfolgen.

Die Frist beginnt in den Fällen des §. 1331 mit dem Zeitpunkt, in welchem die Eingehung oder die Bestätigung der Ehe dem gesetzlichen Vertreter bekannt wird oder der Ehegatte die unbeschränkte Geschäftsfähigkeit erlangt, in den Fällen der §§. 1332 bis 1334 mit dem Zeitpunkt, in welchem der Ehegatte den Irrthum oder die Täuschung entdeckt, in dem Falle des §. 1335 mit dem Zeitpunkt, in welchem die Zwangslage aufhört.

Auf die Frist finden die für die Verjährung geltenden Vorschriften der §§. 203, 206 entsprechende Anwendung.

---

Ehe dem anderen Ehegatten nicht das Anfechtungsrecht. Der Tod des zur Anfechtung nicht berechtigten Ehegatten hat einen Einfluß nur insofern, als jetzt die Anfechtung durch Erklärung gegenüber dem Nachlaßgericht (§ 1342) erfolgt. Darauf, ob der anfechtungsberechtigte Ehegatte den Anfechtungsgrund noch zu Lebzeiten des anderen Ehegatten erfahren hat, kommt es nicht an.

### § 1339.

**E. I § 1264; II § 1247 rev. § 1324; III § 1322. P. I S. 6016—6019, 6027, 6028; M. IV S. 93, 94. P. II S. 5029—5032, 5041—5043, 8619—8621 (Bd. 4 S. 82—84, 89, 90).**

**1.** Um die Frage des Fortbestandes der Ehe namentlich im Interesse des zur Anfechtung nicht berechtigten Ehegatten bald zur Entscheidung zu bringen, stellt der § 1339 eine Ausschlußfrist auf. Die Frist, welche abweichend von § 121 Abs. 1 und von § 124 Abs. 1 sechs Monate beträgt, berechnet sich nach § 187 Abs. 1, § 188 Abs. 2 und gilt sowohl für den Fall, daß die Anfechtung nach § 1341 durch Erhebung der Anfechtungsklage, als auch, daß sie nach § 1342 durch Erklärung gegenüber dem Nachlaßgerichte zu erfolgen hat. In den Fällen des § 1331 läuft die Frist von dem Zeitpunkt, in dem der Vertreter Kenntniß erhielt. Hat der Vertreter die Kenntniß bis zu dem Zeitpunkte nicht erhalten, in welchem der Ehegatte unbeschränkt geschäftsfähig geworden ist, so läuft die Frist von diesem Zeitpunkt an. Der Lauf der Frist, welche mit der Kenntniß des Vertreters begonnen hat, wird dadurch, daß der Ehegatte vor dem Ablaufe derselben unbeschränkt geschäftsfähig wird, nicht unterbrochen; dem Ehegatten bleibt in diesem Falle nur noch der Rest der Frist. Ist die Frist schon abgelaufen, bevor der Ehegatte unbeschränkt geschäftsfähig geworden ist, so ist die Anfechtung auch für ihn ausgeschlossen. Im Uebrigen ist es eine nach den Umständen des Falles zu beurtheilende Thatfrage, wann das Ereigniß, mit welchem die Frist nach § 1339 Abs. 2 beginnt, als eingetreten anzusehen ist.

**2.** Der Abs. 3 des § 1339 läßt den von der Hemmung der Verjährung handelnden § 203 sowie den die Vollendung der Verjährung hinausschiebenden § 206 Anwendung finden, obgleich im § 1339 eine Ausschlußfrist, keine Verjährung, aufgestellt ist. Die entsprechende Anwendung der §§ 203, 206 führt zu folgendem Ergebnisse. Die Zeit, während deren der Anfechtungsberechtigte oder im Falle des § 1336 Abs. 2 sein gesetzlicher Vertreter durch Stillstand der Rechtspflege (§ 203 Abs. 1) oder durch sonstige höhere Gewalt (§ 203 Abs. 2) an der Erhebung der Anfechtungsklage (§ 1341) oder der Erklärung gegenüber dem Nachlaßgerichte (§ 1342) verhindert waren, wird in die sechsmonatige Frist entsprechend § 205 nicht eingerechnet. Ist der geschäftsunfähige Anfechtungsberechtigte ohne gesetzlichen Vertreter, so beginnt die sechsmonatige Frist erst mit dem Augenblick, in dem der Anfechtungsberechtigte geschäftsfähig wird oder der Mangel der Vertretung aufhört. Da der in der Geschäftsfähigkeit nur beschränkte Anfechtungsberechtigte gemäß § 1336 Abs. 1 die Ehe anfechten kann, so ist er in Ansehung der Anfechtung der Ehe als geschäftsfähig zu erachten. Es entfällt deshalb einerseits der im § 206 weiter geregelte Fall, daß der in der Geschäftsfähigkeit nur Beschränkte ohne gesetzlichen Vertreter ist, andererseits beginnt die Frist gegenüber einem früher Geschäftsunfähigen schon dann, wenn er nur die beschränkte Geschäftsfähigkeit erlangt, mag er auch zu dieser Zeit noch keinen gesetzlichen Vertreter haben. Beides gilt gemäß § 1336 Abs. 2 Satz 2 nicht für die Fälle der im § 1331 bestimmten Anfechtung. Ueber einen besonderen Fall der Anwendbarkeit des § 206 für die im § 1331 bestimmte Anfechtbarkeit vergl. Erl. Nr. 3 zu § 1331.

**3.** In Betreff der Beweislast gelten dieselben Grundsätze wie in den Fällen der §§ 121, 124 (s. Bd. I S. 172 Erl. zu § 121 Nr. 4 und S. 174, 175 Erl. zu § 124 Nr. 1 und 2). Dabei sind indessen die für das Verfahren in Ehesachen geltenden besonderen Vorschriften der C.P.O. §§ 617, 622 zu berücksichtigen. Auf den Erlöschungsgrund des § 1339 kann nicht verzichtet werden. Die Versäumung der Frist muß von Amtswegen berücksichtigt werden.

### §. 1340.

Hat der gesetzliche Vertreter eines geschäftsunfähigen Ehegatten die Ehe nicht rechtzeitig angefochten, so kann nach dem Wegfalle der Geschäftsunfähigkeit der Ehegatte selbst die Ehe in gleicher Weise anfechten, wie wenn er ohne gesetzlichen Vertreter gewesen wäre.

### §. 1341.

Die Anfechtung erfolgt, solange nicht die Ehe aufgelöst ist, durch Erhebung der Anfechtungsklage.

Wird die Klage zurückgenommen, so ist die Anfechtung als nicht erfolgt anzusehen. Das Gleiche gilt, wenn die angefochtene Ehe, bevor sie für nichtig erklärt oder aufgelöst worden ist, nach Maßgabe des §. 1337 genehmigt oder bestätigt wird.

---

4. Neben der im § 1339 bestimmten Ausschlußfrist ist der Geltendmachung des Anfechtungsrechts nicht einmal im Falle des § 1338 eine weitere zeitliche Schranke gesetzt. Sofern die Voraussetzungen des § 1339 nicht vorliegen, kann die Anfechtung daher noch nach Jahren stattfinden. Eine dem § 124 Abs. 3 entsprechende Bestimmung fehlt bei der Anfechtung der Ehe.

### § 1340.

**E. II § 1248 rev. § 1325; III § 1323. P. II S. 5033, 5041, 5043 (Bd. 4 S. 84, 89, 90).**

Das Verhalten des gesetzlichen Vertreters eines geschäftsunfähigen Anfechtungsberechtigten präjudizirt dem Geschäftsunfähigen (Erl. Nr. 2 zu § 1336). Ausgenommen ist die Versäumung der im § 1339 bestimmten Anfechtungsfrist. Versäumt der gesetzliche Vertreter diese Frist, so soll der Anfechtungsberechtigte so behandelt werden, wie wenn er keinen Vertreter gehabt hätte, d. h. gemäß § 206 beginnt mit dem Wegfalle der Geschäftsunfähigkeit die sechsmonatige Frist. Der Wegfall der Geschäftsunfähigkeit genügt. Der Anfechtungsberechtigte braucht nicht voll geschäftsfähig zu werden. Er kann auch, wenn er nur beschränkt geschäftsfähig wird, nunmehr (§ 1336) anfechten, und die Frist läuft nun gemäß § 1339 Abs. 2 mit § 206 Abs. 2 gegen ihn. Der § 1340 kommt nur dem Anfechtungsberechtigten selbst zu Gute. Tritt ein Wechsel in der gesetzlichen Vertretung ein, nachdem der frühere Vertreter die Frist versäumt hat, so ist der neue Vertreter an die Versäumniß des früheren Vertreters gebunden; erst der Anfechtungsberechtigte selbst kann, wenn er wieder geschäftsfähig, wenn auch nur beschränkt geschäftsfähig, wird, das Anfechtungsrecht ausüben. Hat der gesetzliche Vertreter eines nur beschränkt Geschäftsfähigen von dem ihm nach § 1336 Abs. 2 Satz 2 zukommenden Anfechtungsrechte keinen Gebrauch gemacht, so greift § 1340 nicht Platz. Das Recht bleibt verloren (vergl. Erl. Nr. 2 zu § 1339).

### § 1341.

**E. I § 1266 Abs. 1, § 1268; II § 1249 rev. § 1326; III § 1324. P. I S. 6031—6035, 6040—6042, 8672—8675, 8680—8686, 8823, 8840—8842; M. IV S. 95, 97—100. P. II S. 5044, 5046 (Bd. 4 S. 90, 91). D. S. 682.**

1. Die §§ 1341, 1342 betreffen die Frage, in welcher Weise die Anfechtung der Ehe erfolgt. Nach § 143 Abs. 1 erfolgt die Anfechtung durch Erklärung gegenüber dem Anfechtungsgegner; die Erklärung ist an eine Form nicht gebunden. Hiervon machen die §§ 1341, 1342 für die Anfechtung der Ehe eine Ausnahme. Die die Anfechtung der Ehe enthaltende Erklärung des anfechtungsberechtigten Ehegatten ist formalisirt, und zwar, wenn die Anfechtung erfolgt, solange nicht die Ehe aufgelöst ist, in der Weise, daß die Anfechtungserklärung nur durch Erhebung der Anfechtungsklage abgegeben werden kann, die Anfechtung mithin mit der Klage, durch welche festgestellt werden soll, ob die Anfechtung eine begründete war, verbunden ist (§ 1341), und wenn die Anfechtung nach Auflösung der Ehe durch den Tod des nicht anfechtungsberechtigten Ehegatten erfolgt, in der Weise, daß die Anfechtungserklärung in öffentlich beglaubigter Form abgegeben werden muß (§ 1342). Der § 1342 enthält noch eine weitere Ausnahme. In Folge des Todes des nichtanfechtungsberechtigten Ehegatten fehlt es an einem Anfechtungsgegner. Mit Rücksicht hierauf schreibt § 1342 vor, daß die Anfechtungserklärung nur dem Nachlaßgerichte gegenüber abgegeben werden kann.

Der Erhebung der Anfechtungsklage kommt die doppelte Bedeutung des Anfechtungsakts und der Feststellungsklage zu. Als

## §. 1342.

**Ist die Ehe durch den Tod des zur Anfechtung nicht berechtigten Ehegatten aufgelöst worden, so erfolgt die Anfechtung durch Erklärung gegenüber dem Nachlaßgerichte; die Erklärung ist in öffentlich beglaubigter Form abzugeben.**

---

Anfechtungsakt hat die Erhebung der Anfechtungsklage rechtsgeschäftlichen Charakter (vergl. Erl. Nr. 1 zu § 143). Andererseits ist sie der prozessuale Akt, durch welchen festgestellt werden soll, ob die Anfechtung eine begründete ist. Wegen der Anfechtungsklage vergl. Vorbm. Nr. III zu dem gegenwärtigen Titel. Wegen des Zeitpunkts, in welchem die Anfechtungsklage erhoben ist, vergl. § 253 Abs. 1 der C.P.O. Die Anfechtungsklage kann nach § 615 Abs. 2 der C.P.O. auch als Widerklage erhoben werden. Selbstverständlich gilt § 1341 auch von der als Widerklage erhobenen Anfechtungsklage. Ueber den Zeitpunkt der Erhebung der Widerklage vergl. § 281 der C.P.O.

2. Nach allgemeinen Grundsätzen würde die *Zurücknahme der Anfechtungsklage* zwar die Folgen der Rechtshängigkeit nach Maßgabe des § 243 der C.P.O. beseitigen, nicht aber den in der Erhebung der Anfechtungsklage zugleich liegenden rechtsgeschäftlichen Akt der Anfechtung. Die im § 1343 an die Erhebung der Anfechtungsklage geknüpften Wirkungen würden also trotz Zurücknahme der Anfechtungsklage bestehen bleiben; insbesondere könnte jeder Dritte die in Folge der Anfechtung eingetretene Nichtigkeit der Ehe nach Auflösung der Ehe incidenter geltend machen, und die Ehegatten würden, auch wenn im Laufe des Rechtsstreits eine Aussöhnung unter ihnen erfolgte, genöthigt sein, eine neue Ehe einzugehen; überhaupt würde der anfechtungsberechtigte Ehegatte nicht mehr in der Lage sein, seinen Entschluß im Laufe des Rechtsstreits mit Wirksamkeit zu ändern. Um dieses Ergebniß abzuschneiden, bestimmt der § 1341 Abs. 2 Satz 1, daß im Falle der Zurücknahme der Anfechtungsklage die Anfechtung als nicht erfolgt gilt, d. h. es fallen auch die rechtsgeschäftlichen Wirkungen der Erhebung der Anfechtungsklage hinweg. Die Zurücknahme der Anfechtungsklage untersteht (anders im E. I vergl. M. IV S. 98) keinen besonderen Grundsätzen. Sie ist also von dem in § 271 der C.P.O. bezeichneten Zeitpunkt an nur noch mit Einwilligung des nichtanfechtungsberechtigten Ehegatten möglich. Wird die Anfechtungsklage zurückgenommen, so bleibt dem anfechtungsberechtigten Ehegatten unbenommen, eine neue Anfechtungsklage zu stellen und diese Klage sowohl auf den früher angeführten, als auf neue Anfechtungsgründe zu stützen.

3. Wie in der Erl. Nr. 5 zu § 1337 hervorgehoben ist, ist die Bestätigung oder Genehmigung einer anfechtbaren Ehe nach Auflösung oder Nichtigkeitserklärung der Ehe ausgeschlossen. Hiervon macht § 1341 Abs. 2 Satz 2 *für eine im Laufe des Rechtsstreits über die Anfechtungsklage erfolgende Bestätigung oder Genehmigung eine Ausnahme.* Solchen Falls soll die Anfechtung als nicht erfolgt angesehen werden. Während aber im Falle der Zurücknahme der Anfechtungsklage die Erhebung einer neuen Anfechtungsklage selbst wegen des gleichen Anfechtungsgrundes möglich ist, bewirkt die Bestätigung den Verlust des Anfechtungsrechts überhaupt, und zwar hinsichtlich eines jeden Anfechtungsgrundes, auf welchen der Bestätigende zur Zeit der Bestätigung wirksam verzichten konnte (s. Erl. Nr. 3 zu § 1337). Will mithin der nicht anfechtungsberechtigte Ehegatte nicht in die Zurücknahme der Anfechtungsklage willigen, so hat es der anfechtungsberechtigte Ehegatte, in den Fällen des § 1336 Abs. 2 Satz 2 der gesetzliche Vertreter in der Hand, durch Bestätigung oder Genehmigung die Unanfechtbarkeit der Ehe herbeizuführen. Solchenfalls ist die Anfechtungsklage abzuweisen. Die Bestätigung und die Genehmigung sind nur möglich bis zu der Auflösung oder Nichtigkeitserklärung der Ehe, und die Nichtigkeitserklärung kann nicht deshalb in Frage gestellt werden, weil die Ehe vor der Rechtskraft des Urtheils bestätigt oder genehmigt worden ist, dieser Umstand aber im Anfechtungsprozesse nicht mehr geltend gemacht werden konnte. Möglicherweise liegt übrigens auch in der Zurücknahme der Anfechtungsklage eine Bestätigung oder Genehmigung der anfechtbaren Ehe.

4. Stirbt während des Anfechtungsprozesses einer der Ehegatten, so ist der Rechtsstreit nach § 628 der C.P.O. als in der Hauptsache erledigt anzusehen. Allein die Wirkungen der in der Erhebung der Anfechtungsklage liegenden Anfechtung bleiben bestehen (vergl. Erl. Nr. 1 zu § 1343).

### § 1342.

**E. I § 1266 Abs. 2; II § 1250 rev. § 1327; III § 1325. P. I S. 6031—6033, 8674, 8678, 8685, 8823, 8840—8843; M. IV S. 96. P. II S. 5044, 5045, 6833, 6834, 8730, 8733 (Bd. 4 S. 90, 91).**

1. Wird die Ehe durch Scheidung oder durch Wiederverheirathung eines Gatten nach Maßgabe des § 1348 Abs. 2 oder durch den Tod des zur Anfechtung berechtigten Ehegatten vor

Das Nachlaßgericht soll die Erklärung sowohl demjenigen mittheilen, welcher im Falle der Gültigkeit der Ehe, als auch demjenigen, welcher im Falle der Nichtigkeit der Ehe Erbe des verstorbenen Ehegatten ist. Es hat die Einsicht der Erklärung Jedem zu gestatten, der ein rechtliches Interesse glaubhaft macht.

### §. 1343.

Wird eine anfechtbare Ehe angefochten, so ist sie als von Anfang an nichtig anzusehen. Die Vorschrift des §. 142 Abs. 2 findet Anwendung.

Die Nichtigkeit einer anfechtbaren Ehe, die im Wege der Klage angefochten worden ist, kann, solange nicht die Ehe für nichtig erklärt oder aufgelöst ist, nicht anderweit geltend gemacht werden.

---

Erhebung der Anfechtungsklage aufgelöst, so ist die Anfechtung nach § 1338 ausgeschlossen. Im Falle des Todes des zur Anfechtung nicht berechtigten Ehegatten bleibt die Anfechtung zulässig. Die Form, in welcher in diesem Falle die Anfechtungserklärung abzugeben ist, ist im § 1342 bestimmt (vergl. Erl. Nr. 1 zu § 1341). Welches Gericht das Nachlaßgericht, d. h. das für den Nachlaß des zur Anfechtung nicht berechtigten Ehegatten zuständige ist, richtet sich nach dem Gesetz über die freiwillige Gerichtsbarkeit §§ 72, 73. Dieses Gesetz § 183 bestimmt auch die Erfordernisse der öffentlichen Beglaubigung (vergl. § 129 B.G.B.). Die Erklärung muß nicht „vor" dem Nachlaßgericht erfolgen; es genügt Erklärung „gegenüber" dem Gerichte. Die Anfechtungserklärung kann also auch übersendet werden, wenn sie nur öffentlich beglaubigt ist. Erfolgt die Erklärung „vor" Gericht, so ist sie zu protokolliren; damit ist dem Erfordernisse der öffentlichen Beglaubigung nach § 129 Abs. 2 genügt. Mangel der im § 1342 bestimmten Form — und sei es auch nur Unterlassung der Beglaubigung — bewirkt, daß die Anfechtungserklärung als nicht abgegeben gilt.

2. Die Vorschrift des § 1342 Abs. 2 entspricht dem § 1953 Abs. 3. Der Satz 1 hat nur die Bedeutung einer Ordnungsvorschrift. Die Verletzung dieser Vorschrift ist ohne Einfluß auf die Gültigkeit der Anfechtung. Der Satz 2 enthält einen Anwendungsfall des § 34 des freiw. G.G. Das rechtliche Interesse, von welchem die Einsichtnahme abhängig gemacht ist, braucht nur nach irgend einer Richtung vorhanden zu sein; es muß kein vermögensrechtliches sein, es kann dem bürgerlichen, wie dem öffentlichen (z. B. Staatsangehörigkeit) Rechte angehören. Die Glaubhaftmachung richtet sich nicht nach den Vorschriften der C.P.O., sondern des § 15 Abs. 2 des freiw. G.G. Das Recht der Einsichtnahme schließt, wie aus § 34 freiw. G.G. folgt, das Recht in sich, eine einfache oder beglaubigte Abschrift gegen Erlegung etwaiger Kosten und Gebühren zu fordern.

**§ 1343.**

**E. I § 1260; II § 1251 rev. § 1328; III § 1326. P. I S. 6035—6037, 8674, 8675, 8684, 8795, 8809; M. IV S. 84—86. P. II S. 5026 (Bd. 4 S. 81). D. S. 682.**

1. Der § 1343 betrifft die Geltendmachung der auf Anfechtbarkeit beruhenden Nichtigkeit der Ehe. Aus den allgemeinen Grundsätzen des B.G.B. über das Wesen der Anfechtbarkeit folgt, daß eine anfechtbare Ehe, solange die Anfechtung nicht erfolgt ist, alle Wirkungen einer gültigen Ehe äußert, andererseits, daß, wenn die Anfechtung erfolgt ist, es so angesehen werden muß, als ob die Ehe nicht geschlossen worden wäre (vergl. Vorbm. II zu diesem Titel). Daraus ergiebt sich, daß die anfechtbare Ehe in Folge der Anfechtung nach rückwärts hin vernichtet wird sowie, daß nach erfolgter Anfechtung jeder, auf dessen Rechtsverhältnisse die Gültigkeit oder Nichtigkeit der Ehe von Einfluß ist, sich auf die Nichtigkeit berufen kann, sei es durch Geltendmachung eines Anspruchs, dessen Bestehen von der Nichtigkeit der Ehe abhängt, sei es durch die Vorschützung einer Einrede gegen einen Anspruch, welcher von der Gültigkeit der Ehe bedingt ist. (§ 1343 Abs. 1 Satz 1, welcher dem § 142 Abs. 1 entspricht.) An diesem aus den allgemeinen Grundsätzen folgenden Ergebnisse hält das B.G.B ausnahmslos fest, wenn die Anfechtung im Wege des § 1342 durch Erklärung gegenüber dem Nachlaßgerichte geschieht, wenn also die Anfechtung erst erfolgt, nachdem die Ehe durch den Tod des nicht anfechtungsberechtigten Ehegatten aufgelöst ist. Für den Fall dagegen, daß die Anfechtung nach § 1341 durch Erhebung der Anfechtungsklage oder Anfechtungswiderklage geschieht, weicht der § 1343 Abs. 2 entsprechend dem § 1329 von den allgemeinen Grundsätzen ab. Zwar gilt auch für diesen Fall, daß die Ehe nach rückwärts in Folge der Anfechtung als

## §. 1344.

Einem Dritten gegenüber können aus der Nichtigkeit der Ehe Einwendungen gegen ein zwischen ihm und einem der Ehegatten vorgenommenes Rechtsgeschäft oder gegen ein zwischen ihnen ergangenes rechtskräftiges Urtheil nur hergeleitet werden, wenn zur Zeit der Vornahme des Rechtsgeschäfts oder zur Zeit des Eintritts der Rechtshängigkeit die Ehe für nichtig erklärt oder die Nichtigkeit dem Dritten bekannt war.

Die Nichtigkeit kann ohne diese Beschränkung geltend gemacht werden, wenn sie auf einem Formmangel beruht und die Ehe nicht in das Heirathsregister eingetragen worden ist.

---

nichtig behandelt wird, allein trotzdem die Erhebung der Anfechtungsklage rechtsgeschäftlich die Bedeutung der Anfechtung hat (vergl. Erl. zu § 1341), soll die Nichtigkeit erst geltend gemacht werden dürfen, wenn die Ehe für nichtig erklärt ist. Bis zur erfolgten Nichtigkeitserklärung wird die Ehe als vollgültig angesehen. Nur für den Fall, daß die Ehe während des Rechtsstreits über die Anfechtungsklage durch den Tod eines der Ehegatten aufgelöst wird, tritt wieder die Regel ein. Der Rechtsstreit über die Anfechtungsklage gilt dann als in der Hauptsache erledigt, und die in der Erhebung der Anfechtungsklage liegende Anfechtung äußert ihre volle Wirkung, so daß die Nichtigkeit von jedem geltend gemacht werden kann (§ 628 C.P.O. Vorbm. Nr. III, 3 zu diesem Titel). Hinsichtlich der aus der Vorschrift des § 1343 Abs. 2 sich ergebenden Folgen, insbesondere in Ansehung des Güterstandes der Ehegatten, der Unterhaltspflicht, der rechtlichen Stellung der Ehegatten zu den Kindern, darf auf die Erl. Nr. 4 zu § 1329 verwiesen werden. Auch insofern stehen sich beide Fälle gleich, als der § 152 der C.P.O. in Anlehnung an den § 151 das. dem Gericht eine Aussetzungspflicht für den Fall auferlegt, daß die Entscheidung eines Rechtsstreits davon abhängt, ob eine im Wege der Klage angefochtene Ehe nichtig ist. Das Nähere hierüber vergl. Vorbm. Nr. V zu gegenwärtigem Titel.

2. Da die Ehe als gültig anzusehen ist, solange die Anfechtung nicht erfolgt bezw. wenn die Anfechtung durch Erhebung der Anfechtungsklage zu geschehen hat, die Ehe nicht für nichtig erklärt oder aufgelöst ist, so besteht, bis sich entschieden hat, ob die Anfechtung erfolgt, bezw. bis zur Erledigung des Rechtsstreits über die Anfechtungsklage ein Zustand der Ungewißheit. Die für die Anfechtung bestimmte Frist des § 1339 bezweckt, die Ungewißheit zu heben. Hängt eine rechtliche Wirkung davon ab, ob jemand die Nichtigkeit einer anfechtbaren Ehe kennt, so würde diese Voraussetzung an sich nur zutreffen, wenn er sowohl die Anfechtbarkeit der Ehe, als auch die erfolgte Anfechtung kennt oder kennen muß. Die allgemeine Vorschrift des § 142 Abs. 2 stellt klar, daß das Kennen oder Kennenmüssen der Anfechtbarkeit genügt. Wer die Anfechtbarkeit kennt, muß damit rechnen, daß die Anfechtung erfolgen wird. Der § 1343 Abs. 1 Satz 2 bringt zum Ausdrucke, daß die Vorschrift des § 142 Abs. 2 auch bei der Anfechtbarkeit der Ehe gilt (vergl. Erl. Nr. 5 zu § 142).

### § 1344.

**E. I §§ 1257, 1270; II §§ 1236, 1252 rev. § 1329; III § 1327. P. I S. 5968—5973, 6603, 8673, 8681—8684, 8695—8699, 8704—8707, 8829, 8836, 8848, 8852; M. IV S. 63—66, 101. P. II S. 5000—5003, 5046 (Bd. 4 S. 67—69, 92, 93). D. S. 684.**

1. Aus dem Prinzipe der Nichtigkeit ergiebt sich, daß die nichtige Ehe so behandelt wird, als wäre sie nie geschlossen worden. Daraus folgt insbesondere, daß die Frau den Namen des Mannes nicht führen darf, daß sie seinen Wohnsitz (vgl. Erl. Nr. 2 zu § 10) nicht theilt und daß die aus der Ehe entsprossenen Kinder unehelich sind. Für die Vermögensauseinandersetzung unter den Ehegatten sind ferner nicht die Grundsätze des ehelichen Güterrechts, sondern die allgemeinen Grundsätze, namentlich die Grundsätze der Vindikation, der ungerechtfertigten Bereicherung, unter Umständen des Auftrags oder der Geschäftsführung ohne Auftrag maßgebend. Ein etwaiger Ehevertrag gilt als gar nicht geschlossen. Das dadurch verabredete güterrechtliche Verhältniß, z. B. die Gütergemeinschaft, ist nie eingetreten, jeder Ehegatte ist Eigenthümer seines Vermögens geblieben. Ob in dem Abschluß eines Ehevertrages, trotzdem beide Theile die Nichtigkeit der Ehe kannten, nicht die Absicht der Ehegatten zu finden ist, sich gegenseitig obligatorisch

zu verpflichten, das Verhältniß so zu behandeln, als bestände eine Ehe, ist eine Thatfrage. Regelmäßig wird auch diese Verabredung gemäß § 138 nichtig sein. An den sich aus den allgemeinen Grundsätzen ergebenden Folgen der Nichtigkeit hält das B.G.B. ausnahmslos fest, wenn die Nichtigkeit auf einem Formfehler beruht und die Ehe nicht in das Heirathsregister eingetragen worden ist (vgl. § 1344 Abs. 2, § 1345 Abs. 2, § 1699 Abs. 2, § 1771 Abs. 2). Für die Fälle, daß die Nichtigkeit auf einem anderen Nichtigkeitsgrund oder auf Anfechtbarkeit beruht oder daß die wegen Formmangels nichtige Ehe in das Heirathsregister eingetragen ist, macht das B.G.B. Ausnahmen, von denen der § 1344 die für das Verhältniß der Ehegatten zu Dritten, die §§ 1345—1347 die für das Verhältniß der Ehegatten zu einander und die §§ 1699—1704 die für das Verhältniß zu den Kindern bestimmten betreffen. Einen allgemeinen Satz, daß eine nichtige Ehe im Falle der Gutgläubigkeit beider Ehegatten in allen Stücken wie eine gültige zu behandeln ist, hat das B.G.B. nicht aufgestellt.

2. Die Ausnahme des § 1344 besteht darin, daß einem Dritten, welcher im Vertrauen auf die Gültigkeit der Ehe sich mit den Ehegatten oder mit einem der Ehegatten auf ein Rechtsgeschäft oder, gleichgültig ob als Kläger, Beklagter oder Intervenient, auf einen Rechtsstreit eingelassen hat, gegen die Wirksamkeit des Rechtsgeschäfts oder des Urtheils Einwendungen aus der Nichtigkeit der Ehe nicht entgegengehalten werden können. Unter einem zwischen dem Dritten und einem der Ehegatten vorgenommenen Rechtsgeschäfte versteht das B.G.B. sowohl Verträge zwischen dem Dritten und dem Ehegatten, als auch einseitige, von dem Dritten gegenüber dem Ehegatten oder von diesem gegenüber jenem vorgenommene Rechtsgeschäfte. Hat z. B. die Frau im Bereiche ihrer Schlüsselgewalt einem Dienstboten gekündigt, so kann der Mann die Anwendbarkeit des § 1357 nicht deshalb bestreiten, weil die Ehe nichtig sei. Hat der Mann Früchte des Vermögens der Frau, die nach dem gesetzlichen Güterrecht ihm gehören (§ 1383), veräußert, so kann gegen die Gültigkeit der Veräußerung kein Einwand daraus abgeleitet werden, daß die Ehe nichtig gewesen sei, dem Manne also die Nutznießung nicht zugestanden habe. Das Gleiche gilt, wenn der Mann eine der in dem § 1376 bezeichneten Verfügungen über das Vermögen der Frau getroffen hat oder wenn ein sich auf das eingebrachte Gut beziehendes einseitiges Rechtsgeschäft nach Maßgabe des § 1403 Abs. 1 dem Manne gegenüber vorgenommen ist. Ist allgemeine Gütergemeinschaft unter den Ehegatten vereinbart, so ist trotz der Nichtigkeit der Ehe jede Verfügung des Mannes über das Vermögen der Frau gültig, zu welcher er nach § 1443 berechtigt ist. Wird der Mann mit einer Klage, durch welche er die zu dem eingebrachten Gute der Frau gehörenden verbrauchbaren Sachen vindizirt, abgewiesen (§ 1380), so ist das Urtheil gegen die Frau auch dann wirksam, wenn die Ehe nichtig war. Das Gleiche gilt im Falle vereinbarter allgemeiner Gütergemeinschaft von jedem Urtheil in einem Prozesse des Mannes gegen einen Schuldner der Frau (§ 1443).

Die Ausnahme des § 1344 hat aber keineswegs den Inhalt, daß es im Verhältnisse zwischen den Ehegatten und dem Dritten nach allen Richtungen so angesehen wird, als wäre die Ehe gültig. Insbesondere erhält der Dritte nicht die Befugniß, behufs Befriedigung seiner gegen einen der Ehegatten gerichteten Forderung sich an dasjenige Vermögen des anderen Ehegatten zu halten, welches im Falle der Gültigkeit der Ehe Bestandtheil des Vermögens seines Schuldners geworden oder doch der Zwangsvollstreckung von Seiten des Dritten unterlegen wäre. Wer z. B. dem Manne ein Darlehn in dem Vertrauen gegeben hat, daß die Ehe gültig sei und der Mann daher Eigenthümer der Früchte des Frauenguts werde, kann, wenn die Ehe nichtig ist, die Zwangsvollstreckung nicht in die gedachten Früchte verlangen. Ebensowenig kann ein Dritter, welchem der Mann die Früchte des Frauenguts durch obligatorischen Vertrag, z. B. durch einen Kauf, zu übertragen sich verpflichtet hat, im Falle der Nichtigkeit der Ehe die Uebertragung von der Frau fordern. Im Falle allgemeiner Gütergemeinschaft kann ein Dritter, welcher durch Vertrag mit dem Manne eine Forderung gegen denselben erlangt oder die rechtskräftige Verurtheilung des Mannes zur Bezahlung einer Forderung erwirkt hat, im Falle der Nichtigkeit der Ehe seine Befriedigung nicht aus dem Vermögen der Frau verlangen, welches im Falle der Gültigkeit der Ehe Gesammtgut geworden wäre. Anders liegt die Frage in Betreff der nach § 1459 Abs. 2 eintretenden persönlichen Haftung des Mannes für Gesammtgutsverbindlichkeiten. Ist die Frau durch Vertrag mit einem Dritten eine Verbindlichkeit gegen denselben eingegangen, welche im Falle der Gültigkeit der Ehe und der allgemeinen Gütergemeinschaft nach den §§ 1450 ff. Gesammtgutsverbindlichkeit geworden wäre, so haftet für diese Verbindlichkeit der Mann auch im Falle der Nichtigkeit der Ehe persönlich, sofern die Verbindlichkeit im Verhältniß unter den Gatten dem Gesammtgute zur Last fällt (§ 1459 Abs 2); denn hier handelt es sich nicht um die Frage, was bei Gültigkeit der Ehe Vermögen des Schuldners sein würde, sondern direkt um eine bei der allgemeinen Gütergemeinschaft eintretende Wirkung des von der Frau vorgenommenen Rechtsgeschäfts. Fällt die Verbindlichkeit im Verhältniß unter den Gatten dem Gesammtgute nicht zur Last, so erlischt die Haftung nach § 1459 Abs. 2 Satz 2 mit der Beendigung der Gütergemeinschaft; die Haftung tritt also in dem vorausgesetzten Falle, da die Gütergemeinschaft wegen der Nichtigkeit der Ehe nicht besteht, überhaupt nicht ein.

Der Schutz des § 1344 beschränkt sich ferner auf die unmittelbar mit den Ehegatten vorgenommenen bezw. ihnen gegenüber vorgenommenen Rechtsgeschäfte; er erstreckt sich nicht auf solche Fälle, in welchen ein Dritter im Vertrauen auf die Gültigkeit der Ehe mit einer anderen Person auf ein Rechtsgeschäft sich einläßt, dessen Gültigkeit mittelbar von der Gültigkeit der Ehe abhängt. Hat z. B. ein Dritter einen zum Vermögen der Ehefrau gehörenden Gegenstand, welchen ein Anderer von dem mit der Ehefrau in Gütergemeinschaft lebenden Ehemann erworben hatte, von diesem Anderen im Vertrauen darauf erworben, daß die Ehe gültig und der Ehemann deshalb zur Veräußerung jenes Gegenstandes befugt gewesen sei (§ 1443), so schützt ihn, falls sein Autor die Nichtigkeit der Ehe zur Zeit des Erwerbes kannte und die Veräußerung an denselben daher unwirksam war, der Umstand, daß er selbst zur Zeit seines Erwerbes die Nichtigkeit der Ehe nicht kannte, nicht gegenüber der Ehefrau. Das Gleiche gilt von Rechtsstreitigkeiten, auf die sich der Dritte im Vertrauen auf die Gültigkeit der Ehe eingelassen hat.

Selbstverständlich gewährt der § 1344 nicht auch den Ehegatten das Recht, Dritte ohne deren Willen so zu behandeln, als wäre die Ehe gültig. Im obigen Beispiele muß sich daher der Mann, falls der Dienstbote die Kündigung der Frau mit Rücksicht auf die Nichtigkeit der Ehe nicht anerkennt, die Berufung des Dienstboten auf die Nichtigkeit der Ehe gefallen lassen. Die Gutgläubigkeit des Mannes ändert daran nichts.

3. Der Schutz des § 1344 entfällt, wenn zur Zeit der Vornahme des Rechtsgeschäfts oder des Eintritts der Rechtshängigkeit

a) die Ehe für nichtig erklärt war oder

b) der Dritte die Nichtigkeit der Ehe gekannt hatte. Wann ein Rechtsgeschäft als vorgenommen zu gelten hat, richtet sich nach den allgemeinen Grundsätzen; bei Verträgen z. B. sind die §§ 151 ff. maßgebend. Ueber den Eintritt der Rechtshängigkeit entscheiden die Vorschriften der C.P.O. §§ 253, 263, 281, 693. Daß auf den Zeitpunkt der Rechtshängigkeit und nicht auf den des Urtheils abgestellt ist, beruht auf den gleichen Gründen, aus denen im § 407 Abs. 2 (vergl. Erl. Nr. 2 zu § 407) dieser Zeitpunkt gewählt ist.

Die Erhebung der Nichtigkeits- oder der Anfechtungsklage ist ohne Einfluß, die Ehe muß in den bezeichneten Zeitpunkten rechtskräftig für nichtig erklärt worden sein. Ist dies aber der Fall, so kommt es darauf nicht an, ob dem Dritten die Nichtigkeit bekannt war. Denn eine für nichtig erklärte Ehe ist schlechthin nicht mehr vorhanden und kann keine Wirkungen mehr erzeugen. Dagegen steht die Auflösung der Ehe durch Tod oder Scheidung der Anwendbarkeit des § 1344 nicht entgegen. Wichtig ist dies insbesondere wegen der Nachwirkungen der Ehe, die durch die Gültigkeit der Ehe bedingt sind. Wenn z. B. der überlebende Ehegatte im Falle der Gültigkeit der Ehe nach § 1931 Abs. 2 Erbe des verstorbenen Ehegatten geworden wäre und als solcher einen zum Nachlasse gehörenden Gegenstand an einen Dritten veräußert hat, muß derjenige, welcher in Folge der Nichtigkeit der Ehe wirklich Erbe geworden ist, die Veräußerung gegen sich gelten lassen, sofern nicht der Fall ad b. vorliegt. Ist die Ehe in den bezeichneten Zeitpunkten noch nicht für nichtig erklärt, so kommt es auf das positive Wissen des Dritten von dem Vorliegen eines Nichtigkeits- oder eines Anfechtungsgrundes an. Die Kenntniß eines Anfechtungsgrundes genügt selbst dann, wenn zu der Zeit, als der Dritte den Grund erfuhr, die Anfechtungsklage noch nicht erhoben war (§ 142 Abs. 2). Dies kann für den Dritten, da er die Anfechtungsklage nicht erheben kann, namentlich in Ansehung solcher Rechtsgeschäfte hart sein, welche die Befriedigung bestehender Ansprüche bezwecken, z. B. wenn der Mann bei bestehender Gütergemeinschaft eine Schuld der Frau beitreibt. Der Dritte kann sich solchenfalls möglicherweise durch Hinterlegung (§ 372 Abs. 2 Satz 2) helfen, unter Umständen durch Streitverkündung an den anfechtungsberechtigten Ehegatten. Das bloße Kennenmüssen steht dem Wissen nicht gleich. Dies gilt selbst dann, wenn die Unkenntniß auf grober Fahrlässigkeit beruht (vergl. § 142 Abs. 2 und Erl. Nr. 5 zu § 142). Dem Dritten liegt keine Erkundigungspflicht ob. Auch schadet es nicht, daß der Dritte eine Thatsache kannte, aus der die Nichtigkeit oder Anfechtbarkeit folgte, wenn er die Eigenschaft der Thatsache als eines Nichtigkeits- oder eines Anfechtungsgrundes nicht kannte. Von praktischer Bedeutung ist dies namentlich bei Ausländern. Ohne Belang ist ferner, ob dem Ehegatten, mit welchem sich der Dritte eingelassen hat, die Nichtigkeit bekannt war oder nicht.

4. Die Beweislast ist in der Art geregelt, daß derjenige, welcher sich dem Dritten gegenüber auf die Nichtigkeit der Ehe beruft, zu beweisen hat, daß in den bezeichneten Zeitpunkten die Ehe für nichtig erklärt oder die Nichtigkeit dem Dritten bekannt war. In gleicher Weise ist im Abs. 2 des § 1344 die Beweislast in Ansehung der Frage, ob die Ehe formell nichtig ist, geordnet.

## §. 1345.

War dem einen Ehegatten die Nichtigkeit der Ehe bei der Eheschließung bekannt, so kann der andere Ehegatte, sofern nicht auch ihm die Nichtigkeit bekannt war, nach der Nichtigkeitserklärung oder der Auflösung der Ehe verlangen, daß ihr Verhältniß in vermögensrechtlicher Beziehung, insbesondere auch in Ansehung der Unterhaltspflicht, so behandelt wird, wie wenn die Ehe zur Zeit der Nichtigkeitserklärung oder der Auflösung geschieden und der Ehegatte, dem die Nichtigkeit bekannt war, für allein schuldig erklärt worden wäre.

Diese Vorschrift findet keine Anwendung, wenn die Nichtigkeit auf einem Formmangel beruht und die Ehe nicht in das Heirathsregister eingetragen worden ist.

---

### § 1345.

**E. I § 1258 Abs. 1, § 1270; II § 1237 Abs. 1, 3, § 1252 rev. § 1330; III § 1328. P. I S. 5975—5993, 8674, 8684, 8794, 8809, 8823, 8840, 8860; M. IV S. 66—70, 101. P. II S. 5003—5007, 5046, 5933—5937, 6176, 8617, 8618 (Bd. 4 S. 69—72, 92, 93, 532—534, 664). D. S. 684. K.B. S. 2035.**

**1.** Die §§ 1345—1347 betreffen die Frage, inwieweit die aus der Nichtigkeit der Ehe sich nach den allgemeinen Grundsätzen für das Verhältniß der Ehegatten zu einander ergebenden Folgen (vergl. Erl. Nr. 1 zu § 1344) durch den guten Glauben der Ehegatten oder eines derselben beeinflußt werden (Putativehe). Der Einfluß der Putativehe auf das Verhältniß zu den Kindern ist in den §§ 1699—1704 geregelt. Das B.G.B. versagt dem guten Glauben der Ehegatten jeden Einfluß, soweit es sich um das Verhältniß der Ehegatten oder eines der Ehegatten zu Dritten handelt. Der Schutz, welcher Dritten gegenüber den Folgen der Nichtigkeit im Interesse der Sicherheit des Rechtsverkehrs im § 1344 gewährt ist, ist vom guten Glauben der Ehegatten unabhängig; er ist nur bedingt durch den guten Glauben des Dritten selbst. Dem guten Glauben der Ehegatten ist ferner jede Bedeutung auch für das Verhältniß der Ehegatten zu einander für den Fall abgesprochen, daß eine wegen Formfehlers nichtige und nicht in das Heirathsregister eingetragene Ehe vorliegt. Hier verbleibt es nach § 1345 Abs. 2 lediglich bei den Folgen der Nichtigkeit der Ehe. Nur bei Ehen, die aus einem anderen Grunde nichtig sind oder deren Nichtigkeit auf Anfechtbarkeit beruht, gewährt der § 1345 Abs. 1 dem guten Glauben eines der Ehegatten einen Einfluß für das Verhältniß der Ehegatten zu einander, aber auch hier nur dann, wenn lediglich einer der Ehegatten gutgläubig war. Kannten beide Ehegatten die Nichtigkeit nicht, so verbleibt es bei den Folgen der Nichtigkeit. An sich bewendet es auch im Falle, daß nur einer der Ehegatten gutgläubig war, bei den Folgen der Nichtigkeit. Es kann jedoch der gutgläubige Ehegatte verlangen, daß ihr Verhältniß in vermögensrechtlicher Hinsicht so behandelt wird, wie wenn die Ehe geschieden und der bösgläubige Ehegatte für den alleinschuldigen Theil erklärt worden wäre. Das Rechtsverhältniß ist also nicht etwa nach Art einer Alternativobligation gestaltet, so daß der gutgläubige Ehegatte die Wahl zwischen den Folgen der Nichtigkeit und der Behandlung nach den Grundsätzen des Scheidungsrechts hätte (das B.G.B. vermeidet sogar den Ausdruck Wahlrecht, anders der E. I), sondern grundsätzlich treten die Folgen der Nichtigkeit ein und nur, wenn der gutgläubige Ehegatte die Behandlung nach den Grundsätzen des Scheidungsrechts verlangt, wird das Verhältniß nach diesen Grundsätzen beurtheilt. Es liegt daher eine Art facultas alternativa vor. Folgeweise ist das Verhältniß solange nach den Grundsätzen der Nichtigkeit zu beurtheilen, bis der gutgläubige Ehegatte von seinem Rechte Gebrauch macht. Macht der Ehegatte Gebrauch, so ist der Zeitpunkt der Rechtskraft des Nichtigkeitserklärungsurtheils oder, wenn gemäß §§ 1329, 1342 die Nichtigkeitserklärung nicht stattfindet, der Auflösung der Ehe maßgebend für die Frage, von wann an die Grundsätze des Scheidungsrechts Platz greifen. Die Aenderungen, welche die Folgen der Nichtigkeit dadurch, daß der Ehegatte von dem Rechte Gebrauch macht, erleiden, zeigen sich theils auf dem Gebiete des Unterhaltsanspruchs (§§ 1578—1582), theils hinsichtlich des Widerrufs von Schenkungen (§ 1584), theils bei der Vermögensauseinandersetzung. In letzterer Beziehung kann der gutgläubige Gatte verlangen, daß die Auseinandersetzung nach denjenigen Grundsätzen erfolgt, welche für den Güterstand gelten, der für die Ehe, falls sie gültig gewesen wäre, bestanden haben würde, im Falle des gesetzlichen Güterrechts also nach den Vorschriften des § 1421, im Fall der Gütertrennung unter Berücksichtigung der Vorschriften der §§ 1427 bis 1430, im Falle der Gütergemeinschaft nach den für die Auseinandersetzung bei der Auf-

## §. 1346.

Wird eine wegen Drohung anfechtbare Ehe für nichtig erklärt, so steht das im §. 1345 Abs. 1 bestimmte Recht dem anfechtungsberechtigten Ehegatten zu. Wird eine wegen Irrthums anfechtbare Ehe für nichtig erklärt, so steht dieses Recht dem zur Anfechtung nicht berechtigten Ehegatten zu, es sei denn, daß dieser den Irrthum bei der Eingehung der Ehe kannte oder kennen mußte.

---

lösung geltenden Vorschriften; in letzterer Beziehung kommen hauptsächlich die Vorschriften der §§ 1478, 1549 zur Anwendung. Im Uebrigen hat es bei den Folgen der Nichtigkeit sein Bewenden. Dies gilt insbesondere von der Namensführung der gutgläubigen Ehefrau. Der § 1577 ist nicht anwendbar, denn er bezieht sich auf das persönliche Verhältniß der Ehegatten zu einander. Ferner hat der gutgläubige Ehegatte auch kein Erb- oder Pflichttheilsrecht gegenüber dem anderen Ehegatten, da durch die Scheidung das Erbrecht erlischt. Auch sind die §§ 2077, 2268, 2279 anwendbar, d. h. der Einfluß der Nichtigkeit der Ehe auf letztwillige Zuwendungen wird durch den guten Glauben eines der Ehegatten nicht berührt.

2. Die Anwendbarkeit des § 1345 ist bedingt durch die Bösgläubigkeit des einen Ehegatten. Dagegen ist der gute Glaube des anderen Ehegatten nicht Voraussetzung der Anwendbarkeit, sondern der Mangel des guten Glaubens ist Voraussetzung des Ausschlusses des § 1345. Der Ehegatte, welcher sich auf § 1345 beruft, braucht also nicht seinen guten Glauben, sondern nur den bösen Glauben des anderen Ehegatten zu beweisen. Am anderen Ehegatten ist es, durch den Nachweis des bösen Glaubens auch des sich auf § 1345 berufenden Ehegatten die Anwendbarkeit des § 1345 auszuschließen. Bösgläubig ist ein Ehegatte, wenn ihm die Nichtigkeit der Ehe bekannt ist. Es kommt auf das positive Wissen der Nichtigkeit an. Das bloße Kennenmüssen genügt nicht, ebensowenig die Kenntniß der Thatsachen, aus denen die Nichtigkeit oder Anfechtbarkeit folgt, wenn der Ehegatte nicht gleichzeitig weiß, daß der Thatsache die Eigenschaft eines Nichtigkeits- oder Anfechtungsgrundes zukommt (vergl. Erl. Nr. 3 zu § 1344). Die Gutgläubigkeit braucht nur im Zeitpunkte der Eheschließung vorhanden zu sein. Spätere Bösgläubigkeit ist einflußlos. Es fallen nicht etwa von dem Augenblicke der Kenntniß der Nichtigkeit an die Wirkungen der Putativehe für die Zukunft hinweg. Die Beweislast in Ansehung der Frage, ob die Ehe formell nichtig ist, ist im § 1345 Abs. 2 ebenso geordnet wie im § 1344 Abs. 2. Der Ehegatte, welcher sich auf § 1345 beruft, ist demnach in dieser Hinsicht beweisfrei.

3. Das im § 1345 bestimmte Recht steht dem gutgläubigen Ehegatten nicht nur zu, wenn die Ehe auf erfolgte Nichtigkeits- oder Anfechtungsklage hin für nichtig erklärt ist, sondern auch dann, wenn die Ehe vorher durch Tod oder Scheidung oder Wiederverheirathung nach der Todeserklärung aufgelöst worden ist. Das Recht steht auch dem Erben des gutgläubigen Ehegatten sowie gegen die Erben des bösgläubigen Ehegatten zu.

4. Neben dem im § 1345 bestimmten Rechte kann dem gutgläubigen Ehegatten unter Umständen ein Schadensersatzanspruch aus unerlaubten Handlungen zustehen. Namentlich wird dies im Falle der Anfechtbarkeit der Ehe wegen Drohung oder arglistiger Täuschung der Fall sein (§§ 824—826). Der Schadensersatzanspruch wird aber regelmäßig nur auf Ersatz des negativen Interesses gerichtet sein.

### § 1346.

**E. I § 1270; II § 1252 rev. § 1331; III § 1329. P. I S. 6035—6040, 8675, 8686; M. IV S. 101. P. II S. 5026, 5046—5048 (Bd. 4 S. 92, 93). D. S. 684.**

1. Die Vorschrift des § 1346 Satz 1 hängt mit der Fassung der Voraussetzungen zusammen, an die der § 1345 das dort bezeichnete Recht knüpft. Nach § 1346 Satz 1 steht also im Falle der Anfechtung der Ehe wegen Drohung der anfechtungsberechtigte Ehegatte dem Ehegatten gleich, welchem die Anfechtbarkeit nicht bekannt war.

2. Im § 1346 Satz 2 ist die Vorschrift des § 122 auf die Ehe übertragen. Der Sinn des § 1346 Satz 2 ist, daß beim Abschluß einer Ehe sich Jeder sagen muß, daß der andere Theil auf die vor dem Standesbeamten abgegebene Erklärung sich verlasse; der Irrende darf sich deshalb nicht beschweren, daß er, wenn er die Ehe wegen seines Irrthums anficht, so behandelt wird, als hätte er die Anfechtbarkeit der Ehe gekannt. Diese Behandlung des Irrenden ist unabhängig davon, ob ihm ein Verschulden zur Last fällt. Sie tritt nur dann nicht ein, wenn der andere Theil den Irrthum kannte oder kennen mußte, d. h. aus Fahrlässigkeit nicht kannte (vergl. Erl. Nr 5 zu § 122). Daß diese Voraussetzung gegeben ist, hat der Irrende zu beweisen. Mit Rücksicht auf diese Voraussetzung versteht sich übrigens von selbst, daß der § 1346 Satz 2 auf die Fälle der §§ 1332, 1333 beschränkt ist und im Falle des § 1334 (Täuschung) nicht Platz greift.

§. 1347.

Erklärt der Ehegatte, dem das im §. 1345 Abs. 1 bestimmte Recht zusteht, dem anderen Ehegatten, daß er von dem Rechte Gebrauch mache, so kann er die Folgen der Nichtigkeit der Ehe nicht mehr geltend machen; erklärt er dem anderen Ehegatten, daß es bei diesen Folgen bewenden solle, so erlischt das im §. 1345 Abs. 1 bestimmte Recht.

Der andere Ehegatte kann den berechtigten Ehegatten unter Bestimmung einer angemessenen Frist zur Erklärung darüber auffordern, ob er von dem Rechte Gebrauch mache. Das Recht kann in diesem Falle nur bis zum Ablaufe der Frist ausgeübt werden.

---

## Vierter Titel.

## Wiederverheirathung im Falle der Todeserklärung.

---

§ 1347

**E. I § 1258 Abs. 2, § 1270 II § 1237 Abs. 2, § 1252; rev. § 1332; III § 1330. P. I S. 5975—5993; M. IV S. 69, 101. P. II S. 5003, 5008, 5046, 8617 (Bd. 4 S. 69, 71, 72, 81).**

1. Der § 1347 Abs. 1 betrifft die Fragen, wie von dem im § 1345 bestimmten Rechte Gebrauch zu machen ist und ob die einmal getroffene Entscheidung rückgängig gemacht werden kann.

Die erste Frage wird dahin beantwortet, daß die Erklärung (vergl. §§ 130—132) nur dem anderen Ehegatten gegenüber abgegeben werden kann. Nach dem Tode des bösgläubigen Ehegatten muß die Erklärung dessen Erben gegenüber abgegeben werden. Die Erklärung muß allen Erben gegenüber erfolgen. Ebenso muß sie im Falle des Todes des gutgläubigen Gatten von allen Erben abgegeben werden. Beides würde vielleicht schon aus den für die Erbengemeinschaft geltenden Grundsätzen abgeleitet werden können; vergl. §§ 2038—2040. Aber auch abgesehen hiervon dürfte das fragliche Recht als ein untheilbares anzusehen sein und kann deshalb nur von allen Erben und gegen alle Erben ausgeübt werden; vergl. § 356. Die Erklärung ist, rechtlich betrachtet, ein einseitiges empfangsbedürftiges Rechtsgeschäft des gutgläubigen Ehegatten. Sie kann auch stillschweigend geschehen und wird regelmäßig in der Geltendmachung der lediglich nach den Grundsätzen des Scheidungsrechts zustehenden Rechte, z. B. dem Widerruf einer Schenkung, dem Verlangen von Unterhaltsgewährung, liegen, wie umgekehrt in der Geltendmachung eines nur nach den Grundsätzen der Nichtigkeit zustehenden Rechtes die stillschweigende Erklärung, auf das im § 1345 bestimmte Recht zu verzichten, gefunden werden muß.

Die zweite Frage ist verneint.

2. Die Ausübung des im § 1345 bestimmten Rechtes ist an sich an keine Frist gebunden. Deshalb giebt die Vorschrift des Abs. 2 des § 1347 jedem Ehegatten ein Mittel in die Hand, die Entscheidung des anderen Ehegatten innerhalb angemessener Frist herbeizuführen. Ueber den Begriff der Angemessenheit, über die Folgen, welche eintreten, wenn die bestimmte Frist nicht angemessen ist sowie über die Beweislast s. Bd. II S. 19ff. Erl. zu § 250 Nr. 2—4.

3. An die Beobachtung einer Form ist weder die im Abs. 1 bezeichnete Erkärung, noch die im Abs. 2 erwähnte Aufforderung gebunden.

---

## Vierter Titel.

1. Will ein Ehegatte nach dem Tode des anderen eine neue Ehe eingehen, so muß er dem Standesbeamten gemäß § 45 des Personenstandsgesetzes durch Vorlage einer Sterbeurkunde den Nachweis des Todes erbringen. Ergiebt sich später, daß der Ehegatte zur Zeit der Wiederverheirathung des anderen Ehegatten noch lebte, die Sterbeurkunde mithin unrichtig ist, so ist die neue Ehe nichtig. Sie bleibt nichtig, auch wenn der für todt geglaubte Ehegatte später wirklich stirbt. Ist ein Ehegatte für todt erklärt worden, so vertritt das Todeserklärungsurtheil die Stelle der Sterbeurkunde. An sich wäre mithin, wenn der für todt Erklärte im Augenblicke der Eingehung einer neuen Ehe seitens des zurückgebliebenen Ehegatten noch lebt, die Sachlage die gleiche wie bei einer falschen Sterbeurkunde. Wollen die Ehegatten die Möglichkeit, daß die neue Ehe nichtig ist, vermeiden, so muß der zurückgebliebene Ehegatte gegen den verschollenen

## §. 1348.

Geht ein Ehegatte, nachdem der andere Ehegatte für todt erklärt worden ist, eine neue Ehe ein, so ist die neue Ehe nicht deshalb nichtig, weil der für todt erklärte Ehegatte noch lebt, es sei denn, daß beide Ehegatten bei der Eheschließung wissen, daß er die Todeserklärung überlebt hat.

Mit der Schließung der neuen Ehe wird die frühere Ehe aufgelöst. Sie bleibt auch dann aufgelöst, wenn die Todeserklärung in Folge einer Anfechtungsklage aufgehoben wird.

---

die Klage auf Scheidung der Ehe wegen böslicher Verlassung erheben. Allein abgesehen von dem psychischen Zwange, dem man damit den zurückgebliebenen Ehegatten nicht selten unterwerfen würde, versagt dieser Ausweg gerade in den Fällen, in welchen eine Abhilfe am dringendsten ist, nämlich in denjenigen Fällen, in welchen es am wahrscheinlichsten ist, daß der Verschollene wirklich todt ist und sich deshalb einer böslichen Verlassung nicht schuldig gemacht haben kann. Das B.G.B. erkennt deshalb das Bedürfniß an, durch besondere, von den allgemeinen Grundsätzen abweichende Bestimmungen dem Ehegatten des Verschollenen die Möglichkeit zu gewähren, nach der Todeserklärung zu einer weiteren Ehe zu schreiten. Die Möglichkeit gewährt es dadurch, daß es mit der Eingehung der neuen Ehe die alte als aufgelöst erklärt. Trotz dieser einschneidenden Wirkung ist dem zurückgebliebenen Ehegatten die Wiederverheirathung nach der Todeserklärung ohne Weiteres gestattet, es bedarf nicht einer besonderen eherechtlichen Sachprüfung. Das B.G.B. giebt aber jedem Ehegatten der neuen Ehe, wenn der Verschollene noch lebt, das Recht, die neue Ehe anzufechten.

Die Vorschriften über die Wiederverheirathung im Falle der Todeserklärung lassen sich unter einem doppelten Gesichtspunkte betrachten. Man kann das Schwergewicht darauf legen, daß durch die Eingehung der neuen Ehe die alte gelöst wird; dann gehören die Vorschriften zu den auf die Auflösung der Ehe sich beziehenden. Diesen Standpunkt nahmen der E. I und II ein. Sie regelten die Wiederverheirathung im Falle der Todeserklärung im Anschluß an die Scheidung unter dem Titel „Auflösung der Ehe in Folge (im Falle) der Todeserklärung". Man kann den Nachdruck aber auch darauf legen, daß die neue Ehe, trotzdem sie, falls der Verschollene noch lebt, an sich gegen das Verbot der Doppelehe verstößt, doch deshalb nicht nichtig ist, weil, um den Verstoß zu vermeiden, die alte Ehe solchenfalls aufgelöst wird. Von diesem Gesichtspunkte gehen der E. III und das B.G.B. aus. Sie reihen die Vorschriften über die Wiederverheirathung im Falle der Todeserklärung unmittelbar an den von den Folgen der Verletzung der Eheverbote handelnden Titel an. Dadurch wird zugleich erreicht, daß sich die im Falle der Wiederverheirathung nach erfolgter Todeserklärung mögliche Anfechtung der Ehe an die übrigen Fälle der Anfechtung einer Ehe anschließt.

Die Vorschriften über die Wiederverheirathung im Falle der Todeserklärung bringen im § 1348 den Grundsatz zum Ausdrucke, daß die alte Ehe aufgelöst und damit die neue dem Verbote der Doppelehe entzogen wird. Der § 1349 handelt von dem Einflusse der Anfechtung der Todeserklärung auf die beabsichtigte neue Ehe. Im § 1350 wird die Anfechtung der neuen Ehe geregelt. Der § 1351 trifft für die Wirkungen der Anfechtung eine Sondervorschrift in Ansehung der Unterhaltspflicht. Der § 1352 ordnet die Tragung der dem noch lebenden Verschollenen und dem zurückgebliebenen wiederverheiratheten Ehegatten gegenüber den Kindern obliegenden Unterhaltspflicht im Verhältnisse der Ehegatten zu einander.

2. Wegen des internationalen Privatrechts vergl. E.G. Art. 9 Abs. 3, Art. 13 Abs. 2, Uebergangsbestimmungen ebenda Art. 158, 159.

### § 1348.

**E. I § 1464; II § 1482 rev. § 1333; III § 1331. P. I S. 7429—7434, 8731, 8743, 8800, 8813; M. IV S. 640—645. P. II S. 5768—5776 (Bd. 4 S. 452—457). D. S. 685. K.B. S. 2035.**

1. Die durch die Todeserklärung nach § 18 begründete Vermuthung wirkt auch in Ansehung der Ehe des Verschollenen. Der zurückgebliebene Ehegatte kann demnach eine neue Ehe eingehen (Erl. zu § 1309), und zwar selbst dann, wenn die Todeserklärung vor dem Inkrafttreten des B.G.B. erfolgt ist (E.G. Art. 158, 159). Die Todeserklärung begründet aber nur eine Vermuthung. Stellt sich hinterher heraus, daß der Verschollene noch am Leben ist oder war, so wird die Vermuthung beseitigt. Hieraus würde folgen, daß, wenn der Verschollene in dem Augenblick, in welchem der zurückgebliebene Ehegatte eine neue Ehe eingeht, noch am Leben ist, die neue Ehe wegen Bigamie nach § 1326 nichtig ist. Soll dem zurückgebliebenen Ehegatten die Wiederverheirathung wirklich ermöglicht werden, so muß dieses Ergebniß ver-

mieden werden. Deshalb ergreift das B.G.B. den Ausweg, **mit der Eingehung der neuen Ehe die alte für aufgelöst zu erklären.** Mit der Auflösung entfällt das Ehehinderniß des § 1309 und damit die im § 1326 ausgesprochene Nichtigkeit. Die im § 1348 an die Wiederverheirathung des zurückgebliebenen Ehegatten geknüpfte Auflösung der alten Ehe tritt nicht ein, wenn beide Ehegatten der neuen Ehe bei der Eheschließung bösgläubig waren. Zur Bösgläubigkeit ist nicht erforderlich, daß die Ehegatten zur Zeit der Wiederverheirathung wissen, daß der Verschollene noch lebt; die Bösgläubigkeit ist schon dann vorhanden, wenn beide Ehegatten in dem bezeichneten Zeitpunkte wissen, daß der Verschollene die Todeserklärung überlebt hat. Es wird positive Kenntniß verlangt, das Wissenmüssen genügt nicht. Die Beweislast trifft denjenigen, welcher die Auflösung der alten Ehe in Folge der Wiederverheirathung bestreitet. Nach der jetzigen Fassung des § 1348 Abs. 2 Satz 1 hat es zwar den Anschein, als ob die alte Ehe durch die Wiederverheirathung des zurückgebliebenen Ehegatten stets aufgelöst würde. Aus der Entstehungsgeschichte (E. II § 1482) und aus dem Zusammenhange des zweiten mit dem ersten Absatz ergiebt sich indessen unzweifelhaft, daß die frühere Ehe nur dann aufgelöst wird, wenn die neue Ehe nicht nichtig ist; die neue Ehe bleibt aber wegen Bigamie nichtig, wenn beide Ehegatten bösgläubig sind. Ist nur einer der Ehegatten der neuen Ehe, einerlei welcher, im bösen Glauben, so ist die neue Ehe nicht wegen Bigamie nichtig, und tritt deshalb die Auflösung der alten Ehe ein. Inwieweit sich freilich der bösgläubige Ehegatte eines Verstoßes gegen § 171 St.G.B. schuldig macht, ist eine hier nicht zu erörternde Frage. Die im Falle der Bösgläubigkeit beider Gatten eintretende Nichtigkeit der neuen Ehe kann nach § 632 Abs. 1 der C.P.O. auch von dem Verschollenen geltend gemacht werden und das die Nichtigkeitsklage des Staatsanwalts oder eines Dritten abweisende Urtheil steht nach § 629 der C.P.O. der Nichtigkeitsklage des Verschollenen regelmäßig nicht entgegen. Die neue Ehe bleibt nichtig, auch wenn der Verschollene nach der Wiederverheirathung des zurückgebliebenen Ehegatten stirbt. Anders liegt die Sache, wenn der Verschollene zwar zur Zeit der Todeserklärung, nicht aber der Wiederverheirathung des zurückgebliebenen Ehegatten lebt. In solchem Falle ist die Kenntniß der Ehegatten, daß der Verschollene die Todeserklärung überlebt, ohne Einfluß, da die alte Ehe nicht durch die Wiederverheirathung aufgelöst wird, sondern durch den Tod des Verschollenen schon aufgelöst ist.

2. **Die durch die Wiederverheirathung eintretende Auflösung der alten Ehe wirkt** selbstverständlich auch in erbrechtlicher Beziehung. Es fällt also das gegenseitige Erbrecht der Ehegatten hinweg, und auch in Beziehung auf Verfügungen von Todeswegen (§§ 2077, 2268, 2279) äußert die Wiederverheirathung die Wirkungen der Auflösung der Ehe. Natürlich gilt dies nur für den Fall, wenn sich später herausstellt, daß der für todt erklärte Ehegatte im Augenblicke der Wiederverheirathung noch am Leben war. Denn nur für diesen Fall tritt durch die Wiederverheirathung die Auflösung der Ehe ein. Sonst bewendet es bei der Vermuthung des § 18. Die durch die Wiederverheirathung eintretende Auflösung der alten Ehe wirkt ferner auch in Ansehung der Kinder aus der alten Ehe. In dieser Beziehung enthalten jedoch für den Fall, daß sich später herausstellt, daß der Verschollene noch am Leben ist, die §§ 1352, 1637 Abweichungen, der § 1352 bezüglich des Verhältnisses des Verschollenen zu dem zurückgebliebenen Ehegatten in Ansehung der Tragung der den Kindern aus der alten Ehe gegenüber obliegenden Unterhaltspflicht, der § 1637 in Ansehung der elterlichen Gewalt.

3. Soll der Zweck, welcher mit der Auflösung der alten Ehe verfolgt wird, erreicht werden, so muß, entgegen den allgemeinen Grundsätzen (vergl. Erl. Nr. 2 zu § 1309), die alte Ehe auch dann aufgelöst bleiben, **wenn die Todeserklärung in Folge einer Anfechtungsklage** (C.P.O. §§ 957, 973) **aufgehoben wird** (§ 1348 Abs. 2 Satz 2).

4. Der § 1348 beseitigt nur das Ehehinderniß der Bigamie. Im Uebrigen gelten für die neue Ehe die allgemeinen Grundsätze über die Erfordernisse der Ehe. Ist die neue Ehe aus irgend einem Grunde nichtig, mag auch die Nichtigkeit nur auf Anfechtbarkeit beruhen, so ist der Grund der Auflösung der alten Ehe, nämlich die Rücksicht auf die neue Ehe, weggefallen. Durch die Nichtigkeitserklärung der neuen Ehe wird klargestellt, daß die alte Ehe durch die neue Ehe nicht aufgelöst worden ist. Ist die neue Ehe formell nichtig (§ 1329, vergl. Erl. hierzu), so bedarf es auch bezüglich der Beseitigung ihrer Wirkung auf die alte Ehe nicht der Nichtigkeitserklärung. Einen anderen Standpunkt nahm der E. II § 1482 Abs. 1 Satz 2 und Abs. 2 Halbs. 2 (und auch der dem Bundesrathe vorgelegte Entw. § 1333 Abs. 2 Satz 1 Halbs. 2 und Satz 2) ein, wenn die neue Ehe nur anfechtbar ist. Der Bundesrath strich den Halbs. 2 des Satz 1 und den Satz 2 des § 1333 Abs. 2 und stellte so die jetzige Fassung her. Daraus ergiebt sich, daß, wenn der Ehegatte des Verschollenen berechtigt ist, die neue Ehe aus einem der Gründe der §§ 1331—1335 anzufechten, er von diesem Anfechtungsrechte dann nicht Gebrauch machen darf, wenn er mit dem Verschollenen die Ehe nicht mehr fortsetzen will.

## §. 1349.

Ist das Urtheil, durch das einer der Ehegatten für todt erklärt worden ist, im Wege der Klage angefochten, so darf der andere Ehegatte nicht vor der Erledigung des Rechtsstreits eine neue Ehe eingehen, es sei denn, daß die Anfechtung erst zehn Jahre nach der Verkündung des Urtheils erfolgt ist.

---

5. Für den Verschollenen selbst hat die Todeserklärung naturgemäß nicht die Wirkung, daß er eine neue Ehe eingehen darf. Die Ehe wäre wegen Bigamie nach § 1326 nichtig. Dagegen wirkt die Eingehung einer gültigen Ehe durch den zurückgebliebenen Ehegatten auch auf den Verschollenen. Durch die Eingehung dieser Ehe wird die alte Ehe auch für den Verschollenen aufgelöst. Dem Verschollenen steht deshalb von dem Augenblicke der Wiederverheirathung des Zurückgebliebenen an das Ehehinderniß des § 1309 nicht entgegen. Die von dem Verschollenen schon vorher eingegangene Ehe konvalescirt indessen nicht durch die Wiederverheirathung des Zurückgebliebenen. Kehrt der für todt Erklärte zurück, ohne daß der zurückgebliebene Ehegatte inzwischen eine neue Ehe eingegangen hat, so weicht die durch die Todeserklärung geschaffene Vermuthung; es tritt von selbst die der wirklichen Sachlage entsprechende Beurtheilung ein, wie wenn das die Todeserklärung aussprechende Urtheil nicht ergangen wäre.

## § 1349.

**E. I § 1235 Abs. 2; II § 1215 Abs. 2 rev. § 1334; III § 1332. P. I S. 7427, 8822, 8838; M. IV S. 20. P. II S. 4909, 4910, 8610 (Bd. 4 S. 23). D. S. 685.**

1. Nach § 1348 Abs. 2 Satz 2 bleibt die alte Ehe aufgelöst, auch wenn die Todeserklärung ihre Kraft verliert, weil das sie aussprechende Urtheil in Folge einer Anfechtungsklage (C.P.O. § 957 Abs. 2, §§ 973—976) aufgehoben worden ist. Wenn danach auch die Anfechtung der Todeserklärung auf die bereits abgeschlossene neue Ehe ohne Einfluß ist, so muß sie doch auf die nur beabsichtigte Eingehung der Ehe Rückwirkung äußern. Der § 1349 stellt daher ein dem § 1309 Abs. 2 nachgebildetes Ehehinderniß auf. Voraussetzung ist, daß die Anfechtungsklage erhoben ist; von wem dies geschehen ist, ist gleichgültig. Gleichgültig ist nach dem Wortlaute des § 1349 ferner, worauf die Anfechtungsklage gestützt wird. Für den Fall, daß die Anfechtungsklage nur die Festsetzung eines anderen Zeitpunkts des Todes des Verschollenen bezweckt (C.P.O. § 973, 976 Abs. 3), entfällt offenbar der für das Ehehinderniß des § 1349 maßgebende Grund. Man wird annehmen dürfen, daß solchen Falles auch das Ehehinderniß nicht besteht. Hierfür kann man sich auch darauf berufen, daß der § 1349 die Anfechtung des Urtheils, durch das einer der Ehegatten für todt erklärt worden ist, voraussetzt, daß aber in dem vorausgesetzten Falle die Anfechtung sich nicht gegen die Todeserklärung selbst, sondern nur gegen die Feststellung des Zeitpunkts des Todes richtet.

Dem Ehehindernisse des § 1349 kommt nach den §§ 1323, 1330 nur aufschiebende Wirkung zu; dies gilt selbst dann, wenn die Anfechtungsklage zur Aufhebung der Todeserklärung führt.

2. Das Ehehinderniß fällt weg

a) wenn der Rechtsstreit über die Anfechtungsklage durch rechtskräftiges Urtheil oder durch Zurücknahme der Klage erledigt ist. Ein Recht, die Führung des Anfechtungsprozesses zu betreiben, ist dem Ehegatten des Verschollenen oder seinem Verlobten nicht gegeben, doch kann der Ehegatte des Verschollenen, sofern er nicht gemäß § 974 der C.P.O. Partei im Anfechtungsstreit und um deswillen in der Lage ist, den Streit zu betreiben, dem Verfahren über die Anfechtungsklage als Nebenintervenient (§ 66 der C.P.O.) beitreten und auf diese Weise auf den Gang des Verfahrens Einfluß gewinnen.

b) wenn die Anfechtung erst nach 10 Jahren nach der Verkündung des Urtheils erfolgt. Denn solchen Falles ist die Anfechtung nach § 958 Abs. 2 C.P.O. unzulässig. Ueber die Berechnung der Frist vergl. § 187 Abs. 1, § 188, Abs. 2. Wird die Anfechtungsklage nicht auf einen der im § 957 Abs. 2 der C.P.O. bezeichneten Gründe gestützt, so ist sie nach § 976 Abs. 1 Satz 1 der C.P.O. nur innerhalb der Frist von einem Monate zulässig. Dieser Fall ist im § 1349 nicht berücksichtigt. Man wird indessen nicht berechtigt sein, für diesen Fall eine Ausnahme von der Vorschrift des § 1349 anzunehmen. Das Gesetz will eine Untersuchung darüber, aus welchem Grunde die Anfechtung erfolgt ist, vermeiden. Deshalb soll das Ehehinderniß nur wegfallen, wenn die Anfechtung unter allen Umständen unzulässig ist.

## §. 1350.

Jeder Ehegatte der neuen Ehe kann, wenn der für todt erklärte Ehegatte noch lebt, die neue Ehe anfechten, es sei denn, daß er bei der Eheschließung von dessen Leben Kenntniß hatte. Die Anfechtung kann nur binnen sechs Monaten von dem Zeitpunkt an erfolgen, in welchem der anfechtende Ehegatte erfährt, daß der für todt erklärte Ehegatte noch lebt.

Die Anfechtung ist ausgeschlossen, wenn der anfechtungsberechtigte Ehegatte die Ehe bestätigt, nachdem er von dem Leben des für todt erklärten Ehegatten Kenntniß erlangt hat, oder wenn die neue Ehe durch den Tod eines der Ehegatten aufgelöst worden ist.

---

**§ 1350.**

**E. II § 1483 rev. § 1335; III § 1333. P. II S. 5768—5776, 6849, 8661 (Bd. 4 S. 452—457). D. S. 685.**

**1.** Das B.G.B. läßt mit der Wiederverheirathung die Auflösung der alten Ehe eintreten (§ 1348). Wenn nun aber auch dadurch, daß der für todt Erklärte lebt, der Bestand der neuen Ehe in der Regel nicht berührt wird, so kann sich aus der Rückkehr des für todt Erklärten immerhin eine Lage ergeben, welche für die Ehegatten der neuen Ehe schwere Gewissensbedenken mit sich bringt. Auch nehmen das katholische und das gemeine protestantische Eherecht einen dem B.G.B. entgegengesetzten Standpunkt ein; sie erklären die neue Ehe für nichtig, wenn der für todt Erklärte im Augenblicke der Wiederverheirathung des zurückgebliebenen Ehegatten noch lebt. Mit Rücksicht hierauf gewährt der § 1350 Abs. 1 jedem der Ehegatten der neuen Ehe das Recht, die neue Ehe anzufechten, wenn der für todt Erklärte noch lebt. Entscheidend ist nicht der Zeitpunkt der Eingehung der neuen Ehe, sondern mit Rücksicht auf den Zweck der Vorschrift der Zeitpunkt der Anfechtung, d. h. der Zustellung der Anfechtungsklage (C.P.O. §§ 253 Abs. 1, 281 mit B.G.B. § 1341). In diesem Zeitpunkte muß der für todt Erklärte noch leben. Nicht erforderlich ist, daß er zurückgekehrt ist; es genügt, wenn feststeht, daß er noch lebt.

Das Anfechtungsrecht wird den Ehegatten gegeben, um ihnen bei dem oben hervorgehobenen Konflikte Hülfe zu gewähren. Die Hülfe wird ihnen aber versagt, wenn sie sich selbst wissentlich in jenen Konflikt gebracht haben. Die Anfechtung steht daher demjenigen Ehegatten nicht zu, welcher bei der Eheschließung von dem Leben des für todt Erklärten Kenntniß hatte. Es kommt hier nicht, wie im Falle des § 1348, darauf an, daß der Ehegatte wußte, daß der für todt Erklärte die *Todes*erklärung überlebt habe; die Anfechtung ist vielmehr dem Zwecke der Vorschrift entsprechend nur dann ausgeschlossen, wenn der Ehegatte die Fortdauer des Lebens *zur Zeit der Eheschließung* gekannt hat. Kennenmüssen genügt nicht.

Die Beweislast ergiebt sich aus der Fassung des § 1350 Abs. 1. Der anfechtende Ehegatte braucht nur zu beweisen, daß der für todt erklärte Ehegatte zur Zeit der Anfechtung noch lebe. Wer die Zulässigkeit der Anfechtung bestreitet, hat zu beweisen, daß der anfechtende Ehegatte bei der Eheschließung von dem Leben des für todt Erklärten Kenntniß gehabt habe.

Das Anfechtungsrecht fällt nicht dadurch weg, daß der für todt Erklärte sich auch selbst wieder verheirathet hat oder daß er nach der Erhebung der Anfechtungsklage stirbt.

Nur dem Gatten der neuen Ehe, nicht dem für todt Erklärten steht das Anfechtungsrecht zu.

2. *Auf das Anfechtungsrecht*, welches der § 1350 giebt, *finden die Vorschriften Anwendung, die für die Anfechtung der Ehe aus einem der in den §§ 1331—1335 enthaltenen Gründe gelten.* Dies folgt aus der Bezeichnung des im § 1350 gewährten Rechtes als Anfechtungsrechts und aus der aus § 1330 erhellenden Gleichstellung der verschiedenen Anfechtungsfälle. Die Vorschriften der §§ 1336 bis 1347 finden aber nicht ausnahmslose Anwendung:

**a)** Die §§ 1337, 1339 gelten zwar nach ihrem sachlichen Inhalte, sind aber zum Theile ersetzt, nämlich der § 1337 Abs. 1, 2 durch § 1350 Abs. 2 Halbs. 1, der § 1339 Abs. 1, 2 durch § 1350 Abs. 1 Satz 2. Der § 1350 Abs. 1 Satz 2 ist nothwendig, weil der § 1339 Abs. 2 für den Beginn der Ausschlußfrist bei jedem Anfechtungsgrunde besondere Normen giebt. Nach § 1350 Abs. 1 Satz 2 beginnt die Anfechtungsfrist im Falle der Wiederverheirathung nach der Todeserklärung mit dem Zeitpunkt, in welchem der anfechtende Ehegatte erfährt, daß der für todt Erklärte noch lebt. Es kommt nur auf die Kenntniß des anfechtenden Ehegatten an, selbst wenn der andere Ehegatte auch anfechtungsberechtigt ist. Wann angenommen werden darf, daß der Anfechtende von dem Leben des Verschollenen erfahren hat, ist Thatfrage. Es wird aber nur eine sichere Kunde, von deren Richtigkeit der Anfechtende überzeugt war, genügen.

§. 1351.

Wird die Ehe nach §. 1350 von dem Ehegatten der früheren Ehe angefochten, so hat dieser dem anderen Ehegatten nach den für die Scheidung

---

Im Uebrigen findet § 1339 Abs. 3 Anwendung. Auch die Frist sowie die Berechnung der Frist (§ 187 Abs. 2, § 188) ist die gleiche. Ingleichen findet § 1340 Anwendung.

Der § 1350 Abs. 2 Halbs. 1 ist wegen der Voraussetzungen erforderlich, unter denen nach § 1337 das Anfechtungsrecht verloren geht. Der Begriff der Bestätigung ist im § 1350 derselbe wie im § 1337. Für den Fall des § 1350 gilt ferner die Vorschrift des § 1337 Abs. 3 (Bestätigung durch einen Vertreter); das „Kenntnißerlangen" des § 1350 Abs. 2 ist gleich mit dem „erfahren" des Abs. 1 das.

Der § 1338 gilt insofern, als nach ihm durch die Auflösung der neuen Ehe die Anfechtung ausgeschlossen wird. Dagegen gilt die im § 1338 für den Fall des Todes des nichtanfechtungsberechtigten Ehegatten gemachte Ausnahme nicht. Nach § 1350 Abs. 2 Halbs. 2 soll bei der Wiederverheirathung im Falle der Todeserklärung die Anfechtung auch dann entfallen, wenn durch den Tod des nichtanfechtungsberechtigten Ehegatten die Ehe aufgelöst ist. Ist nicht der zurückgebliebene Ehegatte des Verschollenen, sondern der andere Ehegatte der neuen Ehe gestorben, so ergiebt sich mithin die Nothwendigkeit, daß der Verschollene und sein früherer Ehegatte, wenn sie die alte Ehe fortsetzen wollen, von Neuem heirathen müssen. Gleiches gilt, wenn die neue Ehe durch Scheidung aufgelöst wird. Die Voraussetzungen sind im § 1350 Abs. 1 Satz 2 und Abs. 2 so gefaßt, daß das Wegfallen des Anfechtungsrechts derjenige beweisen muß, welcher sich darauf beruft.

b) Der § 1342 ist nach dem zur Anwendbarkeit des § 1338 Bemerkten gegenstandslos. Dagegen gelten bezüglich der Form der Anfechtung der § 1341 und bezüglich der Geltendmachung der auf der Anfechtbarkeit beruhenden Nichtigkeit der § 1343.

c) Die Wirkung der Anfechtung ist, daß die neue Ehe nach rückwärts von der Zeit der Eingehung an als nichtig zu betrachten ist. Hiervon gelten dieselben Ausnahmen wie für andere Fälle der Nichtigkeit. Für das Verhältniß zu Dritten ist § 1344 maßgebend. Die Kenntniß des Dritten von der Anfechtbarkeit steht der Kenntniß von der Nichtigkeit gleich (§ 142 Abs. 2). Da nach § 1350 die Anfechtbarkeit der neuen Ehe davon abhängt, daß der für todt Erklärte zur Zeit der Anfechtung noch lebt, so kann zweifelhaft sein, ob eine Kenntniß des Dritten von der Anfechtbarkeit schon dann angenommen werden kann, wenn er wußte, daß der für todt Erklärte zur Zeit der Schließung der neuen Ehe noch gelebt habe, oder ob nicht erfordert werden muß, daß er das Fortleben zur Zeit der Anfechtung gekannt habe. Bei der letzteren Annahme würde die Kenntniß überhaupt nur möglich sein, nachdem die Anfechtung bereits erfolgt ist. Ueberwiegende Gründe dürften für die erste Auffassung sprechen. Nach § 1350 ist die neue Ehe anfechtbar, wenn der für todt Erklärte noch lebt. Die Anfechtbarkeit besteht also im Augenblicke der Eheschließung, wenn der für todt Erklärte in diesem Zeitpunkte lebt. Sie fällt weg, wenn der für todt Erklärte stirbt, bevor diese Anfechtung erfolgt ist. Nach der Fassung des § 1350 ist zwar die Zulässigkeit der Anfechtung von dem Fortleben des für todt Erklärten abhängig. Diese Fassung hat aber nur Bedeutung für die Beweislast. Sachlich wird davon auszugehen sein, daß die Ehe von Anfang an anfechtbar ist, wenn der für todt Erklärte zur Zeit der Eheschließung noch lebt, und daß der Dritte die Anfechtbarkeit daher kennt, wenn er dies weiß. Selbstverständlich kommt diese Kenntniß überhaupt nur in Betracht, wenn die Anfechtung später wirklich erfolgt und die Anfechtbarkeit nicht durch den Tod des für todt Erklärten oder aus einem anderen Grunde weggefallen ist.

Für das Verhältniß der Ehegatten der neuen Ehe untereinander greifen im Allgemeinen die §§ 1345, 1347 Platz, jedoch nur mit den in § 1351 enthaltenen wesentlichen Abweichungen. Für das Verhältniß der Ehegatten der neuen Ehe zu den Kindern vergl. §§ 1699—1704. Bösgläubig ist hier derjenige Ehegatte der neuen Ehe, welcher vom Leben des für todt Erklärten im Augenblicke der Eingehung der Ehe Kenntniß hatte. Die Wirkung der Anfechtung auf die alte Ehe ist, daß diese mit der Anfechtung von selbst wieder auflebt. Sobald daher die in Folge der Anfechtung eingetretene Nichtigkeit der neuen Ehe geltend gemacht werden kann (vergl. Erl. zu § 1343), sind der für todt Erklärte und sein früherer Ehegatte wieder von selbst ohne Erfüllung weiterer Formerfordernisse Ehegatten. Für eine von dem für todt Erklärten nach der Wiederverheirathung des zurückgebliebenen Ehegatten eingegangene Ehe hat die Anfechtung zur Folge, daß diese Ehe sich nachträglich als mit dem Ehehindernisse des § 1309 behaftet, mithin als nichtig erweist. Es bedarf jedoch der Nichtigkeitserklärung dieser Ehe nach Maßgabe des § 1329; dagegen ist, nachdem die Nichtigkeit dieser Ehe geltend gemacht werden darf, nicht nöthig, daß der verschollene und zurückgebliebene Ehegatte von Neuem die Ehe eingehen. Die alte Ehe lebt auch in diesem Falle von selbst wieder auf.

geltenden Vorschriften der §§. 1578 bis 1582 Unterhalt zu gewähren, wenn nicht der andere Ehegatte bei der Eheschließung wußte, daß der für todt erklärte Ehegatte die Todeserklärung überlebt hat.

§. 1352.

Wird die frühere Ehe nach §. 1348 Abs. 2 aufgelöst, so bestimmt sich die Verpflichtung der Frau, dem Manne zur Bestreitung des Unterhalts eines gemeinschaftlichen Kindes einen Beitrag zu leisten, nach den für die Scheidung geltenden Vorschriften des §. 1585.

---

**§ 1351.**

**E. II § 1484 rev. § 1336; III § 1334. P. II S. 5937 (Bd. 4 S. 534, 535). D. S. 685.**

Aus den zu § 1350 gemachten Darlegungen ergiebt sich, daß der § 1345 auch für die auf Grund des § 1350 erfolgte Anfechtung gilt. Es kann deshalb der Ehegatte, welcher von dem Leben des Verschollenen keine Kenntniß hatte, von dem anderen Ehegatten, wenn dieser hiervon wußte, verlangen, daß ihr vermögensrechtliches Verhältniß nach den Grundsätzen des Scheidungsrechts behandelt wird. Wußten beide Ehegatten von dem Leben des für todt Erklärten nichts, so verbleibt es bei den Folgen der Nichtigkeit. Hierbei behält es sein Bewenden, wenn die Anfechtung nicht von dem Ehegatten der früheren Ehe, sondern von dem anderen Ehegatten erfolgt. Zu beachten ist dabei indessen, daß der Ehegatte der früheren Ehe einen Unterhaltsanspruch gegen den anderen Ehegatten nicht hat, wenn der für todt Erklärte zu derjenigen Zeit noch lebt, in welcher die neue Ehe für nichtig erklärt wird. Dies dürfte daraus zu entnehmen sein, daß der Unterhaltsanspruch des Berechtigten nach § 1581 erlischt, wenn er wieder heirathet. Der Wiederverheirathung aber gleichzustellen wird der hier fragliche Fall sein, in welchem die frühere Ehe als noch fortbestehend gilt.

Eine Ausnahme von der oben angeführten Regel macht der § 1351 für den Fall, daß der Ehegatte der früheren Ehe die neue Ehe auf Grund des § 1350 anficht. Da die Anfechtung nur zulässig ist, wenn der anfechtende Ehegatte zur Zeit der Eheschließung von dem Fortleben des für todt Erklärten keine Kenntniß hatte, so steht dem anderen Ehegatten, wenn dieser auch in gutem Glauben war, das im § 1345 bestimmte Recht nicht zu. Durch § 1351 wird ihm aber der Unterhaltsanspruch nach Maßgabe der §§ 1578—1582 gegen den anfechtenden Ehegatten eingeräumt. Dieser Unterhaltsanspruch soll aber nicht nur nach Maßgabe der Regel des § 1345 dann wegfallen, wenn der betreffende Ehegatte in bösem Glauben war, also gewußt hat, daß der für todt Erklärte zur Zeit der Schließung der neuen Ehe noch gelebt hat, sondern schon dann, wenn er gewußt hat, daß der für todt Erklärte die Todeserklärung überlebt hat. Die Vorschrift ist positiver Natur und beruht auf Billigkeitsrücksichten; eine entsprechende Anwendung auf andere Fälle dürfte unzulässig sein. Dies gilt insbesondere von dem Falle, daß der Verschollene nach der Erhebung der Anfechtungsklage, aber vor der Nichtigkeitserklärung stirbt.

Ueber das Verhältniß des im § 1351 gewährten Unterhaltsanspruchs zum Unterhaltsanspruche der Verwandten vergl. §§ 1608, 1609. Die im § 1351 aufgestellte Unterhaltspflicht ist ein Fall der gewöhnlichen gesetzlichen Unterhaltspflicht und daher allen für diese gegebenen Vorschriften unterworfen, vgl. z. B. wegen des Konkurses § 3 der K.O.

**§ 1352.**

**E. I § 1465; II § 1485 Satz 2 rev. § 1337; III § 1335. P. I S. 7432; M. IV S. 645. P. II S. 5777 (Bd. 4 S. 456).**

Der § 1352 bezieht sich auf die Tragung der dem für todt Erklärten und dessen früheren Ehegatten den Kindern aus der alten Ehe gegenüber obliegenden Unterhaltspflicht im Verhältnisse der Ehegatten zu einander. Solange nicht feststeht, daß der für todt Erklärte die Todeserklärung überlebt hat, ist der § 1352 gegenstandslos. Es bewendet in solchem Falle bei der Vermuthung des § 18. Der § 1352 setzt voraus, daß die Ehe des für todt Erklärten nach § 1348 Abs. 2 aufgelöst ist. Es muß also feststehen, daß der für todt Erklärte zur Zeit der Eingehung der neuen Ehe noch gelebt hat, und die neue Ehe darf weder nichtig noch anfechtbar und angefochten sein. Liegen diese Voraussetzungen vor, so soll das Verhältniß zwischen den Gatten der aufgelösten Ehe in Beziehung auf den einem gemeinschaftlichen Kinde zu gewährenden Unterhalt nach Maßgabe des § 1585 ebenso behandelt werden, wie wenn die Ehe zwischen ihnen geschieden wäre.

Für das Verhältniß der Kinder aus der alten Ehe zu den Ehegatten verbleibt es bei der Vorschrift des § 1606 Abs. 2.

# Fünfter Titel.

## Wirkungen der Ehe im Allgemeinen.

---

### Fünfter Titel.

1. Die Wirkungen der Ehe beziehen sich auf das persönliche und das vermögensrechtliche Verhältniß der Ehegatten zu einander. Die vermögensrechtlichen Wirkungen sind in erster Linie durch das in der Ehe geltende Güterrecht bedingt. Soweit dies der Fall ist, regelt sie das B.G.B. bei den einzelnen Güterständen im nächsten Titel (§§ 1363—1563). Gewisse vermögensrechtliche Wirkungen treten unabhängig von dem jeweils in der Ehe geltenden Güterrecht ein. Diese sowie die das persönliche Rechtsverhältniß der Ehegatten zu einander betreffenden Wirkungen sind im gegenwärtigen Titel geordnet. An die Spitze der von den persönlichen Verhältnissen handelnden Vorschriften stellt das B.G.B. die rechtliche Anerkennung der sittlichen Wirkungen der Ehe. Die sich aus dem Wesen der Ehe ergebenden sittlichen Rechte und Pflichten der Ehegatten gegen einander werden jedoch nicht im einzelnen aufgezählt, sondern das Gesetzbuch beschränkt sich darauf, die unmittelbar aus dem Wesen der Ehe folgenden allgemeinen, leitenden Grundsätze zum Ausdrucke zu bringen. Diese sind in den §§ 1353—1356 enthalten. Der § 1353 spricht die Verpflichtung der Ehegatten zur ehelichen Lebensgemeinschaft aus, in den §§ 1354—1356 ist die Organisation der ehelichen Gemeinschaft geordnet und zwar im § 1354 die rechtliche Stellung des Mannes, in den §§ 1355, 1356 die rechtliche Stellung der Frau. Der § 1355 giebt zugleich der durch die Ehe begründeten Lebensgemeinschaft nach außen Ausdruck, indem die Frau den Familiennamen des Mannes erhält. Im § 1357 ist die sog. Schlüsselgewalt der Frau, im § 1358 die Uebernahme persönlicher Dienstleistungen durch die Frau geregelt. Daran reiht sich im § 1359 der Grundsatz, daß die Ehegatten für die sich aus dem ehelichen Verhältniß ergebenden gegenseitigen Verpflichtungen einander nur für die Sorgfalt einzustehen haben, die sie in den eigenen Angelegenheiten anzuwenden pflegen. In den §§ 1360, 1361 ist die gegenseitige Unterhaltspflicht der Ehegatten geordnet. Der § 1362 stellt eine Vermuthung über das Eigenthum der im Besitz eines oder beider Ehegatten befindlichen beweglichen Sachen auf.

Im gegenwärtigen Titel sind übrigens nicht alle Wirkungen der Ehe auf das persönliche Verhältniß der Ehegatten enthalten. Ueber den Wohnsitz der Frau trifft § 10 Bestimmung. Die Wirkungen, welche die Ehe hinsichtlich des persönlichen Verhältnisses der Ehegatten auf öffentlichrechtlichem Gebiet erzeugt, sind selbstverständlich nicht im B.G.B., sondern in den betreffenden Gesetzen enthalten. So spricht das Gesetz v. 1. Juni 1870 über den Erwerb der Bundes- und Staatsangehörigkeit § 2 Nr. 3, § 13 Nr. 5, § 21 Abs. 2 (dazu E.G. Art. 41) aus, daß die Frau die Staatsangehörigkeit des Mannes theilt. Zu vergleichen sind ferner z. B. wegen des Unterstützungswohnsitzes das Reichsgesetz v. 6. Juni 1870 (neueste Fassung v. 12. März 1894) über den Unterstützungswohnsitz §§ 2, 15—17 (E.G. Art. 37), dann wegen der Heimath nach bayerischem Rechte das bayer. Gesetz v. 16. April 1868 Art. 1.

Die Geschäftsfähigkeit der Frau wird nach dem B.G.B. weder durch die Ehe als solche noch durch den in der Ehe geltenden Güterstand beschränkt (M. IV S. 219—225, D. S. 691). Die Frau ist, soweit nicht aus allgemeinen Gründen eine Ausnahme sich ergiebt, vollgeschäftsfähig. Das B.G.B. kennt deshalb auch weder ein Verbot der Schenkungen unter Ehegatten noch eine Beschränkung der Frau in der Uebernahme fremder Verbindlichkeiten, insbesondere der Verbindlichkeiten des Mannes (M. IV S. 113—117, E.G. Art. 36 I, E.G. z. H.G.B. Art. 10 III). Die Frau wird aber auch nicht in Folge der Ehe geschäftsfähig. Der Satz: „Heirath macht mündig" ist dem B.G.B fremd (vergl. Erl. Nr. 5 zu § 3). Indessen ist doch anerkannt, daß, wenn auch nicht hinsichtlich der gesetzlichen Vertretung der minderjährigen Frau, so doch bezüglich der thatsächlichen Sorge für die Person der Mann an die Stelle des gesetzlichen Vertreters tritt (§ 1633) und die elterliche Nutznießung durch die Verheirathung beendigt wird (§ 1661). Dagegen kann durch den Güterstand allerdings eine mehr oder weniger weitgehende Beschränkung der Frau in der Verfügungsfähigkeit eintreten, indem die Frau zur Verfügung über ihr dem Rechte des Mannes unterworfenes Vermögen (eingebrachtes Gut, Gesammtgut) regelmäßig der Zustimmung des Mannes bedarf (§§ 1395—1407, 1443, 1449—1454, 1519 Abs. 2, 1525 Abs. 2, 1549). Auch die Prozeßfähigkeit einer Frau wird dadurch, daß sie Ehefrau ist, nicht beschränkt (§ 52 Abs. 2 C.P.O.); nur ihre Sachlegitimation wird durch den Güterstand beeinflußt.

Eine gegenseitige Berechtigung der Ehegatten zur Vertretung in Behinderungsfällen oder doch ein Recht und eine Pflicht des Mannes, die Frau zu vertreten, ist dem B.G.B. unbekannt. Auf Grund des ehelichen Güterrechts kann sich indessen ein derartiges Stellvertretungsrecht ergeben (§§ 1401, 1450, 1525 Abs. 2, 1549). Insbesondere ist das Recht der Frau, in Ansehung des Gesammtguts den Mann zu vertreten, bei der allgemeinen und bei der partikulären Gütergemeinschaft in weitgehendem Maße anerkannt. Aber abgesehen von diesen Ausnahmen bedarf ein Ehegatte, um im Namen des andern wirksam handeln zu können, einer Vollmacht (M. IV. S. 120, 121; K.B. S. 2057).

Den ehelichen Aufwand hat der Mann zu tragen. Für die Güterstände der Verwaltung und Nutznießung (§ 1389 Abs. 1) und der Gütertrennung (§ 1427 Abs. 1) ist dies auch ausdrücklich bestimmt. Bei den Güterständen der allgemeinen und der partikulären Gütergemeinschaft (§§ 1458, 1529 Abs. 2, 1549) liegt der eheliche Aufwand zwar formell dem Gesammtgut ob; allein da eine etwaige Einbuße zu Lasten des Mannes geht und da der Mann ohne Rücksicht auf den geltenden Güterstand die Verpflichtung hat, der Frau und den gemeinschaftlichen Abkömmlingen Unterhalt zu gewähren (§§ 1360, 1601, 1606 Abs. 2 Satz 2), so liegt auch bei ihnen der eheliche Aufwand materiell dem Manne ob. Die Frau hat dem Manne zur Tragung des ehelichen Aufwandes einen Beitrag zu leisten. Die Form, in der sie den Beitrag leistet, ist je nach dem Güterstande verschieden. Bei der Verwaltung und Nutznießung leistet sie ihn in der Form der Nutznießung, bei der allgemeinen Gütergemeinschaft dadurch, daß ihr Vermögen Gesammtgut wird und dieses dem Manne zur freien Verfügung überlassen ist, bei den partikulären Gütergemeinschaften dadurch, daß der eine Theil ihres Vermögens Gesammtgut wird und die Nutzungen des anderen Theiles in das Gesammtgut fallen. Bei der Gütertrennung ist sie zur Zahlung eines entsprechenden Geldbetrags verpflichtet. Gleiches gilt vom Vorbehaltsgute, soweit das dem Rechte des Mannes unterworfene Vermögen keinen angemessenen Beitrag gewährt.

2. Die aus dem persönlichen Verhältnisse der Ehegatten zu einander entspringenden Rechte und Pflichten sind wesentlich sittlicher Natur und daher im allgemeinen rechtlich nicht erzwingbar. Die Verletzung dieser Rechte und Pflichten kann aber äußersten Falles unter Umständen die Klage auf Scheidung der Ehe rechtfertigen (§§ 1567, 1568); insofern wird im Scheidungsprozeß über die genannten Pflichten entschieden und findet ein indirekter Zwang zu ihrer Erfüllung statt. Das B.G.B. gestattet ferner eine Klage auf die Erfüllung dieser Pflichten (M. IV. S. 108, 109). Die Klage ist im B.G.B. selbst nur an einer Stelle erwähnt (§ 1567), in der C.P.O. dagegen eingehend geregelt und mit dem Namen „Klage auf Herstellung des ehelichen Lebens" bezeichnet. Rechtsstreitigkeiten, welche die Herstellung des ehelichen Lebens zum Gegenstande haben, sind im § 606 Abs. 1 der C.P.O. unter die Ehesachen im Sinne des ersten Abschnitts des sechsten Buches der C.P.O. eingereiht. Nach § 888 Abs. 2 der C.P.O. soll die Vorschrift des Abs. 1 daselbst im Falle der Verurtheilung zur Herstellung des ehelichen Lebens künftig keine Anwendung mehr finden, so daß eine Erzwingung des ehelichen Lebens im Wege der Zwangsvollstreckung völlig ausgeschlossen ist.

Die Klage auf Herstellung des ehelichen Lebens ist in Ermangelung einer entgegengesetzten Bestimmung an sich wegen jeder Verletzung der aus dem persönlichen Verhältnisse der Ehegatten zu einander hervorgehenden Pflichten zulässig. Selbstverständlich aber wird sie von einem Ehegatten nur da angestellt werden, wo die Hoffnung besteht, daß die Verurtheilung auf den anderen Ehegatten einen moralischen Einfluß äußert oder der klagende Ehegatte dem andern durch den unparteiischen Richter die Unrichtigkeit eines gewissen Verhaltens darthun lassen will, um dann, wenn der Ehegatte auf dem Verhalten beharrt, für die auf § 1568 sich stützende Scheidungsklage eine bessere Rechtslage zu haben. Nur für den Fall der sog. Quasidesertion (§ 1567 Nr. 1) ist die Durchführung der Klage auf Herstellung des ehelichen Lebens Voraussetzung der Scheidungsklage. Die Klage auf Herstellung des ehelichen Lebens ist aber auch in diesem Falle ein vollständig selbstständiges, von dem Scheidungsprozeß unabhängiges Verfahren. Für einen Theil der praktisch wichtigsten Fälle, nämlich die Fälle des § 1357 (Entziehung oder Beschränkung der Schlüsselgewalt) ist übrigens die Klage auf Herstellung des ehelichen Lebens durch die Möglichkeit der Anrufung des Vormundschaftsgerichts, wenn auch nicht ausgeschlossen, so doch von geringer praktischer Bedeutung. Je nach der Pflicht, auf deren Erfüllung die Klage auf Herstellung des ehelichen Lebens gerichtet ist, werden das Klagebegehren und der Urtheilssatz verschieden zu lauten haben. So wird, wenn der Mann der Frau die Führung seines Namens verbieten oder die Frau den Namen des Mannes nicht führen will, die Klage auf Gestattung der Führung oder auf Führung zu lauten haben. Das B.G.B. selbst erwähnt im § 1567 das Beispiel, daß ein Ehegatte aus der häuslichen Gemeinschaft sich fernhält, und giebt als Urtheilssatz die Verurtheilung „zur Herstellung der häuslichen Gemeinschaft" an. Andererseits ist die Klage auf Herstellung des ehelichen Lebens auf die Fälle der Verletzung einer aus dem persönlichen Verhältnisse der Ehegatten zu einander entspringenden Pflicht beschränkt. Sie ist nicht etwa wegen aller im gegenwärtigen Titel bestimmten Pflichten zulässig; insbesondere kann sie wegen Verletzung der Unterhaltspflicht nicht erhoben werden.

In der C.P.O. §§ 606 ff. ist die Klage auf Herstellung des ehelichen Lebens wesentlich im Anschluß an die Anfechtungsklage (vergl. Vorbm III S. 44) geordnet. Aus den Vorschriften der C.P.O. sind wegen ihrer materiell rechtlichen Bedeutung und zum Verständnisse des B.G.B. folgende hervorzuheben.

## §. 1353.

**Die Ehegatten sind einander zur ehelichen Lebensgemeinschaft verpflichtet.**

Zur Erhebung der Klage auf Herstellung des ehelichen Lebens ist nur der Ehegatte selbst legitimirt. Der gesetzliche Vertreter ist zur Erhebung nicht befugt. Der in der Geschäftsfähigkeit beschränkte Ehegatte ist aktiv und passiv prozeßfähig und bedarf nicht der Zustimmung des gesetzlichen Vertreters. Für einen geschäftsunfähigen Ehegatten kann die Klage nicht erhoben, wohl aber der von dem noch handlungsfähigen Ehegatten erhobene Streit fortgesetzt werden. Richtet sich die Klage gegen einen geschäftsunfähigen Ehegatten, so wird der Streit von dem gesetzlichen Vertreter geführt (§ 612 der C.P.O.). Der Bevollmächtigte des klagenden oder widerklagenden Ehegatten bedarf einer besonderen Vollmacht (§ 613 der C.P.O.).

Das Verfahren ist im Allgemeinen das landgerichtliche, doch haben die in der erwähnten Vorbm. dargelegten Gesichtspunkte zu einer Reihe von Abweichungen geführt, von denen die wichtigsten folgende sind:

a) Der Klagestellung muß ein Sühneversuch vorausgehen (§ 608 der C.P.O.). Für den Sühneversuch gelten dieselben Vorschriften wie bei der Scheidungsklage (vergl. Vorbm. Nr. III 2 a zum siebenten Titel).

b) Die Klage auf Herstellung des ehelichen Lebens, die Scheidungsklage und die Anfechtungsklage können verbunden werden. Die Verbindung einer andern Klage mit den erwähnten Klagen sowie die Erhebung einer Widerklage anderer Art ist unstatthaft (§ 615 der C.P.O.); s. Vorbm. Nr. III 2 c S. 46. Die Unstatthaftigkeit der Verbindung der Klage auf Herstellung des ehelichen Lebens mit einer andern Klage ist insbesondere für die Klage auf Gewährung des Unterhalts von Belang.

c) Der § 617 Abs. 2 der C.P.O. findet auch in Ansehung solcher Thatsachen Anwendung, welche das Recht, die Herstellung des ehelichen Lebens zu verweigern, begründen sollen. Von besonderer Bedeutung ist dies für den Fall der Quasidesertion (§ 1567 Abs. 1 Nr. 1). Erfahrungsgemäß wird in Rechtsgebieten, welchen die Scheidung auf Grund gegenseitiger Einwilligung fremd ist — und auch das B.G.B. kennt sie nicht — die Quasidesertion nicht selten dazu benutzt, um eine Scheidung auf bequeme Art zu erreichen. Der § 617 verpflichtet das Gericht, wenn es die Ueberzeugung gewinnt, daß der beklagte Ehegatte im Einverständnisse mit dem klagenden Ehegatten die Herstellung der häuslichen Gemeinschaft verweigert, die Klage abzuweisen, da in solchem Falle die Weigerung nicht unbegründet ist.

d) Die Aussetzung des Verfahrens über eine Klage auf Herstellung des ehelichen Lebens kann das Gericht von Amtswegen anordnen, wenn eine Aussöhnung der Parteien nicht unwahrscheinlich ist. Auf Grund dieser Bestimmung darf die Aussetzung des Rechtsstreits nur einmal und höchstens auf ein Jahr angeordnet werden (§ 621 der C.P.O.).

e) Das Interimistikum des § 627 der C.P.O. (vergl. Vorbm. Nr. III 2 a S. 45) findet nicht statt. Es greifen dafür lediglich die allgemeinen Grundsätze über einstweilige Verfügungen Platz.

f) Stirbt einer der Ehegatten vor der Rechtskraft des Urtheils, so ist der Rechtsstreit in Ansehung der Hauptsache als erledigt anzusehen (§ 628 der C.P.O.).

3. Vertragsmäßige Abänderungen der im gegenwärtigen Titel für das persönliche Verhältniß der Ehegatten zu einander getroffenen Vorschriften werden im allgemeinen für unzulässig zu halten sein. Denn diese Vorschriften sind vom Gesetzgeber offenbar in dem Sinne gedacht, daß sie nothwendige Folgen des durch die Ehe unter den Ehegatten begründeten Verhältnisses darstellen. Die M. IV S. 105, 106 gehen auch z. B. bezüglich des Vertrags über die Folgepflicht der Frau von der Unzulässigkeit desselben aus. Indessen werden einzelne Abänderungen und nähere Bestimmungen der erwähnten Vorschriften nicht als unbedingt ausgeschlossen anzusehen sein. Statthaft ist z. B. unter Umständen eine Vereinbarung darüber, daß das Kündigungsrecht des Mannes gegenüber gewissen Rechtsgeschäften, durch die die Frau sich zu persönlichen Dienstleistungen verpflichtet, nicht Platz greifen solle, oder eine Bestimmung darüber, welche Dienste zu denjenigen gehören oder nicht gehören sollen, zu denen die Frau nach § 1356 Abs. 2 verpflichtet ist. Daß durch den Vertrag über die Rechtsbeziehungen zu Dritten nicht verfügt werden, insbesondere also die im § 1362 aufgestellten Vermuthungen vertragsmäßig nicht beschränkt oder geändert werden können (M. IV S. 305), versteht sich von selbst (vergl. auch Erl. zu § 1432).

4. Wegen des internationalen Privatrechts vergl. E.G. Art. 14, Uebergangsbestimmungen ebenda Art. 199).

### § 1353.

**E. I § 1272; II § 1253 rev. § 1338; III § 1336. P. I S. 6063—6065; M. IV S. 104. P. II S. 5049—5057, 5725, 5731, 5732 (Bd. 4 S. 94—97, 99, 431, 434, 435). D. S. 685. K.B. S. 2050, 2051. St.B. S. 2909—2918.**

1. Der § 1353 bringt den rechtlichen Inhalt des durch die Ehe unter den Ehegatten begründeten persönlichen Verhältnisses durch ein allgemeines Prinzip

Stellt sich das Verlangen eines Ehegatten nach Herstellung der Gemeinschaft als Mißbrauch seines Rechtes dar, so ist der andere Ehegatte nicht verpflichtet, dem Verlangen Folge zu leisten. Das Gleiche gilt, wenn der andere Ehegatte berechtigt ist, auf Scheidung zu klagen.

## §. 1354.

Dem Manne steht die Entscheidung in allen das gemeinschaftliche eheliche Leben betreffenden Angelegenheiten zu; er bestimmt insbesondere Wohnort und Wohnung.

---

zum Ausdrucke. Wie im Rechte der Schuldverhältnisse für die gegenseitigen Rechte und Pflichten der Betheiligten der Grundsatz von Treu und Glauben (§ 242) maßgebend ist, so soll der im § 1353 enthaltene Grundsatz in allen das persönliche Verhältniß der Ehegatten zu einander berührenden Fragen die Richtschnur für die Rechte und Pflichten der Ehegatten geben. Die rechtliche Bedeutung des § 1353 liegt sonach darin, daß er den Maßstab für die Beurtheilung der Frage enthält, ob ein Ehegatte den sittlichen Pflichten, die er durch die Eingehung der Ehe dem anderen Ehegatten gegenüber übernimmt, entsprochen hat. Zur Austragung kommt diese Frage nicht nur bei der Klage auf Herstellung des ehelichen Lebens, sondern insbesondere bei der Scheidungsklage (§§ 1567, 1568, vergl. Vorbm. S. 80).

Welche Rechte und Pflichten aus der Verpflichtung zur ehelichen Gemeinschaft im Einzelnen hervorgehen, ist im B.G.B. nicht erwähnt. Es gehören hierher z. B. die Verpflichtung zur Treue, zur Beistandleistung, zum Zusammenleben, zur Leistung der ehelichen Pflicht.

2. Die Ehegatten sind nur zu einer solchen Lebensgemeinschaft berechtigt und verpflichtet, die dem Wesen der Ehe entspricht. Die Fälle, in denen diese Voraussetzung nicht zutrifft, sind vom B.G.B. wiederum nicht einzeln aufgezählt, sondern im Abs. 2 Satz 1 auf das allgemeine Prinzip zurückgeführt, daß das Verlangen nach Herstellung der ehelichen Gemeinschaft sich nicht als Mißbrauch des Rechtes des Ehegatten darstellen darf. Was Mißbrauch ist, richtet sich danach, ob nach den Umständen des einzelnen Falles unter Berücksichtigung der gesellschaftlichen Stellung, der Lebens- und Erwerbsverhältnisse der Ehegatten ein bestimmtes Verlangen eines Ehegatten mit der (objektiv) rechten ehelichen Gesinnung vereinbar ist. Danach entscheidet sich z. B. die Frage, ob das Verlangen nach Herstellung der häuslichen Gemeinschaft oder nach Leistung der ehelichen Pflicht von dem anderen Ehegatten deshalb zurückgewiesen werden kann, weil er an einer Krankheit leidet, in Folge deren die Herstellung der häuslichen Gemeinschaft oder die Leistung der ehelichen Pflicht ihm nachtheilig sein würde. Es entscheidet das freie richterliche Ermessen.

3. Der Satz 2 des Abs. 2 ist von der R.T.K. hinzugefügt worden. Nach den Entw. sollte eine Thatsache, die einen Ehegatten berechtigen würde, die Scheidungsklage zu erheben, dem Ehegatten nicht schon an sich die Befugniß verleihen, dem Verlangen nach Herstellung der ehelichen Gemeinschaft keine Folge zu leisten; es sollte vielmehr darauf ankommen, ob sich das trotz des Vorliegens eines Scheidungsgrundes gestellte Verlangen nach den Umständen des Falles als ein Mißbrauch des Rechtes darstellt. Zufolge des Satz 2 kann ein Ehegatte die Herstellung der Gemeinschaft stets schon dann verweigern, wenn er berechtigt ist, die Scheidungsklage zu erheben. Dies dürfte indessen nur von den auf einem Verschulden des anderen Ehegatten beruhenden Scheidungsgründen, nicht vom Scheidungsgrunde des § 1569 gelten. Die Fassung des Satz 2 erklärt sich dadurch, daß der § 1569 in der R.T.K. gestrichen und erst in der 3. Les. wiederhergestellt worden ist. Die wichtigste Folge aus dem Abs. 2 Satz 2 liegt auf dem Gebiete des Unterhaltsanspruchs, insofern der zur Scheidung berechtigte Ehegatte die Herstellung der Gemeinschaft verweigern und sich von dem anderen Ehegatten trennen darf, ohne des Unterhaltsanspruchs deshalb verlustig zu gehen (§ 1361). Will der schuldige Ehegatte diese Folge nicht tragen, so steht ihm nur der Weg des § 1571 Abs. 2 offen, d. h. er muß den anderen Ehegatten auffordern, entweder zurückzukehren oder die Scheidungsklage zu erheben. Von der Aufforderung an läuft dann die im § 1571 Abs. 1 Satz 1 bestimmte Frist, nach deren fruchtlosem Ablaufe der unschuldige Ehegatte nicht mehr scheidungsberechtigt ist und deshalb § 1353 Abs. 2 Satz 2 und damit auch § 1361 entfallen.

### § 1354.

**E. I § 1273; II § 1254 rev. § 1339; III § 1337. P. I S. 6067—6069, 8676, 8687; M. IV S. 105, 106. P. II S. 5050—5053 (Bd. 4 S. 94, 95). D. S. 686. R.B. S. 2051, 2052. St.B. S. 2909—2918.**

1. Im § 1354 Abs. 1 ist die Stellung des Mannes in der ehelichen Lebensgemeinschaft charakterisirt. Die Frau steht nicht in der Gewalt oder unter der Vormundschaft des Mannes.

Die Frau ist nicht verpflichtet, der Entscheidung des Mannes Folge zu leisten, wenn sich die Entscheidung als Mißbrauch seines Rechtes darstellt.

## §. 1355.

Die Frau erhält den Familiennamen des Mannes.

---

Das Verhältniß darf auch nicht so aufgefaßt werden, daß der Mann zu befehlen und die Frau zu gehorchen hat. Beide Ehegatten sind vielmehr jeder zu seinem Theile gleichberechtigt und verpflichtet, zu einer dem Wesen der Ehe entsprechenden Gestaltung des gemeinschaftlichen Lebens mitzuwirken. Aber eben weil das eheliche Leben ein gemeinschaftliches ist und bei einer nur aus zwei Personen bestehenden Gemeinschaft nicht die Mehrheit entscheiden kann, muß die Entscheidung bei Meinungsverschiedenheiten in die Hand eines Ehegatten gelegt werden. Der § 1354 legt sie für alle das gemeinschaftliche eheliche Leben betreffenden Angelegenheiten in die Hand des Mannes.

Zu den das gemeinschaftliche Leben betreffenden Angelegenheiten gehören nicht nur Fragen sittlicher Natur, sondern alle die verschiedenen Fragen des täglichen Lebens, insbesondere die Frage, wie das gemeinschaftliche Leben einzurichten und welche Aufwendungen dafür zu machen sind. Besonders hervorgehoben sind der Wohnort, d. h. der thatsächliche Aufenthaltsort, und die Wohnung. Wegen des Wohnsitzes vergl. § 10.

2. Der Abs. 2 enthält die Voraussetzungen, unter denen die Frau der Entscheidung des Mannes sich nicht zu fügen braucht. Ob die Voraussetzungen zutreffen, entscheidet der Richter im Prozeß über die Klage auf Herstellung des ehelichen Lebens und über die Scheidungsklage. Dagegen ist nicht etwa Erforderniß, daß die Frau die Befolgung nur dann verweigern darf, wenn vorher der Richter das Vorhandensein der Voraussetzungen des Abs. 2 festgestellt hat. Die im Abs. 2 aufgestellte Beschränkung des Entscheidungsrechts des Mannes ist lediglich eine Folge des im § 1353 ausgesprochenen Grundsatzes. Aus dem Abs. 2 ergiebt sich insbesondere, daß die Frage, wann die Frau dem Manne an den Wohnort nicht zu folgen braucht, nicht allgemein, sondern nur nach den Umständen des einzelnen Falles beantwortet werden kann. Wegen der vertragsmäßigen Regelung der Folgepflicht der Frau vergl. Vorbm. Nr. 3 oben S. 81.

3. Wegen der Bedeutung des § 1354 für die Frage, ob die Frau zum Betrieb eines Erwerbsgeschäfts der Zustimmung des Mannes bedarf, vergl. Erl. zu § 1356.

## § 1355.

**E. I § 1274; II § 1255 rev. § 1340; III § 1338. P. I S. 6072—6074; M. IV S. 106, 107, 1005. P. II S. 5057—5060, 5758 (Bd. 4 S. 97, 98, 448). D. S. 686. R.B. S. 2052, 2053.**

1. Die Verbindung der Ehegatten zeigt sich auch nach außen, indem die Frau mit der Eheschließung von selbst den Namen des Mannes erhält. Auf den Namen des Mannes hat die Frau zunächst ein Recht, das Dritten gegenüber durch § 12, dem Manne gegenüber durch § 1353 und die hieraus entspringende Klage auf Herstellung des ehelichen Lebens geschützt ist. Die Frau ist aber auch verpflichtet, den Namen des Mannes zu führen. Die öffentlich-rechtliche Seite dieser Pflicht regelt sich nach dem Landesrechte. Der Mann hat, wenn die Frau sich weigert, seinen Namen zu führen, die Klage auf Herstellung des ehelichen Lebens. Es kommt nicht selten vor, daß die Frau neben dem Namen des Mannes ihren bisherigen führt. Der § 1355 will diese Sitte nicht beseitigen. Der Mann kann zwar, auch wenn diese Sitte besteht, verlangen, daß die Frau seinen Namen allein führt, wenn jedoch die Frau, z. B. als Schriftstellerin, ein berechtigtes Interesse an der Weiterführung ihres Namens hat, wird sich das Verlangen des Mannes regelmäßig als ein Mißbrauch seines Rechtes darstellen und der § 1353 Abs. 2 Platz greifen.

2. Ueber den Stand der Frau schweigt das B.G.B. Sofern man unter Stand die thatsächliche Lebensstellung versteht, ergiebt sich aus der durch die Ehe begründeten Lebensgemeinschaft und der Stellung des Mannes in der Familie, daß die Frau den Stand des Mannes theilt. Die wichtigste Folge der Anerkennung dieses Grundsatzes ist im § 1360 Abs. 1 bezüglich des Maßes des der Frau gebührenden Unterhalts enthalten (vergl. § 1356 Abs. 2, § 1578). Versteht man unter Stand eine rechtlich ausgezeichnete Stellung einer Person, also den Stand im öffentlich-rechtlichen Sinne, so giebt die Antwort auf die Frage, ob die Frau den Stand des Mannes theilt, das Recht der einzelnen Bundesstaaten. Dies gilt namentlich von der Frage, inwieweit die Frau durch Verheirathung den Adel erwirbt. (Vergl. Erl. Nr. 3

## §. 1356.

Die Frau ist, unbeschadet der Vorschriften des §. 1354, berechtigt und verpflichtet, das gemeinschaftliche Hauswesen zu leiten.

Zu Arbeiten im Hauswesen und im Geschäfte des Mannes ist die Frau verpflichtet, soweit eine solche Thätigkeit nach den Verhältnissen, in denen die Ehegatten leben, üblich ist.

---

zu § 12; a. A. v. Bülow, deutsche Jur. Zeitung 1896 Nr. 22, hingegen überzeugend Küntzel in Gruchot's Beiträgen 41 S. 443—449, ferner Mantey im Archiv f. öff. Recht 13 S. 20 ff.)

3. Wegen des Instituts der Mißheirath oder der Ehe zur linken Hand, bei welcher die Frau den Namen des Mannes nicht theilt, vergl. Bd. 4 S. 7.

### § 1356.

**E. I § 1275; II § 1256 rev. § 1341; III § 1339. P. I S. 6073—6075, 8824, 8842; M. IV S. 107, 108. P. II S. 5060 (Bd. 4 S. 99). D. S. 686.**

1. Der § 1356 behandelt die Stellung der Frau in der ehelichen Gemeinschaft. Der Abs. 1 legt der Frau nicht nur die Pflicht auf, sondern giebt ihr auch das Recht, dem gemeinsamen Hauswesen vorzustehen. Dem Manne kommt zwar auch in den das Hauswesen betreffenden Angelegenheiten nach § 1354 Abs. 1 die Entscheidung zu; allein wenn der Mann das Recht der Frau mißbräuchlich verkümmert, so hat die Frau gegen ihn die Klage auf Herstellung des ehelichen Lebens. Die vermögensrechtliche Folge des im Abs. 1 der Frau gegebenen Rechtes ist im § 1357 enthalten.

2. Was die Frau nach § 1356 durch ihre Thätigkeit im Hauswesen und im Geschäfte des Mannes erwirbt, gehört dem Manne; im Falle einer Gütergemeinschaft fällt der Erwerb in das Gesammtgut. Dagegen fällt der Erwerb aus einer selbständigen Thätigkeit der Frau der Frau zu (§ 1367), außer wenn Gütergemeinschaft gilt (§§ 1438, 1519, 1549).

3. Es kommt nicht selten vor, daß der Mann im Geschäfte der Frau als Gehülfe arbeitet. Daß ein derartiges Verhältniß auch nach dem B.G.B. rechtlich zulässig ist, unterliegt keinem Zweifel. Der § 1356 Abs. 2 hat nicht den Sinn, daß, wenn Ehegatten ein Erwerbsgeschäft betreiben, im Zweifel der Mann als Inhaber des Geschäfts und die Frau als Gehülfin anzusehen wäre. Mit Rücksicht auf die Vorschriften des H.G.B. über die Firmenführung (§ 18) kommt übrigens der Frage hauptsächlich nur für Handwerker und für das Kleingewerbe Bedeutung zu.

4. Ueber die Frage, ob die Frau ohne Einwilligung des Mannes selbständig ein Erwerbsgeschäft betreiben kann, giebt das B.G.B. keine ausdrücklichen Vorschriften (K.B. S. 2056, D. z. H.G.B. S. 21, 22, K.B. z. H.G.B. S. 10). Die Art. 7—9 des bisherigen H.G.B. sind in das neue H.G.B. nicht aufgenommen. Es ist also auch für Handelsfrauen die bisher im Art. 7 des H.G.B. enthaltene Vorschrift beseitigt, wonach eine verheirathete Frau nicht ohne Einwilligung des Mannes Handelsfrau sein kann. Die Gew.O. § 11 Abs. 2 hat schon bisher die Frau in Bezug auf die Befugniß zum Gewerbebetriebe dem Manne gleichgestellt. Im E.G. Art. 36 I ist der Abs. 2 des § 11 gestrichen. Es entscheidet sich demnach die erwähnte Frage nach den allgemeinen Grundsätzen. Diese führen zu folgendem Ergebnisse.

Die Frau ist weder durch die Ehe noch durch das in der Ehe geltende Güterrecht in ihrer Geschäftsfähigkeit beschränkt und auch ihre Prozeßfähigkeit wird durch die Ehe nicht berührt. Die Frau ist daher vermögensrechtlich in der Lage, ein Erwerbsgeschäft selbständig zu führen. Auf der anderen Seite ergiebt sich aus der im § 1354 bestimmten Stellung des Mannes in der ehelichen Gemeinschaft, daß dem Manne bei einer Meinungsverschiedenheit über die selbständige Führung eines Erwerbsgeschäfts durch die Frau die Entscheidung zusteht. Der Mann kann also der Frau den Betrieb eines Erwerbsgeschäfts untersagen, wenn der Betrieb mit den der Frau auf Grund der ehelichen Gemeinschaft dem Manne gegenüber obliegenden Pflichten nicht vereinbar ist. Freilich braucht die Frau dem Verbote nicht Folge zu leisten, wenn in dem Verbot ein Mißbrauch des Rechtes des Mannes liegt. Soweit das Erwerbsgeschäft persönliche Dienstleistungen der Frau voraussetzt, giebt auch der § 1358 dem Manne die Möglichkeit in die Hand, die Thätigkeit der Frau dem gemeinsamen Hauswesen zu erhalten und auf die Erwerbsthätigkeit der Frau Einfluß zu üben. Im übrigen bedarf die Frau zum Betrieb eines Erwerbsgeschäfts nicht der Zustimmung des Mannes. Von Bedeutung ist dies insbesondere für die Fälle der Krankheit oder Abwesenheit des Mannes sowie wenn die Ehegatten getrennt leben. Ein Antrag, wonach zum Betrieb eines Erwerbsgeschäfts durch eine

## §. 1357.

Die Frau ist berechtigt, innerhalb ihres häuslichen Wirkungskreises die Geschäfte des Mannes für ihn zu besorgen und ihn zu vertreten. Rechtsgeschäfte, die sie innerhalb dieses Wirkungskreises vornimmt, gelten als im Namen des Mannes vorgenommen, wenn nicht aus den Umständen sich ein Anderes ergiebt.

Der Mann kann das Recht der Frau beschränken oder ausschließen. Stellt sich die Beschränkung oder die Ausschließung als Mißbrauch des Rechtes des Mannes dar, so kann sie auf Antrag der Frau durch das Vormundschaftsgericht aufgehoben werden. Dritten gegenüber ist die Beschränkung oder die Ausschließung nur nach Maßgabe des §. 1435 wirksam.

---

verheirathete Frau die Einwilligung des Mannes erforderlich sein sollte, ist von der R.T.K. abgelehnt worden. Eine Meinungsverschiedenheit der Ehegatten über die Führung eines Erwerbsgeschäfts durch die Frau wird regelmäßig nur durch die Klage auf Herstellung des ehelichen Lebens zum Austrage kommen, insbesondere kann der Mann regelmäßig nur auf diesem Wege seine Untersagung des Beginns oder der Fortführung eines Erwerbsgeschäfts durch die Frau verwirklichen.

Auf das Verhältniß der Frau zu Dritten hat die Untersagung des Geschäftsbetriebs der Frau durch den Mann keinen Einfluß. Auch der Erwerb der Eigenschaft einer Handelsfrau ist vom Willen des Mannes unabhängig. Die Rechte und Pflichten eines Kaufmanns erlangt die Frau durch den bloßen Betrieb eines Handelsgeschäfts bezw., soweit hierzu nach dem H.G.B. die Eintragung in das Handelsregister nothwendig ist, durch die Eintragung.

Verschieden von der oben berührten Frage ist die Frage, wie weit die Frau mit Rücksicht auf den Güterstand der Einwilligung des Mannes bedarf, um das von ihr eingebrachte Vermögen oder das Gütergemeinschaftsvermögen für die Zwecke des Erwerbsgeschäfts dienstbar zu machen und dem Zugriff ihrer Gläubiger zu unterwerfen. Hierüber vergl. insbesondere die Erl. zu den §§ 1405, 1452.

### § 1357.

**E. I § 1278; II § 1257 rev. § 1342; III § 1340. P. I S. 6098—6105, 8676, 8687; M. IV S. 117—120. P. II S. 5074—5078 (Bd. 4 S. 106—108). D. S. 686. K.B. S. 2053.**

1. Nach § 1356 ist die Frau berechtigt und verpflichtet, das gemeinschaftliche Hauswesen zu leiten. Um ihr die Durchführung dieser Aufgabe zu ermöglichen, gewährt ihr der § 1357 im Anschluß an die bisherigen deutschen Partikularrechte, jedoch in prinzipieller Durchführung des den vielfach kasuistischen Bestimmungen derselben zu Grunde liegenden Gedankens, die sog. Schlüsselgewalt. Die Frau ist berechtigt, innerhalb ihres häuslichen Wirkungskreises die Geschäfte des Mannes zu besorgen und ihn zu vertreten. Hierin liegt ein Doppeltes. Das Recht, die Geschäfte des Mannes zu besorgen, bezeichnet die rechtliche Stellung der Frau nach Innen. Sie hat kraft des Gesetzes die rechtliche Stellung eines mit der Vornahme der fraglichen Geschäfte für den Mann Beauftragten. Das Recht, den Mann zu vertreten, bezeichnet die Stellung der Frau nach Außen. Sie ist berechtigt, die fraglichen Geschäfte im Namen des Mannes vorzunehmen. Macht sie von dieser Befugniß Gebrauch, so wird nicht sie, sondern nur der Mann durch die Geschäfte berechtigt und verpflichtet (§ 164). Diese Rechte stehen der Frau ohne Rücksicht auf das unter den Ehegatten geltende Güterrecht zu; sie stehen auch der minderjährigen oder sonst in der Geschäftsfähigkeit beschränkten, nicht aber der geschäftsunfähigen Frau zu (§ 165 und Erl. Nr. 1 zu § 165).

2. Das Recht der Frau bezieht sich sowohl auf Verfügungen als auf obligatorische Rechtsgeschäfte. Die Frau kann kraft dieses Rechtes sowohl die dem Manne bezw. zum Gesammtgute gehörenden Gegenstände veräußern als den Mann verpflichten. Voraussetzung ist aber, daß die Geschäfte innerhalb des häuslichen Wirkungskreises der Frau liegen. Was zu dem häuslichen Wirkungskreise der Frau gehört, bestimmt sich nach der deutschen Auffassung über die Stellung der Frau. Hiernach fallen in diesen Wirkungskreis alle regelmäßig für die Führung des gemeinschaftlichen Haushalts im gewöhnlichen Laufe der Dinge erforderlichen Geschäfte. Es gehört dahin z. B. regelmäßig auch die Anschaffung der Kleidungsstücke, die für die Frau und die gemeinschaftlichen in der häuslichen Gemeinschaft lebenden minderjährigen Kinder erforderlich sind. Auch die auf die Erziehung und den Unterricht der Kinder sich beziehenden Geschäfte werden dahin zu rechnen sein ebenso die Annahme und Kündigung weiblicher Dienstboten. Das Miethen einer Wohnung wird regelmäßig nicht zu dem häuslichen Wirkungskreise der Frau zu rechnen sein. Gleiches gilt von der Anschaffung des Mobiliars und des Haus-

raths; dagegen wird die Anschaffung einzelner Stücke, insbesondere die Ergänzung für abgenutzte Stücke in den Wirkungskreis der Frau fallen. Im Einzelnen kommt es dabei aber einerseits auf die an dem Wohnorte der Ehegatten herrschende Sitte, andererseits auf die gesammte Lebensstellung der Ehegatten an. Nur auf solche Geschäfte, welche nach Maßgabe dieser Lebensstellung zu dem häuslichen Wirkungskreise der Frau gehören, bezieht sich ihr Recht. Hiernach kann dasselbe Geschäft, z. B. die Anschaffnng von kostbaren Kleidungsstücken, bei einer wohlhabenden Familie zu dem häuslichen Wirkungskreise der Frau gehören, während es für die Frau eines unbemittelten Arbeiters nicht dazu gehört. Dem Dritten gegenüber kommt es nicht darauf an, ob das Geschäft im einzelnen Falle wirklich erforderlich war, sondern nur darauf, ob es innerhalb des durch die sozialen Verhältnisse, in welchen die Ehegatten leben, begrenzten Kreises liegt.

Für die Frage, ob ein Geschäft innerhalb des häuslichen Wirkungskreises der Frau liegt, kommt ferner in Betracht, ob die Ehegatten wirklich in häuslicher Gemeinschaft leben. Leben sie thatsächlich getrennt, so fällt damit regelmäßig auch das fragliche Recht der Frau weg; doch kommt es auch hier auf die Umstände des einzelnen Falles an.

Für das Miethen von Gesinde können die Landesgesetze nach Art. 95 des E.G. besondere Vorschriften geben.

3. Die Frau ist zur Besorgung der in den häuslichen Wirkungskreis fallenden Geschäfte nicht nur berechtigt, sondern auch verpflichtet. Für die Erfüllung dieser Pflicht haftet sie nach § 1359 mit der Sorgfalt, welche sie in eigenen Angelegenheiten anzuwenden pflegt. Der E. I hat auf das Verhältniß der Ehegatten zu einander die für den Auftrag geltenden Vorschriften der §§ 591—595, 603, jetzt §§ 666—670, 674 für entsprechend anwendbar erklärt. Im E. II und im B.G.B. ist diese Vorschrift gestrichen. Die Streichung erfolgte, weil „sich die Anwendung der gedachten Vorschriften, soweit sie zutreffend sein würden, ohne Weiteres im Wege der Analogie ableiten lasse" (P. II S. 5076). Aus der entsprechenden Anwendung der gedachten Vorschriften ergiebt sich Folgendes:

Die Frau hat die Befugniß, für die Besorgung der erforderlichen Geschäfte einen Vorschuß von dem Manne zu fordern. Andererseits wird der Mann, wenn er der Frau Geld für die fraglichen Geschäfte gegeben hat, Rechenschaft über dessen Verwendung fordern können. Hat sie das Geld für andere Zwecke verwandt, so ist sie dem Manne zum Ersatze verpflichtet. Ebenso ist sie, wenn sie bei der Besorgung der fraglichen Geschäfte die erforderliche Sorgfalt (§ 1359) vernachlässigt hat, dem Manne zum Ersatze des ihm daraus erwachsenden Schadens verpflichtet. Hat der Mann die zur Besorgung der fraglichen Geschäfte nothwendigen Mittel nicht gewährt, so kann er die Frau nicht deshalb in Anspruch nehmen, weil sie die Besorgung unterlassen hat.

Auch die Vorschrift des § 674 wird in der Art zur entsprechenden Anwendung zu bringen sein, daß Geschäfte der fraglichen Art, welche die Frau nach dem Tode des Mannes ohne Kenntniß des Todes vorgenommen hat, als für Rechnung des Mannes vorgenommen gelten.

4. Die Frau kann nach ihrer Wahl die fraglichen Geschäfte im eigenen Namen oder im Namen des Mannes vornehmen. Im ersteren Falle hat sie nach Maßgabe der unter Nr. 3 dargelegten Grundsätze das durch das Geschäft Erworbene dem Manne zu übertragen und kann andererseits Ersatz der von ihr gemachten Verwendungen bezw. Befreiung von den übernommenen Verbindlichkeiten fordern. Der Dritte kann sich in diesem Falle nur an die Frau halten. Hat die Frau im Namen des Mannes gehandelt, so wird nur dieser aus dem Geschäfte berechtigt und verpflichtet. Der § 1357 Satz 2 stellt aber die Regel auf, daß Geschäfte der fraglichen Art als im Namen des Mannes vorgenommen gelten, wenn nicht aus den Umständen sich ein Anderes ergiebt. Es liegt hierin eine Abweichung von der Vorschrift des § 164, nach welcher umgekehrt ein Rechtsgeschäft nur dann als im Namen des Anderen vorgenommen gilt, wenn dies bei der Vornahme erklärt ist oder aus den Umständen erhellt.

5. Da dem Manne auch in den das gemeinschaftliche Hauswesen betreffenden Angelegenheiten die ihm nach § 1354 allgemein zustehende Entscheidung zukommt (§ 1356 Abs. 1), so giebt ihm der § 1357 Abs. 2 Satz 1 das Recht, die Schlüsselgewalt der Frau jederzeit zu beschränken oder auszuschließen. Einer Ermächtigung durch das Gericht bedarf der Mann dabei nicht. Die Beschränkung kann darin bestehen, daß der Frau nur das Recht gegeben wird, gewisse Rechtsgeschäfte zu besorgen, oder daß die Vertretungsmacht der Frau in der Höhe der einzugehenden Verbindlichkeit eingeschränkt wird. Die Frau ist gegen Mißbrauch dadurch geschützt, daß sie das Vormundschaftsgericht um Abänderung der Entscheidung des Mannes anrufen kann. Das Vormundschaftsgericht hat freie Hand. Es kann insbesondere, wenn der Mann die Schlüsselgewalt der Frau ausgeschlossen hat, der Frau die Schlüsselgewalt nur theilweise einräumen. Das Verfahren ist im freiw. G.G. geregelt. Wegen der Zuständigkeit des Gerichts vergl. § 45, wegen des Beginns der Wirksamkeit der Verfügung, durch welche die Ausschließung oder

## §. 1358.

Hat sich die Frau einem Dritten gegenüber zu einer von ihr in Person zu bewirkenden Leistung verpflichtet, so kann der Mann das Rechtsverhältniß ohne Einhaltung einer Kündigungsfrist kündigen, wenn er auf seinen Antrag von dem Vormundschaftsgerichte dazu ermächtigt worden ist. Das Vormundschaftsgericht hat die Ermächtigung zu ertheilen, wenn sich ergiebt, daß die Thätigkeit der Frau die ehelichen Interessen beeinträchtigt.

Das Kündigungsrecht ist ausgeschlossen, wenn der Mann der Verpflichtung zugestimmt hat oder seine Zustimmung auf Antrag der Frau durch das Vormundschaftsgericht ersetzt worden ist. Das Vormundschaftsgericht kann die Zustimmung ersetzen, wenn der Mann durch Krankheit oder durch Abwesenheit an der Abgabe einer Erklärung verhindert und mit dem Aufschube Gefahr verbunden ist oder

---

Beschränkung der Schlüsselgewalt aufgehoben oder geändert wird, vergl. § 53 das. Der Mann kann übrigens nach der Entscheidung des Vormundschaftsgerichts die Schlüsselgewalt sofort wieder von neuem beschränken oder ausschließen, und der Richter, welcher das Güterrechtsregister führt, muß zwar auf Grund des Beschlusses des Vormundschaftsgerichts nach § 1561 Abs. 3 Nr. 1 auf einseitigen Antrag der Frau die vom Manne getroffene Beschränkung oder Aufhebung der Schlüsselgewalt im Güterrechtsregister löschen, eine nach der Entscheidung des Vormundschaftsgerichts von dem Manne getroffene Beschränkung oder Ausschließung aber sofort auf einseitigen Antrag des Mannes wieder von neuem eintragen (P. II S. 5641). Dadurch kann freilich ein ewiger Zirkel entstehen, dessen Lösung nur dadurch erleichtert ist, daß die Anrufung des Vormundschaftsgerichts nicht das einzige Mittel ist, welches der Frau gegen Mißbrauch des Rechtes des Mannes zur Verfügung steht. Die Frau kann auch die Klage auf Herstellung des ehelichen Lebens erheben. Wird der Mann daraufhin verurtheilt, der Frau die Schlüsselgewalt ungeschmälert zu belassen, so enthält das Urtheil zugleich die Verpflichtung, den Eintrag im Güterrechtsregister löschen zu lassen. Dagegen ist auch das Urtheil für den Registerrichter nicht in der Weise bindend, daß er dem Antrage des Mannes, den Ausschluß oder die Beschränkung der Schlüsselgewalt von neuem einzutragen, nicht zu entsprechen brauchte. Allein der Frau wird durch das Urtheil die Möglichkeit der Scheidung auf Grund des § 1568 erleichtert.

Zur Entziehung und Beschränkung der Schlüsselgewalt ist auch der gesetzliche Vertreter des Mannes befugt. Gegen dessen Verfügung steht der Frau die Anrufung des Vormundschaftsgerichts in derselben Weise zu wie gegenüber dem Manne selbst.

6. Auf die durch das Gesetz der Frau ertheilte Ermächtigung zur Vertretung des Mannes muß sich jeder verlassen können, der mit der Frau in dieser Eigenschaft in rechtsgeschäftlichen Verkehr tritt. Dritten gegenüber wird deshalb nach dem im Abs. 2 Satz 2 für anwendbar erklärten § 1435 die Beschränkung oder die Ausschließung der Schlüsselgewalt nur wirksam, wenn die Beschränkung oder Ausschließung zur Zeit der Vornahme des mit der Frau abgeschlossenen Rechtsgeschäfts in dem Güterrechtsregister des nach § 1558 zuständigen Amtsgerichts eingetragen oder dem Dritten bekannt war. Die Eintragung der Ausschließung oder Beschränkung erfolgt nach § 1561 Abs. 1 auf einseitigen Antrag des Mannes. Die Wirksamkeit der Verfügung des Vormundschaftsgerichts, durch welche die Ausschließung oder Beschränkung aufgehoben wird, ist durch den Eintrag der Aufhebung im Güterrechtsregister selbst dann nicht bedingt, wenn die Ausschließung oder die Beschränkung eingetragen war. Die Frau kann in letzterem Falle die Eintragung der Aufhebung verlangen; nach § 1561 Abs. 3 Nr. 1 genügt der einseitige Antrag der Frau. Wegen des Umfanges und des Inhalts des durch § 1435 gewährten Schutzes vergl. im übrigen Erl. zu §. 1435.

7. Wegen des internationalen Privatrechts vergl. E.G. Art. 16 Abs. 2; wegen der Uebergangszeit vergl. die Erl. zu Art. 199 des E.G.

**§ 1358.**

**E. I § 1277; II § 1258 rev. § 1343; III § 1341. P. I S. 6079—6092, 6109—6111, 8676, 8686; M IV S. 110—113. P. II S. 5064—5072, 8621 (Bd. 4 S. 101—105). D. S. 686. K.B. S. 2053—2057. St.B. S. 2918, 2919.**

1. Da die Frau weder durch die Ehe als solche noch durch das in der Ehe geltende Güterrecht in der Geschäftsfähigkeit beschränkt ist, so muß dafür Sorge getragen werden, daß sie nicht Verpflichtungen eingeht, wodurch die Rechte des Mannes auf ihre Person (§§ 1353,

wenn sich die Verweigerung der Zustimmung als Mißbrauch seines Rechtes darstellt. Solange die häusliche Gemeinschaft aufgehoben ist, steht das Kündigungsrecht dem Manne nicht zu.

Die Zustimmung sowie die Kündigung kann nicht durch einen Vertreter des Mannes erfolgen; ist der Mann in der Geschäftsfähigkeit beschränkt, so bedarf er nicht der Zustimmung seines gesetzlichen Vertreters.

---

1356) verletzt werden. In manchen Fällen wird der Grundsatz des § 138, daß ein gegen die guten Sitten verstoßendes Rechtsgeschäft nichtig ist, Abhilfe gewähren; dadurch werden aber nicht alle Fälle gedeckt. Deshalb beschränkt der § 1358 Abs. 1 die Frau in der Eingehung von Rechtsgeschäften, durch welche sie sich einem Dritten gegenüber zu einer von ihr in Person zu bewirkenden Leistung verpflichtet. Hierher gehören nicht nur Rechtsgeschäfte, bei welchen die Frau schon wegen ihrer regelmäßigen Abwesenheit von der gemeinsamen Wohnung ihren Verpflichtungen als Hausfrau nicht nachkommen kann, z. B. die Verdingung als Gesinde, sondern überhaupt alle Rechtsgeschäfte, welche die Verpflichtung der Frau zu einer Thätigkeit begründen, die sie selbst vornehmen muß und nicht durch andere vornehmen lassen kann, z. B. die Anfertigung eines Gemäldes. Es macht auch keinen Unterschied, ob die Verpflichtung der Frau auf einem Vertrage, bei dem die Leistung durch den Schuldner in Person die gesetzliche Regel bildet (vergl. Erl. Nr. 1 zu § 267), oder auf einem andern Vertrage beruht, z. B. einem Gesellschaftsvertrage. Ob im einzelnen Falle die persönlichen Dienstleistungen wirklich mit den ehelichen Pflichten unvereinbar sind, ist gleichgültig. Es entscheidet der objektive Maßstab, daß die Leistungen in Person bewirkt werden müssen. Die Form, in welcher die Beschränkung der Frau zum Ausdrucke kommt, ist das Recht des Mannes, derartige Rechtsverhältnisse ohne Einhaltung einer Kündigungsfrist zu kündigen. Wegen der Konstruktion des E. I vergl. Erl. Nr. 3 zu § 143. Die Frau ist also nicht an die Zustimmung des Mannes gebunden, so daß die Wirksamkeit des betreffenden Rechtsgeschäfts von der Zustimmung des Mannes abhängen würde, sondern das Rechtsgeschäft ist auch ohne die Zustimmung des Mannes wirksam; mit der Kündigung wird aber das durch das Rechtsgeschäft begründete Rechtsverhältniß für die Zukunft aufgehoben. Diese Konstruktion bringt es mit sich, daß die Frau in Folge der Kündigung des Anspruchs auf die Gegenleistung für ihre bisherige Leistung nicht verlustig geht, andrerseits aber verpflichtet erscheint, trotz der Kündigung etwaige rückständige Leistungen nachträglich zu bewirken, sofern natürlich nicht eine Nachleistung durch die Natur des Rechtsgeschäfts und der Leistung ausgeschlossen erscheint. Die Frage, ob die Frau den ihren Leistungen entsprechenden Theil der Gegenleistung voll verlangen kann, ist im B.G.B. nicht ausdrücklich entschieden und wird sich je nach den einzelnen Rechtsverhältnissen verschieden beantworten. Bei einem Dienstvertrage z. B. wird man es so ansehen dürfen, als wenn der Dienstverpflichtete gekündigt hätte, ohne durch vertragswidriges Verhalten des andern Theiles dazu veranlaßt zu sein. Es wird deshalb § 628 Abs. 1 zur Anwendung zu bringen sein. Bei einem Werkvertrage wird die Sache meist so liegen, daß die Gegenleistung überhaupt nicht gefordert werden kann. Ein Schadensersatzanspruch wegen des Unterbleibens der künftigen Leistung kann von dem Dritten selbstverständlich nicht geltend gemacht werden. Dies gilt selbst dann, wenn er nicht gewußt hat, daß die Frau verheirathet ist. Dem Dritten liegt also eine Erkundigungspflicht ob. Sollte er in dieser Beziehung von der Frau getäuscht worden sein, so bleibt ihm der Anspruch auf Schadensersatz nach Maßgabe der allgemeinen Grundsätze über Schadensersatz aus unerlaubten Handlungen vorbehalten. Nach dem E. II konnte der Mann das Kündigungsrecht ohne Weiteres ausüben. Die R.T.K. hat die Ausübung des Kündigungsrechts an die Ermächtigung des Vormundschaftsgerichts geknüpft. Das Vormundschaftsgericht soll die Ermächtigung nur ertheilen, wenn sich ergiebt, daß die Thätigkeit der Frau die ehelichen Interessen beeinträchtigt, z. B. in Folge der Thätigkeit der Frau die Erziehung der Kinder vernachlässigt werden muß. Durch die nothwendige gerichtliche Ermächtigung wird der Satz, daß das Kündigungsrecht auch dann ausgeübt werden kann, wenn die Thätigkeit der Frau im konkreten Falle der Erfüllung der ehelichen Pflichten nicht hinderlich ist, für das Verhältniß zwischen Mann und Frau, nicht aber für das Verhältniß zu dem Dritten modifizirt. Das Vormundschaftsgericht entscheidet nach freiem Ermessen; es hat jedoch, wie die Worte „wenn sich ergiebt" andeuten, vor der Entscheidung die Frau, wenn thunlich, zu hören. Das Verfahren ist durch das freiw. G.G. geregelt. Die Zuständigkeit des Gerichts bestimmt sich nach § 45, der Zeitpunkt der Wirksamkeit der Verfügung, durch die die Ermächtigung ertheilt wird, nach § 53 das., das Beschwerderecht nach § 20 das. Die Ermächtigung des Vormundschaftsgerichts steht selbstverständlich einem Anspruche des Dritten gegen die Frau, welcher sich darauf gründet, daß überhaupt ein Verhältniß der im § 1358 bezeichneten Art nicht vorliege, nicht entgegen.

2. **Der Abs. 2 giebt die Fälle an, in welchen das Kündigungsrecht des Mannes ausgeschlossen ist.** Dies ist der Fall:

a) wenn der Mann der Verpflichtung der Frau zugestimmt hat, sei es, daß er vorher seine Einwilligung oder nachher seine Genehmigung ertheilt hat. Die Zustimmung ist ein einseitiges empfangsbedürftiges Rechtsgeschäft und kann stillschweigend und formlos ertheilt werden. Der Mann kann der Frau oder dem Dritten gegenüber die Zustimmung erklären. An die Zustimmung ist der Mann für die ganze Dauer des Rechtsverhältnisses gebunden, mögen auch später Umstände eintreten, z. B. die Geburt von Kindern, welche die Thätigkeit der Frau mit ihren Pflichten unvereinbar erscheinen lassen. Auf die im § 1358 behandelte Zustimmung finden übrigens die Vorschriften der §§ 182 ff. keine Anwendung, weil diese Vorschriften voraussetzen, daß die Wirksamkeit des Rechtsgeschäfts von der Zustimmung abhängig ist (vergl. Vorbm. Nr. 2 Bd. 1 S. 232).

b) wenn das Vormundschaftsgericht die Zustimmung des Mannes auf Antrag der Frau ersetzt hat. Der Dritte ist zur Stellung des Antrags nicht befugt. Die Ersetzung der Zustimmung ist in Folge der Nothwendigkeit der Ermächtigung zur Ausübung des Kündigungsrechts für viele Fälle entbehrlich, gleichwohl um deswillen zweckmäßig, weil die Frau dadurch in die Möglichkeit versetzt wird, dem Dritten, zu welchem sie in ein Rechtsverhältniß treten will, darüber Gewißheit zu geben, daß der Mann das Rechtsverhältniß nicht kündigen kann. Die Voraussetzungen, unter welchen das Vormundschaftsgericht die Zustimmung ersetzen kann, sind im Abs. 2 Satz 2 bestimmt. Daß, wenn die Voraussetzungen der ersten Alternative vorliegen (Krankheit oder Abwesenheit bei gleichzeitiger Gefahr im Falle eines Aufschubs), die Zustimmung ersetzt werden kann, bezweckt insbesondere auch die Fälle zu treffen, in welchen der Mann geisteskrank oder geistesschwach ist, mag er einen gesetzlichen Vertreter haben oder nicht. Da der gesetzliche Vertreter nach Abs. 3 nicht für den Mann die Zustimmung erklären kann, so wäre die Frau ohne die Möglichkeit der Ersetzung schutzlos, wenn der Dritte mit ihr nur kontrahiren will, falls die Kündigungsmöglichkeit ausgeschlossen ist. Inwieweit mit dem Aufschube Gefahr verbunden ist, richtet sich auch nach der voraussichtlichen Dauer der Verhinderung. Die zweite Alternative, wenn die Verweigerung der Zustimmung Mißbrauch ist, hängt mit § 1353 Abs. 2 zusammen und will die Frau namentlich in solchen Fällen schützen, in welchen ihre persönliche Thätigkeit zum Unterhalte der Familie nothwendig ist, weil der Mann die Familie nicht unterhalten kann oder will. Die Ersetzung der Zustimmung durch das Vormundschaftsgericht hat dieselbe Wirkung, wie wenn der Mann selbst zugestimmt hätte. Der Mann kann also, wenn er z. B. später wieder geistesgesund wird oder zurückkehrt, nicht kündigen. Das Verfahren, in welchem die Zustimmung des Mannes ersetzt wird, richtet sich nach dem freiw. G.G. Bezüglich der Zuständigkeit des Gerichts und des Zeitpunkts, in dem die die Ersetzung aussprechende Verfügung wirksam wird sowie bezüglich des Beschwerderechts s. §§ 20, 45, 53 das.

c) wenn die häusliche Gemeinschaft aufgehoben ist, gleichviel ob auf Grund einer richterlichen Verfügung oder nur thatsächlich, ob aus zureichenden Gründen oder nicht. Anders liegt die Sache, wenn die Frau zum Zwecke der Erfüllung des Vertrags sich entfernt hat. Während der Zeit der Aufhebung der häuslichen Gemeinschaft ruht das Kündigungsrecht. Dadurch wird nicht ausgeschlossen, daß der Mann der Uebernahme der Verpflichtung der Frau mit der Wirkung zustimmt, daß er, wenn die häusliche Gemeinschaft wieder hergestellt wird, an die Zustimmung gebunden ist.

3. **Der Abs. 3** bringt die höchst persönliche Natur des Zustimmungs- und des Kündigungsrechts zum Ausdrucke, schließt jedoch nur eine Vertretung im Willen, nicht aber in der Erklärung des Willens aus. Ausgeschlossen ist aber auch der Vertreter eines geschäftsunfähigen Ehegatten. Hülfe gewährt hier die Möglichkeit der Ersetzung der Zustimmung durch das Vormundschaftsgericht. Der in der Geschäftsfähigkeit beschränkte Ehegatte braucht natürlich nicht die Genehmigung des Vormundschaftsgerichts.

4. Der § 1358 bezieht sich lediglich **auf die Fälle, daß die Frau nach der Eingehung der Ehe sich** zu einer von ihr in Person zu bewirkenden Leistung verpflichtet. Hat sie vorher eine solche Verpflichtung übernommen, so kommen nur die allgemeinen Grundsätze, insbesondere die §§ 626, 627 für einen Dienstvertrag und der § 671 für einen Auftrag, zur Anwendung.

5. Der § 1358 kann für das **Gesinderecht** durch die Landesgesetzgebung nicht ausgeschlossen werden (Art. 95 E.G.).

6. Für den Fall, daß **der Mann sich zu einer der im § 1358 bezeichneten Leistungen verpflichtet**, z. B. zur Uebernahme von Schiffsdienst, ist eine Sonderbestimmung im B.G.B. nicht getroffen. Soweit nicht der im § 138 enthaltene Grundsatz Anwendung findet, daß ein gegen die guten Sitten verstoßendes Rechtsgeschäft nichtig ist, wird die bürgerlich-rechtliche Gültigkeit des vom Manne eingegangenen Dienstverhältnisses nicht berührt. Für das Verhältniß der Ehegatten zu einander greift der § 1353 Abs. 1 Platz.

## §. 1359.

**Die Ehegatten haben bei der Erfüllung der sich aus dem ehelichen Verhältniß ergebenden Verpflichtungen einander nur für diejenige Sorgfalt einzustehen, welche sie in eigenen Angelegenheiten anzuwenden pflegen.**

## §. 1360.

**Der Mann hat der Frau nach Maßgabe seiner Lebensstellung, seines Vermögens und seiner Erwerbsfähigkeit Unterhalt zu gewähren.**

**Die Frau hat dem Manne, wenn er außer Stande ist, sich selbst zu unterhalten, den seiner Lebensstellung entsprechenden Unterhalt nach Maßgabe ihres Vermögens und ihrer Erwerbsfähigkeit zu gewähren.**

**Der Unterhalt ist in der durch die eheliche Lebensgemeinschaft gebotenen Weise zu gewähren. Die für die Unterhaltspflicht der Verwandten geltenden Vorschriften der §§. 1605, 1613 bis 1615 finden entsprechende Anwendung.**

---

### § 1359.

**E. I § 1279; II § 1259 rev. § 1344; III § 1342. P. I S. 6119, 6120, 8795, 8809 M. IV S. 121, 122. P. II S. 5078, 5079 (Bd. 4 S. 108, 109).**

Der § 1359 schränkt die Haftung der Ehegatten für Fahrlässigkeit ein (vergl. dazu § 277). Die Einschränkung gilt nur für das Verhältniß der Ehegatten zu einander und nur für diejenigen Verpflichtungen, welche sich aus dem ehelichen Verhältniß ergeben. Zu diesen Verpflichtungen gehören alle, welche einem Ehegatten auf Grund der Vorschriften dieses Titels, insbesondere des § 1357 und der §§ 1360, 1361, sowie des gesetzlichen oder vertragsmäßigen Güterrechts obliegen. Insbesondere findet § 1359 Anwendung auf die Verpflichtungen des Mannes aus seiner Verwaltung des Vorbehaltsguts der Frau und des Vermögens der Frau bei der Gütertrennung (§§ 1371, 1430, 1441, 1526 Abs. 3, 1549). Wenn dagegen die Ehegatten in einen gewöhnlichen rechtsgeschäftlichen Verkehr mit einander treten, so greifen die Vorschriften über die in diesem Verkehre zu beobachtende Sorgfalt Platz. Bei den Gütergemeinschaften erleidet der § 1359 insofern eine Ausnahme, als der Mann für die Verwaltung des Gesammtguts in noch geringerem Umfange haftet (§ 1456, § 1525 Abs. 2, § 1549).

### § 1360.

**E. I §§ 1280, 1281; II § 1260 rev. § 1345; III § 1343. P. I S. 6134, 6586, 6702, 6748, 6754, 7326, 7361, 7367, 7406, 7580, 7698; M. IV S. 122—127, 787. P. II S. 5079—5084 (Bd. 4 S. 109—112). D. S. 686. K.B. S. 2057.**

1. Der Abs. 1 ordnet die Voraussetzungen des Unterhaltsanspruchs der Frau gegenüber dem Manne und das Maß des der Frau gebührenden Unterhalts.

Voraussetzung des Unterhaltsanspruchs der Frau ist, daß der Mann nach Maßgabe seines Vermögens und seiner Erwerbsfähigkeit den Unterhalt zu leisten im Stande ist. Die Unterhaltspflicht des Mannes findet demnach zwar in der Leistungsfähigkeit des Mannes ihre Grenze, allein während bei der Unterhaltspflicht der Verwandten nach § 1603 unterhaltspflichtig nicht ist, wer bei Berücksichtigung seiner sonstigen Verpflichtungen außer Stande ist, ohne Gefährdung des eigenen standesmäßigen Unterhalts den Unterhalt zu gewähren, ist der Mann nicht berechtigt, den eigenen standesmäßigen Unterhalt vorweg zu nehmen. Er muß, was er hat, nicht nur seine Einkünfte, mit der Frau theilen, mag es nun für den beiderseitigen standesmäßigen oder nur für den nothdürftigen Unterhalt genügen oder selbst für den nothdürftigen nicht völlig ausreichen. Voraussetzung des Unterhaltsanspruchs der Frau ist nur die Leistungsfähigkeit des Mannes, nicht aber, wie beim Unterhaltsanspruche der Verwandten (§ 1602), die Bedürftigkeit der Frau. Der Mann muß, was er hat, mit der Frau auch dann theilen, wenn die Frau Vermögen besitzt und aus dem Stamme ihres Vermögens den Unterhalt nehmen könnte.

Das Maß des der Frau zu gewährenden Unterhalts bestimmt sich nach der Lebensstellung, dem Vermögen und der Erwerbsfähigkeit des Mannes. Die Frau hat nicht schlechthin auf den standesmäßigen Unterhalt Anspruch. Der Mann ist sogar zur Gewährung des nothdürftigen Unterhalts nur nach Maßgabe seiner Leistungsfähigkeit verpflichtet und der Unterhalt der Frau geht dem eigenen Unterhalte des Mannes nicht vor. Die Frau muß sich mit einem hinter dem standesmäßigen Unterhalte zurückbleibenden Unterhalte begnügen, wenn ihr der Mann als ein guter Hausvater, welcher auf die dauernde Sicherung des Bestandes der Familie bedacht ist, nicht mehr geben kann.

2. Im Abs. 2 sind die Voraussetzungen des Unterhaltsanspruchs des Mannes gegenüber der Frau und das Maß des dem Manne zu gewährenden Unterhalts geregelt. Die Unterhaltspflicht der Frau unterscheidet sich von der des Mannes dadurch, daß sie eine subsidiäre ist. Sie setzt voraus, daß der Mann außer Stande ist, sich selbst zu unterhalten. Dies ist vor allem dann der Fall, wenn der Mann vermögenslos und erwerbsunfähig ist. Der Vermögenslosigkeit steht es gleich, wenn das Vermögen des Mannes zur Bestreitung des Unterhalts nicht verwendet werden kann. Die Voraussetzung trifft ferner dann zu, wenn der Mann bei einer den Pflichten eines guten Hausvaters entsprechenden Verwendung seiner Mittel nicht im Stande ist, sich selbst und seine Familie in einer seiner Lebensstellung entsprechenden Weise zu unterhalten. Im Uebrigen ist auch die Unterhaltspflicht der Frau nur bedingt durch die Leistungsfähigkeit der Frau, nicht aber dadurch, daß die Frau selbst den standesmäßigen Unterhalt hat. Auch die Frau muß, wenn sie unterhaltspflichtig ist, mit dem Manne alles, was sie besitzt, theilen und unter Umständen den Stamm ihres Vermögens angreifen.

In welchem Maße die Frau unterhaltspflichtig ist, hängt einerseits von der Bedürftigkeit und der Lebensstellung des Mannes (nicht der Frau), andererseits von der Leistungsfähigkeit der Frau ab. Wenn der Mann bei einer den Pflichten eines Hausvaters entsprechenden Verwendung seiner Mittel nicht im Stande ist, die Familie in einer seiner Lebensstellung angemessenen Weise zu unterhalten, so muß die Frau das Fehlende ergänzen.

3. Was im Einzelnen zum Unterhalte der Ehegatten gehört, ist nur durch den Hinweis auf die Lebensstellung des Mannes bestimmt. Eine beispielsweise Aufzählung, wie sie der § 1610 Abs. 2 bei dem Unterhaltsanspruche der Verwandten vorsieht, fehlt für den Unterhaltsanspruch der Ehegatten. Hervorzuheben ist, daß der Ehegatte den Unterhalt des anderen Ehegatten auch dann zu bestreiten hat, wenn dieser sich im Gefängnisse befindet. Freilich gehören solchen Falles nicht etwa die gesammten Kosten des Unterhalts im Gefängnisse zu den Unterhaltskosten. Das B.G.B. geht vielmehr nur davon aus, daß die Unterhaltspflicht nicht dadurch sich abschwächt oder hinfällig wird, daß die Frau oder der Mann eine Strafe verbüßen oder sich in Untersuchungshaft befinden. Der Mann ist demgemäß der Frau gegenüber zur Bestreitung des durch den Aufenthalt im Gefängnisse verursachten Verpflegungsaufwandes auch dann verpflichtet, wenn die Frau eigenes Vermögen hat. Wird das Vermögen der Frau vom Staate zur Deckung des Aufwandes herangezogen, so kann sie vom Manne Ersatz verlangen. Dagegen zählen die Kosten eines Rechtsstreits, welchen ein Ehegatte führt, oder eines gegen einen Ehegatten gerichteten Strafverfahrens sowie die Kosten der Vertheidigung nicht zu den Unterhaltskosten. Dies gilt insbesondere von den die Frau treffenden Kosten. Eine aus der Schutzpflicht abgeleitete allgemeine Pflicht des Mannes zur Tragung derartiger Kosten ist ausdrücklich abgelehnt worden. Freilich hat der Mann die Kosten gewisser Rechtsstreitigkeiten der Frau sowie eines gegen sie gerichteten Strafverfahrens und ihrer Vertheidigung bei allen Güterständen, mit Ausnahme der Gütertrennung, nach Maßgabe der §§ 1387, 1388, 1412 Abs. 2, 1416, 1464, 1529 Abs. 2, 1549 in gewissem Umfange zu tragen. Allein die Pflicht ist nur eine Folge des Güterstandes.

4. Ohne Einfluß auf die Unterhaltspflicht der Ehegatten ist es, ob die Bedürftigkeit auf einem Verschulden des Berechtigten beruht. Eine dem für den Unterhaltsanspruch der Verwandten geltenden § 1611 Abs. 1 entsprechende Vorschrift gilt für den Unterhaltsanspruch des Ehegatten nicht. Ueber die Anwendbarkeit des § 1611 Abs. 2, wonach nur der nothdürftige Unterhalt zu gewähren ist, wenn der unterhaltsbedürftige Ehegatte sich einer Verfehlung schuldig gemacht hat, die den anderen Ehegatten berechtigt, ihm den Pflichttheil zu entziehen, d. h. nach § 2335 die Scheidungsklage zu erheben, vergl. Erl. zu § 1611.

5. Der Abs. 3 regelt zunächst die Art und Weise, in welcher der Unterhalt zu gewähren ist. Der zu diesem Zwecke aufgestellte Grundsatz, daß der Unterhalt in der durch die eheliche Gemeinschaft gebotenen Weise zu gewähren ist, ersetzt den § 1612 und bringt insbesondere zum Ausdrucke, daß der Unterhalt regelmäßig nicht durch Entrichtung einer Geldrente zu gewähren ist sowie daß für die Form der Gewährung nicht das einseitige Ermessen des Mannes, sondern das entscheidet, was die eheliche Lebensgemeinschaft als angezeigt erscheinen läßt. Das Ermessen des Mannes findet auch hier im § 1354 sein Maß und seine Grenze.

Durch Verweisung auf die vom Unterhaltsanspruche der Verwandten handelnden §§ 1605, 1613—1615 werden sodann einige Einzelheiten in Anlehnung an die für die Unterhaltspflicht der Verwandten geltenden Vorschriften geordnet.

Die Verweisung auf § 1605 regelt den Fall, daß der unterhaltspflichtige Ehegatte (nach § 1303 kann nur die Frau in Betracht kommen) minderjährig ist und seinem Vater oder seiner Mutter die elterliche Nutznießung zusteht. Da in Folge der Verheirathung die elterliche Nutznießung nach § 1661 erlischt, außer wenn die Ehe ohne die erforderliche elterliche Einwilligung geschlossen wird, so betrifft die Verweisung auf § 1605 die Fälle, daß letztere Voraussetzung gegeben ist. Die Verweisung enthält die Vorschrift daß der unterhaltspflichtige Ehegatte den Unter-

## §. 1361.

**Leben die Ehegatten getrennt, so ist, solange einer von ihnen die Herstellung des ehelichen Lebens verweigern darf und verweigert, der Unterhalt durch Ent-**

---

halt so zu leisten hat, als ob er selbst die Nutzungen des Vermögens beziehen würde (vergl. E. I § 1529 u. M. IV S. 787 sowie die Erl. zu § 1605).

Durch die Verweisung auf § 1613 wird anerkannt, daß auch der Unterhaltsanspruch der Ehegatten gegen einander nicht für die Vergangenheit geltend gemacht werden kann. Die von diesem Satze bei dem Unterhaltsanspruche der Verwandten getroffenen Ausnahmen — Verzug des Pflichtigen und Rechtshängigkeit des Anspruchs — gelten beim Unterhaltsanspruch der Ehegatten gleichfalls. Die Verweisung auf § 1614 Abs. 1 erklärt einen Verzicht auf den Unterhalt für die Zukunft für unzulässig. Dies gilt auch dann, wenn der verzichtende Ehegatte zur Zeit des Verzichts genügendes Vermögen hat, um sich seinen Unterhalt selbst zu bestreiten. In Folge der entsprechenden Anwendbarkeit des § 1614 Abs. 2 wird der unterhaltspflichtige Ehegatte durch eine Vorausleistung des Unterhalts nur für den Zeitabschnitt befreit, für welchen die Vorausleistung durch die Rücksicht auf die eheliche Lebensgemeinschaft gerechtfertigt erscheint.

Die Verweisung auf § 1615 ordnet die Frage, inwieweit der Unterhaltsanspruch mit dem Tode des berechtigten oder verpflichteten Ehegatten erlischt, und legt dem Ehegatten die Kosten der Beerdigung seines Ehegatten insoweit auf, als die Bezahlung der Kosten der standesmäßigen Beerdigung nicht von dem Erben (§ 1968) zu erlangen ist. Im Falle der gesetzlichen Erbfolge gehört übrigens der Ehegatte zu den Erben (§§ 1931—1934). Die Beerdigungskosten hat der Ehegatte nicht schlechthin zu tragen, sondern nur mit der Maßgabe, mit der ihm die Unterhaltspflicht überhaupt obliegt. Für die Nothwendigkeit und Höhe der einzelnen Kosten entscheiden also die im § 1360 Abs. 1, 2 enthaltenen Grundsätze.

Der Unterhaltsanspruch der Ehegatten ist auch noch in anderer Beziehung den gleichen Vorschriften wie der Unterhaltsanspruch der Verwandten unterworfen. So gilt der § 323 der C.P.O., welcher die Abänderung eines auf Gewährung von Unterhalt lautenden Urtheils wegen Aenderung der Verhältnisse betrifft, für den Unterhaltsanspruch der Ehegatten gleichfalls. Anwendbar ist weiter der § 258 der C.P.O., wonach auch wegen der erst nach Erlassung des Urtheils fällig werdenden Leistungen Klage auf künftige Entrichtung erhoben werden kann. Ferner findet § 3 Abs. 2 der K.O. Anwendung. Danach kann, wenn der unterhaltspflichtige Ehegatte in Konkurs verfallen ist, von dem anderen Ehegatten der Unterhaltsanspruch für die Zukunft nicht geltend gemacht werden, mag auch die einzelne Unterhaltsleistung zur Zeit der Eröffnung des Konkursverfahrens bereits fällig sein. Der Unterhaltsanspruch eines Ehegatten ist unpfändbar (§ 850 Nr. 2 der C.P.O.). Aus der Unpfändbarkeit folgt die Unzulässigkeit der Aufrechnung, der Uebertragung und der Verpfändbarkeit (§§ 394, 400, 1274 Abs. 2). Wegen der Verjährung des Unterhaltsanspruchs als solchen s. § 197. Für die Verjährung der einzelnen Leistungen gilt zufolge § 204 Abs. 1 die Besonderheit, daß die Verjährung gehemmt ist, so lange die Ehe besteht. Die Folge hiervon ist, daß der Ehegatte nicht gezwungen ist, aus Furcht vor Verjährung den Weg der Klage zu beschreiten. Um dem Verluste des Anspruchs auf Grund des § 1613 zu entgehen, genügt die Mahnung (§ 284).

**6.** Wegen des Verhältnisses des Unterhaltsanspruchs der Ehegatten zu dem der Verwandten, insbesondere der Kinder, vergl. §§ 1608, 1609. Wegen des Verhältnisses des Unterhaltsanspruchs eines Ehegatten zu dem Unterhaltsanspruche des geschiedenen Ehegatten vergl. § 1579 Abs. 1 Satz 2. Wie weit Dritte sich wegen gewährten Unterhalts an den pflichtigen Ehegatten halten können, richtet sich nach den allgemeinen Grundsätzen, insbesondere über Geschäftsführung ohne Auftrag (vergl. § 679). Das Recht öffentlicher Behörden und Verbände, den pflichtigen Ehegatten wegen einer auf Grund des öffentlichen Rechtes gewährten Unterstützung in Anspruch zu nehmen, bleibt nach Maßgabe des Art. 103 des E.G. unberührt. Ueber den Rahmen dieses Vorbehalts vergl. Erl. zu Art. 103. Daß die Reichsgesetze, welche ein derartiges direktes Rückgriffsrecht aussprechen (vergl. § 62 des Reichsges. über den Unterstützungswohnsitz v. 6. Juni 1870), durch das B.G.B. nicht berührt werden, ergiebt sich aus Art. 32 E.G. (vergl. Schäfer in Gruchot Bd. 41 S. 229 ff.).

**7.** Ueber das Verhältniß der Unterhaltspflicht des Mannes zu seiner Verpflichtung, den ehelichen Aufwand zu tragen, s. Erl. zu § 1389 Nr. 1.

### § 1361.

**E. I § 1460; II § 1261 rev. § 1346; III § 1344. P. I S. 7403—7406, 8730, 8742; M. IV S. 633—635. P. II S. 5079—5083, 5765, 5766, 6836, 8621, 8622 (Bd. 4 S. 109 bis 111, 451). D. S. 686. K.B. S. 2057. St.B. S. 2919.**

**1.** Wird die Ehe geschieden, so fällt damit auch die gegenseitige Unterhaltspflicht der Ehegatten weg. Nur der für allein schuldig erklärte Ehegatte hat dem anderen den Unterhalt zu

richtung einer Geldrente zu gewähren; auf die Rente finden die Vorschriften des §. 760 Anwendung. Der Mann hat der Frau auch die zur Führung eines abgesonderten Haushalts erforderlichen Sachen aus dem gemeinschaftlichen Haushalte zum Gebrauche herauszugeben, es sei denn, daß die Sachen für ihn unentbehrlich sind oder daß sich solche Sachen in dem der Verfügung der Frau unterliegenden Vermögen befinden.

Die Unterhaltspflicht des Mannes fällt weg oder beschränkt sich auf die Zahlung eines Beitrags, wenn der Wegfall oder die Beschränkung mit Rücksicht auf die Bedürfnisse sowie auf die Vermögens- und Erwerbsverhältnisse der Ehegatten der Billigkeit entspricht.

---

gewähren. Diese Unterhaltspflicht ist in den §§ 1578—1582 besonders geregelt. Die Aufhebung der ehelichen Gemeinschaft (§ 1575) hat nach § 1586 hinsichtlich der Unterhaltspflicht die gleiche Wirkung wie die Ehescheidung. Dagegen wird durch die thatsächliche Trennung der Ehegatten die gegenseitige Unterhaltspflicht an sich nicht berührt. Es gelten jedoch solchenfalls die im § 1361 bestimmten Vorschriften, welche sich theils auf die Art der Gewährung des Unterhalts (Abs. 1), theils auf die Pflicht als solche (Abs. 2) beziehen. Soweit sich hieraus nicht ein Anderes ergiebt, bleibt § 1360 auch für den Fall der Trennung der Ehegatten maßgebend.

2. Gegenüber der Vorschrift des § 1360 Abs. 3 macht der § 1361 Abs. 1 Satz 1 die Ausnahme, daß der zum Unterhalte verpflichtete Ehegatte seine Verpflichtung durch Entrichtung einer Geldrente zu erfüllen hat. Dadurch nähert sich die Art, in welcher der Unterhalt dem Ehegatten zu gewähren ist, der in § 1612 für den Unterhaltsanspruch der Verwandten bestimmten Form. Die Folge ist, daß wie im § 1612, so auch hier die Anwendbarkeit des § 760 vorgeschrieben ist. Aus der Anwendbarkeit des § 760 ergiebt sich, daß die im § 1360 ausgesprochene Anwendbarkeit des für den Unterhaltsanspruch der Verwandten geltenden § 1614 Abs. 2 im Falle des § 1361 die Aenderung erleidet, daß eine Vorausleistung des Unterhalts den pflichtigen Ehegatten nur für den im § 760 Abs. 2 bestimmten Zeitraum befreit.

Eine weitere Modifikation enthält § 1361 Abs. 1 Satz 2. Die Vorschrift beruht darauf, daß die Trennung der Ehegatten als solche auf den Güterstand keinen Einfluß hat. Soweit daher die Frau über die zur Führung eines abgesonderten Haushalts nothwendigen Sachen während des Zusammenlebens nicht verfügen konnte, weil die Sachen entweder zum eingebrachten Gute oder zum Gesammtgute gehören oder Alleineigenthum des Mannes sind, erhält sie durch die Trennung an den genannten Sachen, auch soweit sie ihr Eigentum sind, kein weitergehendes Verfügungsrecht. Der § 1361 Abs. 1 Satz 2 verpflichtet aber den Mann, der Frau die fraglichen Sachen, soweit sie zur Führung eines abgesonderten Haushalts nothwendig sind, aus dem gemeinschaftlichen Haushalte zum Gebrauche herauszugeben. Die Verpflichtung fällt weg, wenn die Sachen für den Mann unentbehrlich sind. Nicht unentbehrlich sind die Sachen, wenn sie doppelt vorhanden sind. Auch wenn sie nicht doppelt vorhanden sind, wird aber unter Umständen angenommen werden können, daß sie für den Mann nicht unentbehrlich sind. Erhält die Frau die Sachen wegen ihrer Unentbehrlichkeit für den Mann nicht, so wird sie dadurch entschädigt, daß die ihr zu gewährende Geldrente höher bemessen wird. Die Verpflichtung des Mannes fällt ferner weg, wenn sich Sachen der fraglichen Art in dem der freien Verfügung der Frau unterworfenen Vermögen, also in ihrem Vorbehaltsgut oder im Falle der Gütertrennung überhaupt in ihrem Vermögen befinden. Daß die im Vermögen der Ehegatten vorhandenen, zur Führung eines Haushalts nothwendigen Sachen für den Mann unentbehrlich sind, muß der Mann beweisen, ebenso liegt ihm die Beweispflicht darüber ob, daß sich solche Sachen in dem der Verfügung der Frau unterliegenden Vermögen befinden. Welche Sachen zur Führung eines abgesonderten Haushalts nothwendig sind, ist eine nach den Standes-, Vermögens- und Erwerbsverhältnissen der Ehegatten sich beantwortende Thatfrage.

3. Während der Trennungszeit muß der Mann die Unterstützung der Frau im Haushalt und im Geschäft entbehren; die Gewährung des Unterhalts an die Frau ist außerhalb der ehelichen Gemeinschaft regelmäßig mit größeren Kosten verbunden; auch kann das der Verwaltung und Nutznießung des Mannes unterliegende oder im Gesammtgute steckende Vermögen der Frau nur unbedeutend, ihr Vorbehaltsgut aber, insbesondere der Erwerb aus ihrer Arbeit erheblich sein. Aus diesen Rücksichten giebt der Abs. 2 des § 1361 dem Gerichte die Möglichkeit, die Verpflichtung des Mannes zum Unterhalte der Frau auf Zahlung eines Beitrags zu beschränken oder auch den Mann von der Unterhaltspflicht vollständig zu befreien.

## §. 1362.

Zu Gunsten der Gläubiger des Mannes wird vermuthet, daß die im Besitz eines der Ehegatten oder beider Ehegatten befindlichen beweglichen Sachen dem Manne gehören. Dies gilt insbesondere auch für Inhaberpapiere und für Orderpapiere, die mit Blankoindossament versehen sind.

Für die ausschließlich zum persönlichen Gebrauche der Frau bestimmten Sachen, insbesondere für Kleider, Schmucksachen und Arbeitsgeräthe, gilt im Verhältnisse der Ehegatten zu einander und zu den Gläubigern die Vermuthung, daß die Sachen der Frau gehören.

---

4. Die Voraussetzung der Anwendbarkeit des § 1361 ist einerseits, daß die Ehegatten getrennt leben, andrerseits, daß einer der Ehegatten gemäß § 1353; ein Recht auf Trennung hat. Nicht in Betracht kommt, ob das Recht, die Herstellung der ehelichen Gemeinschaft zu verweigern, dem unterhaltsberechtigten oder dem unterhaltspflichtigen Ehegatten zusteht. Es braucht auch kein Streit über die Berechtigung des Ehegatten, die Herstellung des ehelichen Lebens zu verweigern, vorzuliegen; § 1361 findet vielmehr auch Anwendung, wenn die Trennung auf beiderseitigem Einverständnisse beruht; dadurch ist in Verbindung mit dem Zusatze, welchen der § 1353 Abs. 2 im Satz 2 durch die R.T.K. erhalten hat, die Möglichkeit geschaffen, daß ein Ehegatte, welcher die Ehescheidung erwirken könnte, davon Abstand nimmt, ohne unter Umständen auf den Unterhaltsanspruch verzichten zu müssen (vergl. Erl. zu § 1353).

Leben die Ehegatten getrennt, ohne daß ein Theil die Herstellung des ehelichen Lebens zu verweigern befugt ist, so verbleibt es bei den Vorschriften des § 1360; da nach diesen der Unterhalt nur in der durch die eheliche Lebensgemeinschaft gebotenen Weise zu gewähren ist, so braucht der Unterhaltspflichtige in dem gedachten Falle den Unterhalt überhaupt nicht zu gewähren. Daran ändert auch eine etwaige Vereinbarung der Ehegatten über die Trennung nichts. Eine Vereinbarung über die Gewährung des Unterhalts während des Getrenntlebens ist selbstverständlich gültig. Sie wird aber gegenstandslos, sobald ein Ehegatte die Herstellung des ehelichen Lebens verlangt, weil auf dieses Recht nicht verzichtet werden kann.

5. Wegen der Unterhaltspflicht der Ehegatten für die Dauer eines Prozesses, welcher die Nichtigkeit oder Anfechtbarkeit oder die Scheidung der Ehe oder die Aufhebung der ehelichen Gemeinschaft betrifft, vergl. C.P.O. § 627, oben S. 45. Selbstverständlich ist § 1361 auch anwendbar, wenn die Trennung der Ehegatten auf einer gerichtlichen Anordnung beruht und die Unterhaltspflicht vom Gerichte nicht besonders geregelt worden ist.

## § 1362.

**E. I § 1282; II § 1262 rev. § 1347; III § 1345. P. I S. 6120—6134, 6506—6508; M. IV S. 127—133. P. II S. 5085—5093 (Bd. 4 S. 112—116). D. S. 687. R.B. S. 2057, 2058,**

1. Die Lebensgemeinschaft, in welcher die Ehegatten stehen und die damit regelmäßig verbundene thatsächliche Vermischung des beiderseitigen Vermögens läßt häufig Zweifel darüber entstehen, ob ein Gegenstand im Besitze des einen oder des andern Ehegatten ist, ob er von einem Ehegatten für sich oder für den andern erworben worden ist. Dadurch wird insbesondere den Gläubigern des Mannes der Zugriff erschwert. Die Ehegatten führen auch eine Vermischung ihres beiderseitigen Vermögens nicht selten gerade zu dem Zwecke herbei, um die Gläubiger des Mannes zu benachtheiligen. Im Anschluß an das bisherige Recht (**praesumtio Muciana**) stellt daher der § 1362 Abs. 1 die Vermuthung auf, daß die im Besitz eines der Ehegatten oder beider Ehegatten befindlichen Sachen dem Manne gehören. Die Vermuthung gilt jedoch nur zu Gunsten der Gläubiger des Mannes, nicht, wie die Entwürfe vorgeschlagen hatten, auch für das Verhältniß der Ehegatten unter einander. Sie ist ferner auf die beweglichen Sachen beschränkt, umfaßt aber alle beweglichen Sachen, auch die verbrauchbaren (Geld). Besonders hervorgehoben sind Inhaberpapiere (B.G.B. § 793, H.G.B. § 179) und mit einem Blankoindossamente versehene Orderpapiere (W.O. Art. 9, 12, 13, H.G.B §§ 363, 365). Für Forderungen und andere Rechte sowie für Grundstücke kann die Vermuthung nicht in Betracht kommen, weil die Rechte einer bestimmten Person zustehen müssen und bei den Grundstücken der Eigenthümer aus dem Grundbuch erhellt. Wo die Sachen sich befinden, ist für die Anwendung der Vermuthung ohne Belang; insbesondere ist nicht nothwendig, daß sie sich in der gemeinsamen Wohnung befinden. Die Vermuthung gilt daher z. B. selbst dann, wenn die Frau ein eigenes Erwerbsgeschäft führt und besondere, mit den von der Familie benutzten

Räumen nicht zusammenhängende Räume für das Geschäft hat. Ohne Einfluß ist es ferner, ob die Ehegatten beisammen leben. Auch wenn die Frau sich vom Manne thatsächlich oder auf Grund richterlicher Anordnung getrennt hat, muß sie sich gefallen lassen, daß die in ihrem Besitze befindlichen beweglichen Sachen zunächst als Eigenthum des Mannes angesehen werden.

Die Vermuthung des § 1362 Abs. 1 hat ihre Hauptbedeutung auf dem Gebiete des gesetzlichen Güterrechts und des Güterstandes der Gütertrennung. Beim Güterstande der Verwaltung und Nutznießung können die Gläubiger des Mannes nicht Befriedigung aus dem eingebrachten Gute (§ 1410) oder aus dem Vorbehaltsgute verlangen. Die Frau tritt auch mit ihrem Anspruch auf Rückgabe des eingebrachten Gutes (§ 1421) nicht hinter die Gläubiger des Mannes zurück. Noch weniger findet eine Haftung der Frau für die Schulden des Mannes bei der Gütertrennung statt. Zufolge der Vermuthung des § 1362 Abs. 1 erscheint nun das gesammte, im Besitze des Mannes oder der Frau befindliche Vermögen als Eigenthum des Mannes und deshalb, bis die Vermuthung widerlegt ist, dem Zugriffe der Gläubiger des Mannes unterworfen, so daß die Frau, wenn die Vermuthung nicht widerlegt wird, thatsächlich für die Schulden des Mannes einstehen muß. Dabei ist indessen zu beachten, daß die Grundsätze der C.P.O., nach welchen der Gläubiger die nicht in dem Besitze des Schuldners, sondern eines Dritten befindlichen Sachen nur mit Einwilligung des Dritten pfänden kann (§§ 808, 809 der C.P.O.), durch die Vorschriften des § 1362 nicht berührt werden. Der Gläubiger des Mannes kann also die in dem Besitze der Frau befindlichen beweglichen Sachen nur pfänden, wenn diese zu der Herausgabe bereit ist. Verweigert sie die Herausgabe, so bleibt dem Gläubiger nur übrig, sich den Eigenthumsanspruch des Mannes gegen die Frau überweisen zu lassen (§ 846 der C.P.O.). Bei der Geltendmachung dieses Anspruchs gegen die Frau kann sich der Gläubiger dann auf die Vermuthung des § 1362 berufen.

Die Vermuthung des § 1362 Abs. 1 kann dem Vorbehaltsgute, den im § 1439 bezeichneten Gegenständen oder dem eingebrachten Gute der Frau gegenüber auch bei den verschiedenen Arten der Gütergemeinschaft praktisch werden; denn auch bei den Gütergemeinschaftssystemen des B.G.B. ist eine persönliche Haftung der Frau für die Schulden des Mannes, zu welchen die Gesammtgutsverbindlichkeiten stets gehören, nicht begründet. Die Gläubiger des Mannes können vielmehr der Frau gegenüber nur aus dem Gesammtgute Befriedigung verlangen. Zwar versteht sich nach den Grundsätzen der allgemeinen Gütergemeinschaft von selbst, daß, weil an sich (§ 1438) alles Vermögen der Ehegatten Gesammtgut ist, die Zugehörigkeit zum Vorbehaltsgut oder zu den im § 1439 bezeichneten Gegenständen eine Ausnahme darstellt und deshalb von der Frau zu beweisen ist. Dasselbe gilt nach § 1549 für die Fahrnißgemeinschaft und nach § 1527 auch für die Errungenschaftsgemeinschaft in Betreff des eingebrachten Gutes der Frau. Wenn aber die Frau den Beweis der Nichtzugehörigkeit zum Gesammtgut erbringt, so greift die Vermuthung des § 1362 Abs. 1 Platz. Mit Rücksicht darauf ist die Vermuthung des § 1362 in die allgemeinen bei jedem Güterstand anwendbaren Bestimmungen über die Wirkungen der Ehe eingestellt.

2. Für den Fall des Konkurses über das Vermögen des Mannes enthält der § 45 der K.O. zum Schutze der Gläubiger des Mannes eine über den § 1362 hinausgehende Vermuthung. Danach kann die Frau Gegenstände, welche sie während der Ehe erworben hat, nur in Anspruch nehmen, wenn sie beweist, daß dieselben nicht mit Mitteln des Mannes erworben sind. Die Vermuthung des § 45 macht die Vermuthung des § 1362 Abs. 1 für den Konkurs entbehrlich. Nur wenn die Auslegung (Literatur bei Wilmowski-Levy Anm. 5 zu § 37 jetzt 45 K.O.) richtig ist, daß, sofern die Frau im Besitze sich befindet und der Konkursverwalter gegen sie klagt, dem Konkursverwalter der Beweis obliegt, daß die Frau die Gegenstände während der Ehe erworben hat, kommt § 1362 Abs. 1 auch für den Fall des Konkurses in Betracht, indem der Konkursverwalter auf Grund des § 1362 in der Lage ist, gegen die Frau die Eigenthumsklage zu stellen und es der Frau überlassen ist, einredeweise die Vermuthung des § 1362 zu widerlegen, während der Konkursverwalter sich im Wege der Replik auf den § 45 berufen wird. Die im § 45 der K.O. enthaltene Vermuthung ist auf den Fall des Konkurses beschränkt. Die in der zweiten Kommission gestellten Anträge, den Gedanken des § 45 allgemein auszusprechen, wurden ebenso abgelehnt wie die Anträge, den § 45, weil zum ehelichen Güterrechte des B.G.B. nicht passend, zu streichen.

3. Für die ausschließlich zum persönlichen Gebrauche der Frau bestimmten Sachen machten die Entw. eine Ausnahme von der Vermuthung zu Gunsten des Eigenthums des Mannes; es sollten also lediglich die allgemeinen Grundsätze entscheiden. Die R.K. ist weiter gegangen und hat einerseits die Vermuthung des Abs. 1 im Abs. 2 in das Gegentheil verkehrt, d. h. direkt zu Gunsten des Eigenthums der Frau aufgestellt, andrerseits die Vermuthung des Abs 2 nicht nur für das Verhältniß der Ehegatten zu einander, sondern auch zu den Gläubigern und für das Verhältniß der Gläubiger der Frau zu den Gläubigern des Mannes ausgesprochen.

Auch der Abs. 2 gilt nur für bewegliche Sachen. Dies ergiebt sich aus dem Zusammenhang und aus seiner Bedeutung als einer Ausnahmevorschrift gegenüber dem Abs. 1. Bei der jetzigen Fassung des Abs. 2 tritt diese Bedeutung zwar weniger scharf hervor als in den Entw.; sie ist aber nach der Entstehungsgeschichte nicht zweifelhaft. Daß der Abs. 2 auf Rechte keine Anwendung findet, folgt aus seinem Wortlaute.

Ob eine Sache ausschließlich zum persönlichen Gebrauche der Frau bestimmt ist, entscheidet sich zunächst nach der Beschaffenheit der Sache. Aus dieser ergiebt sich die ausschließliche Bestimmung für den persönlichen Gebrauch der Frau ohne Weiteres in Betreff der beispielsweise hervorgehobenen Kleider und Schmucksachen. Bei anderen Sachen kann die Beschaffenheit derselben Zweifel lassen. Sie können von solcher Art sein, daß sie möglicherweise auch zu einem anderen Gebrauch als zu dem persönlichen Gebrauche der Frau bestimmt sind. Dies gilt insbesondere von den erst durch die R.K. in den angeführten Beispielen hinzugefügten Arbeitsgeräthen. Hier ist entscheidend, ob die betreffenden Sachen thatsächlich ausschließlich zum persönlichen Gebrauche der Frau bestimmt sind. Bei den Arbeitsgeräthen wird die ausschließliche Bestimmung für den Gebrauch der Frau unter Umständen schon aus deren Beschaffenheit gefolgert werden können, z. B. bei Stickereigeräthschaften. Das Verhältniß kann aber auch anders liegen und dann kann nur der thatsächliche Gebrauch entscheiden. Die im § 1362 Abs. 2 bezeichneten Sachen sind dieselben, welche im § 1366 für Vorbehaltsgut der Frau erklärt sind. In beiden Vorschriften wird bei dem von der R.K. hinzugefügten Beispiele der Arbeitsgeräthe nur an solche Geräthschaften zu denken sein, mit welchen die Frau persönlich arbeitet, also z. B. die eben schon hervorgehobenen Stickereigeräthschaften oder eine Nähmaschine. In der R.K. war bei der Berathung des § 1366 angeregt, neben den Kleidern und Schmucksachen die zur Ausübung des Berufs oder des Erwerbes dienenden Gegenstände anzuführen (K.B. S. 2064). Der Antrag wurde indessen nur in der Beschränkung auf Arbeitsgeräthe angenommen. Eine ausdehnende Auslegung dieser Bestimmung auf alle Sachen der bezeichneten Art, z. B. auf Waarenlager, welche die Frau für den Betrieb eines Erwerbsgeschäfts hält, dürfte unzulässig sein. Die ausschließliche Bestimmung für die Frau wird durch den Mitgebrauch eines Dritten nicht ausgeschlossen; ausgeschlossen ist nur der Mitgebrauch des Mannes. Daß eine Sache ausschließlich zum persönlichen Gebrauche der Frau bestimmt ist, hat die Frau zu beweisen.

In Ansehung des Verhältnisses der Ehegatten zu den Gläubigern wirkt die Vermuthung des Abs. 2 hauptsächlich gegen die Gläubiger des Mannes, insofern sie die bezeichneten Sachen ihrem Zugriff entzieht. Auf die Vermuthung können sich auch die Gläubiger der Frau berufen. Freilich wird die Vermuthung ihnen gegenüber, da die bezeichneten Sachen überwiegend zu den nach C.P.O. § 811 Nr. 1, 5 der Zwangsvollstreckung nicht unterworfenen Sachen gehören, wenig praktisch sein. Von selbst versteht sich, daß die Vermuthung des Abs. 2 gegenüber den Gläubigern des Mannes auch den Rechtsnachfolgern der Frau zu Gute kommt.

Im Verhältnisse der Ehegatten zu einander liegt der Schwerpunkt der Vermuthung des Abs. 2 darin, daß die das. bezeichneten Sachen bei dem Güterstande der Verwaltung und Nutznießung des Mannes nach § 1366 zum gesetzlichen Vorbehaltsgute der Frau gehören. Bei den Güterständen der allg. G.G., der Errungenschaftsg. und der Fahrnißg. haben sie die Vorbehaltseigenschaft nur, wenn sie ihnen durch Ehevertrag beigelegt ist (§ 1440 Abs. 2, § 1526 Abs. 1, § 1549). Soweit allg. G.G., Errungenschaftsg. oder Fahrnißg. gilt, geht der Vermuthung des § 1362 Abs. 2 die aus dem Grundsatze des § 1438 folgende bezw. in den §§ 1527, 1549 Abs. 2 ausgesprochene Vermuthung vor, daß alles vorhandene Vermögen Gesammtgut ist. Erst wenn feststeht, daß eine unter den Abs. 2 fallende Sache nicht zum Gesammtgute gehört, greift die Vermuthung des Abs. 2 ein.

4. Die Vermuthungen des § 1362 können durch den Nachweis entkräftet werden, daß die Sachen der Frau bezw. dem Manne gehören. Die Führung des Nachweises unterliegt lediglich den allgemeinen Grundsätzen. Insbesondere ist die in einigen der bisherigen Rechte aufgestellte Voraussetzung nicht aufgenommen, daß die Vermuthung nur durch ein Inventar widerlegt werden kann. Die Nichtbenutzung der in den §§ 1372, 1528, 1549 eröffneten Ermächtigung zur Aufnahme des eingebrachten Gutes ist daher bezüglich der Widerlegung der im § 1362 aufgestellten Vermuthung belanglos; jedoch bietet die Aufnahme des Inventars ein Mittel zur Sicherung des Gegenbeweises.

5. Ueber die Anwendbarkeit des § 1362 auf die zur Zeit des Inkrafttretens des B.G.B. bestehenden Ehen vergl. Erl. zu den Art. 199, 200 E.G.

# Sechster Titel.

## Eheliches Güterrecht.

### Sechster Titel.

**I.** Die leitenden Gedanken, auf denen die Regelung des ehelichen Güterrechts beruht, sind folgende:

**1.** In Deutschland bestehen zur Zeit etwas mehr als hundert eheliche Güterrechte. Wenn diese Rechte auch in ihren Grundformen und in den Einzelheiten zum Theil sehr wesentlich von einander abweichen, so lassen sie sich doch auf vier große Gruppen zurückführen. Die eine Gruppe bildet das römisch-rechtliche Dotalsystem. Die drei anderen Gruppen sind deutsch-rechtlichen Ursprungs und umfassen die allgemeine und partikuläre Gütergemeinschaft sowie die Gütertrennung, die partikuläre Gütergemeinschaft in den zwei Hauptformen der Errungenschaftsgemeinschaft und der Mobiliargemeinschaft, die Gütertrennung entweder in der Form der Verwaltungsgemeinschaft, auch Gütereinheit genannt, oder in der Form der reinen Gütertrennung. Die Verschiedenheit des geltenden ehelichen Güterrechts legte bei der Kodifikation des deutschen bürgerlichen Rechtes vor allem die Frage nahe, ob überhaupt die Regelung des ehelichen Güterrechts im B.G.B. erfolgen solle. Daß diese Frage zu bejahen ist, darüber war man in allen Stadien der Entstehung des B.G.B. einig. Dagegen bestand Streit, in welcher Weise die Regelung zu geschehen habe. Von verschiedenen Seiten wurde die Meinung vertreten, das Gesetzbuch solle zwar das eheliche Güterrecht ordnen, allein in der Weise, daß im Anschluß an die Hauptgruppen des gegenwärtig geltenden Rechtes mehrere Systeme des ehelichen Güterrechts in das Gesetzbuch aufgenommen werden und dann durch die Reichs- oder die Landesgesetzgebung bestimmt werde, in welchem Theile Deutschlands das eine oder das andere dieser Systeme gelten solle. Diesem sog. Regionalsysteme gegenüber wurde von anderer Seite verlangt, daß die Regelung des ehelichen Güterrechts einheitlich für ganz Deutschland erfolge. Die zur Ausarbeitung des Entwurfes eines B.G.B. berufenen Kommissionen haben stets an dem letzteren Standpunkte festgehalten. Die Gründe hierfür sind in den M. IV S. 133—141 (vergl. auch P. II S. 5096, 5141, Bd. 4 S. 117, 138, D. S. 687) erschöpfend aufgezählt. In den Verhandlungen der gesetzgebenden Faktoren hat das Regionalsystem keinen Vertreter gefunden.

Das B.G.B. ordnet daher das eheliche Güterrecht einheitlich für ganz Deutschland; der Landesgesetzgebung ist kein Raum gelassen.

**2.** Die Herstellung eines einheitlichen ehelichen Güterrechts für ganz Deutschland schließt nicht aus, daß auf die fast überall mehr oder weniger herrschende Anhänglichkeit an das bestehende Güterrecht Rücksicht genommen wird. Schon deshalb muß das B.G.B. den Ehegatten die Möglichkeit geben, den Güterstand durch Vertrag selbständig zu ordnen. Die Vertragsfreiheit ist aber auch aus wirthschaftlichen Gründen, und um die Berücksichtigung der individuellen Verhältnisse der Ehegatten zu ermöglichen, geboten und von jeher in Deutschland geltendes Recht. Das B.G.B. hält daher die Vertragsfreiheit auch auf dem Gebiete des ehelichen Güterrechts aufrecht und gestattet den Abschluß von Eheverträgen sowohl vor als nach der Eingehung der Ehe.

**3.** Der Abschluß von Eheverträgen wird den Ehegatten vom B.G.B. dadurch erleichtert, daß das B.G.B. neben dem gesetzlichen Güterrechte die sonstigen jetzt hauptsächlich in Deutschland geltenden Güterrechte als vertragsmäßige Güterstände regelt, so daß die Ehegatten durch einfache Bezugnahme auf einen dieser Güterstände den ihrem bisherigen Güterrechte wenigstens in dem wesentlichen wirthschaftlichen Ergebniß entsprechenden Güterstand herstellen können. Ohne eine solche Regelung wäre die Vertragsfreiheit der Ehegatten indirekt wesentlich beschränkt. Denn manche Verhältnisse des geltenden Rechtes lassen sich in Ermangelung einer ausdrücklichen gesetzlichen Bestimmung durch Vertrag überhaupt nicht schaffen, so das Rechtsverhältniß des Gesammtguts und das bei der fortgesetzten Gütergemeinschaft eintretende Rechtsverhältniß. Andere Verhältnisse aber erfordern ohne eine gesetzliche Regelung so eingehende Bestimmungen des Ehevertrags, daß die Ehegatten es regelmäßig vorziehen würden, von dem Güterstand überhaupt abzusehen.

**4.** Von den in Deutschland zur Zeit bestehenden Güterrechten hat das B.G.B. die Verwaltungsgemeinschaft, im B.G.B. Verwaltung und Nutznießung des Mannes genannt, wie sie insbesondere im Preuß. L.R. und im sächs. G.B. ausgebildet ist, als gesetzlichen Güterstand aufgestellt. Die Gründe hierfür sind in den M. IV S. 143—161 (vergl. D. S. 687, 688) dargelegt. Schon der Redaktorenentwurf hat den gleichen Standpunkt eingenommen und die Entw. der Komm. sind ihm gefolgt. Die Auswahl der Verwaltungsgemeinschaft ist nicht allseitig gebilligt worden. Von einer Seite wurde die Errungenschaftsgemeinschaft, von anderer Seite wurde die Gütertrennung als gesetzlicher Güterstand empfohlen. Auf Einführung der Gütertrennung als gesetzlichen Güterstand wurden auch im Reichstage (R.B. S. 2058—2062, St.B. S. 2919—2936) Anträge gestellt.

# I. Gesetzliches Güterrecht.

## 1. Allgemeine Vorschriften.

**II.** Der sechste Titel zerfällt in 3 Unterabschnitte. Der erste Unterabschnitt (§§ 1363—1431) behandelt in vier Untertiteln (§§ 1363—1425) das gesetzliche Güterrecht, die Verwaltung und Nutznießung des Mannes und ordnet in einem fünften Untertitel (§§ 1426—1431) den subsidiären gesetzlichen Güterstand, die Gütertrennung. Im zweiten Unterabschnitte (§§ 1432—1557) wird das vertragsmäßige Güterrecht in vier Untertiteln geregelt, von denen der erste die allgemeinen Vorschriften über Eheverträge enthält (§§ 1432—1436), der zweite die allgemeine Gütergemeinschaft (§§ 1437—1518), der dritte die Errungenschaftsgemeinschaft (§§ 1519—1548), der vierte die Fahrnißgemeinschaft (§§ 1549—1557) zum Gegenstande hat. Der dritte Unterabschnitt (§§ 1558—1563) trifft Vorschriften über das Güterrechtsregister.

Ergänzt werden die Vorschriften des sechsten Titels durch die im fünften Titel enthaltenen Bestimmungen über die allgemeinen vermögensrechtlichen Wirkungen der Ehe, nämlich über die Schlüsselgewalt der Frau (§ 1357), über die Sorgfalt, welche die Ehegatten bei Erfüllung der sich aus dem ehelichen Verhältniß ergebenden Verpflichtungen zu beobachten haben (§ 1359), und über die im § 1362 aufgestellten Rechtsvermuthungen. Zur Ergänzung dienen ferner die Vorschriften über die gegenseitige Unterhaltspflicht der Ehegatten (§§ 1360, 1361) und über die Unterhaltspflicht der Eltern gegenüber den Abkömmlingen (§§ 1601 ff.); ferner die Vorschriften über das gesetzliche Erbrecht (§§ 1931—1934) und über das Pflichttheilsrecht (§ 2303) der Ehegatten. Die erbrechtlichen Vorschriften kommen insbesondere für die Güterstände der Verwaltung und Nutznießung und der Gütertrennung in Betracht, sind aber von Bedeutung auch für die Güterstände der Errungenschaftsg. und der Fahrnißg., weil auch mit diesen keine über den Bestand der Ehe hinausreichenden Wirkungen verbunden sind. Von geringerem Belange sind sie wegen der fortges. G.G. bei der allg. G.G. Die Vorschriften des sechsten Titels werden endlich noch durch die Vorschriften der C.P.O., insbesondere über die Zwangsvollstreckung, und die Vorschriften der K.O. und des freiw. G.G ergänzt.

**III.** Das eheliche Güterrecht ist auch insofern einheitlich geordnet, als es für alle Deutschen gilt. Eine Ausnahme ist nur in Ansehung der landesherrlichen (Art. 57) und der standesherrlichen (Art. 58 E.G.) Familien nach Maßgabe des Landesrechts möglich.

**IV.** Wegen des internationalen Privatrechts s. E.G. Art. 15, 16, Uebergangsbestimmungen ebenda Art. 200.

**V.** Literatur: **Schröder**, das eheliche Güterrecht nach dem B.G.B. in seinen Grundzügen, Berlin, 1896.

### I. Gesetzliches Güterrecht.

1. Das gesetzliche Güterrecht des B.G.B. beruht, wie oben S. 97 dargelegt ist, auf dem Systeme der Verwaltungsgemeinschaft, vom B.G.B. als Verwaltung und Nutznießung des Mannes bezeichnet (s. Erl. zu § 1363). Der Verwaltungsgemeinschaft liegt der Gedanke zu Grunde, daß die Zuständigkeit des beiderseitigen Vermögens der Ehegatten durch die Ehe nicht geändert wird und daß der Mann die Lasten der Ehe (den ehelichen Aufwand) allein zu tragen, die Frau dazu aber dadurch beizutragen hat, daß ihr Vermögen der Verwaltung und Nutzung des Mannes unterworfen wird. Das Recht des Mannes an seinem Vermögen und an dessen Nutzungen erleidet durch das gesetzliche Güterrecht keine Aenderung. Die Verwaltungsgemeinschaft hat mit den Gütergemeinschaftssystemen den Gedanken gemeinsam, daß die Erträgnisse des Vermögens beider Ehegatten den Zwecken der Ehe zu dienen bestimmt sind und zu diesem Behufe die Verwaltung des beiderseitigen Vermögens in einer Hand, in der Hand des Mannes, vereinigt wird. Die Verwaltungsgemeinschaft beschränkt aber die vermögensrechtlichen Wirkungen der Ehe hierauf und läßt eine Vermögensgemeinschaft zwischen den Ehegatten nicht entstehen. Folgeweise haftet auch das Vermögen des einen Ehegatten nicht für die Schulden des anderen. Die Verwaltungsgemeinschaft steht in der Mitte zwischen den Güterrechten, die mit der Ehe eine mehr oder weniger umfassende Vermögensgemeinschaft verbinden, und der Gütertrennung, bei der die Ehe auf die Vermögensverhältnisse der Ehegatten einen Einfluß überhaupt nicht ausübt. Der Errungenschaftsgemeinschaft nähert sich die Verwaltungsgemeinschaft darin, daß auch bei der Errungenschaftsgemeinschaft das von einem Ehegatten in die Ehe eingebrachte und das während der Ehe ererbte Vermögen nicht gemeinschaftliches Vermögen wird; sie unterscheidet sich aber von der Errungenschaftsgemeinschaft dadurch, daß, was von den Erträgnissen des beiderseitigen Vermögens und dem Erwerb aus gemeinsamer Thätigkeit erspart wird, bei der Errungenschaftsgemeinschaft gemeinsames Vermögen beider Ehegatten wird, bei der Verwaltungsgemeinschaft aber dem Manne allein zufällt. Diese scheinbare Härte wird dadurch ausgeglichen, daß der Erwerb aus einer sebständigen Thätigkeit der Frau bei der Verwaltungsgemeinschaft Vorbehalts-

gut der Frau wird. Behufs richtiger Würdigung des gesetzlichen Güterrechts müssen übrigens auch die Vorschriften über das gesetzliche Erbrecht der Ehegatten und über die elterliche Nutznießung berücksichtigt werden.

In gewissen Fällen tritt kraft Gesetzes nicht die Verwaltung und Nutznießung, sondern die Gütertrennung ein. Die Gütertrennung ist deshalb vom E. II als eine Art des gesetzlichen Güterstandes behandelt. Die Gütertrennung kann auch durch Ehevertrag vereinbart werden. Möglich ist übrigens, daß auch die Verwaltung und Nutznießung auf Ehevertrag beruht Für die vertragsmäßige Verwaltung und Nutznießung gelten die gleichen Grundsätze wie für die unmittelbar kraft des Gesetzes eintretende. Die Vereinbarung der Verwaltung und Nutznießung wirkt indessen Dritten gegenüber, wenn der vor der vertragsmäßigen Einführung derselben bestehende Güterstand in das Güterrechtsregister eingetragen war, nur nach Maßgabe des § 1435.

2. Die Vorschriften des Unterabschnitts „gesetzliches Güterrecht" zerfallen in 5 Untertitel. Der erste (§§ 1363—1372) trifft allgemeine Vorschriften, der zweite (§ 1373—1409) regelt die rechtliche Stellung des Mannes und der Frau zum eingebrachten Gute; im dritten (§§ 1410 bis 1417) ist die Haftung des eingebrachten Gutes für die Schulden der Ehegatten im Verhältnisse zu den Gläubigern und unter den Ehegatten bestimmt; der vierte (§§ 1418—1425) regelt die Gründe und Folgen der Beendigung der Verwaltung und Nutznießung und die Fälle, in denen Wiederherstellung der Verwaltung und Nutznießung gefordert werden kann; im fünften ist die Gütertrennung behandelt (§§ 1426—1431).

3. Literatur: Neben Schröder (s. oben S. 98) insbes. Hachenburg, Vorträge zum B.G.B., Mannheim, 1896, S. 106 ff.

## 1. Allgemeine Vorschriften.

1. Der Untertitel „allgemeine Vorschriften" bringt zunächst den Grundgedanken der Verwaltung und Nutznießung zum Ausdruck und grenzt die beiden Massen des Frauenvermögens, die bei der Verwaltung und Nutznießung zu unterscheiden sind, gegen einander ab. Was Objekt der Verwaltung und Nutznießung ist, bestimmt § 1363. Den Umfang und die Rechtsstellung des Vorbehaltsguts regeln die §§ 1365—1371. Im 1. Untertitel sind ferner Vorschriften über den Eintritt der Verwaltung und Nutznießung (§§ 1363, 1364) und über die Aufzeichnung und die Feststellung des Zustandes des eingebrachten Gutes (§ 1372) gegeben.

2. Regel ist, daß alles Vermögen der Frau der Verwaltung und Nutznießung des Mannes unterworfen, eingebrachtes Gut, ist. Der Umfang des eingebrachten Gutes ist nur in negativer Weise festgestellt, indem der Begriff des der Verwaltung und Nutznießung nicht unterworfenen Vermögens der Frau, des Vorbehaltsguts, gesetzlich genau abgegrenzt ist. Alles, was nicht als Vorbehaltsgut erwiesen werden kann, ist eingebrachtes Gut. Das Vorbehaltsgut gründet sich entweder auf Gesetz oder auf Privatwillkür. Gesetzliches Vorbehaltsgut sind die in den §§ 1366, 1367 bezeichneten Gegenstände. Durch Privatwillkür kann Vorbehaltsgut geschaffen werden im Wege des Ehevertrags (§ 1368) sowie in Folge der Bestimmung eines Dritten, welcher der Frau etwas unentgeltlich unter Lebenden oder von Todes wegen zuwendet (§ 1369). Vorbehaltsgut wird endlich, was an Stelle von Vorbehaltsgut tritt (Surrogation § 1370). Die Stellung der Frau zum Vorbehaltsgut ist die gleiche, wie wenn Gütertrennung gälte (§ 1371). Die Frau kann also das Vorbehaltsgut verwalten, über das Vorbehaltsgut verfügen, darauf bezügliche Verbindlichkeiten eingehen, Rechtsstreitigkeiten über das Vorbehaltsgut führen und es nutzen, wie wenn sie unverheirathet wäre; die Lasten und Kosten des Vorbehaltsguts hat die Frau zu tragen, nur für die Kosten gewisser Rechtsstreitigkeiten bestehen Ausnahmen (§§ 1387, 1411, 1416). Die Gläubiger des Mannes können weder auf das Vorbehaltsgut noch auf dessen Nutzungen greifen. Gegen Verschleuderungen des Vorbehaltsguts durch die Frau ist der Mann nur durch die Möglichkeit der Entmündigung geschützt. Die Gläubiger der Frau können aus dem Vorbehaltsgute Befriedigung verlangen, wie wenn die Frau nicht verheirathet wäre. Die Selbständigkeit des Vorbehaltsguts gegenüber dem eingebrachten Gute zeigt sich ferner darin, daß zwischen den beiden Gütermassen eine Auseinandersetzung stattzufinden hat (§ 1417). Uebrigens äußert die Ehe auch gegenüber dem Vorbehaltsgute Wirkungen, insofern die Frau unter gewissen Voraussetzungen von den Einkünften des vorbehaltenen Vermögens und dem Ertrag ihrer Arbeit dem Manne einen Beitrag leisten muß und gewisse Auslegungsregeln Anwendung finden, die für die Gütertrennung vorgeschrieben sind.

3. Der erste Untertitel hatte im E. I und im E. II die Ueberschrift „Eingebrachtes Gut. Vorbehaltsgut". Im rev. E. ist die jetzige Ueberschrift gewählt. Es geschah dies insbesondere deshalb, weil in den ersten Untertitel die Bestimmungen über die Feststellung des Zustandes und die Aufzeichnung des eingebrachten Gutes (§ 1372) aufgenommen sind, diese Vorschriften aber nicht für Abgrenzung des eingebrachten Gutes vom Vorbehaltsgute maßgebend sind.

## §. 1363.

Das Vermögen der Frau wird durch die Eheschließung der Verwaltung und Nutznießung des Mannes unterworfen (eingebrachtes Gut).

Zum eingebrachten Gute gehört auch das Vermögen, das die Frau während der Ehe erwirbt.

---

**§ 1363.**

**E. I § 1283; II § 1263 rev. § 1348; III § 1346. P. I S. 6278—6283; M. IV S. 161—163. P. II S. 5099—5103, 5106—5109, 5121, 5142—5144, 5147, 5165, 5181 (Bd. 4 S. 122—124, 129, 140, 141, 142, 150, 157). D. S. 688. K.B. S. 2062.**

1. Der § 1363 bringt das dem B.G.B. zu Grunde liegende Prinzip des gesetzlichen Güterrechts zum Ausdrucke; vgl. die Vorbm. zum gegenwärtigen Titel. Zur Bezeichnung des Gesammtrechtsverhältnisses, welchem das Vermögen der Frau beim gesetzlichen Güterrecht unterliegt, wird vielfach der Ausdruck Verwaltungsgemeinschaft, mitunter auch Gütereinheit oder Gütervereinigung oder Güterverbindung, gebraucht. Das B.G.B. hat keine technische Bezeichnung aufgestellt, sondern sich damit begnügt, das Rechtsverhältniß nach seinem Inhalt als Verwaltung und Nutznießung des Mannes oder blos als Verwaltung und Nutznießung zu bezeichnen. Der Ausdruck „eheliche" Verwaltung und Nutznießung ist vermieden. Dagegen ist für das der Verwaltung und Nutznießung unterworfene Vermögen ein technischer Ausdruck, die Bezeichnung eingebrachtes Gut, verwendet. Ganz genau ist die Bezeichnung nicht, da in dem Worte „eingebracht" der Hinweis auf eine Thätigkeit der Frau liegt, während die Unterwerfung des Frauenvermögens unter die Rechte des Mannes kraft Gesetzes von selbst eintritt. Der E. I hatte den Ausdruck Ehegut gewählt.

2. Die Unterwerfung des Vermögens der Frau unter die Verwaltung und Nutznießung des Mannes tritt mit der Eheschließung ein. Eine Ausnahme findet nur im Falle des § 1364 statt. Von diesem Falle abgesehen, greift eine Ausnahme auch bei beschränkter Geschäftsfähigkeit eines Ehegatten nicht Platz.

Die Rechte des Mannes an dem Vermögen der Frau werden durch deren Minderjährigkeit oder durch eine auf anderen Gründen (§ 114) beruhende Beschränkung der Geschäftsfähigkeit der Frau nicht berührt. Soweit Willensakte der Frau in Frage kommen, ist die Mitwirkung des Inhabers der elterlichen Gewalt oder des Vormundes sowie die Genehmigung des Vormundschaftsgerichts nach Maßgabe der allgemeinen Grundsätze nothwendig. Besondere Vorschriften in dieser Richtung bestehen nicht. Der Mann kann nach § 1778 Abs. 3 zum Vormunde der Frau bestellt werden; tritt solchen Falls ein Widerstreit zwischen den Rechten des Mannes und den Rechten der Frau ein, so muß nach den §§ 181, 1795, 1915 eine Pflegschaft bestellt werden. Eine solche ist insbesondere bei Rechtsgeschäften erforderlich, zu denen der Mann der Zustimmung der Frau bedarf. Was die Nutznießung am eingebrachten Gute anbetrifft, so hört die elterliche Nutznießung nach der Verheirathung der Tochter auf, außer wenn die Tochter sich ohne die erforderliche elterliche Einwilligung verheirathet (§ 1661). Nur in dem letzteren Falle kommt mithin, sofern nicht der § 1364 zur Anwendung kommt, die Nutznießung des Mannes mit der elterlichen Nutznießung in Widerstreit. Selbstverständlich geht hier die elterliche Nutznießung vor. Endet die elterliche Nutznießung in Folge der Volljährigkeit der Tochter oder aus einem anderen Grunde, so greift die Nutznießung des Mannes uneingeschränkt Platz. Wegen der Frage, ob der Inhaber der elterlichen Nutznießung dem Manne einen Beitrag zu den ehelichen Lasten zu leisten hat, vergl. Erl. zu den §§ 1364, 1427, 1661.

Wenn Männer, die in der Geschäftsfähigkeit beschränkt sind, heirathen, so treten auch in Bezug auf die ihnen zustehende Verwaltung und Nutznießung die allgemeinen Folgen einer Beschränkung der Geschäftsfähigkeit ein. Die gesetzliche Vertretung erstreckt sich daher auch auf die sich aus der Verwaltung und Nutznießung für sie ergebenden Rechte und Pflichten. Die näheren Vorschriften sind im § 1409 getroffen. Ueber den Fall, wenn die Frau zum Vormunde des Mannes bestellt ist, s. Erl. zu § 1409. Wegen des Rechtes der Frau, solchen Falles die Aufhebung der Verwaltung und Nutznießung zu verlangen, s. § 1418 Nr. 3—5.

3. Nicht übertragbare Rechte (vergl. z. B. § 717 Satz 1, §§ 1092, 1093), welche ihrem Inhalte nach durch einen anderen als den Berechtigten selbst nicht ausgeübt werden können, sind zwar Bestandtheil des eingebrachten Gutes, unterliegen aber nicht der Nutznießung des Mannes. Daraus daß sie zum eingebrachten Gute gehören, folgt namentlich, daß die von den Lasten der Verwaltung und Nutznießung handelnden §§ 1384—1388 auf sie Anwendung finden. Von praktischer Bedeutung ist dies z. B. für ein Wohnungsrecht der Frau (§ 1093 mit §§ 1041, 1384). Andere nicht übertragbare Rechte dagegen, z. B. der Anspruch

## §. 1364.

Die Verwaltung und Nutznießung des Mannes tritt nicht ein, wenn er die Ehe mit einer in der Geschäftsfähigkeit beschränkten Frau ohne Einwilligung ihres gesetzlichen Vertreters eingeht.

## §. 1365.

Die Verwaltung und Nutznießung des Mannes erstreckt sich nicht auf das Vorbehaltsgut der Frau.

---

auf die Invalidenrente nach dem Gesetze v. 22. Juni 1889 § 40 — soweit dieser nicht nach § 1367 zum Vorbehaltsgute gehört, — unterliegen auch der Nutznießung des Mannes.

4. Daß das Vermögen der Frau der Verwaltung und Nutznießung des Mannes unterworfen ist, bildet die Regel. Daraus folgt, daß alles Vermögen der Frau bis zum Beweise des Gegentheils als eingebrachtes Gut zu gelten hat.

### § 1364.

**E. I § 1284 Satz 1; II § 1264 rev. § 1349; III § 1347. P. I S. 6278—6283, 8676, 8687; M. IV S. 164, 165. P. II S. 5109, 5121, 5144, 5147, 5165, 5181, 5304, 8622 (Bd. 4 S. 124, 129, 141, 142, 150, 157, 214).**

1. Die Ehe, welche eine minderjährige oder sonst (§ 114) in der Geschäftsfähigkeit beschränkte Frau ohne Einwilligung ihres gesetzlichen Vertreters schließt, ist nach den §§ 1304, 1331 anfechtbar. Die Ehe kann nach Maßgabe des § 1336 Abs. 2 Satz 2 von dem gesetzlichen Vertreter und, wenn die Beschränkung der Geschäftsfähigkeit weggefallen ist, von der Frau angefochten werden. Dadurch ist die Frau an sich hinreichend auch gegen die Folgen geschützt, welche sich aus der verbotwidrig eingegangenen Ehe in vermögensrechtlicher Hinsicht für sie ergeben. Allein einerseits erfordert es die Folgerichtigkeit, daß die Frau auch nicht indirekt durch die Eingehung der Ehe über ihr Vermögen ohne Einwilligung des gesetzlichen Vertreters verfügen darf, andererseits bezweckt der § 1364, den Vertreter der Nothwendigkeit der Anfechtung der Ehe in jenen Fällen zu entheben, in welchen er zwar nicht gegen die Ehe an sich, wohl aber gegen die Unterwerfung des Vermögens der Frau unter die Verwaltung und Nutznießung des Mannes Bedenken hat. Der § 1364 findet auch dann Anwendung, wenn die wegen Geschäftsunfähigkeit der Frau nichtige Ehe von der Frau bestätigt wird (§ 1325), diese aber zur Zeit der Bestätigung in der Geschäftsfähigkeit beschränkt war und ihr gesetzlicher Vertreter die Einwilligung zu der Bestätigung nicht ertheilt hat (§ 1331). Dagegen dürfte der § 1364 keine Anwendung finden, wenn die Frau zur Zeit der Bestätigung unbeschränkt geschäftsfähig war. Aus dem Wesen der Bestätigung wird zu folgern sein, daß dieser Fall ebenso zu beurtheilen ist, wie wenn die Frau bei der Eingehung der Ehe unbeschränkt geschäftsfähig gewesen wäre.

2. Der spätere Wegfall der Beschränkung der Geschäftsfähigkeit ist ohne Einfluß. Die Verwaltung und Nutznießung des Mannes bleibt ausgeschlossen, nicht, wie der E. I vorgeschlagen hatte, blos bis zu dem Zeitpunkt, in welchem der gesetzliche Vertreter die Ehe genehmigt oder die Frau die unbeschränkte Geschäftsfähigkeit erlangt hat. Selbstverständlich steht nichts im Wege, daß die Ehegatten, nachdem die Frau unbeschränkt geschäftsfähig geworden ist, durch Ehevertrag den Eintritt der Verwaltung und Nutznießung des Mannes vereinbaren. Mit Einwilligung des gesetzlichen Vertreters kann auch die in der Geschäftsfähigkeit beschränkte Frau einen derartigen Ehevertrag schließen.

3. Folge des Nichteintritts der Verwaltung und Nutznießung des Mannes ist nach § 1426 der Eintritt der Gütertrennung. Ueber die sich hieraus ergebenden Folgen s. die Erl. zu den §§ 1427—1431.

### § 1365.

**E. I § 1286; II § 1265 rev. § 1350; III § 1348. P. I S. 6287; M. IV S. 167. P. II S. 5121 (Bd. 4 S. 129). D. S. 688.**

Ueber Begriff und Umfang des Vorbehaltsguts der Frau, über die rechtliche Stellung der Frau zu ihrem Vorbehaltsgut, über die rechtlichen Beziehungen zwischen Vorbehaltsgut und eingebrachtem Gute vergl. Vorbm. Nr. 2 zu diesem Untertitel. Durch die §§ 1366—1370 sind die Fälle erschöpft, in welchen Vorbehaltsgut zugelassen ist. Gegenüber dem bisherigen Rechte

## §. 1366.

Vorbehaltsgut sind die ausschließlich zum persönlichen Gebrauche der Frau bestimmten Sachen, insbesondere Kleider, Schmucksachen und Arbeitsgeräthe.

## §. 1367.

Vorbehaltsgut ist, was die Frau durch ihre Arbeit oder durch den selbständigen Betrieb eines Erwerbsgeschäfts erwirbt.

---

ist damit vom Vorbehaltsgut insbesondere der Erwerb ausgeschlossen, welchen die Frau während einer thatsächlichen oder einer richterlich angeordneten Trennung vom Manne macht. Die Trennung hat auf die Güterrechtsverhältnisse keinen Einfluß.

Wie Vorbehaltsgut, abgesehen von den Fällen des gesetzlichen Vorbehaltsguts, nicht durch einseitigen Akt eines Ehegatten geschaffen werden kann (vergl. Erl. zu § 1368), so bedarf es eines Ehevertrags auch, um Vorbehaltsgut in eingebrachtes Gut zu verwandeln. Thatsächlich läßt sich freilich auch ohne Ehevertrag eine Umsetzung des Vorbehaltsguts in ein ähnliches Rechtsverhältniß herbeiführen, wie es für das eingebrachte Gut gilt. Denn nach den §§ 1371, 1429, 1430 hat der Mann, wenn ihm die Frau die Verwaltung des Vorbehaltsguts überläßt, in Ansehung der Einkünfte des Vorbehaltsguts eine von der Rechenschaftspflicht in ähnlicher Weise befreite Rechtsstellung wie in Ansehung der Früchte des eingebrachten Gutes und, was die Frau zur Bestreitung des ehelichen Aufwandes aus dem Vorbehaltsgute leistet, kann sie regelmäßig nicht mehr zurückverlangen.

### § 1366.

**E. I § 1285; II § 1282 Abs. 2 rev. § 1356; III § 1354. P. I S. 6285—6287; M. IV S. 166, 167. P. II S. 5114, 5123, 5144, 5168, 5184, 5197 (Bd. 4 S. 126, 130, 141, 152, 159, 164). D. S. 690. K.B. S. 2062, 2064.**

1. Die ausschließlich zum persönlichen Gebrauche der Frau bestimmten Sachen gehören nach den Entw. zwar zum eingebrachten Gute, unterliegen jedoch nicht der Nutznießung des Mannes. Folge davon ist, daß die Frau über sie nicht ohne Zustimmung des Mannes verfügen kann und der Mann insbesondere die Kosten der Erhaltung zu tragen hat. Das B.G.B. rechnet sie nach den Beschlüssen der R.K. zum Vorbehaltsgute. Die Frau darf also über sie frei verfügen, der Mann hat an ihnen keinerlei Recht, ist aber auch, da § 1384 nur vom eingebrachten Gute gilt, nicht zur Tragung der Kosten der Erhaltung verpflichtet. Freilich ist letzteres regelmäßig ohne besondere praktische Bedeutung. Denn es handelt sich überwiegend um solche Sachen, zu deren Anschaffung und Erhaltung der Mann schon kraft seiner Unterhaltspflicht (§ 1360) verbunden ist. Die ausschließlich zum persönlichen Gebrauche der Frau bestimmten Sachen sind nur dann Vorbehaltsgut, wenn sie Sachen der Frau sind, nicht, wenn sie der Frau z. B. nur geliehen sind. Wann diese Voraussetzung zutrifft, wann insbesondere die an Stelle von derartigen Sachen vom Manne angeschafften Sachen zufolge Surrogation Eigenthum der Frau werden, richtet sich nach den allgemeinen Grundsätzen. Der § 1366 entscheidet das Eigenthum der Frau nicht, setzt es vielmehr voraus. Auf die Eigenthumsfrage von thatsächlichem Einfluß ist die Vermuthung des § 1362 Abs. 2. Sind aber die Sachen Eigenthum der Frau, so ist es für ihre Vorbehaltseigenschaft unerheblich, von wem und aus wessen Mitteln sie angeschafft worden sind. Sie sind auch dann Vorbehaltsgut, wenn sie der Mann mit seinen Mitteln erworben hat.

2. Der Begriff der ausschließlich zum persönlichen Gebrauche der Frau bestimmten Sachen ist in der Erl. zu § 1362 erörtert. Hervorzuheben ist, daß es sich auch im § 1366 nur um bewegliche Sachen, nicht um Rechte handelt. Rechte, welche ihrem Inhalte nach durch einen anderen als den Berechtigten selbst nicht ausgeübt werden können, unterliegen zwar nicht der Nutznießung des Mannes, gehören jedoch, wie in der Erl. Nr. 3 zu § 1363 erwähnt ist, zum eingebrachten Gute.

### § 1367.

**E. I § 1289; II § 1266 rev. § 1351; III § 1349. P. I S. 6297—6299; M. IV S 173—177. P. II S. 5099, 5111, 5122, 5145, 5148, 5178, 5193 (Bd. 4 S. 118, 125, 129, 141, 142, 156, 163). D. S. 688. K.B. S. 2062, 2063.**

1. Was durch die unter den § 1356 fallende Arbeit der Frau erworben wird, fällt dem Manne ebenso anheim als was andere in seinem Hause oder Geschäfte verwendete

Gehülfen erwerben. Soweit jedoch die Frau darüber hinaus selbständig thätig ist, wäre es gegen die Frau unbillig, wenn ihr durch diese Thätigkeit erworbener Verdienst dem Manne zukommen würde. Die Unbilligkeit liegt nicht darin, daß dieser Verdienst zur Bestreitung der ehelichen Lasten verwendet wird — denn regelmäßig wird die Frau einen selbständigen Erwerb nur suchen, um die zur Bestreitung der Kosten des Hauswesens nicht ausreichenden Einkünfte des Mannes zu ergänzen, — sondern darin, daß der Mann, obwohl die Frau über ihre rechtliche Verpflichtung hinaus arbeitet und selbständig erwirbt, solle entscheiden dürfen, in welcher Weise das Erworbene verwendet wird. Dieser Gesichtspunkt führt dazu, den selbständigen Verdienst der Frau nicht blos in der Weise dem Manne zu entziehen, daß der Verdienst eingebrachtes Gut wird, sondern ihn zum Vorbehaltsgute zu erklären. Die Folge hiervon ist freilich, daß künftig für eine große Zahl von Ehen im praktischen Ergebnisse nicht das Recht der Verwaltung und Nutznießung des Mannes, sondern die Gütertrennung gilt. Daraus, daß der selbständige Arbeitsverdienst der Frau Vorbehaltsgut ist, ergiebt sich namentlich, daß der Mann über ihn keinerlei Verfügungsrecht hat; er kann z. B. den Lohn der Frau nicht sich auszahlen lassen, mit Forderungen gegen ihn kann nicht gegen die Lohnforderung der Frau aufgerechnet werden. Die Verpflichtung der Frau, dem Manne zur Bestreitung des ehelichen Aufwandes einen Beitrag zu leisten (§ 1371 mit § 1427), besteht übrigens auch in Ansehung des Arbeitsverdienstes.

2. Der § 1367 nennt nebeneinander Arbeit und Betrieb eines Erwerbsgeschäfts (über den Begriff vergl. Erl. zu § 1405) und umfaßt daher sowohl den Fall, daß die Frau gewerbsmäßig thätig ist, d. h. in der Absicht, die Thätigkeit zu einer dauernden Gewinnquelle zu machen, als auch den Fall, daß sie ihre Arbeit nur in einem einzelnen Falle zu selbständigem Erwerbe verwendet. Auf die Art der Arbeit, auf den Beruf kommt nichts an. Der Erwerb der Künstlerin wird ebenso Vorbehaltsgut wie der der Tagelöhnerin. Nothwendig ist dagegen, daß die Arbeit der Frau nicht in bloßer Mithülfe im Geschäfte des Mannes (§ 1356) besteht. Wenn § 1367 „Selbständigkeit" des Betriebs des Erwerbsgeschäfts verlangt, so hängt dies damit zusammen, daß ein der Frau gehörendes Erwerbsgeschäft eingebrachtes Gut sein kann und diese Eigenschaft nicht dadurch verliert, daß der Mann es als ein der Frau gehörendes Erwerbsgeschäft betreibt. Der Erwerb aus dem Erwerbsgeschäfte gehört deshalb nicht schon dann zum Vorbehaltsgute, wenn die Frau die Inhaberin des Geschäfts ist, sondern sie muß die Unternehmerin sein, das Geschäft als Prinzipalin führen. Unerheblich ist es, ob sie es selbst oder durch einen Prokuristen oder Bevollmächtigten leiten läßt, selbst wenn sie den Mann als Prokuristen oder Bevollmächtigten bestellt. Wenn die Frau Gesellschafterin bei einer offenen Handelsgesellschaft oder persönlich haftende Gesellschafterin bei einer Kommanditgesellschaft ist, liegt die Selbständigkeit des Betriebs vor, dagegen ist dieses Erforderniß nicht gegeben, wenn sie stille Gesellschafterin oder Kommanditistin ist (vergl. noch die Erl. zu den §§ 1376, 1405).

Was als von der Frau durch die selbständige Thätigkeit erworben anzusehen ist, bemißt sich nach den allgemeinen Grundsätzen und ist Thatfrage. So werden Trinkgelder einer Kellnerin regelmäßig zum Arbeitsverdienste gehören. Bei Geschenken, die z. B. eine Sängerin erhält, ist die Entscheidung zweifelhafter. Die Pension, welche die Frau sich verdient hat, die Unfall-, die Invaliditäts-, die Altersrente, das Krankengeld zählen zweifellos zum Vorbehaltsgute. Soweit die Frau die Pension rc. schon zur Zeit der Eingehung der Ehe bezieht, wird die Pension eingebrachtes Gut. Denn § 1367 bezieht sich nur auf den Erwerb während der Ehe. Ersparnisse, die die Frau vor der Ehe von ihrem Verdienst angesammelt hat, werden gleichfalls eingebrachtes Gut. Wenn die Frau im Geschäfte des Mannes gegen Entgelt arbeitet, wird die Gegenleistung Vorbehaltsgut.

Der § 1367 bestimmt nicht, wann die Frau selbständig erwerben darf. Hierfür sind die §§ 1353, 1354, 1358 maßgebend. Der § 1367 setzt aber auch nicht voraus, daß der Mann seine Zustimmung zu der selbständig erwerbenden Thätigkeit der Frau gegeben oder daß die Frau berechtigter Weise d. h. ohne Verletzung der Rechte des Mannes sich einen selbständigen Erwerb gesucht hat. Vorbehaltsgut wird auch, z. B. was die Frau in einem Dienstverhältniß erwirbt, dessen Eingehung ihr der Mann mit Recht untersagt oder das er nach § 1358 mit Ermächtigung des Vormundschaftsgerichts gekündigt hat.

3. Gehört bei Eingehung der Ehe ein Erwerbsgeschäft zum Vermögen der Frau, so finden auf das in dem Erwerbsgeschäfte begriffene Vermögen, sofern die Ehegatten nicht durch Ehevertrag die Vorbehaltseigenschaft vereinbaren, die allgemeinen Grundsätze über die vermögensrechtlichen Folgen der Ehe Anwendung. Das Erwerbsgeschäft wird eingebrachtes Gut und der Mann erhält Verwaltung und Nutznießung an dem Geschäfte der Frau. Das Rechtsverhältniß gestaltet sich aber verschieden, je nachdem das Geschäft vom Manne oder von der Frau fortgeführt wird. Ersteren Falles ist die Rechtslage des Mannes und der Frau die gleiche wie gegenüber den anderen Bestandtheilen des eingebrachten Gutes. Das Nähere ist in der Erl. zu § 1376 ausgeführt.

## §. 1368.

**Vorbehaltsgut ist, was durch Ehevertrag für Vorbehaltsgut erklärt ist.**

---

Will die Frau das Erwerbsgeschäft selbständig fortführen und hierzu das darin begriffene Vermögen benutzen, so bedarf sie dazu, da das gedachte Vermögen, soweit es sich nicht um Arbeitsgeräthe handelt (§ 1362), eingebrachtes Gut ist, der Einwilligung des Mannes. In der Einwilligung des Mannes zu dem Betriebe des Erwerbsgeschäfts liegt in Ermangelung einer abweichenden Bestimmung des Mannes die Einwilligung zu allen Verfügungen über das fragliche Vermögen, welche der Betrieb des Erwerbsgeschäfts mit sich bringt. Derartige Verfügungen der Frau sind also nach den §§ 1395 ff. wirksam. Die Frau kann daher insbesondere die zu dem Erwerbsgeschäfte gehörenden Waaren veräußern und die dazu gehörenden Forderungen einziehen. Durch die Einwilligung des Mannes zu dem Betriebe des Erwerbsgeschäfts werden aber die fraglichen Gegenstände nicht Vorbehaltsgut — hierzu würde ein Ehevertrag erforderlich sein —, sie bleiben vielmehr eingebrachtes Gut und der Mann behält daran, solange die Frau nicht darüber verfügt hat, alle Rechte, welche er an dem eingebrachten Gute hat; er kann also insbesondere über verbrauchbare Sachen verfügen (§ 1376 Nr. 1) und die im § 1376 Nr. 2, 3 bezeichneten Rechtsgeschäfte vornehmen. Der Mann kann auch die Einwilligung zu dem Betriebe des Erwerbsgeschäfts jederzeit entweder ganz oder theilweise d. h. insoweit zurückziehen, als darin zugleich die Einwilligung zu Verfügungen der Frau über die fraglichen Gegenstände liegt; er kann also die fraglichen Gegenstände jederzeit wieder in eigene Verwaltung und Nutzung nehmen. Hat aber die Frau, solange die Einwilligung des Mannes besteht, über die fraglichen Gegenstände verfügt, so scheiden dieselben damit aus dem eingebrachten Gute aus. Was die Frau durch die Verfügung oder als Entgelt dafür erwirbt, wird nach § 1367 Vorbehaltsgut. Wird das Erwerbsgeschäft von der Frau aufgegeben, so fallen die dazu gehörenden Gegenstände, welche eingebrachtes Gut waren, ohne Weiteres wieder in die Verwaltung und Nutznießung des Mannes; alle anderen Gegenstände aber, welche die Frau durch den Betrieb des Erwerbsgeschäfts erworben hat, bleiben Vorbehaltsgut. Eine Verpflichtung der Frau, dem Manne für die in dem Erwerbsgeschäfte begriffenen, zu dem eingebrachten Gute gehörenden Gegenstände, über welche sie verfügt hat, Ersatz zum eingebrachten Gute zu leisten, besteht nicht; ebensowenig hat der Mann einen Anspruch auf einen verhältnißmäßigen Antheil an dem durch das Erwerbsgeschäft gemachten Gewinne. (Wegen des Anspruchs des Mannes auf einen Beitrag zu dem ehelichen Aufwand aus den Einkünften des Erwerbsgeschäfts s. die §§ 1371, 1427). Eine abweichende Vereinbarung der Gatten dürfte indessen zulässig und ein Ehevertrag dazu nicht erforderlich sein. Das Verhältniß, das hiernach in dem vorausgesetzten Falle eintritt, ist ein für die Frau sehr unsicheres. Im praktischen Ergebnisse dürften daraus aber erhebliche Uebelstände nicht entstehen. Will die Frau sicher gehen, so muß sie entweder einen Ehevertrag mit dem Manne schließen, durch welchen das Erwerbsgeschäft für Vorbehaltsgut erklärt wird, oder sie muß auf den selbständigen Betrieb desselben verzichten.

Fängt die Frau ein Erwerbsgeschäft erst während der Verwaltung und Nutznießung des Mannes an und verwendet sie zum Geschäftsbetriebe nicht lediglich Gegenstände, die ohnehin schon zu ihrem Vorbehaltsgute gehören, oder setzt die Frau während der Verwaltung und Nutznießung ein ihr von einem Dritten z. B. im Erbwege zugewendetes Geschäft fort, ohne daß die Voraussetzungen des § 1369 vorliegen, so ist das Rechtsverhältniß im Wesentlichen das gleiche. Dies trifft insbesondere von den Gegenständen zu, die der Frau vom Manne aus dem eingebrachten Gute zum Geschäftsbetrieb überlassen werden.

**§ 1368.**

**E. I § 1286; II § 1267 rev. § 1352; III § 1350. P. I S. 6287—6290; M. IV S. 168. P. II S. 5109, 5121, 5144, 5147, 5148, 5177, 5193 (Bd. 4 S. 124, 129, 141, 142, 156, 163). D. S. 688.**

Die vertragsmäßige Begründung von Vorbehaltsgut kann nur durch Ehevertrag d. h. durch einen Vertrag, welcher in der im § 1434 bestimmten Form errichtet ist, erfolgen. Die Größe des vorbehaltenen Vermögensgegenstandes ist dabei gleichgültig, nur darf nicht durch die Vereinbarung die Verwaltung und Nutznießung des Mannes sachlich ausgeschlossen sein. Der Vertrag, in welchem sich die Frau ihr ganzes gegenwärtiges und zukünftiges Vermögen vorbehält, ist deshalb dahin auszulegen, daß Gütertrennung stattfinden soll. Als Vorbehaltsgut kann ferner nur ein bestimmter Vermögensgegenstand oder eine Summe von Gegenständen, nicht aber eine Quote des Frauenvermögens erklärt werden. Die Unzulässigkeit einer Vereinbarung der letzteren Art folgt aus dem Systeme des ehelichen Güterrechts des B.G.B. Dagegen ist zulässig, als Vorbehaltsgut einzelne Nutzungen des Frauenvermögens zu erklären z. B. das

## §. 1369.

**Vorbehaltsgut ist, was die Frau durch Erbfolge, durch Vermächtniß oder als Pflichttheil erwirbt (Erwerb von Todeswegen) oder was ihr unter Lebenden von einem Dritten unentgeltlich zugewendet wird, wenn der Erblasser durch letztwillige Verfügung, der Dritte bei der Zuwendung bestimmt hat, daß der Erwerb Vorbehaltsgut sein soll.**

---

Miethsertr――gniß eines Stockwerks eines zum eingebrachten Gute gehörenden Hauses. Im E. I ergab sich die Statthaftigkeit einer solchen Vereinbarung aus der in der allgemeinen Verweisung des § 1292 liegenden Anwendbarkeit des § 980 Abs. 2, jetzt § 1030 Abs. 2 (M. IV S. 182 unten). Als Vorbehaltsgut kann ferner ein Gegenstand erklärt werden, der noch nicht Frauenvermögen ist, sondern es vielleicht einmal wird, z. B. die elterliche Erbschaft, für den Fall, daß sie der Frau zukommt. Ein Vertrag der letzteren Art ist freilich nur nach Maßgabe des § 312 Abs. 2 gültig. Kann er hiernach nicht getroffen werden, so sind die Ehegatten auf den Weg des Erbvertrags mit dem Dritten verwiesen oder der Dritte bestimmt die Vorbehaltseigenschaft nach Maßgabe des § 1369. Selbstverständlich kann ein Gegenstand auch unter einer nach allgemeinen Grundsätzen zulässigen Bedingung als Vorbehaltsgut erklärt werden. Auch steht nichts im Wege, daß die Vorbehaltseigenschaft nur für eine bestimmte Zeit vereinbart wird.

Durch Ehevertrag kann Vorbehaltsgut auch während der Ehe begründet werden. Die Gläubiger des Mannes können dadurch zwar insofern benachtheiligt werden, als die ihnen nach § 861 der C.P.O. haftenden Früchte des eingebrachten Gutes dadurch eine Verringerung erfahren. Sie haben jedoch gegen die Umwandlung kein Einspruchsrecht. Auch ist eine Anfechtung nach der neuen Fassung des § 25, jetzt § 32 der K.O. und des § 3 Nr. 2 des Anfechtungsgesetzes ausgeschlossen. Auch die Gläubiger der Frau können der Umwandlung nicht widersprechen, obwohl diejenigen von ihnen, welche bisher aus dem eingebrachten Gute ihre Befriedigung verlangen konnten, mittelbar durch die Umwandlung insofern leiden können, als nun auch die Vorbehaltsgläubiger der Frau sich an die in Vorbehaltsgut umgewandelten Gegenstände halten können. Ein Widerspruchsrecht steht ihnen aber deshalb nicht zu, weil nicht ihr Recht, sondern das Recht des Mannes es ist, auf welchem die Beschränkung der Vorbehaltsgläubiger auf das Vorbehaltsgut beruht.

### § 1369.

**E. I § 1287; II § 1268 rev. § 1353; III § 1351. P. I S. 6287—6290, 8676, 8678, 8688; M. IV S. 168—170. P. II S. 5109—5111, 5121, 5144, 5148, 5178, 5193 (Bd. 4 S. 124, 125, 129, 141, 142, 156, 163). D. S. 688. K.B. S. 2063, 2064. St.B. S. 2933—2936.**

1. Der § 1369 gewährt Dritten, welche der Frau etwas hinterlassen oder unter Lebenden zuwenden wollen, die Möglichkeit, das Hinterlassene oder Zugewendete ohne und selbst gegen den Willen des Mannes der Verwaltung und Nutznießung des Mannes zu entziehen, indem sie bestimmen, daß es Vorbehaltsgut sein soll. Die Vorbehaltseigenschaft muß nicht gerade zur Bedingung der Zuwendung gemacht sein. Der Dritte kann diese Form wählen. Dann wird die Frau das Zugewendete regelmäßig verlieren, wenn sie es, der Bedingung zuwiderhandelnd, freiwillig der Verwaltung und Nutznießung des Mannes unterwirft. Es genügt aber die bloße Bestimmung, daß das Erworbene Vorbehaltsgut sein soll. Dann tritt die Vorbehaltseigenschaft gleichfalls von selbst ohne Mitwirkung der Ehegatten ein, es steht dann aber nichts im Wege, daß die Ehegatten durch Ehevertrag (vergl. Erl. zu § 1365) die Vorbehaltseigenschaft wieder aufheben. Die Bestimmung der Vorbehaltseigenschaft ist selbst bei dem als Pflichttheil Hinterlassenen zulässig. Die Frau selbst braucht sich freilich dem Erblasser gegenüber eine derartige Beschränkung nach § 2306 nicht gefallen zu lassen, sie muß sich nur gefallen lassen, daß der Erblasser das als Pflichttheil Hinterlassene der Verwaltung und Nutznießung des Mannes entzieht, der Erblasser kann aber ihr nicht die Freiheit nehmen, mit dem als Pflichttheil Hinterlassenen nach eigenem Belieben zu schalten, also die Vorbehaltseigenschaft wieder aufzuheben. Der Mann hat dem Erblasser gegenüber überhaupt kein Recht darauf, daß das als Pflichttheil Hinterlassene nicht zum Vorbehaltsgute bestimmt wird; über den Verzicht auf das Pflichttheilsrecht entscheidet die Frau allein (§ 1406 Nr. 1).

2. Die Bestimmung der Vorbehaltseigenschaft ist nur wirksam für einen Erwerb der Frau, also für einen Erwerb, den diese nach ihrer Verheirathung macht. Hat sie das mit einer solchen Bestimmung Hinterlassene vor ihrer Verheirathung erworben, so wird das Hinterlassene nur dann Vorbehaltsgut, wenn dies durch Ehevertrag vereinbart wird. Die Unterlassung einer solchen Vereinbarung kann möglicherweise die Folge haben, daß die Frau das Hinterlassene

## §. 1370.

**Vorbehaltsgut ist, was die Frau auf Grund eines zu ihrem Vorbehaltsgute gehörenden Rechtes oder als Ersatz für die Zerstörung, Beschädigung oder Entziehung eines zu dem Vorbehaltsgute gehörenden Gegenstandes oder durch ein Rechtsgeschäft erwirbt, das sich auf das Vorbehaltsgut bezieht.**

---

verliert; s. oben Nr. 1. Auf Grund der Bestimmung allein wird jedoch das vor der Heirath Erworbene niemals Vorbehaltsgut.

3. Bei Zuwendungen unter Lebenden kann die Bestimmung, daß der Erwerb Vorbehaltsgut sein soll, nur getroffen werden, wenn der Erwerb auf Seite der Frau ein unentgeltlicher ist. Im Falle des entgeltlichen Erwerbes der Frau hätte die Bestimmung des Dritten, daß der Erwerb Vorbehaltsgut sein soll, die Natur einer von der Frau ausbedungenen Gegenleistung. Es geht aber nicht an, daß die Frau einseitig ihr Vermögen zum Vorbehaltsgute macht. Der Begriff der unentgeltlichen Zuwendung ist übrigens ein weiterer wie der der Schenkung; es gehört dahin z. B. auch eine der Frau gewährte Ausstattung (§ 1624).

4. Die Bestimmung der Vorbehaltseigenschaft muß hinsichtlich des Erwerbes von Todeswegen durch letztwillige Verfügung (Testament oder nicht bindende Verfügung eines Erbvertrags §§ 1937, 2299) erfolgen. Diese Verfügung hat selbständigen Charakter. Sie setzt nicht voraus, daß der Erblasser über das Zugewendete sonst eine Bestimmung getroffen hat, ist vielmehr auch dann wirksam, wenn er es bei den Grundsätzen der gesetzlichen Erbfolge belassen oder die Frau auf den Pflichttheil beschränkt hat. In Ansehung der Errichtung, Anfechtbarkeit und Aufhebung der fraglichen letztwilligen Verfügung gelten die allgemeinen Vorschriften des Erbrechts. Bei Zuwendungen unter Lebenden hat die Bestimmung der Vorbehaltseigenschaft die Natur einer Nebenbestimmung; sie kann nicht nachträglich, sondern nur durch eine mit der Zuwendung selbst zu verbindende Willenserklärung geschehen und bedarf keiner besonderen Form. Die Erklärung hat der Frau, nicht dem Manne gegenüber zu geschehen.

### § 1370.

**E. I § 1290; II § 1269 rev. § 1354; III § 1352. P. I S. 6302, 6303; M. IV S. 177, 178. P. II S. 5111, 5122, 5145, 5148, 5178, 5193 (Bd. 4 S. 125, 130, 141, 142, 156, 163). D. S. 688.**

Der § 1370 behandelt den Erwerb von Vorbehaltsgut kraft Surrogation und unterscheidet dabei drei Gruppen.

Die beiden ersten beruhen auf dem Gedanken, daß entsprechend dem Zwecke des Vorbehaltsguts alles, was die Frau auf Grund und in Folge der bereits zu dem Vorbehaltsgute gehörenden Rechte erwirbt, Vorbehaltsgut werden muß. Hierher ist vor allem der Erwerb zu zählen, welcher der Frau in Folge der zu ihrem Vorbehaltsgute gehörigen Rechte unmittelbar kraft Gesetzes oder durch Vermittelung eines den Inhalt des Rechtes verwirklichenden Rechtsgeschäfts zufällt. Beispiele bieten einerseits die natürlichen Früchte, der An- und Zuwachs, der dem Eigenthümer eines Grundstücks zukommende Antheil an einem auf dem Grundstücke gefundenen Schatze, andererseits ein Gegenstand, welcher auf Grund Erfüllung einer zum Vorbehaltsgute gehörenden Forderung erworben wird. Hierher ist ferner zu rechnen, was die Frau als Ersatz für die Entziehung, Zerstörung oder Beschädigung eines zu ihrem Vorbehaltsgute gehörenden Gegenstandes erwirbt. Es zählen hierher der Anspruch wegen Enteignung eines zum Vorbehaltsgute gehörenden Gegenstandes, der Anspruch auf den bei einer Zwangsversteigerung von Vorbehaltsgut übrig bleibenden Erlös, der Anspruch auf die Versicherungsgelder.

Die dritte Gruppe bildet der Erwerb durch ein Rechtsgeschäft, das sich auf das Vorbehaltsgut bezieht. Das Vorbehaltsgut steht hier mit dem Erwerbe nicht rechtlich, sondern nur wirthschaftlich im Zusammenhange. Der Zusammenhang kann darin bestehen, daß der Erwerb sich wirthschaftlich als durch das Vorbehaltsgut gemacht darstellt. Dies ist bei den Umsatzgeschäften der Fall, z. B. bei dem Verkauf oder der Verpachtung von Vorbehaltssachen, der Abtretung von Forderungen, welche zum Vorbehaltsgute gehören, gegen Entgelt, dem Gewinnst aus einer Lotterie, wenn das Loos mit zum Vorbehaltsgute gehörenden Gelde, etwa mit dem Lohne für selbständige Arbeit der Frau, angeschafft worden ist. Es genügt aber schon, wenn das Rechtsgeschäft für das Vorbehaltsgut vorgenommen wird, z. B. wenn Inventarstücke für ein Vorbehaltsgrundstück angeschafft werden. Doch muß das Rechtsgeschäft nicht bloß subjektiv in Beziehung auf das Vorbehaltsgut, nicht bloß für dasselbe geschlossen sein, sondern auch objektiv mit ihm zusammenhängen. An letzterem Erfordernisse fehlt es z. B., wenn die Frau zur Zeit der Vornahme des Rechtsgeschäfts Vorbehaltsgut nicht hat. Der durch solche Rechtsgeschäfte erworbene Anspruch gehört dem Vorbehaltsgut auch dann an, wenn die Gegenleistung nicht

## §. 1371.

Auf das Vorbehaltsgut finden die bei der Gütertrennung für das Vermögen der Frau geltenden Vorschriften entsprechende Anwendung; die Frau hat jedoch einen Beitrag zur Bestreitung des ehelichen Aufwandes nur insoweit zu leisten, als der Mann nicht schon durch die Nutzungen des eingebrachten Gutes einen angemessenen Beitrag erhält.

## §. 1372.

Jeder Ehegatte kann verlangen, daß der Bestand des eingebrachten Gutes durch Aufnahme eines Verzeichnisses unter Mitwirkung des anderen Ehegatten

---

oder noch nicht aus dem Vorbehaltsgut erfolgt, das Geschäft z. B. auf Kredit abgeschlossen war. Auch Inhaberpapiere, welche die Frau auf Kredit für das Vorbehaltsgut kauft, gehören deshalb diesem an, sobald nur jener Zweck feststeht, mag die Zahlung des Kaufpreises später auch aus dem eingebrachten Gute geschehen. Daß der Erwerb aus Rechtsgeschäften der dritten Gruppe dem Vorbehaltsgute zufällt, rechtfertigt sich dadurch, weil sonst die Verwaltung des Vorbehaltsguts der Frau unmöglich wäre. Ob ein Rechtsgeschäft der bezeichneten Art vorliegt, kann, wenn die Beziehung nicht durch den Gegenstand äußerlich objektiv erkennbar ist, im einzelnen Falle zweifelhaft sein. Da grundsätzlich davon auszugehen ist, daß aller Erwerb der Frau eingebrachtes Gut wird, so trifft die Frau in der hier fraglichen Richtung die Beweislast.

### § 1371.

**E. I § 1291; II § 1270 rev. § 1355; III § 1353. P. I S. 6303—6307, 8795, 8809; M. IV S. 179, 180. P. II S. 5111, 5122, 5145, 5148, 5178, 5193 (Bd. 4 S. 125, 130, 141, 143, 156, 163). D. S. 688, 689.**

Auf das Vorbehaltsgut müssen, da sein Wesen darin besteht, die Verwaltung und Nutznießung auszuschließen, die gleichen Grundsätze Anwendung finden, welche bei einer unter den Ehegatten vereinbarten Gütertrennung für das gesammte Vermögen der Frau gelten. Es finden demgemäß der § 1427 Abs. 2 und die §§ 1428—1431 Anwendung. Hinsichtlich der Einzelheiten ist auf die Erl. zu den §§ 1427—1431 zu verweisen. Hervorzuheben ist Folgendes:

Die Anwendbarkeit des § 1427 Abs. 2 war im E. I ausgeschlossen. Im B.G.B. ist sie nur mit der im § 1371 ausgesprochenen Einschränkung anerkannt. Zur Beurtheilung der Frage, ob der Mann durch die Nutzungen (§ 100) des eingebrachten Gutes einen angemessenen Beitrag erhält, ist es so anzusehen, als ob für das gesammte Vermögen der Frau Gütertrennung gälte. Hiernach ist unter Berücksichtigung der Erl. zu § 1427 zu bemessen, welcher Beitrag ein angemessener wäre. Der Unterschied zwischen diesem Betrag und dem Reinertrage der Nutzungen ist aus den Einkünften des Vorbeholtsguts und dem Ertrage der Arbeit oder eines Erwerbsgeschäfts der Frau, nicht aber aus der Substanz des Vorbehaltsguts zu leisten. Auf die Lasten der Verwaltung und Nutznießung (§§ 1385—1387) ist bei Bemessung des zu leistenden Beitrags Rücksicht zu nehmen. Selbstverständlich kommen die Nutzungen des eingebrachten Gutes auch insoweit in Betracht, als sie nicht in Geld bestehen, z. B. eine freie Wohnung. Daß die Nutzungen keinen angemessenen Beitrag abwerfen, hat der Mann zu beweisen. Der Anspruch des Mannes auf den Beitrag ist unpfändbar. Es ist auch die im § 861 der C.P.O. bestimmte beschränkte Zulässigkeit der Pfändung ausgeschlossen. Der Mann kann auf die Beitragsleistung der Frau in einem Ehevertrage verzichten.

Die Vorbehaltseigenschaft ist nach § 1371 Dritten gegenüber nur nach Maßgabe des § 1435 wirksam. Dies gilt für alle Arten des Vorbehaltsguts und ohne Rücksicht auf die Natur des einzelnen zum Vorbehaltsgute gehörenden Gegenstandes. Das Nähere vergl. Erl. zu den §§ 1435, 1558.

Wegen der Frage, ob die Vorbehaltseigenschaft in das Grundbuch eingetragen wird, und wegen der Legitimation der Frau dem Grundbuchamte gegenüber vergl. Erl. zu § 1431 und G.B.O. §§ 34, 35.

### § 1372.

**E. I §§ 1292, 992, 993, 1042; II § 1271 rev. § 1357; III § 1355. P. I S. 6323, 6324; M. IV S. 185. P. II S. 5125, 5149, 5165, 5186, 5191, 5198, 5253 (Bd. 4 S. 131, 143, 151, 160, 162, 164, 191).**

1. Die Fragen, welche bei der Herausgabe des eingebrachten Gutes nach der Beendigung der Verwaltung und Nutznießung auftauchen, und die Regelung, welche hierbei die Beweislast gefunden hat (vergl. Erl. zu § 1421), lassen es, namentlich wenn die Verwaltung und Nutz-

festgestellt wird. Auf die Aufnahme des Verzeichnisses finden die für den Nießbrauch geltenden Vorschriften des §. 1035 Anwendung.

Jeder Ehegatte kann den Zustand der zum eingebrachten Gute gehörenden Sachen auf seine Kosten durch Sachverständige feststellen lassen.

---

nießung längere Zeit gedauert hat, als im Interesse eines jeden der Ehegatten gelegen erscheinen, daß möglichst bald nach der Eingehung der Ehe der Bestand des eingebrachten Gutes aufgezeichnet und der Zustand der zum eingebrachten Gute gehörenden Sachen festgestellt werden. Beide Maßnahmen dienen ferner dazu, der Frau eine Grundlage für die Ansprüche zu bieten, welche sie während der Dauer der Verwaltung und Nutznießung gegen den Mann hat, insbesondere für den Anspruch auf Sicherheitsleistung. Mit Rücksicht hierauf sind im § 1372 die für den Nießbrauch geltenden Vorschriften der §§ 1034, 1035 auf die Verwaltung und Nutznießung des Mannes übertragen.

2. Nach Abs. 1 sind der Mann und die Frau einander verpflichtet, zur Feststellung des Bestandes des eingebrachten Gutes mitzuwirken. Die Verpflichtung tritt nur ein, wenn ein Ehegatte von dem anderen die Feststellung verlangt. Das Verlangen kann jederzeit gestellt werden. Ist die Feststellung des Bestandes schon einmal erfolgt, so kann sie nicht von Neuem verlangt werden, mag auch inzwischen das eingebrachte Gut, z. B. durch Anfall einer Erbschaft, eine Veränderung erlitten haben. Solchen Falles kann auch keine Nachtragsfeststellung gefordert werden. Weigert sich ein Ehegatte bei der Feststellung des Bestandes mitzuwirken, so muß ihn der andere Ehegatte auf die Mitwirkung im ordentlichen Prozeßwege verklagen. Dies ist namentlich für den Mann erheblich, weil er im Besitze des eingebrachten Gutes ist und die Frau die Feststellung nicht ohne den Mann vornehmen kann. Die Frau kann die Klage schon während des Bestehens der Verwaltung und Nutznießung erheben. Die im § 1394 bestimmte Schranke findet keine Anwendung. Denn der § 1372 giebt der Frau zwar einen Anspruch „auf Grund der Verwaltung und Nutznießung", allein nicht im Sinne des § 1394 (vergl. Erl. dazu). Der Bestand des eingebrachten Gutes wird dadurch festgestellt, daß die Ehegatten ein Verzeichniß der zum eingebrachten Gute gehörenden Gegenstände (Sachen und Rechte) aufnehmen. In das Verzeichniß sind nur die im Augenblicke der Aufnahme vorhandenen Gegenstände einzustellen. Ueber den Verbleib der früher zum eingebrachten Gute gehörenden Gegenstände giebt das Verzeichniß nicht Aufschluß (arg. § 2027). In das Verzeichniß sind ferner nur die Aktiven, nicht auch die Passiven aufzunehmen. Die Passiven haben allerdings auf den Werth des eingebrachten Gutes Einfluß; allein das Verzeichniß dient nicht dazu, den Werth auszuweisen. Aus dem gleichen Grunde ist in dem Verzeichnisse der Werth der Gegenstände nicht anzugeben. Das Verzeichniß ist ein reines Privatinventar; es muß nur mit Datum und mit der Unterschrift der Ehegatten versehen sein. Doch kann jeder Ehegatte öffentliche Beglaubigung der Unterschrift oder öffentliche Aufnahme des Verzeichnisses verlangen. Die Kosten der Aufnahme und der Beglaubigung hat der Ehegatte zu tragen und vorzuschießen, welcher die Aufnahme oder die Beglaubigung fordert. Wenn die Kosten von der Frau zu tragen sind, so haftet das eingebrachte Gut für sie (§ 1412 Abs. 1). Ueber das Nähere vergl. Erl. zu § 1035.

3. Der § 1372 Abs. 2 entspricht dem für den Nießbrauch geltenden § 1034. Sofern die Ehegatten nicht ein anderes Amtsgericht vereinbaren, ist für die Ernennung, Beeidigung und Vernehmung der Sachverständigen nach § 164 Abs. 1 des freiw. G.G. das Amtsgericht zuständig, in dessen Bezirke sich die Sachen befinden. Der Ehegatte, welcher die Feststellung nicht beantragt hat, ist bei dem Verfahren, soweit thunlich, zu hören. Das Verfahren der Feststellung richtet sich nach dem § 15 freiw. G.G.

4. Anlangend die rechtliche Bedeutung der im § 1372 bezeichneten Maßnahmen, so ist das Verzeichniß der zum eingebrachten Gute gehörenden Gegenstände nicht ausschließlich für die Sonderung von eingebrachtem Gute und vom Vorbehaltsgute maßgebend, wenn auch die Stellung des § 1372 nach den auf das Vorbehaltsgut bezüglichen Vorschriften au feine derartige Bedeutung des Verzeichnisses hinzuweisen scheint (s. Vorbm. Nr. 3 S. 99). Der Mann oder die Frau können also die Aufnahme des Verzeichnisses auch dann fordern, wenn überhaupt kein Vorbehaltsgut vorhanden ist. Durch das Verzeichniß wird nicht objektiv festgestellt, daß die in das Verzeichniß aufgenommenen Gegenstände vorhanden gewesen und sich in dem angegebenen Zustande befunden haben; ebensowenig, daß die Gegenstände der Frau gehören. Aber das Verzeichniß enthält ein Anerkenntniß jener Thatsachen von Seiten beider Ehegatten und dieses Anerkenntniß wird nach allgemeinen Beweisgrundsätzen in dem Verhältniß unter den Gatten regelmäßig zu dem Beweise der gedachten Umstände genügen. Außerdem wird in dem Verzeichnisse regelmäßig das Anerkenntniß des Mannes zu finden sein, daß er die Sachen erhalten hat. Die gemeinrechtliche sog. exceptio non numeratae dotis ist dem B.G.B. fremd (vergl. § 17 E.G. z. C.P.O.). Das Verzeichniß ist nur für das Verhältniß der Ehegatten zu einander bestimmt. Auch ist die Aufnahme des Verzeichnisses nicht als Voraussetzung für die Widerlegung der Vermuthung des § 1362 aufgestellt.

## 2. Verwaltung und Nutznießung.

---

### 2. Verwaltung und Nutznießung.

1. Der Untertitel „Verwaltung und Nutznießung" stellt klar, welche einzelnen Rechte und Pflichten für den Mann wie für die Frau sich daraus ergeben, daß das eingebrachte Gut nach § 1363 der Verwaltung und Nutznießung des Mannes unterliegt. Der Untertitel regelt also die rechtliche Stellung des Mannes und der Frau zum eingebrachten Gute. Sein Inhalt zerfällt in vier Gruppen von Vorschriften. Die erste Gruppe (§§ 1373—1394) bilden die Vorschriften, welche die rechtliche Stellung des Mannes ordnen. Sie befassen sich mit der Verwaltungsmacht des Mannes (§§ 1373—1382), mit dem Rechte der Nutznießung (§§ 1383—1389), mit den Ansprüchen des Mannes gegen die Frau (§ 1390), mit der Sicherung der Frau gegen die Gefahren, die ihr aus der Verwaltung und Nutznießung des Mannes drohen (§§ 1391—1393) und mit der Zeit der Geltendmachung der der Frau aus der Verwaltung und Nutznießung zustehenden Ansprüche gegen den Mann (§ 1394). Die zweite Gruppe umfaßt die Vorschriften, welche die rechtliche Stellung der Frau betreffen (§§ 1395—1407). Die dritte Gruppe wird durch die Vorschrift des § 1408 und die vierte durch die Vorschrift des § 1409 gebildet. Der § 1408 regelt die Uebertragbarkeit der Rechtsstellung des Mannes, der § 1409 handelt von der Ausübung der Rechte des Mannes durch dessen gesetzlichen Vertreter.

2. Der E. I hatte den Schwerpunkt der rechtlichen Stellung des Mannes auf die Nutznießung gelegt und die Vorschriften über diese deshalb an die Spitze gestellt. Die Nutznießung war durch die generelle Verweisung des § 1292 auf die Vorschriften des Nießbrauchsrechts geregelt, die §§ 1293—1299 enthielten die besonderen Ausnahmen von den Vorschriften des Nießbrauchsrechts. Die Verwaltungsmacht des Mannes war zwar im Anschluß an die eheliche Nutznießung, aber nicht als ein nur erweiterter Ausfluß derselben, als ein potenzirtes Recht der Nutznießung, sondern selbständig geordnet. Nach dem E. I sollte der Mann die Verwaltung des eingebrachten Gutes gewissermaßen gemeinschaftlich mit der Frau führen. Er sollte in Ansehung der Substanz des eingebrachten Gutes nur die Stellung eines Verwalters fremden Vermögens haben und deshalb bei Ausübung des Verwaltungsrechts wie ein Beauftragter für Rechnung der Frau und nach außen hin als ihr Vertreter in ihrem Namen handeln. Regelmäßig sollte er die Frau veranlassen, selbst zu handeln oder ihm Vollmacht zu ertheilen. Gewisse Verfügungen sollte er auch ohne die Zustimmung der Frau vornehmen dürfen, aber auch hierbei nicht in eigenem Namen, sondern nur Namens der Frau auftreten. Außer der ihm auf Grund des Verwaltungsrechts zustehenden Verwaltungs- und Verfügungsmacht sollten ihm die Verwaltungs- und Verfügungsrechte zustehen, welche vermöge der für anwendbar erklärten Grundsätze des Nießbrauchsrechts in der ehelichen Nutznießung liegen (E. I § 1325). Der E. II stellt das Recht der Verwaltung in den Vordergrund und regelt es völlig selbständig als ein aus dem persönlichen Verhältnisse der Ehegatten zu einander entspringendes absolutes Recht. Die Nutznießung ist nur die Form, in der der Mann die Früchte des eingebrachten Gutes erwirbt. Die generelle Anwendbarkeit der Vorschriften des Nießbrauchsrechts ist beseitigt. Nur die Art und Weise und der Umfang des Erwerbes der Nutzungen (§ 1383) sowie in gewisser Beziehung auch der Umfang der mit der Verwaltung und Nutznießung verknüpften Lasten (§ 1384) wird durch Verweisung auf jene Vorschriften bestimmt. Dem Manne steht nicht ein doppeltes Verwaltungsrecht zu, er hat nicht in seiner Eigenschaft als Nutznießer ein besonderes neben dem ehelichen Verwaltungsrechte stehendes Verwaltungs- und Verfügungsrecht, sondern die Nutznießung giebt ihm überhaupt kein Verwaltungs- und noch weniger ein Verfügungsrecht; sein Verwaltungsrecht ist ein einheitliches.

Mit dem Ausdrucke „Verwaltung" bezeichnet das B.G.B. keinen festbegrenzten Begriff. Auch der allgemeine Sprachgebrauch giebt keinen sicheren Aufschluß über den Umfang der dem Verwalter eines Vermögens zustehenden Rechte. Bisweilen wird unter dem Ausdrucke „Verwaltung" nur die sog. laufende Verwaltung eines Vermögens, d. h. die Fürsorge für die Erhaltung des Vermögens ohne Aenderung der Substanz und für die Ziehung der Nutzungen verstanden. Der Begriff der Verwaltung wird aber auch in einem weiteren Umfange gebraucht und umfaßt dann alle Maßnahmen, welche der Eigenthümer eines Vermögens in Betreff desselben zu treffen befugt ist, insbesondere auch die Verfügung über die Substanz. Der im § 1363 aufgestellte Rechtssatz, daß das eingebrachte Gut der Verwaltung des Mannes unterworfen sei, bedarf also einer näheren Begrenzung. Diese ergiebt sich aus den Vorschriften der §§ 1373 ff., insbesondere aus den Vorschriften der §§ 1374, 1375, 1379. Die Regel bildet hiernach das unbeschränkte Verwaltungsrecht des Mannes. Aber von dieser Regel gelten tiefgreifende Ausnahmen. Der Mann ist nicht berechtigt, die Frau durch Rechtsgeschäfte zu verpflichten, und kann nur mit ihrer Zustimmung über Gegenstände des eingebrachten Gutes verfügen. Da indessen der Ausschluß jeder Verfügung ohne Zustimmung der Frau die ordnungsmäßige Verwaltung außerordentlich erschweren, ja unter Umständen unmöglich machen würde, so beschränkt das B.G.B.

jene Ausnahme wieder in zweifacher Art. Dem Manne wird einerseits das Recht eingeräumt, gewisse Verfügungen ohne Zustimmung der Frau zu treffen (über das Nähere s. Erl. zu § 1376); andererseits wird ihm nach § 1379 ganz allgemein die Möglichkeit gewährt, für jedes zur ordnungsmäßigen Verwaltung des eingebrachten Gutes erforderliche Rechtsgeschäft die Zustimmung der Frau durch das Vormundschaftsgericht ersetzen zu lassen, wenn die Frau die Zustimmung verweigert oder wenn sie durch Abwesenheit oder Krankheit an der Abgabe einer Erklärung behindert und Gefahr mit dem Aufschube verbunden ist.

Dem Verwaltungsrechte des Mannes entspricht seine Verwaltungspflicht. Den leitenden Grundsatz in dieser Beziehung spricht der § 1374 aus, indem er den Mann verpflichtet, das eingebrachte Gut ordnungsmäßig zu verwalten. Er haftet hierbei indessen nur nach Maßgabe des § 1359. In einzelnen Beziehungen wird seine Verwaltungspflicht noch speziell geregelt, so in Betreff des Geldes (§ 1376 Abs. 2).

Die Prozeßführung wird vom B.G.B. grundsätzlich (vergl. Bd. I S. 148) als Verwaltungsakt aufgefaßt. Der § 1380 giebt dem Manne deshalb die Befugniß, die zum eingebrachten Gute gehörenden Rechte gerichtlich geltend zu machen, beschränkt aber die Wirkungen des in dem Rechtsstreite des Mannes ergangenen Urtheils für die Regel auf die Parteien und läßt es für und gegen die Frau nur wirken, wenn der Rechtsstreit ein Recht betrifft, über das der Mann ohne die Zustimmung der Frau verfügen kann.

3. Die Verwaltung eines fremden Vermögens kann in doppelter Art geführt werden. Der Verwalter handelt entweder im Namen desjenigen, dessen Vermögen er verwaltet. Hierzu bedarf er einer Vollmacht desselben. Diese wird ihm entweder generell oder nur im beschränkten Umfang ertheilt. In letzterem Falle bedarf er zu denjenigen Rechtsgeschäften, auf welche sich die generelle Vollmacht nicht bezieht, einer besonderen Vollmacht. Bei dieser Art der Verwaltung wird durch die von dem Verwalter vorgenommenen Rechtsgeschäfte nur der Herr des Vermögens, nicht der Verwalter berechtigt und verpflichtet (§ 164). Nur wenn der Vertreter seine Vertretungsmacht überschritten hat, haftet er dem Dritten persönlich (§ 179). Die Verwaltung kann aber auch in der Weise geführt werden, daß der Verwalter die erforderlichen Rechtsgeschäfte im eigenen Namen vornimmt und dann die durch die Rechtsgeschäfte erworbenen Rechte und Verbindlichkeiten auf den Herrn des Vermögens überträgt. Der Letztere ist zur Uebernahme der Verbindlichkeiten insoweit verpflichtet, als der Verwalter innerhalb der Grenzen seiner Verwaltungsbefugniß gehandelt hat. Die letztgedachte Form der Verwaltung ist selbst bei Verfügungen über die zu dem zu verwaltenden Vermögen gehörenden Gegenstände möglich. Die Verfügung ist in einem solchen Falle zwar von einem Nichtberechtigten getroffen, aber sie ist trotzdem nach § 185 wirksam, wenn sie mit Einwilligung des Berechtigten erfolgt ist, und sie wird wirksam, wenn der Berechtigte sie nachträglich genehmigt.

Das Recht des Mannes zur Verwaltung des eingebrachten Gutes beruht nicht auf Rechtsgeschäft, sondern auf Gesetz. Aus diesem ist also zu entnehmen, in welcher der beiden gedachten Formen der Mann die Verwaltung zu führen hat. Der E. I §§ 1318—1322, 1325 ging davon aus, daß der Mann die zu der Verwaltung erforderlichen Rechtsgeschäfte im Namen der Frau vorzunehmen habe, und machte hiervon eine Ausnahme nur für diejenigen Geschäfte, zu denen er durch die ihm nach dem E. I neben der Verwaltung als ein besonderes Recht zustehende eheliche Nutznießung berechtigt war. Aus der veränderten Konstruktion, welche das Verwaltungsrecht in dem B.G.B. erhalten hat (s. oben Nr. 2), läßt sich nicht ohne Weiteres entnehmen, in welcher der beiden oben gedachten Arten der Mann sein Verwaltungsrecht auszuüben hat. Die Ansichten hierüber waren in der zweiten Kommission getheilt (P. II S. 5099 bis 5103, 5142, 5201—5203, Bd. 4 S. 119, 120, 140, 165, 166, vergl. auch P. II S. 6024, Bd. 4 S. 577). Der Inhalt der gesetzlichen Vorschriften selbst dürfte zu folgenden Ergebnissen führen. Der Mann ist kraft des Gesetzes zur Verwaltung des eingebrachten Gutes berechtigt. Dies Verwaltungsrecht ist sein eigenes Recht. Das Gesetz enthält keine Vorschrift, durch welche der Mann allgemein auf die eine oder die andere der oben bezeichneten Arten der Verwaltung beschränkt wird. Er kann daher, soweit der Umfang seines Verwaltungsrechts reicht, sowohl im Namen der Frau als auch im eigenen Namen handeln. Aus dem Umfange seines Verwaltungsrechts und aus der verschiedenen Natur der Verfügungen und der obligatorischen Rechtsgeschäfte ergiebt sich aber eine verschiedene Behandlung dieser beiden Arten der Rechtsgeschäfte. Verfügungen über Gegenstände des eingebrachten Gutes kann der Mann, soweit er dazu ohne Zustimmung der Frau berechtigt ist (§§ 1376, 1378) oder die Zustimmung der Frau dazu erfolgt oder durch das Vormundschaftsgericht ersetzt ist (§ 1379), sowohl im Namen der Frau als im eigenen Namen wirksam vornehmen. Verfügt er im eigenen Namen, so hat diese Verfügung den Charakter der Verfügung über eine fremde Sache, aber die Verfügung ist wirksam, weil der Mann dazu kraft seines eigenen Verwaltungsrechts bezw. auf Grund der Einwilligung der Frau berechtigt ist. Rechtsgeschäfte, durch welche die Frau verpflichtet wird, kann der Mann kraft seines Verwaltungsrechts (§ 1375) nicht vornehmen. Die Vorschrift des § 1379, nach welcher der Mann unter den dort bezeichneten Voraussetzungen zu einem für die ordnungsmäßige Verwaltung des eingebrachten Gutes erforderlichen Rechtsgeschäfte die Ersetzung der Zustimmung der Frau durch das Vormundschaftsgericht verlangen kann, dürfte sich freilich auch auf obligatorische Rechtsgeschäfte der gedachten Art beziehen. Aus der Natur des obligatorischen Rechtsgeschäfts ergiebt sich aber, daß ein Dritter durch seine Zustinmung zu einem solchen Rechtsgeschäfte nicht ohne Weiteres aus demselben verpflichtet wird. Der Mann wird daher, auch wenn die Frau ihre Zustimmung zu einem solchen Rechtsgeschäft ertheilt hat oder die Zustimmung durch das Vormundschaftsgericht ersetzt ist, das Rechtsgeschäft im Namen der Frau vornehmen müssen, wenn diese unmittelbar dadurch verpflichtet werden soll; er wird hierzu auf Grund seines Verwaltungsrechts und der Zustimmung der Frau für befugt anzusehen sein. Er kann das Rechtsgeschäft aber auch im eigenen Namen vornehmen. Thut er dies, so ist er verpflichtet, das dadurch Erlangte an die Frau zu übertragen und kann andererseits Ersatz der von ihm gemachten Aufwendungen bezw. Befreiung von den eingegangenen Verbindlichkeiten verlangen (§§ 1390, 256, 257). In Betreff der Prozeßführung bestimmt der § 1380, daß der Mann ein zum eingebrachten Gute gehörendes Recht im eigenen Namen geltend zu machen befugt ist. Ein Erwerb, welchen der Mann durch ein für das eingebrachte Gut vorgenommenes Rechtsgeschäft macht, fällt unmittelbar der Frau zu, wenn das Rechtsgeschäft in ihrem Namen vorgenommen ist; anderenfalls erwirbt der Mann den betreffenden Gegenstand, ist aber zur Uebertragung desselben an die Frau verpflichtet. Eine Modifikation dieser Grundsätze enthalten die positiven Vorschriften der §§ 1381, 1382 (s. Erl. zu diesen §§).

Zu beachten ist, daß das eingebrachte Gut nicht etwa die Rechtsstellung einer selbständigen juristischen Person hat, sondern Vermögen der Frau ist. Für das eingebrachte Gut gelten zwar besondere Vorschriften, in Folge deren es den Charakter eines Sondervermögens hat; aber es bleibt doch Vermögen der Frau. Alle zum eingebrachten Gute gehörenden Rechte und Verbindlichkeiten sind daher Rechte und Verbindlichkeiten der Frau und für die letzteren haftet daher die Frau auch mit ihrem Vorbehaltsgute.

**4.** Die Nutznießung bildet die andere Seite des dem Manne am eingebrachten Gute zustehenden Rechtes. Sie ist die Form, in der einerseits die Frau den Beitrag, den sie materiell bei allen Güterständen dem Manne zur Tragung der ehelichen Lasten zu leisten hat, bei dem gesetzlichen Güterstande leistet und andererseits der Mann das eingebrachte Gut den Zwecken der Ehe dienstbar macht. Der Mann erwirbt kraft der Nutznießung die Früchte zu eigenem Rechte und ist der Frau für ihre Verwendung nicht verantwortlich. Es findet auch bei Beendigung der Verwaltung und Nutznießung wegen der gezogenen Früchte keine Auseinandersetzung zwischen Mann und Frau statt (arg. § 1421), auch kann die Frau den Mann nicht deßhalb zur Rechenschaft ziehen, weil der Mann nicht alle Früchte, die er hätte ziehen können, gezogen hat; nur für den im § 1418 Nr. 2 bezeichneten Anspruch der Frau kommt die Frage in Betracht, ob das eingebrachte Gut bei ordnungsmäßiger Verwaltung nicht einen größeren Ertrag abwerfen würde. Der Inhalt und der Umfang der Nutznießung ist im E. I, wie schon unter Nr. 2 bemerkt, in Anlehnung und unter Verweisung auf die Vorschriften über den Nießbrauch geregelt worden. Im E. II ist das Recht der Nutznießung selbständig gestaltet; nur für die Art und Weise und den Umfang des Erwerbes der Nutzungen (§ 1383) und für die Kosten der Gewinnung der Nutzungen sowie der Erhaltung des eingebrachten Gutes (§ 1384) sind die Vorschriften des Nießbrauchsrechts für anwendbar erklärt.

Wie mit dem Nießbrauche, so sind auch mit der Verwaltung und Nutznießung des Mannes gewisse Lasten verbunden. Da alles Vermögen der Frau regelmäßig der Verwaltung und Nutznießung unterliegt und dem Manne regelmäßig auch die Arbeitsthätigkeit der Frau zu Gute kommt, so hat die Frau in der überwiegenden Mehrzahl der Fälle keine laufenden Einnahmen. Der Mann muß deshalb grundsätzlich alle Lasten und Verbindlichkeiten der Frau tragen, welche bei ordnungsmäßiger Verwaltung eines Vermögens aus den Einkünften desselben bestritten zu werden pflegen. Das B.G.B. trifft die entsprechenden Vorschriften in den §§ 1385—1387. Die dort bezeichneten Lasten muß der Mann aus eigenem Vermögen bestreiten und er haftet nach § 1388 den Gläubigern der Frau direkt. Eine Folge davon, daß der Mann den Beitrag, welchen ihm die Frau in der Form der ehelichen Nutznießung leistet, zu eigenem Rechte erhält, ist, daß der Mann den ehelichen Aufwand tragen muß (§ 1389). Der eheliche Aufwand sowie die in den §§ 1385—1387 aufgezählten Lasten ruhen aber nicht nur auf der Nutznießung, so daß sie den Mann nicht träfen, wenn das eingebrachte Gut thatsächlich keine Nutzungen abwirft oder wenn die Frau überhaupt kein eingebrachtes Gut hat. Die Verpflichtung zur Tragung des ehelichen Aufwandes und der gedachten Lasten ist vielmehr mit der Verwaltung und Nutznießung als solcher verbunden. Der Mann muß sie ohne Rücksicht darauf bestreiten, wie viel ihm die Nutznießung abwirft. Der E. I § 1297 Abs. 2 hatte bezüglich der jetzt in den §§ 1385—1387 bezeichneten Lasten den Mann nur soweit für verpflichtet erklärt, als die Lasten die Nutzungen nicht übersteigen. Der E. II hat diese Beschränkung gestrichen (P. II S. 5229, 5254, 8623—8626, Bd. 4 S. 179, 192). Ein Schutz gegen Ueberschuldung der Frau, wie ihn bei der Gütergemeinschaft die §§ 1469, 1542, 1549 gewähren, besteht für den

Mann bei der Verwaltung und Nutznießung nicht. Für den Standpunkt des B.G.B. in dieser Beziehung ist die Erwägung maßgebend, daß anderenfalls Abrechnungen zwischen den Ehegatten und mit Rücksicht auf § 1388 auch zwischen dem Gläubiger der Frau und dem Manne nicht zu vermeiden wären. Nach dem B.G.B. erhält daher der Mann die Nutznießung in Pausch und Bogen.

5. In dem Satze des § 1363, daß das eingebrachte Gut der Verwaltung und Nutznießung des Mannes unterworfen ist, liegt die Anerkennung der absoluten Natur des Rechtes des Mannes. Aus der absoluten Natur folgt die Befugniß des Mannes, sein Recht gegen Jeden, der es stört, ohne Mitwirkung der Frau zu verfolgen. Wer in den Besitz des Mannes (§ 1373) eingreift, gegen den stehen dem Manne die Besitzklagen zu. Wer den Mann in der Ziehung der Früchte hindert, gegen den hat der Mann die actio confessoria wie sie dem Nießbraucher zusteht (vergl. § 1065). Wer eine zum eingebrachten Gute gehörende Sache beschädigt, ist nicht nur der Frau, sondern soweit durch die schädigende Handlung das Nutznießungsrecht des Mannes beeinträchtigt wird, auch dem Manne schadensersatzpflichtig. Die absolute Natur des Rechtes des Mannes wirkt auch gegen die Frau selbst. Die Ansprüche, die dem Manne gegen Dritte zustehen, kommen ihm auch gegen die Frau selbst zu, wenn sie in sein Recht eingreift. Selbstverständlich ergreift das Recht des Mannes das eingebrachte Gut nur in seinem jeweiligen Bestande. Das Recht des Mannes ist nicht von dem der Frau völlig losgelöst. Der E. I § 1293 hat diesen Gedanken ausdrücklich ausgesprochen. Im E. II (P. II S. 5112, Bd. 4 S. 126) ist die Vorschrift gestrichen worden, weil sie sich aus dem Inhalte der übrigen Vorschriften von selbst ergiebt. Die Folgerung der M. IV. S. 193 aus jenem Satze, daß, wenn in der Person der Frau eine zum eingebrachten Gute gehörende Forderung und die entsprechende Verbindlichkeit sich vereinigen, nicht etwa in Ansehung der Nutznießung das Schuldverhältniß als fortbestehend anzusehen ist, gilt natürlich auch für das B.G.B.

6. Gegen die Gefahren, welche der Frau aus der Verwaltung und Nutznießung des Mannes unter Umständen drohen können, ist die Frau in weitgehender Weise gesichert. Eine Gefährdung der Rechte der Frau ist in zweifacher Hinsicht möglich. Durch den Mann kann die Substanz des eingebrachten Gutes, die der Frau erhalten werden soll, angegriffen werden und es können die Einkünfte des eingebrachten Gutes ihrem Hauptzweck entfremdet werden, indem die Bestreitung der ehelichen Lasten, zu welchen die Einkünfte einen Beitrag gewähren sollen, unterbleibt.

In Ansehung der Substanz versuchen die bisherigen Rechte die Frau meist durch ein Pfandrecht oder durch einen Titel zu einem Pfandrecht am Vermögen des Mannes und durch ein Vorzugsrecht im Konkurs über das Vermögen des Mannes zu sichern. Ein Pfandrecht am Vermögen des Mannes ist für das Recht des B.G.B. schon mit Rücksicht auf die Gestaltung, welche das Pfandrecht an unbeweglichen und an beweglichen Sachen im B.G.B. erhalten hat, undenkbar. Das Vorzugsrecht im Konkurs ist bereits durch die K.O. beseitigt worden. Hieran wird durch die Einführung des B.G.B. nichts geändert. Das B.G.B. kennt aber auch keinen Titel zu einem Pfandrechte für die Frau. Der Hypothekentitel würde nicht nur den Realkredit des Mannes beeinträchtigen, sondern könnte ihn unter Umständen in der Verfügung über seinen Grundbesitz geradezu von der Einwilligung der Frau abhängig machen. Abgesehen davon darf dem Manne, der zufällig Eigenthümer von Grundstücken ist, nicht zugemuthet werden, die Rechte, welche das Gesetz jedem Ehemann um seiner Stellung in der Ehe willen gewährt, mit einer Belastung der Grundstücke zu erkaufen. Das B.G.B. giebt der Frau demnach kein Recht auf eine unbedingt und ohne Rücksicht auf die Verhältnisse des einzelnen Falles eintretende Sicherung. Zum Ersatze hierfür ist das Verwaltungs- und insbesondere das Verfügungsrecht des Mannes so gestaltet und begrenzt, daß eine Gefährdung der Rechte der Frau, wenn der Mann nicht seine Pflichten verletzt, für die Regel ausgeschlossen ist. Die Frau ist ferner durch eine weitgehende Anerkennung des Surrogationsprinzips (§§ 1381, 1382) geschützt. Daneben gewährt das B.G.B. der Frau gewisse zu ihrer Sicherung dienende Rechte unter der Voraussetzung, daß im einzelnen Falle eine Gefährdung ihrer Interessen nachweisbar ist. Hierher gehört vor Allem das Recht, vom Manne Sicherheitsleistung zu verlangen, wenn durch dessen Verhalten die Besorgniß begründet wird, daß die Rechte der Frau in einer das eingebrachte Gut erheblich gefährdenden Weise verletzt werden, oder wenn die der Frau aus der Verwaltung und Nutznießung zustehenden Ansprüche auf Ersatz des Werthes der verbrauchbaren Sachen erheblich gefährdet sind (§ 1391). Liegen die Voraussetzungen vor, unter denen der Mann zur Sicherheitsleistung verpflichtet ist, so kann die Frau auch verlangen, daß der Mann die zum eingebrachten Gute gehörenden Inhaberpapiere hinterlegt (§ 1392). Die Hinterlegung kann der Mann dadurch abwenden, daß er die Papiere auf den Namen der Frau umschreiben oder in Buchforderungen verwandeln läßt (§ 1393). Zur Sicherung der Frau dient weiter die Vorschrift, daß die Frau, wenn die Voraussetzungen vorliegen, unter denen sie Sicherheitsleistung verlangen kann, die ihr auf Grund der Verwaltung und Nutznießung zustehenden Ansprüche gegen den Mann unbeschränkt geltend machen kann (§ 1394). Die Sicherung der Frau bezweckt endlich die Vorschrift, daß die Frau, wenn sie Sicherheitsleistung verlangen könnte, berechtigt ist, statt auf Sicherheitsleistung auf Aufhebung der Verwaltung und Nutznießung zu klagen (§ 1418 Nr. 1).

In Ansehung der Verwendung der Einkünfte des eingebrachten Gutes zu ihrem Hauptzwecke, nämlich zum Unterhalte der Familie, ist die Frau in doppelter Weise geschützt. Sie kann verlangen, daß der Reinertrag des eingebrachten Gutes vom Manne in erster Linie zur Bestreitung des Unterhalts der Familie verwendet wird (§ 1389 Abs. 2), und sie ist berechtigt, diesen Anspruch unbeschränkt gerichtlich geltend zu machen (§ 1394 Satz 2). Ferner ist sie befugt, auf Aufhebung der Verwaltung und Nutznießung zu klagen, wenn der Mann diesen Anspruch verletzt hat und für die Zukunft eine erhebliche Gefährdung des Unterhalts zu besorgen ist (§ 1418 Nr. 2).

7. Das Recht des Mannes am eingebrachten Gute muß dagegen geschützt werden, daß es durch Rechtshandlungen der Frau vereitelt wird. Die Vereitelung ist in doppelter Weise möglich. Es kann der Aktivbestand des eingebrachten Gutes durch Rechtshandlungen der Frau direkt gemindert werden, so wenn die Frau eine zum eingebrachten Gute gehörende Sache veräußert, und es kann der Passivbestand des eingebrachten Gutes erhöht und so indirekt auch auf den Aktivbestand desselben eingewirkt werden. Das B.G.B. gewährt nach beiden Richtungen dem Manne Schutz, indem es die direkte Verminderung des Aktivbestandes ohne Mitwirkung des Mannes überhaupt und die indirekte Verminderung desselben ohne Mitwirkung des Mannes wenigstens insoweit unmöglich macht, als die Erhöhung des Passivbestandes durch Rechtsgeschäfte der Frau dem Manne gegenüber in Ansehung des eingebrachten Gutes nur mit dessen Zustimmung zu dem Rechtsgeschäfte wirksam ist. Den Schutz gewährt aber das B.G.B. nicht durch eine Verminderung der Geschäftsfähigkeit der Frau. Mit Rücksicht darauf, daß das praktische Bedürfniß die Zulassung von Vorbehaltsgut gebietet und die Frau in Bezug auf das Vorbehaltsgut geschäftsfähig sein muß, aus einer relativen Beschränkung der Geschäftsfähigkeit aber große Schwierigkeiten entstehen würden, geht vielmehr das B.G.B. davon aus, daß nicht bloß nicht durch die Ehe als solche, sondern auch nicht durch das in der Ehe geltende Güterrecht die Geschäftsfähigkeit der Frau beschränkt wird. Die Verhütung einer einseitigen direkten Veränderung des Aktivbestandes des eingebrachten Gutes durch Rechtshandlungen der Frau erreicht das B.G.B. durch eine Beschränkung der Verfügungsfähigkeit der Frau. In der juristischen Konstruktion des Verhältnisses schließt sich das B.G.B. nicht an den § 135 an, der die Verletzung eines zu Gunsten einer bestimmten Person getroffenen Veräußerungsverbots regelt. Denn bei dieser Gestaltung des Verhältnisses wäre die von der Frau ohne die Einwilligung des Mannes vorgenommene Verminderung des Aktivbestandes des eingebrachten Gutes nur dem Manne, nicht auch der Frau selbst gegenüber unwirksam, die Beschränkung der Verfügung würde im Konkurs über das Vermögen der Frau deren Gläubigern gegenüber wegfallen und der Schutz der Rechte des Mannes gerade in den Fällen, in denen er am nothwendigsten ist, versagen. Das B.G.B. lehnt sich deshalb an die für die Rechtswirksamkeit der Rechtsgeschäfte eines Minderjährigen geltenden Vorschriften an und macht die Wirksamkeit der Rechtsgeschäfte der Frau, durch welche sie unter Lebenden über das eingebrachte Gut verfügt, nicht nur gegenüber dem Manne, sondern zu Gunsten eines Jeden, auch der Frau selbst, von der Einwilligung des Mannes in gleicher Weise abhängig, wie die Rechtsgeschäfte eines Minderjährigen nach den §§ 108, 109, 111 durch die Einwilligung des gesetzlichen Vertreters bedingt sind (§§ 1395—1398). Bei den Rechtsgeschäften dagegen, durch welche die Frau sich nur zu einer Leistung verpflichtet, ist diese Gestaltung der Verfügungsbeschränkung zum Schutze des Mannes nicht nothwendig; andererseits würde sie auch die Frau in ihrer Bewegungsfreiheit zu sehr hemmen und ihr eine selbständige Thätigkeit und eine geordnete Verwaltung des Vorbehaltsguts unmöglich machen. Das B.G.B. begnügt sich deshalb damit, die Wirksamkeit solcher Rechtsgeschäfte der Frau nur dem Manne gegenüber in Ansehung des eingebrachten Gutes an die Zustimmung des Mannes zu knüpfen (§ 1399). Wie weit die Verfügungsbeschränkungen der Frau im Einzelnen reichen, ist in den §§ 1395—1407 bestimmt.

8. Aus den Beschränkungen, welchen das Verfügungsrecht der Frau unterliegt, folgt, daß eine Veränderung der Substanz des eingebrachten Gutes nicht gegen den Willen des Mannes möglich ist oder, positiv ausgedrückt, daß es zu einer jeden Veränderung der Substanz des eingebrachten Gutes der Mitwirkung des Mannes bedarf. Zu dem gleichen Ergebnisse führen die Vorschriften des B.G.B. aber auch für die Frau, da der Mann ohne die Zustimmung der Frau nur ausnahmsweise über das eingebrachte Gut verfügen darf. Auch die Frau hat demnach regelmäßig bei allen Verfügungen über das eingebrachte Gut, also bei allen Veränderungen der Substanz desselben, mitzuwirken. Das Mitwirkungsrecht der Frau hat aber einen anderen Inhalt wie das des Mannes. Die Mitwirkung der Frau besteht nur in der Ertheilung der Zustimmung. Die Frau kann aber nicht verlangen, daß der Mann sie das Rechtsgeschäft, das die Verfügung enthält, abschließen läßt. Dieses Verlangen kann dagegen der Mann stellen. Denn

## §. 1373.

**Der Mann ist berechtigt, die zum eingebrachten Gute gehörenden Sachen in Besitz zu nehmen.**

---

da ihm die Verwaltung des eingebrachten Gutes zusteht, kommt ihm auch die Vornahme der zur Verwaltung nothwendigen Rechtsgeschäfte zu. Daß er zu einem Rechtsgeschäfte der Zustimmung der Frau bedarf, ändert an der Eigenschaft des Rechtsgeschäfts als eines zur Verwaltung gehörigen Geschäfts nichts, ändert also auch daran nichts, daß es der Mann kraft der ihm zustehenden Verwaltungsmacht vorzunehmen befugt ist. Da die Verwaltung nicht nur ein Recht, sondern auch eine Pflicht des Mannes ist, so ergiebt sich aus diesen Ausführungen die Kehrseite, daß der Mann die Rechtsgeschäfte vornehmen muß und der Frau nicht zumuthen darf, sie statt seiner vorzunehmen. Der Mann ist, wenn er ein zur Verwaltung nothwendiges Rechtsgeschäft nicht vornimmt und aus der Unterlassung ein Schaden entsteht, verantwortlich, soweit ihm die Unterlassung zum Verschulden (§ 1359) angerechnet werden kann. Der E. I hatte einen anderen Standpunkt eingenommen. Die Frau sollte bei Verfügungen, die von ihrer Zustimmung abhängig sind, verlangen können, daß der Mann ihr zur Vornahme des Rechtsgeschäfts die Zustimmung ertheile oder das Geschäft selbst vornehme, und der Mann sollte die Frau nur auf die Nothwendigkeit des Rechtsgeschäfts aufmerksam machen müssen. Der E. II hat diesen Standpunkt bewußtermaßen verlassen. Der Mann hat nicht blos zu veranlassen, daß die Frau handelt, er muß selbst handeln. Die in der Ertheilung der Zustimmung liegende Mitwirkung des Mannes wie der Frau hat übrigens sowohl bei dem Manne wie bei der Frau nur die Bedeutung, die Wirksamkeit des Rechtsgeschäfts zu ermöglichen. Das Erforderniß der Zustimmung ist nur ein zu den übrigen Erfordernissen des betreffenden Rechtsgeschäfts hinzutretendes Erforderniß. Der zustimmende Ehegatte erscheint nicht einmal dann, wenn er die Zustimmungserklärung dem Dritten gegenüber abgiebt, als Mitkontrahent des Rechtsgeschäfts, zu dem er zustimmt. Daraus folgt, daß weder der Mann noch die Frau durch die Zustimmung persönlich verpflichtet werden.

### § 1373.

**E. I §§ 1292, 984; II § 1272 rev. § 1358; III § 1356. P. I S. 6309—6315; M. IV S. 182. P. II S. 5113, 5122, 5150, 5199 (Bd. 4 S. 126, 130, 143, 165). D. S. 689. K.B. S. 2065.**

1. Der Mann muß, um dem Rechte und der Pflicht der Verwaltung völlig Genüge leisten zu können, den Besitz der zum eingebrachten Gute gehörenden Sachen haben. Von Belang ist das Besitzrecht insbesondere für die Vindikationsbefugniß. Aber auch in Ansehung der Nutznießung erhält der Mann durch den Besitz eine freiere Stellung, da er dadurch in die Lage gesetzt ist, sein Recht auf die Nutzungen selbst zu verwirklichen und zu diesem Zwecke mit der Sache entsprechend zu verfahren (§ 1383). Der Mann ist nicht kraft Gesetzes Besitzer der zum eingebrachten Gute gehörenden Sachen, sondern hat nur das Recht, die Sachen in Besitz zu nehmen.

2. Der § 1356 des E. III lautete im Anschluß an die für den Nießbrauch geltende Vorschrift des § 1019 (jetzt § 1036) dahin: „Der Mann ist zum Besitze der zum eingebrachten Gute gehörenden Sachen berechtigt." Die jetzige Fassung hat der § 1373 durch die Redaktionskommission des Reichstags erhalten. Diese Aenderung der Fassung scheint nach dem K.B. S. 2065 dadurch veranlaßt zu sein, daß gegen die bisherige Fassung von einer Seite Einwendungen erhoben wurden. Man könne, wurde eingewandt, wohl sagen, „daß der Mann berechtigt sein müsse, die zum eingebrachten Gute gehörenden Sachen in Besitz zu nehmen oder sich auch gegen den Widerspruch der Frau in den Besitz derselben zu setzen. Würde man den Paragraphen aber in der Fassung des Entwurfes stehen lassen, so könne es scheinen, als sei der Mann in allen Fällen, also namentlich auch, wenn er die Sache nicht in seine Verwaltung genommen bezw. das thatsächliche Verhältniß, das sich als Besitz darstelle, nicht hergestellt habe, Besitzer, was nicht richtig wäre" Die Redaktionskommission einigte sich, wie es in dem K.B. heißt, später dahin, der größeren Klarheit wegen dem Paragraphen die jetzige Fassung zu geben. Ob die Redaktionskommission durch diese Aenderung der Fassung nur dem Mißverständnisse hat entgegentreten wollen, daß der Mann kraft des Gesetzes Besitzer sei, oder ob sie dadurch hat ausdrücken wollen, daß der Mann berechtigt sei, sich eigenmächtig in den Besitz der fraglichen Sachen zu setzen, läßt sich aus dem K.B. nicht mit Sicherheit erkennen. Sollte aber das Letztere beabsichtigt sein, so hat diese Absicht einen genügenden Ausdruck im Gesetze

## §. 1374.

Der Mann hat das eingebrachte Gut ordnungsmäßig zu verwalten. Ueber den Stand der Verwaltung hat er der Frau auf Verlangen Auskunft zu ertheilen.

---

nicht gefunden. Das Recht, eine Sache in Besitz zu nehmen, ist nichts anderes als das Recht, den Besitz der Sache zu erwerben. Durch die Zuerkennung dieses Rechtes wird nichts darüber gesagt, in welcher Art die Besitznahme oder der Besitzerwerb erfolgen kann. In dieser Beziehung verbleibt es bei den allgemeinen Grundsätzen. Hätte man eine Vorschrift so anomaler Natur treffen wollen, wie es die Vorschrift sein würde, daß der Mann sich entgegen der Vorschrift des § 858 eigenmächtig in den Besitz der fraglichen Sache setzen dürfe, so hätte dies ausdrücklich ausgesprochen werden müssen. Ein solcher Ausspruch kann in dem § 1373 umsoweniger gefunden werden, als, wenn man die Worte, „der Mann hat das Recht, die fraglichen Sachen in Besitz zu nehmen," in diesem Sinne auslegen wollte, das Recht der Eigenmacht dem Manne, da der § 1373 nicht zwischen der Frau und Dritten unterscheidet, nicht nur gegenüber der Frau, sondern auch gegenüber Dritten zustehen würde. Ein solches Ergebniß kann nicht beabsichtigt sein. Der § 1373 wird hiernach dahin auszulegen sein, daß der Mann das Recht hat, die Einräumung des Besitzes zu verlangen. Dieses Recht steht ihm vermöge der absoluten Natur seines Rechtes sowohl gegenüber der Frau als gegenüber Dritten zu. Hat er den Besitz erlangt, so bestimmen sich die daraus folgenden Rechte, insbesondere in Betreff des Besitzschutzes, nach den allgemeinen Grundsätzen (§§ 859—865, 868).

3. Das Recht des Mannes zum Besitz erstreckt sich auf sämmtliche zum eingebrachten Gute gehörende Sachen, insbesondere auch auf die Inhaber- und Orderpapiere. Die Frau hat an den zum eingebrachten Gute gehörenden Inhaberpapieren nicht etwa, entsprechend dem Besteller eines Nießbrauchs an solchen Papieren (§ 1081), Mitbesitz, sondern der Mann ist Alleinbesitzer. Die Frau ist, wenn der Mann den Besitz erlangte, mittelbare Besitzerin (§ 868).

### § 1374.

**E. I § 1317 Satz 1, § 1324 Abs. 1, § 591; II § 1273 rev. § 1359; III § 1357. P. I S. 6475—6482, 8796, 8810; M. IV S. 272, 285. P. II S. 5101—5103, 5118, 5124, 5125, 5148, 5149, 5166, 5183, 5197, 5217—5219, 5253 (Bd. 4 S. 119, 120, 129, 131, 143, 151, 158, 164, 165, 174, 192). D. S. 689.**

1. Der Satz 1 bringt zum Ausdrucke, daß der Mann wie das Recht so auch die Pflicht zur Verwaltung hat, und charakterisirt das Verwaltungsrecht und die Verwaltungspflicht dahin, daß die Verwaltung ordnungsmäßig d. h. so zu führen ist, wie sie ein verständiger Hausvater führen würde. Wegen des Verwaltungs r e c h t s vergl. die Vorbm. S. 110. Die Verwaltungs p f l i c h t umfaßt die Verpflichtung, nicht nur das eingebrachte Gut zu erhalten, sondern auch die Handlungen vorzunehmen, welche zur Verbesserung des eingebrachten Gutes nothwendig sind. Ist zu diesem Zwecke ein Rechtsgeschäft erforderlich, das der Mann nur mit Zustimmung der Frau vornehmen kann, so hat er die Frau von der Nothwendigkeit des Rechtsgeschäfts in Kenntniß zu setzen und ihre Zustimmung zu erholen oder die gerichtliche Ersetzung der Zustimmung herbeizuführen. In der Verpflichtung zur ordnungsmäßigen Verwaltung ist die Pflicht, ein die ordnungsmäßige Erhaltung der Substanz berücksichtigendes wirthschaftliches Verfahren bei Ziehung der Nutzungen zu beobachten, inbegriffen. Eine dem für den Nießbrauch geltenden § 1036 Abs. 2 entsprechende Vorschrift fehlt deshalb bei der Verwaltung und Nutznießung. Wenn der Mann die Verwaltung nicht ordnungsmäßig führt, ist er der Frau für den daraus entstehenden Schaden, soweit ihm die schlechte Führung nach Maßgabe des § 1359 zum Verschulden angerechnet werden kann, verantwortlich. Die Frau kann jede einzelne Verwaltungshandlung des Mannes herausgreifen und geltend machen, daß die Handlung einer ordnungsmäßigen Verwaltung nicht entspricht. Es darf nicht etwa nur das am Schlusse der Verwaltung und Nutznießung sich herausstellende Gesammtergebniß, sondern es muß jede Verwaltungshandlung auf ihre Ordnungsmäßigkeit geprüft werden und die Frau kann den durch eine einzelne nicht ordnungsmäßige Handlung verursachten Schaden ersetzt verlangen, mag ihr auch auf anderem Gebiet ein Gewinn zugegangen sein, der jenen Schaden ausgleicht oder übersteigt. Dabei kommen die in der Erl. zu § 1421 dargelegten Beweisgrundsätze zur Anwendung. Indessen wird das Recht der Frau, bei jeder einzelnen

## §. 1375.

**Das Verwaltungsrecht des Mannes umfaßt nicht die Befugniß, die Frau durch Rechtsgeschäfte zu verpflichten oder über eingebrachtes Gut ohne ihre Zustimmung zu verfügen.**

---

Verwaltungshandlung schon während des Bestehens der Verwaltung und Nutznießung die Frage der Ordnungsmäßigkeit aufzuwerfen, dadurch thatsächlich sehr eingeschränkt, daß sie nach § 1394 nur, wenn die Voraussetzungen gegeben sind, unter denen sie nach § 1391 Sicherheitsleistung verlangen kann, die ihr aus der Verwaltung und Nutznießung gegen den Mann zustehenden Ansprüche gerichtlich geltend zu machen befugt ist.

**2.** Rechenschaft hat der Mann über die Verwaltung des eingebrachten Gutes erst nach der Beendigung der Verwaltung und Nutznießung abzulegen (§ 1421); dagegen verpflichtet ihn der § 1374 Satz 2, der Frau auch während der Dauer der Verwaltung und Nutznießung über den Stand der Verwaltung Auskunft zu ertheilen. Das Verhältniß ist also das gleiche wie nach § 666 beim Auftrage. Die Pflicht zur Auskunftsertheilung bezieht sich auf den „Stand der Verwaltung", nicht auf den „Bestand des eingebrachten Gutes". Stand der Verwaltung und Bestand des eingebrachten Gutes sind aber verschiedene Dinge. Der Vorerbe ist nach § 2127 verpflichtet, über den Bestand der Erbschaft Auskunft zu geben. Der Mann muß mehr thun; er muß darlegen, welches Ergebniß die von ihm zur Verwaltung ergriffenen Maßnahmen in dem Zeitpunkte haben, für welchen er den Stand der Verwaltung aufdecken soll. Zu diesem Zwecke muß er vorher über den Bestand des eingebrachten Gutes Auskunft geben, da man nur, wenn dieser bekannt ist, beurtheilen kann, wie die Verwaltung bestellt ist. Auf diese Verpflichtung zur Auskunftsertheilung über den Bestand findet § 260 Anwendung. Der Mann muß also ein Verzeichniß der zum eingebrachten Gute gehörenden Gegenstände anfertigen und es unter den im § 260 Abs. 2, 3 bestimmten Voraussetzungen beschwören. Die Auskunftsertheilung bezieht sich natürlich nur auf die Substanz des eingebrachten Gutes, nicht auf die Nutzungen, auf diese auch dann nicht, wenn etwa die Frau auf Grund des § 1389 Abs. 2 und des § 1418 Nr. 2 Satz 2 Verletzung der Unterhaltspflicht behauptet, weil der Mann in Folge schlechter Verwaltung nicht genügend Früchte gezogen habe. Die Auskunftsertheilung bezieht sich nicht auf die Zukunft. Was der Mann künftig mit dem eingebrachten Gute zu thun gedenkt, darüber braucht er der Frau keinen Aufschluß zu geben. Zur Auskunftsertheilung ist er nur verpflichtet, wenn die Frau sie fordert. Eine von dem Verlangen der Frau unabhängige Pflicht, etwa eine periodische Rechnungslegung, wie sie dem Vormund obliegt, ist dem Manne nicht auferlegt. Die Frau kann aber jeder Zeit und ohne weitere Voraussetzung Auskunft verlangen, gleichgültig wie oft sie das Verlangen stellt. Die Frau kann das Verlangen auf einen Theil der Verwaltung oder auf einen bestimmten Gegenstand beschränken. Der Beschränkung entsprechend begrenzt sich auch die Pflicht, über den Bestand Auskunft zu geben. Aus § 1394 ergiebt sich, daß die Frau den Anspruch auf Auskunftsertheilung gerichtlich nur geltend machen kann, wenn die Voraussetzungen des § 1391 vorliegen. Ist aber auch die gerichtliche Geltendmachung ausgeschlossen, wenn diese Voraussetzungen nicht gegeben sind, so macht sich der Mann doch durch die Verweigerung der Auskunft schadensersatzpflichtig.

### § 1375.

**E. I § 1319 Abs. 1; II § 1274 rev. § 1360; III § 1358. M. IV S. 183, 273, 278—280. P. II S. 5114, 5123, 5150, 5166, 5182, 5190, 5199, 5201—5203 (Bd. 4 S. 126, 130, 144, 151, 158, 161, 165, 166). D. S. 689.**

**1.** Aus dem Begriffe des Verwaltungsrechts läßt sich, wie in den Vorbm. Nr. 2, 3 oben S. 110 dargelegt ist, nicht mit Sicherheit entnehmen, ob der Verwalter den Geschäftsherrn durch obligatorische Rechtsgeschäfte verpflichten kann. Der § 1375 entscheidet diese Frage in Betreff des Verwaltungsrechts des Mannes verneinend. Da es sich nach allgemeinen Grundsätzen von selbst versteht, daß die Frau durch ein obligatorisches Rechtsgeschäft, welches der Mann im eigenen Namen abschließt, nicht verpflichtet wird, so liegt die Hauptbedeutung der gedachten Vorschrift darin, daß der Mann obligatorische Rechtsgeschäfte nicht im Namen der Frau vorzunehmen berechtigt ist. Thut er dies dennoch, so finden die Vorschriften Anwendung, welche für den Fall gelten, daß ein Vertreter ohne Vertretungsmacht ein Rechtsgeschäft im Namen eines Anderen vornimmt (§§ 177—180). Nach der Fassung des § 1375 könnte es scheinen, als wenn der Mann auch mit Zustimmung der Frau nicht berechtigt wäre, ein obligatorisches Rechtsgeschäft im Namen der Frau vorzunehmen, daß es hierzu vielmehr immer einer Vollmacht der Frau bedürfe. Die Konstruktion, welche das Verwaltungsrecht des Mannes in dem B.G.B. gefunden hat, dürfte indessen zu einem anderen Ergebnisse führen. Von besonderer Wichtigkeit ist dies für den Fall, daß die Zustimmung der Frau nach § 1379 durch das Vormundschaftsgericht ersetzt wird. Eine solche Ersetzung ist unter den im § 1379 bezeichneten Voraussetzungen bei allen Rechtsgeschäften zulässig, welche zur ordnungsmäßigen Verwaltung des eingebrachten Gutes erforderlich sind. Zur ordnungsmäßigen Verwaltung können auch obligatorische Rechtsgeschäfte, z. B. der Verkauf eines Gegenstandes oder die Aufnahme eines Darlehns, erforderlich sein. Ist die Zustimmung der Frau zu einem solchen Rechtsgeschäft ertheilt oder durch das Vormundschaftsgericht ersetzt, so ist der Mann berechtigt, das Rechtsgeschäft im Namen der Frau vorzunehmen. Bei der Beurtheilung der Frage, ob zu der ordnungsmäßigen Verwaltung des eingebrachten Gutes ein Rechtsgeschäft erforderlich ist, zu dem der Mann der Zustimmung der Frau bedarf, wird aber immer in Betracht zu ziehen sein, ob die ordnungsmäßige Verwaltung des eingebrachten Gutes wirklich die Vornahme des Rechtsgeschäfts im Namen der Frau erfordert. Diese Frage wird z. B. zu verneinen sein bei allen obligatorischen Rechtsgeschäften, welche die Nutzung des eingebrachten Gutes für diejenige Zeit betreffen, während welcher die Verwaltung und Nutznießung besteht, insbesondere also für Mieth- und Pachtverträge über die zum eingebrachten Gute gehörenden Gegenstände. Solche Geschäfte muß und kann der Mann im eigenen Namen vornehmen. Soll ein Mieth- oder Pachtvertrag über die Zeit der Verwaltung und Nutznießung hinaus binden, so kann dies freilich nur dadurch erreicht werden, daß der Vertrag zugleich im Namen der Frau abgeschlossen wird. Hierzu ist der Mann nach dem oben Gesagten nur mit Zustimmung der Frau berechtigt. Die Ersetzung der Zustimmung der Frau durch das Vormundschaftsgericht wird in Fällen dieser Art nur ausnahmsweise, nämlich nur dann zulässig sein, wenn die ordnungsmäßige Benutzung der betreffenden Gegenstände nicht ohne den Abschluß eines über die Dauer der Verwaltung und Nutznießung hinaus die Frau bindenden Vertrags möglich, z. B. ein geeigneter Pächter trotz des § 1423 nicht ohne eine über die Dauer der Verwaltung und Nutznießung hinausgehende Bindung der Frau zu finden ist.

Aus den von dem Manne im eigenen Namen abgeschlossenen obligatorischen Verträgen wird die Frau dem Dritten auch dann nicht verpflichtet, wenn der Vertrag zur ordnungsmäßigen Verwaltung erforderlich war und der Mann nach §§ 1390, 257 Ersatz der von ihm gemachten Aufwendungen bezw. Befreiung von den übernommenen Verpflichtungen von der Frau zu verlangen berechtigt ist. Dem Dritten bleibt in solchem Falle die Möglichkeit, sich den dem Manne gegen die Frau zustehenden Ersatzanspruch im Wege der Zwangsvollstreckung überweisen zu lassen. In einem Falle wird die Frau übrigens unmittelbar durch den von dem Manne abgeschlossenen Vertrag dem Dritten verpflichtet; es ist dies der bereits oben hervorgehobene Fall des § 1423.

2. Der § 1375 enthält ferner den Grundsatz, daß die **Verwaltungsmacht regelmäßig nicht auch zu Veränderungen der Substanz des eingebrachten Gutes berechtigt**, daß also in der Verwaltungsmacht an sich nicht auch das Verfügungsrecht steckt. Zu Verfügungen bedarf der Mann vielmehr regelmäßig der Zustimmung der Frau. Ueber den Begriff der Verfügungen vergl. Bd. I S. 148. Ueber die Bedeutung des Ausdrucks „Zustimmung" vergl. die §§ 182—184 und Vorbm. Nr. 7, 8 oben S. 113). Hervorzuheben ist, daß die Zustimmung nicht der Form bedarf, welche für das Rechtsgeschäft, zu dem sie ertheilt werden soll, nothwendig ist. Die Zustimmung kann daher formlos und stillschweigend ertheilt werden und die Fälle, daß sie nur dem Manne und nur stillschweigend ertheilt wird, bilden die Regel. Die Fälle, in denen der Mann zu Verfügungen ohne die Zustimmung der Frau berechtigt ist, sind in den §§ 1376, 1378 enthalten. Der § 1379 bestimmt die Voraussetzungen, unter denen die Zustimmung ersetzt werden kann.

Das Erforderniß der Zustimmung der Frau beschränkt den Mann nicht nur im Verhältnisse zur Frau, sondern beim Mangel der erforderlichen Zustimmung hat der Mann überhaupt kein Vertretungsrecht. Daß die Frau zu dem Rechtsgeschäfte, zu welchem der Mann ihrer Zustimmung bedarf, zugestimmt hat, ist von demjenigen zu beweisen, der sich auf die Zustimmung beruft. Nach § 1407 Nr. 3 kann die Frau, wenn der Mann über ein Recht, das zum eingebrachten Gute gehört, ohne ihre Zustimmung verfügt hat, das Recht gegen den Dritten geltend machen, ohne der Zustimmung des Mannes zu bedürfen. Im Uebrigen bestimmen sich die Folgen, welche eine ohne die erforderliche Zustimmung der Frau von dem Manne vorgenommene Verfügung hat, falls die Verfügung von dem Manne im eigenen Namen vorgenommen ist, nach den Vorschriften, welche für die Verfügung über ein Recht von Seiten eines Nichtberechtigten gelten (vergl. § 185), falls der Mann im Namen der Frau gehandelt hat, nach den Vorschriften über die von einem Vertreter ohne Vertretungsmacht vorgenommenen Rechtsgeschäfte (§§ 177—180). Die Unwirksamkeit eines ohne die erforderliche Zustimmung der Frau vorgenommenen Rechtsgeschäfts kann auch der Mann selbst geltend machen.

§. 1376.

Ohne Zustimmung der Frau kann der Mann:

1. über Geld und andere verbrauchbare Sachen der Frau verfügen;
2. Forderungen der Frau gegen solche Forderungen an die Frau, deren Berichtigung aus dem eingebrachten Gute verlangt werden kann, aufrechnen;
3. Verbindlichkeiten der Frau zur Leistung eines zum eingebrachten Gute gehörenden Gegenstandes durch Leistung des Gegenstandes erfüllen.

---

**§ 1376.**

**E. I § 1318 Nr. 1, 2; II § 1275 rev. § 1361; III § 1359 Nr. 1, 3, 4. P. I S. 6485 bis 6494; M. IV S. 188—191, 194, 273—278. P. II S. 5114, 5123, 5150, 5166, 5182, 5189, 5203—5206 (Bd. 4 S. 126, 130, 144, 151, 158, 161, 167, 168). D. S. 689. R.B. S. 2065.**

1. An Geld und an anderen verbrauchbaren Sachen (§ 92) erlangt der Nießbraucher Eigenthum, er ist aber verpflichtet, deren Werth bei Beendigung des Nießbrauchs zu ersetzen (§ 1067). Schon der E. I § 1294 hat die Grundsätze vom uneigentlichen Nießbrauch auf die zum eingebrachten Gute gehörenden Gelder und sonstigen verbrauchbaren Sachen nicht übertragen. Der Mann sollte nach § 1318 mit § 1294 über diejenigen verbrauchbaren Sachen, die durch Verbrauch genutzt zu werden pflegen, kraft der ehelichen Nutznießung zu verfügen berechtigt sein, dagegen über diejenigen verbrauchbaren Sachen, deren bestimmungsgemäßer Gebrauch in der Veräußerung besteht, nur mit Zustimmung der Frau verfügen dürfen. Nachdem im E. II die allgemeine Verweisung auf die Vorschriften über den Nießbrauch gestrichen ist, versteht es sich von selbst, daß sowohl die beim Eintritte der Verwaltung und Nutznießung vorhandenen als auch die später von der Frau erworbenen verbrauchbaren Sachen nicht in Folge der Verwaltung und Nutznießung aus dem Eigenthume der Frau in das des Mannes übergehen. Der Mann kann aber nach § 1376 Nr. 1 über sie, ohne der Zustimmung der Frau zu bedürfen, verfügen. Die dem Manne in dieser Beziehung der Frau gegenüber obliegende Verpflichtung bestimmt sich theils nach den allgemeinen Grundsätzen des § 1374 Satz 1, theils nach den besonderen Vorschriften des § 1377 Abs. 2, 3. Zulässig ist übrigens eine Vereinbarung unter den Gatten, durch welche die Vorschriften über den uneigentlichen Nießbrauch auf bestimmte verbrauchbare Sachen für anwendbar erklärt werden. Eines Ehevertrags bedarf es hierzu nicht. Wird eine solche Vereinbarung getroffen, so ist der Mann als Nießbraucher zu beurtheilen und das Eigenthum an den betreffenden verbrauchbaren Sachen geht auf ihn nach Maßgabe des § 1067 über.

Im bisherigen Rechte ist dem Manne mitunter die freie Verfügung über sämmtliche bewegliche Sachen eingeräumt. Dem B.G.B. ist eine derartige Ausdehnung des Verfügungsrechts des Mannes fremd. Die Ehegatten sind indessen nicht gehindert, in derselben Art wie in Ansehung verbrauchbarer Sachen die Grundsätze vom uneigentlichen Nießbrauch auch auf einzelne nicht verbrauchbare bewegliche Sachen vertragsmäßig zur Anwendung zu bringen. Eines Ehevertrags bedarf es nach dem B.G.B. (anders E. I § 1335, vergl. M. IV S. 197, 312 und Erl. zu § 1432) hierzu nicht. Es ist nur die Beobachtung derjenigen Vorschriften erforderlich, welche für die Begründung eines solchen Rechtsverhältnisses überhaupt gelten. Die Ehegatten können die praktische Durchführbarkeit des Rechtsverhältnisses dadurch erleichtern, daß sie den Werth der dem Manne überlassenen Sachen veranschlagen. Welche Bedeutung einem solchen Werthanschlage zukommt, ist lediglich Auslegungsfrage. Besondere Vorschriften enthält das B.G.B. hierüber weder in Ansehung des Eigenthumsüberganges noch bezüglich der Ersatzpflicht des Mannes bei Beendigung der Verwaltung und Nutznießung.

2. Zur Aufrechnung (§§ 387 ff.) ist der Mann nur unter der Voraussetzung berechtigt, daß für die Forderung, gegen welche er aufrechnen will, nach den §§ 1411—1414 Befriedigung aus dem eingebrachten Gute verlangt werden kann. Die Voraussetzung muß im Augenblicke der Abgabe der Aufrechnungserklärung vorhanden sein. Praktisch ist dies von geringer Bedeutung für solche Verbindlichkeiten, die aus einem von der Frau während des Bestehens der Verwaltung und Nutznießung vorgenommenen Rechtsgeschäft entstanden sind. Eine solche Verbindlichkeit kann der Mann durch Zustimmung zu dem zu Grunde liegenden Rechtsgeschäfte zu einer Verbindlichkeit machen, deren Erfüllung aus dem eingebrachten Gute verlangt werden kann, und die Zustimmung wird regelmäßig in der Aufrechnungserklärung zu finden sein. Bei Verbindlichkeiten der Frau, die nicht auf einem Rechtsgeschäfte beruhen, ist es zwar auch nur das Recht des Mannes, welches der Befriedigung aus dem eingebrachten Gute entgegensteht;

auch bei ihnen wird daher die Frau einem Vertrage des Mannes mit dem Gläubiger, durch welchen der Mann die Befriedigung aus dem eingebrachten Gute gestattet, nicht widersprechen können. Eine einseitige Erklärung des Mannes gegenüber dem Gläubiger dürfte indessen nicht genügen, um diesem das Recht zu geben, Befriedigung aus dem eingebrachten Gute zu verlangen. Ohne vorhergehenden Vertrag mit dem Gläubiger ist in solchen Fällen also die einseitige Aufrechnungserklärung des Mannes unzulässig und unwirksam. Nach M. IV S. 277 wird das entscheidende Gewicht darauf gelegt, daß der Mann durch die Aufrechnung gegen eine Forderung, deren Befriedigung der Gläubiger nur aus dem Vorbehaltsgute verlangen kann, in die der Frau zustehende selbständige Verwaltung des Vorbehaltsguts eingreife. Dieser Gesichtspunkt würde dahin führen, dem Manne das Recht, eine solche Forderung durch Zustimmung bezw. durch Vertrag mit den Gläubigern ohne Zustimmung der Frau auf das eingebrachte Gut zu übernehmen, überhaupt zu verneinen. Dies läßt sich mit dem Grundsatze, daß nur das Recht des Mannes der Befriedigung der Gläubiger der Frau aus dem eingebrachten Gut entgegensteht, nicht vereinen. Eine andere Frage ist es, ob sich der Mann nicht der Frau gegenüber verantwortlich macht, wenn er einem Gläubiger das Recht einräumt, die Befriedigung aus dem eingebrachten Gute zu verlangen, und dann eine zum eingebrachten Gute gehörende Forderung im Wege der Aufrechnung zur Befriedigung verwendet. Diese Frage läßt sich allgemein weder bejahen noch verneinen; im einzelnen Falle kann es unter Umständen gewiß mit der dem Manne obliegenden ordnungsmäßigen Verwaltung des eingebrachten Gutes nicht vereinbar sein, wenn er ohne genügende Veranlassung einem Gläubiger, der Befriedigung aus dem eingebrachten Gute zu verlangen nicht berechtigt ist, dieses Recht einräumt, und dadurch die Erfüllung anderer dem eingebrachten Gute zur Last fallender Verpflichtungen beinträchtigt.

Die Zulässigkeit der Aufrechnung ist im Uebrigen dadurch bedingt, daß die allgemeinen Voraussetzungen der Aufrechnung vorliegen (s. Bd. II S. 168 ff. Erl. zu den §§ 387—394). Fehlt eine dieser Voraussetzungen, so ist die Aufrechnung unwirksam.

Der E. II hat dem Manne die freie Verfügung über Forderungen in weiterem Umfange gewährt. Der Mann sollte Forderungen, die nicht auf Zinsen ausstehen, ohne Zustimmung der Frau einziehen dürfen. Die R.T.K. hat diese Befugniß gestrichen. Abgesehen von der Aufrechnung kann daher der Mann über Forderungen nur mit Zustimmung der Frau verfügen, ohne Rücksicht auf die Verzinslichkeit und den Gegenstand der Forderung. Er kann also z. B. nur mit Zustimmung der Frau kündigen oder die Forderung verpfänden oder abtreten; auch kann er die Leistung nur mit Zustimmung der Frau entgegennehmen; weigert sich die Frau der Entgegennahme der Leistung durch den Mann zuzustimmen, so kommt sie in Annahmeverzug und der Mann muß ihre Zustimmung nach § 1379 ergänzen lassen, der Dritte kann sich durch Hinterlegung (§ 372) helfen. Es ist aber nur die Zustimmung der Frau nothwendig, nicht wie beim Nießbrauche (§§ 1078, 1079, 1083) die Mitwirkung in dem Sinne gemeinschaftlichen Handelns. An dem Gegenstande der Leistung erwirbt der Mann Verwaltung und Nutznießung (§ 1363 Abs. 2). Die vom Schuldner ausgehende Kündigung kann nach § 1403 Abs. 1 nur dem Manne gegenüber erklärt werden. Die Frau kann von dem Manne Auskunft darüber verlangen, ob eine solche Kündigung erfolgt ist (§ 1374).

3. Die Nr. 3 berechtigt den Mann, eine Verbindlichkeit der Frau zur Leistung eines zum eingebrachten Gute gehörenden Gegenstandes durch Leistung des Gegenstandes zu erfüllen. Vorausgesetzt wird auch hier, wie in dem Falle unter Nr. 2, daß die Erfüllung der Verbindlichkeit aus dem eingebrachten Gute verlangt werden kann. In dem E. I § 1318 Nr. 1 war dies ausdrücklich ausgesprochen. Eine sachliche Aenderung ist durch die Aenderung der Fassung nicht beabsichtigt. In Betreff der Befugnisse des Mannes, dem Gläubiger das Recht auf Befriedigung aus dem eingebrachten Gute einzuräumen, gilt hier dasselbe, wie in dem Falle unter Nr. 2, ebenso in Betreff der Verantwortlichkeit, welcher sich der Mann durch eine solche Einräumung unter Umständen der Frau gegenüber aussetzt. Zufolge der Nr. 3 kann der Mann z. B. das Eigenthum einer von der Frau geschuldeten Sache übertragen, das Pfandrecht, zu dessen Bestellung, die Forderung, zu deren Uebertragung die Frau verpflichtet ist, bestellen und übertragen. Auch Geld, das zum eingebrachten Gute gehört, kann der Mann zur Erfüllung der auf Leistung von Geld gehenden Verbindlichkeiten der Frau verwenden. Insbesondere kann er eine Schuld der Frau, die ihm selbst gegen die Frau zusteht, durch Erfüllung tilgen (vergl. § 181). Nur die Erfüllung (§ 362) ist dem Manne gestattet, nicht die Hingabe an Zahlungsstatt (§ 364) oder die Veräußerung von zum eingebrachten Gute gehörenden Gegenständen, um aus dem Erlös eine Schuld der Frau zu erfüllen. Die Erfüllung durch Hinterlegung steht dem Manne im gleichen Umfange zu wie die Erfüllung selbst; dagegen ist er zum Abschluß eines Erlaßvertrags nicht berechtigt. Besteht die vom Manne erfüllte Verbindlichkeit nicht zu Recht oder hat sie einen anderen Inhalt, so ist die vom Manne durch die Erfüllung getroffene Verfügung so zu behandeln, als wäre sie von einem Nichtberechtigten erfolgt; sie ist unwirksam und die vom Manne hingegebenen Sachen können von der Frau nach Maßgabe der allgemeinen Grundsätze vindizirt werden; der Zu-

stimmung des Mannes bedarf die Frau hierzu nach § 1407 Nr. 3 nicht. Nach dem E. I sollte der Mann eine Verbindlichkeit der Frau insofern nicht erfüllen dürfen, als er dazu über ein Recht an einem Grundstück oder über ein Recht an einem solchen Rechte verfügen müßte. Es war ihm z. B. die Abtretung einer Briefhypothek oder die Uebertragung einer Forderung, für die eine Hypothek, Grundschuld oder Rentenschuld bestellt war, verboten. Im E. II. ist diese Beschränkung gestrichen worden, weil sich schon aus den Vorschriften der G.B.O. ergiebt, daß, wer eine Eintragung in das Grundbuch nachsucht, seine Legitimation nachweisen muß; bezüglich der Verfügungen, die eine Eintragung in das Grundbuch erfordern, ist daher für die Anwendbarkeit der Nr. 3 kein Raum. Dagegen greift die Nr. 3 auch bei dinglichen Rechten Platz, soweit die Legitimation nicht formell nachgewiesen werden muß, wie bei der Uebertragung eines auf den Inhaber gestellten Grundschuldbriefs. Aehnlich wie bei den Grundbuchsachen liegt die Sache übrigens bei allen Rechtsverhältnissen, bei denen über die Legitimation zu Verfügungen Vorschriften getroffen sind, z. B. bei Uebertragung einer in das Reichsschuldbuch eingetragenen Forderung.

4. Der E. I § 1318 Nr. 3 berechtigte den Mann ohne Zustimmung der Frau alle Handlungen vorzunehmen, die nur die Erhaltung oder Sicherung des eingebrachten Gutes zum Gegenstande haben. Im E. II. ist die Bestimmung als selbstverständlich gestrichen worden. Daß der Mann die im Prozeßwege zu erwirkenden Sicherungsmaßregeln (Arreste, einstweiligen Verfügungen, diese insbesondere zur Erwirkung der Eintragung einer Vormerkung oder eines Widerspruchs in das Grundbuch) auch ohne die Zustimmung der Frau beantragen kann, folgt aus § 1380. Bei den sonstigen Sicherungsmaßregeln, z. B. der Annahme von Bürgen, Pfändern, der Errichtung des Nachlaßinventars, ergiebt sich die selbständige Befugniß des Mannes aus dessen Verwaltungsrechte. Das Recht, ein Inventar für die Frau zu errichten, ist übrigens im § 2008 indirekt anerkannt (vergl. noch Erl. zu § 1406 Nr. 1). In der zweiten Komm. (P. II S. 5200, Bd. 4 S. 165) war ferner beantragt, dem Manne ausdrücklich das Recht beizulegen, alle thatsächlichen Handlungen vorzunehmen, die zur ordnungsmäßigen Verwaltung und zur Ziehung der Nutzungen erforderlich sind. Der Antrag wurde, weil dieses Recht selbstverständlich sei, abgelehnt.

5. Die vorstehenden Grundsätze finden auch Anwendung, wenn zum eingebrachten Gute ein Erwerbsgeschäft der Frau gehört. Praktisch von Bedeutung ist besonders der Betrieb eines Handelsgeschäfts, das nicht zum Kleingewerbe zählt (§ 4 H.G.B.). Das zum eingebrachten Gute gehörende Handelsgeschäft ist der Verwaltung und Nutznießung des Mannes an sich in gleicher Weise unterworfen wie sonstige Bestandtheile des eingebrachten Gutes. Das Rechtsverhältniß gestaltet sich jedoch verschieden, je nachdem die Frau oder der Mann das Geschäft betreiben. Wird es von der Frau selbständig betrieben, so gestaltet sich das Rechtsverhältniß nach den in den Erl. zu den §§ 1367, 1405 gemachten Darlegungen. Betreibt dagegen die Frau das Geschäft nicht selbständig, sondern nimmt sie am Geschäft überhaupt nicht oder nur als Gehülfin des Mannes theil, so hat der Mann die Wahl, ob er das Geschäft im eigenen Namen oder Namens der Frau betreiben will. Letzteren Falles bleibt die Frau die Inhaberin des Geschäfts und Kauffrau und das Verhältniß ist ein ähnliches, wie wenn der Vater für das Kind ein diesem gehöriges Handelsgeschäft in dessen Namen betreibt. Im Handelsregister ist nur die Frau eingetragen, in der Firma erscheint der Mann nicht. Die zum Geschäfte gehörenden Sachen bleiben zunächst im Eigenthume der Frau, die Geschäftsforderungen stehen der Frau zu und für die im Geschäfte begründeten Verbindlichkeiten haftet die Frau wie für sonstige Verbindlichkeiten nach den allgemeinen Grundsätzen. Ueber die zum Geschäfte gehörenden Sachen darf der Mann, soweit sie nach § 92 Abs. 2 die Eigenschaft von verbrauchbaren Sachen haben, frei verfügen; zur Verfügung über die Geschäftsforderungen ist er nur mit Zustimmung der Frau berechtigt, desgleichen zur Eingehung von Verbindlichkeiten. Die einem Kaufmann als solchem obliegenden Verpflichtungen, insbesondere zur Führung von Handelsbüchern, liegen nach § 1374 dem Manne ob. Wenn der § 1374 auch zunächst nur das Verhältniß der Ehegatten zu einander im Auge hat, so muß er doch dazu führen, den Mann in solchen Fällen, in denen das Gesetz an die Unterlassung der einem Kaufmann als solchem obliegenden Pflichten öffentliche Folgen knüpft, z. B. § 240 Nr. 3 der K.O., haftbar erscheinen zu lassen.

Zweifelhaft ist, wie sich die Nutznießung des Mannes gestaltet. Der Mann erwirbt nach § 1383 die Nutzungen in derselben Weise und in demselben Umfange wie ein Nießbraucher. Besondere Vorschriften für den Nießbrauch an einem Erwerbsgeschäfte bestehen nicht. Die allgemeinen Grundsätze würden dahin führen, daß der Mann nur die Nutzung der einzelnen zu dem Erwerbsgeschäfte gehörenden Gegenstände zu beziehen hätte. Solche Nutzungen gewähren die zum Verkauf in dem Handelsgeschäfte bestimmten und deshalb als verbrauchbar zu betrachtenden Sachen nicht. Der Erlös aus dem Verkaufe wird in dem hier vorausgesetzten Falle, daß der Mann das Geschäft der Frau in deren Namen betreibt, wieder eingebrachtes Gut. Den bei dem Verkauf in jedem einzelnen Falle etwa gemachten Gewinn als Nutzung zu behandeln, ist praktisch unmöglich. Als Nutzung der einzelnen zu dem Geschäfte gehörenden Gegenstände würden also nur etwa die Zinsen der zu dem Geschäfte gehörenden Forderungen in Betracht kommen. Dies ist ein Ergebniß, das mit der wirthschaftlichen Natur eines Erwerbsgeschäfts unvereinbar erscheint. Für ein zu dem Vermögen eines unter elterlicher Gewalt stehenden Kindes gehörendes Erwerbsgeschäft, das der Vater im Namen des Kindes betreibt, bestimmt der § 1655, daß dem Vater auf Grund der elterlichen Nutznießung nur der sich aus dem Betriebe des Geschäfts ergebende Reingewinn unter der im § 1655 Satz 2 bestimmten Beschränkung gebühre. Eine entsprechende Vorschrift fehlt für das eheliche Güterrecht. Es fragt sich aber, ob nicht trotzdem der jener Bestimmung zu Grunde liegende Gedanke auch für die Verwaltung und Nutznießung des Mannes zur Geltung zu bringen ist. Dieser Gedanke besteht darin, daß ein Erwerbsgeschäft ein wirthschaftliches Ganzes bildet, das deshalb auch nur als ein Ganzes der Nutznießung unterliegt. Dieser Gedanke entspricht unzweifelhaft der Auffassung des Verkehrs, und es dürfte sich deshalb rechtfertigen lassen, ihn trotz des Mangels einer ausdrücklichen Vorschrift auch bei der Verwaltung und Nutznießung des Mannes zu Grunde zu legen und daher die Vorschriften des § 1655 entsprechend anzuwenden. Auch bei dieser Annahme bleibt übrigens das Verhältniß, das sich bei dem Betrieb eines zum eingebrachten Gute gehörenden Erwerbsgeschäfts durch den Mann nach den obigen Grundsätzen ergiebt, ein dem praktischen Bedürfnisse wenig entsprechendes. Es ergiebt sich dies daraus, daß der Mann zu jedem obligatorischen Rechtsgeschäft, also, obwohl er zu der Verfügung über die zu dem Erwerbsgeschäfte gehörenden verbrauchbaren Sachen ohne Zustimmung der Frau berechtigt ist, doch zu dem Verkaufe derselben im Namen der Frau und ebenso zu der Einziehung aller zu dem Erwerbsgeschäfte gehörenden Forderungen der Zustimmung der Frau bedarf. Ein praktisch brauchbares Ergebniß wird sich hiernach regelmäßig nur dadurch erreichen lassen, daß die Frau dem Manne generell die Vollmacht oder Zustimmung zu allen Geschäften ertheilt, die der Betrieb des Erwerbsgeschäfts mit sich bringt.

Der Mann kann das Erwerbsgeschäft aber auch im eigenen Namen betreiben, der Zustimmung der Frau bedarf er dazu nicht. Wie sich das Verhältniß in diesem Falle gestaltet, ist in verschiedenen Beziehungen zweifelhaft. Der Natur eines Erwerbsgeschäfts und den der Verwaltung und Nutznießung zu Grunde liegenden Gedanken dürfte am meisten folgende Auffassung entsprechen. Der Mann ist Inhaber des Geschäfts; er verkauft und veräußert die zu dem Erwerbsgeschäfte gehörenden verbrauchbaren Sachen im eigenen Namen und erwirbt die aus solchen Geschäften entstehenden Forderungen für sich. Der § 1381 findet keine Anwendung. Die bei dem Beginne des Betriebs zu dem Erwerbsgeschäfte gehörenden Forderungen kann der Mann nur mit Zustimmung der Frau einziehen. Waren verbrauchbare Sachen Gegenstand der Forderung, so gilt für diese Sachen, wenn der Mann sie auf Grund der Forderung erhalten hat, das oben Gesagte. Das bei dem Beginne des Betriebs des Erwerbsgeschäfts von Seiten des Mannes vorhandene sowie das durch die Einziehung von Forderungen erlangte Geld hat der Mann nach § 1377 Abs. 2 für die Frau verzinslich zu belegen, soweit es nicht zur Bestreitung von Ausgaben bereit zu halten ist. Das letztere wird anzunehmen sein, soweit das Geld zum Betriebe des Geschäfts erforderlich ist; zur Verfügung über das Geld ist der Mann nach § 1376 Nr. 1 berechtigt. Bei einer längeren Dauer der Verwaltung und Nutznießung wird hiernach der Mann regelmäßig mit der Zeit Eigenthümer aller zu dem Erwerbsgeschäfte gehörenden Gegenstände mit Ausnahme der unbeweglichen Sachen und der nicht zu den verbrauchbaren Sachen gehörenden Inventarstücke werden. In Betreff der Nutznießung und der Verpflichtung zur Herausgabe nach der Beendigung der Verwaltung und Nutznießung wird der Grundsatz maßgebend sein müssen, daß das Erwerbsgeschäft ein wirthschaftliches Ganzes bildet. Nicht die einzelnen bei dem Beginne der Verwaltung und Nutznießung zum Erwerbsgeschäfte gehörenden Gegenstände, sondern das Erwerbsgeschäft als Ganzes hat der Mann daher bei Beendigung der Verwaltung und Nutznießung der Frau herauszugeben. Zu diesem Zwecke hat er ihr die bei der Beendigung der Verwaltung und Nutznießung zu dem Erwerbsgeschäfte gehörenden, aber in sein Eigenthum übergegangenen Gegenstände zu übertragen. Ueber die Verwaltung des Erwerbsgeschäfts hat er der Frau Rechenschaft abzulegen und ihr den durch sein Verschulden entstandenen Schaden zu ersetzen. Andererseits kann er den Ersatz von Verwendungen nach Maßgabe des § 1390 verlangen. Als ihm gebührende und verbleibende Nutznießung wird ebenso wie in dem oben erörterten Falle, in welchem der Mann das Erwerbsgeschäft im Namen der Frau betreibt, der Reinertrag des Erwerbsgeschäfts zu betrachten und werden dabei die Vorschriften des § 1655 zur entsprechenden Anwendung zu bringen sein. Auch in Fällen dieser Art dürfte indessen, um die in verschiedenen Richtungen hervortretenden Zweifel zu beseitigen, eine Vereinbarung über die Art und Weise, in welcher das Erwerbsgeschäft zu behandeln ist, rathsam sein.

Für den Betrieb eines Handelsgeschäfts wird den Gatten durch die Vorschrift des H.G.B. § 22 Abs. 2 ein verhältnißmäßig einfacher Weg eröffnet. Hiernach darf der Mann für das zum eingebrachten Gute gehörende Handelsgeschäft die bisherige Firma mit oder ohne Beifügung eines das Nachfolgeverhältniß andeutenden Zusatzes fortführen, wenn die Frau in die

§. 1377.

Der Mann soll Verfügungen, zu denen er nach §. 1376 ohne Zustimmung der Frau berechtigt ist, nur zum Zwecke ordnungsmäßiger Verwaltung des eingebrachten Gutes vornehmen.

Das zum eingebrachten Gute gehörende Geld hat der Mann nach den für die Anlegung von Mündelgeld geltenden Vorschriften für die Frau verzinslich anzulegen, soweit es nicht zur Bestreitung von Ausgaben bereit zu halten ist.

Andere verbrauchbare Sachen darf der Mann auch für sich veräußern oder verbrauchen. Macht er von dieser Befugniß Gebrauch, so hat er den Werth der Sachen nach der Beendigung der Verwaltung und Nutznießung zu ersetzen; der Ersatz ist schon vorher zu leisten, soweit die ordnungsmäßige Verwaltung des eingebrachten Gutes es erfordert.

---

Fortführung der Firma ausdrücklich willigt. Geschieht dies, so haftet der Mann nach dem H.G.B. § 25 für alle im Betriebe des Geschäfts begründeten Verbindlichkeiten der Frau; andererseits aber gelten auch alle in dem Betriebe begründeten Forderungen den Schuldnern gegenüber als auf den Mann übergegangen. Im Verhältnisse zu der Frau werden sowohl im Betreff der Nutznießung als der Verpflichtung der Herausgabe die oben dargelegten Grundsätze Anwendung finden müssen.

Mann und Frau können übrigens eine offene Handelsgesellschaft bilden. Dagegen ist es undenkbar, daß, ohne das Bestehen einer offenen Handelsgesellschaft, sowohl der Mann als die Frau dasselbe Geschäft selbständig betreiben.

**§ 1377.**

**E. I § 1294 Satz 2, 3, §§ 1296, 1323; II § 1276 rev. § 1362; III § 1360. P. I S. 6309—6321, 6328—6335, 6337—6353, 6501—6504, 8795, 8810, 8824, 8842, 8677; M. IV S. 194—196, 198, 199, 282. P. II S. 5119, 5124, 5150, 5160, 5166, 5183, 5219, 5220, 5229, 8622, 8623 (Bd. 4 S. 129, 131, 144, 148, 151, 158, 174, 175, 179, 180). D. S. 689. K.B. S. 2065.**

1. Der Abs. 1 bringt zum Ausdrucke, daß, wenn der Mann auch bezüglich der im § 1376 bezeichneten Verfügungen nach außen unbeschränkt ist, im Verhältnisse zur Frau doch auch für diese Fälle die im § 1374 aufgestellte Pflicht gilt, daß der Mann Verwaltungshandlungen nur vornehmen darf, wenn und soweit sie die ordnungsmäßige Verwaltung erfordert. Der Abs. 1 enthält somit eine kausale Beschränkung des Verfügungsrechts des Mannes, deren Verletzung auf die Gültigkeit der Verfügung ohne Einfluß ist (vergl. den Ausdruck „soll", während der E. II den Ausdruck „darf" gewählt hatte, sachlich übrigens gleichfalls nur eine Ordnungsvorschrift wollte), den Mann dagegen der Frau verantwortlich macht, soweit ihn ein Verschulden (§ 1359) trifft.

2. Soweit Gelder zur Bestreitung von Ausgaben bereit zu halten sind (vergl. Erl. zu § 1806), ist der Mann in der Verwendung der Gelder nur durch die Vorschrift des Abs. 1 beschränkt. Soweit die Gelder nicht bereit zu halten sind, sieht es das Gesetz, wie der Abs. 2 in Anlehnung an die für den Nießbrauch geltende Vorschrift des § 1079 klarstellt, als ein Gebot der ordnungsmäßigen Verwaltung an, daß die Gelder verzinslich angelegt werden und daß nur eine den Vorschriften über die Anlegung von Mündelgeld entsprechende Anlegung als eine ordnungsmäßige erscheint. Mit Zustimmung der Frau kann der Mann selbstverständlich die Anlegung unterlassen und das Geld in jeder Weise anlegen. Die Vorschriften über die Anlegung von Mündelgeld sind in den §§ 1807, 1808 getroffen. Der § 1811, nach welchem das Vormundschaftsgericht eine anderweite Anlegung gestatten kann, ist nicht anwendbar. An die Stelle des Gerichts tritt hier die Frau. Eine Ersetzung der Zustimmung der Frau nach § 1379 ist ausgeschlossen. Unter den in den §§ 1807, 1808 zur Verfügung gestellten Arten der Anlegung hat der Mann nach Maßgabe der §§ 1807, 1808 die Wahl. Die Frau hat dabei kein Mitwirkungsrecht. Bei sich selbst kann der Mann gemäß § 181 das Geld nicht anlegen. Auch die Ausführung der Anlegung geschieht vom Manne allein (§ 1376 Nr. 1). Es ist nicht wie beim Nießbrauche Zusammenwirken des Mannes und der Frau nothwendig. Mit der Anlegung erwirbt der Mann an dem Kapitale die Nutznießung und sein Verfügungsrecht an demselben richtet sich nach den allgemeinen Grundsätzen der §§ 1375, 1376.

§. 1378.

Gehört zum eingebrachten Gute ein Grundstück sammt Inventar, so bestimmen sich die Rechte und die Pflichten des Mannes in Ansehung des Inventars nach den für den Nießbrauch geltenden Vorschriften des §. 1048 Abs. 1.

§. 1379.

Ist zur ordnungsmäßigen Verwaltung des eingebrachten Gutes ein Rechtsgeschäft erforderlich, zu dem der Mann der Zustimmung der Frau bedarf, so kann

---

Der Abs. 2 bezieht sich nur auf Geld, dagegen ist weder dem Manne noch der Frau das Recht beigelegt, auch in Ansehung ausstehender Kapitalien, welche unter Mitwirkung beider Ehegatten angelegt oder von der Frau in die Ehe eingebracht oder durch Erbgang oder sonstwie erworben worden sind, eine anderweite Anlegung nach den für die Anlegung von Mündelgeld getroffenen Vorschriften zu verlangen, wenn die Einziehung des Kapitals im Uebrigen nicht durch das Interesse einer ordnungsmäßigen Verwaltung geboten ist.

**3.** Der Abs. 3 bedeutet eine Ausnahme von dem in den Abs. 1, 2 zum Ausdrucke gelangten Gedanken, daß die Befreiung des Verfügungsrechts des Mannes nach außen nicht auch für das Verhältniß nach innen gilt. Im Uebrigen ist auf die Erl. Nr. 5 zu § 1376 zu verweisen. Daß die ordnungsmäßige Verwaltung den Ersatz des Werthes der verbrauchten oder veräußerten Sachen jedenfalls dann erfordert, wenn der Werth zur Befriedigung eines Gläubigers erforderlich ist, wird im § 1411 Abs. 2 anerkannt. Wegen der besonderen Sicherung der Frau für den im Abs. 3 bezeichneten Anspruch vergl. § 1391. Der Berechnung des zu ersetzenden Werthes ist der Zeitpunkt des Verbrauchs oder der Veräußerung zu Grunde zu legen. Unter die Vorschrift des Abs. 3 fällt übrigens nicht auch der Verbrauch derjenigen Früchte, welche der Mann den Regeln einer ordnungsmäßigen Wirthschaft zuwider oder die er deshalb im Uebermaße zieht, weil dies in Folge eines besonderen Ereignisses nothwendig geworden ist. Denn an diesen Früchten erlangt der Mann nach § 1039 mit § 1383 Eigenthum; er ist zwar zum Ersatze des Werthes verpflichtet, allein nicht gemäß § 1377 Abs. 3, sondern in Folge der Anwendbarkeit des § 1039. Eine Verzinsungspflicht, wie sie dem Beauftragten im § 668 auferlegt ist, liegt dem Manne nicht ob (P. II S. 5253, Bd. 4 S. 192).

**§ 1378.**

**E. I §§ 1292, 1000; II § 1277 rev. § 1363; III § 1361. P. I S. 6309—6315; M. IV S. 182, 183. P. II S. 5114, 5123, 5150, 5204 (Bd. 4 S. 126, 130, 144, 168).**

**1.** Der § 1378 betrifft den Fall, daß ein Grundstück sammt Inventar zum eingebrachten Gute gehört. In diesem Falle werden die Rechte und die Pflichten des Mannes in Ansehung des Inventars durch Verweisung auf § 1048 Abs. 1 geordnet. Dem Manne wird die volle Verfügungsgewalt über die einzelnen Stücke des Inventars eingeräumt; insofern wird eine Ausnahme vom § 1375 geschaffen. Der Mann hat aber auch die Pflicht zur Ergänzung des Inventars; insofern schließt sich § 1378 an die im § 1384 geregelte Frage der Tragung der Erhaltungskosten an. Wegen der Einzelheiten, insbesondere auch wegen der Frage, inwieweit die Vorschrift im Wege der Analogie auf andere Sachgesammtheiten, z. B. eine Heerde, ausgedehnt werden kann, vergl. Erl. zu § 1048.

**2.** Im § 1048 Abs. 2 ist der Fall behandelt, daß der Nießbraucher das Inventar zum Schätzungswerthe mit der Verpflichtung übernimmt es bei der Beendigung des Nießbrauchs zum Schätzungswerthe zurückzugewähren. Für diesen Fall werden die für die Pacht geltenden Vorschriften der §§ 588, 589 für entsprechend anwendbar erklärt. Der § 1048 Abs. 2 ist auf die Verwaltung und Nutznießung des Mannes nicht erstreckt. Es kann aber keinem Zweifel unterliegen, daß die Ehegatten auch die im § 1048 Abs. 2 erwähnte Vereinbarung treffen können und daß das Rechtsverhältniß sich solchenfalls nach den §§ 588, 589 bemißt. Eine derartige Vereinbarung bedarf nicht der Form des Ehevertrags.

**§ 1379.**

**E. I § 1319 Abs. 2; II § 1278 rev. § 1364; III § 1362. P. I S. 6475—6485, 6495, 8796; M. IV S. 279, 280. P. II S. 5114—5118, 5123, 5151, 5167, 5182, 5191, 5207 (Bd. 4 S. 127, 128, 130, 144, 151, 158, 162, 169). D. S. 690.**

**1.** Gebietet die ordnungsmäßige Verwaltung des eingebrachten Gutes ein Rechtsgeschäft, zu dem der Mann nicht ohne Zustimmung der Frau befugt ist (§§ 1376, 1378), so hat die Zustimmung auf Antrag des Mannes durch das Vormundschaftsgericht ersetzt werden, wenn die Frau sie ohne ausreichenden Grund verweigert.

Das Gleiche gilt, wenn die Frau durch Krankheit oder durch Abwesenheit an der Abgabe einer Erklärung verhindert und mit dem Aufschube Gefahr verbunden ist.

§. 1380.

Der Mann kann ein zum eingebrachten Gute gehörendes Recht im eigenen Namen gerichtlich geltend machen. Ist er befugt, über das Recht ohne Zustimmung der Frau zu verfügen, so wirkt das Urtheil auch für und gegen die Frau.

---

der Mann die Frau um die Ertheilung der Zustimmung anzugehen. Der Mann braucht sich nicht gefallen zu lassen, daß die Frau das Rechtsgeschäft mit seiner Zustimmung vornimmt, er kann verlangen, daß er selbst das Geschäft vornimmt und die Frau hierzu die Zustimmung ertheilt (s. Vorbm. Nr. 8 oben S. 113). Weigert sich die Frau, die Zustimmung zu ertheilen, so kann der Mann die gerichtliche Ersetzung derselben verlangen. Eine Verpflichtung des Mannes gegenüber der Frau, die von ihr verweigerte Zustimmung ersetzen zu lassen, dürfte nicht anzunehmen sein. Es würde gegen Treu und Glauben verstoßen, wenn die Frau dem Manne daraus einen Vorwurf machen wollte, daß er ihrer Weigerung gegenüber die Hülfe des Gerichts nicht angerufen habe (vergl. § 254). Die Ersetzung der Zustimmung findet bei allen Rechtsgeschäften, auch den obligatorischen, statt. Der Mann ist besser gestellt als nach § 1402 die Frau. Rechtlich gilt die ersetzte Zustimmung als Zustimmung der Frau; der nach § 183 an sich zulässige Widerruf der Zustimmung ist im Falle der Ersetzung der Zustimmung ausgeschlossen.

Die Ersetzung geschieht durch das Vormundschaftsgericht. Das Verfahren ist im freiw. G.G. geregelt. Ueber die Zuständigkeit des Gerichts vergl. § 45, über den Zeitpunkt der Wirksamkeit der die Zustimmung ersetzenden Verfügung vergl. § 53 das.

2. Die Voraussetzungen, unter welchen die Zustimmung der Frau ersetzt werden kann, sind:

a) das Rechtsgeschäft muß zur ordnungsmäßigen Verwaltung des eingebrachten Gutes erforderlich sein. Wann die Voraussetzung zutrifft, ist Thatfrage. Vergl. Erl. Nr. 1 zu § 1375.

b) Die Weigerung der Frau, die Zustimmung zu ertheilen, muß eine grundlose oder die Gründe der Frau müssen zur Rechtfertigung der Weigerung nicht ausreichend sein. Auch gegen ein von der ordnungsmäßigen Verwaltung des eingebrachten Gutes an sich gefordertes Rechtsgeschäft können Gründe vorliegen, welche die Vornahme des Rechtsgeschäfts als mit den Interessen der Frau unvereinbar erscheinen lassen, so wenn der Mann ein einem Verwandten der Frau gegebenes Darlehen kündigen will, die Frau aber gute Gründe hat, den Verwandten zu schonen.

Nach Abs. 2 steht es einer grundlosen Weigerung gleich, wenn die Frau durch Krankheit oder durch Abwesenheit an der Abgabe einer Erklärung verhindert und zugleich mit dem Aufschube Gefahr verbunden ist. Auf die voraussichtliche Dauer der Verhinderung kommt nichts an, es ist nicht wie im § 1305 Abs. 2 dauernde Verhinderung nothwendig; doch muß die Frau durch die Abwesenheit oder durch die Krankheit wirklich außer Stande gesetzt sein, eine Erklärung abzugeben und mit dem Aufschube Gefahr verbunden sein. Die unter a erwähnte Voraussetzung muß natürlich auch in dem im Abs. 2 bezeichneten Falle gegeben sein.

Daß die Voraussetzungen des § 1379 vorliegen, hat nach dem Wortlaute desselben der Mann zu beweisen. Doch hat die Frage der Beweislast mit Rücksicht auf das Verfahren der freiwilligen Gerichtsbarkeit keine besondere praktische Bedeutung.

3. Ueber die Frage, ob die Zustimmung der Frau auch zur Prozeßführung ersetzt werden kann, s. Erl. Nr. 4 zu § 1380.

§ 1380.

**E. I § 1322; II § 1281 rev. § 1365; III § 1363. P. I S. 6475—6477, 6482, 6495; M. IV S. 281, 282. P. II S. 5118, 5124, 5152, 5167, 5182, 5190, 5215, 5216 (Bd. 4 S. 129, 130, 145, 151, 158, 161, 172, 173). D. S. 690.**

1. Prozeßführung ist keine Verfügung (Bd. I S. 148), sondern ein Verwaltungsakt. Würde dem Manne aber gestattet, kraft seines Verwaltungsrechts im Namen der Frau die zu dem eingebrachten Gute gehörenden Rechte gerichtlich geltend zu machen, so würde er dadurch mittelbar in der Lage sein, durch die Art der Prozeßführung über jene Rechte zu verfügen, indem das ergehende Urtheil, wenn der Prozeß von dem Manne als Vertreter der Frau in deren Namen geführt wurde, unbeschränkt auch für und gegen die Frau wirken müßte. Andererseits würde das Verwaltungs- und Nutzungsrecht des Mannes in einer dem Zwecke desselben

widersprechenden Weise beschränkt werden, wenn der Mann zu der gerichtlichen Geltendmachung eines zum eingebrachten Gute gehörenden Rechtes immer der Zustimmung der Frau bedürfte. Der § 1380 schlägt deshalb einen Mittelweg ein. Er gestattet dem Manne, die zu dem eingebrachten Gute gehörenden Rechte im eigenen Namen gerichtlich geltend zu machen; aber das in dem Prozeß ergehende Urtheil wirkt für und gegen die Frau nur, wenn der Mann über das geltend gemachte Recht ohne Zustimmung der Frau zu verfügen berechtigt ist. In Betreff der juristischen Konstruktion dieses Rechtes des Mannes sind verschiedene Auffassungen möglich. Sachlich handelt es sich um eine der actio confessoria des Nießbrauchers entsprechende gerichtliche Geltendmachung des dem Manne zustehenden Verwaltungs- und Nutzungsrechts. Dieses Recht gelangt in Beziehung auf das geltend gemachte Recht der Frau durch das den Beklagten verurtheilende Erkenntniß zur Anerkennung, während durch das die Klage abweisende Urtheil nur im Verhältnisse zwischen dem Manne und dem Beklagten festgestellt wird, daß dem Manne kraft seines Verwaltungsrechts nicht das Recht zustehe, das betreffende Recht der Frau geltend zu machen. Nur soweit der Mann über das geltend gemachte Recht ohne Zustimmung der Frau zu verfügen berechtigt ist — ein Fall, der nach den §§ 1375, 1376 wohl nur bei der Vindikation verbrauchbarer Sachen eintreten kann — hat die gerichtliche Geltendmachung des Rechtes insofern eine andere Bedeutung, als hier der Prozeß über das Recht der Frau selbst geführt und durch das Urtheil darüber erkannt wird. Hieraus ergiebt sich, daß die prozeßrechtlichen Handlungen des Mannes, welche sachlich eine Verfügung über das geltend gemachte Recht enthalten, insbesondere Anerkenntnisse und Verzichte eine verschiedene rechtliche Bedeutung haben, je nachdem der Mann über das geltend gemachte Recht ohne Zustimmung der Frau zu verfügen berechtigt ist oder nicht. Im ersteren Falle wirkt die Verfügung gegen das Recht der Frau selbst, im zweiten Falle nur gegen das Recht des Mannes zur Geltendmachung des fraglichen Rechtes der Frau. Auch in dem letzteren Falle wird die Klage, wenn der Mann auf das geltend gemachte Recht verzichtet oder eine das Recht ausschließende Einwendung des Beklagten, z. B. die Einwendung der Zahlung, anerkennt, abgewiesen; aber nur das Recht des Mannes, nicht das der Frau wird dadurch berührt, während im ersteren Falle die auf Grund eines solchen Verzichts oder Anerkenntnisses erfolgende Abweisung das Recht der Frau selbst auch dieser gegenüber aberkennt.

Das Recht des Mannes erstreckt sich auf alle zu dem eingebrachten Gute gehörenden Rechte, also sowohl auf Forderungen wie auf dingliche Rechte. Die gerichtliche Geltendmachung umfaßt jede Art der Rechtsverfolgung also sowohl im Wege der Klage als der Widerklage, des Mahnverfahrens und unter Umständen auch im Wege der Einrede und Replik.

Die Kosten eines vom Manne gemäß § 1380 geführten Prozesses hat stets der Mann zu tragen (§ 1387 Nr. 1).

2. Der § 1380 räumt dem Manne nur das Recht der gerichtlichen Geltendmachung der zu dem eingebrachten Gute gehörenden Rechte ein, nicht aber das Recht, die Erfüllung eines Anspruchs der Frau anzunehmen. Eine solche Annahme ist Verfügung über das Recht; der Mann ist also dazu ohne Zustimmung der Frau nicht berechtigt. Der Mann kann daher, wenn er auf Grund des § 1380 ein Recht der Frau geltend macht, nicht verlangen, daß der Beklagte schlechthin zur Zahlung an ihn verurtheilt werde, vielmehr hat die Verurtheilung auf Zahlung an den Mann unter Zustimmung der Frau zu erfolgen.

3. Zweifelhaft ist die Frage, ob der Mann die zu dem eingebrachten Gute gehörenden Rechte mit Zustimmung der Frau auch in deren Namen gerichtlich geltend machen kann. Eine ausdrückliche Vorschrift fehlt hierüber in dem B.G.B. Die Frage dürfte indessen bei der Konstruktion, welche das Verwaltungsrecht in dem B.G.B. erhalten hat, zu bejahen sein. Klagt der Mann in dieser Art, so finden die allgemeinen Grundsätze über den von einem Vertreter mit Vertretungsmacht im Namen des Vertretenen geführten Prozeß Anwendung; das ergehende Urtheil wirkt unmittelbar für und gegen die Frau und deshalb mittelbar auch für und gegen den Mann.

Zweifelhaft kann ferner sein, welche Bedeutung es hat, wenn die Frau zu einem von dem Manne nach Maßgabe des § 1380 im eigenen Namen geführten Prozeß ihre Zustimmung ertheilt. Es frägt sich, ob die Zustimmung der Frau zu dem Prozesse die Wirkung hat, daß die Prozeßführung des Mannes und das Urtheil für und gegen die Frau unmittelbar wirksam sind, oder ob die Zustimmung in diesem Falle dem Beklagten gegenüber ebensowenig rechtliche Bedeutung hat, wie etwa die Zustimmung des Eigenthümers einer Sache zu einem Prozeß, in welchem der Nießbraucher seinen Nießbrauch an der Sache mit der actio confessoria gegen einen Dritten geltend macht. Aus der ersteren Auffassung würde folgen, daß die Frau ein zu Gunsten des Mannes ergangenes Urtheil dadurch jederzeit für sich wirksam machen könnte, daß sie nachträglich die Zustimmung zu dem Prozeß ertheilt und daß sie, wenn sie als Nebenintervenientin dem Manne beitritt, auf Grund ihrer Zustimmung zu dem Prozesse nach Maßgabe des § 69 der C.P.O. die Stellung eines Streitgenossen erhielte. Für diese Auffassung spricht die Analogie mit der Zustimmung der Frau zu einer Verfügung des Mannes über eingebrachtes Gut. Die dagegen sprechenden Gründe dürften aber doch überwiegend sein. Der

§. 1381.

**Erwirbt der Mann mit Mitteln des eingebrachten Gutes bewegliche Sachen, so geht mit dem Erwerbe das Eigenthum auf die Frau über, es sei denn, daß der Mann nicht für Rechnung des eingebrachten Gutes erwerben will. Dies gilt insbesondere auch von Inhaberpapieren und von Orderpapieren, die mit Blankoindossament versehen sind.**

---

Beklagte würde unbillig benachtheiligt werden, wenn die Frau das zu Gunsten des Mannes ergehende Urtheil durch ihre nachträgliche Zustimmung für sich wirksam machen könnte, obwohl der Beklagte bei dem Prozesse nur den Mann als Prozeßpartei gegen sich hatte und deßhalb in Beziehung auf Beweismittel, z. B. die Eideszuschiebung sowie in Betreff der Möglichkeit einer Widerklage, sich in einer weit ungünstigeren Lage befand, wie wenn die Frau Prozeßpartei wäre. Gegen jene Auffassung spricht ferner der Wortlaut des § 1380. In der von der zweiten Kommission eingesetzten Subkommission war ausdrücklich beantragt, einerseits das Urtheil zu Gunsten der Frau immer wirksam sein zu lassen, andererseits im Falle der Zustimmung der Frau zu dem Prozesse das Urtheil für und gegen sie wirken zu lassen. Beide Anträge wurden aber abgelehnt, weil ein Bedürfniß zu einer derartigen Ausdehnung der Wirkung des Urtheils nicht vorliege und weil der Beklagte dadurch unbillig benachtheiligt werde (P. II S. 5216 Bd. 4 S. 172, 173). Die zweite Kommission hat dann die fragliche Fassung in der von der Subkommission beantragten, dem jetzigen § 1380 entsprechenden Fassung angenommen. Der § 1380 ist also von ihr in dem Sinne der oben dargelegten zweiten Auffassung beschlossen.

4. Hervorgehoben ist oben bereits, daß der Mann mit Zustimmung der Frau den Prozeß in deren Namen führen könne. Zweifelhaft kann sein, ob die Zustimmung der Frau auch durch das Vormundschaftsgericht ersetzt werden kann. Bei den Berathungen der Subkommission scheint dies angenommen zu sein (P. II S. 5216 Bd. 4 S. 172, 173). Dagegen spricht indessen nicht nur die Stellung der von der Ersetzung der Zustimmung handelnden Vorschrift (§ 1379) vor der auf die Prozeßführung bezüglichen (§ 1380), sondern insbesondere, daß der § 1379 die Ersetzung der Zustimmung der Frau durch das Vormundschaftsgericht nur für Rechtsgeschäfte, nicht für Prozesse erwähnt. Ein Bedürfniß, die Ersetzung auch für Prozesse zuzulassen, dürfte nicht vorliegen. Das Recht des Mannes wird durch den § 1380 genügend gesichert, und die Ersetzung der Zustimmung der Frau zu einem Prozesse könnte diese unter Umständen sehr benachtheiligen und würde sie immer der Gefahr aussetzen, zur Tragung der Kosten des Prozesses dem Beklagten gegenüber persönlich verpflichtet zu werden. Die Frage dürfte daher zu verneinen sein.

5. Die Vorschrift des § 1380 bezieht sich nur auf die Aktivprozesse des Mannes. Wer gegen das eingebrachte Gut ein Recht in Anspruch nimmt oder die Befriedigung einer Verbindlichkeit aus dem eingebrachten Gute verlangt, muß das Recht oder die Verbindlichkeit gegen die Frau selbst gerichtlich geltend machen. Die Frau ist auf Leistung, der Mann ist auf Duldung der Vollstreckung zu verklagen (C.P.O. §§ 739, 741, 742). Dies gilt ohne Rücksicht auf den Gegenstand des Rechtsstreits, also z. B. auch für die Geltendmachung einer Dienstbarkeit an einem zum eingebrachten Gute gehörenden Grundstücke, für die Herausgabe einer Sache, die von der Frau als eingebrachtes Gut in Anspruch genommen wird. Eine Klage auf Leistung gegen den Mann wäre unzulässig, eine etwaige Verurtheilung wäre für die Frau unwirksam. Der Dritte kann auch nicht beide Ehegatten zusammen auf Leistung verklagen. Dagegen ist er nicht gehindert, die Klage gegen die Frau auf Leistung und die Klage gegen den Mann auf Duldung der Vollstreckung zu verbinden. Wie weit im Uebrigen die Frau Prozesse führen kann und der Mitwirkung des Mannes bedarf, ist im § 1400 bestimmt.

6. Rechtsstreitigkeiten, in welchen der Mann die aus der Verwaltung und Nutzung für ihn persönlich entspringenden Rechte geltend macht, werden durch den § 1380 nicht berührt. Dies gilt insbesondere von den Rechtsstreitigkeiten, welche den unmittelbaren Besitz der zum eingebrachten Gute gehörenden Sachen oder einen Eingriff in die Nutznießung des Mannes zum Gegenstande haben oder sich auf die Ansprüche beziehen, die dem Manne aus der Ziehung oder der Verwerthung der Nutzungen zustehen. Die Rechtsstreitigkeiten hierüber spielen sich aktiv wie passiv nur zwischen dem Manne und dem Dritten ab.

**§ 1381.**

**E. II § 1279 rev. § 1366; III § 1364. P. II S. 5125, 5151, 5167, 5209—5214, 5239—5249 (Bd. 4 S. 131, 144, 151, 169—172, 184—189). D. S. 690.**

1. Ein Erwerb, den der Mann durch ein für das eingebrachte Gut vorgenommenes Rechtsgeschäft macht, fällt unmittelbar der Frau zu, wenn das Rechtsgeschäft in ihrem Namen geschlossen

Die Vorschriften des Abs. 1 finden entsprechende Anwendung, wenn der Mann mit Mitteln des eingebrachten Gutes ein Recht an Sachen der bezeichneten Art oder ein anderes Recht erwirbt, zu dessen Uebertragung der Abtretungsvertrag genügt.

---

ist; andernfalls erwirbt der Mann den betreffenden Gegenstand, ist aber verpflichtet, den Erwerb auf die Frau zu übertragen (s. Vorbm. Nr. 3 oben S. 110). Diese Verpflichtung bietet indessen keinen ausreichenden Schutz gegen die Gefahren, welche mit der Gestaltung des Verwaltungsrechts des Mannes als eines Rechtes zur Verfügung im eigenen Namen, insbesondere in Ansehung des Aussonderungsanspruchs der Frau im Konkurse des Mannes, verbunden sind. Der § 1381 bestimmt daher, daß das durch das Rechtsgeschäft des Mannes Erworbene in gewissen Grenzen kraft Gesetzes in das eingebrachte Gut fällt. Diese Art der Surrogation ist erst in der zweiten Lesung anerkannt worden.

2. Voraussetzung der Surrogation ist:

a) Daß der Mann mit Mitteln des eingebrachten Gutes erwirbt. Den Gegensatz bilden einerseits die Mittel des Mannes, andererseits die Mittel des Vorbehaltsguts. Es genügt aber nicht, daß der Erwerb weder aus Mitteln des Mannes noch aus den Mitteln des Vorbehaltsguts erfolgte, er darf auch nicht aus Mitteln eines Dritten gemacht sein. Was als Mittel des eingebrachten Gutes zu gelten hat, richtet sich nicht nach juristischen, sondern nach wirthschaftlichen Anschauungen. Der Begriff ist der gleiche wie im § 45 der K.O. Insbesondere ist nicht unbedingt erforderlich, daß die zum Erwerbe verwandten Sachen im Eigenthume der Frau gestanden haben. Hat der Mann im Auftrage der Frau eine Sache erworben, das Erwerbsgeschäft aber im eigenen Namen vorgenommen und die dazu erforderlichen Mittel seinem eigenen Vermögen entnommen, so findet, wenn die Frau ihm die verwendeten Mittel später erstattet, nicht etwa vom Augenblicke der Erstattung an oder gar mit rückwirkender Kraft Surrogation statt. Die Frau wird zwar solchen Falles regelmäßig mit dem Augenblicke der Erstattung Eigenthümerin der angeschafften Sache, aber nicht kraft Surrogation, sondern weil in der Erstattung regelmäßig der Eigenthumsübertragungsvertrag liegt. Dem Eintritte der Surrogation steht nicht entgegen, daß der Mann theilweise mit Mitteln des eingebrachten Gutes, theilweise mit eigenen Mitteln erworben hat. Die Frau erlangt solchen Falles, wenn der Mann ihr das Alleineigenthum erwerben wollte, Alleineigenthum, anderen Falles Miteigenthum nach dem Verhältnisse der verwendeten Mittel. Die Voraussetzung, daß der Erwerb mit Mitteln des eingebrachten Gutes gemacht ist, muß die Frau beweisen. Der Nachweis kann der Natur der Sache nach nur dadurch geführt werden, daß die Frau positiv nachweist, welche Mittel zum Erwerbe verwendet worden sind.

b) Der Mann darf nicht für eigene Rechnung erwerben wollen; sonst fällt ihm auch der Erwerb zu und bewendet es bei seiner Verpflichtung, den Erwerb auf die Frau zu übertragen. Der Umstand, daß der Mann für Rechnung des eingebrachten Gutes erwerben will, ist aber in Ansehung der Beweislast nicht als Voraussetzung des Eintritts, sondern als Bedingung des Nichteintritts der Surrogation aufgestellt. Die Beweislast liegt also nicht der Frau, sondern demjenigen ob, welcher die Surrogation bestreitet.

3. Die Surrogation ist nicht schlechthin, sondern nur in beschränktem Umfang anerkannt. Die Beschränkungen beziehen sich theils auf die Art, theils auf den Gegenstand des vom Manne gemachten Erwerbes. Im Abs. 1 ist die Surrogation nur für den Eigenthumserwerb und zwar nur an beweglichen Sachen anerkannt. Bei unbeweglichen Sachen erhellt schon daraus, daß der Mann nicht die Frau, sondern sich in das Grundbuch eintragen oder in der Eintragungsbewilligung als den Erwerber bezeichnen läßt, die Absicht, nicht für die Frau, sondern für sich zu erwerben. Wegen ihrer Wichtigkeit sind besonders hervorgehoben die Inhaberpapiere und die mit einem Blankoindossamente versehenen Orderpapiere. Unerheblich ist es, ob die Sache verbrauchbar ist oder nicht. Auch bei verbrauchbaren Sachen, insbesondere also bei dem Erwerbe von Geld, tritt die Surrogation ein. Im Abs. 2 ist der Grundsatz der Surrogation auf den Erwerb von Rechten an beweglichen Sachen und auf den Erwerb von solchen Rechten ausgedehnt, zu deren Uebertragung der bloße Abtretungsvertrag (§ 398) genügt. Die Surrogation findet also insbesondere auch beim Erwerb eines Nießbrauchs oder eines Pfandrechts an einer beweglichen Sache sowie in den meisten Fällen der Uebertragung einer Forderung statt. Auch in solchen Fällen, in welchen die Uebertragung einer Forderung kraft Gesetzes eintritt, kann der § 1381 Abs. 2 Anwendung finden. Ein Beispiel für letzteres bietet die Tilgung einer von der Frau eingegangenen Bürgschaftsverbindlichkeit und der in Folge dessen nach § 426 Abs. 2 eintretende Uebergang der dem Gläubiger gegen den Hauptschuldner zustehenden Forderung auf die Frau.

## §. 1382.

Haushaltsgegenstände, die der Mann an Stelle der von der Frau eingebrachten, nicht mehr vorhandenen oder werthlos gewordenen Stücke anschafft, werden eingebrachtes Gut.

---

4. Die Surrogation tritt mit dem Augenblicke des Erwerbes der Sache oder des Rechtes durch den Mann d. h. mit dem Augenblick, in dem der Mann den Erwerb an sich machen würde, ein. Entscheidend ist der Augenblick, in dem der dingliche Rechtserwerb stattfindet. Der Zeitpunkt des obligatorischen Rechtsgeschäfts, z. B. des Kaufes, auf Grund dessen der Mann später das Eigenthum erlangt, ist unerheblich. Wann der dingliche Rechtserwerb des Mannes stattfindet, bemißt sich nach den allgemeinen Grundsätzen; für den Eigenthumserwerb sind die §§ 929—936 maßgebend.

5. Anlangend das Verhältniß des § 1381 zum § 1362 Abs. 1 und zum § 45 der K.O., so wird die Vermuthung des § 1362, wenn der Frau der von ihr im § 1381 geforderte Beweis gelingt, widerlegt. Der § 45 der K.O. setzt voraus, daß die Frau nach dem bürgerlichen Rechte eine Sache erworben hat, und verlangt für die Aussonderung im Konkurs überdies, daß der Erwerb nicht mit Mitteln des Mannes erfolgte. Da die Frau den gleichen Beweis erbringen muß, wenn sie ihren Erwerb auf § 1381 stützt, so ergiebt sich, daß mit der Anwendbarkeit des § 1381 das Aussonderungsrecht der Frau im Konkurse des Mannes gegeben ist.

### § 1382.

**E. II § 1280 rev. § 1367; III § 1365. P. II S. 5125, 5151, 5211, 5212, 5249—5253, 8623 (Bd. 4 S. 131, 144, 170, 171, 190, 191). D. S. 690.**

1. Die rechtliche Bedeutung des § 1382 liegt in einem Doppelten. Der § 1382 enthält zunächst eine Modifikation des im § 1381 ausgesprochenen Grundsatzes der Surrogation, insofern bei Haushaltsgegenständen, die der Mann anschafft, beim Vorhandensein der unter Nr. 3 besprochenen Voraussetzungen die Surrogation auch dann eintritt, wenn der Mann die Gegenstände mit eigenen Mitteln und nicht mit Mitteln des eingebrachten Gutes erworben hat. Der § 1382 enthält ferner eine Modifikation des im § 1384 zum Ausdrucke gelangten Grundsatzes, daß die gewöhnliche Abnutzung der zum eingebrachten Gute gehörenden Sachen auf Kosten der Frau geht (vergl. Erl. zu § 1384). Von diesem Grundsatze macht der § 1382 in Ansehung der Haushaltsgegenstände eine Ausnahme. Was der Mann als Ersatz für diese anschafft, gehört der Frau und der Mann kann keinen Ersatz fordern, wenn er zur Anschaffung eigene Mittel verwendet hat. Dagegen ist dem Manne durch den § 1382 nicht die Verpflichtung auferlegt, für abgenützte Haushaltsgegenstände neue anzuschaffen. Es ist nur die Ersatzforderung des Mannes, die sich sonst aus § 1390 mit § 1384 ergeben würde, abgeschnitten.

2. Der Begriff der Haushaltsgegenstände ist vom B.G.B. noch im § 1932 bei dem Voraus des gesetzlichen Erbrechts des Ehegatten verwerthet. Haushaltsgegenstände sind die zur Führung des ehelichen Haushalts verwendeten beweglichen Sachen. Dazu gehören vor Allem die Hausgeräthe im engeren Sinne des Wortes, die sog. Einrichtungsgegenstände, ferner die Bett- und Tischwäsche u. s. w. Kleider sowie Leibwäsche fallen nicht darunter; bezüglich dieser vergl. §§ 1362, 1366.

3. Voraussetzung der Anwendbarkeit des § 1382 ist, daß der Mann einen Haushaltsgegenstand an Stelle eines von der Frau eingebrachten nicht mehr vorhandenen oder werthlos gewordenen anschafft.

a) Die Voraussetzung ist zunächst eine objektive. Es muß sich um den Ersatz für ein zu Grunde gegangenes oder werthlos gewordenes Stück des Haushalts, nicht um eine vollständige Neuanschaffung handeln. Das Stück muß von der Frau eingebracht worden sein. Wann, ist gleichgültig. Das Wort „einbringen" scheint zwar auf die Zeit der Eingehung der Ehe hinzudeuten, muß aber in demselbem Sinne verstanden werden wie „eingebrachtes Gut" und dies wird auch der spätere Erwerb der Frau. Gleichgültig ist auch, warum das ersetzte Stück unbrauchbar geworden oder zu Grunde gegangen ist und warum es ersetzt werden muß. Von Bedeutung ist dies insbesondere dann, wenn das Stück durch Schuld eines Dritten beschädigt oder vernichtet worden ist und die Frau einen Schadensersatzanspruch gegen den Dritten hat. Zweifelhaft ist, ob der Mann in solchem Falle die Abtretung des Anspruchs oder Herausgabe des auf Grund desselben Erlangten fordern kann. Die Frage dürfte insoweit zu bejahen sein, als der Werth des Anspruchs oder des auf Grund desselben Erlangten den Werth des angeschafften Ersatzes nicht übersteigt. Dem Zwecke des Gesetzes würde es nicht entsprechen, wenn

## §. 1383.

**Der Mann erwirbt die Nutzungen des eingebrachten Gutes in derselben Weise und in demselben Umfange wie ein Nießbraucher.**

---

die Frau doppelten Ersatz für die untergegangene oder werthlos gewordene Sache erhielte. Ohne Belang ist, welchen Werth das unbrauchbar gewordene oder zu Grunde gegangene Stück und welchen Werth das zum Ersatz angeschaffte hat. Der Ausdruck „werthlos geworden" darf nicht engherzig ausgelegt werden. Es muß nicht jede weitere Benützung ausgeschlossen oder die Verwerthung unmöglich sein. Insbesondere schadet es nichts, daß das Stück, für welches das neue angeschafft wird, für andere Zwecke fortbenützt oder veräußert wird; im letzteren Falle wird dasselbe gelten müssen, wie in dem oben hervorgehobenen Falle, in welchem der Frau wegen des Unterganges oder der Verschlechterung der Sache ein Ersatzanspruch gegen einen Dritten zusteht. Es kommt eben auf die Umstände des einzelnen Falles an und bei der Auslegung darf nicht außer Acht gelassen werden, daß die zweite Kommission, welche die Vorschrift aufgenommen hat, sich auch von der Erwägung leiten ließ, der Frau eine kleine Ausgleichung dafür zu geben, daß sie bei der Verwaltung und Nutznießung von der Errungenschaft ausgeschlossen ist.

b) Die Voraussetzung ist ferner eine subjektive. Der Mann muß den Willen haben, das neue Stück an Stelle des nicht mehr vorhandenen oder werthlos gewordenen anzuschaffen. Der nach § 1381 den Eintritt der Surrogation ausschließende Umstand, daß der Mann das Eigenthum für sich und nicht für Rechnung des eingebrachten Gutes erwerben will, ist also auch für § 1382 von Bedeutung. Aus der Fassung des § 1382 ergiebt sich, daß hier der Beweis, daß die Ersatzstücke an Stelle der untergegangenen Stücke angeschafft seien, der Frau obliegt. Der Beweis wird sich indessen regelmäßig aus den Umständen des Falles von selbst ergeben.

4. Anlangend das Verhältniß des § 1382 zu § 1362 Abs. 1 und zu § 45 der K.O., so wird die im § 1362 aufgestellte Vermuthung durch § 1382 nicht beseitigt. Auch Haushaltsgegenstände gelten daher im Verhältnisse zu den Gläubigern des Mannes zunächst als im Eigenthume des Mannes stehend. Gelingt der Frau der im § 1382 geforderte Beweis, so ist damit auch die Vermuthung des § 1362 widerlegt. Zweifelhaft ist, ob dieser Beweis genügt, um das Aussonderungsrecht der Frau im Konkurse des Mannes zu begründen, oder ob die Frau darthun muß, daß die Gegenstände nicht mit Mitteln des Mannes erworben sind. Die Absicht der zweiten Kommission ist wohl gewesen, dem Manne zwar nicht die Verpflichtung der Anschaffung von Ersatzstücken aufzuerlegen, aber doch die erfolgte Anschaffung so anzusehen, als sei sie auf Grund einer natürlichen Verbindlichkeit erfolgt. Bei dieser Auffassung würde die Anschaffung nicht als mit Mitteln des Mannes erfolgt anzusehen sein. Stimmt man dieser Auffassung nicht zu, so kommt für den Konkurs des Mannes dem § 1382 nicht die Bedeutung einer Modifikation des § 45 der K.O. zu. Die erstere Ansicht verdient den Vorzug.

### § 1383.

**E. I § 1292; II § 1282 Abs. 1 rev. § 1368; III § 1366. P. I S. 6309—6319; M. IV S. 180 ff. P. II S. 5112—5114, 5122, 5152, 5168, 5184, 5197, 5216 (Bd. 4 S. 125, 126, 130, 145, 152, 159, 164, 173). D. S. 690.**

Der § 1383 betrifft den Erwerb der Nutzungen des eingebrachten Gutes durch den Mann. Der Begriff der Nutzungen ist im § 100 bestimmt. Sowohl die Art und Weise als auch der Umfang des Erwerbes der Nutzungen durch den Mann ist durch Verweisung auf die für den Nießbrauch geltenden Vorschriften geregelt.

1. Anlangend die Art und Weise des Erwerbes, so erwirbt der Mann die natürlichen Früchte (§ 99 Abs. 1) der zum eingebrachten Gute gehörenden Sachen durch die Trennung (§ 954). Das Gleiche gilt von den Früchten eines Rechtes, welches die Befugniß zur Ziehung natürlicher Früchte begründet (§§ 99 Abs. 2, 101 Nr. 1, 1068 Abs. 2; § 954). Soweit die Nutzungen des Rechtes darin bestehen, daß der Berechtigte wiederkehrende Leistungen von einem Anderen zu fordern berechtigt ist, z. B. Zinsen oder die auf Grund einer Reallast geschuldeten Leistungen, gehen die hierauf gerichteten sich als Nutzungen des Rechtes darstellenden Ansprüche kraft des Gesetzes auf den Nießbraucher des Rechtes über. Der E. I § 1026 sprach dies ausdrücklich aus. Die von der zweiten Kommission beschlossene Streichung des § 1026 (P II S. 4115) erfolgte nur deshalb, weil die Vorschrift selbstverständlich sei und durch das ausdrückliche Aussprechen derselben die Gefahr einer Verdunkelung des dem Nießbrauch an Rechten zu Grunde liegenden Prinzips begründet werde. In Betreff des Zeitpunkts, in welchem die fraglichen Ansprüche auf den Nießbraucher übergehen, enthielt der E. I keine ausdrückliche Vorschrift. Nach M. III S. 542 wird als selbstverständlich betrachtet, daß

der Uebergang in demjenigen Augenblick erfolge, in welchem der zur Entstehung gelangte Anspruch nach E. I § 794 (jetzt § 101) unter den Begriff der Nutzungen falle. Sei hierzu die Fälligkeit nicht erforderlich, — bei Ansprüchen, welche zu den pro rata temporis zu theilenden Erträgen gehören, — so werde ein kontinuirlicher mit dem Ablaufe der Zeit zunehmender Uebergang stattfinden. Diese Grundsätze werden auch nach dem B.G.B. als richtig anzuerkennen sein. Der dem E. I § 794 entsprechende § 101 bestimmt zwar unmittelbar nur das Verhältniß zwischen den mehreren aufeinander folgenden Fruchtberechtigten. Auf Grund der Vorschrift des § 1068 Abs. 2 wird dies Verhältniß aber auch für den Zeitpunkt maßgebend sein müssen, in welchem die fraglichen Ansprüche auf den Nießbraucher übergehen. Der § 101 unterscheidet sich von dem § 794 des E. I indessen dadurch, daß nach § 101 Nr. 2 die Vertheilung der Früchte pro rata temporis in größerem Umfang als nach dem § 794 des E. I stattfindet. Sie findet statt, soweit die Früchte in der Vergütung für die Ueberlassung des Gebrauchs oder des Fruchtgenusses, in Zinsen, Gewinnantheilen oder anderen regelmäßig wiederkehrenden Erträgen bestehen. Der Nießbraucher erwirbt alle diese Ansprüche kraft des Gesetzes kontinuirlich nach dem Verhältnisse der Zeit, für welche sie ihm gebühren, andere Civilfrüchte mit dem Zeitpunkte der Fälligkeit des Anspruchs (§ 101 Nr. 2 Satz 1). Diese Grundsätze gelten nach § 1383 auch für den Erwerb der Früchte des eingebrachten Gutes durch den Mann. Dabei ist indessen zu beachten, daß, wenn der Mann Sachen oder Rechte, die zu dem eingebrachten Gute gehören, im eigenen Namen vermiethet oder verpachtet hat, ihm der Anspruch auf die Mieth- oder Pachtgelder sofort mit dem Abschlusse des Mieth- oder Pachtvertrags nach Maßgabe desselben zustehen. Für Mieth- oder Pachtgelder finden daher die obigen Grundsätze nur dann Anwendung, wenn die Frau selbst den Mieth- oder Pachtvertrag, sei es vor Eingehung der Ehe oder mit Zustimmung des Mannes während der Ehe abgeschlossen hat.

2. In welchem Umfange der Mann die Nutzungen erwirbt, ergiebt sich aus den §§ 1038, 1039, 1048, 1066, 1073.

Der § 1031, welcher von dem Nießbrauch an dem Zubehör eines Grundstücks handelt, findet keine Anwendung, weil er sich nur auf den durch Rechtsgeschäft begründeten Nießbrauch bezieht. Das Zubehör eines Grundstücks unterliegt dem Nutzungsrechte des Mannes kraft des Gesetzes, wenn und soweit es zum eingebrachten Gute gehört. Gehört es nicht dazu, so erstreckt sich das Nutzungsrecht des Mannes nicht darauf.

Der § 1037 findet keine Anwendung. Krafts seines Verwaltungsrechts ist der Mann befugt, die zum eingebrachten Gute gehörenden Sachen umzugestalten oder zu ändern; er ist hierbei nicht an die im § 1037 Abs. 2 bestimmten Grenzen gebunden. Die Begrenzung seines Rechtes liegt in der ihm nach § 1374 obliegenden Verpflichtung zur ordnungsmäßigen Verwaltung des eingebrachten Gutes.

Die Vorschrift des § 1038 soll nach der Absicht der zweiten Kommission keine Anwendung auf den Fruchterwerb des Mannes finden. Ein Antrag, eine dem § 1038 entsprechende Vorschrift bei der Verwaltung und Nutznießung aufzunehmen, wurde als theils überflüssig, theils dem ehelichen Verhältnisse nicht entsprechend, abgelehnt (P. II S. 5223, Bd. 4 S. 176). Allein da § 1383 allgemein die für den Umfang des Erwerbes der Nutzungen durch den Nießbraucher geltenden Vorschriften für anwendbar erklärt, der § 1038 aber das Maß und damit auch den Umfang der Nutzungen bei einem Walde, einem Bergwerk oder einer anderen auf die Gewinnung von Bodenbestandtheilen gerichteten Anlage betrifft, so dürfte er in Ermangelung einer entgegenstehenden Vorschrift auch bei der Verwaltung und Nutznießung Anwendung finden müssen. Dagegen läßt sich freilich einwenden, daß durch den nach § 1038 aufzustellenden Wirthschaftsplan sowohl das Maß der Nutzung als die Art der wirthschaftlichen Behandlung festgestellt werden soll. Das Eine läßt sich von dem Anderen nicht trennen. Die Anwendung der fraglichen Vorschrift auf die Verwaltung und Nutznießung führt also dahin, daß der Mann nicht nur in Betreff des Maßes der Nutzung, sondern auch in Betreff der Art der Bewirthschaftung beschränkt wird. Entscheidendes Gewicht dürfte indessen auf dieses Bedenken nicht zu legen sein, weil der Hauptzweck der fraglichen Vorschrift doch in der Bestimmung des Maßes der Nutzung liegt, während die Bestimmung über die wirthschaftliche Behandlung nur als Mittel zur Erreichung jenes Zweckes dient.

Daß der § 1039 für die Verwaltung und Nutznießung gilt, ist in den P. II S. 5216 (Bd. 4 S. 173) ausdrücklich anerkannt. Der Mann erwirbt demnach das Eigenthum auch an solchen Früchten, die er den Regeln einer ordnungsmäßigen Wirthschaft zuwider oder in Folge eines besonderen Ereignisses zieht; er ist jedoch verpflichtet, den Werth der übermäßig gezogenen Früchte, vorbehaltlich seiner Verantwortlichkeit für ein Verschulden (§§ 1374, 1359), bei der Beendigung der Verwaltung und Nutznießung zu ersetzen (vergl. Erl. Nr. 3 zu § 1377) und sowohl er als auch die Frau kann verlangen, daß der zu ersetzende Betrag zur Wiederherstellung der Sache insoweit verwendet wird, als es einer ordnungsmäßigen Wirthschaft entspricht. Wird dieses Verlangen nicht gestellt, so fällt die Ersatzpflicht weg, soweit durch den ordnungswidrigen oder den übermäßigen Fruchtbezug die dem Nießbraucher, hier dem Manne, gebührenden Nutzungen

## §. 1384.

**Der Mann hat außer den Kosten, welche durch die Gewinnung der Nutzungen entstehen, die Kosten der Erhaltung der zum eingebrachten Gute gehörenden Gegenstände nach den für den Nießbrauch geltenden Vorschriften zu tragen.**

---

beeinträchtigt werden. Wegen der Einzelheiten vergl. Erl. zu § 1039. Der Nießbraucher hat nach § 1039 Abs. 1 Satz 2 für die Erfüllung der Verpflichtung zum Ersatze des Werthes der Früchte dem Eigenthümer Sicherheit zu leisten. In der zweiten Kommission glaubte man, daß diese Verpflichtung für den Mann nicht gelten dürfe, und man sah es nur als Fassungsfrage an, ob dies ausgesprochen werden müsse. Eine Vorschrift, durch welche die Anwendung der fraglichen Bestimmung ausgeschlossen wird, ist nicht aufgenommen. Der hierdurch entstehende Zweifel ist indessen ohne praktische Bedeutung; denn die Frau würde, wenn ihr der Anspruch auf Sicherheitsleistung nach Maßgabe des § 1039 zustehen sollte, diesen Anspruch nach § 1394 Satz 1 nur unter den Voraussetzungen geltend machen können, unter denen sie nach § 1391 Sicherheitsleistung verlangen kann. Sachlich verbleibt es daher auch bei dieser Annahme in Betreff der Sicherheitsleistung bei den Vorschriften des § 1391.

Der § 1040, nach welchem das Recht des Nießbrauchers sich nicht auf den Antheil des Eigenthümers an dem Schatze erstreckt, welcher in der dem Nießbrauch unterliegenden Sache gefunden wird, findet sachlich deshalb keine Anwendung, weil der Mann das Nutzungsrecht an dem fraglichen Antheile zwar nicht deshalb erwirbt, weil er in einer seinem Nutzungsrecht unterliegenden Sache gefunden wird, wohl aber deshalb, weil dieser Antheil als Eigenthum der Frau zu dem eingebrachten Gute gehört.

Der § 1048 Abs. 1 ist durch § 1378 mit Rücksicht darauf, daß er gleichzeitig über das Verfügungsrecht Bestimmungen enthält, ausdrücklich für anwendbar erklärt. Wegen des § 1048 Abs. 2 vergl. Erl. zu § 1378.

Für die Anwendbarkeit des § 1060 ist bei der Verwaltung und Nutznießung kein Raum (vergl. M. IV S. 192 unter g).

Die §§ 1066, 1073 sind anwendbar und betreffen die Fälle, daß die Frau Miteigenthümerin einer Sache ist oder zum eingebrachten Gute eine Leibrente, ein Auszug oder ein ähnliches Recht gehört. Dagegen ist der § 1067 durch die Sondervorschrift des § 1376 Nr. 1 ersetzt.

3. Die Frage, von welcher Zeit an und bis zu welcher Zeit dem Manne die Nutzungen gebühren, ist im § 101 entschieden.

## § 1384.

**E. I § 1297 Abs. 1 Halbs. 1; II § 1283 rev. § 1369; III § 1367. P. I S. 6358—6362, 7695—7700, 8691, 8700; M. IV S. 199, 200. P. II S. 5126, 5158, 5168, 5184, 5227, 5253, 8623 (Bd. 4 S. 131, 148, 152, 159, 175, 192).**

1. Der § 1384 hebt zunächst hervor, daß der Mann die Kosten zu tragen hat, welche durch die Gewinnung der Nutzungen entstehen. Ueber den Begriff der Nutzungen vergl. § 100. Bei den im Uebermaße gezogenen Früchten (§ 1039 mit § 1383) hat der Mann die Gewinnungskosten insoweit nicht zu tragen, als er den Betrag des Werthes der ordnungswidrig oder im Uebermaße gezogenen Früchte zur Wiederherstellung der Sache verwenden muß.

2. Die dem Manne nach § 1374 obliegende ordnungsmäßige Verwaltung umfaßt die Sorge für die Erhaltung des eingebrachten Gutes. Inwieweit die durch die Erhaltung verursachten Kosten vom Manne zu tragen sind, ist durch Verweisung auf die für den Nießbrauch geltenden Vorschriften bestimmt. Für den Nießbrauch an einer Sache sind die Vorschriften über die Erhaltungskosten in den §§ 1041—1043, 1048 getroffen. Die Uebertragung dieser Vorschriften auf die Verwaltung und Nutznießung führt zu folgendem Ergebnisse. Der Mann hat diejenigen Kosten zu bestreiten, welche durch die ordnungsmäßige Erhaltung der zum eingebrachten Gute gehörenden Sachen in ihrem wirthschaftlichen Bestand entstehen (§ 1041 Satz 1). Kosten für Ausbesserungen und Erneuerungen fallen ihm insofern zur Last, als die Ausbesserungen und Erneuerungen zu der gewöhnlichen Unterhaltung der Sache gehören (§ 1041 Satz 2). Bei den außergewöhnlichen Ausbesserungen und Erneuerungen hat der Nießbraucher keine Besorgungspflicht, er ist nach § 1042 nur zur Anzeige an den Eigenthümer verpflichtet. Dem Manne liegen außergewöhnliche Ausbesserungen und Erneuerungen gleichfalls nicht persönlich ob, allein für ihre Vornahme hat er selbst zu sorgen, durch die einfache Anzeige genügt er seiner Verwaltungspflicht nicht. Dagegen stimmen Nießbrauch und Verwaltung und Nutznießung insofern überein, als der Nießbraucher sich nicht gefallen zu lassen braucht, daß der

§. 1385.

Der Mann ist der Frau gegenüber verpflichtet, für die Dauer der Verwaltung und Nutznießung zu tragen:

1. die der Frau obliegenden öffentlichen Lasten mit Ausschluß der auf dem Vorbehaltsgute ruhenden Lasten und der außerordentlichen Lasten, die als auf den Stammwerth des eingebrachten Gutes gelegt anzusehen sind;
2. die privatrechtlichen Lasten, die auf den zum eingebrachten Gute gehörenden Gegenständen ruhen;
3. die Zahlungen, die für die Versicherung der zum eingebrachten Gute gehörenden Gegenstände zu leisten sind.

---

Eigenthümer die Ausbesserungen und Erneuerungen vornimmt, er kann sie vielmehr selbst vornehmen und darf zu diesem Zwecke nach Maßgabe des § 1043 auch Bestandtheile des Grundstücks verwenden, die nicht zu den ihm gebührenden Früchten gehören. Ein gleiches Verwendungsrecht ist dem Manne zuzugestehen. Der § 1044 findet in Folge des dem Manne zustehenden Verwaltungsrechts und der ihm obliegenden Verwaltungspflicht keine Anwendung. Die Anwendbarkeit des § 1048 auf die Verwaltung und Nutznießung ist schon durch § 1378 vorgeschrieben. Für den Nießbrauch an Rechten ist die Tragung der Erhaltungskosten durch die Verweisung des § 1068 Abs. 2 geregelt. Diese Regelung gilt auch, soweit Rechte zum eingebrachten Gute gehören. Im Uebrigen vergl. wegen der Einzelheiten die Erl. zu den §§ 1041, 1043, 1068.

3. Die gewöhnliche Abnutzung hat der Mann nicht zu ersetzen, wie sich aus § 1421 mit § 1359 ergiebt. Nur soweit durch Verschulden des Mannes eine Verschlechterung der zum eingebrachten Gute gehörenden Sachen eintritt, ist der Mann ersatzpflichtig. Wegen der im § 1382 liegenden indirekten Verpflichtung zur Tragung der Abnutzung vergl. Erl. zu § 1382. Wegen der Abnutzung für den Fall, daß Gegenstände von der Frau mit einem bestimmten Werthanschlag eingebracht oder dem Manne überlassen werden, ist eine Vorschrift nicht getroffen; es handelt sich nur um die Auslegung der bezüglichen Vereinbarung der Ehegatten.

4. Die Grundsätze des Nießbrauchrechts sind auch für die Frage maßgebend, von welchem Zeitpunkt an und bis zu welchem Zeitpunkte der Mann die Kosten der Erhaltung der zum eingebrachten Gute gehörenden Gegenstände zu tragen hat. Aus § 1421 in Verbindung mit § 592 ergiebt sich, inwieweit der Mann nach der Beendigung der Verwaltung und Nutznießung Ersatz für die Gewinnungskosten beanspruchen kann. Die Frau kann in Ansehung der Kosten, die sie selbst auf die Hervorbringung der bei Beginn der Verwaltung und Nutznießung noch nicht getrennten, dem Manne zufallenden Früchte, wenn auch innerhalb der Grenzen einer ordnungsmäßigen Wirthschaft, verwendet hat, einen Ersatzanspruch nicht geltend machen. Dies gilt selbst dann, wenn die Verwaltung und Nutznießung während bestehender Ehe aufgehört hat und auf Grund des § 1425 wiederhergestellt worden ist.

5. Inwieweit die Frau Verwendungen des Mannes auf die Sachen, zu deren Tragung der Mann nach § 1384 nicht verpflichtet ist, dem Manne zu ersetzen hat, z. B. die Kosten einer außergewöhnlichen Ausbesserung, richten sich nicht nach der für die Verwendungen des Nießbrauchers geltenden Vorschrift des § 1049 Abs. 1, sondern nach der besonderen Vorschrift des § 1390. Auch die Vorschrift des § 1049 Abs. 2 ist nicht anwendbar (s. Erl. zu § 1390 Nr. 3).

**§ 1385.**

**E. I § 1297 Abs. 1 Nr. 1—3; II § 1284 rev. § 1370; III § 1368. P. I S. 6358—6363, 7695—7700, 8691, 8700—8703; M. IV S. 200. P. II S. 5126, 5158, 5168, 5185, 5228, 5254, 8623—8626 (Bd. 4 S. 132, 148, 152, 159, 170, 192).**

1. Die Nr. 1 entspricht dem ersten Halbsatze des für den Nießbrauch geltenden § 1047. Die Verpflichtung des Mannes beschränkt sich aber nicht auf die öffentlichen Lasten und Abgaben, welche von den zum eingebrachten Gute gehörenden Gegenständen zu entrichten sind, sondern erstreckt sich auf alle öffentlichen Abgaben mit Ausnahme der auf dem Vorbehaltsgute ruhenden und der außerordentlichen Lasten, welche als auf den Stammwerth des eingebrachten Gutes gelegt anzusehen sind. Es fallen deshalb auch Personalsteuern und andere nicht einen bestimmten Gegenstand, sondern die Person betreffenden Lasten hierunter. Auf dem Vorbehalts-

## §. 1386.

Der Mann ist der Frau gegenüber verpflichtet, für die Dauer der Verwaltung und Nutznießung die Zinsen derjenigen Verbindlichkeiten der Frau zu tragen, deren Berichtigung aus dem eingebrachten Gute verlangt werden kann. Das Gleiche gilt von wiederkehrenden Leistungen anderer Art, einschließlich der von der Frau auf Grund ihrer gesetzlichen Unterhaltspflicht geschuldeten Leistungen, sofern sie bei ordnungsmäßiger Verwaltung aus den Einkünften des Vermögens bestritten werden.

Die Verpflichtung des Mannes tritt nicht ein, wenn die Verbindlichkeiten oder die Leistungen im Verhältnisse der Ehegatten zu einander dem Vorbehaltsgute der Frau zur Last fallen.

---

gute ruht z. B. die Steuer für eine Thätigkeit der Frau, deren Ertrag dem Vorbehaltsgute zufällt (§ 1367). Im Uebrigen vergl. die Erl. zu § 1047.

2. Die Nr. 2 stimmt mit dem ersten Theile des zweiten Halbsatzes des § 1047 überein, jedoch mit der Abweichung, daß der Mann die Lasten auch dann zu tragen hat, wenn sie erst während der Verwaltung und Nutznießung auf die zum eingebrachten Gute gehörenden Gegenstände gelegt worden sind. Privatrechtliche Lasten sind insbesondere die auf einem zum eingebrachten Gute gehörenden Grundstücke ruhenden Reallasten, Grundschulden und Rentenschulden. Die Zinsen einer Schuld der Frau, für welche eine Hypothek an einem zum eingebrachten Gute gehörenden Grundstücke bestellt ist, gehören dagegen nicht hierher, fallen vielmehr unter die Vorschrift des § 1386. Ihre Bezahlung liegt dem Manne daher nur unter den im § 1386 bezeichneten Voraussetzungen ob (M. IV S. 200, 201).

3. Die Nr. 3 entspricht dem für den Nießbrauch geltenden § 1045 Abs. 2, dehnt jedoch die Verpflichtung des Mannes auf alle Versicherungen der zum eingebrachten Gute gehörenden Gegenstände (Sachen und Rechte) aus, mag die Versicherung einer ordnungsmäßigen Wirthschaft entsprechen oder nicht und mag sie vom Manne oder von der Frau genommen worden sein. Der E. I hatte wie beim Nießbrauche den Mann zur Zahlung nur insofern verpflichtet als der Mann die Gegenstände unter Versicherung zu bringen verpflichtet war oder verpflichtet gewesen wäre, wenn nicht bereits die Frau die Versicherung bewirkt hätte. Im E. II ist die jetzige Fassung, die keinen Unterschied macht, gewählt worden. Als selbstverständlich ist vorausgesetzt, daß eine von der Frau nach der Eingehung der Ehe ohne Zustimmung des Mannes genommene Versicherung dem Manne gegenüber auch nicht insoweit Wirksamkeit äußert, daß der Mann die für die Versicherung zu leistenden Zahlungen persönlich zu tragen hat; für diese Zahlungen haftet lediglich das Vorbehaltsgut. Die allgemeine Fassung des § 1385 Nr. 3 findet insofern durch § 1399 ihre Richtigstellung. Der Ausdruck Zahlungen ist wie im § 1045 gewählt, um sowohl die Versicherungsbeiträge — bei Gesellschaften auf Gegenseitigkeit — als die Prämien bei andern Versicherungsunternehmungen zu umfassen.

Inwieweit der Mann zur Versicherung verpflichtet ist, wird durch § 1385 nicht entschieden. Maßgebend ist der allgemeine Grundsatz des § 1374, daß der Mann das eingebrachte Gut ordnungsmäßig zu verwalten hat. Soweit die Versicherung einer ordnungsmäßigen Wirthschaft entspricht, ist hiernach der Mann ebenso wie der Nießbraucher verpflichtet die Versicherung zu nehmen. Die Versicherung muß so genommen werden, daß die Forderung gegen den Versicherer der Frau als Eigenthümerin des eingebrachten Gutes zusteht (vergl. wegen des Einzelnen die Erl. zu den §§ 1045, 1068). Die Versicherung der dem Manne gebührenden Früchte, insbesondere also die Versicherung gegen Hagelschaden, wird durch § 1385 nicht betroffen. Daß der Mann die Zahlungen, welche für diese Versicherungen zu leisten sind, selbst zu tragen hat, folgt aus § 1384.

4. Wegen der Haftung des Mannes gegenüber den Gläubigern vergl. § 1388. Wegen der Frage, ob der Mann die Zinsen und Lasten ohne Rücksicht auf die Höhe des Ertrags der Nutznießung zu tragen hat, vergl. Vorbm. oben S. 111. Wegen der zeitlichen Vertheilung der Zinsen und Lasten zwischen Mann und Frau vergl. § 103.

### § 1386.

**E. I § 1297 Abs. 1 Nr. 4; II § 1285 rev. § 1371; III § 1369. P. I S. 6358—6365, 6447, 7695—7700, 8691, 8700—8703; M. IV S. 200, 201. P. II S. 5126, 5158, 5168, 5185, 5228, 5254, 8623 (Bd. 4 S. 132, 148, 152, 159, 179, 192).**

Der § 1386 entspricht im Grundgedanken dem für den Nießbrauch geltenden § 1047, weicht jedoch im Einzelnen mehrfach ab.

## §. 1387.

**Der Mann ist der Frau gegenüber verpflichtet, zu tragen:**

**1. die Kosten eines Rechtsstreits, in welchem er ein zum eingebrachten Gute gehörendes Recht geltend macht, sowie die Kosten eines Rechts-**

---

1. Die Zinsen der Verbindlichkeiten, deren Berichtigung aus dem eingebrachten Gute verlangt werden kann, hat der Mann zu tragen, soweit die Verbindlichkeiten im Verhältnisse der Ehegatten zu einander dem eingebrachten Gute zur Last fallen. Ob für eine Verbindlichkeit aus dem eingebrachten Gute Befriedigung verlangt werden kann, ist in den §§ 1411—1414, ob die Verbindlichkeit auch im Verhältnisse der Ehegatten zu einander dem eingebrachten Gute zur Last fällt, ist in den §§ 1415, 1416 beantwortet. Wie in der Fassung des § 1386 zum Ausdrucke kommt, hat die Frau zu beweisen, daß für die Verbindlichkeit das eingebrachte Gut haftet, während der Mann beweispflichtig ist, wenn er seine Haftung bestreitet, weil die Verbindlichkeit im Verhältnisse der Ehegatten zu einander vom Vorbehaltsgute zu tragen ist.

Diese Vorschriften unterscheiden sich von den Vorschriften über den Nießbrauch dadurch, daß der Nießbraucher nur die Zinsen der Hypothekenforderungen, welche schon zur Zeit der Begründung des Nießbrauchs auf der Sache ruhten, diese aber ohne Rücksicht auf die Natur der Verbindlichkeit, für welche die Hypothek bestellt ist, zu bezahlen hat, während der Mann einerseits die Zinsen aller, auch der nur persönlichen Verbindlichkeiten der Frau zu tragen hat, in Betreff deren die im Vorstehenden bezeichneten Voraussetzungen zutreffen, und daß ihm andererseits auch die Zinsen von Hypothekenforderungen nur dann zur Last fallen, wenn in Betreff ihrer jene Voraussetzungen vorliegen. Nach dem § 1386 entscheidet also auch bei Hypothekenforderungen lediglich die Eigenschaft der Verbindlichkeit, für welche die Hypothek bestellt ist. Der Mann hat die Zinsen einer auf einem zum eingebrachten Gute gehörenden Grundstück eingetragenen Hypothek dann nicht zu tragen, wenn die Hypothek für eine Forderung bestellt ist, für welche nicht aus dem eingebrachten Gute Befriedigung verlangt werden kann oder bei der dies zwar der Fall ist, welche aber im Verhältnisse der Ehegatten zu einander dem Vorbehaltsgute zur Last fällt. Dies gilt selbst dann, wenn die Hypothek erst während der Verwaltung und Nutznießung mit Zustimmung des Mannes bestellt worden ist. In dieser Zustimmung allein kann nicht die Uebernahme der Verzinsungspflicht gefunden werden.

2. Den Zinsen gleichgestellt werden im § 1386 wiederkehrende Leistungen anderer Art, sofern sie bei ordnungsmäßiger Verwaltung aus den Einkünften des Vermögens bestritten werden. Inwieweit die letztere Voraussetzung zutrifft, bestimmt sich nach der Auffassung des Verkehrs; der Beweis liegt der Frau ob. Bezüglich der anderen Voraussetzungen gilt insbesondere auch hinsichtlich der Beweislast das zu Nr. 1 Ausgeführte.

Zu den wiederkehrenden Leistungen der hier fraglichen Art gehören, wie im § 1386 ausdrücklich hervorgehoben ist, insbesondere die von der Frau auf Grund ihrer gesetzlichen Unterhaltspflicht geschuldeten Leistungen, d. h. der Unterhaltspflicht gegenüber ihren Verwandten (§§ 1601, 1604) — praktisch von Bedeutung ist dies namentlich hinsichtlich der in die Ehe gebrachten, vom Manne nicht erzeugten Kinder —; gegenüber dem geschiedenen Manne (§§ 1578, 1583); gegenüber dem früheren Manne im Falle der §§ 1345, 1346; im Falle der Anfechtung der nach erfolgter Todeserklärung eingegangenen Ehe gegenüber dem Manne der zweiten Ehe (§ 1351) und als Erbin eines auf Grund des § 1708 unterhaltspflichtigen unehelichen Vaters gegenüber dem unehelichen Kinde (§ 1712) sowie eines geschiedenen unterhaltspflichtigen Ehegatten (§ 1582). Die Unterhaltspflicht der Frau entsteht möglicher Weise in Folge des Vorhandenseins von Vorbehaltsgut überhaupt erst oder erfährt dadurch eine Erweiterung (s. Erl. zu §§ 1415, 1604). Da insoweit die Unterhaltsleistungen dem Vorbehaltsgute zur Last fallen, hat der Mann diesen Theil der Unterhaltsleistungen nicht zu tragen.

Nicht zu den wiederkehrenden Leistungen im Sinne des § 1386 gehören die Ausgaben zum Zwecke der Anschaffung von Sachen, welche zum Ersatze der durch den Gebrauch abgenutzten oder der zu Grunde gegangenen Sachen der Frau dienen (vergl. § 1382).

3. Vergl. noch Erl. Nr. 4 zu § 1385.

### § 1387.

**E. I § 1297 Abs. 1 Nr. 5, 6; II § 1286 rev. § 1372; III § 1370. P. I S. 6358—6362, 6365—6367, 6446, 7695—7770, 8691, 8700—8703; M. IV S. 202—204. P. II S. 5126, 5158, 5169, 5185, 5216, 5228, 5237, 5287, 5290 (Bd. 4 S. 132, 148, 152, 159, 173, 179, 183, 208, 209).**

1. Die Nr. 1 des § 1387 betrifft die Frage, inwieweit der Mann die Kosten eines von ihm für das Frauenvermögen und eines von der Frau oder gegen die Frau geführten Rechts-

streits, den die Frau führt, sofern nicht die Kosten dem Vorbehaltsgute zur Last fallen;

2. die Kosten der Vertheidigung der Frau in einem gegen sie gerichteten Strafverfahren, sofern die Aufwendung der Kosten den Umständen nach geboten ist oder mit Zustimmung des Mannes erfolgt, vorbehaltlich der Ersatzpflicht der Frau im Falle ihrer Verurtheilung.

---

streits zu tragen hat. Da die Nr. 2 sich auf die Strafprozesse bezieht, so umfaßt der Ausdruck „Rechtsstreit" nicht nur die Civil-, sondern sämmtliche nicht zu den Strafprozessen gehörigen Rechtsstreitigkeiten, gleichgültig, vor welcher Behörde sie stattfinden.

a) Der Mann hat der Frau gegenüber die Kosten eines Rechtsstreits zu tragen, in welchem er ein zum eingebrachten Gute gehörendes Recht geltend macht. Er kann ein solches Recht nach § 1380 im eigenen Namen geltend machen. Thut er dies, so hat die Frau mit den Kosten des Rechtsstreits nichts zu thun. Die Vorschrift des § 1387 Nr. 1 hat für diesen Fall die Bedeutung, daß der Mann wegen dieser Kosten nicht auf Grund des § 1390 von der Frau Ersatz verlangen kann. Der Mann kann ein Recht der gedachten Art mit Zustimmung der Frau auch im Namen derselben geltend machen (s. Erl. zu § 1380 Nr. 1). In einem solchen Falle treffen die Kosten des Rechtsstreits zunächst die Frau. In ihrem Verhältnisse zu dem Manne ist aber dieser auf Grund des § 1387 Nr. 1 die Kosten zu tragen verpflichtet.

Nicht berührt durch die Vorschrift des § 1387 Nr. 1 wird der Fall, daß der Mann von einem Gläubiger der Frau auf Duldung der Zwangsvollstreckung in das eingebrachte Gut verklagt wird. Ein derartiger Prozeß geht die Frau nichts an. Es handelt sich darin lediglich um das Recht des Mannes und versteht sich daher von selbst, daß nur dieser die Kosten des Prozesses zu tragen hat und von der Frau keinen Ersatz verlangen kann.

b) Eine allgemeine Verpflichtung zur Tragung der Kosten der von der Frau oder gegen die Frau geführten Rechtsstreite liegt dem Manne, wie in der Erl. zu § 1360 hervorgehoben ist, weder aus dem Gesichtspunkte der Unterhaltspflicht noch aus dem einer Schutzpflicht ob. Die Frage, inwieweit durch die Verwaltung und Nutznießung eine solche Verpflichtung begründet ist, wird im § 1387 beantwortet. Grundsatz ist, daß der Mann die Kosten eines von der Frau oder gegen die Frau geführten Rechtsstreits auch persönlich zu tragen hat. Ausgenommen sind nur die Prozesse der Frau, bei denen die Kosten im Verhältnisse der Ehegatten zu einander dem Vorbehaltsgute zur Last fallen. Wie eine Vergleichung der §§ 1415, 1416 ergiebt, fallen hiernach dem Manne zur persönlichen Tragung zur Last die Kosten eines jeden (Aktiv- wie Passiv-) Prozesses der Frau, wenn das Urtheil dem Manne gegenüber in Ansehung des eingebrachten Gutes wirksam ist (vergl. Erl. zu § 1400), ferner ohne Rücksicht darauf, ob das Urtheil dem Manne gegenüber wirksam ist, einerseits die Kosten eines jeden Prozesses der Frau über eine persönliche Angelegenheit der Frau, andererseits die Kosten eines jeden Prozesses der Frau über eine nicht unter die Vorschriften des § 1415 Nr. 1, 2 fallende Verbindlichkeit, für die das eingebrachte Gut haftet, in beiden Fällen jedoch nur, sofern die Aufwendung der Kosten den Umständen nach geboten ist. Das Nähere vergl. Erl. zu § 1416. Die Kosten eines Rechtsstreits zwischen Mann und Frau fallen dem Manne dann zur Last, wenn er nach Maßgabe der allgemeinen Vorschriften der C.P.O. zur Kostentragung verpflichtet ist (§ 1416 Abs. 1).

c) Unter den Begriff der Kosten fallen sowohl die Gerichtskosten als auch die dem Gegner zu ersetzenden und die von der Frau nach der C.P.O. selbst zu tragenden Kosten, insbesondere die Kosten der beiderseitigen Anwälte und der Gerichtsvollzieher. In der Verpflichtung zur Kostentragung ist die Verpflichtung zur Bezahlung eines Kostenvorschusses für die Frau inbegriffen. In Ehesachen im Sinne des § 606 der C.P.O. hat mithin der Mann, da es sich um persönliche Angelegenheiten der Frau handelt, einen angemessenen Vorschuß zu bezahlen (s. Vorbm. S. 45 unter a).

2. Die Nr. 2 verneint die Haftung des Mannes für die Kosten eines gegen die Frau gerichteten Strafverfahrens. Der Mann haftet nach den vom Bundesrathe gefaßten Beschlüssen nur für die Kosten der Vertheidigung der Frau und auch hier nur, wenn er entweder der Vertheidigung zugestimmt hat oder die Aufwendung der Vertheidigungskosten geboten ist. Der Zustimmung des Mannes steht es gleich, wenn die Zustimmung nach § 1402 ersetzt worden ist. Die Vertheidigung der Frau ist jedenfalls in den Fällen geboten, in welchen der angeklagten Frau von Amtswegen oder auf Antrag ein Vertheidiger bestellt werden muß oder bestellt werden kann (St.P.O. §§ 140, 141). In den übrigen Fällen ist es Thatfrage, ob die Vertheidigung durch die Umstände des Falles geboten ist. Inwieweit die Höhe der Kosten der Vertheidigung z. B. für die Vorladung von Zeugen als gerechtfertigt erscheint, richtet sich nach den Verhältnissen des Falles. Die am Schlusse der Nr. 2 ausgesprochene Ersatzpflicht der Frau hängt

§. 1388.

Soweit der Mann nach den §§. 1385 bis 1387 der Frau gegenüber deren Verbindlichkeiten zu tragen hat, haftet er den Gläubigern neben der Frau als Gesammtschuldner.

§. 1389.

Der Mann hat den ehelichen Aufwand zu tragen.

Die Frau kann verlangen, daß der Mann den Reinertrag des eingebrachten Gutes, soweit dieser zur Bestreitung des eigenen und des der Frau und den gemeinschaftlichen Abkömmlingen zu gewährenden Unterhalts erforderlich ist, ohne Rücksicht auf seine sonstigen Verpflichtungen zu diesem Zwecke verwendet.

---

mit der Vorschrift des § 1415 Nr. 1 zusammen. Weil in dem Zeitpunkt, in dem die Vertheidigung erfolgt, sich noch nicht vorhersehen läßt, ob die Frau verurtheilt wird, muß dem Manne die Verpflichtung auferlegt werden, bis zu dem bezeichneten Zeitpunkte die Kosten der Vertheidigung zu tragen. Die Ersatzpflicht der Frau ist eine persönliche Verbindlichkeit der Frau und nicht etwa nur nach Maßgabe des § 1417 gegeben.

3. Wie die Fassung des § 1387 zum Ausdrucke bringt, ist in der Nr. 1 die Bedingung, daß die Kosten nicht dem Vorbehaltsgute zur Last fallen, nicht Voraussetzung der Haftung, sondern Voraussetzung der Befreiung des Mannes, die Beweislast trifft mithin den Mann. In der Nr. 2 ist die daselbst bestimmte Bedingung Voraussetzung der Haftung des Mannes und deshalb von der Frau zu beweisen.

4. Wegen des Verhältnisses zu den Gläubigern der Frau vergl. § 1388. Wegen der Frage, ob die Höhe des Ertrags der Nutznießung auf die Verpflichtung des Mannes Einfluß hat, vergl. Vorbm. oben S. 111.

§ 1388.

**E. II § 1287 rev. § 1373; III § 1371. M. IV S. 205. P. II S. 5127, 5169, 5185, 5229, 5255, 8626 (Bd. 4 S. 132, 152, 159, 179, 193).**

1. In Anlehnung an die die Haftung des Nießbrauchers für die Schulden des Bestellers regelnde Vorschrift des § 1088 erklärt der § 1388 den Mann auch den Gläubigern der Frau gegenüber für diejenigen Verbindlichkeiten der Frau für verhaftet, deren Tragung ihm nach den §§ 1385—1387 gegenüber der Frau obliegt. Die Vorschrift ist von der zweiten Kommission aus praktischen Gründen beschlossen worden. Wie der Ausdruck „soweit" erkennen läßt, haftet der Mann den Gläubigern der Frau in nicht weiterem Umfang, als seine Haftung gegenüber der Frau begründet ist. Dies ist insbesondere in Ansehung der zeitlichen Vertheilung der Lasten des eingebrachten Gutes zwischen Mann und Frau (§ 103) und hinsichtlich der Fälle von Bedeutung, in welchen bei der Haftung des Mannes das Vorbehaltsgut in Frage kommt. Die Beweislast bezüglich der Voraussetzungen der Haftung des Mannes gegenüber den Gläubigern bestimmt sich nach denselben Grundsätzen, wie bei der Haftung des Mannes gegenüber der Frau. Der Mann haftet den Gläubigern der Frau neben der Frau als Gesammtschuldner. Durch diese in der Revisionslesung des E. II hinzugefügte Bestimmung wird entsprechend dem für die allg. Gütergem. geltenden § 1359 zum Ausdrucke gebracht, daß das Rechtsverhältniß der Gläubiger zu dem Manne und der Frau sich nach den §§ 421—425 bemißt. Daraus folgt z. B., daß der Mann nicht mit einer ihm gegenüber der Frau, etwa auf Grund des § 1390, zustehenden Forderung aufrechnen kann, ferner daß er sich nicht darauf berufen darf, daß die Frau, weil sie inzwischen verurtheilt ist, die Kosten der Verurtheilung ersetzen muß. Die im § 1388 bestimmte Haftung trifft den Mann persönlich, nicht nur soweit, als die Nutznießung etwas abwirft (vergl. Vorbm. oben S. 111).

2. Für Verbindlichkeiten, welche die Frau aus Anlaß der im § 1384 aufgezählten Lasten übernimmt, z. B. wenn sie ein Darlehen aufnimmt, um eine dem Manne obliegende Ausbesserung selbst vorzunehmen, ist die Haftung des Mannes im § 1388 nicht bestimmt. Der Gläubiger der Frau muß sich hier den Anspruch der Frau gegen den Mann im Wege der Zwangsvollstreckung überweisen lassen.

§ 1389.

**E. I § 1328 Nr. 2 Halbs. 2; II § 1288 rev. § 1374; III § 1372. M. IV S. 163, 297 bis 299. P. II S. 5127, 5158, 5222, 5238, 5255—5260, 8626 (Bd. 4 S. 132, 147, 175, 184, 193, 194). D. S. 690.**

1. Der eheliche Aufwand umfaßt alle Aufwendungen, welche zu Zwecken der ehelichen Lebensgemeinschaft gemacht werden, insbesondere die Ausgaben für den Unterhalt beider Ehe-

gatten und der gemeinschaftlichen Abkömmlinge. Eine nähere Begriffsbestimmung ist im B.G.B. nicht getroffen (M. IV S. 514). Was im Einzelnen zum ehelichen Aufwande gehört, bemißt sich nach den Vermögens- und Standesverhältnissen der Ehegatten.

Aus dem Grundsatze des § 1353 folgt, daß über die Nothwendigkeit und über den Umfang der den Zwecken der ehelichen Lebensgemeinschaft dienenden Aufwendungen des Mannes der Mann entscheidet und die Frau sich den Entscheidungen des Mannes fügen muß, sofern sie sich nicht als Mißbrauch des Rechtes des Mannes darstellen. Ein solcher Mißbrauch kann darin liegen, daß der Mann den ehelichen Aufwand zu eng bemißt, indem er das eheliche Gemeinschaftsleben in einer der Lebensstellung und den Vermögensverhältnissen der Gatten nicht entsprechenden zu dürftigen Weise gestaltet. Ob die Frau in solchem Falle mit der Klage auf Herstellung des ehelichen Lebens eine den Verhältnissen der Gatten mehr entsprechende Gestaltung des Gemeinschaftslebens fordern kann, ist nicht unzweifelhaft, dürfte aber zu bejahen sein. Direkt erzwingen kann die Frau aber eine andere Gestaltung des gemeinschaftlichen Lebens auf diesem Wege keinesfalls, weil die Zwangsvollstreckung bei einer Verurtheilung zur Herstellung des ehelichen Lebens nach § 888 Abs. 2 der C.P.O. nicht stattfindet. (Ueber den der Frau auf Grund des § 1360 zustehenden Unterhaltsanspruch gegen den Mann s. weiter unten.) Gestaltet der Mann das eheliche Gemeinschaftsleben in einer über die Verhältnisse der Gatten hinausgehenden Art und Weise, und entspricht daher der hierfür gemachte Aufwand den Vermögensverhältnissen der Gatten nicht, so kann die Frau dies rechtlich überhaupt nicht hindern. Der Mann hat selbstverständlich den von ihm bestimmten ehelichen Aufwand allein zu tragen. Der von der Frau zu dem ehelichen Aufwande zu leistende Beitrag besteht bei dem gesetzlichen Güterrecht in der Ueberlassung des eingebrachten Gutes an den Mann zur Verwaltung und Nutznießung. Der bei der Gütertrennung und aus dem Vorbehaltsgute von der Frau zu dem ehelichen Aufwande zu leistende Beitrag (§§ 1427, 1371) bemißt sich, da nur ein angemessener Beitrag zu leisten ist, nicht nach dem vom Manne wirklich gemachten ehelichen Aufwande, sondern nach dem den Verhältnissen der Gatten entsprechenden Aufwande. Der Beitrag der Frau ist also bei den gesetzlichen Güterständen unabhängig von der Größe des von dem Manne gemachten Aufwandes, und die Frau hat daher kein rechtliches Interesse, einem übermäßigen Aufwande zu widersprechen. Bei den Gütergemeinschaftsrechten nimmt die Frau zwar insofern an dem ehelichen Aufwande Theil, als dieser dem Gesammtgute zur Last fällt (§§ 1158, 1529 Abs. 1); aber bei der dem Manne zustehenden völlig freien Verfügung über das Gesammtgut fehlt auch hier der Frau ein rechtliches Mittel, einem übermäßigen Aufwand entgegenzutreten.

Die rechtliche Bedeutung des § 1389 Abs. 1 liegt hiernach in einer anderen Richtung. Sachlich umfaßt der eheliche Aufwand immer den Unterhalt des Mannes sowie den Unterhalt der Frau und der gemeinschaftlichen Abkömmlinge. Rechtlich kommt bei der Vorschrift des § 1389 Abs. 1 nur der Unterhalt der Frau und der Abkömmlinge in Betracht, denn eine rechtliche Verpflichtung des Mannes, seinen eigenen Unterhalt zu bestreiten, kann das Gesetz nicht aufstellen wollen. Die Verpflichtung des Mannes, der Frau nach Maßgabe seiner Lebensstellung, seines Vermögens, seiner Erwerbsfähigkeit den Unterhalt in der durch die eheliche Lebensgemeinschaft gebotenen Weise zu gewähren, ist schon im § 1360 ausgesprochen. Eine Erweiterung dieses Anspruchs ist durch § 1389 Abs. 1 nicht bestimmt. Etwas Neues schreibt der § 1389 Abs. 1 also nur insofern vor, als die Verpflichtung des Mannes, den gemeinschaftlichen Abkömmlingen Unterhalt zu gewähren (§§ 1601, 1603), nicht nur gegenüber diesen, sondern auch gegenüber der Frau bestehen soll. Der Inhalt der dem Manne obliegenden Verpflichtung zur Gewährung des Unterhalts an die Abkömmlinge wird durch den § 1389 Abs. 1 nicht geändert; der Mann ist dazu also nur unter den im § 1603 bestimmten Voraussetzungen verpflichtet. Die Verpflichtung des Mannes zur Bestreitung des ehelichen Aufwandes geht hiernach inhaltlich nicht weiter wie seine gesetzliche Unterhaltspflicht gegenüber der Frau und den gemeinschaftlichen Abkömmlingen. Inwieweit Dritte wegen Ausgaben für den ehelichen Aufwand auf den Mann unmittelbar greifen können, richtet sich nach den allgemeinen Grundsätzen. In Betracht kommt vorzugsweise § 1357. Im Uebrigen vergl. Erl. Nr. 6 zu § 1360.

Vom ehelichen Aufwande sind die Lasten zu unterscheiden, welche den Mann auf Grund der Verwaltung und Nutznießung nach den §§ 1384—1387 treffen. Auch die Kosten der Eheschließung gehören nicht zum ehelichen Aufwande (M. IV S. 163), sie sind vielmehr von jedem Ehegatten zur Hälfte zu tragen (s. § 420).

2. Nach den §§ 1360, 1603 würde eine Verletzung der Unterhaltspflicht, welche dem Manne gegenüber der Frau und den Abkömmlingen obliegt, dann nicht vorliegen, wenn der Mann wegen Unvermögens den Unterhalt nicht gewähren kann, und zwar selbst dann nicht, wenn der Reinertrag, den das eingebrachte Gut abwirft oder bei ordnungsmäßiger Verwaltung und Nutznießung abwerfen würde, zur Bestreitung des Unterhalts der Familie ausreichend wäre, der Mann aber so viel Schulden hat, daß nach deren Abzug für den Unterhalt nicht genügend übrig bleibt. Der Zweck der Verwaltung und Nutznießung erfordert aber, daß der Frau die Verwendung des Reinertrags des eingebrachten Gutes zum Unterhalte der

§. 1390.

Macht der Mann zum Zwecke der Verwaltung des eingebrachten Gutes Aufwendungen, die er den Umständen nach für erforderlich halten darf, so kann er von der Frau Ersatz verlangen, sofern nicht die Aufwendungen ihm selbst zur Last fallen.

---

Familie gewährleistet wird. Dies geschieht vom B.G.B. in der Weise, daß der Frau im § 1389 Abs. 2 ein Recht darauf gegeben wird, daß der Mann den Reinertrag des eingebrachten Gutes zur Bestreitung des eigenen Unterhalts und des Unterhalts der Frau und der gemeinschaftlichen Abkömmlinge verwendet. Die Frau hat dieses Recht nur in Ansehung des wirklichen Reinertrags, nicht des Reinertrags, welchen der Mann bei ordnungsmäßiger Verwaltung und Nutznießung hätte ziehen können. Für die Berechnung des Reinertrags sind lediglich wirthschaftliche Gesichtspunkte maßgebend. Die Kosten des eingebrachten Gutes werden daher auch dann abgezogen, wenn sie nach den §§ 1384—1387 vom Manne zu tragen sind. Die Abkömmlinge haben das erwähnte Recht nicht. Auch steht es der Frau nur zu in Ansehung der gemeinschaftlichen Abkömmlinge, nicht der Stiefkinder oder der Stiefenkel des Mannes. Bezüglich der nicht gemeinschaftlichen Abkömmlinge ist das erwähnte Recht auch nicht nothwendig. Denn der Unterhalt derselben ist in den Grenzen des § 1386 eine Last der Verwaltung und Nutznießung, die der Mann zu tragen hat, und die nicht gemeinschaftlichen Abkömmlinge sind nach § 1388 berechtigt, sich direkt an den Mann zu halten. Der der Frau im § 1389 Abs. 2 eingeräumte Anspruch kann von ihr während der Dauer der Verwaltung und Nutznießung ohne Beschränkung geltend gemacht werden (§ 1394 Satz 2) und ist ferner dadurch gesichert, daß die Frau durch die Verletzung des Anspruchs berechtigt wird, auf Aufhebung der Verwaltung und Nutznießung zu klagen (§ 1418 Abs. 1 Nr. 2). In Ansehung dieser Klage ist die Frau jedoch befugt, die Berücksichtigung ihres und der gemeinschaftlichen Abkömmlinge Unterhalts aus den Nutzungen des eingebrachten Gutes in weiterem Umfange zu verlangen als in Ansehung des ihr im § 1389 Abs. 2 eingeräumten Anspruchs. Denn auf Aufhebung der Verwaltung und Nutznießung kann die Frau schon dann klagen, wenn ihr und den gemeinschaftlichen Abkömmlingen nicht mindestens der Unterhalt gewährt wird, der ihr bei ordnungsmäßiger Verwaltung und Nutznießung zukommen könnte. Hier wird also nicht auf den wirklichen, sondern auf den Reinertrag der Nutzungen gesehen, welcher bei einer ordnungsmäßigen (§ 1359) Verwaltung und Nutznießung zu erzielen gewesen wäre. Der Unterschied hängt damit zusammen, daß das B.G.B. die Frage, inwieweit der Mann den ihm durch die Verwaltung und Nutznießung auferlegten Verpflichtungen nachgekommen ist, grundsätzlich während der Dauer der Verwaltung und Nutznießung nur unter den Voraussetzungen gerichtlich austragen läßt, unter denen die Frau Sicherheitsleistung verlangen kann (§ 1394). Der im § 1389 Abs. 2 gewährte Anspruch ist aber nicht durch das Vorhandensein dieser Voraussetzungen bedingt.

**3.** Um dem Manne die Erfüllung der ihm nach § 1389 Abs. 2 obliegenden Verpflichtungen auch gegenüber seinen Gläubigern zu ermöglichen, ist dem Manne gegenüber Pfändungen der Früchte des eingebrachten Gutes im § 861 der C.P.O. ein Widerspruchsrecht eingeräumt. Das gleiche Widerspruchsrecht steht nach dieser Vorschrift der Frau zu (vergl. Erl. zu § 1408).

**§ 1390.**

**E. I § 1324 Abs. 1, § 595; II § 1289 rev. § 1375; III § 1373. P. I S. 6504—6506; M. IV S. 285, 286. P. II S. 5127, 5159, 5166, 5183, 5219, 5260 (Bd. 4 S. 132, 148, 151, 159, 174, 196). D. S. 689.**

**1.** In Ermangelung besonderer Vorschriften würde es zweifelhaft sein, ob der Mann für Verwendungen, die er zur Verwaltung des eingebrachten Gutes gemacht hat, und die ihm nach den §§ 1384 ff. nicht selbst zur Last fallen, von der Frau nur nach den Vorschriften über die Geschäftsführung ohne Auftrag (§§ 677—687) und nur, wenn die Frau ihn zu den Verwendungen beauftragt hat, nach den Vorschriften über den Auftrag, Ersatz verlangen kann, oder ob aus dem dem Manne zustehenden Verwaltungsrecht und der ihm obliegenden Verwaltungspflicht zu folgern ist, daß die Vorschriften über den Auftrag, auch wenn ein solcher von der Frau nicht ertheilt ist, entsprechende Anwendung finden. Der § 1390 entscheidet diese Frage abweichend von den für den Nießbrauch geltenden Vorschriften des § 1049 im Sinne der letzteren Auffassung. Der § 1390 stimmt mit der für den Auftrag geltenden Vorschrift des § 670 sachlich vollständig überein und ersetzt nur die in der letzteren Vorschrift gemachte Voraussetzung, daß die Verwendung zum Zwecke der Ausführung des Auftrags gemacht sei, durch die Voraussetzung, daß die Aufwendungen zum Zwecke der Verwaltung des eingebrachten Gutes gemacht seien. Das Verwaltungsrecht und die Verwaltungspflicht, welche das Gesetz dem Manne giebt, werden also

§. 1391.

**Wird durch das Verhalten des Mannes die Besorgniß begründet, daß die Rechte der Frau in einer das eingebrachte Gut erheblich gefährdenden Weise verletzt werden, so kann die Frau von dem Manne Sicherheitsleistung verlangen.**

ebenso behandelt, wie wenn sie auf einem Auftrage der Frau beruhten. Zur Begründung des Anspruchs auf Ersatz braucht der Mann daher nicht, wie im Falle der Geschäftsführung ohne Auftrag (§ 683), zu beweisen, daß die Verwendung dem Interesse und dem wirklichen oder dem muthmaßlichen Willen der Frau entspreche; es genügt vielmehr, daß der Mann die Verwendung den Umständen nach für erforderlich halten durfte. Er kann daher z. B. auch für die Bezahlung einer in Wirklichkeit nicht bestehenden Schuld der Frau Ersatz verlangen, wenn er diese den Umständen nach für bestehend, und ihre Bezahlung für erforderlich halten durfte. Ueber den Begriff der Aufwendungen s. im Uebrigen Erl. zu § 670. Hat der Mann zum Zwecke der Verwaltung eine Verbindlichkeit eingegangen, so kann er nach § 257 Befreiung von der Verbindlichkeit in demselben Umfange fordern, in dem er, falls er eine Aufwendung gemacht hätte, nach § 1390 Ersatz verlangen könnte.

2. Die Verpflichtung der Frau zur Verzinsung des aufgewendeten Betrags war nach der Absicht (P. II S. 5260, Bd. 4 S. 196) und dem Wortlaute des E. II ausgeschlossen, da der § 1289 Abs. 1 des E. II den gesammten Inhalt des § 601 E. II mit Ausnahme des von der Verzinsungspflicht des Auftraggebers handelnden Abs. 1 Satz 2 wiedergab. Sachlich wurde hieran durch den E. III (§ 1373 mit § 250) nichts geändert. In der R.K. wurde der Abs. 1 Satz 2 des § 601 E. II (= § 657 Satz 2 E. III) mit Rücksicht auf den neu aufgenommenen § 250 a (nun § 256) gestrichen. Im E. III § 1373 (jetzt § 1390) wurde nichts geändert. Gilt nun der § 256, der denjenigen, welcher zum Ersatze von Aufwendungen verpflichtet ist, auch zur Verzinsung des aufgewendeten Betrags verpflichtet, auch für § 1390? Nach dem Wortlaute des § 256 ist die Frage zu bejahen. Dafür spricht auch, daß im umgekehrten Falle, wenn nämlich der Mann Aufwendungen, die die Frau gemacht hat, dieser ersetzen muß, Verzinsungspflicht besteht. Es wäre unbillig, die Frau mit anderem Maße zu messen als den Mann, wenngleich freilich die Verhältnisse für Mann und Frau insofern verschieden liegen, als der Mann in der Lage ist, seine Ersatzforderung jeder Zeit geltend zu machen, während die Frau nach § 1394 hierzu regelmäßig erst nach Beendigung der Verwaltung und Nutznießung berechtigt ist. Diese Verschiedenheit wird aber dadurch ausgeglichen, daß nach § 256 Satz 2 die Verzinsungspflicht für die Zeit ruht, für welche dem Manne die Nutzungen des eingebrachten Gutes gebühren.

3. Eine dem § 669 entsprechende Befugniß, Vorschuß zu verlangen, ist dem Manne im § 1390 nicht beigelegt. Er bedarf einer solchen Befugniß nicht, weil ihm einerseits das Recht zusteht, über das zu dem eingebrachten Gute gehörende Geld frei zu verfügen (§ 1376 Nr. 1), und weil er andererseits, wenn genügendes Geld nicht vorhanden ist, die zur Beschaffung desselben erforderlichen Rechtsgeschäfte mit Zustimmung der Frau vornehmen und unter den im § 1379 bestimmten Voraussetzungen die Ersetzung der Zustimmung der Frau durch das Vormundschaftsgericht verlangen kann.

Auch das dem Nießbraucher nach § 1049 Abs. 2 zustehende Recht der Wegnahme hat der Mann nach dem B.G.B. (anders E. I § 1292 mit § 1010 Abs. 1, § 936 Abs. 3) nicht.

Die im E. I § 1324 für entsprechend anwendbar erklärten Vorschriften der §§ 591, 592 über die Verpflichtung des Beauftragten zur Rechenschaftsablegung und Herausgabe des in Veranlassung des Auftrags Erlangten werden für die Verwaltung des Mannes durch den § 1421 ersetzt.

4. Der Anspruch des Mannes auf Ersatz der Aufwendungen oder Befreiung von der Verbindlichkeit kann von dem Manne oder dessen Gläubigern, wenn diese sich den Anspruch haben überweisen lassen, schon während der Dauer der Verwaltung und Nutznießung geltend gemacht werden. Mit Rücksicht auf § 1376 kann sich übrigens der Mann aus dem Gelde der Frau selbst bezahlt machen. Wegen der Verjährung vergl. § 204.

5. Die im § 1390 enthaltene besondere Bestimmung gilt nur für die Aufwendungen, die der Mann „zum Zwecke der Verwaltung" des eingebrachten Gutes macht. Geschieht die Aufwendung zu anderen Zwecken, z. B. für eine persönliche Angelegenheit der Frau oder für das Vorbehaltsgut, so bewendet es bei den allgemeinen Grundsätzen über den Auftrag und die Geschäftsführung ohne Auftrag.

§ 1391.

**E. I §§ 1292, 1005; II § 1290 rev. § 1376; III § 1374. P. I S. 6315, 6316; M. IV S. 185, 186, 197. P. II S. 5128, 5152, 5223—5226, 5265—5270 (Bd. 4 S. 132, 145, 176, 177, 198—200). D. S. 690. K.B. S. 2065, 2066.**

1. Wie in der Vorbm. S. 112 ausgeführt ist, giebt das B.G.B. der Frau kein Recht auf eine unbedingt und ohne Rücksicht auf die Verhältnisse des einzelnen Falles eintretende

**Das Gleiche gilt, wenn die der Frau aus der Verwaltung und Nutznießung des Mannes zustehenden Ansprüche auf Ersatz des Werthes verbrauchbarer Sachen erheblich gefährdet sind.**

---

Sicherung. Dagegen sind der Frau gewisse zu ihrer Sicherung dienende Rechte eingeräumt, wenn im einzelnen Falle eine Gefährdung ihrer Interessen nachweisbar ist. Hierher gehört zunächst das im § 1391 geregelte Recht, Sicherheitsleistung zu verlangen.

2. Die Voraussetzung des Anspruchs auf Sicherheitsleistung ist eine alternative. Die eine im Abs. 1 bestimmte entspricht der im § 1051 für den Nießbrauch festgesetzten. Danach kann Sicherheitsleistung verlangt werden, wenn durch das Verhalten des Mannes die Besorgniß begründet wird, daß die Rechte der Frau in einer das eingebrachte Gut erheblich gefährdenden Weise verletzt werden. Unter Verletzung der Rechte versteht das B.G.B. nur eine objektive Verletzung; ein Verschulden des Mannes ist nicht erforderlich. Ein Verhalten des Mannes, durch welches die Besorgniß der Verletzung begründet wird, kann in einem positiven Handeln oder in einer Unterlassung liegen; z. B. der Mann verfügt über eingebrachtes Gut ohne die erforderliche Zustimmung der Frau, er bezahlt Lasten des eingebrachten Gutes, welche er nach den §§ 1385—1387 persönlich zu tragen hat, nicht oder nicht aus dem eigenen Vermögen 2c. Nicht jede Verletzung der dem Manne obliegenden Verpflichtungen ist indessen geeignet, die im § 1391 Abs. 1 bezeichnete Besorgniß zu rechtfertigen. Diese ist nur begründet, wenn das ganze Verhalten des Mannes bei der Ausübung seiner Rechte sich als solches darstellt, welches das Vertrauen auf seinen guten Willen oder seine Fähigkeit, das eingebrachte Gut in dem gesetzlichen Bestande zu erhalten, zerstört und eine Wiederholung ähnlicher Verletzungen wie bisher befürchten läßt, so daß in Folge dessen die Rechte der Frau erheblich gefährdet erscheinen. Unter Umständen kann eine einzige Verletzung, z. B. eine Spekulation mit Papieren der Frau ohne deren Willen, wenn die Spielsucht des Mannes aus wiederholten Spekulationen mit eigenem Vermögen erhellt, zur Annahme eines derartigen Verhaltens genügen, während eine ganze Reihe kleinerer Verletzungen als nicht ausreichend erscheinen kann. Nicht Bedingung des Anspruchs auf Sicherheitsleistung ist, daß der Mann sein eigenes Vermögen schlecht verwaltet oder in Vermögensverfall gerathen ist. Thatsächlich ist freilich meist das eine mit dem anderen verbunden, aber nothwendig ist es nicht. Insbesondere braucht sich die Frau eine rechtswidrige Umwandlung des eingebrachten Gutes in eine Reihe von Ersatzansprüchen gegen den Mann auch dann nicht gefallen zu lassen, wenn der Mann völlig zahlungsfähig ist. Umgekehrt giebt aber auch die schlechte Verwaltung des eigenen Vermögens des Mannes oder der Vermögensverfall des Mannes für sich allein der Frau kein Recht, Sicherheitsleistung zu verlangen. Die zu besorgende Verletzung der Rechte der Frau muß eine derartige sein, daß dadurch das eingebrachte Gut in erheblicher Weise gefährdet wird. Hierin liegt ein Zweifaches. Einerseits muß die Gefahr eine erhebliche sein; andrerseits muß der der Frau drohende Schaden im Verhältnisse zu der Größe des eingebrachten Gutes ein erheblicher sein. Nur wenn Beides zusammentrifft, wird man sagen können, daß das eingebrachte Gut in erheblicher Weise gefährdet sei.

Die zweite alternative Voraussetzung des Anspruchs auf Sicherheitsleistung ist im Abs. 2 bestimmt und entspricht dem für den Nießbrauch an verbrauchbaren Sachen geltenden § 1067 Abs. 2. Danach kann die Frau Sicherheitsleistung verlangen, wenn die ihr zustehenden Ansprüche auf Ersatz des Werthes verbrauchbarer Sachen erheblich gefährdet sind. Es muß sich um Ersatz des Werthes verbrauchbarer Sachen handeln. Die Ersatzansprüche wegen anderer Sachen, z. B. wegen der in den Besitz des Mannes gelangten anderen beweglichen Sachen fallen nicht unter Abs. 2. Wenn also der Mann Inhaberpapiere der Frau ohne deren Zustimmung veräußert und der der Frau deshalb zustehende Ersatzanspruch gefährdet erscheint, so kann die Frau Sicherheitsleistung regelmäßig nur unter den Voraussetzungen des Abs. 1 verlangen; wenn aber das Papier nach § 92 als verbrauchbare Sache erscheint, kann Sicherheitsleistung auch nach Abs. 2 gefordert werden. Es muß sich ferner um Ersatzansprüche handeln, die der Frau aus der Verwaltung und Nutznießung gegen den Mann zustehen. Der Hauptfall ist der des § 1377 Abs. 3. Unter § 1391 Abs. 2 fällt aber auch, wenn der Mann Geld, das er nach § 1377 Abs. 2 hätte anlegen sollen, für sich verwendet hat. Haben die Ehegatten vereinbart, daß die verbrauchbaren Sachen der Frau in das Eigenthum des Mannes übergehen, der Mann aber zum Rückersatze verpflichtet sein soll, so trifft § 1391 Abs. 2 nicht zu; die Frau kann indessen solchen Falles Sicherheitsleistung auf Grund des § 1067 Abs. 2 verlangen. In Folge welcher Umstände die Ansprüche der Frau gefährdet erscheinen, ist ohne Belang. Die Voraussetzungen des Abs. 2 sind auch dann gegeben, wenn der Mann mit oder ohne eigenes Verschulden in Vermögensverfall geräth und die Frau zu befürchten hat, daß ihre Ersatzansprüche in Folge des Zusammentreffens mit anderen Gläubigern des Mannes nicht zu verwirklichen sind. Ob die Ersatzansprüche der Frau groß oder gering sind, macht keinen Unterschied. Das Erforderniß der Erheblichkeit bezieht sich, wie schon der Wortlaut ergiebt, im Abs. 2 anders als im Abs. 1 nur auf die größere oder geringere Wahrscheinlichkeit einer Verletzung der Rechte der Frau.

3. Anlangend den Inhalt des Anspruchs, so ist der Anspruch, wenn die Voraussetzungen des Abs. 1 vorliegen, auf Sicherheitsleistung wegen der Möglichkeit künftiger Verletzungen gerichtet. In welchem Umfange Sicherheit zu leisten ist, bemißt sich nach der Größe des eingebrachten Gutes und den sonstigen Umständen. Ueber den Werth des eingebrachten Gutes hinaus braucht Sicherheit nicht geleistet zu werden. Die untere Grenze der Sicherheitsleistung wird durch die Möglichkeit einer Gefährdung der Rechte der Frau gebildet. Soweit für Bestandtheile des eingebrachten Gutes diese Möglichkeit ausgeschlossen oder doch nicht wahrscheinlich ist, braucht Sicherheit nicht geleistet zu werden. Hierauf beruht die Vorschrift des § 1392. Dieser Gesichtspunkt trifft aber auch z. B. bei einem Walde, einem Bergwerk oder einem ähnlichen Unternehmen zu, wenn durch Sachverständige ein Betriebsplan aufgestellt wird und der Mann etwa durch Verpachtung die Einhaltung des Planes gewährleistet. Innerhalb der erwähnten Grenzen entscheidet das richterliche Ermessen. Auf Schadensersatz wegen der schon eingetretenen Verletzungen der Rechte der Frau ist die Sicherheitsleistung nicht gerichtet. Dies ist auch nicht nothwendig; denn den Schadensersatzanspruch kann die Frau nach § 1394 sofort gegen den Mann gerichtlich geltend machen, sie braucht sich nicht erst für die Erfüllung des Anspruchs Sicherheit leisten zu lassen.

Liegen die Voraussetzungen des Abs. 2 vor, so geht der Anspruch auf Sicherheitsleistung für die Erfüllung der schon entstandenen und der künftig noch entstehenden Ansprüche auf Ersatz des Werthes verbrauchbarer Sachen. Der Wortlaut des Abs. 2 läßt es zwar zweifelhaft erscheinen, ob dadurch auch die künftig erst entstehenden Ansprüche der fraglichen Art getroffen werden sollen. Beabsichtigt ist dies indessen, wie die Protokolle ergeben (P. II S. 5265—5270, Bd. 4 S. 198—201), unzweifelhaft; die Vorschrift wird daher, da der Wortlaut nicht direkt entgegensteht, in diesem Sinne auszulegen sein. Die Erfüllung der schon entstandenen Ersatzansprüche kann dagegen trotz des Vorhandenseins der Voraussetzungen, unter denen Sicherheitsleistung verlangt werden kann, nur dann gefordert werden, wenn es sich um den Ersatz von Geld handelt, welches der Mann entgegen der Vorschrift des § 1377 Abs. 2 für sich verwandt hat. Handelt es sich um den Ersatz des Werthes anderer verbrauchbarer Sachen (§ 1377 Abs. 3), so kann die Erfüllung nicht gefordert werden, denn die Fälligkeit dieser Ersatzansprüche tritt nach § 1377 nur dann vor der Beendigung der Verwaltung und Nutznießung ein, wenn die frühere Ersatzleistung durch die ordnungsmäßige Verwaltung gefordert wird. In welchem Umfange Sicherheit zu leisten ist, ergiebt sich für die schon entstandenen Ersatzansprüche aus dem Werthe der verbrauchten oder veräußerten Sachen; für die künftig entstehenden Ansprüche hängt die Größe der Sicherheitsleistung von den Umständen des Falles ab. Die Gesichtspunkte, welche hinsichtlich des im Abs. 1 bestimmten Anspruchs auf Sicherheitsleistung dargelegt sind, finden entsprechende Anwendung. Soweit die Sicherheit auf Grund des Abs. 2 nur wegen bereits entstandener Ersatzansprüche gefordert wird, erledigt sich dieser Anspruch durch Leistung des geschuldeten Ersatzes. Handelt es sich dagegen um die Sicherheitsleistung wegen Gefährdung künftiger Ansprüche, so wird das Recht, die Sicherheitsleistung zu fordern, nicht dadurch ausgeschlossen, daß die bereits entstandenen Ersatzansprüche befriedigt werden.

4. Die Art, in welcher die Sicherheit zu leisten ist, bestimmt sich nach den §§ 232—240.

5. Die Geltendmachung sowohl des im Abs. 1 als des im Abs. 2 bestimmten Anspruchs auf Sicherheitsleistung ist der Frau nach § 1394 schon während der Dauer der Verwaltung und Nutznießung gestattet. Die Geltendmachung bemißt sich nach den gewöhnlichen Verfahrensvorschriften und geschieht im Wege der ordentlichen Klage.

6. Leistet der Mann, nachdem er zur Sicherheitsleistung rechtskräftig verurtheilt ist, die Sicherheit nicht, so findet nicht etwa eine Sequestration des eingebrachten Gutes nach der Art der für den Nießbrauch durch § 1052 vorgeschriebenen statt; vielmehr steht der Frau nur das Recht zu, die Zwangsvollstreckung zu erwirken. Sie kann aber auch ohne vorher zu versuchen im Wege der Zwangsvollstreckung Sicherheit zu erhalten, sofort zu dem ihr im § 1418 Nr. 1 eröffneten Mittel der Klage auf Aufhebung der Verwaltung und Nutznießung greifen. Hierauf kann die Frau übrigens, wenn die Voraussetzungen des § 1391 Abs. 1 oder Abs. 2 vorliegen, auch ohne vorher Sicherheitsleistung verlangt zu haben, klagen.

7. Die in den P. II S. 5292, 5296, 9453, 9454 behandelte Frage, ob die vom Manne geleistete Sicherstellung der Anfechtung durch die Gläubiger des Mannes unterliegt, ist durch die jetzige Fassung des § 32 (früher 25) Nr. 2 der K.O. und des § 3 des Anfechtungsgesetzes (D. z. K.O. S. 20) verneint.

§. 1392.

Liegen die Voraussetzungen vor, unter denen der Mann zur Sicherheitsleistung verpflichtet ist, so kann die Frau auch verlangen, daß der Mann die zum eingebrachten Gute gehörenden Inhaberpapiere nebst den Erneuerungsscheinen bei einer Hinterlegungsstelle oder bei der Reichsbank mit der Bestimmung hinterlegt, daß die Herausgabe von dem Manne nur mit Zustimmung der Frau verlangt werden kann. Die Hinterlegung von Inhaberpapieren, die nach §. 92 zu den verbrauchbaren Sachen gehören, sowie von Zins-, Renten- oder Gewinnantheilscheinen kann nicht verlangt werden. Den Inhaberpapieren stehen Orderpapiere gleich, die mit Blankoindossament versehen sind.

Ueber die hinterlegten Papiere kann der Mann auch eine Verfügung, zu der er nach §. 1376 berechtigt ist, nur mit Zustimmung der Frau treffen.

§. 1393.

Der Mann kann die Inhaberpapiere, statt sie nach §. 1392 zu hinterlegen, auf den Namen der Frau umschreiben oder, wenn sie von dem Reiche oder einem Bundesstaat ausgestellt sind, in Buchforderungen gegen das Reich oder den Bundesstaat umwandeln lassen.

---

§ 1392.

**E. I §§ 1292, 1036; II § 1291 rev. § 1377; III § 1375. M. IV S. 191. P. II S. 5128, 5153, 5226, 5260, 6781, 8316, 8705 (Bd. 4 S. 133, 145, 178, 196, Bd. 5 S. 108). D. S. 690.**

Gehören zum eingebrachten Gute Inhaberpapiere oder mit einem Blankoindossamente versehene Orderpapiere, so ist die Rechtsstellung des Mannes diesen Papieren gegenüber trotz der leichten Möglichkeit einer Gefährdung der Rechte der Frau an sich keine andere als sonstigen nicht verbrauchbaren Sachen des eingebrachten Gutes gegenüber. Die Frau hat nicht wie nach § 10̇82 der Eigenthümer gegenüber dem Nießbraucher das Recht, vom Manne ohne weitere Voraussetzung zu verlangen, daß die Papiere hinterlegt werden. Die Hinterlegung kann sie nur verlangen, wenn die Voraussetzungen vorliegen, unter welchen der Mann nach § 1391 zur Sicherheitsleistung verpflichtet ist. Der Mann kann die Hinterlegung nur nach Maßgabe des § 1393 abwenden. Die Frau hat die Wahl, ob sie nach § 1391 Sicherheit verlangen oder die Hinterlegung der fraglichen Papiere fordern will. Dadurch ist die Frau in Ansehung der genannten Papiere besser gestellt als hinsichtlich anderer beweglicher Sachen, denn die genannten Papiere müssen schon dann hinterlegt werden, wenn nur die Voraussetzungen des § 1391 Abs. 2 gegeben sind, also unter Umständen schon bei bloßer Befürchtung eines Vermögensverfalls des Mannes. Hinterlegt werden müssen die Papiere selbst und die dazu gehörigen Erneuerungsscheine, nicht dagegen die Zins-, Renten- und Gewinnantheilscheine. Von der Hinterlegung ausgenommen sind die Papiere, welche nach § 92 zu den verbrauchbaren Sachen zählen, z. B. Banknoten (§ 92 Abs. 1) oder Papiere, welche zum Betriebskapital eines Banquiergeschäfts der Frau gehören (§ 92 Abs. 2). Die Hinterlegung hat bei einer Hinterlegungsstelle oder nach Wahl des Mannes (nicht der Frau arg. § 1082 Satz 2) bei der Reichsbank zu erfolgen. Die Hinterlegungsstellen sind landesgesetzliche Einrichtungen, ihre örtliche und sachliche Zuständigkeit bemißt sich nach den Landesgesetzen. Die Landesgesetze können auch über die Hinterlegung selbst Bestimmungen treffen (Art. 144, 145 E.G.). Die §§ 372 ff. finden keine Anwendung. Die Wirkung der Hinterlegung besteht darin, daß der Mann nur mit Zustimmung der Frau über die hinterlegten Papiere verfügen oder deren Herausgabe verlangen kann. Wie Abs. 2 klarstellt, ist die Zustimmung der Frau auch in den Fällen erforderlich, in welchen der Mann an sich nach § 1376 (in Betracht kommt nur § 1376 Nr. 3) der Zustimmung der Frau nicht bedürfen würde. Es genügt die Zustimmung (§§ 182, 183) der Frau. Der E. II hatte gemeinschaftliche Verfügung der Frau und des Mannes verlangt. Soweit nach der landesgesetzlichen Hinterlegungsordnung nicht die Papiere als solche, sondern nur Papiere gleicher Art und gleichen Werthes zurückgefordert werden können, gelten die Bestimmungen, welche § 1392 bezüglich der Verfügungen über die hinterlegten Papiere trifft, von dem landesgesetzlich umgestalteten Rückerstattungsanspruche.

§ 1393.

**E. II § 1292 rev. § 1378; III § 1376. P. II S 5226, 5260, 5261, 8626, 8627 (Bd. 4 S. 178, 196). D. S. 690.**

Die im § 1392 bestimmte Hinterlegung der Werthpapiere kann der Mann dadurch abwenden, daß er die Papiere nach seiner Wahl auf den Namen der Frau umschreiben (§ 806) oder in

## §. 1394.

Die Frau kann Ansprüche, die ihr auf Grund der Verwaltung und Nutznießung gegen den Mann zustehen, erst nach der Beendigung der Verwaltung und Nutznießung gerichtlich geltend machen, es sei denn, daß die Voraussetzungen vorliegen, unter denen die Frau nach §. 1391 Sicherheitsleistung verlangen kann. Der im §. 1389 Abs. 2 bestimmte Anspruch unterliegt dieser Beschränkung nicht.

---

Buchforderungen umwandeln läßt. Selbstverständlich hat der Mann dieses Wahlrecht nur, wenn das betreffende Werthpapier auf den Namen umgeschrieben oder in eine Buchforderung umgewandelt werden kann. Zur Namensumschreibung ist der Aussteller des Papiers nicht ohne weiteres verbunden (§ 806 Satz 2, dazu vergl. Art. 101 E.G.) und die Umwandlung in Buchforderungen ist zur Zeit nur bei gewissen Papieren möglich, die vom Reiche (Ges. v. 31. Mai 1891), von Preußen (Ges. v. 20. Juli 1883) und von Sachsen (Ges. v. 25. April 1884) ausgestellt sind. Ist die Umschreibung oder die Umwandlung in eine Buchforderung bei dem betreffenden Papier unzulässig, so muß der Mann das Papier hinterlegen, er hat nicht etwa die Befugniß, das Papier gegen ein solches umzutauschen, bei welchem die Umschreibung oder die Umwandlung zulässig ist. Die Umschreibung hat die Wirkung, daß das Inhaberpapier in ein Namenpapier verwandelt wird und Zulässigkeit und Form einer Verfügung des Mannes sich künftig nach den für Namenpapiere geltenden Bestimmungen richten. Ist die Umschreibung erfolgt, so hat der Mann darauf Anspruch, den Besitz des Papiers (§ 1373) wieder zu erhalten. Die Wirkung der Umwandlung in eine Buchforderung ist in den oben angegebenen Gesetzen besonders geregelt. Es versteht sich von selbst, daß der Mann auch bei einer auf Grund des § 1393 erfolgten Umwandlung verlangen kann, daß zu seinen Gunsten der Vermerk in das Schuldbuch eingetragen wird, wonach die Frau nur mit seiner Zustimmung über die Buchforderung verfügen kann (E.G. Art. 50, 97). Weigert sich die Frau zur Eintragung dieses Vermerkes die Zustimmung zu geben, so ist der Mann nicht verpflichtet, die Umwandlung vorher zu beantragen oder zu diesem Zwecke das Papier herauszugeben.

### § 1394.

**E. I §§ 1292, 1004, § 1324 Abs. 2; II § 1293 Abs. 1 rev. § 1379; III § 1377. P. I S. 6504, 6521, 8824, 8842; M. IV S. 184, 185. P. II S. 5128, 5159, 5169, 5223—5225, 5230, 5270—5274 (Bd. 4 S. 133, 148, 152, 176, 177, 180, 201—203). D. S. 689, 690, 691.**

**1.** Das B.G.B. geht davon aus, daß die gerichtliche Geltendmachung der den Ehegatten gegeneinander zustehenden Ansprüche durch die Verwaltung und Nutznießung des Mannes nicht bis zu deren Beendigung aufgeschoben wird, sondern schon während der Dauer der Verwaltung und Nutznießung erfolgen kann. Während der E. I § 1292 mit § 1004 diesen Grundsatz streng durchführte, ist in der zweiten Kommission für die Ansprüche, welche der Frau auf Grund der Verwaltung und Nutznießung zustehen, eine Ausnahme gemacht. Diese Ansprüche können regelmäßig erst nach der Beendigung der Verwaltung und Nutznießung gerichtlich geltend gemacht werden. Man wollte vermeiden, daß die Frau den Mann wegen eines jeden, wenn auch noch so kleinen Verstoßes gegen seine Verwaltungspflichten solle belangen und von ihm Rechenschaft mit der Verpflichtung zur Leistung des Offenbarungseids fordern können.

2. Welches die Ansprüche sind, die der Frau auf Grund der Verwaltung und Nutznießung gegen den Mann zustehen, ergiebt sich aus den §§ 1373—1393, welche die Rechte und Pflichten des Mannes in Ansehung der Verwaltung und Nutznießung regeln. Danach gehören hierher z. B. die Ansprüche, die der Frau aus einer ohne ihre Zustimmung vorgenommenen Verfügung des Mannes über eingebrachtes Gut erwachsen, wenn zu der Verfügung die Zustimmung der Frau erforderlich ist, ferner der Anspruch der Frau auf Auskunftsertheilung (§ 1374 Satz 2). Der Mann ist also zwar verpflichtet der Frau jeder Zeit auf Verlangen über den Stand der Verwaltung Auskunft zu ertheilen, allein wenn er die Auskunft verweigert, so kann ihn die Frau auf Auskunftsertheilung nicht gerichtlich belangen. In der Verweigerung der Auskunftsertheilung wird indessen unter Umständen ein Grund gefunden werden können, der in Verbindung mit anderen Thatsachen die Besorgniß einer erheblichen Gefährdung der Rechte der Frau in Ansehung des eingebrachten Gutes begründet (§ 1391). Unter den § 1394 fallen ferner die Ansprüche, welche der Frau gegen den Mann deshalb zustehen, weil dieser das zu dem eingebrachten Gute gehörende Geld der Vorschrift des § 1377 Abs. 2 zuwider nicht ordnungsmäßig anlegt oder weil er zu dem eingebrachten Gute gehörende Sachen rechtswidrig beschädigt oder zerstört; überhaupt die Verwaltung des eingebrachten Gutes,

etwa anläßlich der Ziehung der Früchte, vernachlässigt, eine Last des eingebrachten Gutes, die er persönlich zu tragen verpflichtet ist, nicht aus dem eigenen Vermögen, sondern aus dem eingebrachten Gute oder gar nicht berichtigt. Dagegen gehört z. B. nicht hierher der Anspruch der Frau auf Ausgleichung zwischen dem Vorbehaltsgut und dem eingebrachten Gute (§ 1417). Wenn daher etwa der Mann die Zinsen einer Hypothek nicht bezahlt, welche auf einem zum eingebrachten Gute gehörenden Grundstücke für eine gegenüber dem eingebrachten Gute wirksame Forderung ruht, so daß die Frau, um die Zwangsvollstreckung abzuwenden, aus dem Vorbehaltsgute Zahlung leistet, so kann die Frau zwar die persönliche Haftung des Mannes für die gezahlten Zinsen (§ 1386) erst nach der Beendigung der Verwaltung und Nutznießung, den Ersatz der Zinsen aus dem eingebrachten Gute aber (§ 1415) schon während der Dauer der Verwaltung und Nutznießung gerichtlich geltend machen. Ferner gehören nicht hierher der Anspruch, daß der Mann zur Aufnahme des Verzeichnisses des Bestandes des eingebrachten Gutes mitwirke (s. Erl. zu § 1372), ferner Ansprüche, welche die Frau unabhängig vom ehelichen Verhältnisse hat, so wenn sie dem Manne aus dem Vorbehaltsgut oder aus dem eingebrachten Gute ein Darlehen gegeben hat.

3. Durch § 1394 wird nur die gerichtliche d. h. die im Wege der Klage oder der Widerklage erfolgende Geltendmachung der Ansprüche der Frau beschränkt. Der Klage steht die Geltendmachung im Wege des Mahnverfahrens (C.P.O. §§ 688 ff.) gleich. Dagegen ist die außergerichtliche Geltendmachung nicht ausgeschlossen. Der § 1394 steht insbesondere der Befugniß der Frau, eine ihr auf Grund der Verwaltung und Nutznießung zustehende Forderung gegen eine Forderung des Mannes aufzurechnen (§ 387), nicht entgegen. Einer solchen Aufrechnung steht auch die Vorschrift des § 1398 nicht entgegen. Die Aufrechnung enthält zwar eine Verfügung über die zur Aufrechnung gebrachte Forderung und die hier fragliche Forderung der Frau gehört zum eingebrachten Gute, aber nach § 1406 Nr. 3 erleidet die Vorschrift des § 1398 eine Ausnahme für Rechtsgeschäfte, welche die Frau gegenüber dem Manne vornimmt, und ein solches Rechtsgeschäft ist die Aufrechnung. Die Frau kann die Aufrechnung auch noch in einem von dem Manne gegen sie erhobenen Prozeß erklären und dadurch eine Einrede gegen die von dem Manne geltend gemachte Forderung begründen (s. Bd. I S. 170, Erl. zu § 388 Nr. 1).

4. Der Anspruch der Frau auf Sicherheitsleistung (§ 1391) muß schon während der Verwaltung und Nutznießung gerichtlich geltend gemacht werden dürfen. Da sich demnach, wenn die Voraussetzungen für diesen Anspruch vorliegen, die Führung eines Rechtsstreits zwischen den Ehegatten doch nicht vermeiden läßt, so bestimmt der § 1394, daß unter der bezeichneten Voraussetzung die Beschränkung der Frau in der Geltendmachung der ihr auf Grund der Verwaltung und Nutznießung zustehenden Ansprüche wegfällt. Es genügt, daß entweder die Voraussetzungen des § 1391 Abs. 1 oder die Voraussetzungen des Abs. 2 gegeben sind. Die Frau ist also, falls sie einen Anspruch auf Ersatz des Werthes verbrauchbarer Sachen hat, in der gerichtlichen Geltendmachung ihrer sämmtlichen Ansprüche gegen den Mann durch die Verwaltung und Nutznießung schon dann nicht behindert, wenn jener Anspruch in Folge des Vermögensverfalls des Mannes gefährdet ist. Soweit übrigens ein Anspruch, welcher der Frau auf Grund der Verwaltung und Nutznießung gegen den Mann zusteht, seinem Grunde oder Inhalte nach erst nach Beendigung der Verwaltung und Nutznießung geltend gemacht werden kann, hat der Wegfall der im § 1394 bestimmten Beschränkung selbstverständlich auf die Geltendmachung dieses Anspruchs keinen Einfluß. Der Anspruch der Frau auf Ersatz des Werthes verbrauchbarer Sachen, welcher nach § 1377 Abs. 3 regelmäßig erst mit der Beendigung der Verwaltung und Nutznießung fällig wird, kann mithin nicht deshalb allein schon vorher geltend gemacht werden, weil die Voraussetzungen des § 1391 zutreffen. Auf Grund dieser Voraussetzung für sich allein kann die Frau vielmehr nur auf Sicherheitsleistung nach Maßgabe des § 1391 klagen. Anders liegt die Sache, wenn die Frau die Fälligkeit des Anspruchs behauptet, weil die ordnungsmäßige Verwaltung den sofortigen Ersatz fordert. Daß diese Voraussetzung gegeben ist, kann die Frau, sofern die Voraussetzungen des § 1391 vorhanden sind, gerichtlich geltend machen.

5. Die Gläubiger der Frau, welche aus dem eingebrachten Gute Befriedigung verlangen können, unterliegen nicht der im § 1394 bestimmten Beschränkung. Sie können daher Ansprüche der Frau, welche sie sich im Wege der Zwangsvollstreckung haben überweisen lassen, ohne Rücksicht auf die Beschränkungen, welche der gerichtlichen Geltendmachung durch die Frau selbst entgegen stehen, gegen den Mann gerichtlich geltend machen (s. § 1411 Abs. 2).

6. Für den im § 1389 Abs. 2 bestimmten Anspruch, daß der Mann den Reinertrag des eingebrachten Gutes in erster Linie zum Unterhalte der Familie verwende, ist im § 1394 Satz 2 eine Ausnahme gemacht. Diesen Anspruch kann die Frau jederzeit gerichtlich geltend machen.

7. Der Mann ist in der Geltendmachung der ihm gegen die Frau zustehenden Ansprüche durch die Verwaltung und Nutznießung nicht gehindert.

## §. 1395.

Die Frau bedarf zur Verfügung über eingebrachtes Gut der Einwilligung des Mannes.

---

Soweit die Gegenstände, auf welche sein Anspruch gerichtet ist, sich in dem eingebrachten Gute befinden, kann er sich selbst Befriedigung verschaffen, da er hierzu nach § 1376 Nr. 3 der Zustimmung der Frau nicht bedarf und nach § 181 das Geschäft mit sich selbst abschließen kann. In anderen Fällen muß er in Ermangelung der Zustimmung der Frau entweder die gerichtliche Ergänzung der Zustimmung erwirken (§ 1379) oder gegen die Frau auf Erfüllung klagen und auf Grund des Urtheils sich im Wege der Zwangsvollstreckung Befriedigung verschaffen. Aus dem Vorbehaltsgute kann der Mann Befriedigung nur verlangen, wenn die Verbindlichkeit der Frau im Verhältnisse der Ehegatten zu einander das Vorbehaltsgut trifft (vergl. Erl. zu § 1415). Im gleichen Umfange wie der Mann selbst können seine Gläubiger die ihm gegen die Frau zustehenden Ansprüche, wenn sie ihnen im Wege der Zwangsvollstreckung überwiesen sind, gegen die Frau gerichtlich geltend machen.

Daß in allen Rechtsstreitigkeiten zwischen Mann und Frau die Frau zur Führung des Rechtsstreits der Zustimmung des Mannes nicht bedarf, ver steht sich, soweit Vorbehaltsgut in Frage kommt, von selbst und ist im Uebrigen im § 1407 Nr. 2 bestimmt.

### § 1395.

**E. I § 1300 Satz 1; II § 1294 rev. § 1380; III § 1378. P. I S. 6371—6384; M. IV S. 219—227. P. II S. 5129, 5153, 5170, 5186, 5190, 5230, 5261 (Bd. 4 S. 133, 146, 153, 160, 162, 180, 196). D. S. 691.**

1. Mit § 1395 beginnen die Vorschriften, in welchen die negative Seite der Rechte des Mannes am eingebrachten Gute, nämlich die Beschränkung der Verfügungsfähigkeit der Frau, zum Ausdrucke gelangt. Der § 1395 enthält den leitenden Grundsatz in Ansehung der Verfügungen der Frau über eingebrachtes Gut. Die allgemeinen Gesichtspunkte, auf denen der § 1395 beruht, sind in der Vorbm. Nr. 7 S. 113 dargelegt. Der Begriff der Verfügungen ist in Bd. I S. 148 erörtert. Danach kommen nur Rechtsgeschäfte in Betracht, durch welche ein Recht unmittelbar übertragen, belastet, geändert oder aufgehoben werden soll. Unter Einwilligung zu einem Rechtsgeschäfte versteht das B.G.B. die vor der Vornahme des Rechtsgeschäfts erfolgende Zustimmung (§ 183). Die rechtliche Bedeutung der Einwilligung des Mannes ist in der Vorbm. Nr. 8 S. 113, 114 erläutert. Die Einwilligung macht den Mann nicht zum Mitverfügenden, der Mann schließt das Rechtsgeschäft mit dem Dritten nicht gemeinsam mit der Frau ab und haftet deshalb auch aus den Rechtsgeschäften der Frau, zu denen er die Einwilligung ertheilt, nicht persönlich. Die Einwilligung ist vielmehr ein einseitiges, empfangsbedürftiges Rechtsgeschäft des Mannes, das zu dem Rechtsgeschäfte der Frau hinzutreten muß und vollständig den allgemeinen Regeln über Einwilligung (§§ 182, 183) untersteht. Die Einwilligung kann sowohl der Frau als auch dem Dritten gegenüber, welchem gegenüber die Frau verfügen will, erfolgen. Sie bedarf keiner Form. Im Uebrigen vergl. Erl. zu den §§ 182, 183 und insbesondere wegen der Widerruflichkeit der Einwilligung die Erl. Nr. 2 zu § 183 a. E.

2. Abgesehen von den in den §§ 1401 ff. enthaltenen Fällen, in welchen die Einwilligung des Mannes nicht erforderlich ist oder ersetzt werden kann, kennt das B.G.B. keine Verfügung, welche als solche von der Frau ohne Einwilligung des Mannes vorgenommen werden darf. In einigen Spezialgesetzen sind Ausnahmen getroffen. Die wichtigste besteht für Buchforderungen; vergl. § 9 des Ges. v. 31. Mai 1891 über das Reichsschuldbuch (Art. 50 E.G.). Danach bedarf die Frau der Reichsschuldenverwaltung gegenüber zu Verfügungen über die Buchforderung nicht der Einwilligung des Mannes, außer wenn zu dessen Gunsten ein Sperrvermerk eingetragen worden ist. Der Vermerk ist auf Antrag der Frau und mit Zustimmung der Frau auch auf Antrag des Mannes einzutragen. Die Frau ist dem Manne gegenüber verpflichtet, die Zustimmung zur Eintragung des Vermerks zu ertheilen.

3. Selbstverständlich werden durch die §§ 1395 ff. die Beschränkungen der Frau nicht berührt, welche sich nicht aus dem Rechte des Mannes, sondern aus anderen Gründen, insbesondere in Folge davon, daß die Frau minderjährig oder sonst (§ 114) in der Geschäftsfähigkeit beschränkt ist, ergeben. Inwieweit die Frau in Folge hiervon der Einwilligung Dritter, z. B. des Vaters, des Vormundes, bedarf, richtet sich lediglich nach den allgemeinen Grundsätzen. Die hiernach erforderliche Einwilligung steht neben der im § 1395 ff. bestimmten Einwilligung des Mannes und ist von ihr unabhängig.

4. Neben den Verfügungen der Frau über das eingebrachte Gut kommen nur noch solche dingliche und obligatorische Rechtsgeschäfte der Frau in Betracht, durch die sie lediglich einen rechtlichen Vortheil erlangt, oder durch die sie sich zu einer Leistung ver-

## §. 1396.

Verfügt die Frau durch Vertrag ohne Einwilligung des Mannes über eingebrachtes Gut, so hängt die Wirksamkeit des Vertrags von der Genehmigung des Mannes ab.

Fordert der andere Theil den Mann zur Erklärung über die Genehmigung auf, so kann die Erklärung nur ihm gegenüber erfolgen; eine vor der Aufforderung der Frau gegenüber erklärte Genehmigung oder Verweigerung der Genehmigung wird unwirksam. Die Genehmigung kann nur bis zum Ablaufe von zwei Wochen nach dem Empfange der Aufforderung erklärt werden; wird sie nicht erklärt, so gilt sie als verweigert.

Verweigert der Mann die Genehmigung, so wird der Vertrag nicht dadurch wirksam, daß die Verwaltung und Nutznießung aufhört.

## §. 1397.

Bis zur Genehmigung des Vertrags ist der andere Theil zum Widerrufe berechtigt. Der Widerruf kann auch der Frau gegenüber erklärt werden.

Hat der andere Theil gewußt, daß die Frau Ehefrau ist, so kann er nur widerrufen, wenn die Frau der Wahrheit zuwider die Einwilligung des Mannes behauptet hat; er kann auch in diesem Falle nicht widerrufen, wenn ihm das Fehlen der Einwilligung bei dem Abschlusse des Vertrags bekannt war.

---

pflichtet. Die letztere Gattung von Rechtsgeschäften ist im § 1399 geregelt. In Ansehung der ersteren Gattung aber folgt aus dem Grundsatze der unbeschränkten Geschäftsfähigkeit der Frau, daß die Frau zu solchen Rechtsgeschäften der Zustimmung des Mannes nicht bedarf. Ueber den Begriff dieser Rechtsgeschäfte vergl. Erl. Nr. 1 zu § 107. Aus § 1363 ergiebt sich, daß der Erwerb aus ihnen regelmäßig in das eingebrachte Gut fällt. Daß die Frau zu Verfügungen von Todeswegen — und zwar zu einseitigen (§ 1937) wie zu vertragsmäßigen (§ 1941) — der Zustimmung des Mannes nicht bedarf, folgt mit Rücksicht auf die unbeschränkte Geschäftsfähigkeit der Frau aus dem Schweigen des B.G.B. hierüber.

### §§ 1396, 1397.

**E. I § 1300 Satz 2, 3; II §§ 1295, 1296 rev. §§ 1381, 1382; III §§ 1379, 1380. P. I S. 6371—6384; M. IV S. 226—229. P. II S. 5129, 5154, 5170, 5186, 5190, 5230, 5261, 5387, 8627 bis 8629 (Bd. 4 S. 133, 146, 153, 160, 162, 180, 196, 257).**

Die Abs. 1, 2 des § 1396 und der § 1397 schließen sich in der Beschränkung, daß es sich hier nur um vertragsmäßige Verfügungen der Frau über eingebrachtes Gut handelt, wörtlich an die Abs. 1, 2 des § 108 und an den § 109 an. Die Erl. Nr. 1—7 zu § 108 und die Erl. zu § 109 sind daher hierher zu übertragen.

Nach Abs. 3 des § 108 tritt, wenn der Minderjährige, welcher ohne die erforderliche Einwilligung des gesetzlichen Vertreters einen Vertrag abgeschlossen hat, unbeschränkt geschäftsfähig geworden ist, seine Genehmigung an die Stelle der Genehmigung des Vertreters. Die Analogie würde dahin führen, in dem Falle, daß die Frau ohne die erforderliche Einwilligung des Mannes vertragsmäßig verfügt hat, nach Wegfall der Verwaltung und Nutznießung die Genehmigung der Frau an die Stelle der Genehmigung des Mannes treten zu lassen. Der E. I hatte eine derartige Vorschrift nicht aufgenommen, weil er davon ausging, daß mit Rücksicht auf die unbeschränkte Geschäftsfähigkeit der Frau schon der Wegfall der Verwaltung und Nutznießung als solcher die Konvalescenz der Verfügung der Frau bewirke, für eine Genehmigung der Frau mithin kein Raum mehr vorhanden sei. Im E. II (Prot. S. 5230 Bd. 4 S. 180) hat man diese Ansicht gebilligt; ihre Richtigkeit ergiebt sich auch aus § 185. Im E. II hat man aber für nothwendig erachtet, durch die Vorschrift des Abs. 3 des § 1396 zum Ausdrucke zu bringen, daß, wenn der Mann die Genehmigung verweigert, der Vertrag der Frau als von Anfang an unwirksam gilt und daß hieran auch durch den Wegfall der Verwaltung und Nutznießung nichts geändert wird (vergl. Erl. Nr. 4 Abs. 2 zu § 185). Dem Falle, daß der Mann die Genehmigung verweigert, steht der Fall gleich, daß die Genehmigung als verweigert gilt, weil sie nicht binnen zwei Wochen nach dem Empfange der im Abs. 2 des § 1396 bezeichneten Aufforderung ertheilt worden ist.

## §. 1398.

Ein einseitiges Rechtsgeschäft, durch das die Frau ohne Einwilligung des Mannes über eingebrachtes Gut verfügt, ist unwirksam.

## §. 1399.

Zu Rechtsgeschäften, durch die sich die Frau zu einer Leistung verpflichtet, ist die Zustimmung des Mannes nicht erforderlich.

Stimmt der Mann einem solchen Rechtsgeschäfte zu, so ist es in Ansehung des eingebrachten Gutes ihm gegenüber wirksam. Stimmt er nicht zu, so muß er das Rechtsgeschäft, soweit das eingebrachte Gut bereichert wird, nach den Vorschriften über die Herausgabe einer ungerechtfertigten Bereicherung gegen sich gelten lassen.

---

### § 1398.

**E. I § 1300 Satz 1; II § 1297 rev. § 1383; III § 1381. P. I S. 6371—6384; M. IV S. 226—229. P. II S. 5129, 5154, 5170, 5186, 5190, 5231, 5261 (Bd. 4 S. 133, 146, 153, 160, 162, 180, 196).**

1. Einseitige Rechtsgeschäfte der Frau können nur den Aktiv- oder nur den Passivbestand oder zugleich den Aktiv- und den Passivbestand des Vermögens der Frau berühren. Beispiele bieten die Kündigung einer der Frau zustehenden oder gegen die Frau gerichteten Darlehensforderung durch die Frau, die Anfechtung eines gegenseitigen Vertrags. Wenn das einseitige Rechtsgeschäft der Frau sich ausschließlich auf das Vorbehaltsgut bezieht, bedarf die Frau zur Vornahme des Rechtsgeschäfts nicht der Mitwirkung des Mannes. Wenn durch das Rechtsgeschäft das eingebrachte Gut berührt wird, ist zu unterscheiden. Ein einseitiges Rechtsgeschäft der Frau, das eine Verfügung über das eingebrachte Gut enthält, ist nur mit der Einwilligung d. h. (§ 183) mit der vorherigen Zustimmung des Mannes gültig; ohne diese ist es unwirksam und kann durch die Genehmigung des Mannes und deshalb auch durch den Wegfall die Verwaltung und Nutznießung nicht wirksam werden; dabei ist es gleichgültig, ob es sich um ein empfangsbedürftiges oder um ein nicht empfangsbedürftiges Rechtsgeschäft handelt. Zu einseitigen Rechtsgeschäften, welche nicht eine Verfügung über eingebrachtes Gut enthalten, bedarf die Frau der Einwilligung des Mannes nicht. Rechtsgeschäfte dieser Art fallen unter die Vorschrift des § 1399. Die Zustimmung des Mannes ist also nur erforderlich, um das Rechtsgeschäft dem Manne gegenüber in Ansehung des eingebrachten Gutes wirksam zu machen. Hierher gehört auch die Kündigung der einem Dritten gegen die Frau zustehenden Forderung von Seiten der letzteren, auch wenn das eingebrachte Gut für die Forderung haftet. Eine solche Kündigung ist keine Verfügung über eingebrachtes Gut; sie begründet vielmehr nur eine Verpflichtung der Frau. Dem Manne gegenüber ist in Ansehung des eingebrachten Gutes die Kündigung und die dadurch begründete Verpflichtung der Frau nur wirksam, wenn der Mann der Kündigung zugestimmt hat.

2. Der § 1398 schließt sich an den § 111 Satz 1 an. Die Vorschriften der Sätze 2, 3 des § 111 sind auf die einseitigen Rechtsgeschäfte der Frau im § 1398 nicht ausdrücklich übertragen. Ihre Anwendbarkeit folgt aber aus § 182 Abs. 3. Es gilt deshalb auch für die einseitigen Rechtsgeschäfte der Frau der Grundsatz, daß trotz der Einwilligung des Mannes das Rechtsgeschäft unwirksam ist, wenn die Frau die Einwilligung nicht in schriftlicher Form vorlegt und der Dritte das Rechtsgeschäft aus diesem Grunde unverzüglich zurückweist. Wegen der Einzelheiten vergl. Erl. Nr. 3, 4 zu § 111 und Nr. 4 zu § 182.

### § 1399.

**E. I §§ 1301, 1312, Nr. 1 Theils. 2, 3; II § 1298 rev. § 1384; III § 1382. P. I S. 6371—6378, 6385—6388; M. IV S. 229, 230, 252. P. II S. 5129, 5154, 5171, 5186, 5190, 5232, 5261, 5263, 5387 (Bd. 4 S. 133, 146, 153, 160, 162, 181, 197, 198, 256).**

Wegen des im Abs. 1 ausgedrückten Grundsatzes vergl. Vorbm. Nr. 7 oben S. 113. Die Frau braucht die Zustimmung des Mannes zu obligatorischen Rechtsgeschäften selbst dann nicht, wenn die Leistung, zu der sie sich verpflichtet, eine Verfügung über das eingebrachte Gut bezweckt. Die Vorschrift des Abs. 2 Satz 1 dient zum Schutze der Rechte des Mannes. Die Zustimmung untersteht den allgemeinen Regeln der §§ 182—184. Nur wenn der Vorschrift des

## §. 1400.

Führt die Frau einen Rechtsstreit ohne Zustimmung des Mannes, so ist das Urtheil dem Manne gegenüber in Ansehung des eingebrachten Gutes unwirksam.

Ein zum eingebrachten Gute gehörendes Recht kann die Frau im Wege der Klage nur mit Zustimmung des Mannes geltend machen.

---

Abs. 2 Satz 1 genügt ist, kann für die Verbindlichkeit der Frau aus dem Rechtsgeschäfte Befriedigung aus dem eingebrachten Gute gefordert werden (§ 1412). Andererseits haftet das eingebrachte Gut nach Abs. 2 Satz 2 in Verbindung mit § 1412 Abs. 1 nur auf die Bereicherung. Für diese Haftung sind die allgemeinen Grundsätze über ungerechtfertigte Bereicherung, insbesondere die §§ 818, 819 maßgebend. Nach § 819 entscheidet sich insbesondere der Fall, daß der Mann von dem Rechtsgeschäfte der Frau Kenntniß erhält und die Zustimmung verweigert. Die ohne die Einwilligung des Mannes vorgenommenen Verfügungen der Frau sind schlechtweg, also auch der Frau selbst gegenüber unwirksam. Die Wirksamkeit des obligatorischen Rechtsgeschäfts der Frau ist nur dem Manne gegenüber von dessen Zustimmung abhängig. Den Mangel der Zustimmung kann demnach nur der Mann, nicht aber die Frau oder der Dritte, mit dem die Frau das Rechtsgeschäft geschlossen hat, geltend machen. Dies gilt selbst für die Rechtsgeschäfte, durch die sich die Frau zu einer Verfügung über eingebrachtes Gut verpflichtet. Ob freilich nicht im einzelnen Falle die Frau sich zu einer Leistung nur unter der Voraussetzung der Zustimmung des Mannes verpflichten will, ist eine vom § 1399 unberührt gelassene Frage, die sich lediglich nach den Umständen des Falles an der Hand der allgemeinen Grundsätze über Willenserklärungen entscheiden läßt und insbesondere für die Fälle, in denen die Frau sich zu einer Verfügung verpflichtet, regelmäßig bejahend zu beantworten sein wird (vergl. M. IV S. 229, P. II S. 5230, Bd. 4 S. 180).

### § 1400.

**E. I §§ 1302, 1303; II § 1299 rev. § 1385; III § 1383. P. I S. 6388—6395, 8692, 8704; M. IV S. 230—235. P. II S. 5129, 5154, 5171, 5186, 5190, 5232, 5264, 8629 (Bd. 4 S. 133, 146, 153, 160, 162, 181, 198). D. S. 691.**

1. Im Einklange mit dem Grundsatze, daß die Geschäftsfähigkeit einer Frau weder durch die Ehe als solche, noch durch das in der Ehe geltende Güterrecht beschränkt wird, bestimmt der § 52 Abs. 2 der C.P.O., daß auch die Prozeßfähigkeit einer Frau dadurch nicht beschränkt wird, daß sie Ehefrau ist. Dies würde an sich nicht ausschließen, daß die Prozeßfähigkeit einer Frau durch das eheliche Güterrecht beschränkt wird. Das B.G.B. stellt aber auch keine solche Beschränkung auf, sondern bringt, was den Güterstand der Verwaltung und Nutznießung anlangt, im § 1400 Abs. 1 indirekt den Grundsatz zum Ausdrucke, daß *die Frau, ohne der Zustimmung des Mannes zu bedürfen, einen Rechtsstreit führen kann*. Für *Passiv*prozesse der Frau ist dieser Grundsatz ausnahmlos durchgeführt. In Ansehung der *Aktiv*prozesse ist er nur die Regel, die z. B. für persönliche Angelegenheiten der Frau, für Rechte, die zum Vorbehaltsgute gehören, für Klagen auf Feststellung des Nichtbestehens einer Verbindlichkeit gilt. Für die Fälle dagegen, daß ein zum eingebrachten Gute gehörendes Recht (Eigenthumsrecht, Forderungsrecht u. s. w.) Gegenstand des Rechtsstreits ist, macht der § 1400 *Abs. 2* eine Ausnahme. Ein solches Recht kann die Frau nur mit Zustimmung (§§ 182 ff.) des Mannes im Wege der Klage geltend machen. Ohne die Zustimmung fehlt der Frau zwar nicht die Prozeßfähigkeit, aber die Aktivlegitimation. Das Vorhandensein der Zustimmung ist zur Begründung der Klage erforderlich; fehlt die Zustimmung, so ist die Klage abzuweisen. Nothwendig ist aber nur die Zustimmung, nicht die Einwilligung. Daraus folgt, daß, wenn die Verwaltung und Nutznießung während des Rechtsstreits beendet wird, die Frau die Sachlegitimation von selbst erlangt und daß der Mann die Prozeßführung in jeder Lage des Verfahrens, auch noch in der Berufungsinstanz, genehmigen kann. Die Genehmigung wirkt auf die Zeit der Erhebung der Klage zurück. Da die Genehmigung wirksam ist, wenn sie nur der Frau gegenüber erklärt wird, so wirkt sie, auch wenn sie dem Gegner nicht mitgetheilt wird. Andererseits kann der Mann die Zustimmung nicht mehr widerrufen, wenn der Rechtsstreit anhängig geworden ist oder wenn er sie dem Gegner mitgetheilt hat. Der § 1400 Abs. 2 spricht nur von der klageweisen Geltendmachung. Es versteht sich von selbst, daß er auch auf die Widerklage und das Mahnverfahren anwendbar ist und nicht nur die Leistungsklage, sondern auch die Feststellungsklage umfaßt. Er bezweckt, die einheitliche Feststellung des streitigen Rechtsverhältnisses gegenüber beiden Ehegatten zu ermöglichen.

2. Damit, daß der Frau die Führung von Rechtsstreitigkeiten auch ohne die Zustimmung des Mannes gestattet ist, wird an dem Grundsatze des § 1395, daß die Frau über eingebrachtes Gut nur mit Zustimmung des Mannes verfügen darf, nichts geändert. Prozeßrechtliche Hand-

## §. 1401.

Die Zustimmung des Mannes ist in den Fällen der §§. 1395 bis 1398, des §. 1399 Abs. 2 und des §. 1400 nicht erforderlich, wenn der Mann durch Krankheit oder durch Abwesenheit an der Abgabe einer Erklärung verhindert und mit dem Aufschube Gefahr verbunden ist.

---

lungen, die eine Verfügung über das eingebrachte Gut enthalten, kann die Frau daher nur mit Zustimmung des Mannes vornehmen. Als Beklagte kann sie z. B. nicht mit einer zum eingebrachten Gute gehörenden Forderung aufrechnen. Dagegen ist sie nicht gehindert, zum Zwecke der Vertheidigung im Prozeß ein zum eingebrachten Gute gehörendes Recht in einer Weise, die keine Verfügung enthält, geltend zu machen. Einer solchen Geltendmachung steht der § 1400 Abs. 2 nicht entgegen, da dieser nur die im Wege der Klage erfolgende Geltendmachung an die Zustimmung des Mannes knüpft.

**3.** Die Vorschrift des § 1400 Abs. 1, nach welchem das in einem Prozesse der Frau ergangene Urtheil dem Manne gegenüber in Ansehung des eingebrachten Gutes nur wirksam ist, wenn er der Prozeßführung zugestimmt hat, ist eine Konsequenz des Verwaltungs- und Nutzungsrechts des Mannes. Dem Falle, daß der Mann der Prozeßführung zustimmt, steht der Fall gleich, daß seine Zustimmung nach den §§ 1401, 1405, 1407 entbehrlich oder nach § 1402 ersetzt ist. Daß der Mann der Prozeßführung zugestimmt hat oder die Zustimmung entbehrlich oder ersetzt ist, muß derjenige beweisen, welcher die Wirksamkeit des Urtheils gegen den Mann geltend macht. Das im Prozesse mit der Frau ergangene Urtheil ist ohne die Zustimmung des Mannes in die Prozeßführung auch dann gegenüber dem Manne unwirksam, wenn es zu Gunsten der Frau lautet. Doch kann sich der Mann die Wirkungen der Rechtskraft sichern, indem er die Prozeßführung nachträglich genehmigt. Daß die Genehmigung noch nach der Beendigung des Prozesses zulässig ist, ergiebt sich aus dem Mangel einer entgegenstehenden Vorschrift. Der Prozeßgegner ist mit Rücksicht auf die Wirksamkeit des Urtheils gegen den Mann an der Frage, ob der Mann der Führung des Rechtsstreits zustimmt, interessirt, kann aber den Mann nicht zur Erkärung darüber zwingen, ob er der Führung des Rechtsstreits zustimmt. Ohne Einfluß auf die Wirksamkeit des Urtheils ist der Gegenstand des Rechtsstreits. Auch wenn der Rechtsstreit eine Verbindlichkeit betrifft, für die aus dem eingebrachten Gute Befriedigung verlangt werden kann (§§ 1411—1414), ist das die Verbindlichkeit feststellende Urtheil dem Manne gegenüber nur wirksam, wenn der Mann der Prozeßführung zugestimmt hat. Ueber die Wirksamkeit des Urtheils in Betreff der Prozeßkosten vergl. die Vorschriften der §§ 1416, 1387, 1388. Die Unwirksamkeit des Urtheils bezieht sich nicht auf das Verhältniß zwischen dem Dritten und der Frau; wenn die Verwaltung und Nutznießung beendet ist, entfaltet also das Urtheil auch in Ansehung des vormaligen eingebrachten Gutes die volle Wirksamkeit.

Auch das gegen den Mann wirksame Urtheil, in welchem die Frau zu einer Leistung verurtheilt ist, kann nicht schlechthin gegen das eingebrachte Gut vollstreckt werden. Denn durch das Urtheil wird nicht auch die Eigenschaft der im Prozesse befangenen Verbindlichkeit als einer solchen, für die aus dem eingebrachten Gute Befriedigung verlangt werden kann, festgestellt; über diese Eigenschaft wird im Prozesse mit der Frau überhaupt nicht entschieden, sie kann nur im Prozesse mit dem Manne festgestellt werden. Zur Vollstreckung in das eingebrachte Gut bedarf es daher noch der vorgängigen Verurtheilung des Mannes zur Duldung der Vollstreckung. Die Vorschriften hierüber sind nicht im B.G.B., sondern in der C.P.O. §§ 739, 741, 742 getroffen. Eine gedrängte Darstellung der in diesen Vorschriften enthaltenen Grundsätze ist in der Erl. Nr. 7 zu § 1411 gegeben. Der § 739 der C.P.O. giebt dem Dritten, der ein gegen den Mann in Ansehung des eingebrachten Gutes unwirksames Urtheil gegen die Frau erstritten hat, die Möglichkeit, die Wirksamkeit gegen den Mann herbeizuführen.

**4.** Dem Rechtsstreite der Frau kann der Mann jederzeit als Nebenintervenient beitreten. Im Beitritte wird regelmäßig die Zustimmung zur Prozeßführung liegen. Da das streitige Rechtsverhältniß gegenüber dem Manne nicht anders als gegenüber der Frau festgestellt werden kann, so findet § 62 der C.P.O. Anwendung.

### § 1401.

**E. I § 1306; II § 1300 rev. § 1386; III § 1384. P. I S. 6409—6414, 6426, 6429, 8692, 8704; M. IV S. 239, 240. P. II S. 5130, 5154, 5172, 5187, 5190, 5232, 5234, 5264 (Bd. 4 S. 133, 146, 154, 160, 162, 181, 182, 198). D. S. 691. K.B. S. 2066.**

Die Voraussetzungen des § 1401 sind die gleichen wie die des § 1379, das Rechtsverhältniß ist jedoch im § 1401 anders als im § 1379 geordnet. Der Mann ist nach § 1379 nicht von dem Erfordernisse der Zustimmung der Frau befreit, sondern es ist nur dem Vormundschaftsgerichte die Möglichkeit eingeräumt, die Zustimmung der Frau zu ergänzen. Nach § 1401 da-

§. 1402.

Ist zur ordnungsmäßigen Besorgung der persönlichen Angelegenheiten der Frau ein Rechtsgeschäft erforderlich, zu dem die Frau der Zustimmung des Mannes bedarf, so kann die Zustimmung auf Antrag der Frau durch das Vormundschaftsgericht ersetzt werden, wenn der Mann sie ohne ausreichenden Grund verweigert.

---

gegen kehrt die Verwaltung des eingebrachten Gutes zu der Frau zurück, die Frau bedarf nicht erst der Ergänzung der Zustimmung des Mannes durch das Vormundschaftsgericht. Ob die Voraussetzungen des § 1401 gegeben sind, kann die Frau nicht durch das Vormundschaftsgericht feststellen lassen, sondern wird im Streitfalle vom Prozeßrichter entschieden. Auf das Fehlen dieser Voraussetzungen kann sich nicht nur der Mann, sondern, was die Gültigkeit der in den §§ 1395—1398 genannten Verfügungen betrifft, auch die Frau berufen. Wer daher im Falle des § 1401 mit der Frau in rechtsgeschäftlichen Verkehr tritt, muß auf eigene Gefahr prüfen, ob die Voraussetzungen des § 1401 vorliegen. Die Frau kann nach § 1401 nur im eigenen Namen und für eigene Rechnung auftreten. Insofern unterscheidet sich § 1401 von der für das Gesammtgut (§ 1519 Abs. 2, § 1549) geltenden Vorschrift des § 1450. Die Vorschrift des § 1401 bezieht sich auch auf den Fall des § 1400 Abs. 1, obgleich die Frau in diesem Falle auch ohne Zustimmung des Mannes zur Führung von Rechtsstreitigkeiten legitimirt ist. Die Vorschrift ist auch für diesen Fall deshalb von Bedeutung, weil sowohl die Frau als auch der Prozeßgegner ein Interesse dabei haben können, daß das Urtheil auch gegen den Mann wirksam ist. Für den Grundbuchverkehr ist § 1401 mit Rücksicht auf die Vorschriften der G.B.O. über die Legitimation der Antragsteller nicht von praktischer Bedeutung. Gleiches gilt von jedem anderen Rechtsverkehre, bei dem die Legitimation formell nachgewiesen werden muß, z. B. bei Eintragungen in das Reichsschuldbuch, wenn zu Gunsten des Mannes ein Vermerk eingetragen ist. Hervorzuheben ist, daß der § 1401 für die Fälle des § 1405 nicht gilt.

§ 1402.

**E. I §§ 1321, 1322; II § 1303 rev. § 1387; III § 1385. P. I S. 6475—6477, 6482, 6484, 6495; M. IV S. 280. P. II S. 5130, 5155, 5172, 5233, 5234, 5275 (Bd. 4 S. 133, 146, 154, 181, 182, 203, 204). D. S. 691.**

1. Da in Folge des Eintritts der Verwaltung und Nutznießung des Mannes einerseits die Frau zur Verfügung über das eingebrachte Gut der Zustimmung des Mannes bedarf, andererseits der Mann nur zur Verwaltung des eingebrachten Gutes, nicht aber zur Besorgung der persönlichen Angelegenheiten der Frau verpflichtet wird, so muß der Frau die Möglichkeit gewährt werden, das eingebrachte Gut insoweit zu verwenden, als es zur Besorgung ihrer persönlichen Angelegenheiten nothwendig ist. Die Unterhaltspflicht des Mannes reicht hierzu nicht aus; denn es giebt verschiedene über den Begriff des Unterhalts hinausgehende, die Person der Frau betreffende Angelegenheiten, welche vermögensrechtliche Aufwendungen erfordern können. *Diese Möglichkeit giebt § 1402 der Frau in der Weise, daß die Frau berechtigt ist*, wenn der Mann sich grundlos weigert, die Zustimmung zu Aufwendungen für ihre persönlichen Angelegenheiten zu ertheilen, *die Ersetzung der Zustimmung* durch das Vormundschaftsgericht *zu verlangen*. Der § 1402 legt demnach dem Manne nicht etwa die Verpflichtung auf, die persönlichen Angelegenheiten der Frau selbst zu besorgen oder hierzu aus dem eigenen Vermögen oder aus den Mitteln des eingebrachten Gutes selbst eine Aufwendung zu machen, aber der Mann muß die Veränderungen des eingebrachten Gutes, welche aus dem Rechtsgeschäfte der Frau entstehen, z. B. den Verkauf einer Sache, um Geld zu erhalten, anerkennen und für die Verbindlichkeiten der Frau aus dem Rechtsgeschäfte kann Befriedigung aus dem eingebrachten Gute verlangt werden (§ 1412 Abs. 1). Die Ersetzung der Zustimmung wirkt insofern auch gegenüber dem eigenen Vermögen des Mannes, als eine solche Wirkung bei dem betreffenden Rechtsgeschäfte, falls der Mann zugestimmt hätte, eintreten würde. Dies ist für den Fall des § 1387 Nr. 2 von Belang, da der Mann die Kosten der Vertheidigung der Frau zu tragen hat, wenn er der Aufwendung der Vertheidigungskosten zugestimmt hat.

2. *Als persönliche Angelegenheit* der Frau erscheint z. B. die Führung einer sog. Statusklage, die Vertheidigung in einem Strafverfahren, die Erhebung einer Beleidigungsklage. Auch der Fall, daß die Frau gegen den Mann selbst zur Besorgung einer persönlichen Angelegenheit klagen will, gehört hierher, also namentlich die Ehescheidungsklage. In anderen Fällen, als wenn es sich um eine persönliche Angelegenheit der Frau handelt, ist die Ersetzung der Zustimmung des Mannes ausgeschlossen.

## §. 1403.

Ein einseitiges Rechtsgeschäft, das sich auf das eingebrachte Gut bezieht, ist dem Manne gegenüber vorzunehmen.

Ein einseitiges Rechtsgeschäft, das sich auf eine Verbindlichkeit der Frau bezieht, ist der Frau gegenüber vorzunehmen; das Rechtsgeschäft muß jedoch auch dem Manne gegenüber vorgenommen werden, wenn es in Ansehung des eingebrachten Gutes ihm gegenüber wirksam sein soll.

## §. 1404.

Die Beschränkungen, denen die Frau nach den §§. 1395 bis 1403 unterliegt, muß ein Dritter auch dann gegen sich gelten lassen, wenn er nicht gewußt hat, daß die Frau eine Ehefrau ist.

---

3. Die Ersetzung der Zustimmung geschieht **durch das Vormundschaftsgericht.** Verfahren und Zuständigkeit sind im freiw. G.G. geregelt (vergl. wegen der Zuständigkeit § 45, wegen des Beginns der Wirksamkeit der die Ersetzung aussprechenden Verfügung § 53, wegen des Beschwerderechts § 60 das.). Wegen der Voraussetzungen und der Beweispflicht vergl. Erl. Nr. 2 zu § 1379.

### § 1403.

**E. I § 1304; II § 1301 rev. § 1388; III § 1386. P. I S. 6405—6409; M. IV S. 235, 236. P. II S. 5130, 5154, 5171, 5186, 5232, 5264 (Bd. 4 S. 133, 146, 153, 160, 181, 198).**

1. Während die einseitigen Rechtsgeschäfte der Frau gegenüber Dritten durch die §§ 1398, 1399 geregelt werden, betrifft der § 1403 die von Dritten gegenüber der Frau vorzunehmenden einseitigen Rechtsgeschäfte. Derartige Rechtsgeschäfte können das eingebrachte Gut in seinem aktiven oder in seinem passiven Bestande berühren oder zugleich den aktiven und den passiven Bestand betreffen. Da regelmäßig nur der Mann vom Stande der Verwaltung des eingebrachteten Gutes unterrichtet ist, stellt der § 1403 Abs. 1 den Grundsatz auf, daß die einseitigen Rechtsgeschäfte Dritter, die sich auf das eingebrachte Gut beziehen, dem Manne gegenüber vorgenommen werden müssen und nur ihm gegenüber vorgenommen zu werden brauchen.

Auf das eingebrachte Gut bezieht sich ein einseitiges Rechtsgeschäft, wenn es das eingebrachte Gut in seinem aktiven Bestande berührt, also z. B. die Kündigung einer zum eingebrachten Gute gehörenden Forderung von Seiten des Schuldners. Einseitige Rechtsgeschäfte, welche sich auf Verbindlichkeiten der Frau beziehen, also z. B. die Kündigung der einem Dritten gegen die Frau zustehenden Forderung von Seiten des Gläubigers, sind dagegen der Frau gegenüber vorzunehmen. Sie erlangen aber dadurch nur Wirksamkeit gegen die Frau; um auch gegenüber dem Manne in Ansehung des eingebrachten Gutes wirksam zu sein, müssen sie auch dem Manne gegenüber vorgenommen werden. Es entsteht hierdurch also wie in den Fällen des § 1399 ein relatives Verhältniß. Die Frau wird durch die Kündigung des Gläubigers verpflichtet, die Forderung zu bezahlen und der Gläubiger kann seinen Anspruch gegen das Vorbehaltsgut der Frau geltend machen. Dem Manne gegenüber aber ist die Kündigung, wenn sie nicht auch ihm gegenüber erfolgt ist, unwirksam und er braucht die Befriedigung des Gläubigers aus dem eingebrachten Gute nicht zu dulden. Selbstverständlich wird das auf eine Verbindlichkeit der Frau sich beziehende einseitige Rechtsgeschäft, auch wenn es, weil nur der Frau gegenüber vorgenommen, dem eingebrachten Gute gegenüber keine Wirksamkeit besitzt, mit der Beendigung der Verwaltung und Nutznießung auch in Ansehung der zum eingebrachten Gute gehörenden Gegenstände wirksam.

Einseitige Rechtsgeschäfte eines Dritten, die sich auf das Vorbehaltsgut beziehen, müssen der Frau gegenüber vorgenommen werden.

2. Von selbst versteht sich, daß der § 1403 für die Rechtsverhältnisse nicht anwendbar ist, welche der Mann als Nutznießer des eingebrachten Gutes eingegangen hat, z. B. für die Kündigung eines vom Manne über das eingebrachte Gut abgeschlossenen Pachtvertrags.

### § 1404.

**E. I § 1305; II § 1302 rev. § 1389; III § 1387. P. I S. 6395—6403; M. IV S. 236 bis 239. P. II S. 5130, 5154, 5172, 5187, 5232, 5264 (Bd. 4 S. 133, 146, 1564, 10, 181, 198).**

1. In Folge des § 1404 **finden die Vorschriften zu Gunsten derjenigen, welche Rechte von einem Nichtberechtigten herleiten** (vergl. §§ 407, 892,

§. 1405.

Ertheilt der Mann der Frau die Einwilligung zum selbständigen Betrieb eines Erwerbsgeschäfts, so ist seine Zustimmung zu solchen Rechtsgeschäften und Rechtsstreitigkeiten nicht erforderlich, die der Geschäftsbetrieb mit sich bringt. Einseitige Rechtsgeschäfte, die sich auf das Erwerbsgeschäft beziehen, sind der Frau gegenüber vorzunehmen.

Der Einwilligung des Mannes in den Geschäftsbetrieb steht es gleich, wenn die Frau mit Wissen und ohne Einspruch des Mannes das Erwerbsgeschäft betreibt.

Dritten gegenüber ist ein Einspruch und der Widerruf der Einwilligung nur nach Maßgabe des §. 1435 wirksam.

---

893, 932, 936, 1032, 1138, 1155, 1207, 1208, 1244), **keine Anwendung** in denjenigen Fällen, in welchen der Erwerb oder die Aenderung eines zum eingebrachten Gute gehörenden Rechtes aus einer von der Frau ohne Zustimmung des Mannes getroffenen Verfügung abgeleitet wird. Von praktischer Wichtigkeit ist namentlich der Ausschluß der Vorschriften über den Schutz des guten Glaubens des Grundbuchs (§§ 892, 893) und des Satzes „Hand muß Hand wahren" (§§ 932, 936). Wie im § 1404 hervorgehoben ist, sind die bezeichneten Vorschriften gegenüber den Beschränkungen der Verfügungsfähigkeit der Frau selbst dann ausgeschlossen, wenn der Dritte nicht gewußt hat, daß die Frau verheirathet ist. Wer mit einer Frau in rechtsgeschäftlichen Verkehr tritt, muß sich also darüber vergewissern, ob ihm nicht eine verheirathete Frau gegenübersteht. Worauf die Unkenntniß des Dritten beruht, ist gleichgültig. Der Dritte muß die Verfügungsbeschränkungen der Frau auch dann gegen sich gelten lassen, wenn ihm die Frau arglistiger Weise vorgespiegelt hat, sie sei unverheirathet. Die Härte dieses Satzes ist übrigens dadurch gemildert, daß aus der Arglist der Frau ein Anspruch aus unerlaubter Handlung für den Dritten entsteht und der Mann die Berichtigung einer auf einer unerlaubten Handlung der Frau beruhenden Verbindlichkeit ohne Rücksicht auf seine Rechte aus dem eingebrachten Gute dulden muß (vergl. Erl. zu § 1411).

**2.** Aus § 1404 folgt, daß die Verwaltung und Nutznießung des Mannes **nicht in das Grundbuch** eingetragen wird. Dies ergiebt sich übrigens auch daraus, daß nach der G.B.O. in das Grundbuch nur eingetragen wird, was nach ausdrücklicher Vorschrift eingetragen werden muß oder eingetragen werden darf, eine Bestimmung über den Eintrag der Verwaltung und Nutznießung aber nirgends getroffen ist.

**§ 1405.**

**E. I § 1307; II § 1304 rev. § 1390; III § 1388. P. I S. 6414—6419, 6426, 6427, 6436, 8696—8699, 8704—8707; M. IV S. 240—242. P. II S. 5131, 5155, 5172, 5187, 5233, 5276 (Bd. 4 S. 134, 146, 160, 181, 204). D. S. 691.**

**1.** Der § 1405 regelt die Folgen, welche der Betrieb eines Erwerbsgeschäfts durch die Frau auf die mit der Verwaltung und Nutznießung verbundenen Beschränkungen der Verfügungsfähigkeit der Frau mit sich bringt. Die Frage, ob eine Frau zum Betrieb eines Erwerbsgeschäfts der Zustimmung des Mannes bedarf, wird durch § 1405 nicht beantwortet, vergl. hierüber Erl. zu § 1356.

**2.** Der **Begriff des Erwerbsgeschäfts** ist für § 1405 derselbe wie für die §§ 112, 1367. Erwerbsgeschäft ist jede regelmäßige auf Erwerb gerichtete Thätigkeit. Der Begriff des Erwerbsgeschäfts setzt also die Absicht voraus, die Thätigkeit zu einer dauernden Quelle des Gewinnes zu machen. Ist diese Absicht vorhanden, so genügt es, wenn nur ein einziges Rechtsgeschäft zu ihrer Verwirklichung geschlossen ist. Erforderlich ist nicht, daß die Frau für sich einen Gewinn machen will. Ein Erwerbsgeschäft liegt auch dann vor, wenn der Gewinn für einen wohlthätigen ꝛc. Zweck verwendet werden soll. Auf den Erwerbszweig, auf den Beruf, kommt nichts an. Die Gewerbefrau, die Handelsfrau fallen ebenso unter § 1405 wie die Künstlerin und die Tagelöhnerin. Dabei macht es keinen Unterschied, ob die Frau das Erwerbsgeschäft allein oder in Gemeinschaft mit Andern, ob sie es in eigener Person oder durch einen Bevollmächtigten, was Handelsfrauen anbetrifft, insbesondere durch einen Prokuristen, betreibt. Das Erwerbsgeschäft muß aber selbständig betrieben werden. Die Frau darf nicht lediglich im Geschäfte des Mannes gemäß § 1356 Hülfe leisten oder nur Kommanditistin oder stille Gesellschafterin sein. Ueber das Erforderniß der Selbständigkeit vergl. Erl. zu § 1367. Die Selbständigkeit wird dadurch nicht ausgeschlossen, daß die Frau dem Manne Prokura oder Vollmacht ertheilt.

3. Die rechtliche Bedeutung des § 1405 liegt, da die Geschäftsfähigkeit der Frau nicht beschränkt ist, zunächst darin, daß die Frau in dem durch den § 1405 bezeichneten Umfang über eingebrachtes Gut verfügen kann, ohne der Zustimmung des Mannes zu bedürfen. Für die Verbindlichkeiten der Frau aus Rechtsgeschäften der im § 1405 bestimmten Art haftet ferner das eingebrachte Gut den Gläubigern der Frau, auch wenn der Mann zu dem Rechtsgeschäfte seine Zustimmung nicht gegeben hat (§ 1412 Abs. 1), trotzdem der Erwerb aus dem Betriebe des Erwerbsgeschäfts nach § 1367 Vorbehaltsgut wird. Wenn die Frau in Folge des Geschäftsbetriebs einen Rechtsstreit führt, mag es nun ein Aktiv- oder ein Passivprozeß sein, so ist das Urtheil dem Manne gegenüber in Ansehung des eingebrachten Gutes wirksam, auch wenn der Mann der Führung des Rechtsstreits nicht zugestimmt hat; zur klageweisen Geltendmachung eines zum eingebrachten Gute gehörenden Rechtes, das zu dem Erwerbsgeschäfte gehört, z. B. einer Geschäftsforderung, ist die Frau auch ohne Zustimmung des Mannes legitimirt. Einseitige Rechtsgeschäfte ferner, die sich auf das Erwerbsgeschäft beziehen, z. B. die Kündigung einer Geschäftsschuld, müssen stets der Frau gegenüber vorgenommen werden und brauchen andrerseits nur ihr gegenüber vorgenommen zu werden. Es finden mithin die sämmtlichen in den §§ 1395—1403 enthaltenen Beschränkungen keine Anwendung. Dagegen ist das Verhältniß nicht etwa so anzusehen, als ob der Mann dadurch, daß er in den Geschäftsbetrieb einwilligt, seine Zustimmung zu allen vom Geschäftsbetriebe bedingten Rechtsgeschäften und Rechtsstreitigkeiten im Voraus ertheilt hätte. Daraus folgt, daß der Mann, solange er nicht die Einwilligung nach Maßgabe des Abs. 2 widerrufen hat, nicht berechtigt ist, die Einwilligung für einzelne Rechtsgeschäfte zu widerrufen. Es fallen ferner nur die Verfügungsbeschränkungen, welchen die Frau unterliegt, hinweg, dagegen bleibt das Verwaltungsrecht des Mannes an sich bestehen, insbesondere erscheint der Mann berechtigt, gemäß § 1380 Satz 1 ein zum Erwerbsgeschäfte gehörendes Recht, sofern dasselbe zum eingebrachten Gute gehört, im eigenen Namen gerichtlich geltend zu machen. Freilich praktisch ist das Verwaltungsrecht des Mannes regelmäßig deshalb gegenstandslos, weil die zum Erwerbsgeschäfte gehörenden Gegenstände nach §§ 1367, 1370 Vorbehaltsgut sein werden (vergl. Erl. zu den §§ 1367, 1376).

Durch § 1405 ist nur die Zustimmung des Mannes zur Führung von Rechtsstreitigkeiten für entbehrlich erklärt. Zur Zwangsvollstreckung in das eingebrachte Gut aber wäre an sich die Verurtheilung des Mannes zur Duldung der Vollstreckung erforderlich. Der E. I hatte es hierbei belassen, um dem Manne die Möglichkeit zu geben, Einwendungen insbesondere darüber, ob der Rechtsstreit durch den Betrieb des Erwerbsgeschäfts bedingt ist, geltend zu machen. Die C.P.O. § 741 aber erklärt auch die vorherige Verurtheilung des Mannes zur Duldung der Vollstreckung für entbehrlich. Das Nähere vergl. Erl. Nr. 7 zu § 1411.

4. Die im § 1405 bestimmte freiere Rechtsstellung kommt der Frau nur in einem bestimmten Umfange, nämlich nur in Ansehung solcher Rechtsgeschäfte und Rechtsstreitigkeiten zu, die der Geschäftsbetrieb, d. h. der von der Frau mit der Einwilligung des Mannes betriebene Erwerbszweig, mit sich bringt. Das Verhältniß ist also nicht so wie bei der Prokura, die zu allen Rechtshandlungen ermächtigt, die der Betrieb eines Handelsgewerbes mit sich bringt (H.G.B. § 49 Abs. 1), sondern ähnlich der Handlungsvollmacht (H.G.B. § 54), nur daß bei dieser außergewöhnliche Rechtshandlungen nicht vorgenommen werden dürfen. Welche Rechtsgeschäfte und Rechtsstreitigkeiten der Geschäftsbetrieb im Einzelnen mit sich bringt, bestimmt sich nach den Anschauungen des Verkehrs unter Berücksichtigung der Umstände des einzelnen Falles (vergl. Erl. Nr. 2 zu § 112 Bd. I S. 158). Dies gilt z. B. von der Befugniß, Grundstücke zu erwerben, ein Gesellschaftsverhältniß einzugehen u. s. w. Für Handelsfrauen, die die Kaufmannseigenschaft besitzen, sind die für die Geschäfte der Frau im § 343 Abs. 2 und im § 344 des H.G.B. aufgestellten Vorschriften auch in Ansehung der Frage maßgebend, ob die Geschäfte für die Anwendbarkeit des § 1405 als vom Geschäftsbetriebe bedingt zu gelten haben.

5. Für die Verbindlichkeiten der Frau aus der Führung des Erwerbsgeschäfts haftet der Mann nicht. Immerhin hat der Betrieb des Erwerbsgeschäfts auch für den Mann gewisse Gefahren zur Folge. Dem Manne ist deshalb das Recht gegeben, durch Ertheilung oder Versagung der Einwilligung darüber zu entscheiden, ob der Frau die im § 1405 bestimmte Rechtsstellung zukommen soll. Die Einwilligung kann auch stillschweigend erfolgen. Von der stillschweigenden Einwilligung handelt Abs. 2 des § 1405. Sie ist hienach anzunehmen, wenn der Mann vom Geschäftsbetriebe weiß und nicht Einspruch erhebt. Nothwendig ist positive Kenntniß, bloßes Wissenmüssen genügt nicht. Doch braucht sich der Mann weder bei Ertheilung der Einwilligung noch bei Unterlassung des Einspruchs der rechtlichen Folgen der Einwilligung bewußt zu sein. Seine Befugniß, die Einwilligung zu ertheilen oder zu versagen, äußert sich demnach darin, daß er dem Betriebe des Erwerbsgeschäfts durch die Frau widersprechen kann. Daraus ergiebt sich, daß die Frau zum Zwecke der Eintragung in das Handelsregister die Ertheilung der Einwilligung des Mannes nicht nachweisen muß. Ob der Mann gegen den Geschäftsbetrieb Einspruch erhoben hat, ist aus dem Güterrechtsregister zu ersehen und es würde

§. 1406.

Die Frau bedarf nicht der Zustimmung des Mannes:

1. zur Annahme oder Ausschlagung einer Erbschaft oder eines Vermächt-

---

selbst der Eintrag im Handelsregister, daß der Mann einwilligt, gegenüber dem im Güterrechtsregister eingetragenen Einspruche nichts helfen. Auch der Einspruch ist an keine Form gebunden. Das Recht des Mannes ist ein absolutes, auf das nicht verzichtet werden kann. Die Einwilligung kann auch nicht vom Vormundschafts- oder vom Prozeßgericht ersetzt werden. Sie ist ferner selbst dann nothwendig, wenn die Frau vom Manne getrennt lebt oder der Mann die Frau verlassen hat oder durch Krankheit oder Abwesenheit verhindert ist, die Einwilligung zu ertheilen. Für die Fälle der Krankheit und der Abwesenheit des Mannes hilft der § 1401 nicht; die Frau kann sich nur durch Bestellung einer Pflegschaft (§§ 1910, 1911) helfen. Selbstverständlich kann die Einwilligung vom gesetzlichen Vertreter des Mannes (§ 1409) ertheilt werden. Sie ist, auch nachdem die Frau den Geschäftsbetrieb begonnen hat, möglich und wirkt dann auf die Zeit des Beginns des Geschäftsbetriebs zurück. Ohne die Einwilligung kommt der Frau die freie Rechtsstellung nicht zu und sie verbleibt ihr auch nur solange, als der Mann einwilligt. Zum Widerrufe der Einwilligung ist der Mann jeder Zeit berechtigt, selbst wenn er auf den Widerruf in einem Ehevertrage verzichtet hat. Gegen einen grundlosen Widerruf steht der Frau kein Rechtsmittel zu. Insbesondere ist die Aufhebung des Widerrufs durch den Vormundschaftsrichter ausgeschlossen. Auch der Widerruf der Einwilligung bedarf keiner Form. Der Mann ist berechtigt, seine Einwilligung nur unter einer Bedingung oder einer sonstigen Beschränkung zu ertheilen. Dies gilt jedoch ohne Weiteres nur für das Verhältniß der Ehegatten zu einander. Anlangend das Verhältniß zu Dritten so kann der Mann zwar die Art des Erwerbsgeschäfts, dessen Betrieb er der Frau gestatten will, näher begrenzen, Beschränkungen aber, die sich innerhalb des gestatteten Geschäftsbetriebs auf dessen Umfang oder auf die rechtliche Bedeutung der der Frau zukommenden Rechtsstellung beziehen, z. B. daß die Frau nur bis zu einem gewissen Höchstbetrage solle Verbindlichkeiten eingehen dürfen, sind unzulässig und erlangen auch durch den Eintrag in das Güterrechtsregister keine Wirksamkeit. Der Registerrichter hat ihren Eintrag abzulehnen. Der Mann ist befugt, seine Einwilligung nur auf Zeit zu ertheilen. Eine zeitliche Begrenzung ist auch im Verhältniß zu Dritten statthaft, weil sie im Ergebniß einem anticipirten Widerrufe gleichkommt.

6. Der Abs. 3 macht zum Schutze des guten Glaubens die Wirksamkeit des Einspruchs sowie des Widerrufs der Einwilligung gegenüber einem zwischen der Frau und einem Dritten vorgenommenen Rechtsgeschäft und gegenüber einem zwischen der Frau und einem Dritten ergangenen Urtheile davon abhängig, daß zur Zeit der Vornahme des Rechtsgeschäfts oder des Eintritts der Rechtshängigkeit der Einspruch und der Widerruf der Einwilligung im Güterrechtsregister des zuständigen Amtsgerichts eingetragen oder dem Dritten bekannt waren. Bloße Offenkundigkeit des Einspruchs, z. B. die Veröffentlichung in einer Zeitung, die Versendung von Rundschreiben, genügt nicht, die Offenkundigkeit ist aber auch neben der Eintragung im Güterrechtsregister nicht erforderlich. Nach § 1561 Abs. 1 erfolgt die Eintragung des Einspruchs und des Widerrufs der Einwilligung auf einseitigen Antrag des Mannes. Zuständig ist nach § 1558 Abs. 1 das Amtsgericht, bei welchem der Mann seinen Wohnsitz hat. Für den Fall, daß die Frau außerhalb des Wohnsitzes des Mannes Handel treibt, schreibt der Art. 4 des E.G. zum H.G.B. vor, daß die mit der Eintragung in das Güterrechtsregister verbundenen Wirkungen in Ansehung der auf den Betrieb des Handelsgewerbes sich beziehenden Rechtsverhältnisse nur eintreten, wenn die Eintragung auch in das Güterrechtsregister des für den Ort der Handelsniederlassung zuständigen Gerichts erfolgt ist (D. z. H.G.B. S. 23, 310).

7. In Folge des § 1405 und dessen Anwendbarkeit bei den Gütergemeinschaftsrechten (§§ 1452, 1519 Abs. 2, 1525 Abs. 2, 1549) sind die in den Art. 6—8 des bisherigen H.G.B. enthaltenen Rechtssätze in das neue H.G.B. nicht aufgenommen (D. a. a. O.) und ist der Abs. 2 des § 11 der G.O. im Art. 36 E.G. gestrichen worden. Wegen der Uebergangszeit vergl. Erl. zu Art. 200 E.G. Wegen des internationalen Privatrechts vergl. Art. 16 E.G. und den im Art. 36 das. in die G.O. eingestellten § 11a.

**§ 1406.**

**E. I §§ 1308, 2148 Nr. 4; II § 1305 rev. § 1391; III § 1389. P. I S. 6419—6423; M. IV S. 242—245; V S. 679, 680. P. II S. 5131, 5173, 5187, 5233, 5276, 8004—8006 (Bd. 4 S. 134, 154, 160, 181, 204). R.B. S. 2066.**

1. Daß die Frau eine Erbschaft, auch wenn sie nicht nach § 1369 dem Vorbehaltsgute, sondern dem eingebrachten Gute zufällt, ohne Zustimmung des Mannes annehmen

nisses, zum Verzicht auf den Pflichttheil sowie zur Errichtung des Inventars über eine angefallene Erbschaft;

2. zur Ablehnung eines Vertragsantrags oder einer Schenkung;

3. zur Vornahme eines Rechtsgeschäfts gegenüber dem Manne.

---

kann, versteht sich mit Rücksicht auf die unbeschränkte Geschäftsfähigkeit der Frau von selbst. Die Bestimmung, daß die Frau zur Annahme einer Erbschaft nicht der Zustimmung des Mannes bedarf, hat deshalb im Zusammenhalte mit § 1412 die Bedeutung, daß die Erbschaft dem eingebrachten Gute mit allen Aktiven und Passiven auch dann zufällt, wenn der Mann der Annahme der Erbschaft nicht zugestimmt hat.

Selbstverständlich muß der Mann davor geschützt werden, daß ohne seinen Willen das eingebrachte Gut durch die Nachlaßverbindlichkeiten belastet wird. Diesen Schutz gewähren die Vorschriften des Erbrechts über die Haftung des Erben für die Nachlaßverbindlichkeiten. Danach kann der Mann insbesondere diejenigen Mittel, durch welche die Beschränkung der Haftung der Frau auf den Nachlaß (§§ 1975 ff.) herbeigeführt wird, unabhängig von der Frau geltend machen. Der Mann kann also, ohne an die Zustimmung der Frau gebunden zu sein, die Anordnung einer Nachlaßverwaltung und die Eröffnung des Nachlaßkonkurses beantragen, sowie die sog. Abzugseinrede und die in den §§ 2014, 2015 bestimmten aufschiebenden Einreden vorschützen. Eine ausdrückliche Anerkennung hat von diesen Befugnissen nur das Recht des Antrags auf Konkurseröffnung gefunden (§ 218 Abs. 1 K.O.). Die übrigen Befugnisse dürften sich aus der Verwaltungsmacht des Mannes sowie aus den Erfordernissen ergeben, an welche die Inanspruchnahme des eingebrachten Gutes für die Verbindlichkeiten der Frau prozessual geknüpft ist (vergl. Erl. zu § 1411). Der Mann ist auch berechtigt, das Aufgebotsverfahren zum Zwecke der Ausschließung von Nachlaßgläubigern zu beantragen, ohne daß die Zustimmung der Frau erforderlich ist (§ 999 der C.P.O.). Der Mann kann ferner selbständig ein Inventar errichten und ist gegen die Versäumung einer der Frau gesetzten Inventarfrist durch die Frau geschützt (vergl. Erl. zu § 2008). Ein Verzicht der Frau auf das Recht, die Beschränkung der Erbenhaftung geltend zu machen, ist dem eingebrachten Gute gegenüber ohne Zustimmung des Mannes unwirksam. Hat die Frau dadurch, daß sie zur Berichtigung einer Nachlaßverbindlichkeit verurtheilt worden ist, ohne daß das Urtheil die Beschränkung der Haftung vorbehält, dieser Verbindlichkeit gegenüber das Recht, die Haftung auf den Nachlaß zu beschränken, verloren, so kann der Mann, wenn er auf Duldung der Zwangsvollstreckung verklagt wird, der Verbindlichkeit gegenüber die Beschränkung der Haftung auf den Nachlaß geltend machen.

In gleicher Weise ist auch die Frau bezüglich der Geltendmachung der beschränkten Erbenhaftung nicht an die Zustimmung des Mannes gebunden. Daß die Frau den Antrag auf Anordnung einer Nachlaßverwaltung und auf Eröffnung des Nachlaßkonkurses stellen und die sog. Abzugseinrede vorschützen kann, folgt einerseits daraus, daß die Frau die Erbin und in der Geschäftsfähigkeit nicht beschränkt ist, andererseits aus der Gestaltung, welche das Recht der Frau zur Prozeßführung im § 1400 gefunden hat. Uebrigens ist die Befugniß, die Konkurseröffnung zu beantragen, im § 218 Abs. 1 der K.O., und die Befugniß, das Aufgebot der Nachlaßgläubiger zu beantragen, im § 999 der C.P.O. anerkannt. Die Frau kann ferner nach § 1406 Nr. 1 selbständig ein Inventar errichten und, wenn auch nach § 2008 ihr allein eine Inventarfrist wirksam nicht gesetzt werden kann, so ergiebt sich doch daraus, daß eben die Frau die Erbin ist, die Unwirksamkeit der dem Manne allein gesetzten Inventarfrist. Das von dem Manne errichtete Inventar kommt der Frau (§ 2008), das von der Frau errichtete Inventar kommt dem Manne zu statten. Das Gleiche gilt von dem Antrag auf Erlassung des Aufgebots zum Zwecke der Ausschließung der Nachlaßgläubiger und von dem hierauf ergangenen Ausschlußurtheile (§ 999 Satz 3 der C.P.O.). Ueber die Einzelheiten vergl. Erl. zu den §§ 1975 ff.

2. Nach § 1942 geht die Erbschaft zwar auf den Berufenen kraft des Gesetzes über, allein die Ausschlagung hat nach § 1953 die Wirkung, daß der Anfall an den Ausschlagenden als nicht erfolgt gilt. Durch die Ausschlagung der Erbschaft wird also das eingebrachte Gut nicht verringert, sondern nur nicht vermehrt. Deshalb ist im § 1406 Nr. 1 zur Ausschlagung einer Erbschaft (§ 1945) die Zustimmung des Mannes für nicht erforderlich erklärt. Was von der Annahme oder der Ausschlagung einer Erbschaft bestimmt ist, gilt auch von der Anfechtung der Annahme oder der Anfechtung der Ausschlagung (§ 1954). Daraus daß die Zustimmung des Mannes zur Ausschlagung nicht erforderlich ist, ergiebt sich, daß das eingebrachte Gut für die Verbindlichkeiten haftet, welche sich aus Handlungen der Frau vor der Ausschlagung gemäß § 1959 ergeben. Letzteres folgt übrigens auch daraus, daß es sich im § 1959 um eine gesetzliche Verbindlichkeit der Frau handelt (vergl. Erl. zu § 1411).

## §. 1407.

Die Frau bedarf nicht der Zustimmung des Mannes:

1. zur Fortsetzung eines zur Zeit der Eheschließung anhängigen Rechtsstreits;

---

3. Zu einem Erbverzicht (§ 2346) ist die Zustimmung des Mannes gleichfalls nicht nothwendig. Denn eine noch nicht einmal angefallene Erbschaft gehört überhaupt nicht zum eingebrachten Gute und der Verzicht auf sie fällt daher nicht unter § 1395.

4. Aehnlich wie bei Erbschaften liegt die Sache bei Vermächtnissen (§ 2180). Ist das Vermächtniß belastet, so gilt bezüglich der Befriedigung aus dem eingebrachten Gute das Gleiche wie bei den Nachlaßverbindlichkeiten. Auch hier ist der Mann geschützt, da er die in den §§ 2186—2188 bestimmten Einwendungen unabhängig von der Frau geltend machen kann.

5. Mit Rücksicht auf die höchst persönliche Natur des Pflichttheilsanspruchs ist der Frau auch das Recht eingeräumt, auf den Pflichttheil zu verzichten, obgleich der Pflichttheil nach § 2303 nur ein Forderungsrecht begründet. Auch zur Anfechtung der Ausschlagung (§ 2308) bedarf die Frau nicht der Zustimmung des Mannes.

6. Für sich kann der Mann die der Frau angefallene Erbschaft oder das ihr zugewendete Vermächtniß selbstverständlich weder annehmen noch ausschlagen. Der Mann kann aber auch für die Frau die Erbschaft oder das Vermächtniß weder annehmen noch ausschlagen, da er in Ermangelung einer positiven Vorschrift nicht berechtigt ist, die Frau in dieser Beziehung zu vertreten. Er bedarf also einer besonderen Vollmacht.

7. Die Nr. 2 stellt klar, daß die durch den Vertragsantrag erzeugte Gebundenheit des Antragenden (§ 145) noch nicht als ein dem eingebrachten Gute erworbenes Recht, sondern nur als die Möglichkeit, ein Recht zu erwerben, anzusehen ist. Die Hervorhebung der Schenkung bezweckt, den Zweifel abzuschneiden, ob die Vorschrift auf die Fälle Anwendung findet, in denen die Zuwendung ohne den Willen der Frau erfolgt ist (§ 516 Abs. 2). Weil die Frau nicht der Zustimmung zur Ausschlagung einer Schenkung bedarf, so kann die im § 516 Abs. 2 bezeichnete Aufforderung des Schenkers an den Beschenkten, zu erklären, ob er die Zuwendung annehme, wirksam nur an die Frau gerichtet werden. Der Widerruf einer Schenkung von Seiten des Schenkers (§ 530) muß dem Manne gegenüber erklärt werden (§ 1403).

Ob die Zustimmung des Mannes zur Annahme eines Vertragsantrags erforderlich ist, wird im § 1406 Nr. 2 nicht entschieden. Da die Frau in der Geschäftsfähigkeit nicht beschränkt ist, so kann sie jeden Vertragsantrag, sofern er nicht unter § 1395 fällt, auch ohne die Einwilligung des Mannes annehmen. Die Einwilligung des Mannes ist dagegen für die Frage von Bedeutung, inwieweit der Vertrag dem eingebrachten Gute gegenüber wirksam ist. Was die Frau durch den Vertrag erwirbt, fällt ausnahmslos in das eingebrachte Gut, auch wenn der Mann dem Vertrage nicht zustimmt. Für die durch den Vertrag begründeten Verbindlichkeiten aber haftet das eingebrachte Gut in Ermangelung der Zustimmung des Mannes nur, soweit es durch den Vertrag bereichert ist (§§ 1399, 1412). Nach dem E. I § 1288 (M. IV S. 170—172) sollten, um ein Auseinanderfallen von Recht und Verbindlichkeit zu verhüten, Gegenstände, welche die Frau ohne Einwilligung des Mannes durch ein Rechtsgeschäft unter Lebenden erwirbt, zunächst dem Vorbehaltsgute zufallen, bis sich ergiebt, ob der Mann die Genehmigung verweigert; verweigert der Mann die Genehmigung, so sollten die Gegenstände dem Vorbehaltsgute verbleiben, anderenfalls aber in das eingebrachte Gut fallen. Das B.G.B. beläßt es dagegen bei dem aus den allgemeinen Grundsätzen folgenden, oben dargelegten Ergebnisse.

Schenkungen begründen regelmäßig nur Rechte. Ist im einzelnen Falle mit einer Schenkung eine Verpflichtung verbunden, z. B. zur Erfüllung einer Auflage, so gilt das Ausgeführte gleichfalls.

8. Die Nr. 3 erklärt die Zustimmung des Mannes zu einem Rechtsgeschäfte, das von der Frau gegenüber dem Manne vorzunehmen ist, z. B. zu der Mahnung (§ 284), für nicht erforderlich. Daß die Zustimmung des Mannes auch zu Verträgen nicht erforderlich ist, welche die Frau mit dem Manne selbst oder dessen gesetzlichem Vertreter (§ 1409) abschließt, ist als selbstverständlich nicht ausdrücklich ausgesprochen. Inwieweit dagegen die Zustimmung des Mannes auch in den Fällen nicht erforderlich ist, in welchen die Frau mit einem Bevollmächtigten des Mannes einen Vertrag abschließt, hängt von der nach den Umständen des einzelnen Falles zu beantwortenden Frage ab, ob in der Ertheilung der Vollmacht durch den Mann zugleich die Ertheilung der Zustimmung zu dem Vertrage zwischen der Frau und dem Bevollmächtigten liegt.

### § 1407.

**E. I § 1309; II § 1306 rev. § 1392; III § 1390. P. I S. 6425—6431, 6439; M. IV S. 245—248. P. II S. 5131, 5173, 5187, 5233, 5271, 5274, 5276 (Bd. 4 S. 134, 154, 160, 181, 201, 203, 204).**

1. Die Nr. 1 bezieht sich auf die von der Frau sowie auf die gegen sie geführten Rechtsstreitigkeiten. Gegen eine nachlässige Führung des Rechtsstreits durch die Frau kann sich der

2. zur gerichtlichen Geltendmachung eines zum eingebrachten Gute gehörenden Rechtes gegen den Mann;
3. zur gerichtlichen Geltendmachung eines zum eingebrachten Gute gehörenden Rechtes gegen einen Dritten, wenn der Mann ohne die erforderliche Zustimmung der Frau über das Recht verfügt hat;
4. zur gerichtlichen Geltendmachung eines Widerspruchrechts gegenüber einer Zwangsvollstreckung.

---

Mann dadurch schützen, daß er dem Rechtsstreit als Nebenintervenient beitritt. Mit Rücksicht auf die §§ 1400, 1411, 1412 greift in allen Fällen § 69 der C.P.O. Platz. Eine Folge der Nr. 1 ist ferner die Bestimmung, welche der § 742 der C.P.O. in Ansehung der Ertheilung einer bezüglich des eingebrachten Gutes vollstreckbaren Ausfertigung des Urtheils für und gegen den Mann trifft (vergl. Erl. Nr. 7 zu § 1411). Wann die Rechtshängigkeit eintritt, bestimmen die §§ 253, 263, 281, 693, 695 der C.P.O. Dem Zeitpunkte der Eheschließung steht für die Anwendbarkeit des § 1407 Nr. 1 der erst nach der Eingehung der Ehe liegende Zeitpunkt des Eintritts der Verwaltung und Nutznießung dann gleich, wenn in der Ehe vorher Gütertrennung gegolten hat. Ueber die Frage, wie sich das Verhältniß gestaltet, wenn vorher Gütergemeinschaft gegolten hat, s. Erl. zu § 1411.

2. Nach § 1400 Abs. 2 kann die Frau ein zum eingebrachten Gute gehörendes Recht im Wege der Klage nicht geltend machen. Durch diese Vorschrift würde sie in Ermangelung einer besonderen Vorschrift auch verhindert sein, ein derartiges Recht gegen den Mann im Wege der Klage geltend zu machen. Sie würde also z. B. eine zum eingebrachten Gute gehörende Sache nicht von dem Manne vindiziren, eine ihr gegen den Mann zustehende zum eingebrachten Gute gehörende Darlehnsforderung nicht gegen den Mann einklagen können. Dieser Konsequenz des § 1400 tritt die Nr. 2 des § 1407 entgegen. Die Vorschrift bezieht sich, sofern man die der Frau auf Grund der Verwaltung und Nutznießung zustehenden Rechte als Rechte betrachtet, die zu dem eingebrachten Gute gehören, auch auf diese. Die Frau bedarf also, soweit sie zur gerichtlichen Geltendmachung dieser Rechte nach § 1394 schon während bestehender Verwaltung und Nutznießung berechtigt ist, auch hierzu der Zustimmung des Mannes nicht.

3. Daß die Frau, wenn der Mann über ein zum eingebrachten Gute gehörendes Recht ohne die nach den §§ 1375—1378 erforderliche Zustimmung verfügt hat, auch dem Dritten gegenüber die Verfügung nicht anzuerkennen braucht, versteht sich von selbst (vergl. Erl. zu § 1375). Mit Rücksicht darauf, daß solchen Falles die Frau an sich einerseits gegen den Mann nur unter den Voraussetzungen des § 1394 und gegen den Dritten gemäß § 1400 Abs. 2 überhaupt nicht vorgehen könnte, räumt die Nr. 3 des § 1407 im Gegensatze zum E. I der Frau auch die Befugniß ein, das Recht, über welches der Mann rechtswidrig verfügt hat, selbständig gerichtlich geltend zu machen. Die Frau kann hiernach insbesondere eine vom Manne rechtswidrig veräußerte Sache vindiziren, die Zahlung einer zum eingebrachten Gute gehörenden Forderung von dem Schuldner fordern, wenn der Mann ohne Zustimmung der Frau die Schuld erlassen oder sie durch Annahme der Zahlung aufgehoben hat.

4. Die Nr. 4 gilt sowohl von der Vollstreckung in Prozessen, die mit der Frau selbst geführt werden, als auch von den Fällen, in welchen Bestandtheile des eingebrachten Gutes bei einer gegen einen Dritten gerichteten Vollstreckung gepfändet werden. Unter die Nr. 4 fällt ferner das der Frau nach § 861 Abs. 2 der C.P.O. zustehende Recht des Widerspruchs gegen die Pfändung der Früchte des eingebrachten Gutes (vergl. Erl. zu § 1408). Gleichgültig ist, ob es sich um die Zwangsvollstreckung in das eingebrachte Gut wegen einer Geldforderung oder um die Vollstreckung eines Urtheils handelt, das auf die Veräußerung zc. einer zum eingebrachten Gute gehörenden Sache gerichtet ist. Der Mann kann übrigens in den hierher gehörenden Fällen vermöge seines Nutznießungsrechts den Widerspruch auch selbständig geltend machen; auch ist er befugt, dem Rechtsstreite der Frau als Nebenintervenient beizutreten. Da das Urtheil gegen ihn wirkt (§ 1400), findet § 69 der C.P.O. Anwendung.

5. Die rechtliche Bedeutung des § 1407, liegt darin, daß sowohl das für als das gegen die Frau ergangene Urtheil für und gegen den Mann wirkt (§ 1400) und für die aus dem Urtheil entstehenden Verbindlichkeiten der Frau das eingebrachte Gut im Verhältnisse zum Gläubiger (§ 1411) wie im Verhältnisse der Ehegatten zu einander — in dieser Beziehung namentlich auch für die Kosten (§ 1416 Abs. 2 Satz 1) — haftet. Dagegen bedeutet der § 1407 keine Ausnahme von dem Grundsatze, daß die Frau über eingebrachtes Gut nicht ohne die Zustimmung des Mannes verfügen kann. Alle prozeßrechtlichen Handlungen der Frau, die eine Verfügung enthalten, sind demnach, selbst wenn die Voraussetzungen des § 1407 vorliegen, unwirksam. Beispielsweise kann die Frau nicht auf das im Streit befangene zum eingebrachten Gute gehörende Recht ver-

§. 1408.

**Das Recht, das dem Manne an dem eingebrachten Gute kraft seiner Verwaltung und Nutznießung zusteht, ist nicht übertragbar.**

§. 1409.

Steht der Mann unter Vormundschaft, so hat ihn der Vormund in den Rechten und Pflichten zu vertreten, die sich aus der Verwaltung und Nutznießung des eingebrachten Gutes ergeben. Dies gilt auch dann, wenn die Frau Vormund des Mannes ist.

---

zichten. Die Frau kann ferner zwar wegen einer Forderung, über die der Mann ohne ihre Zustimmung verfügt hat, Klage oder Wider-klage erheben; aber aufrechnen kann sie mit einer solchen Forderung auch im Prozesse nicht. Daß die Erlassung eines Versäumnißurtheils sowie die Zurücknahme der Klage dadurch nicht ausgeschlossen werden, versteht sich von selbst. Denn die Versäumniß sowie die Klagezurücknahme sind nur Prozeßhandlungen, die wie eine Verfügung wirken können, aber keine Verfügung enthalten.

**§ 1408.**

**E. I § 1298 Halbs. 1; II § 1307 rev. § 1393; III § 1391. P. I S. 6367, 7712, 8691, 8703, 8704; M. IV S. 205—219. P. II S. 5170, 5235, 5276 (Bd. 4 S. 153, 182, 204). D. S. 691.**

1. Die im § 1408 ausgesprochene Unübertragbarkeit bezieht sich nur auf das Recht der Verwaltung und Nutznießung als solches, dagegen ist der Mann nicht gehindert, die Ausübung der aus der Verwaltung und Nutznießung sich ergebenden Rechte, insbesondere durch Vermiethung oder Verpachtung Anderen zu überlassen.

2. Aus der Unübertragbarkeit folgt im Hinblick auf § 1069 Abs. 2, § 1274 Abs. 2 die Unzulässigkeit einer Belastung. Die Unpfändbarkeit ist im § 861 Abs. 1 Satz 1 der C.P.O. besonders zum Ausdrucke gebracht. Die Gläubiger des Mannes können also auf das eingebrachte Gut auch nicht in der Weise greifen, daß sie sich die Rechte des Mannes am eingebrachten Gute überweisen lassen, um sie z. B. durch Verpachtung auszuüben. Der Ausschluß der Pfändbarkeit erstreckt sich indessen nicht auf die Früchte des eingebrachten Gutes. Doch können die Gläubiger des Mannes aus den Früchten nur unter gewissen Beschränkungen, die sich durch den Zweck der ehelichen Nutznießung erklären, Befriedigung verlangen. In dieser Hinsicht bestimmt der § 861 Abs. 1 Satz 2 der C.P.O., daß die von dem Manne erworbenen Früchte des eingebrachten Gutes der Pfändung nicht unterworfen sind, soweit sie zur Erfüllung der in den §§ 1384—1387 bestimmten Verpflichtungen des Mannes, zur Erfüllung der ihm seiner Frau, seiner früheren Frau oder seinen Verwandten gegenüber gesetzlich obliegenden Unterhaltspflicht und zur Bestreitung seines standesmäßigen Unterhalts erforderlich sind. Ueberschreitet die Pfändung der vom Manne erworbenen Früchte das nach dem Vorstehenden zulässige Maß, so kann der Mann nach § 766 der C.P.O. bei dem Vollstreckungsgericht Einwendungen erheben. Das gleiche Recht wird durch § 861 Abs. 2 auch der Frau beigelegt. Daß die Frau zur Geltendmachung des Widerspruchs nicht der Zustimmung des Mannes bedarf, folgt aus § 1407 Nr. 4.

**§ 1409.**

**E. I § 1326; II § 1308 rev. § 1394; III § 1392. P. I S. 6409—6412, 6509—6511, 6855, 8693, 8708; M. IV S. 286—288. P. II S. 5132, 5160, 5165, 5187, 5190, 5237, 5276 (Bd. 4 S. 134, 149, 150, 160, 162, 183, 204).**

1. Wie in der Erl. Nr. 2 zu § 1363 bemerkt ist, wird die Verwaltung und Nutznießung des Mannes dadurch nicht berührt, daß der Mann bei Eingehung der Ehe in der Geschäftsfähigkeit beschränkt ist. Auch durch den später eintretenden Verlust der Geschäftsfähigkeit wird die Verwaltung und Nutznießung des Mannes nicht von selbst beendet (vergl. Erl. zu § 1418). Die Rechte und Pflichten, welche sich für den Mann aus der Verwaltung und Nutznießung des eingebrachten Gutes ergeben, müssen solchen Falles nach § 1409 Satz 1 von dem gesetzlichen Vertreter des Mannes wahrgenommen werden. Für die Erfüllung dieser Verpflichtung ist der

3. Schuldenhaftung.

---

Vertreter dem Manne nach § 1833 verantwortlich. Der Frau gegenüber besteht eine direkte Verantwortlichkeit des Vertreters nicht; die Frau muß sich gegebenen Falles die Ansprüche des Mannes gegen den Vertreter im Wege der Zwangsvollstreckung überweisen lassen. Will die Frau sich die Vertretung des Mannes in Ansehung des eingebrachten Gutes durch den Vertreter des Mannes nicht gefallen lassen, so kann sie nach § 1418 Nr. 3 auf Aufhebung der Verwaltung und Nutznießung klagen.

2. Nach § 1409 Satz 2 hat auch die Frau, wenn sie zum gesetzlichen Vertreter des Mannes bestellt ist, das Recht und die Pflicht, den Mann in der aus der Verwaltung und Nutznießung des eingebrachten Gutes sich ergebenden Rechten und Pflichten zu vertreten. Damit soll nicht nur ausgedrückt sein, daß solchen Falles auch die Frau die dem gesetzlichen Vertreter zustehenden Rechte und Pflichten hat. Der § 1409 Satz 2 will vielmehr der Frau zugleich die Möglichkeit geben, die zur Vornahme ihrer Rechtsgeschäfte und zur Führung ihrer Rechtsstreitigkeiten nach den §§ 1395—1405 erforderliche Zustimmung des Mannes sich selbst zu ertheilen. Dadurch, daß der Mann unter der Vormundschaft seiner Frau steht, wird nämlich die Zustimmung des Mannes nicht entbehrlich. Ohne die Vorschrift des § 1409 Satz 2 müßte also gemäß § 181 zum Zwecke der Ertheilung der Zustimmung in jedem einzelnen Falle ein Pfleger bestellt werden. Die Vorschrift des § 1409 Satz 2 beschränkt sich nicht auf die Rechtshandlungen der Frau, welche zu einer ordnungsmäßigen Verwaltung des eingebrachten Gutes erforderlich sind, sondern erstreckt sich auf alle Rechtshandlungen, zu denen die Frau der Zustimmung des Mannes bedarf. Insbesondere kann sich die Frau die Einwilligung zum Betrieb eines Erwerbsgeschäfts sowie zu Rechtsgeschäften ertheilen, welche lediglich zur Verwaltung des Vorbehaltsguts dienen, letzteres zu dem Zwecke, um das Rechtsgeschäft auch dem eingebrachten Gute gegenüber wirksam werden zu lassen. Der Mann wird dadurch geschützt, daß ihm die Frau nach den Vorschriften des Vormundschaftsrechts verantwortlich ist.

3. Der § 1409 spricht nur von dem Falle, daß der Mann unter Vormundschaft steht. Der Fall, daß er unter elterlicher Gewalt steht, ist mit Rücksicht auf § 1303 nicht erwähnt. Sollte dieser Fall übrigens trotz § 1303 vorkommen, so ist § 1409 entsprechend anzuwenden. Der E. I hatte beide Fälle neben einander aufgeführt. Aus § 1915 ergiebt sich, daß § 1409 auch dann Platz greift, wenn für den Mann ein Pfleger z. B. wegen Gebrechlichkeit oder wegen Abwesenheit bestellt ist. Auch die Ausübung der Rechte des Mannes durch einen Pfleger braucht sich die Frau nicht unter allen Umständen gefallen zu lassen; sie kann unter den Voraussetzungen des § 1418 Nr. 4, 5 auf Aufhebung der Verwaltung und Nutznießung klagen.

## 3. Schuldenhaftung.

Im Untertitel „Schuldenhaftung" ist nur die Haftung des Frauenvermögens geregelt. Der Mann haftet für die Verbindlichkeiten der Frau nicht persönlich. Eine persönliche Haftung des Mannes für die Schulden der Frau wird auch dadurch nicht begründet, daß der Mann die Befriedigung einer Verbindlichkeit der Frau aus dem eingebrachten Gute dulden muß oder daß er zu dem Rechtsgeschäft oder dem Rechtsstreite der Frau die Zustimmung ertheilt hat, mag auch die Zustimmung nicht nothwendig gewesen sein, weil die Frau ihrer nicht bedurft hat. Der Mann haftet für die Schulden der Frau nicht einmal dann, wenn die Frau mit seiner Einwilligung ein Erwerbsgeschäft betreibt. Eine persönliche Haftung des Mannes ist in Folge der Verwaltung und Nutznießung nur auf Grund des § 1388 gegeben. Wegen der Führung eines Handelsgeschäfts vergl. Erl. zu § 1376. Davon abgesehen entscheiden lediglich die allgemeinen Grundsätze. In Betracht kommen insbesondere die Vorschriften über die Geschäftsführung ohne Auftrag und über die Schlüsselgewalt (§ 1357). Die Haftung des Frauenvermögens wird ferner im gegenwärtigen Untertitel nur in Ansehung des eingebrachten Gutes geregelt. Daß das Vorbehaltsgut den Gläubigern der Frau unterschiedslos und den Gläubigern des Mannes überhaupt nicht haftet, versteht sich nach dem Begriffe desselben von selbst und ist daher nicht besonders ausgesprochen.

Die Haftung des eingebrachten Gutes wird zunächst (§ 1410) bezüglich der Verbindlichkeiten des Mannes verneint. In den §§ 1411—1417 wird sodann die Haftung für die Verbindlichkeiten der Frau behandelt. Die §§ 1411—1414 betreffen die Haftung im Verhältnisse zum Gläubiger, die §§ 1415, 1416 die Haftung im Verhältnisse der Ehegatten zu einander, der § 1417 bestimmt die rechtliche Bedeutung, welche dem Umstande zukommt, daß im Verhältnisse der Ehegatten zu einander für eine Verbindlichkeit der Frau das eingebrachte Gut oder das Vorbehaltsgut haftet.

## §. 1410.

Die Gläubiger des Mannes können nicht Befriedigung aus dem eingebrachten Gute verlangen.

## §. 1411.

Die Gläubiger der Frau können ohne Rücksicht auf die Verwaltung und Nutznießung des Mannes Befriedigung aus dem eingebrachten Gute verlangen, soweit sich nicht aus den §§. 1412 bis 1414 ein Anderes ergiebt. Sie unterliegen bei der Geltendmachung der Ansprüche der Frau nicht der im §. 1394 bestimmten Beschränkung.

Hat der Mann verbrauchbare Sachen nach §. 1377 Abs. 3 veräußert oder verbraucht, so ist er den Gläubigern gegenüber zum sofortigen Ersatze verpflichtet.

---

### § 1410.

**E. II § 1309 rev. § 1395; III § 1393. M. IV S. 205—219. P. II S. 5132, 5156, 5235, 5276—5279 (Bd. 4 S. 134, 147, 182, 204). D. S. 691.**

Der § 1410 bringt zum Ausdrucke, daß die Frau für die Schulden des Mannes nicht haftet. Auf die Substanz des eingebrachten Gutes können die Gläubiger des Mannes überhaupt nicht greifen. Der Zugriff ist ihnen, wie in der Erl. zu § 1408 hervorgehoben, auch nicht in der Form gestattet, daß sie sich die Rechte des Mannes am eingebrachten Gute im Wege der Zwangsvollstreckung überweisen lassen. Sie können lediglich aus den Früchten des eingebrachten Gutes in den im § 861 der C.P.O. (vergl. Erl. zu § 1408) bestimmten Grenzen Befriedigung verlangen. Gegen die Gefahren, welche ihnen aus der thatsächlichen Vermischung des Vermögens der Ehegatten und aus der Leichtigkeit betrügerischer Rechtsgeschäfte der Ehegatten drohen, sind sie durch die im § 1362 Abs. 1 zu ihren Gunsten aufgestellte Vermuthung sowie durch die Bestimmungen der K.O. § 31 Nr. 2, § 32 Nr. 2, § 45 und des Anfechtungsgesetzes v. 21. Juni 1879 § 3 Nr. 2, 4 geschützt. Auch wenn Konkurs über das Vermögen des Mannes ausbricht, tritt keine Haftung der Frau oder des eingebrachten Gutes für die Schulden des Mannes ein.

### § 1411.

**E. I § 1311; II § 1293 Abs. 2, § 1300 rev. § 1396; III § 1394. P. I S. 6431—6435; M. IV S. 249, 250, 252, 254. P. II S. 5129, 5133, 5156, 5159, 5174, 5187, 5192, 5230, 5236, 5279 (Bd. 4 S. 133, 134, 147, 148, 154, 160, 162, 180, 183, 205). D. S. 691.**

1. In Ansehung der Befriedigung aus dem eingebrachten Gute spricht der § 1411 Abs. 1 Satz 1 den Grundsatz aus, daß das eingebrachte Gut den Gläubigern der Frau ohne Rücksicht auf die Verwaltung und Nutznießung des Mannes haftet. Für die vor der Eingehung der Ehe entstandenen Verbindlichkeiten gilt dieser Grundsatz ausnahmslos. Dagegen erkennen die §§ 1412—1414 für die nach der Eingehung der Ehe entstandenen Verbindlichkeiten einige Ausnahmen an. Die Ausnahmen beruhen auf einem zweifachen Gesichtspunkte. Die eine Klasse von Ausnahmen ist im § 1412 enthalten und dient zum Schutze der Rechte des Mannes. Für die aus Rechtsgeschäften der Frau entstandenen Verbindlichkeiten darf das eingebrachte Gut nur insoweit haften, als die Verbindlichkeiten mit Zustimmung des Mannes eingegangen oder ohne seine Zustimmung ihm gegenüber wirksam sind, ausgenommen d. h. der Regel unterworfen ist die Verbindlichkeit zur Tragung der Kosten eines Rechtsstreits. Die zweite Gruppe von Ausnahmen hängt mit dem Umfang und der wirthschaftlichen Natur des Vorbehaltsguts zusammen und geht dahin, daß, wenn eine Erbschaft oder ein Vermächtniß als Vorbehaltsgut erworben werden, für die in Folge dieses Erwerbes entstehenden Verbindlichkeiten das Vorbehaltsgut allein haftet (§ 1413) und daß Gleiches gilt in Ansehung derjenigen Verbindlichkeiten, welche die Frau lediglich in Folge eines zum Vorbehaltsgute gehörenden Rechtes oder des Besitzes von Vorbehaltsgut treffen (§ 1414).

Daß im Uebrigen das eingebrachte Gut haftet, ist von Bedeutung insbesondere für die Verbindlichkeiten der Frau aus unerlaubten Handlungen sowie für die unmittelbar kraft des Gesetzes entstehenden Verbindlichkeiten. Was zu den letzteren gehört, richtet sich nach den allgemeinen Grundsätzen. Die M. IV S. 250 lassen namentlich die Frage offen, ob die Verbindlichkeit der Frau aus einer von ihr vorgenommenen Geschäftsführung ohne Auftrag als gesetzliche Verbindlichkeit angesehen werden darf. Die Frage wird zu bejahen sein. Zu den gesetzlichen Verbindlichkeiten zählt ferner die auf ungerechtfertigter Bereicherung beruhende, soweit für sie der

§ 1414 nicht eine Ausnahme bedingt. Wie die Verbindlichkeit aus einer unerlaubten Handlung muß die Verbindlichkeit der Frau zur Bezahlung der Kosten eines gegen sie gerichteten Strafverfahrens behandelt werden, da diese Verbindlichkeit nicht auf einem Rechtsgeschäfte der Frau beruht. Für die Kosten der Vertheidigung der Frau trifft der bezeichnete Gesichtspunkt nur zu, insoweit der Frau ein Vertheidiger von Amtswegen bestellt werden muß oder kann (St.P.O. §§ 140, 141). Für die übrigen Vertheidigungskosten dagegen kann das eingebrachte Gut nur in Anspruch genommen werden, wenn der Mann der Vertheidigung zugestimmt hat. Der in § 1387 Nr. 2 weiter erwähnte Fall, daß die Aufwendung der Vertheidigungskosten den Umständen nach geboten ist, hat nur für die persönliche Haftung des Mannes, nicht aber für die Frage Bedeutung, ob das eingebrachte Gut haftet.

Wenn übrigens in den §§ 1412—1414 die Ausnahme von der Haftung des eingebrachten Gutes davon abhängig gemacht ist, daß die Verbindlichkeit nicht vor der Eingehung der Ehe entstanden ist, so versteht es sich von selbst, daß dem Zeitpunkte der Eingehung der Ehe der erst nach der Eingehung der Ehe liegende Zeitpunkt des Eintritts der Verwaltung und Nutznießung dann gleichgestellt werden muß, wenn in der Ehe vorher Gütertrennung bestanden hat. Denn solchen Falles hatte die Frau durch die Eingehung der Ehe vermögensrechtlich die Stellung, die sie als unverheirathete Frau hatte, nicht verloren. Dagegen trifft die Analogie der §§ 1412—1414, nach welchen die Gläubiger der Frau wegen aller vor der Eingehung der Ehe entstandenen Verbindlichkeiten der Frau aus dem eingebrachten Gute ohne Rücksicht auf die Rechte des Mannes Befriedigung verlangen können, bei der Umwandelung einzelner Bestandtheile des Vorbehaltsguts in eingebrachtes Gut nicht zu. Das Verhältniß ist in diesem Falle kein anderes, als wenn die Frau das Eigenthum an einzelnen Bestandtheilen des Vorbehaltsguts auf den Mann oder einen Dritten überträgt oder einen gewöhnlichen Nießbrauch bestellt (M. IV S. 307). Eine andere Frage ist es, ob nicht die Umwandelung von den Gläubigern der Frau nach den Bestimmungen der K.O. und des Anfechtungsgesetzes angefochten werden kann. Wie in der Erl. zu § 1365 bemerkt, ist eine Umwandelung von Vorbehaltsgut in eingebrachtes Gut nur im Wege des Ehevertrags zulässig. Ist Vorbehaltsgut in eingebrachtes Gut in solcher Art verwandt, daß dafür Ersatz zu leisten ist, oder besteht aus einem anderen Grunde ein Anspruch der Frau auf Ersatz aus dem eingebrachten Gute in das Vorbehaltsgut (s. z. B. § 1417), so gehört der desfallsige Anspruch der Frau zum Vorbehaltsgute.

Zweifelhaft kann sein, wie das Verhältniß zu beurtheilen ist, wenn die Verwaltung und Nutznießung an die Stelle der allgemeinen Gütergemeinschaft tritt. Nach den den §§ 1436, 1470 tritt, wenn die allgemeine Gütergemeinschaft aufgehoben wird, an deren Stelle regelmäßig Gütertrennung. Durch Ehevertrag kann aber vereinbart werden, daß Verwaltung und Nutznießung eintreten solle. Tritt auch in diesem Falle bei der Anwendung der §§ 1412—1414 der Eintritt der Verwaltung und Nutznießung an die Stelle der Eingehung der Ehe oder sind in diesem Falle die gedachten Paragraphen ihrem Wortlaute nach anzuwenden? Für die letztere Auffassung läßt sich geltend machen, daß dieselben Verbindlichkeiten, deren Erfüllung nach den §§ 1412—1414 nicht aus dem eingebrachten Gute verlangt werden kann, nach den §§ 1460—1462 bei der allgemeinen Gütergemeinschaft nicht dem Gesammtgute, sondern dem Vorbehaltsgute zur Last fallen. Die Annahme scheint daher nahe zu liegen, daß diese Verbindlichkeiten bei der Umwandelung der allgemeinen Gütergemeinschaft in die Verwaltung und Nutznießung nach wie vor nur dem Vorbehaltsgute der Frau zur Last fallen. Ueberwiegende Gründe dürften indessen für die oben gedachte erste Auffassung sprechen. In dem Vertrage, durch welchen an die Stelle der allgemeinen Gütergemeinschaft die Verwaltung und Nutznießung gesetzt wird, liegt ein Zweifaches, einmal die Aufhebung der Gütergemeinschaft und sodann die Einführung der Verwaltung und Nutznießung. Durch die Aufhebung der Gütergemeinschaft erlangt die Frau ihren Antheil an dem Gesammtgut als ein von dem bisherigen Rechte des Mannes freies Vermögen. Daraus würde an sich für alle ihre Gläubiger das Recht folgen, sich an dieses Vermögen zu halten. Unterwirft sie es der Verwaltung und Nutznießung des Mannes, so dürfen dadurch die Rechte der Gläubiger ebensowenig leiden, wie wenn diese Unterwerfung durch die Eingehung der Ehe oder durch Vertrag nach vorheriger Gütertrennung erfolgte. Beschränkt sich ein Vertrag der fraglichen Art lediglich auf die Bestimmung, daß die Verwaltung und Nutznießung an die Stelle der Gütergemeinschaft treten solle, so würde daraus an sich auch folgen, daß das sämmtliche bisherige Vorbehaltsgut der Frau eingebrachtes Gut würde, denn der Ausschluß dieses Vermögens von dem bisherigen Gesammtgut ist etwas ganz Anderes als der Ausschluß von dem eingebrachten Gute. Die fraglichen Gläubiger der Frau würden sich bei der obengedachten zweiten Auffassung auch an dieses Vermögen nicht mehr halten können. Das ist offenbar unmöglich. Regelmäßig wird zwar ausdrücklich oder stillschweigend vereinbart werden, daß das bisherige Vorbehaltsgut wieder Vorbehaltsgut werden soll; aber die Nothwendigkeit einer solchen Vereinbarung zeigt gerade, daß an sich alles Vermögen der Frau eingebrachtes Gut werden würde nnd daß das Verhältniß hier deshalb ebenso liegt wie bei der Eingehung der Ehe. Der E. I sprach deshalb in dem den §§ 1412—1414 entsprechenden § 1312 nicht von der Eingehung der Ehe, sondern von dem Eintritte der Verwaltung und Nutznießung, ohne zu unterscheiden, ob dieser bei oder nach Eingehung der Ehe und ob er nach vorheriger Gütertrennung oder nach vorheriger Gütergemeinschaft erfolge. Sachlich hat hieran durch die jetzige Redaktion nichts geändert werden sollen. Auch in dem § 742 der C.P.O. wird die Voraussetzung, unter welcher ein gegen die Frau ergangenes Urtheil in Ansehung des eingebrachten Gutes für vollstreckbar erklärt werden kann, nicht davon abhängig gemacht, daß der Rechtsstreit vor Eingehung der Ehe, sondern davon, daß er vor dem Eintritte des gesetzlichen Güterstandes rechtshängig geworden sei. Die Vollstreckbarkeit des Urtheils setzt aber dessen Wirksamkeit voraus und der Ehemann kann nicht wie im Falle des § 741 nach Maßgabe des § 774 nachträglich noch die Wirksamkeit des Urtheils gegen sich bestreiten; er kann vielmehr nur nach Maßgabe des § 768 einen Widerspruch darauf gründen, daß die Voraussetzung der Zulässigkeit der Vollstreckbarkeitserklärung nicht vorgelegen habe; diese Voraussetzung aber besteht lediglich in dem Eintritte des gesetzlichen Güterstandes nach der Rechtshängigkeit. Die für diesen Fall geltenden Grundsätze müssen auch bei der Auslegung der §§ 1412—1414 Anwendung finden. Nach denselben Grundsätzen ist dann auch der Fall zu entscheiden, wenn an die Stelle der Errungenschaftsgemeinschaft oder der Fahrnißgemeinschaft die Verwaltung und Nutznießung tritt.

Insoweit das eingebrachte Gut für eine Verbindlichkeit der Frau haftet, ist die Haftung zugleich eine primäre; ob das Vorbehaltsgut für die Befriedigung der betreffenden Verbindlichkeit ausreicht, kommt nicht in Betracht. Dies gilt selbst für die Verbindlichkeiten der Frau aus unerlaubten Handlungen.

2. Wie die Fassung der §§ 1411—1414 zum Ausdrucke bringt, braucht der Gläubiger, um die Haftung des eingebrachten Gutes in Anspruch zu nehmen, nicht zu beweisen, daß eine der in den §§ 1412—1414 enthaltenen Ausnahmen nicht vorliegt, vielmehr liegt dem Manne der Beweis ob, daß eine Ausnahme gegeben ist. Nur wenn der Anspruch des Gläubigers sich auf ein Rechtsgeschäft der Frau gründet, ist es Sache des Gläubigers zu beweisen, daß eine der Ausnahmen zutrifft, unter welchen das eingebrachte Gut nach § 1412 für rechtsgeschäftliche Schulden der Frau haftet.

3. Die in den §§ 1412—1414 enthaltenen Ausnahmen gelten nicht für Verbindlichkeiten der Frau gegenüber dem Manne. Die Erfüllung dieser Verbindlichkeiten kann vom Manne und, soweit sich die Gläubiger des Mannes dessen Ansprüche gegen die Frau haben überweisen lassen, auch von den Gläubigern des Mannes aus dem eingebrachten Gute selbst dann verlangt werden, wenn die Verbindlichkeit nach ihrer Entstehung und ihrem Inhalt an sich eine Haftung des eingebrachten Gutes nicht begründen würde. Denn die Beschränkung der Haftung des eingebrachten Gutes für die Verbindlichkeiten der Frau ist nur Folge des Rechtes des Mannes, muß also den eigenen Ansprüchen des Mannes gegenüber wegfallen (vergl. Erl. Nr. 5 zu § 1415).

4. Die Frage, ob für eine Verbindlichkeit der Frau aus dem eingebrachten Gute Befriedigung verlangt werden kann, kommt nur gegenüber dem Manne in Betracht. Die Frau hat kein Recht, der Erfüllung von Verbindlichkeiten, für welche nach den §§ 1412 bis 1414 Befriedigung aus dem eingebrachten Gute nicht verlangt werden kann, zu widersprechen (s. übrigens die Erl. zu § 1376).

5. Aus dem Grundsatze des § 1411 Abs. 1 Satz 1 folgt, daß, wenn einem Gläubiger der Frau im Wege der Zwangsvollstreckung eine Forderung der Frau gegen den Mann überwiesen wird, welche die Frau nach § 1394 vor Beendigung der Verwaltung und Nutznießung nur unter gewissen Voraussetzungen geltend machen kann, diese Beschränkung dem Gläubiger gegenüber nicht Platz greifen, der Gläubiger also die Forderung nach Maßgabe der allgemeinen Grundsätze geltend machen kann. Diese Folge ist im § 1411 Abs. 1 Satz 2 ausdrücklich hervorgehoben.

Aus dem Grundsatze des § 1411 Abs. 1 Satz 1 ergiebt sich ferner, daß, wenn ein Gläubiger der Frau sich die der Frau gegen den Mann auf Grund des § 1377 Abs. 3 zustehende Forderung auf Ersatz veräußerter oder verbrauchter verbrauchbarer Sachen im Wege der Zwangsvollstreckung hat überweisen lassen, die im § 1377 Abs. 3 bestimmte Hinausschiebung der Fälligkeit gegenüber dem Gläubiger außer Betracht bleibt, der Gläubiger also die sofortige Erfüllung der Verbindlichkeiten des Mannes verlangen kann. Diese Folge ist im § 1411 Abs. 2 in Anlehnung an den § 1086 Abs. 2 zum Ausdrucke gelangt. Der § 1411 Abs. 2 stellt aber nicht eine persönliche Verpflichtung des Mannes gegenüber den Gläubigern der Frau — analog § 1388 — auf, so daß der Gläubiger sofort oder doch auf Grund des den Mann zur Duldung der Vollstreckung in das eingebrachte Gut verurtheilenden Titels gegen den Mann vorgehen könnte. Haben die Ehegatten über die Zeit des Ersatzes der veräußerten oder verbrauchten Sachen eine Vereinbarung getroffen, so hat es dabei sein Bewenden. Gegen Benachtheiligungen müssen sich die Gläubiger durch Anfechtung der Vereinbarung schützen. Für die aus § 1383 mit § 1039 Abs. 1 sich ergebende Pflicht des Mannes, den Werth der im Uebermaß oder ordnungswidrig gezogenen Früchte zu ersetzen, ist die im § 1411 Abs. 2 getroffene Bestimmung entsprechend anzuwenden. Denn ihr liegt der Gedanke zu Grunde, daß die Voraussetzung, unter welcher nach § 1377 Abs. 3 die Ersatzpflicht eintritt, daß nämlich die ordnungsmäßige Verwaltung den früheren Ersatz gebietet, jedenfalls dann gegeben ist, wenn der Werth zur Befriedigung eines Gläubigers zu verwenden ist. Der § 1039 Abs. 1 schreibt aber unter derselben Voraussetzung den früheren Eintritt der in ihm bestimmten Ersatzpflicht vor. Für die Anwendbarkeit des § 1411 Abs. 2 spricht ferner die im § 1086 enthaltene Vorschrift.

Die im § 1411 Abs. 1 Satz 2, Abs. 2 getroffenen Vorschriften gelten nur für die Gläubiger der Frau, welche aus dem eingebrachten Gute Befriedigung fordern können. Andere Gläubiger der Frau können sich zwar gleichfalls die bezeichneten Ansprüche der Frau überweisen lassen. Ihnen gegenüber bleibt aber die Beschränkung des § 1394 und die im § 1377 Abs. 3 bestimmte Hinausschiebung der Fälligkeit wirksam.

6. In den §§ 1411—1414 ist nur die Frage behandelt, für welche an sich begründete Verbindlichkeiten der Frau das eingebrachte Gut haftet. Davon verschieden ist die Frage, ob, wenn die Entstehung einer Verbindlichkeit der Frau von dem Besitz eigenen Vermögens oder von dessen Umfang abhängt, das eingebrachte Gut für die Entscheidung dieser Frage in Betracht kommt. Diese Frage entsteht bei der Unterhaltspflicht gegenüber den Verwandten (§ 1604 Abs. 1) und gegenüber dem geschiedenen Ehegatten (§ 1581 Abs. 2) sowie bei dem Aussteueranspruche (§ 1620 Abs. 2) und wird in den gedachten Paragraphen bejahend entschieden.

7. Ueber die Art und Weise in der die Gläubiger der Frau, welche aus dem eingebrachten Gute Befriedigung verlangen können, die Erfüllung ihrer Ansprüche aus dem eingebrachten Gute erzwingen können, trifft jetzt (anders der E. I §§ 1314, 1315, dazu M. IV S. 257—260, P. II S. 5133, 5156, 5187, 5237) nicht das B.G.B., sondern die C.P.O. (D. z. C.P.O. S. 108 ff., 117, 125) Vorsorge. Da diese Vorschriften der C.P.O. zum Verständnisse der Bestimmungen des B.G.B. unentbehrlich sind, müssen sie wenigstens in den Grundzügen hier dargestellt werden.

Die C.P.O. geht davon aus, daß es zur gerichtlichen Geltendmachung von Ansprüchen gegen die Frau der Mitwirkung des Mannes nicht bedarf. Dies steht mit dem Grundsatze der unbeschränkten Prozeßfähigkeit der Frau (C.P.O. § 52 Abs. 2) im Einklang und entspricht dem § 1400. Bei der Erzwingung der Erfüllung einer Verbindlichkeit der Frau aus dem eingebrachten Gute ist indessen auch der Mann betheiligt, da durch die Zwangsvollstreckung seine Rechte am eingebrachten Gute berührt werden. Deshalb bestimmt § 739 der C.P.O., daß die Zwangsvollstreckung in das eingebrachte Gut nur zulässig ist, wenn die Frau zu der Leistung und der Mann zur Duldung der Zwangsvollstreckung in das eingebrachte Gut verurtheilt ist. Die Erzwingung der Erfüllung einer Verbindlichkeit der Frau aus dem eingebrachten Gute kann also nur beiden Ehegatten gegenüber erfolgen. Sie setzt einen vollstreckbaren Schuldtitel voraus, durch den einerseits die Verbindlichkeit der Frau und andererseits die Verpflichtung des Mannes, die Erfüllung der Verbindlichkeit aus dem eingebrachten Gute zu dulden, festgestellt ist. Der Gläubiger kann diese beiden Feststellungen in zwei verschiedenen Verfahren herbeiführen, er kann aber auch beide Ehegatten als Streitgenossen zusammen verklagen. In dem einen wie in dem anderen Falle stehen beide Ehegatten vollkommen selbständig nebeneinander. Insbesondere kann der Mann, wenn der Gläubiger vorher die Verurtheilung der Frau zur Leistung herbeigeführt hat, der gegen ihn gerichteten Klage auf Duldung nicht blos Einwendungen entgegensetzen, welche die Eigenschaft der Verbindlichkeit der Frau als einer solchen, für welche Befriedigung aus dem eingebrachten Gute verlangt werden kann, bestreiten, sondern auch solche, welche die Verbindlichkeit selbst berühren. Er kann also z. B. die Verjährung oder die Bezahlung einwenden. Von praktischer Bedeutung ist die Aufrechnungsbefugniß des Mannes, weil die Frau regelmäßig die Aufrechnungseinrede nicht wird geltend machen können. Die Rechtskraft des im Prozesse gegen die Frau ergangenen Urtheils steht ihm nur entgegen, wenn einer der Ausnahmefälle vorliegt, in welcher die Frau den Rechtsstreit ohne die Zustimmung des Mannes mit Wirkung für das eingebrachte Gut zu führen berechtigt ist (§§ 1401, 1402, 1407, wegen des § 1405 vergl. unten). Gemeinschaftliche Klage gegen beide Ehegatten oder gesonderte Rechtsverfolgung gegen sie ist indessen nicht unbedingt nothwendig. Zur Erleichterung der Rechtsverfolgung und zur Vermeidung doppelter Prozesse schreibt der § 794 Abs. 2 der C.P.O. vor, daß die Verurtheilung des Mannes zur Duldung dadurch ersetzt wird, daß der Mann in einer nach § 794 Abs. 1 Nr. 5 aufgenommenen Urkunde die sofortige Vollstreckung in das eingebrachte Gut bewilligt.

Eine Ausnahme vom § 739 sieht der § 741 der C.P.O. für den Fall vor, daß die Frau ein Erwerbsgeschäft betreibt und zur Zeit des Eintritts der Rechtshängigkeit des gegen die Frau geltend gemachten Anspruchs ein Einspruch des Mannes gegen den Betrieb des Erwerbsgeschäfts oder der Widerruf der Einwilligung nicht in das Güterrechtsregister eingetragen ist. Hier genügt zur Zwangsvollstreckung in das eingebrachte Gut das gegen die Frau ergangene Urtheil. Dies gilt nicht nur zu Gunsten der Gläubiger von Verbindlichkeiten, welche aus dem Betriebe des Erwerbsgeschäfts herrühren, sondern für alle Gläubiger der Frau, da die Feststellung, ob eine Schuld der Frau aus dem Betriebe des Erwerbsgeschäfts herrührt, im einzelnen Falle oft schwierig zu beantworten ist. Der Mann muß seine Rechte nach § 774 der C.P.O. im Wege der Klage durch Widerspruch gegen die Zwangsvollstreckung (§ 771 der C.P.O.) wahren. Gegen die Vollstreckung von Geschäftsschulden hat er kein Widerspruchsrecht, wie sich aus § 1405 Abs. 1 ergiebt.

Ist die Verwaltung und Nutznießung erst eingetreten, nachdem ein von der Frau oder ein gegen sie geführter Rechtsstreit rechtshängig geworden ist, so ist das Urtheil nach § 1407 Nr. 1 dem Manne gegenüber in Ansehung des eingebrachten Gutes wirksam. Der § 742 der C.P.O. enthebt deshalb den Gläubiger der Nothwendigkeit, den Mann auf Duldung der Vollstreckung zu belangen, und gestattet, daß von dem gegen die Frau ergangenen Urtheil eine in Ansehung des eingebrachten Gutes vollstreckbare Ausfertigung gegen den Mann nach Maßgabe der §§ 727, 730—732 der C.P.O. ertheilt wird.

Auch die Ausführung der Zwangsvollstreckung in das eingebrachte Gut auf Grund eines gegen beide Ehegatten vollstreckbaren Titels findet gegen beide Ehegatten gemeinschaftlich statt. Jeder der Ehegatten ist berechtigt, seine Rechte selbständig zu wahren. Für den Mann ergiebt sich dies aus dem ihm zustehenden Verwaltungsrechte, für die Frau folgt es aus dem § 1407 Nr. 4. Sachen, die im Besitze der Frau sind, unterliegen ohne Weiteres der Pfändung. Natürlich ist der Mann nicht gehindert, Widerspruch mit der Begründung zu erheben, daß er Eigenthümer der Sachen sei. Mit dieser Behauptung ist der Mann auf den Weg des § 771 der C.P.O. verwiesen. Die Pfändung der Sachen, die der Mann im Besitze hat, setzt voraus, daß der Mann deren Eigenschaft als zum eingebrachten Gute gehörig anerkennt. Solchenfalls kann er der Pfändung nicht mit Rücksicht auf sein Besitzrecht widersprechen. Bestreitet er, daß die Sachen zum eingebrachten Gute gehören, so muß der Gläubiger sich den Anspruch der Frau auf Herausgabe der Sachen überweisen lassen.

Von selbst versteht sich, daß die Zwangsvollstreckung wegen der dem Manne gegen die Frau zustehenden Forderungen auf Grund eines nur gegen die Frau vollstreckbaren Titels stattfindet. Der Vortheil, welchen dem Manne eine Zwangsvollstreckung bietet, liegt darin, daß er dadurch berechtigt wird, die Veräußerung von Bestandtheilen des eingebrachten Gutes, zu welcher er an sich der Zustimmung der Frau bedarf, zu erzwingen.

8. Auch hinsichtlich des Konkurses über das Vermögen der Frau trifft das B.G.B. keine Vorschrift. Eine Sonderbestimmung ist aber auch in der K.O. nicht vorgesehen. Der E. I (M. IV S. 259) ließ die Frage unentschieden, ob Bestimmungen nothwendig seien. In der zweiten Kommission (P. II S. 9461—9465) sind Anträge auf Einführung eines Partikularkonkurses gestellt, aber abgelehnt worden. Die Novelle zur K.O. übergeht die Frage mit Stillschweigen (K.B. z. § 2 der K.O.). Die Frage, wie das eingebrachte Gut und die Rechte des Mannes an ihm im Falle eines Konkurses über das Vermögen der Frau zu behandeln sind, ist also nach den allgemeinen Grundsätzen des B.G.B. und der K.O. zu beantworten.

Da die Frau einerseits voll geschäftsfähig ist und insbesondere zur Eingehung von Verbindlichkeiten nach § 1399 der Zustimmung des Mannes nicht bedarf, andrerseits die Eigenthümerin des eingebrachten Gutes ist, so treten rücksichtlich der Voraussetzungen des Konkurses und des Verfahrens bis zur Eröffnung desselben keine Abweichungen von dem für andere Gemeinschuldner geltenden Konkursrecht ein. Der Konkurs wird über das gesammte Vermögen der Frau, also sowohl über das eingebrachte Gut als auch über das Vorbehaltsgut, eröffnet. Gemeinschuldner ist nur die Frau. Nur von ihr und nur gegen sie kann der Konkurs beantragt werden. Der Mann wird nicht gehört. Die Frage der Zahlungsunfähigkeit der Frau wird nach den allgemeinen Grundsätzen geprüft; die Eigenschaft einer Verbindlichkeit der Frau als einer solchen, für welche das eingebrachte Gut haftet, oder als einer bloßen Vorbehaltsschuld ist hierbei unerheblich, denn die Scheidung des Frauenvermögens in eingebrachtes Gut und in Vorbehaltsgut kommt nur gegenüber dem Manne, nicht aber im Verhältnisse der Gläubiger der Frau zu einander und auch nicht im Verhältnisse der Frau zu ihren Gläubigern in Betracht. Deshalb ist auch die Ueberschuldung nur des eingebrachten Gutes oder nur des Vorbehaltsguts nicht genügend. Konkursgläubiger sind alle Gläubiger der Frau, die es sein würden, wenn die Frau unverheirathet wäre. Daß ein Gläubiger nur aus dem Vorbehaltsgute Befriedigung verlangen kann, steht seiner Eigenschaft als Konkursgläubiger nicht entgegen.

Aber wenn auch der Konkurs über das ganze Vermögen der Frau eröffnet wird, so wird durch die Eröffnung des Konkurses doch die Verwaltung und Nutznießung des Mannes nicht beendet. Materiell bildet nur das Vorbehaltsgut die Konkursmasse. Der Heranziehung des eingebrachten Gutes steht das Recht des Mannes entgegen, da der Mann nicht nur Anspruch auf die Nutzungen hat, sondern seine Zustimmung zu allen Verfügungen über die Substanz nothwendig ist. Das Recht des Mannes am eingebrachten Gute geht nach § 1411 Abs. 1 denjenigen Gläubigern vor, welche nach den §§ 1412—1414 Befriedigung aus dem eingebrachten Gute nicht verlangen können, und wie die Zwangsvollstreckung in das eingebrachte Gut nicht auf Grund eines nur gegen die Frau vollstreckbaren Titels zulässig ist, so ist auch die Hereinziehung des eingebrachten Gutes in den nur gegen die Frau eröffneten Konkurs nicht möglich. Der Mann kann also die Aussonderung des eingebrachten Gutes verlangen. Auf der andern Seite steht das Recht des Mannes denjenigen Gläubigern nicht entgegen, welche Befriedigung aus dem eingebrachten Gute verlangen können. Diesen Gläubigern gegenüber entfällt daher das Aussonderungsrecht des Mannes. Diese Gläubiger hin wieder haben kein Recht darauf, daß nicht auch die Vorbehaltsgläubiger aus dem eingebrachten Gute Befriedigung erlangen. Sie haben ein solches Recht weder gegenüber der Frau noch gegenüber den Vorbehaltsgläubigern. Sie können also auch nicht beanspruchen, daß das eingebrachte Gut zu ihrer Befriedigung abgesondert wird.

Die Sache gestaltet sich danach folgendermaßen. Der Konkurs wird über das ganze Vermögen der Frau eröffnet. Der Mann kann die Aussonderung des eingebrachten Gutes verlangen. Stellt er das Verlangen nicht, so bietet der Konkurs keinerlei Besonderheiten. Eine Frist zur Geltendmachung des Aussonderungsrechts ist dem Manne nicht gesteckt. Tritt er erst auf, nachdem das eingebrachte Gut verwerthet ist, so hat er nach § 59 Nr. 1, 3 K.O. einen Masseanspruch. Stellt er das Verlangen, so können die Gläubiger, denen das eingebrachte Gut haftet, Befriedigung aus demselben verlangen. Dann werden zwei Massen gebildet. Wenn der Mann nach § 1377 Abs. 3 zum Ersatze des Werthes verbrauchbarer Sachen verpflichtet ist, so muß er sofort in die aus dem eingebrachten Gute gebildete Masse Ersatz leisten (§ 1411 Abs. 2). Das eingebrachte Gut wird insoweit verwerthet, als zur Befriedigung der Gläubiger nothwendig ist, welche aus ihm Befriedigung verlangen können und verlangen. Die Verwerthung und ebenso die Vertheilung richtet sich im Uebrigen lediglich nach den gewöhnlichen konkursrechtlichen Vorschriften. Soweit zur Verwerthung oder Vertheilung die Mitwirkung der Konkursgläubiger erforderlich ist, sind auch die bloßen Vorbehaltsgläubiger zuzuziehen. Die Gläubiger, denen das eingebrachte Gut haftet, können verlangen, daß ihre ganze Forderung bei der Verwerthung des eingebrachten Gutes berücksichtigt wird; sie brauchen sich nicht verhältnißmäße Verweisung auf das Vorbehaltsgut gefallen zu lassen. Dafür spricht die Analogie des § 68 der K.O. sowie die Natur der Verbindlichkeit als einer solchen, für die das eingebrachte Gut haftet. In Folge dessen kann sich freilich der Fall ergeben, daß das eingebrachte Gut zur Befriedigung der Gläubiger völlig verwendet wird und vom Vorbehaltsgut etwas übrig bleibt. Dieses Ergebniß ist indessen für den Mann nicht unbillig, weil er, soweit eine aus dem eingebrachten Gute berichtigte Verbindlichkeit materiell im Verhältnisse zwischen ihm und der Frau nach den §§ 1415, 1416 das Vorbehaltsgut trifft, aus diesem nach § 1417 Ersatz zum eingebrachten Gute verlangen kann.

Der Feststellung des Rechtes eines Gläubigers, aus dem eingebrachten Gute Befriedigung zu verlangen, bedarf es nur gegenüber dem Manne und die Feststellung erfolgt in der gleichen Weise wie außerhalb des Konkurses. Es genügt also, daß der Mann der Befriedigung zustimmt. Die Zustimmung kann der Mann auch in Ansehung einer Verbindlichkeit ertheilen, die zur Zeit der Konkurseröffnung nur Vorbehaltsschuld war. Die Eintragung in die Konkurstabelle oder die Anerkennung durch den Konkursverwalter oder die Frau sind weder erforderlich noch genügend. Bestreitet der Mann die Berechtigung der Befriedigung einer Verbindlichkeit aus dem eingebrachten Gute, so muß über die Berechtigung im Wege der Feststellungsklage entschieden werden. Die Betreibung liegt dem Gläubiger ob, nicht dem Manne. Dieser braucht, um das Aussonderungsrecht in Anspruch zu nehmen, nicht nachzuweisen, daß Vorbehaltsschulden oder nur Vorbehaltsschulden vorhanden sind. Die Feststellungsklage ist entbehrlich, wenn schon eine Verurtheilung oder ein Anerkenntniß der Verpflichtung zur Duldung (C.P.O. § 739, § 794 Abs. 2) vorliegen. Nur wenn die Frau ein Erwerbsgeschäft betreibt (§ 1405), wird der dem § 741 der C.P.O. zu Grunde liegende Gedanke dahin führen, dem Manne die Durchführung der Feststellungsklage zu überweisen.

Ist, um die Gläubiger zu befriedigen, nicht die Verwerthung des ganzen eingebrachten Gutes nothwendig, so hat der Konkursverwalter dem Manne die noch vorhandenen Bestandtheile des eingebrachten Gutes bezw. deren Werth auszuliefern und das Rechtsverhältniß des Mannes zu diesem Vermögensrest ist das gleiche, wie wenn nicht Konkurs bestände.

Während der Dauer des Konkurses wird die Frau in ihren Rechten und Pflichten in Ansehung des eingebrachten Gutes gegenüber dem Manne durch den Konkursverwalter vertreten. Zu Rechtsgeschäften des Mannes über das eingebrachte Gut ist also regelmäßig die Zustimmung des Konkursverwalters erforderlich und der Konkursverwalter muß zustimmen, sofern die Frau zustimmen müßte. Rechtsgeschäfte des Konkursverwalters verpflichten ferner das eingebrachte Gut in der nämlichen Weise, wie dies bei Rechtsgeschäften der Frau der Fall ist. Es hat aber auch der Mann gegenüber der Konkursmasse dieselben Ansprüche wie gegenüber dem Vorbehaltsgut außerhalb des Konkurses.

## §. 1412.

Das eingebrachte Gut haftet für eine Verbindlichkeit der Frau, die aus einem nach der Eingehung der Ehe vorgenommenen Rechtsgeschäft entsteht, nur dann, wenn der Mann seine Zustimmung zu dem Rechtsgeschäft ertheilt oder wenn das Rechtsgeschäft ohne seine Zustimmung ihm gegenüber wirksam ist.

Für die Kosten eines Rechtsstreits der Frau haftet das eingebrachte Gut auch dann, wenn das Urtheil dem Manne gegenüber in Ansehung des eingebrachten Gutes nicht wirksam ist.

## §. 1413.

Das eingebrachte Gut haftet nicht für eine Verbindlichkeit der Frau, die in Folge des Erwerbes einer Erbschaft oder eines Vermächtnisses entsteht, wenn die Frau die Erbschaft oder das Vermächtniß nach der Eingehung der Ehe als Vorbehaltsgut erwirbt.

---

### § 1412.

**E. I § 1312 Nr. 1 Theils. 1, 4; II § 1311 rev. § 1397; III § 1395 P. I S. 6431—6439, 8692, 8707; M. IV S. 251, 252. P. II S. 5133, 5157, 5174, 5187, 5192, 5236, 5279—5283, 8629—8631 (Bd. 4 S. 135, 147, 155, 160, 163, 183, 205—207).**

1. Der Abs. 1 spricht die sich aus den §§ 1395—1407 ergebende Folge aus, daß für rechtsgeschäftliche Verbindlichkeiten der Frau, welche dem Manne gegenüber in Ansehung des eingebrachten Gutes unwirksam sind, nicht Befriedigung aus dem eingebrachten Gute verlangt werden kann. Zur Begründung der Haftung des eingebrachten Gutes genügt es, daß der Mann dem Rechtsgeschäfte zustimmt (§§ 182 ff.). Worauf das Rechtsgeschäft sich bezieht, kommt nicht in Betracht. Das eingebrachte Gut haftet also z. B. auch dann, wenn die Frau eine zum Vorbehaltsgute gehörenden Sache mit Zustimmung des Mannes verkauft und aus dem Verkauf eine Gewährschaftsklage entspringt, trotzdem der Kaufpreis Vorbehaltsgut wird. Unter die Fälle, daß ein Rechtsgeschäft der Frau dem Manne gegenüber ohne dessen Zustimmung wirksam ist, gehört auch der Fall, daß aus dem ohne Zustimmung des Mannes abgeschlossenen Rechtsgeschäfte das eingebrachte Gut bereichert ist (§ 1399 Abs. 2 Satz 2). Soweit die Bereicherung reicht, haftet das eingebrachte Gut. Die Fassung des § 1412 Abs. 1 bringt zum Ausdrucke, daß der Gläubiger der wegen einer rechtsgeschäftlichen Verbindlichkeit der Frau die Befriedigung aus dem eingebrachten Gute in Anspruch nimmt, beweisen muß, daß der Mann dem Rechtsgeschäfte zugestimmt hat (§ 1399 Abs. 2 Satz 1) oder das Rechtsgeschäft ohne die Zustimmung des Mannes diesem gegenüber wirksam ist (§ 1399 Abs. 2 Satz 2, §§ 1401, 1402, 1405, 1407).

Der E. II hatte neben den Verbindlichkeiten aus Rechtsgeschäften die aus gerichtlichen Entscheidungen entstehenden genannt. Deren Erwähnung wurde in der Schlußlesung des E. II gestrichen, weil das Urtheil, auch wenn es iniuria iudicis ergangen sei, nie konstitutiv, sondern nur deklaratorisch wirke. Sachlich kann darüber kein Zweifel bestehen, daß die Verbindlichkeiten aus gerichtlichen Entscheidungen wie die aus Rechtsgeschäften zu behandeln sind. Für die Verbindlichkeit aus dem Zuschlag in der Zwangsversteigerung (§ 90 mit § 82 Zw.V.G., C.P.O. § 817) wurde in der zweiten Kommission anerkannt, daß sie nach Analogie der Verbindlichkeit aus einem Kaufe zu beurtheilen sei.

2. Im Abs. 2 ist für die Kosten eines Rechtsstreits der Frau eine Ausnahme gemacht. Für diese haftet das eingebrachte Gut, mag das Urtheil dem Manne gegenüber wirksam sein oder nicht. Der Mann hat also z. B. die Kosten aus dem eingebrachten Gute auch dann zu bezahlen, wenn der Rechtsstreit das Vorbehaltsgut oder eine ohne seine Zustimmung eingegangene, auf das eingebrachte Gut bezügliche Verbindlichkeit oder eine persönliche Angelegenheit der Frau betrifft. Gleichgültig ist auch, ob es sich um einen Aktiv- oder Passivprozeß handelt und ob im Verhältnisse der Ehegatten zu einander die Kosten dem Vorbehaltsgute zur Last fallen oder nicht. Letzteres ist nur für die im § 1387 entschiedene Frage von Bedeutung, ob der Mann für die Kosten persönlich haftet. Ueber den Begriff der Kosten s. Erl. zu § 1387.

### § 1413.

**E. I § 1312 Nr. 2; II § 1312 rev. § 1398; III § 1396. P. I S. 6431—6439; M. IV S. 252. P. II S. 5134, 5157, 5174, 5187, 5193, 5236, 5283 (Bd. 4 S. 135, 147, 155, 160, 163, 183, 207).**

1. Wenn die Frau eine Erbschaft oder ein Vermächtniß gemäß § 1369 als Vorbehaltsgut erwirbt, so hat der Mann an dem Aktiverwerbe keinen Antheil. Es müssen deshalb auch die mit

## §. 1414.

Das eingebrachte Gut haftet nicht für eine Verbindlichkeit der Frau, die nach der Eingehung der Ehe in Folge eines zu dem Vorbehaltsgute gehörenden Rechtes oder des Besitzes einer dazu gehörenden Sache entsteht, es sei denn, daß das Recht oder die Sache zu einem Erwerbsgeschäfte gehört, das die Frau mit Einwilligung des Mannes selbständig betreibt.

---

dem Erwerbe verbundenen Passiven lediglich dem Vorbehaltsgute zur Last fallen. Dies gilt auch für den Fall, daß die Frau die Erbschaft oder das Vermächtniß mit Zustimmung des Mannes erwirbt. Die Beschränkung der Haftung auf das Vorbehaltsgut greift aber nur für die in Folge des Erwerbes der Erbschaft oder des Vermächtnisses entstandenen Verbindlichkeiten Platz, also für die Nachlaßverbindlichkeiten im Sinne des § 1967, für die Verbindlichkeit zur Entrichtung eines Aftervermächtnisses (§§ 2174, 2147) rc. rc. Dagegen bildet nicht etwa das in Folge der Erbschaft oder des Vermächtnisses Erworbene in Ansehung der Schuldenhaftung einen besonderen Bestandtheil des Vorbehaltsguts, vielmehr bemißt sich die Frage, inwieweit für die sich auf das ererbte Vermögen beziehenden und nach dem Erwerb entstandenen Verbindlichkeiten Befriedigung aus dem eingebrachten Gute verlangt werden kann, nach den allgemeinen Grundsätzen der §§ 1411, 1412, 1414.

2. Unterwirft die Frau die Gegenstände, welche zu der als Vorbehaltsgut erworbenen Erbschaft gehören, später der Verwaltung und Nutznießung, so kann deswegen allein für die Passiven der Erbschaft noch nicht Befriedigung aus dem eingebrachten Gute verlangt werden. Die Sachlage ist die gleiche, wie wenn ein als Vorbehaltsgut angekaufter Gegenstand später der Verwaltung und Nutznießung des Mannes unterworfen wird. Die aus dem Kaufe entstandene Vorbehaltsschuld nimmt nicht wegen der Unterwerfung des gekauften Gegenstandes die Eigenschaft einer aus dem eingebrachten Gute zu befriedigenden Verbindlichkeit an.

3. Wenn die Frau eine Erbschaft oder ein Vermächtniß nicht als Vorbehaltsgut, sondern als eingebrachtes Gut erwirbt, so gehen die Passiven auf das eingebrachte Gut über und der Mann muß die Befriedigung aus dem eingebrachten Gute selbst dann dulden, wenn die Frau die Erbschaft oder das Vermächtniß ohne seine Zustimmung oder gegen seinen Willen erworben hat (vergl. Erl. Nr. 1 zu § 1406). Hieran wird dadurch nichts geändert, daß etwa die Ehegatten später durch Ehevertrag die Vorbehaltseigenschaft des in Folge der Erbschaft oder des Vermächtnisses Erworbenen vereinbaren. Der Mann muß übrigens, wenn er die Haftung des eingebrachten Gutes auf Grund des § 1413 bestreitet, nicht nur den Erwerb nach der Eingehung der Ehe, sondern auch den Erwerb als Vorbehaltsgut beweisen. Die Worte „nach der Eingehung der Ehe" im § 1413 sind strenge genommen überflüssig; denn vor der Eingehung der Ehe kann die Frau eine Erbschaft nicht als Vorbehaltsgut erwerben. Durch die fraglichen Worte wird aber dem Mißverständniß entgegengetreten, daß der § 1413 auch dann Anwendung finde, wenn eine von der Frau vor der Eingehung der Ehe erworbene Erbschaft durch Ehevertrag für Vorbehaltsgut erklärt wird. Ueber den Fall, wenn die Verwaltung und Nutznießung nicht mit der Eingehung der Ehe, sondern erst später auf Grund eines Ehevertrags eintritt s. Erl. zu § 1411 Nr. 1.

4. Der Fall, daß das als Pflichttheil Erworbene (§ 1369) Vorbehaltsgut wird, ist im § 1413 nicht erwähnt, weil das Pflichttheilsrecht nach § 2303 nur Rechte, nämlich den Anspruch auf eine Geldleistung, begründet. Ist aber die Geltendmachung des Pflichttheilsanspruchs von der Ausschlagung einer Zuwendung abhängig (§§ 2306—2308) und macht die Frau von dem Ausschlagungsrechte keinen Gebrauch, so kommen lediglich die Grundsätze der Erbfolge und des Vermächtnisses zur Anwendung. Auch der Fall, daß eine unter Lebenden gemachte unentgeltliche Zuwendung nach § 1369 Vorbehaltsgut wird, ist im § 1413 übergangen. Es beruht dies darauf, daß der § 1369 nur für unentgeltliche Zuwendungen gilt, daß aber, wenn in Folge des zugewandten Rechtes oder des Besitzes der zugewandten Sache eine Verbindlichkeit entsteht, der § 1414 Platz greift und hiernach sich bemißt, inwieweit für die Verbindlichkeit Befriedigung aus dem eingebrachten Gute verlangt werden kann.

### § 1414.

**E. I § 1312 Nr. 3; II § 1313 rev. § 1399; III § 1397. P. I S. 6431—6439; M. IV S. 253, 254. P. II S. 5134, 5157, 5174, 5187, 5193, 5236, 5283 (Bd. 4 S. 136, 147, 155, 160, 163, 183, 207).**

1. Zu den im § 1414 bezeichneten Verbindlichkeiten gehören namentlich die Verbindlichkeiten zur Entrichtung der auf dem Vorbehaltsgute haftenden Steuern, zur Bezahlung der auf dem Vorbehaltsgute ruhenden Reallasten und der nach den §§ 912, 916, 917 zu leistenden Geld-

§. 1415.

Im Verhältnisse der Ehegatten zu einander fallen dem Vorbehaltsgute zur Last:

1. die Verbindlichkeiten der Frau aus einer unerlaubten Handlung, die sie während der Ehe begeht, oder aus einem Strafverfahren, das wegen einer solchen Handlung gegen sie gerichtet wird;
2. die Verbindlichkeiten der Frau aus einem sich auf das Vorbehaltsgut beziehenden Rechtsverhältniß, auch wenn sie vor der Eingehung der Ehe oder vor der Zeit entstanden sind, zu der das Gut Vorbehaltsgut geworden ist;
3. die Kosten eines Rechtsstreits, den die Frau über eine der in Nr. 1, 2 bezeichneten Verbindlichkeiten führt.

---

renten sowie zur Erfüllung der in den §§ 1021, 1022 bestimmten Unterhaltungspflichten, ferner die Verbindlichkeiten wegen Bereicherung des vorbehaltenen Vermögens, die auf Grund der §§ 833, 836 entstehenden Verbindlichkeiten und die Verbindlichkeiten zur Erfüllung der auf Gegenstände des Vorbehaltsguts gerichteten dinglichen Ansprüche aller Art. Dagegen gehört nicht hierher die gesetzliche Verbindlichkeit der Frau zur Entrichtung des Unterhalts an Verwandte, an den geschiedenen Ehegatten ꝛc. ꝛc., soweit diese Verbindlichkeit lediglich durch das Vorhandensein von Vorbehaltsgut begründet oder erweitert wird. Wenn auch soweit dies der Fall ist, der entsprechende Theil der Unterhaltsverbindlichkeit einerseits im Verhältnisse der Ehegatten zueinander das Vorbehaltsgut trifft (§ 1415), andererseits nicht vom Manne persönlich in Anspruch genommen werden kann (§ 1386), so kann doch der Unterhaltsberechtigte wegen der ganzen Unterhaltsverbindlichkeit Befriedigung aus dem eingebrachten Gute verlangen.

Das eingebrachte Gut haftet für die angegebenen Verbindlichkeiten nur dann nicht, wenn sie nach Eingehung der Ehe entstanden sind. Für die vorher entstandenen bewendet es bei der Regel des § 1411. Bei der Frage, ob eine Verbindlichkeit vor oder nach der Eingehung der Ehe entstanden ist, kommt es auf die einzelne Verbindlichkeit als solche an. Daß das Rechtsverhältniß, auf Grund dessen die einzelne Verbindlichkeit zur Entstehung gelangt, schon vor der Eingehung der Ehe bestanden hat, z. B. ein Ueberbau (§ 912), ist gleichgültig. Für die bei Eingehung der Ehe rückständigen Renten haftet das eingebrachte Gut, für die später fälligen nur das Vorbehaltsgut. Die Schlußworte des § 1414 enthalten eine Ausnahme für den Fall, daß das betreffende Recht oder die betreffende Sache zu einem Erwerbsgeschäfte gehören, das die Frau mit Einwilligung des Mannes betreibt. Die Gewerbesteuer kann danach aus dem eingebrachten Gute verlangt werden. Der Einwilligung steht es wie im Falle des § 1405 Abs. 2 so auch hier gleich, wenn die Frau mit Wissen und ohne Einspruch des Mannes das Geschäft betreibt. Ueber den Fall, wenn die Verwaltung und Nutznießung nicht mit der Eingehung der Ehe, sondern erst später auf Grund eines Ehevertrags eintritt s. Erl. zu § 1411 Nr. 1.

2. Die im § 1414 bestimmte Beschränkung der Haftung des eingebrachten Gutes hat ihren gesetzgeberischen Grund in dem Zusammenhange zwischen den bezeichneten Verbindlichkeiten und dem Vorbehaltsgut und will verhüten, daß das Recht des Mannes auch nicht mittelbar von der Willkür der Frau abhängt. Keineswegs aber handelt es sich um ein Korrelat zu § 1370. Daraus daß ein Erwerb nach § 1370 in Folge Surrogation dem Vorbehaltsgute zufällt, darf nicht gefolgert werden, daß für die mit dem Erwerbe verbundenen Lasten, z. B. für eine Tauschaufgabe zu Lasten der Frau, dem Gläubiger das Vorbehaltsgut allein haftet, vielmehr entscheiden in Ansehung der Lasten nur die §§ 1411—1414.

§ 1415.

**E. I § 1316 Abs. 2 Nr. 1—3; II § 1314 rev. § 1400; III § 1398. P. I S. 6467—6471, 7205—7207, 7680—7687, 8693, 8779; M. IV S. 260—265. P. II S. 5134, 5160, 5179, 5187, 5237, 5285—5290, 8629—8631 (Bd. 4 S. 136, 149, 157, 160, 183, 207—209). D. S. 692.**

**1.** Wenn die Frau Vorbehaltsgut hat, können die Gläubiger, welche aus dem eingebrachten Gute Befriedigung verlangen können, nach ihrer Wahl selbstverständlich auch auf das Vorbehaltsgut greifen. Eine andere Frage ist, wie weit die Verbindlichkeiten, deren Berichtigung aus dem eingebrachten Gute verlangt werden kann, im Verhältnisse der Ehegatten zu einander dem eingebrachten Gute oder dem Vorbehaltsgute zur Last fallen. Diese Frage ist in den §§ 1415, 1416 beantwortet. Da alles Vermögen der Frau regelmäßig eingebrachtes Gut ist, so geht das B.G.B. davon aus, daß die Verbindlichkeiten, deren Erfüllung aus dem eingebrachten Gute verlangt werden kann, auch im Verhältnisse der Ehegatten zu einander vom eingebrachten Gute zu tragen sind. Dieser Grundsatz ist im B.G.B. (anders E. I § 1316 Abs 1) nur indirekt zum Ausdrucke gelangt, indem lediglich die Ausnahmen davon in den §§ 1415, 1416 aufgezählt sind.

**2.** Die in der Nr. 1 des § 1415 aufgezählten Verbindlichkeiten der Frau fallen nur dann dem Vorbehaltsgute zur Last, wenn die Handlung nach der Eingehung der Ehe begangen ist. Verbindlichkeiten aus vorher begangenen unerlaubten Handlungen sind von dem eingebrachten Gute zu tragen, mag auch das Strafverfahren erst nachher stattfinden. Tritt die Verwaltung und Nutznießung nicht mit Eingehung der Ehe, sondern erst später auf Grund eines Ehevertrags ein, so finden die in den Erl. zu § 1411 Nr. 1 dargelegten Grundsätze Anwendung.

Nur die Verbindlichkeiten aus einem Strafverfahren, welches gegen die Frau wegen einer unerlaubten Handlung gerichtet ist, die sie nach der Eingehung der Ehe begangen hat, fallen dem Vorbehaltsgute zur Last. Hat daher die Frau die unerlaubte Handlung, wegen deren das Strafverfahren gegen sie eingeleitet ist, nicht begangen, so findet die fragliche Vorschrift keine Anwendung. Ob die Frau die unerlaubte Handlung begangen hat, wird durch den Ausgang des gegen sie gerichteten Strafverfahrens festgestellt. Wird die Frau freigesprochen oder außer Verfolgung gesetzt, so findet die fragliche Vorschrift also keine Anwendung. Soweit in diesem Falle Kosten des Strafverfahrens der Frau zur Last fallen, entscheidet sich die Frage, ob sie im Verhältniß unter den Ehegatten dem Vorbehaltsgut oder dem eingebrachten Gute zur Last fallen, nicht nach § 1415 Nr. 1, sondern nach allgemeinen Grundsätzen. Aus diesen ergiebt sich, daß die fraglichen Verbindlichkeiten, soweit der Gläubiger aus dem eingebrachten Gute Befriedigung verlangen kann, diesem auch im Verhältniß unter den Ehegatten zur Last fallen. Aus dem eingebrachten Gute kann der Gläubiger Befriedigung verlangen, soweit die Verbindlichkeit nicht unter die Vorschriften der §§ 1412—1414 fällt. In Betracht kommt hier nur der § 1412. Hiernach würden die Kosten für einen von der Frau angenommenen Vertheidiger nur dann dem eingebrachten Gute zur Last fallen, wenn der Mann der Annahme des Vertheidigers zugestimmt hat. Der § 1387 Nr. 2 bestimmt aber, daß die Kosten der Vertheidigung von dem Manne nicht nur dann zu tragen sind, wenn die Aufwendung mit Zustimmung des Mannes erfolgt ist, sondern auch dann, wenn sie den Umständen nach geboten war. Dem Vorbehaltsgute fallen daher die fraglichen Kosten nur dann zur Last, wenn weder die eine noch die andere Voraussetzung zutrifft. Trifft eine derselben zu, so fallen die fraglichen Kosten, wenn die Frau deren Ersatz von dem Manne nicht erlangen kann, dem eingebrachten Gute zur Last. Der dem § 1387 Nr. 2 entsprechende § 1286 des E. II sprach allgemein von den Kosten des Strafverfahrens. Die von dem Bundesrathe beschlossene Beschränkung auf die Kosten der Vertheidigung ist für den hier vorliegenden Fall, in welchem es sich lediglich um ein Strafverfahren handelt, in welchem die Frau freigesprochen oder außer Verfolgung gesetzt ist, ohne praktische Bedeutung. Soweit bei einem solchen Strafverfahren überhaupt noch Kosten in Frage kommen, welche der Frau kraft des Gesetzes zur Last fallen, fallen sie nach dem allgemeinen Grundsatze des § 1411 dem eingebrachten Gute zur Last. Verbindlichkeiten aus Rechtsgeschäften der Frau, welche, abgesehen von dem oben bereits besprochenen Falle der Annahme eines Vertheidigers, etwa durch das Strafverfahren erforderlich geworden sind, fallen zwar dem eingebrachten Gute nach § 1412 nur dann zur Last, wenn der Mann ihnen zugestimmt hat. Dabei ist aber zu beachten, daß die Kosten der durch das Strafverfahren etwa erforderlich gewordenen Reisen der Frau sowie die dadurch veranlaßten Kosten des Unterhalts der Frau außerhalb des Hauses, z. B. im Gefängnisse, zu dem von dem Manne der Frau zu gewährenden Unterhalte gehören und daher aus diesem Gesichtspunkte niemals dem Vorbehaltsgute, sondern dem Manne und, falls dieser zur Bestreitung außer Stande ist, dem eingebrachten Gute zur Last fallen.

**3.** Die Nr. 2 des § 1415 weist dem Vorbehaltsgute die Verbindlichkeiten zu, welche aus einem sich auf das Vorbehaltsgut beziehenden Rechtsverhältniß entstanden sind. Ein Theil dieser Verbindlichkeiten, nämlich die in den §§ 1413, 1414 aufgeführten, gehört nicht hierher, da bezüglich ihrer das eingebrachte Gut nicht haftet. Zu den hierher gehörenden zählen hauptsächlich die Verbindlichkeiten aus Rechtsgeschäften der Frau, welche das Vorbehaltsgut betreffen und zu welchen der Mann die Zustimmung ertheilt hat oder die dem Manne gegenüber ohne dessen Zustimmung wirksam sind (§ 1412). Von praktischer Bedeutung sind von den letzteren Verbindlichkeiten insbesondere die aus dem selbständigen Betrieb eines Erwerbsgeschäfts durch die Frau herrührenden. In der Ertheilung der Zustimmung kann unter Umständen die Uebernahme der das Vorbehaltsgut betreffenden Verbindlichkeit auf das eingebrachte Gut auch der Frau gegenüber liegen. Regelmäßig wird jedoch der Mann durch die Ertheilung der Zustimmung nur dem Gläubiger gegenüber die Eigenschaft der Verbindlichkeit als einer aus dem eingebrachten Gute zu befriedigenden anerkennen wollen. Zu den unter die Nr. 2 des § 1415 fallenden Verbindlichkeiten gehört ferner die gesetzliche Verpflichtung der Frau zur Gewährung des Unterhalts an Verwandte, insbesondere an die in die Ehe gebrachten, nicht vom Manne erzeugten Kinder, soweit die Verpflichtung lediglich durch das Vorhandensein von Vorbehaltsgut begründet oder

§. 1416.

Im Verhältnisse der Ehegatten zu einander fallen die Kosten eines Rechtsstreits zwischen ihnen dem Vorbehaltsgute zur Last, soweit nicht der Mann sie zu tragen hat.

Das Gleiche gilt von den Kosten eines Rechtsstreits zwischen der Frau und einem Dritten, es sei denn, daß das Urtheil dem Manne gegenüber in Ansehung des eingebrachten Gutes wirksam ist. Betrifft jedoch der Rechtsstreit eine persönliche Angelegenheit der Frau oder eine nicht unter die Vorschriften des §. 1415 Nr. 1, 2 fallende Verbindlichkeit, für die das eingebrachte Gut haftet, so findet diese Vorschrift keine Anwendung, wenn die Aufwendung der Kosten den Umständen nach geboten ist.

---

vergrößert ist. Die Verbindlichkeit muß solchen Falles auf das eingebrachte Gut und auf das Vorbehaltsgut verhältnißmäßig vertheilt werden. Den Theil der der Frau obliegenden Unterhaltspflicht, welcher hiernach dem eingebrachten Gute zur Last fällt, muß der Mann persönlich tragen (vergl. Erl. zu § 1386).

Die Verbindlichkeiten, welche aus einem das Vorbehaltsgut betreffenden Rechtsverhältniß entspringen, fallen, wie die Nr. 2 hervorhebt, dem Vorbehaltsgut auch dann zur Last, wenn sie vor dem Eintritte der Verwaltung und Nutznießung oder vor dem Zeitpunkt entstanden sind, in welchem das Gut Vorbehaltsgut geworden ist. Die Bestimmung hängt damit zusammen, daß für die vorehelichen Verbindlichkeiten der Frau ausnahmslos aus dem eingebrachten Gute Befriedigung verlangt werden kann, und ist von Bedeutung besonders für die im § 1413 bezeichneten Verbindlichkeiten, für welche das eingebrachte Gut ausnahmsweise haftet, z. B. für die vor Eingehung der Ehe fällig gewordenen Leistungen auf Grund einer Reallast, die auf einem zum Vorbehaltsgute gehörenden Grundstücke ruht.

4. Die Nr. 3 des § 1415 umfaßt die Aktiv- wie die Passivprozesse der Frau. Ueber den Begriff der Kosten vergl. Erl. zu § 1387.

5. Für die Verbindlichkeiten der Frau gegen den Mann kann aus dem eingebrachten Gute stets Befriedigung gefordert werden (vergl. Erl. zu § 1411). Damit ist jedoch nicht ausgesprochen, daß die Verbindlichkeiten der Frau gegen den Mann ausschließlich dem eingebrachten Gute zur Last fallen. Die §§ 1415, 1416 gelten vielmehr auch für diese Verbindlichkeiten. Da aber für dieselben das eingebrachte Gut stets haftet, so führen die §§ 1415, 1416 in Ansehung der Frage, ob eine Verbindlichkeit der Frau im Verhältnisse der Ehegatten zu einander vom eingebrachten Gute oder vom Vorbehaltsgute zu tragen ist, bei den Verbindlichkeiten der Frau gegen den Mann nicht immer zu dem gleichen Ergebniß, als wenn die Verbindlichkeit einem Dritten zustände. Dies zeigt sich z. B. in dem Falle, daß die Frau einem Dritten gegenüber zu Gunsten des Mannes ohne dessen Zustimmung sich zu einer Leistung verpflichtet. Praktisch von Bedeutung ist indessen diese Verschiedenheit nicht. Denn die wichtigsten und meisten Fälle der Verbindlichkeiten der Frau gegen den Mann fallen unter die Nr. 2 des § 1415. Die im Verhältnisse der Ehegatten stattfindende Zuweisung der Verbindlichkeiten der Frau theils an das eingebrachte Gut theils an das Vorbehaltsgut hat für die Verbindlichkeiten der Frau gegen den Mann die Bedeutung, daß der Mann die Befriedigung der dem eingebrachten Gute zur Last fallenden Verbindlichkeiten, solange eingebrachtes Gut vorhanden ist, nur aus dem eingebrachten Gute, die Befriedigung der von dem Vorbehaltsgute zu tragenden Verbindlichkeiten aber in erster Linie aus dem Vorbehaltsgute verlangen kann.

6. Von selbst versteht sich, daß sowohl der Mann gegenüber der Frau eine im Verhältnisse der Ehegatten zu einander an sich dem Vorbehaltsgute zur Last fallende Verbindlichkeit auf das eingebrachte Gut als auch die Frau gegenüber dem Manne eine an sich vom eingebrachten Gute zu tragende Verbindlichkeit auf das Vorbehaltsgut übernehmen kann. Ueber die Frage, ob hierzu ein Ehevertrag erforderlich ist, also die im § 1434 vorgeschriebene Form beobachtet werden muß, s. Erl. zu § 1432.

**§ 1416.**

**E. I § 1316 Abs. 2 Nr. 4; II § 1315 rev. § 1401; III § 1399. P. I S. 6467—6471; M. IV S. 264—266. P. II S. 5135, 5160, 5179, 5187, 5228, 5237, 5287—5290 (Bd. 4 S. 136, 149, 157, 160, 183, 208, 209).**

1. Nach Abs. 1 entscheidet bezüglich der Kosten eines vom Manne gegen die Frau oder von der Frau gegen den Mann geführten Rechtsstreits, mag er nun ein Vermögensrecht oder

## §. 1417.

**Wird eine Verbindlichkeit, die nach den §§. 1415, 1416 dem Vorbehaltsgute zur Last fällt, aus dem eingebrachten Gute berichtigt, so hat die Frau aus dem Vorbehaltsgute, soweit dieses reicht, zu dem eingebrachten Gute Ersatz zu leisten.**

---

sonst ein Rechtsverhältniß der Frau, z. B. die Nichtigkeit oder die Scheidung der Ehe, betreffen, lediglich, wem das Urtheil nach Maßgabe der C.P.O. die Kosten auferlegt, oder, wenn der Prozeß ohne Urtheil beendet wird, wem nach den Vorschriften der C.P.O. die Kosten zur Last fallen. Hat hiernach die Frau die Kosten zu tragen, so fallen sie dem Vorbehaltsgute zur Last; hat der Mann sie zu tragen, so fallen sie, falls dieser sie nicht bezahlen kann, dem eingebrachten Gute zur Last.

**2.** Der Abs. 2 spricht für die Kosten eines von einem Dritten gegen die Frau oder von der Frau gegen einen Dritten geführten Rechtsstreits als Regel aus, daß die Kosten dem Vorbehaltsgute zur Last fallen. Davon giebt es eine doppelte Ausnahme.

Bei der ersten Ausnahme sind die Kosten vom eingebrachten Gute ohne Weiteres zu tragen. Diese Ausnahme greift Platz, wenn das Urtheil dem Manne gegenüber in Ansehung des eingebrachten Gutes wirksam ist (§§ 1400—1402, 1405, 1407). Ist der Rechtsstreit ohne Urtheil beendet, so entscheidet der Umstand, ob, wenn ein Urtheil ergangen wäre, dieses dem Manne gegenüber wirksam wäre. Für die Ausnahme ist es gleichgültig, ob es sich um einen Aktiv- oder einen Passivprozeß der Frau handelt.

Bei der zweiten Ausnahme müssen die Kosten vom eingebrachten Gute insoweit getragen werden, als ihre Aufwendung den Umständen nach geboten ist. Diese Ausnahme findet statt:

**a)** bei den Rechtsstreitigkeiten über eine persönliche Angelegenheit der Frau, z. B. die Ehelichkeit der Frau;

**b)** wenn der Rechtsstreit eine nicht unter die Vorschriften des § 1415 Nr. 1, 2 fallende Verbindlichkeit der Frau betrifft, für welche nach den §§ 1411—1414 aus dem eingebrachten Gute Befriedigung verlangt werden kann. Ist das Urtheil gleichzeitig dem Manne gegenüber in Ansehung des eingebrachten Gutes wirksam, so liegt die zuerst erwähnte Ausnahme vor.

Unter die Ausnahme zu b fallen also z. B. eine von der Frau vor der Ehe eingegangene Verbindlichkeit, wenn die Frau nach Eingehung der Ehe ohne Zustimmung des Mannes klagt oder verklagt wird, oder die gesetzliche Unterhaltspflicht der Frau (soweit sie nicht auf Vorbehaltsgut beruht), wenn die Frau von dem Unterhaltsberechtigten ohne Zustimmung des Mannes in Anspruch genommen wird. Die bei der zweiten Ausnahme bedeutungsvolle Frage, inwieweit die Aufwendung der Kosten den Umständen nach angemessen ist, beantwortet sich zunächst danach, ob überhaupt die Prozeßführung nothwendig war. Kosten für chikanöse Prozesse der Frau braucht der Mann weder gegenüber der Frau aus dem eingebrachten Gute noch weniger persönlich zu tragen. Der Dritte ist dadurch gesichert, daß ihm gegenüber nach § 1411 stets das eingebrachte Gut für die Kosten haftet. In zweiter Linie kommt es darauf an, ob nicht unnütze Kosten aufgewendet worden sind. Gesetzlich gebotene Kosten, z. B. in Anwaltsprozessen die Kosten des Anwalts, sind stets angemessen.

**3.** Die Frage, ob die Verbindlichkeit zur Tragung der Kosten eines Rechtsstreits der Frau im Verhältnisse der Ehegatten unter einander dem eingebrachten Gute oder dem Vorbehaltsgute zugewiesen ist, hat nicht nur für die Anwendbarkeit des § 1417 Bedeutung, sondern auch für die des § 1387 Nr. 1, indem diejenigen Kosten, welche im Verhältnisse der Ehegatten zueinander dem eingebrachten Gute zugewiesen sind, materiell nicht auf dem eingebrachten Gute lasten bleiben, sondern vom Manne persönlich zu tragen sind. Da nach § 1388 der Mann insoweit, als er der Frau gegenüber Lasten und Verbindlichkeiten des eingebrachten Gutes persönlich zu tragen hat, zugleich den Gläubigern der Frau haftet, kommt der erwähnten Zuweisung der Kosten im Verhältnisse der Ehegatten zu einander gleichzeitig eine Tragweite über dieses Verhältniß hinaus für das Verhältniß zum Gläubiger zu.

### § 1417.

**E. I § 1316 Abs. 3; II § 1316 rev. § 1402; III § 1400. P. I S. 6468, 6472; M. IV S. 260, 261, 266. P. II S. 5135, 5160, 5179, 5187, 5237, 5285—5290 (Bd. 4 S. 136, 149, 157, 160, 183, 207—209). D. S. 692.**

**1.** Aus § 1417 ergiebt sich, welche rechtliche Bedeutung dem Umstande zukommt, daß eine Verbindlichkeit der Frau, für welche dem

Wird eine Verbindlichkeit der Frau, die im Verhältnisse der Ehegatten zu einander nicht dem Vorbehaltsgute zur Last fällt, aus dem Vorbehaltsgute berichtigt, so hat der Mann aus dem eingebrachten Gute, soweit dieses reicht, zu dem Vorbehaltsgut Ersatz zu leisten.

---

Gläubiger gegenüber das eingebrachte Gut haftet, im Verhältnisse der Ehegatten zueinander durch die §§ 1415, 1416 dem eingebrachten Gute oder dem Vorbehaltsgute zur Tragung zugewiesen ist. Die rechtliche Bedeutung liegt darin, daß, wenn eine Verbindlichkeit der Frau, für die sowohl im Verhältnisse zu dem Gläubiger als auch im Verhältnisse der Ehegatten zu einander das eingebrachte Gut haftet, aus dem Vorbehaltsgute berichtigt wird, aus dem eingebrachten Gute zum Vorbehaltsgut und daß, wenn eine Verbindlichkeit der Frau, für die im Verhältnisse zum Gläubiger das eingebrachte Gut haftet, die aber im Verhältnisse der Ehegatten zu einander dem Vorbehaltsgute zugewiesen ist, aus dem eingebrachten Gut berichtigt wird, aus dem Vorbehaltsgute zum eingebrachten Gute Ersatz zu leisten ist. Die Pflicht zur Ersatzleistung besteht aber in beiden Fällen nur insoweit, als hierzu das ersatzpflichtige Vermögen ausreicht. Es besteht also keine gewöhnliche Ersatzverbindlichkeit, sondern nur eine gegenseitige Verbindlichkeit zur Ausgleichung der beiden zum Vermögen der Frau gehörenden Massen. Die Ausgleichungsverbindlichkeit kommt deshalb, wenn die Frau Vorbehaltsgut nicht besitzt, überhaupt nicht in Frage. Die durch die §§ 1384—1387 ausgesprochene persönliche Verpflichtung des Mannes zur Tragung der dort bezeichneten Lasten und Verbindlichkeiten wird durch § 1417 nicht berührt. Wenn § 1417 von „Berichtigung" einer Verbindlichkeit spricht, so sind damit zunächst nur die im dritten Abschnitte des zweiten Buches geregelten Fälle des Erlöschens der Verbindlichkeit (Erfüllung, Hinterlegung, Aufrechnung) gemeint. Der § 1417 ist aber auch auf die Fälle anzuwenden, in denen durch die Vereinigung einer auf dem eingebrachten Gute ruhenden Verbindlichkeit und der derselben entsprechenden Forderung in der Person der Frau das Vorbehaltsgut auf Kosten des eingebrachten Gutes oder umgekehrt letzteres auf Kosten des ersteren bereichert ist. Ein Beispiel bietet die Beerbung eines Schuldners der Frau durch die Frau, wenn die Forderung dem eingebrachten Gute zusteht, die Erbschaft aber dem Vorbehaltsgute zufällt.

2. Wenn die Frau schuldvoller Weise (§ 1359) die Ausgleichungsverbindlichkeit nicht erfüllt, so ist sie nach den Grundsätzen über die Folgen der Nichtleistung und des Verzugs dem Manne zum Ersatze des ihm durch die Nichterfüllung erwachsenden Schadens verpflichtet. Es handelt sich dann nicht um eine Ausgleichung zwischen Vorbehaltsgut und eingebrachtem Gute, sondern um eine gewöhnliche persönliche Verpflichtung der Frau. Gleiches gilt, wenn der Mann die ihm nach § 1417 Abs. 2 obliegende Ausgleichungspflicht schuldvoller Weise (§ 1359) verletzt. Für den Schadensersatz haftet natürlich auch der Mann persönlich. Daß der Mann in der gerichtlichen Geltendmachung des Ausgleichungsanspruchs zeitlich nicht beschränkt ist, versteht sich von selbst. Es kann aber auch die Frau den dem Vorbehaltsgute zustehenden Ausgleichungsanspruch schon während der Verwaltung und Nutznießung gerichtlich geltend machen (vergl. Erl. zu § 1394). Dies folgt übrigens schon daraus, daß sowohl das eingebrachte Gut als das Vorbehaltsgut der Frau gehören, die Ausgleichung mithin nur dann einen Sinn hat, wenn sie während der Verwaltung und Nutznießung erfolgt. Ist die Verwaltung und Nutznießung beendet, so sind die §§ 1415—1417 gegenstandslos.

3. Der § 1417 bezieht sich nur auf die Fälle, in welchen eine Verbindlichkeit, für die der Gläubiger aus dem eingebrachten Gute Befriedigung verlangen kann, aus dem eingebrachten Gute oder aus dem Vorbehaltsgute berichtigt worden ist, nicht aber auf solche Fälle, in welchen der Mann eine Verbindlichkeit, für die das eingebrachte Gut nicht haftet, aus diesem getilgt oder sonst eingebrachtes Gut zum Besten des Vorbehaltsguts verwendet oder in welchen umgekehrt die Frau Vorbehaltsgut zum Besten des eingebrachten Gutes verwendet, insbesondere eine zu solchem Zwecke von ihr eingegangene Vorbehaltsguts-Verbindlichkeit aus dem Vorbehaltsgute bezahlt hat. Inwieweit in solchen Fällen ein Ersatzanspruch begründet ist, ist nach den allgemeinen Grundsätzen namentlich über die Geschäftsführung ohne Auftrag und über Bereicherung zu beurtheilen. Für die Verbindlichkeiten der Frau gegen den Mann gelten zwar die §§ 1415, 1416 (vergl. Erl. zu § 1415), von einer Anwendbarkeit des § 1417 kann dagegen keine Rede sein, weil die Frau für diese Verbindlichkeiten dem Manne als persönliche Schuldnerin gegenüber steht.

## 4. Beendigung der Verwaltung und Nutznießung.

---

4. Beendigung der Verwaltung und Nutznießung.

1. Die Verwaltung und Nutznießung endet

a) mit der Auflösung der Ehe durch Tod eines Ehegatten, durch Scheidung der Ehe oder durch Wiederverheirathung im Falle der Todeserklärung der Frau (§ 1348). Die Aufhebung der ehelichen Gemeinschaft (§ 1575) hat nach § 1586 die Wirkungen der Scheidung, beendet also auch die Verwaltung und Nutznießung. Im Falle der Wiederherstellung der ehelichen Gemeinschaft lebt die Verwaltung und Nutznießung nicht wieder auf; es tritt vielmehr Gütertrennung ein (§ 1587). Die bloße Trennung der Ehegatten, auch wenn sie auf Grund richterlicher Ermächtigung im Falle eines Rechtsstreits über die Nichtigkeits-, Anfechtungs- oder Scheidungsklage (C.P.O. § 627) erfolgt, läßt die Verwaltung und Nutznießung unberührt. Das Gericht kann freilich, wenn die Nichtigkeits-, Anfechtungs- oder Scheidungsklage erhoben ist, unter den Voraussetzungen des § 942 der C.P.O. schon vorher eine nach den §§ 935—940 das. zu beurtheilende einstweilige Verfügung treffen, um den künftigen Anspruch auf Herausgabe des Frauenvermögens (§ 1421) sicher zu stellen, und zu diesem Zwecke z. B. anordnen, daß der Mann gewisse Bestandtheile des Vermögens der Frau zu hinterlegen hat. Damit wird dem Manne unter Umständen thatsächlich die Verwaltung genommen werden können. Das Gericht darf aber durch die einstweilige Verfügung die Nutznießung des Mannes nicht schmälern, die Sicherung der Rechte der Frau auf Unterhalt hat nöthigen Falles im Wege des § 1361 zu geschehen.

Ist die Ehe auf erhobene Nichtigkeits- oder Anfechtungsklage für nichtig erklärt worden, so liegt nicht ein Fall der Beendigung der Verwaltung und Nutznießung vor, sondern es hat sich hinterher herausgestellt, daß die Verwaltung und Nutznießung nie eingetreten ist. Die Pflicht des Mannes zur Herausgabe des eingebrachten Gutes bemißt sich solchen Falles nicht nach den §§ 1421 ff., sondern nach den allgemeinen Grundsätzen der Vindikation und der Kondiktionen (vergl. Erl. Nr. 1 zu § 1344.)

b) mit der Rechtskraft des Urtheils, durch welches in den Fällen des § 1418 die Aufhebung der Verwaltung und Nutznießung auf Klage der Frau ausgesprochen wird.

c) mit der Rechtskraft des Beschlusses, durch den der Konkurs über das Vermögen des Mannes eröffnet wird.

d) mit dem Zeitpunkte, welcher als Zeitpunkt des Todes des Mannes im Falle der Todeserklärung desselben gilt.

e) mit dem Zeitpunkte, welcher in dem die Beendigung bestimmenden Ehevertrage festgesetzt ist. Da der Ehevertrag bestimmen kann, daß der vereinbarte Güterstand unter einer Bedingung aufhört, so wird die Verwaltung und Nutznießung auch durch den Eintritt der Bedingung beendet.

Als Bedingungsgründe sind im B.G.B. ausdrücklich nur das in den Fällen des § 1418 ergehende Urtheil (§ 1418 Abs. 1), der Konkurs des Mannes (§ 1419) und die Todeserklärung des Mannes (§ 1420) aufgeführt. Die übrigen Beendigungsgründe wurden als selbstverständlich erachtet und sind zum Theil indirekt anerkannt (vergl. § 1424 Abs. 2, §§ 1435, 1436). Der E. I hatte die Beendigungsgründe im § 1327 erschöpfend aufgezählt.

2. Nicht als Beendigungsgründe sind anerkannt die Eröffnung des Konkurses über das Vermögen der Frau und die Todeserklärung der Frau (vergl. Erl. zu §§ 1419, 1420). Als Beendigungsgrund ist ferner nicht anerkannt der einseitige Verzicht des Mannes (M. IV S. 294). Es enthält dies insofern eine Härte gegen den Mann, als der Mann gewisse Lasten des eingebrachten Gutes persönlich tragen muß ohne Rücksicht darauf, ob ihm die Nutznießung einen Ertrag abwirft. Daß der Verzicht auf die Verwaltung und Nutznießung unstatthaft ist, folgt daraus, daß die Verwaltung und Nutznießung nicht nur Rechte, sondern auch Pflichten für den Mann begründet; ihre Aufhebung kann nur durch Ehevertrag erfolgen. Auch auf die Nutznießung allein kann der Mann nicht verzichten. Für die elterliche Nutznießung ist ein solcher Verzicht nach § 1662 zulässig; für die eheliche Nutznießung fehlt eine entsprechende Vorschrift. Das B.G.B. kennt überhaupt keinen Fall, in dem nicht die Verwaltung und Nutznießung zusammen endet. Die Sachlage ist mithin eine andere als bei der elterlichen Gewalt. Praktisch zeigt sich die Verschiedenheit z. B. in dem Falle, daß der Mann die Sicherheit, zu der er nach § 1391 verurtheilt worden ist, nicht leistet. Dem Vater wird in dem entsprechenden Falle des § 1668 nach § 1670 die Vermögensverwaltung entzogen. Die Frau kann nicht Sequestration des eigenen Vermögens beantragen, sondern muß nach § 1418 Nr. 1 auf Aufhebung der Verwaltung und Nutznießung klagen.

3. Die Beendigung der Verwaltung und Nutznießung hat zur Folge, daß der Mann das eingebrachte Gut der Frau oder deren Erben herausgeben muß. Die näheren Grund-

§. 1418.

Die Frau kann auf Aufhebung der Verwaltung und Nutznießung klagen:

1. wenn die Voraussetzungen vorliegen, unter denen die Frau nach §. 1391 Sicherheitsleistung verlangen kann;
2. wenn der Mann seine Verpflichtung, der Frau und den gemeinschaftlichen Abkömmlingen Unterhalt zu gewähren, verletzt hat und für die Zukunft eine erhebliche Gefährdung des Unterhalts zu besorgen ist. Eine Verletzung der Unterhaltspflicht liegt schon dann vor, wenn der Frau und den gemeinschaftlichen Abkömmlingen nicht mindestens der Unterhalt gewährt wird, welcher ihnen bei ordnungsmäßiger Verwaltung und Nutznießung des eingebrachten Gutes zukommen würde;
3. wenn der Mann entmündigt ist;
4. wenn der Mann nach §. 1910 zur Besorgung seiner Vermögensangelegenheiten einen Pfleger erhalten hat;
5. wenn für den Mann ein Abwesenheitspfleger bestellt und die baldige Aufhebung der Pflegschaft nicht zu erwarten ist.

Die Aufhebung der Verwaltung und Nutznießung tritt mit der Rechtskraft des Urtheils ein.

---

sätze sind in den §§ 1421—1424 enthalten. Die Folgen der Beendigung sind für alle Beendigungsfälle in gleicher Weise geregelt. Insbesondere sind mit der Verwaltung und Nutznießung nicht besondere erbrechtliche Wirkungen verbunden; die Beerbung erfolgt vielmehr nach den allgemeinen Vorschriften, namentlich nach den das Erbrecht der Ehegatten regelnden §§ 1931 bis 1934; auch sind keine besonderen Grundsätze über die Auseinandersetzung für den Fall der Beendigung durch den Tod oder durch die Scheidung getroffen (M IV. S. 288—291).

4. In gewissen Fällen ist dem Manne das Recht eingeräumt, Wiederherstellung der Verwaltung und Nutznießung zu verlangen. Die Fälle sind im § 1425 geregelt.

**§ 1418.**

**E. I § 1327 Abs. 1 Nr. 2, § 1328; II § 1317 rev. § 1403; III § 1401. P. I S. 6519—6529, 8694, 8710; M. IV S. 295—302. P. II S. 5135, 5161, 5175, 5194, 5238, 5258—5261, 5291—5297, 6513, 8688 (Bd. 4 S. 136, 137, 149, 155, 156, 163, 184, 194—196, 210—213, 848). D. S. 692.**

1. In den Fällen des § 1418 ist der Frau das Recht gegeben, von dem Manne die Aufhebung der Verwaltung und Nutznießung zu verlangen. Der Mann genügt dem Verlangen, wenn er sich zum Abschluß eines Ehevertrags, durch welchen die Verwaltung und Nutznießung ausgeschlossen wird, erbietet. Ist der Mann zum Abschlusse des Vertrags nicht bereit, so braucht die Frau nicht auf Abschluß des Vertrags zu klagen, so daß sie durch das Urtheil nun einen im Wege des § 894 der C.P.O. zu verwirklichenden Anspruch gegen den Mann auf Eingehung des Vertrags erlangen würde, sondern sie klagt direkt auf Aufhebung der Verwaltung und Nutznießung, so daß die Aufhebung mit der Rechtskraft des Urtheils von selbst eintritt. Die Klage steht nur der Frau oder deren gesetzlichem Vertreter zu. Eine entsprechende Klage ist dem Manne nicht eingeräumt. Die Klage ist gegen den Mann zu richten. Sie ist keine Ehesache im Sinne des § 606 der C.P.O., sondern unterliegt den gewöhnlichen Prozeßvorschriften. Das Urtheil, welches der Klage stattgiebt, hat nicht die Bedeutung, daß es materiell das Vorhandensein der Voraussetzung des § 1418 feststellt, etwa ähnlich wie ein Urtheil, durch das die Ehe geschieden oder für nichtig erklärt wird. Die Aufhebung der Verwaltung und Nutznießung wird deshalb auch dann ausgesprochen, wenn der Mann ohne Beweisaufnahme das Vorhandensein der Voraussetzungen des § 1418 anerkennt oder das Vorhandensein dieser Voraussetzungen in Folge des Versäumnisses des Mannes anzunehmen ist.

a) Zu Abs. 1 Nr. 1. Die Voraussetzungen, unter welchen die Frau berechtigt ist, vom Manne Sicherheitsleistung zu verlangen, sind in der Erl. zu § 1391 dargelegt. Dort ist bereits hervorgehoben, daß, wenn diese Voraussetzungen vorliegen, die Frau nicht zunächst auf Sicherheitsleistung klagen muß, sondern sofort die Aufhebung der Verwaltung und Nutznießung fordern kann.

Es genügt übrigens, daß nur die Voraussetzungen des § 1391 Abs. 2 gegeben sind. Die Folge ist freilich, daß, wenn der Mann zum eingebrachten Gute gehörende verbrauchbare Sachen verbraucht oder veräußert hat, der bloße Vermögensverfall des Mannes, sofern in Folge des Vermögensverfalls die Verwirklichung der Ersatzansprüche der Frau erheblich gefährdet erscheint, der Frau das Recht giebt, auf Aufhebung zu klagen, während, wenn derartige Ersatzansprüche nicht bestehen, der Vermögensverfall an sich nicht hinreicht, um die Klage auf Aufhebung zu rechtfertigen.

b) Zu Abs. 1 Nr. 2. Voraussetzung ist, daß der Mann seine Unterhaltspflicht verletzt hat und zugleich eine Wiederholung der Verletzung zu besorgen ist. Nur die zu befürchtende, nicht die schon eingetretene Verletzung muß erheblich sein. Verletzt hat der Mann seine Verpflichtung, der Frau und den gemeinschaftlichen Abkömmlingen Unterhalt zu gewähren, wenn er ihnen nicht denjenigen Unterhalt gewährt hat, zu dessen Gewährung er nach den §§ 1360, 1361, 1601, 1603 verpflichtet ist. Hiernach kommt es nicht auf den Ertrag an, welchen die Nutznießung des eingebrachten Gutes gewährt, sondern lediglich darauf, ob und wieweit der Mann nach Maßgabe seiner gesammten Vermögens- und Erwerbsverhältnisse den Unterhalt zu gewähren im Stande ist. Der E. I verstand unter dem Ausdrucke „Verletzung" der Unterhaltspflicht die schuldhafte Nichterfüllung derselben (M. IV S. 296). Das B.G.B. aber versteht unter Verletzung einer Verpflichtung nur die objektive Nichterfüllung (s. Bd. I S. 102 Erl. zu § 53 Nr. 1). Mit Rücksicht hierauf war in dem von der Subkommission der zweiten Kommission zu diesem Paragraphen gestellten Antrage vor dem Worte „Verletzung" das Wort „schuldhafte" eingeschaltet. Die Kommission strich aber dieses Wort, weil ein Verschulden des Mannes nicht erfordert werden dürfe, der Frau vielmehr das fragliche Recht zustehen müsse, wenn ihr oder den gemeinschaftlichen Abkömmlingen auch nur objektiv derjenige Unterhalt von dem Manne nicht gewährt werde, zu dessen Gewährung dieser verpflichtet sei. Ein Verschulden des Mannes kann insofern in Betracht kommen, als dasselbe unter Umständen geeignet ist, einen Schluß auf die Gefährdung des Unterhalts für die Zukunft zu rechtfertigen.

In dem zweiten Satze der Nr. 2 wird eine Konsequenz des dem § 1389 zu Grunde liegenden Gedankens gezogen. Aus der Unterhaltspflicht des Mannes folgt nicht die Verpflichtung, den gesammten Ertrag der Nutznießung für den Unterhalt der Frau und der gemeinschaftlichen Abkömmlinge zu verwenden; der Mann ist hierzu nach den §§ 1360, 1602, 1603 nur unter Berücksichtigung seiner sonstigen Verbindlichkeiten verpflichtet. Durch § 1389 Abs. 2 aber wird dem Manne der Frau gegenüber die Verpflichtung auferlegt, den Reinertrag des eingebrachten Gutes ohne Rücksicht auf seine sonstigen Verpflichtungen zur Bestreitung des eigenen Unterhalts und des Unterhalts der Frau und der gemeinschaftlichen Abkömmlinge zu verwenden. Die Nichterfüllung dieser Verpflichtung soll nach § 1418 Nr. 2 Satz 2 als Verletzung der Unterhaltspflicht angesehen werden. Die Bestimmung des Satz 2 geht insofern noch über den § 1389 hinaus, als eine Verletzung der Unterhaltspflicht schon dann angenommen werden soll, wenn zwar der wirkliche Reinertrag der Nutznießung für die fraglichen Zwecke verwandt wird, nicht aber derjenige Betrag, welcher für den Unterhalt der Frau und der gemeinschaftlichen Abkömmlinge bei ordnungsmäßiger Verwaltung und Nutznießung des eingebrachten Gutes zu verwenden wäre. Mittelbar wird hierdurch dem Manne also eine Verpflichtung zur ordnungsmäßigen Nutzung auferlegt.

Die Verletzung der Unterhaltspflicht für sich allein genügt indessen nicht, um das hier fragliche Recht der Frau zu begründen. Hinzutreten muß, daß eine erhebliche Gefährdung des Unterhalts für die Zukunft zu besorgen ist. Ob eine solche Besorgniß begründet ist, wird insbesondere aus der Art zu entnehmen sein, in welcher die Unterhaltspflicht in der Vergangenheit verletzt ist. Wann die Gefährdung als eine erhebliche anzusehen ist, bestimmt sich nach den Umständen des Falles. Es kommt dabei in erster Linie nicht darauf an, ob ein größerer oder geringerer Theil des Unterhalts gefährdet ist, sondern darauf, ob die Gefahr der Nichtgewährung eine erhebliche ist; man wird indessen eine erhebliche Gefährdung dann nicht anzunehmen haben, wenn die Gefährdung sich nur auf einen ganz unerheblichen Theil des Unterhalts bezieht.

c) Zu Abs. 1 Nr. 3. Wenn der Mann nach der Eingehung der Ehe die volle Geschäftsfähigkeit verliert (§ 6), so wird dadurch die Verwaltung und Nutznießung nicht von selbst beendet. Denn die kraft Gesetzes eintretende Beendigung könnte unter Umständen gegen das Interesse der Frau verstoßen, zumal die Frau sich zum Vormunde des Mannes bestellen lassen kann (§ 1900). Der gesetzliche Vertreter des Mannes hat vielmehr den Mann nach § 1409 in den Rechten und Pflichten zu vertreten, die sich für ihn aus der Verwaltung und Nutznießung ergeben. Da jedoch der Frau nicht zugemuthet werden kann, statt des Mannes sich dessen gesetzlichen Vertreter als Verwalter ihres Vermögens gegen ihren Willen aufnöthigen zu lassen, so ist ihr das Recht eingeräumt, auf Aufhebung der Verwaltung und Nutznießung zu klagen. Die Frau hat das Recht nicht schon dann, wenn der Mann unter vorläufige Vormundschaft (§ 1906) gestellt ist. Es ist aber auch nicht nothwendig, daß die Frist zur Anfechtung des Entmündigungsbeschlusses im Wege der Anfechtungsklage (§§ 664, 684 C.P.O.) unbenutzt abgelaufen oder die erhobene Anfechtungsklage rechtskräftig abgewiesen ist. Es genügt, daß der die Entmündigung aussprechende Beschluß in Wirksamkeit getreten ist. Wann dies der Fall ist, bestimmt bei der Entmündigung wegen

## §. 1419.

**Die Verwaltung und Nutznießung endigt mit der Rechtskraft des Beschlusses, durch den der Konkurs über das Vermögen des Mannes eröffnet wird.**

---

Geisteskrankheit der § 661 der C.P.O., bei der Entmündigung wegen Geistesschwäche, Verschwendung oder Trunksucht der § 661 Abs. 2 und der § 683 der C.P.O. Wird der die Entmündigung aussprechende Beschluß angefochten, so kann die Frau trotzdem die Aufhebung der Verwaltung und Nutznießung verlangen; das Gericht wird indessen von der Befugniß des § 148 C.P.O. Gebrauch machen und den die Aufhebung betreffenden Rechtsstreit bis zur Erledigung der Anfechtungsklage aussetzen. Ist die Aufhebung auf Grund der Entmündigung ausgesprochen worden und wird der die Entmündigung aussprechende Beschluß mit Erfolg angefochten, so kann der Mann nach § 1425 auf Wiederherstellung seiner Rechte klagen.

d) Zu Abs. 1 Nr. 4. Die Bestellung einer Pflegschaft, weil der Mann gebrechlich ist (§ 1910), giebt der Frau das Recht, auf Aufhebung zu klagen, nur, wenn der Mann einen Pfleger zur Besorgung der gesammten Vermögensangelegenheiten erhalten hat. Die Bestellung der Pflegschaft lediglich für die Person oder nur für einzelne oder für einen bestimmten Kreis von Vermögensangelegenheiten genügt nicht. Wegen der Wiederherstellung der Rechte des Mannes vergl. § 1425.

e) Zu Abs. 1 Nr. 5. Voraussetzung ist die Bestellung einer Pflegschaft, weil der Mann abwesend ist (§ 1911), und die voraussichtlich längere Dauer dieser Pflegschaft, d. h. (§ 1921) die Aussichtslosigkeit der baldigen Rückkehr des Mannes. Nach dem Wortlaute des § 1418 Nr. 5 kommt es nicht auf den Umfang der Vermögensangelegenheiten an, zu deren Besorgung es der Bestellung eines Pflegers bedarf. Die Bestellung der Abwesenheitspflegschaft wäre daher selbst dann ausreichend, um die Aufhebung der Verwaltung und Nutznießung zu erlangen, wenn der Mann zur Wahrnehmung der sich für ihn aus der Verwaltung und Nutznießung ergebenden Rechte und Pflichten einen Bevollmächtigten bestellt hat und die Nothwendigkeit einer Fürsorge für seine Angelegenheiten auf anderem Gebiete hervorgetreten ist. Nach dem Zwecke der Vorschrift (M. IV S. 301) sprechen jedoch überwiegende Gründe dafür, daß eine allgemeine das ganze Vermögen des Mannes umfassende Abwesenheitspflegschaft vorliegen muß. Die Thatsache, daß der Mann abwesend und sein Aufenthalt unbekannt ist, berechtigt für sich allein nicht zur Klage auf Aufhebung. Wegen der Wiederherstellung der Rechte des Mannes vergl. § 1425.

2. Der Abs. 2 des § 1418 stellt klar, daß das Urtheil in den Fällen des § 1418 konstitutiven Charakter hat. Die Verwaltung und Nutznießung wird mit der Rechtskraft des Urtheils (§ 705 der C.P.O.) von selbst beendet. Folge der Beendigung ist nach § 1426 der Eintritt der Gütertrennung. Die Beendigung muß, um Dritten gegenüber wirksam zu sein, nach den §§ 1431, 1435 in das Güterrechtsregister eingetragen werden. Der Eintrag geschieht auf einseitigen Antrag der Frau (§ 1561 Abs. 3 Nr. 1).

3. Die Aufhebung der Verwaltung und Nutznießung auf Grund des § 1418 ist nach der jetzigen Fassung des § 32 (bisher 25) Nr. 2 der K.O. und des § 3 Nr. 4 des Anfechtungsgesetzes wegen Benachtheiligung der Gläubiger des Mannes nicht anfechtbar (s. D. z. K.O. S. 20).

## § 1419.

**E. I § 1327 Abs. 1 Nr. 3; II § 1318 rev. § 1404; III § 1402. P. I S. 6512, 6515, 6516; M. IV S. 291—293. P. II S. 5136, 5161, 5175, 5238, 5297 (Bd. 4 S. 137, 149, 155, 183, 213). D. S. 692.**

1. Die Eröffnung des Konkurses über das Vermögen des Mannes beendet die Verwaltung und Nutznießung von selbst, ohne daß es eines Antrags der Frau bedarf. Ob der Mann den Konkurs verschuldet hat, ist gleichgültig. Es muß aber der Konkurs über das Vermögen des Mannes als solches eröffnet sein. Sonderkonkurse, z. B. wenn der Mann eine Erbschaft gemacht hat und über diese der Konkurs eröffnet wird (K.O. § 214) oder wenn der Mann Gesellschafter bei einer offenen Handelsgesellschaft ist und über das Gesellschaftsvermögen, nicht auch über das Privatvermögen der Konkurs ausbricht (K.O. § 209), berühren, wie sich aus dem Zwecke des § 1419 ergiebt, die Verwaltung und Nutznießung nicht. Denn die Konkursgläubiger können sich in diesen Fällen nur an die Konkursmasse halten. Die Beendigung tritt nicht schon mit der Erlassung, sondern erst mit der Rechtskraft des Eröffnungsbeschlusses ein. Ueber die Rechtskraft des Eröffnungsbeschlusses vergl. § 109 mit § 72 der K.O., § 705 der C.P.O. In der Zeit zwischen der Erlassung und der Rechtskraft des Eröffnungsbeschlusses gehört die Verwaltung und Nutznießung an dem eingebrachten Gute nicht zur Konkursmasse. Denn das Recht des Mannes am eingebrachten Gute ist nach § 1408 nicht übertragbar und gehört deshalb

## §. 1420.

**Die Verwaltung und Nutznießung endigt, wenn der Mann für todt erklärt wird, mit dem Zeitpunkte, der als Zeitpunkt des Todes gilt.**

---

nach § 1 Abs. 1 der K.O. auch nicht zur Konkursmasse. Die in dieser Zeit vom Manne erworbenen Früchte des eingebrachten Gutes gehören dagegen, soweit sie nach § 861 der C.P.O. (vergl. Erl. zu § 1408) der Pfändung unterworfen sind, zur Konkursmasse. Ist die Eröffnung des Konkurses mangels Masse nicht möglich, so bleibt die Verwaltung und Nutznießung bestehen. Die Beendigung der Verwaltung und Nutznießung kann solchen Falles nur im Wege und unter den Voraussetzungen des § 1418 eintreten (vergl. Prot. S. 5238 Bd. 4 S. 184). Anders liegt der Fall, wenn nach rechtskräftiger Eröffnung des Konkurses das Verfahren mangels Masse eingestellt wird (§ 204 K.O.). Hier ist die Verwaltung und Nutznießung bereits durch den Eröffnungsbeschluß beendet worden. Dabei hat es sein Bewenden. Wird das Konkursverfahren nach durchgeführter Schlußvertheilung oder nach rechtskräftiger Bestätigung eines Zwangsvergleichs aufgehoben (§§ 163, 190 K.O.), so lebt die Verwaltung und Nutznießung nicht wieder auf. Auf Wiederherstellung hat weder der Mann noch die Frau ein Recht. Zur Wiederherstellung bedarf es eines Ehevertrags. Gleiches gilt, wenn das Konkursverfahren nach §§ 202, 204 K.O. eingestellt wird.

**2.** Folge der Beendigung der Verwaltung und Nutznießung ist der Eintritt der Gütertrennung (§ 1426). Die Beendigung der Verwaltung und Nutznießung muß, um Dritten gegenüber wirksam zu sein, in das Güterrechtsregister eingetragen werden (§§ 1431, 1435). Der Eintrag erfolgt auf einseitigen Antrag der Frau (§ 1561 Abs. 3 Nr. 1).

**3.** Der Konkurs über das Vermögen der Frau beendet die Verwaltung und Nutznießung des Mannes nicht. Das Nähere s. Erl. Nr. 8 zu § 1411.

### § 1420.

**E. I § 1327 Abs. 1 Nr. 4; II § 1319 rev. § 1405; III § 1403. P. I S. 6512, 6516; M. IV S. 293, 294. P. II S. 5137, 5161, 5175, 5238, 5298 (Bd. 4 S. 137, 149, 155, 183, 213). D. S. 692.**

**1.** Wenn die Frau für todt erklärt wird, so gilt die im § 18 Abs. 1 aufgestellte Vermuthung auch für die vermögensrechtlichen Verhältnisse der Ehegatten. Mit dem Zeitpunkte, der nach § 18 als Zeitpunkt des Todes gilt, endigt also die Verwaltung und Nutznießung des Mannes. Auf die Auseinandersetzung zwischen dem Manne und dem Erben der Frau finden die Bestimmungen Anwendung, welche für den Fall der Auflösung der Ehe durch den Tod gelten. Die Todesvermuthung verliert aber die Kraft, wenn das Leben des Verschollenen oder die Zeit seines Todes nachgewiesen wird. Auch die vermögensrechtlichen Verhältnisse der Ehegatten sind dann unter Zugrundelegung des ermittelten wahren Sachverhalts zu bestimmen. Kehrt die für todt erklärte Frau zurück, so nimmt sie ihr Vermögen nach den allgemeinen Grundsätzen, insbesondere nach Maßgabe des § 2370, in Anspruch. Soweit es eingebrachtes Gut ist, unterliegt es der Verwaltung und Nutznießung des Mannes und dieser hat, da die Verwaltung und Nutznießung rechtlich als ununterbrochen fortbestehend betrachtet werden muß, auf die Früchte, welche seit dem durch die Todeserklärung als Zeitpunkt des Todes festgestellten Zeitpunkt erwachsen sind, insoweit Anspruch, als sie die Frau selbst, wenn die Verwaltung und Nutznießung nicht bestände, beanspruchen könnte. Wird nachgewiesen, daß die Frau vor dem durch die Todeserklärung festgestellten Zeitpunkte gestorben ist, so steht fest, daß der Mann auf die Früchte des eingebrachten Gutes, in der Zeit zwischen diesem Zeitpunkt und dem wirklich erfolgten Tode keinen Anspruch hatte. Der Mann muß sie nach den Grundsätzen herausgeben, welche für die Herausgabe von Erbschaftsfrüchten gelten. Wird nachgewiesen, daß der Tod der Frau nach dem in der Todeserklärung festgestellten Zeitpunkt erfolgt ist, so ist dieser Zeitpunkt als der für die Auseinandersetzung maßgebende zu beurtheilen, sofern nicht etwa in der Zwischenzeit die Ehe dadurch aufgelöst ist, daß der Mann sich wieder verheirathet hat oder gestorben ist. Auf die in der Zeit von der Todeserklärung bis zur wirklichen Auflösung der Ehe erwachsenen Früchte hat der Mann daher Anspruch, soweit sie die Frau, wenn sie zurückgekehrt wäre, von dem Besitzer ihres Vermögens in Anspruch nehmen könnte.

**2.** Für den Fall, daß der Mann für todt erklärt wird, durchbricht der § 1420, im Interesse der Abschneidung verwickelter Verhältnisse, die allgemeinen Grundsätze. Die Verwaltung und Nutznießung soll solchen Falles mit dem Zeitpunkte, der nach § 18 als Zeitpunkt des Todes gilt und nach § 970 Abs. 2 der C.P.O. im Urtheile festgestellt werden muß, von selbst enden, ohne daß es eines Antrags der Frau bedarf. Nach dem E. I sollte die

§. 1421.

Nach der Beendigung der Verwaltung und Nutznießung **hat der Mann** das eingebrachte Gut der Frau herauszugeben und ihr über die Verwaltung Rechenschaft abzulegen. Auf die Herausgabe eines landwirthschaftlichen Grundstücks findet die Vorschrift des §. 592, auf die Herausgabe eines Landguts finden die Vorschriften der §§. 592, 593 entsprechende Anwendung.

---

Beendigung in dem Zeitpunkt eintreten, in welchem das Todeserklärungsurtheil erlassen wird. Dies ist im E. II im Einklange mit § 18 geändert worden. Die Verwaltung und Nutznießung des Mannes bleibt beendet, auch wenn der Mann die Todeserklärung überlebt hat und zurückkehrt. Im Falle der Rückkehr des Mannes tritt nach § 1426 unter den Ehegatten Gütertrennung ein, sofern nicht die Ehe durch die Wiederverheirathung der Frau aufgelöst ist. Der Mann, nicht aber die Frau, kann jedoch auf Wiederherstellung der Verwaltung und Nutznießung klagen (§ 1425).

Wird in Folge einer Anfechtungsklage die Todeserklärung aufgehoben oder ist der Tod des Mannes, ohne daß eine Todeserklärung erfolgte, auf Grund einer falschen Sterbeurkunde angenommen, so hat die rechtliche Beurtheilung der Verhältnisse lediglich nach Maßgabe der ermittelten wahren Sachlage zu geschehen. Der Mann kann also von der Frau das eingebrachte Gut zurückverlangen; sein Anspruch beschränkt sich nicht auf das von der Frau in Folge der Todeserklärung oder der Todesnachricht in Besitz genommene eingebrachte Gut, sondern erstreckt sich auf allen Erwerb der Frau in der Zwischenzeit, der nach den Grundsätzen des gesetzlichen Güterrechts eingebrachtes Gut wird. Zufolge des Grundsatzes, daß regelmäßig alles Vermögen der Frau eingebrachtes Gut ist, wird der Mann zunächst alles im Besitze der Frau befindliche Vermögen als eingebrachtes Gut in Anspruch nehmen können, es ist Sache der Frau die Vorbehaltseigenschaft nachzuweisen. An sich muß die Frau auch die inzwischen gezogenen Nutzungen des eingebrachten Gutes herausgeben, doch wird für die Regelfälle angenommen werden dürfen, daß die Früchte gegen die von der Frau zur Bestreitung des ehelichen Aufwandes gemachten Ausgaben und die von ihr getragenen Lasten aufgerechnet werden. Die Verfügungen der Frau über eingebrachtes Gut sind, weil sie ohne Zustimmung des Mannes vorgenommen sind, unwirksam. Der gute Glaube hilft Dritten nach § 1404 nicht. Der § 2370 ist seinem Wortlaute nach ausgeschlossen, da die Frau das eingebrachte Gut nicht als Erbin des Mannes erhält. Einer entsprechenden Anwendbarkeit des § 2370 dürften überwiegende Bedenken entgegenstehen; jedenfalls fehlt es, wenn der Tod ohne Todeserklärung angenommen worden, an einem Anhaltspunkt, um die entsprechende Anwendbarkeit des § 2370 zu rechtfertigen. Für die von der Frau in der Zwischenzeit eingegangenen Verbindlichkeiten endlich kann Befriedigung aus dem eingebrachten Gute nur nach Maßgabe der §§ 1411—1414 gefordert werden.

Wird in Folge einer Anfechtungsklage eine andere Todeszeit festgestellt, so gehören, wenn eine frühere Zeit als die in dem Urtheile bestimmte festgestellt wird, die Nutzungen des eingebrachten Gutes, welche von der in Folge der Anfechtungsklage festgestellten Zeit bis zu der früher festgestellten gezogen worden sind, nicht zum Vermögen des Mannes. Die Erben des Mannes müssen sie daher nach den Grundsätzen des Eigenthumsanspruchs herausgeben. Entsprechendes gilt, wenn ohne Anfechtungsklage nachgewiesen wird, daß der Mann vor dem in der Todeserklärung festgestellten Zeitpunkte gestorben ist. Wird umgekehrt eine spätere Zeit als die bisher festgestellte durch die Anfechtungsklage festgestellt, so gehören die in der Zwischenzeit gezogenen Nutzungen den Erben des Mannes und es finden die für den Fall der Aufhebung der Todeserklärung entwickelten Grundsätze entsprechende Anwendung.

**§ 1421.**

**E. I §§ 1292, 1007, 1009, 1324 Abs. 1, 591, 593; II § 1320 rev. § 1406; III § 1404. P. I S. 6504—6506; M. IV S. 183, 283—286. P. II S. 5137, 5162, 5166, 5176, 5217, 5219, 5253, 5298, 8631 (Bd. 4 S. 137, 149, 151, 156, 173, 174, 192, 213). D. S. 692. K.B. S. 2066.**

**1.** Die Folge der Beendigung der Verwaltung und Nutznießung ist, daß der Mann der Frau das eingebrachte Gut herausgeben muß. Das eingebrachte Gut ist sofort nach der Beendigung und es ist in Natur herauszugeben. Dem Manne steht nicht das Recht zu, einzelne Bestandtheile des eingebrachten Gutes erst nach dem Ablauf einer gewissen Zeit herauszugeben oder gegen Ersatz des Werthes zu übernehmen. Das eingebrachte Gut ist in dem Zustande herauszugeben, der sich bei einer bis zur Herausgabe fortgesetzten ordnungsmäßigen

## §. 1422.

Wird die Verwaltung und Nutznießung auf Grund des §. 1418 durch Urtheil aufgehoben, so ist der Mann zur Herausgabe des eingebrachten Gutes so verpflichtet,

---

Verwaltung ergiebt. Wenn § 1421 Satz 1 im Gegensatze zu dem für die Vorerbschaft geltenden § 2130 über den Zustand des eingebrachten Gutes keine Bestimmung enthält, so hängt dies mit der in der Erl. zu § 1374 hervorgehobenen Berechtigung der Frau zusammen, jede einzelne Verwaltungshandlung, nicht nur das Gesammtergebniß auf die Ordnungsmäßigkeit zu prüfen. Sind Bestandtheile des eingebrachten Gutes untergegangen oder verschlechtert, so hat der Mann, sofern ihn ein Verschulden (§ 1359) trifft, der Frau Ersatz zu leisten. Die Beweislast ist dabei in folgender Weise, den allgemeinen Grundsätzen entsprechend, zu vertheilen. Die Frau muß beweisen, daß der Mann einen bestimmten Gegenstand, für dessen Untergang sie ihn verantwortlich macht, überhaupt erhalten hat oder daß es ihm zum Verschulden anzurechnen ist, wenn er ihn nicht erhalten hat. Es besteht keine gesetzliche Vermuthung, daß der Mann den Besitz aller von der Frau bei Eintritt der Verwaltung und Nutznießung besessenen oder während deren Dauer erworbenen Sachen erlangt hat. Denn der Mann erlangt den Besitz der zum eingebrachten Gute gehörenden Sachen nicht kraft des Gesetzes (vergl. Erl. zu § 1373). Der Frau liegt ferner der Nachweis des Zustandes ob, den die zum eingebrachten Gute gehörenden Sachen in dem Augenblicke des Besitzerwerbes durch den Mann hatten. In beiden Beziehungen wird der Frau der Nachweis durch das nach § 1372 aufgenommene Verzeichniß des Bestandes des eingebrachten Gutes sowie durch die daselbst vorgesehene Feststellung des Zustandes erleichtert (vergl. Erl. zu § 1372). Steht fest, daß der Mann den Besitz einer Sache erlangt hat, so ist es Sache des Mannes, nachzuweisen, daß er an dem Untergange keine Schuld trägt. Aehnlich liegt es bei der Verschlechterung von Gegenständen, die zum eingebrachten Gute gehören. Auch für Verschlechterungen hat der Mann aber nur zu haften, soweit ihn ein Verschulden trifft. Die gewöhnliche Abnutzung geht also auf Kosten der Frau (vergl. Erl. zu § 1384). Selbstverständlich bezieht sich die Pflicht der Herausgabe des eingebrachten Gutes, nur auf die Substanz des eingebrachten Gutes. Die Nutzungen erwirbt der Mann zu eigenem Rechte; was er erspart, gehört ihm. Ueber die zeitliche Vertheilung der noch ausstehenden Früchte trifft § 101 Vorsorge.

2. Das Korrelat der Herausgabepflicht ist die in der Stellung des Mannes als eines Verwalters fremden Vermögens (§ 666) begründete Pflicht zur Rechnungsablage. Auch diese Pflicht beschränkt sich auf die Substanz des eingebrachten Gutes. Für die Verwendung der Nutzungen ist der Mann der Frau nicht verantwortlich.

3. Die Ablegung der Rechenschaft, zu welcher der Mann verpflichtet ist, erfolgt nach § 259 durch Mittheilung einer geordneten Zusammenstellung der Zu- und Abgänge an der Substanz des eingebrachten Gutes. Auf die Herausgabepflicht findet § 260 Anwendung. Der Mann muß also ein Verzeichniß der im Augenblicke der Beendigung der Verwaltung und Nutznießung vorhandenen Gegenstände des eingebrachten Gutes anfertigen. Die Zusammenstellung sowie das Verzeichniß müssen unter den im § 259 Abs. 2, 3, § 260 Abs. 2 bezeichneten Voraussetzungen vom Manne beschworen werden. Das Nähere s. in den Erl. zu den §§ 259—261 sowie in der C.P.O. § 889 und freiw. G.G. § 163.

4. Der Mann ist in der Geltendmachung der ihm auf Grund der Verwaltung und Nutznießung gegen die Frau zustehenden Ansprüche durch das Bestehen der Verwaltung und Nutznießung nicht beschränkt. Dagegen kann die Frau die ihr gegen den Mann zustehenden Ansprüche nach § 1394 regelmäßig erst nach Beendigung der Verwaltung und Nutznießung geltend machen. Die Folge hiervon ist, daß bei Beendigung der Verwaltung und Nutznießung häufig eine Auseinandersetzung zwischen den Ehegatten wegen der gegenseitigen Ansprüche stattfinden wird. Eine die Auseinandersetzung erleichternde Vorschrift ist im freiw. G.G. nicht vorgesehen. Die Ehegatten müssen ihre Streitigkeiten vor dem Prozeßrichter austragen, eine Vermittelung des Vormundschaftsgerichts, wie bei der Gütergem. ist ausgeschlossen.

5. Der Satz 2 ist dem für den Nießbrauch geltenden § 1055 Abs. 2 nachgebildet. Die daselbst vorgeschriebene Anwendbarkeit des § 591 erübrigt sich für die Verwaltung und Nutznießung in Folge der Vorschrift des § 1374. Wegen der Einzelheiten vergl. Erl. zu § 1055 sowie Nr. 4 zu § 1384.

## § 1422.

**E. I § 1329; II § 1321 rev. § 1407; III § 1405. P. I S. 6529—6531; M. IV S. 302. P. II S. 5137, 5162, 5176, 5298, 5736 (Bd. 4 S. 137, 150, 156, 213, 438).**

Der § 1422 betrifft nur das obligatorische Verhältniß der Ehegatten zu einander und bezweckt, die Frau gegen die Nachtheile zu schützen, die ihr aus der Verzögerung drohen, wenn

wie wenn der Anspruch auf Herausgabe mit der Erhebung der Klage auf Aufhebung der Verwaltung und Nutznießung rechtshängig geworden wäre.

§. 1423.

Hat der Mann ein zum eingebrachten Gute gehörendes Grundstück vermiethet oder verpachtet, so finden, wenn das Mieth- oder Pachtverhältniß bei der Beendigung der Verwaltung und Nutznießung noch besteht, die Vorschriften des §. 1056 entsprechende Anwendung.

§. 1424.

Der Mann ist auch nach der Beendigung der Verwaltung und Nutznießung zur Fortführung der Verwaltung berechtigt, bis er von der Beendigung Kenntniß erlangt oder sie kennen muß. Ein Dritter kann sich auf diese Berechtigung nicht berufen, wenn er bei der Vornahme eines Rechtsgeschäfts die Beendigung der Verwaltung und Nutznießung kennt oder kennen muß.

---

der Mann sich der vertragsmäßigen Aufhebung der Verwaltung und Nutznießung widersetzt und die Frau zur Erhebung der Klage nöthigt. Der Mann muß hiernach das eingebrachte Gut in dem Zustande herausgeben, in welchem es sich zur Zeit der Erhebung der Klage auf Aufhebung der Verwaltung und Nutznießung befindet. Aus § 1422 folgt insbesondere, daß die Früchte des eingebrachten Gutes der Frau schon von dem bezeichneten Augenblick an gebühren und daß von diesem Augenblick an der Mann für Untergang und Verschlechterung des eingebrachten Gutes nach Maßgabe des § 292 haftet. Ueber den Zeitpunkt der Erhebung der Klage auf Aufhebung der Verwaltung und Nutznießung vergl. §§ 253, 281 der C.P.O.

**§ 1423.**

**E. I §§ 1292, 1008; II § 1322 rev. 1408; III § 1406. P. I S. 6324—6326; M. IV S. 186, 187. P. II S. 5137, 5152, 5221, 5298—5300 (Bd. 4 S. 137, 145, 175, 213, 214).**

Zum Zwecke der Sicherung eines angemessenen Ertrags der ehelichen Nutznießung auf dem Wege der Vermiethung oder Verpachtung der zum eingebrachten Gute gehörenden Grundstücke sind dem Manne im § 1423 die gleichen Rechte eingeräumt, wie sie dem Nießbraucher nach § 1056 zustehen. Der Mann kann danach ein zum eingebrachten Gute gehörendes Grundstück auch über die Dauer der Verwaltung und Nutznießung hinaus vermiethen oder verpachten. Die Frau tritt nach Beendigung der Verwaltung und Nutznießung von selbst in die Rechte und Pflichten des Mannes in Ansehung des Mieth- und Pachtverhältnisses ein. Der Eintritt regelt sich nach den gleichen Grundsätzen, welche für den Fall gelten, daß während des Mieth- oder Pachtverhältnisses das Grundstück veräußert wird. Der Frau, nicht aber dem Miether oder Pächter ist das Recht gewährt, das Mieth- oder Pachtverhältniß einseitig durch Kündigung unter Einhaltung der gesetzlichen Kündigungsfrist (§§ 565, 566, 595) zu lösen. Der Miether oder Pächter ist aber berechtigt, die Ausübung des Kündigungsrechts durch Setzung einer angemessenen Frist zeitlich zu begrenzen. Wenn der Nießbraucher auf den Nießbrauch verzichtet, so ist die Kündigung erst von der Zeit an zulässig, zu welcher der Nießbrauch ohne den Verzicht erlöschen würde (§ 1056 Abs. 2 Satz 2). Diese Vorschrift ist bei der Verwaltung und Nutznießung auf den Fall der Beendigung durch einen Ehevertrag zu beziehen, sofern nicht der Ehevertrag mit Rücksicht darauf geschlossen wird, daß die Frau aus einem der Gründe des § 1418 die Aufhebung der Verwaltung und Nutznießung zu verlangen befugt ist. Wegen der Einzelheiten vergl. die Erl. zu § 1056.

Ueber die Frage, ob der Mann die Zustimmung der Frau zu einem über die Dauer der Verwaltung und Nutznießung hinausreichenden Mieth- oder Pachtvertrage verlangen kann, s. Erl. zu § 1375 Nr. 1.

**§ 1424.**

**E. I § 1327 Abs. 2, § 549 Abs. 2, § 603; II § 1323 rev. § 1409; III § 1407. P. I S. 6504, 6505; M. IV S. 295. P. II S. 5137, 5162, 5166, 5219, 5238, 5300, 6488 (Bd. 4 S. 137, 150, 151, 174, 184, 214, 834).**

**1.** Der § 1424 Abs. 1 bezweckt im Anschluß an die §§ 674, 169, den Mann, welcher die Beendigung der Verwaltung und Nutznießung weder kennt noch kennen muß (§ 122 Abs. 2),

Endigt die Verwaltung und Nutznießung in Folge des Todes der Frau, so hat der Mann diejenigen zur Verwaltung gehörenden Geschäfte, mit deren Aufschube Gefahr verbunden ist, zu besorgen, bis der Erbe anderweit Fürsorge treffen kann.

## §. 1425.

Wird die Entmündigung oder Pflegschaft, wegen deren die Aufhebung der Verwaltung und Nutznießung erfolgt ist, wiederaufgehoben oder wird der die Entmündigung aussprechende Beschluß mit Erfolg angefochten, so kann der Mann auf Wiederherstellung seiner Rechte klagen. Das Gleiche gilt, wenn der für todt erklärte Mann noch lebt.

Die Wiederherstellung der Rechte des Mannes tritt mit der Rechtskraft des Urtheils ein. Die Vorschrift des §. 1422 findet entsprechende Anwendung.

Im Falle der Wiederherstellung wird Vorbehaltsgut, was ohne die Aufhebung der Rechte des Mannes Vorbehaltsgut geblieben oder geworden sein würde.

---

gegen die Nachtheile zu schützen, welche für ihn daraus entstehen würden, wenn die von ihm in Ausübung seines Verwaltungsrechts vorgenommenen Handlungen, weil das Verwaltungsrecht nicht mehr besteht, als unberechtigte, insbesondere auch die Rechtsgeschäfte, die bei Fortdauer des Verwaltungsrechts wirksam sein würden, als unwirksam behandelt würden. Sein Verwaltungsrecht soll deshalb als fortbestehend gelten, bis er die Beendigung kennt oder kennen muß. Die Fortdauer wirkt sowohl gegenüber der Frau wie gegenüber Dritten; sie wirkt sowohl für die von dem Manne als für die ihm gegenüber vorgenommenen Rechtsgeschäfte; insbesondere ist z. B. auch eine dem Manne gegenüber erfolgte Kündigung, welche nach § 1403 während der Verwaltung und Nutznießung ihm gegenüber erfolgen muß, wirksam. Der Dritte, mit welchem ein Rechtsgeschäft von dem Manne vorgenommen ist, muß sich die aus der Fortdauer der Berechtigung des Mannes sich ergebenden Folgen, auch wenn sie ihm nachtheilig sind, gefallen lassen und kann nicht verlangen, daß bei der Beurtheilung des Verhältnisses die ohne die Fiktion des § 1424 Abs. 1 Satz 1 eingetretene Rechtslage, also die Beendigung der Verwaltung und Nutznießung zu Grunde gelegt wird. Zu seinen Gunsten soll sich aber der Dritte nach Abs. 1 Satz 2 auf die Fortdauer der Berechtigung nicht berufen können, wenn er bei der Vornahme des Rechtsgeschäfts die Beendigung der Verwaltung und Nutznießung kannte oder kennen mußte.

**2.** Der § 1424 Abs. 2 lehnt sich an den § 672 Satz 2 an. Dem Tode der Frau steht die Todeserklärung gleich.

### § 1425.

**E. I §§ 1331, 1332; II § 1324 rev. § 1410; III § 1408. P. I S. 6532—6537; M. IV S. 303, 304. P. II S. 5138, 5162, 5177, 5187, 5238, 5300 (Bd. 4 S. 137, 150, 156, 161, 183, 214). D. S. 692.**

**1.** Eine Wiederherstellung der einmal aufgehobenen Verwaltung und Nutznießung des Mannes tritt nie ohne Weiteres kraft des Gesetzes ein. Dagegen ist dem Manne, nicht aber der Frau, in den im § 1425 bezeichneten Fällen das Recht eingeräumt, die Wiederherstellung zu verlangen. Die Wiederherstellung kann in den Fällen des § 1425 Abs. 1 Satz 1 nicht nur dann gefordert werden, wenn die Verwaltung und Nutznießung durch Urtheil aufgehoben worden war, sondern, wenn im Uebrigen die Voraussetzungen des § 1425 vorliegen, auch dann, wenn die Aufhebung durch Ehevertrag erfolgt war. Nothwendig ist, daß der Beschluß, welcher die Entmündigung (§ 6 Abs. 2), oder das Urtheil, welches auf erfolgte Anfechtungsklage den die Entmündigung aussprechenden Beschluß aufhebt, rechtskräftig geworden sind. Wegen der Rechtskraft des die Entmündigung aufhebenden Beschlusses vergl. §§ 678 Abs. 2, 685, 577, 705 C.P.O., des die Entmündigung aufhebenden Urtheils vergl. § 705 C.P.O. Wegen der die Pflegschaft in den Fällen der §§ 1920, 1921 aufhebenden Beschlüsse s. freiw. G.G. § 16 Abs. 1. Im Falle des § 1425 Abs. 1 Satz 2 darf die Ehe nicht schon durch Wiederverheirathung (§ 1348) der Frau aufgelöst sein. Wird, falls die Frau sich wieder verheirathete, die neue Ehe in Folge Anfechtung nach § 1350 für nichtig erklärt, so lebt damit zwar die alte Ehe wieder auf, die Nichtigkeitserklärung bewirkt jedoch nicht, daß die Verwaltung und Nutznießung ohne Weiteres wieder eintritt, es bedarf vielmehr der Klage des Mannes. Von selbst versteht sich, daß eine Wiederherstellung der Verwaltung und Nutznießung in allen Fällen dann nicht mehr möglich ist, wenn die Ehegatten inzwischen einen Ehevertrag geschlossen haben. In andern Fällen als in den im § 1425 Abs. 1 erwähnten ist eine Wiederherstellung der Verwaltung und Nutznießung nur auf dem Wege des Ehevertrags ausführbar. Dies gilt namentlich von dem Falle, daß das Konkursverfahren über das Vermögen des Mannes aufgehoben oder eingestellt ist. Wenn daher die Aufhebung der Verwaltung nicht blos auf Grund der Nr. 3—5 des § 1418 erfolgte, sondern gleichzeitig aus einem andern Grunde, so ist die Anwendbarkeit des § 1425 ausgeschlossen.

2. An eine Frist ist die Ausübung des Rechtes des Mannes auf Wiederherstellung nicht gebunden. Die Frau ist auch nicht befugt, dem Manne eine ausschließende Frist zu setzen. Ein Verzicht des Mannes, die Wiederherstellung zu verlangen, ist zulässig, da es sich lediglich um ein dem Manne in seinem Interesse gegebenes Recht handelt.

3. Die Frau genügt dem Verlangen des Mannes nach Wiederherstellung seiner Rechte, wenn sie sich zum Abschluß eines die Verwaltung und Nutznießung bestimmenden Ehevertrags bereit erklärt. Ist sie dazu nicht erbötig, so braucht der Mann nicht auf Abschließung eines solchen Vertrags zu klagen, so daß das Urtheil erst im Wege des § 894 C.P.O. zu verwirklichen wäre. Der Mann klagt vielmehr direkt auf Wiederherstellung der Verwaltung und Nutznießung. Die Klage ist beim Prozeßgerichte gegen die Frau zu erheben und unterliegt den gewöhnlichen Verfahrensgrundsätzen, nicht den Vorschriften über Ehesachen. Gegen die Klage kann die Frau insbesondere auch einwenden, daß sie aus einem andern Grunde als demjenigen, welcher zur Aufhebung der Verwaltung und Nutznießung geführt hat, Gütertrennung verlangen kann, mag dieser Grund schon zur Zeit der erfolgten Aufhebung der Verwaltung und Nutznießung vorhanden gewesen oder erst später entstanden sein.

4. Dringt die Klage auf Wiederherstellung durch, so tritt die Verwaltung und Nutznießung von selbst ein. Das Urtheil hat konstitutive Wirkung. Folge des Eintritts der Verwaltung und Nutznießung ist, daß die Frau das eingebrachte Gut dem Manne herausgeben muß. Die Herausgabepflicht erstreckt sich nicht nur auf das, was die Frau bei Aufhebung der Verwaltung und Nutznießung als eingebrachtes Gut zurückerhalten hat, sondern auch auf das, was von ihr inzwischen erworben worden ist und, wenn Verwaltung und Nutznießung bestanden hätte, eingebrachtes Gut geworden wäre. Die Nutzungen des eingebrachten Gutes verbleiben der Frau, werden aber, soweit sie noch vorhanden sind, eingebrachtes Gut. Das Vorbehaltsgut behält die Frau, d. h. nicht nur, was bei Aufhebung der Verwaltung und Nutznießung Vorbehaltsgut war, sondern auch, was ohne die Aufhebung, z. B. in Folge Surrogation, oder weil es durch den Betrieb eines Erwerbsgeschäfts erworben ist, Vorbehaltsgut geworden wäre. Wie Abs. 3 klarstellt, tritt auch diese Folge kraft des Gesetzes von selbst ein, die Frau hat nicht blos einen obligatorischen Anspruch hierauf. Der Beweis, daß ein Gegenstand nach Maßgabe dieser Grundsätze zum Vorbehaltsgute gehört, liegt der Frau ob. Die Verfügungen, welche die Frau in der Zeit nach der Aufhebung bis zu der Wiederherstellung der Verwaltung und Nutznießung getroffen hat, sind dem Manne gegenüber wirksam; wegen sämmtlicher Verbindlichkeiten, welche die Frau in dieser Zeit eingegangen hat, kann Befriedigung aus dem eingebrachten Gute verlangt werden. Im Verhältnisse der Ehegatten zu einander hat wegen der Verbindlichkeiten der Frau die im § 1417 vorgeschriebene Ausgleichung stattzufinden.

5. Im Abs. 2 Satz 1 ist als Zeitpunkt des Wiedereintritts der Verwaltung und Nutznießung der Zeitpunkt der Rechtskraft des Urtheils festgestellt. Durch die im Abs. 2 Satz 2 vorgeschriebene Anwendbarkeit des § 1422 ist vorgesehen, daß das eingebrachte Gut dem Manne in dem Zustande herauszugeben ist, in welchem es sich befand, als der Rechtsstreit wegen Wiederherstellung der Rechte des Mannes anhängig geworden ist. Diese Rückbeziehung findet aber nur für das Verhältniß der Ehegatten zu einander, nicht für das Verhältniß zu Dritten statt. Für das Verhältniß der Ehegatten zu einander greift aber die im § 1422 angeordnete Rückbeziehung der Wiederherstellung der Rechte des Mannes nicht nur in Ansehung des Umfanges des eingebrachten Gutes, sondern auch der Verfügungen und der sonstigen Rechtsstellung der Frau überhaupt Platz. Die Rückbeziehung gilt also auch für die Frage, welche Verbindlichkeiten der Frau im Verhältnisse der Ehegatten zu einander das eingebrachte Gut und welche das Vorbehaltsgut (§§ 1415—1417) treffen.

6. Im Interesse der Sicherheit des Rechtsverkehrs schreibt § 1431 Abs. 2 vor, daß die Wiederherstellung der Verwaltung und Nutznießung gutgläubigen Dritten gegenüber nur nach Maßgabe des § 1435 wirkt, d. h. nur wenn die Wiederherstellung in das Güterrechtsregister eingetragen oder dem Dritten bekannt ist. Natürlich gilt dies nur für den Fall, daß auch die Aufhebung der Verwaltung und Nutznießung in das Güterrechtsregister eingetragen war (vergl. Erl. zu §§ 1431, 1435).

## 5. Gütertrennung.

### §. 1426.

**Tritt nach §. 1364 die Verwaltung und Nutznießung des Mannes nicht ein oder endigt sie auf Grund der §§. 1418 bis 1420, so tritt Gütertrennung ein. Für die Gütertrennung gelten die Vorschriften der §§. 1427 bis 1431.**

---

**5. Gütertrennung.**

**1.** Die Gütertrennung kann durch Ehevertrag vereinbart werden. In gewissen Fällen tritt sie kraft des Gesetzes ein. Mit Rücksicht hierauf ist sie vom B.G.B. (anders E. I §§ 1338—1340) nicht unter die vertragsmäßigen Güterstände eingestellt, sondern als eine Unterart des gesetzlichen Güterrechts behandelt. Die Fälle, in welchen die Gütertrennung kraft des Gesetzes eintritt, sind:

a) wenn die Verwaltung und Nutznießung des Mannes, die allgemeine Gütergem., die Errungenschaftsgem. oder die Fahrnißgem. nicht durch Auflösung der Ehe oder durch Ehevertrag, sondern aus einem andern Grunde beendet werden (§ 1426 Abs. 1, § 1470 Abs. 1, § 1545 Abs. 1, § 1549);

b) wenn die Verwaltung und Nutznießung des Mannes durch Ehevertrag ausgeschlossen oder durch Ehevertrag die Verwaltung und Nutznießung des Mannes, die allgemeine Gütergem., die Errungenschaftsgem. oder die Fahrnißgem. aufgehoben werden, ohne daß der Ehevertrag bestimmt, welcher Güterstand an die Stelle des ausgeschlossenen oder des aufgehobenen treten soll (§ 1436);

c) wenn die Verwaltung und Nutznießung des Mannes nach § 1364 nicht eintritt, weil der Mann die Ehe mit einer minderjährigen oder sonst in der Geschäftsfähigkeit beschränkten Frau eingeht (§ 1426 Abs. 1);

d) wenn die eheliche Gemeinschaft, die nach § 1575 aufgehoben worden ist, wiederhergestellt wird (§ 1587).

**2.** Das Wesen der Gütertrennung besteht darin, daß die Wirkungen wegfallen, welche die Ehe in Ansehung des Vermögens der Frau durch Unterwerfung desselben unter die Verwaltung und Nutznießung des Mannes ausübt. Die Frau hat mithin in Beziehung auf ihr Vermögen die Stellung einer unverheiratheten Frau und dem Manne steht rechtlich auf Grund des ehelichen Verhältnisses keine Einwirkung auf das Vermögen der Frau zu. Jedoch sind in den §§ 1428—1430 einige Ausnahmen gemacht, welche die Stellung der Frau ähnlich gestalten wie die eines volljährigen im elterlichen Hausstande verbliebenen Kindes (vergl. §§ 1618, 1619). Daß der Grundsatz der vollen Geschäftsfähigkeit der Frau (vergl. oben S. 79) bei der Gütertrennung keine Einschränkung erleidet, versteht sich von selbst; ebenso, daß bei der Gütertrennung weder der Mann für die Schulden der Frau noch die Frau für die Schulden des Mannes haftet. Die allgemeinen Wirkungen der Ehe dagegen (§§ 1353—1362) bleiben auch bei der Gütertrennung unberührt. Dies gilt insbesondere von der Verpflichtung der Frau zur ehelichen Lebensgemeinschaft und der daraus sich ergebenden Beschränkung in der Uebernahme persönlicher Dienstleistungen, ferner von der Schlüsselgewalt der Frau und von der gegenseitigen Unterhaltspflicht der Ehegatten. Auch die Stellung, welche jedem der Ehegatten in der ehelichen Lebensgemeinschaft zugewiesen ist, erfährt bei der Gütertrennung keine Aenderung. Der Mann ist auch bei der Gütertrennung das Haupt der Familie. Als solches hat der Mann auch bei der Gütertrennung das eheliche Leben in allen äußeren Beziehungen zu leiten und zu vertreten. Diesem Rechte entspricht die Pflicht zur Bestreitung des ehelichen Aufwandes. Die Frau hat jedoch dem Manne auch bei der Gütertrennung einen angemessenen Beitrag zu leisten (§ 1427 Abs. 2).

**3.** Die Grundsätze, welche für den Fall der Gütertrennung in Betreff des ganzen Vermögens der Frau gelten, finden Anwendung auch für die Fälle, in welchen die Rechte des Mannes nur für einzelne Bestandtheile des Frauenvermögens ausgeschlossen sind, d. h. sie gelten auch für das Vorbehaltsgut der Frau. Das Nähere vergl. §§ 1371, 1441, 1526 Abs. 3, 1549.

**§ 1426.**

**E. I § 1284, § 1330 Halbs. 1; II § 1325 rev. § 1411; III § 1409. P. I S. 6581, 6582; M. IV S. 164, 165, 302. P. II S. 5109, 5144, 5176, 5302—5304, 5318 (Bd. 4 S. 124, 150, 156, 214, 215, 222). D. S. 692.**

Die Fälle, in welchen Gütertrennung eintritt sowie das Wesen der Gütertrennung sind in der Vorbm. Nr. 1 zu diesem Untertitel erörtert. Wie die Fassung des Abs. 2 zum Ausdrucke

## §. 1427.

Der Mann hat den ehelichen Aufwand zu tragen.

Zur Bestreitung des ehelichen Aufwandes hat die Frau dem Manne einen angemessenen Beitrag aus den Einkünften ihres Vermögens und dem Ertrag ihrer Arbeit oder eines von ihr selbständig betriebenen Erwerbsgeschäfts zu leisten. Für die Vergangenheit kann der Mann die Leistung nur insoweit verlangen, als die Frau ungeachtet seiner Aufforderung mit der Leistung im Rückstande geblieben ist. Der Anspruch des Mannes ist nicht übertragbar.

---

bringt, gelten die Vorschriften der §§ 1427—1431 nicht nur für die im Abs. 1 aufgezählten Fälle der Gütertrennung, sondern für die Gütertrennung überhaupt, so daß ihre Anwendbarkeit mit der Erklärung eines eherechtlichen Verhältnisses als Gütertrennung, z. B. des Verhältnisses der Ehegatten nach Aufhebung der ehelichen Gemeinschaft (§ 1587), von selbst sich ergiebt.

### § 1427.

**E. I § 1339 Abs. 1—3; II § 1326 rev. § 1412; III § 1410. P. I S. 6582—6589, 8691, 8703, 8714, 8720; M. IV S. 322—324. P. II S. 5302, 5303, 5318—5328, 8632 (Bd. 4. S. 214, 222—224, 226, 227). D. S. 692.**

1. Der Begriff des ehelichen Aufwandes ist in der Erl. zu § 1389 dargelegt. Dort ist auch der Sinn erörtert, in welchem die Verpflichtung des Mannes zur Tragung des ehelichen Aufwandes zu verstehen ist. Die Verpflichtung des Mannes zur Tragung des ehelichen Aufwandes wurde erst bei der Revisionslesung von der zweiten Kommission ausgesprochen.

2. Der Ehevertrag, durch den Gütertrennung, sei es ausdrücklich oder nach § 1436 stillschweigend, vereinbart wird, sowie die gesetzliche Vorschrift, kraft deren Gütertrennung gilt, bezwecken nur, der Frau die selbständige Verwaltung ihres Vermögens zu sichern und sie von den Gefahren zu befreien, welchen ihr Vermögen in Folge der Verwaltungsmacht des Mannes ausgesetzt ist. Dagegen wollen sie nicht die Frau von der natürlichen Verpflichtung, die ehelichen Lasten mitzutragen, überhaupt entbinden. Deshalb legt der § 1427 der Frau die Pflicht auf, dem Manne zur Tragung der ehelichen Lasten einen angemessenen Beitrag zu leisten. Der E. I hat die Frau nur zur Bestreitung der Kosten des Unterhalts beider Ehegatten und der gemeinschaftlichen Abkömmlinge für beitragspflichtig erklärt. Im E. II ist die Pflicht auf einen Beitrag zu dem gesammten ehelichen Aufwand ausgedehnt. Die im § 1360 bestimmte subsidiäre Unterhaltspflicht der Frau wird durch § 1427 nicht berührt.

Die Höhe des Beitrags ist gesetzlich nur insoweit begrenzt, als die Frau den Beitrag nicht aus dem Stamme, sondern nur aus den Einkünften ihres Vermögens zu leisten hat. Den Einkünften wird, wenn die Frau selbständig erwirbt, der Ertrag der Arbeit, insbesondere der Ertrag eines Erwerbsgeschäfts, gleichgestellt. Was unter den Einkünften eines Vermögens und dem Ertrage der Arbeit zu verstehen ist, ist im B.G.B. nirgends bestimmt und bemißt sich nur nach wirthschaftlichen Begriffen. Hierauf weist auch der für die Errungenschaftsgem. geltende § 1521 Satz 2 hin, dessen Vorschrift sinngemäß auch bei der Gütertrennung Anwendung findet, so daß z. B. eine Kellnerin mit den Trinkgeldern, die sie erhält, beitragspflichtig ist. Im Uebrigen giebt der § 1427 für die Höhe des Beitrags nur den Anhaltspunkt, daß der Beitrag ein angemessener sein muß. Hiernach ist die Höhe des Beitrags im einzelnen Falle festzustellen. Die Feststellung liegt im Streitfalle dem Prozeßrichter ob, nicht dem Vormundschaftsgerichte. Bei der Beurtheilung der Angemessenheit sind die Lebensstellung, die Vermögens- und Erwerbsverhältnisse der Ehegatten zu Grunde zu legen. Die Summe, die diesen Verhältnissen entsprechend als zur Bestreitung des ehelichen Aufwandes nothwendig zu erachten ist, muß zwischen Mann und Frau gemäß der beiderseitigen Leistungsfähigkeit vertheilt werden. Die Beitragspflicht der Frau ist nicht dadurch bedingt, daß der Mann des Beitrags behufs Bestreitung des ehelichen Aufwandes benöthigt ist. Bei der Frage der Leistungsfähigkeit des Mannes darf nicht etwa entsprechend den Bestimmungen über die Unterhaltspflicht der Frau davon ausgegangen werden, daß bei dem Manne auch dessen Kapitalvermögen heranzuziehen ist, sondern es ist auch beim Manne nur auf die Einkünfte und den Ertrag der Arbeit zu sehen. Denn die Unterhaltspflicht der Frau ist nur eine subsidiäre, die Beitragspflicht dagegen als Aequivalent des Genusses des Frauenvermögens aufzufassen, der dem Manne bei den andern Güterständen zusteht. Hat der Mann überhaupt keine Einkünfte und keinen Erwerb aus seiner Arbeit, so kann sich die Beitragspflicht der Frau möglicherweise auf ihre gesammten Einkünfte erstrecken.

## §. 1428.

Ist eine erhebliche Gefährdung des Unterhalts zu besorgen, den der Mann der Frau und den gemeinschaftlichen Abkömmlingen zu gewähren hat, so kann die Frau den Beitrag zu dem ehelichen Aufwand insoweit zur eigenen Verwendung zurückbehalten, als er zur Bestreitung des Unterhalts erforderlich ist.

Das Gleiche gilt, wenn der Mann entmündigt ist oder wenn er nach §. 1910 zur Besorgung seiner Vermögensangelegenheiten einen Pfleger erhalten hat oder wenn für ihn ein Abwesenheitspfleger bestellt ist.

---

Die Art und die Zeit des zu leistenden Beitrags richtet sich wie bei dem Unterhaltsanspruche der Ehegatten (§ 1360 Abs. 1, 3 Satz 1) lediglich nach den Verhältnissen des einzelnen Falles. Die für den Unterhaltsanspruch der Verwandten geltenden Vorschriften des § 1612 sind nicht maßgebend.

3. Der E. I ließ die Beitragspflicht der Frau erst von dem Zeitpunkt an entstehen, in welchem der Mann den Beitrag verlangt. Dies wurde im E. II geändert. Die Beitragspflicht der Frau ist von dem Verlangen des Mannes nicht abhängig. Um jedoch den Erwägungen gerecht zu werden, von denen der E. I ausging, insbesondere um die Frau dagegen zu schützen, daß der Mann, wenn er jahrelang den ehelichen Aufwand allein bestritten und die Frau ihre Einkünfte für sich verwendet hat, nachträglich einen Beitrag fordert, bestimmt der Abs. 2 Satz 2, daß der Mann den Beitrag für die Vergangenheit nur verlangen kann, wenn die Frau ungeachtet seiner Aufforderung mit der Leistung im Rückstande geblieben ist. Von der einen ähnlichen Zweck verfolgenden Vorschrift des § 1613 unterscheidet sich diese Vorschrift wesentlich dadurch, daß weder Rechtshängigkeit noch Verzug der Frau gefordert wird, daß vielmehr eine Aufforderung des Mannes an die Frau genügt, um den Anspruch auf den Beitrag auch für die Vergangenheit zu erhalten. Ein Anspruch auf Schadensersatz wegen Nichtleistung des Beitrags ist nur nach Maßgabe der allgemeinen Grundsätze, also nur im Falle des Verzugs der Frau, zulässig.

4. Aus der Unübertragbarkeit des Anspruchs des Mannes folgt die Unzulässigkeit einer Aufrechnung (§ 394) und der Ausschluß der Pfändbarkeit (C.P.O. § 851). Die Unpfändbarkeit ist eine unbeschränkte; Einschränkungen, wie sie der § 861 C.P.O. enthält (vergl. Erl. zu § 1408), fehlen für die Gütertrennung. In Folge der Unpfändbarkeit gehört der Anspruch auf den Beitrag auch nicht zur Konkursmasse.

5. Die Beitragspflicht der Frau kann durch Ehevertrag ausgeschlossen werden (s. Erl. zu § 1432). Hieraus folgt, daß die Ehegatten auch sonst Bestimmungen über die Größe und die Art und Zeit der Entrichtung des Beitrags vereinbaren können.

6. Der § 1427 findet auch in dem Falle Anwendung, daß die Gütertrennung nach § 1364 eintritt, weil der Mann die Ehe mit einer in der Geschäftsfähigkeit beschränkten Frau ohne die Einwilligung des gesetzlichen Vertreters der Frau eingeht. Hat die Frau sich nicht nur ohne Einwilligung des gesetzlichen Vertreters, sondern auch ohne die erforderliche elterliche Einwilligung verheirathet, so bleibt die elterliche Nutznießung bestehen (§ 1661 Satz 2). Einen Beitrag zur Bestreitung des ehelichen Aufwandes hat die Frau in solchem Falle nur aus dem Ertrag ihrer Arbeit und eines selbständig von ihr betriebenen Erwerbsgeschäfts zu leisten. Die Einkünfte ihres Vermögens kommen nicht in Betracht, weil sie solche in Folge der elterlichen Nutznießung nicht bezieht. In Frage könnte freilich kommen, ob der nach § 1360 Abs. 3 auch für die Unterhaltspflicht der Ehegatten geltende § 1605 entsprechende Anwendung zu finden hat. Die Verpflichtung der Frau zur Leistung des Beitrags hat indessen einen andern Charakter wie die gesetzliche Unterhaltspflicht; die entsprechende Anwendung jener Vorschriften dürfte daher unzulässig sein.

## § 1428.

**E. I § 1339 Abs. 4, 5; II § 1327 rev. § 1413; III § 1411. P. I S. 6582—6589, 8691; M. IV S. 324. P. II S. 5302—5304, 5318—5324, 5328, 5329, 6513 (Bd. 4 S. 214, 222, 227, 848).**

1. Das der Frau im Abs. 1 gewährte Recht der Zurückbehaltung des Beitrags beruht auf dem gleichen Gedanken wie das ihr im § 1418 Nr. 2 eingeräumte Recht, auf Aufhebung der Verwaltung und Nutznießung zu klagen. Während aber im § 1418 eine Verletzung der Unterhaltspflicht vorausgesetzt wird, genügt für die Anwendung des § 1428 die Thatsache der Gefährdung des Unterhalts der Frau und der gemeinschaftlichen Abkömmlinge. Die Ge-

## §. 1429.

Macht die Frau zur Bestreitung des ehelichen Aufwandes aus ihrem Vermögen eine Aufwendung oder überläßt sie dem Manne zu diesem Zwecke etwas aus ihrem Vermögen, so ist im Zweifel anzunehmen, daß die Absicht fehlt, Ersatz zu verlangen.

---

fährdung braucht nicht in Folge eines Verhaltens des Mannes in der Vergangenheit, sie kann auch in Folge objektiver Gründe, z. B. schlechter Vermögenslage des Mannes, zu besorgen sein. Inwieweit die Frau das Zurückbehaltungsrecht ausüben darf, richtet sich nach den Umständen des einzelnen Falles.

Aus der Vorschrift, daß die Frau den Beitrag zur eigenen Verwendung für den fraglichen Unterhalt zurückbehalten darf, wird zu folgern sein, daß die Frau verpflichtet ist, den zurückbehaltenen Beitrag für den fraglichen Zweck zu verwenden, und daß sie, wenn sie dies nicht thut, zur nachträglichen Entrichtung verpflichtet ist.

**2.** Dem Abs. 2 liegt der gleiche Gedanke zu Grunde, auf welchem das der Frau im § 1418 Nr. 3—5 eingeräumte Recht, auf Aufhebung der Verwaltung und Nutznießung zu klagen, beruht. Die Frau braucht sich in diesen Fällen nicht gefallen zu lassen, daß der gesetzliche Vertreter des Mannes über die Verwendung des Beitrags bestimmt. Durch die im Abs. 2 bezeichneten Thatsachen wird aber, ähnlich wie nach § 1409 die Verwaltung und Nutznießung durch die Bevormundung des Mannes nicht von selbst beendet wird, die Frau nicht von selbst von der Beitragspflicht befreit. Im Einzelnen ist auf die Erl. zu § 1418 Nr. 3—5 zu verweisen. Hervorzuheben ist nur, daß schon die Bestellung eines Abwesenheitspflegers genügt, es muß nicht, wie im § 1418 Nr. 5 zu erwarten sein, daß die Pflegschaft längere Zeit andauern wird. Inwieweit die Frau den Beitrag zurückbehalten darf, beantwortet sich für die Fälle des Abs. 2 nach den gleichen Grundsätzen wie im Abs. 1.

**3.** Durch das im § 1428 bestimmte Zurückbehaltungsrecht wird ein dem § 1289 Abs. 2 entsprechendes Klagerecht der Frau, daß der Mann den Beitrag ausschließlich zum Unterhalte der Familie verwendet, entbehrlich gemacht.

### § 1429.

**E. II § 1328 rev. § 1414; III § 1412. M. IV S. 326. P. II S. 5122, 5197, 5302, 5303, 5318, 5323, 5331—5333 (Bd. 4 S. 130, 164, 214, 222, 224, 227, 228). D. S. 693. K.B. S. 2066.**

**1.** Die im § 1429 enthaltene von der zweiten Kommission aufgenommene Auslegungsregel schließt sich dem § 685 Abs. 2 an. Der Mann ist verpflichtet, den ehelichen Aufwand zu bestreiten. Die Frau erfüllt also, wenn sie zu diesem Zwecke etwas aus ihrem Vermögen verwendet, eine Verpflichtung des Mannes. In Ermangelung einer besonderen Vorschrift würde daher anzunehmen sein, daß die Verwendung eine dem Willen des Mannes entsprechende Geschäftsführung ohne Auftrag enthalte und die Frau nach § 683 berechtigt sei, Ersatz dafür von dem Manne zu verlangen. Soweit es sich um die Bestreitung des der Frau und den gemeinschaftlichen Abkömmlingen von dem Manne kraft seiner gesetzlichen Unterhaltspflicht zu gewährenden Unterhalts handelt, würde der Ersatzanspruch nach § 683 Satz 2 und nach § 679 sogar dann begründet sein, wenn die Verwendung gegen den Willen des Mannes erfolgte. Das unter den Ehegatten bestehende Verhältniß rechtfertigt aber die Annahme, daß die Frau für derartige Verwendungen keinen Ersatz haben will. Der § 1429 stellt eine dieser Annahme entsprechenden Auslegungsregel auf. Daraus folgt dann auf Grund der Vorschrift des § 685 Abs. 1, daß die Frau wegen einer Verwendung oder Ueberlassung der fraglichen Art keinen Ersatzanspruch gegen den Mann hat. Eine ähnliche Vorschrift ist für das im elterlichen Hause verbleibende volljährige Kind im § 1618 getroffen. Der § 1429 ist auch für das Vorbehaltsgut (§§ 1371, 1441, 1526, 1549) von Bedeutung. Ob die Frau zum Zwecke der Bestreitung des ehelichen Aufwandes ihr Stammvermögen angreift oder nur aus den laufenden Einnahmen etwas entnimmt, macht keinen Unterschied. Gleichgültig ist auch, ob die Ehegatten beisammen leben oder nicht; nur wird, wenn die Ehegatten getrennt leben, die Absicht, Ersatz zu verlangen, leichter anzunehmen sein. Wegen der Widerlegung der im § 1429 getroffenen Auslegungsregel gilt Gleiches wie im Falle des § 685 Abs. 2.

**2.** Die Auslegungsregel des § 1429 ist auf Aufwendungen zum Zwecke der Bestreitung des ehelichen Aufwandes (über den Begriff vergl. Erl. zu § 1389) beschränkt. Für die Fälle, in welchen die Frau zu anderen Zwecken, z. B. zur Unterstützung eines Verwandten des Mannes im Interesse des Mannes, etwa weil der Mann unterhaltspflichtig gegen diesen Verwandten ist, eine Aufwendung macht oder dem Manne etwas aus ihrem Vermögen überläßt, darf aus § 1429

## §. 1430.

Ueberläßt die Frau ihr Vermögen ganz oder theilweise der Verwaltung des Mannes, so kann der Mann die Einkünfte, die er während seiner Verwaltung bezieht, nach freiem Ermessen verwenden, soweit nicht ihre Verwendung zur Bestreitung der Kosten der ordnungsmäßigen Verwaltung und zur Erfüllung solcher Verpflichtungen der Frau erforderlich ist, die bei ordnungsmäßiger Verwaltung aus den Einkünften des Vermögens bestritten werden. Die Frau kann eine abweichende Bestimmung treffen.

---

nicht zu Gunsten des Ersatzanspruchs der Frau gegen den Mann ein arg. e contrario entnommen werden. Es entscheiden solchen Falles lediglich die allgemeinen Grundsätze über Geschäftsführung ohne Auftrag und über Bereicherung.

3. Von selbst versteht sich, daß für die Anwendung des § 1429 der Fall, daß die Frau zum Zwecke der Bestreitung des ehelichen Aufwandes eine Verbindlichkeit eingeht, dem Falle gleichsteht, daß sie eine Aufwendung zu diesem Zwecke macht.

4. Ist die Frau in der Geschäftsfähigkeit beschränkt, so kann sie Aufwendungen der in dem § 1429 bezeichneten Art zu Gunsten des Mannes nicht ohne Zustimmung ihres gesetzlichen Vertreters machen. Macht sie solche Aufwendungen ohne diese Zustimmung, so ist das Fehlen der Absicht, Ersatz zu verlangen, ohne rechtliche Bedeutung. Die Frau kann den Ersatz daher nach den Vorschriften über die Geschäftsführung ohne Auftrag bez. die ungerechtfertigte Bereicherung verlangen. Macht die Frau die Aufwendungen aber mit Zustimmung des gesetzlichen Vertreters, so finden die Vorschriften des § 1429 Anwendung.

### § 1430.

**E. I § 1340 Abs. 1; II § 1329 rev. § 1415; III § 1413. P. I S. 6589—6596; M. IV S. 324. P. II S. 5333—5336 (Bd. 4 S. 228—230). D. S. 693.**

1. Wenn die Frau dem Manne die Verwaltung ihres Vermögens oder einzelner Bestandtheile ihres Vermögens überläßt, so hat der Mann die Rechtsstellung eines Beauftragten und die für den Auftrag geltenden Vorschriften der §§ 662—676 finden auf das Verhältniß zwischen Mann und Frau Anwendung. Hiervon macht der § 1430 eine Ausnahme, indem er über den Inhalt und den Umfang der dem Manne solchen Falles ertheilten Ermächtigung in Ansehung der vom Manne während seiner Verwaltung bezogenen Einkünfte eine Dispositivvorschrift aufstellt. Der Mann ist danach bezüglich der Einkünfte weder zu einer Rechnungslegung noch zur Herausgabe der bei Beendigung der Verwaltung noch vorhandenen und von ihm schon bezogenen Einkünfte verpflichtet. In letzterem Punkte hatte der E. I § 1340 Abs. 2 eine abweichende Bestimmung. Der Begriff der Einkünfte ist der gleiche wie im § 1427.

Bei der Verwaltung und Nutznießung muß der Mann die auf dem eingebrachten Gute liegenden Lasten tragen. Diese Bestimmung wird im § 1430 durch die Vorschrift ersetzt, welche das Verwendungsrecht des Mannes dem Umfange nach beschränkt. Der Mann muß von den Einkünften zunächst die Kosten der ordnungsmäßigen Verwaltung und ferner diejenigen Verbindlichkeiten bestreiten, die bei ordnungsmäßiger Verwaltung aus den Einkünften eines Vermögens bestritten zu werden pflegen. Hervorzuheben ist, daß neben den Steuern, den Zinsen von Verbindlichkeiten der Frau 2c. auch die von der Frau auf Grund der gesetzlichen Unterhaltspflicht geschuldeten Leistungen hierhergehören. Alle diese Lasten sind indessen aus den Einkünften nur insoweit zu bestreiten, als sie auf dem dem Manne überlassenen Vermögen ruhen. Inwieweit dies zutrifft, kann im einzelnen Falle zweifelhaft sein. Wenn der Mann die von ihm zu bestreitenden Lasten aus den Einkünften der Frau nicht bestreitet, macht er sich, soweit ihn ein Verschulden trifft (§ 1359), der Frau persönlich verantwortlich. Eine persönliche Verpflichtung des Mannes zur Tragung der erwähnten Lasten aus eigenen Mitteln besteht nicht. Noch weniger sind die Gläuber der Frau berechtigt, sich direkt an den Mann zu halten. Eine dem § 1488 entsprechende Bestimmung fehlt. Der Gläubiger muß sich gegebenen Falles den Anspruch der Frau gegen den Mann auf Bestreitung der betreffenden Verbindlichkeit aus den Einkünften oder den Schadensersatzanspruch der Frau im Wege der Zwangsvollstreckung überweisen lassen. Reichen die Einkünfte des dem Manne überlassenen Vermögens aus, um den der Frau nach § 1427 obliegenden Beitrag zu decken, so muß der Mann die Einkünfte auch zur Erfüllung der Beitragspflicht verwenden.

2. Der Satz 2 bringt die dispositive Natur der im Satz 1 enthaltenen Vorschrift zum Ausdruck. Eine abweichende Bestimmung kann die Frau nicht nur bei der Ueberlassung der

§. 1431.

Die Gütertrennung ist Dritten gegenüber nur nach Maßgabe des §. 1435 wirksam.

Das Gleiche gilt im Falle des §. 1425 von der Wiederherstellung der Verwaltung und Nutznießung, wenn die Aufhebung in das Güterrechtsregister eingetragen worden ist.

---

Verwaltung an den Mann, sondern auch später jederzeit treffen. Die Bestimmung kann sich insbesondere auch auf die Verwendung der etwa gerade vorhandenen Früchte zu einem bestimmten Zwecke beziehen. Selbstverständlich kann die Frau auf ihr freies Bestimmungsrecht verzichten.

3. Von den Grundsätzen des Auftrags macht der § 1430 nur in Ansehung der vom Manne während seiner Verwaltung bezogenen Einkünfte eine Ausnahme. Im Uebrigen bewendet es bei den Grundsätzen des Auftrags. In Betreff des Stammes des seiner Verwaltung überlassenen Vermögens hat also der Mann alle Rechte und Pflichten, welche aus der Verwaltung fremden Vermögens kraft Auftrags folgen. Insbesondere liegt dem Manne die Rechenschaftspflicht (§ 666) und die Herausgabepflicht (§ 667) ob und er ist berechtigt, für Aufwendungen, die er zum Zwecke der Verwaltung des ihm überlassenen Frauenvermögens gemacht hat, sofern nicht die Aufwendungen von ihm aus den Einkünften zu bestreiten sind, nach § 670 Ersatz und nach § 669 Vorschuß zu verlangen. Auch ist der Frau der freie Widerruf (§ 671) der Ueberlassung der Verwaltung ihres Vermögens jederzeit gestattet, sofern sie nicht mit dem Manne eine anderweite Vereinbarung geschlossen hat. Nur darin weicht das Verhältniß zwischen Mann und Frau von den Grundsätzen des Auftrags ab, daß der § 1359 auch in Ansehung des Stammes des dem Manne überlassenen Frauenvermögens gilt.

4. Darüber, ob die Frau dem Manne ihr Vermögen oder einen Theil desselben zur Verwaltung überlassen hat, enthält der § 1430 keine Vermuthung. Die Anwendbarkeit des § 1430 setzt mithin voraus, daß feststeht, die Frau habe dem Manne ihr Vermögen ganz oder zum Theile zur Verwaltung überlassen.

5. Voraussetzung der Anwendbarkeit des § 1430 ist, daß die Ueberlassung der Vermögensverwaltung von Seiten der Frau rechtsgültig erfolgt ist. Ist die Frau in der Geschäftsfähigkeit beschränkt, so ist sie zu einer solchen Ueberlassung nur mit Einwilligung des gesetzlichen Vertreters berechtigt. Dieser wird regelmäßig nicht befugt sein, die Einwilligung zu ertheilen. Sollte es ausnahmsweise geschehen, so dürfte der § 1430 anwendbar sein. Eine ohne Einwilligung des gesetzlichen Vertreters erfolgende Ueberlassung der Vermögensverwaltung von Seiten der Frau an den Mann ist rechtlich unwirksam.

**§ 1431.**

**E. I §§ 1284, 1330, 1331 Abs. 2; II § 1330 rev. § 1416; III § 1414. P. I S. 6596—6608, 6532; M. IV S. 165, 304. P. II S. 5109, 5121, 5144, 5162, 5177, 5181, 5238, 5300, 5301 (Bd. 4 S. 124, 129, 150, 156, 161, 184, 214). D. S. 693.**

1. Der § 1431 bezweckt den Schutz gutgläubiger Dritter. Die Anwendung des § 1435 auf den hier fraglichen Fall führt dahin, daß Rechtsgeschäfte zwischen einem Dritten und dem Manne sowie Urtheile in einem zwischen ihnen geführten Prozesse trotz der Gütertrennung dieselbe Wirksamkeit zu Gunsten des Dritten haben, wie wenn die Verwaltung und Nutznießung zur Zeit der Vornahme des Rechtsgeschäfts oder zur Zeit der Rechtshängigkeit des Prozesses noch bestanden hätte, sofern nicht die Gütertrennung zu dieser Zeit in das Güterrechtsregister eingetragen oder dem Dritten bekannt war. Der § 1431 gilt bei vertragsmäßiger Gütertrennung sowie auch in den Fällen, in welchen die Gütertrennung kraft Gesetzes eintritt. Die Erwägungen, auf welchen der § 1431 beruht, treffen ferner auch dann zu, wenn die Grundsätze der Gütertrennung nur in Bezug auf einzelne Bestandtheile des Frauenvermögens gelten. Die Anwendbarkeit des § 1431 ist deshalb in den §§ 1371, 1441, 1526 Abs. 3, 1549 für das Vorbehaltsgut ohne Rücksicht auf den in der Ehe geltenden Güterstand vorgeschrieben.

Wegen der Einzelheiten vergl. Erl. zu § 1435.

2. Die Gütertrennung wird nicht in das Grundbuch eingetragen. Es folgt dies daraus, daß der Mann, auch wenn die Verwaltung und Nutznießung besteht, nicht befugt ist, in irgend einer Weise über die Substanz eines der Frau gehörenden Grundstücks zu verfügen. Ein Ausschluß der Verwaltung und Nutznießung kann daher Dritten, welche Rechte an einem auf den Namen der Frau eingetragenen Grundstück erwerben, da die betreffenden Rechtshandlungen immer der Frau gegenüber vorgenommen werden müssen, nicht schädlich sein. Die

## II. Vertragsmäßiges Güterrecht.

### 1. Allgemeine Vorschriften.

### §. 1432.

Die Ehegatten können ihre güterrechtlichen Verhältnisse durch Vertrag (Ehevertrag) regeln, insbesondere auch nach der Eingehung der Ehe den Güterstand aufheben oder ändern.

---

Gütertrennung würde nur dann in das Grundbuch einzutragen sein, wenn die Verwaltung und Nutznießung in das Grundbuch einzutragen wäre. Diese darf aber nicht eingetragen werden (vergl. Erl. zu § 1404). Das Ausgeführte gilt auch von dem Falle, daß die Grundsätze der Gütertrennung nur für einen Theil des Frauenvermögens Anwendung finden, nämlich für das Vorbehaltsgut.

Eine andere Frage ist, ob die Eintragung der Gütertrennung oder die Vorbehaltseigenschaft nicht zu dem Zwecke erforderlich ist, um die Frau dem Grundbuchamte gegenüber zu Verfügungen über das Grundstück zu legitimiren. Nach der G.B.O. ist die Frage zu verneinen. Der Nachweis, daß Gütertrennung besteht oder ein Gegenstand zum Vorbehaltsgute gehört, wird nach § 34 der G.B.O. durch ein Zeugniß des Gerichts über die Eintragung im Güterrechtsregister geführt. Wenn das Grundbuchamt zugleich das Registergericht ist, genügt nach § 35 das. statt des Zeugnisses die Bezugnahme auf das Register. Die Frage, in welcher Weise die Frau zum Zwecke ihrer Legitimation das Bestehen der Gütertrennung oder die Vorbehaltseigenschaft eines bestimmten Gegenstandes zu führen hat, wirft sich auch noch bei anderen Rechtsverhältnissen auf, z. B. bei der Umschreibung von Inhaberpapieren. Soweit hier nicht für die einzelnen Rechtsverhältnisse besondere Vorschriften getroffen sind, werden Dritte sich mit dem Zeugniß über die Eintragung im Güterrechtsregister sichern und zufrieden geben müssen.

3. Der Abs. 2 des § 1431 ist nur eine Anwendung des im § 1435 Abs. 2 enthaltenen Grundsatzes und im Zusammenhange hiermit erörtert (vergl. Erl. zu § 1435).

#### II. Vertragsmäßiges Güterrecht.

Der zweite Unterabschnitt des sechsten Titels handelt von dem vertragsmäßigen Güterrecht und zerfällt in vier Untertitel. Der erste Untertitel (§§ 1432—1436) enthält allgemeine Vorschriften über Eheverträge. In den anderen drei Untertiteln werden die Güterstände der allgemeinen und der partikulären Gütergemeinschaft geregelt, im zweiten (§§ 1437—1518) die allgemeine Gütergemeinschaft, im dritten (§§ 1519—1548) die Errungenschaftsgemeinschaft und im vierten (§ 1549—1557) die Fahrnißgemeinschaft. Die Gründe, welche für das B.G.B. maßgebend waren, Vorschriften über die Güterstände der Gütergemeinschaft zu treffen, sind in der Vorbm. 3 oben S. 97 angeführt. Als weiteren vertragsmäßigen Güterstand kennt das B.G.B. die Gütertrennung. Aus den oben S. 99, 183 angegebenen Gründen hat die Gütertrennung im B.G.B. (anders im E. I) ihren Platz nicht im zweiten Unterabschnitte, sondern im fünften Untertitel des ersten Unterabschnitts (§§ 1426—1431), also als eine Abart des ges. Güterrechts, erhalten. Im übrigen hat das B.G.B. Vorschriften über vertragsmäßige Güterstände oder, wie der code civil Art. 1479 ff., über einzelne Vertragsklauseln nicht aufgestellt. Es steht aber nichts im Wege, daß die Ehegatten auch Zwischenformen vereinbaren. Insbesondere können die Ehegatten das Ergebniß des Dotalrechts durch Ehevertrag herbeiführen. Ueber die Grenzen der Vertragsfreiheit bei Eheverträgen vergl. Erl. zu § 1432. Daß unter Umständen auch die Verwaltung und Nutznießung des Mannes als vertragsmäßiger Güterstand vorkommen kann, ist schon oben S. 99 hervorgehoben.

#### 1. Allgemeine Vorschriften.

Die im ersten Untertitel getroffenen allgemeinen Vorschriften über die Eheverträge regeln zunächst (§§ 1432, 1433) die Zulässigkeit, dann die Form (§ 1434) und die Wirksamkeit (§ 1435) der Eheverträge und behandeln im § 1436 die Ausfüllung eines um deswillen lückenhaften Ehevertrags, weil zwar der bisherige Güterstand in demselben aufgehoben oder der Eintritt des ges. Güterstandes ausgeschlossen, dagegen nicht oder nicht mit genügender Deutlichkeit angegeben ist, welcher Güterstand an die Stelle des aufgehobenen oder ausgeschlossenen treten soll.

## § 1432.

**E. I § 1333; II § 1331 rev. § 1417; III § 1415. P. I S 6553—6560, 8713, 8719; M. IV S. 304—309. P. II S 5305—5309, 5316—5318 (Bd. 4 S. 215—217, 221). D. S. 693.**

1. Der § 1432 bestimmt zunächst den Begriff des Ehevertrags. Ehevertrag ist der Vertrag, durch den die Ehegatten ihre güterrechtlichen Verhältnisse regeln. Es ist nicht zweifellos, was unter der Regelung der güterrechtlichen Verhältnisse zu verstehen ist. Nach der negativen Seite steht allerdings fest, daß darunter nicht die Ordnung der persönlichen Rechtsbeziehungen der Ehegatten, z. B. über die Folgepflicht der Frau, über Kindererziehung, fällt. Ob Verträge über diese persönlichen Beziehungen wirksam sind, hängt davon ab, ob sie mit dem Wesen der Ehe vereinbar sind und nicht gegen die guten Sitten verstoßen (s. oben S. 81). Eheverträge im Sinne des § 1432 sind solche Verträge nicht; sie bedürfen daher, soweit sie überhaupt zulässig sind, der im § 1434 vorgeschriebenen Form nicht. In welchen Fällen landesgesetzlich für solche Verträge eine Form vorgeschrieben werden kann, ergiebt sich aus E.G. Art. 57, 58, 134.)

Unbestreitbar ist ferner, daß Regelung der güterrechtlichen Verhältnisse nicht gleich ist mit Regelung der vermögensrechtlichen Beziehungen der Ehegatten zu einander. Letzteres ist der weitere Begriff. Zweifelhaft aber ist die Grenze zwischen den besonderen güterrechtlichen Verhältnissen und den Vermögensverhältnissen im Allgemeinen. Die in dem § 1333 des E. I, welcher sachlich nicht geändert werden sollte, gebrauchte Ausdrucksweise „Aenderung des gesetzlichen oder vertragsmäßigen Güterstandes" gewährt keinen sicheren Anhaltspunkt für die Lösung des Zweifels. Unzweifelhaft ist, daß ein Vertrag, durch welchen an die Stelle des gesetzlichen Güterstandes ein anderer Güterstand gesetzt oder ein vertragsmäßig vereinbarter Güterstand wieder aufgehoben oder durch einen anderen Güterstand ersetzt wird, die Regelung der güterrechtlichen Verhältnisse betrifft, also ein Ehevertrag ist. Die Zweifel entstehen bei Verträgen, die sich auf einzelne vermögensrechtliche Verhältnisse der Ehegatten beziehen. Die Abgrenzung kann nicht in der Unterscheidung zwischen Verträgen, die sich auf einen einzelnen Gegenstand beziehen, und solchen Verträgen gefunden werden, welche Bestimmungen allgemeiner Art enthalten. Ein Vertrag z. B., durch welchen ein einzelner Gegenstand für Vorbehaltsgut erklärt wird, ist unzweifelhaft ein Ehevertrag. Das Unterscheidungsmerkmal dürfte vielmehr darin zu finden sein, ob ein dem gesetzlichen oder vertragsmäßigen Güterrecht angehörendes Verhältniß in einer von den güterrechtlichen Vorschriften abweichenden Weise geregelt oder ob eine Bestimmung getroffen wird, die von den Ehegatten, auch wenn ein güterrechtliches Verhältniß unter ihnen nicht bestände, hätte getroffen werden können. Hiernach ist z. B. die Bestellung eines Nießbrauchs von Seiten der Frau zu Gunsten des Mannes an einem zu dem Vorbehaltsgut oder zu dem eingebrachten Gute gehörenden Gegenstande kein Ehevertrag; ebensowenig die Gewährung eines Darlehens von Seiten der Frau an den Mann, auch wenn sie in der Weise erfolgen sollte, daß die Frau dem Manne gestattet, das in seinen Händen befindliche zum eingebrachten Gute gehörende Geld als Darlehen zu behalten Dasselbe gilt von einem Vertrage, durch welchen abweichend von der Auslegungsregel des § 1429 vereinbart wird, daß die Frau für eine von ihr zur Bestreitung des ehelichen Aufwandes zu machende Aufwendung Ersatz erhalten solle sowie von einem Vertrage, durch welchen die Verwaltung des Vermögens der Frau dem Manne nach anderen als den im § 1430 bestimmten Grundsätzen übertragen wird. Eine Regelung der güterrechtlichen Verhältnisse enthalten dagegen z. B. die Verträge, welche den Umfang der dem Rechte des Mannes unterworfenen oder zur Gemeinschaft gehörenden Vermögensmassen betreffen, also die Verträge, welche das Vorbehaltsgut oder das eingebrachte Gut begrenzen. Hierher gehören weiter die Verträge, welche die Verfügungsmacht eines Ehegatten, sei es überhaupt oder unter gewissen Voraussetzungen, abweichend von den güterrechtlichen Vorschriften bestimmen; ebenso ein Vertrag, durch welchen die Anwendbarkeit der §§ 1429, 1430 allgemein ausgeschlossen wird.

Mit dieser Auffassung des Unterschieds zwischen Eheverträgen und anderen Verträgen stimmt freilich die Vorschrift des E. I § 1335 Abs. 2 nicht überein. In dieser war bestimmt, daß der Vertrag, durch welchen die Frau dem Manne verbrauchbare Sachen des eingebrachten Gutes gegen die Verpflichtung überträgt, ihr deren Werth nach Beendigung der Verwaltung und Nutznießung zu ersetzen, der für Eheverträge vorgeschriebenen Form nicht bedürfe (M. IV S. 313). Aus dieser Vorschrift ergiebt sich, daß der E. I einen Vertrag der gedachten Art an sich als einen Ehevertrag betrachtet, während er nach der oben dargelegten Auffassung kein Ehevertrag ist, weil die Uebertragung verbrauchbarer Sachen gegen die Verpflichtung zur demnächstigen Erstattung des Werthes auch ohne Rücksicht auf ein unter den Betheiligten bestehendes güterrechtliches Verhältniß vorkommen kann und die Bestimmung der Zeit, in welcher der Ersatz zu leisten ist, durch Bezugnahme auf den Zeitpunkt der Beendigung der Verwaltung und Nutznießung den Charakter der Vereinbarung nicht ändert. Von der zweiten Kommission ist die gedachte Vorschrift des E. I gestrichen. Für die Streichung wurden verschiedene Gründe geltend gemacht.

Von einer Seite wurde dabei auch die Auffassung vertreten, daß ein Vertrag der fraglichen Art kein Ehevertrag sei. Ob die Mehrheit der Kommission dieser Ansicht war oder ob die Streichung aus dem bei der Berathung in erster Linie geltend gemachten Grunde erfolgt ist, daß materiell ein Bedürfniß für eine solche Vorschrift nicht bestehe, ergiebt sich aus den Protokollen nicht (P. II S. 5315, 5316 Bd. IV S. 220, 221). Das B.G.B. selbst enthält in Folge der Streichung jener Vorschrift keine Bestimmung mehr, die zu einer von dem oben dargelegten Standpunkt abweichende Auffassung nöthigte. Für dieses spricht aber sowohl der Wortlaut des § 1432, nach welchem es sich nur um die Regelung der güterrechtlichen Verhältnisse der Ehegatten handelt, als auch der Zweck, aus welchem für Eheverträge die besondere Form des § 1434 vorgeschrieben wird.

In Frage kann noch kommen, ob als eine Regelung der güterrechtlichen Verhältnisse auch eine solche Vereinbarung zu betrachten ist, durch welche nicht allgemein, sondern nur für einen einzelnen Fall eine von den güterrechtlichen Vorschriften abweichende Bestimmung getroffen wird. In M. IV S. 266 Nr. 5 wird die Frage unentschieden gelassen, ob ein Vertrag, durch welchen die Frau in Abweichung von den Vorschriften des E. I § 1316 (B.G.B. § 1415) eine im Verhältniß unter den Gatten dem eingebrachten Gute zur Last fallende Verbindlichkeit auf das Vorbehaltsgut übernimmt, ein Ehevertrag ist. Unzweifelhaft liegt ein solcher vor, wenn allgemein Verbindlichkeiten gewisser Art, die nach dem Gesetze dem eingebrachten Gute zur Last fallen, auf das Vorbehaltsgut übernommen werden. Der oben angeregte Zweifel entsteht, wenn es sich um die Uebernahme einer einzelnen bestimmten Verbindlichkeit handelt. Ueberwiegende Gründe dürften indessen dagegen sprechen, diesen Fall anders zu behandeln, wie eine sich allgemein auf gewisse Verbindlichkeiten der fraglichen Art beziehende Vereinbarung. Auch wenn die Vereinbarung sich nur auf eine einzelne Verbindlichkeit bezieht, handelt es sich doch immer um eine Aenderung der für diese Verbindlichkeit geltenden güterrechtlichen Vorschriften und die Wirkung einer solchen Vereinbarung erstreckt sich in Betreff der fraglichen Verbindlichkeit auf die ganze Dauer des unter den Gatten bestehenden Güterstandes. Der Zweck der für Eheverträge vorgeschriebenen Form liegt aber nicht lediglich in der Bedeutung derselben für Dritte; vielmehr sollen auch die Gatten selbst dadurch gegen Uebereilung geschützt werden. Nach denselben Gesichtspunkten wird auch die Frage zu entscheiden sein, ob eine Vereinbarung ein Ehevertrag ist, durch welche die nach dem gesetzlichen oder vertragsmäßigen Güterrecht erforderliche Zustimmung des einen Gatten zu einem Rechtsgeschäfte des anderen Gatten für nicht erforderlich erklärt wird. Unzweifelhaft liegt ein solcher vor, wenn die Zustimmung allgemein für Rechtsgeschäfte gewisser Art für nicht erforderlich erklärt wird. Dasselbe wird aber auch gelten müssen, wenn es sich nur um ein einzelnes bestimmtes Rechtsgeschäft handelt. In dem sich auf ein solches Rechtsgeschäft beziehenden Vertrage der fraglichen Art wird zwar unter Umständen die Zustimmung desjenigen Gatten zu dem Rechtsgeschäfte gefunden werden können, dessen Zustimmung durch den Vertrag für nicht erforderlich erklärt wird, und diese Zustimmung bedarf nach § 182 Abs. 2 keiner Form. Aber die Wirkung der Zustimmung ist eine beschränktere wie die des Vertrags, durch den die Zustimmung für nicht erforderlich erklärt wird. Ist freilich das Rechtsgeschäft, um welches es sich handelt, bereits vorgenommen, so ist das praktische Ergebniß, wenn es sich um die Zustimmung zu einem Vertrage handelt, in dem einem wie in dem anderen Falle dasselbe, weil der Vertrag durch die nachträgliche Zustimmung sofort wirksam wird. Die Verschiedenheit zeigt sich aber, wenn es sich um ein erst vorzunehmendes Rechtsgeschäft handelt. Hier ist die Zustimmung nach § 183 bis zur Vornahme des Rechtsgeschäfts widerruflich, und das betreffende Rechtsgeschäft würde also, wenn der Widerruf vor der Vornahme erfolgt, wirksam nicht mehr vorgenommen werden können. Der Vertrag dagegen, durch den die Zustimmung für nicht erforderlich erklärt wird, würde, wenn er gültig wäre, die wirksame Vornahme des Rechtsgeschäfts für alle Zukunft sichern. Hierin zeigt sich der güterrechtliche Charakter des fraglichen Vertrags.

2. Der § 1432 stellt den Grundsatz der Vertragsfreiheit in Bezug auf den Abschluß von Eheverträgen auf. Mit Rücksicht auf das bisherige Recht ist hervorgehoben, daß ein Ehevertrag sowohl vor wie nach der Eingehung der Ehe geschlossen werden kann. Für die Uebergangszeit vergl. Art. 200 Abs. 3, für das internationale Privatrecht vergl. Art. 15 E.G.

Der Grundsatz der Vertragsfreiheit ist indessen bestimmten Beschränkungen unterworfen, von denen die einen allen Verträgen gemeinsam, die anderen aber positiver Natur sind. Beispiele für Beschränkungen der letzteren Art bieten die §§ 1433, 1518. Eine Beschränkung der erstgedachten Art ergiebt sich zunächst aus dem Wesen des Vertrags. Was überhaupt nicht durch Vertrag bestimmt werden kann, kann auch nicht durch Ehevertrag bestimmt werden. Durch Ehevertrag kann also z. B. nach § 137 die Befugniß eines Ehegatten, über sein Vermögen zu verfügen, bei dem Güterstande der Gütertrennung mit Wirkung gegen Dritte nicht ausgeschlossen oder beschränkt werden. Dasselbe gilt bei dem Güterstande der Verwaltung und Nutznießung von der Befugniß des Mannes, über sein Vermögen sowie von der Befugniß

## §. 1433.

Der Güterstand kann nicht durch Verweisung auf ein nicht mehr geltendes oder auf ein ausländisches Gesetz bestimmt werden.

---

der Frau, über ihr Vorbehaltsgut zu verfügen. Auch ein Vertrag, durch welchen die Ehefrau in der Verfügung über ihr eingebrachtes Gut über die gesetzlichen Grenzen hinaus beschränkt ist, die Zustimmung des Mannes also z. B. der Vorschrift des § 1406 zuwider zu der Annahme oder Ausschlagung einer Erbschaft für erforderlich erklärt wird, ist aus diesem Gesichtspunkt unwirksam. Unwirksam ist ferner ein Vertrag, durch welchen in die Rechte Dritter eingegriffen, z. B. die Haftung des eingebrachten Gutes für die Schulden der Frau, die Haftung des Gesammtguts für die Schulden beider Ehegatten beschränkt oder durch welchen die im § 1527 bestimmte Vermuthung zu Gunsten des Gesammtguts Dritten gegenüber ausgeschlossen wird. Nicht entgegen steht dagegen der hervorgehobene Gesichtspunkt der Wirksamkeit eines Ehevertrags, durch welchen die Befugniß der Frau oder des Mannes, über das eingebrachte Gut oder das Gesammtgut zu verfügen, über die güterrechtlichen Vorschriften hinaus erweitert oder die Befugniß des Mannes, über das eingebrachte Gut zu verfügen, beschränkt wird, oder durch welchen die Vorschriften darüber, welche Schulden im Verhältniß unter den Gatten dem Vorbehaltsgute, dem eingebrachten Gute oder dem Gesammtgute zur Last fallen, geändert werden.

Eine weitere Beschränkung der Zulässigkeit der Eheverträge ergiebt sich aus den allgemeinen Grundsätzen über die Unwirksamkeit von Verträgen, welche gegen ein gesetzliches Verbot oder gegen die guten Sitten verstoßen (§§ 134, 138), oder welche mit dem Wesen der Ehe nicht vereinbar sind.

Endlich werden auch solche Eheverträge für unzulässig gehalten werden müssen, welche mit dem Wesen des unter den Gatten geltenden Güterstandes nicht vereinbar sind. So dürfte z. B. ein Vertrag, durch den eine Quote des Vermögens der Frau für Vorbehaltsgut erklärt wird, unzulässig sein. Auch ein Vertrag, durch welchen bei dem Güterstande der Verwaltung und Nutznießung oder der Gütertrennung die Verpflichtung des Mannes, den ehelichen Aufwand zu tragen, beseitigt wird, dürfte aus diesem Gesichtspunkt unzulässig sein. Dies folgt, soweit es sich dabei um die Verpflichtung des Mannes zur Gewährung des Unterhalts an die Frau und die gemeinschaftlichen Abkömmlinge diesen gegenüber handelt, schon aus den für die Unterhaltspflicht geltenden Vorschriften der §§ 1360 Abs. 3, 1614. Aber auch soweit hierüber hinaus durch den fraglichen Grundsatz eine Verpflichtung des Mannes begründet wird (s. Erl. zu § 1389), wird diese Verpflichtung als eine für den betreffenden Güterstand so wesentliche anzusehen sein, daß sie durch Ehevertrag nicht beseitigt werden kann. Nicht entgegenstehen dürfte dagegen dieser Gesichtspunkt einem Ehevertrage, durch welchen die der Frau bei dem Güterstande der Gütertrennung obliegende Verpflichtung, dem Manne einen Beitrag zu dem ehelichen Aufwande zu leisten, näher bestimmt oder beseitigt wird (s. Erl. zu § 1427 Abs. 2).

3. Die persönliche Fähigkeit zur Abschließung von Eheverträgen und die Zulässigkeit der Stellvertretung richten sich nach den allgemeinen Grundsätzen über die Vertragsfähigkeit. Für Geschäftsunfähige kann daher ein Ehevertrag durch den gesetzlichen Vertreter geschlossen werden. In der Geschäftsfähigkeit Beschränkte können einen Ehevertrag schließen, bedürfen jedoch nach § 107 der Einwilligung des gesetzlichen Vertreters; der gesetzliche Vertreter kann den Ehevertrag auch für sie schließen. Letzteres ist z. B. von praktischer Bedeutung in dem Falle, daß die Frau wegen Entmündigung des Mannes die Aufhebung der Verwaltung und Nutznießung (§ 1418 Nr. 3) fordert; der gesetzliche Vertreter kann dem Verlangen der Frau, um einen Prozeß zu ersparen, auch gegen den Willen des Mannes durch Abschluß eines die Aufhebung bestimmenden Ehevertrags entsprechen. Die Genehmigung des Vormundschaftsgerichts ist zur Eingehung der Eheverträge nicht erforderlich. Die Einwilligung des gesetzlichen Vertreters bedarf nicht der im § 1434 bestimmten Form (§ 182 Abs. 2). Eine Ausnahme von vorstehenden Grundsätzen gilt nur für den auf Eingehung oder Aufhebung der allgemeinen Gütergemeinschaft (§ 1437) oder der Fahrnißgemeinschaft (§ 1549) gerichteten Vertrag; vergl. hierüber Erl. zu § 1437.

4. Auch in Betreff der Zulässigkeit der Hinzufügung von Zeitbestimmungen oder Bedingungen gelten für Eheverträge lediglich die allgemeinen Grundsätze. Zulässig ist z. B. ein Ehevertrag, der dem Eintritt der allg. G.G. von der Geburt eines Kindes abhängig macht. Daß die Wirksamkeit eines Ehevertrags davon abhängt, daß die Ehe zu Stande kommt, ergiebt sich daraus, daß der Ehevertrag die Wirkungen der Ehe zu bestimmen bezweckt und daher gegenstandslos wird, wenn die Ehe nicht geschlossen wird. Ist die Ehe nichtig, sei es, daß die Nichtigkeit auch nur auf Anfechtbarkeit beruht, so ist der Ehevertrag als von Anfang an unwirksam anzusehen. Es finden solchenfalls, vorbehaltlich der §§ 1344—1347, lediglich die allgemeinen Grundsätze über die Folgen nichtiger Verträge Anwendung (vergl. Erl. zu § 1344). Anders wenn die Ehe geschieden wird; hier behält der Ehevertrag bis zur Scheidung die Wirksamkeit und verliert sie nur für die Zukunft.

Hat der Mann zur Zeit der Eingehung der Ehe oder, falls der Vertrag nach der Eingehung der Ehe geschlossen wird, zur Zeit des Vertragsabschlusses seinen Wohnsitz im Auslande, so ist die Verweisung auf ein an diesem Wohnsitze geltendes Güterrecht zulässig.

§. 1434.

Der Ehevertrag muß bei gleichzeitiger Anwesenheit beider Theile vor Gericht oder vor einem Notar geschlossen werden.

---

**§ 1433.**

**E. I § 1334; II § 1332 rev. § 1414; III § 1416. P. I S. 6569—6572; M. IV S. 309—311. P. II S. 5309, 5310 (Bd. 4 S. 217). D. S. 693.**

Der § 1433 beschränkt die Vertragsfreiheit bei Eheverträgen.

1. Zunächst ist verboten, den Güterstand durch einfache Bezugnahme auf ein nicht mehr geltendes deutsches oder ausländisches Gesetz zu bestimmen. Dadurch soll verhindert werden, daß das alte Recht und damit die bisherige Verschiedenheit des ehelichen Güterrechts in anderer Form erhalten wird. Ferner ist verboten, den Güterstand durch einfache Verweisung auf ein ausländisches Gesetz zu regeln. Von dem letzteren Verbote macht der Abs. 2 für den Fall eine Ausnahme, daß der Mann zur Zeit der Eingehung der Ehe oder, wenn der Vertrag nach der Eingehung der Ehe geschlossen wird, zur Zeit des Vertragsabschlusses seinen Wohnsitz im Auslande hat. Wird der Vertrag vor der Eingehung der Ehe geschlossen, so ist nicht nothwendig, daß der Mann zur Zeit des Vertragsabschlusses seinen Wohnsitz im Auslande hat. Es kommt auf den Wohnsitz des Mannes zur Zeit der Eingehung der Ehe bezw. des späteren Vertragsabschlusses an; der Wohnsitz der Frau ist ohne Belang. Gestattet ist ferner nur die Verweisung auf das am ausländischen Wohnsitze des Mannes geltende Güterrecht. Der Deutsche, der eine Belgierin heirathet und den ersteheliche Wohnsitz in London nimmt, kann daher den Güterstand nicht durch Verweisung auf den in Belgien geltenden code civil bestimmen. Unter einem am Wohnsitze des Mannes geltenden Güterrechte wird aber nicht nur das dort geltende gesetzliche Güterrecht, sondern auch ein nach den dortigen Gesetzen zulässiges vertragsmäßiges Güterrecht z. B. einer der im code civil geordneten vertragsmäßigen Güterstände zu verstehen sein. Wegen des Begriffs des Wohnsitzes vergl. §§ 7—11. Im Falle eines mehrfachen Wohnsitzes genügt es, daß nur einer der Wohnsitze im Auslande liegt, und haben, wenn die Wohnsitze in verschiedenen Ländern gelegen sind, die Ehegatten die Wahl, welches der in diesen Ländern geltenden Rechte sie zu Grunde legen wollen.

Verboten ist nur die einfache Bezugnahme auf ein nicht mehr geltendes oder auf ein ausländisches Gesetz. Dagegen steht nichts im Wege, daß die Ehegatten den Güterstand nach Maßgabe des materiellen Inhalts eines nicht mehr geltenden oder eines ausländischen Rechtes regeln, soweit dies nach den allgemeinen Grundsätzen des B.G.B. zulässig ist (s. Erl. zu § 1432).

2. Die Verletzung des § 1433 bewirkt die Nichtigkeit des Ehevertrags. Nichtig ist aber zunächst nur der Theil, welcher die Güterrechtsverhältnisse durch Bezugnahme auf das nicht mehr geltende oder das ausländische Gesetz regelt, also die Vereinbarung des Güterstandes als solchen, d. h. es tritt der gesetzliche Güterstand des deutschen Rechtes, die Verwaltung und Nutznießung des Mannes, ein. Inwieweit andere Bestimmungen des Ehevertrags, z. B. daß ein Gegenstand Vorbehaltsgut der Frau sein soll, oder erbrechtliche Bestimmungen, durch die Nichtigkeit des gegen § 1433 verstoßenden Theiles berührt werden, ist Auslegungsfrage. Maßgebend ist, ob die Ehegatten die Bestimmung auch dann getroffen hätten, wenn sie sich bewußt gewesen wären, daß nicht der vereinbarte, sondern der gesetzliche Güterstand des deutschen Rechtes eintritt. Die Entscheidung richtet sich nach § 139.

3. Ueber die Eheverträge von Ausländern s. E.G. Art. 15.

**§ 1434.**

**E. I § 1335 Abs. 1; II § 1333 rev § 1415; III § 1417. P. I S 6561—6569, 6572—6580, 8713, 8718; M. IV S. 311—314. P. II S. 5310—5315, 7357, 7370 (Bd. 4 S. 217—221). D. S. 693.**

Im § 1434 ist die Form des Ehevertrags bestimmt. Es ist gerichtliche oder notarielle Beurkundung und zwar in Abweichung von § 128 deren strengere Art (vergl. Erl. zu § 128 Nr. 1) verlangt. Ob zur Beurkundung sowohl die Gerichte als auch die Notare oder nur die Gerichte oder nur die Notare zuständig sind, bemißt sich gemäß Art. 141 E.G. nach dem Landes-

### §. 1435.

Wird durch Ehevertrag die Verwaltung und Nutznießung des Mannes ausgeschlossen oder geändert, so können einem Dritten gegenüber aus der Ausschließung oder der Aenderung Einwendungen gegen ein zwischen ihm und einem der Ehegatten vorgenommenes Rechtsgeschäft oder gegen ein zwischen ihnen ergangenes rechtskräftiges Urtheil nur hergeleitet werden, wenn zur Zeit der Vornahme des Rechtsgeschäfts oder zur Zeit des Eintritts der Rechtshängigkeit die Ausschließung oder die Aenderung in dem Güterrechtsregister des zuständigen Amtsgerichts eingetragen oder dem Dritten bekannt war.

Das Gleiche gilt, wenn eine in dem Güterrechtsregister eingetragene Regelung der güterrechtlichen Verhältnisse durch Ehevertrag aufgehoben oder geändert wird.

---

recht. In welcher Weise die Vertragserklärungen zu beurkunden sind, richtet sich in Ansehung der Erfordernisse, von denen die Gültigkeit des Vertrags abhängt, nach dem Gesetz über die freiw. G.G. §§ 165—178. Durch das Erforderniß der gleichzeitigen Anwesenheit der Vertragschließenden wird der Abschluß des Ehevertrags durch Stellvertreter nicht ausgeschlossen. Die Vollmacht bedarf nach § 167 Abs. 2 nicht der im § 1434 bestimmten Form. Wegen der Vertretung im Willen vergl. Erl. zu § 1432. In Eheverträgen werden häufig erbrechtliche Bestimmungen getroffen. Diese bedürfen derjenigen Form, die für sie unabhängig von dem Zusammenhange mit einem Ehevertrage vorgeschrieben sind. Nach § 2276 Abs. 2 soll indessen für einen Erbvertrag unter Ehegatten oder Verlobten, der mit einem Ehevertrag in der gleichen Urkunde verbunden ist, die für den Ehevertrag vorgeschriebene Form genügen. Von Bedeutung ist dies namentlich mit Rücksicht darauf, daß der Erbvertrag nach § 2276 Abs. 1 Satz 2 mit § 2233 zu seiner Gültigkeit der Zuziehung von Zeugen bedarf, während zur Errichtung des Ehevertrags nach den §§ 167—169 d. freiw. G.G. Zeugen regelmäßig nicht zugezogen zu werden brauchen.

### § 1435.

**E. I §§ 1336, 1337, 1435 Abs. 1; II § 1334, 1453 Abs. 1 rev. § 1420; III § 1418. P. I S. 6596—6605, 7233—7240, 7243—7265, 8713, 8719; M. IV S. 314—320. P. II S. 5318—5325 (Bd. 4 S. 222—225). K.B. S. 2067.**

**1.** Das B.G.B. macht weder die Wirksamkeit der Eheverträge noch die Wirksamkeit sonstiger, das eheliche Güterrecht betreffender Thatsachen von ihrer Veröffentlichung abhängig. Das B.G.B. geht aber davon aus, daß jeder, der mit einem der Ehegatten in rechtsgeschäftlichen Verkehr tritt oder sich in einen Rechtsstreit einläßt, sich darauf verlassen darf, daß unter den Ehegatten der gesetzliche Güterstand besteht, und daß dieses Vertrauen nur dann nicht zu schützen ist, wenn die Abweichung vom gesetzlichen Güterstand offenkundig gemacht ist. Zur Offenkundigmachung dient dem B.G.B. nicht die Veröffentlichung der Eheverträge und der sonstigen das Güterrecht betreffenden Thatsachen, sondern der Eintrag in das Güterrechtsregister. Das B.G.B. spricht indessen jenen Gedanken nicht allgemein aus. Wie weit der Gedanke für die Eheverträge anerkannt ist, bestimmt der § 1435 Abs. 1. Für die sonstigen das Güterrecht betreffenden Thatsachen ist kein allgemeiner Grundsatz ausgesprochen, sondern für jede Thatsache, bei welcher der Schutz gewährt wird, ist die Anwendbarkeit desselben ausgedrückt.

Erkennt man das Vertrauen auf die Geltung des gesetzlichen Güterrechts als berechtigt an, so gebietet die Folgerichtigkeit, daß auch das Vertrauen darauf geschützt wird, daß die im Güterrechtsregister eingetragene Regelung eines güterrechtlichen Verhältnisses richtig ist. Wie weit in dieser Hinsicht gegen Eheverträge, durch die ein im Güterrechtsregister eingetragener Rechtszustand eine Aenderung erleidet, Schutz gewährt wird, bestimmt der § 1435 Abs. 2. Bezüglich der sonstigen das eheliche Güterrecht betreffenden Thatsachen ist die Anwendbarkeit wiederum nicht allgemein, sondern für jede derselben besonders ausgesprochen.

Der Inhalt des Schutzes ist im § 1435 Abs. 1 angegeben. Die Vorschrift des § 1435 Abs. 1 ist in den übrigen Fällen für anwendbar erklärt. Der § 1435 wiederum ist dem § 1344 nachgebildet, welcher gutgläubige Dritte gegen die Folgen der Nichtigkeit einer Ehe schützt.

2. Das Anwendungsgebiet des § 1435 zerfällt hiernach in zwei Gruppen:

**a)** Die Vorschrift findet Anwendung auf die Eheverträge, durch welche die Verwaltung und Nutznießung des Mannes ausgeschlossen oder geändert wird. Die Verwaltung und Nutznießung wird ausgeschlossen, wenn ein anderer Güterstand eingeführt wird oder wenn die Ehegatten die Verwaltung und Nutznießung ausschließen, ohne erkennbar zu machen, welcher

Güterstand gelten soll (§ 1436 mit § 1431 Abs. 1). Die Vereinbarung der allgem. G.G., der Errungensch.G., der Fahrnißg. oder der Gütertrennung fällt also unter § 1435. Die Verwaltung und Nutznießung wird geändert, wenn nach dem Ehevertrage der gesetzliche Güterstand zwar im Allgemeinen bestehen bleiben, einzelne der für ihn geltenden gesetzlichen Vorschriften aber eine Aenderung erleiden sollen. Wie weit eine solche Aenderung zulässig ist, bestimmt sich nach den in den Erl. zu § 1432 dargelegten Grundsätzen.

Der Ausschließung der Verwaltung und Nutznießung durch Ehevertrag stehen gleich nach den §§ 1426, 1431 die Fälle, daß die Verwaltung und Nutznießung gemäß § 1364 nicht eintritt, daß sie durch Urtheil (§ 1418), durch Konkurseröffnung (§ 1419) oder durch Todeserklärung (§ 1420) beendet wird sowie daß sie in Folge der Aufhebung der ehelichen Gemeinschaft (§§ 1575, 1586) beendet worden ist und nunmehr die Ehegatten das eheliche Leben fortsetzen (§ 1587 mit § 1426 Abs. 2, § 1431 Abs. 1). Der Aenderung der Verwaltung und Nutznießung durch Ehevertrag stehen gleich nach §§ 1426, 1431, 1371 die sämmtlichen Fälle der Bildung von Vorbehaltsgut durch Gesetz oder den Willen eines Dritten (§§ 1366, 1367, 1369, 1370).

b) Die Vorschrift findet ferner Anwendung auf die Eheverträge, durch die eine im Güterrechtsregister eingetragene Regelung aufgehoben, d. h. durch einen andern Güterstand ersetzt, oder geändert wird. Unerheblich ist, welcher Art der aufgehobene oder geänderte Güterstand ist und welcher Güterstand an die Stelle tritt. Der § 1435 gilt auch dann, wenn bisher Gütertrennung eingetragen ist und nunmehr die Verwaltung und Nutznießung vereinbart wird oder wenn die fortgesetzte Gütergemeinschaft durch Vertrag (§ 1508) ausgeschlossen wird. Auch die Aufhebung oder Aenderung eines Ehevertrags, durch den eine einzelne für den gesetzlichen oder vertragsmäßigen Güterstand geltende Vorschrift geändert wird, fällt unter den § 1435 Abs. 2.

Der Aufhebung durch Ehevertrag stehen gleich nach den §§ 1470 Abs. 2, 1545, 1549 die Aufhebung durch Urtheil (§§ 1468, 1469, 1542, 1549), durch Konkurseröffnung (§ 1543) oder durch Todeserklärung (§ 1544) und nach § 1431 Abs. 2, § 1548 Abs. 2 die Wiederherstellung der Verwaltung und Nutznießung (§ 1425) oder der Errungenschaftsgemeinschaft (§ 1548) durch Urtheil. Der durch Ehevertrag herbeigeführten Aenderung der eingetragenen Regelung stehen gleich die Fälle, daß durch den Willen eines Dritten oder unmittelbar durch Gesetz Vorbehaltsgut der Frau gebildet wird (§§ 1440 mit 1369, 1370, 1441, 1526, 1549).

Nicht eingetragen zu werden brauchen die Eheverträge, welche einen nicht im Güterrechtsregister eingetragenen vertragsmäßigen Güterstand ändern oder durch die Verwaltung und Nutznießung ersetzen. Der § 1435 gilt auch nicht für den Fall, daß eine nicht auf Grund eines Ehevertrags, sondern in Folge anderer Umstände eingetretene aber nicht eingetragene Regelung, z. B. die in Folge eines Urtheils eingetretene Gütertrennung, geändert oder aufgehoben wird. Daran ändert der Umstand nichts, daß der Dritte von dem Abschlusse des nicht eingetragenen Ehevertrags bezw. von der nicht eingetragenen sonstigen güterrechtlichen Thatsache in anderer Weise Kenntniß erlangt hat. Dadurch allein erhält er kein Anrecht darauf, daß ihm gegenüber der Ehevertrag als fortbestehend oder die Thatsache als fortwirkend erachtet wird; vielmehr liegt ihm die Erkundigungspflicht ob. Nicht einmal dadurch wird die Anwendbarkeit des § 1435 begründet, daß die Ehegatten dem Dritten von dem nicht eingetragenen Ehevertrage Nachricht gegeben, die Mittheilung des späteren Ehevertrags aber unterlassen haben. Wie weit hier eine Haftung aus anderen Gründen, z. B. wegen Täuschung, begründet ist, richtet sich nach den Umständen des einzelnen Falles.

3. Der im § 1435 gewährte Schutz geht dahin, daß aus der Ausschließung, Aufhebung oder Aenderung des gesetzlichen Güterrechts und aus der Aufhebung oder Aenderung der im Güterrechtsregister eingetragenen Regelung einem Dritten gegenüber, der sich mit einem Ehegatten auf ein Rechtsgeschäft oder, gleichgültig ob als Kläger, Beklagter oder Intervenient, in einen Rechtsstreit eingelassen hat, gegen das Rechtsgeschäft oder das rechtskräftige Urtheil Einwendungen nicht hergeleitet werden können. Die Vorschrift entspricht der des § 1344. Das in der Erl. zu § 1344 Nr. 2 über die Bedeutung und die Tragweite des § 1344 Gesagte gilt auch für den § 1435. Der Schutz wird dem Dritten nur insoweit gewährt, daß die Wirksamkeit eines zwischen ihm und einem der Ehegatten vorgenommenen Rechtsgeschäfts oder ergangenen Urtheils zu Gunsten des Dritten so beurtheilt wird, wie wenn der gesetzliche oder der eingetragene vertragsmäßige Güterstand zur Zeit der Vornahme des Rechtsgeschäfts bezw. des Eintritts der Rechtshängigkeit noch bestanden hätte. Soweit es sich nicht um die Wirksamkeit des Rechtsgeschäfts oder des Urtheils handelt, findet ein Schutz nicht statt. Zu den in den Fällen des § 1344, in denen eine Ehe und folgeweise ein Güterstand überhaupt nicht besteht, sich ergebenden Fragen, tritt in den Fällen des § 1435 noch die fernere Frage hinzu, welche Bedeutung der nicht eingetragenen, aber rechtlich doch bestehenden güterrechtlichen Regelung für das Verhältniß zu dem Dritten zukommt. Um die Konsequenzen des aufgestellten Grundsatzes insbesondere auch in der letztgedachten Be-

ziehung klar zu legen, mögen den in der Erl. zu § 1344 angeführten Beispielen noch folgende hinzugefügt werden:

a) Die eingetretene Gütertrennung ist nicht eingetragen. Der Mann verpachtet oder vermiethet ein Grundstück, das, wenn die Verwaltung und Nutznießung noch bestände, zum eingebrachten Gute der Frau gehören würde, und überläßt es dem Pächter oder Miether. Als eine Wirkung dieses Rechtsgeschäfts ist es, wenn die Verwaltung und Nutznießung zur Zeit seiner Vornahme besteht, nach §§ 1423, 1056 anzusehen, daß die dadurch begründeten Rechte und Verpflichtungen, soweit das Pacht- oder Miethverhältniß zur Zeit der Beendigung der Verwaltung und Nutznießung noch besteht, auf die Frau übergehen. Diese Wirkung hat das fragliche Rechtsgeschäft zu Gunsten des Pächters oder Miethers auch trotz der eingetretenen Gütertrennung; die Frau wird also dem Pächter oder Miether nach Maßgabe des § 1056 verpflichtet. Anders liegt die Sache, wenn der Mann das Grundstück dem Pächter oder Miether nicht überlassen hat oder wenn sich der Pacht- oder Miethvertrag auf einen anderen Gegenstand als auf ein Grundstück bezieht. Hier beschränkt sich die Wirksamkeit des Pacht- oder Miethvertrags auf den Mann; für die Frau wird dadurch eine Verpflichtung nicht begründet. Der Pächter oder Miether kann sich hier ebensowenig an die Frau halten, wie er dazu berechtigt sein würde, wenn die Verwaltung und Nutznießuug zur Zeit des Abschlusses des Pacht- oder Miethverhältnisses noch bestanden hätte, aber vor der Erfüllung beendigt wäre.

b) Die Gütertrennung ist eingetragen. Durch Ehevertrag wird die Verwaltung und Nutznießung vereinbart. Diese wird aber nicht eingetragen. Die Frau verfügt nun über einen zu ihrem Vermögen gehörenden Gegenstand ohne Zustimmung des Mannes. Nach den §§ 1395 ff. würde diese Verfügung unwirksam sein; sie gilt aber zu Gunsten des gutgläubigen Dritten als wirksam. Zweifelhaft könnte es sein, wie ein von der Frau vorgenommenes obligatorisches Rechtsgeschäft zu beurtheilen ist und ob der Dritte, welcher durch ein solches Rechtsgeschäft einen Anspruch gegen die Frau erworben hat, die Befriedigung seines Anspruchs aus dem eingebrachten Gute der Frau verlangen kann. Die Frage dürfte zu bejahen sein. Hätte die Gütertrennung zur Zeit der Vornahme des Rechtsgeschäfts noch bestanden, so würde der Dritte, falls nachher die Verwaltung und Nutznießung eingetreten wäre, Befriedigung aus dem eingebrachten Gute verlangen können (s. Erl. zu § 1411 Nr. 1). Man wird es daher als Wirkung eines obligatorischen Rechtsgeschäfts der fraglichen Art anzusehen haben, daß der Mann dadurch für den Fall, daß später Verwaltung und Nutznießung eintritt, verpflichtet wird, die Befriedigung des Gläubigers aus dem eingebrachten Gute zu dulden. Diese Wirkung tritt zu Gunsten des Gläubigers nach § 1435 auch dann ein, wenn der Eintritt der Verwaltung und Nutznießung zur Zeit der Vornahme des Rechtsgeschäfts nicht eingetragen war. Nach denselben Grundsätzen ist, wenn an die Stelle der Gütertrennung Gütergemeinschaft getreten, diese aber nicht eingetragen ist, die Frage zu beurtheilen, ob eine von der Frau über einen früher zu ihrem Vermögen, nun aber zum Gesammtgute gehörenden Gegenstand vorgenommene Verfügung wirksam und ob eine von der Frau eingegangene Verbindlichkeit dem Manne gegenüber als Gesammtgutsverbindlichkeit gilt.

c) Allgemeine Gütergemeinschaft ist eingetragen. An ihre Stelle ist Gütertrennung getreten, diese ist aber nicht eingetragen. Geht die Frau nun eine Verbindlichkeit ein, die bei dem Bestehen der allgm. G.G. nach den §§ 1459 ff. Gesammtgutsverbindlichkeit werden würde, so tritt diese Wirkung trotz der Aufhebung der G.G. zu Gunsten des Dritten ein und wird der Mann daher nach § 1459 Abs. 2 persönlich dafür haftbar. In dem Falle des § 1344 fällt diese persönliche Haftung, wenn die Verbindlichkeit im Verhältniß unter den Gatten dem Gesammtgute nicht zur Last fällt, weg, weil sie in diesem Falle nach § 1459 Abs. 2 Satz 2 mit der Beendigung der G.G. erlöschen würde, und dasselbe in dem Falle des § 1344 deshalb eintreten muß, weil hier wegen der Nichtigkeit der Ehe eine Gütergemeinschaft niemals entstanden ist (s. Erl. zu § 1344 Nr. 2). Anders gestaltet sich das Verhältniß in dem hier vorausgesetzten Falle. Hätte die G.G. zur Zeit der Vornahme des Rechtsgeschäfts noch bestanden, so würde zwar auch dann die Verbindlichkeit des Mannes mit der Beendigung der G.G. erloschen sein, aber einerseits würde das Gesammtgut bis zur Auseinandersetzung noch für die fragliche Verbindlichkeit der Frau haften und andererseits würde nach § 1480, wenn die Verbindlichkeit nicht vor der Theilung des Gesammtguts berichtigt wird, der Mann dem Gläubiger von Neuem persönlich, jedoch unter Beschränkung auf die ihm zugetheilten Gegenstände haften. Auch diese Haftung des Mannes wird als eine Wirkung des von der Frau mit dem Dritten vorgenommenen Rechtsgeschäfts und der dadurch begründeten Gesammtgutsverbindlichkeit anzusehen sein; sie tritt also zu Gunsten des Dritten trotz der Aufhebung der G.G. ein. Zweifelhaft kann sein, wie das Verhältniß zu beurtheilen ist, wenn die Theilung des Gesammtguts schon vor der Vornahme des betreffenden Rechtsgeschäfts erfolgt ist. Man könnte geneigt sein, in diesem Falle den Wiedereintritt der beschränkten Haftung des Mannes deshalb zu verneinen, weil deren Voraussetzung, nämlich die Theilung des Gesammtguts ohne vorherige Berichtigung der betreffenden

Gesammtgutsverbindlichkeit, nach der Entstehung dieser Verbindlichkeit überhaupt nicht eingetreten ist. Richtiger dürfte indessen sein, den Fall so zu behandeln, wie wenn die fragliche Gesammtgutsverbindlichkeit schon vor der Beendigung der Gütergemeinschaft entstanden wäre. Daraus ergiebt sich dann, daß der Mann mit denjenigen Gegenständen, welche er bei der Theilung erhalten hat, nach Maßgabe des § 1480 für die fragliche Verbindlichkeit haftet. Nach denselben Grundsätzen ist die Frage zu entscheiden, ob die Frau für eine von dem Manne nach der Beendigung der G.G., aber bevor die Beendigung eingetragen ist, eingegangene Verbindlichkeit nach Maßgabe des § 1480 mit denjenigen Gegenständen persönlich haftet, welche sie bei der Theilung erhalten hat. Die zum Theil abweichende Beurtheilung, welche die hier erörterten Fälle in den M. IV S. 317 gefunden haben, hängt damit zusammen, daß nach dem E. I § 1359 der Mann für eine Gesammtgutsverbindlichkeit unbeschränkt persönlich haftet und daß eine persönliche Haftung der Frau den Gläubigern gegenüber auch nach der Theilung des Gesammtguts nicht eintritt, die Ausgleichung vielmehr nach § 1380 nur unter den Gatten erfolgt. Die Grundsätze, von denen die Motive ausgehen, stimmen aber mit den oben dargelegten Grundsätzen überein und führen in Folge der Aenderung, welche der E. I durch die §§ 1459 Abs. 2, 1480 des B.G.B. erfahren hat, zu den oben dargelegten Ergebnissen.

d) Allgemeine Gütergemeinschaft ist eingetragen. Die Frau erwirbt Vorbehaltsgut; dies wird nicht eingetragen. Nach § 1435 sind Rechtsgeschäfte, durch welche der Mann über die zu dem Vorbehaltsgute gehörenden Gegenstände verfügt, wirksam, sofern nicht der Dritte, mit welchem das Rechtsgeschäft vorgenommen ist, die Vorbehaltsgutseigenschaft gekannt hat. Die Gläubiger des Mannes aber können sich nicht an das Vorbehaltsgut halten. Es macht dabei keinen Unterschied, ob ihre Forderungen vor oder nach dem Zeitpunkt entstanden sind, in welchem die betreffenden Gegenstände Vorbehaltsgut wurden. Insbesondere gilt jener Grundsatz auch für Ansprüche aus Rechtsgeschäften mit dem Manne. Zu den Wirkungen eines solchen Rechtsgeschäfts gehört es zwar, daß das Gesammtgut für die dadurch begründete Verbindlichkeit haftet. Nicht zu den Wirkungen des Rechtsgeschäfts aber gehört es, daß alles Vermögen der Gatten dem Gläubiger gegenüber als Gesammtgut gilt; nur das jeweilige Gesammtgut haftet vielmehr dem Gläubiger. Als eine Wirkung des Rechtsgeschäfts ist es zwar ferner nach dem unter c Gesagten anzusehen, daß die Frau, wenn nach Beendigung der G.G. das Gesammtgut unter den Gatten getheilt wird, bevor die Gesammtgutsverbindlichkeiten berichtigt sind, den Gläubigern nach § 1480 insoweit haftet, als sie etwas aus der Theilung erlangt hat. Es könnte in Frage kommen, ob diese Vorschrift analog auf dasjenige Vorbehaltsgut anzuwenden ist, welches der Frau durch Ehevertrag aus dem Gesammtgute zugewendet wird. Dieser Fall ist indessen von dem im § 1480 vorausgesetzten in mehrfacher Beziehung zu verschieden, als daß eine analoge Anwendung zulässig wäre. Gegen die Zuwendung von Vorbehaltsgut an die Frau aus dem Gesammtgute werden die Gläubiger, soweit erforderlich, durch die Vorschriften der K.O. und des Anfechtungsgesetzes über die Anfechtung von Rechtshandlungen des Schuldners geschützt. Weder der § 1435 noch der § 1480 bezweckt, den Gläubigern in dieser Beziehung einen weitergehenden Schutz zu gewähren.

Nur insoweit, als nach dem Obigen die Haftung der Gatten als eine Wirkung des betreffenden Rechtsgeschäfts anzusehen ist, findet der § 1435 Anwendung. Ein Recht des Gläubigers, auch solche Gegenstände, welche die Gatten erst nach der Beendigung der G.G. erworben haben, welche aber, wenn die G.G. nicht beendigt gewesen wäre, Gesammtgut geworden wären, als zu dem Gesammtgute gehörend zu behandeln, läßt sich aus dem § 1435 nicht ableiten.

4. Der Eintrag im Güterrechtsregister schützt Dritte nur **unter der Voraussetzung, daß der Ehevertrag oder die sonstige Thatsache, auf denen der Eintrag beruht, in Wirklichkeit zu Recht besteht.** Ist also der Ehevertrag nichtig, so tritt lediglich Beurtheilung nach der wahren Sachlage ein. Das Gleiche gilt, wenn im Güterrechtsregister der Eintritt der Gütertrennung in Folge der Aufhebung des bisherigen Güterstandes durch Urtheil (§§ 1426, 1470, 1545, 1549) eingetragen ist und das Urtheil später im Wege der Wiederaufnahme des Verfahrens beseitigt wird. Der Eintragung im Güterrechtsregister ist also nicht wie der Eintragung im Grundbuche (§§ 892, 893) öffentlicher Glaube beigemessen, sondern die Eintragung im Güterrechtsregister steht insofern mit der in das Vereinsregister (§ 68) und der in das Handelsregister (H.G.B. § 15) auf gleicher Stufe. Der Eintragung im Güterrechtsregister kommt ferner nur solange Bedeutung zu, als die Ehe besteht. Mit der Ehescheidung verliert die Eintragung von selbst die Wirksamkeit. Gleiches gilt von der Aufhebung der ehelichen Gemeinschaft, da diese nach § 1586 der Ehescheidung gleichsteht. Wird die eheliche Gemeinschaft wiederhergestellt, so lebt die Ehe von selbst wieder auf (§ 1587), es tritt deshalb auch der alte Eintrag im Güterrechtsregister wieder in Wirksamkeit. Die Wirksamkeit des Eintrags hat indessen zur Voraussetzung, daß der Ehemann seinen Wohnsitz noch im Bezirke des Gerichts hat, in dessen Register der Eintrag gemacht ist. Verlegt er den Wohnsitz erst später wieder dahin, so tritt der Eintrag nach § 1559 erst von diesem Zeitpunkt an in Kraft.

5. **Die Art, in welcher die Eintragung in das Güterrechtsregister zu erfolgen hat**, ist in den §§ 1558—1563 bestimmt. Die Eintragung muß in dem Register des zuständigen Amtsgerichts (§ 1558) erfolgt sein und zur Zeit der Vornahme des Rechtsgeschäfts oder zur Zeit des Eintritts der Rechtshängigkeit noch wirksam bestehen. Die Eintragung verliert nach § 1559 ihre Wirksamkeit, wenn der Mann nach der Eintragung seinen Wohnsitz in den Bezirk eines anderen Amtsgerichts verlegt. Die Eintragung muß dann in dem Bezirke dieses Amtsgerichts wiederholt werden. Die frühere Eintragung wird aber von selbst wieder wirksam, wenn der Mann seinen Wohnsitz wieder zurückverlegt. Im Uebrigen s. Erl. zu §§ 1558—1563.

**Was eingetragen werden muß**, ergiebt sich aus dem Inhalt und dem Zwecke des § 1435. Eingetragen werden muß diejenige Vertragsbestimmung oder diejenige Thatsache, welche für die Wirksamkeit des in Frage kommenden Urtheils oder Rechtsgeschäfts von Bedeutung ist. Im Falle der Vereinbarung eines anderen als des gesetzlichen oder des eingetragenen vertragsmäßigen Güterstandes muß diese Vereinbarung eingetragen werden. Bei der Aenderung einzelner Bestimmungen ist die Eintragung der hierauf gerichteten Vereinbarung erforderlich. Wird z. B. Vorbehaltsgut vereinbart, so genügt nicht die Eintragung, daß Vorbehaltsgut vereinbart sei, vielmehr muß aus der Eintragung erhellen, welche Gegenstände Vorbehaltsgut sein sollen. Nicht unbedingt erforderlich ist, daß die betreffenden Gegenstände einzeln bezeichnet sind. Ist z. B. vereinbart, daß ein Grundstück nebst Inventar oder daß ein Erwerbsgeschäft und das dazu gehörende Vermögen, insbesondere das dazu gehörende Waarenlager, Vorbehaltsgut sein solle, so bedarf es nicht der Angabe der einzelnen Inventarstücke oder der einzelnen zu dem Waarenlager gehörenden Sachen. Da eine Vereinbarung der gedachten Art als wirksam betrachtet werden muß, ohne daß die gedachten Sachen darin einzeln bezeichnet sind, so muß auch die Eintragung der fraglichen Vereinbarung genügen. Ein Dritter, an welchen der Ehemann die zu dem Grundstücke gehörenden Inventarstücke oder die zu dem Erwerbsgeschäfte gehörenden verbrauchbaren Sachen veräußert hat, kann sich daher nicht darauf berufen, daß der Ehemann hierzu, wenn die fraglichen Sachen eingebrachtes Gut gewesen wären, nach den §§ 1378, 1376 Nr. 1 berechtigt gewesen sein würde. Er kann dies selbst dann nicht, wenn er bei der Veräußerung nicht gewußt hat, daß die fraglichen Sachen zu dem Inventar oder zu dem Erwerbsgeschäfte gehörten. Nur darauf kommt es nach § 1435 an, daß die Vereinbarung eingetragen ist, nicht darauf, ob der Dritte die sich aus dieser Vereinbarung im einzelnen Falle ergebenden Folgen gekannt hat. Voraussetzung ist nur, daß die Vereinbarung selbst wirksam, also nicht etwa so allgemein gefaßt ist, daß ihre Tragweite nicht erkannt werden kann. Wäre das letztere der Fall, wäre z. B. nur vereinbart, daß die Frau Vorbehaltsgut haben solle, so würde dem Dritten der Schutz des § 1435 zur Seite stehen, aber nicht deshalb, weil die Eintragung ungenügend wäre, sondern weil die Vereinbarung unwirksam ist.

Die Vorschriften des § 1435 finden nach §§ 1371, 1431 auch auf das **gesetzliche Vorbehaltsgut** Anwendung. An die Stelle des Ehevertrags tritt hier die Thatsache, von welcher kraft des Gesetzes die Vorbehaltseigenschaft abhängt. Diese Thatsache muß also eingetragen werden. Hierbei können Zweifel entstehen, inwieweit eine Spezialisirung erforderlich ist. In dem Falle des § 1366 wird einzutragen sein, daß und welche Sachen ausschließlich zum persönlichen Gebrauche der Frau bestimmt sind. Im Falle des § 1367 dürfte die Eintragung genügen, daß die Frau ein bestimmtes Erwerbsgeschäft selbständig betreibe, um für alle durch den Betrieb dieses Erwerbsgeschäfts erworbenen Gegenstände der Voraussetzung des § 1435 zu genügen. Bei einem durch andere Arbeit von der Frau gemachten Erwerbe wird der erworbene Gegenstand durch die Eintragung erkennbar gemacht werden müssen. Im Falle des § 1369 muß die letztwillige Verfügung oder die bei einer unentgeltlichen Zuwendung unter Lebenden von dem Zuwendenden getroffene Bestimmung eingetragen werden. Es gilt hierbei im Wesentlichen dasselbe, was oben für die vertragsmäßige Vereinbarung von Vorbehaltsgut gesagt ist. Enthält die fragliche Verfügung oder Bestimmung eine genügende Bezeichnung der Gegenstände, welche Vorbehaltsgut sein sollen, so genügt diese Bezeichnung auch für die Eintragung. Es wird z. B., wenn eine Erbschaft durch Verfügung des Erblassers für Vorbehaltsgut erklärt ist, nicht erforderlich sein, daß alle zu der Erbschaft gehörenden Gegenstände einzeln eingetragen werden, vielmehr die Bezeichnung der Erbschaft und der Verfügung, durch welche die Vorbehaltseigenschaft bestimmt ist, genügen. Am zweifelhaftesten liegt die Sache im Falle des § 1370. Muß hier in jedem einzelnen Falle der Surrogation der dadurch gemachte Erwerb eingetragen werden oder wird die Vorbehaltseigenschaft eines solchen Erwerbes dadurch genügend festgestellt, daß die Vorbehaltseigenschaft des Gegenstandes, an dessen Stelle der neue Erwerb tritt, eingetragen ist? Bei der ersteren Auffassung müßten z. B. die von einem Grundstücke gezogenen Früchte oder die von einer Forderung gezogenen Zinsen, auch wenn das Grundstück oder die Forderung als Vorbehaltsgut eingetragen ist, noch wieder besonders eingetragen werden, um für sie die Voraussetzungen des § 1435 zu begründen. Ein solches Ergebniß dürfte unpraktisch sein und dem Zwecke des § 1435 nicht entsprechen. Man wird zwischen den

## §. 1436.

Wird durch Ehevertrag die Verwaltung und Nutznießung des Mannes ausgeschlossen oder die allgemeine Gütergemeinschaft, die Errungenschaftsgemeinschaft

---

drei in dem § 1370 zusammengefaßten Gruppen des Erwerbes (s. Erl. zu § 1370) zu unterscheiden haben. Bei den ersten beiden Gruppen — Erwerb auf Grund eines zu dem Vorbehaltsgute gehörenden Rechtes oder als Ersatz für die Zerstörung, Beschädigung oder Entziehung eines zu dem Vorbehaltsgute gehörenden Gegenstandes — ist der Zusammenhang zwischen dem neu erworbenen und dem bisherigen Vorbehaltsgut objektiv erkennbar. Hier dürfte daher die Eintragung des bisherigen Vorbehaltsguts genügen, um auch für das neuerworbene die Voraussetzung des § 1435 zu begründen. Bei der dritten Gruppe dagegen — dem Erwerbe durch ein Rechtsgeschäft, das sich auf das Vorbehaltsgut bezieht, — kommt es wesentlich mit auf die subjektive Absicht an, in welcher das Rechtsgeschäft vorgenommen wird. Hier ist der Zusammenhang nicht in gleicher Weise erkennbar wie bei den ersten beiden Gruppen und deshalb dürfte hier die Eintragung des Rechtsgeschäfts, durch welches der neue Erwerb erfolgt, erforderlich sein.

Nach § 13 der Bestimmungen des Bundesraths über das Güterrechtsregister (s. Vorbm. vor § 1558) kann bei der Eintragung von Vorbehaltsgut zur näheren Bezeichnung der einzelnen dazu gehörenden Gegenstände auf ein bei den Registerakten befindliches Verzeichniß Bezug genommen werden.

Praktisch ist übrigens die Frage bei der Beschränkung, der das Verfügungsrecht des Mannes auch in Betreff des eingebrachten Gutes unterliegt, für die zwischen einem Dritten und dem Manne vorgenommenen Rechtsgeschäfte von keiner großen Bedeutung. Es kommen indessen auch solche Fälle in Frage, in welchen die eingetragene Vorbehaltseigenschaft eines Gegenstandes durch Ehevertrag wieder aufgehoben wird, und hier kann es, wenn der Ehevertrag nicht eingetragen ist, für den Dritten, welcher mit der Frau ein Rechtsgeschäft vornimmt, von Bedeutung sein, ob die Vorbehaltseigenschaft des Gegenstandes, auf den sich das Rechtsgeschäft bezieht, als unter der früheren Eintragung mitbegriffen anzusehen ist.

6. Der Schutz des § 1435 entfällt außer in dem Falle der Eintragung des die Ausschließung, Aufhebung oder Aenderung der Verwaltung und Nutznießung oder der eingetragenen Regelung bestimmenden Ehevertrags oder der sonstigen Thatsache auch dann, wenn der Ehevertrag oder die betreffende Thatsache dem Dritten zur Zeit der Vornahme des Rechtsgeschäfts oder des Eintritts der Rechtshängigkeit bekannt war. Nothwendig ist die Kenntniß des Theiles des Ehevertrags, der für die Wirksamkeit des betreffenden Rechtsgeschäfts oder Urtheils von Bedeutung ist. Erforderlich ist ferner positive Kenntniß; bloßes Kennenmüssen schadet nichts. Die Kenntniß muß im Augenblicke der Vornahme des Rechtsgeschäfts oder des Eintritts der Rechtshängigkeit vorhanden sein. Der E. I § 1337 hatte als entscheidenden Zeitpunkt denjenigen bestimmt, in dem die Ausschließung, Aufhebung oder Aenderung in dem Rechtsstreite hätte geltend gemacht werden können. Im E. II begnügte man sich aus den gleichen Gründen wie im § 407 Abs. 2 mit dem Zeitpunkte der Rechtshängigkeit. Wann dieser eintritt, ergeben die §§ 263, 281, 693, 697 der C.P.O. Wann ein Rechtsgeschäft als vorgenommen anzusehen ist, richtet sich nach den allgemeinen Grundsätzen (vergl. z. B. §§ 151 ff.).

7. Die Beweislast ist in der Weise geregelt, daß demjenigen, der sich auf den Eintrag oder die Kenntniß der Ausschließung, Aufhebung oder Aenderung beruft, der Beweis derselben obliegt.

8. Die allgemeinen Vorschriften über den Schutz des guten Glaubens werden durch § 1435 nicht berührt. Dies gilt insbesondere von dem öffentlichen Glauben des Grundbuchs (§§ 892, 893). Wer von dem im Grundbuch als Alleineigenthümer eingetragenen, in Gütergemeinschaft lebenden Ehemann ein Grundstück erwirbt, dessen guter Glaube wird nicht schon dadurch ausgeschlossen, daß im Güterrechtsregister das Bestehen der allgem. G.G. eingetragen ist. Die Frau ist hier durch § 1438 Abs. 3 geschützt. Aehnlich liegt die Sache mit dem Satze „Hand muß Hand wahren" (§§ 932, 936). Auch hier ist nicht schon deshalb, weil der Gütergemeinschaftsvertrag auf Grund des § 1435 dem Dritten gegenüber als unwirksam nicht anzusehen ist und die Wirksamkeit des Rechtsgeschäfts auf § 1435 mithin nicht gestützt werden kann, ausgeschlossen, daß das in Folge des Gütergemeinschaftsvertrags an sich unwirksame Rechtsgeschäft nach Maßgabe der allgemeinen Vorschriften über den Schutz des guten Glaubens sich als wirksam darstellt.

9. Der § 1435 ist noch in den Fällen des § 1357 Abs. 2 und des § 1405 anwendbar. In dieser Hinsicht ist auf die Erl. zu den §§ 1357, 1405 zu verweisen.

oder die Fahrnißgemeinschaft aufgehoben, so tritt Gütertrennung ein, sofern sich nicht aus dem Vertrag ein Anderes ergiebt.

## 2. Allgemeine Gütergemeinschaft.

---

### § 1436.

**E. I § 1338, § 1381 Abs. 1, § 1429 Abs 1, § 1431 Abs. 1; II § 1335 rev. § 1421; III § 1419. P. I S. 6581, 6582, 6847—6849, 7519; M. IV S. 321, 418, 534. P. II S. 5309, 5326, 5459, 5605—5607, 5610, 5612 (Bd. 4 S. 225, 293, 369, 373).**

Der § 1436 enthält eine Dispositivvorschrift für den Fall, daß durch Ehevertrag vor Eingehung der Ehe der Eintritt des gesetzlichen Güterstandes oder nachher der bisherige gesetzliche oder vertragsmäßige Güterstand aufgehoben wird, ohne daß der Vertrag das an die Stelle tretende Güterrecht bestimmt. Es soll Gütertrennung (§§ 1427—1430) eintreten. Dritten gegenüber ist der Eintritt der Gütertrennung nur nach Maßgabe des § 1435 wirksam.

Möglicherweise kann der § 1436 auch dann zur Anwendung kommen, wenn in dem Vertrage der an die Stelle tretende Güterstand zwar bestimmt, diese Bestimmung aber, weil die dafür geltenden besonderen Vorschriften, z. B. im Falle der Vereinbarung der allgemeinen Gütergemeinschaft die Vorschriften des § 1437, nicht beobachtet sind, unwirksam ist. Regelmäßig wird hier nach § 139 der ganze Vertrag nichtig sein. Sollte indessen im einzelnen Falle anzunehmen sein, daß der Ausschluß des gesetzlichen oder die Aufhebung des bisherigen vertragsmäßigen Güterstandes auch ohne die fragliche unwirksame Bestimmung vereinbart sein würde und wäre der Vertrag daher nach § 139 insoweit gültig, so würde nach § 1436 Gütertrennung eintreten.

### 2. Allgemeine Gütergemeinschaft.

**1.** Die allg. G.G. bezweckt die vollständige Lebensgemeinschaft, welche die Ehe unter den Ehegatten begründet, auch in vermögensrechtlicher Beziehung zum Ausdrucke zu bringen. Beide Ehegatten sollen nur ein Vermögen haben, welches sowohl die Funktionen des Vermögens des einen als des anderen Ehegatten versieht. Dieser Grundgedanke ist indessen weder in einem der bisherigen Rechte noch im B.G.B. rein durchgeführt. Eine allgemeine Uebersicht derjenigen Grundsätze, welche die Gesetzgebung regelmäßig aus dem Grundgedanken der allg. G.G. ableitet, geben die M. IV S. 327—329. Dort S. 147 ff. ist auch eine gesetzgeberische Würdigung der für und gegen die allg. G.G. sprechenden Gesichtspunkte enthalten.

**2.** Ueber das Wesen der allg. G.G. bestehen seit langer Zeit Streitfragen (s. M. IV S. 330—332). Die an erster Stelle gemachten Vorschläge des Entwurfes des Redaktors des Familienrechts gingen von dem Alleineigenthume des Mannes aus, die eventuellen von der deutschrechtlichen Auffassung des Miteigenthums zur gesammten Hand d. h. eines Miteigenthums, bei welchem die Antheile der Ehegatten während der Dauer der Gemeinschaft als selbständige Vermögensrechte nicht geltend gemacht werden können, sondern erst nach Auflösung der Gemeinschaft Sonderrechte der Ehegatten an dem gemeinschaftlichen Vermögen hervortreten. Diese Auffassung liegt auch den Entwürfen und dem B.G.B. zu Grunde (vergl. Erl. zu § 1442).

**3.** Der Stoff ist in der Weise geordnet, daß der § 1437 eine Sondervorschrift für den die Eingehung oder die Aufhebung der G.G. bestimmenden Ehevertrag trifft. In den §§ 1438—1441 wird bestimmt, welche Vermögensgegenstände der Ehegatten in die G.G. fallen. Der § 1438 begrenzt den Umfang des gütergemeinschaftlichen Vermögens, des Gesammtguts, und schreibt zugleich vor, daß der Eintritt der Gesammtgutseigenschaft kraft Gesetzes erfolgt. Vom Gesammtgut ausgeschlossen sind einerseits die Gegenstände, die nicht durch Rechtsgeschäft übertragen werden können (§ 1439 Satz 1), andererseits das Vorbehaltsgut, dessen Umfang im § 1440 umschrieben ist. Der § 1439 Satz 2 und der § 1441 enthalten Vorschriften, welche die rechtliche Stellung der vom Gesammtgut ausgeschlossenen Gegenstände regeln. Der § 1442 charakterisirt die Rechte der Ehegatten am Gesammtgut und bringt die Natur der G.G. als einer Gemeinschaft zur gesammten Hand zum Ausdrucke.

In den §§ 1443—1457 ist die rechtliche Stellung des Mannes und der Frau zum Gesammtgute geordnet. Der § 1443 überträgt dem Manne das ausschließliche Recht der Verwaltung des Gesammtguts. Die Wirksamkeit gewisser theils außerhalb des Rahmens einer ordnungsmäßigen Verwaltung liegender, theils in die Lebensverhältnisse der Familie tief eingreifender Rechtsgeschäfte ist von der Zustimmung der Frau abhängig gemacht. Diese Rechtsgeschäfte sind in den §§ 1444—1446 aufgezählt. Der § 1447 giebt dem Manne das Recht, die Zustimmung der Frau unter Umständen durch das Vormundschaftsgericht ersetzen zu lassen.

## §. 1437.

Ein Ehevertrag, durch den die allgemeine Gütergemeinschaft vereinbart oder aufgehoben wird, kann nicht durch einen gesetzlichen Vertreter geschlossen werden.

Ist einer der Vertragschließenden in der Geschäftsfähigkeit beschränkt, so bedarf er der Zustimmung seines gesetzlichen Vertreters. Ist der gesetzliche Vertreter ein Vormund, so ist die Genehmigung des Vormundschaftsgerichts erforderlich.

---

Im § 1448 ist der Fall behandelt, daß der Mann ein Rechtsgeschäft, zu dem er der Einwilligung der Frau bedarf, ohne die Einwilligung vorgenommen hat. Aus dem ausschließlichen Verwaltungsrechte des Mannes folgt, daß die Frau über Gesammtgut nur mit Zustimmung des Mannes verfügen kann. Hiervon sind in den §§ 1449—1454 Ausnahmen aufgestellt. Der § 1455 betrifft den Fall, daß ein Rechtsgeschäft des Mannes oder der Frau, weil es der erforderlichen Zustimmung des anderen Ehegatten ermangelt, dem Gesammtgute gegenüber unwirksam, das Gesammtgut aber durch das Rechtsgeschäft bereichert ist. Im § 1456 ist die Verantwortlichkeit des Mannes für die Verwaltung des Gesammtguts gegenüber der Frau geregelt. Der § 1457 überträgt die Rechte und Pflichten, die sich aus der Verwaltung des Gesammtguts für den Mann ergeben, auf dessen gesetzlichen Vertreter.

Nach § 1458 fällt der eheliche Aufwand dem Gesammtgute zur Last.

Die §§ 1459—1467 regeln die Schuldenhaftung. Die §§ 1459—1462 betreffen das Verhältniß der Ehegatten zu den beiderseitigen Gläubigern, die §§ 1463—1465 das Verhältniß der Ehegatten zueinander. Der § 1466 trifft Vorschriften über den Ersatz von Verwendungen des Gesammtguts in das Vorbehaltsgut des Mannes und des Vorbehaltsguts des Mannes in das Gesammtgut. Ueber die Zeit der Erfüllung der gegenseitigen Verbindlichkeiten sind im § 1467 Bestimmungen vorgesehen.

Die Beendigung der G.G. ist in den §§ 1468—1482 geordnet Von den Gründen der Beendigung der G.G. sind in den §§ 1468, 1469 nur die Klage der Frau gegen den Mann und die Klage des Mannes gegen die Frau auf Aufhebung der G.G. genannt; der § 1470 bestimmt, in welchem Zeitpunkt im Falle der siegreichen Durchführung einer solchen Klage die G.G. als beendigt anzusehen ist. Nach der Beendigung der G.G. tritt nach § 1471 die Auseinandersetzung in Ansehung des Gesammtguts ein. Die §§ 1472, 1473 betreffen die Verwaltung des Gesammtguts und den Erwerb der Ehegatten bis zur Auseinandersetzung. In den §§ 1474—1481 ist die Art der Auseinandersetzung geregelt.

Der § 1482 bestimmt die Behandlung des Falles, daß die Ehe durch den Tod eines Ehegatten aufgelöst und ein gemeinschaftlicher Abkömmling nicht vorhanden ist (unbeerbte Ehe). Der § 1483 regelt den Fall der beerbten Ehe. In diesem Falle tritt fortgesetzte Gütergemeinschaft ein. Die nähere Regelung der fortges. G.G. ist in den §§ 1484—1518 erfolgt. Wegen der Anordnung des Stoffes dieser Paragraphen s. die Vorbm. vor § 1483.

## § 1437.

**E. I § 1341 Abs. 2 Satz 1; II § 1336 rev § 1422; III § 1420. P. I S. 6621—6627, 8361, 8372, 8714, 8718, 8721; M IV S. 313, 333, 334. P. II S. 5336—5339, 8632 (Bd. 4 S. 230—232, 238). K.B. S. 2067.**

**1.** Der § 1437 macht von den für den Abschluß eines Ehevertrags durch Stellvertreter geltenden Grundsätzen (s. Erl. 3 zu § 1432) für den die allg. G.G. einführenden und nach den Beschlüssen der R.T.K. auch für den die allg. G.G. aufhebenden Vertrag, weil dieser Vertrag einem Erbvertrage bezw. einen Erbvertrag aufhebenden Vertrage wirthschaftlich gleichkommt, in Anlehnung an § 2275 Abs. 1, 2, § 2290 Abs. 2, 3 eine doppelte Ausnahme.

Die erste Ausnahme besteht darin, daß der Abs. 1 den Abschluß eines solchen Vertrags durch den gesetzlichen Vertreter für unzulässig erklärt. Der Vertrag kann nur von dem Vertretenen selbst geschlossen werden. Solange ein Verlobter oder ein Ehegatte geschäftsunfähig ist, kann mithin die allg. G.G. überhaupt nicht eingegangen oder aufgehoben werden. Der Abs. 2 Satz 1 stellt klar, daß deswegen, weil der Vertrag von dem in der Geschäftsfähigkeit Beschränkten selbst geschlossen werden muß, nicht auch die Zustimmung des gesetzlichen Vertreters entbehrlich ist. Unerheblich ist, aus welchem Grunde der Vertragschließende in der Geschäftsfähigkeit beschränkt ist (§§ 106, 114). Wer der gesetzliche Vertreter ist, ergiebt sich aus den allgemeinen Grundsätzen über elterliche Gewalt und Vormundschaft. Sind mehrere gesetzliche Vertreter vorhanden, so ist entscheidend, wem die Sorge für das Vermögen zusteht (§§ 1628, 1794, 1797, 1897). Ist der Mutter ein Beistand bestellt und diesem nach § 1693 die Vermögensverwaltung übertragen, so hat er die Zustimmung zu ertheilen. In den anderen Fällen der Beistandschaft ist die Zustimmung von der Mutter zu ertheilen, die Mutter bedarf aber nach § 1690 Abs. 1 der Genehmigung des Beistandes. Ist der gesetzliche Vertreter ein Vormund, so bedarf er nur der Genehmigung des Vormundschaftsgerichts, nicht der des Gegenvormundes.

Die zweite Ausnahme liegt darin, daß nach Abs. 2 Satz 2, sofern der gesetzliche Vertreter ein Vormund ist, die Genehmigung des Vormundschaftsgerichts nothwendig ist. Diese ist mithin entbehrlich, wenn der Vertreter die Vertretung kraft der elterlichen Gewalt hat; sie ist dagegen erforderlich, wenn zwar dem Vater oder der Mutter die Vertretung zusteht, aber nicht kraft der elterlichen Gewalt, sondern z. B. weil die Mutter nach ihrer Wiederverheirathung zum Vormunde des Kindes bestellt ist. Da für Volljährige eine Beschränkung der Geschäftsfähigkeit nur in Verbindung mit einer Vormundschaft Platz greift, ist die Genehmigung des Vormundschaftsgerichts, wenn ein volljähriger Verlobter oder Ehegatte in der Geschäftsfähigkeit beschränkt ist, stets erforderlich. Hat die Mutter zwar die elterliche Gewalt, ist ihr aber ein Beistand bestellt und diesem nach § 1693 die Vermögensverwaltung übertragen, so ist die Genehmigung des Vormundschaftsgerichts erforderlich; denn in diesem Falle hat der Beistand die Stellung eines Pflegers, auf diesen finden aber nach § 1915 die für den Vormund geltenden Vorschriften Anwendung.

2. Auf die Zustimmung des gesetzlichen Vertreters finden die allgemeinen Vorschriften des §§ 108, 109, des § 182 Abs. 2 und der §§ 183, 184 Anwendung. Für die Genehmigung des Vormundschaftsgerichts gelten die Vorschriften der §§ 1828, 1831, 1897, 1915, für die Genehmigung des Beistandes gilt der § 1690 Abs. 1 Satz 3. Danach bestimmt sich insbesondere die rechtliche Wirksamkeit eines ohne die Zustimmung des Vertreters oder ohne die Genehmigung des Gerichts geschlossenen Ehevertrags. Daraus folgt ferner, daß die Zustimmung sowie die Genehmigung keiner Form bedarf und auf den Zeitpunkt des Vertragsabschlusses zurückwirkt, mit diesem Zeitpunkte mithin die allg. G.G. eintritt. Ob das Gericht vor der Ertheilung der Genehmigung Verwandte oder Verschwägerte des in der Geschäftsfähigkeit beschränkten Ehegatten hören soll, bestimmt sich nach § 1847.

3. Der § 1437 bezieht sich nicht auf Eheverträge, durch welche die allg. G.G. bloß geändert, z. B. ein Gegenstand für Vorbehaltsgut oder ein vorbehaltener Gegenstand für Gesammtgut erklärt wird. Dagegen ist er im § 1508 Abs. 2 auf den Ehevertrag für anwendbar erklärt, durch den die fortgesetzte G.G. ausgeschlossen oder die Ausschließung aufgehoben wird. Durch den § 1437 wird ferner nur die Vertretung durch den gesetzlichen Vertreter betroffen. Der Abschluß eines Ehevertrags durch einen Bevollmächtigten ist sonach durch § 1437 nicht verboten. Die Vollmacht bedarf zwar nicht der für den Ehevertrag bestimmten Form (vergl. § 167 Abs. 2), allein sie kann nur von dem Ehegatten persönlich, nicht von dem gesetzlichen Vertreter des Ehegatten ertheilt werden. Da die Ertheilung der Vollmacht ein Rechtsgeschäft ist, so ist dazu nach § 107 die Einwilligung des gesetzlichen Vertreters nothwendig.

## §§ 1438—1441.

Objekt der G.G. ist das gesammte Vermögen beider Ehegatten ohne Unterschied seiner Bestandtheile und seiner Erwerbszeit. Zur Bezeichnung des das Objekt der G.G. bildenden Vermögens verwendet das B.G.B. (§ 1438) den Ausdruck „Gesammtgut". Gewisse Vermögensstücke sind von der G.G. ausgeschlossen. Diese Ausnahmen zerfallen in zwei Gruppen.

Vermögensgegenstände eines Ehegatten können in der Weise ausgenommen sein, daß dem Ehegatten über sie das vollständige Eigenthums-, Verwaltungs-, Verfügungs- und Nutzungsrecht zusteht. Diese Gegenstände bilden das Vorbehaltsgut des Ehegatten. Den Umfang des Vorbehaltsguts bestimmt der § 1440. Ueber die rechtliche Natur des Vorbehaltsguts s. Erl. zu § 1440 Nr. 3 und zu § 1441.

Gewisse Vermögensgegenstände eines Ehegatten sind in der Weise ausgenommen, daß sie dem Ehegatten zwar eigenthümlich zustehen, ihre Nutzungen aber zu dem Gesammtgut in demselben Umfange gehören, in welchem bei dem ges. Güterrechte die Nutzungen des eingebrachten Gutes von dem Manne erworben werden und daß andererseits die Kosten der Erhaltung und die Lasten dieser Gegenstände vom Gesammtgute getragen werden. Die Verwaltung dieser Gegenstände ist, soweit sie der Frau gehören, dieser entzogen, um die Verwendung der Nutzungen für das Gesammtgut sicher zu stellen. Der E. I § 1351 bezeichnete diese Gegenstände als Sondergut. Zum Sondergute sollten nach dem E. I gehören die Gegenstände, welche nicht durch Rechtsgeschäft übertragen werden können, ferner die Gegenstände, welche durch Ehevertrag oder durch Bestimmung des Dritten, von welchem sie der Ehegatte von Todeswegen oder unentgeltlich unter Lebenden erworben hat, als Sondergut bezeichnet worden sind, endlich die Surrogate dieser Gegenstände. Von der zweiten Kommission sind nur die Gegenstände, welche nicht durch Rechtsgeschäft übertragen werden können, als von dem Gesammtgut in der Weise ausgeschlossen erklärt worden, daß sie für Rechnung des Gesammtguts verwaltet werden (§ 1439). Mit einem technischen Ausdrucke sind diese Gegenstände im B.G.B. nicht bezeichnet. Der Kürze wegen dürfte sich die Beibehaltung der Bezeichnung „Sondergut" empfehlen.

## §. 1438.

Das Vermögen des Mannes und das Vermögen der Frau werden durch die allgemeine Gütergemeinschaft gemeinschaftliches Vermögen beider Ehegatten (Gesammtgut). Zu dem Gesammtgute gehört auch das Vermögen, das der Mann oder die Frau während der Gütergemeinschaft erwirbt.

Die einzelnen Gegenstände werden gemeinschaftlich, ohne daß es einer Uebertragung durch Rechtsgeschäft bedarf.

Wird ein Recht gemeinschaftlich, das im Grundbuch eingetragen ist oder in das Grundbuch eingetragen werden kann, so kann jeder Ehegatte von dem anderen die Mitwirkung zur Berichtigung des Grundbuchs verlangen.

---

### § 1438.

**E. I §§ 1342, 1343; II § 1337 rev. § 1423; III § 1421. P. I S. 6607—6615, 6628—6639, 6657, 8825, 8843; M. IV S. 335—337. P. II S. 5339, 5340 (Bd. 4 S. 232). D. S. 693.**

**1.** Der Abs. 1 bringt einerseits den dem Wesen der allg. G.G. entsprechenden Grundsatz, daß alles Vermögen, welches der Mann oder die Frau bei dem Eintritte der allg. G.G. besitzen oder später erwerben, zu einer gemeinschaftlichen Masse vereinigt wird, andererseits den Charakter dieser Vermögensmasse als eines beiden Ehegatten gemeinschaftlichen Vermögens zum Ausdrucke. Die rechtliche Natur dieser Gemeinschaft als einer Gemeinschaft zur gesammten Hand ergiebt sich aus § 1442. Den Gegensatz des Gesammtguts bilden die Sondergüter und die Vorbehaltsgüter. Ueber deren Umfang und rechtliche Stellung vergl. Erl. zu den §§ 1439—1441.

**2.** Aus Abs. 1 folgt, daß bis zum Beweise des Gegentheils alles im Besitz eines oder beider Ehegatten befindliche Vermögen als Gesammtgut anzusehen ist. Dadurch wird die im § 1362 Abs. 1 zu Gunsten der Gläubiger des Mannes und die im § 1362 Abs. 2 zu Gunsten der Frau aufgestellte Vermuthung nicht beseitigt, sondern nur modifizirt (vergl. Erl. zu § 1362). Eine praktisch wichtige Folge der Vermuthung zu Gunsten des Gesammtguts ist, daß alle während des Bestehens der allg. G.G. auf das Sondergut oder das Vorbehaltsgut eines der Ehegatten gemachten Aufwendungen bis zum Beweise des Gegentheils als aus dem Gesammtgute gemacht gelten. Der Beweis der Nichtzugehörigkeit eines Gegenstandes zum Gesammtgute d. h. der Beweis der Sonderguts- oder Vorbehaltsgutseigenschaft ist durch positive Vorschriften nicht eingeschränkt. Insbesondere ist auch (vergl. Erl. zu § 1372) bei der allg. G.G. nicht Voraussetzung, daß ein Verzeichniß des Sonderguts oder des Vorbehaltsguts aufgenommen ist.

**3.** Der Abs. 2 spricht den Grundsatz aus, daß die Gesammtgutseigenschaft kraft des Gesetzes eintritt. Dies gilt für alle Rechte, auch für solche, welche in das Grundbuch eingetragen werden müssen. Gefahren für die Rechtssicherheit entstehen hieraus nicht; denn durch die Vorschriften über den öffentlichen Glauben des Grundbuchs ist Sorge getragen, daß, wenn der Eintrag im Grundbuche mit der wahren Rechtslage nicht übereinstimmt, der Inhalt des Grundbuchs als wahr gilt (§§ 892, 893, 1138, 1155). Wie in der Erl. 8 zu § 1435 dargelegt ist, ändert hieran der Eintrag der G.G. im Güterrechtsregister nichts.

**4.** Das Bestehen der allg. G.G. wird bei den betreffenden Rechten in das Grundbuch eingetragen. Nach § 48 der G.B.O. genügt es nicht, wenn die Ehegatten als gemeinschaftliche Eigenthümer oder dinglich Berechtigte eingetragen werden, sondern es muß das Bestehen der allg. G.G. als solcher bezeichnet werden. Dem Grundbuchamte gegenüber wird der Nachweis, daß die allg. G.G. gilt, nach § 34 der G.B.O. durch ein Zeugniß des Registergerichts über den Eintrag im Güterrechtsregister geführt; wenn das Registergericht zugleich Grundbuchamt ist, genügt nach § 35 der G.B.O. die Bezugnahme auf das Register. Mit Rücksicht auf die Wirkungen des öffentlichen Glaubens des Grundbuchs hat jeder Ehegatte ein Interesse an der Eintragung der Gesammtgutseigenschaft im Grundbuche. Dadurch erklärt sich das im Abs. 3 jedem Ehegatten eingeräumte Recht, von dem anderen Ehegatten die Mitwirkung zur Berichtigung des Grundbuchs zu verlangen. Im E. I war der § 843 (nun § 894) für anwendbar erklärt. Dies wurde von der zweiten Kommission gestrichen, aber nur, um nicht das Mißverständniß aufkommen zu lassen, als ob nur der nicht eingetragene Ehegatte den Anspruch habe. Die §§ 894—896 sind deshalb für anwendbar zu halten. Die Anwendbarkeit des von den Kosten der Berichtigung handelnden § 897 entfällt, weil sich aus der Absicht des Gütergemeinschaftsvertrags ergiebt, daß die Kosten von beiden Ehegatten zu tragen d. h. stets Gesammtgutsverbindlichkeiten sind. Der § 898 ist wegen des § 204 Satz 1 gegenstandslos. Weigert sich ein Ehegatte, der Berichtigung zuzustimmen, so kann nach § 899 ein Widerspruch eingetragen werden.

§. 1439.

Von dem Gesammtgut ausgeschlossen sind Gegenstände, die nicht durch Rechtsgeschäft übertragen werden können. Auf solche Gegenstände finden die bei der Errungenschaftsgemeinschaft für das eingebrachte Gut geltenden Vorschriften, mit Ausnahme des §. 1524, entsprechende Anwendung.

---

**§ 1439.**

**E. I § 1351; II § 1339 rev § 1424; III § 1422. P. I S. 6606, 6617—6620, 6640—6656, 7219—7221, 8677, 8688; M. IV S. 344—348. P. II S. 5345—5349 (Bd. 4 S. 235—237). D. S. 693.**

Der § 1439 betrifft das Sondergut. Ueber den Begriff s. Vorbm. S. 202.

1. Der Satz 1 begrenzt den Umfang des Sonderguts. Sondergut sind die dem Manne oder der Frau gehörenden Gegenstände, die nicht durch Rechtsgeschäft übertragen werden können, z. B. Lehen, Stamm- und Fideikommißgüter, gewisse Bauerngüter, ferner die unter § 400 fallenden Forderungen und die in den §§ 514, 1059, 1092, 1093, 1103 bezeichneten Rechte, der Nießbrauch (§ 1059), trotzdem seine Ausübung einem Dritten überlassen werden kann. Zum Sondergute gehören auch die Forderungen, deren Uebertragbarkeit nach § 399 ausgeschlossen ist, weil die Leistung an einen Anderen als den ursprünglichen Gläubiger nicht ohne Veränderung ihres Inhalts erfolgen kann (vergl. z. B. § 613 Satz 2, § 664 Abs. 2) oder weil die Abtretung durch Vereinbarung mit dem Schuldner ausgeschlossen ist. Dadurch ist allerdings ein Ehegatte in der Lage, einen Erwerb, der nach § 1438 an sich Gesammtgut würde, durch vertragsmäßigen Ausschluß der Uebertragbarkeit vom Gesammtgut auszuschließen; selbstverständlich muß der Ehegatte zum Gesammtgut Ersatz leisten, wenn er zu dem Erwerbe Mittel des Gesammtguts verwendet hat. Ob die Rechte eines Ehegatten, die mit seinem Tode erlöschen oder deren Erwerb durch den Tod eines der Ehegatten bedingt ist, z. B. das Recht auf eine Leibrente oder auf die Lebensversicherungssumme, zum Sondergute gehören, hängt, da eine dem für die Errungenschaftsgemeinschaft geltenden § 1522 entsprechende Vorschrift hier fehlt, lediglich von der Uebertragbarkeit ab. Das Recht auf eine Leibrente z. B. wird hiernach, da es regelmäßig übertragbar ist, auch regelmäßig zum Gesammtgute gehören. Bei dem Rechte aus einer Lebensversicherung kommt es auf den Inhalt des Versicherungsvertrags an. Wenn durch den Vertrag dem Dritten das Recht auf die Versicherungssumme erworben wird und der Versichernde nur das Recht behält, den Vertrag wieder aufzuheben, so entsteht durch einen solchen von einem Ehegatten eingegangenen Versicherungsvertrag kein übertragbares Vermögensrecht desselben. Wenn aber die Lebensversicherung ein eigenes Recht des versichernden Gatten auf die Lebensversicherungssumme begründet, so liegt in Ermangelung besonderer Bestimmungen des Versicherungsvertrags ein übertragbares Recht des Gatten vor und wird dasselbe Gesammtgut; über die Bedeutung der Zugehörigkeit zum Gesammtgute s. Erl. 1 zu § 1522.

Nach dem E. I sollte Sondergut auf die gleiche Weise wie Vorbehaltsgut entstehen, also auch durch Ehevertrag, durch Zuwendung eines Dritten unter Bestimmung der Sondergutseigenschaft sowie durch Surrogation. In der zweiten Kommission wurde dies gestrichen. Sondergut kann auch nicht dadurch im Wege der Zuwendung eines Dritten begründet werden, daß der Dritte eine der Sondergutseigenschaft entsprechende Behandlung als Bedingung der Zuwendung aufgestellt hat. Wegen der Surrogation vergl. unten Nr. 3. Ob Sondergut auch nicht durch Ehevertrag begründet werden kann, wurde in der zweiten Kommission unentschieden gelassen. Man wird anerkennen müssen, daß die Ehegatten bezüglich eines Gegenstandes vertragsmäßig ein ähnliches Verhältniß, wie es für das Sondergut gilt, herstellen können, daß dies jedoch zufolge der allgemeinen Grenzen, welche der Freiheit in der Schließung von Eheverträgen gesteckt sind (s. Erl. zu § 1432), nur für das Verhältniß unter den Ehegatten, nicht für das zu Dritten möglich ist.

2. Der Satz 2 bestimmt die rechtliche Stellung des Sonderguts, indem er auf das Sondergut des Mannes die für das eingebrachte Gut des Mannes und auf das Sondergut der Frau die für das eingebrachte Gut der Frau bei der Errungenschaftsgemeinschaft geltenden Vorschriften für anwendbar erklärt. Anwendbar sind die §§ 1525, 1528, 1529 Abs. 2, 1531, 1533, 1535, 1536 Nr. 2, 4, 1537 Abs. 1, 1539—1541, 1546 Abs. 3.

Im Allgemeinen ist auf die Erläuterungen zu diesen Vorschriften zu verweisen. Hier ist nur Folgendes zu bemerken:

a) Zu § 1525. Das Sondergut wird danach für das Gesammtgut in der Weise verwaltet, daß die Nutzungen, welche nach den für den gesetzlichen Güterstand geltenden Vorschriften des

§ 1383 dem Manne zufallen, zu dem Gesammtgute gehören. Der Mann führt die Verwaltung seines Sonderguts allein; die Frau hat kein Mitwirkungsrecht. Für die Verwaltung des Sonderguts der Frau gelten die §§ 1373—1382. Der Mann ist berechtigt, die zum Sondergute der Frau gehörenden Gegenstände in Besitz zu nehmen; er führt ihre Verwaltung und ist dabei den gleichen Beschränkungen unterworfen wie beim gesetzlichen Güterstand. Insbesondere bedarf er zu Verfügungen, soweit solche hier überhaupt vorkommen können, — ein Beispiel bietet der Verzicht auf ein Nießbrauchsrecht — der Zustimmung der Frau; die Zustimmung kann unter den im § 1379 bestimmten Voraussetzungen durch das Vormundschaftsgericht ersetzt werden. Auch die Befugniß des Mannes zur Führung von Rechtsstreitigkeiten, die sich auf das Sondergut beziehen, ist die gleiche wie beim gesetzlichen Güterrechte (§ 1380). Die §§ 1381, 1382 werden bei der Natur der hier fraglichen Gegenstände wohl nicht in Frage kommen; eventuell dürfte ihre Anwendbarkeit deshalb als ausgeschlossen anzusehen sein, weil sie eine Art von gesetzlicher Surrogation bestimmen, eine solche aber, wie aus dem Ausschlusse des § 1524 (§ 1439 Satz 2) gefolgert werden muß, nicht stattfinden soll. Die Verantwortlichkeit des Mannes für die Verwaltung des Sonderguts richtet sich nach § 1369, der § 1456 ist nicht maßgebend. Gegen die aus der Verwaltung des Sonderguts durch den Mann der Frau möglicher Weise drohenden Gefahren ist die Frau durch die Anwendbarkeit der §§ 1391—1393 geschützt. Die Frau kann die Ansprüche, die ihr auf Grund der Verwaltung des Sonderguts durch den Mann gegen diesen zustehen, erst nach der Beendigung der G.G. geltend machen, außer wenn die Voraussetzungen vorliegen, unter denen sie nach § 1391 Sicherheitsleistung verlangen kann. Korrelat des Verwaltungsrechts des Mannes ist die Beschränkung der Verfügungsfähigkeit der Frau in Bezug auf das Sondergut nach Maßgabe der §§ 1395—1407. Einige dieser Vorschriften werden freilich bei der Natur der in Frage stehenden Gegenstände nur selten (z. B. § 1406 bei dem Vermächtniß eines Nießbrauchs) oder nie zur Anwendung kommen. Das Verwaltungsrecht des Mannes ist nach § 1408 unübertragbar, daher auch nicht pfändbar. Ueber die Frage, ob der § 861 der C.P.O. in Betreff der Früchte anwendbar ist, s. Erl. zu § 1525. Befindet der Mann sich unter Vormundschaft, so hat ihn sein gesetzlicher Vertreter in Ansehung der Verwaltung des Sonderguts zu vertreten (§ 1409). Für die Schulden des Mannes haftet das Sondergut der Frau nicht (§ 1410). Inwieweit es für die Schulden der Frau in Anspruch genommen werden kann, ergiebt sich aus der Anwendbarkeit der §§ 1411—1414.

b) Die im § 1527 ausgesprochene Vermuthung für die Gesammtgutseigenschaft ist bei der allg. G.G. auch bezüglich des Sonderguts im § 1438 enthalten.

c) Durch die Anwendbarkeit des § 1528 ist die Aufnahme eines Verzeichnisses über den Bestand des Sonderguts eines jeden der Ehegatten und über die Feststellung des Zustandes der zum Sondergute gehörenden Sachen geregelt.

d) Nach § 1529 Abs. 2 trägt das Gesammtgut die Lasten des Sonderguts eines jeden der Ehegatten. Der Umfang der Lasten richtet sich nach den §§ 1384—1387. Soweit der Mann eine dem Gesammtgute zur Tragung zugewiesene Last des Sonderguts aus eigenen Mitteln bestritten hat, kann er nach Maßgabe des § 1539 aus dem Gesammtgut Ersatz fordern. Soweit er eine nicht dem Gesammtgute zugewiesene Last des Sonderguts der Frau berichtigt hat, kann er von dieser nach § 1390 Ersatz verlangen.

e) Die Haftung des Gesammtguts für die Schulden des Mannes (§ 1459) wird durch das Vorhandensein von Sondergut nicht berührt. Das Gesammtgut haftet auch für solche Schulden des Mannes, die das Sondergut desselben betreffen.

Dagegen erleiden die Vorschriften der §§ 1459—1462 über die Haftung des Gesammtguts für die Schulden der Frau, wenn diese Sondergut hat, durch die entsprechende Anwendung der Vorschriften über die Errungenschaftsgemeinschaft eine Modifikation. Die entsprechende Anwendung dieser Vorschriften bietet dadurch einige Schwierigkeiten, daß in ihnen (§§ 1531—1534) die Fälle bestimmt werden, in denen das Gesammtgut ausnahmsweise für die Schulden der Frau haftet, während diese Haftung bei der allg. G.G. die Regel bildet und in den §§ 1460—1462 nur die Ausnahmen von dieser Regel bestimmt werden. Im E. I § 1362 Nr. 2, 3 war deßhalb der Einfluß eines Sonderguts der Frau auf die Haftung des Gesammtguts für Schulden der Frau besonders geregelt. Diese Vorschriften des E. I, welche sachlich durch die Beschlüsse der zweiten Kommission nicht geändert werden sollten, bieten einen geeigneten Anhaltspunkt für die richtige entsprechende Anwendung der Vorschriften des B.G.B. über die Errungenschaftsgemeinschaft auf den Fall, daß Sondergut der Frau vorhanden ist. Es ergiebt sich daraus, daß in dem gedachten Falle das Gesammtgut, außer für die in den §§ 1460—1462 bezeichneten Verbindlichkeiten, auch noch für folgende Verbindlichkeiten nicht haftet:

α) Für die Verbindlichkeiten der Frau, die in Folge des Erwerbes einer Erbschaft oder eines Vermächtnisses entstehen, wenn die Frau die Erbschaft oder das Vermächtniß nach dem

Eintritte der Gütergemeinschaft als Sondergut erwirbt (vergl. §§ 1461, 1530; E. I § 1362 Nr. 2), z. B. also für die Verbindlichkeit aus dem Vermächtniß eines Nießbrauchs.

β) Für die Verbindlichkeiten der Frau, die nach dem Eintritte der Gütergemeinschaft in Folge eines zu dem Sondergute gehörenden Rechtes oder des Besitzes einer dazu gehörenden Sache entstehen, es sei denn, daß das Recht oder die Sache zu einem Erwerbsgeschäfte gehört, das die Frau mit Einwilligung des Mannes selbständig betreibt oder daß die Verbindlichkeiten zu den in dem § 1529 bezeichneten Lasten des Sonderguts gehören (vergl. §§ 1462, 1531, 1533; E. I § 1362 Nr. 3).

f) Für das Verhältniß unter den Ehegatten ergiebt sich bei dem Vorhandensein von Sondergut aus der entsprechenden Anwendung der Vorschriften über Errungenschaftsgemeinschaft, daß zu den in den §§ 1463—1465 bezeichneten Verbindlichkeiten, welche nicht dem Gesammtgute, sondern dem einen oder anderen Ehegatten zur Last fallen, noch folgende hinzutreten:

α) Die Verbindlichkeiten, welche aus einem sich auf das Sondergut eines Gatten beziehenden Rechtsverhältnisse, wenn auch vor dem Eintritte der Gütergemeinschaft oder vor dem Zeitpunkt, in welchem das Gut Sondergut wurde, entstanden sind, fallen dem betreffenden Ehegatten zur Last. Dies gilt jedoch nicht, wenn die Verbindlichkeit zu den nach § 1529 Abs. 2 von dem Gesammtgute zu tragenden Lasten des Sonderguts gehört oder wenn sie nach dem Eintritte der Gütergemeinschaft durch den Betrieb eines Erwerbsgeschäfts, welches für Rechnung des Gesammtguts geführt wird oder in Folge eines zu einem solchen Erwerbsgeschäfte gehörenden Rechtes oder des Besitzes einer dazu gehörenden Sache entstanden ist (§§ 1463 Nr. 2, 1535 Nr. 1, 1537; E. I § 1367 Nr. 2).

β) Die Kosten eines Rechtsstreits über eine Verbindlichkeit der unter α gedachten Art fallen dem Gatten zur Last, welcher den Rechtsstreit führt (§§ 1463 Nr. 3, 1535 Nr. 2, 1537; E. I § 1367 Nr. 4).

γ) Die Verbindlichkeiten des Mannes, die der Frau gegenüber aus der Verwaltung ihres Sonderguts entstehen, fallen, soweit nicht das Gesammtgut zur Zeit der Beendigung der Gütergemeinschaft bereichert ist, dem Manne zur Last; ebenso die Kosten eines von ihm über eine solche Verbindlichkeit geführten Rechtsstreits (§§ 1536 Nr. 2, 4; E. I § 1367 Nr. 3, 4).

g) Von den im § 1539 vorausgesetzten Fällen der Bereicherung des Gesammtguts auf Kosten des Sonderguts eines der Ehegatten und der Bereicherung des Sonderguts auf Kosten des Gesammtguts kommt hier nur der letztere in Frage. Eine Verwendung von Sondergut in das Gesammtgut kommt deshalb nicht in Betracht, weil das Sondergut der hier fraglichen Art in Folge des Ausschlusses des § 1524 von der entsprechenden Anwendung nur solange Sondergut ist, als es nicht durch Rechtsgeschäft übertragen werden kann. Wird z. B. auf einen Nießbrauch oder auf ein Fideikommißgut gegen Entgelt verzichtet, so wird das Entgelt Gesammtgut, ohne daß aus diesem an das Sondergut Ersatz zu leisten wäre. Dasselbe wird gelten müssen, wenn ein Fideikommiß zum Besten des Gesammtguts mit einer Fideikommißschuld belastet wird.

h) Der Fall des § 1540, daß zum Sondergute gehörende verbrauchbare Sachen bei der Beendigung der G.G. nicht mehr vorhanden sind, wird ebenfalls nicht leicht vorkommen.

i) Die Anwendbarkeit des § 1541 führt bezüglich des Sonderguts zu dem gleichen Ergebnisse wie die des § 1467 bezüglich des Vorbehaltsguts (s. Erl. zu § 1467).

3) Die im § 1439 bezeichneten Gegenstände sind vom Gesammtgute nur ausgeschlossen, weil sie wegen eines entgegenstehenden rechtlichen Hindernisses nicht Gesammtgut werden können. Mit dem Wegfallen dieses Hindernisses, z. B. mit der Aufhebung des Veräußerungsverbots, fallen die Gegenstände von selbst in das Gesammtgut. Daraus folgt auch, daß der im § 1524 aufgestellte Grundsatz der Surrogation keine Anwendung finden kann. Was mithin auf Grund eines der im § 1439 bezeichneten Gegenstände oder als Ersatz für die Zerstörung, Beschädigung oder Entziehung eines solchen Gegenstandes oder durch ein Rechtsgeschäft erworben wird, das sich auf einen solchen Gegenstand bezieht, wird Gesammtgut, sofern nicht das Erworbene selbst wieder von solcher rechtlichen Natur ist, daß es nicht durch Rechtsgeschäft übertragen werden kann. Die Entschädigung z. B., welche ein nießbrauchberechtigter Ehegatte für die Enteignung des Nießbrauchs erhält, wird Gesammtgut, ebenso der Preis, welchen er für den Verzicht auf den Nießbrauch (§ 1064) erhält. Ingleichen wird Gesammtgut die Hälfte des Schatzes, welche dem Manne als dem Eigenthümer eines Grundstücks zufällt, das Sondergut ist, weil es nicht veräußert werden darf. Dagegen bleibt z. B. vom Gesammtgut ausgeschlossen ein Grundstück, das gegen ein im Fideikommißverbande stehendes Grundstück eingetauscht worden ist, wenn es gleichfalls zum Fideikommisse gehört.

4. Abgesehen von den in der Nr. 3. behandelten Fällen erlischt die Sondergutseigenschaft nur mit der Beendigung der allg. G.G. Die besonderen Beendigungsgründe der §§ 1542—1544 finden keine Anwendung.

§. 1440.

Von dem Gesammtgut ausgeschlossen ist das Vorbehaltsgut.

Vorbehaltsgut ist, was durch Ehevertrag für Vorbehaltsgut eines der Ehegatten erklärt ist oder von einem der Ehegatten nach §. 1369 oder §. 1370 erworben wird.

§. 1441.

Auf das Vorbehaltsgut der Frau finden die bei der Gütertrennung für das Vermögen der Frau geltenden Vorschriften entsprechende Anwendung; die Frau hat jedoch dem Manne zur Bestreitung des ehelichen Aufwandes einen Beitrag nur insoweit zu leisten, als die in das Gesammtgut fallenden Einkünfte zur Bestreitung des Aufwandes nicht ausreichen.

---

**§ 1440.**

**E. I §§ 1346, 1347, 1349; II § 1340 rev. § 1425; III § 1423. P. I S. 6608, 6617—6620, 6639, 6643—6648, 8676, 8679, 8689; M. IV S. 340—343. P. II S. 5343 (Bd. 4 S. 234). D. S. 693.**

1. Der Abs. 1 läßt auch bei der allg. G.G. Vorbehaltsgut und zwar sowohl des Mannes als der Frau zu. Der Begriff des Vorbehaltsguts ist hier derselbe wie bei der Verwaltung und Nutznießung.

2. Der Abs. 2 betrifft den Umfang des Vorbehaltsguts. Vorbehaltsgut kann auch bei der allg. G.G. durch Privatwillkür (§ 1432 Ehevertrag, § 1369 Bestimmung eines Dritten bei Zuwendung an einen Ehegatten) oder durch Gesetz (§ 1370 Surrogation) entstehen. Wegen des Einzelnen vergl. die Erl. zu den §§ 1368—1370. Im Abs. 2 sind die Fälle, in denen Vorbehaltsgut anerkannt ist, erschöpfend aufgezählt. Gegenüber der Verwaltung und Nutznießung scheiden die ausschließlich zum persönlichen Gebrauche der Frau bestimmten Sachen (§ 1366) sowie der Erwerb aus selbständiger Thätigkeit (§ 1367) aus. Daß beide Vorbehaltsgut nur sein können, wenn dies durch Ehevertrag bezw. durch Bestimmung eines Dritten bestimmt ist, versteht sich nach dem der allg. G.G. zu Grunde liegenden Gedanken von selbst. Der E. I § 1348 hatte als Vorbehaltsgut der Frau noch die Gegenstände erklärt, welche die Frau ohne Einwilligung des Mannes durch ein Rechtsgeschäft unter Lebenden erwirbt, sofern der Mann das Rechtsgeschäft zu genehmigen verweigert. Die Vorschrift ist ebenso wie der entsprechende § 1288 bei der Verwaltung und Nutznießung (vergl. Erl. zu § 1406 Nr. 2) von der zweiten Kommission gestrichen worden. Der bezeichnete Erwerb fällt also nach § 1438 in das Gesammtgut, trotzdem die mit dem Erwerbe zusammenhängende Verbindlichkeit die Frau allein trifft und das Gesammtgut nach § 1455 nur in Ansehung der Bereicherung haftet. Dies gilt selbst dann, wenn es sich um ein ohne Einwilligung des Mannes betriebenes Erwerbsgeschäft handelt.

Durch Zuwendungen von Seiten eines Ehegatten an den anderen kann Vorbehaltsgut nur begründet werden, wenn sie in Form eines Ehevertrags gemacht sind. Eine dieser Form ermangelnde Zuwendung fällt unter die Regel des § 1438, ist also, wenn sie aus dem Gesammtgut erfolgt ist, rechtlich wirkungslos. Erfolgt sie aus dem Vorbehaltsgute, so hat sie die Wirkung, daß das Zugewendete Gesammtgut wird.

3. Ueber die rechtliche Stellung der Ehegatten zu ihrem Vorbehaltsgut ist nur insofern eine Bestimmung getroffen, als im § 1441 auf das Vorbehaltsgut der Frau die §§ 1427—1431 für anwendbar erklärt sind. Das Weitere ergiebt sich aus dem Begriffe des Vorbehaltsguts von selbst. Vergl. hierüber die Vorbm. S. 99. Zu dem dort Ausgeführten ist nur hinzuzufügen, daß die Vorbehaltseigenschaft bei der allg. G.G. auch für die Beerbung von Bedeutung ist, da mit der allg. G.G. im Gegensatze zur Verwaltung und Nutznießung besondere erbrechtliche Wirkungen verknüpft sind.

**§ 1441.**

**E. I § 1350; II § 1341 rev. § 1426; III § 1424. P. I S. 6339, 6644, 6646, 6650, 8797, 8810; M. IV S. 343. P. II S. 5344, 5345 (Bd. 4 S. 234, 235). D. S. 693.**

1. Nach § 1441, welcher dem § 1371 entspricht, finden die §§ 1427—1431 entsprechende Anwendung. Während jedoch die Beitragspflicht der Frau nach § 1371 danach bemessen wird, inwieweit die Nutzungen des eingebrachten Gutes nicht ausreichen, kommt es bei der allg. G.G. darauf an, ob die in das Gesammtgut fallenden Einkünfte zur Bestreitung des ehelichen Auf-

§. 1442.

Ein Ehegatte kann nicht über seinen Antheil an dem Gesammtgut und an den einzelnen dazu gehörenden Gegenständen verfügen; er ist nicht berechtigt, Theilung zu verlangen.

Gegen eine Forderung, die zu dem Gesammtgute gehört, kann der Schuldner nur eine Forderung aufrechnen, deren Berichtigung aus dem Gesammtgute verlangt werden kann.

---

wandes ausreichen. Es kommen also nicht nur die Nutzungen des Vermögens der Frau, sondern die Nutzungen des den Ehegatten gemeinschaftlich zustehenden Gesammtguts und der beiderseitigen Sondergüter sowie der Arbeitsverdienst beider Ehegatten in Betracht und die Frau hat nur dann einen Beitrag zu leisten, wenn der eheliche Aufwand aus diesen Einkünften nicht bestritten werden kann. Wegen der Einzelheiten vergl. Erl. zu § 1371.

2. Der § 1441 spricht nur vom Vorbehaltsgute der Frau. Für eine Anwendung der von der Gütertrennung handelnden §§ 1427—1430 ist in Ansehung des Vorbehaltsguts des Mannes kein Raum. Anders liegt die Sache bezüglich des § 1431. Daß der im § 1431 für anwendbar erklärte § 1435 in den Fällen Anwendung findet, in denen das Vorbehaltsgut des Mannes auf Ehevertrag beruht, folgt aus Abs. 2 des § 1435 unmittelbar. Der § 1435 (E. I §§ 1336, 1337) sollte nach dem E. I aber auch für die übrigen Fälle des Vorbehaltsguts des Mannes Platz greifen, denn im E. I war die Vorschrift des jetzigen § 1441 insoweit für das Vorbehaltsgut eines jeden Ehegatten aufgestellt. In der zweiten Kommission wurde dies gebilligt und dem jetzigen § 1441 ein entsprechender Zusatz beigefügt. Der Zusatz findet sich noch in der vorläufigen Zstlg. der Beschlüsse der Kommission, fehlt aber in der Zstlg. der Beschlüsse der Red.-Kommission und im E. II. Die Gründe für die Weglassung sind nicht ersichtlich. Hiernach ist zwar wahrscheinlich, daß die Kommission den § 1435 auch für das Vorbehaltsgut des Mannes für anwendbar erklären wollte; mit Rücksicht auf den Wortlaut des Gesetzes wird man ihn aber nicht für anwendbar halten dürfen. Praktische Bedeutung kommt der Frage nur für die Fälle zu, in denen die Frau ausnahmsweise über Gesammtgut wirksam verfügen kann (§§ 1450—1452).

§ 1442.

**E. I § 1344 Satz 2, § 1345 Abs. 1 Halbs. 1, Abs. 2; II § 1338 rev. § 1427; III § 1425. P. I S. 6628, 6629, 6634—6636; M. IV S. 337, 338. P. II S. 5340—5343 (Bd. 4 S. 233, 234). D. S. 693.**

1. Der § 1442 charakterisirt das Rechtsverhältniß am Gesammtgute näher und bringt zum Ausdrucke, daß die durch die allg. G.G. begründete Gemeinschaftlichkeit des beiderseitigen Vermögens der Ehegatten keine Gemeinschaft nach Bruchtheilen, sondern eine Gemeinschaft zur gesammten Hand ist. Die Anwendbarkeit der für die gewöhnliche Gemeinschaft geltenden §§ 741—758 ist deshalb ebenso ausgeschlossen wie die der Vorschriften der §§ 420—430. Die Fassung lehnt sich im Abs. 1 wörtlich und im Abs. 2 sinngemäß an den § 719 an.

Die bei der Gütergemeinschaft zwischen den Ehegatten begründete Gemeinschaft beruht auf demselben juristischen Gedanken wie die in Betreff des Gesellschaftsvermögens unter den Gesellschaftern bestehende Gemeinschaft (s. Vorbm. zu Buch II Abschn. 7 Tit. 14 II 1 und Erl. zu § 719). Das Gesammtgut bildet ein selbständiges Sondervermögen, dessen Subjekte die Ehegatten sind. Aber das Recht eines jeden Gatten an diesem gemeinschaftlichen Vermögen sowie an den einzelnen dazu gehörenden Gegenständen äußert sich, solange die Gemeinschaft dauert, nur in denjenigen Befugnissen, welche ihm vermöge der inneren Organisation der Gemeinschaft zustehen. Auf die juristische Konstruktion, insbesondere auf die Frage näher einzugehen, ob trotz des obigen Grundsatzes latente Bruchtheile anzunehmen sind oder ob solche während der Dauer der Gemeinschaft überhaupt nicht bestehen, ist hier nicht der Ort. Die praktisch in Betracht kommenden Fragen werden durch die Vorschriften des § 1442 und durch die späteren Vorschriften über die Verwaltung des Gesammtguts und die Haftung desselben für die Schulden der Gatten vollständig geregelt. Von dem Gesellschaftsvermögen unterscheidet sich das Gesammtgut wesentlich durch die Verschiedenheit der inneren Organisation der Gemeinschaft. Während bei jenem die Verfügung nur den sämmtlichen Gesellschaftern gemeinschaftlich oder dem von ihnen bestellten Geschäftsführer zusteht, ist bei der allg. G.G. der Mann kraft des Gesetzes der Vertreter des Gesammtguts und nur ausnahmsweise ist er an die Zustimmung der Frau gebunden oder diese selbständig zu Verfügungen berechtigt. Dazu kommt, daß die Selbständigkeit des gemeinschaftlichen Vermögens nach außen hin bei dem Gesammtgut insofern strenger durchgeführt ist wie

## §. 1443.

Das Gesammtgut unterliegt der Verwaltung des Mannes. Der Mann ist insbesondere berechtigt, die zu dem Gesammtgute gehörenden Sachen in Besitz zu nehmen, über das Gesammtgut zu verfügen sowie Rechtsstreitigkeiten, die sich auf das Gesammtgut beziehen, im eigenen Namen zu führen.

Die Frau wird durch die Verwaltungshandlungen des Mannes weder Dritten noch dem Manne gegenüber persönlich verpflichtet.

---

bei dem Gesellschaftsvermögen, als die bei diesem zulässige Pfändung des Antheils eines Gesellschafters durch einen Privatgläubiger desselben bei dem Gesammtgut ausgeschlossen ist. Praktische Bedeutung hat dies freilich, da alle Verbindlichkeiten des Mannes Gesammtgutsverbindlichkeiten sind, nur für die Verbindlichkeiten der Frau.

2. Eine Folge des Abs. 1 ist die in der C.P.O. § 860 Abs. 1 enthaltene Vorschrift, daß während des Bestehens der allg. G.G. der Antheil eines Ehegatten am Gesammtgut und an den einzelnen zum Gesammtgute gehörenden Gegenständen nicht der Zwangsvollstreckung unterworfen ist. Der Antheil gehört deshalb auch nach § 1 Abs. 1 der K.O. nicht zur Konkursmasse. Wegen der Zwangsvollstreckung in das Gesammtgut sowie der Konkurseröffnung über dasselbe und wegen des Einflusses des Konkurses über das Vermögen des Mannes oder der Frau auf das Gesammtgut vergl. die Erl. zu § 1459 Nr. 5, 6.

3. Der Abs. 2 des § 1442 beruht auf demselben Gedanken wie der Abs. 2 des § 719. Die Verschiedenheit der Fassung beruht darauf, daß bei der Gesellschaft keine besonderen Vorschriften darüber bestehen, welche Gläubiger ihre Befriedigung aus dem Gesellschaftsvermögen fordern können, die Entscheidung dieser Frage vielmehr von der nach allgemeinen Grundsätzen zu beurtheilenden Frage abhängt, ob sämmtliche Gesellschafter dem Gläubiger als Gesammtschuldner haften, während für die eheliche Gemeinschaft besondere Vorschriften darüber gegeben sind, welche Gläubiger aus dem Gesammtgute Befriedigung verlangen können (§§ 1459ff.); es sind dies alle Gläubiger des Mannes, die Gläubiger der Frau aber nur mit den in den §§ 1460—1462 bestimmten Ausnahmen. Soweit ein Gläubiger des Mannes oder der Frau die Befriedigung aus dem Gesammtgute zu verlangen berechtigt ist, kann er seine Forderung gegen eine zum Gesammtgute gehörende Forderung, mag diese in der Person des Mannes oder der Frau entstanden sein, aufrechnen. Hieraus ergiebt sich, daß alle Gläubiger des Mannes gegen die zum Gesammtgute gehörenden Forderungen aufrechnen können, die Gläubiger der Frau aber nur, sofern ihre Forderungen nicht unter die Vorschriften der §§ 1460—1462 fallen.

### § 1443.

**E. I § 1352; II § 1342 rev. § 1428; III § 1426. P. I S. 6657—6666; M. IV S. 348—351. P. II S. 5349, 5350, 8632, 8633 (Bd. 4 S. 238). D. S. 694. K.B. S. 2067.**

1. Der Abs. 1 räumt dem Manne das ausschließliche Recht der Verwaltung des Gesammtguts ein. Der Ausdruck „Verwaltung" ist in dem weiteren Sinne (s. Vorbm. 2 S. 109) zu nehmen und umfaßt nicht nur die Fürsorge für die Erhaltung des Gesammtguts und für die Ziehung der Nutzungen, sondern auch die Verfügung über die Substanz. Wegen des Begriffs der Verfügung s. Bd. I S. 148. Wegen des Rechtes, die zum Gesammtgute gehörenden Sachen in Besitz zu nehmen, s. Erl. zu § 1373.

Zur Führung von Rechtsstreitigkeiten, die sich auf das Gesammtgut beziehen, ist der Mann nicht nur insoweit legitimirt, als es sich um Aktiv-, sondern auch, soweit es sich um Passivprozesse handelt. Im Einklange damit bestimmt der § 740 der C.P.O., daß zur Zwangsvollstreckung in das Gesammtgut ein gegen den Mann vollstreckbares Urtheil erforderlich und genügend ist. Eine Forderungsklage — auch die Klage auf Feststellung einer Verbindlichkeit — kann gegen beide Ehegatten nur gerichtet werden, wenn auch die Frau persönlich haftet, was nur der Fall ist, wenn die Verbindlichkeit in ihrer Person entstanden oder von ihr zur Gesammthaft übernommen ist (s. Erl. zu § 1459).

2. Der Mann ist nicht berechtigt, Rechtsgeschäfte oder Rechtsstreitigkeiten, die durch die Verwaltung des Gesammtguts erfordert werden, im Namen der Frau vorzunehmen oder zu führen. Daraus folgt der im Abs. 2 ausgesprochene Grundsatz, daß der Mann durch seine Verwaltungshandlungen die Frau Dritten gegenüber nicht persönlich verpflichtet, auch wenn er äußerlich als Vertreter des Gesammtguts auftritt. Die Frau muß sich aber die Wirkungen gefallen lassen, welche die vom Manne befugtermaßen vorgenommenen Rechtsgeschäfte auf das Gesammtgut äußern. Auch ist nicht ausgeschlossen, daß die Frau dem Manne Vollmacht ertheilt,

auch für sie aufzutreten und sie zu verpflichten; in der bloßen Zustimmung der Frau zu einem Rechtsgeschäft oder einem Rechtsstreite liegt aber noch nicht die Ertheilung einer solchen Ermächtigung, mag die Zustimmung auch nicht nothwendig sein.

Der weitere Grundsatz des Abs. 2, daß die Frau durch die Verwaltungshandlungen des Mannes auch nicht dem Manne selbst gegenüber persönlich verpflichtet wird, hängt mit der Verpflichtung des Mannes, eine etwaige Einbuße zu tragen (s. Erl. zu § 1481), zusammen. Der Mann kann verlangen, daß für die durch seine Verwaltungshandlungen entstandenen Verbindlichkeiten das Gesammtgut auch insoweit verwendet wird, als es von der Frau herrührt, allein darüber hinaus kann er keinen Ersatz fordern (anders im ges. Güterrechte § 1390; bezüglich des Vorbehaltsguts s. § 1467).

3. Wie beim gesetzlichen Güterstand ist auch bei der allg. G.G. die Frau nicht in der Geschäfts- oder in der Prozeßfähigkeit beschränkt (s. Vorbm. 1 oben S. 79). Folge des ausschließlichen Verwaltungsrechts des Mannes ist aber, daß **die Frau von der Verwaltung des Gesammtguts**, vorbehältlich ihrer Schlüsselgewalt (§ 1357), **ausgeschlossen ist**. Im B.G.B. (anders E. I § 1352 Abs. 2) ist dies nicht ausdrücklich ausgesprochen, ergiebt sich aber aus § 1443. Die Frau kann also ohne die Zustimmung des Mannes über Gesammtgut nicht verfügen und keinen auf das Gesammtgut bezüglichen Rechtsstreit führen; ein Vertrag, durch den sie sich zu einer Leistung verpflichtet, ist ohne die Zustimmung des Mannes diesem gegenüber in Ansehung des Gesammtguts unwirksam. Besondere Bestimmungen über die Fälle, in welchen die Frau ohne die Einwilligung des Mannes über das Gesammtgut durch Vertrag oder einseitiges Rechtsgeschäft verfügt, sind nicht vorgesehen. Insbesondere bestehen keine den §§ 1396 bis 1398 entsprechende Vorschriften. Es finden solchen Falles die allgemeinen Grundsätze über Verfügungen Anwendung, die von einem Nichtberechtigten getroffen sind.

4. **Von dem Grundsatze des Abs. 1 giebt es** nach der doppelten Richtung **Ausnahmen**, daß in gewissen Fällen der Mann an die Mitwirkung der Frau gebunden und die Frau zur Verwaltung befugt ist. Die ersteren Ausnahmen sind in den §§ 1444—1446, die letzteren in den §§ 1449—1454 aufgezählt. Die Mitwirkung der Frau ist nur in dem Sinne ihrer Zustimmung gefordert. Die in der Vorbm. Nr. 8 oben S. 113 für das ges. Güterrecht gemachten Bemerkungen treffen auch für die allg. G.G. zu. Ueber die Ersetzung der Zustimmung der Frau s. § 1447; über die rechtlichen Folgen, wenn der Mann ohne die erforderliche Einwilligung verfügt, s. Erl. zu den §§ 1448, 1449, 1468. Die §§ 1444—1446 erklären nicht nur die ohne die Zustimmung der Frau vorgenommene Verfügung für unwirksam, sondern lassen auch aus den ohne die Zustimmung der Frau vorgenommenen obligatorischen Rechtsgeschäften keine Verbindlichkeit für den Mann entstehen. Dies beruht darauf, daß nach § 1459 alle Verbindlichkeiten des Mannes Gesammtgutsverbindlichkeiten sind. Für die Rechtshandlungen der Frau gelten auch bei der allg. G.G. dieselben Grundsätze wie beim ges. Güterrechte (s. Vorbm. Nr. 7 S. 113). Die ohne die Zustimmung des Mannes vorgenommene Verfügung der Frau über Gesammtgut ist also auch der Frau selbst gegenüber unwirksam, während das obligatorische Rechtsgeschäft der Frau ihr selbst gegenüber auch dann wirksam ist, wenn sich die Frau zu einer Verfügung über das Gesammtgut ohne die Zustimmung des Mannes verpflichtet. Der Satz, daß aus einer Ueberschreitung des Verwaltungsrechts durch den Mann auch für den Mann selbst eine Verbindlichkeit nicht entsteht, schließt selbstverständlich nicht aus, daß der Mann aus seiner Ueberschreitung unter Umständen nach den Grundsätzen über unerlaubte Handlungen haftet.

Die Vorschriften zu Gunsten derjenigen, welche Rechte von einem Nichtberechtigten herleiten, kommen bei Verfügungen, welche der Mann in den Fällen der §§ 1444—1446 ohne die erforderliche Zustimmung der Frau über Gesammtgut vorgenommen hat, insofern zur Anwendung, als der Dritte geschützt wird, wenn er nicht weiß, daß der Mann in Gütergemeinschaft lebt. Ist also z. B. der Mann als Eigenthümer eines Grundstücks im Grundbuch eingetragen, so wird ein Dritter, welcher das Grundstück durch Rechtsgeschäft von dem Manne erwirbt, geschützt, wenn er nicht weiß, daß der Mann in G.G. lebt. Soweit, wie bei der Verfügung über bewegliche Sachen, die auf grober Fahrlässigkeit beruhende Unkenntniß der Kenntniß gleichsteht, hängt der Schutz des Dritten davon ab, daß er die G.G. weder kennt noch seine Unkenntniß auf grober Fahrlässigkeit beruht. Eine solche grobe Fahrlässigkeit dürfte regelmäßig anzunehmen sein, wenn die G.G. in das Güterrechtsregister eingetragen ist. Kennt der Dritte aber die G.G. oder beruht seine Unkenntniß auf grober Fahrlässigkeit, so kann er sich auf die Unkenntniß der in den §§ 1444—1446 bestimmten Beschränkungen des Verfügungsrechts des Mannes oder der thatsächlichen Voraussetzungen, von welchen nach den §§ 1444—1446 diese Beschränkung abhängt, nicht berufen.

Für Verfügungen, welche die Frau der Vorschrift des § 1443 zuwider über das Gesammtgut vornimmt, führen die obigen Grundsätze dahin, daß der Dritte geschützt wird, wenn er nicht weiß, daß die Frau in G.G. lebt bezw. seine Unkenntniß nicht auf grober Fahrlässigkeit

## §. 1444.

Der Mann bedarf der Einwilligung der Frau zu einem Rechtsgeschäfte, durch das er sich zu einer Verfügung über das Gesammtgut im Ganzen verpflichtet, sowie zu einer Verfügung über Gesammtgut, durch die eine ohne Zustimmung der Frau eingegangene Verpflichtung dieser Art erfüllt werden soll.

## §. 1445.

Der Mann bedarf der Einwilligung der Frau zur Verfügung über ein zu dem Gesammtgute gehörendes Grundstück sowie zur Eingehung der Verpflichtung zu einer solchen Verfügung.

---

beruht. Eine dem § 1404 entsprechende Vorschrift besteht für die vertragsmäßigen Güterstände nicht.

5. Durch § 1443 wird das Recht, über das Gesammtgut letztwillig zu verfügen, nicht berührt. Inwieweit in dieser Hinsicht Beschränkungen bestehen, s. die Erl. zu den §§ 1482, 1483, 1518.

### § 1444.

**E. I § 1353 Abs. 1; II § 1343 rev. § 1429; III § 1427. P. I S. 6707—6731, 8825, 8843, 8850; M. IV S. 351, 352. P. II S. 5379, 5380, 5384—5389, 8633, 8634 (Bd. 4 S. 251, 254—257). D. S. 694.**

1. Unter den § 1444 fallen insbesondere die sog. Uebertragsverträge. Wegen des Begriffs der Verfügung vergl. Bd. 1 S. 148. Die E. I und II hatten auch die Verfügung über das Gesammtgut als Ganzes erwähnt. Dies ist im rev. E. II gestrichen worden, weil eine Verfügung nur über einzelne Gegenstände, über das Gesammtgut im Ganzen dagegen nur ein obligatorisches Rechtsgeschäft möglich ist. Von der Verpflichtung zu einer Verfügung über einen Bruchtheil des Gesammtguts gilt das Gleiche wie von der über das Gesammtgut im Ganzen. Wegen der Bedeutung und der Form der Einwilligung s. Erl. 1 zu § 1395; wegen der rechtlichen Folgen eines ohne die Einwilligung vorgenommenen Rechtsgeschäfts vergl. Erl. 4 zu § 1443.

2. Für die Prozeßführung über das Gesammtgut im Ganzen gilt der § 1444 nicht, prozessuale Rechtshandlungen, die eine Verfügung enthalten (z. B. Vergleich), natürlich ausgenommen.

### § 1445.

**E. I § 1353 Abs. 1, II § 1344 rev. § 1430; III § 1428. P. I S. 6707—6731; M. IV S. 352—356. P. II S. 5379—5384 (Bd. 4 S. 251—254). D. S. 694.**

1. Der § 1445 bindet den Mann in Ansehung der Grundstücke an die Einwilligung der Frau nur bei Verfügungen und bei den obligatorischen auf eine Verfügung gerichteten Rechtsgeschäften, also insbesondere bei dem im § 313 bezeichneten Vertrag. Es macht keinen Unterschied, ob es sich um ein einseitiges oder um ein vertragsmäßiges Rechtsgeschäft handelt. Ueber den Begriff der Verfügung vgl. Bd. 1 S. 148. Danach gehören hierher alle Fälle der Veräußerung, ferner die Dereliktion und die Fälle der Belastung mit dinglichen Rechten, insbesondere mit Hypotheken. Dagegen ist durch § 1445 nicht ausgeschlossen, daß der Mann ein zum Gesammtgute gehörendes Grundstück auch über die Dauer der G.G. hinaus verpachtet oder vermiethet. Der § 1445 hindert ferner nicht, daß auf Grund eines nur gegen den Mann vollstreckbaren Titels auf einem zum Gesammtgute gehörenden Grundstück eine Zwangs- oder Arresthypothek oder eine Vormerkung oder ein Widerspruch eingetragen werden (vgl. C.P.O. § 740 und Erl. zu § 1459). Auch ist der Mann nicht in Ansehung der Legitimation zur Führung von Rechtsstreitigkeiten beschränkt, welche die zum Gesammtgute gehörenden Grundstücke oder die Rechte Dritter an solchen zum Gegenstande haben; vergl. Erl. 2 zu § 1444.

2. Der § 1445 gilt nicht für Rechte an Grundstücken und für Rechte an solchen Rechten. Eine Hypothek z. B. kann der Mann ohne die Einwilligung der Frau abtreten. Auf diejenigen Rechte jedoch, welche den Grundstücken gleichstehen, findet § 1445 Anwendung; reichsgesetzlich gehören hierzu das Erbbaurecht (§ 1017) und die im E.G. Art. 63 genannten Rechte, im übrigen, z. B. bezüglich des Bergwerkseigenthums, der Fischereigerechtigkeiten, entscheidet das Landesrecht.

3. Ueber die rechtliche Natur und die Form der Einwilligung der Frau vgl. die Erl. 1 zu § 1395. Dem Grundbuchamte gegenüber ist die Eintragungsbewilligung beider Ehegatten in der durch § 29 G.B.O. bestimmten Form nachzuweisen. Ueber die rechtlichen Folgen eines unter § 1445 fallenden und ohne die Einwilligung der Frau vorgenommenen Rechtsgeschäfts vgl. die Erl. 4 zu § 1443.

§. 1446.

Der Mann bedarf der Einwilligung der Frau zu einer Schenkung aus dem Gesammtgute sowie zu einer Verfügung über Gesammtgut, durch welche das ohne Zustimmung der Frau ertheilte Versprechen einer solchen Schenkung erfüllt werden soll. Das Gleiche gilt von einem Schenkungsversprechen, das sich nicht auf das Gesammtgut bezieht.

Ausgenommen sind Schenkungen, durch die einer sittlichen Pflicht oder einer auf den Anstand zu nehmenden Rücksicht entsprochen wird.

§. 1447.

Ist zur ordnungsmäßigen Verwaltung des Gesammtguts ein Rechtsgeschäft der in den §§. 1444, 1445 bezeichneten Art erforderlich, so kann die Zustimmung

---

§ 1446

**E. I § 1353 Abs. 2, 3; II § 1345 rev. § 1431; III § 1429. P. I S. 6707—6731, 8825, 8843, 8850; M. IV S. 356—358. P. II S. 5379, 5380, 5389—5391, 8634 (Bd. 4 S. 251, 257, 258) D. S. 694. R.B. S. 2067.**

1. Die Einwilligung der Frau ist nicht nur für den dinglichen Vertrag, durch den ein zum Gesammtgute gehörender Gegenstand verschenkt wird, sondern mit Rücksicht darauf, daß alle Verbindlichkeiten des Mannes nach § 1459 Gesammtgutsverbindlichkeiten sind, auch für das Schenkungsversprechen erforderlich, gleichgiltig ob das Versprechen sich auf einen zu dem Gesammtgut oder einen zu dem Sonder- oder dem Vorbehaltsgute des Mannes gehörenden Gegenstand bezieht. Dagegen ist der Mann nicht gehindert, aus seinem Vorbehaltsgute durch dinglichen Vertrag einen Gegenstand zu verschenken.

2. Wegen der im Abs. 2 enthaltenen Ausnahme vergl. Vorbm. 4 in Bd. 2 S. 282. Das Vorliegen der Voraussetzungen des Abs. 2 kann auch in den Verhältnissen nur des Mannes oder nur der Frau begründet sein.

3. Daß eine Aussteuer (§ 1620) nicht unter § 1446 fällt, folgt daraus, daß zu ihrer Gewährung eine Verpflichtung besteht. Eine Ausstattung (§ 1624) gilt insoweit nicht als Schenkung, als sie das den Umständen, insbesondere den Vermögensverhältnissen des Ausstattenden, entsprechende Maß nicht übersteigt. Insoweit findet § 1446 auf sie auch dann keine Anwendung, wenn sie einem einseitigen Kinde des Mannes oder der Frau gegeben wird. Für die Beurtheilung der Angemessenheit kommt nicht bloß das Gesammtgut, sondern auch das Sonder- und Vorbehaltsgut des Mannes bezw. der Frau in Betracht. Inwieweit die Ausstattung dem Gesammtgut im Verhältnisse der Ehegatten zu einander zur Last fällt, s. Erl. zu § 1465.

4. Ob die Begründung einer Stiftung unter § 1446 fällt, ist von der zweiten Kommission offen gelassen worden. Die Frage wird nach dem Zwecke des § 1446 zu bejahen sein. Natürlich findet § 1446 nur bei einem Stiftungsgeschäft unter Lebenden Anwendung. Inwieweit durch Verfügung von Todeswegen die Begründung einer Stiftung beim Bestehen der allg. G.G. möglich ist, beantwortet sich nach den gleichen Vorschriften, nach denen sich die Errichtung einer Verfügung von Todeswegen bei der allg. G.G. überhaupt bestimmt (s. Erl. zu §§ 1482, 1518).

5. Selbstverständlich werden durch den Abs. 2 die §§ 1444, 1445, insbesondere das Verbot der Verfügung über Grundstücke, nicht berührt. Auch eine Ausstattung kann, selbst soweit sie nicht als Schenkung gilt, in Form des Versprechens oder Gewährens eines Grundstücks nur mit Einwilligung der Frau erfolgen.

6. Wegen der Anfechtung der mit Zustimmung der Frau gemachten Schenkungen aus dem Grunde des außerordentlichen Pflichttheilsrechts s. Erl. zu § 1505.

7. Ueber die rechtliche Natur und die Form der Einwilligung der Frau sowie über die Folgen eines unter § 1446 fallenden und ohne die Zustimmung der Frau vorgenommenen Rechtsgeschäfts s. Erl. zu § 1395 Nr. 1 und zu § 1443 Nr. 4.

§ 1447.

**E. I § 1353 Abs. 4; II § 1346 rev. § 1432; III § 1430. P. I S. 6707—6731, 8825; M. IV S. 359. P. II S. 5379, 5380, 5391, 5392 (Bd. 4 S. 251, 258). D. S. 694.**

1. Ueber die Bedeutung, die Voraussetzungen und das Verfahren der Ersetzung der Zustimmung der Frau vergl. die Erl. 1, 2 zu § 1379, welcher die entsprechende Vorschrift für das gesetzliche Güterrecht enthält.

2. Eine Ersetzung der Zustimmung zu Rechtsgeschäften der im § 1446 bezeichneten Art (Schenkungen) ist unstatthaft.

der Frau auf Antrag des Mannes durch das Vormundschaftsgericht ersetzt werden, wenn die Frau sie ohne ausreichenden Grund verweigert.

Das Gleiche gilt, wenn die Frau durch Krankheit oder durch Abwesenheit an der Abgabe einer Erklärung verhindert und mit dem Aufschube Gefahr verbunden ist.

§. 1448.

Nimmt der Mann ohne Einwilligung der Frau ein Rechtsgeschäft der in den §§. 1444 bis 1446 bezeichneten Art vor, so finden die für eine Verfügung der Frau über eingebrachtes Gut geltenden Vorschriften des §. 1396 Abs. 1, 3 und der §§. 1397, 1398 entsprechende Anwendung.

Fordert bei einem Vertrage der andere Theil den Mann auf, die Genehmigung der Frau zu beschaffen, so kann die Erklärung über die Genehmigung nur ihm gegenüber erfolgen; eine vor der Aufforderung dem Manne gegenüber erklärte Genehmigung oder Verweigerung der Genehmigung wird unwirksam. Die Genehmigung kann nur bis zum Ablaufe von zwei Wochen nach dem Empfange der Aufforderung erklärt werden; wird sie nicht erklärt, so gilt sie als verweigert.

Wird die Genehmigung der Frau durch das Vormundschaftsgericht ersetzt, so ist im Falle einer Aufforderung nach Abs. 2 der Beschluß nur wirksam, wenn der Mann ihn dem anderen Theile mittheilt; die Vorschriften des Abs. 2 Satz 2 finden entsprechende Anwendung.

---

**§ 1448.**

**E. I § 1353 Abs. 1; II § 1347 rev. § 1433; III § 1431. P. I S. 6657—6666. M. IV S. 358, 359. P. II S. 5387—5389, 8634 (Bd. 4 S. 254—257).**

**1.** Nach Abs. 1 kann die vom Manne ohne die erforderliche Einwilligung der Frau vorgenommene vertragsmäßige Verfügung über das Gesammtgut durch die Genehmigung der Frau wirksam werden (§ 1396 Abs. 1). Verweigert die Frau die Genehmigung, so wird der Vertrag nicht dadurch wirksam, daß die G.G. aufhört (§ 1396 Abs. 3). Die Verfügung wird dagegen nach Maßgabe des § 185 Abs. 2 wirksam, wenn die G.G. aufhört, ehe sich entschieden hat, ob die Genehmigung von der Frau ertheilt wird und der Mann den Gegenstand, über den er verfügt hat, bei der Auseinandersetzung erhält. Was von der vertragsmäßigen Verfügung gilt, findet auf das obligatorische Rechtsgeschäft, in welchem der Mann die Verpflichtung zu einer Verfügung übernimmt, Anwendung. Hierin liegt eine Abweichung vom ges. Güterrechte, die sich daraus erklärt, daß bei diesem die von der Frau eingegangene Verpflichtung zu einer Leistung nur dem Manne gegenüber von dessen Zustimmung abhängig ist. Ein einseitiges Rechtsgeschäft, durch das der Mann ohne die erforderliche Einwilligung der Frau über Gesammtgut verfügt, ist unwirksam (§ 1398). Das einseitige Rechtsgeschäft ist trotz der Einwilligung der Frau auch dann unwirksam, wenn der Mann die Einwilligung nicht in schriftlicher Form vorlegt und der Dritte das Rechtsgeschäft aus diesem Grunde unverzüglich zurückweist (§ 111 Satz 2, 3 mit § 182 Abs. 3.)

Im Uebrigen s. die Erl. zu §§ 1396, 1397.

**2.** Der Abs. 2 gewährt dem anderen Vertragstheile die Möglichkeit, die Ungewißheit zu beseitigen, welche sich daraus ergiebt, daß die Wirksamkeit des Vertrags von der Genehmigung der Frau abhängt. Den gleichen Zweck verfolgt der Abs. 2 des § 1396. Der Dritte kann aber nicht die Frau auffordern, sich über die Genehmigung zu erklären, sondern muß den Mann auffordern, die Genehmigung zu beschaffen. Die Aufforderung an die Frau ist wirkungslos. Für die Wirkungen und die rechtliche Natur der Aufforderung sowie für die Beweislast trifft das in der Erl. 5—7 zu § 108 Gesagte zu.

**3.** Der Abs. 3 stellt für den Fall der nach Abs. 2 ergangenen Aufforderung die vom Vormundschaftsgerichte nach § 1447 ersetzte Genehmigung der Frau in Bezug auf ihre Wirksamkeit der Genehmigung der Frau selbst gleich. Der Beschluß des Gerichts muß also innerhalb der zwei Wochen erwirkt und dem andern Theile vom Manne mitgetheilt sein; sonst gilt die Genehmigung als versagt.

**4.** Durch die nach Abs. 2 ergehende Aufforderung wird weder die von der Frau ertheilte noch die vom Vormundschaftsgericht ersetzte Einwilligung der Frau wirkungslos (s. Erl. 5a zu § 108).

## §. 1449.

Verfügt der Mann ohne die erforderliche Zustimmung der Frau über ein zu dem Gesammtgute gehörendes Recht, so kann die Frau das Recht ohne Mitwirkung des Mannes gegen Dritte gerichtlich geltend machen.

## §. 1450.

Ist der Mann durch Krankheit oder durch Abwesenheit verhindert, ein sich auf das Gesammtgut beziehendes Rechtsgeschäft vorzunehmen oder einen sich auf das Gesammtgut beziehenden Rechtsstreit zu führen, so kann die Frau im eigenen Namen oder im Namen des Mannes das Rechtsgeschäft vornehmen oder den Rechtsstreit führen, wenn mit dem Aufschube Gefahr verbunden ist.

---

### § 1449.

**E. I § 1354; II § 1349 rev. § 1434; III § 1432. P I S. 6707, 6711, 6731; M. IV S. 360, 361. P. II S. 5392 (Bd. 4 S. 259). D. S. 694.**

Die Frau braucht, wenn der Mann ohne die nach den §§ 1444—1446 erforderliche Zustimmung über Gesammtgut verfügt hat, dem Dritten gegenüber die Verfügung nicht anzuerkennen, soweit nicht der Dritte durch die Grundsätze über den Schutz des guten Glaubens (s. Erl. zu § 1443) geschützt ist. In Folge des ausschließlichen Verwaltungsrechts des Mannes könnte sie jedoch an sich gegen den Dritten nicht vorgehen. Der § 1449 räumt ihr daher, entsprechend dem für das ges. Güterrecht geltenden § 1407 Nr. 3, die Befugniß ein, das Recht, über welches der Mann rechtswidrig verfügt hat, selbständig gerichtlich geltend zu machen. Sie kann also z. B. die rechtswidrig verschenkte Sache vindiziren und die Berichtigung des Grundbuchs (§ 894) verlangen.

### § 1450.

**E. I § 1358; II § 1353 rev. § 1435; III § 1433. P. I S. 6670, 6674, 6675; M. IV S. 363, 364. P. II S. 5393—5396, 8635 (Bd. 4 S. 259—261). D. S. 694.**

1. Der § 1450 ist das Gegenstück zu § 1447 Abs. 2 und entspricht bezüglich der Voraussetzungen und der rechtlichen Bedeutung dem § 1401. Es kann deshalb auf die Erl. zu § 1401 verwiesen werden. Die Abweichungen von diesem sind folgende. Die Verhinderung des Mannes muß in Bezug auf das Gesammtgut vorliegen. Hat der Mann zu seiner Vertretung hinsichtlich des Gesammtguts einen Bevollmächtigten bestellt, so findet § 1450 nicht deshalb Anwendung, weil in Folge seiner Erkrankung oder Abwesenheit die Nothwendigkeit einer Fürsorge für sein Vorbehaltsgut eintritt. Die Frau kann ferner im Falle des § 1401 nur im eigenen Namen auftreten. Der § 1450 läßt ihr die Wahl, ob sie im eigenen Namen oder im Namen des Mannes auftreten will. Für das Gesammtgut ist es übrigens ohne Belang, in wessen Namen sie auftritt. In beiden Fällen kann sie über das Gesammtgut verfügen, fällt, was sie erwirbt, in das Gesammtgut (§ 1438) und wird durch die von ihr eingegangene Verbindlichkeit das Gesammtgut und damit (§ 1459) auch der Mann persönlich unmittelbar verpflichtet. Wenn die Frau im Namen des Mannes aufgetreten ist, versteht sich dies von selbst (§ 164); für den Fall, daß sie im eigenen Namen aufgetreten ist, folgt es aus § 1460 Abs. 1. Auch in Ansehung der Wirksamkeit des im Rechtsstreite der Frau ergangenen Urtheils ist es gleichgültig, in wessen Namen die Frau den Rechtsstreit geführt hat. Dagegen ist die persönliche Haftung der Frau nur begründet, wenn die Frau im eigenen Namen aufgetreten ist. Wegen der Verantwortlichkeit der Frau gegenüber dem Manne s. Erl. 3 zu § 1456.

2. Das B.G.B. stellt, wie sich aus § 1450 ergiebt, auch bei der allg. G.G. keine allgemeine Befugniß der Ehegatten zur gegenseitigen Vertretung (Vorbm. 1 S. 79) auf und räumt der Frau auch das Verwaltungsrecht nicht schlechthin für den Fall ein, daß der Mann durch Krankheit oder Abwesenheit an der Verwaltung verhindert ist, sondern nur wenn gleichzeitig ein Nothfall vorliegt. Die Frau muß sich auch bei der allg. G.G. die Führung der Verwaltung durch einen Bevollmächtigten oder den gesetzlichen Vertreter des Mannes gefallen lassen; sie ist sogar insofern noch mehr beschränkt wie beim gesetzlichen Güterrecht, als die Anordnung einer Vormundschaft (außer im Falle der Entmündigung wegen Verschwendung) oder der Abwesenheitspflegschaft über den Mann sie nicht zum Antrag auf Aufhebung der G.G. berechtigt (§ 1468).

§. 1451.

Ist zur ordnungsmäßigen Besorgung der persönlichen Angelegenheiten der Frau ein Rechtsgeschäft erforderlich, das die Frau mit Wirkung für das Gesammtgut nicht ohne Zustimmung des Mannes vornehmen kann, so kann die Zustimmung auf Antrag der Frau durch das Vormundschaftsgericht ersetzt werden, wenn der Mann sie ohne ausreichenden Grund verweigert.

§. 1452.

Auf den selbständigen Betrieb eines Erwerbsgeschäfts durch die Frau finden die Vorschriften des §. 1405 entsprechende Anwendung.

§. 1453.

Zur Annahme oder Ausschlagung einer der Frau angefallenen Erbschaft oder eines ihr angefallenen Vermächtnisses ist nur die Frau berechtigt; die Zustimmung des Mannes ist nicht erforderlich. Das Gleiche gilt von dem Verzicht auf den

---

**§ 1451.**

**E. I § 1366; II § 1354 rev. § 1436; III § 1434. P I S. 6744, 8797, 8810; M. IV S. 384. P. II S. 5411—5414, 5521—5525 (Bd. 4 S. 269, 270, 326—328).**

1. Der § 1451 entspricht dem § 1402 (vergl. Jastrow in Busch's Zeitschr. XXV S. 146). Wegen der Voraussetzungen, der rechtlichen Bedeutung und des Verfahrens bei der Ersetzung der Zustimmung s. Erl. zu § 1402; wegen der Haftung des Gesammtguts s. Erl. zu § 1460.

2. Der E. I § 1366 hob hervor, daß der Mann zur Gewährung der Mittel aus dem Gesammtgut auch insoweit verpflichtet sei, als die Mittel zur Führung eines Rechtsstreits über persönliche Angelegenheiten der Frau oder bei einem gegen die Frau gerichteten Strafverfahren nothwendig seien. Diese Bestimmung ist von der zweiten Kommission gestrichen worden, weil es sich von selbst versteht, daß die Ersetzung auch zu einem Rechtsgeschäfte der Frau möglich ist, durch das sie einen Prozeßbevollmächtigten oder Vertheidiger bestellt oder die zur Ladung von Zeugen erforderlichen Schritte 2c. thut. Von Bedeutung ist dies insbesondere deshalb, weil die Leistung eines Kostenvorschusses in Ehesachen nicht Gegenstand des Interimistikums ist (s. Vorbm. 2a oben S. 45); hat die Frau z. B. keine Mittel, um die Scheidungsklage zu erheben, so muß sie, wenn der Mann ihr die Mittel oder die Zustimmung zu deren Verschaffung grundlos verweigert, sich vom Vormundschaftsgericht ermächtigen lassen, über das Gesammtgut zum Zwecke der Beschaffung der Mittel zu verfügen, z. B. indem sie ein Darlehen aufnimmt oder eine Sache veräußert.

**§ 1452.**

**E. I § 1356; II § 1351 rev. § 1437; III § 1435. P. I S. 6667, 6670—6674; M. IV S. 362. P. II S. 5393 (Bd. 4 S. 259). D. S. 694.**

Vergl. die Erl. zu § 1405. Aus der entsprechenden Anwendbarkeit des § 1405 ergiebt sich insbesondere, daß, soweit es der Geschäftsbetrieb mit sich bringt, die Frau über das Gesammtgut — nicht nur über die zum Geschäfte gehörenden Gegenstände — verfügen kann, daß die Verbindlichkeiten aus den im § 1405 bezeichneten Rechtsgeschäften Gesammtgutsverbindlichkeiten sind, für welche der Mann nach § 1459 auch persönlich haftet, und daß einseitige Rechtsgeschäfte, die sich auf das Erwerbsgeschäft beziehen, der Frau gegenüber vorgenommen werden müssen und nur ihr gegenüber vorgenommen zu werden brauchen. Wegen der Vollstreckbarkeit s. C.P.O. § 741 und Erl. 5 zu § 1459.

**§ 1453.**

**E. I § 1355, § 2148 Nr. 4; II § 1350 rev. § 1438; III § 1436. P I S. 6666—6673· M. IV S. 361, 362. P. II S. 5393, 8004—8006 (Bd. 4 S. 259).**

1. Der Abs. 1 enthält zunächst den Rechtssatz, daß zu den bezeichneten Rechtshandlungen in Abweichung von § 1443 nur die Frau, nicht der Mann berechtigt ist. Im Abs. 1 ist ferner

Pflichttheil sowie von der Ablehnung eines der Frau gemachten Vertragsantrags oder einer Schenkung.

Zur Errichtung des Inventars über eine der Frau angefallene Erbschaft bedarf die Frau nicht der Zustimmung des Mannes.

### §. 1454.

Zur Fortsetzung eines bei dem Eintritte der Gütergemeinschaft anhängigen Rechtsstreits bedarf die Frau nicht der Zustimmung des Mannes.

---

der Satz ausgedrückt, daß die Frau der Zustimmung des Mannes nicht bedarf. Dieser Satz hat mit Rücksicht auf die unbeschränkte Geschäftsfähigkeit der Frau nur für die Haftung des Gesammtguts Bedeutung; aus § 1460 folgt, daß die mit dem Erwerbe verbundenen Verbindlichkeiten Gesammtgutsverbindlichkeiten sind, auch wenn der Mann dem Erwerbe nicht zustimmte. Bezüglich der Einzelheiten s. die Erl. 2—7 zu § 1406.

2. Die Annahme eines Vertragsantrags ist wie im § 1406 Nr. 2, so auch im § 1453 nicht erwähnt. Aus der unbeschränkten Geschäftsfähigkeit der Frau ergiebt sich, daß die Frau einen ihr allein gemachten Antrag auch ohne die Zustimmung des Mannes annehmen kann; aus den §§ 1443, 1460 folgt, daß einerseits der Mann einen solchen Antrag nicht annehmen kann, andererseits die Wirksamkeit des Vertrags gegenüber dem Gesammtgute von der Zustimmung des Mannes abhängt; für die Verbindlichkeiten, welche durch die ohne die Zustimmung des Mannes erfolgte Annahme des Antrags entstehen, haftet das Gesammtgut nach § 1455 nur, soweit es bereichert ist. Zufolge des § 1438 fällt, was die Frau auf Grund der Annahme erwirbt, in das Gesammtgut, auch wenn der Mann dem Erwerbe nicht zustimmt.

3. Bezüglich des Rechtes des Mannes und der Frau, wenn dieser eine Erbschaft angefallen ist, die Beschränkung der Haftung auf den Nachlaß geltend zu machen und insbesondere, ohne der Zustimmung oder Mitwirkung des anderen Ehegatten zu bedürfen, ein Inventar zu errichten, gilt das in der Erl. 1 Abs. 2, 3 zu § 1406 Ausgeführte für die allg. G.G. gleichfalls. Im übrigen s. Erl. zu § 2008.

4. Die Vorschrift des § 1406 Nr. 3, daß die Frau der Zustimmung des Mannes zur Vornahme eines Rechtsgeschäfts gegenüber dem Manne nicht bedarf, ist für die allg. G.G. abgesehen vom Sondergute (§ 1439 mit § 1525 Abs. 2) gegenstandslos. Daß die Frau mit dem Manne jedes auf das Vorbehaltsgut sich beziehende Rechtsgeschäft schließen kann, z. B. mit einer dem Vorbehaltsgute gegen das Gesammtgut zustehenden Darlehensforderung gegen eine dem Gesammtgute wegen Verwendung in das Vorbehaltsgut zustehende Forderung (§ 1467) aufrechnen kann, ist selbstverständlich. Für den Antheil der Frau am Gesammtgut aber kann ein Rechtsgeschäft der Frau mit dem Manne nicht vorkommen.

### § 1454.

**E. I § 1357; II § 1352 rev. § 1439; III § 1437. P. I S. 6668, 6670, 6674; M. IV S. 362. P. II S. 5393 (Bd. 4 S. 259).**

1. Die Vorschrift entspricht der des § 1407 Nr. 1. Es kann deshalb auf die Erl. 1 und 5 zu § 1407 verwiesen werden. Die Bedeutung des § 1454 unterscheidet sich von der des § 1407 Nr. 1 nur dadurch, daß es sich bei diesem um die Wirksamkeit des Rechtsstreits in Ansehung des eingebrachten Gutes gegenüber dem Manne, hier aber um die Wirksamkeit für das Gesammtgut handelt. Die Vollstreckbarkeit des Urtheils ergiebt sich aus § 742 Abs. 2 der C.P.O. Für die Anwendbarkeit des § 1454 ist es gleichgültig, welcher Güterstand vorher gegolten hat (vergl. Erl. 1 zu § 1411).

2. Von den übrigen im § 1407 genannten Fällen ist der der Nr. 2 (Geltendmachung eines zum eingebrachten Gute gehörenden Rechtes gegen den Mann) für das Gesammtgut gegenstandslos. Der Nr. 3 entspricht der § 1449. Die Nr. 4 (gerichtliche Geltendmachung eines Widerspruchsrechts gegenüber einer Zwangsvollstreckung) findet auf das Gesammtgut keine Anwendung; die Frau kann ein Widerspruchsrecht, wenn nicht die Voraussetzungen der §§ 1449—1452 vorliegen, nur auf Grund einer Vollmacht des Mannes geltend machen. Daß sie der Zustimmung des Mannes nicht bedarf, wenn sie ein zu ihrem Vorbehalts- oder Sondergute gehörendes Recht gegen den Mann geltend macht oder den Widerspruch darauf stützt, daß die Sache zu ihrem Vorbehalts- oder Sondergute gehöre, versteht sich bezüglich des Vorbehaltsguts von selbst und folgt für das Sondergut aus § 1439 Satz 2 mit § 1525 Abs. 2, § 1407 Nr. 4.

§. 1455.

Wird durch ein Rechtsgeschäft, das der Mann oder die Frau ohne die erforderliche Zustimmung des anderen Ehegatten vornimmt, das Gesammtgut bereichert, so kann die Herausgabe der Bereicherung aus dem Gesammtgute nach den Vorschriften über die Herausgabe einer ungerechtfertigten Bereicherung gefordert werden.

§. 1456.

Der Mann ist der Frau für die Verwaltung des Gesammtguts nicht verantwortlich. Er hat jedoch für eine Verminderung des Gesammtguts zu diesem Ersatz zu leisten, wenn er die Verminderung in der Absicht, die Frau zu benachtheiligen, oder durch ein Rechtsgeschäft herbeiführt, das er ohne die erforderliche Zustimmung der Frau vornimmt.

---

**§ 1455.**

**E. I § 1362 Nr. 1; II § 1357 Abs. 1 rev. § 1440; III § 1438. P. I S. 6678–6680, 6696, 6697; M. IV S. 373. P. II S. 5403 (Bd. 4 S. 264).**

Sowohl ein Rechtsgeschäft, das der Mann ohne die nach den §§ 1444—1446 erforderliche Zustimmung der Frau, als auch ein Rechtsgeschäft, das die Frau, ohne daß eine der Ausnahmen der §§ 1450—1454 vorliegt, ohne die Zustimmung des Mannes vornimmt, ist dem Gesammtgute gegenüber unwirksam (s. Erl. zu § 1443). Für die Verbindlichkeit, die aus dem Rechtsgeschäft entsteht, haftet das Gesammtgut nicht, dagegen fällt, was aus dem Rechtsgeschäft erworben wird, nach § 1438 in das Gesammtgut. Dadurch kann sich eine Bereicherung des Gesammtguts ergeben und der § 1455 verpflichtet den Mann, die Bereicherung herauszugeben. Der § 1455 entspricht also dem für das gesetzliche Güterrecht geltenden § 1399 Abs. 2 Satz 2. Für die Haftung sind die allgemeinen Grundsätze über ungerechtfertigte Bereicherung, insbesondere die §§ 818, 819 maßgebend. Die aus der Bereicherung entspringende Verbindlichkeit ist eine gewöhnliche Gesammtgutsverbindlichkeit (§ 1459, C.P.O. § 740); der Mann haftet für sie auch persönlich.

**§ 1456.**

**E. I § 1364; II § 1348 rev. § 1441; III § 1439. P. I S. 6707, 6712, 6731—6736, 8779, 8791; M. IV S. 379, 380. P. II S. 5408—5411 (Bd. 4 S. 267—269). D. S. 694. K.B. S. 2067.**

1. Der § 1456, welcher die Verantwortlichkeit des Mannes für die Verwaltung des Gesammtguts regelt, enthält nicht nur eine Ausnahme vom Grundsatze des § 1359, sondern geht insofern weiter, als er den Mann in Ansehung der Verwaltung des Gesammtguts auch von der Haftung wegen Vorsatzes befreit. Der Ausschluß der Verantwortlichkeit bezieht sich sowohl auf die Ziehung und Verwendung der Nutzungen als auf die Substanz. Die Verantwortlichkeit des Mannes tritt nur ein, wenn der Mann in der Absicht, die Frau zu benachtheiligen, oder durch Vornahme eines Rechtsgeschäfts ohne die nach den §§ 1444—1446 erforderliche Zustimmung der Frau das Gesammtgut vermindert. Im ersteren Falle genügt Vorsatz ohne die Absicht der Benachtheiligung (z. B. Anzündung eines Hauses, um die Versicherungssumme zu erlangen,) nicht. Ohne Belang ist, zu welchem Zwecke der Mann die Frau benachtheiligen wollte; er braucht nicht für sich einen Gewinn machen zu wollen. Im zweiten Falle kommt es auf die Absicht des Mannes nicht an; der Mann ist haftbar, auch wenn er nur das Beste des Gesammtguts gewollt hat. Voraussetzung ist aber immer, daß den Mann ein Verschulden trifft. Dies wird zwar regelmäßig anzunehmen sein, wenn die objektive Voraussetzung der Vornahme des Rechtsgeschäfts ohne die erforderliche Zustimmung der Frau vorliegt; ein Verschulden kann aber auch, wenn diese Voraussetzung vorliegt, fehlen, z. B. wenn der Mann die Zustimmung der Frau aus entschuldbarem Irrthum angenommen hat. In beiden Fällen ist der Mann nur für eine Verminderung des Gesammtguts verantwortlich. Der Begriff der Verminderung ist derselbe, wie er bei den Vorschriften über die Schenkung zur Anwendung kommt. Insbesondere ist in den Fällen, in welchen nach den Erl. zu § 517 eine Schenkung nicht vorliegt, eine Verminderung auch im Sinne des § 1456 nicht vorhanden, z. B. wenn der Mann auf eine ihm angefallene Erbschaft, um sie seinem Kinde aus erster Ehe zuzuwenden, verzichtet. Bei einem von dem Manne ohne die erforderliche Zustimmung der Frau vorgenommenen Rechtsgeschäft ist zu beachten, daß es auch für den Mann unwirksam ist und das Geleistete daher vindizirt bezw. zurückgefordert werden kann. Der Anspruch hierauf gehört zum

§. 1457.

Steht der Mann unter Vormundschaft, so hat ihn der Vormund in den Rechten und Pflichten zu vertreten, die sich aus der Verwaltung des Gesammtguts ergeben. Dies gilt auch dann, wenn die Frau Vormund des Mannes ist.

§. 1458.

Der eheliche Aufwand fällt dem Gesammtgute zur Last.

§. 1459.

Aus dem Gesammtgute können die Gläubiger des Mannes und, soweit sich nicht aus den §§. 1460 bis 1462 ein Anderes ergiebt, auch die Gläubiger der Frau Befriedigung verlangen (Gesammtgutsverbindlichkeiten).

---

Gesammtgut; eine Verminderung liegt also nur vor, soweit auf Grund dieses Anspruchs Ersatz nicht erlangt werden kann.

Was der Mann auf Grund des § 1456 zu ersetzen hat, hat er dem Gesammtgute zu ersetzen. Der Ersatz ist nach § 1467 Abs. 1 erst bei Auflösung der G.G. zu bewirken. Wegen des Charakters der hier fraglichen Verbindlichkeit als einer bloßen Ersatzverbindlichkeit s. Erl. zu § 1476.

**2.** Auf die Verwaltung des Vorbehaltsguts der Frau durch den Mann findet der § 1456 keine Anwendung (§ 1441 mit § 1430).

**3.** Besondere Bestimmungen über die Haftpflicht der Frau für die Fälle, in welchen die Frau das Gesammtgut schädigt, sind im B.G.B. nicht vorgesehen. Es bewendet also bei den durch den § 1359 und den § 1467 Abs. 1 modifizirten allgemeinen Grundsätzen. Ob dies auch gilt, wenn die Frau bei der Ausübung der Schlüsselgewalt (§ 1357) oder bei der Vertretung des Mannes (§ 1450) dem Gesammtgut einen Schaden zufügt, lassen die M. IV S. 380 offen. Die Frage wird zu bejahen sein, da der Ausschluß der Verantwortlichkeit auf positiver Vorschrift beruht und auch die Verhältnisse bei der Frau insofern anders liegen wie beim Manne, als bei der Frau regelmäßig nur einzelne Verwaltungshandlungen in Frage stehen.

§ 1457.

**E. I § 1370; II § 1355 rev. § 1442; III § 1440. P. I S. 6854, 8715, 8718, 8725; M. IV S. 393. P. II S. 5393—5396, 5417 (Bd. 4 S. 259—261, 272).**

Die allg. G.G. endigt nicht von selbst, wenn der Mann geschäftsunfähig oder in der Geschäftsfähigkeit beschränkt wird oder einen Pfleger erhält, die Frau kann vielmehr auf Aufhebung der allg. G.G. klagen, jedoch nur, wenn der Verlust der Geschäftsfähigkeit auf Entmündigung wegen Verschwendung beruht (§ 1468 Nr. 4). Wenn der Mann die Geschäftsfähigkeit verliert oder einen Pfleger erhält, geht aber auch die Verwaltung des Gesammtguts nicht ohne Weiteres, sondern nur unter den Voraussetzungen des § 1450 auf die Frau über. Der Mann wird also in den übrigen Fällen durch seinen gesetzlichen Vertreter auch in den auf das Gesammtgut bezüglichen Rechten und Pflichten vertreten. Diesen Gedanken bringt der § 1457 für die allg. G.G. in demselben Umfang und Inhalte zum Ausdrucke wie der § 1409 für die Verwaltung und Nutznießung des Mannes. Wegen der Einzelheiten vergl. die Erl. zu § 1409, ferner die Erl. zu § 1450.

§ 1458.

**E. II § 1360 rev. § 1443; III § 1441; M. IV S. 382. P. II S. 5411, 5413 (Bd. 4 S. 269, 270).**

Wegen des Begriffs des ehelichen Aufwandes sowie wegen der Frage, wer die Größe des Aufwandes zu bestimmen hat, vergl. Erl. 1 zu § 1389, ferner Vorbm. oben S. 80.

§ 1459.

**E. I § 1359; II § 1356 rev. § 1444; III § 1442. P. I S. 6675—6682; M. IV S. 364—368. P. II S. 5396—5400, 5435—5437 (Bd. 4 S. 261—263, 281, 282). D. S. 694.**

Die §§ 1459—1462 regeln die Haftung der Ehegatten für die beiderseitigen Verbindlichkeiten gegenüber den Gläubigern.

Für Verbindlichkeiten der Frau, die Gesammtgutsverbindlichkeiten sind, haftet der Mann auch persönlich als Gesammtschuldner. Die Haftung erlischt mit der Beendigung der Gütergemeinschaft, wenn die Verbindlichkeiten im Verhältnisse der Ehegatten zu einander nicht dem Gesammtgute zur Last fallen.

---

1. Die Haftung des Gesammtguts ist im Abs. 1 bestimmt. Das Gesammtgut haftet grundsätzlich für alle Verbindlichkeiten des Mannes wie der Frau. Für die vor dem Eintritte der G.G. entstandenen Verbindlichkeiten des Mannes wie der Frau gilt dieser Grundsatz ausnahmslos. Für die nachher entstandenen erkennen die §§ 1460—1462 bezüglich der Verbindlichkeiten der Frau einige Ausnahmen an. Die Ausnahmen entsprechen den beim gesetzlichen Güterstand in den §§ 1412—1414 enthaltenen und beruhen auf denselben Gesichtspunkten wie diese (s. Erl. 1 Abs. 1 zu § 1411). Daß im Uebrigen das Gesammtgut für die Verbindlichkeiten des Mannes und der Frau unterschiedslos haftet, ist besonders für die Verbindlichkeiten aus unerlaubten Handlungen sowie für die unmittelbar kraft Gesetzes entstehenden Verbindlichkeiten von Bedeutung. Bezüglich der letzteren gilt das in der Erl. 1 Abs. 2 zu § 1411 Gesagte entsprechend auch hier. Ueber die Frage, ob das Gesammtgut für die vor dem Eintritte der G.G. entstandenen Verbindlichkeiten auch dann haftet, wenn vorher ein anderer Güterstand gegolten hat, trifft die Erl. 1 Abs. 3, 4 zu § 1411 auch hier zu.

2. Wie die Fassung des § 1459 Abs. 1 und der §§ 1460—1462 ergiebt, braucht der Gläubiger der Frau, um die Haftung des Gesammtguts in Anspruch zu nehmen, nicht zu beweisen, daß eine der Ausnahmen der §§ 1460—1462 nicht zutrifft, vielmehr liegt dem Manne der Beweis ob, daß eine Ausnahme gegeben ist. Nur wenn der Anspruch des Gläubigers sich auf ein Rechtsgeschäft der Frau gründet, hat der Gläubiger zu beweisen, daß eine der Ausnahmen zutrifft, unter welchen das Gesammtgut nach § 1460 haftet.

3. Die persönliche Haftung der Ehegatten für die Gesammtgutsverbindlichkeiten ist im Abs. 2 geregelt. Der Mann haftet für alle Gesammtgutsverbindlichkeiten. Dieser Grundsatz gilt ausnahmslos, also z. B. auch für die vorehelichen und die auf unerlaubter Handlung beruhenden Verbindlichkeiten der Frau. Die Frau haftet für die nicht in ihrer Person entstandenen Gesammtgutsverbindlichkeiten nicht persönlich; sie haftet für die Verbindlichkeiten des Mannes auch dann nicht persönlich, sondern nur mit dem Gesammtgute, wenn die Verbindlichkeit im Verhältnisse der Ehegatten zu einander dem Gesammtgute zur Last fällt. Blos auf Grund des Güterstandes kann sich für sie eine persönliche Haftung nur zufolge der Vorschriften über die Schuldenberichtigung bei der Auseinandersetzung (§ 1480) ergeben.

Der Mann haftet den Gläubigern der Frau neben der Frau als Gesammtschuldner. Das Rechtsverhältniß des Gläubigers zu dem Manne und der Frau bestimmt sich also nach den §§ 421—425. Daraus folgt z. B., daß der Mann nicht mit einer Forderung der Frau, die nicht zu dem Gesammtgute gehört, oder mit einer Forderung aufrechnen kann, die ihm gegen die Frau etwa auf Grund einer Verwendung in deren Vorbehaltsgut (§ 1467 Abs. 1) zusteht.

Die persönliche Haftung des Mannes für die Verbindlichkeiten der Frau kann unter Umständen zu Härten führen; namentlich ist dies bei Verbindlichkeiten aus unerlaubten Handlungen der Frau der Fall. Mit Rücksicht hierauf und um dem Rechte des Mannes, nach § 1469 wegen Ueberschuldung des Gesammtguts auf Aufhebung der G.G. zu klagen, praktischen Werth zu verleihen, bestimmt der Abs. 2 Satz 2, daß die persönliche Haftung des Mannes für die nicht in seiner Person entstandenen Gesammtgutsverbindlichkeiten nur für die Dauer der G.G. besteht, mit deren Beendigung aber erlischt, sofern die Verbindlichkeit im Verhältnisse der Ehegatten zu einander nach den §§ 1463—1465 nicht dem Gesammtgute, sondern der Frau zur Last fällt. Daß letzteres der Fall ist, muß, wie die Fassung des Abs. 2 Satz 2 zum Ausdrucke bringt (s. Bd. I S. 45), der Mann beweisen, wenn er das Erlöschen seiner Haftung behauptet. Aus welchem Grunde die G.G. endigt, ist gleichgültig. Die persönliche Haftung erlischt also auch dann, wenn die G.G. durch den Tod der Frau endigt und nach § 1483 fortgesetzte G.G. stattfindet (s. Erl. zu § 1489). Die persönliche Haftung des Mannes erlischt selbst dann, wenn gegen den Mann schon ein vollstreckbarer Titel vorliegt; der Mann hat das Erlöschen im Wege des § 767 C.P.O. geltend zu machen (vergl. noch Erl. zu § 1472 Nr. 8, § 1480 Nr. 1).

Ueber die Möglichkeit rechtsgeschäftlichen Ausschlusses der persönlichen Haftung s. Erl. zu § 1460.

4. Ueber die von den Ehegatten gemeinschaftlich eingegangenen Verbindlichkeiten sind besondere Bestimmungen nicht vorgesehen. Die allg. G.G. steht der Eingehung einer Gesammtschuld durch die Ehegatten nicht entgegen. Ob sie eine solche beabsichtigten, ist nach den allgemeinen Grundsätzen (s. insbesondere § 427) zu entscheiden; in der Ertheilung der Zustimmung für sich allein liegt im Zweifel die Erklärung einer solchen Absicht nicht (s. Erl. 2 zu § 1443). Das Bestehen der allg. G.G. ist nur insofern von Bedeutung, als, wenn

## §. 1460.

Das Gesammtgut haftet für eine Verbindlichkeit der Frau, die aus einem nach dem Eintritte der Gütergemeinschaft vorgenommenen Rechtsgeschäft entsteht,

---

auch nach den allgemeinen Grundsätzen (§ 420) für die von den Ehegatten gemeinschaftlich eingegangene Verbindlichkeit jeder Ehegatte nur zur Hälfte haften würde, der Mann doch auch für die die Frau treffende Hälfte nach Abs. 2 Satz 1 persönlich haftet, da in dem gemeinschaftlichen Abschlusse des Rechtsgeschäfts seine Einwilligung in die Vornahme des Rechtsgeschäfts durch die Frau (§ 1460) liegt.

5. Die Zwangsvollstreckung in das Gesammtgut ist nicht im B.G.B. (anders E. I § 1360, dazu M. IV S. 368—370, P. II S. 5401, Bd 4 S. 135, 263), sondern in der C.P.O. (D. z. C.P.O. S. 109ff.) geordnet. Nach § 740 der C.P.O. ist zur Zwangsvollstreckung in das Gesammtgut ein gegen den Mann ergangenes Urtheil erforderlich und genügend. Dies gilt auch in Ansehung der Zwangsvollstreckung (Versteigerung, Verwaltung, Zwangs- und Arresthypothek) in Grundstücke, die zum Gesammtgute gehören. Die im § 1445 enthaltenen Beschränkungen des Verfügungsrechts des Mannes finden keine Anwendung. Auf Grund des gegen den Mann allein vollstreckbaren Titels kann sich jedoch ein Gesammtgutsgläubiger nur an diejenigen zum Gesammtgute gehörenden Gegenstände halten, welche im Besitze des Mannes sind, nicht an die, welche sich im Besitz eines Dritten befinden. Dies gilt auch dann, wenn die Frau den Besitz hat oder ein Recht im Grundbuch auf den Namen der Frau eingetragen ist. Der Gläubiger muß solchen Falles nach Maßgabe der §§ 713, 846ff. vorgehen, also z. B. gegen die Frau Klage auf Berichtigung des Grundbuchs erheben. Wegen der Ertheilung einer vollstreckbaren Ausfertigung eines gegen die Frau vollstreckbaren Titels gegen den Mann, wenn die allg. G.G. erst eingetreten ist, nachdem ein von der Frau oder gegen sie geführter Rechtsstreit anhängig geworden ist, s. §§ 742, 795. Eine Ausnahme von der Vorschrift des § 740 tritt ein, wenn die Frau selbständig ein Erwerbsgeschäft betreibt. Nach § 741 genügt solchen Falles ein gegen die Frau vollstreckbarer Titel. Dies gilt bezüglich aller Verbindlichkeiten der Frau, auch bezüglich der mit dem Geschäftsbetriebe nicht zusammenhängenden. Der Mann ist aber nach § 774 berechtigt, im Wege der Klage nach Maßgabe des § 771 Widerspruch zu erheben, wenn das gegen die Frau ergangene Urtheil ihm gegenüber in Ansehung des Gesammtguts unwirksam ist, wenn es z. B. eine Verbindlichkeit aus einem Rechtsgeschäfte betrifft, das der Geschäftsbetrieb nicht mit sich brachte (§ 1452 mit § 1405). Der § 741 findet keine Anwendung, wenn zur Zeit des Eintritts der Rechtshängigkeit der Einspruch des Mannes gegen den Geschäftsbetrieb oder der Widerruf seiner Einwilligung zu dem Betrieb im Güterrechtsregister eingetragen war.

6. Auch die Bestimmungen über den Einfluß des Konkurses des Mannes oder der Frau auf das Gesammtgut sind nicht im B.G.B. (anders E. I § 1361, dazu M. IV S. 370—373, P. II S. 5402, Bd. 4 S. 203), sondern in der K.O. (D. z. K.O. S. 7ff.) getroffen. Ein Partikularkonkurs über das Gesammtgut ist ausgeschlossen. Es ist nur ein Konkurs über das Vermögen des Mannes oder der Frau möglich. Durch die Eröffnung des Konkurses sei es über das Vermögen des Mannes oder über das der Frau wird die G.G. nicht von selbst beendet; dagegen kann, wenn im übrigen die Voraussetzungen des § 1468 Nr. 5 oder des § 1469 erfüllt sind, bei Ueberschuldung des einen Ehegatten der andere Ehegatte die Aufhebung der G.G. verlangen, die Aufhebung wirkt aber nur für die Zukunft (s. Erl. zu § 1470).

Ueber das Vermögen des Mannes wird der Konkurs eröffnet, wenn bezüglich des gesammten Vermögens des Mannes die Voraussetzungen der Konkurseröffnung gegeben sind. Ueberschuldung nur des Gesammtguts reicht nicht aus. Wird der Konkurs über das Vermögen des Mannes eröffnet, so fällt das Gesammtgut in die Konkursmasse (§ 2 Abs. 1 der K.O.); zu dieser gehört natürlich auch aller Erwerb der Frau, soweit er in das Gesammtgut (§ 1438) fällt. Für eine Anwendbarkeit der §§ 16, 51 der K.O. ist kein Raum, eine Auseinandersetzung zwischen den Ehegatten in Ansehung des Gesammtguts findet nicht statt. Wird die G.G. während des Konkursverfahrens beendet, so hat dies auf den Fortgang des Konkurses und auf die Haftung des Gesammtguts für die Konkursgläubiger keinen Einfluß. Selbstverständlich unterliegt der Konkursverwalter nicht den Beschränkungen, denen das Verfügungsrecht des Mannes nach den §§ 1444, 1445 unterworfen ist. Was nach der Beendigung des Konkurses etwa noch verbleibt, bleibt Gesammtgut; ist während des Konkurses die G.G. beendet worden, so findet in Ansehung dieses Restes die Auseinandersetzung zwischen den Ehegatten statt.

Durch die Eröffnung des Konkursverfahrens über das Vermögen der Frau wird das Gesammtgut nicht berührt (§ 2 Abs. 2 der K.O.). Insbesondere können die Gläubiger der Frau, denen auch das Gesammtgut haftet, während des Konkursverfahrens die Zwangsvollstreckung in das Gesammtgut betreiben; § 14 K.O. steht nicht entgegen.

nur dann, wenn der Mann seine Zustimmung zu dem Rechtsgeschäft ertheilt oder wenn das Rechtsgeschäft ohne seine Zustimmung für das Gesammtgut wirksam ist.

Für die Kosten eines Rechtsstreits der Frau haftet das Gesammtgut auch dann, wenn das Urtheil dem Gesammtgute gegenüber nicht wirksam ist.

§. 1461.

Das Gesammtgut haftet nicht für Verbindlichkeiten der Frau, die in Folge des Erwerbes einer Erbschaft oder eines Vermächtnisses entstehen, wenn die Frau die Erbschaft oder das Vermächtniß nach dem Eintritte der Gütergemeinschaft als Vorbehaltsgut erwirbt.

§. 1462.

Das Gesammtgut haftet nicht für eine Verbindlichkeit der Frau, die nach dem Eintritte der Gütergemeinschaft in Folge eines zu dem Vorbehaltsgute gehörenden Rechtes oder des Besitzes einer dazu gehörenden Sache entsteht, es sei denn, daß das Recht oder die Sache zu einem Erwerbsgeschäfte gehört, das die Frau mit Einwilligung des Mannes selbständig betreibt.

---

**§ 1460.**

**E. I § 1362 Nr. 1; II § 1357 rev § 1445; III § 1443. P. I S. 6675—6680, 6695—6700 7221—7223, 8692; M. IV S. 373—376. P. II S. 5402, 5403, 8630, 8631 (Bd. 4 S. 264).**

1. Der § 1460 entspricht dem § 1412. Es kann auf die Erl. zu diesem verwiesen werden. Zu den Fällen, daß das Rechtsgeschäft ohne Zustimmung des Mannes für das Gesammtgut wirksam ist, gehören die in den §§ 1450—1453 bezeichneten Rechtsgeschäfte, ferner die Fälle, daß das Gesammtgut nach § 1455 auf die Bereicherung haftet oder die Frau nach § 1357 im Bereich ihrer Schlüsselgewalt gehandelt hat.

2. Das B.G.B. hat keine Bestimmung darüber aufgenommen, ob der Mann bei Ertheilung der Zustimmung zu einem einzelnen Rechtsgeschäft oder Rechtsstreite der Frau die Haftung des Gesammtguts und damit seine persönliche Haftung ausschließen kann, so daß die Zustimmung nur für das etwaige Sondergut der Frau von Bedeutung ist. Zweifellos kann dies durch Vertrag mit dem Dritten geschehen. Für zulässig ist auch zu halten, daß der Mann, wenn er zu einem Rechtsgeschäft oder Rechtsstreite der Frau die Zustimmung ertheilt, weil das Rechtsgeschäft oder der Rechtsstreit von der Verwaltung des Sonderguts gefordert wird, die Zustimmung (s. § 1439 mit § 1525 Abs. 2, § 1399) nur unter der Bedingung der Nichthaftung des Gesammtguts ertheilt. Dagegen wird der Mann in den übrigen Fällen die Wirksamkeit seiner Zustimmung nicht einseitig beschränken können. Eine der Zustimmung hinzugefügte Beschränkung kann indessen die Bedeutung haben, daß eine rechtsgeschäftliche Zustimmung überhaupt nicht ertheilt werden soll, vielmehr nur eine nicht rechtsgeschäftliche Aeußerung beabsichtigt ist; dies wird z. B. in Frage kommen, wenn der Mann die Aeußerung der Frau gegenüber macht. Daß der Mann übrigens bei Ertheilung der Einwilligung in den Geschäftsbetrieb der Frau nicht die Haftung des Gesammtguts ausschließen kann, versteht sich nach den Erl. zu den §§ 1452, 1405 von selbst.

Gleiches gilt von der Frage, ob der Mann berechtigt ist, lediglich seine persönliche Haftung auszuschließen.

**§ 1461.**

**E. I § 1362 Nr. 2; II § 1358 rev. § 1446; III § 1444. P. I S. 6675—6680, 6695—6700, 7221—7223; M. IV S. 373. P. II S. 5403 (Bd. 4 S. 264).**

Der § 1461 hängt mit dem § 1453 zusammen. Es kann auf die Erl. zu § 1413 verwiesen werden.

**§ 1462.**

**E. I § 1362 Nr. 3; II § 1359 rev. § 1447; III § 1445. P. I S. 6675—6680, 6695—6700, 7221—7223; M. IV S. 373. P. II S. 5403 (Bd. 4 S. 264).**

Vergl. die Erl. zu dem entsprechenden § 1414. Wegen der gesetzlichen Unterhaltspflicht der Frau s. Erl. zu § 1604 Abs. 2.

§. 1463.

Im Verhältnisse der Ehegatten zu einander fallen folgende Gesammtgutsverbindlichkeiten dem Ehegatten zur Last, in dessen Person sie entstehen:

1. die Verbindlichkeiten aus einer unerlaubten Handlung, die er nach dem Eintritte der Gütergemeinschaft begeht, oder aus einem Strafverfahren, das wegen einer solchen Handlung gegen ihn gerichtet wird;
2. die Verbindlichkeiten aus einem sich auf sein Vorbehaltsgut beziehenden Rechtsverhältniß, auch wenn sie vor dem Eintritte der Gütergemeinschaft oder vor der Zeit entstanden sind, zu der das Gut Vorbehaltsgut geworden ist;
3. die Kosten eines Rechtsstreits über eine der in Nr. 1, 2 bezeichneten Verbindlichkeiten.

§. 1464.

Im Verhältnisse der Ehegatten zu einander fallen die Kosten eines Rechtsstreits zwischen ihnen der Frau zur Last, soweit nicht der Mann sie zu tragen hat.

Das Gleiche gilt von den Kosten eines Rechtsstreits zwischen der Frau und einem Dritten, es sei denn, daß das Urtheil dem Gesammtgute gegenüber wirksam ist. Betrifft jedoch der Rechtsstreit eine persönliche Angelegenheit der Frau oder eine nicht unter die Vorschriften des §. 1463 Nr. 1, 2 fallende Gesammtgutsverbindlichkeit der Frau, so findet diese Vorschrift keine Anwendung, wenn die Aufwendung der Kosten den Umständen nach geboten ist.

---

**§§ 1463, 1464.**

**E. I § 1367 Abs. 2; II §§ 1361, 1362 rev. §§ 1448, 1449; III §§ 1446, 1447. P. I S. 6745—6754, 7174, 7179, 7205, 7224, 8693, 8708, 8723, 8797, 8830; M. IV S. 384—390. P. II S. 5414, 5415, 8630, 8631 (Bd. 4 S. 271). D. S. 695.**

1. Die Gesammtgutsverbindlichkeiten treffen regelmäßig auch im Verhältnisse der Ehegatten zu einander das Gesammtgut. Das B.G.B. (anders der E. I § 1367 Abs. 1) spricht diesen Grundsatz nicht ausdrücklich aus, sondern begnügt sich mit der Aufzählung der Ausnahmen. Daß eine Gesammtgutsverbindlichkeit im Verhältnisse der Ehegatten zu einander dem Gesammtgute zur Last fällt, bedeutet einerseits, daß, wenn die Verbindlichkeit von dem Ehegatten, in dessen Person sie entstanden ist, aus seinem Vorbehaltsgute getilgt wird, dem Ehegatten d. h. dessen Vorbehaltsgut Ersatz geleistet werden muß (§ 1466) und zwar der Frau schon während der Dauer, dem Manne erst nach der Beendigung der G.G. (§ 1467), andererseits daß nach der Beendigung der G.G. jeder Ehegatte bei der Auseinandersetzung verlangen kann, daß die Verbindlichkeit zunächst aus dem Gesammtgute berichtigt wird (§ 1475). Der Frau gegenüber haftet der Mann außerdem persönlich wegen des ihr zu leistenden Ersatzes, wenn die Verbindlichkeit aus ihrem Vorbehaltsgute getilgt ist. Denn der Mann hat die Einbuße zu tragen (s. Erl. zu § 1481).

2. Die in den §§ 1463—1465 aufgezählten Gesammtgutsverbindlichkeiten fallen nicht dem Gesammtgute, sondern dem Ehegatten zur Last, in dessen Person sie entstanden sind. Die Bedeutung dieser Ausnahmen liegt darin, daß, wenn eine dieser Verbindlichkeiten aus dem Gesammtgute getilgt ist, nach Maßgabe des § 1467 von dem Ehegatten, dem sie zur Last fällt, zu dem Gesammtgut Ersatz geleistet werden muß und daß nach § 1475 jeder Ehegatte bei der Auseinandersetzung der G.G. verlangen kann, daß die dem anderen Ehegatten allein zur Last fallenden Gesammtgutsverbindlichkeiten nicht aus dem Gesammtgute berichtigt werden. Für den Mann kommt noch in Betracht, daß er für eine Verbindlichkeit der Frau, die im Verhältnisse der Ehegatten zu einander nicht dem Gesammtgute zur Last fällt, nach der Beendigung der G.G. nicht mehr persönlich haftet (§ 1459 Abs. 2 Satz 2).

3. Anlangend die in den §§ 1463, 1464 enthaltenen einzelnen Ausnahmen, so entspricht

a) der § 1463 Nr. 1 dem § 1415 Nr. 1 (vergl. Erl. 2 zu § 1415). Aus § 1463 Nr. 1 folgt, daß auch, wenn die Zustimmung des Mannes zur Verwendung von Gesammtgut für die Vertheidigung der Frau nach § 1451 ersetzt worden ist, die Frau im Falle ihrer Verurtheilung

## §. 1465.

Im Verhältnisse der Ehegatten zu einander fällt eine Ausstattung, die der Mann einem gemeinschaftlichen Kinde aus dem Gesammtgute verspricht oder gewährt, dem Manne insoweit zur Last, als sie das dem Gesammtgut entsprechende Maß übersteigt.

Verspricht oder gewährt der Mann einem nicht gemeinschaftlichen Kinde eine Ausstattung aus dem Gesammtgute, so fällt sie im Verhältnisse der Ehegatten zu einander dem Vater oder der Mutter des Kindes zur Last, der Mutter jedoch nur insoweit, als sie zustimmt oder die Ausstattung nicht das dem Gesammtgut entsprechende Maß übersteigt.

---

zur Erstattung in das Gesammtgut verpflichtet ist. Wird das gegen die Frau eröffnete Verfahren eingestellt oder die Frau außer Verfolgung gesetzt oder freigesprochen, so fallen die Kosten des Verfahrens, soweit sie die Frau kraft Gesetzes überhaupt treffen, dem Gesammtgute zur Last.

b) Der § 1463 Nr. 2 entspricht dem § 1415 Nr. 2, der § 1463 Nr. 3, dem § 1415 Nr. 3 (s. Erl. 3, 4 zu § 1415). Unter § 1463 Nr. 2 fällt insbesondere auch die gesetzliche Unterhaltspflicht der Frau, soweit sie durch das Vorhandensein von Vorbehaltsgut oder Sondergut begründet oder erweitert wird.

Wegen der das Sondergut (§ 1439) betreffenden Verbindlichkeiten, insbesondere der Lasten desselben, s. Erl. zu § 1439.

c) Der § 1464 Abs. 1 entspricht dem § 1416 Abs. 1 (s. Erl. zu § 1416 Nr. 1).

d) Der § 1464 Abs. 2 entspricht dem § 1416 Abs. 2. Zu dem in der Erl. Nr. 2 zu diesem Gesagten ist nur zu bemerken, daß das Urtheil dem Gesammtgute gegenüber in den Fällen der §§ 1449—1452, 1454 wirksam ist.

**4.** Nicht erwähnt sind die Verbindlichkeiten, welche der Mann in der Absicht, die Frau zu benachtheiligen, eingegangen ist. Da in dem Eingehen einer Verbindlichkeit stets eine Verminderung des Gesammtguts liegt, so ist der Mann gegenüber der Frau wegen einer solchen Verbindlichkeit nach § 1456 ersatzpflichtig. Daraus folgt, daß die Verbindlichkeit im Verhältnisse der Ehegatten zu einander nicht das Gesammtgut, sondern den Mann trifft.

**5.** Selbstverständlich sind die Ehegatten berechtigt, eine Verbindlichkeit, die nach den §§ 1463, 1464 im Verhältnisse der Ehegatten zu einander nicht dem Gesammtgute zur Last fallen würde, dem Gesammtgut und eine Verbindlichkeit, die vom Gesammtgute zu tragen wäre, dem Ehegatten, in dessen Person sie entstanden ist, vertragsmäßig zuzuweisen. Ueber die Frage, ob hierzu die Einhaltung der für Eheverträge vorgeschriebenen Form erforderlich ist, s. Erl. zu § 1432.

**6.** Darüber, daß die nach Maßgabe der §§ 1463, 1464 begründete Verbindlichkeit eines Ehegatten, zu dem Gesammtgute, wenn aus diesem die Verbindlichkeit berichtigt worden ist, Ersatz zu leisten, eine gewöhnliche Ersatzverbindlichkeit ist, s. Erl. zu § 1476.

### § 1465.

**E. I § 1368; II § 1363 rev. § 1450; III § 1448. P. I S. 6745—6748, 7683—7687, 12063—12065; M. IV S. 358, 383, 390. P. II S. 5415—5417 (Bd. 4 S. 271, 272).**

**1.** Zur Gewährung einer Ausstattung (§ 1624) sind die Eltern nicht verpflichtet. Die Ausstattung gilt aber nicht als Schenkung, wenn sie das den Umständen, insbesondere das den Vermögensverhältnissen des Ausstattenden entsprechende Maß nicht übersteigt. Auf die Gewährung oder das Versprechen einer sich innerhalb dieser Grenzen haltenden Ausstattung von Seiten des Mannes findet also die Vorschrift des § 1446 keine Anwendung. Der Mann kann daher eine solche Ausstattung einem gemeinschaftlichen Kinde aus dem Gesammtgute gewähren, ohne nach § 1456 ersatzpflichtig zu werden. Für die Frage, ob die Ausstattung sich innerhalb der gedachten Grenzen hält, kommt nicht nur das Gesammtgut, sondern auch das etwaige Sondergut und Vorbehaltsgut des Mannes in Betracht. In dem Verhältniß unter den Gatten muß deshalb unterschieden werden, ob die Ausstattung sich innerhalb der obigen Grenzen schon dann hält, wenn lediglich das Gesammtgut in Betracht gezogen wird, oder ob ein Theil der Ausstattung sich nur durch Mitberücksichtigung des Sonder- und Vorbehaltsguts rechtfertigt. Im ersteren Falle verbleibt es bei der Regel, daß die Ausstattung auch in dem Verhältniß unter

## §. 1466.

Verwendet der Mann Gesammtgut in sein Vorbehaltsgut, so hat er den Werth des Verwendeten zu dem Gesammtgute zu ersetzen.

Verwendet der Mann Vorbehaltsgut in das Gesammtgut, so kann er Ersatz aus dem Gesammtgute verlangen.

---

den Gatten dem Gesammtgute zur Last fällt; im zweiten Falle wird der nur durch das Sonder- und Vorbehaltsgut gerechtfertigte Theil wie eine Verbindlichkeit behandelt, die sich auf das Vorbehaltsgut bezieht, und fällt daher nach Analogie der Vorschrift des § 1463 Nr. 2 dem Manne allein zur Last. Der § 1465 Abs. 1 umfaßt seinem Wortlaute nach auch den Fall, daß die Ausstattung nicht nur das dem Gesammtgute, sondern überhaupt das den Vermögensverhältnissen des Mannes entsprechende Maß übersteigt. Soweit dies der Fall ist liegt indessen eine Schenkung vor und die Ersatzpflicht des Mannes ergiebt sich in diesem Falle, sofern die Frau ihre Zustimmung nicht ertheilt hat und das Gesammtgut dadurch vermindert ist, schon aus den §§ 1446, 1456. Hat die Frau ihre Zustimmung zu einer Ausstattung ertheilt, die das dem Gesammtgut entsprechende Maß übersteigt, so ist es eine Frage der Auslegung, ob dadurch die Ersatzpflicht des Mannes wegfällt oder nicht. Das erstere wird immer anzunehmen sein, wenn die Frau wußte, daß es sich um eine die Vermögensverhältnisse des Mannes überhaupt übersteigende Ausstattung, also um eine Schenkung handelt. Ueberstieg die Ausstattung nur das dem Gesammtgute, nicht aber das den Vermögensverhältnissen überhaupt entsprechende Maß, so kann die Zustimmung die Bedeutung einer Uebernahme der ganzen Ausstattung auf das Gesammtgut oder nur einer Billigung der vorläufigen Bezahlung aus dem Gesammtgut enthalten. Im Zweifel dürfte das erstere anzunehmen sein, weil anderenfalls die Zustimmung rechtlich nicht erforderlich gewesen wäre.

**2.** Die einem nicht gemeinschaftlichen Kinde versprochene oder gewährte Ausstattung gilt in Bezug auf die Beerbung, wie sich aus der Vorschrift des § 2054 Abs. 1 über die Ausgleichungspflicht ergiebt, als ausschließlich von dem Ehegatten herrührend, dessen leibliches Kind das ausgestattete Kind ist. Dementsprechend bestimmt der Abs. 2, daß auch in Bezug auf die Tragung der Ausstattung im Verhältnisse der Ehegatten zu einander die Ausstattung als im Interesse nur dieses Ehegatten gemacht anzusehen und deshalb nur von ihm zu tragen ist. Hinsichtlich der Kinder der Frau ist aber zu berücksichtigen, daß der Mann ihnen eine Ausstattung aus dem Gesammtgut ohne Zustimmung der Frau nur dann versprechen oder gewähren darf, wenn dies einer sittlichen Pflicht der Frau in Beziehung auf das Gesammtgut entspricht, also nur dann, wenn die Ausstattung das dem Gesammtgut entsprechende Maß nicht übersteigt. Soweit dies nicht der Fall ist, liegt in der Ausstattung eine Schenkung von Seiten des Mannes und zu einer solchen ist dieser ohne Zustimmung der Frau nicht berechtigt. Ertheilt die Frau ihre Zustimmung, so würde nach allgemeinen Grundsätzen die Schenkung dem Gesammtgute zur Last fallen. Da die Ausstattung aber im Interesse des einseitigen Kindes der Frau erfolgt, so soll sie in dem Verhältniß unter den Gatten der Frau allein zur Last fallen. Liegt keine der beiden Voraussetzungen vor, so ist der Mann, weil es sich dann um eine unzulässige Schenkung handelt, nach § 1456 zum Ersatze verpflichtet.

**3.** Aus § 1466 Abs. 2 folgt, daß der Mann, wenn er einem gemeinschaftlichen Kinde aus seinem Vorbehaltsgut eine Ausstattung verspricht oder gewährt, aus dem Gesammtgut insoweit Ersatz verlangen kann, als die Ausstattung das dem Gesammtgut entsprechende Maß nicht übersteigt. Hat er einem einseitigen Kinde der Frau aus seinem Vorbehaltsgut eine Ausstattung versprochen oder gewährt, so kann er, sofern er nicht etwa dem Kinde eine Schenkung machen wollte, von der Frau zu seinem Vorbehaltsgut insoweit Ersatz verlangen, als die Ausstattung mit Zustimmung der Frau erfolgt ist oder das dem Gesammtgut entsprechende Maß nicht übersteigt.

**4.** Die Gewährung oder das Versprechen einer Aussteuer (§ 1620) fällt, da hierzu eine rechtliche Verpflichtung besteht, stets dem Gesammtgute zur Last, gleichgültig ob der Mann die Aussteuer einem gemeinschaftlichen oder einem einseitigen Kinde gewährt oder verspricht.

### § 1466.

**E. I § 1365; II § 1364 rev. § 1451; III § 1449. P. I S. 6735—6740, 8779, 8791; M. IV S. 384. P. II S. 5411, 8635, 8636 (Bd. 4 S. 269). D. S. 695.**

1. Verwendet der Mann Gesammtgut in sein Vorbehaltsgut, berichtigt er z. B. eine nach § 1463 ihm allein zur Last fallende Verbindlichkeit aus dem Gesammtgute, so würde er, sofern nicht die Voraussetzungen des § 1456 Satz 2 vorliegen, nach den allgemeinen

§. 1467.

Was ein Ehegatte zu dem Gesammtgut oder die Frau zu dem Vorbehaltsgute des Mannes schuldet, ist erst nach der Beendigung der Gütergemeinschaft zu leisten; soweit jedoch zur Berichtigung einer Schuld der Frau deren Vorbehaltsgut ausreicht, hat sie die Schuld schon vorher zu berichtigen.

Was der Mann aus dem Gesammtgute zu fordern hat, kann er erst nach der Beendigung der Gütergemeinschaft fordern.

---

Grundsätzen nur zur Erstattung der Bereicherung verpflichtet sein. Mit Rücksicht darauf, daß der Mann in Folge seines Verwaltungsrechts (§ 1443) jeder Zeit in der Lage ist, Gesammtgut in Vorbehaltsgut umzusetzen, verpflichtet der Abs 1 den Mann, wenn er Gesammtgut in sein Vorbehaltsgut verwendet, den Werth des Verwendeten zu dem Gesammtgute zu ersetzen. Es handelt sich um eine einfache Ersatzverbindlichkeit, nicht lediglich um eine Anrechnungspflicht (s. Erl. zu § 1476). Ueber die Zeit der Erfüllung der Ersatzverbindlichkeit s. Erl. zu § 1467 Abs. 1. Der zu ersetzende Werth berechnet sich nach dem Zeitpunkte der Verwendung. Liegen die Voraussetzungen des § 1456 Satz 2 vor, d. h. vermindert der Mann das Gesammtgut durch die Verwendung in das Vorbehaltsgut in der Absicht, die Frau zu benachtheiligen, so haftet er nicht bloß auf den Werth des Verwendeten, sondern er hat für die ganze Verminderung, welche das Gesammtgut durch die Verwendung erlitten hat, Ersatz zu leisten.

2. Der Abs. 2 enthält die gleiche positive Vorschrift für den Fall, daß der Mann aus seinem Vorbehaltsgut in das Gesammtgut eine Verwendung macht. Ueber die Zeit, zu welcher der Mann Ersatz verlangen kann, s. Erl. zu § 1467 Abs. 2. Der Werth ist auch hier nach der Zeit der Verwendung zu ersetzen. Die Vorschrift aus Abs. 2 kann möglicherweise schon aus den Grundsätzen über Geschäftsführung ohne Auftrag abgeleitet werden; sie ist aufgenommen, um den Zweifel abzuschneiden, ob nicht der Mann etwa nur den Ersatz des Betrags verlangen kann, um welchen das Gesammtgut bereichert ist. Der Abs. 2 bezweckt aber nicht, dem Manne einen Ersatzanspruch auch dann zu gewähren, wenn der Anspruch nach den Grundsätzen über Geschäftsführung ohne Auftrag um deswillen nicht gegeben ist, weil der Mann bei der Verwendung nicht die Absicht hatte, Ersatz zu fordern (§ 685 Abs. 1).

Als eine Verwendung von Vorbehaltsgut in das Gesammtgut ist es auch aufzufassen, wenn der Mann etwas aus seinem Vorbehaltsgute zur Bestreitung des ehelichen Aufwandes verwendet. Dies gilt selbst von dem, was er zur Bestreitung des eigenen standesmäßigen Unterhalts verwendet. Denn der eheliche Aufwand fällt nach § 1458 dem Gesammtgute zur Last.

**3.** Für die Fälle, daß Gesammtgut in das Vorbehaltsgut der Frau oder dieses in das Gesammtgut verwendet worden ist, sind besondere Bestimmungen nicht getroffen. Soweit mithin nicht besondere Vereinbarungen der Ehegatten — z. B. wenn die Frau ausdrücklich darlehensweise Mittel ihres Vorbehaltsguts zur Bestreitung von Ausgaben für das Gesammtgut hergiebt — oder die nach § 1441 auch bei der allg. G.G. anwendbaren §§ 1427 Abs. 2, 1430 maßgebend sind, bestimmt sich die Ersatzpflicht bezw. der Ersatzanspruch der Frau nach den allgemeinen Grundsätzen über Geschäftsführung ohne Auftrag und über ungerechtfertigte Bereicherung. Besonders zu beachten ist, daß nach § 1441 mit § 1429 im Zweifel anzunehmen ist, daß die Frau nicht die Absicht hatte, Ersatz zu verlangen. Ueber die Zeit, zu welcher die Frau Ersatz leisten muß bezw. Ersatz verlangen kann, s. Erl. zu § 1467.

**4.** Wegen der Verwendung von Gesammtgut in das Sondergut des Mannes oder der Frau und umgekehrt s. Erl. zu § 1439 mit § 1539.

§ 1467.

**E. I § 1369; II § 1365 rev. § 1452; III § 1450. P. I S. 6735—6740, 6756—6759, 7225 8779, 8791; M. IV S. 390—392. P. II S. 5417 (Bd. 4 S. 272).**

Der § 1467 betrifft die Zeit der Geltendmachung der gegenseitigen Ansprüche der Ehegatten.

**1.** Die Ansprüche des Mannes gegen das Gesammtgut und die Ansprüche des Gesammtguts gegen den Mann sind erst bei der Auflösung der G.G. zu erfüllen. Die Ansprüche des Mannes sowie die Ansprüche des Gesammtguts gegen die Frau sind gleichfalls erst bei der Beendigung der G.G. zu erfüllen. Dies gilt jedoch nicht, wenn die Frau Vorbehaltsgut hat; soweit dieses reicht, muß die Frau ihre Verbindlichkeit gegen den Mann oder gegen das Gesammtgut zu der Zeit berichtigen, zu welcher die Verbindlichkeit nach den allgemeinen Grundsätzen fällig ist. Die Ansprüche der Frau gegen den Mann sowie die Ansprüche der Frau gegen das Gesammtgut können schon während der Dauer der G.G. geltend gemacht werden.

2. Die im § 1467 bestimmte Hinausschiebung der Fälligkeit bezieht sich auf alle Verbindlichkeiten des Mannes und der Frau gegen das Gesammtgut und der Frau gegen den Mann. Hierher gehören nicht nur die Fälle, in welchen einer der Ehegatten zu dem Gesammtgut oder die Frau zu dem Vorbehaltsgute des Mannes Ersatz zu leisten hat (z. B. die Verbindlichkeit des Mannes wegen einer Verminderung des Gesammtguts nach § 1456, die Verbindlichkeit eines Ehegatten wegen der Erfüllung einer im Verhältnisse der Ehegatten zu einander nach den §§ 1463—1465 ihm allein zur Last fallenden Verbindlichkeit aus dem Gesammtgute nach § 1466). Unter den § 1467 fallen vielmehr alle Verbindlichkeiten eines Ehegatten gegenüber dem Gesammtgut und alle Verbindlichkeiten der Frau gegen den Mann, z. B. die Verbindlichkeit aus einem Darlehen, welches die Frau für ihr Vorbehaltsgut aus dem Gesammtgut erhalten hat, oder die sich auf das Vorbehaltsgut eines Gatten beziehende Verbindlichkeit gegenüber einem Dritten, wenn dieser Dritte von dem anderen Gatten beerbt und die Erbschaft Gesammtgut geworden ist.

3. Die Vorschriften des Abs. 1 gelten auch für Ansprüche, welche dem Gesammtgute gegen das Sondergut eines Gatten zustehen, die Vorschriften des Abs. 2 auch für die Ansprüche des Sonderguts des Mannes gegen das Gesammtgut. Die Vorschrift des Abs. 1 Halbsatz 2, nach welcher eine Schuld der Frau schon vor Beendigung der G.G. insoweit zu berichtigen ist, als ihr Vorbehaltsgut dazu ausreicht, gilt an sich auch für das Sondergut der Frau (§ 1541); praktisch kommt sie aber für dieses deshalb nicht in Betracht, weil zum Sondergute der Frau nach § 1439 nur solche Gegenstände gehören, die nicht übertragen werden können. Für die zum Sondergute der Frau gehörenden Ansprüche kommt in Betracht, daß nach den gemäß § 1439 mit § 1525 Abs. 2 für das Sondergut der Frau geltenden Vorschriften des § 1394 die Frau einen Anspruch, welcher ihr auf Grund der Verwaltung und Nutznießung des Sonderguts für Rechnung des Gesammtguts gegen den Mann zusteht, wenn nicht die Voraussetzungen des § 1391 vorliegen, erst nach der Beendigung der G.G. geltend machen kann.

## §§ 1468, 1469.

Die allg. G.G. endet:

1. durch die Auflösung der Ehe, sei es durch den Tod eines Ehegatten, durch die Scheidung der Ehe oder durch die Wiederverheirathung im Falle der Todeserkärung (§ 1348). Der Scheidung steht die Aufhebung der ehelichen Gemeinschaft (§ 1575) nach § 1586 gleich; wird die Gemeinschaft wiederhergestellt, so tritt nach § 1587 Gütertrennung ein, die allg. G.G. bleibt beendet. Der in der Auflösung der Ehe liegende Beendigungsgrund ist vom B.G.B. (anders E. I § 1373 Nr. 1, M. IV S. 393; P. II S. 5417, Bd. 4 S. 272) als selbstverständlich nicht ausdrücklich anerkannt, sondern nur insofern erwähnt, als das im Falle des Todes eines Ehegatten eintretende Rechtsverhältniß in den §§ 1482, 1483 geregelt und für den Fall der Ehescheidung die Auseinandersetzung im § 1478 besonders geordnet ist. Durch die Todeserklärung eines Ehegatten wird die allg. G.G. nicht beendet. Zwar wirkt die im § 18 aufgestellte Vermuthung des Todes auch in Ansehung der Beendigung der allg. G.G.; wenn sich indessen später ergiebt, daß der verschollene Ehegatte nicht oder zu einer anderen als der in der Todeserklärung festgestellten Zeit gestorben ist, so greift die der wahren Sachlage entsprechende Beurtheilung Platz. Im ersteren Falle ist es also so anzusehen, als ob die G.G. nie aufgehört hätte. Der zurückgekehrte Ehegatte tritt von selbst in die durch die G.G. begründeten Rechte und Pflichten ein und zwar hat er diese Rechtsstellung auch für die Zeit, während welcher er verschollen war. War der Mann irriger Weise für todt erklärt, so sind die von der Frau über Gesammtgut vorgenommenen Rechtshandlungen, weil ohne die Zustimmung des Mannes vorgenommen, nach Maßgabe der §§ 1443, 1449ff. unwirksam. Gegen die hieraus dem Verkehre drohenden Nachtheile gewähren in weitgehendem Maße die §§ 1450, 2370 Schutz. Soweit hiernach die Rechtsgeschäfte der Frau Bestand haben, wirken sie gegen den Mann auch insofern, als die aus ihnen entspringenden Verbindlichkeiten Gesammtgutsverbindlichkeiten sind und der Mann für sie persönlich haftet. Die Sachlage ist ähnlich, wie wenn der Tod oder die Todeszeit der Frau bei der Verwaltung und Nutznießung in Folge einer unrichtigen Todeserklärung irrig angenommen worden ist. (Vergl. die Erl. zu § 1420).

Wenn die Ehe auf erhobene Nichtigkeits- oder Anfechtungsklage für nichtig erklärt worden ist, so gilt die allg. G.G. als überhaupt nie eingetreten und beide Ehegatten müssen einander das von jedem eingebrachte und später erworbene Vermögen nach Maßgabe der allgemeinen Grundsätze über Vindikation und Kondiktionen zurückgeben (vergl. Erl. zu § 1344 Nr. 1). Eine Ausnahme kann nach §§ 1345, 1346 im Falle der Putativehe begründet sein (vergl. Erl. zu § 1345).

## §. 1468.

Die Frau kann auf Aufhebung der Gütergemeinschaft klagen:

1. wenn der Mann ein Rechtsgeschäft der in den §§. 1444 bis 1446 bezeichneten Art ohne Zustimmung der Frau vorgenommen hat und für die Zukunft eine erhebliche Gefährdung der Frau zu besorgen ist;
2. wenn der Mann das Gesammtgut in der Absicht, die Frau zu benachtheiligen, vermindert hat;
3. wenn der Mann seine Verpflichtung, der Frau und den gemeinschaftlichen Abkömmlingen Unterhalt zu gewähren, verletzt hat und für die Zukunft eine erhebliche Gefährdung des Unterhalts zu besorgen ist;
4. wenn der Mann wegen Verschwendung entmündigt ist oder wenn er das Gesammtgut durch Verschwendung erheblich gefährdet;
5. wenn das Gesammtgut in Folge von Verbindlichkeiten, die in der Person des Mannes entstanden sind, in solchem Maße überschuldet ist, daß ein späterer Erwerb der Frau erheblich gefährdet wird.

---

2. durch einen die Beendigung bestimmenden Ehevertrag (s. Vorbm. Nr. 1e oben S. 173). Auch diesen Beendigungsgrund hat das B.G.B. (anders E. I § 1371 Nr. 3) als selbstverständlich erachtet. Ist der die G.G. einführende Ehevertrag aus irgend einem Grunde nichtig, z. B. wegen Formfehlers oder weil er wegen Betrugs anfechtbar und angefochten ist, so hört natürlich nicht die G.G. auf, sondern sie ist als niemals entstanden anzusehen. In dieser Hinsicht gelten für den die G.G. bestimmenden Ehevertrag keine Abweichungen von den allgemeinen Grundsätzen.

**3. durch Urtheil in den Fällen der §§ 1468, 1469.**

Gegenüber den bei der Verwaltung und Nutznießung des Mannes anerkannten Beendigungsgründen sind demnach nicht als Beendigungsgründe anerkannt der Konkurs des Mannes (der der Frau käme nach der Erl. zu § 1459 ohnehin nicht in Frage), die Todeserklärung des Mannes und die Entmündigung eines Ehegatten (abgesehen von der Entmündigung des Mannes wegen Verschwendung). Wegen des Konkurses vergl. Erl. zu den §§ 1468, 1469, wegen der Entmündigung vergl. Erl. zu § 1457.

### § 1468.

**E. I § 1372; II § 1366 rev. § 1453; III § 1451. P. I S. 6840—6846; M. IV S. 393—400. P. II S. 5418—5430 (Bd. 4 S. 273—279). D. S. 695**

In den Fällen des § 1468 ist der Frau das Recht gegeben, vom Manne die Aufhebung der Gütergemeinschaft zu verlangen. Von der Bedeutung und der Verwirklichung dieses Rechtes gilt das Gleiche wie von der entsprechenden Befugniß der Frau beim gesetzlichen Güterrechte (vergl. hierüber Erl. 1 zu § 1418).

**1.** Die Nr. 1, 2 geben der Frau das Aufhebungsrecht wegen Gefährdung ihrer Rechte durch Ueberschreitung des Verwaltungsrechts des Mannes. Selbstverständlich liegen die Voraussetzungen der Nr. 1 nicht vor, wenn der Mann die Genehmigung der Frau sich vorbehalten hatte.

Die Ueberschreitung des Verwaltungsrechts genügt jedoch in den Fällen der Nr. 1 nicht für sich allein, sondern es muß zugleich eine erhebliche Gefährdung der Frau für die Zukunft zu besorgen sein. Letztere Voraussetzung ist nicht nur gegeben, wenn zu befürchten ist, daß der Mann ein unter die §§ 1444—1446 fallendes Rechtsgeschäft auch später wieder ohne die Zustimmung der Frau vornehmen und dadurch das Gesammtgut vermindern und die Frau der Gefahr der Benachtheiligung bei der Auseinandersetzung aussetzen werde. Sie kann vielmehr schon durch die Verfügung des Mannes selbst begründet sein, z. B. wenn die Frau ein ohne ihre Zustimmung verkauftes, auf den Namen des Mannes eingetragenes Grundstück wegen des öffentlichen Glaubens des Grundbuchs nicht vindiziren kann und der Mann bei der künftigen Auseinandersetzung (§ 1467) voraussichtlich außer Stande ist, aus seinem Antheil am Gesammtgut oder aus seinem Vorbehalts- oder Sondergute der Frau Ersatz zu leisten. Wann die Gefährdung der Frau eine erhebliche ist, bestimmt sich in erster Linie danach, ob die Gefahr als solche erheblich ist; man wird indessen die Erheblichkeit dann nicht anzunehmen haben, wenn die Gefahr sich nur auf einen geringfügigen Werth bezieht.

Ueber die Voraussetzungen der Nr. 2 vergl. die Erl. zu § 1456. Liegen diese vor, so enthalten sie einen so groben Mißbrauch der Stellung des Mannes, daß die Besorgniß einer erheblichen Gefährdung für die Zukunft ohne Weiteres begründet erscheint.

2. Die Nr. 3 stellt die gleichen Voraussetzungen auf wie der § 1418 Abs. 1 Nr. 2, nur daß der mit § 1389 zusammenhängende Satz 2 dieser Vorschrift bei der G.G. gegenstandslos ist. Wegen der Einzelheiten vergl. die Erl. 1 b Abs. 1, 3 zu § 1418.

3. Zu Nr. 4. Wenn der Mann wegen Verschwendung (§ 6 Nr. 2) entmündigt worden ist, kann die Frau die Aufhebung der G.G. ohne Weiteres verlangen. Es genügt, daß der die Entmündigung aussprechende Beschluß in Wirksamkeit getreten ist; hierüber vergl. § 683 Abs. 2 der C.P.O. Die Frist zur Anfechtung des Entmündigungsbeschlusses im Wege der Anfechtungsklage (§ 684 C.P.O.) muß nicht schon abgelaufen sein. Auch steht nicht entgegen, daß die Anfechtungsklage erhoben ist und der Rechtsstreit über sie noch schwebt. Da die Voraussetzung dieser Klage aber darin besteht, daß der Mann wegen Verschwendung entmündigt ist, so wird die Klage abzuweisen sein, wenn zur Zeit des Urtheils der die Entmündigung aussprechende Beschluß mit Erfolg angefochten ist (C.P.O. § 664). Für diese Auslegung des Wortes „ist“ spricht, daß sachlich die Anfechtungsklage den Charakter eines Rechtsmittels hat und daß man sonst zu dem wenig befriedigenden Ergebnisse kommen würde, daß die Klage auf Aufhebung der G.G. sogar dann noch zulässig wäre, wenn schon vor ihrer Anstellung der Entmündigungsbeschluß im Wege der Anfechtung wieder aufgehoben wäre. Ist die obige Auffassung richtig, so wird der Richter, wenn die Anfechtungsklage anhängig ist, das Verfahren über die Klage auf Aufhebung der G.G. nach § 148 der C.P.O. aussetzen (vergl. auch M. IV S. 301, 302 P. II S. 5238). Zweifelhafter ist, ob die Klage auf Aufhebung der G.G. auch dann ausgeschlossen ist, wenn vor ihrer Anstellung bezw. vor dem Urtheile die Entmündigung wieder aufgehoben ist (§ 6 Abs. 2, C.P.O. § 685 mit § 678). Auch für die Bejahung dieser Frage dürften überwiegende Gründe sprechen. Ist die Aufhebung der G.G. auf Grund der Klage der Frau rechtskräftig erfolgt, so ist eine spätere Aufhebung der Entmündigung, sei es im Wege der Anfechtungsklage, sei es im Wege des Antrags auf Wiederaufhebung der Entmündigung, ohne Einfluß. Eine dem § 1425 entsprechende Vorschrift besteht bei der G.G. nicht.

Um die Frau nicht zu zwingen, die in die Verhältnisse der Familie tief einschneidende Entmündigung des Mannes herbeizuführen, gewährt die Nr. 4 das Aufhebungsrecht auch dann, wenn der Mann das Gesammtgut durch Verschwendung erheblich gefährdet. Hierin liegt insofern eine Erleichterung, als nicht gefordert wird, daß der Mann durch die Verschwendung sich oder seine Familie der Gefahr des Nothstandes aussetzt. Die Aufhebung kann also z. B. gefordert werden, trotzdem aus den Einkünften des Vorbehaltsguts der Frau der Unterhalt der Familie bestritten werden könnte.

Auf Grund der Entmündigung wegen Trunksucht (§ 6 Nr. 3) allein kann die Aufhebung nicht verlangt werden. Wenn die Entmündigung jedoch erfolgt ist, weil der Mann sich oder seine Familie der Gefahr des Nothstandes aussetzt, so ist damit, wie in den P. II anerkannt ist, das Vorhandensein der Voraussetzung bewiesen, daß der Mann durch Verschwendung das Gesammtgut erheblich gefährdet; der Prozeßrichter ist indessen in diesem Falle nicht wie bei der Entmündigung wegen Verschwendung formell an die dem Entmündigungsbeschlusse zu Grunde liegenden Feststellungen gebunden.

4. Zu Nr. 5. Eröffnung des Konkurses über das Vermögen des Mannes ist weder ausreichend noch erforderlich, die Klage ist z. B. statthaft, auch wenn Konkurs mangels Masse nicht eröffnet wird, und sie ist nicht statthaft, wenn Konkursgrund lediglich Zahlungsunfähigkeit ist. Voraussetzung ist vielmehr zunächst, daß das Gesammtgut in Folge der in der Person des Mannes entstandenen Verbindlichkeiten überschuldet ist. Dies trifft nur zu, wenn die in der Person des Mannes entstandenen Verbindlichkeiten den Werth des Gesammtguts übersteigen. Wem diese Verbindlichkeiten im Verhältnisse der Ehegatten zu einander zur Last fallen (§§ 1463—1465), ist gleichgültig. Gleichgültig ist auch, ob der Mann an der Ueberschuldung schuld ist. Bei der Frage der Ueberschuldung kommen z. B. auch die Verbindlichkeiten in Betracht, welche der Mann eingegangen ist, um die Mittel zur Tilgung einer Schuld der Frau oder zur Befriedigung der Verschwendungssucht der Frau zu beschaffen. Voraussetzung ist ferner, daß das Gesammtgut in Folge der bezeichneten Verbindlichkeiten so sehr überschuldet ist, daß der spätere Erwerb der Frau erheblich gefährdet ist. Damit soll nur ausgeschlossen sein, daß nicht wegen einer nach den Verhältnissen der Ehegatten unerheblichen Ueberschuldung des Mannes die Aufhebung der G.G. verlangt werden kann. Auf die Größe des voraussichtlichen Erwerbes der Frau, auf die Größe der eigenen Schulden der Frau kommt nichts an. Ist Konkurs eröffnet, so ist die Klage natürlich nicht gegen den Konkursverwalter, sondern gegen den Mann zu richten.

§. 1469.

Der Mann kann auf Aufhebung der Gütergemeinschaft klagen, wenn das Gesammtgut in Folge von Verbindlichkeiten der Frau, die im Verhältnisse der Ehegatten zu einander nicht dem Gesammtgute zur Last fallen, in solchem Maße überschuldet ist, daß ein späterer Erwerb des Mannes erheblich gefährdet wird.

§. 1470.

Die Aufhebung der Gütergemeinschaft tritt in den Fällen der §§. 1468, 1469 mit der Rechtskraft des Urtheils ein. Für die Zukunft gilt Gütertrennung.

Dritten gegenüber ist die Aufhebung der Gütergemeinschaft nur nach Maßgabe des §. 1435 wirksam.

---

**§ 1469.**

**E. II § 1367 rev. § 1454; III § 1452. M. IV S. 394. P. II S. 5430 (Bd. 4 S. 279).**

Der § 1469, welcher dem § 1468 Nr. 5 entspricht, bezweckt, der Vorschrift des § 1459 Abs. 2 Satz 2 praktischen Werth zu verleihen und die persönliche Haftung des Mannes für die Schulden der Frau zu mildern. Im Gegensatze zum § 1468 kommt es nicht lediglich auf die Ueberschuldung des Gesammtguts durch Verbindlichkeiten der Frau an, sondern bei der Feststellung der Ueberschuldung werden nur die Verbindlichkeiten der Frau berücksichtigt, welche im Verhältnisse der Ehegatten zu einander (§§ 1463—1465) nicht dem Gesammtgute zur Last fallen. Wegen bedeutender vorehelicher Schulden der Frau kann also z. B. die Aufhebung nicht gefordert werden.

**§ 1470.**

**E. I § 1371 Nr. 2, § 1381 Abs. 2; II § 1368 rev. § 1455; III § 1453. P. I S. 6838—6840. M. IV S. 394, 418. P. II S. 5417, 5459, 5460, 8636, 8637 (Bd. 4 S. 272, 293).**

**1.** Der Abs. 1 Satz 1 bringt den konstitutiven Charakter des die Aufhebung der G.G. in den Fällen der §§ 1468, 1469 aussprechenden Urtheils zum Ausdrucke. Vergl. hierüber Erl. 1, 2 zu § 1418. Die Aufhebung wirkt erst von der Rechtskraft des Urtheils an, nicht rückwirkend auf den Zeitpunkt der Rechtshängigkeit; wegen des Verhältnisses unter den Ehegatten s. § 1479; wegen des Verhältnisses zu den Gläubigern s. auch Erl. 6 zu § 1459.

**2.** Folge der Aufhebung ist nach Abs. 1 Satz 2 nicht der Eintritt der Verwaltung und Nutznießung, sondern der Gütertrennung (§§ 1427—1430.)

**3.** Nach Abs. 2 muß die Aufhebung, wenn das Bestehen der G.G. im Güterrechtsregister eingetragen war, gleichfalls in dieses eingetragen werden. Der Eintrag geschieht auf einseitigen Antrag des Ehegatten, welcher die Aufhebung erwirkte (§ 1561 Abs. 3 Nr. 1). Im übrigen s. Erl. zu § 1435.

**§§ 1471—1481.**

**1.** Die §§ 1471—1481 regeln das Rechtsverhältniß, welches nach der Beendigung der G.G. in Ansehung des Gesammtguts und der sich auf dieses beziehenden Rechtsverhältnisse gegenüber Dritten, insbesondere den Gesammtgutsgläubigern, und im Verhältnisse der Ehegatten zu einander eintritt. Die §§ 1471—1481 haben zunächst die Fälle im Auge, in welchen die G.G. zu Lebzeiten beider Ehegatten, wenn auch nicht während bestehender Ehe, aufgehoben worden ist. Sie gelten aber, wie sich aus der allgemeinen Fassung des § 1471 Abs. 1 ergiebt, auch für den Fall der Beendigung der G.G. durch den Tod eines Ehegatten, soweit in diesem Falle der Antheil des verstorbenen Ehegatten am Gesammtgute zu dem Nachlasse desselben gehört (s. Erl. zu §§ 1482, 1483).

**2.** Mit der Beendigung der G.G. verwandelt sich das Gesammtgut nicht in ein beiden Ehegatten nach den gewöhnlichen Grundsätzen über die Gemeinschaft je zur Hälfte gemeinschaftliches Vermögen, sondern das B.G.B. läßt das bisherige Rechtsverhältniß am Gesammtgut als einer Gemeinschaft zur gesammten Hand fortbestehen, jedoch mit der Maßgabe, daß der künftige Erwerb der Ehegatten, vorbehaltlich der im § 1473 Abs. 2 zu Gunsten des Gesammtguts bestimmten Surrogation, nicht mehr in das Gesammtgut fällt, daß an die Stelle des ausschließlichen Verwaltungsrechts des Mannes die Gemeinschaftlichkeit der Verwaltung tritt, daß die Verbindlichkeiten eines Ehegatten nicht mehr Gesammtgutsverbindlichkeiten werden und daß jeder Ehegatte die Auseinandersetzung verlangen kann. Die Folge hiervon ist, daß Sonderrechte

## §. 1471.

Nach der Beendigung der Gütergemeinschaft findet in Ansehung des Gesammtguts die Auseinandersetzung statt.

Bis zur Auseinandersetzung gelten für das Gesammtgut die Vorschriften des §. 1442.

---

eines Ehegatten an den zu dem Gesammtgute gehörenden Gegenständen erst mit der Auseinandersetzung entstehen, daß also kein Ehegatte ohne den anderen über diese Gegenstände verfügen kann und deshalb jeder Ehegatte einerseits in der Lage ist, die Berichtigung der dem Gesammtgute zur Last fallenden Gesammtgutsverbindlichkeiten zu erzwingen, andererseits davor geschützt ist, daß der andere Ehegatte durch Verfügung über seinen Antheil ihm die Mittel zur Befriedigung der Gesammtgutsverbindlichkeiten, für welche er persönlich haftet, entzieht.

**3.** Wenn hiernach auch das nach der Beendigung der G.G. eintretende Rechtsverhältniß in wesentlichen Punkten anders geregelt ist wie eine gewöhnliche Gemeinschaft, so schließt dies nicht aus, daß die Vorschriften über die Gemeinschaft Anwendung finden, soweit dies mit den §§ 1471—1481 vereinbar ist. Denn der Zweck, um dessentwillen die Gemeinschaft zur gesammten Hand bestand, ist weggefallen und diese Rechtsform wird nur noch solange aufrecht erhalten, als zur Ueberleitung erforderlich ist. Das B.G.B. hat deshalb sich in den §§ 1471—1481 theils inhaltlich theils durch Verweisung an die Vorschriften über die Gemeinschaft angeschlossen (s. die Erl. zu §§ 1471, 1472, 1477).

### § 1471.

**E. I § 1373 Abs. 1 Satz 1 Halbs. 1, § 1376; II § 1369 Satz 1, § 1370 rev. § 1456; III § 1454. P. I S. 6761, 6777, 6781—6790; M. IV S. 400—405, 410. P. II S. 5430, 5431, 5437, 5438, 8737 (Bd. 4 S. 279, 282). D. S. 695.**

**1.** Der Abs. 1 entspricht dem § 730 Abs. 1 und giebt jedem Ehegatten ein klagbares Recht auf Auseinandersetzung.

**2.** Ob das Recht auf Auseinandersetzung durch einen nach der Beendigung der G.G. unter den Ehegatten geschlossenen Vertrag beschränkt werden kann, ist zweifelhaft. Die Gemeinschaft zur gesammten Hand findet nur statt, soweit das Gesetz sie zuläßt. Dies geschieht bei der Gesellschaft, bei der Gütergemeinschaft und bei der Erbengemeinschaft. Abgesehen von diesen Fällen kann eine solche Gemeinschaft nicht durch Vertrag begründet werden. Nach Beendigung der Gütergemeinschaft läßt das B.G.B. aus Zweckmäßigkeitsgründen die Gemeinschaft zur gesammten Hand noch bis zur Auseinandersetzung fortbestehen. Es handelt sich nur um einen Uebergangszustand; das Recht eines jeden Gatten, die sofortige Auseinandersetzung zu verlangen, bietet Gewähr dafür, daß das Verhältniß nicht über eine durch seinen Zweck geforderte Dauer hinaus fortgesetzt werde. Könnten die Ehegatten das Recht, die Auseinandersetzung zu verlangen, durch Vertrag beschränken, so würde dies sachlich bedeuten, daß sie berechtigt wären, die Gemeinschaft zur gesammten Hand für das bisherige Gesammtgut in einem durch das Gesetz nicht gewollten Falle zu bestimmen. Dies tritt besonders klar hervor, wenn man an den Fall der vollständigen Ausschließung des Rechtes auf Auseinandersetzung denkt. Aber auch einer Beschränkung stehen dieselben prinzipiellen und praktischen Bedenken entgegen. Ueberwiegende Gründe dürften daher gegen die Zulässigkeit eines Vertrags der gedachten Art sprechen. Eventuell würden im Falle eines solchen Vertrags jedenfalls die Vorschriften des § 749 Abs. 2, 3 und des § 750 entsprechend anzuwenden sein. Gegen die Zulässigkeit eines Vertrags, durch welchen schon vor Beendigung der Gütergemeinschaft das Recht, bei der demnächstigen Beendigung die Auseinandersetzung zu verlangen, beschränkt wird, sprechen die hervorgehobenen Gründe noch im verstärkten Maße; ein solcher Vertrag würde häufig auch wohl gegen die guten Sitten verstoßen.

**3.** Der Abs. 2 bringt durch die Verweisung auf § 1442 zum Ausdrucke, daß das bisherige Gesammtgutsverhältniß bis zur Auseinandersetzung fortdauert. Kein Ehegatte kann also vorher über seinen Antheil am Gesammtgut oder an den einzelnen dazu gehörenden Gegenständen verfügen, z. B. den Antheil veräußern oder verpfänden, oder vorher Theilung verlangen. Gegen eine zum Gesammtgute gehörende Forderung kann ferner der Schuldner nur eine Forderung aufrechnen, deren Berichtigung aus dem Gesammtgute verlangt werden kann (s. Erl. 8 zu § 1472). Für die in Folge Surrogation zum Gesammtgute gehörenden Forderungen ist die Aufrechnungsbefugniß in gewissem Maße erweitert (§ 1473 Abs. 2 mit § 406).

§. 1472.

Die Verwaltung des Gesammtguts steht bis zur Auseinandersetzung beiden Ehegatten gemeinschaftlich zu. Die Vorschriften des §. 1424 finden entsprechende Anwendung.

Jeder Ehegatte ist dem anderen gegenüber verpflichtet, zu Maßregeln mitzuwirken, die zur ordnungsmäßigen Verwaltung erforderlich sind; die zur Erhaltung nothwendigen Maßregeln kann jeder Ehegatte ohne Mitwirkung des anderen treffen.

---

Durch den Ausschluß der Verfügung über den Antheil im Ganzen unterscheidet sich die Auseinandersetzung in Bezug auf das Gesammtgut wesentlich von der Auseinandersetzung eines Nachlasses. Nach § 2033 kann ein Miterbe zwar nicht über seinen Antheil an den einzelnen zum Nachlasse gehörenden Gegenständen, dagegen über seinen Antheil am Nachlaß im Ganzen verfügen. Gehört der Antheil eines verstorbenen Ehegatten zu dessen Nachlaß (s. Erl. zu § 1482) und sind mehrere Erben vorhanden, so kann mithin kein Miterbe über den zu seinem Erbtheile gehörenden Antheil des verstorbenen Ehegatten am Gesammtgute verfügen; denn der Antheil stellt sich in Ansehung des Nachlasses nur als ein einzelnes zum Nachlasse gehörendes Recht dar. Dagegen kann ein Miterbe über seinen ganzen Erbtheil und insofern allerdings auch über den seinem Erbtheil entsprechenden Antheil am Gesammtgute verfügen. Das Gesagte gilt auch für den Fall, daß der Nachlaß nur aus dem Antheil am Gesammtgute besteht.

4. Das bisherige Gesammtgutsverhältniß dauert bis zur Auseinandersetzung und zwar, wie sich aus dem Zwecke, den die Beibehaltung des bisherigen Gesammtgutsverhältnisses verfolgt, ergiebt, bis zur Beendigung der Auseinandersetzung. Die Auseinandersetzung beginnt nach § 1475 mit der Berichtigung der Gesammtgutsverbindlichkeiten und endet nach § 1477 mit der Theilung des Ueberschusses. Das bisherige Gesammtgutsverhältniß dauert mithin solange fort, bis die sämmtlichen zum Gesammtgute gehörenden Gegenstände vertheilt sind. Mit der Theilung eines Gegenstandes scheidet derselbe aus dem bisherigen Verhältniß aus.

5. Insofern besteht gegenüber dem Rechtsverhältnisse während der G.G. eine Verschiedenheit, als nach § 860 Abs. 2 der C.P.O. der Antheil eines Ehegatten am Gesammtgute zu Gunsten der Gläubiger des Antheilsberechtigten der Pfändung unterworfen ist. Dies hängt damit zusammen, daß die nach der Beendigung der G.G. entstehenden Verbindlichkeiten eines Ehegatten nicht Gesammtgutsverbindlichkeiten sind (s. Erl. zu § 1472). Bezüglich des Antheils an den einzelnen zum Gesammtgute gehörenden Gegenständen ist die Pfändung nicht zugelassen. Ueber die Verwirklichung der Pfändung des Antheils s. § 857 der C.P.O. Wenn die Ehegatten die Hinausschiebung der Auseinandersetzung vereinbart haben (s. Erl. 2), so findet, sofern man einen solchen Vertrag für zulässig hält, im Falle der Pfändung § 751 Anwendung.

6. Die im E. I § 1375 enthaltene Vorschrift, daß, wenn über das Vermögen eines der Ehegatten nach der Beendigung der G.G. und vor der Auseinandersetzung der Konkurs eröffnet wird, der Antheil dieses Ehegatten an dem Gesammtgute zur Konkursmasse gehört und die Auseinandersetzung nach Maßgabe der §§ 16, 51 der K.O. außerhalb des Konkursverfahrens stattfindet, ist in der Schlußlesung der zweiten Kommission (vergl. noch den Abs. 3 des § 1a in der Anm. zu § 1357 des E. II) gestrichen worden. Die Vorschrift ergiebt sich schon aus § 860 Abs. 2 der C.P.O. und § 1 Abs. 1 der K.O. (D. z. K.O. § 1a). Im Uebrigen s. wegen des Konkurses Erl. 9 zu § 1472.

**§ 1472.**

**E. I § 1373 Abs. 1 Satz 2, 3; II § 1371 rev. 1457; III § 1455. P. I S. 6769—6773, 6781, 6799—6801, 6830; M. IV S. 400—406. P. II S. 5430, 5431, 6837 (Bd. 4 S. 279, Bd. 5 S. 135). D. S. 695.**

1. Der Abs. 1 Satz 1, welcher dem § 744 Abs. 1 entspricht, setzt für die Zeit bis zur Auseinandersetzung an die Stelle des ausschließlichen Verwaltungsrechts des Mannes die Gemeinschaftlichkeit der Verwaltung. Wie sich aus dem Worte „insbesondere" im § 1443 Abs. 1 Satz 2 ergiebt, hat mithin die Frau Anspruch auf den Mitbesitz der zum Gesammtgute gehörenden Sachen. Die Ehegatten können über das Gesammtgut nur gemeinschaftlich verfügen. Auf das Gesammtgut sich beziehende Rechtsgeschäfte, die während des Bestehens der G.G. nur dem Manne gegenüber vorzunehmen sind, z. B. die Kündigung, müssen beiden Ehegatten gegenüber vorgenommen werden. Gehört ein Anspruch zum Gesammtgute, so kann der Verpflichtete nur an beide Ehegatten gemeinschaftlich leisten und jeder Ehegatte kann nur die Leistung an beide

Ehegatten fordern. Jeder Ehegatte wird für berechtigt zu halten sein, zu verlangen, daß der Schuldner die geschuldete Sache für beide Ehegatten hinterlegt oder, wenn sie sich nicht zur Hinterlegung eignet, an einen gerichtlich zu bestellenden Verwahrer (freiw. G.G. § 165) abliefert. Für den Fall einer untheilbaren Leistung folgt dies aus § 432, es wird aber entsprechend der für die Erbengemeinschaft geltenden Vorschrift des § 2039 bei der Gütergemeinschaft allgemein zu gelten haben. Die Rechtsstreitigkeiten, welche sich auf das Gesammtgut beziehen, und zwar sowohl Aktiv- als Passivprozesse, sind von beiden Ehegatten und in Beider Namen zu führen. Die Gemeinschaftlichkeit der Verwaltung ist, was die Vornahme von Rechtsgeschäften anlangt, in dem Sinne zu verstehen, daß beide Ehegatten das Rechtsgeschäft gemeinschaftlich vornehmen oder daß der eine mit Einwilligung des anderen handelt. Nimmt ein Ehegatte ein Rechtsgeschäft ohne die Einwilligung des anderen vor, so finden die §§ 182—185 Anwendung; der Ehegatte, ohne dessen Einwilligung verfügt worden ist, wird übrigens für berechtigt zu halten sein, für das Gesammtgut den Anspruch gegen den Dritten ohne Mitwirkung des anderen Ehegatten dahin gerichtlich geltend zu machen, daß der Beklagte an beide Ehegatten leistet.

Selbstverständlich kann jeder Ehegatte dem anderen die Verwaltung ganz oder theilweise allein übertragen. Es liegt dann ein besonderes Vertragsverhältniß vor, für welches die Grundsätze über den Auftrag mit der sich aus § 1359 ergebenden Maßgabe gelten.

2. Die Lasten der zum Gesammtgute gehörenden Gegenstände sowie die Kosten der Erhaltung, der Verwaltung und einer etwaigen gemeinschaftlichen Benutzung hat jeder Ehegatte zur Hälfte zu tragen; eine Bestimmung hierüber fehlt zwar, indessen wird der den entsprechenden Grundsatz für die Gemeinschaft bestimmende § 748 für anwendbar zu halten sein.

3. Nach der Beendigung der G.G. muß der Mann das Gesammtgut herausgeben und der Frau den Mitbesitz einräumen. Auf den Mann finden mithin die Vorschriften des § 260 Anwendung, d. h. der Mann muß der Frau auf ihr Verlangen ein Verzeichniß des Bestandes des Gesammtguts vorlegen und unter gewissen Voraussetzungen den Offenbarungseid leisten.

4. Durch die im Abs. 1 Satz 2 enthaltene Bezugnahme auf § 1424 wird einerseits bestimmt, inwieweit Rechtshandlungen, welche von dem Manne oder gegenüber demselben nach der Beendigung der G.G., aber in Unkenntniß hiervon vorgenommen worden sind, rechtswirksam sind, andererseits wird dem Manne im Falle des Todes der Frau die Fortführung der dringenden Verwaltungsgeschäfte zur Pflicht gemacht, bis die Erben an der Verwaltung theilnehmen können. Im Uebrigen s. Erl. zu § 1424.

Die Vorschrift des § 1424 Abs. 1 bezieht sich ihrem Wortlaute nach nur auf das Verwaltungsrecht des Mannes, wird aber entsprechend angewendet werden dürfen, wenn die Frau in der Meinung, die Voraussetzungen des § 1450 seien gegeben, die Verwaltung des Gesammtguts führt.

5. Der Abs. 2 verpflichtet jeden Ehegatten dem anderen gegenüber zu den Maßregeln mitzuwirken, die zur ordnungsmäßigen Verwaltung erforderlich sind. Als eine solche Maßregel kann auch die Vornahme eines Rechtsgeschäfts in Frage kommen. Eine Ersetzung der Einwilligung eines Ehegatten, wie sie während der G.G. nach den §§ 1447, 1451 möglich ist, erscheint ausgeschlossen. Kommt ein Ehegatte der Verpflichtung zur Mitwirkung nicht nach, so muß ihn der andere Ehegatte auf Erklärung der Einwilligung verklagen.

Wegen des im Abs. 2 enthaltenen Grundsatzes, daß jeder Ehegatte die zur Erhaltung nothwendigen Maßregeln selbständig treffen kann, s. Erl. zu § 744 Abs. 2.

6. Die Verantwortlichkeit der Ehegatten bestimmt sich nach § 1359. Hierin liegt eine Abweichung von den Grundsätzen über die Gemeinschaft.

7. Daß die Vorschriften zu Gunsten derjenigen, welche Rechte von einem Nichtberechtigten herleiten, insbesondere die §§ 892, 932 über den öffentlichen Glauben des Grundbuchs und über den Erwerb von Rechten an beweglichen Sachen, Anwendung finden, folgt schon daraus, daß diese Vorschriften auch während der G.G. gelten (s. Erl. zu § 1443 Nr. 4). Ueber die Eintragung der Beendigung der G.G. in das Güterrechtsregister s. Erl. zu §§ 1470, 1435.

8. Der Gemeinschaftlichkeit der Verwaltung entspricht es, daß nach § 743 der C.P.O. nach der Beendigung der G.G. vor der Auseinandersetzung die Zwangsvollstreckung in das Gesammtgut nur zulässig ist, wenn beide Ehegatten zur Leistung oder der eine Ehegatte zur Leistung und der andere zur Duldung der Vollstreckung verurtheilt worden ist. Die Verurtheilung zur Leistung kann nur gegen den Ehegatten verlangt werden, welcher für die Verbindlichkeit persönlich haftet; der Ehegatte, welcher nicht persönlich haftet, ist auf Duldung zu belangen. Da die persönliche Haftung des Mannes für die Gesammtgutsverbindlichkeiten, welche im Verhältnisse der Ehegatten zu einander nicht dem Gesammtgute zur Last fallen, nach § 1459 Abs. 2 Satz 2 mit der Beendigung der G.G. erlischt, so kann der Mann nach der Beendigung der G.G. wegen einer solchen Gesammtgutsverbindlichkeit nicht auf Leistung, sondern nur auf Duldung

verklagt werden. Der § 743 der C.P.O. gilt auch dann, wenn die Beendigung der G.G. während eines Rechtsstreits des Mannes oder nach der Beendigung eines solchen Rechtsstreits eingetreten ist. Ist die Beendigung der G.G. nach der Beendigung des Rechtsstreits eingetreten, so läßt der § 744 der C.P.O. zu, daß von dem gegen den Mann ergangenen Urtheil eine gegen die Frau in Ansehung des Gesammtguts vollstreckbare Ausfertigung des Urtheils ertheilt wird. Tritt die Beendigung während des Rechtsstreits ein, so muß die Frau auf Leistung oder, sofern sie für die Verbindlichkeit nicht persönlich haftet, auf Duldung verklagt werden. Betrifft der anhängige Rechtsstreit eine in der Person der Frau entstandene Verbindlichkeit, für welche im Verhältnisse der Ehegatten zu einander das Gesammtgut nicht haftet, so kann der Mann nicht mehr auf Leistung verklagt, sondern der Klagantrag muß in den Antrag auf Verurtheilung zur Duldung verwandelt werden, die Zulässigkeit dieser Klagänderung ergiebt sich aus § 268 der C.P.O. Die Klagen auf Leistung und auf Duldung können mit einander verbunden werden. Handelt es sich um einen Rechtsstreit der Frau, welcher schon zur Zeit des Eintritts der G.G. anhängig ist, so gilt die Vorschrift des § 742 der C.P.O., daß von dem Urtheil eine gegen den Mann vollstreckbare Ausfertigung ertheilt werden kann, auch für den Fall, wenn die Ausfertigung zur Zeit der Beendigung der G.G. noch nicht ertheilt worden ist; tritt dagegen die Beendigung der G.G. ein, während der Rechtsstreit der Frau noch schwebt, so findet § 742 keine Anwendung, sondern der Mann muß auf Leistung verklagt werden.

Tritt die Beendigung der G.G. während eines Rechtsstreits ein, welcher nicht einen persönlichen Anspruch gegen einen der Ehegatten, sondern ein zum Gesammtgute gehörendes Recht zum Gegenstande hat, so ergiebt sich aus der Analogie der §§ 265, 727 der C.P.O., daß die Beendigung der G.G. auf die Weiterführung des Rechtsstreits ohne Einfluß und das Urtheil gegen beide Ehegatten wirksam ist.

Eine Gesammtgutsverbindlichkeit kann nach der Beendigung der G.G. nicht mehr entstehen. Wegen einer nach dieser Zeit entstandenen Verbindlichkeit eines Ehegatten kann regelmäßig die Zwangsvollstreckung nur in den Antheil des Ehegatten betrieben werden. Nur wenn beide Ehegatten für die Verbindlichkeit persönlich haften, kann Befriedigung aus dem Gesammtgute bezw. aus den einzelnen dazu gehörenden Gegenständen gesucht werden, indem ein gegen beide Ehegatten vollstreckbarer Titel erwirkt wird. Dagegen ist es ausgeschlossen, daß wegen einer nach Beendigung der G.G. entstandenen Verbindlichkeit eines Ehegatten der andere Ehegatte, wenn er für die Verbindlichkeit nicht auch persönlich haftet, die Vollstreckung in das Gesammtgut zu dulden hat. Dies gilt selbst für die Verbindlichkeiten, welche aus der Verwaltung des Gesammtguts in der Zeit vor der Auseinandersetzung entspringen.

**9.** Besondere Bestimmungen über die Behandlung des Gesammtguts im Konkurse sind für die Zeit nach der Beendigung der G.G. nicht vorgesehen. Ein Partikularkonkurs über das Gesammtgut ist sohin ausgeschlossen. Es kann nur über das Vermögen eines Ehegatten der Konkurs beantragt werden. Selbstverständlich ist hierzu ein Gesammtgutsgläubiger nur berechtigt, wenn ihm der Ehegatte auch persönlich haftet. Auch kommt bei der Frage der Zahlungsunfähigkeit nicht nur der Antheil des Ehegatten am Gesammtgute, sondern auch dessen sonstiges Vermögen in Betracht. Da übrigens der Antheil am Gesammtgute zwar zur Konkursmasse gehört, die Auseinandersetzung jedoch außerhalb des Konkursverfahrens stattfindet (s. Erl. zu § 1471), so fehlt, wenn das Gesammtgut überschuldet und deshalb ein nach Maßgabe des § 51 der K.O. in die Konkursmasse fallender Antheil nicht zu erwarten ist, in Ermangelung anderweitigen Vermögens des Ehegatten den Gläubigern die Möglichkeit, die Konkurseröffnung herbeizuführen. Wird der Konkurs über das Vermögen eines Ehegatten eröffnet, so ist während der Dauer des Konkursverfahrens die Zwangsvollstreckung in die zum Gesammtgute gehörenden einzelnen Gegenstände bezüglich derjenigen Gesammtgutsgläubiger ausgeschlossen, denen der im Konkurse befindliche Ehegatte persönlich haftet, die also Konkursgläubiger sind. Denn da in dem Gesammtgute der zur Konkursmasse gehörende Antheil enthalten ist, eine Zwangsvollstreckung in die zum Gesammtgute gehörenden einzelnen Gegenstände sich daher zugleich als eine Zwangsvollstreckung in den bei der Auseinandersetzung der Konkursmasse zufallenden Antheil darstellt, so findet für die Gesammtgutsgläubiger, die gleichzeitig Konkursgläubiger sind, der § 14 der K.O. Anwendung.

Aus dem Ausgeführten ergiebt sich, daß die Rechtslage der Gesammtgutsgläubiger durch die Beendigung der G.G., wenn das Gesammtgut überschuldet ist, wesentlich verschlimmert wird. Solange die G.G. besteht, können die Gesammtgutsgläubiger die konkursrechtliche Vertheilung des Gesammtguts dadurch herbeiführen, daß sie die Eröffnung des Konkurses über das Vermögen des Mannes beantragen. Nach der Auseinandersetzung erreichen sie, soweit das Gesammtgut ohne Rücksicht auf die Gesammtgutsverbindlichkeiten getheilt worden ist, denselben Zweck durch die Eröffnung des Konkurses über das Vermögen des Mannes und der Frau (§ 1480). Für die Zwischenzeit aber, zwischen der Beendigung der G.G. und der Auseinandersetzung, können weder sie noch die Ehegatten eine konkursrechtliche Vertheilung herbeiführen.

§. 1473.

Was auf Grund eines zu dem Gesammtgute gehörenden Rechtes oder als Ersatz für die Zerstörung, Beschädigung oder Entziehung eines zu dem Gesammtgute gehörenden Gegenstandes oder durch ein Rechtsgeschäft erworben wird, das sich auf das Gesammtgut bezieht, wird Gesammtgut.

Die Zugehörigkeit einer durch Rechtsgeschäft erworbenen Forderung zum Gesammtgute hat der Schuldner erst dann gegen sich gelten zu lassen, wenn er von der Zugehörigkeit Kenntniß erlangt; die Vorschriften der §§. 406 bis 408 finden entsprechende Anwendung.

---

Die Entwürfe des B.G.B. überließen der Revision der K.O. die Frage, ob zum Schutze der Gesammtgutsgläubiger Sonderbestimmungen erforderlich seien (M. IV S. 408—412, P. II S. 5434, Bd. 4 S. 281). Bei der Revision wurde das Bedürfniß verneint (K.B. z. § 14 der K.O. S. 10—12). Die Zulässigkeit eines Sonderkonkurses über das ungetheilte Gesammtgut wird hiernach zu verneinen sein (a. A. Jaeger, Kommentar zur K.O. § 2 Anm. 22—30).

**§ 1473.**

**E. I § 1373 Abs. 2; II § 1372 rev. § 1458; III § 1456. P. I S. 6770, 6806—6811; M. IV S. 405. P. II S. 5431, 8637, 8711 (Bd. 4 S. 279).**

1. Der Erwerb, den ein Ehegatte nach der Beendigung der G.G. macht, fällt nicht in das Gesammtgut, es findet jedoch in den Grenzen des Abs. 1 eine Surrogation statt. Wegen der Einzelheiten s. Erl. zu § 1370.

2. Der in der Schlußlesung der zweiten Kommission aufgenommene Abs 2 ist einer der Fälle, in welchen der gute Glaube auch im Forderungsverkehre geschützt wird. An sich müßte der Schuldner die Zugehörigkeit einer Forderung zum Gesammtgute, sofern die Beendigung der G.G. in das Güterrechtsregister eingetragen ist, gegen sich gelten lassen, auch wenn er von der Zugehörigkeit keine Kenntniß hat. Der Abs. 2 macht für die in Folge der im Abs. 1 bestimmten Surrogation zum Gesammtgute gehörenden Forderungen, sofern die Forderung durch Rechtsgeschäft erworben ist, eine positive Ausnahme. Diese beruht darauf, daß, wenn die G.G. beendet ist, der Schuldner annehmen darf, daß die von den Ehegatten vorgenommenen Rechtsgeschäfte nicht nach den Vorschriften über die G.G., sondern nach den allgemeinen Grundsätzen zu beurtheilen sind. Zu denken ist hierbei, da die Verwaltung des Gesammtguts nur beiden Ehegatten gemeinschaftlich zusteht, an Rechtsgeschäfte, die von beiden Ehegatten gemeinschaftlich oder von einem Ehegatten für sich und zugleich in Vertretung des anderen vorgenommen sind. Eine durch ein solches Rechtsgeschäft erworbene Forderung steht beiden Gatten zu. Aber zum Gesammtgute gehört sie nur, wenn das Rechtsgeschäft in Beziehung auf das Gesammtgut vorgenommen ist (s. Erl. zu § 1370). Diese Beziehung und damit die Zugehörigkeit zum Gesammtgute kann dem Schuldner unbekannt sein. Solange er davon keine Kenntniß erlangt hat, darf er annehmen, daß die Forderung beiden Gatten nach allgemeinen Grundsätzen gemeinschaftlich, also je nach Lage der Sache zur Hälfte oder jedem als Gesammtgläubiger, zusteht. Inhaltlich ist der Schutz derselbe, wie er bei der Abtretung einer Forderung in den §§ 406—408 aufgestellt ist.

Die entsprechende Anwendung der §§ 406—408 führt zu folgenden Ergebnissen: Gegen die von einem Ehegatten durch Rechtsgeschäft für das Gesammtgut erworbene Forderung kann der Schuldner eine ihm gegen diesen Gatten zustehende Forderung, für welche das Gesammtgut nicht haftet, aufrechnen, es sei denn, daß er bei dem Erwerbe seiner Forderung von der Zugehörigkeit der von dem Gatten erworbenen Forderung zu dem Gesammtgute Kenntniß hatte oder daß seine Forderung erst nach der Erlangung der Kenntniß und später als die zu dem Gesammtgute gehörende Forderung fällig geworden ist (§ 406). Dem Gesammtgute gegenüber ist eine Leistung, die der Schuldner auf eine Forderung der gedachten Art an den betreffenden Gatten bewirkt sowie jedes Rechtsgeschäft, das zwischen dem Schuldner und dem betreffenden Gatten in Ansehung der Forderung vorgenommen wird, wirksam, es sei denn, daß der Schuldner die Zugehörigkeit der Forderung zu dem Gesammtgute zur Zeit der Leistung oder der Vornahme des Rechtsgeschäfts kennt. Ist in einem zwischen dem Schuldner und dem betreffenden Gatten anhängig gewordenen Rechtsstreit ein rechtskräftiges Urtheil über die Forderung ergangen, so ist das Urtheil gegenüber dem Gesammtgute wirksam, es sei denn, daß der Schuldner die Zugehörigkeit der Forderung zu dem Gesammtgute bei dem Eintritte der Rechtshängigkeit gekannt hat (§ 407). Wird eine Forderung der gedachten Art von dem betreffenden Ehegatten an einen Dritten abgetreten, so finden, wenn der Schuldner an den Dritten leistet

### §. 1474.

Die Auseinandersetzung erfolgt, soweit nicht eine andere Vereinbarung getroffen wird, nach den §§. 1475 bis 1481.

### §. 1475.

Aus dem Gesammtgute sind zunächst die Gesammtgutsverbindlichkeiten zu berichtigen. Ist eine Gesammtgutsverbindlichkeit noch nicht fällig oder ist sie streitig, so ist das zur Berichtigung Erforderliche zurückzubehalten.

Fällt eine Gesammtgutsverbindlichkeit im Verhältnisse der Ehegatten zu einander einem der Ehegatten allein zur Last, so kann dieser die Berichtigung aus dem Gesammtgute nicht verlangen.

Zur Berichtigung der Gesammtgutsverbindlichkeiten ist das Gesammtgut, soweit erforderlich, in Geld umzusetzen.

---

oder wenn zwischen dem Dritten und dem Schuldner ein Rechtsgeschäft vorgenommen oder ein Rechtsstreit anhängig wird, zu Gunsten des Schuldners die obigen Grundsätze dem Gesammtgute gegenüber entsprechende Anwendung. Das Gleiche gilt, wenn die Forderung durch gerichtlichen Beschluß einem Dritten überwiesen wird oder wenn der betreffende Ehegatte dem Dritten gegenüber anerkennt, daß die Forderung auf den Dritten übergegangen sei (§ 408).

### § 1474.

**E. I § 1376; II § 1360 Satz 2 rev. § 1459; III § 1457. P. I S. 6761, 6768, 6777, 6781—6790; M. IV S. 410. P. II S. 5437 (Bd. 4 S. 282).**

1. Die Vorschrift entspricht der des § 731 Satz 1 und bringt zum Ausdrucke, daß für die Auseinandersetzung (§ 1471) zunächst die Vereinbarung der Ehegatten maßgebend ist. Die Vereinbarung fällt nicht unter den Begriff des Ehevertrags, bedarf also nicht der im § 1434 bestimmten Form. Sie kann schon bei Eingehung der allgemeinen G.G. getroffen werden (wegen einer Vereinbarung für den Fall der Ehescheidung s. Vorbm. vor § 1564). Nicht als Ehevertrag wird aber nur die nach der Aufhebung der G.G. getroffene Vereinbarung angesehen werden dürfen. Die Fassung des § 1474 erweckt den Anschein, als ob auch der § 1480, welcher die Haftung der Ehegatten für eine bei der Auseinandersetzung unberichtigt gebliebene Verbindlichkeit gegenüber dem Gläubiger betrifft, geändert werden kann. Selbstverständlich kann die Vereinbarung den Rechten Dritter nicht Eintrag thun.

2. Wegen der Vermittelung der Auseinandersetzung durch das Amtsgericht s. freiw. G.G. §§ 99, 193.

### § 1475.

**E. I § 1377 Abs. 1, § 1378 Abs. 1; II § 1373 rev. § 1460; III § 1458. P. I S. 6768, 6778, 6790—6796, 8780, 8791, 8825, 8843; M. IV S. 410—412, 414. P. II S. 5438—5443, 8147, 8638 (Bd. 4 S. 283—286). D. S. 695.**

1 Der Abs. 1 entspricht dem § 733 Abs. 1. Zu den Gesammtgutsverbindlichkeiten zählen auch die Ansprüche der Ehegatten gegen das Gesammtgut, insbesondere die Ersatzansprüche (§§ 1466, 1467). Selbstverständlich kann, insoweit der ersatzberechtigte Ehegatte zugleich zu dem Gesammtgut Ersatz zu leisten hat, nach Maßgabe der allgemeinen Grundsätze (§§ 387 ff.) aufgerechnet werden.

Der Satz 2 bedeutet, daß, soweit noch nicht fällige oder streitige Verbindlichkeiten vorhanden sind, die Auseinandersetzung bezüglich des zur Berichtigung erforderlichen Theiles des Gesammtguts nicht beendet werden kann. Streitig im Sinne des Satz 2 ist eine Verbindlichkeit nicht nur dann, wenn dem Gläubiger gegenüber Bestand oder Höhe derselben bestritten ist, sondern auch wenn unter den Gatten darüber Streit besteht, wem eine Verbindlichkeit zur Last fällt und auf Grund der Vorschrift des Abs. 2 von einem der Gatten verlangt wird, daß die Berichtigung nicht aus dem Gesammtgut erfolge. Die Hinterlegung der zur Berichtigung erforderlichen Gegenstände — soweit sie überhaupt statthaft ist (§ 372) — kann nicht verlangt werden.

2. Der Abs. 2 entzieht demjenigen Ehegatten, welchem im Verhältniß unter den Ehegatten eine Verbindlichkeit allein zur Last fällt (§§ 1463—1465), das Recht, die Berichtigung derselben

§. 1476.

Der nach der Berichtigung der Gesammtgutsverbindlichkeiten verbleibende Ueberschuß gebührt den Ehegatten zu gleichen Theilen.

Was einer der Ehegatten zu dem Gesammtgute zu ersetzen verpflichtet ist, muß er sich auf seinen Theil anrechnen lassen. Soweit die Ersatzleistung nicht durch Anrechnung erfolgt, bleibt er dem anderen Ehegatten verpflichtet.

---

aus dem Gesammtgute zu fordern. Erfolgt die Berichtigung nicht, so haften die Ehegatten dem Gläubiger nach Maßgabe des § 1480. Mit Rücksicht auf die wenn auch nur beschränkte Haftung, die hiernach auch denjenigen Gatten trifft, welchem im Verhältniß unter den Gatten die Verbindlichkeit nicht zur Last fällt, verbleibt demselben das Recht, die Berichtigung der Verbindlichkeit aus dem Gesammtgute zu verlangen; er kann dann aber zugleich verlangen, daß das zur Berichtigung der Verbindlichkeit Geleistete dem anderen Ehegatten auf dessen Antheil angerechnet wird. Reicht das Gesammtgut zur Berichtigung aller Gesammtgutsverbindlichkeiten nicht aus, so kann die Vorschrift des Abs. 2 zu einer thatsächlichen Bevorzugung desjenigen Gläubigers führen, welchem auch im Verhältnisse der Ehegatten zu einander das Gesammtgut haftet.

3. Der Abs. 3 entspricht dem § 733 Abs. 3. In den Worten „soweit erforderlich" liegt ein doppeltes. Einerseits kann die Umsetzung der zum Gesammtgute gehörenden Gegenstände insoweit, als sie nur zur Berichtigung einer im Verhältnisse der Ehegatten zu einander nicht dem Gesammtgute zur Last fallenden Verbindlichkeit nothwendig wäre, von demjenigen Gatten nicht gefordert werden, welchem die Verbindlichkeit zur Last fällt. Andererseits hat sie auch insoweit zu erfolgen, als dies zur Ausgleichung wegen des von einem Ehegatten zum Gesammtgute zu ersetzenden Betrags nothwendig ist; der ersatzberechtigte Ehegatte kann den zu ersetzenden Betrag in Geld verlangen und zu dem Zwecke auch die Umsetzung der sonst in Natur zu theilenden Gegenstände beanspruchen (s. Erl. 3 zu § 1476). Wegen der Umsetzung derjenigen Gegenstände, auf deren Uebernahme ein Ehegatte ein Recht hat, s. Erl. zu § 1477.

4. Wenn das Gesammtgut nicht ausreicht, um alle Gesammtgutsgläubiger zu befriedigen, so erachten es die M. IV S. 408, 412 für selbstverständlich, daß jeder der Ehegatten konkursmäßige Berichtigung der Gesammtgutsverbindlichkeiten verlangen kann. Diese Annahme dürfte, wie schon in der zweiten Kommission (P. II S. 5442, Bd. 4 S. 285) bemerkt worden ist, unzutreffend sein; von einer konkursmäßigen Befriedigung kann ohne ein mit Fristen und Präklusionen ausgestattetes Verfahren und ohne Beiziehung der Gläubiger keine Rede sein. Es wird anzunehmen sein, daß im Falle der Unzulänglichkeit des Gesammtguts jeder Ehegatte Befriedigung der Gläubiger, an deren Befriedigung für das Gesammtgut ein besonderes Interesse besteht, insbesondere derjenigen, welche in der Lage sind, alsbald die Zwangsvollstreckung in das Gesammtgut zu betreiben, und im übrigen verhältnißmäßige Befriedigung aller Gläubiger verlangen kann; jedenfalls macht sich kein Ehegatte nach § 1480 haftbar, wenn die Gläubiger, die einen Vollstreckungstitel haben, vorweg befriedigt werden oder wenn bei der Befriedigung lediglich die Reihenfolge der Anmeldung eingehalten wird. In derselben Lage wie die Ehegatten befindet sich, wenn über das Vermögen des einen Ehegatten der Konkurs eröffnet worden ist, der Konkursverwalter (§ 16 K.O.).

**§ 1476.**

**E. I § 1377 Abs. 2—4; II § 1374 rev. § 1461; III § 1459. P I S. 6762, 6769, 6778, 6796—6799, 8715, 8725, 8779, 8790; M. IV S. 413, 414. P. II S. 5438—5441 (Bd. 4 S. 282, 283). D. S. 695.**

1. Der Abs. 1 bestimmt den Theilungsmaßstab entsprechend der Regel des § 742 dahin, daß jedem Ehegatten die Hälfte gebührt, gleichgiltig wie viel er Vermögen in die G.G. gebracht oder während derselben erworben hat. Hiervon ist nur im Falle der Ehescheidung im § 1478 eine Ausnahme gemacht. Natürlich kann der Antheil durch Ehevertrag verschieden bestimmt werden.

2. Theilungsmasse ist, was vom Gesammtgut übrig geblieben ist, nachdem entsprechend § 1475 Abs. 1 die Gesammtgutsverbindlichkeiten, welche im Verhältnisse der Ehegatten zu einander dem Gesammtgute zur Last fallen, berichtigt oder sichergestellt sind. Hinzuzurechnen ist, was einer der Ehegatten zu dem Gesammtgute zu ersetzen verpflichtet ist (s. Erl. zu §§ 1466, 1467); dazu gehört insbesondere, was zur Berichtigung einer im Verhältnisse der Ehegatten zu einander einem Ehegatten zugewiesenen Gesammtgutsverbindlichkeit (§§ 1463—1465) während der G.G. oder nach deren Aufhebung aus dem Gesammtgut aufgewendet worden ist.

## §. 1477.

Die Theilung des Ueberschusses erfolgt nach den Vorschriften über die Gemeinschaft.

Jeder Ehegatte kann gegen Ersatz des Werthes die ausschließlich zu seinem persönlichen Gebrauche bestimmten Sachen, insbesondere Kleider, Schmucksachen und Arbeitsgeräthe, sowie diejenigen Gegenstände übernehmen, welche er in die Gütergemeinschaft eingebracht oder während der Gütergemeinschaft durch Erbfolge, durch Vermächtniß oder mit Rücksicht auf ein künftiges Erbrecht, durch Schenkung oder als Ausstattung erworben hat.

---

3. Der Abs. 2 trifft über den Ersatz desjenigen Sonderbestimmungen, was das Gesammtgut von einem der Ehegatten zu fordern hat (vergl. z. B. § 1467, § 1477 Abs. 2). Der Satz 1 schreibt nach dem Vorbilde des § 756 vor, daß die Ersatzleistung — selbstverständlich nur, sofern die Ehegatten nicht ein anderes vereinbaren, — durch Anrechnung auf den Theil geschieht, welchen der ersatzpflichtige Ehegatte aus dem Gesammtgut erhält. Dadurch wird die Stellung des anderen Ehegatten gesichert Denn in Folge dieser Bestimmung kann der Ehegatte Befriedigung aus den einzelnen zum Gesammtgute gehörenden und dem ersatzpflichtigen Ehegatten zugetheilten Gegenständen verlangen und ist nicht nur auf einen persönlichen Anspruch, bezüglich dessen er mit den Nichtgesammtgutsgläubigern des ersatzpflichtigen Ehegatten zu konkurriren hätte, angewiesen. Die Verwirklichung des Anspruchs auf Anrechnung ist durch die aus der Verweisung des § 1477 Abs. 1 sich ergebende Anwendbarkeit des § 756 Satz 2 mit § 755 Abs. 2, 3 geregelt. Hierüber s. Erl. zu § 1477 Abs. 1.

Aus der Vorschrift des Abs. 2 Satz 2 folgt, daß die Ersatzverbindlichkeit nicht eine bloße Kollationspflicht ist, so daß sie sich auf die dem ersatzpflichtigen Ehegatten zugetheilten Gegenstände beschränken würde; die Ersatzpflicht hat vielmehr die Natur einer gewöhnlichen Ersatzverbindlichkeit; soweit der Ersatz nicht durch Anrechnung erfolgen kann, bleibt der Ehegatte persönlich verpflichtet und kann der andere Ehegatte Befriedigung aus dem sonstigen Vermögen des schuldnerischen Ehegatten, z. B. aus dem früheren Vorbehaltsgute, suchen.

## § 1477.

**E. I § 1378 Abs. 2; II § 1375 rev. § 1462; III § 1460. P. I S. 6768, 6774, 6778, 6796—6799, 8715, 8779, 8790; M. IV S. 414, 415. P. II S. 5441—5443, 6837, 6838 (Bd. 4 S. 285, 286, Bd. 5 S. 135, 136). D. S. 695. K.B. S. 2068.**

Der § 1477 regelt die Durchführung der Theilung.

1. Die im Abs. 1 enthaltene Verweisung bezieht sich auf die §§ 752—754, 756, 757.

Danach erfolgt die Theilung, soweit die zum Gesammtgute gehörenden Gegenstände sich ohne Verminderung des Werthes in zwei gleichartige Theile zerlegen lassen, durch Theilung in Natur, eventuell unter Verloosung der Theile (§ 752). Ist die Theilung in Natur ausgeschlossen, so sind die Gegenstände nach den Vorschriften über den Pfandverkauf (§§ 1233 ff.), bei Grundstücken durch Versteigerung (Zw.B.G. § 180) zu verkaufen; der Erlös ist zu vertheilen (§ 753). Wegen des Verkaufs einer Forderung trifft § 754 Bestimmung. Der § 755 ist durch die Vorschrift des § 1475 ersetzt.

Der § 756 giebt einem jeden Theilhaber das Recht, die Berichtigung der sich auf die Gemeinschaft gründenden Forderungen gegen den anderen Theilhaber aus dem auf diesen entfallenden Theile des gemeinschaftlichen Gegenstandes zu verlangen. Zu den sich auf die Gemeinschaft gründenden Forderungen gehören bei der G.G. nicht nur diejenigen, welche aus der nach der Beendigung der G.G. bis zur Auseinandersetzung stattfindenden Gemeinschaft entstehen, also insbesondere die Lasten und Kosten der gemeinschaftlichen Verwaltung, welche nach dem für anwendbar zu haltenden § 748 (s. Erl. 2 zu § 1472) von beiden Ehegatten gemeinsam zu tragen sind (s. Erl. zu § 756), sowie die Kosten der Auseinandersetzung, sondern auch die aus der Zeit des Bestehens der G.G. stammenden gegenseitigen Ersatzverbindlichkeiten. Für letztere folgt aus § 1476 Abs. 2 die gleiche rechtliche Behandlung, zu welcher die Anwendbarkeit des § 756 führt (s. Erl. Nr. 3 zu § 1476). Die Bedeutung der Vorschrift des § 756 liegt darin, daß der berechtigte Ehegatte nicht auf einen persönlichen Anspruch gegen den anderen Ehegatten angewiesen ist, sondern Befriedigung aus den einzelnen zum Gesammtgute gehörenden und dem schuldnerischen Ehegatten zugetheilten Gegenständen beanspruchen kann. Wegen der bezeichneten

§. 1478.

Sind die Ehegatten geschieden und ist einer von ihnen allein für schuldig erklärt, so kann der andere verlangen, daß jedem von ihnen der Werth desjenigen zurückerstattet wird, was er in die Gütergemeinschaft eingebracht hat; reicht der Werth des Gesammtguts zur Rückerstattung nicht aus, so hat jeder Ehegatte die Hälfte des Fehlbetrags zu tragen.

---

Forderungen kann der Ehegatte übrigens nach § 51 der K.O. auch im Konkurs über das Vermögen des anderen Ehegatten abgesonderte Befriedigung aus dem bei der Auseinandersetzung ermittelten Antheile desselben verlangen. Nach § 756 Satz 2 finden die Vorschriften des § 755 Abs. 2, 3 Anwendung. Hiernach kann der Anspruch nicht bloß gegen den Universal-, sondern auch gegen den Sondernachfolger des ersatzpflichtigen Ehegatten, z. B. gegen denjenigen, welchem der Antheil des Ehegatten im Wege der Zwangsvollstreckung überwiesen worden ist, geltend gemacht werden. Soweit der ersatzpflichtige Ehegatte den zu ersetzenden Betrag nicht baar einbezahlt, müssen von dem Antheile, welcher auf ihn entfällt, Gegenstände in Geld umgesetzt werden (s. Erl. 3 zu § 1475).

Durch § 757 wird bestimmt, inwieweit der eine Ehegatte dem anderen, wenn diesem ein Gegenstand zugetheilt wird, wegen eines Mangels im Rechte oder eines Mangels der Sache Gewähr zu leisten hat.

2. Der Abs. 2 enthält eine Ausnahme von den gewöhnlichen Theilungsgrundsätzen, indem er jedem Ehegatten das Recht giebt, gewisse Gegenstände gegen Ersatz des Werthes zu übernehmen. Das Recht verfolgt den Zweck, gewisse Gegenstände, z. B. Grundstücke, der Familie zu erhalten. Für die Berechnung des Werthes ist der Zeitpunkt der Auseinandersetzung, genauer der Uebernahme (nicht der Zeitpunkt der Einbringung), maßgebend. Wegen der Gegenstände des Uebernahmerechts s. was die zum persönlichen Gebrauche bestimmten Sachen betrifft, Erl. zu § 1362, im übrigen Erl. zu § 1521. Der Ehegatte hat das Uebernahmerecht nicht, wenn der Gegenstand auf Grund einer Gesammtgutsverbindlichkeit einem Dritten zu leisten ist. Er hat dieses Recht auch insoweit nicht, als die fraglichen Gegenstände nach § 1475 zum Zwecke der Berichtigung der Gesammtgutsverbindlichkeiten in Geld umzusetzen sind. Das fragliche Recht kommt erst bei der Theilung des nach Berichtigung der Gesammtgutsverbindlichkeit verbleibenden Ueberschusses in Betracht; es steht dem Rechte des anderen Ehegatten, die Umsetzung in Geld durch Versteigerung zu verlangen, nach. Das Interesse, welches der andere Ehegatte an der Umsetzung durch Versteigerung haben kann, ergiebt sich daraus, daß die Versteigerung bei manchen Gegenständen z. B. bei Kunstgegenständen häufig einen höheren Erlös, als den Schätzungswerth ergiebt (M. IV S. 415). Wenn übrigens der zur Berichtigung der Gesammtgutsverbindlichkeiten erforderliche Betrag durch den Verkauf anderer Gegenstände als solcher, welche ein Ehegatte nach § 1477 zu übernehmen berechtigt ist, erlangt werden kann, so dürfte der betreffende Ehegatte zu verlangen berechtigt sein, daß zunächst diese anderen Gegenstände durch Verkauf in Geld umgesetzt werden.

Das Uebernahmerecht geht auf die Erben des Berechtigten über und zwar auch dann, wenn diese nicht zu den Verwandten gehören; es steht auch dem Erbschaftskäufer zu. Die Erben können das Recht aber nur gemeinschaftlich ausüben, d. h. wenn sie sich über die Ausübung nicht einigen können, verbleibt es bei der Regel der §§ 752—754.

3. Die im § 1474 für zulässig erklärte Regelung der Auseinandersetzung im Wege der Vereinbarung der Ehegatten ist praktisch von besonderer Bedeutung bezüglich der im § 1477 behandelten Durchführung der Theilung. So können z. B. die Ehegatten vereinbaren, daß ein zum Gesammtgute gehörendes Haus künftig in ihrem gewöhnlichen Miteigenthume stehen soll. Die Lösung dieses Gemeinschaftsverhältnisses bestimmt sich dann lediglich nach den allgemeinen Vorschriften über die Gemeinschaft.

4. Mehrere Erben eines Ehegatten theilen die ihnen zugewiesenen Gegenstände nach den Vorschriften über die Theilung der Erbschaft.

§ 1478.

**E. II § 1376 rev. § 1463; III § 1461; M. IV S. 610—612. P. II S. 5739—5750 (Bd. 4 S. 438—444). D. S. 695.**

1. Von dem Grundsatze, daß das Gesammtgut nach Hälften getheilt wird (§ 1476 Abs. 1), hat der E. I auch für den Fall der Aufhebung der G.G. wegen Auflösung der Ehe in Folge Ehescheidung keine Ausnahme gemacht. Die hiergegen in der Kritik (Zstlg. IV S. 324 ff.) erhobenen

Als eingebracht ist anzusehen, was eingebrachtes Gut gewesen sein würde, wenn Errungenschaftsgemeinschaft bestanden hätte. Der Werth des Eingebrachten bestimmt sich nach der Zeit der Einbringung.

Das im Abs. 1 bestimmte Recht steht auch dem Ehegatten zu, dessen Ehe wegen seiner Geisteskrankheit geschieden worden ist.

---

Einwendungen, insbesondere das Bedenken, daß es, wenn der eine Theil mehr Vermögen in die Ehe gebracht hat als der andere, dieser geradezu darauf anlegen könnte, die Ehescheidung und dadurch die Hälfte des Gesammtguts zu erlangen, haben den E. II bestimmt, den Grundsatz der Halbtheilung für den Fall aufzugeben, daß die Ehe geschieden und einer der Ehegatten für allein schuldig erklärt ist. Ein Auseinanderfallen des Gesammtguts in seine ursprünglichen Bestandtheile hat aber der E. II auch für diesen Fall nicht zugelassen, sondern nur eine Rückerstattung des Werthes des Eingebrachten.

2. Der Abs. 1 stellt den Theilungsmaßstab auf. Hiernach werden vom Gesammtgute zunächst nach Maßgabe der § 1475 die Gesamtgutsverbindlichkeiten berichtigt. Von dem Reste wird das beiderseitige Eingebrachte (s. Erl. Nr. 3) abgezogen. Verbleibt ein Ueberschuß, so wird er nach § 1476 gleichheitlich getheilt; reicht dagegen der nach Berichtigung der Gesammtgutsverbindlichkeiten verbleibende Rest nicht aus, um das Eingebrachte zu decken, so hat jeder Ehegatte die Hälfte des Fehlbetrags zu tragen, der Fehlbetrag wird also wie der Gewinn nach Hälften, nicht nach dem Verhältnisse des beiderseitigen Eingebrachten getheilt. Beispiel: Gesammtgut 10000, Gesammtgutsverbindlichkeiten 2000, Eingebrachtes des Mannes 4000, der Frau 2000. Der Mann erhält 5000, die Frau 3000. Das gleiche Ergebniß stellt sich heraus, wenn das Eingebrachte des Mannes 6000, das der Frau 4000 beträgt.

3. Der Abs. 2 Satz 1 bestimmt, was als eingebracht anzusehen ist, indem er auf die Vorschriften über die Errungenschaftsgemeinschaft verweist. Als eingebracht gilt mithin, was dem Ehegatten bei dem Eintritte der allg. G.G. gehört hat (§ 1520) und was er von Todeswegen oder mit Rücksicht auf ein künftiges Erbrecht, durch Schenkung oder als Ausstattung erworben hat, außer wenn der Erwerb den Umständen nach zu den Einkünften zu rechnen ist (§ 1521). Die im § 1522 bezeichneten Gegenstände sind bei der allg. G.G. Sondergut (§ 1439). Die Bestimmung des Eingebrachten durch Ehevertrag (§ 1523) kann insofern in Frage kommen, als vereinbart worden ist, daß im Falle der Ehescheidung ein bestimmter Betrag oder bestimmte Gegenstände nach Maßgabe des § 1478 behandelt werden sollen. Inwieweit ein solcher Vertrag gültig ist, s. Vorbm. vor § 1564. Der Fall des § 1524 (Surrogation) ist dadurch ausgeschlossen, daß nach Abs. 2 Satz 2 sich der Werth des Eingebrachten nach der Zeit der Einbringung richtet. Etwaige Vermehrungen oder Verminderungen des Eingebrachten kommen daher ohne Rücksicht auf den Grund der Vermehrung oder Verminderung nicht in Betracht. Die Vorschrift des Abs. 2 Satz 2 trägt also wesentlich dazu bei, die Feststellung des Eingebrachten zu erleichtern.

4. Die Vorschrift des § 1478, daß nur eine Werthrestitution stattfindet, schließt die Anwendbarkeit des § 1477 Abs. 2 nicht aus, nach welchem ein Ehegatte das Recht hat, die von ihm eingebrachten oder während der G.G. durch unentgeltliche Zuwendung eines Dritten erworbenen (also die in den § 1520, 1521 bezeichneten) Gegenstände zu übernehmen. Das Uebernahmerecht hat der Ehegatte aber nur gegen Ersatz des Werthes, den die Gegenstände zur Zeit der Auseinandersetzung haben, während sich der Werth dessen, was er als eingebracht zurückverlangen kann, nach der Zeit der Einbringung bestimmt. Der Unterschied im Werthe ist zu dem Gesammtgute hinzuzurechnen. Beispiel: Der Mann ist für allein schuldig erklärt. Die Frau hat ein Haus und 3000 baar eingebracht, der Mann hat kein Vermögen eingebracht. Beträgt das Gesammtgut 10000 und ist das Haus zur Zeit der Einbringung 1000, zur Zeit der Auseinandersetzung 3000 werth, so erhält die Frau, wenn sie das Haus übernehmen will, das Haus und 4000, der Mann 3000.

5. Der § 1478 gilt nur, wenn die G.G. in Folge der Scheidung der Ehe aufgehoben und nur, wenn ein Ehegatte für allein schuldig (§ 1574) erklärt ist. Sind beide Theile für schuldig erklärt, so bewendet es bei der Theilung nach Hälften. Der unschuldige Ehegatte kann statt der Theilung nach § 1478 auch Theilung nach Hälften verlangen und er wird diesen Theilungsmaßstab wählen, wenn er weniger Vermögen eingebracht hat als der andere Ehegatte. Ueber den Zeitpunkt, bis zu welchem der Ehegatte die Behandlung nach § 1478 verlangen kann, ist eine Bestimmung nicht getroffen; insbesondere fehlt eine dem § 1347 Abs. 2 analoge Vorschrift. Der schuldige Ehegatte kann deshalb den andern nicht unter Setzung einer Frist zur Erklärung darüber auffordern, welcher Theilungsmaßstab zu Grunde gelegt werden soll; der unschuldige

§. 1479.

Wird die Gütergemeinschaft auf Grund des §. 1468 oder des §. 1469 durch Urtheil aufgehoben, so kann der Ehegatte, welcher das Urtheil erwirkt hat, verlangen, daß die Auseinandersetzung so erfolgt, wie wenn der Anspruch auf Auseinandersetzung mit der Erhebung der Klage auf Aufhebung der Gütergemeinschaft rechtshängig geworden wäre.

§. 1480.

Wird eine Gesammtgutsverbindlichkeit nicht vor der Theilung des Gesammtguts berichtigt, so haftet dem Gläubiger auch der Ehegatte persönlich als Gesammtschuldner, für den zur Zeit der Theilung eine solche Haftung nicht besteht. Seine Haftung beschränkt sich auf die ihm zugetheilten Gegenstände; die für die Haftung des Erben geltenden Vorschriften der §§. 1990, 1991 finden entsprechende Anwendung.

---

Theil hat das Wahlrecht bis zur Beendigung der Theilung. Er kann auf das Wahlrecht verzichten; eine Form hierfür ist nicht vorgeschrieben.

Wie ein für allein schuldig erklärter Ehegatte wird nach Abs. 3 im Falle der Scheidung wegen Geisteskrankheit der Ehegatte behandelt, welcher die Scheidung verlangt hat (§ 1569).

**6.** Der § 1478 gilt auch, wenn die eheliche Gemeinschaft nach § 1575 aufgehoben ist (§ 1586).

**§ 1479.**

**E. I § 1379; II § 1377 rev. § 1464; III § 1462. P. I S. 6846; M. IV S. 415. P. II S. 5443, 5736, 5737 (Bd. 4 S. 286, 437, 438).**

**1.** Die Vorschrift betrifft den für die Auseinandersetzung maßgebenden Zeitpunkt und giebt entsprechend dem § 1422 dem Ehegatten, welcher auf Aufhebung geklagt hat, das Recht nach seiner Wahl die Auseinandersetzung nach dem Zustande des Gesammtguts zur Zeit der Rechtskraft des Aufhebungsurtheils (§ 1470 Abs. 1, § 1471 Abs. 1) oder der Rechtshängigkeit (§§ 253, 281 der C.P.O.) der Aufhebungsklage zu verlangen. Für andere Fälle der Beendigung der G.G., insbesondere für den Fall der Ehescheidung, gilt die Vorschrift nicht.

**2.** Die Vorschrift bezieht sich nur auf das obligatorische Verhältniß der Ehegatten zu einander, nicht auf ihr Verhältniß zu Dritten. Sie ist von Bedeutung hauptsächlich wegen der Verantwortlichkeit des Mannes, da diese, wenn der Zeitpunkt der Rechtshängigkeit gewählt wird, sich von diesem Zeitpunkt an nicht nach § 1456, sondern nach § 1359 bestimmt. Für den Umfang der Theilungsmasse ist sie mit Rücksicht auf die im § 1473 vorgeschriebene Surrogation praktisch nur für den Erwerb von Belang, den ein Ehegatte durch selbständige Thätigkeit oder von Todeswegen macht; will z. B. die Frau in den Fällen des § 1468 den Zeitpunkt der Rechtshängigkeit der Auseinandersetzung zu Grunde legen, so gehört die Erbschaft, welche einem der Ehegatten nach der Rechtshängigkeit zufällt, nicht in die Theilungsmasse.

**§ 1480.**

**E. II § 1378 rev. § 1465; III § 1463; M. IV S. 417. P. II S. 5444, 5447—5454, 6838—6840, 8041 (Bd. 4 S. 286—290, Bd. 5 S. 136, 137). D. S. 696**

Die Vorschrift regelt die *Haftung wegen nichtberichtigter Gesammtgutsverbindlichkeiten gegenüber den Gläubigern.*

**1.** Wird eine Gesammtgutsverbindlichkeit bei der Theilung nicht berichtigt, so versteht es sich von selbst, daß die persönliche Haftung des Ehegatten, in dessen Person die Verbindlichkeit entstanden ist, durch die Theilung nicht berührt wird; im Uebrigen würde dem Gläubiger an sich, falls es sich um eine in der Person des Mannes entstandene Verbindlichkeit handelt, die Frau überhaupt nicht und, falls es sich um eine in der Person der Frau entstandene Verbindlichkeit handelt, der Mann nur insoweit haften, als die Verbindlichkeit im Verhältnisse der Ehegatten zu einander dem Gesammtgute zur Last fällt (§ 1459 Abs. 2). Der Ehegatte, in dessen Person die Verbindlichkeit nicht entstanden ist, wäre aber, soweit er in Folge der Nichtberichtigung der Verbindlichkeit zu viel erhalten hat, dem andern Ehegatten auf die Bereicherung verpflichtet und der Gläubiger könnte sich den Bereicherungsanspruch überweisen lassen. Bei diesem Ergebnisse wollte es der E. I belassen. In der zweiten Kommission wurde jedoch den Gläubigern ein direkter Anspruch eingeräumt.

Folgende Fälle sind möglich:

a) Es wird eine in der Person des Mannes entstandene Gesammtgutsverbindlichkeit nicht berichtigt; die Frau haftet für die Verbindlichkeit zur Zeit der Theilung nicht. Nunmehr haftet in Folge des § 1480 auch sie.

b) Es wird eine in der Person der Frau entstandene Gesammtgutsverbindlichkeit, die im Verhältnisse der Ehegatten zu einander dem Gesammtgute zur Last fällt, nicht berichtigt. Für eine solche Verbindlichkeit haftet der Mann nach § 1459 Abs. 2 Satz 2 auch nach der Beendigung der G.G. Für diesen Fall ist mithin § 1480 gegenstandslos.

c) Es wird eine in der Person der Frau entstandene Gesammtgutsverbindlichkeit, die im Verhältnisse der Ehegatten zu einander (§§ 1463—1465) der Frau zur Last fällt, nicht berichtigt. Die persönliche Haftung des Mannes ist mit der Beendigung der G.G. erloschen, lebt aber nunmehr nach Maßgabe des § 1480 wieder auf.

2. Zweifelhaft kann sein, ob die in dem § 1480 bestimmte Haftung schon dann eintritt, wenn einzelne zu dem Gesammtgute gehörende Gegenstände getheilt sind, oder erst dann, wenn die Theilung des ganzen Gesammtguts erfolgt ist. Die Frage dürfte in dem letzteren Sinne zu entscheiden sein. Hierfür spricht einerseits der Wortlaut des § 1480, nach welchem die persönliche Haftung dadurch bedingt ist, daß die betreffende Gesammtgutsverbindlichkeit nicht vor der Theilung des Gesammtguts berichtigt ist, andererseits aber auch der Zweck der fraglichen Vorschrift. Die Gesammtgutsgläubiger sollen durch die persönliche Haftung der Gatten dafür entschädigt werden, daß sie nicht aus dem Gesammtgute befriedigt sind. Solange noch Gesammtgut vorhanden ist, an das sich die Gläubiger halten können, bedarf es eines solchen Schutzes nicht. Im einzelnen Falle kann es freilich zweifelhaft sein, ob die Theilung des Gesammtguts als erfolgt anzusehen ist. Es handelt sich hier um eine ähnliche Frage wie bei der Haftung der Erben für die Nachlaßverbindlichkeiten vor und nach der Theilung der Erbschaft (§§ 2059, 2060). Man wird, wenn ein Theil des Gesammtguts getheilt, ein anderer noch ungetheilt ist, zu unterscheiden haben, ob es sich nur um eine vorläufige Theilung einzelner Gegenstände handelt oder um die definitive Theilung des Gesammtguts, bei welcher nur einzelne Gegenstände gemeinschaftlich geblieben sind. Solange noch Gesammtgut als solches besteht, wird die Theilung nicht als erfolgt anzusehen sein. Die Gesammtgutsgläubiger haben sich zunächst an das noch vorhandene Gesammtgut zu halten und erst, wenn dieses erschöpft ist, wird die Theilung als erfolgt anzusehen sein. Ist dagegen das Gesammtgut als solches getheilt, haben aber die Ehegatten dabei einzelne Gegenstände als gemeinschaftliche nach den Grundsätzen der gewöhnlichen Gemeinschaft behalten, so steht dies der Anwendung des § 1480 nicht entgegen. Daß getheilt worden ist, muß von dem Gläubiger bewiesen werden. Wird das Gesammtgut durch Befriedigung der Gläubiger erschöpft, so tritt eine Haftung der Ehegatten auf Grund des § 1480 nicht ein.

3. Wird durch Ehevertrag an die Stelle der allg. G.G. ein anderer Güterstand als der der Gütertrennung eingeführt, so ist für die Frage nach der Anwendung des § 1480 der Gedanke maßgebend, daß in einem solchen Vertrag ein Zweifaches liegt: die Aufhebung der G.G. und die Einführung des neuen Güterstandes (s. Erl. zu § 1411 Nr. 1 Abs. 4). Hieraus ergiebt sich, daß bei Vereinbarung der Verwaltung und Nutznießung der Antheil der Frau an dem bisherigen Gesammtgut eingebrachtes Gut, der Antheil des Mannes dessen freies Vermögen wird. Bei Vereinbarung der Ergsch.G wird der Antheil eines jeden Gatten nach § 1520 eingebrachtes Gut desselben, bei Vereinbarung der F.G., da die Antheile unübertragbar sind, nach § 1552 ebenfalls eingebrachtes Gut. Jeder Gatte behält in allen Fällen das Recht, die Theilung zu verlangen, und erst, wenn diese erfolgt ist, findet § 1480 Anwendung. Denkbar ist, daß die Gatten auf Grund ihres Rechtes, gemeinschaftlich über das bisherige Gesammtgut zu verfügen, dieses auf das Gesammtgut der neuen Gemeinschaft übertragen und der auf Vereinbarung des neuen Güterstandes gerichtete Vertrag kann möglicherweise in diesem Sinne auszulegen sein. Ist eine solche Uebertragung erfolgt, so wird die Theilung des bisherigen Gesammtguts im Sinne des § 1480 damit ebenso als erfolgt anzusehen sein, wie wenn die Gatten das ganze Gesammtgut an einen Dritten übertragen hätten. Die Frage nach der Haftung der Gatten auf Grund des § 1480 ist in solchem Falle aber, wenn F.G. vereinbart ist, ohne erhebliche praktische Bedeutung, weil in diesem Falle alle bisherigen Verbindlichkeiten der Gatten Gesammtgutsverbindlichkeiten werden.

4. Der Ehegatte haftet nach § 1480 als Gesammtschuldner. Auf das Verhältniß zwischen dem Gläubiger und dem Ehegatten finden also die §§ 421—425 Anwendung. Daraus folgt z. B., daß der Ehegatte nicht mit einer ihm gegen den anderen Ehegatten, etwa auf Grund

§. 1481

Unterbleibt bei der Auseinandersetzung die Berichtigung einer Gesammtguts-verbindlichkeit, die im Verhältnisse der Ehegatten zu einander dem Gesammtgut

---

der §§ 1466, 1467 zustehenden Forderung aufrechnen kann. Für das Verhältniß der Ehegatten zu einander sind die Grundsätze der G.G., insbesondere der § 1481, maßgebend, der § 426 gilt nicht.

5. Der Ehegatte haftet nur mit den ihm zugetheilten Gegenständen, nicht mit deren Werthe. Die nähere Regelung dieser beschränkten Haftung ist durch Verweisung auf die für die Haftung des Erben geltenden §§ 1990, 1991 erfolgt. Wegen der prozessualen Geltendmachung s. C.P.O. § 786. Diese Vorschriften führen zu folgendem Ergebnisse.

Den Nachlaßgläubigern, gegenüber welchen der Erbe die Beschränkung seiner Haftung geltend machen kann, entsprechen die Gesammtgutsgläubiger, denen der Ehegatte zur Zeit der Theilung nicht persönlich haftete. Diese Gläubiger können sich an den Ehegatten halten, ohne beweisen zu müssen, daß die zugetheilten Gegenstände zur Berichtigung der Schulden ausreichen oder daß der Ehegatte, der für die Verbindlichkeit unbeschränkt haftet, die Verbindlichkeit nicht berichtigen könne. Der Ehegatte aber, der nicht unbeschränkt persönlich haftet, kann die Befriedigung insoweit verweigern, als die ihm zugetheilten Gegenstände nicht ausreichen (§ 1990 Abs. 1 Satz 1). Will er von dieser Befugniß Gebrauch machen, so muß er sich die Beschränkung seiner Haftung im Urtheile vorbehalten lassen (C.P.O. § 786 mit § 780 Abs. 1). Bei der Zwangsvollstreckung wird auf den Vorbehalt Rücksicht nur genommen, wenn auf Grund desselben vom Ehegatten Einwendungen gegen die Zwangsvollstreckung erhoben werden; über die Erledigung der Einwendungen s. C.P.O § 785. Macht der Ehegatte von der Beschränkung der Haftung Gebrauch, so ist er verpflichtet, die ihm zugetheilten Gegenstände zum Zwecke der Befriedigung des Gläubigers im Wege der Zwangsvollstreckung herauszugeben (§ 1990 Abs. 1 Satz 2). Er ist dem Gläubiger für die bisherige Verwaltung der Gegenstände so verantwortlich, wie wenn er die Verwaltung von der Zeit der Zutheilung an als sein Beauftragter zu führen gehabt hätte; aus den hiernach wegen der Verwaltung gegen den Ehegatten begründeten Ansprüchen können die Gesammtgutsgläubiger gleichfalls Befriedigung suchen. Aufwendungen, die der Ehegatte auf die Gegenstände gemacht hat, sind ihm zu ersetzen, soweit er nach den Vorschriften über den Auftrag (§§ 666—668, 670) Ersatz verlangen könnte. Der nach § 1991 Abs. 1 anwendbare § 1978 Abs. 1 Satz 2 ist hier gegenstandslos; das Gleiche gilt vom § 1979. Der Ehegatte darf die Gesammtgutsgläubiger aus den zugetheilten Gegenständen befriedigen, wie sie sich melden. Er kann nicht nur die Berichtigung einer solchen Gesammtgutsverbindlichkeit in Anrechnung bringen, für die er zur Zeit der Theilung nicht persönlich haftet, sondern die Berichtigung einer jeden Gesammtgutsverbindlichkeit; die Frau also z. B. auch die Berichtigung ihrer vorehelichen Schulden. Verbindlichkeiten dieser Art stehen nicht etwa den nicht zu den Nachlaßverbindlichkeiten gehörenden Verbindlichkeiten des Erben, sondern denjenigen Nachlaßverbindlichkeiten gleich, für welche der Erbe unbeschränkt haftet. So wenig wie diese unbeschränkte Haftung des Erben das Recht desselben ausschließt, die Berichtigung einer Verbindlichkeit dieser Art einem anderen Nachlaßgläubiger gegenüber in Anrechnung zu bringen, ebensowenig wird das Recht eines Gatten, die Berichtigung einer Gesammtgutsverbindlichkeit in Anrechnung zu bringen, dadurch ausgeschlossen, daß er für sie unbeschränkt persönlich haftet. Auch der Umstand, daß die Verbindlichkeit im Verhältniß unter den Ehegatten nicht dem Gesammtgute, sondern nur dem betreffenden Ehegatten zur Last fällt, ist ohne Einfluß. Es kommt nur darauf an, daß für die Verbindlichkeit Befriedigung aus dem Gesammtgute verlangt werden kann. Die in Folge der Zutheilung durch Vereinigung von Recht und Verbindlichkeit oder von Recht und Belastung erloschenen Rechtsverhältnisse — z. B. wenn der Frau eine dem Gesammtgute gegen ihr Vorbehaltsgut zustehende Forderung zugewiesen wird, — gelten im Verhältnisse zwischen dem Gläubiger und dem Ehegatten als nicht erloschen. Die rechtskräftige Verurtheilung des Ehegatten zur Befriedigung eines Gläubigers wirkt einem anderen Gläubiger gegenüber wie die Befriedigung (§ 1991 Abs. 3). Der § 1991 Abs. 4 kommt nicht in Betracht. Im Uebrigen s. Bd. V S. 93ff., 110—115, Erl. zu §§ 1978, 1990, 1991.

**§ 1481.**

**E. I § 1380; II § 1379 rev. § 1466; III § 1464. P. I S. 6772—6775, 6835—6837; M. IV S. 415, 416. P. II S. 5454—5457, 5559 (Bd. 4 S. 291, 292, 345). D. S. 696.**

Die Vorschrift betrifft die Haftung der Ehegatten wegen nicht berichtigter Gesammtgutsverbindlichkeiten im Verhältnisse der Ehegatten zu einander.

oder dem Manne zur Last fällt, so hat der Mann dafür einzustehen, daß die Frau von dem Gläubiger nicht in Anspruch genommen wird. Die gleiche Verpflichtung hat die Frau dem Manne gegenüber, wenn die Berichtigung einer Gesammtgutsverbindlichkeit unterbleibt, die im Verhältnisse der Ehegatten zu einander der Frau zur Last fällt.

---

1. Folgende Fälle sind möglich.

a) Eine im Verhältnisse der Ehegatten zu einander (§§ 1463—1465) einem Ehegatten allein zur Last fallende Verbindlichkeit ist unberichtigt geblieben, z. B. die Verbindlichkeit aus einer unerlaubten Handlung des Mannes oder eine von beiden Ehegatten gemeinschaftlich eingegangene Verbindlichkeit, die sich auf das Vorbehaltsgut der Frau bezieht. Hier hat der Ehegatte, dem die Verbindlichkeit zur Last fällt, dem anderen Ehegatten dafür einzustehen, daß dieser nicht deshalb, weil die Verbindlichkeit auch in seiner Person entstanden ist, oder auf Grund des § 1480 in Anspruch genommen wird.

b) Eine im Verhältnisse der Ehegatten zu einander dem Gesammtgute zur Last fallende Verbindlichkeit ist unberichtigt geblieben. Hier hat der Mann der Frau dafür einzustehen, daß sie nicht deshalb in Anspruch genommen wird, weil die Verbindlichkeit in ihrer Person entstanden ist. Dies ist eine positive Vorschrift, die darauf beruht, daß der Mann die Einbuße tragen soll, weil ihm die Bestimmung des ehelichen Aufwandes zusteht (§ 1354) und in seiner Hand die Verwaltung des Gesammtguts ausschließlich liegt (§ 1443). Selbstverständlich setzt der § 1481, soweit er sich auf die dem Gesammtgute zur Last fallenden Verbindlichkeiten bezieht, voraus, daß die Frau aus dem Gesammtgute nichts erhalten hat; die Frau soll nur vor einer über den Bestand des Gesammtguts hinaus gehenden Haftung bewahrt werden.

2. Der Ehegatte hat nur dafür einzustehen, daß der andere Ehegatte von dem Gläubiger nicht in Anspruch genommen wird. Er hat weder den anderen Ehegatten von der persönlichen Haftung sofort zu befreien noch dem anderen Ehegatten wegen des Ersatzanspruchs, der sich für diesen aus der Erfüllung ergeben würde, Sicherheit zu leisten. Dagegen ist er ihm gegenüber verpflichtet, den Gläubiger rechtzeitig zu befriedigen (s. Erl. zu § 329 Abs. 2).

3. Daß der Ehegatte, dem die Verbindlichkeit im Verhältnisse der Ehegatten zu einander nicht zur Last fällt, gegen den anderen Ehegatten einen Ersatzanspruch hat, wenn er trotz des § 1481 den Gläubiger befriedigen mußte, ergiebt sich schon aus den §§ 1463—1465. Aus den gleichen Vorschriften folgt, daß die Frau, wenn sie eine dem Gesammtgute zur Last fallende Verbindlichkeit berichtigte, von dem Manne insoweit, als sie über den Bestand der ihr zugetheilten Gegenstände hinaus in Anspruch genommen worden ist, schlechthin, im Uebrigen aber unter Berücksichtigung des Umstandes Ersatz verlangen kann, daß sie die dem Gesammtgute zur Last fallenden Verbindlichkeiten zur Hälfte mit zu tragen hat.

## §§ 1482—1518.

1. Die Beendigung der G.G. in Folge des Todes eines Ehegatten ist in den §§ 1482 bis 1518 besonders behandelt. Das B.G.B. unterscheidet dabei zwischen der unbeerbten und der beerbten Ehe, d. h. zwischen dem Falle, daß beim Tode eines Ehegatten kein gemeinschaftlicher Abkömmling vorhanden ist, und dem Falle, daß ein oder mehrere gemeinschaftliche Abkömmlinge vorhanden sind.

Für den Fall der unbeerbten Ehe sind besondere Bestimmungen nicht getroffen. Der Antheil des verstorbenen Ehegatten am Gesammtgute gehört mithin zu dessen Nachlaß und es tritt die gewöhnliche gesetzliche Erbfolge oder Erbfolge auf Grund einer Verfügung von Todeswegen ein (§ 1482). Das B.G.B. giebt demnach dem überlebenden Ehegatten weder ein Nießbrauchsrecht an den Erbtheilen der Erben des verstorbenen Ehegatten noch folgt es dem sog. Konsolidations- oder Accrescenzprinzipe, nach welchem der überlebende Ehegatte, vorbehaltlich des einem nicht gemeinschaftlichen Abkömmlinge des verstorbenen Ehegatten zustehenden Erbrechts, das ganze Gesammtgut erhält. Hierfür war bestimmend, daß anderen Falles in die Rechte der Verwandten des verstorbenen Ehegatten über Gebühr eingegriffen würde. Für den überlebenden Ehegatten sorgt das B.G.B. durch die allgemeinen erbrechtlichen Vorschriften.

Für den Fall der beerbten Ehe anerkennt das B.G.B., daß die allg. G.G. zu Gunsten des überlebenden Ehegatten Nachwirkungen äußern muß, die über die allgemeinen Grundsätze, insbesondere des Erbrechts, hinaus gehen. Von den verschiedenen Systemen, die sich in den bisherigen Rechten finden (M. IV S. 424—430, D. S. 696), ist es dem der fortgesetzten Gütergemeinschaft im engeren Sinne gefolgt. Bei diesem Systeme treten die gemeinschaftlichen Ab-

§. 1482.

Wird die Ehe durch den Tod eines der Ehegatten aufgelöst und ist ein gemeinschaftlicher Abkömmling nicht vorhanden, so gehört der Antheil des verstorbenen Ehegatten am Gesammtgute zum Nachlasse. Die Beerbung des Ehegatten erfolgt nach den allgemeinen Vorschriften.

---

kömmlinge an die Stelle des verstorbenen Ehegatten, die Verwaltung des Gesammtguts ruht in der Hand des überlebenden Ehegatten und, wenn die fortges. G.G. endet, wird der Theilung das Gesammtgut in dem Bestande zu Grunde gelegt, welchen es zur Zeit der Theilung hat.

2. Der E. I hat die fortges. G.G. in folgender Weise gestaltet. Der überlebende Ehegatte sollte Alleinerbe werden, jedoch kraft Gesetzes in Ansehung des bisherigen Gesammtguts in ein Gemeinschaftsverhältniß mit den gemeinschaftlichen Abkömmlingen treten. Die Abkömmlinge sollten die Stelle des verstorbenen Ehegatten einnehmen, die Verwaltung des Gesammtguts aber dem überlebenden Ehegatten gebühren. Das Vorbehaltsgut sollte der überlebende Ehegatte gleichfalls in Folge seines Alleinerbrechts erhalten, jedoch verpflichtet sein, es denjenigen als Vermächtniß herauszugeben, welchen es nach den allgemeinen Grundsätzen der gesetzlichen Erbfolge oder der Erbfolge auf Grund einer Verfügung von Todeswegen zukommt. Der überlebende Ehegatte sollte für alle Schulden des verstorbenen Ehegatten haften, jedoch berechtigt sein, Schenkungen desselben anzufechten. Die Kinder sollten von jeder Haftung für die Schulden des verstorbenen Ehegatten frei bleiben.

In der zweiten Kommission wurde die jetzige Konstruktion gewählt. Danach wird das Vorbehalts- sowie das Sondergut nach den gewöhnlichen erbrechtlichen Grundsätzen vererbt. Der Antheil des verstorbenen Ehegatten am Gesammtgute gehört nicht zu dessen Nachlaß, eine erbrechtliche Succession in denselben findet nicht statt, sondern in Folge des Todes treten die gemeinschaftlichen Abkömmlinge ohne Weiteres in die Stelle des Verstorbenen ein und das bisherige Gemeinschaftsverhältniß wird zwischen ihnen und dem überlebenden Ehegatten fortgesetzt, nur mit dem Unterschiede, daß der überlebende Ehegatte die Rechte und Pflichten hat, welche während der ehelichen G.G. dem Manne zustehen, während die Abkömmlinge die rechtliche Stellung der Frau erhalten. Für die Schulden des verstorbenen Ehegatten haftet, soweit es Gesammtgutsverbindlichkeiten sind, der überlebende Ehegatte allein, die Abkömmlinge haften für die Schulden des verstorbenen Ehegatten nur, soweit sie denselben beerbt haben, und Gleiches gilt von dem überlebenden Ehegatten in Ansehung derjenigen Verbindlichkeiten des verstorbenen Ehegatten, die nicht Gesammtgutsverbindlichkeiten sind.

3. Der Stoff ist bei der fortges. G.G. im Wesentlichen ebenso geordnet wie bei der ehelichen G.G. Die §§ 1483, 1484 regeln den Eintritt der fortges. G.G., der § 1485 bestimmt den Umfang des Gesammtguts, der § 1486 den Umfang des vom Gesammtgut ausgenommenen Vermögens des überlebenden Ehegatten, des Vorbehalts- und des Sonderguts. Der § 1487 ordnet die rechtliche Stellung des überlebenden Ehegatten und der Abkömmlinge; auf die Schuldenhaftung beziehen sich die §§ 1488, 1489. Die §§ 1490, 1491 betreffen die Fälle, daß ein Abkömmling durch Tod oder Verzicht wegfällt. In den §§ 1492—1496 werden die Gründe aufgezählt, aus denen die fortges. G.G. endet. Die §§ 1497—1506 haben das nach der Beendigung stattfindende Rechtsverhältniß zum Gegenstande. Der § 1507 betrifft das Zeugniß über die Fortsetzung der G.G. In den §§ 1508—1517 werden die Fälle behandelt, in welchen Modifikationen des Rechtsverhältnisses, wie es sich bei beerbter Ehe regelmäßig gestaltet, Platz greifen. Die §§ 1508—1510 regeln die Ausschließung der fortges. G.G. durch Ausschließung des überlebenden Ehegatten von der Fortsetzung. Die §§ 1511—1516 bestimmen, inwieweit die Ehegatten in die Rechte der Abkömmlinge eingreifen dürfen. Der § 1517 regelt den Verzicht eines Abkömmlinges auf seine Rechte während der ehelichen G.G., der § 1518 erklärt andere Aenderungen als die ausdrücklich bestimmten für unzulässig.

§ 1482.

**E. I § 1382, § 1383 Abs. 1; II § 1380 rev. § 1467; III § 1465 P. I S. 6881—6889, 6909, 6912—6929 M. IV S. 419—423. P. II S. 5461—5471 (Bd. 4 S. 294—299) D. S. 696. K.B. S. 2068.**

1. Der § 1482 betrifft den Fall der unbeerbten Ehe, d. h. den Fall, daß beim Tode eines Ehegatten kein Abkömmling oder nur ein nicht gemeinschaftlicher Abkömmling des verstorbenen Ehegatten vorhanden ist. Zu den nicht gemeinschaftlichen Abkömmlingen gehören nicht nur die aus einer früheren Ehe des verstorbenen Ehegatten stammenden Kinder und deren eheliche Kinder, sondern bei der Frau auch deren uneheliche Kinder, ferner das für ehelich er-

## §. 1483.

Sind bei dem Tode eines Ehegatten gemeinschaftliche Abkömmlinge vorhanden, so wird zwischen dem überlebenden Ehegatten und den gemeinschaftlichen Abkömmlingen, die im Falle der gesetzlichen Erbfolge als Erben berufen sind, die Gütergemeinschaft fortgesetzt. Der Antheil des verstorbenen Ehegatten am Gesammtgute gehört in diesem Falle nicht zum Nachlasse; im Uebrigen erfolgt die Beerbung des Ehegatten nach den allgemeinen Vorschriften.

Sind neben den gemeinschaftlichen Abkömmlingen andere Abkömmlinge vorhanden, so bestimmen sich ihr Erbrecht und ihre Erbtheile so, wie wenn fortgesetzte Gütergemeinschaft nicht eingetreten wäre.

---

klärte (§ 1737) und das angenommene Kind eines Ehegatten, dieses, soweit nicht der Fall des § 1749 vorliegt.

2. Der Satz 1 stellt klar, daß für die unbeerbte Ehe keine Besonderheiten gelten. Der Antheil des verstorbenen Ehegatten am Gesammtgute gehört zu dessen Nachlasse. Zwischen dem überlebenden Ehegatten und den Erben des verstorbenen Ehegatten findet die Auseinandersetzung nach Maßgabe der §§ 1471—1481 statt.

3. Der Nachlaß des verstorbenen Ehegatten umfaßt hiernach das Vorbehaltsgut, das Sondergut (§ 1439) und den Antheil am Gesammtgut. In den Nachlaß findet nach Satz 2 die gewöhnliche Erbfolge (ab intestato oder auf Grund einer Verfügung von Todeswegen) statt (s. Vorbm. S. 243). Dem Ehegatten steht das gewöhnliche Erbrecht (§§ 1931—1934) und Pflichttheilsrecht (§§ 2303 ff.) zu.

4. Aus Satz 2 folgt, daß bei unbeerbter Ehe jeder Ehegatte, ohne an die Zustimmung des anderen Ehegatten gebunden zu sein oder auf ihn weitere Rücksicht nehmen zu müssen, als daß das Pflichttheilsrecht gewahrt wird, Verfügungen von Todeswegen und zwar ein Testament wie einen Erbvertrag machen kann. Selbstverständlich kann die Erbfolge schon im Ehevertrage, durch den die G.G. eingeführt wird, für den Fall der unbeerbten Ehe geregelt werden und steht einer während der G.G. errichteten Verfügung nicht entgegen, daß zur Zeit der Errichtung ein gemeinschaftlicher Abkömmling vorhanden war, wenn nur zur Zeit des Todes ein gemeinschaftlicher Abkömmling nicht vorhanden ist.

5. Dem Falle der unbeerbten Ehe steht gleich, wenn der überlebende Ehegatte die Fortsetzung der G.G. ablehnt (§ 1484 Abs. 3) oder wenn die Fortsetzung der G.G. durch Ehevertrag (§ 1508) oder letztwillige Verfügung (§ 1509) ausgeschlossen wird (§ 1510) oder wenn der einzige vorhandene gemeinschaftliche Abkömmling der ihm am Gesammtgute der fortges. G.G. zustehenden Rechte für unwürdig erklärt ist (§ 1506), nach § 1517 auf seine Rechte verzichtet hat oder von der fortges. G.G. nach § 1511 ausgeschlossen ist.

## § 1483.

**E. I § 1383 Abs 2 Satz 1, § 1384; II § 1381 rev. § 1468; III § 1466. P. I S. 6858—6860, 6881—6899, 6905—6912, 6917—6929, 6953, 6961, 8797, 8811, 8873; M. IV S. 423—435. P. II S. 5471—5486, 8638—8640 (Bd. 4 S. 299—307). D. S. 696.**

Der § 1483 betrifft den Fall der beerbten Ehe, d. h. den Fall, daß beim Tode eines Ehegatten ein gemeinschaftlicher Abkömmling vorhanden ist. Zu den gemeinschaftlichen Abkömmlingen gehören nicht nur die ehelichen (§ 1591) Kinder und Enkel der Ehegatten sowie das uneheliche Kind einer ehelichen Tochter (§ 1705), sondern auch die durch nachfolgende Ehe legitimirten Kinder und deren Kinder (§§ 1719, 1722) sowie ein angenommenes Kind, sofern es nach § 1749 als gemeinschaftliches Kind der Ehegatten anzusehen ist, und die Kinder eines solchen Kindes, wenn sich die Wirkungen der Annahme nach § 1762 auf sie erstrecken.

**I.** Im Abs. 1 ist der Fall geregelt, daß nur ein oder mehrere gemeinschaftliche Abkömmlinge vorhanden sind.

Solchen Falles zerfällt das Vermögen des verstorbenen Ehegatten in zwei Theile.

**a)** Das Sondergut (§ 1439) und das Vorbehaltsgut (§ 1440) bilden den Nachlaß des verstorbenen Ehegatten, das Sondergut natürlich nur soweit, als die zu ihm gehörenden Gegenstände vererbt werden können. In diesen Nachlaß findet nach Maßgabe der allgemeinen Grundsätze, beim Sondergute vorbehaltlich der für die zu ihm gehörenden Gegenstände etwa geltenden besonderen Vorschriften, die gewöhnliche gesetzliche Erbfolge oder Erbfolge auf Grund einer

Verfügung von Todeswegen statt. Im Falle der gesetzlichen Erbfolge sind mithin nach den §§ 1924, 1931 die Abkömmlinge zu $^3/_4$ und der überlebende Ehegatte zu $^1/_4$ Erben des Sonder- und Vorbehaltsguts. Ist ein Abkömmling oder der überlebende Ehegatte durch Verfügung von Todeswegen von der Erbfolge ausgeschlossen, so hat er nach den §§ 2303, 2333, 2335 den Pflichttheil zu beanspruchen. Bei dessen Berechnung wird auf den Antheil des verstorbenen Ehegatten am Gesammtgute keine Rücksicht genommen. Dies hängt mit der Konstruktion der fortges. G.G. (s. Vorbm. vor § 1482 oben S. 244) zusammen und stimmt mit § 1511 Abs. 2 überein. Der E. I § 1395 Abs. 1, 2 (s. M. IV S. 452, 454) wollte dies nur für den Pflichttheil der Abkömmlinge, nicht für den des überlebenden Ehegatten gelten lassen; die Bestimmung ist aber von der zweiten Kommission gestrichen worden (P. II S. 5501, Bd. 4 S. 315, 325). Was die Abkömmlinge aus dem Nachlaß erhalten, verbleibt ihnen zu eigenem Rechte vorbehaltlich der elterlichen Nutznießung. Was der überlebende Ehegatte erhält, fällt in die fortges. G.G. (§ 1485 Abs. 1).

**b**) Bezüglich des Gesammtguts wird die G.G. zwischen dem überlebenden Ehegatten und den Abkömmlingen, welche nach den §§ 1924, 1927, 1930 im Falle der gesetzlichen Erbfolge als Erben des verstorbenen Ehegatten berufen sind, fortgesetzt. Eine Auseinandersetzung in Ansehung des Gesammtguts (§ 1471) findet mithin nicht statt. Die näheren Vorschriften über die fortges. G.G. sind in den §§ 1484—1518 enthalten; über die rechtliche Natur der fortges. G.G. s. Vorbm. vor § 1482.

**II.** Im Abs. 2 ist der Fall geregelt, daß neben einem oder mehreren gemeinschaftlichen Abkömmlingen ein oder mehrere einseitige (s. Erl. zu § 1482 Nr. 1) Abkömmlinge vorhanden sind.

**1. a**) Für die gemeinschaftlichen Abkömmlinge und den überlebenden Ehegatten sind wie im Falle des Abs. 1 Vorbehaltsgut und Sondergut einer- und Gesammtgut andererseits aus einander zu halten. In das Vorbehalts- und Sondergut findet die gewöhnliche Erbfolge statt; bezüglich des Gesammtguts tritt fortges. G.G. ein.

**b**) Für das Erbrecht und die Erbtheile der einseitigen Abkömmlinge wird es so angesehen, als ob zwischen dem überlebenden Ehegatten und den gemeinschaftlichen Abkömmlingen fortges. G.G. nicht eingetreten wäre. Der Nachlaß des verstorbenen Ehegatten besteht also für die einseitigen Abkömmlinge aus dem Antheile des verstorbenen Ehegatten am Gesammtgute, dem Vorbehalts- und dem Sondergut. Erbrecht und Erbtheile der einseitigen Abkömmlinge in diesen Nachlaß bestimmen sich nach den allgemeinen erbrechtlichen Grundsätzen über die gesetzliche Erbfolge und die Erbfolge auf Grund einer Verfügung von Todeswegen. Bei der Berechnung der Erbtheile der einseitigen Abkömmlinge werden nicht nur die gemeinschaftlichen Abkömmlinge mitgezählt (§ 1924), sondern es wird auch das gesetzliche Erbrecht berücksichtigt, welches dem überlebenden Ehegatten gebühren würde, wenn gemeinschaftliche Abkömmlinge nicht vorhanden wären. Wenn z. B. die Frau eine uneheliche Tochter und drei gemeinschaftliche Söhne hinterläßt, so wird, falls die Hälfte des Gesammtguts 1000 und das Vorbehaltsgut 200, die für die Berechnung des Erbtheils der Tochter in Betracht kommende Masse also 1200 beträgt, $^1/_4$ hiervon also 300 auf den Erbtheil des Mannes gerechnet. Von den übrigbleibenden $^3/_4$ also von 900 erhält die Tochter $^1/_4$ also 225. Hierdurch ist aber nur erst der Gesammtbetrag bestimmt, den die Tochter als Erbtheil erhält, während daraus noch nicht hervorgeht, was davon aus dem Vorbehalts- und Sondergute zu entrichten ist. Um dies zu bestimmen ist das Vorbehaltsgut für sich allein in Betracht zu ziehen. Von diesem erhält der überlebende Mann $^1/_4$ also 50, die übrigen $^3/_4$ also 150 werden unter den 4 Kindern getheilt. Jedes erhält davon $^1/_4$ also $37^1/_2$. Da der Erbtheil der Tochter 225 beträgt, so erhält sie $225 - 37^1/_2 = 187^1/_2$ aus dem Gesammtgut. Jeder der Söhne behält die ihm aus dem Vorbehaltsgute zufallenden $37^1/_2$ als eigenes Vermögen, während die 50, welche der überlebende Mann aus dem Vorbehaltsgut erhält, in das Gesammtgut der fortges. G.G. fallen. Dieses besteht also aus $2000 - 187^1/_2 + 50 = 1862^1/_2$.

Den einseitigen Abkömmlingen steht nach Maßgabe der allgemeinen erbrechtlichen Vorschriften (§§ 2303 ff.) der Pflichttheilsanspruch zu. Der Berechnung ihres Pflichttheils wird der Nachlaß, d. h. das ganze Vermögen des verstorbenen Ehegatten, zu Grunde gelegt; die Scheidung des Vermögens desselben in Sonder- und Vorbehaltsgut einer- und Antheil am Gesammtgut andererseits kommt für ihr Erbrecht, folglich auch für ihr Pflichttheilsrecht, nicht in Betracht. Selbstverständlich finden die Vorschriften über den außerordentlichen Pflichttheil (§§ 2325 ff.) auch auf die einseitigen Abkömmlinge Anwendung.

2. Der Ehegatte kann über seinen Antheil am Gesammtgute beim Vorhandensein eines einseitigen Abkömmlinges insoweit von Todeswegen verfügen, als der Antheil an diesen Abkömmling fällt. Es ist dies freilich mit Rücksicht auf § 1518 nicht unzweifelhaft und fragt es sich insbesondere, ob der Ehegatte eine solche Verfügung auch direkt durch Einsetzung eines an-

deren Erben an Stelle des einseitigen Abkömmlinges oder nur indirekt dadurch treffen kann, daß er den Erbtheil des Abkömmlinges belastet. Ueberwiegende Gründe dürften für die erstere Auffassung sprechen. In dem E. I § 1385 Abs. 1 Satz 2 war die Befugniß des zuerst versterbenden Ehegatten, über den Antheil eines einseitigen Abkömmlinges an dem Gesammtgute letztwillig zu verfügen, ausdrücklich anerkannt. Sachlich hat die zweite Kommission (P. II S. 5486; Bd. 4 S. 308) dies als richtig anerkannt und den fraglichen Satz nur gestrichen, weil er in Folge des in dem jetzigen § 1483 Abs. 2 ausgesprochenen Prinzips selbstverständlich sei. Man wird hiernach — was nach dem Wortlaute wenigstens möglich ist — den § 1483 Abs. 2 dahin zu verstehen haben, daß darin das allgemeine Prinzip ausgesprochen wird, daß, wenn einseitige Abkömmlinge vorhanden sind, für ihren Erbtheil in jeder Beziehung, also auch in Betreff des Rechtes des Erblassers, darüber letztwillig zu verfügen, diejenigen Grundsätze Anwendung finden, welche gelten, wenn fortges. G.G. nicht besteht. Der Dritte, an welchen hiernach der verstorbene Ehegatte eine Zuwendung zu machen befugt ist, kann auch ein gemeinschaftlicher Abkömmling oder der überlebende Ehegatte sein. Was der gemeinschaftliche Abkömmling bekommt, gehört ihm zu eigen, was der überlebende Ehegatte erhält, fällt in das Gesammtgut der fortges. G.G. (§ 1485).

**3.** Soweit der einseitige Abkömmling als Erbe in den Antheil des verstorbenen Ehegatten am Gesammtgut in Frage kommt, soweit er mithin eine Quote des Gesammtguts erhält, muß zum Zwecke der Ermittelung des Antheils des verstorbenen Ehegatten die Auseinandersetzung in Ansehung des Gesammtguts nach Maßgabe der §§ 1471—1481 stattfinden. Die Auseinandersetzung geschieht zwischen dem einseitigen Abkömmling und dem überlebenden Ehegatten; die gemeinschaftlichen Abkömmlinge werden nicht zugezogen, da die Auseinandersetzung nur als eine Verwaltungshandlung anzusehen ist (§ 1487 mit § 1443).

Wenn dem einseitigen Abkömmling ein Vermächtniß ausgesetzt ist oder ihm der Pflichttheilsanspruch zusteht, erfolgt keine Auseinandersetzung. Die etwa erforderliche Ermittelung des Werthes des Antheils des verstorbenen Ehegatten geschieht durch Schätzung. Zu einer Auseinandersetzung führt auch nicht das im § 2314 dem Abkömmlinge, sofern er pflichttheilsberechtigt ist, eingeräumte Recht auf Auskunft über den Nachlaß.

**III.** Sowohl für den Fall, daß nur gemeinschaftliche, als für den Fall, daß auch einseitige Abkömmlinge vorhanden sind, gelten folgende Bemerkungen.

1. Da die Erbfolge in das Vorbehalts- und in das Sondergut sofort mit dem Tode des verstorbenen Ehegatten stattfindet, so wird zwischen dem überlebenden Ehegatten und den gemeinschaftlichen Abkömmlingen einer- und den Erben des Vorbehalts- und Sonderguts andererseits eine Auseinandersetzung zum Zwecke der Ermittelung des Vorbehalts- und des Sonderguts erforderlich. Ersatzansprüche, welche dem Vorbehalts- oder dem Sondergute gegen das Gesammtgut oder diesem gegen jene zustehen, müssen trotz des Eintritts der fortges. G.G. sofort erfüllt werden (s. Erl. zu §§ 1467, 1487).

Der E. I § 1395 Abs. 3 (M. IV S. 453) bestimmte, daß bei dieser Auseinandersetzung die Verbindlichkeiten des verstorbenen Ehegatten, welche nicht Gesammtgutsverbindlichkeiten sind sowie die in der Person des verstorbenen Ehegatten entstandenen Gesammtgutsverbindlichkeiten, welche im Verhältnisse der Ehegatten zu einander dem verstorbenen Ehegatten zur Last fallen, aus dem Vorbehalts- und dem Sondergute vorab zu berichtigen seien. Diese Vorschrift ist von der zweiten Kommission (P. II S. 5501, Bd. 4 S. 315) als entbehrlich und theilweise irreführend gestrichen worden. Denn die Gläubiger, welche aus dem Gesammtgute Befriedigung nicht verlangen können, sowie die Gesammtgutsgläubiger, welchen das Gesammtgut nicht auch im Verhältnisse der Ehegatten zu einander haftet, müssen sich bezüglich der Befriedigung aus dem Vorbehalts- und dem Sondergute die Konkurrenz der Gesammtgutsgläubiger, denen das Gesammtgut auch im Verhältnisse der Ehegatten zu einander haftet, gefallen lassen, sie können auch nach der Beendigung der ehelichen G.G. nicht abgesonderte Befriedigung aus dem Vorbehalts- und dem Sondergute verlangen. Noch weniger können die Erben des Vorbehalts- und Sonderguts von den bezeichneten Gläubigern verlangen, daß sie sich zunächst an das Gesammtgut halten. Die Erben können aber, wenn aus dem Vorbehalts- und Sondergute Gesammtgutsverbindlichkeiten berichtigt werden, welche im Verhältniß unter den Ehegatten dem Gesammtgute zur Last fallen, Ersatz aus dem Gesammtgute fordern; umgekehrt kann der überlebende Ehegatte, wenn aus dem Gesammtgute Gesammtgutsverbindlichkeiten berichtigt werden, die im Verhältniß unter den Ehegatten dem verstorbenen Gatten zur Last fallen, Ersatz aus dem Vorbehalts- und Sondergute verlangen. Zweifelhaft ist, ob schon vor der Berichtigung die Erben bezw. der überlebende Ehegatte verlangen können, daß die Verbindlichkeiten der gedachten Art aus dem Gesammtgute bezw. aus dem Vorbehalts- und Sondergute berichtigt werden. Das der Ersatzpflicht zu Grunde liegende Prinzip dürfte zu der Bejahung dieser Frage führen (vergl. Bd. II S. 217 Erl. zu § 426 Nr. 1).

2. Die Abkömmlinge des verstorbenen Ehegatten haben die Vorempfänge, die sie aus dem den Nachlaß bildenden Vermögen desselben erhalten haben, nach den für die Ausgleichung unter Abkömmlingen geltenden Vorschriften (§§ 2050—2057) zur Ausgleichung zu bringen (M. IV S. 449—451, 454).

Sind nur gemeinschaftliche Abkömmlinge vorhanden, so findet die Ausgleichung nur in Ansehung der aus dem Vorbehalts- oder Sondergut erhaltenen Vorempfänge statt. In Ansehung der aus dem Gesammtgute herrührenden Vorempfänge findet die Ausgleichung bei der Beendigung der fortges. G.G. nach Maßgabe des § 1503 Abs. 2 statt.

Sind neben den gemeinschaftlichen Abkömmlingen erbberechtigte einseitige Abkömmlinge vorhanden, so sind, da den einseitigen Abkömmlingen gegenüber die Scheidung des Vermögens des verstorbenen Ehegatten in Vorbehalts- und Sondergut und Antheil am Gesammtgute nicht in Betracht kommt, sowohl von den einseitigen als den gemeinschaftlichen Abkömmlingen alle Vorempfänge, mögen sie aus dem Vorbehalts- oder Sondergut oder dem Gesammtgute herrühren, zur Ausgleichung zu bringen. Von den gemeinschaftlichen Abkömmlingen wird indessen die Ausgleichung in Ansehung der aus dem Gesammtgute herrührenden Vorempfänge nur gegenüber den einseitigen Abkömmlingen vollzogen, im Verhältnisse zu einander wird von den gemeinschaftlichen Abkömmlingen auch beim Vorhandensein einseitiger Abkömmlinge die Ausgleichung der aus dem Gesammtgute stammenden Vorempfänge erst bei der Beendigung der fortgesetzten G.G. vollzogen (vergl. M. IV S. 453).

Dem überlebenden Ehegatten gegenüber sind weder die gemeinschaftlichen noch die einseitigen Abkömmlinge zur Ausgleichung verpflichtet.

Zur Erläuterung der angeführten Grundsätze mögen folgende Beispiele dienen:

Ein einseitiger Abkömmling und zwei gemeinschaftliche Abkömmlinge A. und B. Die Hälfte des Gesammtguts beträgt 10000, das Vorbehaltsgut des verstorbenen Ehegatten 6000. Folgende Fälle.

a) An Zuwendungen, die zur Ausgleichung zu bringen sind, hat aus dem Gesammtgut erhalten der einseitige Abkömmling 5000, der gemeinschaftliche Abkömmling A. 8000, B. nichts. Nach § 2054 gilt die Zuwendung an den einseitigen Abkömmling ganz, die Zuwendung an A. als zur Hälfte von dem verstorbenen Ehegatten gemacht. Für die Berechnung des Erbtheils des einseitigen Abkömmlinges ist zu Grunde zu legen als Nachlaß die Hälfte des Gesammtguts mit 10000 und das Vorbehaltsgut mit 6000, zusammen 16000. Davon geht zunächst ab der Erbtheil des überlebenden Ehegatten mit 4000; zu den verbleibenden 12000 sind die Vorempfänge mit 5000 + 4000 = 9000 hinzuzurechnen. Die sich hieraus ergebende Theilungsmasse von 21000 ist unter den drei Abkömmlingen zu theilen, auf jeden fallen also 7000. Der einseitige Abkömmling hat sich hierauf den Vorempfang mit 5000 anrechnen zu lassen, erhält also noch 2000. Auf A. würden bei wirklicher Theilung 7000 — 4000 = 3000, auf B. 7000 fallen.

Diese Berechnung ergiebt aber nur den Gesammtbetrag des Erbtheils des einseitigen Abkömmlinges, nicht aber, wie das in Wirklichkeit vorhandene Vorbehaltsgut von 6000 zu theilen ist. Von diesem erhält zunächst der überlebende Ehegatte $^{1}/_{4}$ mit 1500, die verbleibenden 4500 sind unter den drei Abkömmlingen zu theilen; jeder erhält also 1500. Da aber der einseitige Abkömmling als Erbtheil im Ganzen 2000 erhalten muß, so erhält er außerdem noch aus dem Gesammtgute 500. Der Vorempfang des A. mit 4000 ist gegenüber dem B. erst bei der Theilung des Gesammtguts der fortges. G.G. zur Ausgleichung zu bringen.

b) Nicht aus dem Gesammtgute, sondern aus dem Vorbehaltsgute hat an Vorempfängen erhalten: Der einseitige Abkömmling 5000, A. 4000. Die Berechnung des Erbtheils des einseitigen Abkömmlinges ist dieselbe wie unter a; sein Erbtheil beträgt also 2000. Bei der Theilung des wirklich vorhandenen Vorbehaltsguts stellt sich das Verhältniß aber anders. Zu den nach Abzug des auf den überlebenden Ehegatten fallenden $^{1}/_{4}$ verbleibenden 4500 sind die Vorempfänge mit 9000 hinzuzurechnen. Die Theilung der sich hieraus ergebenden 13500 unter die drei Abkömmlinge ergiebt für jeden 4500. Da der einseitige Abkömmling aber bereits einen Vorempfang von 5000 erhalten hat, so bleibt nach § 2056 der Werth des Vorempfanges und der Werth des Erbtheils des einseitigen Abkömmlinges außer Ansatz. Die Theilungsmasse von 4500 wird also unter Hinzurechnung des Vorempfanges des A. mit 4000 = 8500 unter A. und B. getheilt. A. erhält 4250 — 4000 = 250, B. 4250. Der einseitige Abkömmling erhält aus dem Vorbehaltsgute nichts und muß daher seinen ganzen Erbtheil von 2000 aus dem Gesammtgut erhalten.

c) Der einseitige Abkömmling hat keinen Vorempfang erhalten, A. aber 8000, B. 10000 aus dem Gesammtgut. Als von dem verstorbenen Ehegatten zugewendet gilt hiervon die Hälfte, also 4000 und 5000. Die Theilungsmasse für die Berechnung des Erbtheils des einseitigen Abkömmlinges beträgt also 12000 + 9000 = 21000, der Erbtheil des einseitigen Abkömmlinges also 7000. Bei der Theilung des wirklich vorhandenen Vorbehaltsguts kommen die Vorempfänge, da sie aus dem Gesammtgut erfolgt sind, nicht in Betracht. Der überlebende Ehegatte und jeder der Abkömmlinge erhält davon also 1500. Den Mehrbetrag des Erbtheils des einseitigen Abkömmlinges mit 5500 erhält dieser aus dem Gesammtgute. Die Vorempfänge der gemeinschaftlichen Abkömmlinge sind bei der Theilung des Gesammtguts der fortges. G.G. zur Ausgleichung zu bringen.

d) A. und B. haben Vorempfänge von 4000 bezw. 5000 aus dem Vorbehaltsgut empfangen. Der Erbtheil des einseitigen Abkömmlinges beträgt auch hier 7000. Für die Theilung des vorhandenen Vorbehaltsguts werden den Erbtheilen der drei Abkömmlinge mit 4500 die Vorempfänge mit 9000 hinzugerechnet; von den sich hieraus ergebenden 13500 erhält jeder Abkömmling $^1/_3 = 4500$. Da B. aber schon 5000 erhalten hat, bleibt er außer Betracht. Die 4500 sind unter Hinzurechnung des Vorempfanges des A. mit 4000, zusammen also 8500, unter den einseitigen Abkömmling und A. zu theilen; die auf Jeden fallende Hälfte beträgt 4250. Darauf hat sich A. 4000 anrechnen zu lassen, erhält also noch 250, während der einseitige Abkömmling 4250 erhält. Den Rest seines Erbtheils mit 7000 — 4250 = 2750 erhält er aus dem Gesammtgute. Soweit die Vorempfänge der gemeinschaftlichen Abkömmlinge hierbei nicht voll zur Ausgleichung gekommen sind, erfolgt diese bei der Theilung der fortges. G.G.

Anordnungen des verstorbenen Ehegatten über die Ausgleichungspflicht sind nach § 2050 Abs. 1 zulässig. Der Grundsatz des § 2316 Abs. 3, daß eine Ausstattung nicht zum Nachtheil eines Pflichttheilsberechtigten ausgeschlossen werden kann, gilt aber auch hier.

3. Die Vorschriften über die Ergänzung des Pflichttheils finden, soweit eine Beerbung stattfindet, Anwendung. Sind also nur gemeinschaftliche Abkömmlinge vorhanden, so sind für die Ergänzung nur die Zuwendungen aus dem Vorbehaltsgute zu berücksichtigen. Sind auch einseitige Abkömmlinge vorhanden, so sind die aus dem Gesammtgute herrührenden Zuwendungen gleichfalls zu berücksichtigen, jedoch nur behufs Berechnung des den einseitigen Abkömmlingen gebührenden Pflichttheils. In Ansehung der gemeinschaftlichen Abkömmlinge selbst findet die Berücksichtigung erst bei der Beendigung der fortges. G.G. nach Maßgabe des § 1505 statt.

4. Soweit die einseitigen und die gemeinschaftlichen Abkömmlinge Erben des verstorbenen Ehegatten werden, haften sie für dessen Verbindlichkeiten ohne Rücksicht darauf, ob für dieselben auch das Gesammtgut haftet, nach Maßgabe der allgemeinen erbrechtlichen Grundsätze (§ 1967). Sie können ihre Haftung nach Maßgabe dieser Grundsätze (§§ 1975 ff.) auf den Nachlaß beschränken und, wenn sie den Nachlaß theilen, ohne die Verbindlichkeiten berichtigt zu haben, haften sie solidarisch nach den Grundsätzen der Erbengemeinschaft (§ 2060).

Hinterläßt der verstorbene Ehegatte kein Vorbehalts- oder Sondergut, so besteht der Nachlaß, wenn nur gemeinschaftliche Abkömmlinge vorhanden sind, aus Nichts. Die gemeinschaftlichen Abkömmlinge und der überlebende Ehegatte sind zwar trotzdem gesetzliche Erben, aber sie können die Befriedigung der Nachlaßgläubiger unter Bezugnahme auf § 1990 verweigern. Auch die Vorschriftenüber die Erbengemeinschaft (§§ 2058 ff.) führen, da Nichts nicht getheilt werden kann, praktisch zu demselben Ergebnisse. Sind aber in einem Falle der gedachten Art einseitige Abkömmlinge vorhanden, so bildet für sie der Antheil des verstorbenen Ehegatten am Gesammtgute den Nachlaß desselben. Sie sind Erben des verstorbenen Ehegatten und haften daher auch für alle Verbindlichkeiten desselben vorbehaltlich ihres Rechtes, die Beschränkung ihrer Haftung nach den allgemeinen Grundsätzen geltend zu machen. Die Auseinandersetzung zwischen den einseitigen Abkömmlingen und dem überlebenden Ehegatten über den den ersteren als ihr Erbtheil gebührenden Antheil des Gesammtguts ist nicht eine Theilung des Nachlasses zwischen den Erben im Sinne des § 2060. Es handelt sich vielmehr um die Ausscheidung desjenigen Theiles des Gesammtguts, welcher für die einseitigen Abkömmlinge als Nachlaß gilt, also um eine güterrechtliche, nicht um eine erbrechtliche Auseinandersetzung. Eine Theilung des Nachlasses im Sinne des § 2060 findet erst statt, wenn die einseitigen Abkömmlinge den ausgeschiedenen Theil des Gesammtguts unter sich theilen.

5. Die Mittel, um die Beschränkung der Erbenhaftung auf den Nachlaß herbeizuführen, sind bei der fortges. G.G. keine anderen als sonst (§§ 1975, 1990, 1992). Es ist aber zu beachten, daß die Nachlaßverwaltung oder der Nachlaßkonkurs, wenn ein einseitiger Abkömmling von der Beschränkung seiner Haftung Gebrauch macht, nicht etwa den ganzen Antheil des verstorbenen Ehegatten am Gesammtgut oder gar das ganze Gesammtgut umfaßt. Gegenstand der Nachlaßverwaltung oder des Nachlaßkonkurses ist vielmehr, neben dem Vorbehalts- und dem Sondergute, nur dasjenige, was bei der Theilung des Gesammtguts als Erbtheil auf den einseitigen Abkömmling entfällt. Die Theilung selbst vollzieht sich außerhalb der Nachlaßverwaltung und des Nachlaßkonkurses.

6. Die §§ 1933, 2077, 2279, nach welchen der überlebende Ehegatte seines gesetzlichen Erbrechts und einer ihm vom verstorbenen Ehegatten von Todeswegen gemachten Zuwendung verlustig geht, wenn der verstorbene Ehegatte zur Zeit des Todes auf Scheidung zu klagen be-

§. 1484.

Der überlebende Ehegatte kann die Fortsetzung der Gütergemeinschaft ablehnen.

Auf die Ablehnung finden die für die Ausschlagung einer Erbschaft geltenden Vorschriften der §§. 1943 bis 1947, 1950, 1952, 1954 bis 1957, 1959 entsprechende Anwendung. Steht der überlebende Ehegatte unter elterlicher Gewalt oder unter Vormundschaft, so ist zur Ablehnung die Genehmigung des Vormundschaftsgerichts erforderlich.

Lehnt der Ehegatte die Fortsetzung der Gütergemeinschaft ab, so gilt das Gleiche wie im Falle des §. 1482.

---

rechtigt war und die Klage erhoben hatte, gelten im Falle der beerbten Ehe nur für die Erbfolge in das Vorbehalts- und Sondergut. Eine entsprechende Anwendung der gedachten Vorschriften auf die fortges. G.G. ist nicht vorgeschrieben. Die fraglichen Vorschriften sind erst von der zweiten Kommission beschlossen und es beruht möglicherweise auf einem Versehen, daß sie bei der fortges. G.G. nicht berücksichtigt sind. Diese Möglichkeit für sich allein würde selbstverständlich nicht genügen, die Anwendung der fraglichen Vorschriften auf die fortges. G.G. zu rechtfertigen. Es kann sich aber fragen, ob nicht aus inneren Gründen eine entsprechende Anwendung geboten ist. Wirthschaftlich soll die fortges. G.G. das Erbrecht des überlebenden Ehegatten ersetzen und erweitern. Sie beruht auf dem Gütergemeinschaftsvertrag und hat insofern also einen ähnlichen Charakter wie ein durch Erbvertrag eingeräumtes Erbrecht. Die Vorschriften der §§ 2077, 2279 beruhen auf dem Gedanken, daß eine letztwillige wie eine vertragsmäßige Zuwendung an einen Ehegatten nach der Absicht des Erblassers nicht gelten soll, wenn die in dem § 2077 bestimmten Voraussetzungen eintreten. Dieser Gedanke trifft auch für die Zuwendung zu, welche dem überlebenden Ehegatten durch die Vereinbarung der fortges. G.G. gemacht ist. Der überlebende Ehegatte kann zwar nach § 1509 unter den gedachten Voraussetzungen die fortges. G.G. ausschließen. Auch bei einer letztwilligen Zuwendung steht aber dem Erblasser jederzeit das Recht zu, die Zuwendung aufzuheben und selbst bei einer vertragsmäßigen Zuwendung führt der § 2294 unter den gedachten Voraussetzungen zu demselben Ergebnisse. Trotzdem soll dem Erblasser dieser Umweg erspart werden und die Zuwendung unter den gedachten Voraussetzungen von selbst hinfällig werden. Derselbe Gesichtspunkt führt dazu, den Ehegatten bei der fortges. G.G. nicht auf den § 1509 zu verweisen, sondern direkt seinen präsumtiven Willen zur Ausführung zu bringen. Gegen die entsprechende Anwendung der fraglichen Vorschriften läßt sich freilich geltend machen, daß die fortges. G.G. nur einen Bestandtheil der allgemeinen G.G. bildet und daß durch ihren Wegfall der ganze Gütergemeinschaftsvertrag eine wesentliche Aenderung erleidet. Dieses Bedenken verliert indessen durch das nach § 1509 jedem Ehegatten zustehende Recht wesentlich an Bedeutung. Die Gründe für die entsprechende Anwendung der fraglichen Vorschriften auf die fortges. G.G. dürften hiernach überwiegend sein. Daraus ergiebt sich dann, daß, wenn die gedachten Voraussetzungen vorliegen, statt der fortges. G.G. die gewöhnliche Erbfolge eintritt und bei dieser nach § 1933 das Erbrecht des überlebenden Ehegatten wegfällt.

7. Nach dem E. I fanden die Vorschriften über Erbunwürdigkeit auf den überlebenden Ehegatten Anwendung, weil dieser das Gesammtgut als Erbe erhielt. Bei der Konstruktion, auf welcher nach dem B.G.B. die fortges. G.G. beruht, finden jene Vorschriften auf den Eintritt der fortges. G.G. keine Anwendung. Eine ausdrückliche Vorschrift, durch welche die gedachten Bestimmungen trotzdem für anwendbar erklärt werden, fehlt, und aus inneren Gründen dürfte sich eine entsprechende Anwendung nicht rechtfertigen lassen.

**§ 1484.**

**E. I § 1386; II § 1382 rev. § 1469; III § 1467. P. I S. 6856, 6872, 6906, 6925—6927; M. IV S. 439. P. II S. 5487, 8643 (Bd. 4 S. 308).**

1. Der überlebende Ehegatte kann die fortges. G.G., da sie wesentlich mit Rücksicht auf ihn eingeführt ist, ablehnen. Ein vertragsmäßiger Verzicht auf das Ablehnungsrecht ist nach § 1518 unzulässig.

2. Der Abs. 2 Satz 1 regelt die Einzelheiten des Ablehnungsrechts durch Verweisung auf die für die Ausschlagung einer Erbschaft geltenden Vorschriften.

Aus der Verweisung auf § 1943 folgt, daß der Ehegatte nicht mehr ablehnen kann, wenn er die fortges. G.G. ausdrücklich oder stillschweigend angenommen hat oder wenn die für die

Ablehnung vorgeschriebene Frist verstrichen ist. Mit dem Ablaufe der Frist gilt die fortges. G.G. als angenommen, es bedarf also keiner Annahmeerklärung.

Durch die Anwendbarkeit des § 1944 wird die Ablehnungsfrist bestimmt. Sie beträgt regelmäßig sechs Wochen; wenn die Ehegatten oder, sofern die Frau den Wohnsitz des Mannes nach § 10 nicht theilt, der verstorbene Ehegatte den letzten Wohnsitz nur im Auslande gehabt haben oder wenn der überlebende Ehegatte bei dem Beginne der Frist sich im Ausland aufhält, so beträgt sie sechs Monate. Sie beginnt mit dem Zeitpunkt, in welchem der überlebende Ehegatte von dem Tode des anderen Ehegatten Kenntniß erhält und wird durch Stillstand der Rechtspflege oder höhere Gewalt (§ 203) gehemmt; auch wird sie, wenn der überlebende Ehegatte nicht voll geschäftsfähig ist und keinen gesetzlichen Vertreter hat, nur nach Maßgabe § 206 beendigt.

Die Form der Ablehnung ist durch Verweisung auf § 1945 geregelt. Dadurch ist zugleich der Nachweis der Bevollmächtigung bestimmt, wenn die Ablehnung durch einen Bevollmächtigten erklärt wird.

Die Annahme sowie die Ablehnung der fortges. G.G. kann erst nach dem Tode des Ehegatten erklärt werden (§ 1946). Weder die Annahme noch die Ablehnung kann unter einer Bedingung oder einer Zeitbestimmung erfolgen (§ 1947) oder auf einen Theil des Gesammtguts beschränkt werden (§ 1950 Satz 1). Die Annahme oder Ablehnung eines Theiles ist unwirksam (§ 1950 Satz 2).

Das Ablehnungsrecht ist vererblich; stirbt der überlebende Ehegatte vor dem Ablaufe der Frist, so endigt diese nicht vor dem Ablaufe der für die Erbschaft des überlebenden Ehegatten vorgeschriebenen Ausschlagungsfrist (§ 1952 Abs. 1, 2). Der Uebergang des Ablehnungsrechts auf den Erben hat selbstverständlich nicht die Bedeutung, daß der Erbe in die fortges. G.G. eintritt. Denn diese ist durch den Tod des überlebenden Ehegatten beendigt worden (§ 1494). Die Bedeutung liegt vielmehr darin, daß, je nachdem die Ablehnung von Seiten der Erben erfolgt oder nicht, anzunehmen ist, daß die fortges. G.G. überhaupt nicht eingetreten oder daß sie zwar eingetreten, aber durch den Tod des überlebenden Ehegatten beendigt sei. Hieraus ergiebt sich insbesondere, daß, wenn die fortges. G.G. als eingetreten anzusehen ist, der überlebende Ehegatte kein Erbrecht in Beziehung auf den Antheil des verstorbenen Ehegatten an dem Gesammtgute hat und daß ein von dem überlebenden Ehegatten vor seinem Tode gemachter Erwerb in das Gesammtgut der fortges. G.G. fällt, mithin nur zur Hälfte zum Nachlasse des Ehegatten gehört. Jeder der Erben hat in Folge der Anwendbarkeit des § 1952 Abs. 3 die Befugniß, zu dem seinem Erbtheil entsprechenden Theile die fortges. G.G. abzulehnen. Aus dieser positiven Vorschrift ergiebt sich, daß der ablehnende Erbe zu dem entsprechenden Theile das gesetzliche Erbrecht des überlebenden Ehegatten sowie den während des Bestehens der fortges. G.G. gemachten Erwerb des Ehegatten beanspruchen kann.

Die Annahme sowie die Ablehnung der fortges. G.G. können nach Maßgabe der allgemeinen Grundsätze (§§ 119ff.) angefochten werden. Die Anwendbarkeit der §§ 1954—1957 regelt Frist, Form und Wirkung der Anfechtung.

Durch die Verweisung auf § 1959 werden die zur Verwaltung des Gesammtguts vor der Ablehnung vorgenommenen Rechtshandlungen des überlebenden Ehegatten der gleichen rechtlichen Beurtheilung unterworfen wie die Rechtshandlungen des zur Erbschaft Berufenen vor der Ausschlagung.

Wird während des Schwebens der Ablehnungsfrist über das Vermögen des überlebenden Ehegatten der Konkurs eröffnet, so steht die Annahme oder Ablehnung der Fortsetzung der G.G. nur dem überlebenden Ehegatten, nicht dem Konkursverwalter zu (§ 9 Satz 2 K.O.).

Nicht anwendbar sind der § 1958 und die mit ihm zusammenhängenden Vorschriften der §§ 239 Abs. 5, 778 der C.P.O. Daraus folgt insbesondere, daß die Gesammtgutsgläubiger, denen der überlebende Ehegatte nur in Folge des Eintritts der fortges. G.G. haftet (§ 1489 Abs. 1), noch während des Schwebens der Ablehnungsfrist die persönliche Haftung des Ehegatten in Anspruch nehmen können. Ueber die dem überlebenden Ehegatten zustehenden verzögerlichen Einreden s. Erl. zu § 1489 Nr. 3a.

3. Daß ein Vertreter des überlebenden Ehegatten die fortges. G.G. ablehnen kann, folgt aus dem Mangel einer entgegenstehenden Vorschrift sowie aus der Anwendbarkeit des § 1945 Abs. 2. Nach § 1484 Abs. 2 Satz 2 bedarf der gesetzliche Vertreter zur Ablehnung der Genehmigung des Vormundschaftsgerichts. Ueber die Folgen des Mangels der Genehmigung s. § 1831. Wegen der Zuständigkeit s. freiw. G.G. §§ 35, 43.

4. Der Abs. 3 bestimmt die Wirkung der Ablehnung. Danach tritt die gleiche rechtliche Behandlung ein, wie wenn gemeinschaftliche Abkömmlinge nicht vorhanden wären. Der Antheil des verstorbenen Ehegatten gehört also zu dessen Nachlaß, in den die gewöhnliche gesetzliche Erbfolge oder Erbfolge auf Grund einer Verfügung von Todeswegen stattfindet. Daß ein Ehegatte eine Verfügung von Todeswegen für den Fall treffen kann, daß der überlebende Ehegatte die fortges. G.G. ablehnt, versteht sich von selbst. Im Uebrigen s. Erl. zu § 1482.

§. 1485.

Das Gesammtgut der fortgesetzten Gütergemeinschaft besteht aus dem ehelichen Gesammtgute, soweit es nicht nach §. 1483 Abs. 2 einem nicht antheilsberechtigten Abkömmlinge zufällt, und aus dem Vermögen, das der überlebende Ehegatte aus dem Nachlasse des verstorbenen Ehegatten oder nach dem Eintritte der fortgesetzten Gütergemeinschaft erwirbt.

Das Vermögen, das ein gemeinschaftlicher Abkömmling zur Zeit des Eintritts der fortgesetzten Gütergemeinschaft hat oder später erwirbt, gehört nicht zu dem Gesammtgute.

Auf das Gesammtgut finden die für die eheliche Gütergemeinschaft geltenden Vorschriften des §. 1438 Abs. 2, 3 entsprechende Anwendung.

§. 1486.

Vorbehaltsgut des überlebenden Ehegatten ist, was er bisher als Vorbehaltsgut gehabt hat oder nach §. 1369 oder §. 1370 erwirbt.

---

§ 1485.

**E. I § 1396 Abs. 1, 5, § 1397 Abs. 1; II § 1393 rev. § 1470; III § 1468. P. I S. 6873, 6953—6961, 8717, 8725, 8757, 8867; M. IV S. 455—459. P. II S. 5501, 8646 (Bd. 4 S. 316).**

1. Die Abs. 1, 2 begrenzen den Umfang des Gesammtguts der fortges. G.G. Zu diesem gehören:

a) das eheliche Gesammtgut, soweit es nicht nach § 1483 Abs. 2 einem einseitigen Abkömmlinge zufällt. Mittelbar kann das eheliche Gesammtgut deshalb in einem geringeren Umfang in die fortges. G.G. übergehen, weil einem Abkömmlinge nach § 1511 aus dem Gesammtgute der fortges. G.G. der seinem Pflichttheil aus dem ehelichen Gesammtgut entsprechende Betrag ausbezahlt werden muß. Dieser Fall ist im Abs. 1 nicht erwähnt, weil der Ausgeschlossene nur einen Geldbetrag erhält; um eine Quote des Gesammtguts handelt es sich nur im § 1483 Abs. 2.

b) der Erwerb des überlebenden Ehegatten aus dem Nachlasse des verstorbenen Ehegatten. Dazu gehört nicht nur, was der überlebende Ehegatte als Erbe oder Vermächtnißnehmer aus dem Vorbehaltsgut oder — vorbehaltlich des § 1486 Abs. 2 — aus dem Sondergute, sondern auch, was er etwa auf Grund eines Vermächtnisses erhält, womit der Erbtheil eines einseitigen Abkömmlinges am Gesammtgute belastet ist.

c) der Erwerb, den der überlebende Ehegatte nach dem Eintritte der fortges G.G. macht, soweit derselbe nicht nach § 1486 Abs. 1 in das Vorbehaltsgut des überlebenden Ehegatten fällt oder nach § 1486 Abs. 2 dessen Sondergut wird.

Dagegen gehört nicht zum Gesammtgute der fortges. G.G. das Vermögen, das ein antheilsberechtigter Abkömmling bei dem Eintritte der fortges. G.G. hat oder später erwirbt.

2. Durch die Verweisung des Abs. 3 auf § 1438 Abs. 2 wird ausgedrückt, daß auch bei der fortges. G.G. die Gesammtgutseigenschaft von selbst eintritt. Dies gilt auch von Grundstücken und Rechten an solchen. Dementsprechend verleiht der Abs. 3 durch Verweisung auf § 1438 Abs. 3 dem überlebenden Ehegatten sowie jedem antheilsberechtigten Abkömmlinge das Recht, die Berichtigung des Grundbuchs zu verlangen; im übrigen s. Erl. zu § 1438.

3. Das durch die fortges. G.G. eingetretene Rechtsverhältniß wird in das Grundbuch eingetragen. Wegen der Art der Eintragung s. § 48 G.B.O., wegen des Nachweises des Bestehens der fortges. G.G. s. § 36 Abs. 2 das. und Erl. zu § 1507.

In das Güterrechtsregister wird das Bestehen der fortges. G.G. nicht eingetragen.

§ 1486.

**E. I § 1396 Abs. 2—4; II § 1394 rev. § 1471; III § 1469. P. I S. 6953—6961; M. IV S. 455. P. II S. 5501 (Bd. 4 S. 316).**

1. Der Abs. 1 läßt auch bei der fortges. G.G. Vorbehaltsgut zu. Der Umfang desselben ist in der gleichen Weise bestimmt wie im § 1440 bei der ehelichen G.G., es ist jedoch

Gehören zu dem Vermögen des überlebenden Ehegatten Gegenstände, die nicht durch Rechtsgeschäft übertragen werden können, so finden auf sie die bei der Errungenschaftsgemeinschaft für das eingebrachte Gut des Mannes geltenden Vorschriften, mit Ausnahme des §. 1524, entsprechende Anwendung.

§. 1487.

Die Rechte und Verbindlichkeiten des überlebenden Ehegatten sowie der antheilsberechtigten Abkömmlinge in Ansehung des Gesammtguts der fortgesetzten Gütergemeinschaft bestimmen sich nach den für die eheliche Gütergemeinschaft geltenden Vorschriften der §§. 1442 bis 1449, 1455 bis 1457, 1466; der überlebende Ehegatte hat die rechtliche Stellung des Mannes, die antheilsberechtigten Abkömmlinge haben die rechtliche Stellung der Frau.

Was der überlebende Ehegatte zu dem Gesammtgute schuldet oder aus dem Gesammtgute zu fordern hat, ist erst nach der Beendigung der fortgesetzten Gütergemeinschaft zu leisten.

---

durch § 1518 den Ehegatten selbst und durch § 1485 Abs. 1, § 1486 Abs. 1 auch dem überlebenden Ehegatten und den Abkömmlingen verwehrt, durch Vertrag Vorbehaltsgut der fortges. G.G. zu begründen. Die rechtliche Stellung des überlebenden Ehegatten zu dem Vorbehaltsgut ist im B.G.B. nicht besonders geregelt; sie folgt aus dem Begriffe des Vorbehaltsguts und ist die gleiche wie die des Vorbehaltsguts des Mannes bei der ehelichen G.G. Im Uebrigen s. Erl. zu § 1440. Die Vorbehaltseigenschaft muß nicht in das Güterrechtsregister eingetragen werden.

2. Der Abs. 2 regelt die rechtliche Stellung des sog. Sonderguts. Im Einzelnen s. Erl. zu § 1439. Daß die Vorschriften Anwendung finden, die bei der ehelichen G.G. für das Sondergut des Mannes gelten, steht mit § 1485 Abs. 1 im Einklange.

3. Selbstverständlich kann es bei der fortges. G.G. nur ein Vorbehalts- und Sondergut des überlebenden Ehegatten, nicht der antheilsberechtigten Abkömmlinge geben. Denn deren Vermögen wird durch die fortges. G.G. nicht berührt (§ 1485 Abs 2).

§ 1487.

**E. I § 1399 Abs. 1; II § 1398 rev. § 1472; III § 1470. P. I S. 6966—6970, 8797, 8811, M. IV S. 461—463. P. II S. 5538—5541, 6844** (Bd. 4 S. 334; 5 S. 140).

Der § 1487 regelt die rechtliche Stellung des überlebenden Ehegatten und der antheilsberechtigten Abkömmlinge im Verhältnisse zu einander und zu Dritten.

1. Im Abs. 1 wird als leitender Grundsatz ausgesprochen, daß, was während der ehelichen G.G. von der Rechtsstellung des Mannes zum Gesammtgute gilt, für die fortges. G.G. auf den überlebenden Ehegatten Anwendung findet, während die Abkömmlinge die rechtliche Stellung der Frau haben. Im Einzelnen ist dies durch Verweisung auf die Vorschriften über die eheliche G.G. geregelt.

a) Durch die Anwendbarkeit des § 1442 ist der Charakter des Rechtsverhältnisses am Gesammtgut als einer Gemeinschaft zur gesammten Hand auch für die fortges. G.G. anerkannt. Mit Rücksicht hierauf erklärt der § 860 Abs. 1 Satz 2 der C.P.O. die Antheile des überlebenden Ehegatten und der Abkömmlinge am Gesammtgut und an den einzelnen zu diesem gehörenden Gegenständen als der Pfändung nicht unterworfen.

b) Die Verweisung auf die §§ 1443—1448 regelt die Verwaltungs- und die Verfügungsmacht des überlebenden Ehegatten. Der Ehegatte hat hiernach grundsätzlich freies Verfügungs- und Verwaltungsrecht, er ist befugt, die zum Gesammtgute gehörenden Sachen in Besitz zu nehmen und die auf das Gesammtgut bezüglichen Rechtsstreitigkeiten im eigenen Namen zu führen. Er kann jedoch durch seine Verwaltungshandlungen die Abkömmlinge nicht persönlich verpflichten und braucht zu den in den §§ 1444—1446 bezeichneten Verfügungen und obligatorischen Rechtsgeschäften die Zustimmung der Abkömmlinge und zwar sämmtlicher, nicht nur der Mehrheit. Ist der überlebende Ehegatte gesetzlicher Vertreter eines Abkömmlinges, so muß zum Zwecke der Ertheilung der Zustimmung ein Pfleger bestellt werden (§§ 181, 1909). Die Zustimmung der Abkömmlinge kann nach Maßgabe des § 1447 vom Vormundschaftsgericht (freiw. G.G. § 43 Abs. 1) ersetzt werden. Für Verfügungen, die ohne die erforderliche Einwilligung vorgenommen worden sind, gilt § 1448.

c) Nach § 1449 können die Abkömmlinge, wenn ohne die erforderliche Zustimmung derselben über ein Recht verfügt worden ist, das Recht gegen den Dritten gerichtlich geltend machen: diese Befugniß wird jedem Abkömmlinge, der nicht zugestimmt hat, zuzugestehen sein. Hat er zugestimmt, so steht ihm die Befugniß nicht zu und zwar auch dann nicht, wenn ein anderer

Abkömmling nicht zugestimmt hat; die Befugniß ist ihm nur zum Schutze seines eigenen Rechtes gegeben und er ist nicht legitimirt, das Recht der anderen Abkömmlinge geltend zu machen.

Der § 1487 bezieht sich nur auf die Verwaltung des Gesammtguts der fortges. G.G. Die Allegation des § 1449 hat daher nur die Bedeutung, daß den antheilsberechtigten Abkömmlingen das im § 1449 bestimmte Recht zustehen soll, wenn der überlebende Gatte ohne ihre erforderliche Zustimmung eine Verfügung getroffen hat. Ein Uebergang des der Frau im Falle des § 1449 zustehenden Rechtes auf die antheilsberechtigten Abkömmlinge wird durch die Allegation des § 1449 nicht bestimmt. Dieses Recht der Frau erlischt, wenn keine fortges. G.G. eintritt, ebenso wie das Verwaltungsrecht des Mannes, mit der Beendigung der ehelichen G.G. Von diesem Zeitpunkt an können nach § 1472 nur beide Ehegatten gemeinschaftlich das zu dem Gesammtgute gehörende Recht, über das der Mann ohne die erforderliche Zustimmung der Frau verfügt hat, geltend machen. Ebenso wird aber auch mit dem Eintritte der fortges. G.G. jenes Recht der Frau als erloschen anzusehen sein. Das Recht, über welches der Mann ohne die erforderliche Zustimmung der Frau, also unwirksam verfügt hat, gehört zum Gesammtgute der fortges. G.G., und die Geltendmachung desselben bestimmt sich nach den Vorschriften über die Verwaltung dieses Gesammtguts. Dieses Ergebniß ist unbedenklich, wenn die Frau der überlebende Theil ist. Ein Bedenken dagegen kann aber für den Fall, daß der Mann der überlebende Theil ist, daraus abgeleitet werden, daß es in diesem Falle während der fortges. G.G. lediglich in der Hand des Mannes liegt, ob er das Recht geltend machen will und daß die antheilsberechtigten Abkömmlinge die Geltendmachung erst nach Beendigung der fortges. G.G. auf Grund des § 1472 Abs. 2 mit § 1497 erzwingen können, falls die Geltendmachung dann aber praktisch z. B. wegen Verjährung nicht mehr möglich ist, auf den Ersatzanspruch gegen den Mann beschränkt sind. Dieses Bedenken dürfte indessen schwerlich genügen, um eine entsprechende Anwendung des § 1449 auf den hier fraglichen Fall zu rechtfertigen.

d) Aus dem ausschließlichen Verwaltungsrechte des überlebenden Ehegatten ergiebt sich, daß die Abkömmlinge von der Verwaltung des Gesammtguts ausgeschlossen sind. Die in den §§ 1451—1454 für die Frau gemachten Ausnahmen sind in Ansehung der Abkömmlinge gegenstandslos. Für die Anwendbarkeit des § 1450, wonach die Verwaltung im Falle der Verhinderung des Mannes bei Gefahr im Verzug auf die Frau übergeht, wäre zwar bei der fortges. G.G. an sich Raum. Der § 1450 ist indessen nicht für anwendbar erklärt und die Abkömmlinge müssen sich daher gegebenen Falles, soweit die Geschäftsführung ohne Auftrag nicht zum Ziele führt, mit dem Antrag auf Bestellung eines Pflegers für den überlebenden Gatten behelfen. Der § 1455 hat nur Bedeutung für den überlebenden Ehegatten, nicht für die antheilsberechtigten Abkömmlinge, da sie in Betreff der Verwaltung des Gesammtguts diesem wie Dritte gegenüberstehen.

e) Die Anwendbarkeit des § 1456 regelt die Verantwortlichkeit des überlebenden Ehegatten.

f) Aus dem Hinweis auf § 1457 folgt, daß, wenn der überlebende Ehegatte unter Vormundschaft oder Pflegschaft steht, die Rechte und Pflichten, die der überlebende Ehegatte bezüglich des Gesammtguts hat, von dem gesetzlichen Vertreter ausgeübt werden. Aus der entsprechenden Anwendbarkeit des Satz 2 des § 1457 ergiebt sich, daß dies auch dann gilt, wenn ein antheilsberechtigter Abkömmling Vormund des überlebenden Ehegatten ist.

g) Der § 1466 betrifft die Ersatzleistung, wenn der überlebende Ehegatte Gesammtgut in sein Vorbehaltsgut oder dieses in jenes verwendet.

2. Im E. I war auch der (jetzige) § 1467 für anwendbar erklärt. Dies ist nun im Abs. 2 dahin verdeutlicht, daß nur dasjenige, was der überlebende Ehegatte zu dem Gesammtgute schuldet oder aus dem Gesammtgute zu fordern hat, erst nach der Beendigung der fortges. G.G. zu leisten ist. Dabei ist es gleichgiltig, ob der dem überlebenden Ehegatten zustehende oder gegen ihn gerichtete Anspruch während der Ehe oder während der fortges. G.G. entstanden ist. Was der verstorbene Ehegatte zu dem Gesammtgute schuldet oder aus diesem zu fordern hat, ist sofort von dessen Erben (und zwar auch, soweit der überlebende Ehegatte Erbe ist), aus dem Nachlasse zum Gesammtgut und umgekehrt zu ersetzen (s. Erl. III zu § 1483). Selbstverständlich gilt der Abs. 2 nicht, soweit nach § 1483 Abs. 2 für das Erbrecht der einseitigen Abkömmlinge der Antheil des verstorbenen Ehegatten am Gesammtgute zu ermitteln ist. Hat z. B. der überlebende Mann Mittel des Gesammtguts in sein Vorbehaltsgut verwendet, so ist er zwar den antheilsberechtigten Abkömmlingen gegenüber erst nach der Beendigung der fortges. G.G. zur Erstattung verpflichtet, für die Auseinandersetzung mit den einseitigen Abkömmlingen aber muß er das Aufgewendete sofort in das Gesammtgut einwerfen. Vergl. ferner Erl. II 3 a $\gamma$ zu § 1489.

3. Der Unterhalt und die Ausstattung der Abkömmlinge bilden keine Last des Gesammtguts der fortges. G.G. Das B.G.B. läßt es vielmehr in Ansehung der Unterhaltspflicht bei den §§ 1601 ff. und in Ansehung der Ausstattung bei § 1624 bewenden (M. IV S. 463, P. II S. 5527—5538 Bd. 4 S. 317, 328—334). Eine Ausstattungspflicht des überlebenden Ehegatten ist auch nicht in der Form anerkannt, daß dem einzelnen Abkömmlinge das Recht zustünde, bei seiner Verheirathung oder Selbständigmachung die Abschichtung zu verlangen.

## §. 1488.

Gesammtgutsverbindlichkeiten der fortgesetzten Gütergemeinschaft sind die Verbindlichkeiten des überlebenden Ehegatten sowie solche Verbindlichkeiten des verstorbenen Ehegatten, die Gesammtgutsverbindlichkeiten der ehelichen Gütergemeinschaft waren.

---

### § 1488.

**E. I § 1384 Abs. 1 Satz 2 Halbs. 2, § 1399 Abs. 2; II § 1399 rev. § 1473; III § 1471. P. I S. 6966—6970; M. IV S. 433, 463. P. II S. 5541—5548 (Bd. 4 S. 336—339).**

Der § 1488 bestimmt den Begriff der Gesammtgutsverbindlichkeiten der fortges. G.G. d. h. die Frage, inwieweit das Gesammtgut der fortges. G.G. den Gläubigern der Ehegatten und der antheilsberechtigten Abkömmlinge haftet. Inwieweit für die Gesammtgutsverbindlichkeiten der fortges. G.G. der überlebende Ehegatte und die Abkömmlinge persönlich haften, ist im § 1489 geregelt.

1. Für die Verbindlichkeiten des überlebenden Ehegatten haftet das Gesammtgut der fortges. G.G. ausnahmslos. Es ist gleichgültig, aus welchem Grunde die Verbindlichkeit entstanden ist und ob, wenn die Verbindlichkeit vor dem Eintritte der fortges. G.G. entstanden ist, das eheliche Gesammtgut für die Verbindlichkeit haftete.

2. Für die Verbindlichkeiten des verstorbenen Ehegatten haftet das Gesammtgut der fortges. G.G. nur, soweit für sie auch das eheliche Gesammtgut haftete. Ist der Mann vorverstorben, so haftet mithin, da seine Schulden stets Gesammtgutsverbindlichkeiten der ehelichen G.G. sind, für dieselben das Gesammtgut der fortges. G.G. unterschiedslos; ist die Frau vorverstorben, so haftet es für deren Schulden nur dann, wenn nicht eine der Ausnahmen der §§ 1460—1462 vorliegt. Ob die Verbindlichkeit des Mannes oder der Frau im Verhältnisse der Ehegatten zu einander dem Gesammtgute zur Last fällt, ist ohne Bedeutung. Der Mann kann also, wenn er der überlebende Theil ist, sich nicht nur der persönlichen Haftung, sondern auch der Haftung des Gesammtguts für die von der Frau ohne seine Zustimmung eingegangenen Verbindlichkeiten (§ 1460) entschlagen, indem er die Erbschaft der Frau d. h. die Erbfolge in deren Vorbehalts- und Sondergut (s. Erl. zu § 1483) ausschlägt und die G.G. fortsetzt. Die bezeichneten Gläubiger der Frau erhalten solchen Falles aus dem Gesammtgute der fortges. G.G. überhaupt nichts. Umgekehrt werden, wenn die Frau der überlebende Theil ist, die von ihr ohne Zustimmung des Mannes eingegangenen Verbindlichkeiten Gesammtgutsverbindlichkeiten der fortges. G.G. Schlägt der Mann die Erbschaft der Frau nicht aus, so überkommt er damit auch die persönliche Haftung für sämmtliche Schulden der Frau ohne Rücksicht darauf, ob für dieselben das eheliche Gesammtgut haftete, insoweit haftet solchen Falles auch das Gesammtgut der fortges. G.G. für alle Schulden der Frau. Allein der Mann ist in der Lage, durch Beschränkung seiner Erbenhaftung (§§ 1975 ff.) die Haftung des Gesammtguts der fortges. G.G. für diejenigen Verbindlichkeiten der Frau, die nicht Gesammtgutsverbindlichkeiten der ehelichen G.G. waren, auszuschließen.

3. Für die Verbindlichkeiten eines antheilsberechtigten Abkömmlinges haftet das Gesammtgut der fortges. G.G. nicht.

4. Ueber die Art und Weise, in welcher die Gesammtgutsgläubiger der fortges. G.G. die Erfüllung ihrer Ansprüche erzwingen können, trifft die C.P.O. § 745 Abs. 1 Bestimmung. Demnach ist zur Zwangsvollstreckung in das Gesammtgut der fortges. G.G. ein gegen den überlebenden Ehegatten ergangenes Urtheil erforderlich und genügend. Wenn der Mann der überlebende Theil ist, so ist der während der ehelichen G.G. gegen ihn vollstreckbar gewordene Titel ohne Weiteres auch gegen das Gesammtgut der fortges. G.G. vollstreckbar. Ist die Frau der überlebende Theil, so kann, wenn die Beendigung der G.G. nach der Beendigung eines gegen den Mann gerichteten Rechtsstreits erfolgt, von dem gegen den Mann vollstreckbaren Urtheil eine in Ansehung des Gesammtguts vollstreckbare Ausfertigung des Urtheils gegen die Frau nach Maßgabe des § 744 der C.P.O. ertheilt werden. Wegen der Geltendmachung der persönlichen Haftung des überlebenden Ehegatten in einem solchen Falle s. Erl. II 5 zu § 1489.

5. Nach § 2 Abs. 3 der K.O. gehört, wenn das Konkursverfahren über das Vermögen des überlebenden Ehegatten eröffnet wird, das Gesammtgut der fortges. G.G. zur Konkursmasse und findet eine Auseinandersetzung wegen des Gesammtguts zwischen dem überlebenden Ehegatten und den Abkömmlingen nicht statt, während durch den Konkurs über das Vermögen eines der Abkömmlinge das Gesammtgut nicht berührt wird. Die Regelung ist der während der ehelichen G.G. geltenden entsprechend. Nur insofern besteht ein Unterschied, als ein Partikularkonkurs über das Gesammtgut der fortges. G.G. dann stattfindet, wenn in Ansehung derjenigen Verbindlichkeiten, für welche den überlebenden Ehegatten die persönliche Haftung nur in Folge des Eintritts der fortges. G.G. trifft, die beschränkte Haftung des Gesammtguts (§ 1489 Abs. 2) geltend gemacht wird (§ 236 K.O.); s. Erl. zu § 1489.

## §. 1489.

Für die Gesammtgutsverbindlichkeiten der fortgesetzten Gütergemeinschaft haftet der überlebende Ehegatte persönlich.

Soweit die persönliche Haftung den überlebenden Ehegatten nur in Folge des Eintritts der fortgesetzten Gütergemeinschaft trifft, finden die für die Haftung des Erben für die Nachlaßverbindlichkeiten geltenden Vorschriften entsprechende Anwendung; an die Stelle des Nachlasses tritt das Gesammtgut in dem Bestande, den es zur Zeit des Eintritts der fortgesetzten Gütergemeinschaft hat.

Eine persönliche Haftung der antheilsberechtigten Abkömmlinge für die Verbindlichkeiten des verstorbenen oder des überlebenden Ehegatten wird durch die fortgesetzte Gütergemeinschaft nicht begründet.

---

## § 1489.

**E. I § 1384 Abs. 1 Satz 2 Halbs. 2, § 1399 Abs. 2; II § 1400 rev. § 1474; III § 1472. P. I S. 6966—6970; M. IV S 433, 463. P. II S. 5541—5545, 8660 (Bd. 4 S 336—339).**

Der § 1489 bestimmt, inwieweit die an der fortges G.G. theilnehmenden Personen für die Gesammtgutsverbindlichkeiten der fortges. G.G. (§ 1488) persönlich haften.

**I.** Der Abs. 1 erklärt den überlebenden Ehegatten entsprechend § 1459 Abs. 2 und § 1487 Abs. 1 für alle Gesammtgutsverbindlichkeiten der fortges. G.G. als persönlich haftend. Abweichend vom § 1459 Abs. 2 Satz 2 endet die persönliche Haftung des überlebenden Ehegatten für die im Verhältnisse zu den Abkömmlingen diesen (§ 1500) zur Last fallenden Gesammtgutsverbindlichkeiten nicht mit der Beendigung der fortges. G.G. Dies beruht darauf, daß der Abs. 2 dem Ehegatten ein Mittel giebt, von der persönlichen Haftung für diese Verbindlichkeiten frei zu werden.

**II.** Indem der Abs. 1 die persönliche Haftung des überlebenden Ehegatten für alle Gesammtgutsverbindlichkeiten der fortges. G.G. vorschreibt, bürdet er dem überlebenden Ehegatten unter Umständen eine Haftung auf, welche diesen ohne den Eintritt der fortges. G.G. nicht getroffen hätte. Für den Mann, wenn er der überlebende Theil ist, gilt dies für diejenigen Gesammtgutsverbindlichkeiten der ehelichen G.G., welche in der Person der Frau entstanden sind und im Verhältnisse der Ehegatten zu einander nicht dem Gesammtgute zur Last fallen, z. B. für eine Deliktsschuld der Frau (§ 1463 Nr. 1). Denn seine Haftung erlischt für diese Verbindlichkeiten mit der Beendigung der G.G. (§ 1459 Abs. 2 Satz 2). Für die Frau, wenn sie der überlebende Theil ist, gilt der bezeichnete Satz für alle Gesammtgutsverbindlichkeiten, welche nicht in ihrer Person entstanden sind. Denn sie haftet für diese während der G.G. nicht.

Gegen die nur in Folge des Eintritts der fortges. G.G. eintretende persönliche Haftung für die Gesammtgutsverbindlichkeiten schützt der Abs. 2 den überlebenden Ehegatten sowie diejenigen Gesammtgutsgläubiger, denen der überlebende Ehegatte beim Eintritte der fortges. G.G. nicht persönlich haftete. Der Ehegatte bedarf des Schutzes gegen diese Gläubiger, wenn die Zahlungsfähigkeit des Gesammtguts nicht sicher ist; diese Gläubiger bedürfen des Schutzes, einerseits um vor der Konkurrenz derjenigen Gläubiger des überlebenden Ehegatten sicher gestellt zu werden, welche nicht Gesammtgutsgläubiger der ehelichen G.G. waren, welchen aber nach § 1488 das Gesammtgut der fortges. G.G. haftet, andererseits weil, wenn der überlebende Ehegatte von der Beschränkung seiner Haftung Gebrauch macht, ihnen nur das Gesammtgut haftet. Diesen Schutz gewährt der Abs. 2, indem er die für die Haftung des Erben für die Nachlaßverbindlichkeiten geltenden Vorschriften (§§ 1967—2017) für entsprechend anwendbar erklärt. Ueber die Anwendbarkeit dieser Vorschriften ist zu bemerken:

1. Den Nachlaßgläubigern im Sinne der §§ 1967 ff. entsprechen diejenigen Gesammtgutsgläubiger der fortges. G.G., denen der überlebende Ehegatte beim Eintritte der fortges. G.G. nicht persönlich haftet. An die Stelle des Nachlasses tritt das Gesammtgut in dem Bestande, welchen es zur Zeit des Eintritts der fortges. G.G. (§ 1484) hat; der spätere Erwerb des überlebenden Ehegatten scheidet mithin aus, dagegen fällt das Surrogat des im bezeichneten Zeitpunkte vorhandenen Gesammtguts (analog § 1473) in die als Nachlaß geltende Masse, auch gehören zu dieser die aus der Verantwortlichkeit des überlebenden Ehegatten den Gesammtgutsgläubigern nach § 1978 Abs. 1 zustehenden Ansprüche (§ 1978 Abs. 2).

2. Mit dem Eintritte der fortges. G.G. tritt die persönliche Haftung des überlebenden Ehegatten ein (§ 1967). Die Haftung des Ehegatten ist also für die Verbindlichkeiten, für

welche er während der ehelichen G.G. nicht haftete oder bezüglich deren seine Haftung mit der Beendigung der ehelichen G.G. erloschen war, nicht von Anfang an auf das Gesammtgut beschränkt, sondern Sache des Ehegatten ist es, die Beschränkung herbeizuführen.

3. Die Mittel, um die Beschränkung der Haftung auf das Gesammtgut herbeizuführen, sind zunächst

a) Die Anordnung der Gesammtgutsverwaltung und die Eröffnung des Gesammtgutskonkurses (§ 1975). Beide können auf Antrag des überlebenden Ehegatten oder durch Gläubigerantrag veranlaßt werden. Bei Ueberschuldung des Gesammtguts muß der Gesammtgutskonkurs beantragt werden.

*α*) Auf den Gesammtgutskonkurs (Jaeger, Erbenhaftung und Nachlaßkonkurs im neuen Reichsrecht S. 112ff.) finden die Vorschriften über den Nachlaßkonkurs (§§ 214—234 K.O.) mit den Aenderungen entsprechende Anwendung, die sich aus § 236 der K.O. ergeben. Danach sind Konkursgläubiger die Gesammtgutsgläubiger, deren Forderungen schon zur Zeit des Eintritts der fortges. G.G. bestanden (§ 236 Satz 2). Zu dem Antrag auf Eröffnung des Gesammtgutskonkurses sind aber nur die Gesammtgutsgläubiger berechtigt, denen gegenüber der überlebende Ehegatte zur Zeit des Eintritts der fortges. G.G. nicht persönlich haftete (§ 236 Satz 3). Die antheilsberechtigten Abkömmlinge sind zum Antrag auf Konkurseröffnung nicht befugt (§ 236 Satz 4). Dies entspricht ihrem Ausschlusse von der Verwaltung des Gesammtguts (§ 1487) und von der persönlichen Haftung für die Gesammtgutsverbindlichkeiten (§ 1489 Abs. 3).

Indem im Uebrigen auf die K.O. verwiesen wird, ist hier nur noch zu bemerken.

Konkursgericht ist ausschließlich das Amtsgericht, bei dem der verstorbene Ehegatte zur Zeit seines Todes den allgemeinen Gerichtsstand hatte (K.O. § 214).

Voraussetzung der Konkurseröffnung ist die Ueberschuldung (nicht die Zahlungsunfähigkeit) des Gesammtguts (K.O. § 215). In Ansatz kommen nur die Verbindlichkeiten, welche schon zur Zeit des Eintritts der fortges G.G. bestanden.

Zum Antrag auf Konkurseröffnung sind nur der überlebende Ehegatte und die bezeichneten Gläubiger befugt, diese nur, wenn seit dem Eintritte der fortges. G.G. noch nicht zwei Jahre verstrichen sind (§ 220 der K.O.).

Der Konkurseröffnung steht nicht entgegen, daß der Ehegatte die Fortsetzung der G.G. noch ablehnen kann oder die Möglichkeit der Haftungsbeschränkung erwirkt hat (§ 216 der K.O.).

Gemeinschuldner ist nur der überlebende Ehegatte. Konkursgläubiger kann auch der überlebende Ehegatte sein z. B. wegen einer unter § 1467 fallenden Forderung. Wegen der Verwendungsansprüche, die unter die §§ 1978, 1979 fallen, ist der überlebende Ehegatte Massegläubiger (§ 224 K.O.).

Von den Gründen der Beendigung des Konkurses ist der Zwangsvergleich hervorzuheben. Dieser ist auf Vorschlag des überlebenden Ehegatten möglich. Er wirkt nicht in Ansehung derjenigen Gesammtgutsgläubiger, denen der überlebende Ehegatte zur Zeit des Eintritts der fortges. G.G. schon persönlich haftete, und zwar auch nicht hinsichtlich der Befriedigung aus dem Gesammtgute (a. A. Jaeger S. 117). Daß die persönliche Haftung des überlebenden Ehegatten durch den Partikularkonkurs über das Gesammtgut nicht berührt werden kann, dürfte unzweifelhaft sein; mit der persönlichen Haftung ist aber nach § 1488 die des Gesammtguts untrennbar verbunden.

Ueber die Haftung des überlebenden Ehegatten nach Beendigung des Konkurses s. § 1989, § 2000 Satz 3. Der § 1989 bezieht sich nur auf die Verbindlichkeiten, für welche der überlebende Ehegatte nur in Folge des Eintritts der fortges. G.G. persönlich haftet.

*β*) Die Gesammtgutsverwaltung regelt sich durch die entsprechende Anwendbarkeit der Vorschriften über die Nachlaßverwaltung (§§ 1981—1988). Ein in der zweiten Kommission gestellter Antrag, die Gesammtgutsverwaltung auszuschließen, wurde, um das Verhältniß nicht zu kompliziren, zurückgezogen (P. II S. 8660, 8661). Hervorzuheben ist.

Zuständig zur Anordnung der Gesammtgutsverwaltung ist das Nachlaßgericht (§ 1981 Abs. 1, freiw. G.G. §§ 72, 73, 75, E.G. Art. 147).

Berechtigt zum Antrag auf Anordnung der Gesammtgutsverwaltung sind nur der überlebende Ehegatte sowie die Gesammtgutsgläubiger, denen der Ehegatte zur Zeit des Eintritts der fortges. G.G. nicht persönlich haftet. Die Beschränkung auf diese Gläubiger folgt aus dem Zwecke der Gesammtgutsverwaltung und der Analogie des Gesammtgutskonkurses. Aus dem gleichen Grunde ist den antheilsberechtigten Abkömmlingen die Befugniß zum Antrag auf Anordnung der Gesammtgutsverwaltung abzusprechen. Dem Antrage des Ehegatten muß ohne Weiteres stattgegeben werden. Auf Antrag eines Gläubigers ist die Verwaltung anzuordnen, wenn Grund zu der Annahme besteht, daß die Befriedigung der Gesammtgutsgläubiger, denen der überlebende Ehegatte zur Zeit des Eintritts der fortges. G.G. nicht persönlich haftet, aus dem Gesammtgute durch das Verhalten oder die Vermögenslage des Ehegatten gefährdet wird. Von den Gläubigern kann der Antrag nur gestellt werden, wenn seit dem Eintritte der Fortsetzung der G.G. zwei Jahre noch nicht verstrichen sind (§ 1981 Abs. 2). Wegen der Beschwerde gegen die Anordnung der Verwaltung s. freiw. G.G. § 76.

Die Gesammtgutsverwaltung ist als eine Art der Nachlaßpflegschaft anzusehen und untersteht den Grundsätzen über die Pflegschaft (§ 1915, freiw. G.G. § 75) Es gelten jedoch einige Besonderheiten, insbesondere besteht keine Verpflichtung zu Uebernahme der Verwaltung (§ 1981 Abs. 3).

Zweifelhaft kann sein, ob der Gesammtgutsverwalter alle Gesammtgutsgläubiger zu befriedigen hat, deren Forderungen bereits beim Eintritte der fortges. G.G. bestanden, oder nur diejenigen, für welche der überlebende Ehegatte zu dieser Zeit nicht persönlich haftete. Ueberwiegende Gründe dürften für die erstgedachte Auffassung sprechen. Durch die Beschränkung auf die zuletztgedachten Gläubiger würden diejenigen Gesammtgutsgläubiger, denen der überlebende Ehegatte schon bei dem Eintritte der fortgesetzten G.G. persönlich haftete, in höchst unbilliger Weise beeinträchtigt werden. Auch sie haben ein Recht auf Befriedigung aus dem Gesammtgut, dieses Recht würde ihnen aber bei Annahme jener Beschränkung während der Dauer der Gesammtgutsverwaltung ohne jeden Grund entzogen werden (§ 1984 Abs. 2). In dem die Regel bildenden Falle, daß der überlebende Ehegatte anderes Vermögen als das Gesammtgut nicht hat, würden jene Gläubiger während der Dauer der Gesammtgutsverwaltung überhaupt Befriedigung nicht erhalten können. Durch den Zweck der Gesammtgutsverwaltung wird eine solche Ungleichheit in der Behandlung der beiden Kategorien der Gesammtgutsgläubiger nicht erfordert Das Verhältniß beider Kategorien muß daher bei der Gesammtgutsverwaltung dasselbe sein wie nach § 236 der K.O. bei dem Konkurse über das Gesammtgut.

Für die Verwaltung des Gesammtguts ist der Verwalter nicht nur dem Ehegatten, sondern auch den Gläubigern, für deren Befriedigung er zu sorgen hat, verantwortlich. Er haftet dafür, daß er, sobald er von der Ueberschuldung des Gesammtguts Kenntniß erhält, unverzüglich die Eröffnung des Gesammtgutskonkurses beantragt.

Wann die Verwaltung endigt, bestimmt sich nach den für die Nachlaßverwaltung geltenden Vorschriften (s. Erl. zu § 1988). Der Ueberschuß ist dem Ehegatten auszuhändigen.

$\gamma$) Gemeinsame Wirkung des Gesammtgutskonkurses und der Gesammtgutsverwaltung ist, daß der überlebende Ehegatte die Befugniß verliert, das Gesammtgut zu verwalten und über dasselbe zu verfügen (§ 1984, K.O. §§ 6—8). In Folge der Eröffnung des Konkurses oder der Anordnung der Verwaltung tritt ferner eine Sonderung des zur Zeit des Eintritts der fortges. G.G. vorhandenen Gesammtguts von dem übrigen Gesammtgut und dem sonstigen (§ 1486) Vermögen des Ehegatten ein. Das erstere muß der Ehegatte dem Konkursverwalter oder dem Gesammtgutsverwalter herausgeben und er ist für dessen bisherige Verwaltung nach Maßgabe des § 1978 verantwortlich. Folge der Sonderung des zur Zeit des Eintritts der fortges. G.G. vorhandenen Gesammtguts ist, daß, was der überlebende Ehegatte zu der bezeichneten Zeit zu dem Gesammtgute schuldet oder aus dem Gesammtgute zu fordern hat, sofort zu leisten ist, die Vorschrift des § 1487 Abs. 2 also entfällt. Eine weitere Folge ist die Vorschrift der §§ 784, 786 C.P.O. Danach kann der Ehegatte, wenn die Verwaltung angeordnet oder der Konkurs eröffnet ist, verlangen, daß Maßregeln der Zwangsvollstreckung, die zu Gunsten eines Gesammtgutsgläubigers, welchem er zur Zeit des Eintritts der fortges. G.G. nicht persönlich haftete, in sein Vorbehalts- oder Sondergut (§ 1486) erfolgt sind, aufgehoben werden, es sei denn, daß er das Recht der Beschränkung der Haftung verwirkt hat. Im Falle der Gesammtgutsverwaltung steht dem Verwalter das gleiche Recht gegenüber Maßregeln der Zwangsvollstreckung zu, die zu Gunsten eines Gläubigers, der nicht Gesammtgutsgläubiger der ehelichen G.G. war, in das Gesammtgut erfolgt sind. Für den Fall des Gesammtgutskonkurses werden die Rechte der Konkursgläubiger durch den § 221 K.O. gewahrt.

**b**) Neben der Gesammtgutsverwaltung und dem Konkurs ist dem Ehegatten als Aushilfsmittel in besonderen Fällen eine Abzugseinrede gewährt. Diese greift Platz, wenn der Konkurs durch Vertheilung der Masse oder durch Zwangsvergleich beendet oder die Anordnung der Verwaltung oder die Eröffnung des Konkurses wegen einer den Kosten entsprechenden Masse nicht thunlich oder aus diesem Grunde die Verwaltung aufgehoben oder der Konkurs eingestellt ist. (s. Erl. zu §§ 1989, 1990). Der Fall des § 1992 ist bei der fortges. G.G. gegenstandslos.

**4.** Das Recht auf Beschränkung der Haftung auf das Gesammtgut kann vom überlebenden Ehegatten verwirkt werden. Die Verwirkung tritt gegenüber allen Gesammtgutsgläubigern ein, wenn der Ehegatte die Inventarfrist versäumt (§ 1994 Abs. 1 Satz 2), absichtlich ein unrichtiges Inventar macht oder die Auskunft verweigert oder absichtlich verzögert (§ 2005 Abs. 1.) Nur dem einzelnen Gesammtgutsgläubiger gegenüber tritt die Verwirkung ein durch Verweigerung der Leistung des Offenbarungseids (2006 Abs. 3). Im Uebrigen s. wegen der Inventarfrist, der Aufnahme des Inventars ꝛc. die Erl zu den §§ 1993ff.

Das Recht des Ehegatten, die Eröffnung des Gesammtgutskonkurses zu beantragen, wird durch die allgemeine unbeschränkte Haftung nicht ausgeschlossen (K.O. § 216 Abs. 1); dagegen kann er solchenfalls die Gesammtgutsverwaltung nicht beantragen (§ 2013 Abs. 1 Satz 1).

**5.** Die Beschränkung der Haftung auf das Gesammtgut wird nur berücksichtigt, wenn der Ehegatte sie geltend macht. Auch in dieser Hinsicht gilt nach § 786 C.P.O. das Gleiche wie für die Erbenhaftung. Nach § 780 Abs. 1 C.P.O. kann der Ehegatte, wenn er verurtheilt worden ist, die Beschränkung nur geltend machen, wenn sie im Urtheile vorbehalten ist. Bei der Zwangsvollstreckung bleibt die Beschränkung trotz des Vorbehalts unberücksichtigt, bis auf Grund derselben von dem Ehegatten im Wege der Widerspruchsklage gegen die Vollstreckung Einwendungen erhoben werden (§ 781 C.P.O.). Ein Urtheil, das während der ehelichen G.G. gegen den Mann ergangen ist, kann, wenn der Mann der überlebende Theil ist, gegen ihn auch in Bezug auf die persönliche Haftung ohne Weiteres vollstreckt werden. Der Mann kann aber, wenn das Urtheil eine Verbindlichkeit der Frau betrifft, für die er nach der Beendigung der G.G. nicht mehr persönlich haftet, die Beschränkung seiner Haftung nach den §§ 781, 785 C.P.O. geltend machen. Ist die Frau der überlebende Theil, so kann ohne weiteren Prozeß gegen sie nur eine in Ansehung des Gesammtguts vollstreckbare Ausfertigung des gegen den Mann ergangenen Urtheils verlangt werden (§ 744 C.P.O.). Nach § 780 Abs. 2 C.P.O. ist der Vorbehalt nicht erforderlich, wenn das Urtheil gegen den Nachlaßverwalter erlassen wird.

**6.** Um sich über die Höhe des Schuldenstandes Kenntniß zu verschaffen, hat der Ehegatte das Recht des Aufgebots der Gesammtgutsgläubiger (§ 1970) sowie die Möglichkeit durch Zwangsversteigerung der zum Gesammtgute gehörenden Grundstücke festzustellen, inwieweit ein Gläubiger, welcher ein Recht auf Befriedigung aus einem solchen Grundstücke hat, aus demselben befriedigt wird (Zw.V.G. § 175). Wegen des Aufgebots s. C.P.O. § 1001. Das Aufgebot erstreckt sich nur auf die Gläubiger, denen der Ehegatte zur Zeit des Eintritts der fortges. G.G. nicht persönlich haftet. Das Ausschlußurtheil bewirkt, daß der Ehegatte die Befriedigung eines ausgeschlossenen Gläubigers insoweit verweigern darf, als das Gesammtgut durch die Befriedigung der nicht ausgeschlossenen Gesammtgutsgläubiger, deren Forderungen schon im Zeitpunkte des Eintritts der fortges. G.G. bestanden haben, erschöpft wird. Der Ehegatte muß jedoch den ausgeschlossenen Gläubiger vor den Verbindlichkeiten aus Pflichttheilsrechten (§ 1511 Abs. 2) und aus den im § 1514 bezeichneten Zuwendungen befriedigen. Ueber das Nähere s. Erl. zu § 1973.

**7.** Anwendung finden endlich die in den §§ 2014, 2015 bestimmten *aufschiebenden Einreden*. Im Zusammenhange damit stehen die Vorschriften des § 305 Abs. 2 und der §§ 782, 783 mit § 786 der C.P.O. Wegen der Verjährung s. § 202 Abs. 2.

**III.** Der Abs. 3 schließt die *persönliche Haftung* der *antheilsberechtigten Abkömmlinge* nicht nur für die Verbindlichkeiten des überlebenden, sondern auch für die des verstorbenen Ehegatten aus. Für die letzteren haften die Abkömmlinge auch gegenüber dem überlebenden Ehegatten nicht persönlich, sondern nur mit dem Antheile (s. Erl. zu §§ 1498, 1500, 1501). Aus besonderen Gründen kann sich übrigens für die antheilsberechtigten Abkömmlinge eine Haftung für die Gesammtgutsverbindlichkeiten ergeben. Ein solcher Grund kann in der Beerbung des verstorbenen Ehegatten (s. IV) oder z. B. in der gemeinsamen Eingehung einer Verbindlichkeit mit dem überlebenden Ehegatten liegen.

**IV.** Im § 1489 ist nur die Frage behandelt, inwieweit die Theilnehmer an der fortges. G.G. für die Gesammtgutsverbindlichkeiten derselben *in ihrer Eigenschaft als Theilnehmer* persönlich haften. Davon verschieden ist die Frage, *inwieweit sie in ihrer Eigenschaft als Erben des verstorbenen Ehegatten* (s. Erl. zu § 1483) für dessen Verbindlichkeiten *persönlich haften*. Diese Frage beantwortet sich lediglich nach den allgemeinen erbrechtlichen Grundsätzen. Danach haften der überlebende Ehegatte und die antheilsberechtigten Abkömmlinge für alle Verbindlichkeiten des verstorbenen Ehegatten ohne Rücksicht darauf, ob es sich um Gesammtgutsverbindlichkeiten handelt oder nicht, persönlich, wenn sie Erben des verstorbenen Ehegatten sind. Von der persönlichen Haftung, welche sie in ihrer Eigenschaft als Erben trifft, werden sie nach Maßgabe der allgemeinen Grundsätze über die Beschränkung der Erbenhaftung (§§ 1907 ff.) frei; auch gelten für sie die Grundsätze der Erbengemeinschaft (§§ 2058 ff.). Wie übrigens schon in der Erl. Nr. 2 zu § 1488 bemerkt ist, hat die Beschränkung der Erbenhaftung gegenüber einer Verbindlichkeit des verstorbenen Ehegatten, die Gesammtgutsverbindlichkeit ist, also gegenüber allen Verbindlichkeiten des Mannes, auf die Befriedigung aus dem Gesammtgute der fortges. G.G. keinen Einfluß.

Indem auf die Erl. zu § 1483 verwiesen wird, ist nur noch hervorzuheben, daß der § 1489 Abs. 2, wenn er von der nur in Folge des Eintritts der fortges. G.G. eintretenden Haftung spricht, nur die in Folge des § 1489 Abs. 1, nicht die in Folge einer etwaigen Beerbung eintretende meint.

§. 1490.

Stirbt ein antheilsberechtigter Abkömmling, so gehört sein Antheil an dem Gesammtgute nicht zu seinem Nachlasse. Hinterläßt er Abkömmlinge, die antheilsberechtigt sein würden, wenn er den verstorbenen Ehegatten nicht überlebt hätte, so treten die Abkömmlinge an seine Stelle. Hinterläßt er solche Abkömmlinge nicht, so wächst sein Antheil den übrigen antheilsberechtigten Abkömmlingen und, wenn solche nicht vorhanden sind, dem überlebenden Ehegatten an.

§. 1491.

Ein antheilsberechtigter Abkömmling kann auf seinen Antheil an dem Gesammtgute verzichten. Der Verzicht erfolgt durch Erklärung gegenüber dem für den Nachlaß des verstorbenen Ehegatten zuständigen Gerichte; die Erklärung ist in öffentlich beglaubigter Form abzugeben. Das Nachlaßgericht soll die Erklärung dem überlebenden Ehegatten und den übrigen antheilsberechtigten Abkömmlingen mittheilen.

Der Verzicht kann auch durch Vertrag mit dem überlebenden Ehegatten und den übrigen antheilsberechtigten Abkömmlingen erfolgen. Der Vertrag bedarf der gerichtlichen oder notariellen Beurkundung.

---

**§ 1490.**

**E. I § 1397 Abs. 2; II § 1395 rev. § 1475; III § 1473. P. I S. 6874, 6961—6966; M. IV S. 456—460. P. II S. 5502 (Bd. 4 S. 316).**

1. Der Satz 1 bringt den Grundsatz zum Ausdrucke, daß der Antheil eines Abkömmlinges unvererblich ist. Hiervon ist auch nicht zu Gunsten des überlebenden Ehegatten des Abkömmlinges eine Ausnahme gemacht und es ist dem Abkömmlinge sogar verwehrt, über seinen Antheil letztwillig zu Gunsten eines anderen antheilsberechtigten Abkömmlinges zu verfügen oder den Antheil letztwillig mit Zuwendungen zu belasten. Aus der Unvererblichkeit folgt, daß für die Verbindlichkeiten, welche der Abkömmling hinterläßt, sein Antheil nicht haftet.

2. Den Sätzen 2, 3, welche die Person bestimmen, an die der Antheil in Folge des Ausschlusses der Vererblichkeit fällt, liegt der Gedanke zu Grunde, daß an der Schichtung nur diejenigen Personen theilzunehmen haben, welche, wenn der verstorbene Ehegatte im Zeitpunkte der Schichtung gestorben wäre, als gemeinschaftliche Abkömmlinge zur fortges. G.G. berufen sein würden. Deshalb treten an die Stelle des verstorbenen Abkömmlinges zunächst diejenigen seiner Abkömmlinge, welche, wenn der verstorbene Ehegatte im Zeitpunkte des Todes des Abkömmlinges gestorben wäre, antheilsberechtigt sein würden, d. h. welche gemeinschaftliche Abkömmlinge und nicht durch Verzicht (§ 1491), letztwillige Verfügung (§ 1511) oder in Folge Erbunwürdigkeit (§ 1506) ausgeschlossen sind. In Ermangelung solcher Abkömmlinge wächst der Antheil den übrigen antheilsberechtigten Abkömmlingen (nicht dem überlebenden Ehegatten und auch nicht dem überlebenden Ehegatten des Abkömmlinges) an. Die Anwachsung erfolgt nicht nach Kopftheilen, sondern entsprechend der gesetzlichen Erbfolgeordnung gegenüber dem verstorbenen Ehegatten. Wenn auch solche Abkömmlinge nicht vorhanden sind, konsolidirt sich das Gesammtgut in der Hand des überlebenden Ehegatten.

3. Durch diese Bestimmungen ist verhütet, daß in die fortges. G.G. andere Personen als Abkömmlinge von Abkömmlingen eintreten. Die Personen, denen in Folge dessen der Antheil des verstorbenen Abkömmlinges entgeht, insbesondere der überlebende Ehegatte des Abkömmlinges, erhalten für den Entgang keine Entschädigung.

**§ 1491.**

**E. I § 1398 Abs. 1—3; II § 1396 rev. § 1476; III § 1474. P. I S. 6880, 7005—7007, 7010—7017, 8717; M. IV S. 460. P. II S. 5502—5504, 7367 (Bd. 4 S. 316; 5 S. 443).**

Der § 1491 betrifft den Verzicht eines Abkömmlinges während der fortges. G.G. Davon verschieden ist der im § 1517 geregelte Fall, daß ein Abkömmling schon vor dem Eintritte der fortges. G.G. auf den künftigen Antheil verzichtet.

1. Der Verzicht kann in Form einer einseitigen Willenserklärung oder eines Vertrags geschehen.

Steht der Abkömmling unter elterlicher Gewalt oder unter Vormundschaft, so ist zu dem Verzichte die Genehmigung des Vormundschaftsgerichts erforderlich.

Der Verzicht hat die gleichen Wirkungen, wie wenn der Verzichtende zur Zeit des Verzichts ohne Hinterlassung von Abkömmlingen gestorben wäre.

## §. 1492.

Der überlebende Ehegatte kann die fortgesetzte Gütergemeinschaft jederzeit aufheben. Die Aufhebung erfolgt durch Erklärung gegenüber dem für den Nachlaß des verstorbenen Ehegatten zuständigen Gerichte; die Erklärung ist in öffentlich beglaubigter Form abzugeben. Das Nachlaßgericht soll die Erklärung den antheilsberechtigten Abkömmlingen und, wenn der überlebende Ehegatte gesetzlicher Vertreter eines der Abkömmlinge ist, dem Vormundschaftsgerichte mittheilen.

Die Aufhebung kann auch durch Vertrag zwischen dem überlebenden Ehegatten und den antheilsberechtigten Abkömmlingen erfolgen. Der Vertrag bedarf der gerichtlichen oder notariellen Beurkundung.

Steht der überlebende Ehegatte unter elterlicher Gewalt oder unter Vormundschaft, so ist zu der Aufhebung die Genehmigung des Vormundschaftsgerichts erforderlich.

---

Der einseitige Verzicht (Abs. 1) erfolgt durch Erklärung gegenüber dem Nachlaßgerichte. Die Erklärung braucht nicht vor dem Gericht abgegeben zu werden, sondern kann schriftlich eingereicht werden. Sie muß öffentlich beglaubigt sein; über die Erfordernisse der öffentlichen Beglaubigung s. § 129 und freiw. G.G. §§ 167, 183. Ueber den Zeitpunkt, in dem die Erklärung wirksam wird, s. § 130 Abs. 3. Die Zuständigkeit des Nachlaßgerichts bestimmt sich nach §§ 72, 73 der freiw. G.G. Die Vorschrift, daß das Gericht die Erklärung den Betheiligten mittheilen soll, ist nur eine Ordnungsvorschrift; über die Form der Mittheilung s. freiw. G.G. § 16 Abs. 2.

Der Verzichtsvertrag (Abs. 2) muß sowohl mit dem überlebenden Ehegatten als auch mit den übrigen antheilsberechtigten Abkömmlingen geschlossen werden und bedarf der gerichtlichen oder notariellen Beurkundung. Ueber deren Erfordernisse s. E.G. Art. 141, freiw. G.G. §§ 167 ff.

2. Der Verzicht kann durch einen Vertreter, insbesondere den gesetzlichen Vertreter erklärt werden. Im Falle, daß der Abkömmling unter elterlicher Gewalt, Vormundschaft oder (§ 1915) Pflegschaft steht, ist die Genehmigung des Vormundschaftsgerichts erforderlich; über die Folgen des Mangels der Genehmigung s. §§ 1829—1831. Ueber die Zuständigkeit des Gerichts s. freiw. G.G. §§ 35, 43.

3. Der Verzicht hat nach Abs. 4 dingliche Wirkung, er bindet nicht bloß den Verzichtenden, sondern auch dessen Abkömmlinge, steht also dem Erbverzichtsvertrage (§ 2349) gleich. Für den überlebenden Ehegatten und die übrigen antheilsberechtigten Abkömmlinge kommt in Folge des Verzichts der § 1490 Satz 3 zur Anwendung. Ueber die Anrechnung einer für den Verzicht gewährten Abfindung im Verhältnisse der Ehegatten und der Abkömmlinge zu einander trifft § 1501 Bestimmung. Durch diese Vorschrift im Zusammenhalte mit der des Abs. 4 wird es ermöglicht, daß ein Abkömmling trotz der Unveräußerlichkeit des Antheils diesen verwerthen kann. Von Bedeutung ist dies z. B. für den Fall, daß ein Abkömmling sich die Mittel zur Selbständigmachung verschaffen will. Es dürfte übrigens nichts im Wege stehen, daß die Erstreckung der Wirkung des Verzichts auf die Abkömmlinge vertragsmäßig ausgeschlossen wird. Im § 2349 ist die Zulässigkeit einer solchen Vereinbarung ausdrücklich anerkannt. Daraus, daß im § 1491 ein entsprechender Zusatz fehlt, darf die Unzulässigkeit nicht abgeleitet werden.

4. Ein Recht eines Abkömmlinges, seinen Antheil auszuschlagen, ist nicht anerkannt, da das Ausschlagungsrecht zu einer Beeinträchtigung der Rechte des überlebenden Ehegatten führen könnte.

### § 1492.

**E. I § 1403 Nr. 4, 5; II § 1403 rev. § 1477; III § 1475. P. I S. 6994—6997, 7001—7003, 8693; M. IV S. 468, 469. P. II S. 5553, 8647 (Bd. 4 S. 342). K.B. S. 2068.**

1. Die Form der Aufhebung ist eine doppelte. Die Aufhebung erfolgt entweder durch einseitige Erklärung des Ehegatten (Abs. 1) oder durch Vertrag mit den Abkömmlingen (Abs. 2).

## §. 1493.

Die fortgesetzte Gütergemeinschaft endigt mit der Wiederverheirathung des überlebenden Ehegatten.

Der überlebende Ehegatte hat, wenn ein antheilsberechtigter Abkömmling minderjährig ist oder bevormundet wird, die Absicht der Wiederverheirathung dem Vormundschaftsgericht anzuzeigen, ein Verzeichniß des Gesammtguts einzureichen, die Gütergemeinschaft aufzuheben und die Auseinandersetzung herbeizuführen. Das Vormundschaftsgericht kann gestatten, daß die Aufhebung der Gütergemeinschaft bis zur Eheschließung unterbleibt und daß die Auseinandersetzung erst später erfolgt.

---

Ueber die Einzelheiten s. Erl. Nr. 1 zu § 1491. Die Vorschrift, daß das Nachlaßgericht die Aufhebungserklärung, wenn der Ehegatte gesetzlicher Vertreter eines Abkömmlinges ist, dem Vormundschaftsgerichte (freiw. G.G. §§ 35, 43) mittheilen soll, giebt die Möglichkeit, bei der Auseinandersetzung die Rechte dieses Abkömmlinges zu wahren. Zu diesem Zwecke muß nach den §§ 181, 1630, 1795 ein Pfleger (§ 1909) bestellt werden.

2. Wegen des Abs. 3 s. Erl. Nr. 2 zu § 1491.

3. Die Aufhebung ist nur gegenüber allen Abkömmlingen möglich. Die Schichtung eines einzelnen Abkömmlinges ist dagegen mit dessen Willen, auch wenn die übrigen Abkömmlinge nicht zustimmen, im Wege des § 1491 durch Verzicht möglich.

## § 1493.

**E. I § 1403 Nr. 2, § 1404; II § 1404 rev. § 1478; III § 1476. P. I S. 6866, 6997, 8672, 8867—8873; M. IV S. 466, 470—472. P. II S. 5552 (Bd. 4 S. 342).**

1. Die Wiederverheirathung beendet die fortges. G.G. von selbst, es wird nicht nur ein Anspruch der Abkömmlinge auf Aufhebung begründet. Ob der Ehegatte der Vater oder die Mutter ist, kommt im Gegensatze zur elterlichen Gewalt (§ 1697) nicht in Betracht. Die in Folge der Wiederverheirathung eintretende Beendigung kann nicht durch Einkindschaft abgewendet werden. Das Institut der Einkindschaft ist dem B.G.B fremd (M. IV S. 486—491).

2. Der Abs. 2 sichert das Interesse eines Abkömmlinges für den Fall, daß er minderjährig ist, bevormundet wird oder (§ 1915) unter Pflegschaft steht. Der Abs. 2 setzt nicht voraus, daß der überlebende Ehegatte der gesetzliche Vertreter des Abkömmlinges ist.

Der Ehegatte hat in dem Falle des Abs. 2 die Absicht der Verheirathung dem Vormundschaftsgericht anzuzeigen und ein Verzeichniß des Gesammtguts, d. h. der zu diesem gehörenden Gegenstände, nicht auch eine Uebersicht des Schuldenstandes einzureichen. Das Verzeichniß braucht nicht die Angabe des Werthes der Gegenstände zu enthalten. Die Vorschrift des § 1640 Abs. 1 Satz 2, daß bei Haushaltsgegenständen keine Einzelaufzeichnung erforderlich ist, sondern die Angabe des Gesammtwerths genügt, darf hierher wohl übertragen werden. Der Ehegatte hat ferner die G.G. aufzuheben. Die Aufhebung erfolgt nach Maßgabe des § 1492. Unterbleibt die Wiederverheirathung, so kann die Aufhebung nicht mehr rückgängig gemacht werden. Folge der Aufhebung ist die Auseinandersetzung. Diese hat nach Maßgabe der §§ 1497—1506 zu geschehen. Wegen der Bestellung einer Pflegschaft für die Abkömmlinge, deren gesetzlicher Vertreter der Ehegatte ist, s. Erl. zu § 1492.

Von der Verpflichtung zur Aufhebung der G.G. und von der Verpflichtung zur Auseinandersetzung, nicht aber von der Einreichung des Verzeichnisses, kann das Vormundschaftsgericht befreien, indem es gestattet, daß die Aufhebung oder doch die Auseinandersetzung vor der Verheirathung unterbleibt; die Aufhebung erfolgt dann nach Abs. 1 mit der Verheirathung von selbst.

Die Zuständigkeit des Vormundschaftsgerichts bestimmt sich nach §§ 35, 43 freiw. G.G.

3. Die §§ 1669, 1686, 1845, 1897, 1915 legen dem überlebenden Ehegatten, wenn er auf Grund der elterlichen Gewalt, als Vormund oder als Pfleger der gesetzliche Vertreter eines antheilsberechtigten Kindes ist, sachlich die gleichen Verpflichtungen wie der § 1493 Abs. 2 auf. Diese Vorschriften gelten neben den Vorschriften des § 1493. Dies ist insofern von Bedeutung, als nach § 1669 ꝛc. die Kosten des aufzunehmenden Verzeichnisses von dem betreffenden Elterntheile zu tragen sind. Liegen die Voraussetzungen der gedachten Paragraphen nicht vor und ist der überlebende Ehegatte daher nur auf Grund des § 1493 zu der Aufnahme des Verzeichnisses verpflichtet, so fallen die Kosten des Verzeichnisses in Konsequenz der allgemeinen Grundsätze dem Gesammtgute zur Last.

§. 1494.

Die fortgesetzte Gütergemeinschaft endigt mit dem Tode des überlebenden Ehegatten.

Wird der überlebende Ehegatte für todt erklärt, so endigt die fortgesetzte Gütergemeinschaft mit dem Zeitpunkte, der als Zeitpunkt des Todes gilt.

§. 1495.

Ein antheilsberechtigter Abkömmling kann gegen den überlebenden Ehegatten auf Aufhebung der fortgesetzten Gütergemeinschaft klagen:

1. wenn der überlebende Ehegatte ein Rechtsgeschäft der in den §§. 1444 bis 1446 bezeichneten Art ohne Zustimmung des Abkömmlinges vorgenommen hat und für die Zukunft eine erhebliche Gefährdung des Abkömmlinges zu besorgen ist;
2. wenn der überlebende Ehegatte das Gesammtgut in der Absicht, den Abkömmling zu benachtheiligen, vermindert hat;
3. wenn der überlebende Ehegatte seine Verpflichtung, dem Abkömmling Unterhalt zu gewähren, verletzt hat und für die Zukunft eine erhebliche Gefährdung des Unterhalts zu besorgen ist;
4. wenn der überlebende Ehegatte wegen Verschwendung entmündigt ist oder wenn er das Gesammtgut durch Verschwendung erheblich gefährdet;

---

**4.** Die Erfüllung der im Abs. 2 aufgestellten Verpflichtungen ist im § 1314 Abs. 2 durch ein aufschiebendes Ehehinderniß gewährleistet. Im Uebrigen sind keine besonderen Bestimmungen für den Fall vorgesehen, daß die Verpflichtungen nicht erfüllt werden; ist der überlebende Ehegatte gesetzlicher Vertreter eines Abkömmlinges, so greifen die §§ 1670, 1837, 1886 Platz.

**§ 1494.**

**E. I § 1403 Nr. 1; II § 1405 rev. § 1479; III § 1477. P. I S. 6994, 7001; M. IV S. 466. P. II S. 5553 (Bd. 4 S. 342).**

**1.** Wenn der überlebende Ehegatte stirbt, so tritt die Beendigung der fortges. G.G. ein (Abs. 1). Wird der Ehegatte für todt erklärt, so würde an sich nur die Vermuthung des § 18 Platz greifen. Der Abs. 2 durchbricht jedoch diese Vorschrift und schreibt die Beendigung ohne Rücksicht darauf vor, ob der Ehegatte wirklich todt ist. Die Beendigung tritt nicht mit der Erlassung des Todeserklärungsurtheils ein, sondern mit dem Zeitpunkte, welcher nach § 18 als Zeitpunkt des Todes gilt und nach § 970 Abs. 2 der C.P.O. im Urtheile festgestellt werden muß. Wird die Todeserklärung in Folge einer Anfechtungsklage aufgehoben oder ist der Tod auf Grund einer falschen Sterbeurkunde angenommen worden, so tritt die der wahren Sachlage entsprechende Beurtheilung ein. Die fortges. G.G. gilt als nie beendet und der Ehegatte kann das Gesammtgut und dessen Nutzungen in Anspruch nehmen. Dieselben Grundsätze finden Anwendung, wenn in Folge einer Anfechtungsklage eine andere Todeszeit festgesetzt wird (vergl. Erl. zu § 1420).

**2.** Besondere Vorschriften für die Auseinandersetzung sind, wenn die fortges. G.G. durch den Tod oder die Todeserklärung des Ehegatten endigt, nicht getroffen. Der Antheil des verstorbenen oder für todt erklärten Ehegatten gehört zu dessen Nachlaß und wird nach den allgemeinen Grundsätzen der gesetzlichen Erbfolge oder der Erbfolge auf Grund einer Verfügung von Todeswegen vererbt.

**3.** Wegen des Todes oder der Todeserklärung eines Abkömmlinges s. Erl. zu § 1490.

**§ 1495.**

**E. I § 1405 Abs. 1; II § 1406 rev. § 1480; III § 1478. P. I S. 6867, 6995, 6998—7008; M. IV S. 472—474. P. II S. 5527—5538, 5553—5558 (Bd. 4 S. 328—334, 342—344).**

**1.** Der § 1495 betrifft die Fälle, in welchen ein Abkömmling die Aufhebung der fortges. G.G. verlangen kann. Hierzu berechtigt ist in den Fällen der Nr. 4 jeder Abkömmling, in

5. wenn der überlebende Ehegatte die elterliche Gewalt über den Abkömmling verwirkt hat oder, falls sie ihm zugestanden hätte, verwirkt haben würde.

§. 1496.

Die Aufhebung der fortgesetzten Gütergemeinschaft tritt in den Fällen des §. 1495 mit der Rechtskraft des Urtheils ein. Sie tritt für alle Abkömmlinge ein, auch wenn das Urtheil auf die Klage eines der Abkömmlinge ergangen ist.

§. 1497.

Nach der Beendigung der fortgesetzten Gütergemeinschaft findet in Ansehung des Gesammtguts die Auseinandersetzung statt.

---

den übrigen Fällen nur derjenige, in dessen Person die Voraussetzungen des § 1495 gegeben sind. Der Ehegatte wird dem Verlangen gerecht, indem er die G.G. einseitig oder durch Vertrag nach § 1492 aufhebt. Weigert er sich dessen, so kann er auf Aufhebung verklagt werden. Ueber die Natur und die Wirkung des Urtheils s. Erl. zu § 1496. Besondere Vorschriften für diesen Prozeß sind nicht getroffen, es kann also auch ein Anerkenntniß- oder ein Versäumnißurtheil ergehen, ohne daß die übrigen Abkömmlinge, obwohl durch das Urtheil auch in ihre Rechte eingegriffen wird (§ 1496 Satz 2), an dem Rechtsstreite theilgenommen haben müssen oder gegen das Urtheil Einwendungen vorbringen können.

**2.** Von den einzelnen Aufhebungsgründen entsprechen die der Nr. 1—4 denjenigen, aus welchen nach § 1468 Nr. 1—4 die Aufhebung der ehelichen G.G. von der Frau verlangt werden kann (vergl. Erl. zu § 1468).

Die Nr. 5 beruht auf der Erwägung, daß die Voraussetzung der fortges. G.G., das Bestehen eines normalen Verhältnisses zwischen dem Ehegatten und dem Abkömmlinge, wegfällt, wenn der Ehegatte die elterliche Gewalt verwirkt hat oder verwirkt haben würde, wenn sie ihm zugestanden hätte. Letzteres ist insbesondere gegenüber volljährigen Kindern und gegenüber Enkeln von Bedeutung. Wegen der Verwirkung der elterlichen Gewalt s. Erl. zu § 1680. Der Verwirkung steht die Entziehung der Sorge für die Person wegen Verwahrlosung (§ 1666 Abs. 1) nicht gleich; der Fall des § 1666 Abs. 2 kommt nicht in Betracht, weil hier die Voraussetzungen der Nr. 3 gegeben sind. Auch das Vorliegen eines Grundes, welcher zur Entziehung des Pflichttheils nach § 2334 berechtigen würde, ist nicht genügend.

**3.** Aus anderen Gründen als den im § 1495 bestimmten hat ein Abkömmling kein Recht, die Aufhebung zu verlangen. Insbesondere bilden Eintritt der Volljährigkeit, Verheirathung des Abkömmlinges oder Begründung eines eigenen Hausstandes keinen Schichtungsfall. Dem überlebenden Ehegatten ist nicht einmal eine weitergehende Aussteuer- oder Ausstattungspflicht auferlegt, als in den §§ 1620, 1624 allgemein ausgesprochen ist (s. Erl. Nr. 3 zu § 1487).

**§ 1496.**

**E. I § 1403 Nr. 3, § 1405 Abs. 2; II § 1407 rev. § 1481; III § 1479. P I S. 6868, 6998; M. IV S. 474. P. II S. 5553 (Bd. 4 S. 342).**

**1.** Der Satz 1 bringt den konstitutiven Charakter des die Aufhebung aussprechenden Urtheils (s. Erl. Nr. 1 zu § 1418) zum Ausdrucke; die Aufhebung tritt also von selbst mit der Rechtskraft des Urtheils (§ 705 der C.P.O.) ein. Sie wirkt nicht auf den Zeitpunkt der Erhebung der Klage zurück; wegen des obligatorischen Verhältnisses unter den Theilhabern der fortges. G.G. s. jedoch § 1498 mit § 1479.

**2.** In Folge des Satz 2 erscheinen die übrigen Abkömmlinge, wenn sie dem Rechtsstreit als Intervenienten beitreten, als Streitgenossen im Sinne der §§ 61, 69 C.P.O. Die Aufhebung wirkt übrigens gegenüber allen Abkömmlingen ohne Rücksicht darauf, ob diese am Rechtsstreite theilgenommen haben.

**§ 1497.**

**E. I § 1406 Abs. 1; II § 1408 rev. § 1482; III § 1480. P. I S. 6878, 6979, 8717, 8825, 8843; M. IV S. 475. P. II S. 5558—5561 (Bd. 4 S. 344).**

**1.** Der Abs. 1 entspricht dem § 1471 Abs. 1.

**2.** Wie bei der ehelichen G.G. dauert das bisherige Rechtsverhältniß der Gemeinschaft zur gesammten Hand in Ansehung des Gesammtguts bis zur Auseinandersetzung fort (§ 1442),

Bis zur Auseinandersetzung bestimmt sich das Rechtsverhältniß der Theilhaber am Gesammtgute nach den §§. 1442, 1472, 1473.

### §. 1498.

Auf die Auseinandersetzung finden die Vorschriften der §§. 1475, 1476, des §. 1477 Abs. 1 und der §§. 1479 bis 1481 Anwendung; an die Stelle des Mannes tritt der überlebende Ehegatte, an die Stelle der Frau treten die antheilsberechtigten Abkömmlinge. Die im §. 1476 Abs. 2 Satz 2 bezeichnete Verpflichtung besteht nur für den überlebenden Ehegatten.

---

jedoch mit der Maßgabe, daß die Verwaltung von dem überlebenden Ehegatten und den Abkömmlingen gemeinschaftlich geführt wird (§ 1472) und daß der Erwerb des überlebenden Ehegatten, vorbehaltlich der im § 1473 bestimmten Surrogation, nicht mehr in das Gesammtgut fällt.

3. Die Zwangsvollstreckung in das Gesammtgut ist nach der Beendigung der fortges. G.G. nur zulässig, wenn der überlebende Ehegatte zur Leistung und die Abkömmlinge zur Duldung der Vollstreckung bezw., soweit sie für eine Gesammtgutsverbindlichkeit persönlich haften (s. Erl. zu § 1489), zur Leistung verurtheilt sind. Tritt die Beendigung der fortges. G.G. nach der Beendigung eines Rechtsstreits des überlebenden Ehegatten ein, so kann von dem gegen diesen ergangenen Urtheil eine in Ansehung des Gesammtguts vollstreckbare Ausfertigung gegen die Abkömmlinge ertheilt werden (§ 745 Abs. 2 der C.P.O. s. auch § 794 Abs. 2 das.).

4. Der Antheil des überlebenden Ehegatten und eines jeden Abkömmlinges am Gesammtgut ist nach der Beendigung der fortges. G.G. zu Gunsten der Gläubiger des Antheilsberechtigten der Pfändung unterworfen, dagegen nicht der Antheil an den einzelnen zum Gesammtgute gehörenden Gegenständen (§ 860 Abs. 2 der C.P.O.). Der Antheil gehört, wenn Konkurs über das Vermögen des überlebenden Ehegatten oder eines Abkömmlinges nach der Beendigung der fortges. G.G. eröffnet wird, zur Konkursmasse.

5. Wegen der Vermittelung der Auseinandersetzung durch das Amtsgericht s. freiw. G.G §§ 99, 193.

### § 1498.

**E. I § 1406 Abs. 1, 2, 4, 6, § 1407 Abs. 1; II § 1409 rev. § 1483; III § 1481. P. I S. 6878—6880, 6979—6993, 8715, 8725, 8825, 8843; M. IV S. 475—483. P. II S. 5559—5564, 8649 (Bd. 4 S. 344—346).**

**I.** Der § 1498 regelt die Art der Auseinandersetzung. Im Allgemeinen ist auf die Erl. zu den §§ 1474—1481 zu verweisen, hier ist nur zu bemerken:

1. Daraus, daß der § 1474 nicht für anwendbar erklärt ist, darf nicht gefolgert werden, daß eine Vereinbarung über die Auseinandersetzung unzulässig ist.

2. Zu § 1475 Abs. 2 sind die §§ 1499, 1500 zu vergleichen, in welchen bestimmt ist, wann eine Gesammtgutsverbindlichkeit dem überlebenden Ehegatten oder den Abkömmlingen zur Last fällt.

3. Aus der Anwendbarkeit des § 1476 Abs. 1 ergiebt sich, daß der überlebende Ehegatte oder dessen Erben die eine und die antheilsberechtigten Abkömmlinge die andere Hälfte des Gesammtguts erhalten. Der überlebende Ehegatte bekommt von dem Antheile des verstorbenen Ehegatten am Gesammtgute nichts, er verliert also durch die Annahme der fortges. G.G. sein gesetzliches Erbrecht. Die Nichtberücksichtigung des gesetzlichen Erbrechts des überlebenden Ehegatten in Ansehung des Gesammtgutsantheils des verstorbenen Ehegatten stellt sich als eine billige Ausgleichung dafür dar, daß die gemeinschaftlichen Abkömmlinge ihren Erbtheil nicht sofort mit dem Tode des verstorbenen Ehegatten sondern erst nach der Beendigung der fortges. G.G. erhalten, eine Ausgleichung, welche andererseits den überlebenden Ehegatten nicht beschwert, da ihm nach § 1484 freisteht, die fortges. G.G. abzulehnen und damit sich das gesetzliche Erbrecht zu wahren. Aus dem gleichen Grunde wird nicht berücksichtigt, daß, wenn einseitige Abkömmlinge vorhanden waren, an diese bei dem Eintritte der fortges. G.G. ein Theil des Gesammtguts ausgekehrt worden ist. Bei der Theilung des Gesammtguts der fortges. G.G. wird mithin die Größe des den gemeinschaftlichen Abkömmlingen zukommenden Theiles nicht durch das Verhältniß bestimmt, in welchem der nach Abzug des den einseitigen Abkömmlingen zugefallenen Theiles des Gesammtguts verbleibende Theil der Hälfte desselben

zu der anderen Hälfte stand, sondern das Gesammtgut wird lediglich in zwei gleiche Theile zerlegt. In welcher Weise die Abkömmlinge die ihnen zufallende Hälfte des Gesammtguts theilen, ist im § 1503 bestimmt.

In Folge des § 1476 Abs. 2 Satz 1 erfolgt auch bei der fortges. G.G. die Leistung desjenigen, was der überlebende Ehegatte (§ 1487 Abs. 2) oder die Abkömmlinge (z. B. § 1500, § 1502 Abs. 2, § 1515) zu ersetzen haben, im Wege der Anrechnung auf den dem schuldnerischen Theilhaber zufallenden Antheil.

Der § 1476 Abs. 2 Satz 2, nach welchem, soweit die Ersatzleistung durch Anrechnung nicht verwirklicht wird, eine persönliche Verpflichtung des Ersatzpflichtigen besteht, bezieht sich um deswillen nicht auf die Abkömmlinge, weil diese durch die fortges. G.G. persönlich überhaupt nicht verpflichtet werden sollen (vergl. auch § 1489 Abs. 3).

**4.** Aus den Vorschriften über die Gemeinschaft, auf welche der § 1477 Abs. 1 verweist, ist für die fortges. G.G. insbesondere der § 756 von Belang, weil er klar stellt, in welchem Sinne die Verpflichtung der Abkömmlinge, sich gewisse Beträge auf ihren Antheil anrechnen zu lassen (§ 1500, § 1501, Abs. 1, § 1502 Abs. 2, § 1511 Abs. 3), aufzufassen ist.

Das im § 1477 Abs. 2 bestimmte Recht der Uebernahme von Gegenständen ist für die fortges. G.G. in den §§ 1502, 1515 besonders geregelt.

**5.** Der § 1479, welcher im Falle der Aufhebung der G.G. durch Urtheil dem siegenden Theile bezüglich des für die Auseinandersetzung maßgebenden Zeitpunkts ein Wahlrecht giebt, gilt bei der fortges. G.G. für die Fälle des § 1495. Der E. I § 1407 Abs. 3 bestimmte, daß die Abkömmlinge das Wahlrecht nur gemeinschaftlich ausüben können. Die Bestimmung ist bei Berathung des § 1407 von der zweiten Kommission gestrichen worden, weil das Wahlrecht beseitigt wurde; in der Schlußlesung der zweiten Kommission wurde das Wahlrecht wieder eingestellt, ohne daß man auf die Frage der gemeinschaftlichen Ausübung zurückkam. Da die Abkömmlinge materiell eine Erbengemeinschaft darstellen, wird an dem Erfordernisse der gemeinschaftlichen Ausübung in dem Sinne festzuhalten sein, daß, wenn eine Einigung unter den Abkömmlingen nicht erfolgt, es bei der aus dem konstitutiven Charakter des Urtheils sich ergebenden Regel verbleibt, daß der Zeitpunkt des Urtheils maßgebend ist. Hierfür spricht auch die Analogie des § 1502 Abs. 2 Satz 3.

**6.** Der § 1480 ist in Folge des § 1489 Abs. 1, 3 nur für die Abkömmlinge anwendbar. Die Auseinandersetzung unter den Abkömmlingen wegen einer Verbindlichkeit, für die die Haftung eines Abkömmlinges in Anspruch genommen worden ist, bestimmt der § 1504.

**7.** Der § 1481 (im E. I 1380) sollte nach dem E. I § 1406 Abs. 6 nicht anwendbar sein.

Die Anwendbarkeit des § 1481 Satz 1 ist eine Folge der Anwendbarkeit des § 1480. Der überlebende Ehegatte hat mithin, wenn bei der Auseinandersetzung die Berichtigung einer Gesammtgutsverbindlichkeit unterbleibt, die im Verhältnisse der Theilnehmer an der fortges. G.G. zu einander dem Gesammtgut oder dem überlebenden Ehegatten zur Last fällt (§ 1499), dafür einzustehen, daß die Abkömmlinge von dem Gläubiger nicht auf Grund des § 1480 bezw., wenn, was ausnahmsweise vorkommen kann (s. Erl. zu § 1489), ein Abkömmling persönlich haftet, nicht auf Grund der persönlichen Haftung in Anspruch genommen werden. Der überlebende Ehegatte hat gegenüber den Abkömmlingen die Einbuße zu tragen. Insoweit ist übrigens die Stellung der Abkömmlinge noch günstiger als die der Frau gegenüber dem Manne, als die Abkömmlinge auch in Ansehung solcher Verbindlichkeiten, welche nach § 1500 ihnen zur Last fallen, dem überlebenden Ehegatten nicht persönlich haften, sondern nur verpflichtet sind, sich den Betrag derselben auf den ihnen gebührenden Theil des Gesammtguts anrechnen zu lassen (§ 1500).

Mit Rücksicht hierauf kann die Anwendbarkeit des § 1481 Satz 2 nur dahin gedeutet werden, daß, wenn eine Gesammtgutsverbindlichkeit, die im Verhältnisse zwischen dem überlebenden Ehegatten und den Abkömmlingen diesen nach § 1500 zur Last fällt, unberichtigt geblieben und von dem Ehegatten berichtigt worden ist, die Abkömmlinge nur bis zu dem Betrage haften, den sie bei der Theilung erhalten haben. Dagegen wird aus der Anwendbarkeit des § 1481 Satz 2 nicht eine persönliche Ersatzpflicht der Abkömmlinge für den Fall, daß der Ehegatte die Verbindlichkeit berichtigte, hergeleitet werden dürfen. Eine nähere Regelung hat die bezeichnete Beschränkung der Ersatzpflicht der Abkömmlinge allerdings nicht gefunden. Man wird indessen den § 1480 entsprechend auf diesen Fall anwenden müssen ebenso wie die Frage, in welcher Weise die Auseinandersetzung unter den Abkömmlingen, wenn einer derselben auf Grund des § 1481 Satz 2 den Ehegatten befriedigt hat, erfolgt, durch entsprechende Anwendbarkeit des § 1504 zu beantworten sein wird.

**II.** Die **Schichtung hat nicht die Bedeutung einer Todttheilung** d. h. die Beendigung der fortges. G.G. hat auf das Erb- und Pflichttheilsrecht der antheilsberechtigten Abkömmlinge gegenüber dem überlebenden Ehegatten keinen Einfluß.

§. 1499.

Bei der Auseinandersetzung fallen dem überlebenden Ehegatten zur Last:

1. die ihm bei dem Eintritte der fortgesetzten Gütergemeinschaft obliegenden Gesammtgutsverbindlichkeiten, für die das eheliche Gesammtgut nicht haftete oder die im Verhältnisse der Ehegatten zu einander ihm zur Last fielen;
2. die nach dem Eintritte der fortgesetzten Gütergemeinschaft entstandenen Gesammtgutsverbindlichkeiten, die, wenn sie während der ehelichen Gütergemeinschaft in seiner Person entstanden wären, im Verhältnisse der Ehegatten zu einander ihm zur Last gefallen sein würden;
3. eine Ausstattung, die er einem antheilsberechtigten Abkömmling über das dem Gesammtgut entsprechende Maß hinaus oder die er einem nicht antheilsberechtigten Abkömmlinge versprochen oder gewährt hat.

---

**§ 1499.**

**E. I § 1400 Abs. 2 Nr. 1, 2, Abs. 3, § 1401; II § 1401 rev. § 1484; III § 1482. P. I S. 6876, 6970—6975, 8717, 8830, 8848; M. IV S. 464. P. II S. 5548—5552 (Bd. 4 S. 339—341).**

1. Die Gesammtgutsverbindlichkeiten der fortges. G.G. fallen im Verhältnisse des überlebenden Ehegatten und der Abkömmlinge zu einander regelmäßig dem Gesammtgute zur Last. Dieser Grundsatz kommt im B.G.B. (anders E. I § 1400 Abs. 1) nur dadurch zum Ausdrucke, daß in den §§ 1499, 1500 die Ausnahmen aufgezählt sind. Bei der ehelichen G.G. sind die Vorschriften über die Tragung der Schulden im Verhältnisse der Ehegatten zu einander im Anschluß an die Vorschriften über die Tragung der Schulden gegenüber den Gläubigern behandelt (§§ 1463—1465). In gleicher Weise ordneten die E. I und II den Stoff für die fortges. G.G. Der rev. E. II hat die Vorschriften über die Frage, wem eine Verbindlichkeit im Verhältnisse nach Innen zur Last fällt, unter die Vorschriften über die Auseinandersetzung eingestellt, weil diese Frage bei der fortges. G.G. nur für die Auseinandersetzung von Belang ist.

2. Die rechtliche Bedeutung des Umstandes, daß eine Gesammtgutsverbindlichkeit im Verhältnisse des überlebenden Ehegatten zu den Abkömmlingen dem Gesammtgute zur Last fällt, liegt darin, daß, wenn eine solche Verbindlichkeit aus dem Vorbehalts- oder Sondergute des überlebenden Ehegatten getilgt worden ist, dem überlebenden Ehegatten bei der Beendigung der fortges. G.G. (§ 1487 Abs. 2) aus dem Gesammtgut Ersatz geleistet werden muß; sowie daß der überlebende Ehegatte bei der Auseinandersetzung verlangen kann, daß solche Gesammtgutsverbindlichkeiten aus dem Gesammtgute vorweg berichtigt werden (§ 1498 mit § 1475 Abs. 1). Haftet für eine solche Verbindlichkeit ein Abkömmling persönlich — was ausnahmsweise vorkommen kann (s. Erl. zu § 1489) — so kann der Abkömmling, wenn er die Verbindlichkeit aus seinem Vermögen berichtigt, aus dem Gesammtgute schon während der fortges. G.G. Ersatz verlangen, überdies hat der überlebende Ehegatte dem Abkömmlinge, sofern die Berichtigung der Verbindlichkeit bei der Auseinandersetzung unterbleibt, dafür einzustehen, daß der Abkömmling von dem Gläubiger nicht in Anspruch genommen wird (§ 1498 mit § 1481).

3. Die rechtliche Bedeutung des Umstandes, daß eine Gesammtgutsverbindlichkeit im Verhältnisse des überlebenden Ehegatten zu den Abkömmlingen dem Ehegatten zur Last fällt, liegt darin, daß, wenn eine solche Verbindlichkeit aus dem Gesammtgute berichtigt worden ist, der Ehegatte zu dem Gesammtgut und zwar nach § 1487 Abs. 2 erst nach der Beendigung der fortges. G.G. Ersatz zu leisten hat und daß der Ehegatte bei der Auseinandersetzung nicht verlangen kann, daß diese Verbindlichkeit aus dem Gesammtgute berichtigt wird (§ 1498 mit § 1475 Abs. 2).

4. Der § 1499 betrifft die Fälle, in welchen eine Gesammtgutsverbindlichkeit von dem überlebenden Ehegatten allein zu tragen ist.

a) Von den in der Nr. 1 enthaltenen Fällen beruht der erste darauf, daß nach § 1488 alle Verbindlichkeiten des überlebenden Ehegatten Gesammtgutsverbindlichkeiten der fortges. G.G. sind. Zu diesen Verbindlichkeiten gehören, wenn die Frau der überlebende Theil ist, auch diejenigen Verbindlichkeiten der Frau, für welche das eheliche Gesammtgut nach den §§ 1460—1462 nicht haftet. Ist der Mann der überlebende Theil, so kann der gedachte erste Fall nicht vorkommen, weil für dessen Verbindlichkeiten das eheliche Gesammtgut nach § 1459 ausnahmslos

## §. 1500.

Die antheilsberechtigten Abkömmlinge müssen sich Verbindlichkeiten des verstorbenen Ehegatten, die diesem im Verhältnisse der Ehegatten zu einander zur Last fielen, bei der Auseinandersetzung auf ihren Antheil insoweit anrechnen lassen, als der überlebende Ehegatte nicht von dem Erben des verstorbenen Ehegatten Deckung hat erlangen können.

In gleicher Weise haben sich die antheilsberechtigten Abkömmlinge anrechnen zu lassen, was der verstorbene Ehegatte zu dem Gesammtgute zu ersetzen hatte.

---

haftet. Wann die Voraussetzungen der zweiten Alternative vorliegen, ergiebt sich aus den §§ 1463—1465.

**b)** Die Fälle, auf welche die Nr. 2 zutrifft, erhellen aus § 1463 und § 1464 Abs. 1; der § 1464 Abs. 2 ist gegenstandslos, weil das Gesammtgut für die Verbindlichkeiten der Abkömmlinge nicht haftet.

**c)** Die Nr. 3 entspricht dem § 1465. Eine Ausstattung (§ 1624), welche der überlebende Ehegatte einem antheilsberechtigten Abkömmlinge gewährt oder verspricht, ist hiernach von dem Gesammtgute zu tragen, sie ist nicht etwa bei der Auseinandersetzung auf den Antheil des Abkömmlinges anzurechnen; nur soweit sie das dem Gesammtgut entsprechende Maß übersteigt, insbesondere soweit sie mit Rücksicht auf das Vorbehalts- oder Sondergut des Ehegatten bemessen ist, fällt sie dem Ehegatten zur Last. Die Ausstattung, die einem nicht antheilsberechtigten Abkömmlinge gewährt oder versprochen wird, fällt stets dem überlebenden Ehegatten allein zur Last. Für die Befugniß des überlebenden Ehegatten, eine Ausstattung zu gewähren oder zu versprechen, gelten die für die eheliche G.G. in der Erl. zu § 1465 gemachten Bemerkungen.

## § 1500.

**E. I § 1400 Abs. 2 Nr. 3, Abs. 3, 4, § 1402 Abs. 2; II § 1402 rev. § 1485; III § 1483. P. I S. 6876, 6970—6975, 8717, 8830, 8848; M. IV S. 464, 466. P. II S. 5548, 8647 (Bd. 4 S. 340).**

**1.** Der Abs. 1 bezeichnet die Gesammtgutsverbindlichkeiten, welche ausnahmsweise (s. Erl. Nr. 1 zu § 1499) im Verhältnisse des überlebenden Ehegatten zu den Abkömmlingen diesen zur Last fallen. Welche Verbindlichkeiten hierzu gehören, ergiebt sich aus den § 1463—1465. Selbstverständlich sind diese Verbindlichkeiten von den Abkömmlingen nur insoweit zu tragen, als der überlebende Ehegatte nicht von dem Erben des verstorbenen Ehegatten, d. h. sofern ein Vorbehalts- oder Sondergut vorhanden war, von dem Erben desselben und, wenn für einseitige Abkömmlinge des verstorbenen Ehegatten die Erbfolge in dessen Antheil am Gesammtgut eröffnet worden ist, aus dem an die einseitigen Abkömmlinge gelangten Antheil, Deckung hat erlangen können.

Die Zuweisung einer Gesammtgutsverbindlichkeit an die Abkömmlinge hat eine andere Bedeutung als die Zuweisung an den überlebenden Ehegatten. Die Abkömmlinge sind zwar gleichfalls verpflichtet, wegen einer solchen Verbindlichkeit zu dem Gesammtgut Ersatz zu leisten, allein sie haften dem Ehegatten nicht persönlich, sondern müssen sich nur den Betrag der Verbindlichkeit auf den ihnen gebührenden Antheil am Gesammtgut anrechnen lassen. Diese Beschränkung beruht darauf, daß die Abkömmlinge nach § 1489 Abs. 3 für die Gesammtgutsverbindlichkeiten an sich nicht persönlich haften. Ueber die Bedeutung des Ausdrucks „anrechnen" f. Erl. zu § 1498 Nr. 4.

**2.** Der Abs. 2 betrifft die Ersatzverbindlichkeiten, welche dem verstorbenen Ehegatten gegenüber dem Gesammtgut obliegen. Wie in der Erl. zu § 1487 Abs. 2 dargelegt ist, muß, was der verstorbene Ehegatte zu dem Gesammtgute schuldet, aus dem Vorbehalts- oder Sondergute des Ehegatten von dessen Erben sofort nach der Beendigung der ehelichen G.G. geleistet werden. Soweit von dem Erben der Ersatz nicht erlangt werden kann, müssen sich die Abkömmlinge den zu ersetzenden Betrag auf ihren Antheil anrechnen lassen.

**3.** Die Beschränkung auf eine Anrechnungspflicht gilt für die Abkömmlinge natürlich nur als Theilnehmer an der fortges. G.G.; soweit die Abkömmlinge die Erben des verstorbenen Ehegatten geworden sind, haften sie für den Ersatz nach den allgemeinen erbrechtlichen Grundsätzen, also persönlich, jedoch mit dem Rechte, die Haftung auf den Nachlaß zu beschränken, sofern sie dieses Recht nicht verloren haben (§§ 1967 ff.). Ebenso ist selbstverständlich, daß, soweit der überlebende Ehegatte Erbe des verstorbenen geworden ist, der seinem Erbtheil entsprechende Theil der Ersatzverbindlichkeit nicht mehr in Frage kommt; zu diesem Theile ist die Verbindlichkeit durch Konfusion untergegangen.

§. 1501.

Ist einem antheilsberechtigten Abkömmlinge für den Verzicht auf seinen Antheil eine Abfindung aus dem Gesammtgute gewährt worden, so wird sie bei der Auseinandersetzung in das Gesammtgut eingerechnet und auf die den Abkömmlingen gebührende Hälfte angerechnet.

Der überlebende Ehegatte kann mit den übrigen antheilsberechtigten Abkömmlingen schon vor der Aufhebung der fortgesetzten Gütergemeinschaft eine abweichende Vereinbarung treffen. Die Vereinbarung bedarf der gerichtlichen oder notariellen Beurkundung; sie ist auch denjenigen Abkömmlingen gegenüber wirksam, welche erst später in die fortgesetzte Gütergemeinschaft eintreten.

§. 1502.

Der überlebende Ehegatte ist berechtigt, das Gesammtgut oder einzelne dazu gehörende Gegenstände gegen Ersatz des Werthes zu übernehmen. Das Recht geht nicht auf den Erben über.

Wird die fortgesetzte Gütergemeinschaft auf Grund des §. 1495 durch Urtheil aufgehoben, so steht dem überlebenden Ehegatten das im Abs. 1 bestimmte Recht

---

§ 1501.

**E. I § 1398 Abs. 4; II § 1397 rev. § 1486; III § 1484. P. I S. 6880, 6994, 7005, 7010; M. IV S. 460. P. II S. 5502—5504 (Bd. 4 S. 316, 317).**

1. Der § 1501 regelt die rechtliche Behandlung einer einem Abkömmlinge für den Verzicht auf den Antheil gewährten Abfindung im Verhältnisse zwischen dem überlebenden Ehegatten und den übrigen Abkömmlingen. Vorausgesetzt ist, daß es sich um einen Verzicht nach dem Eintritte der fortges. G.G. (§ 1491, nicht § 1517) handelt sowie daß die Abfindung aus dem Gesammtgute gewährt worden ist. Ist sie aus dem Vorbehaltsgute des überlebenden Ehegatten oder von einem Abkömmlinge, dem der Antheil des Verzichtenden anwächst, gegeben, so berührt dies die übrigen Theilhaber an der fortges. G.G. nicht. Voraussetzung ist ferner, daß der Verzicht durch Vertrag (§ 1491 Abs. 2) erfolgte; in diesem Falle ist es gleichgültig, ob die übrigen Abkömmlinge der Gewährung der Abfindung zugestimmt haben. Liegt ein einseitiger Verzicht (§ 1491 Abs. 1) vor, so hat die von dem überlebenden Ehegatten gewährte Abfindung den Charakter einer Schenkung. Es würde zu einem die Abkömmlinge gefährdenden Ergebnisse führen, wenn der Ehegatte ohne ihre Zustimmung eine Abfindung von beliebiger Höhe gewähren könnte, die sich dann die Abkömmlinge auf ihren Antheil anrechnen lassen müßten.

2. Der Abs. 1 stellt eine dispositive Norm auf. Die Abkömmlinge sind nur verpflichtet, sich die Abfindung auf die ihnen gebührende Hälfte des Gesammtguts anrechnen zu lassen, sie haften aber dem überlebenden Ehegatten nicht persönlich für die Erstattung der Abfindung. Wie die Abfindung im Verhältnisse der Abkömmlinge zueinander zu vertheilen ist, bestimmt der § 1503 Abs. 3.

3. Der Abs. 2 läßt über die Vertheilung der Abfindung eine abweichende Vereinbarung zu. Wird diese bei der Auseinandersetzung getroffen (§ 1498 mit § 1476), so bedarf sie keiner Form. Wird sie vor der Aufhebung der fortges. G.G. getroffen, so muß sie gerichtlich oder notariell beurkundet werden; hierüber s. E.G. Art. 141, freiw. G.G. §§ 167 ff. Selbstverständlich kann die Vereinbarung mit dem Verzichtsvertrage (§ 1491 Abs. 2) verbunden werden. Wie der Abs. 2 Satz 2 hervorhebt, bindet eine solche Vereinbarung auch die später eintretenden Theilhaber der fortges. G.G. Ohne diese Vorschrift würde es, da die später eintretenden Theilnehmer in die fortges. G.G. nach § 1490 kraft eigenen Rechtes eintreten, ihnen gegenüber bei der Regel des § 1501 Abs. 1 verbleiben.

§ 1502.

**E. I § 1406 Abs. 5, § 1407 Abs. 2, 3; II § 1410 rev. § 1487; III § 1485. P. I S. 6993—7010. M. IV S. 480—484. P. II S. 5561, 5564, 8649 (Bd. 4 S. 344, 347).**

Die Vorschriften des § 1477 Abs. 2 über das den Ehegatten zustehende Recht, gewisse Gegenstände gegen Ersatz des Werthes zu übernehmen, sind in dem § 1498 nicht für ent-

nicht zu. Die antheilsberechtigten Abkömmlinge können in diesem Falle diejenigen Gegenstände gegen Ersatz des Werthes übernehmen, welche der verstorbene Ehegatte nach §. 1477 Abs. 2 zu übernehmen berechtigt sein würde. Das Recht kann von ihnen nur gemeinschaftlich ausgeübt werden.

§. 1503.

Mehrere antheilsberechtigte Abkömmlinge theilen die ihnen zufallende Hälfte des Gesammtguts nach dem Verhältnisse der Antheile, zu denen sie im Falle der gesetzlichen Erbfolge als Erben des verstorbenen Ehegatten berufen sein würden, wenn dieser erst zur Zeit der Beendigung der fortgesetzten Gütergemeinschaft gestorben wäre.

Das Vorempfangene kommt nach den für die Ausgleichung unter Abkömmlingen geltenden Vorschriften zur Ausgleichung, soweit nicht eine solche bereits bei der Theilung des Nachlasses des verstorbenen Ehegatten erfolgt ist.

Ist einem Abkömmlinge, der auf seinen Antheil verzichtet hat, eine Abfindung aus dem Gesammtgute gewährt worden, so fällt sie den Abkömmlingen zur Last, denen der Verzicht zu Statten kommt.

---

sprechend anwendbar erklärt. An ihre Stelle treten die Vorschriften des § 1502, die nur im Abs. 2 in einer einzelnen Beziehung auf den § 1477 Abs. 2 Bezug nehmen.

1. Als Regel gilt nach Abs. 1, daß der überlebende Ehegatte das Recht hat, das ganze Gesammtgut oder einzelne dazu gehörende Gegenstände ohne Rücksicht auf deren Herkunft zu übernehmen. Das Recht geht auf die Erben des überlebenden Ehegatten nicht über. Den antheilsberechtigten Abkömmlingen steht vorbehaltlich der im Abs. 2 bestimmten Ausnahme ein Recht der Uebernahme auch in Betreff der von dem verstorbenen Ehegatten eingebrachten Gegenstände nicht zu. Inwieweit einem Abkömmling ein Recht auf Uebernahme durch Verfügung von Todeswegen eingeräumt werden kann, ergiebt sich aus § 1515.

2. Die im Abs. 1 ausgesprochene Regel findet nach Abs. 2 keine Anwendung, wenn die fortges. G.G. auf Grund des § 1495 durch Urtheil aufgehoben wird. In diesem Falle steht dem überlebenden Ehegatten ein Recht der Uebernahme überhaupt nicht zu; dagegen sind die antheilsberechtigten Abkömmlinge berechtigt, solche Gegenstände gegen Ersatz des Werthes zu übernehmen, welche der verstorbene Ehegatte nach § 1477 Abs. 2 zu übernehmen berechtigt sein würde, d. h. also die ausschließlich zum persönlichen Gebrauche des verstorbenen Ehegatten bestimmt gewesenen Sachen sowie die von ihm in die G.G. eingebrachten oder während der G.G. durch Erbfolge, durch Vermächtniß oder mit Rücksicht auf ein künftiges Erbrecht, durch Schenkung oder als Ausstattung erworbenen Gegenstände. Die Abkömmlinge können das Recht nur gemeinschaftlich ausüben; ein Mehrheitsbeschluß genügt nicht.

Wird zwar die Aufhebungsklage nach § 1495 erhoben, die fortges. G.G. aber nicht durch Urtheil, sondern aus einem anderen Grunde, z. B. durch einseitigen Verzicht (§ 1492 Abs. 1), beendet, so ist der Abs. 2 nicht anwendbar. Es kann freilich in Frage kommen, ob, wenn ein Abkömmling die Klage angestellt hat und die fortges. G.G. während des Prozesses aus einem anderen Grunde beendigt, die Klage also insofern gegenstandslos geworden ist, der Abkömmling nicht doch verlangen kann, daß über die Begründung der Klage mit der Wirkung erkannt werde, daß bei der Auseinandersetzung nicht die Vorschriften des § 1502 Abs. 1, sondern die des Abs. 2 zur Anwendung kommen. Die Frage dürfte aber zu verneinen sein.

**§ 1503.**

**E. I § 1408; II § 1411 rev. § 1488; III § 1486. P. I S. 6880, 6993, 8873; M. IV S. 484. P. II S. 5565, 8649 (Bd. 4 S. 347).**

1. Der Abs. 1 bestimmt das Theilungsverhältniß unter den Abkömmlingen. Entsprechend anwendbar sind hiernach die Vorschriften der §§ 1924, 1927, 1930. Maßgebend ist aber nicht der Zeitpunkt, in welchem der verstorbene Ehegatte gestorben ist, sondern der Zeitpunkt der Beendigung der fortges. G.G. Die Abkömmlinge theilen die auf sie fallende Hälfte des Gesammtguts in derselben Art, in welcher sie, wenn der verstorbene Ehegatte erst in diesem Zeitpunkte gestorben wäre und sie dessen Erben geworden wären, die Erbschaft zu theilen

## §. 1504.

Soweit die antheilsberechtigten Abkömmlinge nach §. 1480 den Gesammtgutsgläubigern haften, sind sie im Verhältnisse zu einander nach der Größe ihres

---

hätten. Inwieweit die Ehegatten den Theilungsmaßstab anders bestimmen können, ist in den §§ 1512, 1513 geregelt. Aus § 1514 ergiebt sich, daß zu Folge letztwilliger Anordnung ein Theil der auf die Abkömmlinge fallenden Hälfte an einen Dritten, der nicht Theilnehmer der fortges. G.G. war, oder an den überlebenden Ehegatten entfallen kann. Der überlebende Ehegatte kann das Theilungsverhältniß nicht anders bestimmen (s. Erl. zu § 1498.)

2. Die Vorempfänge, welche die antheilsberechtigten Abkömmlinge von dem verstorbenen Ehegatten oder an dessen Stelle nach den §§ 1443, 1446 mit § 1487 Abs. 1 von dem überlebenden Ehegatten erhalten haben, müssen nach Abs. 2 nach den für die Ausgleichung unter Abkömmlingen geltenden Vorschriften (§§ 2050—2057) zur Ausgleichung kommen.

a) Umfang der Ausgleichung. Welche Vorempfänge zur Ausgleichung zu bringen sind, ist im § 2050 bestimmt. Aus § 2051 folgt, daß ein Abkömmling, welcher nach § 1490 in Folge des Todes eines Abkömmlinges in die fortges. G.G. eintritt oder welchem dessen Antheil anwächst, wegen der dem verstorbenen Abkömmlinge gemachten Zuwendungen zur Ausgleichung verpflichtet ist. Wegen der Zuwendungen, die der nach § 1490 eintretende Abkömmling selbst vor dem Eintritt erhalten hat, ist er nur ausgleichungspflichtig, sofern der zuwendende Ehegatte bei der Zuwendung die Ausgleichung angeordnet hat (§ 2053 Abs. 1). Der § 2051 Abs. 2 und der § 2052 sind gegenstandslos.

b) Die Vollziehung der Ausgleichung erfolgt nach den §§ 2055—2057. Insbesondere gelten die im § 2057 bestimmte Auskunftspflicht und die sich aus ihr ergebende Verpflichtung zur Leistung des Offenbarungseids auch hier. Anwendung findet ferner der § 163 freiw. G.G.

c) Gegenüber dem überlebenden Ehegatten besteht die Ausgleichungspflicht nicht.

d) Vorempfänge, welche ein antheilsberechtigter Abkömmling aus dem Vorbehalts- oder Sondergute des verstorbenen Ehegatten erhalten hat, kommen bei der Theilung des Nachlasses des verstorbenen Ehegatten zur Ausgleichung (s. Erl. III 2 zu § 1483). Soweit hierbei aber die Ausgleichung nicht hat erfolgen können, sind die Vorempfänge bei der Theilung des Gesammtguts der fortges. G.G. zur Ausgleichung zu bringen (Abs. 2). Vorempfänge, welche ein antheilsberechtigter Abkömmling aus dem Gesammtgut erhalten hat, kommen immer erst bei der Theilung des Gesammtguts der fortges. G.G. zur Ausgleichung. Einseitigen Abkömmlingen gegenüber erfolgt zwar auch in dieser Beziehung die Ausgleichung schon bei der Theilung des Nachlasses des verstorbenen Ehegatten. Im Verhältniß unter den gemeinschaftlichen Abkömmlingen aber kann die Ausgleichung erst bei der Schichtung erfolgen. Inwieweit eine aus dem Gesammtgute gewährte Ausstattung als von dem einen oder dem andern Ehegatten gemacht gilt, ergiebt sich aus den §§ 2054, 1465. Soweit wegen eines Vorempfanges ein Ehegatte zu dem Gesammtgut ersatzpflichtig ist (s. Erl. zu §§ 1465, 1487, 1499), gilt der Vorempfang von diesem Ehegatten herrührend (§ 2054). Wenn also der überlebende Ehegatte wegen eines Vorempfanges zu dem Gesammtgut Ersatz zu leisten hat, so ist der Vorempfang bei Beendigung der fortges. G.G. überhaupt nicht zur Ausgleichung zu bringen. Soweit der verstorbene Ehegatte ersatzpflichtig war, fällt die Ausgleichung bei der Beendigung der fortges. G.G. gleichfalls weg, da sie insoweit schon bei der Beendigung der ehelichen G.G. vorzunehmen war; nur wenn sie dort unterblieben ist, weil ein Nachlaß nicht vorhanden war, hat sie bei Beendigung der fortges. G.G. zu geschehen. Wenn z. B. der verstorbene Mann einem Kinde aus dem Gesammtgut eine Ausstattung von 1000 gegeben hat, die das dem Gesammtgut entsprechende Maß um 200 übersteigt, so muß dieser Betrag bei der Beendigung der ehelichen, der Betrag von 800 bei der Beendigung der fortges. G.G. zur Ausgleichung gebracht werden.

3. Zu Abs. 3 s. §§ 1491, 1501. Die im § 1501 Abs. 2 zugelassene Vereinbarung kann sich auch auf die anderweite Berechnung der Abfindung im Verhältnisse der Abkömmlinge zu einander beziehen.;

### § 1504.

**E. II § 1412 rev. § 1489; III § 1487. M. IV S. 475, 476. P. II S. 5562, 8041 (Bd. 4 S. 346).**

Wenn eine Gesammtgutsverbindlichkeit nicht vor der Theilung berichtigt wird, haften nach dem im § 1498 für anwendbar erklärten § 1480 die Abkömmlinge dem Gläubiger mit den

Antheils an dem Gesammtgute verpflichtet. Die Verpflichtung beschränkt sich auf die ihnen zugetheilten Gegenstände; die für die Haftung des Erben geltenden Vorschriften der §§. 1990, 1991 finden entsprechende Anwendung.

§. 1505.

Die Vorschriften über das Recht auf Ergänzung des Pflichttheils finden zu Gunsten eines antheilsberechtigten Abkömmlinges entsprechende Anwendung; an die Stelle des Erbfalls tritt die Beendigung der fortgesetzten Gütergemeinschaft, als gesetzlicher Erbtheil gilt der dem Abkömmlinge zur Zeit der Beendigung gebührende Antheil an dem Gesammtgut, als Pflichttheil gilt die Hälfte des Werthes dieses Antheils.

---

ihnen zugetheilten Gegenständen. Der Gläubiger kann auf jeden Abkömmling bis zur Erschöpfung der diesem zugetheilten Gegenstände greifen, ohne Rücksicht auf die Größe des Antheils des Abkömmlinges. Der § 1504 giebt nun dem Abkömmlinge, welcher von der Verbindlichkeit einen größeren Betrag, als der Größe seines Antheils entspricht, berichtigt hat, einen Anspruch gegen die übrigen Abkömmlinge auf Ersatz des zuviel Gezahlten nach Maßgabe der Größe der Antheile eines jeden Abkömmlinges. Für den Ersatz haften die Abkömmlinge nicht solidarisch, sie haften ferner nur in der Beschränkung auf die ihnen zugetheilten Gegenstände. Die Beschränkung ist in der gleichen Weise gestaltet wie im § 1480 gegenüber den Gläubigern (s. Erl. zu § 1480 und C.P.O. § 786).

§ 1505.

**E. I § 1391; II § 1389 rev. § 1490; III § 1488. P. I S. 7017—7030, 7049, 8715; M. IV S. 446. P. II S. 5499 (Bd. 4 S. 314).**

**1.** Daß die Vorschriften über die Ergänzung des Pflichttheils (§§ 2325—2332) bei der Erbfolge in das Vorbehalts- und Sondergut Anwendung finden, ist schon in der Erl. zu § 1483 dargelegt.

**2.** Die den Abkömmlingen bei der Beendigung der fortges. G.G. zufallende Hälfte (§ 1503) des Gesammtguts fällt ihnen nicht im Wege der Erbfolge zu; wirthschaftlich betrachtet bildet aber diese Hälfte den Erbtheil der Abkömmlinge. Der § 1505 schreibt deshalb die Anwendbarkeit der Vorschriften über die Ergänzung des Pflichttheils vor. Dadurch wird verhütet, daß die Ehegatten die in den §§ 1512, 1513 ihrer Verfügungsmacht gezogenen Schranken im Wege von Schenkungen umgehen. Der dem § 1503 Abs. 1 zu Grunde liegende Gedanke, das Verhältniß bei der Theilung der auf die Abkömmlinge treffenden Hälfte so zu gestalten, als ob der verstorbene Ehegatte erst im Zeitpunkte der Beendigung der fortges. G.G. verstorben wäre, bringt es mit sich, daß die Vorschriften über die Ergänzung des Pflichttheils nur mit der im § 1505 Halbs. 2 vorgeschriebenen Maßgabe gelten.

**3.** Das Recht auf Ergänzung des Antheils hat jeder antheilsberechtigte Abkömmling für sich, unabhängig von den anderen Abkömmlingen.

**4.** Bezüglich der Anwendbarkeit der Vorschriften über die Ergänzung des Pflichttheils muß auf die Erl. zu den §§ 2325—2332 verwiesen werden. Hier ist hervorzuheben:

**a**) Als Erblasser im Sinne des § 2325 gilt der verstorbene Ehegatte. Die ohne Einwilligung der Frau von dem Manne aus dem Gesammtgute gemachten Schenkungen kommen indessen nicht in Betracht. Solche Schenkungen sind unwirksam. Das Geschenkte kann sowohl von dem Manne als nach Maßgabe des § 1449 von der Frau und, falls dies während der ehelichen G.G. nicht geschehen ist, im Falle der fortges. G.G. von dem überlebenden Ehegatten zurückgefordert werden. Soweit das Geschenkte nicht zurückverlangt werden kann und das Gesammtgut also durch die Schenkung vermindert ist, hat der Mann nach § 1456 Satz 2 dem Gesammtgut Ersatz zu leisten. In Betracht kommen hier also nur Schenkungen aus dem Gesammtgute, die unter Zustimmung der Frau erfolgt sind. Solche Schenkungen gelten nach § 2331 Abs. 1 Satz 1 regelmäßig als von jedem der Ehegatten zur Hälfte gemacht. Nur wenn die Schenkung an den einseitigen Abkömmling eines der Ehegatten oder an eine Person gemacht ist, von der nur einer der Ehegatten abstammt, gilt sie nach § 2331 Abs. 1 Satz 2 als ganz von diesem Ehegatten gemacht. Der in dem Satze 2 weiter gedachte Fall, daß ein Ehegatte wegen der Schenkung zu dem Gesammtgut Ersatz zu leisten hat, kommt nach dem Obigen hier nicht in Betracht, weil in diesem Falle die Schenkung nicht als aus dem Gesammtgute, sondern als aus dem Vorbehaltsgute des ersatzpflichtigen Ehegatten gemacht anzusehen ist.

## §. 1506.

Ist ein gemeinschaftlicher Abkömmling erbunwürdig, so ist er auch des Antheils an dem Gesammtgut unwürdig. Die Vorschriften über die Erbunwürdigkeit finden entsprechende Anwendung.

---

**b)** Als Nachlaß im Sinne des § 2325 erscheint die Hälfte des zur Zeit der Beendigung der fortges. G.G. vorhandenen Gesammtguts. Auf die Größe des Gesammtguts zur Zeit der Schenkung oder des Todes des verstorbenen Ehegatten kommt es nicht an. Beispiel: Von dem verstorbenen Manne sind mit Zustimmung der Frau aus dem Gesammtgute 6000 verschenkt. Das Gesammtgut betrug zur Zeit der Schenkung 10 000, zur Zeit der Beendigung der fortges. G.G. 4000; nur ein gemeinschaftlicher Abkömmling ist vorhanden. Als dessen Erbtheil gilt die Hälfte des Gesammtguts also 2000, als Pflichttheil die Hälfte dieses Antheils, also 1000. Auf Grund der §§ 1505, 2331 ist aber die Hälfte der verschenkten 6000 also 3000 dem Antheile des Abkömmlinges hinzuzurechnen. Der Pflichttheil von den sich hieraus ergebenden 5000 beträgt 2500. Da der Abkömmling in dem vorausgesetzten Falle die ganze Hälfte des vorhandenen Gesammtguts also 2000 erhält, so fehlen ihm noch 500. Auf diese geht der Ergänzungsanspruch. Wäre die Schenkung an einen einseitigen Abkömmling oder an einen einseitigen Elterntheil desjenigen Ehegatten gemacht, mit dessen Tode die fortgesetzte G.G. eintritt, so würden die verschenkten 6000 ganz dem Antheile des Abkömmlinges hinzuzurechnen sein. Sein Erbtheil würde also 8000, sein Pflichttheil 4000 betragen und der Ergänzungsanspruch auf 2000 gehen. Wäre die Schenkung an einen einseitigen Abkömmling des überlebenden Ehegatten gemacht, so würde die Schenkung überhaupt nicht bei der Beendigung der fortges. G.G., sondern erst bei der Beerbung des überlebenden Ehegatten in Betracht kommen.

**c)** Der Anspruch auf Ergänzung richtet sich zunächst (§ 2329) gegen den Erben. An die Stelle des Erben treten hier die antheilsberechtigten Abkömmlinge. Jeder von ihnen kann die Leistung aber insoweit verweigern, daß ihm sein eigener Pflichttheil einschließlich der Ergänzung verbleibt (§ 2328). Soweit die Abkömmlinge hiernach nicht verpflichtet sind, haftet der Beschenkte nach Maßgabe des § 2329. Ebenso, wenn nur ein antheilsberechtigter Abkömmling vorhanden ist.

**d)** Nach § 2325 Abs. 3 bleibt die Schenkung unberücksichtigt, wenn zur Zeit der Beendigung der fortges. G.G. zehn Jahre seit der Leistung des verschenkten Gegenstandes verstrichen sind; ist die Schenkung an den überlebenden Ehegatten erfolgt, so beginnt die Frist nicht vor der Auflösung der Ehe.

**e)** Hat ein antheilsberechtigter Abkömmling selbst eine Schenkung erhalten, so ist diese nach Maßgabe des § 2327 Abs. 1 zur Anrechnung zu bringen. Dasselbe gilt nach § 2327 Abs. 2 von einer Schenkung, die ein weggefallener Abkömmling, an dessen Stelle ein antheilsberechtigter Abkömmling getreten ist (§§ 1490, 1491), erhalten hat.

**f)** Die Anwendbarkeit des § 2332 Abs. 1, 2 regelt die Verjährung des Anspruchs auf Ergänzung des Antheils.

### § 1506.

**E. I § 1392; II §§ 1390, 1392 rev. § 1491; III § 1489. P. I S. 6869, 7017—7041, 8716, 8725; M. IV S. 446—448. P. II S. 5499 (Bd. 4 S. 314).**

**1.** Ein Abkömmling, der in Ansehung des Nachlasses (s. Erl. zu § 1483) des verstorbenen Ehegatten für erbunwürdig erklärt worden ist, ist damit auch von selbst des Antheils am Gesammtgute der fortges. G.G. verlustig. Ist eine Erbunwürdigkeitserklärung in Betreff des Nachlasses nicht erfolgt, sei es weil der Abkömmling nicht Erbe geworden oder weil Vorbehalts- und Sondergut nicht oder nur in so geringem Umfange vorhanden, daß Niemand ein Interesse daran hatte, den Erbschaftserwerb anzufechten, so kommt die Unwürdigkeitserklärung nur für die Rechte an dem Gesammtgute der fortges. G.G. in Betracht.

**2.** Die Anwendbarkeit der Vorschriften über die Erbunwürdigkeit (§§ 2339—2345) führt zu folgendem Ergebniß.

**a)** In welchen Fällen ein Abkömmling seiner Rechte am Gesammtgut unwürdig ist, bestimmt sich nach § 2339. Als Erblasser erscheint der Ehegatte, mit dessen Tode die fortges. G.G. eintritt. Soweit der § 2339 von einer Verfügung von Todeswegen spricht, ist darunter auch eine Verfügung zu verstehen, welche die fortges. G.G. nur in einzelnen Beziehungen modifizirt, z. B. eine der in den §§ 1511—1515 genannten. Die Vorschriften des § 2339 Abs. 1 Nr. 2—4 beziehen sich nur auf Verfügungen des Erblassers, hier also des zuerst verstorbenen Ehegatten, nicht auf die Zustimmungserklärung (§ 1516). Da indessen die Wirksamkeit

## §. 1507.

Das Nachlaßgericht hat dem überlebenden Ehegatten auf Antrag ein Zeugniß über die Fortsetzung der Gütergemeinschaft zu ertheilen. Die Vorschriften über den Erbschein finden entsprechende Anwendung.

---

der Verfügungen des verstorbenen Ehegatten von jener Zustimmung des anderen abhängt, da also die Verhinderung dieser Zustimmung dieselbe Wirkung hat wie die direkte Verhinderung der Verfügung selbst, so dürfte es sich rechtfertigen, die Vorschrift des § 2339 Abs. 1 Nr. 2 auch auf die absichtliche und widerrechtliche Verhinderung des überlebenden Ehegatten an der Zustimmung zu beziehen. Aus demselben Gesichtspunkte dürfte sich auch die entsprechende Anwendung der Nr. 4 auf die Zustimmungserklärung rechtfertigen. Nicht in Betracht kommt in dieser Beziehung aber die Nr. 3. Ist der überlebende Ehegatte von einem antheilsberechtigten Abkömmlinge durch arglistige Täuschung oder widerrechtlich durch Drohung zu der Erklärung der Zustimmung bestimmt worden, so kann er seine Erklärung nach allgemeinen Grundsätzen anfechten. Für eine entsprechende Anwendung der Nr. 3 in Beziehung auf die Erbunwürdigkeit des Abkömmlinges liegt kein Grund vor. Auch die Nr. 1 dürfte nur insofern in Betracht kommen, als die darin bezeichneten Handlungen im einzelnen Falle den Charakter der vorsätzlichen und widerrechtlichen Verhinderung des anderen Ehegatten an der Erklärung der Zustimmung haben und deshalb auch unter die Nr. 2 fallen.

**b)** Aus der Anwendbarkeit des § 2340 folgt, daß die Unwürdigkeit nicht von selbst, sondern in Folge einer Anfechtung eintritt. Die Erbunwürdigkeit wird durch Anfechtung des Erbschaftserwerbes geltend gemacht. An Stelle des Erbschaftserwerbes tritt hier der Erwerb des Antheils an der fortges. G.G. Dieser Erwerb tritt ebenso wie der Erwerb der Erbschaft ipso jure mit dem Tode des Ehegatten ein. Erst nach diesem ist die Anfechtung nach § 2340 Abs. 2 zulässig. Ueber die Anfechtungsfrist trifft der § 2340 Abs. 3 durch Verweisung auf den § 2082 Bestimmung.

**c)** Das Anfechtungsrecht steht nach § 2341 Jedem zu, dem der Wegfall des Unwürdigen, sei es auch nur bei dem Wegfall eines Anderen, zu Statten kommt. Als anfechtungsberechtigt erscheint daher jeder andere antheilsberechtigte Abkömmling sowie die an die Stelle des erbunwürdigen Abkömmlinges tretenden Abkömmlinge desselben, ferner auch, wenn in Folge des Wegfalls des erbunwürdigen Abkömmlinges die fortges. G.G. überhaupt nicht eintritt, Jeder, der als Erbe des verstorbenen Ehegatten, wenn auch erst nach dem Wegfall eines anderen, berufen wird. Die Vorschriften der §§ 1490, 1491 kommen nicht in Betracht, denn hierbei handelt es sich um die Folgen des Todes oder des Verzichts eines Abkömmlinges, nachdem derselbe antheilsberechtigt geworden ist, nicht wie bei der Anwendbarkeit des § 2341 vorausgesetzt wird, um die in Folge des Nichterwerbes der Antheilsberechtigung für einen Anderen entstehenden Rechte.

**d)** Die Anfechtung erfolgt nach § 2342 durch Erhebung der Anfechtungsklage gegen den Abkömmling. Mit der Rechtskraft des Urtheils tritt die Wirkung der Anfechtung ein. Nach § 2343 ist die Anfechtung ausgeschlossen, wenn der Ehegatte, mit dessen Tode die fortges. G.G. eintritt, dem Abkömmlinge verziehen hat.

**e)** Aus § 2344 ergiebt sich, daß der Abkömmling, wenn er für unwürdig erklärt ist, als vor dem Ehegatten gestorben gilt, mit dessen Tode die fortges. G.G. eintritt. Der Antheil des Unwürdigen fällt also, wenn noch andere gemeinschaftliche Abkömmlinge vorhanden sind, diesen zu; ist der Unwürdige der einzige gemeinschaftliche Abkömmling, so findet Beerbung nach § 1482 statt; sind neben den gemeinschaftlichen Abkömmlingen einseitige vorhanden, so kommt die Unwürdigkeitserklärung auch diesen zu Gute.

**f)** Wegen des § 2345 s. Erl. zu § 1511.

**3.** Wenn ein Abkömmling gegenüber dem Nachlasse des überlebenden Ehegatten als erbunwürdig erscheint, so wird er dadurch seines Antheils am Gesammtgute der fortges. G.G. nicht verlustig.

**4.** Ist ein einseitiger Abkömmling erbunwürdig, so folgt aus § 2344 mit § 1483 Abs. 2, daß dessen Erbtheil sowohl den übrigen einseitigen als auch den gemeinschaftlichen Abkömmlingen zufällt.

### § 1507.

**E. II § 1392a rev. § 1492; III § 1490. P. II S. 7865—7868.**

**1.** Ueber die Erbfolge in das Sonder- oder Vorbehaltsgut wird ein gewöhnlicher Erbschein ausgestellt.

## §. 1508.

Die Ehegatten können die Fortsetzung der Gütergemeinschaft durch Ehevertrag ausschließen.

Auf einen Ehevertrag, durch welchen die Fortsetzung der Gütergemeinschaft ausgeschlossen oder die Ausschließung aufgehoben wird, finden die Vorschriften des §. 1437 Anwendung.

## §. 1509.

Jeder Ehegatte kann für den Fall, daß die Ehe durch seinen Tod aufgelöst wird, die Fortsetzung der Gütergemeinschaft durch letztwillige Verfügung aus-

---

Ueber die fortges. G.G. wird das im Satz 1 bestimmte Zeugniß ertheilt. Ueber die Zuständigkeit des Gerichts s. freiw. G.G. §§ 72, 73. Wer ein rechtliches Interesse glaubhaft macht, kann verlangen, daß ihm von dem Gericht eine Ausfertigung des Zeugnisses ertheilt wird (§ 85 freiw. G.G.).

2. Die entsprechende Anwendbarkeit der für den Erbschein geltenden Vorschriften (§§ 2353ff.) führt zu folgendem Ergebnisse.

a) Die Voraussetzungen der Ertheilung des Zeugnisses ergeben sich aus der Anwendbarkeit der §§ 2334, 2335. Der überlebende Ehegatte hat danach den Ehevertrag vorzulegen, den Tod des anderen Ehegatten sowie das Vorhandensein gemeinschaftlicher zur gesetzlichen Erbfolge berufener Abkömmlinge nachzuweisen und anzugeben, ob eine Verfügung, durch welche die fortges. G.G. ausgeschlossen wird (§§ 1508, 1509), vorhanden und ob ein Rechtsstreit über den Eintritt der fortges. G.G. anhängig ist. Der Tod des Ehegatten und die Geburt gemeinschaftlicher Abkömmlinge sind durch öffentliche Urkunden nachzuweisen. In Ansehung der übrigen erforderlichen Angaben hat der Ehegatte vor Gericht oder vor einem Notar an Eidesstatt zu versichern, daß ihm nichts bekannt sei, was der Richtigkeit seiner Angaben entgegen steht. Das Gericht kann die Versicherung erlassen, wenn es sie nicht für erforderlich erachtet (§ 2356).

b) Das Gericht hat von Amtswegen die zur Feststellung des Eintritts der fortges. G.G. erforderlichen Ermittelungen anzustellen und die geeignet scheinenden Beweise aufzunehmen (§ 2358). Die Einsicht in die Ermittelung steht nach § 78 freiw. G.G. Jedem zu, der ein berechtigtes Interesse glaubhaft macht. Das Zeugniß ist nur zu ertheilen, wenn das Gericht den Eintritt der fortges. G.G. für bewiesen erachtet (§ 2359). Ist über den Eintritt ein Rechtsstreit anhängig, so soll der Gegner des Ehegatten wenn thunlich vorher gehört werden (§ 2360).

c) Das Zeugniß ist nach § 2361 Abs. 1 einzuziehen, wenn sich ergiebt, daß es unrichtig ist, d. h. daß es überhaupt nicht hätte ertheilt werden sollen, dagegen ist es nicht einzuziehen, wenn die fortges. G.G. beendet wird. Kann das Zeugniß nicht sofort erlangt werden, so ist es für kraftlos zu erklären (§ 2361 Abs. 2). Eine Beschwerde gegen die Kraftloserklärung findet nicht statt (§ 84 freiw. G.G.).

d) Das Zeugniß hat nur dahin zu lauten, daß die fortges. G.G. eingetreten ist. Es bezeugt nicht, daß sie bestehe, sondern nur daß sie eingetreten ist. Nur in diesem Umfang ist eine Vermuthung für die Richtigkeit des Inhalts aufgestellt (§ 2365). Ob die fortges. G.G. noch besteht, darüber muß sich Jeder, der mit dem Ehegatten in Verkehr tritt, selbst vergewissern. Das Zeugniß hat in diesem Umfange denselben öffentlichen Glauben, der in den §§ 2366, 2367 dem Erbscheine beigelegt ist.

3. Für Eintragungen in das Grundbuch ist das Bestehen der fortges. G.G. nur auf Grund des im § 1507 vorgesehenen Zeugnisses anzunehmen (§ 36 Abs. 2 G.B.O.).

### § 1508.

**E. I § 1383 Abs. 2 Satz 2; II § 1413 Halbs. 1 rev. § 1493; III § 1491. P. I S. 6887, 6891, 12220, 12222; M. IV S. 424. P. II S. 5479 (Bd. 4 S. 303). R.B. S. 2068.**

1. Der Ausschluß der fortges. G.G. kann schon in dem Ehevertrage, durch den die G.G. eingeführt wird oder in einem späteren Vertrage vereinbart werden. Die Schließung des die Fortsetzung ausschließenden oder des die Ausschließung wieder aufhebenden Vertrags durch einen Vertreter beschränkt der von der R.T.K. hinzugefügte Abs. 2 in der gleichen Weise, wie dies für den die G.G. einführenden oder aufhebenden Vertrag vorgeschrieben ist (s. Erl. zu § 1437). Der Ausschluß der fortges. G.G. muß in das Güterrechtsregister eingetragen werden.

2. Ueber die Folgen des Ausschlusses der fortges. G.G. s. § 1510.

schließen, wenn er berechtigt ist, dem anderen Ehegatten den Pflichttheil zu entziehen oder auf Aufhebung der Gütergemeinschaft zu klagen. Auf die Ausschließung finden die Vorschriften über die Entziehung des Pflichttheils entsprechende Anwendung.

§. 1510.

Wird die Fortsetzung der Gütergemeinschaft ausgeschlossen, so gilt das Gleiche wie im Falle des §. 1482.

§. 1511.

Jeder Ehegatte kann für den Fall, daß die Ehe durch seinen Tod aufgelöst wird, einen gemeinschaftlichen Abkömmling von der fortgesetzten Gütergemeinschaft durch letztwillige Verfügung ausschließen.

Der ausgeschlossene Abkömmling kann, unbeschadet seines Erbrechts, aus dem Gesammtgute der fortgesetzten Gütergemeinschaft die Zahlung des Betrags verlangen, der ihm von dem Gesammtgute der ehelichen Gütergemeinschaft als Pflichttheil ge-

---

**§ 1509.**

**E. I § 1387 Abs. 1—3; II § 1383 Abs. 1 rev. § 1494; III § 1492. P. I S. 6856, 6910, 6931—6936; M. IV S. 440. P. II S. 5488, 8645 (Bd. 4 S. 309). D. S. 697.**

1. Der Satz 1 bestimmt, wann ein Ehegatte die Fortsetzung der G.G. einseitig ausschließen kann. Erforderlich ist eine letztwillige Verfügung, die in einem Testament (§ 1937) oder in einem Erbvertrag (§ 2299) enthalten sein, jedoch nicht als eine vertragsmäßige (§ 2278) getroffen werden kann. Die Fälle, wann ein Ehegatte dem anderen den Pflichttheil entziehen kann, sind im § 2336 (s. auch Erl. III zu § 1483), die Fälle, in welchen auf Aufhebung der G.G. geklagt werden kann, sind in den §§ 1468, 1469 bestimmt. Der Ausschluß ist im Falle der Ueberschuldung des Gesammtguts (§ 1468 Nr. 5, § 1469) auch dann gestattet, wenn dem verschuldeten Ehegatten die Verschuldung nicht zum Vorwurfe gemacht werden kann. Wegen der Frage, ob in dem Ausschluß auch die Entziehung des Pflichttheils liegt, s. Erl. zu § 1510.

2. Zu der Anwendbarkeit der Vorschriften über die Entziehung des Pflichttheils (§§ 2336, 2337) ist zu bemerken. Aus § 2336 Abs. 2 folgt, daß der Grund des Ausschlusses zur Zeit der Errichtung der letztwilligen Verfügung bestehen und in der Verfügung angegeben sein muß. Der Beweis liegt nach § 2336 Abs. 3 demjenigen ob, welcher den Ausschluß der fortges. G.G. behauptet. Das Recht zum Ausschluß erlischt durch Verzeihung und eine Verfügung, durch die die fortges. G.G. ausgeschlossen ist, wird durch die Verzeihung unwirksam (§ 2337). Eine Verzeihung ist nicht nur bei Verfehlung des Ehegatten, sondern auch bei den objektiv wirkenden Thatsachen (§§ 1468, 1469) möglich.

3. Ueber die Folgen des Ausschlusses s. § 1510.

**§ 1510.**

**E. I § 1387 Abs. 4; II § 1383 Abs. 2 rev. § 1495; III § 1493. P. I S. 6931—6934; M. IV S. 441. P. II S. 5488 (Bd. 4 S. 309).**

Der § 1510 bestimmt die Folgen, welche eintreten, wenn die fortges. G.G. durch Ehevertrag (§ 1508) oder durch letztwillige Verfügung (§ 1509) ausgeschlossen ist. Der Antheil des verstorbenen Ehegatten gehört zu dessen Nachlaß; im Uebrigen s. Erl. zu § 1482.

In dem Ausschlusse der fortges. G.G. liegt nicht von selbst auch die Entziehung des Pflichttheils. Unter Umständen wird aber, wenn die Ausschließung aus einem Grunde erfolgt, aus dem der Pflichttheil entzogen werden kann, die Auslegung dahin führen können, daß auch der Pflichttheil hat entzogen werden sollen. Im Zweifel dürfte dies nicht anzunehmen sein.

**§ 1511.**

**E. I § 1388; II § 1384 rev. § 1496; III § 1494. P. I S. 6869, 7017—7032, 7050, 8715; M. IV S. 442. P. II S. 5488—5491, 6841—6844, 8639 (Bd. 4 S. 309, 310; 5 S. 137—140).**

1. Wie der Erblasser einen Abkömmling von der Erbfolge ausschließen kann, jedoch unbeschadet des Rechtes des Abkömmlinges auf den Pflichttheil, so kann der Ehegatte, mit dessen

bühren würde, wenn die fortgesetzte Gütergemeinschaft nicht eingetreten wäre. Die für den Pflichttheilsanspruch geltenden Vorschriften finden entsprechende Anwendung.

Der dem ausgeschlossenen Abkömmlinge gezahlte Betrag wird bei der Auseinandersetzung den antheilsberechtigten Abkömmlingen nach Maßgabe des §. 1500 angerechnet. Im Verhältnisse der Abkömmlinge zu einander fällt er den Abkömmlingen zur Last, denen die Ausschließung zu Statten kommt.

---

Tode die fortges. G.G. eintritt, einen Abkömmling von der Antheilnahme an dieser ausschließen, jedoch erhält der Abkömmling auch in diesem Falle einen dem Pflichttheil entsprechenden Theil von dem Gesammtgut. Aus welchen Gründen die Ausschließung erfolgt, kommt nicht in Betracht. Der Ausschluß muß durch letztwillige Verfügung (s. Erl. zu § 1509 Nr. 1) erfolgen und ist nur mit Zustimmung des anderen Ehegatten (§ 1516) zulässig.

Verschieden vom Ausschluß ist die Entziehung des Antheils nach § 1513. Diese darf nur aus den Gründen erfolgen, aus welchen dem Abkömmlinge der Pflichttheil entzogen werden kann.

2. Die Wirkung des Ausschlusses gegenüber dem Ausgeschlossenen ist im Abs. 2 geregelt. Danach bleibt das Erbrecht des Abkömmlinges gegenüber dem Nachlasse, d. h. dem Sonder- und Vorbehaltsgute, sofern nicht der Ehegatte das Gegentheil angeordnet hat, durch den Ausschluß unberührt, aus dem Gesammtgut aber kann der Abkömmling den Betrag verlangen, welcher ihm als Pflichttheil zukäme, wenn die fortges. G.G. nicht eingetreten wäre, d. h. wenn der Antheil des verstorbenen Ehegatten zu dessen Nachlasse gehören und der Nachlaß nur aus dem Antheile bestehen würde. Beispiel: Wenn von den zwei gemeinschaftlichen Abkömmlingen der eine ausgeschlossen ist, so erhält dieser, sofern eine andere letztwillige Verfügung als die den Ausschluß anordnende nicht vorliegt, vom Vorbehaltsgute $^3/_8$ und aus dem Gesammtgute $^3/_{16}$ der Hälfte des Gesammtguts (in beiden Fällen unter Berücksichtigung des Erbrechts des Ehegatten); bei der Berechnung des Pflichttheils aus dem Gesammtgute wird also dasjenige, was der Abkömmling aus dem Nachlaß erhält, nicht in Ansatz gebracht, ein den gegentheiligen Standpunkt vertretender Antrag ist von der zweiten Kommission abgelehnt worden. Will der Ehegatte berücksichtigt haben, was der Abkömmling aus dem Nachlaß erhält, so kann er dies nach § 1518 nicht durch die Anordnung erreichen, daß das aus dem Nachlaß Erhaltene in den Pflichttheil aus dem Gesammtgut eingerechnet wird, sondern nur durch entsprechende Bestimmung des Erbtheils gegenüber dem Nachlasse.

Was der Abkömmling aus dem Gesammtgut als Pflichttheil zu fordern hat, erhält er nicht erst bei Beendigung der fortges. G.G., sondern sofort; er erhält aber stets nur einen Geldbetrag, nicht eine Quote des Gesammtguts, auch nicht einen bestimmten dazu gehörenden Gegenstand. Das Gegentheil können die Ehegatten nicht bestimmen (§ 1518).

3. Zu Abs. 2 Satz 2 ist zu bemerken. Anwendung finden:

a) § 2303 Abs. 1 Satz 2, wonach der Pflichttheil in der Hälfte des Werthes des gesetzlichen Erbtheils besteht.

b) Die §§ 2307, 2308 finden für den Fall Anwendung, daß dem Ausgeschlossenen nach § 1514 ein Betrag, welcher einem anderen Abkömmling entzogen ist, zugewendet ist.

c) § 2310, wonach bei der Festsetzung des für die Berechnung des Pflichttheils maßgebenden Erbtheils diejenigen mitgezählt werden, welche durch letztwillige Verfügung von der Erbfolge ausgeschlossen sind oder die Erbschaft ausgeschlagen haben oder für erbunwürdig erklärt sind, dagegen nicht mitgezählt wird, wer auf das Erbrecht verzichtet hat. Beispiel: Wenn von den vorhandenen vier Kindern das eine nach § 1517 verzichtet hat, das andere nach § 1506 unwürdig ist, während das dritte ausgeschlossen ist, so werden für die Berechnung des Erbtheils des ausgeschlossenen Kindes drei Erben gezählt. Beträgt die Hälfte des Gesammtguts 6000, von denen nach Abzug des dem überlebenden Ehegatten zukommenden $^1/_4$ noch 4500 zu vertheilen sind, so ist der Erbtheil des ausgeschlossenen Kindes 1500, der Pflichttheil 750.

d) §§ 2311, 2313 über die Berechnung des Bestandes und Werthes des Gesammtguts. Der § 2312 dürfte keine Anwendung finden, indem der § 1515 eine Bestimmung über die Berechnung des Werthes eines Landguts nach dem Ertragswerthe nur für die Theilung des Gesammtguts der fortges. G.G., nicht aber für die Berechnung des Pflichttheils eines ausgeschlossenen Abkömmlinges von dem ehelichen Gesammtgute zuläßt, eine Ausdehnung der Vorschrift des § 1515 auf diesen Fall aber um so bedenklicher erscheint, als bei der Bestimmung des Pflichttheils noch völlig ungewiß ist, ob das Landgut bei der Beendigung der fortges. G.G noch zu dem Gesammtgute gehört und ob derjenige, welchem das Recht der Uebernahme gegen den Ertragswerth eingeräumt ist, von diesem Rechte Gebrauch macht.

§. 1512.

Jeder Ehegatte kann für den Fall, daß mit seinem Tode die fortgesetzte Gütergemeinschaft eintritt, den einem antheilsberechtigten Abkömmlinge nach der Beendigung der fortgesetzten Gütergemeinschaft gebührenden Antheil an dem Gesammtgute durch letztwillige Verfügung bis auf die Hälfte herabsetzen.

§. 1513.

Jeder Ehegatte kann für den Fall, daß mit seinem Tode die fortgesetzte Gütergemeinschaft eintritt, einem antheilsberechtigten Abkömmlinge den diesem nach

---

e) § 2314. Danach hat der Ehegatte (und nur dieser, nicht die Abkömmlinge) dem Ausgeschlossenen über den Bestand des Gesammtguts auf Verlangen Auskunft zu ertheilen (§ 260) und ihn bei der Aufnahme des im § 260 bestimmten Verzeichnisses zuzuziehen.

f) §§ 2315, 2316 über die Anrechnung von Zuwendungen unter Lebenden.

g) § 2317. Danach entsteht der Anspruch mit dem Eintritte der fortges. G.G.; der Anspruch ist vererblich und übertragbar, der § 852 Abs. 1 der C.P.O., nach welchem der Pflichttheilsanspruch der Pfändung nur unterworfen ist, wenn er durch Vertrag anerkannt oder rechtshängig geworden ist, wird entsprechend anzuwenden sein.

h) Die §§ 2325—2331 über die Ergänzung des Pflichttheils wegen Schenkungen und der § 2332, welcher die Verjährung des Anspruchs regelt. Als Erbfall gilt der Eintritt der fortges. G.G. Auch bei der Ergänzung des Pflichttheils darf darauf keine Rücksicht genommen werden, wie viel der Abkömmling aus dem Nachlasse des verstorbenen Ehegatten erhält; selbstverständlich kommen aber nur Schenkungen aus dem Gesammtgut in Betracht. Wegen des § 2338 vergl. Erl. zu § 1513.

Keine Anwendung finden die §§ 2304—2306, 2309, 2318—2324; wegen der §§ 2333—2339 s. Erl. zu § 1513.

i) Hat sich der ausgeschlossene Abkömmling einer die Erbunwürdigkeit begründenden Verfehlung schuldig gemacht, so findet § 2345 Anwendung.

4. Die Wirkung des Ausschlusses auf den überlebenden Ehegatten und die übrigen Abkömmlinge hatten der E. I § 1388 Satz 2 und der E. II § 1392 dahin bestimmt, daß der ausgeschlossene Abkömmling in Ansehung der fortges. G.G. als vor dem Erbfalle gestorben anzusehen ist. Dieser Satz ist bei der Schlußlesung der zweiten Kommission gestrichen worden; seine Richtigkeit ergiebt sich aus dem Begriffe des Ausschlusses von selbst. Hieraus folgt, daß, wenn ein anderer gemeinschaftlicher Abkömmling nicht vorhanden ist, die fortges. G.G. nicht eintritt, sondern Beerbung nach § 1482 stattfindet und daß, wenn neben dem Ausgeschlossenen andere antheilsberechtigte Abkömmlinge vorhanden sind, der Ausschluß diesen zu Gute kommt.

5. Der Abs. 3 trifft über die Frage Bestimmung, zu wessen Lasten der dem Ausgeschlossenen gezahlte Pflichttheil im Verhältnisse zwischen dem überlebenden Ehegatten und den antheilsberechtigten Abkömmlingen sowie im Verhältnisse der Abkömmlinge unter einander geht. Das Zitat muß richtig „§ 1501" heißen (Ubbelohde in Ihering's Jahrb. f. Dogm. 38 S. 214). Wegen der Natur der Anrechnungspflicht s. Erl. zu §§ 1498, 1500.

6. Ob in dem Ausschlusse von der fortges. G.G. die Beschränkung auf den Pflichttheil gegenüber dem Vorbehalts- und Sondergute liegt, ist Auslegungsfrage.

§ 1512.

**E. I § 1389 Abs. 1; II § 1385 Satz 1 rev. § 1497; III § 1495. P. I S. 7017—7032, 7050, 8715, 8725; M. IV S. 443, 444. P. II S. 5491—5494 (Bd. 4 S. 310—312).**

1. Der § 1512 gestattet dem Ehegatten, mit dessen Tode die fortges. G.G. eintritt, den Antheil eines Abkömmlinges bis auf die Hälfte zu kürzen. Dies kann in der Weise geschehen, daß der Antheil mit der Leistung einer Geldsumme, welche dem halben Werthe des Antheils gleichkommen kann, beschwert wird. Solchen Falles wird das Antheilsrecht selbst nicht berührt; dies hat insbesondere für die Schuldenhaftung Bedeutung. Die Kürzung kann aber auch in der Weise erfolgen, daß das Antheilsrecht selbst herabgesetzt wird; das entzogene Antheilsrecht kann nur den anderen antheilsberechtigten Abkömmlingen, nicht aber dem überlebenden Ehegatten oder sonst einem Dritten zu Gute kommen. Der Betrag des Geldwerths des entzogenen Antheils kann nach § 1514 auch einem Dritten zugewendet werden.

2. Die Kürzung kann nur durch letztwillige Verfügung (s. Erl. zu § 1509 Nr. 1) und nur mit Zustimmung des anderen Ehegatten (§ 1516) geschehen. Ist der Antheil um mehr als die Hälfte gekürzt, so wird nach der Analogie des § 2306 anzunehmen sein, daß die die Hälfte übersteigende Kürzung als nicht angeordnet gilt.

der Beendigung der fortgesetzten Gütergemeinschaft gebührenden Antheil an dem Gesammtgute durch letztwillige Verfügung entziehen, wenn er berechtigt ist, dem Abkömmlinge den Pflichttheil zu entziehen. Die Vorschriften des §. 2336 Abs. 2 bis 4 finden entsprechende Anwendung.

Der Ehegatte kann, wenn er nach §. 2338 berechtigt ist, das Pflichttheilsrecht des Abkömmlinges zu beschränken, den Antheil des Abkömmlinges am Gesammtgut einer entsprechenden Beschränkung unterwerfen.

## §. 1514.

Jeder Ehegatte kann den Betrag, den er nach §. 1512 oder nach §. 1513 Abs. 1 einem Abkömmling entzieht, auch einem Dritten durch letztwillige Verfügung zuwenden.

---

### § 1513.

**E. I § 1389 Abs. 2; II § 1386 rev. § 1498; III § 1496. P. I S. 7017—7032, 7049, 8715, 8725; M. IV S. 444. P. II S. 5495—5497 (Bd. 4 S. 310—312).**

1. Die im Abs. 1 Satz 1 bezeichnete Verfügung läßt das Antheilsrecht des Abkömmlinges während des Bestehens der fortges. G.G. unberührt, der Abkömmling ist von der fortges. G.G. nicht ausgeschlossen und daher in den Fällen der §§ 1444—1446, 1487 um seine Zustimmung anzugehen. Die praktische Bedeutung davon, daß das Antheilsrecht erst nach der Beendigung der fortges. G.G. entzogen erscheint, liegt darin, daß der überlebende Ehegatte nicht deshalb, weil der einzig vorhandene Abkömmling den Pflichttheil nicht verdient, auf die Vortheile, welche die fortges. G.G. ihm bietet, soll verzichten müssen. Die letztwillige Verfügung kann in einem Testament (§ 1937) oder in einem Erbvertrag (§ 2299) enthalten sein; als vertragsmäßige kann sie jedoch nicht getroffen werden (§ 2278). Zur Entziehung ist nach § 1516 die Zustimmung des anderen Ehegatten erforderlich. Wann ein Ehegatte einem Abkömmlinge den Pflichttheil entziehen kann, ist im § 2333 bestimmt. Die Wirkung der Entziehung ist, daß der Antheil den anderen Abkömmlingen und in deren Ermangelung dem überlebenden Ehegatten anwächst. Die Entziehung kann auch in der Form geschehen, daß der Ehegatte den Antheil des Abkömmlinges mit einer die Hälfte (vergl. § 1512) des Werthes des Antheils übersteigenden Zuwendung zu Gunsten eines Dritten (§ 1514) belastet.

2. Aus der Anwendbarkeit des § 2336 Abs. 2, 3 ergiebt sich, daß der Grund der Entziehung zur Zeit der Errichtung der letztwilligen Verfügung bestehen und in der Verfügung angegeben werden muß sowie daß der Beweis des Grundes demjenigen obliegt, welcher die Entziehung geltend macht. Nach § 2336 Abs. 4 ist die Entziehung im Falle des § 2333 Nr. 5 unwirksam, wenn sich der Abkömmling zur Zeit des Erbfalls von dem ehrlosen oder unsittlichen Lebenswandel dauernd abgewendet hat; als Erbfall erscheint hier die Beendigung der fortges. G.G.

Nicht für anwendbar erklärt ist der § 2337, wonach das Recht der Entziehung durch Verzeihung erlischt und eine die Entziehung anordnende Verfügung durch die Verzeihung unwirksam wird. Die Anwendbarkeit ergiebt sich indessen daraus, daß der Abs. 1 Satz 1 das Recht der Entziehung des Antheils nur gewährt, wenn der Ehegatte zur Entziehung des Pflichttheils berechtigt ist, diese Voraussetzung ermangelt aber im Falle der Verzeihung. Wenn im § 1509 nicht blos die Anwendbarkeit des § 2336, sondern die der Vorschriften über die Entziehung des Pflichttheils überhaupt vorgeschrieben ist, so ist diese Fassung nur gewählt, um auch die Fälle der §§ 1468, 1469 zu umfassen.

3. Der Abs. 2 gestattet die Entziehung des Antheils in guter Absicht, wenn die Voraussetzungen des § 2338 vorliegen. Der Ehegatte kann solchen Falles das Recht des Abkömmlinges durch die Anordnung einer Nacherbschaft oder einer Testamentsvollstreckung beschränken. Dadurch wird das Antheilsrecht des Abkömmlinges während der fortges. G.G. nicht berührt; insbesondere ist, soweit nach § 1487 die Einwilligung der Abkömmlinge erforderlich ist, die des Abkömmlinges, nicht die des Nacherben oder des Testamentsvollstreckers erforderlich. Die Beschränkungen werden erst mit der Beendigung der fortges. G.G. wirksam, indem der Abkömmling den Antheil nicht zu freier Verfügung erhält. Wegen der beschränkten Pfändbarkeit der Nutzungen desjenigen, was der Abkömmling bei der Auseinandersetzung erhält, s. C.P.O. § 863 Abs. 3.

4. Nicht erforderlich ist, daß der Ehegatte die im § 1513 bezeichneten Maßregeln in Bezug auf den Abkömmling auch gegenüber seinem Nachlaß anordnet.

## §. 1515.

Jeder Ehegatte kann für den Fall, daß mit seinem Tode die fortgesetzte Gütergemeinschaft eintritt, durch letztwillige Verfügung anordnen, daß ein antheilsberechtigter Abkömmling das Recht haben soll, bei der Theilung das Gesammtgut oder einzelne dazu gehörende Gegenstände gegen Ersatz des Werthes zu übernehmen.

---

### § 1514.

**E. II § 1387 rev. § 1499; III § 1497. M. IV S. 444; P. II S. 5495, 5517—5520 (Bd. 4 S. 312, 323—325).**

**1.** Nach § 1514 kann der Ehegatte dem Dritten nur einen Geldbetrag, nicht eine Quote des Gesammtguts, auch nicht einen bestimmten zum Gesammtgute gehörenden Gegenstand zuwenden. Die Zuwendung kann, da in den Antheil des verstorbenen Ehegatten am Gesammtgute die Erbfolge nicht eröffnet wird, nicht in Form einer Erbeinsetzung sondern nur in Form einer Beschwerung des Antheils geschehen.

Der Ehegatte kann den Zweck, einem Dritten eine Zuwendung zu machen, dadurch erreichen, daß er einem Abkömmlinge die Verpflichtung auferlegt, einen Betrag, welcher dem Werthe desjenigen Antheils, welchen er dem Abkömmlinge nach §§ 1512, 1513 zu entziehen berechtigt ist, entspricht, dem Dritten zu leisten (s. Erl. zu §§ 1512, 1513). Er kann aber auch den Antheil, den er einem Abkömmlinge nach §§ 1512, 1513 entzieht, den anderen Abkömmlingen zuwenden und diese mit der Leistung an den Dritten bis zu dem Betrage des Werthes des zugewendeten Antheils belasten. Das letztgedachte Verhältniß tritt immer ein, wenn der Ehegatte sich darauf beschränkt, einem Abkömmlinge dessen Antheil oder einen Theil desselben zu entziehen, und daneben eine Zuwendung an einen Dritten bestimmt. Der dem Abkömmling entzogene Antheil wächst von selbst den übrigen Abkömmlingen an und diese erscheinen als mit der Zuwendung beschwert. Der überlebende Ehegatte hat mit der Zuwendung nichts zu thun, ebenso wenig das Gesammtgut der fortges. G.G. als solches. Beschwert sind nur die antheilsberechtigten Abkömmlinge. Eine Zuwendung an einen Dritten aus dem Gesammtgute der fortges. G.G. können die Ehegatten nach § 1518 nicht anordnen; sie können dies nur mittelbar dadurch erreichen, daß sie den betreffenden Gegenstand durch Ehevertrag für Vorbehaltsgut erklären und der betreffende Ehegatte dann letztwillig darüber verfügt.

**2.** Die Zuwendung ist zwar rechtlich betrachtet kein Vermächtniß; denn ein solches kann nur einem Erben oder einem Vermächtnißnehmer auferlegt werden (§ 2147). Die Zuwendung hat aber wirthschaftlich die Natur eines Vermächtnisses und die Vorschriften über das Vermächtniß (§§ 2147 ff.) werden entsprechend anzuwenden sein. Dies ist von Bedeutung insbesondere für den Fall der Unvollständigkeit der Zuwendung (§§ 2151—2153), für den Fall einer gemeinschaftlichen Zuwendung (§§ 2157—2159), für die Wirksamkeit der Zuwendung, insofern die Zuwendung nach § 2160 unwirksam ist, wenn der Bedachte zur Zeit des Erbfalls, hier der Beendigung der fortges. G.G., nicht mehr lebt, und für die Rechtswirkung der Zuwendung (§§ 2174, 2176—2181). Sind die als beschwert anzusehenden Abkömmlinge durch Tod oder Verzicht (§§ 1490, 1491) weggefallen, so treten nach § 2161 an ihre Stelle diejenigen, denen der Wegfall zu Statten kommt, also die Abkömmlinge bezw. der überlebende Ehegatte, welchem der Antheil des weggefallenen Abkömmlinges anwächst. Ob die Zuwendung, wenn der überlebende Ehegatte die fortges. G.G. ausschlägt, als ein den Erben des verstorbenen Ehegatten auferlegtes Vermächtniß aufrecht erhalten werden kann, ist eine Auslegungsfrage, für deren Entscheidung der § 2161 nicht maßgebend sein dürfte.

**3.** Dritter im Sinne des § 1514 ist auch der überlebende Ehegatte oder ein gemeinschaftlicher Abkömmling.

**4.** Zur Wirksamkeit der Zuwendung ist nach § 1516 Zustimmung des anderen Ehegatten erforderlich.

### § 1515.

**E. I § 1389 Abs. 1; II § 1385 Satz 2 rev. § 1500; III § 1498. P. I S. 7017—7032, 7050; M. IV S. 443, 444. P. II S. 5491—5494, 8716—8724 (Bd. 4 S. 310—312).**

**1.** Der § 1515 gestattet dem Ehegatten, mit dessen Tode die fortges. G.G. eintritt, durch letztwillige Verfügung (s. Erl. zu § 1509 Nr. 1) in die Rechte der antheilsberechtigten Abkömmlinge durch gewisse Theilungsanordnungen einzugreifen. Erforderlich ist, daß der andere Ehegatte zustimmt (§ 1516).

Gehört zu dem Gesammtgut ein Landgut, so kann angeordnet werden, daß das Landgut mit dem Ertragswerth oder mit einem Preise, der den Ertragswerth mindestens erreicht, angesetzt werden soll. Die für die Erbfolge geltenden Vorschriften des §. 2049 finden Anwendung.

Das Recht, das Landgut zu dem im Abs. 2 bezeichneten Werthe oder Preise zu übernehmen, kann auch dem überlebenden Ehegatten eingeräumt werden.

### §. 1516.

Zur Wirksamkeit der in den §§. 1511 bis 1515 bezeichneten Verfügungen eines Ehegatten ist die Zustimmung des anderen Ehegatten erforderlich.

Die Zustimmung kann nicht durch einen Vertreter ertheilt werden. Ist der Ehegatte in der Geschäftsfähigkeit beschränkt, so ist die Zustimmung seines gesetzlichen Vertreters nicht erforderlich. Die Zustimmungserklärung bedarf der gerichtlichen oder notariellen Beurkundung. Die Zustimmung ist unwiderruflich.

Die Ehegatten können die in den §§. 1511 bis 1515 bezeichneten Verfügungen auch in einem gemeinschaftlichen Testamente treffen.

---

**2.** Soweit das im Abs. 1 bezeichnete Recht der Uebernahme reicht, wird das dem überlebenden Ehegatten nach § 1502 zustehende Recht der Uebernahme ausgeschlossen. Im Falle des Abs. 1 ist der sog. Verkaufs- oder Verkehrswerth, welcher sich nach der Zeit der Theilung bemißt, zu ersetzen.

**3.** Die in den Abs. 2, 3 zugelassene Anordnung, welche ein Stück Anerbenrecht enthält, greift tief in die Rechte der übrigen Theilnehmer an der fortges. G.G. ein. Der Eingriff rechtfertigt sich indessen durch die Erwägung, daß die Pflichttheilsberechtigten sich nach § 2312 den gleichen Eingriff gefallen lassen müssen.

Aus der Anwendbarkeit des § 2049 Abs. 1 folgt, daß, wenn einem Abkömmling oder dem überlebenden Ehegatten das Recht der Uebernahme eines zum Gesammtgute gehörenden Landguts eingeräumt ist, darin im Zweifel die Anordnung liegt, daß das Landgut zu dem Ertragswerth angesetzt werden soll. Der Abs. 2 des § 2049 bestimmt, was als Ertragswerth zu gelten hat. Die Landesgesetzgebung kann nach E.G. Art. 137 Grundsätze über die Ermittelung des Ertragswerths aufstellen. Im Uebrigen, insbesondere über den Begriff des Landguts, s. Erl. zu § 2049.

Der Ehegatte kann den Uebernahmepreis eines Landguts auch selbständig bestimmen; unter den Ertragswerth darf der Preis auch dann nicht heruntergehen, wenn das übrige Gesammtgut so groß ist, daß die Abkömmlinge die Hälfte des Antheils, die ihnen nach § 1512 jedenfalls ungeschmälert bleiben muß, oder mehr als die Hälfte erhalten. Ueber den Ertragswerth darf der Uebernahmepreis hinausgehen.

**4.** Das Recht der Uebernahme eines Landguts zum Ertragswerthe (§ 1515 Abs. 3) steht dem überlebenden Ehegatten auch dann zu, wenn die fortges. G.G. auf Grund des § 1495 durch Urtheil aufgehoben wird. Eine analoge Anwendung des § 1502 Abs. 2 dürfte nicht gerechtfertigt sein, weil es sich dort um eine gesetzliche Vorschrift, hier aber um eine letztwillige Verfügung handelt und die Ausnahme in der Verfügung selbst bestimmt werden muß.

### § 1516.

**E. I § 1390; II § 1388 rev. § 1501; III § 1499. P. I S. 7017—7032, 7049; M. IV S. 445. P. II S. 5497, 5520, 7367, 8645 (Bd. 4 S. 313, 324; 5 S. 442).**

**1.** Da jeder Ehegatte ein Interesse daran hat, daß nicht gegen seinen Willen in die Rechte der Abkömmlinge eingegriffen wird, so verlangt der Abs. 1 die Zustimmung des anderen Ehegatten zu einer der in den §§ 1511—1515 bezeichneten Verfügungen. Gleichgiltig ist, ob durch die Verfügung das Recht des überlebenden Ehegatten am Gesammtgute geschmälert wird oder nicht.

**2.** Da die Zustimmung zu einer einseitigen nichtempfangsbedürftigen Willenserklärung erfordert wird, so finden die §§ 182—184 auf sie keine Anwendung (s. Vorbm. Nr. 2 Bd. I S. 233). Die Analogie des § 182 führt jedoch zu dem im E. I ausdrücklich hervorgehobenen Satze, daß die Zustimmung dem anderen Ehegatten gegenüber abgegeben werden muß. Sie

## §. 1517.

Zur Wirksamkeit eines Vertrags, durch den ein gemeinschaftlicher Abkömmling einem der Ehegatten gegenüber für den Fall, daß die Ehe durch dessen Tod aufgelöst wird, auf seinen Antheil am Gesammtgute der fortgesetzten Gütergemeinschaft verzichtet oder durch den ein solcher Verzicht aufgehoben wird, ist die Zustimmung des anderen Ehegatten erforderlich. Für die Zustimmung gelten die Vorschriften des §. 1516 Abs. 2 Satz 3, 4.

Die für den Erbverzicht geltenden Vorschriften finden entsprechende Anwendung.

---

kann also nach dessen Tode nicht mehr erklärt werden. Letzteres folgt übrigens schon daraus, daß im Augenblicke des Todes des Ehegatten die Voraussetzungen der §§ 1511—1516 erfüllt sein müssen.

**3.** Mit Rücksicht darauf, daß über die Wirksamkeit einer letztwilligen Verfügung jede Unsicherheit möglichst vermieden werden muß, trifft der Abs. 2 einige Sondervorschriften. Aus Satz 1 folgt, daß, wenn der Ehegatte, dessen Zustimmung erfordert ist, geschäftsunfähig ist, die Zustimmung überhaupt nicht ertheilt werden kann. Ist der Ehegatte in der Geschäftsfähigkeit beschränkt, so ist die Einwilligung des gesetzlichen Vertreters nach Abs. 2 Satz 2 nicht erforderlich. Diese Ausnahme von der Regel des § 111 rechtfertigt sich durch die besondere Natur der Zustimmung. Wegen der gerichtlichen oder notariellen Beurkundung s. E.G. Art. 141, freiw. G.G. §§ 167 ff.

**4.** Für die in den §§ 1511—1515 bezeichneten Verfügungen ist nur die Zustimmung des anderen Ehegatten, nicht die Gemeinschaftlichkeit der Verfügung nothwendig. Die Ehegatten können die fraglichen Verfügungen auch in einem Erbvertrage treffen. Durch die Form des Erbvertrags wird (§ 2276) die im Abs. 2 für die Zustimmung geforderte Form gewahrt. Indem der Abs. 3 auch ein gemeinschaftliches Testament (§ 2265) zuläßt, bringt er zum Ausdrucke, daß durch die Form des Testaments dem Formerfordernisse des Abs. 2 genügt wird. Dies gilt von jeder Art des gemeinschaftlichen Testaments, auch vom Dorftestament (§ 2266) und vom Privattestamente (§ 2267).

### § 1517.

**E. I § 1393; II § 1391 rev. § 1502; III § 1500. P. I S. 7019, 7032, 7039—7050, 8716; M. IV S. 448., P. II S. 5499, 7367 (Bd. 4 S. 314; Bd. 5 S. 442).**

**1.** Die Zustimmung des anderen Ehegatten charakterisirt sich als ein unter die §§ 182—184 fallendes einseitiges empfangsbedürftiges Rechtsgeschäft (s. Vorbm. 1c Bd. I S. 232) und kann sowohl dem Ehegatten als dem Abkömmlinge gegenüber erklärt werden. Nach der im Abs. 1 Satz 2 enthaltenen Verweisung auf § 1516 Abs. 2 Satz 3, 4 bedarf die Zustimmung entgegen § 182 Abs. 2 der gerichtlichen oder notariellen Beurkundung (E.G. Art. 141, freiw. G.G. §§ 167ff.); sie ist entgegen § 183 unwiderruflich (s. Erl. Nr. 2 zu § 182, Nr. 1 zu § 183). Die Form der Zustimmung ist natürlich auch dann gewahrt, wenn der Verzichtsvertrag oder der diesen Vertrag aufhebende Vertrag mit beiden Ehegatten geschlossen ist.

**2.** Von den Vorschriften über den Erbverzicht sind § 2346 Abs. 1 Satz 1, Abs. 2, § 2350 Abs. 2, § 2352 unanwendbar. Im Uebrigen ist zu bemerken.

**a)** Der § 2346 Abs. 1 Satz 2, nach welchem der Verzichtende von der gesetzlichen Erbfolge ausgeschlossen ist, wie wenn er zur Zeit des Erbfalls nicht mehr lebte, und ihm auch das Pflichttheilsrecht nicht zusteht, ist nur vom Ausschlusse von der fortges. G.G. zu verstehen. Das Erbrecht gegenüber dem Nachlasse d. h. dem Vorbehalts- und Sondergute (s. Erl. zu § 1483) wird nicht berührt, wenn nicht das Gegentheil vereinbart ist.

**b)** Zu § 2347. Durch die Anwendbarkeit des Abs. 1 ist bestimmt, daß die Genehmigung des Vormundschaftsgerichts erforderlich ist, wenn der Abkömmling unter elterlicher Gewalt oder Vormundschaft steht. Der Abs. 2, welcher die Zulässigkeit des Abschlusses des Vertrags durch den Vertreter des Erblassers regelt, findet Anwendung auf den Ehegatten, mit dem der Verzichtsvertrag geschlossen wird Dagegen ist der Ehegatte, welcher dem Vertrage nur zuzustimmen hat, nicht als Erblasser zu erachten. Da auch der § 1516 Abs. 2 Satz 1, 2 im Abs. 1 des § 1517 von der Anwendbarkeit ausgeschlossen sind, so kann die Zustimmung des Ehegatten durch einen Vertreter ertheilt werden; ist der Ehegatte nur beschränkt geschäftsfähig, so ist die Zustimmung des gesetzlichen Vertreters erforderlich, die Genehmigung des Vormundschaftsgerichts ist nicht vorgeschrieben (vergl. auch P. II S. 8835).

**c)** Aus der Anwendbarkeit des § 2348 ergiebt sich, daß der Vertrag der gerichtlichen oder notariellen Beurkundung bedarf.

## §. 1518.

**Anordnungen, die mit den Vorschriften der §§. 1483 bis 1517 in Widerspruch stehen, können von den Ehegatten weder durch letztwillige Verfügung noch durch Vertrag getroffen werden.**

## 3. Errungenschaftsgemeinschaft.

---

**d)** Durch die Verweisung auf § 2349 ist ausgedrückt, daß die Wirkungen des Verzichts sich, sofern nicht ein Anderes bestimmt ist, auf die Abkömmlinge des Verzichtenden erstrecken. Die Anwendbarkeit des § 1490 Satz 2 ist also ausgeschlossen.

**e)** Aus § 2350 Abs. 1 folgt, daß der Abkömmling auf seinen Antheil zu Gunsten eines Anderen — indessen, wie aus den §§ 1483, 1490, 1518 folgt, nur zu Gunsten eines antheilsberechtigten Abkömmlinges — verzichten kann und daß ein zu Gunsten eines Anderen erklärter Verzicht im Zweifel nur für den Fall gelten soll, daß der Andere antheilsberechtigt wird.

**f)** Nach § 2351 muß auch der den Verzicht aufhebende Vertrag gerichtlich oder notariell beurkundet sein und gelten die im § 2347 Abs. 2 in Ansehung des Erblassers getroffenen Bestimmungen auch für den Aufhebungsvertrag.

**3.** Verschieden vom Falle des § 1517 ist der im § 1491 behandelte, daß ein Abkömmling während der fortges. G.G. auf sein Antheilsrecht verzichtet.

### § 1518.

**E. I § 1383 Abs. 2 Satz 2; II § 1413 rev. § 1503; III § 1501. P. I S. 6992, 8825, 8843; M. IV S. 424. P. II S. 5479 (Bd. 4 S. 303).**

**1.** Den Ehegatten steht es frei, die Fortsetzung der G.G. auszuschließen (§§ 1508, 1509); wenn sie sie aber eintreten lassen, so verlangt es das Interesse der Abkömmlinge, in deren Rechte durch die fortges. G.G. erheblich eingegriffen wird, daß Aenderungen, sei es durch letztwillige Verfügung (§§ 1937, 2299) oder durch Ehe- oder Erbvertrag nur getroffen werden können, soweit sie vom Gesetz ausdrücklich zugelassen sind.

**2.** Der E. I § 1409 bestimmte, daß der überlebende Ehegatte nicht berechtigt ist, Verfügungen von Todeswegen, die in die Rechte der antheilsberechtigten Abkömmlinge am Gesammtgute der fortges. G.G. eingreifen, zu treffen. Von der zweiten Kommission (P. II S. 5566; Bd. 4 S. 348) ist die Vorschrift als selbstverständlich gestrichen worden.

**3.** Daß der überlebende Ehegatte über den ihm selbst zukommenden Antheil an dem Gesammtgute der fortges. G.G. auch während des Bestehens derselben nach Maßgabe der allgemeinen erbrechtlichen Bestimmungen von Todeswegen verfügen kann, versteht sich von selbst.

### 3. Errungenschaftsgemeinschaft.

**1.** Der Ergsch.G. liegt der Gedanke zu Grunde, daß durch die Eingehung der Ehe an der Zuständigkeit des beiderseitigen Vermögens nichts geändert, dagegen alles, was die Ehegatten durch körperliche oder geistige Arbeit oder als Ertrag ihres Vermögens erwerben, gemeinsam wird, daß aber auch die für diesen Erwerb erforderlichen Ausgaben sowie der eheliche Aufwand gemeinsam zu tragen sind. Ergiebt der gemeinsame Erwerb bei Beendigung der Errungenschaftsgemeinschaft einen Ueberschuß, so gebührt dieser beiden Ehegatten zu gleichen Theilen. Aus dem der Ergsch.G. zu Grunde liegenden Gedanken würde zu folgern sein, daß auch eine etwaige Einbuße von beiden Ehegatten zu gleichen Theilen zu tragen ist. Diese Konsequenz zieht aber das B.G.B. nicht; es geht vielmehr davon aus, daß die Einbuße von dem Manne zu tragen ist. Ausdrücklich bestimmt ist dies zwar in dem B.G.B. nicht; es ergiebt sich aber aus der gesetzlichen Unterhaltspflicht des Ehemanns gegenüber der Ehefrau und den Kindern sowie aus den Vorschriften über das eingebrachte Gut der Frau und über die Gesammtgutsverbindlichkeiten (s. Erl. zu § 1546). Der allg. G.G. nähert sich die Ergsch.G. dadurch, daß der während der Ehe gemachte Erwerb regelmäßig gemeinsam wird. Mit der Verwaltungsgemeinschaft berührt sie sich darin, daß das in die Ehe gebrachte und das in den §§ 1521—1524 bezeichnete während der Ehe erworbene Vermögen nicht gemeinsam wird. Sie unterscheidet sich von der allg. G.G. darin, daß sie nicht alles Vermögen gemeinsam werden läßt, von der Verwaltungsgemeinschaft darin, daß bei ihr dasjenige, was von dem Ertrage des beiderseitigen Vermögens und dem Erwerb aus gemeinsamer Arbeit erspart wird, nicht dem Manne zufällt, sondern beiden Ehegatten gebührt (s. Vorbm. S. 98).

**2.** Der der Ergsch.G. zu Grunde liegende Gedanke ist in den bisherigen Rechten in zwei Hauptformen verwirklicht. Nach der einen bildet der von einem Ehegatten gemachte, unter der

Begriff der Errungenschaft fallende Erwerb schon während des Bestehens der Gemeinschaft einen besonderen Vermögensinbegriff (System der reinen Ergsch.G.). Nach der anderen wird erst bei Beendigung des Güterstandes ermittelt, ob nach Abzug des beiderseitigen Einbringens und der der Gemeinschaft zur Last fallenden Verbindlichkeiten eine Errungenschaft vorhanden ist; der Ueberschuß wird unter die Ehegatten vertheilt (System der Gemeinschaft des Zugewinnstes). Das B.G.B. ist dem Systeme der reinen Ergsch.G. gefolgt.

**3.** Für den Ehevertrag, durch den die Ergsch.G. vereinbart oder aufgehoben wird, ist eine dem § 1437 entsprechende Vorschrift nicht aufgenommen. Es bewendet bei den allgemeinen Grundsätzen (s. Erl. 3 zu § 1432).

**4.** Bei der Ergsch.G. bestehen mindestens drei Vermö ensmassen: die Errungenschaft (Gesammtgut), das eingebrachte Gut des Mannes und das eingebrachte Gut der Frau. Als eingebrachtes Gut gilt das in den §§ 1520—1524 bezeichnete Vermögen. Das B.G.B. läßt noch eine vierte Vermögensmasse zu, das Vorbehaltsgut der Frau; Vorbehaltsgut des Mannes ist ausgeschlossen. Im Zweifel spricht bei allem vorhandenen Vermögen die Vermuthung für die Gesammtgutseigenschaft.

Da die Ergsch.G. sich bezüglich des Gesammtguts der allg. G.G., bezüglich der eingebrachten Güter aber dem gesetzlichen Güterrechte nähert, so sind auf das Gesammtgut verschiedene Vorschriften der allg. G.G. (§ 1519 Abs. 2) und auf das eingebrachte Gut der Frau eine Reihe von Vorschriften des gesetzlichen Güterrechts (§ 1525 Abs. 2) für anwendbar erklärt. Aus diesen Vorschriften ergeben sich die rechtliche Stellung des Mannes, insbesondere seine Verwaltungs- und Verfügungsmacht, und die rechtliche Stellung der Frau, insbesondere die Verfügungsbeschränkungen, denen die Frau unterworfen ist.

Die Rechtsstellung der Gläubiger des einen oder des anderen Gatten zum Gesammtgut ist im Wesentlichen nach den für die allg. G.G. geltenden Vorschriften geordnet, jedoch mit der Abweichung, daß nur gewisse Verbindlichkeiten der Frau als Gesammtgutsverbindlichkeiten anerkannt sind (§§ 1530—1534). Im Verhältnisse der Ehegatten zu einander geht das B.G.B. wie bei der allg. G.G. von der Gemeinschaftlichkeit der Gesammtgutsverbindlichkeiten aus, zieht jedoch die Ausnahmen hiervon erheblich weiter (§§ 1535—1538).

Die Ergsch.G. endigt, wenn entweder die Gründe vorliegen, aus denen die allg. G.G., oder die Gründe, aus welchen die Verwaltung und Nutznießung endigen würde. Nur die für die Verwaltung und Nutznießung geltende Vorschrift des § 1418 Nr. 2 findet keine Anwendung, weil sie durch die für die allg. G.G. geltende Vorschrift des § 1468 Nr. 3 ersetzt wird. Die Gleichstellung mit der Verwaltung und Nutznießung beruht darauf, daß, wenn die Gründe für deren Beendigung gegeben sind, jedenfalls die Verwaltung und Nutznießung des eingebrachten Gutes der Frau für Rechnung des Gesammtguts endigen muß, damit aber ein so wesentlicher Bestandtheil der Ergsch.G. wegfällt, daß diese selbst nicht fortbestehen kann.

**5.** Mit der allg. G.G. sind für den Fall der beerbten Ehe Nachwirkungen über den Bestand der Gemeinschaft hinaus verbunden, indem fortgesetzte G.G. eintritt (§ 1483, s. oben S. 243). Bei der Ergsch.G. ist dem B.G.B. jede Nachwirkung unbekannt. Fortgesetzte Errungenschaftsgemeinschaft kann auch durch Ehevertrag nicht vereinbart werden (anders bei der Fahrnißgemeinschaft § 1557). Im Falle des Todes eines Ehegatten bewendet es daher, ohne Rücksicht darauf ob gemeinschaftliche Kinder vorhanden sind oder nicht, bei den allgemeinen erbrechtlichen Grundsätzen. Es tritt die gewöhnliche gesetzliche Erbfolge oder Erbfolge auf Grund einer Verfügung von Todeswegen ein; dem überlebenden Ehegatten steht das gewöhnliche Ehegattenerbrecht bezw. Pflichttheilsrecht (§§ 1931—1934, § 2303 Abs. 2) zu. Den Nachlaß bilden der Antheil des verstorbenen Ehegatten am Gesammtgute, das eingebrachte Gut und, wenn die Frau gestorben ist, auch deren Vorbehaltsgut.

**6.** Anlangend die Stoffanordnung, so begrenzt der § 1519 Abs. 1 das Gesammtgut; der § 1519 Abs. 2 regelt die rechtliche Stellung der Ehegatten zum Gesammtgute. Die §§ 1520—1524 bestimmen den Umfang des eingebrachten Gutes, der § 1525 regelt die rechtliche Stellung der Ehegatten zu ihren eingebrachten Gütern. Der § 1526 betrifft das Vorbehaltsgut. Der § 1527 enthält eine Vermuthung für das Gesammtgut. Im § 1528 ist jedem Ehegatten die Möglichkeit der Feststellung der eingebrachten Güter eingeräumt. Der § 1529 weist dem Gesammtgute die Tragung des ehelichen Aufwandes und der Lasten der eingebrachten Güter zu. In den §§ 1530—1538 wird die Schuldenhaftung geordnet und zwar in den §§ 1530—1534 im Verhältnisse zu den Gläubigern, in den §§ 1535—1538 im Verhältnisse der Ehegatten zu einander. Den Gegenstand der §§ 1539—1541 bilden die Ausgleichung der Vermögensmassen und die Zeit der Ausgleichung. In den §§ 1542—1544 folgen die Gründe der Beendigung. Daran schließen sich die §§ 1545, 1546, welche die Folgen der Beendigung behandeln. In den §§ 1547, 1548 ist wie bei der Verwaltungsgemeinschaft unter gewissen Voraussetzungen eine Wiederherstellung der Ergsch.G. zugelassen.

7. Literatur: Schefold, die Ergsch.G. des B.G.B., Stuttgart 1898.

## §. 1519.

Was der Mann oder die Frau während der Errungenschaftsgemeinschaft erwirbt, wird gemeinschaftliches Vermögen beider Ehegatten (Gesammtgut).

Auf das Gesammtgut finden die für die allgemeine Gütergemeinschaft geltenden Vorschriften des §. 1438 Abs. 2, 3 und der §§. 1442 bis 1453, 1455 bis 1457 Anwendung.

## §. 1520.

Eingebrachtes Gut eines Ehegatten ist, was ihm bei dem Eintritte der Errungenschaftsgemeinschaft gehört.

---

### § 1519.

**E. I § 1411 Abs. 1, § 1417; II § 1414 rev. § 1504; III § 1502. P. I S. 7062—7070, 7080—7087, 7144—7147, 7172; M. IV S. 492—495, 505—510. P. II S. 5567—5573, 8650 (Bd. 4 S. 349—354). D. S. 698.**

1. Der Abs. 1 begrenzt den Umfang des Gesammtguts und bringt zugleich zum Ausdrucke, daß das B.G.B. nicht auf dem Boden der Gemeinschaft des Zugewinnstes (s. Vorbm. 2 zu diesem Unterabschnitte) steht. Der Umfang des Gesammtguts wird nicht in der Weise bestimmt, daß die einzelnen dazu gehörenden Bestandtheile aufgezählt werden, sondern der Abs. 1 stellt den Grundsatz auf, daß alles, was die Ehegatten während der Ergsch.G. erwerben, Gesammtgut wird. Dieser formellen Regel gegenüber ergeben sich aus den §§ 1520—1524, 1526 die einzelnen Ausnahmen.

2. Der Abs. 2 regelt die rechtliche Stellung der Ehegatten zum Gesammtgute. Wegen der Einzelheiten ist auf die Erl. zu den angeführten Vorschriften zu verweisen. Hervorzuheben ist:

a) Die Gesammtgutseigenschaft tritt von selbst ein (§ 1438 Abs. 2) und zwar auch bezüglich der Rechte, welche in das Grundbuch eingetragen werden müssen oder können. Jeder Ehegatte hat deshalb gegen den anderen den Anspruch auf Berichtigung des Grundbuchs (§ 1438 Abs. 3). Das Bestehen der Ergsch.G. wird bei dem betreffenden gemeinsamen Rechte in das Grundbuch eingetragen. Ueber die Art der Eintragung s. G.B.O. § 48. Wegen des Nachweises des Bestehens der Ergsch.G. s. G.B.O. §§ 34, 35.

b) Das Rechtsverhältniß am Gesammtgute charakterisirt sich als eine Gemeinschaft zur gesammten Hand (§ 1442). Eine Folge hiervon ist der Ausschluß der Zwangsvollstreckung in den Antheil eines Ehegatten am Gesammtgut oder an den einzelnen dazu gehörenden Gegenständen (C.P.O. § 860). Der Antheil gehört deshalb auch nicht zur Konkursmasse (K.O. § 1 Abs. 1).

c) Die Verwaltung des Gesammtguts steht dem Manne zu (§ 1443). Der Mann ist berechtigt, über das Gesammtgut zu verfügen. Die Beschränkungen seines Verfügungsrechts sind die nämlichen wie bei der allg. G.G. (§§ 1444—1446).

d) Auch bezüglich der Rechtsstellung der Frau, insbesondere der Fälle, in welchen die Frau ausnahmsweise über Gesammtgut zu verfügen befugt ist, gilt das Gleiche wie bei der allg. G.G. (§§ 1449—1453); der § 1453 ist übrigens mit Rücksicht auf § 1521 und § 1525 mit § 1406 nur für die Fälle praktisch, in welchen der Frau ein Vertragsantrag wegen eines Erwerbes gemacht ist, der in das Gesammtgut fallen würde. Der § 1454 ist nicht für anwendbar erklärt, weil ein bei Beginn der Ergsch.G. anhängiger Rechtsstreit nicht das Gesammtgut, sondern nur das eingebrachte Gut oder das Vorbehaltsgut berührt, so daß, soweit überhaupt eine Zustimmung des Mannes in Frage kommt, der nach § 1525 anwendbare § 1407 Nr. 1 maßgebend ist. Aus der Anwendbarkeit des § 1451 neben der des § 1402 (s. § 1525) folgt, daß, soweit es zur ordnungsmäßigen Besorgung der persönlichen Angelegenheiten der Frau erforderlich ist, die Zustimmung des Mannes sowohl zu einem auf das eingebrachte Gut der Frau als auch zu einem auf das Gesammtgut sich beziehenden Rechtsgeschäft ersetzt werden kann sowie daß, wenn die Zustimmung ohne Einschränkung ersetzt, z. B. die Frau ermächtigt worden ist, ein Darlehen aufzunehmen, das Rechtsgeschäft sowohl gegenüber dem eingebrachten Gute als dem Gesammtgute wirksam ist.

e) Aus der Verweisung auf § 1456 ergiebt sich, daß der Mann bezüglich der Verwaltung des Gesammtguts nur für Arglist verantwortlich ist. Dies gilt auch von der Ziehung und Verwendung der Nutzungen des eingebrachten Gutes der Frau. Hinsichtlich der Verwaltung des eingebrachten Gutes s. Erl. zu § 1525.

## §. 1521.

Eingebrachtes Gut eines Ehegatten ist, was er von Todeswegen oder mit Rücksicht auf ein künftiges Erbrecht, durch Schenkung oder als Ausstattung erwirbt. Ausgenommen ist ein Erwerb, der den Umständen nach zu den Einkünften zu rechnen ist.

---

### § 1520.

**E. I § 1412; II § 1415 rev. § 1505; III § 1503. P. I S. 7065; M. IV S. 495. P. II S. 5568 (Bd. 4 S. 349).**

1. Die Vorschrift gilt für alle Gegenstände (Sachen und Rechte), insbesondere auch für Geld und andere verbrauchbare Sachen. Als einem Ehegatten gehörend ist auch ein Gegenstand zu erachten, der vor dem Eintritte der Ergsch.G. unter einer Bedingung erworben worden ist, wenn die Bedingung später eintritt. Das Gleiche gilt, wenn das anfechtbare Rechtsgeschäft, durch welches ein Gegenstand vor der bezeichneten Zeit erworben worden ist, später unanfechtbar wird oder das Eigenthum einer Sache, die ein Ehegatte beim Eintritte der Ergsch.G. besitzt, später durch Ersitzung erworben wird. Gehört ein Gegenstand bei dem Eintritte der Ergsch.G. beiden Ehegatten gemeinschaftlich, so wird er nicht Gesammtgut, sondern gemeinschaftliches eingebrachtes Gut.

2. Den Ehegatten ist unbenommen, durch Ehevertrag alle oder bestimmte Gegenstände, die einem von ihnen bei dem Eintritte der Ergsch.G. gehören, dem Gesammtgute zuzuweisen. Der Uebergang solcher Gegenstände in das Gesammtgut erfolgt indessen nicht kraft Gesetzes nach Maßgabe des § 1519 mit § 1438, sondern nur nach Maßgabe der allgemeinen für den Uebergang des betreffenden Rechtes geltenden Bestimmungen.

### § 1521.

**E. I § 1412; II § 1418 rev. § 1506; III § 1504. P. I S. 7083—7090, 8717, 8725; M. IV S. 496—498. P. II S. 5568, 5600—5603 (Bd. 4 S. 349, 365—367).**

1. Der Satz 1 weist dem eingebrachten Gute zu:

a) was ein Ehegatte von Todeswegen erwirbt. Nach § 1369 ist hierunter zu verstehen, was der Ehegatte durch Erbfolge, durch Vermächtniß oder als Pflichttheil erwirbt. Der Erblasser kann übrigens bestimmen, daß der Erwerb dem Gesammtgute zufallen soll. Von selbst tritt die Gesammtgutseigenschaft solchen Falles jedoch nicht ein, sondern nur nach Maßgabe der allgemeinen für den Uebergang des betreffenden Rechtes geltenden Bestimmungen. Die Bestimmung, daß der Erwerb Gesammtgut werden soll, ist bei dem als Pflichttheil Hinterlassenen selbstverständlich nicht gegen den Willen des Pflichttheilsberechtigten möglich. Wird beiden Ehegatten gemeinschaftlich etwas zugewendet, so wird es nicht Gesammtgut, sondern gemeinschaftliches eingebrachtes Gut.

b) was ein Ehegatte mit Rücksicht auf ein künftiges Erbrecht erwirbt. Dies beruht darauf, daß es sich bei einem solchen Erwerb um eine antezipirte Erbfolge handelt (s. § 511 Abs. 2). Gedacht ist insbesondere an die sog. Gutsübergaben. Ein solcher Erwerb fällt auch dann in das eingebrachte Gut, wenn von dem betreffenden Ehegatten oder von beiden Ehegatten gewisse Verpflichtungen (z. B. Gewährung einer Leibzucht, Abfindung von Geschwistern) übernommen werden. Ob diese Verpflichtungen Gesammtgutsverbindlichkeiten sind und als solche dem Gesammtgut oder dem betreffenden Ehegatten im Verhältnisse der Ehegatten zu einander zur Last fallen, richtet sich nach den allgemeinen Grundsätzen (§§ 1530, 1535).

c) was ein Ehegatte durch Schenkung erwirbt. Wenn beiden Ehegatten gemeinschaftlich etwas geschenkt wird, entsteht gemeinschaftliches eingebrachtes Gut. Für den Fall, wenn der Geber bestimmt, daß ein Geschenk Gesammtgut werden soll, gilt das zu a Bemerkte. Für Hochzeitsgeschenke ist keine Ausnahme gemacht. Was ein Ehegatte dem anderen schenkt, wird gleichfalls eingebrachtes Gut, selbst wenn etwas aus dem Gesammtgute geschenkt wird. Die M. IV S. 496 lassen die Frage offen, ob zu einer Schenkung aus dem Gesammtgut ein Ehevertrag nothwendig ist. Für die Bejahung läßt sich anführen, daß die Gemeinschaftlichkeit des Gesammtguts auf Ehevertrag beruht und daher eine Schenkung, durch welche Gesammtgut in eingebrachtes Gut verwandelt wird, mittelbar eine Aenderung des Vertrags enthält. Allein durch den die Ergsch.G. einführenden Vertrag wird nur bestimmt, was Gesammtgut werden soll. Damit steht nicht im Widerspruche, wenn darüber von dem, welcher die Verfügungsmacht hat, verfügt wird und es dadurch aufhört, Gesammtgut zu sein. Schenkungen sind aber mit Ein=

§. 1522.

Eingebrachtes Gut eines Ehegatten sind Gegenstände, die nicht durch Rechtsgeschäft übertragen werden können, sowie Rechte, die mit seinem Tode erlöschen oder deren Erwerb durch den Tod eines der Ehegatten bedingt ist.

---

willigung beider Ehegatten zulässig und folglich auch die Schenkung von Seiten des einen Ehegatten an den anderen. Bei der allg. G.G. liegt die Sache anders (s. Erl. 2 zu § 1440).

d) was ein Ehegatte als Ausstattung erwirbt. Ueber den Begriff s. § 1624. Die Aussteuer (§ 1620) ist unter der Ausstattung inbegriffen; sie wird übrigens, da sie vor der Eingehung der Ehe gewährt zu werden pflegt, regelmäßig schon nach § 1520 zum eingebrachten Gute gehören.

2. Der Satz 2 nimmt diejenigen Erwerbe aus, welche den Umständen nach zu den Einkünften zu rechnen sind. Die Ausnahme beruht auf dem Gedanken, daß ein Erwerb, der wirthschaftlich betrachtet nicht zur Vergrößerung des eingebrachten Gutes, sondern des gemeinsamen Konsumtionsfonds bestimmt ist, nicht lediglich seiner Erscheinungsform wegen dem Gesammtgut entzogen sein soll. Die Ausnahme findet auf jede der im Satz 1 genannten Erwerbsarten Anwendung, insbesondere auch auf letztwillige Zuwendungen und auf Ausstattungen. Beispiele bieten die Trinkgelder, welche der als Kellner beschäftigte Mann empfängt, ferner was zur Bestreitung des ehelichen Aufwandes gegeben wird, sei es, daß es sich um eine einmalige Leistung, z. B. um die Mittel zu einer Erholungsreise, oder um fortlaufende Leistungen, z. B. wenn der Frau eine jährliche Rente gegeben wird, handelt. Wie der Satz 2 hervorhebt, kommt es auf die Umstände des einzelnen Falles an. Sog. Nadelgelder können z. B. im einen Falle als Einkünfte, im anderen als Zuwendungen zum Kapitalsstocke des eingebrachten Gutes anzusehen sein. Aehnlich liegt die Sache bei Schenkungen, welche zur Belohnung für Dienste gegeben werden. Sog. remuneratorische Schenkungen sind keineswegs stets dem Gesammtgute zuzuweisen. Denn nicht der Grund, sondern der Zweck der Zuwendung entscheidet für die Zuweisung zum Gesammtgut oder zum eingebrachten Gute.

## § 1522.

**E. I § 1415; II § 1416 rev. § 1507; III § 1505. P. I S. 7115—7118; M. IV S. 503—505. P. II S. 5569 (Bd. 4 S. 350).**

1. Wegen der Gegenstände, die nicht durch Rechtsgeschäft übertragen werden können, s. Erl. zu § 1439. Die Vorschrift ist hier von geringerer Bedeutung wie bei der allgem. G.G., weil Gegenstände, die nicht durch Rechtsgeschäft übertragen werden können, regelmäßig schon nach den §§ 1520, 1521 zu dem eingebrachten Gute gehören. Das gilt insbesondere von den Lehen, Fideikommissen und Stammgütern.

2. Zu den Rechten, die mit dem Tode eines Ehegatten erlöschen, zählt insbesondere eine Leibrente (§ 759 Abs. 1). Nach dem E. I gehörte hierher auch der Nießbrauch; dieser fällt, da er nach dem B.G.B. nicht übertragbar ist, jetzt schon unter die unter Nr. 1 gedachten Rechte. Zu den Rechten, deren Erwerb durch den Tod eines Ehegatten bedingt ist, gehört namentlich das Recht aus einer Lebensversicherung und zwar nicht nur, wenn derjenige Ehegatte, bei dessen Tode die Versicherungssumme ausbezahlt werden soll, der überlebende Theil ist, sondern auch im umgekehrten Falle. Rechte der hier fraglichen Art sind weder bestimmt noch geeignet, ihrer Substanz nach den Zwecken der Gemeinschaft zu dienen; ihre Früchte sollen zwar in das Gesammtgut fallen und dies wird dadurch erreicht, daß die Rechte eingebrachtes Gut werden, die Rechte selbst aber sollen demjenigen Ehegatten, für welchen sie erworben sind, verbleiben. Die Bedeutung dieses Grundsatzes zeigt sich besonders bei der Beendigung der Gemeinschaft. Die Leibrente, welche einem der Ehegatten zusteht, bildet keinen Gegenstand der Auseinandersetzung, sondern verbleibt ausschließlich dem berechtigten Ehegatten. Die für einen der Ehegatten erworbene Versicherung fällt, je nachdem die Versicherung für den Fall des Todes des Berechtigten oder für den Fall des Todes des anderen Ehegatten genommen ist, im ersteren Falle ausschließlich den Erben des Berechtigten selbst zu. Die für die Ehefrau erworbene Wittwenpension steht beim Tode des Mannes ausschließlich der Wittwe zu.

Aus § 1522 ergiebt sich ein Doppeltes. Einerseits ist der Mann — bei der Frau versteht es sich von selbst — nicht in der Lage, ein mit dem Tode des Berechtigten erlöschendes oder durch den Tod des Berechtigten bedingtes Recht einseitig für das Gesammtgut zu erwerben. Andererseits muß, wenn für den Erwerb eines solchen Rechtes – sei es mit oder

§. 1523.

Eingebrachtes Gut eines Ehegatten ist, was durch Ehevertrag für eingebrachtes Gut erklärt ist.

§. 1524.

Eingebrachtes Gut eines Ehegatten ist, was er auf Grund eines zu seinem eingebrachten Gute gehörenden Rechtes oder als Ersatz für die Zerstörung, Beschädigung oder Entziehung eines zum eingebrachten Gute gehörenden Gegenstandes oder durch ein Rechtsgeschäft erwirbt, das sich auf das eingebrachte Gut bezieht. Ausgenommen ist der Erwerb aus dem Betrieb eines Erwerbsgeschäfts.

Die Zugehörigkeit einer durch Rechtsgeschäft erworbenen Forderung zum eingebrachten Gute hat der Schuldner erst dann gegen sich gelten zu lassen, wenn er von der Zugehörigkeit Kenntniß erlangt; die Vorschriften der §§. 406 bis 408 finden entsprechende Anwendung.

---

ohne Zustimmung des anderen Ehegatten — Mittel des Gesammtguts verwendet worden sind, aus dem eingebrachten Gute des berechtigten Ehegatten zum Gesammtgut Ersatz geleistet werden; insbesondere fallen die Lebensversicherungsprämien dem eingebrachten Gute des versicherten Ehegatten zur Last.

**§ 1523.**

**E. I § 1413; II § 1417 rev. § 1508; III § 1506. P. I S. 7090; M. IV S. 498 P. II S. 5568 (Bd. 4 S. 349).**

1 Vergl. Erl. zu § 1368.

2. Erklären die Ehegatten zum Gesammtgute gehörende Gegenstände für eingebrachtes Gut der Frau, so können dies die Gläubiger des Mannes, weil die Gegenstände ihnen nunmehr (§ 1525 Abs. 2 mit § 1410) nicht mehr haften, nach Maßgabe des § 32 Nr. 2 der K.O. und des § 3 Nr. 3 des Anfechtungsgesetzes anfechten. Die Umwandelung in eingebrachtes Gut des Mannes benachtheiligt weder die Gläubiger des Mannes noch die der Frau.

3. Der Ehevertrag bedarf zur Wirksamkeit gegenüber Dritten nach Maßgabe des § 1435 der Eintragung in das Güterrechtsregister. Vgl. auch Erl. zu § 1435.

**§ 1524.**

**E. I § 1414; II § 1419 rev. § 1509; III § 1507. P. I S. 7092—7096, 7154—7158; M. IV S. 498—503. P. II S. 5570, 8711 (Bd. 4 S. 350).**

1. Der Abs. 1 Satz 1 erkennt für das eingebrachte Gut eine Surrogation in demselben Umfang an wie der § 1526 für das Vorbehaltsgut. Im Allgemeinen ist auf die Erl. zu § 1370 zu verweisen.

Hier ist nur bezüglich des Erwerbes, den ein Ehegatte auf Grund eines zu seinem eingebrachten Gute gehörenden Rechtes macht, Folgendes zu bemerken. Zu dieser Kategorie gehört z. B. die dem Eigenthümer eines Grundstücks gebührende Hälfte eines darauf gefundenen Schatzes, wenn das Grundstück zum eingebrachten Gute gehört; dagegen fällt die dem Entdecker als solchem gebührende Hälfte dem Gesammtgute zu. Der Anspruch auf einen Lotteriegewinn gehört zum eingebrachten Gute, wenn zu diesem das Loos gehört, auf das der Gewinn fiel. Zu der hier fraglichen Kategorie gehören auch die Gegenstände, welche auf Grund eines vor dem Eintritte der Ergsch.G. begründeten Anspruchs geleistet werden, ferner die Fälle, in welchen ein bestrittener Anspruch durch Urtheil, Vergleich, Anerkenntniß festgestellt oder eine gemeinschaftliche Sache oder Erbschaft getheilt wird. Der Grundsatz, daß, was ein Ehegatte auf Grund eines zu seinem eingebrachten Gute gehörenden Rechtes erwirbt, eingebrachtes Gut wird, erleidet übrigens durch den § 1525 Abs. 1 eine Einschränkung, insofern die Nutzungen des eingebrachten Gutes dem Gesammtgute zufallen.

2. Der Abs. 1 Satz 2 enthält für den Erwerb durch den Betrieb eines Erwerbsgeschäfts eine Ausnahme vom Grundsatze der Surrogation. Dieser Erwerb fällt im vollen Umfang in das Gesammtgut. Wenn die Frau das Geschäft betreibt, so kommt nicht in Betracht,

§. 1525.

Das eingebrachte Gut wird für Rechnung des Gesammtguts in der Weise verwaltet, daß die Nutzungen, welche nach den für den Güterstand der Verwaltung und Nutznießung geltenden Vorschriften dem Manne zufallen, zu dem Gesammtgute gehören.

Auf das eingebrachte Gut der Frau finden im Uebrigen die Vorschriften der §§. 1373 bis 1383, 1390 bis 1417 entsprechende Anwendung.

---

ob der Mann in den Betrieb einwilligt. Gehört das Erwerbsgeschäft zum Vorbehaltsgute, so bewendet es bei der im § 1526 anerkannten Surrogation. Für die Gegenstände, die nicht durch Rechtsgeschäft übertragen werden können (§ 1522), ist von der Surrogation bei der Ergsch.G. (anders §§ 1439, 1554) keine Ausnahme gemacht.

3. Der Abs. 2 entspricht sachlich dem § 1473 Abs. 2. Ueber Bedeutung und Tragweite s. Erl. zu § 1473.

§ 1525.

**E. I § 1411 Abs. 2, § 1417; II § 1420 rev. § 1510; III § 1508. P. I S. 7065—7087, 7118, 7144, 7171; M. IV S. 495, 510—512. P. II S. 5568, 5571—5576 (Bd. 4 S. 349, 351—354).**

Der § 1525 regelt die rechtliche Stellung der Ehegatten zu den beiderseitigen eingebrachten Gütern.

1. Der Mann hat über sein eingebrachtes Gut und zwar auch über die dazu gehörenden Grundstücke freies Verfügungs- und Verwaltungsrecht. Eine Ausnahme ergiebt sich mittelbar nur daraus, daß er ein Schenkungsversprechen ohne Zustimmung der Frau auch dann nicht machen kann, wenn er einen nicht zum Gesammtgute gehörenden Gegenstand verschenken will (§ 1519 mit § 1446). Die Nutzungen des eingebrachten Gutes des Mannes fallen in dem im § 1383 bezeichneten Umfang und in der daselbst bestimmten Weise dem Gesammtgute zu.

2. Gegenüber dem eingebrachten Gute der Frau ist die Stellung des Mannes wie der Frau im Anschluß an die Vorschriften geordnet, welche für das eingebrachte Gut beim gesetzlichen Güterrechte gelten. Wegen der Einzelheiten wird auf die Erl. zu den angeführten Vorschriften verwiesen. Hier ist zu bemerken:

a) Der Mann ist berechtigt, die zum eingebrachten Gute gehörenden Sachen in Besitz zu nehmen (§ 1373). Er hat das eingebrachte Gut ordnungsmäßig zu verwalten (§ 1374.) Für die Verwaltung ist er nicht nach Maßgabe des § 1456 (§ 1519 Abs. 2), sondern des § 1359 verantwortlich. Er kann über eingebrachtes Gut ohne Zustimmung der Frau nur in den Ausnahmefällen der §§ 1376, 1378 verfügen (§ 1375). Die Zustimmung der Frau kann unter den Voraussetzungen des § 1379 ersetzt werden. Er kann ein zum eingebrachten Gute gehörendes Recht im eigenen Namen geltend machen (§ 1380). Die in den §§ 1381, 1382 aufgestellte Surrogation gilt auch bei der Ergsch.G.

b) Die Nutzungen des eingebrachten Gutes der Frau werden vom Manne in demselben Umfang und in derselben Weise wie von einem Nießbraucher, jedoch nicht für sich, sondern für das Gesammtgut (§ 1383) erworben. Wegen der mit der Nutznießung zusammenhängenden Lasten (§§ 1384—1388) sowie wegen des ehelichen Aufwandes (§ 1389) s. § 1529. Der § 1390 ist anwendbar; der Mann kann also, soweit es sich nicht um Lasten der im § 1529 bezeichneten Art handelt, für Aufwendungen, die er für das eingebrachte Gut der Frau gemacht hat, Ersatz verlangen. Dazu vergl. Erl. zu § 1539.

c) Die §§ 1391—1393, welche der Frau gewisse zu ihrer Sicherung dienende Rechte einräumen, finden Anwendung. Aus der Anwendbarkeit des § 1394 folgt, daß die Frau die ihr auf Grund der Verwaltung ihres eingebrachten Gutes gegen den Mann oder gegen das Gesammtgut zustehenden Ansprüche, z. B. weil eine Last, welche nach § 1529 das Gesammtgut zu tragen hat, von diesem nicht bestritten worden ist, während des Bestehens der Ergsch.G. nur geltend machen kann, wenn die Voraussetzungen des § 1391 vorliegen; s. dazu Erl. zu § 1541. Aus der Anwendbarkeit des § 1411 Abs. 2 folgt, daß die Gläubiger der Frau an diese Beschränkung nicht gebunden sind.

d) Die Beschränkungen der Fähigkeit der Frau, über ihr eingebrachtes Gut zu verfügen, ergeben sich aus den §§ 1395—1407. Wegen der Anwendbarkeit des § 1402 s. auch Erl. 2 d zu § 1519. Von besonderer Bedeutung ist die Anwendbarkeit des § 1404. Da alles Ver-

§. 1526.

Vorbehaltsgut der Frau ist, was durch Ehevertrag für Vorbehaltsgut erklärt ist oder von der Frau nach §. 1369 oder §. 1370 erworben wird.

Vorbehaltsgut des Mannes ist ausgeschlossen.

Für das Vorbehaltsgut der Frau gilt das Gleiche wie für das Vorbehaltsgut bei der allgemeinen Gütergemeinschaft.

§. 1527.

Es wird vermuthet, daß das vorhandene Vermögen Gesammtgut sei.

---

mögen, welches bei der Ergsch.G. eingebrachtes Gut ist, auch nach dem gesetzlichen Güterrechte der Vorschrift des § 1404 unterliegt, insofern also durch die Vereinbarung der Ergsch.G. eine Aenderung des gesetzlichen Güterrechts nicht eintritt, so finden die Vorschriften zu Gunsten derjenigen, welche Rechte von einem Nichtberechtigten herleiten, insbesondere der öffentliche Glaube des Grundbuchs, auf Verfügungen der Frau über ihr eingebrachtes Gut auch dann keine Anwendung, wenn das Bestehen der Ergsch.G. nicht in das Güterrechtsregister eingetragen ist. Daraus folgt, daß das Bestehen der Ergsch.G. bei den zu dem eingebrachten Gute gehörenden Rechten nicht in das Grundbuch eingetragen wird. Wegen des Gesammtguts gilt das in der Erl. 4 zu § 1443 Bemerkte auch für die Ergsch.G.

e) Das Recht, das dem Manne am eingebrachten Gute der Frau zusteht, ist nicht übertragbar (§ 1408) und darum auch nicht belastbar. Der § 861 der C.P.O. (s. Erl. zu § 1408) gilt für die Ergsch.G. nicht. Die D. z. C.P.O. S. 146 zu § 745 d bemerkt, daß, da in Ansehung des eingebrachten Gutes der Frau bei der Ergsch.G. ein besonderes Nutznießungsrecht des Mannes nicht besteht, sondern die Früchte unmittelbar in das Gesammtgut fallen, ein Recht, dessen Pfändbarkeit besonders ausgeschlossen werden müßte, nicht in Frage steht. Die Pfändung der Früchte ist gegenüber den Gesammtgutsverbindlichkeiten nicht beschränkt, eine Beschränkung wäre mit dem Zwecke nicht vereinbar, dem bei der Ergsch.G. das Gesammtgut zu dienen bestimmt ist.

f) Steht der Mann unter Vormundschaft, so hat ihn der Vormund nicht nur in Ansehung des Gesammtguts (§ 1519 mit § 1457), sondern auch des eingebrachten Gutes (§ 1409) in den Rechten und Pflichten zu vertreten, die sich aus der Verwaltung des Gesammtguts oder des eingebrachten Gutes ergeben.

g) Durch die Anwendbarkeit der §§ 1410—1417 wird die Haftung des eingebrachten Gutes der Frau für die Schulden der Ehegatten geregelt. Für die Schulden des Mannes haftet es nicht (§ 1410). Den Gläubigern der Frau haftet es, von den in den §§ 1412—1414 bezeichneten Ausnahmen abgesehen, unbeschränkt (§ 1411). Die in der Erl. 7 zu § 1411 angeführten Vorschriften der §§ 739, 741, 742, 794 Abs. 2 der C.P.O. gelten auch für das eingebrachte Gut der Frau bei der Ergsch.G.

**§ 1526.**

**E I §§ 1416, 1417; II § 1421 rev. § 1511; III § 1509. P. I S. 7063, 7086; M. IV S. 505. P. II S. 5571, 5576 (Bd. 4 S. 351, 353). K.B. S. 2069.**

1. Der § 1526 läßt auch bei der Ergsch.G. Vorbehaltsgut zu, jedoch nur Vorbehaltsgut der Frau, nicht des Mannes. Der E. I hatte Vorbehaltsgut des Mannes gleichfalls zugelassen, in der zweiten Kommission ist dies beseitigt worden, weil Vorbehaltsgut des Mannes bei der Ergsch.G. nur die Bedeutung hat, die Frau bei der Auseinandersetzung von der Theilnahme an den Nutzungen des Vorbehaltsguts des Mannes auszuschließen. In der zweiten Kommission ist übrigens anerkannt worden, daß ein Ehevertrag, in dem dem Manne gewisse Einkünfte zur zur ausschließlichen Verwendung zugewiesen werden, zulässig ist.

2. Der Abs. 1 begrenzt den Umfang des Vorbehaltsguts in der gleichen Weise wie der § 1440 Abs. 2 (s. Erl. 2 zu § 1440). Hervorzuheben ist, daß auch bei der Ergsch.G. die zum persönlichen Gebrauche der Frau bestimmten Sachen nur, wenn dies durch Ehevertrag bestimmt ist, zum Vorbehaltsgute gehören.

3. Im Abs. 3 ist bezüglich der rechtlichen Stellung der Frau zu ihrem Vorbehaltsgut auf den § 1441 verwiesen (s. Erl. 1 zu § 1441).

§ 1528.

Jeder Ehegatte kann verlangen, daß der Bestand seines eigenen und des dem anderen Ehegatten gehörenden eingebrachten Gutes durch Aufnahme eines Verzeichnisses unter Mitwirkung des anderen Ehegatten festgestellt wird. Auf die Aufnahme des Verzeichnisses finden die für den Nießbrauch geltenden Vorschriften des §. 1035 Anwendung.

Jeder Ehegatte kann den Zustand der zum eingebrachten Gute gehörenden Sachen auf seine Kosten durch Sachverständige feststellen lassen.

---

**§ 1527.**

**E. I § 1421 Abs. 1; II § 1422 rev. § 1512; III § 1510. P. I S. 7132–7141; M. IV S. 516. P. II S. 5578 (Bd. 4 S. 354). D. S. 698.**

**1.** Die Vermuthung, daß das vorhandene Vermögen Gesammtgut sei, gilt nicht nur bezüglich des während des Bestehens der Gemeinschaft erworbenen Vermögens, sondern allgemein. Sie gilt ferner sowohl in Ansehung der im Besitze beider Ehegatten als auch der im Besitze eines Ehegatten befindlichen Sachen und sie beschränkt sich nicht auf bewegliche Sachen, sondern gilt auch von Rechten und von unbeweglichen Sachen. Daß im Grundbuch ein Recht nur für den einen Ehegatten eingetragen ist, genügt zur Widerlegung der Vermuthung nicht. Denn nach § 1519 Abs. 1 wird auch der Erwerb Gesammtgut, welchen ein Ehegatte für sich macht, ohne daß einer der Ausnahmefälle vorliegt, in denen eingebrachtes Gut oder Vorbehaltsgut entsteht (s. auch Erl. 2 zu § 1438). Aus der im § 1527 aufgestellten Vermuthung folgt insbesondere, daß jede auf das eingebrachte Gut eines Ehegatten oder das Vorbehaltsgut der Frau gemachte Verwendung bis zum Beweise des Gegentheils als aus dem Gesammtgute gemacht anzusehen ist.

**2.** Die Vermuthung des § 1527 gilt nicht nur zu Gunsten der Gesammtgutsgläubiger, sondern auch im Verhältnisse der Ehegatten zu einander. Von Bedeutung ist sie namentlich für die Frau.

**3.** Wegen des Verhältnisses zu den im § 1362 aufgestellten Vermuthungen s. Erl. 1, 3 zu § 1362.

**4.** Die Widerlegung der Vermuthung des § 1527 ist an besondere Voraussetzungen nicht geknüpft. Namentlich ist die Aufnahme des im § 1528 bezeichneten Verzeichnisses nicht erforderlich (s. auch Erl. 4 zu § 1362).

**§ 1528.**

**E. I § 1422; II § 1423 rev. § 1513; III § 1511. P. I S. 7132, 7144, 8826; M. IV S. 518. P. II S. 5579 (Bd. 4 S. 355).**

**1.** Der § 1528 entspricht dem § 1372, giebt jedoch die Befugniß, die Aufnahme eines Verzeichnisses über den Bestand und die Feststellung des Zustandes zu verlangen, auch bezüglich des eingebrachten Gutes des Mannes und zwar auch hier jedem Ehegatten. Die Fassung des Abs. 2 legt allerdings die Meinung nahe, daß jeder Ehegatte nur den Zustand der zu seinem eigenen eingebrachten-Gute gehörenden Sachen feststellen lassen kann. Der Zusammenhang sowie der Umstand, daß der E. I (M. IV S. 519) den § 992 (§ 1034) auf das eingebrachte Gut des Mannes nicht ausdehnen wollte, während die jetzige Fassung allgemein lautet, sprechen indessen für die hier vorgetragene Ansicht. Praktische Bedeutung hat übrigens der Abs. 2 vorzugsweise für die Frau, weil ihr Besitz und Verwaltung ihres eingebrachten Gutes nicht zustehen. Jeder Ehegatte kann sich also den Beweis sichern, nicht nur daß das über den Bestand seines eigenen eingebrachten Gutes aufgenommene Verzeichniß und die über den Zustand des eigenen und des dem anderen Ehegatten gehörenden eingebrachten Gutes getroffene Feststellung von dem anderen Ehegatten als richtig, sondern auch daß das über den Bestand des eingebrachten Gutes des anderen Ehegatten aufgenommene Verzeichniß von diesem als vollständig anerkannt wird. Im Übrigen s. wegen der Gründe, weshalb den Ehegatten die im § 1528 bestimmten Rechte eingeräumt sind, Erl. 1 zu § 1372.

**2.** Ueber die Voraussetzungen, unter denen die im § 1528 bestimmten Rechte den Ehegatten zustehen, sowie über das Verfahren s. Erl. 2, 3 zu § 1372.

**3.** Ueber die rechtliche Bedeutung der im § 1528 bezeichneten Maßnahmen s. Erl. 4 zu § 1372 und Erl. 4 zu § 1527.

§. 1529.

Der eheliche Aufwand fällt dem Gesammtgute zur Last.

Das Gesammtgut trägt auch die Lasten des eingebrachten Gutes beider Ehegatten; der Umfang der Lasten bestimmt sich nach den bei dem Güterstande der Verwaltung und Nutznießung für das eingebrachte Gut der Frau geltenden Vorschriften der §§. 1384 bis 1387.

§. 1530.

Das Gesammtgut haftet für die Verbindlichkeiten des Mannes und für die in den §§. 1531 bis 1534 bezeichneten Verbindlichkeiten der Frau (Gesammtgutsverbindlichkeiten).

Für Verbindlichkeiten der Frau, die Gesammtgutsverbindlichkeiten sind, haftet der Mann auch persönlich als Gesammtschuldner. Die Haftung erlischt mit der Beendigung der Errungenschaftsgemeinschaft, wenn die Verbindlichkeiten im Verhältnisse der Ehegatten zu einander nicht dem Gesammtgute zur Last fallen.

---

**§ 1529.**

**E. I §§ 1418, 1419; II § 1424 rev. § 1514; III § 1512. P. I S. 7067, 7125—7130, 8727; M. IV S. 512—514. P. II S. 5578 (Bd. 4 S. 354).**

1. Der Abs. 1 entspricht dem § 1458. Vergl. Erl. 1 zu § 1389.

2. Da das eingebrachte Gut beider Ehegatten für Rechnung des Gesammtguts verwaltet wird und die Nutzungen in das Gesammtgut fallen (§ 1525), so weist der Abs. 2 die Kosten der Gewinnung der Nutzungen, die Kosten der Erhaltung und die Lasten der eingebrachten Güter dem Gesammtgut in demselben Umfange zu, wie sie beim gesetzlichen Güterrechte der Mann zu tragen hat. Auf den Betrag der in das Gesammtgut fallenden Nutzungen kommt nichts an. Im übrigen s. Erl. zu den §§ 1384—1387. Der § 1529 bezieht sich nur auf das Verhältniß der Ehegatten zu einander. Daß für die im Abs. 2 bezeichneten Lasten das Gesammtgut auch den Gläubigern haftet, ergiebt sich für die Verbindlichkeiten des Mannes, die unter § 1529 fallen, aus § 1530, für die der Frau aus § 1531. Der § 1388, welcher den Mann für die in den §§ 1385—1387 bezeichneten Lasten für persönlich haftbar erklärt, ist nicht angeführt, da die persönliche Haftung des Mannes für die im § 1529 Abs. 2 bezeichneten Lasten schon aus § 1530 Abs. 2 folgt (vergl. auch Erl. zu § 1537 Abs. 1). Die Frau haftet für die sich auf die eingebrachten Güter beziehenden, unter § 1529 fallenden Verbindlichkeiten, die nicht in ihrer Person entstanden sind, nicht persönlich.

Die Kosten der Verwaltung der eingebrachten Güter sind dem Gesammtgute nicht zur Last gelegt. Es verhält sich mit ihnen bei der Ergsch.G. wie bei dem gesetzlichen Güterrechte. Soweit sie nicht unter die in den §§ 1384—1387 bezeichneten Lasten fallen, sind sie von dem Ehegatten zu tragen, dessen eingebrachtes Gut sie betreffen; für das eingebrachte Gut der Frau kommt dabei insbesondere der nach § 1525 Abs. 2 bei der Ergsch.G. anwendbare § 1390 in Betracht.

**§ 1530.**

**E. I § 1423 Abs. 1, 2, 4; II § 1425 rev. § 1515; III § 1513. P. I S. 7070, 7093, 7147—7158, 7221—7223; M. IV S. 519—528. P. II S. 5599 (Bd. 4 S. 365).**

1. Die Haftung des Gesammtguts ist im Abs. 1 im Wesentlichen in der gleichen Weise wie im § 1459 Abs. 1 bei der allg. G.G. geregelt, jedoch mit der Maßgabe, daß nur gewisse Kategorien von Verbindlichkeiten der Frau als Gesammtgutsverbindlichkeiten anerkannt sind. Es sind also die Schulden des Mannes ausnahmslos Gesammtgutsverbindlichkeiten, von den Schulden der Frau nur die in den §§ 1531—1534 bezeichneten. Insbesondere sind nicht Gesammtgutsverbindlichkeiten die vor dem Eintritte der Ergsch.G. entstandenen sowie die auf einer unerlaubten Handlung beruhenden Verbindlichkeiten der Frau. Die Folge dieses Unterschieds ist, daß der Gläubiger der Frau, um die Haftung des Gesammtguts in Anspruch zu nehmen, beweisen muß, daß eine der Ausnahmen der §§ 1531—1534 vorliegt. Im Übrigen s. Erl. 1 zu § 1459.

2. Bezüglich der persönlichen Haftung der Ehegatten für die Gesammtgutsverbindlichkeiten hat sich der Abs. 2 vollständig an die allg. G.G. (§ 1459 Abs. 2) angeschlossen. Welche Verbindlichkeiten im Verhältnisse der Ehegatten zu einander dem Gesammtgute zur Last fallen, ergiebt sich aus den §§ 1535—1537. Im Übrigen s. Erl. 3 zu § 1459.

## §. 1531.

Das Gesammtgut haftet für Verbindlichkeiten der Frau, die zu den im §. 1529 Abs. 2 bezeichneten Lasten des eingebrachten Gutes gehören.

## §. 1532.

Das Gesammtgut haftet für eine Verbindlichkeit der Frau, die aus einem nach dem Eintritte der Errungenschaftsgemeinschaft vorgenommenen Rechtsgeschäft entsteht, sowie für die Kosten eines Rechtsstreits, den die Frau nach dem Eintritte der Errungenschaftsgemeinschaft führt, wenn die Vornahme des Rechtsgeschäfts oder die Führung des Rechtsstreits mit Zustimmung des Mannes erfolgt oder ohne seine Zustimmung für das Gesammtgut wirksam ist.

---

3. Bezüglich der von den Ehegatten gemeinschaftlich eingegangenen Verbindlichkeiten trifft die Erl. 4 zu 1459 auch hier zu.

4. Verschieden von der im § 1530 geregelten Frage ist die der Haftung des eingebrachten Gutes eines Ehegatten für die beiderseitigen Verbindlichkeiten. Bezüglich des eingebrachten Gutes des Mannes beantwortet sich diese Frage durch den Abs. 2 des § 1530, für das eingebrachte Gut der Frau durch § 1525 Abs. 2 (s. Erl. zu diesem).

5. Ueber die Zwangsvollstreckung in das Gesammtgut s. C.P.O. §§ 740, 741. Die Erl. 5 zu § 1459 gilt auch für die Ergsch.G.

6. Auch bei der Ergsch.G. ist ein Partikularkonkurs über das Gesammtgut ausgeschlossen. Es giebt nur einen Konkurs über das Vermögen des Mannes oder über das der Frau.

Ist der Konkurs über das Vermögen des Mannes eröffnet, so gehört das Gesammtgut zur Konkursmasse. Durch die Konkurseröffnung wird die Ergsch.G. beendet (§ 1543). Eine Auseinandersetzung zwischen den Ehegatten wegen des Gesammtguts findet jedoch nicht statt (§ 2 Abs. 1 K.O., M. IV S. 528). Dagegen kann die Frau ihr eingebrachtes Gut aus der Konkursmasse als Aussonderungsberechtigte zurückverlangen (§ 1546 Abs. 3). Auch werden die Ersatzansprüche, welche der Frau nach § 1525 Abs. 2 mit § 1377 Abs. 3 oder nach § 1539 gegenüber dem Gesammtgute zustehen, mit der Beendigung der Ergsch.G. fällig. Die Frau kann diese Ansprüche sowie sonstige ihr gegen das Gesammtgut oder den Mann zustehende Ansprüche als Konkursgläubigerin geltend machen. Andererseits ist sie zur Erfüllung der ihr auf Grund des § 1539 obliegenden Ersatzverbindlichkeiten verpflichtet. Konkursgläubiger sind alle Gesammtgutsgläubiger; aus § 1530 Abs. 2 Satz 2 darf nicht etwa gefolgert werden, daß für die Verbindlichkeiten, die im Verhältnisse der Ehegatten zu einander der Frau zur Last fallen, nur das Gesammtgut, nicht das übrige Vermögen des Mannes haftet. Denn derselbe Gesichtspunkt, auf welchem die Vorschrift des § 2 der K.O. beruht, daß eine Auseinandersetzung über das Gesammtgut im Falle des Konkurses nicht stattfindet, führt dazu, daß auch die Stellung der Gläubiger im Konkurse durch die Beendigung der Ergsch.G. nicht berührt wird. Wie das Pfandrecht, welches wegen einer Verbindlichkeit der fraglichen Art von dem Gläubiger durch Pfändung eines zu dem eingebrachten Gute des Mannes gehörenden Gegenstandes erlangt worden ist, nicht durch die später erfolgende Beendigung der Ergsch.G. berührt wird, so wird auch die durch die Eröffnung des Konkurses begründete rechtliche Stellung aller Gesammtsgutsgläubiger nicht dadurch berührt, daß mit der Rechtskraft des Beschlusses, durch den der Konkurs eröffnet wird, die Ergsch.G. endigt.

Durch die Eröffnung des Konkurses über das Vermögen der Frau wird das Gesammtgut nicht berührt (§ 2 Abs. 2 K.O.).

### §§ 1531—1534.

**E. I § 1423 Abs. 2, 3, § 1425; II §§ 1426—1429 rev. §§ 1516—1519; III §§ 1514—1517. P. I S. 7070, 7093, 7147; M. IV S. 524—528, 530. P. II S. 5599, 5604, 8630, 8650 (Bd. 4 S. 365, 368). D. S. 698. K.B. S. 2069.**

Die §§ 1531—1534 zählen die Verbindlichkeiten der Frau auf, welche Gesammtsgutsverbindlichkeiten sind.

1. Zu § 1531 s. Erl. zu § 1529 Abs. 2.

2. Der § 1532 entspricht dem § 1460 mit der Maßgabe, daß das Gesammtgut für die Kosten eines Rechtsstreits der Frau nicht schlechthin, sondern nur dann haftet, wenn das Urtheil

### §. 1533.

Das Gesammtgut haftet für eine Verbindlichkeit der Frau, die nach dem Eintritte der Errungenschaftsgemeinschaft in Folge eines ihr zustehenden Rechtes oder des Besitzes einer ihr gehörenden Sache entsteht, wenn das Recht oder die Sache zu einem Erwerbsgeschäfte gehört, das die Frau mit Einwilligung des Mannes selbständig betreibt.

### §. 1534.

Das Gesammtgut haftet für Verbindlichkeiten der Frau, die ihr auf Grund der gesetzlichen Unterhaltspflicht obliegen.

---

dem Manne gegenüber wirksam ist. Die Fälle, in denen die Vornahme eines Rechtsgeschäfts oder die Führung eines Rechtsstreits ohne die Zustimmung des Mannes für das Gesammtgut wirksam ist, ergeben sich aus §§ 1450, 1451, 1452, 1455 verbunden mit § 1519 Abs. 2 sowie aus § 1357. Der im § 1519 für anwendbar erklärte § 1453 ist hier gegenstandslos, da er in Ansehung des Gesammtguts nur für die Ablehnung eines der Frau gemachten Vertragsantrags in Betracht kommt. Wegen der Frage, ob der Mann bei Ertheilung seiner Zustimmung die Haftung des Gesammtguts oder seine persönliche Haftung ausschließen kann, s. Erl. zu § 1460.

**3.** Der § 1533 entspricht dem § 1462. Verbindlichkeiten der Frau, die in Folge eines zu ihrem eingebrachten Gute oder zum Vorbehaltsgute gehörenden Rechtes oder des Besitzes einer dazu gehörenden Sache entstehen, sind regelmäßig keine Gesammtgutsverbindlichkeiten; eine Ausnahme besteht nur, wenn das Recht oder die Sache zu einem von der Frau mit Einwilligung des Mannes selbständig betriebenen Erwerbsgeschäfte gehört, mag das Geschäft zum eingebrachten Gute oder zum Vorbehaltsgute gehören. Verbindlichkeiten der Frau aus Rechtsgeschäften und Rechtsstreitigkeiten, welche der Betrieb eines solchen Erwerbsgeschäfts mit sich bringt, sind schon nach § 1532 verbunden mit § 1519 Abs. 2, §§ 1452, 1405 Gesammtgutsverbindlichkeiten. Im Uebrigen s. Erl. zu § 1462 und zu § 1414.

**4.** Die unter § 1534 fallenden Verbindlichkeiten sind in der Erl. 2 zu § 1386 aufgezählt.

Im E. II § 1429 und im E. III § 1517 war nur von der gesetzlichen Unterhaltspflicht der Frau gegenüber ihren Verwandten die Rede. Von der R.T.K. wurden die Worte „gegenüber ihren Verwandten" gestrichen, weil dieselben rechtlichen Gesichtspunkte, welche dafür sprächen, das Gesammtgut für die Verbindlichkeiten der Frau auf Grund der gesetzlichen Unterhaltspflicht ihren Verwandten gegenüber haften zu lassen, auch bei der gesetzlichen Unterhaltspflicht der Frau gegenüber ihrem geschiedenen Ehemanne zuträfen. In dem K.B. S. 2069 wird hervorgehoben, daß die Vorschrift nicht zu beziehen sei auf Verpflichtungen, welche auf die Frau als Erbin eines Unterhaltsverpflichteten, insbesondere auf Grund des § 1688 (B.G.B. § 1712) übergegangen seien; für sie gelten die Vorschriften über Nachlaßverbindlichkeiten. Diese Auffassung wird als richtig anzuerkennen sein. Nur die Verbindlichkeiten, welche der Frau auf Grund der für sie unmittelbar kraft des Gesetzes begründeten Unterhaltspflicht obliegen, sollen nach dem Wortlaute wie nach dem Zwecke des Gesetzes Gesammtgutsverbindlichkeiten werden. Eine auf sie als Erbin übergegangene gesetzliche Unterhaltspflicht ihres Erblassers bleibt zwar trotz des Ueberganges eine gesetzliche Unterhaltspflicht, aber sie ist nicht eine gesetzliche Unterhaltspflicht der Ehefrau, sondern eine gesetzliche Unterhaltspflicht ihres Erblassers. Sie ist eine gewöhnliche Nachlaßverbindlichkeit, deren Inhalt und Umfang sich, soweit nicht besondere Vorschriften für sie gegeben sind, nach der Person des Erblassers bestimmen, für die der Erbe aber nur als solcher haftet. Für solche Verbindlichkeiten eine andere Behandlung wie für andere durch Erbschaft auf die Ehefrau übergegangene Verbindlichkeiten in der hier fraglichen Beziehung eintreten zu lassen, fehlt es an einem inneren Grunde und der Wortlaut des § 1534 spricht dagegen. Außer dem in dem K.B. erwähnten § 1712, nach welchem die gesetzliche Unterhaltspflicht des unehelichen Vaters auf dessen Erben übergeht, dieser aber berechtigt ist, das Kind mit dem Betrag abzufinden, welchen es als Pflichttheil erhalten würde, wenn es ein eheliches Kind wäre, kommt noch der § 1582 in Betracht, nach welchem die gesetzliche Unterhaltspflicht des geschiedenen Ehegatten unter den in den Abs. 2, 3 bestimmten Modifikationen auf den Erben übergeht. Für die auf Grund dieser Vorschriften für die Ehefrau begründeten Verbindlichkeiten haftet nur die Frau. Ob nur das Vorbehaltsgut oder auch das eingebrachte Gut der Frau haftet, bestimmt sich nach den Vorschriften der §§ 1411, 1413 (§ 1525 Abs. 2).

In den Erl. zu § 1386 Nr. 2 sind unter den von der Frau auf Grund ihrer gesetzlichen Unterhaltspflicht geschuldeten Leistungen auch die ihr in den Fällen der §§ 1712, 1582 als Erbin obliegenden Leistungen mit aufgeführt. Dies bedarf nach dem Obigen einer Erläuterung. Die fraglichen Leistungen gehören zwar zu den im § 1386 Abs. 1 Satz 2 bezeichneten wieder-

§. 1535.

Im Verhältnisse der Ehegatten zu einander fallen folgende Gesammtgutsverbindlichkeiten dem Ehegatten zur Last, in dessen Person sie entstehen:

1. die Verbindlichkeiten aus einem sich auf sein eingebrachtes Gut oder sein Vorbehaltsgut beziehenden Rechtsverhältniß, auch wenn sie vor dem Eintritte der Errungenschaftsgemeinschaft oder vor der Zeit entstanden sind, zu der das Gut eingebrachtes Gut oder Vorbehaltsgut geworden ist;
2. die Kosten eines Rechtsstreits, den der Ehegatte über eine der in Nr. 1 bezeichneten Verbindlichkeiten führt.

§. 1536.

Im Verhältnisse der Ehegatten zu einander fallen dem Manne zur Last:

1. die vor dem Eintritte der Errungenschaftsgemeinschaft entstandenen Verbindlichkeiten des Mannes;
2. die Verbindlichkeiten des Mannes, die der Frau gegenüber aus der Verwaltung ihres eingebrachten Gutes entstehen, soweit nicht das Gesammtgut zur Zeit der Beendigung der Errungenschaftsgemeinschaft bereichert ist;
3. die Verbindlichkeiten des Mannes aus einer unerlaubten Handlung, die er nach dem Eintritte der Errungenschaftsgemeinschaft begeht, oder aus einem Strafverfahren, das wegen einer unerlaubten Handlung gegen ihn gerichtet wird;
4. die Kosten eines Rechtsstreits, den der Mann über eine der in Nr. 1 bis 3 bezeichneten Verbindlichkeiten führt.

§. 1537.

Die Vorschriften des §. 1535 und des §. 1536 Nr. 1, 4 finden insoweit keine Anwendung, als die Verbindlichkeiten nach §. 1529 Abs. 2 von dem Gesammtgute zu tragen sind.

Das Gleiche gilt von den Vorschriften des §. 1535 insoweit, als die Verbindlichkeiten durch den Betrieb eines Erwerbsgeschäfts, der für Rechnung des Gesammtguts geführt wird, oder in Folge eines zu einem solchen Erwerbsgeschäfte gehörenden Rechtes oder des Besitzes einer dazu gehörenden Sache entstehen.

---

kehrenden Leistungen — und insofern ist die Anführung in der gedachten Erläuterung richtig — sie gehören aber nicht zu den besonders hervorgehobenen von der Frau auf Grund ihrer gesetzlichen Unterhaltspflicht geschuldeten Leistungen.

Die gesetzliche Unterhaltspflicht der Frau ist auch insoweit eine Gesammtgutsverbindlichkeit, als sie in Folge des Vorhandenseins von Vorbehaltsgut oder eingebrachtem Gute erst entsteht oder eine Erweiterung erfährt. Im Verhältnisse der Ehegatten zu einander fällt sie insoweit jedoch der Frau zur Last (§ 1535 Nr. 1). Wegen der Bemessung der Unterhaltspflicht s. Erl. zu § 1604.

**§§ 1535—1537.**

**E. I § 1426 Abs. 2 Nr. 1, 2, 5; II § 1432 rev. § 1522; III § 1520. P. I S. 7172—7180, 7205, 8693, 8708; M. IV S. 532. P. II S. 5604, 8630 (Bd. 4 S. 368). D. S. 698.**

**1.** Die §§ 1535—1537 regeln die Frage, wem die Gesammtgutsverbindlichkeiten im Verhältnisse der Ehegatten zu einander zur Last fallen. Sie beruhen auf dem Gedanken, daß diejenigen Gesammtgutsverbindlichkeiten im Verhältnisse der Ehegatten zu einander dem Gesammtgute zur Last fallen, welche entweder von einem Ehegatten innerhalb der

## §. 1538.

**Verspricht oder gewährt der Mann einem Kinde eine Ausstattung, so finden die Vorschriften des §. 1465 Anwendung.**

---

Grenzen seines Verwaltungsrechts für die bestimmungsmäßigen Zwecke der Ergsch.G., also namentlich zum Zwecke der Bestreitung des ehelichen Aufwandes oder der im § 1529 Abs. 2 bezeichneten Lasten der eingebrachten Güter, eingegangen oder welche kraft Gesetzes vom Gesammtgute zu tragen sind. Es werden jedoch nicht diejenigen Verbindlichkeiten aufgezählt, welche hiernach dem Gesammtgute, sondern diejenigen, welche einem Ehegatten zur Last fallen. Daraus folgt der im B.G.B. (anders E. I § 1426 Abs. 1) nicht ausdrücklich ausgesprochene Grundsatz, daß als Regel der Satz gilt, daß alle Gesammtgutsverbindlichkeiten auch im Verhältnisse der Ehegatten zu einander vom Gesammtgute zu tragen sind.

2. Die **Bedeutung** des Umstandes, daß eine Gesammtgutsverbindlichkeit dem Gesammtgut oder einem Ehegatten zur Last fällt, ist die gleiche wie bei der allg. G.G. (vergl. Erl. 1, 2 zu § 1463 in Verbindung mit §§ 1539, 1541 und § 1546 mit §§ 1475, 1481).

3. Zu den **einzelnen Ausnahmen**, welche in den §§ 1535, 1536 enthalten sind, ist zu bemerken:

a) **Der** § 1535 Nr. 1 entspricht dem § 1463 Nr. 2, der § 1535 Nr. 2 dem § 1463 Nr. 3; (s. Erl. zu § 1463 und wegen der gesetzlichen Unterhaltspflicht der Frau auch Erl. zu §§ 1534, 1604); der § 1537 Abs. 1 nimmt mit Rücksicht darauf, daß die Nutzungen der eingebrachten Güter in das Gesammtgut fallen (§ 1525), die nach § 1529 Abs. 2 vom Gesammtgute zu tragenden Lasten dieser Güter aus; das Gesammtgut hat diese Lasten im Verhältnisse der Ehegatten zu einander auch dann zu tragen, wenn sie den Betrag der Nutzungen übersteigen. Der § 1537 Abs. 2 nimmt die Verbindlichkeiten aus, die durch den Betrieb eines Erwerbsgeschäfts oder in Folge eines zum Erwerbsgeschäfte gehörenden Rechtes oder des Besitzes einer dazu gehörenden Sache entstanden sind. Voraussetzung ist dabei, daß das Geschäft für Rechnung des Gesammtguts geführt wird. Es kann sich also nur um Verbindlichkeiten handeln, die nach dem Eintritte der Ergsch.G. entstanden sind. Daß bei einem zum Vorbehaltsgute der Frau gehörenden Erwerbsgeschäft aus dessen Ertrage nach § 1526 Abs. 3 mit § 1441 ein Beitrag geleistet wird, genügt nicht. Beispiele von Verbindlichkeiten, die unter § 1537 Abs. 2 fallen, s. in der Erl. 1 zu § 1414.

b) Die Beschränkung des § 1536 auf Verbindlichkeiten des Mannes hat darin ihren Grund, daß die gleichen Verbindlichkeiten bei der Frau (abgesehen von den unter § 1529 Abs. 2 fallenden) nicht Gesammtgutsverbindlichkeiten sind.

Zu § 1536 Nr. 1, 4 s. § 1537 Abs. 1.

Zu Nr. 2: Da die Verbindlichkeiten des Mannes Gesammtgutsverbindlichkeiten sind, so würden an sich auch die aus seiner Verwaltung des eingebrachten Gutes der Frau entspringenden Verbindlichkeiten, insbesondere die ihn wegen Verschuldens treffende Ersatzpflicht (§ 1374), im Verhältnisse der Ehegatten zu einander vom Gesammtgut, also, soweit dieses reicht, von der Frau selbst zur Hälfte zu tragen sein. Dieses Ergebniß schneidet die Nr. 2 ab, soweit nicht das Gesammtgut bereichert ist. Soweit letzteres der Fall ist, mindert sich der Anspruch der Frau, da sie insoweit bei der Auseinandersetzung aus dem Gesammtgut Ersatz erhält (§ 1539). Für die Entscheidung der Frage, ob das Gesammtgut bereichert ist, ist nicht der Zeitpunkt maßgebend, in welchem die Handlung des Mannes vorgenommen wird, sondern der der Beendigung der Ergsch.G. Das Vorhandensein einer Bereicherung hat, wie die Fassung zum Ausdrucke bringt, der Mann zu beweisen (M. IV S. 387). Dagegen verbleibt es für die Verbindlichkeiten, welche für die Frau aus der dem Manne überlassenen Verwaltung ihres Vorbehaltsguts (s. Erl. zu § 1430 mit §§ 1526, 1441) gegen den Mann entstehen, bei der allgemeinen Regel, so daß die Frau dieselben — soweit sie nicht auf einer unerlaubten Handlung beruhen und deshalb die Nr. 3 zutrifft — zur Hälfte bis zum Belaufe des Gesammtguts mitzutragen hat.

Die Nr. 3 entspricht dem § 1463 Nr. 1.

### § 1538.

**E. I § 1427; II § 1433 rev. § 1523; III § 1521. P. I S. 7167—7172, 12063—12065; M. IV S. 532. P. II S. 5604 (Bd. 4 S. 368).**

Vergl. Erl. zu § 1465.

§. 1539.

Soweit das eingebrachte Gut eines Ehegatten auf Kosten des Gesammtguts oder das Gesammtgut auf Kosten des eingebrachten Gutes eines Ehegatten zur Zeit der Beendigung der Errungenschaftsgemeinschaft bereichert ist, muß aus dem bereicherten Gute zu dem anderen Gute Ersatz geleistet werden. Weitergehende, auf besonderen Gründen beruhende Ansprüche bleiben unberührt.

§. 1540.

Sind verbrauchbare Sachen, die zum eingebrachten Gute eines Ehegatten gehört haben, nicht mehr vorhanden, so wird zu Gunsten des Ehegatten vermuthet, daß die Sachen in das Gesammtgut verwendet worden seien und dieses um den Werth der Sachen bereichert sei.

---

**§ 1539.**

**E. I § 1420; II § 1434 rev. § 1524; III § 1522. P. I S. 7067, 7125—7132, 8779; M. IV S. 514—516. P. II S. 5578 (Bd. 4 S. 354). D. S. 699.**

**1.** Der Satz 1 beantwortet die Frage, inwieweit wegen Verwendung von Gesammtgut auf eingebrachtes Gut eines Ehegatten oder von eingebrachtem Gute auf Gesammtgut Ersatz geleistet werden muß. Nach Satz 1 genügt zur Begründung der Ersatzpflicht die Thatsache, daß das eingebrachte Gut eines Ehegatten auf Kosten des Gesammtguts oder das Gesammtgut auf Kosten des eingebrachten Gutes zur Zeit der Beendigung der Ergsch.G. bereichert ist. Es brauchen nicht die übrigen Voraussetzungen des Anspruchs auf Herausgabe einer ungerechtfertigten Bereicherung gegeben zu sein. Auch ist es gleichgültig, aus welchem Grunde, von welchem Ehegatten und ob mit Zustimmung des anderen Ehegatten die Thatsache, aus welcher die Bereicherung sich ergiebt, eingetreten ist. Der Begriff der Bereicherung ist der gleiche wie in den Vorschriften über ungerechtfertigte Bereicherung (§§ 812 ff.). Der Beweis, daß eine Bereicherung vorliegt, trifft denjenigen, welcher einen Anspruch auf § 1539 Satz 1 gründet.

**2.** Der Satz 2 stellt klar, daß nicht nur der im Satz 1 bestimmte Anspruch auf die Bereicherung stattfindet, sondern weitergehende Ansprüche unberührt bleiben. Von Bedeutung ist der Vorbehalt insbesondere in solchen Fällen, in welchen die durch eine Verwendung auf Gesammtgut oder eingebrachtes Gut geschaffene Bereicherung zur Zeit der Beendigung der Ergsch.G. nicht mehr vorhanden ist. Unter den Satz 2 fällt z. B., wenn der Mann Verwendungen, zu denen das Gesammtgut nach den §§ 1384—1387 nicht verpflichtet ist, auf das eingebrachte Gut der Frau gemacht hat (§ 1525 Abs. 2 mit § 1390) oder wenn er durch eine arglistige Verletzung seiner Verwaltungsmacht dem Gesammtgute zum Vortheile seines eingebrachten Gutes einen Schaden zugefügt hat (§ 1519 Abs. 2 mit § 1456). Auch die Ansprüche auf Grund einer Geschäftsführung ohne Auftrag (§§ 683, 684) gehören hierher.

**3.** Der durch die gewöhnliche Abnutzung entstandene Verlust oder die dadurch verursachte Verschlechterung der zum eingebrachten Gute gehörenden Sachen fallen nicht dem Gesammtgute, sondern dem betreffenden Ehegatten zur Last. Es gilt das Gleiche wie beim gesetzlichen Güterrechte (s. Erl. zu § 1384).

**§ 1540.**

**E. I § 1421 Abs. 2; II § 1435 rev. § 1525; III § 1523. P. I S. 7132—7141, 8798; M. IV S. 517. P. II S. 5578 (Bd. 4 S. 354).**

**1.** Da die laufenden Ausgaben der Ehegatten aus dem Gesammtgute bestritten zu werden pflegen, so ist es wahrscheinlich, daß, wenn Geld oder andere verbrauchbare Sachen, welche zum eingebrachten Gute eines Ehegatten gehört haben, nicht mehr vorhanden sind, sie dem Gesammtgute zugeflossen sind, dieses also um ihren Werth bereichert ist (§ 1539). Die dahin gehende Vermuthung, welche der § 1540 aufstellt, ist das naturgemäße Korrektiv der im § 1527 zu Gunsten des Gesammtguts aufgestellten Vermuthung.

2. Voraussetzung der Vermuthung ist, daß verbrauchbare Sachen, welche zum eingebrachten Gute eines Ehegatten gehörten, zur Zeit des Eintritts der Ergsch.G. oder später vorhanden gewesen sind. Bezüglich der der Frau gehörenden Sachen ist also nicht der Nachweis erforderlich, daß sie in den Besitz des Mannes gelangt sind. Die Vermuthung gilt für das eingebrachte Gut eines jeden Ehegatten. Sie gilt aber nur zu Gunsten desjenigen Ehegatten, dessen ver-

§. 1541.

Was ein Ehegatte zu dem Gesammtgut oder die Frau zu dem eingebrachten Gute des Mannes schuldet, ist erst nach der Beendigung der Errungenschaftsgemeinschaft zu leisten; soweit jedoch zur Berichtigung einer Schuld der Frau ihr eingebrachtes Gut und ihr Vorbehaltsgut ausreichen, hat sie die Schuld schon vorher zu berichtigen.

Was der Mann aus dem Gesammtgute zu fordern hat, kann er erst nach der Beendigung der Errungenschaftsgemeinschaft fordern.

§. 1542.

Die Frau kann unter den Voraussetzungen des §. 1418 Nr. 1, 3 bis 5 und des §. 1468, der Mann kann unter den Voraussetzungen des §. 1469 auf Aufhebung der Errungenschaftsgemeinschaft klagen.

Die Aufhebung tritt mit der Rechtskraft des Urtheils ein.

§. 1543.

Die Errungenschaftsgemeinschaft endigt mit der Rechtskraft des Beschlusses, durch den der Konkurs über das Vermögen des Mannes eröffnet wird.

---

brauchbare Sachen nicht mehr vorhanden sind. Es kann daher z. B. der Mann sich nicht etwa zu dem Zwecke auf die Vermuthung berufen, um die nach § 1536 Nr. 2 im Verhältnisse der Ehegatten zu einander ihm zur Last fallenden Verbindlichkeiten gegenüber der Frau von sich auf das Gesammtgut abzuwälzen.

3. Für andere als verbrauchbare Sachen gilt die Vermuthung nicht. Ueber den Begriff der verbrauchbaren Sachen s. § 92. Hervorzuheben ist, daß die Vermuthung Anwendung findet, wenn eine Sache wegen ihrer Zugehörigkeit zu einem Waarenlager ꝛc. nach § 92 Abs. 2 als verbrauchbar anzusehen ist. Hinsichtlich der nicht verbrauchbaren Sachen bewendet es bei den allgemeinen Grundsätzen; dies trifft insbesondere für die Herausgabe des eingebrachten Gutes der Frau (s. Erl. 1 zu § 1421 mit § 1546 Abs. 3) zu. Die Vermuthung ist ferner auf die zum eingebrachten Gute gehörenden Sachen beschränkt; sie erstreckt sich nicht auf das Vorbehaltsgut der Frau.

§ 1541.

**E. I § 1428; II § 1436 rev. § 1526; III § 1524. P. I S. 7180—7182, 8779; M. IV S. 533. P. II S. 5604 (Bd. 4 S. 368).**

Der § 1541 entspricht dem für die allg. G.G. geltenden § 1467, nur daß, was dort vom Vorbehaltsgute des Mannes bestimmt ist, hier auf dessen eingebrachtes Gut Anwendung findet. Im Uebrigen s. Erl. zu § 1467. Das in der Erl. 3 zu § 1467 über das Sondergut der Frau Bemerkte gilt hier von deren eingebrachtem Gute (s. auch Erl. § 1525 Abs. 2 mit § 1394).

§ 1542.

**E. I § 1429 Abs. 1, 3; II § 1439 rev. § 1527; III § 1525. P. I S. 7159—7167, 7183—7188, 8693, 8709, 8727; M. IV S. 534. P. II S. 5605—5610 (Bd. 4 S. 370—372).**

1. Zu Abs. 1 vergl. die Vorbm. 4 oben S. 284 und die Erl. zu den §§ 1418, 1468, 1469. Der § 1418 Nr. 2 ist, weil durch § 1468 Nr. 3 gedeckt, nicht aufgeführt.

2. Der Abs. 2 entspricht dem § 1470 Abs. 1 Satz 1 und erklärt sich aus dem konstitutiven Charakter des Urtheils. Wegen des Verhältnisses unter den Ehegatten s. § 1546 Abs. 2 mit § 1479).

3. Folge der Aufhebung ist der Eintritt der Gütertrennung (§ 1545).

§ 1543.

**E. I § 1429 Abs. 2 Satz 1; II § 1437 rev. § 1528; III § 1526. P. I S. 7074, 7183—7188; M. IV S. 534, 535. P. II S. 5609 (Bd. 4 S. 372).**

1. Der Konkurs über das Vermögen des Mannes beendet die Ergsch.G. Dies entspricht dem für die Verwaltung und Nutznießung geltenden § 1419. Wegen der Einzelheiten

## §. 1544.

Die Errungenschaftsgemeinschaft endigt, wenn ein Ehegatte für todt erklärt wird, mit dem Zeitpunkte, der als Zeitpunkt des Todes gilt.

## §. 1545.

Endigt die Errungenschaftsgemeinschaft nach den §§. 1542 bis 1544, so gilt für die Zukunft Gütertrennung.

Dritten gegenüber ist die Beendigung der Gemeinschaft nur nach Maßgabe des §. 1435 wirksam.

---

s. Erl. 1 zu § 1419. Wegen des Anspruchs der Frau auf Wiederherstellung der Ergsch.G. nach Beendigung des Konkurses s. Erl. zu § 1547.

2. Folge der Beendigung der Ergsch.G. ist der Eintritt der Gütertrennung. Hierüber sowie über die Eintragung in das Güterrechtsregister s. Erl. zu § 1545.

3. Der Konkurs über das Vermögen der Frau beendet die Ergsch.G. oder die Verwaltung und Nutznießung des eingebrachten Gutes der Frau für Rechnung des Gesammtguts (§ 1525) nicht. Das Nähere s. Erl. zu § 1530.

4. Aus dem Grundsatze, daß die Ergsch.G. durch die Eröffnung des Konkurses über das Vermögen des Mannes beendigt wird, ergiebt sich, welche Rechte der Frau in dem Konkurse des Mannes gegenüber dessen Gläubigern zustehen (s. Erl. 6 zu § 1530). Der Konkurs beschränkt sich auf das Vermögen des Mannes und erstreckt sich nicht von selbst auf das Vermögen der Frau. Die Frau steht der Konkursmasse als Dritte gegenüber und, wenn auch nach § 2 Abs. 1 der K.O. eine Auseinandersetzung in Ansehung des Gesammtguts nicht stattfindet, so erfolgt eine solche doch wegen des eingebrachten Gutes der Frau. Dieses nimmt die Frau als Aussonderungsberechtigte in Anspruch, wegen ihrer Ersatzansprüche ist sie Konkursgläubigerin.

Ueber die Frage, ob durch die in Folge des Konkurses eintretende Beendigung der Ergsch.G. die rechtliche Stellung derjenigen Gläubiger im Konkurs eine Aenderung erleidet, denen der Ehemann nach Beendigung der Ergsch.G. nicht mehr persönlich haftet (§ 1530 Abs. 2), s. Erl. zu § 1530 Nr. 6.

### § 1544.

**E. I § 1429 Abs. 2 Satz 1; II § 1438 rev. § 1529; III § 1527. P. I S. 7074, 7183–7188; M. IV S. 534. P. II S. 5610 (Bd. 4 S. 372).**

1. Die Todeserklärung — und zwar abweichend vom gesetzlichen Güterrechte (§ 1420) sowohl die des Mannes als die der Frau — beendet die Ergsch.G. Die Beendigung tritt mit dem Zeitpunkt ein, der nach § 18 als Zeitpunkt des Todes gilt und nach § 970 Abs. 2 der C.P.O. im Urtheile festgestellt werden muß. Die Ergsch.G. bleibt beendet, wenn der für todt erklärte Ehegatte die Todeserklärung überlebt hat und zurückkehrt. Der zurückgekehrte Ehegatte kann jedoch Wiederherstellung der Ergsch.G. fordern (§ 1547); sonst tritt, sofern nicht die Ehe nach § 1348 aufgelöst ist, im Falle der Rückkehr unter den Ehegatten Gütertrennung ein (§ 1545).

2. Wird in Folge einer Anfechtungsklage die Todeserklärung aufgehoben oder eine andere Todeszeit festgestellt oder wird der Tod des Ehegatten, ohne daß eine Todeserklärung erfolgte, angenommen, so gelten die in der Erl. zu § 1420 dargelegten Grundsätze entsprechend auch für die Ergsch.G.

### § 1545.

**E. I § 1429 Abs. 1, 2 Satz 2; II § 1440 rev. § 1530; III § 1528. P. I S. 7159–7167, 7183–7188; M. IV S. 534. P. II S. 5605–5610, 8636 (Bd. 4 S. 370–372).**

1. Nach Abs. 1 tritt, wenn die Ergsch.G. auf Grund der §§ 1542–1544 beendigt wird, nicht die Verwaltung und Nutznießung, sondern die Gütertrennung (§§ 1427–1430) ein.

2. Nach Abs. 2 muß die Beendigung, wenn das Bestehen der Ergsch.G. im Güterrechtsregister eingetragen war, gleichfalls in dieses eingetragen werden. Zur Eintragung genügt der einseitige Antrag des einen oder des anderen Ehegatten, wenn die mit dem Zeugnisse der Rechtskraft versehene gerichtliche Entscheidung vorgelegt wird, in Folge deren die Beendigung eingetreten ist (§ 1561 Abs. 3 Nr. 1). Im Übrigen s. Erl. zu § 1435.

§. 1546.

Nach der Beendigung der Errungenschaftsgemeinschaft findet in Ansehung des Gesammtguts die Auseinandersetzung statt. Bis zur Auseinandersetzung bestimmt sich das Rechtsverhältniß der Ehegatten nach den §§. 1442, 1472, 1473.

Die Auseinandersetzung erfolgt, soweit nicht eine andere Vereinbarung getroffen wird, nach den für die allgemeine Gütergemeinschaft geltenden Vorschriften der §§. 1475 bis 1477, 1479 bis 1481.

Auf das eingebrachte Gut der Frau finden die für den Güterstand der Verwaltung und Nutznießung geltenden Vorschriften der §§. 1421 bis 1424 Anwendung.

---

**§ 1546.**

**E. I § 1417, § 1429 Abs. 1, 4; II § 1441 rev. § 1531; III § 1529. P. I S. 7159—7167, 7183—7188; M. IV S. 536—541. P. II S. 5573, 5605—5610 (Bd. 4 S. 352, 371, 372).**

**1.** Der Abs. 1 Satz 1 entspricht dem § 1471 Abs. 1 (s. Erl. 1, 2 zu § 1471).

**2.** Der Abs. 1 Satz 2 läßt das bisherige Rechtsverhältniß der Gemeinschaft zur gesammten Hand in Ansehung des Gesammtguts bis zur Auseinandersetzung fortdauern (§ 1442), jedoch mit der Maßgabe, daß die Verwaltung beiden Ehegatten gemeinschaftlich zusteht (§ 1472) und der Erwerb der Ehegatten, vorbehaltlich im § 1473 bestimmten Surrogation, nicht mehr in das Gesammtgut fällt.

Die Zwangsvollstreckung in das Gesammtgut nach der Beendigung der Gemeinschaft bis zur Auseinandersetzung sowie die Zwangsvollstreckung in den Antheil eines Gatten am Gesammtgut ist in den §§ 743, 744, 860 der C.P.O. für die Ergsch.G. in der gleichen Weise wie für die allg. G.G. geordnet (s. Erl. 5 zu § 1471 und 8 zu § 1472).

Auch wegen des Konkurses über das Vermögen eines der Gatten gilt das in den Erl. zu § 1471 und § 1472 Nr. 9 für die allg. G.G. Bemerkte.

**3.** Der Abs. 2 regelt die Art der Auseinandersetzung. Im Allgemeinen ist auf die Erl. zu den angeführten Vorschriften zu verweisen. Hier ist zu bemerken.

**a)** Zu § 1475 Abs. 2 s. §§ 1535—1538.

**b)** Aus der Anwendbarkeit des § 1476 Abs. 1 folgt, daß das Gesammtgut nicht in seine Bestandtheile zerfällt, sondern in zwei gleiche Theile getheilt wird. Endigt die Ergsch.G. durch den Tod eines Gatten, so bilden dessen Nachlaß der Antheil am Gesammtgute, das eingebrachte Gut und das Vorbehaltsgut. Das Nähere s. Vorbm. 5 oben S. 284. In Folge der Anwendbarkeit des § 1476 Abs. 2 geschieht auch bei der Ergsch.G. die Leistung desjenigen, was ein Gatte zum Gesammtgute zu ersetzen hat (§§ 1539, 1541), durch Anrechnung.

**c)** Das im § 1477 Abs. 2 bestimmte Recht der Uebernahme von Gegenständen hat hier nur für die zum persönlichen Gebrauch eines Gatten bestimmten Sachen Bedeutung.

**d)** Der § 1478 ist nicht für anwendbar erklärt. Im Falle der Ehescheidung verbleibt es daher bei der Theilung nach Hälften.

**e)** Der § 1479 ist nicht auf die Fälle der §§ 1468, 1469 zu beschränken, sondern gilt auch, wenn die Ergsch.G. auf Grund des § 1418 Nr. 1, 3—5 aufgehoben wird.

**f)** Aus der Anwendbarkeit des § 1480 ergiebt sich, daß die dort bestimmte Haftung eintritt für die Frau, wenn eine nicht in ihrer Person entstandene Gesammtgutsverbindlichkeit vor der Theilung nicht berichtigt ist, für den Mann, wenn eine Gesammtgutsverbindlichkeit, für welche er nach § 1530 Abs. 2 von der Beendigung der Ergsch.G. an nicht mehr persönlich haftet, unberichtigt geblieben ist (s. im Uebrigen die Erl. zu § 1480).

**g)** Aus der Anwendbarkeit des § 1481 ergiebt sich, daß der Mann auch bei der Ergsch.G. die Einbuße zu tragen hat (s. Erl zu § 1481 und Vorbm. 1 S. 283).

**4.** Der Abs. 3 zieht eine Konsequenz aus dem für die Gestaltung der Ergsch.G. maßgebenden Gedanken, daß das Rechtsverhältniß des eingebrachten Gutes der Frau, abgesehen davon, daß dessen Nutzungen zu dem Gesammtgute gehören und diesem auch die Lasten obliegen, sich nach den für das gesetzliche Güterrecht geltenden Vorschriften bestimmt. Es handelt sich also um eine Ergänzung der in § 1525 Abs. 2, § 1529 Abs. 2 gegebenen Vorschriften. Der Mann ist nach Beendigung der Ergsch.G. verpflichtet, der Frau das eingebrachte Gut herauszugeben und ihr über die Verwaltung Rechenschaft abzulegen. Für ein landwirthschaftliches Grundstück bezw. ein Landgut finden die Vorschriften der §§ 592, 593 entsprechende Anwendung (§ 1421). Wird die Ergsch.G. auf Klage der Frau durch Urtheil aufgehoben (§ 1542), so ist der Mann

## §. 1547.

Endigt die Errungenschaftsgemeinschaft durch die Eröffnung des Konkurses über das Vermögen des Mannes, so kann die Frau auf Wiederherstellung der Gemeinschaft klagen. Das gleiche Recht steht, wenn die Gemeinschaft in Folge einer Todeserklärung endigt, dem für todt erklärten Ehegatten zu, falls er noch lebt.

Wird die Gemeinschaft auf Grund des §. 1418 Nr. 3 bis 5 aufgehoben, so kann der Mann unter den Voraussetzungen des §. 1425 Abs. 1 auf Wiederherstellung der Gemeinschaft klagen.

---

zur Herausgabe des eingebrachten Gutes so verpflichtet, wie wenn der Anspruch auf Herausgabe mit der Erhebung der Klage auf Aufhebung der Ergsch.G. rechtshängig geworden wäre (§ 1422). Für die zur Zeit der Beendigung der Ergsch.G. vermietheten oder verpachteten Grundstücke finden die Vorschriften des § 1056 Anwendung (§ 1423). Die Voraussetzungen, unter denen der Mann die Verwaltung des eingebrachten Gutes auch noch nach der Beendigung der Ergsch.G. fortzusetzen berechtigt ist, bestimmen sich nach § 1424 Abs. 1, seine Verpflichtung zur Fortführung im Falle der Beendigung durch den Tod der Frau nach § 1424 Abs. 2.

Die dem Manne in Betreff des eingebrachten Gutes der Frau dieser gegenüber obliegenden Verbindlichkeiten sind Gesammtgutsverbindlichkeiten, fallen aber im Verhältniß unter den Ehegatten dem Manne allein zur Last (§ 1536 Nr. 2). Hieraus ergiebt sich, daß die Frau bei der Auseinandersetzung über das Gesammtgut die Befriedigung der ihr wegen ihres eingebrachten Gutes gegen den Mann zustehenden Ersatzansprüche vorab verlangen kann.

5. Wegen der **Vermittelung der Auseinandersetzung** durch das Amtsgericht s. freiw. G.G §§ 99, 193.

### § 1547.

**E. I § 1430 Abs. 1, 2 Satz 1; II § 1442 rev. § 1532; III § 1530. P. I S. 7159—7167, 7183—7188; M. IV S. 535. P. II S. 5610—5612 (Bd. 4 S. 372).**

**1.** Entsprechend dem, was nach § 1425 für die Verwaltung und Nutznießung gilt, giebt der § 1547 unter gewissen Voraussetzungen einen **Anspruch auf Wiederherstellung der** Ergsch.G. Die Einräumung dieses Anspruchs ist bei der Ergsch.G. umsomehr geboten, als bei ihr jedem Ehegatten ein Antheil an demjenigen gebührt, was der andere Ehegatte durch seine Thätigkeit erwirbt. Der Anspruch auf Wiederherstellung steht je nach dem Grunde, aus welchem die Ergsch.G. beendigt wird, der Frau oder dem Manne zu. Der Frau steht er zu, wenn die Ergsch.G. in Folge des Konkurses des Mannes (§ 1543) oder der Todeserklärung der Frau (§ 1544) endigte. Dem Manne steht er zu, wenn die Gemeinschaft in Folge der Todeserklärung des Mannes endigte (§ 1544) oder auf Klage der Frau in den Fällen des § 1418 Nr. 3—5 (§ 1542) aufgehoben worden ist.

**2.** **Die Voraussetzungen** des Anspruchs auf Wiederherstellung der Ergsch.G. sind:

**a)** Wenn die Gemeinschaft in Folge des Konkurses über das Vermögen des Mannes endigte, kann die Frau die Wiederherstellung ohne Weiteres verlangen. Das Konkursverfahren braucht noch nicht beendet zu sein.

**b)** Auch wenn die Gemeinschaft in Folge der Todeserklärung eines Ehegatten endigte, kann die Wiederherstellung von dem für todt erklärten Ehegatten, sofern er noch lebt, ohne Weiteres verlangt werden. Selbstverständlich darf die Ehe nicht durch Wiederverheirathung des zurückgebliebenen Ehegatten nach § 1348 aufgelöst sein; wegen des Falles, daß die neue Ehe nichtig ist, s. Erl. 1 zu § 1425.

**c)** Ist die Gemeinschaft auf Grund des § 1418 Nr. 3—5 aufgehoben worden, so müssen die Voraussetzungen des § 1425 vorliegen, d. h. die Entmündigung oder Pflegschaft, wegen deren die Aufhebung erfolgt ist, muß wieder aufgehoben oder es muß der die Entmündigung aussprechende Beschluß mit Erfolg angefochten sein. Hierüber s. Erl. 1 zu § 1425.

**3.** An eine Frist ist die **Ausübung** des Rechtes auf Wiederherstellung nicht gebunden. Der Ehegatte, gegen den sich der Anspruch richtet, ist auch nicht befugt, dem berechtigten Ehegatten eine ausschließende Frist zu setzen. Ein Verzicht auf den Anspruch auf Wiederherstellung ist zulässig.

**4.** Der Ehegatte, gegen den sich der Anspruch auf Wiederherstellung richtet, genügt dem Verlangen, wenn er sich zur Schließung eines die Ergsch.G. bestimmenden Ehevertrags erbietet. Anderen Falles erfolgt die Wiederherstellung durch Urtheil. Für die Klage und das Verfahren gelten die in der Erl. 3 zu § 1425 dargelegten Grundsätze entsprechend.

§. 1548.

Die Wiederherstellung der Errungenschaftsgemeinschaft tritt in den Fällen des §. 1547 mit der Rechtskraft des Urtheils ein. Die Vorschrift des §. 1422 findet entsprechende Anwendung.

Dritten gegenüber ist die Wiederherstellung, wenn die Beendigung in das Güterrechtsregister eingetragen worden ist, nur nach Maßgabe des §. 1435 wirksam.

Im Falle der Wiederherstellung wird Vorbehaltsgut der Frau, was ohne die Beendigung der Gemeinschaft Vorbehaltsgut geblieben oder geworden sein würde.

## 4. Fahrnißgemeinschaft.

---

§ 1548.

**E. I § 1430 Abs. 3; II § 1443 rev. § 1533; III § 1531. P. I S. 7159—7167, 7183—7188; M. IV S. 536. P. II S. 5611, 8651 (Bd. 4 S. 372).**

**1.** Dringt die Klage auf Wiederherstellung durch, so tritt die Ergsch.G. von selbst ein. Das Urtheil hat konstitutive Wirkung. Die wiederhergestellte Gemeinschaft ist eine neue Gemeinschaft; was einem Ehegatten im Augenblicke der Wiederherstellung gehört, wird sein eingebrachtes Gut, mag es auch zur Zeit der früheren Gemeinschaft zum Gesammtgute gehört haben. Insbesondere wird eingebrachtes Gut der Frau der ihr auf Grund der früheren Gemeinschaft etwa zustehende und im Konkurse des Mannes nicht zur Befriedigung gelangte Anspruch. Im Uebrigen s. wegen der Herausgabe des eingebrachten Gutes an den Mann und wegen des Vorbehaltsguts der Frau (Abs. 3) die Erl. 4 zu § 1425.

**2.** Wegen des Zeitpunkts des Wiedereintritts (Abs. 1 Satz 1) und wegen der Rückbeziehung auf den Zeitpunkt der Rechtshängigkeit (Abs. 1 Satz 2) s. Erl. 5 zu § 1425.

**3.** Wegen des Abs. 2, welcher dem § 1431 Abs. 2 entspricht, s. Erl. zu § 1435.

### 4. Fahrnißgemeinschaft.

**I.** Die Fahrnißgemeinschaft (auch Mobiliargemeinschaft oder, welche Bezeichnung der E. I gewählt hatte, Gemeinschaft des beweglichen Vermögens und der Errungenschaft genannt) ist das gesetzliche System hauptsächlich des französisch-badischen Rechtes. Ihr liegt der Gedanke zu Grunde, daß alles, was die Ehegatten bei dem Eintritte des Güterstandes haben oder später erwerben, gemeinsam werden soll mit Ausnahme des unbeweglichen Vermögens, das ein Ehegatte bei dem Eintritte des Güterstandes besitzt oder durch Erbfolge, durch Vermächtniß, mit Rücksicht auf ein künftiges Erbrecht, durch Schenkung oder als Ausstattung erwirbt. Die Fahrnißg. steht der allg. G.G. weit näher als der Ergsch.G. Besitzt keiner der Ehegatten unbewegliches Vermögen, so fällt die Fahrnißg. mit der allg. G.G. zusammen. Mit Rücksicht hierauf behandelt das B.G.B. die Fahrnißg. einfach als eine modifizirte allg. G.G., modifizirt nur in der Richtung, daß das unbewegliche Vermögen, welches ein Ehegatte bei dem Eintritte der Gemeinschaft besitzt oder später unentgeltlich erwirbt, vom Gesammtgut ausgeschlossen ist und — abgesehen davon, daß für dieses Vermögen der Grundsatz der Surrogation (§ 1524) gilt, — die gleiche rechtliche Stellung einnimmt wie bei der allg. G.G. Gegenstände, die nicht durch Rechtsgeschäft übertragen werden können (§ 1439).

**II.** Die Regelung der Fahrnißg. ist in der Hauptsache in folgender Weise erfolgt.

1. Eintritt der Fahrnißg. Die Vereinbarung sowie die Aufhebung der Fahrnißg. durch Ehevertrag unterliegt den Vorschriften des § 1437.

2. Umfang der Gütermassen. Bei der Fahrnißg. sind wie bei der Ergsch.G. drei Gütermassen zu unterscheiden: Das Gesammtgut und das eingebrachte Gut eines jeden Ehegatten. Dazu kann noch das Vorbehaltsgut der Frau kommen, Vorbehaltsgut des Mannes ist ausgeschlossen. Die Bestandtheile des Gesammtguts sind nicht einzeln aufgezählt, es gilt vielmehr der Grundsatz, daß alles, was der Mann oder die Frau beim Eintritte der Fahrnißg. besitzen oder später erwerben, Gesammtgut ist (§ 1438). Daraus folgt, daß im Zweifel alles vorhandene Vermögen Gesammtgut ist und jede in das eingebrachte Gut oder das Vorbehaltsgut gemachte Verwendung als aus dem Gesammtgute gemacht gilt. Die Gesammtgutseigenschaft tritt von selbst ein. Das Rechtsverhältniß am Gesammtgut ist als eine Gemeinschaft zur gesammten Hand konstruirt. Was zum eingebrachten Gute gehört, ist in den §§ 1551—1554 einzeln aufgezählt. Wie bei der Ergsch.G. sind gewisse Gegenstände kraft Gesetzes eingebrachtes

Gut und der Umfang des eingebrachten Gutes kann durch Ehevertrag, bei Schenkungen und Zuwendungen von Todeswegen auch durch Bestimmung des Schenkers oder des Erblassers noch weiter ausgedehnt oder eingeschränkt werden. Vorbehaltsgut kann nur durch Ehevertrag oder Bestimmung eines Dritten begründet werden, ein gesetzliches Vorbehaltsgut ist ausgeschlossen, die Surrogate des Vorbehaltsguts werden jedoch wieder Vorbehaltsgut.

3. Stellung der Ehegatten zu den Gütermassen. Die Verwaltung des Gesammtguts steht dem Manne zu, die Frau ist von der Verwaltung ausgeschlossen (§ 1443). Hiervon gelten die gleichen Ausnahmen wie bei der allg. G.G., für den Mann nach den §§ 1444—1446, für die Frau nach den §§ 1449—1454. Auch die Verantwortlichkeit des Mannes für die Verwaltung des Gesammtguts der Frau gegenüber ist die gleiche wie bei der allg. G.G. (§ 1456). Die Verwaltung der eingebrachten Güter erfolgt für Rechnung des Gesammtguts, die Verwaltung ist in der Hand des Mannes vereinigt, die Nutzungen fallen in das Gesammtgut. In dieser Hinsicht gelten lediglich die Grundsätze der Ergsch.G. (s. Erl. zu § 1525). Die Rechtsstellung der Frau zu ihrem Vorbehaltsgut ist die gleiche wie bei der allg. G.G. § 1441).

4. Schuldenhaftung gegenüber den Gläubigern.

a) Das Gesammtgut haftet für die Schulden des Mannes ausnahmslos (§ 1459); es haftet insbesondere auch für solche Schulden des Mannes, die dessen eingebrachtes Gut betreffen.

Für die Schulden der Frau gilt der § 1459 gleichfalls, das Gesammtgut haftet also, soweit nicht Ausnahmen besonders getroffen sind, auch für die Schulden der Frau. Dadurch jedoch, daß für das eingebrachte Gut die entsprechende Anwendbarkeit der Vorschriften der Ergsch.G. vorgeschrieben ist (§ 1550 Abs. 2) und bei dieser nicht wie bei der allg. G.G. die Haftung des Gesammtguts für die Schulden der Frau die Regel bildet, sondern die Fälle, in denen das Gesammtgut ausnahmsweise für die Schulden der Frau haftet, besonders aufgezählt sind (§§ 1531—1534), ergeben sich Schwierigkeiten. Im E. I war die Sachlage eine andere, weil dieser bei der allg. G.G. den Einfluß eines Sonderguts der Frau auf die Haftung des Gesammtguts für die Schulden der Frau besonders geregelt hatte (s. Erl. zu § 1439 Nr. 2e); bei der Fahrnißg. hatte der E. I auf diese Vorschriften verwiesen. Wenn nun auch die genannten Vorschriften von der zweiten Kommission gestrichen worden sind, so ist dies doch nicht deshalb geschehen, weil die Vorschriften für unzutreffend gehalten worden sind. Die Vorschriften des E. I zeigen daher, wie die entsprechende Anwendung der Bestimmungen der Ergsch.G. aufzufassen ist.

Das Gesammtgut haftet hiernach für alle Schulden der Frau mit Ausnahme folgender:

α) derjenigen Verbindlichkeiten der Frau aus Rechtsgeschäften, für welche nach § 1460 das Gesammtgut nicht haftet;

β) der Verbindlichkeiten, welche in Folge des Erwerbes einer Erbschaft oder eines Vermächtnisses entstehen, wenn die Frau die Erbschaft oder das Vermächtniß nach dem Eintritte des Güterstandes als eingebrachtes Gut oder als Vorbehaltsgut erwirbt (§§ 1461, 1530; s. E. I § 1362 Nr. 2);

γ) der Verbindlichkeiten, welche nach dem Eintritte des Güterstandes in Folge eines zu dem eingebrachten Gute oder dem Vorbehaltsgute gehörenden Rechtes oder des Besitzes einer dazu gehörenden Sache entstehen, es sei denn, daß das Recht oder die Sache zu einem Erwerbsgeschäfte gehört, welches die Frau mit Einwilligung des Mannes selbständig betreibt oder daß die Verbindlichkeit zu den im § 1529 bezeichneten Lasten des eingebrachten Gutes gehört (§§ 1462, 1531, 1533; s. E. I § 1362 Nr. 3).

b) Der Mann haftet für alle Gesammtgutsverbindlichkeiten persönlich, seine Haftung erlischt aber für die Verbindlichkeiten, welche im Verhältnisse der Ehegatten zu einander nicht dem Gesammtgute zur Last fallen, mit der Beendigung der Fahrnißg. Das Sondergut der Frau haftet für die Schulden des Mannes nicht; den Gläubigern der Frau haftet es, von den in den §§ 1412—1414 bezeichneten Ausnahmen abgesehen, unbeschränkt (§ 1550 Abs. 2 mit §§ 1525, 1410, 1411, s. Erl. zu § 1525 Nr. 2g).

5. Schuldenhaftung im Verhältnisse der Ehegatten zu einander. Wie bei der allg. G.G. (s. Erl. zu § 1463) fallen auch bei der Fahrnißg. die Gesammtgutsverbindlichkeiten regelmäßig auch im Verhältnisse der Ehegatten zu einander dem Gesammtgute zur Last. Zu den in den §§ 1463—1465 bezeichneten Ausnahmen treten in Folge der Anwendbarkeit der Vorschriften über Ergsch.G. noch folgende:

α) Die Verbindlichkeiten, welche aus einem sich auf das eingebrachte Gut eines Gatten beziehenden Rechtsverhältnisse, wenn auch vor dem Eintritte der Fahrnißg. oder vor dem Zeitpunkt, in welchem das Gut eingebrachtes Gut wurde, entstanden sind, fallen dem betreffenden Gatten zur Last. Dies gilt jedoch nicht, wenn die Verbindlichkeit zu den nach § 1529 Abs. 2 von dem Gesammtgute zu tragenden Lasten des eingebrachten Gutes gehört oder wenn sie nach

§. 1549.

Auf die Gemeinschaft des beweglichen Vermögens und der Errungenschaft (Fahrnißgemeinschaft) finden die für die allgemeine Gütergemeinschaft geltenden

---

dem Eintritte der Gütergemeinschaft durch den Betrieb eines Erwerbsgeschäfts, welches für Rechnung des Gesammtguts geführt wird oder in Folge eines zu einem solchen Erwerbsgeschäfte gehörenden Rechtes oder des Besitzes einer dazu gehörenden Sache entstanden ist (§§ 1463 Nr. 2, 1535 Nr. 1, 1537; E. I § 1367 Nr. 2).

$\beta$) Die Kosten eines Rechtsstreits über eine Verbindlichkeit der unter $\alpha$ gedachten Art fallen dem Gatten zur Last, welcher den Rechtsstreit führt (§§ 1463 Nr. 3, 1535 Nr. 2, 1537; E. I § 1367 Nr. 4).

$\gamma$) Die Verbindlichkeiten des Mannes, die der Frau gegenüber aus der Verwaltung ihres eingebrachten Gutes entstehen, fallen, soweit nicht das Gesammtgut zur Zeit der Beendigung der Gütergemeinschaft bereichert ist, dem Manne zur Last; ebenso die Kosten eines von ihm über eine solche Verbindlichkeit geführten Rechtsstreits (§ 1536 Nr. 2, 4; E. I § 1367 Nr. 3, 4).

Eine Modifikation erleidet die Aufzählung unter $\alpha$ durch die Sondervorschrift des § 1556 bezüglich der durch Erbfolge ꝛc. begründeten Verbindlichkeiten.

Bezüglich der vorehelichen Schulden eines Ehegatten ergiebt sich aus dem Vorstehenden Folgendes. Die Immobiliarschulden eines Ehegatten, d. h. die Verbindlichkeiten, welche in Folge eines zu dem unbeweglichen Vermögen gehörenden Rechtes oder des Besitzes einer dazu gehörenden Sache entstanden sind, sowie diejenigen Mobiliarschulden, welche aus einem auf das unbewegliche Vermögen sich beziehenden Rechtsverhältnisse, wenn auch vor dem Eintritte der Fahrnißg. entstanden sind, fallen regelmäßig dem betreffenden Ehegatten, die übrigen vorehelichen Schulden dem Gesammtgute zur Last. Zu den dem betreffenden Gatten zur Last fallenden Schulden gehören namentlich solche voreheliche Mobiliarschulden, welche in der persönlichen Verpflichtung zur Uebertragung eines zum eingebrachten Gute eines Gatten gehörenden Immobile oder zur Einräumung eines dinglichen Rechtes an demselben oder in der Verpflichtung zur Zahlung eines rückständigen Kaufpreises für den Erwerb eines zum eingebrachten Gute gehörenden Immobile oder zur Zahlung eines darauf sich beziehenden rückständigen Ablösungskapitals sich gründen. Dagegen gehören voreheliche Mobiliarschulden nicht schon deshalb hierher, weil für sie vor Eingehung der Ehe ein zum eingebrachten Gute gehörendes Grundstück mit einer Hypothek belastet ist. Wie sich aus § 1463 Nr. 2, § 1535 Nr. 1 ergiebt, sind, auch wenn die Pfandforderung zugleich eine persönliche Schuld eines Gatten ist, die allgemeinen Bestimmungen maßgebend, welche von den beweglichen Schulden gelten.

6. Die Beendigung der Fahrnißg. bestimmt sich ausschließlich nach den für die allg. G.G. geltenden Vorschriften (§§ 1468—1482). Dies gilt insbesondere von den Beendigungsgründen; die §§ 1542—1545 finden ebensowenig Anwendung wie die Vorschriften der §§ 1547, 1548 über die Wiederherstellung der Ergsch.G. Es ist also auch der Konkurs über das Vermögen des Mannes kein Beendigungsgrund.

7. Wird die Fahrnißg. durch den Tod eines Ehegatten beendigt, so gehört der Antheil des verstorbenen Ehegatten am Gesammtgute regelmäßig ohne Rücksicht darauf, ob gemeinschaftliche Kinder vorhanden sind oder nicht, zum Nachlasse. Der Nachlaß besteht demnach aus dem Antheil am Gesammtgut und dem eingebrachten Gute des verstorbenen Ehegatten, im Falle des Todes der Frau auch aus deren etwaigem Vorbehaltsgut. In den Nachlaß findet die gewöhnliche gesetzliche Erbfolge oder die Erbfolge auf Grund einer Verfügung von Todeswegen statt (s. Erl. zu § 1482). Fortgesetzte Gütergemeinschaft tritt nur ein, wenn sie durch Ehevertrag vereinbart ist; hierüber s. Erl. zu § 1557.

**III.** Der Stoff ist in der Weise geordnet, daß der § 1549 die allgemeine Verweisung auf die Anwendbarkeit der Vorschriften über die allg. G.G. und die §§ 1550—1557 die Modifikationen dieser Anwendbarkeit enthalten. Der § 1550 Abs. 1 bestimmt den Begriff und der § 1550 Abs. 2 regelt die rechtliche Stellung der gegenüber den Vorschriften der allg. G.G. neuen Gütermassen, der eingebrachten Güter. In den §§ 1551—1555 wird der Umfang der eingebrachten Güter begrenzt. Der § 1555 schließt Vorbehaltsgut des Mannes aus. Im § 1556 wird in Ansehung der durch einen unentgeltlichen Erwerb entstehenden Verbindlichkeiten für die Vertheilung der Gesammtgutsverbindlichkeiten im Verhältniß unter den Ehegatten eine Sondervorschrift getroffen. Der § 1557 läßt fortges. Fahrnißg. nur zu, wenn sie durch Ehevertrag vereinbart ist.

**IV.** Literatur: Förtsch, der Code civil und das B.G.B., Berlin 1897, S. 222 ff., Barre, B.G.B. und Code civil, Berlin 1897, 2. Aufl. S. 219 ff.

Vorschriften Anwendung, soweit sich nicht aus den §§. 1550 bis 1557 ein Anderes ergiebt.

### §. 1550.

Von dem Gesammtgut ausgeschlossen ist das eingebrachte Gut eines Ehegatten.

Auf das eingebrachte Gut finden die bei der Errungenschaftsgemeinschaft für das eingebrachte Gut geltenden Vorschriften Anwendung.

### §. 1551.

Eingebrachtes Gut eines Ehegatten ist das unbewegliche Vermögen, das er bei dem Eintritte der Fahrnißgemeinschaft hat oder während der Gemeinschaft durch Erbfolge, durch Vermächtniß oder mit Rücksicht auf ein künftiges Erbrecht, durch Schenkung oder als Ausstattung erwirbt.

---

### § 1549.

**E. I § 1431; II § 1444 rev. § 1534; III § 1532. P. I S. 7189—7194, 8723; M. IV S. 542—548. P. II S. 5612 (Bd. 4 S. 373). D. S. 699.**

1. Aus den in der Vorbm. I S. 302 dargelegten Gründen sind die Vorschriften über die allg. G.G. (§§ 1437—1518) auf die Fahrnißg. für anwendbar erklärt. Daselbst ist auch ein Ueberblick über das Ergebniß der Anwendbarkeit gegeben. Durch die §§ 1550—1557 ist die Anwendbarkeit in einigen Beziehungen modifizirt. Die §§ 1483—1518, welche die fortges. G.G. betreffen, sind danach nur anwendbar, wenn dies in einem Ehevertrage vereinbart ist (§ 1557); die Anwendbarkeit eines Theiles der übrigen Vorschriften erleidet in ihrer Tragweite eine Aenderung, indem neben das Gesammtgut und das Vorbehaltsgut noch das eingebrachte Gut eines Ehegatten tritt (§§ 1550—1554, 1556) und Vorbehaltsgut des Mannes unzulässig ist (§ 1555).

2. Auch die Vorschriften, welche die C.P.O. und die K.O. für die allg. G.G. enthalten, gelten für die Fahrnißg. gleichfalls; s. C.P.O. §§ 740, 741, 743, 744, 750 Abs. 2, 794 Abs. 2, 860, K.O. § 2 (enthalten in den Erl. zu § 1442 Nr. 2, § 1459 Nr. 5, 6, § 1471 Nr. 5, 6, § 1472 Nr. 8, 9).

### § 1550.

**E. I § 1431 Abs. 1, § 1432 Abs. 1; II § 1445 rev. § 1535; III § 1533. P. I S. 7189—7194; M. IV S. 543, 548. P. II S. 5612—5618 (Bd. 4 S. 373—377).**

1. Zu Abs. 1 vgl. Vorbm. II 2 S. 302.

2. Der Abs. 2 bestimmt die rechtliche Stellung des eingebrachten Gutes, indem er auf das eingebrachte Gut des Mannes die für das eingebrachte Gut des Mannes und auf das eingebrachte Gut der Frau die für das eingebrachte Gut der Frau bei der Ergsch.G. geltenden Vorschriften für anwendbar erklärt. Anwendbar sind die §§ 1525, 1528, 1529 Abs. 2, 1531, 1533, 1535, 1536 N. 2, 4, 1537, 1539—1541, 1546 Abs. 3; nach § 1554 ist ferner unter gewissen Voraussetzungen § 1524 anwendbar. Der § 1439 Satz 2 bestimmt bei der allg. G.G. die rechtliche Stellung des Sonderguts in der gleichen Weise wie der § 1550 die des eingebrachten Gutes; für die das Sondergut bei der allg. G.G. bildenden Gegenstände, die nicht durch Rechtsgeschäft übertragen werden können, ist der § 1524 (Surrogation) von der Anwendbarkeit ausgeschlossen; soweit solche Gegenstände zum eingebrachten Gute der Fahrnißg. gehören, gilt der § 1524 gleichfalls nicht (§ 1554). Im Uebrigen kann auf die Erl. 2 zu § 1439 verwiesen werden.

3. Auch in der C.P.O. ist in Ansehung der Zwangsvollstreckung das eingebrachte Gut bei der Fahrnißg. dem eingebrachten Gute der Ergsch.G. gleichgestellt. Vgl. C.P.O. §§ 739, 741, 742, 794 Abs. 2, 861 (Erl. zu § 1525 Nr. 2e, g).

### § 1551.

**E. I § 1432; II § 1446 rev. § 1536; III § 1534. P. I S. 7194—7200, 8725; M. IV S. 548—551. P. II S. 5612—5616, 6837 (Bd. 4 S. 375, 376; Bd. 5 S. 135).**

1. Bezüglich des unbeweglichen Vermögens, das ein Ehegatte bei dem Eintritte der Fahrnißg. besitzt s. Erl. zu § 1520, bezüglich der übrigen Fälle des Abs. 1 s. Erl. zu § 1521.

Zum unbeweglichen Vermögen im Sinne dieser Vorschrift gehören Grundstücke nebst Zubehör, Rechte an Grundstücken, mit Ausnahme der Hypotheken, Grundschulden und Rentenschulden, sowie Forderungen, die auf die Uebertragung des Eigenthums an Grundstücken oder auf die Begründung oder Uebertragung eines der bezeichneten Rechte oder auf die Befreiung eines Grundstücks von einem solchen Rechte gerichtet sind.

§. 1552.

Eingebrachtes Gut eines Ehegatten sind Gegenstände, die nicht durch Rechtsgeschäft übertragen werden können.

---

Besteht der Erwerb, welchen ein Ehegatte durch Erbfolge, durch Vermächtniß, mit Rücksicht auf ein künftiges Erbrecht, durch Schenkung oder als Ausstattung macht, theils in beweglichen, theils in unbeweglichen Sachen, so werden letztere eingebrachtes Gut, erstere fallen in das Gesammtgut. Wegen der mit dem Erwerbe verbundenen Verbindlichkeiten s. Erl. zu § 1556. Sind mehrere Erben vorhanden und erhält der Ehegatte bei der Auseinandersetzung für seinen Antheil an einer unbeweglichen Sache Geld oder eine andere bewegliche Sache, so wird das Surrogat nach § 1554 mit § 1524 eingebrachtes Gut; erhält der Ehegatte statt seines Antheils an einer beweglichen Sache eine Liegenschaft, so wird diese nicht etwa eingebrachtes Gut mit der Maßgabe, daß der Ehegatte zum Gesammtgut Ersatz zu leisten hat, sondern sie wird Gesammtgut.

2. Der Abs. 2 enthält die nähere Bestimmung darüber, welche Gegenstände zum unbeweglichen Vermögen im Sinne des Abs. 1 gehören. Es sind dies:

a) die Grundstücke nebst Zubehör (§§ 97, 98); den Grundstücken stehen die Rechte gleich, für welche die sich auf Grundstücke beziehenden Vorschriften gelten; dazu zählen reichsgesetzlich das Erbbaurecht (§ 1017) und die im E.G. Art. 63 genannten Erbpachtrechte, landesgesetzlich regelmäßig das Bergwerkseigenthum, Fischereirecht 2c.

b) die Rechte an Grundstücken (Dienstbarkeiten, Vorkaufsrecht, Reallasten; wegen des Erbbaurechts s. unter a. Ausgenommen sind Hypotheken, Grundschulden und Rentenschulden und zwar auch die Eigenthümerhypothek, Eigenthümergrundschuld oder Eigenthümerrentenschuld. Der Nießbrauch an einem Rechte zählt nach den Beschlüssen der zweiten Kommission zum beweglichen Vermögen; selbstverständlich gilt dies nicht von dem Nießbrauch an einem Rechte, das den Grundstücken gleichsteht, z. B. an einem Fischereirechte.

c) die im Abs. 2 besonders genannten Forderungen. Unter diese fällt namentlich das obligatorische Vorkaufsrecht. Bei Wahlobligationen entscheidet die gültig getroffene Wahl (§ 263 Abs. 2). Bis die Wahl getroffen ist, wird die Forderung, da auch die Leistung der unbeweglichen Sache in obligatione ist, als zu dem unbeweglichen Vermögen und daher zu dem eingebrachten Gute gehörend anzusehen sein. Hieraus folgt dann auch, daß, wenn es sich um eine Forderung der Frau handelt, nicht der Mann, sondern die Frau die Wahl zu treffen hat, daß diese aber dazu der Einwilligung des Mannes bedarf (§§ 1395, 1398). Als Verwalter des eingebrachten Gutes kann indessen auch der Mann mit Zustimmung der Frau oder unter Ersetzung derselben durch das Vormundschaftsgericht (§ 1379) die Wahl treffen.

3. Erwirbt ein Ehegatte während Bestehens der Fahrnißg. durch ein lästiges Rechtsgeschäft das Eigenthum an einer Sache, an der ihm schon das Miteigenthum zusteht, oder erwirbt der Mann in solcher Art eine im Miteigenthume der Frau stehende unbewegliche Sache ganz oder theilweise allein und auf seinen Namen, so ist für die Frage, in welche Vermögensmasse der Erwerb fällt, der Grundsatz der Surrogation (§ 1524) ausschlaggebend. Im ersteren Falle also wird die ganze Sache eingebrachtes Gut, im letzteren kann der erworbene Antheil in das Gesammtgut oder je nach den Umständen in das eingebrachte Gut des Mannes fallen.

4. Für die praktische Anwendung des § 1551 ist besonders zu beachten, daß gemäß § 1438 alles unbewegliche Vermögen, welches die Ehegatten oder einer von ihnen besitzen, für Gesammtgut zu halten ist, bis erwiesen wird, daß es zum eingebrachten Gute gehört.

§ 1552.

**E. I § 1432 Abs. 1; II § 1447 rev. § 1537; III § 1535. P. I S. 7194—7200; M. IV S. 543, 548. P. II S. 5616 (Bd. 4 S. 375).**

Wegen der Gegenstände, die unter § 1552 fallen, s. Erl. 1 zu § 1439. Wegen der Surrogation s. § 1554 Satz 2.

§. 1553.

Eingebrachtes Gut eines Ehegatten ist:

1. was durch Ehevertrag für eingebrachtes Gut erklärt ist;
2. was er nach §. 1369 erwirbt, sofern die Bestimmung dahin getroffen ist, daß der Erwerb eingebrachtes Gut sein soll.

§. 1554.

Eingebrachtes Gut eines Ehegatten ist, was er in der im §. 1524 bezeichneten Weise erwirbt. Ausgenommen ist, was an Stelle von Gegenständen erworben wird, die nur deshalb eingebrachtes Gut sind, weil sie nicht durch Rechtsgeschäft übertragen werden können.

§. 1555.

Vorbehaltsgut des Mannes ist ausgeschlossen.

§. 1556.

Erwirbt ein Ehegatte während der Fahrnißgemeinschaft durch Erbfolge, durch Vermächtniß oder mit Rücksicht auf ein künftiges Erbrecht, durch Schenkung oder als Ausstattung Gegenstände, die theils Gesammtgut, theils eingebrachtes Gut werden, so fallen die in Folge des Erwerbes entstehenden Verbindlichkeiten im

---

**§ 1553.**

**E. I § 1432 Abs. 1; II § 1448 rev. § 1538; III § 1536. P. I S. 7189—7194; M. IV S. 544. P. II S. 5615 (Bd. 4 S. 376).**

Zu der Nr. 1 s. Erl. zu § 1523, zu der Nr. 2 s. Erl. zu § 1369. Die Nr. 2 bezieht sich nur auf Gegenstände, die im Sinne des § 1551 zum beweglichen Vermögen gehören.

**§ 1554.**

**E. I § 1432 Abs. 1; II § 1449 rev. § 1539; III § 1537. P. I S. 7189—7194; M. IV S. 544. P. II S. 5616 (Bd. 4 S. 376).**

1. Der Satz 1 erkennt eine Surrogation in demselben Umfang an, wie der § 1524 bei der Ergsch.G. Vergl. Erl. zu § 1370 und zu § 1524 Nr. 1. Ein Beispiel s. in der Erl. 1 zu § 1551.

2. Im Satz 2 ist entsprechend dem für das Sondergut bei der allg. G.G. geltenden Satz 2 des § 1439 von der Surrogation eine Ausnahme gemacht. Ueber deren Tragweite s. Erl. 3 zu § 1439. Die Ausnahme gilt übrigens nur, wenn die Gegenstände lediglich wegen ihrer Unübertragbarkeit zum eingebrachten Gute gehören; sind nicht übertragbare Gegenstände durch Ehevertrag oder nach § 1369 (§ 1553) dem eingebrachten Gute zugewiesen, so findet Surrogation statt.

Eine weitere Ausnahme von dem Grundsatze der Surrogation besteht für den Erwerb aus dem Betrieb eines Erwerbsgeschäfts; dies ergiebt sich aus § 1524 Abs. 1 Satz 2. Die Fassung des § 1554 Satz 2 hängt damit zusammen, daß die in ihm enthaltene Ausnahme bei der Ergsch.G. nicht gilt.

3. Der § 1524 Abs. 2, welcher zum Schutze des guten Glaubens des Schuldners einer zum eingebrachten Gute gehörenden Forderung Bestimmungen trifft, ist bei der Fahrnißg. nicht anwendbar.

4. Für das eingebrachte Gut der Frau ergeben sich aus § 1550 mit §§ 1525, 1381, 1382 weitere Fälle von Surrogation; s. hierüber Erl. zu §§ 1525, 1381, 1382.

**§ 1555.**

**E. I § 1432 Abs. 1, § 1346; II § 1450 rev. § 1540; III § 1538. P. I S. 7189—7194; M. IV S. 543. P. II S. 5616—5618 (Bd. 4 S. 376).**

Vergl. Vorbm. II 2 S. 302 und Erl. 1 zu § 1526.

Verhältnisse der Ehegatten zu einander dem Gesammtgut und dem Ehegatten, der den Erwerb macht, verhältnißmäßig zur Last.

§. 1557.

Fortgesetzte Gütergemeinschaft tritt nur ein, wenn sie durch Ehevertrag vereinbart ist.

---

§ 1556.

**E. I § 1433; II § 1451 rev. § 1541; III § 1539. P. I S. 7209—7212, 8725; M. IV S. 551. P. II S. 5619, 6837 (Bd. 4 S. 377; Bd. 5 S. 135). D. S. 699.**

**1.** Erwirbt ein Ehegatte während der Fahrnißg. durch Erbfolge ꝛc. theils Gegenstände, die nach § 1551 Abs. 2 zum unbeweglichen Vermögen gehören, theils andere Gegenstände (Sachen oder Rechte), so fallen — wenn der Dritte, von welchem der Erwerb herrührt, nicht bestimmt hat, daß der Erwerb eingebrachtes Gut sein soll (§ 1553 Nr. 2), — die unbeweglichen Gegenstände nach § 1551 in das eingebrachte Gut, die anderen in das Gesammtgut. Aus der Anwendbarkeit des § 1463 Nr. 2 und des § 1535 Nr. 1 (s. § 1549, § 1550 Abs. 2) würde folgen, daß die mit den unbeweglichen Gegenständen verbundenen Verbindlichkeiten dem eingebrachten Gute, die übrigen dem Gesammtgute zur Last fallen. Diese Folge schneidet der § 1556 ab: die in Folge des Erwerbes der Erbschaft ꝛc. entstehenden Verbindlichkeiten sollen nach dem Verhältnisse des Immobiliarwerths (§ 1551 Abs. 2) zum Werthe des ganzen Erwerbes getragen werden. Besteht z. B. eine Erbschaft aus 1000 Mobiliar- und 2000 Immobiliarwerthen und betragen die Schulden 1200, so fallen dem Gesammtgute 400, dem eingebrachten Gute 800 zur Last.

**2.** Erwerbungen vor dem Eintritte des Güterstandes sind nicht nach § 1556, sondern nach den gewöhnlichen Grundsätzen (s. Vorbm. 5 S. 303) zu beurtheilen.

**3.** Im Verhältnisse zu den Gläubigern verbleibt es bei der gewöhnlichen Regel (s. Vorbm. 4 S. 303).

§ 1557.

**E. I § 1434; II § 1452 rev. § 1542; III § 1540. P. I S. 7191, 7214—7216; M. IV S. 552. P. II S. 5619—5621 (Bd. 4 S. 378). D. S. 699.**

Im Allgemeinen ist auf die Vorbm. II 7 S. 304 zu verweisen.

**1.** Der Eintritt der fortges. Fahrnißg. kann in dem die Fahrnißg. einführenden oder in einem späteren Ehevertrage (§ 1434) vereinbart werden. Der § 1508 Abs. 2 unterwirft einen Ehevertrag, durch den bei der allg. G.G. die fortges. G.G. ausgeschlossen oder die Ausschließung aufgehoben wird, den Vorschriften des § 1437. Daß der § 1437 auf den die Fahrnißg. einführenden Vertrag Anwendung findet, folgt aus § 1549 (s. Vorbm. I S. 302). Es fragt sich, ob auch der § 1508 Abs. 2 in der Weise anwendbar ist, daß der § 1437 für einen Vertrag gilt, durch den der Eintritt der fortges. Fahrnißg. vereinbart oder die Vereinbarung aufgehoben wird. Die Frage dürfte mit Rücksicht auf § 1549 bejaht werden; jedenfalls treffen die Gründe, welche zu der Vorschrift des § 1508 Abs. 2 geführt haben, hier gleichmäßig zu.

**2.** Die Fortsetzung der Fahrnißg. bezieht sich nur auf das Verhältniß am Gesammtgute. Das eingebrachte Gut des verstorbenen Ehegatten gehört zu dessen Nachlaß und vererbt sich nach den allgemeinen erbrechtlichen Grundsätzen; es fallen nicht etwa die Nutzungen des eingebrachten Gutes des verstorbenen Ehegatten in das Gesammtgut. Das Gesammtgut der fortges. Fahrnißg. (§ 1485) besteht mithin aus dem Gesammtgute der ehelichen Fahrnißg., soweit es nicht nach § 1483 Abs. 2 einem nicht antheilsberechtigten Abkömmlinge zufällt, aus dem Vermögen, welches der überlebende Ehegatte aus dem Nachlaß (eingebrachtes Gut und Vorbehaltsgut) des verstorbenen Ehegatten erhält, und aus demjenigen Vermögen, welches er nach dem Eintritte der fortges. Fahrnißg. erwirbt, sofern der Erwerb, wenn die eheliche Fahrnißg. bestände, in das Gesammtgut fallen würde.

Das eingebrachte Gut, welches der überlebende Ehegatte bei dem Eintritte der fortges. Fahrnißg. besitzt, behält diese Eigenschaft auch während der fortges. Fahrnißg. Eingebrachtes Gut der fortges. Fahrnißg. wird ferner dasjenige Vermögen, welches der überlebende Ehegatte während der fortges. Fahrnißg. in einer Weise erwirbt, welche die Eigenschaft als eingebrachtes Gut begründen würde, wenn die eheliche Fahrnißg. noch bestände. Auf die Verwaltung des eingebrachten Gutes während der fortges. Fahrnißg., auf das Verhältniß desselben zu dem Gesammtgut und auf die sich auf das eingebrachte Gut beziehenden Verbindlichkeiten finden die Vorschriften Anwendung, welche bei der ehelichen Fahrnißg. für das eingebrachte

## III. Güterrechtsregister.

### §. 1558.

Die Eintragungen in das Güterrechtsregister haben bei dem Amtsgerichte zu geschehen, in dessen Bezirke der Mann seinen Wohnsitz hat.

Durch Anordnung der Landesjustizverwaltung kann die Führung des Registers für mehrere Amtsgerichtsbezirke einem Amtsgericht übertragen werden.

---

Gut des Mannes gelten; denn an dessen Stelle tritt bei der fortges. Fahrnißg. arg. § 1485 der überlebende Ehegatte. Die Vorschriften des B.G.B. über die fortges. G.G. enthalten zwar keine allgemeinen Bestimmungen über eingebrachtes Gut, sondern beschränken sich auf die Bestimmung des § 1486 Abs. 2 über Sondergut. Dies war die nothwendige Folge davon, daß auch bei der ehelichen allg. G.G. nur jenes beschränkte Sondergut zulässig ist (s. Vorbm. S. 202). Da aber bei der Fahrnißg. eingebrachtes Gut im weiteren Umfange zulässig ist, so muß für sie der § 1486 Abs. 2 in dem Sinne ausgelegt werden, daß auch bei der fortges. Fahrnißg. eingebrachtes Gut des überlebenden Ehegatten in demselben Umfang und in derselben Art stattfindet, wie während der ehelichen Fahrnißg. Wollte man dies nicht annehmen, so würde man zu der dem Gedanken der fortges. Fahrnißg. widersprechenden Annahme gelangen müssen, daß das eingebrachte Gut des überlebenden Ehegatten sich bei der fortges. Fahrnißg. in Vorbehaltsgut verwandelte. Für die obige Auffassung sprechen unzweideutig auch die Vorschriften des E. I § 1396 Abs. 2—4. Aus ihnen ergiebt sich insbesondere auch, daß die Nutzungen des eingebrachten Gutes des überlebenden Ehegatten in das Gesammtgut der fortges. Fahrnißg. fallen.

Daß das Vermögen, welches ein gemeinschaftlicher Abkömmling zur Zeit des Eintritts der fortges. Fahrnißg. hat oder später erwirbt, nicht zum Gesammtgute gehört, ergiebt sich aus § 1485 Abs. 2.

**3.** Im Uebrigen ist auf die §§ 1483—1518 und auf die Erl. zu diesen zu verweisen. Daß die Vorschriften, welche die C.P.O. über die Zwangsvollstreckung in das Gesammtgut der fortges. G.G. in den §§ 745, 860 Abs. 1 Satz 2 und die K.O. § 2 Abs. 3 über den Konkurs über das Vermögen des überlebenden Ehegatten und der Abkömmlinge enthält, auch für die fortges. Fahrnißg. gelten, ergiebt sich aus dem Wortlaute dieser Vorschriften.

**III. Güterrechtsregister.**

**1.** Die zivilrechtliche Bedeutung des Güterrechtsregisters ergiebt sich aus § 1435. Die §§ 1558—1563 regeln die Zuständigkeit zur Führung des Registers und einige das Verfahren bei der Eintragung betreffende Fragen. Ergänzt werden die Verfahrensvorschriften durch die Bestimmungen des freiw. G.G., insbesondere die §§ 161, 162. Der § 161 überträgt auf die Führung des Güterrechtsregisters mehrere auf das Handelsregister bezügliche Bestimmungen.

**2.** Die Thätigkeit des das Güterrechtsregister führenden Amtsrichters beschränkt sich auf die Registerführung. Er hat nicht wie der das Handelsregister führende Richter über die Beobachtung von Vorschriften zu wachen oder sonstige Handlungen der freiwilligen Gerichtsbarkeit wahrzunehmen.

**3.** Zulässig sind nur die im Gesetze selbst vorgesehenen Eintragungen. Es kann z. B. nicht eingetragen werden, daß die Klage auf Aufhebung eines Güterstandes erhoben sei. Die Prüfung des Richters bei der Eintragung bezieht sich nur darauf, ob die Anmeldung formell dem Gesetz entspricht und gesetzlich zulässig ist, dagegen nicht auf die Wahrheit der abgegebenen Erklärungen. Ist eine Eintragung bewirkt, obgleich sie Mangels einer wesentlichen Voraussetzung, z. B. weil nicht der erforderliche Antrag beider Ehegatten vorlag, unzulässig war, so kann sie von Amtswegen gelöscht werden (freiw. G.G. § 161 mit §§ 142, 143).

**4.** Auf Grund einer Vereinbarung der Bundesregierungen hat der Bundesrath unterm 3. November 1898 über die Einrichtung und die Führung des Güterrechtsregisters Bestimmungen erlassen (Centralblatt S. 438). Dadurch ist für das Güterrechtsregister ein bestimmtes Formular vorgeschrieben und die Art der Eintragung geregelt. Die Eintragungen erfolgen auf Grund einer Verfügung des Amtsgerichts, welche, wenn die Geschäfte des Registerführers nicht von einem Richter wahrgenommen werden, den Wortlaut der Eintragung festzustellen hat (§ 1). Die Eintragung ist vom Registerführer mit dem Datum zu versehen und zu unterschreiben (§ 3). Zu dem Register werden besondere Akten gehalten; in diese sind aufzunehmen: die Eintragungsanträge nebst den ihnen beigefügten Schriftstücken, die gerichtlichen Verfügungen und die Nachweise über die Bekanntmachungen (§ 15). Bei jeder Eintragung ist auf die Registerakten zu verweisen (§ 4). Zu dem Register ist ein alphabetisches Verzeichniß der Eintragungen nach dem Namen des Ehemanns unter Angabe der Seite des Registers zu führen (§ 16).

§. 1559.

Verlegt der Mann nach der Eintragung seinen Wohnsitz in einen anderen Bezirk, so muß die Eintragung im Register dieses Bezirkes wiederholt werden. Die frühere Eintragung gilt als von neuem erfolgt, wenn der Mann den Wohnsitz in den früheren Bezirk zurückverlegt.

---

§ 1558.

**E. I § 1436 Satz 1; II § 1453 Abs. 1, § 1454 rev. § 1543; III § 1541. P. I S. 7230—7243, 7259—7263; M. IV S. 555. P. II S. 5627—5635 (Bd. 4 S. 381—387).**

1. Zu Abs. 1. In welchen Fällen eine Eintragung zu erfolgen hat, ist bei den einzelnen Rechtsverhältnissen bestimmt. Die einzelnen Fälle sind: Beschränkung oder Ausschließung der Schlüsselgewalt (§ 1357 Abs. 2); Ausschließung oder Aenderung des gesetzlichen Güterstandes sowie Aufhebung oder Aenderung einer eingetragenen Regelung der güterrechtlichen Verhältnisse (vergl. §§ 1371, 1431, 1435, 1441, 1470, 1526, 1545, 1548, 1549, 1587 B.G.B., Art. 16 E.G.); Einspruch des Mannes gegen den Betrieb eines Erwerbsgeschäfts durch die Frau oder Widerruf der Einwilligung sowie die Zurücknahme des Einspruchs oder des Widerrufs (§§ 1405, 1452, § 1519 Abs. 2, § 1525 Abs. 2, § 1549 B.G.B., Art. 16, Art. 36 Nr. I E.G.).

Ueber den Wohnsitz s. §§ 7—9, 11. Zweifelhaft kann sein, ob, wenn der Mann seinen Wohnsitz an mehreren Orten hat, die in verschiedenen Amtsgerichtsbezirken liegen, die Eintragung bei jedem der verschiedenen Amtsgerichte zu erfolgen hat oder ob die Eintragung bei einem Amtsgerichte genügt. Der Wortlaut des Abs. 1 läßt sowohl die eine wie die andere Auffassung zu. Auch aus dem Zwecke der fraglichen Vorschrift läßt sich ein Schluß nicht ziehen. Man wird hiernach auf die Motive des Gesetzes zurückzugehen berechtigt sein und diese gehen davon aus, daß die Eintragung bei einem Amtsgerichte genügt (M. IV S. 555). Hat der Mann an keinem Orte Deutschlands seinen Wohnsitz, so ist ihm die Einrichtung des Registers nicht zugänglich; die Anwendbarkeit des § 1435 wird dadurch nicht ausgeschlossen, aber die Ehegatten können aus der Aenderung des Güterstandes oder aus einer sonstigen unter § 1435 fallenden Thatsache einem Dritten die im § 1435 bezeichneten Einwendungen nur entgegensetzen, wenn der Dritte das Sachverhältniß gekannt hat. Der Wohnsitz des Mannes ist auch dann allein entscheidend, wenn die Frau den Wohnsitz des Mannes nach § 10 Abs. 1 Satz 2 nicht theilt. Selbstverständlich sind die Vorschriften, nach welchen ein güterrechtliches Verhältniß durch ein Zeugniß aus dem Güterrechtsregister zu beweisen ist (G.B.O. § 34, freiw. G.G. § 107), für Fälle der hier fraglichen Art dahin zu verstehen, daß die Beweisführung durch andere öffentliche Urkunden zugelassen ist.

Wenn einer der Ehegatten im Bezirk eines anderen Gerichts ein Handelsgewerbe oder ein sonstiges Gewerbe betreibt, muß auch in dem Register eines anderen als des für den Wohnsitz des Mannes zuständigen eine Eintragung erfolgen (E.G. Art. 36 Nr. I, E.G. z. H.G.B. Art. 4 s. Erl. zu § 1405 Nr. 6, 7).

Wegen ausländischer Ehegatten s. Erl. zu E.G. Art. 16.

2. Zu Abs. 2. Die Amtsgerichte brauchen nicht demselben Landgerichtsbezirk anzugehören. Hat die Landesjustizverwaltung die Führung der Register für mehrere Amtsgerichtsbezirke einem Amtsgericht übertragen, so geht die Beschwerde gegen die Verfügungen dieses Gerichts auch dann an das demselben vorgesetzte Landgericht, wenn es sich um eine Eintragung für eine Person handelt, die ihren Wohnsitz in einem anderen Amtsgerichtsbezirke hat (freiw. G.G. § 19).

3. Die Eintragung in das Register eines unzuständigen Gerichts ist unwirksam.

§ 1559.

**E. I § 1436 Satz 2; II § 1453 Abs. 2 Satz 1, 3 rev. § 1544; III § 1542. P. I S. 7236—7241, 7267; M. IV S. 556. P. II S. 5635—5639, 6845—6849 (Bd. 4 S. 386; Bd. 5 S. 141).**

1. Mit der Verlegung des Wohnsitzes in einen anderen Bezirk, nicht aber mit einem Wechsel innerhalb des Bezirkes verliert die Eintragung in dem Register des früheren Wohnsitzes von selbst die Wirksamkeit. Einerseits müssen daher die Ehegatten, um den Zweck der Eintragung für die Zukunft zu erreichen, diese bei dem Amtsgerichte des neuen Wohnsitzes wiederholen, andererseits kann ein Dritter sich auf eine Eintragung nur dann verlassen, wenn er sich vergewissert, daß die Ehegatten noch im Bezirke des Registergerichts wohnen. In den E. I u. II war den Ehegatten eine Frist von 6 Wochen gesetzt, innerhalb welcher sie die Wiederholung zu beantragen haben. Im rev. E. II ist diese Bestimmung gestrichen worden.

### §. 1560.

Eine Eintragung in das Register soll nur auf Antrag und nur insoweit erfolgen, als sie beantragt ist. Der Antrag ist in öffentlich beglaubigter Form zu stellen.

### §. 1561.

Die Eintragung erfolgt in den Fällen des §. 1357 Abs. 2 und des §. 1405 Abs. 3 auf Antrag des Mannes.

In den anderen Fällen ist der Antrag beider Ehegatten erforderlich; jeder Ehegatte ist dem anderen gegenüber zur Mitwirkung verpflichtet.

Der Antrag eines der Ehegatten genügt:

1. zur Eintragung eines Ehevertrags oder einer auf gerichtlicher Entscheidung beruhenden Aenderung der güterrechtlichen Verhältnisse der Ehegatten, wenn mit dem Antrage der Ehevertrag oder die mit dem Zeugnisse der Rechtskraft versehene Entscheidung vorgelegt wird;

---

2. Der Satz 2 will die Ehegatten für den Fall, daß sie in den früheren Bezirk zurückkehren, der Nothwendigkeit einer neuen Eintragung entheben. Voraussetzung ist natürlich, daß die frühere Eintragung noch unverändert d. h. noch nicht gelöscht ist. Aus Satz 2 ist zu entnehmen, daß das Gericht, wenn es vom Wechsel des Wohnsitzes Kenntniß erlangt, die Löschung nicht von Amtswegen verfügen darf.

3. Der § 1559 setzt voraus, daß das Güterrechtsregister entweder nicht nach Gemeinden angelegt oder doch mit einem Nebenregister versehen wird, aus welchem die Namen sämmtlicher in das Güterrechtsregister eingetragenen Personen ersichtlich sind. Wie in der Vorbm. 4 S. 309 angeführt ist, schreibt die Bekanntmachung des Bundesraths § 16 die Führung eines alphabetischen Verzeichnisses vor.

#### § 1560.

**E. I § 1437 Abs. 1 Satz 1, 2, Abs. 2 Satz 1, 3; II § 1455 rev. § 1545; III § 1543. P. I S. 7230—7238, 7265—7270; M. IV S. 557, 558. P. II S. 5639—5643, 6887—6889 (Bd. 4 S. 389; Bd. 5 S. 164).**

1. Da die Veröffentlichung im Güterrechtsregister den Ehegatten nur die Möglichkeit geben will, sich gegen die an den guten Glauben Dritter geknüpften Nachtheile zu sichern, so sind die Eintragung und der Inhalt der Eintragung vom Antrage der Ehegatten abhängig. Hiervon besteht auch im Falle des Konkurses keine Ausnahme. Aus Satz 1 folgt, daß es nicht der Eintragung oder auch nur der Vorlegung des ganzen Ehevertrags bedarf, wenn die Eintragung auf einem Ehevertrage beruht.

2. Der Satz 2 regelt die Form des Antrags; s. § 129 und freiw. G.G. §§ 167, 183, 191 Abs. 2. Ergänzend bestimmt freiw. G.G. § 161 mit § 128, daß die Anmeldung zur Eintragung zum Protokolle des Gerichtsschreibers des Registergerichts erfolgen kann (§ 11 freiw. G.G. findet keine Anwendung).

3. Aus der Fassung („soll") ergiebt sich, daß eine Verletzung der Vorschrift nicht die Ungültigkeit der Eintragung zur Folge hat. Andererseits ist aber der Antrag insofern ein wesentliches Erforderniß der Eintragung, als eine ohne Antrag erfolgte Eintragung von Amtswegen gelöscht werden muß (s. Vorbm. Nr. 3 a. E.).

#### § 1561.

**E. I § 1437 Abs. 1 Satz 1, 3, Abs. 2 Satz 2, § 1438; II § 1456 rev. § 1546; III § 1544. P. I S. 7259—7270; M. IV S. 557, 558. P. II S. 5639—5643, 8652 (Bd. 4 S. 387—390). K.B. S. 2069.**

1. Der § 1561 regelt die Antragsberechtigung. Wegen des Antragsrechts des Notars, der die zu einer Eintragung erforderliche Erklärung beurkundet oder beglaubigt, s. freiw. G.G. § 161 mit § 129.

2. zur Wiederholung einer Eintragung in dem Register eines anderen Bezirkes, wenn mit dem Antrag eine nach der Aufhebung des bisherigen Wohnsitzes ertheilte, öffentlich beglaubigte Abschrift der früheren Eintragung vorgelegt wird.

### §. 1562.

Das Amtsgericht hat die Eintragung durch das für seine Bekanntmachungen bestimmte Blatt zu veröffentlichen.

Wird eine Aenderung des Güterstandes eingetragen, so hat sich die Bekanntmachung auf die Bezeichnung des Güterstandes und, wenn dieser abweichend von dem Gesetze geregelt ist, auf eine allgemeine Bezeichnung der Abweichung zu beschränken.

---

2. Der Abs. 1 betrifft diejenigen Fälle, in welchen eine einseitig von dem Ehemanne getroffene Verfügung für die güterrechtlichen Verhältnisse der Ehegatten von Bedeutung ist. Die Fälle dieser Art sind: die Ausschließung oder Beschränkung der Schlüsselgewalt der Ehefrau (§ 1357 Abs. 2) und der Einspruch gegen den selbständigen Betrieb eines Erwerbsgeschäfts der Ehefrau sowie die Zurücknahme der zu einem solchen Betrieb ertheilten Einwilligung (§ 1405 Abs. 3). In diesen Fällen genügt der einseitige Antrag des Mannes.

3. Zu Abs. 2. Weigert sich ein Ehegatte bei der Antragstellung mitzuwirken, so kann sein Antrag nach Maßgabe des § 894 C.P.O. durch Urtheil ersetzt werden.

4. Zu Abs. 3 Nr. 1. Der Ehevertrag muß in Original oder in öffentlich beglaubigter Abschrift vorgelegt werden. Es wird indessen die Vorlegung eines Auszugs (s. Erl. zu § 1560) genügen, sofern aus demselben zur Genüge erhellt, daß es sich um eine in einem formell gültigen Ehevertrage getroffene Bestimmung handelt. Bestehen in dieser Hinsicht Zweifel, so wird das Registergericht die Vorlegung des ganzen Ehevertrags fordern können.

Die Fälle, in denen die Aenderung auf gerichtlicher Entscheidung beruht, sind: Aufhebung der Ausschließung oder Beschränkung der Schlüsselgewalt (§ 1357), Aufhebung eines Güterstandes durch Urtheil (§§ 1418, 1470, 1542, 1549), Beendigung des gesetzlichen Güterstandes (§§ 1419, 1420) oder der Ergsch.G. (§§ 1543, 1544) durch Todeserklärung oder Konkurs, Wiederherstellung eines dieser Güterstände (§§ 1425, 1548). Unter dem Zeugnisse der Rechtskraft, mit welchem die vorgelegte gerichtliche Entscheidung versehen sein muß, wird man bei denjenigen Entscheidungen, welche im technischen Sinne nicht als rechtskräftig bezeichnet zu werden pflegen, das Zeugniß zu verstehen haben, daß die Entscheidung wirksam geworden ist (vergl. freiw. G.G. § 31).

5. Ergänzungen zu Abs. 3 sind im freiw. G.G. § 161 mit § 127 enthalten. Nach § 161 Abs. 3 sollen von einer Eintragung in allen Fällen beide Ehegatten benachrichtigt werden. Nach § 130 Abs. 2 kann auf die Benachrichtigung verzichtet werden; selbstverständlich kann der Antragsteller nur auf die Benachrichtigung an sich selbst, nicht auf die an den anderen Ehegatten verzichten. Wenn der Antrag nur von einem Ehegatten gestellt und das der Eintragung zu Grunde liegende Rechtsverhältniß bestritten ist, z. B. behauptet wird, der Ehevertrag sei nichtig, so kann das Registergericht die Eintragung aussetzen, bis über das Verhältniß im Wege des Rechtsstreits entschieden ist; es kann, wenn der Rechtsstreit nicht anhängig ist, einem Betheiligten eine Frist zur Erhebung der Klage bestimmen.

6. Ueber die Verletzung der Vorschriften des § 1561 gilt das in der Erl. zu § 1560 Nr. 3 Gesagte.

### § 1562.

**E. I § 1439; II § 1457 rev. § 1547; III § 1545. P. I S. 7230—7241, 7261—7267; M. IV S. 558. P. II S. 5643 (Bd. 4 S. 390).**

1. Die Bekanntmachung findet nur in einem Blatte und nur einmal statt. Auf die Wirksamkeit der Eintragung ist die Unterlassung der Bekanntmachung nicht von Einfluß.

2. Aus dem Satz 2 ergiebt sich, daß die Bekanntmachung sich sowohl in denjenigen Fällen, in welchen die Aenderungen des Güterstandes durch Ehevertrag als in denjenigen, in welchen sie durch Urtheil eintritt, auf die Angaben des neu eintretenden Güterstandes zu beschränken hat. Die für Aenderungen des Güterstandes vorgeschriebene allgemeine Bezeichnung der Aenderung

§. 1563.

Die Einsicht des Registers ist Jedem gestattet. Von den Eintragungen kann eine Abschrift gefordert werden; die Abschrift ist auf Verlangen zu beglaubigen.

# Siebenter Titel.

## Scheidung der Ehe.

---

wird erkennen lassen müssen, auf welche für den Güterstand geltenden Vorschriften die Abweichung sich bezieht. So wird z. B., wenn Vorbehaltsgut vereinbart ist, zwar nicht erforderlich sein, daß die für Vorbehaltsgut erklärten Gegenstände angegeben werden, wohl aber die allgemeine Angabe, daß Vorbehaltsgut vereinbart sei.

**§ 1563.**

**E. I § 1435 Abs. 2; II § 1458 rev. § 1548; III § 1546. P. I S. 7232, 7259—7263; M. IV S. 555. P. II S. 5633, 8459 (Bd. 4 S. 384).**

1. Die Vorschrift giebt Jedem ohne den Nachweis eines Interesses das Recht auf Einsicht und auf eine einfache oder beglaubigte Abschrift. Daß die Einsicht nur während der Dienststunden verlangt werden kann, ist selbstverständlich. Ueber die Kostenpflicht entscheidet das Landesrecht.

2. Neben den Abschriften können auch Zeugnisse d. h. Auszüge ertheilt werden, durch welche bestimmte Angaben als im Register enthalten bestätigt werden. Die Abschriften ertheilt der Gerichtsschreiber, die Zeugnisse das Gericht. Ein Recht auf Zeugnisse besteht nur in den gesetzlich anerkannten Fällen und nur für die Ehegatten sowie gemäß § 792 C.P.O. für die Gläubiger der Ehegatten. Zeugnisse werden im § 34 G.B.O. und im § 107 Abs. 2 freiw. G.G. erwähnt.

3. Im § 162 freiw. G.G. sind auch negative Zeugnisse vorgesehen, nämlich Bescheinigungen, daß bezüglich des Gegenstandes einer Eintragung weitere Eintragungen nicht vorhanden sind oder eine bestimmte Eintragung nicht erfolgt ist. Solche Bescheinigungen kann Jeder verlangen.

4. Von den Registerakten kann Einsicht nur verlangt werden, wenn die für die Akteneinsicht in der freiwilligen Gerichtsbarkeit geltenden allgemeinen Voraussetzungen (§ 34 freiw.G.G.) vorliegen. Die Einsicht des Verzeichnisses der zum Vorbehaltsgute gehörenden Gegenstände (s. § 13 der Bestimmungen des Bundesraths, Erl. 5 zu § 1435 S. 199) ist natürlich Jedem gestattet

**Siebenter Titel.**

**I.** Die Ehe endet:

1. Durch den Tod eines Ehegatten; wegen der Todeserklärung s. Vorbm. vor § 1348 oben S. 72;

2. nach Maßgabe des § 1348 durch die Wiederverheirathung des zurückgebliebenen Ehegatten im Falle der Todeserklärung des anderen Ehegatten;

3. durch die Scheidung der Ehe.

Das B.G.B. (anders der E. I § 1440 Abs. 1) erwähnt den Tod eines Ehegatten als Beendigungsgrund der Ehe nicht ausdrücklich; die Wiederverheirathung nach erfolgter Todeserklärung behandelt das B.G.B. (anders der E. I und der E. II) nicht unter dem Gesichtspunkte der Auflösung der alten Ehe, sondern im Anschluß an die Vorschriften über die Nichtigkeit und die Anfechtbarkeit der Ehe (s. Vorbm. 1 oben S. 73). Das B.G.B. hat darum auch keinen von der Auflösung der Ehe handelnden Titel, sondern nur einen Titel über die Scheidung der Ehe.

**II.** Bei der Frage, aus welchen Gründen die Scheidung zugelassen ist, geht das B.G.B. davon aus, daß die Scheidung regelmäßig ein Verschulden eines Ehegatten voraussetzt. Von dem Verschuldungsprinzip ist nur eine Ausnahme gemacht, die Scheidung wegen Geisteskrankheit (§ 1569).

Die Scheidungsgründe zerfallen in absolute und in relative. Die absoluten sind solche, welche das Scheidungsrecht unbedingt begründen; die relativen solche, welche nur dann zur Scheidung führen, wenn der Richter zugleich die Ueberzeugung gewinnt, daß dadurch im konkreten Falle eine so tiefgehende Zerrüttung des ehelichen Verhältnisses bewirkt ist, daß dem klagenden Ehegatten die Fortsetzung der Ehe nicht zugemuthet werden kann. Dieser Unterscheidung liegt der Gedanke zu Grunde, daß der Gesetzgeber zwar in einzelnen Fällen an der Hand der Erfahrungen beim Vorhandensein gewisser thatsächlicher Voraussetzungen ohne Weiteres und allgemein annehmen kann, die Fortsetzung der Ehe könne dem klagenden Theile nicht mehr zugemuthet werden, daß dagegen in der Mehrzahl der Fälle mit Rücksicht auf die Verschiedenheit der Bildung, die äußere Stellung sowie auf den Charakter und die Persönlichkeit der Ehegatten sich nicht von Vornherein bestimmen läßt, ob gewisse Handlungen des einen Ehegatten, die unter Umständen dem anderen Ehegatten die Fortsetzung der Ehe mit Recht unerträglich machen, auch im konkreten Falle diese Wirkung haben werden, daß dies vielmehr nur in jedem einzelnen Falle vom Richter unter Berücksichtigung aller Umstände des Falles gewürdigt werden kann. Die relativen Scheidungsgründe sind nicht einzeln aufgezählt, sondern im § 1568 auf einen einheitlichen Grundsatz zurückgeführt. Die absoluten Scheidungsgründe sind in den §§ 1565—1567, 1569 enthalten; es sind Ehebruch und die ihm gleichgestellten Sittlichkeitsdelikte, Lebensnachstellung, bösliche Verlassung und Geisteskrankheit.

Die Scheidung erfolgt durch Urtheil. Jede Privatscheidung sowie das landesherrliche Ehescheidungsrecht ist ausgeschlossen, zur Perfektion der Scheidung ist ein Ausspruch des Standesbeamten nicht erforderlich.

Das Scheidungsrecht geht durch Verzeihung (§ 1570) oder durch Zeitablauf (§ 1571) verloren. In Folge der Gestaltung, die das Verfahren in Ehesachen in der C.P.O. gefunden hat, hat auch die Unterlassung der Geltendmachung eines Scheidungsgrundes im Verfahren über eine Anfechtungs- oder eine Scheidungsklage gemäß § 616 der C.P.O. (s. oben S. 47 und unten III 3) den Verlust des Scheidungsrechts zur Folge. Dagegen kennt das B.G.B. nicht einen Verlust des Scheidungsrechts in Folge einer Kompensation von Scheidungsgründen (M. IV S. 585). Nicht einmal das Recht des einen Ehegatten, wegen Ehebruchs des anderen Ehegatten die Scheidung zu verlangen, wird dadurch ausgeschlossen, daß der klagende Ehegatte selbst sich ebenfalls eines Ehebruchs schuldig gemacht hat.

Die Scheidung bewirkt die Auflösung der Ehe. Die Wirkungen der Scheidung beziehen sich auf das persönliche und das vermögensrechtliche Verhältniß der Ehegatten zu einander und zu den Kindern. Anlangend die Wirkungen auf das persönliche Verhältniß der Ehegatten zu einander, so hören mit der Scheidung alle aus der Ehe folgenden persönlichen Rechte und Pflichten der Ehegatten gegen einander auf. Die Frau kann jedoch nach Maßgabe des § 1577 den Namen des Mannes beibehalten. Wegen des Wohnsitzes der Frau s. Erl. zu § 10 Nr. 3, 4. Die vermögensrechtlichen Wirkungen der Scheidung sind an verschiedenen Stellen (vergl. §§ 1478, 2077, 2268, 2279) bestimmt. Als selbstverständlich ist vorausgesetzt, daß durch die Scheidung der Güterstand beendet wird (s. Vorbm. oben S. 173, 226, 284 sowie §§ 1478, 1549) und das gesetzliche Erbrecht (vergl. § 1933 und Erl. 2 zu § 1931) verloren geht. Im siebenten Titel ordnet das B.G.B. die Unterhaltspflicht der Ehegatten (§§ 1578—1583) und den Widerruf von Schenkungen (§ 1584). Scheidungsstrafen kennt das B.G.B. nicht (M. IV S. 613—617). Das Verhältniß zu den Kindern wird durch die Scheidung nicht berührt, ausgenommen das Recht der Sorge für die Person der Kinder (§§ 1635, 1636). Namentlich erleidet die Unterhaltspflicht gegenüber den Kindern (§§ 1601—1603, 1606) keine Aenderung. Dagegen wird das Verhältniß der Ehegatten zu einander in Ansehung der Unterhaltspflicht gegenüber den Kindern nach Maßgabe des § 1585 beeinflußt.

Die Wiederverheirathung der geschiedenen Ehegatten mit einander ist möglich, bedarf aber der Erfüllung der gleichen Voraussetzungen, insbesondere derselben Form, wie eine erste Eingehung der Ehe (s. auch Erl. zu § 1313).

Vereinbarungen, welche die Ehegatten über das zwischen ihnen nach der Scheidung eintretende Rechtsverhältniß vor der Scheidung schließen, werden unter Umständen gegen die guten Sitten verstoßen und deshalb nach § 138 nichtig sein. Sie verstoßen jedenfalls dann gegen die guten Sitten, wenn sie eine Erleichterung der Scheidung bezwecken oder eine solche Erleichterung thatsächlich bedeuten. Im Uebrigen kommt es auf die Umstände des Falles an. Eine Vereinbarung z. B., welche zum Zwecke der Abschneidung von Streitigkeiten bestimmt, was als Eingebracht im Sinne des § 1478 gelten soll, wird unter Umständen wohl zulässig sein. Insbesondere kann, wenn die Scheidungsklage schon erhoben ist, eine Abfindung z. B. über die Rückgabe des Eingebrachten (§ 1478) oder über den Unterhaltsanspruch (s. Erl. zu § 1580) vereinbart werden; eine Form ist für eine solche Vereinbarung nicht vorgeschrieben.

**III.** Die Vorschriften über die Ehescheidungsklage sind im sechsten Buche der C.P.O. enthalten. Von diesen Vorschriften sind für das Verständniß des B.G.B. nachstehende von Bedeutung.

1. Die Legitimation zur Erhebung der Scheidungsklage ist im § 612 der C.P.O. geregelt. Danach ist im Rechtsstreit über die Scheidung der Ehe auch ein in der Geschäftsfähigkeit beschränkter Ehegatte aktiv und passiv prozeßfähig. Aus § 51 der C.P.O. folgt, daß sein gesetzlicher Vertreter weder klagen noch verklagt werden kann. Für einen geschäftsunfähigen Ehegatten

wird der Rechtsstreit durch seinen gesetzlichen Vertreter geführt; dieser bedarf jedoch zur Erhebung der Scheidungsklage der Genehmigung des Vormundschaftsgerichts. Der Bevollmächtigte des Ehegatten bedarf einer besonderen Vollmacht (§ 613 C.P.O.).

2. Die Grundsätze, welche das Verfahren in Ehesachen überhaupt beherrschen (s. Vorbm. III 2 vor § 1323 oben S. 44), haben auch auf die Gestaltung des Verfahrens über die Scheidungsklage Einfluß geübt. Hervorzuheben ist:

a) Der Scheidungsklage muß regelmäßig ein Sühneversuch vorausgehen und der Termin zur Verhandlung über die Scheidungsklage darf erst bestimmt werden, wenn nachgewiesen ist, daß der Sühneversuch ordnungsgemäß stattgefunden hat, aber erfolglos geblieben ist (§ 608 C.P.O.). Zum Zwecke des Sühneversuchs hat der Kläger bei dem Amtsgerichte, vor welchem der Mann seinen allgemeinen Gerichtsstand hat, die Anberaumung eines Termins zu beantragen und hierzu den Beklagten zu laden. Im Termine müssen die Parteien persönlich erscheinen. Erscheint der Kläger oder erscheinen beide Parteien nicht, so muß der Kläger einen neuen Termin beantragen und den Beklagten hierzu laden; erscheint der Kläger, aber nicht der Beklagte, so ist der Sühneversuch als mißlungen anzusehen (§§ 609, 610 C.P.O.). In den im § 611 der C.P.O. genannten Fällen ist der Sühneversuch nicht erforderlich.

b) Die im § 627 der C.P.O. über das Interimistikum getroffenen Vorschriften (s. Vorbm. III 2 oben S 45) gelten auch für den Scheidungsprozeß.

c) Bis zum Schlusse derjenigen mündlichen Verhandlung, auf welche das Urtheil ergeht, können andere als die in der Klage vorgebrachten Klagegründe geltend gemacht werden. Das neue Vorbringen und die Erhebung einer Widerklage ist von einem Sühneversuche nicht abhängig (§ 614 der C.P.O.).

d) Die Scheidungsklage kann mit der Klage auf Herstellung des ehelichen Lebens oder mit der Anfechtungsklage, nicht aber mit anderen Klagen verbunden werden. Gegen die Scheidungsklage kann nur eine der zwei genannten Klagen als Widerklage erhoben werden (§ 615 C.P.O.). Der Kläger kann auch zur Anfechtungsklage oder zur Klage auf Herstellung des ehelichen Lebens übergehen. (Im Uebrigen s. Vorbm. III 2 c oben S. 46).

e) Hat der Kläger die Aussetzung des Verfahrens über die Scheidungsklage beantragt, so darf das Gericht auf Scheidung nicht erkennen, bevor die Aussetzung stattgefunden hat. Die Aussetzung ist von Amtswegen anzuordnen, wenn die Scheidung auf Grund des § 1568 beantragt ist und die Aussöhnung der Parteien nicht ausgeschlossen erscheint. Die Aussetzung darf im Laufe des Rechtsstreits nur einmal und höchstens auf zwei Jahre angeordnet werden (§ 620 C.P.O.).

f) Stirbt einer der Ehegatten vor der Rechtskraft des Urtheils, so ist der Rechtsstreit in Ansehung der Hauptsache als erledigt anzusehen (§ 628 C.P.O.). Im Prozesse kann nur noch über den Kostenpunkt (nicht auch über die Schuldfrage, s. Erl. zu § 1574) entschieden werden. Auch wenn nach Zustellung des Urtheils, aber vor dessen Rechtskraft ein Ehegatte stirbt, ist die Ehe nicht geschieden; aus dem Scheidungsurtheile können daher keine Folgen abgeleitet werden. Von Bedeutung ist dies insbesondere, wenn der schuldige Ehegatte stirbt.

3. Das Urtheil, durch welches auf Scheidung der Ehe erkannt ist, ist von Amtswegen zuzustellen (§ 625 C.P.O.). Nach dem Eintritte der Rechtskraft des Urtheils hat das Prozeßgericht, wenn ein gemeinschaftliches minderjähriges Kind der Ehegatten vorhanden ist, dem Vormundschaftsgerichte Mittheilung zu machen (§ 630 der C.P.O.). Die Scheidung ist am Rande der über die Eheschließung bewirkten Eintragung zu vermerken (§ 55 Personst. G., Art. 46 E.G.). Nach § 25 der Bekanntmachung des Bundesraths v. 25. März 1899 (R.G.Bl. S. 225) hat die Staatsanwaltschaft dem Standesbeamten, vor welchem die Ehe geschlossen worden ist, eine mit dem Zeugnisse der Rechtskraft und mit der Angabe des Tages der Rechtskraft versehene Ausfertigung des Urtheils behufs Beischreibung des Randvermerks zu übersenden.

Wird die Scheidungsklage abgewiesen, so gilt der im § 616 der C.P.O. ausgesprochene Ausschluß aller versäumten Klagegründe (s. Vorbm. III 3 vor § 1323 oben S. 47) auch von der Scheidungsklage.

**IV.** Das B.G.B. kennt weder eine beständige noch eine zeitweise Trennung der Ehegatten von Tisch und Bett. Die beständige Trennung ist schon durch das Personst.G. § 77 beseitigt worden. Die zeitweise Trennung ist durch die im § 620 der C.P.O. (s. oben III 2e geregelte Aussetzung des Scheidungsprozesses ersetzt worden.

Nach dem E. I §§ 1444, 1445 sollte, wenn die Voraussetzungen eines relativen Scheidungsgrundes vorliegen, der Ehegatte regelmäßig nur die Trennung von Tisch und Bett auf die Dauer von höchstens zwei Jahre zu verlangen berechtigt sein; wenn der Richter die Ueberzeugung gewinnt, daß nach den Umständen des Falles die Aussicht auf Herstellung des ehelichen Lebens ausgeschlossen ist, sollte die sofortige Scheidung zulässig sein und, wenn auf Trennung erkannt worden ist, sollte der Ehegatte, welcher das Urtheil erwirkt hat, nach Ablauf der bestimmten Trennungszeit auf Grund des Urtheils im Wege einer neuen Klage die Scheidung verlangen können (M. IV S. 579 ff.). Die zweite Kommission beseitigte diese Vorschriften (P. II S. 5671 bis 5703, Bd. 4 S. 405—420). In der zweiten Kommission wurde der Antrag gestellt, dem Gedanken, welcher diesen Vorschriften zu Grunde liegt, in erweiterter Form und verallgemeinert Rechnung zu tragen; jedem Ehegatten, der zur Scheidung berechtigt ist, soll die Befugniß gegeben werden, auf Aufhebung der häuslichen und ehelichen Gemeinschaft zu klagen, der Beklagte dagegen soll berechtigt sein, die Scheidung zu verlangen; auf Grund des Aufhebungsurtheils soll jeder Ehegatte die Scheidung verlangen können. Dieser Antrag wurde abgelehnt (P. II S. 5651—5660, Bd. 4 S. 394—399), in der Reichstags-Kommission aber — wesentlich aus religiösen Gründen (s. Vorbm. 2 zum gegenwärtigen Abschnitt, oben S. 6, 7) — wiederaufgegriffen und angenommen. Ein im Plenum des Reichstags bei der dritten Lesung gestellter Antrag, die Aufhebung der Gemeinschaft nicht zuzulassen, wurde abgelehnt. Die Aufhebung der Gemeinschaft ist in den §§ 1575, 1576, 1586, 1587 geregelt.

1. Nach den §§ 1575, 1576 steht dem Ehegatten, welcher auf Scheidung zu klagen berechtigt ist, frei, ob er auf Scheidung oder auf Aufhebung der Gemeinschaft klagen will. Hat er die Klage auf Aufhebung erhoben, so ist die getroffene Wahl für ihn nicht bindend, er kann in jeder Instanz in die Scheidungsklage durch Aenderung des Klageantrags übergehen. Der beklagte Ehegatte braucht sich die bloße Aufhebung der ehelichen Gemeinschaft nicht gefallen zu lassen, sondern kann in jeder Lage des Verfahrens verlangen, daß für den Fall, daß die Klage als begründet erkannt wird, nicht die Aufhebung der Gemeinschaft, sondern die Scheidung ausgesprochen wird. Ist die Aufhebung ausgesprochen worden, so kann jeder Ehegatte im Wege einer neuen Klage ohne Weiteres verlangen, daß das Aufhebungsurtheil in ein Scheidungsurtheil umgewandelt wird.

2. Die Wirkungen des die eheliche Gemeinschaft aufhebenden Urtheils sind nach § 1586 die gleichen wie die des Scheidungsurtheils; die Eingehung einer neuen Ehe ist jedoch ausgeschlossen und die Vorschriften über die Nichtigkeit und Anfechtbarkeit der Ehe finden Anwendung, wie wenn das Urtheil nicht ergangen wäre. Das Aufhebungsurtheil hebt mithin materiell die eheliche Lebensgemeinschaft wie die Scheidung vollständig auf und verhindert nur die Wiederverheirathung eines der getrennten Ehegatten mit einer dritten Person.

3. Die Feststellungen des Aufhebungsurtheils sind für die Klage auf Umwandelung des Urtheils in ein Scheidungsurtheil bindend. Insbesondere darf die Schuldfrage nicht von Neuem geprüft werden. Das Aufhebungsurtheil hat mithin den Charakter eines bedingten Scheidungsurtheils.

4. Solange nicht das Aufhebungsurtheil in ein Scheidungsurtheil umgewandelt ist, können sich die Ehegatten ohne jede Förmlichkeit wieder vereinigen und die eheliche Gemeinschaft wieder herstellen. Dadurch werden alle Wirkungen des Aufhebungsurtheils beseitigt, nur in Bezug auf den Güterstand bleibt der durch das Urtheil geschaffene Rechtszustand insofern bestehen, als Gütertrennung gilt (§ 1587).

5. Nach § 639 der C.P.O. ist im Sinne des das Verfahren in Ehesachen regelnden Abschnitts des sechsten Buches der C.P.O. unter Scheidung auch die Aufhebung der ehelichen Gemeinschaft zu verstehen. Die Klage auf Aufhebung der Gemeinschaft ist mithin den gleichen Vorschriften unterworfen wie die Scheidungsklage. Dies gilt insbesondere von der Legitimation zur Erhebung der Klage, von dem Erfordernisse des Sühneversuchs, von dem Ausschlusse versäumter Klagegründe, von der Mitwirkung des Staatsanwalts.

Die Klage auf Umwandelung des Aufhebungsurtheils in ein Scheidungsurtheil ist eine gewöhnliche Scheidungsklage, die sich von anderen Scheidungsklagen nur dadurch unterscheidet, daß die Berechtigung, die Scheidung zu verlangen sowie die Schuldfrage schon rechtskräftig feststeht. In Ermangelung einer entgegengesetzten Vorschrift versteht sich von selbst, daß die Umwandelungsklage den gleichen prozessualen Vorschriften wie jede andere Scheidungsklage unterliegt. Insbesondere ist der Sühneversuch erforderlich.

6. Die Aufhebung der Gemeinschaft ist wie die Scheidung im Heirathsregister zu vermerken (§ 55 Personst.G., § 25 der Bekanntm. des Bundesraths v. 25. März 1899, s. oben 3).

**V.** Das Landesrecht kann über die Scheidung der Ehe nur in Ansehung des Landesherrn und der Mitglieder der landesherrlichen Familie (E.G. Art. 57) abweichende Vorschriften treffen.

**VI.** Wegen des internationalen Privatrechts s. E.G. Art. 17, Uebergangsbestimmungen ebenda Art. 201, 202.

**VII.** Anlangend die Stoffanordnung, so spricht der § 1564 die Grundsätze aus, daß nur in den ausdrücklich zugelassenen Fällen die Ehe geschieden werden kann, daß die Scheidung durch Urtheil erfolgt und daß die Wirkungen der Scheidung mit der Rechtskraft des Urtheils eintreten.

§. 1564.

Die Ehe kann aus den in den §§. 1565 bis 1569 bestimmten Gründen geschieden werden. Die Scheidung erfolgt durch Urtheil. Die Auflösung der Ehe tritt mit der Rechtskraft des Urtheils ein.

§. 1565.

Ein Ehegatte kann auf Scheidung klagen, wenn der andere Ehegatte sich des Ehebruchs oder einer nach den §§. 171, 175 des Strafgesetzbuchs strafbaren Handlung schuldig macht.

Das Recht des Ehegatten auf Scheidung ist ausgeschlossen, wenn er dem Ehebruch oder der strafbaren Handlung zustimmt oder sich der Theilnahme schuldig macht.

---

Die §§ 1565—1569 enthalten die Scheidungsgründe, die §§ 1570—1573 betreffen den Verlust des Scheidungsrechts, der § 1574 regelt die Schuldfrage. Die §§ 1575, 1576 behandeln die Zulässigkeit der Aufhebung der ehelichen Gemeinschaft und die Scheidung auf Grund der Aufhebung. In den §§ 1577—1585 folgen Vorschriften über gewisse Wirkungen der Scheidung, im § 1577 über die Namensführung der Frau, in den §§ 1578—1583 über den Unterhaltsanspruch des unschuldigen Theiles, im § 1584 über den Widerruf von Schenkungen, im § 1585 über die Tragung des Unterhalts der Kinder im Verhältnisse der Ehegatten zu einander. Der § 1586 regelt die Wirkungen der Aufhebung der Gemeinschaft der § 1587 die Wirkungen der Wiederherstellung der Gemeinschaft.

**VIII.** Literatur: Jacobi, das persönliche Eherecht, Berlin 1896, S. 61—87.

**§ 1564.**

**E. I § 1440 Abs. 1, 2, § 1452; II §§ 1459, 1470 rev. § 1549; III § 1547. P. I S. 7274—7278, 7351, 8737; M. IV S. 562—582, 610. P. II S. 5644—5650, 5736 (Bd. 4 S. 391—394, 437). D. S. 701. K.B. S. 2036—2038. St.B. S. 2943.**

1. Die im Satz 1 enthaltene Aufzählung der Scheidungsgründe ist erschöpfend. Von den in den bisherigen Gesetzen anerkannten Scheidungsgründen sind hiernach insbesondere beseitigt die Scheidung auf Grund gegenseitiger Einwilligung, wegen unüberwindlicher Abneigung, wegen körperlicher Gebrechen, wegen Religionswechsels (M. IV S. 567 ff.). Wegen dieser Gründe s. auch Erl. zu § 1568.

2. Die Scheidung erfolgt nach Satz 2 nur durch Urtheil. Ausgeschlossen ist also insbesondere das landesherrliche Scheidungsrecht, die Zuständigkeit geistlicher Gerichte (so schon Personst.G. § 76, G.V.G. § 15 Abs. 3), jede Privatscheidung, die Scheidung durch Ausspruch des Standesbeamten.

3. Der Satz 3 bringt zum Ausdrucke, daß die Scheidung im Gegensatze zur Anfechtung nur für die Zukunft wirkt. Ueber die Wirkungen der Scheidung s. Vorbm. II zu diesem Titel. Wegen der Fortdauer der Schwägerschaft s. § 1590 Abs. 2. Die Wirkungen der Scheidung beginnen nach Satz 3 mit der Rechtskraft des Scheidungsurtheils (C.P.O. § 705). Dies gilt namentlich auch von der Vermögensauseinandersetzung unter den Ehegatten; die Vorschriften der §§ 1422, 1479, 1546, 1549 gelten nicht für die auf Grund der Ehescheidung eintretende Beendigung des Güterstandes (s. Erl. zu diesen Paragraphen und P. II S. 5736, Bd. 4 S. 437). Nur in Ansehung des Einflusses der Scheidung auf Verfügungen von Todeswegen, in denen der eine Ehegatte den anderen bedacht hat, sowie in Ansehung des gesetzlichen Erbrechts des Ehegatten steht die Erhebung der Scheidungsklage der Rechtskraft des Scheidungsurtheils gleich (§§ 1933, 2077, 2268, 2279; s. Erl. zu § 1933).

**§ 1565.**

**E. I § 1441; II § 1460 rev. § 1550; III § 1548. P. I S. 7278—7283, 8798, 8812; M. IV S. 582—587. P. II S. 5660—5662 (Bd. 4 S. 399—401). D. S. 701. K.B. S. 2038**

1. Der Abs. 1 erkennt als Scheidungsgrund den Ehebruch und die nach den §§ 171, 175 des St.G.B. strafbaren Handlungen — Bigamie (§ 171) und widernatürliche Unzucht zwischen

§. 1566.

Ein Ehegatte kann auf Scheidung klagen, wenn der andere Ehegatte ihm nach dem Leben trachtet.

§. 1567.

Ein Ehegatte kann auf Scheidung klagen, wenn der andere Ehegatte ihn böslich verlassen hat.

---

Personen männlichen Geschlechts oder von Menschen mit Thieren (§ 175) — an. Der Begriff des Ehebruchs ist der gleiche wie im § 172 des St.G.B. Andere als die in den §§ 171, 175 genannten Sittlichkeitsdelikte sind nicht absolute Scheidungsgründe, sondern können nur bei der Anwendbarkeit des § 1568 in Betracht kommen. Der in der Reichstagskommission gestellte Antrag, auch die nach den §§ 174, 176 des St.G.B. strafbaren Handlungen als absolute Scheidungsgründe zu erklären, wurde abgelehnt.

Der Ehebruch und die in den §§ 171, 175 des St.G.B. bezeichneten Handlungen sind dann nicht Scheidungsgründe, wenn einer der in den §§ 51—54 des St.G.B. bezeichneten Gründe vorliegt, welche die Strafe ausschließen, oder wenn überhaupt eine strafbare Handlung nicht gegeben ist. Unter den Begriff des Ehebruchs fallen daher namentlich solche Fälle nicht, in denen eine fleischliche Vermischung in Folge Irrthums oder Nothzucht oder im Zustande der Geisteskrankheit stattgefunden hat.

2. Nur die vollendeten Strafthaten sind Scheidungsgründe, nicht die versuchten. Letztere können jedoch unter § 1568 fallen. Zur Vollendung des Ehebruchs ist die Vereinigung der Geschlechtstheile genügend (R.G. 9, S. 189), aber auch erforderlich (R.G. 38 S. 182).

3. Theilnahme oder Zustimmung des anderen Ehegatten zum Ehebruch oder den anderen im Abs. 1 bezeichneten Delikten schließt das Scheidungsrecht nach Abs. 2 aus. Theilnahme ist im Sinne der §§ 47—49 des St.G.B. (Mitthäterschaft, Anstiftung, Beihilfe) zu verstehen. Die Zustimmung hat im Falle des Abs. 2 keinen rechtsgeschäftlichen Charakter, es genügt, daß der Ehegatte sein Einverständniß mit der Handlung des anderen Ehegatten in irgend einer Weise zum Ausdrucke brachte. Dagegen wird das Recht auf Scheidung dadurch nicht ausgeschlossen, daß der Kläger, ohne der Handlung zugestimmt oder an ihr theilgenommen zu haben, durch eigenes rechtswidriges oder unsittliches Verhalten, z. B. durch bösliche Verlassung oder durch Verweigerung der ehelichen Pflicht, dem anderen Ehegatten zum Ehebruch Anlaß gegeben hat.

Wegen der Kompensation s. Vorbm. II zu diesem Titel.

4. Wegen des Ehehindernisses des Ehebruchs s. § 1309, wegen der Feststellung der Person mit welcher der Ehebruch begangen worden ist, C.P.O. § 624 (vergl. Erl. zu § 1309 Nr. 2 und zu § 1574 Nr. 1).

**§ 1566.**

**E. I § 1442; II § 1461 rev. § 1551; III § 1549. P. I S. 7283, 8799, 8812; M. IV S. 587. P. II S. 5663 (Bd. 4 S. 401). K.B. S. 2038.**

1. Ob in einer Handlung eines Ehegatten ein Trachten nach dem Leben des anderen Ehegatten gefunden werden kann, hängt nur von der Absicht des handelnden Ehegatten ab. Wie einerseits der nicht in einer Handlung hervortretende Wille, den anderen Ehegatten zu tödten, nicht genügt, so ist andererseits, sofern die Tödtungsabsicht vorhanden ist, jedes Unternehmen, durch das die Absicht verwirklicht werden soll, ausreichend, wenn auch nur eine bloße Vorbereitungshandlung oder ein Versuch mit untauglichen Mitteln in Frage steht, daß die Handlung unter das Strafgesetzbuch fällt, ist nicht erforderlich; anderer Ansicht Hubrich im Archiv f. civ. Praxis Bd. 85 S. 62, nach dem ein strafbarer Mord- oder Todtschlagsversuch vorliegen muß.

2. Eine lebensgefährdende Behandlung, wie überhaupt eine bloße Mißhandlung, fällt nicht unter § 1566, sondern kann nur als relativer Scheidungsgrund nach § 1568 in Betracht kommen.

**§ 1567.**

**E. I § 1443; II § 1462 rev. § 1552; III § 1550. P. I S. 7294—7308, 8799; M. IV S. 588—593. P. II S. 5663—5669 (Bd. 4 S. 401—404). D. S. 701. K.B. S. 2040—2042.**

1. Die Voraussetzungen der Scheidung wegen böslicher Verlassung sind verschieden, je nachdem die Klage auf Herstellung des ehelichen Lebens dem renitenten Ehegatten nur im Wege der öffentlichen Zustellung oder auf andere Weise zugestellt werden kann.

Bösliche Verlassung liegt nur vor:

1. wenn ein Ehegatte, nachdem er zur Herstellung der häuslichen Gemeinschaft rechtskräftig verurtheilt worden ist, ein Jahr lang gegen den Willen des anderen Ehegatten in böslicher Absicht dem Urtheile nicht Folge geleistet hat;
2. wenn ein Ehegatte sich ein Jahr lang gegen den Willen des anderen Ehegatten in böslicher Absicht von der häuslichen Gemeinschaft fern gehalten hat und die Voraussetzungen für die öffentliche Zustellung seit Jahresfrist gegen ihn bestanden haben.

Die Scheidung ist im Falle des Abs. 2 Nr. 2 unzulässig, wenn die Voraussetzungen für die öffentliche Zustellung am Schlusse der mündlichen Verhandlung, auf die das Urtheil ergeht, nicht mehr bestehen.

---

**a)** Im letzteren Falle (Abs. 2 Nr. 1 sog. Quasidesertion), wenn also der Aufenthalt des renitenten Ehegatten bekannt und dem richterlichen Arme erreichbar ist, setzt die Scheidung zunächst die vorgängige rechtskräftige Verurtheilung dieses Ehegatten zur Herstellung der häuslichen Gemeinschaft voraus. Es genügt nicht jede Verurtheilung auf die Klage zur Herstellung des ehelichen Lebens (s. Vorbm. 2 S. 80); die Verletzung anderer durch die eheliche Lebensgemeinschaft (§ 1353) gebotener Pflichten fällt nicht unter § 1567. Das Erforderniß der Verurtheilung zur Herstellung der häuslichen Gemeinschaft bezweckt, dem renitenten Ehegatten die Unbegründetheit seiner Weigerung durch ein richterliches Verfahren darzuthun. Sog. Rückkehrbefehle d. h. auf einseitigen Antrag eines Ehegatten erlassene Aufforderungen an den anderen Ehegatten, in die häusliche Gemeinschaft zurückzukehren, giebt es nicht mehr. Auch sind Zwangsmaßregeln zum Vollzuge des Urtheils ausgeschlossen (C.P.O. § 888 Abs. 2).

Erforderlich ist weiter, daß der renitente Ehegatte von der Rechtskraft des Urtheils (§ 705 C.P.O.) auf Herstellung der Gemeinschaft an ein Jahr lang gegen den Willen des anderen Ehegatten in böslicher Absicht dem Urtheile nicht Folge leistet. Durch das Erforderniß, daß der beklagte Ehegatte „gegen den Willen des anderen Ehegatten" sich fernhält, wird der Richter darauf hingewiesen, daß er die Scheidung nicht aussprechen darf, wenn er die Ueberzeugung gewinnt, daß die Ehegatten den Scheidungsgrund des § 1567 benutzen wollen, um die Scheidung auf Grund gegenseitiger Einwilligung herbeizuführen (vergl. § 617 Abs. 2 der C.P.O., Vorbm. 2c oben S. 81). Durch das weitere Erforderniß der böslichen Absicht wird dasselbe verlangt, was das gemeine protestantische Eherecht als animus dirimendi matrimonii bezeichnet. Der betreffende Ehegatte muß das Bewußtsein haben, daß er die durch die Ehe begründete Verpflichtung zur häuslichen Gemeinschaft verletzt. Dieses Bewußtsein ist ausgeschlossen, wenn der Ehegatte berechtigt ist, die Herstellung der häuslichen Gemeinschaft zu verweigern. Er ist dazu nach § 1353 Abs. 2 Satz 1 berechtigt, wenn das Verlangen des anderen Ehegatten nach Herstellung der ehelichen Gemeinschaft sich als Mißbrauch seines Rechtes darstellt. Aus diesem Gesichtspunkt ist z. B. die bösliche Absicht zu verneinen, wenn der Ehegatte die Herstellung der häuslichen Gemeinschaft wegen Krankheit oder deshalb unterläßt, weil er sich einer Strafe durch die Flucht entziehen will. Die bösliche Absicht wird aber auch dann als ausgeschlossen anzusehen sein, wenn zwar objektiv ein Grund, die Herstellung der häuslichen Gemeinschaft zu verweigern, nicht vorliegt, der Ehegatte aber glaubt, daß ein solcher vorliegt (R.G. 40 S. 161). Der Grund, aus welchem der Ehegatte die Herstellung der häuslichen Gemeinschaft verweigert, muß indessen nach dem Urtheile, durch welches er zur Herstellung verurtheilt ist, entstanden oder ihm doch erst nachher bekannt geworden sein. Auf Gründe, welche er gegen die Klage auf Herstellung der häuslichen Gemeinschaft geltend gemacht hat oder hätte geltend machen können, kann er sich nicht berufen. Nach § 1353 Abs. 2 Satz 2 ist der Ehegatte die Herstellung der häuslichen Gemeinschaft auch dann zu verweigern berechtigt, wenn er auf Scheidung zu klagen berechtigt ist. In dieser Beziehung ist aber zu beachten, daß, wenn der betreffende Ehegatte aufgefordert wird, entweder die häusliche Gemeinschaft wiederherzustellen oder die Scheidungsklage zu erheben, nach § 1571 Abs. 2 Satz 2 die sechsmonatige Frist, innerhalb deren die Scheidungsklage erhoben werden muß, von der Aufforderung an läuft, und das Recht, die Herstellung der häuslichen Gemeinschaft zu verweigern, daher wegfällt, wenn innerhalb dieser Frist die Scheidungsklage nicht erhoben ist. Auch in dieser Beziehung ist übrigens erforderlich, daß der Scheidungsgrund, auf den der Ehegatte sich beruft, erst nach dem Urtheil auf Herstellung der häuslichen Gemeinschaft entstanden oder ihm bekannt geworden ist.

Hat der Ehegatte innerhalb eines Jahres nach dem Urtheile die häusliche Gemeinschaft wiederhergestellt, so kann die Scheidung auf Grund des § 1567 nicht verlangt werden und zwar

§. 1568.

Ein Ehegatte kann auf Scheidung klagen, wenn der andere Ehegatte durch schwere Verletzung der durch die Ehe begründeten Pflichten oder durch ehrloses oder unsittliches Verhalten eine so tiefe Zerrüttung des ehelichen Verhältnisses verschuldet hat, daß dem Ehegatten die Fortsetzung der Ehe nicht zugemuthet werden kann. Als schwere Verletzung der Pflichten gilt auch grobe Mißhandlung.

---

auch dann nicht, wenn der Ehegatte noch innerhalb des Jahres die häusliche Gemeinschaft wieder aufhebt. Der andere Ehegatte muß in solchem Falle von Neuem erst wieder auf Herstellung der häuslichen Gemeinschaft klagen. Der Möglichkeit, daß der betreffende Ehegatte, indem er nach jedem Urtheil auf Herstellung der häuslichen Gemeinschaft diese auf kurze Zeit wiederherstellt, sie dann aber sofort wieder böslich aufgiebt, das Recht des anderen Ehegatten auf Scheidung illusorisch machen kann, wird dadurch entgegengetreten, daß in solchem Falle zwar nicht auf Grund des § 1567, wohl aber auf Grund des § 1568 die Scheidung verlangt werden kann.

Liegen die im § 1567 Nr. 1 bestimmten Voraussetzungen vor, so wird der Anspruch auf Scheidung nicht dadurch beseitigt, daß der beklagte Ehegatte sich nach Ablauf der einjährigen Frist zur Herstellung der häuslichen Gemeinschaft erbietet.

**b**) Liegen die Voraussetzungen der öffentlichen Zustellung gegen den renitenten Ehegatten vor (Abs. 2 Nr. 2 sog. Desertion), so kann der verlassene Ehegatte den im Abs. 2 Nr. 1 angegebenen Weg beschreiten, der Abs. 2 Nr. 2 eröffnet ihm aber einen kürzeren Weg. Danach ist die Scheidung unter der bezeichneten Voraussetzung schon dann zulässig, wenn der Ehegatte sich ein Jahr gegen den Willen des anderen Ehegatten in böslicher Absicht (s. unter a) von der häuslichen Gemeinschaft ferngehalten hat und die Voraussetzungen der öffentlichen Zustellung seit Jahresfrist ununterbrochen gegen ihn bestehen. War die Entfernung von Anfang an in böslicher Absicht erfolgt und waren damit zugleich die Voraussetzungen der öffentlichen Zustellung eingetreten, so ist mithin eine einjährige Abwesenheit genügend. Ueber die Voraussetzungen der öffentlichen Zustellung s. C.P.O. § 203. Der verlassene Ehegatte ist also insofern in einer günstigeren Lage, als er nicht eine vorgängige Verurtheilung des anderen Ehegatten zur Herstellung des ehelichen Lebens erwirken muß. Dagegen ist seine Lage insofern schlimmer, als die Voraussetzungen der öffentlichen Zustellung noch am Schlusse der mündlichen Verhandlung, auf welche das Urtheil ergeht, vorliegen müssen. Ob das Urtheil in der ersten oder in einer höheren Instanz ergeht, ist dabei gleichgültig. Liegen die Voraussetzungen der öffentlichen Zustellung in diesem Zeitpunkte nicht mehr vor, erscheint z. B. der Beklagte in dem betreffenden Termine, so ist die Klage abzuweisen, sofern nicht der Kläger seine Klage dahin ändert, daß er statt der Scheidung die Verurtheilung zur Herstellung des ehelichen Lebens verlangt. Eine solche Aenderung der Klage ist zulässig. Der E. I § 1443 Abs. 3 Satz 3 bestimmte ausdrücklich, daß, wenn während des Scheidungsprozesses die Voraussetzungen der öffentlichen Zustellung nicht mehr vorhanden sind, der Kläger, ohne daß es der Erhebung einer neuen Klage bedarf, die Verurtheilung des Beklagten zur Herstellung der häuslichen Gemeinschaft beantragen kann. Diese Vorschrift ist in der zweiten Kommission gestrichen worden, aber nur, weil man sie für selbstverständlich hielt (s. Vorbm. III 2d zu diesem Titel).

2. Ueber die Berechnung der im Abs. 2 bestimmten Fristen s § 187 Abs. 1, § 182 Abs. 2.

**§ 1568.**

**E. I § 1444 Abs. 1; II § 1463 rev. § 1553; III § 1551. P. I S. 7308—7336, 8728, 8799; M. IV S. 593—602. P. II S. 5671—5706 (Bd. 4 S. 405—420). D. S. 701. K.B. S. 2039, 2042—2044. St.B. S. 2936—2943.**

Der § 1568 enthält die sog. relativen Scheidungsgründe. Ueber das diesen zu Grunde liegende Prinzip s. Vorbm. II zu diesem Titel (oben S. 313).

**1.** Eine Thatsache kann als relativer Scheidungsgrund nur geltend gemacht werden, wenn sie entweder eine schwere Verletzung der durch die Ehe begründeten Pflichten oder ein unsittliches oder ehrloses Verhalten des beklagten Ehegatten enthält. Wie der § 1568 ausdrücklich hervorhebt, muß die betreffende Thatsache dem beklagten Ehegatten zum Verschulden angerechnet werden können, um das Verlangen der Scheidung zu rechtfertigen. Daß als Verletzung der durch die Ehe begründeten Pflichten nur eine während der Ehe begangene Handlung in Betracht kommen kann, liegt in der Natur der Sache. Es versteht sich aber auch bezüglich der zweiten Alternative von selbst, daß ein Verhalten, welches als ein ehrloses oder unsittliches zu erachten ist, für die

§. 1569.

Ein Ehegatte kann auf Scheidung klagen, wenn der andere Ehegatte in Geisteskrankheit verfallen ist, die Krankheit während der Ehe mindestens drei Jahre

---

Scheidung nur von Bedeutung ist, sofern es sich um Vorgänge, die sich nach der Eheschließung zugetragen haben, handelt. Das frühere Verhalten des einen Ehegatten kann, wenn es dem anderen Ehegatten bei Eingehung der Ehe unbekannt war, unter Umständen als Anfechtungsgrund (§§ 1333, 1334), nicht aber als Scheidungsgrund benützt werden.

Ob eine Thatsache eine schwere Verletzung der durch die Ehe begründeten Pflichten (§§ 1353 ff.) ist, hängt von den Umständen des einzelnen Falles ab und hat der Richter unter Berücksichtigung des Wesens der Ehe als eines vorwiegend sittlichen Verhältnisses zu entscheiden. Der § 1568 Satz 2 führt im Hinblick auf das bisherige Recht und die praktische Wichtigkeit als Beispiel einer schweren Verletzung der Pflichten grobe Mißhandlung des einen Ehegatten an. Wie aus dem Worte „gilt" zu entnehmen ist, soll eine grobe Mißhandlung stets als eine schwere Verletzung der Pflichten angesehen werden, dagegen ist nicht ausgeschlossen, daß eine Mißhandlung unter Umständen auch dann, wenn sie sich nicht als eine objektiv grobe darstellt, hinreichen kann, um als Scheidungsgrund verwerthet zu werden. Andere aus dem bisherigen Rechte entnommene Beispiele von Fällen, in denen eine schwere Verletzung der Pflichten wird angenommen werden dürfen, bieten rechtswidrige gefährliche Bedrohungen, Beschimpfungen und Verleumdungen, Unverträglichkeit und Zanksucht, welche sich in vorsätzlichen das Leben oder die Gesundheit gefährdenden Handlungen äußern, absichtliche Entziehung des Unterhalts, unbegründete hartnäckige Verweigerung der ehelichen Pflicht (M. IV S. 594, 595).

Auch die Beantwortung der Frage, ob eine Handlung ein ehrloses oder unsittliches Verhalten eines Ehegatten enthält, hängt von den Umständen des einzelnen Falles ab. Als ein ehrloses oder unsittliches Verhalten kommt vor Allem die Vornahme eines entehrenden Verbrechens oder Vergehens in Betracht. Daß wegen der That eine entehrende Strafe oder überhaupt eine Strafe erkannt worden ist, ist nicht erforderlich. Auf der anderen Seite darf das Vorliegen eines ehrlosen oder unsittlichen Verhaltens keineswegs schon deswegen allein angenommen werden, weil die Verurtheilung zur Zuchthausstrafe oder die Aberkennung der bürgerlichen Ehrenrechte ausgesprochen worden ist. Andere Beispiele bieten unverbesserliche Trunksucht, Ergreifung eines schimpflichen Gewerbes (die Frau z. B. ist eine Prostituirte). Nach der einstimmigen Ansicht der R.T.K. (K.B. S. 2043; s auch P. II S. 5694, Bd. 4 S. 414) soll die nachträgliche Verweigerung der vor Abschluß der Ehe zugesicherten oder als selbstverständlich vorausgesetzten kirchlichen Trauung stets als ein ehrloses und unsittliches Verhalten angesehen werden. Der Ansicht wird zuzustimmen sein. Voraussetzung ist dabei natürlich, daß der Ehegatte für die Weigerung sich kirchlich trauen zu lassen, nicht einen rechtfertigenden Grund hat. Ein solcher dürfte z. B. darin liegen, daß der Geistliche die Trauung konfessionell gemischter Ehegatten nur vornehmen will gegen das Versprechen der Erziehung sämmtlicher Kinder in einer bestimmten Religion.

2. Eine Handlung, welche eine schwere Verletzung der durch die Ehe begründeten Pflichten oder ein ehrloses oder unsittliches Verhalten des beklagten Ehegatten enthält, rechtfertigt aber das Verlangen der Scheidung nicht für sich allein, sondern nur, wenn sie eine so tiefe Zerrüttung des ehelichen Lebens verschuldet hat, daß dem anderen Ehegatten die Fortsetzung der Ehe nicht zugemuthet werden kann. Es kommt also nicht darauf an, daß objektiv die Handlung geeignet ist, dem anderen Ehegatten die Fortsetzung der Ehe unerträglich zu machen, sondern sie muß im konkreten Falle diesen Erfolg auch wirklich gehabt haben. Ob dies der Fall ist, muß nach dem Charakter und dem Bildungsgrade, der Persönlichkeit und der äußeren Stellung der Ehegatten beurtheilt werden. So können z. B. Ehrenkränkungen, Verurtheilung zu einer langen Freiheitsstrafe wegen eines ehrlosen oder unsittlichen Verhaltens in dem einen Falle die völlige Zerrüttung der Ehe zur Folge haben, während sie in einem anderen Falle den ehelichen Frieden nicht oder nur vorübergehend stören (M. IV S. 574). Insbesondere wird der klagende Ehegatte dann nicht mit Grund behaupten können, daß ihm die Fortsetzung der Ehe nicht zugemuthet werden kann, wenn er sich eines gleichen oder ähnlichen Verhaltens schuldig gemacht oder wenn er dem Verhalten des beklagten Ehegatten zugestimmt, es veranlaßt oder daran theilgenommen hat.

**§ 1569.**

**E. II § 1464 rev. § 1554; III § 1552. P. I S. 7274, 7343—7347; M. IV S. 570—572. P. II 5707—5718 (Bd. 4 S. 423—429). D. S. 701. K.B. S. 2044—2046. St.B. S. 2946—2964.**

1. Die Zulässigkeit der Scheidung wegen Geisteskrankheit beruht auf den Beschlüssen der zweiten Kommission. Im E. I, in der Reichstagskommission und bei der zweiten Lesung im

gedauert und einen solchen Grad erreicht hat, daß die geistige Gemeinschaft zwischen den Ehegatten aufgehoben, auch jede Aussicht auf Wiederherstellung dieser Gemeinschaft ausgeschlossen ist.

§. 1570.

Das Recht auf Scheidung erlischt in den Fällen der §§. 1565 bis 1568 durch Verzeihung.

---

Reichstage wurde die Zulässigkeit verneint, bei der dritten Lesung wurde die Bundesrathsvorlage wiederhergestellt.

2. Eine Begriffsbestimmung der Geisteskrankheit ist im B.G.B. nicht enthalten. Die in den Erl. 1—3 zu § 6 gemachten Bemerkungen treffen auch hier zu.

3. Die Geisteskrankheit eines Ehegatten genügt nicht für sich allein, um das Recht auf Scheidung zu geben. Erforderlich ist eine qualifizirte Geisteskrankheit:

a) Die Geisteskrankheit muß einen solchen Grad erreicht haben, daß die geistige Gemeinschaft zwischen den Ehegatten aufgehoben ist. Es muß also eine Art geistigen Todes eingetreten und dem geisteskranken Ehegatten das Bewußtsein des bestehenden ehelichen Bandes abhanden gekommen sein. Es genügt nicht, daß der Ehegatte in Folge seiner Geisteskrankheit die sich aus der ehelichen Gemeinschaft ergebenden Pflichten nicht erfüllen kann.

b) Es muß jede Aussicht auf Wiederherstellung der geistigen Gemeinschaft zwischen den Ehegatten ausgeschlossen sein. Es darf nicht bloß keine Hoffnung mehr bestehen, daß der Ehegatte wieder geistig gesund werde, sondern es muß jede Aussicht fehlen, daß er auch nur das Bewußtsein der ehelichen Gemeinschaft wiedererlange.

Da indessen in dieser Beziehung eine absolut sichere Diagnose nur selten sein wird, so stellt das B.G.B. als weiteres Erforderniß auf,

c) daß die Geisteskrankheit seit mindestens drei Jahren besteht. Der dreijährige Zeitraum muß in die Ehe fallen. Dagegen ist nicht erforderlich, daß die Geisteskrankheit während der Ehe entstanden ist. Auch wegen einer angeborenen Geisteskrankheit kann Scheidung der Ehe begehrt werden. War der Ehegatte freilich bei Eingehung der Ehe schon geisteskrank und deshalb geschäftsunfähig, so ist die Ehe nach § 1325 nichtig. War der Ehegatte zwar nicht geschäftsunfähig aber doch in einem solchen körperlichen oder geistigen Zustande, daß die Geisteskrankheit zu besorgen war, so ist der andere Ehegatte, wenn er dies nicht wußte, nach § 1333 zur Anfechtung der Ehe berechtigt. Daneben aber steht dem anderen Ehegatten und zwar auch dann, wenn er jenen Zustand kannte, das Recht zu, die Scheidung zu verlangen, wenn die Voraussetzungen des § 1569 eintreten.

Die Geisteskrankheit muß während des dreijährigen Zeitraums ununterbrochen bestanden haben. Dagegen ist nicht erforderlich, daß während der drei Jahre der qualifizirte Zustand vorhanden war. Es genügt, wenn im Zeitpunkte des Scheidungsurtheils eine die geistige Gemeinschaft aufhebende Geisteskrankheit besteht und jede Aussicht auf Wiederherstellung dieser Gemeinschaft ausgeschlossen ist. Lichte Zwischenräume, während deren zwar die Geisteskrankheit fortdauert, dem kranken Ehegatten aber doch das bestehende eheliche Band zum Bewußtsein kommt, schließen die Scheidung nicht aus (P. II S. 5716, Bd. 4 S. 427 nicht genau K.B. S. 2046, St.B. S. 2947, 2956).

Die Entmündigung wegen Geisteskrankheit (§ 6) ist nicht als Voraussetzung der Scheidung aufgestellt; denn die Entmündigung ist an andere Bedingungen geknüpft wie die Scheidung. Liegt mithin eine Entmündigung wegen Geisteskrankheit vor, so wird der Richter im Scheidungsprozesse wohl das Bestehen einer Geisteskrankheit annehmen dürfen; er hat aber stets noch zu prüfen, ob die unter a—c bezeichneten besonderen Merkmale vorliegen. Nicht erforderlich ist ferner die vorgängige Beobachtung in einer Irrenanstalt. Der Richter hat das Vorhandensein der qualifizirten Geisteskrankheit nach freiem Ermessen zu würdigen, es ist ihm im § 623 der C.P.O. nur zur Pflicht gemacht, einen oder mehrere Sachverständige über den Geisteszustand des beklagten Ehegatten zu hören.

4. Wenn das B.G.B. auch die Scheidung wegen Geisteskrankheit zuläßt, so hat es doch dafür Sorge getragen, daß dem geisteskranken Ehegatten die materiellen Existenzbedingungen in derselben Weise gewahrt bleiben, wie wenn die Ehe nicht geschieden wäre. Es ist ihm deshalb der gleiche Unterhaltsanspruch eingeräumt, wie wenn der andere Ehegatte an der Scheidung allein Schuld wäre (§ 1583). Auch in Ansehung der Auseinandersetzung der allg. G.G. und der Fahrnißg. wird der klagende Ehegatte wie ein allein für schuldig erklärter behandelt (§ 1478 Abs. 3, § 1549).

## §. 1571.

Die Scheidungsklage muß in den Fällen der §§. 1565 bis 1568 binnen sechs Monaten von dem Zeitpunkt an erhoben werden, in dem der Ehegatte von dem Scheidungsgrunde Kenntniß erlangt. Die Klage ist ausgeschlossen, wenn seit dem Eintritte des Scheidungsgrundes zehn Jahre verstrichen sind.

Die Frist läuft nicht, solange die häusliche Gemeinschaft der Ehegatten aufgehoben ist. Wird der zur Klage berechtigte Ehegatte von dem anderen Ehegatten aufgefordert, entweder die häusliche Gemeinschaft herzustellen oder die Klage zu erheben, so läuft die Frist von dem Empfange der Aufforderung an.

Der Erhebung der Klage steht die Ladung zum Sühnetermine gleich. Die Ladung verliert ihre Wirkung, wenn der zur Klage berechtigte Ehegatte im Sühnetermine nicht erscheint oder wenn drei Monate nach der Beendigung des Sühneverfahrens verstrichen sind und nicht vorher die Klage erhoben worden ist.

Auf den Lauf der sechsmonatigen und der dreimonatigen Frist finden die für die Verjährung geltenden Vorschriften der §§. 203, 206 entsprechende Anwendung.

---

### § 1570.

**E. I § 1446 Satz 1; II § 1465 rev. § 1555; III § 1553. P. I S. 7284—7289, 7306, 7320, 7334; M. IV S. 602—604. P. II S. 5718 (Bd. 4 S. 429).**

**1.** In den Fällen, in welchen ein auf dem Verschulden eines Ehegatten beruhender Scheidungsgrund in Frage steht (§§ 1565—1568), erlischt das Scheidungsrecht durch Verzeihung (vergl. §§ 532, 2337, 2343). Die Verzeihung ist kein Rechtsgeschäft (s. Vorbm. X zum 3. Abschnitte des 1. Buches, Bd. I S. 149), sondern ein sittlicher Akt. Auch ein Geschäftsunfähiger, insbesondere ein wegen Geisteskrankheit Entmündigter kann daher, obwohl nur sein gesetzlicher Vertreter zur Anstellung der Scheidungsklage berechtigt ist (C.P.O. § 612), wirksam verzeihen, wenn er eines solchen sittlichen Aktes fähig ist. Beschränkung der Geschäftsfähigkeit schließt die Möglichkeit der Verzeihung niemals aus. Es kommt nur darauf an, daß der Ehegatte von der das Scheidungsrecht begründenden Thatsache Kenntniß hat und durch seine Handlung zum Ausdrucke bringen will, daß er die Ehe nicht oder nicht mehr als durch das Verhalten des anderen Theiles zerrüttet ansieht. Dagegen ist zur Wirksamkeit der Verzeihung nicht erforderlich, daß der Ehegatte die Eigenschaft der fraglichen Thatsache als eines Scheidungsgrundes kennt oder daß er durch die Verzeihung die Erlöschung seines Scheidungsrechts herbeiführen will. Hiernach hängt die Beantwortung der Frage, ob in einer Handlung eine ausdrückliche oder stillschweigende Verzeihung gefunden werden kann, von den Umständen des einzelnen Falles ab. Thatfrage ist insbesondere, inwieweit in der Vollziehung des Beischlafs trotz Kenntniß der das Scheidungsrecht begründenden Thatsache eine Verzeihung liegt. Die Verzeihung ist auch nach der Erhebung der Scheidungsklage und zwar in jeder Lage des Rechtsstreits möglich, solange nach den Grundsätzen der C.P.O. Thatsachen noch geltend gemacht werden können. Dem anderen Ehegatten gegenüber braucht die Verzeihung nicht erklärt zu werden.

**2.** Die Motive lassen die Frage offen, ob auf das Scheidungsrecht rechtsgeschäftlich verzichtet werden kann. Daß ein Verzicht, ehe eine das Scheidungsrecht begründende Thatsache eingetreten ist, mit dem Wesen der Ehe im Widerspruche steht und deshalb nichtig ist, versteht sich von selbst. Die Frage aber, ob auf das schon entstandene Scheidungsrecht verzichtet werden kann, hat nur Bedeutung für die wenigen Fälle, in denen in dem Verzichte nicht gleichzeitig eine Verzeihung liegt. Sie wird zu bejahen sein.

### § 1571.

**E. I § 1447 Abs. 1—4; II § 1466 rev. § 1556; III § 1554. P. I S. 7284—7291, 7321; M. IV S. 604—606. P. II S. 5719—5734, 8652 (Bd. 4 S. 429—436). D. S 701. R.B. S. 2047. St.B. S. 2967.**

**1.** Um die Frage des Fortbestandes der Ehe bald zur Entscheidung zu bringen, stellt der Abs. 1 eine Ausschlußfrist auf. Die Frist beträgt sechs Monate und beginnt mit dem Zeitpunkt, in welchem der Ehegatte oder, wenn der Ehegatte geschäftsunfähig ist, sein gesetzlicher Vertreter (C.P.O. § 612, s. oben S. 314) von dem Scheidungsgrunde Kenntniß erhält. Daneben ist eine unabhängig von der Kenntniß des Ehegatten oder seines Vertreters laufende Ausschlußfrist von zehn Jahren bestimmt. Diese beginnt mit dem Eintritte des Scheidungsgrundes. Bei der böslichen Verlassung wird man den Scheidungsgrund erst dann als eingetreten ansehen dürfen, wenn die Voraussetzungen vorliegen, unter denen nach § 1567 Abs. 2 böswillige Verlassung gegeben ist; die Entfernung des Ehegatten für sich allein genügt also noch nicht. Ueber Erhebung der Klage s. C.P.O. § 253.

2. Nach Abs. 2 laufen die im Abs. 1 bestimmten Fristen — und zwar nach den Beschlüssen der Reichstagskommission auch die zehnjährige Frist — nicht, solange die häusliche Gemeinschaft der Ehegatten aufgehoben ist; der schuldige Ehegatte kann aber den unschuldigen auffordern, entweder die Gemeinschaft herzustellen oder die Klage zu erheben. Von dem Empfange der Aufforderung an laufen die im Abs. 1 bestimmten Fristen. Ist der unschuldige Ehegatte geschäftsunfähig, so muß die Aufforderung an den gesetzlichen Vertreter gerichtet werden. Aus welchem Grunde die häusliche Gemeinschaft aufgehoben ist, kommt nicht in Betracht. Die Vorschriften des Abs. 2 verfolgen in Verbindung mit der Vorschrift des § 1353 Abs. 2 Satz 2 insbesondere den Zweck, dem unschuldigen Ehegatten die Möglichkeit zu geben, daß er dem schuldigen Ehegatten Zeit zur Besserung gewährt oder daß er sich mit einer thatsächlichen Aufhebung der Gemeinschaft begnügt, ohne den Verlust des Scheidungsrechts befürchten zu müssen (s. Erl. 3 zu § 1353). Der schuldige Ehegatte andererseits ist durch die Befugniß der Aufforderung zur Herstellung der Gemeinschaft oder zur Erhebung der Scheidungsklage davor geschützt, daß er nicht wider seinen Willen an einem Ehebande festgehalten wird, ohne daß er den materiellen Gehalt der Ehe hat.

3. Der Abs. 3 Satz 1 ersetzt den bisherigen § 571 Abs. 2 der C.P.O. Ueber den Sühnetermin s. C.P.O. §§ 609—611 (Vorbm. III 2a oben S. 315). Die Frist wird nicht schon durch die Einreichung des Gesuchs um Anberaumung des Sühnetermins, sondern durch die Zustellung der Ladung unterbrochen.

Der Abs. 3 Satz 2 will verhüten, daß der Kläger die Vorschrift des Satz 1 mißbraucht und die Erhebung der Scheidungsklage auf beliebige Zeit verzögert.

Die Vorschriften über die Unterbrechung der Verjährung finden auf die Ausschlußfristen des § 1571 keine Anwendung. Dies gilt insbesondere auch von den Vorschriften des § 212. Es entsteht daher die Frage, wie das Verhältniß zu beurtheilen ist, wenn die Scheidungsklage innerhalb der Frist erhoben ist aber nachher zurückgenommen oder durch ein nicht in der Sache selbst entscheidendes Urtheil abgewiesen wird. Die Frage wird dahin zu beantworten sein, daß die Erhebung der zurückgenommenen oder abgewiesenen Scheidungsklage in Fällen dieser Art auf den Lauf der Frist ohne Einfluß ist. Der Gedanke, welcher der Bestimmung der Ausschlußfristen zu Grunde liegt, besteht darin, daß die Scheidung auf Grund einer Klage, welche erst nach dem Ablaufe der Frist erhoben ist, nicht mehr erfolgen soll. In Ermangelung einer Vorschrift, durch welche eine Unterbrechung der Frist durch Erhebung der Klage vorgeschrieben wird, muß daher die Klage, auf Grund deren die Scheidung erfolgen soll, innerhalb der bestimmten Fristen erhoben sein. Für den Fall der Zurücknahme der Klage wird dieses Ergebniß durch die Vorschrift des § 271 Abs. 3 der C.P.O., nach welcher im Falle der Zurücknahme der Klage die Rechtshängigkeit als nicht eingetreten angesehen wird, bestätigt.

4. Obgleich im § 1571 eine Ausschlußfrist, nicht eine Verjährung aufgestellt ist, läßt der Abs. 4 bezüglich der im Abs. 1 Satz 1 und im Abs. 3 Satz 2 erwähnten Fristen von 6 und 3 Monaten (nicht auch bezüglich der zehnjährigen Frist des Abs. 1 Satz 2) die für die Verjährung geltenden §§ 203, 206 Anwendung finden. Die entsprechende Anwendung führt zu folgendem Ergebnisse. Die Zeit, während deren der scheidungsberechtigte Ehegatte oder, wenn er geschäftsunfähig ist, sein gesetzlicher Vertreter durch Stillstand der Rechtspflege oder sonstige höhere Gewalt an der Erhebung der Scheidungsklage verhindert ist (§ 203), wird, in die bezeichneten Fristen gemäß § 205 nicht eingerechnet. Ist der scheidungsberechtigte Ehegatte geschäftsunfähig und ohne gesetzlichen Vertreter, so beginnen die Fristen erst mit dem Zeitpunkt, in dem der Mangel der Vertretung aufhört oder der Ehegatte wenigstens die beschränkte Geschäftsfähigkeit erlangt, mag er auch noch ohne Vertreter sein. Der im § 206 weiter geregelte Fall, daß ein nur beschränkt Geschäftsunfähiger ohne Vertreter ist, entfällt hier, da der beschränkt geschäftsfähige Ehegatte die Scheidungsklage nach § 612 C.P.O. erheben kann.

Eine dem für die Versäumung der Frist zur Anfechtung der Ehe geltenden § 1340 entsprechende Vorschrift fehlt für die Scheidung der Ehe.

5. Ueber die Berechnung der im § 1571 bestimmten Fristen s. § 187 Abs. 1, § 188 Abs. 2, 3.

6. In Betreff der Beweislast gelten dieselben Grundsätze wie in den Fällen der §§ 121, 124 (s. Erl. zu § 121 Nr. 4 und § 124 Nr. 1, 2). Dabei sind indessen die für das Verfahren in Ehesachen geltenden besonderen Vorschriften der §§ 617, 622 der C.P.O. zu beachten. Die Versäumung der Fristen des § 1571 ist von Amtswegen zu berücksichtigen.

§. 1572.

Ein Scheidungsgrund kann, auch wenn die für seine Geltendmachung im §. 1571 bestimmte Frist verstrichen ist, im Laufe des Rechtssteits geltend gemacht werden, sofern die Frist zur Zeit der Erhebung der Klage noch nicht verstrichen war.

§. 1573.

Thatsachen, auf die eine Scheidungsklage nicht mehr gegründet werden kann, dürfen zur Unterstützung einer auf andere Thatsachen gegründeten Scheidungsklage geltend gemacht werden.

§. 1574.

Wird die Ehe aus einem der in den §§. 1565 bis 1568 bestimmten Gründe geschieden, so ist in dem Urtheil auszusprechen, daß der Beklagte die Schuld an der Scheidung trägt.

Hat der Beklagte Widerklage erhoben und wird auch diese für begründet erkannt, so sind beide Ehegatten für schuldig zu erklären.

Ohne Erhebung einer Widerklage ist auf Antrag des Beklagten auch der Kläger für schuldig zu erklären, wenn Thatsachen vorliegen, wegen deren der Beklagte auf Scheidung klagen könnte oder, falls sein Recht auf Scheidung durch Verzeihung oder durch Zeitablauf ausgeschlossen ist, zur Zeit des Eintritts des von dem Kläger geltend gemachten Scheidungsgrundes berechtigt war, auf Scheidung zu klagen.

---

**§ 1572.**

**E. I § 1447 Abs. 5; II § 1467 rev. § 1557; III § 1555. P. I S. 7284—7291; M. IV S. 606. P. II S. 5734 (Bd. 4 S. 436).**

1. Der Vorschrift des § 1572 liegt der Gedanke zu Grunde, daß durch die Scheidungsklage das eheliche Verhältniß in seiner Totalität zum Gegenstande des Prozesses gemacht wird. Ist deshalb die Scheidungsklage rechtzeitig (§ 1571) erhoben, so sollen auch andere als die in der Klage vorgebrachten Scheidungsgründe in dem anhängigen Rechtsstreite geltend gemacht werden können, selbst wenn für sie die Frist zur Geltendmachung in dem Augenblicke, wo sie geltend gemacht werden, schon verstrichen ist, wenn die Frist für sie nur zur Zeit der Erhebung der Klage noch nicht verstrichen war. Ueber die Erhebung der Klage s. C.P.O. § 253. Der Erhebung der Klage wird die Ladung zum Sühnetermine gleichstehen; der E. I hatte dies ausdrücklich ausgesprochen, von der zweiten Kommission wurde eine sachliche Aenderung nicht beabsichtigt.

2. Ist zur Zeit der Erhebung der Widerklage (C.P.O. § 281) die Frist für die Geltendmachung des der Widerklage zu Grunde liegenden Scheidungsgrundes schon verstrichen, so kann der Scheidungsgrund nur zur Herbeiführung des Ausspruchs benutzt werden, daß auch der Kläger die Schuld an der Scheidung trägt (§ 1574 Abs. 3); er hat also nur für den Fall Bedeutung, daß der Klage stattgegeben wird.

**§ 1573.**

**E. I § 1448; II § 1468 rev. § 1558; III § 1556. P I S. 7293, 7321; M. IV S. 606. P. II S. 5734 (Bd. 4 S. 436).**

Der § 1573 umfaßt sowohl die Fälle, in denen das Scheidungsrecht wegen Verzeihung oder Zeitablauf (§§ 1570, 1571), als die Fälle, in welchen es nach § 616 der C.P.O. (s. Vorbm. III 3 oben S. 47) ausgeschlossen ist.

**§ 1574.**

**E. I § 1449; II § 1469 rev. § 1559; III § 1557. P. I S. 7336—7338, 7408—7410, 8729; M. IV S. 606—609. P. II S. 5734 (Bd. 4 S. 436). D. S. 701.**

1. Die Frage, welcher Ehegatte die Schuld an der Scheidung trägt, ist in mehrfacher Beziehung von rechtlicher Bedeutung (§§ 1478, 1549, 1577 Abs. 2, 3, 1578, 1579, 1584, 1635).

§. 1575.

Der Ehegatte, der auf Scheidung zu klagen berechtigt ist, kann statt auf Scheidung auf Aufhebung der ehelichen Gemeinschaft klagen. Beantragt der andere Ehegatte, daß die Ehe, falls die Klage begründet ist, geschieden wird, so ist auf Scheidung zu erkennen.

Für die Klage auf Aufhebung der ehelichen Gemeinschaft gelten die Vorschriften der §§. 1573, 1574.

---

Der Abs. 1 bestimmt deshalb, daß, wenn die Ehe aus einem auf dem Verschulden eines Ehegatten beruhenden Grunde (§§ 1565—1568) geschieden wird, das Scheidungsurtheil aussprechen muß, daß der Beklagte die Schuld an der Scheidung trägt. Wird die Ehe wegen Ehebruchs geschieden, so ist, wenn sich aus den Verhandlungen ergiebt, mit welcher Person der Ehebruch begangen worden ist, diese Person in dem Urtheile festzustellen (§ 624 C.P.O.). Diese Feststellung kann auch in der Urtheilsbegründung erfolgen (s. Erl. 1 b zu § 1312). Der Schuldausspruch dagegen muß im Urtheilstenor geschehen.

2. Der Abs. 2 trifft die gleiche Vorschrift für die Widerklage. Das B.G.B. hat also nicht das dem preußischen L.R. zu Grunde liegende Abwägungssystem angenommen, sondern, wenn sowohl der Klage als der Widerklage stattgegeben wird, sind beide Theile für schuldig zu erklären. Wird nur die Widerklage für begründet erkannt, die Klage aber abgewiesen, so wird der Widerbeklagte für schuldig erklärt.

3. Um den Beklagten, welcher seinerseits die Scheidung ebenfalls zu verlangen berechtigt ist, nicht vor die Wahl zu stellen, entweder die Widerklage zu erheben oder die Nachtheile auf sich zu nehmen, welche den allein für schuldig erklärten Ehegatten treffen, bestimmt der Abs. 3, daß der Ausspruch, beide Ehegatten seien schuldig, auf Antrag des Beklagten auch ohne Erhebung einer Widerklage zu erfolgen hat, wenn der Beklagte auf Scheidung klagen könnte. Diesem Falle ist der Fall gleichgestellt, daß das Recht des Beklagten, auf Scheidung zu klagen, durch Verzeihung (§ 1570) oder Zeitablauf (§ 1571) ausgeschlossen, der Verlust des Scheidungsrechts aber erst nach der Entstehung des vom Kläger geltend gemachten Scheidungsgrundes entstanden ist. Dagegen kann der Schuldausspruch nicht verlangt werden, wenn der Beklagte die der Klage zu Grunde liegende Handlung begangen hat, nachdem er einen ihm zustehenden Scheidungsgrund verziehen oder die Frist zu dessen Geltendmachung versäumt hat. Der Schuldausspruch kann ferner auch dann nicht verlangt werden, wenn das Recht des Beklagten nach § 616 der C.P.O. (s. oben S. 47, 315) ausgeschlossen ist, weil die es begründenden Thatsachen in einem früheren Rechtsstreite hätten geltend gemacht werden können.

4. Stirbt einer der Ehegatten im Laufe des Rechtsstreits über die Scheidungsklage vor der Rechtskraft des Urtheils, so ist der Rechtsstreit in Ansehung der Hauptsache als erledigt anzusehen (§ 628 C.P.O., s. oben S. 315). Ueber die Schuldfrage kann der Rechtsstreit nicht weiter geführt werden. Es kann mithin weder der Erbe des schuldigen Theiles in Ansehung der Unterhaltspflicht (§ 1582) belangt werden, noch kann verlangt werden, daß der Auseinandersetzung der allg. G.G. oder der Fahrnißg. der § 1478 zu Grunde gelegt wird.

**§ 1575.**

**K.B. S. 2047—2049. St.B. S. 3090.**

1. Der von der Reichstagskommission eingestellte § 1575 giebt einem Ehegatten die Befugniß, auf Aufhebung der ehelichen Gemeinschaft statt auf Scheidung zu klagen. Ueber die Aufhebung der ehelichen Gemeinschaft s. Vorbm. IV zu diesem Titel.

2. Auf Aufhebung der ehelichen Gemeinschaft kann der Ehegatte klagen, welcher auf Scheidung zu klagen berechtigt ist. Darin liegt ein Doppeltes:

a) Die Gründe und zwar nur die Gründe, welche zur Scheidung berechtigen, berechtigen auch zur Klage auf Aufhebung der ehelichen Gemeinschaft. Diese kann also nur aus den in den §§ 1565—1569 enthaltenen Gründen verlangt werden. Praktisch kommt freilich der im § 1569 zugelassene Grund der Geisteskrankheit für die Klage auf Aufhebung der Gemeinschaft nicht in Betracht; denn die Auflösung der Ehe wegen Geisteskrankheit wird regelmäßig zu dem Zwecke erstrebt, um eine neue Ehe eingehen zu können; gerade diese Wirkung ist aber der Aufhebung der Gemeinschaft nach § 1586 versagt.

b) Wenn das Scheidungsrecht wegen Verzeihung (§ 1570) oder durch Zeitablauf (§ 1571) ausgeschlossen ist, kann auch die Klage auf Aufhebung der Gemeinschaft nicht mehr gestellt werden. Dagegen kann ein Scheidungsgrund, für dessen Geltendmachung die im § 1571 bestimmte

§. 1576.

Ist auf Aufhebung der ehelichen Gemeinschaft erkannt, so kann jeder der Ehegatten auf Grund des Urtheils die Scheidung beantragen, es sei denn, daß nach der Erlassung des Urtheils die eheliche Gemeinschaft wiederhergestellt worden ist.

Die Vorschriften der §§. 1570 bis 1574 finden keine Anwendung; wird die Ehe geschieden, so ist der für schuldig erklärte Ehegatte auch im Scheidungsurtheile für schuldig zu erklären.

---

Frist zur Zeit der Geltendmachung verstrichen ist, als Grund zur Aufhebung der Gemeinschaft in einem wegen eines anderen Grundes anhängigen Verfahren dann geltend gemacht werden, wenn zur Zeit der Anhängigmachung dieses Verfahrens die Frist noch nicht verstrichen war (§ 1572). Ein nach § 616 der C.P.O. ausgeschlossener Scheidungsgrund (s. Vorbm. III 3 zu diesem Titel) kann auch nicht als Aufhebungsgrund benutzt werden.

**3.** Der Abs. 1 Satz 2 bewirkt, daß die Aufhebung der Gemeinschaft nur mit Zustimmung des beklagten Ehegatten ausgesprochen wird. Es soll verhütet werden, daß ein Ehegatte gegen seinen Willen an einem Ehebande festgehalten wird, dem der materielle Gehalt der Ehe fehlt und das ihn nur an der Wiederverheirathung hindert. Deshalb ist dem beklagten Ehegatten das Recht gegeben, zu beantragen, daß die Ehe, falls die Klage begründet ist, geschieden wird. Es genügt ein einfacher Antrag, die Erhebung einer Widerklage ist nicht erforderlich. Der Antrag kann in jeder Lage des Verfahrens, in welcher nach den Vorschriften der C.P.O. noch materielle Anträge zulässig sind, daher wohl nicht in der Revisionsinstanz, gestellt werden. Dem Antrage muß im Falle des Obsiegens des Klägers stattgegeben werden.

**4.** Auf Aufhebung der Gemeinschaft kann auch im Wege einer Widerklage geklagt werden. Wie sich aus Abs. 1 Satz 2 ergiebt, kann die Aufhebung solchen Falles nur ausgesprochen werden, falls die Klage unbegründet ist. Der Kläger hat gegenüber der Widerklage seinerseits das im Abs. 1 Satz 2 bezeichnete Recht, d. h. er kann beantragen, daß, wenn seine Klage zurückgewiesen, der Widerklage aber stattgegeben wird, die Ehe geschieden wird.

**5.** Nach Abs. 2 sind für die Klage auf Aufhebung der Gemeinschaft der von der Benutzung eines ausgeschlossenen Scheidungsgrundes handelnde § 1573 und der die Entscheidung über die Schuldfrage regelnde § 1574 anwendbar

**6.** Der Ehegatte, welcher auf Scheidung zu klagen berechtigt ist, hat zwischen der Aufhebung und der Scheidung auch insofern die Wahl, als er, wenn er zunächst auf Scheidung geklagt hat, in die Klage auf Aufhebung der Gemeinschaft übergehen kann. Selbstverständlich ist ihm dies nur mit Zustimmung des Beklagten möglich, d. h. dieser kann auch hier verlangen, daß, falls die Klage begründet ist, auf Scheidung erkannt wird.

**7.** Die Aufhebung der ehelichen Gemeinschaft erfolgt wie die Scheidung (§ 1564 Satz 2) nur durch Urtheil. Die mit dem Aufhebungsurtheile verbundenen Wirkungen (§ 1586) treten wie bei der Scheidung (§ 1564 Satz 3) mit der Rechtskraft des Aufhebungsurtheils ein; die in der Erl. 3 zu § 1564 genannten Ausnahmen gelten auch für die Aufhebungsklage.

**§ 1576.**

**K.B. S. 2047—2049. St.B. S. 3090.**

**1.** Der § 1576 beruht auf dem gleichen Gedanken wie der § 1575 Abs. 1 Satz 2. Es soll nicht nur die Aufhebung der ehelichen Gemeinschaft nicht gegen den Willen eines Ehegatten ausgesprochen werden, sondern sie soll auch nur so lange dauern, als beide Ehegatten hiermit einverstanden sind. Aus diesem Grunde giebt der Abs. 1 jedem Ehegatten, dieser mag Kläger oder Beklagter gewesen sein, für schuldig erklärt worden sein oder nicht, das Recht, die Umwandelung des Aufhebungsurtheils in ein Scheidungsurtheil zu verlangen. Die Umwandelung kann jederzeit verlangt werden, es braucht nicht eine gewisse Zeit seit der Erlassung des Aufhebungsurtheils verstrichen zu sein. Das Verlangen muß im Wege der Klage gestellt werden. Die Klage wird als eine gewöhnliche Scheidungsklage behandelt (s. Vorbm. IV. zu diesem Titel u. A. Davidson, in Zeitschr. f. Civilprozeß 26 S. 79). Die verlangte Umwandelung muß ohne Weiteres ausgesprochen werden.

**2.** Die Umwandelung kann dann nicht gefordert werden, wenn die eheliche Gemeinschaft nach der Erlassung des auf Aufhebung der Gemeinschaft erkennenden Urtheils wiederhergestellt worden ist. Ueber die Wiederherstellung der Gemeinschaft s. Erl. zu § 1587. Die Wiederherstellung ist von demjenigen Ehegatten zu beweisen, welcher sich auf sie beruft. Ob die Wiederherstellung vor oder nach der Erhebung der die Umwandelung beantragenden Klage stattgefunden

§. 1577.

Die geschiedene Frau behält den Familiennamen des Mannes.

Die Frau kann ihren Familiennamen wiederannehmen. War sie vor der Eingehung der geschiedenen Ehe verheirathet, so kann sie auch den Namen wiederannehmen, den sie zur Zeit der Eingehung dieser Ehe hatte, es sei denn, daß sie allein für schuldig erklärt ist. Die Wiederannahme des Namens erfolgt durch Erklärung gegenüber der zuständigen Behörde; die Erklärung ist in öffentlich beglaubigter Form abzugeben.

Ist die Frau allein für schuldig erklärt, so kann der Mann ihr die Führung seines Namens untersagen. Die Untersagung erfolgt durch Erklärung gegenüber der zuständigen Behörde; die Erklärung ist in öffentlich beglaubigter Form abzugeben. Die Behörde soll der Frau die Erklärung mittheilen. Mit dem Verluste des Namens des Mannes erhält die Frau ihren Familiennamen wieder.

---

hat, ist gleichgültig. Hat eine Wiederherstellung stattgefunden, so kann die Scheidung nur auf Grund neuer Thatsachen verlangt werden.

3. Nach Abs. 2 finden die Vorschriften der §§ 1570—1574 keine Anwendung. Daraus, daß der § 1570 ausgeschlossen ist, folgt, daß der Ehegatte, welcher das Aufhebungsurtheil erwirkt hat, es nicht in der Hand hat, einseitig durch Verzeihung die Ehe wiederherzustellen; dies kann er durch die Verzeihung auch gegen den Willen des anderen Theiles zwar vor der Erlassung des Aufhebungsurtheils, nach diesem Zeitpunkt aber kann er durch eine einseitige Verzeihung das Recht des anderen Theiles, die Umwandelung des Aufhebungsurtheils in ein Scheidungsurtheil zu verlangen, nicht mehr beseitigen. Aus dem Ausschlusse des § 1571 ergiebt sich, daß das Recht, die Umwandelung zu verlangen, durch Zeitablauf nicht verloren geht, also beliebige Zeit nach der Erlassung des Aufhebungsurtheils geltend gemacht werden kann. Da das bezeichnete Recht kein Anspruch im Sinne des § 194 ist, so geht es auch durch Verjährung nicht unter. Selbstverständliche Folge des Ausschlusses des § 1571 ist der Ausschluß der mit diesem zusammenhängenden §§ 1572, 1573. Daraus, daß § 1574 keine Anwendung findet, folgt, daß die Schuldfrage keiner neuen Prüfung unterliegt, es kann also insbesondere auch nicht nachträglich eine Widerklage dahin erhoben werden, daß auch der andere Theil für schuldig erklärt wird, vielmehr ist, wie § 1576 ausdrücklich vorschreibt, der im Aufhebungsurtheile für schuldig erklärte Ehegatte bezw. wenn beide Ehegatten für schuldig erklärt sind, beide Ehegatten auch im Scheidungsurtheile für schuldig zu erklären.

**§ 1577.**

**E. I § 1455; II § 1478 rev. § 1560; III § 1558. P. I S. 7369—7372; M. IV S 620, 621. P. II S. 5750—5758, 6887—6889, 8656 (Bd. 4 S. 444—448, Bd. 5 S. 163, 164).**

Literatur: Opet, das Namensrecht des B.G.B., Archiv f. d. civ. Praxis Bd. 87 S. 313.

1. Grundsatz ist, daß die Frau auch nach der Scheidung der Ehe den durch die Eheschließung nach § 1355 erworbenen Namen des Mannes führt (Abs. 1). Von dieser Regel sind in der zweiten Kommission Ausnahmen nach einer doppelten Richtung zugelassen:

Der Abs. 2 giebt der Frau das Recht, ihren Familiennamen (Mädchennamen) oder, wenn sie vor der Eingehung der geschiedenen Ehe verheirathet war, den Namen den sie zur Zeit der Eingehung dieser Ehe hatte, wieder anzunehmen. Das Recht, den Mädchennamen wieder anzunehmen, hat sie, ohne Rücksicht darauf ob sie für schuldig erklärt worden ist oder nicht (§ 1574); den Namen, den sie in Folge ihrer vor der Eingehung der geschiedenen Ehe erfolgten Verheirathung geführt hat, darf sie dagegen nur annehmen, wenn der Mann allein oder wenn beide Theile für schuldig erklärt worden sind.

Der Abs. 3 giebt dem Manne für den Fall, daß die Frau allein für schuldig erklärt worden ist, das Recht, ihr die Fortführung seines Namens zu untersagen. Ist die Frau nicht oder nicht allein für schuldig erklärt worden, so hat der Mann das Untersagungsrecht auch dann nicht, wenn die Frau einen unsittlichen Lebenswandel führt. Macht der Mann von seinem Rechte Gebrauch, so verliert die Frau von selbst seinen Namen und erlangt von selbst ihren Mädchennamen (nicht, wenn sie vor der Eingehung der geschiedenen Ehe verheirathet war, den Namen, den sie zur Zeit der Eingehung dieser Ehe hatte) wieder. Sich seines Namens mit dem Zusatze: „geschiedene . .“ zu bedienen, kann der Mann der Frau nicht verbieten.

2. Die Wiederannahme des früheren Namens durch die Frau (Abs. 2) sowie die Untersagung der Fortführung des Namens durch den Mann (Abs. 3) erfolgt durch Erklärung gegen-

## §. 1578.

Der allein für schuldig erklärte Mann hat der geschiedenen Frau den standesmäßigen Unterhalt insoweit zu gewähren, als sie ihn nicht aus den Einkünften ihres Vermögens und, sofern nach den Verhältnissen, in denen die Ehegatten gelebt haben, Erwerb durch Arbeit der Frau üblich ist, aus dem Ertrag ihrer Arbeit bestreiten kann.

Die allein für schuldig erklärte Frau hat dem geschiedenen Manne den standesmäßigen Unterhalt insoweit zu gewähren, als er außer Stande ist, sich selbst zu unterhalten.

---

über der zuständigen Behörde; die Erklärung muß öffentlich beglaubigt sein. Hinsichtlich der öffentlichen Beglaubigung s. § 129 und freiw. G.G. § 167 Abs. 2, §§ 183, 191. Erfolgt die Erklärung vor der Behörde, so genügt die Protokollirung der Erklärung. Welche Behörde zuständig ist, bestimmt sich nach Landesrecht. Reichsgesetzlich (Abs. 3 Satz 2) vorgeschrieben ist, daß die Untersagungserklärung des Mannes der Frau mitzutheilen ist; die Unterlassung der Mittheilung hat auf die Rechtswirksamkeit der Untersagung keinen Einfluß. Ob die Wiederannahme des Namens und die Untersagung der Fortführung des Namens in das Standesregister (vergl. §§ 26, 55 Personst.G.) eingetragen werden soll, richtet sich nach Landesrecht.

3. Eine Frist, innerhalb deren die Wiederannahme des Namens oder die Untersagung der Fortführung des Namens zu erklären ist, hat das B.G.B. nicht festgesetzt; da es sich um ein unverjährbares Recht (§ 194 Abs. 2) handelt, kann die Erklärung jeder Zeit erfolgen. Das Recht der Frau erschöpft sich in einmaligem Namenswechsel. Hat die Frau z. B. ihren Mädchennamen wieder angenommen, so kann sie also weder den Namen des Mannes noch, wenn sie vor der geschiedenen Ehe verheirathet war, den Namen, den sie zur Zeit der Eingehung dieser Ehe hatte, wieder annehmen. Ein Verzicht des Mannes auf sein Untersagungsrecht ist zulässig.

4. Da die Wiederannahme des Namens sowie die Untersagung der Fortführung des Namens durch die Erklärung gegenüber der Behörde erfolgt, so tritt der Namenserwerb in beiden Fällen mit dem Augenblick ein, in dem die Erklärung als wirksam erfolgt anzusehen ist. Diesen Zeitpunkt bestimmt der § 130 Abs. 3. Die Folge hiervon ist, daß die Frau, wenn ihr der Mann die Fortführung seines Namens untersagt, unter Umständen den Mädchennamen erlangt, ohne sofort hiervon Kenntniß zu haben.

5. Führt die Frau trotz rechtswirksamer Untersagung den Namen des Mannes fort, so kann dieser nach Maßgabe des § 12 auf Unterlassung klagen; im Uebrigen s. Erl. zu § 12.

6. Ueber den Stand der geschiedenen Frau schweigt das B.G.B. Die zu § 1355 Nr. 2 gemachten Bemerkungen treffen auch hier zu.

## § 1578.

**E. I § 1454 Abs. 1; II § 1472 rev. § 1561; III § 1559. P. I S. 7358—7368, 7548, 8730; M. IV S. 617—620. P. II S. 5901—5915 (Bd. 4 S. 515—530). D. S. 702.**

1 Das B.G.B. kennt keine Scheidungsstrafen (S. Vorbm. S. 314). Der unschuldige Ehegatte kann, wenn er von dem Rechte der Scheidung Gebrauch macht, nicht verlangen, daß ihm die Vortheile bleiben, welche er hätte, wenn die Ehe fortbestünde. Die Scheidung soll aber für den unschuldigen Ehegatten nicht die Folge haben, daß er des Unterhalts verlustig wird. Der schuldige Ehegatte verwirkt mit der Ehe auch den Anspruch auf den Unterhalt. Dementsprechend räumt das B.G.B. dem unschuldigen Ehegatten gegenüber dem schuldigen einen Unterhaltsanspruch nach Maßgabe der §§ 1578—1582 ein. Der Anspruch ist nicht vom Standpunkt einer Entschädigung aus gestaltet, sondern hat als Nachwirkung der Ehe den Charakter eines familienrechtlichen Unterhaltsanspruchs. Sind beide Ehegatten für schuldig erklärt (§ 1574 Abs. 2, 3), so hat keiner gegenüber dem anderen einen Unterhaltsanspruch. Wie ein für allein schuldig erklärter Ehegatte wird im Falle der Ehescheidung wegen Geisteskrankheit in Ansehung des Unterhalts des geisteskranken Ehegatten der Ehegatte behandelt, welcher die Scheidung erwirkt hat (§ 1583).

2. Voraussetzung des Unterhaltsanspruchs des geschiedenen Ehegatten ist — abgesehen davon, daß die Ehe aus dem alleinigen Verschulden des anderen Theiles geschieden sein muß, — Bedürftigkeit auf der Seite des berechtigten und Leistungsfähigkeit auf der Seite des verpflichteten Ehegatten. Die Frage der Bedürftigkeit ist im § 1578 und zwar verschieden für Mann und Frau, die Frage der Leistungsfähigkeit ist im § 1579 geregelt. Wie die Fassung der

§. 1579.

Soweit der allein für schuldig erklärte Ehegatte bei Berücksichtigung seiner sonstigen Verpflichtungen außer Stande ist, ohne Gefährdung seines standesmäßigen Unterhalts dem anderen Ehegatten Unterhalt zu gewähren, ist er berechtigt, von den zu seinem Unterhalte verfügbaren Einkünften zwei Drittheile oder, wenn diese zu seinem nothdürftigen Unterhalte nicht ausreichen, so viel zurückzubehalten, als zu dessen Bestreitung erforderlich ist. Hat er einem minderjährigen unverheiratheten Kinde oder in Folge seiner Wiederverheirathung dem neuen Ehegatten Unterhalt zu gewähren, so beschränkt sich seine Verpflichtung dem geschiedenen Ehegatten gegenüber auf dasjenige, was mit Rücksicht auf die Bedürfnisse sowie auf die Vermögens- und Erwerbsverhältnisse der Betheiligten der Billigkeit entspricht.

Der Mann ist der Frau gegenüber unter den Voraussetzungen des Abs. 1 von der Unterhaltspflicht ganz befreit, wenn die Frau den Unterhalt aus dem Stamme ihres Vermögens bestreiten kann.

---

§§ 1578, 1579 ergiebt, liegt der Beweis der Bedürftigkeit dem unterhaltsberechtigten Ehegatten ob. Daß der unterhaltspflichtige Ehegatte leistungsfähig ist, wird so lange angenommen, bis der pflichtige Ehegatte den Beweis der Leistungsunfähigkeit führt.

3. Die Bedürftigkeit der Frau ist, wenn der Mann unterhaltspflichtig ist (Abs. 1), regelmäßig schon dann gegeben, wenn die Frau außer Stande ist, ihren standesmäßigen Unterhalt aus den Einkünften ihres Vermögens und, sofern nach den Verhältnissen, in denen die Ehegatten gelebt hatten, Erwerb durch Arbeit der Frau üblich ist (§ 1356 Abs. 2), aus dem Ertrag ihrer Arbeit zu bestreiten. Die Bedürftigkeit des Mannes ist, wenn die Frau unterhaltspflichtig ist (Abs. 2), nur dann gegeben, wenn der Mann außer Stande ist, sich den standesmäßigen Unterhalt zu verschaffen. Die unterhaltsberechtigte Frau ist also regelmäßig (Ausnahme im § 1579 Abs. 2) nicht verpflichtet, den Stamm ihres Vermögens anzugreifen, und sie ist auch zum Erwerbe durch eigene Arbeit nur verpflichtet, soweit eigene Arbeitsthätigkeit den Verhältnissen entspricht, unter welchen sie während der Ehe gelebt hat. Der unterhaltsberechtigte Mann dagegen kann den Unterhalt nur beanspruchen, wenn er erwerbsunfähig ist und auch den Stamm seines Vermögens aufgebraucht hat. Das B.G.B. hält demnach auch für den Fall der Scheidung daran fest, daß die Unterhaltspflicht der Frau nur eine subsidiäre ist, die Unterhaltspflicht des Mannes dagegen, welche während der Ehe gänzlich unabhängig von einem Bedürfnisse der Frau ist, wird in Folge der Scheidung dahin abgeschwächt, daß sie nur unter den oben angegebenen Voraussetzungen besteht. Sie wird also ebenfalls zu einer subsidiären; aber es wird nicht vollständige Unfähigkeit der Frau, sich selbst zu unterhalten, sondern nur die Unfähigkeit, sich aus den Einkünften ihres Vermögens und dem Ertrag ihrer Arbeit zu unterhalten, erfordert (s. Erl. zu § 1360 Nr. 1, 2). Ob die Bedürftigkeit des Ehegatten schon bei der Scheidung vorhanden ist oder erst später eintritt, macht keinen Unterschied. Auf der anderen Seite bewirkt eine Veränderung in den Verhältnissen des Berechtigten, durch welche die Bedürftigkeit ganz oder theilweise später wegfällt, auch eine entsprechende Einschränkung oder den Wegfall des Unterhaltsanspruchs.

4. Das Maß des zu gewährenden Unterhalts ist im § 1578 dahin festgesetzt, daß der standesmäßige Unterhalt zu gewähren ist. Was hierunter zu verstehen ist, bestimmt der § 1580 durch Verweisung auf § 1610. Soweit der berechtigte Ehegatte nach der Erl. 3 bedürftig ist, hat der verpflichtete Ehegatte den fehlenden Betrag zu ergänzen.

**§ 1579.**

**E. I § 1454 Abs. 1, § 1483 Abs. 3; II § 1473, § 1504 Abs. 2 rev. § 1562; III § 1560. P. I S. 7358—7368; M. IV S. 618. P. II S. 5905—5919, 8653—8656 (Bd. 4 S. 523—525).**

Der § 1579 regelt die Frage, inwieweit die Unterhaltspflicht des geschiedenen Ehegatten von dessen Leistungsfähigkeit bedingt ist.

1. Während nach § 1603 unterhaltspflichtig nicht ist, wer bei Berücksichtigung seiner sonstigen Verpflichtungen außer Stande ist, ohne Gefährdung seines standesmäßigen Unterhalts den Unterhalt zu gewähren, ist die Unterhaltspflicht des geschiedenen Ehegatten nicht davon abhängig, daß er sie ohne Beeinträchtigung des eigenen standesmäßigen Unterhalts zu erfüllen vermag. Der unterhaltspflichtige geschiedene Ehegatte muß vielmehr dem anderen Ehegatten eine Beihülfe zum Unterhalt auch dann gewähren, wenn er dadurch an seinem eigenen standesmäßigen Unterhalt einen gewissen Abbruch erleidet. Die Begrenzung der Leistungspflicht ist im

Abs. 1 in der Weise erfolgt, daß der pflichtige Ehegatte von den zu seinem und des geschiedenen Ehegatten Unterhalte verfügbaren Einkünften nicht mehr als ein Drittel abzugeben hat. Nur wenn er nicht einmal den eigenen nothdürftigen Unterhalt in Folge der Unterhaltsleistung an den geschiedenen Ehegatten decken könnte, entfällt seine Unterhaltspflicht ganz bezw. sie beschränkt sich auf denjenigen Betrag, welcher nach Bestreitung des eigenen nothdürftigen Unterhalts übrig bleibt. Beispiel: Die Einkünfte des allein für schuldig erklärten Mannes betragen 3000; zum standesmäßigen Unterhalte braucht der Mann 2500, die Frau 1500; die Frau kann durch eigene Arbeit von ihrem Unterhalte 800 decken. Der Mann hat also der Frau 700 zu geben und darf dann 2300 zurückbehalten (arg. „soweit" im Eingange des Abs. 1 Satz 1). Betrügen die Einkünfte des Mannes nur 1800 und wären diese zu seinem standesmäßigen Unterhalt erforderlich, so könnte er trotzdem nur zwei Drittheile davon, also 1200 zurückbehalten und müßte der Frau daher 600 abgeben. Wären aber zu seinem nothdürftigen Unterhalte 1300 erforderlich, so könnte er diesen Betrag zurückbehalten und brauchte der Frau daher nur 500 abzugeben.

Als Einkünfte kommen nicht nur die Einkünfte des Vermögens, sondern auch der Ertrag der Arbeit des unterhaltspflichtigen Ehegatten in Betracht.

Nach dem Wortlaute des § 1579 ist es nicht unzweifelhaft, ob die Voraussetzung des Abs. 1 Satz 1 auch dann gegeben ist, wenn der pflichtige Ehegatte den Unterhalt des anderen Ehegatten ohne Gefährdung seines eigenen standesmäßigen Unterhalts zwar aus dem Stamme, nicht aber aus den Einkünften des Vermögens und dem Ertrage der Arbeit zu leisten vermag. In der zweiten Kommission (von welcher der jetzige § 1579 beschlossen worden ist, während nach dem E. I der Unterhaltsanspruch des geschiedenen Ehegatten ausgeschlossen sein sollte, wenn der schuldige Ehegatte außer Stande ist, den Unterhalt ohne Beeinträchtigung des eigenen standesmäßigen Unterhalts zu gewähren) war beantragt, im Abs. 1 Satz 1 nicht von „den zum Unterhalte verfügbaren Einkünften", sondern von dem „zum Unterhalte verfügbaren Betrage" zu sprechen. Dadurch sollte zum Ausdrucke gebracht werden, daß es keinen Unterschied begründe, ob der pflichtige Ehegatte sich seinen Unterhalt aus seinen Einkünften oder durch Verzehrung seines Stammkapitals verschaffe. Die Kommission hat den Antrag abgelehnt. Es wird daher anzunehmen sein, daß die Voraussetzung des Abs. 1 Satz 1 schon gegeben ist, wenn der pflichtige Ehegatte nicht aus den Einkünften des Vermögens und dem Ertrage der Arbeit ohne Gefährdung des eigenen standesmäßigen Unterhalts den Unterhalt zu gewähren im Stande ist. Nur in seltenen Ausnahmefällen würde übrigens das Verhältniß so liegen, daß der verpflichtete Ehegatte auch den Stamm seines Vermögens für seinen standesmäßigen Unterhalt verwenden kann, ohne für die Zukunft seinen Unterhalt zu gefährden. So z. B. wenn er für die Zukunft mit Sicherheit auf so hohe Einkünfte rechnen kann, daß sie für sich allein zur Bestreitung seines standesmäßigen Unterhalts ausreichen. Diese seltenen Ausnahmefälle will das Gesetz, um das Verhältniß nicht zu komplizieren, unberücksichtigt lassen.

Wegen der Ausdrücke „bei Berücksichtigung der sonstigen Verpflichtungen" und „ohne Gefährdung des standesmäßigen Unterhalts" s. Erl. zu § 1603.

**2.** Wenn der unterhaltspflichtige geschiedene Ehegatte einem minderjährigen unverheiratheten Kinde oder in Folge seiner Wiederverheirathung dem neuen Ehegatten Unterhalt zu gewähren hat und nicht im Stande ist, ohne Beeinträchtigung des eigenen standesmäßigen Unterhalts sämmtliche Unterhaltsansprüche zu befriedigen, so hat der Richter in Ermangelung einer Einigung der Parteien die Verpflichtung gegenüber dem geschiedenen Ehegatten auf dasjenige festzusetzen, was mit Rücksicht auf die Bedürfnisse sowie auf die Vermögens- und Erwerbsverhältnisse der Betheiligten der Billigkeit entspricht. Bezüglich dessen, was nach Abzug des hiernach an den geschiedenen Ehegatten zu gewährenden Unterhalts zur Deckung des Unterhalts des pflichtigen Ehegatten, seines neuen Ehegatten und des Kindes übrig bleibt, verbleibt es diesen Personen gegenüber bei den gewöhnlichen Regeln (§ 1360, § 1609 Abs. 1 Satz 1). Dem Unterhaltsanspruch eines volljährigen oder eines verheiratheten Kindes geht der Anspruch des geschiedenen Ehegatten vor (§ 1609).

**3.** Nach § 1578 Abs. 1 ist die geschiedene Frau, wenn der Mann für allein schuldig erklärt ist, schon unterhaltsberechtigt, sofern sie ihren Unterhalt nicht aus den Einkünften bestreiten kann. Nach Abs. 2 des § 1579 muß sie jedoch, wenn die Voraussetzungen des § 1579 Abs. 1 gegeben sind, auch den Stamm ihres Vermögens angreifen, ehe sie den Unterhaltsanspruch geltend machen kann. Nach dem Wortlaute des Abs. 2 gilt dies im Falle des Abs. 1 Satz 2 (wenn also der Mann ein minderjähriges unverheirathetes Kind besitzt oder wiedergeheirathet hat) selbst dann, wenn der Mann im Stande ist, ohne Gefährdung seines eigenen standesgemäßen Unterhalts die sämmtlichen Unterhaltsansprüche zu decken. Da jedoch nach Abs. 1 Satz 2 eine Beschränkung des Anspruchs des geschiedenen Ehegatten unter dieser Voraussetzung nicht stattfindet (s. Erl. 2), so liegt es im Sinne des Abs. 2, daß die Frau im Falle des Abs. 1 Satz 2 den Stamm ihres Vermögens nur dann vorher aufbrauchen muß, wenn der Mann ohne Gefährdung seines standesmäßigen Unterhalts nicht im Stande ist, die sämmtlichen Unterhalts-

## §. 1580.

Der Unterhalt ist durch Entrichtung einer Geldrente nach Maßgabe des §. 760 zu gewähren. Ob, in welcher Art und für welchen Betrag der Unterhaltspflichtige Sicherheit zu leisten hat, bestimmt sich nach den Umständen.

Statt der Rente kann der Berechtigte eine Abfindung in Kapital verlangen, wenn ein wichtiger Grund vorliegt.

Im Uebrigen finden die für die Unterhaltspflicht der Verwandten geltenden Vorschriften der §§. 1607, 1610, des §. 1611 Abs. 1, des §. 1613 und für den Fall des Todes des Berechtigten die Vorschriften des §. 1615 entsprechende Anwendung.

---

ansprüche zu befriedigen. Jede andere Auslegung führt zu dem Ergebnisse, daß der Mann schon durch die bloße Wiederverheirathung in der Lage wäre, den Unterhaltsanspruch der geschiedenen Frau einzuschränken, ein Ergebniß, das der Absicht der zweiten Kommission widerspricht (s. P. II Bd. 4 S. 531).

Zum Erwerbe ihres Unterhalts durch eigene Arbeit ist die Frau, wenn Erwerb durch eigene Arbeit nach den Verhältnissen, in denen die Frau während der Ehe gelebt hat, nicht üblich ist (§ 1578 Abs. 1), auch nicht unter den Voraussetzungen des § 1579 Abs. 1 verpflichtet.

**4.** Wie die §§ 1578, 1579 ergeben, werden bei dem Unterhaltsanspruche des geschiedenen Ehegatten die auf die Bedürftigkeit des berechtigten oder die Leistungsfähigkeit des verpflichteten Ehegatten Einfluß ausübenden Veränderungen der Verhältnisse berücksichtigt. Die Berücksichtigung der Wechselfälle des Lebens eines jeden der Ehegatten schafft freilich einen Anlaß zu immerwährenden Berührungen der Ehegatten. Dies würde vermieden, wenn die Rente des unterhaltsberechtigten Ehegatten fest und unabänderlich wäre. Eine feste Rente steht jedoch mit dem dem B.G.B. zu Grunde liegenden Gedanken in Widerspruch, daß der unschuldige Ehegatte den Unterhalt im Wesentlichen so weiter beziehen soll, als wenn die Ehe noch bestehe.

### § 1580.

**E. I § 1454 Abs. 1; II § 1474 rev. § 1563; III § 1561. P. I S. 7358—7368; M. IV S. 618, 619. P. II S. 5926—5929 (Bd. 4 S. 529—531).**

**1.** Der Abs. 1 regelt die Art und Weise, in welcher der Unterhalt zu gewähren ist. Abweichend sowohl von dem, was für den Unterhaltsanspruch der Ehegatten (§ 1360), als von dem, was für den Unterhaltsanspruch der Verwandten (§ 1612) gilt, ist der Unterhalt dem geschiedenen Ehegatten stets durch Entrichtung einer Geldrente zu gewähren. Aus dem für anwendbar erklärten § 760 folgt, daß die Geldrente für drei Monate vorauszuzahlen ist und dem Ehegatten, wenn er den Beginn des dreimonatigen Zeitabschnitts erlebt hat, der volle Vierteljahresbetrag gebührt. Im Uebrigen s. Erl zu § 760.

Die Vorschrift des Abs. 1 Satz 2 über die Verpflichtung, Sicherheit zu leisten, ist dem § 843 Abs. 2 Satz 2 entlehnt. In welcher Weise die Sicherheit zu leisten ist, ergiebt sich aus den §§ 232—240. Ist bei der Verurtheilung zur Entrichtung der Geldrente nicht auf Sicherheitsleistung erkannt worden, so kann der unterhaltsberechtigte Ehegatte gleichwohl Sicherheitsleistung verlangen, wenn sich die Vermögensverhältnisse des Verpflichteten erheblich verschlechtert haben; unter der gleichen Voraussetzung kann er eine Erhöhung der in dem Urtheile bestimmten Sicherheit verlangen (C.P.O. § 324).

**2.** Der Abs. 2 entspricht dem § 843 Abs. 3. Nur der berechtigte (nicht der verpflichtete) Ehegatte kann statt der Rente die Abfindung im Kapital verlangen. Ob ein wichtiger Grund vorliegt, ist unter Würdigung aller Umstände des Falles, nicht nur der Verhältnisse des Berechtigten, zu entscheiden. Die Abfindung wird z. B. regelmäßig verlangt werden können, wenn der unterhaltspflichtige Ehegatte auswandert oder unter Umständen auch, wenn er mit Hinterlassung einer großen Zahl von Erben gestorben ist (§ 1582). Auch die Höhe der Abfindung richtet sich nach den Umständen des Falles; es darf nicht etwa einfach der jährliche Betrag der Rente mit dem 25fachen Betrage (4 % entsprechend § 246) kapitalisirt werden. Ist eine Abfindung gewährt worden, so ist damit einerseits der Anspruch des Berechtigten erloschen, andererseits kann aber auch der Verpflichtete nicht Rückgabe der Abfindung oder eines Theiles derselben verlangen, wenn einer der Gründe eintritt, aus welchen der Unterhaltsanspruch sonst geendigt hätte, z. B. wenn der Berechtigte sich wiederverheirathet.

**3.** Im Abs. 3 werden durch Verweisung auf mehrere für die Unterhaltspflicht der Verwandten geltende Vorschriften weitere Einzelheiten des Unterhaltsanspruchs des geschiedenen Ehegatten geordnet.

a) Der geschiedene unterhaltspflichtige Ehegatte haftet nach § 1608 Abs. 2 vor den Verwandten des unterhaltsberechtigten Ehegatten. Die Frage, wann die subsidiäre Unterhaltspflicht der Verwandten eintritt, wird durch § 1607 beantwortet. Da der § 1607 in dieser Beziehung mit § 1608 Abs. 2 zusammenhängt, wird hier auf die Erl. zu § 1608 verwiesen.

b) Die Verweisung auf § 1610 und § 1611 Abs. 1 regelt das Maß des zu gewährenden Unterhalts. Wie schon zu den §§ 1578, 1579 bemerkt ist, ist regelmäßig der standesmäßige Unterhalt zu gewähren. Was hierunter zu verstehen ist, ergiebt sich aus § 1610. In Folge der Anwendbarkeit des § 1611 Abs. 1 kann der Ehegatte, wenn er durch sein eigenes sittliches Verschulden bedürftig geworden ist, nur den nothdürftigen Unterhalt beanspruchen. Der § 1611 Abs. 3 ist nicht für anwendbar erklärt. Dies ist jedoch nur deshalb geschehen, weil er für das Verhältniß der Ehegatten zu einander ohne Bedeutung ist. Daß er für das Verhältniß des unterhaltsberechtigten Ehegatten zu seinen Verwandten gilt, daß also der geschiedene Ehegatte deshalb, weil er in Folge seines sittlichen Verschuldens von dem anderen Ehegatten nur den nothdürftigen Unterhalt verlangen kann, wegen der hierdurch eintretenden Beschränkung seines Anspruchs nicht seine Verwandten in Anspruch nehmen kann, versteht sich bei der allgemeinen Fassung des § 1611 Abs. 3 von selbst.

c) Aus der Verweisung auf § 1613 ergiebt sich, daß auch der Unterhaltsanspruch des geschiedenen Ehegatten nicht für die Vergangenheit geltend gemacht werden kann. Eine Ausnahme besteht für den Fall des Verzugs oder der Rechtshängigkeit des Anspruchs.

d) Für den Fall des Todes des verpflichteten Ehegatten trifft der § 1582 Sonderbestimmungen. Für den Fall des Todes des berechtigten Ehegatten gilt nach Abs. 3 der § 1615. Der Unterhaltsanspruch erlischt danach mit dem Tode des Berechtigten, soweit er nicht auf Erfüllung oder Schadensersatz wegen Nichterfüllung für die Vergangenheit (§ 1613) oder auf solche im voraus zu bewirkende Leistungen gerichtet ist, die zur Zeit des Todes des Berechtigten fällig sind (§ 1580 Abs. 1 mit § 760 Abs. 3). Die Kosten der Beerdigung des Berechtigten sind von dem verpflichteten Ehegatten zu tragen, soweit ihre Bezahlung von dem Erben nicht zu erlangen ist.

4. Nicht für anwendbar erklärt sind die für den Unterhaltsanspruch der Ehegatten während der Ehe geltenden Vorschriften der §§ 1605, 1614.

Der § 1605 betrifft den Einfluß der elterlichen Nutznießung auf die Unterhaltspflicht des Kindes. In Betracht kommt nur der Fall, daß die Ehe einer minderjährigen Frau, welche sich ohne die erforderliche Einwilligung ihrer Eltern verheirathet hat (§§ 1303, 1661), aus dem alleinigen Verschulden der Frau, während diese noch minderjährig ist, geschieden worden ist. Nach dem E. I § 1529 sollte die Vorschrift des jetzigen § 1605 für alle Fälle der gesetzlichen Unterhaltspflicht gelten. In den M. IV S. 787 ist insbesondere auf den Fall des Unterhaltsanspruchs des geschiedenen Ehegatten hingewiesen. Ein Antrag, die Vorschrift auf die gesetzliche Unterhaltspflicht gegenüber Verwandten zu beschränken, ist von der zweiten Kommission abgelehnt worden (P. II S. 6028, Bd. 4 S. 580); gleichwohl ist sie im E. II § 1260 Abs. 3, § 1500 nur für die Unterhaltspflicht gegenüber dem Ehegatten (während bestehender Ehe) und gegenüber Verwandten getroffen. Man wird sie mit Rücksicht auf den Wortlaut des § 1580 für die Unterhaltspflicht gegenüber dem geschiedenen Ehegatten nicht für anwendbar halten dürfen.

Aus der Unanwendbarkeit des § 1614 folgt, daß die geschiedenen Ehegatten über den Unterhaltsanspruch eine Vereinbarung treffen können und insbesondere ein Verzicht auf den Unterhalt zulässig ist. Eine Vereinbarung über den Unterhalt ist schon vor der Scheidung zulässig (s. Vorbm. II zu diesem Titel S. 314).

5. Der Unterhaltsanspruch des geschiedenen Ehegatten ist auch noch in anderen Beziehungen den gleichen Vorschriften wie der Unterhaltsanspruch der Verwandten unterworfen. Insbesondere gelten auch für den Unterhaltsanspruch des geschiedenen Ehegatten die §§ 258, 323 der C.P.O. Danach kann auch wegen der erst nach Erlassung des Urtheils fällig werdenden Leistungen Klage auf künftige Entrichtung erhoben und unter Umständen die Abänderung des auf Gewährung des Unterhalts lautenden Urtheils wegen Aenderung der Verhältnisse verlangt werden. Ferner findet § 3 Abs. 2 der K.O. Anwendung. Wenn der unterhaltspflichtige Ehegatte in Konkurs verfallen ist, kann der Unterhaltsanspruch für die Zukunft nicht geltend gemacht werden. Wegen der für den Erben des geschiedenen unterhaltspflichtigen Ehegatten bestehenden Ausnahme s. Erl. zu § 1582 Nr. 6. Der Unterhaltsanspruch des geschiedenen Ehegatten ist unpfändbar (§ 850 Abs. 1 Nr. 2 C.P.O.) und deshalb auch nicht übertragbar oder belastbar (§§ 400, 1274 Abs. 2); auch ist eine Aufrechnung ausgeschlossen (§ 394). Dem geschiedenen Ehegatten steht in Ansehung seines Unterhaltsanspruchs nach § 850 Abs. 4 der C.P.O. das gleiche Pfändungsprivileg wie während bestehender Ehe zu. Für die Verjährung des Unterhaltsanspruchs als solchen gilt § 194 Abs. 2, wegen der Verjährung der einzelnen Leistung s. § 197.

6. Die Klage auf Gewährung des Unterhalts unterliegt den gewöhnlichen Regeln der C.P.O. Sie ist keine Ehesache und kann mit der Scheidungsklage nicht verbunden werden (M. IV S. 620). Sie ist deshalb erst nach der Rechtskraft des Scheidungsurtheils zulässig.

§. 1581.

Die Unterhaltspflicht erlischt mit der Wiederverheirathung des Berechtigten. Im Falle der Wiederverheirathung des Verpflichteten finden die Vorschriften des §. 1604 entsprechende Anwendung.

§. 1582.

Die Unterhaltspflicht erlischt nicht mit dem Tode des Verpflichteten.

Die Verpflichtung des Erben unterliegt nicht den Beschränkungen des §. 1579. Der Berechtigte muß sich jedoch die Herabsetzung der Rente bis auf die Hälfte der Einkünfte gefallen lassen, die der Verpflichtete zur Zeit des Todes aus seinem Vermögen bezogen hat. Einkünfte aus einem Rechte, das mit dem Eintritt eines bestimmten Zeitpunkts oder Ereignisses erlischt, bleiben von dem Eintritte des Zeitpunkts oder des Ereignisses an außer Betracht.

Sind mehrere Berechtigte vorhanden, so kann der Erbe die Renten nach dem Verhältniß ihrer Höhe soweit herabsetzen, daß sie zusammen der Hälfte der Einkünfte gleichkommen.

---

§ 1581.

**E. I § 1454 Abs. 1, 2; II § 1475 rev. § 1564; III § 1562. P. I S. 7358—7368; M. IV S. 619. P. II S. 5909—5915 (Bd. 4 S 519—523).**

1. Mit der Wiederverheirathung des berechtigten Ehegatten erlischt die Unterhaltspflicht, ohne Rücksicht darauf, ob der Mann oder die Frau unterhaltsberechtigt ist.

2. Die Wiederverheirathung des verpflichteten Ehegatten hat auf die gegenüber dem geschiedenen Ehegatten bestehende Unterhaltspflicht als solche keinen Einfluß. Das Verhältniß des Unterhaltsanspruchs des geschiedenen Ehegatten zu den konkurrirenden Unterhaltsansprüchen des späteren Ehegatten und der Kinder ist durch § 1579 Abs. 1 Satz 2 und § 1609 Abs. 2 geordnet. Die Einwirkung, welche der in der neuen Ehe des unterhaltspflichtigen Ehegatten geltende Güterstand auf den Unterhaltsanspruch des geschiedenen Ehegatten äußert, ist im Abs. 2 durch Verweisung auf § 1604 geregelt; hierüber s. Erl. zu § 1604.

§ 1582.

**E. I § 1454 Abs. 1; § 1476 rev. § 1565; III § 1563. P I S. 7358—7368; M. IV S. 619. P. II S. 5919—5926, 8656 (Bd. 4 S. 525—528). D. S. 702.**

1. Der Unterhaltsanspruch des geschiedenen Ehegatten ist nach § 1580 Abs. 3 mit § 1615 unvererblich. Die Unterhaltspflicht dagegen ist nach Abs. 1 vererblich. Die Vererblichkeit ist dazu bestimmt, das durch die Scheidung verloren gegangene Erbrecht zu ersetzen.

2. Während die Unterhaltspflicht bei Lebzeiten des Verpflichteten nach Maßgabe des § 1579 von dessen Leistungsfähigkeit abhängt, hört diese Abhängigkeit nach § 1582 Abs. 2 mit dem Tode des Verpflichteten auf. Die Erben des Verpflichteten sind ohne Rücksicht auf ihre Leistungsfähigkeit zur Gewährung des Unterhalts verpflichtet. Für die Person des berechtigten Ehegatten verbleibt es bei den gewöhnlichen Regeln (§ 1578).

3. Einerseits zum Ersatze dafür, daß die Unterhaltspflicht des Erben von dessen Leistungsfähigkeit unabhängig ist, andererseits um in den Fällen, in welchen das Vermögen des verpflichteten Ehegatten verhältnißmäßig gering ist, den Nachlaß nicht durch die Unterhaltspflicht übermäßig zu belasten, gewährt der Abs. 2 Satz 2 dem Erben die Befugniß, die Rente, welche dem geschiedenen Ehegatten zu leisten ist, bis auf die Hälfte der Einkünfte herabzusetzen, welche der verpflichtete Ehegatte zur Zeit des Todes aus seinem Vermögen bezogen hat. Dieses Recht des Erben ist an besondere Voraussetzungen nicht geknüpft. Es kann ausgeübt werden, auch wenn im Nachlasse hinreichend Mittel vorhanden sind, um die volle Rente zu leisten. An eine Frist ist die Ausübung nicht gebunden.

Für die Berechnung der Höhe der Einkünfte ist die Zeit des Todes des geschiedenen Ehegatten maßgebend. Spätere Verminderungen oder Vermehrungen (z. B. ein zum Nachlasse gehörendes Haus brennt ab, die Summe, mit welcher das Leben des verstorbenen Ehegatten versichert war, gehört zum Nachlasse) bleiben außer Betracht. Auch der Ertrag der Arbeit des verstorbenen Ehegatten bleibt außer Ansatz. Soweit der Erwerb des Ehegatten die Quelle der Unterhaltsleistung war, fällt diese mit dem Erlöschen der Arbeitskraft des Ehegatten hinweg. Desgleichen bleiben Einkünfte aus einem Rechte, das mit dem Eintritt eines bestimmten Zeitpunkts oder Ereignisses erlischt (z. B. ein Autorrecht oder eine mit dem Tode des Ehegatten erloschene Leibrente), von dem Eintritte des Zeitpunkts oder des Ereignisses an außer Betracht. Zweifelhaft kann sein, ob unter den Einkünften, die der Verpflichtete zur Zeit des Todes aus seinem Vermögen bezogen hat, diejenigen Einkünfte zu verstehen sind, welche der Verpflichtete zu dieser Zeit thatsächlich bezogen hat, oder diejenigen, welche wirthschaftlich als Einkünfte des Vermögens zu betrachten sind. Die letztere Auffassung verdient den Vorzug. Es kommen also einerseits auch solche Einkünfte mit in Betracht, die der Verpflichtete zwar thatsächlich nicht bezogen hat, die er aber zu beziehen berechtigt war, z. B. rückständige Zinsen von den zum Vermögen gehörenden Forderungen oder rückständige Mieth- und Pachtgelder. Andererseits ist von den thatsächlich bezogenen Einkünften derjenige Betrag abzusetzen, welchen der Verpflichtete an Zinsen für die ihm obliegenden Verbindlichkeiten zu bezahlen verpflichtet war. Auch unverzinsliche Verbindlichkeiten müssen in der Art berücksichtigt werden, daß sie von dem Stamme des Vermögens abgesetzt und daher nur diejenigen Einkünfte berücksichtigt werden, welche der hiernach verbleibende Rest des Vermögens gewährt. Das Vermögen, von welchem das Gesetz spricht, umfaßt sowohl die Aktiva wie die Passiva; nur die reinen Einkünfte, welche das Vermögen gewährt, kommen in Betracht. Für diese Auffassung spricht sowohl der der ganzen Bestimmung zu Grunde liegende Gedanke, als auch der Wortlaut des von der Kommission angenommenen Antrags, in welchem es hieß, daß der Berechtigte sich die Herabsetzung der Rente insoweit gefallen lassen müsse, „daß die Hälfte der Einkünfte des beim Tode vorhandenen Vermögens des Verpflichteten frei bleibt" (P. II S. 5919, 5921). Sachlich sollte hieran durch die von der Redaktionskommission beschlossene Fassung nichts geändert werden. Hieraus ergiebt sich insbesondere, daß, wenn die Passiva des Vermögens zur Zeit des Todes die Aktiva übersteigen, die Verpflichtung des Erben überhaupt dadurch beseitigt werden kann, daß der Erbe von dem Rechte der Herabsetzung der Rente Gebrauch macht.

4. Sind mehrere Erben vorhanden, so kann jeder derselben, wenn er von dem Berechtigten in Anspruch genommen wird (§§ 2058—2061), das Recht, die Herabsetzung der Rente zu verlangen, geltend machen, denn es handelt sich dabei sachlich um eine Einrede gegen den Anspruch des Berechtigten. In dem Verhältniß unter den Erben kann jeder derselben verlangen, daß, solange die Erbengemeinschaft dauert, nur der herabgesetzte Betrag der Rente an den Berechtigten gezahlt werde (2038) und daß bei der Auseinandersetzung der zur Berichtigung der herabgesetzten Rente erforderliche Betrag zurückbehalten werde (§ 2046).

Für die Bezahlung der Rente haften die Erben übrigens, da es sich um eine gewöhnliche Nachlaßverbindlichkeit handelt, nur nach Maßgabe der Vorschriften über die Haftung des Erben für Nachlaßverbindlichkeiten (§§ 1967 ff.).

5. Der Abs. 3 behandelt den Fall, daß der verstorbene Ehegatte mehrmals verheirathet war und mehrere geschiedene unterhaltsberechtigte Ehegatten hinterlassen hat. In diesem Falle können die Renten nach dem Verhältniß ihrer Höhe soweit herabgesetzt werden, daß sie zusammen der Hälfte der vom Erblasser bezogenen Einkünfte gleichkommen.

6. Der Unterhaltsanspruch des geschiedenen Ehegatten erleidet, wie sich aus dem Obigen ergiebt, durch den Tod des verpflichteten Ehegatten eine wesentliche Modifikation. Die Voraussetzung des Anspruchs auf Seiten des Berechtigten bleibt zwar unverändert; dieser kann niemals mehr als seinen standesmäßigen Unterhalt fordern und der Anspruch ist nach Maßgabe des § 1578 durch das Bedürfniß des Berechtigten bedingt. Aber die Voraussetzungen des Anspruchs auf Seiten des Verpflichteten (§ 1579) fallen weg. Der Erbe des verpflichteten Ehegatten haftet nicht auf Grund eines familienrechtlichen Verhältnisses, sondern lediglich in seiner Eigenschaft als Erbe des verpflichteten Ehegatten und seine Verpflichtung bemißt sich nicht nach seiner Leistungsfähigkeit sondern nach den Einkünften, welche der Erblasser zur Zeit seines Todes aus seinem Vermögen bezog. Die Verbindlichkeit des Erben ist eine gewöhnliche Nachlaßverbindlichkeit. Dieser wesentlich veränderten Grundlage entspricht es, daß der Unterhaltsanspruch des geschiedenen Ehegatten gegen den Erben des anderen Ehegatten nach § 3 Abs. 2 der K.O. im Konkurs (und zwar nicht nur im Nachlaßkonkurs) auch für die Zukunft geltend gemacht werden kann (K.B. zur K.O. Novelle S. 1949). Selbstverständlich kann der Konkursverwalter das Recht der Herabsetzung der Rente auf die Hälfte der Einkünfte des Erblassers geltend machen.

7. Soweit sich nicht aus dem Vorstehenden eine Abweichung ergiebt, finden auch auf die Unterhaltspflicht des Erben die Vorschriften des § 1580 Anwendung. Insbesondere kann für die Erfüllung der Unterhaltspflicht dem Erben Sicherheitsleistung auferlegt werden. Der Ehegatte kann ferner auch gegenüber dem Erben, wenn ein wichtiger Grund vorliegt, die Abfindung in Kapital verlangen. Auch finden die §§ 1607, 1610, 1611, 1613 Anwendung. Die Verjährung des Unterhaltsanspruchs richtet sich aber nicht mehr nach § 194 Abs. 2, sondern nach § 197.

§. 1583.

Ist die Ehe wegen Geisteskrankheit eines Ehegatten geschieden, so hat ihm der andere Ehegatte Unterhalt in gleicher Weise zu gewähren wie ein allein für schuldig erklärter Ehegatte.

§. 1584.

Ist ein Ehegatte allein für schuldig erklärt, so kann der andere Ehegatte Schenkungen, die er ihm während des Brautstandes oder während der Ehe gemacht hat, widerrufen. Die Vorschriften des §. 531 finden Anwendung.

Der Widerruf ist ausgeschlossen, wenn seit der Rechtskraft des Scheidungsurtheils ein Jahr verstrichen oder wenn der Schenker oder der Beschenkte gestorben ist.

§. 1585.

Hat der Mann einem gemeinschaftlichen Kinde Unterhalt zu gewähren, so ist die Frau verpflichtet, ihm aus den Einkünften ihres Vermögens und dem Ertrag

---

§ 1583.

**E. II § 1477 rev. § 1566; III § 1564. P. II S. 5932 (Bd. 4 S. 532).**

Vergl. Erl. 4 zu § 1569.

§ 1584.

**E. I § 1453; II § 1471 rev. § 1567; III § 1565. P. I S. 7353—7356, 8730; M. IV S. 612. P. II S. 5737 (Bd. 4 S. 438).**

**1.** In Fortbildung des Gedankens, auf welchem die Vorschriften über den Widerruf einer Schenkung wegen Undanks (§§ 530—534) beruhen, gestattet der Abs. 1 Satz 1 dem nicht für schuldig erklärten Ehegatten, die Schenkungen zu widerrufen, welche er dem allein für schuldig erklärten anderen Ehegatten während des Brautstandes oder während der Ehe gemacht hat. Dem Widerruf unterliegen sämmtliche Schenkungen, welche der unschuldige Theil dem anderen während der bezeichneten Zeit gemacht hat, also auch diejenigen, durch welche einer sittlichen Pflicht oder einer auf den Anstand zu nehmenden Rücksicht entsprochen worden ist. Sind beide Theile für schuldig erklärt oder ist die Ehe wegen Geisteskrankheit geschieden, so entfällt das Widerrufsrecht.

**2.** Die Vollziehung des Widerrufs ist durch Verweisung auf § 531 Abs. 1 geregelt. Der Widerruf erfolgt mithin durch Erklärung gegenüber dem Beschenkten. Wird die Schenkung widerrufen, so kann die Herausgabe des Geschenkes nach den Vorschriften über die Herausgabe einer ungerechtfertigten Bereicherung gefordert werden. Im Uebrigen s. Erl. zu § 531.

**3.** Der Abs. 2 entspricht dem § 530 Abs. 2 und dem § 532. Wegen der Berechnung der einjährigen Frist s. § 187 Abs. 1, § 188 Abs. 2. Selbstverständlich schließt der Tod des Beschenkten nur die Geltendmachung des Rechtes des Widerrufs, nicht die Geltendmachung des nach Abs. 1 schon entstandenen Anspruchs aus; desgleichen geht, wenn der Schenker schon widerrufen hat, sein Anspruch auf den Erben über, unter der gleichen Voraussetzung ist er auch übertragbar.

**4.** Nach § 533 kann auf das Widerrufsrecht erst verzichtet werden, wenn der Undank dem Widerrufsberechtigten bekannt geworden ist. Dieser Vorschrift entsprechend wird man im Zusammenhange mit der Erwägung, daß die Vorschrift des § 1584 auf der sittlichen Natur der Ehe beruht, einen Verzicht auf das im § 1584 bestimmte Widerrufsrecht erst nach der Erhebung der Scheidungsklage für zulässig zu halten haben.

**5.** Unter § 1584 fallen nur Schenkungen unter Lebenden (§ 516) sowie die Schenkungen von Todeswegen, welche nach § 2301 Abs. 2 den Schenkungen unter Lebenden gleichstehen. Wegen des Einflusses der Scheidung auf letztwillige Verfügungen zu Gunsten eines Ehegatten s. §§ 2077, 2268, 2279.

§ 1585.

**E. I § 1458; II § 1481 rev. § 1568; III § 1566. P. I S. 7387—7393; M. IV S. 628—630. P. II S. 5760—5763 (Bd. 4 S. 449—451). D. S. 702.**

**1.** Die Unterhaltspflicht der Ehegatten gegenüber den Kindern (§ 1601) beruht nicht auf der Ehe, sondern auf der Verwandtschaft. Sie wird deshalb durch die Scheidung der Ehe

ihrer Arbeit oder eines von ihr selbständig betriebenen Erwerbsgeschäfts einen angemessenen Beitrag zu den Kosten des Unterhalts zu leisten, soweit nicht diese durch die dem Manne an dem Vermögen des Kindes zustehende Nutznießung gedeckt werden. Der Anspruch des Mannes ist nicht übertragbar.

Steht der Frau die Sorge für die Person des Kindes zu und ist eine erhebliche Gefährdung des Unterhalts des Kindes zu besorgen, so kann die Frau den Beitrag zur eigenen Verwendung für den Unterhalt des Kindes zurückbehalten.

---

nicht berührt. Dies gilt insbesondere von der Reihenfolge, in der die Ehegatten gegenüber den Kindern unterhaltspflichtig sind (§ 1606 Abs. 2 Satz 2). Der Mann haftet dem Kinde daher, wenn ihm die elterliche Nutznießung zusteht, vor der Frau, gleichgültig ob die Sorge für die Person des Kindes nach § 1635 ihm oder der Frau zusteht.

2. Dagegen erleidet das Verhältniß der Ehegatten zu einander in Ansehung des Unterhalts der Kinder durch die Scheidung eine Aenderung. Das B.G.B. betrachtet die Unterhaltspflicht gegenüber den Kindern nicht als eine den Ehegatten gemeinschaftlich obliegende Last, sondern als eine Last, welche zunächst denjenigen Elterntheil trifft, dem die elterliche Nutznießung zusteht (s. Erl. zu § 1606). Während bestehender Ehe wird dieser Gedanke mit Rücksicht auf die dem Manne in der Ehe zukommende Stellung rein durchgeführt. Mit der Scheidung ändert sich das Verhältniß. Das B.G.B. geht davon aus, daß im Verhältnisse der Ehegatten zu einander nach der Scheidung auch die Frau den Unterhalt der aus der geschiedenen Ehe stammenden Kinder mitzutragen hat. Die Form, in welcher diese Gemeinschaftlichkeit zum Ausdrucke kommt, ist die im § 1585 geregelte Beitragspflicht der Frau gegenüber dem Manne.

3. Voraussetzung der Beitragspflicht der Frau ist, einerseits daß der Mann einem gemeinschaftlichen Kinde Unterhalt zu gewähren hat, andererseits daß die Kosten des Unterhalts durch die dem Manne an dem Vermögen des Kindes zustehende Nutznießung nicht gedeckt werden. Im Gegensatze zu dem Verhältnisse gegenüber dem Kinde (s. Erl. zu § 1606) ist die Beitragspflicht der Frau mithin von dem Ertrage der elterlichen Nutznießung abhängig. Reichen die Einkünfte des der elterlichen Nutznießung nicht unterworfenen Vermögens des Kindes (§§ 1650, 1651) zu dessen Unterhalt aus, so ist, weil solchen Falles das Kind nach § 1602 Abs. 2 nicht unterhaltsberechtigt ist, auch die Frau nicht beitragspflichtig. Keinen Unterschied macht es, ob die Frau für schuldig erklärt ist oder nicht. Gleichgültig ist auch, wem nach § 1635 die Sorge für die Person des Kindes zusteht. Auch die Wiederverheirathung der Frau oder des Mannes hat auf die Beitragspflicht als solche keinen Einfluß.

4. Die Höhe des Beitrags ist gesetzlich nur insoweit festbegrenzt, als die Frau den Beitrag nicht aus dem Stamme ihres Vermögens, sondern aus dessen Einkünften zu leisten hat. Den Einkünften ist, wenn die Frau selbständig erwirbt, der Ertrag der Arbeit, insbesondere der Ertrag eines Erwerbsgeschäfts, gleichgestellt. Ueber die Frage, was als Ertrag anzusehen ist, s. die Erl. 2 Abs. 2 zu § 1427. Im Uebrigen giebt der § 1585 für die Höhe des Beitrags nur den Anhaltspunkt, daß der Beitrag ein angemessener sein muß. Hiernach hat der Richter im einzelnen Falle unter Berücksichtigung der Lebens-, Erwerbs- und Vermögensverhältnisse der Ehegatten nach freiem Ermessen zu entscheiden. Die Frau hat nicht schlechthin die Hälfte der Kosten des Unterhalts zu tragen. Zu beachten ist auch, ob der Mann oder die Frau an Kinder, die nicht aus der geschiedenen Ehe stammen, Unterhalt zu leisten hat. Durch die Beitragspflicht der Frau darf der Unterhaltsanspruch dieser Kinder nicht beeinträchtigt werden; sämmtliche Kinder der Frau müssen soviel erhalten, als sie erhalten würden, wenn die subsidiäre Unterhaltspflicht der Frau gegenüber allen Kindern in Anspruch genommen wäre. Einen Beitrag kann der Mann auch dann verlangen, wenn er die Kosten des Unterhalts aus seinen Einkünften zu bestreiten vermag.

5. Die Art und die Zeit der Beitragsleistung richtet sich nach den Verhältnissen des einzelnen Falles. Der § 1612 ist zwar für das Verhältniß gegenüber dem Kinde, nicht aber für das der Ehegatten zu einander maßgebend.

6. Die Beitragspflicht der Frau ist von einem Verlangen des Mannes unabhängig. Der Beitrag kann also auch für einen Zeitraum gefordert werden, in dem der Mann den Unterhalt des Kindes schon bestritten hat. Unterläßt der Mann die Geltendmachung des Anspruchs auf Beitragsleistung, so wird dadurch der subsidiäre Unterhaltsanspruch des Kindes gegenüber der Frau (§§ 1606, 1607) ebensowenig berührt, als die Frau von der subsidiären Unterhaltspflicht gegenüber dem Kinde dadurch befreit wird, daß sie dem Manne den Beitrag für den Zeitraum, für den das Kind den Unterhalt beansprucht, geleistet, der Mann den Beitrag aber zu einem anderen Zwecke verwendet hat.

## §. 1586.

**Wird nach §. 1575 die eheliche Gemeinschaft aufgehoben, so treten die mit der Scheidung verbundenen Wirkungen ein; die Eingehung einer neuen Ehe ist jedoch ausgeschlossen. Die Vorschriften über die Nichtigkeit und Anfechtbarkeit der Ehe finden Anwendung, wie wenn das Urtheil nicht ergangen wäre.**

---

**7.** Aus der Unübertragbarkeit des Anspruchs des Mannes folgt die Unzulässigkeit einer Aufrechnung (§ 394) sowie der Ausschluß der Belastbarkeit (§§ 1067, 1274) und der Pfändbarkeit (§ 851 C.P.O.).

**8.** Auf den Beitrag kann der Mann verzichten; der Verzicht bedarf keiner Form. Auch sonst können die Ehegatten über die Größe und die Art und Zeit der Entrichtung des Beitrags Vereinbarungen treffen.

**9.** Der von der zweiten Kommission beschlossene Abs. 2 giebt der Frau in Anlehnung an den § 1428 Abs. 1 das Recht der Zurückbehaltung des Beitrags. Voraussetzung ist, daß der Frau, sei es als Inhaberin der elterlichen Gewalt oder nach § 1635, die Sorge für die Person des Kindes zusteht und eine erhebliche Gefährdung des Unterhalts des Kindes zu besorgen ist. Eine Verletzung des Unterhalts ist nicht nothwendig. Die Gefährdung kann auch in Folge objektiver Gründe, z. B. schlechter Vermögenslage des Mannes, zu besorgen sein.

**10.** Wegen des Unterhalts der Kinder während der Dauer des Scheidungsprozesses s. C.P.O. § 627 (oben S. 45).

### § 1586.

### K.B. S. 2047—2050. St.B. S. 3090.

**1.** Der § 1586 regelt die Wirkungen des die eheliche Gemeinschaft aufhebenden Urtheils dahin, daß die mit der Scheidung verbundenen Wirkungen eintreten. Nur nach zwei Richtungen treten diese Wirkungen nicht ein: keiner der Ehegatten kann sich mit einer dritten Person verheirathen und die Vorschriften über die Nichtigkeit und Anfechtbarkeit der Ehe finden Anwendung, wie wenn das Urtheil nicht ergangen wäre.

**2.** Aus dem Grundsatze, daß mit der Aufhebung der ehelichen Gemeinschaft, d. h. mit der Rechtskraft des die Aufhebung aussprechenden Urtheils (s. Erl. zu § 1575), die Wirkungen der Scheidung eintreten, ergiebt sich, daß mit der Aufhebung der Gemeinschaft die Auflösung der Ehe eintritt. Es finden mithin alle Vorschriften, welche an die Auflösung der Ehe eine rechtliche Folge knüpfen, Anwendung (vergl. z. B. §§ 1478, 1577—1582, 1584, 1585, 1591 Abs. 2, 1593, 1608 Abs. 2, 1609 Abs. 2, 1635, 1636, 1684 Abs. 1 Nr. 2, 1685, 1746 Abs. 1, 1783, 2077, 2268, 2279 und die Erl. zu diesen Vorschriften). Insbesondere hören mit der Aufhebung der ehelichen Gemeinschaft alle aus der Ehe sich ergebenden persönlichen Rechte und Pflichten der Ehegatten gegen einander auf. Die Namensführung der Frau bestimmt sich nach § 1577. Der Güterstand wird beendet (s. oben S. 173, 226). Ferner fällt das Ehegattenerbrecht weg (s. Erl. 2 zu § 1931). Auch in Ansehung der Vorschriften über die Ehelichkeit eines Kindes steht die Aufhebung der Gemeinschaft der Scheidung gleich; es gilt also z. B. die im § 1591 Abs. 2 aufgestellte Vermuthung, daß der Mann, soweit die Empfängnißzeit des Kindes in die Ehe fällt, der Frau beigewohnt habe, für die Zeit nach der Rechtskraft des Aufhebungsurtheils nicht (s. Erl. 6 zu § 1591).

**3.** Die schon erwähnten Ausnahmen von dem Grundsatze, daß die Aufhebung der Gemeinschaft der Scheidung gleich steht, dürfen selbstverständlich nicht erweitert werden. Die Ansicht von Staudinger, B.G.B. Note 1, 3 zu § 1586, daß die mit der Auflösung der Ehe verbundenen Wirkungen der Scheidung bei der Aufhebung der Gemeinschaft nicht eintreten sollen, ist unhaltbar. Bezüglich der erwähnten Ausnahmen ist zu bemerken:

**a)** Da den Ehegatten die Eingehung einer neuen Ehe nach der Aufhebung der Gemeinschaft nicht gestattet ist, so bleibt insoweit die Ehe dem Bande nach bestehen. Der neuen Ehe stünde das Hinderniß des § 1309 entgegen.

**b)** Aus Satz 2 folgt zunächst, daß die Ehe trotz der Aufhebung der ehelichen Gemeinschaft aus einem der in den §§ 1331—1334 enthaltenen Gründe angefochten werden kann, obwohl die Anfechtung einer geschiedenen Ehe nach § 1338 ausgeschlossen ist. Für die Nichtigkeitsgründe (§§ 1324—1327) bedeutet der Satz 2 in dieser Hinsicht keine Ausnahme (s. Erl. 1 b zu § 1329). Aus Satz 2 folgt aber ferner, daß die Nichtigkeit der Ehe nur in der gleichen Weise geltend gemacht werden kann, wie bei einer noch bestehenden Ehe, also nur im Wege der Nichtigkeitsklage (§ 1329) oder der Anfechtungsklage (§ 1341). Aus Satz 2 ist auch zu folgern, daß der § 616 der C.P.O. (s. oben S. 47) in Ansehung des Rechtsstreits über die Aufhebungsklage

§. 1587.

Wird die eheliche Gemeinschaft nach der Aufhebung wiederhergestellt, so fallen die mit der Aufhebung verbundenen Wirkungen weg und tritt Gütertrennung ein.

## Achter Titel.

## Kirchliche Verpflichtungen.

§. 1588.

Die kirchlichen Verpflichtungen in Ansehung der Ehe werden durch die Vorschriften dieses Abschnitts nicht berührt.

---

keine Anwendung findet, d. h. daß der Geltendmachung eines Anfechtungsgrundes nicht entgegengehalten werden darf, daß er in dem Rechtsstreit über die Aufhebungsklage hätte geltend gemacht werden können. Endlich ist in Folge des Satz 2 die im § 1325 Abs. 2 vorgesehene Bestätigung der nichtigen Ehe und die im § 1341 Abs. 2 Satz 2 geregelte Genehmigung oder Bestätigung der anfechtbaren Ehe auch nach der Aufhebung der Gemeinschaft noch möglich.

**§ 1587.**

**K.B. S. 2047—2050. St.B. S. 3090.**

**1.** Die eheliche Gemeinschaft kann nach der Aufhebung, solange nicht auf Grund des § 1576 die Scheidung ausgesprochen ist, jeder Zeit, auch nach der Erhebung der Scheidungsklage, wiederhergestellt werden. Einer Form bedarf die Wiederherstellung nicht; insbesondere ist die Wiederholung der Eheschließung nicht erforderlich. Ob im einzelnen Falle die Gemeinschaft als wiederhergestellt anzusehen ist, ist Thatfrage. In der Beiwohnung wird regelmäßig die Wiederherstellung zu finden sein.

**2.** Wird die Gemeinschaft wiederhergestellt, so fallen die mit der Aufhebung verbundenen Wirkungen weg. Die Ehe gilt wieder als bestehend. Die Frau erhält, wenn sie den früheren Namen angenommen hat (§ 1577 Abs. 2), wieder den Namen des Mannes; die gegenseitige Unterhaltspflicht bestimmt sich nicht mehr nach den §§ 1578, 1579, sondern nach § 1360; die im § 1591 bezüglich der Ehelichkeit aufgestellte Vermuthung greift wieder Platz (s. Erl. zu § 1591); die Sorge für die Person der Kinder bemißt sich nicht mehr nach § 1635, sondern nach den allgemeinen Grundsätzen. Nur der vor der Aufhebung bestandene Güterstand tritt nicht mehr ein, sondern es gilt Gütertrennung (§§ 1427—1431). Die Gütertrennung muß nach § 1431 in das Güterrechtsregister eingetragen werden; zur Eintragung bedarf es des Antrags beider Ehegatten (§ 1561 Abs. 2). Selbstverständlich sind die Ehegatten berechtigt, die güterrechtlichen Verhältnisse durch Ehevertrag anderweit zu regeln.

**3.** Die mit der Aufhebung verbundenen Wirkungen fallen nur für die Zukunft weg; es ist nicht so anzusehen, als ob die Ehe nie zu bestehen aufgehört hätte. Für die zwischen der Aufhebung und der Wiederherstellung liegenden Zeit gilt also z. B. die im § 1591 Abs. 2 aufgestellte Vermuthung, daß der Mann innerhalb der Empfängnißzeit der Frau beigewohnt habe, nur, wenn der Mann gestorben ist, ohne die Ehelichkeit des Kindes angefochten zu haben (s. Erl. zu § 1591 Abs. 2 Satz 2).

**4.** In Folge der Wiederherstellung fällt nach § 1576 Abs. 1 das Recht weg, auf Grund des Aufhebungsurtheils die Scheidung zu verlangen.

**5.** Die Wiederherstellung der Gemeinschaft ist nach § 55 Abs. 2 Personenst.G. (E.G. Art. 46) auf Antrag im Heirathsregister am Rande der über die Eheschließung bewirkten Eintragung zu vermerken. Die Wirksamkeit der Wiederherstellung ist jedoch von der Eintragung des Vermerks nicht abhängig.

### Achter Titel.

**§ 1588.**

**K.B. S. 2031, 2050.**

Im Allgemeinen wird auf die Vorbm. 2 zu gegenwärtigem Abschnitt (oben S. 5, 6) verwiesen. Hier ist zu bemerken:

# Zweiter Abschnitt.
## Verwandtschaft.
## Erster Titel.
### Allgemeine Vorschriften.

Wie nach § 82 des Personst.G. die kirchlichen Verpflichtungen in Beziehung auf Taufe und Trauung durch das Personst.G. nicht berührt werden, so werden die kirchlichen Verpflichtungen auch in Ansehung der Ehe durch die Vorschriften des B.G.B. nicht berührt. Die Regelung der kirchlichen Verpflichtungen ist nicht in den Bereich des B.G.B. gezogen. Auch die Frage, inwieweit die kirchlichen Verpflichtungen erzwungen werden können, liegt nicht im Rahmen des B.G.B., das sich, wie die Ueberschrift dieses Abschnitts „Bürgerliche Ehe" ergiebt, nur mit der bürgerlichen Seite der Ehe befaßt. Das B.G.B. hat übrigens darüber nicht entschieden, wer die kirchlichen Verpflichtungen aufzustellen befugt ist. In dieser Hinsicht ist das Kirchenstaatsrecht der Bundesstaaten maßgebend.

§ 1588 betrifft nur die Verpflichtungen des Einzelnen gegenüber seiner Kirche. Dagegen kann auf § 1588 nicht etwa ein rechtlicher Anspruch des einen Ehegatten gegen den anderen auf kirchliche Trauung der bürgerlich-rechtlich geschlossenen Ehe gegründet werden.

### Zweiter Abschnitt.

1. Den Gegenstand des zweiten Abschnitts bildet die Verwandtschaft. Unter Verwandtschaft wird der Kreis der durch die Abstammung von demselben Stammvater verbundenen Personen verstanden. Durch die Abstammung wird Blutsverwandtschaft begründet. Nach dem B.G.B. sind indessen unehelich Erzeugte nur mit der Mutter und deren Verwandten verwandt. Der zweite Abschnitt betrifft aber nicht nur die Blutsverwandtschaft, sondern auch die durch den Rechtsakt der Annahme an Kindesstatt hervorgerufene und nur für einen engeren Personenkreis wirksame juristische Verwandtschaft. Neben der Verwandtschaft steht die Schwägerschaft, die Verbindung, die durch die Ehe zwischen dem einen Ehegatten und den Blutsverwandten des anderen entsteht.

2. Die Vorschriften des zweiten Abschnitts zerfallen in acht Titel. Der erste enthält allgemeine Vorschriften (§§ 1589, 1590) über die Verwandtschaft und Schwägerschaft. Im zweiten Titel (§§ 1591—1600) ist die eheliche Abstammung, im dritten (§§ 1601—1615) die auf der Verwandtschaft beruhende Unterhaltspflicht und im vierten (§§ 1616—1698) die rechtliche Stellung der ehelichen Kinder geordnet. Der letztere Titel regelt in seinem ersten Theile das Rechtsverhältniß zwischen den Eltern und dem Kinde im Allgemeinen (§§ 1616—1625) und reiht hieran Bestimmungen über die elterliche Gewalt (§§ 1626—1698). Der fünfte Titel (§§ 1699—1704) betrifft die rechtliche Stellung der Kinder aus nichtigen Ehen. Im sechsten Titel (§§ 1705—1718) wird die rechtliche Stellung der unehelichen Kinder behandelt. Daran reihen sich im siebenten Titel (§§ 1719—1740) Vorschriften über die Legitimation unehelicher Kinder durch nachfolgende Ehe und durch Ehelichkeitserklärung. Im achten Titel (§§ 1741—1772) ist die Annahme an Kindesstatt geregelt.

3. Literatur: Opet, das Verwandtschaftsrecht des B.G.B., Berlin 1899; Fränkel, das Familienrecht des B.G.B. unter Ausschluß des Vormundschaftsrechts, Hannover 1899.

### Erster Titel.

1. Die allgemeinen Vorschriften, welche der erste Titel (§§ 1589, 1590) enthält, bestimmen den Begriff der Verwandtschaft und Schwägerschaft, die Eintheilung der Verwandtschaft und Schwägerschaft und die Berechnung der Nähe der Verwandtschaft und Schwägerschaft.

Die §§ 1589, 1590 haben zunächst nur für die Vorschriften des B.G.B. und des E.G. Bedeutung. Nach E.G. Art. 33 finden sie auch Anwendung, soweit in dem G.V.G., der C.P.O., der St.P.O., der K.O. und dem Anfechtungsgesetz an die Verwandtschaft oder Schwägerschaft

## §. 1589.

Personen, deren eine von der anderen abstammt, sind in gerader Linie verwandt. Personen, die nicht in gerader Linie verwandt sind, aber von derselben dritten Person abstammen, sind in der Seitenlinie verwandt. Der Grad der Verwandtschaft bestimmt sich nach der Zahl der sie vermittelnden Geburten.

Ein uneheliches Kind und dessen Vater gelten nicht als verwandt.

---

rechtliche Folgen geknüpft sind. Inwieweit dies auch für andere Reichsgesetze und für die Landesgesetze gilt, hängt von dem Inhalte des betreffenden Gesetzes ab (vergl. insbes. Art. 4 E.G.). Wenn rechtsgeschäftliche Bestimmungen mit der Verwandtschaft oder Schwägerschaft eine rechtliche Folge verbinden, so ist die Bestimmung des Begriffs der Verwandtschaft oder Schwägerschaft Sache der Auslegung des Rechtsgeschäfts. Für letztwillige Verfügungen enthält der § 2067 eine Auslegungsregel.

**2.** Der E. I §§ 30—33 und der E. II §§ 15, 16 haben die Vorschriften, welche die jetzigen §§ 1589, 1590 enthalten, in den allgemeinen Theil, das erste Buch, eingestellt. In der Schlußlesung der zweiten Kommission wurde ihre Aufnahme in den zweiten Abschnitt des Familienrechts, des vierten Buches, beschlossen.

### § 1589.

**E. I §§ 30, 31; II § 15 rev. § 1569; III § 1567. P. I S. 50, 3225, 6164, 7837, 11616; M. I S. 65, 66. P. II S. 78—83, 8341 (Bd. 4 S. 35, 37). R.B. S. 2069. St.B. S. 2969.**

**1.** Der § 1589 enthält zunächst eine Bestimmung des Begriffs der Verwandtschaft. Verwandt sind Personen, die von demselben Vorfahren abstammen. Nach Abs. 2 gilt dies jedoch schlechthin nur für die durch die Ehe vermittelte Abstammung. Ein uneheliches Kind ist nur mit seiner Mutter und deren Verwandten (§ 1705), nicht aber mit dem Vater und dessen Verwandten verwandt. Indem der Abs. 2 nach der von der R.T.K. beschlossenen Fassung bestimmt, daß ein uneheliches Kind mit seinem Vater nicht als verwandt „gilt", anerkennt er das zwischen Beiden bestehende natürliche Band des Blutes. Die Entwürfe hatten das Bestehen eines Verwandtschaftsverhältnisses überhaupt verneint. Rechtlich kommt dieses natürliche Band des Blutes nur in dem Eheverbote des § 1310 Abs. 3, in der durch die §§ 1708—1718 dem unehelichen Vater auferlegten Unterhaltspflicht sowie darin zum Ausdrucke, daß die uneheliche Erzeugung die Grundlage für die Legitimation durch nachfolgende Ehe (§ 1719) und durch Ehelichkeitserklärung (§ 1723) ist (M. IV S. 853). Im Uebrigen s. Vorbm. zum 6. Titel (§ 1705).

Insoweit die aus einer nichtigen Ehe stammenden Kinder nach § 1699 als ehelich gelten, sind sie auch mit den Eltern und deren Verwandten wie eheliche Kinder verwandt. Wegen der Legitimation durch nachfolgende Ehe s. Erl. zu §§ 1719, 1722, wegen der Legitimation durch Ehelichkeitserklärung s. Erl. zu §§ 1736, 1737, wegen der Annahme an Kindesstatt s. Erl. zu §§ 1757, 1763, 1764.

**2.** Der § 1589 giebt ferner die Bestimmung der Bezeichnung Verwandtschaft in gerader und in der Seitenlinie.

An anderen Stellen des B.G.B. kommen noch weitere Verwandtschaftsbezeichnungen vor. Insbesondere wird die gerade Linie in eine absteigende und in eine aufsteigende (§ 1766 Abs. 2) geschieden. Seitenverwandte sind vollbürtig, wenn sie von demselben Elternpaare, halbbürtig, wenn sie nur einen gemeinsamen Stammvater oder eine gemeinsame Stammmutter haben. Im E. I § 30 Abs. 2 war diese Eintheilung ausdrücklich hervorgehoben worden. In der zweiten Kommission ist die Hervorhebung als entbehrlich gestrichen worden, weil das B.G.B. beide Arten von Seitenverwandten gleich behandelt. Ausdrücklich hingewiesen ist auf diese Gleichstellung im § 1310 Abs. 1 in Ansehung des Ehehindernisses der Verwandtschaft. An einigen Stellen verwendet das B.G.B. das Wort „Angehörige" (nahe Angehörige § 530 Abs. 1, Familienangehörige § 1969 Abs. 1). Der Ausdruck umfaßt jedoch nicht ausschließlich Verwandte, sondern auch den Ehegatten, den Verlobten und die Verschwägerten (s. St.G.B. § 52 und Erl. zu §§ 530, 1969).

**3.** Für die Berechnung der Nähe der Verwandtschaft bestehen zwei Zählungsweisen, beide nach Graden. Die römische berechnet den Grad nach der Zahl der Geburten, welche die Verwandtschaft herstellen. Die kanonische zählt nur die Generationen bis zum gemeinsamen Stammvater und läßt, wenn die Zahl der Geburten auf den beiden Seiten ungleich ist, die längere Seite entscheiden. Zu verschiedenen Ergebnissen führt diese Berechnungsweise nur bei den Seitenverwandten. Der § 1589 folgt der römischen Zählungsweise. Die Ascendenten ersten Grades sind im B.G.B. als Eltern, die Descendenten ersten Grades als Kinder bezeichnet. Mit dem

§. 1590.

Die Verwandten eines Ehegatten sind mit dem anderen Ehegatten verschwägert. Die Linie und der Grad der Schwägerschaft bestimmen sich nach der Linie und dem Grade der sie vermittelnden Verwandtschaft.

Die Schwägerschaft dauert fort, auch wenn die Ehe, durch die sie begründet wurde, aufgelöst ist.

## Zweiter Titel.

## Eheliche Abstammung.

---

Ausdrucke „Abkömmlinge" werden die Verwandten absteigender, mit dem Ausdrucke „Voreltern" (vergl. § 685 Abs. 2, § 1310 Abs. 2, Großeltern und weitere Voreltern § 1611 Abs. 1, Urgroßeltern und entferntere Voreltern § 1929 Abs. 1) jene der aufsteigenden Linie zusammengefaßt.

Nur erbrechtliche Bedeutung hat die Eintheilung der Verwandten in Ordnungen (s. Bd. V S. 13).

4. Eine mehrfache Verwandtschaft hat nur im Erbrechte rechtliche Bedeutung (vergl. § 1927).

**§ 1590.**

**E. I §§ 32, 33; II § 16 rev. § 1570; III § 1568. P I S. 51, 8644, 11617; M. I S. 67 P. II S. 81 (Bd. 4 S. 36).**

1. Der Abs. 1 Satz 1 bestimmt den Begriff der Schwägerschaft. Schwägerschaft ist das Verhältniß des einen Ehegatten zu den Verwandten des anderen. Sie umfaßt in der geraden Linie das Verhältniß des Ehegatten zu den einseitigen Abkömmlingen des anderen Ehegatten sowie zu den Eltern und Voreltern desselben (Schwiegereltern und Schwiegerkinder, Stiefeltern und Stiefkinder), in der Seitenlinie das Verhältniß des Ehegatten zu den Seitenverwandten des anderen Ehegatten. Dagegen stehen die dem einen Ehegatten verschwägerten Personen in keinem Schwägerschaftsverhältnisse zu dem anderen Ehegatten, ebensowenig stehen die von zwei Ehegatten zusammengebrachten Kinder zu einander in einem solchen Verhältnisse.

Die Schwägerschaft wird nur durch die Ehe, nicht durch die uneheliche Beiwohnung begründet. Letztere kommt indessen für das Ehehinderniß der Schwägerschaft (§ 1310 Abs. 2, 3) in Betracht. Das uneheliche Kind ist also z. B. mit dem Ehegatten seiner Mutter, nicht aber mit der Frau seines Vaters verschwägert. Wegen der Legitimation durch nachfolgende Ehe s. Erl. zu § 1719, wegen der Legitimation durch Ehelichkeitserklärung s. Erl. zu §§ 1736, 1737, wegen der Annahme an Kindesstatt s. Erl. zu §§ 1757, 1763, 1764.

Die Schwägerschaft setzt ferner eine gültige Ehe voraus. Durch eine nichtige Ehe wird, auch wenn die Nichtigkeit auf Anfechtbarkeit beruht, keine Schwägerschaft begründet. Ob einer der Ehegatten in gutem Glauben war oder nicht, ist dabei gleichgültig. Das Kind, welches der eine Ehegatte der nichtigen Ehe in die Ehe mitbrachte, tritt zu dem anderen Ehegatten auch dann nicht in ein Schwägerschaftsverhältniß, wenn beide Ehegatten gutgläubig waren; das Gleiche gilt von den Eltern des einen der in der Ehe lebenden Ehegatten im Verhältnisse zum anderen Ehegatten (s. Erl. zu § 1310 Nr. 2). Soweit dagegen die aus der nichtigen Ehe entsprossenen Kinder nach § 1699 als eheliche Kinder der Ehegatten gelten, haben sie diese Eigenschaft auch in Ansehung der Verwandtschaft (s. Erl. zu § 1589 Nr. 1) und damit auch der Schwägerschaft.

2. Der Abs. 1 Satz 2 benutzt, um die Linie und den Grad der Schwägerschaft zu bestimmen, die Linie und den Grad der die Schwägerschaft vermittelnden Verwandtschaft (§ 1589).

3. Nach Abs. 3 erstrecken sich die Wirkungen der Schwägerschaft über die Dauer der Ehe hinaus; gleichgültig ist, ob die Ehe durch Tod, Scheidung oder Wiederverheirathung im Falle der Todeserklärung beendet worden ist. Die einmal aufgelöste Ehe begründet dagegen ein Schwägerschaftsverhältniß nicht mehr. Auf die erst nach der Auflösung der Ehe geborenen Kinder, welche nach den §§ 1591, 1600 nicht mehr als eheliche Kinder der aufgelösten Ehe gelten, erstreckt sich mithin das Schwägerschaftsverhältniß nicht.

## Zweiter Titel.

1. Von den Vorschriften dieses Titels bestimmt der § 1591 die Voraussetzungen der Ehelichkeit, der § 1592 die Empfängnißzeit, der § 1593 die Geltendmachung der Unehelichkeit. Die

## §. 1591.

Ein Kind, das nach der Eingehung der Ehe geboren wird, ist ehelich, wenn die Frau es vor oder während der Ehe empfangen und der Mann innerhalb der Empfängnißzeit der Frau beigewohnt hat. Das Kind ist nicht ehelich, wenn es

---

§§ 1594—1599 handeln von der Anfechtung der Ehelichkeit. § 1594 betrifft die Frist der Anfechtung, § 1595 die Anfechtung durch einen Vertreter, die §§ 1596, 1597 regeln die Art der Anfechtung, die §§ 1598, 1599 beziehen sich auf die Anerkennung der Ehelichkeit. Im § 1600 wird der Fall geregelt, daß ein Kind in Folge vorzeitiger Wiederverheirathung der Frau sowohl ein Kind des ersten als des zweiten Mannes sein würde.

**2.** Die Vorschriften dieses Titels werden durch die in der C.P.O. §§ 641—643 (anders E. I §§ 1476, 1477, dazu M. IV S. 671—673, P. II S. 5814—5819, 6322, D. z. C.P.O. S. 85, 86) enthaltenen Bestimmungen über die Klagen ergänzt, mit denen die Ehelichkeit oder die Anerkennung der Ehelichkeit angefochten wird. Diese Bestimmungen schließen sich den für die Klage, durch welche eine Ehe angefochten wird, geltenden an.

Zur Erhebung der Anfechtungsklage ist nur der Ehemann selbst oder, wenn er geschäftsunfähig ist, der gesetzliche Vertreter, dieser jedoch nur mit Genehmigung des Vormundschaftsgerichts, legitimirt; der Mann ist prozeßfähig, auch wenn er in der Geschäftsfähigkeit beschränkt ist (C.P.O. § 641 Abs. 2). Der Bevollmächtigte des Mannes bedarf einer besonderen Vollmacht (C.P.O. 641 Abs. 1 mit § 613).

Das Verfahren ist im Allgemeinen das landgerichtliche; da es sich jedoch um einen Rechtsstreit handelt, dessen Gegenstand nicht der völlig freien Verfügung der Parteien unterliegt, so sind einige Sondervorschriften getroffen, deren wichtigste die folgenden sind.

**a)** Der Staatsanwalt ist in gleicher Weise wie in Ehesachen zur Mitwirkung befugt (C.P.O. § 641 Abs. 1 mit § 607).

**b)** Die Verhandlungsmaxime ist beschränkt. Mit Rücksicht darauf, daß der Mann nach den §§ 1593, 1596, 1599 in der Lage ist, die Ehelichkeit eines von seiner Frau geborenen Kindes dem wahren Sachverhältniß entgegen durch Unterlassung der Anfechtung, Zurücknahme der Klage oder Anerkennung in einer für Alle wirksamen Weise festzustellen, gilt die Beschränkung nur in der Richtung, daß die Anwendung der allgemeinen Grundsätze bezüglich solcher Thatsachen ausgeschlossen ist, welche die Unehelichkeit des Kindes, nicht bezüglich solcher, welche die Ehelichkeit begründen (C.P.O. § 641 Abs. 1 mit § 617 Abs. 2). Das Gericht darf ferner von seiner Befugniß, von den Parteien nicht vorgebrachte Thatsachen zu berücksichtigen und die Aufnahme von Beweisen von Amtswegen anzuordnen, nur zu Gunsten der Ehelichkeit, nicht aber zu Gunsten der Unehelichkeit des Kindes Gebrauch machen (C.P.O. § 641 Abs. 1 mit § 622 Abs. 1).

**c)** Das Anerkenntniß hat keine feststellende Wirkung und gegen den Beklagten kann kein Versäumnißurtheil ergehen (C.P.O. § 641 Abs. 1 mit § 617 Abs. 1, § 618).

**d)** Stirbt eine der Parteien vor der Rechtskraft des Urtheils, so ist der Rechtsstreit in Ansehung der Hauptsache erledigt (C.P.O. § 641 Abs. 1 mit § 628). Wird aber das Urtheil bei Lebzeiten beider Parteien rechtskräftig, so wirkt es für und gegen Alle (C.P.O. § 643 Satz 1).

**e)** Mit der Klage, mit der die Ehelichkeit angefochten wird, kann nur die Klage, mit der die Anerkennung der Ehelichkeit angefochten wird, verbunden werden. Eine Widerklage ist ausgeschlossen (C.P.O. § 641 Abs. 3).

**f)** Hängt die Entscheidung eines Rechtsstreits davon ab, ob ein Kind, dessen Ehelichkeit im Wege der Anfechtungsklage angefochten worden ist, unehelich ist, so finden bezüglich der Aussetzung des Rechtsstreits die Vorschriften des § 152 der C.P.O. Anwendung (C.P.O. § 153). Vergl. oben S. 48.

**3.** Internationales Privatrecht im E.G. Art. 18, Uebergangsbestimmung ebenda Art. 203.

### § 1591.

**E. I §§ 1466, 1468—1470; II § 1486 rev. § 1571; III § 1569. P. I S. 7435—7455, 8732, 8743, 8800; M. IV S. 646—657. P. II S. 5777, 5790—5795, 6536, 8674 (Bd. 4 S. 456, 463—465, 861). D. S. 703.**

**1.** Voraussetzung der Ehelichkeit ist, daß die Frau das Kind vor oder während der Ehe empfangen, daß ihr der Mann innerhalb der Empfängnißzeit (§ 1592) beigewohnt und daß sie das Kind nach Schließung der Ehe geboren hat. Ein Kind, das die Frau vor der Ein-

den Umständen nach offenbar unmöglich ist, daß die Frau das Kind von dem Manne empfangen hat.

Es wird vermuthet, daß der Mann innerhalb der Empfängnißzeit der Frau beigewohnt habe. Soweit die Empfängnißzeit in die Zeit vor der Ehe fällt, gilt die Vermuthung nur, wenn der Mann gestorben ist, ohne die Ehelichkeit des Kindes angefochten zu haben.

---

gehung der Ehe empfangen und nach der Schließung der Ehe geboren hat, ist also ein eheliches, nicht ein durch nachfolgende Ehe legitimirtes. Das B.G.B. sagt auch nicht, daß ein solches Kind als ein eheliches „gilt". Die praktische Bedeutung dieses Rechtssatzes zeigt sich namentlich in solchen Fällen, in welchen durch Spezialgesetze oder durch Rechtsgeschäft, insbesondere auf dem Gebiete des Lehen-, Fideikommiß- und Stammgüterrechts, die durch nachfolgende Ehe legitimirten Kinder von einem Rechtserwerb ausgeschlossen sind und aus dem Spezialgesetz bezw. dem Rechtsgeschäfte sich im Wege der Auslegung nicht ergiebt, daß der Ausschluß sich auf die vor der Eingehung der Ehe empfangenen und nach der Schließung der Ehe geborenen Kinder erstrecken soll.

2. Daß der Mann der Frau während der Empfängnißzeit beigewohnt hat, berechtigt zur Annahme der Ehelichkeit dann nicht, wenn es den Umständen nach offenbar unmöglich ist, daß die Frau das Kind von dem Manne empfangen hat. Die Bedeutung des Ausdrucks „offenbar" ist nicht unzweifelhaft. Der E. I hatte den Gegenbeweis gegen die Vermuthung, daß, wenn der Mann während der Empfängnißzeit der Frau beigewohnt hat, das Kind ehelich sei, ausgeschlossen. In der zweiten Kommission war die Mehrheit geneigt, an diesem Standpunkte festzuhalten, nahm jedoch den Antrag an, den Beweis der offenbaren Unmöglichkeit zuzulassen. Der Urheber dieses Antrags erläuterte (P. II S. 5793, Bd. 4 S. 464) das Erforderniß, daß die Unmöglichkeit eine offenbare sein müsse, dahin: „Die gesetzliche Regel mache ihre Geltung nicht davon abhängig, daß im einzelnen Falle nicht überwiegende Gründe für die Annahme des Gegentheils beigebracht werden könnten, sondern sie wolle ohne Zulassung einer solchen Prüfung gelten und schließe von ihrem Bereiche nur solche Fälle aus, in denen ohne die Nachforschung nach Umständen, deren Erörterung sie abschneiden wolle, ein Thatbestand vorliege, der ihre Anwendung mit dem gesunden Menschenverstand unvereinbar mache." Dieser Auffassung wurde von anderer Seite widersprochen, die Kommission enthielt sich der Entscheidung. Von Hachenburg, die Rechtsstellung des unehelichen Kindes, S. 26, und Engelmann in den Bl. für Rechtsanwendung 63 S. 69 wird in dem Erfordernisse der offenbaren Unmöglichkeit nur die Aufforderung an den Richter erblickt, es mit der Schlüssigkeit des Beweises besonders genau zu nehmen. Mit dem Ausdruck „offenbar" kann indessen hier kein anderer Sinn verbunden werden, als in den §§ 319, 560, 2048, 2155, 2217. Danach wird anzunehmen sein, daß die Antretung eines Beweises zwar nicht unzulässig ist, daß unter Beweis jedoch nur solche Thatsachen gestellt werden dürfen, die, wenn erwiesen, nicht blos die Annahme der Zeugung durch den Mann als unwahrscheinlich, sondern als mit dem gesunden Menschenverstand unvereinbar erscheinen lassen sowie daß, wenn Zweifel bestehen, ob der Beweis geliefert ist, zu Gunsten der Ehelichkeit zu erkennen ist (vergl. Bd. II S. 90 Erl. zu § 319 Nr. 1). Eine offenbare Unmöglichkeit liegt z. B. vor, wenn das Kind von einer anderen Race ist als der Mann und die Frau oder wenn die Beiwohnung des Mannes zwar in die Empfängnißzeit fällt, die Frau aber während der Empfängnißzeit geboren (z. B. Fehlgeburt) und die Beiwohnung in der Zeit vor der Geburt stattgefunden hat (E. I § 1467 Abs. 2).

Beweisen muß die offenbare Unmöglichkeit, wer sich auf sie beruft.

Der Nachweis, daß die Frau sich innerhalb der Empfängnißzeit auch einem anderen Manne hingegeben hat, ist unerheblich. Dagegen wird der Nachweis, daß die Frau zur Zeit der Beiwohnung mit dem Manne schon schwanger gewesen ist, regelmäßig hinreichen, um die Annahme der offenbaren Unmöglichkeit zu rechtfertigen. Auch der Nachweis, daß es nach dem Reifegrade des Kindes offenbar unmöglich sei, daß das Kind aus der Beiwohnung entsprossen sei, wird nicht als unbedingt ausgeschlossen erachtet werden können.

3. Der Beweis der Beiwohnung des Mannes während der Empfängnißzeit ist mit Schwierigkeiten und Unzuträglichkeiten verbunden. Im Interesse der Ehre der Frau und des Friedens der Familie hilft deshalb das B.G.B. mit einer Vermuthung. Daß der Mann der Frau beiwohnte, wird, wenn die Empfängnißzeit in die Ehe fällt, für die ganze Dauer der Empfängnißzeit und, wenn diese theilweise in die Ehe fällt, für diesen Theil der Zeit ohne Weiteres angenommen. Für die Zeit vor der Ehe gilt die Vermuthung nur, wenn der Mann, ohne die Ehelichkeit angefochten (§§ 1596, 1597) zu haben, gestorben ist. Die Vermuthung wird nicht dadurch ausgeschlossen, daß der Mann gestorben ist, ohne von der Geburt des Kindes oder auch nur von der Schwangerschaft Kenntniß erlangt zu haben. In solchem Falle fehlt

## §. 1592.

Als Empfängnißzeit gilt die Zeit von dem einhunderteinundachtzigsten bis zu dem dreihundertundzweiten Tage vor dem Tage der Geburt des Kindes, mit Einschluß sowohl des einhunderteinundachtzigsten als des dreihundertundzweiten Tages.

Steht fest, daß das Kind innerhalb eines Zeitraums empfangen worden ist, der weiter als dreihundertundzwei Tage vor dem Tage der Geburt zurückliegt, so gilt zu Gunsten der Ehelichkeit des Kindes dieser Zeitraum als Empfängnißzeit.

---

ihm zwar thatsächlich die Möglichkeit, die Ehelichkeit anzufechten. Aber die Vermuthung beruht nicht lediglich auf der Erwägung, daß der Mann, wenn er nicht der Vater ist, die Ehelichkeit anfechten wird, sondern in erster Linie auf der Erfahrung, daß bei einem nach der Eingehung der Ehe geborenen aber vorher empfangenen Kinde regelmäßig der Mann der Vater sein wird. In M. IV S. 657 wird ausdrücklich hervorgehoben, daß es auf die Kenntniß des Mannes von der Geburt oder Schwangerschaft nicht ankomme und der Wortlaut des Abs. 2 Satz 2 läßt eine einschränkende Auslegung nicht zu.

**4.** Die Vermuthung, daß der Mann der Frau *während der Ehe* beigewohnt habe, wird durch den *Beweis des Gegentheils widerlegt*. Es ist nicht nothwendig, daß bewiesen wird, die Beiwohnung habe nicht stattfinden können. Der Beweis kann auch durch Eideszuschiebung geführt werden (C.P.O. § 292 Satz 2).

Anlangend die Vermuthung, daß der Mann *vor der Ehe* der Frau beigewohnt habe, so gilt diese überhaupt nur, wenn der Mann die Ehelichkeit des Kindes nicht angefochten hat. Mit der Anfechtung fällt die Vermuthung weg. Das bloße Bestreiten der Vaterschaft genügt jedoch nicht. Ist die Anfechtung nicht erfolgt, so bleibt doch der Gegenbeweis nach allgemeinen Grundsätzen zulässig.

**5.** Der § 1591 insbesondere die von ihm aufgestellte Vermuthung, gilt auch dann, wenn das Verfahren über den Scheidungsprozeß vertagt oder ausgesetzt ist (C.P.O. § 620). Selbstverständlich kann die in Folge der Aussetzung eingetretene Trennung zur Unterstützung des Beweises gegen die im § 1591 Abs. 2 ausgesprochene Vermuthung der Beiwohnung verwendet werden.

**6.** Ist die *eheliche Gemeinschaft* auf Grund des § 1575 *aufgehoben*, so treten nach § 1586 die mit der Scheidung verbundenen Wirkungen ein, soweit nicht die im Satz 1 Halbs. 2 und Satz 2 bestimmten Ausnahmen Platz greifen. So wenig wie im Falle der Scheidung der Ehe findet daher auch im Falle der Aufhebung der ehelichen Gemeinschaft der § 1591 Anwendung; insbesondere gilt nicht die Vermuthung, daß der Mann nach der Rechtskraft des Aufhebungsurtheils der Frau beigewohnt habe. Wird die eheliche Gemeinschaft nach der Aufhebung von den Ehegatten wiederhergestellt, so fallen nach § 1587 die Wirkungen der Scheidung weg. Von diesem Zeitpunkt an findet daher § 1591 wieder Anwendung, soweit also die Empfängnißzeit in die Zeit vor der Wiederherstellung der Gemeinschaft fällt, gilt die Vermuthung, daß der Mann der Frau beigewohnt habe, nur, wenn der Mann die Ehelichkeit nicht anficht (§ 1591 Abs. 2 Satz 2). Findet übrigens nach der Aufhebung der Gemeinschaft eine Beiwohnung statt, so wird darin eine Wiederherstellung der ehelichen Gemeinschaft zu finden sein.

**7.** Vorschriften zur Verhütung der Unterschiebung eines Kindes, wie sie z. B. das gemeine Recht und das preuß. L.R. II 2 §§ 41—48 für den Fall enthalten, daß die Frau nach Scheidung der Ehe sich schwanger glaubt, sind dem B.G.B. ebenso unbekannt wie die Vorschriften des gemeinen Rechtes, daß die Erben des Mannes die Untersuchung der angeblich schwangeren Wittwe und die Ueberwachung der Geburt verlangen können.

**8.** Die Vorschriften des B.G.B. über die Ehelichkeit gelten auch für das Lehen-, Fideikommiß- und Stammgüterrecht. Das Landesrecht kann indessen nach Art. 59 des E.G. abweichende Bestimmungen treffen. Die Landesgesetze können insbesondere vorschreiben, daß ein Kind, obgleich es ehelich ist, für das Lehen-, Fideikommiß- und Stammgüterrecht als ein uneheliches behandelt wird.

### § 1592.

**E. I § 1467; II § 1487 rev. § 1572; III § 1570. P. I S. 7440—7444; M. IV S. 648—650. P. II S. 5779—5790, 5835, 8661 (Bd. 4 S. 457—462, 484). D. S. 703.**

**1.** Die im Abs. 1 aufgestellte Berechnung der *Empfängnißzeit* hat, abgesehen von der im Abs. 2 bestimmten Ausnahme, einen absoluten Charakter, sie schließt den Beweis aus, daß im einzelnen Falle die Schwangerschaft mit Rücksicht auf den Reifegrad des Kindes kürzer oder länger gedauert haben müsse. Die Empfängnißzeit berechnet sich nach § 187 Abs. 1, § 188

§. 1593.

Die Unehelichkeit eines Kindes, das während der Ehe oder innerhalb dreihundertundzwei Tagen nach der Auflösung der Ehe geboren ist, kann nur geltend gemacht werden, wenn der Mann die Ehelichkeit angefochten hat oder, ohne das Anfechtungsrecht verloren zu haben, gestorben ist.

---

Abs. 1. Der Anfangs- und der Endtermin werden eingerechnet, nicht dagegen der Tag der Geburt, so daß, wenn das Kind am 1. November geboren ist, als Empfängnißzeit die Zeit vom 3. Januar bis 4. Mai und, wenn das Jahr ein Schaltjahr ist, die Zeit vom 4. Januar bis 4. Mai gilt.

2. Der Abs. 2 macht von der oberen Grenze der Empfängnißzeit eine Ausnahme. Die Ausnahme gilt aber nur zu Gunsten der Ehelichkeit; würde das Kind unter Zugrundelegung des Abs. 2 als unehelich erscheinen, so verbleibt es bei der Vorschrift des Abs. 1. Bezüglich der unteren Grenze der Empfängnißzeit erachtete man ein Interesse zur Durchbrechung der Regel des Abs. 1 nicht als vorhanden, weil in diesen Fällen jedenfalls das Kind nicht lebensfähig sei. Die Ausnahme hat hauptsächlich für die Fälle der Geburt des Kindes nach der Auflösung der Ehe, insbesondere durch plötzlichen Tod des Vaters, Bedeutung; sie kann aber auch für die Geburt während der Ehe von Werth sein. Die Ausnahme tritt nur ein, wenn festgestellt wird, daß die Empfängnißzeit weiter als 302 Tage vor der Geburt des Kindes zurückliegt. Es genügt nicht, daß die Empfängnißzeit vor den 302. Tag zurückreicht; es muß vielmehr feststehen, daß das Kind nicht aus einer nach dem 302. Tage stattgehabten Beiwohnung herrührt. Die Ausnahme greift also z. B. nicht Platz bei einem 306 Tage nach dem Tode des Mannes geborenen Kinde, wenn nur festgestellt wird, daß es innerhalb des Zeitraums von dem 310. bis zum 300. Tage von der Geburt des Kindes rückwärts gerechnet empfangen ist; es muß vielmehr festgestellt sein, daß das Kind vor dem 302. Tage von der Geburt rückwärts gerechnet empfangen ist. Ist festgestellt, daß das Kind in der angegebenen Zeit, z. B. also innerhalb vom 303. bis zum 310. Tage empfangen ist, so gilt diese Zeit im Sinne des § 1592 als Empfängnißzeit.

Liegt diese Zeit innerhalb der Ehe, so greift die Vermuthung des § 1591 Abs. 2 Satz 1 Platz. Liegt diese Zeit aber vor der Ehe, so fragt es sich, ob und eventuell unter welchen Voraussetzungen eine Vermuthung dafür spricht, daß der Mann innerhalb dieser Zeit der Frau beigewohnt habe. Die Vorschrift des § 1591 Abs. 2 Satz 2 setzt voraus, daß der Mann berechtigt ist, die Ehelichkeit des Kindes anzufechten. Eine Anfechtung der Ehelichkeit des Kindes findet aber nur nach § 1593 statt, wenn das Kind während der Ehe oder innerhalb 302 Tagen nach Auflösung der Ehe geboren ist. Die Vorschrift des § 1592 Abs. 2 bezieht sich nun sowohl auf diesen Fall als auf den Fall, daß das Kind später als 302 Tage nach der Auflösung der Ehe geboren ist. In dem ersteren Falle wird die Vorschrift des § 1591 Abs. 2 Satz 2 Anwendung finden müssen. Der Mann kann die Ehelichkeit des Kindes anfechten und muß es thun, widrigenfalls das Kind als eheliches gilt (§ 1593). Erfolgt die Anfechtung nicht, stirbt der Mann aber, bevor er das Anfechtungsrecht verloren hat, so gilt die Vermuthung, daß er der Frau während der Empfängnißzeit beigewohnt habe. In dem zweiten der oben gedachten Fälle aber findet eine Anfechtung der Ehelichkeit des Kindes nicht statt, vielmehr kann die Unehelichkeit ohne Weiteres geltend gemacht werden. Wollte man auch in diesem Falle die Vorschrift des § 1591 Abs. 2 Satz 2 anwenden, so würde dies, da der Mann nicht anfechten kann, zu dem Ergebnisse führen, daß die Vermuthung der Beiwohnung wenigstens nach dem Tode des Mannes immer Platz griffe. Dies würde der Absicht des Gesetzes offenbar widersprechen. Man wird daher in dem gedachten Falle entweder an die Stelle der Anfechtung die einfache Bestreitung der Ehelichkeit setzen müssen, also die Vermuthung der Beiwohnung nur dann eintreten lassen, wenn der Mann gestorben ist, ohne die Ehelichkeit bestritten zu haben, oder man muß annehmen, daß eine Vermuthung der Beiwohnung überhaupt nicht stattfindet, daß in jedem Falle also der Beweis erforderlich ist, daß der Mann während der betreffenden Zeit der Frau beigewohnt hat. Die letztgedachte Auffassung dürfte den allgemeinen Grundsätzen am meisten entsprechen, welche bei den Vorschriften über die eheliche Abstammung leitend gewesen sind.

Die im Abs. 2 verlangte Feststellung kann nicht nur auf den Reifegrad des Kindes, sondern auch auf andere Umstände, wie Ehrbarkeit der Frau 2c., gestützt werden.

**§ 1593.**

**E. I § 1471 Abs. 1; II § 1488 rev. § 1573; III § 1571 P. I S. 7457—7464, 7499—7512, 8777, 8801, 8814; M. IV S. 657—664. P. II S. 5795—5806, 8662 (Bd. 4 S. 466—470). D. S. 704. K.B. S. 2070.**

1. Der § 1593 bringt zum Ausdrucke, daß die Unehelichkeit von Niemandem, weder von der Frau noch von dem Kinde oder einem Dritten, geltend gemacht werden kann, solange nicht

## §. 1594.

**Die Anfechtung der Ehelichkeit kann nur binnen Jahresfrist erfolgen.**

---

der Mann die Ehelichkeit angefochten hat, und daß hiervon eine Ausnahme nur für den Fall besteht, wenn der Mann gestorben ist, ohne die Ehelichkeit des Kindes angefochten, aber auch ohne das Anfechtungsrecht durch Versäumung der Anfechtungsfrist (§ 1594) oder durch Anerkennung (§ 1598) verloren zu haben. Durch § 1593 wird mithin das ausschließliche Recht des Mannes zur Anfechtung der Ehelichkeit bestimmt. In der Hand des Mannes liegt es, ob er ein von seiner Frau während der Ehe oder innerhalb 302 Tagen nach der Auflösung der Ehe geborenes Kind als das seine gelten lassen will; seine Familie ist hiergegen machtlos. Das Anfechtungsrecht geht auf die Erben des Mannes nicht über. Aus dem ausschließlichen Anfechtungsrechte des Mannes folgt auch der im § 643 der C.P.O. ausgesprochene Satz, daß die dem Manne gegenüber erfolgte Feststellung der Ehelichkeit oder Unehelichkeit des Kindes, sofern das Urtheil zu Lebzeiten der Parteien rechtskräftig wird, für und gegen Alle wirkt (s. Vorbm. 2 zu diesem Titel).

2. Die Geltendmachung der Unehelichkeit von Seiten eines Jeden, der ein Interesse daran hat, wird in Folge der Anfechtung der Ehelichkeit durch den Mann ohne Weiteres nur dann ermöglicht, wenn die Anfechtung nach dem Tode des Kindes, also gemäß § 1597 durch Erklärung gegenüber dem Nachlaßgericht erfolgt. Erfolgt die Anfechtung durch Erhebung der Anfechtungsklage (§ 1596), so ist die Geltendmachung der Unehelichkeit so lange aufgeschoben, bis der Rechtsstreit durch Urtheil oder durch den Tod des Mannes oder des Kindes erledigt ist (§ 1596 Abs. 3). Der Zweck dieser Vorschrift ist, einerseits die einheitliche Feststellung der durch die Ehelichkeit bezw. Unehelichkeit bedingten Rechtsverhältnisse herbeizuführen, andererseits die Zurücknahme der Anfechtungsklage und die Anerkennung des Kindes während des Rechtsstreits mit der Wirkung zu ermöglichen, daß die Wirkungen der Anfechtung nach rückwärts wegfallen.

3. Aus den vorstehenden Ausführungen ergiebt sich, daß Geltendmachung der Unehelichkeit und Anfechtung der Ehelichkeit verschiedene Dinge sind. Die Anfechtung der Ehelichkeit ist ein einseitiges Rechtsgeschäft des Mannes und kann nur auf einem der in den §§ 1596, 1597 bezeichneten Wege erfolgen. Die Geltendmachung der Unehelichkeit steht, wenn sie nach § 1593 überhaupt erfolgen darf, einem jeden Interessenten zu und geschieht lediglich nach Maßgabe der allgemeinen Grundsätze durch prozessualen Akt, sei es, wenn die Voraussetzungen der §§ 256, 280 C.P.O. gegeben sind, durch Feststellungsklage oder Widerklage, sei es incidenter als Präjudizialpunkt bei Gelegenheit der Geltendmachung eines von der Unehelichkeit des Kindes abhängigen Anspruchs oder der Bestreitung einer durch die Ehelichkeit des Kindes bedingten Verpflichtung.

4. Vom ausschließlichen Anfechtungsrechte des Mannes ist auch nicht zu Gunsten der Lehens- und Fideikommißanwärter eine Ausnahme gemacht. Die Landesgesetzgebung ist indessen auf Grund des Art. 59 des EG. befugt, den Lehens- und Fideikommißanwärtern ein Anfechtungsrecht einzuräumen. Die Landesgesetzgebung kann übrigens selbstverständlich das Anfechtungsrecht den Anwärtern nicht mit der Wirkung einräumen, daß dadurch die Entscheidung über die Ehelichkeit herbeigeführt werden könnte. Diese beurtheilt sich ausschließlich nach dem B.G.B. Es kann vielmehr nur der Ausspruch erzielt werden, daß das Kind, obgleich es ein eheliches ist, für das Lehen- und Fideikommißrecht, insbesondere die Lehen- und Fideikommißfolge als ein uneheliches gilt.

5. Der § 1593 bezieht sich nur auf solche Kinder, welche von der Ehefrau während der Ehe oder innerhalb 302 Tagen nach Auflösung der Ehe (durch den Tod oder die Wiederverheirathung im Falle der Todeserklärung oder durch Scheidung) geboren sind. Der Scheidung steht die Aufhebung der ehelichen Gemeinschaft (§§ 1575, 1586) gleich. Daraus folgt insbesondere, daß die Unehelichkeit eines später als 302 Tage nach Auflösung der Ehe und außerhalb einer anderen Ehe geborenen Kindes ohne Weiteres von Jedem nach Maßgabe der allgemeinen Grundsätze geltend gemacht werden, ein solches Kind auch nicht durch Anerkennung von Seiten des früheren Ehemanns die rechtliche Stellung eines ehelichen Kindes des letzteren erlangen kann.

Im § 1593 ist ferner nur das Recht geregelt, die Unehelichkeit eines von der Ehefrau geborenen Kindes geltend zu machen. Durch § 1593 wird das Recht eines Jeden, die Ehelichkeit eines Kindes wegen Nichtigkeit der Ehe oder deshalb zu bestreiten, weil das Kind nicht von der Ehefrau geboren, sondern untergeschoben sei, nicht berührt.

6. Wenn der Mann die Ehelichkeit eines nicht von ihm erzeugten Kindes nicht bestreitet, so ist nicht etwa der Thatbestand des § 169 St.G.B. gegeben; denn § 169 St.G.B. setzt voraus, daß ein dem Rechte widerstreitender Zustand herbeigeführt wird; an dieser Voraussetzung fehlt es aber (M. IV S. 660).

Die Frist beginnt mit dem Zeitpunkt, in welchem der Mann die Geburt des Kindes erfährt.

Auf den Lauf der Frist finden die für die Verjährung geltenden Vorschriften der §§. 203, 206 entsprechende Anwendung.

§. 1595.

Die Anfechtung der Ehelichkeit kann nicht durch einen Vertreter erfolgen. Ist der Mann in der Geschäftsfähigkeit beschränkt, so bedarf er nicht der Zustimmung seines gesetzlichen Vertreters.

Für einen geschäftsunfähigen Mann kann sein gesetzlicher Vertreter mit Genehmigung des Vormundschaftsgerichts die Ehelichkeit anfechten. Hat der gesetzliche Vertreter die Ehelichkeit nicht rechtzeitig angefochten, so kann nach dem Wegfalle der Geschäftsunfähigkeit der Mann selbst die Ehelichkeit in gleicher Weise anfechten, wie wenn er ohne gesetzlichen Vertreter gewesen wäre.

---

**§ 1594.**

**E. I § 1473; II § 1490 rev. § 1574; III § 1572. P. I S. 7464—7477, 8827; M. IV S. 667 P. II S. 5811 (Bd. 4 S. 473).**

1. Um die Frage der Ehelichkeit baldigst zur Entscheidung zu bringen, ist die Ausübung des Anfechtungsrechts im Abs. 1 an eine Frist gebunden. Die Frist ist eine Ausschlußfrist und gilt sowohl für den Fall, daß die Anfechtung nach § 1596 durch Erhebung der Anfechtungsklage, als daß sie nach § 1597 durch Erklärung gegenüber dem Nachlaßgerichte zu erfolgen hat. Sie berechnet sich nach § 187 Abs. 1, § 188 Abs. 2 und beginnt mit dem Zeitpunkt, in welchem der Mann von der Geburt des Kindes Kenntniß erlangt, gleichgültig, wo er sich zur Zeit der Geburt aufhält.

2. Obgleich der Abs. 1 keine Verjährung aufstellt, läßt der Abs. 3 den von der Hemmung der Verjährung handelnden § 203 und den die Vollendung der Verjährung hinausschiebenden § 206 Anwendung finden. Die Anwendung führt zu folgendem Ergebnisse. Die Zeit, während deren der Mann oder im Falle des § 1595 Abs. 2 sein gesetzlicher Vertreter durch Stillstand der Rechtspflege (§ 203 Abs. 1) oder durch sonstige höhere Gewalt (§ 203 Abs. 2) an der Anfechtung (§§ 1596, 1597) verhindert waren, wird in die Frist entsprechend § 205 nicht eingerechnet. Ist der geschäftsunfähige Mann ohne gesetzlichen Vertreter, so endigt die Frist nicht vor dem Ablaufe von sechs Monaten nach dem Zeitpunkt, in welchem der Mann geschäftsfähig wird oder der Mangel der Vertretung aufhört. Da der in der Geschäftsfähigkeit beschränkte Mann gemäß § 1595 Abs. 1 die Ehelichkeit anfechten kann, so ist er in Ansehung dieser Anfechtung als geschäftsfähig zu erachten. Es entfällt daher einerseits der im § 206 weiter enthaltene Fall, daß der in der Geschäftsfähigkeit Beschränkte ohne gesetzlichen Vertreter ist, andererseits beginnt die Vollendung der Frist gegenüber einem früher Geschäftsunfähigen schon dann, wenn er nur die beschränkte Geschäftsfähigkeit erlangt, mag er auch zu dieser Zeit noch keinen Vertreter haben.

3. Anlangend die Beweislast, so hat, wer den Ausschluß der Anfechtung geltend macht, zu beweisen, daß und wann der Mann von der Geburt Kenntniß erlangt hat. Dem Manne liegt dann der Beweis ob, daß die Anfechtung innerhalb Jahresfrist seit jenem Zeitpunkt erfolgt ist. Im Uebrigen sind die für das Verfahren auf erhobene Anfechtungsklage geltenden Vorschriften der C.P.O. §§ 617, 622 mit § 641 Abs. 1 zu beachten.

4. Auf den Erlöschungsgrund des § 1594 kann nicht verzichtet werden. Die Versäumung der Frist ist von Amtswegen zu berücksichtigen.

5. Der § 1594 gilt nicht für die Fälle, in welchen es sich nicht um die Anfechtung der Ehelichkeit wegen Mangels der Voraussetzungen des § 1591, sondern aus anderen Gründen, z. B. wegen Nichtigkeit der Ehe oder wegen Unterschiebung eines Kindes handelt oder in welchen ein später als 302 Tage nach der Auflösung der Ehe geborenes Kind, mag dieses auch seine Ehelichkeit auf § 1592 Abs. 2 stützen, in Frage steht.

**§ 1595.**

**E I § 1474 Satz 1, 3; II § 1491 Abs. 1, 2 rev. § 1575; III § 1573. P. I S. 7478, 8678, 8743, 8779, 8790; M. IV S. 668. P. II S. 5812 (Bd. 4 S. 473).**

1. Der § 1595 entspricht dem § 1336 und enthält wie dieser theils materielle, theils, soweit die Anfechtung durch Erhebung der Anfechtungsklage erfolgt, prozessuale Vorschriften.

## §. 1596.

Die Anfechtung der Ehelichkeit erfolgt bei Lebzeiten des Kindes durch Erhebung der Anfechtungsklage. Die Klage ist gegen das Kind zu richten.

Wird die Klage zurückgenommen, so ist die Anfechtung als nicht erfolgt anzusehen. Das Gleiche gilt, wenn der Mann vor der Erledigung des Rechtsstreits das Kind als das seinige anerkennt.

Vor der Erledigung des Rechtsstreits kann die Unehelichkeit nicht anderweit geltend gemacht werden.

---

Der Abs. 1 Satz 1 will nur die Vertretung im Willen, nicht die Vertretung in der Erklärung des Willens ausschließen; wegen der Führung des Anfechtungsprozesses durch einen Bevollmächtigten s. C.P.O. § 641 Abs. 1 mit § 613. Der Abs. 1 Satz 2 ist eine Ausnahme von den allgemeinen Grundsätzen; der in der Geschäftsfähigkeit beschränkte (§§ 106, 114) Mann wird in Ansehung der Anfechtung der Ehelichkeit als voll geschäftsfähig behandelt.

2. Der Abs. 2 Satz 1 giebt das Anfechtungsrecht, wenn der Mann geschäftsunfähig ist, dem gesetzlichen Vertreter insbesondere deshalb, weil dieser berechtigt ist, die Ehescheidungsklage zu erheben (C.P.O. § 612 Abs. 2), und man es im Leben nicht verstehen würde, wenn der Vertreter zwar die Scheidung der Ehe wegen des Ehebruchs der Frau, nicht aber die Feststellung der Unehelichkeit des aus dem Ehebruche stammenden Kindes herbeiführen könnte. Zur Anfechtung berechtigt ist der gesetzliche Vertreter, welchem die Sorge für die Person des Mannes zusteht (s. Erl. 2 zu § 1304), also namentlich nicht der Abwesenheitspfleger. Der Mangel der Genehmigung des Vormundschaftsgerichts macht die Anfechtung unwirksam (§ 1831). Ueber die Zuständigkeit s. freiw. G.G. §§ 35, 43. Vor der Ertheilung der Genehmigung soll das Vormundschaftsgericht nach § 1847, wenn thunlich, Verwandte und Verschwägerte des Mannes hören.

Der gesetzliche Vertreter des Mannes hat, wie dieser selbst es hätte, das ausschließliche Anfechtungsrecht; auch präjudizirt die siegreiche wie die erfolglose Geltendmachung des Anfechtungsrechts durch den Vertreter dem Manne. Nur die Versäumung der Frist des § 1594 ist nach Abs. 2 Satz 2 dem Manne unschädlich und zur Anerkennung des Kindes ist der Vertreter nicht befugt (s. Erl. zu § 1598).

3. Wegen des Abs. 2 Satz 2 s. Erl. zu § 1340.

4. Der § 1595 gilt sowohl für die durch Erhebung der Anfechtungsklage (§ 1596) als für die durch Erklärung gegenüber dem Nachlaßgericht (§ 1597) erfolgende Anfechtung. Wird der Mann erst während des Rechtsstreits über die Anfechtungsklage geschäftsunfähig, so findet der § 1595 gleichfalls Anwendung (s. C.P.O. § 241). Die Rückwirkung des § 1595 auf die Prozeßfähigkeit des Mannes ergiebt sich aus § 641 Abs. 2 der C.P.O. (vergl. Vorbm. 1 zu diesem Titel). Die Verletzung des § 1595 bezw. § 641 Abs. 2 der C.P.O. ist, wenn die Anfechtung durch Erhebung der Anfechtungsklage erfolgt, nach §. 56 der C.P.O. von Amtswegen zu berücksichtigen; es kann darauf die Nichtigkeitsklage (C.P.O. § 579 Nr. 4) gestützt werden. Bei der Anfechtung durch Erklärung gegenüber dem Nachlaßgerichte gilt die Anfechtung als nicht erfolgt.

## § 1596.

**E. I § 1471 Abs. 2, § 1475 Abs. 1, § 1476 Satz 2, 3; II § 1492 rev. § 1576; III § 1574. P. I S. 7479—7486, 8777, 8823, 8841; M. IV S. 662, 669—671. P. II S. 5806, 5813—5818 (Bd. 4 S. 470, 474—476).**

1. Die Anfechtung der Ehelichkeit (über den Begriff s. Erl. 3 zu § 1593) ist formalisirt Die Form ist eine verschiedene, je nachdem die Anfechtung bei Lebzeiten (§ 1596) oder nach dem Tode (§ 1597) des Kindes erfolgt. Im ersteren Falle geschieht die Anfechtung durch Erhebung der Anfechtungsklage. Dieser kommt hiernach nicht nur die prozessuale Bedeutung einer Feststellungsklage, sondern auch die rechtsgeschäftliche des Anfechtungsakts zu. Die Anfechtungsklage ist gegen das Kind und nur gegen dieses zu richten. Die Frau kann zwar als Nebenintervenientin dem Streite über die Anfechtung beitreten, allein sie ist nicht Partei und kann deshalb als Zeugin vernommen werden. Das Kind wird in dem Rechtsstreit über die Anfechtungsklage durch einen Pfleger (§§ 181, 1630, 1795, 1909) vertreten, es müßte denn die elterliche Gewalt, z. B. wegen Ruhens der Gewalt des Vaters (§ 1684), der Mutter zustehen oder ein Vormund bestellt sein. Ob, wenn die Mutter die elterliche Gewalt hat oder Vormund ist, dem Kinde ein Pfleger bestellt werden soll, ist Thatfrage (§§ 1796, 1909, 1630, 1686).

§. 1597.

Nach dem Tode des Kindes erfolgt die Anfechtung der Ehelichkeit durch Erklärung gegenüber dem Nachlaßgerichte; die Erklärung ist in öffentlich beglaubigter Form abzugeben.

Das Nachlaßgericht soll die Erklärung sowohl demjenigen mittheilen, welcher im Falle der Ehelichkeit, als auch demjenigen, welcher im Falle der Unehelichkeit Erbe des Kindes ist. Es hat die Einsicht der Erklärung Jedem zu gestatten, der ein rechtliches Interesse glaubhaft macht.

§. 1598.

Die Anfechtung der Ehelichkeit ist ausgeschlossen, wenn der Mann das Kind nach der Geburt als das seinige anerkennt.

Die Anerkennung kann nicht unter einer Bedingung oder einer Zeitbestimmung erfolgen.

Für die Anerkennung gelten die Vorschriften des §. 1595 Abs. 1. Die Anerkennung kann auch in einer Verfügung von Todeswegen erfolgen.

---

Im Uebrigen s. wegen der Anfechtungsklage Vorbm. 1 zu diesem Titel. Wegen des Zeitpunkts, in welchem die Anfechtungklage erhoben ist, s. C.P.O. § 253 Abs. 1.

2. Die Zurücknahme der Anfechtungsklage würde nach allgemeinen Grundsätzen zwar die Folgen der Rechtshängigkeit nach § 271 der C.P.O., nicht aber den in der Erhebung der Anfechtungsklage liegenden rechtsgeschäftlichen Akt der Anfechtung beseitigen. Es könnte also jeder die Unehelichkeit nach Maßgabe der allgemeinen Grundsätze (s. Erl. zu § 1593) geltend machen. Diesem Ergebnisse tritt der Abs. 2 Satz 1 entgegen, indem er bestimmt, daß die an die Erhebung der Klage als Anfechtungsakt geknüpften Wirkungen nach rückwärts hinwegfallen.

Das Gleiche gilt nach Abs. 2 Satz 2 von der Anerkennung des Kindes durch den Vater (§ 1598). Die Anerkennung hat diese Wirkung aber nur, wenn sie vor der Erledigung des Rechtsstreits erfolgt, d. h. bevor das Urtheil ergangen oder das Kind gestorben (C.P.O. § 641 Abs. 1 mit § 628) ist.

Im Falle der Anerkennung ist die Anfechtung überhaupt ausgeschlossen (§ 1598), während sie im Falle der Zurücknahme der Klage von neuem erfolgen kann. Möglicher Weise liegt übrigens in der Zurücknahme der Klage die Anerkennung.

3. Nach allgemeinen Grundsätzen würde daraus, daß in der Erhebung der Anfechtungsklage die Anfechtung liegt, folgen, daß schon vor der Erledigung des Rechtsstreits über die Anfechtungsklage ein Jeder sich auf die in der Erhebung der Anfechtungsklage liegende Anfechtung berufen könnte. Diese Folge schneidet der Abs. 3 ab. Bis zur Erledigung des Rechtsstreits gilt das Kind als ein eheliches und es kann sich vorher Niemand auf die Anfechtung stützen. Erledigt im Sinne des Abs. 3 wird der Rechtsstreit durch Urtheil, Tod des Mannes oder Tod des Kindes. Aus Abs. 3 folgt insbesondere, daß dem Manne trotz der Erhebung der Anfechtungsklage bis zu deren Erledigung die elterliche Gewalt über das Kind zusteht, das Kind den Namen des Mannes führt, als eheliches Kind des Mannes in das Geburtsregister einzutragen ist. Eine weitere Folge ist die im § 153 der C.P.O. ausgesprochene Pflicht des Gerichts, einen Rechtsstreit auszusetzen, dessen Entscheidung davon abhängt, ob ein Kind, dessen Ehelichkeit im Wege der Anfechtungsklage angefochten ist, unehelich ist.

4. Stirbt während des Rechtsstreits über die Anfechtungsklage der Mann oder das Kind, so ist der Rechtsstreit zwar in der Hauptsache als erledigt anzusehen (C.P.O. § 641 mit § 628). Allein die Wirkungen der Anfechtung bleiben bestehen (s. Erl. zu § 1593).

**§ 1597.**

**E. I § 1475 Abs. 2; II § 1493 rev. § 1577; III § 1575. P. I S. 7479—7486, 8777, 8823, 8841; M. IV S. 671. P. II S. 5814, 8730 (Bd. 4 S. 474).**

Der § 1597 regelt die Art, in der die Anfechtung der Ehelichkeit nach dem Tode des Kindes zu erfolgen hat. Die Scheidung der Ehe und der Tod der Frau bewirken keine Abweichung von dem regelmäßigen Wege des § 1596. Der § 1597 entspricht dem § 1342. Es kann deshalb auf die Erl. zu diesem und zu § 2010 verwiesen werden.

## § 1598.

**E. I § 1472 Satz 1, 3, § 1474 Satz 1, 3; II § 1489, § 1491 Abs. 3 rev. § 1578; III § 1576. P. I S. 7463—7473; M. IV S. 665, 668. P. II S. 5806—5811 (Bd. 4 S. 470—473). R.B. S. 2070.**

1. Die Anerkennung ist ein einseitiges Rechtsgeschäft des Mannes, welches den Willen des Mannes zum Ausdrucke bringt, das Kind als eheliches zu behandeln. Nicht nothwendig ist dabei, daß der Mann an der Ehelichkeit zweifelt. Die in der Anerkennung liegende Willenserklärung bedarf nicht der Annahme, sie braucht nicht einem Andern gegenüber abgegeben zu werden.

Eine Form ist für die Anerkennung nicht vorgeschrieben. Das Erforderniß einer ausdrücklichen Willenserklärung, wie es der E. I § 1472 Satz 1 vorgeschrieben hatte, wurde von der zweiten Kommission fallen gelassen. Die Anerkennung kann also auch stillschweigend geschehen. In der zweiten Kommission war der Antrag gestellt: „Zur Anerkennung ist die Bethätigung des Willens erforderlich, das Kind als eheliches gelten zu lassen." (P. II S. 5807). Der Antrag, welcher in dem Sinne gemeint war, daß eine Bethätigung des Willens genügen solle, wurde abgelehnt. Als Grund für die Ablehnung wird in dem Protokolle (II S. 5810) angeführt: „Die Anerkennungshandlung müsse den Charakter einer Willenserklärung, d. h. einer auf Herbeiführung einer beabsichtigten rechtlichen Wirkung gerichteten Handlung an sich tragen." Hieraus könnte man schließen, daß eine Handlung, die nicht zu dem Zwecke erfolgt, den Willen der Anerkennung zu erklären, die vielmehr diesen Willen voraussetzt und bethätigt, nicht genügen solle. Man wird indessen auf diese Ausführung der Protokolle kein entscheidendes Gewicht legen dürfen. Es kommt vielmehr lediglich auf die allgemeine Frage an, ob eine Willensbethätigung als gleichwerthig mit der auf Erklärung des Willens gerichteten Handlung anzusehen ist. Diese Frage ist, wie in Bd. I S. 162 ff. dargelegt ist, für einseitige nicht empfangsbedürftige Willenserklärungen, also auch für die hier fragliche Anerkennung zu bejahen.

Eine stillschweigende Anerkennung wird namentlich regelmäßig in der Anzeige der Geburt am Standesamte liegen. Durch die Anzeige erklärt der Mann, daß er sich als ehelicher Vater zur Anzeige verpflichtet erachte. Will der Mann diese Folgerung vermeiden, so gebietet ihm die Vorsicht, Verwahrung gegen die Vaterschaft einzulegen. Der Standesbeamte ist verpflichtet, die Verwahrung bei der Eintragung des Geburtsfalls zu beurkunden (Sicherer, Hinschius zu § 22 des Personst.G., unrichtig P. II S. 5809, Bd. 4 S. 472). Eine Anerkennung liegt ferner regelmäßig darin, daß der Mann als Inhaber der elterlichen Gewalt auftritt, insbesondere Rechtsgeschäfte für das Kind abschließt. Zu beachten ist übrigens, daß das Kind, solange die Anfechtung nicht erfolgt ist, als eheliches gilt (s. Erl. 3 zu § 1596) und daß daher nicht ohne weiteres in jeder Handlung, welche die Ehelichkeit des Kindes voraussetzt, eine Bethätigung des Anerkennungswillens gefunden werden kann.

2. Vor der Geburt des Kindes ist die Anerkennung unzulässig. In Folge dessen ist nach dem B.G.B. die Frage gegenstandslos, ob die Kenntniß der Schwangerschaft zur Zeit der Eheschließung den Verlust des Anfechtungsrechts bewirkt. Durch den Tod des Kindes wird die Anerkennung nicht ausgeschlossen.

3. Die Anerkennung untersteht den allgemeinen Grundsätzen über Rechtsgeschäfte, jedoch mit einigen Abweichungen. Der Abs. 2 schließt die Beifügung einer Bedingung oder Zeitbestimmung aus. Der Abs. 3 Satz 1 regelt durch Verweisung auf § 1595 Abs. 1 die Zulässigkeit der Vertretung bei der Anerkennung. Danach kann die Anerkennung nicht durch einen Vertreter erfolgen; selbstverständlich ist die Vertretung in der Erklärung des Willens nicht ausgeschlossen. Der Mann bedarf ferner, wenn er in der Geschäftsfähigkeit beschränkt ist, zur Anerkennung nicht der Zustimmung des gesetzlichen Vertreters. Der Vertreter des geschäftsunfähigen Mannes kann, da der § 1595 Abs. 2 nicht für anwendbar erklärt ist, das Kind nicht anerkennen; solange der Mann geschäftsunfähig ist, kann mithin die Anerkennung nicht erfolgen. Die Anfechtung der Anerkennung ist übrigens dem gesetzlichen Vertreter des geschäftsunfähigen Mannes gestattet (s. Erl. zu § 1599).

4. Nach Abs. 3 Satz 2 kann die Anerkennung auch durch Verfügung von Todeswegen — Testament (§ 1937) oder Erbvertrag (§ 2299) — erfolgen. Selbstverständlich erlangt eine derartige Anerkennung nur Wirksamkeit, wenn die Verfügung überhaupt wirksam wird, also bis zum Tode des Mannes nicht zurückgenommen worden ist.

5. Die Anerkennung wirkt (anders in den Fällen der §§ 1718, 1720 bei nicht in der Ehe oder später als 302 Tage nach der Auflösung der Ehe (§ 1593) geborenen Kindern) nicht lediglich als Beweismittel oder als Entstehungsgrund für die Vermuthung der ehelichen Erzeugung, sondern führt den Verlust des Anfechtungsrechts des Mannes und gemäß § 1593 die Feststellung der Ehelichkeit sowohl gegenüber dem Manne als gegenüber dem Kinde selbst, der Frau und Dritten herbei und zwar auch dann, wenn der Mann weiß, daß das Kind

§. 1599.

Ist die Anerkennung der Ehelichkeit anfechtbar, so finden die Vorschriften der §§. 1595 bis 1597 und, wenn die Anfechtbarkeit ihren Grund in arglistiger Täuschung oder in Drohung hat, neben den Vorschriften des §. 203 Abs. 2 und des §. 206 auch die Vorschrift des §. 203 Abs. 1 entsprechende Anwendung.

---

nicht von ihm erzeugt ist. Durch die nach § 1598 erfolgende Anerkennung wird aber weder dem Manne, noch dem Kinde oder Dritten die Befugniß abgeschnitten, die Ehelichkeit des Kindes deshalb zu bestreiten, weil das Kind nicht von der Frau geboren oder die Ehe nichtig ist und die Voraussetzungen einer Putativehe nach § 1699 nicht vorliegen. Auch betrifft der § 1598 nur die Anerkennung eines in der Ehe oder 302 Tage nach Auflösung der Ehe geborenen Kindes. Die Anerkennung eines später als 302 Tage nach der Auflösung der Ehe geborenen Kindes präjudizirt lediglich dem Manne und zwar nur nach Maßgabe des § 1718, also nur, wenn die dort vorgeschriebene Form beobachtet ist, und nur in Ansehung des Unterhaltsanspruchs und der unehelichen Vaterschaft.

**§ 1599.**

**E. I § 1478; II § 1494 rev. § 1579; III § 1577. P. I S. 8113—8116; M. IV S. 674. P. II S. 5819 (Bd. 4 S. 477).**

**1.** Da die Anerkennung der Ehelichkeit (§ 1598) ein einseitiges nicht empfangsbedürftiges Rechtsgeschäft ist, finden auf sie die allgemeinen Grundsätze über die Anfechtbarkeit von Rechtsgeschäften Anwendung. Der § 1599 bestimmt jedoch gewisse Abweichungen von diesen Grundsätzen, indem er die §§ 1595—1597 und den § 203 Abs. 1 für anwendbar erklärt.

Die Anwendbarkeit führt zu folgendem Ergebnisse:

a) Die Anerkennung kann wegen Irrthums (§ 119) oder unrichtiger Uebermittelung (§ 120) anfechtbar sein; in beiden Fällen muß die Anfechtung unverzüglich erfolgen (§ 121). Die Anerkennung kann wegen arglistiger Täuschung oder Drohung (§ 123) anfechtbar sein. In diesem Falle bestimmt sich die Anfechtungsfrist nach § 124, es findet jedoch, abweichend von § 124 Abs. 2, auch der § 203 Abs. 1 Anwendung.

b) Die Anfechtung der Anerkennung kann nicht durch einen Vertreter erfolgen; der in der Geschäftsfähigkeit beschränkte Mann gilt als voll geschäftsfähig; der gesetzliche Vertreter kann zwar die Ehelichkeit nicht anerkennen (Erl. zu § 1598), aber er kann die Anerkennung mit Genehmigung des Vormundschaftsgerichts anfechten (§ 1595). Das Vormundschaftsgericht wird nach § 1847 Verwandte und Verschwägerte des Mannes vorher zu hören haben.

c) Ist der Mann gestorben, ohne die Anerkennung angefochten aber auch ohne das Recht der Anfechtung verloren zu haben, so erhebt sich die Frage, ob das Recht auf die Erben des Mannes übergeht. Sie wird mit Rücksicht darauf zu verneinen sein, daß das Recht, die Anerkennung anzufechten, ebenso wie das Recht, die Ehelichkeit anzufechten, ein höchst persönliches ist. Ist der Mann gestorben, ohne das Recht, die Ehelichkeit anzufechten, verloren zu haben, so geht das Recht nun zwar nicht auf seine Erben über, aber die Unehelichkeit des Kindes kann dann von Jedem geltend gemacht werden. Eine entsprechende Anwendung dieser Vorschrift auf den hier fraglichen Fall ist nicht möglich, weil sie bedeuten würde, daß sich die Anfechtbarkeit mit dem Tode des Mannes in Nichtigkeit verwandelte. Man wird daher annehmen müssen, daß die Anerkennung, wenn sie von dem Manne nicht angefochten ist, mit dessen Tode unanfechtbar wird. Hierfür spricht auch die Analogie des § 1338 (M. IV S. 674).

d) Die Anfechtung der Anerkennung geschieht bei Lebzeiten des Kindes durch Erhebung der Anfechtungsklage gegen das Kind, nach dem Tode des Kindes durch Erklärung gegenüber dem Nachlaßgerichte (§§ 1596, 1597); hierin liegt eine Abweichung von § 143. Wenn die Klage erhoben ist, kann bis zur Entscheidung über die Klage von Niemandem in einem Rechtsstreit oder sonstwie geltend gemacht werden, daß die Anerkennung anfechtbar und das Kind deshalb unehelich sei (§ 1596 Abs. 3).

e) Ist die Anfechtung der Anerkennung mit Recht erfolgt, so gilt sie für alle Betheiligte nach rückwärts als nicht erfolgt (§ 142).

f) Durch die Bestätigung der Anerkennung wird die bisherige Anfechtbarkeit von Anfang an geheilt (§ 144). Die Folgerichtigkeit verlangt, daß zur Bestätigung nur der Mann befugt ist, obgleich § 144 von dem Anfechtungsberechtigten spricht und anfechtungsberechtigt auch der gesetzliche Vertreter ist.

## §. 1600.

Wird von einer Frau, die sich nach der Auflösung ihrer Ehe wiederverheirathet hat, ein Kind geboren, das nach den §§. 1591 bis 1599 ein eheliches Kind sowohl des ersten als des zweiten Mannes sein würde, so gilt das Kind, wenn es innerhalb zweihundertundsiebzig Tagen nach der Auflösung der früheren Ehe geboren wird, als Kind des ersten Mannes, wenn es später geboren wird, als Kind des zweiten Mannes.

---

2. Der Rechtsstreit, welcher die Klage auf Anfechtung der Anerkennung betrifft, ist in der C.P.O. § 641 ebenso behandelt, wie die Klage auf Anfechtung der Ehelichkeit als solche (vergl. die Vorbm. 2 zu diesem Titel).

3. Die Anerkennung der Ehelichkeit kann auch nichtig sein, z. B. nach § 118 oder weil sie vom gesetzlichen Vertreter ausging. In solchen Fällen kommen die §§ 1595—1597 unmittelbar zur Anwendung, d. h. die Anerkennung wird als nicht geschehen betrachtet.

## § 1600.

**E. I § 1479; II § 1495 rev. § 1580; III § 1578. P. I S. 7512—7517, 8827; M. IV S. 675. P. II S. 5820 (Bd. 4 S. 478).**

1. Wenn die Frau von dem Ehehindernisse der Wartezeit (§ 1313) befreit worden ist oder diesem Verbote zuwider geheirathet hat, kann sich in Folge der frühzeitigen Wiederverheirathung der Widerstreit ergeben, daß das in der zweiten Ehe geborene Kind sowohl als ein Kind des ersten als auch als ein Kind des zweiten Mannes angesehen werden müßte. Dieser Widerstreit bedarf der Lösung. Der § 1600 trifft diese, indem er die gewöhnliche Dauer der Schwangerschaft zu Grunde legt und demgemäß das Kind, wenn es binnen 270 Tagen nach Auflösung der ersten Ehe geboren wird, dieser, anderen Falles der zweiten Ehe zuweist.

2. Der im § 1600 behandelte Fall kann nur eintreten, wenn wenigstens ein Theil der Empfängnißzeit (§ 1592) des Kindes noch in die erste Ehe fällt und das Kind in der zweiten Ehe geboren worden ist. Unter diesen Voraussetzungen ist der Fall zunächst in der Weise möglich, daß während der Empfängnißzeit sowohl der Mann der ersten Ehe als auch der Mann der zweiten Ehe der Frau beigewohnt hat, wobei es gleichgültig ist, ob die Beiwohnung des zweiten Mannes in die Zeit der ersten Ehe oder in die Zwischenzeit zwischen der ersten und zweiten Ehe oder in die zweite Ehe fällt. Der Fall ist ferner in der Weise denkbar, daß während der Empfängnißzeit nur der Mann der ersten Ehe oder nur der Mann der zweiten Ehe der Frau beigewohnt hat, der Mann der ersten Ehe bezw. der Mann der zweiten Ehe aber das Anfechtungsrecht noch nicht ausgeübt oder es nach den §§ 1594, 1598 verloren hat. Hervorzuheben ist, daß die sämmtlichen Vorschriften über die Ehelichkeit, nicht blos der § 1591 im § 1600 angeführt sind. Aus welchem Grunde die erste Ehe aufgelöst worden ist, ist gleichgültig. Dagegen ist der Fall des § 1600 nicht gegeben, wenn sich bei Anwendung der §§ 1591—1599 ein Widerstreit nicht ergiebt. Dies trifft insbesondere dann zu, wenn der Mann der ersten Ehe oder der Mann der zweiten Ehe die Ehelichkeit des Kindes mit Erfolg angefochten hat. In solchen Fällen verbleibt es lediglich bei den allgemeinen Bestimmungen. Wenn also z. B. der Mann der ersten Ehe die Ehelichkeit mit Erfolg angefochten hat, ist das Kind auch dann ein eheliches Kind des zweiten Mannes, wenn es schon vor dem 270. Tage geboren worden ist, während umgekehrt, wenn der Mann der zweiten Ehe die Ehelichkeit mit Erfolg angefochten hat, das Kind auch dann ein eheliches Kind des ersten Mannes ist, wenn es erst nach dem 270. Tage geboren worden ist. Darauf, ob die Frau dem Gesetze zuwider geheirathet hat, kommt es nicht an. Natürlich muß es sich aber überhaupt um eine gültige oder doch um eine putative (§ 1699) Ehe handeln. Ist die erste oder die zweite Ehe nichtig und liegen die Voraussetzungen nicht vor, unter denen die Kinder aus einer solchen Ehe als eheliche gelten (§ 1699), so kann auch von der Anwendbarkeit der §§ 1591—1599 in Bezug auf die nichtige Ehe keine Rede sein. Das Kind ist dann ein eheliches Kind desjenigen Mannes, dessen Ehe gültig ist.

3. Die Frist berechnet sich nach § 187 Abs. 1, § 188 Abs. 2. Im Falle der Scheidung der ersten Ehe beginnt die Frist mit dem Tage, der auf den Tag, an dem die Rechtskraft des Urtheils (C.P.O. § 705) eintritt, folgt.

4. Der § 1600 stellt nicht lediglich eine Vermuthung, sondern eine gesetzliche Regel auf. Der Beweis, daß das Kind entgegen der Regel des § 1600 von dem Manne der ersten bezw. von dem der zweiten Ehe erzeugt sei, ist ausgeschlossen (a. A. Staudinger Erl. 3 zu § 1600).

# Dritter Titel.

## Unterhaltspflicht.

---

### Dritter Titel.

**I.** Privatrechtlicher Charakter der Unterhaltspflicht. Die §§ 1601 ff. regeln nur die privatrechtliche Unterhaltspflicht der Verwandten. Die das Verhältniß der Armenverbände zu den unterhaltspflichtigen Verwandten betreffenden Vorschriften des öffentlichen Rechtes, insbesondere des Gesetzes über den Unterstützungswohnsitz v. 6. Juni 1870 (Fassung von 1894, R.G.Bl. S. 262) bleiben unberührt. Vergl. auch Art. 103 E.G. und Schäfer in Gruchot Bd. 41 S. 229 ff.

**II.** Rechtliche Natur des Unterhaltsanspruchs. Der Unterhaltsanspruch ist, wie sich schon aus der Einreihung der den Unterhaltsanspruch regelnden Vorschriften in das Familienrecht ergiebt, vom B.G.B. als ein familienrechtlicher Anspruch gestaltet worden. Das Verwandtschaftsverhältniß allein erzeugt jedoch noch nicht den Unterhaltsanspruch, sondern es ist nur die Grundlage, auf welcher mit dem Eintritte des Bedürfnisses auf der einen Seite und unter der Voraussetzung der Leistungsfähigkeit auf der anderen Seite der Anspruch auf Unterhalt entsteht. Insofern der Unterhaltsanspruch auf eine Leistung gerichtet ist, hat er natürlich obligatorischen Charakter und finden auf ihn, soweit nicht aus den besonderen Bestimmungen des B.G.B. sich ein Anderes ergiebt, die allgemeinen Grundsätze des Rechtes der Schuldverhältnisse Anwendung (s. Vorbm. zu Bd. II S. 5).

Wie auf Grund eines dinglichen Rechtsverhältnisses auch obligatorische Ansprüche erwachsen können, so auch auf Grund des durch die Verwandtschaft begründeten familienrechtlichen Verhältnisses. Dieses familienrechtliche Verhältniß und die daraus sich ergebende sittliche Pflicht sind es, welche, so oft das Bedürfniß eintritt, fort und fort den Anspruch auf Unterhalt erzeugen. Der Unterhaltsanspruch erscheint daher auch nicht, wenn der Bedürfnißfall einmal eingetreten ist, als eine einheitliche Obligation auf Unterhalt, welche so lange fortdauert, bis ihre Voraussetzungen auf der einen oder der anderen Seite weggefallen sind, sondern als ein Anspruch, der wie die sittliche Pflicht, auf welcher er beruht, sich fort und fort erneuert, solange die Voraussetzungen begründet sind (M. IV S. 677).

Aus dieser Auffassung der rechtlichen Natur des Unterhaltsanspruchs ergiebt sich namentlich die Unverjährbarkeit des Anspruchs im Ganzen sowie die Unvererblichkeit nach dem Tode des Pflichtigen. Eine weitere Folge ist, daß der Berechtigte den Anspruch auf Unterhalt für die Zukunft im Konkurse des Verpflichteten nicht geltend machen kann (§ 3 K.O.).

Daraus, daß auf den Unterhaltsanspruch die Vorschriften über das Recht der Schuldverhältnisse Anwendung finden, soweit nicht besondere Bestimmungen getroffen sind, ergiebt sich z. B., daß der Unterhaltspflichtige, welcher seine Verpflichtung schuldhafter Weise nicht erfüllt, schadensersatzpflichtig ist, ferner daß der Unterhaltspflichtige nach Maßgabe der allgemeinen Grundsätze mit seiner Leistung in Verzug kommen kann und die gewöhnlichen Folgen des Verzugs zu tragen hat. Insbesondere aber folgt daraus, daß Erfüllung der Unterhaltspflicht Erfüllung einer Verbindlichkeit ist, daß der Umstand, daß der Unterstützte später zu Vermögen gelangt, den unterstützenden Verwandten nicht berechtigt, das auf Grund der Unterhaltspflicht Geleistete wieder zurückzufordern.

**III.** Der Rechtsgrund der Unterhaltspflicht der Verwandten ist das durch die Einheit des Blutes begründete natürliche Verhältniß. Das B.G.B. führt auch die Unterhaltspflicht zwischen Eltern und Kindern auf keinen anderen Rechtsgrund als die Unterhaltspflicht der Verwandten überhaupt zurück. Insbesondere betrachtet es die Unterhaltspflicht der Eltern gegenüber den Kindern nicht als einen Ausfluß oder eine Last der mit der elterlichen Gewalt verbundenen Nutznießung (M. IV S. 678). Dadurch wird übrigens nicht ausgeschlossen, daß die Unterhaltspflicht zwischen Eltern und Kindern bis zu einem gewissen Grade von der elterlichen Nutznießung beeinflußt wird (vergl. § 1602 Abs. 2, § 1603 Abs. 2, § 1606 Abs. 2 Satz 2, auch § 1585 Abs. 1 Satz 1).

**IV.** Die §§ 1601 ff. haben zunächst nur die Blutsverwandten im Sinne des § 1589 im Auge. Sie gelten jedoch auch für die aus einer nichtigen Ehe entsprossenen Kinder, soweit diese unter den Voraussetzungen der §§ 1699, 1700 als eheliche gelten, sowie für die durch Legitimation oder Annahme an Kindesstatt Verbundenen.

Das B.G.B. kennt aber auch außerhalb der §§ 1601 ff. gewisse Unterhaltspflichten.

1. Auf familienrechtlicher Grundlage:

a) die Unterhaltspflicht der Ehegatten während der Ehe (§§ 1360, 1361), nach Nichtigkeitserklärung der Ehe (§§ 1345, 1346), nach der Scheidung (§§ 1578 ff.), nach Aufhebung der ehelichen Gemeinschaft (§ 1586), bei Anfechtung der nach der Todeserklärung des früheren Ehegatten geschlossenen Ehe (§ 1351);

b) die Unterhaltspflicht des Vaters gegenüber dem unehelichen Kinde aus nichtiger Ehe (§ 1703);

c) die Unterhaltspflicht des unehelichen Vaters (§§ 1708 ff).

2. Auf erbrechtlicher Grundlage:

a) die Unterhaltspflicht des Erben gegenüber Familienangehörigen des Erblassers (§ 1969);

b) die Unterhaltspflicht gegenüber der Mutter des Erben oder Nacherben, dessen Geburt zu erwarten ist (§§ 1963, 2141).

3. Auf obligatorischer Grundlage:

a) die Unterhaltspflicht gegenüber dem verarmten Schenker (§ 528);

b) die Gewährung von Unterhalt als Schadensersatz wegen unerlaubter Handlung (§§ 843, 844), insbesondere bei Tödtung des kraft Gesetzes Unterhaltspflichtigen (§ 844).

**V.** Für den Unterhaltsanspruch gelten in mehrfachen Beziehungen Sondervorschriften. Die wichtigsten sind folgende:

1. Die Erfüllung des Unterhaltsanspruchs ist dadurch bis zu einem gewissen Grade gefördert, daß der Schuldner in bestimmten Fällen aus bestehenden Unterhaltsverpflichtungen eine Einrede gegen die Erfüllung eines anderen Schuldverhältnisses entnehmen kann:

a) Die Verweigerung der Erfüllung eines Schenkungsversprechens und die Rückforderung einer Schenkung ist mit Rücksicht auf gesetzliche Unterhaltspflichten (§§ 519, 528, 529 Abs. 2) zulässig;

b) demjenigen, welcher, obwohl ohne Verschulden, aus Billigkeitsgründen zum Schadensersatze verpflichtet ist, dürfen durch die Schadloshaltung des Verletzten nicht die Mittel entzogen werden, deren er zur Erfüllung seiner Unterhaltspflichten bedarf (§ 829);

c) die Zwangsvollstreckung ist im Interesse der Erfüllung der dem Schuldner obliegenden gesetzlichen Unterhaltspflichten gewissen Beschränkungen unterworfen (C.P.O. § 850 Abs. 1 Nr. 3, §§ 861—863), insbesondere hinsichtlich der fortlaufenden Einkünfte, die der Schuldner aus Stiftungen oder sonst auf Grund einer Fürsorge und Freigebigkeit eines Dritten bezieht, ferner hinsichtlich der von dem Schuldner als Ehemann auf Grund seiner Nutznießung erworbenen Früchte des eingebrachten Gutes der Frau und hinsichtlich der von dem Schuldner als Inhaber der elterlichen Nutznießung erworbenen Früchte des Vermögens des Kindes.

2. Auf die Verletzung der Unterhaltspflicht sind gewisse besondere Nachtheile gesetzt:

a) Wegen der Entziehung des Pflichttheils vergl. § 2333 Nr. 4, § 2334;

b) wegen der Klage der Frau auf Aufhebung der Verwaltung und Nutznießung vgl. § 1418 Abs. 1 Nr. 2, der allgemeinen Gütergemeinschaft § 1468 Nr. 3, der Errungenschaftsgemeinschaft § 1542, der Fahrnißgemeinschaft § 1549; wegen der Einbehaltung des Beitrags der Frau aus ihrem Vorbehaltsgut und bei Gütertrennung vergl. § 1428 mit §§ 1371, 1441, 1526, 1549;

c) wegen der Klage eines antheilsberechtigten Abkömmlinges auf Abschichtung bei der fortgesetzten Gütergemeinschaft vergl. § 1495 Nr. 3;

d) wegen der Entziehung der elterlichen Vermögensverwaltung und Nutznießung vergl. § 1666 Abs. 2, § 1686;

e) vergl. ferner St.G.B. § 361 Abs. 1 Nr. 10, Abs. 2 in der Fassung des Gesetzes v. 12. März 1894.

3. Wegen der Geschäftsführung ohne Auftrag, bestehend in der Erfüllung einer gesetzlichen Unterhaltspflicht gegen den Willen des Geschäftsherrn s. §§ 678, 679, 683; über die Vermuthung der Unentgeltlichkeit, wenn Eltern oder Voreltern ihren Abkömmlingen oder diese jenen Unterhalt gewähren, s. § 685 Abs. 2.

4. Der Unterhaltsanspruch ist nicht pfändbar (C.P.O. § 850 Abs. 1 Nr. 2). Der Unterhaltsanspruch ist somit auch nicht übertragbar (§ 400), nicht aufrechenbar (§ 394), nicht verpfändbar (§ 1274), nicht Gegenstand eines Nießbrauchs (§ 1069) und gehört nicht zur Konkursmasse (K.O. § 1).

**VI.** Der Unterhaltsanspruch ist der Verjährung nicht unterworfen, soweit künftige Leistungen in Frage stehen (§ 194 Abs. 2, M. I S. 295, IV S. 711). Rückstände von Unterhaltleistungen verjähren in vier Jahren (§ 197), doch ist die Verjährung solcher Ansprüche zwischen Eltern und Kindern während der Minderjährigkeit der Kinder gehemmt (§ 204).

§. 1601.

Verwandte in gerader Linie sind verpflichtet, einander Unterhalt zu gewähren.

---

**VII.** Für die prozessuale Verwirklichung des Unterhaltsanspruchs gelten folgende Sonderbestimmungen:

1. Es kann auch wegen der erst nach Erlassung des Urtheils fällig werdenden Unterhaltsleistungen Klage auf künftige Entrichtung erhoben werden (C.P.O. § 258).

2. Für die Unterhaltsleistungen, welche für die Zeit nach der Erhebung der Klage und für das der Klage vorausgehende letzte Vierteljahr zu entrichten sind, ist das Urtheil nach § 708 Nr. 6 der C.P.O. auch ohne Antrag für vorläufig vollstreckbar zu erklären.

3. Auch nach Eintritt der Rechtskraft eines auf Unterhaltsleistung gerichteten Urtheils hat jeder Theil das Recht, eine Abänderung des Urtheils zu verlangen, wenn inzwischen die Verhältnisse, welche für die Verurtheilung zur Entrichtung der Leistung, für die Bestimmung ihrer Höhe oder für die Bestimmung der Dauer ihrer Entrichtung maßgebend waren, sich wesentlich geändert haben (C.P.O. § 323).

4. Zu Gunsten des gesetzlichen Unterhaltsanspruchs fallen gewisse Pfändungsbeschränkungen weg. Vergl. C.P.O. § 850 Abs. 4, Beschlagnahmegesetz v. 21. Juni 1869 in der Fassung des Gesetzes v. 29. März 1897 § 4 Nr. 3, ferner die Versicherungsgesetze, insbesondere das Krankenversicherungsgesetz v. 10. April 1892 § 56, das Unfallversicherungsgesetz v. 6. Juli 1884 § 68, das Invalidenversicherungsgesetz in der Fassung v. 19. Juli 1899 § 55.

5. Wegen des Konkurses des Unterhaltspflichtigen s. K.O. § 3 Abs. 2. Danach können Unterhaltsansprüche, die nach den §§ 1601—1615 gegen den Gemeinschuldner begründet sind, für die Zukunft nur geltend gemacht werden, soweit der Gemeinschuldner als Erbe des Verpflichteten haftet.

**VIII.** Inhalt der §§ 1601—1615. Die §§ 1601—1605 regeln die Voraussetzungen der Unterhaltspflicht, nämlich die Verwandtschaft (§ 1601), die Bedürftigkeit des den Unterhalt Verlangenden (§ 1602) und die Leistungsfähigkeit des in Anspruch Genommenen (§§ 1603 bis 1605). Die §§ 1606—1608 betreffen das Vorhandensein mehrerer Unterhaltspflichtiger, der § 1606 bestimmt die Reihenfolge derselben, der § 1607 regelt den Fall, daß der zunächst Unterhaltspflichtige leistungsunfähig oder schwer belangbar ist, der § 1608 den Fall, daß der Bedürftige verheirathet ist oder war. Im § 1609 ist der Fall geordnet, daß mehrere Bedürftige vorhanden sind und der Verpflichtete nicht im Stande ist, allen Unterhalt zu gewähren. Die §§ 1610, 1611 regeln das Maß des zu gewährenden Unterhalts, der § 1612 handelt von der Art der Unterhaltsgewährung. Der § 1613 stellt den Satz „**in praeteritum non vivitur**" auf, der § 1614 hat den Verzicht auf den Unterhalt und die Folgen der Vorausleistung zum Gegenstande. Im § 1615 werden Vorschriften für den Fall des Todes des Berechtigten oder des Verpflichteten getroffen.

**IX.** Ueber das internationale Privatrecht ist im E.G. eine besondere Bestimmung hinsichtlich der Unterhaltspflicht nicht vorgesehen. Auch Uebergangsbestimmungen sind im E.G. bezüglich der Unterhaltspflicht nicht getroffen. Im Uebrigen s. Erl. zu Abschn. I und Abschn. IV des E.G.

**X.** Literatur: Opet, Das Verwandtschaftsrecht 1899, S. 71 ff.; Hussarek in Grünhuts Zeitschrift **XX** S. 481 ff., Knitschky, Das Rechtsverhältniß zwischen Eltern und Kindern, 1899, S. 110 ff., Fränkel, Das Familienrecht, 1898, S. 109 ff.; Spahn, Verwandtschaft und Vormundschaft, 1900, S. 45 ff.

**§ 1601.**

**E. I § 1480; II § 1496 rev. § 1581; III § 1579. P. I S. 7529; M. IV S. 678. P. II S. 1582 (Bd. 4 S. 478). K.B. S. 2070.**

1. Der § 1601 versteht unter Verwandten nur die Personen, welche nach Maßgabe des § 1589 blutsverwandt sind. Soweit indessen durch Legitimation oder Annahme an Kindesstatt ein Verwandtschaftsverhältniß begründet wird (§§ 1719, 1736, 1737, 1757, 1762, 1763), finden die Vorschriften über die Unterhaltspflicht der Verwandten in Ermangelung besonderer Vorschriften (§§ 1739, 1766) auch auf diejenigen Personen Anwendung, auf welche sich die Wirkungen jenes Rechtsverhältnisses erstrecken. Wegen der Kinder aus nichtigen Ehen s. Erl. zu den §§ 1699—1703, wegen der unehelichen Kinder s. §§ 1705, 1708—1714.

2. Keine Unterhaltspflicht besteht unter Geschwistern (anders der E. I vergl. Zstllg. IV S. 355). Eine Unterhaltspflicht besteht ferner nicht unter Verschwägerten. Insbesondere ist zwischen Stiefeltern und Stiefkindern, zwischen Schwiegereltern und Schwiegerkindern eine gesetzliche Unterhaltspflicht nicht anerkannt.

§. 1602.

Unterhaltsberechtigt ist nur, wer außer Stande ist, sich selbst zu unterhalten. Ein minderjähriges unverheirathetes Kind kann von seinen Eltern, auch wenn es Vermögen hat, die Gewährung des Unterhalts insoweit verlangen, als die Einkünfte seines Vermögens und der Ertrag seiner Arbeit zum Unterhalte nicht ausreichen.

§. 1603.

Unterhaltspflichtig ist nicht, wer bei Berücksichtigung seiner sonstigen Verpflichtungen außer Stande ist, ohne Gefährdung seines standesmäßigen Unterhalts den Unterhalt zu gewähren.

---

§ 1602.

**E. I § 1481 Abs. 1, 3; II § 1497 rev. § 1582; III § 1580. P. I S. 7533—7542; M. IV S. 680. P. II S. 1582 (Bd. 4 S. 478—480).**

1. Außer Stande sich selbst zu unterhalten ist nur, wer weder aus seinem Vermögen noch aus dem Ertrage seiner Arbeit sich seine Lebensbedürfnisse bestreiten kann. Wer zwar nicht aus den Einkünften, dagegen aus dem Stamme seines Vermögens das zum Unterhalt Erforderliche sich verschaffen kann, ist nicht unterhaltsberechtigt. Ebensowenig ist unterhaltsberechtigt, wer zwar völlig vermögenslos, aber arbeitsfähig ist. Der Begriff der Vermögenslosigkeit und Arbeitsfähigkeit ist aber nur relativ zu nehmen. Besitz von Vermögen, welches zur Bestreitung des Unterhalts nicht verwerthet werden kann, steht der Vermögenslosigkeit gleich. Gleiches gilt von der Arbeitskraft, die nur zu Arbeitsleistungen gebraucht werden kann, welche dem Berechtigten nach Lage der Verhältnisse, insbesondere mit Rücksicht auf den Beruf, welchen sich der Berechtigte mit Zustimmung dessen, der hierüber das Bestimmungsrecht hat, auswählte, nicht zugemuthet werden können; ein Universitätsstudent z. B. wird daher regelmäßig als erwerbsunfähig im Sinne des § 1602 anzusehen sein (vergl. Bolze I S. 107).

2. Eine Ausnahme hiervon macht der Abs. 2 zu Gunsten eines minderjährigen unverheiratheten Kindes gegenüber seinen Eltern. Das Kind ist schon dann unterhaltsberechtigt, wenn es sich den Unterhalt nicht aus den Einkünften des Vermögens oder dem Ertrage seiner Arbeit verschaffen kann, es muß also nicht vorher erst sein Stammvermögen aufzehren. Als Einkünfte des Vermögens sind auch die Einkünfte des freien Vermögens (§§ 1650, 1651) zu berücksichtigen. Auch die Einkünfte des freien Vermögens sind also zunächst, d. h. bevor die Unterhaltspflicht der Eltern in Anspruch genommen werden kann, für den Unterhalt des Kindes zu verwenden. Dies gilt selbst dann, wenn der Reinertrag der elterlichen Nutznießung zum Unterhalte des Kindes hinreichen würde (R.G. Bd. 9 S. 280). Als Arbeitsertrag kommt der Ertrag einer jeden Erwerbsthätigkeit (s. insbesondere § 112) in Betracht. Die Ausnahme gilt nicht zu Gunsten verheiratheter, auch nicht zu Gunsten verheirathet gewesener Kinder. Dagegen kommt es nicht darauf an, ob dem in Anspruch genommenen Elterntheile (§ 1606) die elterliche Nutznießung oder überhaupt die elterliche Gewalt zusteht. Die Ausnahme gilt ferner nicht gegenüber unvermöglichen Eltern, vergl. § 1603 Abs. 2.

3. Dadurch daß der Berechtigte sich als Untersuchungs- oder Strafgefangener im Gefängnisse befindet, wird der Unterhaltsanspruch weder abgeschwächt noch hinfällig. Der Berechtigte bezw. der Staat kann also Leistung des Unterhalts im Gefängnisse verlangen, soweit der Gefangene den Unterhalt aus dem Stamme und den Einkünften des Vermögens und aus seinem Arbeitsverdienste nicht decken kann.

4. Der Beweis der Bedürftigkeit trifft denjenigen, welcher den Unterhalt fordert.

§ 1603.

**E. I § 1482; II § 1498 rev. § 1583; III § 1581. P. I S. 7542—7547, 8814; M. IV S. 685. P. II S. 5824, 8663 (Bd. 4 S. 480; Bd. 6 S. 296). K.B. S. 2071. St.B. S. 2971.**

Der § 1603 stellt als Voraussetzung für die Unterhaltspflicht die Leistungsfähigkeit des in Anspruch Genommenen auf.

1. Bei Bemessung der Leistungsfähigkeit kommt nicht nur der Betrag der Einkünfte des in Anspruch Genommenen, sondern auch der Stamm seines Vermögens sowie die Fähigkeit durch Arbeit etwas zu verdienen in Betracht, die Erwerbsfähigkeit selbstverständlich nur, soweit dem in Anspruch Genommenen nach den Umständen eine (standesmäßige) Arbeit zugemuthet werden kann.

Befinden sich Eltern in dieser Lage, so sind sie ihren minderjährigen unverheiratheten Kindern gegenüber verpflichtet, alle verfügbaren Mittel zu ihrem und der Kinder Unterhalte gleichmäßig zu verwenden. Diese Verpflichtung tritt nicht ein, wenn ein anderer unterhaltspflichtiger Verwandter vorhanden ist; sie tritt auch nicht ein gegenüber einem Kinde, dessen Unterhalt aus dem Stamme seines Vermögens bestritten werden kann.

§. 1604.

Soweit die Unterhaltspflicht einer Frau ihren Verwandten gegenüber davon abhängt, daß sie zur Gewährung des Unterhalts im Stande ist, kommt die dem

---

**2.** Der in Anspruch Genommene muß sich zwar innerhalb der durch seine Lebensstellung gebotenen Grenzen gegebenen Falles auf dasjenige beschränken, was das standesmäßige Leben nothwendig mit sich bringt. Wenn aber die Gewährung von Unterhalt an den bedürftigen Verwandten den eigenen standesmäßigen Unterhalt des in Anspruch Genommenen gefährden würde, kann dieser die Gewährung des Unterhalts verweigern. Es braucht nicht schon eine Beeinträchtigung des Unterhalts des in Anspruch Genommenen eingetreten zu sein. Ob eine Gefährdung des eigenen standesmäßigen Unterhalts vorliegt, beantwortet sich nicht nur nach den gegenwärtigen Lebensverhältnissen, sondern es ist auch die künftige Entwicklung der Verhältnisse zu berücksichtigen.

Bei der Frage der Gefährdung des eigenen standesmäßigen Unterhalts sind die sonstigen Verpflichtungen des in Anspruch Genommenen gleichfalls zu berücksichtigen. Dies ist nicht so zu verstehen, als ob sämmtliche Schulden in Abzug gebracht werden dürften. Der in Anspruch Genommene kann vielmehr nur geltend machen, daß die von ihm zu erfüllenden Verpflichtungen zur Zeit ihrer Fälligkeit seine Vermögens- und Erwerbsverhältnisse in einer solchen Weise beeinflussen, daß ihm nach ihrer Berichtigung zur Deckung des eigenen und des Unterhalts des Bedürftigen nicht genügende Mittel verbleiben. Dabei scheiden natürlich die Verpflichtungen, welche nicht klagbar sind oder welchen gegenüber wie z. B. schenkungsweise ertheilten Versprechen nach § 519 Abs. 1 eine Einrede besteht, gänzlich aus. Auch die Verbindlichkeiten, deren Verwirklichung noch von künftigen Umständen abhängt, kommen nicht in Betracht.

**3.** Der Beweis der Leistungsfähigkeit liegt nicht dem Bedürftigen ob, sondern die Leistungsunfähigkeit ist Einwendung und daher von dem in Anspruch Genommenen, wenn er sich auf sie beruft, zu beweisen.

**4.** Die Unterhaltspflicht besteht nur insoweit nicht, als die Leistungsunfähigkeit reicht (s. § 1607 Abs. 1).

**5.** Soweit ein an sich in abstracto Unterhaltspflichtiger leistungsunfähig ist, besteht überhaupt keine Unterhaltspflicht. Daraus folgt, daß, wenn er später zu Vermögen gelangt, er nicht zur Nachzahlung verpflichtet ist. Insbesondere kann der Verwandte, welcher an seiner Statt nach § 1607 für den Unterhalt aufkommen mußte, nicht gegen ihn den Rückgriff nehmen.

**6.** Der Abs. 2 enthält eine Erweiterung der Unterhaltspflicht für das Verhältniß der Eltern gegenüber den Kindern. Ist ein minderjähriges unverheirathetes (d. h. lediges) Kind bedürftig, so müssen die Eltern mit dem Kinde alles theilen, was sie haben. Sie können nicht verlangen, daß ihnen der standesmäßige oder auch nur nothdürftige Unterhalt verbleibt. Diese Erweiterung der Unterhaltspflicht tritt aber nicht ein, sondern es verbleibt bei der Regel des Abs. 1 und damit bei der Anwendbarkeit des § 1607, wenn ein anderer leistungsfähiger unterhaltspflichtiger Verwandter vorhanden ist oder wenn das Kind seinen Unterhalt aus dem Stamme seines Vermögens bestreiten kann; ist der Verwandte schwer belangbar, so wird er in entsprechender Anwendung des § 1607 Abs. 2 als leistungsunfähig zu gelten haben, so daß die Erweiterung der Unterhaltspflicht der Eltern nach Abs. 2 wieder eintritt. Für die Unterhaltspflicht des Kindes gegenüber den Eltern gilt die Vorschrift des Abs. 2 nicht.

**§ 1604.**

**E. I §§ 1313, 1363, 1425, 1431 Abs. 1; II § 1499 rev. § 1584; III § 1582.**

**P. I S. 6441—6447, 6700—6705, 7167—7172, 7223, 7904, 8866; M. IV S. 255, 376, 530.**

**P. II S. 5236, 5301, 5404, 5604, 5612 (Bd. 4 S. 242, 265—267).**

**I.** Der § 1604 behandelt die Frage, ob und inwieweit die Leistungsfähigkeit eines an sich unterhaltspflichtigen Verwandten dadurch beeinflußt wird, daß er verheirathet ist.

Manne an dem eingebrachten Gute zustehende Verwaltung und Nutznießung nicht in Betracht.

Besteht allgemeine Gütergemeinschaft, Errungenschaftsgemeinschaft oder Fahrnißgemeinschaft, so bestimmt sich die Unterhaltspflicht des Mannes oder der Frau Verwandten gegenüber so, wie wenn das Gesammtgut dem unterhaltspflichtigen Ehegatten gehörte. Sind bedürftige Verwandte beider Ehegatten vorhanden, so ist der Unterhalt aus dem Gesammtgute so zu gewähren, wie wenn die Bedürftigen zu beiden Ehegatten in dem Verwandtschaftsverhältnisse ständen, auf dem die Unterhaltspflicht des verpflichteten Ehegatten beruht.

---

1. Für den Fall, daß in der Ehe die Gütertrennung gilt, ist eine Bestimmung nicht getroffen und auch nicht erforderlich. Daß die Gütertrennung auf die Unterhaltspflicht des Mannes gegenüber seinen Verwandten keinen Einfluß hat, versteht sich von selbst, es ist aber auch nicht zu bezweifeln, daß die Gütertrennung die Unterhaltsverbindlichkeit der Frau gegenüber ihren Verwandten nicht berührt; die Verpflichtung der Frau, dem Manne einen Beitrag zu leisten (§ 1427 Abs. 2), muß dabei in Ansehung der Frage, ob die Frau nach Maßgabe des § 1603 zur Gewährung des Unterhalts im Stande ist, wie jede sonstige Verpflichtung berücksichtigt werden (M. IV S. 257).

2. Bei dem Güterstande der Verwaltung und Nutznießung ist in Ansehung der Unterhaltspflicht des Mannes eine Vorschrift gleichfalls nicht getroffen, weil es selbstverständlich ist, daß die Nutzungen des eingebrachten Gutes der Frau bei der Bemessung der Leistungsfähigkeit des Mannes zur Gewährung von Unterhalt an seine Verwandte, insbesondere an ein Kind aus früherer Ehe, zu berücksichtigen sind. Für die Unterhaltspflicht der Frau dagegen bestimmt der Abs. 1, daß bei der Beurtheilung der Frage, ob und inwieweit die im § 1603 enthaltene Voraussetzung der Leistungsfähigkeit in der Person der Frau vorhanden ist, die Verwaltung und Nutznießung des Mannes nicht in Betracht kommt. Für die Unterhaltspflicht der Frau wird es also so angesehen, als wäre die Frau nicht verheirathet, so daß das Vermögen der Frau ohne Rücksicht darauf, ob es eingebrachtes Gut oder Vorbehaltsgut ist, als eine einzige Masse in Betracht zu ziehen ist. Das Recht der Verwaltung und Nutznießung des Mannes muß hiernach gegenüber dem Rechte eines unterhaltsberechtigten Verwandten der Frau auf Unterhalt zurückstehen und der Mann muß sich gefallen lassen, daß die Nutzungen, ja sogar der Stamm des eingebrachten Gutes zur Deckung des Unterhalts des Verwandten der Frau aufgebraucht werden.

3. Gilt allgemeine Gütergemeinschaft, so soll nach Abs. 2 Satz 1 die Unterhaltspflicht eines jeden Ehegatten gegenüber seinen Verwandten sich so bestimmen, als ob das ganze Gesammtgut ihm allein gehörte. Der Feststellung der Leistungsfähigkeit eines Ehegatten soll mithin das ganze Gesammtgut zu Grunde gelegt werden. Hat jeder der Ehegatten unterhaltsbedürftige Verwandte, so soll es nach Abs. 2 Satz 2 so angesehen werden, wie wenn die bedürftigen Verwandten des Mannes zur Frau und umgekehrt die bedürftigen Verwandten der Frau zum Manne in demjenigen Verwandtschaftsverhältnisse sich befänden, in welchem sie sich zu dem Manne bezw. zu der Frau befinden. Hat z. B. die Frau ein Kind in die Ehe gebracht und besitzt der Mann einen bedürftigen Vater, so sollen, wenn das Kind und der Vater unterhaltsbedürftig sind, beide gleichmäßig aus dem Gesammtgut ihren Unterhalt erhalten. Reicht das Gesammtgut zur Deckung des eigenen standesmäßigen Unterhalts der Ehegatten und des Unterhalts des Kindes und des Vaters nicht aus und besitzen die Ehegatten außer dem Gesammtgute kein Vermögen, so muß der Unterhaltsanspruch des Vaters nach § 1609 gegenüber dem Unterhaltsanspruche des Kindes zurückstehen und zwar ohne Rücksicht darauf, von wem das Gesammtgut herrührt. Aehnlich liegt die Sache, wenn der Mann einen bedürftigen Vater und die Frau einen bedürftigen Großvater hat und das Gesammtgut zur Deckung beider Unterhaltsansprüche nicht hinreicht; hier geht der Anspruch des Vaters dem des Großvaters vor.

Hat der Mann oder die Frau Vorbehaltsgut oder Sondergut (§ 1439), so muß bei der Beurtheilung der Frage, ob und inwieweit eine Unterhaltspflicht des Mannes oder der Frau gegenüber den eigenen Verwandten begründet ist, auch der Stamm des Vorbehaltsguts und des Sonderguts nach Maßgabe der allgemeinen Grundsätze über die Unterhaltspflicht in Berücksichtigung gezogen werden. Das Vorbehaltsgut und das Sondergut eines Ehegatten kommen aber nur gegenüber den eigenen Verwandten in Betracht. Für die Feststellung der Leistungsfähigkeit des Mannes gegenüber den Verwandten der Frau bleibt also der Stamm eines Vorbehaltsguts oder Sonderguts des Mannes außer Ansatz; hierfür werden nur das Gesammtgut, dessen Ertrag, der Nutzen der beiderseitigen Sondergüter (§ 1439) und der beiderseitige Erwerb zu Grunde gelegt. Gleiches gilt für die Feststellung der Leistungsfähigkeit der Frau gegenüber den Verwandten des Mannes.

4. Gilt Errungenschaftsgemeinschaft oder Fahrnißgemeinschaft, so findet das in der Erl. 3 Bemerkte entsprechende Anwendung. Was dort vom Sondergute gesagt ist, gilt hier vom eingebrachten Gute eines Ehegatten.

**II.** Verschieden von der im § 1604 behandelten Frage ist die Frage, welche Vermögensmassen für den Unterhaltsanspruch haften, wenn der Unterhaltspflichtige verheirathet ist.

a) Für den Fall, daß Gütertrennung gilt, ist es selbstverständlich, daß nur das Vermögen desjenigen Ehegatten haftet, welcher unterhaltspflichtig ist.

b) Beim Güterstande der Verwaltung und Nutznießung ist es gleichfalls selbstverständlich, daß für die Unterhaltspflicht des Mannes weder das eingebrachte Gut noch das Vorbehaltsgut der Frau als solches haftet (§ 1410). Die Früchte des eingebrachten Gutes haften indessen für die Erfüllung der Unterhaltspflicht des Mannes seinen Verwandten gegenüber und sie haben für diesen Zweck auch insofern zu dienen, als der Mann den Zugriff seiner übrigen eigenen Gläubiger auf die von ihm erworbenen Früchte des eingebrachten Gutes damit abwehren kann, daß er geltend macht, die Früchte zur Bestreitung des ihm seinen eigenen Verwandten gegenüber obliegenden Unterhalts zu benöthigen (C.P.O. § 861 Abs. 1 Satz 2, s. Erl. 2 zu § 1408).

Für die der Frau ihren Verwandten gegenüber obliegende Unterhaltspflicht haftet das gesammte Vermögen der Frau und zwar das eingebrachte Gut ohne Rücksicht darauf, ob die Unterhaltsverbindlichkeit lediglich durch das Vorhandensein von Vorbehaltsgut begründet oder erweitert worden ist (§ 1411, s. Erl. 1 Abs. 1 zu § 1414). Der Umstand, daß die Verbindlichkeit der Frau durch das Vorhandensein von Vorbehaltsgut begründet oder erweitert worden ist, hat dagegen Bedeutung für das Verhältniß der Ehegatten zu einander in Ansehung der Frage, ob die Verbindlichkeit im Verhältnisse der Ehegatten zu einander vom eingebrachten Gute oder vom Vorbehaltsgute zu tragen ist; hierüber s. Erl. 3 zu § 1415. Soweit die Unterhaltsverbindlichkeit der Frau hiernach im Verhältnisse der Ehegatten zu einander dem eingebrachten Gute zur Last fällt, haftet der Mann nach § 1386 Abs. 1 Satz 2, Abs. 2, § 1388 für die einzelnen Unterhaltsleistungen auch persönlich (s. Erl. 2 Abs. 2 zu § 1386).

c) Gilt allgemeine Gütergemeinschaft, so ist die Unterhaltspflicht eines jeden Ehegatten seinen Verwandten gegenüber Gesammtgutsverbindlichkeit (§ 1459), für die Unterhaltsverbindlichkeit der Frau haftet der Mann mithin auch persönlich als Gesammtschuldner. Es kommt nicht in Betracht, ob die Unterhaltsverbindlichkeit durch das Vorhandensein von Vorbehaltsgut oder Sondergut (§ 1439) erst begründet oder erweitert worden ist. Dies gilt auch für die Unterhaltsverbindlichkeit der Frau ihren Verwandten gegenüber. Neben dem Gesammtgute haftet natürlich das Sondergut sowie das Vorbehaltsgut des betreffenden Ehegatten und zwar haftet das Sondergut der Frau für deren Unterhaltsverbindlichkeiten ohne Rücksicht auf die Rechte des Mannes und ohne Rücksicht darauf, ob die Verbindlichkeit nur infolge des Vorhandenseins von Vorbehaltsgut entstanden oder erweitert worden ist (§ 1439 mit §§ 1525, 1411). Im Verhältnisse der Ehegatten zu einander fällt dagegen die Gesammtgutsverbindlichkeit, soweit die Unterhaltsverbindlichkeit auf dem Vorhandensein von Vorbehaltsgut oder Sondergut beruht, dem betreffenden Ehegatten, nicht dem Gesammtgute zur Last (§ 1463 Nr. 2).

d) Wenn Errungenschaftsgemeinschaft oder Fahrnißgemeinschaft besteht findet das unter c Gesagte entsprechende Anwendung. Dem Sondergute bei der allgemeinen Gütergemeinschaft steht das eingebrachte Gut der Errungenschaftsgemeinschaft oder Fahrnißgemeinschaft gleich.

**III.** Zu den unter den Abs. 2 fallenden Unterhaltsansprüchen gehört auch der Unterhaltsanspruch eines unehelichen Kindes der Frau (§§ 1589 Abs. 2, 1705). Dagegen kommt der regelmäßige Unterhaltsanspruch eines unehelichen Kindes des Mannes nicht in Betracht, da dieser Anspruch, wenngleich auf der Verwandtschaft beruhend, nach § 1708 Abs. 1 nicht von der Leistungsfähigkeit des unehelichen Vaters abhängig ist. Das Recht des unehelichen Kindes, wegen dieses Anspruchs Befriedigung auch aus dem Gesammtgute zu verlangen, ergiebt sich aus den allgemeinen Grundsätzen über die Gesammtgutsverbindlichkeiten des Ehemanns (§ 1459). Ueber den Fall des § 1708 Abs. 2 s. Erl. zu § 1708.

**IV.** Der § 1604 gilt nach § 1581 Abs. 2 auch für den Unterhaltsanspruch des geschiedenen Ehegatten im Falle der Wiederverheirathung des verpflichteten Ehegatten. Der geschiedene unterhaltsberechtigte Ehegatte geht den volljährigen oder verheiratheten Kindern und den übrigen Verwandten vor (§ 1609 Abs. 2), konkurirt dagegen nach Maßgabe des § 1579 Abs. 1 Satz 2 mit dem späteren Ehegatten und den minderjährigen unverheiratheten Kindern. Soweit hiernach der geschiedene Ehegatte Unterhalt fordern kann, finden auf den Unterhaltsanspruch die unter I und II dargelegten Grundsätze Anwendung.

§. 1605.

Soweit die Unterhaltspflicht eines minderjährigen Kindes seinen Verwandten gegenüber davon abhängt, daß es zur Gewährung des Unterhalts im Stande ist, kommt die elterliche Nutznießung an dem Vermögen des Kindes nicht in Betracht.

§. 1606.

Die Abkömmlinge sind vor den Verwandten der aufsteigenden Linie unterhaltspflichtig. Die Unterhaltspflicht der Abkömmlinge bestimmt sich nach der gesetzlichen Erbfolgeordnung und dem Verhältnisse der Erbtheile.

Unter den Verwandten der aufsteigenden Linie haften die näheren vor den entfernteren, mehrere gleich nahe zu gleichen Theilen. Der Vater haftet jedoch vor der Mutter; steht die Nutznießung an dem Vermögen des Kindes der Mutter zu, so haftet die Mutter vor dem Vater.

---

Der § 1604 gilt ferner für den Unterhaltsanspruch eines Ehegatten, welcher nach § 1351 unterhaltsberechtigt ist, sowie nach den §§ 1345, 1346 für den Unterhaltsanspruch des Ehegatten im Falle der Putativehe.

**V.** Wegen der Anwendbarkeit des § 1604 auf den Aussteuerungsanspruch einer Tochter s. Erl. zu § 1620 Abs. 2.

**§ 1605.**

**E. I § 1529; II § 1500 rev. § 1585; III § 1583. P. I S. 7667; M. IV S. 787. P. II S. 6015, 6028 (Bd. 4 S. 552, 580).**

1. Nach § 1605 soll für die Frage, ob ein Kind zur Gewährung des Unterhalts leistungsfähig im Sinne des § 1603 ist, die elterliche Nutznießung an dem Vermögen des Kindes nicht in Betracht kommen. Es ist also dieselbe Vorschrift getroffen wie im § 1604 Abs. 1 in dem entsprechenden Falle der ehemännlichen Nutznießung an dem eingebrachten Gute der Frau.

2. Der § 1605 gilt auch für die Unterhaltspflicht des Kindes gegenüber seinem Ehegatten (Erl. 3 zu § 1360), nicht aber gegenüber seinem früheren Ehegatten (Erl. 4 zu § 1580) und auch nicht für die regelmäßige Unterhaltspflicht des Kindes, wenn es ein uneheliches Kind erzeugt hat, gegenüber dem unehelichen Kinde. Zwar wird auch in dem letzteren Falle die elterliche Nutznießung nicht berücksichtigt, allein dies beruht nicht auf der Anwendbarkeit des § 1605, sondern darauf, daß die regelmäßige Unterhaltspflicht des unehelichen Vaters von seiner Leistungsfähigkeit unabhängig ist (§ 1708 Abs. 1). Die Verbindlichkeit des Kindes im Falle der Erzeugung eines unehelichen Kindes, der Mutter desselben die im § 1715 bestimmte Entschädigung zu leisten, kommt für § 1605 gleichfalls nicht in Betracht, denn hierbei handelt es sich überhaupt nicht um eine gesetzliche Unterhaltspflicht. Aus § 1659 folgt, daß die uneheliche Mutter den im § 1715 bestimmten Anspruch ohne Rücksicht auf die elterliche Nutznießung geltend machen kann.

**§ 1606.**

**E. I § 1485, § 1486 Satz 1; II § 1501 rev. § 1586; III § 1584. P. I S. 7547, 8743, 8873. M. IV S. 689. P. II S. 5838, 8663 (Bd. 4 S. 482, 485—489; Bd. 6 S. 297).**

1. Der § 1606 regelt zunächst die Reihenfolge der Unterhaltspflichtigen. In dieser Beziehung soll grundsätzlich diejenige Ordnung maßgebend sein, in welcher die unterhaltspflichtigen Verwandten als gesetzliche Erben berufen sein würden. Demgemäß bestimmt sich die Unterhaltspflicht der Abkömmlinge nicht nach der Gradesnähe, sondern nach Stämmen (§ 1924 Abs. 1), die Unterhaltspflicht der Verwandten der aufsteigenden Linie dagegen nach der Nähe des Grades und bei gleicher Gradesnähe nach Kopftheilen (§ 1925 Abs. 2, §§ 1926, 1928). Hiervon macht der Abs. 2 Satz 2 eine Ausnahme, indem er den Vater vor der Mutter für haftbar erklärt. Der Vater haftet auch dann vor der Mutter, wenn die Ehe geschieden und ihm das Erziehungsrecht nicht zukommt (s. Erl. 1 zu § 1585). Die Mutter haftet vor dem Vater jedoch dann, wenn ihr die elterliche Nutznießung zusteht. Steht ihr diese zu (§§ 1684, 1685), so kommt es (anders im Falle des § 1585 Abs. 1 Satz 1) auf den Ertrag der Nutznießung nicht an, die Mutter haftet auch dann vor dem Vater, wenn die Nutznießung nichts abwirft, z. B. Vermögen des Kindes überhaupt nicht vorhanden ist. Die Mutter muß solchen Falles, um die Haftung des Vaters vor der ihrigen eintreten zu lassen, auf die Nutznießung verzichten (§§ 1662, 1686).

## §. 1607.

Soweit ein Verwandter auf Grund des §. 1603 nicht unterhaltspflichtig ist, hat der nach ihm haftende Verwandte den Unterhalt zu gewähren.

Das Gleiche gilt, wenn die Rechtsverfolgung gegen einen Verwandten im Inland ausgeschlossen oder erheblich erschwert ist. Der Anspruch gegen einen solchen Verwandten geht, soweit ein anderer Verwandter den Unterhalt gewährt, auf diesen über. Der Uebergang kann nicht zum Nachtheile des Unterhaltsberechtigten geltend gemacht werden.

---

2. Die Haftung mehrerer gleichzeitig Verpflichteter ist keine solidarische. Zwar ist der Zweck der Unterhaltsverbindlichkeit untheilbar, allein die Mittel zur Erreichung des Zweckes sind theilbar. Die Haftung mehrerer gleichzeitig verpflichteter Abkömmlinge bestimmt sich nach der Größe der Erbtheile (§ 1924), mehrere gleichzeitig verpflichtete Verwandte aufsteigender Linie haften zu gleichen Theilen.

## § 1607.

**E. I § 1487; II § 1502 rev. § 1587; III § 1585. P. I S. 7555, 8801; M. IV S. 694. P. II S. 5844 (Bd. 4 S. 489—491).**

Der § 1607 regelt das Verhältniß mehrerer Unterhaltspflichtiger für den Fall, daß der vor oder neben dem einen Unterhaltspflichtigen Verpflichtete leistungsunfähig oder schwer belangbar ist.

**1.** Der nach § 1603 leistungsunfähige Verwandte kommt im Umfange seiner Leistungsunfähigkeit nicht in Betracht. Es ist, wie der E. I sich ausdrückte, so anzusehen, wie wenn er nicht vorhanden wäre. Wenn also z. B. der Vater von zwei Söhnen unterhaltsbedürftig ist und der eine Sohn den auf ihn treffenden Theil des Unterhalts des Vaters nicht zu bestreiten vermag, während sein Kind reich ist, so hat den auf den leistungsunfähigen Sohn treffenden Theil nicht etwa der andere Sohn, sondern der Enkel zu tragen. Oder wenn der Unterhaltsbedürftige einen vermöglichen und einen leistungsunfähigen Sohn sowie einen leistungsfähigen Vater hat, so haftet für den auf den leistungsunfähigen Sohn entfallenden Theil nicht der Vater, sondern der andere Sohn (§ 1606 Abs. 1).

**2.** Daraus daß der leistungsunfähige Verwandte als nicht vorhanden anzusehen ist, folgt auch, daß der an seine Stelle tretende Verwandte auf Grund seines eigenen Verwandtschaftsverhältnisses zum Unterhaltsbedürftigen unterhaltspflichtig ist. Der Abs. 1 begründet deshalb nicht etwa eine Haftung für fremde Schuld. Wenn daher einer der zugleich Verpflichteten oder der zunächst Verpflichtete nach Eintritt des Bedürfnißfalls demnächst leistungsunfähig wird und die von ihm für die Zeit vor dem Eintritte der Leistungsunfähigkeit zu zahlenden Unterhaltsleistungen im Wege der Zwangsvollstreckung nicht beigetrieben werden können, kann der Bedürftige wegen dieses Ausfalls nicht die übrigen Mitverpflichteten oder den Nachverpflichteten wie Bürgen für die Vergangenheit in Anspruch nehmen, sondern die erweiterten Verbindlichkeiten der übrigen Mitverpflichteten oder die Verbindlichkeit des Nachverpflichteten treten nach Maßgabe des Abs. 1 nur für die Zukunft von der Zeit des Eintritts der Leistungsunfähigkeit des anderen Verwandten an ein (M. IV S. 694).

**3.** Der Leistungsunfähigkeit gleich behandelt wird der Fall, daß die Rechtsverfolgung gegen den an sich Unterhaltspflichtigen im Inlande, z. B. mangels Zuständigkeit eines deutschen Gerichts oder mangels eines bekannten Aufenthaltsorts, ausgeschlossen oder wesentlich erschwert ist. Unter der Rechtsverfolgung ist auch die Möglichkeit der Befriedigung im Zwangswege zu verstehen (vergl. § 773 Abs. 1 Nr. 2, 4).

**4.** Soweit ein Verwandter nach § 1603 wegen seiner Leistungsunfähigkeit im einzelnen Falle nicht unterhaltspflichtig ist, besteht für ihn überhaupt keine Unterhaltspflicht. Der nach ihm gemäß § 1607 Abs. 1 haftende Verwandte erfüllt also seine eigene Unterhaltspflicht und hat deshalb kein Rückgriffsrecht gegen Denjenigen, an dessen Stelle er getreten ist.

**5.** Anders liegt die Sache im Falle des Abs. 2 Satz 1. Um in diesem Falle den Verwandten, welcher für einen anderen Verwandten zu haften hat, nicht auf die Klage aus der Geschäftsführung ohne Auftrag oder aus ungerechtfertigter Bereicherung zu verweisen, läßt der Abs. 2 Satz 2 das Recht des unterhaltsbedürftigen Verwandten auf den Verwandten, welcher den Unterhalt gewährt, ohne weiteres übergehen. In welcher Art die Unterhaltsgewährung erfolgt, ist gleichgültig. Bei theilweiser Befriedigung des Unterhaltsberechtigten geht der Anspruch nur zum entsprechenden Theile über.

§. 1608.

Der Ehegatte des Bedürftigen haftet vor dessen Verwandten. Soweit jedoch der Ehegatte bei Berücksichtigung seiner sonstigen Verpflichtungen außer Stande ist, ohne Gefährdung seines standesmäßigen Unterhalts den Unterhalt zu gewähren, haften die Verwandten vor dem Ehegatten. Die Vorschriften des §. 1607 Abs. 2 finden entsprechende Anwendung.

Das Gleiche gilt von einem geschiedenen unterhaltspflichtigen Ehegatten sowie von einem Ehegatten, der nach §. 1351 unterhaltspflichtig ist.

---

Da es sich um die Uebertragung einer Forderung kraft Gesetzes handelt, finden nach § 412 im bezeichneten Falle die für die vertragsmäßige Abtretung einer Forderung geltenden Vorschriften der §§ 399—404, 406—410 auf den Uebergang des Unterhaltsanspruchs Anwendung. Von diesen Vorschriften sind indessen mit Rücksicht auf die besondere Natur des Unterhaltsanspruchs die Vorschriften der §§ 399—401, 404—410 hier gegenstandslos. Von praktischer Bedeutung ist dagegen insbesondere die Vorschrift des § 404, nach welcher der Schuldner dem neuen Gläubiger die Einwendungen entgegensetzen kann, welche zur Zeit der Abtretung der Forderung gegen den bisherigen Gläubiger begründet waren. Daraus folgt, daß der übergegangene Unterhaltsanspruch, soweit er für die Vergangenheit geltend gemacht wird, auch im Verhältnisse zwischen demjenigen, auf welchen er übergegangen ist, und dem Verpflichteten der einschränkenden Vorschrift des § 1613 unterworfen ist. Der an Stelle des an erster Stelle Verpflichteten Leistende wird also, um sich den Anspruch zu sichern, sofort den Anspruch gegen den an erster Stelle Verpflichteten erheben oder diesen in Verzug setzen müssen, sofern nicht das eine oder andere bereits vorher von dem Berechtigten geschehen ist. Auch an der Verjährung des Unterhaltsanspruchs (§ 197) wird durch den Uebergang nichts geändert.

Der Abs. 2 Satz 3 hat hauptsächlich Bedeutung für den Fall, daß der Anspruch lediglich zum Theil übergegangen ist. Ist der Verpflichtete solchen Falles nicht in der Lage, sowohl den Anspruch des Bedürftigen als desjenigen, auf welchen der Anspruch übergegangen ist, zu befriedigen, so geht der Anspruch des Bedürftigen vor.

6. Durch den Abs. 2 Satz 2 wird die Begründung des Rückgriffrechts auf ungerechtfertigte Bereicherung oder auf Geschäftsführung ohne Auftrag (vergl. §§ 679, 685) nicht ausgeschlossen. Wegen des Ersatzanspruchs des Staates oder öffentlich rechtlicher Verbände für die geleistete Armenunterstützung ist das öffentliche Recht maßgebend.

**§ 1608.**

**E. I § 1484; II § 1503 rev. § 1588; III § 1586. P. I S. 7549; M. IV S. 689. P. II S. 5837 (Bd. 4 S. 485).**

1. Wenn der Unterhaltsbedürftige verheirathet ist, können der ihm gegen seinen Ehegatten nach den §§ 1360, 1361 zustehende Unterhaltsanspruch und der ihm gegen seine Verwandten auf Grund des § 1601 zustehende Anspruch miteinander konkurriren. Der § 1608 regelt das Verhältniß der mehreren Unterhaltsansprüche dahin, daß der Bedürftige sich zunächst an seinen Ehegatten zu halten hat. Gleichgültig ist, ob der Bedürftige der Mann oder die Frau ist. Nur wenn der Ehegatte leistungsunfähig oder nicht voll leistungsfähig ist, kann sich der Bedürftige an seine Verwandten halten. Wie die Anwendbarkeit des § 1607 Abs. 2 ergiebt, steht auch hier der Leistungsunfähigkeit des unterhaltspflichtigen Ehegatten der Umstand gleich, daß die Rechtsverfolgung gegen denselben im Inland ausgeschlossen oder wesentlich erschwert ist.

2. Hat ein Verwandter dem bedürftigen Ehegatten Unterhalt gewährt, weil der an sich verpflichtete Ehegatte leistungsunfähig ist, so hat er gegen diesen keinen Regreßanspruch. Nur wenn der Verwandte den Unterhalt leisten mußte, weil die Rechtsverfolgung des pflichtigen Ehegatten ausgeschlossen oder erheblich erschwert ist, kann er gegen denselben auf Grund des für anwendbar erklärten § 1607 Abs. 2 Satz 2 Regreß nehmen.

3. Nach Abs. 2 gelten die Vorschriften des Abs. 1 auch dann, wenn der Bedürftige gegen seinen früheren Ehegatten im Falle der Scheidung (§ 1578), der Aufhebung der ehelichen Gemeinschaft (§ 1586), der Putativehe (§ 1345) oder der Auflösung der Ehe durch Wiederverheirathung nach erfolgter Todeserklärung (§ 1348 Abs. 2, § 1351) unterhaltsberechtigt ist. Die Anwendbarkeit des § 1607 ist übrigens schon durch den für alle Fälle des Unterhaltsanspruchs eines früheren Ehegatten geltenden Abs. 3 des § 1580 vorgeschrieben. Hierin liegt ein Redaktionsversehen der zweiten Kommission. Sachlich kann allerdings das Ergebniß nicht zweifelhaft sein. Insbesondere folgt daraus, daß der Abs. 3 des § 1580 den ganzen § 1607, der Abs. 1 des

§. 1609.

Sind mehrere Bedürftige vorhanden und ist der Unterhaltspflichtige außer Stande, allen Unterhalt zu gewähren, so gehen unter ihnen die Abkömmlinge den Verwandten der aufsteigenden Linie, unter den Abkömmlingen diejenigen, welche im Falle der gesetzlichen Erbfolge als Erben berufen sein würden, den übrigen Abkömmlingen, unter den Verwandten der aufsteigenden Linie die näheren den entfernteren vor.

Der Ehegatte steht den minderjährigen unverheiratheten Kindern gleich; er geht anderen Kindern und den übrigen Verwandten vor. Ein geschiedener Ehegatte sowie ein Ehegatte, der nach §. 1351 unterhaltsberechtigt ist, geht den volljährigen oder verheiratheten Kindern und den übrigen Verwandten vor.

§. 1610.

Das Maß des zu gewährenden Unterhalts bestimmt sich nach der Lebensstellung des Bedürftigen (standesmäßiger Unterhalt).

Der Unterhalt umfaßt den gesammten Lebensbedarf, bei einer der Erziehung bedürftigen Person auch die Kosten der Erziehung und der Vorbildung zu einem Berufe.

---

§ 1608 aber nur den Abs. 2 des § 1607 für anwendbar erklärt, keine sachliche Verschiedenheit. Denn der Abs. 1 des § 1607 ist im § 1608 lediglich deshalb nicht angeführt, weil sein Inhalt sachlich im § 1608 Abs. 1 Satz 2 wiedergegeben ist (vergl. Ubbelohde in Iherings Jahrb. f. Dogm. Bd. 38 S. 214).

**§ 1609.**

**E. I § 1483; II § 1504 rev. § 1589; III § 1587. P. I S. 7547, 8743; M. IV S. 688. P. II S. 5836, 5929, 8653 (Bd. 4 S. 485, 530; Bd. 6 S. 291, 292).**

1. Der § 1609 regelt die Rangordnung unter mehreren Bedürftigen, wenn der Verpflichtete nicht in der Lage ist, sämmtliche Ansprüche zu befriedigen. Die festgesetzte Reihenfolge entspricht der des § 1606. Sind mehrere gleichzeitig als Erben berufene Abkömmlinge (§ 1924) oder mehrere gleich nahe Ascendenten vorhanden, so haben sie sich in den zu ihrem Unterhalte zur Verfügung stehenden Betrag gleichmäßig zu theilen.

2. Verheirathet gewesene minderjährige Kinder stehen dem Ehegatten nach.

3. Das Verhältniß des geschiedenen oder nach § 1351 unterhaltsberechtigten Ehegatten zu dem Ehegatten der neuen Ehe des Unterhaltspflichtigen sowie zu den minderjährigen unverheiratheten Kindern, für den Fall, daß der Unterhaltspflichtige nicht im Stande ist, alle Ansprüche zu befriedigen, ist im § 1579 Abs. 1 Satz 2 geregelt (s. Erl. 2 zu § 1579).

**§ 1610.**

**E. I § 1488 Abs. 1, 2; II § 1505 rev. § 1590; III § 1588. P. I S. 7559—7564; M. IV S. 696. P. II S. 5847 (Bd. 4 S. 491—494).**

Der § 1610 regelt Inhalt und Maß des Unterhaltsanspruchs.

1. Inhalt des Unterhaltsanspruchs. Der Unterhalt umfaßt den gesammten Lebensbedarf. Was dazu im Einzelnen gehört, hängt von den Umständen des Falles ab. Hervorzuheben ist, daß die Kosten der ärztlichen Behandlung und der Heilmittel zum Lebensbedarfe zu rechnen sind. Ausdrücklich als Theil des Unterhalts sind die Kosten der Erziehung und der Vorbildung zu einem Berufe bei einer der Erziehung bedürftigen Person bezeichnet. Was im Einzelnen zu den Kosten der Erziehung sowie der Vorbildung zu einem Berufe gehört und wie lange eine Person der Erziehung bedürftig ist, läßt sich allgemein nicht entscheiden. Unter Umständen können insbesondere die Kosten eines Universitätsstudiums zu den Unterhaltskosten gehören (wegen der Ausgleichungspflicht s. § 2050 Abs. 2).

Der E. I hatte auch die Kosten der Taufe besonders erwähnt. Im E. II ist dies gestrichen worden, weil die Taufe der religiöse Akt ist, an welchen der Eintritt einer Person in eine Religions-

## §. 1611.

Wer durch sein sittliches Verschulden bedürftig geworden ist, kann nur den nothdürftigen Unterhalt verlangen.

Der gleichen Beschränkung unterliegt der Unterhaltsanspruch der Abkömmlinge, der Eltern und des Ehegatten, wenn sie sich einer Verfehlung schuldig machen, die den Unterhaltspflichtigen berechtigt, ihnen den Pflichttheil zu entziehen, sowie der Unterhaltsanspruch der Großeltern und der weiteren Voreltern, wenn ihnen

---

gemeinschaft und damit auch die Erziehung in der betreffenden Religion geknüpft ist, die religiöse Erziehung aber einen Bestandtheil der Erziehung überhaupt bildet. Die Taufkosten gehören daher ebenso wie die etwaigen Leistungen anläßlich der Beichte, Konfirmation und Firmung zu den Erziehungskosten (P. II S. 5848, Bd. 4 S. 492).

Wegen der Beerdigungskosten s. § 1615.

Daraus, daß der Unterhalt nur den Lebensbedarf umfaßt, ergiebt sich, daß die Unterhaltspflicht nicht auch die Verpflichtung in sich begreift, Schulden des Bedürftigen zu bezahlen und daß insbesondere Prozeßkosten, Kosten eines Strafverfahrens oder Kosten der Vertheidigung in einem Strafverfahren nicht zum Unterhalte zu rechnen sind. In Ansehung der Prozeßkosten gilt dies auch für solche Prozesse, welche die persönlichen Verhältnisse des Unterhaltsberechtigten, z. B. den Status, die Scheidung oder die Nichtigkeit der Ehe zum Gegenstande haben. Eine andere Frage ist, ob nicht auf Grund eines anderen Rechtsverhältnisses der Unterhaltspflichtige zur Bezahlung der Prozeßkosten 2c. verpflichtet ist. Für das Verhältniß des Vaters und der Mutter zu dem Kinde beantwortet sich diese Frage nach den §§ 1654, 1660, 1686.

Der Unterhaltsberechtigte kann nur Dasjenige verlangen, was er zu seinem persönlichen Lebensbedarfe benöthigt, dagegen nicht auch, was er zur Bestreitung der Bedürfnisse seiner Familie, insbesondere seines Ehegatten braucht. Eine Frau z. B., deren Mann selbst unterhaltsbedürftig ist, kann von ihrem Vater nur den für sie nothwendigen standesmäßigen Unterhalt verlangen, wenngleich sie dadurch, daß sie nach § 1360 alles, was sie hat, mit dem Manne theilen muß, ihren standesmäßigen Unterhalt in der That nicht hat. Der Ehegatte des Bedürftigen muß sich eben nöthigen Falls an seine eigenen unterhaltspflichtigen Verwandten halten, den Kindern des Bedürftigen aber steht ein Unterhaltsanspruch kraft eigenen Rechtes gegen die Voreltern zu.

2. Bezüglich des Maßes des Unterhalts unterscheidet das B.G.B. zwischen dem standesmäßigen und dem nothdürftigen Unterhalt. Der Unterschied bezieht sich nicht auf den Inhalt des Anspruchs, insbesondere gehören auch beim nothdürftigen Unterhalte die Krankheitskosten und die Kosten der Erziehung zum Unterhalte. Beim nothdürftigen Unterhalt wird aber nur auf die Bedürfnisse, nicht auf die Lebensstellung des Bedürftigen gesehen, der Bedürftige kann nur soviel verlangen, als er zum Lebensbedarf unter allen Umständen braucht. Bei der Bestimmung des standesmäßigen Unterhalts ist nicht nur die Lebensstellung des Berechtigten selbst in Betracht zu ziehen, sondern es sind auch die Vermögensverhältnisse des Verpflichteten insoweit zu berücksichtigen, als sie wegen der zwischen dem Verpflichteten und dem Berechtigten bestehenden besonderen Beziehungen auf die Lebensstellung des Berechtigten von Einfluß sind. Der Sohn eines reichen Mannes kann eine andere Erziehung als standesgemäß verlangen als der Sohn eines Mannes, dessen Einkünfte zur Deckung der Kosten des Haushalts eben ausreichen.

Regelmäßig ist der standesmäßige Unterhalt geschuldet. In den im § 1611 genannten Fällen kann nur der nothdürftige Unterhalt verlangt werden.

3. Inhalt und Maß des Unterhalts richten sich nach den jeweiligen Verhältnissen des Bedürftigen. Mit Rücksicht hierauf gestattet der § 323 C.P.O., daß, wenn nach rechtskräftiger Verurtheilung zur Unterhaltsleistung eine wesentliche Veränderung der für den Inhalt des Urtheils maßgebend gewesenen Verhältnisse eintritt, jeder Theil im Wege der Klage eine entsprechende Aenderung des Urtheils verlangen kann.

### § 1611.

**E. I § 1490; II § 1506 rev. § 1591; III § 1589. P. I S. 7559—7572; M. IV S. 699. P. II S. 5852, 8664 (Bd. 4 S. 494; Bd. 6 S. 297).**

1. Die Abs. 1, 2 zählen die Fälle auf, in welchen nicht der standesmäßige (§ 1610), sondern nur der nothdürftige Unterhalt verlangt werden kann. Dies ist der Fall:

**a)** wenn der Berechtigte durch sein sittliches Verschulden bedürftig geworden ist. Verarmung durch eigenes Verschulden, z. B. durch schlechte Wirthschaft, falsche Spekulation, ist nicht hin-

gegenüber die Voraussetzungen vorliegen, unter denen Kinder berechtigt sind, ihren Eltern den Pflichttheil zu entziehen.

Der Bedürftige kann wegen einer nach diesen Vorschriften eintretenden Beschränkung seines Anspruchs nicht andere Unterhaltspflichtige in Anspruch nehmen.

### §. 1612.

Der Unterhalt ist durch Entrichtung einer Geldrente zu gewähren. Der Verpflichtete kann verlangen, daß ihm die Gewährung des Unterhalts in anderer Art gestattet wird, wenn besondere Gründe es rechtfertigen.

Haben Eltern einem unverheiratheten Kinde Unterhalt zu gewähren, so können sie bestimmen, in welcher Art und für welche Zeit im voraus der Unterhalt gewährt werden soll. Aus besonderen Gründen kann das Vormundschaftsgericht auf Antrag des Kindes die Bestimmung der Eltern ändern.

Im Uebrigen finden die Vorschriften des §. 760 Anwendung.

---

reichend; auf der anderen Seite genügt jedes sittliche Verschulden, es braucht kein schweres, noch weniger ein strafbares zu sein. Es genügt z. B. Verlust des Vermögens durch Spiel.

b) wegen eines Verhaltens des Berechtigten, welches zur Entziehung des Pflichttheils berechtigt bezw. bei Großeltern und weiteren Voreltern, wenn der Berechtigte pflichttheilsberechtigt wäre (§ 2303), hierzu berechtigen würde. Die Verfehlungen, auf Grund deren der Pflichttheil entzogen werden kann, sind bezüglich der Abkömmlinge im § 2333, bezüglich der Eltern im § 2334 und bezüglich des Ehegatten im § 2335 festgesetzt; auf die Großeltern und weiteren Voreltern wird der § 2334 anzuwenden sein. Erlischt das Recht zur Entziehung des Pflichttheils nach § 2337 durch Verzeihung, so fällt auch die Beschränkung auf den nothdürftigen Unterhalt weg.

2. Der Abs. 3 regelt die Einwirkung der nach Abs. 2 eintretenden Beschränkung auf die Unterhaltspflicht anderer Verwandten. Für den Fall des Abs. 1 ist die Frage ohne Bedeutung, weil die Verarmung durch sittliches Verschulden gegenüber allen Unterhaltspflichtigen gleichmäßig wirkt. Das zur Entziehung des Pflichttheils berechtigende Verhalten wirkt jedoch nur im Verhältnisse zu dem Unterhaltspflichtigen, welchem gegenüber die Verfehlung vorgekommen ist. Dagegen wird dadurch die Verbindlichkeit anderer Unterhaltspflichtiger nicht berührt. Wenn z. B. der väterliche und der mütterliche Großvater einem Abkömmlinge gegenüber unterhaltspflichtig sind und der Abkömmling sich einer vorsätzlichen körperlichen Mißhandlung des väterlichen Großvaters schuldig macht, bleibt der mütterliche Großvater verpflichtet, die Hälfte des standesmäßigen Unterhalts des Abkömmlinges zu bestreiten. Oder wenn der Vater unterhaltspflichtig ist und der Abkömmling den Großvater mißhandelt, kann der Vater nicht aus dieser Verfehlung eine Beschränkung seiner Unterhaltspflicht ableiten. Ebenso tritt, wenn der Verwandte, gegen welchen sich der Berechtigte verfehlt hat, stirbt oder leistungsunfähig wird, die Verbindlichkeit des Mitverpflichteten oder des Nachverpflichteten zur Leistung des standesmäßigen Unterhalts ein, da sie sich gegenüber dem Berechtigten auf jene Verfehlungen nicht berufen können. Wenn hiernach die Verfehlung den anderen Verpflichteten nicht zum Vortheile gereicht, so darf sie ihnen aber auch nicht zum Nachtheile gereichen. Sie haften deshalb nach Abs. 3 nicht für den Ausfall, den der Unterhaltsberechtigte auf Grund des Abs. 2 erleidet.

3. Durch § 1611 nicht berührt wird die Frage, ob der Unterhaltsverpflichtete, sofern ihm gegenüber dem Berechtigten das Erziehungsrecht zusteht, befugt ist, aus erzieherischen Rücksichten den Unterhalt auf das Nothdürftigste zu beschränken. Die Frage ist zu bejahen.

### § 1612.

**E. I § 1491; II § 1507 rev. § 1592; III § 1590. P. I S. 7572, 8802; M. IV S. 702. P. II S. 5854, 8664 (Bd. 4 S. 495; Bd. 6 S. 297).**

Der § 1612 regelt die Art der Unterhaltsgewährung und die Fälligkeit des Unterhalts.

1. Die besonderen Gründe, von welchen der Abs. 1 Satz 2 spricht, können in den Verhältnissen des Verpflichteten liegen, — z. B. einem Bauern fällt die Naturalverpflegung erheblich weniger schwer als die Bezahlung einer Geldrente — oder sie können in den Verhältnissen des Berechtigten liegen — z. B. der Berechtigte ist dem Trunke ergeben, es ist zu

## §. 1613.

Für die Vergangenheit kann der Berechtigte Erfüllung oder Schadensersatz wegen Nichterfüllung nur von der Zeit an fordern, zu welcher der Verpflichtete in Verzug gekommen oder der Unterhaltsanspruch rechtshängig geworden ist.

---

erwarten, daß er das Baargeld vertrinkt. Es muß unter Abwägung der beiderseitigen Interessen, des Verpflichteten wie des Berechtigten, insbesondere der persönlichen Verhältnisse der beiden zu einander geprüft werden, ob dem Berechtigten die in der Naturalverpflegung liegende Beschränkung seiner Freiheit zugemuthet werden kann. Wenn die besonderen Gründe zutreffen, kann übrigens der Unterhalt auch theils in Natur, theils durch Geld gewährt werden. Ueber die Berechtigung des Verpflichteten, den Unterhalt in anderer Art zu gewähren, entscheidet im Streitfalle das Prozeßgericht (nicht das Vormundschaftsgericht).

2. Das im Abs. 2 bestimmte Recht hat jeder unterhaltspflichtige Elterntheil, gleichgültig, ob er die elterliche Gewalt oder auch nur die Sorge für die Person hat oder nicht. Es besteht ferner gegenüber allen unverheiratheten Kindern, gleichviel, ob sie minderjährig oder volljährig sind, und gleichviel, ob sie dem elterlichen Hausstand angehören oder nicht. Durch die Scheidung der Ehe kann freilich das Recht des unterhaltspflichtigen Elterntheils insofern eine Einschränkung erleiden, als der Elterntheil sein Bestimmungsrecht nur in einer Weise ausüben darf, welche mit dem Rechte des anderen Elterntheils vereinbar ist; der unterhaltspflichtige Elterntheil, dem nach § 1634 die thatsächliche Sorge für das Kind nicht zusteht, darf z. B. nicht verlangen, daß er das Kind bei sich unterhält (R.G. Bd. 34 S. 212). Aehnlich liegt die Sache, wenn dem unterhaltspflichtigen Elterntheile die Sorge für die Person nach § 1666 entzogen ist.

Ueber die Zuständigkeit des Vormundschaftsgerichts s. §§ 35, 43 freiw. G.G.; über die Rechtsmittel gegen die Entscheidung s. §§ 20, 59 daselbst. Das Kind kann, wenn es in der Geschäftsfähigkeit beschränkt ist, den Antrag stellen, ohne daß es der Aufstellung eines Pflegers bedarf (arg. § 59 freiw. G.G.). Ueber die Unterhaltspflicht als solche kann das Vormundschaftsgericht nicht entscheiden. Auch kommt seinen Anordnungen keine Vollstreckbarkeit zu, sondern das Kind muß gegebenen Falles die Leistung im Prozeßweg erstreiten; der Prozeßrichter ist an die Entscheidung des Vormundschaftsgerichts gebunden.

Gegenüber verheirathet gewesenen Kindern, z. B. einer verwittweten Tochter, besteht das Bestimmungsrecht der Eltern nach Abs. 2 nicht; ihnen gegenüber ist der Elterntheil zunächst eine Geldrente zu leisten schuldig, eine Aenderung kann nur nach Abs. 1 Satz 2 eintreten (a. A. Schultheis, der deutsche Vormundschaftsrichter, S. 256); gleiches gilt gegenüber Enkeln.

**3.** Aus der Anwendbarkeit der für die Leibrente geltenden Vorschriften des § 760 im Zusammenhalte mit den Abs. 1, 2, ergiebt sich Folgendes:

**a)** Der Unterhalt ist stets, auch im Falle des Abs. 2, im Voraus zu entrichten. Ist er in Geld zu gewähren, so ist die Rente drei Monate voraus zu bezahlen, bei anderen Renten bestimmt sich der Zeitabschnitt, nach der Beschaffenheit und dem Zwecke der Rente; hiervon kann im Falle des Abs. 2 eine Ausnahme gemacht werden.

**b)** Dem Unterhaltsberechtigten, welcher den Beginn des Zeitabschnitts erlebt hat, für welchen der Unterhalt im voraus zu gewähren ist, gebührt der volle, auf den Zeitabschnitt entfallende Betrag. Seine Erben haben also unter dieser Voraussetzung Anspruch auf die Leistung, während gegen sie die Kondiktion auf Herausgabe des Geleisteten nicht stattfindet (s. § 1615 Abs. 1).

**4.** Nach § 258 der C.P.O. kann auch auf Entrichtung zukünftiger Unterhaltsleistungen geklagt werden. Wegen der Aenderung des Urtheils auf Unterhaltsgewährung wegen später eingetretener besonderer Umstände s. § 323 der C.P.O. (Vorbm. VII S. 356).

### § 1613.

**E. I § 1492; II § 1508 rev. § 1593; III § 1591. P. I S. 7575; M. IV S. 705. P. II S. 5856** (Bd. 4 S. 496).

**1.** Die Nachforderung des Unterhalts für die Vergangenheit ist begrifflich ausgeschlossen, weil die Unterhaltspflicht die Befriedigung der Bedürfnisse des Berechtigten zum Gegenstande hat, diese aber für die Vergangenheit nicht möglich ist. Der Satz, daß für die Vergangenheit der Berechtigte grundsätzlich weder Erfüllung noch Schadensersatz verlangen kann, gilt auch für den Fall, daß der Berechtigte sich Entbehrungen auferlegen mußte oder Schulden gemacht hat.

2. Ausnahmen sind zugelassen

## §. 1614.

Für die Zukunft kann auf den Unterhalt nicht verzichtet werden.

Durch eine Vorausleistung wird der Verpflichtete bei erneuter Bedürftigkeit des Berechtigten nur für den im §. 760 Abs. 2 bestimmten Zeitabschnitt oder, wenn er selbst den Zeitabschnitt zu bestimmen hatte, für einen den Umständen nach angemessenen Zeitabschnitt befreit.

---

a) für den Fall des Verzugs (§§ 284 ff.);

b) für den Fall der Rechtshängigkeit; letztere Ausnahme hat mit Rücksicht auf die §§ 263, 693 der C.P.O. Bedeutung nur für den Fall, daß mangels Verschuldens (§ 285) Verzug nicht vorliegt.

In diesen Fällen kann der Berechtigte nach seiner Wahl Erfüllung oder Schadensersatz wegen Nichterfüllung (§ 280) verlangen und zwar auch dann, wenn er keine Aufwendungen für seinen Unterhalt gemacht hat, sondern sich Entbehrungen auferlegte oder durch die Wohlthätigkeit eines Dritten unterhalten worden ist. Soweit dagegen von einem Dritten als Geschäftsführer des Verpflichteten oder von dem Staate oder einer Anstalt des öffentlichen Rechtes dem Berechtigten der Unterhalt gewährt worden ist, kann der Berechtigte sich an den Verpflichteten nicht halten, sondern der Ersatzanspruch des Dritten, des Staates 2c. gegen den Verpflichteten schließt den Anspruch des Berechtigten für die Vergangenheit aus.

## § 1614.

**E. I § 1495; II § 1509 rev. § 1594; III § 1592. P. 1 S. 7586, 8830; M. IV S. 709. P. II S. 5898 (Bd. 4 S. 483, 515).**

**1.** Nach dem Abs. 1 ist ein Verzicht auf den Unterhaltsanspruch nichtig und zwar ohne Rücksicht darauf, ob er entgeltlich oder unentgeltlich ist. Daraus ergiebt sich, daß auch ein Vergleich über noch nicht fällige Unterhaltsleistungen unzulässig ist. Auf die fälligen Leistungen kann verzichtet werden; auch soweit nach § 1613 für die Vergangenheit Erfüllung oder Schadensersatz wegen Nichterfüllung gefordert werden kann, ist ein Verzicht zulässig.

**2.** Der Abs. 2 regelt die Befreiung durch Vorausleistung. Grundsätzlich muß der Unterhaltspflichtige, wenn er den Unterhalt vorausgeleistet hat und der Berechtigte wiederum bedürftig wird, den Unterhalt nochmals leisten. Eine Ausnahme ist jedoch für den Fall anerkannt, daß die Vorausleistung nur insoweit erfolgte, als hierzu eine gesetzliche Pflicht bestand (§ 1612 Abs. 2, 3). Denn in diesem Falle hat der Verpflichtete ein schon bestehendes Forderungsrecht getilgt. Eine gesetzliche Verpflichtung zur Vorausleistung besteht regelmäßig nur für den im § 760 Abs. 2 bezeichneten Zeitabschnitt, wenn aber Eltern einem unverheiratheten Kinde Unterhalt zu gewähren haben, für den von den Eltern selbst oder auf Antrag des Kindes von dem Vormundschaftsgerichte bestimmten Zeitabschnitt. Um Mißbrauch zu verhüten, läßt indessen der Abs. 2 für den Fall, daß der Verpflichtete selbst den Zeitabschnitt zu bestimmen hatte, die Befreiung nicht schlechthin für den von ihm bestimmten Zeitabschnitt eintreten, sondern nur, sofern der Zeitabschnitt den Umständen nach angemessen war; unter Umständen kann auch ein geringerer als dreimonatlicher Zeitraum angemessen sein. Daß es, wenn das Vormundschaftsgericht den Zeitabschnitt bestimmte, nicht auf die Angemessenheit der Bestimmung ankommt, ergiebt sich aus dem Wortlaute der Gesetzes.

**3.** Der Abs. 2 ist auch für die Entscheidung der Frage maßgebend, unter welchen Voraussetzungen ein Unterhaltsverpflichteter, insbesondere der Vater oder die Mutter, dem Dritten, welcher dem Unterhaltsberechtigten, insbesondere dem Kinde, Unterhalt gewährt oder zum Zwecke des Unterhalts mit dem Unterhaltsberechtigten Rechtsgeschäfte geschlossen hat, zum Ersatze verpflichtet ist. An der Hand des Abs. 2 erledigt sich auch die Frage, ob der Vater oder die Mutter gegen den Dritten, welcher dem Kinde den nöthigen Unterhalt verschafft hat, sich damit gegen den Anspruch des Dritten vertheidigen kann, daß er das Kind mit dem erforderlichen Gelde 2c. versehen, das Kind aber die ihm gewährten Mittel anderweit verwendet hat. Soweit nach § 1614 Abs. 2 eine Vorausleistung zum Zwecke des Unterhalts für die Zukunft den Verpflichteten befreit, ist die Einrede begründet, da insoweit der Dritte dem Verpflichteten eine Ausgabe nicht erspart, ihn von einer Verbindlichkeit nicht befreit, mithin seine Geschäfte nicht geführt hat. Konnte freilich der Vater oder die Mutter voraussehen, daß das Kind die ihm zum Zwecke des Unterhalts gegebenen Mittel verschleudern oder überhaupt anderweit verwenden wird, so ist er von seiner Verbindlichkeit durch die Vorausleistung nicht befreit worden, da die Vorausleistung ihn nur insoweit befreit, als sie für eine angemessene Frist bewirkt ist (M. IV S. 731).

§. 1615.

Der Unterhaltsanspruch erlischt mit dem Tode des Berechtigten oder des Verpflichteten, soweit er nicht auf Erfüllung oder Schadensersatz wegen Nichterfüllung für die Vergangenheit oder auf solche im voraus zu bewirkende Leistungen gerichtet ist, die zur Zeit des Todes des Berechtigten oder des Verpflichteten fällig sind.

Im Falle des Todes des Berechtigten hat der Verpflichtete die Kosten der Beerdigung zu tragen, soweit ihre Bezahlung nicht von dem Erben zu erlangen ist.

## Vierter Titel.

## Rechtliche Stellung der ehelichen Kinder.

---

**§ 1615.**

**E. I § 1488 Abs. 4, § 1496; II § 1510 rev. § 1595; III § 1593. P. I S. 7559, 7591, 8802; M. IV S. 699, 710. P. II S. 5851, 5898 (Bd. 4 S. 491, 493, 515).**

1. Der Unterhaltsanspruch geht weder aktiv noch passiv auf den Erben als solchen über. Eine Ausnahme besteht nur, insoweit nach § 1613 Erfüllung oder Schadensersatz wegen Nichterfüllung für die Vergangenheit gefordert werden kann oder als es sich um Leistungen handelt, welche im Voraus zu entrichten (§ 1612 Abs. 2, 3) und zur Zeit des Todes des Berechtigten oder des Verpflichteten bereits fällig sind.

2. Die Beerdigungskosten gehören an sich nicht zu den Kosten des Unterhalts. Zur Bezahlung der Beerdigungskosten ist zunächst der Erbe verpflichtet (§ 1968), die Beerdigungskosten sind Nachlaßverbindlichkeiten und der Erbe haftet für sie auch nur wie für sonstige Nachlaßverbindlichkeiten. Soweit ihre Bezahlung jedoch, sei es wegen Ueberschuldung des Nachlasses oder aus sonstigen Gründen vom Erben nicht zu erlangen ist, haftet für sie der Unterhaltspflichtige. Zum Nachweise dieser Voraussetzung ist nicht erforderlich, daß die Zwangsvollstreckung gegen den Erben fruchtlos versucht worden ist.

Der Unterhaltspflichtige hat die Kosten einer standesmäßigen Beerdigung zu tragen. Standesmäßig ist die Beerdigung, wenn sie der Lebensstellung des Unterhaltsberechtigten entspricht (s. Erl. 2 zu § 1968).

Die Frage, wer die Beerdigung zu besorgen hat, gehört dem öffentlichen Rechte an (s. Erl. zu § 1968).

3. Streitig ist, ob die Kosten einer Feuerbestattung zu den Kosten der Beerdigung gezählt werden dürfen. Für die Verneinung M. IV S. 699, P. IV S. 494, Staudinger Note 3 zu § 1615. Mit Endemann Bd. 3 § 197 Note 32 wird die Frage zu bejahen sein, sofern die Feuerbestattung allgemein als zulässig anerkannt ist und die Kosten derselben den für eine gewöhnliche Beerdigung aufzuwendenden Betrag nicht in dem Maße übersteigen, daß die Feuerbestattung als nicht standesmäßige Art der Beerdigung erscheint.

4. Die im Abs. 2 bestimmte Verpflichtung zur Bezahlung der Beerdigungskosten läßt die besonderen Vorschriften der §§ 528, 844 und des Haftpflichtgesetzes § 3 (E.G. Art. 42) unberührt. Der Unterhaltspflichtige haftet zwar neben den in diesen Vorschriften Bezeichneten, sobald feststeht, daß vom Erben die Bezahlung nicht zu erlangen ist, nach § 421 als Gesammtschuldner, kann aber, wenn er die Kosten der Beerdigung bestritten hat, gegen die in diesen Vorschriften Bezeichneten den Rückgriff nehmen. War der Verstorbene verheirathet, so haftet sein Ehegatte vor dem Verwandten für die Beerdigungskosten (§ 1360 Abs. 3 mit § 1615); der Verwandte haftet nur nach § 1608. Das Gleiche gilt nach § 1578, § 1580 Abs. 3 mit § 1615 für den Fall, daß der Verstorbene einen für allein schuldig erklärten geschiedenen Ehegatten zurückgelassen hat.

**Vierter Titel.**

Die Vorschriften des vierten Titels gelten zunächst nur für eheliche Kinder (§§ 1591 ff.). Sie finden jedoch auch auf die Kinder aus nichtigen Ehen, welche mit Rücksicht auf die Gutgläubigkeit eines Ehegatten als eheliche gelten, nach Maßgabe der §§ 1699 ff., ferner auf die durch nachfolgende Ehe (§ 1719) und auf die durch Ehelichkeitserklärung (§§ 1736 ff.) legitimirten

# I. Rechtsverhältniß zwischen den Eltern und dem Kinde im Allgemeinen.

Kinder, endlich auf die an Kindesstatt angenommenen Kinder nach Maßgabe der §§ 1757 ff. Anwendung.

Wegen der Anwendbarkeit der Vorschriften des vierten Titels auf uneheliche Kinder im Verhältnisse zu ihrer Mutter (§ 1705) vergl. die Erl. zu § 1705.

**I. Rechtsverhältniß zwischen den Eltern und dem Kinde im Allgemeinen.**

1. Der erste Unterabschnitt enthält einige für das Rechtsverhältniß zwischen den Eltern und dem Kinde im Allgemeinen geltende Vorschriften, welche für alle Kinder maßgebend sind, ohne Unterschied, ob die Kinder volljährig oder minderjährig sind und letzteren Falles, ob sie unter elterlicher Gewalt oder unter Vormundschaft stehen. Die Vorschriften beziehen sich auf den Familiennamen des Kindes (§ 1616), ferner auf gewisse Wirkungen der Hausgemeinschaft, nämlich die Verpflichtung des Kindes zur Dienstleistung im elterlichen Haushalt und Geschäft (§ 1617), die Aufwendungen eines volljährigen Kindes für den Haushalt der Eltern (§ 1618) und die Verwaltung des dem volljährigen Kinde gehörenden Vermögens durch die Eltern (§ 1619), endlich auf die Ausstattung eines Kindes (§§ 1620—1625).

Der E. I § 1498 enthielt auch die Bestimmung, daß das Kind seinen Eltern, solange es unter deren Erziehungsgewalt steht oder von ihnen in ihrem Hausstand unterhalten wird, kindlichen Gehorsam schuldig ist. Diese Vorschrift ist in der zweiten Kommission, weil rechtlich nicht erzwingbar, gestrichen worden. Bei der Streichung ist es auch in der Reichstagskommission verblieben (M. IV S. 713, P. IV S. 537, K.B. S. 2071).

2. Die in den §§ 1616—1625 enthaltenen Bestimmungen über das Rechtsverhältniß zwischen den Eltern und dem Kinde im Allgemeinen finden ihre Ergänzung durch eine Reihe von Sondervorschriften theils des B.G.B., theils anderer Gesetze. Hervorzuheben sind von den Vorschriften des B.G.B. die Vorschriften des § 11 über den Wohnsitz des Kindes, des § 204 über die Verjährung der Ansprüche zwischen Eltern und minderjährigen Kindern, der §§ 1305—1308 über die elterliche Einwilligung zur Verheirathung des Kindes, der §§ 1601 ff. über die gegenseitige Unterhaltspflicht von Eltern und Kind, der §§ 1747, 1748 über die Einwilligung der Eltern zur Annahme des Kindes an Kindesstatt, der §§ 1899, 1900 über die Berufung der Eltern zur Vormundschaft über volljährige Kinder, der §§ 1924 ff., 2303 ff. über das gegenseitige Erbrecht und Pflichttheilsrecht. Von den Vorschriften anderer Gesetze kommen insbesondere die §§ 2 ff., 11, 14a, 19, 21 des Bundes- und Staatsangehörigkeitsgesetzes v. 1. Juni 1870 (E.G. Art. 41) und der § 65 des St.G.B. (E.G. Art. 34) in Betracht.

3. Ueber das Sonderrecht der Mitglieder der landesherrlichen Familien und des hohen Adels s. E.G. Art. 57, 58.

4. Wegen des internationalen Privatrechts s. E.G. Art. 19, 28—31, Uebergangsvorschriften ebenda Art. 203.

5. Die Rechtsstreitigkeiten, welche die Feststellung des Bestehens oder Nichtbestehens eines Eltern- und Kindesverhältnisses zwischen den Parteien oder die Feststellung des Bestehens oder Nichtbestehens der elterlichen Gewalt der einen Partei über die andere zum Gegenstande haben, z. B. ein Streit darüber, ob ein Kind untergeschoben, an Kindesstatt angenommen oder legitimirt ist, ferner ein Rechtsstreit, in dem Jemand behauptet, das uneheliche Kind einer bestimmten Frau zu sein, sind in den §§ 640, 642, 643 der C.P.O. besonders geregelt. Der Gegenstand dieser Rechtsstreitigkeiten ist ähnlich wie bei Ehesachen im öffentlichen Interesse der freien Verfügung der Parteien entzogen. Deshalb sind diese Rechtsstreitigkeiten nach Maßgabe der Vorschriften geregelt, welche für Rechtsstreitigkeiten gelten, welche die Feststellung des Bestehens oder Nichtbestehens einer Ehe zwischen den Parteien zum Gegenstande haben (vgl. Vorbm. IV oben S. 47). Zu den §§ 640, 642, 643 der C.P.O. vergl. E. I § 1632, M. IV S. 1002, 1006, M. z. E.G. S. 92, P. IV S. 742, D. z. C.P.O. S. 134.

Hervorzuheben ist:

Die Verhandlungsmaxime ist bei ihnen in demselben Maße durchbrochen wie bei Ehefeststellungsprozessen (C.P.O. § 640 mit § 617 Abs. 3). Das Gericht kann auch von den Parteien nicht vorgebrachte Thatsachen berücksichtigen und die Aufnahme von Beweisen von Amtswegen anordnen und zwar nicht nur zur Ermittelung, ob das elterliche Verhältniß oder die elterliche Gewalt besteht, sondern auch ob sie nicht bestehen (C.P.O. § 640 mit § 622). Gegen den im Termine zur mündlichen Verhandlung nicht erschienenen Kläger ist Versäumnißurtheil dahin zu erlassen, daß die Klage zurückgenommen ist (C.P.O. § 640 mit § 635). Mit einer der bezeichneten Klagen kann eine Klage anderer Art nicht verbunden werden. Eine Widerklage anderer Art ist unstatthaft (C.P.O. § 640 Abs. 2).

## §. 1616.

## Das Kind erhält den Familiennamen des Vaters.

---

Das Urtheil wirkt, sofern es bei Lebzeiten der Parteien rechtskräftig wird, für und gegen Alle. Ein Urtheil, durch welches das Bestehen eines Eltern- und Kindesverhältnisses oder der elterlichen Gewalt festgestellt wird, wirkt jedoch gegenüber einem Dritten, welcher das elterliche Verhältniß oder die elterliche Gewalt für sich in Anspruch nimmt, nur dann, wenn er an dem Rechtsstreite theilgenommen hat (C.P.O. § 643). Stirbt eine der Parteien vor der Rechtskraft des Urtheils, so ist der Rechtsstreit in Ansehung der Hauptsache erledigt (C.P.O. § 640 mit § 628).

Wegen der Aussetzung eines Rechtsstreits, wenn im Laufe desselben streitig wird, ob zwischen den Parteien ein Eltern- und Kindesverhältniß besteht oder nicht besteht, oder ob der einen Partei die elterliche Gewalt über die andere zusteht oder nicht zusteht, s. § 154 der C.P.O.

Bezüglich der Fähigkeit der Parteien den Prozeß zu führen sind Sonderbestimmungen nicht vorgesehen. Insbesondere ist der § 612 der C.P.O. nicht entsprechend anwendbar Die in der Geschäftsfähigkeit beschränkte Partei bedarf daher zur Führung des Rechtsstreits der Mitwirkung des gesetzlichen Vertreters. Insbesondere muß zur Führung des Rechtsstreits für das Kind ein Pfleger bestellt werden.

6. Literatur: Opet, Das Verwandtschaftsrecht des B.G.B., Berlin 1899; Fränkel, Das Familienrecht des B.G.B., Hannover 1899; Knitschky, Das Rechtsverhältniß zwischen Eltern und Kindern, Berlin 1899; Schultheis, Der deutsche Vormundschaftsrichter, Berlin 1900; Spahn, Verwandtschaft und Vormundschaft, Berlin 1900.

### § 1616.

**E. I § 1497; II § 1511 rev. § 1596; III § 1594. P. I S. 7519; M. IV S. 712. P. II S. 5939 (Bd. 4 S. 535). R.B. S. 2071.**

Literatur: Opet, Archiv f. d. civ. Praxis Bd. 45 S. 153, 315; Süßheim, Gruchot Bd. 43 S. 579; Gierke, deutsches Privatrecht I § 83.

**1.** Die Zugehörigkeit des Kindes zur Familie des Vaters zeigt sich auch nach außen, indem das Kind den Familiennamen des Vaters erhält. Auf den Namen des Vaters hat das Kind zunächst ein Recht, das nach § 12 geschützt ist. Das Kind ist aber auch verpflichtet, den Namen des Vaters zu führen. Die öffentlich rechtliche Seite dieser Pflicht regelt sich nach Landesrecht.

**2. Ueber den Vornamen des Kindes** (s. § 22 Abs. 1 Nr. 4 des Personst.G.) schweigt das B.G.B. Die M. IV S. 712 betrachten die Beilegung des Vornamens als Ausfluß des Rechtes und der Pflicht der Sorge für die Person des Kindes. Es ist nicht unzweifelhaft, ob die Vornamengebung zur thatsächlichen Fürsorge für die Person des Kindes gehört oder Ausfluß der Vertretung des Kindes ist (über den Unterschied und seine rechtliche Bedeutung s. Erl. zu § 1627). Ueberwiegende Gründe dürften für die erstere Ansicht sprechen. Danach ist der Vater zur Vornamengebung auch dann berechtigt, wenn ihm die Vertretung in den die Person des Kindes betreffenden Angelegenheiten nicht zusteht, wenn er aber zur thatsächlichen Fürsorge für die Person des Kindes berechtigt ist (§ 1676 Abs. 2 Satz 2). Von besonderer Bedeutung mit Rücksicht auf die Vorschriften der §§ 1634, 1696—1698 ist die erwähnte Frage für die Mutter; der minderjährigen Wittwe z. B. steht nach der hier vertretenen Ansicht die Vornamengebung zu, nach der anderen Ansicht stünde sie dem Vormunde des Kindes zu. Ueber die Frage, durch welche Handlung die Ertheilung des Vornamens vollzogen wird, ob, wenn der Vater die Ertheilung unterläßt, das Vormundschaftsgericht zum Einschreiten berechtigt ist, s. Opet S. 195—197; v. Sicherer, Wörterb. f. das dtsch. Verwaltungsrecht Art: „Namengebung." Welche Vornamen eintragungsfähig sind, bestimmt sich nach dem Landesrechte.

**3.** Der Familienname des Kindes wird kraft Gesetzes geändert durch die Verheirathung einer Tochter (§ 1355) und die Annahme an Kindesstatt (s. § 1758); für den Fall der Aufhebung der Annahme an Kindesstatt s. § 1772. Im Uebrigen richtet sich die Zulässigkeit einer Aenderung nach dem Landesrechte. Wird der Namen des Vaters geändert, so behalten die Kinder den bisherigen Namen; der Vater ist aber, wenn ihm die Vertretung in den die Person des Kindes betreffenden Angelegenheiten zusteht, berechtigt, gleichzeitig oder gesondert um Aenderung des Namens des Kindes nachzusuchen.

## §. 1617.

Das Kind ist, solange es dem elterlichen Hausstand angehört und von den Eltern erzogen oder unterhalten wird, verpflichtet, in einer seinen Kräften und seiner Lebensstellung entsprechenden Weise den Eltern in ihrem Hauswesen und Geschäfte Dienste zu leisten.

## §. 1618.

Macht ein dem elterlichen Hausstand angehörendes volljähriges Kind zur Bestreitung der Kosten des Haushalts aus seinem Vermögen eine Aufwendung oder überläßt es den Eltern zu diesem Zwecke etwas aus seinem Vermögen, so ist im Zweifel anzunehmen, daß die Absicht fehlt, Ersatz zu verlangen.

---

4. Ueber den Stand des Kindes enthält das B.G.B. keine Bestimmung. Es gilt das Gleiche wie bezüglich des Standes der Frau (s. Erl. 2 zu § 1355).

5. Ueber die Namensführung bei Kindern aus Ehen der Mitglieder landesherrlicher Familien oder des hohen Adels s. E.G. Art. 57, 58.

### § 1617.

**E. I § 1499; II § 1512 rev. § 1597; III § 1595. P. I S. 7527—7529; M. IV S. 715. P. II S. 5943—5951 (Bd. 4 S. 535—541). D. S. 705. R.B. S. 2071.**

1. Der § 1617 knüpft die Verpflichtung des Kindes zu Dienstleistungen an die elterliche Erziehungsgewalt oder an die elterliche Unterhaltsgewährung. Die auf der elterlichen Erziehungsgewalt beruhende Verpflichtung zu Dienstleistungen besteht ohne Rücksicht darauf, ob das Kind von den Eltern oder aus eigenen Einkünften unterhalten wird. Ein nicht unter der Erziehungsgewalt der Eltern stehendes Kind dagegen ist zur Leistung der Dienste nur verpflichtet, solange es von den Eltern unterhalten wird; gleichgültig ist aber, ob das Kind sich selbst den Unterhalt zu verschaffen im Stande ist oder nicht, ob überhaupt der Unterhalt in Erfüllung der gesetzlichen Unterhaltspflicht oder freiwillig geleistet wird. Voraussetzung ist dabei in beiden Fällen, daß das Kind dem elterlichen Hausstand angehört, d. h. daß es zu den Eltern in einem solchen räumlichen Verhältnisse steht, daß es den häuslichen Anordnungen der Eltern Folge leisten muß.

2. Das Kind ist nur zu einer seinen Kräften und seiner Lebensstellung entsprechenden Dienstleistung verpflichtet. Gegen Mißbrauch sind minderjährige Kinder durch den § 1666 Abs. 1 geschützt, volljährige dadurch, daß sie es in der Hand haben, aus dem elterlichen Hausstand auszuscheiden und damit ihrer Verpflichtung ein Ende zu setzen. Das Kind ist ferner nur zu Diensten im Hause und im Geschäfte der Eltern verpflichtet; die Eltern sind nicht berechtigt, die Dienste des Kindes einem Dritten zu überlassen. Dadurch ist nicht ausgeschlossen, daß der Inhaber der elterlichen Gewalt kraft seines Erziehungsrechts das Kind einem Dritten zum Zwecke der Erziehung überweist und dabei das Kind zu Dienstleistungen für den Dritten verpflichtet, z. B. durch einen Lehrvertrag.

3. Das Kind ist nur zu Dienstleistungen, nicht zur Leistung von Geldbeiträgen verpflichtet.

4. Daß das Kind für die Dienste, welche es auf Grund des § 1617 leistet, keine Vergütung verlangen kann, versteht sich von selbst. Die Vereinbarung einer Vergütung ist aber nicht unzulässig (a. A. Opet S. 132).

5. Der Erwerb des Kindes auf Grund der in Gemäßheit des § 1617 geleisteten Dienste fällt demjenigen Elterntheile zu, welcher das Erziehungsrecht über das Kind hat oder, sofern die Dienstleistungen auf der elterlichen Unterhaltsgewährung beruhen, das Kind unterhält. Anders im Falle des 1651 Abs. 1 Nr. 1.

6. Der elterliche Anspruch auf die Dienste des Kindes ist unverzichtbar und unverjährbar (§ 194).

### § 1618.

**E. II § 1513 rev. § 1598; III § 1596. P. II S. 5951—5958 (Bd. 4 S. 538, 541—545). D. S. 706.**

Zu den Kosten des elterlichen Haushalts zählen alle zur Erhaltung des Hauswesens der Eltern erforderliche Ausgaben, nicht dagegen die für den Geschäftsbetrieb der Eltern nothwendigen. Im Uebrigen s. Erl. 1—3 zu der auf dem gleichen Grundgedanken beruhenden Vorschrift des § 1429.

§. 1619.

Ueberläßt ein dem elterlichen Hausstand angehörendes volljähriges Kind sein Vermögen ganz oder theilweise der Verwaltung des Vaters, so kann der Vater die Einkünfte, die er während seiner Verwaltung bezieht, nach freiem Ermessen verwenden, soweit nicht ihre Verwendung zur Bestreitung der Kosten der ordnungsmäßigen Verwaltung und zur Erfüllung solcher Verpflichtungen des Kindes erforderlich ist, die bei ordnungsmäßiger Verwaltung aus den Einkünften des Vermögens bestritten werden. Das Kind kann eine abweichende Bestimmung treffen.

Das gleiche Recht steht der Mutter zu, wenn das Kind ihr die Verwaltung seines Vermögens überläßt.

§. 1620.

Der Vater ist verpflichtet, einer Tochter im Falle ihrer Verheirathung zur Einrichtung des Haushalts eine angemessene Aussteuer zu gewähren, soweit er bei Berücksichtigung seiner sonstigen Verpflichtungen ohne Gefährdung seines standesmäßigen Unterhalts dazu im Stande ist und nicht die Tochter ein zur Beschaffung der Aussteuer ausreichendes Vermögen hat. Die gleiche Verpflichtung trifft die Mutter, wenn der Vater zur Gewährung der Aussteuer außer Stande oder wenn er gestorben ist.

Die Vorschriften des §. 1604 und des §. 1607 Abs. 2 finden entsprechende Anwendung.

---

**§ 1619.**

**E. II § 1514 rev. § 1599; III § 1597. M. IV S. 728. P. II S. 5951—5958 (Bd. 4 S. 538, 541—545). R.B. S. 2072.**

1. Vergl. die Erl. zu der entsprechenden Vorschrift des § 1430.

2. Bezüglich des Stammes des Vermögens des Kindes ist der Vater und, wenn die Verwaltung der Mutter überlassen ist, diese rechenschaftspflichtig (s. Erl. 3 zu § 1430). Bei der Verwaltung des Stammes des Vermögens haftet der Vater oder die Mutter nicht nur für die in eigenen Angelegenheiten übliche Sorgfalt, sondern für jedes Verschulden (§ 276). Die Vorschrift des § 1664 gilt nur für die Ausübung der elterlichen Gewalt.

**§§ 1620—1625.**

1. Das B.G.B. unterscheidet zwischen Ausstattung und Aussteuer. Ausstattung ist alles, was einem Kinde mit Rücksicht auf seine Verheirathung oder auf die Erlangung einer selbständigen Lebensstellung zur Begründung oder zur Erhaltung der Wirthschaft oder der Lebensstellung von dem Vater oder der Mutter zugewendet wird. Aussteuer ist diejenige Art der Ausstattung, welche in der Zuwendung der zur Einrichtung und Führung des Hauswesens eines sich verheirathenden Kindes erforderlichen beweglichen Sachen besteht. Zur Gewährung einer Ausstattung besteht für die Eltern keine Rechtspflicht. Es ist nur eine sittliche Verpflichtung hierzu dadurch anerkannt, daß die Ausstattung, soweit sie das den Umständen entsprechende Maß nicht übersteigt, auch dann nicht als Schenkung gilt, wenn eine Verpflichtung zu ihr nicht besteht. Dagegen haben auf die Aussteuer wenigstens die Töchter einen klagbaren Anspruch.

Der Güterstand, in dem die Eltern leben, ist für ihre Verpflichtung zur Gewährung einer Ausstattung oder Aussteuer ohne Einfluß. Insbesondere ist auch der in fortgesetzter allgemeiner Gütergemeinschaft oder Fahrnißgemeinschaft mit den Kindern lebende Elterntheil nicht zu einer weitergehenden Aussteuer oder zu einer Ausstattung verpflichtet.

2. Literatur: Süßheim im Archiv f. d. civ. Praxis Bd. 89 S. 389.

**§ 1620.**

**E. II § 1515 rev. § 1600; III § 1598. P. II S. 5504—5510, 6849 (Bd. 4 S. 317—323; Bd. 5 S. 143). D. S. 704. R.B. S. 2072. St.B. S. 2971.**

1. Das B.G.B. enthält keine Bestimmung des Begriffs der Aussteuer. Der Begriff ergiebt sich aus dem Zwecke der Aussteuer. Die Aussteuer ist der Inbegriff der zur Einrichtung

und Führung des Hauswesens einer sich verheirathenden Tochter erforderlichen beweglichen Sachen. Zur Aussteuer gehören nicht nur Haushaltsgegenstände im engeren Sinne (§§ 1382, 1932), sondern auch die zum persönlichen Gebrauche der Tochter bestimmten Kleidungs- und Wäschegegenstände, welche einer heirathenden Tochter gewöhnlich mitgegeben werden. Dagegen kann als Aussteuer nicht die Gewährung von Gegenständen, die für den Beruf oder das Geschäft der Tochter erforderlich sind, verlangt werden. Selbstverständlich können die Eltern die Aussteuerpflicht nach ihrer Wahl durch Leistung der Sachen selbst oder eines entsprechenden Geldbetrags erfüllen.

2. Berechtigt eine Aussteuer zu verlangen ist nur eine Tochter, nicht ein Sohn. Ob die Tochter volljährig oder minderjährig ist, ob sie in der elterlichen Gewalt oder im elterlichen Unterhalte steht, kommt nicht in Betracht. Gleichgültig ist auch — vorbehaltlich des § 1622 —, ob die Tochter ledig oder verwittwet oder geschieden ist. Voraussetzung ist nur, daß die Tochter nicht ein zur Beschaffung der Aussteuer ausreichendes Vermögen hat. Soweit das Vermögen der Tochter, und wäre es noch so klein, reicht, ist der Anspruch auf Aussteuer ausgeschlossen. Die Beweislast, daß das Vermögen der Tochter ausreicht, trifft, wie sich aus der Stellung des Wortes „nicht" ergiebt (s. Bd. I S. 45), die Eltern.

Der Ehemann der Tochter ist nicht berechtigt, die Aussteuer Namens der Tochter oder für sie zu verlangen. Nur wenn in der Ehe Gütergemeinschaft (allgemeine oder partikuläre) gilt, kann er, weil der Aussteueranspruch zum Gesammtgute gehört, — und zwar nur er — den Anspruch geltend machen.

Ist die Tochter minderjährig, so bedarf sie, wenn sie noch unter der elterlichen Gewalt des aussteuerpflichtigen Elterntheils steht (s. Erl. zu § 1633), zur Geltendmachung des Anspruchs eines Pflegers (§ 1630 Abs. 2, § 1909).

3. Zur Gewährung der Aussteuer sind nur die leiblichen Eltern eines ehelichen Kindes — bei einer unehelichen Tochter die Mutter (§ 1705) —, nicht die Großeltern oder die entfernteren Ascendenten verpflichtet. Den leiblichen Eltern des ehelichen Kindes stehen im Falle der Nichtigkeit der Ehe gleich die Eltern des aus der nichtigen Ehe entsprossenen Kindes, wenn die Voraussetzungen des § 1699 vorliegen; ebenso der Vater eines legitimirten Kindes und im Falle der Annahme an Kindesstatt der Annehmende (§§ 1719, 1736, 1757). Die leiblichen Eltern dürften aber, wenn die Tochter von einem Anderen an Kindesstatt angenommen ist, in entsprechender Anwendung des § 1766 erst nach dem Annehmenden aussteuerpflichtig sein. Von den Eltern haftet der Vater vor der Mutter. Wem die elterliche Gewalt oder die elterliche Nutznießung zusteht, ist dabei gleichgültig. Die Gestaltung der Haftung des Vaters und der Mutter als einer Gesammtschuld ist in der Reichstagskommission angeregt, aber abgelehnt worden. Die Haftung der Mutter tritt ein, wenn der Vater verstorben oder leistungsunfähig ist. Der Leistungsunfähigkeit steht es nach dem im Abs. 2 für anwendbar erklärten § 1607 Abs. 2 Satz 2 gleich, wenn die Rechtsverfolgung gegen den Vater im Inland ausgeschlossen oder wesentlich erschwert ist. Im letzteren Falle kann die Mutter vom Vater Ersatz des Geleisteten verlangen (§ 1607 Abs. 2 Satz 2), während in den anderen Fällen die aussteuernde Mutter einen Ersatzanspruch gegen den Vater nicht hat. Ob die Ehe der Eltern noch besteht, ist für den Aussteuerungsanspruch der Tochter ohne Belang.

Voraussetzung der Aussteuerpflicht ist die Leistungsfähigkeit des in Anspruch genommenen Elterntheils. Das Erforderniß ist in dem gleichen Sinne wie im § 1603 Abs. 1 bei der gesetzlichen Unterhaltspflicht aufzufassen (s. Erl. zu § 1603). Auch die Frage, inwieweit die Leistungsfähigkeit durch den in der Ehe der Eltern geltenden Güterstand beeinflußt wird, ist in Ansehung der Aussteuerpflicht durch die Verweisung des Abs. 2 auf den § 1604 in der gleichen Weise wie bei der Unterhaltspflicht geregelt. Hervorzuheben ist, daß der § 1604 nicht nur auf die Aussteuerpflicht der Mutter, sondern auch auf die des Vaters sowie auch dann Anwendung findet, wenn ein Ehegatte gegenüber einem nicht gemeinschaftlichen Kinde aussteuerpflichtig ist; im Uebrigen s. Erl. zu § 1604.

Daß der in Anspruch genommene Elterntheil leistungsfähig ist, hat die Tochter zu beweisen; anders als bei der gesetzlichen Unterhaltspflicht (s. Erl. zu § 1603) trifft nicht den Elterntheil die Beweislast, daß er leistungsunfähig ist.

4. Daraus, daß bei der Frage der Leistungsfähigkeit die sonstigen Verpflichtungen des Elterntheils berücksichtigt werden, ergiebt sich, daß, wenn mehrere Töchter vorhanden sind, sie sich gegenseitig beschränken, wenn die Eltern nicht im Stande sind, sie alle gleichmäßig angemessen auszusteuern.

5. Die Tochter kann nur eine angemessene Aussteuer verlangen. Zu berücksichtigen sind dabei nicht nur die Vermögens- und Erwerbsverhältnisse der Eltern, sondern auch der Stand des Ehemanns der Tochter.

## §. 1621.

Der Vater und die Mutter können die Aussteuer verweigern, wenn sich die Tochter ohne die erforderliche elterliche Einwilligung verheirathet.

Das Gleiche gilt, wenn sich die Tochter einer Verfehlung schuldig gemacht hat, die den Verpflichteten berechtigt, ihr den Pflichttheil zu entziehen.

## §. 1622.

Die Tochter kann eine Aussteuer nicht verlangen, wenn sie für eine frühere Ehe von dem Vater oder der Mutter eine Aussteuer erhalten hat.

---

**6.** Der Anspruch auf Aussteuer wird erst mit dem Augenblicke der Verheirathung erworben, die Tochter kann also nicht mit Rücksicht auf die bevorstehende Verheirathung die Aussteuer fordern. Die im Zeitpunkte der Verheirathung obwaltenden Umstände sind sowohl für die Frage, ob der Aussteueranspruch überhaupt begründet ist, als auch für die Frage der Angemessenheit maßgebend. Später eintretende Veränderungen in den Verhältnissen der Eltern oder des Kindes bleiben außer Betracht. Dies hindert aber selbstverständlich nicht, bei der Frage der Leistungsfähigkeit auch eine erst künftig drohende Gefährdung des standesmäßigen Unterhalts der Eltern zu berücksichtigen.

**7.** Die Frage, wem die zur Aussteuer gehörenden Sachen zufallen, richtet sich nach dem Güterstand, in welchem die Tochter lebt.

### § 1621.

**E. II § 1516 rev. § 1601; III § 1599. P. II S. 5510—5513 (Bd. 4 S. 317—323).**

**1.** Ueber das Erforderniß der elterlichen Einwilligung zur Eheschließung s. § 1305. Ist auf Grund des § 1308 die elterliche Einwilligung ersetzt worden, so kann die Aussteuer nicht verweigert werden; denn nur der Mangel der erforderlichen Einwilligung schließt den Aussteueranspruch aus. Auf den Mangel der elterlichen Einwilligung kann sich der in Anspruch genommene Elterntheil auch dann berufen, wenn nach den Umständen des Falles zwar seine Einwilligung nicht erforderlich war, wohl aber die des anderen Elterntheils, z. B. der zur Zeit der Eheschließung abwesende Vater kann sich darauf berufen, daß die Mutter nicht eingewilligt habe. Umgekehrt genügt die Einwilligung des Elterntheils, dem nach § 1305 das Einwilligungsrecht zusteht. Der Vater kann in dem erwähnten Falle nicht einwenden, daß seine Einwilligung nicht erfolgte, wenn die Mutter eingewilligt hat. Gegenüber dem Anspruch einer zum zweitenmale verheiratheten Tochter kann daraus, daß die erste Ehe ohne die erforderliche elterliche Einwilligung geschlossen worden war, ein Einwand nicht entnommen werden.

**2.** Ueber die Gründe der Entziehung des Pflichttheils s. § 2333. Wie der Wortlaut ergiebt, kann sich der in Anspruch genommene Elterntheil nicht darauf berufen, daß die Tochter sich gegenüber dem anderen Elterntheil einer Verfehlung schuldig machte, welche zur Entziehung des Pflichttheils berechtigt. Da durch Verzeihung der Verfehlung das Recht, den Pflichttheil zu entziehen, verloren geht (§ 2337), wird nach dem Grunde des § 1621 wohl anzunehmen sein, daß auch das Recht der Verweigerung der Aussteuer dadurch verloren geht (a. A. Opet S. 157). Dies gilt auch dann, wenn die Verzeihung erst nach der Eheschließung erfolgte.

**3.** Der Mangel der Einwilligung des gesetzlichen Vertreters in die Eheschließung (§ 1304) berechtigt selbst dann nicht zur Verweigerung der Aussteuer, wenn die Vertretung einem Elterntheile zusteht. Dies übersieht Süßheim S. 397.

### § 1622.

**E. II § 1517 rev. § 1602; III § 1600. P. II S. 5513 (Bd. 4 S. 317).**

**1.** Auf die Gründe, aus welchen die Tochter die frühere Aussteuer verloren hat, kommt nichts an. Wie der Wortlaut ergiebt, ist es gleichgültig, ob die frühere Aussteuer von dem nun in Anspruch genommenen oder von dem anderen Elterntheile gewährt worden ist. Der Aussteueranspruch wird auch dann als ausgeschlossen anzusehen sein, wenn die frühere Aussteuer nach den jetzigen Vermögens- und Erwerbsverhältnissen der Eltern nicht als angemessen zu bezeichnen ist. War bei der früheren Eheschließung die Aussteuer mit Rücksicht auf einen die Aussteuerpflicht ausschließenden Umstand nicht erfolgt und ist dieser Umstand, z. B. eine Ver-

§. 1623.

Der Anspruch auf die Aussteuer ist nicht übertragbar. Er verjährt in einem Jahre von der Eingehung der Ehe an.

§. 1624.

Was einem Kinde mit Rücksicht auf seine Verheirathung oder auf die Erlangung einer selbständigen Lebensstellung zur Begründung oder zur Erhaltung der Wirthschaft oder der Lebensstellung von dem Vater oder der Mutter zugewendet wird (Ausstattung), gilt, auch wenn eine Verpflichtung nicht besteht, nur insoweit als Schenkung, als die Ausstattung das den Umständen, insbesondere den Vermögensverhältnissen des Vaters oder der Mutter, entsprechende Maß übersteigt.

Die Verpflichtung des Ausstattenden zur Gewährleistung wegen eines Mangels im Rechte oder wegen eines Fehlers der Sache bestimmt sich, auch soweit die Ausstattung nicht als Schenkung gilt, nach den für die Gewährleistungspflicht des Schenkers geltenden Vorschriften.

---

fehlung durch Verzeihung, bei der nunmehrigen Eheschließung nicht mehr vorhanden, so kann nunmehr die Aussteuer verlangt werden.

**2.** Ist die Ehe, für welche die Aussteuer gegeben worden ist, nicht zu Stande gekommen, so kann im Falle der Eingehung einer anderen Ehe wiederholte Gewährung der Aussteuer gefordert werden, die Eltern können aber die früher gewährte Aussteuer, wenn die Ehe, für welche die Aussteuer gegeben wurde, nicht zu Stande gekommen war, wegen ungerechtfertigter Bereicherung zurückfordern. Sie können dasjenige, was sie hiernach zurückzufordern berechtigt sind, der Tochter auf die neue Aussteuer anrechnen, sofern sie nicht auf ihren Rückforderungsanspruch schon vorher verzichtet haben. Ob ein solcher Verzicht stillschweigend darin gefunden werden kann, daß die Eltern den Rückforderungsanspruch nicht geltend gemacht haben, hängt von den Umständen des Falles ab.

**§ 1623.**

**E. II § 1518 rev. § 1603; III § 1601. P. II S. 5514, 8667 (Bd. 4 S. 317; Bd. 6 S. 298). D. S. 704.**

**1.** Folge der Unübertragbarkeit ist der Ausschluß der Möglichkeit einer Pfändung (§ 850 Abs. 1 der C.P.O.) und der Verpfändbarkeit (§ 1274 Abs. 2) sowie der Aufrechnung (§ 394 Satz 1).

**2.** Der Anspruch auf Aussteuer ist aktiv und passiv nach Maßgabe der allgemeinen Grundsätze unbeschränkt vererblich; a. A. Opet S. 154, der den Anspruch passiv nur im Falle der Rechtshängigkeit für vererblich erklärt, eine Unterscheidung, für welche sich im Gesetze kein Anhaltspunkt findet. Aus der passiven Vererblichkeit des Aussteueranspruchs folgt, daß, wenn der aussteuerpflichtige Vater nach der Eheschließung stirbt, die Mutter nur nach Maßgabe ihres Erbtheils als Erbe, nicht als nun an die Stelle des Vaters tretende Aussteuerpflichtige in Anspruch genommen werden kann.

**3.** Daß auf den Aussteueranspruch verzichtet werden kann, versteht sich mangels einer entgegengesetzten Bestimmung von selbst. Der Verzicht dem Vater gegenüber befreit auch die Mutter. Ob im umgekehrten Falle durch einen Verzicht gegenüber der Mutter auch der Vater befreit werden soll, ist Thatfrage.

**4.** Ueber die Berechnung der Verjährungsfrist s. § 187 Abs. 1 und § 188. Die Verjährung ist während der Minderjährigkeit der Tochter nach § 204 gehemmt; a. A. Süßheim, welcher die Anwendbarkeit des § 204 ausschließen will.

**§ 1624.**

**E. I § 1500 Abs. 1, 3; II § 1519 rev. § 1604; III § 1602. P. I S. 7592—7604, 8646, 8863; M. IV S. 716—720. P. II S. 5514, 5515 (Bd. 4 S. 317—323). D. S. 704.**

**1.** Ueber den Begriff der Ausstattung s. Vorbm. vor § 1620. Als Ausstattung gilt nicht nur die Bezahlung eines Geldkapitals, sondern überhaupt alles, was zur Begründung oder Er-

## §. 1625.

Gewährt der Vater einem Kinde, dessen Vermögen seiner elterlichen oder vormundschaftlichen Verwaltung unterliegt, eine Ausstattung, so ist im Zweifel anzunehmen, daß er sie aus diesem Vermögen gewährt. Diese Vorschrift findet auf die Mutter entsprechende Anwendung.

---

haltung der Wirthschaft oder der Lebensstellung dem Kinde zugewendet wird, z. B. ein Grundstück (s. § 1551 Abs. 1), ein Erwerbsgeschäft. Die Ausstattung kann in der vertragsmäßigen Begründung einer Verpflichtung des Ausstattenden zu einer Leistung oder in der direkten Zuwendung des Gegenstandes der Ausstattung bestehen. Das B.G.B. unterscheidet deshalb zwischen Versprechen und Gewähren der Ausstattung (s. z. B. § 1465 Abs. 1).

2. Zur Zuwendung einer Ausstattung besteht — abgesehen von der Aussteuerpflicht (§ 1620) — keine Rechtspflicht, dagegen erkennt der § 1624 eine sittliche Verpflichtung hierzu insofern an, als die Ausstattung im Umfange der Angemessenheit nicht als Schenkung gilt. Diese sittliche Verpflichtung besteht gegenüber allen Kindern ohne Unterschied von Sohn und Tochter, von volljährigen oder minderjährigen Kindern, ferner ohne Rücksicht darauf, ob das Kind dem elterlichen Hausstand angehört, ob es schon bei einer etwaigen früheren Verheirathung eine Aussteuer erhalten hat. Die Verpflichtung besteht für den Vater in der gleichen Weise wie für die Mutter. Wann die Ausstattung eine angemessene ist, ist Thatfrage, die nicht nur nach den Vermögens- und Erwerbsverhältnissen der Eltern, sondern auch nach der Zahl ihrer Kinder, dem eigenen Vermögen des auszustattenden Kindes ꝛc. zu beurtheilen ist. Für die Frage der Angemessenheit entscheidend ist der Zeitpunkt der Gewährung oder des Versprechens der Ausstattung.

3. Folge davon, daß die Ausstattung in den Grenzen der Angemessenheit nicht als Schenkung gilt, ist z. B., daß das Versprechen der Ausstattung nicht der Formvorschrift des § 518 unterworfen ist, daß, wenn die Ausstattung in wiederkehrenden Leistungen besteht, die Verbindlichkeit nicht mit dem Tode des Elterntheils erlischt (§ 520), daß der ausstattende Elterntheil nicht nur für Vorsatz und grobe Fahrlässigkeit, sondern für jedes Verschulden haftet (§ 521), daß er im Falle des Verzugs von der Entrichtung von Verzugszinsen nicht entbunden ist (§ 522), daß das Rückforderungsrecht und Widerrufsrecht des Schenkers nach den §§ 528, 530 keine Anwendung findet. Eine weitere Folge davon, daß die Ausstattung in den Grenzen der Angemessenheit nicht als Schenkung gilt, ist, daß das zur Ausstattung Geleistete nicht deshalb zurückgefordert werden kann, weil eine Verbindlichkeit zur Leistung nicht bestanden habe (vergl. § 814).

Ueberschreitet die Zuwendung der Ausstattung die Grenzen der Angemessenheit, so gilt der überschreitende Betrag als Schenkung; für den als angemessen zu bezeichnenden Theil aber verbleibt es dabei, daß er nicht als Schenkung zu erachten ist. Ein Ausstattungsversprechen, welches zum Theil als unangemessen zu bezeichnen ist und formlos ertheilt worden ist, kann also bezüglich des für angemessen zu erachtenden Betrags nicht mit Rücksicht auf die Formvorschrift des § 518 als nichtig behandelt werden.

4. In Ansehung der Gewährleistungspflicht des Ausstattenden wird die Ausstattung nach Abs. 2 stets als Schenkung behandelt. Es finden deshalb die §§ 523, 524 Anwendung.

5. Hinsichtlich der Anfechtbarkeit wegen Benachtheiligung der Gläubiger des Ausstattenden gilt die Ausstattung, obwohl sie nicht als Schenkung gilt, doch als eine unentgeltliche Verfügung des Schuldners (Anfechtungsgesetz § 3 Nr. 3, K.O. § 32 Nr. 1). A. A. Staudinger Note 4a, Jaeger K.O. 1899, Note 4 zu § 32 K.O., mißverständlich P. IV. S. 323.

6. Ueber die Ausstattung, welche ein Elterntheil, der in allgemeiner oder partikulärer Gütergemeinschaft lebt, verspricht oder gewährt, s. §§ 1446, 1465, 1499, 1538, 1549. Wegen der Ausgleichungspflicht unter den Abkömmlingen s. § 2050 Abs. 1. Ueber die Gewährung einer Ausstattung durch den Vormund des Elterntheils s. § 1902.

### § 1625.

**E. I § 1500 Abs. 2; II § 1520 rev. § 1605; III § 1603. P. I S. 7592, 8646, 8863; M. IV S. 720. P. II S. 5515 (Bd. 4 S. 323).**

1. Die im § 1625 aufgestellte Vermuthung greift nur Platz, wenn der die Aussteuer gewährende Elterntheil das Vermögen des Kindes als dessen gesetzlicher Vertreter, sei es als Inhaber der elterlichen Gewalt oder als Vormund oder (§ 1915) als Pfleger, verwaltet. Ob das Kind minderjährig oder volljährig ist, kommt nicht in Betracht. Die Vermuthung gilt dagegen nicht für andere Fälle, in welchen das Vermögen des Kindes von dem die Aussteuer gewährenden

# II. Elterliche Gewalt.

---

Elterntheile verwaltet worden ist oder verwaltet wird, insbesondere nicht für den im § 1619 bezeichneten Fall, daß ein volljähriges, dem elterlichen Hausstand angehörendes Kind die Verwaltung seines Vermögens dem Vater oder der Mutter überläßt. Die Vermuthung gilt ferner nicht für den Fall, daß der ausstattende Elterntheil Schuldner des Kindes ist und sich der Zweifel erhebt, ob er die Ausstattung an Zahlungsstatt geleistet habe. In solchen Fällen kann der Elterntheil, welcher dem Kinde die gewährte Ausstattung anrechnen will, dies nur dann thun, wenn er den Rechtsgrund darlegt, welcher ein solches Recht für ihn begründet, sei es eine mit dem Kinde getroffene Vereinbarung oder eine gerechtfertigte Geschäftsführung ohne Auftrag.

2. Die Auslegungsregel des § 1625 gilt auch für die Gewährung einer Aussteuer (§ 1620), a. A. Staudinger Note 3 und Süßheim S. 400, weil dem Vater eine Aussteuerpflicht obliege. Allein wenn die Tochter hinreichendes Vermögen hat, ist eben der Vater oder die Mutter zur Aussteuer nicht verpflichtet.

## II. Elterliche Gewalt.

1. Charakter der elterlichen Gewalt (M. IV S. 721—726, D. S. 704). Nach der Praxis des gemeinen Rechtes hat die väterliche Gewalt vorwiegend den Charakter eines den Interessen des Vaters dienenden Herrschaftsrechts über das Kind. Dem Vater kommt zwar gegenüber dem minderjährigen Kinde kraft der väterlichen Gewalt die Stellung eines Vormundes zu, er ist aber wesentlich freier gestellt wie ein Vormund und die väterliche Gewalt gewährt ihm ein selbständiges Verwaltungs- und Nutzungsrecht am Vermögen des Kindes, das an sich auch nach der Volljährigkeit des Kindes fortdauert und erst mit der Absonderung des Kindes vom väterlichen Haushalt oder mit der Verheirathung des Kindes endigt. Im weiteren Umfang ist die väterliche Gewalt als väterliche Vormundschaft im deutschen Rechte und den auf deutschrechtlichen Grundlagen beruhenden bisherigen Gesetzen gestaltet. Der Vater hat hier kraft der väterlichen Gewalt die Pflicht und das Recht der Sorge für die Person und das Vermögen des Kindes und die väterliche Gewalt endigt mit der Volljährigkeit des Kindes. Dem Inhaber der väterlichen Gewalt steht ferner als eigenes Recht am Vermögen des Kindes die Nutznießung zu.

Dem Entwicklungsgange folgend, behandelt auch das B.G.B. die elterliche Gewalt als eine vormundschaftliche, als eine Schutzgewalt, welche ihrem Inhaber das Recht und die Pflicht der Sorge für die Person und das Vermögen einschließlich der Vertretung des Kindes giebt. Zugleich verbindet das B.G.B. mit der elterlichen Gewalt das Recht der Nutznießung am Vermögen des Kindes. Kraft dieses Rechtes verfügt der Inhaber der elterlichen Gewalt über die Einkünfte des Vermögens des Kindes nicht als dessen Vertreter, sondern kraft eigenen Rechtes und ohne rechtliche Verantwortung gegenüber dem Kinde. Dadurch kommt die natürliche Abhängigkeit des Kindes von den Eltern auch in vermögensrechtlicher Hinsicht zum Ausdrucke. Der vormundschaftliche Charakter der elterlichen Gewalt zeigt sich insbesondere darin, daß der Inhaber derselben bei ihrer Ausübung in gewisser Weise der Aufsicht und Fürsorge des Vormundschaftsgerichts unterworfen und bei bestimmten Handlungen an die Genehmigung des Vormundschaftsgerichts gebunden ist (s. §§ 1630 Abs. 2, 1640, 1643—1645, 1665—1672). Auf der anderen Seite verkennt das B.G.B. nicht, daß die elterliche Gewalt sich als der rechtliche Ausdruck eines natürlichen und sittlichen Verhältnisses darstellt und auf gegenseitiger Liebe und auf gegenseitigem Vertrauen begründet ist. Die Stellung des Inhabers der elterlichen Gewalt ist deshalb eine wesentlich freiere als die des Vormundes. Insbesondere ist der Inhaber der elterlichen Gewalt nicht der regelmäßigen Aufsicht des Vormundschaftsgerichts unterstellt. Er unterliegt ferner nicht den der Durchführung dieser Aufsicht dienenden den Vormund beschränkenden Bestimmungen (vergl. §§ 1837—1846), namentlich ist er von der Pflicht der Sicherheitsleistung und von jeder Rechenschaftsablage während der Dauer der elterlichen Gewalt befreit. Es wird ferner kein Gegenvormund bestellt und die Vertretungsmacht des Inhabers der elterlichen Gewalt ist erheblich weniger beschränkt als die des Vormundes (vergl. insbes. § 1643 im Zusammenhange mit §§ 1812, 1814 ff., 1819 ff.). Diese freie Stellung behält der Vater nach dem B.G.B. auch dann, wenn die Ehe durch den Tod der Mutter aufgelöst ist.

2. Dauer der elterlichen Gewalt (M. IV S. 727). Die elterliche Gewalt beginnt mit dem Eintritt ihrer Voraussetzungen. Als eine Folge des Grundsatzes, daß die elterliche Gewalt ihrem Wesen nach eine vormundschaftliche Schutzgewalt ist, ergiebt sich, daß sie ihr Ende erreichen muß, wenn das Kind volljährig wird, da dasselbe hierdurch die unbeschränkte Geschäftsfähigkeit und damit die wirthschaftliche Selbständigkeit erlangt (§ 1626). Mit diesem Zeitpunkt erlischt auch die elterliche Nutznießung. Ueber die Minderjährigkeit hinaus kann die elterliche Gewalt

nicht erstreckt werden (M. IV S. 831); der Vater und die Mutter sind indessen für den Fall des Bedürfnisses der Vormundschaft über das volljährige Kind zunächst als Vormund berufen (§§ 1899, 1916) und sie haben als solcher eine freiere Stellung (§§ 1903, 1904).

3. Abgrenzung der mit der elterlichen Gewalt verbundenen Rechte und Pflichten und der sonstigen familienrechtlichen Beziehungen zwischen Eltern und Kind. Mit dem Rechte und der Pflicht des Inhabers der elterlichen Gewalt, für die Person und das Vermögen des Kindes zu sorgen sowie mit dem Rechte der elterlichen Nutznießung erschöpft sich der Wirkungskreis derjenigen Rechte und Pflichten, welche vermöge der elterlichen Gewalt zwischen dem Vater und dem Kinde bestehen. Doch kommen als Nachwirkungen der elterlichen Gewalt die in den §§ 1776 Nr. 1, 2, 1777, 1797 Abs. 3, 1852—1856, 1858, 1861, 1863 Abs. 3, 1866 Nr. 3, 1880 bezeichneten, dem Inhaber der elterlichen Gewalt zustehenden Rechte in Betracht, für die Zeit nach seinem Tode gewisse Anordnungen mit bindender Kraft zu treffen, insbesondere das Recht der Benennung eines Vormundes, das Recht, den Vormund von gewissen Verpflichtungen zu befreien, und das Recht auf Einsetzung und Aufhebung eines Familienraths. Als eine Vorwirkung der elterlichen Gewalt ist die im § 1912 bestimmte Schutzpflicht für das schon erzeugte, aber noch nicht geborene Kind anzusehen.

In der elterlichen Gewalt erschöpft sich keineswegs die Summe der zwischen den Eltern und dem Kinde bestehenden rechtlichen Beziehungen, vielmehr giebt es sowohl nach dem B.G.B. als auch nach anderen Sondergesetzen noch eine Reihe solcher rechtlicher Beziehungen, welche unabhängig von dem geschlossenen Rechten- und Pflichtenkreise der elterlichen Gewalt bestehen. Dahin gehören insbesondere die in den §§ 1616—1625 bezeichneten gegenseitigen Rechte und Pflichten, namentlich das Recht auf Dienste (§ 1617) und das Recht der Tochter auf Aussteuerung (§ 1620), ferner die in der Vorbm. 2 S. 370 hervorgehobenen rechtlichen Beziehungen.

4. Inhaber der elterlichen Gewalt (M. IV S. 733—739, D. S. 705). Das B.G.B. kennt keine väterliche, sondern eine elterliche Gewalt. Die elterliche Gewalt ist ein beiden Eltern gemeinsam zustehendes Recht. Solange beide Eltern leben und der Vater die Gewalt ausübt, tritt indessen das elterliche Recht der Mutter zurück, es beschränkt sich in diesem Falle auf einen Antheil an der Sorge für die Person des Kindes (§ 1634). Wenn aber der Vater gestorben ist oder wenn er die Gewalt verwirkt hat und die Ehe aufgelöst ist, geht die Gewalt auf die Mutter über (§ 1684) und, wenn er an der Ausübung der Gewalt aus rechtlichen oder thatsächlichen Gründen verhindert ist, tritt die Mutter in die entsprechende Lücke ein, indem die Gewalt von ihr nach Maßgabe des § 1685 ausgeübt wird. Im Uebrigen wird wegen der Gewalt der Mutter und der Stellung der Mutter zum Vater auf die Erl. zu §§ 1634, 1678 und auf die Vorbm. vor § 1684 verwiesen.

5. Rechtliche Stellung des Kindes.

a) Vermögensfähigkeit des Kindes (M. IV S. 729). Die elterliche Gewalt als solche ist auf die Vermögensfähigkeit des Kindes ohne Einfluß. Das der elterlichen Gewalt unterworfene Kind ist nicht minder vermögensfähig wie das gewaltfreie Kind. Was das Kind erwirbt, erwirbt es nicht für den Gewalthaber, sondern für sich. Daß derjenige Gegenstand, welchen das Kind durch seine unter die Vorschrift des § 1617 fallende Arbeit erwirbt, dem betreffenden Elterntheil erworben wird, ist kein Ausfluß der elterlichen Gewalt und beschränkter Vermögensfähigkeit, sondern ergiebt sich aus allgemeinen Grundsätzen. Das B.G.B. kennt ferner nicht die dem gemeinen Rechte eigene Bestimmung, daß der Gewalthaber einen dem Kinde angebotenen und von diesem abgelehnten Erwerb für sich machen kann. Mit der Anerkennung der vollen Vermögensfähigkeit des Kindes ist auch dem Prinzipe der sog. Personeneinheit, d. h. dem Satze, daß weder durch Rechtsgeschäfte noch durch andere juristische Thatsachen zwischen dem Hausvater und dem Hauskind eigentliche Rechtsverhältnisse begründet werden können, auch ein Rechtsstreit zwischen ihnen nicht möglich ist, der Boden entzogen. Nach dem B.G.B. sind deshalb insbesondere Schenkungen des Inhabers der elterlichen Gewalt an das der Gewalt unterworfene Kind zulässig. Inwieweit der Inhaber der elterlichen Gewalt bei Rechtsgeschäften und Rechtsstreiten zwischen ihm selbst und dem Kinde von der gesetzlichen Vertretung ausgeschlossen ist, ergiebt sich aus § 1630 Abs. 2.

Infolge der Anerkennung der vollen Vermögensfähigkeit des Kindes hat das B.G.B. auch die Eintheilung des gemeinen Rechtes in peculium profecticium, adventicium regulare und irregulare und castrense und quasi castrense nicht übernommen. Das B.G.B. unterscheidet vielmehr nur zwischen solchem Vermögen des Kindes, welches der elterlichen Nutznießung unterliegt, und solchem, welches ihr nicht unterliegt (nicht freies und freies Vermögen des Kindes, §§ 1650, 1651), und zwischen solchem Vermögen, in Ansehung dessen dem Gewalthaber die Verwaltung zusteht, und solchem, in Ansehung dessen sie ihm nicht zusteht (§§ 1638, 1647, 1666, 1670, 1678).

b) Bezüglich der Geschäftsfähigkeit des unter elterlicher Gewalt stehenden Kindes gelten keine besonderen Vorschriften. Sie sind auch entbehrlich, da das unter elterlicher Gewalt stehende Kind bis zum vollendeten siebenten Lebensjahr nach § 104 geschäftsunfähig und von diesem Alter an nach § 106 in der Geschäftsfähigkeit beschränkt ist, mithin die Möglichkeit ausgeschlossen ist, daß die elterliche Nutznießung durch Rechtsgeschäfte des Kindes wider den Willen des Gewalthabers beeinträchtigt wird.

c) Auch in Ansehung der Prozeßfähigkeit (C.P.O. § 52 Abs. 1), der Testirfähigkeit (§§ 2229 Abs. 2, 2238 Abs. 2, 2247) und der Deliktsfähigkeit (§ 828) sind für die unter elterlicher Gewalt stehenden Kinder keine besonderen Vorschriften getroffen. Wegen der Geschäftsführung ohne Auftrag vgl. § 682.

6. Eine Haftung des Inhabers der elterlichen Gewalt als solchen für Verbindlichkeiten des Kindes ist im B.G.B. (s. M. IV S. 730) nicht anerkannt. Der Gewalthaber als solcher haftet weder für Verbindlichkeiten des Kindes aus Rechtsgeschäften noch für Verbindlichkeiten des Kindes aus unerlaubten Handlungen. Eine persönliche Haftung des Gewalthabers für Verbindlichkeiten des Kindes kann sich nur auf Grund der Nutznießung gemäß § 1654 mit § 1388 in Ansehung der Lasten der Nutznießung ergeben. Die sog. adjekticischen Klagen des gemeinen Rechtes sind mit dem Peculienrecht, auf welchem sie beruhen, beseitigt. Eine andere Frage ist, inwieweit sich aus allgemeinen Grundsätzen eine Haftung des Gewalthabers für Verbindlichkeiten des Kindes ergiebt. Hervorzuheben ist in dieser Beziehung die Haftung des Gewalthabers wegen Verletzung seiner Aufsichtspflicht (s. Erl. zu § 1631).

7. Fürsorge und Aufsicht des Vormundschaftsgerichts. Wenngleich die Stellung des Inhabers der elterlichen Gewalt dem Kinde gegenüber begrifflich die eines Vormundes ist, ist doch die Mitwirkung und Aufsicht des Vormundschaftsgerichts soweit beschränkt, als es mit der Sicherung des Kindes gegen Mißbrauch der Gewalt durch den Gewalthaber vereinbar ist. Die Mitwirkung und Aufsicht des Vormundschaftsgerichts ist deshalb nicht als eine regelmäßige, organisirte und präventive, sondern nur als eine in Veranlassung besonderer Umstände wirksam werdende gestaltet. Dementsprechend äußert sich die Fürsorge und Aufsicht des Vormundschaftsgerichts bei der vormundschaftlichen Verwaltung des Inhabers der elterlichen Gewalt in dreifacher Weise. Einmal muß oder soll doch in gewissen Fällen zu den Rechtshandlungen des Inhabers der elterlichen Gewalt die Genehmigung des Vormundschaftsgerichts erholt werden (s. §§ 1643—1645 und die übrigen in der Erl. zu § 1630 zusammengestellten Fälle); sodann ist beim Vorhandensein bestimmter gesetzlicher Voraussetzungen das Vormundschaftsgericht namentlich wegen Gefährdung des Kindes von Amtswegen einzuschreiten berechtigt und verpflichtet (§§ 1640, 1665—1673); endlich hat es bei Meinungsverschiedenheiten zwischen dem Gewalthaber und einem Pfleger des Kindes zu entscheiden (§ 1629).

Ein Ordnungsstrafrecht ist dem Vormundschaftsgerichte gegenüber dem Vater (anders gegenüber dem Vormunde § 1837) reichsrechtlich nicht beigelegt. Dagegen ist dies landesgesetzlich zum Theil geschehen, z. B. in Preußen, nicht in Bayern. Nach dem preuß. freiw. G.G. Art. 15 kann der Vater, soweit sich nicht aus dem Gesetz ein Anderes ergiebt, zur Befolgung einer Anordnung, durch welche ihm die Verpflichtung zu einer ausschließlich von seinem Willen abhängenden Handlung, zur Unterlassung einer Handlung oder zur Duldung der Vornahme einer Handlung auferlegt wird, durch Ordnungsstrafen bis zum Höchstbetrage von 300 Mark für die einzelne Strafe (§ 33 freiw. G.G.) angehalten werden. Nach dem preuß. freiw. G.G. Art. 17 ist unter Umständen die Anwendung unmittelbaren Zwanges zuläſſig; Gleiches gilt nach dem bayerischen A.G. zum B.G.B. Art. 130.

Für die Verrichtungen des Vormundschaftsgerichts in Ansehung der elterlichen Gewalt ist in erster Linie das Gericht (Amtsgericht § 35 freiw. G.G., soweit nicht landesgesetzlich ein Anderes bestimmt ist, Art. 147 E.G., § 189 freiw. G.G.) zuständig, bei dem etwa eine das Kind betreffende Vormundschaft, Pflegschaft oder Beistandschaft geführt wird. Ist eine solche nicht anhängig, so ist das Gericht des Wohnsitzes, in Ermangelung eines inländischen Wohnsitzes das des Aufenthalts des Kindes zuständig. Ist das Kind ein Deutscher und hat es im Inlande weder Wohnsitz noch Aufenthalt, so ist das Gericht des letzten inländischen Wohnsitzes und in dessen Ermangelung das von der Landesjustizverwaltung, bei Deutschen, die keinem Bundesstaat angehören, das von dem Reichskanzler bestimmte Gericht zuständig. Wird die Verrichtung des Gerichts bezüglich mehrerer Geschwister nothwendig, so greift der Geschwistergerichtsstand Platz (§ 43 freiw. G.G.). Maßgebend ist, da es sich hierbei nicht um eine dauernde Beaufsichtigung, sondern um einzelne Verrichtungen handelt, für jede Angelegenheit der Zeitpunkt, in dem das Gericht mit ihr befaßt wird. Wegen der Abgabe an ein anderes Vormundschaftsgericht s. § 46 Abs. 3 freiw. G.G. Für die Maßregeln im Falle der Verhinderung des Vaters nach § 1665 sowie die einstweilige Fürsorge zu Gunsten eines Ausländers nach Art. 23 E.G. ist auch das Gericht des Ortes zuständig, an dem das Bedürfniß der Fürsorge hervortritt (§ 44 freiw. G.G.).

8. Beendigung der elterlichen Gewalt. Das B.G.B. unterscheidet zwischen der Beendigung der Ausübung der elterlichen Gewalt und der Beendigung der Gewalt als solcher.

In den ersteren Fällen spricht das B.G.B. vom Ruhen der Gewalt. Wenn die elterliche Gewalt ruht, verbleibt sie der Zuständigkeit nach beim bisherigen Inhaber; dem bisherigen Inhaber verbleibt, abgesehen vom Falle des § 1685 Abs. 2, auch die elterliche Nutznießung. Der bisherige Inhaber ist aber nicht berechtigt, die elterliche Gewalt auszuüben. Für das Kind ist entweder dadurch gesorgt, daß die Gewalt von der Mutter ausgeübt wird, oder dadurch, daß ein Vormund bestellt wird. Die Gründe des Ruhens sind in den §§ 1676, 1677 aufgezählt. Danach ruht die Gewalt, wenn der Gewalthaber geschäftsunfähig oder in der Geschäftsfähigkeit beschränkt ist oder wenn er für seine Person und für sein Vermögen wegen körperlicher Gebrechen einen Pfleger erhalten hat, ferner wenn vom Vormundschaftsgerichte festgestellt ist, daß der Gewalthaber auf längere Zeit an der Ausübung der Gewalt thatsächlich verhindert ist.

Die elterliche Gewalt als solche endigt durch die Volljährigkeit oder Volljährigkeitserklärung und durch den Tod des Kindes, durch die Annahme des Kindes an Kindesstatt seitens eines Dritten, d. h. eines Anderen als des Ehegatten des leiblichen Vaters (§ 1757 Abs. 2), ferner durch den Tod und die Todeserklärung des Gewalthabers, endlich durch Verwirkung und durch die Aufhebung des durch die Annahme des Kindes an Kindesstatt begründeten Rechtsverhältnisses; bei der Mutter kommt als weiterer Beendigungsgrund die Wiederverheirathung hinzu. Von diesen Gründen sind der Tod des Kindes, der Tod des Gewalthabers und die Aufhebung des durch die Annahme an Kindesstatt begründeten Rechtsverhältnisses, weil selbstverständlich im B.G.B. nicht ausdrücklich erwähnt. Die Volljährigkeit ist im § 1626, die Annahme an Kindesstatt durch einen Dritten im § 1765 Abs. 1 als Beendigungsgrund anerkannt. Die Todeserklärung des Gewalthabers ist im § 1679, die Verwirkung im § 1680 und die Wiederverheirathung der Mutter im § 1697 geregelt. Durch die Todeserklärung des Kindes wird die elterliche Gewalt nicht beendigt. Die in Folge der Todeserklärung begründete Vermuthung des Todes des Kindes (§ 18 Abs. 1) wirkt zwar auch in Ansehung des für todt erklärten Kindes, das Kind wird also in Folge der Todeserklärung auch in Ansehung der elterlichen Gewalt als todt behandelt; wenn es sich aber später herausstellt, daß es nicht oder zu einer anderen als der im Urtheile festgesetzten Zeit gestorben ist, tritt die der wahren Sachlage entsprechende Beurtheilung ein. Dies ist insbesondere für die elterliche Nutznießung von Bedeutung (s. Erl. 1 zu § 1679).

Nicht als Beendigungsgrund der elterlichen Gewalt sind anerkannt: Verheirathung des Kindes (hierzu vergl. Erl. zu den §§ 1633, 1661), Begründung eines selbständigen Haushalts durch das Kind und Entlassung aus der elterlichen Gewalt (Emanzipation). Auch ist ein Verzicht des Gewalthabers auf die Gewalt unzulässig. Ueber die Gründe, aus welchen diese Thatsachen nicht als Beendigungsgründe zugelassen sind, s. M. IV S. 825—831. Eine Entziehung der Gewalt als solcher kennt das B.G.B. nicht; es können zwar die einzelnen Bestandtheile der elterlichen Gewalt sämmtlich entzogen werden und, wenn dies nach § 1666 Abs. 2 geschehen ist, kommt die Entziehung der Beendigung thatsächlich nahe, unterscheidet sich von ihr aber dadurch, daß das Vormundschaftsgericht die die Entziehung aussprechende Verfügung jederzeit wieder ganz oder theilweise aufheben und damit den Gewalthaber wieder in den vollen oder theilweisen Besitz seiner Rechte und Pflichten einsetzen kann.

Die einzelnen in der elterlichen Gewalt enthaltenen Rechte und Pflichten sind nicht in untrennbarer Weise unter sich verbunden, das B.G.B. kennt vielmehr gewisse Fälle, in welchen die einzelnen Bestandtheile der Gewalt in Wegfall kommen, während im Uebrigen die elterliche Gewalt als solche dem Gewalthaber verbleibt. Die Sorge für die Person kann dadurch endigen, daß das Vormundschaftsgericht sie dem Gewalthaber entzieht (§ 1666 Abs. 1); bei einer Tochter endigt sie — abgesehen jedoch von der gesetzlichen Vertretung — durch die Verheirathung der Tochter (§ 1633). Die Sorge für das Vermögen kann dadurch wegfallen, daß das Vormundschaftsgericht sie dem Gewalthaber nach § 1666 Abs. 2 oder nach § 1670 oder nach § 1760 Abs. 2 entzieht; sie endigt ferner nach § 1647 mit der Eröffnung des Konkurses über das Vermögen des Gewalthabers; wenn die Mutter Gewalthaberin ist, endigt sie auch dadurch, daß sie dem Beistande nach § 1693 übertragen wird. Die Nutznießung wird beendigt durch die Verheirathung der Tochter (§ 1661), durch den Verzicht des Gewalthabers auf die Nutznießung (§ 1662) und durch Entziehung (§ 1666 Abs. 2); sie endigt ferner im Falle der Uebertragung der Ausübung der elterlichen Gewalt auf die Mutter nach der Auflösung der Ehe gemäß § 1685 Abs. 2.

**9. Für den Rechtsstreit, welcher die Feststellung des Bestehens oder Nichtbestehens der elterlichen Gewalt der einen Partei über die andere zum Gegenstande hat,** gelten nach den §§ 640 ff. der C.P.O. die gleichen Bestimmungen wie für den Rechts-

## §. 1626.

**Das Kind steht, solange es minderjährig ist, unter elterlicher Gewalt.**

### 1. Elterliche Gewalt des Vaters.

---

streit, welcher die Feststellung des Bestehens oder Nichtbestehens eines Eltern- und Kindesverhältnisses zwischen den Parteien bezweckt; hierüber vergl. Vorbm. 5 S. 370.

10. Internationales Privatrecht s. E.G. Art. 19, 28; Uebergangsvorschriften das. Art. 203—206.

11. Literatur s. die Vorbm. 6 S. 371.

**§ 1626.**

**E. I § 1501 Abs. 1; II § 1521 rev. § 1606; III § 1604. P. I S. 7605—7610; M. IV S. 727. P. II S. 5958 (Bd. 4 S. 546). D. S. 705. K.B. S. 2072. St.B. S. 2972—2980.**

1. Vergl. Vorbm. 2 S. 378.

2. Wegen der Sorge für das noch nicht geborene Kind s. Erl. zu § 1912.

3. Die elterliche Gewalt hat nur den Zweck, dem Kinde während seiner Minderjährigkeit den erforderlichen Schutz zu gewähren; sie endigt deshalb mit der Volljährigkeit des Kindes. Ist das Kind in diesem Zeitpunkt aus anderen Gründen geschäftsunfähig oder in der Geschäftsfähigkeit beschränkt (§§ 104, 114), so liegen die Voraussetzungen für die Anordnung einer Vormundschaft oder Pflegschaft vor. Dem Kinde ist solchen Falles ein Vormund zu bestellen; Vater und Mutter sind nur zunächst berufen, Vormund oder Pfleger zu werden (§§ 1899, 1915, 1916).

**1. Elterliche Gewalt des Vaters.**

Die Vorschriften des von der elterlichen Gewalt des Vaters handelnden Untertitels regeln zunächst in den §§ 1627—1664 den Inhalt der elterlichen Gewalt.

Die elterliche Gewalt gewährt ihrem Inhaber nach § 1627 das Recht und die Pflicht der Sorge für die Person und das Vermögen des Kindes. Die §§ 1628, 1629 bestimmen den Umfang dieser Fürsorge für den Fall des Zusammentreffens der elterlichen Gewalt mit einer Pflegschaft. Nach § 1630 umfaßt die Sorge für die Person und das Vermögen auch die gesetzliche Vertretung des Kindes. Die §§ 1631—1637 enthalten einige Vorschriften über die Sorge für die Person. Der § 1631 betrifft die Erziehung, der § 1632 die Herausgabe des Kindes, der § 1633 bestimmt den Umfang der Sorge für die Person eines verheiratheten Kindes, § 1634 die Stellung der Mutter neben dem Vater. In den §§ 1635—1639 wird der Einfluß der Auflösung der Ehe durch Ehescheidung oder durch Wiederverheirathung nach erfolgter Todeserklärung auf die Sorge für die Person geordnet. Die §§ 1638—1648 beziehen sich auf die Sorge für das Vermögen. Die §§ 1638, 1639 lassen zu, daß gewisse Gegenstände von der Vermögensverwaltung des Vaters ausgenommen und daß in Ansehung gewisser Gegenstände von einem Dritten dem Vater in Bezug auf die Verwaltung bindende Verwaltungsmaßregeln gegeben werden. Der § 1640 betrifft die Inventarisationspflicht des Vaters, der § 1641 beschränkt den Vater in Bezug auf Schenkungen aus dem Vermögen des Kindes, der § 1642 hat die Anlegung des Geldes des Kindes zum Gegenstande, die §§ 1643—1645 zählen die Rechtsgeschäfte auf, zu welchen der Vater der Genehmigung des Vormundschaftsgerichts bedarf. Der § 1646 gestattet in gewissen Fällen den Erwerb von Gegenständen für das Kind auf dem Wege der Surrogation. Nach § 1647 endigt die Vermögensverwaltung durch die Eröffnung des Konkurses über das Vermögen des Vaters. Der § 1648 regelt den Ersatz von Aufwendungen des Vaters.

Nach § 1649 ist mit der elterlichen Gewalt die elterliche Nutznießung am Vermögen des Kindes verbunden. Die §§ 1650, 1651 grenzen das Vermögen, welches der Nutznießung unterworfen ist, von dem, welches ihr nicht unterworfen ist, ab. Der § 1652 betrifft den Erwerb der Nutzungen, der § 1653 die Nutznießung an verbrauchbaren Sachen, der § 1654 die Lasten der Nutznießung und der § 1655 die Nutznießung an einem Erwerbsgeschäfte. Die §§ 1656, 1657 modifiziren die Nutznießung für den Fall, daß der Vater die Vermögensverwaltung nicht hat. Der § 1658 spricht die Unübertragbarkeit der Nutznießung aus, die §§ 1659, 1660 haben den Einfluß der Nutznießung auf die Schulden des Kindes zum Gegenstande. Die §§ 1661, 1662 enthalten besondere Gründe der Beendigung der Nutznießung, der § 1663 regelt den Einfluß der Beendigung der Nutznießung auf Miethe und Pacht.

## §. 1627.

Der Vater hat kraft der elterlichen Gewalt das Recht und die Pflicht, für die Person und das Vermögen des Kindes zu sorgen.

---

Im § 1664 ist der Grad der vom Vater bei der Ausübung der elterlichen Gewalt zu vertretenden Sorgfalt festgesetzt.

In den §§ 1665—1675 ist die Aufsicht und Fürsorge des Vormundschaftsgerichts geregelt. Der § 1665 betrifft das Einschreiten des Vormundschaftsgerichts bei Verhinderung des Vaters, der § 1666 bei Gefährdung der Person des Kindes, die §§ 1667—1672 bei Gefährdung des Vermögens des Kindes. Der § 1673 schreibt für alle Fälle des Einschreitens die Anhörung des Vaters und der sonstigen Angehörigen des Kindes vor. Im § 1674 ist die Haftung des Vormundschaftsrichters geregelt, der § 1675 räumt dem Gemeindewaisenrath auch gegenüber der elterlichen Gewalt eine gewisse Mitwirkung ein.

Die §§ 1676—1678 betreffen das Ruhen der elterlichen Gewalt; die §§ 1679, 1680 zählen gewisse Beendigungsgründe der elterlichen Gewalt auf, nämlich der § 1679 die Todeserklärung des Vaters, der § 1680 die Verwirkung der elterlichen Gewalt. Die §§ 1681—1683 befassen sich mit gewissen der Beendigung und dem Ruhen der Gewalt gleichmäßig eigenthümlichen Rechtsfolgen, insbesondere mit der Herausgabe des Vermögens des Kindes nach der Beendigung oder nach dem Ruhen der elterlichen Gewalt.

### § 1627.

**E. I § 1502 Nr. 1; II § 1522 rev. § 1607; III § 1605. P. I S. 7610; M. IV S. 724. P. II S. 5960 (Bd. 4 S. 547). K.B. S. 2073. St.B. S. 2980.**

**1.** Die Sorge für die Person des Kindes umfaßt die Fürsorge in allen persönlichen Verhältnissen des Kindes und zwar sowohl nach der thatsächlichen wie nach der rechtlichen Seite hin, d. h. es fallen darunter nicht bloß solche Akte, welche auf die persönlichen Verhältnisse des Kindes thatsächlich von Einfluß sind, sondern auch solche, wodurch der Rechtszustand des Kindes in persönlichen Beziehungen bestimmt oder berührt wird. Welche Angelegenheiten des Kindes als persönliche anzusehen und deshalb von der Sorge für die Person des Kindes umfaßt werden, ist für die Regelung der elterlichen Gewalt ohne praktisches Interesse, solange die Sorge für die Person und das Vermögen des Kindes in einer Hand ruht; die Abgrenzung der persönlichen Angelegenheiten von den Vermögensangelegenheiten erlangt aber eine erhebliche praktische Bedeutung, wenn die Sorge für die Person und die Sorge für das Vermögen des Kindes verschiedenen Personen obliegt, wie dies namentlich dann der Fall ist, wenn der Inhaber der elterlichen Gewalt die Vermögensverwaltung verliert, weil über sein eigenes Vermögen der Konkurs erklärt ist (§ 1647), oder wenn dem Inhaber der elterlichen Gewalt auf Grund der §§ 1666, 1670 durch das Vormundschaftsgericht die Sorge für die Person oder umgekehrt die Vermögensverwaltung entzogen wird. Auch insofern tritt eine Trennung der Sorge für die Person und für das Vermögen ein, als der Mutter nach § 1634 während bestehender Ehe neben dem Vater und nach den §§ 1696—1698 neben dem Vormund und dem Pfleger des Kindes die Sorge für die Person des Kindes zusteht. Da jedoch nach ausdrücklicher Bestimmung der §§ 1634, 1696—1698 in den letztgedachten Fällen die Sorge für die Person nicht auch die Vertretung in den persönlichen Angelegenheiten mitumfassen soll, so hat in diesen Fällen die Trennung eine praktisch weit geringere Bedeutung.

Bei der Vielgestaltigkeit des Lebens läßt sich nicht kasuistisch bestimmen, welche Angelegenheiten des Kindes zu den persönlichen zu rechnen sind. Man wird als persönliche Angelegenheiten diejenigen zu betrachten haben, welche ihrem Inhalte nach die persönliche Stellung des Kindes, sei es in thatsächlicher, sei es in rechtlicher Beziehung, — als vermögensrechtliche dagegen diejenigen, welche das Vermögen des Kindes betreffen. Soweit eine Angelegenheit sowohl den Zustand der Person als des Vermögens des Kindes betrifft, gehört sie zugleich dem Gebiete der Sorge für die Person wie dem für das Vermögen an. In solchen Fällen bedarf es an sich des Zusammenwirkens desjenigen, dem die Sorge für die Person, und desjenigen, dem die Sorge für das Vermögen obliegt. Nach § 1629 soll jedoch bei Meinungsverschiedenheiten das Vormundschaftsgericht entscheiden. Deshalb allein übrigens, weil kraft Gesetzes mit einer persönlichen Angelegenheit auch vermögensrechtliche Folgen verbunden sind, verliert die Angelegenheit nicht die Eigenschaft einer rein persönlichen, es bedarf also bei der Angelegenheit nicht auch der Mitwirkung des vermögensrechtlichen Vertreters.

Die Sorge für die Person scheidet sich, wie schon angegeben, in eine thatsächliche Fürsorge und in die Vertretung, d. h. in die Fürsorge nach der rechtlichen Seite hin. Welche Angelegenheiten unter die thatsächliche Fürsorge fallen, ist von Bedeutung für diejenigen Fälle, in welchen die thatsächliche Fürsorge einem Anderen zusteht, als demjenigen, welcher zur rechtlichen Fürsorge berechtigt ist, und für diejenigen Fälle, in welchen neben dem eigentlichen fürsorgeberechtigten Elterntheil oder neben dem Vormund oder dem Pfleger des Kindes der andere Elterntheil zur thatsächlichen Fürsorge berechtigt ist. In Betracht kommen die Vorschriften der §§ 1633, 1634, 1676 Abs. 2 Satz 2, 1696—1698, 1765 Abs. 2.

Als die wesentlichsten, dem Gebiete der Sorge für die Person angehörenden Angelegenheiten dürften folgende in Betracht kommen und zwar

nach der thatsächlichen Seite:

die Erziehung und Beaufsichtigung des Kindes, die Fürsorge in Krankheitsfällen und in solchen Fällen, in denen, wie z. B. bei blödsinnigen Kindern, von Erziehung nicht die Rede sein kann, die Bestimmung des Aufenthalts des Kindes, die Anwendung von Zuchtmitteln gegen das Kind, das Recht, die Herausgabe des Kindes von Jedem zu verlangen, der es dem Fürsorgeberechtigten widerrechtlich vorenthält, ferner die durch das Reichsgesetz v. 8. April 1874 §§ 12, 14 den Eltern auferlegte Pflicht, für die Impfung zu sorgen, die Gestellung und Anmeldung militärpflichtiger Kinder nach Maßgabe des Reichsmilitärgesetzes v. 2. Mai 1874 §§ 31—33, die Anzeige über die Geburt des Kindes beim Standesamt (die Anzeigepflicht ist übrigens im § 18 Personst.G. selbständig geregelt), die Namengebung (vergl. zu letzterer Erl. zu § 1616);

nach der rechtlichen Seite:

die Taufe, sofern mit ihr die Wahl des religiösen Bekenntnisses verbunden ist, der Antrag auf Volljährigkeitserklärung (§ 3, freiw.G.G. § 56 Abs. 1), die Ermächtigung des Kindes zum selbständigen Betrieb eines Erwerbsgeschäfts und die Zurücknahme dieser Ermächtigung (§ 112), die Ermächtigung des Kindes, in Dienst oder in Arbeit zu treten sowie die Zurücknahme und Einschränkung derselben (§ 113), die Genehmigung zur Uebernahme von Schiffsdiensten seitens des Kindes nach der Seemannsordnung v. 27. Dezember 1872, die Vertretung des Kindes bei Abschluß von Lehrverträgen, die in der Gew.O. vorgesehene Befugniß des gesetzlichen Vertreters in Bezug auf Arbeitsbuch und Abgangszeugnisse sowie in Bezug auf die Erklärung, daß der Lehrling zu einem anderen Gewerbe oder Beruf übergehen wird, ferner die Haftbarkeit für die dem Lehrherrn wegen unbefugten Verlassens der Lehre zu zahlende Entschädigung (Gew.O. §§ 107 Abs. 1, 108 Satz 2, 110 Abs. 1 Satz 1, 113 Abs. 4, 126 b, 127 e, 127 g Abs. 2, E.G. Art. 36); weiter die Erklärung des gesetzlichen Vertreters eines kaufmännische Dienste leistenden Lehrlings, daß der Lehrling zu einem anderen Gewerbe oder Beruf übergehen wird (H.G.B. § 78 Abs. 1), die Einwilligung zur Eheschließung des Kindes (§ 1304 Abs. 1), die Anfechtung und Bestätigung der gemäß § 1331 anfechtbaren Ehe des Kindes (§ 1336 Abs. 2 Satz 2, § 1337 Abs. 1), die Mitwirkung bei der Ehelichkeitserklärung und der Annahme an Kindesstatt (§§ 1729 Abs. 1, 2, 1731, 1750 Abs. 1 Satz 2, 1751 Abs. 2, 1770), die Genehmigung zur Ausübung der aus der Reichsangehörigkeit sich ergebenden Befugnisse nach Maßgabe des § 2 des Freizügigkeitsgesetzes v. 1. November 1867 (E.G. Art. 37), die Handlungen in Beziehung auf die Verleihung der Staatsangehörigkeit, den Verlust derselben und die Entlassung aus dem Staatsverbande (§§ 11, 14 a, 19, 21 des Gesetzes v. 1. Juni 1870, E.G. Art. 41), die Vertretung des Kindes in den die Person betreffenden Rechtsstreiten, die in der St.P.O. vorgesehene Mitwirkung des gesetzlichen Vertreters bei einem gegen das Kind eingeleiteten Strafverfahren oder bei der Erhebung von Privat- und Nebenklagen (St.P.O. §§ 140, 149, 268, 340, 371, 398, 414, 435), die Stellung des Strafantrags für das Kind (St.G.B. § 65, wegen der Aufhebung des bisherigen § 195 des St.G.B. s. Erl. zu Art. 34 des E.G.). Auch das Recht, eine Buße zu verlangen, wird zu den die Person betreffenden Angelegenheiten zu rechnen sein. Da aber mit der Zuerkennung der Buße ein weiterer Anspruch auf Schadensersatz ausgeschlossen wird, durch das Verlangen der Buße also zugleich der vermögensrechtliche Anspruch auf Schadensersatz berührt wird, so dürfte hier ein Fall vorliegen, in welchem auch derjenige Vertreter, welchem die Sorge für das Vermögen obliegt, mitzuwirken hat.

Schließlich sei noch auf das Recht des gesetzlichen Vertreters, die Entmündigung des Kindes und die Wiederaufhebung der Entmündigung zu beantragen sowie die Anfechtungs- und Aufhebungsklage zu erheben (C.P.O. §§ 646, 664, 666, 675, 680 Abs. 3, 685, 686), und auf das Recht des gesetzlichen Vertreters, die Todeserklärung des Kindes zu beantragen (C.P.O. § 962), hingewiesen. Diese Befugnisse sind als Ausfluß der Sorge für die Person zu betrachten, wenngleich der Inhaber der elterlichen Gewalt in diesen Beziehungen nicht als eigentlicher Vertreter des Kindes handelt.

2. Die Sorge für das Vermögen des Kindes wird im § 1638 als Vermögensverwaltung bezeichnet. Sie umfaßt insbesondere die Fürsorge für die Erhaltung, Verwerthung und Vermehrung des Vermögens sowohl in thatsächlicher als auch in rechtlicher Hinsicht. Als

§. 1628.

Das Recht und die Pflicht, für die Person und das Vermögen des Kindes zu sorgen, erstreckt sich nicht auf Angelegenheiten des Kindes, für die ein Pfleger bestellt ist.

§. 1629.

Steht die Sorge für die Person oder die Sorge für das Vermögen des Kindes einem Pfleger zu, so entscheidet bei einer Meinungsverschiedenheit zwischen

---

die wesentlichsten, dem Gebiete der Sorge für das Vermögen angehörenden Angelegenheiten kommen, abgesehen von der Ziehung der Nutzungen, insbesondere die Anlegung des Geldes des Kindes und die Vornahme der für die Vermögensverwaltung erforderlichen Rechtsgeschäfte in Betracht. Die Verwaltung des Vermögens des Kindes hat nach den Regeln einer ordentlichen Wirthschaft zu erfolgen.

3. Vermöge seines Verwaltungsrechts ist der Gewalthaber berechtigt, die zum Vermögen des Kindes gehörenden Sachen in Besitz zu nehmen. Dieses Recht ist mit Rücksicht darauf, daß der Gewalthaber der gesetzliche Vertreter des Kindes ist, nicht ausdrücklich ausgesprochen.

4. Die Fürsorge für die Person und das Vermögen des Kindes ist nicht nur ein Recht, sondern auch eine Pflicht des Gewalthabers. Er kann daher weder auf die Fürsorge für die Person noch auf die Fürsorge für das Vermögen verzichten. Wenn die Mutter Gewalthaberin ist, besteht hiervon insofern eine Ausnahme, als auf ihren Antrag dem Beistande nach § 1693 die Vermögensverwaltung übertragen werden kann. Dadurch ist der Mutter die Befugniß eingeräumt, sich der Pflicht der Fürsorge für das Vermögen zu entschlagen.

5. Die Sorge für die Person und das Vermögen des Kindes ist unabhängig davon, von wem das Kind seinen Unterhalt empfängt, sie verbleibt dem Gewalthaber auch dann, wenn ein Dritter, z. B. der Großvater, den Unterhalt des Kindes bestreitet.

6. Wegen der Gründe, aus welchen das Recht und die Pflicht, für die Person und für das Vermögen zu sorgen, abgesehen von den Fällen, in welchen die elterliche Gewalt überhaupt endigt, wegfällt, s. Vorbm. 8 vor § 1626.

7. Die Vermögensverwaltung des Gewalthabers schließt nicht jede Vermögensverwaltung des Kindes aus. Soweit das Kind nach den §§ 112, 113 als geschäftsfähig gilt, kann es auch die Vermögensverwaltungshandlungen vornehmen, zu denen es nach den §§ 112, 113 in Folge des selbständigen Betriebs eines Erwerbsgeschäfts oder des Eintritts in ein Dienst- oder Arbeitsverhältniß ermächtigt ist. Zur Vornahme einzelner Rechtsgeschäfte ist das Kind ferner dann berechtigt, wenn es zu deren Erfüllung von dem Gewalthaber oder einem Dritten die Mittel erlangt hat (§§ 110, 1644). Im Umfange dieser Vermögensverwaltungshandlungen ist das Kind zugleich prozeßfähig (§ 52 der C.P.O.).

### § 1628.

**E. I §§ 1503, 1650; II § 1523 rev. § 1608; III § 1606. P. I S. 7611; M. IV S. 740. P. II S. 5982 (Bd. 4 S. 557).**

Die Vorschrift des § 1628 entspricht der für den Vormund geltenden Vorschrift des § 1794. Bis zur Aufstellung des Pflegers hat der Inhaber der elterlichen Gewalt das Recht und die Pflicht, einstweilen für die betreffende Angelegenheit zu sorgen, soweit sich überhaupt seine Sorge auf die Angelegenheit erstreckt. Letzteres ist bei allen Angelegenheiten, für welche ein Pfleger bestellt werden kann, der Fall mit Ausnahme der Verwaltung desjenigen Vermögens, dessen Verwaltung dem Gewalthaber nach § 1638 entzogen ist (s. Erl. 4 zu § 1638).

Ueber die Fälle der Bestellung eines Pflegers neben dem Gewalthaber s. Erl. zu § 1909.

### § 1629.

**E. I §§ 1503, 1653; II § 1524 rev. § 1609; III § 1607. P. I S. 7753; M. IV S. 741. P. II S. 5985 (Bd. 4 S. 558).**

Die Vorschrift entspricht der für den Vormund geltenden Vorschrift des § 1798. Vergl. die Erl. zu diesem und Erl. 1 zu § 1627.

dem Vater und dem Pfleger über die Vornahme einer sowohl die Person als das Vermögen des Kindes betreffenden Handlung das Vormundschaftsgericht.

§. 1630.

Die Sorge für die Person und das Vermögen umfaßt die Vertretung des Kindes.

Die Vertretung steht dem Vater insoweit nicht zu, als nach §. 1795 ein Vormund von der Vertretung des Mündels ausgeschlossen ist. Das Vormundschaftsgericht kann dem Vater nach §. 1796 die Vertretung entziehen.

---

Wegen der Zuständigkeit des Vormundschaftsgerichts s. §§ 35, 43 freiw. G.G., Eintritt der Wirksamkeit der Entscheidung § 53 das. Das Beschwerderecht steht sowohl dem Vater als auch dem Pfleger selbständig zu § 58 Abs. 2 das.; über das Beschwerderecht des Kindes selbst § 59 das.

**§ 1630.**

**E. I §§ 1503, 1649, 1651; II § 1525 rev. § 1610; III § 1608. P. I S. 7611, 7612; M. IV S. 740. P. II S. 5982, 5991 (Bd. 4 S. 548, 557).**

**I.** Inhalt der Vertretungsmacht des Gewalthabers. Mit der Sorge für die Person des Kindes ist das Recht der Vertretung des Kindes in den die Person betreffenden Angelegenheiten und mit der Sorge für das Vermögen des Kindes das Recht der Vertretung in den das Vermögen betreffenden Angelegenheiten verbunden. Kraft seiner Vertretungsmacht ist der Inhaber der elterlichen Gewalt berechtigt, für das Kind Rechtsgeschäfte vorzunehmen und Rechtsstreite zu führen, ihm gegenüber als Vertreter des Kindes können bezw. müssen die Rechtsgeschäfte vorgenommen werden, er ist, soweit zur Wirksamkeit eines Rechtsgeschäfts des Kindes die Zustimmung des gesetzlichen Vertreters erforderlich ist, zur Ertheilung oder Versagung der Zustimmung berechtigt (vergl. insbes. §§ 107 ff., 131, ferner C.P.O. §§ 51, 52).

Die vom Inhaber der elterlichen Gewalt als Vertreter des Kindes vorgenommenen Rechtsgeschäfte wirken unmittelbar für und gegen das Kind (§ 164 Abs. 1, 3). Das Gleiche gilt von den von ihm für das Kind geführten Rechtsstreiten. Tritt freilich der Wille des Gewalthabers, für das Kind zu handeln, nicht erkennbar hervor, so gilt nach den allgemeinen Grundsätzen die von dem Gewalthaber abgegebene Willenserklärung als im eigenen Namen abgegeben und die rechtlichen Wirkungen treten in der Person des Gewalthabers selbst ein (§ 164 Abs. 2); der Gewalthaber ist aber verpflichtet, die in seiner Person eingetretenen Wirkungen auf das Kind zu übertragen (s. Erl. 2 zu § 164). Eine Ausnahme besteht in dieser Beziehung nur, soweit der im § 1646 anerkannte Grundsatz der Surrogation reicht. Eine Verpflichtung des Gewalthabers, die für das Kind bestimmten Rechtsgeschäfte im Namen des Kindes vorzunehmen, besteht nicht (vergl. Erl. zu § 1793).

Für widerrechtliche Handlungen des Gewalthabers haftet das Kind nur nach Maßgabe des § 278, also nur für das Verschulden des Gewalthabers bei Erfüllung von Verbindlichkeiten.

**II.** Ausnahmsweise ist mit der Sorge für die Person das Recht der Vertretung in den persönlichen Angelegenheiten des Kindes nicht verbunden, sondern beschränkt sich das Recht des Elterntheils auf die thatsächliche Sorge für die Person; hierüber vergl. §§ 1634 Satz 1, 1635 Abs. 2, 1637, 1676 Abs. 2 Satz 2, 1696 Satz 1, 1697 Satz 2, 1698, 1702 Abs. 2 Satz 1, Abs. 3, 1707, 1738, 1765 Abs. 2, C.P.O. § 627 Abs. 1.

**III.** Umfang der Vertretungsmacht des Gewalthabers. Die Vertretungsmacht des Gewalthabers ist an sich eine allgemeine, sie erstreckt sich jedoch, da sie nur Ausfluß der Sorge für die Person bezw. für das Vermögen ist, nicht weiter als diese Sorge, ist also ausgeschlossen, soweit dem Gewalthaber die Sorge nicht zusteht (vergl. z. B. Erl. zu § 1638). Insbesondere erstreckt sie sich nicht auf die Angelegenheiten, für welche ein Pfleger bestellt ist (§ 1628).

**IV.** Die Vertretungsmacht des Gewalthabers ist wie die des Vormundes grundsätzlich unbeschränkt. Hievon bestehen jedoch Ausnahmen:

**1.** In gewissen höchst persönlichen Angelegenheiten können die Rechtshandlungen nur vom Kinde selbst vorgenommen werden; zum Theil ist dabei die Zustimmung des Gewalthabers erforderlich, zum Theil nicht. Ueber die hierher gehörigen Fälle vergl. §§ 1317, 1336 Abs. 1, 1337 Abs. 3, 1437 Abs. 1, Abs. 2 Satz 1, 1508 Abs. 2, 1516 Abs. 2, 1728 Abs. 1, 1729 Abs. 2, 1731, 1748 Abs. 2, 1750, 1755, 1770, 2064, 2229, 2271, 2274, 2275, 2282 Abs. 1, 2284, 2290 Abs. 2, 2296 Abs. 1, 2347 Abs. 2, 2351, 2352, C.P.O. § 612 Abs. 1; hervorzuheben ist, daß der Gewalthaber nicht die allgemeine Gütergemeinschaft für sein Kind vereinbaren oder aufheben (§ 1437), nicht die Fortsetzung der Gütergemeinschaft für das Kind ausschließen oder die Ausschließung aufheben (§ 1508), nicht Namens der verheiratheten Tochter seine Zustimmung zu den von ihrem Mann getroffenen Verfügungen der §§ 1511—1515 ertheilen (§ 1516) kann; er kann für das Kind auch kein Testament machen oder widerrufen und auch einen Erbvertrag oder Erbverzichtsvertrag nicht schließen, anfechten oder aufheben.

2. In einer Reihe von anderen, vorzugsweise auf dem Gebiete der Vermögensverwaltung liegenden Angelegenheiten ist die Vertretungsmacht des Gewalthabers auch nach außen hin dadurch beschränkt, daß er an die Genehmigung des Vormundschaftsgerichts und, wenn die Mutter Gewalthaberin und ein Beistand bestellt ist, an die Genehmigung des Beistandes (§ 1690) gebunden ist; über die hierher gehörenden Fälle vergl. die §§ 112, 1484 Abs. 2, 1491 Abs. 3, 1492 Abs. 3, 1517, 1639, 1642—1645, 1667, 1690, 1729, 1731, 1750, 1751, 1755, 1770, 2290—2292, 2347, 2351, 2352, C.P.O. §§ 612, 641.

3. Nach § 1630 Abs. 2 Satz 1 ist der Gewalthaber wegen Interessenkollision von der Vertretung des Kindes kraft Gesetzes ausgeschlossen

a) bei einem Rechtsgeschäfte zwischen dem Kinde und zwischen dem Ehegatten des Gewalthabers oder einem seiner Verwandten in gerader Linie, es sei denn, daß das Rechtsgeschäft ausschließlich in der Erfüllung einer Verbindlichkeit besteht;

b) bei einem Rechtsgeschäfte, das die Uebertragung oder Belastung einer durch Pfandrecht, Hypothek oder Bürgschaft gesicherten Forderung des Kindes gegen den Gewalthaber oder die Aufhebung oder Minderung dieser Sicherheit zum Gegenstande hat oder die Verpflichtung des Kindes zu einer solchen Uebertragung, Belastung, Aufhebung oder Minderung begründet;

c) bei einem Rechtsstreite zwischen den unter a bezeichneten Personen sowie bei einem Rechtsstreit in einer Angelegenheit der unter b bezeichneten Art;

d) der Gewalthaber kann nicht als Vertreter des Kindes mit sich im eigenen Namen oder als Vertreter eines Dritten ein Rechtsgeschäft vornehmen, es sei denn, daß das Rechtsgeschäft ausschließlich in Erfüllung einer Verbindlichkeit besteht (§ 181); die Vorschrift des § 181 ist übrigens durch die des § 1795, § 1630 Abs. 2 erweitert.

Wegen der Einzelheiten wird auf die Erl. zu § 1795 Bezug genommen; hier ist insbesondere hervorzuheben, daß der Gewalthaber bei Rechtsgeschäften, welche die Kinder unter einander abschließen, z. B. bei der Auseinandersetzung der großelterlichen Verlassenschaft, die Kinder nicht vertreten kann.

4. Nach § 1630 Abs. 2 Satz 2 kann die Vertretung dem Gewalthaber durch das Vormundschaftsgericht entzogen werden. In Folge des für anwendbar erklärten § 1796 kann die Entziehung für einzelne Angelegenheiten oder für einen bestimmten Kreis von Angelegenheiten, jedoch nicht in Ansehung der gesammten Sorge für die Person oder für das Vermögen (hierfür sind die §§ 1666, 1670 maßgebend) geschehen. Die Entziehung soll nur erfolgen, wenn das Interesse des Kindes zu dem des Gewalthabers oder eines von diesem kraft Gesetzes oder kraft Auftrags vertretenen Dritten oder einer der im § 1795 Nr. 1 (s. oben Ziff. 3 a) bezeichneten Personen in erheblichem Gegensatze steht. Da die Entziehung der Vertretung eine Beschränkung der Sorge für die Person oder das Vermögen ist, findet der § 1673 Anwendung; es ist also vorher, wenn thunlich, der Gewalthaber zu hören, auch sollen, wenn es ohne erhebliche Verzögerung und ohne unverhältnißmäßige Kosten geschehen kann, vorher die Angehörigen des Kindes gehört werden. Ueber die Zuständigkeit des Vormundschaftsgerichts s. §§ 35, 43 freiw.G.G. Wegen der Einzelheiten wird auf die Erl. zu § 1796 verwiesen.

V. Steht dem Gewalthaber die Vertretung nicht zu, so ist ein Pfleger zu bestellen (§ 1909). Der Gewalthaber ist zur Anzeige an das Vormundschaftsgericht verpflichtet, wenn z. B. in Folge von Interessenkollision die Aufstellung eines Pflegers erforderlich ist (§ 1909 Abs. 2).

VI. Handelt der Gewalthaber für das Kind in einer Angelegenheit, in welcher ihm die Vertretung nicht zusteht, so bestimmt sich die Rechtswirksamkeit seiner Handlungen nach den allgemeinen Grundsätzen über Vertretung ohne Vertretungsmacht (§§ 177—180, dazu C.P.O. §§ 56, 89, 579 Nr. 4), soweit nicht für einzelne Fälle, wie z. B. für den Fall des Kontrahirens mit sich selbst nach § 181, Sonderbestimmungen gelten.

## §. 1631.

Die Sorge für die Person des Kindes umfaßt das Recht und die Pflicht, das Kind zu erziehen, zu beaufsichtigen und seinen Aufenthalt zu bestimmen.

Der Vater kann kraft des Erziehungsrechts angemessene Zuchtmittel gegen das Kind anwenden. Auf seinen Antrag hat das Vormundschaftsgericht ihn durch Anwendung geeigneter Zuchtmittel zu unterstützen.

---

### § 1631.

**E. I § 1504; II § 1526 rev. § 1611; III § 1609. P. I S. 7619; M. IV S. 750. P. II S. 5961 (Bd. 4 S. 548). R.B. S. 2073.**

**1.** Eine der wichtigsten Seiten der Sorge für die Person des Kindes in thatsächlicher Hinsicht ist die Sorge für die Erziehung desselben.

**a)** Die Erziehungsgewalt ist nicht ein besonderes Elternrecht, sondern ein Bestandtheil der elterlichen Gewalt. Daraus ergiebt sich, daß, soweit dem Vater oder der Mutter, auch wenn sie nicht Inhaber der elterlichen Gewalt sind, die Sorge für die Erziehung des Kindes zusteht, auf diese Sorge die Bestimmungen über die elterliche Gewalt, insbesondere über die Verantwortlichkeit gegenüber dem Kinde (§ 1664) und über das Recht des Vormundschaftsgerichts, wegen Mißbrauchs einzuschreiten (§ 1666), Anwendung finden.

**b)** Die Frage, wem das Erziehungsrecht zusteht, bestimmt sich nach den §§ 1627, 1633, 1635—1637, 1666, 1676 Abs. 2 Satz 2; über die Stellung der Mutter vergl. die Erl. zu §§ 1634, 1678, 1696—1698.

**c)** Der Inhalt der Erziehungsgewalt wird in den M. IV S. 750 zutreffend dahin umschrieben, daß sie das Recht und die Pflicht umfasse, in einer dem Interesse, den Fähigkeiten und Anlagen sowie den sonstigen Verhältnissen des Kindes entsprechenden Weise für die körperliche, geistige und insbesondere auch sittliche Ausbildung des Kindes zu sorgen, dasselbe zu einem bestimmten Lebensberufe fähig zu machen und zur Erreichung dieses Zieles die Handlungen des Kindes zu leiten. Vermöge des Erziehungsrechts kann der Erziehungsberechtigte das Kind zu entsprechender Arbeit (vergl. § 1617) anhalten und auch den Unterhalt des Kindes angemessen regeln (vergl. Erl. 3 zu § 1611). Die Verpflichtung zur Bestreitung der Kosten der Erziehung ist in der Erziehungsgewalt nicht inbegriffen, sondern die Erziehungskosten gehören zu den Unterhaltskosten (§ 1610 Abs. 2). Das B.G.B. läßt selbstverständlich die öffentlich-rechtlichen Bestimmungen der einzelnen Landesrechte über die Schulpflicht unberührt. Soweit das Landesrecht nicht eingreift, entscheidet der Erziehungsberechtigte vom Standpunkte der Interessen des Kindes aus darüber, in welcher Art die Erziehung des Kindes behufs seiner körperlichen geistigen und sittlichen Ausbildung zu erfolgen hat. Gegen Mißbrauch insbesondere der Wahl des Berufs ist das Kind durch die im § 1666 vorgesehene Möglichkeit des Einschreitens des Vormundschaftsgerichts geschützt.

Hinsichtlich der religiösen Erziehung sind die Landesgesetze maßgebend (Art. 134 E.G.).

**d)** Die Erziehungsgewalt enthält auch die Befugniß, die zum Zwecke der Erziehung gefaßten Beschlüsse gegenüber dem Kinde durchzusetzen. Sie giebt deshalb das elterliche Züchtigungsrecht gegenüber dem Kinde. Welche Zuchtmittel und in welchem Umfange sie angemessen sind, richtet sich nach den Umständen des Falles. Gegen Mißbrauch des Züchtigungsrechts ist das Kind nicht nur durch das Einschreiten des Vormundschaftsgerichts nach § 1666, sondern auch durch die im § 1680 bestimmte Möglichkeit geschützt, daß der Inhaber der elterlichen Gewalt unter Umständen die Gewalt wegen Ueberschreitung des Züchtigungsrechts verwirkt. Bei einer Ueberschreitung der Grenzen des Züchtigungsrechts wird dem Kinde übrigens auch strafrechtlicher Schutz zu Theil.

**e)** Ueber die Zuchtmittel, welche das Vormundschaftsgericht nach Abs. 2 Satz 2 anzuwenden hat, entscheidet in Ermangelung einer Vorschrift des freiw.G.G. das Landesrecht. Soweit dieses keine Vorschriften trifft, kommen insbesondere Verwarnung, zwangsweise Zurückführung eines entlaufenen Kindes und Unterbringung in einer Erziehungs- oder Besserungsanstalt in Frage. Da es sich lediglich um eine Unterstützung der Erziehungsberechtigten handelt, kann das Vormundschaftsgericht, sofern nicht die Voraussetzungen des § 1666 vorliegen, nur auf Antrag des Berechtigten Zuchtmittel anwenden und auch nur so lange, als derselbe hiermit einverstanden ist. Das Vormundschaftsgericht ist übrigens nicht schlechthin verpflichtet, auf Antrag des Erziehungsberechtigten gegen das Kind Zuchtmittel anzuwenden, sondern es hat die „geeigneten“ Zuchtmittel anzuwenden, also nur dann und nur soweit es die Anwendung

## §. 1632.

**Die Sorge für die Person des Kindes umfaßt das Recht, die Herausgabe des Kindes von Jedem zu verlangen, der es dem Vater widerrechtlich vorenthält.**

---

für erforderlich erachtet. Ueber die Zuständigkeit des Vormundschaftsgerichts s. §§ 35, 43 des freiw.G.G., über das Beschwerderecht des Kindes § 59 das.

**f)** Formell dauert das Erziehungsrecht, weil es ein Bestandtheil der elterlichen Gewalt ist, bis zur Volljährigkeit des Kindes. Aus dem Begriff und dem Zwecke des Erziehungsrechts folgt indessen, daß es nur so lange und nur soweit ausgeübt werden darf, als im Interesse des Kindes ein Bedürfniß hierzu vorhanden ist. Der Erziehungsberechtigte darf also z. B. nicht die Arbeitskraft des Kindes unter Berufung auf sein Erziehungsrecht für sich weiter verwenden, als der Zweck der Erziehung es erfordert.

Ein Verzicht auf das Erziehungsrecht ist unzulässig. Aus der Unwirksamkeit des Verzichts folgt jedoch nicht, daß ein Vertrag, durch welchen einem Anderen die Erziehung, insbesondere die Berufsausbildung des Kindes, übertragen wird, überhaupt ungültig ist. Ungültig würde nur die Bestimmung sein, daß die Befugniß des Erziehungsberechtigten, das Kind jederzeit zurückzunehmen, ausgeschlossen sein soll. Macht derselbe von dieser Befugniß Gebrauch, so kann der Dritte vorbehaltlich besonderer Bestimmungen (vergl. z. B. die §§ 127 ff. der Gew.O.) die Durchführung des Vertrags nicht erzwingen. Durch Vertrag kann übrigens auch die Ausübung des Züchtigungsrechts demjenigen, welchem die Erziehung des Kindes vertragsmäßig überlassen wird, eingeräumt werden.

2. Wegen Verletzung des Aufsichtsrechts s. §§ 832, 840. Für die Erfüllung der Aufsichtspflicht ist der Vater dem Dritten nicht nach Maßgabe des § 1664 verantwortlich, sondern er hat gemäß § 276 für die im Verkehr übliche Sorgfalt einzustehen.

3. Wegen des Unterschieds des Aufenthalts vom Wohnsitz s. Erl. zu § 7. Ueber den Wohnsitz des Kindes s. § 11. Aus dem Rechte der Eltern zur Aufenthaltsbestimmung ergiebt sich als Kehrseite das Recht des Kindes auf Aufnahme in das Elternhaus, soweit ihm nicht von den Eltern ein anderer Aufenthalt berechtigter Weise angewiesen wird.

### § 1632.

**E. I § 1505 Abs. 1; II § 1527 rev. § 1612; III § 1610. P. I S. 7617; M. IV S. 753. P. II S. 5961 (Bd. 4 S. 549).**

1. Voraussetzung des Rechtes, die Herausgabe des Kindes zu verlangen, ist auf der Seite des Klägers, daß ihm das Recht der Sorge für die Person des Kindes zusteht. Das Recht ist Ausfluß der thatsächlichen Fürsorge, nicht der Vertretung; es steht also nach Maßgabe des § 1634 der Mutter während der Ehe auch dann zu, wenn sie nicht die gesetzliche Vertretung des Kindes in den persönlichen Angelegenheiten desselben hat. Bestreitet der Beklagte die Aktivlegitimation des Klägers durch Verneinung des Eltern- und Kindesverhältnisses, so löst sich der Streit über die Herausgabe in einen Streit über die Ehelichkeit des Kindes auf.

Auf der Seite des Beklagten ist Voraussetzung widerrechtliche Vorenthaltung. Es hat jedoch, wie sich aus allgemeinen Beweisgrundsätzen ergiebt, nicht der Kläger zu beweisen, daß die Vorenthaltung widerrechtlich ist, sondern der Beklagte muß die Umstände darlegen, welche ihm das Recht geben, dem Kläger das Kind vorzuenthalten. Das Recht auf Vorenthaltung kann z. B. begründet werden durch eine auf Grund der §§ 1635—1637 oder des § 1666 ergangene Anordnung des Vormundschaftsgerichts oder durch eine nach § 627 Abs. 1 der C.P.O. ergangene Verfügung des Prozeßgerichts im Scheidungsprozeß. Aus der Unwirksamkeit eines Verzichts auf die Sorge für die Person ist zu folgern, daß die Einrede der rechtmäßigen Vorenthaltung nicht aus der vertragsmäßigen Ueberlassung der Sorge für die Person entnommen werden kann, soweit nicht für gewisse Fälle Sonderbestimmungen gelten, wie z. B. für den vom Vater für das Kind abgeschlossenen Lehrvertrag (Gew.O. §§ 126 b, 127 d), in welchem die Ueberlassung des Kindes bedungen ist. Der Umstand, daß dem Beklagten wegen des Unterhalts des Kindes ein Ersatzanspruch gegen den Kläger zusteht, berechtigt nicht zur Zurückbehaltung des Kindes.

2. Der Anspruch auf Herausgabe kann sich auch gegen einen Elterntheil richten, z. B. gegen den Vater, wenn dieser die Gewalt verwirkt hat und die Mutter nach § 1684 die Gewalt ausübt, oder gegen die Mutter, wenn dieser nach § 1635, weil sie für allein schuldig erklärt ist, die Sorge für die Person des Kindes nicht zukommt.

## §. 1633.

**Ist eine Tochter verheirathet, so beschränkt sich die Sorge für ihre Person auf die Vertretung in den die Person betreffenden Angelegenheiten.**

---

3. Verbringt der Beklagte während des Rechtsstreits über den Herausgabeanspruch das Kind zu einem Dritten, so hat er, sofern nicht besondere Umstände das Verbringen als gerechtfertigt erscheinen lassen, die Kosten der Herausgabeklage gegen den Dritten zu tragen.

4. Der Anspruch ist im Wege des ordentlichen Prozeßverfahrens geltend zu machen. Besondere prozessuale Vorschriften bestehen für ihn nicht.

5. Von dem im § 1634 behandelten Anspruch ist der Fall zu unterscheiden, daß es sich um die Ausführung einer vom Vormundschaftsgerichte nach den §§ 1635—1637 oder dem § 1666 getroffenen Verfügung gegenüber dem Elterntheile handelt, welcher das Kind zurückbehält, also wenn z. B. der Vater sich weigert, der Regelung des Vormundschaftsgerichts über den persönlichen Verkehr der Mutter mit dem Kinde zu gehorchen, oder wenn der Vater sich der Ueberführung des Kindes in eine Erziehungsanstalt (§ 1666) widersetzt. Inwieweit hier ein Zwang gegeben ist, bestimmt sich nach den Landesgesetzen, vergl. hierüber Vorbm. 7 vor § 1626.

6. Hat das Kind selbst sich gegen den Willen des Vaters einen Aufenthaltsort gewählt, so trifft, wenn der Vater oder die Mutter das Kind zurückrufen, nicht der § 1634 zu, sondern gegenüber dem flüchtigen Kinde sind der Vater und die Mutter ohne Weiteres befugt, Gewalt anzuwenden. Inwieweit sie hierzu Polizeihilfe in Anspruch nehmen dürfen, richtet sich nach dem Landesrechte. Der E. I § 1505 Abs. 2 hatte reichsrechtlich vorschreiben wollen, daß die Polizeihilfe in Anspruch genommen werden könne, die Vorschrift ist aber von der zweiten Kommission gestrichen worden.

### § 1633.

**E. I § 1509; II § 1528 rev. § 1613; III § 1611. P. I S. 6053, 7824, 8732; M. IV S. 758. P. II S. 5996 (Bd. 4 S. 565).**

1. Da die elterliche Gewalt durch die Verheirathung der Tochter nicht beendigt wird (s. Vorbm. 8 S. 383), steht die Sorge für die Person und das Vermögen der verheiratheten Tochter dem Vater zu. Der § 1633 macht hiervon in Ansehung der thatsächlichen Sorge für die Person eine Ausnahme. Diese soll dem Manne zukommen; dem Vater verbleibt nur die Vertretung der Tochter.

Uebrigens ist auch die Vertretungsbefugniß des Vaters in den wichtigsten persönlichen Angelegenheiten der verheiratheten Tochter dadurch beschränkt, daß nach § 1336 Abs. 1, § 1337 Abs. 3 des B.G.B. und § 612 der C.P.O. die in der Geschäftsfähigkeit beschränkte Frau in Bezug auf die Anfechtung der Ehe und auf die Führung eines Rechtsstreits, der die Scheidung, Nichtigkeit oder Anfechtung ihrer Ehe oder die Feststellung des Bestehens oder Nichtbestehens ihrer Ehe oder die Herstellung des ehelichen Lebens zum Gegenstande hat, als voll geschäftsfähig gilt und daß nach § 59 des freiw.G.G. die Frau in den persönlichen Angelegenheiten (z. B. bezüglich der Wiederherstellung ihrer Schlüsselgewalt nach § 1357 Abs. 2, bezüglich der Ersetzung der Zustimmung des Mannes nach den §§ 1402, 1451) selbständig antrags- und beschwerdeberechtigt ist; das selbständige Antragsrecht der Frau ist freilich bestritten (dafür Dorner und Jastrow, dagegen Weißler zu § 59 a. a. O.). Die Sorge für das Vermögen der verheiratheten Tochter ferner steht dem Vater nur insoweit zu, als nicht nach dem zwischen der Tochter und ihrem Manne geltenden Güterrechte die Verwaltung des Vermögens der Tochter dem Manne gebührt (s. Erl. 2 zu § 1363); die Verwaltung des Vaters dauert also regelmäßig nur über das Vorbehaltsgut und nur bei Gütertrennung über das gesammte Vermögen der Tochter fort; mit der Beendigung des Rechtes des Mannes lebt das Verwaltungsrecht des Vaters wieder im bisherigen Umfang auf, die verwittwete Tochter bedarf deshalb, z. B. zur Ablehnung der Fortsetzung der Gütergemeinschaft, der Zustimmung des Vaters (§ 1484 Abs. 2). Wegen der Beendigung der elterlichen Nutznießung infolge der Verheirathung s. § 1661.

2. Aus § 1633 folgt, daß dem Vater in Ansehung der verheiratheten Tochter auch die in den §§ 1631, 1632 bezeichneten Rechte nicht zustehen (s. § 1354).

3. Wird die Ehe der Tochter während deren Minderjährigkeit wieder aufgelöst oder für nichtig erklärt, so fällt die Beschränkung des § 1633 wieder weg; die Sorge für die Person und das Vermögen der Tochter kommt dann dem Vater wieder im vollen Umfange zu. Wegen der Volljährigkeitserklärung der verwittweten Tochter s. § 4 Abs. 2 Satz 2. Dagegen erweitert sich

## §. 1634.

Neben dem Vater hat während der Dauer der Ehe die Mutter das Recht und die Pflicht, für die Person des Kindes zu sorgen; zur Vertretung des Kindes ist sie nicht berechtigt, unbeschadet der Vorschrift des §. 1685 Abs. 1. Bei einer Meinungsverschiedenheit zwischen den Eltern geht die Meinung des Vaters vor.

---

das Recht des Vaters für die Person der Tochter zu sorgen nicht auch dann, wenn der Mann in der Geschäftsfähigkeit beschränkt oder geschäftsunfähig wird.

**4.** Bei verheiratheten Söhnen kann der im § 1633 behandelte Fall mit Rücksicht auf § 1303 nicht vorkommen.

### § 1634.

**E. I § 1506; II § 1529 rev. § 1614; III § 1612. P. I S. 7616, 8732, 12119; M. IV S. 754. P. II S. 5961 (Bd. 4 S. 549). D. S. 705. K.B. S. 2074.**

**1.** Der der Mutter nach § 1634 zustehende Antheil an der elterlichen Gewalt des Vaters bezieht sich nicht nur auf die Erziehung des Kindes, sondern auf die gesammte thatsächliche Fürsorge für das Kind. Was im Einzelnen dazu gehört, ist in der Erl. 1 zu § 1627 dargelegt. Die Mutter hat danach insbesondere die in den §§ 1631, 1632 bezeichneten, mit der Sorge für die Person verbundenen Rechte, das Kind zu beaufsichtigen, seinen Aufenthalt zu bestimmen und die Herausgabe des Kindes zu verlangen. Aus der Aufsichtspflicht (§ 1631) ergiebt sich die Verantwortlichkeit der Mutter gegenüber Dritten bei Verletzung der Pflicht nach Maßgabe der §§ 832, 840. Die Mutter hat ferner die Verpflichtung, das Kind in Krankheitsfällen und in solchen Fällen, in welchen von einer Erziehung, z. B. weil das Kind blödsinnig ist, nicht die Rede ist, zu pflegen.

Auf der anderen Seite beschränkt sich der Antheil der Mutter auf die thatsächliche Fürsorge für die Person und umfaßt nicht auch das Recht der Vertretung. Insbesondere kann die Mutter nicht zu Rechtsgeschäften des Kindes die Zustimmung ertheilen und nicht in persönlichen Angelegenheiten des Kindes für dieses einen Rechtsstreit führen, sie kann z. B. nicht die Klage auf Anerkennung der Ehelichkeit erheben. Um Mißverständnisse zu verhüten, fügt der § 1634 bei, daß der Ausschluß von der Vertretung nur unbeschadet der Vorschrift des § 1685 Abs. 1 gilt; d. h. wenn der Vater an der Ausübung der Gewalt thatsächlich verhindert ist oder seine Gewalt ruht, hat die Mutter nicht bloß die thatsächliche Fürsorge, sondern sie übt die Gewalt als solche einschließlich der Vertretung aus.

**2.** Die Theilnahme der Mutter an der thatsächlichen Fürsorge für die Person des Kindes ist insofern beschränkt, als die Mutter sie nicht im Widerspruche mit der Entscheidung des Vaters auszuüben vermag. Bei einer Meinungsverschiedenheit zwischen Vater und Mutter kann also nicht etwa die Entscheidung des Vormundschaftsgerichts angerufen werden, sondern die Meinung des Vaters geht unbedingt vor. Selbstverständlich kann die Mutter das Einschreiten des Vormundschaftsgerichts nach § 1666 gegebenen Falles herbeiführen. Ein Grund zu einem solchen Einschreiten wäre z. B. dann gegeben, wenn der Vater die Mutter von der thatsächlichen Fürsorge für das Kind ganz ausschließen oder ihr sogar den persönlichen Verkehr mit dem Kinde versagen wollte.

**3.** Die Mutter hat das Recht der Sorge für die Person des Kindes aus eigenem Rechte. Daraus folgt insbesondere, daß derjenige, welcher behauptet, der Vater sei anderer Meinung, dies beweisen muß. Wichtig ist dies z. B. für einen Rechtsstreit, in welchem die Mutter die Herausgabe des Kindes verlangt. Der Gegner kann hier einwenden, daß er das Kind mit dem Willen des Vaters bei sich habe und darum der Mutter nicht widerrechtlich vorenthalte; allein das Einverständniß des Vaters hat er zu beweisen.

**4.** Auf das der Mutter zustehende Recht der Antheilnahme an der thatsächlichen Fürsorge finden die allgemeinen Vorschriften über die elterliche Gewalt Anwendung. Von Bedeutung ist dies z. B. für das Recht der Mutter auf Ersatz von Aufwendungen (§ 1648), für die Verantwortlichkeit der Mutter gegenüber dem Kinde (§ 1664), für das Einschreiten des Vormundschaftsgerichts wegen Mißbrauchs der Fürsorge (§ 1666), für die Anzeigepflicht des Gemeindewaisenraths (§ 1675) und für die Unzulässigkeit eines Verzichts. Auch ruht und endigt das Recht der Mutter aus den gleichen Gründen, wie wenn ihr die elterliche Gewalt zustünde (§§ 1676—1680).

**5.** Die Mutter hat das Recht neben dem Vater. Damit ist zunächst gesagt, daß das Elternrecht ein gemeinsames Recht beider Ehegatten ist. Aus den Worten „neben dem Vater" folgt ferner, daß, wenn während der bestehenden Ehe der Vater das Recht nicht hat, es auch der Mutter nicht zusteht. Dieser Grundsatz gilt indessen nach dem B.G.B. (anders der E. I) nur

§. 1635.

Ist die Ehe aus einem der in den §§. 1565 bis 1568 bestimmten Gründe geschieden, so steht, solange die geschiedenen Ehegatten leben, die Sorge für die Person des Kindes, wenn ein Ehegatte allein für schuldig erklärt ist, dem anderen Ehegatten zu; sind beide Ehegatten für schuldig erklärt, so steht die Sorge für einen Sohn unter sechs Jahren oder für eine Tochter der Mutter, für einen Sohn, der über sechs Jahre alt ist, dem Vater zu. Das Vormundschaftsgericht kann eine abweichende Anordnung treffen, wenn eine solche aus besonderen Gründen im Interesse des Kindes geboten ist; es kann die Anordnung aufheben, wenn sie nicht mehr erforderlich ist.

Das Recht des Vaters zur Vertretung des Kindes bleibt unberührt.

---

für den Fall, daß eine Tochter verheirathet ist. Hier ist, da das Recht des Vaters sich auf die Vertretung beschränkt (§ 1633), für das Recht der Mutter kein Raum. Im Uebrigen durchbricht der § 1698 diesen Grundsatz, indem er neben dem Vormund und neben dem Pfleger des Kindes der Mutter die gleiche Stellung, wie sie sie neben dem Vater hat, einräumt. Zu beachten ist daneben, daß, wenn die elterliche Gewalt des Vaters ruht, die Mutter zu deren Ausübung nach § 1685 selbständig berechtigt ist.

**6.** Der § 1634 gilt nur für die Dauer der Ehe. Nach der Auflösung der Ehe sind die §§ 1684, 1685, 1696 und die §§ 1635—1637 maßgebend.

**7.** Aus dem Mangel der Vertretungsbefugniß der Mutter ist zu folgern, daß der Mutter nicht das Recht zusteht, für das Kind selbständig das Beschwerderecht auszuüben; die Vorschrift des § 58 Abs. 1 freiw. G.G. gilt nicht auch für den Fall des § 1634. Selbstverständlich wird dadurch das Recht der Mutter nicht berührt, aus eigenem Rechte nach § 20 oder § 57 freiw. G.G. Beschwerde einzulegen.

**8.** Der Stiefmutter steht keine weitere Antheilnahme an der Sorge für die Person des Kindes zu als einem anderen Verschwägerten des Kindes (vergl. z. B. § 1673 Abs. 2, freiw. G.G. § 57).

**§ 1635.**

**E. I § 1456; II § 1479 rev. § 1615; III § 1613. P. I S. 7373—7387, 8740; M. IV S. 622. P. II S. 5758, 6170, 8658 (Bd. 4 S. 440, 660; Bd. 6 S. 294). D. S. 706. K.B. S. 2074.**

**1.** Durch die Scheidung der Ehe wird die elterliche Gewalt, insbesondere das Recht der Sorge für das Vermögen des Kindes, das Recht der Vertretung des Kindes in den die Person betreffenden Angelegenheiten und die elterliche Nutznießung, grundsätzlich nicht berührt, nur die thatsächliche Sorge für die Person des Kindes erleidet nach Maßgabe des § 1635 Aenderungen. Die Vorschriften des § 1635 setzen aber voraus, daß die Ehegatten noch leben sowie daß die Ehe wegen Verschuldens eines Ehegatten (§§ 1565—1568) geschieden worden ist. Ist einer der Ehegatten gestorben, so steht dessen Recht dem überlebenden Ehegatten nicht mehr entgegen; solchen Falles sowie wenn die Ehe wegen Geisteskrankheit eines Ehegatten geschieden worden ist, verbleibt es bei den allgemeinen Grundsätzen (s. Erl. zu den §§ 1684, 1685).

**a)** Ist nur der Vater für schuldig erklärt (§ 1574), so kommt die thatsächliche Sorge für die Person des Kindes der Mutter zu. Der Vater hat also in den persönlichen Angelegenheiten des Kindes nur das Recht der Vertretung. Ist nur die Mutter für schuldig erklärt, so verliert sie die ihr nach § 1634 gebührende Antheilnahme an der Sorge für die Person des Kindes. Auf das Geschlecht oder das Alter des Kindes kommt es hierbei nicht an.

**b)** Sind beide Ehegatten für schuldig erklärt so werden die Kinder nach dem Geschlecht unter Vater und Mutter vertheilt; die Mutter erhält jedoch überdies auch die unter sechs Jahre alten Kinder (wegen der Berechnung des Alters s. § 187 Abs. 2).

**2.** Sowohl wenn nur ein Ehegatte als wenn beide Ehegatten für schuldig erklärt sind, kann das Vormundschaftsgericht, nicht aber das Prozeßgericht, eine andere Anordnung treffen, sofern dies aus besonderen Gründen im Interesse des Kindes geboten ist. Das Vormundschaftsgericht kann aber nur die Sorge für die Person eines oder aller Kinder demjenigen Ehegatten zuweisen, welchem sie nach Abs. 1 Satz 1 nicht zustehen würde; dagegen kann es nicht einen Pfleger bestellen und diesem die Sorge zuweisen (a. M. Fränkel S. 134). Zu einer solchen Maßregel

§. 1636.

Der Ehegatte, dem nach §. 1635 die Sorge für die Person des Kindes nicht zusteht, behält die Befugniß, mit dem Kinde persönlich zu verkehren. Das Vormundschaftsgericht kann den Verkehr näher regeln.

§. 1637.

Ist die Ehe nach §. 1348 Abs. 2 aufgelöst, so gilt in Ansehung der Sorge für die Person des Kindes das Gleiche, wie wenn die Ehe geschieden ist und beide Ehegatten für schuldig erklärt sind.

---

ist es nur unter den Voraussetzungen des § 1666 befugt. Das Vormundschaftsgericht kann die getroffenen Maßregeln jederzeit wieder aufheben oder ändern, wenn sie nicht mehr erforderlich sind, also nicht bloß dann, wenn die Aufhebung oder Aenderung im Interesse des Kindes nothwendig wird, sondern schon dann, wenn die Umstände, welche zu der Maßregel geführt haben, weggefallen sind. Ueber die Zuständigkeit des Vormundschaftsgerichts und die Rechtsmittel gegen seine Entscheidung s. §§ 35, 43, 20, 59 freiw. G.G., wegen der Anhörung des Elterntheils und von Angehörigen des Kindes s. Erl. zu § 1673. Um das Vormundschaftsgericht in den Stand zu setzen, gegebenen Falles einzuschreiten, soll ihm nach § 630 der C.P.O. das Prozeßgericht von dem Eintritte der Rechtskraft eines Scheidungsurtheils Mittheilung machen, wenn ein gemeinschaftliches minderjähriges Kind der Ehegatten vorhanden ist. Wegen der Befugniß des Prozeßgerichts, während des Scheidungsprozesses in Ansehung der thatsächlichen Fürsorge eine von den Vorschriften des § 1635 abweichende Regelung zu treffen, s. C.P.O. § 627.

3. Die Ehegatten selbst können eine von den Vorschriften des § 1635 abweichende Regelung vertragsmäßig nicht treffen. Selbstverständlich kann aber der Ehegatte, welchem nach § 1635 die thatsächliche Sorge zukommt, die Ausübung der Sorge dem anderen Ehegatten überlassen.

4. Für die Aufhebung der ehelichen Gemeinschaft (§ 1575) gilt das Gleiche wie für die Scheidung (§ 1586).

5. Durch die Wiederverheirathung eines der geschiedenen Ehegatten wird an dessen Rechtsstellung gegenüber den Kindern aus der geschiedenen Ehe in Ansehung der thatsächlichen Fürsorge für die Person nach § 1635 nichts geändert.

**§ 1636.**

**E. I § 1457; II § 1480 rev. § 1616; III § 1614. P. I S. 7374, 7386; M. IV S. 628. P. II S. 5760 (Bd. 4 S. 449). D. S. 706.**

Das Vormundschaftsgericht ist nicht befugt, den persönlichen Verkehr des von der Sorge für die Person ausgeschlossenen Elterntheils mit dem Kinde zu untersagen oder bei der Regelung des Verkehrs Anordnungen zu treffen, welche einer Untersagung thatsächlich gleichkommen. Ueber die Zuständigkeit des Vormundschaftsgerichts s. §§ 35, 43 freiw. G.G.

Auch ein vertragsmäßiger Verzicht des Ehegatten auf den persönlichen Verkehr mit dem Kinde ist unzulässig (a. A. Knitschky S. 159).

**§ 1637.**

**E. I § 1465; II § 1485 Satz 1 rev. § 1617; III § 1615. P. I S. 7432; M. IV S. 645. P. II S. 5777 (Bd. 4 S. 456).**

Die Vorschrift bezieht sich auf den Fall, daß eine Ehe durch Wiederverheirathung eines Ehegatten nach der Todeserklärung des anderen Ehegatten aufgelöst wird (§ 1348 Abs. 2) und sich nun herausstellt, daß der für todt erklärte Ehegatte noch am Leben ist.

1. Ist der Vater für todt erklärt worden, so erlangt die Mutter mit der Todeserklärung die elterliche Gewalt (§ 1684). Sie verliert sie jedoch in Folge der Wiederverheirathung wieder (§ 1697) und es bleibt ihr nur die thatsächliche Sorge für die Person des Kindes. Wenn nun der Vater wieder zurückkehrt, so erlangt er durch eine an das Vormundschaftsgericht gerichtete Erklärung (§ 1679) die elterliche Gewalt wieder, die Sorge für die Person des Kindes jedoch nach § 1637 nur in Ansehung der über sechs Jahre alten Knaben.

2. Ist die Mutter für todt erklärt worden, so erleidet dadurch und durch die spätere Wiederverheirathung des Vaters dessen elterliche Gewalt keine Aenderung. Wenn aber die Mutter

## §. 1638.

Das Recht und die Pflicht, für das Vermögen des Kindes zu sorgen (Vermögensverwaltung), erstreckt sich nicht auf das Vermögen, welches das Kind von Todeswegen erwirbt oder welches ihm unter Lebenden von einem Dritten unentgeltlich zugewendet wird, wenn der Erblasser durch letztwillige Verfügung, der Dritte bei der Zuwendung bestimmt hat, daß der Erwerb der Verwaltung des Vaters entzogen sein soll.

Was das Kind auf Grund eines zu einem solchen Vermögen gehörenden Rechtes oder als Ersatz für die Zerstörung, Beschädigung oder Entziehung eines zu dem Vermögen gehörenden Gegenstandes oder durch ein Rechtsgeschäft erwirbt, das sich auf das Vermögen bezieht, ist gleichfalls der Verwaltung des Vaters entzogen.

---

wieder zurückkehrt, so kann sie nach § 1637 beanspruchen, daß ihr die thatsächliche Sorge für die Töchter schlechthin und für die Knaben unter sechs Jahren zugewiesen wird. Wenn die Mutter für todt erklärt worden ist, während sie die elterliche Gewalt hatte, gilt nach § 1686 der § 1679; für die Anwendung des § 1637 ist also solchen Falles kein Raum.

**3.** Das Vormundschaftsgericht (§§ 35, 43 freiw.G.G.) ist berechtigt, in beiden Fällen eine abweichende Regelung zu treffen.

**4.** Im Uebrigen wird durch den Umstand, daß die Ehe der Eltern nach § 1348 Abs. 2 aufgelöst ist, an den allgemeinen Grundsätzen über die elterliche Gewalt nichts geändert; insbesondere hat der Vater die Vertretung des Kindes auch in dessen persönlichen Angelegenheiten.

### § 1638.

**E. I § 1510; II § 1530 rev. 1618; III § 1616. P. I S. 7625, 8733; M. IV S. 758. P. II S. 5598 (Bd. 4 S. 566). D. S. 706.**

Ueber die Vermögensverwaltung s. Erl. zu § 1627.

**1.** Ein Dritter (es kann dies auch die Mutter sein) kann die Verwaltung des Vaters ausschließen:

**a)** bezüglich des Erwerbes, welchen das Kind von ihm von Todeswegen macht. Ueber den Begriff des Erwerbes von Todeswegen s. § 1369. Die Bestimmung der Ausschließung der Vermögensverwaltung des Vaters ist auch bei dem als Pflichttheil Hinterlassenen zulässig. Als eine Beschränkung oder Beschwerung des Pflichttheils (§ 2306) gilt die Bestimmung nicht, außer wenn sie in der Form einer wirklichen Bedingung getroffen worden ist;

**b)** bei Zuwendung unter Lebenden, wenn der Erwerb auf Seiten des Kindes ein unentgeltlicher ist. Der Begriff der unentgeltlichen Zuwendung ist ein weiterer wie der der Schenkung. Es gehört hierher z. B. auch eine dem Kinde von der Mutter gewährte Ausstattung (§ 1624), sofern die Mutter dazu nicht nach § 1620 Abs. 2 verpflichtet war.

**2.** Die Ausschließung der Verwaltung muß hinsichtlich des Erwerbes von Todeswegen durch letztwillige Verfügung (Testament oder nicht bindende Verfügung eines Erbvertrags, §§ 1937, 2299) erfolgen. Die Verfügung hat selbständigen Charakter. Das in der Erl. 4 zu § 1369 Bemerkte gilt hier gleichfalls. Bei einer Zuwendung unter Lebenden hat die Ausschließung den Charakter einer Nebenbestimmung. Sie kann nicht nachträglich, sondern nur durch eine mit der Zuwendung selbst zu verbindende Willenserklärung geschehen und bedarf keiner Form

**3.** In Ansehung der nach § 1638 von der Verwaltung des Vaters ausgeschlossenen Gegenstände wird ein Pfleger aufgestellt (§ 1909); der Erblasser kann durch letztwillige Verfügung, der Dritte bei der Zuwendung die Person des Pflegers bestimmen (§ 1917). Der Vater hat, wenn eine Verwaltungshandlung erforderlich ist und deshalb das Bedürfniß der Pflegschaft eintritt, dem Vormundschaftsgerichte nach § 1909 Abs. 2 unverzüglich Anzeige zu machen.

**4.** Der Ausschluß der Verwaltungsmacht des Vaters auf Grund des § 1638 tritt nicht erst mit der Aufstellung eines Pflegers ein, wie dies in dem entsprechenden Falle nach § 1794 für den Vormund Regel ist (s. Erl. zu § 1794), sondern sie ist von Anfang an ausgeschlossen.

## §. 1639.

Was das Kind von Todeswegen erwirbt oder was ihm unter Lebenden von einem Dritten unentgeltlich zugewendet wird, hat der Vater nach den Anordnungen des Erblassers oder des Dritten zu verwalten, wenn die Anordnungen von dem Erblasser durch letztwillige Verfügung, von dem Dritten bei der Zuwendung getroffen worden sind. Kommt der Vater den Anordnungen nicht nach, so hat das Vormundschaftsgericht die zu ihrer Durchführung erforderlichen Maßregeln zu treffen.

Der Vater darf von den Anordnungen insoweit abweichen, als es nach §. 1803 Abs. 2, 3 einem Vormunde gestattet ist.

---

Das Vormundschaftsgericht kann die Anordnung des Dritten nicht aufheben oder beschränken. Das elterliche Nutznießungsrecht wird durch den Ausschluß der Verwaltung nicht berührt, wenn nicht der Dritte gleichzeitig nach § 1651 Abs. 1 Nr. 2 die Nutznießung ausgeschlossen hat. Dagegen hat der Ausschluß auf die Ausübung der Nutznießung gemäß §§ 1656, 1657 Einfluß.

5. Nach Abs. 2 bleibt auch das Surrogat eines nach Abs. 1 von der Verwaltung ausgeschlossenen Gegenstandes von der Verwaltung ausgeschlossen. Das Surrogationsprinzip ist in demselben Umfange wie im § 1370 anerkannt (s. Erl. zu § 1370). Die Anordnung des Dritten kann übrigens die Surrogation ausschließen.

6. Der Dritte kann die Verwaltung des Vaters auch nur auf Zeit oder unter einer Bedingung ausschließen.

### § 1639.

**E. I §§ 1503, 1545, 1660; II § 1531, § 1556 Abs. 2 rev. § 1619; III § 1617. P. I S. 7612—7616; M. IV S. 741. P. II S. 5985, 6087 (Bd. 4 S. 617—619).**

Der § 1639 gestattet einem Dritten — es kann dies auch die Mutter sein — den Vater bindende Anordnungen in Ansehung der Art, wie das von ihm herrührende Vermögen des Kindes zu verwalten ist, zu treffen.

1. Bezüglich des Vermögens, in Ansehung dessen eine solche Anordnung zulässig ist, wird auf Erl. 1, bezüglich der Form, in welcher die Anordnung getroffen werden muß, auf die Erl. 2 zu § 1638 verwiesen. Wie der Wortlaut ergiebt und auch in den M. IV S. 1105 anerkannt ist, sind unter den im Abs. 1 bezeichneten Vermögensgegenständen auch deren Surrogate zu verstehen.

2. Die Zuwiderhandlung gegen die Anordnung des Dritten bewirkt nicht, daß das Rechtsgeschäft nichtig ist, der Vater macht sich jedoch durch die ohne Genehmigung (s. Abs. 2) vorgenommene Abweichung dem Kinde schadensersatzpflichtig.

3. Der Abs. 1 Satz 2 verpflichtet das Vormundschaftsgericht, die Befolgung der Anordnung des Dritten zu überwachen und die erforderlichen Maßregeln, z. B. die Vorlage eines bestimmten Wirthschaftsplans, die Legung von Rechnung, die Bestellung von Sicherheit, zu ergreifen, nöthigen Falles kann die Maßregel in der Entziehung der Verwaltung in Ansehung der in Betracht kommenden Gegenstände und in der Aufstellung eines Pflegers bestehen. Der Satz 2 hat die Bedeutung, das Vormundschaftsgericht zum Einschreiten auch dann zu berufen, wenn das Interesse des Kindes durch die Nichtbefolgung der Anordnung nicht gefährdet oder verletzt wird.

4. Wegen des Ausdrucks „verwalten" im Abs. 1 s. Erl. zu § 1803.

5. Nach dem im Abs. 3 für anwendbar erklärten § 1803 Abs. 2, 3 darf der Vater mit Genehmigung des Vormundschaftsgerichts von der Anordnung abweichen, wenn ihre Befolgung das Interesse des Kindes gefährden würde. Bei Zuwendung von Seiten eines noch lebenden Dritten ist dessen Zustimmung zu der Abweichung erforderlich und genügend; die Zustimmung kann bei dauernder Behinderung oder unbekannter Abwesenheit des Dritten vom Vormundschaftsgericht ersetzt werden. Im Uebrigen s. Erl. zu § 1803.

6. Unter anderen als den im § 1639 bestimmten Voraussetzungen kann ein Dritter dem Vater keine bindenden Anordnungen hinsichtlich der Vermögensverwaltung geben. Insbesondere kann der Vater die Vermögensverwaltung der Mutter, wenn ihr die elterliche Gewalt zusteht, nur unter den Voraussetzungen des § 1639, also nur in Ansehung des von ihm herrührenden Vermögens beeinflussen.

§. 1640.

Der Vater hat das seiner Verwaltung unterliegende Vermögen des Kindes, welches bei dem Tode der Mutter vorhanden ist oder dem Kinde später zufällt, zu verzeichnen und das Verzeichniß, nachdem er es mit der Versicherung der Richtigkeit und Vollständigkeit versehen hat, dem Vormundschaftsgericht einzureichen. Bei Haushaltsgegenständen genügt die Angabe des Gesammtwerths.

Ist das eingereichte Verzeichniß ungenügend, so kann das Vormundschaftsgericht anordnen, daß das Verzeichniß durch eine zuständige Behörde oder durch einen zuständigen Beamten oder Notar aufgenommen wird. Die Anordnung ist für das in Folge des Todes der Mutter dem Kinde zufallende Vermögen unzulässig, wenn die Mutter sie durch letztwillige Verfügung ausgeschlossen hat.

---

**§ 1640.**

**M. IV S. 742; P. II S. 5992 (Bd. 4 S. 562—565). D.· S. 707. K.B. S. 2075.**

Der in der Reichstagskommission eingestellte § 1640 verpflichtet den Vater zur Einreichung eines Vermögensverzeichnisses des Kindes nach dem Tode der Mutter. Die Entwürfe des B.G.B. hatten diese Verpflichtung abgelehnt.

**1.** Umfang der Inventarisationspflicht. Verzeichnet werden muß das beim Tode der Mutter vorhandene sowie das dem Kinde später zufallende Vermögen. Wann das Kind, das beim Tode der Mutter vorhandene Vermögen erworben hat, ist gleichgültig. Es muß nicht nur das infolge des Todes der Mutter dem Kinde zufallende Vermögen verzeichnet werden, sondern auch das von dem Kinde vorher erworbene. Gleichgültig ist ferner, von wem das Kind das Vermögen erwirbt. Nicht verzeichnet werden müssen dagegen die etwaigen Minderungen, welche das Vermögen des Kindes nach dem Tode der Mutter erleidet (a. A. Staudinger Note 3). Zur Rechenschaft über diese Minderungen ist der Vater allerdings verpflichtet, aber nach § 1681 nur gegenüber dem Kinde; das Vormundschaftsgericht kann nur unter den Voraussetzungen des § 1667 Rechenschaft vom Vater verlangen. Es werden wohl auch die sonstigen Veränderungen des vorhandenen Vermögens, welches einmal angezeigt worden ist, nicht mehr angezeigt werden müssen; insbesondere wird der Vater nicht verpflichtet sein, wenn an die Stelle eines Gegenstandes ein anderer tritt, hiervon Anzeige zu machen, z. B. wenn er ein Grundstück, bezüglich dessen er die Anzeigepflicht bereits erfüllt hat, gegen ein Haus austauscht.

Auf die Verpflichtung ist der Güterstand, in welchem Vater und Mutter gelebt haben, ohne Einfluß. Es ist indessen zu beachten, daß, wenn in der aufgelösten Ehe die allgemeine Gütergemeinschaft bestanden hat und der Vater mit dem Kinde die Gütergemeinschaft fortsetzt (§ 1483), nur das Vermögen verzeichnet werden muß, welches das Kind außer dem Antheil an dem Gesammtgute der fortgesetzten Gütergemeinschaft besitzt. Die M. IV S. 743 bemerken allerdings, daß, wenn man die Inventarisationspflicht aufstelle, sich für den Fall der Beerbung eines in Gütergemeinschaft lebenden Elterntheils durch das Kind der Uebelstand ergebe, daß der überlebende Ehegatte den Bestand des Gesammtguts, mithin auch sein eigenes Vermögen, offen zu legen habe, ein Ergebniß, welches für den Fall der Anerkennung der Inventarisationspflicht als Regel Ausnahmevorschriften erforderlich machen würde. Aus dieser Bemerkung könnte man schließen, daß die Inventarisationspflicht sich auf den Antheil an der fortgesetzten Gütergemeinschaft bezieht, weil eben das B.G.B. keine Ausnahme trifft. Allein abgesehen davon, daß der Antheil des verstorbenen Elterntheils am Gesammtgute nicht zu dem Nachlasse des Elterntheils gehört, ist das Antheilsrecht des Kindes, auch wenn man es nicht als eine bloße Anwartschaft, sondern als ein bereits begründetes Vermögensrecht betrachtet, nur ein Recht an dem Gesammtgute der fortgesetzten Gemeinschaft als solchem. Welche einzelnen Gegenstände demnächst aus dem Gesammtgute dem Kinde zufallen, entscheidet sich erst bei der Beendigung der fortgesetzten Gütergemeinschaft. Das Kind überträgt seinen Antheil nach § 1490 nicht auf seine Erben und kann darüber weder unter Lebenden noch von Todeswegen verfügen. Aus diesem Charakter des Antheilsrechts wird zu folgern sein, daß in das Inventar jedenfalls nur das Antheilsrecht als solches, nicht aber die einzelnen zum Gesammtgute gehörenden Gegenstände aufzunehmen sind. Die hier vertretene Ansicht wird getheilt vom bayrischen Justizministerium (Bekanntmachung v. 19. Januar 1900, J.M.Bl. S. 181), ferner von Knitschky S. 187. Für die Erstreckung der Inventarisationspflicht auch auf den Antheil des Kindes am Gesammtgute der fortgesetzten Gütergemeinschaft sprechen sich aus Staudinger Note 5, Schultheis S. 234.

Die Verpflichtung erstreckt sich nur auf das der Verwaltung des Vaters unterliegende freie und unfreie Vermögen des Kindes. Ist für die Verwaltung des Vermögens des Kindes ein

Pfleger bestellt, so muß dieser nach den §§ 1802, 1915 das seiner Verwaltung unterliegende Vermögen verzeichnen. Ist Vermögen des Kindes nicht vorhanden, so ist die Anzeige dieser Thatsache durch den Vater erforderlich und genügend.

Ist das Kind mit dem Vater Erbe der Mutter geworden, so wird durch § 1640 nicht etwa die Verpflichtung des Vaters zur Auseinandersetzung begründet. Der Nachlaß bleibt vielmehr so lange ungetheilt, bis einer der Miterben die Auseinandersetzung verlangt; ob das Verlangen gestellt wird, steht im freien Belieben des Betheiligten. Selbstverständlich muß, wenn die Auseinandersetzung stattfindet, für das Kind ein Pfleger bestellt werden. Solange die Erbschaft ungetheilt ist, kann übrigens das Vermögen des Kindes nur in der Weise verzeichnet werden, daß die sämmtlichen zur Erbschaft gehörenden Gegenstände verzeichnet und der Antheil des Kindes an der ungetheilten Erbschaft angegeben werden.

2. Form und Inhalt des Verzeichnisses. Das Verzeichniß wird nur vom Vater allein, nicht unter Mitwirkung des Kindes aufgenommen. Zur Aufnahme des Verzeichnisses ist also die Bestellung eines Pflegers für das Kind nicht erforderlich. Auch die Angehörigen des Kindes werden nicht zugezogen. Das Verzeichniß ist ein privates, der Vater bedarf zur Aufnahme nicht der Mitwirkung einer Behörde, eines Beamten oder eines Notars. Das Vormundschaftsgericht kann indessen nach Abs. 2 die Aufnahme durch eine Behörde, einen Beamten oder einen Notar vorschreiben. Die Zuständigkeit zur Aufnahme des Verzeichnisses richtet sich nach Landesrecht. Das Landesrecht kann die Zuständigkeit von Behörden oder Beamten oder die Zuständigkeit des Notars ausschließen (Art. 141 E.G.). Das Verzeichniß hat nur die zum Vermögen des Kindes gehörenden Gegenstände des Kindes anzugeben. Eine Beschreibung der einzelnen Gegenstände oder die Angabe des Werthes oder eine amtliche Schätzung ist nicht geboten. Bei Haushaltsgegenständen (über den Begriff s. Erl. zu § 1932) wird die Angabe der einzelnen Stücke durch die Angabe des Gesammtwerths ersetzt. Das Verzeichniß hat ferner nur die Aktiven, nicht auch die Passiven anzugeben (a. A. Schultheis S. 234), wenn sich auch die Angabe der Passiven im eigenen Interesse des Vaters sehr empfiehlt.

3. Das Vermögensverzeichniß oder, wenn Vermögen des Kindes nicht vorhanden ist, die Anzeige hiervon ist alsbald nach dem Tode der Mutter bezw. wenn der Anfall an das Kind später eintritt, nach dem Anfalle bei dem Vormundschaftsgericht einzureichen. Das Vormundschaftsgericht erhält von dem Tode der Mutter durch die im § 48 des freiw. G.G. dem Standesbeamten auferlegte Anzeigepflicht Kenntniß. Auf die Anzeige des Standesbeamten hin wird das Vormundschaftsgericht den Vater, wenn er seine Inventarisationspflicht noch nicht erfüllt hat, zur Erfüllung eine Frist bestimmen; die Verpflichtung des Vaters besteht aber unabhängig von einer Aufforderung des Gerichts.

Das eingereichte Verzeichniß bezw. die Vakatanzeige ist vom Vormundschaftsgericht auf Richtigkeit und Vollständigkeit zu prüfen. Dies ist zwar nicht ausdrücklich vorgeschrieben, ergiebt sich aber aus der Aufsichtsstellung des Vormundschaftsgerichts und der im § 12 des freiw. G.G. ausgesprochenen Pflicht des Vormundschaftsgerichts, von Amtswegen die zur Feststellung der Thatsachen erforderlichen Ermittelungen anzustellen. Abgesehen hiervon hat die im § 1640 Abs. 2 vorgesehene Berechtigung des Vormundschaftsgerichts, die amtliche Aufnahme eines ungenügenden Verzeichnisses anzuordnen, die Prüfung des Verzeichnisses zur Voraussetzung.

Kommt der Vater der Verpflichtung nicht nach, so kann ihm nach § 1670 die Vermögensverwaltung entzogen werden. Da das Vormundschaftsgericht die amtliche Aufnahme schon im Falle, wenn das eingereichte Verzeichniß ungenügend ist, anordnen kann, so wird es die amtliche Aufnahme wohl auch dann anordnen können, wenn der Vater das Verzeichniß überhaupt nicht einreicht. Ob, wenn die amtliche Aufnahme angeordnet ist und der Vater sich weigert, die nöthige Auskunft zu ertheilen, ein Zwang zulässig ist, bestimmt sich nach Landesrecht. Der Offenbarungseid kann von dem Vater nicht verlangt werden. Die Anwendbarkeit des § 259 ist durch die im § 1640 enthaltene selbständige Regelung der Verzeichnißpflicht ausgeschlossen.

4. Die Kosten der Inventarisation fallen dem Vater zur Last. Dies gilt insbesondere auch von den durch die amtliche Aufnahme im Falle des Abs. 2 erwachsenden Kosten (a. A. Staudinger Anm. 8).

5. Die Mutter kann dem Vater die Inventarisationspflicht nicht erlassen. Sie kann jedoch die Befugniß des Vormundschaftsgerichts, das Verzeichniß amtlich aufnehmen zu lassen, ausschließen. Hierzu ist sie aber nur in Ansehung des dem Kinde infolge ihres Todes zufallenden Vermögens berechtigt. Die Ausschließung kann nur durch letztwillige Verfügung (§§ 1937, 2299) erfolgen.

6. Die rechtliche Bedeutung des Verzeichnisses liegt darin, daß der Vater durch die Aufnahme von Gegenständen in das Verzeichniß anerkennt, daß dieselben vorhanden sind und seiner Verwaltungspflicht unterliegen. Dies ist für seine Herausgabepflicht (s. Erl. zu

### §. 1641.

Der Vater kann nicht in Vertretung des Kindes Schenkungen machen. Ausgenommen sind Schenkungen, durch die einer sittlichen Pflicht oder einer auf den Anstand zu nehmenden Rücksicht entsprochen wird.

### §. 1642.

Der Vater hat das seiner Verwaltung unterliegende Geld des Kindes, unbeschadet der Vorschrift des §. 1653, nach den für die Anlegung von Mündelgeld geltenden Vorschriften der §§. 1807, 1808 verzinslich anzulegen, soweit es nicht zur Bestreitung von Ausgaben bereit zu halten ist.

Das Vormundschaftsgericht kann dem Vater aus besonderen Gründen eine andere Anlegung gestatten.

---

§ 1681) von Bedeutung. Daß aus dem Fehlen eines Gegenstands in dem Verzeichnisse nicht etwa gefolgert werden darf, der Vater habe den Gegenstand nicht erhalten, versteht sich von selbst, da der Vater das Verzeichniß einseitig aufstellt.

7. Die im § 1640 bestimmte Inventarisationspflicht des Vaters gilt nur für den Fall des Todes bezw. der Todeserklärung der Mutter. Auf ähnliche Fälle, wie auf die Scheidung der Ehe, darf die Vorschrift nicht ausgedehnt werden. Der § 1640 findet nach § 1686 auf die elterliche Gewalt der Mutter Anwendung; er gilt aber auch für die Mutter nur in dem Falle des Todes oder der Todeserklärung des Vaters, nicht dagegen in den übrigen Fällen, in welchen die Mutter nach den §§ 1684, 1685 die elterliche Gewalt erlangt.

### § 1641.

**E. I. §§ 1503, 1661; II § 1532 rev. § 1620; III § 1618. P. I S. 7737; M. IV S. 741. P. II S. 5986 (Bd. 4 S. 559).**

1. Vergl. die Erl. zu dem entsprechenden § 1804.

2. Bei Beantwortung der Frage, ob durch die Schenkung einer sittlichen Pflicht oder einer auf den Anstand zu nehmenden Rücksicht entsprochen wird (Satz 2), sind die Verhältnisse des Kindes, insbesondere dessen Vermögensverhältnisse, in Betracht zu ziehen. Auch kommt in Betracht, daß der Vater, soweit ihm am Vermögen des Kindes die elterliche Nutznießung zusteht, aus dem Vermögen des Kindes solche Schenkungen nicht machen darf, die ein ordentlicher Hausvater aus den laufenden Einnahmen und nicht aus dem Stammvermögen zu machen pflegt. Hiernach werden die Fälle, in denen die Voraussetzungen des Satz 2 zutreffen, sehr selten sein.

3. Daß der Vater aus den Nutzungen des Kindesvermögens beliebig schenken kann, versteht sich von selbst, da er vermöge der elterlichen Nutznießung über die Nutzungen des nicht freien Vermögens des Kindes unbeschränkt verfügen kann. Solche Schenkungen macht der Vater nicht „in Vertretung des Kindes" (Satz 1).

### § 1642.

**E. I §§ 1503, 1664—1667; II § 1533 rev. § 1621; III § 1619. P. I S. 7637; M. IV. S. 742. P. II S. 5986 (Bd. 4 S. 559). D. S. 706.**

1. Soweit Geld des Kindes zur Bestreitung von Ausgaben bereit zu halten ist (s. Erl. zu § 1806), hängt es vom pflichtgemäßen Ermessen des Vaters ab, ob und in welcher Weise er das Geld anlegen will. Soweit das Geld aber für laufende Ausgaben nicht bereit zu halten ist, muß er es wie Mündelgeld anlegen. Von den Vorschriften über die Anlegung von Mündelgeldern finden nur die §§ 1807, 1808 und der im Abs. 2 durch die Wiedergabe seines Inhalts ersetzte § 1811 Anwendung. Es gelten also nur die Vorschriften über die verschiedenen Arten der Anlegung des Mündelgeldes. Dagegen finden die Vorschriften der §§ 1809, 1810 keine Anwendung. Der Vater braucht mithin zur Erhebung des bei einer Sparkasse (§ 1807 Abs. 1 Nr. 5) oder bei der Reichsbank oder bei einer anderen Anstalt (§ 1808) angelegten Geldes nicht die Genehmigung des Vormundschaftsgerichts und er ist auch bei der Auswahl unter den verschiedenen Arten der Anlegung nicht an die Genehmigung des Vormundschaftsgerichts gebunden. Mit der Anlegung erwirbt der Vater an dem Kapitale die Nutznießung und sein Verfügungsrecht an demseben bestimmt sich nach den allgemeinen Grundsätzen der §§ 1639, 1643.

§. 1643.

Zu Rechtsgeschäften für das Kind bedarf der Vater der Genehmigung des Vormundschaftsgerichts in den Fällen, in denen nach §. 1821 Abs. 1 Nr. 1 bis 3, Abs. 2 und nach §. 1822 Nr. 1, 3, 5, 8 bis 11 ein Vormund der Genehmigung bedarf.

Das Gleiche gilt für die Ausschlagung einer Erbschaft oder eines Vermächtnisses sowie für den Verzicht auf einen Pflichttheil. Tritt der Anfall an das Kind erst in Folge der Ausschlagung des Vaters ein, so ist die Genehmigung nur erforderlich, wenn der Vater neben dem Kinde berufen war.

Die Vorschriften der §§. 1825, 1828 bis 1831 finden entsprechende Anwendung.

---

2. Der § 1642 bezieht sich nur auf baares Geld. Dagegen hat der Vater nicht die Verpflichtung, auch ausstehende Kapitalien, welche das Kind z. B. im Erbweg erwirbt, nach den für Mündelgeld geltenden Vorschriften anderweitig anzulegen, wenn die Einziehung des Kapitals im Uebrigen durch das Interesse einer ordnungsmäßigen Verwaltung nicht geboten ist.

Der § 1642 bezieht sich ferner nur auf das der Verwaltung des Vaters unterstehende Geld. Soweit das Geld der Verwaltung eines Pflegers unterliegt, hat dieser für die Anlegung zu sorgen. Soweit das Geld zu den Nutzungen des Vermögens des Kindes gehört, fällt es dem Vater zu Eigenthum zu und der Vater ist in der Verwendung unbeschränkt.

3. Bei sich selbst kann der Vater das Geld nach § 181 nicht anlegen. Der § 1642 läßt aber den § 1653 unberührt. Der Vater kann also das Geld mit Genehmigung des Vormundschaftsgerichts für sich verbrauchen, vorbehaltlich des späteren Ersatzes. Der § 1642 läßt auch den § 1639 unberührt, d. h. über die Anlegung von Mündelgeld, welches das Kind unentgeltlich oder von Todeswegen von einem Dritten erworben hat, kann der Dritte Anordnung treffen, vorbehaltlich des Rechtes des Vormundschaftsgerichts, im Interesse des Kindes einzuschreiten.

4. Wenn der Vater Geld des Kindes unter Verletzung des § 1642 angelegt hat, darf das Kind, wenn ihm der Vater nach der Beendigung der elterlichen Gewalt gemäß § 1681 das Vermögen herausgiebt, die verbotswidrige Anlage nicht zurückweisen. Es kann vielmehr nur nach Maßgabe des § 1664 Schadensersatz verlangen. Schadensersatz kann ferner verlangt werden, wenn der Vater nicht bereitzuhaltendes Geld des Kindes überhaupt nicht angelegt hat.

**§ 1643.**

**E. I §§ 1511, 1513, 1514, 2043; II §§ 1534, 1534a rev. § 1622; III § 1620. P. I S. 7719—7750, 8340, 8733; M. IV S. 762—768, V S. 514. P. II S. 5998, 7086, 8705 (Bd. 4 S. 566; Bd. 5 S. 632; Bd. 6 S. 322). D. S. 706.**

I. Die dem Vater zustehende grundsätzlich unbeschränkte Vertretungsmacht ist in Ansehung der im § 1643 aufgeführten regelmäßig außerhalb der Grenzen der gewöhnlichen Verwaltung liegenden Rechtsgeschäfte mit Rücksicht auf den vormundschaftlichen Charakter der elterlichen Gewalt in Anlehnung an die Vorschriften des Vormundschaftsrechts beschränkt. Die Beschränkungen des § 1643 gelten ohne Rücksicht darauf, ob die Vermögensgegenstände, auf welche sich das Rechtsgeschäft bezieht, zum freien oder unfreien Vermögen des Kindes gehören.

II. Nach Abs. 1, 2 in Verbindung mit den daselbst angeführten Vorschriften bedarf der Vater zu folgenden Rechtsgeschäften der Genehmigung des Vormundschaftsgerichts:

1. zur Verfügung über ein Grundstück oder über ein Recht an einem Grundstücke mit Ausnahme der Hypotheken, Grundschulden oder Rentenschulden (§ 1821 Abs. 1 Nr. 1, Abs. 2);

2. zur Verfügung über eine Forderung, die auf Uebertragung des Eigenthums an einem Grundstück oder auf Befreiung eines Grundstücks von einem solchen Rechte gerichtet ist, mit Ausnahme der Hypotheken, Grundschulden oder Rentenschulden (§ 1821 Abs. 1 Nr. 2, Abs. 2);

3. zur Eingehung der Verpflichtung zu einer der unter 1, 2 bezeichneten Verfügungen (§ 1821 Abs. 1 Nr. 3, Abs. 2);

4. zu einem Rechtsgeschäfte, durch welches das Kind zu einer Verfügung über sein Vermögen im Ganzen oder über eine ihm angefallene Erbschaft oder über seinen künftigen gesetzlichen Erbtheil oder seinen künftigen Pflichttheil verpflichtet wird, sowie zu einer Verfügung über den Antheil des Kindes an einer Erbschaft (§ 1822 Nr. 1);

5. zu einem Vertrage, der auf den entgeltlichen Erwerb oder die Veräußerung eines Erwerbsgeschäfts gerichtet ist sowie zu einem Gesellschaftsvertrage, der zum Betrieb eines Erwerbsgeschäfts eingegangen wird (§ 1822 Nr. 3, dazu vergl. Erl. zu § 1645);

6. zu einem Mieth- oder Pachtvertrag oder einem anderen Vertrage, durch den das Kind zu wiederkehrenden Leistungen verpflichtet wird, wenn das Vertragsverhältniß länger als ein Jahr nach der Vollendung des einundzwanzigsten Lebensjahrs des Kindes fortdauern soll (§ 1822 Nr. 5);

7. zur Aufnahme von Geld auf den Kredit des Kindes (§ 1822 Nr. 8);

8. zur Ausstellung einer Schuldverschreibung auf den Inhaber oder zur Eingehung einer Verbindlichkeit aus einem Wechsel oder einem anderen Papiere, das durch Indossament übertragen werden kann (§ 1822 Nr. 9);

9. zur Uebernahme einer fremden Verbindlichkeit, insbesondere zur Eingehung einer Bürgschaft (§ 1822 Nr. 10);

10. zur Ertheilung einer Prokura (§ 1822 Nr. 11);

11. zur Ausschlagung einer Erbschaft oder eines Vermächtnisses sowie zum Verzicht auf einen Pflichttheil. Der Ausschlagung steht die Anfechtung der Annahme gleich (§ 1957 Abs. 1). Zur Ausschlagung ist die Genehmigung dann nicht erforderlich, wenn der Anfall nur infolge der Ausschlagung des Vaters eingetreten ist, wenn z. B. der Vater die Erbschaft des Großvaters ausschlägt und die Erbschaft nun nach § 1953 Abs. 2 dem Kinde anfällt; tritt der Anfall sowohl unabhängig als infolge der Ausschlagung des Vaters ein, z. B. wenn Vater und Kind zu Erben der Mutter berufen sind und der Vater seinen Erbtheil ausschlägt, so ist die Genehmigung des Vormundschaftsgerichts erforderlich.

Bezüglich der Einzelheiten wird auf die Erl. zu den §§ 1821, 1822 verwiesen. Hier ist nur hervorzuheben, daß zu den folgenden der in § 1821 und § 1822 bezeichneten Fällen, in welchen der Vormund der Genehmigung des Vormundschaftsgerichts bedarf, bei der elterlichen Gewalt der Vater der Genehmigung des Vormundschaftsgerichts nicht bedarf:

a) zu einem Vertrage, der auf den entgeltlichen Erwerb eines Grundstücks oder eines Rechtes an einem Grundstücke gerichtet ist (§ 1821 Abs. 1 Nr. 4);

b) zu einem Erbtheilungsvertrage (§ 1822 Nr. 2). Gehören zur Erbschaft Gegenstände, über welche der Vater nicht ohne die Genehmigung des Vormundschaftsgerichts verfügen kann, z. B. Grundstücke, so ist auch zu einem Erbtheilungsvertrage die Genehmigung des Vormundschaftsgerichts erforderlich. Soll eine Erbschaft getheilt werden, bei welcher Vater und Kind als Erben betheiligt sind, also insbesondere die Erbschaft der Mutter, so kann der Vater nach § 1630 Abs. 2, § 1795 Abs. 2, § 181 das Kind nicht vertreten und muß ein Pfleger bestellt werden, so daß zu dem Erbtheilungsvertrage die Genehmigung des Vormundschaftsgerichts erforderlich ist (§ 1915);

c) zu einem Pachtvertrag über ein Landgut oder über einen gewerblichen Betrieb (§ 1822 Nr. 4), es sei denn, daß das Vertragsverhältniß länger als ein Jahr nach der Vollendung des einundzwanzigsten Lebensjahrs des Kindes fortdauern soll (§ 1822 Nr. 5);

d) zu einem Lehrvertrag oder einem auf Eingehung eines Dienst- oder Arbeitsverhältnisses gerichteten Vertrage (§ 1822 Nr. 6, 7);

e) zu einem Vergleich oder einem Schiedsvertrage, sofern nicht der Vergleich eine Verfügung oder die Uebernahme einer Verpflichtung, zu welcher die Genehmigung des Vormundschaftsgerichts nach dem oben Ausgeführten erforderlich ist, enthält, z. B. ein Vergleich über ein Grundstück, ein Vergleich, in welchem das Kind eine Bürgschaft übernimmt (§ 1822 Nr. 12);

f) zu einem Rechtsgeschäfte, durch das die für eine Forderung des Kindes bestehende Sicherheit aufgehoben oder gemindert oder die Verpflichtung dazu begründet wird (§ 1822 Nr. 13);

g) zu dem Vertrag auf Aufhebung einer Gemeinschaft durch Verkauf der gemeinschaftlichen Gegenstände (§ 753 des B.G.B., § 181 Abs. 2 Satz 2 des Z.V.G.).

Der Vater bedarf ferner auch in den Fällen, in welchen der Vormund nach § 1812 der Genehmigung des Vormundschaftsgerichts benöthigt, nicht dieser Genehmigung, er kann also, soweit sich nicht aus dem Vorstehenden ein Anderes ergiebt, über eine Forderung des Kindes oder über ein anderes Recht, kraft dessen das Kind eine Leistung verlangen kann, z. B. über eine Hypothek, eine Reallast, frei verfügen.

Der praktischen Bedeutung wegen sei die Stellung des Vaters in Ansehung der Hypotheken besonders dargestellt. Zur Belastung eines Grundstücks des Kindes mit einer Hypothek ist die Genehmigung des Vormundschaftsgerichts erforderlich, nicht aber zu ihrer Löschung. Zum Erwerb einer Hypothek für das Kind ist die Genehmigung des Vormundschaftsgerichts nicht erforderlich, ebensowenig zur Uebertragung, Belastung oder Löschung der Hypothek. Wenn die Hypothek

## §. 1644.

**Der Vater kann Gegenstände, zu deren Veräußerung die Genehmigung des Vormundschaftsgerichts erforderlich ist, dem Kinde nicht ohne diese Genehmigung zur Erfüllung eines von dem Kinde geschlossenen Vertrags oder zu freier Verfügung überlassen.**

---

dagegen dem Kinde gegen den Vater selbst zusteht, so ist der Vater bei jedem Rechtsgeschäfte, das die Bestellung, Uebertragung oder Belastung der Hypothek oder die Aufhebung oder Minderung derselben oder die Verpflichtung des Kindes zu einer solchen Uebertragung, Belastung, Aufhebung oder Minderung begründet, von der Vertretung des Kindes überhaupt ausgeschlossen (§ 1630 Abs. 2).

**III.** Für die Führung von Rechtsstreitigkeiten für das Kind gilt der § 1643 nicht. Soweit eine Prozeßhandlung des Vaters ein unter den § 1643 fallendes Rechtsgeschäft enthält, z. B. ein Vergleich, in welchem über ein Grundstück verfügt ist, findet der § 1643 natürlich Anwendung.

Auch auf die im Wege der Zwangsvollstreckung erfolgende Veräußerung von Gegenständen des Kindesvermögens sowie auf die Eintragung einer Zwangs- oder Arresthypothek findet § 1643 keine Anwendung.

**IV.** Ueber die Zuständigkeit des Vormundschaftsgerichts und über die Rechtsmittel gegen dessen Entscheidungen s. freiw. G.G. §§ 35, 43, 19, 59.

**V.** Nach dem Abs. 2 gilt für die Frage der Ertheilung der Genehmigung des Vormundschaftsgerichts sowie hinsichtlich der rechtlichen Folgen des Mangels der Genehmigung das Gleiche wie beim Vormund (§§ 1825, 1828—1831). Insbesondere kann die Genehmigung nur dem Vater gegenüber erklärt werden, auch kann das Vormundschaftsgericht zu den unter II Nr. 7—9 aufgeführten Rechtsgeschäften eine allgemeine Ermächtigung ertheilen; dies soll aber nur geschehen, wenn es zum Zwecke der Vermögensverwaltung, insbesondere zum Betrieb eines Erwerbsgeschäfts nothwendig ist. Die allgemeine Ermächtigung kann jederzeit zurückgezogen werden. Wegen der Möglichkeit einer Aenderung der Verfügung, durch welche die Genehmigung zu einem Rechtsgeschäft ertheilt oder verweigert oder die Ermächtigung zurückgenommen wird, s. §§ 55, 62 freiw. G.G.

**VI.** Die Beschränkungen des § 1643 beziehen sich nur auf Rechtsgeschäfte, welche der Vater für das Kind vornimmt. Sie gelten nicht für die Rechtsgeschäfte, die der Vater auf Grund seines Nutznießungsrechts im eigenen Namen abschließt, z. B. für einen Pachtvertrag über ein zum Vermögen des Kindes gehörendes Grundstück.

**VII.** Abweichend von den für den Vormund geltenden Vorschriften der §§ 1827, 1847 bestehen keine bestimmten Vorschriften über die Anhörung von gewissen Personen vor der Entscheidung über die Genehmigung; auch die Anhörung des Kindes selbst ist nicht vorgeschrieben. Selbstverständlich steht nichts im Wege, daß das Vormundschaftsgericht das Kind oder Angehörige des Kindes vorher hört. Die Befugniß des Gerichts hierzu folgt schon aus § 12 des freiw.G.G., nach welchem das Gericht die zur Feststellung der Thatsachen erforderlichen Erhebungen von Amtswegen zu pflegen hat.

**VIII.** Ist ein Pfleger neben dem Vater bestellt, so bestimmt sich die Frage, inwieweit der Pfleger zu einem Rechtsgeschäfte der Genehmigung des Vormundschaftsgerichts bedarf, ausschließlich nach den Vorschriften des Vormundschaftsrechts (§ 1915).

**IX.** Ueber die sonstigen Fälle, in welchen der Vater der Genehmigung des Vormundschaftsgerichts bedarf, s. Erl. IV 2 zu § 1630.

### § 1644.

**E. I § 1512; II § 1535 rev. § 1623; III § 1621. P. I S. 7751, 8827; M. IV S. 767. P. II S. 5999 (Bd. 4 S. 567).**

Die dem § 1824 entsprechende Vorschrift bringt zum Ausdrucke, daß, wenn der Vater dem Kinde Gegenstände, zu deren Veräußerung die Genehmigung des Vormundschaftsgerichts erforderlich ist (§ 1643), ohne diese Genehmigung zur Erfüllung eines vom Kinde geschlossenen Vertrags oder zur freien Verfügung überläßt, die Ueberlassung nicht die im § 110 bezeichnete Wirkung hat (s. Erl. 1, 2 zu § 110); im Uebrigen s. Erl. zu § 1824.

Aus § 1644 mit § 110 ergiebt sich zugleich, daß der Vater Gegenstände, zu deren Veräußerung die Genehmigung des Vormundschaftsgerichts nicht erforderlich ist, dem Kinde zur Erfüllung der von diesem geschlossenen Verträge oder zur freien Verfügung überlassen kann.

## §. 1645.

Der Vater soll nicht ohne Genehmigung des Vormundschaftsgerichts ein neues Erwerbsgeschäft im Namen des Kindes beginnen.

## §. 1646.

Erwirbt der Vater mit Mitteln des Kindes bewegliche Sachen, so geht mit dem Erwerbe das Eigenthum auf das Kind über, es sei denn, daß der Vater nicht für Rechnung des Kindes erwerben will. Dies gilt insbesondere auch von Inhaberpapieren und von Orderpapieren, die mit Blankoindossament versehen sind.

Die Vorschriften des Abs. 1 finden entsprechende Anwendung, wenn der Vater mit Mitteln des Kindes ein Recht an Sachen der bezeichneten Art oder ein anderes Recht erwirbt, zu dessen Uebertragung der Abtretungsvertrag genügt.

---

### § 1645.

**E. I § 1515; II § 1536 rev. § 1624; III § 1622. P. I S. 7745, 7753; M. IV S. 768. P. II S. 6001 (Bd. 4 S. 567). K.B. S. 2076.**

1. Nach § 1643 mit § 1822 Nr. 3 bedarf der Vater zum Erwerb oder der Veräußerung eines Erwerbsgeschäfts sowie zu einem Gesellschaftsvertrage, der zum Betrieb eines Erwerbsgeschäfts eingegangen wird, der Genehmigung des Vormundschaftsgerichts. Gleiches gilt zur Ermächtigung des Kindes zum Betrieb eines Erwerbsgeschäfts und zur Zurücknahme dieser Ermächtigung (§ 112). Nach dem dem § 1823 entsprechenden § 1645 ist die Genehmigung des Vormundschaftsgerichts auch erforderlich zum Beginn eines Erwerbsgeschäfts für das Kind.

Dagegen ist die Genehmigung des Vormundschaftsgerichts nicht erforderlich zur Fortführung eines Erwerbsgeschäfts, gleichviel ob das Geschäft schon beim Beginne der elterlichen Vermögensverwaltung vorhanden ist oder dem Kinde später, z. B. durch Erbschaft, zufällt, ferner nicht zur Aenderung eines bestehenden Erwerbsgeschäfts und endlich nicht zur Auflösung eines dem Kinde gehörenden Erwerbsgeschäfts. Die Aenderung darf selbstverständlich nicht eine derartige Umgestaltung des Geschäfts sein, daß eine Neugründung vorliegt, z. B. wenn eine Lederhandlung in eine Schuhmacherei, ein Waarengeschäft in ein Bankgeschäft umgewandelt wird. Solchen Falles liegt thatsächlicher Neubeginn eines Erwerbsgeschäfts vor und ist deshalb § 1645 anwendbar.

Ueber den Begriff des Erwerbsgeschäfts s. Erl. zu den §§ 112, 1405; über die Zuständigkeit des Vormundschaftsgerichts s. §§ 35, 43 des freiw. G.G.

2. Der § 1645 stellt nur eine Ordnungsvorschrift auf. Die Verletzung begründet nicht die Nichtigkeit der einzelnen auf den Beginn des Geschäfts gerichteten Rechtsgeschäfte des Vaters, soweit nicht, wie z. B. die Ertheilung einer Prokura, die Aufnahme von Geld auf den Kredit des Kindes (§ 1643 mit § 1822 Nr. 8, 11), unter diejenigen Rechtsgeschäfte zählen, zu deren Rechtswirksamkeit der Vater der Genehmigung des Vormundschaftsgerichts in jedem Falle bedarf. Der Vater ist jedoch im Falle einer Verletzung des § 1645 dem Kinde nach § 1664 verantwortlich und das Vormundschaftsgericht hat nach § 1667 einzuschreiten.

### § 1646.

**E. II § 1537 rev. § 1625; III § 1623. P. II S. 6010 (Bd. 4 S. 571).**

1. Ein Erwerb, den der Vater durch ein für das Kind vorgenommenes Rechtsgeschäft macht, fällt unmittelbar dem Kinde zu, wenn das Rechtsgeschäft in Vertretung des Kindes für dieses geschlossen worden ist. Andern Falles erwirbt der Vater den betreffenden Gegenstand, ist aber verpflichtet, den Erwerb auf das Kind zu übertragen. Erfahrungsgemäß bringt der Vater nur selten zum Ausdrucke, daß er für das Kind erwerben will, und noch seltener wird das Uebertragungsgeschäft vorgenommen. Dadurch entsteht für das Kind die Gefahr, daß es an Stelle des Eigenthums obligatorische Ansprüche gegen den Vater erhält und im Konkurse des Vaters seines Aussonderungsrechts verlustig geht. Mit Rücksicht hierauf bestimmt der § 1646 entsprechend dem für das gesetzliche Güterrecht geltenden § 1381, daß das durch das Rechtsgeschäft des Vaters Erworbene in gewissen Grenzen kraft Gesetzes in das Eigenthum des Kindes fällt. Diese Art der Surrogation ist erst in der zweiten Kommission anerkannt worden. Die Voraussetzungen der Surrogation des § 1646 sind die gleichen wie die des entsprechenden § 1381.

§. 1647.

**Die Vermögensverwaltung des Vaters endigt mit der Rechtskraft des Beschlusses, durch den der Konkurs über das Vermögen des Vaters eröffnet wird.**

**Nach der Aufhebung des Konkurses kann das Vormundschaftsgericht die Verwaltung dem Vater wiederübertragen.**

---

a) Der Vater muß mit Mitteln des Kindes erworben haben. Er darf nicht mit eigenen Mitteln und auch nicht mit Mitteln eines Dritten erworben haben. Ist theils mit Mitteln des Kindes, theils mit eigenen Mitteln des Vaters erworben worden, so erlangt das Kind Miteigenthum nach Verhältniß der verwendeten Mittel.

b) Der Vater darf nicht für eigene Rechnung erwerben wollen.

Wer Erwerb des Kindes auf Grund Surrogation behauptet, hat zu beweisen, daß der Vater mit Mitteln des Kindes erworben habe. Daß der Vater nicht für Rechnung des Kindes erwerben wollte, ist Einwendung und vom Einwendenden zu beweisen.

3. Bezüglich des Umfanges der Surrogation sowie des Zeitpunkts des Eintritts derselben wird auf die Erl. 3, 4 zu § 1381 verwiesen.

4. Wird der Eintritt der Surrogation nachgewiesen, so kann das Kind im Konkurse des Vaters das Erworbene kraft Aussonderungsrechts für sich in Anspruch nehmen. Wegen des dem Kinde eingeräumten Vorzugsrechts, wenn die Surrogation nicht nachgewiesen werden kann, s. K.O. § 61 Nr. 5 und Erl. 6 zu § 1647.

§ 1647.

**E. I § 1553 Abs. 1, 2; II § 1538 rev. § 1626; III § 1624. P. I S. 7636, 8695, 8709; M. IV S. 816. P. II S. 6128 (Bd. 4 S. 638).**

1. Die Vermögensverwaltung, und zwar nur diese, nicht die elterliche Gewalt als solche, endigt mit der Eröffnung des Konkurses über das Vermögen des Vaters von selbst, ohne daß es eines Beschlusses des Vormundschaftsgerichts bedarf. Ob der Vater den Konkurs verschuldet hat oder nicht, kommt nicht in Betracht. Es muß aber der Konkurs über das Vermögen des Vaters als solches eröffnet sein. Bloße Sonderkonkurse (vgl. Erl. 1 zu § 1419) berühren die Vermögensverwaltung nicht. Die Beendigung tritt nicht schon mit der Erlassung, sondern erst mit der Rechtskraft des Eröffnungsbeschlusses (K.O. §§ 109, 72 mit C.P.O. § 705) ein. Ist die Eröffnung mangels Masse nicht möglich, so bleibt die Vermögensverwaltung an sich bestehen, das Vormundschaftsgericht kann sie aber nach § 1667 aufheben.

2. Folge der Beendigung der Vermögensverwaltung ist die Bestellung eines Pflegers (§ 1909). Der Vater hat nach § 1909 Abs. 2 die Eröffnung des Konkurses dem Vormundschaftsgericht unverzüglich anzuzeigen. Zur Anzeige ist nach § 50 freiw. G.G. auch das Konkursgericht verbunden.

3. Aus Abs. 2 folgt, daß die Aufhebung des Konkurses dem Vater die Vermögensverwaltung nicht von selbst wieder überträgt; er erhält sie vielmehr nur durch das Vormundschaftsgericht zurück. Ob das Vormundschaftsgericht nach der Aufhebung des Konkurses (§§ 163, 190 K.O.) dem Vater die Vermögensverwaltung wieder überträgt, ist in das Ermessen des Vormundschaftsgerichts gestellt. Der Vater hat kein Recht darauf, auch nicht im Falle eines Zwangsvergleichs. Der Aufhebung des Konkurses steht die Einstellung (§§ 202, 204 K.O.) gleich. Ueber die Zuständigkeit des Vormundschaftsgerichts s. §§ 35, 43 des freiw.G.G. Gegen den die Uebertragung auf Antrag des Vaters ablehnenden Beschluß steht dem Vater nach § 20 Abs. 1 das. die Beschwerde zu.

4. Die Vorschriften des § 1647 finden Anwendung, wenn während der Dauer des Konkurses der Gemeinschuldner die elterliche Gewalt erlangt. Die Gewalt tritt solchen Falles nur ausschließlich der Vermögensverwaltung ein. Erwirbt der Vater die elterliche Gewalt erst nach der Beendigung des Konkurses, so ist der Konkurs auf seine Rechte ohne Einfluß.

5. Die Nutznießung am Vermögen des Kindes bleibt trotz der Eröffnung des Konkurses, jedoch nur vorbehaltlich der §§ 1656, 1657, bestehen.

6. Ueber die Rechtsverhältnisse im Konkurse des Vaters ist Folgendes zu bemerken:

a) Das Recht der elterlichen Nutznießung gehört, da es nach § 862 Abs. 1 Satz 1 der C.P.O. der Verpfändung nicht unterworfen ist, nach § 1 Abs. 1 der K.O. nicht zur Konkursmasse. Die vom Vater erworbenen Früchte des Vermögens des Kindes bezw. die in den §§ 1655, 1656

§. 1648.

Macht der Vater bei der Sorge für die Person oder das Vermögen des Kindes Aufwendungen, die er den Umständen nach für erforderlich halten darf, so kann er von dem Kinde Ersatz verlangen, sofern nicht die Aufwendungen ihm selbst zur Last fallen.

---

bezeichneten Ansprüche fallen dagegen, soweit sie nach § 862 Abs. 2 der C.P.O. pfändbar sind, in die Konkursmasse. Ueber den § 862 s. Erl. zu § 1658.

b) Durch den Konkurs werden alle Forderungen des Kindes gegen den Vater sofort fällig, s. Erl. zu § 1657.

c) Das Kind hat im Konkurse des Vaters ein Vorrecht. Nach § 61 der K.O. werden die Konkursforderungen nach folgender Rangordnung, bei gleichem Range nach Verhältniß des Betrags berichtigt: 5. die Forderungen der Kinder des Gemeinschuldners in Ansehung ihres gesetzlich der Verwaltung desselben unterworfenen Vermögens; das Vorrecht steht ihnen nicht zu, wenn die Forderung nicht binnen 2 Jahren nach Beendigung der Vermögensverwaltung gerichtlich geltend gemacht und bis zur Eröffnung des Verfahrens verfolgt worden ist.

7. Die Eröffnung des Konkurses benimmt dem Vater die Sorge für das Vermögen des Kindes auch dann, wenn das Kind ein Vermögen nicht besitzt, zur Aufstellung eines Pflegers mithin eine Veranlassung nicht besteht. Erwirbt das Kind während der Dauer des Konkurses Vermögen, so wird die Aufstellung eines Pflegers nothwendig; der Vater hat hiervon dem Vormundschaftsgerichte nach § 1909 Abs. 2 Anzeige zu machen. Dasselbe gilt, wenn das Kind erst nach der Beendigung des Konkurses Vermögen erwirbt, sofern nicht das Vormundschaftsgericht dem Vater die Vermögensverwaltung wieder einräumt.

**§ 1648.**

**E. I §§ 1503, 1698; II § 1539 rev. § 1627; III § 1625. P. I S. 7637—7639; M. IV S. 742, 746. P. II S. 5989, 6850, 8668 (Bd. 4 S. 561; Bd. 5 S. 143; Bd. 6 S. 298).**

**1.** Macht der Vater bei der Sorge für die Person oder das Vermögen des Kindes Aufwendungen, die ihm nicht selbst zur Last fallen, so bestimmt sich seine Berechtigung, Ersatz von dem Kinde zu verlangen, nach § 1648 abweichend von der für den Nießbrauch geltenden Vorschrift des § 1049, aber entsprechend der für das gesetzliche Güterrecht getroffenen Vorschrift des § 1390 nicht nach den Vorschriften über die Geschäftsführung ohne Auftrag, sondern nach den Vorschriften über den Auftrag. Mit der für den Auftrag geltenden Vorschrift des § 670 stimmt § 1648 sachlich überein. Im Uebrigen s. Erl. zu § 670 und Erl. 1 zu § 1390. Wegen der Verpflichtung des Kindes zur Verzinsung des aufgewendeten Betrags gilt das in der Erl. 2 zu § 1390 Bemerkte entsprechend. Ein Recht, Vorschuß zu verlangen, ist dem Vater nicht beigelegt. Der Vater bedarf einer solchen Befugniß auch nicht, da er als gesetzlicher Vertreter des Kindes über das bereit zu haltende Geld frei verfügen und, soweit nicht genügend Geld vorhanden ist, die zur Beschaffung desselben erforderlichen Rechtsgeschäfte für das Kind abschließen kann. Wenn er zur Beschaffung des Geldes ein Darlehen aufnehmen oder sonst den Kredit des Kindes in Anspruch nehmen will, muß er nach § 1643 mit § 1822 Nr. 8 die Genehmigung des Vormundschaftsgerichts erholen.

**2.** Der § 1648 gilt nur, soweit dem Vater die Sorge für die Person oder das Vermögen des Kindes zukommt und zwar ohne Rücksicht darauf, ob dem Vater die Vertretungsmacht zusteht. Der § 1648 ist also auch anwendbar, wenn dem Vater nach § 1676 Abs. 2 Satz 2 oder der Mutter (§ 1686) nach den §§ 1634, 1696—1698 nur die thatsächliche Fürsorge zukommt. Dagegen bestimmt sich die Berechtigung des Vaters, Ersatz für Aufwendungen zu verlangen, dann, wenn ihm die Sorge für die Person oder das Vermögen nicht zusteht, lediglich nach den allgemeinen Grundsätzen über die Geschäftsführung ohne Auftrag (§§ 677—687).

**3.** Von dem entsprechenden Anspruche des Vormundes (§ 1835) unterscheidet sich der Anspruch des Vaters dadurch, daß der Vater nicht Vorschuß verlangen kann (s. oben 1), sowie dadurch, daß als Aufwendungen solche Dienste des Vaters nicht gelten, die zu seinem Gewerbe oder Berufe gehören. Letzteres beruht auf einem Beschlusse der zweiten Kommission, die von der Erwägung ausging, daß es der Volksanschauung widerstreite, dem Vater das Recht zu geben, für seine Dienstleistungen als Arzt, Anwalt, Handwerker ꝛc. von dem Kinde Ersatz zu beanspruchen.

**4.** Die Ersatzpflicht des Kindes ist ausgeschlossen, soweit die Aufwendungen nach den Vorschriften der §§ 1601 ff. über die Unterhaltspflicht des Vaters oder nach den Vorschriften des § 1654 über die Lasten der Nutznießung vom Vater selbst zu tragen sind.

§. 1649.

Dem Vater steht kraft der elterlichen Gewalt die Nutznießung an dem Vermögen des Kindes zu.

§. 1650.

Von der Nutznießung ausgeschlossen (freies Vermögen) sind die ausschließlich zum persönlichen Gebrauche des Kindes bestimmten Sachen, insbesondere Kleider, Schmucksachen und Arbeitsgeräthe.

§. 1651.

Freies Vermögen ist:

1. was das Kind durch seine Arbeit oder durch den ihm nach §. 112 gestatteten selbständigen Betrieb eines Erwerbsgeschäfts erwirbt;
2. was das Kind von Todeswegen erwirbt oder was ihm unter Lebenden von einem Dritten unentgeltlich zugewendet wird, wenn der Erblasser durch letztwillige Verfügung, der Dritte bei der Zuwendung bestimmt hat, daß das Vermögen der Nutznießung entzogen sein soll.

Die Vorschriften des §. 1638 Abs. 2 finden entsprechende Anwendung.

---

5. Der Anspruch des Vaters auf Ersatz der Aufwendungen oder Befreiung von der Verbindlichkeit (§ 257) kann von dem Vater oder dessen Gläubigern, wenn diese sich den Anspruch haben überweisen lassen, auch während der Dauer der elterlichen Gewalt geltend gemacht werden. Der Vater kann sich übrigens aus dem Vermögen des Kindes, insbesondere aus dem Gelde des Kindes selbst bezahlt machen. Wegen der Verjährung s. § 204.

**§ 1649.**

**E I § 1502 Nr. 2; II § 1540 rev. § 1628; III § 1626. P. I S. 7610; M. IV S. 724. P. II S. 5960 (Bd. 4 S. 547). K.B. S. 2076.**

1. Ueber die rechtliche Natur der elterlichen Nutznießung s. Vorbm. 1 S. 378.

2. Regelmäßig unterliegt das gesammte Vermögen des Kindes der elterlichen Nutznießung. Gewisse Gegenstände sind jedoch theils durch Gesetz theils durch die Anordnung Dritter von der Nutznießung ausgeschlossen. Das der Nutznießung nicht unterworfene Vermögen wird freies Vermögen des Kindes genannt und ist in den §§ 1650, 1651 näher begrenzt. Die Scheidung des Vermögens des Kindes in freies und unfreies deckt sich nicht mit der Scheidung in Vermögen, welches der elterlichen Vermögensverwaltung unterworfen, und Vermögen, das ihr nicht unterworfen ist. Der Ausdruck „unfreies“ Vermögen ist übrigens dem B.G.B. unbekannt, empfiehlt sich aber wegen seiner Kürze. Die gemeinrechtliche Scheidung des Vermögens des Kindes in peculium profectitium, adventitium ꝛc. ist dem B.G.B. fremd (s. Vorbm. 5 S. 379).

3. Nicht übertragbare Rechte (vergl. z. B. § 717 Satz 1, §§ 1092, 1093), welche ihrem Inhalte nach durch einen anderen als den Berechtigten selbst nicht ausgeübt werden können, sind zwar Bestandtheil des unfreien Vermögens, unterliegen aber nicht der Nutznießung des Vaters. Mit Rücksicht hierauf hat der Vater auch die Lasten dieser Gegenstände (vergl. z. B. § 1093 mit § 1041) nicht zu tragen (arg. § 1654). Andere nicht übertragbare Rechte — z. B. der Anspruch auf die Invalidenrente, soweit dieser nicht nach § 1651 Abs. 1 Nr. 1 freies Vermögen ist, — unterliegen dagegen der Nutznießung des Vaters.

4. In das Grundbuch wird die elterliche Nutznießung nicht eingetragen.

**§§ 1650, 1651.**

**E. I §§ 1516—1519; II §§ 1541, 1542 rev. §§ 1629, 1630; III §§ 1627, 1628. P. I S. 7641—7646, 8757, 8762; M. IV S. 770—775. P. II S. 6012—6021 (Bd. 4 S. 572—575). K.B. S. 2077.**

I. Die §§ 1650, 1651 begrenzen das freie, d. h. von der elterlichen Nutznießung ausgenommene (s. Erl. 2 zu § 1649) Vermögen des Kindes.

1. Wegen des Begriffs der ausschließlich zum persönlichen Gebrauche des Kindes bestimmten Sachen s. Erl. 3 Abs. 2, 3 zu § 1362.

§. 1652.

**Der Vater erwirbt die Nutzungen des seiner Nutznießung unterliegenden Vermögens in derselben Weise und in demselben Umfange wie ein Nießbraucher.**

---

2. Zu § 1651 Nr. 1. Die Nebeneinanderstellung von Arbeit und selbständigem Betrieb eines Erwerbsgeschäfts bringt wie bei der entsprechenden Bestimmung des § 1367 zum Ausdrucke, daß der Erwerb freies Vermögen ohne Rücksicht darauf wird, ob das Kind gewerbsmäßig thätig ist, d. h. in der Absicht, die Thätigkeit zu einer dauernden Gewinnquelle zu machen, oder ob es seine Arbeitskräfte nur im einzelnen Falle zur selbständigen Thätigkeit verwendet. Auf die Art der Arbeit kommt nichts an. Erforderlich ist, daß das Erwerbsgeschäft selbständig betrieben wird. Darin liegt, daß, wenn zum Vermögen des Kindes ein Erwerbsgeschäft gehört, das der Vater im Namen des Kindes betreibt, der Ertrag des Geschäfts nicht freies Vermögen wird, sondern nach Maßgabe des § 1655 dem Vater gebührt, mag auch das Kind in dem Geschäfte mitthätig sein. Gleiches gilt, wenn das Kind nur mit einer Vermögenseinlage an dem Erwerbsgeschäft eines Andern betheiligt ist. Ueber den Begriff des Erwerbsgeschäfts s. Erl. 2 zu § 1405. Was das Kind im Haushalt oder Geschäft des Vaters erwirbt, wird nach Maßgabe des § 1617 Vermögen des Vaters. Vgl. ferner Erl. 2 zu § 1367.

Was als durch die Arbeit des Kindes erworben anzusehen ist, bestimmt sich nach den allgemeinen Grundsätzen und ist im einzelnen Falle Thatfrage. Dies gilt insbesondere von den sog. remuneratorischen Geschenken. Das Trinkgeld, welches z. B. ein als Kellner thätiges Kind erhält, gehört zum freien Vermögen. Das Geschenk, welches das Kind für die Lebensrettung eines Anderen erhält, wird zum unfreien Vermögen zu rechnen sein.

Wie der § 1367 so bestimmt auch der § 1651 nicht, wann das Kind selbständig erwerben darf. Hierfür sind die allgemeinen Grundsätze maßgebend. Entgegen § 1367 setzt der § 1651 aber in Ansehung des Erwerbs aus einem Erwerbsgeschäfte voraus, daß das Kind es erlaubtermaßen mit Genehmigung des Vormundschaftsgerichts nach Maßgabe des § 112 betreibt. Andernfalls wird der Ertrag des Geschäfts unfreies Vermögen, er gebührt aber nicht etwa dem Vater auf Grund seiner Nutznießung. Beim Arbeitsverdienst ist dagegen nicht Voraussetzung, daß die Arbeit von dem Kinde erlaubtermaßen ausgeführt worden ist. Freies Vermögen wird, wenn das Kind in Dienst oder Arbeit tritt, der Lohn oder das sonstige Entgelt auch dann, wenn der Eintritt entgegen § 113 ohne Genehmigung oder gegen den Widerspruch des Vaters erfolgte.

3. Wegen des in der Nr. 2 des § 1651 bezeichneten Erwerbes von Todeswegen oder durch unentgeltliche Zuwendung unter Lebenden s. Erl. zu § 1638. Die bloße Ausschließung der Nutznießung hat noch nicht den Ausschluß der Verwaltung (§ 1638) des Vaters zur Folge.

4. Durch die Anwendbarkeit des § 1638 Abs. 2 ist für die unter Nr. 2, 3 bezeichneten Erwerbe (§ 1651 Abs. 1) der Grundsatz der Surrogation und zwar im gleichen Umfange wie im § 1370 anerkannt, s. Erl. zu § 1370 und Erl. 5 zu § 1638. Für die im § 1650 erwähnten Sachen gilt die Surrogation nicht. Surrogate dieser Sache werden nur dann freies Vermögen, wenn sie selbst wieder zum ausschließlichen persönlichen Gebrauche des Kindes bestimmt sind.

II. Freies Vermögen des Kindes kann auch außerhalb der Fälle der §§ 1650, 1651 vorkommen. Freies Vermögen wird nämlich auch das Vermögen des Kindes, auf dessen Nutznießung der Gewalthaber verzichtet hat (s. Erl. 1 zu § 1662), ferner das Vermögen, dessen Nutznießung das Vormundschaftsgericht dem Gewalthaber entzogen hat (§ 1666 Abs. 2), endlich was aus dem unfreien Vermögen im Wege der Ausgleichung Bestandtheil des freien Vermögens geworden ist (§ 1660, § 1417 Abs. 2). Ueber einen weiteren Fall s. Erl. zu § 1767. Auch in diesen Fällen wird das Prinzip der Surrogation in dem im § 1651 Abs. 2 (oben I 4) festgesetzten Umfang anzuerkennen sein.

III. Wer Kindesvermögen als freies Vermögen in Anspruch nimmt, hat diese Eigenschaft zu beweisen.

IV. Auch das freie Vermögen des Kindes untersteht grundsätzlich der Verwaltung des Vaters. Der Arbeitsverdienst des Kindes z. B. ist allerdings der Nutznießung des Vaters entzogen, allein das Kind erhält ihn nicht zu seiner freien Verfügung, sondern der Vater kann ihn an sich nehmen und selbst verwalten.

**§ 1652.**

**E. I § 1520; II § 1543 rev. § 1631; III § 1629. P. I S. 7647; M. IV S. 775. P. II S. 6021—6026 (Bd. 4 S. 575).**

1. Der § 1652 betrifft den Erwerb der Nutzungen des unfreien Vermögens des Kindes durch den Vater. Der Begriff der Nutzungen ist im § 100 bestimmt. Sowohl die Art und

§. 1653.

Der Vater darf verbrauchbare Sachen, die zu dem seiner Nutznießung unterliegenden Vermögen gehören, für sich veräußern oder verbrauchen, Geld jedoch nur mit Genehmigung des Vormundschaftsgerichts. Macht der Vater von dieser Befugniß Gebrauch, so hat er den Werth der Sachen nach der Beendigung der Nutznießung zu ersetzen; der Ersatz ist schon vorher zu leisten, wenn die ordnungsmäßige Verwaltung des Vermögens es erfordert.

---

Weise als auch der Umfang des Erwerbes der Nutzungen sind durch Verweisung auf die für den Nießbrauch geltenden Vorschriften geregelt. Die Regelung ist also die gleiche wie bei der Nutznießung des eingebrachten Gutes der Frau durch den Mann (§ 1383) und es kann deshalb auf die Erl. 1, 2 zu § 1383 verwiesen werden. Hier ist nur Folgendes zu bemerken:

Anwendbar sind die §§ 954, 1039, 1048, 1066, 1068, 1073.

Der § 1037 ist nicht anwendbar. Der Vater ist, weil ihm die Sorge für das Vermögen des Kindes zusteht, dem Kinde gehörende Sachen umzugestalten und zu ändern berechtigt; er ist dabei nicht an die im § 1037 bestimmten Schranken gebunden.

Auch der § 1038 ist nicht anwendbar. Zwar findet er auf die Nutznießung des Ehemanns Anwendung (Erl. 2 Abs. 4 zu § 1383), allein bei der Nutznießung des Vaters liegt das Verhältniß um deswillen anders, weil der Vater gesetzlicher Vertreter des Kindes ist.

Daß der § 1039 Anwendung findet, dürfte nicht zu bezweifeln sein. Der Vater erwirbt also das Eigenthum auch an solchen Früchten, die er den Regeln einer ordnungsmäßigen Wirthschaft zuwider oder die er deshalb im Uebermaße zieht, weil dies infolge eines besonderen Ereignisses nothwendig geworden ist; er ist jedoch verpflichtet, den Werth der übermäßig gezogenen Früchte vorbehaltlich seiner Verantwortlichkeit für ein Verschulden (§ 1664), bei Beendigung der Nutznießung zu ersetzen (s. auch Erl. zu § 1657). Was die Vorschrift des § 1039 Abs. 1 Satz 3 anlangt, nach welcher sowohl der Eigenthümer wie der Nießbraucher verlangen kann, daß der zu ersetzende Betrag zur Wiederherstellung der Sache insoweit verwendet werde, als dies einer ordnungsmäßigen Wirthschaft entspricht, so hat der Vater das Recht, die Verwendung zu verlangen sowohl in seiner Eigenschaft als Nießbraucher wie in seiner Eigenschaft als gesetzlicher Vertreter des Kindes. Er hat also darüber zu entscheiden, ob die Verwendung erfolgen soll, und wird, wenn er die Verwendung, obwohl sie einer ordnungsmäßigen Wirthschaft entspricht, schuldvoller Weise unterläßt, dem Kinde verantwortlich. Der Abs. 2 findet hiernach immer Anwendung, wenn die Verwendung unterbleibt; die Ersatzpflicht fällt in diesem Falle also weg, soweit durch den ordnungswidrigen oder den übermäßigen Fruchtbezug die dem Vater gebührenden Nutzungen beeinträchtigt werden. Der Nießbraucher hat nach § 1039 Abs. 1 Satz 2 für die Erfüllung der Verpflichtungen zum Ersatze des Werthes der Früchte dem Eigenthümer Sicherheit zu leisten. Diese Vorschrift wird auf die elterliche Nutzung keine Anwendung finden können, da die Pflicht des Vaters zur Sicherheitsleistung durch § 1668 ausschließend geregelt werden sollte.

Wegen des § 1048 s. Erl. 1 zu § 1654.

Die Sondervorschrift des § 1067 ist durch den § 1653 ersetzt.

2. An Forderungen, Aktien auf den Inhaber, Grundschulden und Eigenthümerhypotheken hat der Vater nur das Recht der Fruchtziehung; die §§ 1074—1083 finden keine Anwendung. Vermöge seines Verwaltungsrechts ist indessen der Vater berechtigt, die genannten Rechte einzuziehen oder zu veräußern und, wenn sie in Geld umgesetzt sind, dieses nach § 1653 mit Genehmigung des Vormundschaftsgerichts für sich zu verbrauchen.

3. Die Frage, von welcher Zeit an und bis zu welcher Zeit dem Vater die Nutzungen gebühren, ist im § 101 entschieden.

**§ 1653.**

**E. I § 1523 Abs. 2, 3, § 1525; II § 1544 rev. § 1632; III § 1630. P. I S. 7650—7656, 8824; M. IV S. 777. P. II S. 6022—6025 (Bd. 4 S. 576). D. S. 706.**

1. Der Vater erwirbt Geld und andere verbrauchbare Sachen nicht wie der uneigentliche Nießbraucher (§ 1067) zu Eigenthum, sondern das Eigenthum steht dem Kinde zu, der Vater ist aber berechtigt, über die verbrauchbaren Sachen ohne Weiteres und über Geld, soweit ihm dies das Vormundschaftsgericht erlaubt, für sich zu verfügen, also die Sachen zu verbrauchen oder zu veräußern. Ueber den Begriff der verbrauchbaren Sachen s. § 92. Ueber die Zuständigkeit des Vormundschaftsgerichts s. §§ 35, 43 freiw. G.G. Die Genehmigung des

§. 1654.

Der Vater hat die Lasten des seiner Nutznießung unterliegenden Vermögens zu tragen. Seine Haftung bestimmt sich nach den für den Güterstand der Verwaltung und Nutznießung geltenden Vorschriften der §§. 1384 bis 1386, 1388. Zu den Lasten gehören auch die Kosten eines Rechtsstreits, der für das Kind geführt wird, sofern sie nicht dem freien Vermögen zur Last fallen, sowie die Kosten der Vertheidigung des Kindes in einem gegen das Kind gerichteten Strafverfahren, vorbehaltlich der Ersatzpflicht des Kindes im Falle seiner Verurtheilung.

---

Vormundschaftsgerichts kann nicht bloß für einen einzelnen Fall, sondern allgemein ertheilt, sie kann auch von gewissen Voraussetzungen, z. B. Leistung einer Sicherheit, abhängig gemacht werden.

Unter die Vorschrift des § 1653 fällt nicht der Verbrauch derjenigen Früchte, welche der Vater den Regeln einer ordnungsmäßigen Wirthschaft zuwider oder deshalb im Uebermaße zieht, weil dies infolge eines besonderen Ereignisses nothwendig geworden ist. Denn an diesen Früchten erwirbt er sofort Eigenthum (s. § 1652 mit § 1039). Der § 1653 findet ferner dann nicht Anwendung, wenn der Vater die Sachen für das Kind verbraucht, insbesondere bedarf er zur Verwendung des Geldes des Kindes, z. B. zur Deckung des Unterhalts des Kindes, wenn er selbst nicht unterhaltspflichtig ist (§ 1603 Abs. 2 Satz 2), oder zur Berichtigung einer Verbindlichkeit des Kindes, mag auch dem Kinde die Verbindlichkeit dem Vater gegenüber (etwa nach § 1648) obliegen, nicht der Genehmigung des Vormundschaftsgerichts.

2. Der Berechnung des nach Satz 2 zu ersetzenden Werthes ist der Zeitpunkt des Verbrauchs oder der Veräußerung zu Grunde zu legen. Wegen der Beendigung der Nutznießung s. Vorbm. 8 S. 381. Daß die ordnungsmäßige Verwaltung den Ersatz jedenfalls dann fordert, wenn der Werth zur Befriedigung eines Gläubigers des Kindes nothwendig ist, ist im § 1659 Abs. 2 anerkannt. Ein anderes Beispiel bietet der Fall, daß der zu ersetzende Betrag erforderlich ist, um Betriebsmittel zu verschaffen. Nach § 1657 ist der Ersatz ferner dann zu leisten, wenn die Vermögensverwaltung des Vaters endigt, außer wenn dieser Umstand in dem Ruhen der elterlichen Gewalt des Vaters begründet ist. Eine Verzinsungspflicht, wie sie dem Beauftragten nach § 668 obliegt, ist dem Vater nicht auferlegt.

3. Wird dem Vater zur Verwendung des Geldes des Kindes für sich die Genehmigung des Vormundschaftsgerichts nicht ertheilt, so ist das Geld gemäß § 1642 mündelsicher anzulegen.

§ 1654.

**E. I § 1531 Abs. 1; II § 1545 rev. § 1633; III § 1631. P. I S. 7691—7700, 8815, 8848; M. IV S. 788. P. II S. 6029 (Bd. 4 S. 581).**

Der § 1654 regelt die Lasten der elterlichen Nutznießung. Die Regelung schließt sich sowohl bezüglich der einzelnen Lasten als des Umfanges, in welchem der Vater sie zu tragen hat, mit zwei Ausnahmen an die für den Güterstand der Verwaltung und Nutznießung getroffenen Vorschriften an.

1. Der Vater hat hiernach folgende Lasten zu tragen:

a) die Kosten, welche durch die Gewinnung der Nutzungen entstehen; s. Erl. 1 zu § 1384.

b) die Kosten der Erhaltung der zum nicht freien Vermögen des Kindes gehörenden Gegenstände nach den für den Nießbrauch geltenden Vorschriften; s. Erl. 2 zu § 1384. Maßgebend sind die Vorschriften der §§ 1041, 1043, 1048, 1068. Die §§ 1042, 1044 sind hier gegenstandslos, da der Vater gesetzlicher Vertreter des Kindes ist. Der § 1048 Abs. 1, welcher die Rechte des Nießbrauchers betrifft, wenn ein Grundstück sammt Inventar Gegenstand des Nießbrauchs ist, ist zwar bei dem gesetzlichen Güterrecht im § 1378 besonders für anwendbar erklärt, während bei der elterlichen Gewalt eine solche Vorschrift fehlt. Dies beruht jedoch nur darauf, daß der Schwerpunkt des § 1048 Abs. 1 in dem Verfügungsrechte, welches dem Nießbraucher eingeräumt ist, liegt und mit Rücksicht hierauf ohne ausdrückliche Vorschrift aus der besonderen Regelung des Verfügungsrechts des Mannes in den §§ 1374 ff. die Nichtanwendbarkeit des § 1048 gefolgert werden könnte. Abgesehen davon ergiebt sich die Anwendbarkeit des § 1048 jedenfalls aus der allgemeinen Verweisung des § 1652 (so auch P. IV S. 576). Die Anwendbarkeit des § 1048 Abs. 2 (vertragsmäßige Uebernahme des Inventars zum Schätzungswerthe) kann keinem Bedenken unterliegen; es bedarf indeß selbstverständlich zu einer solchen Vereinbarung der Bestellung eines Pflegers für das Kind (§ 1909).

Die gewöhnliche Abnutzung hat der Vater nicht zu ersetzen, wie sich aus § 1681 mit § 1664 ergiebt. Nur soweit durch Verschulden des Vaters eine Verschlechterung der der Nutznießung unterworfenen Gegenstände eintritt (§ 1664), ist der Vater ersatzpflichtig.

Wegen der Frage, von wann an und bis zu welchem Zeitpunkte der Vater die Kosten der Erhaltung der seiner Nutznießung unterliegenden Gegenstände zu tragen hat, trifft das in der Erl. 4 zu § 1384 Bemerkte entsprechend zu. Aus § 1663 Abs. 2 mit § 592 folgt, daß der Vater Ersatz der Gewinnungskosten nach der Beendigung der Nutznießung verlangen kann. Der Anspruch geht gegen das Kind, wenn dieses, gegen die Mutter, wenn diese nutzungsberechtigt wird. Das Kind kann wegen der Kosten, die es selbst auf die Hervorbringung der bei Beginn der Nutznießung noch nicht getrennten, dem Vater zufallenden Früchte, wenn auch innerhalb der Grenzen einer ordnungsmäßigen Wirthschaft, verwendet hat, einen Ersatzanspruch nicht geltend machen.

c) Die öffentlichen Lasten, welche dem Kinde obliegen, z. B. Kapital-, Rentensteuern, Einquartierungen, mit Ausschluß der auf dem freien Vermögen des Kindes ruhenden Lasten und der außerordentlichen Lasten, die als auf den Stammwerth der der elterlichen Nutznießung unterliegenden Gegenstände gelegt anzusehen sind, z. B. Kanalanschlüsse, Straßenpflasterungen; s. Erl. 1 zu § 1385. Zu beachten ist, daß nach der jetzigen Fassung (anders E. I § 1531) der Vater die dem Kinde obliegenden öffentlichen Lasten nicht nur insoweit zu tragen hat, als sie von den Gegenständen, die der Nutznießung unterliegen, zu entrichten sind, sondern daß er alle Lasten, außer wenn die erwähnten Ausnahmen zutreffen, zu tragen hat. Daß eine Ausnahme gegeben ist, hat der Vater zu beweisen. Eine Ausnahme bildet z. B. die Einkommensteuer für die selbständige Thätigkeit des Kindes (§ 1651 Abs. 1 Nr. 1).

d) Die privatrechtlichen Lasten, die auf den der elterlichen Nutznießung unterliegenden Gegenständen ruhen (s. Erl. 2 zu § 1385).

e) Die Zahlungen, die für die Versicherung der der Nutznießung unterliegenden Gegenstände zu leisten sind (s. Erl. 3 zu § 1385). Inwieweit der Vater zur Versicherung verpflichtet ist, wird durch § 1654 nicht entschieden. Maßgebend ist der allgemeine Grundsatz, daß der Vater das Vermögen des Kindes ordnungsmäßig zu verwalten hat. Die Versicherung muß natürlich so genommen werden, daß die Forderung gegen den Versicherer dem Kinde zusteht.

f) Die Zinsen derjenigen Verbindlichkeiten des Kindes, welche im Verhältnisse des Kindes und des Vaters zu einander nicht dem freien Vermögen zur Last fallen (§ 1386 Abs. 1 Satz 1, Abs. 2). Dem Gläubiger gegenüber haftet auch das der elterlichen Nutznießung unterliegende Vermögen des Kindes für jede Verbindlichkeit desselben. Im Verhältnisse von Vater und Kind dagegen sind die im § 1660 durch Verweisung auf § 1415 Nr. 1, 2 bezeichneten Verbindlichkeiten von dem nicht freien Vermögen zu tragen. Wie aus der Fassung des § 1386 Abs. 2 sich ergiebt, muß der Vater beweisen, daß eine der Ausnahmen vorliegt, in welchen er für die Zinsen der Verbindlichkeiten des Kindes nicht haftet; im Uebrigen s. Erl. 1 zu § 1386.

g) Alle wiederkehrenden Leistungen anderer Art als Zinsen einschließlich der von dem Kinde auf Grund seiner gesetzlichen Unterhaltspflicht geschuldeten Leistungen, sofern diese Leistungen bei ordnungsmäßiger Verwaltung aus den Einkünften des Vermögens bestritten werden und die Verbindlichkeit zu den Leistungen im Verhältnisse des Kindes und des Vaters zu einander nicht dem freien Vermögen zur Last fällt (§ 1386 Abs. 1 Satz 2, Abs. 2). Im Allgemeinen ist auf die Erl. 2 zu § 1386 und die Erl. 4 Abs. 3 zu § 1534 zu verweisen. Hier ist zu bemerken: Bezüglich der auf Grund gesetzlicher Unterhaltspflicht geschuldeten Leistungen kommt in Betracht die Unterhaltspflicht des Kindes gegenüber Verwandten (§§ 1601 ff., 1703), bei einer Tochter auch die Unterhaltspflicht gegenüber einem unehelichen Kinde (§ 1705), gegenüber dem gegenwärtigen (§§ 1360, 1361) oder dem früheren (§§ 1345, 1346, 1351, 1578) Ehegatten und bei einem Sohne gegenüber einem unehelichen Kinde (§ 1708). Wann die wiederkehrenden Leistungen nicht dem freien Vermögen zur Last fallen, ergiebt sich aus der Verweisung des § 1660 auf § 1415. Die auf Grund gesetzlicher Unterhaltspflicht geschuldeten Leistungen fallen dem freien Vermögen zur Last, soweit die Unterhaltspflicht nur infolge des Vorhandenseins von freiem Vermögen entsteht oder vergrößert wird (s. Erl. zu § 1660); insoweit hat sie der Vater nicht zu tragen.

h) Die Kosten eines für das Kind geführten Rechtsstreits, sofern sie nicht dem freien Vermögen zur Last fallen. Gleichgültig ist, ob der Rechtsstreit von dem Vater oder von einem Pfleger oder von dem Kinde selbst, soweit dieses prozeßfähig ist, geführt wird und ob es sich um einen Aktiv- oder um einen Passivprozeß des Kindes handelt. Wann die Kosten des Rechtsstreits dem freien Vermögen zur Last fallen, ergiebt sich aus der Verweisung des § 1660 auf § 1415 Nr. 3, § 1416 Abs. 1. Danach hat der Vater z. B. nicht zu tragen die Kosten eines Rechtsstreits, den das Kind mit Rücksicht auf den ihm nach § 112 gestatteten Betrieb eines Erwerbsgeschäfts oder über den aus einem Arbeits- oder Dienstverhältnisse (§ 113) herrührenden Anspruche, z. B. die Lohnforderung, führt.

§. 1655.

Gehört zu dem der Nutznießung unterliegenden Vermögen ein Erwerbsgeschäft, das von dem Vater im Namen des Kindes betrieben wird, so gebührt dem Vater nur der sich aus dem Betrieb ergebende jährliche Reingewinn. Ergiebt sich in einem Jahre ein Verlust, so verbleibt der Gewinn späterer Jahre bis zur Ausgleichung des Verlustes dem Kinde.

---

i) Die Kosten der Vertheidigung des Kindes in einem gegen das Kind gerichteten Strafverfahren, vorbehaltlich der Ersatzpflicht des Kindes im Falle seiner Verurtheilung. Wegen der Ersatzpflicht des Kindes s. § 1660 mit § 1415 Nr. 1.

In den unter h und i vorgetragenen Fällen liegen die Abweichungen von dem, was für das gesetzliche Güterrecht gilt.

**2.** Der Vater haftet für die bezeichneten Lasten nicht nur gegenüber dem Kinde, sondern, wie durch die Anwendbarkeit des § 1388 vorgeschrieben ist, auch unmittelbar den Gläubigern als Gesammtschuldner. Im Uebrigen s. Erl. zu § 1388.

**3.** Der Vater muß die vorbezeichneten Lasten tragen ohne Rücksicht darauf, wieviel ihm die Nutznießung abwirft. Der E. I § 1531 Abs. 2 hatte bezüglich der aus der Anwendbarkeit der §§ 1385—1387 sich ergebenden Lasten den Vater nur soweit für verpflichtet erklärt, als die Lasten die Nutzungen übersteigen. Im E. II ist diese Beschränkung gestrichen worden. Einen Schutz gegen übermäßige Inanspruchnahme des Vaters gewährt der § 1662, nach welchem der Vater auf die Nutznießung verzichten und von dem Zeitpunkte des Verzichts an sich auch von der Tragung der Lasten der Nutznießung befreien kann.

**4.** Keine Last der elterlichen Nutznießung ist der Unterhalt des Kindes. Die Unterhaltspflicht gegenüber dem Kinde ist jedoch bis zu einem gewissen Grade von der elterlichen Nutznießung beeinflußt (§ 1602 Abs. 2, § 1603 Abs. 2, § 1606 Abs. 2 Satz 2).

**§ 1655.**

**E. I § 1527 Abs. 1; II § 1546 rev. § 1634; III § 1632. P. I S. 7658—7667, 7748, 8733; M. IV S. 782—784. P. II S. 6026, 6851 (Bd. 4 S. 578—580; Bd. 5 S. 144). D. S. 707.**

**1.** Der § 1655 trifft für die elterliche Nutznießung an einem Erwerbsgeschäfte des Kindes eine von den Vorschriften des § 1652 abweichende Sondervorschrift. Es unterliegen nicht die einzelnen zu dem Erwerbsgeschäfte gehörenden Gegenstände der Nutznießung, sondern das Geschäft im Ganzen ist Gegenstand der Nutznießung. Für den Nießbrauch und die ehemännliche Nutznießung (s. Erl. 5 zu § 1376) fehlen ähnliche Vorschriften.

**2.** Dem Vater gebührt nur der auf Grund des Betriebs des Erwerbsgeschäfts sich ergebende Reingewinn. Als Gewinn wird vom § 1655 nicht das nach Beendigung des Erwerbsgeschäfts endgiltig sich berechnende reine Ergebniß angesehen, sondern der Vater hat auf den jährlichen Reingewinn Anspruch, muß jedoch, wenn in einem Jahre sich Verlust am Stammvermögen ergiebt, sich gefallen lassen, daß der Gewinn späterer Jahre zur Ausgleichung des Verlustes der früheren Jahre verwendet wird. Ob der Vater am Verluste Schuld trägt, kommt nicht in Betracht. Den Gewinn früherer Jahre braucht der Vater zur Ausgleichung des Verlustes eines späteren Jahres nicht zu verwenden und zwar auch dann nicht, wenn er ihn noch nicht bezogen, sondern im Geschäfte hat stehen lassen. Im Uebrigen sind besondere Grundsätze über die Gewinn- und Verlustberechnung im Gesetze nicht aufgestellt; es entscheiden die Verhältnisse des einzelnen Falles. Die M. IV S. 784 empfehlen dem Vormundschaftsgerichte bei der Ertheilung der Genehmigung zum Beginn eines Erwerbsgeschäfts (§ 1645) für die Feststellung der Grundsätze der Gewinn- und Verlustberechnung Sorge zu tragen.

**3.** Der § 1655 bezieht sich sowohl auf den Fall der Fortführung eines schon bestehenden als den der Neubegründung eines Erwerbsgeschäfts und findet im letzteren Falle (entgegen dem E. I) auch dann Anwendung, wenn der Vater das Geschäft ohne die nach § 1645 erforderliche Genehmigung des Vormundschaftsgerichts begonnen hat.

**4.** Der § 1655 gilt nicht, wenn der Vater das Erwerbsgeschäft im eigenen Namen betreibt. Die Möglichkeit hierzu ist ihm durch § 1653 eröffnet, wonach er verbrauchbare Sachen für sich veräußern oder verbrauchen darf und nur spätestens bei Beendigung der Nutznießung den Werth der Sachen zu ersetzen hat. Als verbrauchbare Sachen erscheinen nach § 92 Abs. 2 auch die beweglichen Sachen, welche zu einem Waarenlager oder zu einem sonstigen Sachinbegriffe gehören, dessen bestimmungsgemäßer Gebrauch in der Veräußerung der einzelnen Sachen besteht.

§. 1656.

Steht dem Vater die Verwaltung des seiner Nutznießung unterliegenden Vermögens nicht zu, so kann er auch die Nutznießung nicht ausüben; er kann jedoch die Herausgabe der Nutzungen verlangen, soweit nicht ihre Verwendung zur ordnungsmäßigen Verwaltung des Vermögens und zur Bestreitung der Lasten der Nutznießung erforderlich ist.

Ruht die elterliche Gewalt des Vaters oder ist dem Vater die Sorge für die Person und das Vermögen des Kindes durch das Vormundschaftsgericht entzogen, so können die Kosten des Unterhalts des Kindes aus den Nutzungen insoweit vorweg entnommen werden, als sie dem Vater zur Last fallen.

---

Durch § 1655 ist ferner nicht ausgeschlossen, daß der Vater durch Vertrag mit dem Kinde, welchem zu diesem Zwecke ein Pfleger zu bestellen ist (§§ 1909, 181, 1822 Nr. 3), ein zum Vermögen des Kindes gehörendes Erwerbsgeschäft nach den Grundsätzen über den Nießbrauch an verbrauchbaren Sachen (§ 1067) übernimmt und das Erwerbsgeschäft dann für sich und im eigenen Namen betreibt.

5. Das im § 1655 geregelte Verhältniß dauert so lange fort, als der Vater das Erwerbsgeschäft im Namen des Kindes thatsächlich betreibt. Zur Aufgabe des thatsächlichen Betriebs bedarf der Vater der Genehmigung des Vormundschaftsgerichts nicht. Die Frage, wann der Betrieb des Erwerbsgeschäfts aufgehört hat, ist deshalb eine Thatfrage, die unter Berücksichtigung der Umstände des einzelnen Falles zu entscheiden ist. Hat der Betrieb des Erwerbsgeschäfts thatsächlich aufgehört, so greifen die Vorschriften des § 1652 ohne weitere Aenderungen wieder ein.

6. Wegen der Uebertragbarkeit und Pfändbarkeit des Anspruchs auf den Reingewinn s. § 1658 Abs. 2 und C.P.O. § 862.

7. Wird das zum Vermögen des Kindes gehörende Erwerbsgeschäft von dem Kinde selbst betrieben (§ 112), so hat der Vater an dem Erträgniß überhaupt die Nutznießung nicht, sondern der Erwerb wird nach § 1651 Nr. 1 freies Vermögen des Kindes.

**§ 1656.**

**E. I § 1532; II § 1547 rev. § 1635; III § 1633. P. I S. 7700—7708, 7830—7836; 8745, 8846; M. IV S. 789. P. IV S. 6030, 8712 (Bd. 4 S. 551, 582; Bd. 6 S. 327). D. S. 707.**

1. Dem Vater steht die Verwaltung des seiner Nutznießung unterliegenden Vermögens des Kindes nicht zu:

a) soweit ihm nach § 1630 Abs. 2 mit § 1796 für gewisse Bestandtheile des Vermögens des Kindes die Vertretung entzogen und ein Pfleger bestellt ist;

b) soweit ihm nach § 1638 durch Anordnung eines Dritten die Vermögensverwaltung entzogen ist;

c) wenn die Vermögensverwaltung des Vaters nach § 1647 durch die Eröffnung des Konkurses über das Vermögen des Vaters beendigt worden ist;

d) wenn das Vormundschaftsgericht wegen rechtlicher oder thatsächlicher Verhinderung des Vaters nach § 1665 einen Pfleger bestellt hat oder wenn wegen thatsächlicher Verhinderung des Vaters nach § 1685 die elterliche Gewalt von der Mutter ausgeübt wird;

e) wenn dem Vater nach § 1666 Abs. 2 die Vermögensverwaltung wegen Gefährdung des Unterhalts des Kindes (nicht aber die Nutznießung) entzogen worden ist;

f) wenn dem Vater auf Grund des § 1670 wegen Gefährdung des Vermögens des Kindes oder auf Grund der §§ 1740, 1760, 1761 die Vermögensverwaltung entzogen worden ist;

g) wenn die elterliche Gewalt des Vaters ruht (§ 1678);

h) wenn der Mutter die elterliche Gewalt zusteht, kommt als weiterer Fall die Uebertragung der Vermögensverwaltung oder eines Theiles derselben auf den Beistand (§ 1693) hinzu.

2. Wenn die Vermögensverwaltung dem Vater nicht zusteht, ist er nicht berechtigt, die Nutznießung auszuüben. Die Nutznießung bleibt also dem Vater, er kann sie jedoch nicht ausüben. Der Vater erwirbt demnach nach Maßgabe des § 1652 die Nutzungen des Vermögens des Kindes wie ein Nießbraucher für sich, insbesondere wird er Eigenthümer der Früchte des Vermögens des Kindes und Erübrigungen gehören ihm. Auch können die Gläubiger des Kindes auf die vom Vater schon erworbenen Früchte des Vermögens des Kindes nicht greifen.

§. 1657.

Ist der Vater von der Ausübung der Nutznießung ausgeschlossen, so hat er eine ihm dem Kinde gegenüber obliegende Verbindlichkeit, die in Folge der Nutznießung erst nach deren Beendigung zu erfüllen sein würde, sofort zu erfüllen. Diese Vorschrift findet keine Anwendung, wenn die elterliche Gewalt ruht.

§. 1658.

Das Recht, das dem Vater kraft seiner Nutznießung an dem Vermögen des Kindes zusteht, ist nicht übertragbar.

Das Gleiche gilt von den nach den §§. 1655, 1656 dem Vater zustehenden Ansprüchen, solange sie nicht fällig sind.

---

Ausgeübt wird die Nutznießung von demjenigen, welchem die gesetzliche Vertretung des Kindes in Ansehung des Vermögens, bezüglich dessen der Vater die Verwaltung nicht hat, zusteht, also von dem für das Kind bestellten Vormund oder Pfleger und, wenn die elterliche Gewalt von der Mutter ausgeübt wird (§ 1685), von dieser oder dem ihr nach § 1693 bestellten Beistande. Das Rechtsverhältniß ist demjenigen ähnlich, welches für die Bestellung eines gerichtlichen Verwalters zur Ausübung eines Nießbrauchs nach § 1052 Platz greift. Der gesetzliche Vertreter des Kindes hat dem Vater die gewonnenen Nutzungen herauszugeben. Das Kind ist, da es nach § 278 für seinen gesetzlichen Vertreter einstehen muß, dem Vater dafür verantwortlich, daß die Nutzungen entsprechend gewonnen werden. Das Kind muß dem Vater über die Ausübung der Nutznießung Rechenschaft (§§ 259—261) ablegen.

3. Die Herausgabe der Nutzungen kann der Vater nur nach Abzug der Kosten der ordnungsmäßigen Verwaltung des Vermögens des Kindes und der Lasten der Nutznießung (s. Erl. zu § 1654) verlangen. In den unter 1 e bis g genannten Fällen können überdies auch die Kosten des Unterhalts des Kindes aus den Nutzungen insoweit vorweg abgezogen werden, als sie nach den §§ 1602, 1603, 1610 vom Vater zu tragen sind.

4. Der Anspruch auf Herausgabe der Nutzungen ist vor der Fälligkeit nicht übertragbar (§ 1658). Ueber die Beschränkung der Pfändbarkeit dieses Anspruchs (C.P.O. § 862 Abs. 2) s. Erl. zu § 1658.

**§ 1657.**

**E. I § 1533; II § 1548 rev. § 1636; III § 1634. P. I S. 7708, 7831; M. IV S. 789. P. II S. 6030 (Bd. 4 S. 582).**

Der § 1657 stellt sich als eine Ausnahme von dem dem § 1656 zu Grunde liegenden Gedanken dar, daß der Charakter des Nutznießungsrechts dadurch nicht geändert wird, daß der Vater, weil ihm die Vermögensverwaltung nicht zusteht, von der eigenen Ausübung der Nutznießung ausgeschlossen ist.

1. Die Fälle, in welchen der Vater von der Ausübung des Nutznießungsrechts ausgeschlossen ist, sind in der Erl. 1 zu § 1656 aufgezählt.

2. Als Verbindlichkeiten, die infolge der Nutznießung erst nach deren Beendigung zu erfüllen sein würden, kommen in Betracht die Verbindlichkeit zum Ersatze des Werthes verbrauchbarer Sachen, die der Vater für sich verbraucht oder veräußert hat (§ 1653 Satz 2), die Verbindlichkeit zum Ersatze des Werthes der vom Vater im Uebermaße gezogenen Früchte (§ 1652 mit § 1039). Ist durch Vertrag zwischen dem Vater und dem Kinde die Fälligkeit einer Verbindlichkeit des Vaters bis zur Beendigung der Nutznießung hinausgeschoben, so findet der § 1657 keine Anwendung; denn die Hinausschiebung tritt hier nicht in Folge der Nutznießung, sondern in Folge des Vertrags ein.

3. Zu Satz 2 vergl. die §§ 1676, 1677 und die Erl. 2 zu § 1678.

**§ 1658.**

**E. I § 1534; II § 1549 rev. § 1637; III § 1635. P. I S. 7711, 8692; M. IV S. 793. P. II S. 6030, 6851 (Bd. 4 S. 582; Bd. 5 S. 144). D. S. 707.**

1. Die im § 1658 ausgesprochene Unübertragbarkeit bezieht sich nur auf das Recht der Nutznießung als solches, dagegen ist der Vater nicht gehindert, die Ausübung der aus der Nutznießung sich ergebenden Rechte, insbesondere durch Vermiethung oder Verpachtung Anderen zu

§. 1659.

Die Gläubiger des Kindes können ohne Rücksicht auf die elterliche Nutznießung Befriedigung aus dem Vermögen des Kindes verlangen.

Hat der Vater verbrauchbare Sachen nach §. 1653 veräußert oder verbraucht, so ist er den Gläubigern gegenüber zum sofortigen Ersatze verpflichtet.

---

überlassen. Der Abs. 2 betrifft die dem Vater nach den §§ 1655, 1656 zustehenden Ansprüche auf den jährlichen Reingewinn eines Erwerbsgeschäfts sowie auf die Nutzungen des der elterlichen Verwaltung nicht unterliegenden Vermögens.

2. Aus der Unübertragbarkeit folgt mit Rücksicht auf § 1069 Abs. 2, § 1274 Abs. 2 die Unzulässigkeit einer Belastung. Die Unpfändbarkeit ist im § 862 der C.P.O. besonders zum Ausdrucke gebracht. Die Gläubiger des Vaters können also auf das Vermögen des Kindes auch nicht in der Weise greifen, daß sie sich das Recht des Vaters auf die Nutznießung überweisen lassen, um es z. B. durch Vermiethung auszuüben. Die in den §§ 1655, 1656 bezeichneten Ansprüche sind der Pfändung insbesondere deshalb entzogen, um zu verhüten, daß die Verwaltung des dem Kinde gehörenden Vermögens durch die Einmischung der Gläubiger des Vaters gestört werde.

3. Die Unübertragbarkeit und der Ausschluß der Pfändbarkeit erstrecken sich indessen nicht auf die Früchte des Vermögens des Kindes und nicht auf die in den §§ 1655, 1656 bezeichneten Ansprüche, wenn sie fällig sind. Doch können die Gläubiger des Vaters aus den Früchten und aus den bezeichneten Ansprüchen nur unter gewissen Beschränkungen, welche sich aus dem Zwecke der elterlichen Nutznießung erklären, Befriedigung verlangen (§ 862 Abs. 2 C.P.O., dazu **Habicht** in Gruchot Bd. 41 S. 489). Die vom Vater erworbenen Früchte und die fälligen Ansprüche auf den jährlichen Reingewinn eines Erwerbsgeschäfts sowie auf die Nutzungen des der elterlichen Verwaltung nicht unterliegenden Vermögens sind der Pfändung nicht unterworfen, soweit sie zur Erfüllung der nach § 1654 von dem Vater zu tragenden Lasten der Nutznießung, zur Erfüllung der dem Vater seiner Ehefrau, seiner früheren Ehefrau oder seinen Verwandten gegenüber gesetzlich obliegenden Unterhaltspflichten und zur Bestreitung des eigenen standesmäßigen Unterhalts des Vaters erforderlich sind. Ueberschreitet die Pfändung das hiernach zulässige Maß, so kann der Vater nach § 766 der C.P.O. beim Vollstreckungsgericht Einwendungen erheben. Das gleiche Recht wird durch den § 862 Abs. 3 der C.P.O. dem Kinde beigelegt.

4. Wegen der Rechtsverhältnisse im Konkurse des Vaters vergl. Erl. 6 zu § 1647.

5. Daß das Recht der Sorge für die Person und das Vermögen des Kindes unübertragbar ist, folgt schon daraus, daß es sich dabei nicht nur um ein Recht, sondern in erster Linie um eine Pflicht des Vaters handelt.

**§ 1659.**

**E. I § 1528; II § 1550 rev. § 1638; III § 1636. P. I S. 7667—7674, 8745; M. IV S. 793. P. II S. 6028 (Bd. 4 S. 580). D. S. 707. K.B. S. 2077.**

1. In Ansehung der Befriedigung der Gläubiger des Kindes aus dem Vermögen des Kindes wird nicht zwischen dem freien und dem nicht freien Vermögen unterschieden. Die Gläubiger des Kindes können ohne Rücksicht auf die elterliche Nutznießung sowohl auf das freie wie auf das nicht freie Vermögen greifen. Sie können insbesondere auf das der elterlichen Nutznießung unterworfene Vermögen auch dann greifen, wenn das der Nutznießung nicht unterworfene Vermögen zu ihrer Befriedigung ausreichen würde oder wenn es sich um einen Anspruch handelt, welcher aus einer unerlaubten Handlung des Kindes oder aus einem auf das freie Vermögen sich beziehenden Rechtsverhältniß entstanden ist. Gleichgültig ist auch, ob der Vater der rechtsgeschäftlichen Verbindlichkeit des Kindes, für welche Befriedigung aus dem der Nutznießung des Vaters unterworfenen Vermögen des Kindes gesucht wird, zugestimmt hat. Da übrigens die gesetzliche Vertretung des Kindes und die elterliche Nutznießung regelmäßig Hand in Hand gehen, so werden rechtsgeschäftliche Verbindlichkeiten des Kindes, welchen der Vater nicht zugestimmt hat, — abgesehen von den Fällen der erweiterten Geschäftsfähigkeit des Kindes für den Betrieb eines Erwerbsgeschäfts und für Dienst- und Arbeitsverhältnisse (§§ 112, 113) — nur in dem seltenen Falle vorkommen, daß dem Vater zwar die Nutznießung, nicht aber die gesetzliche Vertretung zusteht (vergl. über solche Fälle die Erl. 1 zu § 1656).

Die Frage, ob eine Verbindlichkeit des Kindes aus einem sich auf das freie Vermögen oder das der Nutznießung unterworfene Vermögen beziehenden Rechtsverhältniß entstanden

## §. 1660.

Im Verhältnisse des Vaters und des Kindes zu einander finden in Ansehung der Verbindlichkeiten des Kindes die für den Güterstand der Verwaltung und Nutznießung geltenden Vorschriften des §. 1415, des §. 1416 Abs. 1 und des §. 1417 entsprechende Anwendung.

---

ist, ist nur für das Verhältniß zwischen Vater und Kind nach Maßgabe des § 1660 von Bedeutung (s. Erl. zu § 1660).

2. Der Abs. 2 entspricht dem § 1411 Abs. 2. Wie dieser, stellt er nicht eine persönliche Verpflichtung des Vaters gegenüber dem Gläubiger des Kindes in dem Sinne auf, daß der Gläubiger ohne Weiteres oder doch auf Grund des gegen das Kind lautenden Titels gegen den Vater vorgehen könnte, sondern er setzt voraus, daß der Gläubiger sich den Anspruch des Kindes auf Ersatz im Wege der Zwangsvollstreckung hat überweisen lassen.

Für die aus § 1652 mit § 1039 Abs. 1 sich ergebende Pflicht des Vaters, den Werth der im Uebermaß oder ordnungswidrig gezogenen Früchte zu ersetzen, ist die Vorschrift des Abs. 2 aus den in der Erl. 5 zu § 1411 angeführten, auch hier zutreffenden Gründen entsprechend anzuwenden.

3. Im § 1659 ist nur die Frage behandelt, für welche an sich begründete Verbindlichkeiten des Kindes das nicht freie Vermögen haftet. Davon verschieden ist die Frage, ob, wenn die Entstehung einer Verbindlichkeit des Kindes von dem Besitz eigenen Vermögens oder von dessen Umfang abhängt, das nicht freie Vermögen für die Entscheidung dieser Frage in Betracht kommt. Diese Frage entsteht bei der Unterhaltungspflicht gegenüber den Verwandten sowie gegenüber dem jetzigen und dem früheren Ehegatten; hierüber s. Erl. zu §§ 1605, 1360, 1580.

4. Nach § 746 der C.P.O. (vergl. M. IV. S. 786, Begründung zu § 670 m der C.P.O.-Novelle) ist zur Zwangsvollstreckung in das der elterlichen Nutznießung unterliegende Vermögen des Kindes ein gegen das Kind ergangenes Urtheil genügend. Es ist gleichgültig, ob der Prozeß, in dem das Urtheil ergangen ist, von dem Inhaber der elterlichen Gewalt oder von einem Pfleger im Namen des Kindes oder, wenn es sich um eine Angelegenheit handelte, in welcher das Kind prozeßfähig ist, von diesem selbst geführt wurde.

Die Zwangsvollstreckung aus einem solchen Urtheil erfolgt gegen den gesetzlichen Vertreter des Kindes, sofern dieser Vermögen des Kindes in seinen Händen hat. Aus §746 der C.P.O. ergiebt sich, daß an der Zulässigkeit der Zwangsvollstreckung in das Vermögen des Kindes auch dadurch nichts geändert wird, daß das Vermögen, welches zur Befriedigung des Gläubigers in Anspruch genommen wird, der elterlichen Nutznießung unterworfen ist, daß mithin nicht ein gegen den Vater oder gegen die Mutter als Inhaber der elterlichen Nutznießung gerichtetes Urtheil auf Duldung der Zwangsvollstreckungerforderlich sein soll. Vergl. dazu Planck, deutsche Juristenzeitung 1900 S. 80, 246. Aus § 1659 ergiebt sich, daß im Konkurs über das Vermögen des Kindes die elterliche Nutznießung dem Rechte der Gläubiger, die konkursmäßige Befriedigung auch aus dem der elterlichen Nutznießung unterliegenden Vermögen des Kindes zu verlangen, weicht und daß, wenn der Konkurs vor der völligen Vertheilung der Masse beendigt ist, die noch vorhandene Masse, soweit sie nicht zur Zeit der Eröffnung des Konkurses zu dem freien Vermögen des Kindes gehört hat, — was erforderlichen Falles von dem Kinde bewiesen werden muß, — der durch den Konkurs über das Vermögen des Kindes nicht aufgehobenen elterlichen Nutznießung unterliegt (M. IV. S. 787).

### § 1660.

**E. I § 1530; II § 1551 rev. § 1639; III § 1637. P. I S. 7676—7690, 8779, 8831; M. IV. S. 788. P. II S. 6029 (Bd. 4 S. 581).**

1. Die Gläubiger des Kindes können nach ihrer Wahl auf das freie oder das unfreie Vermögen des Kindes greifen. Eine andere Frage ist es, wie weit im Verhältnisse zwischen dem Vater und dem Kinde die Verbindlichkeiten des Kindes dem freien oder unfreien Vermögen zur Last fallen. Diese Frage ist durch die Verweisung auf die für den gesetzlichen Güterstand geltenden §§ 1415, 1416 Abs. 1 entschieden. Da alles Vermögen des Kindes grundsätzlich unfreies Vermögen ist, so geht das B.G.B. davon aus, daß alle Verbindlichkeiten des Kindes auch im Verhältnisse zwischen Vater und Kinde dem unfreien Vermögen zur Last fallen. Diesen Grund-

satz hat der E. I § 1530 Abs. 1 ausdrücklich ausgesprochen; im E. II ist der Satz als selbstverständlich und aus den durch die Anwendbarkeit der §§ 1415, 1416 geregelten Ausnahmen hervorgehend erachtet worden (P. IV. S. 581).

2. Die Uebertragung der §§ 1415, 1416 Abs. 1 ergiebt, daß dem freien Vermögen des Kindes im Verhältnisse zwischen dem Vater und dem Kinde folgende Verbindlichkeiten des Kindes zur Last fallen:

a) Die Verbindlichkeiten des Kindes aus einer unerlaubten Handlung, die das Kind während des Bestehens der elterlichen Nutznießung begeht, oder aus einem Strafverfahren, das wegen einer solchen Handlung gegen das Kind gerichtet ist (§ 1415 Nr. 1). Verbindlichkeiten aus unerlaubten Handlungen, die das Kind vor dem Eintritte der Nutznießung des Vaters (z. B. im Falle der Legitimation, der Annahme an Kindesstatt) begangen hat, fallen dem unfreien Vermögen zur Last, mag auch das Kind erst später zivil- oder strafrechtlich in Anspruch genommen werden. Im Uebrigen s. Erl. 2 zu § 1415.

b) Die Verbindlichkeiten des Kindes aus einem sich auf das freie Vermögen beziehenden Rechtsverhältniß, auch wenn sie vor dem Eintritte der elterlichen Nutznießung oder vor dem Zeitpunkt, in welchem das Vermögen freies Vermögen geworden ist, entstanden sind (§ 1415 Nr. 2). Hierher gehören insbesondere die aus einem dem Kinde nach § 112 gestatteten selbständigen Betrieb eines Erwerbsgeschäfts herrührenden Verbindlichkeiten sowie die Verbindlichkeiten des Kindes aus Dienst- und Arbeitsverhältnissen, z. B. aus einer Beschädigung, die das Kind als Dienstbote schuldhafter Weise dem Dienstherrn zufügt. Hierher gehören ferner die Verbindlichkeiten des Kindes, die infolge des Erwerbes einer Erbschaft oder eines Vermächtnisses entstehen, wenn das Kind die Erbschaft oder das Vermächtniß nach § 1651 Abs. 1 Nr. 2 als freies Vermögen erwirbt; ferner die Verbindlichkeiten des Kindes, die infolge eines zu dem freien Vermögen gehörenden Rechtes oder des Besitzes einer dazu gehörenden Sache entstehen (hierüber s. Erl. 1 Abs. 1 zu § 1414). Hierher gehört ferner die gesetzliche Unterhaltspflicht des Kindes gegenüber Verwandten (§§ 1601 ff., 1703, 1705), gegenüber dem gegenwärtigen oder dem früheren Ehegatten (§§ 1345, 1346, 1351, 1360, 1361, 1578) und bei einem Sohne gegenüber dem unehelichen Kinde (§ 1708), soweit die Verpflichtung lediglich durch das Vorhandensein von freiem Vermögen begründet oder vergrößert wird. In letzterem Falle muß die Verbindlichkeit auf das freie und das nicht freie Vermögen verhältnißmäßig vertheilt werden; den Theil der dem Kinde obliegenden Unterhaltspflicht, welcher hiernach dem unfreien Vermögen zur Last fällt, muß der Vater nach §§ 1386, 1654 persönlich tragen.

c) Die Kosten eines Rechtsstreits, welchen das Kind über eine der unter a, b, bezeichneten Verbindlichkeiten führt (§ 1415 Nr. 3), und zwar ohne Rücksicht darauf, ob das Kind Kläger oder Beklagter ist, ob der Rechtsstreit von dem Kinde selbst, von einem Pfleger oder von dem Vater geführt wird.

d) Die Kosten eines Rechtsstreits zwischen dem Vater und dem Kinde, soweit sie nicht nach dem Urtheil oder, wenn der Rechtsstreit ohne Urtheil endigt, nach den Vorschriften der C.P.O. dem Vater zur Last fallen (§ 1416 Abs. 1). Gleichgültig ist, was Gegenstand des Rechtsstreits ist; es kann sich um ein Vermögensrecht oder sonst ein Rechtsverhältniß des Kindes, z. B. die Vaterschaft, das Recht auf Führung des Namens, handeln.

3. Durch die Anwendbarkeit des § 1417 wird die rechtliche Bedeutung klar gestellt, welche dem Umstande zukommt, daß eine Verbindlichkeit des Kindes infolge der Anwendbarkeit des § 1415 oder des § 1416 Abs. 1 dem freien oder dem unfreien Vermögen zur Tragung zugewiesen ist. Die rechtliche Bedeutung liegt in einer gegenseitigen Verbindlichkeit zur Ausgleichung der beiden zum Vermögen des Kindes gehörenden Massen. Ist also eine Verbindlichkeit des Kindes, welche im Verhältnisse desselben und des Vaters dem freien Vermögen zur Last fällt, aus dem unfreien Vermögen oder eine andere Verbindlichkeit aus dem freien Vermögen berichtigt (über die Bedeutung dieses Ausdrucks s. Erl. zu § 1417 Nr. 1 am Schlusse) worden, so ist im ersteren Falle zu dem unfreien aus dem freien, im letzteren Falle zu dem freien aus dem unfreien Vermögen insoweit Ersatz zu leisten, als hierzu das Vermögen ausreicht, aus welchem der Ersatz zu leisten ist. Wie bei dem gesetzlichen Güterrechte (Erl. 1 zu § 1417) besteht aber keine gewöhnliche Ersatzverbindlichkeit, sondern nur eine Verpflichtung zur Ausgleichung. Ist Vermögen, aus dem der Ersatz geleistet werden könnte, nicht vorhanden, so kommt die Ausgleichungsverbindlichkeit nicht in Frage.

Unterläßt der Vater schuldhafter Weise die Ausgleichung, wenn er eine dem unfreien Vermögen zur Last fallende Verbindlichkeit aus dem freien Vermögen berichtigt, so ist er dem Kinde nach den Grundsätzen über die Folgen der Nichtleistung und des Verzugs zum Ersatze des dadurch verursachten Schadens persönlich verpflichtet.

§. 1661.

Die Nutznießung endigt, wenn sich das Kind verheirathet. Die Nutznießung verbleibt jedoch dem Vater, wenn die Ehe ohne die erforderliche elterliche Einwilligung geschlossen wird.

§. 1662.

Der Vater kann auf die Nutznießung verzichten. Der Verzicht erfolgt durch Erklärung gegenüber dem Vormundschaftsgerichte; die Erklärung ist in öffentlich beglaubigter Form abzugeben.

---

**§ 1661.**

**E. I § 1536; II § 1552 rev. § 1640; III § 1638. P. I S. 6053, 7824; M. IV S. 795. P. II S. 6031 (Bd. 4 S. 583).**

**1.** Wann die elterliche Einwilligung zur Eheschließung erforderlich ist, bestimmt der § 1305 Steht das Recht der Einwilligung nach § 1305 der Mutter zu und wird mit ihrer Einwilligung die Ehe geschlossen, so endigt die Nutznießung des Vaters auch dann, wenn er die Einwilligung nicht gegeben hat. Wird die erforderliche elterliche Einwilligung erst nach dem Abschlusse der Ehe ertheilt, so ist es Sache der Auslegung, ob dadurch die elterliche Nutznießung beendigt wird. Regelmäßig wird die Frage zu bejahen sein (M. IV S. 796).

**2.** Von praktischer Bedeutung ist der § 1661 nur bei Töchtern. Für Söhne kommt er nur in Betracht, wenn der Sohn sich entgegen des § 1303 vor der Volljährigkeit verheirathet haben sollte.

**3.** Wird die Ehe der Tochter wieder aufgelöst, so lebt die Nutznießung nicht wieder auf. Wird dagegen die Ehe für nichtig erklärt, so gilt die Nutznießung als nicht erloschen. Erlangt der Vater die elterliche Gewalt erst nach der Eheschließung, so erhält er sie nur ohne die Nutznießung; der E. I hatte dies ausdrücklich ausgesprochen.

**4.** Bleibt die Nutznießung bestehen, weil die Ehe ohne die erforderliche Einwilligung des Vaters geschlossen worden ist, so geht das elterliche Nutznießungsrecht dem Rechte, welches der Mann nach dem in der Ehe geltenden Güterstand an dem Vermögen der Frau zu beanspruchen hat, insbesondere also dem Nutznießuugsrechte des Mannes bei dem gesetzlichen Güterrechte, vor (s. Erl. 2 Abs. 2 zu § 1363). Wie in der Erl. 6 zu § 1427 bemerkt ist, hat der Vater solchen Falles auch keinen Beitrag zu den Lasten der Ehe dem Manne zu leisten. Ueber das Verhältniß der elterlichen Nutznießung zur Unterhaltspflicht des Kindes gegenüber seinem Ehegatten s. § 1360 Abs. 3, § 1605 und Erl. 5 Abs. 3 zu § 1360.

**5.** Selbstverständlich endigt die Nutznießung, auch wenn sie wegen Mangels der erforderlichen elterlichen Einwilligung nach § 1661 bestehen blieb, mit der Volljährigkeit des Kindes oder mit dem Eintritt einer anderen die Nutznießung nach den allgemeinen Grundsätzen beendigenden Thatsache (z. B. §§ 1662, 1666 Abs. 2).

**6.** Ist die Ehe mit der nach § 1305 erforderlichen Einwilligung des Vaters geschlossen worden und erlangt die Mutter später die elterliche Gewalt, z. B. nach § 1685 Abs. 2 oder weil der Vater stirbt, so erlangt sie die Gewalt nur ausschließlich der Nutznießung. Dies gilt auch dann, wenn die Mutter der Eheschließung nicht zugestimmt hatte.

**§ 1662.**

**E. I § 1537; II § 1553 rev. § 1641; III § 1639. P. I S. 7715; M. IV S. 796. P. II S. 6033 (Bd. 4 S. 583).**

**1.** Es kann nur auf die Nutznießung, nicht auf die elterliche Gewalt als solche, auch nicht bloß auf die Vermögensverwaltung verzichtet werden. Ob der Verzicht auf die Nutznießung an bestimmten Bestandtheilen des Vermögens des Kindes beschränkt werden kann, ist zweifelhaft. Der Vater kann ein Interesse daran haben, den Verzicht auf gewisse Gegenstände zu beschränken, weil das Vermögen des Kindes, soweit es von der Nutznießung befreit ist, freies Vermögen und der Vater damit in Ansehung desselben von der Tragung der im § 1654 bezeichneten Lasten befreit wird. Auf der anderen Seite liegt es im Interesse des Kindes, daß die Nutzungen seines Vermögens zunächst zur Tragung der Lasten verwendet werden und es nicht gezwungen ist, den Stamm des freien Vermögens anzugreifen, während die Nutzungen des unfreien Vermögens die Lasten gewisser, zum freien Vermögen gehörender Gegenstände decken würde. Der Gedanke, welcher der Vorschrift, daß der Vater die im § 1654 bezeichneten Lasten ohne Rücksicht auf den

§. 1663.

Hat der Vater kraft seiner Nutznießung ein zu dem Vermögen des Kindes gehörendes Grundstück vermiethet oder verpachtet, so finden, wenn das Mieth- oder Pachtverhältniß bei der Beendigung der Nutznießung noch besteht, die Vorschriften des §. 1056 entsprechende Anwendung.

Gehört zu dem der Nutznießung unterliegenden Vermögen ein landwirthschaftliches Grundstück, so findet die Vorschrift des §. 592, gehört zu dem Vermögen ein Landgut, so finden die Vorschriften der §§. 592, 593 entsprechende Anwendung.

---

Ertrag der Nutzungen zu bestreiten habe, zu Grunde liegt, dürfte dahin führen, einen theilweisen Verzicht auf die Nutznießung für unzulässig zu erklären. Das Gesetz schließt einen solchen Verzicht zwar nicht ausdrücklich aus, da aber ein Verzicht auf die elterliche Nutznießung, weil sie einen Bestandtheil der elterlichen Gewalt bildet, nach allgemeinen Grundsätzen unzulässig sein würde, so wird man die hiervon in dem § 1662 gemachte Ausnahme strikt auslegen und deshalb nur den Verzicht auf die elterliche Nutznießung im Ganzen für zulässig zu erachten haben. Mit dem oben hervorgehobenen Gedanken würde es unvereinbar sein, wenn der Vater in der Lage wäre, durch den Verzicht auf die Nutznießung an einzelnen Gegenständen, die nur geringe Nutzungen gewähren, auf denen aber erhebliche Lasten ruhen, diese Gegenstände dem freien Vermögen zuzuweisen und sich dadurch von den darauf ruhenden Lasten zu befreien. Nicht ausgeschlossen ist, daß der Vater auf die Nutzungen an einzelnen Gegenständen verzichtet und diese dem Kinde überweist, aber die betreffenden Gegenstände werden dadurch nicht freies Vermögen und die darauf ruhenden Lasten verbleiben daher dem Vater. Zulässig ist selbstverständlich auch ein Vertrag zwischen dem Vater und dem Kinde (welchem zu diesem Zwecke ein Pfleger zu bestellen ist), durch welchen Gegenstände des unfreien Vermögens dem freien Vermögen zugewiesen werden. Wenn man übrigens einen theilweisen Verzicht für zulässig hält, so werden die Gegenstände, bezüglich deren auf die Nutznießung verzichtet ist, freies Vermögen des Kindes.

2. Der Satz 2 regelt die Form des Verzichts. Danach muß der Verzicht gegenüber, also nicht nothwendig vor dem Vormundschaftsgericht, erkärt werden. Ueber die Zuständigkeit des Vormundschaftsgerichts s. §§ 35, 43 freiw. G.G. Erfolgt der Verzicht vor dem Vormundschaftsgerichte, so ist er zu protokolliren. Damit ist der Form nach § 129 Abs. 2 genügt. Im Uebrigen s. über die öffentliche Beglaubigung § 129 und freiw. G.G. § 167 Abs. 2, §§ 183, 191

3. Durch den Wegfall der elterlichen Nutznießung wird die Vermögensverwaltung des Vaters nicht beseitigt. Der Vater hat trotz des Verzichts auf die Nutznießung für die Ziehung der Nutzungen zu sorgen; infolge des Verzichts ist er dem Kinde nunmehr auch für die Ziehung der Nutzungen verantwortlich und zu deren Herausgabe verpflichtet.

4. Erlangt die Mutter die elterliche Gewalt, so wird damit der Verzicht des Vaters auf die Nutznießung hinfällig; denn die Mutter erlangt die Nutznießung aus eigenen Rechte. Dagegen bleibt der Verzicht wirksam, wenn der Mutter nach § 1685 Abs. 2 nur die Ausübung der elterlichen Gewalt übertragen ist (s. Erl. 3 zu § 1685).

**§ 1663.**

**E. I §§ 1520, 1008, 1009; II § 1554 rev. § 1642; III § 1640. P. I S. 7647; M. IV S. 776. P. II S. 6016, 6021 (Bd. 4 S. 576).**

1. Die dem § 1423 und dem § 2135 entsprechende Vorschrift des Abs. 1 bezweckt, dem Vater einen angemessenen Ertrag der Nutznießung auf dem Wege der Vermiethung oder Verpachtung der zum unfreien Vermögen des Kindes gehörenden Grundstücke zu sichern. Dem Vater sind deshalb die gleichen Rechte eingeräumt, wie sie nach § 1056 dem Nießbraucher zustehen. Der Vater kann danach ein zum unfreien Vermögen des Kindes gehörendes Grundstück auch über die Dauer der Nutznießung hinaus vermiethen oder verpachten. Das Kind tritt mit der Beendigung der Nutznießung von selbst in die Rechte und Pflichten des Vaters in Ansehung des Mieth- oder Pachtverhältnisses ein. Der Eintritt regelt sich nach den gleichen Grundsätzen, welche für den Fall gelten, daß während des Mieth- oder Pachtverhältnisses das Grundstück veräußert wird. Das Kind, nicht aber der Miether oder Pächter, hat das Recht, das Mieth- oder Pachtverhältniß einseitig durch Kündigung unter Einhaltung der gesetzlichen Kündigungsfrist (§§ 565, 566, 595) zu lösen. Der Miether oder Pächter ist aber berechtigt, die Ausübung des Kündigungsrechts durch Setzung einer angemessenen Frist zeitlich zu begrenzen. Wegen der Einzelheiten s. die Erl. zu § 1056.

§. 1664.

Der Vater hat bei der Ausübung der elterlichen Gewalt dem Kinde gegenüber nur für diejenige Sorgfalt einzustehen, welche er in eigenen Angelegenheiten anzuwenden pflegt.

§. 1665.

Ist der Vater verhindert, die elterliche Gewalt auszuüben, so hat das Vormundschaftsgericht, sofern nicht die elterliche Gewalt nach §. 1685 von der Mutter ausgeübt wird, die im Interesse des Kindes erforderlichen Maßregeln zu treffen.

---

2. Aus welchem Grunde die Nutznießung des Vaters endigt, ist für die Anwendung des Abs. 1 gleichgültig. Der Abs. 1 gilt nicht bloß, wenn die Nutznießung in Folge der Volljährigkeit des Kindes endigt, sondern insbesondere auch, wenn sie endigt, weil das Kind geheirathet hat (§ 1661) oder die Nutznießung dem Vater nach § 1666 Abs. 2 entzogen worden ist oder weil der Vater die elterliche Gewalt nach § 1680 verwirkt hat. Der Abs. 1 gilt ferner auch dann, wenn die Nutznießung z. B. nach § 1684 vom Vater auf die Mutter übergeht. Solchen Falles tritt die Mutter in die Rechte und Pflichten des Vaters ein und ist die Mutter zur Kündigung berechtigt. Nur wenn die Nutznießung des Vaters infolge Verzichts nach § 1662 endigt, gilt insofern eine Abweichung, als die Kündigung des Kindes erst von der Zeit an zulässig ist, zu welcher die väterliche Nutznießung ohne den Verzicht erlöschen würde, d. h. bis zum Tode des Vaters oder bis zur Volljährigkeit des Kindes (§ 1056 Abs. 2 Satz 2).

3. Die Vorschrift des Abs. 1 findet nur auf den Fall Anwendung, daß der Vater kraft seiner Nutznießung ein zum Vermögen des Kindes gehörendes Grundstück vermiethet oder verpachtet. Schließt er den Vertrag als gesetzlicher Vertreter des Kindes (§ 1643 mit § 1822 Nr. 5), so ist der Vertrag für das Kind unbeschränkt wirksam.

4. Wegen der dem § 1055 Abs. 2 nachgebildeten und dem § 1421 Satz 2 und dem § 2130 Abs. 1 Satz 2 entsprechenden Vorschrift des Abs. 2 s. Erl. § 1055. Geht das Nutznießungsrecht des Vaters auf die Mutter über, so ist ersatzpflichtig auf Grund des § 592 nicht das Kind, sondern die Mutter.

**§ 1664.**

**E. I §§ 1503, 1696 Abs. 1; II § 1555 rev. § 1643; III § 1641. P. I S. 7637, 8311; M. IV S. 745. P. II S. 5989 (Bd. 4 S. 556, 561).**

1. Der § 1664 schränkt die Haftung des Vaters für Fahrlässigkeit ein (vergl. § 277). Die Vorschrift gilt nicht nur für die Vermögensverwaltung, sondern für die Ausübung der elterlichen Gewalt in allen ihren Theilen, also auch für die thatsächliche Sorge für die Person und für die Nutznießung.

2. Die Verantwortlichkeit des Vaters kann von dem Kinde schon während des Bestehens der elterlichen Gewalt geltend gemacht werden. Zu diesem Zwecke muß dem Kinde ein Pfleger bestellt werden.

**§ 1665.**

**E. I § 1544; II § 1556 Abs. 1 rev. § 1644; III § 1642. P. I S. 7754; M. IV S. 802. P. II S. 6087 (Bd. 4 S. 552, 617). D. S. 707. K.B. S. 2074.**

1. Der § 1665, welcher dem für das Vormundschaftsrecht geltenden § 1846 entspricht, bezieht sich sowohl auf die Fälle, daß der Vater aus thatsächlichen Gründen, z. B. wegen einer Krankheit, wegen Unbekanntheit seines Aufenthalts, wegen Abwesenheit außer Landes oder im Gefängniß, als auf die Fälle, daß er aus rechtlichen Gründen, z. B. nach § 1630 Abs. 2, § 1638 verhindert ist, die elterliche Gewalt auszuüben. Der § 1665 ist ferner nicht nur in den Fällen vorübergehender Verhinderung anwendbar, sondern auch, wenn von Anfang an feststeht, daß die Verhinderung längere Zeit dauern wird. Das an sich alle Fälle der Verhinderung umfassende Anwendungsgebiet des § 1665 wird aber durch die Vorschriften der §§ 1676, 1677 über das Ruhen der Gewalt des Vaters und des § 1685 über die elterliche Gewalt der Mutter eingeschränkt. Von den Fällen der rechtlichen Verhinderung scheiden diejenigen aus, in welchen der Vater geschäftsunfähig oder in der Geschäftsfähigkeit beschränkt ist; in diesen Fällen ruht die Gewalt des Vaters (§ 1676). Die Fälle der thatsächlichen Verhinderung kommen dann nicht in Betracht, wenn auf Grund des § 1677 vom Vormundschaftsgerichte die Verhinderung festgestellt und damit das Ruhen der Gewalt des Vaters herbeigeführt ist. Für die Anwendung des § 1665 ist ferner dann kein Raum, wenn die elterliche Gewalt von der Mutter ausgeübt wird. Dies

## §. 1666.

Wird das geistige oder leibliche Wohl des Kindes dadurch gefährdet, daß der Vater das Recht der Sorge für die Person des Kindes mißbraucht, das Kind vernachlässigt oder sich eines ehrlosen oder unsittlichen Verhaltens schuldig macht, so hat das Vormundschaftsgericht die zur Abwendung der Gefahr erforderlichen Maßregeln zu treffen. Das Vormundschaftsgericht kann insbesondere anordnen, daß das Kind zum Zwecke der Erziehung in einer geeigneten Familie oder in einer Erziehungsanstalt oder einer Besserungsanstalt untergebracht wird.

Hat der Vater das Recht des Kindes auf Gewährung des Unterhalts verletzt und ist für die Zukunft eine erhebliche Gefährdung des Unterhalts zu besorgen, so kann dem Vater auch die Vermögensverwaltung sowie die Nutznießung entzogen werden.

---

ist nach § 1685 der Fall während der Ehe, wenn der Vater thatsächlich an der Ausübung der Gewalt verhindert ist oder seine Gewalt ruht, und nach der Auflösung der Ehe, wenn seine Gewalt ruht und die Ausübung der Gewalt auf die Mutter übertragen ist. Mit Rücksicht hierauf findet § 1665 nur unter der doppelten Voraussetzung Anwendung, daß infolge des Hinderungsgrundes weder die Gewalt des Vaters ruht noch die Gewalt von der Mutter ausgeübt wird.

2. Die hauptsächlichste Maßregel, welche in Frage kommt, wird die Bestellung eines Pflegers sein. Unter Umständen kann das Gericht selbst für das Kind handeln, z. B. Werthpapiere, welche dem Kinde zugefallen sind, verwahren, das Kind in vorläufige Pflege unterbringen. Im Uebrigen s. Erl. zu § 1846.

3. Für die bei Verhinderung der Eltern zu treffenden Maßregeln ist nicht nur das nach den allgemeinen Grundsätzen der §§ 35, 43 freiw. G.G. zuständige Vormundschaftsgericht zuständig, sondern nach § 44 das. auch das Gericht, in dessen Bezirke das Bedürfniß der Fürsorge hervortritt. Dieses Gericht soll, wenn eine Vormundschaft, Pflegschaft oder Beistandschaft anhängig ist, von den angeordneten Maßregeln dem nach § 43 Abs. 2 zuständigen Gerichte Mittheilung machen.

4. Wegen des Beschwerderechts der Angehörigen des Kindes bei Ablehnung des Einschreitens s. § 57 Nr. 8 freiw. G.G.

### § 1666.

**E. I § 1546; II § 1557 rev. § 1645; III § 1643. P. I S. 7757—7764; M. IV S. 803—807. P. II S. 6090—6116, 6160—6167 (Bd. 4 S. 619—633, 654—660). D. S. 707. R.B. S. 2077—2080. St.B. S. 2980—2982.**

Der § 1666 regelt das Einschreiten des Vormundschaftsgerichts in Ansehung der Sorge für die Person des Kindes.

1. Voraussetzung des Einschreitens ist die Gefährdung des geistigen oder leiblichen Wohles des Kindes durch Mißbrauch des elterlichen Rechtes oder durch Vernachlässigung des Kindes seitens des Vaters oder durch ehrloses oder unsittliches Verhalten des Vaters.

Als Mißbrauch des elterlichen Rechtes kommt insbesondere in Betracht Anstiftung des Kindes zu strafbaren oder unsittlichen Handlungen, Ueberschreitung des Züchtigungsrechts oder sonstige Mißhandlungen des Kindes, Bestimmung zu einem den Fähigkeiten, Neigungen und den sonstigen Verhältnissen des Kindes nicht entsprechenden Beruf, Ausnützung der Arbeitskraft des Kindes über das nach § 1617 erlaubte oder durch die Erziehung gebotene Maß. Vernachlässigung des Kindes kann z. B. vorkommen bei der Erziehung oder der Beaufsichtigung des Kindes, bei der Sorge für das leibliche Wohl durch mangelhafte Gewährung des Unterhalts, der Kleidung oder der körperlichen Pflege, durch Nichtbefolgung der nach § 1612 Abs. 2 getroffenen Anordnungen des Vormundschaftsgerichts. Ein ehrloses oder unsittliches Verhalten des Vaters liegt nicht schon dann vor, wenn der Vater wegen einer Strafthat zu einer längeren Freiheitsstrafe verurtheilt worden ist; nicht einmal die Aberkennung der bürgerlichen Ehrenrechte genügt für sich allein. Es kommt vielmehr auf die Eigenschaft der Handlung und die begleitenden Umstände an; das Verhalten muß so beschaffen sein, daß nur durch das Einschreiten des Vormundschaftsgerichts der Gefahr vorgebeugt werden kann, daß das schlechte Beispiel der Eltern einen verderblichen Einfluß auf das Kind ausübt. Daß das Verhalten des Vaters in religiöser oder politischer Hinsicht oder die Einwirkung des Vaters auf das Kind in dieser Beziehung nicht in Betracht kommt, ist im Reichstag anerkannt worden (R.B. S. 2077, St.B. S. 2980).

Wie die Fassung ergiebt, setzt der § 1666 ein Verschulden des Vaters voraus. Dies gilt insbesondere von der Vernachlässigung des Kindes. Gegen einen Fabrikarbeiter z. B., welcher sein Kind, wenn er zur Arbeit geht, ohne Aufsicht zu Hause läßt, weil er Niemanden zur Aufsicht hat, kann nicht auf Grund des § 1666 eingeschritten werden.

Der Mißbrauch des elterlichen Rechtes, die Vernachlässigung des Kindes, das ehrlose oder unsittliche Verhalten des Vaters brauchen sich nicht in wiederholten Vorgängen zu äußern. Es genügt ein einmaliger Vorgang. Es ist aber zu beachten, daß der betreffende Vorgang das Einschreiten nur rechtfertigt, wenn aus dem Vorgang eine thatsächliche Gefährdung des Kindes in leiblicher oder geistiger Hinsicht zu besorgen ist. Deshalb genügt z. B. die einmalige Mißhandlung des Kindes nur, wenn sie auf Wiederholungen schließen läßt oder ihre Wirkungen auf die Zukunft erstreckt. Auf der anderen Seite ist eine bloße Gefährdung ausreichend. Es ist z. B. nicht nothwendig, daß durch das Verhalten des Vaters bereits die Verwahrlosung des Kindes verursacht worden ist.

2. Die Art des Einschreitens ist in das Ermessen des Vormundschaftsgerichts gestellt. Dieses darf indessen lediglich die zur Abwendung der Gefahr „erforderlichen" Maßregeln treffen, also nicht weiter gehen, als das Bedürfniß erfordert.

a) Regelmäßig haben sich die Maßregeln auf das Gebiet der Sorge für die Person des Kindes zu beschränken. Das Gericht kann dabei dem Vater nur die thatsächliche Fürsorge entziehen oder beschränken oder nur die Vertretung in den persönlichen Angelegenheiten entziehen oder beides zusammen. Es kann auch die thatsächliche Fürsorge nur in bestimmten Beziehungen beschränken, z. B. nur in Ansehung der religiösen Erziehung.

Als solche Maßregeln kommen in Betracht z. B. das Gebot, das Kind zu einem Beruf anzuhalten, das Verbot, das Kind länger bei einem schlechtbeleumundeten Lehrherrn oder in einem Dienste zu lassen, in welchem die Arbeitskräfte des Kindes über Gebühr ausgenutzt werden. Als praktisch wichtigste und deshalb im Gesetze beispielsweise hervorgehobene Maßregel erscheint die Entziehung der Sorge für die Erziehung durch Unterbringung des Kindes in einer geeigneten Familie oder in einer Erziehungs- oder Besserungsanstalt (Zwangserziehung); über die Zwangserziehung s. Art. 135 E.G. und Erl. zu diesem. Wenn die Mutter die elterliche Gewalt hat, bietet die Bestellung eines Beistandes ein weiteres Mittel.

b) Weitergehende Maßregeln sind in dem Falle zulässig, daß der Vater das Recht des Kindes auf Gewährung des Unterhalts verletzt hat und für die Zukunft eine erhebliche Gefährdung des Unterhalts zu besorgen ist. Unter dieser Voraussetzung ist neben oder unabhängig von den in Ansehung der Sorge für die Person getroffenen Maßregeln die Entziehung der gesammten Vermögensverwaltung oder eines Theiles derselben, ja sogar die Entziehung der Nutznießung möglich. Uebrigens kann der Vater, auch wenn ihm die Nutznießung belassen wird, diese nicht selbst ausüben und sein Anspruch auf Herausgabe der Nutzungen ist insofern beschränkt, als die Kosten für den Unterhalt des Kindes vorweg entnommen werden können, so daß er nur den Ueberschuß erhält (§ 1656). Die Belassung der Nutznießung wird insbesondere dann angezeigt sein, wenn von dem Ertrage der elterlichen Nutznießung die Kosten des elterlichen Haushalts und der Erziehung der übrigen Kinder gedeckt werden. Die Vorschrift des § 1656 sichert hier dem Kinde die Verwendung der Nutzungen zu dem Zwecke, zu dem sie in erster Linie bestimmt sind, andererseits trifft die Entziehung nicht Personen, denen die Verletzung des Unterhaltsanspruchs nicht zum Vorwurfe gemacht werden kann.

Eine Verletzung der Unterhaltspflicht liegt dann vor, wenn dem Kinde nicht der ihm nach den §§ 1601, 1603 ff. gebührende Unterhalt gewährt wird. Es kommt nicht auf den Ertrag der elterlichen Nutznießung an, sondern lediglich darauf, ob und inwieweit der Vater nach Maßgabe seiner gesammten Vermögens- und Erwerbsverhältnisse den Unterhalt zu gewähren im Stande ist. Eine schuldhafte Nichterfüllung der Unterhaltspflicht ist nicht erforderlich. Das B.G.B. (s. Bd. I S. 102 und Erl. 1 b zu § 1418) versteht unter Verletzung nur die objektive Nichterfüllung. Die Verletzung der Unterhaltspflicht für sich allein genügt übrigens niemals zur Rechtfertigung der Entziehung der Vermögensverwaltung und der Nutznießung. Vielmehr muß hinzutreten einerseits, daß eine erhebliche Gefährdung des Unterhalts des Kindes für die Zukunft zu besorgen ist und andererseits, daß die im Abs. 1 bestimmten allgemeinen Voraussetzungen für das Einschreiten des Vormundschaftsgerichts vorliegen. Der Abs. 2 enthält keine selbständige Vorschrift, sondern bildet nur eine Ergänzung des Abs. 1. Aus beiden Sätzen zusammengenommen ergiebt sich, daß die Vermögensverwaltung und Nutznießung nur dann entzogen werden darf, wenn die Vernachlässigung des Kindes durch den Vater darin besteht, daß er seine gesetzliche Unterhaltspflicht verletzt und eine erhebliche Gefährdung des Unterhalts des Kindes für die Zukunft zu besorgen ist. Mittelbar wird also durch das Erforderniß der Vernachlässigung des Kindes auch immer eine Verschuldung des Vaters erfordert.

3. Wird dem Vater das Recht der Vertretung in den persönlichen Angelegenheiten entzogen, so ist ein Pfleger zu bestellen (s. § 1909). Wird dem Vater auch die Vermögensverwaltung

§. 1667.

Wird das Vermögen des Kindes dadurch gefährdet, daß der Vater die mit der Vermögensverwaltung oder die mit der Nutznießung verbundenen Pflichten verletzt oder daß er in Vermögensverfall geräth, so hat das Vormundschaftsgericht die zur Abwendung der Gefahr erforderlichen Maßregeln zu treffen.

Das Vormundschaftsgericht kann insbesondere anordnen, daß der Vater ein Verzeichniß des Vermögens einreicht und über seine Verwaltung Rechnung legt. Der Vater hat das Verzeichniß mit der Versicherung der Richtigkeit und Vollständigkeit zu versehen. Ist das eingereichte Verzeichniß ungenügend, so findet die Vorschrift des §. 1640 Abs. 2 Satz 1 Anwendung. Das Vormundschaftsgericht kann auch, wenn Werthpapiere, Kostbarkeiten oder Buchforderungen gegen das Reich oder einen Bundesstaat zu dem Vermögen des Kindes gehören, dem Vater die gleichen Verpflichtungen auferlegen, welche nach den §§. 1814 bis 1816, 1818 einem Vormund obliegen; die Vorschriften der §§. 1819, 1820 finden entsprechende Anwendung.

Die Kosten der angeordneten Maßregeln fallen dem Vater zur Last.

---

entzogen, so ist eine Vormundschaft anzuordnen (§ 1773); es tritt nicht etwa die elterliche Gewalt der Mutter ein.

4. Der § 1666 findet auch dann Anwendung, wenn einem Elterntheile nur die thatsächliche Sorge für die Person des Kindes zusteht (§§ 1634, 1676 Abs. 2 Satz 2, 1696—1698).

5. Vor der Entscheidung über eine der hier in Betracht kommenden Maßregeln muß der Vater nach § 1673 Abs. 1 gehört werden. Wegen der Anhörung sonstiger Angehöriger des Kindes s. § 1673 Abs. 2. Wegen der Aufhebung oder Aenderung der Maßregeln s. § 1671. Ueber die Zuständigkeit des Vormundschaftsgerichts s. §§ 35, 43 freiw. G.G. Das Beschwerderecht des Vaters folgt aus § 19 das. Den Verwandten und Verschwägerten des Kindes steht das Beschwerderecht gegen Verfügungen zu, durch welche ein Einschreiten gemäß § 1666 abgelehnt oder eine getroffene Maßregel dieser Art aufgehoben wird (§ 57 Nr. 8 das.); überdies sind beschwerdeberechtigt alle Personen, die ein berechtigtes Interesse an der Wahrnehmung der betreffenden Angelegenheit haben, sowie das über 14 Jahre alte Kind selbst (§ 57 Nr. 9 das.).

6. Der § 1666 setzt ein Verschulden des Vaters voraus. Beruht die Verwahrlosung des Kindes nicht auf einem Verschulden des Vaters, so ist reichsrechtlich ein Eingriff in das Recht des Vaters auf die Sorge für die Person des Kindes nur unter der Voraussetzung möglich, daß sich die Verwahrlosung des Kindes in einer strafbaren Handlung oder in einer Handlung, die nur mit Rücksicht auf die Strafunmündigkeit des Kindes straflos ist, äußert; in solchen Fällen ist die Zwangserziehung nach den §§ 55, 56 St.G.B. in der Fassung des E.G. Art. 34 zulässig. Landesgesetzlich kann auf Grund des Art. 135 E.G. die Zwangserziehung auch zugelassen werden, wenn sich die Verwahrlosung nicht in einer strafbaren Handlung des Kindes zeigt. Ueber die verschiedenen Fälle der Zwangserziehung s. Erl. zu Art. 135 E.G.

**§ 1667.**

**E. I § 1547 Abs. 1, § 1549 Abs. 1; II § 1558 rev. § 1646; III § 1644.**
**P. I S. 7764—7783, 8442, 8778; M. IV S. 807—811, 815. P. II S. 6123, 6128, 6400, 8668 (Bd. 4 S. 553, 635—638; Bd. 6 S. 299, 300). D. S. 708. K.B. S. 2080.**

1. Voraussetzungen des Einschreitens des Vormundschaftsgerichts in Ansehung der Sorge für das Vermögen.

a) Der Vater muß entweder die mit der Vermögensverwaltung oder die mit der Nutznießung verbundenen Pflichten verletzt haben oder in Vermögensverfall gerathen sein.

Eine Verletzung der mit der Vermögensverwaltung verbundenen Pflichten liegt z. B. vor, wenn der Vater die Vermögensverwaltung vernachlässigt oder gegen die ihm in den §§ 1640 bis 1645 auferlegten Pflichten verstößt oder die seiner Verwaltung gezogenen Schranken überschreitet, z. B. seiner Inventarisationspflicht nicht nachkommt (§ 1640) oder die erforderliche Genehmigung des Vormundschaftsgerichts zu einem Rechtsgeschäfte nicht einholt. Die mit der Nutznießung verbundenen Pflichten verletzt der Vater insbesondere dann, wenn er bei der Fruchtziehung nicht ordnungsmäßig verfährt oder Lasten, zu deren Tragung er nach § 1654 verpflichtet ist, nicht oder aus dem Vermögen des Kindes bestreitet. Eine Verletzung der Pflichten liegt schon in der objektiven Nichterfüllung (s. Bd. I S. 102 und Erl. 1 b zu § 1418); ob dem Vater die Nichterfüllung zum Verschulden angerechnet werden kann, kommt nicht in Betracht.

Der Vermögensverfall wird sich regelmäßig in häufigen Zwangsvollstreckungen äußern. Er kann indessen auch vorliegen, ohne daß es hierzu gekommen ist. Wird Konkurs über das Vermögen des Vaters eröffnet, so verliert der Vater nach § 1647 die Vermögensverwaltung. Ob der Vater an dem Vermögensverfalle Schuld trägt, ist ohne Belang.

**b)** Als Folge der bezeichneten Thatsachen muß eine Gefährdung des Vermögens des Kindes eingetreten sein. Es muß zu besorgen sein, daß das Vermögen des Kindes durch die Thatsache in seinem Stamme oder seinen Nutzungen eine Einbuße erleidet. Mit Rücksicht hierauf wird eine einmalige Verletzung der mit der Vermögensverwaltung verbundenen Pflichten regelmäßig nicht genügen. Wann eine Gefährdung vorliegt, ist Thatfrage. Dieselbe Thatsache kann je nach den Umständen in dem einen Falle eine Gefährdung des Kindes enthalten, in dem anderen nicht. Die Gefährdung braucht keine erhebliche zu sein. Die größere oder geringere Erheblichkeit der Gefährdung muß dagegen bei der Art der vom Vormundschaftsgerichte zu treffenden Maßregeln berücksichtigt werden.

2. Die Art der zu ergreifenden Maßregeln ist dem Ermessen des Vormundschaftsgerichts überlassen. Als Beispiele von möglicherweise in Betracht kommenden Maßregeln werden erwähnt:

**a)** die Einreichung eines Verzeichnisses des Vermögens des Kindes. Das Vormundschaftsgericht kann übrigens anordnen, daß nur bestimmte Theile des Vermögens des Kindes verzeichnet werden oder daß der Werth der Gegenstände angegeben wird. Ist das Verzeichniß ungenügend, so kann das Vormundschaftsgericht nach Maßgabe des § 1640 Abs. 2 Satz 1 (s. Erl. zu § 1640) die amtliche Aufnahme des Verzeichnisses anordnen. Die amtliche Aufnahme wird auch dann angeordnet werden können, wenn der Vater die Einreichung des angeordneten Verzeichnisses unterläßt. Hat der Vater schon nach § 1640 ein Verzeichniß eingereicht, so kann die Ergänzung dieses Verzeichnisses insbesondere in der Richtung der Surrogate oder der in dem früheren Verzeichniß aufgeführten Gegenstände in Frage kommen.

**b)** Die Rechnungslegung. Der Vater kann verpflichtet werden, nur einmal oder in gewissen Zeiträumen Rechnung zu legen. Das Vormundschaftsgericht kann die Rechnungslegung auf einen bestimmten Theil der Verwaltung des Vaters beschränken. Die Vorschriften der §§ 1841, 1842 über den Inhalt und die Prüfung der vom Vormunde während der vormundschaftlichen Verwaltung zu legenden Rechnung finden zwar keine Anwendung, werden jedoch als Vorbild zu nehmen sein. Da es sich nicht um eine Rechenschaftsablage im Sinne des § 259 handelt, kann der Vater nicht nach Maßgabe des § 259 zum Offenbarungseide gezwungen werden.

**c)** Die Auferlegung derjenigen Verpflichtungen, welche einen Vormund in Bezug auf die Werthpapiere, Kostbarkeiten und Reichs- oder Staatsschuldbuchforderungen des Mündels obliegen. Der Vater kann danach angehalten werden, die Inhaberpapiere und sonstigen Werthpapiere sowie die Kostbarkeiten des Kindes nach Maßgabe der §§ 1814, 1818 zu hinterlegen und bei Buchforderungen den Vermerk eintragen zu lassen, daß er nur mit Genehmigung des Vormundschaftsgerichts über sie verfügen darf (§ 1816); die Hinterlegung der Inhaberpapiere kann der Vater dadurch abwenden, daß er sie auf den Namen des Kindes nach Maßgabe des § 1815 umschreiben oder, soweit dies zulässig ist, in Buchforderungen umwandeln läßt. Das Vormundschaftsgericht hat freie Hand, inwieweit es in Bezug auf Werthpapiere und Kostbarkeiten Sicherungsmaßregeln anordnen will; es kann z. B. nur die Hinterlegung der Inhaberpapiere anordnen und die übrigen Werthpapiere dem Vater belassen; auf die Zins-, Renten- und Gewinnantheilscheine hat der Vater zwar vermöge seiner Nutznießung ein Recht, soweit diese Scheine für die Zeit ausgegeben sind, während deren das Kind unter seiner Gewalt steht, gleichwohl ist das Vormundschaftsgericht infolge der Anwendbarkeit des § 1818 berechtigt, die Hinterlegung auch dieser Scheine, soweit sie nicht bereits fällig sind, anzuordnen. Dies ist insbesondere für die Fälle von Bedeutung, in welchen für den Unterhalt des Kindes Besorgnisse bestehen. Hat der Vater Werthpapiere oder Kostbarkeiten hinterlegt oder die Werthpapiere umschreiben oder in Buchforderungen verwandeln lassen, so ist er, wie sich aus der Anwendbarkeit der §§ 1819, 1820 ergiebt, auch in der obligatorischen und der dinglichen Verfügung über die Papiere und die Kostbarkeiten an die Genehmigung des Vormundschaftsgerichts gebunden.

**d)** Sind die unter a—c bezeichneten Maßregeln nicht ausreichend, so kann das Vormundschaftsgericht dem Vater nach § 1668 Sicherheitsleistung auferlegen. Die Entziehung der Vermögensverwaltung dagegen kann das Vormundschaftsgericht nur aussprechen, wenn der Vater den getroffenen Anordnungen nicht nachkommt oder die Inventarisationspflicht (§§ 1640, 1669)

§. 1668.

Sind die nach §. 1667 Abs. 2 zulässigen Maßregeln nicht ausreichend, so kann das Vormundschaftsgericht dem Vater Sicherheitsleistung für das seiner Verwaltung unterliegende Vermögen auferlegen. Die Art und den Umfang der Sicherheitsleistung bestimmt das Vormundschaftsgericht nach seinem Ermessen.

§. 1669.

Will der Vater eine neue Ehe eingehen, so hat er seine Absicht dem Vormundschaftsgericht anzuzeigen, auf seine Kosten ein Verzeichniß des seiner Ver-

---

verletzt (s. § 1670). Die Aufstellung eines Pflegers fällt also nicht unter die nach § 1667 zulässigen Maßregeln.

3. Die Kosten der angeordneten Maßregeln sind vom Vater auch dann zu tragen, wenn sie in Ansehung des freien Vermögens des Kindes (§§ 1650, 1651) entstanden sind.

4. Ueber die Zuständigkeit des Vormundschaftsgerichts und die Rechtsmittel gegen seine Entscheidungen s. Erl. 5 zu § 1665. Ueber die Anhörung des Vaters und von Angehörigen des Kindes s. § 1673. Ueber die Möglichkeit einer späteren Aenderung der Maßregeln s. § 1671.

5. Uebergangsbestimmungen s. Art. 204 E.G.

**§ 1668.**

**E. I § 1547 Abs. 2, § 1549 Abs. 1; II § 1559 Abs. 1 Satz 1, 2 rev. § 1647; III § 1645. P. I S. 7764, 8441; M. IV S. 810, 815. P. II S. 6123, 6128 (Bd. 4 S. 553, 635).**

1. Der Vater ist nicht ohne Weiteres zur Sicherheitsleistung für das seiner Verwaltung unterstehende Vermögen des Kindes verpflichtet. Das Kind hat auch keinen gesetzlichen Hypothekentitel an dem Grundbesitze des Vaters. Dagegen kann der Vater unter den im § 1668 bezeichneten Voraussetzungen zur Sicherheitsleistung vom Vormundschaftsgericht angehalten werden. Die Anordnung der Sicherheitsleistung ist nur eine subsidiäre Maßregel, sie darf nur getroffen werden, wenn die im § 1667 bezeichneten Maßregeln nicht ausreichend sind.

2. Die Art der Sicherheitsleistung bestimmt das Vormundschaftsgericht nach freiem Ermessen. Die allgemeinen Vorschriften der §§ 232 ff. können dem Vormundschaftsgerichte zwar einen Anhaltspunkt gewähren, sind aber nicht maßgebend.

3. Auch den Umfang der Sicherheitsleistung bestimmt das Vormundschaftsgericht nach freiem Ermessen. Dabei wird nicht nur das Vermögen des Vaters und die Sicherheit, welche es bietet, in Betracht kommen, sondern insbesondere die Höhe der Gefahr, welcher das Vermögen des Kindes ausgesetzt ist.

4. Das Vormundschaftsgericht ist darauf beschränkt, anzuordnen, daß, in welcher Weise und in welchem Umfange der Vater Sicherheit zu leisten hat. Der Vollzug der Anordnung liegt dem Vater ob; kommt dieser der Anordnung nicht nach, so kann ihm nach § 1670 nur die Vermögensverwaltung entzogen werden. Weitere Maßregeln, insbesondere eine Klage gegen den Vater sind unzulässig. Das Vormundschaftsgericht kann nicht einmal in dem Falle, daß der Vater Grundstücke hat, die Anordnung dadurch unmittelbar vollziehen, daß es das Grundbuchamt um Eintragung einer Sicherungshypothek ersucht. Diese Befugniß hat es zwar gegenüber dem Vormund im Falle des § 1844 nach § 54 freiw. G.G., nicht aber gegenüber dem Vater.

5. Wegen Erhöhung, Minderung und Aufhebung der geleisteten Sicherheit s. § 1671, wegen der Kosten der Sicherheitsleistung sowie wegen der Vertretung des Kindes bei der Sicherheitsleistung s. § 1672.

**§ 1669.**

**E. I § 1548, § 1549 Abs. 1; II § 1560 rev. § 1648; III § 1646. P. I S. 7775—7781; M. IV S. 811—815. P. II S. 6124—6128, 6278, 8669 (Bd. 4 S. 553, 635—638; Bd. 6 S. 299). D. S. 708. K.B. S. 2080. St.B. S. 2983.**

1. Durch die Verheirathung des Vaters wird die elterliche Gewalt desselben an sich nicht berührt, sie bleibt im Gegensatze zur elterlichen Gewalt der Mutter (§ 1697) unverändert bestehen. Insbesondere bleibt die Nutznießung des Vaters unberührt und sind für die Verpflichtung

waltung unterliegenden Vermögens einzureichen und, soweit in Ansehung dieses Vermögens eine Gemeinschaft zwischen ihm und dem Kinde besteht, die Auseinandersetzung herbeizuführen. Das Vormundschaftsgericht kann gestatten, daß die Auseinandersetzung erst nach der Eheschließung erfolgt.

---

des Vaters zur Sicherheitsleistung nur die allgemeinen Grundsätze des § 1667 maßgebend. Der Vater hat jedoch, wenn er sich, während er die elterliche Gewalt hat, verheirathet, gewisse Verpflichtungen nach Maßgabe des § 1669 zu erfüllen. Als Fälle der Verheirathung kommen in Betracht, daß der eheliche Vater nach der Auflösung der Ehe durch Tod, Todeserklärung oder Scheidung sich wieder verheirathet, daß der Vater eines für ehelich erklärten Kindes oder daß der Adoptivvater oder die Adoptivmutter heirathet (§§ 1740, 1761).

2. Die Verpflichtungen, die dem heirathenden Vater obliegen, sind:

a) Er muß die Absicht der Verheirathung dem Vormundschaftsgericht anzeigen;

b) er muß dem Vormundschaftsgericht ein Verzeichniß der seiner Verwaltung unterliegenden Gegenstände, nicht auch eine Uebersicht über den Schuldenstand einreichen. Es genügt ein Privatverzeichniß; das Verzeichniß muß vollständig und richtig sein, die ausdrückliche Versicherung der Vollständigkeit und Richtigkeit ist nicht vorgeschrieben. Der Werth der Gegenstände braucht nicht angegeben zu werden. Die Vorschrift des § 1640 Abs. 1 Satz 2, daß bei Haushaltsgegenständen keine Einzelaufzeichnung erforderlich ist, sondern die Angabe des Gesammtwerths genügt, darf hierher übertragen werden. Soweit dem Vormundschaftsgerichte schon ein Verzeichniß des Vermögens des Kindes vorliegt, insbesondere soweit der Vater selbst auf Grund des § 1640 ein Verzeichniß eingereicht hat, ist natürlich nur eine Ergänzung dieses Verzeichnisses bezw. die Anzeige, daß eine Veränderung nicht eingetreten ist, erforderlich. Das Vormundschaftsgericht hat das Verzeichniß zu prüfen. Dies ist, weil aus dem Zwecke der Vorschrift sich ergebend, nicht besonders vorgeschrieben. Dem Vormundschaftsgericht ist anders als nach § 1640 nicht die Befugniß eingeräumt, die amtliche Aufnahme des Verzeichnisses anzuordnen; dieser Befugniß bedarf das Vormundschaftsgericht nicht, weil es in der Verweigerung des Wiederverehelichungszeugnisses ein viel stärkeres Mittel zur Erzwingung der Inventarisationspflicht besitzt. Die Aufstellung eines Pflegers zur Aufnahme des Verzeichnisses ist nicht erforderlich (P. II Bd. 4 S. 636). Ist Vermögen des Kindes der Verwaltung des Vaters nicht unterworfen, so genügt selbstverständlich die bloße Anzeige dieser Thatsache. Die Kosten des Verzeichnisses fallen dem Vater zur Last. Mit Rücksicht auf die Vorschrift des § 1640 ist die im § 1669 bestimmte Inventarisationspflicht wesentlich nur für die Fälle von Bedeutung, daß die Ehe des Vaters durch Scheidung aufgelöst worden ist.

c) Der Vater hat ferner, soweit etwa zwischen ihm und dem Kinde in Ansehung des seiner Verwaltung unterliegenden Vermögens eine Gemeinschaft besteht, die Auseinandersetzung herbeizuführen. Der Hauptfall einer solchen Gemeinschaft ist die Beerbung der Mutter in Gemeinschaft mit dem Kinde. Soweit das dem Vater mit dem Kinde gemeinschaftlich gehörende Vermögen der Verwaltung des Vaters nicht unterliegt, z. B. wenn auf letztwillige Anordnung der Mutter hin ein Pfleger bestellt worden ist (§ 1638), ist eine Auseinandersetzung nicht erforderlich. Die Auseinandersetzung hat nach Maßgabe der Grundsätze, welche für die Auseinandersetzung der in Betracht kommenden Gemeinschaft überhaupt gelten, zu erfolgen (vergl. z. B. wegen der Auseinandersetzung in Ansehung eines Gesammtguts die §§ 1471—1481, 1497—1506, in Ansehung eines Nachlasses die §§ 2042—2049, einer sonstigen Gemeinschaft die §§ 749—757). Zur Auseinandersetzung bedarf es der Aufstellung eines Pflegers (§§ 1630, 1909).

Von der unter c bezeichneten Verpflichtung, nicht dagegen von den übrigen, kann das Vormundschaftsgericht den Vater befreien, indem es gestattet, daß die Auseinandersetzung überhaupt oder die Auseinandersetzung in Ansehung gewisser Gegenstände, bis nach Abschluß der Ehe unterbleibt. Die Ermächtigung des Vormundschaftsgerichts, die Auseinandersetzung hinauszuschieben, hat insbesondere für die Fälle Bedeutung, daß die Auseinandersetzung sich längere Zeit hinzieht oder die Fortführung der bisherigen Gemeinschaft im Interesse des Fortkommens der Familie liegt. Dem Vormundschaftsgerichte steht frei, die Hinausschiebung von gewissen Sicherungsmaßregeln, z. B. der Hinterlegung von Werthpapieren, der Bestellung einer Hypothek, abhängig zu machen. Wie lange Zeit nach Abschluß der Ehe die Auseinandersetzung hinauszuschieben ist, hat das Vormundschaftsgericht nach pflichtmäßigem Ermessen zu bestimmen. Die Auseinandersetzung braucht keineswegs sofort nach Abschluß der Ehe angeordnet zu werden. Zu beachten ist, daß das Vormundschaftsgericht, auch wenn es die Hinausschiebung der Auseinandersetzung gestattet hat, nach § 1671 jederzeit in der Lage ist, die getroffenen Maßregeln zu ändern, also die Auseinandersetzung zu verlangen.

## §. 1670.

Kommt der Vater den nach den §§. 1667, 1668 getroffenen Anordnungen nicht nach oder erfüllt er die ihm nach den §§. 1640, 1669 obliegenden Verpflichtungen nicht, so kann ihm das Vormundschaftsgericht die Vermögensverwaltung entziehen. Zur Erzwingung der Sicherheitsleistung sind andere Maßregeln nicht zulässig.

---

3. Zur Sicherung der Erfüllung der bezeichneten Verpflichtungen ist im § 1314 ein aufschiebendes Ehehinderniß aufgestellt. Kommt der Vater den Verpflichtungen nicht nach, so kann ihm die Vermögensverwaltung nach § 1670 entzogen werden. Im Uebrigen bleibt die elterliche Gewalt, insbesondere die elterliche Nutznießung bestehen.

4. Wegen des Verhältnisses der im § 1669 bezeichneten Verpflichtungen zu den in § 1493 im Falle der fortgesetzten Gütergemeinschaft aufgestellten s. Erl. 3, 4 zu § 1493.

5. Der § 2044 giebt dem Erblasser, der § 2045 jedem Miterben das Recht, die Auseinandersetzung in Ansehung eines Nachlasses bis zu einem gewissen Zeitpunkte hinauszuschieben. Diese Vorschriften gehen als Sonderbestimmungen dem § 1669 vor.

### § 1670.

**E. I § 1550; II § 1561 rev. § 1649; III § 1647. P. I S. 7768, 7784, 8815; M. IV S. 815. P. II S. 6128 (Bd. 4 S. 638). K.B. S. 2081.**

1. Das Vormundschaftsgericht hat reichsrechtlich gegenüber dem Vater kein Ordnungsstrafrecht (anders gegenüber dem Vormund § 1837); inwieweit die Anwendung unmittelbaren Zwanges z. B. zur Herausgabe und Hinterlegung der Werthpapiere (§ 1667 Abs. 2) zulässig ist, bestimmt sich nach Landesrecht (§ 200 freiw. G.G.). Hierüber sowie über das landesrechtliche Ordnungsstrafrecht s. die Vorbm. 7 vor § 1626.

Zur Erzwingung der nach den §§ 1667, 1668 getroffenen Anordnungen sowie der dem Vater nach den §§ 1640, 1669 obliegenden Inventarisationspflichten giebt es reichsrechtlich nur die Entziehung der Vermögensverwaltung. Die Vermögensverwaltung kann ganz oder auch nur theilweise, z. B. nur in Ansehung eines Landguts, entzogen werden.

Zur Erzwingung der Sicherheitsleistung (s. Erl. 4 zu § 1668) sind andere Maßregeln als die Entziehung der Vermögensverwaltung reichsgesetzlich unzulässig. Das Landesrecht kann also hier weder ein Ordnungsstrafrecht noch die unmittelbare Eintragung einer Sicherungshypothek nach Analogie des § 54 freiw. G.G. vorschreiben. Die Sicherheitsleistung kann auch nicht im Prozeßweg erzwungen werden.

2. Voraussetzung für die Entziehung der Vermögensverwaltung ist die Nichtbefolgung der Anordnungen des Vormundschaftsgerichts (§§ 1667, 1668) oder die Nichterfüllung der gesetzlichen Verpflichtungen, welche dem Vater in Bezug auf die Inventarisirung des Vermögens des Kindes (§ 1640) oder bei seiner Wiederverheirathung (§ 1669) obliegen. Es genügt die objektive Thatsache der Nichtbefolgung der Anordnungen oder der Nichterfüllung der Pflichten. Ein Verschulden des Vaters ist nicht erforderlich. Ob der Entziehung eine einmalige oder wiederholte Aufforderung des Vormundschaftsgerichts zur Pflichterfüllung vorauszugehen hat, ist dem pflichtgemäßen Ermessen des Vormundschaftsgerichts überlassen; das Vormundschaftsgericht muß aber nach § 1673 wenn thunlich den Vater und sonstige Angehörige des Kindes vor der Entziehung der Vermögensverwaltung hören.

3. Die Wirkungen der Entziehung der Vermögensverwaltung sind:

**a)** Für die Vermögensverwaltung ist ein Pfleger (s. § 1628) zu bestellen. Die elterliche Gewalt geht nicht etwa auf die Mutter über.

**b)** Dem Pfleger ist das Vermögen des Kindes herauszugeben (§ 1681).

**c)** Zwar bleibt dem Vater die Nutznießung, er kann sie aber nicht ausüben (§ 1656) und muß die ihm gegenüber dem Kinde obliegenden Verpflichtungen, die infolge der Nutznießung erst nach deren Beendigung fällig sein würden, sofort erfüllen (§ 1657). Das Recht der Sorge für die Person des Kindes bleibt dem Vater.

### §. 1671.

Das Vormundschaftsgericht kann während der Dauer der elterlichen Gewalt die von ihm getroffenen Anordnungen jederzeit ändern, insbesondere die Erhöhung, Minderung oder Aufhebung der geleisteten Sicherheit anordnen.

### §. 1672.

Bei der Bestellung und Aufhebung der Sicherheit wird die Mitwirkung des Kindes durch die Anordnung des Vormundschaftsgerichts ersetzt.

Die Kosten der Bestellung und Aufhebung der Sicherheit fallen dem Vater zur Last.

---

### § 1671.

**E. I § 1551 Satz 1; II § 1562 rev. § 1650; III § 1648. P I S. 7784, 8735; M. IV S. 815. P. II S. 6128 (Bd. 4 S. 638).**

1. Unter der Aenderung ist auch die Aufhebung, Einschränkung oder Erweiterung der das Recht des Vaters beschränkenden Anordnung des Vormundschaftsgerichts zu verstehen.

2. Die Aenderung ist nach der Beendigung der elterlichen Gewalt des Vaters unzulässig. Denn mit der Beendigung erlischt auch das Aufsichtsrecht des Vormundschaftsgerichts. Nach der Beendigung bedarf es also zur Minderung oder Aufhebung der vom Vater bestellten Sicherheit der Zustimmung des Kindes und, wenn das Kind minderjährig ist, seines gesetzlichen Vertreters; wenn der Vertreter ein Vormund oder Pfleger (bezw. im Falle des § 1693 ein Beistand) ist, s. §§ 1812, 1822 Nr. 13, 1915 wenn es die Mutter ist, s. § 1795 Abs. 1 Nr. 1 und § 1630.

3. Der § 1671 bezieht sich nicht nur auf die in Ansehung der Sorge für das Vermögen des Kindes getroffenen Maßregeln, sondern gilt auch für die Fälle des Einschreitens des Vormundschaftsgerichts in Ansehung der Sorge für die Person. Die Zwangserziehung des Kindes z. B., die das Vormundschaftsgericht auf Grund des § 1666 oder des E.G. Art. 135 angeordnet hat, kann vom Vormundschaftsgerichte selbst dann jederzeit aufgehoben werden, wenn der Vollzug der Zwangserziehung der Verwaltungsbehörde obliegt; das Landesrecht kann diese Befugniß des Vormundschaftsgerichts nicht auf Grund des Art. 135 E.G. ausschließen.

4. Ueber die Löschung der vom Vater bestellten Sicherungshypothek giebt der § 1671 keine Vorschrift. Das Vormundschaftsgericht kann nicht etwa einseitig das Grundbuchamt um die Löschung ersuchen; dies würde mit den Grundsätzen über den Erwerb der Hypothek durch den Eigenthümer des belasteten Grundstücks unvereinbar sein. Zur Löschung bedarf es also des Antrags des Vaters und der Einwilligung des Kindes; die Einwilligung des Kindes wird durch die Einwilligung des Vormundschaftsgerichts nach § 1672 ersetzt. Das Gesagte gilt auch von der Umschreibung der Hypothek auf den Namen des Vaters.

5. Wegen des Beschwerderechts der Angehörigen des Kindes s. § 57 Nr. 8 freiw. G.G.

### § 1672.

**E. I § 1549 Abs. 2, § 1551 Satz 2; II § 1559 Abs. 1 Satz 3, Abs. 2 rev. § 1651; III § 1649. P. I S. 7781; M. IV S. 814. P. II S. 6128 (Bd. 4 S. 638).**

1. An sich würde die nach den allgemeinen Grundsätzen zur Bestellung oder Aufhebung der Sicherheit erforderliche Mitwirkung desjenigen, welchem die Sicherheit zu bestellen oder bestellt ist, nur dadurch erfolgen können, daß dem Kinde nach § 1630 Abs. 2, § 181 ein Pfleger bestellt würde. Der § 1672 überträgt aus Zweckmäßigkeitsgründen die Vertretung des Kindes in Ansehung der bezeichneten Rechtsgeschäfte dem Vormundschaftsgericht. Unter der Aufhebung der Sicherheit ist übrigens, wie sich aus der entsprechenden Vorschrift des § 1844 Abs. 2 ergiebt, die Aenderung (Minderung oder Erhöhung) mitzuverstehen.

2. Die Vorschrift des Abs. 1 gilt nur, wenn die Bestellung, Aenderung oder Aufhebung der Sicherheit während der Dauer der elterlichen Gewalt des Vaters erfolgt (s. Erl. 2 zu § 1671); sie gilt ferner nur von der gemäß § 1668 bestellten Sicherheit, nicht etwa von einer vertragsmäßigen.

3. Die Kosten hat der Vater auch dann zu tragen, wenn die Sicherheitsleistung mit Rücksicht auf das freie Vermögen des Kindes erforderlich geworden ist.

§. 1673.

Das Vormundschaftsgericht soll vor einer Entscheidung, durch welche die Sorge für die Person oder das Vermögen des Kindes oder die Nutznießung dem Vater entzogen oder beschränkt wird, den Vater hören, es sei denn, daß die Anhörung unthunlich ist.

Vor der Entscheidung sollen auch Verwandte, insbesondere die Mutter, oder Verschwägerte des Kindes gehört werden, wenn es ohne erhebliche Verzögerung und ohne unverhältnißmäßige Kosten geschehen kann. Für den Ersatz der Auslagen gilt die Vorschrift des §. 1847 Abs. 2.

§. 1674.

Verletzt der Vormundschaftsrichter vorsätzlich oder fahrlässig die ihm obliegenden Pflichten, so ist er dem Kinde nach §. 839 Abs. 1, 3 verantwortlich.

§. 1675.

Der Gemeindewaisenrath hat dem Vormundschaftsgericht Anzeige zu machen, wenn ein Fall zu seiner Kenntniß gelangt, in welchem das Vormundschaftsgericht zum Einschreiten berufen ist.

---

**§ 0673.**

**K.B. S. 2081.**

Der § 1673 ist von der Reichstagskommission eingestellt.

**1.** Die Anhörung des Vaters ist vorgeschrieben, weil das Verfahren gegen ihn gerichtet ist. Die Anhörung ist nicht nur in den Fällen der §§ 1666—1671, sondern in allen Fällen erforderlich, in welchen eine Entziehung oder Beschränkung der Sorge für die Person oder das Vermögen des Kindes oder der Nutznießung in Frage steht, also insbesondere auch in den Fällen des § 1635 Abs. 1, § 1637, § 1760 Abs. 2 und § 1630 Abs. 2 Satz 2 mit § 1796. Es genügt, wenn dem Vater Gelegenheit gegeben ist, sich mündlich oder schriftlich zu äußern. Die Anhörung darf nur, wenn sie unthunlich ist, unterbleiben; unthunlich ist sie aber schon dann, wenn in Folge der Anhörung ein Aufschub eintritt und mit dem Aufschube Gefahr verbunden ist. Der Vater hat keinen Anspruch auf Ersatz der Auslagen.

**2.** Die im Abs. 2 genannten Personen — die Mutter natürlich nur, wenn sie nicht Inhaberin der elterlichen Gewalt ist, — sollen als Auskunftspersonen vernommen werden. Sie haben, wie sich aus der Anwendbarkeit des § 1847 Abs. 2 ergiebt, Anspruch auf Ersatz der Auslagen. Im Uebrigen s. Erl. zu der entsprechenden Vorschrift des § 1847.

**3.** Der § 1673 hat nur die Bedeutung einer Ordnungsvorschrift. Seine Verletzung ist ohne Einfluß auf die Gültigkeit der Anordnung des Vormundschaftsgerichts.

**4.** Der § 1673 findet auch Anwendung, wenn einem Elterntheile nur die thatsächliche Sorge für die Person des Kindes zusteht; er gilt also für die Mutter in den Fällen der §§ 1634, 1635, 1637, 1696—1698, für den Vater im Falle des § 1676 Abs. 2 Satz 2.

**§ 1674.**

**E. I §§ 1503, 1702; II § 1563 rev. § 1652; III § 1650. P. I S. 7787; M. IV S. 749. P. II S. 5990 (Bd. 4 S. 548). K.B. S. 2082.**

Vgl. die Erl. zu der entsprechenden Vorschrift des § 1848. Wegen der Haftung des Staates s. E.G. Art. 77.

**§ 1675.**

**E. I § 1552; II § 1564 rev. § 1653; III § 1651. P. I S. 7785; M. IV S. 815. P. II S. 6128 (Bd. 4 S. 638).**

**1.** Aus § 1675 ergiebt sich, daß der Gemeindewaisenrath in Ansehung der unter elterlicher Gewalt stehenden Kinder zur Unterstützung des Vormundschaftsgerichts berufen ist. Während er aber über die Amtsführung des Vormundes nach § 1850 eine fortlaufende Aufsicht, wenigstens soweit es sich um die Sorge für die Person der Bevormundeten handelt, zu führen hat, steht

§. 1676.

Die elterliche Gewalt des Vaters ruht, wenn er geschäftsunfähig ist.

Das Gleiche gilt, wenn der Vater in der Geschäftsfähigkeit beschränkt ist oder wenn er nach §. 1910 Abs. 1 einen Pfleger für seine Person und sein Vermögen erhalten hat. Die Sorge für die Person des Kindes steht ihm neben dem gesetzlichen Vertreter des Kindes zu; zur Vertretung des Kindes ist er nicht berechtigt. Bei einer Meinungsverschiedenheit zwischen dem Vater und dem gesetzlichen Vertreter geht die Meinung des gesetzlichen Vertreters vor.

---

ihm eine fortlaufende Aufsicht in Ansehung der unter elterlicher Gewalt stehenden Kinder nicht zu. Ist schon das Vormundschaftsgericht zu einer fortlaufenden Aufsicht über die Ausübung der elterlichen Gewalt durch den Vater nicht befugt, so ist es natürlich noch weniger der Gemeindewaisenrath. Der Gemeidewaisenrath hat vielmehr nur das Recht und die Pflicht, dem Vormundschaftsgerichte jeden Fall anzuzeigen, in welchem es zum Einschreiten berufen ist. Der Gemeindewaisenrath darf den Vater aber nicht zu dem Zwecke überwachen, um seiner Anzeigepflicht zu genügen, sondern nur, wenn er einen solchen Fall erfährt, hat er ihn anzuzeigen.

Ueber Fälle des Einschreitens s. zu §§ 1639, 1640, 1665—1667, 1669.

Nach § 49 Satz 1 des freiw. G.G. hat der Gemeindewaisenrath dem Vormundschaftsgericht Anzeige zu machen, wenn er von einem Falle Kenntniß erhält, in welchem ein Vormund oder ein Pfleger zu bestellen ist. Dadurch ist die Anzeigepflicht des Gemeindewaisenraths in Ansehung der unter elterlicher Gewalt stehenden Kinder ausgedehnt worden. Denn hiernach muß er z. B. auch solche Fälle anzeigen, in welchen wegen Interessenkollision ein Pfleger zu bestellen ist (§ 1630 mit § 1795). Aber auch in Ansehung dieser Fälle hat der Gemeindewaisenrath kein Recht, danach zu forschen, ob solche Fälle vorliegen, sondern er hat nur, wenn er von einem solchen Falle Kenntniß erhält, Anzeige zu machen.

2. Ueber das Institut des Gemeindewaisenraths, seine Organisation, Verantwortlichkeit ꝛc. s. Vorbm. vor § 1849.

3. Die im § 1675 bestimmte Anzeigepflicht liegt dem Gemeindewaisenrathe nicht nur in Ansehung derjenigen Kinder ob, bezüglich deren das Vormundschaftsgericht, zu dessen Bezirke der Gemeindewaisenrath gehört, als Vormundschaftsgericht zuständig ist, sondern bezüglich aller sich im Bezirke des Gemeindewaisenraths aufhaltenden Kinder.

**§ 1676.**

**E. I § 1554 Abs. 1 Satz 1; II § 1565 rev. § 1654; III § 1652. P. I S. 7802—7810, 8746; M. IV S. 818. P. II S. 6128, 6513 (Bd. 4 S. 638; Bd. 5 S. 119).**

Der § 1676 enthält die Fälle, in welchen die elterliche Gewalt wegen rechtlicher Verhinderung des Vaters an der Ausübung ruht. Ueber die Bedeutung des Ruhens der elterlichen Gewalt und über die Folgen des Ruhens s. Vorbm. 8 vor § 1626 und Erl. zu § 1678.

1. Die Fälle, in welchen wegen rechtlicher Verhinderung des Vaters seine elterliche Gewalt ruht, sind:

a) Geschäftsunfähigkeit des Vaters. Von den Gründen der Geschäftsunfähigkeit (§ 104) kommen hier in Betracht der die freie Willensbestimmung ausschließende, seiner Natur nach nicht bloß vorübergehende Zustand krankhafter Störung der Geistesthätigkeit (§ 104 Nr. 2) und die Entmündigung wegen Geisteskrankheit (§ 104 Nr. 3). Auf die Zustände der Bewußtlosigkeit und die nur vorübergehende Störung der Geistesthätigkeit (§ 105) finden die §§ 1665, 1677 Anwendung.

b) Beschränkte Geschäftsfähigkeit des Vaters. Von den Gründen der Beschränkung der Geschäftsfähigkeit (§§ 106, 114) kommt die Minderjährigkeit nur in Betracht bei vorschriftswidriger Verheirathung eines minderjährigen Mannes (§ 1303) oder wenn ein uneheliches Kind eines Minderjährigen während dessen Minderjährigkeit für ehelich erklärt wird. Von Bedeutung ist die Minderjährigkeit hauptsächlich bei der elterlichen Gewalt der Mutter, s. Erl. zu § 1696.

c) Die Bestellung eines Pflegers für die Person und das Vermögen des Vaters wegen körperlicher Gebrechen (§ 1910 Abs. 1), also nicht die Bestellung eines Pflegers wegen Geistesschwäche und auch nicht die Bestellung eines Pflegers wegen körperlicher Gebrechen, wenn der Pfleger nur für die Person oder nur für das Vermögen bestellt ist.

## §. 1677.

Die elterliche Gewalt des Vaters ruht, wenn von dem Vormundschaftsgerichte festgestellt wird, daß der Vater auf längere Zeit an der Ausübung der elterlichen Gewalt thatsächlich verhindert ist.

Das Ruhen endigt, wenn von dem Vormundschaftsgerichte festgestellt wird, daß der Grund nicht mehr besteht.

---

2. Das Ruhen der elterlichen Gewalt tritt in den Fällen des § 1676 von selbst ein, ohne daß es einer Feststellung des Vormundschaftsgerichts bedarf. Mit dem Wegfalle der Voraussetzungen des § 1676 tritt ferner die elterliche Gewalt des Vaters wieder von selbst ein und endigt damit die elterliche Gewalt der Mutter (§ 1685) sowie nach § 1882 die etwa für das Kind angeordnete Vormundschaft kraft Gesetzes. Nach § 678 Abs. 3, § 685 der C.P.O. ist übrigens das Amtsgericht und nach § 679 Abs. 4 mit §§ 674, 684 der C.P.O. das Prozeßgericht verpflichtet, von der rechtskräftig erfolgten Wiederaufhebung der Entmündigung und von jedem auf die Klage auf Aufhebung der Entmündigung ergehenden Endurtheile dem Vormundschaftsgerichte Mittheilung zu machen. Dadurch ist das Vormundschaftsgericht für die wichtigsten Fälle des Ruhens der elterlichen Gewalt in die Lage versetzt, die Vormundschaft über das Kind auch formell aufzuheben und so zu vermeiden, daß über die Vertretung des Kindes möglicherweise Zweifel bestehen.

3. Wegen des Abs. 2 Satz 2, 3 s. Erl. zu § 1634 und Erl. zu § 1678.

### § 1677.

**E. I § 1554 Abs. 1 Satz 2; II § 1566 rev. § 1655; III § 1653. P. I S. 7802–7810, 8746; M. IV S. 818. P. II S. 6128 (Bd. 4 S. 638). D. S. 709. K.B. S. 2082.**

**1.** Die Voraussetzungen, unter welchen nach § 1677 die elterliche Gewalt des Vaters ruht, sind:

**a)** Der Vater muß an der Ausübung der Gewalt thatsächlich verhindert sein. Beispiele einer thatsächlichen Verhinderung bieten Krankheit, Abwesenheit, Verbüßung einer Freiheitsstrafe, Unbekanntheit des Aufenthalts. Die Bestellung einer Pflegschaft für den Vater selbst z. B. einer Abwesenheitspflegschaft oder einer Pflegschaft wegen Gebrechlichkeit ist selbstverständlich in Ansehung des Kindes ohne Belang, da der Pfleger nur Vertreter des Vaters für dessen Angelegenheiten ist, nicht aber die dem Vater in Ansehung des Kindes zustehenden Rechte und Pflichten ausüben kann.

**b)** Die Verhinderung darf nicht bloß eine vorübergehende sein, sondern muß längere Zeit dauern. Im Falle einer bloß vorübergehenden Verhinderung hat das Vormundschaftsgericht nach § 1665 die erforderlichen Maßregeln zu ergreifen, sofern nicht nach § 1685 die Gewalt von der Mutter ausgeübt wird.

**c)** Die thatsächliche Verhinderung muß vom Vormundschaftsgerichte festgestellt sein. Ueber die Zuständigkeit des Vormundschaftsgerichts s. §§ 35, 43 freiw. G.G. Die vorherige Anhörung des Vaters, die übrigens meist unthunlich sein wird, ist nicht vorgeschrieben; § 1673 trifft hierher nicht zu. Ob das Vormundschaftsgericht Angehörige des Kindes hört, ist seinem Ermessen (vergl. §§ 12, 15 freiw. G.G.) anheimgegeben.

**d)** Nach dem E. I soll die Feststellung nur stattfinden, wenn sich die Nothwendigkeit einer allgemeinen Fürsorge für die Person und das Vermögen des Kindes ergiebt, oder wie die E. II, III bemerken, wenn für die Person und das Vermögen des Kindes nicht durch die Anordnung einer Pflegschaft in ausreichender Weise gesorgt werden kann. Die Reichstagskommission hat diese Voraussetzung gestrichen. Sachliche Bedeutung dürfte diese Streichung nicht haben. Das Vormundschaftsgericht wird nur dann feststellen können, daß der Vater dauernd an der Ausübung der elterlichen Gewalt thatsächlich behindert sei, wenn die Behinderung sich auf die Ausübung der elterlichen Gewalt im Ganzen bezieht. Findet die Behinderung nur in Beziehung auf einzelne Angelegenheiten statt, so liegt die Voraussetzung, welche von dem Vormundschaftsgerichte festgestellt werden soll, nicht vor; für die betreffende Angelegenheit ist dann erforderlichen Falles durch die Bestellung eines Pflegers zu sorgen. Hat das Vormundschaftsgericht die dauernde thatsächliche Behinderung nach Maßgabe des § 1677 festgestellt, so ist, sofern nicht die Mutter eintritt, immer ein Vormund zu bestellen und dieser hat grundsätzlich immer die gesammten Angelegenheiten des Kindes wahrzunehmen. Im Ergebniß ebenso Staudinger (Note 1c zu § 1677).

§. 1678.

Solange die elterliche Gewalt des Vaters ruht, ist der Vater nicht berechtigt, sie auszuüben; es verbleibt ihm jedoch die Nutznießung an dem Vermögen des Kindes, unbeschadet der Vorschrift des §. 1685 Abs. 2.

---

2. Das Ruhen der elterlichen Gewalt wegen thatsächlicher Verhinderung beginnt erst mit der Wirksamkeit der die Voraussetzungen feststellenden Verfügung des Vormundschaftsgerichts. Nach § 51 Abs. 1 freiw. G.G. tritt die Feststellungsverfügung mit der Bestellung des Vormundes (§ 1773) in Wirksamkeit; hat jedoch während der Verhinderung des Vaters die Mutter die elterliche Gewalt auszuüben, so wird die Verfügung mit der Bekanntmachung an die Mutter wirksam. Die Vorschrift des § 51 Abs. 1, daß die Verfügung mit der Bestellung des Vormundes in Wirksamkeit tritt, steht, streng genommen, im Widerspruch mit den §§ 1678, 1773. Denn erst durch die Feststellung der Verhinderung wird die Voraussetzung für die Anordnung der Vormundschaft geschaffen; die Bestellung des Vormundes sollte also erst erfolgen, nachdem die Feststellung der Verhinderung wirksam geworden ist. Das freiw. G.G. gestattet jedoch aus Zweckmäßigkeitsgründen, daß die die Anordnung der Vormundschaft bezweckenden Maßregeln schon vorher vorgenommen werden, dergestalt, daß die Anordnung der Vormundschaft und die Feststellung der Verhinderung zusammenfallen sollen (vergl. die Kommentare zum freiw. G.G. von Dorner Note 3 und von Weißler Note 2 zu § 51).

Die Feststellungsverfügung ist übrigens nicht nur dem Vormunde bezw. der Mutter, sondern auch dem Elterntheile selbst, welcher an der Ausübung der Gewalt verhindert ist, bekannt zu machen.

3. Nach Abs. 2 endigt das Ruhen nicht mit dem Wegfalle der thatsächlichen Verhinderung, sondern erst mit der Feststellung des Vormundschaftsgerichts, daß die Verhinderung nicht mehr besteht. Die dies aussprechende Verfügung des Vormundschaftsgerichts tritt mit der Bekanntmachung an den Vater in Wirksamkeit (§ 51 Abs. 2 freiw. G.G.). Selbstverständlich ist sie auch dem Vormunde bezw. der Mutter bekannt zu machen.

4. Wegen der Folgen des Ruhens s. Erl. zu § 1678.

§ 1678.

**E. I § 1554 Abs. 1; II § 1567 rev. § 1656; III § 1654. P. I S. 7814; M. IV S. 818. P. II S. 6128 (Bd. 4 S. 639, 650). D. S. 709. K.B. S. 2082. St.B. S. 2985.**

1. Die Folgen des Ruhens der Gewalt des Vaters sind:

a) Für den Vater. Die elterliche Gewalt verbleibt ihm der Zuständigkeit nach. Er ist aber nicht berechtigt, sie auszuüben. Er ist von der Vermögensverwaltung und von der Vertretung des Kindes ausgeschlossen. Die thatsächliche Sorge für die Person des Kindes steht ihm, wenn seine Gewalt nur wegen seiner beschränkten Geschäftsfähigkeit oder, weil er einen Pfleger erhalten hat, ruht, nach § 1676 Abs. 2 wie der Mutter während der Ehe (§ 1634) zu; in den übrigen Fällen des Ruhens hat der gesetzliche Vertreter des Kindes auch die volle thatsächliche Fürsorge für das Kind. Der Vater muß das Vermögen des Kindes herausgeben und Rechenschaft ablegen (§ 1681); wegen gutgläubiger Fortführung der Geschäfte s. § 1682. Die Nutznießung bleibt dem Vater, solange die Ehe besteht, in jedem Falle des Ruhens. Wenn die Ehe aufgelöst ist, verbleibt sie grundsätzlich gleichfalls dem Vater; nur wenn der Mutter die Ausübung der Gewalt übertragen ist, erlangt sie hiermit auch die Nutznießung (§ 1685 Abs. 2).

b) Für das Kind. Infolge des Ruhens der Gewalt des Vaters wird entweder die Gewalt von der Mutter ausgeübt oder ein Vormund bestellt.

*α*) Ruhen während des Bestehens der Ehe. Die Mutter übt ohne Weiteres die elterliche Gewalt, aber ohne die Nutznießung, aus (§ 1685 Abs. 1). Nur wenn auch in ihrer Person die Voraussetzungen des Ruhens vorliegen oder wenn sie die Gewalt verwirkt hätte, wenn sie ihr zugestanden wäre (§ 1680), erhält das Kind einen Vormund (§ 1773); wegen der Stellung der Mutter neben dem Vormunde s. § 1698.

*β*) Ruhen nach der Auflösung der Ehe. Regelmäßig wird ein Vormund bestellt (§ 1773). Lebt jedoch die Mutter noch, so kann ihr die Ausübung der Gewalt vom Vormundschaftsgericht übertragen werden, sofern nicht auch in ihrer Person die Voraussetzungen des Ruhens vorliegen oder sie die Gewalt verwirkt hätte, wenn sie ihr zugestanden wäre (§ 1685 Abs. 2). Mit der Uebertragung erlangt sie in diesem Falle auch die Nutznießung.

2. Soweit dem Vater die Nutznießung verbleibt, findet § 1656 Anwendung; der Vater kann sie also nicht selbst ausüben, sondern hat nur Anspruch auf den Reinertrag. Die Vor=

## §. 1679.

**Die elterliche Gewalt des Vaters endigt, wenn er für todt erklärt wird, mit dem Zeitpunkte, der als Zeitpunkt des Todes gilt.**

**Lebt der Vater noch, so erlangt er die elterliche Gewalt dadurch wieder, daß er dem Vormundschaftsgerichte gegenüber seinen hierauf gerichteten Willen erklärt.**

---

schrift des § 1657 Satz 1, daß die Ansprüche des Kindes gegen den Vater, wenn dieser von der Ausübung der Nutznießung ausgeschlossen ist, fällig werden, findet nach § 1657 Satz 2 auf die Fälle des Ruhens der Gewalt keine Anwendung. Wird die Ausübung der Gewalt der Mutter übertragen, so endigt damit die Nutznießung des Vaters; der Vater ist nicht lediglich von der Ausübung derselben ausgeschlossen, er hat also die dem Kinde gegen ihn zustehenden Ansprüche, die erst mit der Beendigung der Nutznießung fällig werden, nunmehr zu erfüllen.

**3.** Der Vormund, welchen das Kind infolge des Ruhens der Gewalt des Vaters erhält, und die Mutter, welche die elterliche Gewalt infolge des Ruhens ausübt, ist unmittelbarer Vertreter des Kindes, sie üben nicht etwa die Gewalt des Vaters als dessen Vertreter aus. Der Vormund, welchen der Vater selbst z. B. in den Fällen des § 1676 Abs. 1 erhalten hat, hat mit der Sorge für das Kind nichts zu thun. Er hat nur die Rechte des Vaters in Ansehung der Nutznießung (§ 1656) zu wahren.

**4.** Wegen der Beendigung des Ruhens s. Erl. 2 zu § 1676 und Erl. 3 zu § 1677.

**5.** Für den Fall des Ruhens der Gewalt der Mutter wegen deren Minderjährigkeit s. noch § 1696.

### § 1679.

**E. I § 1557 Abs. 2 Satz 1, Abs. 3; II § 1568 rev. § 1657; III § 1655. P. I S. 7810—7823; M. IV S. 830. P. II S. 6141, 6539 (Bd. 4 S. 644, 861).**

**1.** Wenn das Kind für todt erklärt wird — was nur in den Fällen der Kriegs-, See- und Gefahrverschollenheit (§§ 15—17) vorkommen kann, — gilt die im § 18 Abs. 1 aufgestellte Vermuthung des Todes des Kindes auch in Ansehung der elterlichen Gewalt. Mit dem Zeitpunkte, welcher nach § 18 als Zeitpunkt des Todes gilt, endigt also die elterliche Gewalt; damit hört die Nutznießung des Vaters auf und der Vater muß dem Erben des Kindes dessen Vermögen nach § 1681 herausgeben. Die Todesvermuthung verliert aber ihre Kraft, wenn das Leben des verschollenen Kindes oder die Zeit des Todes nachgewiesen wird. Das Rechtsverhältniß zwischen Vater und Kind, insbesondere das Nutznießungsrecht des Vaters, wird dann unter Zugrundelegung des wahren Sachverhalts bestimmt. Im Falle der Rückkehr des Kindes gilt demnach die elterliche Gewalt als nie beendigt, insbesondere kann der Vater die Nutzungen des Vermögens des Kindes verlangen; das Verhältniß ist ähnlich, wie wenn der Tod der Frau beim gesetzlichen Güterrechte mit Unrecht angenommen worden ist (s. Erl. 1 zu § 1420).

**2.** Wenn der Vater für todt erklärt wird, durchbricht der § 1679 die allgemeinen Grundsätze und bestimmt, daß mit dem nach § 18 als Zeitpunkt des Todes geltenden Todestage (nicht etwa mit der Erlassung des Todeserklärungsurtheils) die elterliche Gewalt endigt, mag auch der Vater an einem anderen Tage wirklich gestorben sein oder später zurückkehren. Wegen des Uebergangs der elterlichen Gewalt auf die Mutter s. § 1684 Abs. 1 Nr. 1, Abs. 2. Wegen der Verpflichtung des Aufgebotsgerichts, dem Vormundschaftsgerichte von der Todeserklärung Mittheilung zu machen, s. § 50 freiw. G.G.

**3.** Zu Abs. 2. Eine Form für die Erklärung ist nicht vorgeschrieben. Die Erklärung muß nur gegenüber, nicht nothwendig vor dem Vormundschaftsgericht abgegeben werden, kann also schriftlich erfolgen. Das Vormundschaftsgericht wird die Erklärung demjenigen mitzutheilen haben, welcher bisher die gesetzliche Vertretung für das Kind hatte. Dessen Vertretungsmacht erlischt mit der Erklärung des Vaters von selbst. Die Erklärung des Vaters ist ein einseitiges, empfangsbedürftiges Rechtsgeschäft. Ueber den Zeitpunkt der Wirksamkeit der Erklärung s. § 130 Abs. 3, wegen der Zuständigkeit des Vormundschaftsgerichts s. §§ 35, 43 freiw. G.G.

Der Vater erlangt die elterliche Gewalt so wieder, wie sie ihm ohne die Todeserklärung zustehen würde. Das Vermögen des Kindes, welches, wenn die elterliche Gewalt des Vaters fortbestanden hätte, freies Vermögen geworden wäre (§§ 1650, 1651), erhält diese Eigenschaft von selbst. Dies ist als selbstverständlich nicht ausdrücklich ausgesprochen worden (vergl. § 1425 Abs. 3, M. IV. S. 832). Eine Beschränkung der elterlichen Gewalt kann sich aus § 1637 ergeben (s. Erl. zu § 1637).

**4.** Die Vorschriften des § 1679 finden entsprechende Anwendung, wenn der Gewalthaber zu der Zeit, da er an sich die elterliche Gewalt erlangen würde, für todt erklärt ist, also ins-

### §. 1680.

Der Vater verwirkt die elterliche Gewalt, wenn er wegen eines an dem Kinde verübten Verbrechens oder vorsätzlich verübten Vergehens zu Zuchthausstrafe oder zu einer Gefängnißstrafe von mindestens sechs Monaten verurtheilt wird. Wird wegen des Zusammentreffens mit einer anderen strafbaren Handlung auf eine Gesammtstrafe erkannt, so entscheidet die Einzelstrafe, welche für das an dem Kinde verübte Verbrechen oder Vergehen verwirkt ist.

Die Verwirkung der elterlichen Gewalt tritt mit der Rechtskraft des Urtheils ein.

---

besondere in dem Falle, wenn das Kind nach der Todeserklärung des Vaters erst geboren wird oder wenn die Mutter für todt erklärt worden ist und nunmehr eine Thatsache eintritt, auf Grund deren die Gewalt auf die Mutter übergehen würde, z. B. der Vater stirbt. Kehrt der für todt erklärte Elterntheil später zurück, so erlangt er die elterliche Gewalt dadurch, daß er dem Vormundschaftsgerichte gegenüber seinen hierauf gerichteten Willen erklärt. Der E. I. § 1560 (M. IV. S. 842) hatte dies ausdrücklich ausgesprochen.

5. Uebergangsvorschriften E.G. Art. 160, 206.

6. Wird in Folge einer Anfechtungsklage die Todeserklärung aufgehoben oder ist der Tod des Vaters, ohne daß eine Todeserklärung erfolgt ist, auf Grund einer falschen Sterbeurkunde angenommen worden, so hat die rechtliche Beurtheilung der Verhältnisse lediglich nach Maßgabe der ermittelten wahren Sachlage zu geschehen. Gleiches gilt, wenn in Folge einer Anfechtungsklage eine andere Todeszeit festgesetzt wird.

### § 1680.

**E. I § 1559 Abs. 1; II § 1569 rev. § 1658; III § 1656. P. I S. 7823, 8747; M. IV S. 836. P. II S. 6147, 6167 (Bd. 4 S. 648, 653). D. S. 709.**

Der § 1680 betrifft den Verlust der elterlichen Gewalt in Folge Verwirkung. Ueber einen weiteren Fall der Verwirkung bei angenommenen Kindern s. § 1771.

1. Voraussetzung der Verwirkung ist

a) die Bestrafung des Vaters wegen eines an dem Kinde begangenen Verbrechens oder vorsätzlich verübten Vergehens. Es genügt also nicht eine jede Verurtheilung, sondern nur eine wegen einer an dem Kinde verübten strafbaren Handlung und auch von den an dem Kinde verübten Strafthaten scheiden diejenigen aus, welche bloße Uebertretungen oder fahrlässig verübte Vergehen sind. Der Ausdruck „an dem Kinde verübten" ist nicht unzweifelhaft. Aus dem St.G.B. läßt sich für die Terminologie des § 1680 nichts ableiten, da das St.G.B. im Ausdrucke schwankt, z. B. gerade in den hier nicht selten in Betracht kommenden Fällen des § 174 Nr. 1, § 176 Nr. 3 nicht „an", sondern „mit" sagt. Der E. I hatte den Ausdruck „wegen eines gegen das Kind oder an dem Kinde" verübten Verbrechens ꝛc. gewählt. Nach dieser Fassung gehören alle strafbaren Handlungen hierher, die besonders die Person oder sonst ein Rechtsgut des Kindes verletzen. Die Redaktionskommission der zweiten Kommission hat die jetzige Fassung gewählt. Eine sachliche Abweichung vom E. I war nicht beabsichtigt. Es fallen daher unter § 1680 sowohl die strafbaren Handlungen, welche sich direkt gegen die Person des Kindes richten, z. B. Körperverletzung (§ 223 des St.G.B.), Versuch eines Verbrechens wider das Leben (§§ 211 ff.), Verbrechen und Vergehen wider die Sittlichkeit (§§ 173 ff.), Aussetzung (§ 221 St.G.B.), als auch diejenigen, welche ein anderes Rechtsgut des Kindes verletzen, z. B. Verbrechen und Vergehen in Bezug auf den Personenstand (§ 169 St.G.B.).

Durch die Einwilligung des Kindes wird die Anwendbarkeit des § 1680 nicht ausgeschlossen.

b) Wegen des bezeichneten Verbrechens oder Vergehens muß der Vater zu Zuchthausstrafe oder zu einer Gefängnißstrafe von sechs Monaten oder mehr verurtheilt worden sein. Abrechnung der Untersuchungshaft kommt bei Berechnung der sechs Monate selbstverständlich nicht in Betracht. Wird nach § 74 St.G.B. wegen Zusammentreffens mit einer nicht an dem Kinde verübten strafbaren Handlung auf eine Gesammtstrafe erkannt, so entscheidet die im Urtheile für die an dem Kinde verübte strafbare Handlung ausgesprochene Einzelstrafe; sollte die Festsetzung der einzelnen Strafen übersehen worden sein, so entfiele die Anwendbarkeit des § 1680 und könnte das Vormundschaftsgericht nur auf Grund des § 1666 vorgehen. Ist der Vater wegen mehrerer an dem Kinde verübten strafbaren Handlungen zu einer Gesammtstrafe verurtheilt worden, so entscheidet die Gesammtstrafe, auch wenn für die einzelnen Handlungen geringere als sechsmonatige Einzelgefängnißstrafen festgesetzt sind.

## §. 1681.

Endigt oder ruht die elterliche Gewalt des Vaters oder hört aus einem anderen Grunde seine Vermögensverwaltung auf, so hat er dem Kinde das Vermögen herauszugeben und über die Verwaltung Rechenschaft abzulegen.

---

c) Das Strafurtheil muß rechtskräftig sein (§§ 357, 383 St.P.O). Ist das Strafverfahren aus besonderen Gründen, namentlich wegen Abwesenheit oder Geisteskrankheit des Vaters, nicht durchführbar, so kann nur im Wege der §§ 1666, 1667 vorgegangen werden.

2. Die Verwirkung tritt mit der Rechtskraft des Strafurtheils von selbst kraft Gesetzes ein. Sie tritt also auch dann ein, wenn der Vater sich der Strafe durch die Flucht entzieht oder die Strafe erlassen oder die Strafvollstreckung verjährt ist. Wird im Wege der Wiederaufnahme das Strafurtheil aufgehoben und der Vater freigesprochen oder zu einer milderen als der im § 1680 bezeichneten Strafe verurtheilt, so fällt damit nach rückwärts die Verwirkung weg. Auf die Rechtswirksamkeit der Rechtshandlungen, welche von oder gegenüber einem in Folge der Verwirkung bestellten Vertreter des Kindes inzwischen vorgenommen worden sind, wird der Wegfall der Verwirkung indessen ohne Einfluß sein. Eine ausdrückliche Vorschrift hierüber fehlt zwar, man wird aber den im § 32 freiw. G.G. liegenden Gedanken verallgemeinern dürfen (vergl. B.G.B. § 115 Abs. 2).

3. Folge der Verwirkung ist der Verlust der elterlichen Gewalt im vollen Umfang, also einschließlich der elterlichen Nutznießung und der thatsächlichen Sorge für die Person. Der Vater wird übrigens, trotz der Verwirkung, von dem persönlichen Verkehre mit dem Kinde nicht ganz ausgeschlossen werden dürfen; läßt man den persönlichen Verkehr des von der Sorge für die Person ausgeschlossenen Elterntheils mit dem Kinde selbst im Falle der Ehescheidung unter allen Umständen zu (§ 1636), so ist kein Grund einzusehen, warum der Vater in Folge der Verwirkung stets ausgeschlossen sein soll. Ein Recht des Vaters, mit dem Kinde zu verkehren, wie es ihm nach § 1635 zusteht, dürfte indessen nicht anzuerkennen sein. Dem Ermessen des Vormundschaftsgerichts bezw. des Vormundes bleibt die Entscheidung überlassen, ob und inwieweit ein Verkehr des Vaters mit dem Kinde im Interesse des Kindes zuzulassen ist. Die elterliche Gewalt geht auf die Mutter nur über, wenn die Ehe aufgelöst ist (§ 1684 Abs. 1 Nr. 2). Ist dies nicht der Fall, so ist ein Vormund zu bestellen (§ 1773); wegen der Stellung der Mutter zum Vormunde s. § 1698. Steht dem Vater nicht die volle elterliche Gewalt, sondern nur ein Theil derselben, z. B. nur die Sorge für die Person (etwa mit Rücksicht darauf, daß über das Vermögen des Vaters der Konkurs eröffnet worden ist) zu, so ist § 1680 gleichfalls anwendbar. Dagegen werden die unabhängig von der elterlichen Gewalt bestehenden besonderen elterlichen Rechte (§§ 1305, 1306, 1601, 1617, 1747, 1925, 2303) durch die Verwirkung nicht berührt. Wegen der Klage eines antheilberechtigten Abkömmlinges auf Abschichtung bei der fortgesetzten Gütergemeinschaft s. § 1495 Nr. 5.

4. Die Verwirkung tritt nur hinsichtlich des Kindes ein, an welchem die strafbare Handlung verübt worden ist. Gegen die anderen Kinder bleibt die elterliche Gewalt bestehen. Das Vormundschaftsgericht kann indessen Veranlassung nehmen, auf Grund des § 1666 gegen den Vater auch in Ansehung der anderen Kinder einzuschreiten.

5. Das Strafgericht hat nach § 50 freiw. G.G. dem Vormundschaftsgerichte von einer Verurtheilung der im § 1680 bezeichneten Art Mittheilung zu machen.

### § 1681.

**E. I § 1503, § 1700 Abs. 1; II § 1570 rev. § 1659; III § 1657. P. I S. 7637; M. IV S. 746. P. II S. 5990 (Bd. 4 S. 562).**

1. Die Folge der Beendigung der Vermögensverwaltung des Vaters, sei es, daß gleichzeitig die elterliche Gewalt aufhört oder ruht oder daß nur die Vermögensverwaltung als solche endigt (s. § 1647, § 1666 Abs. 2, §§ 1670, 1676, 1677, 1679, 1680), ist, daß der Vater dem Kinde das Vermögen herausgeben muß. Wenn das Kind noch nicht volljährig ist, muß das Vermögen dem gesetzlichen Vertreter, also, wenn die elterliche Gewalt von der Mutter ausgeübt wird, dieser, wenn eine Vormundschaft angeordnet ist, dem Vormunde, wenn nur die Vermögensverwaltung des Vaters aufhört, dem Pfleger herausgegeben werden. Sind Bestandtheile des Vermögens des Kindes untergegangen oder verschlechtert worden, so hat der Vater, sofern

## §. 1682.

Der Vater ist auch nach der Beendigung seiner elterlichen Gewalt zur Fortführung der mit der Sorge für die Person und das Vermögen des Kindes verbundenen Geschäfte berechtigt, bis er von der Beendigung Kenntniß erlangt oder sie kennen muß. Ein Dritter kann sich auf diese Berechtigung nicht berufen, wenn er bei der Vornahme eines Rechtsgeschäfts die Beendigung der elterlichen Gewalt kennt oder kennen muß.

Diese Vorschriften finden entsprechende Anwendung, wenn die elterliche Gewalt des Vaters ruht oder aus einem anderen Grunde seine Vermögensverwaltung aufhört.

---

ihn ein Verschulden (§ 1664) trifft, dem Kinde Ersatz zu leisten. Der Ersatz ist sofort zu leisten, auch wenn dem Vater die elterliche Gewalt verbleibt, § 1657 findet keine Anwendung. Die Beweislast ist dabei in derselben Weise, wie im entsprechenden Falle des § 1421 (s. Erl. 1 zu § 1421) bei der Herausgabe des eingebrachten Gutes an die Frau zu vertheilen (M. IV S. 478). Das Kind muß beweisen, daß der Vater einen gewissen Gegenstand, für dessen Untergang er verantwortlich gemacht wird, überhaupt erhalten hat oder daß es ihm zum Verschulden anzurechnen ist, daß er ihn nicht erhalten hat. Dem Kinde liegt ferner der Nachweis des Zustandes ob, in welchem die ihm gehörende Sache sich im Augenblicke des Besitzerwerbes durch den Vater befunden hat. In ersterer Beziehung wird dem Kinde regelmäßig der Nachweis dadurch erleichtert, daß der Vater nach § 1640 ein Verzeichniß des Vermögens des Kindes bei Gericht wird eingereicht haben (s. Erl. zu § 1640). Steht fest, daß der Vater den Besitz einer Sache erlangt hat, so ist es Sache des Vaters, nachzuweisen, daß er an dem Untergange keine Schuld trägt. Aehnlich liegt die Sache bei Verschlechterung der Sachen des Kindes. Auch für Verschlechterungen trifft den Vater die Ersatzpflicht, aber nur, wenn ihm ein Verschulden zur Last fällt; die gewöhnliche Abnützung hat er nicht zu tragen (s. Erl. zu § 1654).

Selbstverständlich bezieht sich die Verpflichtung des Vaters zur Herausgabe nur auf die Substanz, nicht auf die Nutzungen des unfreien Vermögens. Diese erwirbt der Vater zu eigenem Rechte; was er erspart, gehört ihm. Ueber die zeitliche Vertheilung der noch ausstehenden Früchte trifft der § 101 Vorsorge.

2. Das Korrelat der Herausgabepflicht des Vaters ist dessen Verpflichtung zur Rechnungsablage. Auch diese Pflicht beschränkt sich auf die Substanz des Vermögens und der Nutzungen des freien Vermögens des Kindes. Für die Verwendung der Nutzungen des unfreien Vermögens ist der Vater dem Kinde nicht verantwortlich. Die Ablegung der Rechenschaft erfolgt nach § 259 durch Mittheilung einer geordneten Zusammenstellung der Zu- und Abgänge. Dabei wird der Vater natürlich, wenn er nach § 1640 ein Verzeichniß des Vermögens des Kindes eingereicht hat, dies zu Grunde legen. Hat der Vater nach § 1667 Rechnung gelegt, so kann auf diese Bezug genommen werden (analog § 1890 Satz 2). Auf die Herausgabepflicht findet § 260 Anwendung. Die Zusammenstellung sowie das im § 260 bezeichnete Verzeichniß müssen unter den Voraussetzungen des § 259 Abs. 2 und des § 260 Abs. 2 vom Vater beschworen werden. Das Nähere s. Erl. zu § 259, § 261, ferner § 889 der C.P.O., § 163 freiw. G.G.

Rechnungsnehmer ist das Kind, also wenn es noch nicht volljährig ist, sein gesetzlicher Vertreter, dem die Sorge für das Vermögen obliegt (die Mutter, der Vormund, ein Pfleger und im Falle des § 1693 der Beistand), nach dem Tode des Kindes sein Erbe. Eine Mitwirkung des Vormundschaftsgerichts bei der Abnahme der Rechnung findet nicht statt (anders beim Vormunde nach § 1892); wird indessen die Rechnung dem Vormunde, Pfleger oder Beistande gelegt, so erstreckt sich das allgemeine Aufsichtsrecht des Vormundschaftsgerichts (§§ 1837, 1915, 1693) auf die dem Vormunde, Pfleger oder Beistande gelegte Rechnung; das Aufsichtsrecht ist gelegentlich der dem Vormunde, dem Pfleger und dem Beistande nach § 1802 obliegenden Einreichung des Vermögensverzeichnisses zu üben.

### § 1682.

**E. II § 1571 Abs. 1 rev. § 1660; III § 1658. P. II S. 6173, 8671 (Bd. 4 S. 662; Bd. 6 S. 300).**

Die Vorschrift entspricht im Anschluß an die §§ 674, 169 dem § 1424 Abs. 1. Es darf auf die Erl. 1 zu § 1424 verwiesen werden.

§. 1683.

Endigt die elterliche Gewalt in Folge des Todes des Kindes, so hat der Vater diejenigen Geschäfte, mit deren Aufschube Gefahr verbunden ist, zu besorgen, bis der Erbe anderweit Fürsorge treffen kann.

## 2. Elterliche Gewalt der Mutter.

---

§ 1683.

**E. II § 1571 Abs. 2 rev. § 1661; III § 1659. P. II S. 6174 (Bd. 4 S. 662.)**

Die Vorschrift des § 1683 schließt sich an den für den Auftrag geltenden § 672 Satz 2 an. Dem Tode des Kindes steht die Todeserklärung gleich. Insoweit der Vater Geschäfte weiter zu besorgen hat, gilt die elterliche Gewalt als fortbestehend; das Recht des Vaters, Ersatz der Aufwendungen zu verlangen, bestimmt sich also nach § 1648, die Haftung gegenüber dem Kinde für die nach der Vorschrift des § 1683 besorgten oder entgegen derselben unterlassenen Geschäfte richtet sich nach § 1664.

2. Elterliche Gewalt der Mutter.

**I.** Die elterliche Gewalt der Mutter (vergl. hierzu die Vorbm. 4 oben S. 379) kommt in drei Formen vor.

1. Neben dem Vater, wenn dieser die elterliche Gewalt ausübt, beschränkt sich die elterliche Gewalt der Mutter auf die thatsächliche Fürsorge für die Person des Kindes. Zur Vertretung des Kindes ist die Mutter nicht berechtigt und bei Meinungsverschiedenheit zwischen dem Vater und der Mutter geht die Meinung des Vaters vor (§ 1634). Die gleiche Stellung hat die Mutter neben dem für das Kind bestellten Vormund oder Pfleger, wenn ein Vormund bestellt ist, weil die Gewalt des Vaters ruht oder verwirkt ist oder weil die Vertretung des Kindes dem Vater entzogen ist oder weil die Erziehung des Kindes einem Pfleger übertragen ist (§ 1698).

2. Bei thatsächlicher Verhinderung des Vaters und beim Ruhen seiner Gewalt — während der Ehe in jedem Falle, nach der Auflösung der Ehe nur beim Ruhen, wenn die Ausübung der Gewalt der Mutter übertragen ist, — ist die Mutter Verweserin der Gewalt des Vaters. Die elterliche Gewalt verbleibt ihrer Zuständigkeit nach dem Vater. Sie wird aber nicht von ihm, sondern von der Mutter ausgeübt (§ 1685). Die Mutter übt die Gewalt nicht etwa Namens des Vaters als dessen Vertreterin aus, sondern sie hat die gleiche Stellung, welche der Vater hätte, wenn er nicht thatsächlich verhindert wäre oder seine Gewalt ruhte. Daß die elterliche Gewalt der Mutter in diesen Fällen aber nur neben der des Vaters steht, letztere gleichsam nur schlummert, kommt dadurch auch äußerlich zur Erscheinung, daß, wenn das der Ausübung der Gewalt durch den Vater entgegenstehende Hinderniß gehoben ist, der Vater von selbst wieder die Gewalt zurückerlangt.

3. Nach dem Tode des Vaters, nach dessen Todeserklärung und, sofern die Ehe aufgelöst ist, nach der Verwirkung der Gewalt durch den Vater erlangt die Mutter die elterliche Gewalt als Vollgewalt (§ 1684); in diesen Fällen ist sie die alleinige Inhaberin der elterlichen Gewalt. Die Möglichkeit der Wiedererlangung der Gewalt besteht hier für den Vater nur im Falle seiner Todeserklärung; die Rückkehr bringt aber für sich allein die Gewalt der Mutter nicht zum Erlöschen, sondern nur die dem Vormundschaftsgerichte gegenüber abgegebene Erklärung des Vaters, daß er die Gewalt wieder an sich nehme.

Steht dem Vater die Gewalt nur in einzelnen Beziehungen nicht zu, sei es in Ansehung der Sorge für die Person (§§ 1630 Abs. 2, 1666) oder der Vermögensverwaltung (§§ 1630 Abs. 2, 1638, 1647, 1670), so tritt nicht die elterliche Gewalt der Mutter, sondern ein Pfleger ein (§ 1909). Verliert der Vater die Gewalt, ohne daß sie auf die Mutter übergeht, so wird ein Vormund bestellt (§ 1773). Die Mutter kann Pfleger oder Vormund sein.

**II.** Der Inhalt der elterlichen Gewalt der Mutter ist, wenn sie die elterliche Gewalt ausübt oder ihr die elterliche Gewalt als Vollgewalt zusteht, im Wesentlichen die gleiche wie die des Vaters (§ 1686). Der Mutter steht jedoch die elterliche Nutznießung nur zu, wenn sie die volle elterliche Gewalt hat oder wenn ihr die Ausübung der elterlichen Gewalt nach der Auflösung der Ehe übertragen worden ist; dagegen hat sie die Nutznießung nicht, wenn sie während der Ehe die elterliche Gewalt ausübt. Die §§ 1687—1697 ferner sehen insbesondere durch die Möglichkeit der Bestellung eines Beistandes gewisse Abweichungen vor; über diese s. Erl. zu § 1686.

**III.** Die Beistandschaft dient dazu, um einer Mutter, insbesondere wenn sie mit dem rechtsgeschäftlichen Verkehre wenig vertraut ist, ein unterstützendes und überwachendes Organ, bei welchem sie sich Raths erholen kann, zur Seite zu stellen (M. IV S. 798). Der Wirkungskreis des Beistandes bestimmt sich durch das Bedürfniß, welches zur Aufstellung des Beistandes führt, sofern nicht der Vater die Bestellung eines Beistandes angeordnet und über den Wirkungskreis Bestimmungen getroffen hat.

Der Beistand hat regelmäßig die Stellung eines Gegenvormundes (§ 1689). Solchen Falles liegt die Sorge für die Person des Kindes und das Vermögen der Mutter ob. Die Mutter bleibt die gesetzliche Vertreterin des Kindes, sie ist für die Ausübung der elterlichen Gewalt dem Kinde verantwortlich. Das Vormundschaftsgericht kann indessen auf Antrag der Mutter dem Beistand auch die Vermögensverwaltung ganz oder theilweise übertragen (§ 1693), dann hat, soweit dies geschieht, der Beistand die rechtliche Stellung eines Pflegers; er ist der Vertreter des Kindes, ihn trifft die Verantwortung für die Vermögensverwaltung.

**IV.** Die Mutter kann auf die elterliche Gewalt nicht verzichten; fühlt sie sich ihrer Aufgabe nicht gewachsen, so kann sie nur die Bestellung eines Beistandes beantragen (§ 1687 Nr. 2). Dem Beistande kann dann die gesammte Vermögensverwaltung übertragen werden (§ 1693); solchen Falles hat die Mutter mit der Vermögensverwaltung nichts zu thun, auch mit der Ziehung der Nutzungen ist sie nicht befaßt (§§ 1686, 1656). Die Nutznießung steht ihr zwar nach Maßgabe der Ausführungen unter II zu, sie übt sie jedoch nicht selbst aus, sondern hat nur Anspruch auf den Reingewinn. Die Sorge für die Person des Kindes kann ihr nicht abgenommen werden. In dieser Hinsicht kann der Beistand nur zur Unterstützung und Beaufsichtigung bestellt werden.

**V.** Einfluß des Vaters auf die Gewalt der Mutter. Der Vater kann den Eintritt der elterlichen Gewalt der Mutter nicht hindern. Er kann nur einen gewissen Einfluß auf die Ausübung der elterlichen Gewalt durch die Mutter ausüben, indem er die Bestellung eines Beistandes anordnen (§ 1687 Nr. 1) und den Wirkungskreis des Beistandes bestimmen kann (§ 1688). Bezüglich des von ihm selbst herrührenden Vermögens hat der Vater dadurch noch weitergehenden Einfluß, daß er gemäß § 1638 der Mutter die Verwaltung dieses Vermögens ganz oder theilweise entziehen und dadurch die Bestellung eines Pflegers für das Kind herbeiführen und daß er nach § 1639 über die Art der Verwaltung bindende Vorschriften treffen kann. Nach § 1651 Nr. 2 endlich kann er bezüglich dieses Vermögens auch die Nutznießung der Mutter ausschließen.

**VI.** Die Aufsicht und Fürsorge des Vormundschaftsgerichts ist der elterlichen Gewalt der Mutter gegenüber keine andere, wie gegenüber der des Vaters. Eine Abweichung ergiebt sich nur dadurch, daß der Mutter ein Beistand bestellt werden kann. Aber auch im Falle der Bestellung eines Beistandes ist die Genehmigung des Vormundschaftsgerichts zu Rechtsgeschäften in nicht weiterem Umfang, als wenn ein Beistand nicht bestellt ist, erforderlich. Auch braucht die Mutter trotz der Bestellung des Beistandes nicht die zum Vermögen des Kindes gehörenden Werthpapiere zu hinterlegen, noch weniger braucht sie über ihre Vermögensverwaltung während der Dauer der elterlichen Gewalt Rechnung zu legen.

Wie die Stellung des Vormundschaftsgerichts gegenüber dem Inhaber der elterlichen Gewalt dadurch, daß die Mutter Gewaltinhaberin ist, keine Aenderung erleidet, so ist auch die Aufgabe des Gemeindewaisenraths gegenüber der Mutter keine andere, als gegenüber dem Vater. Dies gilt auch für den Fall, daß der Mutter ein Beistand bestellt ist. Auch in diesem Falle gilt nach § 1686 in Ermangelung einer Sondervorschrift lediglich die Bestimmung des § 1675, wonach der Gemeindewaisenrath dem Vormundschaftsgericht Anzeige zu machen hat, wenn ein Fall zu seiner Kenntniß gelangt, in welchem das Vormundschaftsgericht zum Einschreiten berufen ist. Der Gemeindewaisenrath hat also, auch wenn ein Beistand bestellt ist, nicht das Recht, die Mutter fortlaufend zu beaufsichtigen. Da der Beistand regelmäßig nur die Stellung eines Gegenvormundes hat, der Gemeindewaisenrath nach § 1850 aber die Führung der Gegenvormundschaft nicht zu überwachen hat, wird auch der § 1851 für den Fall der Bestellung eines Beistandes nicht entsprechend zur Anwendung kommen können, es wird also die Bestellung des Beistandes dem Gemeindewaisenrathe nicht mitzutheilen sein.

**VII.** Abgesehen von den Gründen, aus welchen die elterliche Gewalt überhaupt endigt (s. Vorbm. 8 S. 381), endigt die elterliche Gewalt der Mutter durch die Wiederverheirathung der Mutter (§ 1697), ferner dadurch, daß die elterliche Gewalt des Vaters wieder in Wirksamkeit tritt. Letzteres ist der Fall, wenn der Vater nach erfolgter Todeserklärung die Gewalt gemäß § 1679 Abs. 2 wieder erlangt, wenn die vorübergehende thatsächliche Verhinderung des Vaters beseitigt ist oder wenn das Ruhen der Gewalt des Vaters aufhört.

**VIII.** Inhalt der §§ 1684—1698. In den §§ 1684, 1685 sind die Fälle der elterlichen Gewalt der Mutter festgesetzt. Der § 1686 spricht die Gleichstellung der Gewalt der Mutter

§. 1684.

Der Mutter steht die elterliche Gewalt zu:
1. wenn der Vater gestorben oder für todt erklärt ist;
2. wenn der Vater die elterliche Gewalt verwirkt hat und die Ehe aufgelöst ist.

Im Falle der Todeserklärung beginnt die elterliche Gewalt der Mutter mit dem Zeitpunkte, der als Zeitpunkt des Todes des Vaters gilt.

---

mit der des Vaters aus. Die §§ 1687—1697 enthalten die Ausnahmen von dieser Gleichstellung. Die §§ 1687—1695 behandeln die Beistandschaft; § 1696 trifft eine Sondervorschrift für das Ruhen der Gewalt der Mutter wegen Minderjährigkeit, § 1697 schreibt die Beendigung der Gewalt der Mutter im Falle ihrer Wiederverheirathung vor. Der § 1698 hat die Stellung der Mutter neben dem Vormund und Pfleger zum Gegenstande.

**§ 1684.**

**E. I § 1501 Abs. 2, § 1557 Abs. 2 Satz 2 § 1559 Abs. 2; II § 1572 rev. § 1662; III § 1660. P. I S. 7605—7610, 7814—7824, 8735, 8747. M. IV S. 733—739, 832, 840. P. II S. 6143, 6150 (Bd. 4 S. 547, 549, 644). D. S. 709, 710. K.B. S. 2083.**

**I.** Der § 1684 bestimmt die Fälle, in welchen die Mutter die elterliche Gewalt als volle und alleinige Gewalt nach der Beendigung der Gewalt des Vaters erhält (s. Vorbm. I 3 S. 435). Dies ist der Fall

1. beim Tode des Vaters. In Bezug auf ein nachgeborenes Kind erhält also die Mutter die elterliche Gewalt von vorneherein.

2. Bei der Todeserklärung des Vaters nach § 1679 Abs. 1. Die Gewalt geht nach § 1684 Abs. 2 mit dem Augenblick auf die Mutter über, welcher nach § 18 als Todestag des Vaters gilt und nach C.P.O. § 970 Abs. 2 im Urtheile festgestellt werden muß. Lebt der für todt erklärte Vater noch und erlangt er nach § 1679 Abs. 2 durch die Erklärung gegenüber dem Vormundschaftsgerichte die elterliche Gewalt wieder, so wird dadurch die elterliche Gewalt der Mutter von selbst beendigt. Wegen gutgläubiger Fortführung der beendigten Gewalt durch die Mutter s. §§ 1686, 1682. Giebt der Vater die Erklärung nicht ab, so verbleibt der Mutter die elterliche Gewalt. A. A. Knitschky S. 246, welcher solchen Falles einen Vormund bestellt wissen will.

**3.** Wenn der Vater die elterliche Gewalt nach § 1680 verwirkt hat; doch muß solchen Falles die Ehe, aufgelöst sein. Ist die Ehe im Zeitpunkte der Rechtskraft des Verwirkungsurtheils schon aufgelöst so erlangt die Mutter in diesem Zeitpunkte die elterliche Gewalt von selbst. Wird die Ehe erst später aufgelöst, so erlangt sie dieselbe mit der Rechtskraft des Scheidungs- oder Aufhebungsurtheils. Hat der Vater die Gewalt nicht über alle Kinder verwirkt, so verbleiben die Kinder, bezüglich deren die Verwirkung nicht eintritt, in seiner Gewalt. Als Gründe der Auflösung der Ehe kommen die Ehescheidung, die Aufhebung der ehelichen Gemeinschaft und die Wiederverheirathung nach erfolgter Todeserklärung (§ 1348 Abs. 2) in Betracht; der letztgedachte Fall kann jedoch nur dann in Frage kommen, wenn die für todt erklärte Mutter nach Eingehung einer neuen Ehe seitens des Vaters zurückkehrt und der Vater die Gewalt über ein Kind der früheren Ehe inzwischen oder später verwirkt.

Solange die Ehe nicht aufgelöst ist, muß, wenn der Vater die Gewalt verwirkt hat, für das Kind ein Vormund bestellt werden; wegen der Stellung der Mutter neben dem Vormunde s. § 1698. Erlangt die Mutter mit der späteren Auflösung der Ehe die elterliche Gewalt, so endigt die inzwischen angeordnete Vormundschaft über das Kind nach § 1882 von selbst.

Wird die eheliche Gemeinschaft wieder hergestellt, so fallen die mit der Aufhebung der Gemeinschaft verbundenen Wirkungen weg (§ 1587). Die Mutter, welche die vom Vater verwirkte Gewalt infolge der Aufhebung erworben hatte, verliert deshalb die Gewalt wieder und es muß ein Vormund bestellt werden.

**II.** Die elterliche Gewalt der Mutter tritt in den bezeichneten Fällen von selbst ein, ohne daß es einer Anordnung des Vormundschaftsgerichts bedarf.

Da der Zeitpunkt, welcher in dem Todeserklärungsurtheil als Zeitpunkt des Todes bestimmt ist, regelmäßig längere Zeit zurückliegt, mit diesem Zeitpunkt aber die elterliche Gewalt der Mutter von selbst eintritt, so erlangt diese die Gewalt früher als sie oder der etwa für das Kind bestellte Pfleger etwas davon wußte oder wissen konnte. Alle nach dem gedachten Zeitpunkte für das Kind oder ihm gegenüber vorgenommenen Rechtsgeschäfte sind aber so zu beurtheilen, wie wenn die gesetzliche Vertretung der Mutter des Kindes zugestanden hätte. Hier-

## §. 1685.

Ist der Vater an der Ausübung der elterlichen Gewalt thatsächlich verhindert oder ruht seine elterliche Gewalt, so übt während der Dauer der Ehe die Mutter die elterliche Gewalt mit Ausnahme der Nutznießung aus.

Ist die Ehe aufgelöst, so hat das Vormundschaftsgericht der Mutter auf ihren Antrag die Ausübung zu übertragen, wenn die elterliche Gewalt des Vaters ruht und keine Aussicht besteht, daß der Grund des Ruhens wegfallen werde. Die Mutter erlangt in diesem Falle auch die Nutznießung an dem Vermögen des Kindes.

---

aus folgt, daß, wenn ein Vormund oder Pfleger für das Kind bestellt gewesen wäre, dessen Handlungen als nicht von dem gesetzlichen Vertreter vorgenommen unwirksam sind. Praktisch dürften die sich hieraus ergebenden Bedenken ohne große Bedeutung sein, weil in dem gedachten Falle regelmäßig die Mutter die elterliche Gewalt in der Zwischenzeit schon wegen Ruhens der elterlichen Gewalt des Vaters ausgeübt haben wird und es für die Gültigkeit der von ihr für das Kind vorgenommenen Handlungen gleichgültig ist, ob sie dieselben kraft ihres Rechtes, die elterliche Gewalt auszuüben oder weil ihr dieselbe zustand, vorgenommen hat. Selbstverständlich trifft die Mutter keine Verantwortung, wenn sie in der Zwischenzeit die elterliche Gewalt nicht ausübte, indem sie ja gar nicht wissen konnte, daß ihr dieselbe zustehe.

**III.** Ein weiterer, im Gesetze nicht besonders hervorgehobener Fall des Eintritts der vollen elterlichen Gewalt der Mutter liegt dann vor, wenn eine verheirathete oder unverheirathete Frau ein Kind an Kindesstatt annimmt. Solchen Falles ist es so anzusehen, als ob der Vater zur Zeit der Annahme schon gestorben wäre.

**IV.** Der Umstand, daß die Mutter zu der Zeit, zu welcher sie nach § 1684 die elterliche Gewalt erlangt, geschäftsunfähig oder in der Geschäftsfähigkeit beschränkt ist oder nach § 1910 Abs. 1 einen Pfleger für ihre Person und ihr Vermögen erhalten hat, hindert den Erwerb der elterlichen Gewalt durch die Mutter nicht. Die Mutter kann jedoch nach den §§ 1686, 1676 die elterliche Gewalt nicht ausüben, sondern es wird nach § 1773 ein Vormund für das Kind bestellt. Liegt dagegen in dem maßgebenden Zeitpunkt, in welchem nach § 1684 die Gewalt auf sie übergehen würde, ein Grund vor, aus dem sie, wenn ihr die Gewalt zugestanden hätte, diese verloren haben würde, so erlangt sie die Gewalt nicht. E. I § 1560, der dies ausdrücklich aussprach, ist als selbstverständlich gestrichen worden (P. II. Bd. 4 S. 662). Die Mutter kann also z. B., wenn sie in dem Augenblick, in dem der Vater die Gewalt verwirkt hat, wiederverheirathet oder wegen einer an dem Kinde begangenen Strafthat, die die Verwirkung der Gewalt nach § 1680 zur Folge gehabt hätte, verurtheilt ist, die Gewalt nicht erlangen; es muß für das Kind ein Vormund bestellt werden.

## § 1685.

**E. I § 1555; II § 1573 rev. § 1663; III § 1661. P. I S. 7814—7817, 8735; M. IV S. 821—824. P. II S. 6131—6138, 8671 (Bd. 4 S. 639—643, 650—652; Bd. 6 S. 300). D. S. 710. K.B. S. 2083.**

Der § 1685 behandelt die Fälle, in welchen die an sich dem Vater zustehende elterliche Gewalt von der Mutter ausgeübt wird (s. Vorbm. I S. 435). Der Abs. 1 betrifft die Fälle während des Bestehens der Ehe, der Abs. 2 die Fälle nach Auflösung der Ehe.

**1.** Während der Ehe übt die Mutter die elterliche Gewalt bei jeder längeren oder kürzeren thatsächlichen Verhinderung des Vaters (hierüber s. die Erl. zu §§ 1665, 1677) und beim Ruhen der Gewalt des Vaters (hierüber s. die Erl. zu §§ 1676—1678) aus. Auf den Grund des Ruhens kommt es nicht an; die Mutter übt die Gewalt auch dann aus, wenn der Vater wegen Verschwendung oder Trunksucht entmündigt worden ist (anders die Entw.). Der Uebergang der Gewalt auf die Mutter vollzieht sich kraft Gesetzes, ohne daß es eines Eingriffs des Vormundschaftsgerichts bedarf.

**2.** Nach der Auflösung der Ehe wird die Gewalt von der Mutter kraft Gesetzes in keinem Falle ohne Weiteres ausgeübt. Dagegen kann das Vormundschaftsgericht der Mutter die Ausübung der Gewalt beim Ruhen der Gewalt des Vaters, also nicht bei einer bloßen thatsächlichen Verhinderung des Vaters (§ 1665) — außer wenn die Verhinderung vom Vormundschaftsgerichte festgestellt und damit gemäß § 1677 das Ruhen der Gewalt des Vaters herbeigeführt worden ist — übertragen. Ueber die Zuständigkeit des Vormundschaftsgerichts s. §§ 35, 43 freiw. G.G. Die Uebertragung setzt voraus, daß die Mutter sie beantragt sowie daß keine Aussicht besteht, daß der Grund des Ruhens wegfallen werde. Wann letztere Voraussetzung zutrifft,

§. 1686.

Auf die elterliche Gewalt der Mutter finden die für die elterliche Gewalt des Vaters geltenden Vorschriften Anwendung, soweit sich nicht aus den §§. 1687 bis 1697 ein Anderes ergiebt.

---

ist Thatfrage. Sie wird z. B. gegeben sein bei Scheidung der Ehe wegen Geisteskrankheit des Vaters oder wenn der Vater zu einer länger als bis zu der Zeit, zu welcher das Kind volljährig wird, dauernden Freiheitsstrafe verurtheilt ist und das Vormundschaftsgericht die Verhinderung des Vaters gemäß § 1677 festgestellt hat. Sind die Voraussetzungen gegeben, so muß das Vormundschaftsgericht der Mutter die Gewalt übertragen. Bei thatsächlicher Verhinderung des Vaters kann das Gericht in einer Verfügung die Verhinderung nach § 1677 feststellen und die Gewalt der Mutter nach § 1685 übertragen; die Verfügung wird nach § 51 Abs. 1 freiw. G.G. mit der Bekanntmachung an die Mutter wirksam. Die Uebertragung kann auch erst nach der Feststellung der Verhinderung erfolgen; dann endigt das Amt des gemäß §§ 1678, 1773 auf Grund der Feststellung bestellten Vormundes nach § 1882 mit der Uebertragung von selbst; die Uebertragung wird nach § 16 Abs. 1 freiw. G.G. mit der Bekanntmachung an die Mutter für alle Betheiligte, auch für den Vormund, wirksam.

Als Fälle der Auflösung der Ehe kommen für den Abs. 2 nur in Betracht die Ehescheidung, die Aufhebung der ehelichen Gemeinschaft (§ 1586) und im Falle des § 1679 Abs. 2 auch die Wiederverheirathung nach erfolgter Todeserklärung des Vaters (§ 1348 Abs. 2).

3. Die Nutznießung erlangt die Mutter, wenn sie während der Ehe die elterliche Gewalt ausübt, nicht; sie verbleibt dem Vater nach Maßgabe der §§ 1656, 1657. Wird der Mutter nach der Auflösung der Ehe die Ausübung der Gewalt übertragen, so erlangt sie damit von selbst auch die Nutznießung, vorausgesetzt, daß die Nutznießung dem Vater überhaupt zusteht. Sie erlangt sie also nicht, wenn der Vater auf sie verzichtet hatte (§ 1662). Folge des Ueberganges der Nutznießung auf die Mutter ist, daß die Mutter für den Unterhalt des Kindes vor dem Vater haftet (§ 1606 Abs. 2). Vergl. auch Erl. zu §§ 1662, 1663, 1678.

4. Der Vater verliert, wenn seine elterliche Gewalt ruht und infolge dessen von der Mutter ausgeübt wird, die Vermögensverwaltung und die Sorge für die Person einschließlich der Vertretung des Kindes. Nur die thatsächliche Fürsorge für die Person des Kindes bleibt ihm nach Maßgabe des § 1676 Abs. 2. Der § 1676 Abs. 2 läßt übrigens die §§ 1635, 1637 unberührt. Wenn also z. B. die Ehe aus alleinigem Verschulden des Vaters geschieden und der Mutter deshalb nach § 1635 die thatsächliche Fürsorge für das Kind zusteht, so erlangt der Vater, wenn nunmehr seine Gewalt, z. B. wegen Verschwendung ruht, nicht mit der Uebertragung der Gewalt auf die Mutter das Recht der thatsächlichen Fürsorge.

5. Hört die thatsächliche Verhinderung des Vaters oder das Ruhen der Gewalt des Vaters wieder auf, so endigt damit von selbst die Gewalt der Mutter. Die Gewalt des Vaters tritt wieder in volle Wirksamkeit. Dies gilt auch vom Falle des Abs. 2; es bedarf in diesem Falle nicht einer Aufhebung der Uebertragung der Gewalt an die Mutter durch das Vormundschaftsgericht. Der Vater erlangt, wenn das Ruhen seiner Gewalt endigt, auch die elterliche Nutznießnng wieder.

6. In den Fällen des Abs. 1 ist es möglich, daß die Mutter über ihre Berechtigung zur Ausübung der elterlichen Gewalt sich im Irrthume befindet. Insbesondere kann vorkommen, daß sie der Ansicht ist, der Vater sei an der Ausübung der Gewalt thatsächlich verhindert, während er in Wirklichkeit entsprechende Vorsorge getroffen hat. Auf das Fehlen der Voraussetzungen des Abs. 1 kann sich Jeder berufen. Im Falle, daß sowohl der Vater als auch die Mutter für das Kind gehandelt haben, gilt nur die Handlung des Vaters. Die Mutter wird wie ein Vertreter ohne Vertretungsmacht nach Maßgabe der allgemeinen Grundsätze (vergl. §§ 177—179) behandelt.

7. Selbstverständliche Voraussetzung der Ausübung der elterlichen Gewalt durch die Mutter und der Uebertragung der Gewalt an die Mutter ist, daß in dem maßgebenden Zeitpunkte nicht einer der Gründe vorliegt, der ihre elterliche Gewalt kraft Gesetzes ausschließt (z. B. Wiederverheirathung § 1697, Verurtheilung wegen einer Strafthat, welche die Verwirkung nach § 1680 zur Folge gehabt hätte,) oder das Ruhen derselben verursacht. Der Mutter darf daher, wenn sie minderjährig ist, die Gewalt nach Abs. 2 nicht übertragen werden.

**§ 1686.**

**E. II § 1575 rev. § 1664; III § 1662. P. II S. 5977** (Bd. 4 S. 555).

Die elterliche Gewalt der Mutter hat den gleichen Inhalt wie die des Vaters. Die in den §§ 1687—1697 enthaltenen Abweichungen sind:

§. 1687.

Das Vormundschaftsgericht hat der Mutter einen Beistand zu bestellen:
1. wenn der Vater die Bestellung nach Maßgabe des §. 1777 angeordnet hat;
2. wenn die Mutter die Bestellung beantragt;
3. wenn das Vormundschaftsgericht aus besonderen Gründen, insbesondere wegen des Umfanges oder der Schwierigkeit der Vermögensverwaltung, oder in den Fällen der §§. 1666, 1667 die Bestellung im Interesse des Kindes für nöthig erachtet.

---

a) der Mutter kann ein Beistand bestellt werden (§§ 1687—1695);

b) der Fall, daß die elterliche Gewalt wegen beschränkter Geschäftsfähigkeit ihres Inhabers ruht, ist, wenn die beschränkte Geschäftsfähigkeit auf der Minderjährigkeit beruht, bei der Mutter besonders behandelt. Die Mutter ist nach § 1696 selbständiger gestellt als der Vater im entsprechenden Falle nach § 1676 Abs. 2.

c) die Wiederverheirathung ist bei der Mutter ein Grund des Erlöschens der elterlichen Gewalt (§ 1697).

**§ 1687.**

**E. I § 1538; II § 1576 rev. § 1665; III § 1663. P. I S. 7793, 8734, 8778; M. IV S. 797—800. P. II S. 6078—6081 (Bd. 4 S. 555, 612—614). D. S. 710.**

1. Fälle, in denen das Vormundschaftsgericht einen Beistand zu bestellen hat:

a) Auf Anordnung des Vaters. Die Anordnung kann eine bestimmte Person als Beistand benennen oder sich auf die Anordnung der Bestellung als solche beschränken. Das Anordnungsrecht steht dem Vater infolge der Anwendbarkeit des § 1777 Abs. 1 nur zu, wenn er zur Zeit seines Todes die elterliche Gewalt über das Kind hat und sowohl in den die Person als auch in den das Vermögen betreffenden Angelegenheiten zur Vertretung des Kindes berechtigt ist. Er hat also das Anordnungsrecht nicht, wenn er im Zeitpunkte seines Todes z. B. die elterliche Gewalt verwirkt hat (§ 1680) oder sich im Konkurse befindet (§ 1647) oder ihm die Sorge für die Person oder die Sorge für das Vermögen nach den §§ 1666, 1670 entzogen ist oder seine Gewalt ruht (§ 1678); im Uebrigen s. Erl. zu § 1777. Wenn das Kind zur Zeit des Todes des Vaters noch nicht geboren ist, kann der Vater einen Beistand benennen, wenn er dazu berechtigt wäre, sofern das Kind schon vor seinem Tode geboren wäre (§ 1777 Abs. 2). Die Anordnung hat durch letztwillige Verfügung (Testament oder nicht bindende Verfügung eines Erbvertrags §§ 1937, 2299) zu geschehen.

Ob ein Beistand auch dann zu bestellen ist, wenn die vom Vater benannte Person zur Zeit des Todes des Vaters gestorben ist oder die Beistandschaft nicht übernehmen will oder kann oder später wegfällt, hängt davon ab, ob die Anordnung dahin auszulegen ist, daß jedenfalls ein Beistand angeordnet werden soll und hierfür nur in erster Linie eine bestimmte Person bezeichnet ist, oder ob anzunehmen ist, daß die Bestellung eines Beistandes nur dann erfolgen soll, wenn die bestimmte Person die Beistandschaft annehmen kann und will. Die Anordnung des Vaters, daß ein Beistand zu bestellen ist, kann vom Vormundschaftsgerichte nicht außer Wirksamkeit gesetzt werden.

b) Auf Antrag der Mutter. Der Antrag ist jederzeit zulässig. Dem Antrage muß vom Vormundschaftsgericht ohne weiteres stattgegeben werden, s. auch Erl. zu § 1693.

c) Durch das Vormundschaftsgericht von Amtswegen. Voraussetzung ist, daß das Vormundschaftsgericht die Bestellung aus besonderen Gründen im Interesse des Kindes für nöthig erachtet. Als Beispiel der besonderen Gründe führt das Gesetz an Umfang oder Schwierigkeit der Vermögensverwaltung oder das Vorliegen der Voraussetzungen der §§ 1666, 1667. Die besonderen Gründe können in den objektiven Verhältnissen der in Betracht kommenden elterlichen Gewalt oder in der Person der Mutter liegen. Ein Beistand kann also nicht bloß bestellt werden, weil die Vermögensverwaltung an sich eine erhebliche ist, sondern auch deshalb, weil zwar die Vermögensverwaltung nicht besonders erheblich ist, die Mutter aber nicht die Fähigkeit besitzt, das Vermögen ordnungsmäßig zu verwalten. Bei dem Vorliegen der Voraussetzungen der §§ 1666, 1667 ist übrigens das Vormundschaftsgericht nicht gezwungen, einen Beistand zu bestellen, es kann auch die in den §§ 1666, 1667 bezeichneten Maßregeln

§. 1688.

Der Beistand kann für alle Angelegenheiten, für gewisse Arten von Angelegenheiten oder für einzelne Angelegenheiten bestellt werden.

Ueber den Umfang seines Wirkungskreises entscheidet die Bestellung. Ist der Umfang nicht bestimmt, so fallen alle Angelegenheiten in seinen Wirkungskreis.

Hat der Vater die Bestellung angeordnet, so hat das Vormundschaftsgericht Bestimmungen, die er nach Maßgabe des §. 1777 über den Umfang des Wirkungskreises getroffen hat, bei der Bestellung zu befolgen.

---

anordnen, z. B. im Falle des § 1666 Abs. 1 einen Pfleger und im Falle des § 1666 Abs. 2 einen Vormund bestellen. Auch kann das Vormundschaftsgericht neben der Bestellung des Beistandes zugleich die im § 1667 bezeichneten Maßregeln, insbesondere die Rechnungslegung und die Hinterlegung von Werthpapieren anordnen. Mit Rücksicht auf die selbständige Stellung welche der Mutter trotz der Bestellung eines Beistandes zukommt, wird das Vormundschaftsgericht, insbesondere in den Fällen des § 1667 sich nur selten mit der bloßen Bestellung eines Beistandes, begnügen dürfen.

Die Befugniß des Vormundschaftsgerichts, einen Beistand zu bestellen, kann durch Anordnung des Vaters nicht ausgeschlossen oder beschränkt werden, auch kann der Beistand gegen den Willen der Mutter bestellt werden.

Vor der Bestellung des Beistandes sollen die Mutter und nach Maßgabe der §§ 1673, 1686 die Angehörigen des Kindes gehört werden.

2. Das Vormundschaftsgericht kann auch mehrere Beistände bestellen. Auch der Vater ist berechtigt, mehrere Beistände zu benennen und ihren Wirkungskreis zu bestimmen (§ 1688 Abs. 3). Die Mutter kann dagegen nicht mehrere Beistände benennen, weil sie überhaupt nicht berechtigt ist, eine bestimmte Person als Beistand zu benennen (s. Erl. 1 zu § 1694).

3. Ueber die Berufung als Beistand s. Erl. zu § 1694. Ueber die Aufhebung der Beistandschaft s. Erl. zu §§ 1694, 1695.

4. Die Zuständigkeit des Vormundschaftsgerichts bestimmt sich nach den §§ 35, 43 freiw. G.G. Wird die Bestellung eines Beistandes in den Fällen des § 1687 Nr. 1, 3 abgelehnt, so hat die Mutter sowie jeder Verwandte und Verschwägerte des Kindes das Recht der Beschwerde (§ 57 Nr. 5 freiw. G.G.); wird der Antrag der Mutter auf Bestellung eines Beistandes abgelehnt, so hat nach § 20 Abs. 2 freiw. G.G. nur die Mutter das Recht der Beschwerde.

Wegen der Mitwirkung des Gemeindewaisenraths s. Vorbm. VI S. 436.

5. Wegen der Uebergangszeit s. Erl. zu Art. 205 E.G.

**§ 1688.**

**E. I § 1539; II § 1577 rev. § 1666; III § 1664. P. I S. 7795; M. IV S. 800. P. II S. 6081 (Bd. 4 S. 614). D. S. 710.**

1. Regelmäßig umfaßt der Wirkungskreis des Beistandes sämmtliche persönliche wie vermögensrechtliche Angelegenheiten des Kindes. Das Vormundschaftsgericht kann aber den Wirkungskreis beschränken, sei es, daß es den Beistand nur für gewisse Angelegenheiten bestellt oder daß es gewisse Angelegenheiten von seinem Wirkungskreis ausnimmt. Auf dem letzteren Wege kann insbesondere derselbe Zweck erreicht werden wie im Vormundschaftsrechte durch die Vorschrift des § 1801, nach welcher das Vormundschaftsgericht dem Vormunde die Sorge für die religiöse Erziehung entziehen kann, wenn der Vormund einem anderen Bekenntniß angehört als der Mündel.

2. Die Mutter kann, wenn sie die Bestellung eines Beistandes beantragt, die Bestellung nur für einen bestimmten Wirkungskreis beantragen. Das Vormundschaftsgericht kann aber, da es nach § 1687 Nr. 3 berechtigt ist, von Amtswegen einen Beistand zu bestellen, über den Antrag der Mutter hinaus den Wirkungskreis des Beistandes erweitern. Das gleiche Recht steht dem Vormundschaftsgerichte gegenüber der Anordnung des Vaters zu. Dagegen kann das Vormundschaftsgericht in keinem der beiden Fälle den Wirkungskreis des Beistandes enger, als der Vater oder die Mutter es bestimmen, begrenzen.

3. Die Uebertragung der Vermögensverwaltung an den Beistand ist nur auf den Antrag der Mutter zulässig (§ 1693).

§. 1689.

Der Beistand hat innerhalb seines Wirkungskreises die Mutter bei der Ausübung der elterlichen Gewalt zu unterstützen und zu überwachen; er hat dem Vormundschaftsgerichte jeden Fall, in welchem es zum Einschreiten berufen ist, unverzüglich anzuzeigen.

§. 1690.

Die Genehmigung des Beistandes ist innerhalb seines Wirkungskreises zu jedem Rechtsgeschäft erforderlich, zu dem ein Vormund der Genehmigung des Vormundschaftsgerichts oder des Gegenvormundes bedarf. Ausgenommen sind Rechtsgeschäfte, welche die Mutter nicht ohne die Genehmigung des Vormundschaftsgerichts vornehmen kann. Die Vorschriften der §§. 1828 bis 1831 finden entsprechende Anwendung.

Die Genehmigung des Beistandes wird durch die Genehmigung des Vormundschaftsgerichts ersetzt.

Das Vormundschaftsgericht soll vor der Entscheidung über die Genehmigung in allen Fällen, in denen das Rechtsgeschäft zu dem Wirkungskreise des Beistandes gehört, den Beistand hören, sofern ein solcher vorhanden und die Anhörung thunlich ist.

---

**§ 1689.**

**E. I § 1540; II § 1578 rev. § 1667; III § 1665. P. I S. 7796; M. IV S. 800. P. II S. 6081 (Bd. 4 S. 614). D. S. 710.**

**1.** Auch wenn ein Beistand bestellt ist, ist es die Mutter, welche die elterliche Gewalt ausübt, welcher insbesondere die Vertretung des Kindes zukommt. Dem Beistand ist nur, ähnlich wie dem Gegenvormunde gegenüber dem Vormunde, Recht und Pflicht eingeräumt, einerseits die Mutter zu überwachen, andererseits sie zu unterstützen. Aus seinem Ueberwachungsrechte folgt, daß ihm die Mutter Einblick in die Verwaltung, insbesondere in die dazu gehörenden Papiere gewähren muß (vergl. § 1799 Abs. 2).

Ueber die Fälle, in welchen das Vormundschaftsgericht zum Einschreiten berufen ist, vergl. Vorbm. 7 S. 380. Gegen die Verfügung des Vormundschaftsgerichts, durch welche der Antrag des Beistandes, wegen Pflichtwidrigkeiten der Mutter gegen sie einzuschreiten, zurückgewiesen wird, steht dem Beistande das Rechtsmittel der Beschwerde zu (§ 57 Nr. 6 des freiw. G.G.).

**2.** Ueber das Verhältniß des § 266 des St.G.B. (Untreue) zu dem Amte des Beistandes s. **Ludwig**, D. Juristen-Ztg. 1896 S. 238.

**§ 1690.**

**E. I § 1541 Abs. 1, 2, § 1542; II § 1579 rev. § 1668; III § 1666. P. I S. 7796—7800, 8734; M. IV S. 800. P. II S. 6084 (Bd. 4 S. 615). D. S. 710.**

**1.** Ist der Mutter ein Beistand nicht bestellt, so bedarf sie der Genehmigung des Vormundschaftsgerichts zum Abschlusse von Rechtsgeschäften für das Kind nicht in weiterem Umfang als der Vater (§ 1686).

Ist dagegen der Mutter ein Beistand bestellt, so ist ihre Vertretungsmacht im nämlichen Umfange beschränkt wie die des Vormundes. Wer mit einer Mutter in rechtsgeschäftlichen Verkehr tritt, muß sich deshalb darüber vergewissern, ob ein Beistand bestellt ist. Dabei ist indessen zu unterscheiden. In Ansehung derjenigen Rechtsgeschäfte, zu welchen die Mutter, wenn ihr ein Beistand nicht bestellt ist, als Inhaberin der elterlichen Gewalt der Genehmigung des Vormundschaftsgerichts bedarf, verbleibt es bei dem Erfordernisse der Genehmigung des Vormundschaftsgerichts ohne Rücksicht darauf, ob das Rechtsgeschäft in den Wirkungskreis des Beistandes fällt. Fälle dieser Art sind in den §§ 112, 1643—1645, 1653, 1667 mit §§ 1819, 1820 erwähnt. Die Bestellung des Beistandes bringt für diese Fälle nur mit sich, daß der Beistand nach Maßgabe des Abs. 3 vor der Entscheidung über die Genehmigung zu hören ist. In Ansehung der übrigen Rechtsgeschäfte aber, zu welchen ein Vormund der Genehmigung des Vormundschaftsgerichts oder des Gegenvormundes bedarf, ist die Genehmigung des Beistandes erforderlich. Die Genehmigung des Beistandes ist also z. B. erforderlich zu den im § 1812, § 1813 Abs. 2, § 1822 Nr. 4, 6, 7, 12, 13 bezeichneten Rechtsgeschäften, ferner zur Aus-

## §. 1691.

**Soweit die Anlegung des zu dem Vermögen des Kindes gehörenden Geldes in den Wirkungskreis des Beistandes fällt, finden die für die Anlegung von Mündelgeld geltenden Vorschriften der §§. 1809, 1810 entsprechende Anwendung.**

---

schlagung einer Erbschaft, wenn die im § 1643 Abs. 2 Satz 2 bezeichnete Ausnahme zutrifft (§ 1822 Nr. 2), zu einem Erbtheilungsvertrage (§ 1822 Nr. 2), zur Auflösung eines Erwerbsgeschäfts (§ 1823 mit § 1645), zur Ertheilung der Zustimmung, daß das Kind die allgemeine Gütergemeinschaft eingeht (§ 1437 Abs. 2) ꝛc. (vergl. die Aufzählung in der Erl. zu § 1822). Wegen der Entlassung des Kindes aus der Staatsangehörigkeit s. § 14a des Gesetzes v. 1. Juni 1870 (E.G. Art. 41).

Die Genehmigung des Beistandes und, soweit die Genehmigung des Vormundschaftsgerichts erforderlich ist, die vorherige Anhörung des Beistandes ist übrigens nur unter der Voraussetzung erforderlich, daß das Rechtsgeschäft in den Wirkungskreis des Beistandes (§ 1688) fällt. Dabei werden die Vorschriften der §§ 1629, 1798 entsprechend anzuwenden sein, so daß, wenn z. B. der Beistand nur für die Sorge für die Person aufgestellt worden ist und ein Rechtsgeschäft sowohl die Person als das Vermögen des Kindes betrifft, die Genehmigung des Beistandes nothwendig ist.

2. Die im Abs. 2 zugelassene Ersetzung der Genehmigung des Beistandes durch das Vormundschaftsgericht bezieht sich sowohl auf den Fall, daß der Beistand die Genehmigung verweigert oder die Genehmigung nicht erklären kann, z. B. weil er abwesend oder geschäftsunfähig ist, als auch auf den Fall, daß der bisherige Beistand durch Tod ꝛc. weggefallen und ein neuer Beistand noch nicht bestellt ist.

3. Die rechtliche Natur der Genehmigung und die Folgen eines Mangels der erforderlichen Genehmigung sind durch die im Abs. 1 enthaltene Verweisung auf die §§ 1828—1831 hinsichtlich der Genehmigung des Beistandes in gleicher Weise geregelt wie hinsichtlich der Genehmigung des Vormundschaftsgerichts und des Gegenvormundes (vergl. § 1643 Abs. 2, § 1832). Aus § 1828 ergiebt sich insbesondere, daß die Genehmigung des Beistandes nur der Mutter, nicht dem Dritten gegenüber erklärt werden kann. Im Uebrigen s. Erl. zu §§ 1828—1831.

4. Der Abs. 3 enthält nur eine Ordnungsvorschrift. Ihre Verletzung ist auf die Wirksamkeit der Entscheidung des Vormundschaftsgerichts ohne Einfluß.

5. Nach § 1825 kann das Vormundschaftsgericht dem Vormunde zu Rechtsgeschäften, zu welchen nach § 1812 die Genehmigung des Gegenvormundes erforderlich ist sowie zu den im § 1822 Nr. 8—10 bezeichneten Rechtsgeschäften eine allgemeine Ermächtigung ertheilen. Der § 1825 ist im § 1643, nicht aber im § 1690 für anwendbar erklärt. Für die Rechtsgeschäfte des § 1822 Nr. 8—10, zu welchen die Mutter nach § 1643 der Genehmigung des Vormundschaftsgerichts bedarf, versteht es sich von selbst, daß, wenn eine allgemeine Ermächtigung ertheilt ist, die Mitwirkung des Beistandes entfällt, denn für diese Rechtsgeschäfte ist die Genehmigung des Beistandes nach § 1690 Abs. 1 Satz 2 mit § 1643 nicht erforderlich. Dagegen fragt es sich, ob für die im § 1812 bezeichneten Rechtsgeschäfte eine allgemeine Ermächtigung ertheilt werden kann. Die Frage wird zu verneinen sein. Es kann übrigens dadurch, daß diese Rechtsgeschäfte vom Wirkungskreise des Beistandes ausgenommen werden (§ 1688 Abs. 2), sachlich das gleiche Ergebniß wie mit einer allgemeinen Ermächtigung erreicht werden; hieraus erklärt sich auch, warum der § 1825 im § 1690 nicht aufgeführt ist.

### § 1691.

**E. I § 1541 Abs. 3; II § 1580 rev. § 1669; III § 1667. P. I S. 7796; M. IV S. 801. P. II S. 6084 (Bd. 4 S. 615).**

1. Für die Mutter, welcher ein Beistand nicht bestellt worden ist, gilt in Ansehung der Anlegung des Geldes des Kindes der § 1642. Danach muß die Mutter das Geld zwar mündelsicher anlegen, sie bewirkt aber die Anlegung selbständig. Für den Fall der Bestellung eines Beistandes ergänzt der § 1691 den § 1642 dahin, daß die Mutter den gleichen Beschränkungen in allen Stücken unterliegt wie ein Vormund.

a) Die Mutter bedarf zur Anlegung der Genehmigung des Beistandes (§ 1810). Die Genehmigung des Beistandes wird durch die des Vormundschaftsgerichts ersetzt, z. B. wenn der Beistand die Genehmigung ohne genügenden Grund verweigert oder wenn die Genehmigung des Beistandes nicht zu erlangen ist, z. B. wegen Abwesenheit des Beistandes, oder wenn der Beistand weggefallen und ein neuer noch nicht bestellt ist.

## §. 1692.

Hat die Mutter ein Vermögensverzeichniß einzureichen, so ist bei der Aufnahme des Verzeichnisses der Beistand zuzuziehen; das Verzeichniß ist auch von dem Beistande mit der Versicherung der Richtigkeit und Vollständigkeit zu versehen. Ist das Verzeichniß ungenügend, so finden, sofern nicht die Voraussetzungen des §. 1667 vorliegen, die Vorschriften des §. 1640 Abs. 2 entsprechende Anwendung.

---

**b**) Die Anlegung des Geldes bei einer Sparkasse (§ 1807 Abs. 1 Nr. 5) oder bei der Reichsbank oder einer anderen im § 1808 genannten Anstalt muß von der Mutter mit der Bestimmung bewirkt werden, daß zur Erhebung des Geldes die Genehmigung des Beistandes oder des Vormundschaftsgerichts erforderlich ist (§ 1809).

2. Die Mitwirkung des Beistandes bei der Anlegung des Geldes ist nur soweit geboten, als die Anlegung in den Wirkungskreis des Beistandes fällt, d. h. der Beistand für die ganze Vermögensverwaltung oder speziell für die Anlegung des Geldes bestellt ist.

### § 1692.

**E. II § 1581 rev. § 1670; III § 1668. P. II S. 6085, 8672 (Bd. 4 S. 555, 616; Bd. 6 S. 301). D. S. 710. K.B. S. 2083.**

**1.** Die Bestellung eines Beistandes hat nach dem B.G.B. (anders nach dem E. II) für die Mutter nicht die Verpflichtung zur Einreichung eines Verzeichnisses des Vermögens des Kindes zur Folge. Die Mutter ist, auch wenn ihr ein Beistand bestellt worden ist, zur Einreichung eines solchen Verzeichnisses nur unter den gleichen Voraussetzungen wie der Vater verpflichtet. Sie hat also ein Verzeichniß einzureichen, wenn der Vater gestorben ist, in Ansehung des ihrer Verwaltung unterliegenden Vermögens des Kindes, welches beim Tode des Vaters vorhanden ist oder dem Kinde später zufällt (§ 1640), ferner wenn das Vormundschaftsgericht die Einreichung nach § 1667 angeordnet hat, endlich wenn sie sich wieder verheirathen will (§ 1669). Dagegen hat sie ein Verzeichniß z. B. nicht einzureichen, wenn in Folge der Verwirkung der elterlichen Gewalt durch den Vater und der Auflösung der Ehe die elterliche Gewalt auf sie übergeht (§ 1684 Abs. 1 Nr. 2). Die Bestellung eines Beistandes hat aber zur Folge, daß die Mutter, wenn sie ein Verzeichniß einreichen muß, den Beistand bei der Aufnahme desselben beizuziehen hat und auch der Beistand das Verzeichniß mit der Versicherung der Richtigkeit und Vollständigkeit versehen muß. Knitschky S. 258 bestreitet, daß der Beistand auch bei der Aufnahme des im Falle der Wiederverheirathung zu errichtenden Vermögensverzeichnisses beizuziehen ist, weil mit der Wiederverheirathung die Gewalt der Mutter erlischt. Allein dabei ist übersehen, daß das Verzeichniß nach § 1669 schon vor der Wiederverheirathung dem Vormundschaftsgericht eingereicht werden muß.

**2.** Der Beistand ist bei der Aufnahme des Verzeichnisses nur insoweit zuzuziehen, als sich sein Wirkungskreis (§ 1688) auf die Vermögensverwaltung erstreckt. Ist der Beistand z. B. nur in Ansehung der Verwaltung eines bestimmten Landguts bestellt, so ist er auch nur bei der Aufnahme des Verzeichnisses über das Landgut beizuziehen. A. A. Staudinger, welcher mit Rücksicht auf den Wortlaut des § 1692 den Beistand stets zugezogen wissen will. Allein daß der § 1692 nur im Zusammenhange mit § 1688 ausgelegt werden darf, ergiebt sich schon daraus, daß sonst auch der nur für einzelne Geschäfte bestellte Beistand beigezogen werden müßte.

**3.** Der Satz 2 hat eine doppelte Bedeutung. Einmal stellt er klar, daß die Vorschrift des § 1640 Abs. 2, nach welcher das Vormundschaftsgericht die amtliche Aufnahme des Verzeichnisses anordnen kann, durch die Bestellung des Beistandes nicht berührt wird. Andererseits ist dem Vormundschaftsgerichte die Befugniß, die amtliche Aufnahme anzuordnen, im Falle der Bestellung eines Beistandes auch für den Fall eingeräumt, daß das Verzeichniß mit Rücksicht auf die Wiederverheirathung der Mutter nach § 1669 einzureichen ist. Nach § 1640 Abs. 2 Satz 2 kann der Vater für das von ihm herrührende Vermögen des Kindes die amtliche Aufnahme ausschließen. Diese Vorschrift gilt auch für den Fall der Bestellung des Beistandes, sofern nicht, wie der § 1692 Satz 2 ausdrücklich bemerkt, die Voraussetzungen des § 1667 vorliegen, d. h. wenn die Aufnahme des Verzeichnisses wegen Gefährdung des Vermögens des Kindes angeordnet ist, ist das väterliche Verbot der amtlichen Aufnahme unwirksam.

**4.** Der Beistand hat dem Vormundschaftsgerichte nach § 1689 Anzeige zu machen, wenn die Mutter ihrer Verpflichtung zur Einreichung eines Verzeichnisses z. B. in Ansehung eines Erwerbes von Todeswegen, den das Kind nach dem Tode des Vaters macht, nicht nachkommt.

§. 1693.

Das Vormundschaftsgericht kann auf Antrag der Mutter dem Beistande die Vermögensverwaltung ganz oder theilweise übertragen; soweit dies geschieht, hat der Beistand die Rechte und Pflichten eines Pflegers.

---

5. Nicht bestimmt ist, daß der Beistand zuzuziehen ist, wenn die Mutter nach § 1667 auf Anordnung des Vormundschaftsgerichts Rechnung zu legen hat. Es versteht sich indessen mit Rücksicht darauf, daß das Vormundschaftsgericht nach § 1667 die „erforderlichen" Maßregeln zu treffen hat, von selbst, daß es auch die Zuziehung des Beistandes zur Rechnungslegung vorschreiben kann, wenn es die Zuziehung für erforderlich hält.

**§ 1693.**

**E. II § 1582 Satz 1 rev. § 1671; III § 1669. P. II S. 6082—6084 (Bd. 4 S. 614). D. S. 710.**

1. Wie in der Vorbm. III S. 436 dargelegt ist, bleibt die Mutter, auch wenn ihr ein Beistand bestellt wird, die gesetzliche Vertreterin des Kindes und darum auch dem Kinde zunächst für die Ausübung der elterlichen Gewalt verantwortlich. Um ihr die Möglichkeit zu gewähren, sich der Verantwortung wenigstens in Ansehung der Vermögensverwaltung zu entledigen, ist dem Vormundschaftsgerichte die Befugniß eingeräumt, die gesammte Vermögensverwaltung oder einen Theil derselben auf Antrag der Mutter auf den Beistand zu übertragen. Das Vormundschaftsgericht ist nicht schlechthin verpflichtet, dem Antrage stattzugeben, sondern das Interesse des Mündels entscheidet (über die Bedeutung des Ausdrucks „kann" s. Bd. I S. 25). Die Uebertragung erfolgt durch die sie aussprechende gerichtliche Anordnung, die mit der Bekanntmachung an den Beistand in Wirksamkeit tritt (§ 16 Abs. 1 des freiw. G.G.); eine besondere Verpflichtung ist nicht erforderlich. In Ansehung der Sorge für die Person kann der Mutter die gesetzliche Vertretung nicht abgenommen werden. Zeigt sich die Mutter ihrer Aufgabe in dieser Beziehung nicht gewachsen, so kann nur nach Maßgabe des § 1666 eingeschritten werden.

2. Der Beistand, welchem die Vermögensverwaltung ganz oder theilweise übertragen ist, hat in dem ihm übertragenen Wirkungskreise die Rechte und Pflichten eines Pflegers. Diese ergeben sich nach § 1915 aus den für den Vormund geltenden Bestimmungen.

a) Auf die Führung der Vermögensverwaltung finden mithin die für die Führung der Vormundschaft geltenden Vorschriften der §§ 1793—1836 Anwendung.

Der Beistand ist nach § 1793 in Ansehung der ihm übertragenen Vermögensverwaltung der gesetzliche Vertreter des Kindes. Die Mutter muß ihm, soweit ihm die Vermögensverwaltung übertragen ist, das Vermögen des Kindes herausgeben; es finden die Vorschriften der §§ 1681, 1682 Anwendung (§ 1686). Insbesondere muß die Mutter über ihre bisherige Vermögensverwaltung Rechenschaft ablegen. Der Beistand muß ferner nach § 1802 das Vermögen des Kindes, dessen Verwaltung ihm übertragen ist, verzeichnen (s. wegen der Bezugnahme auf ein bereits vorhandenes Verzeichniß die Erl. zu § 1802). Er muß wie ein Vormund die Werthpapiere, welche zu dem seiner Verwaltung unterworfenen Vermögen des Kindes gehören, hinterlegen (§§ 1814—1820) und er bedarf zu allen Rechtsgeschäften, zu denen der Vormund der Genehmigung des Gegenvormundes oder des Vormundschaftsgerichts bedarf, der Genehmigung des Vormundschaftsgerichts (vergl. insbes. §§ 1812, 1813, 1821, 1822). Die Haftung des Beistandes bestimmt sich nach den für den Vormund im § 1833 getroffenen Vorschriften. Für seine Verwaltung erhält der Beistand nach Maßgabe der für den Vormund im § 1836 getroffenen Vorschriften eine Vergütung.

b) Auf die Vermögensverwaltung finden ferner die von der Aufsicht des Vormundschaftsgerichts über die Führung der Vormundschaft geltenden Vorschriften der §§ 1837—1846 Anwendung. Insbesondere ist der Beistand zur Rechnungslegung während seiner Vermögensverwaltung nach Maßgabe der §§ 1840, 1841, 1843 verpflichtet und er kann nach Maßgabe des § 1844 zur Sicherheitsleistung angehalten werden (vergl. § 54 freiw. G.G. und Erl. zu § 1844).

c) Zweifelhaft ist, ob die Vorschrift des § 1827 über die vorherige Anhörung des Mündels auf den Beistand übertragbar ist, so daß das Kind z. B. zu hören wäre, wenn der Beistand über ein Grundstück des Kindes verfügen will. Für die Vermögensverwaltung der Mutter gilt eine dem § 1827 entsprechende Vorschrift auch dann nicht, wenn ihr ein Beistand bestellt ist. Mit Rücksicht auf den Wortlaut der §§ 1693, 1915 dürfte die Frage zu bejahen sein.

Daß die Vorschrift des § 1847, welche die vorherige Anhörung von Angehörigen des Kindes vor der Ertheilung der Genehmigung durch das Vormundschaftsgericht vorschreibt, entsprechende Anwendung findet, wird nicht zu bezweifeln sein. Die Vorschrift gilt insbesondere von der vorherigen Anhörung der Mutter.

§. 1694.

Für die Berufung, Bestellung und Beaufsichtigung des Beistandes, für seine Haftung und seine Ansprüche, für die ihm zu bewilligende Vergütung und für die Beendigung seines Amtes gelten die gleichen Vorschriften wie bei dem Gegenvormunde.

Das Amt des Beistandes endigt auch dann, wenn die elterliche Gewalt der Mutter ruht.

---

3. Für die Berufung und Bestellung des Beistandes und für die Beendigung seines Amtes gelten, auch wenn dem Beistande die Vermögensverwaltung übertragen ist, keine anderen Vorschriften als bei dem Gegenvormund (§ 1694). Uebrigens führen die für den Vormund geltenden Vorschriften in dieser Beziehung durchweg zu demselben Ergebnisse (vergl. § 1792 Abs. 4, § 1895). Daß der Beistand, welchem die Vermögensverwaltung übertragen ist, wenn von ihm die Bestellung einer Sicherheit verlangt wird, sowohl zur Ablehnung der Uebernahme der Beistandschaft als zum Antrag auf Entlassung berechtigt wird, folgt aus § 1915 mit § 1786 Abs. 1 Nr. 6, § 1889.

Die Uebertragung der Vermögensverwaltung endigt, wenn die elterliche Gewalt der Mutter ruht (§ 1694 Abs. 2) oder endigt (vergl. auch § 1918 Abs. 1). Das Vormundschaftsgericht ist ferner befugt, die Uebertragung der Vermögensverwaltung jederzeit aufzuheben (hierüber s. § 1695). Dagegen endigt die Uebertragung der Vermögensverwaltung nicht, wenn in der Person der Mutter ein Grund eintritt, aus welchem nur deren Vermögensverwaltung endigt oder endigen würde, wenn sie ihr zustände; insbesondere endigt die Uebertragung nicht deshalb, weil über das Vermögen der Mutter der Konkurs eröffnet worden ist (a. A. Staudinger zu § 1693). Wird der Mutter die Vertretung in den die Person betreffenden Angelegenheiten entzogen, so ist die Voraussetzung des § 1773 gegeben und deshalb ein Vormund zu bestellen, womit die Beistandschaft endigt. In diesem Falle ist indessen die Möglichkeit, die Uebertragung der Vermögensverwaltung aufzuheben, nicht ausgeschlossen. Geschieht dies, so erhält die Mutter die Vermögensverwaltung unter Bestellung eines Beistandes wieder und in Betreff der Sorge für die Person ist ein Pfleger zu bestellen. Wenn die Uebertragung der Vermögensverwaltung endigt, hat der Beistand nach § 1915 mit §§ 1890, 1892 das Vermögen des Kindes diesem bezw. dessen gesetzlichem Vertreter herauszugeben und über die Verwaltung Rechenschaft abzulegen.

4. Soweit dem Beistande die Vermögensverwaltung übertragen ist, ist die Mutter von der Ausübung der elterlichen Nutznießung ausgeschlossen und finden die §§ 1656, 1657 Anwendung.

**§ 1694.**

**E. I § 1543; II § 1583 rev. § 1672; III § 1670. P. I S. 7800; M. V S. 801. P. II S. 6085, 8672 (Bd. 4 S. 616; Bd. 6 S. 301).**

**I.** Die Aufgabe und Stellung des Beistandes ist für die Regelfälle, in welchen ihm nicht die Vermögensverwaltung zusteht (§ 1693), der Aufgabe und Stellung des Gegenvormundes ähnlich. Mit Rücksicht hierauf sind die für den Gegenvormund geltenden Vorschriften in folgenden Beziehungen auf den Beistand für anwendbar erklärt:

1. Für die Berufung des Beistandes gemäß § 1792 Abs. 4 die §§ 1776—1788. Als Beistand ist zunächst berufen, wer vom Vater als Beistand benannt ist. Der Vater ist hierzu nur unter den Voraussetzungen des § 1777 (vergl. Erl. 1 zu § 1687) berechtigt. Die Benennung muß in einer letztwilligen Verfügung geschehen. Zur Bezeichnung der Person des Beistandes ist der Vater auch dann berechtigt, wenn er selbst die Bestellung des Beistandes nicht angeordnet hat; er kann einen Beistand für den Fall benennen, daß die Bestellung eines Beistandes sich als erforderlich herausstellen sollte. Die Mutter kann einen Beistand nicht benennen. Sie kann allerdings, sofern die Bestellung auf ihren Antrag (§ 1687 Nr. 2) erfolgt, die Stellung des Antrags davon abhängig machen, daß eine bestimmte Person als Beistand aufgestellt wird, allein wenn die Bestellung des Beistandes auf der Anordnung des Vaters oder dem Beschlusse des Vormundschaftsgerichts (§ 1687 Nr. 1, 3) beruht, so hat sie kein Recht, einen Beistand zu benennen. A.A. Neumann Handausgabe Note II zu § 1687 in entsprechender Anwendung des § 1776 Abs. 1 Nr. 2. In zweiter Linie ist der Großvater des Kindes von der Vaterseite und nach diesem der Großvater des Kindes von der Mutterseite als Beistand berufen, sofern nicht eine der Ausnahmen des § 1776 Abs. 2 zutrifft. Ein hiernach kraft Anordnung des Vaters oder kraft Gesetzes Berufener darf nur unter den Voraussetzungen des § 1778 übergangen werden. Die Beschwerde gegen eine Verfügung, durch welche ein als Beistand Berufener übergangen wird, ist eine so-

fortige (§ 60 Nr. 1 freiw. G.G.). Ist die Beistandschaft nicht einem der vorbezeichneten Berufenen zu übertragen, so hat das Vormundschaftsgericht nach Maßgabe des § 1779 nach Anhörung des Gemeindewaisenraths den Beistand auszuwählen.

Ueber die Gründe der Unfähigkeit und der Untauglichkeit zum Amte eines Beistandes s. §§ 1780—1784. Hervorzuheben ist, daß eine Frau Beistand sein kann; wenn sie verheirathet ist, bedarf sie jedoch der Zustimmung des Mannes (§ 1783). Zur Uebernahme des Amtes als Beistand besteht eine öffentlich-rechtliche Pflicht (§ 1785), sofern nicht einer der Ablehnungsgründe des § 1786 vorliegt. Ueber die Geltendmachung des Ablehnungsrechts s. § 1787; die Beschwerde gegen die Verfügung, durch welche die Weigerung, die Beistandschaft zu übernehmen, zurückgewiesen wird, ist eine sofortige (§ 60 Nr. 2 freiw. G.G.). Ueber den Zwang zur Uebernahme der Beistandschaft s. § 1788.

2. Für die Bestellung des Beistandes gemäß § 1792 Abs. 4 die §§ 1789—1791.

Der § 1789 regelt die Form der Bestellung; § 1790 läßt zu, daß bei der Bestellung die Entlassung vorbehalten wird. Aus der Anwendbarkeit des § 1791 folgt, daß dem Beistand eine Bestallung auszuhändigen ist. Die Bestallung hat zu enthalten den Namen und die Zeit der Geburt des Kindes, den Namen der Mutter, den Namen des Beistandes und, wenn der Beistand nicht für alle Angelegenheiten bestellt oder ihm nach § 1693 die Vermögensverwaltung übertragen ist, die Angabe des Wirkungskreises (§ 1688), im Falle der Bestellung mehrerer Beistände die Namen der Mitbeistände und im Falle der Theilung der Beistandschaft die Art der Theilung.

3. Für die Beaufsichtigung des Beistandes die §§ 1837, 1839. Danach hat das Vormundschaftsgericht über die gesammte Thätigkeit des Beistandes die Aufsicht zu führen und gegen Pflichtwidrigkeiten durch geeignete Gebote und Verbote einzuschreiten. Es hat nach Maßgabe des § 1837 Abs. 2 ein Ordnungsstrafrecht gegen den Beistand und kann von ihm jederzeit über die Führung der Beistandschaft und, sofern sich der Wirkungskreis des Beistandes auf die Sorge für die Person erstreckt, über die persönlichen Verhältnisse des Kindes Auskunft verlangen.

4. Für die Haftung des Beistandes der § 1833. Zur Sicherheitsleistung kann der Beistand nur im Falle des § 1693 angehalten werden.

5. Für die Ansprüche des Beistandes der § 1835 und für die ihm zu bewilligende Vergütung der § 1836, soweit er den Gegenvormund betrifft. Vor der Bewilligung, Aenderung oder Entziehung der Vergütung wird die Mutter zu hören sein (arg. § 1836 Abs. 2); gegen die Festsetzung der Vergütung hat auch die Mutter das Beschwerderecht, weil ihr die Nutznießung des Vermögens des Kindes zusteht (§ 20 freiw. G.G.).

6. Für die Beendigung des Amtes des Beistandes gemäß § 1895 die §§ 1885—1889, 1893, 1894. Danach endigt das Amt des Beistandes mit seiner Entmündigung oder Todeserklärung. Der Beistand kann ferner aus den in den §§ 886—1889 bezeichneten Gründen, wegen Pflichtwidrigkeit oder wegen Eintretens eines Untauglichkeitsgrundes, wegen Verheirathung der zum Beistande bestellten Frau oder wegen Versagung oder Widerruf der Zustimmung des Mannes bei einer zum Beistande bestellten verheiratheten Frau, wegen wichtiger Gründe auf Antrag (insbesondere wegen Vorliegens eines Grundes, der zur Ablehnung der Uebernahme der Beistandschaft berechtigt), entlassen werden. Die Beschwerde gegen die Verfügung, durch die der Beistand gegen seinen Willen entlassen wird, ist eine sofortige (§ 60 Nr. 3 freiw. G.G.).

Das Amt des Beistandes endigt selbstverständlich auch dann, wenn die Beistandschaft endigt. Die Beistandschaft endigt:

a) wenn die Mutter die elterliche Gewalt verliert, z. B. weil sie sich wieder verheirathet (§ 1697) oder weil sie die elterliche Gewalt verwirkt hat (§§ 1680, 1686);

b) wenn die elterliche Gewalt der Mutter ruht (§§ 1676—1678); dies ist im § 1694 Abs. 2 ausdrücklich hervorgehoben;

c) wenn die Beistandschaft für einen bestimmten Kreis oder für bestimmte Angelegenheiten bestellt ist (§ 1688) und die Mutter in Ansehung dieser Angelegenheiten nicht mehr zur Vertretung des Kindes berechtigt ist, z. B. wenn der Beistand nur für die Vermögensangelegenheiten (ohne daß ihm die Vermögensverwaltung selbst übertragen ist) der Mutter beigegeben ist und die Mutter in Konkurs geräth, so daß ein Pfleger bestellt werden muß (§§ 1686, 1647); selbstverständlich steht im letzteren Falle nichts im Wege, den bisherigen Beistand zum Pfleger zu bestellen;

d) wenn die Beistandschaft nach § 1695 aufgehoben wird.

In Bezug auf die Fortführung der Geschäfte ist der Beistand im Falle seiner Gutgläubigkeit ebenso geschützt wie der Gegenvormund (§§ 1892, 1893). Die Bestallung muß im Falle der Beendigung der Beistandschaft dem Vormundschaftsgerichte zurückgegeben werden (§ 1893 Abs. 2). Die Erben des Beistandes haben dessen Tod unverzüglich dem Vormundschaftsgericht anzuzeigen

§. 1695.

Das Vormundschaftsgericht kann in den Fällen des §. 1687 Nr. 2, 3 die Bestellung des Beistandes und im Falle des §. 1693 die Uebertragung der Vermögensverwaltung auf den Beistand jederzeit aufheben.

Ist die Bestellung des Beistandes nach §. 1687 Nr. 2 erfolgt, so soll sie nur mit Zustimmung der Mutter aufgehoben werden. Das Gleiche gilt für die Uebertragung der Vermögensverwaltung auf den Beistand.

§. 1696.

Ruht die elterliche Gewalt der Mutter wegen Minderjährigkeit, so hat die Mutter das Recht und die Pflicht, für die Person des Kindes zu sorgen; zur Vertretung des Kindes ist sie nicht berechtigt. Der Vormund des Kindes hat, soweit der Mutter die Sorge zusteht, die rechtliche Stellung eines Beistandes.

---

(§ 1894). Der Beistand hat den Tod der Mutter dem Vormundschaftsgericht anzuzeigen (§ 1894 Abs. 1).

**II.** Für den Beistand, welchem die Vermögensverwaltung übertragen ist, gelten in Ansehung der Beaufsichtigung des Beistandes und in Ansehung seiner Haftung, seiner Ansprüche sowie der ihm zu bewilligenden Vergütung die für den Pfleger geltenden Vorschriften (§§ 1693, 1915. Vergl. Erl. 2 zu § 1693).

**§ 1695.**

**E. II § 1582 Satz 2, § 1584 rev. § 1673; III § 1671. P. II S. 6086 (Bd. 4 S. 616). D. S. 710.**

**1.** Die auf Anordnung des Vaters angeordnete Beistandschaft (§ 1687 Nr. 1) kann vom Vormundschaftsgerichte nicht aufgehoben werden, auch nicht auf Antrag der Mutter.

Die auf Antrag der Mutter angeordnete Beistandschaft (§ 1687 Nr. 2) soll vom Vormundschaftsgerichte nur mit Zustimmung der Mutter aufgehoben werden; die Mutter hat übrigens kein Recht darauf, daß die Beistandschaft, wenn sie es will, aufgehoben wird. Gleiches gilt von der Uebertragung der Vermögensverwaltung auf den Beistand nach § 1693.

Die von Amtswegen angeordnete Beistandschaft (§ 1687 Nr. 3) kann das Vormundschaftsgericht jederzeit wieder aufheben.

**2.** Gegen die Verfügung, durch welche die auf Antrag der Mutter angeordnete Beistandschaft aufgehoben wird, steht nur der Mutter das Beschwerderecht zu (§ 20 Abs. 2 freiw. G.G.). Gegen die Verfügung, durch welche in den übrigen Fällen die Bestellung aufgehoben wird, steht dem Ehegatten sowie den Verwandten und Verschwägerten des Kindes nach § 57 Nr. 5 freiw. G.G. die Beschwerde zu.

**§ 1696.**

**E. I § 1554 Abs. 2; II § 1585 rev. § 1674; III § 1672. P. I S. 7802; M. IV S. 820. P. II S. 6129 (Bd. 4 S. 639).**

**1.** Die elterliche Gewalt der Mutter ruht aus den gleichen Gründen wie die des Vaters (§§ 1676, 1677, 1686). Folge des Ruhens der elterlichen Gewalt der Mutter ist nach den §§ 1678, 1686, daß die Mutter während der Dauer des Ruhens nicht berechtigt ist, die Gewalt auszuüben und deshalb für das Kind nach § 1773 ein Vormund bestellt werden muß. Wenn die Gewalt der Mutter ruht, weil die Mutter in der Geschäftsfähigkeit beschränkt ist oder weil sie nach § 1910 Abs. 1 einen Pfleger für ihre Person und ihr Vermögen erhalten hat, so steht ihr nach § 1676 Abs. 2 Satz 2, 3 die Sorge für die Person des Kindes neben dem Vormund oder Pfleger zu; zur Vertretung des Kindes ist sie jedoch nicht berechtigt und bei einer Meinungsverschiedenheit zwischen ihr und dem Vormund oder Pfleger geht die Meinung des Vormundes oder Pflegers vor.

**2.** Für den Fall, daß die Beschränkung der Geschäftsfähigkeit der Mutter in deren Minderjährigkeit ihren Grund hat (§§ 2, 106, 1676 Abs. 2), durchbricht der § 1696 die Vorschrift des § 1676 Abs. 2 Satz 2, 3. Der Mutter ist in diesem Falle die Sorge für die Person des Kindes (darüber, was hierzu gehört, s. Erl. zu § 1634) nicht nur neben dem Vormunde, sondern an Stelle desselben eingeräumt. Der Vormund hat nur die Stellung eines Beistandes, er

## §. 1697.

Die Mutter verliert die elterliche Gewalt, wenn sie eine neue Ehe eingeht. Sie behält jedoch unter den im §. 1696 bestimmten Beschränkungen das Recht und die Pflicht, für die Person des Kindes zu sorgen.

---

ist also nur berechtigt und verpflichtet, die Mutter bei der Sorge für die Person zu unterstützen und zu überwachen und er hat dem Vormundschaftsgerichte jeden Fall, in welchem es zum Einschreiten berufen ist, unverzüglich anzuzeigen (§ 1689). Bei einem Widerstreite zwischen seiner und der Mutter Meinung geht jedoch die Meinung der Mutter vor.

Die Vertretung des Kindes steht dem Vormund aber auch dann zu, wenn die elterliche Gewalt der Mutter wegen deren Minderjährigkeit ruht.

3. Auf die der Mutter im § 1696 eingeräumte Sorge für die Person des Kindes finden die Vorschriften über die elterliche Gewalt entsprechende Anwendung. Dies gilt insbesondere von dem Ersatze von Aufwendungen (§ 1648), von der Haftung der Mutter für die Ausübung der Sorge (§ 1664), von dem Einschreiten des Vormundschaftsgerichts wegen Mißbrauch der Sorge und wegen Verhinderung der Mutter (§§ 1665, 1666), von den Gründen, aus denen das Recht der Mutter, für die Person des Kindes zu sorgen, ruht (§§ 1676, 1677), und von der Unzulässigkeit eines Verzichts der Mutter auf die Sorge für die Person.

### § 1697.

**E. I § 1558; II § 1586 rev. § 1675; III § 1673. P. I S. 7819; M. IV S. 833. P. II S. 6143 (Bd. 4 S. 645—647). D. S. 711. K.B. S. 2083. St.B. S. 2985.**

1. Durch die Wiederverheirathung verliert die Mutter die volle elterliche Gewalt einschließlich der Nutznießung. Für das Kind ist nach § 1773 ein Vormund zu bestellen. Die Mutter hat diesem das Vermögen des Kindes herauszugeben und über die Verwaltung Rechenschaft abzulegen (§ 1681). Der Mutter bleibt nur die thatsächliche Sorge für die Person des Kindes. Die Mutter ist übrigens hinsichtlich dieser Sorge insofern begünstigt, als ihr die Sorge nicht neben dem Vormunde zusteht wie im Falle des § 1698, sondern an Stelle des Vormundes (s. Erl. 2 zu § 1696). Der Vormund hat in Ansehung der thatsächlichen Sorge für die Person die Stellung eines Beistandes (§ 1689); die gesetzliche Vertretung kommt ihm aber auch in den die Person betreffenden Angelegenheiten zu.

2. Die der Mutter zustehende Sorge für die Person des Kindes erscheint als eine Nachwirkung der früheren elterlichen Gewalt. Die Vorschriften über die elterliche Gewalt finden auf sie entsprechende Anwendung (s. Erl. 3 zu § 1696).

3. Die Mutter erlangt die elterliche Gewalt nicht wieder, wenn die neue Ehe aufgelöst wird. Hat sie auch aus der neuen Ehe ein Kind, so steht ihr im Falle der Auflösung der neuen Ehe über dieses Kind die elterliche Gewalt zu, über das Kind der früheren Ehe bleibt die bisherige Vormundschaft aufrecht. Ist die neue Ehe nichtig, so bewirkt sie nicht den Verlust der elterlichen Gewalt der Mutter. Da die Nichtigkeit der Ehe indessen, wenn diese in der vorgeschriebenen Form geschlossen oder in das Heirathsregister eingetragen ist, erst geltend gemacht werden kann, wenn sie auf Grund einer Nichtigkeitsklage durch Urtheil festgestellt oder wenn die Ehe aufgelöst ist (§ 1329), so muß, wenn die Ehe in der vorgeschriebenen Form geschlossen oder in das Heirathsregister eingetragen ist, immer zunächst ein Vormund für das Kind bestellt werden. Ueber die Frage, wie das Verhältniß zu beurtheilen ist, wenn sich später herausstellt, daß die Ehe nichtig war und die Nichtigkeit geltend gemacht werden kann, wenn also feststeht, daß ein Fall, in welchem ein Vormund zu bestellen war, nicht vorgelegen hat, s. Erl. zu § 1773.

4. Es ist zulässig, die Mutter als Vormund aufzustellen (vergl. § 1783). Zur Rechenschaftsablage der Mutter (§ 1681) ist solchen Falles ein Pfleger (§ 1909) zu bestellen. Uebrigens hat der Großvater von väterlicher Seite ein Recht auf Berufung zur Vormundschaft vor der Mutter (§ 1776). Bei wiederholter Wiederverheirathung der Mutter findet, wenn die Mutter als Vormund bestellt ist, die dem § 1669 entsprechende Vorschrift des § 1845 Anwendung.

5. Der Standesbeamte ist nach § 48 des freiw. G.G. verpflichtet, dem Vormundschaftsgericht Anzeige zu machen, wenn vor ihm von einer Frau, die ein minderjähriges eheliches Kind hat, eine Ehe geschlossen wird.

6. Die Vorschrift des § 1697 läßt selbstverständlich die nach § 1686 auch für die Mutter geltende Vorschrift des § 1669 unberührt.

## §. 1698.

Wird für das Kind ein Vormund bestellt, weil die elterliche Gewalt des Vaters ruht oder verwirkt ist oder weil die Vertretung des Kindes dem Vater entzogen ist, oder wird für die Erziehung des Kindes an Stelle des Vaters ein Pfleger bestellt, so steht der Mutter die Sorge für die Person des Kindes neben dem Vormund oder dem Pfleger in gleicher Weise zu wie nach §. 1634 neben dem Vater.

---

### § 1698.

**E. II § 1574 rev. § 1676; III § 1674. P. II S. 6133, 6148, 6152, 8671 (Bd. 4 S. 638, 650; Bd. 6 S. 300). D. S. 710. R.B. S. 2084.**

1. Der § 1698 will der Mutter die Rechtsstellung, welche ihr während der Ehe neben dem Vater zukommt, wenn dieser die elterliche Gewalt ausübt, für den Fall gewährleisten, daß die elterliche Gewalt vom Vater nicht ausgeübt wird und auch nicht auf die Mutter übergeht, sondern für das Kind ein Vormund oder ein Pfleger bestellt wird.

2. Der § 1698 kommt in folgenden Fällen zur Anwendung: wenn die Gewalt des Vaters nach den §§ 1676, 1677 ruht und die Ehe aufgelöst ist (vergl. § 1685); ferner wenn die Gewalt des Vaters nach § 1680 verwirkt ist und die Ehe noch besteht (vergl. § 1684 Nr. 2); ferner wenn zur Vertretung des Kindes in den die Person betreffenden Angelegenheiten, sei es in allen Angelegenheiten oder in Ansehung der Erziehung ein Pfleger bestellt ist (§ 1666). Die Bestellung des Vormundes oder Pflegers muß aus Gründen erfolgen, welche in der Person des Vaters liegen. Der § 1698 ist nicht anwendbar, wenn ein Vormund bestellt wird, weil die elterliche Gewalt der Mutter ruht (§§ 1686, 1676, 1677) oder weil die Mutter die elterliche Gewalt verwirkt hat (§§ 1686, 1680), oder wenn ein Pfleger bestellt wird, weil die Mutter von der Vertretung oder der Erziehung des Kindes durch das Vormundschaftsgericht nach den §§ 1686, 1666 ausgeschlossen ist. In diesen Fällen bestimmt sich das Rechtsverhältniß nach den allgemeinen Vorschriften, welche auch für den Vater gelten. Im Falle des Ruhens der elterlichen Gewalt der Mutter hat daher die Mutter nur unter den Voraussetzungen des § 1676 Abs. 2 ein Recht auf die Sorge für die Person; im Falle der Verwirkung der elterlichen Gewalt und im Falle der Entziehung der Vertretung nach § 1666 aber hat sie überhaupt kein Recht auf die Sorge für die Person.

3. Der § 1698 läßt selbstverständlich die Vorschrift des § 1696 unberührt. Wenn also die elterliche Gewalt des Vaters ruht und die Mutter wegen ihrer Minderjährigkeit von der Ausübung der Gewalt ausgeschlossen ist, so daß ein Vormund bestellt wird, so hat die Mutter nicht die im § 1698 bestimmte beschränkte Rechtsstellung, sondern die im § 1696 bezeichnete erweiterte Sorge für die Person.

4. Selbstverständlich wird auch die Vorschrift des § 1635 durch § 1698 nicht berührt. Steht der Mutter auf Grund des § 1635 die thatsächliche Sorge für die Person des Kindes zu und ruht nun aus irgend einem Grunde die Gewalt des geschiedenen Vaters oder verwirkt der Vater die Gewalt, so verbleibt es auf Grund des § 1635 dabei, daß der Mutter die volle thatsächliche Sorge für die Person gebührt und der für das Kind bestellte Vormund in den persönlichen Angelegenheiten des Kindes auf die gesetzliche Vertretung beschränkt ist.

5. Wegen des Inhalts des der Mutter nach § 1698 zustehenden Rechtes der Sorge für die Person s. Erl. zu § 1634.

6. Es ist möglich, daß sowohl die Gewalt des Vaters wegen dessen beschränkter Geschäftsfähigkeit ruht als auch die Mutter wegen Beschränkung der Geschäftsfähigkeit von der Ausübung der Gewalt ausgeschlossen ist, z. B. wenn der Vater wegen Trunksucht entmündigt und die Mutter nach § 1910 Abs. 1 für ihre Person und ihr Vermögen einen Pfleger erhalten hat. In solchen Fällen steht die thatsächliche Sorge für die Person sowohl dem Vater als auch der Mutter zu. Bei einer Meinungsverschiedenheit zwischen beiden entscheidet der gesetzliche Vertreter des Kindes d. h. dessen Vormund.

# Fünfter Titel.

## Rechtliche Stellung der Kinder aus nichtigen Ehen.

### §. 1699.

Ein Kind aus einer nichtigen Ehe, das im Falle der Gültigkeit der Ehe ehelich sein würde, gilt als ehelich, sofern nicht beide Ehegatten die Nichtigkeit der Ehe bei der Eheschließung gekannt haben.

Diese Vorschrift findet keine Anwendung, wenn die Nichtigkeit der Ehe auf einem Formmangel beruht und die Ehe nicht in das Heirathsregister eingetragen worden ist.

---

### Fünfter Titel.

1. Eine nichtige Ehe kann an und für sich betrachtet familienrechtliche Wirkungen nicht erzeugen. Die aus einer solchen Ehe entsprossenen Kinder sind daher an sich unehelich. Sämmtliche bisherigen Rechte lassen indessen von dieser Regel Ausnahmen zu. Legt man dabei den Schwerpunkt auf die Rücksicht auf die Kinder, so gelangt man zu dem insbesondere im preußischen L.R. anerkannten Grundsatze, daß, auch wenn beiden Ehegatten die Nichtigkeit der Ehe bekannt war, für die Kinder aus der nichtigen Ehe Wirkungen einer gültigen Ehe entstehen. Hält man dagegen für den entscheidenden Gesichtspunkt die Rücksicht auf die Ehegatten, so muß, damit die nichtige Ehe solche Wirkungen hervorbringe, wenigstens einer der Ehegatten in gutem Glauben gewesen sein. Das B.G.B. schließt sich dem letzteren insbesondere im gemeinen Rechte vertretenen Standpunkt an. Wußten beide Ehegatten, daß sie eine nichtige Ehe eingehen, so wußten sie, daß sie nur eine außereheliche Geschlechtsgemeinschaft eingehen. Es unterscheidet sich dieser Fall von dem eines Konkubinats nur dadurch, daß hier durch die Benutzung der Form der Ehe der Charakter der Verbindung als eines Konkubinats nach außen hin verdeckt wird. Dieser Unterschied nimmt aber der Verbindung nicht den Charakter eines Konkubinats und gestattet eine Begünstigung der Konkumbenten umsoweniger, als hier ein absichtlicher Mißbrauch der für die Ehe vorgeschriebenen Form vorliegt.

Beruht die Nichtigkeit der Ehe auf einem Formmangel und ist die Ehe nicht in das Heirathsregister eingetragen, so liegt nicht einmal der äußere Schein einer Ehe vor. Kinder aus einer solchen Ehe sind ohne Rücksicht auf den guten oder schlechten Glauben der Eltern stets unehelich.

Den für die Rechtsstellung der Kinder aus einer nichtigen Ehe maßgebenden Grundsatz drückt der § 1699 aus. Die §§ 1700—1702, 1704 enthalten die nähere Ausgestaltung des Grundsatzes. Der § 1703 giebt einem Kinde aus nichtiger Ehe, das wegen der Bösgläubigkeit seiner Eltern unehelich ist, wenigstens für die Lebenszeit des Vaters den gleichen Unterhaltsanspruch wie einem ehelichen.

2. Uebergangsvorschriften E.G. Art. 207; internationales Privatrecht ebenda Art. 18. Wegen der Legitimation durch nachfolgende nichtige Ehe s. § 1721.

3. Literatur: s. die in der Vorbm. 6 S. 371 angeführten Schriften.

### § 1699.

**E. I § 1562; II § 1587 rev. § 1677; III § 1675. P. I S. 7907, 8823, 8840; M. IV S. 843, 850. P. II S. 6174 (Bd. 4 S. 662—664). D. S. 711.**

1. Vergl. die Vorbm. zu diesem Titel unter 1.

2. Ob das Kind aus der nichtigen Ehe im Falle der Gültigkeit der Ehe ehelich sein würde, bestimmt sich nach den §§ 1591 ff. Daraus ergiebt sich insbesondere, daß auch bei einem Kinde aus einer nichtigen Ehe die im § 1591 aufgestellte Vermuthung Platz greift, daß ferner zu Gunsten der Ehelichkeit des Kindes die obere Grenze der Empfängnißzeit unter den im § 1592 Abs. 2 bestimmten Voraussetzungen hinausgerückt ist, endlich daß die Unehelichkeit des Kindes, wenn es während des Bestehens der Ehe, d. h. bevor die Ehe rechtskräftig für nichtig erklärt oder aufgelöst worden ist oder innerhalb 302 Tagen nach der Nichtigkeitserklärung oder der Auflösung der Ehe geboren worden ist, nur geltend gemacht werden kann, wenn der Mann die Ehelichkeit angefochten hat oder, ohne das Anfechtungsrecht verloren zu haben, gestorben ist.

## §. 1700.

Das Rechtsverhältniß zwischen den Eltern und einem Kinde, das nach §. 1699 als ehelich gilt, bestimmt sich, soweit sich nicht aus den §§. 1701, 1702 ein Anderes ergiebt, nach den Vorschriften, die für ein Kind aus einer geschiedenen Ehe gelten, wenn beide Ehegatten für schuldig erklärt sind.

---

Auch die prozessualen Besonderheiten des Rechtsstreits, welcher die Ehelichkeit eines Kindes zum Gegenstande hat (s. Vorbm. 2 S. 343), finden auf die Kinder aus nichtiger Ehe Anwendung.

3. Aus der Gleichstellung des Kindes aus einer nichtigen Ehe, bei welchem die Voraussetzungen des § 1699 zutreffen, mit einem ehelichen Kinde folgt insbesondere, daß das Kind den Familiennamen des Vaters führt (§ 1616) und daß es unterhaltsberechtigt (§§ 1601 ff.) und erb- und pflichttheilsberechtigt ist (§§ 1924 ff., 2303) sowie Anspruch auf Aussteuer und Ausstattung (§§ 1620, 1624) hat wie ein eheliches Kind. Die Gleichstellung gilt nicht bloß im Verhältnisse zu den Eltern, sondern auch zu den Verwandten der Eltern. Welche Rechte den Eltern des aus nichtiger Ehe entsprossenen Kindes gegenüber diesem zustehen, ergiebt sich aus den §§ 1700—1702.

4. Die Kenntniß beider Ehegatten von der Nichtigkeit der Ehe schadet dem Kinde nur, wenn die Ehegatten zur Zeit der Eheschließung d. h. der Abgabe der Eheschließungserklärung vor dem Standesbeamten um die Nichtigkeit wußten. Die nachträgliche Kenntniß ist ohne Einfluß. Nur die positive Kenntniß der Nichtigkeit der Ehe nimmt dem Kinde die Gleichstellung mit einem ehelichen. Die Unkenntniß infolge Fahrlässigkeit steht der Kenntniß auch dann nicht gleich, wenn die Fahrlässigkeit eine grobe ist. Aber auch die Kenntniß der Thatsachen, aus denen die Nichtigkeit folgt, genügt nicht, wenn die Ehegatten nicht gleichzeitig wissen, daß der Thatsache die Eigenschaft eines Nichtigkeits- oder Anfechtungsgrundes zukommt (vergl. Erl. 3 zu § 1344, Erl. 2 zu § 1345). Wie aus der Fassung des Abs. 1 erhellt, ist die Unkenntniß wenigstens eines der Eltern von der Nichtigkeit der Ehe nicht Voraussetzung der Gleichstellung des Kindes mit einem ehelichen, so daß das Kind, wenn es die Rechte eines ehelichen Kindes in Anspruch nimmt, beweisen müßte, daß wenigstens eines der Eltern die Nichtigkeit nicht kannte, sondern derjenige, welcher die Unehelichkeit des Kindes geltend macht, hat zu beweisen, daß beide Ehegatten die Nichtigkeit der Ehe kannten.

5. Wegen des Abs. 2 s. Vorbm. II S. 42 und Erl. zu § 1344 Abs. 2, § 1345.

6. Unter einer nichtigen Ehe im Sinne des § 1699 ist nicht nur eine Ehe zu verstehen, deren Nichtigkeit auf einem der im § 1323 genannten Nichtigkeitsgründe beruht, sondern gemäß § 1343 Abs. 1 auch eine Ehe, welche anfechtbar und angefochten ist (über den Sprachgebrauch des B.G.B. s. Vorbm. II. S. 43). Nach dem Wortlaute des B.G.B. muß dies auch von einer Ehe gelten, deren Anfechtbarkeit auf § 1350 beruht, d. h. auch ein Kind, das aus einer Ehe entsprossen ist, die der zurückgebliebene Ehegatte nach der Todeserklärung des anderen Ehegatten geschlossen hat und die nach der Rückkehr des für todt erklärten Ehegatten angefochten worden ist, ist nicht ein eheliches Kind, sondern gilt nur als ein solches (s. Erl. 2c zu § 1350).

7. Kinder aus einer Ehe, deren Nichtigkeit beiden Ehegatten bekannt ist, sind unehelich, unterliegen also vorbehaltlich der im § 1703 enthaltenen Modifikation den Vorschriften der §§ 1705—1718. Uebrigens darf, auch wenn die Nichtigkeit der Ehe beiden Ehegatten bekannt ist, die hieraus folgende Unehelichkeit des aus der nichtigen Ehe entsprossenen Kindes, sofern es bei Gültigkeit der Ehe ehelich wäre, gemäß §§ 1329, 1343 erst nach der Nichtigkeitserklärung oder der Auflösung der Ehe geltend gemacht werden. Nur wenn die Nichtigkeit auf einem Formmangel beruht und die Ehe nicht in das Heirathsregister eingetragen worden ist, kann die Nichtigkeit der Ehe und deshalb auch die Unehelichkeit des Kindes gemäß § 1329 Satz 2 jederzeit geltend gemacht werden. Wegen einstweiliger Verfügung im Prozeß über die Nichtigkeit oder Anfechtbarkeit der Ehe in Ansehung der Sorge für die Person der Kinder und der Unterhaltspflicht der Eltern s. § 627 der C.P.O. (oben Vorbm. III S. 45); Mittheilung der Entscheidung über den Prozeß s. § 630 der C.P.O. (daselbst S. 46).

## § 1700.

**E. I § 1563; II § 1588 rev. § 1678; III § 1676. P. I S. 7911—7915; M. IV S. 845. P. II S. 6177 (Bd. 4 S. 664).**

1. Das Kind steht nach § 1700 wie ein eheliches unter der Gewalt des Vaters oder der Mutter. Solange die Eltern leben, steht jedoch die thatsächliche Sorge für die Person eines Sohnes unter sechs Jahren und einer Tochter der Mutter und eines Sohnes, der über sechs

## §. 1701.

War dem Vater die Nichtigkeit der Ehe bei der Eheschließung bekannt, so hat er nicht die sich aus der Vaterschaft ergebenden Rechte. Die elterliche Gewalt steht der Mutter zu.

---

Jahre alt ist, dem Vater zu (§ 1635). Der persönliche Verkehr des von der Sorge für die Person ausgeschlossenen Ehegatten mit dem Kinde bestimmt sich nach § 1636. Die Tragung des Unterhalts des Kindes im Verhältnisse zwischen den Eltern regelt sich nach § 1585. Wegen der Zuständigkeit der elterlichen Gewalt beim Ruhen oder der Verwirkung der Gewalt des Vaters (§§ 1684, 1685) ist es so anzusehen, als ob die Ehe geschieden wäre; wenn also z. B. die Gewalt des Vaters ruht, übt die Mutter die Gewalt nur aus, wenn sie ihr vom Vormundschaftsgericht übertragen worden ist.

2. Rein sind die Folgen, welche sich aus dem im § 1700 aufgestellten Grundsatz ergeben, nur gezogen, wenn beide Elterntheile bei der Eheschließung in gutem Glauben waren. War nur einer der Elterntheile in gutem Glauben, so sind für die Rechte des bösgläubigen Elterntheils gegenüber dem Kinde (nicht für das Verhältniß der Eltern zu einander (§ 1585) und auch nicht für die Rechte des Kindes gegenüber den Eltern) Ausnahmen gemacht. Der § 1701 betrifft den Fall, daß nur die Mutter in gutem Glauben war, der § 1702 den Fall, daß es nur der Vater war.

3. Die aus den §§ 1700—1702 sich ergebenden Rechtsfolgen können nach den §§ 1329, 1343 erst geltend gemacht werden, wenn die Ehe für nichtig erklärt oder aufgelöst worden ist. Bis dahin verbleibt es bei den allgemeinen Grundsätzen über die Rechtsstellung des ehelichen Kindes.

### § 1701.

**E. I § 1564; II § 1589 rev. § 1679; III § 1677. P. I S. 7915, 8650; M. IV S. 846. P. II S. 6177—6182 (Bd. 4 S. 664—667). K.B. S. 2084.**

1. Der § 1701 betrifft den Fall, daß nur die Mutter in gutem Glauben war (vergl. Erl. 2 zu § 1700).

2. Nur die positive Unkenntniß der Nichtigkeit bezw. Anfechtbarkeit (§§ 1343 Abs. 1, 142 Abs. 2) der Ehe nimmt dem Vater die aus der Vaterschaft sich ergebenden Rechte. Die Beweislast trifft denjenigen, welcher behauptet, daß der Vater die Rechte nicht besitzt. Im Uebrigen vergl. Erl. 4 zu § 1699.

3. Der bösgläubige Vater hat nicht die aus der Vaterschaft sich ergebenden Rechte (vergl. §§ 1305, 1601, 1617, 1626, 1747, 1777, 1852, 1858 ff., 1899, 1925, 2303). Dagegen liegen ihm die sich aus der Vaterschaft ergebenden Pflichten ob. Insbesondere ist demnach der Vater gegenüber dem Kinde unterhaltspflichtig, und zwar vor der Mutter, außer, wenn dieser die elterliche Nutznießung zusteht; einen Unterhaltsanspruch gegen das Kind hat der Vater aber nicht. Er hat ferner gegen das Kind weder ein Erbrecht noch ein Pflichttheilsrecht, während das Kind ihm gegenüber erb- und pflichttheilsberechtigt ist. Das Kind steht nicht unter der elterlichen Gewalt des Vaters, sondern unter der der Mutter; die thatsächliche Sorge für die Person des Kindes steht dem Vater nicht zu. Der Vater hat auch die sonstigen Rechte, welche der Inhaber der elterlichen Gewalt hat, so z. B. die Ernennung des Vormundes (§ 1777), nicht. Der Vater hat ferner nicht das Recht der Einwilligung zu der Eheschließung des Kindes (s. Erl. 1 zu § 1305) oder zu der Annahme des Kindes an Kindesstatt (§ 1747). Zur Vormundschaft über das volljährige Kind ist er nach § 1899 Abs. 3 gleichfalls nicht berufen.

4. Auf das Verhältniß des Kindes zu den Verwandten des Vaters ist die Bösgläubigkeit des Vaters ohne Einfluß. Die gegenseitigen Rechte und Pflichten sind nach § 1699 dieselben, wie wenn das Kind ehelich wäre. Beispielsweise ist der Großvater väterlicherseits zur Vormundschaft über das Kind berufen (§ 1776). Dagegen erstreckt sich der § 1701, wenn er dem Vater die sich aus der Vaterschaft ergebenden Rechte entzieht, auch auf das Verhältniß des Vaters zu den Abkömmlingen des Kindes. Der Vater ist also auch diesen gegenüber nicht unterhaltsberechtigt und auch nicht erb- und pflichttheilsberechtigt, während diese ihm gegenüber Unterhaltsanspruch und Erb- und Pflichttheilsrechte haben.

5. Für die elterliche Gewalt der Mutter gelten die gleichen Vorschriften, wie wenn der Vater gestorben wäre. Zur Bestellung eines Beistandes (§ 1687 Nr. 1) ist der Vater nicht berechtigt. Geht die Mutter eine neue Ehe ein, so findet § 1697 Anwendung.

§. 1702.

War der Mutter die Nichtigkeit der Ehe bei der Eheschließung bekannt, so hat sie in Ansehung des Kindes nur diejenigen Rechte, welche im Falle der Scheidung der allein für schuldig erklärten Frau zustehen.

Stirbt der Vater oder endigt seine elterliche Gewalt aus einem anderen Grunde, so hat die Mutter nur das Recht und die Pflicht, für die Person des Kindes zu sorgen; zur Vertretung des Kindes ist sie nicht berechtigt. Der Vormund des Kindes hat, soweit der Mutter die Sorge zusteht, die rechtliche Stellung eines Beistandes.

Die Vorschriften des Abs. 2 finden auch dann Anwendung, wenn die elterliche Gewalt des Vaters wegen seiner Geschäftsunfähigkeit oder nach §. 1677 ruht.

---

6. Wegen des Rechtsverhältnisses bis zur Nichtigkeitserklärung oder Auflösung der Ehe s. Erl. 3 zu § 1700. Danach übt der Vater bis zur Nichtigkeitserklärung oder Auflösung der Ehe insbesondere auch die elterliche Gewalt aus. Mit der Nichtigkeitserklärung erlangt die Mutter die Gewalt, und zwar ist es, wie sich aus den §§ 1329, 1343 Abs. 1 ergiebt, so anzusehen, als ob ihr die elterliche Gewalt von Anfang an zugestanden hätte. Daraus folgt, daß der Vater die inzwischen gezogenen Nutzungen des Vermögens des Kindes herausgeben muß; doch darf er, was er zum Unterhalte des Kindes aufwendete, abziehen, da für seine Unterhaltspflicht die für eheliche Kinder geltenden Vorschriften Anwendung finden, nach § 1602 Abs. 2 aber das Kind, soweit die Einkünfte seines Vermögens reichen, nicht unterhaltsberechtigt ist. Aus der Rückbeziehung des Eintritts der elterlichen Gewalt der Mutter ergiebt sich ferner, daß die vom Vater als Vertreter des Kindes vorgenommenen Handlungen ungültig sind. Doch greift hier die zum Schutze gutgläubiger Dritter getroffene Ausnahmevorschrift des § 1344 (s. Erl. zu demselben) ein. Wenn der § 1344 auch nur von Rechtsgeschäften und Rechtsstreitigkeiten zwischen einem Dritten und einem „Ehegatten" spricht, so wird er doch auf die Rechtsgeschäfte und Rechtsstreitigkeiten zwischen einem Dritten und einem Ehegatten in dessen Eigenschaft als Elterntheil entsprechend anzuwenden sein.

§ 1702.

**E. I § 1565; II § 1590 rev. § 1680; III § 1678. P. I S. 7921, 8650; M. IV S. 847. P. II S. 6177—6184 (Bd. 4 S. 664—667). D. S. 711.**

1. Der § 1702 betrifft den Fall, daß nur der Vater gutgläubig ist (vergl. Erl. 2 zu § 1700). Materiell geht der § 1702 davon aus, daß solchen Falles die Mutter gegenüber dem Kinde nur die gleiche Rechtsstellung haben soll, welche einer unehelichen Mutter zukommt. Um dieses Ergebniß zu erreichen, wird im Abs. 1 gegenüber dem Grundsatze des § 1700 die Mutter so behandelt, als wäre die Ehe geschieden und die Mutter für allein schuldig erklärt (§§ 1635, 1636). In den Abs. 2, 3 werden diejenigen Ausnahmen getroffen, welche nach § 1707 von dem Grundsatze bestehen, daß das uneheliche Kind im Verhältnisse zu seiner Mutter die rechtliche Stellung eines ehelichen Kindes hat.

2. Das Rechtsverhältniß zwischen der bösgläubigen Mutter und dem Kinde gestaltet sich demnach im Einzelnen folgendermaßen:

Solange der Vater die elterliche Gewalt hat, hat die Mutter nicht die thatsächliche Fürsorge für die Person des Kindes, sondern nach Maßgabe des § 1636 nur das Recht des persönlichen Verkehrs mit dem Kinde. Das Gleiche gilt, wenn für die Erziehung des Kindes ein Pfleger bestellt wird; § 1698 findet keine Anwendung. Endigt oder ruht die Gewalt des Vaters, so geht sie nicht auf die Mutter über, sondern es ist ein Vormund zu bestellen. Ruht die Gewalt des Vaters nach § 1676 Abs. 2 wegen beschränkter Geschäftsfähigkeit des Vaters oder weil der Vater nach § 1910 Abs. 1 einen Pfleger erhalten hat, so erhält die Mutter nicht das Recht der thatsächlichen Fürsorge für die Person. Nur wenn die elterliche Gewalt des Vaters aus einem anderen Grunde ruht, also nach § 1676 Abs. 1 oder nach § 1677 oder wenn die Gewalt des Vaters beendigt ist, erhält die Mutter das Recht der thatsächlichen Fürsorge für die Person des Kindes. Dieses Recht endigt wieder, wenn der Vater die elterliche Gewalt wieder erlangt (§ 1679 Abs. 2) oder der Grund des Ruhens wegfällt. Im Uebrigen s. wegen des Rechtes der thatsächlichen Fürsorge für die Person des Kindes die Erl. zu § 1707.

Wegen der Berufung der Mutter zur Vormundschaft über das volljährige Kind s. § 1899 Abs. 3, § 1900 Abs. 2. Aus dem Mangel der elterlichen Gewalt ergiebt sich, daß der Mutter

## §. 1703.

Gilt das Kind nicht als ehelich, weil beiden Ehegatten die Nichtigkeit der Ehe bei der Eheschließung bekannt war, so kann es gleichwohl von dem Vater, solange er lebt, Unterhalt wie ein eheliches Kind verlangen. Das im §. 1612 Abs. 2 bestimmte Recht steht dem Vater nicht zu.

## §. 1704.

Ist die Ehe wegen Drohung anfechtbar und angefochten, so steht der anfechtungsberechtigte Ehegatte einem Ehegatten gleich, dem die Nichtigkeit der Ehe bei der Eheschließung unbekannt war.

---

auch nicht die mit der elterlichen Gewalt zusammenhängenden Rechte (s. Vorbm. 3 vor § 1626), wie die Ernennung eines Vormundes (§ 1777), zustehen.

Die sonstigen aus der Mutterschaft sich ergebenden Rechte (beispielsweise §§ 1305, 1601, 1617, 1747, 1925, 2303) bleiben auch der bösgläubigen Mutter, wie sie auch der unehelichen Mutter zustehen. Insbesondere sind Mutter und Kind gegenseitig unterhaltsberechtigt und gegenseitig erb- und pflichttheilsberechtigt und ist die Mutter einer Tochter gegenüber nach § 1620 aussteuerpflichtig.

3. Auf das Rechtsverhältniß zwischen den Verwandten der Mutter und dem Kinde ist die Bösgläubigkeit der Mutter ohne Einfluß. Es entscheidet lediglich der Grundsatz des § 1699 Gleiches gilt von dem Verhältnisse des Vaters und seiner Verwandten zu dem Kinde.

4. Wegen des Rechtsverhältnisses bis zur Nichtigkeitserklärung oder Auflösung der Ehe s. Erl. 3 zu § 1700. Wegen der Frage, wann die Mutter als bösgläubig anzusehen ist, und wegen der Beweislast trifft die Erl. 4 zu § 1699 entsprechend zu.

### § 1703.

**E. I § 1566 Abs. 1; II § 1591 rev. § 1681; III § 1679. P. I S. 7123, 8650; M. IV S. 848. P. II S. 6184 (Bd. 4 S. 667).**

1. Ist beiden Ehegatten die Nichtigkeit der Ehe bekannt und gilt deshalb das Kind nach § 1699 als ein uneheliches, so würde es an sich gegenüber dem Vater den Unterhalt nur wie ein uneheliches Kind nach Maßgabe der §§ 1708 ff. verlangen dürfen. Der § 1703 durchbricht jedoch für die Lebenszeit des Vaters die Regel des § 1699 und billigt dem Kinde gegenüber dem Vater (nicht auch gegenüber den väterlichen Aszendenten) den gleichen Unterhaltsanspruch wie einem ehelichen Kinde (§§ 1601 ff.) zu. Ein Wahlrecht zwischen diesem Unterhaltsanspruch und dem für das uneheliche Kind geltenden hat das Kind nicht.

a) Das Kind hat gegen den Vater den Unterhaltsanspruch nach den §§ 1601 ff. nur, solange der Vater lebt; stirbt der Vater, so gilt der § 1712.

b) Das im § 1612 bestimmte Recht steht dem Vater nicht zu. Der Unterhalt ist also regelmäßig durch Geld zu gewähren und auf ein Vierteljahr im voraus.

2. Auch die für den Unterhaltsanspruch eines ehelichen Kindes sonst geltenden besonderen Vorschriften finden Anwendung, z. B. die Vorschriften über das Pfändungsprivilegium der ehelichen Kinder nach § 850 Abs. 4 der C.P.O.

3. Im Falle des § 1699 Abs. 2, d. h. wenn die Ehe formell nichtig und nicht in das Heirathsregister eingetragen ist, wird der § 1703 nicht zur Anwendung kommen dürfen; denn der § 1703 bezieht sich nur auf die Kinder, welche lediglich wegen der Bösgläubigkeit beider Ehegatten unehelich sind, also nicht auf Kinder, die ohne Rücksicht auf die Bösgläubigkeit der Eltern unehelich sind. Für den Unterhalt haben die §§ 1708 ff. von Anfang an zu gelten. A. A. Knitschky S. 274.

### § 1704.

**E. I § 1567; II § 1592 rev. § 1682; III § 1680. P. I S. 7928; M. IV S. 850. P. II S. 6187 (Bd. 4 S. 670).**

1. Ueber die Anwendbarkeit der Vorschriften der §§ 1699—1703 auf die Fälle, daß die Ehe der Eltern aus einem der in den §§ 1331—1335, 1350 enthaltenen Gründe anfechtbar und angefochten ist, s. Erl. 6 zu § 1699.

# Sechster Titel.
## Rechtliche Stellung der unehelichen Kinder.

2. Der § 1704 trifft eine Sondervorschrift für den Fall, daß die Anfechtbarkeit auf Drohung (§ 1335) beruht. Die Vorschrift ist mit Rücksicht auf die Voraussetzungen erforderlich, von welchen nach den §§ 1699—1703 die Gleichstellung des aus der nichtigen Ehe entsprungenen Kindes mit einem ehelichen Kinde und die Rechtsstellung eines Elterntheils gegenüber einem solchen Kinde abhängig gemacht sind; denn der anfechtungsberechtigte Elterntheil hat stets von der Drohung und damit von der Nichtigkeit der Ehe Kenntniß. Es handelt sich also um die gleiche Modifikation, wie sie der § 1346 Satz 1 gegenüber dem § 1345 enthält.

3. Ging die Drohung von einem Dritten aus und war sie auch dem nicht anfechtungsberechtigten Ehegatten unbekannt, so findet § 1700 Anwendung.

### Sechster Titel.

1. Ueber die in Betracht kommenden gesetzgeberischen Fragen s. M. IV S. 851 ff., 864 ff., Zstlg. IV S. 428 ff., VI S. 636 ff., D. S. 711, K.B.S. 2084 ff., St.B. S. 2987 ff.

2. Der Begriff des unehelichen Kindes ergiebt sich aus den §§ 1591 ff., 1699 ff. Unehelich ist ein Kind, wenn die Voraussetzungen nicht vorliegen, unter welchen es nach den §§ 1591—1600 ehelich ist oder nach den §§ 1699—1704 als ehelich gilt.

3. Bei der Regelung der rechtlichen Stellung des unehelichen Kindes gegenüber dem Vater und der väterlichen Familie ist das B.G.B. davon ausgegangen, daß die an die eheliche Verwandtschaft, namentlich die an das eheliche Eltern- und Kindesverhältniß geknüpften Rechtswirkungen nur auf die durch die Ehe vermittelte Verbindung gegründet werden können. Demgemäß erkennt es zwischen dem unehelichen Kinde und seinen Abkömmlingen einerseits und dem unehelichen Vater und dessen Verwandten andererseits familienrechtliche Beziehungen nicht an. Diesem Gedanken giebt der § 1589 Abs. 2 durch die Vorschrift Ausdruck, daß ein uneheliches Kind und dessen Vater nicht als verwandt gelten. Daraus folgt insbesondere, daß der Vater nicht die elterliche Gewalt über das Kind erlangt, daß die Vorschriften der §§ 1616 bis 1625, welche für das Rechtsverhältniß zwischen Eltern und Kindern im Allgemeinen gelten, auf das Verhältniß des unehelichen Kindes zu seinem Vater keine Anwendung finden und daß zwischen dem unehelichen Kinde und seinem Vater ein Erb- oder Pflichttheilsrecht nicht besteht. Die Erwerbsfähigkeit des unehelichen Kindes in Ansehung letztwilliger Zuwendungen von Seiten seines Vaters ist nicht beschränkt. An dem Grundsatze, daß das uneheliche Kind und dessen Vater nicht als Verwandte gelten, wird dadurch nichts geändert, daß der Vater das uneheliche Kind anerkennt. Der Anerkennung der Vaterschaft kommt nicht die Bedeutung eines familienrechtlichen Rechtsgeschäfts zu, sondern die Anerkennung ist nur für den Beweis der Vaterschaft nach Maßgabe des § 1718 von Belang.

Die uneheliche Erzeugung ist indessen auf das Verhältniß zwischen dem Vater und dem unehelichen Kinde nicht ohne Einfluß. Die Wirkungen der unehelichen Erzeugung gegenüber dem Vater beruhen nach dem B.G.B. nicht auf einer unerlaubten Handlung des Vaters, sondern auf der Verwandtschaft. Das B.G.B. spricht deshalb auch nicht von dem „Erzeuger" des unehelichen Kindes, sondern von dessen „Vater". Die Wirkungen der unehelichen Erzeugung gegenüber dem Vater erschöpfen sich in dem Eheverbote des § 1310, in der Möglichkeit der Legitimation (§§ 1719, 1723) und in dem Unterhaltsanspruch (§§ 1708—1716). Ein Erbrecht ist, wie schon bemerkt, versagt.

4. Bezüglich der rechtlichen Stellung des unehelichen Kindes zu der Mutter und den Verwandten der Mutter geht das B.G.B. davon aus, daß das Kind in die Familie der Mutter eintritt. In Ansehung der Mutter und der mütterlichen Verwandten wird das uneheliche Kind wie ein eheliches behandelt (§ 1705). Dies gilt namentlich vom Unterhaltsanspruch und vom Erbrecht. Eine Ausnahme besteht, abgesehen von der Sonderregelung, welche die Namensführung des Kindes im § 1706 gefunden hat, nur insofern, als der unehelichen Mutter nicht die elterliche Gewalt über das uneheliche Kind gebührt, sondern nur die thatsächliche Fürsorge für die Person des Kindes zukommt; bezüglich dieser aber ist die uneheliche Mutter ebenso gestellt wie die eheliche Mutter, welcher die elterliche Gewalt wegen ihrer Minderjährigkeit oder, weil sie sich wieder verheirathet hat, nicht zusteht (§ 1707).

5. Der Unterhaltsanspruch des unehelichen Kindes gegen seinen Vater ist weder durch Bedürftigkeit des Kindes oder der Mutter noch, abgesehen von dem Falle des

## §. 1705.

**Das uneheliche Kind hat im Verhältnisse zu der Mutter und zu den Verwandten der Mutter die rechtliche Stellung eines ehelichen Kindes.**

---

§ 1708 Abs. 2, durch Leistungsfähigkeit des Vaters bedingt. Der Vater haftet vor der Mutter. Das Maß des Anspruchs richtet sich nach dem Stande der Mutter. Der Anspruch endigt, wenn das Kind das sechzehnte Lebensjahr vollendet hat. Darüber hinaus dauert er nur unter den Voraussetzungen des § 1708 Abs. 2 fort. Er steht dem Kinde zu und erlischt mit dessen Tode, nicht mit dem Tode des Vaters.

Im Interesse des Kindes ist der unehelichen Mutter das Recht gegeben, von dem Vater die Kosten der Entbindung sowie den Unterhalt für sechs Wochen nach der Entbindung zu verlangen. Unter Umständen können auch die durch die Schwangerschaft verursachten Aufwendungen gefordert werden (§ 1715). Ein allgemeiner Deflorationsanspruch ist abgelehnt (M. IV S. 912ff., Jacubezky S. 314, Erl. zu § 1300).

6. Eine Unterscheidung zwischen verschiedenen Arten der unehelichen Kinder ist im B.G.B., abgesehen von der für die Ehelichkeitserklärung geltenden Vorschrift des § 1732, nicht gemacht. Einerseits ist die Rechtsstellung der im Ehebruch oder in Blutschande erzeugten unehelichen Kinder nicht schlechter als die anderer unehelicher Kinder, andererseits ist die Rechtsstellung der sog. Brautkinder keine bessere.

7. Die Entstehung der sämmtlichen rechtlichen Beziehungen zwischen dem unehelichen Kinde und seiner Mutter sowie deren Verwandten ist lediglich durch die Thatsache der Mutterschaft bedingt. Die Anerkennung von Seiten der Mutter, welche bei Findelkindern von Bedeutung sein kann, hat nur den Charakter eines Beweismittels. Entsteht zwischen der Mutter und dem Kinde über die Mutterschaft Streit, so handelt es sich um einen Rechtsstreit über das Bestehen oder Nichtbestehen eines Eltern- und Kindesverhältnisses der einen Partei zu der andern. Auf diesen Rechtsstreit finden die §§ 640, 642, 643 der C.P.O. Anwendung. Das in dem Rechtsstreit ergehende Urtheil wirkt, sofern es bei Lebzeiten beider Parteien rechtskräftig wird, für und gegen Alle. Die Mutterschaft kann also einheitlich festgestellt werden.

8. Die Erforschung der unehelichen Vaterschaft ist nicht eingeschränkt. Das französisch-rechtliche Verbot der Erforschung der unehelichen Vaterschaft ist abgelehnt. Zur Erleichterung des Nachweises der unehelichen Vaterschaft ist im § 1717 eine gesetzliche Vermuthung aufgestellt. Gegen diese ist der Gegenbeweis in gewissen Grenzen zugelassen, insbesondere ist die Einrede mehrerer Zuhälter gestattet.

Die Feststellung der unehelichen Vaterschaft kann nicht mit Wirkung für und gegen Alle erfolgen. Auf einen Rechtsstreit, welcher die uneheliche Vaterschaft zum Gegenstande hat, finden die Vorschriften, welche für den Rechtsstreit über das Bestehen oder Nichtbestehen eines Eltern- und Kindesverhältnisses zwischen den Parteien gelten, nach § 644 der C.P.O. keine Anwendung.

9. Anlangend die Stoffanordnung, so regeln die §§ 1705—1707 das Verhältniß des unehelichen Kindes zur Mutter und den Verwandten der Mutter; in den §§ 1708—1718 werden die Vorschriften über den Unterhaltsanspruch des Kindes und über den Anspruch der Mutter gegen den unehelichen Vater getroffen. Die §§ 1708—1714 regeln den Anspruch des Kindes, der § 1715 betrifft die Entschädigung der Mutter; nach § 1716 ist die Sicherstellung der Ansprüche des Kindes und der Mutter schon vor der Geburt des Kindes möglich, die §§ 1717, 1718 regeln den Beweis der Vaterschaft.

10. Wegen des internationalen Privatrechts s. E.G. Art. 20, 21, Uebergangsbestimmungen ebenda Art. 208.

11. Literatur: Hachenburg, Die Rechtsstellung des unehelichen Kindes, Mannheim, 1895. Bulling, Die Rechte der unehelichen Kinder, Berlin, 1895. Hirsch, Die Rechtsverhältnisse der unehelichen Kinder, Stuttgart, 1897. Mantey, Die Rechte des unehelichen Kindes und seiner Mutter, Königsberg, 1897. Schmidt, Die Vormundschaft über uneheliche Kinder, Dresden, 1899. Vergl. ferner die in der Vorbm. 6 vor § 1616 angeführten Schriften von Spahn, Opet, Fränkel, Knitschky.

### § 1705.

**E. I § 1568; II § 1593 rev. § 1683; III § 1681. P. I S. 7836—7838, 8803; M. IV S. 851—858. P. II S. 6189 (Bd. 4 S. 670). D. S. 711.**

1. Der § 1705 bestimmt den Eintritt des unehelichen Kindes in die mütterliche Familie. Hierüber sowie über den Begriff des unehelichen Kindes und über das Verhältniß des unehelichen Kindes zu dem Vater und der väterlichen Familie s. Vorbm. 2—4 vor § 1705.

## §. 1706.

Das uneheliche Kind erhält den Familiennamen der Mutter.

Führt die Mutter in Folge ihrer Verheirathung einen anderen Namen, so erhält das Kind den Familiennamen, den die Mutter vor der Verheirathung geführt hat. Der Ehemann der Mutter kann durch Erklärung gegenüber der zuständigen Behörde dem Kinde mit Einwilligung des Kindes und der Mutter seinen Namen ertheilen; die Erklärung des Ehemanns sowie die Einwilligungserklärungen des Kindes und der Mutter sind in öffentlich beglaubigter Form abzugeben.

---

2. Die wichtigsten Folgen des Grundsatzes, daß das uneheliche Kind in Ansehung der mütterlichen Familie einem ehelichen gleichsteht, sind:

a) Das uneheliche Kind kann von seiner Mutter und den Verwandten der Mutter nach Maßgabe der §§ 1601—1615 Unterhalt verlangen und ist diesen gegenüber unterhaltspflichtig. Die Anwendbarkeit der §§ 1601—1615 ist nur insofern modifizirt, als der uneheliche Vater nach § 1709 Abs. 1 vor der Mutter und den mütterlichen Verwandten dem Kinde unterhaltspflichtig ist.

b) Die das Rechtsverhältniß zwischen den Eltern und einem ehelichen Kinde im Allgemeinen regelnden Vorschriften der §§ 1617—1625 finden Anwendung. Das uneheliche Kind ist deshalb z. B., solange es dem Hausstande der Mutter angehört und von dieser erzogen oder unterhalten wird, zur Leistung von Diensten für die Mutter verpflichtet (§ 1617). Die uneheliche Tochter hat gegen ihre Mutter nach Maßgabe der §§ 1620 ff. Anspruch auf Aussteuerung. Was die Mutter dem unehelichen Kinde als Ausstattung giebt, unterliegt der Vorschrift des § 1624. Die Anwendbarkeit der §§ 1618, 1619 wird von Staudinger Note 1 zu § 1705 bestritten, weil diese Vorschriften einen Ersatz dafür bieten sollen, daß die elterliche Gewalt über das Kind mit dessen Volljährigkeit endigt. Allein die §§ 1618, 1619 gelten auch für solche volljährige eheliche Kinder, die während ihrer Minderjährigkeit nicht unter elterlicher Gewalt standen, z. B. weil die verwittwete Mutter sich wieder verheirathet hatte. Der Wortlaut der §§ 1618, 1619 läßt die von Staudinger angenommene Einschränkung nicht zu und der von ihm hervorgehobene Gesichtspunkt ist keineswegs der allein entscheidende, vielmehr ist es das natürliche Verhältniß der volljährigen Kinder zu den Eltern, auf welchem die fraglichen Vorschriften beruhen.

c) Zwischen der Mutter und den mütterlichen Verwandten einerseits und dem unehelichen Kinde und dessen Abkömmlingen andererseits besteht das gleiche Erb- und Pflichttheilsrecht, wie wenn das uneheliche Kind ein eheliches wäre (§§ 1924 ff., 2303).

d) Zur Eheschließung des unehelichen Kindes (§ 1305) und zur Annahme des Kindes an Kindesstatt (§ 1747) bedarf es der Einwilligung der unehelichen Mutter.

e) Das uneheliche Kind tritt zu den Ehegatten der Mutter und deren Verwandten in gleicher Weise in ein Schwägerschaftsverhältniß, wie wenn es ein eheliches Kind wäre; dasselbe gilt von dem Ehegatten des unehelichen Kindes.

f) Wegen des Wohnsitzes des unehelichen Kindes s. § 11. Wegen der Verjährung der Ansprüche zwischen Mutter und Kind s. Erl. 3 zu § 204.

Daß die uneheliche Mutter verheirathet ist, ändert an dem Verhältnisse der Mutter zu dem unehelichen Kinde nichts. Auch im Verhältnisse zu dem Manne der Mutter steht das uneheliche Kind der Frau einem vorehelichen ehelichen Kinde gleich. Die Bestimmung des § 1465 Abs. 2 über die einem nichtgemeinschaftlichen Kinde gewährte oder versprochene Ausstattung z. B., die Vorschrift des § 1483 Abs. 2 über das Erbrecht der nichtgemeinschaftlichen Kinder bei der allgemeinen Gütergemeinschaft gilt auch für ein uneheliches Kind der Frau.

3. Eine Ausnahme von der im § 1705 bestimmten Gleichstellung des unehelichen Kindes mit einem ehelichen Kinde besteht nur insofern, als die Mutter nach § 1707 nicht die elterliche Gewalt erhält. Ueber die hieraus sich ergebenden Folgen s. Erl. zu § 1707. Wegen der Namensführung des Kindes s. § 1706.

## § 1706.

**E. I § 1569; II § 1594 rev. § 1684; III § 1682. P. I S. 7838, 8750, 8859; M. IV S. 859. P. II S. 6189 (Bd. 4 S. 671). D. S. 711. K.B. S. 2084. St.B. S. 2987.**

Literatur wie zu § 1616 angegeben.

1. Familiennamen des Kindes.

## §. 1707.

Der Mutter steht nicht die elterliche Gewalt über das uneheliche Kind zu. Sie hat das Recht und die Pflicht, für die Person des Kindes zu sorgen; zur

---

**a)** Regel ist, daß das Kind den Familiennamen der Mutter führt. Ist die Mutter zur Zeit der Geburt verheirathet, geschieden oder Wittwe, so erhält das Kind den Namen, den die Mutter vor der Verheirathung geführt hat, also den Mädchennamen der Mutter. „Vor der Verheirathung“ im Abs. 2 Satz 1 ist im Sinne von „unverheirathet“ zu verstehen; wenn eine Frau, welche zum zweiten Male verheirathet ist oder war, ein uneheliches Kind erhält, bekommt dieses nicht den Namen, welchen die Frau vor der zweiten Verheirathung geführt hat, also nicht den Namen des ersten Ehemanns, sondern den Namen, welchen die Frau vor ihrer ersten Verheirathung geführt hat.

**b)** Wenn die Mutter später heirathet, behält das Kind den Mädchennamen der Mutter, nur wenn die Mutter den Vater des Kindes heirathet, bekommt es den Namen des Vaters, weil es legitimirt wird (§ 1719).

**c)** Von dem Grundsatze, daß das Kind im Falle der Verheirathung der Mutter seinen Namen behält, läßt der von der Reichstagskommission beschlossene Abs. 2 Satz 2 eine Ausnahme zu. Wenn die Mutter einen Andern als den Vater des Kindes heirathet, ist der Ehemann der Mutter berechtigt, dem Kinde seinen Namen zu geben. Die Namengebung erfolgt durch die Erklärung gegenüber der zuständigen Behörde. Welche Behörde zuständig ist, bestimmt sich nach Landesrecht. Voraussetzung ist, daß das Kind und die Mutter einwilligen. Ueber die Form der öffentlichen Beglaubigung s. § 129, freiw. G.G. §§ 167, 183. Die Erklärung des Vaters braucht nur gegenüber nicht vor der Behörde abgegeben zu werden; wird sie vor der Behörde abgegeben, so ist sie zu protokolliren, damit ist dem Erfordernisse der öffentlich beglaubigten Form genügt. Ist die Mutter gestorben, so ist nur die Einwilligung des Kindes erforderlich. Ist das Kind geschäftsunfähig oder in der Geschäftsfähigkeit beschränkt, so steht das Recht der Einwilligung dem gesetzlichen Vertreter des Kindes zu, welcher die Vertretung in den die Person betreffenden Angelegenheiten hat; die Genehmigung des Vormundschaftsgerichts ist nicht vorgeschrieben. In dem Zeitpunkt, in welchem die Erklärung des Vaters der Behörde zugeht (§ 130 Abs. 3), tritt die Aenderung des Namens des Kindes von selbst ein, es bedarf keiner Mitwirkung der Behörde. Fehlt es an einem der erwähnten Erfordernisse, so tritt die Namensänderung nicht ein, dies kann in jedem Verfahren, z. B. in einem strafrechtlichen auf Grund des § 360 Ziff. 8 des St.G.B., geltend gemacht werden.

Wegen der Eintragung der erfolgten Namensänderung in das Geburtsregister s. § 26 des Personst.G. Irgend welche familienrechtliche oder erbrechtliche Wirkungen sind an die Namensertheilung durch den Ehemann der Mutter nicht geknüpft. Inbesondere wird das Kind dadurch gegenüber dem Ehemanne der Mutter nicht unterhaltsberechtigt oder verpflichtet.

Der Vater selbst kann, wenn er nicht das Kind legitimirt, dem Kinde seinen Namen nicht übertragen; der Abs. 2 gilt nur vom Ehemanne der Mutter.

**d)** Wegen des Rechtes und der Pflicht des Kindes, den ihm nach Vorstehendem zukommenden Namen zu führen, treffen die Ausführungen in der Erl. 1 zu § 1616 hier gleichfalls zu.

2. Vornamen des Kindes.

Das Recht der Vornamengebung ist, wie in der Erl. 2 zu § 1616 ausgeführt ist, Ausfluß der thatsächlichen Fürsorge für die Person und steht deshalb nach § 1707 der Mutter zu. Im Uebrigen vergl. die hier gleichfalls zutreffenden Ausführungen in der Erl. 2 zu § 1616.

**3.** Ueber den Stand des Kindes schweigt das B.G.B. Daß das Kind in Ansehung der thatsächlichen Lebensstellung den Stand der Mutter theilt, ergiebt sich z. B. aus der Vorschrift des § 1708, daß der Vater dem Kinde den der Lebensstellung der Mutter entsprechenden Unterhalt zu gewähren hat. Wegen des Standes im öffentlichrechtlichen Sinne, insbesondere in Ansehung des Adelsstandes, vergl. die Erl. 2 zu § 1355 und die Erl. 3 zu § 1616.

## § 1707.

**E. I § 1570; II § 1595 rev. § 1685; III § 1683. P. I S. 7839; M. IV S. 859—863. P. II S. 6190 (Bd. 4 S. 671). D. S. 712. K.B. S. 2084. St.B. S. 2988.**

**1.** Das uneheliche Kind steht, wenn es auch nach § 1705 sonst im Verhältnisse zu seiner Mutter die rechtliche Stellung eines ehelichen Kindes hat, doch nicht unter der elterlichen Gewalt der Mutter.

Vertretung des Kindes ist sie nicht berechtigt. Der Vormund des Kindes hat, soweit der Mutter die Sorge zusteht, die rechtliche Stellung eines Beistandes.

---

Folge dieses Grundsatzes ist

a) für das Kind: daß es stets einen Vormund erhält (§ 1773). Die Mutter kann Vormund sein und sie darf nach § 1778 Abs. 3 vor dem Großvater zum Vormunde bestellt werden. Eine gesetzliche Vormundschaft des Großvaters oder der Mutter ist nicht anerkannt.

b) für die Mutter: daß ihr nicht die gesetzliche Vertretung des Kindes in Ansehung seiner Person oder seines Vermögens zusteht und daß sie auch nicht die Nutznießung am Vermögen des Kindes hat; etwaige Ueberschüsse der Einkünfte aus dem Vermögen des Kindes müssen für das Kind verzinslich und mündelsicher angelegt werden. Die Mutter hat ferner auch nicht die Rechte, welche als Vorwirkung und als Nachwirkung der elterlichen Gewalt in den §§ 1776, 1782, 1797, 1855, 1858 ff., 1899 Abs. 1, 1900 Abs. 2 anerkannt sind. Insbesondere steht ihr nicht die Befugniß zu, die Rechte des noch ungeborenen Kindes zu vertreten (Ausnahme s. Erl. zu § 1716) oder für das Kind einen Vormund zu benennen. Dagegen stehen der Mutter die nicht mit der elterlichen Gewalt zusammenhängenden Rechte, welche aus dem Eltern- und Kindesverhältnisse hervorgehen, zu. Hierüber s. Erl. zu § 1705. Aus dem Mangel der gesetzlichen Vertretungsmacht der Mutter folgt insbesondere, daß sowohl die Klage auf Anerkennung der Vaterschaft als die Klage auf Gewährung von Unterhalt nur vom Vormund erhoben werden kann; wegen der Unterhaltsklage s. im Uebrigen die Erl. zu §§ 1708, 1716.

2. Die thatsächliche Fürsorge für die Person des Kindes steht der unehelichen Mutter zu. Die uneheliche Mutter hat in dieser Beziehung die gleiche Stellung, wie sie der ehelichen Mutter, welche wegen ihrer Minderjährigkeit die Gewalt nicht ausüben kann, nach § 1696 zukommt.

a) Was zur thatsächlichen Fürsorge für die Person des Kindes gehört, ist in der Erl. 1 zu § 1627 dargelegt. Die Mutter ist hiernach insbesondere berechtigt und verpflichtet, das Kind zu erziehen, zu beaufsichtigen und seinen Aufenthalt zu bestimmen und sie kann die Herausgabe des Kindes von Jedem verlangen, der es ihr widerrechtlich vorenthält. Die §§ 1631, 1632 finden entsprechende Anwendung; dies gilt insbesondere von der im § 1631 Abs. 2 vorgesehenen Befugniß des Erziehungsberechtigten, angemessene Zuchtmittel anzuwenden, und von der Verpflichtung des Vormundschaftsgerichts, den Erziehungsberechtigten auf Antrag durch Anwendung geeigneter Zuchtmittel zu unterstützen. Aus der Aufsichtspflicht der Mutter folgt ihre Verantwortlichkeit gegenüber Dritten gemäß §§ 832, 840. Wegen der religiösen Erziehung entscheiden nach Art. 134 E.G. die Landesgesetze. Der uneheliche Vater hat gegenüber dem Kinde kein Erziehungsrecht, insbesondere ist er nicht befugt, statt den Unterhalt des Kindes in Geld zu bestreiten, das Kind selbst in Pflege zu nehmen und zu erziehen.

b) Die thatsächliche Sorge hat die Mutter ohne Rücksicht darauf, ob sie volljährig oder minderjährig ist und ob sie selbst noch unter elterlicher Gewalt oder unter Vormundschaft steht oder nicht.

c) Auf die Ausübung der thatsächlichen Fürsorge durch die Mutter finden die Vorschriften über die elterliche Gewalt Anwendung, soweit hierfür Raum ist. Dies gilt insbesondere von dem Rechte der Mutter, auf Ersatz der Auslagen (§ 1648), von dem Grade der von der Mutter zu vertretenden Sorgfalt gegenüber dem Kinde (§ 1664) und von der Befugniß des Vormundschaftsgerichts, wegen Pflichtwidrigkeit einzuschreiten sowie in Verhinderungsfällen das Entsprechende vorzukehren (§§ 1665, 1666, 1671). Auch die Vorschrift des § 1673 wird entsprechend anzuwenden sein; die Mutter sowie sonstige Angehörige des Kindes werden, soweit thunlich, vorher zu hören sein, wenn die thatsächliche Sorge der Mutter beschränkt oder entzogen werden soll. Ein Verzicht auf die thatsächliche Fürsorgepflicht der Mutter ist unzulässig.

3. Die Stellung des Vormundes des Kindes gegenüber der Mutter bei der Ausübung der thatsächlichen Fürsorge durch die Mutter ist nach Satz 3 dieselbe wie die eines Beistandes. Der Vormund hat also die Mutter zu unterstützen und zu überwachen und dem Vormundschaftsgerichte jeden Fall, in welchem es zum Einschreiten (§§ 1665, 1666) berufen ist, unverzüglich anzuzeigen (§ 1689); dagegen kann er der Mutter in Ansehung der thatsächlichen Fürsorge keine bindenden Weisungen geben, es ist nicht, wie bei der ehelichen Mutter im Falle des § 1698, daß bei einer Meinungsverschiedenheit die Meinung des Vormundes vorgeht, das Verhältniß ist vielmehr dasselbe wie in den §§ 1696, 1697.

## §. 1708.

Der Vater des unehelichen Kindes ist verpflichtet, dem Kinde bis zur Vollendung des sechzehnten Lebensjahrs den der Lebensstellung der Mutter entsprechenden Unterhalt zu gewähren. Der Unterhalt umfaßt den gesammten Lebensbedarf sowie die Kosten der Erziehung und der Vorbildung zu einem Berufe.

Ist das Kind zur Zeit der Vollendung des sechzehnten Lebensjahrs in Folge körperlicher oder geistiger Gebrechen außer Stande, sich selbst zu unterhalten, so hat ihm der Vater auch über diese Zeit hinaus Unterhalt zu gewähren; die Vorschrift des §. 1603 Abs. 1 findet Anwendung.

---

**§ 1708.**

**E. I §§ 1571, 1573, 1574; II § 1596 Abs. 1 rev. § 1686; III § 1684. P. I S. 7843—7861, 7874—7879, 8804; M. IV S. 864—882, 893—901. P. II S. 6191, 6210 (Bd. 4 S. 671, 680—682). D. S. 712. K.B. S. 2085. St.B. S. 2989.**

Vergl. hierzu Vorbm. 5 vor § 1705.

1. Unterhaltspflichtig ist nur der Vater des unehelichen Kindes, nicht die Verwandten des Vaters, insbesondere nicht der väterliche Großvater. Wer als Vater des unehelichen Kindes gilt, ist im § 1717 bestimmt. Unterhaltsberechtigt ist nur das uneheliche Kird, nicht dessen Abkömmlinge.

2. Die Unterhaltspflicht des unehelichen Vaters dauert regelmäßig nur bis zum vollendeten sechzehnten Lebensjahre. Der E. I hatte die Grenze auf das vierzehnte Lebensjahr festgesetzt. Durch die Reichstagskommission ist dem Vater eine außerordentliche, über das sechzehnte Lebensjahr hinausgehende Unterhaltspflicht auferlegt worden. Die regelmäßige Unterhaltspflicht des unehelichen Vaters ist im § 1708 Abs. 1, die außerordentliche im § 1708 Abs. 2 geregelt.

3. Die regelmäßige Unterhaltspflicht des unehelichen Vaters (§ 1708 Abs. 1).

a) Voraussetzung ist lediglich die Vaterschaft (§ 1717) des in Anspruch Genommenen. Bedürftigkeit des Kindes oder Leistungsfähigkeit des Vaters ist nicht Voraussetzung. Ob die Mutter oder die mütterlichen Verwandten leistungsfähig sind, kommt nicht in Betracht; der Vater haftet nach § 1709 Abs. 1 vor der Mutter und den mütterlichen Verwandten.

b) Inhalt des Unterhaltsanspruchs. Der Unterhaltsanspruch umfaßt wie beim ehelichen Kinde (§ 1610) den gesammten Lebensbedarf. Was dazu im Einzelnen gehört, hängt von den Umständen des Falles ab. Hervorzuheben ist, daß die Kosten der ärztlichen Behandlung und der Heilmittel zum Lebensbedarfe zu rechnen sind. Ausdrücklich als Theil des Unterhalts bezeichnet sind die Kosten der Erziehung und der Vorbildung zu einem Beruf. Auch bezüglich dieser Kosten entscheiden übrigens die Verhältnisse des einzelnen Falles. Der Vater hat die Kosten zu tragen, welche die Erziehung und die berufliche Ausbildung nach den Anordnungen erfordert, welche vom Erziehungsberechtigten (d. i. nach § 1707 regelmäßig die Mutter) entsprechend dem Stande der Mutter getroffen werden. Der Vater hat keinen Einfluß auf die Erziehung und die Berufswahl des Kindes. Wegen der Kosten der Taufe und wegen der Frage, ob Prozeßkosten, Kosten eines Strafverfahrens und Kosten der Vertheidigung in einem solchen Verfahren zu den Unterhaltskosten zu zählen sind, trifft die Erl. 1 zu § 1610 auch hier zu. Wegen der Kosten der Beerdigung s. § 1713 Abs. 2.

c) Das Maß des Unterhalts bestimmt der § 1708 Abs. 1 dahin, daß der gesammte, der Lebensstellung der Mutter entsprechende Lebensbedarf zu gewähren ist. Es ist also nicht, wie der E. I vorgeschlagen hatte, nur der nothdürftige, sondern auch der standesmäßige Unterhalt zu gewähren und zwar entscheidet nicht der Stand des unehelichen Vaters, sondern mit Rücksicht darauf, daß das Kind in die Familie der Mutter eintritt, der Stand der Mutter; die Vermögensverhältnisse des Vaters haben bei der Bemessung des Unterhalts des Kindes außer Betracht zu bleiben. Eine Beschränkung des unehelichen Kindes auf den nothdürftigen Unterhalt tritt auch dann nicht ein, wenn die Voraussetzungen vorliegen, unter welchen ein eheliches Kind nach § 1611 nur den nothdürftigen Unterhalt fordern kann.

d) Dauer des Unterhaltsanspruchs. Der Anspruch beginnt mit der Geburt des Kindes, kann jedoch nach Maßgabe des § 1716 schon vorher geltend gemacht werden; er dauert bis zur Vollendung des sechzehnten Lebensjahrs, gleichgültig, ob in diesem Zeitpunkte die berufliche Ausbildung des Kindes abgeschlossen ist oder nicht. Ueber die Berechnung des Lebensalters s. § 187 Abs. 2.

4. Die außerordentliche Unterhaltspflicht des unehelichen Vaters (§ 1708 Abs. 2).

a) Voraussetzung auf Seiten des Kindes ist, daß es zur Zeit der Vollendung des sechzehnten Lebensjahrs in Folge körperlicher oder geistiger Gebrechen außer Stande ist, sich selbst zu unterhalten. Der Unterhaltsanspruch ist nicht begründet, wenn die Gebrechlichkeit zur Zeit der Vollendung des sechzehnten Lebensjahrs noch nicht vorhanden ist, sondern erst später eintritt. Worauf das Gebrechen zurückzuführen ist, kommt nicht in Betracht; auch wenn es vom Kinde selbst verschuldet worden ist, kann der Unterhalt gefordert werden. Besitzt das Kind Vermögen, aus welchem sein Unterhalt bestritten werden kann, so ist der Unterhaltsanspruch nicht begründet; denn in diesem Falle ist das Kind nicht in Folge der Gebrechlichkeit außer Stande, sich selbst zu unterhalten. Der Unterhaltsanspruch kann solchen Falles erst geltend gemacht werden, nachdem der Stamm des Vermögens aufgezehrt ist. Selbstverständlich ist der Unterhaltsanspruch von der Fortdauer der Bedürftigkeit abhängig und kann bei nur theilweise geminderter Arbeitsfähigkeit nur Gewährung eines Zuschusses verlangt werden. Auf Seiten des Vaters ist, wie sich aus dem für anwendbar erklärten § 1603 Abs. 1 ergiebt, Voraussetzung seine Leistungsfähigkeit. Der Begriff der Leistungsfähigkeit ist derselbe wie beim Unterhaltsanspruch eines großjährigen ehelichen Kindes (s. Erl. zu § 1603); insbesondere kann der Vater verlangen, daß ihm sein standesmäßiger, nicht nur sein nothdürftiger Unterhalt durch die Gewährung des Unterhalts an das Kind nicht gefährdet wird. Auch beim außerordentlichen Unterhaltsanspruche des unehelichen Kindes wird nicht berücksichtigt, ob die Mutter und die mütterlichen Verwandten leistungsfähig sind; der uneheliche Vater haftet auch für den außerordentlichen Unterhaltsanspruch vor der Mutter und den mütterlichen Verwandten (§ 1709).

b) Für Inhalt und Maß des Unterhalts sind die gleichen Grundsätze maßgebend wie beim regelmäßigen Unterhaltsanspruche des unehelichen Kindes, es kann also auch beim außerordentlichen Unterhaltsanspruche der gesammte Lebensbedarf, wie er der Lebensstellung der Mutter entspricht, einschließlich der Kosten der ärztlichen Behandlung und der Heilmittel gefordert werden. Der außerordentliche Unterhaltsanspruch ist nicht etwa nur auf den nothdürftigen Unterhalt beschränkt.

c) Die Dauer des außerordentlichen Unterhaltsanspruchs ist zeitlich nicht beschränkt. Der Unterhaltsanspruch kann ferner nach § 1711 auch für die Vergangenheit geltend gemacht werden.

d) Da der außerordentliche Unterhaltsanspruch von der Leistungsfähigkeit des unehelichen Vaters bedingt ist, so ergeben sich für ihn in mehrfachen Beziehungen Abweichungen von den für den regelmäßigen Unterhaltsanspruch geltenden Grundsätzen. Es darf in dieser Beziehung auf die Erl. zu §§ 1709, 1711, 1712 verwiesen werden.

5. Ist der uneheliche Vater in allgemeiner oder partikulärer Gütergemeinschaft verheirathet, so kann für den gewöhnlichen Unterhaltsanspruch des unehelichen Kindes aus dem Gesammtgute wie für eine gewöhnliche Verbindlichkeit des Mannes (§ 1459) Befriedigung gefordert werden (s. Erl. IV zu § 1604). In Ansehung des außerordentlichen Unterhaltsanspruchs aber wird der § 1604 Anwendung zu finden haben, das uneheliche Kind des Vaters also in Ansehung der Befriedigung aus dem Gesammtgute wie ein uneheliches Kind der Mutter zu behandeln sein

6. Zur Sicherheitsleistung für den Unterhalt ist der uneheliche Vater nicht verpflichtet.

7. Der Unterhaltsanspruch des unehelichen Kindes kann nur von dem Kinde bezw. seinem gesetzlichen Vertreter (Vormund oder Pfleger) geltend gemacht werden. Die Mutter als solche ist zur Geltendmachung nicht befugt; eine Ausnahme hiervon besteht nur insoweit, als die Sicherstellung des Unterhalts vor der Geburt des Kindes nach Maßgabe des § 1716 auch von der Mutter verlangt werden kann. Ueber den Anspruch der Mutter, soweit sie den Unterhalt des Kindes bestritten hat, s. § 1709 Abs. 2.

8. Welchen Einfluß es auf die Unterhaltspflicht des unehelichen Vaters hat, wenn das Kind durch nachfolgende Ehe oder durch Ehelichkeitserklärung legitimirt wird und dadurch einem anderen Manne gegenüber als demjenigen, welcher als unehelicher Vater wegen des Unterhalts in Anspruch genommen worden war, die rechtliche Stellung eines ehelichen Kindes erlangt, ist, da ein solcher Fall nur sehr selten vorkommen wird, im B.G.B. nicht ausdrücklich entschieden. Es wird davon auszugehen sein, daß, wenn der in Anspruch Genommene rechtskräftig zur Zahlung des Unterhalts verurtheilt ist, hieran durch die spätere Legitimation nichts geändert wird, das Kind also doppelt unterhaltsberechtigt ist; das Kind kann indessen in Folge des ihm gegen den unehelichen Vater unbedingt zustehenden Unterhaltsanspruchs von demjenigen, als dessen eheliches Kind es in Folge der Legitimation gilt, den Unterhalt insoweit nicht verlangen, als dessen Erfüllung vom unehelichen Vater erlangt werden kann.

Wegen des Einflusses der Annahme an Kindesstatt s. Erl. zu § 1757.

## §. 1709.

Der Vater ist vor der Mutter und den mütterlichen Verwandten des Kindes unterhaltspflichtig.

Soweit die Mutter oder ein unterhaltspflichtiger mütterlicher Verwandter dem Kinde den Unterhalt gewährt, geht der Unterhaltsanspruch des Kindes gegen den Vater auf die Mutter oder den Verwandten über. Der Uebergang kann nicht zum Nachtheile des Kindes geltend gemacht werden.

---

Ueber den Unterhaltsanspruch des Kindes aus einer nichtigen oder anfechtbaren und angefochtenen Ehe, welches wegen Bösgläubigkeit beider Ehegatten als unehelich gilt, s. § 1703.

**9.** Der Unterhaltsanspruch des unehelichen Kindes für die Zukunft ist der Verjährung nicht unterworfen (§ 194 Abs. 2). Von Bedeutung ist dies insbesondere in Ansehung des außerordentlichen Unterhaltsanspruchs des Kindes. Rückstände von Unterhaltsleistungen verjähren in vier Jahren (§ 197).

**10.** Der Unterhaltsanspruch des unehelichen Kindes ist nicht pfändbar (§ 850 Abs. 1 Nr. 2 C.P.O.). Er ist somit auch nicht übertragbar (§ 400), nicht aufrechenbar (§ 394), nicht verpfändbar (§ 1274), nicht Gegenstand eines Nießbrauchs (§ 1069) und gehört nicht zur Konkursmasse (K.O. § 1).

**11.** Die Vorschriften, welche bei ehelichen Kindern für die prozessuale Verwirklichung des Unterhaltsanspruchs gelten (s. Vorbm. VII vor § 1601), sind in der Hauptsache auch bei unehelichen Kindern maßgebend.

a) Es kann auch wegen der erst nach Erlassung des Urtheils fällig werdenden Unterhaltsleistungen Klage auf künftige Entrichtung erhoben werden (C.P.O. § 258).

b) Für die Unterhaltsleistungen, welche für die Zeit nach der Erhebung der Klage und für das der Klage vorausgehende letzte Vierteljahr zu entrichten sind, ist das Urtheil nach § 708 Nr. 6 C.P.O. auch ohne Antrag für vorläufig vollstreckbar zu erklären.

c) Auch nach Eintritt der Rechtskraft eines auf Unterhaltsleistung gerichteten Urtheils hat jeder Theil das Recht, eine Abänderung des Urtheils zu verlangen, wenn inzwischen die Verhältnisse, welche für die Verurtheilung zur Entrichtung der Leistung, für die Bestimmung ihrer Höhe oder für die Bestimmung der Dauer ihrer Entrichtung maßgebend waren, sich wesentlich geändert haben (C.P.O. § 323). Eine Aenderung der Verhältnisse des Vaters kommt natürlich nur für den außerordentlichen Unterhaltsanspruch in Betracht.

d) Zu Gunsten des Unterhaltsanspruchs des unehelichen Kindes fallen gewisse Pfändungsbeschränkungen weg, abweichend von dem, was für eheliche Kinder gilt, jedoch nur insoweit, daß dem unehelichen Vater belassen werden muß, was er zur Bestreitung des eigenen nothdürftigen Unterhalts und zur Erfüllung der ihm seinen Verwandten, seiner Ehefrau oder seiner früheren Ehefrau gegenüber gesetzlich obliegenden Unterhaltspflicht bedarf (vergl. § 850 Abs. 4 C.P.O., § 4 Nr. 3 des Beschlagnahmegesetzes v. 21. Juni 1869 in der Fassung v. 29. März 1897).

e) Wegen des Konkurses des unehelichen Vaters s. K.O. § 3 Abs. 2. Danach können Unterhaltsansprüche, die nach den §§ 1708—1714 gegen den Gemeinschuldner begründet sind, für die Zukunft nur geltend gemacht werden, soweit der Gemeinschuldner als Erbe des Verpflichteten haftet.

### § 1709.

**E. I § 1571; II § 1596 Abs. 2 rev. § 1687; III § 1685. P. I S. 7843—7853; M. IV S. 875, 879—882. P. II S. 6191, 6211, 8673 (Bd. 4 S. 680; Bd. 6 S. 301). D. S. 713.**

Der § 1709 regelt das Verhältniß der Unterhaltspflicht des unehelichen Vaters zur Unterhaltspflicht der Mutter und der mütterlichen Verwandten.

**1.** Der Vater haftet vor der Mutter und den mütterlichen Verwandten; er kann also nicht verlangen, daß die Mutter zum Unterhalte des Kindes einen Beitrag leistet, sondern muß ohne Rücksicht auf die Leistungsfähigkeit der Mutter oder der mütterlichen Verwandten den Unterhalt des Kindes allein tragen. Kann von dem Vater nicht der ganze Unterhalt des Kindes erlangt werden, so haften für den Rest die Mutter und die mütterlichen Verwandten. Für das Verhältniß des Kindes zur Mutter und zu den mütterlichen Verwandten entscheiden die gleichen Grundsätze, wie sie nach den §§ 1601—1615 für das eheliche Kind gelten. Soweit mithin der Unterhalt vom Vater nicht zu erlangen ist, haftet zunächst die Mutter und zwar muß sie mit dem Kinde alles theilen, was sie hat, auch den nothdürftigen Unterhalt; soweit jedoch ein leistungsfähiger mütterlichen Aszendent vorhanden ist, braucht die Mutter ihren standesmäßigen Unterhalt sich nicht schmälern zu lassen, sondern haftet der Aszendent (§§ 1603 Abs. 2, 1606 Abs. 2).

2. Wenn der uneheliche Vater außer dem unehelichen Kinde auch anderen Personen gegenüber unterhaltspflichtig, jedoch außer Stande ist, allen den Unterhalt zu gewähren, so ist bezüglich der Reihenfolge in welcher die Unterhaltsberechtigten Befriedigung verlangen können, zu unterscheiden zwischen dem Falle, in dem das Kind den regelmäßigen (§ 1708 Abs. 1) und dem Falle, in dem es den außerordentlichen (§ 1708 Abs. 2) Unterhaltsanspruch geltend macht.

Soweit das Kind den Unterhalt auf Grund des § 1708 Abs. 1 fordert, ist zu berücksichtigen, daß die regelmäßige Unterhaltspflicht des unehelichen Vaters eine von der Leistungsfähigkeit des Vaters unabhängige Verbindlichkeit ist. Hat z. B. der uneheliche Vater einem ehelichen und einem unehelichen Kinde Unterhalt zu gewähren, so kann, wenn er nicht beiden Kindern Unterhalt gewähren kann, das uneheliche Kind den regelmäßigen Unterhalt wie ein sonstiger Gläubiger des Vaters, also ohne Rücksicht auf das Vorhandensein von unterhaltsberechtigten Verwandten des Vaters fordern. A. A. Staudinger Note 2, nach welchem der Unterhaltsanspruch des ehelichen Kindes dem des unehelichen vorgehen soll, weil § 1609 anwendbar, das uneheliche Kind aber nicht erbberechtigt sei; für die Anwendbarkeit des § 1609 in diesem Falle fehlt es indessen an jeder Grundlage. Gleiches gilt, wenn der Unterhaltsanspruch der Ehefrau des Vaters mit dem eines unehelichen Kindes desselben zusammentrifft. Sind mehrere uneheliche Kinder vorhanden und ist der Vater außer Stande, sie alle zu befriedigen, so geht dasjenige vor, welches zuerst befriedigt wird, bezw. seine Befriedigung im Zwangswege verwirklicht.

In Betreff des außerordentlichen Unterhaltsanspruchs des Kindes, welcher nach § 1708 Abs. 2 von der Leistungsfähigkeit des Vaters bedingt ist, ist im Gesetz eine Lücke vorhanden. Der § 1609 kann Mangels einer positiven Vorschrift nicht direkt angewendet werden. Eine entsprechende Anwendung würde nur in der Art möglich sein, daß das uneheliche Kind in allen Beziehungen wie ein eheliches behandelt würde. Die sich hieraus ergebenden Sätze würden aber durchaus nicht in allen Beziehungen befriedigen und die Voraussetzungen dürften daher nicht gegeben sein unter welchen eine entsprechende Anwendung sich rechtfertigt. In Ermangelung einer besonderen Vorschrift ist deshalb davon auszugehen, daß keiner der verschiedenen Ansprüche dem anderen vorgeht, da, soviel den Anspruch für die Zukunft betrifft, keiner als vor dem anderen entstanden angesehen, mithin gegenüber keinem der Ansprüche geltend gemacht werden kann, daß durch seine Befriedigung andere dem Vater bereits obliegende Unterhaltsverbindlichkeiten gefährdet würden (§ 1603 Abs. 1). Die verschiedenen Unterhaltsansprüche beschränken sich daher gegenseitig.

3. Auch die Frage, ob der Vater vor dem Ehegatten und den Abkömmlingen des unehelichen Kindes haftet, ist im Gesetze nicht ausdrücklich entschieden. Nach dem E. II, welcher nur die regelmäßige Unterhaltsverbindlichkeit des Vaters bis zum sechzehnten Lebensjahre kannte, konnte sie nicht in Betracht kommen. Für die außerordentliche Unterhaltsverbindlichkeit des § 1708 Abs. 2 aber kann sie von Bedeutung werden. Die §§ 1606, 1608, welche die Frage in Betreff des Unterhaltsanspruchs eines ehelichen Kindes zu Gunsten des Vaters entscheiden, finden direkt keine Anwendung. Eine entsprechende Anwendung dieser Paragraphen dürfte indessen um so mehr gerechtfertigt sein, als, wenn dies nicht beabsichtigt wäre, eine dem § 1709 entsprechende Vorschrift auch in Betreff des Ehegatten und der Abkömmlinge gegeben sein würde. Für die entsprechende Anwendbarkeit ist ferner auf die Analogie der §§ 1739, 1766 zu verweisen. Praktisch ist die Frage übrigens nur von sehr geringer Bedeutung, weil es nicht leicht vorkommen wird, daß ein Kind, wenn die Voraussetzungen des § 1708 Abs. 2 vorliegen, sich verheirathet oder Abkömmlinge hat.

4. Der Abs. 2 ist dem für das eheliche Kind geltenden § 1607 Abs. 2 nachgebildet. Soweit dem unehelichen Kinde von der Mutter oder einem unterhaltspflichtigen mütterlichen Verwandten der Unterhalt gewährt wird, erlischt nach Abs. 2 der Anspruch des Kindes und geht auf die Mutter oder den mütterlichen Verwandten über; haben den Unterhalt zum Theil die Mutter, zum Theil ein mütterlicher Verwandter gewährt, so werden sie nach Verhältniß der Unterhaltsgewährung berechtigt. Der Uebergang tritt kraft Gesetzes ein (s. Erl. 5 zu § 1607). Soweit eine andere Person als ein unterhaltspflichtiger mütterlicher Verwandter z. B. die Schwester der Mutter den Unterhalt gewährt, sind für den Regreßanspruch die allgemeinen Grundsätze des Rechtes der Schuldverhältnisse maßgebend. Regelmäßig wird die Sache so liegen, daß sie als Geschäftsführer ohne Auftrag des Kindes erscheinen, also nur von diesem Ersatz beanspruchen können, während der Vater dem Kinde unterhaltspflichtig bleibt (vergl. auch Erl. 2 zu § 1711).

Wegen des Abs. 2 Satz 2 s. Erl. 5 Abs. 3 zu § 1607.

## §. 1710.

Der Unterhalt ist durch Entrichtung einer Geldrente zu gewähren.

Die Rente ist für drei Monate vorauszuzahlen. Durch eine Vorausleistung für eine spätere Zeit wird der Vater nicht befreit.

Hat das Kind den Beginn des Vierteljahrs erlebt, so gebührt ihm der volle auf das Vierteljahr entfallende Betrag.

## §. 1711.

Der Unterhalt kann auch für die Vergangenheit verlangt werden.

---

### § 1710.

**E. I § 1574, § 1576 Abs. 2; II § 1597 rev. § 1688; III § 1686. P. I S. 7863—7877; M. IV S. 897. P. II S. 6215, 6219 (Bd. 4 S. 677, 683).**

1. Der Unterhalt kann nur durch Entrichtung einer Geldrente gewährt werden. Die beim Unterhaltsanspruch ehelicher Kinder geltende Ausnahmevorschrift des § 1612 Abs. 1, 2, daß der Unterhaltspflichtige den Unterhalt unter Umständen auch in anderer Weise, insbesondere in Natur gewähren kann, findet bei unehelichen Kindern keine Anwendung. Will der uneheliche Vater in anderer Weise den Unterhalt gewähren, will er z. B. das Kind selbst aufziehen, so kann dies nur im Wege einer Vereinbarung mit dem Kinde geschehen; die Vereinbarung bedarf der Genehmigung des Vormundschaftsgerichts (§ 1714).

2. Die Vorschriften des Abs. 2 Satz 1 und des Abs. 3 entsprechen dem für die Leibrente geltenden § 760 und dem für den Unterhaltsanspruch des ehelichen Kindes geltenden § 1612 Abs. 3. Die drei Monate, von welchen an die Rente vorauszuzahlen ist, berechnen sich von der Geburt des Kindes an.

3. Die Vorschrift des Abs. 3 Satz 2, daß durch eine Vorausleistung für eine spätere Zeit als drei Monate der Vater nicht befreit wird, entspricht dem für den Unterhaltsanspruch des ehelichen Kindes geltenden § 1614 Abs. 2. Ein Unterschied besteht aber insofern, als im Falle des § 1614 Abs. 2 erneute Bedürftigkeit des Kindes vorausgesetzt wird, während hiervon im § 1710 nicht die Rede ist, weil der regelmäßige Anspruch des Kindes von dessen Bedürftigkeit unabhängig ist. Hieraus folgt, daß im Falle des § 1710 der Vater durch eine Vorausleistung über drei Monate hinaus ohne Rücksicht darauf, ob eine erneute Bedürftigkeit vorliegt oder nicht, nicht befreit wird. Man wird indessen, wenn der im Voraus geleistete Betrag von dem Kinde noch nicht verbraucht ist, annehmen müssen, daß das Kind gegen Treu und Glauben handeln würde, wenn es trotzdem die nochmalige Bezahlung forderte, und der Vater wird daher hierauf eine Einrede gegen die Forderung auf nochmalige Zahlung des Betrags gründen können. Für den außerordentlichen Unterhaltsanspruch des § 1708 Abs. 2 gilt dasselbe wie im Falle des § 1614.

Wird durch eine Vereinbarung mit dem Kinde (§ 1714) an die Stelle des dreimonatigen ein anderer Zeitraum gesetzt, so findet die Vorschrift des Abs. 2 Satz 2 auf eine Vorausleistung für eine mehr als diesen Zeitraum umfassende Zeit Anwendung. (Vergl. die auch hier zutreffende Erl. 3 zu § 1614).

4. Wegen der Klage auf künftige Alimente s. C.P.O. § 258; wegen der Aenderung der durch Urtheil festgestellten Leistungen s. C.P.O. § 323 (s. Erl. 11 zu § 1708).

### § 1711.

**E. I § 1574; II § 1598 rev. § 1689; III § 1687. P. I S. 7863—7877; M. IV S. 899. P. II S. 6215 (Bd. 4 S. 683).**

1. Abweichend von der für den Unterhaltsanspruch des ehelichen Kindes geltenden Vorschrift des § 1613 läßt der § 1711 die Nachforderung des Unterhalts für die Vergangenheit zu. Dies gilt auch, soweit es sich um den auf § 1708 Abs. 2 beruhenden außerordentlichen Unterhaltsanspruch des mehr als sechzehn Jahre alten Kindes handelt. In Ansehung der regelmäßigen Unterhaltspflicht des unehelichen Vaters ist, da diese von seiner Leistungsfähigkeit unabhängig ist, die Nachforderung des Unterhalts für die Vergangenheit auch dann zulässig, wenn der Vater zu der Zeit, für welche der Unterhalt nachgefordert wird, leistungsunfähig war; soweit dagegen die außerordentliche Unterhaltspflicht des unehelichen Vaters in Anspruch genommen wird, ist die Nachforderung ausgeschlossen, wenn der Vater zu der Zeit, für welche der Unterhalt nach-

§. 1712.

Der Unterhaltsanspruch erlischt nicht mit dem Tode des Vaters; er steht dem Kinde auch dann zu, wenn der Vater vor der Geburt des Kindes gestorben ist.

Der Erbe des Vaters ist berechtigt, das Kind mit dem Betrag abzufinden, der dem Kinde als Pflichttheil gebühren würde, wenn es ehelich wäre. Sind mehrere uneheliche Kinder vorhanden, so wird die Abfindung so berechnet, wie wenn sie alle ehelich wären.

---

gefordert wird, leistungsunfähig war; denn in diesem Falle besteht für ihn überhaupt keine Unterhaltspflicht, da die auf § 1708 Abs. 2 beruhende Unterhaltspflicht von der Leistungsfähigkeit Vaters bedingt ist.

2. Soweit von einem Dritten als Geschäftsführer des Vaters oder vom Staate oder einer Anstalt des öffentlichen Rechtes dem Kinde der Unterhalt gewährt worden ist, kann das Kind sich an den Vater nicht halten, da insoweit die Verbindlichkeit dem Kinde gegenüber erfüllt ist. Der Ersatzanspruch des Dritten, des Staates ꝛc. schließt den Anspruch des Kindes für die Vergangenheit aus. Inwieweit übrigens ein solcher Ersatzanspruch des Dritten, des Staates ꝛc. besteht, bestimmt sich nach den allgemeinen Grundsätzen des Rechtes der Schuldverhältnisse (vergl. insbesondere §§ 679, 685 Abs. 2). Vergl. auch Erl. zu § 1709 Abs. 2.

3. Die Nachzahlung der Unterhaltsrente kann natürlich nur insoweit verlangt werden, als sie nicht nach § 197 verjährt ist.

§ 1712.

**E. I § 1575 Abs. 1; II § 1599 rev. § 1690; III § 1688. P. I S. 7863—7883; 8750; M. IV S. 901—904. P. II S. 6216 (Bd. 4 S. 684). D. S. 713.**

1. Der Unterhaltsanspruch des unehelichen Kindes und zwar nicht nur der regelmäßige (§ 1708 Abs. 1), sondern auch der auf § 1708 Abs. 2 beruhende außerordentliche ist passiv vererblich. Der Erbe des Vaters haftet indessen für die Unterhaltsleistungen nur wie für jede andere Nachlaßverbindlichkeit (§§ 1967 ff.). Daß der regelmäßige Unterhaltsanspruch des unehelichen Kindes nicht von der Leistungsfähigkeit des Erben abhängig ist, versteht sich von selbst. Zweifelhafter ist die Frage, wie es sich in dieser Beziehung mit dem außerordentlichen Unterhaltsanspruche verhält, da dieser durch die Leistungsfähigkeit des Vaters bedingt war. Man wird anzunehmen haben, daß die Abhängigkeit dieses Anspruchs von der Leistungsfähigkeit des Vaters mit dessen Tode aufhört; denn der Erbe haftet nicht auf Grund eines familienrechtlichen Verhältnisses, sondern lediglich in seiner Eigenschaft als Erbe. Hierfür spricht auch die Analogie mit dem Unterhaltsanspruche des geschiedenen Ehegatten (§ 1582 Abs. 2 Satz 1). Für die Person des Kindes verbleibt es natürlich bei der gewöhnlichen Vorschrift, daß der außerordentliche Unterhaltsanspruch ihm nur im Falle seiner Bedürftigkeit zusteht.

2. Der Abs. 2 Satz 1 giebt dem Erben des Vaters das Recht, das Kind mit dem Betrag abzufinden, der dem Kinde als Pflichttheil gebühren würde, wenn es ehelich wäre. Wie hoch dieser Betrag ist, bestimmt sich nach den §§ 2303 ff. Hat z. B. der Vater seine Frau, drei eheliche Kinder und ein uneheliches Kind hinterlassen und beträgt der reine Nachlaß 4000 Mark, so beträgt die Abfindung 375 Mark (nämlich $\frac{1}{2} \cdot \frac{3000}{4}$). Aus dem Abfindungsrecht ergiebt sich insbesondere, daß, wenn die Passiva die Aktiva zur Zeit des Todes übersteigen, die Verpflichtung des Erben dadurch überhaupt beseitigt werden kann, daß der Erbe von dem Abfindungsrechte Gebrauch macht, weil bei einem überschuldeten Nachlaß ein Pflichttheil nicht beansprucht werden kann.

3. Sind mehrere Erben vorhanden, so haften sie dem Kinde wegen des Unterhaltsanspruchs nach den für die Erbengemeinschaft geltenden Vorschriften der §§ 2058 ff. Bei der Theilung der Erbschaft ist der für die Berichtigung der noch nicht fälligen Ansprüche des Kindes erforderliche Betrag zurückzubehalten. Zweifelhaft kann sein, ob die Erben die Abfindung des Kindes nach Maßgabe des § 1712 Abs. 2 durch Mehrheitsbeschluß bestimmen können oder ob doch jeder Miterbe von den anderen die Mitwirkung zu der Abfindung des Kindes verlangen kann (§§ 2038, 2040). Die Frage dürfte zu verneinen sein, weil es sich bei der Gewährung einer Abfindung nicht um eine Verwaltungsmaßregel im Sinne des § 745 handelt, sondern um die Ausübung einer facultas alternativa. Eine solche wird aber nur durch alle Erben gemeinschaftlich erfolgen können und dem einzelnen Miterben steht ein Recht, von den anderen Miterben die

## §. 1713.

Der Unterhaltsanspruch erlischt mit dem Tode des Kindes, soweit er nicht auf Erfüllung oder Schadensersatz wegen Nichterfüllung für die Vergangenheit oder auf solche im voraus zu bewirkende Leistungen gerichtet ist, die zur Zeit des Todes des Kindes fällig sind.

Die Kosten der Beerdigung hat der Vater zu tragen, soweit ihre Bezahlung nicht von dem Erben des Kindes zu erlangen ist.

---

Mitwirkung zu verlangen, nicht zu, weil man die Ausübung jenes Rechtes nicht als eine zur ordnungsmäßigen Verwaltung des Nachlasses erforderliche Maßregel betrachten kann. Dagegen ist jeder Miterbe befugt, für seinen Erbtheil das Recht der Abfindung des Kindes geltend zu machen. Macht er von diesem Rechte Gebrauch, so kann er, wenn bei der Theilung der für die Berichtigung des Unterhaltsanspruchs des Kindes erforderliche Betrag zurückbehalten ist, verlangen, daß ihm der seinem Erbtheil entsprechende Antheil jenes Betrags ausgekehrt werde, wobei indessen vorauszusetzen ist, daß die anderen Miterben, sei es durch wirkliche Bezahlung der dem Erbtheil entsprechenden Abfindung an das Kind oder in anderer Weise von dem Anspruche des Kindes für diesen Theil befreit werden. Ebenso kann der einzelne Miterbe, wenn er für seinen Erbtheil nach Maßgabe des § 2059 Abs. 1 Satz 2 oder der §§ 2060, 2061 in Anspruch genommen wird, diesem Anspruche gegenüber das Recht der Abfindung nach Maßgabe des § 1712 Abs. 2 geltend machen. Auch die Verbindlichkeit zur Bezahlung der Abfindung ist übrigens eine Nachlaßverbindlichkeit und finden also darauf die Grundsätze über die Haftung des Erben wegen der Nachlaßverbindlichkeiten Anwendung.

4. Sind mehrere uneheliche Kinder vorhanden, so soll die Abfindung nach Abs. 2 Satz 2 so berechnet werden, wie wenn sie alle ehelich wären, auch wenn sie nicht alle abgefunden werden. Selbstverständlich sind nur diejenigen unehelichen Kinder zu zählen, welche noch unterhaltsberechtigt sind.

5. Der Unterhaltsanspruch des Kindes gegen den Erben des Vaters kann nach § 3 Abs. 2 der K.O. im Konkurs und zwar nicht nur im Nachlaßkonkurse, sondern auch im Konkurse des Erben für die Zukunft geltend gemacht werden. Selbstverständlich kann der Konkursverwalter das Recht der Abfindung ausüben. Er ist dadurch in die Lage versetzt, den Anspruch des Kindes, soweit Ueberschuldung des Nachlasses vorliegt, vollständig zu beseitigen.

6. Soweit sich nicht aus Vorstehendem eine Abweichung ergiebt, finden auch auf die Unterhaltspflicht des Erben des Vaters die Vorschriften der §§ 1708—1718 Anwendung. Insbesondere haftet auch der Erbe vor der Mutter und den mütterlichen Verwandten für den Unterhalt und bedarf es zu einer Vereinbarung zwischen dem Erben und dem Kinde über den Unterhaltsanspruch der Genehmigung des Vormundschaftsgerichts. Die Ausübung des Abfindungsrechts ist natürlich an die Genehmigung des Vormundschaftsgerichts nicht gebunden. Die Verwaltung der Abfindungssumme steht dem gesetzlichen Vertreter des Kindes zu.

7. Stirbt das Kind vor dem vollendeten sechzehnten Lebensjahre, so ist sein Erbe nicht zur Herausgabe der Abfindungssumme oder eines Theiles derselben verpflichtet.

8. Hat der Vater mit dem Kinde in Gemäßheit des § 1714 über den Unterhalt eine Vereinbarung getroffen, so ist die gesetzliche Unterhaltspflicht in eine vertragsmäßige umgewandelt worden, sie geht deshalb wie jede andere vertragsmäßige Nachlaßverbindlichkeit auf den Erben über und dieser hat kein Recht der Abfindung. Voraussetzung ist indessen immer, daß wirklich eine vertragsmäßige Verpflichtung an die Stelle der gesetzlichen getreten ist. Dies wird nicht anzunehmen sein, wenn die Vereinbarung sich nur auf die Art, in welcher der Unterhalt zu gewähren ist, bezieht.

### § 1713.

**E. I § 1574; § 1575 Abs. 2; II § 1600 rev. § 1691; III § 1689. P. I S. 7863—7877; M. IV S. 904. P. II S. 6215 (Bd. 4 S. 684).**

Der § 1713 regelt die aktive Vererblichkeit des Unterhaltsanspruchs des unehelichen Kindes in der gleichen Weise wie der § 1615 die aktive Vererblichkeit des Unterhaltsanspruchs des ehelichen Kindes. Es darf deshalb auf die Erl. zu § 1615 verwiesen werden. Der uneheliche Vater hat die Kosten der Beerdigung des Kindes natürlich nur dann zu tragen, wenn er unterhaltspflichtig ist, also regelmäßig nicht, wenn das Kind schon über sechzehn Jahre alt ist.

## §. 1714.

Eine Vereinbarung zwischen dem Vater und dem Kinde über den Unterhalt für die Zukunft oder über eine an Stelle des Unterhalts zu gewährende Abfindung bedarf der Genehmigung des Vormundschaftsgerichts.

Ein unentgeltlicher Verzicht auf den Unterhalt für die Zukunft ist nichtig.

---

### § 1714.

**E. I § 1576; II § 1601 rev. § 1692; III § 1690. P. I S. 7870—7880, 8750; M. IV S. 905. P. II S. 6219 (Bd. 4 S. 684). D. S. 713.**

**1.** Der § 1714 erklärt entgeltliche Vereinbarungen, insbesondere einen Vergleich zwischen dem unehelichen Kinde und dem Vater über den Unterhalt für die Zukunft oder über eine an Stelle des Unterhalts zu gewährende Abfindung für zulässig. Hierunter fallen nicht nur Vereinbarungen, durch welche auf den Unterhalt ganz oder theilweise verzichtet wird, sondern auch solche, welche nur die Art der Gewährung des Unterhalts in einer von den gesetzlichen Vorschriften abweichenden Weise regeln. Es gehören also z. B. hierher Verträge, durch welche dem Vater gestattet wird, statt in vierteljährigen in halbjährigen Raten zu zahlen oder statt einer Geldrente den Unterhalt ganz oder theilweise in Natur zu leisten, oder in denen die Höhe der sämmtlichen oder eines Theiles der Leistungen des Vaters ein für allemal festgesetzt wird.

**2.** Die Vereinbarungen zwischen dem Kinde und dem Vater sind zwar an eine bestimmte Form nicht gebunden, bedürfen aber der Genehmigung des Vormundschaftsgerichts. Die Genehmigung ist ohne Rücksicht auf das Alter des Kindes und ohne Rücksicht auf die Form des Vertrags, also auch dann, wenn das volljährige Kind sich über den ihm nach § 1708 Abs. 2 zustehenden Anspruch mit dem Vater abfindet, und auch dann, wenn es sich um einen gerichtlichen Vergleich handelt, erforderlich. Gegen die Verfügung des Vormundschaftsgerichts, durch welche die Genehmigung versagt wird, steht dem Vater die Beschwerde nicht zu (Entsch. in d. freiw. G.G. zsgestellt im R.-Justizamt I S. 43.)

**3.** Eine Vereinbarung zwischen dem Kinde und dem Vater über den Unterhalt ist auch schon vor der Geburt des Kindes zulässig. Dem Kinde muß solchen Falles nach § 1912 ein Pfleger bestellt werden.

**4.** Für die Ertheilung der Genehmigung des Vormundschaftsgerichts sowie für die Rechtswirksamkeit einer ohne die erforderliche Genehmigung des Vormundschaftsgerichts geschlossenen Vereinbarung sind die §§ 1828—1830 maßgebend. Die Verwaltung einer Abfindung, die auf Grund der Vereinbarung gezahlt wird, steht, wenn das Kind noch nicht volljährig ist, dem Vormunde zu.

**5.** Inwieweit die Vereinbarung unwirksam ist, wenn der nach dem Inhalte der Vereinbarung als feststehend zu Grunde gelegte Sachverhalt der Wirklichkeit nicht entspricht, bestimmt sich nach den allgemeinen Grundsätzen, insbesondere nach den Vorschriften über den Irrthum (§ 119) und den Vorschriften über den Vergleich (§ 779). Danach beantwortet sich insbesondere die Frage, ob eine gezahlte Abfindung zurückgefordert werden kann, wenn das Kind vor Erreichung des sechzehnten Lebensjahrs stirbt. Ob, wenn auf den Unterhalt gegen eine Abfindung verzichtet worden ist, der Verzicht auch den außerordentlichen, auf § 1708 Abs. 2 sich gründenden Unterhaltsanspruch in sich begreift, ist Frage der Auslegung; regelmäßig dürfte übrigens die Frage zu verneinen sein.

**6.** Nicht anwendbar ist der § 1714 für Vereinbarungen zwischen dem Kinde und dem Vater über den Unterhalt für die Vergangenheit und für Vereinbarungen zwischen der Mutter und dem Vater über die der Mutter nach § 1715 zustehenden Ansprüche. Daß solche Vereinbarungen zulässig sind, steht außer Zweifel.

**7.** Die Zwangsvollstreckung aus der mit Genehmigung des Vormundschaftsgerichts geschlossenen Vereinbarung gegen den Vater ist nur möglich, wenn der Vater sich der sofortigen Zwangsvollstreckung unterworfen hat und die Vereinbarung in gerichtlicher oder in notarieller Form geschlossen worden ist (§ 794 Abs. 1 Nr. 5 C.P.O.).

## §. 1715.

Der Vater ist verpflichtet, der Mutter die Kosten der Entbindung sowie die Kosten des Unterhalts für die ersten sechs Wochen nach der Entbindung und, falls in Folge der Schwangerschaft oder der Entbindung weitere Aufwendungen nothwendig werden, auch die dadurch entstehenden Kosten zu ersetzen. Den gewöhnlichen Betrag der zu ersetzenden Kosten kann die Mutter ohne Rücksicht auf den wirklichen Aufwand verlangen.

Der Anspruch steht der Mutter auch dann zu, wenn der Vater vor der Geburt des Kindes gestorben oder wenn das Kind todt geboren ist.

Der Anspruch verjährt in vier Jahren. Die Verjährung beginnt mit dem Ablaufe von sechs Wochen nach der Geburt des Kindes.

---

### § 1715.

**E. I § 1577 Abs. 1 Satz 1, 2, § 1578; II § 1602 rev. § 1693; III § 1691. P. I S. 7887—7904; M. IV S. 906—912. P. II S. 6220, 6852, 8683 (Bd. 4 S. 685; Bd. 5 S. 144; Bd. 6 S. 308). D. S. 713. K.B. S. 2086. St.B. S. 2990.**

Der § 1715 regelt die Ansprüche, welche der unehelichen Mutter selbst gegen den Vater des unehelichen Kindes zustehen. Ueber den sog. Deflorationsanspruch s. Erl. zu § 1300.

1. Umfang der Ansprüche. Die uneheliche Mutter kann verlangen:

a) die Kosten der Entbindung d. h. was sie aus Anlaß der Entbindung aufgewendet hat, also die Kosten für die Hebamme, den Arzt, für Arznei und Pflege;

b) die Kosten des Unterhalts d. h. des gesammten Lebensbedarfs für die ersten sechs Wochen nach der Entbindung. Wegen der Berechnung des sechswöchentlichen Zeitraums s. § 187 Abs. 1, § 188.

c) Nach den Beschlüssen des Reichstags auch den Ersatz der Kosten, welche durch weitere in Folge der Schwangerschaft oder der Entbindung nothwendig gewordene Aufwendungen entstanden sind. Hierher gehören insbesondere die Kosten für eine in Folge der Schwangerschaft oder der Entbindung eingetretene Krankheit sowie die Kosten der Beerdigung, wenn die Mutter in Folge der Entbindung stirbt (daß die M. IV S. 910 die Kosten der Beerdigung von § 1715 ausnehmen, hängt damit zusammen, der daß E. I den unter c erwähnten Anspruch verneinte). Ob der Entgang an Verdienst und Aufwendungen, welche für Aushülfe oder Stellvertretung in dem Dienstverhältniß, in welchem sich die Mutter befindet, gemacht worden sind, hierher gerechnet werden können, ist nicht unzweifelhaft. Der Gesetzgeber hat allerdings nur an die sog. Nachwehen der Entbindung gedacht. Danach würde die Frage zu verneinen sein (ebenso Neumann Note 1); der Wortlaut dürfte indessen für die Bejahung sprechen (hierfür auch Fischer-Henle).

Die unter a—c bezeichneten Ansprüche kann die Mutter ohne Rücksicht auf ihre Bedürftigkeit geltend machen. Sie kann also den Ersatz der Kosten auch dann verlangen, wenn sie genügend Vermögen hat, aus welchem dieselben bestritten werden können oder wenn sie sich die Mittel zur Deckung der Kosten durch Arbeit verschaffen könnte; die Unterhaltskosten kann sie z. B. auch dann fordern, wenn sie vor dem Ablaufe der sechs Wochen wieder erwerbsfähig geworden ist.

2. Das Maß der Ansprüche bestimmt sich nach der Lebensstellung der unehelichen Mutter. Die Entwürfe hatten den Vater nur verpflichtet, die Kosten innerhalb der Nothdurft zu ersetzen.

3. Da es sich im § 1715 um Ersatz gemachter Aufwendungen handelt, kann die Mutter die Kosten nicht im Voraus verlangen und der Vater kann seine Verbindlichkeit nur in Geld erfüllen, er hat kein Recht darauf, z. B. den Unterhalt in Natur zu gewähren. Wegen des Anspruchs der Mutter auf Befreiung von eingegangenen Verbindlichkeiten s. § 257.

Aus der Natur der im § 1715 bestimmten Ansprüche als Ersatzansprüche folgt auch, daß die Mutter beweisen muß, daß und wieviel sie aufgewendet hat. Hiervon macht der Abs. 1 Satz 2 für den Fall eine Ausnahme, daß die Mutter nur den gewöhnlichen d. h. ortsüblichen und der Lebensstellung der Mutter angemessenen Betrag der zu ersetzenden Kosten verlangt. Diesen Betrag kann sie ohne Rücksicht auf die Höhe des wirklichen Aufwandes verlangen, also auch dann, wenn sie in Wirklichkeit überhaupt nichts aufgewendet hat, wenn sie z. B. von ihren Eltern unentgeltlich verpflegt worden ist. Für den gewöhnlichen Betrag der Kosten kann die Mutter ferner Sicherstellung vor der Geburt des Kindes fordern (§ 1716).

## §. 1716.

Schon vor der Geburt des Kindes kann auf Antrag der Mutter durch einstweilige Verfügung angeordnet werden, daß der Vater den für die ersten drei Monate dem Kinde zu gewährenden Unterhalt alsbald nach der Geburt an die Mutter oder an den Vormund zu zahlen und den erforderlichen Betrag angemessene Zeit vor der Geburt zu hinterlegen hat. In gleicher Weise kann auf Antrag der Mutter die Zahlung des gewöhnlichen Betrags der nach §. 1715 Abs. 1 zu ersetzenden Kosten an die Mutter und die Hinterlegung des erforderlichen Betrags angeordnet werden.

Zur Erlassung der einstweiligen Verfügung ist nicht erforderlich, daß eine Gefährdung des Anspruchs glaubhaft gemacht wird.

---

4. Von der Leistungsfähigkeit des Vaters sind die im § 1715 bestimmten Ansprüche unabhängig.

5. Die Ansprüche der Mutter sind aktiv und passiv vererblich. Stirbt die Mutter vor Ablauf der sechs Wochen, so können die Kosten für den Unterhalt, auch soweit sie nur im gewöhnlichen Betrage gefordert werden, nicht über den Zeitpunkt des Todes hinaus verlangt werden. Stirbt der Vater, so haften seine Erben für die Ansprüche der Mutter wie für eine gewöhnliche Nachlaßverbindlichkeit (§§ 1967 ff.).

6. Da die im § 1715 bestimmten Ansprüche nicht dem Kinde, sondern der Mutter zustehen, so stehen sie der Mutter auch dann zu, wenn das Kind todt geboren ist oder in der Geburt verstirbt. Der Vater hat in diesem Falle auch die Kosten der Beerdigung des Kindes zu zahlen, weil diese Kosten von der Mutter nur in Folge ihrer Entbindung aufgewendet werden müssen; die Vorschrift des § 1713 Abs. 2 ist solchen Falles nicht anwendbar. Im Falle einer Fehlgeburt kann die Mutter die im § 1715 bezeichneten Ansprüche nicht erheben.

7. Die Ansprüche der Mutter können übertragen und gepfändet werden.

8. Wenn die im § 1715 bestimmten Ansprüche auch nicht die Natur von Unterhaltsansprüchen haben, sondern bloße Ersatzansprüche sind (M. IV S. 907), so werden sie doch im Konkurse des Verpflichteten wie Unterhaltsansprüche behandelt. Sie können deshalb auch nach K.O. § 3 Abs. 2 für die Zukunft d. h. soweit sie noch nicht entstanden sind, nur geltend gemacht werden, soweit der Gemeinschuldner als Erbe des Verpflichteten haftet.

9. Die Verjährung (Abs. 3) beginnt abweichend von § 194 erst mit dem Ablaufe von sechs Wochen seit der Geburt des Kindes. Ueber die Berechnung der Frist s. § 187 Abs. 1, § 188. Der rechtskräftig festgestellte Anspruch der Mutter verjährt nach Maßgabe des § 218.

10. Die der unehelichen Mutter auf Grund der §§ 823, 825, 1300 etwa zustehenden Ansprüche werden selbstverständlich durch die im § 1715 bestimmten Ansprüche nicht berührt.

### § 1716.

**E. II § 1603 rev. § 1694; III § 1692. M. IV S. 893. P. II S. 6227 (Bd. 4 S. 685).**

Die Erfüllung des Unterhaltsanspruchs des Kindes sowie der im § 1715 bestimmten Entschädigungsansprüche der Mutter kann nicht schon vor der Geburt des Kindes verlangt werden. Der § 1716 giebt aber die Möglichkeit einer Sicherstellung dieser Ansprüche schon vor der Geburt des Kindes.

1. Die Sicherstellung kann verlangt werden in Ansehung des Unterhalts des Kindes für drei Monate und in Ansehung der Entschädigungsansprüche der Mutter für den gewöhnlichen Betrag der zu ersetzenden Kosten.

3. Die Sicherstellung wird dem Vater durch einstweilige Verfügung auferlegt. Zum Antrag auf Erlassung der einstweiligen Verfügung ist die Mutter auch Namens des Kindes berechtigt, die Aufstellung eines Pflegers für das Kind (§ 1912) ist nicht erforderlich. Für die Erlassung der einstweiligen Verfügung gelten die allgemeinen Grundsätze der C.P.O. §§ 935—939, 943. Zuständig ist das Amtsgericht, in dessen Bezirke der Vater seinen allgemeinen Gerichtsstand hat (C.P.O. § 943, 12, G.V.G. § 23 Nr. 2). Voraussetzung für die Erlassung der Verfügung ist, daß die Vaterschaft des in Anspruch Genommenen glaubhaft gemacht wird. Praktisch wird dies regelmäßig in der Weise zu geschehen haben, daß die Mutter ihre Schwangerschaft und den voraussichtlichen Zeitpunkt ihrer Niederkunft sowie die Beiwohnung des in Anspruch Genommenen glaubhaft macht; aus der Vergleichung des Zeitpunkts der Beiwohnung mit dem voraussichtlichen

§. 1717.

Als Vater des unehelichen Kindes im Sinne der §§. 1708 bis 1716 gilt, wer der Mutter innerhalb der Empfängnißzeit beigewohnt hat, es sei denn, daß auch ein Anderer ihr innerhalb dieser Zeit beigewohnt hat. Eine Beiwohnung bleibt jedoch außer Betracht, wenn es den Umständen nach offenbar unmöglich ist, daß die Mutter das Kind aus dieser Beiwohnung empfangen hat.

Als Empfängnißzeit gilt die Zeit von dem einhunderteinundachtzigsten bis zu dem dreihundertundzweiten Tage vor dem Tage der Geburt des Kindes, mit Einschluß sowohl des einhunderteinundachtzigsten als des dreihundertundzweiten Tages.

---

Zeitpunkte der Niederkunft muß sich nach § 1717 die Vaterschaft ergeben. Zur Glaubhaftmachung des Zeitpunkts der Niederkunft wird das Zeugniß eines Arztes oder einer Hebamme erforderlich sein, zur Glaubhaftmachung der Beiwohnung kann sich die Mutter auch zur Versicherung an Eidesstatt erbieten (§ 294 C.P.O.). Eine Gefährdung des Anspruchs braucht, wie im Abs. 2 des § 1716 ausdrücklich bestimmt ist, nicht glaubhaft gemacht zu werden. Die Entscheidung des Gerichts soll regelmäßig nach vorgängiger mündlicher Verhandlung erfolgen (§ 937 Abs. 2 C.P.O.). Dadurch ist dem in Anspruch Genommenen die Möglichkeit gegeben, die Einrede der mehreren Zuhälter vorzubringen und durch Glaubhaftmachung der Beiwohnung auch eines Anderen die Erlassung der Verfügung abzuwenden. In dringenden Fällen kann die Verfügung indessen auch ohne mündliche Verhandlung erfolgen.

3. Die einstweilige Verfügung geht dahin, daß der Vater den Betrag, welcher zur Deckung der unter Nr. 1 bezeichneten Kosten erforderlich ist, baar zu bezahlen und bei Gericht zu hinterlegen hat und daß nach der Geburt des Kindes bezüglich der Kosten des Unterhalts die Mutter oder je nach der Anordnung des Gerichts der Vormund des Kindes und bezüglich der Entschädigung der Mutter diese zur Erhebung des Geldes befugt ist. Der Zeitpunkt, in welchem die Hinterlegung zu erfolgen hat, ist in der Verfügung zu bestimmen. Der Vater hat also nicht Sicherheit im Sinne der §§ 232 ff. zu leisten; auch die Vorschrift der C.P.O., nach welcher die einstweilige Verfügung durch Sicherheitsleistung abgewendet oder aufgehoben werden kann (§§ 936, 923), ist nicht anwendbar. Noch weniger finden die §§ 372 ff. des B.G.B. Anwendung (a. A. Hirsch S. 62 ff., Fischer-Henle Note 5).

**§ 1717.**

**E. I § 1572, § 1577 Abs. 2, II § 1604 rev. § 1695; III § 1693. P. I S. 7843—7861; M. IV S. 883—893, 908. P. II S. 6192, 6205, 6220, 6226, 6536, 8674 (Bd. 4 S. 672—680, 861; Bd. 6 S. 302). D. S. 712. K.B. S. 2087. St.B. S. 2992—3000.**

1. Bedeutung des § 1717. Der § 1717 bestimmt zum Zwecke der Erleichterung der Beweisführung den Begriff des unehelichen Vaters im Sinne der §§ 1708—1716. Die Begriffsbestimmung bezieht sich also nur auf die Anwendbarkeit der vom Unterhaltsanspruche des unehelichen Kindes und vom Entschädigungsanspruche der Mutter handelnden Vorschriften. Dagegen kommt sie nicht in Betracht, soweit sonst an die uneheliche Vaterschaft Rechtsfolgen geknüpft sind. Dies gilt insbesondere für das Ehehinderniß der Verwandtschaft und Schwägerschaft (s. Erl. 4 zu § 1310) und für das Gebiet des Strafrechts (z. B. § 173 St.G.B.). In diesen Beziehungen verbleibt es bei den allgemeinen Beweisgrundsätzen.

2. Begriff der unehelichen Vaterschaft. Als Vater gilt, wer innerhalb der Empfängnißzeit der Mutter beigewohnt hat. Gilt das Kind nach § 1591 als ein eheliches oder nach § 1719 als ein durch nachfolgende Ehe legitimirtes, so ist, sofern ein Anderer als derjenige, welcher auf Grund jener Vorschriften als ehelicher Vater gilt, als unehelicher Vater in Anspruch genommen wird, zur Feststellung der unehelichen Vaterschaft weiter erforderlich, daß die Unehelichkeit des Kindes feststeht; bei Kindern, die nach § 1591 als eheliche gelten, ist diese Feststellung natürlich nur nach Maßgabe der §§ 1593 ff. zulässig und bei den durch nachfolgende Ehe legitimirten Kindern kommt die Vorschrift des § 1720 in Betracht.

Die Vermuthung, daß, wer der Mutter innerhalb der Empfängnißzeit beigewohnt habe, der Vater sei, wird widerlegt:

a) durch den Nachweis, daß es den Umständen nach offenbar unmöglich ist, daß die Mutter das Kind aus der Beiwohnung empfangen hat. Der Begriff der offenbaren Unmöglichkeit ist in Ansehung der unehelichen Vaterschaft derselbe wie in Ansehung der ehelichen; die Erl. 2 zu § 1591 trifft daher auch hier zu.

## §. 1718.

Wer seine Vaterschaft nach der Geburt des Kindes in einer öffentlichen Urkunde anerkennt, kann sich nicht darauf berufen, daß ein Anderer der Mutter innerhalb der Empfängnißzeit beigewohnt habe.

---

b) durch den Nachweis, daß auch ein Anderer der Mutter innerhalb der Empfängnißzeit beigewohnt hat. Das B.G.B. gestattet demnach die Einrede der mehreren Zuhälter. Unzulässig ist die Einrede der mehreren Zuhälter, wenn der Vater die Vaterschaft in öffentlicher Urkunde anerkannt hat; hierüber s. § 1718. Der Umstand, daß die Mutter während der Empfängnißzeit auch mit einem Anderen geschlechtlich verkehrt hat, ist dann bedeutungslos, wenn nachgewiesen wird, daß es offenbar unmöglich ist, daß aus dieser Beiwohnung das Kind entsprossen ist. Die offenbare Unmöglichkeit der Empfängniß steht also nicht nur der Vermuthung der Vaterschaft, sondern auch der Einrede der mehreren Zuhälter entgegen.

Wie schon die Fassung des § 1717 zum Ausdrucke bringt, müssen die Thatsachen, welche nach den Bemerkungen unter a und b die Vaterschaftsvermuthung ausschließen, von demjenigen bewiesen werden, welcher sich auf sie beruft. Der als Vater des unehelichen Kindes in Anspruch Genommene hat, wenn er seine Vaterschaft bestreitet, wegen der offenbaren Unmöglichkeit der Empfängniß des Kindes aus seiner Beiwohnung oder wegen des Verkehrs der Mutter mit anderen Männern die Thatsachen, auf welche sich seine Einwendungen stützen, zu beweisen. Dieser Nachweis kann mit allen nach der C.P.O. überhaupt zulässigen Beweismitteln geführt werden, insbesondere auch durch Eideszuschiebung (§ 292 Satz 2 C.P.O.). Der Beweisführer braucht zum Beweise der Einrede der mehreren Zuhälter die Person oder den Namen desjenigen, welcher der Mutter beigewohnt hat, nicht zu nennen; eine allgemeine Eideszuschiebung des Inhalts, daß ein Anderer innerhalb der Empfängnißzeit der Mutter nicht beigewohnt habe, wird für zulässig zu halten sein. Umgekehrt hat die Mutter, wenn sie gegenüber dem Nachweise, daß sie auch mit einem Anderen den Beischlaf vollzogen hat, die offenbare Unmöglichkeit der Empfängniß aus diesem Beischlafe behauptet, die Thatsache der Unmöglichkeit zu beweisen.

3. Die Empfängnißzeit ist im Abs. 2 in der gleichen Weise geregelt wie hinsichtlich der ehelichen Kinder, jedoch mit der Abweichung, daß der bei ehelichen Kindern im § 1592 Abs. 2 zugelassene Nachweis einer längeren Empfängnißzeit hier nicht gestattet ist. Im Uebrigen s. Erl. 1 zu § 1592.

4. Wegen der Feststellung der unehelichen Vaterschaft im Rechtsstreite s. Vorbm. 8 vor § 1705.

### § 1718.

**E. II § 1605 rev. § 1696; III § 1694. M. IV S. 892. P. II S. 6206—6210, 8676 (Bd. 4 S. 678, 702; Bd. 6 S. 303).**

1. Wenn der Vater des unehelichen Kindes die Vaterschaft anerkennt, so hat dies an sich keine andere Bedeutung, als sie einem außergerichtlichen bezw. gerichtlichen Geständniß im Rechtsstreite nach den §§ 288—290 der C.P.O. zukommt. Nur wenn die Anerkennung nach der Geburt des Kindes in einer öffentlichen Urkunde erfolgt, wohnt ihr eine weitergehende Wirkung bei, indem der Anerkennende sich nach § 1718 nicht darauf berufen kann, daß ein Anderer der Mutter innerhalb der Empfängnißzeit beigewohnt habe. Durch die in einer öffentlichen Urkunde erfolgte Anerkennung der Vaterschaft wird also die Einrede der mehreren Zuhälter ausgeschlossen. Dagegen wird der Anerkennende nicht gehindert, die Beiwohnung überhaupt oder die Beiwohnung innerhalb der Empfängnißzeit zu bestreiten oder die offenbare Unmöglichkeit der Erzeugung des Kindes aus seiner Beiwohnung zu behaupten. Inwieweit freilich der Prozeßrichter mit Rücksicht auf die Anerkennung der Vaterschaft die nachträgliche Bestreitung der Beiwohnung glaubwürdig findet, ist eine andere, lediglich nach den Grundsätzen der freien Beweiswürdigung (§ 286 C.P.O.) zu beurtheilende Frage.

2. Die Anerkennung der unehelichen Vaterschaft hat hienach im Gegensatze zur Anerkennung der ehelichen Vaterschaft (§ 1598) nur deklaratorische, nicht konstitutive Bedeutung. Rechtlich stellt sich die Anerkennung als ein einseitiges Rechtsgeschäft dar, durch welches der Anerkennende auf die Geltendmachung der Einrede der mehreren Zuhälter verzichtet (so auch P. II S. 6207 Bd. 4 S. 679). A. A. Hachenburg S. 34 und Staudinger Note 2, welche in der Vorschrift des § 1718 eine Steigerung der einfachen Vaterschaftsvermuthung des § 1717 erblicken.

Die Anerkennung braucht nicht gegenüber der Mutter oder dem Kinde zu erfolgen. Aus der Natur der Anerkennung als eines Rechtsgeschäfts folgt, daß auf sie die allgemeinen Vorschriften über Rechtsgeschäfte, insbesondere über Nichtigkeit und Anfechtbarkeit Anwendung finden. Aus § 119 ergiebt sich, daß die Anfechtung der Anerkennung der Vaterschaft nicht deshalb zulässig

# Siebenter Titel.

## Legitimation unehelicher Kinder.

### I. Legitimation durch nachfolgende Ehe.

---

ist, weil der Anerkennende sich über die Beiwohnung geirrt hat. Der in der Geschäftsfähigkeit Beschränkte bedarf zur Anerkennung der Einwilligung des gesetzlichen Vertreters; die Genehmigung des Vormundschaftsgerichts ist nicht erforderlich. Durch einen Vertreter kann die Anerkennung geschehen (a. A. Opet S. 374).

**3.** Die Anerkennung der Vaterschaft in öffentlicher Urkunde äußert ihre Wirkung nicht nur für den Unterhaltsanspruch des Kindes, sondern auch für den aus § 1715 sich ergebenden Anspruch der Mutter.

**4.** Nur die nach der Geburt des Kindes erfolgte Anerkennung der Vaterschaft hat die bezeichnete Wirkung. Die Anerkennung vor der Geburt des Kindes hat, auch wenn sie in öffentlicher Urkunde erfolgt, nur den Charakter eines gewöhnlichen Beweismittels.

**5.** Für die Aufnahme der im § 1718 und im § 1720 Abs. 2 vorgesehenen öffentlichen Urkunden über die Anerkennung der Vaterschaft sind außer den Notaren auch die Amtsgerichte und zwar jedes Amtsgericht, nicht nur das Vormundschaftsgericht, sondern auch ein ersuchtes Gericht zuständig (§ 167 Abs. 2 des freiw. G.G.). Die Zuständigkeit der Amtsgerichte kann landesgesetzlich nicht ausgeschlossen werden (s. § 191 des freiw. G.G.). Für die Aufnahme dieser Urkunden ist, wenn die Anerkennung der Vaterschaft bei der Anzeige der Geburt des Kindes oder bei der Eheschließung seiner Eltern erfolgt, reichsrechtlich auch der Standesbeamte zuständig, welcher die Geburt oder die Eheschließung beurkundet (§ 167 Abs. 2 freiw. G.G.).

Nach § 25 des Personst.Ges. darf die Anerkennung eines unehelichen Kindes in das standesamtliche Geburtsregister nur eingetragen werden, wenn sie vor dem Standesbeamten oder in einer gerichtlich oder notariell aufgenommenen Urkunde erklärt ist. Nach der herrschenden Auslegung (vergl. R.G. in Str. Bd. 20 S. 15) gestattet der § 25 des Personst.Ges. die Beurkundung im Register auch im Falle einer nachträglichen Anerkennung, während die im § 167 Abs. 2 des freiw. G.G. dem Standesbeamten eingeräumte Beurkundungsbefugniß sich auf die Fälle beschränkt, in denen die Anerkennung bei der Anzeige der Geburt oder bei der Eheschließung der Eltern erfolgt. Die im § 1718 und im § 1720 Abs. 2 an die Anerkennung der Vaterschaft geknüpften Wirkungen treten daher im Falle der Beurkundung durch den Standesbeamten, sofern nicht landesgesetzlich auf Grund der §§ 191, 200 freiw. G.G. der Standesbeamte in weiterem Umfange für zuständig erklärt ist, nur ein, wenn die Anerkennung bei der Anzeige der Geburt oder bei der Eheschließung erfolgt (übereinstimmend Begründung zu Art. 69 des Entw. eines preuß. A.G. zum B.G.B., a. A. die Kommentare zum freiw. G.G. § 167 von Dorner, Schultze-Görlitz, Weißler). Eine weitergehende Zuständigkeit ist dem Standesbeamten im Art. 70 des preuß. A.G. zum B.G.B. gewährt. Nach diesem hat er die Beurkundungsbefugniß auch dann, wenn die Anerkennung nicht bei der Geburt des Kindes oder bei der Eheschließung seiner Eltern erfolgt. Ebenso in Sachsen (Gesetz v. 15. Juni 1900 § 44).

## Siebenter Titel.

**1.** Das B.G.B. kennt nur zwei Arten der Legitimation unehelicher Kinder, die Legitimation durch nachfolgende Ehe und die Legitimation durch Ehelichkeitserklärung. Die Legitimation durch Verfügung von Todeswegen oder durch bloße Anerkennung Seitens des unehelichen Vaters ist dem B.G.B. fremd. Die Legitimation durch nachfolgende Ehe ist in den §§ 1719—1722, die Ehelichkeitserklärung in den §§ 1723—1740 geregelt.

**2.** Bezüglich der Eintragung der Legitimation in das standesamtliche Geburtsregister vergl. § 26 Personst.Ges.

**3.** Internationales Privatrecht im E.G. Art. 22. Uebergangsbestimmungen ebenda Art. 209.

**4.** Bezüglich der Literatur wird auf die Angaben in der Vorbm. 6 oben S. 371 verwiesen.

### I. Legitimation durch nachfolgende Ehe.

Voraussetzung der Legitimation durch nachfolgende Ehe ist lediglich, daß der Vater des unehelichen Kindes die Mutter heirathet. Eine besondere Legitimationsfähigkeit oder die Zu-

§. 1719.

Ein uneheliches Kind erlangt dadurch, daß sich der Vater mit der Mutter verheirathet, mit der Eheschließung die rechtliche Stellung eines ehelichen Kindes.

---

stimmung des Kindes ist nicht erforderlich. Die Folge der Legitimation ist daß das Kind in allen Beziehungen die rechtliche Stellung eines ehelichen Kindes erhält. Die Wirkungen der Legitimation erstrecken sich auf die Abkömmlinge des Kindes wie auf die Verwandten des Vaters und die Ehegatten des Kindes oder seiner Abkömmlinge.

## § 1719.

**E. I § 1579; II § 1606 rev. § 1697; III § 1695. P. I S. 7929—7938, 8647; M. IV S. 919—925. P. II S. 6245 (Bd. 4 S. 698). D. S. 713.**

Der § 1719 behandelt die Voraussetzungen und die Wirkungen der Legitimation durch nachfolgende Ehe:

**I.** Voraussetzungen.

1. Unehelichkeit des Kindes.

Ob das Kind ein eheliches oder ein uneheliches ist, bemißt sich nach den §§ 1591—1600. Ein Kind, welches die Frau nach der Eheschließung geboren, aber vor der Eheschließung von dem Ehemann empfangen hat, ist kein legitimirtes, sondern ein eheliches. Kinder ferner, die zwar in Wirklichkeit uneheliche Kinder der beiden Ehegatten, nach Maßgabe der §§ 1591 ff. aber eheliche Kinder eines Anderen sind, werden durch die nachfolgende Ehe ihrer Eltern nicht berührt. Ein solcher Fall kann namentlich dann eintreten, wenn das Kind mit einer Ehefrau im Ehebruch erzeugt ist, der frühere Ehemann jedoch die Ehelichkeit des Kindes nicht angefochten hat.

Die Legitimation durch nachfolgende Ehe wird dadurch nicht ausgeschlossen, daß das Kind vor der Eheschließung zwischen seinen Eltern für ein eheliches Kind seines Vaters erklärt oder von dem Vater oder der Mutter an Kindesstatt angenommen worden ist; denn die Ehelichkeitserklärung und die Annahme an Kindesstatt geben nicht die volle Stellung eines ehelichen Kindes. Die Legitimation durch nachfolgende Ehe ist auch dann möglich, wenn das Kind vor der Eheschließung seiner Eltern von einem Dritten an Kindesstatt angenommen ist. Dagegen ist sie dann ausgeschlossen, wenn das Kind vor der Eheschließung zwischen seinen Eltern für ein eheliches Kind eines Dritten erklärt worden ist, weil hier die Vaterschaft des Dritten in unanfechtbarer Weise (§ 1735) festgestellt worden ist. Aus gleichem Grunde ist die Legitimation durch nachfolgende Ehe ausgeschlossen, wenn das Kind nach Maßgabe der §§ 1719, 1720 bereits durch nachfolgende Ehe der Mutter mit einem Dritten, welcher nach § 1720 als Vater des Kindes gilt, legitimirt worden ist und nach Auflösung dieser Ehe die Mutter eine neue Ehe mit einem Anderen schließt, welcher ebenfalls ihr innerhalb der im § 1720 bestimmten Empfängnißzeit beigewohnt hat. Dagegen steht es der Legitimation durch nachfolgende Ehe nicht entgegen, wenn ein Anderer als der Ehemann vor der Eheschließung seine Vaterschaft in öffentlicher Urkunde anerkannt hat (§ 1718) oder als unehelicher Vater des Kindes diesem Unterhalt zu gewähren verurtheilt worden ist, obwohl auch der Ehemann innerhalb der Empfängnißzeit der Mutter beigewohnt hat; denn die Anerkennung hat keine konstitutive Wirkung und der Verurtheilte gilt nur hinsichtlich der Unterhaltspflicht als Vater, das Urtheil wirkt aber nicht gegen Dritte (§ 644 der C.P.O.). Wegen des Einflusses der Legitimation auf die Unterhaltspflicht des Dritten s. Erl. zu § 1717.

2. Vaterschaft des Vaters (vergl. § 1720).

3. Gültigkeit der Ehe, soweit nicht § 1721 eine Ausnahme macht (vergl. Erl. zu § 1721).

Weitere Voraussetzungen sind nicht aufgestellt. Insbesondere ist die Legitimation nicht von der Zustimmung oder dem Nichtwiderspruche des Vaters oder des Kindes abhängig und ist eine besondere Legitimationsfähigkeit des Kindes nicht erfordert. Es können deshalb auch in Blutschande (anders bei der Ehelichkeitserklärung § 1732) oder im Ehebruch erzeugte Kinder durch nachfolgende Ehe legitimirt werden. Uebrigens kann eine Legitimation der in Blutschande oder im Ehebruch erzeugten Kinder durch nachfolgende Ehe mit Rücksicht auf die Eheverbote der §§ 1310, 1312 regelmäßig nicht in Betracht kommen. Ist entgegen diesen Vorschriften die Ehe geschlossen worden, so tritt — vorbehaltlich der sich aus § 1721 ergebenden Abweichungen — die Legitimation ein.

§. 1720.

Der Ehemann der Mutter gilt als Vater des Kindes, wenn er ihr innerhalb der im §. 1717 Abs. 2 bestimmten Empfängnißzeit beigewohnt hat, es sei denn, daß es den Umständen nach offenbar unmöglich ist, daß die Mutter das Kind aus dieser Beiwohnung empfangen hat.

Erkennt der Ehemann seine Vaterschaft nach der Geburt des Kindes in einer öffentlichen Urkunde an, so wird vermuthet, daß er der Mutter innerhalb der Empfängnißzeit beigewohnt habe.

---

**II. Wirkungen.**

Das uneheliche Kind erlangt in Folge der Legitimation durch nachfolgende Ehe in allen Beziehungen, insbesondere auch in Ansehung der Unterhaltspflicht und in erbrechtlicher Hinsicht, die rechtliche Stellung eines ehelichen Kindes; es bekommt den Namen des Vaters (Erl. zu § 1616) und wird der elterlichen Gewalt des Vaters nach Maßgabe der §§ 1626 ff. unterworfen. Wegen des Wohnsitzes s. § 11. Der Grundsatz des § 1719 gilt ausnahmslos. Die Wirkungen der Legitimation durch nachfolgende Ehe erstrecken sich daher auch auf die Abkömmlinge des Kindes (vergl. § 1722) sowie auf die Verwandten des Vaters; auch wird zwischen dem Ehegatten des Kindes oder eines Abkömmlinges desselben einerseits und dem Vater und der Mutter andererseits ein Schwägerschaftsverhältniß begründet. Ist das Kind zur Zeit der Eheschließung seiner Eltern von einem Dritten an Kindesstatt angenommen, so erlangt es die rechtliche Stellung eines ehelichen Kindes seiner leiblichen Eltern in demselben Umfange, wie sie einem nach der Eheschließung von einem Dritten angenommenen Kinde gegenüber seinen leiblichen Eltern zukommt (vergl. §§ 1764, 1765).

Die besonderen Bestimmungen des Lehen-, Familienfideikommiß- und Stammgüterrechts bleiben nach Maßgabe des Art. 59 des E.G. unberührt. Auch hier gilt aber der in der Erl. 8 zu § 1591 entwickelte Grundsatz, daß die Landesgesetze den durch nachfolgende Ehe legitimirten Kindern nicht die rechtliche Stellung von ehelichen Kindern als solchen nehmen können; sie können nur bestimmen, daß die legitimirten Kinder, trotzdem sie als eheliche zu gelten haben, in dieser oder jener Hinsicht nicht wie eheliche behandelt werden. Von selbst versteht es sich ferner, daß, soweit durch Privatdisposition, namentlich durch Stiftungen, die durch nachfolgende Ehe legitimirten Kinder den ehelichen Kindern nachgestellt sind, es hierbei sein Bewenden hat. Ob dies durch die Privatdisposition beabsichtigt ist, erscheint wie zu § 1591 ausgeführt ist, als eine Auslegungsfrage. Daß durch das B.G.B. in die Vorschriften des Privatfürstenrechts — soweit es nach den Art. 57, 58 des E.G. aufrechterhalten ist — und in die dem öffentlichen Rechte angehörenden Vorschriften über den Erwerb des Adels in Folge Legitimation durch nachfolgende Ehe nicht eingegriffen wird, ist selbstverständlich.

**III. Beginn der Wirkungen.**

Die Legitimation durch nachfolgende Ehe wirkt von der Zeit der Eheschließung an, nicht rückwärts von der Geburt des Kindes an. Daraus ergiebt sich namentlich, daß, wenn ein Rechtserwerb von dem Lebensalter des ehelichen Kindes abhängig gemacht ist, die bereits vor der Legitimation geborenen ehelichen Kinder des einen oder anderen Elterntheils als die älteren anzusehen sind, obwohl sie in Wirklichkeit jünger sind als die legitimirten Kinder. Uebrigens können, wenn es sich um eine rechtsgeschäftliche Bestimmung handelt, die Umstände so liegen, daß eine andere Auslegung der Bestimmung gerechtfertigt erscheint.

Mit der Eheschließung tritt auch die elterliche Gewalt und damit die Vertretungsmacht (§ 1630) des Vaters über das Kind ein. Dagegen endigt die Vormundschaft über das Kind nicht mit der Eheschließung von selbst, sondern erst mit der rechtskräftigen Feststellung der Vaterschaft des Ehemanns oder mit der Aufhebung durch das Vormundschaftsgericht (§ 1883). Die Folge hiervon ist eine doppelte Vertretungsmacht, welche das Gesetz indessen gegenüber dem Vortheile, daß der Ehemann der Mutter sofort mit der Eheschließung die Pflicht der thatsächlichen Fürsorge erhält, in den Kauf genommen hat (M. IV S. 924).

§ 1720.

**E. I § 1580; II § 1607 rev. § 1698; III § 1696. P. I S. 7940—7949; M. IV S. 925—928. P. II S. 6246—6254, 8674, 8677 (Bd. 4 S. 698—702; Bd. 6 S. 304). D. S. 713.**

1. Voraussetzung der Legitimation durch nachfolgende Ehe ist die Vaterschaft des Ehemanns der Frau. Ob diese Voraussetzung zutrifft, ist gegebenen Falles nach den gewöhnlichen

Beweisgrundsätzen zu entscheiden. Im § 1720 sind aber zur Erleichterung der Beweisführung zwei Vermuthungen aufgestellt.

a) Die erste im Abs. 1 aufgestellte geht dahin, daß der Ehemann der Frau, wenn er ihr innerhalb der Empfängnißzeit beigewohnt hat, als Vater des Kindes gilt. Diese Vermuthung kann nur durch den Nachweis widerlegt werden, daß es den Umständen nach offenbar unmöglich ist, daß die Mutter das Kind aus der Beiwohnung empfangen hat. Der Nachweis, daß während der Empfängnißzeit auch ein Anderer der Frau beigewohnt hat, ist ohne Bedeutung; die Einrede der mehreren Zuhälter ist auch dann ausgeschlossen, wenn ein Anderer seine Vaterschaft in öffentlicher Urkunde anerkannt hat oder als unehelicher Vater des Kindes rechtskräftig verurtheilt worden ist. Ueber die Bedeutung der Worte „offenbar unmöglich" s. Erl. zu § 1591.

Als Empfängnißzeit des Kindes gilt der im § 1717 Abs. 2 bestimmte Zeitraum vom 181. bis zum 302. Tage von der Geburt des Kindes rückwärts gerechnet (vergl. Erl. zu § 1717). Uebrigens ist die Legitimation nicht deshalb ausgeschlossen, weil die Beiwohnung länger als 302 Tage vor der Geburt zurückliegt. Für einen solchen Fall gilt nur die im § 1720 Abs. 1 bestimmte Vermuthung nicht. Gelingt aber der Nachweis, daß das Kind aus einer mehr als 302 Tage vor der Geburt liegenden Beiwohnung entsprossen ist, so ist es als legitimirt zu erachten (so auch Spahn S. 24, Knitschky S. 34).

b) Die zweite im Abs. 2 aufgestellte Vermuthung dient zur Erleichterung des Nachweises der Voraussetzung, von welcher die erste Vermuthung abhängt. Daß der Ehemann der Frau während der Empfängnißzeit beigewohnt hat, ist mit den gewöhnlichen Beweismitteln von demjenigen zu beweisen, welcher es behauptet. Wenn aber der Ehemann seine Vaterschaft nach der Geburt des Kindes in öffentlicher Urkunde anerkannt hat, so wird vermuthet, daß er der Mutter innerhalb der Empfängnißzeit beigewohnt habe. Gegen diese Vermuthung ist jede Art von Gegenbeweis zulässig (§ 292 der C.P.O.); der Gegenbeweis steht nicht blos Dritten, sondern auch dem anerkennenden Ehemanne selbst offen. Ein Beispiel für die Entkräftung der aus der Anerkennung entspringenden Vermuthung bietet der Fall, daß der Altersunterschied zwischen dem Anerkennenden und der Mutter des Kindes so groß ist, daß der Anerkennende der Vater nicht sein kann, wenn etwa ein zwanzigjähriger Mann eine dreiundzwanzigjährige Frau heirathet welche ein sechs Jahre altes uneheliches Kind in die Ehe mitbringt.

Wegen des Erfordernisses, daß die Anerkennung in einer öffentlichen Urkunde enthalten sein muß, treffen die Erl. zu § 1718 zu. Zur Aufnahme der Urkunde über die Anerkennung sind reichsrechtlich für zuständig erklärt die Notare, die Amtsgerichte und die Standesbeamten, letztere, sofern die Anerkennung der Vaterschaft bei der Anzeige der Geburt des Kindes oder bei der Eheschließung seiner Eltern erfolgt (§ 167 Abs. 2 freiw. G.G.). Die Zuständigkeit der Amtsgerichte und der Standesbeamten kann landesgesetzlich nicht ausgeschlossen werden (§ 191 das.). Das Amtsgericht, welches die Anerkennung beurkundet, braucht nicht das Vormundschaftsgericht zu sein, es kann z. B. auch ein ersuchtes Gericht sein.

**2.** Die Anerkennung der Vaterschaft ist nach dem Gesagten einerseits nicht Voraussetzung der Legitimation durch nachfolgende Ehe und hat andererseits keine konstitutive Wirkung, sondern nur die Bedeutung eines Beweismittels. Sie ist eine nicht empfangsbedürftige einseitige Willenserklärung, welche den Willen des Vaters zum Ausdrucke bringt, das Kind als das seinige gelten zu lassen. Auf die Erklärung der Anerkennung finden die allgemeinen Grundsätze über die Nichtigkeit und Anfechtbarkeit von Willenserklärungen Anwendung; im Uebrigen s. Erl. zu § 1718. Die Anerkennung kann vor oder nach der Eheschließung, jedoch nicht vor der Geburt des Kindes erfolgen; wegen einer vorher erfolgten Anerkennung s. Erl. zu § 1718. Sie braucht weder dem Kinde noch der Mutter gegenüber zu geschehen. Durch den Tod des Kindes oder die Auflösung der Ehe wird sie nicht ausgeschlossen; die Erklärung der Anerkennung durch einen Vertreter ist zulässig; aus § 1598 Abs. 2 darf nicht das Gegentheil gefolgert werden, weil der Anerkennung der Ehelichkeit nach § 1598 eine viel weittragendere Bedeutung zukommt (a. A. Neumann Note 2 zu § 1720, Spahn S. 24).

**3.** Entsteht in einem Rechtsstreite die Frage, ob Jemand durch nachfolgende Ehe legitimirt worden ist, so trifft die Beweislast denjenigen, welcher die Legitimation behauptet. Der Nachweis des Eintritts der Legitimation kann durch alle Beweismittel geführt werden. Nur wenn es sich um einen Streit über das Bestehen oder Nichtbestehen eines Eltern- und Kindesverhältnisses unter den Parteien oder der elterlichen Gewalt der einen Partei über die andere handelt, ist nach § 640 der C.P.O. die Eideszuschiebung über die Beiwohnung an den Vater oder das Kind unstatthaft. Der Vater kann ferner den Beweis der Beiwohnung durch die Ausstellung einer öffentlichen Anerkennungsurkunde erbringen und dadurch dem Gegner, welcher die Nichtbeiwohnung behauptet, die Beweislast aufbürden.

**4.** Zum Bestreiten des Eintritts der Legitimation ist Jeder befugt. Die Bestreitung kann durch Erhebung einer Feststellungs-Klage oder Widerklage oder durch Einrede in einem Rechts-

§. 1721.

Ist die Ehe der Eltern nichtig, so finden die Vorschriften der §§. 1699 bis 1704 entsprechende Anwendung.

§. 1722.

Die Eheschließung zwischen den Eltern hat für die Abkömmlinge des unehelichen Kindes die Wirkungen der Legitimation auch dann, wenn das Kind vor der Eheschließung gestorben ist.

---

streit über einen Anspruch, welcher nur bei erfolgter Legitimation begründet ist, oder sonst in einem Verfahren geschehen. Bestreitet der Vater oder das Kind die Legitimation und klagt der Vater oder das Kind auf Feststellung des Eintritts oder des Nichteintritts der Legitimation, so liegt ein Streit über das Bestehen eines Eltern- oder Kindesverhältnisses unter den Parteien vor. Auf den Rechtsstreit finden die Vorschriften der §§ 640—643 der C.P.O. Anwendung, das ergehende Urtheil wirkt, wenn es bei Lebzeiten beider Parteien rechtskräftig wird, für und gegen Alle. Auf andere Weise kann der Eintritt oder Nichteintritt der Legitimation nicht mit Rechtswirksamkeit für und gegen Alle festgestellt werden.

### § 1721.

**E. I § 1581; II § 1608 rev. § 1699; III § 1697. P. I S. 7938, 8847; M. IV S. 928. P. II S. 6254 (Bd. 4 S. 703). D. S. 713.**

Der § 1721 behandelt den Einfluß der Nichtigkeit der Ehe auf die Legitimation durch nachfolgende Ehe.

Da die Gültigkeit der Ehe der Eltern Voraussetzung der Legitimation durch nachfolgende Ehe ist, so sind an sich mit der nichtigen Ehe die Wirkungen der Legitimation nicht verknüpft. Davon macht indessen § 1721 eine Ausnahme, die auf dem Gedanken beruht, eine verschiedene Behandlung der nach der Eheschließung und der vor der Eheschließung geborenen Kinder auszuschließen. Dieser Gedanke führt dazu, die Wirkungen der Putativehe (§§ 1699—1704) auch zu Gunsten der vor der Eheschließung geborenen Kinder der Ehegatten eintreten zu lassen. Daraus ergiebt sich, daß das uneheliche Kind trotz der Nichtigkeit der nachfolgenden Ehe dann legitimirt wird, wenn es im Falle der Gültigkeit der Ehe legitimirt sein würde, außer wenn bewiesen wird, daß beide Ehegatten die Nichtigkeit der Ehe bei der Eheschließung gekannt haben (arg. § 1699 Abs. 1), oder wenn die Nichtigkeit der Ehe auf einem Formmangel beruht und die Ehe nicht in das Heirathsregister eingetragen worden ist (arg. § 1699 Abs. 2). Tritt die Legitimation deshalb nicht ein, weil beiden Ehegatten die Nichtigkeit der Ehe bei der Eheschließung bekannt war, so verbessert sich die rechtliche Stellung der Kinder durch die Eheschließung doch insofern, als sie von dem Vater, so lange er lebt, Unterhalt wie eheliche Kinder verlangen können (arg. § 1703). Tritt dagegen die Legitimation ein, so erlangen die Kinder die rechtliche Stellung von ehelichen Kindern nach Maßgabe des zu § 1719 Ausgeführten, ohne daß die Nichtigkeit der Ehe weiteren Einfluß hätte; die Stellung der Eltern zu den Kindern jedoch bemißt sich nach den §§ 1699—1702 und ist durch die Gutgläubigkeit der Eltern bedingt.

Auf eine anfechtbare Ehe, die angefochten ist, findet § 1721 in Gemäßheit des § 1343 Abs. 1 ebenfalls Anwendung. Für den Fall der Anfechtung wegen Drohung gilt § 1704.

Aus den §§ 1329, 1343 Abs. 2 folgt, daß die aus der Nichtigkeit oder der Anfechtbarkeit der Ehe gemäß § 1721 gegen die Legitimation sich ergebenden Folgen erst geltend gemacht werden können, wenn die Ehe für nichtig erklärt oder aufgelöst ist.

### § 1722.

**E. I § 1582; II § 1609 rev. § 1700; III § 1698. P. I S. 7939; M. IV S. 929. P. II S. 6254, 8695 (Bd. 4 S. 704; Bd. 6 S. 315).**

**1.** Die Legitimation durch nachfolgende Ehe erstreckt sich auf die Abkömmlinge des unehelichen Kindes, und zwar, wie § 1722 zum Ausdrucke bringt, auch dann, wenn das Kind schon vor der Eheschließung seiner Eltern gestorben ist. Als Abkömmlinge kommen alle Nachkommen des unehelichen Kindes in Betracht, die nach den §§ 1589, 1705 in seine Familie eintreten, also bei einem unehelichen Sohne nur seine ehelichen Kinder, bei einer unehelichen Tochter auch deren

# II. Ehelichkeitserklärung.

unehelichen Kinder. Auf für ehelich erklärte oder angenommene Kinder bezieht sich der § 1722 gemäß §§ 1737, 1763 nicht.

2. Wegen der Wirkungen der Legitimation durch nachfolgende Ehe s. Erl. zu § 1719. Hienach bekommen die Abkömmlinge des unehelichen Kindes mit der Eheschließung insbesondere auch den Familiennamen des Vaters des Kindes von selbst.

## II. Ehelichkeitserklärung.

1. Die Ehelichkeitserklärung bezweckt vor allem, dem Vater eines unehelichen Kindes dessen Legitimation in solchen Fällen zu ermöglichen, in welchen die Legitimation durch nachfolgende Ehe in Folge des Todes oder der Geisteskrankheit der Mutter oder aus ähnlichen Gründen ausgeschlossen ist. Die Ehelichkeitserklärung ist indessen auf solche Fälle nicht beschränkt, sondern allgemein zugelassen. Hierdurch sollen insbesondere solche Fälle berücksichtigt werden, in denen die Eingehung der Ehe mit der Mutter des Kindes zwar möglich, dem Vater des Kindes aber nicht zugemuthet werden kann, z. B. weil die Mutter sich später einem lüderlichen Lebenswandel ergeben hat oder in denen aus sonstigen Gründen die Eheschließung als angemessen nicht erachtet werden kann.

2. Die Ehelichkeitserklärung setzt voraus

a) die Unehelichkeit des Kindes;

b) den Antrag des Vaters des Kindes, daß das Kind für ehelich erklärt werde; der Antrag muß das Bekenntniß der Vaterschaft enthalten;

c) die Einwilligung des Kindes und, wenn das Kind noch nicht einundzwanzig Jahre alt ist, die Einwilligung der Mutter des Kindes und, wenn der Vater verheirathet ist, die Einwilligung der Ehefrau des Vaters;

d) das Nichtvorhandensein der Voraussetzungen, unter welchen die Ehe zwischen dem Vater und der Muter wegen Verwandtschaft oder Schwägerschaft nach § 1310 Abs. 1 verboten ist;

e) die die Ehelichkeitserklärung aussprechende Verfügung der Staatsgewalt.

Dagegen ist als Voraussetzung der Ehelichkeitserklärung nicht aufgestellt, daß der Vater keine ehelichen Abkömmlinge habe. Auch ist die Ehelichkeitserklärung von der Einwilligung anderer als der unter c bezeichneten Personen nicht abhängig gemacht, trotzdem sie dem Kinde die rechtliche Stellung eines ehelichen Kindes und damit dem Vater und dem Kinde ein gegenseitiges Erbrecht verschafft und auf diese Weise das Erbrecht der Verwandten des Vaters gegenüber dem Vater und das Erbrecht der Verwandten des Kindes gegenüber dem Kinde schmälert.

3. Die Ehelichkeitserklärung erfolgt durch Verfügung der Staatsgewalt. Sie ist eine Gnadensache, sie kann verweigert werden, auch wenn alle Voraussetzungen erfüllt sind. Die Verfügung der Staatsgewalt ist aber nur eines der Erfordernisse der Ehelichkeitserklärung; fehlt es an einem anderen Erfordernisse, so ist die Ehelichkeitserklärung trotz der Verfügung der Staatsgewalt unwirksam. Die Verfügung der Staatsgewalt — und zwar auch dann, wenn sie vom Landesherrn ausgeht, — hat also nicht die Bedeutung, die Mängel der im Gesetz aufgestellten Erfordernisse zu heilen. Die Ausnahmen hiervon sind im § 1735 enthalten.

Ob die Voraussetzungen vorliegen, ist gegebenen Falles im Prozeßwege festzustellen. Die Beweislast anlangend, so würde aus dem allgemeinen Grundsatze, daß derjenige, welcher sich auf einen Rechtsakt beruft, die Voraussetzungen seiner Gültigkeit zu beweisen hat, zu folgern sein, daß derjenige, welcher sich auf die Ehelichkeitserklärung beruft, das Vorhandensein der gesetzlichen Erfordernisse darthun müßte. Da indessen die für die Ehelichkeitserklärung zuständige öffentliche Behörde das Vorhandensein dieser Erfordernisse zu prüfen hat, durch die Ehelichkeitserklärung also ausspricht, daß sie vorliegen, so wird man ihr Vorhandensein bis zum Beweise des Gegentheils als durch die Ehelichkeitserklärung festgestellt ansehen und denjenigen, welcher behauptet, daß sie fehlen, als beweispflichtig ansehen müssen. Für diese Auffassung spricht auch die Fassung des § 1735. Noch deutlicher in dieser Beziehung war der dem § 1735 entsprechende § 1593 des E. I, in welchem der erste Satz lautete: „Fehlt ein gesetzliches Erforderniß der Ehelichkeitserklärung, so ist diese unwirksam." Daran schloß sich dann die Bestimmung der Ausnahme. Sachlich hat die zweite Kommission in der hier fraglichen Beziehung eine Aenderung nicht treffen wollen.

Die Unwirksamkeit der Ehelichkeitserklärung kann von Jedem und in jedem Verfahren, z. B. durch Erhebung einer Feststellungsklage oder durch Einrede gegen einen Anspruch, der nur bei Voraussetzung der Gültigkeit der Ehelichkeitserklärung begründet ist, geltend gemacht werden. Klagt

§. 1723.

Ein uneheliches Kind kann auf Antrag seines Vaters durch eine Verfügung der Staatsgewalt für ehelich erklärt werden.

Die Ehelichkeitserklärung steht dem Bundesstaate zu, dem der Vater angehört; ist der Vater ein Deutscher, der keinem Bundesstaat angehört, so steht sie dem Reichskanzler zu.

Ueber die Ertheilung der einem Bundesstaate zustehenden Ehelichkeitserklärung hat die Landesregierung zu bestimmen.

---

der Vater oder das Kind auf Feststellung der Unwirksamkeit oder der Gültigkeit der Ehelichkeitserklärung, so liegt ein Streit über das Bestehen oder Nichtbestehen eines Eltern- oder Kinderverhältnisses zwischen den Parteien vor. Auf diesen Rechtsstreit finden die Vorschriften der §§ 640—643 der C.P.O. Anwendung. Das in diesem Rechtsstreit ergehende Urtheil wirkt nach Maßgabe des § 643 der C.P.O., sofern es bei Lebzeiten der Parteien rechtskräftig wird, für und gegen Alle. Sonst kann die Gültigkeit oder Ungültigkeit der Ehelichkeitserklärung nicht einheitlich festgestellt werden.

4. Die Wirkungen der Ehelichkeitserklärung stehen in der Mitte zwischen den Wirkungen der Legitimation durch nachfolgende Ehe und den Wirkungen der Annahme an Kindesstatt. Es entsteht nur ein Verwandtschaftsverhältniß zwischen dem Vater und dem Kinde sowie dessen Abkömmlingen; dagegen tritt das Kind im Uebrigen nicht in die Familie des Vaters ein und zwischen der Frau des Vaters und dem Kinde oder dessen Abkömmlingen sowie zwischen der Frau des Kindes oder eines Abkömmlinges desselben und dem Vater entsteht kein Schwägerschaftsverhältniß. Durch Vertrag können diese Wirkungen der Ehelichkeitserklärung nicht erweitert werden.

5. Eine Aufhebung des durch die Ehelichkeitserklärung geschaffenen Rechtsverhältnisses ist ausgeschlossen.

6. Inwieweit beim hohen Adel eine Legitimation durch Ehelichkeitserklärung zulässig ist, s. Art. 58 E.G.

7. Der Stoff der von der Ehelichkeitserklärung handelnden Vorschriften der §§ 1723 bis 1740 gliedert sich in der Weise, daß die §§ 1723—1733 die Voraussetzungen der Ehelichkeitserklärung, der § 1734 die Versagung und der § 1735 die Mängel in den Voraussetzungen der Ehelichkeitserklärung, endlich die §§ 1736—1740 die Wirkungen der Ehelichkeitserklärung betreffen.

**§ 1723.**

**E I § 1583 Abs. 1, § 1584; II § 1610 Abs. 1 rev. § 1701; III § 1699. P. I S. 8051—8083; M. IV S. 930—937. P. II S. 6255, 8274, 8678 (Bd. 4 S. 704; Bd. 5 S. 66, 304). D. S. 713.**

Von den Voraussetzungen der Ehelichkeitserklärung ist im § 1723 die **Unehelichkeit des zu legitimirenden Kindes** und die Verfügung der Staatsgewalt behandelt.

1. Begriffsgemäße Voraussetzung der Ehelichkeitserklärung ist die Unehelichkeit des zu legitimirenden Kindes und die Vaterschaft desjenigen, für dessen eheliches Kind das Kind erklärt werden soll. Bezüglich der Feststellung der Vaterschaft vergl. die Erl. zu § 1725. Aus dem Erfordernisse der Unehelichkeit des Kindes ergiebt sich, daß ein Kind, welches zwar in Wirklichkeit ein uneheliches Kind desjenigen ist, welcher die Ehelichkeitserklärung beantragt, nach den Vorschriften über die eheliche Abstammung (§§ 1591—1600) aber als ein eheliches Kind gilt, nicht durch Ehelichkeitserklärung legitimirt werden kann. Auch dann ist die Legitimation durch Ehelichkeitserklärung ausgeschlossen, wenn das Kind vorher auf Grund einer Legitimation durch nachfolgende Ehe oder durch Ehelichkeitserklärung bereits die rechtliche Stellung eines ehelichen Kindes im Verhältnisse zu einem Anderen erlangt hat, in diesen Fällen jedoch nicht deshalb, weil es dadurch aufgehört hätte, ein uneheliches Kind zu sein, sondern deshalb, weil bereits jener Andere als Vater des unehelichen Kindes gilt, mehrere Personen aber nicht Väter desselben unehelichen Kindes sein können. Dagegen ist die Ehelichkeitserklärung nicht dadurch ausgeschlossen, daß ein Dritter die Vaterschaft zum Kinde anerkannt hat oder zur Anerkennung der Vaterschaft rechtskräftig verurtheilt worden ist. Die Ehelichkeitserklärung ist ferner dann zulässig, wenn das Kind schon von einem Dritten an Kindesstatt angenommen worden ist. Es treffen hier die Bemerkungen in der Erl. 1 zu § 1719 zu.

2. Die Zuständigkeit zur Ehelichkeitserklärung ist reichsrechtlich nur für den Fall bestimmt, daß der Vater ein Deutscher ist, der keinem Bundesstaat angehört (R.G. v. 19. März 1888 § 6,

§. 1724.

Die Ehelichkeitserklärung kann nicht unter einer Bedingung oder einer Zeitbestimmung erfolgen.

§. 1725.

Der Antrag muß die Erklärung des Vaters enthalten, daß er das Kind als das seinige anerkenne.

§. 1726.

Zur Ehelichkeitserklärung ist die Einwilligung des Kindes und, wenn das Kind nicht das einundzwanzigste Lebensjahr vollendet hat, die Einwilligung der Mutter erforderlich. Ist der Vater verheirathet, so bedarf er auch der Einwilligung seiner Frau.

Die Einwilligung hat dem Vater oder der Behörde gegenüber zu erfolgen, bei welcher der Antrag einzureichen ist; sie ist unwiderruflich.

Die Einwilligung der Mutter ist nicht erforderlich, wenn die Mutter zur Abgabe einer Erklärung dauernd außer Stande oder ihr Aufenthalt dauernd unbekannt ist. Das Gleiche gilt von der Einwilligung der Frau des Vaters.

---

betr. die Schutzgebiete). In diesem Falle ist der Reichskanzler zuständig. Gehört der Vater einem Bundesstaat an, so richtet sich die Zuständigkeit nach dem Landesrechte. Reichsrechtlich ist nur bestimmt, daß die Ehelichkeitserklärung demjenigen Staate zusteht, welchem der Vater angehört. Gehört der Vater mehreren Bundesstaaten an, so ist jeder der Staaten zur Ehelichkeitserklärung zuständig.

3. Ueber das Erforderniß des Antrags des Vaters s. Erl. zu § 1725.

**§ 1724.**

**E. I § 1594; II § 1618 Abs. 2 rev. § 1702; III § 1700. P. I S. 8079; M. IV S. 946. P. II S. 6266 (Bd. 4 S. 711).**

Die Beifügung einer Bedingung oder Zeitbestimmung bewirkt Nichtigkeit der Ehelichkeitserklärung (vergl. Bd. I S. 203 Vorbm. vor § 158).

**§ 1725.**

**E. I § 1585; II § 1611 rev. § 1703; III § 1701. P. I S. 8061—8067, 8750; M. IV S. 937. P. II S. 6256—6260 (Bd. 4 S. 705—707).**

1. Daraus, daß die Ehelichkeitserklärung nur auf Antrag des Vaters erfolgt, ergiebt sich, daß die mit der Ehelichkeitserklärung betraute Behörde die Ehelichkeitserklärung zu versagen hat, wenn das Vaterschaftsbekenntniß nicht den Thatsachen entspricht. Die Behörde wird, damit sie im Stande ist, ihrer Prüfungspflicht zu genügen, darauf zu sehen haben, daß der Antrag die erforderlichen Angaben enthält.

2. Da der Antrag nach § 1730 gerichtlich oder notariell beurkundet sein muß, entspricht die den Antrag enthaltende Urkunde zugleich den Erfordernissen des § 1718, d. h. das Vaterschaftsbekenntniß begründet, auch wenn die Ehelichkeitserklärung nicht erfolgt, doch die im § 1718 vorgesehene Vermuthung. Ueber die fälschliche oder die irrthümliche Anerkennung der Vaterschaft s. Erl. zu §§ 1731, 1735.

3. Enthält der Antrag das Vaterschaftsbekenntniß nicht, so ist die Ehelichkeitserklärung nichtig (s. Erl. zu § 1735).

**§ 1726.**

**E. I § 1587, § 1591 Satz 2; II § 1613 Abs. 1, 3, § 1616 Satz 2 rev. § 1704; III § 1702. P. I S. 8072—8076; M. IV S. 940, 944. P. II S. 6260, 7367 (Bd. 4 S. 708—710; Bd. 5 S. 443, 445).**

1. Durch die Volljährigkeitserklärung des Kindes wird die Einwilligung der Mutter nicht entbehrlich, weil der Abs. 1 nicht auf die Volljährigkeit, sondern auf die Vollendung des ein=

## §. 1727.

Wird die Einwilligung von der Mutter verweigert, so kann sie auf Antrag des Kindes durch das Vormundschaftsgericht ersetzt werden, wenn das Unterbleiben der Ehelichkeitserklärung dem Kinde zu unverhältnißmäßigem Nachtheile gereichen würde.

---

undzwanzigsten Lebensjahrs abstellt. Ueber die Berechnung des Alters s. § 187 Abs. 2. Ist die Ehe des Vaters geschieden oder die eheliche Gemeinschaft aufgehoben, so ist die Einwilligung der Frau nicht erforderlich. Ist die Frau fälschlich für todt erklärt, so wird fast immer die Voraussetzung des Abs. 3 gegeben und deshalb die Einwilligung entbehrlich sein. Leben die Ehegatten nur thatsächlich getrennt, so fällt dadurch das Erforderniß der Einwilligung nicht weg.

2. Die Einwilligungserklärung der im Abs. 1 bezeichneten Personen ist ein einseitiges Rechtsgeschäft, auf welches die allgemeinen Bestimmungen, insbesondere über Nichtigkeit und Anfechtbarkeit wegen Willensmängel Anwendung finden, soweit nicht in Ansehung der Erklärung durch einen Vertreter im § 1728 und in Ansehung der Anfechtung im § 1731 Sondervorschriften getroffen sind. Ueber die Form der Einwilligungserklärung s. § 1730; über das Erforderniß der Genehmigung des Vormundschaftsgerichts, wenn einer der Betheiligten in der Geschäftsfähigkeit beschränkt ist, s. § 1729. Die Einwilligung muß vor der Ehelichkeitserklärung ertheilt sein, nachherige Genehmigung heilt die Nichtigkeit der Ehelichkeitserklärung nicht; die Vorschriften der §§ 182 ff. finden übrigens keine Anwendung (s. Vorbm. 2 vor § 182 Bd. I. S. 233).

3. Die Einwilligung des Kindes ist stets erforderlich. Die Einwilligung der Mutter des Kindes und der Frau des Vaters ist im Falle des Abs. 3 entbehrlich. Die Einwilligung der Mutter kann unter den Voraussetzungen des § 1727 ersetzt werden.

4. Zu Abs. 2 vergl. wegen des Zeitpunkts der Wirksamkeit der Erklärung der Einwilligung Erl. zu § 130; von diesem Zeitpunkt an ist die Erklärung unwiderruflich. Bei welcher Behörde der Antrag einzureichen ist, bestimmt sich nach Landesrecht. Die Thatsache, daß die Erklärung dem Vater oder der Behörde gegenüber abgegeben worden ist, bedarf keiner besonderen Beurkundung; die gerichtliche oder notarielle Urkunde (§ 1730), in welcher die Einwilligungserklärung niedergelegt ist, kann daher schriftlich übersendet oder mündlich übergeben werden.

5. Nach Abs. 3 ist die Einwilligung z. B. nicht erforderlich, wenn die Mutter unheilbar geisteskrank ist. Ob die Voraussetzungen des Abs. 3 gegeben sind, entscheidet die zur Ertheilung der Ehelichkeitserklärung zuständige staatliche Stelle nach freiem Ermessen (arg. § 1735). Im Uebrigen s. wegen der Folgen des Mangels der Einwilligung Erl. zu § 1735.

## § 1727.

**E. II § 1613 Abs. 2 rev. § 1705; III § 1703. P. II S. 6260 (Bd. 4 S. 708).**

**1.** Voraussetzung der Ersetzung der Einwilligung der Mutter ist:

**a**) ein Antrag des Kindes. Zweifelhaft ist, ob das Kind, wenn es das vierzehnte Lebensjahr vollendet hat, selbständig den Antrag zu stellen berechtigt ist oder ob es dazu der Einwilligung seines gesetzlichen Vertreters bedarf. Durch den § 59 des freiw. G.G. wird diese Frage direkt nicht entschieden. Es liegt zwar nahe die Vorschrift, welche für den Fall gilt, in welchem die Anhörung des Kindes vor einer Entscheidung des Vormundschaftsgerichts vorgeschrieben ist, entsprechend anzuwenden. Da indessen das Kind auch nach Vollendung des vierzehnten Lebensjahrs, solange es in der Geschäftsfähigkeit beschränkt ist, nach § 1729 Abs. 2 zur Ertheilung der Einwilligung zu der Ehelichkeitserklärung der Zustimmung seines gesetzlichen Vertreters bedarf, so dürften überwiegende Gründe dafür sprechen, diese Zustimmung auch zu dem Antrag auf Ersetzung der Einwilligung der Mutter durch das Vormundschaftsgericht zu fordern.

**b**) daß das Unterbleiben der Ehelichkeitserklärung dem Kinde zu unverhältnißmäßigem Nachtheile gereichen würde. Das Interesse des Kindes allein ist mithin nicht ausschlaggebend. Bringt die Ehelichkeitserklärung dem Kinde zwar Vortheile, wiegen diese aber das Opfer nicht auf, welches der Mutter als Folge der Ehelichkeitserklärung dadurch zugemuthet wird, daß sie sich von dem Kinde trennen muß, so ist die Ersetzung abzulehnen.

2. Wegen der Zuständigkeit des Vormundschaftsgerichts s. §§ 35, 43 der freiw. G.G. Vor der Entscheidung hat das Vormundschaftsgericht die Mutter zu hören, es sei denn, das die Anhörung nicht thunlich ist (arg. § 1707 mit § 1673). Auch sind, da die Voraussetzungen des § 1847 hier stets vorliegen, die Angehörigen des Kindes nach Maßgabe des § 1847 zu hören. Die die Ersetzung aussprechende Verfügung des Vormundschaftsgerichts erlangt erst mit der

§. 1728.

Der Antrag auf Ehelichkeitserklärung sowie die Einwilligung der im §. 1726 bezeichneten Personen kann nicht durch einen Vertreter erfolgen.

Ist das Kind geschäftsunfähig oder hat es nicht das vierzehnte Lebensjahr vollendet, so kann sein gesetzlicher Vertreter die Einwilligung mit Genehmigung des Vormundschaftsgerichts ertheilen.

§. 1729.

Ist der Vater in der Geschäftsfähigkeit beschränkt, so bedarf er zu dem Antrag, außer der Zustimmung seines gesetzlichen Vertreters, der Genehmigung des Vormundschaftsgerichts.

Ist das Kind in der Geschäftsfähigkeit beschränkt, so gilt das Gleiche für die Ertheilung seiner Einwilligung.

Ist die Mutter des Kindes oder die Frau des Vaters in der Geschäftsfähigkeit beschränkt, so ist zur Ertheilung ihrer Einwilligung die Zustimmung des gesetzlichen Vertreters nicht erforderlich.

---

Rechtskraft Wirksamkeit; um sie herbeizuführen, muß das Gericht den Beschluß der Mutter und dem Kinde zustellen. Bei Gefahr in Verzug kann die sofortige Wirksamkeit angeordnet werden, die Verfügung tritt dann mit der Bekanntmachung an das Kind in Wirksamkeit und kann, wenn die Ehelichkeitserklärung erfolgt ist, nicht mehr geändert werden (§§ 53, 55 Abs. 2 freiw. G.G.). Im Uebrigen s. wegen der Möglichkeit einer Aenderung der Verfügung § 55 Abs. 1, § 62, wegen der Beschwerde §§ 20, 59 Abs. 2, 60 Nr. 6 das.

**3.** Die Einwilligung der Frau des Vaters kann nicht ersetzt werden.

§ 1728.

**E. I § 1588, § 1589 Abs. 2 Satz 2; II § 1614 rev. § 1706; III § 1704. P. I S. 8076, 8079; M. IV S. 942—944. P. II S. 6264 (Bd. 4 S. 710).**

**1.** Der Abs. 1 schließt nur die Vertretung im Willen, nicht die Vertretung in der Erklärung des Willens aus (s. Bd. I S. 210 Vorbm. Nr. 2). Aus Abs. 1 folgt, daß, wenn der Vater oder, von den Fällen des § 1726 Abs. 3 abgesehen, die Frau des Vaters oder die Mutter des Kindes geschäftsunfähig ist, die Ehelichkeitserklärung überhaupt nicht stattfinden kann.

**2.** Zu Abs. 2 vergl. wegen der Zuständigkeit des Vormundschaftsgerichts §§ 35, 43 des freiw. G.G., wegen des Zeitpunkts der Wirksamkeit der Entscheidung des Vormundschaftsgerichts § 53 das. Das Einwilligungsrecht steht demjenigen gesetzlichen Vertreter des Kindes (Vormund oder Pfleger) zu, welchem die Sorge für die persönlichen Angelegenheiten obliegt. Wegen der Berechnung des vierzehnten Lebensjahrs s. § 187 Abs. 2.

§ 1729.

**E. I §§ 1589, 1590; II § 1615 rev. § 1707; III § 1705. P. I S. 8077, 8829; M. IV S. 943. P. II S. 6264. (Bd. 4 S. 710).**

**1.** Für den Fall der Geschäftsunfähigkeit s. § 1728.

**2.** Zu Abs. 1, 2. Ist der Vater oder das Kind in der Geschäftsfähigkeit beschränkt (§§ 106, 114), so müssen sie den Antrag bezw. die Einwilligung selbst erklären und bedürfen hierzu der Zustimmung des gesetzlichen Vertreters, welchem die Sorge für die Person obliegt, sowie der Genehmigung des Vormundschaftsgerichts. Nur wenn das Kind zwar das siebente aber nicht das vierzehnte Lebensjahr vollendet hat, ist sowohl die Einwilligung des Kindes selbst unter Zustimmung des gesetzlichen Vertreters als die Einwilligung des Vertreters an Stelle des Kindes (§ 1728 Abs. 2), in beiden Fällen unter Genehmigung des Vormundschaftsgerichts, zulässig und genügend. Wegen der Zuständigkeit des Vormundschaftsgerichts s. §§ 35, 43 des freiw. G.G. Der Mangel der Zustimmung des Vertreters oder der Genehmigung des Vormundschaftsgerichts macht die Ehelichkeitserklärung unwirksam, die Zustimmung des Vertreters sowie die Genehmigung des Vormundschaftsgerichts müssen vor der Stellung des Antrags bezw. vor der Erklärung der

§. 1730.

Der Antrag sowie die Einwilligungserklärung der im §. 1726 bezeichneten Personen bedarf der gerichtlichen oder notariellen Beurkundung.

§. 1731.

Ist der Antrag oder die Einwilligung einer der im §. 1726 bezeichneten Personen anfechtbar, so gelten für die Anfechtung und für die Bestätigung der anfechtbaren Erklärung die Vorschriften der §§. 1728, 1729.

---

Einwilligung ertheilt sein, da es sich bei dem Antrage wie bei der Einwilligung um einseitige Rechtsgeschäfte des in der Geschäftsfähigkeit Beschränkten handelt (vergl. § 111 Satz 1, § 1831).

3. Zu Abs. 3. Selbstverständlich ist auch die Genehmigung des Vormundschaftsgerichts nicht erforderlich.

**§ 1730.**

**E. I § 1591 Satz 1; II § 1616 Satz 1 rev. § 1708; III § 1706. P. I S. 8080—8085; M. IV S. 944. P. II S. 6265 (Bd. 4 S. 711).**

1. Das Erforderniß der gerichtlichen oder notariellen Beurkundung gilt natürlich auch für die Einwilligungserklärung des gesetzlichen Vertreters des Kindes, wenn der Vertreter nach § 1728 Abs. 2 zur Abgabe der Erklärung berechtigt ist. Dagegen ist die Zustimmung des gesetzlichen Vertreters im Falle der § 1729 Abs. 1, 2 an keine Form gebunden. Ueber die gerichtliche und notarielle Beurkundung s. Erl. zu § 128.

2. Der Mangel der Form bewirkt die Nichtigkeit der Antrags bezw. der Einwilligungserklärung (§ 128) und damit der Ehelichkeitserklärung (s. Erl. zu § 1735).

**§ 1731.**

**E. I § 1600; II § 1617 rev. § 1709; III § 1707. P. I S. 8113—8124; M. IV S. 950. P. II S. 6279 (Bd. 4 S. 718).**

1. Sowohl der Antrag des Vaters als die Einwilligung des Kindes, der Mutter des Kindes und der Frau des Vaters sind einseitige Rechtsgeschäfte. Es finden daher auf sie die allgemeinen Vorschriften über die Nichtigkeit und Anfechtbarkeit der Rechtsgeschäfte Anwendung. Für den Fall der Nichtigkeit sind Sonderbestimmungen nicht vorgesehen. Auch für den Fall der Anfechtbarkeit gelten im Wesentlichen die allgemeinen Grundsätze; der § 1731 macht jedoch eine Ausnahme bezüglich der Anfechtung und Bestätigung der anfechtbaren Erklärung Seitens des Vaters oder eines anderen Betheiligten.

2. Für die Anfechtbarkeit des Antrags oder der Einwilligung bezw. der Bestätigung der anfechtbaren Erklärung eines Betheiligten gelten demgemäß folgende Grundsätze:

a) Der Antrag und die Einwilligung bezw. die Bestätigung können wegen Irrthums (§ 119) oder wegen unrichtiger Uebermittelung (§ 120) anfechtbar sein. In beiden Fällen muß die Anfechtung unverzüglich erfolgen (§ 121). Sie können ferner wegen Drohung oder wegen arglistiger Täuschung (§ 123) anfechtbar sein; in diesen Fällen bestimmt sich die Anfechtungsfrist nach § 124.

b) Die Anfechtung kann nicht durch einen Vertreter erfolgen; nur wenn das Kind geschäftsunfähig ist oder das vierzehnte Lebensjahr noch nicht vollendet hat, ist sein gesetzlicher Vertreter mit Genehmigung des Vormundschaftsgerichts zur Anfechtung befugt. Ist der Vater in der Geschäftsfähigkeit beschränkt, so bedarf er zur Anfechtung des Antrags der Zustimmung des gesetzlichen Vertreters und der Genehmigung des Vormundschaftsgerichts; das Gleiche gilt von der Anfechtung der Einwilligung des Kindes durch dieses. Ist dagegen die Mutter des Kindes oder die Frau des Vaters in der Geschäftsfähigkeit beschränkt, so gelten sie in Ansehung der Anfechtung ihrer Einwilligungserklärung als voll geschäftsfähig (§§ 1728, 1729). Ist der Vater oder dessen Frau oder die Mutter des Kindes geschäftsunfähig, so kann mithin die Anfechtung des Antrags bezw. der Einwilligung überhaupt nicht erfolgen. Fraglich ist, ob, wenn der Vater, bevor er den Antrag angefochten hat, gestorben ist, seine Erben anfechtungsberechtigt sind. Die Frage dürfte zu verneinen sein. Der Antrag ist ein höchst persönlicher Rechtsakt; die Erben können

## §. 1732.

Die Ehelichkeitserklärung ist nicht zulässig, wenn zur Zeit der Erzeugung des Kindes die Ehe zwischen den Eltern nach §. 1310 Abs. 1 wegen Verwandtschaft oder Schwägerschaft verboten war.

---

ihn weder stellen noch auch zurücknehmen; er kann auch nicht einmal durch einen Vertreter gestellt werden (§ 1728 Abs. 1). Denselben Charakter hat die Anfechtungserklärung. Sie fordert den persönlichen Willen des Anfechtungsberechtigten. In Betreff des Ausschlusses der Vertretung ist dies im § 1731 ausdrücklich bestimmt. Die Erben des Vaters können zwar ein vermögensrechtliches Interesse daran haben, daß die Ehelichkeitserklärung unwirksam ist. Dieses Interesse genügt aber nicht, um ihnen in Ermangelung einer besonderen gesetzlichen Bestimmung das Anfechtungsrecht zu geben. Das Gleiche gilt von der Anfechtung der Einwilligung des Kindes, der Mutter und der Frau des Vaters. Auch hier bedarf die Anfechtung der persönlichen Entschließung der betreffenden Personen und sie kann daher nach dem Tode nicht mehr erfolgen.

c) Die Anfechtung erfolgt durch Erklärung gegenüber dem Anfechtungsgegner (§ 143 Abs. 1). Anfechtungsgegner ist bei der Anfechtung einer Einwilligungserklärung der Vater und zwar auch dann, wenn die Einwilligung der Behörde gegenüber erklärt ist, bei welcher der Antrag einzureichen ist (§ 143 Abs. 3 mit § 1726 Abs. 2). Wer bei der Anfechtung des Antrags Anfechtungsgegner ist, lassen die M. IV S. 950 offen; man wird als Anfechtungsgegner nur das Kind zu erachten haben, doch kann die Anfechtung auch durch Erklärung gegenüber der Behörde, bei welcher der Antrag eingereicht worden ist, erfolgen (§ 143 Abs. 4).

d) Durch die Bestätigung des Antrags oder der Einwilligungserklärung wird die bisherige Anfechtbarkeit von Anfang an geheilt (§ 144). Zur Bestätigung ist nur der Vater bezw. der einwilligende Betheiligte selbst, nicht dessen Vertreter befugt; nur im Falle des § 1728 Abs. 2 kann auch der gesetzliche Vertreter die von ihm ertheilte Einwilligung bestätigen. Ist der Vater oder der einwilligende Betheiligte in der Geschäftsfähigkeit beschränkt, so finden auf die Bestätigung von Seiten derselben die Vorschriften des § 1729 Anwendung (§ 1731 mit §§ 1728, 1729). Der Tod des Vaters oder des Kindes schließt die Anfechtung Seitens der Mutter des Kindes oder der Frau des Vaters nicht aus.

3. Folge der Anfechtung des Antrags oder einer der Einwilligungserklärungen bezw. einer Bestätigungserklärung ist die Nichtigkeit des Antrags oder der Einwilligungserklärung (§ 142 Abs. 1). Die Folge hiervon ist, daß die Ehelichkeitserklärung eines ihrer Erfordernisse ermangelt und deshalb unwirksam ist (s. Erl. zu § 1735).

## § 1732.

**E. I § 1586; II § 1612 rev. § 1710; III § 1708. P. I S. 8069; M. IV S. 939. P. II S. 6260 (Bd. 4 S. 707).**

1. Das B.G.B. kennt keine besondere Legitimationsfähigkeit des Kindes, insbesondere stellt es nicht als Erforderniß der Ehelichkeitserklärung auf, daß der Ehe zwischen dem Vater und der Mutter des unehelichen Kindes kein trennendes Ehehinderniß entgegensteht. Es ist deshalb die Ehelichkeitserklärung eines im Ehebruch erzeugten Kindes zulässig.

2. Eine Ausnahme macht der § 1732 bezüglich eines in Blutschande erzeugten Kindes, d. h. eines Kindes, welches von Eltern erzeugt ist, zwischen denen zur Zeit der Erzeugung die Ehe nach § 1310 Abs. 1 wegen Verwandtschaft oder Schwägerschaft verboten ist. Es kommt auf die Zeit der Erzeugung an. Der Zeitpunkt der Erzeugung ist nach den allgemeinen Beweisgrundsätzen zu ermitteln; die Vorschriften des § 1717 Abs. 2 über die Empfängnißzeit finden keine Anwendung, sondern können nur als Anhaltspunkte dienen. Wenn erst nach der Erzeugung ein das Ehehinderniß des § 1310 Abs. 1 begründendes Schwägerschaftsverhältniß eingetreten ist, bleibt das vorher erzeugte Kind legitimationsfähig. Das Eheverbot des § 1310 Abs. 2 (sog. affinitas illegitima) benimmt dem Kinde die Legitimationsfähigkeit nicht. Hat z. B. der Vater mit der Konkubine seines Sohnes ein uneheliches Kind erzeugt, so kann dieses für ehelich erklärt werden. Dagegen ist die Ehelichkeitserklärung auch dann ausgeschlossen, wenn das Ehehinderniß der Verwandtschaft oder Schwägerschaft nur auf Grund des § 1310 Abs. 3 begründet ist. Beispielsweise kann, wenn zwei von demselben Manne erzeugte, aber von verschiedenen Müttern geborene uneheliche Kinder ein Kind erzeugt haben, das Kind nicht für ehelich erklärt werden.

3. Verletzung des § 1732 begründet Nichtigkeit der Ehelichkeitserklärung.

## §. 1733.

Die Ehelichkeitserklärung kann nicht nach dem Tode des Kindes erfolgen.

Nach dem Tode des Vaters ist die Ehelichkeitserklärung nur zulässig, wenn der Vater den Antrag bei der zuständigen Behörde eingereicht oder bei oder nach der gerichtlichen oder notariellen Beurkundung des Antrags das Gericht oder den Notar mit der Einreichung betraut hat.

Die nach dem Tode des Vaters erfolgte Ehelichkeitserklärung hat die gleiche Wirkung, wie wenn sie vor dem Tode des Vaters erfolgt wäre.

## §. 1734.

Die Ehelichkeitserklärung kann versagt werden, auch wenn ihr ein gesetzliches Hinderniß nicht entgegensteht.

---

### § 1733.

**E. I § 1595; II § 1619 rev. § 1711; III § 1709. P. I S. 8080—8086, 8750; M. IV S. 946. P. II S. 6258, 6266—6271 (Bd. 4 S. 706, 711—713).**

1. Nach dem Tode des Kindes ist die Ehelichkeitserklärung schlechthin ausgeschlossen. Sie kann auch nicht mit Beschränkung auf die Abkömmlinge des Kindes ertheilt werden. Ueber den Zeitpunkt, in welchem die Ehelichkeitserklärung wirksam wird und in welchem deshalb das Kind noch am Leben sein muß, s. Erl. zu § 1736.

2. Der Tod des Vaters ist unter den Voraussetzungen des Abs. 2 einflußlos. Bei welcher Behörde der Antrag einzureichen ist, bestimmt sich nach dem Landesrechte. Der Auftrag an das Gericht oder den Notar, den Antrag einzureichen, muß ausdrücklich erfolgen; er wird nicht, wie z. B. in den Fällen des § 129 freiw. G.G. vermuthet; auf der anderen Seite genügt der Auftrag der Einreichung; der Auftrag braucht nicht gerade für den Fall ertheilt zu sein, daß der Vater versterbe.

3. Die Bedeutung des Abs. 3 liegt hauptsächlich auf dem Gebiete des Erbrechts, s. Erl. zu § 1736. Eine Folge des Abs. 3 ist die im § 2043 enthaltene Vorschrift, daß die Auseinandersetzung in Ansehung eines Nachlasses ausgeschlossen ist, solange die Entscheidung über die Ehelichkeitserklärung noch aussteht.

4. Wird der Vater oder das Kind nach der Stellung des Antrags bezw. nach der Ertheilung der Einwilligung geschäftsunfähig, so ist dies auf die Ertheilung der Ehelichkeitserklärung rechtlich ohne Einfluß.

5. Solange die Ehelichkeitserklärung nicht erfolgt ist, ist der Vater zum Widerrufe des Antrags berechtigt (anders bei der Annahme an Kindesstatt § 1754 Abs. 1). Der Widerruf ist an keine Form gebunden und braucht, solange der Antrag nicht bei der zuständigen Behörde eingereicht ist, nicht einem Anderen oder einer Behörde gegenüber erklärt zu werden; er kann z. B. durch Zerstörung der über den Antrag aufgenommenen Urkunde geschehen. Ist der Antrag bei der Behörde eingereicht, so kann der Widerruf nur dieser gegenüber erklärt werden; dies ist zwar nicht ausdrücklich vorgeschrieben, ergiebt sich aber aus der Natur der Sache (vergl. die für den analogen Fall getroffene Vorschrift des § 81 Abs. 2).

6. Stirbt der Vater, bevor die Ehelichkeitserklärung erfolgt ist, aber nachdem er den Antrag bei der zuständigen Behörde eingereicht oder das Gericht oder den Notar damit nach Maßgabe des Abs. 2 beauftragt hat, so können seine Erben den Antrag nicht widerrufen.

### § 1734.

**E. I § 1592; II § 1618 Abs. 1 rev. § 1712; III § 1710. P. I S. 8084; M. IV S. 945. P. II S. 6266 (Bd. 4 S. 711).**

Die Vorschrift bringt den Charakter der Ehelichkeitserklärung als einer Gnadensache zum Ausdrucke; s. Vorbm. 3 S. 478.

§. 1735.

Auf die Wirksamkeit der Ehelichkeitserklärung ist es ohne Einfluß, wenn der Antragsteller nicht der Vater des Kindes ist oder wenn mit Unrecht angenommen worden ist, daß die Mutter des Kindes oder die Frau des Vaters zur Abgabe einer Erklärung dauernd außer Stande oder ihr Aufenthalt dauernd unbekannt sei.

§. 1736.

Durch die Ehelichkeitserklärung erlangt das Kind die rechtliche Stellung eines ehelichen Kindes.

---

**§ 1735.**

**E. I § 1593; II § 1620 rev. § 1713; III § 1711. P. I S. 8052—8067, 8829; M. IV S. 946. P. II S. 6266 (Bd. 4 S. 711).**

**1.** Im § 1735 ist indirekt zum Ausdrucke gebracht, daß, wenn es an einem anderen Erfordernisse der Ehelichkeitserklärung als den im § 1735 bezeichneten fehlt, die Ehelichkeitserklärung trotz der sie aussprechenden Verfügung der Staatsgewalt (vergl. Vorbm. 3 vor § 1723) unwirksam ist. Fehlt also beispielsweise dem Antrage das Vaterschaftsbekenntniß oder mangelt es an einer der erforderlichen Einwilligungserklärungen, ist die Einwilligung etwa unzulässiger Weise vom gesetzlichen Vertreter oder ohne die erforderliche Genehmigung des Vormundschaftsgerichts erfolgt, so gilt die Ehelichkeitserklärung als nicht erfolgt. Wegen der Geltendmachung der Unwirksamkeit der Ehelichkeitserklärung s. Vorbm. 3 vor § 1723.

**2.** Auf die Wirksamkeit der Ehelichkeitserklärung ist es indessen ohne Einfluß:

**a)** wenn der Antragsteller nicht der Vater des Kindes ist. Ob der Antragsteller dies gewußt hat oder nicht ist ohne Belang. Ist der Vater aber durch arglistige Täuschung von Seiten eines Dritten z. B. der Mutter oder des Kindes zu der Anerkennung seiner Vaterschaft bestimmt worden, so kann er diese nach § 123 anfechten. Die Anerkennung hat einen rechtsgeschäftlichen Charakter. Nach dem E. I § 1585 konnte dies zweifelhaft erscheinen, weil hier nur das „Bekenntniß der Vaterschaft" gefordert wurde. Die jetzige Fassung des § 1725 deutet aber bestimmt auf den rechtsgeschäftlichen Charakter der betreffenden Erklärung hin und hieraus ergiebt sich die Anwendbarkeit der über die Anfechtung von Rechtsgeschäften geltenden Grundsätze auf diese Erklärung. Aber selbst wenn man die fragliche Erklärung nicht als eine selbständige rechtsgeschäftliche Willenserklärung ansieht, so bildet sie doch einen wesentlichen Bestandtheil des Antrags auf Ehelichkeitserklärung und wenn der Vater zu ihr durch arglistige Täuschung bestimmt worden ist, so ist er hierdurch mittelbar zu dem Antrage selbst bestimmt. Die Anfechtbarkeit des Antrags nach Maßgabe der §§ 119, 123 ist aber im § 1731 ausdrücklich anerkannt.

Eine hier nicht zu entscheidende andere Frage ist es, inwieweit der Antragsteller durch das bewußt unwahre Anerkenntniß der Vaterschaft sich eines Vergehens gegen den Personenstand nach § 169 St.G.B. schuldig macht.

**b)** wenn die zur Ertheilung der Ehelichkeitserklärung zuständige staatliche Stelle irriger Weise angenommen hat, die Mutter des Kindes oder die Frau des Vaters brauche ihre Einwilligung nicht zu ertheilen, weil ihr Aufenthalt dauernd unbekannt oder sie zur Erklärung dauernd außer Stande ist (§ 1726 Abs. 3). Auch hier ist es gleichgültig, wodurch der Irrthum verursacht worden ist.

**§ 1736.**

**E. I § 1583 Abs. 2; II § 1610 Abs. 2 rev. § 1714; III § 1712. P. I S. 8080—8083; M. V S. 934—937. P. II S. 6255 (Bd. 4 S. 704; Bd. 5 S. 445). D. S. 714.**

1. Durch die Ehelichkeitserklärung erlangt das Kind die rechtliche Stellung eines ehelichen Kindes des unehelichen Vaters. Folgen dieses Grundsatzes sind:

**a)** Die Unterhaltspflicht des Vaters bestimmt sich nach den für eheliche Kinder geltenden Vorschriften der §§ 1601—1615. Diese werden jedoch durch die Vorschrift des § 1739 insofern modifizirt, als der Vater vor der Mutter und den mütterlichen Verwandten unterhaltspflichtig ist. Das Kind ist dem Vater gegenüber gleichfalls unterhaltspflichtig.

**b)** Auf das Rechtsverhältniß zwischen dem Vater und dem Kinde finden die allgemeinen Vorschriften der §§ 1616—1625 Anwendung. Daraus folgt insbesondere, daß das Kind den

## §. 1737.

Die Wirkungen der Ehelichkeitserklärung erstrecken sich auf die Abkömmlinge des Kindes; sie erstrecken sich nicht auf die Verwandten des Vaters. Die Frau des Vaters wird nicht mit dem Kinde, der Ehegatte des Kindes wird nicht mit dem Vater verschwägert.

Die Rechte und Pflichten, die sich aus dem Verwandtschaftsverhältnisse zwischen dem Kinde und seinen Verwandten ergeben, bleiben unberührt, soweit nicht das Gesetz ein Anderes vorschreibt.

---

Namen des Vaters von selbst erhält und nach Maßgabe des § 1617 zu Dienstleistungen im Haushalt oder Geschäfte des Vaters verpflichtet ist. Die für ehelich erklärte Tochter hat ferner nach Maßgabe der §§ 1620—1623 Anspruch auf Aussteuerung.

c) Das Kind gelangt mit der Ehelichkeitserklärung, sofern es noch minderjährig ist, unter die elterliche Gewalt des Vaters. Mit diesem Zeitpunkt endigt die Vormundschaft über das Kind von selbst. Die Vorschriften der §§ 1626—1683 finden mit der sich aus § 1740 für den Fall der Verheirathung des Vaters ergebenden Abweichung Anwendung. Als Folge des Eintritts der elterlichen Gewalt treten auch die mit der elterlichen Gewalt verbundenen Wirkungen ein, insbesondere das Recht der Benennung eines Vormundes für das Kind.

d) Das Recht der elterlichen Einwilligung zur Eheschließung des Kindes steht nach § 1305 Abs. 1 Satz 3 nur dem Vater zu.

e) Zwischen dem Vater und dem Kinde wird ein gegenseitiges Erb- und Pflichttheilsrecht begründet (§§ 1924, 1925, 2303).

f) Wegen des Wohnsitzes des Kindes s. Erl. zu § 11.

2. Das Kind erlangt die rechtliche Stellung eines ehelichen Kindes erst mit der Wirksamkeit der Ehelichkeitserklärung; die Ehelichkeitserklärung wirkt also nur für die Zukunft. Die Erl. III zu § 1719 gilt auch hier.

3. Wann die die Ehelichkeitserklärung enthaltende Verfügung in Wirksamkeit tritt, bestimmt sich, wenn die Verfügung von einem Bundesstaat erfolgt, nach den in diesem Staate darüber geltenden Vorschriften. Die im § 1723 Abs. 3 der Landesregierung ertheilte Befugniß, über dei Ertheilung der Ehelichkeitserklärung zu bestimmen, umfaßt auch die Befugniß, den Zeitpunkt zu bestimmen, mit welchem eine die Ehelichkeitserklärung enthaltende Verfügung in Wirksamkeit tritt. Erfolgt die Ehelichkeitserklärung nach Maßgabe des § 1723 Abs. 2 durch den Reichskanzler, so wird man die Vorschrift des freiw. G.G. § 196 über die Volljährigkeitserklärung zur entsprechenden Anwendung zu bringen haben. Hienach tritt die betreffende Verfügung mit der Zustellung an den Vater in Wirksamkeit.

4. Ausnahmen von dem Grundsatze des § 1736 enthält der § 1737.

5. Inwieweit das für ehelich erklärte Kind auf dem der Landesgesetzgebung überlassenen Gebiet, insbesondere auf dem Gebiete des Lehen- und Fideikommißrechts, obwohl es die rechtliche Stellung eines ehelichen Kindes hat, besonderen von den für eheliche Kinder geltenden Vorschriften abweichenden Bestimmungen unterliegt, bestimmt sich nach Landesrecht. Dieses ist auch für die Frage maßgebend, inwieweit das Kind den Stand des Vaters im öffentlich-rechtlichen Sinne, insbesondere den Adel theilt (s. Erl. II zu § 1719).

### § 1737.

**E. I § 1596; II § 1621 rev. § 1715; III § 1713. P. I S. 8087—8093, 8750; M. IV S. 947. P. II S. 6271 (Bd. 4 S. 713). D. S. 714.**

Der § 1737 regelt den Einfluß der Ehelichkeitserklärung auf die Familie des Vaters und des Kindes.

1. Auf die Abkömmlinge des Kindes erstrecken sich die Wirkungen der Ehelichkeitserklärung schlechthin und zwar unabhängig von ihrer Zustimmung und ohne Rücksicht darauf, ob sie zur Zeit der Ehelichkeitserklärung schon vorhanden sind oder nicht. Die Abkömmlinge des Kindes erlangen daher insbesondere den Namen des Vaters, soweit sie den Familiennamen des Kindes zu führen haben, kraft Gesetzes und es entsteht ein gegenseitiges Erbrecht und Pflichttheilsrecht sowie ein gegenseitiger Unterhaltsanspruch.

2. Daß durch die Ehelichkeitserklärung zwischen dem Vater und solchen Verwandten des Kindes, welche nicht Abkömmlinge des Kindes sind, ein Verwandtschaftsverhältniß

## §. 1738.

Mit der Ehelichkeitserklärung verliert die Mutter das Recht und die Pflicht, für die Person des Kindes zu sorgen. Hat sie dem Kinde Unterhalt zu gewähren, so treten Recht und Pflicht wieder ein, wenn die elterliche Gewalt des Vaters endigt oder wenn sie wegen Geschäftsunfähigkeit des Vaters oder nach §. 1677 ruht.

---

nicht entstehen kann, ergiebt sich aus dem Begriffe der Verwandtschaft als eines durch Abstammung von einem gemeinschaftlichen Stammvater vermittelten Verhältnisses (§ 1589) von selbst, da durch die Ehelichkeitserklärung ein gemeinschaftlicher Stammvater des Vaters und der Verwandten des Kindes nicht geschaffen wird (s. unten Nr. 3). Ebensowenig entsteht ein Schwägerschaftsverhältniß zwischen ihnen, da ein solches nach § 1590 nur durch die Ehe vermittelt wird.

3. Auf die **Verwandten des Vaters** erstrecken sich die Wirkungen der Ehelichkeitserklärung nicht. Insbesondere besteht zwischen ihnen und dem für ehelich erklärten Kinde kein Erbrecht und keine Unterhaltspflicht und ist der Vater des unehelichen Vaters nicht als Großvater zur Vormundschaft über das für ehelich erklärte Kind berufen (§ 1776 Abs. 1 Nr. 3). Zwischen den übrigen Kindern des Vaters und dem für ehelich erklärten Kinde besteht nicht das Verhältniß von halbbürtigen Geschwistern. Wegen des unabhängig von der Ehelichkeitserklärung geltenden Ehehindernisses der Verwandtschaft s. § 1310 Abs. 3.

4. Zwischen der **Ehefrau des Vaters** einerseits und dem Kinde und dessen Abkömmlingen andererseits sowie zwischen dem **Ehegatten des Kindes oder eines Abkömmlinges des Kindes** einerseits und dem Vater andererseits entsteht kein Schwägerschaftsverhältniß. Es finden mithin die Vorschriften, welche an die Schwägerschaft eine Rechtsfolge knüpfen (z. B. §§ 1673, 1859, 2234), keine Anwendung. Das ohne Rücksicht auf die Ehelichkeitserklärung begründete Ehehinderniß des § 1310 wird dadurch nicht berührt.

5. Das Verhältniß **zwischen dem Kinde und seinen leiblichen Verwandten** wird durch die Ehelichkeitserklärung gleichfalls nicht berührt. Es verbleibt also insbesondere beim gegenseitigen Erbrecht und dem gegenseitigen Unterhaltsanspruche. Von der Vorschrift, daß die Ehelichkeitserklärung das Verhältniß des Kindes zu seiner Familie nicht berührt, bestehen jedoch Ausnahmen.

a) Das Erforderniß der Einwilligung der unehelichen Mutter in die Eheschließung des Kindes fällt nach § 1305 Abs. 1 Satz 3 weg und lebt selbst dann nicht wieder auf, wenn der Vater gestorben ist.

b) Die der Mutter nach § 1707 zustehende thatsächliche Sorge für die Person des Kindes hört auf (§ 1738). Dagegen fallen die aus dem Eltern- und Kindesverhältniß im Allgemeinen sich ergebenden Rechtsfolgen, namentlich das Recht der Mutter auf Dienste in den Fällen des § 1617 und die Aussteuerpflicht der Mutter gegenüber einer unehelichen Tochter (vergl. Erl. zu § 1705) infolge der Ehelichkeitserklärung nicht weg.

c) Der Vater ist dem Kinde und dessen Abkömmlingen vor der Mutter und den mütterlichen Verwandten unterhaltspflichtig.

6. Wenn auch die Wirkungen der Ehelichkeitserklärung sich rechtlich nicht auf die Verwandten des Vaters erstrecken und das Verhältniß zwischen dem Kinde und seinen leiblichen Verwandten rechtlich unberührt bleibt, so wird doch thatsächlich in diesen Beziehungen dadurch eine Aenderung herbeigeführt, daß dem Kinde und dem Vater ein gegenseitiges Erbrecht und gegenseitiger Unterhaltsanspruch zusteht. Dadurch wird insbesondere das Erb- und das Pflichttheilsrecht der Verwandten des Vaters gegenüber dem Vater und der Verwandten des Kindes gegenüber dem Kinde beschränkt oder ausgeschlossen.

### § 1738.

**E. I § 1597; II § 1622 rev. § 1716; III § 1714. P. I S. 8093—8096; M. IV S. 948. P. II S. 6274 (Bd. 4 S. 714).**

1. Der Satz 1 ist eine Einschränkung der Vorschrift des § 1737 Abs. 2. Nach dieser werden die Rechte und Pflichten zwischen der Mutter und dem Kinde durch die Ehelichkeitserklärung nicht berührt. Es sollte also an sich der Mutter die ihr nach § 1707 zustehende thatsächliche Fürsorge für die Person des Kindes verbleiben. Mit Rücksicht auf die durch die Ehelichkeitserklärung regelmäßig eintretende Entfremdung zwischen Mutter und Kind ist es aber nicht für angemessen erachtet worden, der Mutter die thatsächliche Fürsorge zu belassen. Sie verliert das Recht der Fürsorge für die Person in vollem Umfang, es bleibt ihr dieses Recht auch nicht in der Einschränkung, wie es der ehelichen Mutter nach § 1634 neben dem Vater während der Ehe

§. 1739.

Der Vater ist dem Kinde und dessen Abkömmlingen vor der Mutter und den mütterlichen Verwandten zur Gewährung des Unterhalts verpflichtet.

§. 1740.

Will der Vater eine Ehe eingehen, während er die elterliche Gewalt über das Kind hat, so finden die Vorschriften der §§. 1669 bis 1671 Anwendung.

---

zusteht (vergl. auch § 1305 Abs. 1 Satz 3 wegen der Einwilligung in die Eheschließung des Kindes und § 1747 wegen der Einwilligung in die Annahme des Kindes an Kindesstatt).

2. Nach Satz 2 erhält die Mutter das Recht und die Pflicht der Fürsorge für die Person des Kindes von selbst wieder zurück, wenn sie dem Kinde Unterhalt zu gewähren hat und die elterliche Gewalt des Vaters entweder beendigt ist (z. B. der Vater gestorben ist) oder nach § 1676 Abs. 1 wegen Geschäftsunfähigkeit oder nach § 1677 wegen thatsächlicher Verhinderung des Vaters ruht. Ruht die Gewalt des Vaters nach § 1676 Abs. 2, weil dieser in der Geschäftsfähigkeit beschränkt ist oder wegen Gebrechlichkeit einen Pfleger erhalten hat, so lebt das Recht der Fürsorge nicht wieder auf; denn in diesen Fällen büßt der Vater das Recht der thatsächlichen Fürsorge nach § 1676 Abs. 2 Satz 2 nicht völlig ein. Das Recht der Mutter lebt ferner auch im Falle der Entziehung der Gewalt nach § 1666 Abs. 2 nicht wieder auf. Soweit das Recht der Mutter auf die thatsächliche Fürsorge wieder eintritt, tritt es in demselben Umfange wieder ein, wie es nach § 1717 vor der Ehelichkeitserklärung bestanden hat, die Mutter hat also einerseits nicht das Recht der gesetzlichen Vertretung des Kindes, andererseits steht ihr die Fürsorge nicht blos neben dem Vormunde des Kindes zu, so daß dessen Meinung bei einer Meinungsverschiedenheit zwischen ihr und ihm vorginge, sondern sie allein hat für die Person des Kindes zu sorgen und der Vormund des Kindes hat die Stellung eines Beistandes (s. Erl. zu § 1707). Erlangt der Vater die elterliche Gewalt wieder oder hört das Ruhen seiner Gewalt auf, so verliert die Mutter wieder das Recht auf die Fürsorge für die Person des Kindes.

**§ 1739.**

**E. I § 1598; II § 1623 rev. § 1717; III § 1715. P. I S. 8093—8095; M. IV S. 949. P. II S. 6277 (Bd. 4 S. 716).**

1. Aus der Vorschrift des § 1737 Abs. 3, daß die Rechte des Kindes gegenüber seinen Verwandten durch die Ehelichkeitserklärung nicht berührt werden, könnte gefolgert werden, daß die Unterhaltspflicht der Mutter und der mütterlichen Verwandten mit der sich aus § 1736 ergebenden Unterhaltspflicht des Vaters auf gleicher Stufe steht. Im Einklange mit § 1606 Abs. 2 bestimmt der § 1739, daß der Vater dem Kinde vor der Mutter und den mütterlichen Verwandten unterhaltspflichtig ist.

2. In Ansehung der Abkömmlinge des Kindes enthält der § 1739 eine Abweichung von dem Grundsatze des § 1606 Abs. 2 insofern, als die mütterlichen Großeltern nicht zu gleichen Theilen mit dem Vater des für ehelich erklärten Kindes, sondern erst nach diesem unterhaltspflichtig sind. Die Abweichung liegt in der Konsequenz des § 1709.

3. Im Uebrigen verbleibt es bei den allgemeinen Vorschriften der §§ 1601 ff. Die Unterhaltspflicht der Mutter und der mütterlichen Verwandten tritt also insbesondere nicht nur dann ein, wenn der Vater leistungsunfähig, sondern auch, wenn er nicht belangbar ist (§ 1607 Abs. 2). Der Vater kann ferner nach § 1603 Abs. 2 die Unterhaltsgewährung insoweit verweigern, als ihm sein standesgemäßer Unterhalt geschmälert würde; für den Ausfall haften nach § 1607 Abs. 1 die Mutter und die mütterlichen Verwandten. Auch sind die Abkömmlinge des Kindes diesem vor dem Vater unterhaltspflichtig (§ 1606 Abs. 1) und wird die Vorschrift des § 1608 über das Verhältniß der Unterhaltspflicht des Ehegatten zu der der Verwandten nicht berührt.

**§ 1740.**

**E. I § 1599; II § 1624 rev. § 1718; III § 1716. P. I S. 8089; M. IV S. 949. P. II S. 6278, 8669 (Bd. 4 S. 716; Bd. 6 S. 299).**

1. Daß dem Vater die im § 1669 bestimmte Verpflichtung, das Vermögen des Kindes zu verzeichnen und gegebenen Falles die Auseinandersetzung zwischen ihm und dem Kinde herbeizuführen, obliegt, wenn er sich wieder verheirathet, ergiebt sich aus § 1736. Die Bedeutung des

# Achter Titel.

## Annahme an Kindesstatt.

§ 1740 liegt darin, daß dem Vater die bezeichneten Verpflichtungen auch dann obliegen, wenn er, während er die elterliche Gewalt über das Kind hat, sich zum erstenmale verheirathet; im Uebrigen s. Erl. zu den §§ 1669—1671. Die Erfüllung der im § 1740 festgesetzten Verpflichtung ist durch das Ehehinderniß des § 1314 gewährleistet.

2. Eine unbedingte Inventarisationspflicht, wie sie dem Annehmenden nach § 1760 obliegt, ist dem Vater eines für ehelich erklärten Kindes nicht auferlegt.

### Achter Titel.

**1.** Ueber die Gründe der Zulassung der Annahme an Kindesstatt s. M. IV S. 951—954, Zstlg. IV S. 452.

2. Das B.G.B. erblickt in der Annahme an Kindesstatt nur ein Mittel, um dem Angenommenen die rechtliche Stellung eines ehelichen Kindes des Annehmenden zu verschaffen. Demgemäß ist die Annahme an Kindesstatt als ein einheitliches Institut gestaltet und sind nicht verschiedene Arten der Annahme zugelassen. Insbesondere ist zwischen den Fällen, in denen ein Mann, und den Fällen, in denen eine Frau an Kindesstatt annimmt, nicht unterschieden und ist auch der Unterschied zwischen Arrogation und adoptio plena und minus plena (hierüber s. Windscheid II § 523; Dernburg preuß. Priv.R. Bd. 3 §§ 61 ff.; Eccius, preuß. Priv.R. Bd. 3 § 220) beseitigt. An Kindesstatt kann ferner sowohl ein eheliches als auch ein uneheliches Kind angenommen werden; insbesondere ist die Annahme eines unehelichen Kindes durch seine Mutter möglich. Das B.G.B. kennt auch eine Annahme als gemeinschaftliches Kind durch ein Ehepaar (§ 1749 Abs. 1), dagegen nicht eine Annahme an Enkelstatt. Das im Preuß. L.R. anerkannte Institut der Pflegekindschaft und die tutelle officieuse des französischen Rechtes hat das B.G.B. nicht aufgenommen (s. auch M. zum E.G. S. 302 ff.).

**3.** Im Einzelnen ist die Annahme an Kindesstatt in mehrfacher Beziehung im Anschluß an die Ehelichkeitserklärung, die das gleiche Ziel wie sie verfolgt, geregelt. Die Annahme erfolgt jedoch durch Vertrag und kann durch Vertrag wieder aufgehoben werden.

**4.** Der Annahmevertrag sowie der die Annahme aufhebende Vertrag bedürfen der gerichtlichen Bestätigung. Die Bestätigung ist keine Gnadensache. Sie muß ertheilt werden, wenn die gesetzlichen Erfordernisse der Annahme bezw. der Aufhebung erfüllt sind. Die Bestätigung ist aber nur eines der Erfordernisse der Annahme bezw. der Aufhebung. Sie hat nicht die Bedeutung, etwaige Mängel des Annahme- oder des Aufhebungsvertrags zu heilen (Ausnahme im § 1756). Fehlt es an einem der Erfordernisse der Annahme oder der Aufhebung, so ist die Annahme oder die Aufhebung trotz der Bestätigung nichtig. Die Unwirksamkeit der Annahme oder der Aufhebung der Annahme kann von Jedem geltend gemacht werden, der hieran ein Interesse hat. Die Geltendmachung kann in jedem Verfahren erfolgen. Wird die Gültigkeit der Annahme oder der Aufhebung der Annahme zwischen dem Annehmenden und dem Kinde streitig, so liegt ein Streit über das Bestehen oder Nichtbestehen eines Eltern- und Kindesverhältnisses zwischen den Parteien vor. Auf diesen Rechtsstreit finden die Vorschriften der §§ 640, 642, 643 der C.P.O. Anwendung. Das in diesem Rechtsstreit ergehende Urtheil wirkt nach Maßgabe des § 643 der C.P.O., sofern es bei Lebzeiten beider Parteien rechtskräftig wird, für und gegen Alle. Sonst kann die Gültigkeit oder die Ungültigkeit der Annahme oder der Aufhebung der Annahme nicht einheitlich festgestellt werden, insbesondere ist dies nicht in einem Rechtsstreite zwischen dem Annehmenden und einem Abkömmlinge, der den Annahmevertrag mitgeschlossen hat, möglich.

**5.** Wegen der Eintragung der Annahme und der Aufhebung der Annahme in das standesamtliche Geburtsregister s. § 36 Personst.G.

**6.** Wegen des Sonderrechts der landesherrlichen Familien und des hohen Adels s. E.G. Art. 57, 58.

**7.** Ueber das internationale Privatrecht s. E.G. Art. 22; Uebergangsbestimmungen ebenda Art. 209.

## §. 1741.

Wer keine ehelichen Abkömmlinge hat, kann durch Vertrag mit einem Anderen diesen an Kindesstatt annehmen. Der Vertrag bedarf der Bestätigung durch das zuständige Gericht.

## §. 1742.

Die Annahme an Kindesstatt kann nicht unter einer Bedingung oder einer Zeitbestimmung erfolgen.

---

8. Anlangend die Stoffanordnung, so betreffen die §§ 1741—1756 die Voraussetzungen und Erfordernisse der Annahme, die §§ 1757—1767 haben die Wirkungen der Annahme zum Gegenstand, in den §§ 1768—1772 wird die Aufhebung der Annahme geregelt.

9. Literatur s. die Angaben in der Vorbm. 6 S. 371.

### § 1741.

**E. I § 1601 Abs. 2, § 1602 Satz 1, § 1617 Satz 1; II § 1625 Abs. 1, § 1631 Satz 1, § 1632 Abs. 1 Satz 1 rev. § 1719; III § 1717. P. I S. 7951—7954, 7993—8002. M. IV S. 951—959, 972. P. II S. 6280, 6290 (Bd. 4 S. 718—720, 724—726). D. S. 714.**

1. Voraussetzung der Annahme ist, daß der Annehmende keine ehelichen Abkömmlinge hat. Auch eheliche Enkel schließen die Annahme aus. Legitimirte Kinder stehen den ehelichen gleich (§§ 1719, 1736). Das Vorhandensein von angenommenen Kindern dagegen steht der Annahme nach der Ausnahmevorschrift des § 1743 nicht entgegen. Die Annahme ist ferner dann zulässig, wenn der Annehmende ein uneheliches Kind hat und zwar ohne Rücksicht darauf, ob der Annehmende ein Mann oder eine Frau ist. Eine Frau kann ihr eigenes uneheliches Kind an Kindesstatt annehmen. Auch der Umstand, daß der Annehmende die Geburt eines ehelichen Kindes zu erwarten hat, hindert die Annahme nicht. Dabei ist es ohne Einfluß, wenn der Annehmende sich hierüber im Irrthume befunden hat. Nichtig ist die Annahme, wenn das eheliche Kind des Annehmenden für todt erklärt worden ist, zur Zeit der Annahme aber noch lebt. Selbstverständlich ist es auf die Gültigkeit der Annahme ohne Einfluß, wenn der Annehmende nach der Annahme ein eheliches Kind erhält.

2. Ueber den Annahmevertrag vergl., was die Form, die Zulässigkeit der Stellvertretung, die Anfechtbarkeit und den Inhalt des Vertrags betrifft, die Erl. zu den §§ 1750, 1751, 1755, 1767.

3. Ueber die Bestätigung des Annahmevertrags s. Erl. zu den §§ 1753, 1754.

4. Die Bestätigung des Annahmevertrags gehört zur Zuständigkeit der Amtsgerichte (§ 65 freiw. G.G.). Die Zuständigkeit der Amtsgerichte kann landesgesetzlich nicht geändert oder ausgeschlossen werden (s. Erl. zu Art. 147 E.G.). Zuständig ist das Amtsgericht, in dessen Bezirke der Annehmende zu der Zeit, zu welcher der Antrag auf Bestätigung eingereicht oder nach Maßgabe des § 1753 Abs. 2 das Gericht oder der Notar mit der Einweihung betraut wird, seinen Wohnsitz oder in Ermangelung eines inländischen Wohnsitzes seinen Aufenthalt hat. Ist der Annehmende ein Deutscher und hat er im Inlande weder Wohnsitz noch Aufenthalt, so ist das Gericht zuständig, in dessen Bezirke der Annehmende seinen letzten inländischen Wohnsitz hatte. In Ermangelung eines solchen Wohnsitzes wird das zuständige Gericht, falls der Annehmende einem Bundesstaat angehört, von der Landesjustizverwaltung, andernfalls von dem Reichskanzler bestimmt (§ 66 freiw. G.G.).

5. Ein Antrag der Betheiligten auf Bestätigung ist nicht vorgeschrieben (anders bei der Ehelichkeitserklärung); jedoch ist es selbstverständlich, daß das Gericht die Bestätigung nicht von Amtswegen oder auf Anregung eines Dritten, sondern nur auf Anregung eines der Vertragschließenden ertheilt. Der Notar oder das Gericht, von welchem der Annahmevertrag beurkundet wird, gilt nicht ohne Weiteres als ermächtigt, Namens eines der Vertragschließenden um die Bestätigung nachzusuchen, die Ermächtigung muß vielmehr ausdrücklich ertheilt werden (s. Erl. zu § 1753 Abs. 2). Im Uebrigen vergl. wegen des Antrags Erl. 1 zu § 1754.

### § 1742.

**E. I § 1615; II § 1630 rev. § 1720; III § 1718. P. I S. 7982; M. IV S. 971. P. II S. 6290 (Bd. 4 S. 724).**

Die Beifügung einer Bedingung oder Zeitbestimmung bewirkt Nichtigkeit der Annahme an Kindesstatt. Vergl. Bd. I S. 203, Vorbm. vor § 158.

§. 1743.

Das Vorhandensein eines angenommenen Kindes steht einer weiteren Annahme an Kindesstatt nicht entgegen.

§. 1744.

Der Annehmende muß das fünfzigste Lebensjahr vollendet haben und mindestens achtzehn Jahre älter sein als das Kind.

§. 1745.

Von den Erfordernissen des §. 1744 kann Befreiung bewilligt werden, von der Vollendung des fünfzigsten Lebensjahrs jedoch nur, wenn der Annehmende volljährig ist.

Die Bewilligung steht dem Bundesstaate zu, dem der Annehmende angehört; ist der Annehmende ein Deutscher, der keinem Bundesstaat angehört, so steht die Bewilligung dem Reichskanzler zu.

Ueber die Ertheilung der einem Bundesstaate zustehenden Bewilligung hat die Landesregierung zu bestimmen.

§. 1746.

Wer verheirathet ist, kann nur mit Einwilligung seines Ehegatten an Kindesstatt annehmen oder angenommen werden.

Die Einwilligung ist nicht erforderlich, wenn der Ehegatte zur Abgabe einer Erklärung dauernd außer Stande oder sein Aufenthalt dauernd unbekannt ist.

---

**§ 1743.**

**E. I § 1602 Satz 2; II § 1625 Abs. 2 rev. § 1721; III § 1719 P. I S. 7954, 8630; M. IV S. 959. P. II S. 6280 (Bd. 4 S. 719).**

Vergl. Erl. 1 zu § 1741.

**§ 1744.**

**E. I § 1603 Abs. 1, § 1604 Abs. 1; II § 1626 Abs. 1 rev. § 1722; III § 1720. P. I S. 7954, 7963; M. IV S. 960. P. II S. 6280—6284 (Bd. 4 S. 720).**

Ueber die Berechnung des Lebensalters s. § 187 Abs. 2. Wegen der Möglichkeit der Befreiung s. § 1745.

**§ 1745.**

**E. I § 1603 Abs. 2, § 1604 Abs. 2, § 1605; II § 1626 Abs. 2, 3 rev. § 1723; III § 1721. P. I S. 7955, 7963; M. IV S. 960. P. II S. 6280—6284, 8276, 8678 (Bd. 4 S. 718—721; Bd. 6 S. 67, 304).**

1. Zu Abs. 1: Volljährigkeitserklärung steht der Volljährigkeit gleich (§§ 2, 3).

2. Zu Abs. 2, 3. Wegen des Falles, daß ein Deutscher keinem Bundesstaat angehört, s. § 6 des Reichsgesetzes v. 19. März 1888, betr. die Rechtsverhältnisse der deutschen Schutzgebiete. Gehört der Annehmende mehreren Bundesstaaten an, so hängt es von seinem Belieben ab, an welchen er sich wenden will.

**§ 1746.**

**E. I §§ 1606, 1609, 1611 Satz 1; II § 1627 rev. § 1724; III § 1722. P. I S. 7958, 7965; M. IV S. 961, 963, 965. P. II S. 6284—6286 (Bd. 4 S. 721).**

1. Die Einwilligung des Ehegatten des Annehmenden und des Ehegatten des Anzunehmenden ist ohne Rücksicht darauf erforderlich, ob der Annehmende bezw. der Anzunehmende ein Mann oder eine Frau ist. Ist die Ehe geschieden oder die eheliche Gemeinschaft aufgehoben, so ist die Einwilligung des Ehegatten nicht erforderlich. Ist der Ehegatte fälschlich für todt erklärt, so wird fast immer die Voraussetzung des Abs. 2 vorliegen und deshalb die Einwilligung ent-

§. 1747.

Ein eheliches Kind kann bis zur Vollendung des einundzwanzigsten Lebensjahrs nur mit Einwilligung der Eltern, ein uneheliches Kind kann bis zum gleichen Lebensalter nur mit Einwilligung der Mutter an Kindesstatt angenommen werden. Die Vorschrift des §. 1746 Abs. 2 findet entsprechende Anwendung.

§. 1748.

Die Einwilligung der in den §§. 1746, 1747 bezeichneten Personen hat dem Annehmenden oder dem Kinde oder dem für die Bestätigung des Annahmevertrags zuständigen Gerichte gegenüber zu erfolgen; sie ist unwiderruflich.

Die Einwilligung kann nicht durch einen Vertreter ertheilt werden. Ist der Einwilligende in der Geschäftsfähigkeit beschränkt, so bedarf er nicht der Zustimmung seines gesetzlichen Vertreters.

Die Einwilligungserklärung bedarf der gerichtlichen oder notariellen Beurkundung.

---

behrlich sein. Leben die Ehegatten nur thatsächlich getrennt, so fällt das Erforderniß der Einwilligung nicht weg.

2. Ob die Voraussetzungen des Abs. 2 gegeben sind, hat das zur Bestätigung des Annahmevertrags berufene Gericht nach freiem Ermessen zu entscheiden; im Uebrigen s. wegen des Mangels der Einwilligung Erl. zu § 1756.

3. Vergl. ferner § 1748.

§ 1747.

**E. I §§ 1610, 1611 Satz 1; II § 1629 rev. § 1725; III § 1723. P. I S. 7966—7971; M. IV S. 964—969. P. II S. 6285 (Bd. 4 S. 721).**

1. Erforderlich ist bei ehelichen Kindern die Einwilligung beider Eltern (anders bei der Eheschließung nach § 1305). Durch die Volljährigkeitserklärung des Kindes wird die Einwilligung der Eltern nicht entbehrlich, da § 1747 nicht auf die Volljährigkeit, sondern auf die Vollendung des einundzwanzigsten Lebensjahrs abstellt; über die Berechnung des Lebensalters s. § 187 Abs. 2. Durch nachfolgende Ehe oder durch Ehelichkeitserklärung legitimirte Kinder stehen den ehelichen gleich. Bei den für ehelich erklärten Kindern ist nicht nur die Einwilligung des Vaters, sondern auch die der Mutter erforderlich; denn durch die Ehelichkeitserklärung werden die Rechte nicht berührt, welche zwischen dem Kinde und der Mutter in Folge der Verwandtschaft bestehen (§ 1737); bei Kindern aus nichtigen Ehen ist die Einwilligung des Elterntheils erforderlich, dem nach den §§ 1699—1704 die sich aus der Verwandtschaft ergebenden Rechte zustehen.

2. Zufolge des im Satz 2 für anwendbar erklärten § 1746 Abs. 2 ist die elterliche Einwilligung dann entbehrlich, wenn der einwilligungsberechtigte Elterntheil zur Abgabe einer Erklärung dauernd außer Stande oder sein Aufenthalt dauernd unbekannt ist. Letzteres trifft z. B. bei Findelkindern zu. Ob die erwähnten Voraussetzungen gegeben sind, entscheidet das zur Bestätigung des Annahmevertrags zuständige Gericht nach seinem Ermessen. Im Uebrigen s. wegen des Mangels der Einwilligung Erl. zu § 1756.

3. Vergl. ferner § 1748.

§ 1748.

**E. I §§ 1614, 1616 Abs. 2; II § 1636 rev. § 1726; III § 1724. P. I S. 7980, 8678; M. IV S. 970—972. P. II S. 6289, 7367, 7372 (Bd. 4 S. 724, Bd. 5 S. 443).**

Der § 1748 handelt von der Erklärung der Einwilligung der betheiligten Dritten.

1. Die Einwilligung ist ein einseitiges, empfangsbedürftiges Rechtsgeschäft, auf welches die allgemeinen Grundsätze, insbesondere über Nichtigkeit und Anfechtbarkeit der Rechtsgeschäfte Anwendung finden. Wegen der Anfechtbarkeit s. Erl. zu § 1755. Ueber das zur Bestätigung zuständige Gericht s. Erl. zu § 1741. Ueber die Frage, wann anzunehmen ist, daß die Erklärung der Einwilligung demjenigen, welchem gegenüber sie zu erfolgen hat, zugegangen ist, s. Erl. zu § 130.

2. Der Abs. 2 schließt nur die Vertretung im Willen, nicht die Vertretung in der Erklärung des Willens aus. Aus Abs. 2 ergiebt sich, daß, wenn ein Betheiligter, dessen Ein-

§. 1749.

Als gemeinschaftliches Kind kann ein Kind nur von einem Ehepaar angenommen werden.

Ein angenommenes Kind kann, solange das durch die Annahme begründete Rechtsverhältniß besteht, nur von dem Ehegatten des Annehmenden an Kindesstatt angenommen werden.

§. 1750.

Der Annahmevertrag kann nicht durch einen Vertreter geschlossen werden. Hat das Kind nicht das vierzehnte Lebensjahr vollendet, so kann sein gesetzlicher Vertreter den Vertrag mit Genehmigung des Vormundschaftsgerichts schließen.

Der Annahmevertrag muß bei gleichzeitiger Anwesenheit beider Theile vor Gericht oder vor einem Notar geschlossen werden.

---

willigung erforderlich ist, geschäftsunfähig ist, die Annahme an Kindesstatt, sofern nicht einer der Ausnahmefälle des § 1746 Abs. 2, § 1747 Satz 2 vorliegt, ausgeschlossen ist. Ist ein Betheiligter in der Geschäftsfähigkeit beschränkt, so bedarf er der Zustimmung seines gesetzlichen Vertreters nicht, gilt also in Betreff der Ertheilung der Einwilligung als geschäftsfähig.

3. Ueber die gerichtliche und notarielle Beurkundung s. Erl. zu § 128. Mangel der Form bewirkt Nichtigkeit der Einwilligung (§ 125) und damit der Annahme an Kindesstatt.

4. Die Ersetzung der Einwilligung eines Betheiligten ist bei der Annahme an Kindesstatt nicht zugelassen (anders bei der Ehelichkeitserklärung § 1727).

5. Mangel der Einwilligung macht die Annahme nichtig. Die Einwilligung ist vorherige Zustimmung (§ 183). Dem Erfordernisse der vorherigen Zustimmung ist genügt, wenn die Einwilligung zwar erst nach dem Abschlusse des Annahmevertrags, aber noch vor der Bestätigung desselben ertheilt wird. Dagegen kann die nach der Bestätigung erfolgende Zustimmung eines Betheiligten zur Annahme die Nichtigkeit nicht beseitigen.

**§ 1749.**

**E. I §§ 1607, 1608; II § 1628 rev. § 1727; III § 1725. P. I S. 7958–7965; M. IV S. 962, 963. P. II S. 6284 (Bd. 4 S. 721).**

1. Die Annahme eines bereits angenommenen Kindes ist nur dem Ehegatten des Annehmenden erlaubt. Sie setzt die Erfüllung der gleichen Erfordernisse voraus, wie wenn das Kind noch nicht angenommen wäre. Abgesehen vom Falle des Abs. 2 kann ein angenommenes Kind erst nach Aufhebung des bisherigen Annahmeverhältnisses (§ 1768) von einem Anderen angenommen werden.

2. Bei der Annahme als gemeinschaftliches Kind durch ein Ehepaar ist jeder der Ehegatten Annehmender. Daraus ergiebt sich z. B., daß die Annahme als gemeinschaftliches Kind nach dem Tode eines der Ehegatten nur unter den Voraussetzungen des § 1753 Abs. 2 zulässig ist. Davon zu unterscheiden ist der Fall, daß ein Ehegatte das Kind des anderen Ehegatten annimmt. Auch in diesem Falle ist die Annahme nur im Einverständnisse beider Ehegatten möglich, allein es genügt die Einwilligung des Ehegatten, dessen Kind angenommen wird (§ 1746), Annehmender ist nur der andere Ehegatte.

3. In beiden im § 1749 behandelten Fällen erlangt das Kind auch die rechtliche Stellung eines gemeinschaftlichen ehelichen Kindes beider Ehegatten; vergl. §§ 1306 Abs. 1 Satz 2, 1757 Abs. 2, 1758 Abs. 1 Satz 3, 1768 Abs. 3, 1772 Satz 2.

**§§ 1750, 1751.**

**E. I § 1612, § 1613 Abs. 1, 2, § 1616 Abs. 1; II § 1631 Satz 2, §§ 1633, 1634 rev. §§ 1728, 1729; III §§ 1726, 1727. P. I S. 7972, 8678; M. IV S. 969, 971. P. II S. 6286, 6290, 7357, 7372 (Bd. 4 S. 722, 724, 726; Bd. 5 S. 443).**

Die §§ 1750, 1751 regeln die Zulässigkeit der Stellvertretung beim Abschlusse des Annahmevertrags und die Form des Annahmevertrags.

## §. 1751.

Ist der Annehmende in der Geschäftsfähigkeit beschränkt, so bedarf er zur Eingehung des Vertrags, außer der Zustimmung seines gesetzlichen Vertreters, der Genehmigung des Vormundschaftsgerichts.

Das Gleiche gilt für das Kind, wenn es in der Geschäftsfähigkeit beschränkt ist.

---

1. Vertretung der Vertragschließenden.

a) Der Annehmende kann überhaupt nicht vertreten werden. Ist er geschäftsunfähig, so ist der Abschluß des Vertrags unmöglich. Ist er in der Geschäftsfähigkeit nur beschränkt, so muß er den Vertrag selbst schließen und bedarf der Zustimmung seines gesetzlichen Vertreters und der Genehmigung des Vormundschaftsgerichts.

b) Ist der Anzunehmende geschäftsunfähig, so kann er, sofern er noch nicht vierzehn Jahre alt ist, von seinem gesetzlichen Vertreter, welcher der Genehmigung des Vormundschaftsgerichts bedarf, vertreten werden; ist er mehr als vierzehn Jahre alt und geschäftsunfähig, so ist der Abschluß des Vertrags mithin unmöglich; hierin weicht die Annahme an Kindesstatt von der Ehelichkeitserklärung ab, bei welcher das geschäftsunfähige Kind ohne Rücksicht auf sein Lebensalter vertreten werden kann. Ist der Anzunehmende in der Geschäftsfähigkeit nur beschränkt, so kann er, sofern er das vierzehnte Lebensjahr noch nicht vollendet hat, entweder durch seinen gesetzlichen Vertreter, welcher hierzu der Genehmigung des Vormundschaftsgerichts bedarf, oder selbst unter Zustimmung des gesetzlichen Vertreters und mit Genehmigung des Vormundschaftsgerichts den Vertrag schließen; ist er mehr als vierzehn Jahre alt, so muß er den Vertrag selbst schließen, bedarf aber der Zustimmung des gesetzlichen Vertreters und der Genehmigung des Vormundschaftsgerichts. Ueber die Berechnung des Lebensalters s. § 187 Abs. 2.

c) Eine Vertretung auf Grund rechtsgeschäftlicher Vertretungsmacht ist in jedem Falle ausgeschlossen. Auch die Vertretung in der Erklärung des Willens wird wegen der für die Schließung des Vertrags vorgeschriebenen Form für unzulässig zu erachten sein. Die Schließung des Vertrags muß bei gleichzeitiger Anwesenheit beider Parteien vor Gericht oder Notar erfolgen. Daraus ergiebt sich, daß beide Parteien ihre Vertragserklärungen bei gleichzeitiger Anwesenheit vor Gericht oder Notar abgeben müssen. Diesem Erfordernisse würde nicht genügt werden, wenn die Parteien ihre Vertragserklärungen in beliebiger Form vorher abgegeben hätten, dann Vertreter zur Ueberbringung dieses Vertragswillens ermächtigten und diese Vertreter nun gleichzeitig vor Gericht oder Notar erschienen und die Erklärungen, zu denen sie ermächtigt sind, abgeben. Sachlich wird hier also ebenso wie im Falle des § 1317 das persönliche Erscheinen der Vertragschließenden erfordert. Dieses Erforderniß ist hier zwar nicht direkt aber indirekt durch den Ausschluß der Vertretung ausgedrückt. Anders im Falle des § 925, weil hier die Vertretung nicht ausgeschlossen ist.

d) Zum Abschlusse des Vertrags für das geschäftsunfähige Kind sowie zur Ertheilung der Zustimmung ist derjenige Vertreter befugt, welchem die Sorge für die Person zusteht. Die Zuständigkeit des Vormundschaftsgerichts bestimmt sich nach §§ 35, 43 freiw. G.G. Das Vormundschaftsgericht ist befugt, seine Genehmigung nur nach Erfüllung gewisser Bedingungen z. B. vorheriger Sicherheitsleistung oder vertragsmäßiger Zusicherung eines bestimmten Erbtheils zu ertheilen. Die Genehmigung des Vormundschaftsgerichts ist auch dann erforderlich, wenn die gesetzliche Vertretung dem Vertreter auf Grund der elterlichen Gewalt zusteht.

2. Vertragsform. Der Vertrag bedarf der gerichtlichen oder notariellen Beurkundung, jedoch müssen, abweichend von dem Grundsatze des § 128, die Vertragschließenden gleichzeitig anwesend sein; im Uebrigen s. Erl. zu § 128. Wenn die Gerichte zur Beurkundung zuständig sind, kann diese vor jedem Amtsgerichte, nicht blos vor dem zur Bestätigung zuständigen erfolgen. Die Zustimmungserklärung des gesetzlichen Vertreters (§ 1751) bedarf keiner Form.

3. Die §§ 1750, 1751 gelten auch für die Abkömmlinge des Anzunehmenden, wenn sie, damit sich die Wirkungen des Annahmevertrags auf sie erstrecken, an dem Vertrage theilnehmen (§ 1762 Satz 2).

4. Mangel der Form sowie unzulässiger Abschluß des Vertrags durch einen Vertreter bewirkt Nichtigkeit des Annahmevertrags und damit der Annahme selbst. Die Folgen der mangelnden Zustimmung des gesetzlichen Vertreters bestimmen sich nach den §§ 107—109, der Mangel der Genehmigung des Vormundschaftsgerichts nach den §§ 1643, 1828—1831. Die Zustimmung des Vertreters sowie die Genehmigung des Vormundschaftsgerichts kann also auch nach dem Abschlusse des Vertrags sowie nach der Bestätigung erfolgen und hat nach den §§ 108, 1829, 184 rückwirkende Kraft. Thatsächlich werden übrigens Zustimmung und Genehmigung immer vor der Bestätigung erfolgen müssen, weil diese nur erfolgen darf, wenn die Zustimmung und Genehmigung nachgewiesen sind.

§. 1752.

Will ein Vormund seinen Mündel an Kindesstatt annehmen, so soll das Vormundschaftsgericht die Genehmigung nicht ertheilen, solange der Vormund im Amte ist. Will Jemand seinen früheren Mündel an Kindesstatt annehmen, so soll das Vormundschaftsgericht die Genehmigung nicht ertheilen, bevor er über seine Verwaltung Rechnung gelegt und das Vorhandensein des Mündelvermögens nachgewiesen hat.

Das Gleiche gilt, wenn ein zur Vermögensverwaltung bestellter Pfleger seinen Pflegling oder seinen früheren Pflegling an Kindesstatt annehmen will.

§. 1753.

Die Bestätigung des Annahmevertrags kann nicht nach dem Tode des Kindes erfolgen.

Nach dem Tode des Annehmenden ist die Bestätigung nur zulässig, wenn der Annehmende oder das Kind den Antrag auf Bestätigung bei dem zuständigen Gericht eingereicht oder bei oder nach der gerichtlichen oder notariellen Beurkundung des Vertrags das Gericht oder den Notar mit der Einreichung betraut hat.

Die nach dem Tode des Annehmenden erfolgte Bestätigung hat die gleiche Wirkung, wie wenn sie vor dem Tode erfolgt wäre.

---

§ 1752.

**E. I § 1613 Abs. 3, 4; II § 1635 rev. § 1730; III § 1728. P. I S. 7960, 7973; M. IV S. 970. P. II S. 6289 (Bd. 4 S. 723).**

**1.** Der § 1752 enthält nur eine Ordnungsvorschrift, seine Verletzung macht also die Annahme nicht nichtig, der Vormundschaftsrichter ist aber, wenn aus der Verletzung ein Schaden entsteht, nach Maßgabe des § 1848 ersatzpflichtig. Das über die Bestätigung entscheidende Gericht kann die Bestätigung nicht deshalb verweigern, weil das Vormundschaftsgericht die Genehmigung der Vorschrift des § 1752 zuwider ertheilt hat; denn die Beobachtung dieser Vorschrift bildet kein gesetzliches Erforderniß der Annahme.

**2.** Der Abs. 2 gilt nach § 1693 auch für einen Beistand, welchem die Vermögensverwaltung übertragen ist oder war.

§ 1753.

**E. I § 1618; II § 1637 rev. § 1731; III § 1729. P. I S. 7988, 7998; M. IV S. 976. P. II S. 6295, 6853 (Bd. 4 S. 726, Bd. 5 S. 145).**

**1.** Nach dem Tode des Kindes ist die Bestätigung des Annahmevertrags schlechthin unzulässig; sie kann auch nicht mit Beschränkung auf die Abkömmlinge, wenn diese den Vertrag mitgeschlossen haben, erfolgen. Ueber den Zeitpunkt, in welchem die Bestätigung in Wirksamkeit tritt, in welchem also das Kind noch am Leben sein muß, s. Erl. 1 zu § 1754. Der Tod eines Abkömmlinges, welcher den Annahmevertrag mitgeschlossen hat, ist ohne Einfluß, bezüglich seiner tritt lediglich die Annahme nicht in Kraft.

**2.** Nach dem Tode des Annehmenden, im Falle der Annahme durch ein Ehepaar (§ 1749 Abs. 1) nach dem Tode eines der Ehegatten ist die Bestätigung unter den Voraussetzungen des Abs. 2 zulässig. Ueber das zuständige Gericht s. Erl. zu § 1741. Der Auftrag an das Gericht oder den Notar, bei welchem der Vertrag beurkundet worden ist, den Antrag auf Bestätigung einzureichen, muß ausdrücklich gestellt werden; wie bei der Ehelichkeitserklärung (s. Erl. 2 zu 1733) wird er nicht vermuthet. Den Antrag auf Bestätigung kann auch ein Abkömmling des Kindes, welcher nach § 1762 den Vertrag mitgeschlossen hat, einreichen. Der § 1753 Abs. 2 spricht zwar nur vom Antrage des Annehmenden oder des Kindes, er wird indessen im Falle der Einreichung des Antrags durch einen Abkömmling gleichfalls anwendbar sein.

**3.** Die Vorschrift des Abs. 3 bezweckt hauptsächlich, dem Kinde das Erbrecht zu wahren, welches es als eheliches Kind des Annehmenden nach den §§ 1757, 1924 zu beanspruchen hat. Eine Folge des Abs. 3 ist die Vorschrift des § 2043 Abs. 2 nach welcher die Auseinander-

## §. 1754.

Die Annahme an Kindesstatt tritt mit der Bestätigung in Kraft. Die Vertragschließenden sind schon vor der Bestätigung gebunden.

Die Bestätigung ist nur zu versagen, wenn ein gesetzliches Erforderniß der Annahme an Kindesstatt fehlt. Wird die Bestätigung endgültig versagt, so verliert der Vertrag seine Kraft.

---

setzung in Ansehung eines Nachlasses ausgeschlossen ist, so lange die Erbtheile wegen der noch ausstehenden Entscheidung über die Bestätigung einer Annahme an Kindesstatt unbestimmt sind.

4. Wird der Annehmende oder das Kind nach Abschluß des Vertrags geschäftsunfähig, so ist dies für die Bestätigung des Vertrags ohne Bedeutung.

### § 1754.

**E. I § 1617 Satz 2, 3, § 1619; II § 1632 Abs. 1 Satz 2, Abs. 2 rev. § 1732; III § 1730. P. I S. 7988—7999, 8750; M. IV S. 974—977. P. II S. 6290, 6297 (Bd. 4 S. 724—727). D. S. 714.**

1. Die Annahme an Kindesstatt tritt mit der Bestätigung in Kraft. Von der Eintragung der Annahme in das Geburtsregister (§ 26 Personst.G.) ist das Inkrafttreten unabhängig. Der Beschluß, durch welchen die Bestätigung ertheilt wird, tritt mit der Bekanntmachung an den Annehmenden, bei der Annahme als gemeinschaftliches Kind durch ein Ehepaar (§ 1749 Abs. 1) mit der Bekanntmachung an beide Ehegatten in Kraft. Ist die Bestätigung noch nach dem Tode des Annehmenden zulässig, so tritt der Beschluß unbeschadet der Vorschriften des § 1753 Abs. 3 mit der Bekanntmachung an das Kind in Wirksamkeit (§ 67 Abs. 1, 2 freiw. G.G.). Ist das Kind in der Geschäftsfähigkeit beschränkt, so entscheidet die Bekanntmachung an seinen gesetzlichen Vertreter. Die Vorschriften der §§ 1750, 1751 sind auf die Bekanntmachung nicht entsprechend übertragen worden. Eine öffentliche Bekanntmachung der Annahme findet nicht statt. Bekanntzumachen ist übrigens der Bestätigungsbeschluß allen Betheiligten, welche den Annahmevertrag geschlossen haben, also auch dem in der Geschäftsfähigkeit beschränkten Kinde, sofern es das vierzehnte Lebensjahr vollendet hat, sowie den beim Vertrage mitwirkenden Abkömmlingen des Kindes. Das Gericht ist zu einer Aenderung des Beschlusses nicht berechtigt (§ 67 Abs. 3 freiw. G.G.). Gegen den Beschluß, durch welchen die Bestätigung ertheilt wird, findet kein Rechtsmittel statt; gegen den Beschluß, durch welchen die Bestätigung versagt wird, findet die sofortige Beschwerde statt. Die Beschwerde steht jedem Vertragschließenden zu, auch wenn der Antrag auf Bestätigung von ihm nicht gestellt war. Das Beschwerdegericht ist nicht befugt, vor seiner Entscheidung einstweilige Anordnungen zu treffen oder seiner Entscheidung sofortige Wirksamkeit beizulegen (§ 68 freiw. G.G.). Aus der Vorschrift, daß gegenüber dem ablehnenden Beschlusse das Beschwerderecht einem jeden Vertragschließenden zusteht ohne Rücksicht darauf, von wem die Bestätigung beantragt war, ergiebt sich, daß der Antrag eines Vertragschließenden genügt, um den Bestätigungsbeschluß zu erlassen.

2. Die Bestätigung hat keine rückwirkende Kraft. Hiervon bestehen indessen zwei Ausnahmen. Die nach dem Tode des Annehmenden erfolgende Bestätigung hat die gleiche Wirkung, wie wenn sie schon vor dem Tode erfolgt wäre, wird also auf den Zeitpunkt des Todes des Annehmenden zurückbezogen (§ 1753 Abs. 3). Bezüglich der Erstreckung der Wirkung der Annahme auf die Abkömmlinge des Kindes ist der Zeitpunkt des Vertragsabschlusses, nicht der Zeitpunkt der Bestätigung maßgebend (§ 1762 Satz 2).

3. Ueber die rechtliche Natur des Bestätigungsbeschlusses s. Erl. zu § 1756.

4. Die Bestätigung ist nicht Gnadensache (Abs. 2). Die Bestätigung muß ertheilt werden, wenn die gesetzlichen Erfordernisse der Annahme an Kindesstatt erfüllt sind. Daher findet auch keine Prüfung statt, ob die Annahme den Interessen des Annehmenden oder des Angenommenen entspricht. Diese Frage wird, wenn der Annehmende oder der Angenommene nicht voll geschäftsfähig ist, vom Vormundschaftsgerichte, dessen Genehmigung solchen Falles erforderlich ist (§ 1751), erwogen.

5. Die Gebundenheit der Vertragschließenden an den Annahmevertrag tritt schon mit dem Vertragsabschlusse, nicht erst mit der Einreichung zur Bestätigung oder mit der Bestätigung ein. Die Gebundenheit hört auf, wenn die Bestätigung endgültig versagt ist, d. h. wenn der die Bestätigung versagende Beschluß für alle Beschwerdeberechtigte rechtskräftig geworden ist. Die Ablehnung der Bestätigung wegen Unzuständigkeit des Gerichts ist nicht Entscheidung in der Sache selbst und berührt deshalb die Gebundenheit der Parteien nicht.

§. 1755.

Ist der Annahmevertrag oder die Einwilligung einer der in den §§. 1746, 1747 bezeichneten Personen anfechtbar, so gelten für die Anfechtung und für die Bestätigung des anfechtbaren Rechtsgeschäfts die Vorschriften des §. 1748 Abs. 2, des §. 1750 Abs. 1 und des §. 1751.

§. 1756.

Auf die Wirksamkeit der Annahme an Kindesstatt ist es ohne Einfluß, wenn bei der Bestätigung des Annahmevertrags mit Unrecht angenommen worden ist, daß eine der in den §§. 1746, 1747 bezeichneten Personen zur Abgabe einer Erklärung dauernd außer Stande oder ihr Aufenthalt dauernd unbekannt sei.

---

Wird der Antrag auf Bestätigung, bevor diese erfolgt ist, zurückgenommen, so fällt damit die Befugniß des Gerichts, über die Bestätigung zu entscheiden, weg. Durch die Zurücknahme wird aber die Gebundenheit der Betheiligten nicht aufgehoben und jeder von ihnen kann den Antrag aufs Neue stellen; auch derjenige, welcher den früheren Antrag gestellt und zurückgenommen hat, wird davon nicht auszunehmen sein. Die Gebundenheit der Betheiligten kann nur durch Vertrag unter ihnen aufgehoben werden. Zweifelhaft ist, ob ein solcher Vertrag derselben Form bedarf, wie der Annahmevertrag und ob auf ihn auch die sonstigen für den Annahmevertrag gegebenen Vorschriften entsprechende Anwendung finden oder ob er in Ermangelung einer besonderen Vorschrift an eine Form nicht gebunden ist. Die Vorschriften über die Aufhebung der in Wirksamkeit getretenen Annahme an Kindesstatt finden auf einen Vertrag der gedachten Art keine direkte Anwendung; die Natur des hier vorliegenden Verhältnisses dürfte indessen für die obengedachte erste Auffassung sprechen.

**§ 1755.**

**E. I § 1630; II § 1652 rev. § 1733; III § 1731. P. I S. 8113–8124; M. IV S. 1001. P. II S. 6315–6319 (Bd. 4 S. 737–740).**

1. Sowohl für den Annahmevertrag als auch für die sich als einseitiges, empfangsbedürftiges Rechtsgeschäft darstellende Einwilligung der in den §§ 1746, 1747 bezeichneten Personen gelten die allgemeinen Grundsätze über Rechtsgeschäfte, insbesondere über die Nichtigkeit und Anfechtbarkeit. Für den Fall der Anfechtbarkeit sind im § 1755 bezüglich der Anfechtung und der Bestätigung des anfechtbaren Rechtsgeschäfts seitens eines Vertreters des Anfechtungsberechtigten Sondervorschriften getroffen, welche der höchst persönlichen Natur des in Frage stehenden Rechtsgeschäfts entsprechen.

2. Sachlich stimmen die Vorschriften des § 1755 mit den für die Ehelichkeitserklärung geltenden Vorschriften des § 1731 überein. Es kann deshalb auf die Erl. 2, 3 zu § 1731 verwiesen werden. Hier ist nur zu bemerken, daß als Anfechtungsgegner (§ 143) bei der Anfechtung des Annahmevertrags die anderen Vertragschließenden (im Falle des § 1762 Satz 2 also auch die Abkömmlinge, welche beim Vertragsabschlusse mitgewirkt haben), bei der Anfechtung einer Einwilligungserklärung derjenige, gegenüber welchem die Einwilligung erklärt ist und falls sie gegenüber dem für die Bestätigung zuständigen Gericht erklärt ist, sowohl das Kind als der Annehmende erscheinen (s. Erl. 3 zu § 143).

**§ 1756.**

**E. II § 1638 rev. § 1734; III § 1732. P. II S. 6208 (Bd. 4 S. 727).**

1. Die Vorschrift des § 1756 entspricht der für die Ehelichkeitserklärung geltenden Vorschrift des § 1735 und bringt wie diese zum Ausdrucke, daß, wenn es an einem gesetzlichen Erfordernisse der Annahme an Kindesstatt fehlt, die Annahme trotz der Bestätigung durch das Gericht unwirksam ist (s. Vorbm. vor § 1741). Eine Ausnahme hiervon besteht lediglich insofern, als es auf die Wirksamkeit der Annahme ohne Einfluß ist, wenn bei der Bestätigung mit Unrecht angenommen worden ist, daß eine der in den §§ 1746, 1747 bezeichneten Personen zur Abgabe einer Erklärung dauernd außer Stande oder ihr Aufenthalt dauernd unbekannt sei (§§ 1746 Abs. 2, 1747 Satz 2). Worauf die irrthümliche Annahme des die Bestätigung aussprechenden Gerichts beruht, kommt nicht in Betracht.

2. Wegen der Geltendmachung der Unwirksamkeit der Annahme s. Vorbm. vor § 1741.

## §. 1757.

Durch die Annahme an Kindesstatt erlangt das Kind die rechtliche Stellung eines ehelichen Kindes des Annehmenden.

Wird von einem Ehepaare gemeinschaftlich ein Kind angenommen oder nimmt ein Ehegatte ein Kind des anderen Ehegatten an, so erlangt das Kind die rechtliche Stellung eines gemeinschaftlichen ehelichen Kindes der Ehegatten.

---

### § 1757.

**E. I § 1601 Abs. 1, § 1621; II § 1639 rev. § 1735; III § 1733. P. I S. 7951—7954, 8005—8011, 8027; M. IV S. 956, 980. P. II 6279, 6300 (Bd. 4 S. 718, 729).**

1. Durch die Annahme an Kindesstatt erlangt das Kind die rechtliche Stellung eines ehelichen Kindes des Annehmenden, gleichgültig, ob der Annehmende ein Mann oder eine Frau ist, und gleichgültig, ob ein eheliches oder uneheliches Kind angenommen wird. Folgen hiervon sind:

a) Der Annehmende und das Kind sind einander gegenseitig nach den für die Unterhaltspflicht zwischen Eltern und ehelichen Kindern geltenden Vorschriften der §§ 1601 ff. unterhaltspflichtig. Modifizirt wird dies durch die Vorschrift des § 1766.

b) Auf das Rechtsverhältniß zwischen dem Annehmenden und dem Kinde finden die allgemeinen Vorschriften der §§ 1616—1625 über das Rechtsverhältniß zwischen Eltern und Kindern Anwendung. Daraus folgt insbesondere, daß das Kind vorbehaltlich der Vorschrift des § 1758 den Namen des Annehmenden erhält und nach Maßgabe des § 1617 zu Dienstleistungen im Hauswesen und im Geschäfte des Annehmenden verpflichtet ist sowie, daß der Annehmende, sofern ein Mädchen angenommen wird, nach Maßgabe der §§ 1620—1623 aussteuerpflichtig ist.

c) Das Kind steht, solange es minderjährig ist, unter der elterlichen Gewalt des Annehmenden. Die Vorschriften der §§ 1626—1698 finden mit den sich aus den §§ 1760, 1761 ergebenden Abweichungen Anwendung. Die elterliche Gewalt des Annehmenden tritt ohne Rücksicht darauf ein, ob der Annehmende ein Mann oder eine Frau ist. Auf die elterliche Gewalt der annehmenden Frau finden die Vorschriften über die elterliche Gewalt der Mutter Anwendung. Das Vormundschaftsgericht kann also der annehmenden Frau auf ihren Antrag oder von Amtswegen einen Beistand bestellen (§ 1687 Nr. 2, 3). Mit dem Zeitpunkte des Inkrafttretens der Annahme (§ 1754) endigt die etwaige Vormundschaft über das Kind von selbst (§ 1882). Als Folge des Eintritts der elterlichen Gewalt des Annehmenden treten auch die mit der elterlichen Gewalt als solcher verbundenen Wirkungen, insbesondere das Recht der Benennung eines Vormundes für das Kind ein (s. Vorbm. 3 vor § 1626).

d) Das Recht der elterlichen Einwilligung in die Eheschließung des Kindes steht dem Annehmenden nach Maßgabe des § 1306 zu. Wegen des Ehehindernisses der Adoptivverwandtschaft s. § 1311.

e) Das Kind ist dem Annehmenden gegenüber erb- und pflichttheilsberechtigt (§§ 1924, 2303), dagegen ist für den Annehmenden ein Erbrecht oder ein Pflichttheilsrecht gegenüber dem Angenommenen nicht begründet (§ 1759).

f) Wegen des Wohnsitzes vergl. Erl. zu § 11.

2. Das Kind erlangt die rechtliche Stellung eines ehelichen Kindes erst mit dem Inkrafttreten der Annahme. Die Bestätigung wirkt also nicht rückwärts auf den Zeitpunkt des Abschlusses des Annahmevertrags. Im Uebrigen s. Erl. 2 zu § 1754.

3. Ausnahmen von dem Grundsatze, daß das angenommene Kind die rechtliche Stellung eines ehelichen Kindes des Annehmenden hat, bestehen kraft Gesetzes in den in den §§ 1758—1761 bezeichneten Beziehungen. Inwieweit kraft Vertrags Abweichungen geschaffen werden können, s. Erl. zu § 1767.

4. Wird von einem Ehepaare gemeinschaftlich ein Kind angenommen (§ 1749), so ergiebt sich schon aus den allgemeinen Grundsätzen, daß das Kind die rechtliche Stellung eines gemeinschaftlichen ehelichen Kindes der Ehegatten erhält. Die Folge davon ist insbesondere, daß das Kind nur den Familiennamen des Vaters führt, daß die Adoptivmutter erst nach dem Adoptivvater dem Kinde unterhaltspflichtig ist (§ 1606 Abs. 2), und daß auf die Frau die Vorschriften Anwendung finden, welche für die leibliche eheliche Mutter beim Vorhandensein des Vaters gelten. Liegen also z. B. beim Inkrafttreten der Annahme die Voraussetzungen vor, unter welchen nach § 1685 die Mutter die elterliche Gewalt auszuüben hat, so erhält die Frau mit dem Inkrafttreten der Annahme die Gewalt über das Kind. Das Kind erhält aber nach Abs. 2 die rechtliche Stellung eines gemeinschaftlichen ehelichen Kindes der Ehegatten auch dann, wenn

## §. 1758.

Das Kind erhält den Familiennamen des Annehmenden. Wird das Kind von einer Frau angenommen, die in Folge ihrer Verheirathung einen anderen Namen führt, so erhält es den Familiennamen, den die Frau vor der Verheirathung geführt hat. In den Fällen des §. 1757 Abs. 2 erhält das Kind den Familiennamen des Mannes.

Das Kind darf dem neuen Namen seinen früheren Familiennamen hinzufügen, sofern nicht in dem Annahmevertrag ein Anderes bestimmt ist.

---

ein Ehegatte das Kind des anderen Ehegatten annimmt (über den Unterschied vom vorhergehenden Falle s. Erl. 2 zu § 1749). Wird also vom Manne das Kind der Frau angenommen, so wird das Kind der elterlichen Gewalt des Mannes unterworfen, die Frau behält die Sorge für die Person des Kindes im Umfange des § 1634. Wird von der Frau das Kind des Mannes angenommen, so verbleibt das Kind in der Gewalt des Vaters, die Frau hat die elterliche Gewalt nach Maßgabe der §§ 1634, 1684, 1685; es kann ihr ein Beistand auch nach § 1687 Nr. 1 bestellt werden und das Kind führt den bisherigen Namen fort. Der Fall, daß ein Ehegatte das Kind des anderen annimmt, liegt nicht nur dann vor, wenn der Mann das leibliche oder das angenommene Kind der Frau oder die Frau das leibliche oder das angenommene Kind des Mannes annimmt, sondern auch dann, wenn der Mann das uneheliche Kind der Frau annimmt. Dagegen erhält, wenn die Frau das uneheliche Kind des Mannes annimmt, dieses nur die rechtliche Stellung eines nichtgemeinschaftlichen ehelichen Kindes der Frau. Nimmt der Mann das uneheliche Kind der Frau an, so bestimmt sich, weil das Kind ein gemeinschaftliches eheliches Kind beider Ehegatten wird, die Stellung der Mutter zu dem Kinde nicht mehr nach den §§ 1705, 1707, sondern nach den §§ 1626—1698, die Mutter bekommt also unter den Voraussetzungen der §§ 1684, 1685 die elterliche Gewalt über ihr uneheliches Kind, obgleich sie es nicht an Kindesstatt angenommen hat.

5. Inwieweit das Kind auf dem der Landesgesetzgebung überlassenen Gebiet, insbesondere auf dem des Lehen=, Fideikommiß= und Stammgüterrechts, obwohl es reichsrechtlich die rechtliche Stellung eines ehelichen Kindes hat, doch in einzelnen Beziehungen anders behandelt wird wie eheliche Kinder, bestimmt sich nach dem Landesrechte. Dieses ist auch für die Frage maßgebend, inwieweit das Kind den Stand des Annehmenden im öffentlich=rechtlichen Sinne, insbesondere den Adel (vergl. Erl. zu § 12 Nr. 3 und zu § 1616, a. A. Bülow, Deutsche, Jur.=Zeitung 1896 Nr. 22, hingegen insbesondere Küntzel in Gruchot's Beiträgen 41 S. 443) theilt. Auch soweit sonst durch das E.G. nicht berührte reichsrechtliche Vorschriften oder Privatdispositionen besondere Rechtswirkungen an die Ehelichkeit eines Kindes knüpfen, ist die Frage, ob ein angenommenes Kind auch in diesen Beziehungen einem ehelichen Kinde gleichsteht, nach dem Sinne und nach dem Zusammenhange dieser Bestimmungen zu beurtheilen. Dies gilt z. B. von den Vorschriften der Pensionsgesetze, wonach das Kind eines Beamten ꝛc. eine Waisenpension erhält; im Sinne dieser Vorschriften wird es regelmäßig liegen, daß das angenommene Kind dem ehelichen nicht gleichsteht.

### § 1758.

**E. I § 1622; II § 1642 rev. § 1736; III § 1734. P. I S. 8011—8014, 8861. M. IV S. 981. P. II S. 6301 (Bd. 4 S. 729).**

1. Regelmäßig erhält das Kind den Familiennamen des Annehmenden. Wird das Kind von einer verheiratheten oder verheirathet gewesenen Frau angenommen, so erhält es nicht den Namen, welchen die Frau in Folge ihrer Verheirathung führt, sondern den Namen, welchen sie ledig geführt hat, den sog. Mädchennamen. Dies gilt auch, wenn die Frau zum zweiten Male verheirathet war. Wird von einem Ehepaar ein Kind gemeinschaftlich angenommen, oder nimmt ein Ehegatte das Kind des anderen an (§ 1757 Abs. 2), so erhält das Kind stets den Namen des Mannes bezw. wenn die Frau das Kind des Mannes annimmt, behält es seinen Namen. Wird eine verheirathete oder verheirathet gewesene Frau angenommen, so bezieht sich die in Folge der Annahme eintretende Aenderung des Namens nur auf den Mädchennamen. Die Namensänderung kommt also nur in den Beziehungen zum Ausdruck, in welchen das Gesetz auf den Mädchennamen zurückgreift. Die verheirathete oder verheirathet gewesene Frau führt daher den ihr in Folge der Verheirathung nach §§ 1355, 1577, 1586 zustehenden Namen weiter; wird oder ist die Ehe geschieden oder die eheliche Gemeinschaft aufgehoben und die Frau erhält, sei es auf Grund ihrer eigenen Wahl (§ 1577 Abs. 2) oder auf Grund der Untersagung Seitens des Mannes (§ 1577 Abs. 3) den Mädchennamen wieder, so erhält sie nun den Familiennamen

§. 1759.

Durch die Annahme an Kindesstatt wird ein Erbrecht für den Annehmenden nicht begründet.

§. 1760.

Der Annehmende hat über das Vermögen des Kindes, soweit es auf Grund der elterlichen Gewalt seiner Verwaltung unterliegt, auf seine Kosten ein Verzeichniß aufzunehmen und dem Vormundschaftsgericht einzureichen; er hat das Verzeichniß mit der Versicherung der Richtigkeit und Vollständigkeit zu versehen. Ist das eingereichte Verzeichniß ungenügend, so findet die Vorschrift des §. 1640 Abs. 2 Satz 1 Anwendung.

Erfüllt der Annehmende die ihm nach Abs. 1 obliegende Verpflichtung nicht, so kann ihm das Vormundschaftsgericht die Vermögensverwaltung entziehen. Die Entziehung kann jederzeit wiederaufgehoben werden.

---

des Annehmenden. Wird von der an Kindesstatt angenommenen Frau ein uneheliches Kind geboren, so erhält es den Familiennamen des Annehmenden. Heirathet eine an Kindesstatt angenommene Frau nach der Annahme, so erhält sie nunmehr den Namen des Mannes (§ 1355).

2. Nach der positiven Vorschrift des Abs. 2 ist das Kind berechtigt, dem Familiennamen des Annehmenden seinen früheren d. h. den vor der Annahme geführten Namen beizufügen. Der Familienname des Annehmenden muß voranstehen. Dieses Recht kann jedoch durch den Annahmevertrag ausgeschlossen werden. Abgesehen hiervon kann der Annahmevertrag über die Namensführung eine Bestimmung nicht treffen; die Worte des Abs. 2 „ein Anderes" sind nur im Sinne von „das Gegentheil" zu verstehen.

3. Soweit sich die Wirkungen der Annahme auf Abkömmlinge des Kindes erstrecken, wird auch deren Name nach Maßgabe der vorstehenden Bemerkungen geändert. Selbstverständlich behalten die Abkömmlinge, auf welche sich die Wirkungen nicht erstrecken, ihren bisherigen Namen bei.

**§ 1759.**

**E. I § 1624; II § 1644 rev. § 1737; III § 1735. P. I S. 7951, 8028—8034, 8751; M. IV S. 988. P. II S. 6307 (Bd. 4 S. 732).**

1. Das Kind und diejenigen Abkömmlinge des Kindes, auf welche sich die Wirkungen der Annahme erstrecken, haben gegenüber dem Annehmenden wie eheliche Kinder Erbrecht und Pflichttheilrecht (s. Erl. 1 zu § 1757 und Erl. zu § 1924 Nr. 1, § 1927 Nr. 2). Im Annahmevertrage kann das Erbrecht ausgeschlossen werden (§ 1767). Inwieweit ein Successionsrecht für das Kind und seine Abkömmlinge in Lehen-, Fideikommiß- und Stammgüter sowie in gewisse Bauerngüter begründet ist, richtet sich nach Landesrecht.

2. Dagegen ist dem Annehmenden, um Mißbrauch der Annahme zu verhüten, ein Erbrecht gegenüber dem angenommenen Kinde oder den Abkömmlingen des angenommenen Kindes nicht beigelegt. Er hat deshalb auch kein Pflichttheilsrecht. Im Annahmevertrag als solchen kann dies nicht geändert werden. Dagegen steht es dem Kinde oder seinen Abkömmlingen frei, durch Verfügung von Todeswegen, sei es vor oder nach der Annahme, dem Annehmenden ein Erbrecht einzuräumen, vorbehaltlich des Pflichttheilrechts der leiblichen Verwandten des Angenommenen. Das Erbrecht kann dem Annehmenden auch durch Erbvertrag eingeräumt und der Erbvertrag mit dem Annahmevertrag in derselben Urkunde verbunden werden (s. Erl. zu § 1767).

**§ 1760.**

**E. I § 1623 Abs. 1; II § 1643 Abs. 1 rev. § 1738; III § 1736. P. I S. 8014—8022 8760; M. IV S. 985. P. II S. 6304, 8679 (Bd. 4 S. 731, Bd. 5 S. 305).**

Der § 1760 legt dem Annehmenden, sofern ihm in Folge der Annahme die elterliche Gewalt über den Angenommenen zusteht, die Pflicht der Inventarisation des Vermögens des Angenommenen auf.

## §. 1761.

Will der Annehmende eine Ehe eingehen, während er die elterliche Gewalt über das Kind hat, so finden die Vorschriften der §§. 1669 bis 1671 Anwendung.

---

1. Umfang der Inventarisationspflicht. Zu verzeichnen ist alles Vermögen des Angenommenen, welches der Verwaltung des Annehmenden unterliegt, ohne Rücksicht darauf, ob es auch der Nutznießung des Annehmenden unterliegt oder nach den §§ 1650, 1651, 1767 von ihr frei ist. Vermögen, welches der Verwaltung des Annehmenden nicht unterliegt (§ 1638), ist nicht zu verzeichnen. Zu verzeichnen ist nicht nur das beim Inkrafttreten der Annahme vorhandene Vermögen, sondern auch dasjenige, welches dem Kinde erst später zufällt. Spätere Aenderungen im Bestande der verzeichneten Gegenstände sind nicht anzuzeigen.

2. Ueber den Inhalt des Inventars sind besondere Bestimmungen nicht getroffen. Es gelten die gleichen Grundsätze wie bei der Verzeichnung des Vermögens, welches dem leiblichen Kinde nach dem Tode eines Elterntheils zufällt (s. Erl. zu § 1640). Die Vorschrift des § 1640, daß bei Haushaltsgegenständen die summarische Angabe der Gegenstände genügt, wird hierher übertragen werden dürfen. Ist Vermögen nicht vorhanden, so ist sog. Vakatanzeige zu erstatten. Das Verzeichniß ist von dem Annehmenden mit der Versicherung der Richtigkeit und Vollständigkeit zu versehen.

3. Das Inventar ist ein reines Privatinventar. Das Vormundschaftsgericht kann jedoch, wenn das Verzeichniß ungenügend ist, die Aufnahme durch einen Notar oder zuständigen Beamten oder die zuständige Behörde anordnen. In dieser Beziehung sowie bezüglich der Prüfungspflicht des Vormundschaftsgerichts gelten die in der Erl. zu § 1640 niedergelegten Grundsätze. Ueber die Zuständigkeit des Vormundschaftsgerichts s. §§ 35, 43 freiw. G.G. Ist der Annehmende eine Frau und ist ihr ein Beistand bestellt, so ist dieser nach Maßgabe des § 1692 bei der Aufnahme des Verzeichnisses zuzuziehen.

4. Das Verzeichniß ist alsbald nach dem Inkrafttreten der Annahme bezw. bei späterem Erwerbe nach dem Eintritte des Erwerbes aufzunehmen und einzureichen. Einer vorherigen Aufforderung durch das Vormundschaftsgericht bedarf es nicht. Das Vormundschaftsgericht wird die Einreichung überwachen. Davon, daß das Verzeichniß einzureichen ist, erhält das Vormundschaftsgericht durch das Gericht, welchem die Bestätigung obliegt, nach § 50 freiw. G.G. Mittheilung.

5. Die Kosten des Verzeichnisses hat der Annehmende zu tragen.

6. Zur Erzwingung der Inventarisation steht dem Vormundschaftsgerichte die Entziehung der Vermögensverwaltung (nicht der Nutznießung) zu. Vor der Anordnung dieser Maßregel sind nach § 1673 der Annehmende und die Angehörigen des Kindes wenn thunlich zu hören. Ein Ordnungsstrafrecht ist dem Vormundschaftsgerichte reichsrechtlich nicht eingeräumt. Landesgesetzlich ist dies in einzelnen Bundesstaaten z. B. in Preußen (preuß. freiw. G.G. Art. 17) geschehen.

7. Wird von einem Ehepaar ein Kind gemeinschaftlich angenommen, so liegt die Inventarisationspflicht nur dem Manne ob. Nimmt der Mann ein Kind der Frau an, so liegt ihm die Inventarisationspflicht gleichfalls ob. Dagegen liegt, wenn die Frau ein Kind des Mannes annimmt, der Frau die Inventarisationspflicht nicht ob, denn in diesem Falle gelangt kein Vermögen des Kindes auf Grund der elterlichen Gewalt unter die Verwaltung der annehmenden Frau.

## § 1761.

**E. I § 1623 Abs. 3; II § 1643 Abs. 2 rev. § 1739; III § 1737. P. I S. 8014—8022; M. IV S. 986. P. II S. 6304, 8669 (Bd. 4 S. 732, Bd. 6 S. 299).**

Daß dem Annehmenden die im § 1669 bestimmte Verpflichtung, das Vermögen des Kindes zu verzeichnen und gegebenen Falles die Auseinandersetzung herbeizuführen, obliegt, wenn er sich wieder verheirathet, ergiebt sich schon aus § 1757. Die Bedeutung des § 1761 liegt darin, daß dem Annehmenden die bezeichnete Verpflichtung auch dann auferlegt ist, wenn er, während er die elterliche Gewalt über das Kind hat, sich zum ersten Male verheirathet. Im Uebrigen s. Erl. zu §§ 1669—1671. Die Erfüllung der im § 1761 festgesetzten Verpflichtung ist durch das Ehehinderniß des § 1314 gewährleistet.

§. 1762.

Die Wirkungen der Annahme an Kindesstatt erstrecken sich auf die Abkömmlinge des Kindes. Auf einen zur Zeit des Vertragsabschlusses schon vorhandenen Abkömmling und dessen später geborene Abkömmlinge erstrecken sich die Wirkungen nur, wenn der Vertrag auch mit dem schon vorhandenen Abkömmlinge geschlossen wird.

---

**§ 1762.**

**E. I § 1620 Abs. 1; II § 1640 rev. § 1740; III § 1738. P. I S. 8000—8003, 8751; M. IV S. 978. P. II S. 6299, 8679 (Bd. 4 S. 728; Bd. 6 S. 305). D. S. 714.**

1. Der § 1762 regelt den Einfluß der Annahme auf die Abkömmlinge des Angenommenen. Unter Abkömmlingen sind die ehelichen, die legitimirten und die angenommenen Kinder des Angenommenen zu verstehen, bei einer angenommenen Tochter auch deren uneheliches Kind, nicht aber das uneheliche Kind eines angenommenen Sohnes. Regelmäßig erstrecken sich die Wirkungen der Annahme auf die sämmtlichen Abkömmlinge des Angenommenen. Wenn der Abkömmling aber zur Zeit des Abschlusses des Annahmevertrags schon vorhanden ist, erstrecken sich die Wirkungen auf ihn und seine später geborenen Abkömmlinge nur, sofern der Annahmevertrag auch mit ihm abgeschlossen wird. Es kommt hier also, abweichend vom § 1754, insofern nicht auf den Zeitpunkt der Bestätigung, sondern auf den des Abschlusses des Vertrags an, als sich die Wirkungen der Annahme, falls diese bestätigt wird, auf alle nach dem Vertragsschlusse geborenen Abkömmlinge erstrecken. Es kommt auf den Zeitpunkt der Geburt an. Daß der Abkömmling zur Zeit des Vertrags bereits erzeugt ist, steht der Ausdehnung der Wirkungen der Annahme nicht entgegen.

2. Der Vertrag des Abkömmlinges ist mit dem Annehmenden und dem Angenommenen zu schließen. Er kann gleichzeitig mit dem Annahmevertrage selbst geschlossen werden, ist aber auch in der Weise möglich, daß der Abkömmling in einem besonderen Vertrage dem Annahmevertrage beitritt. Die Form des Vertrags richtet sich nach § 1750 Abs. 2. Die Vertragserklärung des Abkömmlinges geht dahin, daß er der Ausdehnung der Wirkungen der Annahme auf ihn zustimmt. Der Vertrag kann nicht dahin geschlossen werden, daß der Abkömmling an Enkelstatt angenommen wird. Für den Abschluß des Vertrags gelten auch in Ansehung des Abkömmlinges die in den §§ 1750, 1751 für den Abschluß des Annahmevertrags in Ansehung des Kindes getroffenen Vorschriften. Der Abkömmling kann also beim Vertragsabschlusse nur vertreten werden, sofern er das vierzehnte Lebensjahr noch nicht vollendet hat. Der Vertreter bedarf der Genehmigung des Vormundschaftsgerichts. Ist der Abkömmling mehr als vierzehn Jahre alt und geschäftsunfähig, so kann der Vertrag Seitens des Abkömmlinges, weil eine Vertretung nicht zulässig ist, überhaupt nicht geschlossen werden. Ist der Abkömmling in der Geschäftsfähigkeit nur beschränkt, so hat er den Vertrag selbst zu schließen und bedarf der Zustimmung des Vertreters sowie der Genehmigung des Vormundschaftsgerichts. Wegen der Bekanntmachung des die Bestätigung aussprechenden oder versagenden Beschlusses des Vormundschaftsgerichts an die Abkömmlinge s. Erl. zu § 1754. Das Recht der Beschwerde gegen den die Bestätigung versagenden Beschluß (§ 68 freiw. G.G.) steht auch den Abkömmlingen zu.

3. In Folge der Erstreckung der Wirkungen der Annahme auf die Abkömmlinge haben die Abkömmlinge die gleiche rechtliche Stellung, welche den Kindern eines ehelichen Kindes des Annehmenden zukommt. Folge hiervon ist insbesondere die Begründung eines gegenseitigen Unterhaltsanspruchs zwischen dem Annehmenden und den Abkömmlingen nach Maßgabe der §§ 1601 ff., welche übrigens durch § 1766 modifizirt werden. Für den Abkömmling wird ferner gegenüber dem Annehmenden ein Erb- und Pflichttheilsrecht begründet, während der Annehmende gegenüber dem Abkömmling ein Erbrecht gemäß § 1759 nicht hat. Der Abkömmling hat den Namen des Annehmenden zu führen, soweit er den Namen des Angenommenen zu führen hat. Das Recht der Beifügung des bisherigen Namens (§ 1758 Abs. 2) wird nur für die Abkömmlinge, welche den Annahmevertrag mit schließen, gelten, nicht für diejenigen, auf welche sich die Wirkungen der Annahme ohne Weiteres erstrecken. Der Annehmende gilt ferner als Großvater des Abkömmlinges z. B. in Ansehung der Berufung zur Vormundschaft (§ 1776 Abs. 2).

4. Im Falle der Annahme durch Ehegatten als gemeinschaftliches Kind (§ 1757 Abs. 2) wird der Abkömmling, soweit sich die Wirkungen der Annahme auf ihn erstrecken, gemeinschaftliches Enkelkind der Ehegatten.

5. Vertragsmäßige Aenderungen des § 1762 sind abgesehen vom Ausschlusse des Erbrechts der Abkömmlinge gegenüber dem Annehmenden nach § 1767 unzulässig. Im Annahmevertrage kann also insbesondere nicht vereinbart werden, daß Abkömmlinge des Kindes von der Annahme

§. 1763.

Die Wirkungen der Annahme an Kindesstatt erstrecken sich nicht auf die Verwandten des Annehmenden. Der Ehegatte des Annehmenden wird nicht mit dem Kinde, der Ehegatte des Kindes wird nicht mit dem Annehmenden verschwägert.

§. 1764.

Die Rechte und Pflichten, die sich aus dem Verwandtschaftsverhältnisse zwischen dem Kinde und seinen Verwandten ergeben, werden durch die Annahme an Kindesstatt nicht berührt, soweit nicht das Gesetz ein Anderes vorschreibt.

---

ausgeschlossen sein sollen. Auch kann die Namensführung der Abkömmlinge nicht abweichend von § 1758 geregelt werden.

6. Die Abkömmlinge, auf welche sich die Wirkungen der Annahme nicht erstrecken, werden von der Annahme nur insofern berührt, als das Ehehinderniß des § 1311 auch für sie gilt

7. Auf andere Verwandte des Angenommenen als auf seine Abkömmlinge erstrecken sich die Wirkungen der Annahme nicht. Zwischen dem Annehmenden und diesen Verwandten wird durch die Annahme weder ein Verwandtschafts- noch ein Schwägerschaftsverhältniß begründet.

**§ 1763.**

**E. I § 1620 Abs. 2; II § 1641 rev. § 1741; III § 1739. P. I S. 8000—8003, 8751; M. IV S. 979. P. II S. 6299 (Bd. 4 S. 728).**

1. Zu Abs. 1. Daraus, daß die Wirkungen der Annahme sich nicht auf die Verwandten des Annehmenden erstrecken, ergiebt sich insbesondere, daß zwischen ihnen und dem Angenommenen kein Erbrecht und keine Unterhaltungspflicht besteht und daß der Vater des Annehmenden nicht als Großvater des Angenommenen zur Vormundschaft über ihn berufen ist. Auch zwischen den übrigen Kindern des Annehmenden und dem angenommenen Kinde besteht nicht das Verhältniß von halbbürtigen Geschwistern. Zwischen dem leiblichen Kinde des Annehmenden und dem angenommenen Kinde ist nicht einmal das Ehehinderniß der Verwandtschaft begründet.

2. Aus Abs. 2 folgt, daß die Vorschriften, welche an das Schwägerschaftsverhältniß rechtliche Folgen knüpfen (z. B. §§ 1673, 1859, 2234), keine Anwendung finden. Es besteht auch nicht das Ehehinderniß der Schwägerschaft; insbesondere greift das Ehehinderniß des § 1310 Abs. 2 nicht Platz, da im Sinne dieses Ehehindernisses unter Eltern nur die leiblichen (ehelichen oder unehelichen) Eltern zu verstehen sind.

3. Thatsächlich hat natürlich die Annahme an Kindesstatt auf das Verhältniß des Annehmenden zu seinen Verwandten insofern Einfluß, als durch das dem Angenommenen und seinen Abkömmlingen gegenüber dem Annehmenden zustehende Erb- und Pflichttheilsrecht und den ihnen zustehenden Unterhaltsanspruch das Erb- und Pflichttheilsrecht und der Unterhaltsanspruch der Verwandten des Annehmenden diesem gegenüber geschmälert oder aufgehoben werden kann.

**§ 1764.**

**E. I § 1625; II § 1645 rev. 1742; III § 1740. P. I S. 8022; M. IV S. 989. P. II S. 6367 (Bd. 4 S. 733).**

1. Folge des Grundsatzes des § 1764 ist insbesondere, daß die gegenseitige Unterhaltspflicht und das Erb- und Pflichttheilsrecht zwischen dem Angenommenen bezw. seinen Abkömmlingen und ihren Blutsverwandten eine Aenderung nicht erleiden, wenn auch der Unterhaltsanspruch der Blutsverwandten durch den dem Annehmenden gegenüber dem Angenommenen und seinen Abkömmlingen zustehenden Unterhaltsanspruch unter Umständen beeinträchtigt werden kann.

2. Ausnahmsweise werden die aus dem Verhältnisse des Angenommenen und seiner Abkömmlinge zu ihren Blutsverwandten sich ergebenden Rechte und Pflichten durch die Annahme beeinflußt, insofern das Recht der leiblichen Eltern zur Einwilligung in die Eheschließung des Kindes nach Maßgabe des § 1306 wegfällt, insofern ferner die Verwandten erst nach dem Annehmenden unterhaltspflichtig sind (§ 1766), zur Vormundschaft über das Kind oder einen Ab-

## §. 1765.

Mit der Annahme an Kindesstatt verlieren die leiblichen Eltern die elterliche Gewalt über das Kind, die uneheliche Mutter das Recht und die Pflicht, für die Person des Kindes zu sorgen.

Hat der Vater oder die Mutter dem Kinde Unterhalt zu gewähren, so treten das Recht und die Pflicht, für die Person des Kindes zu sorgen, wieder ein, wenn die elterliche Gewalt des Annehmenden endigt oder wenn sie wegen Geschäftsunfähigkeit des Annehmenden oder nach §. 1677 ruht. Das Recht zur Vertretung des Kindes tritt nicht wieder ein.

---

kömmling desselben die leiblichen Großeltern nicht berufen sind (§ 1776 Abs. 2) und zur Vormundschaft über das volljährige Kind die leiblichen Eltern nicht berufen sind (§ 1899 Abs. 2). Die leiblichen Eltern verlieren ferner die elterliche Gewalt bezw. die Sorge für die Person des Kindes nach Maßgabe des § 1765, weshalb auch bei der Ablehnung der Vormundschaft wegen des Besitzes mehrerer Kinder ein von einem Dritten angenommenes Kind nicht mitgerechnet wird (§ 1786 Abs. 1 Nr. 3).

### § 1765.

**E. I § 1626; II § 1646 rev. § 1743; III § 1741. P. I S. 8024—8028, 8751, M. IV S. 990. P. II S. 6307—6311 (Bd. 4 S. 733—735).**

1. Nach § 1757 erlangt der Annehmende mit der Annahme die elterliche Gewalt über das Kind. Damit verlieren die leiblichen Eltern die elterliche Gewalt und, sofern ein uneheliches Kind angenommen wird, die Mutter die ihr nach § 1707 zustehende thatsächliche Fürsorge für die Person des Kindes. Die leiblichen Eltern und die uneheliche Mutter verlieren ihr Recht im vollen Umfange, sie sind nicht neben dem Annehmenden berechtigt, für die Person des Kindes zu sorgen. Die Befugniß zum persönlichen Verkehre mit dem Kinde verlieren die Eltern nicht (arg. § 1764).

2. Nach Abs. 2 erhalten die leiblichen Eltern und die uneheliche Mutter das Recht und die Pflicht der thatsächlichen Fürsorge für die Person des Kindes von selbst wieder zurück, wenn sie dem Kinde Unterhalt zu gewähren haben und die elterliche Gewalt des Annehmenden entweder beendigt ist (z. B. wenn der Annehmende gestorben oder das Annahmeverhältniß wieder aufgehoben ist) oder nach § 1676 Abs. 1 wegen Geschäftsunfähigkeit oder nach § 1677 wegen thatsächlicher Verhinderung des Annehmenden ruht. Ruht die Gewalt des Annehmenden nach § 1676 Abs. 2, so lebt das Recht der thatsächlichen Fürsorge der Eltern oder der unehelichen Mutter nicht wieder auf, da in diesem Falle der Annehmende selbst nach § 1676 Abs. 2 Satz 2 zur thatsächlichen Fürsorge berechtigt ist. Auch im Falle der Entziehung der Gewalt nach § 1666 Abs. 2 lebt das Recht der thatsächlichen Sorge nicht wieder auf. Ist das Kind von einem Ehepaare gemeinschaftlich angenommen worden, so müssen die Voraussetzungen des Abs. 2 in der Person beider Ehegatten vorliegen; die elterliche Gewalt der Adoptivmutter (§§ 1684, 1685, 1757) geht dem Rechte der leiblichen Eltern auf die Fürsorge für die Person des Kindes vor. Das Recht und die Pflicht der leiblichen Eltern und der unehelichen Mutter, für die Person des Kindes zu sorgen, tritt nur ausschließlich der Vertretungsmacht, also nur in Ansehung der thatsächlichen Fürsorge (s. Erl. zu § 1627) wieder ein. In Ansehung dieser aber tritt es nicht bloß in der Weise ein, daß die leiblichen Eltern und die uneheliche Mutter neben dem Vormunde des Kindes fürsorgeberechtigt sind und dieser bei einer Meinungsverschiedenheit zu entscheiden hat, sondern wie im Falle der §§ 1696, 1707 sind sie allein zur thatsächlichen Fürsorge berechtigt und verpflichtet, der Vormund ist in persönlichen Angelegenheiten auf die Vertretung beschränkt; nur gegenüber der Mutter, wenn diese fürsorgeberechtigt ist, hat er die Stellung eines Beistandes. Letzteres ist zwar nicht ausdrücklich vorgeschrieben, ergiebt sich aber aus der Stellung des Vormundes überhaupt und aus der Analogie der §§ 1696—1698, 1707, 1738. Von den leiblichen Eltern ist derjenige Elterntheil fürsorgeberechtigt, welcher dem Kinde den Unterhalt thatsächlich gewährt. Die elterliche Gewalt selbst erlangen die leiblichen Eltern in keinem Falle, auch nicht nach Aufhebung des Annahmeverhältnisses, mehr zurück.

3. Erlangt der Annehmende die elterliche Gewalt wieder zurück oder hört der Grund des Ruhens seiner Gewalt auf, so erlischt auch das Recht der leiblichen Eltern und der unehelichen Mutter auf die thatsächliche Fürsorge für die Person des Kindes wieder.

4. Auf den Fall, daß die Mutter ihr uneheliches Kind oder ein Ehegatte das Kind des anderen annimmt, findet der § 1765 selbstverständlich keine Anwendung.

## §. 1766.

Der Annehmende ist dem Kinde und denjenigen Abkömmlingen des Kindes, auf welche sich die Wirkungen der Annahme erstrecken, vor den leiblichen Verwandten des Kindes zur Gewährung des Unterhalts verpflichtet.

Der Annehmende steht im Falle des §. 1611 Abs. 2 den leiblichen Verwandten der aufsteigenden Linie gleich.

---

### § 1766.

**E. I § 1627; II § 1647 rev. § 1744; III § 1742. P. I S. 8024—8028; M. IV S. 991. P. II S. 6311 (Bd. 4 S. 735).**

**1.** Aus § 1757 folgt, daß der Annehmende und das Kind sowie dessen Abkömmlinge, soweit sie von der Annahme betroffen werden, gegenseitig unterhaltspflichtig sind. Nach § 1764 bleibt aber auch die gegenseitige Unterhaltspflicht, welche zwischen dem Kinde sowie dessen Abkömmlingen und den übrigen leiblichen Verwandten derselben bestehen, durch die Annahme unberührt. Es wirft sich deshalb die Frage nach dem Verhältniß, in welchem diese Unterhaltspflichten zu einander stehen, auf.

**a)** Der Abs. 1 regelt das Verhältniß der Unterhaltspflicht des Annehmenden gegenüber dem Kinde und dessen Abkömmlingen zu der Unterhaltspflicht der leiblichen Verwandten. Die Regelung ist dahin getroffen, daß der Annehmende dem Kinde und den von der Annahme betroffenen Abkömmlingen vor den leiblichen Verwandten unterhaltspflichtig ist. Das angenommene Kind kann sich also an seine leiblichen Eltern oder Voreltern nur halten, soweit der Annehmende durch die Gewährung des Unterhalts an das Kind seinen standesmäßigen Unterhalt gefährdet, und die von der Annahme betroffenen Abkömmlinge haben sich, wenn ihre Eltern, d. h. das angenommene Kind und dessen Ehegatte durch die Gewährung des Unterhalts an die Abkömmlinge ihren standesmäßigen Unterhalt gefährden würden, abweichend von § 1606 Abs. 2 nicht zu gleichen Theilen an den Annehmenden und die leiblichen Großeltern zu halten, sondern die leiblichen Großeltern haften erst, wenn der Annehmende den Unterhalt an die Abkömmlinge nicht ohne Gefährdung seines standesmäßigen Unterhalts leisten kann. Unter den leiblichen Verwandten sind indessen im Abs. 1 nur die Eltern und die Voreltern des Kindes zu verstehen. Die auf der Blutsverwandtschaft beruhende Unterhaltspflicht zwischen dem angenommenen Kinde und seinen Abkömmlingen wird durch die Vorschrift des Abs. 1 nicht berührt, wenn auch der Wortlaut des Abs. 1 hiergegen zu sprechen scheint. Das angenommene Kind hat also seinen Unterhalt zunächst von seinen Abkömmlingen zu fordern (§ 1606 Abs. 1) und den Abkömmlingen haften dessen Eltern (d. h. das angenommene Kind und dessen Ehegatte) vor dem Annehmenden.

**b)** Für das Verhältniß, in dem die Unterhaltspflicht des angenommenen Kindes gegenüber dem Annehmenden zu der Unterhaltspflicht des Kindes gegenüber seinen leiblichen Verwandten steht, ist nur die Vorschrift des § 1609 Abs. 1 maßgebend. Gleiches gilt von dem Verhältnisse der Unterhaltspflicht der von der Annahme betroffenen Abkömmlinge gegenüber dem Annehmenden zu ihrer Unterhaltspflicht gegenüber ihren leiblichen Verwandten.

**c)** Auch für den Einfluß, welchen die Thatsache, daß eine der von der Annahme betroffenen Personen (Annehmender, Kind oder Abkömmling) verheirathet ist, sind die allgemeinen Grundsätze maßgebend. Inwieweit der Ehegatte eines Bedürftigen vor dem Pflichtigen, welcher in Folge der Annahme unterhaltspflichtig ist, haftet, beantwortet sich also nach § 1608. Inwieweit der Ehegatte, wenn er bedürftig ist, dem Berechtigten, welcher seinen Unterhaltsanspruch auf die Annahme gründet, vorgeht, regelt sich nach § 1609 Abs. 2.

**d)** Hat ein Ehepaar ein Kind gemeinschaftlich angenommen oder hat ein Ehegatte das Kind des anderen Ehegatten angenommen, so ergiebt sich aus § 1757 Abs. 2 mit § 1606 Abs. 2, daß der Mann vor der Frau haftet und zwar auch dann, wenn die Frau das Kind des Mannes angenommen hat.

**e)** Ist ein uneheliches Kind angenommen worden, so geht die Unterhaltspflicht des Annehmenden der dem unehelichen Vater obliegenden Unterhaltspflicht vor. Der uneheliche Vater ist im Sinne des § 1766 Abs. 1 als leiblicher Verwandter anzusehen (M. IV S. 879). Dies gilt sowohl für die gewöhnliche als für die außerordentliche auf § 1708 Abs. 2 sich gründende Unterhaltspflicht des unehelichen Vaters.

2. Zu Abs. 2. Der nach § 1757 auch bei der Annahme anwendbare § 1611 Abs. 2 beschränkt den Unterhaltspflichtigen auf den nothdürftigen Unterhalt, wenn er sich gegenüber dem Unterhaltsverpflichteten einer Verfehlung schuldig macht, die zur Entziehung des Pflichttheils berechtigt. Da der Annehmende nach § 1759 gegenüber dem Kinde und dessen Abkömmlingen kein Erb- und Pflichttheilsrecht hat, stellt der Abs. 2 den Annehmenden für die Anwendbarkeit des § 1611 den leiblichen Aszendenten gleich.

## §. 1767.

In dem Annahmevertrage kann die Nutznießung des Annehmenden an dem Vermögen des Kindes sowie das Erbrecht des Kindes dem Annehmenden gegenüber ausgeschlossen werden.

Im Uebrigen können die Wirkungen der Annahme an Kindesstatt in dem Annahmevertrage nicht geändert werden.

---

### § 1767.

**E. I § 1628; II § 1648 rev. § 1745; III § 1743. P. I S. 8028–8034; M. IV S. 993. P. II S. 6312 (Bd. 4 S. 735).**

Der § 1767 regelt die Frage, inwieweit die gesetzlichen Wirkungen der Annahme an Kindesstatt im Annahmevertrage geändert werden können.

**1.** Eine Aenderung ist nur in Ansehung der vermögensrechtlichen Wirkungen zugelassen und auch hier nur, soweit es sich um den Ausschluß der Nutznießung, welche dem Annehmenden an dem Vermögen des Kindes auf Grund der elterlichen Gewalt an sich zustehen würde, oder um den Ausschluß oder die Minderung des Erb- und Pflichttheilsrechts des Angenommenen und seiner Abkömmlinge gegenüber dem Annehmenden handelt.

Wird die Nutznießung des Annehmenden am Vermögen des Kindes ausgeschlossen, so wird das an sich der Nutznießung unterliegende Vermögen des Kindes dessen freies Vermögen. Ein Vorbehalt der elterlichen Nutznießung von Seiten der leiblichen Eltern ist unzulässig, weil diese einen Bestandtheil der elterlichen Gewalt bildet und ohne diese unmöglich ist. Dagegen würde ein Vertrag zwischen den leiblichen Eltern und dem Kinde, durch welchen den ersteren der Nießbrauch an dem derzeitigen Vermögen des Kindes eingeräumt wird, zulässig sein. Die Erfordernisse und Wirkungen eines solchen Vertrags bestimmen sich nach allgemeinen Grundsätzen. Nicht ausgeschlossen ist auch, daß die Eltern ihre Einwilligung zu der Annahme nur unter der Bedingung ertheilen, daß ein Vertrag der gedachten Art gleichzeitig mit dem Annahmevertrage geschlossen wird.

Ob in dem Ausschlusse des Erbrechts des Kindes gegenüber dem Annehmenden auch der Ausschluß des Erbrechts der Abkömmlinge des Kindes gegenüber dem Annehmenden liegt, ist eine Auslegungsfrage, die freilich regelmäßig zu bejahen sein wird. Selbstverständlich kann in dem Annahmevertrag auch nur das Pflichttheilsrecht des Kindes gegenüber dem Annehmenden ausgeschlossen werden.

**2.** Im Uebrigen können die Wirkungen der Annahme nicht geändert werden. Insbesondere ist also eine Aenderung der das persönliche Verhältniß zwischen dem Annehmenden und dem Kinde betreffenden gesetzlichen Vorschriften unzulässig, soweit nicht der § 1758 in Ansehung der Namensführung der vertragsmäßigen Abweichung einen Spielraum läßt. Auch kann die dem Annehmenden auf Grund der elterlichen Gewalt obliegende Verwaltung des Vermögens des Kindes nicht ausgeschlossen werden. Unzulässig ist ferner, daß in dem Annahmevertrage dem Annehmenden ein Erbrecht gegenüber dem Kinde oder seinen Abkömmlingen oder daß dem Kinde oder einem Abkömmling ein Erbrecht, das weiter reicht, als sich aus den §§ 1757, 1924 ergiebt, eingeräumt wird. Selbstverständlich ist es nicht verboten, daß das Kind oder seine Abkömmlinge dem Annehmenden ein Erbrecht oder der Annehmende dem Kinde oder einem Abkömmling ein weitergehendes Erbrecht durch Erbvertrag einräumen (vergl. Erl. zu § 1759); für die Einräumung des Erbrechts gelten aber die Vorschriften über den Erbvertrag, insbesondere die Vorschrift, daß der Erblasser durch den gesetzlichen Vertreter beim Abschlusse des Erbvertrags nicht vertreten werden kann (§§ 2274, 2275).

**3.** Welchen Einfluß es auf die Wirksamkeit des Annahmevertrags als solchen hat, wenn in ihm unzulässige Bestimmungen getroffen worden sind, bestimmt sich nach § 139. Die Bestätigung durch das Gericht heilt die Nichtigkeit unzulässiger Bestimmungen nicht.

**4.** Vereinbarungen, durch welche die vermögensrechtlichen Beziehungen zwischen dem Anzunehmenden und dessen leiblichen Verwandten aus Anlaß der Annahme an Kindesstatt in einer von den gesetzlichen Vorschriften abweichenden Weise geregelt werden, charakterisiren sich rechtlich nicht als Bestandtheil des Annahmevertrags. Die Wirksamkeit derartiger Vereinbarungen z. B. eines Erbverzichts des Anzunehmenden gegenüber den leiblichen Verwandten, richtet sich daher nach den allgemeinen Grundsätzen. Gleiches gilt von Abmachungen zwischen dem Annehmenden und den leiblichen Verwandten des Kindes, z. B. von der Vereinbarung einer Abfindung für die Einwilligung in die Annahme.

## §. 1768.

Das durch die Annahme an Kindesstatt begründete Rechtsverhältniß kann wiederaufgehoben werden. Die Aufhebung kann nicht unter einer Bedingung oder einer Zeitbestimmung erfolgen.

Die Aufhebung erfolgt durch Vertrag zwischen dem Annehmenden, dem Kinde und denjenigen Abkömmlingen des Kindes, auf welche sich die Wirkungen der Annahme erstrecken.

Hat ein Ehepaar gemeinschaftlich ein Kind angenommen oder hat ein Ehegatte ein Kind des anderen Ehegatten angenommen, so ist zu der Aufhebung die Mitwirkung beider Ehegatten erforderlich.

---

5. Ebenso entscheidet die Frage, inwieweit die gesetzlichen Wirkungen der Annahme nachträglich durch Dispositionen der Betheiligten geändert werden können, sich in jedem einzelnen Falle nach dem Inhalt und der rechtlichen Natur des betreffenden Rechtsgeschäfts. Soweit eine solche Vereinbarung zwischen leiblichen Eltern und ihren Kindern geschlossen werden kann, ist sie auch zwischen dem Annehmenden und dem Angenommenen zulässig (M IV S. 996).

### § 1768.

**E. I § 1629 Abs. 1, 2, 4, 5; II § 1649 rev. § 1746; III § 1744. P. I S. 8039—8049; M. IV S. 996—1001. P. II S 6314 (Bd. 4 S. 737).**

Das durch die Annahme begründete Rechtsverhältniß kann wieder aufgehoben werden.

1. Aufhebungsgründe. Die Aufhebung erfolgt entweder durch Vertrag sämmtlicher Personen, welche durch die Annahme an Kindesstatt betroffen werden, oder durch den Abschluß einer gegen das Ehehinderniß der Adoptivverwandtschaft (§ 1311) verstoßenden Ehe. Andere Aufhebungsgründe sind nicht zugelassen. Insbesondere bilden der Tod des Annehmenden oder des Kindes keinen Beendigungsgrund, auch kann der Annehmende oder das Kind nicht einseitig die Aufhebung verlangen, der Annehmende auch dann nicht, wenn sich das Kind eines Verhaltens schuldig macht, welches zur Entziehung des Pflichttheils berechtigt. Von der Aufhebung durch Vertrag handeln die §§ 1768—1770.

2. Vertragschließende. Den Aufhebungsvertrag müssen der Annehmende, das Kind und die sämmtlichen Abkömmlinge schließen, auf welche sich die Wirkungen der Annahme nach § 1762 erstrecken, ohne Rücksicht darauf, ob sie zur Zeit des Abschlusses des Annahmevertrags schon vorhanden gewesen sind oder nicht. Hat ein Ehepaar ein Kind gemeinschaftlich oder hat ein Ehegatte das Kind des anderen angenommen, so müssen beide Ehegatten den Vertrag schließen. In dem Falle, daß ein Ehegatte das Kind des anderen Ehegatten annimmt, ist zur Schließung des Annahmevertrags die Mitwirkung nur des annehmenden Ehegatten erforderlich, der andere Ehegatte muß hierzu nur seine Einwilligung erklären (§ 1746). Bei dem Aufhebungsvertrag ist aber auch der andere Ehegatte Vertragstheil. Nach dem Tode des Annehmenden ist die Aufhebung durch Vertrag nur in dem § 1769 erwähnten Falle zugelassen. Der Tod des Kindes oder eines der Abkömmlinge, auf welche sich die Wirkungen der Annahme erstrecken, steht der Aufhebung durch Vertrag nicht entgegen; hierüber s. Erl. zu § 1769.

3. Im Uebrigen s. wegen des Aufhebungsvertrags Erl. zu § 1770.

4. Die Wirkung der Aufhebung des durch die Annahme begründeten Rechtsverhältnisses besteht darin daß das Kind von dem Augenblicke der Aufhebung an, im Falle der Aufhebung durch Vertrag von der Rechtskraft des die Aufhebung bestätigenden Beschlusses des Gerichts an (§ 1770 mit § 1754), die rechtliche Stellung eines ehelichen Kindes des Annehmenden verliert sowie daß auch die Abkömmlinge, auf welche sich die Wirkungen der Annahme erstrecken, nicht mehr die rechtliche Stellung von Kindern eines ehelichen Kindes des Annehmenden haben. Folgeweise hört von diesem Zeitpunkt an für die Zukunft die gegenseitige Unterhaltspflicht zwischen dem Annehmenden und den Angenommenen sowie dessen Abkömmlingen auf, die elterliche Gewalt über ein angenommenes Kind wird beendigt, die leiblichen Eltern erlangen jedoch nach § 1765 die elterliche Gewalt nicht mehr zurück, sondern sind unter den Voraussetzungen des § 1765 nur zur thatsächlichen Fürsorge für die Person berechtigt und verpflichtet; für das Kind muß ein Vormund bestellt werden. Das Kind und seine Abkömmlinge verlieren

## §. 1769.

Nach dem Tode des Kindes können die übrigen Betheiligten das zwischen ihnen bestehende Rechtsverhältniß durch Vertrag aufheben. Das Gleiche gilt in den Fällen des §. 1757 Abs. 2 nach dem Tode eines der Ehegatten.

## §. 1770.

Die für die Annahme an Kindesstatt geltenden Vorschriften des §. 1741 Satz 2 und der §§. 1750, 1751, 1753 bis 1755 gelten auch für die Aufhebung.

---

das Erbrecht und das Pflichttheilsrecht gegenüber dem Annehmenden. Das Eheverbot des § 1311 fällt weg. Der Annehmende hat auch nicht mehr das Recht der Einwilligung zur Eheschließung des Kindes (§ 1306); dieses Recht erlangen übrigens auch die leiblichen Eltern nicht wieder (§ 1306 Abs. 2). Die Namensführung ist im § 1772 besonders geregelt.

### § 1769.

**E. I § 1629 Abs. 3, 4; II § 1650 rev. § 1747; III § 1745. P. I S. 8039—8049; M. IV S. 1001. P. II S. 6314 (Bd. 4 S. 737).**

1. Nach dem Tode des Kindes kann das Annahmeverhältniß durch Vertrag aufgehoben werden. Der Vertrag muß von den übrigen Betheiligten, d. h. den sämmtlichen Personen, auf welche sich die Wirkungen der Annahme, abgesehen von dem Kinde, erstrecken, geschlossen werden. Die Erben des Kindes als solche sind nicht als betheiligt zu erachten. Wegen der Bestätigung des Aufhebungsvertrags nach dem Tode des Kindes s. Erl. zu § 1770.

2. Daß der Tod eines Abkömmlinges des Kindes, auf welchen sich die Wirkungen der Annahme erstrecken, der Aufhebung der Annahme durch Vertrag nicht entgegensteht, versteht sich von selbst.

3. Nach dem Tode des Annehmenden ist regelmäßig die Aufhebung der Annahme durch Vertrag ausgeschlossen. Nur wenn ein Ehepaar ein Kind gemeinschaftlich oder ein Ehegatte das Kind des anderen angenommen hat, kann die Annahme nach dem Tode eines der Ehegatten aufgehoben werden. Den Aufhebungsvertrag müssen die sämmtlichen übrigen Betheiligten, also auch hier die sämmtlichen übrigen Personen, auf welche sich die Wirkungen der Annahme erstrecken, schließen, also der überlebende Ehegatte einerseits und das Kind sowie sämmtliche von der Annahme betroffene Abkömmlinge, nach dem Tode des Kindes die von der Annahme betroffenen Abkömmlinge andererseits. Der Erbe des Ehegatten als solcher gilt nicht als Betheiligter. Hat ein Ehegatte das Kind des anderen angenommen, so versteht es sich übrigens von selbst, daß, wenn der Ehegatte gestorben ist, welcher das Kind angenommen hat, die Aufhebung, weil gegenstandslos, nicht mehr möglich ist.

### § 1770.

**E. I § 1629 Abs. 5; II § 1651, 1652 rev. § 1748; III § 1746. P. I S. 8039—8049; M. IV S. 999. P. II S. 6314 (Bd. 4 S. 737).**

Der § 1770 regelt die Einzelheiten des Aufhebungsvertrags in der gleichen Weise, wie sie beim Annahmevertrage geregelt sind.

1. Der Aufhebungsvertrag bedarf in Folge der Anwendbarkeit des § 1741 Satz 2 der gerichtlichen Bestätigung. Die Bestätigung gehört nach § 65 freiw. G.G. zur Zuständigkeit der Amtsgerichte. Die Zuständigkeit der Amtsgerichte kann durch Landesgesetz nicht geändert werden. Für die Bestätigung zuständig ist das Gericht, in dessen Bezirke der Annehmende zu der Zeit, zu welcher der Antrag auf Bestätigung eingereicht oder nach Maßgabe des § 1753 das Gericht oder der Notar mit der Einreichung betraut wird, seinen Wohnsitz oder in Ermangelung eines inländischen Wohnsitzes seinen Aufenthalt hat (§ 66 Abs. 1 freiw. G.G.); für den Fall, daß der Annehmende im Inlande weder Wohnsitz noch Aufenthalt hat, s. § 66 Abs. 2 das. (oben Erl. 4 zu § 1741).

2. Die Bestätigung setzt einen Antrag voraus. Der Antrag ist indessen nicht materielles Erforderniß. Es bedarf nicht des Antrags sämmtlicher Betheiligter, vielmehr genügt der Antrag eines derselben (arg. § 68 Abs. 2 Satz 2 freiw. G.G. und § 1754 Abs. 1 Satz 2).

3. Bezüglich der beschränkten Zulässigkeit der Vertretung eines der Vertragschließenden gelten die gleichen Vorschriften, wie sie in den §§ 1750 Abs. 1, 1751 für den Annahmevertrag aufgestellt sind. Was dort von der Vertretung des Kindes bestimmt ist, gilt hier auch von der Vertretung eines Abkömmlinges.

4. Aus der Anwendbarkeit des § 1750 Abs. 2 folgt, daß der Aufhebungsvertrag bei gleichzeitiger Anwesenheit sämmtlicher Betheiligter vor Gericht oder vor einem Notar geschlossen werden muß.

5. Die Anwendbarkeit des § 1753 regelt die Zulässigkeit der Bestätigung des Aufhebungsvertrags nach dem Tode eines der Vertragschließenden. Danach ist die Bestätigung des Aufhebungsvertrags nach dem Tode des Kindes unzulässig. Der Aufhebungsvertrag kann zwar nach dem Tode des Kindes geschlossen werden (§ 1769); allein wenn das Kind den Aufhebungsvertrag mit abschließt und vor dem Inkrafttreten der Bestätigung stirbt, ist die Bestätigung ausgeschlossen, die übrigen Betheiligten müssen, wenn sie an der Aufhebung der Annahme festhalten wollen, den Aufhebungsvertrag von Neuem schließen. Nach dem Tode des Annehmenden ist die Bestätigung nur zulässig, wenn der Annehmende oder das Kind oder einer seiner Abkömmlinge den Antrag auf Bestätigung beim zuständigen Gericht eingereicht oder bei oder nach der gerichtlichen oder notariellen Beurkundung des Vertrags das Gericht oder den Notar mit der Einreichung betraut haben. Dies gilt auch im Falle der Annahme eines Kindes durch ein Ehepaar. Wenn dagegen ein Ehegatte das Kind des anderen Ehegatten angenommen hat, ist der Tod des Ehegatten, dessen Kind angenommen worden ist, ohne Belang, denn dieser Ehegatte ist nicht Annehmender. Gleiches trifft für den Fall des Todes eines Abkömmlinges zu. Die nach dem Tode des Annehmenden erfolgte Bestätigung hat die gleiche Wirkung, wie wenn sie vor dem Tode erfolgt wäre, das Kind und die Abkömmlinge sind also dem Annehmenden gegenüber nicht mehr erb- und pflichttheilsberechtigt. Aus dieser Rückbeziehung der Wirkungen der Aufhebung wird zu folgern sein, daß der § 2043 Abs. 2, nach welchem die Auseinandersetzung eines Nachlasses ausgeschlossen ist, solange die Erbtheile wegen der noch ausstehenden Entscheidung über die Bestätigung einer Annahme unbestimmt sind, auf den Fall der Aufhebung der Annahme entsprechend anzuwenden ist.

6. Auch die Bestätigung des Aufhebungsvertrags ist nicht Gnadensache. Sie darf, wie aus der Anwendbarkeit des § 1754 Abs. 2 sich ergiebt, nur versagt werden, wenn ein gesetzliches Erforderniß der Aufhebung der Annahme fehlt.

7. Die Aufhebung der Annahme tritt gemäß § 1754 Abs. 1 Satz 1 mit der Bestätigung in Kraft. Der Beschluß, durch welchen die Bestätigung ertheilt wird, tritt mit der Bekanntmachung an den Annehmenden, bei der Annahme durch ein Ehepaar an die Ehegatten in Wirksamkeit. Ist die Bestätigung noch nach dem Tode des Annehmenden zulässig, so tritt der Beschluß mit der Bekanntmachung an das Kind in Wirksamkeit; wird nach dem Tode des Kindes das zwischen den übrigen Betheiligten bestehende Rechtsverhältniß durch Vertrag aufgehoben, so tritt der Beschluß, durch welchen die Aufhebung nach dem Tode des Annehmenden bestätigt wird, mit der Bekanntmachung an die übrigen Betheiligten in Wirksamkeit. Das Gericht ist zu einer Aenderung des Beschlusses nicht befugt (§ 67 freiw. G.G.). Wegen der Zulässigkeit von Rechtsmitteln gegen den die Bestätigung ertheilenden oder versagenden Beschluß (s. § 68 freiw. G.G.) Die Bemerkungen in der Erl. zu § 1754 wegen der Personen, an welche der Beschluß zuzustellen ist und welchen das Beschwerderecht zusteht, treffen auch für die Aufhebung der Annahme zu.

8. Die rechtliche Natur des Bestätigungsbeschlusses ist beim Aufhebungsvertrage die gleiche wie beim Annahmevertrage (s. Erl. zu § 1756). Die Bestätigung ist also nur eines der Erfordernisse der Aufhebung der Annahme, sie hat aber nicht die Bedeutung, Mängel des Aufhebungsvertrags zu heilen. Wegen der Geltendmachung der Unwirksamkeit der Aufhebung s. Vorbm. S. 490.

9. Die Gebundenheit der Vertragschließenden tritt schon vor der Bestätigung mit dem Abschlusse des Aufhebungsvertrags ein. Wird die Bestätigung rechtskräftig versagt, so verliert der Aufhebungsvertrag seine Kraft (§ 1754).

10. Die Anwendbarkeit des § 1755 regelt die Anfechtung und die Bestätigung seiner anfechtbaren Willenserklärung beim Aufhebungsvertrage.

§. 1771.

Schließen Personen, die durch Annahme an Kindesstatt verbunden sind, der Vorschrift des §. 1311 zuwider eine Ehe, so tritt mit der Eheschließung die Aufhebung des durch die Annahme zwischen ihnen begründeten Rechtsverhältnisses ein.

Ist die Ehe nichtig, so wird, wenn dem einen Ehegatten die elterliche Gewalt über den anderen zusteht, diese mit der Eheschließung verwirkt. Die Verwirkung tritt nicht ein, wenn die Nichtigkeit der Ehe auf einem Formmangel beruht und die Ehe nicht in das Heirathsregister eingetragen worden ist.

§. 1772.

Mit der Aufhebung der Annahme an Kindesstatt verlieren das Kind und diejenigen Abkömmlinge des Kindes, auf welche sich die Aufhebung erstreckt, das Recht, den Familiennamen des Annehmenden zu führen. Diese Vorschrift findet in den Fällen des §. 1757 Abs. 2 keine Anwendung, wenn die Aufhebung nach dem Tode eines der Ehegatten erfolgt.

---

§ 1771.

**E. I § 1631; II § 1653 rev. § 1749; III § 1747. P. I S. 8049–8051, 8630, 8847; M. IV S. 1001. P. II S. 6319 (Bd. 4 S. 740).**

1. Das Eheverbot der Adoptivverwandtschaft (§ 1311) hat nur aufschiebende Wirkung (s. Erl. zu § 1311). Ist aber die verbotswidrige Ehe gültig, so wäre es unnatürlich, das Annahmeverhältniß zwischen den Ehegatten bestehen zu lassen. Der § 1771 Abs. 1 läßt deshalb mit dem Abschlusse der Ehe die Aufhebung der Annahme eintreten. Die Aufhebung bezieht sich indessen nur auf die Ehegatten, nicht auf die übrigen Personen, auf welche sich die Wirkungen der Annahme noch erstrecken. Ueber die Folgen der Aufhebung s. Erl. 4 zu § 1768. Danach wird insbesondere die elterliche Gewalt, welche dem Annehmenden über das Kind zusteht, mit der Aufhebung beendigt, so daß für das Kind eine Vormundschaft bestellt werden muß. Wegen der Namensführung s. Erl. zu § 1772.

2. Ist die Ehe zwischen zwei durch Annahme verbundenen Personen nichtig, sei es, daß die Nichtigkeit auf einem Nichtigkeits- oder daß sie auf einem Anfechtbarkeitsgrunde beruht, so wird das Annahmeverhältniß infolge der Ehe nicht aufgehoben. Gleichwohl bestimmt der Abs. 2 Satz 1, daß, wenn einem Ehegatten die elterliche Gewalt über den anderen in Folge der Annahme zusteht, die elterliche Gewalt mit der Eheschließung, also nicht erst mit der Nichtigkeitserklärung der Ehe verwirkt wird. Ueber den Ehegatten ist daher eine Vormundschaft anzuordnen. Im Uebrigen s. wegen der Verwirkung Erl. zu § 1680. Die sonstigen aus dem Eltern- und Kindesverhältniß entspringenden Rechte und Pflichten, welche in Folge der Annahme zwischen den Ehegatten begründet sind, insbesondere die gegenseitige Unterhaltspflicht und das Erbrecht des Angenommenen und seiner Abkömmlinge (s. Erl. zu § 1680) werden durch die Eingehung der nichtigen Ehe nicht berührt; freilich können diese Rechte und Pflichten, wie sich aus §§ 1329, 1343 Abs. 2 ergiebt, erst nach der Nichtigkeitserklärung oder der Auflösung der Ehe geltend gemacht werden. Ist die Ehe formell nichtig, so daß ihre Nichtigkeit ohne Weiteres geltend gemacht werden kann (s. Erl. zu § 1329), so tritt die Verwirkung der elterlichen Gewalt nicht ein. Das durch die Annahme begründete Rechtsverhältniß bleibt mithin bestehen, wie wenn die Eheschließung nicht stattgefunden hätte.

§ 1772.

**E. II § 1654 rev. § 1750; III § 1748. P. II S. 6320 (Bd. 4 S. 740).**

1. Mit der Aufhebung der Annahme bekommen das Kind und diejenigen Abkömmlinge, auf welche sich die Aufhebung erstreckt, den vor der Annahme geführten Familiennamen zurück. Dies gilt auch in dem Falle, daß die Aufhebung der Annahme durch Heirath entgegen dem Verbote der Adoptivverwandtschaft (§ 1771) erfolgt, selbstverständlich hat es hier indessen nur Bedeutung, wenn der Adoptivsohn die Adoptivmutter heirathet. Der Adoptivsohn erhält solchen

Falles seinen früheren Namen zurück und überträgt ihn in Folge der Ehe auf die Adoptivmutter.

2. Hat ein Ehepaar gemeinschaftlich ein Kind angenommen oder hat ein Ehegatte das Kind des anderen angenommen (§ 1757 Abs. 2) und wird nun gemäß § 1769 Satz 2 nach dem Tode eines der Ehegatten das Annahmeverhältniß durch Vertrag wieder aufgehoben, so geht der § 1772 davon aus, daß der verstorbene Ehegatte ein Recht darauf erworben hat, daß das Kind den durch die Annahme erlangten Namen behält. Der Satz 2 des § 1772 bestimmt deshalb, daß in dem bezeichneten Falle das Kind und die Abkömmlinge trotz der Aufhebung der Annahme den nach § 1758 erworbenen Namen weiter zu führen haben. Selbstverständlich ist übrigens der § 1772 Satz 2 für den Fall, daß die Frau das Kind des Mannes angenommen hat, gegenstandslos, weil das Kind hier in Folge der Annahme einen anderen Namen nicht erhalten hat.

# Dritter Abschnitt.

## Vormundschaft.

### Dritter Abschnitt.

**1.** Der dritte Abschnitt enthält in drei Titeln die Vorschriften über die Vormundschaft. Der erste Titel (§§ 1773—1895) betrifft die Vormundschaft über Minderjährige, der zweite (§§ 1896—1908) die Vormundschaft über Volljährige, der dritte (§§ 1909—1921) die Pflegschaft. Ueber die Stellung der Vorschriften über die Vormundschaft im Rechtssystem s. Vorbm. 1 zum Familienrecht oben S. 3. Ueber den Unterschied von Vormundschaft und Pflegschaft vergl. die Vorbm. vor § 1909.

**2.** Die Vorschriften des B.G.B. beziehen sich, von wenigen Ausnahmen abgesehen, grundsätzlich nur auf das materielle Vormundschaftsrecht. Das Verfahren ist in dem freiw. G.G. §§ 35—64 geregelt.

Das materielle Vormundschaftsrecht ist im Wesentlichen auf der Grundlage der preuß. Vormundschaftsordnung v. 8. Juli 1875 geordnet (M. IV S. 1008). Im Folgenden wird eine Uebersicht über die wichtigeren Grundsätze, auf welchen das Vormundschaftsrecht des B.G.B. beruht, gegeben.

**a)** Organ der Obervormundschaft (M. IV S. 1011—1022, D. S. 715). Die Obervormundschaft steht dem Staate zu und wird deshalb von den staatlichen Gerichten ausgeübt. Nur unter gewissen Voraussetzungen (§§ 1858 ff.) ist sie auf einen Familienrath übertragen (§ 1872). Es ist jedoch auch in diesem Falle durch die Bestimmung, daß der Vormundschaftsrichter kraft Gesetzes Vorsitzender des Familienraths ist (§ 1860), der Einfluß und die Aufsicht des Staates gesichert.

Der Gemeinde und der Familie ist eine gewisse Mitwirkung bei der Führung der Obervormundschaft eingeräumt. Der Gemeinde kommt die Mitwirkung durch den Gemeindewaisenrath (§§ 1849 ff.) zu. Die Familie nimmt an der Führung der Obervormundschaft, abgesehen von den Fällen, in welchen ein Familienrath eingesetzt ist, insbesondere durch die Vorschrift des § 1847 theil, nach welcher das Vormundschaftsgericht vor einer von ihm zu treffenden Entscheidung auf Antrag und in manchen Fällen auch ohne Antrag Angehörige des Mündels hören soll; auch ist den Angehörigen des Mündels im freiw. G.G. (§ 57) in ziemlich weitem Umfang ein Beschwerderecht gegen Verfügungen des Vormundschaftsgerichts selbst für den Fall eingeräumt, daß ein unmittelbares Recht des beschwerdeführenden Angehörigen durch die Verfügung nicht verletzt ist.

**b)** Bestellung des Vormundes (M. IV S. 1034—1039, D. S. 715). Dem B.G.B. liegt das Bestellungsprinzip zu Grunde. Es haben zwar gewisse Personen ein selbständiges Recht auf das Amt des Vormundes (§§ 1776, 1778). Die Vormundschaft tritt aber in keinem Falle kraft Gesetzes, sondern nur zufolge einer Anordnung des Vormundschaftsgerichts ein (§ 1774); eine Ausnahme läßt das E.G. Art. 136 durch das Institut des Anstaltsvormundes oder Generalvormundes zu.

**c)** Selbständigkeit des Vormundes (M. IV S. 1022—1028, D. S. 716). Die eigentliche Verwaltung der Vormundschaft liegt nach dem B.G.B. selbständig in der Hand des Vormundes. Dieser ist es, welcher in Zweckmäßigkeitsfragen die Entscheidung hat. Der Verwaltung des Vormundes sind übrigens gewisse Schranken gezogen und seine Thätigkeit unterliegt der Aufsicht des Vormundschaftsgerichts. Das Gericht ist jedoch nicht befugt, selbst handelnd in die Verwaltung einzugreifen und in Zweckmäßigkeitsfragen dem Vormund Anweisungen zu geben, sondern es hat nur bei einzelnen bestimmten Angelegenheiten, insbesondere bei den in den §§ 1821—1824 bezeichneten Rechtsgeschäften mitzuwirken, im Uebrigen aber ist seine Thätigkeit grundsätzlich auf eine, die Gesetzmäßigkeit und Pflichtmäßigkeit der vormundschaftlichen Verwaltung sichernde Aufsicht beschränkt. Zur Beaufsichtigung dient das Institut des Gegenvormundes (§§ 1792, 1799) und des Gemeindewaisenraths (§§ 1849 ff.).

Von den Vorschriften, welche die Selbständigkeit des Vormundes beschränken, läßt das B.G.B. in den Fällen der sog. befreiten Vormundschaft (§§ 1852 ff.) Ausnahmen zu. Die befreite Stellung kommt bei der Altersvormundschaft dem Vormunde kraft Anordnung der Eltern zu. Dem Vater oder der ehelichen Mutter eines volljährigen Kindes, wenn sie Vormund des Kindes sind, stehen die Befreiungen kraft Gesetzes zu (§§ 1903, 1904).

d) Verwaltender Vormund, Gegenvormund (M. IV S. 1028—1034, D. S. 716). Für eine Vormundschaft wird regelmäßig nur ein verwaltender Vormund bestellt. Dabei wird die Vormundschaft über mehrere Geschwister nur als eine Vormundschaft behandelt (§ 1775). Das Gericht kann jedoch auch für eine Vormundschaft eine Mehrheit von verwaltenden Vormündern bestellen, soll es aber nur aus besonderen Gründen thun (§ 1775). Das Ermessen des Vormundschaftsgerichts ist dabei nach zweifacher Richtung (§ 1778 Abs. 4, § 1797 Abs. 3) eingeschränkt. Mehrere Vormünder führen die Vormundschaft regelmäßig (§ 1797 Abs. 1) gemeinsam, unter Umständen (§ 1797 Abs. 2, 3) getheilt nach bestimmten Wirkungskreisen.

Neben dem die Verwaltung führenden Vormunde kann ein Ehrenvormund, Gegenvormund im B.G.B. genannt, bestellt werden. Dies soll geschehen, wenn mit der Vormundschaft eine Vermögensverwaltung verbunden ist, es müßte denn die Verwaltung nicht erheblich oder die Vormundschaft von mehreren Vormündern gemeinschaftlich zu führen sein (§ 1792). Der Gegenvormund dient dem Vormundschaftsgerichte bei der Beaufsichtigung des Vormundes zur Unterstützung. Das B.G.B. bezweckt dabei nicht nur eine größere Sicherheit des Mündels, sondern auch eine Entlastung des Vormundschaftsgerichts, namentlich was die Genehmigung von Rechtsgeschäften des Vormundes betrifft (§§ 1809, 1810, 1812). Der Wirkungskreis des Gegenvormundes bezieht sich vornehmlich auf die Vermögensverwaltung, ohne sich jedoch hierauf zu beschränken (§ 1799).

e) Sicherstellung des Mündels gegenüber dem Vormunde (M. IV S. 1039 bis 1043, D. S. 716). Der Mündel hat weder am Vermögen des Vormundes ein gesetzliches Pfandrecht noch einen gesetzlichen Titel auf Bestellung einer Hypothek. Nur im Konkurse des Vormundes ist dem Mündel ein Vorrecht zugestanden (K.O. § 61 Nr. 5); ferner ist der Vormund nur in Ausnahmefällen (§ 1844) zur Sicherheitsleistung verpflichtet; er kann in diesen Fällen die Uebernahme der Vormundschaft ablehnen oder seine Entlassung fordern (§§ 1786 Abs. 1 Nr. 6, 1889). Dem Zwecke der Sicherstellung des Mündels dienen übrigens nicht nur diese Vorschriften, sondern auch eine Reihe sonstiger Bestimmungen, insbesondere die Vorschriften über die Anlegung von Mündelgeld (§§ 1806—1811) und die Verpflichtung des Vormundes zur Hinterlegung von Werthpapieren (§§ 1814—1818). Auch ist durch die Bestimmung über das Erforderniß der Genehmigung des Gegenvormundes und des Vormundschaftsgerichts zu gewissen wichtigen oder außerhalb einer regelmäßigen Verwaltung liegenden Rechtsgeschäften des Vormundes gegen eine Benachtheiligung des Mündels möglichster Schutz geschaffen.

4. Der Wirkungskreis des Vormundschaftsgerichts beschränkt sich nicht auf den Bereich der Vormundschaft und Pflegschaft, sondern erstreckt sich auch auf die elterliche Gewalt (vergl. insbesondere § 1631 Abs. 2, § 1635 Abs. 1, §§ 1643, 1665 ff., 1687), das persönliche Eherecht (vergl. §§ 1357, 1358) und das eheliche Güterrecht (vergl. §§ 1379, 1402, 1447, 1451, 1519 Abs. 2, 1525 Abs. 2, 1549, 1550 Abs. 2) sowie auf einige besondere Verrichtungen, welche dem Vormundschaftsgericht in Ansehung von unter elterlicher Gewalt stehender oder bevormundeter Personen zugewiesen sind (vgl. §§ 1308, 1612, 1714, 1727). Das freiw. G.G. bezeichnet die sämmtlichen Angelegenheiten, in denen das Vormundschaftsgericht zu einer Thätigkeit berufen ist, als Vormundschaftssachen.

5. Für die dem Vormundschaftsgerichte zugewiesenen Verrichtungen sind reichsrechtlich die Amtsgerichte zuständig (§ 35 des freiw. G.G.). Das E.G. ermächtigt aber im Art. 147 die dem Vormundschaftsgericht obliegenden Verrichtungen anderen als gerichtlichen Behörden zu übertragen. Inwieweit von diesem Vorbehalte Gebrauch gemacht worden ist, s. Erl. zu Art. 147. Dazu vergl. §§ 194, 295 des freiw. G.G.

Die örtliche Zuständigkeit ist in den §§ 36—47 des freiw. G.G. geregelt.

6. Für die landesherrlichen Familien können auf Grund des Art. 57 des E.G. Abweichungen vom Vormundschaftsrechte des B.G.B. getroffen werden. Inwieweit das Landesrecht zu Abweichungen in Ansehung der Mitglieder des hohen Adels befugt ist, s. Erl. zu E.G. Art. 58.

7. Internationales Privatrecht s. E.G. Art. 23. Uebergangsbestimmungen ebenda Art. 160, 210—212.

8. Literatur: Schultzenstein-Köhne, Das deutsche Vormundschaftsrecht (1898); Schultetus, Handbuch des Vormundschaftsrechts (1899); Fuchs, Das deutsche Vormundschaftsrecht (1899); Schilgen, Deutsches Vormundschaftsrecht (1899); Schultheis, Der deutsche

# Erster Titel.

## Vormundschaft über Minderjährige.

### I. Anordnung der Vormundschaft.

§. 1773.

Ein Minderjähriger erhält einen Vormund, wenn er nicht unter elterlicher Gewalt steht oder wenn die Eltern weder in den die Person noch in den das Vermögen betreffenden Angelegenheiten zur Vertretung des Minderjährigen berechtigt sind.

Ein Minderjähriger erhält einen Vormund auch dann, wenn sein Familienstand nicht zu ermitteln ist.

---

Vormundschaftsrichter (1900); Hesse, Das deutsche Vormundschaftsrecht (1900); Philler, Das Vormundschaftsrecht des B.G.B. (1900); Schröder-Mugdan, Das deutsche Vormundschaftsrecht (1900); Boschan, Das Eltern- und Vormundschaftsrecht in der gerichtlichen Praxis (1900); Böhm, Das Vormundschaftsrecht des B.G.B. (2. Aufl. 1900); Richter, Das Vormundschaftsrecht nach dem B.G.B. (1897); ferner Spahn, Verwandtschaft und Vormundschaft (angekündigt); Schmidt, Die Vormundschaft über uneheliche Kinder (1899); Elsner v. Gronow, Die Thätigkeit des Vormundschaftsrichters in Preußen (1900); Singer, Die Verrichtungen des Vormundschafts- und Nachlaßgerichts (1900); Weißweiler, Handbuch des gesammten Vormundschaftsrechts (1900).

9. Dienstanweisungen für die Vormundschaftsgerichte haben insbesondere Bayern (Min.-Bek. v. 19. Januar 1900, im Druck erschienen bei Beck, München) und Württemberg (Min.-Verf. v. 14. September 1899) erlassen. Preußen hat im Einverständnisse mit dem Reichs-Justizamte Formulare für Vormundschaftssachen vorgeschrieben; diese sind mit Erläuterungen herausgegeben von Weizsäcker und Lorenz, Formularbuch für die freiwillige Gerichtsbarkeit zum Gebrauche der Preußischen Gerichte (1900).

## Erster Titel.

Der erste Titel zerfällt in sieben Unterabschnitte. Von diesen betrifft der erste die Anordnung der Vormundschaft (§§ 1773—1792), der zweite die Führung der Vormundschaft (§§ 1793—1836), der dritte die Fürsorge und Aufsicht des Vormundschaftsgerichts (§§ 1837—1848), der vierte die Mitwirkung des Gemeindewaisenraths (§§ 1849—1851), der fünfte die befreite Vormundschaft (§§ 1852—1857), der sechste den Familienrath (§§ 1858—1881), der siebente die Beendigung der Vormundschaft (§§ 1882—1895).

### I. Anordnung der Vormundschaft.

1. Vergl. Vorbm. 2a S. 513.

2. Der erste Unterabschnitt (§§ 1773—1792) regelt zunächst im § 1773 die Voraussetzungen der Vormundschaft. Der § 1774 betrifft die Anordnung der Vormundschaft durch das Vormundschaftsgericht, der § 1775 die Frage, wie viele Vormünder zu bestellen sind. In den §§ 1776—1788 wird die Berufung des Vormundes geordnet. Die §§ 1789—1791 haben die Bestellung des Vormundes zum Gegenstande. Der § 1792 regelt die Anordnung der Gegenvormundschaft und die Berufung und Bestellung des Gegenvormundes.

### § 1773.

**E. I § 1633; II § 1665 rev. § 1751; III § 1749. P. I S. 8135; M. IV S. 1044, 1046. P. II S. 6322 (Bd. 4 S. 742).**

1. Der § 1773 stellt die Voraussetzungen auf, unter welchen eine Vormundschaft über einen Minderjährigen (§§ 2, 3) anzuordnen ist. Eine Vormundschaft ist anzuordnen:

α) wenn der Minderjährige nicht unter elterlicher Gewalt steht;

β) wenn er zwar unter elterlicher Gewalt steht, die Eltern aber weder in den die Person noch in den das Vermögen betreffenden Angelegenheiten zur Vertretung des Minderjährigen berechtigt sind;

γ) wenn sein Familienstand nicht zu ermitteln ist.

Der Minderjährige steht nicht unter elterlicher Gewalt (§§ 1679, 1680, 1684, 1686, 1697, 1707):

**a)** wenn die Eltern todt oder für todt erklärt sind;

**b)** wenn während der Ehe der Vater oder nach der Auflösung der Ehe sowohl der Vater als auch die Mutter die elterliche Gewalt verwirkt;

**c)** wenn die Mutter, sofern die elterliche Gewalt ihr zusteht, sich wieder verheirathet;

**d)** wenn dem Inhaber der elterlichen Gewalt im Falle des § 1666 Abs. 2 auch die Nutznießung entzogen worden ist;

**e)** wenn der Minderjährige ein uneheliches Kind (und auch nicht durch nachfolgende Ehe oder durch Ehelichkeitserklärung legitimirt) ist;

**f)** wenn die Ehe der Eltern für nichtig erklärt ist, sofern beide Eltern die Nichtigkeit kannten, oder wenn die formell nichtige Ehe nicht in das Heirathsregister eingetragen worden ist (§§ 1699ff. und Erl. 7 zu § 1699);

**g)** wenn das durch die Annahme an Kindesstatt begründete Rechtsverhältniß zwischen dem Annehmenden und dem Kinde wieder aufgehoben worden ist, gleichgültig, ob die leiblichen Eltern noch leben oder nicht (§§ 1765, 1768ff.).

Den Eltern fehlt die Berechtigung zur Vertretung des Kindes sowohl in den die Person als auch in den das Vermögen betreffenden Angelegenheiten (§§ 1666, 1685):

**a)** wenn die Gewalt des Vaters ruht und die Mutter todt oder die Mutter zwar noch lebt, die Ehe aber aufgelöst und die Gewalt der Mutter nicht übertragen ist;

**b)** wenn die Gewalt der Mutter ruht;

**c)** wenn im Falle des § 1666 Abs. 2 die Nutznießung nicht entzogen ist.

Kommt dem Inhaber der elterlichen Gewalt die Vertretung nur in den die Person oder nur in den das Vermögen betreffenden Angelegenheiten, sei es in allen oder in einzelnen (§§ 1630 Abs. 2, 1638, 1647, 1665, 1666 Abs. 1, 1670, 1761) nicht zu, so ist ein Pfleger (§ 1909) zu bestellen.

**2.** Der Umstand, daß der Minderjährige, in Ansehung dessen die Voraussetzungen des § 1773 gegeben sind, verheirathet ist, hindert die Anordnung der Vormundschaft nicht. Wegen der Rechte des Ehegatten s. Erl. zu §§ 1793, 1800.

**3.** Die Entscheidung der Frage, ob die Bestellung eines Vormundes in Ermangelung der gesetzlichen Voraussetzungen für die Anordnung der Vormundschaft nichtig ist, behalten die M. IV S. 1081 dem freiw. G.G. vor. Hier ist indessen — abgesehen von der unten zu erwähnenden Vorschrift des § 32 — nur die Frage beantwortet, welchen Einfluß die Bestellung des Vormundes durch ein örtlich unzuständiges Gericht hat; nach § 7 des freiw. G.G. beeinträchtigt dieser Mangel die Gültigkeit der Vormundsbestellung nicht.

Die erwähnte Frage wird für das bisherige Recht verschieden beantwortet (vergl. Seufferts Archiv Bd. 6 Nr. 219, Bd. 20 Nr. 11, Bd. 37 Nr. 126, Bd. 40 Nr. 120). Das R.G. in Straff. XI S. 201 bejaht sie grundsätzlich. Dagegen geht das R.G. in Civils. (Urt. v. 30. Juni 1891 J.W. 1891 S. 434) davon aus, daß, weil nach der preuß. V.O. über die Frage, ob eine Vormundschaft anzuordnen sei, das zuständige Vormundschaftsgericht zu entscheiden habe und gegen dessen Entscheidung die Beschwerde zulässig sei, über die Gesetzmäßigkeit einer Vormundschaft in den vom Gesetze vorgesehenen Fällen nur die dem Vormundschaftsgericht übergeordneten Beschwerdegerichte zu befinden haben und daß, solange die Vormundschaft nicht im Wege der Beschwerde aufgehoben ist, der Prozeßrichter den vor ihm auftretenden und durch seine Bestellung sich legitimirenden Vormund nicht deshalb als nicht legitimirt zurückweisen darf, weil er der Ansicht ist, daß die vom Vormundschaftsgericht als vorhanden angenommenen thatsächlichen Voraussetzungen für die Anordnung der Vormundschaft nicht vorhanden gewesen seien.

Wie die Frage vom Standpunkte des B.G.B. aus beantwortet werden muß, ist zweifelhaft. Die Zweifel wurden schon in der ersten Kommission angeregt. In den von dem Redaktor des

Familienrechts der Kommission vorgelegten Motiven des Entwurfs eines Familienrechts S. 2047 wird die Ansicht vertreten, daß die Bestellung eines Vormundes nichtig sei, wenn die Bevormundung wegen Mangels der gesetzlichen Voraussetzungen rechtlich unmöglich, wenn also z. B. über eine unter elterlicher Gewalt stehende Person oder über einen Volljährigen eine Vormundschaft wegen Minderjährigkeit angeordnet sei. In dem später der Kommission vorgelegten Entwurf eines Gesetzes über das Verfahren in Vormundschaftssachen trat der Redaktor von dieser Auffassung zurück und schlug Bestimmungen vor, nach welchen eine Verfügung des Vormundschaftsgerichts, durch die eine Vormundschaft angeordnet wird, wegen Mangels der gesetzlichen Voraussetzungen nicht nichtig sein, sondern nur der Beschwerde unterliegen und die auf eine solche ergehende abändernde Entscheidung nicht ex tunc, sondern nur ex nunc wirken solle (§§ 39, 54 dieses Entwurfs). Die für diese Auffassung geltend gemachten Gründe (M. S. 85) sind im Wesentlichen dieselben, wie die in dem oben mitgetheilten Urtheile des R.G. angeführten. Sie treffen auch vom Standpunkte des B.G.B. aus zu, da dieses in der hier fraglichen Beziehung auf demselben Standpunkte wie die Entwürfe steht, d. h davon ausgeht, daß das Vormundschaftsgericht darüber zu entscheiden hat, ob eine Vormundschaft anzuordnen sei. Es kommt daher lediglich darauf an, ob es richtig ist, daß, wenn das Gesetz einer Behörde die Entscheidung darüber überweist, ob eine Anordnung zu treffen sei, ob also die rechtlichen und thatsächlichen Voraussetzungen für die Zulässigkeit der Anordnung vorliegen, hierdurch die von der Behörde getroffene Entscheidung für maßgebend erklärt wird und eine Aenderung nur in dem vorgeschriebenen Instanzenwege zulässig ist. Diese Frage dürfte, sofern das Gesetz nicht ein Anderes bestimmt oder aus besonderen Gründen eine abweichende Absicht des Gesetzes anzunehmen ist, zu bejahen sein. Eine besondere Bestimmung enthält das B.G.B. nicht, vielmehr wird die Entscheidung über die Anordnung einer Vormundschaft durch die §§ 1774, 1897 unbedingt dem Vormundschaftsgericht überwiesen. Eine abweichende Absicht des B.G.B. könnte möglicherweise aus der Vorschrift des § 1882 abgeleitet werden, nach welcher die Vormundschaft von selbst mit dem Wegfalle der in dem § 1773 bestimmten Voraussetzung beendigt wird. Wenn — kann man sagen — der Wegfall der gedachten Voraussetzungen ipso jure die Beendigung der Vormundschaft bewirkt, so muß auch die Anordnung der Vormundschaft unwirksam sein, wenn jene Voraussetzungen von Anfang an nicht vorliegen. Dieser Schluß ist aber nicht richtig. Das Gesetz kann sehr wohl die Wirksamkeit der Anordnung der Vormundschaft von der Entscheidung des Vormundschaftsgerichts über das Vorliegen der Voraussetzungen abhängig machen und doch die Beendigung mit dem Wegfalle der Voraussetzungen von selbst eintreten lassen. Freilich entsteht dabei das eigenthümliche Ergebniß, daß, wenn die Voraussetzungen, von welchen die Zulässigkeit der Vormundschaft abhängt, z. B. die Minderjährigkeit des zu Bevormundenden, von Anfang an nicht vorliegen, ein Wegfall dieser Voraussetzungen nicht möglich ist, eine Beendigung der Vormundschaft nach § 1882 also nicht oder doch nur dann eintreten kann, wenn auch von dem Standpunkte der Anordnung aus, bei welcher z. B. irrthümlich angenommen ist, daß der unter Vormundschaft Gestellte erst zwanzig Jahre alt sei, die Voraussetzungen weggefallen sind, der unter Vormundschaft Gestellte also bei Zugrundelegung dieser Annahme einundzwanzig Jahre alt geworden ist. Das hieraus abzuleitende Bedenken dürfte indessen nicht entscheidend sein. Es folgt daraus nur, daß in dem vorausgesetzten Falle die Vormundschaft nur durch Aufhebung von Seiten des Vormundschaftsgerichts oder im Wege der Beschwerde gegen die Anordnung wieder beseitigt werden kann (s. freiw. G.G. §§ 18, 20).

Daß für die hier vertretene Gestaltung des Verhältnisses sehr gewichtige Zweckmäßigkeitsgründe sprechen, liegt auf der Hand. Allgemein anerkannt wird, daß, wenn zu den Voraussetzungen der Vormundschaft oder Pflegschaft eine bestimmte Feststellung des Vormundschaftsgerichts gehört, wenn z. B. das Vormundschaftsgericht nach § 1909 die rechtliche oder thatsächliche Verhinderung des Gewalthabers oder des Vormundes etwa mit Rücksicht auf den § 1795 oder den § 1796 festgestellt und eine Pflegschaft angeordnet hat, das Prozeßgericht nicht prüfen kann, ob ein Bedürfniß für die Bestellung des Pflegers wirklich vorhanden gewesen war. Ebenso liegt die Sache bezüglich der Frage, ob zur Anordnung einer vorläufigen Vormundschaft (§ 1906) oder einer Abwesenheitspflegschaft (§ 1911) eine Veranlassung bestanden hat oder ob das Vormundschaftsgericht mit Recht die thatsächliche Verhinderung des Vaters nach § 1677 festgestellt und deshalb gemäß §§ 1678, 1685 eine Vormundschaft angeordnet hat. Diese Feststellungen sind der Nachprüfung des Prozeß- (Civil- oder Straf-)richters entzogen. So auch die gleichförmige Rechtsprechung des Reichsgerichts (vergl. R.G. Bd. 9 S. 183, Bd. 34 S. 416. Bolze 20 S. 314. J.W. 1891 S. 229). Ein Grund, die Feststellung des Vormundschaftsgerichts über das Vorliegen der in dem § 1773 bestimmten Voraussetzungen anders zu behandeln wie die oben erwähnten Feststellungen liegt nicht vor; denn auch bei jenen handelt es sich um thatsächliche Feststellungen. Es handelt sich z. B. bei der Frage, ob der zu Bevormundende noch minderjährig ist, um die Feststellung des Tages und Jahres seiner Geburt, bei der Frage, ob die elterliche Gewalt des Vaters wegen Geschäftsunfähigkeit ruht und die Mutter todt ist, um die Feststellung der Thatsachen der Geschäftsunfähigkeit und des Todes,

§. 1774.

Das Vormundschaftsgericht hat die Vormundschaft von Amtswegen anzuordnen.

---

bei der Frage, ob der Familienstand eines Minderjährigen nicht zu ermitteln ist, um die Feststellung dieser Thatsache. Denkbar ist zwar auch, daß das Vormundschaftsgericht bei seiner Anordnung von unrichtigen rechtlichen Voraussetzungen ausgegangen ist. Diese Fälle aber anders zu behandeln wie unrichtige thatsächliche Voraussetzungen und bei ihnen etwa Nichtigkeit der Anordnung anzunehmen, dafür gewährt das Gesetz keinen Anhaltspunkt.

Auf dem hier vertretenen Standpunkte steht auch der § 32 des freiw. G.G. Eine direkte Entscheidung der hier vorliegenden Fragen wird dadurch zwar nicht gegeben. Wenn aber danach die Aufhebung einer ungerechtfertigten Verfügung, durch welche Jemand die Befugniß zur Vornahme eines Rechtsgeschäfts erlangt hat, also z. B. die Bestellung zum Vormund auf die Wirksamkeit der von ihm inzwischen vorgenommenen Rechtsgeschäfte keinen Einfluß hat, so ergiebt sich hieraus, daß das Gesetz die betreffende Verfügung nicht für nichtig ansieht; denn wenn es dies thäte, müßte es der Aufhebung der Verfügung Wirksamkeit ex tunc beilegen.

Die in dem Bisherigen erörterte Frage ist von praktischer Bedeutung nur insofern, als es von ihrer Entscheidung abhängt, ob die Wirksamkeit der von oder gegenüber dem mit Unrecht bestellten Vormunde vorgenommenen Rechtsgeschäfte dadurch berührt wird, daß die Bestellung mit Unrecht erfolgt ist. Diese Frage ist nach dem obigen ebenso wie in dem ähnlich liegenden Falle des §. 115 zu verneinen. Ohne Bedeutung ist dagegen die Entscheidung der erörterten Frage für die Geschäftsfähigkeit des unter Vormundschaft oder Pflegschaft Gestellten. Denn nach dem B.G.B. ist die Beschränkung der Geschäftsfähigkeit nie eine Folge der Bestellung der Vormundschaft oder Pflegschaft, sondern tritt unabhängig von ihr ein. Dies gilt auch bei Volljährigen. Einem Bevormundeten oder unter Pflegschaft Stehenden kann deshalb allein, weil für ihn ein Vormund oder Pfleger bestellt ist, die Geschäftsfähigkeit oder die Prozeßfähigkeit nicht abgesprochen werden. Eine Ausnahme besteht nur im Rahmen des § 53 der C.P.O.

§ 1774.

**E. I § 1634; II § 1656 rev. § 1752; III § 1750. P. I S. 8141; M. IV S. 1034, 1047. P. II S. 6325 (Bd. 4 S. 743).**

1. Der § 1774 bringt das Bestellungsprinzip (s. Vorbm. vor § 1773) zum Ausdruck. Es giebt keine gesetzliche Vormundschaft, sondern die Vormundschaft wird vom Vormundschaftsgericht angeordnet. Eine Ausnahme kann durch Landesgesetzgebung in dem Anstaltsvormunde zugelassen werden. Hierüber s. E.G. Art. 136.

2. Im § 1774 ist zugleich der Grundsatz enthalten, daß das Vormundschaftsgericht die Vormundschaft, wenn deren Voraussetzungen vorliegen, von Amtswegen anzuordnen hat und es keines Antrags der Betheiligten bedarf. Damit das Vormundschaftsgericht von den Fällen, in welchen die Voraussetzungen für die Anordnung einer Vormundschaft gegeben sind oder gegeben sein können, Kenntniß erhält, sind in den §§ 48—50 des freiw. G.G. dem Standesbeamten, dem Gemeindewaisenrath und den Gerichten gewisse Anzeigepflichten auferlegt. Der Standesbeamte insbesondere hat anzuzeigen, wenn bei ihm der Tod einer Person, die ein minderjähriges Kind hinterlassen hat, oder die Geburt eines ehelichen Kindes nach dem Tode des Vaters oder die Geburt eines unehelichen Kindes oder die Auffindung eines Minderjährigen, dessen Familienstand nicht zu ermitteln ist, angezeigt oder wenn vor ihm von einer Frau, die ein minderjähriges eheliches Kind hat, eine Ehe geschlossen wird. Die Gerichte haben anzuzeigen, wenn die Anordnung einer Vormundschaft in Folge eines gerichtlichen Verfahrens erforderlich wird.

Nach § 57 Nr. 1 des freiw. G.G. steht gegen eine Verfügung, durch welche die Anordnung einer Vormundschaft abgelehnt wird, Jedem, der ein rechtliches Interesse an der Aenderung der Verfügung hat, sowie dem Ehegatten, den Verwandten und Verschwägerten des Mündels das Rechtsmitel der Beschwerde zu.

3. Ueber das Vormundschaftsgericht s. Vorbm. 3 zu diesem Titel. Wegen des Falles, daß die Bestellung eines Vormundes nicht alsbald geschehen kann, während eilige Fürsorge geboten ist, s. Erl. zu § 1846.

## §. 1775.

Das Vormundschaftsgericht soll, sofern nicht besondere Gründe für die Bestellung mehrerer Vormünder vorliegen, für den Mündel und, wenn mehrere Geschwister zu bevormunden sind, für alle Mündel nur einen Vormund bestellen.

## §. 1776.

Als Vormünder sind in nachstehender Reihenfolge berufen:

1. wer von dem Vater des Mündels als Vormund benannt ist;
2. wer von der ehelichen Mutter des Mündels als Vormund benannt ist;
3. der Großvater des Mündels von väterlicher Seite;
4. der Großvater des Mündels von mütterlicher Seite.

Die Großväter sind nicht berufen, wenn der Mündel von einem Anderen als dem Ehegatten seines Vaters oder seiner Mutter an Kindesstatt angenommen ist. Das Gleiche gilt, wenn derjenige, von welchem der Mündel abstammt, von einem Anderen als dem Ehegatten seines Vaters oder seiner Mutter an Kindesstatt angenommen ist und die Wirkungen der Annahme sich auf den Mündel erstrecken.

---

### § 1775.

**E. I § 1638 Abs. 2; II § 1660 Abs. 2 rev. § 1753; III § 1751. P. I S. 8161; M. IV S. 1031, 1062. P. II S. 6335 (Bd. 4 S. 749).**

**1.** Die besonderen Gründe, welche die Bestellung mehrerer Vormünder rechtfertigen, können z. B. darin bestehen, daß der Mündel Grundstücke in verschiedenen Gerichtsbezirken hat oder daß die Verwaltung seines Vermögens ungewöhnlich schwierig oder umfangreich ist. Das Ermessen des Vormundschaftsgerichts, mehrere Vormünder zu bestellen, ist durch § 1778 Abs. 4 und § 1797 Abs. 3 beschränkt; die Zahl der zulässigen Vormünder ist dem Maximum nach gesetzlich nicht festgesetzt.

**2.** Ob die Geschwister vollbürtige oder halbbürtige, eheliche oder uneheliche sind, macht keinen Unterschied. Insbesondere sollen mehrere uneheliche Kinder derselben Mutter regelmäßig nur einen Vormund erhalten. Ueber die Zuständigkeit des Vormundschaftsgerichts zur Bevormundung mehrerer Geschwister s. freiw. G.G. § 36 Abs. 1.

### § 1776.

**E. I § 1635; II § 1657 rev. § 1754; III § 1752. P. I S. 8144—8150, 8633, 8651; M. IV S. 1047. P. II S. 6329 (Bd. 4 S. 745).**

**1.** Das B.G.B. kennt in Uebereinstimmung mit dem gemeinen Rechte drei Delationsgründe: die Berufung durch letztwillige Verfügung des Gewalthabers (§ 1776 Abs. 1 Nr. 1, 2), die Berufung durch das Gesetz (§ 1776 Abs. 1 Nr. 3, 4, Abs. 2) und die Berufung durch den Richter (§. 1779) und zwar kommt zunächst nur derjenige an die Reihe, welcher durch letztwillige Verfügung berufen ist, in Ermangelung oder nach dem Wegfall eines solchen der durch das Gesetz Berufene und in letzter Linie der durch den Richter Berufene. Das B.G.B. selbst spricht übrigens von einer Berufung zur Vormundschaft nur in den Fällen des § 1776, die Berufung durch den Richter nennt es Auswahl (§ 1779).

**2.** Die Berufung durch letztwillige Verfügung und die Berufung durch das Gesetz begründen ein Recht des Berufenen auf Uebertragung der Vormundschaft (§ 1778). Die Berufung hat Wirkung nicht bloß bei der Anordnung der Vormundschaft, sondern auch für deren Dauer, so daß, wenn zur Zeit der Anordnung der Vormundschaft der zunächst Berufene das Amt des Vormundes nicht übernehmen kann oder will und deshalb ein Anderer zum Vormunde bestellt wird, dieser aber später wegfällt, nunmehr als Vormund zunächst der früher Berufene wieder in Frage kommt. Eine Pflicht zur Uebernahme wird durch die Berufung durch letztwillige Verfügung oder das Gesetz nicht begründet. Der Berufene kann die Uebernahme verweigern; wird

## §. 1777.

Der Vater kann einen Vormund nur benennen, wenn ihm zur Zeit seines Todes die elterliche Gewalt über das Kind zusteht; er hat dieses Recht nicht, wenn er in den die Person oder in den das Vermögen betreffenden Angelegen-

---

er aber trotz der Weigerung vom Richter ausgewählt, so muß er Folge leisten, sofern er nicht nach § 1786 zur Ablehnung berechtigt ist.

3. Die einzelnen Berufungsgründe anlangend, so erscheint

a) das Berufungsrecht des Vaters und der Mutter als ein Ausfluß der elterlichen Gewalt. Es steht darum nur dem ehelichen Vater und nur der ehelichen Mutter zu. Bei einem für ehelich erklärten Kinde steht es dem Vater, bei einem angenommenen Kinde dem Annehmenden zu; im Falle der Annahme als gemeinschaftliches Kind, d. h. in den Fällen des § 1757 Abs. 2 ist es so anzusehen, als wäre das angenommene Kind ein leibliches eheliches Kind beider Ehegatten. Ueber Kinder aus nichtigen Ehen s. §§ 1699 ff., über die durch nachfolgende Ehe legitimirten Kinder s. §§ 1719 ff. Die Berufung des Vaters geht der der Mutter vor; es entscheidet bei einem Widerstreite zwischen der Anordnung des Vaters und der Anordnung der Mutter nicht die Anordnung des letztlebenden Elterntheils. Der Vater und die Mutter müssen eine bestimmte Person als Vormund bezeichnen; die Ueberlassung der Benennung oder die Ermächtigung zu ihr an einen Dritten genügt nicht. Im Uebrigen s. § 1777.

b) Der Großvater väterlicherseits ist nur dann berufen, wenn sowohl der Vater des Mündels als dieser selbst ein ehelich geborenes oder nach §§ 1699 ff., 1719 ff. als ehelich geltendes Kind ist. Der Vater des Mündelvaters im Falle der Ehelichkeitserklärung und der Vater desjenigen, welcher den Mündel an Kindesstatt angenommen hat, kommen nicht in Betracht (§ 1737 Abs. 1 Satz 1, § 1763 Satz 1).

c) Der Großvater mütterlicherseits kommt auch bei unehelichen Kindern in Betracht; für uneheliche Kinder s. § 1778 Abs. 3.

Anderen Verwandten des Mündels ist weder ein Recht der Benennung des Vormundes noch ein Recht darauf eingeräumt, zum Vormunde berufen zu werden. Insbesondere hat die Mutter als solche oder die Großmutter kein Recht auf die Vormundschaft.

4. Der Abs. 2 Satz 1 schließt in Abweichung von dem Grundsatze des § 1763 Satz 1 den väterlichen wie den mütterlichen Großvater eines angenommenen Kindes von der Vormundschaft aus, weil das Kind durch die Annahme regelmäßig in andere soziale Verhältnisse gekommen ist. Daß das durch die Annahme begründete Verhältniß im Zeitpunkte der Bestellung des Vormundes noch fortdauert, ist nicht Voraussetzung des Ausschlusses der Großväter. Eine Ausnahme vom Ausschlusse der Großväter ist nur für den Fall gemacht, daß der Mündel von dem Ehegatten seines leiblichen Vaters oder seiner leiblichen Mutter angenommen worden ist (§ 1757 Abs. 2); denn in diesem Falle erlangt der Mündel durch die Annahme die rechtliche Stellung eines gemeinschaftlichen Kindes der Ehegatten und verbleibt in seinen bisherigen Verhältnissen. Auf den Fall der Annahme durch andere Verwandte oder Verschwägerte des Mündels ist dies nicht ausgedehnt. Wenn z. B. der Großvater des Mündels diesen an Kindesstatt angenommen hat und später die elterliche Gewalt verliert oder das durch die Annahme begründete Rechtsverhältniß aufgelöst wird, so ist der Großvater nicht zur Vormundschaft berufen.

5. Der Abs. 2 Satz 2 schließt die Großväter auch dann aus, wenn nicht der Mündel, sondern der leibliche Vater oder die leibliche Mutter des Mündels an Kindesstott angenommen worden ist und die Wirkungen der Annahme sich nach § 1762 auch auf den Mündel erstrecken. Auch hier sind die Großväter jedoch dann berufen, wenn der leibliche Vater oder die leibliche Mutter vom Ehegatten seines Vaters oder seiner Mutter an Kindesstatt angenommen worden ist.

## § 1777.

**E. I § 1636; II § 1658 rev. § 1755; III § 1753. P. I S. 8144—8154, 8227; M. IV S. 1053. P. II S. 6332 (Bd. 4 S. 747).**

Der § 1777 stellt die Voraussetzungen auf, von welchen das Recht des Vaters und der Mutter, einen Vormund zu benennen, abhängt.

heiten nicht zur Vertretung des Kindes berechtigt ist. Das Gleiche gilt für die Mutter.

Der Vater kann für ein Kind, das erst nach seinem Tode geboren wird, einen Vormund benennen, wenn er dazu berechtigt sein würde, falls das Kind vor seinem Tode geboren wäre.

Die Benennung des Vormundes erfolgt durch letztwillige Verfügung.

---

1. In materieller Hinsicht ist erforderlich:

a) daß dem benennenden Elterntheile zur Zeit des Todes die elterliche Gewalt über das Kind zusteht. Daß dem Elterntheile zur Zeit der Benennung die Gewalt noch nicht zustand oder daß er sie nach der Benennung verlor, ist gleichgültig, wenn er nur im Zeitpunkte des Todes die Gewalt hatte. Bei einem Kinde, das erst nach dem Tode des Vaters geboren wird, kommt es darauf an, ob es, wenn es im Zeitpunkte des Todes des Vaters schon gelebt hätte, unter dessen Gewalt gestanden wäre.

b) Der benennende Elterntheil muß zur Zeit seines Todes sowohl in den die Person als auch in den das Vermögen betreffenden Angelegenheiten zur Vertretung des Kindes berechtigt sein. Das Fehlen der Vertretungsmacht nach der einen oder der anderen Seite schließt das Benennungsrecht aus. Der Mangel der Vertretungsmacht nur in einzelnen Beziehungen, z. B. wenn dem Vater nach § 1630 Abs. 2 oder § 1638 die Vermögensverwaltung in Bezug auf gewisse Gegenstände entzogen ist, läßt das Benennungsrecht unberührt. Das Benennungsrecht fehlt mithin, wenn die elterliche Gewalt des Elterntheils ruht (§ 1678), wenn ihm nach § 1666 Abs. 1 die Sorge für die Person oder nach § 1666 Abs. 2 oder § 1670 die Vermögensverwaltung entzogen ist oder wenn über sein Vermögen der Konkurs eröffnet worden ist (§ 1647). Verheirathung des Kindes ist auf die Vertretungsmacht des Elterntheils (s. Erl. zu § 1633) und deshalb auch auf das elterliche Benennungsrecht ohne Einfluß (a. A. Fuchs S. 140, Hesse S. 13). Gleiches gilt von der Ehescheidung (s. Erl. zu § 1635); der von der Mutter geschiedene Vater ist also auch dann berechtigt, für das Kind einen Vormund zu benennen, wenn er für allein schuldig erklärt ist und die Sorge für die Person des Kindes deshalb der Mutter allein zusteht.

Für die Mutter folgt aus dem zu a und b Ausgeführten, daß sie einen Vormund nur benennen kann, wenn sie der überlebende Elterntheil ist oder wenn der Vater für todt erklärt ist oder wenn er die elterliche Gewalt verwirkt hat und die Ehe aufgelöst ist (§ 1684). Voraussetzung ist dabei mit Rücksicht auf § 1697, daß die Mutter sich nicht wieder verheirathet hat, und mit Rücksicht auf § 1678, daß sie zur Zeit des Todes volljährig ist. Ruht die elterliche Gewalt des Vaters und übt die Mutter die Gewalt aus (§ 1685), so steht der Mutter nach der Terminologie des B.G.B. (s. Vorbm. I 2 S. 435) die Gewalt nicht zu, sondern sie wird von ihr nur ausgeübt; gleichwohl wird man ihr in entsprechender Anwendung des § 1777 doch das Benennungsrecht zugestehen müssen. Die Bestellung eines Beistandes nimmt der Mutter die Vertretungsmacht und deshalb auch das Benennungsrecht nicht; nur wenn dem Beistande nach § 1693 die Vermögensverwaltung übertragen ist, hat die Mutter in Ansehung der Sorge für das Vermögen nicht die Vertretung des Kindes und es kommt ihr deshalb auch das Benennungsrecht nicht zu, es müßte denn dem Beistande die Sorge für das Vermögen nicht im ganzen Umfang (§ 1688) übertragen sein.

2. In formeller Hinsicht ist erforderlich, daß die Benennung in einer letztwilligen Verfügung — sei es in einem Testament oder in einer nicht bindenden Verfügung eines Erbvertrags (§§ 1937, 2299) — erfolgt. Die Verfügung hat selbständigen Charakter. Sie setzt nicht voraus, daß der Elterntheil über sein Vermögen eine Bestimmung trifft. In Ansehung der Errichtung, Anfechtbarkeit und Aufhebung der fraglichen Verfügung gelten die allgemeinen Vorschriften des Erbrechts; wegen der Anfechtbarkeit s. Erl. 1a zu § 2080.

3. Die Benennung kann unter einer Bedingung oder Zeitbestimmung geschehen. Die unter einer Bedingung oder Zeitbestimmung erfolgte Berufung wird jedoch nicht berücksichtigt, wenn die Bedingung oder der Zeitpunkt zu der Zeit, zu welcher die Vormundschaft anzuordnen ist, noch nicht eingetreten ist. In diesem Falle ist der Berufene verhindert, die Vormundschaft zu übernehmen; ist die Verhinderung nur vorübergehend, so hat das Vormundschaftsgericht nach § 1778 Abs. 2 zu verfahren. Die Beifügung einer auflösenden Bedingung oder eines Endtermins beendigt das Amt des Vormundes nicht von selbst (arg. §§ 1885—1889). Der elterlichen Anordnung kann in diesem Falle dadurch Rechnung getragen werden, daß das Vormundschaftsgericht den Berufenen zum Vormunde bestellt, bei der Bestellung aber nach § 1790 die Entlassung für den Fall des Eintritts des betreffenden Ereignisses vorbehält.

§. 1778.

Wer nach §. 1776 als Vormund berufen ist, darf ohne seine Zustimmung nur übergangen werden, wenn er nach den §§. 1780 bis 1784 nicht zum Vormunde bestellt werden kann oder soll oder wenn er an der Uebernahme der Vormundschaft verhindert ist oder die Uebernahme verzögert oder wenn seine Bestellung das Interesse des Mündels gefährden würde.

Ist der Berufene nur vorübergehend verhindert, so hat ihn das Vormundschaftsgericht nach dem Wegfalle des Hindernisses auf seinen Antrag an Stelle des bisherigen Vormundes zum Vormunde zu bestellen.

Für eine Ehefrau darf der Mann vor den nach §. 1776 Berufenen, für ein uneheliches Kind darf die Mutter vor dem Großvater zum Vormunde bestellt werden.

Neben dem Berufenen darf nur mit dessen Zustimmung ein Mitvormund bestellt werden.

---

**§ 1778.**

**E. I § 1637; II § 1659 rev. § 1756; III § 1754. P. I S. 8144–8161; M. IV S. 1056. P. II S. 6334 (Bd. 4 S. 748).**

Der § 1778 stellt die Bedeutung der im § 1776 bezeichneten Berufungsgründe klar. Die Berufungsgründe sind danach nicht bloß Anhaltspunkte für den Richter bei der Auswahl des Vormundes, sondern der Berufene hat ein Recht auf die Uebertragung der Vormundschaft, er darf nur aus den gesetzlich bestimmten Gründen übergangen werden.

**1.** Der Abs. 1 zählt die Gründe auf, aus welchen der Vormund ohne seine Zustimmung übergangen werden darf. Uebergehung ist zulässig:

**a)** wenn der Berufene zur Uebernahme der Vormundschaft nach § 1780 unfähig oder nach § 1781 untauglich oder wenn er von dem Vater oder der Mutter nach § 1782 ausgeschlossen ist oder wenn die nach § 1783 erforderliche Zustimmung des Ehemanns oder die nach § 1784 erforderliche Erlaubniß der vorgesetzten Dienstbehörde mangelt;

**b)** wenn der Berufene an der Uebernahme der Vormundschaft verhindert ist;

**c)** wenn er die Uebernahme der Vormundschaft verzögert, gleichviel ob die Verzögerung eine schuldhafte ist oder nicht; ist sie keine schuldhafte, so wird das Vormundschaftsgericht zu erwägen haben, ob es nicht einstweilen nach § 1909 Abs. 3 einen Pfleger bestellen und so dem Berufenen die Möglichkeit der Uebernahme der Vormundschaft offen halten soll;

**d)** wenn die Bestellung des Berufenen das Interesse des Mündels gefährden würde (vergl. dazu § 1886), z. B. weil der Berufene und der Mündel Konkurrenzgeschäfte haben oder weil der Berufene Schuldner des Mündels oder weil er in Vermögensverfall gerathen ist. Eine erhebliche Gefährdung, wie der E. I verlangt hatte, ist nicht erforderlich. Auf der anderen Seite aber berechtigt der Umstand allein, daß die Bestellung des Berufenen für den Mündel weniger vortheilhaft ist als die einer anderen Person, das Vormundschaftsgericht nicht zur Uebergehung. Ob dem Benennenden der Grund, aus welchem die Bestellung des Berufenen das Interesse des Mündels zu gefährden droht, bekannt gewesen ist oder nicht, macht keinen Unterschied.

**2.** An die im Abs. 1 enthaltenen allgemeinen Gründe, aus welchen der Berufene übergangen werden darf, reihen sich im Abs. 3 zwei besondere Fälle. Für eine Ehefrau darf der Mann zum Vormunde vor den nach § 1776 Berufenen, also auch vor dem von dem Vater oder der Mutter Benannten, für ein uneheliches Kind darf die Mutter vor dem Großvater zum Vormunde bestellt werden. Aus Abs. 3 ergiebt sich zugleich, daß die Mutter des unehelichen Kindes sowie der Mann der zu bevormundenden Frau kein Recht auf die Uebertragung der Vormundschaft haben.

**3.** Der Abs. 2 trifft auch für den Fall der rechtlichen Verhinderung zu, z. B. wenn das Konkursverfahren über das Vermögen des Berufenen demnächst beendigt sein wird. Der Abs. 2 setzt natürlich voraus, daß lediglich wegen des vorübergehenden Hindernisses der Berufene nicht bestellt werden kann, er ist also z. B. nicht anwendbar, wenn die Bestellung des Berufenen zugleich das Interesse des Mündels gefährden würde.

**4.** Der Abs. 4 soll verhüten, daß dem nach § 1776 Berufenen das Recht auf die Vormundschaft durch die Ernennung von Mitvormündern beeinträchtigt wird. Ein Gegenvormund darf auch ohne die Zustimmung des Berufenen bestellt werden (vergl. dazu §§ 1852 ff.).

## §. 1779.

Ist die Vormundschaft nicht einem nach §. 1776 Berufenen zu übertragen, so hat das Vormundschaftsgericht nach Anhörung des Gemeindewaisenraths den Vormund auszuwählen.

Das Vormundschaftsgericht soll eine Person auswählen, die nach ihren persönlichen Verhältnissen und ihrer Vermögenslage sowie nach den sonstigen Umständen zur Führung der Vormundschaft geeignet ist. Bei der Auswahl ist auf das religiöse Bekenntniß des Mündels Rücksicht zu nehmen. Verwandte und Verschwägerte des Mündels sind zunächst zu berücksichtigen.

---

5. Ist die Uebergehung zu Unrecht erfolgt, so darf die fehlerhafte Bestellung des anderen Vormundes von Amtswegen rückgängig gemacht werden.

6. Gegen eine Verfügung, durch welche ein als Vormund Berufener übergangen wird, steht diesem nach § 20, § 60 Abs. 1 Nr. 1 des freiw. G.G. das Rechtsmittel der sofortigen Beschwerde zu; dies gilt auch dann, wenn die Uebergehung darin ihren Grund hat, weil das Gericht von der Berufung keine Kenntniß hatte. Die Beschwerdefrist beginnt mit dem Zeitpunkt, in welchem der Beschwerdeführer von seiner Uebergehung Kenntniß erhält.

### § 1779.

**E. I § 1638 Abs. 1; II § 1660 Abs. 1 rev. § 1757; III § 1755. P. I S. 8161, 8506; M. IV S. 1061. P. II S. 6335 (Bd. 4 S. 749).**

1. Die Voraussetzung des Abs. 1, daß die Vormundschaft nicht einem nach § 1776 Berufenen zu übertragen ist, trifft zu, wenn ein solcher überhaupt nicht vorhanden ist oder wenn er nach § 1778 übergangen wird. Sind mehrere nach § 1776 Berufene vorhanden und will der zuerst Berufene die Vormundschaft nicht übernehmen, so kommen zunächst die übrigen in Betracht. Weigert sich der nach § 1776 Berufene der Berufung Folge zu leisten, so steht nichts im Wege, daß ihn nunmehr das Vormundschaftsgericht auswählt; der Wahl hat er nach § 1785 zu folgen. Dies gilt aber nur für den Fall, daß nicht nach ihm noch andere Personen berufen sind, da der Abs. 1 voraussetzt, daß überhaupt keinem nach § 1776 Berufenen die Vormundschaft zu übertragen ist.

2. Die vorherige Anhörung des Gemeindewaisenraths (§ 1849) ist dem Vormundschaftsgerichte zur Pflicht gemacht. Selbstverständlich gilt dies aber nur, sofern nicht besondere Gründe im einzelnen Falle die Anhörung als entbehrlich oder wegen der damit verbundenen Verzögerung und der dadurch herbeigeführten Gefährdung der Interessen des Mündels als unthunlich erscheinen lassen. Als entbehrlich dürfte die Anhörung z. B. zu bezeichnen sein, wenn der Richter den als Vormund Auszuwählenden persönlich kennt und nach den Vermögens- und Lebensverhältnissen desselben ein Zweifel darüber nicht bestehen kann, daß er geeignet ist. Welchen Gemeindewaisenrath der Richter zu hören hat, ist nicht bestimmt; soviel ersichtlich, enthalten auch die Ausführungsvorschriften der Bundesstaaten hierüber keine Vorschrift. Die Frage beantwortet sich also nach den Umständen des Falles. Regelmäßig wird in erster Linie der Gemeindewaisenrath des Ortes in Frage kommen, an welchem sich der Mündel aufhält bezw. wenn, was nicht selten der Fall ist, von den Angehörigen des Mündels eine bestimmte Person als Vormund vorgeschlagen wird, der Gemeindewaisenrath des Ortes, an welchem der Vorgeschlagene wohnt. Es kann sich aber auch empfehlen, den Gemeindewaisenrath eines anderen Ortes zu hören, z. B. des Ortes, in dessen Bezirke der letztverstorbene Elterntheil des Mündels wohnte. Vergl. auch Erl. zu § 1849.

3. Das Vormundschaftsgericht soll eine geeignete Person auswählen. Als hierbei besonders zu beachtende Umstände hebt der § 1779 die persönlichen Verhältnisse und die Vermögenslage des Auszuwählenden hervor. Das Ermessen des Richters ist nach zwei Richtungen eingeschränkt:

a) Zunächst sollen Verwandte und Verschwägerte des Mündels berücksichtigt werden. Auf die Nähe des Grades oder darauf, ob sie durch den Vater oder durch die Mutter verwandt oder verschwägert sind, kommt es nicht an. Der Ehegatte des Mündels ist nicht als vorzugsweise zu berücksichtigen genannt.

b) Ferner soll der Richter auf das religiöse Bekenntniß des Mündels Rücksicht nehmen. Ausschlaggebendes Gewicht darf aber hierauf nicht gelegt werden; es soll nur, wenn von mehreren

§. 1780.

Zum Vormunde kann nicht bestellt werden, wer geschäftsunfähig oder wegen Geistesschwäche, Verschwendung oder Trunksucht entmündigt ist.

§. 1781.

Zum Vormunde soll nicht bestellt werden:

1. wer minderjährig oder nach §. 1906 unter vorläufige Vormundschaft gestellt ist;

---

mit dem Mündel gleichen Bekenntnisses ist. Soweit wirklich im einzelnen Falle zu befürchten ist, daß die religiöse Erziehung des Mündels dadurch Schaden leiden kann, daß der Vormund anderen Bekenntnisses ist als der Mündel, bietet der § 1801 einen angemessenen Ausweg, indem er dem Vormundschaftsgericht erlaubt, dem Vormunde die religiöse Erziehung wegen seines Bekenntnisses abzunehmen und sie einem Pfleger zu übertragen. Bei Geschwistern, die verschiedenen Bekenntnissen angehören, entfällt ohnehin die Möglichkeit, bei der Auswahl des Vormundes auf das Bekenntniß Rücksicht zu nehmen.

Naturgemäß sind diese Vorschriften auch vom Gemeindewaisenrathe bei seinem Vorschlage zu beachten.

4. Selbstverständlich giebt der Abs. 2 einer als Vormund zu bestellenden Person, die mit dem Mündel nicht verwandt oder verschwägert oder die anderen Bekenntnisses ist, nicht ein Recht unter Berufung hierauf die Uebernahme der Vormundschaft abzulehnen.

5. Daß der Vorschlag des Gemeindewaisenraths für den Richter nicht bindend ist, ergiebt sich aus dem Wortlaute des Abs. 1; der Vorschlag deckt den Richter aber auch nicht unter allen Umständen. Aus der Nichtanhörung des Gemeindewaisenraths oder aus der Nichtberücksichtigung von Angehörigen des Mündels oder des Bekenntnisses desselben kann übrigens Niemand das Recht der Beschwerde ableiten; ist der Vormund einmal bestellt, wenn auch unter Nichtbeachtung des § 1779, so bleibt er es und es kann nur seine Entlassung nach § 1886 mehr in Frage kommen.

§ 1780.

**E. I § 1640 Nr. 1, § 1646 Abs. 1; II § 1661 rev. § 1758; III § 1756. P. I S. 8172, 8193; M. IV S. 1065, 1081. P. II S. 6338—6345, 6478, 6482 (Bd. 4 S. 751, 753, 828; Bd. 6 S. 119).**

1. Der § 1780 enthält die Gründe, welche zum Amte des Vormundes unfähig machen. Die Bestellung beim Vorliegen eines Unfähigkeitsgrundes ist nichtig. Der Bestellte ist nicht gesetzlicher Vertreter des Mündels, seine Handlungen sind nach den Vorschriften über die Geschäftsführung ohne Auftrag (§§ 677 ff.) und über Handlungen eines Vertreters ohne Vertretungsmacht (§§ 177 ff.) zu beurtheilen. Der §. 165 findet keine Anwendung. Auch der § 32 des freiw. G.G. ist nicht anwendbar; denn im Falle des § 1780 wird die Fähigkeit zur Vornahme von Rechtsgeschäften um deswillen nicht erlangt, weil die gerichtliche Verfügung von vornherein nichtig ist. Für die Haftung des Bestellten gegenüber dem Mündel gilt der § 682. Das Konkursvorrecht des § 61 Nr. 5 der K.O. steht dem Mündel nicht zu.

2. Der entgegen § 1780 zum Vormunde Bestellte braucht nicht erst entlassen zu werden, sondern das Vormundschaftsgericht hat bei der Entdeckung des Mangels sofort einen neuen Vormund zu bestellen. Nach der Bestellung erfolgte Entmündigung beendigt das Amt des Vormundes von selbst (§ 1885). Wird der Vormund aus einem anderen Grunde als in Folge einer Entmündigung später geschäftsunfähig oder in der Geschäftsfähigkeit beschränkt, so endigt damit sein Amt nicht von selbst, er ist aber vom Vormundschaftsgerichte sofort zu entlassen (§ 1886).

3. Kein Nichtigkeitsgrund ist, daß der Vormund von dem örtlich unzuständigen Gerichte bestellt worden ist (§ 7 freiw. G.G.).

§ 1781.

**E. I § 1640 Nr. 1—3, § 1646 Abs. 2; II § 1662 rev. § 1759; III § 1757. P. I S. 8172—8177, 8193, 8633, 8834; M. IV S. 1065, 1081. P. II S. 6338, 6345 (Bd. 4 S. 751).**

1. Im § 1781 sind die Gründe enthalten, welche zum Amte des Vormundes untauglich machen. Die Bestellung ist beim Vorliegen eines Untauglichkeitsgrundes nicht nichtig, der

2. wer nach §. 1910 zur Besorgung seiner Vermögensangelegenheiten einen Pfleger erhalten hat;
3. wer in Konkurs gerathen ist, während der Dauer des Konkurses;
4. wer der bürgerlichen Ehrenrechte für verlustig erklärt ist, soweit sich nicht aus den Vorschriften des Strafgesetzbuchs ein Anderes ergiebt.

§. 1782.

Zum Vormunde soll nicht bestellt werden, wer durch Anordnung des Vaters oder der ehelichen Mutter des Mündels von der Vormundschaft ausgeschlossen ist. Die Mutter kann den von dem Vater als Vormund Benannten nicht ausschließen.

Auf die Ausschließung finden die Vorschriften des §. 1777 Anwendung.

---

in Betracht kommenden Personen jede gleich geeignet ist, diejenige vorgezogen werden, welche Bestellte ist Vormund und hat als solcher alle Rechte und Pflichten des Vormundes, insbesondere ist er nach Maßgabe des § 1833 dem Mündel verantwortlich; er muß aber, wenn das Vormundschaftsgericht den Verstoß gegen die Vorschriften des § 1781 entdeckt, sofort entlassen werden (§ 1886) und er haftet dem Mündel gemäß § 1833, wenn er von seiner Untauglichkeit Kenntniß erhält und dem Vormundschaftsgerichte keine Anzeige erstattet.

2. Die einzelnen Untauglichkeitsgründe:

**a)** Zu Nr. 1. Die Volljährigkeitserklärung stellt den für volljährig Erklärten auch in Ansehung der Uebertragung der Vormundschaft den Volljährigen gleich (§ 3). Wird entgegen der Nr. 1 ein Minderjähriger oder unter vorläufiger Vormundschaft Stehender zum Vormunde bestellt, so findet § 165 Anwendung (s. Erl. 1 zu § 165).

**b)** Die Nr. 2 betrifft die Pflegschaft wegen körperlicher oder geistiger Gebrechen. Unter die Nr. 2 gehört der Fall nicht, daß Jemand nur zur Besorgung einzelner Vermögensangelegenheiten oder eines bestimmten, nicht sämmtliche Vermögensangelegenheiten umfassenden Kreises von Angelegenheiten einen Pfleger erhalten hat. Auch die Bestellung eines Pflegers für die Person, wenn damit nicht zugleich die Pflegschaft für das Vermögen verbunden ist, bildet keinen Untauglichkeitsgrund.

**c)** In Konkurs gerathen (Nr. 3) ist derjenige, über dessen Vermögen das Konkursverfahren eröffnet ist (§ 108 K.O.), auch wenn der Eröffnungsbeschluß noch nicht rechtskräftig geworden ist. Das Konkursverfahren dauert bis zu seiner Aufhebung oder Einstellung (§§ 163, 190, 202, 204 K.O.).

**d)** Für die Nr. 4 kommt der § 34 Nr. 6 des St.G.B. (E.G. Art. 34) in Betracht. Nach diesem bewirkt die Aberkennung der bürgerlichen Ehrenrechte die Unfähigkeit (— über den Ausdruck s. Erl. 2c zu Art. 32 des E.G. —), während der im Urtheile bestimmten Zeit Vormund zu sein, es sei denn, daß es sich um Verwandte absteigender Linie handelt und das Vormundschaftsgericht die Genehmigung ertheilt. Die Wirkung der Aberkennung der bürgerlichen Ehrenrechte tritt nach § 36 des St.G.B. mit der Rechtskraft des Urtheils ein; die Zeitdauer wird von dem Tage berechnet, an dem die Strafe, neben welcher die Aberkennung ausgesprochen wurde, verbüßt, verjährt oder erlassen ist. Vergl. noch Erl. II 1 zu Art. 34 des E.G.

**3.** Keinen Untauglichkeitsgrund bildet der Mangel der deutschen Staatsangehörigkeit (s. Erl. zu § 1785).

**§ 1782.**

**E. I § 1640 Nr. 5, § 1646 Abs. 2; II § 1663 rev. § 1760; III § 1758. P. I S. 8172, 8193; M. IV S. 1068, 1081. P. II S. 6338, 6345 (Bd. 4 S. 751).**

**1.** Das elterliche Ausschließungsrecht ist wie das elterliche Benennungsrecht (§ 1776 Abs. 1 Nr. 1, 2) ein Ausfluß der elterlichen Gewalt und steht darum nur dem ehelichen Vater und der ehelichen Mutter und auch diesen nur dann zu, wenn der Elterntheil zur Zeit seines Todes die elterliche Gewalt hatte und sowohl in den die Person als auch in den das Vermögen des Kindes betreffenden Angelegenheiten zur Vertretung des Kindes berechtigt war. Die Ausschließung kann nur durch letztwillige Verfügung geschehen; sie muß sich auf bestimmt bezeichnete Personen beziehen, eine Anordnung, die ganze Klassen von Personen ausschließt (z. B. für das Kind soll nur ein Kaufmann Vormund sein dürfen), ist unwirksam. Im Uebrigen s. wegen der materiellen und formellen Voraussetzungen die Erl. zu § 1777.

§. 1783.

Eine Frau, die mit einem Anderen als dem Vater des Mündels verheirathet ist, soll nur mit Zustimmung ihres Mannes zum Vormunde bestellt werden.

§. 1784.

Ein Beamter oder Religionsdiener, der nach den Landesgesetzen einer besonderen Erlaubniß zur Uebernahme einer Vormundschaft bedarf, soll nicht ohne die vorgeschriebene Erlaubniß zum Vormunde bestellt werden.

---

2. Die vom Vater ausgesprochene Ausschließung geht der Anordnung der Mutter im Falle eines Widerstreits vor. Der Vater kann sich also der Benennung eines Vormundes enthalten, aber den von der Mutter benannten ausschließen. Der Vater kann auch die Mutter von der Vormundschaft ausschließen. Dies hat insbesondere für den Fall Bedeutung, daß die Mutter nach dem Tode des Vaters sich wieder verheirathet.

**§ 1783.**

**E. I § 1640 Nr. 4, § 1641, § 1646 Abs. 2; II § 1664 Abs. 2 rev. § 1761 Abs. 2; III § 1759 Abs. 2. P. I S. 8173, 8754; M. IV S. 1067, 1071, 1081. P. II S. 6338, 6345 (Bd. 4 S. 751). K.B. S. 2088. St.B. S. 3005, 3095.**

Frauen sind nach den Beschlüssen der Reichstagskommission nicht grundsätzlich unfähig oder untauglich, Vormund zu werden. Sie können zum Vormund ausgewählt werden, haben jedoch nach § 1786 Abs. 1 Nr. 1 ein unbedingtes Ablehnungsrecht.

Ehefrauen jedoch sollen — einerseits um zu verhindern, daß sie durch die Vormundschaft ihren häuslichen Pflichten entzogen werden, andererseits mit Rücksicht auf die Wirksamkeit der aus der Vormundschaft entspringenden Verbindlichkeiten gegenüber dem Manne — nur mit Zustimmung des Mannes zum Vormunde bestellt werden. Die Zustimmung ist nicht erforderlich, wenn es sich um die Vormundschaft über leibliche Kinder des Ehemanns handelt, wobei es gleichgültig ist, ob das Kind auch ein leibliches Kind der Frau ist. Der Fall kann namentlich eintreten, wenn der Mann die elterliche Gewalt verwirkt hat oder seine Gewalt ruht oder wenn ihm nach § 1666 Abs. 2 die Sorge für die Person und das Vermögen entzogen ist. Ist die Frau ohne die erforderliche Zustimmung des Mannes zum Vormunde bestellt worden, so ist die Bestellung gültig. Auch auf die Wirksamkeit der aus der Vormundschaftsführung nach § 1833 entspringenden Verbindlichkeiten der Frau gegenüber dem Manne ist der Mangel der Zustimmung des Mannes ohne Belang. Der Mann kann z. B. beim gesetzlichen Güterrechte nicht in analoger Anwendung des § 1412 dem Mündel den Zugriff auf das eingebrachte Gut der Frau verwehren; für die aus der Vormundschaftsführung entstehenden Verbindlichkeiten der Frau gegenüber dem Mündel haftet der Mann bei der allgemeinen Gütergemeinschaft trotz des Mangels seiner Zustimmung auch persönlich (§ 1459). Wegen Versagung oder Widerrufs der ehemännlichen Zustimmung s. § 1887 Abs. 2. Wegen späterer Verehelichung der zum Vormunde bestellten Frau s. § 1887 Abs. 1.

**§ 1784.**

**E. I § 1642, § 1646 Abs. 2; II § 1665 rev. § 1762; III § 1760. P. I S. 8177; M. IV S. 1071. P. II S. 6338 (Bd. 6 S. 751).**

1. Ob Reichsbeamte zu Vormündern bestellt werden können, ist nur für die Militärpersonen des Friedensstandes und die Civilbeamten der Militärverwaltung reichsrechtlich entschieden. Diese können nach § 41 des R.-Mil.-Ges. vom 2. Mai 1874 die Uebernahme der Vormundschaft ablehnen und sind zur Uebernahme nur mit Genehmigung der Vorgesetzten berechtigt. Für die der Reichsmarine angehörenden Personen ist eine entsprechende Bestimmung nicht getroffen. In Ansehung der übrigen Reichsbeamten finden nach § 19 des Reichsbeamtengesetzes v. 31. März 1873 diejenigen Vorschriften Anwendung, welche an dem Wohnsitze des Reichsbeamten für die Landesbeamten gelten.

2. Inwieweit Landesbeamte zu Vormündern bestellt werden können, überläßt der § 1784 der Landesgesetzgebung. Diese ist dabei nur insofern eingeschränkt, als sie dem Beamten kein Ablehnungsrecht einräumen darf; wenn sie aus öffentlichen Gründen die allgemeine Staatsbürgerpflicht zur Uebernahme einer Vormundschaft (§ 1785) zu Gunsten der Beamten durchbrechen will, so kann dies nur in der Weise geschehen, daß zur Uebernahme der Vormundschaft

### §. 1785.

Jeder Deutsche hat die Vormundschaft, für die er von dem Vormundschaftsgericht ausgewählt wird, zu übernehmen, sofern nicht seiner Bestellung zum Vormund einer der in den §§. 1780 bis 1784 bestimmten Gründe entgegensteht.

### §. 1786.

Die Uebernahme der Vormundschaft kann ablehnen:

1. eine Frau;
2. wer das sechzigste Lebensjahr vollendet hat;

---

eine besondere dienstliche Erlaubniß verlangt wird. Der § 1784 weist das Vormundschaftsgericht an, einen Beamten ohne diese Erlaubniß nicht zum Vormund aufzustellen. Wird ein Beamter ohne die erforderliche Erlaubniß zum Vormund ausgewählt, so ist er zur Uebernahme der Vormundschaft nicht verpflichtet (§ 1785). Solange übrigens die Entscheidung über die Ertheilung oder Versagung der Erlaubniß nicht erfolgt ist, kann der Beamte die vorläufige Uebernahme der Vormundschaft nicht ablehnen. Ist entgegen dem Verbote des § 1784 ein Beamter ohne die erforderliche Erlaubniß als Vormund bestellt, so ist die Bestellung gültig. Wegen der Entlassung des Beamten als Vormund, wegen Versagung oder Zurücknahme der Erlaubniß s. § 1888.

Wer als Beamter anzusehen ist, bestimmt sich nach Landesrecht.

**3.** Für **Religionsdiener** gilt das in der Erl. 2 Bemerkte entsprechend. Auch der Begriff eines Religionsdieners bestimmt sich nach dem Landesrechte.

**4.** Ueber in Betracht kommende Landesgesetze vergl. die A.G. zum B.G.B. von Preußen Art. 72, Sachsen § 40, Württemberg Art. 67, Baden Art. 34 (Beamtenges. v. 24. Juli 1888 § 12a), Hessen Art. 123. Für Bayern s. V. v. 10. März 1868.

### § 1785.

**E. I § 1639 Satz 1; II § 1667 Abs. 1 rev. § 1763; III § 1761. P. I S. 8166; M. IV S. 1062. P. II S. 6337 (Bd. 4 S. 750).**

**1.** Der § 1785 stellt für Deutsche eine Zwangspflicht zur Uebernahme einer Vormundschaft auf.

Die Zwangspflicht besteht nur für die richterliche Berufung, nicht für die Berufung durch letztwillige Verfügung oder durch das Gesetz (s. Erl. zu § 1778); es kann aber auch ein durch letztwillige Verfügung oder durch das Gesetz Berufener, welcher der Berufung nicht Folge leisten will, zum Vormunde vom Richter ausgewählt werden; alsdann besteht auch für ihn die Zwangspflicht zur Uebernahme (s. Erl. zu § 1779).

Der Zwangspflicht sind nur Deutsche unterworfen, diese aber ohne Rücksicht auf ihre Staatsangehörigkeit, so daß z. B. ein Preuße, welcher in Bayern wohnt, daselbst zur Uebernahme der Vormundschaft verpflichtet ist. Ausländer können zum Vormunde bestellt werden; sie sind jedoch berechtigt, die Uebernahme abzulehnen. Sind sie aber einmal bestellt worden, so haben sie kein Recht, unter Berufung auf ihre Ausländereigenschaft die Entlassung zu fordern.

**2.** Die Zwangspflicht besteht nicht, wenn einer der im § 1780 bezeichneten Unfähigkeitsgründe oder einer der in den §§ 1781—1784 bezeichneten Untauglichkeitsgründe der Bestellung entgegensteht oder wenn der Ausgewählte nach § 1786 zur Ablehnung berechtigt ist. Nach § 60 Abs. 1 Nr. 2 des freiw. G.G. findet die sofortige Beschwerde statt gegen eine Verfügung, durch welche die Weigerung, eine Vormundschaft zu übernehmen, zurückgewiesen wird.

**3.** Zur Erzwingung der Zwangspflicht ist dem Vormundschaftsgericht im § 1788 ein Ordnungsstrafrecht eingeräumt; auch verpflichtet der § 1787 den die Uebernahme zu Unrecht Ablehnenden dem Mündel gegenüber zum Schadensersatze.

### § 1786.

**E. I § 1643, § 1644 Abs. 1; II § 1666, § 1668 Abs. 1 rev. § 1764; III § 1762. P. I S. 8181; M. IV S. 1073. P. II S. 6339, 8679 (Bd. 4 S. 751; Bd. 6 S. 306).**

**1.** Die im § 1786 aufgezählten Gründe geben das Recht die Uebernahme der Vormundschaft abzulehnen. Hat der zum Vormund Ausgewählte aber die Vormundschaft übernommen,

3. wer mehr als vier minderjährige eheliche Kinder hat; ein von einem Anderen an Kindesstatt angenommenes Kind wird nicht gerechnet;
4. wer durch Krankheit oder durch Gebrechen verhindert ist, die Vormundschaft ordnungsmäßig zu führen;
5. wer wegen Entfernung seines Wohnsitzes von dem Sitze des Vormundschaftsgerichts die Vormundschaft nicht ohne besondere Belästigung führen kann;
6. wer nach §. 1844 zur Sicherheitsleistung angehalten wird;
7. wer mit einem Anderen zur gemeinschaftlichen Führung der Vormundschaft bestellt werden soll;
8. wer mehr als eine Vormundschaft oder Pflegschaft führt; die Vormundschaft oder Pflegschaft über mehrere Geschwister gilt nur als eine; die Führung von zwei Gegenvormundschaften steht der Führung einer Vormundschaft gleich.

Das Ablehnungsrecht erlischt, wenn es nicht vor der Bestellung bei dem Vormundschaftsgerichte geltend gemacht wird.

---

so kann er aus einem der im § 1786 aufgezählten Gründe seine Entlassung nicht verlangen; nur wenn einer der Gründe der Nr. 2—7 erst nach der Bestellung eingetreten ist, kann die Entlassung nach § 1889 gefordert werden.

2. Die einzelnen Ablehnungsgründe:

**a)** Zu Nr. 1. Ob die Frau ledig oder verheirathet, verwittwet oder geschieden, mit dem Mündel verwandt oder nicht verwandt ist, macht keinen Unterschied. Zu Nr. 1 vergl. auch §§ 1783, 1887.

**b)** Zu Nr. 2. Berechnung des Lebensalters s. § 187 Abs. 2, § 188.

**c)** Zu Nr. 3. Zur Ablehnung ist also nur berechtigt, wer mindestens fünf eheliche Kinder hat. Für volljährig erklärte Kinder zählen nicht mit; durch nachfolgende Ehe oder durch Ehelichkeitserklärung legitimirte Kinder sowie angenommene Kinder stehen den ehelichen gleich. Dasselbe gilt von Kindern aus nichtigen Ehen, welche nach den §§ 1699 ff. als eheliche gelten. Gleichgültig ist, ob die Kinder noch unter elterlicher Gewalt stehen oder nicht; auch eine verheirathete minderjährige Tochter wird mitgerechnet. Dagegen zählen nicht mit Enkel, ferner ein von einem Dritten angenommenes Kind und zwar auch dann nicht, wenn das durch die Annahme begründete Rechtsverhältniß wieder aufgehoben worden ist. Auch ein nasciturus wird nicht mitgezählt; nach seiner Geburt natürlich kann das Recht auf Entlassung gemäß § 1889 begründet sein.

**d)** Zu Nr. 4. Es genügt, daß die Krankheit oder Gebrechlichkeit den Ausgewählten verhindert, die Vormundschaft „ordnungsgemäß" zu führen. Es braucht nicht vollständige Unfähigkeit zur Führung vorzuliegen. Auch eine Krankheit, von welcher voraussichtlich bald Genesung eintritt, kommt in Betracht.

**e)** Zu Nr. 5. Abweichend vom E. I kommt nichts darauf an, ob der Wohnsitz des Ausgewählten im Bezirke des Vormundschaftsgerichts gelegen ist. Ein innerhalb des Bezirkes des Vormundschaftsgerichts gelegener Wohnsitz kann also zur Ablehnung unter Umständen berechtigen, während ein außerhalb des Bezirkes gelegener nicht stets das Ablehnungsrecht begründet. Der Wohnsitz des Mündels wird überhaupt nicht in Berücksichtigung gezogen.

**f)** Zu Nr. 6. Es handelt sich um den Fall, daß von vornherein Sicherheitsleistung verlangt wird.

**g)** Die Nr. 7 ist aufgenommen, weil die gemeinschaftliche Führung der Vormundschaft mit einem Anderen einerseits manche Unbequemlichkeit, andererseits große Gefahr und Verantwortung in sich birgt (s. § 1833). Die Bestellung neben einem anderen Vormunde, wenn die Geschäfte nach verschiedenen Wirkungskreisen vertheilt sind (§ 1797 Abs. 2), berechtigt nicht zur Ablehnung.

**h)** Zu Nr. 8. Der Pflegschaft steht die Beistandschaft mit Vermögensverwaltung nach § 1693 gleich. Eine Gegenvormundschaft wird als eine halbe Vormundschaft gerechnet, so daß also die Führung von vier Gegenvormundschaften zur Ablehnung berechtigt. Die Gegen-

## §. 1787.

Wer die Uebernahme der Vormundschaft ohne Grund ablehnt, ist, wenn ihm ein Verschulden zur Last fällt, für den Schaden verantwortlich, der dem Mündel dadurch entsteht, daß sich die Bestellung des Vormundes verzögert.

Erklärt das Vormundschaftsgericht die Ablehnung für unbegründet, so hat der Ablehnende, unbeschadet der ihm zustehenden Rechtsmittel, die Vormundschaft auf Erfordern des Vormundschaftsgerichts vorläufig zu übernehmen.

---

vormundschaft über mehrere Geschwister wird, wie die Vormundschaft über sie, nur einmal gezählt. Die Vormundschaft über mehrere uneheliche Kinder derselben Mutter gilt als eine einzige Vormundschaft auch dann, wenn die Kinder verschiedene Väter haben. Die Führung einer Vormundschaft und einer Gegenvormundschaft berechtigt nicht zur Ablehnung (a. A. Schultheis S. 46, Schultetus S. 38), da nach dem Wortlaute der Nr. 8 der Ablehnende mehr als eine Vormundschaft, also mindestens zwei führen muß, eine Vormundschaft und eine Gegenvormundschaft aber nur eine und eine halbe Vormundschaft sind.

3. Ueber die Geltendmachung des Ablehnungsrechts ist im Abs. 2 nur bestimmt, daß sie vor der Bestellung (§ 1789) und dem Vormundschaftsgerichte gegenüber zu erfolgen hat. Eine bestimmte Form für die Geltendmachung ist nicht vorgeschrieben. Ein Verzicht auf die Geltendmachung, der einem Dritten gegenüber z. B. gegenüber dem Vater ausgesprochen worden ist, wird nicht berücksichtigt.

### § 1787.

**E. I § 1639 Satz 2, § 1644 Abs. 2; II § 1667 Abs. 2, § 1668 Abs. 2 rev. § 1765; III § 1763. P. I S. 8166, 8183, 8833; M. IV S. 1063, 1077. P. II S. 6337, 6341, 8680 (Bd. 4 S. 750; Bd. 6 S. 306).**

1. Die Verpflichtung zur Uebernahme der Vormundschaft ist an sich nur eine öffentlich rechtliche Pflicht. Der § 1787 behandelt sie aber so, wie wenn sie auch eine dem Mündel gegenüber begründete privatrechtliche Verpflichtung wäre. Ihre Erfüllung kann zwar vom Mündel nicht im Rechtsweg erzwungen werden, der Mündel kann aber aus ihrer Verletzung den Anspruch auf Schadensersatz herleiten.

2. Voraussetzung der Schadensersatzpflicht des Berufenen ist, daß er die Uebernahme ohne Grund ablehnt und ihm die grundlose Ablehnung zum Verschulden angerechnet werden kann. Die Ablehnung ist eine grundlose, wenn der Berufene gemäß § 1785 zur Uebernahme verpflichtet ist und keiner der Ablehnungsgründe des § 1786 vorliegt. Die Schadensersatzpflicht besteht also nur in Ansehung der richterlichen Berufung (§ 1779), nicht bei der Berufung durch letztwillige Verfügung oder durch das Gesetz (§ 1776). Wegen der Frage des Verschuldens s. § 276.

3. Umfang des Schadensersatzanspruchs. Nur der Schaden muß ersetzt werden, welcher durch die in Folge der grundlosen Weigerung eingetretene Verzögerung der Vormundsbestellung verursacht wird, nicht der Schaden, welcher z. B. aus der Bestellung eines ungeeigneten Vormundes entsteht. Daß demjenigen, der sich unbegründet weigert, die Kosten der Weigerung zur Last fallen, ist selbstverständlich (M. IV S. 1065). Im Uebrigen gelten für den Schadensersatzanspruch die allgemeinen Vorschriften der §§ 249 ff.

4. Der Abs. 2 erklärt den Ablehnenden ungeachtet dessen, daß gegen die Entscheidung des Vormundschaftsgerichts, durch welche die Weigerung des Ablehnenden zurückgewiesen wird, die Beschwerde (§ 60 Nr. 2, § 63 mit § 24 des freiw. G.G.) zulässig ist, für verpflichtet, auf Erfordern des Vormundschaftsgerichts die Vormundschaft vorläufig zu übernehmen. Auch die grundlose Weigerung, die Vormundschaft vorläufig zu übernehmen, begründet nach Maßgabe des Abs. 1 die Verpflichtung zum Schadensersatze.

5. Wenn auch über die Frage ob ein Ablehnungsgrund vorliegt, der Rechtsweg ausgeschlossen und nur das Verfahren der freiwilligen Gerichtsbarkeit zulässig ist, so ist selbstverständlich doch über die Frage, ob auf Grund des § 1787 ein Schadensersatzanspruch geltend gemacht werden kann, im gewöhnlichen Prozeßwege zu entscheiden. Die Entscheidung des Vormundschaftsgerichts bezw. des Beschwerdegerichts über die Begründetheit oder Nichtbegründetheit der Weigerung erscheint dabei für den Prozeßrichter nicht als bindend.

§. 1788.

Das Vormundschaftsgericht kann den zum Vormund Ausgewählten durch Ordnungsstrafen zur Uebernahme der Vormundschaft anhalten.

Die einzelne Strafe darf den Betrag von dreihundert Mark nicht übersteigen. Die Strafen dürfen nur in Zwischenräumen von mindestens einer Woche verhängt werden. Mehr als drei Strafen dürfen nicht verhängt werden.

§. 1789.

Der Vormund wird von dem Vormundsschaftsgerichte durch Verpflichtung zu treuer und gewissenhafter Führung der Vormundschaft bestellt. Die Verpflichtung soll mittelst Handschlags an Eidesstatt erfolgen.

---

**§ 1788.**

**E. I § 1639 Satz 3, 4; II § 1669 rev. § 1766; III § 1764. P. I S. 8166; M. IV S. 1064. P. II S. 6337 (Bd. 4 S. 750).**

**1.** Das Ordnungsstrafrecht besteht nur gegenüber der richterlichen Berufung (§ 1779), nicht gegenüber der Berufung durch letztwillige Verfügung oder das Gesetz (§ 1776). Das Ordnungsstrafrecht ist zur Erzwingung der Uebernahme der Vormundschaft eingeräumt. Die Uebernahme verweigert nicht nur, wer ausdrücklich seine Bestellung (§ 1789) ablehnt, sondern auch wer zur Verpflichtung nicht vor Gericht erscheint. Das Ordnungsstrafrecht besteht, wie sich aus der Stellung des § 1788 ergiebt, auch zur Erzwingung der im § 1787 Abs. 2 bestimmten Verpflichtung zur vorläufigen Uebernahme der Vormundschaft.

**2.** Ein Mindestmaß der Strafe ist nicht vorgesehen. Eine Umwandelung der Geldstrafe in eine Freiheitsstrafe findet nicht statt. Die Straffestsetzung erfolgt auch gegen eine dem aktiven Heere oder der aktiven Marine angehörende Militärperson durch das Vormundschaftsgericht, vorausgesetzt, daß die Militärperson zur Uebernahme der Vormundschaft nach § 1784 verpflichtet ist. Der Straffestsetzung muß nach § 33 des freiw. G.G. eine Androhung vorhergehen; die Androhung ist aber nicht von einer vorgängigen Untersuchung der Frage bedingt, ob die Weigerung oder Verzögerung der Uebernahme sich als eine schuldvolle darstellt. Gegen die Strafverfügung ist die Beschwerde zulässig (§§ 19, 20 des freiw. G.G.). Die Beschwerde hat aufschiebende Wirkung (§ 24 das.). Bei genügender Entschuldigung kann die Strafverfügung nachträglich aufgehoben werden (§ 18 das.). Die Beitreibung der Strafe richtet sich nach Landesrecht.

**3.** Die dreimalige Verhängung einer Ordnungsstrafe über eine Person verhindert selbstverständlich nicht, daß die Person in einer anderen Vormundschaft wieder als Vormund ausgewählt und gegebenen Falles ein neues Ordnungsstrafverfahren gegen sie durchgeführt wird.

**§ 1789.**

**E. I § 1645 Abs. 1; II § 1670 rev. § 1767; III § 1765. P. I S. 8185—8193; M. IV S. 1078. P. II S. 6345, 6481 (Bd. 4 S. 752).**

**1.** Der Vormund erlangt sein Amt nicht schon durch die Auswahl des Gerichts oder die Berufung durch letztwillige Verfügung oder das Gesetz, sondern erst durch die Bestellung seitens des Vormundschaftsgerichts. Die Bestellung des Vormundes d. h. die Vornahme der Verpflichtung ist kein Rechtsgeschäft, sondern ein obrigkeitlicher Akt (s. auch Erl. zu § 1833). Vertretung des Vormundes bei der Bestellung ist nicht ausdrücklich erlaubt, daher verboten.

**2.** Die Bestellung geschieht durch das vor dem Richter abzugebende Gelöbniß zu treuer und gewissenhafter Führung des Amtes. Das Gelöbniß des Vormundes ist wesentlicher Bestandtheil der Bestellung; Unterlassung des Gelöbnisses macht die Bestellung nichtig. Das Gelöbniß muß dem Richter unmittelbar abgegeben werden, schriftliche Erklärungen sind als ausgeschlossen zu erachten. Die im Satz 2 vorgeschriebene Form, daß das Gelöbniß mittels Handschlags an Eidesstatt erfolgen soll, hat nur moralische Bedeutung, Verletzung dieser Form ist ohne Einfluß.

**3.** Die Bestellung braucht nicht vom Vormundschaftsgerichte selbst vorgenommen zu werden, sondern kann im Wege der Rechtshülfe durch ein anderes Amtsgericht erfolgen.

§. 1790.

Bei der Bestellung des Vormundes kann die Entlassung für den Fall vorbehalten werden, daß ein bestimmtes Ereigniß eintritt oder nicht eintritt.

§. 1791.

Der Vormund erhält eine Bestallung.

Die Bestallung soll enthalten den Namen und die Zeit der Geburt des Mündels, die Namen des Vormundes, des Gegenvormundes und der Mitvormünder sowie im Falle der Theilung der Vormundschaft die Art der Theilung. Ist ein Familienrath eingesetzt, so ist auch dies anzugeben.

---

**§ 1790.**

**E. I § 1638 Abs. 3; II § 1660 Abs. 3 rev. § 1768; III § 1766. P. I S. 8161; M. IV S. 1062. P. II S. 6335 (Bd. 4 S. 748).**

1. Ein Beispiel für die Anwendbarkeit des § 1790 s. in der Erl. 3 zu § 1777. Auch die Vorschrift des § 1778 Abs. 2 kann zur Anwendung des § 1790 führen.

2. Vom Eintritt eines bestimmten Zeitpunkts, ohne daß dieser Zeitpunkt im Zusammenhange mit einem bestimmten Ereignisse stünde, kann die Entlassung nicht abhängig gemacht werden. Es ist also nicht die Bestellung auf eine gewisse Zeit schlechthin zulässig.

3. Von selbst wird das Amt des Vormundes beim Eintritte bezw. Nichteintritte des Ereignisses nicht beendigt, es bedarf vielmehr der Entlassung.

**§ 1791.**

**E. I § 1645 Abs. 2; II § 1671 rev. § 1769; III § 1767. P. I S. 8185; M. IV S. 1079. P. II S. 6341 (Bd. 4 S. 752).**

1. Die Bestallung hat nicht die rechtliche Bedeutung einer Vollmacht, eines gutgläubige Dritte nach Art der Vorschriften über die Wirksamkeit der Vollmacht (§§ 170ff.) schützenden Legitimationspapiers. Die Bestallung ist vielmehr nur ein gerichtliches Zeugniß, daß die in ihr bezeichnete Person nach Maßgabe des Inhalts der Bestallung zum Vormund aufgestellt worden ist. Die Bestallung schützt Dritte nicht nur nicht in der Richtung, daß der Bestellte noch Vormund ist, sondern nicht einmal nach der Richtung, daß er überhaupt mit Recht zum Vormunde bestellt worden ist. Rechtsgeschäfte eines entgegen dem Verbote des § 1780 zum Vormunde Bestellten sind, auch wenn der Dritte mit ihm auf Grund der Bestallung verhandelt hat, lediglich nach den Vorschriften eines Vertreters ohne Vertretungsmacht zu beurtheilen. Der Dritte, welcher sich mit dem Vormund in Rechtsverkehr einläßt, muß also Rechtsbestand und Fortdauer des Amtes des Vormundes selbst prüfen.

Die Gültigkeit der Bestellung ist selbstverständlich von der Aushändigung der Bestallung nicht abhängig.

2. Der Abs. 2 giebt den Inhalt an, welchen die Bestallung regelmäßig haben soll. Es steht nichts im Wege, daß die Bestallung noch andere Angaben enthält, insbesondere ist es zweckmäßig, daß sie im Falle der befreiten Vormundschaft die dem Vormunde zustehenden Befreiungen erwähnt. Von den Justizverwaltungen ist übrigens überwiegend angeordnet, daß auch die Befreiungen (§§ 1852ff.) in den Bestallungen zu erwähnen sind. Unter Umständen ist es zweckmäßig auch noch andere für die Vertretungsmacht des Vormundes bedeutungsvolle Thatsachen anzugeben z. B. Beschränkungen durch Anordnung eines Dritten (§ 1803), die Bestellung unter einer Bedingung (§ 1790).

3. Durch Sondergesetze ist für gewisse Rechtseinrichtungen die Art und Weise, in welcher der Vormund seine Legitimation zu führen hat, besonders geregelt. Vergl. z. B. die Verfügung der preußischen Oberrechnungskammer im Justiz-Min.-Bl. 1900 S. 597.

Auch steht nichts im Wege, daß das Vormundschaftsgericht dem Vormunde nach Maßgabe des Bedürfnisses neben der Bestallung noch eine besondere Urkunde über seine Bestellung ausstellt. Namentlich ist es zweckmäßig, mit der zum Zwecke der Erlangung des Armenrechts auszustellenden Bescheinigung, daß der Mündel vermögenslos ist (C.P.O. § 118 Abs. 2 Satz 2), die Bescheinigung der Bestellung des Vormundes zu verbinden.

## §. 1792.

Neben dem Vormunde kann ein Gegenvormund bestellt werden.

Ein Gegenvormund soll bestellt werden, wenn mit der Vormundschaft eine Vermögensverwaltung verbunden ist, es sei denn, daß die Verwaltung nicht erheblich oder daß die Vormundschaft von mehreren Vormündern gemeinschaftlich zu führen ist.

Ist die Vormundschaft von mehreren Vormündern nicht gemeinschaftlich zu führen, so kann der eine Vormund zum Gegenvormunde des anderen bestellt werden.

Auf die Berufung und Bestellung des Gegenvormundes finden die für die Berufung und Bestellung des Vormundes geltenden Vorschriften Anwendung.

---

4. Wegen Rückgabe der Bestallung bei Beendigung des Amtes s. § 1893 Abs. 2; wegen Aenderung der Bestallung bei Aufhebung des Familienraths s. § 1881.

5. Die Landesjustizverwaltungen haben die Bestallungen zum Theil mit Anleitungen zur Führung des vormundschaftlichen Amtes verbunden (so Bayern und Württemberg). Die Formulare für Preußen vergl. bei Weizsäcker S. 19ff., für Bayern im Justiz-Min.-Bl. 1900 S. 221, für Württemberg im Justiz-Min.-Bl. 1899 S. 191, 565.

## § 1792.

**E. I § 1647; II § 1672 rev. § 1770; III § 1768. P. I S. 8194; M. IV S. 1032ff., 1082. P. II S. 6345 (Bd. 4 S. 754).**

1. Ueber den Gegenvormund s. Vorbm. vor § 1773.

2. Wie die Fassung des Abs. 1 zum Ausdrucke bringt, ist das Vormundschaftsgericht befugt, neben jedem Vormund einen Gegenvormund zu bestellen. Nur wenn der Vater oder die Mutter nach den §§ 1852ff. die Bestellung eines Gegenvormundes untersagt hat, darf ein solcher nicht bestellt werden, außer wenn die Voraussetzungen des § 1857 vorliegen. Ueber eine weitere Ausnahme s. Art. 136 Nr. 4 des E.G. Es können auch mehrere Gegenvormünder bestellt werden; ein Bedürfniß hierzu wird freilich nur sehr selten vorliegen.

3. Der Abs. 2 schränkt die im Abs. 1 dem Vormundschaftsgericht eingeräumte Befugniß ein, indem er für die Fälle, daß mit der Vormundschaft eine erhebliche Vermögensverwaltung verknüpft ist und die Vormundschaft nicht von mehreren Vormündern gemeinschaftlich geführt wird, die Bestellung eines Gegenvormundes als Regel vorschreibt. Ob mit der Vormundschaft eine Vermögensverwaltung verbunden ist, ist eine Thatfrage. Der Begriff der Vermögensverwaltung setzt voraus, daß die Fürsorge für das Vermögen eine dauernde Verwaltungsthätigkeit erforderlich macht. Vermögensverwaltung liegt deshalb z. B. stets dann vor, wenn der Vormund über die fortlaufenden Einnahmen und Ausgaben Rechnung zu legen hat. Dagegen ist eine Vermögensverwaltung dann nicht anzunehmen, wenn das Vermögen des Mündels hinterlegt ist und dem Vormunde die gesammten Einkünfte zum Zwecke des Unterhalts überwiesen sind, so daß eine Rechnungsstellung entbehrlich ist, weil das Vormundschaftsgericht von vornherein sieht, daß die Einkünfte zum Unterhalte knapp ausreichen. Auch die bloße Verwahrung von Vermögensstücken z. B. Mobiliar des Mündels ist keine Verwaltung im Sinne des § 1792. Aber auch wenn eine Vermögensverwaltung mit der Vormundschaft verbunden ist, braucht ein Gegenvormund nicht bestellt zu werden, wenn die Vermögensverwaltung nicht erheblich ist. Es kommt nicht auf die Erheblichkeit des Vermögens, sondern auf die der Verwaltung an. Unterläßt der Vormundschaftsrichter die nach Abs. 2 erforderliche Bestellung eines Gegenvormundes, so ist er nach Maßgabe des § 1848 dem Mündel haftbar.

4. Zu Abs. 3 vergl. § 1797 Abs. 2.

5. Die Person des Gegenvormundes und die Art seiner Bestellung bestimmen sich gemäß Abs. 4 nach den gleichen Vorschriften, wie sie für den Vormund gelten.

**a)** Für die Berufung des Gegenvormundes sind die §§ 1776—1788 maßgebend. Als Gegenvormund ist also zunächst berufen, wen der Vater oder die eheliche Mutter nach Maßgabe des § 1777 zum Gegenvormund ernannt hat. In Ermangelung eines solchen sind der Großvater des Mündels von väterlicher, sodann der Großvater des Mündels von mütterlicher Seite berufen. Ist die Vormundschaft nicht einem nach § 1776 Berufenen zu übertragen, so hat der Vormundschaftsrichter nach Anhörung des Gemeindewaisenraths (§ 1849) eine geeignete Person als Vormund auszuwählen. Die Gründe des § 1780 machen zum Amte des Gegenvormundes

## II. Führung der Vormundschaft.

### §. 1793.

Der Vormund hat das Recht und die Pflicht, für die Person und das Vermögen des Mündels zu sorgen, insbesondere den Mündel zu vertreten.

---

unfähig. Zum Gegenvormund ist eine Person nicht zu bestellen, wenn in Ansehung ihrer einer der in den §§ 1781—1784 bestimmten Gründe vorliegt. Die Ausschließung einer Person von der Vormundschaft (§ 1782) wird übrigens wohl regelmäßig auch als Ausschließung von der Gegenvormundschaft aufzufassen sein. Die Uebernahme der Gegenvormundschaft ist allgemeine Staatsbürgerpflicht, welche nach § 1788 erzwungen werden kann. Die Ablehnungsgründe des § 1786 greifen auch gegenüber der Gegenvormundschaft Platz. Als Gegenvormund kann auch eine Frau bestellt werden. Gegen eine Verfügung des Vormundschaftsgerichts, durch die ein als Gegenvormund Berufener übergangen oder durch die die Weigerung, eine Gegenvormundschaft zu übernehmen, zurückgewiesen wird, ist die sofortige Beschwerde zulässig (§ 60 Abs. 1 Nr. 1, 2 des freiw. G.G.).

**b)** Für die Bestellung des Gegenvormundes gelten die §§ 1789—1791. Das Amt des Gegenvormundes beginnt also mit seiner Bestellung. Die Bestellung besteht in dem Gelöbnisse des Gegenvormundes, das Amt treu und gewissenhaft zu führen. Der Gegenvormund erhält eine Bestallung.

#### II. Führung der Vormundschaft.

Die Vorschriften dieses Unterabschnitts (§§ 1793—1836) umschreiben zunächst den Wirkungskreis des Vormundes (§§ 1794—1798) und des Gegenvormundes (§ 1799) im Allgemeinen. In den §§ 1800 ff. wird sodann der Wirkungskreis im Einzelnen geregelt. Die §§ 1800, 1801 beziehen sich auf die Sorge für die Person des Mündels. Der § 1802 verpflichtet den Vormund zur Verzeichnung des Mündelvermögens. Nach § 1803 muß der Vormund die Verwaltung in gewissen Fällen nach den Anordnungen eines Dritten führen. Die §§ 1804, 1805 verbieten dem Vormunde Schenkungen aus dem Mündelvermögen und die Verwendung von Mündelvermögen in den eigenen Nutzen. Die §§ 1806—1811 betreffen die Anlegung des Mündelgeldes. In den §§ 1812, 1813 wird der Vormund in Ansehung der Verfügung über Ansprüche des Mündels beschränkt. Durch die §§ 1814—1818 wird bestimmt, inwieweit der Vormund Mündelvermögen zu hinterlegen hat. Die §§ 1819—1831 binden den Vormund in gewissen Fällen an die Genehmigung des Vormundschaftsgerichts und regeln das Verfahren bei der Ertheilung der Genehmigung und die Folgen eines Mangels derselben. Der § 1832 ordnet die Folgen eines Mangels der Genehmigung des Gegenvormundes. Im § 1833 wird die Verantwortlichkeit des Vormundes und des Gegenvormundes geregelt. Hieran reiht sich die Vorschrift des § 1834, welche die unbefugte Verwendung von Mündelgeld durch den Vormund betrifft. Der § 1835 bestimmt die Ersatzpflicht des Mündels für Aufwendungen des Vormundes und des Gegenvormundes. Nach § 1836 wird die Vormundschaft sowie die Gegenvormundschaft unentgeltlich geführt, es kann aber eine Vergütung gewährt werden.

#### § 1793.

**E. I §§ 1648, 1649; II § 1673 rev. § 1771; III § 1769. P. I S. 8196; M. IV S. 1082—1087. P. II S. 6347, 8680 (Bd. 4 S. 755, 756; Bd. 6 S. 306).**

**1.** Der § 1793 stellt den Umfang der Rechte und Pflichten des Vormundes im Allgemeinen fest. Danach liegt dem Vormund ob:

**a)** Die Sorge für die Person des Mündels und zwar nach der thatsächlichen wie nach der rechtlichen Seite. Wegen der Einzelheiten wird auf die Erl. 1 zu § 1627 verwiesen. Die dortselbst gemachten Bemerkungen gelten, sowohl was den Unterschied zwischen der thatsächlichen und der rechtlichen Fürsorge als den Umfang der persönlichen Angelegenheiten betrifft, auch für das Vormundschaftsrecht.

Zur Bestreitung der Kosten, welche die Sorge für die Person verursacht, insbesondere der Erziehungskosten, darf der Vormund, soweit erforderlich, das Stammkapital des Mündels angreifen und unter Umständen aufbrauchen. Einer Genehmigung des Gegenvormundes oder des Vormundschaftsgerichts bedarf er dabei nur insoweit, als er, um sich die Mittel zu verschaffen, Vermögensgegenstände veräußern muß und zu dieser Veräußerung nach den besonderen Vorschriften der §§ 1812, 1819 ff. die Genehmigung des Gegenvormundes oder des Vormundschaftsgerichts nothwendig ist.

b) Die Sorge für das Vermögen des Mündels. Diese umfaßt insbesondere die Sorge für die Erhaltung, Verwerthung und Vermehrung des Vermögens sowohl in thatsächlicher als auch in rechtlicher Hinsicht. Als die wesentlichsten, dem Gebiete der Sorge für das Vermögen angehörenden Angelegenheiten kommen, abgesehen von der Ziehung der Nutzungen, insbesondere die Anlegung des Geldes des Mündels und die Vornahme der für die Vermögensverwaltung erforderlichen Rechtsgeschäfte in Betracht.

Vermöge seines Verwaltungsrechts ist der Vormund berechtigt, die zum Vermögen des Mündels gehörenden Sachen in Besitz zu nehmen. Dieses Recht ist mit Rücksicht darauf, daß der Vormund der gesetzliche Vertreter des Mündels ist, nicht ausdrücklich ausgesprochen.

Die Vermögensverwaltung des Vormundes schließt nicht jede Vermögensverwaltung des Mündels aus. Die Bemerkungen der Erl. 7 zu § 1627 gelten auch für das Vormundschaftsrecht.

2. Mit der Sorge für die Person des Mündels ist das Recht der Vertretung des Mündels in den die Person betreffenden Angelegenheiten und mit der Sorge für das Vermögen das Recht der Vertretung in den das Vermögen betreffenden Angelegenheiten verbunden.

a) Kraft seiner Vertretungsmacht ist der Vormund berechtigt, für den Mündel Rechtsgeschäfte vorzunehmen und Rechtsstreite zu führen, ihm gegenüber als Vertreter des Mündels können bezw. müssen die Rechtsgeschäfte vorgenommen werden, er ist, soweit zur Wirksamkeit eines Rechtsgeschäfts des Mündels die Zustimmung des gesetzlichen Vertreters erforderlich ist, zur Ertheilung oder Versagung der Zustimmung berechtigt (vergl. insbes. §§ 107ff., 131, ferner C.P.O. §§ 51, 52). Die vom Vormund als Vertreter des Mündels vorgenommenen Rechtsgeschäfte wirken unmittelbar für und gegen den Mündel (§ 164 Abs. 1, 3), das Gleiche gilt von den von ihm für den Mündel geführten Rechtsstreiten. Für widerrechtliche Handlungen des Vormundes haftet der Mündel nur nach Maßgabe des § 278, also nur für das Verschulden des Vormundes bei Erfüllung von Verbindlichkeiten.

b) Die Vertretungsmacht des Vormundes ist eine allgemeine, sie erstreckt sich jedoch nicht auf Angelegenheiten des Mündels, für welche ein Pfleger bestellt ist (§ 1794). Ueber die Vertretungsmacht von Mitvormündern s. Erl. zu § 1797.

c) Die Vertretungsmacht des Vormundes ist grundsätzlich unbeschränkt. Hiervon bestehen jedoch Ausnahmen:

$\alpha$) In gewissen, höchst persönlichen Angelegenheiten kann die Rechtshandlung nur vom Mündel selbst vorgenommen werden; zum Theil ist dabei die Zustimmung des Vormundes erforderlich, zum Theil nicht. Ueber die hierher gehörenden Fälle vergl. § 1307 Satz 2, § 1317, § 1336 Abs. 1, § 1337 Abs. 3, § 1358 Abs. 3, §§ 1437, 1508, 1516, 1728, 1729, 1731, 1748, 1750, 1755, 1770, 2064, 2229, 2271, 2274, 2275, 2282, 2284, 2290, 2296, 2347, 2351, 2352, C.P.O. § 612.

$\beta$) In einer Reihe anderer, vorzugsweise auf dem Gebiete der Vermögensverwaltung liegenden Angelegenheiten ist die Vertretungsmacht des Vormundes auch nach außen hin dadurch beschränkt, daß er an die Genehmigung des Gegenvormundes oder des Vormundschaftsgerichts gebunden ist; über die hierher gehörigen Fälle s. z. B. §§ 112, 1336, § 1437 Abs. 2, §§ 1484, 1491, 1492, 1517, 1595, 1714, 1728, 1729, 1731, 1750, 1751, 1755, 1770, 1803, 1809, 1810, 1812, 1814—1816, 1819—1824, 1902, 2275, 2282, 2290—2292, 2347, 2351, 2352, ferner C.P.O. §§ 612, 641, 962.

d) Ueber den Ausschluß der Vertretungsmacht wegen Interessenkollision s. §§ 1795, 1796.

3. Recht und Pflicht des Vormundes, für die Person und das Vermögen des Mündels zu sorgen, beginnt erst mit der Bestellung (§ 1789). Ueber die Befugniß des Vormundschaftsgerichts, in eiligen Fällen selbst einzugreifen, s. § 1846.

4. Der § 1793 bringt dadurch, daß er dem Vormunde die Sorge für die Person und das Vermögen des Mündels zuweist, zugleich zum Ausdrucke, daß, soweit nicht das Gesetz eine besondere Ausnahme macht, kein Anderer diese Sorge hat; im § 1793 liegt also die Anerkennung des Grundsatzes der Selbständigkeit des Vormundes (s. Vorbm. S. 514 und Erl. zu § 1837).

5. Daß der Vormund nicht sein Amt als solches auf einen Anderen übertragen kann, ergiebt sich aus dem Charakter der vormundschaftlichen Rechte und Pflichten als eines Amtes. Inwieweit aber der Vormund einzelne seiner Rechte und Pflichten auf einen Anderen übertragen kann, läßt sich nicht im Allgemeinen bestimmen. Es hängt von den Umständen des Falles ab, ob der Vormund nicht dadurch eine Pflichtwidrigkeit begeht, daß er ein ihm kraft seines Amtes zustehendes Recht, z. B. das Erziehungsrecht in einem Lehrvertrag, einem Anderen überträgt oder eine ihm kraft seines Amtes obliegende Pflicht, z. B. die Verwaltung eines Landguts, von einem Anderen wahrnehmen läßt. Hat der Vormund einem Dritten Vollmacht ertheilt, so gelten für sie die allgemeinen Vorschriften der §§ 167—176. Ins-

## §. 1794.

Das Recht und die Pflicht des Vormundes, für die Person und das Vermögen des Mündels zu sorgen, erstreckt sich nicht auf Angelegenheiten des Mündels, für die ein Pfleger bestellt ist.

## §. 1795.

Der Vormund kann den Mündel nicht vertreten:

1. bei einem Rechtsgeschäfte zwischen seinem Ehegatten oder einem seiner Verwandten in gerader Linie einerseits und dem Mündel andererseits,

---

besondere erlischt die Vollmacht mit dem Amte des Vormundes, selbstverständlich nur vorbehaltlich der Fälle, in welchen sie zufolge der allgemeinen Grundsätze (vergl. z. B. § 170) als fortbestehend gilt. Für ein Verschulden bei der Auswahl und Bestellung eines Vertreters haftet der Vormund (s. Erl. 4 zu § 1833).

Auch darüber enthält das B.G.B. keine Vorschrift, ob der Vormund in allen Fällen, in welchen er materiell Geschäfte des Mündels besorgt, diese auch formell im Namen des Mündels schließen muß. Wie die M. IV S. 1087 bemerken, ist von einer derartigen Vorschrift abgesehen worden, weil sie praktisch nicht durchführbar ist. Danach ist der Vormund berechtigt, die Geschäfte des Mündels im eigenen Namen oder im Namen des Mündels abzuschließen, er muß aber immer dann als Vertreter des Mündels auftreten, wenn das entgegengesetzte Verfahren dem Mündel gefährlich werden könnte. Eine Surrogation, wie sie beim gesetzlichen Güterrecht (§ 1381) und bei der elterlichen Gewalt (§ 1646) anerkannt ist, findet bei der Vormundschaft nicht statt.

6. Steht eine Ehefrau unter Vormundschaft, so hat der Vormund die Sorge für das Vermögen der Frau nur unbeschadet der dem Manne kraft des Güterstandes zustehenden Rechte, beim gesetzlichen Güterstand also nur vorbehaltlich der Verwaltung und Nutznießung des Mannes. Hieraus ergiebt sich insbesondere, daß der Mann zum Besitze der seinem Rechte unterworfenen Sachen der Frau berechtigt ist und die der Frau gehörenden, dem Rechte des Mannes unterworfenen Werthpapiere nicht nach § 1814 hinterlegt werden müssen. Die gesetzliche Vertretung bleibt im Uebrigen dem Vormunde trotz der Verheirathung des Mündels. Soweit zu Handlungen des Mannes die Zustimmung der Frau erforderlich ist, bedarf die Frau der Zustimmung des Vormundes (M. IV S. 1082, vergl. Erl. zu § 1363 Nr. 2 und zu § 1633 Nr. 1). Wegen der Sorge für die Person s. Erl. zu §§ 1800, 1901.

In gleicher Weise erleidet — vorbehaltlich des § 1364 — das dem Manne am Vermögen der Frau kraft des Güterstandes zustehende Recht dadurch keinen Eintrag, daß der Mann selbst unter Vormundschaft steht (M. IV S. 1165). Den Mann hat solchen Falles der Vormund auch in den Rechten und Pflichten zu vertreten, welche sich aus der Verwaltung des eingebrachten Gutes oder des Gesammtguts ergeben (§§ 1409, 1457, § 1519 Abs. 2, § 1525 Abs. 2, § 1549).

### § 1794.

**E. I § 1650; II § 1674 rev. § 1772; III § 1770. P. I S. 8206, 8209; M. IV S. 1087. P. II S. 6347 (Bd. 4 S. 755).**

1. Bis zur Aufstellung des Pflegers hat der Vormund das Recht und die Pflicht, einstweilen für die betreffenden Angelegenheiten zu sorgen, soweit nicht seine Vertretungsmacht nach den §§ 1795, 1796 ausgeschlossen ist. Dies gilt, da für den Vormund eine dem § 1638 entsprechende Vorschrift nicht getroffen ist, auch für das Vermögen, welches dem Mündel unentgeltlich unter Lebenden oder von Todeswegen mit der Bestimmung zugewendet worden ist, daß es der Verwaltung des Vormundes entzogen sein solle. Wegen der Entscheidung von Meinungsverschiedenheiten zwischen Vormund und Pfleger s. Erl. zu den §§ 1798, 1837.

2. Ueber die Fälle der Aufstellung eines Pflegers neben dem Vormunde s. Erl. zu § 1909.

### § 1795.

**E. I § 1651 Nr. 1—3; II § 1675 rev. § 1773; III § 1771. P. I S. 8203, 8765, 8804, 8834, 8850; M. IV S. 1088. P. II S. 6347 (Bd. 4 S. 756).**

In den Fällen des § 1795 ist der Vormund von der Vertretung des Mündels kraft Gesetzes ausgeschlossen.

es sei denn, daß das Rechtsgeschäft ausschließlich in der Erfüllung einer Verbindlichkeit besteht;

2. bei einem Rechtsgeschäfte, das die Uebertragung oder Belastung einer durch Pfandrecht, Hypothek oder Bürgschaft gesicherten Forderung des Mündels gegen den Vormund oder die Aufhebung oder Minderung dieser Sicherheit zum Gegenstande hat oder die Verpflichtung des Mündels zu einer solchen Uebertragung, Belastung, Aufhebung oder Minderung begründet;

3. bei einem Rechtsstreite zwischen den in Nr. 1 bezeichneten Personen sowie bei einem Rechtsstreit über eine Angelegenheit der in Nr. 2 bezeichneten Art.

Die Vorschrift des §. 181 bleibt unberührt.

---

**1. Die einzelnen Fälle des Abs. 1.**

**a)** Die Nr. 1 schließt die Vertretungsmacht des Vormundes aus bei jedem Rechtsgeschäfte zwischen dem Ehegatten oder einem Ascendenten oder Descendenten des Vormundes einerseits und dem Mündel andererseits.

Unter dem Ehegatten ist nur der gegenwärtige Ehegatte des Vormundes verstanden, nicht der von ihm geschiedene oder in den Fällen der nichtigen oder der durch Todeserklärung aufgelösten Ehe der frühere Ehegatte. Der Begriff der Verwandten in gerader Linie ergiebt sich aus § 1589; ist also ein Mann Vormund, so kann er gegenüber seinem unehelichen Kinde den Mündel vertreten, ist dagegen eine Frau Vormund, so kann sie gegenüber ihrem unehelichen Kinde den Mündel nicht vertreten. Bei einem Rechtsgeschäfte zwischen einem seiner Seitenverwandten oder einem seiner Verschwägerten und dem Mündel ist der Vormund von der Vertretung des Mündels nicht ausgeschlossen, in Ansehung der Verschwägerten gilt dies auch von den in gerader Linie Verschwägerten z. B. den Stiefkindern. Liegt bei einem Rechtsgeschäfte zwischen einem Verschwägerten oder einem Seitenverwandten des Vormundes und dem Mündel die Gefahr einer Interessenkollision vor, so muß dem Vormunde die Vertretungsmacht nach § 1796 besonders entzogen werden.

Ob das Rechtsgeschäft ein obligatorisches oder dingliches ist, kommt für § 1795 Nr. 1 nicht in Betracht. Unter den Rechtsgeschäften zwischen dem Ehegatten und einem Verwandten des Vormundes und dem Mündel sind hier wie in den §§ 181, 1344, 1435 auch einseitige Rechtsgeschäfte mit zu verstehen, welche von einer jener Personen dem Mündel gegenüber oder von diesem einer jener Personen gegenüber vorgenommen werden. Die Kündigung eines von der Frau des Vormundes dem Mündel gegebenen Darlehens kann also z. B. weder von der Frau dem Vormunde gegenüber noch von diesem der Frau gegenüber wirksam erfolgen.
Wegen der Rechtsstreite s. unter c.

Die Nr. 1 nimmt diejenigen Rechtsgeschäfte aus, welche ausschließlich in der Erfüllung einer Verbindlichkeit bestehen. Der Vormund kann also nicht nur von einem seiner Verwandten oder seinem Ehegatten, welcher Schuldner des Mündels ist, als Vertreter des Mündels Zahlungen in Empfang nehmen, sondern auch einem seinen Verwandten oder seinem Ehegatten, welcher Gläubiger des Mündels ist, Namens des Mündels die Schuld begleichen. Es muß sich aber um fällige Verbindlichkeiten handeln; daß die Verbindlichkeit unbestritten ist, ist nicht Voraussetzung. Die Ausnahme der Nr. 1 trifft ferner nur für die Rechtsgeschäfte zu, die sich als reine Erfüllungsgeschäfte darstellen. Die Leistung an Erfüllungsstatt (z. B. die Abtretung einer Forderung statt der Bezahlung), die Aufrechnung ꝛc. fallen nicht hierunter. Für sie verbleibt es beim Ausschlusse der Vertretungsmacht des Vormundes. Selbstverständlich läßt die für Erfüllungsgeschäfte getroffene Ausnahme die sonstigen Vorschriften unberührt, nach welchen etwa zu dem betreffenden Rechtsgeschäfte (z. B. zur Annahme der geschuldeten Leistung nach den §§ 1812, 1813) die Genehmigung des Gegenvormundes oder des Vormundschaftsgerichts erforderlich ist.

**b)** Die Nr. 2 schließt die Vertretungsmacht des Vormundes aus:

*α*) wenn das Rechtsgeschäft die Uebertragung oder Belastung einer durch Pfandrecht, Hypothek oder Bürgschaft gesicherten Forderung des Mündels gegen den Vormund zum Gegenstande hat. Selbstverständlich kommt es nicht darauf an, wer der Pfandschuldner oder Eigenthümer des mit der Hypothek belasteten Grundstücks ist. Für die Grundschuld gilt die Nr. 2 nicht.

Die Nr. 2 hat hauptsächlich für die Fälle der befreiten Vormundschaft (§§ 1852, 1903, 1904) und für die elterliche Gewalt (§§ 1630, 1643) Bedeutung, weil bei diesen der § 1812 und bei der elterlichen Gewalt auch der § 1822 Nr. 13 keine Anwendung finden. Die Nr. 2 trifft z. B. in den häufigen Fällen zu, in denen der überlebende Elterntheil auf Grund der Auseinandersetzung des Nachlasses des verstorbenen Elterntheils Schuldner der Kinder geworden ist und den Kindern eine Hypothek bestellt hat.

β) wenn das Rechtsgeschäft die Aufhebung oder Minderung eines Pfandrechts, einer Hypothek oder einer Bürgschaft betrifft, die für eine Forderung des Mündels gegen den Vormund bestellt ist. Insbesondere für diese Rechtsgeschäfte ist es von Bedeutung, daß die Nr. 2 nicht unterscheidet, wer der Pfandschuldner oder Eigenthümer des mit der Hypothek belasteten Grundstücks ist. Wenn z. B. der Vater (für den die Nr. 2 nach § 1630 gleichfalls gilt) seinem Kinde auf seinem Grundstücke für eine dem Kinde ihm gegenüber aus der Auseinandersetzung des mütterlichen Nachlasses zustehende Forderung Hypothek bestellt und das Grundstück später an einen Dritten verkauft hat, so kann der Vater, falls der Dritte die Forderung des Kindes bezahlen will, die Löschung der Hypothek nicht bewilligen; hierzu bedarf es der Aufstellung eines Pflegers.

γ) wenn das Rechtsgeschäft die Verpflichtung des Mündels zu einer Uebertragung, Belastung, Aufhebung oder Minderung der unter α und β bezeichneten Art begründet.

c) Die Nr. 3 schließt die Vertretungsmacht des Vormundes aus bei Rechtsstreitigkeiten zwischen den zu a genannten Personen und über Angelegenheiten der unter b bezeichneten Art. Der Ausschluß gilt auch für diejenigen der Erhebung des Rechtsstreits vorhergehenden Handlungen, welche einen nothwendigen Bestandtheil des Rechtsstreits bilden, insbesondere für die Zustellung der Klage (vergl. R.G. 7 S. 404).

2. Um Zweifel abzuschneiden, bestimmt der Abs. 2 ausdrücklich, daß die Vorschrift des § 181 unberührt bleibt. Der Vormund kann also nicht Namens des Mündels mit sich im eigenen Namen oder als Vertreter eines Dritten ein Rechtsgeschäft vornehmen, außer wenn das Rechtsgeschäft ausschließlich in der Erfüllung einer Verbindlichkeit besteht. Hieraus folgt insbesondere, daß der Vormund mehrerer Mündel diese nicht vertreten kann, wenn sie Rechtsgeschäfte mit einander vorzunehmen haben z. B. bei der Theilung einer zwischen ihnen bestehenden Gemeinschaft. Die für Erfüllungsgeschäfte getroffene Ausnahme erleichtert namentlich während der Dauer der Vormundschaft die Erledigung der Schuldverhältnisse, die sich aus der Vormundschaft selbst zwischen Mündel und Vormund ergeben (§§ 1833—1836). Selbstverständlich schließt die bezeichnete Ausnahme das Erforderniß der Genehmigung des Gegenvormundes oder des Vormundschaftsgerichts, soweit das Gesetz es aufstellt (z. B. §§ 1812, 1822), nicht aus. Im Uebrigen s. Erl. zu § 181 und wegen der Führung von Rechtsstreitigkeiten auch Erl. 7 zu § 1796.

Daß die Vorschrift des § 181 durch den Abs. 1 des § 1795 nicht berührt wird, ist nur vorbehaltlich der im § 1795 Abs. 1 getroffenen Vorschriften zu verstehen. Die Nr. 2 des § 1795 Abs. 1 enthält eine Erweiterung der Vorschrift des § 181 für den Inhaber der elterlichen Gewalt (§ 1630) und den Vormund. Nach der Vorschrift des § 181 könnte der Inhaber der elterlichen Gewalt das Kind und der Vormund den Mündel bei einem Rechtsgeschäfte der in der Nr. 2 des § 1795 Abs. 1 bezeichneten Art vertreten, wenn das Kind oder der Mündel zur Vornahme des Rechtsgeschäfts verpflichtet wäre. Der Vormund könnte also z. B. eine für eine Forderung des Mündels gegen den Vormund bestellte Hypothek Namens des Mündels aufheben, wenn der Mündel zur Aufhebung verpflichtet wäre. Der § 1795 Abs. 1 Nr. 2 nimmt jedoch dem Vormunde die Vertretungsmacht für die bezeichneten Rechtsgeschäfte schlechthin ohne eine Ausnahme für den Fall zu machen, daß der Vormund durch die Vornahme des Rechtsgeschäfts lediglich eine Verbindlichkeit des Mündels erfüllt.

**3.** Ein entgegen dem Verbote des § 181 vorgenommenes Rechtsgeschäft ist nichtig (s. Erl. 2 zu § 181). Gleiches muß auch von den der Vorschrift des § 1795 Abs. 1 zuwider vorgenommenen Rechtsgeschäften angenommen werden. Der E. I (vergl. M. IV S. 1088) wollte, daß das verbotwidrige Rechtsgeschäft nach den Grundsätzen beurtheilt werde, die für Rechtshandlungen eines Vertreters ohne Vertretungsmacht (§§ 177—180) gelten. Die Erwägungen der M. sind indessen jetzt mit Rücksicht auf § 181 (vergl. M. I S. 101) nicht mehr zutreffend. Wenn auch die Protokolle zweiter Lesung kein ganz einwandfreies Ergebniß liefern, so muß doch aus den Eingangsworten des § 1795 („kann nicht") nach dem Sprachgebrauche des B.G.B. angenommen werden, daß die Rechtshandlungen nichtig sind (vergl. die hier gleichfalls zutreffenden Bemerkungen der Erl. 2 zu § 181). A. A. Staudinger, Schröder S. 242, Hesse, Fuchs S. 85.

Für Rechtsstreitigkeiten, die der Vormund entgegen dem § 1795 führt, gilt der Mündel als nicht nach der Vorschrift des Gesetzes vertreten, es ist deshalb die Nichtigkeitsklage (§ 579 Nr. 4 der C.P.O.) zulässig; im Uebrigen s. C.P.O. §§ 56, 89.

**4. Aus dem Ausschlusse der Vertretungsmacht des Vormundes ergiebt sich zugleich, daß der Vormund in den Fällen des § 1795 auch nicht die Befugniß hat, zu dem vom Mündel selbst vorgenommenen Rechtsgeschäfte die Einwilligung oder Genehmigung zu ertheilen.**

§. 1796.

Das Vormundschaftsgericht kann dem Vormunde die Vertretung für einzelne Angelegenheiten oder für einen bestimmten Kreis von Angelegenheiten entziehen.

Die Entziehung soll nur erfolgen, wenn das Interesse des Mündels zu dem Interesse des Vormundes oder eines von diesem vertretenen Dritten oder einer der im §. 1795 Nr. 1 bezeichneten Personen in erheblichem Gegensatze steht.

---

5. Zur Vornahme der Rechtsgeschäfte und zur Führung der Rechtsstreitigkeiten, in Ansehung deren der Vormund nach § 1795 von der Vertretung ausgeschlossen ist, ist ein Pfleger zu bestellen.

6. Der § 40 Abs. 2 der preuß. Vormundschaftsordnung verbietet dem Vormund, eine Hypothek, die auf einem Grundstücke des Vormundes eingetragen ist, für den Mündel zu erwerben. Nach dem B.G.B. ist der Erwerb gestattet, es kann aber dem Vormunde, wenn ein Widerstreit der Interessen zu besorgen ist, z. B. weil die Hypothek nicht völlig sicher erscheint, die Vertretungsmacht in Ansehung der Hypothek entzogen werden. Dem Vormund ist ferner nicht verboten, eine einem Dritten gegen den Mündel zustehende Forderung zu erwerben. Aber auch hier kann ihm nach § 1796 die Vertretungsmacht entzogen werden.

**§ 1796.**

**E. I § 1651 Nr. 4; II § 1676 rev. § 1774; III § 1772. P. I S. 8203, 8765; M. IV S. 1092. P. II S. 6348 (Bd. 4 S. 756, 877).**

1. Das B.G.B. kennt keine allgemeine Vorschrift, daß dem gesetzlichen Vertreter die Vertretungsmacht dann nicht zusteht, wenn sein Interesse mit dem des Vertretenen im Widerspruche steht. Es hat vielmehr nur in den im § 1795 aufgezählten Fällen dem Vormund und durch die Uebertragung dieser Vorschrift auf die Pflegschaft und auf die elterliche Gewalt (§§ 1630, 1915) auch dem Pfleger und dem Inhaber der elterlichen Gewalt die Vertretungsmacht kraft Gesetzes entzogen und überläßt es nach § 1796, welcher gleichfalls für die Pflegschaft und die elterliche Gewalt gilt, in den übrigen Fällen dem Vormundschaftsgerichte, dem gesetzlichen Vertreter die Vertretungsmacht besonders zu entziehen.

Der § 1796 bezieht sich nicht nur auf die Fälle, in welchen ein Widerstreit der Interessen schon vorliegt, sondern auch auf solche, in welchen ein Widerstreit nur möglich ist, in welchen es also nur darauf ankommt, den Vormund an der Vornahme gewisser Handlungen für den Mündel zu verhindern, ohne daß zur Zeit für die Bestellung eines Pflegers ein Bedürfniß besteht.

2. Die Entziehung kann für einzelne Angelegenheiten, z. B. die Verpachtung eines Grundstücks oder für einen bestimmten Kreis von Angelegenheiten z. B. in Ansehung der sich auf eine Erbschaft beziehenden Angelegenheiten erfolgen. Die gesammte Sorge für die Person oder für das Vermögen oder die thatsächliche Fürsorge für die Person oder das Vermögen kann auf Grund des § 1796 nicht entzogen werden. Die Entziehung kann im Uebrigen dauernd oder nur auf eine gewisse Zeit ausgesprochen werden. Wie jede Maßregel des Vormundschaftsgerichts ist auch die Entziehung nach Wegfall ihrer Voraussetzungen wieder aufzuheben.

3. Der Abs. 1 räumt seinem Wortlaute nach dem Vormundschaftsgerichte die Befugniß der Entziehung allgemein ein. Dies ist geschehen, um über die Vertretungsmacht keinen Zweifel zu lassen, wenn die Entziehung nicht hätte geschehen sollen. Im Abs. 2 ist dem Vormundschaftsgerichte zur Pflicht gemacht, die Entziehung nur auszusprechen, wenn das Interesse des Mündels zu dem des Vormundes oder eines von diesem kraft Gesetzes (z. B. wenn der Vormund zwei Mündel vertritt) oder kraft Auftrags vertretenen Dritten oder einer der im § 1795 Abs. 1 Nr. 1 bezeichneten Person (Ehegatte oder Ascendent oder Descendent) in erheblichem Gegensatze steht. Wann diese Voraussetzung zutrifft, ist Frage des einzelnen Falles. Selbstverständlich darf es sich dabei nicht um einen Fall handeln, in dem die Vertretungsmacht des Vormundes schon nach § 1795 kraft Gesetzes ausgeschlossen ist. Wenn z. B. zwischen zwei Geschwistern, für die derselbe Vormund bestellt ist, ein Rechtsgeschäft abzuschließen ist, so ist für den § 1796 kein Raum, weil der Vormund von der Vertretung nach § 1795 schon kraft Gesetzes ausgeschlossen ist. Dagegen bietet ein Beispiel für die Anwendbarkeit des § 1796 der Fall, daß der Vormund ein Grundstück erwirbt, an welchem der Mündel eine Hypothek hat, oder daß er eine Hypothek an einem Grundstücke des Mündels erwirbt. Zwischen Sonderinteressen und Interessengegensatz ist übrigens ein Unterschied (R.G. 21 S. 325). Der § 1796 verlangt, daß die Beförderung des einen Interesses nur auf Kosten des Interesses des anderen möglich ist. Vergl. noch Erl. zu § 1909.

## §. 1797.

Mehrere Vormünder führen die Vormundschaft gemeinschaftlich. Bei einer Meinungsverschiedenheit entscheidet das Vormundschaftsgericht, sofern nicht bei der Bestellung ein Anderes bestimmt wird.

Das Vormundschaftsgericht kann die Führung der Vormundschaft unter mehrere Vormünder nach bestimmten Wirkungskreisen vertheilen. Innerhalb des ihm überwiesenen Wirkungskreises führt jeder Vormund die Vormundschaft selbständig.

Bestimmungen, die der Vater oder die Mutter für die Entscheidung von Meinungsverschiedenheiten zwischen den von ihnen benannten Vormündern und für die Vertheilung der Geschäfte unter diese nach Maßgabe des §. 1777 getroffen hat, sind von dem Vormundschaftsgerichte zu befolgen, sofern nicht ihre Befolgung das Interesse des Mündels gefährden würde.

---

4. Gegen die Entziehung steht dem Vormunde das Recht der Beschwerde zu (§ 20 des freiw. G.G). Die Beschwerde ist die einfache und die Verfügung wird mithin mit der Bekanntgabe an den Vormund wirksam (§ 16 das.).

5. Wird die Vertretungsmacht dem Vormund entzogen, so ist, sobald das Bedürfniß einer Vertretung des Mündels eintritt, ein Pfleger zu bestellen (§ 1909). Der Vormund hat, wenn das Bedürfniß eintritt, dem Vormundschaftsgericht Anzeige zu machen (§ 1909 Abs. 2).

6. Wegen der Rechtsfolgen der Handlungen, welche der Vormund trotz der Entziehung vorgenommen hat, treffen die Erl. 3 zu § 1795 gleichfalls zu.

7. In Ansehung der Führung von Rechtsstreitigkeiten ist zu beachten, daß aus dem Begriffe des Rechtsstreits und dem Erfordernisse des vor der richterlichen Entscheidung beiden Theilen zu gewährenden Gehörs folgt, daß eine Person nicht zugleich als Partei und als Vertreter der Gegenpartei oder als Vertreter beider Parteien im Prozeß auftreten kann (vergl. die Kommentare zur C.P.O. von Gaupp, 4. Aufl. S. 131, Struckmann-Koch, 7. Aufl. S. 54).

### § 1797.

**E. I § 1652; II § 1677 rev. § 1775; III § 1773. P. I S. 8229, 8754, 8767; M. IV S. 1093. P. II S. 6349 (Bd. 4 S. 756).**

Der § 1797 betrifft die Führung der Vormundschaft im Falle der Bestellung von Mitvormündern.

1. Regel ist gemeinschaftliche Verwaltung der Vormundschaft (Abs. 1 Satz 1). Die mehreren Vormünder können nur in ihrer Gesammtheit handeln, z. B. nur gemeinsam eine Prozeßvollmacht ertheilen oder ein sonstiges Rechtsgeschäft vornehmen. Das gemeinschaftliche Handeln ist auch Dritten gegenüber Erforderniß der Gültigkeit des Rechtsgeschäfts; Rechtshandlungen, die nur von einem einzelnen Vormunde vorgenommen werden, können zwar Wirksamkeit erlangen, wenn die anderen Vormünder die Rechtshandlung, sofern dies möglich ist, ebenfalls vornehmen, z. B. die Annahme eines Vertragsantrags erklären; die Wirksamkeit tritt dann aber erst mit dem Zeitpunkt ein, in welchem der letzte Vormund die Rechtshandlung vorgenommen hat. Ueber Zustellungen im Prozesse s. C.P.O. § 171 Abs. 3. Fällt ein Mitvormund weg, so führen die übrigen die Vormundschaft allein weiter bis zur etwaigen Aufstellung eines neuen Mitvormundes. Das Beschwerderecht Namens des Mündels gegen Entscheidungen des Vormundschaftsgerichts hat übrigens trotz der ungetheilten Verwaltung jeder Mitvormund selbständig (§ 58 Abs. 1, § 63 des freiw. G.G.).

Können sich die mehreren Vormünder über die Vornahme einer Handlung nicht einigen, so entscheidet nicht die Mehrheit, sondern ohne Rücksicht darauf das Vormundschaftsgericht (Abs. 1 Satz 2). Das Vormundschaftsgericht kann nur der einen oder anderen Meinung beitreten, es kann nicht eine neue Ansicht zur Geltung bringen und es ist auch, wenn es mit den von den Vormündern vertretenen Meinungen nicht einverstanden ist, verpflichtet, einer der Meinungen beizutreten, es kann nicht durch die Weigerung des Beitritts bewirken, daß die Handlung unterbleibt. Anders liegt die Sache, wenn das Gericht auf Grund seines Aufsichtsrechts nach § 1837 zum positiven Einschreiten befugt ist und mit Rücksicht hierauf die Vormünder zu einer bestimmten Handlung anhalten kann. Ueber den Eintritt der Wirksamkeit der Entscheidung s. § 53 des freiw. G.G. Die Ausführung der Entscheidung des Vormundschaftsgerichts ist Sache der

§. 1798.

Steht die Sorge für die Person und die Sorge für das Vermögen des Mündels verschiedenen Vormündern zu, so entscheidet bei einer Meinungsverschiedenheit über die Vornahme einer sowohl die Person als das Vermögen des Mündels betreffenden Handlung das Vormundschaftsgericht.

---

Vormünder; sie haben hierbei alle mitzuwirken, es darf nicht der Ueberstimmte seine Mitwirkung ablehnen.

Ueber die Ausgleichung von Meinungsverschiedenheiten kann das Vormundschaftsgericht bei der Bestellung, nicht aber später ein Anderes (z. B. daß die Mehrheit entscheiden soll) bestimmen. Die Bestimmung kann sich auf alle Fälle der Meinungsverschiedenheit oder nur auf gewisse beziehen.

Bei der ungetheilten Verwaltung der Vormundschaft ist übrigens die Aufsicht des Vormundschaftsgerichts in einigen Punkten eine geringere (vergl. §§ 1792, 1810, 1812).

2. Der Abs. 2 gestattet eine Theilung der Vormundschaftsführung nach bestimmten Wirkungskreisen in der Art, daß die Vormundschaft von jedem Vormund in dem ihm überwiesenen Theile selbständig geführt wird. Die Theilung kann aber nicht von den Vormündern vereinbart, sondern nur vom Vormundschaftsgericht angeordnet werden. Das Vormundschaftsgericht ist auch jederzeit zum Widerrufe seiner Anordnung berechtigt, die Voraussetzungen des § 1886 brauchen hierzu nicht gegeben zu sein. In welcher Art der Wirkungskreis der einzelnen Vormünder abgegrenzt wird, ist dem Ermessen des Vormundschaftsgerichts überlassen. Die Theilung kann aber nicht in der Weise geschehen, daß der eine Vormund die Oberleitung über die gesammte Vermögensverwaltung hat, während ein anderer nur einen bestimmten Zweig unter seiner Aufsicht versehen soll; die Unzulässigkeit einer solchen Anordnung folgt insbesondere daraus, daß es für solche Fälle an einer gesetzlichen Bestimmung darüber fehlt, wie sich die Vertretungsmacht der mehreren Vormünder zu einander verhält (a. A. Fuchs S. 95, Böhm S. 76). Auch die Art der Theilung kann vom Vormundschaftsgericht jederzeit geändert werden. Im Falle der getheilten Verwaltung der Vormundschaft steht jedem Vormunde nur innerhalb seines Wirkungskreises das Beschwerderecht zu, ein Eingriff in die Geschäftssphäre des anderen Vormundes ist ihm auch nicht durch eine Beschwerde erlaubt. Ruht die Sorge für die Person und das Vermögen in verschiedenen Händen, so umfaßt die erstere auch die Vertretungsmacht in denjenigen persönlichen Angelegenheiten, mit welchen kraft Gesetzes vermögensrechtliche Wirkungen verbunden sind. Gesetzliche Beispiele bieten die §§ 646, 660, 661, 664 Abs. 2, 675, 679 der C.P.O., § 56 des freiw. G.G. Im Uebrigen bedarf es, wenn eine Handlung sowohl in den Bereich der Sorge für die Person als in das Gebiet der Vermögensverwaltung einschlägt, der Mitwirkung der mehreren Vertreter. Bei Meinungsverschiedenheiten entscheidet das Vormundschaftsgericht (§ 1798); vergl. M. IV S. 1084.

3. Zu Abs. 3. Der Vater oder die eheliche Mutter, welche mehrere Vormünder benannt haben, können für die von ihnen benannten Vormünder sowohl für die Vertheilung der Geschäfte unter sie als für die Entscheidung von Meinungsverschiedenheiten zwischen ihnen Bestimmungen treffen. Die Bestimmung braucht nicht gleichzeitig mit der Benennung zu erfolgen; die Voraussetzung für die Bestimmung ist die nämliche wie für die Benennung (§ 1777), d. h. der Elterntheil muß im Zeitpunkte seines Todes Inhaber der elterlichen Gewalt und sowohl in den die Person als in den das Vermögen betreffenden Angelegenheiten zur Vertretung berechtigt gewesen sein. Auch die Form (letztwillige Verfügung) ist die gleiche.

Die Bestimmung wirkt indessen nicht unmittelbar, sondern sie verpflichtet nur das Vormundschaftsgericht, der Bestimmung entsprechend die Geschäftsvertheilung vorzunehmen und Meinungsverschiedenheiten zu entscheiden. Wenn die Befolgung der Bestimmung das Interesse des Mündels gefährden würde, kann das Vormundschaftsgericht von der Bestimmung abweichen.

**§ 1798.**

**E. I § 1653; II § 1678; rev. § 1776; III § 1774. P. I S. 8373; M. IV S. 1095. P. II S. 6349 (Bd. 4 S. 757).**

1. Entsprechend der für die Mitvormundschaft zu ungetheilter Verwaltung geltenden Vorschrift des § 1797 Abs. 1 ermächtigt der § 1798 das Vormundschaftsgericht auch bei der Mitvormundschaft zu getheilter Verwaltung, wenn dem einen Vormunde die Sorge für die Person, dem anderen die Sorge für das Vermögen zusteht, eine Meinungsverschiedenheit zwischen den Vormündern über die Vornahme einer sowohl die Sorge für die Person als die Sorge für

## §. 1799.

Der Gegenvormund hat darauf zu achten, daß der Vormund die Vormundschaft pflichtmäßig führt. Er hat dem Vormundschaftsgerichte Pflichtwidrigkeiten des Vormundes sowie jeden Fall unverzüglich anzuzeigen, in welchem das Vormundschaftsgericht zum Einschreiten berufen ist, insbesondere den Tod des Vormundes oder den Eintritt eines anderen Umstandes, in Folge dessen das Amt des Vormundes endigt oder die Entlassung des Vormundes erforderlich wird.

Der Vormund hat dem Gegenvormund auf Verlangen über die Führung der Vormundschaft Auskunft zu ertheilen und die Einsicht der sich auf die Vormundschaft beziehenden Papiere zu gestatten.

---

das Vermögen betreffenden Handlung zu entscheiden d. h. der Meinung eines der Vormünder beizutreten; eine selbständige neue Meinung kann das Vormundschaftsgericht nicht zur Geltung bringen (s. Erl. zu § 1797). Eine Handlung betrifft sowohl das Vermögen als auch die Person, wenn sie sich sowohl auf den Zustand der Person als des Vermögens bezieht, wenn z. B. der Mündel eine bestimmte Universität besuchen oder zu seiner Erholung eine Reise machen soll und hierzu die für den persönlichen Bedarf des Mündels ausgeworfenen Geldmittel nicht ausreichen. Deshalb allein übrigens, weil kraft Gesetzes mit einer persönlichen Angelegenheit auch vermögensrechtliche Folgen verknüpft sind, verliert die Angelegenheit nicht die Eigenschaft einer rein persönlichen; die Einwilligung in die Eheschließung des Mündels, die Erhebung einer Statusklage oder einer Privatklage wegen Beleidigung gehören nur dem Gebiete der Sorge für die Person an (s. Erl. 1 zu § 1627 und Erl. 2 zu § 1797).

2. Ueber den Eintritt der Wirksamkeit der Entscheidung des Vormundschaftsgerichts s. § 53 des freiw. G.G.

**3.** Im Falle des § 1798 hat jeder Vormund das Beschwerderecht selbständig (§ 58 Abs. 2 des freiw. G.G.). Ueber das Beschwerderecht des Mündels s. § 59 das.

**4.** Hat der Vater oder die Mutter für die Entscheidung von Meinungsverschiedenheiten unter Mitvormündern nach § 1797 Abs. 3 eine Bestimmung getroffen, so ist diese vom Vormundschaftsgerichte zu befolgen, sofern nicht ihre Befolgung das Interesse des Mündels gefährden würde. Nur für den letzteren Fall bleibt mithin hier Raum für die Anwendbarkeit des § 1798.

**5.** Nach § 1915 findet der § 1798 auch Anwendung, wenn neben dem Vormund ein Pfleger bestellt und ihm die Sorge für die Person oder die Sorge für das Vermögen übertragen ist.

Zweifelhaft ist, ob der § 1798 entsprechende Anwendung auch dann findet, wenn mehrere Vormünder die Vormundschaft zu getheilter Verwaltung führen, die Vormundschaft aber in anderer als der im § 1798 bezeichneten Weise vertheilt ist, wenn z. B. zum Vermögen des Mündels eine Fabrik und ein Landgut gehören und eine Wasserleitung ausgeführt werden soll, welche sowohl die Fabrik als das Landgut betrifft. Die Frage wird zu bejahen sein, weil der gesetzgeberische Grund für die Vorschrift des § 1798 auch für diese Fälle zutrifft (a. M. Staudinger).

### § 1799.

**E. I § 1654 Abs. 1; II § 1679 rev. § 1777; III § 1775. P. I S. 8232; M. IV S. 1095. P. II S. 6349, 6353 (Bd. 4 S. 757, 760).**

**1.** Der § 1799 umschreibt den Wirkungskreis des Gegenvormundes im Allgemeinen. Gewisse Rechte und Pflichten des Gegenvormundes ergeben sich aus dem § 1802 Abs. 1 Satz 2, den §§ 1809, 1810, 1812, 1824, 1826, 1835, 1836, 1839, § 1842 Satz 2, § 1847 Abs. 1 Satz 1, § 1854 Abs. 3, §§ 1859, 1891, 1892.

**2.** Die Aufgabe des Gegenvormundes besteht hauptsächlich in der Beaufsichtigung des Vormundes und in der unverzüglichen (§ 121 Abs. 1) Erstattung von Anzeigen an das Vormundschaftsgericht, sofern er Pflichtwidrigkeiten des Vormundes oder sonst einen Fall wahrnimmt, in welchem das Vormundschaftsgericht zum Einschreiten berufen ist. Als Fälle der letzteren Art hebt der § 1799 hervor den Tod des Vormundes oder den Eintritt eines anderen Umstandes, in Folge dessen das Amt des Vormundes endigt oder seine Entlassung nothwendig ist (s. Erl. zu §§ 1882 ff.). Ueber sonstige Fälle des Einschreitens s. die allgemeinen Vorschriften des § 1837 und Anwendungsfälle in den §§ 1818, 1838, 1844, 1846, 1857, 1876. Dem

§. 1800.

Das Recht und die Pflicht des Vormundes, für die Person des Mündels zu sorgen, bestimmt sich nach den für die elterliche Gewalt geltenden Vorschriften der §§. 1631 bis 1633.

---

Gegenvormunde steht das Beschwerderecht zu, wenn das Einschreiten oder die Entlassung abgelehnt wird (§ 57 Nr. 6 des freiw. G.G.).

Die Aufgabe des Gegenvormundes beschränkt sich nicht auf die Ueberwachung der Vermögensverwaltung des Vormundes, sondern erstreckt sich auch auf die Ausübung der Sorge für die Person. Von besonderer Bedeutung ist die Aufsicht des Gegenvormundes freilich vorzugsweise auf dem Gebiete der Vermögensverwaltung.

Zu einem direkten Eingreifen in die vormundschaftliche Verwaltung ist der Gegenvormund nicht berechtigt, sondern er ist auf die Anrufung des Vormundschaftsgerichts beschränkt, wenn er findet, daß eine Maßregel des Vormundes pflichtwidrig oder unzweckmäßig ist. Der Gegenvormund ist ferner nicht berufen, den Vormund in Verhinderungsfällen zu vertreten; er ist niemals der gesetzliche Vertreter des Mündels.

**3.** Um dem Gegenvormunde die Mittel zur Bethätigung seiner Aufsichtsbefugnisse zu gewähren, verpflichtet der Abs. 2 den Vormund dem Gegenvormund auf Verlangen jederzeit über die Führung der Vormundschaft Auskunft zu ertheilen (hierüber s. Erl. zu § 1839) und die Einsicht der sich auf die Vormundschaft beziehenden Papiere zu gestatten. Zu den Papieren gehören insbesondere alle Korrespondenzen in vormundschaftlichen Angelegenheiten. Bei Verweigerung der Auskunft oder der Einsicht hat das Vormundschaftsgericht mit Ordnungsstrafen (§ 1837), erforderlichen Falles mit der Entlassung (§ 1886) vorzugehen. Weitere Mittel, um sich Einblick zu verschaffen, geben dem Gegenvormunde die §§ 1802 Abs. 1 Satz 2, 1842, 1854, 1891.

**4.** Ist neben dem Vormund ein Pfleger bestellt, so erstreckt sich der Wirkungskreis des Gegenvormundes auf die Pflegschaft nur, wenn der Gegenvormund ausdrücklich auch für die Pflegschaft bestellt ist (vergl. § 1915 Abs. 2).

**§ 1800.**

**E. I § 1655; II § 1680 rev. § 1778; III § 1776. P. I S. 8233; M. IV S. 1096. P. II S. 6350, 6569 (Bd. 4 S. 757, 877).**

**1.** Die Anwendung der §§ 1631—1633 auf die Sorge für die Person des Mündels führt zu folgendem Ergebnisse.

**a)** Der Vormund hat das Recht und die Pflicht, den Mündel zu erziehen, zu beaufsichtigen und seinen Aufenthalt zu bestimmen (§ 1631 Abs. 1). Kraft des Erziehungsrechts kann er gegen den Mündel angemessene Zuchtmittel anwenden. Das Vormundschaftsgericht hat ihn auf seinen Antrag durch Anwendung geeigneter Zuchtmittel zu unterstützen (§ 1631 Abs. 2). Das Erziehungsrecht des Vormundes wird durch die §§ 1801, 1838 eingeschränkt. Nach § 1801 kann dem Vormunde die religiöse Erziehung entzogen werden, nach § 1838 kann vom Vormundschaftsgericht unter gewissen Voraussetzungen die Unterbringung des Mündels zum Zwecke der Erziehung in einer geeigneten Familie oder in einer Erziehungs- oder Besserungsanstalt verfügt werden. Aus § 1838 wird von Schultetus S. 52 und von Schultzenstein Note 3 zu § 1793 abgeleitet, daß der Vormund nicht berechtigt sei, den Mündel ohne Genehmigung des Vormundschaftsgerichts in einer Erziehungs- oder Besserungsanstalt unterzubringen. Allein mit Unrecht, da der § 1838 dem Vormunde nicht ein ihm nach § 1631 zustehendes Recht nehmen, sondern dem Gericht ein ihm sonst nur nach Maßgabe des Art. 135 des E.G. zustehendes Recht beilegen will.

**b)** Der Vormund kann die Herausgabe des Mündels von Jedem verlangen, der ihm denselben widerrechtlich vorenthält (§ 1632).

**c)** Gegenüber einem verheiratheten weiblichen Mündel beschränkt sich die Sorge des Vormundes für die Person des Mündels auf die Vertretung in den die Person betreffenden Angelegenheiten (§ 1633). Die thatsächliche Fürsorge kommt dem Ehemanne zu, der Vormund hat also auch die in den §§ 1631, 1632 bezeichneten Rechte nicht. Uebrigens ist auch die Vertretung in den persönlichen Angelegenheiten dadurch erheblich eingeengt, daß dem Mündel nach § 1336 Abs. 1, § 1337 Abs. 3, ferner C.P.O. § 612 und freiw. G.G. § 59 in wichtigen per-

## §. 1801.

Die Sorge für die religiöse Erziehung des Mündels kann dem Vormunde von dem Vormundschaftsgericht entzogen werden, wenn der Vormund nicht dem Bekenntniß angehört, in dem der Mündel zu erziehen ist.

---

sönlichen Angelegenheiten das selbständige Bestimmungsrecht ohne die Mitwirkung des Vormundes eingeräumt ist.

Im Uebrigen wird auf die Erl. zu den §§ 1631—1633 verwiesen.

2. Wie schon in der Erl. zu § 1627 (s. Erl. 1 zu § 1793) bemerkt ist, erschöpft sich der Inhalt der thatsächlichen Fürsorge für die Person des Mündels nicht in den in den §§ 1631, 1632 bezeichneten Beziehungen. Hervorzuheben ist, daß bei einem unehelichen Kinde zur Sorge für die Person die Ermittelung des unehelichen Vaters und die Geltendmachung der dem Kinde gegen ihn zustehenden Rechte gehören.

3. Der Vormund ist auch auf dem Gebiete der Sorge für die Person des Mündels selbständig. Ihm liegt daher insbesondere die Bestimmung der Summe ob, welche für den Unterhalt des Mündels zu verwenden ist, und die Auswahl des Berufs des Mündels. An eine Genehmigung des Gegenvormundes oder Vormundschaftsgerichts ist er dabei, abgesehen von den Fällen, in welchen, wie für die Ermächtigung zum Betrieb eines Erwerbsgeschäfts (§ 112) positive Vorschriften bestehen, nur insoweit gebunden, als er zum Zwecke der Berufswahl ein Rechtsgeschäft abschließen muß, zu welchem er nach den §§ 1812 ff. die Genehmigung des Gegenvormundes oder Vormundschaftsgerichts benöthigt, z. B. nach § 1822 Nr. 6 zu einem Lehrvertrage, der für länger als ein Jahr geschlossen wird. Etwaige Anordnungen der Eltern des Mündels sind für den Vormund hinsichtlich der Sorge für die Person nicht bindend (M. IV S. 1097). Dem Mündel ist übrigens in seinen persönlichen Angelegenheiten eine gewisse Einwirkung auf die Handlungen des Vormundes und des Vormundschaftsgerichts gestattet. Daß der Mündel vom Vormunde bei wichtigen die Person des Mündels berührenden Entschließungen zu hören ist, bezeichnen die M. IV S. 1153 als selbstverständlich (vergl. Erl. zu § 1827). Nach § 1827 ist der Mündel auch vor gewissen Entscheidungen des Vormundschaftsgerichts über persönliche Angelegenheiten zu hören und nach freiw. G.G. § 59 kann er in persönlichen Angelegenheiten ohne Mitwirkung seines Vertreters das Beschwerderecht ausüben, außer wenn er geschäftsunfähig oder noch nicht vierzehn Jahre alt ist.

Nach § 57 Nr. 9 des freiw. G.G. steht gegen eine Verfügung des Vormundschaftsgerichts, welche eine Entscheidung über eine die Sorge für die Person des Mündels betreffende Angelegenheit enthält, Jedem das Beschwerderecht zu, welcher ein berechtigtes Interesse hat, diese Angelegenheit wahrzunehmen.

4. Wegen der Kosten der Sorge für die Person s. auch Erl. 1 zu § 1793.

5. Neben dem Vormunde hat in gewissen Fällen der Vater oder die eheliche oder die uneheliche Mutter die thatsächliche Fürsorge für die Person des Mündels, theils so daß bei Meinungsverschiedenheit die Meinung des Vormundes vorgeht (§§ 1676, 1698), theils so daß der Elterntheil allein entscheidet (§§ 1696, 1697, 1702, 1738, 1765). Die uneheliche Mutter hat die thatsächliche Fürsorge für die Person ihres Kindes stets im letzteren Sinne (§ 1707). Vergl. die Erl. zu den angeführten Vorschriften.

## § 1801.

**E. II § 1681 rev. § 1779; III § 1777. P. II S. 6569 (Bd. 4 S. 758, 875).**

Auf das religiöse Bekenntniß ist schon bei der Auswahl des Vormundes Rücksicht zu nehmen (§ 1779). Ist dies nicht geschehen oder ist ein Vormund nach § 1776 berufen oder hat ein Religionswechsel stattgefunden, so kann das Vormundschaftsgericht dem Vormunde, sofern er ein anderes religiöses Bekenntniß als der Mündel hat, die religiöse Erziehung entziehen. Das Vormundschaftsgericht ist hierzu ohne weitere Voraussetzungen berechtigt, allein es ist hierzu keineswegs verpflichtet und es wird sich nur durch gewichtige Gründe veranlaßt sehen dürfen, von der Entziehungsbefugniß Gebrauch zu machen. Macht es Gebrauch, so ist ein Pfleger zu bestellen.

In welchem religiösen Bekenntnisse der Mündel zu erziehen ist, bestimmt sich nach Landesrecht (Art. 134 E.G.).

## §. 1802.

Der Vormund hat das Vermögen, das bei der Anordnung der Vormundschaft vorhanden ist oder später dem Mündel zufällt, zu verzeichnen und das Verzeichniß, nachdem er es mit der Versicherung der Richtigkeit und Vollständigkeit versehen hat, dem Vormundschaftsgericht einzureichen. Ist ein Gegenvormund vorhanden, so hat ihn der Vormund bei der Aufnahme des Verzeichnisses zuzuziehen; das Verzeichniß ist auch von dem Gegenvormunde mit der Versicherung der Richtigkeit und Vollständigkeit zu versehen.

Der Vormund kann sich bei der Aufnahme des Verzeichnisses der Hülfe eines Beamten, eines Notars oder eines anderen Sachverständigen bedienen.

Ist das eingereichte Verzeichniß ungenügend, so kann das Vormundschaftsgericht anordnen, daß das Verzeichniß durch eine zuständige Behörde oder durch einen zuständigen Beamten oder Notar aufgenommen wird.

---

## § 1802.

**E. I § 1659; II § 1682 rev. § 1780; III § 1778. P. I S. 8239, 8834, 8850, 8862; M. IV S. 1099. P. II S. 6352 (Bd. 4 S. 759, 760).**

Der §. 1802 verpflichtet den Vormund zur Einreichung eines Verzeichnisses des Vermögens des Mündels.

1. Umfang der Inventarisationspflicht. Verzeichnet werden muß das gesammte Vermögen des Mündels, sowohl das bei der Anordnung der Vormundschaft vorhandene, als das dem Mündel später zufallende. Wann und von wem der Mündel die einzelnen Vermögensstücke erworben hat, kommt nicht in Betracht. Bezüglich der etwaigen Minderungen des Mündelvermögens ist der Vormund allerdings dem Vormundschaftsgericht und dem Mündel gegenüber rechenschaftspflichtig und er wird gut thun, bei der jeweiligen Rechnung den Abgang am Vermögen des Mündels anzuzeigen, bezw. das Vormundschaftsgericht wird von Zeit zu Zeit, insbesondere bei der Abnahme der Rechnungen vom Vormund über den jeweiligen Stand des Vermögens Aufschluß verlangen, allein die dem Vormunde nach § 1802 obliegende und von einer vorgängigen Aufforderung des Vormundschaftsgerichts unabhängige Verpflichtung erstreckt sich auf Minderungen nicht. Auch die sonstigen Veränderungen des einmal verzeichneten Vermögens brauchen nicht verzeichnet zu werden; dies gilt insbesondere von dem Falle, daß an die Stelle eines Gegenstandes ein anderer tritt, z. B. ein Haus, bezüglich dessen die Verpflichtung des § 1802 schon erfüllt ist, gegen ein Grundstück vertauscht wird.

Gegenstände, an welchen der Mündel nur Miteigenthum hat oder an welchen dritten Personen Rechte zustehen, müssen verzeichnet werden. Insbesondere muß der Vormund der minderjährigen Ehefrau das der Verwaltung und Nutznießung des Mannes unterliegende Vermögen der Frau verzeichnen. Aus § 1372, § 1374 Satz 2 ergiebt sich, daß der Mann bei der Verzeichnung mitzuwirken hat. Gleiches gilt für das eingebrachte Gut bei der Errungenschaftsgemeinschaft und Fahrnißgemeinschaft, während die zum Gesammtgute gehörenden, von der Frau herrührenden Vermögensstücke nicht in das Verzeichniß aufgenommen werden müssen. Auch die Forderungen, welche dem Mündel gegen den Vormund selbst zustehen, müssen in das Verzeichniß aufgenommen werden. Ein Unterschied zwischen Gegenständen, die sich im Ausland, und solchen, die sich im Inlande befinden, wird nicht gemacht, es müssen also auch die ersteren verzeichnet werden. Ebensowenig kommt in Betracht, ob sich die Gegenstände im Bezirke des Vormundschaftsgerichts oder sonstwo befinden. Steht der Mündel mit anderen Personen in ungetheilter Gemeinschaft, ist insbesondere die Erbschaft, welche der Mündel in Gemeinschaft mit Anderen macht, noch ungetheilt, so müssen die sämmtlichen Gegenstände, auf welche sich die Gemeinschaft bezieht, z. B. sämmtliche Erbschaftsgegenstände, in das Verzeichniß aufgenommen werden und ist zugleich das Antheilsrecht des Mündels anzugeben; die Verpflichtung zur Auseinandersetzung wird natürlich durch den § 1802 nicht begründet; wann die Auseinandersetzung vorzunehmen ist, bestimmt sich vielmehr lediglich nach den allgemeinen Grundsätzen, hängt also regelmäßig von dem freien Belieben des Vormundes ab.

Die Verpflichtung erstreckt sich nur auf das der Verwaltung des Vormundes unterliegende Vermögen. Das der Verwaltung des Vormundes nicht unterliegende Vermögen muß vom Pfleger, dessen Verwaltung es untersteht, nach § 1915 verzeichnet werden. Die Verpflichtung bezieht sich ferner nur auf das Vermögen, welches der Vormund als Vormund verwaltet, nicht auf sonstiges, wenn auch dem Mündel an ihm gewisse Rechte zustehen. Wenn z. B. der Vormund Erbe und der Mündel Nacherbe ist, so muß die Erbschaft vom Vormunde nicht auf Grund des § 1802 verzeichnet werden. Dagegen gehört in das Verzeichniß die Eigenschaft des Mündels als Nacherben und das Vormundschaftsgericht wird gemäß § 1796 regelmäßig einen Pfleger aufzustellen haben, welcher vom Vorerben die Mittheilung des im § 2121 bezeichneten Verzeichnisses der Erbschaftsgegenstände zu verlangen hat. Anders liegt der Fall, wenn der Vormund mit dem Mündel Miterbe und die Erbschaft ungetheilt ist. Hier erscheint der Vormund bezüglich des Antheils des Mündels als Vormund und er muß deshalb nach dem Obigen die sämmtlichen Erbschaftsgegenstände verzeichnen. Gleiches gilt, wenn der Vormund Testamentsvollstrecker bezüglich des Nachlasses ist, zu welchem der Mündel allein oder mit Anderen berufen ist; hier wird freilich das im § 1802 bezeichnete Verzeichniß der Nachlaßgegenstände regelmäßig durch die Bezugnahme auf das vom Testamentsvollstrecker nach § 2215 dem Erben mitzutheilende Verzeichniß ersetzt werden. Zur Prüfung des Verzeichnisses wird ferner in diesem Falle regelmäßig ein Pfleger bestellt werden müssen.

Ist Vermögen des Mündels nicht vorhanden, so ist die Anzeige dieser Thatsache erforderlich und genügend.

Bei einem Wechsel des Vormundes braucht der neue Vormund Gegenstände, bezüglich deren der bisherige Vormund die Verzeichnißpflicht schon erfüllt hat, nicht von neuem zu verzeichnen.

2. Form des Verzeichnisses. Das Verzeichniß ist nur vom Vormund allein herzustellen, bei Mitvormündern von allen Vormündern, sofern nicht die Verwaltung eine getheilte ist, in welchem Falle jeder Vormund für den Kreis seiner Verwaltung das Verzeichniß herzustellen hat. Eine Mitwirkung des Mündels bei der Aufnahme des Verzeichnisses findet nicht statt; es ist also auch die Bestellung eines Pflegers für den Mündel zur Aufnahme des Verzeichnisses nicht erforderlich. Auch die Angehörigen des Mündels werden nicht zugezogen. Dagegen ist der etwa vorhandene Gegenvormund zuzuziehen. Ist zwar eine Gegenvormundschaft angeordnet, der bestellte Gegenvormund aber weggefallen oder liegen zwar die Voraussetzungen der Gegenvormundschaft vor, ist eine solche aber nicht angeordnet, so ist die Bestellung eines Gegenvormundes wegen der Aufnahme des Verzeichnisses allein nicht geboten, der Vormund hat das Verzeichniß einzureichen, ohne die Aufstellung des Gegenvormundes abzuwarten. Dem erst später bestellten Gegenvormunde wird zweckmäßigerweise vom Verzeichnisse Kenntniß zu geben sein.

Das Verzeichniß ist ein privates. Der Vormund bedarf zur Aufnahme nicht einer amtlichen Mitwirkung, er kann sich aber bei der Aufnahme der Hülfe einer Behörde, eines Beamten, eines Notars oder eines sonstigen Sachverständigen bedienen. Durch die dies ausdrücklich zulassende Vorschrift des Abs. 2 wird klar gestellt, daß die auf die Zuziehung der Amtsperson oder des Sachverständigen erwachsenden Kosten dem Mündel zur Last fallen (§ 1835). Von Bedeutung ist die Vorschrift insbesondere in Bezug auf die Gegenstände, welche sich an einem vom Wohnsitze des Vormundes entfernt gelegenen Orte befinden. Dem Vormund ist nicht die Verpflichtung auferlegt, sich unter allen Umständen von dem Zustande der Sachen des Mündels persönlich zu überzeugen und das Verzeichniß an Ort und Stelle aufzunehmen, er kann geeigneten Falles eine Amtsperson oder auch eine Privatperson, welche die nöthige Sachkenntniß hat, am Orte der belegenen Sache um die Aufnahme des Verzeichnisses ersuchen. Das Vormundschaftsgericht hat den Vormund bei der Auswahl der Amtsperson oder des Sachverständigen zu unterstützen.

3. Inhalt des Verzeichnisses. Das Verzeichniß hat nur die zum Vermögen des Mündels gehörenden Gegenstände anzugeben. Eine Beschreibung der einzelnen Gegenstände oder die Angabe des Werthes oder eine amtliche oder private Schätzung ist nicht erforderlich. Wenn dies indessen zur Feststellung der Identität eines Gegenstandes nothwendig ist, muß selbstverständlich auch eine Beschreibung, unter Umständen auch eine Werthangabe aufgenommen werden. Die Vorschrift des § 1640, daß bei Haushaltgegenständen die Angabe der einzelnen Stücke durch die Angabe des Gesammtwerths ersetzt wird, darf hierher übertragen werden.

Die Schulden des Mündels brauchen nicht verzeichnet zu werden. Selbstverständlich muß sich aber der Vormund über den Schuldenstand vergewissern und, wenn das Vormundschaftsgericht über den Stand des Vermögens Auskunft verlangt, müssen auch die Schulden angegeben werden. Abgesehen davon empfiehlt es sich im eigenen Interesse des Vormundes und auch zur Vermeidung der Haftung des Richters, in dem Verzeichnisse die Passiva anzugeben.

4. Zeitpunkt der Einreichung. Das Verzeichniß oder, wenn Vermögen des Mündels nicht vorhanden ist, die Anzeige hiervon ist sofort nach der Anordnung der Vormundschaft bezw. wenn der Anfall an den Mündel später eintritt, nach dem Anfalle beim Vormundschaftsgericht einzureichen. Eine Frist hat das Gesetz nicht festgesetzt. Das Vormundschaftsgericht wird übrigens zweckmäßigerweise dem Vormunde, sobald es von den Voraussetzungen der Einreichung des

§. 1803.

Was der Mündel von Todeswegen erwirbt oder was ihm unter Lebenden von einem Dritten unentgeltlich zugewendet wird, hat der Vormund nach den Anordnungen des Erblassers oder des Dritten zu verwalten, wenn die Anordnungen von dem Erblasser durch letztwillige Verfügung, von dem Dritten bei der Zuwendung getroffen worden sind.

Der Vormund darf mit Genehmigung des Vormundschaftsgerichts von den Anordnungen abweichen, wenn ihre Befolgung das Interesse des Mündels gefährden würde.

Zu einer Abweichung von den Anordnungen, die ein Dritter bei einer Zuwendung unter Lebenden getroffen hat, ist, solange er lebt, seine Zustimmung

---

Verzeichnisses Kenntniß erhält, eine Frist bestimmen, die Verpflichtung des Vormundes besteht aber unabhängig von einer Aufforderung des Gerichts.

5. Prüfung des Verzeichnisses. Das Verzeichniß ist vor der Einreichung von dem etwa vorhandenen Gegenvormunde zu prüfen und zum Zeichen der Prüfung von ihm gleichfalls mit der Versicherung der Richtigkeit und Vollständigkeit zu versehen. Nach der Einreichung hat das Vormundschaftsgericht das Verzeichniß bezw. die Vakatanzeige zu prüfen; inwieweit sich das Vormundschaftsgericht Belege, z. B. wenn ein Grundstück zum Vermögen des Mündels gehört, einen Grundbuchauszug vorlegen läßt, hängt von seinem Ermessen ab. Findet das Gericht das Verzeichniß ungenügend, so hat es den Vormund zur Ergänzung zu veranlassen. Es kann auch die amtliche Aufnahme durch eine Behörde, einen Beamten oder Notar anordnen.

Kommt der Vormund seiner Verpflichtung nicht nach oder verweigert er bei der angeordneten amtlichen Aufnahme des Verzeichnisses die Ertheilung der erforderlichen Auskunft, so hat ihn das Vormundschaftsgericht — vorbehaltlich der nach § 1833 bestehenden zivilrechtlichen Verantwortlichkeit gegenüber dem Mündel — durch Ordnungsstrafen (§ 1837) anzuhalten; es kann ihn auch nach § 1886 entlassen. Der Offenbarungseid (§ 259) kann vom Vormunde nicht verlangt werden; anders bei der Beendigung des Amtes des Vormundes (§ 1890).

6. Die Kosten des Verzeichnisses fallen dem Vermögen des Mündels zur Last. Dies gilt auch dann, wenn die amtliche Aufnahme angeordnet ist oder wenn der Vormund freiwillig nach Abs. 2 eine Amtsperson oder einen sonstigen Sachverständigen beizieht.

7. Die Zuständigkeit der Behörden und Beamten zur Aufnahme des Verzeichnisses richtet sich nach Landesrecht. Dieses kann die Zuständigkeit von Behörden oder Beamten oder die Zuständigkeit des Notars ausschließen (E.G. Art. 141).

8. Die Aufnahme des Verzeichnisses kann vom Vater oder der Mutter des Mündels oder dem Dritten, welcher dem Mündel etwas zuwendet, nicht erlassen werden. Auch die Befugniß des Vormundschaftsgerichts, das Verzeichniß amtlich aufnehmen zu lassen, kann nicht ausgeschlossen werden.

9. Bedeutung des Verzeichnisses. Das Verzeichniß bildet die Grundlage der vormundschaftlichen Vermögensverwaltung und der Aufsicht des Gerichts. Insbesondere hat das Vormundschaftsgericht auf Grund des Verzeichnisses zu erwägen, ob es dem Vormunde gewisse Verwaltungshandlungen vorzuschreiben oder nahe zu legen hat, z. B. die Versicherung der Gebäude des Mündels gegen Brandschaden, die Beitreibung von Forderungen, die Anlegung entbehrlich scheinender Gelder. Das Verzeichniß kann auch Veranlassung bieten, dem Vormunde Sicherheitsleistung aufzuerlegen.

Die Bedeutung des Verzeichnisses liegt aber auch darin, daß der Vormund durch die Aufnahme von Gegenständen in das Verzeichniß anerkennt, daß die Gegenstände vorhanden sind und seiner Verwaltungspflicht unterliegen. Dies ist für seine Herausgabepflicht von Belang (s. Erl. zu § 1890). Wegen der Beweiskraft des Verzeichnisses s. auch die hier gleichfalls zutreffende Erl. 3 zu § 2121.

**§ 1803.**

**E. I § 1660; II § 1683 rev. § 1781; III § 1779. P. I S. 7612, 8213, 8755, 8787; M. IV S. 1102. P. II S. 6355 (Bd. 4 S. 760).**

1. Wie derjenige, welcher dem Kinde Vermögen unentgeltlich zuwendet, die Zuwendung von der elterlichen Vermögensverwaltung ausnehmen (§ 1638) oder dem Vater oder der Mutter in Ansehung der Verwaltung bindende Anordnungen ertheilen kann (§ 1639), so kann ein solcher

erforderlich und genügend. Die Zustimmung des Dritten kann durch das Vormundschaftsgericht ersetzt werden, wenn der Dritte zur Abgabe einer Erklärung dauernd außer Stande oder sein Aufenthalt dauernd unbekannt ist.

---

Zuwender die Zuwendung auch von der Verwaltung des Vormundes ausschließen oder dem Vormunde bindende Verwaltungsmaßregeln vorschreiben. Die erstere Befugniß ist im § 1909 anerkannt, insofern daselbst bestimmt ist, daß zur Verwaltung des Vermögens des Mündels, bezüglich dessen der Zuwender bestimmt hat, daß dem Vormunde die Verwaltung nicht zustehen soll, ein Pfleger zu bestellen ist; aus der Bestellung des Pflegers ergiebt sich nach § 1794 der Ausschluß des Verwaltungsrechts des Vormundes. Von der zweiten Befugniß handelt der § 1803.

In beiden Fällen liegt in der Anordnung des Zuwenders nicht eine dem Mündel auferlegte Belastung, sondern nur eine das Recht des Vormundes betreffende Beschränkung. Die Anordnung kann also in beiden Fällen nicht als eine Beschwerung im Sinne des für das Pflichttheilsrecht geltenden § 2306 angesehen werden, außer wenn sie in der Form der wirklichen Bedingung geschieht.

Wegen der ersteren Befugniß s. Erl. zu §§ 1794, 1909, 1918. Zur zweiten Befugniß ist Folgendes zu bemerken:

**2.** Wegen des Vermögens, in Ansehung dessen die Anordnung zulässig ist, s. Erl. 1 zu § 1638. Wie der Wortlaut ergiebt und auch in den M. IV S. 1105 anerkannt ist, gilt die Anordnung auch von Surrogaten der zugewendeten Vermögensgegenstände.

**3.** Die Anordnung kann nur derjenige treffen, welcher dem Mündel eine unentgeltliche Zuwendung macht. Den Eltern als solchen als Nachwirkung der elterlichen Gewalt kommt die Befugniß, Verwaltungsanordnungen zu treffen, nicht zu.

**4.** Bezüglich der Form, in welcher die Anordnung getroffen werden muß, s. Erl. 2 zu § 1638.

**5.** Die Anordnung kann sich auf irgend eine Maßregel der vormundschaftlichen Verwaltung beziehen z. B. darauf, daß das Mündelgeld in einer von den Vorschriften des § 1807 abweichenden Weise angelegt wird. Der Ausdruck „verwalten" ist im weitesten Sinne zu nehmen und begreift insbesondere auch die Veräußerung in sich.

Die Vertretungsmacht des Vormundes kann jedoch von dem Dritten nicht beschränkt oder entzogen werden. Die Rechtshandlungen des Vormundes, welche gegen die Anordnungen des Dritten verstoßen z. B. eine Veräußerung entgegen der Anordnung, sind nicht unwirksam, sie sind nicht Rechtshandlungen eines Vertreters ohne Vertretungsmacht, sondern der Vormund macht sich durch die Verletzung der Anordnung des Dritten nur dem Mündel gegenüber schadensersatzpflichtig (§ 1833). Uebrigens hat das Vormundschaftsgericht, wie sich aus seinem allgemeinen Aufsichtsrecht ergiebt, die Befolgung der Anordnungen zu überwachen und die zur Durchführung der Anordnungen erforderlichen Maßregeln z. B. Ordnungsstrafen, Bestellung einer Sicherheit, zu ergreifen und, wenn der Vormund den Anordnungen wiederholt zuwiderhandelt oder die Befolgung direkt verweigert, so liegt eine erhebliche Pflichtverletzung seinerseits vor, welche das Vormundschaftsgericht unter Umständen zu seiner Entlassung nach § 1886 führen wird.

Auf das Erforderniß der Genehmigung des Vormundschaftsgerichts zu den im Gesetze bestimmten Rechtsgeschäften hat die Anordnung keinen Einfluß. Der Zuwender kann z. B. wohl anordnen, daß ein Grundstück zu einer gewissen Zeit veräußert werden soll, der Vormund hat aber gleichwohl zu der Veräußerung die Genehmigung des Vormundschaftsgerichts nach § 1821 zu erholen. Der bloße allgemeine Wunsch des Zuwenders ist übrigens keine Anordnung im Sinne des § 1803.

**6.** Die Abs. 2, 3 gestatten, daß der Vormund unter gewissen Voraussetzungen von den Anordnungen abweicht und zwar entweder für immer oder nur für den einzelnen Fall, je nachdem die Voraussetzungen hierfür vorliegen.

**a)** Wenn der Zuwender noch lebt, so ist seine Zustimmung zur Abweichung einzuholen; seine Zustimmung reicht zur Abweichung aus. Die Zustimmung kann bei dauernder Behinderung oder dauernder Abwesenheit vom Vormundschaftsgericht ersetzt werden. Wann diese Voraussetzungen zutreffen, ist Thatfrage, sie werden z. B. im Falle der Entmündigung wegen Geisteskrankheit stets, im Falle der Anordnung einer Abwesenheitspflegschaft regelmäßig vorliegen. Ueber den Zeitpunkt der Wirksamkeit der Ersetzung s. § 53 des freiw. G.G. Die Zustimmung des Zuwenders ist aber nur zu der Abweichung von seiner Anordnung genügend, dagegen ersetzt sie in den Fällen, in welchen die Genehmigung des Vormundschaftsgerichts erforderlich ist (z. B. § 1821), diese Genehmigung nicht.

**b)** Wenn der Zuwender nicht mehr lebt, ist eine Abweichung mit Genehmigung des Vormundschaftsgerichts zulässig. Die Genehmigung darf nur ertheilt werden, wenn die Befolgung

§. 1804.

Der Vormund kann nicht in Vertretung des Mündels Schenkungen machen. Ausgenommen sind Schenkungen, durch die einer sittlichen Pflicht oder einer auf den Anstand zu nehmenden Rücksicht entsprochen wird.

§. 1805.

Der Vormund darf Vermögen des Mündels nicht für sich verwenden.

---

der Anordnungen das Interesse des Mündels gefährden würde. Daß die Nichtbefolgung zweckmäßig wäre oder durch die Befolgung dem Mündel ein Gewinn entgeht, ist nicht genügend. Von den Anordnungen kann auch auf Grund von Thatumständen abgewichen werden, welche der Zuwender bei der Zuwendung schon kannte. Vor der Ertheilung der Genehmigung hat das Vormundschaftsgericht den Gegenvormund nach § 1826 zu hören.

**§ 1804.**

**E. I § 1661; II § 1684 rev. § 1782; III § 1780. P. I S. 8243, 8834; M. IV S. 1106. P. II S. 6355 (Bd. 4 S. 760).**

**1.** Der § 1804 schließt die Vertretungsmacht des Vormundes in Ansehung von Schenkungen aus. Der Vormund kann nicht bloß selbst eine Schenkung für den Mündel nicht machen, sondern auch zu einer vom Mündel vorgenommenen Schenkung die Zustimmung nicht ertheilen. Auch mit Genehmigung des Vormundschaftsgerichts kann der Vormund eine Schenkung in Vertretung des Mündels nicht machen.

Unter Schenkungen versteht der § 1804 nur Schenkungen im engeren Sinne (§ 516), nicht sonstige Vermögensminderungen. In den vorzugsweise in Betracht kommenden Fällen dieser Art, welche nicht Schenkungen im Sinne des § 516 sind, nämlich in den Fällen der Aufgabe oder Minderung der für einen Anspruch des Mündels bestellten Sicherheit, des Erbverzichts, der Aufhebung eines vertragsmäßigen Erbrechts sowie der Ausschlagung einer Erbschaft oder eines Vermächtnisses ist der Mündel gegen den Mißbrauch des dem Vormunde zustehenden Rechtes der Vermögensverwaltung dadurch geschützt, daß die Wirksamkeit dieser Rechtsgeschäfte von der Genehmigung des Vormundschaftsgerichts (§ 1822 Nr. 12, 13, §§ 2347, 2290) abhängig gemacht ist (M. IV S. 1106).

**2.** Ausgenommen sind nach dem Abs. 2 Schenkungen, durch die einer sittlichen Pflicht oder einer auf den Anstand zu nehmenden Rücksicht entsprochen wird (vergl. § 534, § 1446 Abs. 2). Hierunter fallen z. B. die üblichen Pathengeschenke, Geschenke an Dienstboten und sonstige allgemein übliche Gelegenheitsgeschenke, z. B. Hochzeitsgeschenke. Ob die Voraussetzungen des Abs. 2 zutreffen, ist nach den persönlichen Beziehungen des Mündels zu dem Beschenkten im Zusammenhalte mit den sonstigen Vermögens- und Standesverhältnissen und der Sitte zu beurtheilen. Hiernach bestimmt sich auch das zulässige Maß der Schenkung. Eine nach Abs. 2 zulässige Schenkung darf auch aus dem Stammvermögen des Mündels erfolgen und zwar ohne daß die Genehmigung des Vormundschaftsgerichts erforderlich wäre. Freilich werden die Fälle, daß bei einer Schenkung, zu welcher das Stammvermögen des Mündels angegriffen werden muß, die Voraussetzungen des Abs. 2 vorliegen, sehr selten sein.

**3.** Eine gegen das Verbot des § 1804 verstoßende Schenkung ist nichtig. Der Mündel kann das Geschenk zurückfordern. Der Vormund ist nach Maßgabe des § 1833 dem Mündel für die Verletzung des § 1804 verantwortlich.

**4.** Unter § 1804 gehören nicht auch die Fälle, daß der Vormund im eigenen Namen aus dem Vermögen des Mündels eine Schenkung macht. Es handelt sich hier um eine widerrechtliche Verfügung über fremdes Vermögen, wegen der der Vormund dem Mündel verantwortlich ist. Wegen des Rückforderungsrechts des Mündels gegen den Beschenkten, falls dieser auf Grund seines guten Glaubens das Geschenkte erworben hat, s. § 816 Abs. 1 Satz 2.

**§ 1805.**

**E. I § 1662; II § 1685 rev. § 1783; III § 1781. P. I S. 8267; M. IV S. 1107. P. II S. 6355 (Bd. 4 S. 760).**

Der Vormund soll sein Vermögen und das des Mündels getrennt halten. Jedenfalls darf er Mündelvermögen nicht in seinen Nutzen, d. h. für seine eigennützigen Zwecke verwenden, auch

## §. 1806.

**Der Vormund hat das zum Vermögen des Mündels gehörende Geld verzinslich anzulegen, soweit es nicht zur Bestreitung von Ausgaben bereit zu halten ist.**

---

nicht in Form eines Darlehens (vergl. §§ 181, 1795 Abs. 2). Die Verwendung in eigenem Nutzen ist ihm bezüglich des gesammten Mündelvermögens untersagt, nicht bloß bezüglich des Mündelgeldes; auch der bloße Gebrauch von Mündelsachen ist verboten und die Arbeitskraft des Mündels, welche dieser für sich gegen Entgelt verwerthen könnte, darf der Vormund gleichfalls nicht unentgeltlich für sich in Anspruch nehmen. Die Feststellung, ob eine eigennützige Verwendung des Mündelvermögens durch den Vormund vorliegt, bietet mitunter Schwierigkeiten. Deshalb, weil durch die Verwendung eines Gegenstandes für Zwecke des Mündels nebenher auch dem Vormund ein Vortheil erwächst, ist der Thatbestand des § 1805 nicht ohne Weiteres gegeben. Erforderlich ist, daß die Absicht des Vormundes bei der Verwendung ausschließlich oder doch überwiegend auf das eigene Interesse gerichtet ist.

Bei Zuwiderhandlungen ist der Vormund schadensersatzpflichtig (§ 1833); Geld hat er von der Zeit der Verwendung an zu verzinsen (§ 1834). Wegen seiner strafrechtlichen Verantwortlichkeit s. St.G.B. §§ 246, 266. Wegen des Einschreitens des Vormundschaftsgerichts s. §§ 1837, 1886.

### § 1806.

**E. I § 1664 Abs. 1; II § 1687 Abs. 1 rev. § 1784; III § 1782. P. I S. 8244; M. IV S. 1108. P. II S. 6355 (Bd. 4 S. 760).**

**1.** Inwieweit Geld des Mündels zur Bestreitung laufender Ausgaben, insbesondere der Ausgaben für die Erziehung des Mündels und für die Verwaltung des Vermögens, bereit zu halten ist, richtet sich nach den Umständen des einzelnen Falles. Die Frage, ob bereit zu haltendes Geld anzulegen ist, bleibt dem pflichtgemäßen Ermessen des Vormundes (§ 1833) ebenso überlassen als die Frage, in welcher Weise es anzulegen ist, ob z. B. bei einer Bank in Konto-Korrent oder bei einer Sparkasse.

Nicht bereit zu haltendes Geld dagegen ist verzinslich anzulegen. Diese Verpflichtung bezieht sich aber nur auf vorhandenes Geld (Metall- oder Papiergeld), sei es, daß es bei Beginn der Vormundschaft dem Mündel gehört oder ihm erst später zufällt. Sie betrifft nicht die bei Beginn der Vormundschaft vorhandenen oder dem Mündel etwa im Erbwege später zufallenden Kapitalien, z. B. Hypotheken oder Werthpapiere, welche den Vorschriften über die Anlegung von Mündelgeld nicht entsprechen. Ob diese in mündelsichere Anlagen umzuwandeln sind, hängt von den Umständen des Falles ab. Nicht selten würde eine sofortige Umwandelung solcher Anlagen in mündelsichere Anlagen dem Mündel erhebliche Verluste bringen. Dagegen findet der § 1806 auch auf die Fälle Anwendung, in welchen es sich nicht um eine Neuanlegung, sondern um eine Aenderung in der Sicherstellung, d. h. Anlegung, handelt (R.G. 33 S. 209).

**2.** Die Art der Anlegung bestimmt sich nach den §§ 1807—1809. Die Bedeutung dieser Vorschriften ist nicht die, daß der Vormund durch eine ihnen entsprechende Anlegung unter allen Umständen der ihm obliegenden Sorge für das Mündelvermögen genügt, sodaß seine Haftung bei trotzdem eintretendem Verluste nicht in Anspruch genommen werden könnte, vielmehr ist er — abgesehen von der Frage der Mündelsicherheit einer Hypothek, Grundschuld oder Rentenschuld, sofern dabei die landesgesetzlichen Vorschriften beobachtet sind (s. Erl. 3 zu § 1807), — für etwa verschuldete Schadenszufügung nach Maßgabe des § 1833 verantwortlich, wenn auch selbstverständlich ein Verschulden seinerseits bei Beobachtung dieser Vorschriften nur sehr selten wird angenommen werden können.

Uebrigens ist es dem Vormunde durch den § 1806 nur zur Pflicht gemacht, wenn er das Geld zinsbar anlegt, eine den §§ 1807—1811 entsprechende Anlegung zu wählen. Dagegen ist es ihm nicht verwehrt, Mündelgeld, statt es verzinslich anzulegen, auch in anderer Weise nutzbar zu machen, z. B. durch den Ankauf von Grundstücken, den Beginn eines Erwerbsgeschäfts. Natürlich müssen dabei die in dieser Beziehung gegebenen Sondervorschriften, z. B. § 1821 Nr. 4, § 1822 Nr. 3, § 1823, beobachtet werden.

**3.** Verletzung der Vorschrift des § 1806 begründet die Schadensersatzpflicht des Vormundes nach Maßgabe der allgemeinen Grundsätze und der Vorschrift des § 1833. Die verbotswidrig erfolgte Anlage kann aber der Mündel nicht zurückweisen und nicht auf Herausgabe des angelegten Geldes klagen (R.G. 4 S. 167; 11 S. 307; 16 S. 205; 33 S. 211). Eine ohne Weiteres eintretende Verzinsungspflicht bei Verzögerung der Anlegung ist dem Vormunde nicht auferlegt (M. IV S. 1180); es sind auch in dieser Beziehung die allgemeinen Grundsätze und die Vorschrift des § 1833 maßgebend.

## §. 1807.

Die im §. 1806 vorgeschriebene Anlegung von Mündelgeld soll nur erfolgen:

1. in Forderungen, für die eine sichere Hypothek an einem inländischen Grundstücke besteht, oder in sicheren Grundschulden oder Rentenschulden an inländischen Grundstücken;
2. in verbrieften Forderungen gegen das Reich oder einen Bundesstaat sowie in Forderungen, die in das Reichsschuldbuch oder in das Staatsschuldbuch eines Bundesstaats eingetragen sind;
3. in verbrieften Forderungen, deren Verzinsung von dem Reiche oder einem Bundesstaate gewährleistet ist;
4. in Werthpapieren, insbesondere Pfandbriefen, sowie in verbrieften Forderungen jeder Art gegen eine inländische kommunale Körperschaft oder die Kreditanstalt einer solchen Körperschaft, sofern die Werthpapiere oder die Forderungen von dem Bundesrathe zur Anlegung von Mündelgeld für geeignet erklärt sind;
5. bei einer inländischen öffentlichen Sparkasse, wenn sie von der zuständigen Behörde des Bundesstaats, in welchem sie ihren Sitz hat, zur Anlegung von Mündelgeld für geeignet erklärt ist.

Die Landesgesetze können für die innerhalb ihres Geltungsbereichs belegenen Grundstücke die Grundsätze bestimmen, nach denen die Sicherheit einer Hypothek, einer Grundschuld oder einer Rentenschuld festzustellen ist.

---

### § 1807.

**E. I § 1664 Abs. 2, 3; II § 1687 Abs. 2, 3 rev. § 1785; III § 1783. P. I S. 8244–8263, 8329, 8756, 8767; M. IV S. 1109–1116. P. II S. 6355–6359, 6361–6378, 8680 (Bd. 4 S. 760; Bd. 6 S. 307). K.B. S. 2089. St.B. S. 3001–3005, 3094.**

**1.** Der § 1807 zählt die regelmäßigen Anlegungsarten auf. Zu einer Abweichung ist der Vormund nur ermächtigt, wenn die Anlegung nicht in der im § 1807 bezeichneten Weise erfolgen kann; dann greift die Vorschrift des § 1808 ein. Soll die Anlegung auch in dieser Weise nicht erfolgen, so ist nach § 1811 die Genehmigung des Vormundschaftsgerichts erforderlich. Die verschiedenen Anlegungsarten des § 1807 stellt das Gesetz als einander an sich gleichwerth nebeneinander. Der Vormund hat in dem einzelnen Falle pflichtmäßig zu erwägen, welche Anlegungsart für den Mündel am vortheilhaftesten ist. Um den Mündel in dieser Beziehung thunlichst zu sichern und die Verantwortlichkeit des Vormundes zu mindern, verpflichtet der § 1810 den Vormund, die Anlegung nur im Einverständnisse mit dem Gegenvormund oder dem Vormundschaftsgerichte vorzunehmen. Ueber die Haftung des Vormundes für ein Verschulden bei der Anlegung s. Erl. 2, 3 zu § 1806.

**2.** Die einzelnen Anlegungsarten:

**a)** Zu Nr. 1. Nur Hypotheken, Grund- oder Rentenschulden an inländischen Grundstücken gelten als zur Anlegung geeignet; bezüglich ausländischer Hypotheken s. Erl. zu § 1811. Wann eine Hypothek, Grundschuld oder Rentenschuld als sicher zu erachten ist, ist — in Ermangelung von landesgesetzlichen Vorschriften, welche auf Grund des Abs. 2 erlassen sind (s. Erl. Nr. 3) — Frage des einzelnen Falles. Die Sicherheit hängt einerseits davon ab, daß das Grundstück nur bis zu einem gewissen Theile des Werthes beliehen (Beleihungsgrenze), andererseits davon, daß der Werth in zuverlässiger Weise ermittelt wird.

Selbstverständlich finden übrigens die Vorschriften über die Mündelsicherheit von Hypotheken und Grundschulden in dem Falle keine Anwendung, wenn es sich darum handelt, ob eine für eine Forderung des Mündels bestellte Hypothek sicher genug ist. Wenn z. B. beim Verkauf eines Grundstücks des Mündels ein Theil des Kaufpreises stehen bleibt oder bei der Auseinandersetzung des Nachlasses des Vaters des Mündels diesem der Erbtheil in einer Forderung ausgezeigt und für den Kaufschilling oder die Erbforderung Hypothek bestellt wird, so hängt die Frage, ob das Vormundschaftsgericht den Verkauf oder die Auseinandersetzung mit Rücksicht auf die Sicherung des Mündels genehmigen soll, von den Umständen des Falles ab. Häufig genug wird man froh sein müssen, überhaupt eine hypothekarische Sicherung zu haben.

**b)** Zu Nr. 2, 3. Verbriefte Forderungen sind alle, welche urkundlich festgestellt sind. Als Bundesstaat gilt auch Elsaß-Lothringen (E.G. Art. 5). Wegen des Reichsschuldbuchs s. R.G. v. 31. Mai 1891 und 8. März 1897 nebst den Ausführungsbestimmungen v. 27. Januar 1892 (Centralblatt 1892 S. 25, preuß. J.M.Bl. 1892 S. 124, bayer. J.M.Bl. 1892 S. 94). Ueber die Staatsschuldbücher s. die Gesetze von Preußen v. 20. Juli 1883 und 8. Juni 1891, Sachsen v. 25. April 1884, Hessen v. 27. März 1898, Weimar v. 20. Januar 1900 (s. Erl. zu Art. 97 E.G.).

**c)** Die Nr. 4 bezeichnet als zur Anlegung geeignet einerseits Werthpapiere, andererseits verbriefte Forderungen jeder Art gegen eine inländische kommunale Körperschaft oder die Kreditanstalt einer solchen Körperschaft, beide jedoch nur unter der Voraussetzung, daß die Werthpapiere oder die Forderungen vom Bundesrathe für geeignet erklärt sind. Was unter Werthpapieren zu verstehen ist, dafür enthält das B.G.B. keine allgemeine Begriffsbestimmung (s. Erl. 1 zu § 234). Wie sich aus der Gegenüberstellung von Werthpapieren und von verbrieften Forderungen jeder Art ergiebt, ist der Ausdruck „Werthpapier" hier in einem engeren Sinne zu verstehen, in welchem er nur jene Papiere umfaßt, bei welchen das Papier der Träger des Rechtes ist, gleichgültig, welcher Art das in dem Papiere beurkundete Recht (ob ein Forderungsrecht, ein Pfandrecht oder ein körperschaftliches Mitgliederrecht) ist; auch eine Aktien-Art kann vom Bundesrath als mündelsicher erklärt werden. Ohne Belang ist ferner, ob es sich um Inhaber-, Order- oder Rekta-Papiere handelt, Rektapapiere in dem Sinne, daß der Inhaber sein Recht der Verfügung über das Papier beweisen muß, ohne daß ihm eine Beweiserleichterung zur Seite steht. Als praktisch besonders wichtige Art der Werthpapiere hebt die Nr. 4 die Pfandbriefe hervor. Ueber den Begriff der verbrieften Forderungen s. oben b. Unter kommunalen Körperschaften sind nur die sog. politischen Körperschaften zu verstehen. Die von Kirchenverbänden ausgestellten Schuldverschreibungen können für mündelsicher nur erklärt werden, wenn sie unter den Begriff der Werthpapiere fallen.

Von weiteren Voraussetzungen der Mündelsicherheit konnte das B.G.B. Abstand nehmen, weil es eine ausdrückliche Erklärung des Bundesraths, daß die Papiere bezw. Forderungen mündelsicher sind, verlangt. Es ist Sache des Bundesraths, wovon er die Mündelsicherheit abhängig macht. Regelmäßig wird z. B. verlangt werden müssen, daß die Inhaberpapiere entweder Seitens des Inhabers unkündbar sind oder einer bestimmten Tilgung unterliegen; in Betracht wird ferner die Sicherheit des Schuldners, bei kommunalen Körperschaften das Besteuerungsrecht und die Steuerkraft der Körperschaft kommen. Selbstverständlich kann die Erklärung der Mündelsicherheit vom Bundesrathe jederzeit wieder zurückgezogen werden. Die Erklärung der Mündelsicherheit steht nur dem Bundesrathe zu. Auch wenn — wie bei kommunalen Körperschaften die Regel sein wird — die Aufsichtsbehörde die Genehmigung zur Aufnahme des Darlehens 2c. ertheilt hat, ist damit noch nicht die Mündelsicherheit gegeben. Uebrigens ist der Rechtszustand in Folge der auf Grund des E.G. Art. 212 erlassenen Landesgesetze thatsächlich der, daß sämmtliche von den politischen Körperschaften (Orts-, Kreis-, Distrikts-, Provinzialgemeinden) ausgegebenen Schuldverschreibungen in dem betreffenden Bundesstaate mündelsicher sind und zwar ohne Rücksicht auf die Zeit der Ausgabe der Schuldverschreibung, also auch wenn sie erst nach dem Inkrafttreten des B.G.B. erfolgte. (Vergl. Erl. zu Art. 212 E.G.) Mit der Erklärung der Mündelsicherheit ist nicht zu verwechseln die der Landescentralstelle zustehende Genehmigung zur Ausgabe von Inhaberpapieren (§ 792).

**d)** Zu Nr. 5. Unter einer öffentlichen Sparkasse ist nicht eine Sparkasse mit unbeschränktem Mitgliederkreis, sondern eine in den öffentlichen Organismus eingegliederte Sparkasse zu verstehen. Wann diese Eingliederung als vorhanden anzunehmen ist, bestimmt sich nach Landesrecht. Zweifellos sind öffentliche Sparkassen die von einer juristischen Person des öffentlichen Rechtes (Fiskus oder öffentlichrechtliche Körperschaft oder Stiftung, insbesondere Gemeinde) betriebenen Sparkassen. In Preußen z. B. sind als öffentliche Sparkassen diejenigen anzusehen, die für Rechnung einer Körperschaft des öffentlichen Rechtes betrieben werden oder für die eine solche Körperschaft die Haftung übernommen hat (Verf. v. 27. Juni 1900, M.Bl. d. i. Verw. S. 225).

Weitere Voraussetzungen, als daß es sich um eine öffentliche Sparkasse handelt, sind reichsrechtlich nicht aufgestellt, weil die Sparkasse zur Anlegung von Mündelgeld nur geeignet ist, wenn dies von der zuständigen Landesbehörde ausdrücklich ausgesprochen ist. Welche Behörde zuständig ist, bestimmt sich nach Landesrecht. Die Erklärung der Mündelsicherheit kann jederzeit zurückgezogen werden. Uebrigens kann nach § 1809 bei einer Sparkasse Mündelgeld nur

§. 1808.

Kann die Anlegung den Umständen nach nicht in der im §. 1807 bezeichneten Weise erfolgen, so ist das Geld bei der Reichsbank, bei einer Staatsbank oder bei einer anderen durch Landesgesetz dazu für geeignet erklärten inländischen Bank oder bei einer Hinterlegungsstelle anzulegen.

---

mit der Bestimmung angelegt werden, daß zur Erhebung des Geldes die Genehmigung des Gegenvormundes oder des Vormundschaftsgerichts erforderlich ist. Daraus ergiebt sich, daß die Anlegung von Mündelgeld bei einer Sparkasse, auch wenn diese von der zuständigen Behörde zur Anlegung von Mündelgeld für geeignet erklärt ist, nur dann erfolgen darf, wenn die Sparkasse die Anlegung unter jener Bestimmung ermöglicht (s. Erl. 2 zu § 1809).

An landesrechtlichen Ausführungsbestimmungen vergl. die A.G. zum B.G.B. für Preußen Art. 75 § 1, Württemberg Art. 69 (und Verf. v. 15. Dezbr. 1899), Baden Art. 33, Hessen Art. 125, Elsaß-Lothringen § 141 Ziff. 2; ferner Bayern V. v. 24. Dezbr. 1899 § 22, Min. Bek. v. 21. Dezbr. 1899, Sachsen A.V. v. 6. Juli 1899 § 36.

3. Die im Abs. 2 den Landesgesetzen eingeräumte Möglichkeit, die Grundsätze zu bestimmen, nach welchen die Sicherheit einer Hypothek, Grundschuld oder Rentenschuld festzustellen ist, bezweckt nicht nur, dem Vormund und Gegenvormunde die Prüfung zu erleichtern, sondern ihnen die Verantwortung abzunehmen. Der Vormund und Gegenvormund sind, sofern sie Mündelgeld in einer den landesgesetzlichen Vorschriften entsprechenden Hypothek, Grundschuld oder Rentenschuld anlegen, von jeder Haftung wegen ungenügender Sicherheit (§ 1833) frei, wenn sich später herausstellt, daß die Hypothek, Grundschuld oder Rentenschuld nicht sicher ist und der Mündel dadurch Schaden erleidet. An landesrechtlichen Ausführungsvorschriften vergl. die A.G. z. B.G.B. für Preußen Art. 73, Bayern Art. 92, Württemberg Art. 68, Baden Art. 33 (dazu V. v. 11. November 1899 § 35), Hessen Art. 124, Elsaß-Lothringen § 142, ferner sächs. Ges. v. 22. Dezbr. 1899 § 3. Diese Vorschriften gelten für die in dem betr. Bundesstaate gelegenen Grundstücke ohne Rücksicht darauf, wo die Vormundschaft geführt wird oder der Vormund oder der Mündel wohnen; insofern kommt ihnen Bedeutung für das ganze Reich zu.

**§ 1808.**

**E. I § 1665; II § 1688 rev. § 1786; III § 1784. P. I S. 8244, 8263, 8756; M. IV S. 1116. P. II S. 6379–6386, 6854 (Bd. 4 S. 773–777; Bd. 5 S. 146).**

1. Auch die nach § 1808 erfolgte Anlegung ist eine dauernde. Fallen die Umstände, welche zur Außerachtlassung der Vorschrift des § 1807 und damit zur Anlegung nach § 1808 führten, später weg, so braucht die Anlage nicht in eine solche nach § 1807 umgewandelt zu werden, wenn dies nicht aus anderen Gründen zweckmäßig erscheint, z. B. weil die Bank weniger Zinsen zahlt, als sich bei einer Anlage nach § 1807 erzielen läßt.

Der § 1808 schreibt übrigens zwar nicht ausdrücklich verzinsliche Anlegung vor, der Ausdruck „Anlegung" wird indessen in diesem Sinne zu verstehen sein.

2. Die Reichsbank nimmt nach der Bekanntmachung v. 3. Dezember 1878 Geld zur zinsbaren Belegung nicht an. In Ansehung der Reichsbank ist also die Vorschrift des § 1808 zur Zeit gegenstandslos.

3. An Staatsbanken, die in Betracht kommen, sind namentlich die preußische Seehandlung und die Kgl. Bayerische Bank zu nennen. Wegen der Privatbanken, die durch Landesgesetz für geeignet erklärt sind, vergl. die A.G. zum B.G.B. von Preußen Art. 76 (dazu Min.Verf. v. 17. und 18. Dezber. 1899, J.M.Bl. S. 805), Baden Art. 33 (dazu V. v. 11. November 1899 § 36), Hessen Art. 126 (dazu Bek. v. 10. Januar 1901), ferner sächs. Ges. v. 22. Dezbr. 1899 § 2 u. V. v. 13. März 1900.

4. Nach Art. 144 Satz 2 des E.G. können die Landesgesetze bestimmen, daß die Anlegung von Mündelgeld nach § 1808 bei den Hinterlegungsstellen des Bundesstaats nicht stattfindet. Hiervon haben verschiedene Bundesstaaten (vergl. z. B. die A.G. zum B.G.B. von Preußen Art. 76 Abs. 2, von Bayern Art. 167 XXII) Gebrauch gemacht; über andere Staaten s. Erl. zu Art. 144 des E.G.

5. Vergl. § 1809.

§. 1809.

Der Vormund soll Mündelgeld nach §. 1807 Abs. 1 Nr. 5 oder nach §. 1808 nur mit der Bestimmung anlegen, daß zur Erhebung des Geldes die Genehmigung des Gegenvormundes oder des Vormundschaftsgerichts erforderlich ist.

§. 1810.

Der Vormund soll die in den §§. 1806 bis 1808 vorgeschriebene Anlegung nur mit Genehmigung des Gegenvormundes bewirken; die Genehmigung des Gegenvormundes wird durch die Genehmigung des Vormundschaftsgerichts ersetzt. Ist ein Gegenvormund nicht vorhanden, so soll die Anlegung nur mit Genehmigung des Vormundschaftsgerichts erfolgen, sofern nicht die Vormundschaft von mehreren Vormündern gemeinschaftlich geführt wird.

---

**§ 1809.**

**E. I § 1666 Abs. 2; II § 1689 Abs. 2 rev. § 1787; III § 1785. P. I S. 8244, 8263, 8303, 8438; M. IV S. 1119. P. II S. 6386. 6387, 6389 (Bd. 4 S. 777).**

1. Der § 1809 bezieht sich auf die Anlegung des Mündelgeldes bei Sparkassen (§ 1807 Abs. 1 Nr. 5) und bei Banken und Hinterlegungsstellen (§ 1808). Die Anlegung unter der im § 1809 bezeichneten Bestimmung bewirkt, daß der Vormund über das angelegte Geld (d. h. das Kapital, nicht die Zinsen) nicht ohne die Genehmigung des Gegenvormundes oder des Vormundschaftsgerichts verfügen kann (§ 1812, § 1813 Abs. 2). Der Vermerk, daß zur Erhebung des Geldes die Genehmigung des Gegenvormundes oder des Vormundschaftsgerichts erforderlich ist, ist von der Sparkassenverwaltung einzusetzen; denn der Vormund hat mit dieser Bestimmung anzulegen, es wird nicht wie bisher in Preußen und Bayern die Spareinlage durch das Gericht gesperrt.

2. Aus § 1809 folgt, daß, wenn eine Sparkasse oder eine Bank nach ihren Satzungen oder Reglements die Anlegung des Mündelgeldes nicht unter der im § 1809 bezeichneten Bestimmung ermöglicht, — wenn z. B. eine Sparkasse die Sparurkunde nur als sog. qualifizirtes Legitimationspapier ausstellt (§ 808) und eine Rückzahlung unter Verletzung der im § 1809 bezeichneten Bestimmung nicht als sie nicht befreiend anerkennt, — die Anlegung bei der Sparkasse oder der Bank ausgeschlossen ist (so auch P. II S. 8680 — Bd. 6 S. 307 —, Begr. zu Art. 73 des Entw. des preuß. A.G. zum B.G.B., ferner die bayer. Min.Bek. v. 21. Dezbr. 1899).

3. Die Genehmigung des Gegenvormundes oder des Vormundschaftsgerichts ist im § 1809 in dem Sinne nebeneinander gestellt, daß die eine oder andere genügt, insbesondere also die Genehmigung des Gegenvormundes durch die des Vormundschaftsgerichts ersetzt wird. Ueber die Ersetzung s. Erl. zu § 1812.

4. Der § 1809 enthält nur eine Ordnungsvorschrift. Seine Verletzung bewirkt gegebenen Falles nur die Verantwortlichkeit des Vormundes, nicht die Nichtigkeit der Anlage. Vergl. auch Vorbm. vor § 1821.

5. Ueber die Möglichkeit der Befreiung von der Vorschrift des § 1809 s. §§ 1852, 1903.

**§ 1810.**

**E. I § 1666 Abs. 1; II § 1689 Abs. 1 rev. § 1788; III § 1786. P. I S. 8244, 8263, 8303, 8438; M. IV S. 1117. P. II S. 6386—6389, 8680 (Bd. 4 S. 777; Bd. 6 S. 306).**

1. Die Vorschrift des § 1810 sichert dem Gegenvormund und dem Vormundschaftsgericht eine entsprechende Mitwirkung bei der Anlegung des Mündelgeldes und mindert andererseits die Verantwortlichkeit des Vormundes. Die Genehmigung des Gegenvormundes oder des Vormundschaftsgerichts ist nur zu der in den §§ 1806—1808 vorgeschriebenen Anlegung erforderlich, also nur zu der Anlegung nicht bereit zu haltenden Geldes; bereit zu haltende Gelder kann der Vormund nach freiem Ermessen anlegen. Die Anlegung selbst erfolgt übrigens vom Vormund allein.

2. Die Genehmigung des Gegenvormundes ist nur erforderlich, wenn ein solcher vorhanden ist. Es ist, auch wenn die Voraussetzungen des § 1792 gegeben sind und deshalb ein

## §. 1811.

**Das Vormundschaftsgericht kann aus besonderen Gründen dem Vormund eine andere Anlegung als die in den §§. 1807, 1808 vorgeschriebene gestatten.**

---

Gegenvormund zu bestellen wäre, ein Gegenvormund aber nicht bestellt oder der bestellte weggefallen ist, mit der Anlegung mithin nicht zu warten, bis der Gegenvormund aufgestellt wird, sondern das Vormundschaftsgericht hat bei der Anlegung mitzuwirken. Wenn ein Gegenvormund vorhanden ist, kann dessen Genehmigung, falls sie verweigert wird, oder z. B. wegen Krankheit nicht oder nur schwer zu erlangen ist, durch das Vormundschaftsgericht ersetzt werden; es steht übrigens nichts im Wege, daß die Genehmigung des Vormundschaftsgerichts ertheilt wird, ohne daß sie vom Gegenvormunde verweigert wird (s. Erl. zu § 1812). Regelmäßig soll aber der Gegenvormund nach § 1826 vorher gehört werden.

3. Der § 1810 enthält nur eine Ordnungsvorschrift. Die Vorschriften der §§ 1828—1832 über die ohne Genehmigung des Gegenvormundes oder des Vormundschaftsgerichts vorgenommenen Rechtsgeschäfte finden keine Anwendung. Die ohne die Genehmigung des Gegenvormundes oder des Vormundschaftsgerichts erfolgte Anlegung ist gültig, der Mündel muß sie gegen sich gelten lassen, er kann nur gegebenen Falles den Vormund nach § 1833 zur Verantwortung ziehen (s. Vorbm. vor §. 1821).

4. Wird die Vormundschaft von mehreren Vormündern gemeinschaftlich (§ 1797) geführt, so unterbleibt die Bestellung eines Gegenvormundes (§ 1792), gleichwohl bedarf es nach § 1810 Satz 2 zur Anlegung des Mündelgeldes nicht der Mitwirkung des Vormundschaftsgerichts.

### § 1811.

**E. I § 1667; II § 1690 rev. § 1789; III § 1787. P. I S. 8244, 8265; M. IV S. 1120. P. II S. 6390 (Bd. 4 S. 779).**

1. Die Vorschrift des § 1811 soll dem Vormundschaftsgericht ermöglichen, in solchen Fällen, in welchen die Anlegung des Mündelsgeldes unter Beobachtung der Vorschriften der §§ 1807, 1808 nach den besonderen Verhältnissen des einzelnen Falles nicht angemessen erscheint, eine anderweite Anlegung zu gestatten. Die besonderen Gründe, aus welchen eine Abweichung gestattet ist, brauchen nicht gerade solche zu sein, durch welche dem Mündel selbst aus der Anlegung nach § 1807 oder § 1808 ein Schaden entsteht. Die Gründe können auch in der Person Anderer z. B. der Angehörigen des Mündels liegen. Die M. IV S. 1120 führen als Beispiele die Fälle an, in welchen der Mündel z. B. in Folge einer Erbschaft Kapitalvermögen in ausländischen Werthen besitzt und im Zusammenhange hiermit zum Zwecke der Vermeidung sonst drohender größerer Verluste die weitere Anlegung von Mündelgeldern in solchen Werthen, sei es durch Ausübung eines Bezugsrechts, sei es durch Nachzahlungen erforderlich wird oder in welchen es sich darum handelt, dem Vater oder der Mutter des Mündels durch die Hingabe eines Darlehens gegen Hypothek den Besitz eines im Auslande gelegenen Grundstückes zu erhalten, wenn durch die Erhaltung des Besitzes die Subsistenz der Familie und des Mündels selbst bedingt ist. Die Genehmigung kann gleichzeitig für eine ganze Kategorie von Anlegungsgeschäften ertheilt werden.

2. Immer aber müssen besondere Gründe auf Seite des betreffenden Mündels vorliegen. Der § 1811 darf nicht dazu benützt werden, um eine von den §§ 1807, 1808 verworfene Anlegungsart aus Gründen zu gestatten, die nicht in der Person des Mündels liegen, sondern allgemeiner Natur sind. Es geht z. B. nicht an, daß auf Grund des § 1811 die Anlegung von Mündelgeld bei landwirthschaftlichen Genossenschaften allgemein vom Vormundschaftsgerichte genehmigt wird. Selbstverständlich ist nicht ausgeschlossen, daß diese bei einem einzelnen Mündel mit Rücksicht auf die besonderen Verhältnisse des einzelnen Falles gestattet wird.

3. Die Genehmigung nach § 1811 schützt den Vormund davor, daß er für einen Verlust, den der Mündel durch die in Abweichung von den §§ 1807, 1808 vorgenommene Anlegung erleidet, nach § 1833 lediglich deshalb in Anspruch genommen wird, weil er die Vorschriften der §§ 1807, 1808 nicht beobachtet hat. Seine allgemeine Verantwortlichkeit wegen einer dem Interesse des Mündels entsprechenden Anlegung wird dadurch nicht berührt. Wegen der Haftung des Richters s. § 1848.

4. Wenn ein Gegenvormund vorhanden ist, ist dieser vor der Genehmigung zu hören (§ 1826). Empfehlen wird sich, daß das Vormundschaftsgericht bei größeren Geldsummen auch die Angehörigen des Mündels vorher hört (§ 1847).

## §. 1812.

Der Vormund kann über eine Forderung oder über ein anderes Recht, kraft dessen der Mündel eine Leistung verlangen kann, sowie über ein Werthpapier des Mündels nur mit Genehmigung des Gegenvormundes verfügen, sofern nicht nach den §§. 1819 bis 1822 die Genehmigung des Vormundschaftsgerichts erforderlich ist. Das Gleiche gilt von der Eingehung der Verpflichtung zu einer solchen Verfügung.

Die Genehmigung des Gegenvormundes wird durch die Genehmigung des Vormundschaftsgerichts ersetzt.

Ist ein Gegenvormund nicht vorhanden, so tritt an die Stelle der Genehmigung des Gegenvormundes die Genehmigung des Vormundschaftsgerichts, sofern nicht die Vormundschaft von mehreren Vormündern gemeinschaftlich geführt wird.

---

### § 1812.

**E. I § 1669 Abs. 1, 3; II § 1692 rev. § 1790; III § 1788. P. I S. 8302—8334, 8438, 8756, 8805; M. IV S. 1121. P. II S. 6392, 6396 (Bd. 4 S. 781).**

Der § 1812 beschränkt den Vormund in Ansehung der Verfügung über die dem Mündel zustehenden Ansprüche. Die Beschränkung bezweckt, den Gegenvormund und das Vormundschaftsgericht in den Stand zu setzen, das Verfahren des Vormundes bei der Anlegung des Mündelgeldes zu beaufsichtigen und eine Gefährdung des Mündels zu verhindern.

1. Umfang der Beschränkung dem Gegenstande nach. Der § 1812 betrifft die Forderungen, d. h. die obligatorischen Ansprüche, und die sonstigen Rechte des Mündels, kraft deren dieser eine Leistung verlangen kann, sowie die Werthpapiere des Mündels. Zu den Forderungen gehören auch Gesellschaftsrechte. Zu den Rechten, kraft deren eine Leistung verlangt werden kann, gehören insbesondere Reallasten, Hypotheken, Grundschulden und Rentenschulden. Der Begriff „Werthpapiere" ist hier in demselben Sinne zu nehmen, wie im § 1807 Abs. 1 Nr. 4. Die besondere Erwähnung der Werthpapiere beruht nur auf Zweckmäßigkeitsgründen, denn an sich fallen die Werthpapiere schon unter den allgemeineren Begriff der Forderungen. Daß verbriefte Forderungen, in welchen das Mündelgeld nach § 1807 Nr. 2—4 angelegt ist, auch unter den § 1812 fallen, versteht sich, eben weil sie Forderungen sind, von selbst.

Wie der § 1812 ausdrücklich bemerkt, fallen die Forderungen, die Ansprüche auf eine Leistung und die Werthpapiere nur insofern unter den § 1812, als nicht nach den §§ 1819—1822 die Genehmigung des Vormundschaftsgerichts erforderlich ist. Von den Forderungen scheiden also insbesondere die Forderungen aus, welche auf Uebertragung des Eigenthums an einem Grundstück oder auf Begründung oder Uebertragung eines Rechtes an einem Grundstücke, das nicht in einer Hypothek, Grundschuld oder Rentenschuld besteht, oder auf Befreiung eines Grundstücks von einem solchen Rechte gerichtet sind (§ 1821); von den Werthpapieren scheiden insbesondere diejenigen aus, welche nach § 1814 oder § 1818 hinterlegt sind (§ 1819).

Nicht unter die Vorschrift des § 1812 fallen die dinglichen Ansprüche. In der zweiten Kommission wurde hervorgehoben, daß nach den §§ 844, 1114 Abs. 2 (jetzt §§ 931, 1205 Abs. 2) die Uebergabe einer Sache zum Zwecke der Verschaffung des Eigenthums oder eines Faustpfandes dadurch ersetzt werden könne, daß der Eigenthümer dem Erwerber den Anspruch auf die Herausgabe der Sache abtrete bezw. den mittelbaren Besitz dem Pfandgläubiger übertrage und die Verpfändung dem Besitzer anzeige. Billige man nun grundsätzlich die freie Verfügungs- und Belastungsmacht des Vormundes bezüglich beweglicher Sachen — unbewegliche Sachen ständen hier rücksichtlich der §§ 844, 1114 nicht in Frage — so sei kein Grund einzusehen, warum der Vormund eine bewegliche Sache wohl auf dem gewöhnlichen Wege nicht aber in der in den §§ 844, 1114 bezeichneten Weise veräußern oder belasten dürfe. Der durch diese Erwägungen begründete Antrag, dem § 1812 die jetzige Fassung zu geben, wurde angenommen. Hiernach bedarf also der Vormund zu der Verfügung über dingliche Ansprüche auf bewegliche Sachen der Genehmigung des Gegenvormundes nicht. Ueber die Abtretung dinglicher Ansprüche auf Grundstücke s. Erl. zu § 1821 Nr. 1.

2. Umfang der Beschränkung des Vormundes mit Rücksicht auf die Art des Rechtsgeschäfts. Bezüglich der nach dem Vorstehenden unter den § 1812 fallenden Gegenstände ist die Genehmigung des Gegenvormundes zu allen Rechtsgeschäften erforderlich, welche eine Verfügung oder die Eingehung der Verpflichtung zu einer Verfügung enthalten. Ueber

den Begriff der Verfügung s. Bd. I S. 148 und wegen der Hypotheken auch die Erl. zu § 1821. Es gehört also z. B. hierher die Abtretung, Verpfändung, Belastung mit einem Nießbrauch, die Kündigung und die Annahme einer geschuldeten Leistung; bezüglich der letzteren macht der § 1813 einige Ausnahmen. Deshalb, weil der Mündel zur Vornahme des Rechtsgeschäfts, für welches nach § 1812 die Genehmigung des Gegenvormundes erforderlich ist, verpflichtet ist (z. B. wenn der Erblasser des Mündels sich zur Abtretung einer Forderung verpflichtet hat), ist die Genehmigung des Gegenvormundes nicht entbehrlich (s. Vorbm. vor § 1821).

Nicht als Verfügung zu erachten ist der Antrag, einen gemeinschaftlichen Gegenstand z. B. ein dem Mündel gemeinsam mit einem Anderen gehörendes Werthpapier zum Zwecke der Aufhebung der Gemeinschaft nach Maßgabe des § 753 zu veräußern.

Nicht als Verfügung ist ferner zu erachten die Prozeßführung — prozessuale Handlungen, die eine Verfügung enthalten, z. B. der Vergleich (vergl. dazu Erl. zu § 1822 Ziff. 12), ausgenommen — sei es, daß der Mündel als Kläger oder als Beklagter erscheint. Mit Rücksicht hierauf ist auch die zwangsweise Beitreibung einer Forderung des Mündels nicht als Verfügung zu betrachten und der Vormund bedarf zum Auftrag an den Gerichtsvollzieher oder dem Antrag an das Vollstreckungsgericht, für eine Forderung des Mündels eine Vollstreckungshandlung gegen den Schuldner vorzunehmen, nicht der Genehmigung des Gegenvormundes (a. A. Falkmann, Zwangsvollstreckung 2. Aufl. S. 169). Zur Annahme der im Zwangswege beigetriebenen Leistung dagegen bedarf der Vormund der Genehmigung, denn in Ansehung der Annahme einer geschuldeten Leistung kommt es, nachdem das Gesetz nicht unterscheidet, nicht darauf an, ob die Annahme auf Verlangen des Vormundes oder des Schuldners oder zufolge gesetzlicher Vorschrift, wie eben im Zwangsvollstreckungsverfahren, erfolgt. Dadurch wird natürlich an der Vorschrift nichts geändert, daß, wenn der Gerichtsvollzieher gepfändetes Geld wegnimmt (§ 815 Abs. 3 der C.P.O.) oder den Versteigerungserlös in Empfang nimmt (§ 819 der C.P.O.), dies als Zahlung von Seiten des Schuldners an den Mündel gilt; der Gerichtsvollzieher kann also diese Handlungen vornehmen, ohne daß der Vormund die Genehmigung des Gegenvormundes nachweist, und die Handlungen sind dem Schuldner gegenüber wirksam, ohne daß es auf die Genehmigung des Gegenvormundes ankäme. Die Ablieferung des Geldes oder des Versteigerungserlöses an den Vormund durch den Gerichtsvollzieher kann dagegen nur mit Genehmigung des Gegenvormundes erfolgen. Leistet der Schuldner an den Gerichtsvollzieher freiwillig, so wird dieser ohne Weiteres die Leistung in Empfang nehmen dürfen, der Vormund braucht aber, um von ihm die Leistung empfangen zu können, die Genehmigung des Gegenvormundes.

Daß es zur Verfügung über einen Anspruch des Mündels im Wege einer gegen den Mündel gerichteten Zwangsvollstreckung oder Arrestvollziehung z. B. zur Pfändung einer Forderung des Mündels der Genehmigung des Gegenvormundes nicht bedarf, versteht sich von selbst (vergl. hierzu M. IV S. 1124, 1149).

Soweit nach den §§ 1819—1822 die Genehmigung des Vormundschaftsgerichts erforderlich ist, genügt nicht die Genehmigung des Gegenvormundes. Dies gilt z. B. von einem Vergleich oder Schiedsvertrag über eine Hypothek, wenn der Betrag der Hypothek 300 Mk. übersteigt (§ 1822 Nr. 12), und von einem Rechtsgeschäfte, durch das die für eine Forderung des Mündels bestehende Hypothek aufgehoben oder gemindert oder die Verpflichtung dazu begründet wird (§ 1822 Nr. 13).

**3.** Nach Abs. 2 wird die Genehmigung des Gegenvormundes durch die Genehmigung des Vormundschaftsgerichts ersetzt. Die Ersetzung ist nicht bloß dann zulässig, wenn der Gegenvormund die Genehmigung unbegründeterweise verweigert, sondern sie kann auch eintreten, wenn der Gegenvormund zur Ertheilung bereit ist oder wenn seine Genehmigung aus besonderen Gründen, z. B. weil er abwesend oder krank ist, nicht erholt werden kann. Die Ersetzung der Genehmigung des Gegenvormundes in Fällen, in welchen dieser zur Genehmigung bereit ist, hat namentlich für den Verkehr mit dem Auslande Bedeutung. Die deutschen Konsuln in Nordamerika z. B. empfehlen stets bei Rechtsgeschäften, die eine in Nordamerika anhängige Rechtssache betreffen, z. B. den Nachlaß eines daselbst Verstorbenen, die erforderliche Genehmigung des Gegenvormundes durch die des Vormundschaftsgerichts zu ersetzen, weil dem amerikanischen Rechte die Einrichtung des Gegenvormundes unbekannt ist und in Folge dessen durch die Genehmigung des Vormundschaftsgerichts Weiterungen vermieden werden.

Wegen der vorherigen Anhörung des Gegenvormundes in Fällen, in welchen seine Genehmigung ersetzt wird, s. § 1826. Wegen des Eintritts der Wirksamkeit der Ersetzung s. § 53 freiw. G.G.

**4.** Zu Abs. 3. Ist ein Gegenvormund nicht vorhanden, so ist die Genehmigung des Vormundschaftsgerichts erforderlich; es ist also nicht, wenn die Voraussetzungen des § 1792 gegeben sind, ein Gegenvormund aber nicht bestellt oder der bestellte weggefallen ist, vorher ein Gegenvormund zu bestellen, vielmehr kann das Vormundschaftsgericht selbst sofort die Genehmigung ertheilen.

## §. 1813.

Der Vormund bedarf nicht der Genehmigung des Gegenvormundes zur Annahme einer geschuldeten Leistung:

1. wenn der Gegenstand der Leistung nicht in Geld oder Werthpapieren besteht;
2. wenn der Anspruch nicht mehr als dreihundert Mark beträgt;
3. wenn Geld zurückgezahlt wird, das der Vormund angelegt hat;
4. wenn der Anspruch zu den Nutzungen des Mündelvermögens gehört;
5. wenn der Anspruch auf Erstattung von Kosten der Kündigung oder der Rechtsverfolgung oder auf sonstige Nebenleistungen gerichtet ist.

Die Befreiung nach Abs. 1 Nr. 2, 3 erstreckt sich nicht auf die Erhebung von Geld, bei dessen Anlegung ein Anderes bestimmt worden ist. Die Befreiung nach Abs. 1 Nr. 3 gilt auch nicht für die Erhebung von Geld, das nach §. 1807 Abs. 1 Nr. 1 bis 4 angelegt ist.

---

Wird die Vormundschaft von mehreren Vormündern geführt (§ 1797), so wird ein Gegenvormund nicht bestellt (§ 1792 Abs. 3); es müßte also an sich zu den im § 1812 bezeichneten Rechtsgeschäften die Genehmigung des Vormundschaftsgerichts erholt werden. Der Abs. 3 geht indessen davon aus, daß mehrere zu gemeinschaftlicher Verwaltung bestellte Vormünder sich gegenseitig selbst beaufsichtigen, und erläßt deshalb für die Fälle, für welche nach § 1812 die Genehmigung des Vormundschaftsgerichts erforderlich wäre, diese Genehmigung.

5. Ueber Zweck und Bedeutung der Genehmigung des Gegenvormundes bezw. des Vormundschaftsgerichts, über die bei der Ertheilung maßgebenden Gesichtspunkte und die Form der Ertheilung, endlich über die Folgen des Mangels der Genehmigung s. Vorbm. vor § 1821.

Ueber die Möglichkeit einer allgemeinen Ermächtigung des Vormundes zur Vornahme der unter § 1812 fallenden Rechtsgeschäfte durch das Vormundschaftsgericht s. § 1825.

6. Zu Verfügungen über bewegliche Sachen im engeren Sinne bedarf der Vormund weder der Genehmigung des Gegenvormundes noch des Vormundschaftsgerichts.

### § 1813.

**E. I § 1669 Abs. 2; II § 1693 rev. § 1791; III § 1789. P. I S. 8302—8334, 8438, 8756, 8769, 8805, 8818; M. IV S. 1121. P. II S. 6392, 6395, 8681 (Bd. 4 S. 782; Bd. 6 S. 307).**

Zur Annahme einer geschuldeten Leistung bedarf der Vormund in Ansehung der im § 1812 bezeichneten Ansprüche des Mündels der Genehmigung des Gegenvormundes. Der § 1813 enthält einige wesentliche Ausnahmen von dieser Beschränkung des Vormundes.

1. Zu Nr. 1. Die Ausnahme hängt insbesondere damit zusammen, daß der Vormund bewegliche Sachen (außer Werthpapiere) frei veräußern darf. Vergl. noch Erl. 1 Abs. 3 zu § 1812.

Im Uebrigen ist für die Anwendung der Nr. 1 gleichgültig, ob der Anspruch schon ursprünglich auf Geld gerichtet war oder erst später z. B. in Folge der Nichterfüllung sich in einen Anspruch auf eine Geldleistung verwandelt hat. Besteht der Anspruch alternativ in Geld bezw. Werthpapieren oder in einer anderen Sache, so ist die Ausnahme der Nr. 1 nicht gegeben.

2. Zu Nr. 2. Es entscheidet nicht die Höhe der Leistung, sondern die Höhe des Anspruchs. Beträgt dieser mehr als 300 Mk., so ist die Ausnahme der Nr. 2 auch dann nicht gegeben wenn die Leistung weniger als 300 Mk. beträgt. Wie der Werth des Anspruchs zu berechnen ist, darüber enthält das B.G.B. keine ausdrückliche Vorschrift. Nach der Analogie des § 4 der C.P.O. und im Hinblick auf § 1813 Nr. 4, 5 wird anzunehmen sein, daß für die Werthberechnung der Zeitpunkt der Annahme der Leistung entscheidend ist und daß Früchte, Zinsen und sonstige Nutzungen, Schäden und Kosten für die Werthberechnung unberücksichtigt bleiben, wenn sie nur als Nebenforderungen erscheinen.

Eine Ausnahme von der Ausnahme der Nr. 2 d. h. die Regel des § 1812 tritt nach § 1813 Abs. 2 ein für die Erhebung von Geld, bei dessen Anlegung ein Anderes bestimmt worden ist, also insbesondere für die Erhebung von Sparkasseneinlagen (§ 1807 Nr. 5) und von Anlagen bei einer Bank oder Hinterlegungsstelle nach § 1808, welche nach § 1809 mit der Bestimmung erfolgen sollen, daß zur Erhebung des Geldes die Genehmigung des Vormundschaftsgerichts oder des Gegenvormundes erforderlich ist. Hat übrigens der Vormund der Vorschrift

### §. 1814.

Der Vormund hat die zu dem Vermögen des Mündels gehörenden Inhaberpapiere nebst den Erneuerungsscheinen bei einer Hinterlegungsstelle oder bei der Reichsbank mit der Bestimmung zu hinterlegen, daß die Herausgabe der Papiere nur mit Genehmigung des Vormundschaftsgerichts verlangt werden kann. Die Hinterlegung von Inhaberpapieren, die nach §. 92 zu den verbrauchbaren Sachen gehören, sowie von Zins-, Renten- oder Gewinnantheilscheinen ist nicht erforderlich. Den Inhaberpapieren stehen Orderpapiere gleich, die mit Blankoindossament versehen sind.

---

des § 1809 zuwider Mündelgeld ohne die bezeichnete Bestimmung angelegt, so ist die ohne die Genehmigung des Gegenvormundes erfolgte Rückzahlung nicht auf Grund des § 1813 Abs. 2 ungültig; dagegen kann die Rückzahlung auf Grund einer anderen Vorschrift unwirksam sein, z. B. weil sie mehr als 300 Mk. beträgt.

**3.** Zu Nr. 3. Es muß sich um Geld handeln, das der Vormund selbst angelegt hat; Geld, das vom Erblasser des Mündels oder einem Dritten, von welchem es der Mündel erworben hat, angelegt worden ist, fällt nicht unter die Nr. 3. Aber auch auf das vom Vormund angelegte Geld findet die Nr. 3 dann keine Anwendung, wenn bei der Anlegung ein Anderes bestimmt worden ist (hierüber s. Erl. 2) oder wenn die Anlegung nach § 1807 Nr. 1—4 bewirkt worden ist. Die Nr. 3 hat deshalb hauptsächlich nur für die Erhebung der Gelder Bedeutung, welche der Vormund, weil sie zur Bestreitung laufender Ausgaben bereit zu halten sind, frei anlegen darf.

**4.** Zu Nr. 4. Ueber den Begriff der Nutzungen s. § 100. Die Ausnahme ist von besonderer Bedeutung für die Zinsen. Zur Erhebung von Hypothek- oder Grundschuldzinsen oder der einzelnen Leistungen, welche auf Grund einer Reallast oder Rentenschuld geschuldet sind, oder der Zinsen von angelegten Geldern ist also die Genehmigung des Gegenvormundes nicht erforderlich. Für die Zinsen angelegter Gelder gilt dies auch dann, wenn bei der Anlegung bestimmt ist, daß zur Erhebung des Geldes die Genehmigung des Gegenvormundes erforderlich ist; denn diese Bestimmung bezieht sich nur auf das Kapital (s. Erl. zu § 1809). Die Höhe der Nutzungen kommt nicht in Betracht.

Die Ausnahme der Nr. 4 ist übrigens (entgegen dem E. I) nicht auch dann gegeben, wenn der Anspruch durch Veräußerung von Nutzungen entstanden ist. Der Kaufpreis für Erntevorräthe z. B. kann nur mit Genehmigung des Gegenvormundes eingezogen werden, sofern er mehr als 300 Mk. beträgt (so auch Schultheis S. 142).

**5.** Zu Nr. 5. Als eine sonstige Nebenleistung kommt z. B. unter Umständen eine Vertragsstrafe (§ 341) und ein Anspruch auf Schadensersatz in Betracht. Gemeint ist in der Nr. 5 dasselbe wie im § 224 (s. Erl. dazu).

### § 1814.

**E. I § 1670 Abs. 1; II § 1694 rev. § 1792; III § 1790. P. I S. 8412, 8432, 8756, 8769; M. IV S. 1129. P. II S. 6396—6402, 8686, 8687 (Bd. 4 S. 783—788; Bd. 6 S. 310).**

Der § 1814 legt dem Vormunde die Verpflichtung zur Hinterlegung der zum Vermögen des Mündels gehörenden Inhaberpapiere auf.

**1.** Umfang der Hinterlegungspflicht. Zu hinterlegen sind alle zum Vermögen des Mündels gehörenden Inhaberpapiere mit den dazu gehörenden Erneuerungsscheinen sowie die mit Blankoindossament versehenen Orderpapiere. Wegen des Falles, daß der Mündel verheirathet ist, s. Erl. zu § 1793 (M. IV S. 1165). Ueber den Begriff der Inhaberpapiere s. B.G.B. § 793, H.G.B. § 179 Abs. 2, wegen der Orderpapiere s. W.O. Art. 9, 12, H.G.B. §§ 363 ff. Zu den dem Hinterlegungszwang unterliegenden Inhaberpapieren gehören auch Grundschuld- und Rentenschuldbriefe auf den Inhaber (§§ 1195, 1199). Die Verpflichtung zur Hinterlegung bezieht sich dagegen nicht auf die Zins-, Renten- und Gewinnantheilscheine, die zu den Inhaberpapieren gehören, und nicht auf die Inhaber- oder Orderpapiere, welche nach § 92 zu den verbrauchbaren Sachen zählen, also z. B. nicht auf Banknoten oder die zum Betrieb eines Bankgeschäfts des Mündels gehörenden Papiere. Die Hinterlegungspflicht kann aber auch auf diese Papiere ausgedehnt werden (§ 1818). Auf der anderen Seite kann der Vormund im Falle der befreiten Vormundschaft (§ 1853) sowie nach § 1817 beim Vorliegen besonderer Umstände von der Hinterlegungspflicht befreit sein.

## §. 1815.

Der Vormund kann die Inhaberpapiere, statt sie nach §. 1814 zu hinterlegen, auf den Namen des Mündels mit der Bestimmung umschreiben lassen, daß er über sie nur mit Genehmigung des Vormundschaftsgerichts verfügen kann. Sind die Papiere von dem Reiche oder einem Bundesstaat ausgestellt, so kann er sie mit der gleichen Bestimmung in Buchforderungen gegen das Reich oder den Bundesstaat umwandeln lassen.

Sind Inhaberpapiere zu hinterlegen, die in Buchforderungen gegen das Reich oder einen Bundesstaat umgewandelt werden können, so kann das Vormundschaftsgericht anordnen, daß sie nach Abs. 1 in Buchforderungen umgewandelt werden.

---

2. An besondere Voraussetzungen ist die Hinterlegungspflicht nicht geknüpft, sie ist insbesondere nicht von einer Anordnung des Vormundschaftsgerichts abhängig.

3. Die Hinterlegung hat zu erfolgen entweder bei der Reichsbank oder bei einer Hinterlegungsstelle. Zwischen beiden hat der Vormund die Wahl. Die Hinterlegungsstellen sind landesrechtliche Einrichtungen, deren Organisation nach Art. 144, 145 des E.G. dem Landesrechte vorbehalten ist (s. hierüber Erl. zu Art. 144, 145 des E.G.). Die Hinterlegung bei der Reichsbank ist in doppelter Weise möglich, entweder nur zur Verwahrung oder auch zur Verwaltung. Zur Verwahrung (als sog. Mündeldepots) nehmen Mündelgeld alle Reichsbankhauptstellen und Reichsbankstellen an; die Hinterlegung zur Verwaltung (offenes Depot) ist nur bei der Reichshauptbank (Kontor für Werthpapiere) in Berlin möglich, den Antrag hierauf nehmen alle Reichsbankhauptstellen und Reichsbankstellen an. Im ersteren Falle sorgt die Reichsbank nur für die Verwahrung (die Zinsscheine werden von ihr nicht angenommen), im letzteren Falle eröffnet sie dem Mündel ein Konto und sorgt für die Einziehung der Zinsen rc. Vergl. Koch, Münzgesetzgebung, 4. Auflage (Guttentag 1900) S. 292, 303. In Bayern ist die Hinterlegung von Mündelgeld zur Verwaltung bei der K.Bank für das ganze Königreich möglich; die K.Bank ist zu diesem Zwecke zur Hinterlegungsstelle für ganz Bayern erklärt.

4. Die Kosten der Hinterlegung fallen dem Mündelvermögen zur Last.

5. Die Wirkung der Hinterlegung besteht nach § 1819 darin, daß der Vormund nur mit Genehmigung des Vormundschaftsgerichts über die hinterlegten Papiere verfügen oder die Verpflichtung zu einer Verfügung über sie eingehen oder ihre Herausgabe verlangen kann. In die Hinterlegungserklärung ist die Bestimmung aufzunehmen, daß der Vormund die Herausgabe der Papiere nur mit Genehmigung des Vormundschaftsgerichts verlangen kann.

6. Wenn die Hinterlegungsstelle die Verwaltungsgeschäfte, zu denen die hinterlegten Papiere Anlaß geben, z. B. die Kontrole der Verloosung, die Ausübung von Bezugsrechten, übernimmt (vergl. oben Erl. 3), kann der Vormund ihr diese Geschäfte übertragen. Der Vormund hat darin freie Hand; er bedarf nicht der Genehmigung des Vormundschaftsgerichts. Die entstehenden Kosten fallen dem Mündelvermögen zur Last.

7. Der E. I § 1672 bestimmte, daß der Vormund Werthpapiere und Kostbarkeiten des Mündels bei einem Dritten auch dann hinterlegen bezw. die Inhaberpapiere umschreiben lassen darf, wenn er dazu nicht verpflichtet ist (hierzu vergl. M. IV S. 1135). Die zweite Kommission hat diese Bestimmung als entbehrlich gestrichen (P. II S. 6405 Bd. 4 S. 790). Es ist also Sache des Vormundes im einzelnen Falle zu ermessen, ob die Hinterlegung im Interesse des Mündels angezeigt ist. Für die Kosten der Hinterlegung kann der Vormund nur nach Maßgabe des § 1834 Ersatz verlangen, für die hinterlegten Sachen haftet er nach Maßgabe des § 1833. Die Hinterlegungsstellen sind, soweit nicht landesgesetzlich ein anderes bestimmt ist, nicht berechtigt, Sachen, zu deren Hinterlegung der Vormund nicht verpflichtet ist, anzunehmen. Ueber die Herausgabe s. Erl. 3 zu § 1819.

## § 1815.

**E. I § 1670 Abs. 1; II § 1695 rev. § 1793; III § 1791. P. I S. 8412, 8432; M. IV S. 1129. P. II S. 6403 (Bd. 4 S. 783—788).**

1. Der Vormund kann die Hinterlegung der Inhaberpapiere (§ 1814) dadurch abwenden, daß er die Papiere auf den Namen des Mündels umschreiben (§ 806) oder in Buchforderungen umwandeln läßt. Dies kann er natürlich nur soweit, als das betreffende Papier nach seinen

§. 1816.

Gehören Buchforderungen gegen das Reich oder gegen einen Bundesstaat bei der Anordnung der Vormundschaft zu dem Vermögen des Mündels oder erwirbt der Mündel später solche Forderungen, so hat der Vormund in das Schuldbuch den Vermerk eintragen zu lassen, daß er über die Forderungen nur mit Genehmigung des Vormundschaftsgerichts verfügen kann.

§. 1817.

Das Vormundschaftsgericht kann aus besonderen Gründen den Vormund von den ihm nach den §§. 1814, 1816 obliegenden Verpflichtungen entbinden.

---

Ausgabebestimmungen bezw. nach den gesetzlichen Vorschriften (vergl. E.G. Art. 101) auf den Namen umgeschrieben oder in eine Buchforderung verwandelt werden kann. Die Umwandelung in eine Buchforderung ist zur Zeit nur bei den Reichsschuldverschreibungen (Reichsschuldbuchges. v. 31. Mai 1891) und bei gewissen Staatsschuldverschreibungen von Preußen, Sachsen, Hessen und Weimar (vergl. Erl. zu Art. 97 des E.G.) zulässig.

2. Die Umschreibung ist nur ein Recht des Vormundes, das Vormundschaftsgericht kann sie nicht gegen den Willen des Vormundes anordnen. Dagegen ist die Umwandelung in eine Buchforderung nicht nur ein Recht des Vormundes, sondern sie kann nach § 1815 Abs. 2 vom Vormundschaftsgericht auch gegen den Willen des Vormundes vorgeschrieben werden. Der Abs. 2 ist eine Nachbildung des § 23 Abs. 2 des Reichsschuldbuchgesetzes.

3. Der Umtausch des nicht umschreibbaren bezw. nicht umwandelbaren Papieres gegen ein solches, bei welchem die Umschreibung oder Umwandelung möglich ist, ist dem Vormunde nur mit Genehmigung des Gegenvormundes (§ 1812) und nur dann erlaubt, wenn die ordnungsmäßige Vermögensverwaltung den Umtausch verlangt. Lediglich zu dem Zwecke, um die Hinterlegungspflicht abzuwenden, ist der Umtausch nicht gestattet; durch einen solchen Umtausch macht sich der Vormund für den etwa entstehenden Schaden z. B. bei einer Kursdifferenz dem Mündel verantwortlich. Auch das Vormundschaftsgericht kann einen solchen Umtausch nicht vorschreiben.

4. Die Kosten der Umschreibung oder Umwandelung fallen dem Vermögen des Mündels zur Last.

5. Die Wirkung der Umschreibung oder Umwandelung besteht nach § 1820 darin, daß der Vormund zu einer Verfügung über die Papiere sowie zur Eingehung der Verpflichtung zu einer Verfügung über sie der Genehmigung des Vormundschaftsgerichts bedarf. In den Umschreibungs- bezw. Umwandelungsvermerk ist die Bestimmung aufzunehmen, daß der Vormund über die Papiere nur mit Genehmigung des Vormundschaftsgerichts verfügen darf.

6. Eine Außerkurssetzung von Schuldverschreibungen auf den Inhaber giebt es nicht mehr (vergl. E.G. Art. 176).

**§ 1816.**

**E. II § 1696 rev. § 1794; III § 1792. P. I S. 6403 (Bd. 4 S. 783—788).**

1. Zur Erwirkung der Eintragung des im § 1816 bezeichneten Vermerks ist der Vormund kraft Gesetzes verpflichtet, es bedarf nicht einer vorgängigen Anordnung des Vormundschaftsgerichts. Dieses hat über den Vollzug zu wachen. Das Gericht kann übrigens auch von Amtswegen veranlassen, daß der Vermerk eingetragen wird.

2. Ueber das Staatsschuldbuch und die Schuldbücher der Bundesstaaten s. Erl. zu §§ 1807, 1815.

3. Die Wirkungen des Vermerks bestehen in der sich aus § 1816 ergebenden Beschränkung der Verfügungsmacht des Vormundes sowie in der im § 1820 Abs. 2 bestimmten Beschränkung des Vormundes in der Begründung von Verpflichtungen zur Verfügung über die Buchforderungen.

**§ 1817.**

**E. I § 1670 Abs. 2; II § 1697 rev. § 1795; III § 1793. P. I S. 8412; M. IV S. 1131. P. II S. 6397, 6402, 6403 (Bd. 4 S. 783—788).**

1. Nach § 1817 kann das Vormundschaftsgericht den Vormund von der Verpflichtung zur Hinterlegung von Inhaberpapieren (§ 1814) und von der Verpflichtung, bei Buchforderungen in

§. 1818.

Das Vormundschaftsgericht kann aus besonderen Gründen anordnen, daß der Vormund auch solche zu dem Vermögen des Mündels gehörende Werthpapiere, zu deren Hinterlegung er nach §. 1814 nicht verpflichtet ist, sowie Kostbarkeiten des Mündels in der im §. 1814 bezeichneten Weise zu hinterlegen hat; auf Antrag des Vormundes kann die Hinterlegung von Zins-, Renten- und Gewinnantheilscheinen angeordnet werden, auch wenn ein besonderer Grund nicht vorliegt.

---

das Schuldbuch den im § 1816 bestimmten Vermerk eintragen zu lassen, aus besonderen Gründen befreien. Als solche Gründe kommen z. B. die persönliche Zuverlässigkeit des Vormundes, seine Vermögensverhältnisse, die Einrichtungen zur Aufbewahrung des eigenen Vermögens, die etwa geleistete Sicherheit, in Betracht.

2. Die Befreiung von der Verpflichtung aus § 1814 beseitigt zugleich die Verpflichtung aus § 1815 (Umschreibung von Papieren auf den Namen des Mündels oder die Umwandelung in Buchforderungen), da diese Verpflichtung dem Vormunde nicht kraft Gesetzes, sondern nur dann obliegt, wenn er die im § 1814 bestimmte Hinterlegung abwenden will.

**§ 1818.**

**E. I § 1670 Abs. 3; II § 1698 rev. § 1796; III § 1794. P. I S. 8413, 8432, 8437; M. IV S. 1132. P. II S. 6397, 6403, 6449, 6450 (Bd. 4 S. 783—788, 813).**

**1.** Der § 1818 ermächtigt das Vormundschaftsgericht, die Hinterlegung auch von Werthpapieren, die nach § 1814 nicht hinterlegt zu werden brauchen, sowie von Kostbarkeiten anzuordnen. Zu diesen Werthpapieren gehören die Zins-, Renten- und Gewinnantheilscheine der nach § 1814 zu hinterlegenden Inhaberpapiere, ferner Inhaber- und Orderpapiere, die nach § 92 als verbrauchbare Sachen gelten, dann alle Werthpapiere, die überhaupt keine Inhaberpapiere sind, wie Sparkassenbücher, Hypothek-, Grundschuld- und Rentenschuldbriefe. Ueber den Begriff der Werthpapiere s. Erl. zu § 1807, über den Begriff der Kostbarkeiten s. Erl. zu § 372. Zu den Kostbarkeiten gehören z. B. Münzen und Werthzeichen, wenn sie als individuelle Sachen in Betracht kommen; das R.G. 13 S. 36 rechnet dazu überhaupt Gegenstände, die im Verhältnisse zu ihrer Größe und Schwere besonders werthvoll sind. Auf andere Gegenstände erstreckt sich die Befugniß des Vormundschaftsgerichts nicht; dies gilt insbesondere von baarem Gelde, von gewöhnlichen Schuldscheinen, von Hypothekendokumenten, wenn die Hypothek keine Briefhypothek ist.

**2.** Voraussetzung ist, daß besondere Gründe vorliegen, welche die Anordnung der Hinterlegung rechtfertigen. Nur zur Anordnung der Hinterlegung von Zins-, Renten- und Gewinnantheilscheinen genügt der Antrag des Vormundes; das Vormundschaftsgericht ist aber nicht verpflichtet, dem Antrage stattzugeben. Es wird freilich nur äußerst selten sich empfehlen, dem Antrage des Vormundes entgegenzutreten. Als besondere Gründe kommen z. B. die persönliche Unzuverlässigkeit des Vormundes, seine ungünstigen Vermögensverhältnisse, insbesondere aber die Einrichtungen in Betracht, welche der Vormund zur Aufbewahrung von Werthpapieren hat. Die Verhältnisse werden in dieser Beziehung nicht für alle Bundesstaaten gleich liegen. In Preußen z. B., welches verhältnißmäßig nur wenig Hinterlegungsstellen besitzt, wird sich das Vormundschaftsgericht zur Anordnung schwerer entschließen als in Bayern, in welchem bei jedem Amtsgericht eine Hinterlegungsstelle ist, denn die Hinterlegung der Zinsscheine kann, wenn die Hinterlegungsstelle dem Vormunde nicht bequem liegt, eine nicht unwesentliche Erschwerung der vormundschaftlichen Verwaltung bedeuten. In Bayern sind mit Rücksicht auf die besondere Gestaltung des Hinterlegungswesens die Vormundschaftsgerichte angewiesen worden, darauf hinzuwirken, daß der Vormund den Antrag auf Hinterlegung der Zinsscheine stellt.

**3.** Wird die Hinterlegung angeordnet, so ist sie in der im § 1814 bestimmten Weise auszuführen, sie hat also mit der Bestimmung zu erfolgen, daß der Vormund über die Papiere und Kostbarkeiten ohne die Genehmigung des Vormundschaftsgerichts nicht verfügen kann, und hat nach § 1819 die Wirkung, daß der Vormund auch zu einem obligatorischen Rechtsgeschäft über sie der Genehmigung des Vormundschaftsgerichts bedarf.

### §. 1819.

Solange die nach §. 1814 oder nach §. 1818 hinterlegten Werthpapiere oder Kostbarkeiten nicht zurückgenommen sind, bedarf der Vormund zu einer Verfügung über sie und, wenn Hypotheken-, Grundschuld- oder Rentenschuldbriefe hinterlegt sind, zu einer Verfügung über die Hypothekenforderung, die Grundschuld oder die Rentenschuld der Genehmigung des Vormundschaftsgerichts. Das Gleiche gilt von der Eingehung der Verpflichtung zn einer solchen Verfügung.

### §. 1820.

Sind Inhaberpapiere nach §. 1815 auf den Namen des Mündels umgeschrieben oder in Buchforderungen umgewandelt, so bedarf der Vormund auch zur Eingehung der Verpflichtung zu einer Verfügung über die sich aus der Umschreibung oder der Umwandlung ergebenden Stammforderungen der Genehmigung des Vormundschaftsgerichts.

Das Gleiche gilt, wenn bei einer Buchforderung des Mündels der im §. 1816 bezeichnete Vermerk eingetragen ist.

---

### § 1819.

**E. I § 1671 Abs. 3; II § 1699 rev. § 1797; III § 1795. P. I S. 8412—8437, 8757, 8770; M. IV S. 1133. P. II S. 6405, 6780, 8705 (Bd. 4 S 788; Bd. 5 S. 108; Bd. 6 S. 323).**

1. Zur Zurücknahme von Werthpapieren und Kostbarkeiten, die der Vormund kraft der gesetzlichen Verpflichtung nach § 1814 oder zufolge richterlicher Anordnung nach § 1818 hinterlegt hat, bedarf der Vormund der Genehmigung des Vormundschaftsgerichts (§§ 1814, 1818) Dies ergiebt sich aus der bei der Hinterlegung zu treffenden Bestimmung, daß die Herausgabe nur mit Genehmigung des Vormundschaftsgerichts verlangt werden könne. Der § 1819 sorgt dafür, daß der Vormund bis zur Zurücknahme auch nicht in sonstiger Weise auf die Papiere, Kostbarkeiten oder die in den hinterlegten Hypotheken-, Grundschulden- und Rentenschuldbriefen verbrieften Rechte einwirken kann. Es geschieht dies nicht in der Form eines Veräußerungsverbots nach § 135, sondern durch Beschränkung der Vertretungsmacht des Vormundes. Der § 1819 bindet deshalb den Vormund bis zur Zurücknahme bei jeder Verfügung (über den Begriff s. Bd. I S. 148) über die Papiere, Kostbarkeiten oder die in den hinterlegten Hypotheken-, Grundschulden- und Rentenschuldbriefen verbrieften Rechte und bei der Eingehung der Verpflichtung zu einer solchen Verfügung an die Genehmigung des Vormundschaftsgerichts. Diese Beschränkung der Vertretungsmacht des Vormundes erlischt im Augenblicke der Herausgabe der Papiere oder Kostbarkeiten an den Vormund, auch wenn die Herausgabe zu Unrecht erfolgt ist und der Dritte, mit welchem der Vormund ein Rechtsgeschäft abschließt, dies weiß. Das im § 1812 aufgestellte Erforderniß der Genehmigung des Gegenvormundes oder des Vormundschaftsgerichts wird jedoch durch die Zurücknahme der Papiere oder Briefe nicht berührt.

In Ansehung der Hypothekenforderungen, Grundschulden und Rentenschulden gilt der § 1819 nur von der Kapitalsforderung. Die Zinsen- und Kostenansprüche sind im Sinne des Vormundschaftsrechts als selbständige Forderungen anzusehen (s. Erl. zu §§ 1812, 1813).

2. Ueber die Ertheilung der Genehmigung des Vormundschaftsgerichts und die Wirksamkeit eines ohne die Genehmigung abgeschlossenen Rechtsgeschäfts s. Erl. zu §§ 1826—1831.

3. Hat der Vormund nicht nach den §§ 1814, 1818, sondern freiwillig Werthpapiere, Kostbarkeiten oder Hypotheken-, Grundschulden- oder Rentenschuldbriefe hinterlegt, so greifen nicht die Vorschriften des § 1819, sondern die allgemeinen Vorschriften Platz (vergl. insbesondere §§ 1812, 1813).

### § 1820.

**E. I § 1671 Abs. 2; II § 1700 rev. § 1798; III § 1796. P. I S. 8412, 8423; M. IV S. 1135. P. II S. 6405, 6780, 8706 (Bd. 4 S. 788; Bd. 5 S. 108; Bd. 6 S. 322).**

1. Der § 1820 ergänzt die Vorschriften der §§ 1815, 1816. Nach diesen ist bei der Umschreibung auf den Namen des Mündels und bei der Umwandelung in Buchforderungen die Bestimmung aufzunehmen, daß der Vormund über die Papiere und Forderungen nur mit Genehmigung des Vormundschaftsgerichts verfügen kann (§ 1815) und der gleiche Vermerk ist in

das Schuldbuch einzutragen, wenn der Mündel bei Beginn der Vormundschaft Buchforderungen besitzt oder später erwirbt (§ 1816). Daraus folgt für die umgeschriebenen Papiere und für die Buchforderungen die gleiche Beschränkung der Vertretungsmacht in Ansehung von Verfügungen, wie sie der § 1819 bezüglich der hinterlegten Papiere aufstellt. Der § 1820 beschränkt die Vertretungsmacht des Vormundes auch in Ansehung von obligatorischen Rechtsgeschäften über die umgeschriebenen Papiere und die Buchforderungen in der gleichen Weise wie der § 1819 bezüglich der hinterlegten Papiere. Die Löschung der Umschreibung, die Beseitigung des Vermerks im Schuldbuch und die Rückverwandelung der Buchforderungen in Inhaberpapiere fällt unter den Begriff der Verfügung und ist deshalb nicht besonders erwähnt.

Die Beschränkung der Vertretungsmacht des Vormundes gilt bezüglich der umgeschriebenen Papiere und der Buchforderungen, sowohl was die Verfügung als die Eingehung obligatorischer Rechtsgeschäfte betrifft, nur für die Zeit, während deren die Papiere umgeschrieben sind oder bei Buchforderungen der Vermerk eingetragen ist. Nach der Rückverwandelung in Inhaberpapiere oder der Löschung des Vermerks greifen die allgemeinen Vorschriften (vergl. insbesondere § 1812) Platz.

**2.** Ueber die Ertheilung der Genehmigung des Vormundschaftsgerichts und über die Wirksamkeit eines ohne die Genehmigung abgeschlossenen Rechtsgeschäfts s. Erl. zu §§ 1826 bis 1831.

**3.** Hat der Vormund nicht nach den §§ 1815, 1816, sondern freiwillig die Papiere umschreiben oder in Buchforderungen verwandeln lassen, so gelten die Vorschriften des § 1819 nicht, sondern die allgemeinen Vorschriften (insbesondere § 1812).

## Zu §§ 1821—1832.

**1.** Bedeutung des Erfordernisses der Genehmigung des Vormundschaftsgerichts. Der Selbständigkeit des Vormundes bei der Führung der Vormundschaft sind, wie schon in der Vorbm. S. 514 angedeutet ist, durch das Erforderniß der Genehmigung des Vormundschaftsgerichts in Ansehung einer Reihe von Rechtsgeschäften Schranken gezogen. Das Erforderniß der Genehmigung des Vormundschaftsgerichts hat regelmäßig die Bedeutung einer Beschränkung der Vertretungsmacht des Vormundes; der Vormund wird, wenn er die Rechtsgeschäfte ohne die erforderliche Genehmigung vornimmt, ähnlich wie ein Vertreter ohne Vertretungsmacht behandelt, nur daß nicht die Vorschriften über den Vertreter ohne Vertretungsmacht Anwendung finden, vielmehr die Rechtsfolgen des Mangels der Genehmigung zwar in Anlehnung an diese Vorschriften, aber selbständig (§§ 1829—1831) geregelt sind. Das Erforderniß der Genehmigung des Vormundschaftsgerichts kommt aber auch in einem anderen Sinne vor, nämlich in dem, daß die Genehmigung nur für das Verhältniß nach innen Bedeutung hat; das ohne die Genehmigung vorgenommene Rechtsgeschäft ist gültig, der Vormund begeht aber durch die Unterlassung der Einholung der Genehmigung eine Pflichtwidrigkeit (§§ 1837, 1886) und er macht sich dem Mündel gegenüber nach § 1833 verantwortlich.

Die wichtigsten Fälle, in welchen die Genehmigung des Vormundschaftsgerichts erforderlich ist, sind in den §§ 1821, 1822 enthalten (über andere Fälle s. Erl. zu § 1793). In diesen Fällen hat das Erforderniß der Genehmigung des Vormundschaftsgerichts die Bedeutung einer Beschränkung der Vertretungsmacht. In der zweiten Bedeutung kommt das Erforderniß der Genehmigung insbesondere im § 1810 bezüglich der Auswahl der Art, in welcher die Anlegung des Mündelgeldes erfolgen soll, und im § 1823 bezüglich des Beginns oder der Auflösung eines Erwerbsgeschäfts vor.

**2.** Stellung des Vormundschaftsgerichts bei der Ertheilung der Genehmigung. Das Vormundschaftsgericht handelt, wenn es die Genehmigung zu einem Rechtsgeschäfte des Vormundes ertheilt, nicht als der gesetzliche Vertreter des Mündels, sondern es nimmt einen obrigkeitlichen Akt vor, die Erklärung der Genehmigung ist also an sich nicht die Erklärung eines rechtsgeschäftlichen Willens. Mit der zu einem Rechtsgeschäfte des Mündels erforderlichen Zustimmung des Vormundes hat aber die zu einem Rechtsgeschäfte des Vormundes erforderliche Genehmigung des Vormundschaftsgerichts insofern denselben Charakter, als sie die Vetretungsmacht des Vormundes zu beschränken bezweckt. Das B.G.B. hat aus diesem Grunde (s. M. IV S. 1151) nach dem Vorgange der preuß. Vormundschaftsordnung § 46 der Genehmigung des Vormundschaftsgerichts in Ansehung der Folgen eines Mangels der Genehmigung im Allgemeinen dieselbe rechtliche Bedeutung beigelegt, welche nach den Vorschriften der §§ 108—111 der Einwilligung bezw. Genehmigung des Vormundes zu einem Rechtsgeschäfte des Mündels zukommt, und es dürfte sich in Verallgemeinerung dieses Gedankens der Satz rechtfertigen, daß auch die sonstigen allgemeinen Grundsätze über die Rechtsgeschäfte auf die Genehmigung des Vormundschaftsgerichts entsprechende Anwendung finden.

Von praktischer Bedeutung ist insbesondere die Frage, ob das Rechtsgeschäft des Vormundes angefochten oder sonstwie als unwirksam behandelt werden darf, wenn der Richter sich bei der Ertheilung der Genehmigung geirrt hat. Das Reichsgericht (Bd. 25 S. 281) hat die Frage vom Standpunkte der preuß. Vormundschaftsordnung aus bejaht. Es geht davon aus, daß nach § 46 der preuß. Vormundschaftsordnung ein ohne die erforderliche Genehmigung abgeschlossenes Rechtsgeschäft nur dieselbe Rechtswirksamkeit hat, wie ein von dem Mündel, welcher sich mit Genehmigung des Vormundes verpflichten kann, ohne Genehmigung des Vormundes abgeschlossenes Rechtsgeschäft; in beiden Fällen der vorgeschriebenen Genehmigung sei daher die Wirkung der fehlenden Genehmigung dieselbe, wie die eines vom Mündel ohne Genehmigung des Vormundes abgeschlossenen Rechtsgeschäfts und es stehe daher die Genehmigung des Vormundschaftsgerichts ebenfalls, wenngleich eine Vertretung des Mündels durch das Gericht nicht angenommen werden könne, unter den von den Willenserklärungen geltenden Rechtsnormen. Diese Annahme sei umsomehr geboten, als die Vorschrift des § 42 (welche die Rechtsgeschäfte aufzählt, zu denen die Genehmigung des Vormundschaftsgerichts erforderlich ist) sich nicht in dem Abschnitt über die Beaufsichtigung der Vormundschaft, sondern in dem von der Führung der Vormundschaft handelnden Abschnitte der Vormundschaftsordnung befindet. Das Reichsgericht erklärt deshalb eine Auseinandersetzung, welche vom Vormundschaftsrichter unter dem Einfluß eines wesentlichen Irrthums genehmigt worden ist, für anfechtbar gerade so, als ob sich der Vormund geirrt hätte. Diese Gründe treffen im Wesentlichen auch für das B.G.B. zu, wenngleich nicht verkannt werden darf, daß dieses einen dem § 46 der preuß. Vormundschaftsordnung entsprechenden allgemeinen Grundsatz über die Bedeutung der Genehmigung des Vormundschaftsgerichts nicht enthält.

Legt man dagegen den Schwerpunkt darauf, daß die Genehmigung des Vormundschaftsgerichts ein obrigkeitlicher Akt ist, so kann man einem Irrthume des Richters hier so wenig einen Einfluß auf das genehmigte Rechtsgeschäft einräumen, als z. B. einem Irrthume des Konkursrichters bei Bestätigung des Zwangsvergleichs zukommen kann. Hierfür könnte man sich vielleicht auch auf die Vorschrift des § 55 des freiw. G.G. berufen, nach welcher die die Genehmigung aussprechende Verfügung des Vormundschaftsgerichts nach Wirksamwerden der Genehmigung nicht mehr geändert werden kann. Diese Vorschrift findet indessen ihre Rechtfertigung in anderer Weise (s. unten Vorbm. 10).

**3.** Terminologie. Der Ausdruck „Genehmigung" umfaßt sowohl die vorherige wie die nachfolgende Zustimmung des Vormundschaftsgerichts; s. Bd. I S. 232, Vorbm. 1 vor § 182.

**4.** Keinen Unterschied macht es, ob der Vormund die Rechtsgeschäfte, zu welchen die Genehmigung des Vormundschaftsgerichts erforderlich ist, selbst vornimmt oder zu den vom Mündel abgeschlossenen Rechtsgeschäften seine Zustimmung ertheilt.

**5.** Dadurch, daß der Mündel zu einem Rechtsgeschäfte, zu welchem der Vormund der Genehmigung des Vormundschaftsgerichts bedarf, verpflichtet ist z. B. zur Uebertragung des Eigenthums an einem Grundstücke, wenn der Erblasser des Mündels sich zur Uebertragung verpflichtet hatte, wird an dem Erfordernisse der Genehmigung des Vormundschaftsgerichts nichts geändert. Selbstverständlich hat das Erforderniß der Genehmigung für solche Fälle nur die Bedeutung, daß das Vormundschaftsgericht prüfen soll, ob wirklich eine Verpflichtung des Mündels zur Vornahme des Rechtsgeschäfts vorliegt. Der Gegner des Mündels kann natürlich, wenn die Genehmigung verweigert wird, den Prozeßweg gegen den Mündel beschreiten.

**6.** Ueber die für die Ertheilung oder Verweigerung der Genehmigung maßgebenden Gesichtspunkte enthält das B.G.B. keine Vorschriften. Das Vormundschaftsgericht hat nach freiem Ermessen unter Würdigung aller in Betracht kommenden Umstände seine Entscheidung zu treffen (M. IV S. 1139). Es hat nicht nur zu prüfen, ob die Vornahme des Rechtsgeschäfts Seitens des Vormundes eine Pflichtwidrigkeit darstellt, sondern seine Genehmigung schon dann zu versagen, wenn es das Rechtsgeschäft als unzweckmäßig oder dem Interesse des Mündels aus sonst einem Grunde nicht förderlich erachtet. Dabei ist das Vormundschaftsgericht auch keineswegs auf die Würdigung des gerade zur Genehmigung verstellten Rechtsgeschäfts beschränkt, sondern es hat die gesammte Lage des Mündels zu erwägen. Von Bedeutung ist dies namentlich gegenüber dem Inhaber der elterlichen Gewalt. Wenn z. B. der Vater für das Kind ein Grundstück kauft und für einen Theil des Kaufpreises Hypothek bestellt, so bedarf er der Genehmigung des Vormundschaftsgerichts nur zur Bestellung der Hypothek, nicht zum Erwerbe des Grundstücks; gleichwohl hat aber das Vormundschaftsgericht auch die Zweckmäßigkeit des Erwerbes des Grundstücks zu prüfen.

Von besonderer Wichtigkeit ist die Frage der Sicherstellung der Ansprüche, welche dem Mündel aus dem der Genehmigung bedürftigen Rechtsgeschäfte zustehen, beim Verkauf eines Grundstücks z. B. der Kaufpreisforderung. Oft wird für den dem Mündel zustehenden Kaufpreisrest eine Hypothek bestellt; natürlich sind für die Frage der Sicherstellung der Hypothek nicht die Grundsätze, welche für die Anlegung des Mündelgeldes in Hypotheken gelten, maßgebend (s. Erl. zu § 1807).

7. Für das Verfahren bei der Ertheilung oder Verweigerung der Genehmigung sind weder im B.G.B. noch im freiw. G.G. besondere Vorschriften aufgestellt. Es greifen also die allgemeinen Grundsätze des freiw. G.G., insbesondere dessen § 12 Platz. Das Gericht hat demnach die in Betracht kommenden Umstände von Amtswegen zu erheben und es kann zu diesem Zwecke Zeugen und Sachverständige vernehmen. Es darf also die Genehmigung nicht aus dem Grunde versagen, weil die vom Vormunde für das Rechtsgeschäft vorgebrachten Gründe nicht ausreichend seien. Uebrigens sorgt das B.G.B. durch besondere Vorschriften dafür, daß in wichtigen Fällen das Vormundschaftsgericht das zur Beurtheilung der Zweckmäßigkeit nöthige Material erhält, indem es die Anhörung von Personen vorschreibt, von denen Auskunft zu erhoffen ist, nämlich im § 1826 die vorherige Anhörung des Gegenvormundes, im § 1827 die vorherige Anhörung des Mündels und im § 1847 die vorherige Anhörung von Angehörigen des Mündels.

8. Das Vormundschaftsgericht kann die Genehmigung an Bedingungen knüpfen, z. B. bei einem Verkauf an eine bestimmte Höhe des Kaufpreises, eine bestimmte Art der Sicherstellung desselben. Ertheilt das Vormundschaftsgericht einem bereits abgeschlossenen Rechtsgeschäfte die Genehmigung nur unter einer Bedingung, so stellt sich die Genehmigung, so wie sie erbeten ist, als verweigert dar, verbunden mit der Genehmigung für den Fall der Erfüllung der Bedingung. Das Vormundschaftsgericht ist aber nicht berechtigt, dem Rechtsgeschäfte des Vormundes einen von diesem nicht gewollten Inhalt zu geben. Will einerseits das Vormundschaftsgericht das Rechtsgeschäft nicht mit dem vom Vormunde vorgeschlagenen Inhalte genehmigen, andererseits der Vormund das Rechtsgeschäft nicht unter den vom Vormundschaftsgericht aufgestellten Bedingungen vornehmen, so muß die Vornahme des Rechtsgeschäfts unterbleiben. Das Gericht kann nicht den Vormund anweisen, das Geschäft unter diesen Bedingungen abzuschließen. Ist die Vornahme des Rechtsgeschäfts unbedingt geboten, so bleibt eben nichts Anderes übrig, als den Vormund zu entlassen, wenn die Voraussetzungen des § 1886 im Uebrigen erfüllt sind. Eine theilweise Genehmigung des Vormundschaftsgerichts ist unzulässig.

9. Form der Genehmigung. Die Genehmigung kann mündlich erklärt werden; sie wird mit der Bekanntmachung an den Vormund wirksam (§ 16 des freiw. G.G.). Es wird sich aber regelmäßig empfehlen, die Genehmigung schriftlich zu ertheilen. Für den Grundbuchverkehr ist die Schriftlichkeit übrigens nothwendig und für sonstige Rechtsgeschäfte gebietet es die Vorsicht im Hinblick auf § 1831.

Die Genehmigung kann nur dem Vormunde gegenüber erklärt werden (§ 1828).

10. Wird die Genehmigung vor dem Abschlusse des Rechtsgeschäfts ertheilt, so wird das Rechtsgeschäft mit dem Abschlusse wirksam. Wird das Rechtsgeschäft vom Vormund ohne die vorherige Genehmigung vorgenommen, so ist der Mangel der Genehmigung nach den §§ 1829 bis 1831 zu beurtheilen. Auf den Mangel der Genehmigung des Vormundschaftsgerichts kann sich nach Maßgabe dieser Vorschriften auch der Gegner berufen. Wird die Genehmigung verweigert, so wird das ohne die Genehmigung geschlossene Rechtsgeschäft unwirksam.

Eine Verfügung, durch welche die Genehmigung zu einem Rechtsgeschäft ertheilt oder verweigert wird, kann vom Vormundschaftsgericht insofern nicht mehr geändert werden, als die Genehmigung oder deren Verweigerung einem Dritten gegenüber wirksam geworden ist (§§ 55, 62, 63 des freiw. G.G.). Bis dahin kann die Verfügung nach § 18 des freiw. G.G. geändert werden. Die Unabänderlichkeit der gerichtlichen Verfügung tritt mithin nicht mit dem Zeitpunkte der Bekanntmachung der Verfügung an den Vormund, sondern mit dem Zeitpunkte der Bekanntmachung an den Dritten durch den Vormund ein.

11. Gegen die Verweigerung der Genehmigung hat der Vormund Namens des Mündels die Beschwerde (§ 20 des freiw. G.G.); nach Maßgabe des § 59 das. ist auch der Mündel selbst beschwerdeberechtigt. Dem anderen Theile steht kein Recht auf die Genehmigung zu, er hat darum auch kein Beschwerderecht (P. II S. 6423 Bd. 4 S. 798). Ebenso in ausführlicher Begründung die Kommentare z. freiw. G.G. § 20 von Dorner, Fuchs, Schultze-Görlitz, Birkenbihl, ferner Schultzenstein in Busch Zeitschr. f. C.P. 25 S. 219.

12. Die im Vorstehenden unter Nr. 1—11 erörterten Grundsätze gelten entsprechend für die Genehmigung des Gegenvormundes.

Auch die Genehmigung des Gegenvormundes kommt in der doppelten Bedeutung einer Beschränkung der Vertretungsmacht des Vormundes und einer bloßen Ordnungsvorschrift vor, deren Verletzung den Vormund lediglich dem Mündel gegenüber verantwortlich macht. In den Fällen der §§ 1809, 1812 hat das Erforderniß der Genehmigung des Gegegenvormundes die erstere Bedeutung, im Falle des § 1810 die zweite.

### §. 1821.

Der Vormund bedarf der Genehmigung des Vormundschaftsgerichts:

1. zur Verfügung über ein Grundstück oder über ein Recht an einem Grundstücke;
2. zur Verfügung über eine Forderung, die auf Uebertragung des Eigenthums an einem Grundstück oder auf Begründung oder Uebertragung eines Rechtes an einem Grundstück oder auf Befreiung eines Grundstücks von einem solchen Rechte gerichtet ist;
3. zur Eingehung der Verpflichtung zu einer der in Nr. 1, 2 bezeichneten Verfügungen;
4. zu einem Vertrage, der auf den entgeltlichen Erwerb eines Grundstücks oder eines Rechtes an einem Grundstücke gerichtet ist.

Zu den Rechten an einem Grundstück im Sinne dieser Vorschriften gehören nicht Hypotheken, Grundschulden und Rentenschulden.

---

Der Gegenvormund ist bei der Ertheilung oder Verweigerung der Genehmigung nicht gesetzlicher Vertreter des Mündels; sein Ausspruch ist auch nicht eine obrigkeitliche Entscheidung, wenn er auch Hülfsorgan des Vormundschaftsgerichts ist. Das unter Nr. 2 Bemerkte gilt aber, wie sich aus § 1832 ergiebt, auch für den Gegenvormund, insbesondere was den Irrthum des Gegenvormundes bei der Ertheilung der Genehmigung anbelangt. Verneint man übrigens die Frage des Einflusses eines Irrthums des Vormundschaftsrichters davon ausgehend, daß die Genehmigung ein obrigkeitlicher Akt ist, so muß man folgerichtig den gleichen Standpunkt beim Gegenvormund einnehmen. Dies dürfte sich aber nur rechtfertigen lassen, wenn man dem Gegenvormunde gleichfalls die Stellung eines obrigkeitlichen Organs zubilligt.

Die Vorschrift des § 55 des freiw. G.G., daß eine Verfügung, durch welche die Genehmigung zu einem Rechtsgeschäft ertheilt oder verweigert wird, vom Vormundschaftsgericht insoweit nicht mehr geändert werden kann, als die Genehmigung oder deren Verweigerung einem Dritten gegenüber wirksam geworden ist, gilt zwar nicht auch für den Gegenvormund, die allgemeinen Grundsätze führen aber bezüglich des Gegenvormundes zu dem gleichen Ergebnisse. Bezüglich der Ertheilung der Genehmigung ist dies ohne Weiteres klar. Die Vorschrift des § 55 erklärt sich in dieser Beziehung nur durch die Vorschrift des § 18, welche dem Gerichte die nachträgliche Abänderung seiner Verfügung allgemein gestattet. Was aber die Verweigerung der Genehmigung anbetrifft, so ist diese kein Rechtsgeschäft, sondern nur die Ablehnung des Gesuchs, ein Rechtsgeschäft vorzunehmen; sie wäre daher an sich widerruflich, wo aber das Gesetz an die Verweigerung der Genehmigung die Folge knüpft, daß das Rechtsgeschäft, zu dessen Wirksamkeit die Genehmigung erforderlich ist, unwirksam wird, muß angenommen werden, daß die einmal verweigerte Genehmigung nicht mehr möglich, also die Verweigerung der Genehmigung unwiderruflich ist (s. Erl. 3 zu § 184).

### § 1821.

**E. I § 1674 Nr. 1, 2, 5; II § 1701 rev. § 1799; III § 1797. P. I S. 8303, 8322—8350, 8733, 8744, 8778, 8849; M. IV S. 1136. P. II S. 6408 (Bd. 4 S. 790).**

**1.** Ueber die Bedeutung der Genehmigung des Vormundschaftsgerichts, die bei der Ertheilung maßgebenden Gesichtspunkte, die Form der Ertheilung, die Folgen des Mangels der Genehmigung s. Vorbm. vor § 1821. Wegen vorheriger Anhörung des Mündels s. § 1827.

2. Die einzelnen Fälle des § 1821:

**a)** Zu Nr. 1. Den Grundstücken stehen nach Reichsrecht gleich das Erbbaurecht (§ 1017), das Erbpachtrecht (Art. 63 des E.G.) und die im Art. 68 des E.G. genannten bergrechtlichen Abbaurechte. Nach Landesrecht können auch noch andere Rechte (z. B. das Bergwerkseigenthum, das Fischereirecht, Realgewerbeberechtigungen) den Grundstücken gleich stehen. Von den Rechten an einem Grundstücke kommen nur in Betracht die Dienstbarkeit, das Vorkaufsrecht und die Reallast. Die einzelnen Leistungen, welche auf Grund der Reallast gefordert werden können, fallen nicht unter die Nr. 1, weil auf diese Leistungen die für Hypothekzinsen geltenden Vorschriften (s. Erl. zu §§ 1812, 1813) Anwendung finden (§ 1107).

In Ansehung der unter Nr. 1 fallenden Gegenstände bedarf der Vormund zu jeder Verfügung der Genehmigung des Vormundschaftsgerichts. Dies gilt namentlich auch von solchen

Verfügungen, zu welchen eine Verpflichtung des Mündels besteht, z. B. einer Verfügung, die in Vollziehung eines von dem Erblasser des Mündels übernommenen Verpflichtung oder gemäß § 915 erfolgt. Ist indessen das obligatorische Rechtsgeschäft, welches der Verfügung zu Grunde liegt, vom Vormundschaftsgerichte genehmigt worden (s. § 1821 Nr. 3), so ist es eine Frage der Auslegung, ob die Genehmigung auch als zur Verfügung ertheilt anzusehen ist. Regelmäßig wird dies anzunehmen sein, sofern die Umstände nicht ein Anderes ergeben.

Ueber den Begriff der Verfügung s. Bd. I S. 148. Hervorzuheben ist, daß die Ueberlassung der Ausübung des Nießbrauchs oder einer beschränkten persönlichen Dienstbarkeit (§§ 1059, 1092) nicht als Verfügung aufzufassen ist, dagegen erscheint die Aufgabe des Eigenthums nach § 928 als Verfügung. Keine Verfügung über das Grundstück ist die Abtretung der dem Mündel z. B. nach § 1163 zustehenden Eigenthümerhypothek, da die Belastung des Grundstücks durch die Bestellung der Hypothek, die sofort oder nachher Eigenthümerhypothek wird, erfolgt; die spätere Verfügung über die Hypothek fällt unter den Abs. 2, also unter den § 1812. Ebensowenig ist die Abtretung einer nach § 1196 bestellten Eigenthümergrundschuld eine Verfügung. Auch die Zustimmung des Mündels als Eigenthümer zu dem Rangrücktritt einer Hypothek, Grundschuld oder Rentenschuld (§ 880 Abs. 2) erscheint nicht als eine Belastung des Grundstücks; sie ist sachlich die Einwilligung zu der eventuell dem Eigenthümer zufallenden Eigenthümerhypothek und fällt daher ebenfalls unter den Abs. 2. Dagegen gehört die Theilung eines im Miteigenthume des Mündels befindlichen Grundstücks hierher. Nach § 181 Abs. 2 des Zw.V.G. kann der Vormund auch den Antrag auf Zwangsversteigerung eines im Miteigenthume des Mündels befindlichen Grundstücks nur mit Genehmigung des Vormundschaftsgerichts stellen. Nicht als Verfügung zu erachten ist die Unterwerfung des Mündels unter die sofortige Zwangsvollstreckung wegen einer auf dem Grundstück eingetragenen Hypothek (a. A. das Kammergericht Entsch. d. freiw. G.G. II S. 44); dies gilt auch für den Fall, daß die Unterwerfung gemäß § 800 C.P.O. für den Besitznachfolger wirkt. Dagegen erscheinen als Verfügungen die Ausschließung des Kündigungsrechts des Mündels bei einer auf einem Grundstücke desselben ruhenden Hypothek, die nachträgliche Erhöhung des Zinssatzes und ähnliche Beschwerungen.

Zur Verfügung über den Besitz als solchen ist die Genehmigung des Vormundschaftsgerichts nicht erforderlich. Dies gilt auch dann, wenn der Wille eventuell auch auf Uebertragung des Rechtes an einem Grundstücke gerichtet ist, mit welchem der Besitz desselben verbunden ist. A.A. scheinen die M. IV S. 1137 zu sein. Allein nach dem B.G.B. ist die Uebertragung des Besitzes zur Einräumung eines dinglichen Rechtes an einem Grundstücke nie erforderlich. Soweit aber die Uebertragung des Eigenthums oder die Bestellung von Rechten an Grundstücken in Frage steht, für die das Grundbuch noch nicht als angelegt gilt, ist doch immer nur der dingliche Vertrag, nicht die Einräumung des Besitzes der Genehmigung bedürftig.

Die Abtretung des Eigenthumsanspruchs auf Herausgabe eines Grundstücks enthält, da dadurch das Eigenthum nicht übertragen wird, keine Verfügung über das Grundstück. Erfolgt die Abtretung in der Absicht, dadurch eine Verpflichtung zur Ueberlassung des Eigenthums einzugehen, so fällt sie unter die Vorschrift der Nr. 3, bedarf also der Genehmigung des Vormundschaftsgerichts. Erfolgt die Abtretung nicht in dieser Absicht, wird sie z. B. vorgenommen, um dem Pächter des Grundstücks zu ermöglichen, sich den Besitz des Grundstücks zu verschaffen, so fällt sie ebensowenig unter § 1821 wie die direkte Ueberlassung des Besitzes an den Pächter. Daß sie auch nicht unter § 1812 fällt, ergiebt sich daraus, daß dieser sich auf die Abtretung dinglicher Ansprüche nicht bezieht (s. Erl. zu § 1812). Dieselben Grundsätze finden Anwendung auf die Abtretung eines dinglichen Anspruchs aus einem Rechte an einem Grundstücke.

**b)** Die Nr. 2 stellt sich als eine Ausnahme von § 1812 dar. Ueber den Begriff der Verfügung s. oben **a**. Wegen der in Betracht kommenden Rechte an Grundstücken s. gleichfalls oben **a**. Unter die in der Nr. 2 genannten Forderungsrechte fallen namentlich der Anspruch des Mündels auf Auflassung (§ 313), das obligatorische Vorkaufsrecht, sofern es übertragbar ist (§ 514); die Rechte aus dem Meistgebote bei einer Grundstücksversteigerung (vergl. § 81 Abs. 2 des Zw.V.G.). Bei Wahlobligationen entscheidet die gültig getroffene Wahl (§ 263 Abs. 2); bis die Wahl getroffen ist, wird die Forderung, da auch die Leistung der unbeweglichen Sache in obligatione ist, hierher zu rechnen sein (vergl. auch Erl. 2 c zu § 1551).

**c)** Die in der Nr. 3 vorgesehene Beschränkung der Vertretungsmacht in Ansehung der hier bezeichneten obligatorischen Rechtsgeschäfte bezweckt, die Umgehung der Nr. 1, 2 zu verhüten und den Mündel vor Schadensersatzansprüchen wegen Nichterfüllung sicher zu stellen.

**d)** Zu Nr. 4. Ueber den Begriff des Grundstücks und der Rechte an diesen s. oben unter **a**. Nach der Nr. 4 bedarf der Vormund zu einem Kaufvertrag über ein Grundstück auch dann der Genehmigung des Vormundschaftsgerichts, wenn der Mündel Käufer ist. Gleiches gilt von einem Tauschvertrage, bei welchem der Mündel ein Grundstück gegen eine bewegliche Sache eintauschen will. Ueber die Abgabe von Geboten durch den Vormund bei der Zwangsversteigerung eines Grundstücks s. § 71 Abs. 2 des Zw.V.G.

§. 1822.

Der Vormund bedarf der Genehmigung des Vormundschaftsgerichts:

1. zu einem Rechtsgeschäfte, durch das der Mündel zu einer Verfügung über sein Vermögen im Ganzen oder über eine ihm angefallene Erbschaft oder über seinen künftigen gesetzlichen Erbtheil oder seinen künftigen Pflichttheil verpflichtet wird, sowie zu einer Verfügung über den Antheil des Mündels an einer Erbschaft;
2. zur Ausschlagung einer Erbschaft oder eines Vermächtnisses, zum Verzicht auf einen Pflichttheil sowie zu einem Erbtheilungsvertrage;
3. zu einem Vertrage, der auf den entgeltlichen Erwerb oder die Veräußerung eines Erwerbsgeschäfts gerichtet ist, sowie zu einem Gesellschaftsvertrage, der zum Betrieb eines Erwerbsgeschäfts eingegangen wird;
4. zu einem Pachtvertrag über ein Landgut oder einen gewerblichen Betrieb;
5. zu einem Mieth- oder Pachtvertrag oder einem anderen Vertrage, durch den der Mündel zu wiederkehrenden Leistungen verpflichtet wird, wenn das Vertragsverhältniß länger als ein Jahr nach der Vollendung des einundzwanzigsten Lebensjahrs des Mündels fortdauern soll;

---

Zur Annahme einer Schenkung oder eines Schenkungsversprechens bedarf der Vormund auch dann nicht der Genehmigung des Vormundschaftsgerichts, wenn es sich um Grundstücke oder um Rechte an solchen handelt. Schenkungen unter einer Auflage fallen zwar nach dem Wortlaute der Nr. 4, da diese nur von Verträgen spricht, die auf den entgeltlichen Erwerb eines Grundstücks gerichtet sind, nicht unter dieselbe; nach dem Zwecke der fraglichen Vorschrift dürfte sich aber eine entsprechende Anwendung derselben auf solche Schenkungen rechtfertigen.

**3.** Der Abs. 2 nimmt die Hypothek, Grundschuld und Rentenschuld von den Vorschriften des Abs. 1 aus. Bezüglich ihrer gestaltet sich demnach die Rechtslage für den Vormund in der Hauptsache wie folgt: Zur Belastung eines Grundstücks des Mündels mit einer Hypothek ist nach der Ziff. 1 die Genehmigung des Vormundschaftsgerichts erforderlich. Desgleichen zur Eingehung der Verpflichtung, eine Hypothek zu bestellen. Die Uebertragung der für den Mündel bestellten Hypothek, die Löschung, Umschreibung auf den Eigenthümer ꝛc. fällt nicht unter den § 1821, dagegen ist hierzu, soweit nicht nach § 1822 Nr. 13 die Genehmigung des Vormundschaftsgerichts erforderlich ist, nach § 1812 die Genehmigung des Gegenvormundes erforderlich, welche durch die des Vormundschaftsgerichts ersetzt wird; nur wenn der Hypotheken-, Grundschuld- oder Rentenschuldbrief nach § 1818 hinterlegt ist, ist die Genehmigung des Vormundschaftsgerichts sowohl zu Verfügungen wie zu obligatorischen Rechtsgeschäften in Ansehung der durch den Brief verbrieften Hypothek, Grundschuld oder Rentenschuld nothwendig (§ 1819). Im Uebrigen s. Erl. zu § 1812 und zu § 1822 Nr. 13 und oben Erl. 2a.

**4.** Zur Prozeßführung über ein Grundstück oder über ein Recht an einem Grundstücke bedarf der Vormund weder als Kläger noch als Beklagter der Genehmigung des Vormundschaftsgerichts. Die Genehmigung des Vormundschaftsgerichts ist natürlich auch nicht zu einer gegen den Mündel gerichteten Zwangsvollstreckung in ein Grundstück des Mündels oder in ein Recht desselben an einem Grundstück erforderlich. Die Zwangsvollstreckung umfaßt nicht nur die Zwangsversteigerung und die Zwangseintragung, sondern auch die Fälle, in denen die bereits bestehende Verbindlichkeit des Mündels zu einer Verfügung über das Grundstück im Rechtswege geltend gemacht und im Urtheil ausgesprochen ist, also Urtheile auf Abgabe der Auflassungserklärung, auf Einwilligung zur Eintragung einer Hypothek, auf Bestellung einer Dienstbarkeit ꝛc. Vergl. hierzu auch Erl. zu § 1812.

§ 1822.

**E. I § 1674 Nr. 3, 4, 6—14, §§ 2043, 2044; II § 1702 rev. § 1800; III § 1798. P. I S. 8322—8350, 8733, 8778, 8849; M. IV S. 1140—1147; M. V S. 514. P. II S. 6408—6416, 7686, 8705, 8830 (Bd. 4 S. 791—795; Bd. 5 S. 632; Bd. 6 S. 322, 394).**

**I.** Ueber die Bedeutung der Genehmigung des Vormundschaftsgerichts, über die bei der Ertheilung maßgebenden Gesichtspunkte und die Form der Ertheilung, endlich über die Folgen des Mangels der Genehmigung s. Vorbm. vor 1821.

6. zu einem Lehrvertrage, der für längere Zeit als ein Jahr geschlossen wird;
7. zu einem auf die Eingehung eines Dienst- oder Arbeitsverhältnisses gerichteten Vertrage, wenn der Mündel zu persönlichen Leistungen für längere Zeit als ein Jahr verpflichtet werden soll;
8. zur Aufnahme von Geld auf den Kredit des Mündels;
9. zur Ausstellung einer Schuldverschreibung auf den Inhaber oder zur Eingehung einer Verbindlichkeit aus einem Wechsel oder einem anderen Papiere, das durch Indossament übertragen werden kann;
10. zur Uebernahme einer fremden Verbindlichkeit, insbesondere zur Eingehung einer Bürgschaft;
11. zur Ertheilung einer Prokura;
12. zu einem Vergleich oder einem Schiedsvertrag, es sei denn, daß der Gegenstand des Streites oder der Ungewißheit in Geld schätzbar ist und den Werth von dreihundert Mark nicht übersteigt;
13. zu einem Rechtsgeschäfte, durch das die für eine Forderung des Mündels bestehende Sicherheit aufgehoben oder gemindert oder die Verpflichtung dazu begründet wird.

---

**II.** Die einzelnen Fälle des § 1822.

**1.** Zu Nr. 1. Zu den Rechtsgeschäften, welche die Verpflichtung des Mündels zu einer Verfügung über sein Vermögen im Ganzen begründen, gehören insbesondere die Verträge, durch welche sich der Mündel verpflichtet, sein gegenwärtiges Vermögen zu übertragen oder mit einem Nießbrauche zu belasten (§ 311). Was von der Verfügung über das Vermögen im Ganzen gilt, gilt auch von der Verfügung über einen Bruchtheil.

Zu den Rechtsgeschäften, durch welche der Mündel zu einer Verfügung über eine ihm angefallene Erbschaft verpflichtet wird, gehören insbesondere die Veräußerung der Erbschaft (Erbschaftskauf und verwandte Fälle nach §§ 2371—2373, 2385) und die Bestellung eines Nießbrauchs nach § 1089.

Wegen der Rechtsgeschäfte, durch welche der Mündel zu einer Verfügung über seinen künftigen gesetzlichen Erbtheil oder Pflichttheil verpflichtet wird, s. § 312.

Ein Vertrag, durch welchen sich der eine Theil verpflichtet, sein künftiges Vermögen oder einen Bruchtheil seines künftigen Vermögens zu übertragen oder mit einem Nießbrauche zu belasten, ist nichtig (§ 310); das Gleiche gilt von Verträgen über den Nachlaß eines noch lebenden Dritten oder über den Pflichttheil oder über ein Vermächtniß aus dem Nachlaß eines noch lebenden Dritten, sofern nicht der Vertrag unter den künftigen gesetzlichen Erben über den gesetzlichen Erbtheil oder Pflichttheil eines von ihnen geschlossen wird (§ 312). Es versteht sich von selbst, daß diese Verträge, soweit sie nichtig sind, auch nicht mit Genehmigung des Vormundschaftsgerichts geschlossen werden können.

Für die vorbezeichneten Gegenstände sind nur obligatorische Rechtsgeschäfte möglich; nur über einen Erbtheil ist auch eine dingliche Verfügung nach den §§ 2033, 2037 möglich; der § 1822 Nr. 1 bindet deshalb den Vormund an die Genehmigung des Vormundschaftsgerichts in Ansehung des Erbtheils nicht nur hinsichtlich der obligatorischen Rechtsgeschäfte, sondern auch hinsichtlich der Verfügung selbst (vergl. Erl. 5 zu § 1922).

**2.** Zu Ziff. 2.

**a)** Wegen der Ausschlagung einer Erbschaft oder eines Erbtheils vergl. §§ 1942 ff., wegen der Ausschlagung eines Vermächtnisses s. § 2180. Auch zur Ablehnung der fortgesetzten Gütergemeinschaft ist die Genehmigung des Vormundschaftsgerichts erforderlich (§ 1484 Abs. 2). Zur Annahme einer Erbschaft oder eines Vermächtnisses ist die Genehmigung des Vormundschaftsgerichts nicht erforderlich; gegen die sich aus der Annahme mit Rücksicht auf die Nachlaßverbindlichkeiten ergebenden Gefahren ist der Mündel dadurch geschützt, daß das Nachlaßgericht nach § 1999 dem Vormundschaftsgerichte von der Bestimmung einer Inventarfrist Mittheilung zu machen hat.

Auch zur Anerkennung eines Testaments, selbst wenn in diesem der Pflichttheil des Mündels verkürzt ist, ist die Genehmigung des Vormundschaftsgerichts nicht erforderlich. Liegt in der Anerkennung ein Verzicht auf den Pflichttheil, so bedarf es der Genehmigung des Vormundschaftsgerichts.

b) Unter den Verzicht auf den Pflichttheil versteht die Ziff. 2 den Verzicht auf einen bereits angefallenen Pflichttheilsanspruch (§§ 2303 ff.), der formlos erfolgen kann. Für den Verzicht auf das zukünftige Pflichttheilsrecht d. h. den Erbverzichtsvertrag (§ 2346) gilt die besondere Vorschrift des § 2347 Abs. 2.

c) Unter einem Erbtheilungsvertrag im Sinne der Ziff. 2 ist eine Vereinbarung unter den Miterben über die Aufhebung der Erbengemeinschaft (§§ 2042 ff.), sei es in Ansehung des ganzen Nachlasses oder eines zum Nachlasse gehörenden Gegenstandes zu verstehen. Unter den Begriff der Erbtheilung fällt daher auch die Zuweisung einer Nachlaßforderung an einen oder mehrere Miterben. Der Verkauf einer Nachlaßforderung an einen Dritten oder die Veräußerung eines zum Nachlasse gehörenden Grundstücks an einen Dritten durch gemeinschaftliche Verfügung aller Miterben gehören nicht hierher. Der Verkauf der Forderung fällt vielmehr unter den § 1812, der Veräußerung des Grundstücks dagegen unter § 1821. Ob die Erbtheilung rein freiwillig auf außergerichtlichem Wege oder im Wege des in den §§ 87—98 des freiw. G.G. geregelten Auseinandersetzungsverfahrens erfolgt, ist gleichgültig. Findet die Vermittelung der Auseinandersetzungen nach Maßgabe der §§ 87 ff. statt, so ist für die Ertheilung oder Verweigerung der Genehmigung zu einer vorherigen Vereinbarung sowie zur Auseinandersetzung übrigens nicht das Nachlaßgericht, sondern das Vormundschaftsgericht zuständig; nur wenn der Betheiligte, in Ansehung dessen die Genehmigung des Vormundschaftsgerichts nothwendig ist, im Inlande keinen Vormund, Pfleger oder Beistand hat oder wenn für ihn nach § 88 das. eine Abwesenheitspflegschaft bestellt worden ist, ist an Stelle des Vormundschaftsgerichts das Nachlaßgericht zuständig (§§ 88, 97 des freiw. G G.).

Die Erhebung der Theilungsklage und der Antrag, die zu einem gemeinschaftlichen Nachlasse gehörenden Gegenstände zum Zwecke der Aufhebung der Gemeinschaft zu verkaufen (§§ 2042, 753), fallen nicht unter den § 1822 Nr. 2. Inwieweit das Theilungsverfahren auf Grund sonstiger Vorschriften der Genehmigung des Vormundschaftsgerichts bedarf, ist eine andere Frage; soweit z. B. Grundstücke in Frage stehen, ist die Genehmigung nach § 1821 erforderlich, auf den Verkauf von Hypotheken findet § 1812 Anwendung. Für den Antrag des Vormundes auf Zwangsversteigerung eines Grundstücks zum Zwecke der Aufhebung der Gemeinschaft ist nach § 181 Abs. 2 des Zw.V.G. die Genehmigung des Vormundschaftsgerichts erforderlich.

Ob die Auseinandersetzung überhaupt erfolgen soll, ist dem Ermessen des Vormundes allein anheimgestellt. Der Nachlaß braucht also nicht deshalb allein auseinandergesetzt zu werden, weil Minderjährige oder Bevormundete betheiligt sind.

Für die Auseinandersetzung in Ansehung des Gesammtguts einer ehelichen oder fortgesetzten Gütergemeinschaft ist keine Sonderbestimmung getroffen. Man könnte hier daran denken, zwischen den Fällen zu unterscheiden, in welchen der Antheil des Verstorbenen bezw. bei der fortgesetzten Gütergemeinschaft des überlebenden Ehegatten an dessen Erben fällt, und denjenigen, in welchen die fortgesetzte Gütergemeinschaft während des Lebens des überlebenden Ehegatten beendigt wird. Eine solche Unterscheidung dürfte aber nicht gerechtfertigt sein. In den erstgedachten Fällen sind zwar bei der Auseinandersetzung über das Gesammtgut Erben betheiligt, aber es handelt sich dabei doch nicht um eine Erbtheilung, sondern um die Auseinandersetzung einer anderen Gemeinschaft. Das Verhältniß liegt also prinzipiell nicht anders, wie wenn der Erblasser in einer auf einem Gesellschaftsvertrage beruhenden Gemeinschaft gestanden hätte und seine Erben sich mit den übrigen Gesellschaftern auseinandersetzen. Selbstverständlich ist die Theilung des bei der Auseinandersetzung auf die Erben fallenden Antheils unter diese eine Erbtheilung, nicht aber die Theilung zwischen ihnen und den anderen Theilhabern des Gesammtguts. Alle hierher gehörenden Fälle müssen daher gleich behandelt werden und es fragt sich, ob eine entsprechende Anwendung der Vorschrift der Nr. 2 auf sie sich rechtfertigt. Dies dürfte indessen um so bedenklicher sein, als es außerordentlich nahe gelegen hätte, die fraglichen Fälle, wenn ihre Gleichstellung beabsichtigt wäre, ausdrücklich hervorzuheben, wie ja das B.G.B. und die C.P.O. in anderen Beziehungen das bei dem Gesammtgute stattfindende Rechtsverhältniß immer besonders berücksichtigen.

3. Zu Ziff. 3. Ueber den Begriff des Erwerbsgeschäfts s. Erl. zu § 1405. Ueber das Erforderniß der vorherigen Anhörung des Mündels s. § 1827.

a) Nur der entgeltliche Erwerb eines Erwerbsgeschäfts, nicht der unentgeltliche (Schenkung, Erwerb von Todeswegen) bedarf der Genehmigung des Vormundschaftsgerichts, der entgeltliche Erwerb aber ohne Rücksicht auf den Rechtsgrund des Erwerbes.

In Ansehung der Veräußerung eines Erwerbsgeschäfts hat der § 1822 Nr. 3 nur den Fall der entgeltlichen Veräußerung im Auge, da die unentgeltliche unter den § 1804 fällt. Für den thatsächlichen Beginn oder die thatsächliche Auflösung eines Erwerbsgeschäfts ist der § 1823 maßgebend. Ueber die Ermächtigung des Mündels zum selbständigen Betrieb eines Erwerbsgeschäfts s. § 112.

b) Zu den Gesellschaftsverträgen (§ 705), die zum Betrieb eines Erwerbsgeschäfts eingegangen werden, zählen insbesondere die Verträge, durch welche eine Handelsgesellschaft — offene Handelsgesellschaft, Kommanditgesellschaft, Kommanditgesellschaft auf Aktien — gegründet wird. Bei der Kommanditgesellschaft gilt dies aber nur für den unbeschränkt haftenden Gesellschafter. Der Kommanditist, welcher nur beschränkt haftet, betreibt nicht ein Erwerbsgeschäft, für ihn bedeutet die Betheiligung an der Kommanditgesellschaft nur die Form, unter welcher er sein Vermögen anlegt; der § 1822 Ziff. 3 findet deshalb für ihn keine Anwendung (ebenso Staub, Note 6 zu § 161 des H.G.B., Düringer und Hachenburg H.G.B. I S. 14). Aus dem gleichen Grunde findet der § 1822 Ziff. 3 keine Anwendung auf die Zeichnung einer Aktie oder auf die Betheiligung als stiller Gesellschafter an dem Handelsgewerbe eines Anderen (so auch Staub, Note 25 zu § 335 des H.G.B.). Wegen der Betheiligung des Mündels an einer Gesellschaft mit beschränkter Haftung s. Liebmann in Monatsschr. f. Aktien- u. Bankw. 4 S. 259.

4. Zu Ziff. 4. Der Pachtvertrag fällt unter die Ziff. 4 nicht nur, insoweit der Mündel pachtet, sondern auch, insoweit er verpachtet. Auf die Dauer des Pachtverhältnisses kommt es nicht an.

Ueber den Begriff des Landguts s. Erl. 3 zu § 98. Nicht unter die Ziff. 4 fallen Pachtverträge über einzelne landwirthschaftliche Grundstücke.

Der gewerbliche Betrieb steht hier im Gegensatze zum land- und forstwirthschaftlichen Betrieb. Indessen wird auch ein land- und forstwirthschaftlicher Nebenbetrieb, z. B. Branntweinbrennerei, Ziegelei, wenn er selbständig verpachtet wird, unter die Ziff. 4 fallen.

5. Die Ziff. 5 umfaßt Mieth- und Pachtverträge aller Art ohne Rücksicht auf den Gegenstand der Miethe oder Pacht und ohne Unterschied, ob der Mündel vermiethet oder verpachtet oder miethet oder pachtet. Zu den anderen Verträgen, durch welche der Mündel zu wiederkehrenden Leistungen verpflichtet wird, gehören z. B. Versicherungs- und Leibgedings- oder Altentheilsverträge. In dem M. IV S. 1142 ist als Beispiel der Vertrag erwähnt, nach welchem der Mündel als Handlungsgehülfe in das Geschäft eines Anderen eintreten soll; dieser Vertrag fällt jedoch nach den Aenderungen, welche die Ziff. 6 des § 1674 des E. I in der zweiten Kommission erfahren hat, nunmehr unter die Ziff. 7 des § 1822. Voraussetzung ist, daß das Vertragsverhältniß länger als ein Jahr nach Vollendung des einundzwanzigsten Lebensjahrs des Mündels fortdauern soll; im Falle einer etwaigen Volljährigkeitserklärung berechnet sich mithin das entscheidende Jahr nicht von der Volljährigkeit, sondern von der Vollendung des einunzwanzigsten Lebensjahrs an. Der Mangel der erforderlichen Genehmigung des Vormundschaftsgerichts macht den ganzen Vertrag unwirksam, nicht etwa bloß für die Zeit über das vollendete zweiundzwanzigste Lebensjahr hinaus, es sei denn, daß die Vertragschließenden den Vertrag überhaupt nicht als einen einheitlichen gewollt haben (M. IV S. 1142).

6. Zu Ziff. 6. Ueber Lehrverträge vergl. §§ 126ff. der Gew.O. in der Fassung v. 26. Juli 1900 und §§ 76—82 des H.G.B. Ueber vorherige Anhörung des Mündels s. § 1827. Voraussetzung ist, daß der Lehrvertrag für längere Zeit als ein Jahr geschlossen wird, d. h., daß das Vertragsverhältniß, auch wenn es von dem Mündel vertragsmäßig gekündigt wird, vom Zeitpunkte der Eingehung bis zur Auflösung unter allen Umständen länger als ein Jahr dauert. Verträge, die für unbestimmte Zeit mit kürzerer als einjähriger Kündigungsfrist geschlossen sind, fallen nicht unter die Ziff. 6, selbst wenn sich ihre Wirksamkeit thatsächlich auf eine längere Zeit erstreckt. Kann zwar der Lehrherr, nicht aber der Mündel durch Kündigung das Vertragsverhältniß früher beendigen, so trifft die Ziff. 6 gleichwohl zu, während sie keine Anwendung findet, wenn der Lehrherr für längere Zeit als ein Jahr gebunden ist, der Mündel aber die Möglichkeit hat, das Verhältniß durch Kündigung in kürzerer Zeit zu beendigen. Ein ohne die erforderliche Genehmigung des Vormundschaftsgerichts geschlossener Lehrvertrag ist nach Maßgabe des § 1829 unwirksam, er hat nicht etwa für die Dauer eines Jahres Bestand.

7. Unter die Ziff. 7 fallen alle Dienst- und Arbeitsverträge (§§ 611ff.), welche die Verpflichtung zu einer Thätigkeit des Mündels begründen, die er selbst vornehmen muß und nicht durch Andere vornehmen lassen kann. Bei Dienst- und Arbeitsverträgen bildet übrigens die Leistung durch den Schuldner in Person die gesetzliche Regel. Andere Verträge als Dienst- und Arbeitsverträge, welche die gleiche Verpflichtung begründen, gehören nicht hierher. Dies gilt insbesondere von einem Gesellschaftsvertrage. Bezüglich dieser trifft der § 1822 Nr. 3 zu. Der Gesindevertrag fällt unter die Nr. 7, doch kann die Landesgesetzgebung nach E.G. Art. 95 abweichende Bestimmungen treffen. Voraussetzung ist bei der Ziff. 7, daß das Vertragsverhältniß für längere Zeit als ein Jahr geschlossen wird; hierüber s. Erl. zu Ziff. 6. Wegen vorheriger Anhörung des Mündels s. § 1827. Wegen der erweiterten Geschäftsfähigkeit des Mündels s. Erl. zu § 113.

8. Bei der Ziff. 8 ist das Entscheidende, daß Geld auf Kredit des Mündels aufgenommen wird. Der Kauf auf Kredit fällt nicht unter die Ziff. 8, ebensowenig die Umwandelung

einer Geldschuld in eine Darlehensschuld (§ 607 Abs. 2), dagegen umfaßt die Ziff. 8 nicht nur Darlehen (§§ 607, 610), sondern auch den Konto-Korrentverkehr. Wegen Ertheilung einer allgemeinen Ermächtigung s. § 1825. Der Mangel der Genehmigung macht das betreffende Rechtsgeschäft unwirksam. Selbstverständlich wird dadurch aber eine Verpflichtung des Mündels aus dem Gesichtspunkt einer ungerechtfertigten Bereicherung z. B. wegen Empfangs der Darlehensvaluta nicht berührt.

**9.** Zu Ziff. 9. Ueber Schuldverschreibungen auf den Inhaber s. §§ 793ff., 807, 808. Der Gegenstand der Leistung kommt nicht in Betracht, die Leistung braucht nicht gerade auf Geld gerichtet zu sein. Ueber die durch Indossament übertragbaren Papiere s. insbesondere H.G.B. §§ 363—365. Die Genehmigung des Vormundschaftsgerichts braucht nicht in der Urkunde selbst enthalten zu sein, empfiehlt sich aber, damit der Urkunden- bezw. Wechselprozeß zulässig ist. Wegen Ertheilung einer allgemeinen Ermächtigung s. § 1825.

**10.** Zu Ziff. 10. Gleichgültig ist, ob die fremde Verbindlichkeit neben dem eigentlichen Schuldner übernommen wird (Pfandbestellung und Bürgschaft) oder privativ (Schuldübernahme, Erfüllungsübernahme im Sinne der Vorbm. 2 Bd. II S. 199). Hierher gehören auch die Fälle, in welchen der Eintritt in fremde Schuld gesetzliche Folge eines Rechtsgeschäfts ist. Dagegen fällt unter die Ziff. 10 nicht der Erwerb einer Erbschaft, denn die Haftung für die Nachlaßverbindlichkeiten tritt ohne rechtsgeschäftliche Mitwirkung des Vormundes ein. Wegen Ertheilung einer allgemeinen Ermächtigung s. § 1825.

**11.** Zu Ziff. 11. Ueber Ertheilung der Prokura s. H.G.B. §§ 48ff. Die Zurücknahme der Prokura (H.G.B. § 52) bedarf nicht der Genehmigung des Vormundschaftsgerichts. Eine ohne die Genehmigung des Vormundschaftsgerichts ertheilte Prokura ist rechtsunwirksam; hieran ändert auch der Eintrag in das Handelsregister nichts (so auch Neumann, Note 11, a. A. Staub, Anm. 4 zu § 48 des H.G.B.). Die mit Genehmigung des Vormundschaftsgerichts ertheilte Prokura hat den im H.G.B. § 49 festgesetzten Umfang und ermächtigt in diesem Umfang auch zu Rechtsgeschäften, zu welchen der Vormund sonst der Genehmigung des Gegenvormundes oder des Vormundschaftsgerichts bedürfte; in dieser Beziehung kommen insbesondere die Rechtsgeschäfte in Betracht, welche unter die Vorschriften des § 1812 und des § 1822 Nr. 8, 10 fallen.

Ertheilung sonstiger Vollmachten (§§ 166ff., H.G.B. §§ 54ff.) bedarf nicht der Genehmigung des Vormundschaftsgerichts. Der Bevollmächtigte hat aber selbstverständlich keine weitere Vertretungsmacht als der Vormund selbst.

**12.** Die Ziff. 12 fordert die Genehmigung des Vormundschaftsgerichts zu Vergleichen und Schiedsverträgen. Ueber den Vergleich s. § 779, über den Schiedsvertrag die C.P.O. § 1025.

**a)** Auf den Gegenstand des Vergleichs oder Schiedsvertrags kommt es an sich nicht an. Auch ein Vergleich oder Schiedsvertrag über nicht vermögensrechtliche Ansprüche fällt unter die Ziff. 12. Die Ziff. 12 macht jedoch eine Ausnahme für jene Vergleiche oder Schiedsverträge, bei denen der Gegenstand des Streites oder der Ungewißheit in Geld schätzbar ist und den Werth von 300 M. nicht übersteigt. Entscheidend ist dabei nur der Werth des Gegenstandes des Streites oder der Ungewißheit, also nicht der Werth des Gesammtanspruchs, wenn der Vergleich oder Schiedsvertrag sich nur auf einen bestimmten Theil des Anspruchs bezieht. Wie der Werth zu berechnen ist, darüber fehlen Vorschriften. Nach der Analogie der C.P.O. § 4 wird anzunehmen sein, daß der für die Berechnung des Werthes maßgebende Zeitpunkt der des Abschlusses des Vergleichs oder Schiedsvertrags ist und daß Früchte, Nutzungen, Zinsen und Schäden und Kosten unberücksichtigt bleiben, wenn sie als Nebenforderungen geltend gemacht werden (vergl. auch Erl. zu § 1813).

**b)** Ob auch ein Prozeßvergleich unter die Ziff. 12 fällt, hängt von der Beantwortung der bestrittenen Frage ab, ob der Vergleich eine Prozeßhandlung im Sinne des § 54 der C.P.O. darstellt oder nicht. Das Reichsgericht hat die Frage verneint (R.G. 19 S. 362); die Gründe des Reichsgerichts dürften überzeugend sein. Auf dem gleichen Standpunkte stehen Planck, Lehrb. des Civilprozeßrechts § 46 Anm. 13, die Kommentare zur C.P.O. von Förster, Wilmowski und Levi, ferner Küntzel in Gruchot's Beiträgen Bd. 24 S. 779, Bd. 25 S. 327, Bd. 28 S. 277, Boas das. Bd. 29 S. 311, Eccius das. Bd. 30 S. 465, Eccius, preuß. Privatrecht 1 § 103 Anm. 6, § 232 Anm. 23, Hesse, Schultheis, Schultzenstein-Köhne; a. A. sind Wach, Handb. des Civilprozeßrechts § 50 III, die Kommentare zur C.P.O. von Gaupp, Petersen-Anger, Struckmann-Koch, Seuffert, ferner Wolf im Arch. f. civ. Pr. 38 S. 182.

**c)** Was den Zwangsvergleich im Konkurs anlangt, so ist bestritten, ob ihm die Natur eines Vertrags mit den Gläubigern zukommt (vergl. die Literaturangaben bei Wolf, Kommentar zur K.O. Anm. 2 zu § 173, Seuffert, Konkursprozeßrecht, S. 407, 409). Für das Vormundschaftsrecht dürfte die Frage gleichgültig sein. Der Zwangsvergleich dürfte unter die Ziff. 12 in dem Sinne jedenfalls fallen, daß der Vormund zur Abgabe der Erklärung der Zu-

§. 1823.

Der Vormund soll nicht ohne Genehmigung des Vormundschaftsgerichts ein neues Erwerbsgeschäft im Namen des Mündels beginnen oder ein bestehendes Erwerbsgeschäft des Mündels auflösen.

---

stimmung zum Vergleichsvorschlag und zum Abschluß eines Zwangsvergleichs für den in Konkurs gerathenen Mündel der Genehmigung des Vormundschaftsgerichts bedarf und daß das Konkursgericht den Mangel der erforderlichen Genehmigung berücksichtigen muß. Daß der ohne die Genehmigung des Vormundschaftsgerichts abgeschlossene rechtskräftig bestätigte Zwangsvergleich den Mündel bindet, ergiebt sich aus § 193 der K.O.

**d)** Selbstverständlich werden durch die Bestimmung der Ziff. 12, daß nur Vergleiche oder Schiedsverträge, deren Gegenstand den Werth von 300 Mk. übersteigt, der Genehmigung des Vormundschaftsgerichts bedürfen, die allgemeinen Vorschriften des Vormundschaftsrechts nicht berührt, welche überhaupt zu einer Verfügung oder einem obligatorischen Rechtsgeschäfte des Vormundes die Genehmigung des Gegenvormundes oder des Vormundschaftsgerichts verlangen (vergl. z. B. §§ 1714, 1812, 1813, 1819, 1821 ff.). Beispielsweise bedarf der Vormund zu jedem Vergleich oder Schiedsvertrage, dessen Gegenstand ein Grundstück betrifft, nach § 1821 der Genehmigung des Vormundschaftsgerichts.

**e)** Vereinbarungen bei Gemeinheitstheilungen (deren Bestätigung in manchen Landesgesetzen Rezeß genannt wird) fallen, wenigstens der Regel nach, nicht unter die Ziff. 12, sondern unter § 1821. Uebrigens hat die Landesgesetzgebung freie Hand, inwieweit sie die Genehmigung des Vormundschaftsgerichts verlangt, und sie kann auch den Mangel dieser Genehmigung selbständig ordnen (Art. 113 E.G.).

**13.** Unter d i e Ziff. 13 fallen alle Rechtsgeschäfte, durch welche die für eine Forderung des Mündels bestehende Sicherheit aufgehoben oder gemindert oder die Verpflichtung dazu begründet wird. Gleichgültig ist, worin die Sicherheit besteht. Es kann eine Hypothek oder Grundschuld sein (natürlich nicht nur eine Sicherungshypothek), eine Bürgschaft, ein Pfandrecht, eine nach den §§ 232 ff. geleistete Sicherheit, eine nach den Vorschriften der C.P.O. geleistete Sicherheit z. B. ein Werthpapier, welches der Gläubiger des Mündels zur Erlangung der vorläufigen Vollstreckbarkeit nach § 710 der C.P.O. hinterlegt hat.

**a)** Zu den Rechtsgeschäften, durch welche eine Sicherung aufgehoben wird, gehören z. B. der Verzicht auf die für eine Forderung bestehende Hypothek (§ 1168) oder deren Aufhebung nach § 1183, das Aufgeben eines für die Forderung bestehenden Pfandrechts nach § 1255 oder eines mit der Forderung verbundenen Vorzugsrechts im Konkurs oder des Rechtes aus einer für die Forderung bestehenden Bürgschaftsverbindlichkeit, der Verzicht auf eine Vorrechtseinräumung, die Freigabe von gepfändeten Sachen. Zu den Rechtsgeschäften, welche eine Minderung der Sicherheit bedeuten, zählt z. B. ein Rangrücktritt.

**b)** Die M. IV. S. 1145 halten es für selbstverständlich, daß das Vormundschaftsgericht die Genehmigung zu einer Aufhebung oder Minderung der Sicherheit nur innerhalb der durch die Vorschrift des § 1807 für die Anlegung von Mündelgeld gezogenen Grenze ertheilen darf. Diese Bemerkung bezieht sich aber nur auf die Fälle der freiwilligen Aufhebung oder Minderung — ein Rangrücktritt bei einer Hypothek z. B. darf nur genehmigt werden, wenn die Hypothek noch innerhalb der Beleihungsgrenze bleibt, — nicht aber für die Fälle, in welchen der Mündel zu der Aufhebung oder Minderung verpflichtet ist (z. B. § 1169). Uebrigens können auch in den Fällen der freiwilligen Aufhebung oder Minderung der Sicherheit die Verhältnisse so liegen, daß die Einhaltung der für mündelsichere Anlagen gegebenen Vorschriften nicht thunlich ist, z. B. wenn es sich um einen Rangrücktritt handelt zur Ermöglichung der Aufnahme eines Darlehens für die Eltern des Mündels, wenn ohne dieses Darlehen das Anwesen der Eltern vergantet werden müßte und in diesem Falle voraussichtlich auch die Hypothek des Mündels verloren wäre.

**§ 1823.**

**E. I § 1663; II § 1686 rev. § 1801; III § 1799. P. I S. 8355; M. IV S. 1108.**
**P. II S. 6355 (Bd. 4 S. 760).**

**1.** Nach § 1823 bedarf der Vormund zum Beginn eines neuen Erwerbsgeschäfts im Namen des Mündels und zur Auflösung eines bestehenden Erwerbsgeschäfts des Mündels der Genehmigung des Vormundschaftsgerichts. Der Vormund bedarf übrigens auch zum entgeltlichen Erwerb oder zur Veräußerung eines Erwerbsgeschäfts sowie zu einem Gesellschaftsvertrage, der zum Betrieb eines Erwerbsgeschäfts eingegangen wird und zu einem Pachtvertrag über einen

§. 1824.

Der Vormund kann Gegenstände, zu deren Veräußerung die Genehmigung des Gegenvormundes oder des Vormundschaftsgerichts erforderlich ist, dem Mündel nicht ohne diese Genehmigung zur Erfüllung eines von diesem geschlossenen Vertrags oder zu freier Verfügung überlassen.

§. 1825.

Das Vormundschaftsgericht kann dem Vormunde zu Rechtsgeschäften, zu denen nach §. 1812 die Genehmigung des Gegenvormundes erforderlich ist, sowie zu den

---

gewerblichen Betrieb der Genehmigung des Vormundschaftsgerichts (§ 1822 Nr. 3, 4). Dagegen ist die Genehmigung des Vormundschaftsgerichts nicht erforderlich zur Fortführung eines Erwerbsgeschäfts, gleichgültig, ob das Geschäft schon zu Beginn der Vormundschaft vorhanden ist oder dem Mündel später unentgeltlich zufällt, ferner nicht zur Aenderung eines bestehenden Erwerbsgeschäfts; die Aenderung darf aber nicht eine solche Umgestaltung sein, daß eine Neugründung vorliegt. Als Fortführung eines Erwerbsgeschäfts erscheint indessen nicht der Fall, daß der Erblasser des Mündels an einer offenen Handelsgesellschaft betheiligt war und die übrigen Gesellschafter mit den Erben des Verstorbenen die Weiterführung der Gesellschaft vereinbaren (§ 131 Nr. 4 H.G.B.); hier liegt die nach § 1822 Nr. 4 der Genehmigung des Vormundschaftsgerichts bedürftige Eingehung eines neuen Gesellschaftsvertrags vor. Anders wenn in dem Gesellschaftsvertrage bestimmt ist, daß im Falle des Todes eines Gesellschafters die Gesellschaft mit dessen Erben fortgesetzt werden soll; hier bedarf weder der Verbleib des Mündels in der Gesellschaft noch das Verlangen des Mündels, daß ihm die Stellung eines Kommanditisten eingeräumt wird, noch das Ausscheiden des Mündels (§ 139 des H.G.B.) der Genehmigung des Vormundschaftsgerichts (Düringer und Hachenburg H.G.B. Bd. I S. 14). Die Genehmigung ist natürlich auch dann nicht erforderlich, wenn der Gesellschafter des Mündels gestorben ist und es sich bezüglich dessen Erben um die Ausübung der Rechte aus § 139 H.G.B. handelt.

2. Ueber den Begriff des Erwerbsgeschäfts s. Erl. zu §§ 112, 1405; über vorherige Anhörung des Mündels s. § 1827.

**3.** Der § 1823 enthält nur eine Ordnungsvorschrift. Die Verletzung begründet nur die Haftbarkeit des Vormundes (§ 1833), nicht aber die Nichtigkeit der einzelnen auf den Beginn oder die Auflösung des Erwerbsgeschäfts gerichteten Rechtsgeschäfte des Vormundes, soweit sie nicht, wie z. B. die Ertheilung einer Prokura, die Aufnahme von Geld auf den Kredit des Mündels, unter diejenigen Rechtsgeschäfte fallen, zu deren Rechtswirksamkeit der Vormund der Genehmigung des Vormundschaftsgerichts in jedem Falle bedarf.

**4.** Der Vormund kann das Erwerbsgeschäft des Mündels für diesen selbst betreiben. Er kann aber auch den Mündel zum selbständigen Betriebe des Erwerbsgeschäfts ermächtigen; hierzu bedarf er nach § 112 der Genehmigung des Vormundschaftsgerichts. Im Uebrigen s. Erl. zu § 112.

**§ 1824.**

**E. I § 1677; II § 1704 Abs. 1 rev. § 1802; III § 1800. P. I S. 8336, 8350; M. IV S. 1149. P. II S. 6419 (Bd. 4 S. 796).**

Der § 1824 stellt die Tragweite des § 110 klar, indem er zum Ausdrucke bringt, daß, wenn der Vormund dem Mündel Gegenstände, zu deren Veräußerung die Genehmigung des Gegenvormundes (§ 1812) oder des Vormundschaftsgerichts (§§ 1819—1821) erforderlich ist, ohne diese Genehmigung zur Erfüllung eines von dem Mündel abgeschlossenen Vertrags oder zur freien Verfügung überläßt, die Ueberlassung nicht die im § 110 bezeichnete Wirkung hat (s. Erl. **1**, 2 zu § 110).

Aus § 1824 mit § 110 folgt zugleich, daß der Vormund Gegenstände, zu deren Veräußerung die Genehmigung des Gegenvormundes oder des Vormundschaftsgerichts nicht erforderlich ist, dem Mündel zur Erfüllung der von diesem geschlossenen Verträge oder zur freien Verfügung überlassen kann.

**§ 1825.**

**E. I § 1675; II § 1703 rev. § 1803; III § 1801. P. I S. 8350, 8770; M. IV S. 1147. P. II S. 6416, 7979 (Bd. 4 S. 795; Bd. 5 S. 792).**

1. Grundsätzlich kann die zu einem Rechtsgeschäfte des Vormundes erforderliche Genehmigung des Vormundschaftsgerichts oder des Gegenvormundes nur für jeden einzelnen Fall wirksam

im §. 1822 Nr. 8 bis 10 bezeichneten Rechtsgeschäften eine allgemeine Ermächtigung ertheilen.

Die Ermächtigung soll nur ertheilt werden, wenn sie zum Zwecke der Vermögensverwaltung, insbesondere zum Betrieb eines Erwerbsgeschäfts, erforderlich ist.

§. 1826.

Das Vormundschaftsgericht soll vor der Entscheidung über die zu einer Handlung des Vormundes erforderliche Genehmigung den Gegenvormund hören, sofern ein solcher vorhanden und die Anhörung thunlich ist.

---

ertheilt werden. Eine allgemeine Ermächtigung für alle vormundschaftlichen Rechtsgeschäfte oder einen gewissen Kreis derselben ist unwirksam. Hiervon macht der § 1825 für die in ihm bezeichneten Rechtsgeschäfte eine Ausnahme. Für sie kann das Vormundschaftsgericht eine allgemeine Ermächtigung ertheilen und dadurch die nach § 1812 sonst erforderliche Genehmigung des Gegenvormundes bezw. des Vormundschaftsgerichts oder die nach § 1822 sonst erforderliche Genehmigung des Vormundschaftsgerichts entbehrlich machen.

Der Abs. 2 stellt die Ordnungsvorschrift auf, daß die Ermächtigung nur ertheilt werden soll, wenn sie zum Zwecke der Vermögensverwaltung nothwendig ist. Ein solcher Fall liegt z. B. vor, wenn der Mündel ein Kommissionsgeschäft betreibt; hier sind die Geschäfte des § 1822 Nr. 10 mit Rücksicht auf § 394 des H.G.B. nicht zu vermeiden und jedesmalige Einholung der Genehmigung des Vormundschaftsgerichts würde zu Störungen des Geschäfts und zu Schädigungen des Mündels führen.

2. Die allgemeine Ermächtigung kann vom Vormundschaftsgerichte jederzeit zurückgenommen werden.

3. Die Ertheilung einer allgemeinen Ermächtigung braucht nicht in die Bestallung aufgenommen zu werden. Die Zurücknahme der Ermächtigung ist auch dann wirksam, wenn die Ermächtigung in die Bestallung aufgenommen worden ist, während das Vormundschaftsgericht die Bestallung nicht sofort zurückerlangen kann.

4. Die Genehmigung zur Ertheilung einer Prokura (§ 1822 Nr. 11) enthält übrigens stillschweigend die allgemeine Ermächtigung zu allen im § 1825 bezeichneten Rechtsgeschäften im Umfange des gewöhnlichen Geschäftsbetriebs (H.G.B. § 49 Abs. 1, § 50 Abs. 1).

5. Darüber daß der § 1825 auf den Minderjährigen selbst, wenn er ein Erwerbsgeschäft betreibt, keine Anwendung findet, s. Erl. 3 zu § 112. A. A. Hachenburg Vorträge S. 179, Düringer und Hachenburg H.G.B. I S. 15.

**§ 1826.**

**E. I § 1679; II § 1705 rev. § 1804; III § 1802. P. I S. 8387; M. IV S. 1151. P. II S. 6420 (Bd. 4 S. 796).**

Der § 1826 verpflichtet das Vormundschaftsgericht, vor jeder Entscheidung über die zu einer Handlung des Vormundes erforderliche Genehmigung den Gegenvormund zu hören d. h. ihm Gelegenheit zu geben, seine Ansicht in irgend einer Form zu äußern. Die Anhörung ist nicht bloß bei Rechtsgeschäften, sondern allgemein bei denjenigen Handlungen, welche der Genehmigung des Vormundschaftsgerichts bedürfen, z. B. bei dem Beginn oder der Auflösung eines Erwerbsgeschäfts (§ 1823), vorgeschrieben. Die Anhörung ist entbehrlich, wenn sie z. B. wegen Dringlichkeit der Sache oder wegen zeitweiliger Abwesenheit des Gegenvormundes oder wegen der unverhältnißmäßigen Kosten, welche die Anhörung verursachen würde, unthunlich ist. Sie ist ferner dann nicht erforderlich, wenn ein Gegenvormund nicht vorhanden ist. Es braucht also auch in denjenigen Fällen, in welchen nach § 1792 ein Gegenvormund zu bestellen ist oder in denen ein Gegenvormund zwar bestellt, aber weggefallen ist, nicht vor der Genehmigung ein Gegenvormund bestellt zu werden. Deshalb allein, weil die Sache nur von geringer Bedeutung ist, darf die Anhörung nicht unterbleiben. Die geringe Wichtigkeit der Sache kann aber allerdings, wenn die Anhörung besondere Kosten und Schwierigkeiten verursachen würde, die Annahme der Unthunlichkeit rechtfertigen. Die zu Unrecht unterbliebene Anhörung hat, da § 1826 nur eine Sollvorschrift enthält, auf die Gültigkeit der Genehmigung keinen Einfluß.

### §. 1827.

Das Vormundschaftsgericht soll den Mündel hören vor der Entscheidung über die Genehmigung eines Lehrvertrags oder eines auf die Eingehung eines Dienst- oder Arbeitsverhältnisses gerichteten Vertrags und, wenn der Mündel das vierzehnte Lebensjahr vollendet hat, über die Entlassung aus dem Staatsverbande.

Hat der Mündel das achtzehnte Lebensjahr vollendet, so soll ihn das Vormundschaftsgericht, soweit thunlich, auch hören vor der Entscheidung über die Genehmigung eines der im §. 1821 und im §. 1822 Nr. 3 bezeichneten Rechtsgeschäfte sowie vor der Entscheidung über die Genehmigung des Beginns oder der Auflösung eines Erwerbsgeschäfts.

---

### § 1827.

**E. I § 1657 Satz 2, § 1680; II § 1707 rev. § 1805; III § 1803. P. I S. 8387, 8778; M. IV S. 1098, 1152. P. II S. 6352, 6420, 6426, 6856 (Bd. 4 S. 758, 796; Bd. 5 S. 147).**

**1.** Der § 1827 legt dem Vormundschaftsgerichte die Verpflichtung auf, in gewissen Fällen den Mündel zu hören, d. h. ihm Gelegenheit zu geben, in irgend einer Form seine Ansicht zu äußern. Diese Verpflichtung hat das Vormundschaftsgericht

**a)** ohne Rücksicht auf das Lebensalter des Mündels vor der Entscheidung über die Genehmigung eines Lehrvertrags — d. h. nach § 1822 Nr. 6, sofern der Lehrvertrag für längere Zeit als ein Jahr geschlossen wird, — oder eines auf die Eingehung eines Dienst- und Arbeitsverhältnisses gerichteten Vertrags — d. h. nach § 1822 Nr. 7, sofern der Mündel durch den Vertrag zu persönlichen Leistungen für längere Zeit als ein Jahr verpflichtet werden soll;

**b)** wenn der Mündel das 14. Lebensjahr vollendet hat, vor der Entscheidung über die Entlassung aus dem Staatsverbande (E.G. Art. 41 II);

**c)** sofern der Mündel das 18. Lebensjahr vollendet hat, vor der Entscheidung über die Genehmigung eines der im § 1821 und im § 1822 Nr. 3 bezeichneten Rechtsgeschäfte (insbesondere also von Verfügungen über Grundstücke oder Rechte an solchen, von Verträgen über den Erwerb eines Grundstücks oder eines Rechtes an solchen, von Verträgen über den entgeltlichen Erwerb oder die Veräußerung eines Erwerbsgeschäfts und von Gesellschaftsverträgen zum Betrieb eines Erwerbsgeschäfts) sowie über die Genehmigung des Beginns oder der Auflösung eines Erwerbsgeschäfts (§ 1823).

In den Fällen unter **a** und **b** ist der Mündel stets zu hören, in den Fällen unter c darf die Anhörung unterbleiben, wenn sie unthunlich ist, wenn sie z. B. wegen Abwesenheit des Mündels oder wegen unverhältnißmäßiger Kosten unausführbar oder unzweckmäßig ist.

In welcher Weise das Vormundschaftsgericht dem Mündel Gelegenheit giebt, sich zu äußern, ist seinem Ermessen überlassen; es kann den Mündel zu Protokoll vernehmen oder durch ein ersuchtes Gericht oder eine andere Behörde, z. B. den Gemeindevorsteher, vernehmen lassen. Ueber die Berechnung des Lebensalters s. § 187 Abs. 2.

**2.** Der § 1827 ist nur eine Ordnungsvorschrift, seine Verletzung ist auf die Gültigkeit der Genehmigung ohne Einfluß. Die Anhörung des Mündels bezweckt natürlich nur, diesem Gelegenheit zu geben, etwaige Wünsche und Bedenken in Fragen geltend zu machen, die ihrer Beschaffenheit nach für seine Verhältnisse von besonderer Wichtigkeit sind. Rechtlich kommt ein etwaiger Widerspruch des Mündels nicht in Betracht.

**3.** Sofern der Mündel das 14. Lebensjahr vollendet, steht ihm in den Angelegenheiten, in denen er vor einer Entscheidung des Vormundschaftsgerichts gehört werden soll, nach § 59 des freiw. G.G. das selbständige Beschwerderecht zu. Das Beschwerderecht ist nicht an die Voraussetzung geknüpft, daß der Mündel nicht gehört ist. Der Mündel kann sich also auch dann beschweren, wenn er bei seiner Anhörung der Verfügung zugestimmt hat, später aber anderer Ansicht geworden ist. Aus der Vorschrift des § 59 des freiw. G.G. folgt, daß dem Mündel in den im § 1827 bezeichneten Fällen, auch wenn er vorher gehört worden ist, die Verfügung bekannt gemacht werden muß (§ 16 freiw. G.G.).

**4.** Durch den § 1827 wird nur bestimmt, in welchen Fällen der Mündel jedenfalls anzuhören ist. Dem Vormundschaftsgerichte steht frei, ihn auch in anderen Fällen vorher zu hören.

**5.** Ob und inwieweit der Vormund die Verpflichtung hat, den Mündel vorher zu hören, ist im Gesetze nicht bestimmt. Die M. IV S. 1153 betrachten es als eine selbstverständliche,

§. 1828.

Das Vormundschaftsgericht kann die Genehmigung zu einem Rechtsgeschäfte nur dem Vormunde gegenüber erklären.

§. 1829.

Schließt der Vormund einen Vertrag ohne die erforderliche Genehmigung des Vormundschaftsgerichts, so hängt die Wirksamkeit des Vertrags von der nachträglichen Genehmigung des Vormundschaftsgerichts ab. Die Genehmigung sowie deren Verweigerung wird dem anderen Theile gegenüber erst wirksam, wenn sie ihm durch den Vormund mitgetheilt wird.

Fordert der andere Theil den Vormund zur Mittheilung darüber auf, ob die Genehmigung ertheilt sei, so kann die Mittheilung der Genehmigung nur bis zum Ablaufe von zwei Wochen nach dem Empfange der Aufforderung erfolgen; erfolgt sie nicht, so gilt die Genehmigung als verweigert.

Ist der Mündel volljährig geworden, so tritt seine Genehmigung an die Stelle der Genehmigung des Vormundschaftsgerichts.

---

durch die vormundschaftliche Verwaltung begründete Pflicht des Vormundes, in geeigneten Fällen den reiferen Mündel vor der Ausführung wichtiger Verwaltungsmaßregeln zu hören, namentlich, wenn es sich um Maßregeln handelt, welche seine Person betreffen und, wie z. B. die Bestimmung des Berufs, durch seine Neigungen und Wünsche mit bedingt sind. In welchen Fällen diese Pflicht eintritt, läßt sich nicht im Voraus gesetzlich näher bestimmen; es hängt dies wesentlich ab von der Anwesenheit des Mündels, dem Grade seiner Einsicht und der Art der zu treffenden Maßregeln.

§ 1828.

**E. I § 1681 Abs. 1; II § 1708 rev. § 1806; III § 1804. P. I S. 8357—8366, 8773; M. IV S. 1153. P. II S. 6421—6423 (Bd. 4 S. 797).**

1. Ueber die Ertheilung der Genehmigung im Allgemeinen, s. Vorbm. vor § 1821.

2. Die Vorschrift des § 1828 bedeutet eine Ausnahme von der Regel des § 182 Abs. 1 (s. Erl. 1 zu § 182), die darauf beruht, daß andernfalls dem Vormunde die Anfechtung einer seiner Meinung widerstreitenden Entscheidung des Vormundschaftsgerichts im Beschwerdewege verwehrt wäre (M. IV S. 1154). Die Vorschrift bezieht sich sowohl auf Verträge als auf einseitige Rechtsgeschäfte. Selbstverständlich steht nichts im Wege, daß der Vormund einen Dritten, z. B. den Notar, welcher die Erklärung des Vormundes beurkundet oder beglaubigt, ermächtigt, an seiner Stelle die Genehmigung des Vormundschaftsgerichts entgegen zu nehmen. Das Vormundschaftsgericht braucht eine solche Ermächtigung nicht zu berücksichtigen, wenn es dies aber thut, ist der Vorschrift des § 1828 Genüge geleistet.

Bei Verträgen ist es gleichgültig, ob die Genehmigung vor oder nach dem Abschlusse des Vertrags ertheilt wird; auch die vorherige kann nur dem Vormunde gegenüber erklärt werden. Für einseitige Rechtsgeschäfte wirft sich diese Frage mit Rücksicht auf § 1831 nicht auf.

3. Daß die Erklärung der Genehmigung nicht der für das Rechtsgeschäft etwa vorgeschriebenen Form bedarf, folgt daraus, daß die Genehmigung nicht Bestandtheil des Rechtsgeschäfts ist.

4. Der § 1828 gilt natürlich auch in dem Falle, daß der Mündel selbst das Rechtsgeschäft vornimmt, so daß es sich um die Genehmigung des Vormundschaftsgerichts zu der Zustimmungserklärung des Vormundes handelt.

§ 1829.

**E. I § 1681 Abs. 2, 3, 5; II § 1709 rev. § 1807; III § 1805. P. I S. 8357—8366, 8773, 8805; M. IV S. 1153. P. II S. 6421—6424, 8687 (Bd. 4 S. 797; Bd. 6 S. 311).**

1. Die Vorschriften des § 1829 beziehen sich nur auf Verträge, nicht auf einseitige Rechtsgeschäfte; für diese gilt der § 1831. Ob der Vertrag ein gegenseitiger ist oder ob dadurch lediglich ein Recht oder lediglich eine Verpflichtung des Mündels begründet wird, ist gleichgültig. Ebensowenig kommt es auf den Gegenstand des Vertrags an.

---

2. Schließt der Vormund einen Vertrag, zu welchem er der Genehmigung des Vormundschaftsgerichts bedarf, mit vorheriger Genehmigung des Vormundschaftsgerichts, so wird der Vertrag mit dem Abschlusse wirksam, genauer gesprochen, dem Erfordernisse der Genehmigung ist genügt und über die Wirksamkeit des Vertrags entscheiden daher lediglich die allgemeinen Grundsätze. Der Mittheilung an den anderen Theil, daß der Vormund die Genehmigung des Vormundschaftsgerichts bereits erhalten habe, bedarf es nicht; selbstverständlich wird aber an dem Satze des § 1828 nichts geändert, daß die Genehmigung des Vormundschaftsgerichts überhaupt nur dem Vormunde gegenüber erklärt werden kann.

3. Schließt der Vormund dagegen einen Vertrag ohne die erforderliche Genehmigung des Vormundschaftsgerichts, so entsteht ein Schwebezustand. Die Wirksamkeit des Vertrags hängt von der nachträglichen Genehmigung des Vormundschaftsgerichts ab. Die Genehmigung oder deren Verweigerung kann auch in diesem Falle nur dem Vormunde gegenüber erklärt werden. Der Schwebezustand endigt aber nicht schon in dem Zeitpunkt, in welchem das Vormundschaftsgericht dem Vormunde die Genehmigung oder deren Verweigerung erklärt, sondern erst in dem Zeitpunkt, in welchem der Vormund dem anderen Theile von der Genehmigung oder deren Verweigerung Mittheilung macht. Der andere Theil kann ähnlich wie der Vormund bezüglich der Entgegennahme der Erklärung des Vormundschaftsgerichts (s. Erl. zu § 1828) einen Dritten zur Entgegennahme der Mittheilung des Vormundes ermächtigen, der den Vertrag beurkundende Notar kann also z. B. vom Vormunde zur Entgegennahme der Erklärung des Vormundschaftsgerichts und vom anderen Theile zur Entgegennahme der Mittheilung dieser Erklärung ermächtigt werden. In diesem Falle wird der Vertrag voll wirksam mit dem Zeitpunkt, in welchem dem Notar die Genehmigung des Vormundschaftsgerichts zugeht.

Wird die Genehmigung ertheilt, so gilt der Vertrag als von Anfang an wirksam (§ 184 Abs. 1). Dieser Satz erleidet jedoch durch die Bestimmung des § 184 Abs. 2 eine Einschränkung dahin, daß Verfügungen über den Gegenstand des Rechtsgeschäfts nicht unwirksam werden, die in der Zwischenzeit vom Vormunde — natürlich nur soweit dieser verfügen konnte — getroffen werden oder im Wege der Zwangsvollstreckung oder Arrestvollziehung oder durch den Konkursverwalter erfolgt sind.

Wird die Genehmigung verweigert, so gilt der Vertrag als von Anfang an unwirksam.

Die Ertheilung sowie die Verweigerung der Genehmigung können vom Vormundschaftsgerichte widerrufen werden, solange nicht die Genehmigung oder deren Verweigerung dem anderen Theile gegenüber wirksam geworden ist (§§ 55, 62, 63 des freiw. G.G., Vorbm. vor § 1821).

4. Aus den Vorschriften der §§ 1828, 1829 ergiebt sich, daß der Vormund, wenn er einen Vertrag ohne die erforderliche Genehmigung des Vormundschaftsgerichts abgeschlossen hat, vom Vertrage jederzeit zurücktreten d. h. das Wirksamwerden des Vertrags dadurch verhindern kann, daß er die Genehmigung des Vormundschaftsgerichts nicht erholt oder die Ertheilung der Genehmigung dem anderen Theile nicht mittheilt. Der E. I § 1681 Abs. 3 Satz 2 hatte diese Folge ausdrücklich ausgesprochen (M. IV S. 1152). Die Vorschriften über den Rücktritt von einem Vertrage (§§ 346 ff.) finden keine Anwendung, denn diese Vorschriften setzen voraus, daß ein wirksamer Vertrag vorliegt. Der Vertrag gilt vielmehr einfach als nicht abgeschlossen, etwaige Leistungen werden nach den Grundsätzen über ungerechtfertigte Bereicherung (§§ 812 ff.) zurückgefordert.

Der andere Theil ist, solange der Vertrag noch wirksam werden kann, an den Vertrag gebunden, sofern nicht die Voraussetzungen des § 1830 gegeben sind; hierüber s. Erl. zu § 1830.

5. Um dem anderen Theile die Möglichkeit zu geben, die durch den Schwebezustand hervorgerufene Ungewißheit zu beseitigen, giebt der § 1829 Abs. 2 ihm das Recht, den Vormund zur Erklärung darüber aufzufordern, ob die Genehmigung ertheilt sei. Diese Aufforderung hat die Wirkung, daß die Mittheilung der Genehmigung nur mehr bis zum Ablaufe von zwei Wochen — sofern nicht etwa eine andere Frist vereinbart ist — nach dem Empfange der Aufforderung erfolgen kann; erfolgt die Mittheilung nicht innerhalb dieser Zeit, so gilt die Genehmigung als verweigert und der Vertrag mithin als von Anfang an unwirksam. Die Genehmigung kann natürlich, auch wenn die Aufforderung erfolgt ist, vom Vormundschaftsgerichte nur dem Vormunde gegenüber erklärt werden; die Erklärung Seitens des Vormundschaftsgerichts gegenüber dem anderen Theile ist unwirksam.

Die Aufforderung ist ein einseitiges, empfangsbedürftiges Rechtsgeschäft. Es finden mithin die Vorschriften der §§ 130, 131 Anwendung. Nach diesen Vorschriften bestimmt sich insbesondere der Zeitpunkt, in welchem die Aufforderung als empfangen gilt, ebenso entscheidet sich danach die Frage, in welchem Zeitpunkte die Genehmigung als ertheilt gilt. Für die Berechnung der Frist von zwei Wochen sind die §§ 187 Abs. 1, 188 maßgebend (s. Erl. 6 zu § 108).

6. Ist der Mündel nach Abschluß des Vertrags, aber vor dem Zeitpunkt, in welchem sich das Wirksamwerden oder das Nichtwirksamwerden des Vertrags entscheidet, volljährig

§. 1830.

Hat der Vormund dem anderen Theile gegenüber der Wahrheit zuwider die Genehmigung des Vormundschaftsgerichts behauptet, so ist der andere Theil bis

---

geworden oder für volljährig erklärt worden, so tritt nach dem dem § 108 Abs. 3 nachgebildeten § 1829 Abs. 3 seine Genehmigung an die Stelle der Genehmigung des Vormundschaftsgerichts. Es kann also eine vom Vormundschaftsgerichte vorher dem Vormunde gegenüber erklärte, von diesem aber dem Dritten noch nicht mitgetheilte Genehmigung oder deren Verweigerung nicht mehr wirksam werden; dies folgt übrigens schon daraus, daß nach dem Eintritte der Volljährigkeit der Vormund nicht mehr zur Vertretung des Mündels berechtigt ist. Aus der Stellung des volljährig gewordenen Mündels wird trotz des scheinbar entgegenstehenden Wortlauts des Abs. 3 zu folgern sein, daß der Mündel seine Genehmigung nur dem anderen Theile gegenüber erklären kann, nicht etwa dem Vormunde gegenüber. Aus der Vorschrift des Abs. 3 folgt ferner, daß, wenn der Mündel volljährig geworden ist, ehe die im § 1829 Abs. 2 bezeichnete Aufforderung an den Vormund ergangen ist, die Aufforderung an den Mündel gerichtet werden muß und daß, wenn die Aufforderung noch an den Vormund erging, es auf die Erklärung des Mündels ankommt; erklärt sich der Mündel nicht innerhalb der zweiwöchigen Frist, so gilt die Genehmigung als verweigert; die Frist beginnt, wenn die Aufforderung noch an den Vormund erging, mit dem Zeitpunkt, in welchem der Vormund die Aufforderung empfing.

Selbstverständlich hat die Vorschrift des Abs. 3 zur Voraussetzung, daß der Mündel mit der Volljährigkeit oder Volljährigkeitserklärung unbeschränkt geschäftsfähig wird (vergl. hierzu Erl. 8 letzter Satz zu § 108).

7. Der § 1829 findet auch in dem Falle Anwendung, daß nicht der Vormund, sondern der Mündel einen Vertrag geschlossen hat (s. Vorbm. 4 vor § 1821) und zwar ohne Rücksicht darauf, ob der Vormund zum Vertragsabschlusse seine Einwilligung ertheilt hatte oder ob der Mündel einen Vertrag ohne die erforderliche Zustimmung des Vormundes geschlossen hat.

Ist die Einwilligung des Vormundes schon vor dem Abschlusse des Vertrags ertheilt, hat aber der Vormund zur Ertheilung der Einwilligung nicht die vorherige Genehmigung des Vormundschaftsgerichts erhalten, so ist das Wirksamwerden des Vertrags lediglich von der nachträglichen Genehmigung des Vormundschaftsgerichts abhängig. Es kommen einfach die Vorschriften des § 1829 zur Anwendung.

Ist dagegen der Vertrag vom Mündel ohne die vorherige Zustimmung des Vormundes geschlossen worden, so ist die Wirksamkeit des Vertrags nicht nur von der nachträglichen Genehmigung des Vormundschaftsgerichts, sondern selbstverständlich auch von der des Vormundes abhängig. Für die Genehmigung des Vormundes gelten die Vorschriften der §§ 108, 109, für die des Vormundschaftsgerichts die der §§ 1829, 1830. Hervorzuheben ist übrigens, daß der Vormund zwar die Ertheilung oder Verweigerung seiner Genehmigung dem Mündel oder dem anderen Theile gegenüber erklären kann (s. Erl. 3 zu § 108), daß er dagegen die Ertheilung oder Verweigerung der Genehmigung des Vormundschaftsgerichts nur dem anderen Theile gegenüber erklären kann.

Die Einwilligung sowie die Genehmigung des Vormundes ist ein einseitiges, empfangsbedürftiges Rechtsgeschäft (s. Erl. 1 zu § 182). Daraus darf indessen nicht gefolgert werden, daß, wenn der Vertrag vom Mündel geschlossen wird, so daß der Vormund nur seine Zustimmung zu ertheilen hat, auf den Vertrag nicht die §§ 1829, 1830, sondern der § 1831, welcher von den einseitigen Rechtsgeschäften des Vormundes handelt, Anwendung zu finden habe. Im Sinne der §§ 1829 ff. ist vielmehr der vom Mündel mit Zustimmung des Vormundes geschlossene Vertrag so anzusehen, als wäre er vom Vormunde geschlossen. Hieran wird durch den Umstand nichts geändert, daß, wie z. B. bei der Vereinbarung der allgemeinen Gütergemeinschaft (§ 1437) oder beim Abschluß eines Erbvertrags oder eines einen Erbvertrag aufhebenden Vertrags (§§ 2275, 2290) der Vertrag vom Vormunde gar nicht geschlossen werden kann, sondern der Vormund nur zu dem vom Mündel geschlossenen Vertrage seine Zustimmung zu ertheilen hat.

8. Wegen der Beweislast gelten die Bemerkungen der Erl. 7 zu § 108 entsprechend.

**§ 1830.**

**E. I § 1681 Abs. 2, 4; II § 1710 rev. § 1808; III § 1806. P. I S. 8357, 8773; M. IV S. 1153. P. II S. 6421—6425, 8687 (Bd. 4 S. 797; Bd. 6 S. 311, 395).**

1. Wie in der Erl. 4 zu § 1829 bemerkt ist, kann der andere Theil, wenn der Vormund mit ihm einen Vertrag ohne die erforderliche Genehmigung des Vormundschaftsgerichts geschlossen

zur Mittheilung der nachträglichen Genehmigung des Vormundschaftsgerichts zum Widerrufe berechtigt, es sei denn, daß ihm das Fehlen der Genehmigung bei dem Abschlusse des Vertrags bekannt war.

§. 1831.

Ein einseitiges Rechtsgeschäft, das der Vormund ohne die erforderliche Genehmigung des Vormundschaftsgerichts vornimmt, ist unwirksam. Nimmt der Vormund mit dieser Genehmigung ein solches Rechtsgeschäft einem Anderen gegenüber vor, so ist das Rechtsgeschäft unwirksam, wenn der Vormund die Genehmigung nicht in schriftlicher Form vorlegt und der Andere das Rechtsgeschäft aus diesem Grunde unverzüglich zurückweist.

---

hat, nicht bis zur Genehmigung des Vertrags zurücktreten. Dies gilt auch für den Fall, daß der andere Theil nicht gewußt hat oder nicht wissen konnte, daß der Vormund zu dem Vertrage die Genehmigung des Vormundschaftsgerichts benöthigte (z. B. wenn der Vormund über Kostbarkeiten, die er nach § 1818 hinterlegen mußte, verfügt). Eine dem § 109 Abs. 1 entsprechende Vorschrift ist mithin nicht aufgenommen.

2. Dagegen ist im § 1830 eine dem § 109 Abs. 2 entsprechende Vorschrift insofern getroffen, als, wenn der Vormund dem anderen Theile gegenüber der Wahrheit zuwider die Genehmigung des Vormundschaftsgerichts behauptet, der andere Theil bis zur Mittheilung der Genehmigung zum Widerrufe berechtigt ist. Der Widerruf ist jedoch ausgeschlossen, wenn der andere Theil das Fehlen der Genehmigung beim Vertragsabschlusse gekannt hat; wenn der Mündel selbst den Vertrag geschlossen und der Vormund bei der Erklärung seiner Zustimmung die Genehmigung des Vormundschaftsgerichts behauptet hat, so ist der entscheidende Zeitpunkt derjenige, in welchem ihm die Zustimmung mitgetheilt wird. Dem Kennen steht das Kennenmüssen nicht gleich. Der Widerruf ist ein einseitiges, empfangsbedürftiges Rechtsgeschäft, auf welches die Vorschriften der §§ 130, 131 Anwendung finden. Der Widerruf kann nur dem Vormunde gegenüber erklärt werden. Dies gilt auch dann, wenn der Vormund lediglich dem vom Mündel selbst vorgenommenen Vertragsabschlusse zugestimmt hat. Der Widerruf hat zur Folge, daß der Vertrag überhaupt nicht als geschlossen anzusehen ist, es finden nicht etwa die Vorschriften über den Rücktritt von einem Vertrag Anwendung.

3. Bezüglich der Beweislast (s. auch Erl. 2 zu § 109) ergiebt die Fassung des § 1830 daß, wenn die Wirksamkeit des Vertrags auf die Genehmigung des Vormundschaftsgerichts gestützt wird, der andere Theil nicht nur darthun muß, daß er vor der Mittheilung der Genehmigung widerrufen, sondern auch, daß der Vormund die Genehmigung beim Vertragsabschlusse behauptet hat. Der Zeitpunkt in welchem die Mittheilung der Genehmigung und der Widerruf als erfolgt gelten, bestimmt sich nach § 130. Die hinzugefügten Worte „der Wahrheit zuwider" haben wie im § 109 Abs. 2 nicht die Bedeutung, daß der andere Theil auch zu beweisen hätte, daß die Genehmigung nicht vor Vertragsabschluß erfolgt sei, deuten vielmehr nur an, daß ein Fall, in welchem die Genehmigung vorher ertheilt worden ist, nicht vorliegt. Es kommt deshalb nicht darauf an, ob sich der Vormund der Unwahrheit seiner Behauptung, daß die Genehmigung ertheilt worden sei, bewußt war. Gegenüber dem Beweise, daß der Vormund die Genehmigung des Vormundschaftsgerichts behauptet hat, steht dem Mündel der Beweis offen, daß der andere Theil das Fehlen der Genehmigung beim Vertragsabschlusse gekannt hat.

4. Für die Frage, ob der Vormund, welcher wahrheitswidrig die Genehmigung des Vormundschaftsgerichts dem anderen Theile gegenüber behauptet hat, diesem schadensersatzpflichtig ist, sind die allgemeinen Grundsätze maßgebend.

**§ 1831.**

**E. I § 1681 Abs. 2; II § 1711 rev. § 1809; III § 1807. P. I S. 8357, 8773; M. IV S. 1153. P. II S. 6421 (Bd. 4 S. 797).**

1. Der § 1831 bezieht sich auf die einseitigen Rechtsgeschäfte, zu welchen der Vormund der Genehmigung des Vormundschaftsgerichts bedarf, z. B. die Ausübung des Vorkaufsrechts in Ansehung eines Grundstücks (§ 505 mit § 1821 Nr. 4), den Verzicht auf eine Hypothek oder die Aufhebung einer Hypothek (§§ 875, 1168, 1183, 1822 Nr. 13), die Ausschlagung eines Vermächtnisses (§ 2180 Abs. 2 mit § 1822 Nr. 2), die Kündigung eines Darlehens wenn ein Gegenvormund nicht vorhanden ist, die Kündigung einer Hypothek im Falle des § 1819.

## §. 1832.

Soweit der Vormund zu einem Rechtsgeschäfte der Genehmigung des Gegenvormundes bedarf, finden die Vorschriften der §§. 1828 bis 1831 entsprechende Anwendung.

## §. 1833.

Der Vormund ist dem Mündel für den aus einer Pflichtverletzung entstehenden Schaden verantwortlich, wenn ihm ein Verschulden zur Last fällt. Das Gleiche gilt von dem Gegenvormunde.

Sind für den Schaden Mehrere neben einander verantwortlich, so haften sie als Gesammtschuldner. Ist neben dem Vormunde für den von diesem verursachten Schaden der Gegenvormund oder ein Mitvormund nur wegen Verletzung seiner Aufsichtspflicht verantwortlich, so ist in ihrem Verhältnisse zu einander der Vormund allein verpflichtet.

---

2. Die Vorschriften des § 1831 entsprechen denen des § 111 Satz 1, 2. Es kann deshalb auf die Erl. 2, 3 zu § 111 verwiesen werden. Eine dem Satz 3 des § 111 entsprechende Bestimmung ist im § 1831 nicht getroffen worden, weil man an der Vorschrift des § 1828, daß die Genehmigung des Vormundschaftsgerichts nur dem Vormunde gegenüber erklärt werden kann, auch für einseitige Rechtsgeschäfte festhalten wollte (P. II S. 6424 Bd. 4 S. 799).

### § 1832.

**E. I § 1682; II § 1712 rev. § 1810; III § 1808. P. I S. 8357, 8366, 8438, 8773; M. IV S. 1155. P. II S. 6425 (Bd. 4 S. 799).**

Vergl. hierzu Vorbm. vor § 1821. Der § 1832 betrifft nur die Fälle, in welchen die Genehmigung des Gegenvormundes zur Gültigkeit des Rechtsgeschäfts erforderlich ist, im Uebrigen aber ohne Unterschied, ob der Vormund selbst oder mit seiner Zustimmung der Mündel das Rechtsgeschäft vorgenommen hat.

### § 1833.

**E. I § 1696; II § 1732 rev. § 1811; III § 1809. P. I S. 8269; M. IV S. 1175. P. II S. 6457, 6458 (Bd. 4 S. 816).**

Der § 1833 regelt die Verantwortlichkeit des Vormundes und des Gegenvormundes gegenüber dem Mündel.

1. Rechtliche Grundlage der Haftung. Bezüglich der Haftung des Vormundes und des Gegenvormundes kann man von einem verschiedenen Gesichtspunkt ausgehen. Man kann annehmen, daß der Vormund und der Gegenvormund durch die Uebernahme des Amtes (§§ 1789, 1792) ein Schuldverhältniß eingehen. Man kann aber auch die Haftung auf die Amtsführung zurückführen. Die Frage, ob der Vormund wie aus einem Schuldverhältniß oder als Beamter haftet, wird dadurch nicht entschieden, daß das B.G.B. die Stellung des Vormundes und des Gegenvormundes als eine Amtsführung charakterisirt (vergl. z. B. § 1844 Abs. 1 Satz 3, § 1854 Abs. 1, §§ 1885, 1886, 1890, 1893). Denn nicht Jeder, der ein Amt führt, ist Beamter im Sinne des § 839. Entscheidend ist der innere Gehalt der dem Vormund und dem Gegenvormund obliegenden Pflichten. Dieser führt zu einer Haftung, wie sie aus einem Vertrage begründet ist, wenn auch natürlich der Richter durch die Bestellung des Vormundes und des Gegenvormundes mit diesen nicht Namens des Mündels einen Vertrag schließt. Von Bedeutung ist die Frage nach der rechtlichen Natur der Haftung des Vormundes und des Gegenvormundes insbesondere mit Rücksicht auf die Verjährung der Ansprüche des Mündels (s. unten Nr. 8) und auf die Frage, ob der Gerichtsstand der unerlaubten Handlung begründet ist.

2. Umfang der Haftung des Vormundes. Der Vormund haftet dem Mündel für jeden aus einer Pflichtverletzung entstehenden Schaden, wenn ihm ein Verschulden zur Last fällt.

Eine Pflichtverletzung oder, wie die §§ 1837, 1886 sich ausdrücken, eine Pflichtwidrigkeit liegt vor, wenn der Vormund die bei der Bestellung (§ 1789) angelobte Verpflichtung zu treuer und gewissenhafter Führung der Vormundschaft verletzt. Eine Pflichtverletzung liegt also nicht nur dann vor, wenn der Vormund in Fällen, in welchen ihm durch das Gesetz oder eine gültige

---

Anordnung des Vormundschaftsgerichts oder eines Dritten ein positives Handeln zur Pflicht gemacht ist, dem Gebote zuwider handelt, z. B. zu einem Rechtsgeschäfte, zu welchem die Genehmigung des Vormundschaftsgerichts erforderlich ist, diese nicht erholt oder das Geld des Mündels entgegen dem § 1806 nicht verzinslich anlegt, sondern pflichtwidrig ist überhaupt jedes Verhalten, es mag in einem Thun oder in einem Unterlassen bestehen, welches gegen die Pflicht des Vormundes verstößt. Ob es sich dabei um eine dem Vormund in Bezug auf die Sorge für die Person oder um eine ihm in Bezug auf die Sorge für das Vermögen obliegende Pflicht handelt, ist gleichgültig.

Verschulden ist nicht nur Vorsatz, sondern jede Fahrlässigkeit (§ 276). Der Vormund haftet also nicht nur für die Sorgfalt, welche er in eigenen Angelegenheiten anzuwenden pflegt.

Sind Mitvormünder zu ungetheilter Verwaltung bestellt, so haften diejenigen für den Schaden nicht, welche der schädigenden Handlung widersprochen und dadurch die Entscheidung des Vormundschaftsgerichts nach § 1797 Abs. 1 veranlaßt haben. Gerade so liegt das Verhältniß, wenn die Sorge für die Person und die Sorge für das Vermögen verschiedenen Vormündern oder neben dem Vormund einem Pfleger zusteht und das Gericht nach § 1798 eine Meinungsverschiedenheit entschieden hat. Ueberhaupt haftet von Mitvormündern derjenige nicht, welchen ein Verschulden nicht trifft.

Der Gegenvormund haftet in gleicher Weise. Er haftet für die ordnungsmäßige Ausübung seiner Ueberwachungspflicht (§ 1799), insbesondere aber dafür, daß er die Genehmigung zu einem Rechtsgeschäfte, das seiner Genehmigung bedarf, nicht leichtfertig ertheilt.

3. Daß durch die Genehmigung des Gegenvormundes die Haftung des Vormundes und durch die Genehmigung des Vormundschaftsgerichts die Haftung des Vormundes und des Gegenvormundes insoweit nicht aufgehoben wird, als dem Vormund oder dem Gegenvormund ein Verschulden zur Last fällt, ist auch in den M. IV S. 1177 anerkannt. Bei vorsätzlicher Pflichtverletzung ist also die Genehmigung des Gegenvormundes bezw. des Vormundschaftsgerichts in jedem Falle auf die Haftung des Vormundes bezw. des Gegenvormundes einflußlos. Wieweit aber die Fahrlässigkeit durch die Genehmigung ausgeschlossen wird, ist nach den Umständen des einzelnen Falles zu beurtheilen. Das Gesagte gilt auch für sonstige Gebote oder Verbote des Vormundschaftsgerichts, denen der Vormund nicht nachgekommen ist.

4. Zweifelhaft ist, ob der Vormund, wenn er ein vormundschaftliches Geschäft durch einen Anderen besorgen läßt, nach Maßgabe des § 278 für das Verschulden des von ihm Beauftragten dem Mündel unbedingt haftet oder ob die Vorschriften des § 664 entsprechend anzuwenden sind, der Vormund also, sofern die Beauftragung eines Anderen mit vormundschaftlichen Geschäften den Umständen nach an sich gerechtfertigt war, nur für ein Verschulden in Betreff der Auswahl des Beauftragten haftet. Die letztgedachte Auffassung dürfte der Stellung des Vormundes am meisten entsprechen; es würde eine große, nicht zu rechtfertigende Härte darin liegen, wenn z. B. der Vormund, der bei ordnungsmäßiger Führung der Verwaltung zur Bewirthschaftung eines größeren Landguts einen sachkundigen Verwalter zu bestellen genöthigt ist, unbedingt für jedes Verschulden desselben haften müßte. Für diese Auffassung spricht auch, daß das B.G.B. selbst im § 1835 in Betreff der Ansprüche des Vormundes auf Ersatz von Verwendungen die Vorschriften über den Auftrag für entsprechend anwendbar erklärt.

5. Die Vorschriften der §§ 827, 828 über den Ausschluß der Verantwortlichkeit bei Unzurechnungsfähigen und Personen unter achtzehn Jahren finden gemäß § 276 Abs. 1 Satz 3 (s. auch Bd. I S. 37) Anwendung. Soweit nicht nach diesen Vorschriften die Haftung ausgeschlossen ist, hat der Umstand, daß eine zum Vormund untaugliche Person (§ 1781) Vormund geworden ist oder daß einer der Unfähigkeits- oder Untauglichkeitsgründe der §§ 1780, 1781 später eintritt, auf die Verantwortlichkeit des Vormundes keinen Einfluß. Man wird indessen die für die Geschäftsführung ohne Auftrag geltende Vorschrift des § 682, daß, wenn der Geschäftsführer geschäftsunfähig oder in der Geschäftsfähigkeit beschränkt ist, er nur nach den Vorschriften über den Schadensersatz wegen unerlaubter Handlung und über die Herausgabe einer ungerechtfertigten Bereicherung verantwortlich ist, hierher übertragen müssen (s. auch Neumann, Erl. II zu § 1781). Daß der Vormundschaftsrichter nach Maßgabe des § 1848 haftet, wenn er eine untaugliche Person bestellt oder eine unfähig oder untauglich gewordene Person nicht entläßt, versteht sich von selbst.

6. Wenn eine Ehefrau Vormund ist, haftet für die aus der Führung der Vormundschaft sich ergebenden Verbindlichkeiten der Frau im Falle des Bestehens des gesetzlichen Güterrechts das eingebrachte Gut ohne Rücksicht auf die Rechte des Mannes (§ 1411); im Falle der allgemeinen Gütergemeinschaft oder der Fahrnißgemeinschaft ist die Verbindlichkeit Gesammtgutsverbindlichkeit, für welche der Mann auch persönlich haftet (§§ 1459, 1549); bei der Errungenschaftsgemeinschaft dagegen haftet für die Verbindlichkeit das Gesammtgut nicht (arg. § 1530). Im Uebrigen vergl. Erl. zu § 1783.

## §. 1834.

Verwendet der Vormund Geld des Mündels für sich, so hat er es von der Zeit der Verwendung an zu verzinsen.

---

7. Der dem Mündel aus der Pflichtverletzung des Vormundes oder des Gegenvormundes entstehende Schadensersatzanspruch kann schon während des Bestehens der Vormundschaft gerichtlich geltend gemacht werden (arg. § 1843 Abs. 2). Dem Mündel ist zur Geltendmachung des gegen den Vormund gerichteten Anspruchs ein Pfleger zu bestellen.

8. Die Ansprüche des Mündels gegen den Vormund und den Gegenvormund unterliegen im Hinblick auf die rechtliche Natur der Haftung (s. oben 1) nicht der dreijährigen Verjährung des § 852, sondern der dreißigjährigen des § 195 (vergl. Vorbm. III Bd. II S. 603). Ueber die Verjährung des Anspruchs während der Dauer der Vormundschaft s. § 204 Satz 2.

9. Der Abs. 2 regelt das Verhältniß, wenn für den dem Mündel zugefügten Schaden Mehrere neben einander verantwortlich sind. Die Regelung bezieht sich sowohl auf das Verhältniß gegenüber dem Mündel, als auch auf das Verhältniß der Verpflichteten unter einander. Trotz der allgemeinen Fassung bezieht sich der Abs. 2 nach seiner Stellung und dem Zusammenhange nur auf den Fall, daß mehrere Vormünder oder der Vormund und der Gegenvormund oder mehrere Gegenvormünder neben einander verantwortlich sind. Sie trifft also nicht den Fall, daß der Vormund neben einem Dritten haftet (a. A. Hesse); ob und inwieweit in solchen Fällen ein Gesammtschuldverhältniß anzunehmen ist, bestimmt sich nach den allgemeinen Grundsätzen.

**a**) Verhältniß mehrerer Ersatzpflichtiger gegenüber dem Mündel. Aus der Vorschrift, daß sie dem Mündel als Gesammtschuldner haften, folgt die Anwendbarkeit der §§ 421—425.

**b**) Auch das Verhältniß der Ersatzpflichtigen unter einander bestimmt sich nach den für das Gesammtschuldverhältniß geltenden Grundsätzen. Maßgebend sind also die Vorschriften des § 426. Der Abs. 2 Satz 2 macht jedoch hiervon eine Ausnahme, welche den im § 840 Abs. 2 enthaltenen Grundsatz auf das Verhältniß mehrerer Vormünder zu einander oder des Vormundes zum Gegenvormund erstreckt (s. Erl. 2 zu § 840). Der Fall, daß ein Mitvormund nur wegen Verletzung seiner Aufsichtspflicht verantwortlich ist, liegt nicht dann vor, wenn der eine Mitvormund zum Gegenvormunde des anderen bestellt ist (§ 1792 Abs. 3) — denn hier ist eben der Mitvormund in Ansehung des anderen Mitvormundes nicht Vormund, sondern Gegenvormund —, sondern gedacht ist dabei an Fälle, in welchen von mehreren zu ungetheilter Verwaltung bestellten Vormündern dem einen Vormunde die Verwaltung in Betreff gewisser Geschäfte allein überlassen worden ist, ohne daß dem anderen Vormund aus dieser Ueberlassung nach den Umständen des Falles der Vorwurf der Arglist oder der Fahrlässigkeit gemacht werden kann und in welchen der nicht verwaltende Vormund seine Aufsichtspflicht vernachlässigt.

**10**. Ist für den Schaden, für welchen der Vormund oder der Gegenvormund verantwortlich ist, gleichzeitig der Vormundschaftsrichter (§ 1848) verantwortlich, so haften sie gemäß § 840 Abs. 1 als Gesammtschuldner. Dies gilt jedoch schlechthin nur, soweit dem Richter Vorsatz zur Last fällt. Soweit ihm nur Fahrlässigkeit zur Last fällt, kann er erst in Anspruch genommen werden, wenn der Verletzte nicht auf andere Weise Ersatz zu erlangen vermag (§ 839 Abs. 1 Satz 2). Für das Verhältniß des Vormundschaftsrichters und des Vormundes und Gegenvormundes unter einander gilt in Ansehung des Vormundschaftsrichters der § 841.

**11**. Ein gesetzliches Pfandrecht am Vermögen des Vormundes oder des Gegenvormundes hat der Mündel für seine Ansprüche nicht. Dagegen ist ihm im Konkurse des Vormundes, nicht des Gegenvormundes, ein Konkursvorrecht nach Maßgabe des § 61 Nr. 5 der K.O. eingeräumt.

### § 1834.

**E. I § 1697; II § 1733 rev. § 1812; III § 1810. P. I S. 8277, 8774; M. IV S. 1180. P. II S. 6458 (Bd. 4 S. 817). K.B. S. 2091. St.B. S. 3005, 3095.**

1. Nach § 1805 darf der Vormund Vermögen des Mündels nicht für sich verwenden. Verwendet er entgegen dieser Vorschrift Geld des Mündels für sich, so ist er nach der den Vorschriften der §§ 668, 698 entsprechenden Vorschrift des § 1834 verpflichtet, ohne Rücksicht darauf, ob und welcher Schaden dem Mündel dadurch zugefügt worden ist, jedenfalls das Geld von der Zeit der Verwendung an bis zur Zurückzahlung (nicht bloß bis zur Beendigung seines Amtes) zu verzinsen. Der Zinsfuß beträgt nach § 246 4%. Durch den § 1834 wird der § 1833 nicht berührt. Ist der dem Mündel durch die eigennützige Verwendung des Mündelgeldes zugefügte Schaden höher, so kann der höhere Betrag verlangt werden.

§. 1835.

Macht der Vormund zum Zwecke der Führung der Vormundschaft Aufwendungen, so kann er nach den für den Auftrag geltenden Vorschriften der §§. 669, 670 von dem Mündel Vorschuß oder Ersatz verlangen. Das gleiche Recht steht dem Gegenvormunde zu.

Als Aufwendungen gelten auch solche Dienste des Vormundes oder des Gegenvormundes, die zu seinem Gewerbe oder seinem Berufe gehören.

---

2. Wegen der eigennützigen Verwendung anderer Sachen bewendet es bei der Vorschrift des § 1833. Wegen der Verzinsungspflicht bei Verzögerung der Anlegung von Geld s. Erl. zu § 1806.

3. Wegen der Geltendmachung des Anspruchs s. § 1843 Abs. 2. Die Verjährungsfrist ist die regelmäßige des § 195, nicht die des § 852, da die Verzinsungspflicht nicht auf einer unerlaubten Handlung als solcher, sondern auf einer Pflichtverletzung beruht und nur einen Anwendungsfall des § 1833 darstellt. Wegen der Hemmung der Verjährung s. § 204.

**§ 1835.**

**E. I § 1698; II § 1734 rev. § 1813; III § 1811. P. I S. 8279, 8774; M. IV S. 1181. P. II S. 6458 (Bd. 4 S. 817).**

1. Die Vormundschaft wird zwar unentgeltlich geführt (§ 1836), der Vormund hat aber Anspruch auf Ersatz für die Aufwendungen, die er zum Zwecke der Führung der Vormundschaft macht, auch kann er entsprechenden Vorschuß verlangen. Diese Befugniß des Vormundes regelt der § 1835 durch Verweisung auf die für den Auftrag geltenden Vorschriften der §§ 669, 670.

2. Für das Recht des Vormundes, für Aufwendungen Ersatz zu verlangen, ist der § 670 maßgebend.

Der Vormund kann hiernach für alle Aufwendungen, die er für die Vormundschaft — sei es bei der Ausübung der Sorge für die Person oder aus Anlaß der Sorge für das Vermögen — macht, Ersatz verlangen, sofern er sie im Augenblicke der Aufwendung für erforderlich halten durfte. Fällt dem Vormunde hierbei eine Fahrlässigkeit zur Last, so ist der Anspruch nicht begründet (§ 1833). Im Uebrigen s. Erl. 1a und Erl. 2 zu § 670.

Die Aufwendungen können in direkten Ausgaben oder in der Eingehung von Verbindlichkeiten bestehen. Als Aufwendungen kommen in Betracht z. B. Reisekosten, Auslagen für die Anfertigung des Vermögensverzeichnisses oder die Herstellung der Rechnung. Für Zeitversäumniß kann unbeschadet des Anspruchs auf Ersatz der Kosten einer durch vormundschaftliche Geschäfte nothwendig gewordenen Vertretung des Vormundes mit Rücksicht auf § 1836 Ersatz nicht beansprucht werden. A. A. Fuchs S. 193, Böhm S. 71, Hesse, welche bei Arbeitern und Personen in ähnlicher Berufsstellung als Aufwendung auch den durch Zeitversäumniß entstandenen Erwerbsverlust betrachtet wissen wollen. Auch für die Verwendung seiner Arbeitskraft kann der Vormund regelmäßig keinen Ersatz verlangen. Ein Ersatzanspruch ist hier nur in dem im Abs. 2 bestimmten Umfang (s. unten 4) anerkannt. Wegen des Ersatzes des Schadens, den der Vormund bei der Führung der Vormundschaft erleidet, treffen die Erl. 3 zu § 670 zu.

Wegen der Verzinsung der zu erstattenden Geldbeträge s. § 256, wegen der Befreiung von Verbindlichkeiten s. § 257. Ueber das Zurückbehaltungsrecht vergl. §§ 273, 274.

3. Für das Recht des Vormundes, Vorschuß zu verlangen, ist der § 669 maßgebend. Hiernach kann er für alle zur Führung der Vormundschaft erforderlichen Aufwendungen vom Mündel Vorschuß verlangen. Die Pflicht des Mündels zur Vorschußleistung kann, wie die M. IV S. 1181 hervorheben, namentlich in solchen Fällen von Bedeutung sein, in welchen dem Vormunde flüssige Geldmittel nicht zur Verfügung stehen, während sie ein anderer Vormund oder ein Pfleger des Mündels in Händen hat.

4. Zu Abs. 2. Voraussetzung der Anwendbarkeit des Abs. 2 ist, daß die Dienste von dem Vormunde nur vermöge seines Gewerbes oder Berufs geleistet werden können. Hierher gehören z. B. Dienstleistungen des Vormundes als Anwalt, Arzt, Handwerker. Können die Dienste von Jedem geleistet werden, so ist ein Anspruch des Vormundes nicht begründet. Ein Rechtsanwalt kann also als Vormund nicht für die Erhebung und Ablieferung von Geldern

§. 1836.

Die Vormundschaft wird unentgeltlich geführt. Das Vormundschaftsgericht kann jedoch dem Vormund und aus besonderen Gründen auch dem Gegenvormund eine angemessene Vergütung bewilligen. Die Bewilligung soll nur erfolgen, wenn das Vermögen des Mündels sowie der Umfang und die Bedeutung der vormundschaftlichen Geschäfte es rechtfertigen. Die Vergütung kann jederzeit für die Zukunft geändert oder entzogen werden.

Vor der Bewilligung, Aenderung oder Entziehung soll der Vormund und, wenn ein Gegenvormund vorhanden oder zu bestellen ist, auch dieser gehört werden.

---

des Mündels die ihm nach den Rechtsanwaltsgebührenordnungen für solche Geschäfte zustehenden Gebühren beanspruchen; Gleiches gilt bezüglich des Verlangens von Schreibgebühren für die von ihm besorgte Korrespondenz (vergl. Jahrb. f. Entsch. d. K.G. 13 S. 79; 16 S. 40).

5. Hat ein Dritter für die Verwaltung des von ihm herrührenden Vermögens des Mündels gemäß § 1803 Anordnungen getroffen und dabei für die Aufwendungen eine gewisse Grenze festgesetzt, so darf der Vormund Aufwendungen hierüber hinaus nur unter den Voraussetzungen machen, unter welchen er nach § 1803 von den Anordnungen überhaupt abweichen darf. Andernfalls hat er Anspruch auf Ersatz nur nach Maßgabe der Vorschriften über die Geschäftsführung ohne Auftrag und über die ungerechtfertigte Bereicherung.

6. Die im § 1835 bestimmten Ansprüche des Vormundes können schon während der Dauer der Vormundschaft gerichtlich geltend gemacht werden (arg. § 1843 Abs. 2). Der Vormund kann sich ferner, da er als gesetzlicher Vertreter des Mündels über dessen Geld verfügen kann, aus demselben den zum Ersatze für seine Aufwendungen oder als Vorschuß benöthigten Betrag entnehmen. Soweit nicht genügendes Geld vorhanden ist, kann er die zu dessen Beschaffung erforderlichen Rechtsgeschäfte für den Mündel abschließen. Selbstverständlich muß er, wenn er zu diesem Zwecke ein Rechtsgeschäft vornimmt, zu welchem nach den allgemeinen Vorschriften des Vormundschaftsrechts (vergl. insbesondere § 1822 Nr. 8) die Genehmigung des Gegenvormundes oder des Vormundschaftsgerichts erforderlich ist, diese Genehmigung erholen. Daß die betreffenden Vorgänge in der Rechnung klar zu stellen sind, ergiebt sich aus § 1841.

7. Die gleichen Rechte, wie sie dem Vormunde im § 1835 eingeräumt sind, stehen dem Gegenvormunde zu. Für den Gegenvormund hat das Recht, Vorschuß zu fordern, besondere Bedeutung, da er über das Vermögen des Mündels nicht verfügen kann.

8. Das Vormundschaftsgericht ist zur Entscheidung über die im § 1835 bestimmten Ansprüche des Vormundes und Gegenvormundes nicht befugt. Die Entscheidung steht dem Prozeßgerichte zu. Selbstverständlich kann der Vormundschaftsrichter eine Festsetzung in dem Sinne vornehmen, daß er die Aufwendung bei der Rechnungstellung nicht beanstandet. Dadurch wird aber weder dem Mündel noch dem Vormunde oder Gegenvormunde präjudizirt.

9. Der Staat haftet für die Aufwendungen des Vormundes und des Gegenvormundes nicht und zwar auch dann nicht, wenn die Aufwendungen durch ein direktes Gebot des Richters veranlaßt worden sind.

**§ 1836.**

**E. I § 1699; II § 1735 rev. § 1814; III § 1812. P. I S. 8281; M. IV S. 1181. P. II S. 6458—6462 (Bd. 4 S. 817). K.B. S. 2091.**

1. Das Amt des Vormundes ist ein unentgeltliches Ehrenamt. Der Vormund hat also keinen im Rechtswege verfolgbaren Anspruch auf eine Vergütung. Der § 1836 räumt jedoch dem Vormundschaftsgerichte das Recht ein, dem Vormund eine Vergütung zuzubilligen. Voraussetzung ist, daß das Vermögen des Mündels und der Umfang und die Bedeutung der vormundschaftlichen Geschäfte die Bewilligung rechtfertigen. Bei den vormundschaftlichen Geschäften ist nicht nur die Vermögensverwaltung, sondern auch die Sorge für die Person zu berücksichtigen. Das Vormundschaftsgericht ist aber auch beim Vorliegen dieser Voraussetzungen nicht gezwungen, eine Vergütung zu gewähren; die eigene Vermögenslage des Vormundes, sein verwandtschaftliches Verhältniß zum Mündel können sehr wohl einen Grund dafür abgeben, eine an sich nicht unbillige Vergütung zu versagen. Daß die Vergütung aus den Einkünften gedeckt werden kann, ist nicht Voraussetzung. Die Vergütung kann als eine fortlaufende oder nur für einen einzelnen Fall

## III. Fürsorge und Aufsicht des Vormundschaftsgerichts.

zugesprochen werden. Wenn die Verwaltung von mehreren Vormündern gemeinschaftlich geführt wird, so kann den Vormündern gemeinschaftlich oder nur einem einzelnen Vormund eine Vergütung bewilligt werden.

Das Gleiche gilt von dem Amte des Gegenvormundes. Diesem soll jedoch eine Vergütung nur ausnahmsweise, nur aus besonderen Gründen bewilligt werden. Daraus, daß dem Gegenvormunde nur beim Vorliegen besonderer Gründe eine Vergütung bewilligt werden soll, darf übrigens nicht gefolgert werden, daß das Gesetz bezüglich des Vormundes die Bewilligung der Vergütung als die Regel ansieht.

Die Bewilligung kann von Amtswegen und auf Antrag geschehen.

2. Die Vergütung soll eine angemessene sein; ihre Höhe ist im Uebrigen dem Ermessen des Vormundschaftsgerichts überlassen. In Betracht zu ziehen sind einerseits das Vermögen des Mündels und das des Vormundes, andererseits der Umfang und die Bedeutung der vormundschaftlichen Geschäfte.

3. Das Vormundschaftsgericht kann die Vergütung jederzeit ändern (mindern oder erhöhen) oder entziehen. Die Minderung oder Entziehung wirkt aber nur für die Zukunft. Auf die wirksam (§ 16 des freiw. G.G.) bewilligte Vergütung hat der Vormund für die Zeit, bis zu welcher die Vergütung geändert oder entzogen wird, einen im Wege der Klage verfolgbaren Anspruch.

4. Vor der Bewilligung, Aenderung oder Entziehung ist dem Vormund und, wenn ein Gegenvormund vorhanden oder zu bestellen ist, auch diesem Gelegenheit zur Aeußerung zu geben und zwar ist der Vormund nicht nur bezüglich seiner eigenen Vergütung, sondern auch bezüglich der des Gegenvormundes und umgekehrt der Gegenvormund sowohl bezüglich seiner eigenen Vergütung als der Vergütung des Vormundes zu hören. Die Anhörung des Gegenvormundes ist auch dann erforderlich, wenn ein Gegenvormund nicht bestellt oder der bestellte weggefallen ist, nach § 1792 Abs. 2 aber die Voraussetzungen vorliegen, unter welchen ein Gegenvormund zu bestellen ist.

5. Wegen der Bewilligung der Vergütung an den Vormund oder wegen der Erhöhung oder der Entziehung der Vergütung hat der Gegenvormund das Beschwerderecht (§ 57 Nr. 2 des freiw. G.G.). Im gleichen Umfange hat auch der Vormund sowohl für sich als als Vertreter des Mündels das Beschwerderecht in Ansehung der Vergütung des Gegenvormundes (§ 20 das.). Natürlich ist der Vormund und der Gegenvormund auch beschwerdeberechtigt in Ansehung der Vergütung für sie selbst.

6. Nach der Beendigung der Vormundschaft kann dem Vormund oder dem Gegenvormund eine Vergütung nicht mehr durch das Vormundschaftsgericht, sondern nur durch den Mündel selbst zugebilligt werden. A. A. das Kammergericht in Entsch. Bd. 2 S. 5 (vergl. Jahrb. Bd. 11 S. 71).

7. Derjenige, von welchem der Mündel etwas unentgeltlich zugewendet erhalten hat, kann dem Vormund aus der Zuwendung, soweit dadurch das Pflichttheilsrecht des Mündels nicht verletzt wird, eine Vergütung bewilligen. Den Eltern als solchen steht ein Recht, für den von ihnen benannten Vormund oder Gegenvormund eine Vergütung festzusetzen, nicht zu.

### III. Fürsorge und Aufsicht des Vormundschaftsgerichts.

1. Vergl. Vorbm. S. 514.

2. Die Vorschriften des dritten Unterabschnitts sprechen im § 1837 Abs. 1 zunächst das allgemeine Prinzip aus, daß das Vormundschaftsgericht über die Thätigkeit des Vormundes und des Gegenvormundes die Aufsicht zu führen hat. Im § 1837 Abs. 2 ist dem Gerichte zu diesem Zwecke ein Ordnungsstrafrecht eingeräumt. Der § 1838 betrifft die Unterbringung des Mündels in einer Familie oder Anstalt. Der § 1839 legt dem Vormund und dem Gegenvormunde die Pflicht der Berichterstattung über die Führung der Vormundschaft auf. In den §§ 1840—1843 wird die periodische Rechnungslegung durch den Vormund geordnet. Hieran reihen sich im § 1844 Vorschriften über die Sicherheitsleistung des Vormundes und im § 1845 Vorschriften über die Verpflichtung des zum Vormunde bestellten Elterntheils, im Falle der Verheirathung sich vorher mit dem Mündel auseinanderzusetzen. Der § 1846 betrifft die Befugniß des Vormundschaftsgerichts zu einstweiligen Maßregeln. Der § 1847 schreibt für gewisse Fälle die vorherige Anhörung von Angehörigen des Mündels vor. Im § 1848 ist die Verantwortlichkeit des Vormundschaftsrichters gegenüber dem Mündel bestimmt.

§. 1837.

Das Vormundschaftsgericht hat über die gesammte Thätigkeit des Vormundes und des Gegenvormundes die Aufsicht zu führen und gegen Pflichtwidrigkeiten durch geeignete Gebote und Verbote einzuschreiten.

Das Vormundschaftsgericht kann den Vormund und den Gegenvormund zur Befolgung seiner Anordnungen durch Ordnungsstrafen anhalten. Die einzelne Strafe darf den Betrag von dreihundert Mark nicht übersteigen.

---

**§ 1837.**

**E. I § 1684; II § 1714 rev. § 1815; III § 1813. P. I S. 8377, 8395; M. IV S. 1010—1016, 1026, 1155. P. II S. 6426 (Bd. 4 S. 800).**

1. Das Vormundschaftsgericht hat über die gesammte Thätigkeit des Vormundes und des Gegenvormundes die Aufsicht zu führen. Damit ist das Recht und die Pflicht des Vormundschaftsgerichts ausgesprochen, die gesammte Thätigkeit des Vormundes und des Gegenvormundes zu überwachen.

Die Ueberwachung hat sich zunächst darauf zu beziehen, daß der Vormund die ihm durch das Gesetz oder durch besondere Anordnungen auferlegten Verpflichtungen erfüllt. Zu den durch das Gesetz auferlegten Verpflichtungen gehört z. B. die Verpflichtung zur Anlegung des Mündelgeldes (§§ 1806 ff.) und zur Hinterlegung von Werthpapieren (§§ 1814 ff.), das Verbot der Verwendung von Mündelgeld in den Nutzen des Vormundes (§ 1805), das Gebot, zu gewissen Rechtsgeschäften die Genehmigung des Gegenvormundes (z. B. § 1812) oder des Vormundschaftsgerichts (z. B. §§ 1819—1824) einzuholen. Durch besondere Anordnungen können dem Vormunde Verpflichtungen auferlegt werden seitens Dritter nach Maßgabe des § 1803 in Ansehung der Verwaltung des von dem Dritten herrührenden Vermögens und seitens des Vormundschaftsgerichts z. B. in Ansehung der Hinterlegung von Hypothekenbriefen und Kostbarkeiten (§ 1818), in Ansehung der Sicherheitsleistung (§ 1844) oder wenn das Gericht die Genehmigung zu einem Rechtsgeschäfte des Vormundes an eine Bedingung geknüpft hat. Hierher gehören auch die Fälle, daß aus anderweitigen gesetzlichen Vorschriften sich die Verpflichtung des Vormundes ergiebt, für den Mündel eine Handlung vorzunehmen, z. B. wenn dem Mündel eine Inventarfrist gesetzt worden ist (vergl. § 1999).

Die Ueberwachung hat sich ferner darauf zu richten, daß der Vormund keine Pflichtwidrigkeit begeht. Eine Pflichtwidrigkeit begeht der Vormund, wenn er die bei der Bestellung angelobte Verpflichtung zu treuer und gewissenhafter Führung des Amtes (§ 1789) verletzt. Eine Verletzung liegt, da der Vormund für jedes Verschulden haftet (s. Erl. zu § 1833), schon in jeder Vernachlässigung der im Verkehr üblichen Sorgfalt in Ansehung der Führung vormundschaftlicher Geschäfte. Es muß sich also nicht um die Verletzung einer im Gesetze besonders hervorgehobenen, dem Aufsichtsrechte dienenden und die Selbständigkeit des Vormundes beschränkenden Pflicht handeln, sondern eine Pflichtverletzung kann auch durch unzweckmäßige Handlungen begangen werden. Insbesondere ist es eine Pflichtwidrigkeit, wenn der Vormund unnöthige oder zu dem Vermögen des Mündels außer Verhältniß stehende Ausgaben macht und so die Pflicht, das Mündelvermögen ordnungsgemäß zu verwalten (§ 1793), verletzt.

Daraus, daß der Vormund es ist, welchem die Sorge für die Person und das Vermögen des Mündels zusteht (§ 1793), ergiebt sich die Begrenzung für das Aufsichtsrecht des Vormundschaftsgerichts. Soweit die Selbständigkeit des Vormundes reicht, greift das Aufsichtsrecht nicht Platz. In bloßen Zweckmäßigkeitsfragen, z. B. welchen Beruf der Mündel ergreifen, wo das Kind untergebracht werden, ob ein Rechtsstreit angefangen, ein Rechtsgeschäft abgeschlossen werden soll, kann das Vormundschaftsgericht dem Vormunde keine bindenden Anweisungen ertheilen. Das Vormundschaftsgericht kann deshalb z. B. nicht den Vormund zwangsweise anhalten eine von ihm bestrittene Verbindlichkeit zu erfüllen.

Damit ist indessen dem Vormundschaftsgerichte nicht jede Einmischung in die vormundschaftliche Verwaltung als solche verboten. Zunächst versteht es sich von selbst, daß das Vormundschaftsgericht den Vormund jederzeit auf die Zweckmäßigkeit oder Unzweckmäßigkeit einer bestimmten Verwaltungshandlung aufmerksam machen darf, wie umgekehrt der Vormund jederzeit berechtigt ist, sich Rathschläge zu erbitten, und der Richter stets verpflichtet ist, dem Vormund an die Hand zu gehen. Dann aber braucht das Vormundschaftsgericht einer die Interessen des Mündels verletzenden oder nur gefährdenden Führung der Vormundschaft, auch wenn dem Vormunde der Vorwurf der Pflichtverletzung nicht gemacht werden kann, nicht mit verschränkten Armen zuzuschauen. Der § 1886 räumt ihm vielmehr die Befugniß ein, wenn die Fortführung des Amtes durch den Vormund die Interessen des Mündels auch nur gefährdet, den Vormund zu entlassen (§ 1886).

2. Das Vormundschaftsgericht hat gegen Pflichtwidrigkeiten des Vormundes oder Gegenvormundes durch geeignete Gebote und Verbote einzuschreiten. Was als Pflichtwidrigkeit anzusehen ist, ist in der Erl. 1 dargelegt. Das Gericht hat hiernach das Recht und die Pflicht, den Vormund und den Gegenvormund zur Erfüllung der ihnen durch das Gesetz oder durch besondere Anordnungen auferlegten Verpflichtungen durch die erforderlichen Maßregeln anzuhalten, es hat insbesondere das Recht und die Pflicht, gegen eine Vernachlässigung der dem Vormund obliegenden Verpflichtung zur ordnungsmäßigen Verwaltung einzuschreiten.

Die Art und das Maß der Anordnungen des Vormundschaftsgerichts bestimmen sich nach der Art und dem Maße der dem Vormund oder dem Gegenvormunde zur Last fallenden Pflichtverletzung. Selbstverständlich berühren die Anordnungen des Vormundschaftsgerichts nicht Dritte; insbesondere haben sie auf die Gültigkeit der vom Vormund entgegen den Anordnungen des Vormundschaftsgerichts vorgenommenen Rechtsgeschäfte keinen Einfluß, sofern nicht in der Anordnung eine Entziehung der Vertretungsmacht des Vormundes nach § 1796 zu erblicken ist. Ueber die besondere Gestaltung des Aufsichtsrechts bei Mitvormündern im Falle von Meinungsverschiedenheiten unter ihnen s. §§ 1797, 1798.

3. Ein Recht des Vormundschaftsgerichts, gegen einen seine Verfügung ändernden Beschluß des Beschwerdegerichts die weitere Beschwerde zu ergreifen, läßt sich aus dem Aufsichtsrechte nicht ableiten.

4. Als Hülfsmittel zur Ausübung des Aufsichtsrechts dienen die dem Vormunde nach § 1802 obliegende Verpflichtung zur Einreichung des Verzeichnisses des Mündelvermögens, die dem Vormundschaftsgerichte gegenüber dem Vormund und dem Gegenvormund eingeräumte Befugniß, über die Führung der Vormundschaft und der Gegenvormundschaft Auskunft zu verlangen, endlich die im § 1840 bestimmte Verpflichtung des Vormundes zu periodischer Rechnungslegung.

Unterstützt wird das Vormundschaftsgericht bei der Handhabung der Aufsicht über den Vormund durch den Gegenvormund (§ 1799) und den Gemeindewaisenrath (§ 1850). Es kann übrigens auch jeder Dritte das Vormundschaftsgericht auf Pflichtwidrigkeiten des Vormundes oder des Gegenvormundes aufmerksam machen. Soweit es sich um Entscheidungen des Vormundschaftsgerichts in Angelegenheiten der Sorge für die Person des Mündels handelt, ist Jedem, der ein berechtigtes Interesse an der Wahrnehmung dieser Angelegenheit hat, also insbesondere den Lehrern und Geistlichen in Ansehung der Erziehung, das Beschwerderecht eingeräumt (§ 57 Nr. 9 des freiw. G.G.). Im Uebrigen steht dem Gegenvormunde das Recht der Beschwerde zu, wenn sein Antrag zurückgewiesen wird, gegen den Vormund wegen pflichtwidrigen Verhaltens einzuschreiten (§ 57 Nr. 6 das.).

5. Zur Durchführung des Aufsichtsrechts stehen dem Vormundschaftsgerichte das Ordnungsstrafrecht (§ 1837 Abs. 2) und die Entlassung des Vormundes oder Gegenvormundes (§§ 1886, 1895) zur Verfügung. Wegen der Entlassung s. Erl. zu §§ 1886, 1895.

Das Ordnungsstrafrecht ist dem Vormundschaftsgericht eingeräumt, um den Vormund oder Gegenvormund zur Befolgung einer Anordnung anzuhalten; es dient also nicht dazu, um eine begangene Pflichtwidrigkeit zu bestrafen. Nach der Beendigung der Vormundschaft kann folglich eine Ordnungsstrafe nicht mehr verhängt werden; vergl. jedoch wegen der Schlußrechnung Erl. zu § 1892 und wegen der Rückgabe der Bestallung Erl. zu § 1893. Das Verfahren der Verhängung der Ordnungsstrafe richtet sich nach dem freiw. G.G. Nach § 33 das. muß der Festsetzung der Strafe eine Androhung vorhergehen. Gegen die Festsetzung steht dem Betroffenen nach § 20 das. die Beschwerde zu. Die Beschwerde hat aufschiebende Wirkung (§ 24 das.). Erfolgt nachträglich genügende Entschuldigung oder erachtet das Gericht aus anderen Gründen eine von ihm ausgesprochene Strafe für nicht gerechtfertigt, so kann es sie ermäßigen oder erlassen (§ 18 das.). Eine Umwandelung der Ordnungsstrafe in eine Freiheitsstrafe findet nicht statt. An eine Höchstzahl der Strafen ist das Gericht nicht gebunden. Ist die Verhängung von Strafen erfolglos, so erübrigt nur die Entlassung des Vormundes oder des Gegenvormundes. Ein Mindestmaß der Strafe ist nicht vorgesehen. Die Vollstreckung der Strafe richtet sich nach dem Landesrechte.

6. Das Aufsichtsrecht des Vormundschaftsgerichts einschließlich des Ordnungsstrafrechts und der Befugniß, Auskunft zu verlangen, bestehen auch dem befreiten Vormund und dem Anstaltsvormunde gegenüber.

7. Inwieweit das Vormundschaftsgericht berechtigt ist, zur Durchführung seiner Maßregeln die Anwendung unmittelbaren Zwanges anzuordnen, bestimmt sich nach Landesrecht; für Preußen vergl. Art. 17 pr. F.G., für Bayern Art. 130 A.G. z. B.G.B.

## §. 1838.

Das Vormundschaftsgericht kann anordnen, daß der Mündel zum Zwecke der Erziehung in einer geeigneten Familie oder in einer Erziehungsanstalt oder einer Besserungsanstalt untergebracht wird. Steht dem Vater oder der Mutter die Sorge für die Person des Mündels zu, so ist eine solche Anordnung nur unter den Voraussetzungen des §. 1666 zulässig.

---

**§ 1838.**

**E. I § 1685; II § 1715 rev. § 1816; III § 1814. P. I S. 8380; M. IV S. 1156. P. II S. 6426 (Bd. 4 S. 800).**

**1.** Das Aufsichtsrecht des Vormundschaftsgerichts über die Erziehung des Mündels bestimmt sich im Allgemeinen nach den Grundsätzen, welche der § 1837 für das Aufsichtsrecht überhaupt aufstellt. Der Vormund hat daher selbständig für die Erziehung zu sorgen, insbesondere steht ihm die Berufswahl, die Wahl und Anwendung der Erziehungsmittel und die Bestimmung des Aufwandes zu, welcher für die Erziehung gemacht werden soll. Das Vormundschaftsgericht kann die Unterhalts- und Erziehungskosten nicht festsetzen (vergl. hierzu auch Erl. zu 1793). Das Vormundschaftsgericht ist zu Anordnungen in Ansehung der Erziehung im Allgemeinen nur berechtigt, wenn der Vormund sich eine Pflichtwidrigkeit zu Schulden kommen läßt. Eine Pflichtwidrigkeit liegt übrigens nicht nur in der Vernachlässigung der Erziehung, sondern auch in der unrichtigen Anwendung von Zuchtmitteln.

Darüber hinaus giebt der § 1838 Satz 1 dem Vormundschaftsgerichte die Befugniß, anzuordnen, daß der Mündel zum Zwecke der Erziehung in einer geeigneten Familie oder in einer Erziehungs- oder Besserungsanstalt untergebracht wird. Von der Aufstellung besonderer Voraussetzungen, unter welchen das Vormundschaftsgericht diese Befugniß ausüben darf, hat das Gesetz für den Fall, daß das Erziehungsrecht dem Vormunde zusteht (vergl. Erl. zu § 1801) und nicht der Vater oder die eheliche oder uneheliche Mutter Vormund sind, Abstand genommen. Es versteht sich aber von selbst, daß das Vormundschaftsgericht von der Befugniß nur Gebrauch machen darf, wenn die vom Vormunde getroffene Wahl der Unterbringung des Mündels zu einer gedeihlichen Erziehung des Mündels nicht geeignet ist. Es ist dabei nicht erforderlich, daß eine andere Unterbringung des Mündels zur Verhütung der Verwahrlosung desselben nothwendig ist. Das Vormundschaftsgericht kann z. B. die Unterbringung eines vermöglichen Mündels, welchen der Vormund in einer der Abstammung und den sonstigen Verhältnissen des Mündels nicht entsprechenden Weise untergebracht hat, in einer anderen geeigneten Familie verfügen, obwohl der Mündel an und für sich in der vom Vormund ausgewählten Familie ordnungsmäßig erzogen wird. Erforderlich ist ferner nicht, daß dem Vormund aus der bisherigen Art der Unterbringung oder aus der Verwahrlosung des Mündels ein Vorwurf gemacht werden kann.

Steht das Erziehungsrecht dem Vater oder der ehelichen oder unehelichen Mutter zu, so erklärt der § 1838 Satz 2 die gegen den Willen des Erziehungsberechtigten erfolgende Unterbringung nur unter den Voraussetzungen des § 1666 für zulässig. Das Vormundschaftsgericht kann die Unterbringung im Widerspruche mit dem Vater oder der Mutter also nur anordnen, wenn das geistige oder leibliche Wohl des Kindes dadurch gefährdet wird, daß der Vater oder die Mutter das Recht der Sorge für die Person des Kindes mißbrauchen, das Kind vernachlässigen oder sich eines ehrlosen! oder unsittlichen Verhaltens schuldig machen. Eine solche Gefährdung ist z. B. regelmäßig in dem Verlangen der Mutter zu finden, das Kind in die eigene Pflege zu bekommen, wenn sie außer Stande ist, dem Kinde die nothwendige Pflege angedeihen zu lassen oder es gegen Mißhandlungen zu schützen, die ihm von dem Manne der Mutter drohen. Im Uebrigen s. Erl. zu §§ 1666, 1707. Der § 1838 Satz 2 gilt auch, wenn das Erziehungsrecht dem Vater eines für ehelich erklärten Kindes oder dem Annehmenden zusteht. Ob dem Vater oder der Mutter das Erziehungsrecht zusteht neben dem Vormund auf Grund der §§ 1676, 1686, 1696—1698, 1702, 1707, 1738, 1765 oder ob sie Vormünder sind, ist nach dem Wortlaute des § 1838 gleichgültig.

**2.** Die vorherige Anhörung des Vormundes ist nicht vorgeschrieben, wird sich aber soweit thunlich empfehlen; Gleiches gilt von der vorherigen Anhörung von Verwandten des Mündels (§ 1847). Steht dem Vater oder der Mutter das Erziehungsrecht zu, so liegt es in der Konsequenz der Vorschrift, daß die Voraussetzungen des § 1666 gegeben sein müssen, daß entsprechend § 1673 der Elterntheil und die Angehörigen des Kindes vorher zu hören sind.

**3.** Die Ausführung der Anordnung liegt dem Vormund ob. Dieser kann hierzu durch Ordnungsstrafen (§ 1837) angehalten werden: gegenüber dem erziehungsberechtigten Elterntheil ist

## §. 1839.

**Der Vormund sowie der Gegenvormund hat dem Vormundschaftsgericht auf Verlangen jederzeit über die Führung der Vormundschaft und über die persönlichen Verhältnisse des Mündels Auskunft zu ertheilen.**

---

übrigens das Ordnungsstrafrecht reichsrechtlich nicht vorgesehen; s. oben S. 380. Das Vormundschaftsgericht wird für befugt zu erachten sein, die Ausführung selbst in die Hand zu nehmen. Wieweit es hierzu eine unmittelbare Zwangsgewalt hat, richtet sich nach dem Landesrechte (vergl. Erl. 7 zu § 1837). Die Kosten der Unterbringung fallen dem Mündel zur Last. Eine Verpflichtung, die Ausführung der Anordnung auf öffentliche Kosten zu bewirken, wird durch den § 1838 nicht begründet.

4. Gegen die Anordnung des Vormundschaftsgerichts steht das Beschwerderecht dem Erziehungsberechtigten als Vertreter des Mündels — im Falle des § 1838 Satz 2 auch im eigenen Namen — nach § 20 des freiw. G.G. und dem Mündel selbst nach Maßgabe des § 59 das. zu.

5. Der § 1838 bildet einen Fall der Zwangserziehung im Sinne des Art. 135 des E.G. Die Landesgesetzgebung ist hiernach zu ergänzenden und zum Theil auch abweichenden Vorschriften befugt. Hierüber s. Erl. zu Art. 135 des E.G.

6. Die Vorschriften des St.G.B. §§ 55, 56 über die Zwangserziehung werden durch den § 1838 nicht berührt.

7. Erfolgt die Unterbringung im Einverständnisse mit dem Erziehungsberechtigten, so liegt nicht der Fall des § 1838 vor, sondern die Zulässigkeit der Unterbringung ergiebt sich aus § 1631 Satz 1, § 1800.

### § 1839.

**E. I § 1686; II § 1716 rev. § 1817; III § 1815. P. I S. 8403; M. IV S. 1156. P. II S. 6429 (Bd. 4 S. 802).**

1. Das Recht, Auskunft über die Führung der Vormundschaft zu verlangen, ermöglicht dem Vormundschaftsgerichte die Ausübung des Aufsichtsrechts (§ 1837).

2. Auskunft kann verlangt werden über die Führung der Vormundschaft, also über sämmtliche auf die Sorge für die Person oder für das Vermögen sich beziehenden Verhältnisse sowie über die persönlichen Verhältnisse des Mündels. Die Verpflichtung zur Berichterstattung über die persönlichen Verhältnisse ist hervorgehoben, weil sie dem Vormund auch insoweit auferlegt ist, als es sich um Verhältnisse handelt, auf welche der Vormund keinen Einfluß hat, z. B. die Verhältnisse der Familie des Mündels. Die besondere Hervorhebung war überdies um deswillen geboten, weil hinsichtlich der Vermögensverwaltung das Vormundschaftsgericht regelmäßig schon durch die Rechnungslegung über die Verhältnisse der Vormundschaft auf dem Laufenden bleibt, während es in Ansehung der persönlichen Verhältnisse zumeist den Vormund oder Gegenvormund wird besonders befragen müssen. Vorschriften über sog. Erziehungsberichte fehlen im B.G.B. (M. IV S. 1157). Der Richter wird gut thun, sich über die persönlichen Verhältnisse von Zeit zu Zeit Aufschluß ertheilen zu lassen, bei vermöglichen Mündeln anläßlich der Rechnungslegung, bei den anderen durch besondere Berichte. Zur Prüfung der Berichte wird es sich häufig empfehlen, den Gemeindewaisenrath oder die Polizei oder die Gemeindebehörde um die Bestätigung der Angaben des Vormundes oder Gegenvormundes zu ersuchen, dies namentlich dann, wenn der Mündel sich an einem anderen Orte aufhält als der Vormund.

3. Die umfassendste Auskunft kann naturgemäß nur der Vormund ertheilen. Der Gegenvormund kann nur soweit Auskunft geben, als ihm die Verhältnisse bekannt sind oder vom Vormund offenkundig gemacht werden. Der Vormund muß ihm übrigens jederzeit in die Führung der Vormundschaft Einblick gewähren (§ 1799 Abs. 2). Die Aufforderung an den Gegenvormund, Auskunft zu ertheilen, dient hiernach gleichzeitig zur Ueberwachung darüber, inwieweit der Gegenvormund seiner Aufsichtspflicht nachkommt.

4. Das Recht, Auskunftsertheilung zu verlangen, schließt die Befugniß in sich, von allen Angelegenheiten der Vormundschaft Kenntniß zu nehmen und die Einsicht der sich auf die Vormundschaft beziehenden Papiere zu fordern (vergl. § 1799 Abs. 2).

5. Wird die Auskunft vom Vormund oder Gegenvormunde verweigert, so kann sie das Vormundschaftsgericht durch Ordnungsstrafen nach § 1837 erzwingen. Die Anwendbarkeit der §§ 259 ff. ist ausgeschlossen, es kann auch nicht etwa ein Pfleger aufgestellt werden, um vom

## §. 1840.

Der Vormund hat über seine Vermögensverwaltung dem Vormundschaftsgerichte Rechnung zu legen.

Die Rechnung ist jährlich zu legen. Das Rechnungsjahr wird von dem Vormundschaftsgerichte bestimmt.

Ist die Verwaltung von geringem Umfange, so kann das Vormundschaftsgericht, nachdem die Rechnung für das erste Jahr gelegt worden ist, anordnen, daß die Rechnung für längere, höchstens dreijährige Zeitabschnitte zu legen ist.

---

Vormund oder Gegenvormund im Prozeßwege den Offenbarungseid zu verlangen. Die Verweigerung der Auskunft wird übrigens regelmäßig eine Gefährdung der Interessen des Mündels bedeuten und deshalb Veranlassung geben, den Vormund oder Gegenvormund nach den §§ 1886, 1895 zu entlassen. Nach der Entlassung kann vom Vormunde gemäß §§ 1890ff. im Prozeßweg Auskunft und Eidesleistung gefordert werden.

### § 1840.

**E. I § 1687 Abs. 1—3; II § 1718 rev. § 1818; III § 1816. P. I S. 8403; M. IV S. 1157. P. II S. 6429 (Bd. 4 S. 802).**

**1.** Führt der Vormund eine Vermögensverwaltung, so hat er hierüber periodisch Rechnung zu legen. Ueber den Begriff der Vermögensverwaltung s. Erl. zu § 1792. Steht einem Dritten die Verwaltung und Nutznießung des Mündelvermögens zu, z. B. dem Ehemann auf Grund des gesetzlichen Güterrechts oder der Mutter als Nießbraucherin oder Vorerbin, so hat der Vormund keine Rechnung zu legen; dies gilt natürlich auch dann, wenn der Vormund selbst auf Grund eines solchen Rechtsverhältnisses die Verwaltung und Nutznießung hat. Hat ein Dritter nur die Verwaltung, z. B. ein Testamentsvollstrecker oder Nachlaßverwalter, so wird der Vormund regelmäßig auch keine Rechnung zu legen haben. Selbstverständlich hat er sich aber in allen diesen Fällen darüber auszuweisen, daß er die dem Mündel jenen Personen gegenüber zustehenden Aufsichtsrechte (vergl. z. B. § 1374 Satz 2, §§ 2121, 2127, 2215, 2218) ordnungsgemäß ausübt. Dagegen fällt die Pflicht zur Rechnungslegung nicht deshalb weg, weil der Vormund die ihm rechtlich obliegende Vermögensverwaltung thatsächlich durch einen Anderen hat besorgen lassen, mag dies auch mit Genehmigung des Vormundschaftsgerichts geschehen sein.

Zur Rechnungslegung ist der Vormund kraft des Gesetzes verpflichtet, die Verpflichtung ist nicht von einer vorherigen Aufforderung des Vormundschaftsgerichts abhängig. Die Verpflichtung besteht nicht nur gegenüber dem Vormundschaftsgerichte, sondern auch (a. A. Schultetus S. 148) gegenüber dem Mündel, ist also auch eine privatrechtliche Pflicht. Als öffentlichrechtliche Pflicht wird sie vom Vormundschaftsgericht im Aufsichtswege gegebenen Falles durch Ordnungsstrafe nach § 1837 erzwungen. Als privatrechtliche Pflicht ist sie im Wege der Klage vom Mündel durch einen diesem zu bestellenden Pfleger erzwingbar und umfaßt auch die Verpflichtung zur Leistung des Offenbarungseids (§ 259), denn das Vormundschaftsgericht kann dem Vormunde den Offenbarungseid nicht auferlegen. Vergl. hierzu auch Erl. zu § 1890 Satz 2.

Mehrere zu ungetheilter Verwaltung bestellte Vormünder haben die Rechnung gemeinschaftlich zu legen. Von zu getheilter Verwaltung bestellten Vormündern legt jeder für seine Verwaltung Rechnung. Führt der Vormund die Vormundschaft über mehrere Mündel, so ist für jeden gesondert Rechnung zu legen, soweit nicht das Vermögen ungetheilt ist.

**2.** Die Rechnung ist jährlich zu legen. Der Zeitraum, für welchen sie zu legen ist, kann aber vom Vormundschaftsgerichte bis auf drei Jahre erstreckt werden, jedoch nur, nachdem die erste Rechnung gelegt ist, und nur, wenn die Verwaltung von geringem Umfang ist. Den Termin zur Rechnungslegung hat das Gericht festzusetzen. Es kann dies schon bei Beginn der Vormundschaft oder von Rechnung zu Rechnung geschehen.

**3.** Daß sich der Vormund bei der Rechnungslegung fremder Hülfe, insbesondere der Hülfe des Gerichtsschreibers bedienen kann, ist selbstverständlich. Inwieweit er die Kosten hierfür vom Mündel ersetzt verlangen kann, hängt von den Umständen des Falles ab. Grundsätzlich hat er für die Rechnungslegung selbst zu sorgen, seine diesbezügliche Thätigkeit wird jedenfalls durch die ihm nach § 1836 gewährte Vergütung abgelohnt. Wenn aber nach den Umständen des Falles vom Vormunde selbst die Aufstellung der Rechnung billigerweise nicht verlangt werden kann, dürfen die Kosten dem Mündel nach § 1835 aufgerechnet werden.

§. 1841.

Die Rechnung soll eine geordnete Zusammenstellung der Einnahmen und Ausgaben enthalten, über den Ab- und Zugang des Vermögens Auskunft geben und, soweit Belege ertheilt zu werden pflegen, mit Belegen versehen sein.

Wird ein Erwerbsgeschäft mit kaufmännischer Buchführung betrieben, so genügt als Rechnung eine aus den Büchern gezogene Bilanz. Das Vormundschaftsgericht kann jedoch die Vorlegung der Bücher und sonstigen Belege verlangen.

§. 1842.

Ist ein Gegenvormund vorhanden oder zu bestellen, so hat ihm der Vormund die Rechnung unter Nachweisung des Vermögensbestandes vorzulegen. Der Gegenvormund hat die Rechnung mit den Bemerkungen zu versehen, zu denen die Prüfung ihm Anlaß giebt.

---

§ 1841.

**E. I § 1687 Abs. 4, 5; II § 1719 rev. § 1819; III § 1817. P. I S. 8403; M. IV S. 1158. P. II S. 6429—6431 (Bd. 4 S. 802).**

1. Der § 1841 giebt den Inhalt der Rechnung an. Aus der Rechnung muß ersichtlich sein, wodurch die Zu- und Abgänge veranlaßt worden sind. Ohne Noth sollen übrigens, wie die M. IV S. 1158 betonen, an den Vormund in Ansehung der Rechnung nicht zu große Anforderungen gestellt werden. Als Grundlage der ersten Rechnung dient das bei Beginn der Vormundschaft eingereichte Inventar (§ 1802), während jede fernere Rechnung sich an die vorhergehende anzuschließen hat. Bei der Frage, ob Belege zu verlangen sind, wird nur die objektive Gepflogenheit des Verkehrs (vergl. dazu Erl. 2 zu § 259) zu berücksichtigen sein. Die Persönlichkeit des Vormundes darf, wenn die Rechnung ihren Zweck erfüllen soll, keine Rolle spielen; auch von dem Vormunde, dem der Richter nie eine Unredlichkeit zutrauen möchte, sind die Belege zu verlangen, wenn Ausgaben in Frage stehen, für die nach ihrer Größe und ihrem Zwecke ein Beleg unter ordnungsliebenden Leuten gefordert wird. Wollte das Gesetz auf die Persönlichkeit des Vormundes Rücksicht genommen wissen, so würde es den Richter in eine sehr prekäre Lage gebracht haben; dann läge im Verlangen eines Belegs stets der Ausdruck des Mißtrauens.

Die Rechnung braucht nicht mit einer Uebersicht über den Bestand des Vermögens oder mit einer Nachweisung des Vermögensbestandes verbunden zu sein. Eine Uebersicht über den Vermögensbestand ist neben der Rechnung und den nach § 1802 eingereichten Vermögensverzeichnissen entbehrlich. Eine Vermögensnachweisung aber muß dem Gegenvormunde mit der Rechnung nach § 1842 vorgelegt werden; das Vormundschaftsgericht kann sie, wenn es dies für erforderlich erachtet, gleichfalls verlangen (s. Erl. zu § 1843). Eine besondere Versicherung des Vormundes, daß die Rechnung vollständig und richtig sei, ist nicht vorgeschrieben.

2. Der Abs. 2 beschränkt sich nicht auf kaufmännische Betriebe, sondern findet auf alle Erwerbsgeschäfte Anwendung, die in kaufmännischer Art betrieben werden, d. h. welche eine solche Buchführung haben, daß die Ziehung einer Bilanz möglich ist. Wegen der kaufmännischen Buchführung und Bilanz s. H.G.B. §§ 38 ff.

§ 1842.

**E. I § 1687 Abs. 6; II § 1720 rev. § 1820; III § 1818. P. I S. 8403; M. IV S. 1159. P. II S. 6431, 6433 (Bd. 4 S. 802, 804).**

1. Dem Gegenvormund ist die Rechnung vor der Einreichung beim Vormundschaftsgerichte vorzulegen. Ist ein Gegenvormund nicht vorhanden — sei es, daß eine Gegenvormundschaft überhaupt nicht bestellt oder der Gegenvormund weggefallen ist —, so ist, sofern die Voraussetzungen des § 1792 vorliegen, ein Gegenvormund von Amtswegen oder auf Anregung des Vormundes zu bestellen.

Dem Gegenvormund ist ferner der Vermögensbestand nachzuweisen. Der Vormund muß also von jedem einzelnen Vermögensgegenstande, welcher nach der Rechnung in Verbindung mit den bei Beginn der Vormundschaft eingereichten und später ergänzten Vermögensverzeichnissen

## §. 1843.

Das Vormundschaftsgericht hat die Rechnung rechnungsmäßig und sachlich zu prüfen und, soweit erforderlich, ihre Berichtigung und Ergänzung herbeizuführen.

Ansprüche, die zwischen dem Vormund und dem Mündel streitig bleiben, können schon vor der Beendigung des Vormundschaftsverhältnisses im Rechtswege geltend gemacht werden.

---

(§ 1802) und mit den früheren Rechnungen vorhanden sein muß, nachweisen, wo er sich befindet. Er muß z. B. von den nach der Rechnung vorhandenen Werthpapieren angeben, ob und wo sie hinterlegt sind, von dem baaren Gelde angeben, daß er es in Händen hat oder wo es sonst ist. Die Rechnung selbst giebt hierüber keine Auskunft. Eine Vorweisung der Gegenstände ist nicht erforderlich, der Gegenvormund kann sich aber die einzelnen Gegenstände zeigen lassen, um sich von ihrem Vorhandensein zu überzeugen (§ 1799). Die Nachweisung des Vermögensbestandes braucht nicht schriftlich zu erfolgen.

2. Der Gegenvormund hat die Rechnung nicht nur mit den Bemerkungen zu versehen, zu welchen ihm die Prüfung der Rechnung Anlaß giebt, sondern auch mit denjenigen, welche er aus Anlaß der Prüfung der Nachweisung des Vermögensbestandes zu machen hat. Insbesondere hat er anzuzeigen, wenn er findet, daß der Vormund Werthpapiere, welche nach § 1814 zu hinterlegen sind, nicht hinterlegt hat oder daß nicht alle verfügbaren Gelder verzinslich angelegt sind. Hat der Gegenvormund nichts zu erinnern, so hat er dies gleichfalls auf der Rechnung zu bemerken. Es empfiehlt sich für das Vormundschaftsgericht, darauf zu bestehen, daß der Gegenvormund auf der Rechnung auch bescheinigt, daß ihm der Sollbestand des Vermögens nachgewiesen ist.

### § 1843.

**E. I § 1688; II § 1721 rev. § 1821; III § 1819. P. I S. 8410; M. IV S. 1159—1161. P. II S. 6431 (Bd. 4 S. 803).**

1. Das Vormundschaftsgericht prüft die Rechnung nur vom aufsichtlichen Standpunkt aus. Es handelt mithin nicht als Vertreter des Mündels und präjudizirt danach durch seine Anerkennung der Rechnung den Rechten des Mündels nicht (s. Erl. zu § 1890). Eine eigentliche Abnahme der Rechnung mit materieller Wirkung findet daher nicht statt. Weder hat das Vormundschaftsgerichte dem Vormunde wegen der in der Rechnung erscheinenden Verwaltung Entlastung im materiellen Sinne des Wortes zu ertheilen noch kann der Vormund eine Entlastung fordern.

2. Die Rechnung ist vom Vormundschaftsgerichte sowohl formell wie materiell zu prüfen: formell auf den Kalkul, z. B. ob die Rechnung mit den Belegen übereinstimmt, ob die Rechnung richtig zusammengezählt und die Abgleichung richtig ist, materiell auf die Vollständigkeit der Rechnung und die Art der Führung der Vormundschaft. Zur materiellen Prüfung gehört, ob alle Einnahmen verzeichnet sind, ob der Vormund nicht Mündelvermögen verschwendet hat, ob er nicht mehr Geld als zur Bestreitung der laufenden Ausgaben erforderlich ist, in seinen Händen hat, ob er nicht Geld des Mündels für sich verbraucht hat, ob er die Verbindlichkeiten des Mündels vollständig und rechtzeitig erfüllt hat, ob er zu allen Rechtsgeschäften, welche er ausweislich der Rechnung für den Mündel vorgenommen hat, die Genehmigung des Vormundschaftsgerichts, soweit sie erforderlich war, erholt hat, ob Werthpapiere, welche im Laufe des Rechnungsjahrs angeschafft wurden, hinterlegt worden sind 2c. Zur Unterstützung bei der formellen Prüfung kann sich der Richter nach Maßgabe der Vorschriften der Justizverwaltung der Hilfe eines Gerichtsschreibers bedienen, die materielle Prüfung hat er selbst zu bethätigen.

Bei Bedenken, zu welchen die Prüfung Anlaß giebt, z. B. bei Zweifeln über die Angemessenheit von Ausgaben, über die Richtigkeit der Einnahmen ist Aufklärung vom Vormunde, nöthigenfalls unter Zuziehung des Gegenvormundes zu verlangen und gegebenen Falles die Berichtigung und Ergänzung der Rechnung herbeizuführen. Für gestrichene Posten in den Ausgaben ist Ersatz oder Vortrag in den Einnahmen der nächsten Rechnung zu fordern (vergl. jedoch unten Nr. 4). Aus § 1839 ergiebt sich, daß das Vormundschaftsgericht berechtigt ist, vom Vormunde Nachweisung des Vermögensbestandes und Vorlegung der in seinen Händen befindlichen Schuldurkunden und Werthpapiere bezw. Depotscheine zu verlangen.

3. Ob nach geschehener Prüfung die Belege bei den Akten zu behalten oder dem Vormunde zurückzugeben sind, hängt vom Ermessen des Vormundschaftsgerichts ab. Das Gleiche gilt von der Frage, ob das Gericht die Rechnung selbst oder eine Abschrift derselben zurückbehält.

§. 1844.

Das Vormundschaftsgericht kann aus besonderen Gründen den Vormund anhalten, für das seiner Verwaltung unterliegende Vermögen Sicherheit zu leisten. Die Art und den Umfang der Sicherheitsleistung bestimmt das Vormundschaftsgericht nach seinem Ermessen. Das Vormundschaftsgericht kann, solange das Amt des Vormundes dauert, jederzeit die Erhöhung, Minderung oder Aufhebung der Sicherheit anordnen.

Bei der Bestellung, Aenderung oder Aufhebung der Sicherheit wird die Mitwirkung des Mündels durch die Anordnung des Vormundschaftsgerichts ersetzt.

Die Kosten der Sicherheitsleistung sowie der Aenderung oder der Aufhebung fallen dem Mündel zur Last.

---

**4.** Daß das Vormundschaftsgericht nicht über streitige Ansprüche zwischen Vormund und Mündel entscheiden oder die Erfüllung einer vom Vormund anerkannten Verbindlichkeit gegenüber dem Mündel erzwingen kann, folgt aus dem Charakter des Vormundschaftsgerichts als eines Gerichts der freiwilligen Gerichtsbarkeit. Sollen nach den obwaltenden Umständen unerledigte Ansprüche des Vormundes gegen den Mündel oder umgekehrt zum Austrage gebracht werden — was sich namentlich zur Verhütung der Verdunkelung der in Betracht kommenden Verhältnisse unter Umständen empfehlen kann —, so ist dem Mündel ein Pfleger zu bestellen; dieser hat dann gegen den Vormund oder der Vormund gegen ihn klagend vorzugehen, der Pfleger kann vom Vormunde dabei auch den Offenbarungseid (§ 259) fordern. Daß die Betretung des Rechtswegs schon vor der Beendigung der Vormundschaft zulässig ist, spricht der Abs. 2 ausdrücklich aus.

**§ 1844.**

**E. I § 1689; II § 1722 rev. § 1822; III § 1820. P. I S. 8440; M. IV S. 1010, 1039—1043, 1161. P. II S. 6434 (Bd. 4 S. 804).**

**1.** Ueber die Sicherstellung des Mündels gegenüber dem Vormunde s. Vorbm. S. 514.

**2.** Der § 1844 setzt keine allgemeine Verpflichtung des Vormundes fest, für das seiner Verwaltung unterliegende Vermögen des Mündels Sicherheit zu leisten, sondern ermächtigt nur das Vormundschaftsgericht, den Vormund aus besonderen Gründen zur Sicherheitsleistung anzuhalten. Voraussetzung ist, daß der Vormund Vermögen verwaltet. Der bloße Besitz von Mündelvermögen genügt nicht. Die Anordnung der Sicherheitsleistung kann vor der Bestellung oder während der Dauer der Vormundschaft erfolgen. Der Vormund kann, wenn er die Sicherheit nicht bestellen will, die Uebernahme der Vormundschaft ablehnen (§ 1786 Nr. 6) oder seine Entlassung fordern (§ 1889). Mit Rücksicht hierauf ist die Verpflichtung der Sicherheitsleistung im Grunde genommen nur den Vormündern auferlegt, welche selbst ein Recht auf die Uebernahme der Vormundschaft in Anspruch nehmen oder doch gewillt sind, die Vormundschaft freiwillig zu behalten.

Die besonderen Gründe für die Anordnung der Sicherheitsleistung können in der Person des Mündels z. B. in dem Umfange des zu verwaltenden Vermögens, in der leichten Möglichkeit von Veruntreuungen und der schwierigen Aufsicht oder in der Person des Vormundes liegen z. B. in seiner Unzuverlässigkeit, in seiner eigenen unsicheren Vermögenslage. Ueber die Voraussetzungen entscheidet allein das Ermessen des Vormundschaftsgerichts.

**3.** Die Art der zu leistenden Sicherheit bestimmt das Vormundschaftsgericht nach seinem Ermessen. Die Vorschriften der §§ 232 ff. finden keine Anwendung. Das Vormundschaftsgericht wird einerseits darauf zu sehen haben, welche Sicherungsmittel der Vormund nach seiner Vermögenslage überhaupt zu bieten vermag, andererseits diejenige Art wählen, welche den Vormund am wenigsten beschwert und doch der Sicherheit des Mündels Rechnung trägt. Eine praktisch besonders wichtige Art der Sicherung ist die Eintragung einer Sicherungshypothek auf den Grundstücken des Vormundes.

**4.** Auch den Umfang der Sicherheit bestimmt das Vormundschaftsgericht nach seinem Ermessen. Maßgebend wird der Umfang desjenigen Vermögens des Mündels sein, welches der Gefahr einer Veruntreuung oder doch schlechten Verwaltung des Vormundes ausgesetzt ist. Vermögen, welches, wie die hinterlegten Werthpapiere, dem Einflusse des Vormundes entzogen ist, ist selbstverständlich bei der Bemessung der Höhe der Sicherheit außer Ansatz zu lassen.

**5.** Zur Erzwingung der Sicherheitsleistung steht dem Vormundschaftsgerichte das Ordnungsstrafrecht (§ 1837) zur Verfügung. Ueberdies kann auf Leistung der Sicherheit durch einen zu bestellenden Pfleger geklagt werden (so auch Hesse; a. A. Neumann und Staudinger).

§. 1845.

Will der zum Vormunde bestellte Vater oder die zum Vormunde bestellte eheliche Mutter des Mündels eine Ehe eingehen, so liegen ihnen die im §. 1669 bestimmten Verpflichtungen ob.

---

Auch kann das Vormundschaftsgericht den berufenen Vormund, wenn er nicht Sicherheit leisten will, bei der Bestellung wegen Gefährdung des Interesses des Mündels übergehen (§ 1778 Abs. 1) und den bestellten Vormund wegen Verweigerung der Sicherheitsleistung entlassen (§ 1886). Gegen die die Sicherheitsleistung anordnende Verfügung hat der Vormund die Beschwerde (§ 20 des freiw. G.G.).

6. Das Vormundschaftsgericht kann die Sicherheit, welche zu leisten ist, jederzeit erhöhen, mindern oder aufheben; es kann damit etwaigen Veränderungen in den Vermögensverhältnissen des Mündels oder des Vormundes Rechnung tragen. Die Befugniß des Gerichts ist auf die Dauer des Amtes des Vormundes beschränkt. Nach der Beendigung des Amtes ist nicht nur die Erhöhung — was selbstverständlich ist —, sondern auch die Minderung oder Aufhebung durch einseitige Anordnung des Vormundschaftsgerichts ausgeschlossen. Zur Minderung oder Aufhebung bedarf es vielmehr der Genehmigung des Mündels oder seines gesetzlichen Vertreters; wenn der Vertreter ein Vormund oder Pfleger ist, s. §§ 1812, 1822 Nr. 13, 1915. Wegen Rückgabe der bestellten Sicherheit bei Beendigung der Vormundschaft s. Erl. zu § 1892. Selbstverständlich darf das Vormundschaftsgericht die Sicherheit nur soweit mindern oder aufheben, als sich nicht der Vormund bereits verantwortlich gemacht hat.

7. Der Abs. 2, nach welchem bei der Bestellung, Aenderung oder Aufhebung der Sicherheit die Mitwirkung des Mündels durch die Anordnung des Vormundschaftsgerichts ersetzt wird, erspart die Aufstellung eines eigenen Pflegers. Das Vormundschaftsgericht ist in der angegebenen Beziehung der gesetzliche Vertreter des Mündels. Auch in dieser Beziehung ist aber die Befugniß des Vormundschaftsgerichts auf die Dauer des Amtes des Vormundes beschränkt. Nachher hat der Mündel selbst oder sein eigentlicher gesetzlicher Vertreter thätig zu sein. Von Bedeutung ist die Vorschrift des Abs. 2 namentlich für eilige Fälle. Daß der Abs. 2 übrigens nur für die Fälle der nach Abs. 1 bestellten Sicherheit gilt, nicht aber für eine vertragsmäßige, ergiebt sich schon aus der Stellung der Vorschrift.

8. Die Kosten fallen dem Mündel auch dann zur Last, wenn die Sicherheit dem Vormunde mit Rücksicht auf sein Verhalten auferlegt worden ist.

9. Für die Sicherheitsleistung durch Stellung einer Sicherungshypothek an Grundstücken des Vormundes ist in § 54 des freiw. G.G. eine Sondervorschrift getroffen. Danach ist, wenn nach dem Ermessen des Vormundschaftsgerichts die Voraussetzungen vorliegen, unter denen der Vormund zur Sicherheitsleistung angehalten werden kann, das Gericht befugt, das Grundbuchamt um die Eintragung einer Sicherungshypothek an Grundstücken des Vormundes zu ersuchen. Der Vormund soll, soweit thunlich, vorher gehört werden. Die Hypothek entsteht mit der Eintragung. Von der getroffenen Maßregel ist dem Vormunde nach § 20 des freiw. G.G., von der Eintragung der Hypothek ist ihm nach § 55 der G.B.O. Mittheilung zu machen. Die Bestellung der Sicherungshypothek kann an allen oder nur an einzelnen Grundstücken verlangt werden. Sie kann auch an solchen Grundstücken erfolgen, welche nicht in dem Bundesstaate liegen, welchem das Vormundschaftsgericht angehört. Zur Löschung der Sicherungshypothek genügt das Ersuchen des Vormundschaftsgerichts nicht, es ist vielmehr mit Rücksicht auf die Vorschriften über den Erwerb der Hypothek durch den Eigenthümer des belasteten Grundstücks die Zustimmung des Eigenthümers erforderlich. Diese Vorschriften finden auf die Eintragung eines Pfandrechts an einem im Schiffsregister eingetragenen Schiffe entsprechende Anwendung.

§ 1845.

**E. I § 1734; II § 1717 rev. § 1823; III § 1821. P. I S. 8672, 8680; M. IV S. 1244. P. II S. 6517, 7047, 8669 (Bd. 4 S. 850; Bd. 5 S. 258; Bd. 6 S. 299).**

1. Die Voraussetzungen des § 1845 treffen bei der Vormundschaft über Minderjährige nur selten zu. Sie liegen z. B. vor, wenn der leibliche Vater oder die leibliche eheliche Mutter zum Vormunde des angenommen Kindes oder die zum zweiten Male verwittwete oder geschiedene Mutter zum Vormund ihres Kindes aus erster Ehe bestellt worden ist. Für die zum Vormunde bestellte uneheliche Mutter, die sich verheirathen will, gilt der § 1845 auch dann nicht, wenn es sich hierbei um die zweite Ehe der Mutter handelt und zwischen Mutter und Kind eine Gemeinschaft, etwa in Ansehung der großmütterlichen Erbschaft, besteht. Bei der Vormundschaft über Volljährige sind die Fälle des § 1845 häufiger (§ 1897).

§. 1846.

Ist ein Vormund noch nicht bestellt oder ist der Vormund an der Erfüllung seiner Pflichten verhindert, so hat das Vormundschaftsgericht die im Interesse des Mündels erforderlichen Maßregeln zu treffen.

---

2. In Folge der für anwendbar erklärten Vorschrift des § 1669 hat der Elterntheil die Absicht der Wiederverheirathung dem Vormundschaftsgericht anzuzeigen, ihm auf seine Kosten ein Verzeichniß der seiner Verwaltung unterliegenden Gegenstände einzureichen und, soweit in Ansehung dieses Vermögens eine Gemeinschaft zwischen ihm und dem Kinde besteht, die Auseinandersetzung herbeizuführen. Bei der Einreichung des Vermögensverzeichnisses kann auf die nach § 1802 eingereichten Inventare Bezug genommen werden. Das Vormundschaftsgericht kann gestatten, daß die Auseinandersetzung erst nach der Eheschließung erfolgt. Die Erfüllung der bezeichneten Verpflichtungen ist durch das im § 1314 aufgestellte Ehehinderniß gewährleistet. Im Uebrigen s. Erl. zu § 1669.

3. Gemäß der §§ 1723, 1736, 1757 mit §§ 1740, 1761 findet der § 1845 auch Anwendung, wenn der Mündel ein für ehelich erklärtes Kind des Vaters oder ein angenommenes Kind des Vaters oder der Mutter ist.

**§ 1846.**

**E. I § 1683; II § 1713 rev. § 1824; III § 1822. P. I S. 8376; M. IV S. 1155. P. II S. 6425 (Bd. 4 S. 799).**

1. Der § 1846 ermächtigt das Vormundschaftsgericht zu vorsorglichen Maßregeln, wenn ein Vormund noch nicht bestellt oder der Vormund an der Erfüllung seiner Pflichten verhindert ist. Der Fall, daß ein Vormund noch nicht bestellt ist, kann insbesondere dann vorkommen, wenn eine Berufung zur Vormundschaft (§ 1776) vorliegt und aus irgend welchen Gründen, z. B. wegen Abwesenheit des Berufenen das Ergebniß der Berufung noch nicht feststeht, ferner wenn das Amt des bisherigen Vormundes beendigt ist oder wenn das eigentlich zuständige Vormundschaftsgericht noch nicht ermittelt ist. Anlangend die Verhinderung des Vormundes, so bezieht sich der § 1846 sowohl auf die Fälle, daß der Vormund aus thatsächlichen Gründen, z. B. wegen Abwesenheit, Krankheit oder Verbüßung einer Freiheitsstrafe, als auf die Fälle, daß er aus rechtlichen Gründen z. B. nach § 1795 verhindert ist, die Sorge für die Person oder das Vermögen des Mündels wahrzunehmen; der § 1846 ist ferner nicht nur in den Fällen vorübergehender Verhinderung anwendbar, sondern auch, wenn von Anfang an feststeht, daß die Verhinderung längere Zeit dauern wird.

2. Die hauptsächlichste Maßregel, welche in Betracht kommt, wird die Bestellung eines Pflegers sein (§ 1909 Abs. 1, 3). Unter Umständen kann das Gericht selbst für den Mündel handeln. Das Gericht ist bei seinem Eingreifen nicht auf das Gebiet der thatsächlichen Fürsorge beschränkt, sondern kann auch als gesetzlicher Vertreter des Mündels auftreten. Ein Beispiel des Eingreifens auf dem Gebiete der thatsächlichen Fürsorge bietet der Fall, daß das Gericht Werthpapiere, welche dem Mündel zugefallen sind, in Verwahrung nimmt oder den Mündel in vorläufige Pflege unterbringt. Ein Eingreifen nach der rechtlichen Seite liegt z. B. vor, wenn das Gericht eine Forderung des Mündels kündigt oder, um die Zwangsversteigerung eines Grundstücks abzuwenden, ein Werthpapier des Mündels versilbert und den Gläubiger befriedigt oder einen Arrest für den Mündel erwirkt. Das Gericht ist dabei übrigens keineswegs auf einstweilige und wieder rückgängig zu machende Maßnahmen beschränkt. Inwieweit es berechtigt ist, mit der Ausführung einer Maßregel einen Gerichtsdiener oder Gerichtsvollzieher zu beauftragen oder die Mitwirkung anderer Behörden z. B. der Polizeibehörde in Anspruch zu nehmen, bestimmt sich nach Landesrecht.

Das Gericht hat sich auf die erforderlichen Maßregeln zu beschränken. Inwieweit eine Maßregel erforderlich ist, bestimmt jedoch das Vormundschaftsgericht nach seinem Ermessen. Die Rechtsgültigkeit einer Handlung des Vormundschaftsgerichts kann nicht damit in Frage gestellt werden, daß das Auftreten des Gerichts nicht oder nicht in dem Umfang erforderlich gewesen sei. Auch darüber, ob die Voraussetzungen, daß der Vormund noch nicht bestellt oder daß er verhindert ist, vorliegen, entscheidet das Vormundschaftsgericht; diese Entscheidung kann nur im Wege der Beschwerde angefochten werden (vergl. auch Erl. 3 zu § 1773).

3. Für die zu treffenden Maßregeln ist nicht nur das nach den allgemeinen Grundsätzen der §§ 35 ff. des freiw. G.G. zuständige Vormundschaftsgericht zuständig, sondern nach § 44 das. auch das Vormundschaftsgericht, in dessen Bezirke das Bedürfniß der Fürsorge hervortritt.

## §. 1847.

Das Vormundschaftsgericht soll vor einer von ihm zu treffenden Entscheidung auf Antrag des Vormundes oder des Gegenvormundes Verwandte oder Verschwägerte des Mündels hören, wenn es ohne erhebliche Verzögerung und ohne unverhältnißmäßige Kosten geschehen kann. In wichtigen Angelegenheiten soll die Anhörung auch ohne Antrag erfolgen; wichtige Angelegenheiten sind insbesondere die Volljährigkeitserklärung, die Ersetzung der Einwilligung zur Eheschließung im Falle des §. 1304, die Ersetzung der Genehmigung im Falle des §. 1337, die Entlassung aus dem Staatsverband und die Todeserklärung.

Die Verwandten und Verschwägerten können von dem Mündel Ersatz ihrer Auslagen verlangen; der Betrag der Auslagen wird von dem Vormundschaftsgerichte festgesetzt.

---

Dieses Gericht soll, wenn eine Vormundschaft, Pflegschaft oder Beistandschaft anhängig ist, dem nach § 43 Abs. 2 das. zuständigen Gerichte Mittheilung machen (§ 44 Satz 2). Wird nicht nur das nach § 44, sondern auch das nach den allgemeinen Grundsätzen zuständige Gericht thätig, so gelten die Rechtshandlungen beider Gerichte, soweit sie nebeneinander bestehen können. Widerstreiten sie sich, so hat die Maßregel des zuerst handelnden Gerichts den Vorrang (arg. § 4 des freiw. G.G.).

4. Ueber schleunige Maßregeln des Vorsitzenden des Familienraths s. § 1876.

5. Ueber Maßregeln des Nachlaßgerichts zur Sicherung des Nachlasses, bei welchem ein Mündel als Erbe betheiligt ist, s. § 1960.

### § 1847.

**E. I § 1678, § 27 Abs. 3 Satz 2, § 1657 Satz 2; II § 1706 rev. § 1825; III § 1823. P. I S. 8384; M. I S. 57; M. IV S. 1015, 1098, 1149. P. II S. 37, 112, 4901, 4924, 5030, 6351, 6419 (Bd. 1 S. 14, 51; Bd. 4 S. 31, 757, 796).**

Die im § 1847 vorgeschriebene Anhörung von Angehörigen des Mündels bezweckt der Familie einen gewissen Einfluß auf die vormundschaftliche Verwaltung zu sichern. Hierüber s. Vorbm. S. 514.

1. Die Anhörung von Angehörigen soll auf Antrag des Vormundes oder des Gegenvormundes stets, in wichtigen Angelegenheiten aber auch von Amtswegen geschehen. Als wichtige Angelegenheiten können nach dem Zwecke der Vorschrift nur solche gelten, welche für die Person oder das Vermögen des Mündels von besonders weittragender Bedeutung sind, z. B. die Ermächtigung zum selbständigen Betrieb eines Erwerbsgeschäfts und die Zurücknahme derselben (§ 112), die Genehmigung des Beginns oder der Auflösung eines Erwerbsgeschäfts (§ 1823). Zu den im Abs. 1 Satz 2 aufgezählten Angelegenheiten vergl. bezüglich der Volljährigkeitserklärung die §§ 3—5, bezüglich der Entlassung aus dem Staatsverbande den § 14a des Ges. v. 1. Juni 1870 (E.G. Art. 41) und bezüglich der Todeserklärung den § 962 der C.P.O. Die Anhörung ist ferner vorgeschrieben im § 1308 für die Ersetzung der elterlichen Einwilligung zur Eheschließung, im § 1673 zur Entziehung oder Beschränkung der elterlichen Gewalt, im § 1862 zur Auswahl von Mitgliedern des Familienraths.

2. Die Anhörung soll nur erfolgen, wenn sie ohne erhebliche Verzögerung und ohne unverhältnißmäßige Kosten geschehen kann. Sie hat also nicht nur dann zu unterbleiben, wenn in Folge der Anhörung ein Aufschub eintritt und mit dem Aufschube Gefahr verbunden ist, sondern schon dann, wenn nur eine erhebliche Verzögerung z. B. wegen Abwesenheit oder Krankheit des in Betracht kommenden Verwandten zu befürchten ist oder wenn zur Wichtigkeit der Angelegenheit außer Verhältniß stehende Kosten erwachsen. Anders liegt die Sache bei der im § 1673 vorgeschriebenen Anhörung des Inhabers der elterlichen Gewalt und bei der im § 1827 angeordneten Anhörung des Mündels selbst. Die Anhörung dieser Personen soll nur unterbleiben, wenn sie unthunlich ist, die Anhörung von Angehörigen darf schon unterbleiben, wenn sie unzweckmäßig ist. Die Vorschrift, daß durch die Anhörung weder eine erhebliche Verzögerung herbeigeführt noch unverhältnißmäßige Kosten verursacht werden dürfen, schützt übrigens zugleich vor einem Mißbrauche des dem Vormund und dem Gegenvormund eingeräumten Rechtes, die Anhörung stets zu verlangen.

3. Ueber den Begriff der Verwandten und Verschwägerten s. §§ 1589, 1590. Zu den Verwandten sind auch der Vater und die eheliche und die uneheliche Mutter des Mündels zu

§. 1848.

Verletzt der Vormundschaftsrichter vorsätzlich oder fahrlässig die ihm obliegenden Pflichten, so ist er dem Mündel nach §. 839 Abs. 1, 3 verantwortlich.

---

rechnen. Wieviel Angehörige und wen das Vormundschaftsgericht hört, ist ihm überlassen. Nach der Lage der Sache wird das Gericht diejenigen Angehörigen hören, denen einerseits besondere Sachkunde im einzelnen Falle zuzutrauen ist und die andererseits genügendes Interesse am Wohlergehen des Mündels bekunden.

4. Die Art der Anhörung ist gleichfalls in das Ermessen des Vormundschaftsgerichts gestellt. Das Gericht kann die Angehörigen schriftlich oder mündlich durch Vermittelung eines anderen Amtsgerichts, einer Polizei- oder Gemeindebehörde oder des Gemeindewaisenraths hören.

5. An das Gutachten der Angehörigen ist das Vormundschaftsgericht nicht gebunden. Den Angehörigen, welche gehört worden sind, steht auch deshalb allein, weil sie gehört worden sind, gegen die Entscheidung des Vormundschaftsgerichts das Beschwerderecht nicht in weiterem Umfange zu, als es ihnen nach den allgemeinen Grundsätzen (vergl. insbesondere §§ 20, 57 Nr. 8, 9 des freiw. G.G.) zukommt.

6. Der § 1847 hat nur die Bedeutung einer Ordnungsvorschrift, seine Verletzung hat auf die Gültigkeit der Entscheidung des Gerichts keinen Einfluß.

7. Eine Verpflichtung der Angehörigen, Auskunft zu ertheilen, besteht nicht.

8. Die Angehörigen, welche das Vormundschaftsgericht gehört hat, können Ersatz ihrer Auslagen vom Mündel, nicht vom Staate verlangen. Als Auslagen kommen in Betracht die Porto's, die Kosten einer Reise, die durch Abwesenheit vom Wohnorte verursachten Aufwendungen für Zehrung und Wohnung, Aufwendungen welche gemacht worden sind, um von einem Dritten eine bestimmte Auskunft zu erhalten 2c. Auch die Kosten einer etwa erforderlichen Vertretung des Verwandten oder Verschwägerten während der zum Zwecke der Auskunftsertheilung erforderlichen Abwesenheit vom Wohnsitze sind zu ersetzen. Ersatz für Zeitaufwand, für die Mühewaltung bei der Abgabe des Gutachtens kann nicht verlangt werden. Nur die erforderlichen Ausgaben werden ersetzt. Ob eine Auslage erforderlich war, hat das Vormundschaftsgericht nach billigem Ermessen zu entscheiden. Einen gewissen Anhaltspunkt gewähren dem Vormundschaftsgerichte die für die Zeugengebühren geltenden Vorschriften des Ges. vom 30. Juni 1878. Der Betrag der Auslagen wird vom Vormundschaftsgerichte festgesetzt, gegen die Festsetzung steht die Beschwerde offen (§ 20 des freiw. G.G.). Der Rechtsweg ist ausgeschlossen. Der Festsetzungsbeschluß bildet aber keinen Vollstreckungstitel, sondern auf Grund des Beschlusses muß im Rechtswege geklagt werden.

**§ 1848.**

**E. I § 1702; II § 1739 rev. § 1826; III § 1824. P. I S. 8442; M. IV S. 1190. P. II S. 6464 (Bd. 4 S. 820). K.B. S. 2092. St.B. S. 3005, 3095.**

1. Der § 1848 verdeutlicht die Vorschriften des Vormundschaftsrechts dahin, daß die dem Vormundschaftsrichter in Ansehung der Anordnung, Führung oder Beendigung der Vormundschaft obliegenden Amtspflichten als solche aufzufassen sind, welche im Sinne des § 839 Abs. 1 ihm gegenüber dem Mündel d. h. gegenüber demjenigen obliegen, über welchen die Vormundschaft anzuordnen ist oder besteht (vergl. hierzu Erl. 2b zu § 839). Zugleich bringt der § 1848 zum Ausdrucke, daß der Vormundschaftsrichter, wenn durch eine Verletzung seiner Amtspflichten einem Anderen als dem Mündel ein Schaden entsteht, auf Grund des § 839 nicht in Anspruch genommen werden kann. Dagegen kann ein Dritter einen Anspruch nach sonstigen Vorschriften über unerlaubte Handlungen gegen den Vormundschaftsrichter haben, insbesondere wenn sich die Handlung des Richters als ein Eingriff in die nach § 823 geschützte Rechtssphäre des Dritten darstellt.

2. Der Vormundschaftsrichter haftet nicht bloß für vorsätzliche Pflichtverletzung, sondern für jedes Verschulden (§ 276). Fällt dem Vormundschaftsrichter aber nur Fahrlässigkeit zur Last, so kann er nur dann in Anspruch genommen werden, wenn der Mündel auf andere Weise Ersatz nicht erlangen kann. Der § 839 Abs. 2 findet auf den Vormundschaftsrichter keine Anwendung; der Richter haftet auch für fahrlässigen Rechtsirrthum. Wenn der § 1848 von der Haftung gegenüber dem Mündel spricht, so darf daraus nicht gefolgert werden, daß die Haftung des Vormundschaftsrichters erst mit der Anordnung der Vormundschaft beginnt, vielmehr haftet der Vormundschaftsrichter auch dann, wenn er pflichtwidriger Weise die Anordnung der Vormundschaft unterläßt.

## IV. Mitwirkung des Gemeindewaisenraths.

3. Aus der Anwendbarkeit des § 839 Abs. 3 ergiebt sich, daß der Richter nicht verantwortlich ist, wenn der Mündel selbst nach Maßgabe des § 59 des freiw. G.G. oder sein gesetzlicher Vertreter vorsätzlich oder fahrlässig unterlassen hat, den Schaden durch Gebrauch eines Rechtsmittels abzuwenden.

4. Als Vormundschaftsrichter im Sinne des § 1848 erscheint Jeder, welcher Verrichtungen des Vormundschaftsgerichts in erster Instanz oder in der Beschwerdeinstanz wahrnimmt. Der § 1848 ist insbesondere auch anwendbar, wenn nach Maßgabe des Art. 147 des E.G. das Vormundschaftsgericht ein Kollegium ist. Wegen der Haftung von Kollegien s. Erl. 4 zu § 839. Ueber die Haftung von Familienrathsmitgliedern s. Erl. zu § 1872 Abs. 2.

5. Wegen der Verjährung der Ansprüche gegen den Richter s. §§ 852, 206. Die Erben des Richters haften nach den allgemeinen Grundsätzen.

6. Haben sich gleichzeitig der Vormund oder der Gegenvormund einer Pflichtverletzung schuldig gemacht, derentwegen sie nach § 1833 haften, so haften Vormund, Gegenvormund und Richter gesammtverbindlich (§§ 830, 840). Der Richter hat aber gegen den Vormund und Gegenvormund den Rückgriff (§ 841). Im Uebrigen vergl. hierzu Erl. zu § 1833.

7. Die Haftung des Vormundschaftsrichters aus den Verrichtungen, welche er in Ansehung von unter elterlicher Gewalt stehenden Kindern wahrnimmt, ist nach § 1674 die gleiche wie in Ansehung bevormundeter oder unter Pflegschaft stehender Kinder. Ueber die Haftung des Vormundschaftsrichters in Angelegenheiten, welche die persönlichen Rechtsbeziehungen der Ehegatten zu einander (§§ 1357, 1358) oder das eheliche Güterrecht (§§ 1379, 1402, 1447, 1451, 1487, 1519, 1525, 1549, 1550) betreffen, fehlt eine ausdrückliche Bestimmung; es kann aber keinem Zweifel unterliegen, daß der § 1848 auch hier entsprechend gilt.

8. Die Haftung des Staates bestimmt sich nach den Landesgesetzen (Art. 77 des E.G. und Erl. hierzu).

### IV. Mitwirkung des Gemeindewaisenraths.

1. Wie in der Vorbm. S. 514 erwähnt ist, räumt das B.G.B. der Gemeinde durch den Gemeindewaisenrath eine Mitwirkung bei der Aufsicht über das Vormundschaftswesen ein.

2. Bedeutung und Bestellung des Gemeindewaisenraths. Der Gemeindewaisenrath ist ein dem Vormundschaftsgerichte von der Gemeinde gestelltes Hülfsorgan für die Ausführung der dem Vormundschaftsgericht obliegenden Aufgaben und zwar nicht nur im Verhältnisse zu demjenigen Vormundschaftsgerichte, zu dessen Bezirke die Gemeinde gehört, sondern zu allen Vormundschaftsgerichten, die für eine Thätigkeit in Ansehung der in der Gemeinde sich aufhaltenden Personen zuständig sind.

Der Gemeindewaisenrath steht als Hülfsorgan des Vormundschaftsgerichts nicht neben diesem, sondern unter ihm. Er ist aber nicht in dem Sinne Unterinstanz, daß er berufen wäre, selbst Entscheidungen zu treffen, sondern er hat nur durch seine Mittheilungen das Vormundschaftsgericht bei der Entscheidung von gewissen Fragen zu unterstützen und das Eingreifen des Vormundschaftsgerichts zu veranlassen.

Die Organisation des Gemeindewaisenraths ist der Landesgesetzgebung überlassen. Es kommen dabei insbesondere folgende Fragen in Betracht: Ob der Gemeindewaisenrath für die Gemeinde oder für örtlich abgegrenzte Gemeindetheile zu bestellen ist oder ob etwa die ihm obliegenden Verrichtungen besonderen Abtheilungen oder schon bestehenden Organen z. B. der Armenpflege oder Gemeindeverwaltung übertragen werden sollen; aus wieviel Mitgliedern der Gemeindewaisenrath zu bestehen hat; auf welche Weise er bestellt wird, ob durch Wahl der Gemeinde, durch Bestellung Seitens einer Verwaltungsbehörde oder des Gerichts; ob eine Verpflichtung der Gemeindebürger besteht, das Amt eines Gemeindewaisenraths anzunehmen; wer die Aufsicht über den Gemeindewaisenrath führt, ob die Gemeinde oder eine höhere Verwaltungsbehörde oder das Vormundschaftsgericht; aus welchen Gründen das Amt des Waisenraths endigt.

Nach dem Landesrecht erledigt sich auch die Frage, ob eine Person, die das Amt eines Gemeindewaisenraths bekleidet, Vormund, Gegenvormund, Beistand oder Pfleger sein kann. Reichsrechtlich steht der Verbindung dieser Aemter nichts im Wege.

3. Aufgabe des Gemeindewaisenraths. Der Gemeindewaisenrath hat folgende Obliegenheiten:

a) Er hat dem Vormundschaftsgerichte diejenigen Personen vorzuschlagen, welche sich im einzelnen Falle zum Vormunde, Gegenvormunde, Pfleger, Beistand oder Mitglied eines Familienraths eignen (§ 1849).

**b**) Er hat in Unterstützung des Vormundschaftsgerichts darüber zu wachen, daß die Vormünder der sich in seinem Bezirk aufhaltenden Mündel für die Person der Mündel, insbesondere für ihre Erziehung und ihre körperliche Pflege pflichtmäßig Sorge tragen, und er hat Mängel und Pflichtwidrigkeiten, die er in dieser Hinsicht wahrnimmt, anzuzeigen und auf Erfordern über das persönliche Ergehen und Verhalten eines Mündels Auskunft zu ertheilen (§ 1850 Abs. 1). Hierin liegt der Schwerpunkt der Thätigkeit des Gemeindewaisenraths.

**c**) Die Verwaltung des Vermögens des Mündels durch den Vormund hat der Gemeindewaisenrath nicht zu überwachen. Die Thätigkeit des Gemeindewaisenraths beschränkt sich zwar nicht wie nach der preuß. Vormundschaftsordnung auf die Sorge für die Person, sie erstreckt sich jedoch auf die Vermögensverwaltung nur insofern, als der Gemeindewaisenrath, wenn er von einer Gefährdung des Vermögens des Mündels Kenntniß erhält, dem Vormundschaftsgericht Anzeige zu erstatten hat (§ 1850 Abs. 2).

**d**) Ueberdies hat der Gemeindewaisenrath von jedem Falle, in welchem ein Vormund, Gegenvormund oder Pfleger zu bestellen ist, Anzeige zu machen, wenn er von dem Falle Kenntniß erhält (§ 49 des freiw. G.G.).

**e**) Der Gemeindewaisenrath ist zur Unterstützung des Vormundschaftsgerichts übrigens auch in Ansehung der unter elterlicher Gewalt stehenden Kinder berufen; hierüber s. Erl. zu § 1675 und Vorbm. VI S. 436. Ueber den § 1675 hinaus ist dem Gemeindewaisenrathe landesrechtlich auf Grund des Art. 135 des E.G. nicht selten in Ansehung der der Zwangserziehung unterworfenen nicht bevormundeten Kinder die gleiche Stellung eingeräumt, wie in Ansehung der bevormundeten (vergl. z. B. württ. Ges. v. 29. Dezember 1899 Art. 11). Anders das preuß. Fürsorgeges. v. 2. Juli 1900 § 11.

**4.** Der Gemeindewaisenrath hat, weil er amtliches Hülfsorgan des Vormundschaftsgerichts ist, gegen dessen Anordnungen kein Beschwerderecht im Sinne des freiw. G.G. Er kann natürlich das aufsichtliche Eingreifen der dem Vormundschaftsgerichte vorgesetzten Dienstaufsichtsbehörde anrufen, auch kann der das Amt eines Gemeindewaisenraths versehenden Person in anderer Eigenschaft, z. B. wenn der Pfarrer Gemeindewaisenrath ist, als Pfarrer, oder wenn der Gemeindewaisenrath mit der Armenkommission verbunden ist, als Armenkommission gemäß § 57 Nr. 9 des freiw. G.G. ein Beschwerderecht zustehen, allein der Gemeindewaisenrath als solcher hat kein Beschwerderecht, da eine Unterbehörde gegenüber der vorgesetzten Behörde nie ein Recht hat, welches verletzt werden könnte. A. A. ist das Kammergericht (Jahrb. N.F. Bd. 1 S. 139 A), welches damit seine schon für das preuß. Recht aufgestellte Ansicht wiederholt hat. Hiergegen vom Standpunkte des preuß. Rechtes schon **Eccius**, preuß. Pr.R. 7. Aufl. Bd. 4 S. 192. Uebrigens hatte der erste vom Reichs-Justizamte veröffentlichte Entwurf des freiw. G.G. den Gemeindewaisenrath in der dem jetzigen § 57 entsprechenden Vorschrift ausdrücklich als beschwerdeberechtigt aufgeführt, die Aufführung ist aber später gestrichen worden. Auf die Vorschrift des § 57 Nr. 9 des freiw. G.G. kann das Beschwerderecht des Gemeindewaisenraths nicht gestützt werden, weil man sonst auch zu einem Beschwerderechte des Amtsgerichts gegenüber dem Landgerichte 2c. kommen würde, was doch sicherlich nicht richtig wäre.

**5.** Die Geschäftsführung des Gemeindewaisenraths ist landesrechtlich geregelt. Reichsrechtlich ist nur dafür Sorge getragen, daß der Gemeindewaisenrath von dem Vorhandensein eines Mündels oder Pfleglinges Kenntniß erhält. Zu diesem Zwecke ist dem Vormundschaftsgericht im § 1851 Abs. 1 die Verpflichtung auferlegt, dem Gemeindewaisenrathe von der Anordnung der Vormundschaft oder Pflegschaft über einen sich in dessen Bezirk aufhaltenden Mündel sowie von einem in der Person des Vormundes oder Gegenvormundes oder Pflegers eintretenden Wechsel Kenntniß zu geben. Auch hat nach § 1851 Abs. 2 im Falle der Verlegung des Aufenthalts des Mündels der Gemeindewaisenrath des bisherigen Aufenthaltsorts dem Gemeindewaisenrathe des neuen Aufenthaltsorts die Verlegung mitzutheilen.

Landesrechtlich ist meist vorgeschrieben, daß Waisenlisten zu führen sind (so z. B. in Bayern, Elsaß-Lothringen). Auch ist in manchen Staaten durch Versammlungen der Waisenräthe eines größeren Bezirkes unter Theilnahme oder Leitung des Vormundschaftsrichters dafür Sorge getragen, daß die Waisenräthe von dem Zustande der Aufsicht über die Erziehung und körperliche Pflege der Mündel in dem Bezirke Kenntniß erlangen, allgemeine Fragen ihrer Amtsführung besprechen und Mängel abstellen; Preußen z. B. empfiehlt solche Versammlungen (J.M.Bl. 1891 S. 45, 46); Bayern hat sie vorgeschrieben und zahlt den Waisenräthen aus der Staatskasse eine Vergütung für die Antheilnahme.

Nach Landesrecht beantwortet sich ferner die Frage, ob dem Vormundschaftsgerichte dem Gemeindewaisenrathe gegenüber ein Ordnungsstrafrecht zusteht. Die Frage hängt zusammen mit der Frage der Aufsicht über den Gemeindewaisenrath. Das Landesrecht ist auch maßgebend für die Frage, inwieweit dem Gemeindewaisenrathe die Pflicht zur Amtsverschwiegenheit obliegt.

## §. 1849.

**Der Gemeindewaisenrath hat dem Vormundschaftsgerichte die Personen vorzuschlagen, die sich im einzelnen Falle zum Vormunde, Gegenvormund oder Mitglied eines Familienraths eignen.**

---

6. **Bezüglich der Haftung des Gemeindewaisenraths gegenüber dem Mündel** entscheiden in Ermangelung einer Sonderbestimmung die allgemeinen Grundsätze (§§ 823 ff.). Da, wie sich aus dem Fehlen einer dem § 1848 entsprechenden Bestimmung ergiebt, dem Gemeindewaisenrathe die ihm obliegenden Pflichten nicht gegenüber dem Mündel obliegen, so haftet der Gemeindewaisenrath dem Mündel nicht auf Grund des § 839 (M. IV S. 1227).

7. Einige Landesgesetze geben die Möglichkeit, daß zur Unterstützung des Gemeindewaisenraths **Waisenpflegerinnen** bestellt werden. Die Aufgabe der Waisenpflegerinnen besteht regelmäßig darin, daß sie unter Leitung des Gemeindewaisenraths bei der Beaufsichtigung der im Kindesalter stehenden Mündel und bei der Ueberwachung weiblicher Mündel mitzuwirken haben. Die Bestellung von Waisenpflegerinnen lassen z. B. Preußen, Bayern, Sachsen, Württemberg, Mecklenburg und Braunschweig zu.

8. **Wegen der wichtigeren Landesgesetze** vergl. die A.G. z. B.G.B. von **Preußen** Art. 77; **Bayern** Art. 93—99 (dazu Min.Bek. vom 22. Dezember 1899 und v. 23. August 1900); **Sachsen** § 41 (dazu A.V. §§ 38—47 und Min.Bek. v. 7. Dezember 1899); **Württemberg** Art. 56 (dazu Min.-Verf. v. 14. September 1899 §§ 26—28); **Mecklenburg-Schwerin** §§ 233—248; **Bremen** §§ 59—61; **Hamburg** § 77; **Elsaß-Lothringen** §§ 128—135 (dazu V. v. 17. November 1899); ferner **Baden**, Rechtspolizeigesetz §§ 5—15 und Rechtspolizeiordnung §§ 79—81; **Hessen** A.G. z. freiw. G.G. Art. 138 (dazu V.O. v. 2. August 1899 und v. 24. November 1899 §§. 155 ff.).

Hiernach ist in Preußen und Bayern der Gemeindewaisenrath ein reines Gemeindeamt. Der Gemeindewaisenrath kann aus einer Person oder aus einem Kollegium bestehen, das Vormundschaftsgericht ist weder an der Bestellung betheiligt, noch steht ihm das Aufsichtsrecht zu. In Preußen kann das Amt des Gemeindewaisenraths besonderen Abtheilungen oder schon bestehenden Organen der Gemeindeverwaltung übertragen werden. Im Uebrigen s. wegen des preuß. Rechtes **Schröder-Mugdan** S. 550 und **Schultzenstein** Anm. zu § 1849; wegen des bayer. Rechtes s. die Erl. zu den Art. 93 ff. des A.G. z. B.G.B. von **Henle-Schneider**.

Auch in Oldenburg, Mecklenburg und Braunschweig ist das Amt des Gemeindewaisenraths ein reines Gemeindeamt. In Hamburg sind die Geschäfte des Gemeindewaisenraths dem Waisenhauskollegium übertragen, welchem zugleich die Armenwaisenpflege und die Aufsicht über die Kostkinder überwiesen ist. In Bremen sind die Geschäfte des Gemeindewaisenraths der Armenpflege übertragen.

In Württemberg hat der Gemeinderath, in größeren Städten eine Abtheilung desselben, die Verrichtungen des Gemeindewaisenraths wahrzunehmen. Die Dienstaufsicht steht dem Vormundschaftsgerichte zu. Aehnlich ist die Organisation in Baden geregelt. Der Gemeinderath bestellt die Waisenräthe mit der Eigenschaft von Gemeindebeamten. In Städten können die Verrichtungen des Gemeindewaisenraths einer bestehenden oder besonderen Kommission des Gemeinderaths übertragen werden. Die Dienstaufsicht steht dem Amtsgerichte zu.

In Sachsen werden die Gemeindewaisenräthe durch das Amtsgericht bestellt; dem Amtsgerichte steht auch die Dienstaufsicht zu. In Hessen ist das Ortsgericht der Gemeindewaisenrath; die Aufsicht über das Ortsgericht hat das Amtsgericht. In Elsaß-Lothringen erfolgt die Bestellung der Gemeindewaisenräthe durch Zusammenwirken der Gemeindevertretung und des Vormundschaftsgerichts; die Gemeindewaisenräthe sind der Dienstaufsicht des Amtsgerichts unterworfen; im Uebrigen s. wegen des elsässischen Rechtes **Schröder-Mugdan** S. 623.

Größere **Dienstanweisungen** für die Gemeindewaisenräthe haben Bayern, Sachsen und Hessen in den angeführten Min.-Verf. erlassen.

9. **Literatur:** Die Organisation der Gemeindewaisenpflege von **Kuno** und **Schmidt** in den Schriften des deutschen Vereins für Armenpflege und Wohlthätigkeit 47. Heft, 1900. **Fuhrmann**, die Waisenpflegerin in der Jugendfürsorge 1900 Heft 11. **Badstübner**, das. 1900 S. 454.

### § 1849.

**E. I § 1725 Abs. 3; II § 1724 rev. § 1827; III § 1825. P. I S. 8447, 8860; M. IV S. 1017, 1225. P. II S. 6498 (Bd. 4 S. 838).**

1. Der Gemeindewaisenrath hat auch die zum Beistand und die zum Pfleger geeigneten Personen vorgeschlagen (arg. §§ 1694, 1915).

## §. 1850.

Der Gemeindewaisenrath hat in Unterstützung des Vormundschaftsgerichts darüber zu wachen, daß die Vormünder der sich in seinem Bezirk aufhaltenden Mündel für die Person der Mündel, insbesondere für ihre Erziehung und ihre körperliche Pflege, pflichtmäßig Sorge tragen. Er hat dem Vormundschaftsgerichte Mängel und Pflichtwidrigkeiten, die er in dieser Hinsicht wahrnimmt, anzuzeigen

---

2. Daß das Vormundschaftsgericht in Ansehung des Vormundes, Gegenvormundes, Pflegers, Beistandes oder Mitglieds eines Familienraths den Gemeindewaisenrath um seinen Vorschlag anzugehen hat, ist in § 1779 Abs. 1, § 1792 Abs. 4, §§ 1694, 1915, § 1862 Abs. 1 bestimmt.

3. Daraus, daß der Gemeindewaisenrath die sich „eignenden" Personen vorzuschlagen hat, ergiebt sich, daß er beim Vorschlage die gleichen Rücksichten zu nehmen hat, wie das Vormundschaftsgericht bei der Auswahl (vergl. Erl. zu § 1779). Der Gemeindewaisenrath kann übrigens nicht nur Personen vorschlagen, welche sich in seinem Bezirk aufhalten, sondern auch andere Personen. Ob das Vormundschaftsgericht dem Gemeindewaisenrathe bei einem solchen Vorschlage genügende Personenkenntniß zutraut, ist eine andere Frage; es steht nichts im Wege, daß das Gericht den Gemeindewaisenrath des Aufenthaltsorts solcher Personen gesondert einvernimmt.

4. Es kommt nicht selten vor, daß von den Angehörigen des Mündels eine bestimmte Person als Vormund, Gegenvormund rc. vorgeschlagen wird. Der Gemeindewaisenrath hat sich auch über die Tauglichkeit solcher Personen zu äußern. Auch steht nichts im Wege, daß ihn das Vormundschaftsgericht auch über die Tauglichkeit der durch letztwillige Verfügung oder das Gesetz berufenen Vormünder befragt, um Anhaltspunkte darüber zu gewinnen, ob etwa die Uebergehung (§ 1778 Abs. 1) des Berufenen angezeigt erscheint.

5. Die in den §§ 1850, 1851 bestimmte Fürsorge des Gemeindewaisenraths beschränkt sich auf die Schutzbedürftigen, die in der Gemeinde ihren Aufenthalt haben. Die im § 1849 bestimmte Vorschlagspflicht besteht jedoch unabhängig davon, wo der Schutzbedürftige seinen Aufenthalt hat. Dies dürfte nicht nur aus dem Wortlaute des § 1849, welcher abweichend von §§ 1850, 1851 den Aufenthalt des Schutzbedürftigen in der Gemeinde nicht betont, sondern auch aus der Natur der Sache folgen. Denn häufig wird der Gemeindewaisenrath des Aufenthaltsorts des Schutzbedürftigen gar nicht in der Lage sein, eine geeignete Person vorzuschlagen; man denke z. B. an eine kleine Gemeinde, in welcher sich eine große Irrenanstalt befindet. Die Vorschlagspflicht des § 1849 geht weiter als die Fürsorgepflicht der §§ 1850, 1851. Insbesondere ergiebt sich aus der Vorschlagspflicht auch die Pflicht, über eine von einem anderen Gemeindewaisenrath vorgeschlagene Person sich zu äußern. Vergl. auch Erl. 2 zu § 1779. Im Gegensatze hierzu geht die Verf. des sächs. Justizmin. v. 11. März 1901 (J.M.Bl. S. 25) davon aus, daß der Vorschlag einer geeigneten Person und die Auskunftsertheilung über die Tauglichkeit einer Person Aufgabe des Gemeindewaisenraths am Aufenthaltsorte des Pflegebefohlenen ist; könne der Gemeindewaisenrath dieses Ortes sich über den Vorschlag nicht äußern oder wisse er keine taugliche Person, so habe er sich mit dem Gemeindewaisenrathe des Aufenthaltsorts des Vorgeschlagenen bezw. mit einem anderen Gemeindewaisenrathe, von dem er annehmen dürfe, daß er der Aufforderung des Gerichts entsprechen könne, ins Benehmen zu setzen und er könne die Aufforderung des Gerichts zur selbständigen Erledigung an ihn abgeben. Jedenfalls dürfte die hier (s. Erl. 2 zu § 1779) vertretene Ansicht den Geschäftsgang vereinfachen und beschleunigen.

6. Der § 49 des freiw. G.G. verpflichtet den Gemeindewaisenrath, wenn er von einem Falle Kenntniß erlangt, in welchem ein Vormund, Gegenvormund oder Pfleger zu bestellen ist, z. B. dem Tode des Vormundes, dem Vormundschaftsgerichte hiervon Mittheilung zu machen. Zugleich soll er die Personen vorschlagen, die sich zum Vormunde, Gegenvormund oder Pfleger eignen, er soll also solchen Falles nicht erst die Aufforderung des Vormundschaftsgerichts abwarten.

### § 1850.

**E. I § 1725 Abs. 1, 2; II § 1723 rev. § 1828; III § 1826. P. I S. 8447, 8860; M. IV S. 1225. P. II S. 6496 (Bd. 4 S. 838).**

1. Der § 1850 behandelt die hauptsächlichste Aufgabe des Gemeindewaisenraths, die Ueberwachung der Vormünder; s. Vorbm. 3 vor § 1849. Die Ueberwachung hat sich auf alle Vormünder zu erstrecken, deren Mündel im Bezirke des Gemeindewaisenraths sich aufhalten, gleichgültig bei welchem Vormundschaftsgerichte die Vormundschaft geführt wird. Zu überwachen sind

und auf Erfordern über das persönliche Ergehen und das Verhalten eines Mündels Auskunft zu ertheilen.

Erlangt der Gemeindewaisenrath Kenntniß von einer Gefährdung des Vermögens eines Mündels, so hat er dem Vormundschaftsgericht Anzeige zu machen.

## §. 1851.

Das Vormundschaftsgericht hat dem Gemeindewaisenrathe die Anordnung der Vormundschaft über einen sich in dessen Bezirk aufhaltenden Mündel unter Bezeichnung des Vormundes und des Gegenvormundes sowie einen in der Person des Vormundes oder des Gegenvormundes eintretenden Wechsel mitzutheilen.

Wird der Aufenthalt eines Mündels in den Bezirk eines anderen Gemeindewaisenraths verlegt, so hat der Vormund dem Gemeindewaisenrathe des bisherigen Aufenthaltsorts und dieser dem Gemeindewaisenrathe des neuen Aufenthaltsorts die Verlegung mitzutheilen.

---

die Vormünder. Dies läßt sich natürlich nur in der Weise bewerkstelligen, daß die Mündel beaufsichtigt werden, zumal nicht selten der Vormund nicht im Bezirke des Gemeindewaisenraths wohnt. Die Landesgesetze, welche dem Gemeindewaisenrath als Hülfsorgan Waisenpflegerinnen zur Seite stellen, bezeichnen deshalb regelmäßig als deren Aufgabe die Beaufsichtigung der im Kindesalter stehenden Mündel und die Mitwirkung bei der Ueberwachung weiblicher Mündel.

2. Der Abs. 1 betrifft die Ueberwachung der Thätigkeit der Vormünder in Ansehung der Sorge für die Person der Mündel. Die Ueberwachung geschieht in der Weise, daß der Gemeindewaisenrath bei den Mündeln selbst nachsieht, wie sie untergebracht sind, wie sie verpflegt werden, ob für ihre Erziehung ordentlich gesorgt ist, ob sie nicht mißhandelt werden ꝛc. Das Eingreifen des Gemeindewaisenraths hat hier unabhängig von einer Aufforderung des Vormundschaftsgerichts zu erfolgen. Mängel und Pflichtwidrigkeiten — letztere liegen vor, wenn der Vormund an einem Mangel die Schuld trägt (s. Erl. zu §§ 1837, 1886), — sind dem Vormundschaftsgericht und zwar demjenigen, bei welchem die Vormundschaft über den Mündel geführt wird, anzuzeigen. Regelmäßige Berichte dagegen hat der Gemeindewaisenrath nicht zu erstatten; über das persönliche Ergehen und das Verhalten eines Mündels ist nur auf Erfordern Auskunft zu ertheilen.

Um seiner Ueberwachungspflicht genügen zu können, ist der Gemeindewaisenrath berechtigt, in die Wohnung des Mündels zu gehen, von dem Vormund und Gegenvormund sowie den Personen, bei welchen der Mündel untergebracht ist, über dessen Ergehen und Verhalten Auskunft zu verlangen, den Lehrer und den Lehrherrn des Mündels zu befragen ꝛc. Wird dem Gemeindewaisenrathe der Zutritt zur Wohnung oder die Auskunft verweigert, so hat er kein Recht zum selbständigen Eingreifen, er ist darauf beschränkt, dem Vormundschaftsgericht Anzeige zu erstatten.

Gleiches gilt auch von dem Falle, daß er Mängel oder Pflichtwidrigkeiten wahrnimmt. Er kann nicht etwa selbst dem Vormund Anweisungen ertheilen, noch weniger steht ihm ein Ordnungsstrafrecht zu. Daß er den Vormund und den Mündel ermahnen, überhaupt Anregungen aller Art geben kann, versteht sich von selbst.

3. Der Abs. 2 bezieht sich auf die Ueberwachung der Thätigkeit der Vormünder in Ansehung der Vermögensverwaltung. Eine Einmischung in die Vermögensverwaltung steht dem Gemeindewaisenrathe nicht zu. Er hat nicht darüber zu wachen, daß das Vermögen des Mündels ordentlich verwaltet wird. Nachforschungen hat er in dieser Hinsicht nicht anzustellen. Nur wenn er von Mißständen der Verwaltung Kenntniß erhält, hat er Anzeige zu machen. Der Abs. 2 bezweckt also lediglich zu verhüten, daß der Gemeindewaisenrath, trotzdem er von einer Unregelmäßigkeit Kenntniß hat, schweigt.

**§ 1851.**

**E. I § 1725 Abs. 4, 5; II § 1725 rev. § 1829; III § 1827. P. I S. 8447, 8860; M. IV S. 1225. P. II S. 6498 (Bd. 4 S. 839).**

1. Ueber die Zwecke, welche mit der Vorschrift des § 1851 verfolgt werden, s. Vorbm. 4 vor § 1849.

2. Zu Abs. 1. Es wird sich empfehlen, dem Gemeindewaisenrathe die Persönlichkeit des Mündels bei der Mittheilung nach Geburtsort, Alter, Religion, Stand der Eltern ꝛc. so zu

## V. Befreite Vormundschaft.

### §. 1852.

Der Vater kann, wenn er einen Vormund benennt, die Bestellung eines Gegenvormundes ausschließen.

Der Vater kann anordnen, daß der von ihm benannte Vormund bei der Anlegung von Geld den in den §§. 1809, 1810 bestimmten Beschränkungen nicht unterliegen und zu den im §. 1812 bezeichneten Rechtsgeschäften der Genehmigung des Gegenvormundes oder des Vormundschaftsgerichts nicht bedürfen soll. Diese Anordnungen sind als getroffen anzusehen, wenn der Vater die Bestellung eines Gegenvormundes ausgeschlossen hat.

---

beschreiben, daß eine entsprechende Ueberwachung möglich ist. Wegen der unter einem Anstalts- oder Generalvormunde stehenden Mündel s. Erl. zu Art. 136 E.G.

3. Zu Abs. 2. Die Mittheilung an den Gemeindewaisenrath des neuen Aufenthaltsorts hat selbstverständlich die Angaben, welche das Vormundschaftsgericht bei seiner im Vollzuge des Abs. 1 gemachten Mittheilung dem Gemeindewaisenrathe gemacht hat, gleichfalls zu enthalten. Verlegt der Mündel den Aufenthalt in das Ausland, so hat zwar der Vormund dem Waisenrathe des bisherigen Aufenthaltsorts hiervon Mittheilung zu machen, dieser aber kann die Mittheilung nicht weitergeben; nimmt der Mündel in Deutschland wieder seinen Aufenthalt, so hat dies der Vormund dem Gemeindewaisenrathe dieses Aufenthaltsorts anzuzeigen.

Daß die Verlegung des Aufenthalts auch dem Vormundschaftsgericht anzuzeigen ist, ist reichsrechtlich nicht vorgeschrieben. Von einigen Bundesregierungen (z. B. von Bayern) ist es vorgeschrieben worden.

### V. Befreite Vormundschaft.

1. Das B.G.B. räumt bei der Altersvormundschaft kraft Gesetzes keinem Vormund, auch nicht dem Vater oder der Mutter, wenn sie Vormund sind, eine begünstigte Stellung ein. Anders bei der Vormundschaft über Volljährige; s. §§ 1903, 1904. Nur durch Anordnung der Eltern können den von ihnen benannten Vormündern die in den §§ 1852—1854 bestimmten Befreiungen gewährt werden.

2. Der Stoff des fünften Unterabschnitts ist in der Weise gegliedert, daß die §§ 1852 bis 1854 den Inhalt der dem Vater gestatteten Befreiungen bestimmen, der § 1855 die Anordnung der Mutter betrifft, der § 1856 die Voraussetzungen der Anordnung aufstellt und der § 1857 die Außerkraftsetzung der Anordnungen regelt.

### § 1852.

**E. I § 1690; II § 1726 rev. § 1830; III § 1828. P. I S. 8460—8477, 8561; M. IV S. 1163—1170. P. II S. 6435, 6451 (Bd. 4 S. 805—809).**

1. Der § 1852 gestattet

**a**) durch Ausschließung der Bestellung eines Gegenvormundes den Vormund von der Aufsicht des Gegenvormundes zu befreien; ein Gegenvormund darf dann trotz der Voraussetzungen des § 1792 Abs. 2 nicht bestellt werden. In der Ausschließung des Gegenvormundes liegen zugleich die Befreiungen unter b, nicht auch die der §§ 1853, 1854. Uebrigens kann der Vater die Befreiung auf die Ausschließung der Bestellung eines Gegenvormundes beschränken und anordnen, daß dem Vormunde die im Abs. 2 des § 1852 bezeichneten Befreiungen nicht zustehen sollen; gegenüber der gesetzlichen Vermuthung des Abs. 2 Satz 2 ist jedoch eine ausdrückliche Anordnung erforderlich.

**b**) den Vormund zu befreien

*α*) von der Beschränkung des § 1809, wonach die Anlegung von Mündelgeld bei Sparkassen, Banken oder Hinterlegungsstellen mit der Bestimmung zu erfolgen hat, daß zur Erhebung des Geldes die Genehmigung des Gegenvormundes oder des Vormundschaftsgerichts erforderlich ist; darin liegt zugleich die Einräumung einer freieren Stellung bei der Einziehung von Leistungen (s. § 1813 Abs. 1 Nr. 2, 3 und Abs. 2);

§. 1853.

Der Vater kann den von ihm benannten Vormund von der Verpflichtung entbinden, Inhaber- und Orderpapiere zu hinterlegen und den im §. 1816 bezeichneten Vermerk in das Reichsschuldbuch oder das Staatsschuldbuch eintragen zu lassen.

§. 1854.

Der Vater kann den von ihm benannten Vormund von der Verpflichtung entbinden, während der Dauer seines Amtes Rechnung zu legen.

Der Vormund hat in einem solchen Falle nach dem Ablaufe von je zwei Jahren eine Uebersicht über den Bestand des seiner Verwaltung unterliegenden Vermögens dem Vormundschaftsgericht einzureichen. Das Vormundschaftsgericht kann anordnen, daß die Uebersicht in längeren, höchstens fünfjährigen Zwischenräumen einzureichen ist.

Ist ein Gegenvormund vorhanden oder zu bestellen, so hat ihm der Vormund die Uebersicht unter Nachweisung des Vermögensbestandes vorzulegen. Der Gegenvormund hat die Uebersicht mit den Bemerkungen zu versehen, zu denen die Prüfung ihm Anlaß giebt.

---

β) von der Beschränkung des § 1810, wonach die Anlegung von Mündelgeld nur mit Genehmigung des Gegenvormundes oder des Vormundschaftsgerichts erfolgen soll;

γ) von dem Erfordernisse der Genehmigung des Gegenvormundes oder des Vormundschaftsgerichts zu Verfügungen über Forderungen, Rechte auf Leistungen und über Werthpapiere des Mündels nach § 1812. In anderen als den im § 1812 bezeichneten Fällen kann von dem Erfordernisse der Genehmigung des Gegenvormundes oder des Vormundschaftsgerichts zu einem Rechtsgeschäfte des Vormundes nicht befreit werden; dies gilt insbesondere von den in den §§ 1821—1824 bezeichneten Fällen.

2. Die Befreiung kann nur dem benannten Vormunde (§ 1776 Nr. 1, 2) gewährt werden. Sie bezieht sich nicht auf die betreffende Vormundschaft überhaupt (s. auch Schultetus S. 121, a. A. Fuchs S. 212). Ueber die Voraussetzung der Anordnung der Befreiung in formeller und materieller Hinsicht s. § 1856. Die Befreiung braucht nicht gleichzeitig mit der Benennung zu geschehen, sondern kann später erfolgen. Die Befreiung kann nicht nur der eheliche Vater gewähren, sondern auch der Vater des legitimirten Kindes sowie der Annehmende.

**§ 1853.**

**E. I § 1692; II § 1727 rev. § 1831; III § 1829. P. I S. 8470–8480, 8633; M. IV S. 1172. P. II S. 6448 (Bd. 4 S. 812—814).**

1. Zu § 1853 vergl. die §§ 1814—1820 und Erl. 2 zu § 1852.

2. Die Folge der im § 1853 bezeichneten Befreiung ist, daß, wenn der Vormund trotzdem freiwillig die Papiere hinterlegt oder umschreiben oder in das Schuldbuch eintragen läßt, die §§ 1819, 1820 keine Anwendung finden. Zufolge des Ausschlusses des § 1814 findet auch der § 1818 keine Anwendung. Erachtet das Vormundschaftsgericht besondere Gründe als vorliegend, um dem Vormunde die Hinterlegung in weiterem Umfang als nach § 1814 aufzuerlegen, so hat es vorher die elterliche Anordnung nach § 1857 außer Kraft zu setzen.

3. Von der Verpflichtung, nach Maßgabe des § 1844 Sicherheit zu leisten, kann der Vormund nicht befreit werden (anders der E. I; s. M. IV S. 1172, P. II S. 6449, Bd. 4 S. 813).

**§ 1854.**

**E. I § 1691; II § 1728 rev. § 1832; III § 1830. P. I S. 8470; M. IV S. 1170. P. II S. 6443 (Bd. 4 S. 809—811).**

1. Nach § 1854 kann der Vater dem Vormunde die im § 1840 angeordnete Rechnungslegung erlassen und zwar auch dann, wenn er dem Vormunde die in den §§ 1852, 1853 erwähnten

## §. 1855.

Benennt die eheliche Mutter einen Vormund, so kann sie die gleichen Anordnungen treffen wie nach den §§. 1852 bis 1854 der Vater.

---

Befreiungen nicht einräumt. Der Vormund ist aber gleichwohl wenigstens zur Einreichung einer Uebersicht über den Bestand des seiner Verwaltung unterliegenden Vermögens verpflichtet, die Uebersicht ist alle zwei Jahre einzureichen, das Vormundschaftsgericht kann aber den Zeitraum bis zu fünf Jahren verlängern und zwar kann (abweichend von § 1840) die Verlängerung schon zu Beginn der Vormundschaft bewilligt werden. Mehrere zu ungetheilter Verwaltung bestellte befreite Vormünder haben die Uebersicht gemeinschaftlich vorzulegen; ist nur einer von ihnen befreit, so haben die Uebrigen Rechnung zu legen. Die Uebersicht braucht nicht über den Zu- und Abgang des Vermögens Rechenschaft zu geben, sondern muß nur den Stand des Vermögens im Zeitpunkte der Einreichung ersehen lassen. Damit dieser Zweck erfüllt wird, genügt die Angabe der Aktiven, die Passiven brauchen nicht angegeben zu werden. Eine Werthangabe ist nur soweit erforderlich, als diese zur Individualisirung des Gegenstandes geboten erscheint. Bei Haushaltsgegenständen wird die Angabe des Gesammtwerths genügen. Die Uebersicht darf auf das beim Beginne der vormundschaftlichen Verwaltung eingereichte Verzeichniß und dessen Ergänzungen (§ 1802) und auf die früher eingereichten Vermögensübersichten Bezug nehmen. Einer besonderen Form bedarf die Uebersicht nicht. Das Vormundschaftsgericht hat — was als selbstverständlich nicht ausgesprochen ist — die Uebersicht zu prüfen und etwaige Mängel auf Grund seines Aufsichtsrechts zu heben (§ 1837). Zur Anordnung der Herstellung der Uebersicht durch einen Notar oder Beamten ist aber das Vormundschaftsgericht nicht befugt. Zu einer Abhörung im gleichen Sinne wie gegenüber der Rechnung (§ 1843) ist das Vormundschaftsgericht, entsprechend dem Zwecke der Vorschrift des § 1854, nicht berechtigt, dies hindert aber nicht, daß es, wenn es Unregelmäßigkeiten in der Verwaltung vermuthet, wenn z. B. die Uebersicht den Verdacht einer leichtsinnigen und verschwenderischen Verwaltung erregt, vom Vormunde nach § 1839 Auskunft verlangt. Namentlich kann es vom Vormunde auf Grund des § 1839 die Vorlegung der sich auf die Vormundschaft beziehenden Papiere verlangen. Abgesehen davon steht dem Vormundschaftsgerichte das im § 1857 bezeichnete Mittel der Außerkraftsetzung der väterlichen Anordnung zur Verfügung und kann es zur Prüfung, ob hiervon Gebrauch zu machen ist, den Vormund über die Uebersicht in ähnlicher Weise abhören wie über die Rechnung.

2. Der Abs. 3 geht natürlich nur von dem Falle aus, daß nicht die Bestellung eines Gegenvormundes nach § 1852 ausgeschlossen ist. Ist ein Gegenvormund aufgestellt, so hat er die einem Gegenvormunde nach § 1799 zukommende Aufgabe auch gegenüber dem von der Rechnungslegung befreiten Vormunde zu erfüllen. Der Gegenvormund erscheint daher berechtigt, vom Vormund über die Veränderungen, welche das Vermögen des Mündels in der Zeit, welche die Vermögensübersicht umfaßt, Auskunft zu verlangen, die Prüfungspflicht des Gegenvormundes beschränkt sich nicht darauf, ob alles Vermögen des Mündels in der Uebersicht aufgenommen worden ist und ob nicht etwas aufgenommen ist, was nicht oder nicht mehr vorhanden ist. Ueberdies hat der Vormund dem Gegenvormunde den Vermögensbestand nachzuweisen. Vergl. zu Abs. 2 auch die Erl. zu § 1842.

3. Von der Verpflichtung zur Einreichung eines Verzeichnisses des beim Beginne der Vormundschaft vorhandenen Vermögens, sowie zur Verzeichnung des dem Mündel später zufallenden Vermögens (§ 1802) und von der Verpflichtung zur Legung der Schlußrechnung (§ 1890) kann der Vormund nicht befreit werden. Auch ist ein Verbot der Offenlegung des Vermögensverzeichnisses nicht zulässig (anders E. I § 1695, M. IV S. 1173, P. II S. 6455, Bd. 4 S. 815).

4. Vergl. auch Erl. 2 zu § 1852.

### §. 1855.

**E. I §§ 1690–1692; II § 1729 rev. § 1833; III § 1831. P. I S. 8460, 8470; M. IV S. 1168. P. II S. 6439, 6446, 6450 (Bd. 4 S. 805–814).**

Das Recht der Befreiung steht nicht nur der ehelichen Mutter zu, sondern auch der Annehmenden, im Falle des § 1757 Abs. 2 der Frau des Annehmenden. Ueber die Benennung des Vormundes durch die Mutter s. § 1776 Nr. 2, § 1777. Beim Widerspruche zwischen der Anordnung des Vaters und der der Mutter geht die des Vaters vor.

§. 1856.

Auf die nach den §§. 1852 bis 1855 zulässigen Anordnungen finden die Vorschriften des §. 1777 Anwendung.

§. 1857.

Die Anordnungen des Vaters oder der Mutter können von dem Vormundschaftsgericht außer Kraft gesetzt werden, wenn ihre Befolgung das Interesse des Mündels gefährden würde.

---

**§ 1856.**

**E. I § 1693; II § 1730 rev. § 1834; III § 1832. P. I S. 8470, 8773; M. IV S. 1172. P. II S. 6457 (Bd. 4 S. 814).**

1. Aus der Anwendbarkeit des § 1777 ergiebt sich, daß der Vater und die Mutter die Anordnung nur treffen können, wenn sie zur Zeit ihres Todes die elterliche Gewalt über das Kind haben und sowohl in den die Person als auch in den das Vermögen betreffenden Angelegenheiten zur Vertretung befugt sind. Die Befreiung kann nur in einer letztwilligen Verfügung ausgesprochen werden. Der Vater ist nicht befugt, zu bestimmen, daß die Mutter dem von ihr benannten Vormunde Befreiungen nicht solle gewähren können. Im Uebrigen s. Erl. zu § 1777.

2. Die Befreiungen beziehen sich nicht nur auf das von dem anordnenden Elterntheile herrührende Vermögen, sondern auf das gesammte Mündelvermögen.

3. Ist schlechthin eine Ernennung zum befreiten Vormund erfolgt, so ist die Verfügung regelmäßig dahin auszulegen, daß dem Vormund alle gesetzlich überhaupt zulässigen Befreiungen zustehen sollen.

4. Einer Prüfung oder Bestätigung durch das Vormundschaftsgericht bedarf die Anordnung der Eltern nicht. Ueber die Rechtsgültigkeit der Anordnung entscheidet im Streitfalle der Prozeßrichter. Diesem steht auch die Entscheidung über die Rechtsgültigkeit eines Rechtsgeschäfts zu, wenn entgegen dem Verbote des Vaters ein Gegenvormund bestellt worden ist und der Vormund ohne die im Falle der Ungültigkeit der väterlichen Anordnung erforderliche Genehmigung desselben ein Rechtsgeschäft vornimmt, zu welchem er nach der Anordnung des Vaters der Genehmigung des Gegenvormundes nicht bedarf.

**§ 1857.**

**E. I § 1694; II § 1731 rev. § 1835; III § 1833. P. I S. 8479, 8774; M. IV S. 1173. P. II S. 6451 (Bd. 4 S. 805, 814).**

1. Die Befugniß der Außerkraftsetzung ist eine Folge des Rechtes des Vormundschaftsgerichts, den von den Eltern benannten Vormund unter gewissen Voraussetzungen bei der Uebertragung der Vormundschaft zu übergehen (§ 1778). Die Außerkraftsetzung kann bei Beginn der Vormundschaft oder später erfolgen. Vorher wird regelmäßig der Vormund zu hören sein. Empfehlen wird sich, daß das Vormundschaftsgericht vorher gemäß § 1847 auch die Angehörigen des Mündels hört. Die Anordnungen können auch nur zum Theil außer Kraft gesetzt werden. Die Außerkraftsetzung kann wieder ganz oder theilweise aufgehoben werden.

2. Ob die Befolgung die Interessen des Mündels gefährdet, hat das Vormundschaftsgericht unter Würdigung aller in Betracht kommenden Verhältnisse, insbesondere der Persönlichkeit und der Vermögenslage des Vormundes, zu beurtheilen. Selbstverständlich müssen positive Anhaltspunkte für eine Gefährdung der Mündelinteressen im Falle der Aufrechterhaltung der elterlichen Befreiung vorliegen. Ob die betreffenden Thatsachen dem Elterntheile bekannt waren oder nicht, kommt nicht in Betracht. Eine erhebliche Gefährdung ist nicht verlangt.

3. Gegen die die Außerkraftsetzung aussprechende Verfügung hat der Vormund das Recht der Beschwerde.

4. Die die Befreiung aussprechende elterliche Anordnung berührt das Recht des Vormundschaftsgerichts nicht, nach § 1886 den Vormund aus wichtigen Gründen, insbesondere wegen Pflichtwidrigkeiten zu entlassen.

# VI. Familienrath.

§. 1858.

Ein Familienrath soll von dem Vormundschaftsgericht eingesetzt werden, wenn der Vater oder die eheliche Mutter des Mündels die Einsetzung angeordnet hat.

---

## VI. Familienrath.

1. Die Verrichtungen des Vormundschaftsgerichts, die eine Vormundschaft über Minderjährige oder Volljährige oder eine Pflegschaft, mit Ausnahme der Pflegschaften für unbekannte Betheiligte (§ 1913) und für ein durch Sammlung zu einem vorübergehenden Zwecke zusammengebrachtes Vermögen (§ 1914), betreffen, können unter den Voraussetzungen der §§ 1858, 1859, 1905, 1915 einem Familienrath übertragen werden.

Dagegen können, wie sich aus der Stellung der vom Familienrathe handelnden Vorschriften ergiebt, die Verrichtungen, zu denen das Vormundschaftsgericht sonst noch berufen ist (vergl. Vorbm. S. 515), einem Familienrathe nicht übertragen werden. Dies gilt insbesondere von den Verrichtungen in Ansehung von Kindern unter elterlicher Gewalt — (außer es ist eine Pflegschaft angeordnet, in welchem Falle die Einsetzung eines Familienraths in Ansehung der Pflegschaft, aber auch nur in dieser Beschränkung, zulässig ist) — und für die Rechtsverhältnisse unter Ehegatten. In Ansehung einer Beistandschaft ist also der Familienrath nur möglich, wenn dem Beistande, weil ihm die Vermögensverwaltung übertragen ist, die rechtliche Stellung eines Pflegers nach § 1693 zukommt.

Bezüglich derjenigen Verrichtungen, zu welchen das Vormundschaftsgericht an und für sich sowohl für bevormundete als unter elterlicher Gewalt stehende Kinder zuständig ist, z. B. der Volljährigkeitserklärung (§ 3), der Ermächtigung zum Betrieb eines Erwerbsgeschäfts (§ 112), der Genehmigung zum Abschlusse des Annahmevertrags (§ 1750), der Entlassung aus dem Staatsverbande (E.G. Art. 41 II), kommt es darauf an, ob das Kind, für welches das Gericht thätig werden soll, bevormundet ist oder nicht. Ersteren Falles ist der Familienrath, welcher für die Vormundschaft eingesetzt ist, auch zu den bezeichneten Verrichtungen zuständig. Gleiches gilt selbstverständlich von den übrigen zu einer Vormundschaft oder Pflegschaft gehörenden Verrichtungen, die nicht im Abschnitt über die Vormundschaft, sondern an besonderen Stellen geregelt sind (vergl. z. B. §§ 114, 1595, 1714, 1727, 1728, 1729, 2347). Daß, wenn in einer Vormundschaft, für welche ein Familienrath eingesetzt ist, eine Pflegschaft nach § 1909 angeordnet wird, der Familienrath von selbst auch für diese Pflegschaft zuständig ist, bedarf keiner Ausführung. Ist umgekehrt eine nach § 1909 anzuordnende Pflegschaft neben einer Vormundschaft bestellt, für welche ein Familienrath nicht eingesetzt ist, so folgt schon aus der Zuständigkeitsvorschrift des § 37 freiw. G.G., daß nicht für die Pflegschaft allein ein Familienrath eingesetzt werden kann.

2. Die Einrichtung des Familienraths bezweckt, der Familie eine Antheilnahme an der Vormundschaft zu ermöglichen. Hierüber vergl. die Vorbm. S. 514. Von Bedeutung ist der Familienrath insbesondere in solchen Fällen, in welchen es sich um die Fortsetzung großer landwirthschaftlicher oder industrieller, zum Vermögen des Mündels gehörender Betriebe handelt und die dem Richter in diesen Beziehungen regelmäßig fehlenden technischen Kenntnisse durch die Mitwirkung von geeigneten Verwandten oder Verschwägerten ergänzt werden können (M. IV S. 1021).

3. Der vom Familienrathe handelnde Unterabschnitt regelt in den §§ 1858, 1859 die Fälle der Einsetzung des Familienraths, im § 1860 die Zusammensetzung desselben, in den §§ 1861—1871 die Bestellung zum Mitglied. Im § 1872 ist die rechtliche Stellung des Familienraths bestimmt und festgesetzt, wem die Leitung der Geschäfte obliegt. Die §§ 1873—1875 ordnen die Einberufung, die Beschlußfähigkeit und Beschlußfassung des Familienraths und die Folgen des Ausbleibens eines Mitglieds. Der § 1876 gestattet in gewissen Fällen vorläufige Anordnungen des Vorsitzenden. Der § 1877 betrifft den Ersatz der Auslagen der Mitglieder. Im § 1878 werden die Gründe der Beendigung der Mitgliedschaft, in den §§ 1879, 1880 die Gründe der Beendigung des Familienraths bestimmt. Der § 1881 regelt die Folgen der Aufhebung des Familienraths.

### § 1858.

**E. I § 1712; II § 1751 rev. § 1836; III § 1834. P. I S. 8501, 8633; M. IV S. 1014, 1018, 1203. P. II S. 6490—6496 (Bd. 4 S. 835—838).**

1. Der Familienrath tritt nur auf Grund einer ausdrücklichen Einsetzung des Vormundschaftsgerichts in Wirksamkeit. Die Fälle der Einsetzung sind in den §§ 1858, 1859 bezeichnet.

Der Vater oder die Mutter kann die Einsetzung des Familienraths von dem Eintritt oder Nichteintritt eines bestimmten Ereignisses abhängig machen.

Die Einsetzung unterbleibt, wenn die erforderliche Zahl geeigneter Personen nicht vorhanden ist.

§. 1859.

Ein Familienrath soll von dem Vormundschaftsgericht eingesetzt werden, wenn ein Verwandter oder Verschwägerter des Mündels oder der Vormund oder der Gegenvormund die Einsetzung beantragt und das Vormundschaftsgericht sie im Interesse des Mündels für angemessen erachtet.

Die Einsetzung unterbleibt, wenn der Vater oder die eheliche Mutter des Mündels sie untersagt hat.

---

Die Einsetzung geschieht auf Anordnung der Eltern (§ 1858) oder auf Antrag Betheiligter (§ 1859); von Amtswegen kann der Vormundschaftsrichter den Familienrath nicht einsetzen. Die §§ 1858, 1859 enthalten übrigens nur Ordnungsvorschriften, ihre Verletzung bewirkt nicht, daß das Vormundschaftsgericht nicht ordnungsgemäß besetzt ist, die Verfügungen des Vormundschaftsrichters können nicht deshalb als nichtig angefochten werden, weil ein Familienrath hätte eingesetzt werden sollen. Ueber die Beschwerde wegen Ablehnung der Einsetzung s. § 57 Nr. 4 des freiw. G.G.

2. Zu Abs. 1, 2 vergl. wegen der Voraussetzungen und der Form der elterlichen Anordnung den § 1868. Aus diesem ergiebt sich, daß der § 1858 auf den Fall der Vormundschaft über Minderjährige beschränkt ist. Bei der Vormundschaft über Volljährige kann ein Familienrath nur nach § 1859 eingesetzt werden (§ 1905). Als Beispiel für eine zu Abs. 2 hier in Betracht kommende Bedingung führen die M. IV S. 1204 den Fall an, daß ein Familienrath nur eingesetzt werden soll, wenn die berufenen Personen das Amt eines Mitglieds übernehmen, und nur solange, als sie in einer zur Beschlußfähigkeit erforderlichen Zahl das Amt bekleiden, oder daß ein Familienrath nur eingesetzt werden soll, wenn zur Zeit der Anordnung der Vormundschaft ein bestimmtes Handelsgeschäft noch für Rechnung des Mündels betrieben wird, und nur solange, bis es liquidirt oder sonst aufgegeben ist.

3. Zu Abs. 3. Erforderlich sind nach § 1860, § 1874 Abs. 1 neben dem Richter mindestens zwei Personen. Ob die in Betracht kommenden Personen geeignet sind, bestimmt sich nach den §§ 1865–1867 und hat der Vormundschaftsrichter nach seinem pflichtgemäßen Ermessen zu entscheiden. Die vorherige Anhörung von Angehörigen des Mündels ist nicht vorgeschrieben.

4. Abgesehen vom Falle des Abs. 3 ist das Vormundschaftsgericht verpflichtet, der elterlichen Anordnung Rechnung zu tragen, es darf sie selbst dann nicht außer Kraft setzen, wenn es ihre Befolgung als mit dem Interesse des Mündels nicht vereinbar betrachtet und die Gründe hierfür erst nach dem Tode des Anordnenden eingetreten sind.

**§ 1859.**

**E. I § 1713; II § 1752 rev. § 1837; III § 1835. P. I S. 8502, 8633; M. IV S. 1205. P. II S. 6490 (Bd. 4 S. 835).**

1. Vergl. Erl. 1 zu § 1858.

2. Das Antragsrecht hat jeder Verwandte oder Verschwägerte des Mündels ohne Rücksicht auf die Linie und die Nähe der Verwandtschaft oder Schwägerschaft, bei Mitvormündern jeder Vormund, auch wenn die Verwaltung eine ungetheilte ist. Es genügt der Antrag eines einzigen Verwandten. Ist neben dem Vormund ein Pfleger bestellt, so ist auch dieser antragsberechtigt (§ 1915). Das Vormundschaftsgericht ist aber nicht verpflichtet, auf den Antrag einzugehen — und zwar selbst dann nicht, wenn der Antrag von allen Betheiligten gestellt wird —, sondern es kann ihn ablehnen, wenn es die Einsetzung als nicht im Interesse des Mündels gelegen erachtet. Diese wesentliche Abweichung von der preuß. Vormundschaftsordnung (§ 71) hat ihren Grund hauptsächlich darin, daß erfahrungsgemäß manche Vormünder das Antragsrecht dazu benutzten, um unbequeme Vormundschaftsrichter lahm zu legen. Selbstverständlich ist der Antrag

§. 1860.

Der Familienrath besteht aus dem Vormundschaftsrichter als Vorsitzendem und aus mindestens zwei, höchstens sechs Mitgliedern.

§. 1861.

Als Mitglied des Familienraths ist berufen, wer von dem Vater oder der ehelichen Mutter des Mündels als Mitglied benannt ist. Die Vorschriften des §. 1778 Abs. 1, 2 finden entsprechende Anwendung.

---

auch dann abzulehnen, wenn es an der erforderlichen Zahl geeigneter Personen fehlt, d. h. wenn nicht mindestens zwei Personen vorhanden sind und zwar nach § 1867 Personen, die mit dem Mündel verwandt oder verschwägert sind. Dem Interesse des Mündels ist die Einsetzung des Familienraths z. B. dann nicht angemessen, wenn die als Mitglieder des Familienraths zu bestellenden Verwandten oder Verschwägerten soweit vom Amtssitze des Vormundschaftsrichters entfernt wohnen, daß der Zusammentritt des Familienraths mit Schwierigkeiten oder mit unverhältnißmäßigen Kosten (§ 1877) verbunden ist. Wegen des Beschwerderechts s. §§ 20, 57 Nr. 4 des freiw. G.G.

3. Zu Abs. 2 vergl. § 1868. Die Untersagung ist eine selbständige Anordnung, die mithin auch dann wirksam ist, wenn der Untersagende einen Vormund nicht benannt hat. Wird trotz der Untersagung ein Familienrath eingesetzt, so hat zwar jeder dadurch Beeinträchtigte (also insbesondere Vormund und Gegenvormund) nach § 20 freiw. G.G. die Beschwerde; die Einsetzung ist aber nicht nichtig.

Ob in der bedingten Anordnung der Einsetzung eines Familienraths (§ 1858 Abs. 2) zugleich ein Verbot für den Ausfall der Bedingung zu erblicken ist, ist eine Frage der Auslegung der letztwilligen Verfügung (M. IV S. 1225). Gleiches gilt von der Anordnung der Aufhebung des Familienraths (s. Erl. 2 zu § 1880).

**§ 1860.**

**E. I § 1714 Abs. 1; II § 1753 rev. § 1838; III § 1836. P. I S. 8509, 8518; M. IV S. 1207. P. II S. 6492 (Bd. 4 S. 836).**

1. Der Vormundschaftsrichter gehört dem Familienrathe kraft Gesetzes an. Die Fassung des § 1860 stellt ihn in Gegensatz zu den übrigen Theilnehmern des Familienraths, welche als dessen Mitglieder im engeren Sinne bezeichnet werden. Die Fassung ist gewählt, um das Mißverständniß zu vermeiden, als ob die Bestimmungen über die Auswahl und Ausschließung der Mitglieder, insbesondere über den Ersatz verhinderter Mitglieder auf den Vorsitzenden bezogen werden könnten. Ist der Vorsitzende verhindert, so wird er nicht durch ein Mitglied des Familienraths vertreten, sondern durch denjenigen, welcher ihn in den übrigen richterlichen Geschäften zu vertreten hat.

2. Ueber den Vorsitz bei kollegialen Vormundschaftsbehörden s. § 190 des freiw. G.G.

**§ 1861.**

**E. I § 1715 Abs. 1; II § 1754 rev. § 1839; III § 1837. P. I S. 8510, 8519; M. IV S. 1209. P. II S. 6492 (Bd. 4 S. 836).**

1. Beim Familienrathe giebt es nur zwei Berufungsgründe, die Berufung durch die Eltern und die durch das Gericht. Von der ersteren handelt der § 1861, von der letzteren der § 1862.

2. Zu § 1861 Satz 1 vergl. was die Voraussetzungen und die Form der Benennung betrifft, den § 1868 mit § 1777. Die Benennung kann auch in dem Falle erfolgen, daß der Elterntheil einen Familienrath selbst nicht angeordnet hat; in diesem Falle wird sie nur wirksam,

## §. 1862.

Soweit eine Berufung nach §. 1861 nicht vorliegt oder die Berufenen die Uebernahme des Amtes ablehnen, hat das Vormundschaftsgericht die zur Beschlußfähigkeit des Familienraths erforderlichen Mitglieder auszuwählen. Vor der Auswahl sollen der Gemeindewaisenrath und nach Maßgabe des §. 1847 Verwandte oder Verschwägerte des Mündels gehört werden.

Die Bestimmung der Zahl weiterer Mitglieder und ihre Auswahl steht dem Familienrathe zu.

---

wenn der Familienrath nach § 1859 oder auf Grund der Anordnung des anderen Elterntheils eingesetzt wird. Hat der Vater oder die Mutter mehr Personen benannt, als die gesetzlich zulässige Zahl der Mitglieder beträgt (§ 1860), so wird, wenn nicht die Auslegung der elterlichen Anordnung zu einem anderen Ergebnisse führt, der Richter die Auswahl haben (a. A. Hesse, welcher die an erster Stelle Benannten auch zuerst berufen will). Die vom Vater Benannten gehen den von der Mutter Benannten vor. Die Mutter kann, wenn sie später die elterliche Gewalt erlangt, das Benennungsrecht auch in der Weise ausüben, daß sie bis zu der gesetzlich zulässigen Höchstzahl neben den vom Vater benannten Mitgliedern noch weitere Personen benennt.

3. Durch die im Satz 2 für anwendbar erklärten Vorschriften des § 1778 Abs. 1, 2 wird die Bedeutung der Berufung durch die Eltern klar gestellt. Die Berufung bildet danach nicht einen bloßen Anhaltspunkt für den Richter bei der Auswahl, sondern die Berufenen haben ein Recht auf die Berufung und dürfen ohne ihre Zustimmung nur aus den im § 1778 Abs. 1 mit §§ 1780—1784 genannten Gründen übergangen werden. Die im § 1778 Abs. 1 durch Verweisung auf die §§ 1780—1782 bezeichneten Gründe entsprechen den Gründen, aus welchen eine Person nach §§ 1865, 1866 vom Familienrath ausgeschlossen ist; aus den in §§ 1783, 1784 bezeichneten Gründen (daß der Berufene eine Frau oder ein Beamter oder Religionsdiener ist), welche nach § 1778 Abs. 1 mit § 1861 Satz 2 ferner anwendbar sind, ist dagegen nur die Uebergehung einer berufenen Person zulässig. Dagegen bilden diese Gründe keine Gründe der Untauglichkeit für den Eintritt in den Familienrath (s. Erl. zu § 1866). Bei vorübergehender Verhinderung des Berufenen greift die Vorschrift des Abs. 2 des § 1778 ein. Im Uebrigen s. Erl. 1, 3 zu § 1778. Ueber das Beschwerderecht gegen eine Verfügung, durch welche ein Berufener gegen seinen Willen übergangen wird, s. freiw. G.G. § 60 Abs. 1 Nr. 1. Eine Pflicht zur Uebernahme der Mitgliedschaft besteht nicht (§ 1869).

### § 1862.

**E. I § 1715 Abs. 2; II § 1755 Abs. 1, 2 rev. § 1840; III § 1838. P. I S. 8510, 8519; M. IV S. 1209. P. II S. 6492 (Bd. 4 S. 836).**

1. Wenn eine Berufung durch elterliche Anordnung nicht vorliegt oder der Berufene vom Vormundschaftsgericht aus den im § 1778 Abs. 1 bezeichneten Gründen übergangen wird oder die Berufenen — wozu sie nach § 1869 ohne Weiteres berechtigt sind — ablehnen, so hat das Vormundschaftsgericht die Mitglieder auszuwählen, jedoch nur bis die zur Beschlußfähigkeit erforderliche Zahl (§ 1874) erreicht ist, also höchstens zwei. Die Auswahl weiterer Mitglieder bis zur Höchstzahl von sechs (§ 1860) steht dann dem Familienrathe zu. Für die Auswahl des Richters gelten die Vorschriften der §§ 1865—1867. Ueber die vorherige Anhörung des Gemeindewaisenraths s. § 1849. Wegen der Anhörung von Verwandten und Verschwägerten s. Erl. zu § 1847.

2. Für die Auswahl von Mitgliedern durch den Familienrath selbst (Abs. 2) ist das Erforderniß der vorherigen Anhörung des Gemeindewaisenraths oder von Verwandten oder Verschwägerten des Mündels nicht aufgestellt. Für die Auswahl gelten die Vorschriften der §§ 1865, 1866, nicht dagegen die des § 1867.

3. Bei der Auswahl werden die Nähe des Verwandtschaftsgrades des Auszuwählenden, sein Lebensalter und seine sonstigen persönlichen Verhältnisse, insbesondere die Entfernung des Wohnsitzes des Auszuwählenden vom Gerichtssitz in Betracht zu kommen haben. Auch wird darauf Rücksicht zu nehmen sein, daß thunlichst die väterliche und die mütterliche Familie im Familienrathe vertreten ist (M. IV S. 1210).

§. 1863.

Sind neben dem Vorsitzenden nur die zur Beschlußfähigkeit des Familienraths erforderlichen Mitglieder vorhanden, so sind ein oder zwei Ersatzmitglieder zu bestellen.

Der Familienrath wählt die Ersatzmitglieder aus und bestimmt die Reihenfolge, in der sie bei der Verhinderung oder dem Wegfall eines Mitglieds in den Familienrath einzutreten haben.

Hat der Vater oder die eheliche Mutter Ersatzmitglieder benannt und die Reihenfolge ihres Eintritts bestimmt, so ist diese Anordnung zu befolgen.

§. 1864.

Wird der Familienrath durch vorübergehende Verhinderung eines Mitglieds beschlußunfähig und ist ein Ersatzmitglied nicht vorhanden, so ist für die Dauer der Verhinderung ein Ersatzmitglied zu bestellen. Die Auswahl steht dem Vorsitzenden zu.

---

**§ 1863.**

**E. I § 1715 Abs. 4; II § 1756 rev. § 1841; III § 1839. P. I S. 8510, 8519; M. IV S. 1211. P. II S. 6492 (Bd. 4 S. 836).**

1. Um Verzögerungen zu verhüten, welche durch Beschlußunfähigkeit des Familienraths im Falle der Verhinderung oder des Wegfalls eines Mitgliedes eintreten könnten, schreibt der § 1863 die Bestellung von Ersatzmitgliedern vor; die Bestellung ist eine dauernde, die Theilnahme am Familienrathe selbst aber natürlich jeweils eine nur vorübergehende. Wegen der vorübergehenden Bestellung von Ersatzmitgliedern s. § 1864.

2. Ersatzmitglieder müssen bestellt werden, wenn nur die zur Beschlußfähigkeit erforderlichen Mitglieder, d. h. nach § 1874 nicht mehr als zwei vorhanden sind; auf der anderen Seite dürfen Ersatzmitglieder nur für diesen Fall bestellt werden. Wann der Fall eintritt, ist gleichgültig. Wird die Zahl der ordentlichen Mitglieder später erhöht, so erlischt dadurch die Eigenschaft der Ersatzmitglieder nicht, sie treten auch in diesem Falle an die Stelle eines verhinderten oder weggefallenen Mitglieds. Ob ein oder zwei Ersatzmitglieder zu bestellen sind, hängt vom Ermessen des Familienraths ab. Vorherige Anhörung des Gemeindewaisenraths oder von Angehörigen des Mündels ist nicht vorgeschrieben.

3. Zu Abs. 2. Im Falle des Wegfalls eines ordentlichen Mitglieds ist vom Vormundschaftsgericht ein neues ordentliches Mitglied zu bestellen; als ordentliches Mitglied kann natürlich auch eine Person, welche nicht Ersatzmitglied ist, bestellt werden. Mit der Bestellung hört die dauernde Vertretung des weggefallenen Mitglieds durch das Ersatzmitglied auf.

4. Zu Abs. 3. Ueber die Voraussetzungen und die Form der elterlichen Anordnung s. § 1868 mit § 1777. Hat der Elterntheil nur die Person der Ersatzmitglieder benannt, die Reihenfolge des Eintritts aber nicht bestimmt, so ist die Bestimmung Sache des Familienraths.

5. Die allgemeinen Vorschriften über die Mitglieder des Familienraths gelten auch für die Ersatzmitglieder. Es gelten für sie also insbesondere die Vorschriften des § 1861 Satz 2, wonach auf die Benennung durch die Eltern der § 1778 Abs. 1, 2 Anwendung findet, ferner die Unfähigkeits- und Untauglichkeitsgründe der §§ 1865, 1866 (nicht des § 1867), weiter die Vorschrift des § 1869, so daß Niemand das Amt eines Ersatzmitglieds anzunehmen braucht, die die Art der Bestellung regelnde Vorschrift des § 1870 und die Vorschriften über die Sitzungen des Familienraths (§§ 1874, 1875).

**§ 1864.**

**E. I § 1715 Abs. 5; II § 1757 rev. § 1842; III § 1840. P. I S. 8510, 8519; M. IV S. 1212. P. II S. 6492 (Bd. 4 S. 836).**

1. Die vorherige Anhörung des Gemeindewaisenraths oder von Angehörigen des Mündels ist nicht vorgeschrieben. Ueber die Beschlußfähigkeit s. § 1874.

2. Die Erl. 5 zu § 1863 trifft auch hierher zu.

## §. 1865.

Zum Mitgliede des Familienraths kann nicht bestellt werden, wer geschäftsunfähig oder wegen Geistesschwäche, Verschwendung oder Trunksucht entmündigt ist.

## §. 1866.

Zum Mitgliede des Familienraths soll nicht bestellt werden:

1. der Vormund des Mündels;
2. wer nach §. 1781 oder nach §. 1782 nicht zum Vormunde bestellt werden soll;
3. wer durch Anordnung des Vaters oder der ehelichen Mutter des Mündels von der Mitgliedschaft ausgeschlossen ist.

---

3. Da § 1864 nur eine vorübergehende Bestellung zum Ersatzmitgliede zuläßt, so ist das Ersatzmitglied zu entlassen, wenn die Verhinderung des ordentlichen Mitglieds aufhört.

4. Wird durch Wegfall eines Mitglieds und Fehlen eines Ersatzmitglieds der Familienrath beschlußunfähig (§ 1874), so hat der Vorsitzende die im § 1864 bestimmte Befugniß nicht, sondern er muß nach § 1862 ein ordentliches Mitglied bestellen.

### § 1865.

**E. I § 1716 Abs. 1, 3; II § 1758 rev. § 1843; III § 1841. P. I S. 8513, 8522; M. IV S. 1212. P. II S. 6493 (Bd. 4 S. 837).**

**1.** Der § 1865 wiederholt die im § 1780 für den Vormund aufgestellten Unfähigkeitsgründe für das Mitglied des Familienraths. Im Uebrigen s. Erl. zu § 1780. Wegen der erst nach der Bestellung eintretenden Entmündigung s. § 1878 mit § 1885.

**2.** Verletzung des § 1865 bewirkt Nichtigkeit der Bestellung und macht damit alle Verfügungen des Familienraths unwirksam, bei denen das unfähige Mitglied mitgewirkt hat, ohne daß untersucht werden darf, ob es auf seine Stimme für das Zustandekommen der Verfügung ankam. Es ist also bei Unfähigkeit eines Mitglieds stets der ganze Familienrath nicht rechtmäßig besetzt und dies auch dann nicht, wenn nach Abzug des unfähigen Mitglieds die zur Beschlußfähigkeit erforderliche Zahl von Mitgliedern vorhanden ist.

**3.** Der § 1865 gilt nicht nur für die ordentlichen, sondern auch für die Ersatzmitglieder (§§ 1863, 1864).

### § 1866.

**E. I § 1716 Abs. 1, 2 Nr. 1, 2, 4, Abs. 3; II § 1759 rev. § 1844; III § 1842. P. I S. 8513, 8522; M. IV S. 1212. P. II S. 6493 (Bd. 4 S. 837). K.B. S. 2092. St.B. S. 3005, 3095.**

**1.** Der § 1866 enthält die Gründe, welche eine Person zum Mitgliede des Familienraths untauglich machen. Die trotzdem erfolgte Bestellung ist nicht nichtig, der Bestellte ist aber zu entlassen (hierzu vergl. Erl. zu § 1878).

**2.** Untauglich sind hiernach

**a)** der Vormund, nicht der Gegenvormund. Durch die Vorschrift des § 1866 Nr. 1 werden selbstverständlich die Bestimmungen über die Pflicht des Familienraths, den Vormund dann zu hören, wenn seine Anhörung für das Vormundschaftsgericht erforderlich ist, nicht berührt. Ist der Gegenvormund Mitglied des Familienraths, so unterbleibt natürlich seine Anhörung, die sonst nach § 1826 stattfinden müßte.

**b)** wer minderjährig oder nach § 1906 unter vorläufige Vormundschaft gestellt ist;

**c)** wer nach § 1910 zur Besorgung seiner Vermögensangelegenheiten einen Pfleger erhalten hat;

**d)** wer in Konkurs gerathen ist, während der Dauer des Konkurses;

**e)** wer der bürgerlichen Ehrenrechte für verlustig erklärt worden ist, nach Maßgabe des St.G.B. § 34 Nr. 6, § 36;

**f)** wer durch Anordnung des Vaters oder der ehelichen Mutter des Mündels von dem Amte des Vormundes ausgeschlossen ist (§ 1782);

### §. 1867.

Zum Mitgliede des Familienraths soll nicht bestellt werden, wer mit dem Mündel weder verwandt noch verschwägert ist, es sei denn, daß er von dem Vater oder der ehelichen Mutter des Mündels benannt oder von dem Familienrath oder nach §. 1864 von dem Vorsitzenden ausgewählt worden ist.

### §. 1868.

Für die nach den §§. 1858, 1859, 1861, 1863, 1866 zulässigen Anordnungen des Vaters oder der Mutter gelten die Vorschriften des §. 1777.

Die Anordnungen des Vaters gehen den Anordnungen der Mutter vor.

---

**g)** wer durch Anordnung des Vaters oder der ehelichen Mutter des Mündels von der Mitgliedschaft zum Familienrath ausgeschlossen ist (§ 1866 Nr. 3).

Auf die unter f und g bezeichneten Anordnungen findet der § 1777 Anwendung (§ 1782 Abs. 2, § 1868).

Nicht untauglich ist

*α*) eine Frau. Dies beruht auf einem Beschlusse der Reichstagskommission. Die Zustimmung des Ehemanns zur Bestellung einer verheiratheten Frau ist nicht erforderlich, weil eine dem § 1783 entsprechende Bestimmung beim Familienrathe fehlt.

*β*) Ein Beamter oder Religionsdiener bedarf, wie sich aus dem Fehlen einer dem § 1784 entsprechenden Bestimmung ergiebt (M. IV S. 1215), zum Eintritt in den Familienrath nicht einer dienstlichen Erlaubniß. Entgegenstehende landesgesetzliche Vorschriften sind aufgehoben. Sollte übrigens im einzelnen Falle das dienstliche Interesse durch den Eintritt Schaden leiden, so könnte das Vormundschaftsgericht durch Entlassung nach § 1878 mit § 1889 Abhülfe gewähren.

Im Uebrigen s. Erl. zu §§ 1781, 1782.

**3.** Der § 1866 findet auf Ersatzmitglieder (§§ 1863, 1864) Anwendung.

### § 1867.

**E. I § 1716 Abs. 2 Nr. 3, Abs. 3; II § 1760 rev. § 1845; III § 1843 P. I S. 8513, 8522; M. IV S. 1214. P. II S. 6493 (Bd. 4 S. 837).**

**1.** Aus § 1867 ergiebt sich, daß das Vormundschaftsgericht, wenn es den Familienrath nach § 1859 einsetzt, nur Verwandte oder Verschwägerte des Mündels auswählen kann, außer wenn der Vater oder die Mutter, ohne selbst die Einsetzung eines Familienraths anzuordnen, für den Fall der Einsetzung desselben im Voraus Personen als Mitglieder benannt haben (s. Erl. zu § 1861). Auf die Nähe des Grades oder der Linie kommt nichts an.

**2.** Im Falle des § 1864 erlangt der vom Vormundschaftsrichter als Ersatzmitglied Ausgewählte nur für den vorübergehenden Zweck, nicht überhaupt die Eigenschaft eines Mitglieds des Familienraths.

**3.** Die Verletzung des § 1867 hat auf die Gültigkeit der Bestellung keinen Einfluß.

### § 1868.

**E. I § 1718; II § 1761 rev. § 1846; III § 1844. P. I S. 8501, 8509, 8520; M. IV S. 1216. P. II S. 6493 (Bd. 4 S. 837).**

**1.** Für die Befugniß eines Elterntheils, die Einsetzung eines Familienraths anzuordnen (§ 1858) oder zu untersagen (§ 1859), bestimmte Personen als Mitglieder (§ 1861) oder Ersatzmitglieder (§ 1863) zu benennen oder von der Mitgliedschaft auszuschließen (§ 1866) und die Reihenfolge des Eintritts mehrerer Ersatzmitglieder zu bestimmen (§ 1863), gelten in formeller wie materieller Beziehung die gleichen Voraussetzungen wie für das Recht der Eltern, einen Vormund zu benennen (§ 1777). Die Befugniß ist mithin eine Nachwirkung der elterlichen Gewalt. Im Uebrigen s. Erl. zu § 1777.

**2.** Der Vorrang der väterlichen Anordnung vor der Anordnung der Mutter (Abs. 2) gilt auch, wenn die Mutter den Vater überlebt hat.

§. 1869.

Niemand ist verpflichtet, das Amt eines Mitglieds des Familienraths zu übernehmen.

§. 1870.

Die Mitglieder des Familienraths werden von dem Vorsitzenden durch Verpflichtung zu treuer und gewissenhafter Führung des Amtes bestellt. Die Verpflichtung soll mittelst Handschlags an Eidesstatt erfolgen.

§. 1871.

Bei der Bestellung eines Mitglieds des Familienraths kann die Entlassung für den Fall vorbehalten werden, daß ein bestimmtes Ereigniß eintritt oder nicht eintritt.

§. 1872.

Der Familienrath hat die Rechte und Pflichten des Vormundschaftsgerichts. Die Leitung der Geschäfte liegt dem Vorsitzenden ob.

Die Mitglieder des Familienraths können ihr Amt nur persönlich ausüben. Sie sind in gleicher Weise verantwortlich wie der Vormundschaftsrichter.

---

**§ 1869.**

**E. I § 1717; II § 1762 rev. § 1847; III § 1845. P. I S. 8510, 8519; M. IV S. 1215. P. II S. 6493 (Bd. 4 S. 837).**

Die Fortführung der einmal übernommenen Mitgliedschaft ist nicht in das Belieben des Mitglieds gestellt, kann vielmehr durch Ordnungsstrafen erzwungen werden (§ 1875).

**§ 1870.**

**E. I § 1714 Abs. 2; II § 1763 rev. § 1848; III § 1846. P. I S. 8509, 8512, 8518; M. IV S. 1208. P. II S. 6493 (Bd. 4 S. 836).**

1. Die Bestellung zum Mitgliede des Familienraths erfolgt in der gleichen Weise wie nach § 1789 die Bestellung zum Vormunde. Vergl. deshalb Erl. zu § 1789. Die Bestellung erfolgt durch den Vorsitzenden, nicht durch das Vormundschaftsgericht. Eine Bestallung erhält das Mitglied nicht.

2. Der § 1870 gilt auch für die Bestellung zum Ersatzmitgliede. Die Bestellung kann bei der Auswahl oder erst bei dem Eintritt in den Familienrath erfolgen.

3. Erst von der Bestellung an haben die Mitglieder des Familienraths die Rechte (vergl. insbesondere § 1877) und die Pflichten (vergl. insbesondere § 1875) von Familienrathsmitgliedern. Dies gilt auch dann, wenn der Bestellte durch elterliche Anordnung (§ 1861) als Mitglied berufen ist. Der als Ersatzmitglied Ausgewählte oder Berufene verliert darum auch erst von der Bestellung an das Ablehnungsrecht (§ 1869).

**§ 1871.**

**E. I § 1715 Abs. 3; II § 1755 Abs. 3 rev. § 1849; III § 1847. P. I S. 8510, 8519; M. IV S. 1211. P. II S. 6492 (Bd. 4 S. 836).**

Vergl. die für den Vormund gleichlautende Vorschrift des § 1790 und die Erl. hierzu, ferner § 1858 Abs. 2, § 1880.

**§ 1872.**

**E. I § 1719 Abs. 1, 2, § 1722 Abs. 1 Satz 2; II § 1764 Abs. 1, 2, § 1767 Abs. 1 Satz 2 rev. § 1850; III § 1848. P. I S. 8522; M. IV S. 1216, 1221. P. II S. 6493 (Bd. 4 S. 837).**

1. Der Familienrath hat die Rechte und Pflichten des Vormundschaftsgerichts. Er hat deshalb alle Verrichtungen wahrzunehmen, welche nach dem Gesetze dem

## §. 1873.

Der Familienrath wird von dem Vorsitzenden einberufen. Die Einberufung hat zu erfolgen, wenn zwei Mitglieder, der Vormund oder der Gegenvormund sie beantragen oder wenn das Interesse des Mündels sie erfordert. Die Mitglieder können mündlich oder schriftlich eingeladen werden.

---

Vormundschaftsgericht obliegen. Insbesondere hat er den Vormund und Gegenvormund auszuwählen, zu bestellen und zu entlassen, das vom Vormunde nach § 1802 eingereichte Inventar und die nach § 1840 oder nach § 1890 eingereichte Rechnung zu prüfen, die Genehmigung zu Rechtsgeschäften des Vormundes zu ertheilen, dem Vormunde nach § 1811 von der in den §§ 1807, 1808 gebotenen Art der Anlegung von Mündelgeld Abweichungen zu gestatten, ihn nach § 1817 von der Hinterlegungspflicht zu entbinden oder nach § 1818 in weiterem Umfange zur Hinterlegung zu verpflichten, überhaupt die Aufsicht über die Führung der Vormundschaft zu führen. Auch steht ihm die Befugniß zu, über den Vormund oder den Gegenvormund Ordnungsstrafen zu verhängen (§ 1837). Ist der Vormund befreit, so stehen dem Familienrathe die Rechte des Vormundschaftsgerichts gleichfalls nur in dem beschränkten Umfange zu, wie wenn ein Familienrath nicht eingesetzt wäre.

Soweit Angehörige des Mündels Mitglieder des Familienraths sind, entfällt für diesen die im § 1847 bestimmte Pflicht vorheriger Anhörung von Angehörigen.

2. Die Leitung der Geschäfte liegt dem Vorsitzenden ob. Der Vorsitzende hat also dafür zu sorgen, daß der Familienrath, wenn sein Zusammentritt erforderlich ist, zusammenberufen wird — dies ist im § 1873 noch besonders hervorgehoben —, und er hat die Berathungen vorzubereiten und zu leiten (hierzu vergl. Erl. zu § 1874) und, soweit nicht materielle Beschlußfassung in Frage kommt, für den Vollzug der gefaßten Beschlüsse zu sorgen, z. B. das Grundbuchamt um die Eintragung der Sicherungshypothek (§ 54 des freiw. G.G.) zu ersuchen. Zur Leitung der Geschäfte gehört der gesammte äußere Betrieb z. B. die Korrespondenz mit Behörden und mit dem Vormund und dem Gegenvormunde, die Mittheilungen an den Gemeindewaisenrath (§§ 1849, 1851), die Bekanntmachung der Beschlüsse des Familienraths an den Vormund (§ 1828), ferner die Aufforderung an den Vormund, das Inventar oder die Rechnung einzureichen. Zur Zuständigkeit des Vorsitzenden gehört ferner das Recht, vom Vormund und Gegenvormunde nach § 1839 Auskunft zu verlangen, vom Vormunde sich die Anlegung des Mündelgeldes und die Hinterlegung der Werthpapiere nachweisen zu lassen und die Androhungen zu erlassen, welche der Verhängung von Ordnungsstrafen nach § 33 des freiw. G.G. vorauszugehen haben. Als besondere Befugnisse sind ihm noch im § 1874 die Entscheidung über die Ausschließung von Mitgliedern, im § 1875 die Verurtheilung säumiger Mitglieder zum Kostenersatz und zur Strafe und im § 1877 die Festsetzung der Auslagen der Mitglieder eingeräumt.

In eiligen Fällen erweitert sich die Zuständigkeit des Vorsitzenden nach Maßgabe des § 1876.

Daß die Bearbeitung der Akten, überhaupt die rein formelle Seite der Thätigkeit des Vormundschaftsgerichts dem Vorsitzenden allein obliegt, versteht sich von selbst.

3. Die Mitglieder des Familienraths können sich in der Ausübung ihres Amtes nicht vertreten lassen (Abs. 2 Satz 1). Daraus folgt, daß sie auch den Vorsitzenden nicht ermächtigen können, eine Entscheidung, die dem Familienrath als solchem obliegt, allein zu treffen. Ueber die Stellvertretung des Vorsitzenden s. Erl. zu § 1860.

4. Auf die Haftung der Mitglieder des Familienraths findet nach Abs. 2 Satz 2 der § 1848 Anwendung.

### § 1873.

**E. I § 1721 Abs. 1; II § 1765 rev. § 1851; III § 1849. P. I S. 8526; M. IV S. 1218. P. II S. 6493 (Bd. 4 S. 837).**

1. Der Familienrath tritt nicht zu bestimmten im Voraus festgesetzten Zeiten, sondern nur wenn es das Bedürfniß erheischt, zusammen. Die Einberufung erfolgt durch den Vorsitzenden und von Amtswegen. Es haben aber auch die im § 1873 genannten Personen ein Recht darauf, daß auf ihren Antrag der Familienrath einberufen wird; bei Ablehnung des Antrags hat der Antragsteller das Beschwerderecht nach § 20 des freiw. G.G.

2. Für die Einberufung ist im Interesse der Kostenersparniß eine Form nicht vorgeschrieben. Mit Rücksicht auf § 1875 wird sich die schriftliche Ladung gegen Empfangsbestätigung empfehlen. Die Berathungsgegenstände brauchen den Mitgliedern in der Ladung nicht mitgetheilt zu werden;

## §. 1874.

Zur Beschlußfähigkeit des Familienraths ist die Anwesenheit des Vorsitzenden und mindestens zweier Mitglieder erforderlich.

Der Familienrath faßt seine Beschlüsse nach der Mehrheit der Stimmen der Anwesenden. Bei Stimmengleichheit entscheidet die Stimme des Vorsitzenden.

Steht in einer Angelegenheit das Interesse des Mündels zu dem Interesse eines Mitglieds in erheblichem Gegensatze, so ist das Mitglied von der Theilnahme an der Beschlußfassung ausgeschlossen. Ueber die Ausschließung entscheidet der Vorsitzende.

---

freilich kann dann unter Umständen ein Mitglied die Vertagung verlangen (vergl. Erl. 1 zu § 1875).

3. Zeit und Ort des Zusammentritts bestimmt der Vormundschaftsrichter. Da übrigens der Familienrath die rechtliche Stellung des Vormundschaftsgerichts hat, so sind für die Bestimmung des Ortes und der Zeit des Zusammentritts zunächst die Vorschriften maßgebend, nach welchen sich die Frage beantwortet, an welchem Ort und zu welcher Zeit der Vormundschaftsrichter thätig werden darf (M. IV S. 1220). Ob und welche Frist zwischen der Ladung und dem Zusammentritt im einzelnen Falle angemessen erscheint, ist dem Ermessen des Richters überlassen.

4. Einzuberufen sind sämmtliche Mitglieder des Familienraths, nicht nur die zur Beschlußfähigkeit erforderliche Zahl. Für verhinderte oder von der Beschlußfassung ausgeschlossene (§ 1874) Mitglieder sind, soweit erforderlich, Ersatzmitglieder (§§ 1863, 1864) einzuberufen.

### § 1874.

**E. I § 1722; II § 1767 rev. § 1852; III § 1850. P. I S. 8531; M. IV S. 1220. P. II S. 6493 (Bd. 4 S. 837).**

1. Nach § 8 des freiw. G.G. finden die Vorschriften des G.V.G. über die Berufung und Abstimmung auch auf den Familienrath Anwendung, natürlich nur sofern sich aus den Vorschriften des B.G.B. über den Familienrath Abweichungen nicht ergeben. Hiernach dürfen bei der Beschlußfassung nur die Mitglieder des Familienraths bezw. die einberufenen Ersatzmitglieder theilnehmen, in Abweichung vom G.V.G. aber nicht nur in der gesetzlich vorgeschriebenen Zahl, sondern soviel eben erscheinen, mindestens aber drei. Der Vorsitzende leitet die Berathung, stellt die Fragen und sammelt die Stimmen. Meinungsverschiedenheiten über den Gegenstand, die Fassung und die Reihenfolge der Fragen oder über das Ergebniß der Abstimmung entscheidet der Familienrath. Weder der Vorsitzende noch ein Mitglied darf sich der Abstimmung über eine Frage deshalb enthalten, weil er bei der Abstimmung über die vorhergegangene Frage in der Minderheit geblieben ist. Die Entscheidungen erfolgen nach der absoluten Mehrheit der Stimmen. Bei Stimmengleichheit giebt der Vorsitzende den Ausschlag. Bilden sich über Summen, über die zu entscheiden ist, mehrere Meinungen, so ist nach § 198 Abs. 2 des G.V.G. zu verfahren; bei einer Meinungsverschiedenheit über Ordnungsstrafen giebt § 198 Abs. 3 des G.V.G. Maß. Die Reihenfolge bei der Abstimmung richtet sich nach § 199 des G.V.G. regelmäßig nach dem Dienstalter, bei den Schöffengerichten und den Kammern für Handelssachen nach dem Lebensalter, bei den Geschworenen nach der Reihenfolge der Ausloosung. Wie diese Vorschrift entsprechend auf den Familienrath zu übertragen ist, kann zweifelhaft sein. Der Analogie wird wohl die Meinung am gerechtesten, daß das Lebensalter entscheidet. Der Jüngste stimmt zuerst ab, der Vorsitzende zuletzt. Die Mitglieder des Familienraths sind, wie aus § 200 des G.V.G. zu folgern ist, verpflichtet, über den Hergang bei der Abstimmung und Berathung Stillschweigen zu beobachten. Die Abstimmung geschieht, wie sich aus Abs. 2 des § 1874 ergiebt, mündlich unter Ausschluß der Abstimmung im Wege der Korrespondenz. Dies gilt auch für die Prüfung der Rechnung des Vormundes (M. IV S. 1222).

Die Sitzungspolizei steht dem Familienrathe zu; der Vorsitzende veranlaßt die Vollstreckung der Ordnungsstrafen (§§ 178—182 des G.V.G. mit § 1872 des B.G.B.).

2. Ueber die Form der Beschlüsse des Familienraths trifft das B.G.B. keine Vorschrift. Der Vorsitzende wird indessen zweckmäßigerweise über die Abstimmung ein Protokoll anfertigen. Es ist aber nur die Protokollirung des Ergebnisses der Berathung zulässig. Ueber den Hergang bei der Abstimmung darf sowenig wie bei den ordentlichen Gerichten ein Protokoll aufgenommen werden. Die Unzulässigkeit folgt aus § 8 des freiw. G.G. Daß ein Berichterstatter z. B. über die Rechnung des Vormundes oder über ein besonders wichtiges Rechtsgeschäft, dessen Genehmigung

## §. 1875.

Ein Mitglied des Familienraths, das ohne genügende Entschuldigung der Einberufung nicht Folge leistet oder die rechtzeitige Anzeige seiner Verhinderung unterläßt oder sich der Theilnahme an der Beschlußfassung enthält, ist von dem Vorsitzenden in die dadurch verursachten Kosten zu verurtheilen.

Der Vorsitzende kann gegen das Mitglied eine Ordnungsstrafe bis zu einhundert Mark verhängen.

Erfolgt nachträglich genügende Entschuldigung, so sind die getroffenen Verfügungen aufzuheben.

---

in Frage steht, ernannt werden kann, ist zweifellos. Bei der Abstimmung hat der Berichterstatter seine Stimme zuerst abzugeben.

**3.** Der Vorsitzende hat gegen die Beschlüsse des Familienraths kein Beschwerderecht; er hat die Beschlüsse in Vollzug zu setzen. Auch die Mitglieder des Familienraths als solche sind nicht beschwerdeberechtigt, dagegen können sie es in anderer Eigenschaft (z. B. nach § 57 Nr. 9 freiw. G.G.) sein.

**4.** Zu Abs. 3 vergl. Erl. zu § 1796. Das widerstreitende Interesse des Mitglieds kann auch nur ein mittelbares sein.

Nach dem Wortlaute des Satz 1 des Abs. 3 scheint die Ausschließung des Mitglieds, wenn ein erheblicher Gegensatz zwischen dem Interesse des Mündels und dem des Mitglieds besteht, kraft des Gesetzes eintreten zu sollen. Aus dem zweiten Satze dürfte aber zu folgern sein, daß die Ausschließung nur in Betracht kommt, wenn der Vorsitzende sie ausgesprochen hat. Die Entscheidung des Vorsitzenden ist unanfechtbar, mag sie die Ausschließung aussprechen oder verneinen. Für den Vorsitzenden gilt nicht der Abs. 3, sondern der § 6 des freiw. G.G.

## § 1875.

**E. I § 1721 Abs. 2; II § 1766 rev. § 1853; III § 1851. P. I S. 8526; M. IV S. 1220. P. II S. 6493 (Bd. 4 S. 837).**

**1.** Der Vorsitzende des Familienraths hat, um den Zusammentritt des Familienraths und die Herbeiführung einer Beschlußfassung zu sichern, eine Zwangsgewalt, welche sich in der Befugniß zeigt, ein säumiges Mitglied in eine Ordnungsstrafe zu nehmen und zu den Kosten zu verurtheilen.

Zulässig ist Verurtheilung in Kosten und Strafe gegen Mitglieder, welche ohne genügende Entschuldigung der Einberufung nicht Folge leisten oder die rechtzeitige Anzeige der Verhinderung unterlassen oder sich der Theilnahme an der Beschlußfassung enthalten. Leistet ein Mitglied der Einberufung keine Folge, so kann, die ordnungsmäßige Ladung (§ 1873 Satz 3) vorausgesetzt, die Verurtheilung erfolgen; Sache des Mitglieds ist es, die Gründe darzulegen, in Folge deren sein Ausbleiben entschuldigt erscheint. Die Entschuldigung kann vor oder nach der Sitzung erfolgen. Es ist aber zu beachten, daß der § 1875 die Verurtheilung schon zuläßt, wenn die Anzeige der Verhinderung nicht rechtzeitig erfolgt. Das Mitglied ist also verpflichtet, seine Verhinderung rechtzeitig, d. h. so anzuzeigen, daß dem Vorsitzenden die Möglichkeit gegeben ist, die Sitzung noch abzubestellen. Hieraus ergiebt sich, daß die Anzeige nicht erstattet werden muß, sobald sie möglich ist, sondern daß es genügt, wenn sie so zeitig erstattet wird, daß die Abbestellung noch erfolgen kann. Der Einberufung leistet auch derjenige keine Folge, welcher erscheint, sich aber wieder entfernt. Ein hinreichender Grund zur Nichttheilnahme an der Beschlußfassung kann unter Umständen darin liegen, daß den Mitgliedern bei der Einberufung die Gegenstände der Beschlußfassung nicht bekannt gemacht worden sind und der Gegenstand, bezüglich dessen das Mitglied sich der Mitwirkung enthält, derart ist, daß dem Mitgliede billiger Weise Zeit zur Vorbereitung gelassen werden muß (M. IV S. 1219, 1220, Schultheis S. 307, a. A. Schultetus S. 172).

**2.** Die Verurtheilung in die Kosten muß eintreten, die Verurtheilung zur Strafe kann erfolgen. Ein Antrag eines Mitglieds des Familienraths oder des Vormundes ist nicht erforderlich. Daraus folgt aber nicht, daß der Antrag unzulässig ist.

**3.** Für die Verurtheilung in die Kosten genügt es, im Prinzip auszusprechen, daß das Mitglied die durch das Ausbleiben oder die nicht rechtzeitige Anzeige oder die Nichttheilnahme an der Beschlußfassung verursachten Kosten zu tragen hat. Sowohl die der Staatskasse als die dem Mündel (durch neue Termine oder sonst wie) entstandenen Kosten (nicht Schäden) sind davon

§. 1876.

Wird ein sofortiges Einschreiten nöthig, so hat der Vorsitzende die erforderlichen Anordnungen zu treffen, den Familienrath einzuberufen, ihn von den Anordnungen in Kenntniß zu setzen und einen Beschluß über die etwa weiter erforderlichen Maßregeln herbeizuführen.

§. 1877.

Die Mitglieder des Familienraths können von dem Mündel Ersatz ihrer Auslagen verlangen; der Betrag der Auslagen wird von dem Vorsitzenden festgesetzt.

---

betroffen. Wegen der dem Mündel entstandenen Kosten s. § 1877. Die Verurtheilung in die Kosten bildet den Titel, auf Grund dessen die Festsetzung derselben stattfindet. Die Festsetzung sowie die Beitreibung richtet sich nach dem Landesrechte (für Preußen vergl. Art. 10, 14 des preuß. freiw. G.G., für Bayern Art. 131, 133 des A.G. z. B.G.B. mit C.P.O. §§ 794, 798). In Ermangelung einer landesgesetzlichen Vorschrift bleibt nur der Weg des Civilprozesses übrig.

4. Wegen der Strafe s. Erl. zu § 1837. Einer vorherigen Androhung bedarf es jedoch nicht.

5. Gegen den Beschluß, der die Verurtheilung ausspricht sowie gegen den Festsetzungsbeschluß findet Beschwerde statt. Die Beschwerde hat aufschiebende Wirkung (§ 24 des freiw. G.G.) und zwar wohl auch dann, wenn es sich nur um die Verurtheilung in die Kosten handelt.

6. Der Abs. 3 bezieht sich sowohl auf die Verurtheilung in die Kosten als auf die Verurtheilung zur Strafe. Der Vorsitzende kann die Entschuldigung genügend finden, um die Verurtheilung in die Strafe, aber nicht genügend, um die in die Kosten zu beseitigen.

**§ 1876.**

**E. I § 1719 Abs. 3; II § 1764 Abs. 3 rev. § 1854; III § 1852. P. I S. 8522; M. IV S. 1217. P. II S. 6493, 8688 (Bd. 4 S. 837; Bd. 6 S. 311).**

1. Der § 1876 ermächtigt den Vormundschaftsrichter, wenn ein sofortiges Einschreiten nothwendig wird, zu allen Anordnungen, welche der Familienrath treffen kann, insbesondere zur Ertheilung der Genehmigung zu einem Rechtsgeschäfte, macht ihm aber, da er nur die „erforderlichen" Anordnungen treffen soll, zur Pflicht, sich soweit möglich auf vorläufige, nöthigenfalls rückgängig zu machende Verfügungen zu beschränken, z. B. auf die Bestellung eines Vormundes unter dem Vorbehalte der Entlassung, falls der Familienrath mit der Bestellung nicht einverstanden sein sollte. Von Bedeutung ist der § 1876 namentlich für das Anwendungsgebiet des § 1846. Rechtswirksam ist übrigens die Anordnung des Vorsitzenden auch dann, wenn die Voraussetzungen des § 1876 nicht gegeben sein sollten, sei es, daß das sofortige Einschreiten nicht erforderlich war oder daß die Anordnung das erforderliche Maß überschritten hat. Die Verantwortung für die getroffene Maßregel (§ 1848) trägt selbstverständlich der Richter allein. Soweit der Richter nach § 1876 zu einer Anordnung befugt ist, hat er auch das Ordnungsstrafrecht (§ 1837) zur Sicherung des Vollzugs.

2. Die Einberufung des Familienraths muß, soll die Vorschrift ihren Zweck erfüllen, unverzüglich erfolgen; die E. I und II hatten dies ausdrücklich hervorgehoben.

3. Auch ohne Dringlichkeit kann der Vorsitzende solche Anordnungen allein treffen, die nur die äußere Geschäftsleitung betreffen, z. B. die Mahnung an den Vormund, Rechnung zu legen, die Aufforderung an den Vormund, sich über die Hinterlegung der Werthpapiere des Mündels auszuweisen (vergl. Erl. zu § 1872).

4. Der § 1876 setzt seinem Wortlaute nach voraus, daß ein Familienrath bereits eingesetzt ist; er ist aber, wie die M. IV S. 1218 anerkennen, entsprechend auch in dem Falle anzuwenden, daß ein Familienrath noch nicht eingesetzt ist.

**§ 1877.**

**E. I § 1720; II § 1768 rev. § 1855; III § 1853. P. I S. 8525; M. IV S. 1218. P. II S. 6493 (Bd. 4 S. 837).**

Das Amt eines Mitglieds des Familienraths ist ein unentgeltliches Ehrenamt, die Bewilligung einer Vergütung ist auch für Ausnahmefälle ausgeschlossen. Dagegen können die Mit-

## §. 1878.

Das Amt eines Mitglieds des Familienraths endigt aus denselben Gründen, aus denen nach den §§. 1885, 1886, 1889 das Amt eines Vormundes endigt.

Ein Mitglied kann gegen seinen Willen nur durch das dem Vormundschaftsgericht im Instanzenzuge vorgeordnete Gericht entlassen werden.

---

glieder vom Mündel, aber nicht vom Staate Ersatz ihrer Auslagen (s. hierüber Erl. zu § 1847) verlangen. Gegen die Festsetzung der Auslagen durch den Vorsitzenden steht dem Vormund als Vertreter des Mündels und dem Mitgliede selbst nach § 20 freiw. G.G. die Beschwerde zu; der Rechtsweg ist unzulässig. Vollstreckbar ist die Festsetzung des Vorsitzenden nicht, das Mitglied muß vielmehr, wenn der Vormund bezw. der Mündel die Bezahlung verweigert, den Rechtsweg betreten.

### § 1878.

**E. I § 1723; II § 1760 rev. § 1856; III § 1854. P. I S. 8536; M. IV S. 1224. P. II S. 6493 (Bd. 4 S. 837).**

1. Das Amt eines Mitglieds endigt nach den für anwendbar erklärten Vorschriften der §§ 1885, 1886, 1889 entweder kraft Gesetzes oder durch Entlassung seitens des Gerichts.

**a**) Kraft Gesetzes endigt das Amt mit dem Tode des Mitglieds, mit seiner Entmündigung, mit der Erlassung des die Todeserklärung aussprechenden Urtheils (§ 1885) und selbstverständlich mit der Beendigung des Familienraths selbst.

**b**) Infolge Entlassung

α) wegen Gefährdung des Interesses des Mündels bei Fortführung des Amtes, insbesondere wegen Pflichtwidrigkeit des Mitglieds (§ 1886);

β) wegen Vorliegens eines der im § 1781 genannten Untauglichkeitsgründe in der Person des Mitglieds (§ 1886);

γ) auf Antrag des Mitglieds wegen Vorliegens eines wichtigen Grundes (§ 1889). Nach § 1889 ist ein wichtiger Grund insbesondere der Eintritt eines Umstandes, der den Vormund nach § 1786 Nr. 2—7 berechtigen würde, die Uebernahme der Vormundschaft abzulehnen. Auf den als Mitglied des Familienraths Berufenen findet an sich der § 1786 keine Anwendung, weil nach § 1869 das Amt des Familienrathsmitglieds ein freiwilliges ist; für die Entlassung ist dagegen der § 1786 von Bedeutung. Nach dem E. I (M. IV S. 1224) sollten die Gründe des § 1786 Nr. 2—5 (die Nr. 6, 7, kommen nicht in Betracht) nicht stets zum Antrag auf Entlassung berechtigen, sondern es sollte von den Umständen abhängen, ob die Gründe als wichtige angesehen werden sollen. Im E. II ist dies (allerdings nicht nach den Protokollen, sondern in der Redaktionskommission) geändert worden.

Weitere Entlassungsgründe ergeben sich aus den §§ 1861 und 1871. Das Mitglied ist danach zu entlassen,

δ) wenn es wegen vorübergehender Verhinderung des Berufenen aufgestellt ist und dieser nach Wegfall der Verhinderung Mitglied werden will;

ε) wenn es unter dem Vorbehalte der Entlassung bestellt ist und

ζ) wenn ein als Mitglied Berufener mit Unrecht übergangen worden ist und nunmehr verlangt, als Mitglied bestellt zu werden.

Den §§ 1887, 1888 entsprechende Entlassungsgründe sind für das Mitglied des Familienraths nicht aufgestellt. Es hängt hiernach vom Ermessen des Gerichts ab, inwieweit es einen wichtigen Grund im Sinne des § 1889 darin erblickt, daß eine Frau, welche Mitglied des Familienraths ist, sich verheirathet oder daß einem Beamten oder Religionsdiener, welcher Mitglied des Familienraths ist, von der vorgesetzten Behörde die Aufgabe des Amtes nahe gelegt wird.

Im Uebrigen s. Erl. zu den §§ 1886, 1887, 1889.

2. Die Entlassung wird, wenn das Mitglied mit ihr einverstanden ist, durch den Familienrath ausgesprochen. Das Mitglied selbst kann an der Beschlußfassung hierüber nicht theilnehmen (§ 1874 Abs. 3). Ist das Mitglied mit der Entlassung nicht einverstanden, so wird sie von dem dem Vormundschaftsgericht im Instanzenzuge vorgeordneten Gerichte verfügt. Dies ist, auch wenn nicht das Amtsgericht, sondern auf Grund des Art. 147 des E.G. eine andere als eine gerichtliche Behörde Vormundschaftsgericht ist, das Landgericht. Ueber die Beschwerde s. freiw. G.G. § 60 Nr. 4, § 64, § 199 Abs. 2.

§. 1879.

Das Vormundschaftsgericht hat den Familienrath aufzuheben, wenn es an der zur Beschlußfähigkeit erforderlichen Zahl von Mitgliedern fehlt und geeignete Personen zur Ergänzung nicht vorhanden sind.

§. 1880.

Der Vater des Mündels kann die Aufhebung des von ihm angeordneten Familienraths für den Fall des Eintritts oder Nichteintritts eines künftigen Ereignisses nach Maßgabe des §. 1777 anordnen. Das gleiche Recht steht der ehelichen Mutter des Mündels für den von ihr angeordneten Familienrath zu.

Tritt der Fall ein, so hat das Vormundschaftsgericht den Familienrath aufzuheben.

§. 1881.

Von der Aufhebung des Familienraths hat das Vormundschaftsgericht die bisherigen Mitglieder, den Vormund und den Gegenvormund in Kenntniß zu setzen.

Der Vormund und der Gegenvormund erhalten neue Bestallungen. Die früheren Bestallungen sind dem Vormundschaftsgerichte zurückzugeben.

---

**§ 1879.**

**E. I § 1724 Abs. 1 Nr. 1; II § 1770 Abs. 1 Nr. 1 rev. § 1857; III § 1855. P. I S. 8538; M. IV S. 1225. P. II S. 6493 (Bd. 4 S. 837).**

1. Der Familierath endigt — abgesehen von der Beendigung infolge der Beendigung der Vormundschaft selbst — nur durch Aufhebung Seitens des Vormundschaftsgerichts. Die Gründe der Aufhebung sind in den §§ 1879, 1880 enthalten. Die Aufhebung erfolgt durch das Vormundschaftsgericht d. h. hier durch den Vormundschaftsrichter; es beschließt nicht etwa der Familienrath selbst seine Aufhebung.

2. Ueber die zur Beschlußfähigkeit erforderliche Zahl von Mitgliedern s. § 1874 Abs. 1. Die Beschwerde gegen die Aufhebung steht den im § 1881 genannten Personen gemäß § 20 freiw. G.G. zu, außerdem sind nach § 57 Nr. 4 das. beschwerdeberechtigt der Ehegatte und die Verwandten und Verschwägerten des Mündels. Die Beschwerde ist nach § 60 Nr. 4 das. die sofortige.

**§ 1880.**

**E. I § 1712 Abs. 2, § 1724 Abs. 1 Nr. 2; II § 1751 Abs. 2, § 1770 Abs. 1 Nr. 2 rev. § 1858; III § 1856. P. I S. 8538; M. IV S. 1204, 1225. P. II S. 6493 (Bd. 4 S. 837).**

1. Der § 1880 entspricht dem § 1858 Abs. 2. Im Uebrigen s. Erl. zu § 1777 und zu § 1858 Abs. 2. Wegen der Beschwerde gegen die Aufhebung s. Erl. 2 zu § 1879. Die Aufhebung wird vom Vormundschaftsrichter ausgesprochen (Erl. 1 zu § 1879).

2. Die M. IV S. 1225 erklären es für selbstverständlich, daß das Vormundschaftsgericht, nachdem es gemäß § 1880 den Familienrath aufgehoben hat, ihn auf Grund des § 1859 wieder einsetzen kann, sofern nicht ein Verbot der Eltern (§ 1859 Abs. 2) entgegensteht. Ob die Aufhebungsanordnung zugleich ein Verbot der Neueinsetzung enthält, ist Auslegungsfrage, die allerdings regelmäßig bejaht werden muß.

**§ 1881.**

**E. I § 1724 Abs. 2; II § 1770 Abs. 2 rev. § 1859; III § 1857. P. I S. 8538; M. IV S. 1225. P. II S. 6493 (Bd. 4 S. 837).**

1. Zu Abs. 1. Die Benachrichtigung hat nach § 16 Abs. 2 Satz 1 des freiw. G.G., sofern sie nicht zu Protokoll geschieht, in den Formen der C.P.O. stattzufinden. Mit der Bekanntmachung beginnt die Beschwerdefrist (§ 60 Abs. 2 des freiw. G.G.).

2. Zu Abs. 2 s. § 1791 Abs. 2 Satz 2 und § 1792 Abs. 4.

## VII. Beendigung der Vormundschaft.

§. 1882.

Die Vormundschaft endigt mit dem Wegfalle der im §. 1773 für die Anordnung der Vormundschaft bestimmten Voraussetzungen.

---

### VII. Beendigung der Vormundschaft.

1. Das B.G.B. ordnet zunächst die Gründe, aus denen die Vormundschaft als solche (§§ 1882—1884) und dann die Gründe, aus denen das Amt des Vormundes (§§ 1885—1889) endigt. Die Beendigung tritt entweder kraft Gesetzes (§§ 1882, 1884 Abs. 2, 1885) oder durch richterliche Verfügung (Aufhebung der Vormundschaft §§ 1883, 1884 Abs. 1, Entlassung des Vormundes §§ 1886—1889) ein. In den §§ 1890—1893 werden die Folgen der Beendigung des Amtes des Vormundes geregelt. Der § 1894 giebt für den Fall des Todes des Vormundes oder des Gegenvormundes Sondervorschriften. Der § 1895 wendet die Vorschriften über die Beendigung des Amtes des Vormundes auf die Beendigung des Amtes des Gegenvormundes entsprechend an.

2. Als selbstverständlicher Grund der Beendigung der Vormundschaft ist der Tod des Mündels angesehen. Desgleichen der Tod des Vormundes oder des Gegenvormundes als selbstverständlicher Grund der Beendigung des Amtes derselben.

Kein Grund der Beendigung der Vormundschaft ist der Verlust der Staatsangehörigkeit durch den Mündel, außer wenn der Mündel nach dem Rechte des Staates, dem er nunmehr angehört, voll geschäftsfähig ist. Uebrigens wird das Vormundschaftsgericht die Vormundschaft unter den Voraussetzungen des Art. 23 des E.G. aufheben können und es kann die Vormundschaft an die zuständige ausländische Behörde abgeben.

### § 1882.

**E. I § 1703 Abs. 1; II § 1740 rev. § 1860; III § 1858. P. I S. 8485; M. IV S. 1193. P. II S. 6472, 6473 (Bd. 4 S. 825—827).**

1. Die Vormundschaft endigt mit dem Wegfall ihrer Voraussetzungen. Sie endigt demnach:

**a**) wenn der Mündel unter elterliche Gewalt kommt. Dies ist der Fall:

*α*) wenn der eheliche oder uneheliche Mündel an Kindesstatt angenommen wird (§ 1757); die Vormundschaft endigt hier mit dem Zeitpunkt, in welchem der die Bestätigung der Annahme enthaltende Beschluß in Wirksamkeit tritt (§ 67 des freiw. G.G., Erl. 1 zu § 1754), also regelmäßig mit der Bekanntmachung an den Annehmenden;

*β*) wenn der uneheliche Mündel durch nachfolgende Ehe (§ 1719) oder durch Ehelichkeitserklärung (§ 1736) legitimirt wird; bei der Legitimation durch nachfolgende Ehe trifft jedoch der § 1883 eine Sondervorschrift. Im Falle der Ehelichkeitserklärung endigt die Vormundschaft mit dem Zeitpunkt, in welchem die Ehelichkeitserklärung wirksam wird (s. Erl. 3 zu § 1736).

*γ*) wenn der für todt erklärte Elterntheil zurückkehrt und durch Erklärung gegenüber dem Vormundschaftsgerichte die elterliche Gewalt zurückverlangt (§§ 1679, 1686);

*δ*) wenn der Vater die elterliche Gewalt verwirkt hat (§ 1680) und nunmehr die Ehe aufgelöst wird; in diesem Falle erlangt die Mutter mit der Auflösung der Ehe die elterliche Gewalt (§ 1684) und endigt in diesem Zeitpunkt auch die Vormundschaft.

**b**) wenn der Vater oder die Mutter des Mündels in den die Person oder in den das Vermögen betreffenden Angelegenheiten wiederum zur Vertretung berechtigt wird. Dies ist der Fall:

*α*) wenn das Ruhen der Gewalt des Vaters oder der Mutter, welches zur Bestellung der Vormundschaft geführt hat (s. Erl. zu § 1773), aufhört, insbesondere wenn die Mutter, welcher die mütterliche Gewalt zusteht, volljährig wird; über den Zeitpunkt der Beendigung der Vormundschaft s. Erl. 2 zu § 1676 und Erl. 3 zu § 1677.

*β*) wenn das Vormundschaftsgericht dem Elterntheile die Vertretungsmacht, welche es ihm nach § 1666 Abs. 2, § 1686 entzogen hat, wieder zurück überträgt (§ 1671). Dabei genügt es, daß dem Elterntheile nur die Sorge für die Person oder nur die Sorge für das Vermögen wieder eingeräumt wird, der Elterntheil muß nicht in Ansehung sämmtlicher Angelegenheiten des Kindes wiederum vertretungsberechtigt werden. Wird die Entziehung der Vertretungsmacht in Ansehung der Sorge für die Person oder in Ansehung der Sorge für das Vermögen aufrecht erhalten, so ist, insoweit dies der Fall ist, ein Pfleger zu bestellen (§ 1909).

## §. 1883.

Wird der Mündel durch nachfolgende Ehe legitimirt, so endigt die Vormundschaft erst dann, wenn die Vaterschaft des Ehemanns durch ein zwischen ihm und dem Mündel ergangenes Urtheil rechtskräftig festgestellt ist oder die Aufhebung der Vormundschaft von dem Vormundschaftsgericht angeordnet wird.

Das Vormundschaftsgericht hat die Aufhebung anzuordnen, wenn es die Voraussetzungen der Legitimation für vorhanden erachtet. Solange der Ehemann lebt, soll die Aufhebung nur angeordnet werden, wenn er die Vaterschaft anerkannt hat oder wenn er an der Abgabe einer Erklärung dauernd verhindert oder sein Aufenthalt dauernd unbekannt ist.

---

γ) wenn nach der Auflösung der Ehe die Ausübung der in der Person des Vaters ruhenden elterlichen Gewalt gemäß § 1685 Abs. 2 der Mutter übertragen wird; die Beendigung tritt mit dem Zeitpunkt ein, in welchem die Uebertragung wirksam wird (hierüber s. § 51 Abs. 1 des freiw. G.G. und Erl. 2 zu § 1685).

c) wenn der Mündel volljährig oder für volljährig erklärt wird; die Vormundschaft endigt im Falle der Volljährigkeitserklärung mit dem Beginne der Wirksamkeit derselben (hierüber s. Erl. 4 zu § 3).

d) wenn der Familienstand des Mündels mit dem Ergebnisse festgestellt wird, daß die Voraussetzungen des § 1773 Abs. 1 nicht gegeben erscheinen.

2. Eine Verlängerung der Vormundschaft über die Volljährigkeit hinaus ist unzulässig. Ist der Mündel wegen eines anderen Grundes als wegen der Minderjährigkeit weiter zu bevormunden, ist er z. B. geisteskrank, so muß eine neue Vormundschaft angeordnet werden. Diese ist sachlich verschieden von der bisherigen. Der alte Vormund kann zwar beibehalten werden, er ist aber von Neuem zu verpflichten. Wegen der Herausgabe des Mündelvermögens und der Rechnungslegung (§ 1890) s. Erl. 4 zu § 1890. Vergl. auch Erl. zu § 1896.

3. Durch Verheirathung des Mündels endigt die Vormundschaft nicht. Die Verheirathung hat dagegen weitgehenden Einfluß auf die Sorge für die Person (§ 1800 mit § 1633) und, soweit der Ehemann an dem Vermögen des Mündels kraft des Güterstandes Rechte erwirbt, gehen diese den Rechten des Vormundes vor (s. Erl. zu § 1793).

4. Verliert der Mündel die Reichsangehörigkeit, so hat das Vormundschaftsgericht die Vormundschaft aufzuheben, soweit nicht die Voraussetzungen zutreffen, unter welchen nach Art. 23 des E.G. eine Vormundschaft über einen Ausländer im Inlande zu führen ist (s. Vorbm. 2).

### §. 1883.

**E. I § 1703 Abs. 2; II § 1741 rev. § 1861; III § 1859. P. I S. 8485; M. IV S. 1194. P. II S. 6472—6475 (Bd. 4 S. 825—827).**

1. Nach § 1719 erlangt das Kind durch die nachfolgende Ehe seiner Eltern die rechtliche Stellung eines ehelichen Kindes. Dieser Satz gilt auch in Ansehung der elterlichen Gewalt. In Folge der Legitimation durch nachfolgende Ehe kommt mithin das Kind unter die elterliche Gewalt des Vaters, damit fallen die Voraussetzungen des § 1773 weg und die für das Kind bestellte Vormundschaft sollte nach § 1882 kraft Gesetzes von selbst aufhören. Abweichend hiervon bestimmt jedoch der § 1883, daß, trotzdem das Kind unter die elterliche Gewalt des Vaters kommt, die Vormundschaft doch zunächst bestehen bleiben soll. Die Vorschrift hat ihren Grund darin, daß der Ehemann der Mutter jederzeit in der Lage ist, seine Vaterschaft zu bestreiten (s. Erl. zu § 1720), die Vaterschaft des Ehemanns der Mutter mithin ungewiß und das Kind bis zur Feststellung der Vaterschaft schutzbedürftig ist.

2. Entsprechend dem Grunde, auf welchem das Fortbestehen der Vormundschaft beruht, läßt der § 1883 die Vormundschaft endigen:

a) wenn die Vaterschaft des Ehemanns durch ein zwischen ihm und dem Mündel ergangenes Urtheil rechtskräftig festgestellt ist. In diesem Falle endigt die Vormundschaft kraft Gesetzes. Die Feststellung der Vaterschaft in dem Rechtsstreite zwischen der Mutter des Mündels und deren Ehemanne genügt nicht. Daraus übrigens, daß das Urtheil die Vaterschaft des „Ehemanns" feststellen muß, ergiebt sich, daß es nach Eingehung der Ehe erlassen sein muß. Ein vorher erlassenes, den jetzigen Ehemann zur Zahlung des Unterhalts oder zur Anerkennung der Vaterschaft verurtheilendes Urtheil bewirkt nicht, daß die Vormundschaft durch die Eheschließung beendigt wird, sondern kommt nur für die Aufhebung der Vormundschaft in Betracht.

### §. 1884.

Ist der Mündel verschollen, so endigt die Vormundschaft erst mit der Aufhebung durch das Vormundschaftsgericht. Das Vormundschaftsgericht hat die Vormundschaft aufzuheben, wenn ihm der Tod des Mündels bekannt wird.

Wird der Mündel für todt erklärt, so endigt die Vormundschaft mit der Erlassung des die Todeserklärung aussprechenden Urtheils.

---

b) wenn das Vormundschaftsgericht die Vormundschaft aufhebt. Dazu ist das Vormundschaftsgericht berechtigt und verpflichtet, wenn es die Voraussetzungen der Legitimation (§§ 1719, 1720) für vorhanden erachtet. Auf welchem Wege sich das Gericht die Ueberzeugung von der Vaterschaft des Ehemanns der Mutter verschafft, ist ihm überlassen. Um indessen Mißbrauch zu verhüten, ist ausdrücklich bestimmt, daß, solange der Vater lebt, die Aufhebung nur ausgesprochen werden darf, wenn der Vater die Vaterschaft anerkannt hat oder wenn er an der Abgabe einer Erklärung dauernd verhindert oder sein Aufenthalt dauernd unbekannt ist. Für die Anerkennung ist eine bestimmte Form nicht vorgeschrieben, insbesondere braucht nicht die im § 1720 Abs. 2 für die Vermuthung der Beiwohnung vorgeschriebene Form der öffentlichen Urkunde erfüllt zu sein. Ob freilich das Vormundschaftsgericht auf eine in anderer Form erfolgte Anerkennung hin sich von der Vaterschaft des Ehemanns überzeugt, ist eine andere, für die Regel wohl zu verneinende Frage. Der die Aufhebung aussprechende und damit die Vaterschaft anerkennende Beschluß des Vormundschaftsgerichts präjudizirt dem Kinde oder dem Vater nicht, wenn später im Rechtswege die Vaterschaft streitig wird. Wegen der Beschwerde gegen die Aufhebung der Vormundschaft durch das Vormundschaftsgericht s. § 57 Nr. 1 des freiw. G.G.

3. Aus Vorstehendem ergiebt sich, daß das Kind, wenn der Ehemann der Mutter wirklich der Vater ist, von der Eheschließung bis zur Aufhebung der Vormundschaft zwei gesetzliche Vertreter hat (s. M. IV S. 924). Beide Vertreter stehen sich vollkommen gleichwerthig gegenüber. Jeder muß die Handlungen des anderen anerkennen, bei einem Widerstreit ihrer Handlungen ist die frühere Handlung gültig, gleichzeitig vorgenommene widersprechende Handlungen heben sich gegenseitig auf (s. hierzu auch Erl. zu § 1910). Wenn z. B. der Vormund für das Kind einen Strafantrag gestellt hat, so wird, falls später rechtskräftig die Vaterschaft des Ehemanns festgestellt und damit die Vormundschaft beendigt wird, der Strafantrag dadurch nicht beseitigt (vergl. R.G. Str. 15 S. 176).

4. Wird die Vormundschaft zu Unrecht aufgehoben, so ist das Kind ohne gesetzlichen Vertreter. Hierauf kann sich Jeder berufen. Der Beschluß des Vormundschaftsgerichts steht ihm nicht entgegen.

### § 1884.

**E. I § 1703 Abs. 1 Nr. 1; II § 1742 rev. § 1862; III § 1860. P. I S. 8485; M. IV S. 1194. P. II S. 6475, 6476 (Bd. 4 S. 825—827).**

1. Die Beendigung der Vormundschaft über verschollene bevormundete Personen erfolgt gemäß Abs. 1 nach den gleichen Grundsätzen wie die Beendigung der Pflegschaft über abwesende Volljährige (§ 1921). Als verschollen gilt derjenige, über dessen Leben oder Tod keine Nachricht vorliegt (s. Erl. 2 zu § 13). Ist der Mündel verschollen, so endigt die Vormundschaft nicht mit dem Wegfalle der im § 1773 bezeichneten Voraussetzungen, sondern erst mit der Aufhebung durch das Vormundschaftsgericht. Die Vormundschaft endigt also insbesondere nicht mit dem Tode oder der Volljährigkeit des Mündels. Das Vormundschaftsgericht muß aber die Vormundschaft aufheben, wenn ihm der Tod des Mündels bekannt wird; über das Leben des Mündels hat es von Amtswegen Ermittelungen anzustellen, wenn Thatsachen vorliegen, welche den Tod als wahrscheinlich erscheinen lassen. Das Vormundschaftsgericht hat natürlich auch dann die Vormundschaft aufzuheben, wenn der Zeitpunkt eingetreten ist, in welchem der Mündel volljährig wird oder wenn ein sonstiger Grund vorliegt, aus welchem die Vormundschaft nach § 1882 wegfällt (hierzu s. Erl. zu § 1911). Wegen der Beschwerde gegen den die Aufhebung aussprechenden oder ablehnenden Beschluß s. §§ 20, 57 Nr. 1 des freiw. G.G. Ist der Verschollene gestorben, so gilt die gesetzliche Vertretungsmacht des Vormundes für denjenigen, welchen es angeht (P. II S. 6535 Bd. 4 S. 860).

2. Daß der Tod des Mündels — vom Falle des Abs. 1 abgesehen — die Vormundschaft beendigt, ist als selbstverständlich nicht ausdrücklich erwähnt. Die Todeserklärung des Mündels begründet die Vermuthung des Todes (§ 18). Hieraus würde folgen, daß auch die Beendigung der Vormundschaft als mit dem Zeitpunkt eingetreten vermuthet wird, der in dem Urtheil als Zeitpunkt des Todes festgestellt ist. Der Abs. 2 geht aber darüber hinaus. Durch die Todes-

### §. 1885.

Das Amt des Vormundes endigt mit seiner Entmündigung.

Wird der Vormund für todt erklärt, so endigt sein Amt mit der Erlassung des die Todeserklärung aussprechenden Urtheils.

---

erklärung wird die Vormundschaft auch dann beendigt, wenn sich später herausstellt, daß der Mündel zu Unrecht für todt erklärt worden ist, daß er noch lebt oder daß er in einem späteren Zeitpunkte gestorben ist. Als Zeitpunkt der Beendigung der Vormundschaft gilt nicht der im Urtheile festgestellte Todestag, sondern der Tag der Erlassung des Urtheils. Die Todeserklärung des minderjährigen Mündels ist übrigens nur in den Fällen der See-, Kriegs- und Gefahrverschollenheit möglich (§§ 13, 15—17) und der gesetzliche Vertreter bedarf zum Antrag auf Todeserklärung des Mündels der Genehmigung des Vormundschaftsgerichts (§ 962 der C.P.O.).

Ueberlebt der Mündel die Todeserklärung, so ist er ohne gesetzlichen Vertreter. Ist er vor dem Tage der Erlassung des Todeserklärungsurtheils gestorben, so gilt die Vormundschaft nicht mit dem Todestag als beendigt (vergl. § 1884 Abs. 1), sondern der Tag der Erlassung des Todeserklärungsurtheils ist der Zeitpunkt der Beendigung der Vormundschaft. Gleiches gilt, wenn in Folge einer Anfechtungsklage ein früherer Todestag festgestellt wird, während die Feststellung einer späteren Todeszeit bedeutungslos ist. Wird in Folge einer Anfechtungsklage die Todeserklärung aufgehoben, so hat die rechtliche Beurtheilung der Verhältnisse lediglich nach Maßgabe der ermittelten wahren Sachlage einzutreten.

### Zu §§ 1885—1889.

1. Das Amt des Vormundes endigt mit dessen Tode, mit der Erlassung des die Todeserklärung des Vormundes aussprechenden Urtheils (§ 1885 Abs. 2), mit der Entmündigung des Vormundes (§ 1885 Abs. 1) und mit dessen Entlassung (§§ 1886—1889). In den wichtigsten Fällen endigt mithin das Amt des Vormundes nicht von selbst, sondern mit seiner Entlassung.

2. Daß die Beendigung der Vormundschaft auch das Amt des Vormundes beendigt, ist selbstverständlich. Ein besonderer Beendigungsgrund ist dann gegeben, wenn der Mündel in eine Anstalt tritt oder in einer Familie untergebracht wird, in Ansehung deren er unter die Vormundschaft des sog. Anstaltsvormundes kommt (s. Erl. zu Art. 136 des E.G.).

3. Der Verlust der Staatsangehörigkeit durch den Mündel hat, wenn nicht in Folge dessen die Vormundschaft endigt (s. Vorbm. vor § 1882), die Beendigung des Amtes des Vormundes nicht zur Folge, solange ein deutsches Gericht Vormundschaftsgericht bleibt; im Falle der Abgabe der Vormundschaft an das Ausland ist der Vormund nach § 1889 auf Antrag zu entlassen.

### § 1885.

**E. I § 1704 Nr. 1, 2; II § 1743 rev. § 1863; III § 1861. P. I S. 8488; M. IV S. 1195. P. II S. 6477—6483 (Bd. 4 S. 827—831).**

1. Zu Abs. 1. Die Beendigung des Amtes des Vormundes tritt mit dem Wirksamwerden des die Entmündigung aussprechenden Beschlusses ein. Ueber den Zeitpunkt des Eintritts der Wirksamkeit s. C.P.O. §§ 661, 683. Wird der die Entmündigung aussprechende Beschluß auf erhobene Anfechtungsklage aufgehoben, so tritt nicht der einmal Entmündigte in das Amt des Vormundes von selbst wieder ein, sondern sein Amt bleibt beendigt, er hat auch kein Recht darauf, daß ihn das Vormundschaftsgericht wieder als Vormund bestellt. Aus welchem Grunde die Entmündigung erfolgt, ist gleichgültig.

Durch den nicht auf Entmündigung beruhenden Verlust der Geschäftsfähigkeit wird das Amt des Vormundes nicht von selbst beendigt, sondern der Vormund ist nach § 1886 zu entlassen. Selbstverständlich sind übrigens die von dem geschäftsunfähig gewordenen Vormunde vorgenommenen Willenserklärungen nichtig (§ 105) und die ihm gegenüber abgegebenen unwirksam (§ 131). Auch wenn über den Vormund eine vorläufige Vormundschaft angeordnet wird (§ 1906), hört sein Amt nicht von selbst auf.

2. Zu Abs. 2. Selbstverständlich endigt das Amt des Vormundes auch in Folge des Todes desselben. Sind mehrere Vormünder vorhanden, so wird durch den Tod eines Mitvormundes das Amt der anderen Vormünder nicht berührt.

## §. 1886.

Das Vormundschaftsgericht hat den Vormund zu entlassen, wenn die Fortführung des Amtes, insbesondere wegen pflichtwidrigen Verhaltens des Vormundes, das Interesse des Mündels gefährden würde oder wenn in der Person des Vormundes einer der im §. 1781 bestimmten Gründe vorliegt.

---

Die Verschollenheit des Vormundes beendigt dessen Amt nicht von selbst. Das Vormundschaftsgericht kann ihn aber nach § 1886 entlassen. Dagegen beendigt die Todeserklärung des Vormundes dessen Amt; es tritt also nicht nur die durch den § 18 begründete Vermuthung ein, daß der Vormund gestorben ist. Das Amt endigt mit der Erlassung des Todeserklärungsurtheils, nicht mit dem Zeitpunkte, welcher als Todestag festgesetzt ist. Ueberlebt der Vormund die Todeserklärung, so hat dies auf die Beendigung seines Amtes keinen Einfluß, das Amt bleibt beendigt; ist er vorher schon gestorben, so ist für die Beendigung des Amtes nicht der Zeitpunkt der Erlassung des Todeserklärungsurtheils, sondern der wirkliche Todestag maßgebend. Wird die Todeserklärung auf erhobene Anfechtungsklage wieder aufgehoben, so gilt das Amt des Vormundes nicht als beendigt.

3. Der die Entmündigung aussprechende Beschluß sowie das Todeserklärungsurtheil sind vom Aufgebotsgerichte bezw. Entmündigungsgerichte dem Vormundschaftsgerichte mitzutheilen (§ 50 des freiw. G.G.).

4. Uebergangsbestimmungen s. E.G. Art. 160.

## § 1886.

**E. I § 1704 Nr. 3, § 1705 Nr. 1, 2; II § 1744 rev. § 1864; III § 1862. P. I S. 8490, 8774, 8783; M. IV S. 1196. P. II S. 6483—6485 (Bd. 4 S. 831—832).**

1. Der Vormund darf wider seinen Willen (wegen der Entlassung auf Antrag s. § 1889) entlassen werden:

**a**) wenn die Fortführung des Amtes das Interesse des Mündels gefährden würde. Als ein besonders wichtiger Fall ist pflichtwidriges Verhalten des Vormundes hervorgehoben. Pflichtwidrig handelt der Vormund, wenn er die bei der Bestellung (§ 1789) angelobte Verpflichtung zu treuer und gewissenhafter Führung der Vormundschaft verletzt. Begriffsgemäß setzt die Pflichtwidrigkeit ein Verschulden voraus. Es genügt aber nicht jede Pflichtwidrigkeit — denn pflichtwidrig ist jedes, wenn auch nur geringe Verschulden —, sondern nur eine solche, welche das Interesse des Mündels gefährdet. Ob diese Voraussetzung zutrifft, ist unter Berücksichtigung der gesammten Verhältnisse des einzelnen Falles zu beurtheilen. Insbesondere ist dabei zu erwägen, ob die Androhung oder Verhängung einer Ordnungsstrafe nicht auch zum Ziele führt. Weitere Fälle, in welchen eine Gefährdung vorliegen kann, sind z. B. die Unfähigkeit des Vormundes zur Verwaltung des Mündelvermögens oder zur Wahrung der Sorge für die Person, unsittlicher Lebenswandel oder Geisteskrankheit des Vormundes. Durch die Zulässigkeit der Entlassung auch nicht pflichtwidriger Vormünder ist dem Vormundschaftsgerichte die Möglichkeit gegeben, einen Vormund, welcher seiner Aufgabe aus thatsächlichen Gründen, z. B. wegen ungenügender Sachkenntniß, nicht gewachsen ist, zu entfernen und so eine zweckwidrige Führung der Vormundschaft zu verhindern. Die Geisteskrankheit bildet einen Entlassungsgrund nur, wenn nicht Entmündigung vorliegt; im letzteren Falle s. § 1885 und wegen der bei Beginn der Bestellung des Vormundes vorhandenen Geisteskrankheit s. § 1780. Die Gefährdung der Interessen des Mündels braucht übrigens keine erhebliche zu sein. Der Umstand allein, daß sich ein Widerstreit zwischen den Interessen des Mündels und des Vormundes ergiebt, begründet nicht die Entlassung des Vormundes, solange das Vormundschaftsgericht auf dem Wege des § 1796 einer Gefahr für den Mündel vorbeugen kann.

**b**) wenn in der Person des Vormundes einer der im § 1781 bestimmten Gründe vorliegt und zwar ohne Rücksicht darauf, ob der Grund zur Zeit der Bestellung des Vormundes schon vorhanden oder erst später eingetreten ist und ersteren Falles, ob das Vormundschaftsgericht von ihm bei der Bestellung keine Kenntniß hatte oder ihn unbeachtet ließ. Die im § 1781 bestimmten Gründe sind: Minderjährigkeit oder Stellung unter vorläufige Vormundschaft, Pflegschaft wegen Gebrechlichkeit, Eröffnung des Konkurses über das Vermögen des Vormundes, Verlust der bürgerlichen Ehrenrechte. In diesen Fällen wird die Weiterführung des Amtes regelmäßig gleichzeitig auch eine Gefährdung der Interessen des Mündels herbeiführen. Die

§. 1887.

Das Vormundschaftsgericht kann eine Frau, die zum Vormunde bestellt ist, entlassen, wenn sie sich verheirathet.

Das Vormundschaftsgericht hat eine verheirathete Frau, die zum Vormunde bestellt ist, zu entlassen, wenn der Mann seine Zustimmung zur Uebernahme oder zur Fortführung der Vormundschaft versagt oder die Zustimmung widerruft. Diese Vorschrift findet keine Anwendung, wenn der Mann der Vater des Mündels ist.

---

Entlassung ist aber auch dann möglich, wenn eine Gefährdung nach Lage der Verhältnisse nicht zu besorgen ist. Von Bedeutung ist dies namentlich für den Fall des Konkurses.

c) nach § 1790, wenn der Vormund unter dem Vorbehalte der Entlassung bestellt ist und der Vorbehalt eintritt.

d) nach § 1778 muß, wenn der als Vormund Berufene nach Wegfall einer vorübergehenden Verhinderung beantragt, zum Vormunde bestellt zu werden, oder wenn er zu Unrecht übergangen ist und seine Bestellung verlangt, der inzwischen zum Vormunde Bestellte entlassen werden, mag bei seiner Bestellung ein Vorbehalt gemacht worden sein oder nicht.

2. Die vorherige Anhörung des Vormundes vor der Entlassung ist nicht vorgeschrieben, wird sich aber jedenfalls, wenn irgend möglich, empfehlen. Auch die Anhörung von Angehörigen des Mündels wird häufig zweckmäßig sein (§ 1847). Gegen die Entlassung findet die sofortige Beschwerde statt (§ 60 Nr. 3 des freiw. G.G.). Die Entlassung tritt nicht erst mit dem Ablaufe der Beschwerdefrist in Wirksamkeit, sondern mit der Bekanntmachung an den Vormund (§ 16 des freiw. G.G., vergl. jedoch § 24 Abs. 2, 3 das.). Von der Entlassung sind der Gegenvormund, der Mitvormund und der Gemeindewaisenrath (§ 1851) zu verständigen. Beschwerderecht des Gegenvormundes gegen eine Zurückweisung seines Antrags auf Entlassung s. § 57 Nr. 6 des freiw. G.G.

Eine vorläufige Enthebung des Vormundes, insbesondere während der Dauer des Entlassungsverfahrens ist nicht vorgesehen. Eine Schädigung der Interessen des Mündels kann vom Vormundschaftsgerichte durch die in den §§ 1796, 1818, 1844, 1857 zugelassenen Maßregeln abgewendet werden.

### § 1887.

**E. I § 1704 Nr. 3, § 1705 Nr. 3, § 1707; II § 1745 rev. § 1865; III § 1863. P. I S. 8494, 8774; M. IV S. 1196—1201. P. II S. 6485, 6487 (Bd. 4 S. 831, 833). K.B. S. 2092.**

**1.** Der Abs. 1 ermöglicht dem Vormundschaftsgerichte, der mit der Verheirathung der Frau verbundenen Veränderung der Verhältnisse Rechnung zu tragen. Daß eine Gefährdung der Interessen des Mündels beim Verbleiben der Frau im Amte zu befürchten ist, ist nicht erforderlich. Liegt eine Gefährdung vor, so muß die Frau nach § 1886 entlassen werden.

**2.** Der Abs. 2 entspricht dem § 1783. Die Frau muß entlassen werden, wenn die Voraussetzungen des Abs. 2 gegeben sind, die Entlassung steht nicht im Ermessen des Vormundschaftsgerichts. Eines Antrags der Frau oder des Mannes bedarf es nicht. Der Fall, daß der Mann seine Zustimmung zur Uebernahme der Vormundschaft versagt, ist nur möglich, wenn das Vormundschaftsgericht entgegen § 1783 die Frau ohne die Einwilligung des Mannes zum Vormunde bestellt hat. Die Versagung oder der Widerruf der Zustimmung kann der Frau oder dem Vormundschaftsgerichte gegenüber erklärt werden; die Erklärung bedarf keiner Form. Warum der Mann die Zustimmung versagt oder widerruft, kommt nicht in Betracht. Die Versagung der Zustimmung zur Fortführung trifft insbesondere den Fall, daß die Frau nach der Bestellung als Vormund sich verheirathet.

Der Abs. 2 Satz 2 gilt nur für den Abs. 2 Satz 1, nicht für den Abs. 1; der Fall des Abs. 2 Satz 2 wird übrigens bei der Altersvormundschaft nur selten vorkommen, z. B. wenn der Vater die elterliche Gewalt verwirkt hat und die Mutter während bestehender Ehe zum Vormunde bestellt ist. Wenn der Mündel ein durch nachfolgende Ehe legitimirtes Kind ist, trifft der § 1887 nicht zu; denn in diesem Falle hört, wenn das Vormundschaftsgericht anerkennt, daß der Mann der Mutter der Vater des Kindes ist, die Vormundschaft ohnehin nach Maßgabe des § 1883 auf.

**3.** Die Beschwerde wegen ungerechtfertigter Entlassung ist nach § 60 Nr. 3 des freiw. G.G. eine sofortige. Das Beschwerderecht steht nur der Frau zu.

§. 1888.

Ist ein Beamter oder ein Religionsdiener zum Vormunde bestellt, so hat ihn das Vormundschaftsgericht zu entlassen, wenn die Erlaubniß, die nach den Landesgesetzen zur Uebernahme der Vormundschaft oder zur Fortführung der vor dem Eintritt in das Amts- oder Dienstverhältniß übernommenen Vormundschaft erforderlich ist, versagt oder zurückgenommen wird oder wenn die nach den Landesgesetzen zulässige Untersagung der Fortführung der Vormundschaft erfolgt.

§. 1889.

Das Vormundschaftsgericht hat den Vormund auf seinen Antrag zu entlassen, wenn ein wichtiger Grund vorliegt; ein wichtiger Grund ist insbesondere der Eintritt eines Umstandes, der den Vormund nach §. 1786 Abs. 1 Nr. 2 bis 7 berechtigen würde, die Uebernahme der Vormundschaft abzulehnen.

---

**§ 1888.**

**E. I § 1704 Nr. 3, § 1705 Nr. 4; II § 1746 rev. § 1866; III § 1864. P. I S. 8490, 8774; M. IV S. 1196—1199. P. II S. 6485, 6486 (Bd. 4 S. 831, 832).**

Der § 1888 entspricht dem § 1784. Die Entlassung, falls die nach den Landesgesetzen zulässige Untersagung der Fortführung erfolgt, berücksichtigt die z. B. in Bayern bestehende Einrichtung, daß zur Uebernahme einer Vormundschaft und zur Fortführung einer vor dem Eintritt in das Amtsverhältniß übernommenen Vormundschaft keine dienstliche Bewilligung erforderlich ist, die vorgesetzte Dienstesbehörde aber das Recht hat, die Fortführung zu untersagen. Im Uebrigen, insbesondere wegen der Landesgesetze s. Erl. zu § 1784.

Der § 41 des Reichsmilitärges. v. 2. Mai 1874 bleibt unberührt. Er giebt übrigens Militärpersonen, die vor dem Eintritt in das Heer eine Vormundschaft übernommen haben, nicht das Recht ihre Entlassung zu fordern, auch schreibt er eine Genehmigung zur Fortführung nicht vor.

**§ 1889.**

**E. I § 1704 Nr. 3, § 1706; II § 1747 rev. § 1867; III § 1865. P. I S. 8493; M. IV S. 1196, 1199. P. II S. 6486, 6487 (Bd. 4 S. 832, 833).**

1. Der Vormund kann aus wichtigen Gründen seine Entlassung fordern. Ob ein wichtiger Grund vorliegt, entscheidet das Vormundschaftsgericht nach seinem Ermessen. Wenn jedoch einer der im § 1786 Nr. 2—7 angeführten Gründe nach der Bestellung des Vormundes eintritt, muß der Richter die Entlassung bewilligen. Liegt einer der Fälle des § 1786 Nr. 2—7 schon zur Zeit der Bestellung vor, so kann die Uebernahme der Vormundschaft abgelehnt werden; wird vom Ablehnungsrechte kein Gebrauch gemacht, so kann die Entlassung nur gefordert werden, wenn sich der betreffende Grund thatsächlich nach Lage des Falles als ein wichtiger Grund darstellt. Letzteres gilt auch von den Ablehnungsgründen der Nr. 1 und 8 des § 1786. Die Führung mehrerer Vormundschaften (§ 1786 Nr. 8) z. B. berechtigt zum Antrag auf Entlassung nicht schlechthin, sondern nur, wenn sich etwa nachträglich herausstellt, daß der Vormund sich über die Größe der ihm übertragenen Aufgaben getäuscht hat und seiner Aufgabe sich nicht gewachsen fühlt.

Die im § 1786 Nr. 2—7 aufgeführten Gründe sind Vollendung des sechzigsten Lebensjahrs, Vorhandensein von mehr als vier ehelichen minderjährigen Kindern, Krankheit und Gebrechen, belästigende Entfernung des Wohnsitzes des Vormundes vom Sitze des Vormundschaftsgerichts und zwar sowohl in dem Falle, daß das Gericht gewechselt hat (§§ 46, 47 des freiw. G.G.), als in dem Falle, daß der Vormund seinen Wohnsitz geändert, ferner Verpflichtung zur Sicherheitsleistung nach § 1844, Bestellung eines Mitvormundes zur gemeinschaftlichen Führung der Vormundschaft.

Der Vormund braucht die zum Antrag auf Entlassung berechtigenden Thatsachen nicht alsbald, nachdem sie eingetreten sind, geltend zu machen; Versäumung sofortiger Geltendmachung kann nicht als Verzicht ausgelegt werden (Schultheis S. 186).

2. Verweigerung der Entlassung berechtigt den Vormund zur Beschwerde (§ 20 des freiw. G.G.).

## §. 1890.

Der Vormund hat nach der Beendigung seines Amtes dem Mündel das verwaltete Vermögen herauszugeben und über die Verwaltung Rechenschaft abzulegen. Soweit er dem Vormundschaftsgerichte Rechnung gelegt hat, genügt die Bezugnahme auf diese Rechnung.

---

## § 1890.

**E. I § 1700 Abs. 1, 2; II § 1736 rev. § 1868; III § 1866. P. I S. 8284, 8291, 8409, 8782; M. IV S. 1184. P. II S. 6462 (Bd. 4 S. 819).**

1. Der Vormund hat nach der Beendigung seines Amtes dem Mündel das verwaltete Vermögen herauszugeben. Die Herausgabepflicht umfaßt nach § 260 die Verpflichtung, ein Verzeichniß des Bestandes vorzulegen und, sofern Grund zu der Annahme besteht, daß das Verzeichniß nicht mit der erforderlichen Sorgfalt aufgestellt worden ist, auf Verlangen den Offenbarungseid zu leisten. Das Verzeichniß des Bestandes kann an das beim Beginne der Vormundschaft eingereichte Inventar sowie auf die späteren Anzeigen des Erwerbes von Vermögen (§ 1802) anknüpfen. Uebrigens wird die Herausgabe vielfach nicht in einer Ausantwortung des Vermögens bestehen, z. B. wenn der Mündel dem bisherigen Vormunde die Verwaltung des Vermögens beläßt oder wenn es sich um Forderungen oder hinterlegte Werthpapiere handelt; in solchen Fällen wird nur in Betracht kommen, daß der Vormund dem Mündel das Vermögen nachweist bezw. den Hinterlegungsschein übergiebt. Soweit das Mündelgeld bei einer Sparkasse oder Bank oder in umgeschriebenen Papieren oder in Buchforderungen angelegt ist, wird nicht der Vormund, sondern der Mündel selbst dafür zu sorgen haben, daß der Sperrvermerk (§§ 1809, 1815, 1816) gelöscht wird; der Vormund hat nur die Sparkassenbücher, Depositenscheine, Werthpapiere ꝛc. dem Mündel abzuliefern. Auf Antrag des Mündels wird das Vormundschaftsgericht ihm eine Bescheinigung darüber auszustellen haben, daß die Vormundschaft beendigt und damit der Grund des Sperrvermerks weggefallen sei.

Sind Bestandtheile des Vermögens des Mündels untergegangen oder verschlechtert worden, so trifft den Vormund, soweit ihm ein Verschulden zur Last fällt, die Verantwortung (§ 1833). In Ansehung der Beweislast bei Ansprüchen des Mündels auf Herausgabe eines Vermögensgegenstandes oder auf Entschädigung wegen Verlustes oder Werthminderung gelten die allgemeinen Grundsätze. Es treffen daher die in den Erl. zu § 1421 Nr. 1 und § 1681 Nr. 1 enthaltenen Ausführungen hier gleichfalls zu. Der Mündel muß beweisen, daß der Vormund einen gewissen Vermögensgegenstand, dessen Herausgabe oder Ersatz vom Vormunde gefordert wird, überhaupt erhalten hat oder — weil die dem Vormund obliegende Sorge für das Vermögen von einer Uebergabe desselben unabhängig ist, — daß es ihm zum Verschulden anzurechnen ist, wenn er den Gegenstand nicht erhalten hat. Die Beweislast wird dem Mündel in dieser Beziehung erleichtert durch die dem Vormunde nach § 1802 obliegende Inventarpflicht. Steht fest, daß der Vormund den Gegenstand erhalten hat, so ist es an ihm, nachzuweisen, daß er für den Verlust nicht verantwortlich ist. Aehnlich liegt die Sache bei Verschlechterung der Gegenstände, die zum Mündelvermögen gehören. Die Herausgabepflicht bezieht sich natürlich nicht nur auf die Substanz, sondern auch auf die Nutzungen.

Herauszugeben ist das Vermögen, wenn die Vormundschaft wegen Volljährigkeit des Mündels endigt, diesem selbst, wenn es wegen des Todes des Mündels endigt, dem Erben desselben, sonst seinem gesetzlichen Vertreter.

Das Recht des Vormundes auf Quittungsleistung (Decharge) bestimmt sich nach § 368.

2. Ueber die Verwaltung hat der Vormund Rechenschaft abzulegen. Die Ablegung der Rechenschaft erfolgt nach § 259 durch Mittheilung einer die gesammte Dauer des vormundschaftlichen Amtes, nicht bloß das letzte Rechnungsjahr umfassenden geordneten Zusammenstellung der Einnahmen und der Ausgaben und Vorlage der Belege, soweit solche ertheilt zu werden pflegen. Der Vormund braucht aber nicht alle Rechnungsposten vom Beginne seiner Verwaltung bis zu deren Beendigung in die Schlußrechnung aufzunehmen, sondern kann, soweit er auf Grund seiner periodischen Rechnungspflicht nach § 1840 dem Gerichte Rechenschaft gelegt hat, auf diese verweisen. Ueber das Recht des Mündels, gegen diese Rechnungen Einwendungen zu erheben, s. Erl. zu § 1840. In Betreff der in den Rechnungen und zwar, soweit auf frühere Bezug genommen ist, auch der in diesen enthaltenen Angaben über die Einnahmen hat der Vormund unter den Voraussetzungen des § 259 Abs. 2, 3 den Offenbarungseid zu leisten, in Betreff früherer

Rechnungen natürlich nur, soweit bezüglich ihrer nicht schon der Offenbarungseid geleistet worden ist.

Auch die Rechnungslegung hat je nach den Umständen dem Mündel selbst, seinem Erben oder neuen gesetzlichen Vertreter gegenüber zu erfolgen.

3. Der Offenbarungseid ist sowohl in Ansehung der Herausgabe des Vermögens als der Rechnungslegung, sofern der Vormund zur Eidesleistung bereit ist, vor dem im § 261 bezeichneten Amtsgerichte d. i. nach § 269 dem Amtsgerichte des Wohnsitzes des Mündels, auf Verlangen des Vormundes aber vor dem Amtsgerichte seines Wohnsitzes oder Aufenthaltsorts zu leisten. Das Vormundschaftsgericht als solches ist nicht zuständig. Wegen des Verfahrens s. § 163 des freiw. G.G. Ist der Vormund zur Eidesleistung nicht bereit, so muß der Weg der Klage beschritten werden; im Uebrigen s. § 889 der C.P.O.

4. Die Vorschriften der §§ 1890—1893 gelten ohne Rücksicht auf den Grund der Beendigung des Amtes des Vormundes, also auch, wenn die Vormundschaft als solche fortdauert. Sie finden aber auch dann Anwendung, wenn nur die Vermögensverwaltung des Vormundes endigt, das Amt des Vormundes im Uebrigen also bestehen bleibt und für die Vermögensverwaltung ein Pfleger bestellt wird. Die Richtigkeit dieser Auffassung ergiebt sich aus der Natur der Sache und hat im entsprechenden Falle des § 1681 bei der Beendigung der Vermögensverwaltung des Inhabers der elterlichen Gewalt ausdrückliche Anerkennung auch in der Fassung des Gesetzes gefunden. Wegen der Rechnungspflicht bei Annahme des Mündels an Kindesstatt durch den Vormund s. § 1752. Schließt sich an die Altersvormundschaft eine Pflegschaft z. B. wegen Abwesenheit oder eine Vormundschaft über den entmündigten Mündel an und wird der bisherige Vormund Pfleger oder bleibt er Vormund, so findet § 1890 gleichfalls Anwendung; da es sich indessen bei der Rechenschaftslegung sowie bei der Herausgabe des Vermögens lediglich um die Erfüllung einer Verpflichtung handelt, so kann der bisherige Vormund in seiner Eigenschaft als neuer Vormund oder Pfleger nach § 181 beides schon von sich selbst entgegennehmen; die Bestellung eines besonderen Pflegers zu diesem Zwecke ist daher nicht erforderlich; dem Vormundschaftsgerichte wird aber die Rechnungslegung durch Vorlegung der Rechnung nachzuweisen sein.

5. War der die Schlußrechnung legende Vormund nicht die ganze Dauer der Vormundschaft hindurch Vormund, so braucht sich die Schlußrechnung nicht auf die Zeit zu beziehen, während deren ein Anderer Vormund war. Der Vormund hat jedoch dem Mündel nachzuweisen, daß er dem früheren Vormunde gegenüber, als dieser seine Schlußrechnung legte und das Vermögen des Mündels ihm herausgab, die Rechte des Mündels entsprechend wahrgenommen hat.

6. Die Herausgabe des Vermögens hat sofort nach der Beendigung des Amtes des Vormundes stattzufinden. Ueber das Zurückbehaltungsrecht wegen Aufwendungen s. § 273. Zur Legung der Schlußrechnung muß dem Vormunde nach billigem Ermessen eine angemessene Frist gewährt werden.

7. Ueber die Verbindung der Klage auf Herausgabe und der Klage auf Rechnungslegung unter Vorbehalt der bestimmten Angabe der beanspruchten Leistungen bis nach erfolgter Mittheilung der Rechnung, Vorlage des Vermögensverzeichnisses und Leistung des Offenbarungseids s. C.P.O. § 254 (Erl. zu § 259 Nr. 5 und zu § 260 Nr. 4).

8. Die Herausgabepflicht und die Rechnungspflicht einschließlich der Verpflichtung zur Leistung des Offenbarungseids gehen auf den Erben des Vormundes über; für den Uebergang gelten die allgemeinen Grundsätze der §§ 1967 ff.; der Erbe hat aber keine Verpflichtung, die vormundschaftlichen Geschäfte seines Erblassers vorläufig weiter zu führen (s. Erl. zu § 1894), und er ist auch für die Sicherstellung der in dem Nachlasse befindlichen Nachlaßgegenstände des Mündels nur nach Maßgabe der allgemeinen Grundsätze über die Verpflichtung desjenigen, welcher Vermögensgegenstände herauszugeben hat, zu sorgen verpflichtet. Auf den Konkursverwalter (vergl. hierzu § 1886 mit § 1781) geht die Verpflichtung, Rechnung zu legen, mangels einer positiven Bestimmung des Gesetzes nicht über; nur der Herausgabeanspruch des Mündels ist Konkursforderung. Es ist Sache des Mündels, zum Zwecke der Geltendmachung seines Vorzugsrechts im Konkurse (§ 61 Nr. 5 der K.O.) seine Ansprüche entsprechend zu substanziiren, und er kann vom Gemeinschuldner Rechnungslegung und Leistung des Offenbarungseids fordern (M. IV S. 1185).

Mehrere Vormünder, welche die Vormundschaft gemeinschaftlich führen, haben die Rechnung gemeinschaftlich zu legen.

9. Von der im § 1890 bestimmten Verpflichtung zur Schlußrechnung kann der Vormund durch die Eltern nicht befreit werden (s. Erl. zu § 1852). Dagegen kann der Mündel selbst, wenn er geschäftsfähig ist, auf Rechnungslegung verzichten (§ 397).

§. 1891.

Ist ein Gegenvormund vorhanden, so hat ihm der Vormund die Rechnung vorzulegen. Der Gegenvormund hat die Rechnung mit den Bemerkungen zu versehen, zu denen die Prüfung ihm Anlaß giebt.

Der Gegenvormund hat über die Führung der Gegenvormundschaft und, soweit er dazu im Stande ist, über das von dem Vormunde verwaltete Vermögen auf Verlangen Auskunft zu ertheilen.

§. 1892.

Der Vormund hat die Rechnung, nachdem er sie dem Gegenvormunde vorgelegt hat, dem Vormundschaftsgericht einzureichen.

Das Vormundschaftsgericht hat die Rechnung rechnungsmäßig und sachlich zu prüfen und deren Abnahme durch Verhandlung mit den Betheiligten unter Zuziehung des Gegenvormundes zu vermitteln. Soweit die Rechnung als richtig anerkannt wird, hat das Vormundschaftsgericht das Anerkenntniß zu beurkunden.

---

**§ 1891.**

**E. I § 1700 Abs. 3; II § 1737 rev. § 1860; III § 1867. P. I S. 8284, 8291, 8409, 8782; M. IV S. 1184. P. II S. 6462 (Bd. 4 S. 819).**

1. Der § 1891 verpflichtet den Gegenvormund, die Thätigkeit, welche er nach § 1842 der während der Dauer der Vormundschaft abzulegenden Rechnung gegenüber zu entfalten hat, auch der Schlußrechnung gegenüber zu entfalten. Die Vorschrift ist insbesondere in dem Falle von Bedeutung, daß mit dem Amte des Vormundes gleichzeitig die Vormundschaft selbst endigt. In diesem Falle endigt auch das Amt des Gegenvormundes und dieser wäre ohne die positive Vorschrift des § 1891 nicht verpflichtet, zu der auf Grund des § 259 gestellten Schlußrechnung des Vormundes sich zu äußern, auch könnte der Mündel nach Beendigung des Amtes des Gegenvormundes von diesem ohne positive Vorschrift keinen Aufschluß über die Führung der Gegenvormundschaft und über die Führung der Vermögensverwaltung durch den Vormund verlangen. Dieser Aufschluß aber wird dem Mündel nicht selten erforderlich sein, um sich über seine Ansprüche gegen den Vormund oder den Gegenvormund (§ 1833) Klarheit zu verschaffen.

2. Zu Abs. 1 kann auf die Erl. zu dem entsprechenden § 1842 verwiesen werden. Der Abs. 1 gilt nur, wenn ein Gegenvormund vorhanden ist, nicht aber, wie der § 1842, auch für den Fall, daß die Voraussetzungen des § 1792 vorliegen, ein Gegenvormund aber nicht vorhanden ist.

3. Die dem Gegenvormunde nach Abs. 2 obliegende Verpflichtung, auf Verlangen über die Führung der Gegenvormundschaft Auskunft zu ertheilen, bezieht sich insbesondere auch darauf, inwieweit der Gegenvormund von der ihm nach § 1799 zustehenden Befugniß der Aufsicht über den Vormund Gebrauch gemacht hat. Die Erfüllung der Auskunftspflicht kann vom Mündel im Wege der Klage erzwungen werden; der § 260 findet keine Anwendung. Im Uebrigen s. Erl. zu § 1799 und § 1839.

4. Der Nachweis des Vermögensbestandes ist dem Gegenvormunde bei der Schlußrechnung natürlich nicht zu liefern. Es ist Sache desjenigen, dem die Schlußrechnung gelegt wird, sich das Vorhandensein des Vermögens nachweisen zu lassen.

**§ 1892.**

**E. I § 1701; II § 1738 rev. § 1870; III § 1868. P. I S. 8284—8295, 8835, 8851; M. IV S. 1186—1190. P. II S. 6462—6464 (Bd. 4 S. 819, 820).**

1. Die Entgegennahme der Rechenschaft über die Führung der Vormundschaft ist zunächst Sache desjenigen, welchem die Rechenschaft abzulegen ist, wenn der Mündel volljährig geworden

ist, also Sache des Mündels. Aus Zweckmäßigkeitsgründen legt der § 1892 dem Vormundschaftsgerichte die Verpflichtung auf, die Schlußrechnung in ähnlicher Weise wie die während der Dauer der Vormundschaft gelegten Rechnungen rechnungsmäßig und sachlich zu prüfen und die Abnahme der Rechnung durch Verhandlung mit den Betheiligten zu veranlassen.

2. Zu Abs. 1. Die Vorlage an den Gegenvormund ist, wie sich aus § 1891 ergiebt, nur erforderlich, wenn ein Gegenvormund vorhanden ist. Die Bemerkungen des Gegenvormundes sind dem Vormundschaftsgerichte mitvorzulegen. Auch die Belege sind dem Gericht einzureichen. Die Einreichung der Rechnung beim Vormundschaftsgericht ist eine dem Vormund auch gegenüber dem Gericht obliegende Pflicht, also eine öffentlichrechtliche Pflicht. Kommt der Vormund ihr nicht nach, so kann er vom Vormundschaftsgerichte hierzu durch Ordnungsstrafen angehalten werden; so auch P. II S. 6464, Bd. 4 S. 820; a. A. Staudinger, Neumann, Hesse, Schultheis u. a., weil dem Gerichte das Ordnungsstrafrecht nur für die Dauer des vormundschaftlichen Amtes zustehe. Allein das Ordnungsstrafrecht steht dem Gerichte nach § 1837 zur Erzwingung seiner Anordnungen zu; zu Anordnungen ist das Vormundschaftsgericht regelmäßig nur für die Dauer des vormundschaftlichen Amtes berechtigt, im § 1892 Abs. 1 ist aber eben dem Gericht eine Anordnung auch nach der Beendigung dieses Amtes gestattet; daraus folgt die Anwendbarkeit des § 1837. Aus dem gleichen Grunde kann das Gericht auch die Aeußerung des Gegenvormundes zur Rechnungslegung (§ 1891) durch Ordnungsstrafen erzwingen.

3. Zu Abs. 2. Vergl. wegen der Prüfung der Rechnung durch das Gericht die Erl. zu § 1843. Die Herbeiführung der etwa veranlaßten Aenderungen und Ergänzungen der Rechnung, wie sie dem Gericht im § 1843 zur Pflicht gemacht ist, liegt dem Vormundschaftsgericht auch bezüglich der Schlußrechnung ob — dies ist eine naturgemäße Folge der Prüfungspflicht; wenn aber der Vormund sich weigert, die Aenderungen und Ergänzungen herbeizuführen, so kann das Gericht den Mündel nur auf den Prozeßweg verweisen, dem Vormunde gegenüber besteht eine Zwangsgewalt des Vormundschaftsgerichts in dieser Beziehung nicht.

Das Gericht hat die Rechnung nicht nur zu prüfen und das Ergebniß der Prüfung dem Vormund und dem Mündel mitzutheilen, sondern auch die Abnahme der Rechnung durch Verhandlung mit den Betheiligten unter Zuziehung des Gegenvormundes zu vermitteln. Unter den Betheiligten ist der Vormund bezw. sein Rechtsnachfolger oder gesetzlicher Vertreter und der Mündel bezw. dessen Rechtsnachfolger oder gesetzlicher Vertreter zu verstehen. Uebrigens wird nicht immer das persönliche Erscheinen aller Betheiligten zur Verhandlung vor dem Vormundschaftsgericht erforderlich sein, vielmehr kann das Gericht, wenn ein Betheiligter in einem anderen Bezirke wohnt, auch ein anderes Gericht um die Entgegennahme der Erklärung dieses Betheiligten ersuchen.

Soweit die Rechnung als richtig anerkannt wird, ist das Anerkenntniß zu beurkunden. Zweckmäßigerweise wird hiermit die Aufnahme einer Quittung über die Ausantwortung oder den Nachweis des Mündelvermögens verbunden. Die rechtliche Bedeutung des Anerkenntnisses bestimmt sich nach den allgemeinen Grundsätzen. Soweit das Anerkenntniß wirksam und ohne Vorbehalt ist, befreit es den Vormund von der Haftung für die Verwaltung auch dann, wenn die Folgen einer schlechten Verwaltung sich erst später zeigen (R.G. 38 S. 335). Selbstverständlich sind auch diejenigen Punkte schriftlich festzulegen, bei welchen sich Beanstandungen ergeben, und sind die Beanstandungen möglichst zu präzisiren.

Einen Anspruch auf Anerkennung der Richtigkeit der Rechnung hat der Vormund nicht. Es findet auch kein Rechnungsabnahmeverfahren in dem Sinne statt, daß die Rechnung insoweit als anerkannt anzusehen ist, als sie nicht oder nicht in bestimmter Weise bemängelt wird. Natürlich kann der Vormund die Feststellungsklage auf Richtigkeit der Rechnung erheben, wenn die Voraussetzungen des § 256 der C.P.O. gegeben sind.

In der Praxis pflegt man mit dem Anerkenntnisse der Rechnung die Entlastung auch des Vormundschaftsrichters (§ 1848) zu verbinden. Indessen hat der Richter hierauf keinen Anspruch.

4. Ist vom Vormunde Sicherheit geleistet worden, so hat das Vormundschaftsgericht deren Zurückgabe zu veranlassen. Wegen der Löschung der Sicherungshypothek s. Erl. zu § 1844. Der Vormund kann im Prozeßweg Aufhebung der Sicherheit und im Falle des Verzugs Schadensersatz verlangen. Soweit er sich dem Mündel gegenüber ersatzpflichtig gemacht oder das Vermögen noch nicht herausgegeben hat, kann er Rückgabe der Sicherheit bezw. Löschung der Sicherungshypothek nicht verlangen.

5. Erklärt der volljährig gewordene Mündel, daß er sich mit dem Vormunde bereits auseinandergesetzt habe, so unterbleibt die Prüfung und die Abnahme der Rechnung durch das Gericht. Aus diesem Grunde hat das Vormundschaftsgericht auch kein Zwangsmittel gegen den Mündel, bei der Vermittelung zu erscheinen. Eine Entlassung des Mündels aus der Vormund-

## §. 1893.

Im Falle der Beendigung der Vormundschaft oder des vormundschaftlichen Amtes finden die Vorschriften der §§. 1682, 1683 entsprechende Anwendung.

Der Vormund hat nach der Beendigung seines Amtes die Bestallung dem Vormundschaftsgerichte zurückzugeben.

---

schaft, wie sie nach einigen bisherigen Rechten üblich war, findet nicht mehr statt. Deshalb ist ein Mündel, für welchen während der ganzen Dauer der Vormundschaft Vermögen nicht verwaltet worden ist, wenn er volljährig geworden ist, lediglich von der Beendigung der Vormundschaft und der Thatsache, daß kein Vermögen verwaltet worden ist, zu verständigen.

Ist die Rechnung einem gesetzlichen Vertreter des Mündels zu legen, so kann dieser auf die Legung der Rechnung verzichten, das Vormundschaftsgericht, welches den Verzicht nach § 1822 Nr. 12 zu genehmigen hat, würde aber durch die Genehmigung pflichtwidrig handeln.

6. Die durch die Legung der Schlußrechnung und deren Abnahme sowie die durch die Herausgabe des Vermögens Seitens des Vormundes enstehenden Kosten hat der Mündel zu tragen.

7. Daß der Mündel die Vormundschaftsakten einsehen und aus ihnen Abschriften und Auszüge verlangen kann, ergiebt sich aus § 34 des freiw. G.G.

### § 1893.

**E. I §§ 1709, 1711; II § 1749 rev. § 1871; III § 1869. P. I S. 8496–8501; M. IV S. 1202, 1203. P. II S. 6487—6489 (Bd. 4 S. 833, 834).**

1. Zu Abs. 1. Aus der entsprechenden Anwendbarkeit der §§ 1682, 1683 ergiebt sich Folgendes:

**a)** Der Vormund ist auch nach der Beendigung seines Amtes zur Fortführung der mit der Sorge für die Person und das Vermögen des Mündels verbundenen Geschäfte berechtigt, bis er von der Beendigung Kenntniß erlangt oder sie kennen muß (§ 122 Abs. 2). Ein Dritter kann sich auf diese Berechtigung nicht berufen, wenn er bei der Vornahme eines Rechtsgeschäfts die Beendigung des vormundschaftlichen Amtes kannte oder kennen mußte. Diese Vorschriften finden entsprechende Anwendung, wenn die Vertretungsmacht des Vormundes nur in einzelnen Beziehungen (§ 1794), z. B. weil sie ihm nach § 1796 entzogen worden ist, endigt (§ 1682).

**b)** Endigt die Vormundschaft in Folge des Todes des Mündels, so hat der Vormund diejenigen Geschäfte, mit deren Aufschube Gefahr verbunden ist, zu besorgen, bis der Erbe des Mündels anderweit Fürsorge treffen kann (§ 1683). Dem Tode steht die Todeserklärung (§ 1884 Abs. 2) gleich.

**c)** Im Uebrigen s. die Erl. zu den §§ 1682, 1683. Aus § 1682 folgt, daß der Vormund auch für die nach der Beendigung seines Amtes entfaltete Thätigkeit unter den Voraussetzungen des § 1682 Anspruch auf Ersatz der Aufwendungen und auf Vergütung hat und nach § 1833 haftet.

2. Der Abs. 2 findet auch dann Anwendung, wenn der Vormund für mehrere Geschwister bestellt ist und in Ansehung eines derselben sein Amt erlischt; übrigens wird, da die Bestallung die Geburtszeit des Mündels angiebt, die Zurückgabe in diesem Falle dann nicht erforderlich sein, wenn das Amt erlischt, weil das eine der Geschwister volljährig geworden ist. Ein öffentliches Aufgebot findet, wenn der Vormund die Bestallung nicht zurückzugeben vermag, nicht statt. Weigert sich der Vormund, die Bestallung zurückzugeben, obgleich er dazu im Stande wäre oder läßt er die Aufforderung des Vormundschaftsgerichts zur Zurückgabe überhaupt unbeachtet, so kann ihn das Vormundschaftsgericht durch Ordnungsstrafen (§ 1837) zur Zurückgabe anhalten (a. M. Hesse, Schultzenstein, Schultheis, Schultetus). Dafür, daß das Ordnungsstrafrecht trotz der Beendigung des Amtes des Vormundes noch Platz greift, sprechen die gleichen Erwägungen, wie sie in der Erl. 2 zu § 1892 dargelegt sind. Auch die Erben des Vormundes sind verpflichtet die Bestallung zurückzugeben; ein Zwangsrecht besteht jedoch ihnen gegenüber nicht.

§. 1894.

Den Tod des Vormundes hat dessen Erbe dem Vormundschaftsgericht unverzüglich anzuzeigen.

Den Tod des Gegenvormundes oder eines Mitvormundes hat der Vormund unverzüglich anzuzeigen.

§. 1895.

Die Vorschriften der §§. 1885 bis 1889, 1893, 1894 finden auf den Gegenvormund entsprechende Anwendung.

---

**§ 1894.**

**E. I § 1708; II § 1748 rev. § 1872; III § 1870. P. I S. 8496; M. IV S. 1201. P. II S. 6488, 6489 (Bd. 4 S. 834).**

**1.** Den Tod des Vormundes hat nach § 1894 Abs. 1 der Erbe des Vormundes und nach § 1799 Abs. 1 Satz 2 der Gegenvormund anzuzeigen. Beide sind zur unverzüglichen Anzeige (§ 121) verpflichtet und machen sich im Falle schuldhafter Unterlassung dem Mündel schadensersatzpflichtig. Die Verpflichtung des Erben zur Anzeige entspricht den für den Auftrag und die Gesellschaft geltenden Vorschriften der §§ 673, 727. Die daselbst dem Erben weiter auferlegte Verpflichtung, die Geschäfte einstweilen fortzuführen, ist dem Erben des Vormundes nicht auferlegt. Wegen der Verpflichtung des Erben zur Rechnungsablage und zur Sicherstellung des Mündelvermögens s. Erl. zu § 1890. Das Vormundschaftsgericht hat im Falle des Todes des Vormundes, wenn nicht sofort ein neuer Vormund bestellt werden kann, nach § 1846 zu verfahren.

**2.** Den Tod des Gegenvormundes hat nach § 1895 der Erbe des Gegenvormundes und nach § 1894 Abs. 2 der Vormund unverzüglich (§ 121) anzuzeigen. Den Tod eines Mitvormundes müssen dessen Erben (§ 1894 Abs. 1), der Mitvormund (§ 1894 Abs. 2) und der etwa bestellte Gegenvormund (§ 1799 Abs. 1) anzeigen. Im Uebrigen gilt die Erl. 1 entsprechend.

**3.** Dem Tode wird die Todeserklärung (s. Erl. 3 zu § 1885) gleichzustellen sein.

**4.** Uebrigens hat nach § 49 des freiw. G.G. auch der Gemeindewaisenrath dem Vormundschaftsgerichte vom Tode des Vormundes oder Gegenvormundes Anzeige zu erstatten.

**§ 1895.**

**E. I §§ 1710, 1711; II § 1750 rev. § 1873; III § 1871. P. I S. 8497; M. IV S. 1202, 1203. P. II S. 6488, 6489 (Bd. 4 S. 834).**

**1.** Die entsprechende Anwendung der angeführten Vorschriften führt zu folgendem Ergebnisse.

**a)** Das Amt des Gegenvormundes endigt mit seiner Entmündigung und im Falle der Todeserklärung mit der Erlassung des diese aussprechenden Urtheils (§ 1885).

**b)** Der Gegenvormund kann vom Vormundschaftsgericht entlassen werden, wenn die Fortführung seines Amtes insbesondere wegen seines pflichtwidrigen Verhaltens das Interesse des Mündels gefährden würde oder in der Person des Gegenvormundes einer der Untauglichkeitsgründe des § 1781 (dazu § 1792) eintritt (§ 1886). Pflichtwidrig handelt der Gegenvormund insbesondere dann, wenn er die im § 1799 ihm zugewiesenen Aufgaben schuldhafter Weise (§ 1833) nicht erfüllt, also insbesondere, wenn er es an der Beaufsichtigung des Vormundes fehlen läßt. Eine Gefährdung des Interesses des Mündels wird übrigens auch dann anzunehmen sein, wenn sich herausstellt, daß dem Gegenvormunde diejenige Befähigung abgeht, welche erforderlich ist, um die Frage zu prüfen, ob die Genehmigung zu einem Rechtsgeschäfte des Vormundes ertheilt werden darf.

**c)** Entlassung der zum Gegenvormunde bestellten Frau wegen Verheirathung und Versagung oder Widerruf der Zustimmung des Ehemanns (§ 1887); Entlassung des zum Gegenvormunde bestellten Beamten oder Religionsdieners, wenn die erforderliche dienstliche Bewilligung versagt oder zurückgenommen oder die Weiterführung des Amtes dienstlich untersagt wird (§ 1888).

**d)** Der Gegenvormund kann auf Antrag entlassen werden, wenn ein wichtiger Grund vorliegt (§ 1889); als wichtiger Grund gilt insbesondere der Eintritt eines Umstandes, der nach § 1786 Nr. 2–7 mit § 1792 zur Ablehnung der Uebernahme der Gegenvormundschaft berechtigen würde.

# Zweiter Titel.

## Vormundschaft über Volljährige.

### §. 1896.

Ein Volljähriger erhält einen Vormund, wenn er entmündigt ist.

---

e) Bei gutgläubiger Fortführung des Amtes trotz der Beendigung desselben wird der Gegenvormund nach Maßgabe des § 1682 geschützt (§ 1893); andererseits ist der Gegenvormund verpflichtet, im Falle der Beendigung der Vormundschaft durch den Tod des Mündels bei denjenigen Geschäften, mit deren Aufschube Gefahr verbunden ist, mitzuwirken (§ 1893 mit § 1683). Die Anwendbarkeit des § 1683 ist für die Fälle von Bedeutung, in welchen die Genehmigung des Gegenvormundes zu einem Rechtsgeschäfte des Vormundes erforderlich ist, z. B. für die im § 1812 genannten Rechtsgeschäfte.

f) Den Tod des Gegenvormundes haben dessen Erben dem Vormundschaftsgericht unverzüglich anzuzeigen (§ 1894). Daß der Gegenvormund den Tod des Vormundes oder eines Mitvormundes anzuzeigen hat, ist schon im § 1799 bestimmt.

Im Uebrigen s. Erl. zu den angeführten Vorschriften.

2. Die Gegenvormundschaft endigt, wenn die Vormundschaft endigt; denn sie ist nur ein **accessorium** der Vormundschaft und es finden also auch die §§ 1882—1884 auf die Gegenvormundschaft Anwendung.

## Zweiter Titel.

1. Ueber einen Volljährigen ist eine Vormundschaft nur möglich, wenn der Volljährige entmündigt ist (§ 1896). Er kann aber, sobald die Entmündigung beantragt ist, nach Maßgabe des § 1906 unter vorläufige Vormundschaft gestellt werden. Eine Vormundschaft wegen Gebrechlichkeit oder Abwesenheit kennt das B.G.B. nicht; in diesen Fällen ist nur die Bestellung eines Pflegers möglich (§§ 1910, 1911). Auch eine freiwillige Stellung unter Vormundschaft oder eine Verlängerung der Altersvormundschaft über die Volljährigkeit hinaus, wenn nicht gleichzeitig Entmündigung vorliegt, ist ausgeschlossen.

2. Die Vormundschaft über Volljährige ist im Wesentlichen nach den gleichen Grundsätzen geordnet wie die Altersvormundschaft (§ 1897).

3. Die Vorschriften des vorliegenden, die Vormundschaft über Volljährige betreffenden Titels sind in der Weise geordnet, daß im § 1896 zunächst die Fälle behandelt sind, in welchen eine Vormundschaft zulässig und erforderlich ist. Im § 1897 ist die Vormundschaft über Volljährige durch Uebertragung der für die Altersvormundschaft geltenden Vorschriften geregelt. Die §§ 1898—1905 bestimmen hiervon gewisse Abweichungen. Dieselben betreffen die Unzulässigkeit elterlicher Anordnungen über die Person des Vormundes (§ 1898), die Berufung der Eltern zur Vormundschaft (§ 1899) und die Berufung des Ehegatten (§ 1900), dann in den §§ 1901, 1902 den Umfang der Sorge für die Person des Mündels und die Vermögensverwaltung und in den §§ 1903, 1904 die dem zum Vormunde bestellten Elterntheile des Mündels kraft Gesetzes zustehenden Befreiungen, endlich im § 1905 die Einsetzung des Familienraths. Die §§ 1906 bis 1908 beziehen sich auf die vorläufige Vormundschaft.

4. Für die Zuständigkeit des Vormundschaftsgerichts und das Verfahren gelten die gleichen Vorschriften wie bei der Altersvormundschaft (s. Vorbm. vor § 1773).

### § 1896.

**E. I § 1726; II § 1771 rev. § 1874; III § 1872. P. I S. 8541; M. IV S. 1227—1235. P. II S. 6499 (Bd. 4 S. 839).**

1. Aus § 1896 folgt, daß einerseits über Volljährige oder für volljährig Erklärte eine Vormundschaft nur zulässig ist, wenn der Volljährige entmündigt ist, andererseits unter diesen Voraussetzungen die Vormundschaft eingeleitet werden muß. Die Vormundschaft ist aber nicht gesetzliche Folge der Entmündigung, sondern da das Bestellungsprinzip (§ 1774) auch für die

§. 1897.

Auf die Vormundschaft über einen Volljährigen finden die für die Vormundschaft über einen Minderjährigen geltenden Vorschriften Anwendung, soweit sich nicht aus den §§. 1898 bis 1908 ein Anderes ergiebt.

§. 1898.

Der Vater und die Mutter des Mündels sind nicht berechtigt, einen Vormund zu benennen oder Jemand von der Vormundschaft auszuschließen.

---

Vormundschaft über Volljährige gilt (§ 1897), vom Vormundschaftsgerichte besonders anzuordnen. Die Anordnung ist erst zulässig, nachdem der die Entmündigung aussprechende Beschluß in Wirksamkeit getreten ist; über diesen Zeitpunkt s. C.P.O. §§ 661, 683 Abs. 2. Der Ablauf der Anfechtungsfrist (§§ 664, 684 der C.P.O.) ist nicht Voraussetzung der Bevormundung.

2. Ueber die Entmündigung s. § 6. Die Entmündigung ist übrigens schon während der Minderjährigkeit des zu Entmündigenden zulässig, so daß sich an die Altersvormundschaft unmittelbar die in Folge der Entmündigung eintretende Vormundschaft bezw. die vorläufige Vormundschaft nach § 1906 anschließen kann.

3. Die Entmündigung ist dem Vormundschaftsgerichte von dem die Entmündigung aussprechenden Gerichte mitzutheilen (C.P.O. §§ 657, 660, 674, 683, 684). Nach § 687 der C.P.O. ist die Entmündigung wegen Verschwendung oder wegen Trunksucht sowie die Wiederaufhebung einer solchen Entmündigung vom Amtsgericht öffentlich bekannt zu machen; die Anordnung der Vormundschaft oder der Name des Vormundes wird nicht öffentlich bekannt gemacht.

**§ 1897.**

**E. I § 1728; II § 1773 rev. § 1875; III § 1873. P. I S. 8550; M. IV S. 1235. P. II S. 6513, 6514 (Bd. 4 S. 848—849).**

Der § 1897 erklärt die für die Altersvormundschaft geltenden Vorschriften der §§ 1773—1895 auf die Vormundschaft über einen Volljährigen für anwendbar, soweit nicht in den §§ 1898—1908 Besonderheiten vorgesehen sind. Ueber diese s. die Vorbm. vor § 1896.

Hiernach finden von den Vorschriften über die Altersvormundschaft keine Anwendung der § 1773, § 1776 Abs. 1 Nr. 1, 2, §§ 1777, 1782, § 1797 Abs. 3, §§ 1852—1857, 1858, § 1859 Abs. 2, § 1861, § 1863 Abs. 3, § 1866 Nr. 3, §§ 1868, 1880; nur modifizirte Anwendung finden der § 1776 Abs. 1 Nr. 3, 4, Abs. 2, §§ 1778, 1800, 1801, § 1822 Nr. 5, § 1866 Nr. 2, §§ 1867, 1882. Wegen des § 1838 s. Erl. zu § 1901.

Die Vorschrift des § 1827, daß der Mündel vor der Ertheilung der Genehmigung des Vormundschaftsgerichts unter gewissen Voraussetzungen zu hören ist, findet Anwendung, sie ist aber auf die Fälle der Entmündigung wegen Geistesschwäche, Trunksucht oder Verschwendung beschränkt.

Auf Grund des § 1882 endigt die Vormundschaft über Volljährige mit der Rechtskraft des den Entmündigungsbeschluß aufhebenden Urtheils (§§ 672, 684 der C.P.O.) oder des die Entmündigung wieder aufhebenden Beschlusses oder Urtheils (§§ 678, 679, 685, 686 der C.P.O.). Von der Rechtskraft dieser Entscheidungen wird das Vormundschaftsgericht durch das Prozeßgericht verständigt (§§ 674, 678, 679, 684, 686 der C.P.O.).

**§ 1898.**

**E. I § 1729 Abs. 6; II § 1774 rev. § 1876; III § 1874. P. I S. 8551, 8630, 8650, 8753; M. IV S. 1238. P. II S. 6514 (Bd. 4 S. 849).**

Das den Eltern bei der Altersvormundschaft zustehende Recht, einen Vormund zu benennen oder Jemand von der Vormundschaft auszuschließen (§§ 1776, 1782), ist Ausfluß der elterlichen Gewalt (§ 1777). Für dieses Recht ist deshalb bei der Vormundschaft über Volljährige kein Raum. Bei dieser giebt es mithin nur zwei Berufungsgründe, die Berufung durch das Gesetz und die Auswahl durch den Richter.

## §. 1899.

Vor den Großvätern ist der Vater und nach ihm die eheliche Mutter des Mündels als Vormund berufen.

Die Eltern sind nicht berufen, wenn der Mündel von einem Anderen als dem Ehegatten seines Vaters oder seiner Mutter an Kindesstatt angenommen ist.

Stammt der Mündel aus einer nichtigen Ehe, so ist der Vater im Falle des §. 1701, die Mutter im Falle des §. 1702 nicht berufen.

## §. 1900.

Eine Ehefrau darf zum Vormund ihres Mannes auch ohne dessen Zustimmung bestellt werden.

---

### § 1899.

**E. I § 1729 Abs. 1—3; II § 1775 rev. § 1877; III § 1875. P. I S. 8551, 8630, 8650, 8763; M. IV S. 1236. P. II S. 6514 (Bd. 4 S. 849).**

**1.** Zu Abs. 1. Eine gesetzliche Vormundschaft ist auch bei der Vormundschaft über Volljährige nicht zugelassen. Das Gesetz giebt vielmehr nur gewissen Personen ein Recht auf die Bestellung zum Vormunde. Die von der gesetzlichen Berufung zur Vormundschaft bei der Altersvormundschaft handelnden Vorschriften des § 1776 werden aber von § 1899 durchbrochen. In Folge des § 1899 gestaltet sich die Reihenfolge der Verwandten, welche zum Vormunde berufen sind, wie folgt:

**a**) der eheliche Vater des Mündels (welchem der Vater des für ehelich erklärten Kindes und der Annehmende gleichstehen), außer wenn der Fall des § 1899 Abs. 2, 3 gegeben ist;

**b**) die eheliche Mutter des Kindes sowie im Falle der Annahme durch eine Frau die Annehmende und im Falle der Annahme als gemeinschaftliches Kind die Frau des Annehmenden, außer wenn der Fall des § 1899 Abs. 2, 3 gegeben ist; die uneheliche Mutter kann nach § 1900 Abs. 3 vor dem Großvater zum Vormunde berufen werden, sie hat aber kein Recht auf Bestellung;

**c**) der Großvater väterlicherseits (§ 1776 Abs. 1 Nr. 3), außer wenn der Fall des § 1776 Abs. 2 gegeben ist;

**d**) der Großvater mütterlicherseits (§ 1776 Abs. 1 Nr. 4), außer wenn der Fall des § 1776 Abs. 2 gegeben ist.

Im Uebrigen vergl. Erl. zu § 1776. Die rechtliche Bedeutung der Berufung ist für die Vormundschaft über Volljährige die gleiche wie bei der Altersvormundschaft; die die Uebergehung des Berufenen regelnden Vorschriften des § 1778 Abs. 1, 2 finden Anwendung.

**2.** Der Abs. 2 entspricht dem § 1776 Abs. 2 und beruht wie dieser auf dem § 1757 Abs. 2. Daß der Mündel von einem Anderen an Kindesstatt angenommen worden ist, hat auf die Berufung der Eltern mithin dann keinen Einfluß, wenn der Mündel von dem Ehegatten seines leiblichen Vaters oder seiner leiblichen Mutter angenommen worden ist und dadurch die rechtliche Stellung eines gemeinschaftlichen Kindes des Annehmenden und dessen Ehegatten erlangt hat.

**3.** Aus Abs. 3 folgt für Kinder aus einer nichtigen Ehe, daß, wenn bei der Eheschließung der Vater von der Nichtigkeit der Ehe Kenntniß hatte (§ 1701), der Vater, wenn aber die Mutter hiervon Kenntniß hatte (§ 1702), die Mutter zur Vormundschaft nicht berufen ist; die Mutter darf übrigens, auch wenn sie Kenntniß hatte, nach § 1900 Abs. 2 vor den Großeltern berufen werden.

### § 1900.

**E. I § 1729 Abs. 4, 5; II § 1776 rev. § 1878; III § 1876. P I S. 8551, 8630, 8650, 8763, 8818; M. IV S. 1237. P. II S. 6514 (Bd. 4 S. 849).**

**1.** Nach § 1783 darf eine verheirathete Frau zum Vormunde regelmäßig nur mit Zustimmung ihres Mannes bestellt werden. Der § 1783 macht hiervon bereits eine Ausnahme für die Frau, welche mit dem Vater des Mündels verheirathet ist. Der § 1900 fügt eine weitere Ausnahme für die Ehefrau des Mündels hinzu. Kraft Gesetzes ist die Ehefrau des Mündels nicht berufen; sie ist übrigens ablehnungsberechtigt (§ 1786 Nr. 1). Von Bedeutung ist der § 1900 Abs. 1 namentlich mit Rücksicht auf die Vorschriften des ehelichen Güterrechts in den §§ 1409, 1457, 1519 Abs. 2, 1525 Abs. 2, 1549.

Der Ehegatte des Mündels darf vor den Eltern und den Großvätern, die eheliche Mutter darf im Falle des §. 1702 vor den Großvätern zum Vormunde bestellt werden.

Die uneheliche Mutter darf vor dem Großvater zum Vormunde bestellt werden.

§. 1901.

Der Vormund hat für die Person des Mündels nur insoweit zu sorgen, als der Zweck der Vormundschaft es erfordert.

Steht eine Ehefrau unter Vormundschaft, so tritt die im §. 1633 bestimmte Beschränkung nicht ein.

---

**2.** Der § 1900 Abs. 2 bedeutet, insoweit er die Bestellung des Ehegatten des Mündels vor den Eltern und den Großeltern (§ 1899) zuläßt, eine Verallgemeinerung des für die Altersvormundschaft geltenden Grundsatzes des § 1778 Abs. 3.

Ist im Falle der Nichtigkeit der Ehe die Nichtigkeit der Mutter bei der Eheschließung bekannt, so hat sie nach § 1702 nur die Stellung der unehelichen Mutter. Sie ist demnach gemäß § 1899 Abs. 3 zur Vormundschaft nicht berufen, der § 1900 gestattet aber, daß sie vor dem väterlichen und dem mütterlichen Großvater zum Vormunde bestellt werden kann; dem Vater darf sie nicht vorgezogen werden; ist das Kind nach § 1699 Abs. 2 unehelich, so findet nicht der Abs. 2, sondern der Abs. 3 des § 1900 Anwendung.

**3.** Der Abs. 3 ist nur eine im Interesse der Deutlichkeit aufgenommene Wiederholung des im § 1778 Abs. 3 ausgesprochenen Satzes.

**§ 1901.**

**E. I § 1730; II § 1777 rev. § 1879; III § 1877. P. I S. 8569; M. IV S. 1238. P. II S. 6514 (Bd. 4 S. 849).**

**1.** Auch gegenüber einem Volljährigen hat der Vormund für die Person des Mündels zu sorgen. Wie der Abs. 1 klar stellt, erstreckt sich jedoch das Recht und die Pflicht der Sorge für die Person gegenüber einem Volljährigen nicht weiter, als der Zweck der Vormundschaft es erfordert. Dieser Zweck beschränkt sich regelmäßig auf die gesetzliche Vertretung in den persönlichen Angelegenheiten, auf die Veranstaltung der erforderlichen Pflege und der etwaigen Heilung sowie auf die Vorkehrung der etwa gebotenen Sicherheitsmaßregeln, während für die Erziehungsgewalt und für die Zuchtgewalt des Vormundes regelmäßig kein Raum sein wird, wenn auch Maßnahmen der Erziehung nicht gerade ausgeschlossen sind. Soweit der Zweck der Vormundschaft es erfordert, sind auch Gewaltmaßregeln gegen den Mündel zulässig. Insbesondere ist der Vormund eines wegen Trunksucht Entmündigten berechtigt, den Mündel gegen dessen Willen in eine Heilanstalt zu bringen.

**2.** Einem minderjährigen verheiratheten weiblichen Mündel gegenüber ist der Vormund nach § 1800 mit § 1633 in den die Person betreffenden Angelegenheiten auf die Vertretung beschränkt; die thatsächliche Fürsorge für die Person liegt dem Ehemann ob. Der Grund hierfür, daß nämlich bei einer minderjährigen Ehefrau das Bedürfniß einer thatsächlichen Fürsorge regelmäßig nicht hervortreten wird, trifft bei volljährigen bevormundeten Frauen nicht zu. Nach § 1901 Abs. 2 soll deshalb die im § 1633 bestimmte Beschränkung der Rechte des Vormundes gegenüber einer bevormundeten volljährigen Ehefrau nicht eintreten. Es verbleibt also bei der Regel des § 1900 Abs. 1. Der Vormund der Ehefrau hat danach Recht und Pflicht darauf zu achten, daß der Ehemann die ihm in Folge der ehelichen Lebensgemeinschaft und seiner Unterhaltungspflicht obliegende Sorge für die Person der Frau, insbesondere für deren Ernährung, Pflege und Heilung, erfüllt. Zur Erzwingung dieser Pflicht stehen dem Vormund übrigens nicht alle die Mittel zur Verfügung, welche die Frau selbst, wenn sie nicht bevormundet wäre, hätte. Insbesondere ist der Vormund nicht befugt, die Klage auf Herstellung des ehelichen Lebens zu erheben (s. S. 81 Vorbm. 2 vor § 1353); dagegen ist der Vormund nach Maßgabe der C.P.O. § 612 berechtigt, die Scheidungsklage, welche namentlich mit Rücksicht auf § 1568 in Betracht kommen kann, zu erheben (Vorbm. III 1 oben S. 314). Von selbst versteht sich, daß die dem Ehemanne zustehenden, aus der ehelichen Lebensgemeinschaft folgenden Rechte gegenüber der Frau (§§ 1353, 1354, 1356) durch die Rechte des Vormundes, für die Person der Frau zu sorgen, nicht berührt werden. Daraus folgt insbesondere, daß der Vormund nicht berechtigt ist, die Frau gegen den Willen des Mannes in einer Heilanstalt unterzubringen.

§. 1902.

Der Vormund kann eine Ausstattung aus dem Vermögen des Mündels nur mit Genehmigung des Vormundschaftsgerichts versprechen oder gewähren.

Zu einem Mieth- oder Pachtvertrage sowie zu einem anderen Vertrage, durch den der Mündel zu wiederkehrenden Leistungen verpflichtet wird, bedarf der Vormund der Genehmigung des Vormundschaftsgerichts, wenn das Vertragsverhältniß länger als vier Jahre dauern soll. Die Vorschrift des §. 1822 Nr. 4 bleibt unberührt.

---

**3.** Nach § 1838 ist das Vormundschaftsgericht berechtigt anzuordnen, daß der Mündel zum Zwecke der Erziehung in einer geeigneten Familie oder in einer Erziehungs- oder Besserungsanstalt untergebracht wird. Bei der Vormundschaft über Volljährige sind Maßregeln der Erziehung nicht ausgeschlossen, es ist deshalb auch für die im § 1838 vorgesehene Anordnung des Vormundschaftsgerichts Raum (a. A. Schultheis S. 202). Ein Beispiel bietet die Unterbringung in einer Kretinenanstalt. Die Entscheidung, welche § 1838 Satz 2 für den Fall macht, daß den Eltern die Sorge für die Person des Mündels zusteht, ist hier gegenstandslos.

**§ 1902.**

**E. I §§ 1731, 1732; II § 1778 rev. § 1880; III § 1878. P. I S. 8572—8575, 8860; M. IV S. 1239, 1240. P. II S. 6515 (Bd. 4 S. 849).**

Der § 1902 enthält für den Vormund eines Volljährigen in Ansehung der Vermögensverwaltung einige Beschränkungen, welche über die für den Vormund eines Minderjährigen geltenden hinausgehen.

**1.** Nach den allgemeinen Grundsätzen des Vormundschaftsrechts könnte der Vormund eine Aussteuer (§ 1620) einer Tochter des Mündels ohne Genehmigung des Vormundschaftsgerichts gewähren, da zur Gewährung für den Mündel eine klagbare Verpflichtung besteht. Eine Ausstattung (§ 1624) dagegen könnte der Vormund dem Kinde des Mündels insoweit, als die Ausstattung das den Umständen, insbesondere den Vermögensverhältnissen des Mündels entsprechende Maß übersteigt und deshalb als Schenkung anzusehen ist, gemäß § 1804 nicht gewähren oder versprechen; soweit sie jedoch angemessen ist, bedürfte er nicht der Genehmigung des Vormundschaftsgerichts. Bei der Vormundschaft über Minderjährige kann weder eine Aussteuer noch eine Ausstattung in Frage kommen, weil Minderjährige nicht Kinder von solchem Alter haben können, daß ihnen Aussteuer oder Ausstattung gewährt werden kann. Das Gesetz konnte deshalb in dem die Vormundschaft über Minderjährige betreffenden Abschnitte Vorschriften in dieser Beziehung nicht geben. Anders liegt die Sache bei Volljährigen. Hier kann sowohl Aussteuer als Ausstattung in Frage kommen und es war daher zu erwägen, ob in Beziehung darauf besondere von den oben dargelegten Konsequenzen der allgemeinen Grundsätze abweichende Vorschriften zu geben seien. Das Gesetz entscheidet diese Frage dahin, daß der Vormund in Ansehung der Gewährung einer Ausstattung in allen Fällen an die Genehmigung des Vormundschaftsgerichts gebunden ist. Der Vormund kann also eine Ausstattung auch dann nicht ohne Genehmigung des Vormundschaftsgerichts versprechen oder gewähren, wenn die Ausstattung angemessen ist; andererseits ist eine Ausstattung, soweit sie das den Umständen entsprechende Maß übersteigt und deshalb für den übersteigenden Betrag als Schenkung gilt, auf Grund des § 1804 auch dann nichtig, wenn das Vormundschaftsgericht die Genehmigung ertheilt hat (so auch Schultheis S. 202). Der Vormund bedarf ferner auch zur Gewährung einer Aussteuer der Genehmigung des Vormundschaftsgerichts; in der zweiten Kommission ist ein Antrag, für die Aussteuer die Genehmigung des Vormundschaftsgerichts nicht zu verlangen, ausdrücklich abgelehnt worden (P. II S. 6515 Bd. 4 S. 849). Der Tochter steht es natürlich frei, wenn sie eine größere Aussteuer beansprucht, als ihr der Vormund und das Vormundschaftsgericht gewähren wollen, den Rechtsweg zu beschreiten.

Selbstverständlich wird im Verhältnisse zwischen dem ausgestatteten Kinde und den übrigen Kindern sowie dem Ehegatten des Mündels durch die Genehmigung des Vormundschaftsgerichts an den Rechtsfolgen nichts geändert, welche sich nach den allgemeinen Grundsätzen (vergl. insbesondere §§ 1624, 1446, 1465, 1499 Nr. 3, 1538, 2050) an die Unterscheidung zwischen einer angemessenen und einer nicht angemessenen Ausstattung knüpfen.

Der Abs. 1 gilt übrigens nur in Ansehung der einem Kinde, nicht aber auch der einem entfernteren Abkömmlinge des Mündels gewährten oder versprochenen Ausstattung; die einem entfernteren Abkömmlinge gewährte oder versprochene Ausstattung ist immer Schenkung.

§. 1903.

Wird der Vater des Mündels zum Vormunde bestellt, so unterbleibt die Bestellung eines Gegenvormundes. Dem Vater stehen die Befreiungen zu, die nach den §§. 1852 bis 1854 angeordnet werden können. Das Vormundschaftsgericht kann die Befreiungen außer Kraft setzen, wenn sie das Interesse des Mündels gefährden.

Diese Vorschriften finden keine Anwendung, wenn der Vater im Falle der Minderjährigkeit des Mündels zur Vermögensverwaltung nicht berechtigt sein würde.

---

2. Der Abs. 2 modifizirt die Vorschrift des § 1822 Nr. 5 für die Vormundschaft über Volljährige in der durch die Sachlage gebotenen Weise. Ist der Vertrag ohne die Genehmigung des Vormundschaftsgerichts abgeschlossen, so gilt das Gleiche wie im Falle der Verletzung des § 1822 Nr. 4 (s. Erl. zu diesem). Ist der Vertrag mit Genehmigung des Vormundschaftsgerichts abgeschlossen worden, so steht dem Mündel auch nach der Beendigung der Vormundschaft ein Recht der vorzeitigen Aufkündigung nicht zu.

Der Abs. 2 Satz 2 stellt klar, daß die Vorschrift des Abs. 2 Satz 1 für einen Pachtvertrag über ein Landgut oder einen gewerblichen Betrieb nicht gilt, der Vormund also zu einem solchen Vertrag ohne Rücksicht auf die Dauer des Vertragsverhältnisses der Genehmigung des Vormundschaftsgerichts bedarf.

3. Im Uebrigen gelten wegen der Genehmigung des Vormundschaftsgerichts die Vorschriften der §§ 1828 ff.

**§ 1903.**

**E. I § 1733 Abs. 1, 3; II § 1779 rev. § 1881; III § 1879. P. I S. 8460, 8557, 8633, 8775, 8785; M. IV S. 1240—1244. P. II S. 6517 (Bd. 4 S. 850).**

1. Die §§ 1903, 1904 gewähren dem Vormund eines Volljährigen, wenn der Vater oder die Mutter zum Vormunde bestellt sind, die nämlichen Erleichterungen, welche im Falle der Altersvormundschaft dem durch die Anordnung der Eltern befreiten Vormunde zustehen. Der § 1903 betrifft die dem Vater, § 1904 die der Mutter eingeräumte befreite Stellung.

2. Die Befreiungen, welche dem Vater zustehen, sind folgende:

**a**) Die Bestellung eines Gegenvormundes unterbleibt auch dann, wenn die Voraussetzungen des § 1792 vorliegen (§ 1903 Abs. 1); der Vater unterliegt also nicht der Beaufsichtigung durch den Gegenvormund.

**b**) Der Vater ist befreit in Folge der Anwendbarkeit des § 1852

*α*) von der Beschränkung des § 1809, so daß er das Mündelgeld bei Sparkassen, Banken und Hinterlegungsstellen nicht mit der Beschränkung anlegen muß, daß zur Erhebung des Geldes die Genehmigung des Gegenvormundes oder des Vormundschaftsgerichts erforderlich ist;

*β*) von der Beschränkung des § 1810; er braucht also zur Anlegung des Mündelgeldes nicht die Genehmigung des Gegenvormundes oder des Vormundschaftsgerichts;

*γ*) von der Vorschrift des § 1812 d. h. zu den im § 1812 bezeichneten Rechtsgeschäften (Verfügungen über Forderungen, Rechte auf eine Leistung und über Werthpapiere des Mündels), zu welchen der Vormund an sich der Genehmigung des Gegenvormundes oder des Vormundschaftsgerichts bedürfen würde, ist diese Genehmigung nicht erforderlich.

**c**) In Folge der Anwendbarkeit des § 1853 ist der Vater nicht verpflichtet, Inhaber- und Orderpapiere zu hinterlegen oder den im § 1816 bezeichneten Vermerk in das Reichsschuldbuch oder das Staatsschuldbuch eintragen zu lassen.

**d**) In Folge der Anwendbarkeit des § 1854 ist der Vater von der periodischen Rechnungsstellung während der Dauer seines Amtes entbunden; er hat nur von Zeit zu Zeit — regelmäßig alle zwei Jahre, mit Genehmigung des Vormundschaftsgerichts aber in längeren, jedoch höchstens fünfjährigen Zeiträumen — eine Uebersicht über den Bestand des seiner Verwaltung unterliegenden Vermögens des Mündels einzureichen. Von der Verpflichtung zur Einreichung eines Verzeichnisses des bei Beginn der Vormundschaft vorhandenen oder dem Mündel später zufallenden Vermögens (§ 1802) ist der Vater nicht befreit.

Im Uebrigen s. Erl. zu §§ 1852—1854.

3. Der Abs. 1 Satz 3 gestattet entsprechend dem § 1857 die Entziehung der Befreiung durch das Vormundschaftsgericht wegen Gefährdung des Mündels. Hierzu vergl. Erl. zu § 1857.

Nach dem Wortlaute des Abs. 1 Satz 3 könnte das Vormundschaftsgericht nur die in den §§ 1852—1854 bezeichneten Befreiungen außer Kraft setzen, also nicht das Unterbleiben der Bestellung eines Gegenvormundes. Dem Sinne nach bezieht sich jedoch die Befugniß des Vormundschaftsgerichts auch hierauf. Dafür spricht auch die Entstehungsgeschichte des § 1903; der E. 1 hatte einfach den jetzigen § 1857 (damals § 1694) für anwendbar erklärt, es sollte also dem Vormundschaftsgerichte die gleiche Befugniß zustehen, wie sie ihm dem befreiten Vormund eines Minderjährigen gegenüber zusteht.

**4. Nach Abs. 2** ist unter den Voraussetzungen des § 1792 ein Gegenvormund zu bestellen und entfallen die Befreiungen der §§ 1852—1854 von selbst, wenn der Vater im Falle der Minderjährigkeit des Mündels zur Vermögensverwaltung nicht berechtigt sein würde. Dabei ist für die Frage, ob hiernach dem Vater die befreite Stellung zukommt, nicht lediglich die Zeit der Bestellung maßgebend, vielmehr können die Befreiungen auch noch nach der Bestellung von selbst eintreten und nachher, ohne daß es eines Einschreitens des Vormundschaftsgerichts nach Maßgabe des Abs. 1 Satz 3 bedürfte, von selbst wegfallen. Im ersteren Falle muß der etwa bestellte Gegenvormund entlassen werden, sein Amt erlischt nicht von selbst.

Die in Betracht kommenden Fälle sind:

**a**) wenn der Konkurs über das Vermögen des Vaters eröffnet ist (§ 1647). Ist der Konkurs zur Zeit der Anordnung der Vormundschaft schon eröffnet, so kommt die befreite Stellung dem Vater überhaupt nicht zu. Wird der Konkurs während der Dauer der Vormundschaft eröffnet, so endigt die befreite Stellung kraft Gesetzes mit der Rechtskraft des Eröffnungsbeschlusses. Nach der Aufhebung oder Einstellung des Konkursverfahrens kommt dem Vater die befreite Stellung nicht wieder zu; denn auch im Falle der Minderjährigkeit des Mündels hat die Aufhebung oder Einstellung des Konkursverfahrens nicht von selbst die Folge, daß der Vater die Vermögensverwaltung wieder übernimmt, es bedarf vielmehr der Uebertragung durch das Vormundschaftsgericht (§ 1647). Der Uebertragung würde hier die Einräumung der Befreiung entsprechen. Die Befugniß hierzu ist dem Vormundschaftsgerichte zwar nicht ausdrücklich eingeräumt, dürfte aber doch wohl anzunehmen sein, weil sie sich aus einer hier wohl gerechtfertigten entsprechenden Anwendung der fraglichen für die Vormundschaft über Minderjährige gegebenen Vorschrift ergiebt. Ist der Konkurs schon beendigt, ehe der Vater zum Vormunde bestellt worden ist, so hat der Konkurs auf die Stellung des Vaters keinen Einfluß (vergl. Erl. 4 zu § 1647).

**b**) wenn die Voraussetzungen vorliegen, unter welchen im Falle der Minderjährigkeit des Mündels die elterliche Gewalt des Vaters nach § 1676 ruhen würde, gleichgültig, ob diese Voraussetzungen schon zur Zeit der Bestellung des Vaters zum Vormunde vorliegen oder erst später eintreten.

**c**) wenn der Vater eine Handlung an dem Kinde begangen hat, welche nach § 1680 zur Verwirkung der elterlichen Gewalt geführt hat oder, sofern sie ihm nicht zugestanden hat, unter der Voraussetzung ihrer Zuständigkeit geführt hätte oder führen würde.

Uebrigens ist die Vorschrift des § 1903 für die bezeichneten Fälle thatsächlich nicht von besonderer Bedeutung. Denn wenn zur Zeit der Bestellung des Vaters zum Vormunde das Konkursverfahren schon eröffnet ist, soll der Vater nach §§ 1897, 1781 überhaupt nicht zum Vormunde bestellt werden und, wenn die Konkurseröffnung später erfolgt, soll der Vater nach den §§ 1897, 1886, 1781 als Vormund entlassen werden. Bezüglich der Thatsachen, welche nach § 1676 das Ruhen der elterlichen Gewalt bewirken, liegt die Sache, was die im § 1781 Nr. 1, 2 bezeichneten Gründe (vorläufige Vormundschaft und Bestellung eines Pflegers wegen Gebrechlichkeit) betrifft, ähnlich; soweit aber der Vater geschäftsunfähig (§ 1676 Abs. 1) oder in Folge der Entmündigung in der Geschäftsfähigkeit beschränkt (§ 1676 Abs. 2) ist, ist, wenn diese Gründe schon zur Zeit der Bestellung vorhanden sind, die Bestellung nach Maßgabe der §§ 1897, 1780 nichtig; treten sie erst später ein, so endigt im Falle der Entmündigung das Amt des Vaters als Vormund von selbst (§ 1885 Abs. 1). Im Falle der Geschäftsunfähigkeit ohne Entmündigung aber ist er nach §§ 1886, 1897 zu entlassen. Ist ferner die die Verwirkung nach § 1680 begründende Handlung schon zu der Zeit, zu welcher der Vater zur Vormundschaft berufen ist, begangen gewesen, so wird das Vormundschaftsgericht den Vater nach § 1778 Abs. 1 zu übergehen haben; ist sie aber später begangen worden, so wird das Vormundschaftsgericht den Vater als Vormund nach § 1886 zu entlassen haben.

**d**) Die Fälle der §§ 1670, 1677 (daß die Vermögensverwaltung dem Vater wegen Vernachlässigung des Kindes oder Gefährdung der Interessen des Kindes entzogen ist oder seine Gewalt wegen thatsächlicher Verhinderung ruht) kommen hier nur in Betracht, wenn die Entziehung oder die Feststellung des Ruhens schon zur Zeit der Minderjährigkeit des Kindes erfolgt sind. Andernfalls bleiben sie außer Betracht, weil die Vermögensverwaltung des Vaters hier nicht von selbst aufhört, sondern nur auf Grund einer Verfügung des Vormundschaftsgerichts, für welche kein Raum mehr ist. Uebrigens sind auch diese Fälle für das Anwendungsgebiet des

§. 1904.

Ist die eheliche Mutter des Mündels zum Vormunde bestellt, so gilt für sie das Gleiche wie nach §. 1903 für den Vater. Der Mutter ist jedoch ein Gegenvormund zu bestellen, wenn sie die Bestellung beantragt oder wenn die Voraussetzungen vorliegen, unter denen ihr nach §. 1687 Nr. 3 ein Beistand zu bestellen sein würde. Wird ein Gegenvormund bestellt, so stehen der Mutter die im §. 1852 bezeichneten Befreiungen nicht zu.

---

§ 1903 thatsächlich nicht von Bedeutung, da, wenn die in den §§ 1670, 1677 bezeichneten Thatbestände schon zur Zeit der Berufung des Vaters vorliegen, der Vater nach § 1778 zu übergehen und, wenn sie später eintreten, nach § 1886 zu entlassen ist. Dies gilt namentlich von den Fällen, daß der Vater die ihm in Folge seiner Wiederverheirathung nach §§ 1845, 1897, 1669 obliegende Verpflichtung nicht erfüllt.

5. Die Großeltern des Mündels genießen nicht die Befreiungen aus § 1903. Auch findet keine Befreiung auf Grund elterlicher Anordnung statt (arg. § 1898).

**§ 1904.**

**E. I § 1733 Abs. 2, 3; II § 1780 rev. § 1882; III § 1880. P. I S. 8460, 8557, 8775, 8785; M. IV S. 1243. P. II S. 6517 (Bd. 4 S. 850).**

1. Vergl. Erl. 1 zu § 1903. Der § 1904 gilt nur für die eheliche Mutter. Der ehelichen Mutter stehen gleich die Mutter eines durch nachfolgende Ehe legitimirten Kindes, die Annehmende und die Frau, deren Kind, gleichgültig ob ehelich oder unehelich, von ihrem Ehemann angenommen worden ist.

2. Aus Satz 1 folgt:

a) wenn die eheliche Mutter Vormund ihres Kindes ist, unterbleibt die Bestellung des Gegenvormundes; hierzu vergl. unten Nr. 3;

b) der Mutter stehen im gleichen Umfange die Befreiungen zu, welche dem zum Vormunde bestellten Vater eingeräumt sind (§§ 1852—1854);

c) das Vormundschaftsgericht kann die Befreiungen außer Kraft setzen, wenn sie das Interesse des Mündels gefährden;

d) die befreite Stellung kommt der Mutter nicht zu, wenn sie im Falle der Minderjährigkeit des Mündels zur Vermögensverwaltung nicht berechtigt wäre. Dies ist der Fall:

α) wenn die Mutter in Konkurs geräth (§ 1647);

β) wenn die Voraussetzungen des § 1676 vorliegen, d. h. wenn die Mutter geschäftsunfähig oder in der Geschäftsfähigkeit beschränkt ist oder wegen Gebrechlichkeit einen Pfleger für ihre Person und ihr Vermögen erhalten hat;

γ) wenn sie sich eine Handlung zu Schulden kommen ließ, in Folge deren sie die elterliche Gewalt über den Mündel verwirkt hat oder, falls sie ihr zustehen würde, verwirken würde oder wenn sich der Vater eine solche Handlung zu Schulden kommen ließ und die Ehe der Mutter mit dem Vater noch besteht (arg. § 1684);

δ) wenn sie nach der Scheidung der Ehe mit dem Vater zum Vormunde bestellt wird (arg. § 1685);

ε) wenn sie sich wieder verheirathet (§ 1697).

Zu beachten ist dabei, daß es für die Frage, ob die Mutter zur Vermögensverwaltung im Falle der Minderjährigkeit berechtigt wäre, in Ansehung der Mutter, ebenso wie beim Vater nicht nur auf den Zeitpunkt der Bestellung ankommt, sondern daß immer auf den gegenwärtigen Augenblick gesehen werden muß. Bei der Mutter können die Fälle, daß sie in einem gewissen Zeitpunkte die Befreiungen genießt, in einem anderen nicht, leichter vorkommen, als beim Vater.

Im Uebrigen vergl. Erl. 4 zu § 1903.

3. Nach Satz 2 muß der Mutter ein Gegenvormund bestellt werden, wenn sie die Bestellung beantragt oder wenn das Vormundschaftsgericht aus besonderen Gründen, insbesondere wegen des Umfanges oder der Schwierigkeit der Vermögensverwaltung oder in den Fällen der §§ 1666, 1667 die Bestellung im Interesse des Kindes für nöthig erachtet. Hierzu vergl. Erl. 1 b, c zu § 1687. Lehnt das Vormundschaftsgericht ab, der Mutter von Amtswegen einen Gegenvormund zu bestellen, so hat jeder Verwandte und Verschwägerte des Kindes das

§. 1905.

Ein Familienrath kann nur nach §. 1859 Abs. 1 eingesetzt werden.

Der Vater und die Mutter des Mündels sind nicht berechtigt, Anordnungen über die Einsetzung und Aufhebung eines Familienraths oder über die Mitgliedschaft zu treffen.

§. 1906.

Ein Volljähriger, dessen Entmündigung beantragt ist, kann unter vorläufige Vormundschaft gestellt werden, wenn das Vormundschaftsgericht es zur Abwendung einer erheblichen Gefährdung der Person oder des Vermögens des Volljährigen für erforderlich erachtet.

---

Recht der Beschwerde (analog § 57 Nr. 5 des freiw. G.G.); wird der Antrag der Mutter abgelehnt, so hat nach § 20 Abs. 2 das. nur die Mutter das Beschwerderecht.

Uebrigens wird es sich, wenn die Voraussetzungen des § 1687 Nr. 3 gegeben sind, für das Vormundschaftsgericht nur in den seltensten Fällen empfehlen, der Mutter lediglich einen Gegenvormund beizugeben; denn die Bestellung des Gegenvormundes hat nur die Wirkung, daß die im § 1852 bezeichneten Befreiungen wegfallen und daß die Uebersicht nach § 1854 Abs. 3 unter Nachweisung des Vermögensbestandes dem Gegenvormunde vorgelegt werden muß, dagegen bleiben die in den §§ 1853, 1854 bezeichneten Befreiungen unberührt, die Mutter braucht also insbesondere die Werthpapiere des Mündels nicht zu hinterlegen, auch braucht sie keine Rechnung zu legen. Es wird regelmäßig zweckmäßiger sein, von der Befugniß des § 1903 Abs. 1 Satz 3 Gebrauch zu machen und der Mutter sämmtliche Befreiungen zu entziehen Beim Vorliegen der Voraussetzungen der §§ 1666, 1667 kann auch die Entlassung der Mutter als Vormund nach § 1886 in Frage kommen.

4. Zu Satz 3 vergl. die Erl. 3.

**§ 1905.**

**E. I § 1736; II § 1782 rev. § 1883; III § 1881. P. I S. 8577; M. IV S. 1246. P. II S. 6518, 8689 (Bd. 4 S. 850; Bd. 6 S. 312).**

1. Die bezüglich des Familienraths zulässigen Anordnungen der Eltern (§ 1858, § 1859 Abs. 2, § 1861, § 1863 Abs. 3, § 1866 Nr. 3, § 1880) sind, wie sich aus den §§ 1868, 1880 ergiebt, lediglich Ausfluß der elterlichen Gewalt. In Konsequenz des § 1898 schließt daher der § 1905 solche Anordnungen der Eltern bei der Vormundschaft über Volljährige aus.

2. Ein Familienrath kann mithin bei der Vormundschaft über Volljährige nur nach § 1859 Abs. 1 angeordnet werden, d. h. nur, wenn ein Verwandter oder Verschwägerter des Mündels oder der Vormund oder Gegenvormund die Einsetzung beantragt und das Vormundschaftsgericht sie im Interesse des Mündels für angemessen erachtet. Der Vater und die Mutter können die Einsetzung beantragen, aber nicht in einer letztwilligen Verfügung; sie müssen also zur Zeit der Antragstellung noch leben.

**§ 1906.**

**E. I § 1737 Abs. 1; II § 1783 rev. § 1884; III § 1882. P. I S. 8578—8586, 8835, 8851; M. IV S. 1246—1250. P. II S. 6518—6525 (Bd. 4 S. 850—854).**

1. Die Voraussetzungen der vorläufigen Vormundschaft sind:

a) Die Entmündigung muß beantragt sein. Aus welchem Grunde sie beantragt ist, ist gleichgültig. Die vorläufige Vormundschaft kann in allen Fällen der beantragten Entmündigung (§ 6) angeordnet werden, mag der Antrag auf Geisteskrankheit, Geistesschwäche, Trunksucht oder Verschwendung gegründet sein.

Erforderlich ist, daß ein rechtswirksamer Antrag vorliegt, d. h., daß er von einer Person gestellt ist, welcher das Gesetz (§§ 646, 680 Abs. 3, 5 der C.P.O.) das Antragsrecht einräumt. Nicht erforderlich ist, daß das Entmündigungsgericht das Verfahren eingeleitet hat (§§ 648, 680 Abs. 3 der C.P.O.), wenn auch thatsächlich sich empfehlen wird, daß das Vormundschaftsgericht die Einleitung des Verfahrens abwartet.

Solange ein rechtswirksamer Antrag nicht vorliegt, kann nur im Wege des § 1910 durch Bestellung einer Pflegschaft geholfen werden.

b) Das Vormundschaftsgericht muß die Anordnung der vorläufigen Vormundschaft zur Abwendung einer erheblichen Gefährdung der Person oder des Vermögens des Volljährigen für erforderlich erachten. In dieser Beziehung wird entscheidendes Gewicht darauf zu legen sein, ob die Entmündigung wegen Geisteskrankheit oder Geistesschwäche oder ob sie wegen Verschwendung oder Trunksucht beantragt ist. Ist die Entmündigung wegen Verschwendung oder Trunksucht beantragt, so wird der Vormundschaftsrichter zu einer Bejahung der Voraussetzungen ohne Weiteres geneigt sein dürfen. Gerade für diese Entmündigungsfälle ist die vorläufige Vormundschaft von besonderer Bedeutung, weil sie verhüten soll, daß der zu Entmündigende noch vorher sein Vermögen vollends verschleudert.

Daß der Antrag begründet erscheint, ist nicht als Voraussetzung der vorläufigen Vormundschaft aufgestellt. Es versteht sich aber von selbst, daß, wenn dem Vormundschaftsgerichte der Antrag unbegründet erscheint, die vorläufige Vormundschaft nicht angeordnet werden darf, denn in diesem Falle fehlt es eben an der Besorgniß, daß ohne die vorläufige Vormundschaft eine erhebliche Gefährdung der Person oder des Vermögens des Volljährigen eintritt.

2. Ob die Voraussetzungen vorliegen, entscheidet das Vormundschaftsgericht nach freiem Ermessen. Die Rechtswirksamkeit der Anordnung der Vormundschaft bezw. der Handlungen des Vormundes kann nicht im Prozeßwege mit Berufung darauf in Frage gestellt werden, daß die Voraussetzungen der Anordnung der Vormundschaft nicht gegeben gewesen seien.

3. Zur Anordnung der vorläufigen Vormundschaft ist das ordentliche Vormundschaftsgericht zuständig (§§ 35, 36 des freiw. G.G.). Doch kann ein jedes Vormundschaftsgericht vorläufige Anordnungen auf Grund der §§ 1846, 1897 treffen (§ 44 des freiw. G.G.).

Das Vormundschaftsgericht wird von Amtswegen thätig, es bedarf keines Antrags. Uebrigens kann jeder den Antrag auf Anordnung der Vormundschaft stellen und der Gemeindewaisenrath ist nach § 49 des freiw. G.G. und das Entmündigungsgericht nach §§ 657, 680 Abs. 3 der C.P.O. zur Mittheilung verpflichtet, wenn sie die Anordnung für erforderlich halten. Vorherige Anhörung des zu Entmündigenden ist nicht vorgeschrieben, übrigens auch nicht immer ausführbar (vergl. wegen der Anhörung durch das Entmündigungsgericht § 654 der C.P.O.).

Gegen die Anordnung der vorläufigen Vormundschaft steht dem Bevormundeten die Beschwerde nach §§ 20, 59 des freiw. G.G. zu. Die Beschwerde ist die sofortige (§ 60 Nr. 5 das.). Gegen die Ablehnung des Antrags auf Anordnung der Vormundschaft steht dem Antragsteller nach Maßgabe des § 20 das. die einfache Beschwerde zu. Beschwerdeberechtigt ist ferner nach § 57 Nr. 2 das. derjenige, welcher den Antrag auf Entmündigung zu stellen berechtigt ist, auch wenn er ihn nicht gestellt hat.

4. Die vorläufige Vormundschaft ist eine Unterart der gewöhnlichen Vormundschaft über Volljährige und untersteht mit den sich aus den §§ 1907, 1908 ergebenden Abweichungen den Vorschriften der §§ 1897—1905. Nach § 1897 finden auf sie die Vorschriften über die Altersvormundschaft Anwendung.

Bei der Führung der Vormundschaft darf übrigens nicht außer Acht gelassen werden, daß die vorläufige Vormundschaft in erster Linie die Sicherung des Mündels bezweckt. Der Vormund soll sich deshalb eingreifender Aenderungen thunlichst enthalten (M. IV S. 1247).

5. Die Anordnung der vorläufigen Vormundschaft hat verschiedene Wirkungen, durch welche sie für den Bevormundeten im Wesentlichen die gleiche Bedeutung hat, wie wenn er entmündigt und unter wirkliche Vormundschaft gestellt wäre. Insbesondere ist der unter vorläufige Vormundschaft Gestellte nur beschränkt geschäftsfähig (§ 114); er wird ferner in Ansehung der Bekleidung vormundschaftlicher Aemter (§§ 1781, 1792 Abs. 2, 1694, 1866, 1886, 1915) und der Eidesfähigkeit (C.P.O. § 473 Abs. 3) wie ein Entmündigter behandelt.

6. Die vorläufige Vormundschaft tritt, wenn die Entmündigung wegen Geisteskrankheit beantragt ist, mit der Bestellung des vorläufigen Vormundes, wenn die Entmündigung wegen Geistesschwäche, wegen Verschwendung oder wegen Trunksucht beantragt ist, mit der Bekanntmachung an den zu Entmündigenden in Wirksamkeit (§ 52 des freiw. G.G.).

7. Das Vormundschaftsgericht kann nach § 18 Abs. 2 mit § 60 Nr. 5 des freiw. G.G. den die vorläufige Vormundschaft anordnenden Beschluß nicht abändern, es kann nur, wenn es den Beschluß nachträglich für ungerechtfertigt hält, die vorläufige Vormundschaft aufheben (s. Erl. zu § 1908).

Wird die vorläufige Vormundschaft durch das Beschwerdegericht aufgehoben, so kann die Wirksamkeit der von oder gegenüber dem Volljährigen vorgenommenen Rechtsgeschäfte nicht auf Grund der aufgehobenen Verfügung in Frage gestellt werden (§ 61 des freiw. G.G.). Selbstverständlich kann das Rechtsgeschäft mit Rücksicht auf § 104 Ziff. 2 oder § 105 Abs. 2 unwirksam sein. Was die von oder gegenüber dem Vormunde vorgenommenen Rechtsgeschäfte betrifft, so ergiebt sich schon aus § 32 des freiw. G.G., daß die Aufhebung der vorläufigen Vormundschaft durch das Beschwerdegericht auf sie ohne Einfluß ist.

8. Eine öffentliche Bekanntmachung der vorläufigen Vormundschaft findet nicht statt.

§. 1907.

Die Vorschriften über die Berufung zur Vormundschaft gelten nicht für die vorläufige Vormundschaft.

§. 1908.

Die vorläufige Vormundschaft endigt mit der Rücknahme oder der rechtskräftigen Abweisung des Antrags auf Entmündigung.

Erfolgt die Entmündigung, so endigt die vorläufige Vormundschaft, wenn auf Grund der Entmündigung ein Vormund bestellt wird.

Die vorläufige Vormundschaft ist von dem Vormundschaftsgericht aufzuheben, wenn der Mündel des vorläufigen vormundschaftlichen Schutzes nicht mehr bedürftig ist.

---

**§ 1907.**

**E. I § 1737 Abs. 2 Satz 1; II § 1784 rev. § 1885; III § 1883. P. I S. 8578; M. IV S. 1250. P. II S. 6525 (Bd. 4 S. 854).**

In Folge der Vorschrift des § 1907 und da nach § 1898 auch die Eltern nicht berechtigt sind, eine Person von der Vormundschaft auszuschließen, hat das Vormundschaftsgericht bei der Auswahl des Vormundes freie Hand. Die Person des Vormundes ist nach den §§ 1779—1781, 1784 ff. auszuwählen.

Der Gemeindewaisenrath ist vor der Auswahl zu hören, doch ist selbstverständlich das Vormundschaftsgericht bei Dringlichkeit der Bestellung des Vormundes von der vorherigen Anhörung entbunden.

**§ 1908.**

**E. I § 1737 Abs. 3; II § 1785 rev. § 1886; III § 1884. P. I S. 8578, 8835; M. IV S. 1250. P. II S. 6518, 6519, 6525, 6526 (Bd. 4 S. 850, 854).**

1. Die §§ 1882—1884, welche die Beendigung der Altersvormundschaft regeln, finden nach § 1897 auch auf die vorläufige Vormundschaft Anwendung. Diese Vorschriften werden durch den § 1908 ergänzt.

2. Hiernach endigt die vorläufige Vormundschaft kraft Gesetzes

a) in Folge des Todes des Mündels;

b) in Folge der Erlassung des die Todeserklärung des Mündels aussprechenden Urtheils;

c) mit der Zurücknahme oder der rechtskräftigen Abweisung des Antrags auf Entmündigung. Wegen der Abweisung des Entmündigungsantrags s. §§ 663, 680 Abs. 3 der C.P.O. Daß das Entmündigungsgericht von der Abweisung dem Vormundschaftsgerichte Mittheilung zu machen hat, ist nicht vorgeschrieben, wird sich aber empfehlen.

d) im Falle der Entmündigung mit der Bestellung (§ 1789) des ordentlichen Vormundes. Mithin findet, wenn die Entmündigung ausgesprochen wird, eine ausdrückliche Aufhebung der vorläufigen Vormundschaft nicht statt, sondern mit der Bestellung des ordentlichen Vormundes hört die vorläufige Vormundschaft und damit das Amt des vorläufigen Vormundes von selbst auf; es geht also nicht etwa die vorläufige Vormundschaft von selbst in die ordentliche Vormundschaft über. Uebrigens ist der die Entmündigung aussprechende Beschluß vom Entmündigungsgerichte dem Vormundschaftsgerichte von Amtswegen mitzutheilen (§§ 660, 683 Abs. 2 Satz 2 der C.P.O.) und es steht selbstverständlich nichts im Wege, daß das Vormundschaftsgericht die vorläufige Vormundschaft auch ausdrücklich aufhebt.

3. Die vorläufige Vormundschaft endigt in Folge der Aufhebung durch das Vormundschaftsgericht

a) im Falle der Verschollenheit des Mündels;

b) wenn der Mündel des vorläufigen vormundschaftlichen Schutzes nicht mehr bedürftig ist, z. B. weil sich herausgestellt hat, daß der Antrag auf Entmündigung aussichtslos ist, oder wenn das Vormundschaftsgericht nachträglich findet, daß die vorläufige Vormundschaft zu Unrecht angeordnet worden ist. Ueber den Zeitpunkt, in welchem die Aufhebungsverfügung in Wirksamkeit tritt, s. § 52 des freiw. G.G.

4. Gegen die Aufhebung der vorläufigen Vormundschaft hat Jeder, welcher berechtigt ist, den Antrag auf Entmündigung zu stellen, das Rechtsmittel der einfachen Beschwerde (§ 57 Nr. 2 des freiw. G.G.).

# Dritter Titel.
## Pflegschaft.

5. Wegen der Frage, ob die Rechtswirksamkeit der Rechtsgeschäfte, die von oder gegenüber dem bevormundeten Mündel oder dem vorläufigen Vormunde vorgenommen worden sind, dadurch beeinträchtigt wird, daß der Antrag auf Entmündigung zurückgenommen oder rechtskräftig abgewiesen oder daß der die Entmündigung aussprechende Beschluß in Folge einer Anfechtungsklage aufgehoben wird, s. Erl. 2 zu § 115. Die Vorschriften des § 115 finden übrigens keine Anwendung, wenn die Beendigung der vorläufigen Vormundschaft durch Verfügung des Vormundschaftsgerichts erfolgt. In diesem Falle behält also die durch die vorläufige Vormundschaft eingetretene Beschränkung der Geschäftsfähigkeit bis zur Beendigung der vorläufigen Vormundschaft ihre volle Wirksamkeit in Ansehung aller von und gegenüber dem Bevormundeten vorgenommenen Rechtsgeschäfte. Selbstverständlich bleiben andererseits die von und gegenüber dem Vormunde vorgenommenen Rechtsgeschäfte wirksam.

## Dritter Titel.

1. Unterschied der Pflegschaft von der Vormundschaft (M. IV S. 1044, 1252, D. S. 717). Der Schwerpunkt des Unterschieds der Pflegschaft von der Vormundschaft liegt darin, daß die Vormundschaft stets eine allgemeine Fürsorge für die Gesammtheit der Beziehungen des Mündels ist; wenn auch einzelne Beziehungen von der Fürsorge des Vormundes ausgenommen sein können (§ 1794), so umfaßt doch die Sorge des Vormundes grundsätzlich die sämmtlichen persönlichen und Vermögensangelegenheiten des Mündels. Die Pflegschaft dagegen wird grundsätzlich nur angeordnet, wenn ein Bedürfniß der Fürsorge nur für einzelne Beziehungen oder einen bestimmten Kreis von Beziehungen vorliegt; nur ausnahmsweise, nämlich nur bei der Pflegschaft wegen körperlicher Gebrechen (§ 1910 Abs. 1), kann der Pfleger die Sorge für sämmtliche persönliche und Vermögensangelegenheiten des Pflegebefohlenen haben. Der Vormund muß also gesetzlicher Vertreter des Mündels in der Gesammtheit seiner Beziehungen, wenn auch nicht in sämmtlichen Beziehungen, sein und er hat die Vermuthung für sich, daß er den Mündel in allen Beziehungen vertritt. Der Pfleger kann dagegen zwar in dem bezeichneten Falle des § 1910 Abs. 1 gleichfalls Vertreter des Pflegebefohlenen in allen Beziehungen sein, in allen anderen Fällen aber ist er nur Vertreter in einzelnen Beziehungen oder in einem bestimmten Kreise von Beziehungen, er hat deshalb auch keine Vermuthung für den Umfang seiner Vertretungsmacht für sich, mögen auch im einzelnen Falle die ihm übertragenen Angelegenheiten noch so wichtig und umfangreich sein. Wie weit die Befugnisse des Pflegers im Einzelnen reichen, ist bei seiner Bestellung festzusetzen; in Ermangelung einer ausdrücklichen Bestimmung ist die Frage mit Rücksicht auf die Natur des ihm übertragenen Amtes und den Inhalt der ihm zugewiesenen Aufgaben durch vernünftige Auslegung der gerichtlichen Anordnung zu beantworten.

Ein weiterer Unterschied zwischen Vormundschaft und Pflegschaft besteht darin, daß der Bevormundete stets in der Geschäftsfähigkeit mindestens beschränkt ist, während derjenige, welcher unter Pflegschaft steht, zwar gleichzeitig in der Geschäftsfähigkeit beschränkt sein kann, jedoch nicht beschränkt sein muß.

Mit Rücksicht auf diese Unterschiede erhält ein Abwesender keinen Vormund, sondern einen Pfleger.

2. Arten der Pflegschaft. Das B.G.B. unterscheidet zwei Gruppen von Pflegschaften. Die erste Gruppe umfaßt die Fälle, in denen Jemand, der unter elterlicher Gewalt oder Vormundschaft steht, für Angelegenheiten, welche der Gewalthaber oder der Vormund aus rechtlichen oder thatsächlichen Gründen nicht besorgen kann, der Fürsorge bedarf, und die Fälle, in denen eine Vormundschaft noch nicht eingeleitet ist. Der Rechtsgrund der elterlichen Gewalt oder der Vormundschaft ist hier zugleich Rechtsgrund der Pflegschaft (§ 1909). Die zweite Gruppe begreift außer der Nachlaßpflegschaft (§§ 1960, 1975, dazu Vorbm. III, 5 vor § 1942, Erl. 3b zu § 1960, Erl. 4b zu § 1975) eine Reihe besonderer, in den §§ 1910—1914 aufgezählter Fälle.

Das B.G.B. geht davon aus, daß durch die Zulassung einer Pflegschaft in den Fällen der ersten und in den speziell bezeichneten Fällen der zweiten Gruppe dem Bedürfnisse, soweit dasselbe in Verhältnissen allgemeiner Art sich gründet und demselben daher durch das B.G.B. Rechnung getragen werden muß, genügt wird und daß, soweit besondere Verhältnisse die Zu=

## §. 1909.

Wer unter elterlicher Gewalt oder unter Vormundschaft steht, erhält für Angelegenheiten, an deren Besorgung der Gewalthaber oder der Vormund ver-

---

lassung einer Pflegschaft noch in anderen Fällen erheischen sollten, durch die Spezialgesetzgebung Vorsorge zu treffen ist. Abweichend von der preuß. Vormundschaftsordnung § 90 hat das B.G.B. daher eine allgemeine Klausel, welche das Vormundschaftsgericht ermächtigt, in allen Fällen eines nach seinem Ermessen vorhandenen thatsächlichen Schutzbedürfnisses eine Pflegschaft anzuordnen, nicht aufgenommen (M. IV S. 1252).

Sonstige Fälle von Pflegschaften können sich aus den reichsrechtlichen Spezialgesetzen (E.G. Art. 32) sowie aus dem vorbehaltenen Landesrecht (E.G. Art. 55ff.) ergeben. In ersterer Hinsicht ist z. B. auf § 62 des Reichsbeamtengesetzes v. 31. März 1873 und auf die §§ 334, 480 der St.P.O. (dazu Erl. zu § 1911) zu verweisen. Landesrechtliche Fälle einer Pflegschaft finden sich z. B. im § 58 des preuß. Disziplinarges. v. 7. Mai 1851, § 89 des preuß. Ges. v. 21. Juli 1852, nach denen einem wegen Geisteskrankheit in den Ruhestand zu versetzenden Beamten ein Pfleger bestellt werden kann. Diese Vorschriften sind, weil sie öffentliches Recht enthalten, unberührt geblieben; soweit sie sich auf die Vermögensansprüche des Beamten beziehen, sind sie übrigens auch durch Art. 80 des E.G. gedeckt (zweifelnd Johow 19 S. 42, Mugdan Rspr. d. O.L.G. 2 S. 235).

Der Pflegschaft analoge Fälle behandeln das B.G.B. (§§ 1141, 1189) die C.P.O. und das Zw.V.G. (C.P.O. § 57 Bestellung eines Vertreters, wenn eine nicht prozeßfähige Person verklagt werden soll, §§ 58, 787 Bestellung eines Vertreters zur Wahrung der sich aus dem Eigenthum ergebenden Rechte im Falle der Geltendmachung eines Rechtes an einem aufgegebenen Grundstücke nach § 928 des B.G.B., § 494 Bestellung eines Vertreters des unbekannten Gegners bei der Sicherung des Beweises, § 779 Bestellung eines Vertreters des unbekannten Erben bei der Zwangsvollstreckung in den Nachlaß, ferner Zw.V.G. § 6 Bestellung eines Zustellungsvertreters für unbekannte Betheiligte, § 135 Bestellung eines Vertreters, wenn für einen zugetheilten Betrag die Person des Berechtigten unbekannt ist). Auf diese Fälle finden die Vorschriften über die Pflegschaft keine Anwendung, insbesondere besteht keine Verpflichtung zur Uebernahme der Stellung des Vertreters und die Aufgabe dieser Vertreter ist in anderer Weise begrenzt als die des Pflegers im Sinne des B.G.B. Ob nicht wenigstens einige Grundsätze der Pflegschaft z. B. über die Vergütung und die Haftung des Vertreters entsprechend anwendbar sind, ist eine hier nicht zu erörternde Frage.

3. Auch bei der Pflegschaft handelt es sich um eine Fürsorge für Personen, die schutzbedürftig sind, entweder weil ihr allgemeiner Vertreter in einem besonderen Falle an der Wahrnehmung ihrer Rechte behindert ist (§ 1909 Abs. 1) bezw. ein solcher Vertreter noch nicht bestellt ist (§ 1909 Abs. 3) oder weil sie selbst ihre Rechte nicht wahrnehmen können (§§ 1910—1913, 1960, 1975). Die Pflegschaft bezweckt stets die Fürsorge für eine Person, der Pfleger ist gesetzlicher Vertreter dessen, in dessen Angelegenheit er thätig wird. Eine Güterpflege ist dem B.G.B. fremd. Dies kommt schon in der Fassung des B.G.B. zum Ausdrucke (vergl. z. B. § 1913 „dem Betheiligten"). Die Pflegschaften des B.G.B. sind in diesem Sinne Personal-, nicht Realpflegschaften. Dies gilt insbesondere auch für die Nachlaßpflegschaft (s. Vorbm. III 5a vor § 1942). A. A. Hellwig, Anspruch und Klagrecht, S. 73. Ueber die Frage, ob die im § 1914 zugelassene Pflegschaft für ein durch Sammlung zusammengebrachtes Vermögen eine Ausnahme bildet, s. Erl. zu § 1914. Keine Ausnahme bildet trotz des gegentheiligen gesetzlichen Ausdrucks die im § 334 Abs. 2 der St.P.O. angeordnete Güterpflege (s. Erl. zu § 1911); sie ist in Wahrheit eine Pflege für den in der Verfügung über sein Vermögen beschränkten Abwesenden (R.G. Bd. 11 S. 185). A. A. Hellwig S. 231.

4. Im Einzelnen ist die Pflegschaft nach dem Vorbilde der Vormundschaft geordnet (§ 1915).

5. Uebergangsbestimmungen im E.G. Art. 210, 211, Pflegschaft über Ausländer ebenda Art. 23.

6. Literatur: Adamkiewicz, Rechtsbegriff der Kuratel, 1892. Silberschmidt im Arch. f. bürg. Recht 15 S. 114.

## § 1909.

**E. I § 1738; II § 1786 rev. § 1887; III § 1885. P. I S. 8237, 8591, 8752, 8762, 8776; M. IV S. 1043, 1252—1256. P. II S. 6526, 8690 (Bd. 4 S. 855; Bd. 6 S. 312).**

1. Der § 1909 Abs. 1 bringt zum Ausdrucke, daß die elterliche Gewalt oder die Vormundschaft immer zugleich der Rechtsgrund für eine Pflegschaft für den Fall ist, daß der Gewalt-

hindert ist, einen Pfleger. Er erhält insbesondere einen Pfleger zur Verwaltung des Vermögens, das er von Todeswegen erwirbt oder das ihm unter Lebenden von einem Dritten unentgeltlich zugewendet wird, wenn der Erblasser durch letztwillige Verfügung, der Dritte bei der Zuwendung bestimmt hat, daß dem Gewalthaber oder dem Vormunde die Verwaltung nicht zustehen soll.

Tritt das Bedürfniß einer Pflegschaft ein, so hat der Gewalthaber oder der Vormund dem Vormundschaftsgericht unverzüglich Anzeige zu machen.

Die Pflegschaft ist auch dann anzuordnen, wenn die Voraussetzungen für die Anordnung einer Vormundschaft vorliegen, ein Vormund aber noch nicht bestellt ist.

---

haber oder der Vormund verhindert ist, die ihm obliegende Sorge für die Person oder das Vermögen des Kindes oder des Mündels in einzelnen Beziehungen wahrzunehmen (s. Vorbm. 2 zu diesem Titel).

2. Voraussetzung der nach Abs. 1 anzuordnenden Pflegschaft ist:

a) daß derjenige, welcher einen Pfleger erhalten soll, unter elterlicher Gewalt oder unter Vormundschaft steht. Zwischen der Vormundschaft über Volljährige und der über Minderjährige besteht dabei kein Unterschied. Die Pflegschaft kann daher auch dann angeordnet werden, wenn derjenige, welcher einen Pfleger erhalten soll, unter vorläufiger Vormundschaft steht.

b) daß der Gewalthaber oder der Vormund an der Besorgung einer Angelegenheit, welche ihm an und für sich obliegen würde, verhindert ist. Gleichgültig ist, ob die Verhinderung auf einem thatsächlichen oder einem rechtlichen Grunde beruht. Gleichgültig ist ferner, ob es sich um eine thatsächliche Fürsorge, z. B. die Erziehung des Kindes (vergl. die Erl. zu § 1627 Nr. 1), oder um die Vertretung des Kindes oder des Mündels, z. B. um die Stellung eines Strafantrags (vergl. R.G. in Str. 24 S. 372), handelt.

Die Pflegschaft ist hiernach z. B. anzuordnen, wenn ein Rechtsgeschäft vorzunehmen oder ein Rechtsstreit zu führen ist, bei dem der Gewalthaber oder der Vormund nach §§ 1795, 1630 Abs. 2 von der Vertretung ausgeschlossen ist oder für den dem Gewalthaber oder dem Vormunde die Vertretung nach §§ 1796, 1630 Abs. 2 entzogen ist, ferner wenn der Gewalthaber in Folge der Eröffnung des Konkurses über sein Vermögen die Verwaltung des Vermögens des Kindes verliert (§ 1647) oder wenn dem Vater nach den §§ 1666, 1670, 1740, 1760 Abs. 2 die Fürsorge für die Person oder für das Vermögen entzogen ist oder wenn dem Vormunde nach § 1801 die Sorge für die religiöse Erziehung des Mündels abgenommen ist. Wegen thatsächlicher Verhinderung des Gewalthabers oder des Vormundes zur Besorgung thatsächlicher Angelegenheiten kann eine Pflegschaft insbesondere auf Grund der §§ 1665, 1846 anzuordnen sein, z. B. wenn der Vormund verreist und der Mündel wegen plötzlicher Erkrankung in eine Heilanstalt unterzubringen ist. Wegen thatsächlicher Verhinderung wird auch einem im Auslande bevormundeten Mündel für seine im Inlande zu besorgende Angelegenheit ein Pfleger bestellt werden können, bis der ausländische gesetzliche Vertreter Kenntniß erhält. Im Verfahren auf Entziehung des Erziehungsrechts (§ 1666) oder der Vermögensverwaltung (§ 1667) bedarf es der Vertretung der Kinder durch einen Pfleger nicht. Gleiches gilt bei einem Erziehungsstreit unter früheren Ehegatten (§§ 1635, 1637); a. A. das Kammergericht Jahrb. Bd. 20 S. 20, allein ob das Vormundschaftsgericht eine vom § 1635 Abs. 1 Satz 1 abweichende Anordnung in Ansehung der Erziehung der Kinder treffen will, ist zwar eine die Kinder materiell sehr berührende Frage, ein Recht der Kinder aber, das hierbei verletzt werden könnte, besteht nicht, es handelt sich hierbei überhaupt nicht um eine Angelegenheit der Kinder, die von dem Vater oder der Mutter wahrzunehmen wäre.

c) Die sachliche Prüfung der Angelegenheit, an deren Besorgung der Gewalthaber oder Vormund verhindert ist, ist nicht Sache des Vormundschaftsgerichts. Wenn z. B. die Mutter als Inhaber der elterlichen Gewalt gegen das Kind eine Klage auf Feststellung eines ihr zustehenden Zinsrechts erheben will, ist das Vormundschaftsgericht nicht zur Prüfung der Frage berufen, ob die Mutter Grund hat die Feststellung zu verlangen und ob die Voraussetzungen für eine Feststellungsklage gegeben sind. Es muß für die Vertretung des Kindes in dem Rechtsstreit einen Pfleger auch dann bestellen, wenn es den Anspruch, der in dem Rechtsstreite verfolgt werden soll, für unbegründet hält (Entsch. d. bayr. Ob.L.G. I S. 261). Aehnlich liegt die Sache, wenn die Mutter mit den Kindern sich auseinandersetzen will. Auch hier ist das Vormundschaftsgericht auf die Prüfung der Frage beschränkt, ob die Mutter in ihrer Eigenschaft als gesetzliche Vertreterin ihrer Kinder behindert ist, für die Kinder die fragliche Angelegenheit zu besorgen. Ob die Auseinandersetzung vorgenommen werden soll oder nicht, ist vom Vormundschaftsgerichte bei der Bestellung eines Pflegers nicht zu prüfen; diese Prüfung liegt dem Vormundschaftsgericht erst ob, wenn es sich um die Genehmigung des vom Pfleger vorgenommenen Rechtsgeschäfts handelt.

Mit vorstehender Frage ist nicht zu verwechseln die Frage, ob überhaupt eine Angelegenheit zu besorgen ist. Ist diese Frage zu verneinen, so unterbleibt mangels eines Bedürfnisses die Bestellung eines Pflegers, wenn auch die Voraussetzungen vorliegen, unter welchen, sofern eine Angelegenheit zu besorgen wäre, die Pflegschaft bestellt werden müßte. Hat z. B. das Kind kein Vermögen, so wird nicht schon deshalb allein, weil der Vater in Konkurs gerathen ist, ein Pfleger bestellt (s. Erl. 7 zu § 1647). Ein weiteres Beispiel s. in der Erl. zu § 1796.

d) Von selbst versteht sich, daß bei der elterlichen Gewalt im Falle der Verhinderung des Vaters für eine Pflegschaft insoweit kein Raum ist, als die elterliche Gewalt der Mutter eintritt (s. Erl. zu §§ 1665, 1684, 1685). Auch insoweit ist für eine Pflegschaft kein Raum, als das Vormundschaftsgericht selbst das Kind oder den Mündel zu vertreten hat; dies trifft in Ansehung der Mitwirkung des Kindes oder des Mündels bei der Bestellung und Aufhebung der nach §§ 1668, 1844 anzuordnenden Sicherheit zu (§§ 1672, 1686, 1844, ferner freiw. G.G. § 54). Noch weniger ist eine Pflegschaft für Angelegenheiten möglich, für die das Kind oder der Mündel selbst geschäfts- oder prozeßfähig ist (vergl. insbesondere §§ 112, 113, ferner C.P.O. § 52 Abs. 1 und freiw. G.G. § 59). Zum Antrag auf Aenderung der elterlichen Entscheidung in Ansehung des Unterhalts (§ 1612 Abs. 2) bedarf es deshalb keines Pflegers.

3. Da nach § 1915 die Vorschriften über die Vormundschaft auf die Pflegschaft Anwendung finden, so ist, wenn der Pfleger an der Besorgung einer ihm obliegenden Angelegenheit thatsächlich oder rechtlich verhindert ist, dem Pflegebefohlenen zur Besorgung der Angelegenheit ein weiterer Pfleger zu bestellen. Es macht keinen Unterschied, ob der Pflegebefohlene minderjährig oder volljährig ist. Ein Abwesenheitspfleger ist z. B. unter den Voraussetzungen des § 1795 von der Vertretung des Abwesenden ausgeschlossen; zur Vornahme des Rechtsgeschäfts muß deshalb ein besonderer Pfleger bestellt werden.

Das Gesagte gilt für den Beistand, welchem nach § 1693 die Vermögensverwaltung übertragen ist, gemäß §§ 1693, 1915 entsprechend. Dagegen kann bei der Verhinderung des Beistandes in sonstigen Fällen oder bei der Verhinderung des Gegenvormundes von der Bestellung eines Pflegers keine Rede sein, weil die Genehmigung des Gegenvormundes oder des Beistandes immer durch die des Vormundschaftsgerichts ersetzt wird (a. A. Fuchs S. 256, Böhm S. 178).

4. Nach der preuß. Vormundschaftsordnung soll, wenn die Interessen mehrerer Mündel desselben Vormundes einander widerstreiten, jedem Mündel ein Pfleger bestellt werden. Das B.G.B. enthält keine solche Vorschrift; es ist also nicht ausgeschlossen, daß nur für den einen Mündel ein Pfleger bestellt wird, während den anderen der Vormund vertritt. Es kann aber auch das Vormundschaftsgericht nach § 1796 dem Vormunde die Vertretungsmacht für sämmtliche Mündel entziehen.

5. Als ein Fall, in welchem ein Pfleger zu bestellen ist, ist im § 1909 Abs. 1 Satz 2 der Fall hervorgehoben, daß derjenige, von welchem das Kind oder der Mündel von Todeswegen oder unentgeltlich unter Lebenden Vermögen erwirbt, bestimmt, daß dem Gewalthaber oder dem Vormunde die Verwaltung nicht zustehen soll. Das Vormundschaftsgericht muß eine derartige Bestimmung befolgen, da sie nach Ansicht des Gesetzgebers das Interesse des Kindes oder Mündels nie zu gefährden geeignet ist. Daß die Vermögensverwaltung des Gewalthabers sich auf dieses Vermögen nicht erstreckt, ist im § 1638 ausdrücklich bestimmt. Bezüglich des der Verwaltung des Vormundes entzogenen Vermögens fehlt aus den in der Erl. zu § 1794 dargelegten Gründen eine entsprechende Bestimmung. Im Uebrigen kann auf die Erl. zu § 1638 verwiesen werden.

Die Vorschrift des Abs. 1 Satz 2 gilt auch für die Vormundschaft über Volljährige und für die Beistandschaft, sofern dem Beistande die Vermögensverwaltung übertragen ist.

Dagegen findet der Abs. 1 Satz 2 keine Anwendung, wenn dem nicht bevormundeten Volljährigen Vermögen mit der Bestimmung zugewendet wird, daß dem Volljährigen selbst die Verwaltung nicht zustehen soll. In solchen Fällen ist die Bestellung eines Pflegers unzuläßig. Der Verwaltung des Volljährigen kann das Vermögen nur durch die Anordnung einer Testamentsvollstreckung entzogen werden. Frage der Auslegung ist es, ob, wenn in einem solchen Falle die Bestellung eines Pflegers angeordnet ist, nicht der Wille des Verfügenden in der Weise umgedeutet und dadurch aufrecht erhalten werden kann, daß in der Anordnung das nach § 2200

§. 1910.

Ein Volljähriger, der nicht unter Vormundschaft steht, kann einen Pfleger für seine Person und sein Vermögen erhalten, wenn er in Folge körperlicher Gebrechen, insbesondere weil er taub, blind oder stumm ist, seine Angelegenheiten nicht zu besorgen vermag.

Vermag ein Volljähriger, der nicht unter Vormundschaft steht, in Folge geistiger oder körperlicher Gebrechen einzelne seiner Angelegenheiten oder einen bestimmten Kreis seiner Angelegenheiten, insbesondere seine Vermögensangelegen-

---

zulässige Ersuchen an das Nachlaßgericht gesunden wird, einen Testamentsvollstrecker zu ernennen.

6. Ueber das Verhältniß des nach §. 1909 bestellten Pflegers zur elterlichen Gewalt s. §§ 1628, 1629, über sein Verhältniß zur Vormundschaft s. § 1794. Der § 1794 findet entsprechende Anwendung, wenn der Pfleger neben einem anderen Pfleger oder einem Beistande bestellt ist (§ 1915).

7. Damit das Vormundschaftsgericht von den Fällen, in denen eine Pflegschaft neben der elterlichen Gewalt oder der Vormundschaft anzuordnen ist, Kenntniß erhält, ist im Abs. 2 außer den nach §§ 49, 50 des freiw. G.G. zur Anzeige verpflichteten Gemeindewaisenräthen und Gerichten auch dem Inhaber der elterlichen Gewalt und dem Vormunde, bezw. (s. Erl. 3) dem Pfleger und dem Beistande die Pflicht auferlegt, dem Vormundschaftsgerichte, wenn das Bedürfniß einer Pflegschaft eintritt, unverzüglich (§ 121 Abs. 2) Anzeige zu machen. Als Fälle, welche anzuzeigen sind, kommen für den Inhaber der elterlichen Gewalt und den Vormund insbesondere die der §§ 181, 1638, 1795 sowie die Fälle thatsächlicher Verhinderung in Betracht. Dagegen ist die Anzeigepflicht nicht auf den Fall ausgedehnt, daß eine Angelegenheit zu erledigen ist, bezüglich deren nach § 1630 Abs. 2, § 1796 dem Gewalthaber und dem Vormunde die Vertretungsmacht entzogen werden kann. Die Anzeigepflicht liegt ihnen hier nur ob, wenn die Vertretungsmacht bereits entzogen ist und nunmehr das Bedürfniß der Pflegschaft eintritt. Bei Unterlassung der Anzeige haften die anzeigepflichtigen Personen nach Maßgabe der §§ 1664, 1833, 1694, 1915 dem Kinde oder dem Mündel.

8. Der Abs. 3 gestattet die Anordnung einer Pflegschaft auch dann, wenn die Voraussetzungen für die Anordnung einer Vormundschaft vorliegen (§§ 1773, 1896, 1906), ein Vormund aber noch nicht bestellt ist. Beispiele, in welchen die Anordnung einer Pflegschaft nach Abs. 3 in Frage kommt, bieten die Fälle, daß der zur Vormundschaft durch letztwillige Verfügung oder das Gesetz Berufene (§ 1776) gerade abwesend oder erkrankt ist, sofortige Fürsorge aber geboten erscheint. Auf Grund des Abs. 3 kann insbesondere auch an Stelle einer vorläufigen Vormundschaft eine vorläufige Pflegschaft angeordnet werden. Ob das Vormundschaftsgericht statt einer vorläufigen Vormundschaft eine vorläufige Pflegschaft bestellt, wird übrigens davon abhängen, ob das Bedürfniß einer Fürsorge ein allgemeines ist oder nur in Ansehung bestimmter Angelegenheiten besteht. Im letzteren Falle genügt regelmäßig die Anordnung einer Pflegschaft. Für einen Volljährigen kann übrigens die vorläufige Pflegschaft nach Abs. 3 nur angeordnet werden, wenn die Entmündigung erfolgt oder beantragt ist; daß nur die thatsächlichen Voraussetzungen des § 6 vorliegen, rechtfertigt die Anordnung nicht (Mugdan, Rspr. d. O.L.G. 2 S. 235).

9. Ueber das zur Anordnung der Pflegschaft zuständige Vormundschaftsgericht s. §§ 37, 44 des freiw. G.G. Ueber die Beschwerde wegen Ablehnung der Pflegschaft ebenda § 57 Nr. 3. Die Bestellung des Pflegers kann nur im Beschwerdeweg angefochten werden; im Prozesse kann der Mangel der Voraussetzungen der Pflegschaft nicht gerügt werden (s. Erl. 3 zu § 1773).

**§ 1910.**

**E. I § 1739; II § 1787 rev. § 1888; III § 1886. P. I S. 8592, 8603; M. IV S. 1256. P. II S. 6527, 6858, 8688 (Bd. 4 S. 855; Bd. 5 S. 147; Bd. 6 S. 311).**

1. Die Arten der Pflegschaft wegen Gebrechlichkeit. Die Pflegschaft wegen Gebrechlichkeit ist entweder eine allgemeine oder nur eine spezielle, d. h. sie kann entweder für sämmtliche persönliche und Vermögensangelegenheiten (§ 1910 Abs. 1) oder nur für einen bestimmten Kreis von Angelegenheiten oder einzelne Angelegenheiten (§ 1910 Abs. 2) angeordnet

heiten, nicht zu besorgen, so kann er für diese Angelegenheiten einen Pfleger erhalten.

Die Pflegschaft darf nur mit Einwilligung des Gebrechlichen angeordnet werden, es sei denn, daß eine Verständigung mit ihm nicht möglich ist.

---

werden. Als Angelegenheiten, welche zur Pflegschaftsbestellung Anlaß geben können, kommt nicht nur die Vertretung des Gebrechlichen, sondern auch die thatsächliche Fürsorge, z. B. die körperliche Pflege des Gebrechlichen, in Betracht. Wird die Pflegschaft für sämmtliche Angelegenheiten des Gebrechlichen angeordnet, so unterscheidet sie sich, was den Umfang der Fürsorge für den Gebrechlichen betrifft, nicht von der Vormundschaft.

Wegen körperlicher Gebrechen kann eine Pflegschaft sowohl nur für einzelne Angelegenheiten oder einen Kreis von Angelegenheiten als auch für sämmtliche Angelegenheiten angeordnet werden. Beruht das Bedürfniß der Fürsorge jedoch auf geistigen Gebrechen, so kann die Pflegschaft nur einen beschränkten Umfang haben, sie kann sich nur auf bestimmte Angelegenheiten oder einen Kreis von Angelegenheiten erstrecken, wenn auch der Wirkungskreis des Pflegers die sämmtlichen Vermögensangelegenheiten oder die sämmtlichen persönlichen Angelegenheiten oder bestimmte Vermögens- und persönliche Angelegenheiten gemischt umfassen kann. Dagegen ist wegen geistiger Gebrechen eine Pflegschaft für sämmtliche persönliche und sämmtliche Vermögensangelegenheiten nicht zulässig; ergiebt sich in Folge geistiger Gebrechen das Bedürfniß einer die Person und das Vermögen umfassenden Fürsorge, so kann nur durch Entmündigung und daran sich anschließende Vormundschaft geholfen werden.

2. Die Voraussetzungen der Pflegschaft wegen Gebrechlichkeit:

a) Der Gebrechliche darf nicht unter elterlicher Gewalt oder unter Vormundschaft oder unter vorläufiger Vormundschaft stehen, da andernfalls die Fürsorge dem Inhaber der elterlichen Gewalt oder dem Vormund obliegt.

b) Auf bestimmte Fälle körperlicher Gebrechen ist die Pflegschaft nicht beschränkt. Die Fälle, daß der Gebrechliche taub, blind oder stumm ist, sind im § 1910 nur als Beispiele erwähnt. Andere Beispiele sind Verkrüppelungen und Verstümmlungen, Lähmung, Epilepsie, unter Umständen auch durch hohes Alter herbeigeführte Verhinderung der Bewegungsfreiheit und Gebrechen, welche die Besorgung der eigenen Angelegenheiten bloß erschweren, wie dies z. B. bei Schwerhörigkeit, hochgradiger Kurzsichtigkeit der Fall sein kann.

Daß das Gebrechen nicht wieder zu heben ist, ist nicht Voraussetzung. Auch bei nur vorübergehender Gebrechlichkeit, z. B. schweren, durch einen Unfall verursachten Verletzungen, deren Heilung zu erwarten ist, kann die Pflegschaft bestellt werden. Zweifelhaft ist, ob daraus, daß im § 1910 die Unfähigkeit zur Besorgung einzelner Angelegenheiten oder eines bestimmten Kreises von Angelegenheiten (Abs. 2) der allgemeinen Unfähigkeit zur Besorgung aller Angelegenheiten (Abs. 1) gegenübergestellt wird, gefolgert werden kann, daß eine Pflegschaft nach § 1910 für einen nach § 104 Nr. 2 geschäftsunfähigen Geisteskranken nicht angeordnet werden kann, so daß ein solcher Geisteskranker, selbst wenn die Besorgung nur einer einzelnen Angelegenheit seine Vertretung nothwendig macht, stets entmündigt und unter Vormundschaft gestellt werden müßte. Die Frage dürfte zu verneinen sein. Für einen geisteskranken Ehegatten kann deshalb z. B. eine Pflegschaft zur Vertretung im Scheidungsprozeß angeordnet werden (Mugdan, Rspr. d. O.L.G. 1 S. 317).

c) Der Gebrechliche muß in Folge seines Gebrechens der Fürsorge bedürfen, d. h. außer Stande sein, seine Angelegenheiten oder bestimmte Angelegenheiten zu besorgen. Soweit er durch einen Bevollmächtigten oder schriftlich die Angelegenheit wahrnehmen kann, ist ein Bedürfniß nicht gegeben (a. A. Schultheis S. 220). Dies ist besonders für körperliche Gebrechen von Bedeutung. Dagegen ist ein Bedürfniß gegeben, wenn der Gebrechliche nicht im Stande ist, einen geeigneten Bevollmächtigten zu finden oder einem solchen sachgemäße Weisungen zu geben oder die Befolgung der Anweisungen zu überwachen.

d) Die Einwilligung des Gebrechlichen in die Bestellung der Pflegschaft, nicht in die Person des Pflegers (wegen der Person des Pflegers s. auch Erl. zu § 1915). Die Einwilligung unterliegt, da es sich um die Zustimmung zu einer behördlichen Verfügung handelt, nicht den Vorschriften der §§ 182ff. (s. Vorbm. 2 vor § 182 Bd. I S. 233). Sie muß nach der Terminologie des B.G.B. (§ 183) vor der Bestellung vorliegen. Eine Form für die Einwilligung ist nicht vorgeschrieben; das Gericht muß sich nur davon überzeugen, daß die Einwilligung ertheilt ist. Die Einwilligung ist entbehrlich, wenn eine Verständigung mit dem Gebrechlichen unmöglich ist. Ob diese Voraussetzung zutrifft, muß vom Vormundschaftsgericht im einzelnen Falle besonders untersucht und festgestellt werden. Ist der Gebrechliche geisteskrank im Sinne des § 104 Nr. 2, so ist mit ihm eine Verständigung nicht möglich (so auch das Kammergericht Rspr. d. O.L.G. 2 S 234). Bloße Schwierigkeit der Verständigung genügt nicht; gegebenen Falles muß ein Sachverständiger beigezogen werden.

e) Darüber, daß die vom Vormundschaftsgericht einmal angeordnete Pflegschaft nicht vor dem Prozeßrichter wegen Mangels einer Voraussetzung der Bestellung als nichtig behandelt werden kann, s. Erl. 3 zu § 1773.

3. Der Umfang des Wirkungskreises des Pflegers bestimmt sich — vorbehaltlich des unter Nr. 1 Bemerkten — einerseits nach dem Umfange des Bedürfnisses, andererseits nach dem Willen des Gebrechlichen; die Befugnisse des Pflegers dürfen nicht weiter erstreckt werden, als die Einwilligung des Gebrechlichen reicht. Das Vormundschaftsgericht wird übrigens bei der Anordnung der Pflegschaft festzustellen haben, ob die Pflegschaft wegen körperlicher oder geistiger Gebrechen angeordnet wird, und es wird die Angelegenheit, für deren Besorgung der Pfleger aufgestellt ist, zu bezeichnen haben. Die Bezeichnung muß in die Bestallung aufgenommen werden (s. Erl. zu § 1915). Ist die Bezeichnung des Wirkungskreises des Pflegers bei dessen Bestellung unterblieben, so wird bei einem wegen körperlicher Gebrechen bestellten Pfleger im Zweifel anzunehmen sein, daß er für alle Angelegenheiten aufgestellt ist.

4. Liegen die Voraussetzungen der Anordnung einer Pflegschaft wegen Gebrechlichkeit vor, so hat das Vormundschaftsgericht von Amtswegen thätig zu werden, eines förmlichen Antrags bedarf es nicht. Mit Rücksicht darauf, daß die Pflegschaft regelmäßig nur mit Einwilligung des Gebrechlichen angeordnet werden darf, ist freilich regelmäßig eine Anregung des Gebrechlichen abzuwarten.

Ueber das zur Anordnung der Pflegschaft wegen Gebrechlichkeit örtlich zuständige Vormundschaftsgericht s. § 38 des freiw. G.G. Gegen eine Verfügung, durch welche die Anordnung der Pflegschaft abgelehnt wird, steht Jedem, der ein rechtliches Interesse an der Aenderung hat, und, wenn eine Verständigung mit dem Pflegebefohlenen nicht möglich ist, auch dem Ehegatten sowie den Verwandten und Verschwägerten des Pflegebefohlenen das Recht der Beschwerde zu (§ 57 Nr. 3 des freiw. G.G.).

5. Wirkungen der Anordnung der Pflegschaft auf den Gebrechlichen:

a) Auf die Geschäftsfähigkeit des Gebrechlichen hat die Anordnung der Pflegschaft keinen Einfluß. Der Gebrechliche bleibt mithin geschäftsfähig. Daraus folgt, daß er auch zu denjenigen Handlungen berechtigt ist, welche in den Wirkungskreis des Pflegers fallen (s. auch Erl. 3f. zu § 1915). Dadurch ist die Möglichkeit gegeben, daß zwischen den Handlungen des Pflegers und denen des Gebrechlichen ein Widerstreit besteht. Mit den P. II S. 6510 Bd. 4 S. 846, 847, 858 wird anzunehmen sein, daß im Falle eines solchen Widerstreits die zuerst vorgenommene Handlung rechtswirksam ist, dagegen eine rechtswirksame Handlung nicht zu Stande kommt, wenn gleichzeitig widersprechende Handlungen seitens des Pflegers und des Pflegebefohlenen vorgenommen werden. Das Verhältniß ist ebenso zu beurtheilen, wie wenn Jemand einen Bevollmächtigten bestellt hat und seine Handlungen mit denen des Bevollmächtigten im Widerstreite stehen.

Eine Ausnahme besteht im Rahmen des § 53 der C.P.O. Nach diesem steht, wenn in einem Rechtsstreit eine prozeßfähige Person durch einen Pfleger vertreten wird, sie für den Rechtsstreit einer nicht prozeßfähigen Person gleich. Es kann hiernach sowohl der Pfleger als auch der Gebrechliche klagen und verklagt werden. Wenn aber der Pfleger verklagt wird oder wenn er als Kläger auftritt, sei es, daß er selbst die Klage erhoben hat oder selbst verklagt ist, oder daß er vermöge der ihm zustehenden Vertretungsmacht in einen schon schwebenden Rechtsstreit als Kläger oder Beklagter eintritt, steht der Gebrechliche einer nicht prozeßfähigen Person gleich, es wird ihm also vom Augenblicke des Eintritts des Pflegers an die Befugniß entzogen, daß er selbst gültige Handlungen vornimmt oder ihm gegenüber solche Handlungen vorgenommen werden. Für andere Rechtsstreite und außerhalb des Rechtsstreits verbleibt dem Gebrechlichen die Geschäfts- und Prozeßfähigkeit.

b) Die Anordnung einer Pflegschaft wegen Gebrechlichkeit zur Besorgung der sämmtlichen Vermögensangelegenheiten — und zwar ohne Unterschied, ob die Anordnung wegen körperlicher oder wegen geistiger Gebrechen erfolgt, — wird beim ehelichen Güterrecht in den in den §§ 1418 Nr. 4, 1428, 1542 bezeichneten Beziehungen sowie in Ansehung der Fähigkeit, Vormund, Pfleger, Beistand oder Mitglied eines Familienraths (§§ 1781 Nr. 3, 1694, 1792, 1866 Nr. 2, 1886, 1915) oder Testamentsvollstrecker (§§ 2201, 2225) zu sein oder zu werden, wie der Verlust der Geschäftsfähigkeit behandelt. Die Anordnung der Pflegschaft nach § 1910 Abs. 1 hat auch das Ruhen der elterlichen Gewalt zur Folge (§ 1676).

6. Ueber die Beendigung der Pflegschaft s. Erl. zu § 1920.

7. Uebergangsvorschriften im E.G. Art. 210.

## §. 1911.

Ein abwesender Volljähriger, dessen Aufenthalt unbekannt ist, erhält für seine Vermögensangelegenheiten, soweit sie der Fürsorge bedürfen, einen Abwesenheitspfleger. Ein solcher Pfleger ist ihm insbesondere auch dann zu bestellen, wenn er durch Ertheilung eines Auftrags oder einer Vollmacht Fürsorge getroffen hat, aber Umstände eingetreten sind, die zum Widerrufe des Auftrags oder der Vollmacht Anlaß geben.

Das Gleiche gilt von einem Abwesenden, dessen Aufenthalt bekannt, der aber an der Rückkehr und der Besorgung seiner Vermögensangelegenheiten verhindert ist.

---

### § 1911.

**E. I § 1740; II § 1788 rev. § 1889; III § 1887. P. I S. 8605, 8619, 8806, 8819; M. IV S. 1256. P. II S. 6528 (Bd. 4 S. 856).**

**1.** Einem Abwesenden kann ein gesetzlicher Vertreter nur in Ansehung seiner Vermögensangelegenheiten, nicht für seine persönlichen Angelegenheiten bestellt werden. Das B.G.B. kennt deshalb keine Abwesenheitsvormundschaft, sondern nur eine Abwesenheitspflegschaft (s. Vorbm. vor § 1909).

**2.** Die Voraussetzungen der Abwesenheitspflegschaft sind:

**a)** Abwesenheit des unter Pflegschaft zu Stellenden. Unter Abwesenheit ist die Abwesenheit vom Wohnsitze, nicht von dem Orte, an welchem eine bestimmte Handlung vorzunehmen ist, zu verstehen. Die Abwesenheit muß bestimmt geartet sein; der Aufenthalt des Abwesenden muß unbekannt sein d. h. es dürfen keine glaubwürdigen Nachrichten über den Aufenthaltsort vorliegen. Ob der Aufenthaltsort als dem Vormundschaftsgericht unbekannt gelten kann, darüber ist unter Berücksichtigung der Verhältnisse, wie sie zur Zeit der Bestellung der Abwesenheitspflegschaft vorliegen, zu befinden. Ein objektives Unbekanntsein ist nicht verlangt, es genügt die Nichtkenntniß des Gerichts. Seit wann die Nachrichten über den Aufenthalt fehlen, kommt nicht in Betracht; es ist dem Ermessen des Vormundschaftsgerichts überlassen, welcher nachrichtenlose Zeitraum ihm zur Annahme der Unbekanntheit des Aufenthalts hinreichend erscheint.

Der Unbekanntheit des Aufenthalts steht nach Abs. 2 der Umstand gleich, daß der Aufenthalt bekannt, der Abwesende aber an der Rückkehr und Besorgung seiner Vermögensangelegenheiten verhindert ist. Als Beispiele von Fällen dieser Art erwähnen die M. IV S. 1261, daß Jemand sich in einem entfernten Welttheil aufhält, während ihm im Inlande Vermögen zufällt oder ein für das zurückgelassene Vermögen bestellter Bevollmächtigter stirbt oder daß Jemand in Kriegsgefangenschaft geräth, ausnahmsweise, daß er sich in einer Strafanstalt befindet und nicht in der Lage ist, einen Bevollmächtigten zu finden. Diese Beispiele zeigen zugleich, daß es gleichgültig ist, ob die Verhinderung auf dem Willen des Abwesenden beruht, oder von ihm unabhängig ist, und daß bei der Frage, ob der Abwesende verhindert ist, seine Vermögensangelegenheiten zu besorgen, die Gesammtumstände des Falles zu berücksichtigen sind. Es darf, wie Dorner freiw. G.G. Bemerk. 1b zu § 39 betont, kein absoluter, sondern nur ein relativer Maßstab angelegt werden; insbesondere erscheint es unbedenklich, eine Verhinderung im Sinne des Abs. 2 schon dann als gegeben anzunehmen, wenn der Abwesende nur außer Stande ist, rechtzeitig zurückzukehren oder einen Bevollmächtigten aufzustellen.

**b)** Schutzbedürftigkeit des Abwesenden. Der Abwesende erhält einen Pfleger nur, wenn ein Bedürfniß für die Fürsorge in Ansehung einer Vermögensangelegenheit besteht. Aus diesem Grunde können Personen, die unter elterlicher Gewalt oder Vormundschaft stehen, keinen Abwesenheitspfleger erhalten; für sie hat der Inhaber der elterlichen Gewalt oder der Vormund zu sorgen. Aus dem gleichen Grunde erhält ein Abwesender, dessen Aufenthalt bekannt und der an der Rückkehr verhindert ist, keinen Pfleger, wenn er seine Vermögensangelegenheiten schriftlich besorgen kann. Daß der Abwesende Vermögen im Inlande zurückgelassen hat, ist nicht Voraussetzung.

Nach dem Abs. 1 Satz 2 liegt ein Schutzbedürfniß insbesondere auch dann vor, wenn der Abwesende zwar durch Ertheilung eines Auftrags oder einer Vollmacht Fürsorge getroffen hat, aber Umstände eingetreten sind, die zum Widerrufe des Auftrags oder der Vollmacht berechtigen. Hierzu vergl. § 168, auch §§ 671, 675, 712. Ob solche Umstände, z. B. die rechtliche oder thatsächliche Unfähigkeit des Bevollmächtigten vorliegen, entscheidet das Vormundschaftsgericht nach freiem Ermessen. Aus dem Grundsatze der Selbständigkeit des Pflegers (§§ 1793, 1915) ergiebt sich übrigens, daß der Widerruf des Auftrags oder der Vollmacht nicht vom Vormundschaftsgerichte, sondern vom Pfleger auszugehen hat, sofern nicht das Vormundschaftsgericht auf Grund des § 1846 ausnahmsweise wegen besonderer Dringlichkeit selbst thätig wird.

c) Keine Voraussetzung der Abwesenheitspflegschaft ist die vorherige Todeserklärung, wie umgekehrt die Todeserklärung nicht die Bestellung einer Abwesenheitspflegschaft voraussetzt.

d) Darüber, daß die Gültigkeit der Anordnung der Pflegschaft nicht vor dem Prozeßrichter wegen Mangels der Voraussetzungen des § 1911 angefochten werden kann, s. Erl. 3 zu § 1773.

3. Umfang der Pflegschaft. Wie schon bemerkt, kann der Pfleger nur zur Besorgung der Vermögensangelegenheiten bestellt werden. Er kann also z. B. nicht eine Privatklage wegen Beleidigung des Abwesenden erheben oder das von der Frau des Abwesenden geborene Kind als eheliches Kind des Abwesenden anerkennen. Aber auch in Ansehung der Vermögensangelegenheiten wird ein Pfleger nur insoweit bestellt, als sie der Fürsorge bedürfen. Wenn das Vormundschaftsgericht die Abwesenheitspflegschaft ohne Beschränkung des Pflegers auf einen bestimmten Wirkungskreis angeordnet hat, so umfaßt der Wirkungskreis die gesammten Vermögensangelegenheiten ohne Einschränkung, so daß der Pfleger auch Erbschaften antreten und ausschlagen, Prozesse führen ꝛc. kann. Wegen des Antrags auf Todeserklärung s. Erl. zu § 1921.

Wenn der Abwesende einen Bevollmächtigten bestellt, diesem aber nur in Bezug auf einen bestimmten Gegenstand Vollmacht ertheilt hat, während nunmehr in Bezug auf einen anderen Gegenstand oder für das gesammte übrige Vermögen das Bedürfniß der Fürsorge eintritt, so ist neben dem Bevollmächtigten ein Pfleger für die betreffende Angelegenheit bezw. für die sämmtlichen Vermögensangelegenheiten zu bestellen. Die Vollmacht des Bevollmächtigten bleibt unberührt. Das Verhältniß ist das gleiche, wie wenn neben dem Vormund ein Pfleger bestellt wird (s. § 1794). Im Uebrigen ist auch die Abwesenheitspflegschaft nicht als eine Real-, sondern als eine Personal-Kuratel gestaltet (s. Vorbm. vor § 1909).

4. Wenn die Voraussetzungen vorliegen, hat das Vormundschaftsgericht die Pflegschaft von Amtswegen einzuleiten. Dies wird z. B. der Fall sein, wenn ein verschollener Mündel volljährig wird und deshalb die Vormundschaft über ihn aufzuheben ist (s. Erl. 1 zu § 1884). Die Abwesenheitspflegschaft bezweckt übrigens nur das persönliche Interesse des Abwesenden; nur mittelbar dient sie auch den Interessen Dritter. Das ausschließliche Interesse einer dritten Person an der Abwesenheitspflegschaft, z. B. wenn es sich um die nur im Interesse des Gläubigers gelegene Kündigung einer Hypothek handelt und der Eigenthümer unbekannt ist, vermag deren Bestellung nicht zu rechtfertigen. Dritte Personen haben daher auch kein Recht auf die Anordnung der Pflegschaft (Johow Bd. 19 S. 46). Gegen eine Verfügung, welche die Anordnung der Abwesenheitspflegschaft ablehnt, steht allerdings nach § 57 Nr. 3 des freiw. G.G. jedem, der ein rechtliches Interesse an der Aenderung hat, die Beschwerde zu. Daraus darf jedoch nicht mit Dorner a. a. O. gefolgert werden, daß die Bestellung der Abwesenheitspflegschaft auch im Interesse Dritter geschehen kann. Denn auch die Ablehnung der Anordnung einer Vormundschaft kann nach § 57 Nr. 1 des freiw. G.G. von jedem, der ein rechtliches Interesse an der Aenderung hat, im Beschwerdeweg angefochten werden.

5. Die örtliche Zuständigkeit des Vormundschaftsgerichts zur Anordnung der Abwesenheitspflegschaft ist im § 39 des freiw. G.G. geregelt; für den Fall, daß die Voraussetzungen der Abwesenheitspflegschaft bei einem an der Auseinandersetzung einer Erbschaft oder eines Gesammtguts Betheiligten vorliegen und eine Pflegschaft noch nicht bestellt ist, trifft wegen der Zuständigkeit der § 88 mit § 99 des freiw. G.G. Vorsorge. Wegen des internationalen Privatrechts s. Erl. 7 zu Art. 23 des E.G.

Eine öffentliche Bekanntmachung der Anordnung der Abwesenheitspflegschaft findet nicht statt. Ist der Aufenthalt des Pfleglings bekannt (Abs. 2), so muß ihm von der Anordnung eine Mittheilung gemacht werden.

Wirksam wird die Bestellung der Pflegschaft mit der Bekanntmachung an den Pfleger (§ 16 des freiw. G.G.).

6. Auf die Geschäftsfähigkeit des Abwesenden hat die Bestellung der Abwesenheitspflegschaft keinen Einfluß. Das Verhältniß ist das gleiche wie im Falle der Anordnung einer Pflegschaft wegen Gebrechlichkeit (s. Erl. 5 zu § 1910). Wegen der Wirkung der Bestellung der Abwesenheitspflegschaft auf das eheliche Güterrecht s. § 1418 Abs. 1 Nr. 5, §§ 1428, 1542.

7. Der Tod des Abwesenden hat auf die Vertretungsmacht des Pflegers keinen Einfluß, mag der Abwesende vor oder nach der Anordnung der Pflegschaft gestorben sein. Daß die Abwesenheitspflegschaft durch den nach ihrer Anordnung erfolgten Tod des Pfleglinges bis zur

## §. 1912.

Eine Leibesfrucht erhält zur Wahrung ihrer künftigen Rechte, soweit diese einer Fürsorge bedürfen, einen Pfleger. Die Fürsorge steht jedoch dem Vater oder der Mutter zu, wenn das Kind, falls es bereits geboren wäre, unter elterlicher Gewalt stehen würde.

---

Aufhebung bestehen bleibt, ist im § 1921 ausdrücklich bestimmt. Im Falle des Todes des Abwesenden erscheint der Pfleger als Vertreter derjenigen, welche es angeht, d. h. der Erben des Abwesenden.

Im Uebrigen s. wegen der Beendigung der Abwesenheitspflegschaft die Erl. zu § 1921.

8. Durch den § 1911 werden nicht berührt die Vorschriften des St.G.B. und der St.P.O. über die Vermögensbeschlagnahme und die Güterpflege (hierzu Dorner a. a. O. Bem. 7, Schultheis S. 228).

**a)** Die Vermögensbeschlagnahme zur Deckung der den Angeschuldigten möglicherweise treffenden höchsten Geldstrafe und der Kosten des Verfahrens (St.P.O. §§ 319, 325, 326, 480) hat nur relative Wirkung, sie bewirkt nur, daß Verfügungen, welche der Angeschuldigte über sein mit Beschlag belegtes Vermögen trifft, der Staatskasse gegenüber nichtig sind. Für eine Güterpflege ist hier kein Raum, es kann sich nur darum handeln, daß diejenigen Maßnahmen getroffen werden, welche erforderlich sind, um die Staatskasse gegenüber den Vorschriften zu Gunsten derjenigen, welche Rechte von einem Nichtberechtigten herleiten, zu schützen, daß also insbesondere die Eintragung der Beschlagnahme in das Grundbuch erfolgt. Zu diesen Maßnahmen wird ohne Weiteres der Staatsanwalt befugt sein.

**b)** Die Vermögensbeschlagnahme, welche nach § 93 des St.G.B. in den Fällen des Hoch- und Landesverraths bis zur Beendigung der Voruntersuchung, in allen übrigen Fällen nach § 332 der St.P.O. bis zur Gestellung des Angeschuldigten zulässig ist, hat dagegen absolute Wirkung (§§ 334, 480 der St.P.O.). Der die Beschlagnahme verfügende Beschluß ist nach § 334 Abs. 2, § 480 der St.P.O. derjenigen Behörde mitzutheilen, welche für die Einleitung einer Vormundschaft über Abwesende zuständig ist, also dem nach § 39 des freiw. G.G. zuständigen Vormundschaftsgerichte; dieses hat eine Güterpflege einzuleiten. Die Güterpflege ist auch dann einzuleiten, wenn der Abwesende schon Abwesenheitspfleger hat oder wenn er unter Vormundschaft oder elterlicher Gewalt steht. Regelmäßig wird es übrigens unbedenklich sein, den Abwesenheitspfleger oder den Vormund als Güterpfleger zu bestellen. Für die Güterpflege sind die Vorschriften über die Abwesenheitspflegschaft maßgebend, der Abwesenheitspfleger erscheint als gesetzlicher Vertreter des Angeschuldigten (vergl. Vorbm. 2, 3 zu diesem Titel).

9. Der Abwesenheitspflegschaft analoge Fälle behandeln die §§ 57, 58, 494, 779, 787 der C.P.O. und die §§ 6, 135 des Zw.V.G. indem sie die Bestellung eines Vertreters für einen Abwesenden bezw. eines Zustellungsbevollmächtigten zulassen (s. Vorbm. 2 zu diesem Titel). Die Vorschriften über den Abwesenheitspfleger finden auf den Vertreter oder den Zustellungsbevollmächtigten keine Anwendung.

### § 1912.

**E. I § 1741; II § 1789 rev. § 1890; III § 1888. P. I S. 8607; M. IV S. 1262. P. II S. 6529 (Bd. 4 S. 857).**

**1.** Obwohl die Leibesfrucht noch nicht rechtsfähig ist (s. Erl. 3 zu § 1), eröffnet doch der § 1912 die Möglichkeit, daß für die mit der Geburt zur Entstehung gelangenden Rechte durch die Bestellung eines Pflegers gesorgt werde, soweit ein Bedürfniß hierfür besteht. Ein Bedürfniß kann natürlich nur insoweit bestehen, als ausnahmsweise Rechte des noch Ungeborenen, aber schon Empfangenen anerkannt sind. Ein Bedürfniß kann hiernach insbesondere mit Rücksicht auf den Grundsatz des § 1923 Abs. 2 gegeben sein, daß, wer zur Zeit des Erbfalls noch nicht lebte, aber bereits erzeugt war, als vor dem Erbfalle geboren gilt. Die Bestellung eines Pflegers für eine Leibesfrucht kann deshalb insbesondere in dem Falle in Frage kommen, daß eine zur Zeit des Erbfalls empfangene, aber noch nicht geborene Person mit einem Vermächtnisse bedacht oder als Nacherbe eingesetzt ist (vergl. §§ 2108, 2114—2118, 2120, 2142, 2178, ferner C.P.O. § 69 mit § 326). Ein weiteres Beispiel für das Bedürfniß einer Fürsorge bieten der § 844 Abs. 2 und das Haftpflichtges. § 3 (E.G. Art. 42). Ist die Leibesfrucht als Erbe berufen, so liegt ein Bedürfniß für eine Pflegschaft nach § 1912 regelmäßig nicht vor, denn für ihre Rechte wird durch die nach § 1960 anzuordnende Nachlaßpflegschaft gesorgt; hierüber sowie über das Verhältniß der nach § 1960 bestellten Nachlaßpflegschaft zu der möglicherweise gleichzeitig angeordneten Pflegschaft nach § 1912 vergl. Erl. 3b zu § 1960.

Die Pflegschaft kann nicht nur für die Vermögens-, sondern auch für persönliche Angelegenheiten angeordnet werden.

Für die Rechte der schwangeren Frau kann eine Pflegschaft nach § 1912 nicht angeordnet werden, denn diese Pflegschaft bezweckt nur die Wahrung der Rechte des Ungeborenen. Für den Unterhalt der Schwangeren ist übrigens, wenn die Frau mit einem Erben schwanger ist, durch die Vorschrift des § 1963 gesorgt.

2. Ob eine Leibesfrucht vorhanden ist, hat das Vormundschaftsgericht nach freiem Ermessen zu beurtheilen. Ob das zu erwartende Kind ehelich oder unehelich ist, macht keinen Unterschied.

3. Wenn die Voraussetzungen des § 1912 Satz 1 gegeben sind, hat das Vormundschaftsgericht von Amtswegen thätig zu werden. Das örtlich zuständige Vormundschaftsgericht ist im § 40 des freiw. G.G. bestimmt. Gegen die Verfügung, durch welche die Anordnung der Pflegschaft abgelehnt wird, steht nach § 57 Abs. 1 Nr. 3 des freiw. G.G. jedem, der ein rechtliches Interesse an der Aenderung hat, die Beschwerde zu.

4. Auch die Pflegschaft über eine Leibesfrucht ist Personal-Kuratel (s. Vorbm. 3 vor § 1909). Der Pfleger ist also innerhalb des ihm zugewiesenen Wirkungskreises der gesetzliche Vertreter des zu erwartenden Kindes und er kann z. B. für ein uneheliches Kind eine Vereinbarung mit dem Vater nach § 1714 treffen.

5. Ueber die Beendigung der Pflegschaft s. Erl. zu §§ 1918, 1919.

6. Kommt ein lebendes Kind nicht zur Welt, so stellt sich damit heraus, daß die Pflegschaft gegenstandslos gewesen ist. Nach Lage der Sache können Schwierigkeiten für die Rechtsgültigkeit der Handlungen des Pflegers und seine Verantwortlichkeit im bezeichneten Falle nicht entstehen. Dagegen wirft sich die Frage auf, ob der Pfleger von irgendwem den Ersatz etwaiger Aufwendungen und die ihm an sich gebührende Vergütung fordern kann. Die Frage ist zu verneinen, da es an jeder verpflichteten Person fehlt. Insbesondere ist keine Rechtsgrundlage dafür vorhanden, den etwaigen Antragsteller für haftbar zu erklären. Sollte dieser haften, so hätte dies, wie es z. B. im § 7 des Zw.V.G. geschehen ist, ausdrücklich ausgesprochen werden müssen (vergl. hierzu auch die Berichte der Reichstagskommission zu § 7 des Zw.V.G. und § 58 der C.P.O., bei Hahn-Mugdan Materialien V S. 103, VIII S. 287, ferner Gaupp Kommentar zur C.P.O. § 58). Das Verhältniß ist nicht anders, als wenn der Vormund eines vermögenslosen Mündels Aufwendungen machen mußte; daß diese thatsächlich nicht ersetzt werden, muß der Vormund als eine Last seines öffentlichen Amtes hinnehmen.

7. Der Satz 2 des § 1912 hat eine doppelte Bedeutung. Einmal bringt er zum Ausdrucke, daß die Fürsorge für eine Leibesfrucht, wenn das Kind, sofern es bereits geboren wäre, unter elterlicher Gewalt stehen würde, dem Vater oder der Mutter zusteht, der Mutter natürlich nur in den Fällen, in welchen die elterliche Gewalt, falls das Kind bereits geboren wäre, ihr zustände (§ 1684) oder von ihr ausgeübt würde (§ 1685). Hierdurch ist eine Ausdehnung der elterlichen Gewalt anerkannt. Auf die Fürsorge für die Leibesfrucht seitens der Eltern finden die Vorschriften über die elterliche Gewalt Anwendung, das Vormundschaftsgericht kann deshalb auch der Mutter, wenn ihr die Fürsorge obliegt, einen Beistand zur Ueberwachung und Unterstützung in der Fürsorge für die Leibesfrucht bestellen. Daß das Kind im Falle seiner Geburt unter der elterlichen Gewalt steht, ist übrigens nicht ausreichend; gemeint ist, daß die Eltern zur Vertretung des Kindes in der in Frage stehenden Beziehung berechtigt sind; diese Voraussetzung trifft z. B. dann nicht zu, wenn die Leibesfrucht mit einem Vermächtnisse bedacht und den Eltern die Vermögensverwaltung in Ansehung des Gegenstandes des Vermächtnisses nach § 1638 entzogen ist oder wenn der Elterntheil, dem die Gewalt zusteht, zur Vermögensverwaltung, etwa weil er in Konkurs gerathen ist (§ 1647), nicht berechtigt wäre. Insbesondere gilt der Satz 2 nicht für die noch minderjährige Mutter (§§ 1676, 1696) sowie wenn die Wahrung der der Leibesfrucht als Vermächtnißnehmer oder als Nacherben zustehenden Rechte in Frage steht und der Elterntheil selbst mit dem Vermächtnisse beschwert oder der Vorerbe ist (§§ 181, 1630, 1795). Für die uneheliche Mutter gilt natürlich der Satz 2 nicht, für sie enthält aber der § 1716 insofern einen entsprechenden Grundsatz, als die uneheliche Mutter berechtigt ist, schon vor der Geburt des unehelichen Kindes den diesem gegen den Vater zustehenden Anspruch auf Unterhalt in gewissen Grenzen geltend zu machen (s. Erl. 3 zu § 1716).

Der Satz 2 bringt ferner zum Ausdrucke, daß, wenn das Kind, falls es bereits geboren wäre, unter elterlicher Gewalt stände, ein Bedürfniß für eine Pflegschaft nach § 1912 nicht vorliegt, die Pflegschaft also nicht angeordnet werden darf. Gleiches gilt von dem Falle des § 1716.

Der Grundsatz des § 1912 Satz 2 macht es nothwendig, zu untersuchen, ob das Kind im Falle seiner Geburt ein eheliches Kind ist; hierüber ist unter Zugrundelegung der Vorschriften der §§ 1591 ff. zu entscheiden. Verneint das Vormundschaftsgericht die Ehelichkeit und bestellt

§. 1913.

Ist unbekannt oder ungewiß, wer bei einer Angelegenheit der Betheiligte ist, so kann dem Betheiligten für diese Angelegenheit, soweit eine Fürsorge erforderlich ist, ein Pfleger bestellt werden. Insbesondere kann einem Nacherben, der noch nicht erzeugt ist oder dessen Persönlichkeit erst durch ein künftiges Ereigniß bestimmt wird, für die Zeit bis zum Eintritte der Nacherbfolge ein Pfleger bestellt werden.

---

es einen Pfleger, so kann diesem die Legitimation mit Rücksicht darauf, daß das zu erwartende Kind ehelich sei, nicht bestritten werden (s. Erl. 3 zu § 1773). Ist aber eine Pflegschaft nicht eingeleitet, so kann die Legitimation des für die Leibesfrucht handelnden Elterntheils in jedem Verfahren mit Rücksicht darauf, daß das Kind kein eheliches sei, bestritten werden; die etwaige Entscheidung des Vormundschaftsgerichts, daß das zu erwartende Kind ehelich und deshalb eine Pflegschaft nicht anzuordnen sei, wirkt nicht gegen Dritte.

8. Wegen der Pflegschaft für noch nicht Erzeugte s. § 1913.

**§ 1913.**

**E. I §§ 1742, 1827; II § 1790 rev. § 1891; III § 1889. P. I S. 8608, 8835, 8851; M. IV S. 1265; V S. 112. P. II S. 6530, 6825 (Bd. 4 S. 857; Bd. 5 S. 129).**

1. In Verallgemeinerung des Gedankens, auf welchem die Nachlaßpflegschaft (§ 1960) beruht, gestattet der § 1913 die Anordnung einer Pflegschaft für unbekannte oder ungewisse Betheiligte.

2. Die Pflegschaft kann für unbekannte Betheiligte nur angeordnet werden, wenn ein Bedürfniß der Fürsorge für den Betheiligten besteht. Als einen Fall, in welchem die Anordnung der Pflegschaft insbesondere veranlaßt sein kann, nennt der Satz 2 die Wahrung der Rechte eines Nacherben, der noch nicht erzeugt ist (§ 2101) oder dessen Persönlichkeit erst durch ein künftiges Ereigniß bestimmt wird (§§ 2104, 2105). Das Bedürfniß der Fürsorge kann hier in den gleichen Beziehungen vorkommen, wie bei der Pflegschaft für eine Leibesfrucht (s. Erl. zu § 1912); insbesondere kann die Vorschrift des § 2120, nach welcher der Nacherbe zur Einwilligung in eine zur ordnungsmäßigen Verwaltung erforderliche Verfügung des Vorerben verpflichtet ist, zur Anordnung der Pflegschaft führen. Das Gleiche gilt von dem Falle, daß der Vermächtnißnehmer zur Zeit des Erbfalls noch nicht erzeugt ist oder seine Persönlichkeit durch ein erst nach dem Erbfall eintretendes Ereigniß bestimmt wird (§ 2178). Ein weiteres Beispiel bietet die Wahrung der Rechte eines noch nicht erzeugten Lehens- oder Fideikommißanwärters. Die Angelegenheit, zu deren Besorgung die Pflegschaft nach § 1913 angeordnet werden kann, muß übrigens nicht gerade eine Rechtsangelegenheit sein, es können vielmehr auch Fälle in Betracht kommen, in welchen es sich nur um eine thatsächliche Fürsorge handelt, z. B. bei Ueberschwemmungen oder anderen größeren Unglücksfällen, namentlich dann, wenn die Fürsorge voraussichtlich für längere Zeit erforderlich ist. Soweit das Gesetz künftige Rechte einer noch ungeborenen Descendenz nicht anerkennt, ist eine Pflegschaft für die künftige Descendenz unzulässig, es kann z. B. nicht zum Zwecke des Abschlusses eines Kaufvertrags zu Gunsten einer noch ungeborenen Descendenz eine Pflegschaft angeordnet werden (Jahrb. d. K.G. N.F. Bd. 1 S. 241).

Kein Bedürfniß besteht und ist deshalb die Anordnung der Pflegschaft unzulässig, soweit die Anordnung der Nachlaßpflegschaft (§ 1960) ausreicht. Die Pflegschaft ist ferner unzulässig, wenn das Gesetz einer Behörde eine auf unbekannte Betheiligte sich beziehende Angelegenheit zur eigenen Erledigung überweist. Aus diesem Grunde kann z. B. keine Pflegschaft zur Wahrung der Rechte desjenigen angeordnet werden, welcher eine Sache verloren hat.

3. Das Schutzbedürfniß ist auch maßgebend für die Frage, in welchem Umfange die Vertretungsmacht des Pflegers vom Vormundschaftsgerichte zu begrenzen ist. Im Falle der Nacherbfolge z. B. ist es nicht erforderlich, daß dem Pfleger die Wahrnehmung aller dem Nacherben während der Vorerbschaft zustehenden Befugnisse aufgetragen wird. Zur Aufgabe des Pflegers gehört, soweit Veranlassung dazu vorliegt, die Ermittelung der Betheiligten.

4. Auch die Pflegschaft für unbekannte Betheiligte ist Personal-Kuratel (s. Vorbm. 3 vor § 1909). Der Pfleger ist der gesetzliche Vertreter desjenigen, welchen es angeht. Dies kann unter Umständen auch eine juristische Person sein. Insbesondere dürfte nichts im Wege stehen, für eine noch nicht bestehende juristische Person, welche als Nacherbe eingesetzt ist, eine

## §. 1914.

Ist durch öffentliche Sammlung Vermögen für einen vorübergehenden Zweck zusammengebracht worden, so kann zum Zwecke der Verwaltung und Verwendung des Vermögens ein Pfleger bestellt werden, wenn die zu der Verwaltung und Verwendung berufenen Personen weggefallen sind.

---

Pflegschaft nach § 1913 zu bestellen, sofern ein Bedürfniß der Fürsorge für sie vorliegt. Wegen der Vergütung des Pflegers, wenn der Betheiligte unbekannt bleibt, trifft die Erl. 6 zu § 1912 entsprechend zu.

5. Ueber das örtlich zuständige Vormundschaftsgericht s. freiw. G.G. § 41. Wegen der Beschwerde gegen die Ablehnung der Anordnung der Pflegschaft s. § 57 Nr. 3 das. Die Einleitung der Pflegschaft geschieht von Amtswegen.

6. Ueber die Wirksamkeit der Pflegschaft, auch wenn die Voraussetzungen für ihre Anordnung nicht gegeben waren, s. Erl. 3 zu § 1773.

### § 1914.

**E. II rev. § 1892; III § 1890. P. II S. 8690 (Bd. 6 S. 313). K.B. S. 2092. St.B. S. 3005, 3095.**

1. Voraussetzung der nach § 1914 anzuordnenden Pflegschaft ist:

**a**) daß durch öffentliche Sammlung, also nicht durch Sammlung in einem geschlossenen Kreise Vermögen, sei es Geld oder andere Gegenstände, zu einem vorübergehenden Zwecke, z. B. zur Errichtung eines Denkmals, zur Unterstützung Ueberschwemmter, zusammengebracht worden ist. Daß es sich um einen vorübergehenden Zweck handelt, darf nicht deshalb verneint werden, weil die Einrichtung, die geschaffen werden soll, eine dauernde Verwaltung erfordert. Der Fall des § 1914 liegt z. B. auch dann vor, wenn zur Errichtung einer Heilanstalt gesammelt wird und die Voraussetzungen unter b gegeben sind; denn die Gründung der Anstalt erfolgt nur einmal. Ist dagegen die Anstalt ins Leben gerufen und handelt es sich um deren Erhaltung, so kann der § 1914 keine Anwendung finden. Ob der Sammler eine einzelne Person oder eine Mehrheit von Personen (Komite) ist, kommt nicht in Betracht.

**b**) daß die zur Verwaltung und Verwendung des Vermögens berufenen Personen weggefallen sind. Diese Voraussetzung trifft zu, wenn überhaupt keine solchen Personen mehr vorhanden oder die noch vorhandenen zur Verwaltung und Verwendung allein nicht befugt sind. Aus welchem Grunde der Wegfall erfolgt ist, ist gleichgültig. Regelmäßig wird das Recht und die Pflicht derjenigen, welche zur Verwaltung und Verwendung des Vermögens berufen sind, mit ihrem Tode wegfallen (§ 673), unbeschadet natürlich der Haftung ihrer Erben wegen einer durch die bisherige Verwaltung begründeten Ersatzpflicht sowie der etwaigen Ansprüche auf Ersatz von Verwendungen. Das Gleiche dürfte regelmäßig anzunehmen sein, wenn die berufenen Personen geschäftsunfähig werden. Ob ein Verzicht auf die Weiterführung der Verwaltung zulässig ist, läßt sich nicht allgemein, sondern nur nach den Umständen des Falles entscheiden.

Nach den Entw. sollte die Pflegschaft auch dann angeordnet werden können, wenn den zur Verwaltung und Verwendung berufenen Personen gegenüber ein wichtiger Grund für die Entziehung der Verwaltung und Verwendung, z. B. grobe Pflichtverletzung oder Unfähigkeit zur Geschäftsführung, vorliegt. Die R.T.K. hat diese Bestimmung gestrichen. Der § 1914 ermöglicht daher jetzt nur, daß durch eine Pflegschaft trotz des Aufhörens der bisherigen Verwaltung die Verwendung des Vermögens zu dem bestimmten Zwecke sichergestellt wird. Uebrigens kann unter Umständen in dem bezeichneten Falle die Bestellung einer Pflegschaft nach § 1913 zur Wahrung der Rechte der unbekannten Betheiligten (d. h. der Geber) gegen den Verwalter in Frage kommen (Schultheis S. 227).

**c**) Nach dem Wortlaute des § 1914 muß das Vermögen bereits vorhanden sein. Daraus wird man indessen nicht schließen dürfen, daß die Pflegschaft nur zulässig ist, wenn das gesammte zu dem bestimmten Zwecke erforderliche Vermögen beisammen ist. Der Pfleger wird vielmehr auch befugt sein, die Sammlung fortzusetzen und eingehende Gelder in Empfang zu nehmen. Nur wenn die Voraussetzungen unter b eintreten, ehe die Sammlung noch begonnen hat, ist die Pflegschaft unzulässig. Vermögen ist übrigens schon dann als vorhanden anzunehmen, wenn auch nur eine bindende Verpflichtung der Zeichner von Beiträgen besteht.

2. Liegen die Voraussetzungen unter 1 vor, so hat das Vormundschaftsgericht von Amtswegen thätig zu sein. Selbstverständlich kann jeder Geber die Anordnung der Pflegschaft anregen und gegen deren Ablehnung Beschwerde einlegen. Das zuständige Vormundschaftsgericht

ist im § 42 des freiw. G.G. festgesetzt. Ueber das Beschwerderecht s. § 57 Nr. 3 das. Wenn der § 1914 davon spricht, daß das Gericht die Pflegschaft anordnen „kann", so ist dies in dem im Bd. I S. 25 dargelegten Sinne zu verstehen. A. A. Hesse, welcher auch beim Vorhandensein der Voraussetzungen unter 1 das Gericht für berechtigt hält, zu prüfen, ob ein Bedürfniß für die Pflegschaft besteht.

3. Zweifelhaft ist, ob die durch § 1914 bestimmte Pflegschaft eben so wie die übrigen in diesem Titel geordneten Pflegschaften eine Personalpflegschaft oder eine sog. Realkuratel ist. Es wird zunächst zu prüfen sein, ob und welche Personen möglicherweise als diejenigen angesehen werden können, für welche der Pfleger bestellt wird. Zweifellos können dies nicht die zu der Verwaltung und Verwendung des Vermögens zunächst berufenen Personen sein, denn es wird ja vorausgesetzt, daß diese weggefallen sind. In Frage können nur kommen die Geber der Beiträge zu dem in Frage stehenden Vermögen. Die Konstruktion des durch die öffentliche Sammlung von Beiträgen zu einem vorübergehenden Zwecke begründeten Rechtsverhältnisses ist sehr zweifelhaft und bestritten. Hierüber vergl. P. II S. 8690—8693 (Bd. 6 S. 313) und Regelsberger. Streifzüge im Gebiete des Civilrechts 1892, und Pandekten Bd. 1 § 87 III, Brinz, Pandekten Bd. 3 § 440, Bekker, Pandekten Bd. 2 § 112, Dernburg, Pandekten Bd. 1 § 62 Anm. 8, Gierke, deutsch. Privatr. Bd. 1 § 80, Krückmann im Arch. f. bürg. Recht Bd. 8 S. 67 Strohal in Iherings Jahrb. Bd. 34 S. 336, Endemann Lehrbuch § 228, Hellwig, Anspruch und Klagrecht, S. 297. Auf die nähere Erörterung dieser Frage kann hier nicht eingegangen werden, insbesondere auch nicht darauf, ob das Eigenthum der beigetragenen Gegenstände den Gebern bis zu deren Verwendung für den bestimmten Zweck verbleibt und die Sammler nur zu der bestimmungsmäßigen Verwendung ermächtigt sind, oder ob die beigetragenen Gegenstände Eigenthum der Sammler werden, das dadurch gebildete Vermögen aber ein dem Zugriffe der Gläubiger der Sammler entzogenes Sondervermögen bildet und die Sammler den Gebern gegenüber zur ordnungsmäßigen Verwaltung und Verwendung für den bestimmten Zweck verpflichtet sind oder ob endlich die beigetragenen Gegenstände herrenlos werden, die Sammler aber den Gebern in der angegebenen Weise verpflichtet sind. Wie man über diese Fragen auch denken mag, so wird immer anzunehmen sein, daß einerseits die Sammler zur Verwaltung und Verwendung des fraglichen Vermögens berechtigt und daß sie hierzu den Gebern gegenüber verpflichtet sind. Dem Bedürfnisse würde also, wenn die zur Verwaltung und Verwendung berufenen Personen weggefallen sind, wie es scheint, genügt werden, wenn für die Geber der Beiträge ein Pfleger zur Wahrung der ihnen in Betreff des gesammelten Vermögens zustehenden Rechte bestellt wird. Bei dieser Auffassung würde der § 1914 sich als eine Ergänzung des § 1913 darstellen. In der zweiten Kommission war von einer Seite die Ansicht vertreten, daß der § 1914 mit Rücksicht auf den § 1913 unnöthig sei. Dies ist zwar nicht richtig, weil der § 1913 voraussetzt, daß der Betheiligte unbekannt ist, in dem hier fraglichen Falle aber möglicherweise alle Geber bekannt sind. Insofern ist hier aber die Sachlage eine ähnliche, als die Wahrnehmung der Rechte der Betheiligten hier zwar nicht wegen ihrer Unbekanntschaft aber doch deshalb regelmäßig unthunlich ist, weil ein gemeinschaftliches Vorgehen zur Wahrung ihrer Rechte und zur Bestellung anderer mit der Verwaltung und Verwendung zu betrauenden Personen nur schwer oder doch überhaupt nicht erreicht werden kann. Für diese Auffassung spricht, daß bei ihr das Gesetz auch in diesem Falle mit allen übrigen Fällen der Pflegschaft im Einklange bleibt und daß bei der Annahme der reinen Realkuratel Bestimmungen über das dadurch begründete Verhältniß, insbesondere aber über die Verantwortlichkeit des Pflegers gegenüber den Gebern ganz fehlen würden.

Trotz dieser für die Personalpflegschaft sprechenden Gründe dürfte indessen die Annahme einer solchen mit dem Wortlaute des § 1914 nicht vereinbar sein. Während in allen anderen von der Pflegschaft handelnden Vorschriften die Person desjenigen, für welchen der Pfleger bestellt wird, bezeichnet und daneben die Angelegenheiten, für welche er zu sorgen hat, bestimmt werden, fehlt in dem § 1914 die Bezeichnung des Pflegebefohlenen. Es wird nur gesagt, daß der Pfleger zum Zwecke der Verwaltung und Verwendung des fraglichen Vermögens bestellt werde. Diese Ausdrucksweise läßt wohl keine andere Auffassung zu, als daß der Pfleger nicht für bestimmte Personen zu sorgen habe, sondern, daß seine Aufgabe lediglich darin bestehe, an Stelle der weggefallenen Personen für die Verwaltung und Verwendung zu sorgen. Der Pfleger soll also alle Rechte und Pflichten haben, welche die weggefallenen Personen hatten. Bei dieser Konstruktion sind nun freilich die für die Pflegschaft geltenden Vorschriften, da sie auf der Voraussetzung beruhen, daß dem Pfleger die Sorge für eine bestimmte Person obliege, nicht direkt anwendbar. Man wird sich mit einer entsprechenden Anwendung begnügen und dabei diejenigen Modifikationen eintreten lassen müssen, die sich aus der abweichenden rechtlichen Stellung des Pflegers ergeben. Insbesondere werden unanwendbar alle Vorschriften, welche sich auf die Haftung des Pflegers gegenüber dem Pflegebefohlenen beziehen. An deren Stelle wird der Grundsatz treten müssen, daß der Pfleger den Gebern der Beiträge gegenüber in derselben Art und in demselben Umfange verantwortlich ist, wie die weggefallenen Personen es waren. Im Einzelnen ist noch hervor-

§. 1915.

Auf die Pflegschaft finden die für die Vormundschaft geltenden Vorschriften entsprechende Anwendung, soweit sich nicht aus dem Gesetz ein Anderes ergiebt.

Die Bestellung eines Gegenvormundes ist nicht erforderlich.

---

zuheben, daß der Pfleger die Herausgabe des Vermögens von denjenigen, welche es in Händen haben, insbesondere also von den Erben der weggefallenen Personen zu fordern hat sowie daß er berechtigt ist, gegen die letzteren die Ersatzansprüche geltend zu machen, welche durch die bisherige Verwaltung der weggefallenen Personen gegen diese begründet sind, und andererseits deren Ansprüche wegen Verwendungen rc. zu befriedigen. Der Pfleger wird auch für befugt anzusehen sein, Beiträge, zu deren Leistung für den fraglichen Zweck eine rechtsgültige Verpflichtung gegenüber den weggefallenen Personen eingegangen ist, von den Verpflichteten nöthigenfalls im Wege der Klage einzuziehen. Für die dem Pfleger gebührende Vergütung (§ 1915 mit § 1836) wird nur das zusammengebrachte Vermögen haften; Gleiches gilt vom Anspruche des Pflegers auf Ersatz von Aufwendungen (§ 1915 mit § 1835).

**4.** Wegen der Beendigung der Pflegschaft s. Erl. zu § 1919. Uebrigens werden die Beitragenden berechtigt sein, nach dem Wegfalle der vertretungsberechtigten Person oder Personen die Besorgung der Angelegenheit wieder selbst zu übernehmen, z. B. ein neues Komite zu wählen. Solchen Falles ist die Pflegschaft aufzuheben.

**§ 1915.**

**E. I §§ 1743, 1746; II §§ 1791, 1794 rev. § 1893; III § 1891. P. I S. 8609, 8722; M. IV S. 1266, 1269. P. II S. 6530 (Bd. 4 S. 857).**

**1.** Durch die Vorschrift des § 1915 wird die Pflegschaft der Vormundschaft materiell gleichgestellt, so daß — soweit nicht besondere Ausnahmen bestehen (s. Erl. 2) — alle für die Vormundschaft geltenden Vorschriften auf die Pflegschaft Anwendung finden. Wenn daher ein Gesetz vom Vormund oder der Vormundschaft schlechthin spricht, so ist darunter in Ermangelung einer entgegenstehenden oder einengenden Vorschrift auch der Pfleger oder die Pflegschaft zu verstehen. Dies gilt nicht nur vom B.G.B. und hier nicht nur von den im dritten Abschnitte des Familienrechts getroffenen Vorschriften (vergl. z. B. §§ 204, 1999, 2275, 2290), sondern für alle Gesetze.

Die Vorschrift des § 1915 umfaßt sowohl die Vorschriften über die Vormundschaft für Minderjährige als die für Volljährige. Soweit zwischen diesen Vorschriften ein Unterschied ist (s. Erl. zu § 1896), entscheidet der Umstand, ob die Pflegschaft für einen Volljährigen oder für einen Minderjährigen geführt wird. In den Fällen der Pflegschaft für unbekannte Betheiligte (§ 1913) sowie in dem Falle des § 1914 werden schlechthin die für die Vormundschaft über Volljährige geltenden Vorschriften anzuwenden sein; übrigens werden die Vorschriften über die Altersvormundschaft mit Rücksicht auf die Umstände des Falles, abgesehen von der Vorschrift des § 1902 Abs. 2 zum gleichen Ergebnisse führen.

**2.** Die Analogie des Vormundschaftsrechts ist ausgeschlossen, soweit sich aus dem Gesetz ein Anderes ergiebt. Diese Voraussetzung trifft nicht nur dann zu, wenn eine ausdrücklich entgegenstehende oder einschränkende Vorschrift getroffen ist, sondern schon dann, wenn sich aus dem Sinne einer Vorschrift ergiebt, daß sie auf die Pflegschaft nicht anwendbar sein kann. Die wichtigsten Abweichungen bestehen darin, daß nach § 1915 Abs. 2 die Bestellung eines Gegenvormundes nicht erforderlich ist (s. Erl. 4), daß für die nach § 1909 anzuordnende Pflegschaft die Berufung zur Pflegschaft in den §§ 1916, 1917 zum Theil abweichend geregelt ist und daß die Beendigung der Pflegschaft in den §§ 1918—1921 selbständig geordnet ist.

**3.** Ueber die Anwendbarkeit der Vorschriften über die Vormundschaft auf die Pflegschaft ist Folgendes zu bemerken:

**a)** Auch für die Pflegschaft gilt das Bestellungsprinzip (§ 1774). Inwieweit die Landesgesetzgebung berechtigt ist, es auf Grund des Art. 136 des E.G. für den Pfleger zu durchbrechen, s. Erl. zu Art. 136 des E.G.

**b)** Für die Frage der Zulässigkeit der Bestellung mehrerer Pfleger gilt der § 1775 (dazu vergl. Erl. zu § 1909). Die den § 1775 einschränkende Vorschrift des § 1778 Abs. 4 findet gleichfalls Anwendung. Die im § 1797 Abs. 3 enthaltene weitere Einschränkung wird bei der Pflegschaft regelmäßig gegenstandslos sein.

c) Die Vorschriften über die Berufung zur Vormundschaft (§§ 1776—1778) gelten mit Rücksicht auf §§ 1916, 1917 für die nach § 1909 anzuordnende Pflegschaft nur zum Theil. Für die nach § 1913 oder § 1914 anzuordnende Pflegschaft ist für jene Vorschriften naturgemäß kein Raum. Dagegen gelten diese Vorschriften für die in den §§ 1910—1912 geregelten Fälle der Pflegschaft; da die Pflegschaft in den Fällen der §§ 1910, 1911 nur für Volljährige zulässig ist, finden die Vorschriften der §§ 1776—1778 hier nur mit den aus den §§ 1898—1900 sich ergebenden Abweichungen Anwendung. Gleiches gilt von der Ausschließung einer Person von dem Amte eines Pflegers (§ 1782). Aus § 1916 ergiebt sich übrigens, daß, wenn die im § 1909 bestimmte Pflegschaft über einen volljährigen Bevormundeten anzuordnen ist, die Vorschriften der §§ 1898—1900 gleichfalls ausgeschlossen sind.

d) Die Vorschriften über die richterliche Auswahl des Vormundes (§ 1779) und die in den §§ 1780, 1781, 1783, 1784 enthaltenen Unfähigkeits- und Untauglichkeitsgründe finden Anwendung, die Vorschrift des § 1783 indessen für die in den §§ 1910, 1911 geregelten Fälle der Pflegschaft nur mit der aus § 1900 Abs. 1 sich ergebenden Abweichung. Vor der Auswahl des Pflegers ist der Gemeindewaisenrath zu hören. Bei der Pflegschaft über einen Gebrechlichen ist zwar die Einwilligung des Gebrechlichen in die Person des Pflegers nicht erforderlich; da jedoch der Gebrechliche einen ihm nicht genehmen Pfleger jederzeit dadurch beseitigen kann, daß er die Aufhebung der Pflegschaft beantragt (§ 1920), wird es sich empfehlen, bei der Auswahl des Pflegers auf die Wünsche des Gebrechlichen möglichst Rücksicht zu nehmen.

e) Die Pflicht zur Uebernahme der Pflegschaft und die Ablehnung der Pflegschaft bestimmen sich nach den §§ 1785—1788. Für die Bestellung des Pflegers sind die §§ 1789, 1790 maßgebend. Der Pfleger erhält eine Bestallung (§ 1791); ist die Pflegschaft übrigens nur für einen vorübergehenden Zweck angeordnet und liegt ein Bedürfniß für die Bestallung nicht vor, hat der Pfleger z. B. nur vor dem Vormundschaftsgerichte selbst eine Erklärung abzugeben, so wird von der Ertheilung einer Bestallung abgesehen werden dürfen. In der Bestallung wird, da der Pfleger nicht die Vermuthung für sich hat, der allgemeine gesetzliche Vertreter des Pflegebefohlenen zu sein, der Wirkungskreis des Pflegebefohlenen genau auszusprechen sein; dies ergiebt sich aus der entsprechenden Anwendung der Vorschrift, daß, wenn Mitvormünder vorhanden sind, im Falle der Theilung der Vormundschaft nach § 1791 die Art der Theilung in der Bestallung angegeben werden muß.

f) Die Vorschrift des § 1793 über den Wirkungskreis des Vormundes im Allgemeinen findet selbstverständlich auf den Pfleger nur in Ansehung des ihm zugewiesenen Wirkungskreises Anwendung. Außerhalb des durch die Bestallung begrenzten Kreises seiner Thätigkeit hat der Pfleger nicht das Recht, den Pflegebefohlenen zu vertreten; ein nur zum Zwecke der Auseinandersetzung mit dem Vater bestellter Pfleger hat z. B. nicht die Befugniß, die den Kindern eingeräumte Sicherheit aufzugeben oder zu mindern (Johow Bd. 6 S. 41). In dem ihm zugewiesenen Wirkungskreis aber ist der Pfleger so gut wie der Vormund der gesetzliche Vertreter des Pflegebefohlenen (s. Erl. 2 a zu § 1793). Selbstverständlich können aber, soweit der Pflegebefohlene selbst in der Geschäftsfähigkeit nicht beschränkt ist, von und gegenüber dem Pflegebefohlenen auch innerhalb des Wirkungskreises des Pflegers Rechtsgeschäfte vorgenommen werden (s. Erl. 5 zu § 1910).

Im Uebrigen finden die von der Führung der Vormundschaft handelnden §§ 1795—1836, 1901, 1902 Anwendung. Daraus folgt z. B., daß der Pfleger nach § 1835 für seine Aufwendungen Ersatz und nach § 1836 für seine Thätigkeit eine Vergütung fordern kann. Auch hat der Pfleger das seiner Verwaltung unterliegende Vermögen des Pflegebefohlenen zu verzeichnen (§ 1802); soweit es übrigens schon vom Vormunde verzeichnet ist, wird sich die Verzeichnungspflicht nur auf das nach der Anordnung der Pflegschaft dem Pflegebefohlenen anfallende und der Verwaltung des Pflegers unterliegende Vermögen beziehen. Die Haftung des Pflegers bestimmt sich nach § 1833.

Insbesondere gilt, soweit nach den auf die Vormundschaft sich beziehenden Vorschriften zu einem Rechtsgeschäfte des Vormundes die Genehmigung des Gegenvormundes oder des Vormundschaftsgerichts erforderlich ist, das gleiche Erforderniß auch für die Pflegschaft und zwar auch dann, wenn die Pflegschaft neben einer elterlichen Gewalt angeordnet ist (s. Erl. VIII zu § 1643).

Soweit der Pflegebefohlene selbst in der Geschäftsfähigkeit nicht beschränkt ist, bedarf er, auch wenn er ein Rechtsgeschäft vornimmt, zu welchem der Pfleger, wenn er es vornehmen würde, der Genehmigung des Gegenvormundes oder des Vormundschaftsgerichts bedürfte, nicht dieser Genehmigung (s. Erl. zu §§ 1910, 1911). Dies ergiebt sich daraus, daß die Anordnung einer Vormundschaft die Beschränkung der Geschäftsfähigkeit des Bevormundeten außer im Falle der vorläufigen Vormundschaft (§§ 1906, 114) nicht zur Folge hat, der Mangel der Geschäftsfähigkeit vielmehr an andere Thatbestände (§§ 104—106, 114) geknüpft ist. Auf der anderen Seite könnte man gerade daraus, daß im Falle der vorläufigen Vormundschaft die Beschränkung der Geschäftsfähigkeit Folge der Anordnung der vorläufigen Vormundschaft ist, folgern, daß auch die nach § 1909 Abs. 3 angeordnete vorläufige Pflegschaft die Beschränkung der Geschäftsfähigkeit gemäß §§ 114, 1915 zur Folge hat (so auch M. IV S. 1266). Allein die Anwendbarkeit des § 1915 mit 114 dürfte hier ausgeschlossen sein. Denn der vorläufige Pfleger ist nicht wie der vorläufige Vormund der allgemeine gesetzliche Vertreter des Pflegebefohlenen; er kann immer nur für einzelne Angelegenheiten oder einen bestimmten Kreis von solchen bestellt werden. Ist aber ein Theil der Angelegenheiten des Pflegebefohlenen von dem Wirkungskreise des vorläufigen Pflegers ausgenommen, so muß der Pflegebefohlene für diesen Theil geschäftsfähig sein. Dies würde mithin zur Anerkennung einer theilweise wirksamen Beschränkung der Geschäftsfähigkeit führen, für die es zwar im § 53 der C.P.O. ein Vorbild gäbe, die aber sonst nirgends anerkannt ist. Es hätte jedenfalls nahe gelegen im § 114 auch die vorläufige Pflegschaft zu erwähnen. Daraus, daß es nicht geschehen ist, ist zu folgern, daß hier der Grundsatz des § 1915 nach dem Sinne des Gesetzes versagt.

Soweit der Pflegebefohlene in der Geschäftsfähigkeit nicht beschränkt ist, findet der § 1824 keine Anwendung; der Pfleger darf vielmehr Gegenstände, zu deren Veräußerung er selbst der Genehmigung des Vormundschaftsgerichts bedürfen würde, dem Pflegebefohlenen ohne diese Genehmigung zur Erfüllung eines von ihm abgeschlossenen Vertrags oder zur freien Verfügung überlassen.

Von selbst versteht sich, daß in den Fällen, in welchen der Vormund eines in der Geschäftsfähigkeit nur Beschränkten zu einer Handlung nicht berechtigt ist, dem Vormunde die Berechtigung vielmehr lediglich dann zukommt, wenn der Mündel geschäftsunfähig ist, auch der Pfleger nur zur Vertretung berechtigt ist, sofern der Pflegebefohlene geschäftsunfähig ist; dies gilt z. B. von der Anfechtung der Ehe nach § 1336, von der Anfechtung der Ehelichkeit nach § 1595, von der Erhebung der Scheidungsklage nach § 612 der C.P.O.

**g**) Die Fürsorge und Aufsicht des Vormundschaftsgerichts über die Thätigkeit des Pflegers bestimmt sich nach den §§ 1837—1848. Der Pfleger hat also insbesondere, soweit er Vermögen zu verwalten hat, über die Verwaltung von Zeit zu Zeit Rechnung zu legen (§ 1840) und der Richter haftet nach Maßgabe des § 1848.

**h**) Die Vorschriften über den Gemeindewaisenrath (§§ 1849—1851) finden gleichfalls Anwendung. Von Bedeutung sind sie insbesondere, wenn dem Inhaber der elterlichen Gewalt oder dem Vormunde das Erziehungsrecht entzogen (§§ 1666, 1801) und deshalb ein Pfleger bestellt ist.

**i**) Für die Vorschriften über die befreite Vormundschaft (§§ 1852—1857) ist — abgesehen vom Falle des § 1917 Abs. 2 — nur in dem Falle Raum, daß der Vater für das zu erwartende Kind (1912) einen Pfleger ernannt hat und die schwangere Wittwe z. B. wegen ihrer Minderjährigkeit nicht im Stande ist, die Fürsorge selbst auszuüben. Dagegen kommen die Vorschriften über die befreite Stellung des Vaters und der Mutter, wenn sie Vormund des volljährigen Kindes sind (§§ 1903, 1904), bei der Pflegschaft gleichfalls zur Anwendung.

**k**) Die Einsetzung eines Familienraths ist zulässig. Ist die Pflegschaft über einen volljährigen Pflegebefohlenen angeordnet, so bestimmt sich die Zulässigkeit nach § 1905. Im Uebrigen gelten die §§ 1858—1881 und die Vorbm. vor § 1858.

**l**) Die Beendigung der Pflegschaft selbst ist in den §§ 1918—1921 selbständig geordnet. Dagegen gelten die in den §§ 1885—1889 enthaltenen Gründe, aus welchen das Amt des Vormundes endigt, auch für den Pfleger. Insbesondere kann der Pfleger nach § 1886 entlassen werden; selbstverständlich ist aber nicht jede Thatsache, die die Entlassung des Vormundes rechtfertigt, ohne Weiteres auch geeignet, die Entlassung des Pflegers zu begründen, z. B. wird unsittliches Betragen eines nur zur Vermögensverwaltung berufenen Pflegers nicht unter allen Umständen die Entlassung nothwendig machen. Nach Beendigung des Amtes des Pflegers gelten die Vorschriften des § 1893 und, soweit der Pfleger Vermögen verwaltet hat, auch die Vorschriften der §§ 1890—1892. Auch der § 1894 greift Platz.

**4.** Abweichend vom § 1792 ist die Bestellung eines Gegenvormundes — den Ausdruck „Gegenpfleger“ vermeidet das B.G.B. absichtlich — zwar zulässig, aber in keinem Falle, also auch nicht zur Abnahme der Rechnung (§ 1841), erforderlich. Wird aber ein Gegenvormund bestellt, so gelten die von dem Vormunde bei der Gegenvormundschaft handelnden Vorschriften, insbesondere die §§ 1799, 1812, 1826 auch von dem Gegenvormunde bei der Pflegschaft. Der dem Vormunde bestellte Gegenvormund ist übrigens, wenn neben dem Vormund ein Pfleger bestellt wird, nicht von selbst Gegenvormund auch gegenüber dem Pfleger (s. Erl. zu § 1799).

## §. 1916.

Für die nach §. 1909 anzuordnende Pflegschaft gelten die Vorschriften über die Berufung zur Vormundschaft nicht.

## §. 1917.

Wird die Anordnung einer Pflegschaft nach §. 1909 Abs. 1 Satz 2 erforderlich, so ist als Pfleger berufen, wer als solcher von dem Erblasser durch letztwillige Verfügung, von dem Dritten bei der Zuwendung benannt worden ist; die Vorschriften des §. 1778 finden entsprechende Anwendung.

Für den benannten Pfleger kann der Erblasser durch letztwillige Verfügung, der Dritte bei der Zuwendung die in den §§. 1852 bis 1854 bezeichneten Befreiungen anordnen. Das Vormundschaftsgericht kann die Anordnungen außer Kraft setzen, wenn sie das Interesse des Pflegebefohlenen gefährden.

Zu einer Abweichung von den Anordnungen des Dritten ist, solange er lebt, seine Zustimmung erforderlich und genügend. Die Zustimmung des Dritten kann durch das Vormundschaftsgericht ersetzt werden, wenn der Dritte zur Abgabe einer Erklärung dauernd außer Stande oder sein Aufenthalt dauernd unbekannt ist.

---

### § 1916.

**E. I § 1744; II § 1792 Abs. 1 rev. § 1894; III § 1892. P. I S. 8609; M. IV S. 1267. P. II S. 6530 (Bd. 4 S. 857).**

1. Für die nach § 1909 anzuordnende Pflegschaft finden die Vorschriften der §§ 1776 bis 1778, 1899, 1900 keine Anwendung. Die Person des Pflegers ist vielmehr — vorbehaltlich der Vorschrift des § 1917 — nach Maßgabe des § 1779 vom Richter auszuwählen. Dabei wird es sich übrigens nicht selten empfehlen, den Pfleger nicht aus dem Kreise der Angehörigen des Mündels oder doch nicht aus den Angehörigen desjenigen Elterntheils zu wählen, welcher der Inhaber der elterlichen Gewalt bezw. aus dessen Verwandtenkreis der Vormund entnommen ist. Der Gemeindewaisenrath ist vor der Auswahl zu hören. Die Vorschriften der §§ 1780 bis 1791 finden Anwendung.

2. Wegen der Berufung zur Pflegschaft in den übrigen Fällen einer Pflegschaft s. Erl. zu § 1915.

### § 1917.

**E. I § 1745; II § 1792 Abs. 2, § 1793 rev. § 1895; III § 1893. P. I S. 8609, 8776, 8786, 8806, 8819; M. IV S. 1167, 1268. P. II S. 6531 (Bd. 4 S. 857).**

Der § 1917 trifft für die Pflegschaft, welche angeordnet worden ist, weil dem Inhaber der elterlichen Gewalt oder dem Vormunde die Verwaltung eines Vermögensgegenstandes des Kindes oder Mündels von dem Vermögenszuwender entzogen ist (§ 1909 Abs. 1 Satz 2), einige Sondervorschriften. Diese beziehen sich:

1. auf die Berufung zur Pflegschaft.

a) Für die Berufung zur Pflegschaft gilt zunächst der § 1916. Der § 1917 Abs. 1 gestattet jedoch dem Vermögenszuwender eine bestimmte Person als Pfleger zu berufen. Die Berufung muß, wenn die Zuwendung auf einer letztwilligen Verfügung beruht, durch letztwillige Verfügung (§§ 1937, 2299), wenn die Zuwendung unter Lebenden erfolgt ist, bei der Zuwendung erfolgen. Die die Berufung anordnende letztwillige Verfügung kann auch nach der die Zuwendung enthaltenden Verfügung erfolgen. Bei der Zuwendung unter Lebenden ist die Berufung Nebenbestimmung der Zuwendung und kann nur gleichzeitig mit ihr geschehen; sie bedarf keiner Form. Für die Berufung durch letztwillige Verfügung gilt das in der Erl. 2 zu § 1777 Bemerkte. Die Berufung kann unter einer Bedingung oder Zeitbestimmung geschehen; die Erl. 3 zu § 1777 trifft entsprechend auch hier zu.

b) Die rechtliche Bedeutung ist bei der Berufung des Pflegers die gleiche wie bei der Berufung eines Vormundes; dies wird durch die im Abs. 1 Halbs. 2 vorgeschriebene Anwendbarkeit des § 1778 zum Ausdrucke gebracht.

§. 1918.

Die Pflegschaft für eine unter elterlicher Gewalt oder unter Vormundschaft stehende Person endigt mit der Beendigung der elterlichen Gewalt oder der Vormundschaft.

Die Pflegschaft für eine Leibesfrucht endigt mit der Geburt des Kindes.

Die Pflegschaft zur Besorgung einer einzelnen Angelegenheit endigt mit deren Erledigung.

---

α) Der Berufene darf nur übergangen werden, wenn einer der Gründe des § 1778 Abs. 1 vorliegt. Hierzu s. Erl. 1, 5 zu § 1778. Gegen die Uebergehung steht dem Berufenen die sofortige Beschwerde zu (§§ 20, 60 Nr. 1 des freiw. G.G.).

β) Ist der Berufene vorübergehend verhindert, so hat das Vormundschaftsgericht nach § 1778 Abs. 2 zu verfahren. Hierzu s. Erl. 3 zu § 1778.

γ) Ist eine Ehefrau die Pflegebefohlene, so darf der Mann vor dem vom Vermögenszuwender Benannten zum Pfleger bestellt werden.

δ) Ein Mitpfleger (s. Erl. zu § 1915) darf nur mit Zustimmung des Berufenen bestellt werden.

2. Der Vermögenszuwender kann dem Pfleger nach § 1917 Abs. 2 die gleichen Befreiungen einräumen, welche bei der Altersvormundschaft der Vater und die eheliche Mutter dem von ihnen benannten Vormunde gewähren können. Die zulässigen Befreiungen bestehen in der Ausschließung der Gegenvormundschaft (§ 1852 Abs. 1 mit § 1915 Abs. 2), in der Einschränkung der Mitwirkung des Gegenvormundes und des Vormundschaftsgerichts bei der Anlegung von Geldern des Pfleglings und bei der Verfügung über die Ansprüche des Pfleglings (§ 1852 Abs. 2), in der Entbindung von der Verpflichtung der Hinterlegung von Werthpapieren (§ 1853) und in der Entbindung von der periodischen Rechnungslegung (§ 1854). Diese Befreiungen können, wenn die Vermögenszuwendung auf einer letztwilligen Verfügung beruht, nur durch letztwillige Verfügung, wenn sie auf einer Verfügung unter Lebenden beruht, nur bei der Zuwendung eingeräumt werden; im Uebrigen gilt die Erl. 1a entsprechend. Soweit der Vater oder die Mutter den Altersvormund nicht befreien können, kann der Vermögenszuwender auch den Pfleger nicht befreien. Insbesondere kann der Pfleger nicht von der Inventarisationspflicht (§ 1802), von der Verpflichtung zur Einreichung von Vermögensübersichten (§ 1854 Abs. 2, 3) und der Legung der Schlußrechnung (§§ 1890ff.) entbunden werden.

Der Abs. 2 Satz 3 gestattet die Außerkraftsetzung der Befreiungen; hierzu vergl. den entsprechenden § 1857 und die Erl. zu diesem.

3. Der Abs. 3 entspricht dem § 1803 Abs. 3. Die Erl. zu § 1803 treffen hier gleichfalls zu. Auf den Abs. 1 bezieht sich der Abs. 3 nicht (a. A. Fuchs S. 271, dagegen Schultetus S. 214).

§ 1918.

**E. I § 1748 Abs. 1 Nr. 1, 2, 5, 6; II § 1795 rev. § 1896; III § 1894. P. I S. 8614, 8693, 8709, 8835, 8851; M. IV S. 1271, 1274. P. II S. 6533 (Bd. 4 S. 859).**

1. Im Gegensatze zur Vormundschaft (§§ 1773, 1897) gilt für die Pflegschaft die Regel, daß die Pflegschaft nicht mit dem Wegfalle der Voraussetzungen endigt, welche für ihre Anordnung bestimmend gewesen waren. Regelmäßig endigt die Pflegschaft durch Aufhebung, nur ausnahmsweise tritt die Beendigung kraft Gesetzes ein. Systematisch sind die von der Beendigung der Pflegschaft handelnden §§ 1918—1921 in der Weise geordnet, daß der § 1918 die Fälle der Beendigung der Pflegschaft kraft Gesetzes, die §§ 1919, 1920 und der § 1921 Abs. 1, 2 die Fälle der Beendigung durch Aufhebung betreffen; im § 1921 Abs. 3 ist dann noch ein mit den Fällen des § 1921 Abs. 1, 2 verwandter Fall angereiht, in welchem die Pflegschaft kraft Gesetzes endigt. Wegen der Rechtsfolgen der Beendigung der Pflegschaft s. Erl. zu § 1915.

2. Nach Abs. 1 endigt die Pflegschaft für eine unter elterlicher Gewalt oder unter Vormundschaft stehende Person (§ 1909) jedenfalls mit der Beendigung der elterlichen Gewalt oder der Vormundschaft. Dabei ist gleichgültig, aus welchem Grunde die Pflegschaft angeordnet worden ist. Die Pflegschaft z. B., welche angeordnet worden ist, weil der Vater in Konkurs gerathen ist (§ 1647), endigt, wenn die elterliche Gewalt des Vaters endigt. Als Beendigung im Sinne des § 1918 ist auch das Ruhen der Gewalt anzusehen, so daß die Pflegschaft, welche wegen der Eröffnung des Konkursverfahrens über das Vermögen des Vaters eingeleitet worden ist, auch dann endigt, wenn der Vater entmündigt und deshalb die Gewalt von der Mutter

## §. 1919.

**Die Pflegschaft ist von dem Vormundschaftsgericht aufzuheben, wenn der Grund für die Anordnung der Pflegschaft weggefallen ist.**

---

ausgeübt wird. Wie dieses Beispiel zeigt, wird die Beendigung der Pflegschaft nicht dadurch ausgeschlossen, daß das allgemeine Schutzbedürfniß für den Pflegebefohlenen fortdauert, d. h. an die elterliche Gewalt des Vaters die der Mutter oder eine Vormundschaft oder an die Altersvormundschaft die elterliche Gewalt oder die Vormundschaft nach § 1896 sich anreiht. Mit anderen Worten, die Pflegschaft, deren Rechtsgrund eine elterliche Gewalt oder Vormundschaft ist, endigt mit dem Wegfalle dieser elterlichen Gewalt oder dieser Vormundschaft in jedem Falle kraft Gesetzes.

Keine Ausnahme gilt für den Fall, daß die Pflegschaft nach § 1909 Abs. 1 Satz 2 angeordnet ist, weil dem Inhaber der elterlichen Gewalt oder dem Vormunde die Verwaltung eines Vermögensgegenstandes des Mündels oder Kindes durch Bestimmung des Zuwenders entzogen ist. Zwar kann auch dem an die Stelle des bisherigen Gewalthabers oder des bisherigen Vormundes tretenden gesetzlichen Vertreter die Vermögensverwaltung vom Vermögenszuwender gleichfalls entzogen sein. Die Bestimmung kann z. B. dahin gehen, daß nicht nur dem Vater, sondern auch der Mutter, wenn sie die Gewalt ausübt, oder nicht nur dem Altersvormunde, sondern überhaupt jedem Vormunde die Verwaltung entzogen sein solle. Ob die Bestimmung in diesem Sinne zu verstehen ist, ist Auslegungsfrage. Für den § 1918 Abs. 1 kommt diese Frage jedoch nicht in Betracht. Die nach § 1909 Abs. 1 Satz 2 angeordnete Pflegschaft endigt mit der Beendigung der Gewalt oder Vormundschaft, welche den Rechtsgrund zur Pflegschaft bildete, von selbst; ist die Vermögensverwaltung auch dem neuen gesetzlichen Vertreter entzogen, so muß die Pflegschaft von Neuem angeordnet werden (a. A. die M. IV S. 1272 und im Anschlusse hieran Neumann Handausgabe, Staudinger zu § 1918). Mit dem Wortlaute des § 1918 läßt sich indessen wohl nur die hier vertretene Ansicht vereinbaren.

**3.** Zu Abs. 2. Ist auch nach der Geburt noch das Bedürfniß für eine Pflegschaft vorhanden, z. B. weil der Vater im Konkurse sich befindet, so muß ein neuer Pfleger bestellt werden. Das R.G. (Jur. Woch. 1899 S. 595) hat übrigens angenommen, daß die Bestellung eines Vormundes schon vor der Geburt des Mündels zulässig ist, wenn auch sein Amt erst mit der Geburt beginnt; dementsprechend wird man auch die Bestellung des Pflegers schon vor der Geburt für zulässig halten dürfen. Erfolgt eine Fehlgeburt oder stirbt die Mutter vor der Geburt, so findet nicht der § 1918 Abs. 2, sondern der § 1919 Anwendung, die Pflegschaft endigt erst mit der Aufhebung. Die Aufhebung ist ferner erforderlich, wenn die Pflegschaft über eine Leibesfrucht aus einem anderen Grunde gegenstandslos wird, z. B. weil die Annahme der Schwangerschaft sich als irrthümlich erweist oder das für die Anordnung der Pflegschaft vorhandene Bedürfniß wegfällt.

**4.** Der Abs. 3 gilt nicht etwa nur für die nach § 1909 für eine unter elterlicher Gewalt oder unter Vormundschaft stehende Person angeordnete Pflegschaft, sondern für alle Pflegschaftsfälle. Nach dem Abs. 3 endigt z. B. die Pflegschaft, welche zum Zwecke der Auseinandersetzung zwischen dem überlebenden Ehegatten und dem Kinde in Ansehung des Nachlasses des verstorbenen Ehegatten angeordnet worden ist, mit der Beendigung der Auseinandersetzung, sie umfaßt dagegen nicht auch die Wahrung der Rechte der Kinder in einem Rechtsstreit, in dem die Gültigkeit der den Kindern bei der Auseinandersetzung bestellten Hypothek angefochten wird (R.G. in Jur. Woch. 1897 S. 649). Der Abs. 3 findet ferner Anwendung auf die Pflegschaft, welche für einen bei der Auseinandersetzung betheiligten Abwesenden nach §§ 88, 99 des freiw. G.G. angeordnet worden ist. Wann freilich die Angelegenheit als erledigt anzusehen ist, ist eine nicht immer einfach zu entscheidende Thatfrage. Daß z. B. eine zum Zwecke der Auseinandersetzung angeordnete Pflegschaft mit der Genehmigung der Auseinandersetzung durch das Vormundschaftsgericht ihr Ende erreicht (Johow I S. 50, II S. 58, IV S. 88, XIV S. 84), läßt sich nicht allgemein sagen.

Auf Pflegschaften, die für einen bestimmten Kreis von Angelegenheiten angeordnet sind, findet der Abs. 3 keine Anwendung.

### § 1919.

**E. I § 1748 Abs. 2 Satz 1, 2; II § 1796 rev. § 1897; III § 1895. P. I S. 8614, 8693; M. IV S. 1271. P. II S. 6533 (Bd. 4 S. 859).**

**1.** Wie in der Erl. 1 zu § 1918 dargelegt ist, endigt die Pflegschaft, soweit nicht ihre Beendigung kraft Gesetzes bestimmt ist (§§ 1918, 1921 Abs. 3), durch die Aufhebung seitens

§. 1920.

Eine nach §. 1910 angeordnete Pflegschaft ist von dem Vormundschaftsgericht aufzuheben, wenn der Pflegebefohlene die Aufhebung beantragt.

§. 1921.

Die Pflegschaft für einen Abwesenden ist von dem Vormundschaftsgericht aufzuheben, wenn der Abwesende an der Besorgung seiner Vermögensangelegenheiten nicht mehr verhindert ist.

Stirbt der Abwesende, so endigt die Pflegschaft erst mit der Aufhebung durch das Vormundschaftsgericht. Das Vormundschaftsgericht hat die Pflegschaft aufzuheben, wenn ihm der Tod des Abwesenden bekannt wird.

Wird der Abwesende für todt erklärt, so endigt die Pflegschaft mit der Erlassung des die Todeserklärung aussprechenden Urtheils.

---

des Vormundschaftsgerichts. Diesen Grundsatz bringt der § 1919 zum Ausdrucke. Die Pflegschaft ist hiernach aufzuheben, wenn der Grund für die Anordnung der Pflegschaft weggefallen ist. Dies ist z. B. der Fall, wenn das Vormundschaftsgericht dem Vater nach der Beendigung des Konkursverfahrens (§ 1647) oder nach § 1671 die Vermögensverwaltung wieder überträgt oder wenn im Falle einer Pflegschaft für die noch ungeborenen Abkömmlinge des Vorerben feststeht, daß der Vorerbe zeugungsunfähig ist, oder wenn der Gebrechliche, für welchen eine Pflegschaft bestellt ist, verschollen ist. Die nach § 1913 angeordnete Pflegschaft endigt, sofern sie nicht zur Erledigung einer einzelnen Angelegenheit bestellt und die Angelegenheit erledigt ist (§ 1918 Abs. 3), nur durch Aufhebung (§ 1919); auch die nach § 1914 angeordnete Pflegschaft kann nur nach § 1919 endigen, da es sich im Falle des § 1914 wohl niemals um eine einzelne Angelegenheit im Sinne des Gesetzes handelt.

2. Die Aufhebung wird mit der Bekanntmachung an den Pfleger wirksam. Ueber die Beschwerde wegen Aufhebung der Pflegschaft s. § 57 Nr. 3 des freiw. G.G.

§ 1920.

**E. I § 1748 Abs. 2 Satz 4; II § 1797 rev. § 1898; III § 1896. P. I S. 8614, 8693; M. IV S. 1272. P. II S. 6533, 8689 (Bd. 4 S. 859; Bd. 6 S. 312).**

1. Wie die Pflegschaft wegen Gebrechlichkeit — abgesehen von dem Falle des § 1910 Abs. 3 — nur mit Einwilligung des Gebrechlichen angeordnet werden darf, so darf sie auch nicht länger bestehen, als der Gebrechliche es will. Nach § 1920 muß deshalb die Pflegschaft auf Antrag des Gebrechlichen jederzeit aufgehoben werden und zwar auch dann, wenn das Vormundschaftsgericht das Bedürfniß für die Pflegschaft als fortbestehend betrachtet oder wenn die Pflegschaft ohne die Einwilligung des Gebrechlichen angeordnet worden ist, weil mit ihm eine Verständigung nicht möglich war. Gegen die Ablehnung des Antrags hat der Gebrechliche das Beschwerderecht nach § 20 des freiw. G.G.

2. Mit dem Tode des Gebrechlichen endigt die Pflegschaft wegen Gebrechlichkeit von selbst; der E. I § 1748 Abs. 3 hatte dies ausdrücklich ausgesprochen. A. A. ist Schultheis S. 220, welcher mit Rücksicht auf § 1919 die Beendigung nur durch Aufhebung zuläßt; aus der für den Fall des Todes des Abwesenden im § 1921 Abs. 2 getroffenen Sondervorschrift dürfte sich indessen ergeben, daß der Tod des Pflegebefohlenen außer im Falle der Abwesenheitspflegschaft stets die Beendigung der Pflegschaft kraft Gesetzes zur Folge hat, die Vorschrift des § 1919 also für diesen Fall keine Anwendung findet.

§ 1921.

**E. I § 1748 Abs. 1 Nr. 4, Abs. 2 Satz 3; II § 1798 rev. § 1899; III § 1897. P. I S. 8614, 8693, 8709; M. IV S. 1273. P. II S. 6533 (Bd. 4 S. 859).**

1. Die Voraussetzung des Abs. 1 ist nicht nur dann gegeben, wenn der Abwesende zurückkehrt oder einen Bevollmächtigten bestellt oder die Umstände weggefallen sind, die zum Widerrufe

des Auftrags oder der Vollmacht Anlaß gegeben haben (§ 1911 Abs. 1 Satz 2), sondern unter Umständen auch ohne die Rückkehr des Abwesenden und ohne Bestellung eines Bevollmächtigten. Von selbst wird die Abwesenheitspflegschaft durch die Rückkehr des Abwesenden oder die Bestellung des Bevollmächtigten nicht beendigt.

2. Der Abs. 2 entspricht dem für die Vormundschaft über einen verschollenen Mündel geltenden Grundsatze des § 1884 Abs. 1. Der Tod des Abwesenden beendigt die Pflegschaft nicht von selbst — und zwar auch dann nicht, wenn der Abwesende nicht verschollen ist —, sondern die Vertretungsmacht des Pflegers dauert bis zur Aufhebung der Pflegschaft fort. Das Vormundschaftsgericht muß die Pflegschaft aufheben, wenn ihm der Tod des Abwesenden bekannt wird; über das Leben des Abwesenden hat es von Amtswegen Ermittelungen anzustellen, wenn Thatsachen vorliegen, welche den Tod als wahrscheinlich erscheinen lassen. Ist der Abwesende gestorben, so vertritt der Pfleger denjenigen, welchen es angeht, also den endgültigen Erben. Wegen des Todes des Abwesenden vor der Anordnung der Pflegschaft s. Erl. zu § 1911.

3. Der Abs. 3 geht über die im § 18 begründete Vermuthung hinaus. Durch die Todeserklärung wird die Pflegschaft von selbst beendigt und sie bleibt es, auch wenn sich später herausstellt, daß der Abwesende zu Unrecht für todt erklärt worden oder zu anderer als der im Urtheile festgestellten Zeit gestorben ist. Als Zeitpunkt der Beendigung gilt nicht der im Urtheile festgestellte Todestag, sondern der Tag der Erlassung des Urtheils. Wird in Folge einer Anfechtungsklage die Todeserklärung aufgehoben, so gilt die Pflegschaft als nicht beendigt; a. A. Schultzenstein-Köhne, Hesse, nach welchen eine neue Pflegschaft anzuordnen ist. Der Abwesenheitspfleger ist übrigens zum Antrag auf Todeserklärung des Abwesenden mit Genehmigung des Vormundschaftsgerichts berechtigt (§ 962 der C.P.O.).

4. Ueber das Beschwerderecht wegen Aufhebung der Pflegschaft s. § 57 Nr. 3 des freiw. G.G.

5. Der § 1921 erschöpft nicht die Gründe, aus welchen die Pflegschaft über Abwesende beendigt wird. Insbesondere gilt der Grundsatz des § 1918 Abs. 3, daß eine für eine einzelne Angelegenheit bestellte Pflegschaft mit deren Erledigung von selbst endigt, auch für die Abwesenheitspflegschaft.

FSC
www.fsc.org
MIX
Papier | Fördert
gute Waldnutzung
FSC® C083411

Kolibri 360 GmbH
Ferdinand-Jühlke-Straße 7
99095 Erfurt, Deutschland
produktsicherheit@kolibri360.de